国家出版基金项目

汇校汇注汇评

昌黎先生诗集

张弘韬　张清华　编著

第一册

北京师范大学出版集团
安徽大学出版社

图书在版编目(CIP)数据

汇校汇注汇评昌黎先生诗集/张弘韬,张清华编著.—合肥:安徽大学出版社,2021.8
ISBN 978-7-5664-2387-0

Ⅰ.①汇… Ⅱ.①张…②张… Ⅲ.①韩愈(768—824)—文集②唐诗—诗集 Ⅳ.①I214.232

中国版本图书馆 CIP 数据核字(2022)第 017010 号

汇校汇注汇评昌黎先生诗集
HUIJIAO HUIZHU HUIPING CHANGLI XIANSHENG SHIJI

张弘韬　张清华　编著

出版发行：北京师范大学出版集团
　　　　　安徽大学出版社
　　　　　(安徽省合肥市肥西路3号 邮编230039)
　　　　　www.bnupg.com
　　　　　www.ahupress.com.cn
印　　刷：合肥远东印务有限责任公司
经　　销：全国新华书店
开　　本：880 mm×1230 mm　1/32
印　　张：85.875
字　　数：2389 千字
版　　次：2021 年 8 月第 1 版
印　　次：2021 年 8 月第 1 次印刷
印　　数：1~1000
定　　价：390.00 元(全四册)
ISBN 978-7-5664-2387-0

策划编辑：	齐宏亮　王　黎　李　君	装帧设计：李　军　孟献辉
责任编辑：	王先斌　卢　坡　汪　君 李加凯　李　君	美术编辑：李　军
责任校对：	程中业	责任印制：陈　如　孟献辉

版权所有　侵权必究

反盗版、侵权举报电话：0551-65106311
外埠邮购电话：0551-65107716
本书如有印装质量问题,请与印制管理部联系调换。
印制管理部电话：0551-65106311

南薰殿旧藏韩愈像

[宋]《昌黎先生文集》宋刻本

[宋]文谠注、王俦补注《新刊经进详注昌黎先生文集》宋刻本

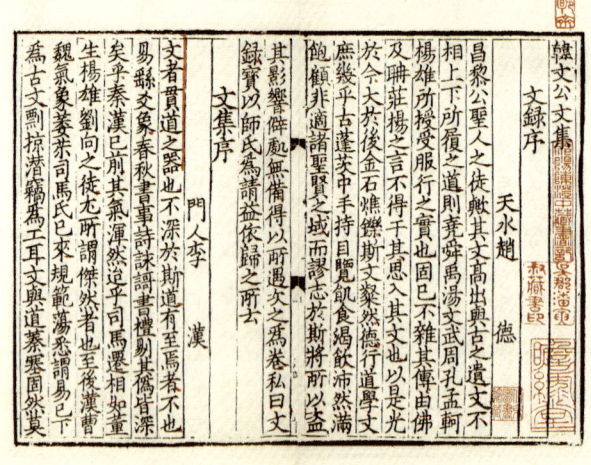

[宋]祝充《音注韩文公文集》宋刻本

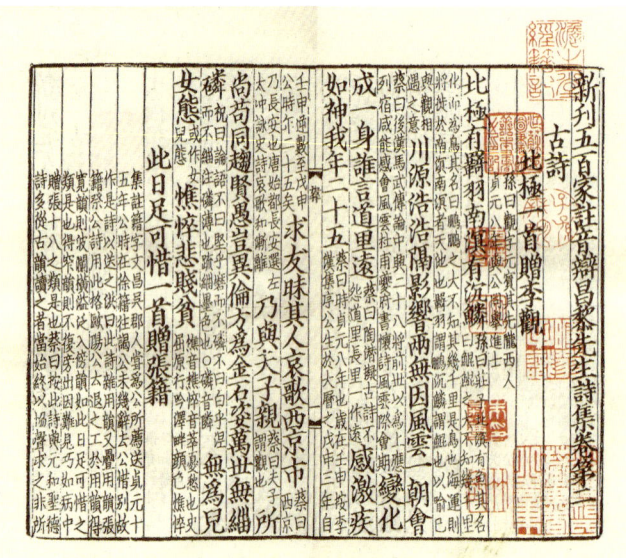

[宋]魏仲举辑注《新刊五百家注音辩昌黎先生文集》
宋庆元六年(1200)魏仲举家塾刻本

[宋]朱熹《昌黎先生集考异》宋绍定二年(1229)张洽刻本

[宋]廖莹中《昌黎先生集》宋咸淳廖氏世綵堂刻本

［明］蒋之翘《韩昌黎集辑注》
明崇祯六年(1633)蒋氏三径草堂刻本

［清］方世举《韩昌黎诗集编年笺注》
清乾隆二十三年(1758)卢见曾雅雨堂刻本

前　言

韩愈的一生

　　历史像长江大河，浪浪相催，虽是千重万叠，总是具有其个性特点，绝无雷同。作为我国中世纪三大文化伟人，李白、杜甫、韩愈就是自具个性的三个参天巨浪。公元768年，在李白仙逝五年，杜甫还有两年将结束他悲惨的一生时，韩愈就呱呱降生在中州大地。星落星起，使中国文化史永放光华：这就是中国文化史源远流长、蕴涵丰厚、众星璀璨的现实。三人个性不同，文化内涵不同，却皆能异彩纷呈。如果把李白、韩愈比作从天而降的瀑布，李白似"飞流直下三千尺"，飘逸太空的银河；韩愈则像尖刺大地，身倚太行的天水"长剑"。如果把杜甫、韩愈比作山，杜甫是"一览众山小"的岱岳，坚定不移地屹立在中华大地；韩愈就像剑锋排空的华岳，以奇险矗立于群山之中。如果把三人比作雄鹰，翱翔于九天之上的是李白，站在峻峰之巅展翅欲飞而难起的是韩愈，备受伤害毛血洒平芜的是杜甫。韩愈接过李、杜传承的接力棒，推波助澜，开辟了中国文化史的新天地。

　　韩愈，河阳（河南孟州市）人，推其世系，源远根深。出周姬姓，晋封韩原（陕西韩城市），一世韩武子，二世献子，武子后三世韩厥，以封地为姓。十三世哀侯元年（前376），与赵、魏分晋；

二年,灭郑,徙都郑,为韩城。以城领国,是战国七雄之一,为著姓。传四代宣惠,始称王。宣惠传四代,至韩王安九年(前230年),为秦所灭。子孙流徙韩城西南颍川,分徙南阳。世称韩氏之祖韩王信者乃虮虱子,汉高祖时封韩王,北投匈奴,过颓当城生子名颓当。秦汉至隋唐,韩氏著姓分三支:一支为颓当、说、增、术、纯、暨等,由术子纯以下分:暨居南阳,裔孙延之一族,至韩瑗,相唐高宗。暨另一支传至韩弘,相唐宪宗。暨父纯另一支安之玄孙韩播(字远游),徙居辽西昌黎棘城,传韩休,相玄宗,休子滉相德宗。此乃《新唐书·宰相世系表》著录韩氏四支其中三支四相。韩愈一支未及相位。昌黎棘城韩氏为韩麒麟、韩秀二家。麒麟自谓韩增孽孙,祖籍南阳。韩秀来源未明。此乃南阳、昌黎(今辽西义县)两支。韩愈一支出颓当孽孙东汉中书令韩棱,世居颍川舞阳,今尚存巨大坟冢。至耆,北魏时徙居常山九门(石家庄东北),自韩茂随魏南迁,定居河阳,以次均、畯、仁泰、叡素、仲卿、愈、昶九代。韩愈自称昌黎(义县)为郡望。大历三年(768),韩愈生于其父仲卿长安秘书郎任所,生母疑为乳母李正真。有老父仲卿的爱抚,乳母正真的呵护,襁褓中的韩愈享受着温馨的生活。不幸的是,他"三岁而孤",失去了挚爱的父亲。长兄会从长安"扶父灵柩",携弟回河阳庐墓,礼制三年,实则廿五个月,这是韩愈第一次回河阳的家。服期满同居洛阳。约于大历九年(774),愈七岁,会进京为从六品上的起居舍人,韩愈随兄居长安,始读书。"未龀一年",大历十二年(777),四月癸未(2日),会因坐罪元载案,贬韶州刺史,愈随兄嫂、侄老成同居韶州。更不幸的是,大历十四年(779),会因郁闷、劳累夭阏韶州。时会四十二,愈十二岁。如愈《祭(嫂)郑夫人文》云："年方及纪,荐及凶屯。兄罹谗口,承命远迁;穷荒海隅,夭阙百年。……至诚感神,返葬中原。"①《祭十二郎文》云："中年,兄殁南方,吾与汝俱幼,从嫂归葬河阳。"②长兄长嫂是韩愈最好的老师。回到河阳,叔侄一边守孝一边攻书。愈三岁启蒙,七岁读书,十三能文,自谓"少小尚奇伟""自许连城价",欲于儒道、诗文上自振一代。建中二、三年(781、782),李惟岳、李正己与朱泚、朱滔、王武俊、田悦、李纳、李希烈相继叛乱。回河阳才三年,十五岁的韩愈,不得不随嫂避乱宣城。如果说此前在学业上打下了良好的基础,居宣城期间则使他的思想、文学修养走上成熟。从贞元二年(786)秋,十九岁的韩愈开始了他长达十二年的应举宦游生活。

韩愈《赠族侄》云："我年十八九,壮气起胸中。作书献云阙,辞家逐秋蓬。"韩愈进京应考,计划先到河中求助族兄弇,经河阳,归家探望。此乃其第三次回河阳,停留时间不过两三日。贞元八年(792),韩愈四试礼部才荣登"龙虎榜",中进士。三试吏部宏辞一得被黜易人。三上宰相书不报,不得不挈挈而东。虽未得官,事业上却有成绩:其一,结交了陈羽、欧阳詹、李博、李观、冯宿、王涯、侯继、李绛、崔群、庚承宣和裴度、孟郊、薛公达、柳宗元、刘禹锡、卫中行等一批有影响的文士,推广了古文写作;其二,贞元八年,在《争臣论》里提出倡导古文的纲领"修辞明道",为以后"古文运动"的开展指明了方向,打好了基础。贞元十年(794)试宏辞落第,十一年(795年)三上宰相书不报,夏回河阳,遇老成扶嫂灵柩归葬,以礼为长嫂服期,冬返长安。

---

① 《韩昌黎全集》卷二三,中国书店1991年版,第324页。
② 《韩昌黎全集》卷二三,第325页。

此乃其第四次回河阳,停约五个月。下年五月,出京师,归河阳,至十二年(796)七月,从董晋赴汴,约年余。时老成仍在河阳守孝,韩愈与妻卢氏居河阳、洛阳,或两地往返,此当是他第五次回河阳。贞元十六年(800)至十八年(802)闲居洛阳期间,在节日及父、兄、长嫂忌日回河阳祭扫,停留时间长短难以详考。仅就以上合计,韩愈居河阳的时间亦当有六七年之久。

贞元十二年(796)七月,韩愈随董晋入汴州幕,下年任将仕郎试秘书省校书郎、汴宋亳颍等州观察节度推官,这是他走上仕途的开始。孟郊以诗"王粲有所依,元瑜初应命"①贺。下年春,韩愈秉董晋命撰《送汴州监军俱文珍序并诗》,成为后人关于韩愈品格争论之端。十四年(798)秋,主汴州贡举试,荐张籍;十五年(799)春籍一举进士及第。《答张籍》二书坚定了他对儒学的信念,捍卫儒学的决心。与李翱、杨凝等交谊。是年二月三日董晋卒,十一日兵乱,韩愈因送晋灵柩幸免兵难,而其妻携家逃难徐州符离,愈至,居之。生昶,乳名符。十五年秋,韩愈入徐州张建封节度使府为节度推官,试协律郎。与籍族弟彻、李君房、杜兼、李博游。十六年(800)五月,因与建封志不合,离徐州幕。作《龊龊》:"龊龊当世士,所忧在饥寒。……报国心皎洁,念时涕汍澜。……愿辱太守荐,得充谏净官。排云叫阊阖,披腹呈琅玕。致君岂无术,自进诚独难。"抒郁闷情,表治国志。汴徐期间,韩愈写了不少诗文,彰显了他在文坛上的影响。贞元十六年五月,在符离为李翱和侄女完婚后,韩愈与李翱、王涯、侯喜、李生同游梁园,求邹阳、枚叔、司马相如故文。

---

① 《送韩愈从军》,《孟郊集校注》卷八,浙江古籍出版社2012年版,第336页。

至贞元十七年(801)秋冬,闲居洛阳期间,韩愈与孟郊、李翱、房蜀客论文交游,指导李景兴、侯喜、尉迟汾、李翊学习古文。这是他古文写作成熟及"古文运动"队伍形成的重要时期。

贞元十七年(801)冬,韩愈进京调任四门博士。十九年(803)冬迁监察御史,这是韩愈任京朝官的开始。韩愈任四门博士时作《与祠部陆员外书》,荐侯喜、侯云长、刘述古、韦群玉、沈杞、张苰、尉迟汾、李绅、张后馀、李翊十人,未出六年全部及第,当都受韩愈指导,学习儒学、古文。韩愈至诚为民,十九年冬刚任监察御史,撰《御史台上论天旱人饥状》,为幸臣忌恨,十二月贬阳山令。因其兴教重礼,民尊为贤令。读书授徒,著"五原",标志着他儒学"道统"论的成熟,是其政绩走向辉煌的起点。可谓韩愈改变了阳山,阳山造就了韩愈!贞元廿一年(805)春夏,遇赦滞留郴州后北归,为江陵法曹参军。元和元年(806)六月归京为权知国子博士,被某宰相看重。时孟郊、张籍、张彻、崔群、崔立之在京,恰张署、区弘也回京,心情开朗,精神振奋,诗思勃发,与孟郊等骋才,有《会合》《纳凉》《同宿》《雨中寄孟刑部几道》《城南》《斗鸡》《征蜀》等联句,及《南山诗》《答张彻》《元和圣德》等长诗。不料有人眼红,挑拨离间、诬告排挤,下年他为避语阱分教东都生,官洛阳,正任国子博士。倡道抒怀,道兴文盛,成就了韩诗奇崛瑰怪的主体风格。自博士改授都官员外郎,分司祠部,转河南令。虽官场坎坷,世情混乱,他却处变不惊、驰才傲世,五年间政绩初显辉煌。从元和六年(811)秋回京任职方员外郎,至十二年(817)夏秋,官起官落,以《进学解》自鸣不平,由比部郎中、史馆修撰、知制诰,晋中书舍人,成为为文、为官、为人均令人景仰、享誉朝野的治国长材。

元和十年(815)至十二年(817),是朝廷君臣因淮西战而斗争最激烈的时候,其时叛贼杀宰相、伤中丞,朝野震惊。韩愈在一二臣主战的紧急关头顶风冒险,上《论淮西事宜状》,折群臣,促主断,主战淮西。七月,宪宗力排众议果断决策,以裴度为淮西宣慰处置使,率军平淮西。韩愈充行军司马兼御史中丞,总参军务。十月,淮西之乱平,震慑了河南北藩镇,暂时平定了"安史"乱后形成的战乱局面,展现了中唐的振兴之势。其时韩愈的政治、军事才能及胆识发挥到极致。其《同李二十八员外从裴相公野宿西界》云:"四面星辰著地明,散烧烟火宿天兵。不关破贼须归奏,自趁新年贺太平。"心情之开朗、胸襟之博大非元和初回朝任职之时可比。十二月十九日,以功迁刑部侍郎。

十三年(818)春夏,围绕他秉圣命所撰《平淮西碑》的政治公案,立碑、毁誉、进谗、毁碑的过程使韩愈受到极大压抑,更为重要的是宪宗信谗转向,挺主和而压主战,埋下了毁振兴形势于一旦的种子。事态刚平,十二月,宪宗佞佛求长生,迎佛骨,掀起了长安佞佛热潮,《新唐书·韩愈传》曰:"王公士人奔走膜呗,至为夷法灼体肤,委珍贝,腾沓系路。愈闻恶之,乃上表。"①帝大怒,将抵死,裴度、崔群为愈言。十四年(819)正月十四日贬潮州刺史,过蓝田作《左迁至蓝关示侄孙湘》:"欲为圣明除弊事,肯将衰朽惜残年。"治潮八个月,潮州民风大变,成为礼仪之邦的起点;这显示了韩愈文化政绩的辉煌。遇赦,量移袁州刺史。十五年(820)冬回京任国子祭酒。穆宗长庆元年(821)七

---

① 《新唐书》,中华书局1975年版,第5258~5259页。

月末,转兵部侍郎。二年(822),出使镇州,宣慰王廷凑,以"勇夺三军之帅"的气概平息了兵乱。回京,深得穆宗嘉许,朝野称颂,迁吏部侍郎。因京城混乱难治,三年(823)六月,以愈为京兆尹兼御史中丞,旨许不台参。六军将士不敢犯,盗贼止,遇旱,米价不敢涨。李绅逞强,与之争台参。十月十二日为兵部侍郎,二十日寻复改吏部侍郎。长庆四年(824)夏,因病告休,十二月二日,薨于长安靖安里第,结束了他坎坷而光辉的一生,时年五十七岁。赠礼部尚书,谥文。次年归葬河阳金山之阳。

韩愈的诗论

司空图《题柳柳州集后》云:"愚常览韩吏部歌诗数百首,其驱驾气势,若掀雷挟电,撑抉于天地之间,物状奇怪,不得不鼓舞而徇其呼吸也。"①韩愈不但是我国中唐伟大的散文家,也是一位有理论、有创作实践、有独特风格的杰出诗人,在中国诗史上享有特殊地位。真正有见地的诗人,总是能站在时代的艺术顶峰,学习前人经验,在自己的创作实践中探索艺术规律,总结出一套理论,反过来指导自己的艺术实践,影响后人的创作。韩愈就是在自己长期的艺术实践中,逐渐形成了他的诗论。虽然他的诗论与文论有所不同,但有些观点是他的基本思想,于诗于文是相通的。他的诗论可分为以下几个方面:

舒忧娱悲 韩愈在《上兵部李侍郎书》里提出:"舒忧娱悲,杂以瑰怪之言,时俗之好,所以讽于口而听于耳也。"②亦如他在《韦侍讲盛山十二诗序》里说的:"夫儒者之于患难,苟非其自取

---

① 《司空表圣文集》卷二,《四部丛刊》影印上海涵芬楼藏旧钞本。
② 《韩昌黎全集》卷一五,第234页。

之,其拒而不受于怀也,若筑河堤以障屋霤;其容而消之也,若水之于海,冰之于夏日;其玩而忘之以文辞也,若奏金石以破蟋蟀之鸣,虫飞之声;……未几,果有以韦侯所为十二诗遗余者,其意方且以入溪谷,上岩石。追逐云月,不足日为事,读而歌咏之。"①这是他"舒忧娱悲"说的具体注脚。他这种看法虽然有忽视诗的社会作用的一面,却是抓住了诗有别于文的特点来认识诗的社会作用的。诗是一种特殊的艺术形式,不像一般散文特别是论文一样直接讲明事理,使读者受到教益,而是通过诗人对事物的感受,用艺术语言塑造出各色各样的意象去感染读者,使读者通过自己的思索,结合自己的社会体验,悟出是非、美丑、善恶的道理,从而给人以美的感受,陶冶人们的心灵,使读者受到教益。

韩愈"舒忧娱悲"的诗歌主张,是继承我国古代诗论、总结历代诗歌创作经验融汇发展而来的。早在儒家经典《书·舜典》里就有"诗言志,歌永言,声依永,律和声"②的说法。伟大诗人屈原就是用他的诗歌来"哀众芳之芜秽""哀民生之多艰"(《离骚》)的,他的诗是"惜诵以致愍兮,发愤以抒情"(《九章·惜诵》),"伤怀永哀""抚情效志""舒忧娱哀"(《九章·怀沙》),"道思作颂"(《九章·抽思》)的。③ 正如孔颖达在《左传·昭公二十五年》正义中所解释的:"在己为情,情动为志,情、志一也。"④而韩愈的"舒忧娱悲"则是在创作实践中的具体体会,诗

---

① 《韩昌黎全集》卷二一,第304页。
② 《十三经注疏》,中华书局1980年版,第131页。
③ 《楚辞补注》,上海古籍出版社2015年版,第15、181、216、221、215页。
④ 《十三经注疏》,第2108页。

中的情志在任何时候都离不开人的喜怒悲欢、忧伤激愤。

韩愈把诗"言情抒怀,舒忧娱悲"的作用放在"余事作诗人"的次要地位的思想,当受同时代风气影响。安史之乱以后,统治者重视经国固权的实际需要,文士公卿也以忧民济世为己任,对诗歌的社会作用缺乏重视,虽相互赠酬作诗,也都是作为"舒忧娱悲"的余事。正如韩愈的朋友刘禹锡所言:"兵兴已还,右武尚功。公卿大夫以忧济为任,不暇器人于文什之间,故其风寝息。乐府协律不能足新词以度曲,夜讽之职,寂寥无纪。"①正讲明了这一社会现实。刘禹锡是韩愈同时代的著名诗人,他的感受与韩愈接近。安史之乱后,唐诗的黄金时代已经结束,继而出现了唐诗中兴前的颓势,也是这一社会现实的反映。

不平则鸣 与"舒忧娱悲"论密切相关的是韩愈认为诗乃"不平则鸣"之精者。韩愈在好友孟郊赴溧阳尉任时写了《送孟东野序》。按常理应叙友情,寄嘱愿,可该文偏以激愤之笔阐发了他的主张:"大凡物不得其平则鸣。……人之于言也亦然:有不得已者而后言,其歌也有思,其哭也有怀,凡出乎口而为声者,其皆有弗平者乎!"又云:"乐也者,郁于中而泄于外者也,择其善鸣者而假之鸣。……其于人也亦然:人声之精者为言,文辞之于言,又其精也,尤择其善鸣者而假之鸣。"②韩愈这一思想是对司马迁《太史公自序》"《诗》三百篇,大抵贤圣发愤之所为作"③思想的进一步发扬。对于封建社会里的不平,韩愈是有深

---

① 瞿蜕园笺证:《刘禹锡集笺证》卷一九《董氏武陵集纪》,上海古籍出版社1989年版,第517页。
② 《韩昌黎全集》卷一九,第276页。
③ 《史记》卷一三〇,中华书局1959年版,第3300页。

刻认识和亲身体会的。他一生关心国家前途,人民命运。道能济天下之溺,勇能夺三军之帅,文能起八代之衰,却被一贬再贬,虽几经在朝任官,然蜚语流言,谤毁朝野,使他无法在京安枕。他的不平之气不能不发。他的诗不少也是"不得其平则鸣",是"郁于中而泄于外"的时代声音。该文不过是借历史与时人不平之鸣的事实,而发表自己"诗乃不平之鸣"的主张罢了。这样的诗才有真情实感,才是真正的好诗。比如李白《宣州谢朓楼饯别校书叔云》的诗句"抽刀断水水更流,举杯消愁愁更愁"所揭示的"愁"[1],是他个人的苦闷,也是时代的苦闷;杜甫也是一样。所以,韩愈说:李白、杜甫"皆以其所能鸣"。对于屈原的诗,他指出"楚,大国也,其亡也,以屈原鸣"[2]。韩愈讲明了屈原、李白等人的诗产生的机缘,也从理论上讲清了诗为不平之鸣的道理。这就比司马迁所讲的"发愤著书"大大前进了一步。他的这一思想,是由其遭遇决定的。正如他所指出的:"然子厚斥不久,穷不极,虽有出于人,其文学辞章,必不能自力以致必传于后如今,无疑也。"(《柳子厚墓志铭》)[3]诗人所"鸣不平"之诗虽各有其不同特点,却都反映了不同时代的精神。这些诗人所以千古不朽,正是因为他们通过"自鸣其不幸",而鸣时代的不幸,反映了他们生活的时代,因而他们的诗也就具有时代的普遍意义。故韩愈指出魏晋以降的文学,"其声清以浮,其节数以急,其辞淫以哀,其志弛以肆;其为言也,乱杂而无

---

[1] 《李白集校注》卷一八,上海古籍出版社1980年版,第1077页。
[2] 《韩昌黎全集》卷一九,第277页。
[3] 《韩昌黎全集》卷三二,第408页。

章",则是由于"天丑其德莫之顾","不鸣其善鸣者"①。可见不朽的文学,必须密切联系时代精神。韩愈的诗论实际上也就把诗与时代、与社会政治生活的关系讲清楚了。虽然他也说"余事作诗人",不过是与他所倡导的古文比较而言。

学习李杜,继承李杜　韩愈强调学习、继承过去的文学传统,于文,主张继承三代、两汉的古文;于诗,既倡导接续《诗经》、《楚辞》、乐府的传统,又主张直接学习、继承李白和杜甫的诗歌创作经验。这一思想有过人的见识,如果不是因为他精熟三代、两汉诗文的成就与特点,不是因为他对我国散文、诗歌发展的历史规律有深入的了解,不是因为他准确地认识各个时代诗歌成就达到的高度,是难以提出来的。他对我国古典诗歌传统的认识在《荐士》诗里有较详细的说明:"周诗三百篇,雅丽理训诰。曾经圣人手,议论安敢到。五言出汉时,苏李首更号。东都渐弥漫,派别百川导。建安能者七,卓荦变风操。逶迤抵晋宋,气象日凋耗。中间数鲍谢,比近最清奥。齐梁及陈隋,众作等蝉噪。搜春摘花卉,沿袭伤剽盗。国朝盛文章,子昂始高蹈。勃兴得李杜,万类困陵暴。后来相继生,亦各臻阃隩。有穷者孟郊,受材实雄骜。"显然,他肯定了《诗经》、乐府、汉魏五言、陈子昂、李白、杜甫、孟郊以来我国古典诗歌的优秀传统,批判了晋宋、齐梁、陈隋的形式主义诗风。但是,在继承传统上他并不像白居易一样以《诗经》为诗歌创作运动的复古旗帜,他真正倾服推崇的诗歌旗手是盛唐的李、杜。如宋洪迈所说:"《新唐书·杜甫传赞》曰:昌黎韩愈于文章重许可,至歌诗,独推曰

---

① 《韩昌黎全集》卷一九,第277页。

'李杜文章在,光焰万丈长',诚可信云。予读韩诗,其称李、杜者数端,聊疏于此。《石鼓歌》曰:'少陵无人谪仙死,才薄将奈石鼓何?'《酬卢云夫》曰:'高揖群公谢名誉,远追甫白感至诚。'《荐士》曰:'勃兴得李杜,万类困凌暴。'《醉留东野》曰:'昔年因读李白杜甫诗,长恨二人不相从。'《感春》曰:'近怜李杜无检束,烂漫长醉多文辞。'并《唐志》所引,盖六用之。"①

　　韩愈自贞元十四年(798)作《醉留东野》到元和十一年(816)作《调张籍》,他对李、杜的认识逐渐加深,也愈来愈注意学习李、杜。李、杜都是我国盛唐时期的伟大诗人,到中唐却还不曾受到普遍重视,中唐以前李名高于杜,中唐时期,元稹、白居易又扬杜抑李,都失之片面。真正能诚心向李、杜学习,得其精髓,集李白浪漫主义、杜甫现实主义优长,振兴中唐诗坛,开一代新诗风的是韩愈,不仅如此,他还能从自己的亲身体验中对李、杜作出正确评价。在《调张籍》诗里他标新立异,以"李杜文章在,光焰万丈长"对李、杜做了同样高的评价,成为盛唐以后对李、杜之诗的定评。"徒观斧凿痕,不睹治水航。想当施手时,巨刃磨天扬。垠崖划崩豁,乾坤摆雷硠。惟此两夫子,家居率荒凉。帝欲长吟哦,故遣起且僵。剪翎送笼中,使看百鸟翔。平生千万篇,金薤垂琳琅。"中间的这一段诗驰骋想象,灵性跳跃,用瑰奇多变的语言、夸张恰切的比喻,总结了李、杜创作的实践经验,盛赞了李、杜诗歌的成就。"我愿生两翅,捕逐出八荒"表示了他向李、杜学习的决心,"精神忽交通,百怪入我肠。刺手拔鲸牙,举瓢酌天浆"则展现了他吸收李、杜诗歌创作经验

---

① 孔凡礼点校:《容斋随笔》,《四笔》卷三《韩公称李杜》,中华书局2005年版,第657页。

之后的效果。由此可见,韩愈并不积极主张复《诗经》、汉乐府或汉魏五言诗之古,而是主张近学李、杜的。这是因为李、杜是自《诗经》、《楚辞》、汉魏乐府及五言诗以来优秀古典诗歌传统的集大成者,标志着我国古典诗歌发展的顶峰。

从思想体系上看,韩愈和杜甫受到传统儒家思想的影响比较一致。他继承杜甫诗歌创作的现实主义传统与奇险诗风,独辟蹊径。正如赵翼《瓯北诗话》所说:"至昌黎时,李、杜已在前,纵极力变化,终不能再辟一径。惟少陵奇险处,尚有可推扩,故一眼觑定,欲从此辟山开道,自成一家。"①此于韩愈《归彭城》"前年关中旱,闾井多死饥。去岁东郡水,生民为流尸"和杜甫《自京赴奉先县咏怀五百字》"朱门酒肉臭,路有冻死骨。荣枯咫尺异,惆怅难再述"②的对比中可见。他对于李白的继承不在于任侠,好神仙,而在于"能擒能纵,颠倒崛奇,无施不可。放之则如长江大河,澜翻汹涌,滚滚不穷;收之则藏形匿影,乍出乍没,姿态横生,变怪百出,可喜可愕,可畏可服"的浪漫主义创作方法③。韩愈《卢郎中云夫寄示送盘谷子诗两章歌以和之》写太行天井关瀑布之语"是时新晴天井溢,谁把长剑倚太行?冲风吹破落天外,飞雨白日洒洛阳"与李白《望庐山瀑布二首》之二"日照香炉生紫烟,遥看瀑布挂前川。飞流直下三千尺,疑是银河落九天"④对比自见。历史总是在继承的基础上向前发展的,既然有集大成的师承,就不必拘泥于最古老的形式。我们应该

---

① 《瓯北诗话校注》卷三,人民文学出版社 2013 年版,第 80 页。
② 《杜甫全集校注》卷三,人民文学出版社 2014 年版,第 669 页。
③ [宋]张戒:《岁寒堂诗话》卷上,《历代诗话续编》,中华书局 1983 年版,第 458 页。
④ 《李白集校注》卷二一,第 1241 页。

也必须认识韩愈继承创新理论的积极意义,而不应囿于传统的定论,才能真正认识我国古典诗歌的发展规律,推动后世诗艺的发展。

独创生新,自然妥帖 在诗歌创作实践上韩愈特别注意语言的运用。其对于语言的要求,于诗于文,有异有同。异的是:文,主张"明白"——"文从字顺";诗,主张"瑰怪"——"横空盘硬语"。同的是:一则"务去陈言",二则以文入诗。这也是诗文兼长的韩愈的独到之处。"务去陈言"又与"瑰怪"生新统为一体,即"横空盘硬语,妥帖力排奡"。上句要求独创生新,下句要求自然妥帖,目的在于达到《送无本师归范阳》所谓"造平淡"的境界。为此,他曾批评崔立之诗的语言缺乏锤炼和独创性。正如葛立方所说:"退之《赠崔立之》前后各一篇,皆讥其诗文易得。前诗曰:'才豪气猛易语言,往往蛟螭杂蝼蚁。'后诗曰:'文如翻水成,初不用意为。'二诗皆数十韵,岂非欲炫博于易语之人乎?"[①]这段话正好点明了韩愈写此诗时的心理活动,他不但指出崔立之为诗轻率、不重锤炼、缺乏独创性的弊病,也以他这两首诗的写作实际给崔立之作出榜样。如果像崔立之那样"朝为百赋犹郁怒,暮作千诗转遒紧","敏捷"是"敏捷"了,不过是"可怜无益费精神,有似黄金掷虚牝"。韩愈赞扬孟郊诗的语言是"横空盘硬语",批评崔立之作诗"不用意""易语言",这是针对大历以还诗歌创作现状提出的重要主张。自大历至元和近半个世纪中,写诗习尚辗转摹效,诗风流于平庸圆熟,支离褊浅,不少诗作成了陈词滥调,出现了庸俗的"软体诗"。反之就

---

① 《韵语阳秋》卷一,《历代诗话》,中华书局1981年版,第486页。

是要古奥奇异,瑰怪生新,反对时俗流行的平常语。"无本于为文,身大不及胆。吾尝示之难,勇往无不敢。蛟龙弄角牙,造次欲手揽。众鬼囚大幽,下觑袭玄窞。天阳熙四海,注视首不颔。鲸鹏相摩窣,两举快一啖。夫岂能必然,固已谢黯黮。狂词肆滂葩,低昂见舒惨。奸穷怪变得,往往造平淡。"(《送无本师归范阳》)韩愈主张诗用"硬语",意在创新,并不主张诗的语言要"佶屈聱牙",而主张要"至宝不雕琢,神功谢锄耘",以"神功"造出"至宝"的瑰怪语言。故他肯定"张籍学古淡,轩鹤避鸡群"(《醉赠张秘书》)。

以文为诗 一是以当时应心顺口的俗话俚语入诗。韩愈认为:"人声之精者为言,文辞之于言,又其精也。"[①]例如"神仙有无何眇芒,桃源之说诚荒唐"(《桃源图》),"潜心默祷若有应,岂非正直能感通"(《谒衡岳庙遂宿岳寺题门楼》),"惊呼惜破碎,仰喜呀不仆"(《南山诗》),"只今四十已如此,后日更老谁论哉"(《李花赠张十一署》),皆顺口流出。其"以文为诗"最突出的表现是《嗟哉董生行》:"淮水出桐柏山,东驰遥遥千里不能休。泚水出其侧,不能千里,百里入淮流。寿州属县有安丰,唐贞元时,县人董生召南隐居行义于其中。刺史不能荐,天子不闻名声。爵禄不及门,门外惟有吏,日来征租更索钱。"句子长短不齐,句法参差错落,似诗非诗,似文非文。二是以散文的章法入诗。韩愈主张写文章要"含英咀华""闳其中而肆其外"[②]。写诗也是这样。他长于长篇古体,这就需要讲究章法。一味地像近体律绝那样,就难以有效地表现广阔的思绪、丰富的内容。

---

① 《送孟东野序》,《韩昌黎全集》卷一九,第276页。
② 《进学解》,《韩昌黎全集》卷一二,第187页。

作为大散文家的韩愈,很自然想到可以借用散文的章法结构。如《山石》就是运用散文章法,层次清晰,犹如一篇游记散文。方东树曰:"从昨日追叙,夹叙夹写,情景如见,句法高古。只是一篇游记,而叙写简妙,犹是古文手笔。"①这样构思布局的诗在韩诗中不少。三是以议论入诗。以议论入诗,自杜甫始,至韩愈而光大。韩诗中夹叙夹议的不少,纯属议论的也不乏其例,如《谢自然诗》:"人生处万类,知识最为贤。奈何不自信,反欲从物迁。往者不可悔,孤魂抱深冤。来者犹可诫,余言岂虚文。人生有常理,男女各有伦。寒衣及饥食,在纺织耕耘。下以保子孙,上以奉君亲。苟异于此道,皆为弃其身。"此诗几乎全篇发议论,恰似一篇押韵的议论文。运用散文形式,可以使思维摆脱束缚,章法奇异多变,口语俚语的融入,使语言生动流畅,平易妥帖,富于感染力。赵翼《瓯北诗话》说:"以文为诗,自昌黎始;至东坡益大放厥词,别开生面,成一代之大观。"②这可以作为我们评价韩愈以文为诗理论的参考,也可以帮助我们进一步认识韩愈以文为诗的理论和诗作的价值及深远影响。

韩愈的诗

一、韩诗的新变

"诗到元和体变新",就是对大历诗,乃至盛唐诗的新变。

学杜变杜 "若无新变,不能代雄。"③"为文章者,有所法而

---

① 《昭昧詹言》卷一二,人民文学出版社1961年版,第270页。
② 《瓯北诗话校注》卷五,第168页。
③ 《南齐书》卷五二,中华书局1972年版,第908页。

后能,有所变而后大。"①关键在一"变"字。杜甫之所以成为"集大成"者,就是因为他总结了以前中国古代诗歌遗产,学《诗经》、乐府、汉魏五七言诗,神似形异,学能创新,开拓了诗的新世界,影响了千百年的诗史。后世诗人凡卓然成家者,都能找到杜诗的影子。正如宋祁说的:"它人不足,甫乃厌馀,残膏剩馥,沾丐后人多矣。"②有李、杜做榜样,是中唐诗人的一大幸事,也是其不幸。幸运的是:李、杜诗已包括三代两汉以来诗歌创作的经验,创造了丰富的艺术宝库,学有榜样;不幸的是:他们要想在李、杜诗成就之上再创造,把中国诗歌艺术的发展向前推进一步,开辟自立于诗坛的新天地,不付出超越前辈的努力是难以做到的。在高峰上再树高峰,何其难哉!可是,中唐诗人不但勇敢地承担了这一艰巨的历史任务,也为中国古典诗歌的发展做出了新贡献,为中国古典诗歌宝库增添了颗颗永放光华的宝珠,韩诗就是这宝库中最有特色的一颗。韩愈是以其特殊的胆气,成为率先学习李、杜而成就最卓越的第一人。诚如王士禛所说:"贞元、元和间,学杜者唯韩文公一人耳。"③中晚唐诗人学习杜诗而轩轩赫世烜俗,自成一家者:白傅得其意旨,孟郊得其气焰,张籍得其简丽,姚合得其清雅,贾岛得其奇僻,杜牧、薛能得其豪健,陆龟蒙得其赡博。然年辈多晚于韩愈,成就也不及韩诗。王士禛之言当指韩愈学习杜甫时间早和成就大两个方面。韩愈是认真读了李、杜的诗,特别是在认真学习杜诗后,抓住杜诗已经肇始、尚未发扬光大的地方,推扩、创制元

---

① 《惜抱轩文集》卷八,《惜抱轩诗文集》,上海古籍出版社1992年版,第114页。
② 《新唐书·杜甫传》,中华书局1976年版,第5738页。
③ 《带经堂诗话》,人民文学出版社1963年版,第95页。

和新体,自成名家的。如赵翼云:"惟少陵奇险处,尚有可推扩,故一眼觑定,欲从此辟山开道,自成一家。"①韩公学杜,不惟在奇险,而是诸多受益。奇险之风当是其重点与兴致所在。那么,杜诗究竟都给他哪些影响,使他开辟诗歌艺术的新天地呢?《调张籍》是他学李、杜而能变的典型。"我愿生两翅,捕逐出八荒。精神忽交通,百怪入我肠。"说他诚心学习李、杜的写诗经验。"顾语地上友,经营无太忙!乞君飞霞珮,与我高颉颃。"告诫诗友如张籍者共同学习李、杜。总之,既学李白的飞驰想象,也学杜甫的狠重奇险,似超李、杜,又不过辙。议论之诗用飞驰想象,狠重之笔出生动形象,诙谐情趣,唯韩愈能之,孟郊、东坡不及也。如宋胡仔《苕溪渔隐丛话》前集引《雪浪斋日记》云:"退之参李、杜,透机关,于《调张籍》诗见之,自'我愿生两翅,捕逐出八荒'以下,至'乞君飞霞珮,与我高颉颃',此领会语也。从退之言诗者多,而独许籍者,以有见处可以传衣耳。"②老杜自谓其诗风"沉郁顿挫",韩愈学杜诗,有杜诗之风,如《左迁至蓝关示侄孙湘》:"欲为圣明除弊事,肯将衰朽惜残年。云横秦岭家何在?雪拥蓝关马不前。"以无怨无悔之笔表忠君思想;以沉郁之语表惋惜之情,含论佛骨事;以博大胸怀、高亢悲歌出亘古名句;以衰煞之笔表沉痛之情。字字可见杜诗的影子,可句句都是韩愈的独创,真"出于蓝而胜于蓝"也。何焯《义门读书记》云:"安溪云:妙在许大题目,而以'除弊事'三字了却。结句即是不肯自毁其道以从于邪之意,非怨怼,亦非悲伤也。"③何焯

---

① 《瓯北诗话校注》卷三,第80页。
② 《苕溪渔隐丛话》前集卷一六,人民文学出版社1984年版,第108页。
③ 《义门读书记》卷三〇,中华书局1987年版,第524页。

《批韩诗》也说韩诗有"沉郁顿挫"之风。

学杜神似 唐代之所以成为中国社会政治、经济、文化发达的鼎盛时期,主要原因是思想开放。它像一位胸怀宇宙的巨人一样,吸收和融通中西学术文化,丰富自己。在这个时期产生的诸多大诗人中,有笃信禅理,几为佛徒而卓然成家的王维;有崇道奉仙,纵横江河之间而成为伟大浪漫主义诗人的李白;也有统合儒、释、道而诗自成一体的柳宗元。杜甫、韩愈则以钻研儒学典籍,坚信儒家政治思想,以继承儒学传统自命而成为文学巨子。韩诗与杜诗内在的继承关系是他们都忠实于儒家政治思想,都是在儒家文学观指导下成为文学巨子的。杜甫提起远祖杜恕、杜预时说"自先君恕、预以降,奉儒守官,未坠素业矣",谈到祖父杜审言时称颂其"修文于中宗之朝,高视于藏书之府,故天下学士到于今而师之"[1]。这些正好讲了乃祖思想、文学这两方面对他的影响。韩愈家学影响颇似杜甫,他的父辈和兄长也都奉儒尚文。刘昫《旧唐书·韩愈传》云:"愈自以孤子,幼刻苦学儒,不俟奖励。大历、贞元之间,文字多尚古学,效杨雄、董仲舒之述作,而独孤及、梁肃最称渊奥,儒林推重。愈从其徒游,锐意钻仰,欲自振于一代。"[2]韩愈自谓"志在古道,又甚好其言辞"[3]。"愈之宗兄故起居舍人君(指韩会),以道德文学伏一世。"[4]韩愈所说的"古道",即孔、孟之道,其核心是"仁",即"博爱之谓仁"。韩愈讲到他从政事文时明确表示:"君子居

---

[1] 《杜甫全集校注》卷二一,人民文学出版社2014年版,第6270页。
[2] 《旧唐书》卷一六〇,中华书局1975年版,第4195页。
[3] 《答陈生书》,《韩昌黎全集》卷一六,第249页。
[4] 《考功员外卢君墓志铭》,《韩昌黎全集》卷二四,第332页。

其位,则思死其官;未得位,则思修其辞以明其道:我将以明道也,非以为直而加人也。"(《争臣论》)①韩愈"披腹""致君""抒忧娱悲""不平则鸣"的思想,正可比于杜甫"致君尧舜上,再使风俗淳"②,"许身一何愚,窃比稷与契"的忠君为国,"穷年忧黎元,叹息肠内热"的悯时爱民的胸怀和感情。杜甫自京赴奉先县之后发揭露现实之语:"况闻内金盘,尽在卫霍室。中堂舞神仙,烟雾蒙玉质。暖客貂鼠裘,悲管逐清瑟。劝客驼蹄羹,霜橙压香橘。朱门酒肉臭,路有冻死骨。荣枯咫尺异,惆怅难再述!"③韩愈因关中大旱,天灾人祸,与张署、李方叔等上《御史台上论天旱人饥状》,把百姓"弃子逐妻以求口食,坼屋伐树以纳税钱,寒馁道涂,毙踣沟壑"④的处境上达皇帝。他在永贞元年(805)遇赦由郴州北归写的《赴江陵途中寄赠王二十补阙李十一拾遗李二十六员外翰林三学士》对此也作了具体反映:"传闻闾里间,赤子弃渠沟。持男易斗粟,掉臂莫肯酬。我时出衢路,饿者何其稠!亲逢道死者,仃立久咿嚘。归舍不能食,有如鱼中钩。适会除御史,诚当得言秋,拜疏移阁门,为忠宁自谋!上陈人疾苦,无令绝其喉。"杜、韩二诗不论是内含的思想倾向:致君以安民;抒发的思想感情:体恤民情,悯人疾苦;产生的现实与背景:诗人亲历的天灾人祸;写法:议论夹叙事,都显示出其传承关系。诚如蒋之翘所云:"此诗详切恳恻,其述饥荒离别二段,亦仿佛工部。"⑤乾元二年(759),杜甫自东都回华州时,途中见社

---

① 《争臣论》,《韩昌黎全集》卷一四,第219页。
② 《奉赠韦左丞丈二十二韵》,《杜甫全集校注》卷二,第277页。
③ 《自京赴奉先县咏怀五百字》,《杜甫全集校注》卷三,第668页。
④ 《御史台上论天旱人饥状》,《韩昌黎全集》卷三七,第443页。
⑤ 蒋之翘:《韩昌黎集辑注》卷一,蒋氏三径草堂明崇祯六年(1633)刊本。

会惨状有感,写下了"三吏""三别"。其《垂老别》云:"势异邺城下,纵死时犹宽。人生有离合,岂择衰老端;忆昔少壮日,迟回竟长叹。万国尽征戍,烽火被冈峦,积尸草木腥,流血川原丹。何乡为乐土?安敢尚盘桓!弃绝蓬室居,塌然摧肺肝。"①韩愈南贬潮州途中,见洪水致民灾作《宿曾江口示侄孙湘二首》,诗云:"暮宿投民村,高处水半扉。犬鸡俱上屋,不复走与飞。篙舟入其家,暝闻屋中唏。问知岁常然,哀此为生微。"《韩诗臆说》云:"此诗写穷民之苦,逐客之感,怆恍渺茫,语语沉痛,起兴无端,结意无极,惟少陵可以媲之。"②此说得之,遗憾的是未具体深究韩诗受杜诗影响这层关系。蒋抱玄云:"两诗音节,逼真老杜。雄阔细腻,兼而有之。"③蒋说仅从音律、气势泛论,也未具体指出其源头所在。读了"三吏""三别",便恍然有悟,二人写这几首诗时的境遇,所表现的现实主义的内涵,对百姓的怜悯同情与诗的音节韵调,无不肖似。二人之诗都是现实主义的佳作,韩诗乃有杜诗之神。

虽然杜甫与韩愈身世不同,但他们的命运总是与广大人民的命运联系在一起的,所以,即如他们写家人的生活际遇,也都同样具有深刻的现实意义。如杜甫《北征》中杜甫回到羌村家中与瘦妻、痴女、娇儿见面的一段描写:"平生所娇儿,颜色白胜雪。见耶背面啼,垢腻脚不袜。床前两小女,补绽才过膝。海图拆波涛,旧绣移曲折。天吴及紫凤,颠倒在裋褐。"④这给韩愈

---

① 《杜甫全集校注》卷五,第1308页。
② 《韩诗臆说》,商务印书馆1935年版,第53页。
③ 蒋抱玄:《注释评点韩昌黎诗全集》,上海会文堂书局1925年版。
④ 《杜甫全集校注》卷四,第945页。

在《赴江陵途中赠王二十补阙李十一拾遗李二十六员外翰林三学士》诗中写他被贬南遣与妻子等家人分别之事提供了成功的经验,诗云:"中使临门遣,顷刻不得留。病姝卧床褥,分知隔明幽。悲啼乞就别,百请不领头。弱妻抱稚子,出拜忘惭羞。俛俯不回顾,行行诣连州。朝为青云士,暮作白首囚。"杜诗揭示了战乱给家庭带来的不幸;韩诗写忧国忧民,为民请命给家庭带来的不幸,同样具有深刻的现实意义与鲜明的时代精神。再看杜诗《自京赴奉先县咏怀五百字》:"老妻寄异县,十口隔风雪。谁能久不顾?庶往共饥渴。入门闻号咷,幼子饥已卒。吾宁舍一哀,里巷亦呜咽。所愧为人父,无食致夭折。岂知秋禾登,贫窭有仓卒。"①写离乱灾荒给家庭带来生离死别的灾难。韩愈因上《论佛骨表》批评朝政弊事,被贬潮州,在归途写下《去岁自刑部侍郎以罪贬潮州刺史乘驿赴任其后家亦谴逐小女道死殡之层峰驿旁山下蒙恩还朝过其墓留题驿梁》,诗云:"数条藤束木皮棺,草殡荒山白骨寒。惊恐入心身已病,扶舁沿路众知难。绕坟不暇号三匝,设祭惟闻饭一盘。致汝无辜由我罪,百年惭痛泪阑干。"韩愈《女挐圹铭》:"女挐,韩愈退之第四女也。……年十二,病在席,既惊痛与其父诀,又舆致走道,撼顿失食饮节,死于商南层峰驿,即瘗道南山下。"②因韩愈被贬,其妻子儿女也被赶出京师。小女死道途,侄孙湘死袁州。这首用血和泪所写的诗背后是中唐宪宗笃佛废政,造成社会混乱,百姓遭殃的社会现实。韩愈满腔热情地为中兴唐室,使百姓过上安定生活而努力,"欲为圣明除弊事",得到的却是"夕贬潮州路

---

① 《杜甫全集校注》卷三,第669~670页。
② 《女挐圹铭》,《韩昌黎全集》卷三五,第430~431页。

八千",造成了他家庭中一幕幕惨痛的悲剧。这是个人家庭的悲剧,也是时代的社会悲剧,因为它反映了封建社会中广大人民的共同命运。这与杜甫乱离回家、正遇幼子饿死的遭遇相比有过之而无不及。韩诗与杜诗虽题材似,而语不类,当从精神上寻。

趋避生新 趋与避,是诗史上传与承经常运用的方法。学者往往在趋避上做文章而自主创新。韩愈学杜不避其难,于趋难之中亦能写出著名的诗。下面拣出几首杜、韩之诗,研究一下韩学杜诗同题材的避、不同题材的趋、同题材的亦趋亦避之妙。杜甫大历元年(766)秋在夔州见大旱不雨点火烧山而作《火》诗:

> 楚山经月火,大旱则斯举。旧俗烧蛟龙,惊惶致雷雨。爆嵌魑魅泣,崩冻岚阴昈。罗落沸百泓,根源皆万古。青林一灰烬,云气无处所。入夜殊赫然,新秋照牛女。风吹巨焰作,河掉腾烟柱。势欲焚昆仑,光弥焴洲渚。腥至燋长蛇,声吼缠猛虎。神物已高飞,不见石与土。尔宁要谤讟,凭此近荧侮。薄关长吏忧,甚昧至精主。远迁谁扑灭?将恐及环堵。流汗卧江亭,更深气如缕。①

这首诗旨在谴责当地长官"甚昧至精主",这是诗的紧要语。此诗在艺术上很有创造性。全诗除首句碰题写到"火"外,只有第六句"崩冻岚阴昈"的"昈"字写到火光。诗从举火之由写起,接写日中焰彻山林;再写夜火:炽猛烧天;四写火势:蛟龙潜避;末以议作结,指出燃火乃迷信旧俗,无救于旱,徒增炎热。

---

① 《杜甫全集校注》卷一三,第3643页。

虽是写火,通篇无一句对火本体的直接描摹和与同类事物恰似词的比赋,而是通过诗人观察后的感受,即大火对自然环境产生的巨大威慑力表现出来。杜甫是无意而致,还是有意而避,无法确知。然不管是无意还是有意,都是杜甫的创造。杜诗写火不刻意于火特征的肖似比赋,而吸取大赋铺叙环境、烘托气氛、历数渊薮的写法,本身就是一种避旧趋新的作法,也是宋人"禁体物"诗的滥觞。

恰好,学杜而自成大家的韩愈也写了一首《陆浑山火一首和皇甫湜用其韵》诗,录出作一比较:

皇甫补官古贲浑,时当玄冬泽干源。山狂谷很相吐吞,风怒不休何轩轩,摆磨出火以自燔。有声夜中惊莫原,天跳地踔颠乾坤。赫赫上照穷崖垠,截然高周烧四垣。神焦鬼烂无逃门,三光弛隳不复暾。虎熊麋猪逮猴猿,水龙鼍龟鱼与鼋。鸦鸱雕雁鹰鹑鹯,燖炰煨爊孰飞奔。祝融告休酌卑尊,错陈齐玫辟华园,芙蓉披猖塞鲜繁。千钟万鼓咽耳喧,攒杂啾嗻沸篪埙。彤幢绛旃紫豢幡,炎官热属朱冠禈,䉈其肉皮通髀臀,颁胸坯腹车掀辕,缇颜靺股豹两鞬,霞车虹靷日毂辐,丹蕤缥盖绯缟帮。红帷赤幕罗脤膰,岞池波风肉陵屯,谽呀巨壑颇黎盆,豆登五山瀛四樽,熙熙酾酬笑语言。雷公擘山海水翻,齿牙嚼啮舌腭反,电光礌磪赪目瞚。

该诗之怪当受皇甫原诗影响。就写"火"这一点找关系,火光照天,一片红海。"红"是火最突出的外部特征,也是火给人最鲜明的第一印象,写火能不写红的颜色吗?可杜诗写火色也仅用一"眊"字。韩诗写火的外部特征:红的颜色,大笔濡染,把陆浑山火涂抹成通天彻地的红海洋,着意突出杜诗有意避开的直接体物的摹写。韩愈有胆有识,争强好胜。杜诗在这方面给他经验,他却从相反的方面悟出艺术创造的道理与方法。这也是一种接受美学的影响与学习。请看韩诗是如何着力于红色描写的:"错陈齐玫辟华园,芙蓉披猖塞鲜繁"以火齐珠和芙蓉花之鲜艳繁盛形容火;"彤幢绛旃紫豪幡,炎官热属朱冠裈"用火神与其僚属身着红色衣冠,红旗到处飘扬形容火;"缇颜靺股豹两鞬,霞车虹靷日毂辖……"以火官队伍浩浩荡荡,武士们身穿大红紫束,脸色红中透黄,绳如长虹,轮如红日,走如红霞,红色的饰带、车盘、随风飘动的旗幡形容火。再加上气氛的烘托,描绘了巨幅的山火图。近看尚可分出眉目,远望就只有红这一种颜色了。如果说杜诗写火是有意避开它的色彩,而韩诗写火则是有意渲染它的色彩,以避创新。

再从韩愈这首诗学杜、扬杜、趋杜来看杜诗对他的影响,即相同题材的趋。学不蹈袭,蹈袭是违背韩愈创作原则的。故在这首同题材的诗中,韩愈采用了夸饰和铺展的方法,将杜诗扩写。如杜诗云"爆嵌魑魅泣",韩诗则作"神焦鬼烂无逃门,三光弛隳不复暾""命黑螭侦焚其元,天关悠悠不可援""帝赐九河湔涕痕,又诏巫阳反其魂"。杜诗云"势欲焚昆仑,光弥焮洲渚",韩诗"天跳地踔颠乾坤。赫赫上照穷崖垠,截然高周烧四垣"和下文的"溺厥邑囚之昆仑"都从这两句诗溢出。杜诗云"腥至燋长蛇,声吼缠猛虎",韩诗则作"虎熊麋猪逮猴猿,水龙鼋龟鱼与鼋。鸦鸱雕雁鹰鹁鹍,燖炰煨爊孰飞奔"。这样扩写既看出韩公学杜的痕迹,又表现出他创造和铺写的笔力。瞿佑曰:"昌黎

《陆浑山火》诗,造语险怪,初读殆不可晓。及观韩氏《全解》,谓此诗始言火势之盛,次言祝融之御火,其下则水火相克相济之说也。……东坡有《云龙山火》诗,亦步骤此体,然用意措辞,皆不逮也。"①这既点明了韩学杜、苏步韩这一传承关系,又说明了韩学杜自有特色与创造。

再看韩愈以不同题材"雪"的写法对杜诗《火》的继承与发展。韩愈写"雪"的诗不少,如《咏雪赠张籍》、《春雪》(看雪乘清旦)、《春雪间早梅》、《早春雪中闻莺》、《喜雪献裴尚书》、《辛卯年雪》、《春雪》(片片驱鸿急)、《酬王二十舍人雪中见寄》、《春雪》(新年都未有芳华)。在这九首写雪的诗中,对雪进行外形刻画、形容的体物之词退于次要地位,铺叙、烘托人对雪的感受,下雪时的气象环境,雪的威力的大赋铺写之法却占据主导地位。《咏雪赠张籍》诗,共四十韵八十句,前三十八句大都写雪之飘落,后四十二句写积雪之厚及难行留客。写积雪几乎全用赋体,以白描为主。请看下面这段铺写:

> 松篁遭挫抑,粪壤获饶培。隔绝门庭遽,挤排陛级才。岂堪裨岳镇,强欲效盐梅。隐匿瑕疵尽,包罗委琐该。误鸡宵呃喔,惊雀暗徘徊。浩浩过三暮,悠悠匝九垓。鲸鲵陆死骨,玉石火炎灰。厚虑填溟壑,高愁怵斗魁。日轮埋欲侧,坤轴压将颓。岸类长蛇搅,陵犹巨象豗。水官夸杰黠,木气怯胚胎。著地无由卷,连天不易推。龙鱼冷蛰苦,虎豹饿号哀。巧借奢豪便,专绳困约灾。威贪陵布被,光肯离金罍。

---

① [明]瞿佑:《归田诗话》卷上,《历代诗话续编》,第1241页。

这三十句诗,给人的突出感觉是以白描着力见长。蒋抱玄说:"写景纯用白描,看似场面热闹耳。此种工夫,须从涵泳经史,烹割子集而来,确为韩公一家法,他人莫能语也。"①《韩诗臆说》曰:"此与前诸雪诗皆以开欧、苏白战之派者。其形容刻绘,神奇震耀,可谓尽雪之性。将永叔、子瞻所作取来对较,尚觉减色小样也。独鲁直《丁卯年雪》一篇,岳岳有韩意,胜其他作。硁矶陪鳃,雕刻搜求,正是此诗妙赞。"②可见,韩愈上学杜诗,下开欧、苏。如果说杜甫《火》诗是"白战体"的滥觞,韩愈写火、雪诸诗就是"白战体"的过渡,欧、苏则开"白战体"诗风之先。韩愈该诗五言十韵全用白战,当是鲁直诗《丁卯年雪》鼻祖。正因为韩诗写得好,黄庭坚学韩得其精髓而胜欧、苏。

再以写相同题材的杜诗《李潮八分小篆歌》、韩诗《石鼓歌》较之,二诗在描摹书法形神上不仅一脉相承,且各尽其妙。王士禛曰:"《笔墨闲录》云:'退之《石鼓歌》,全学子美《李潮八分小篆歌》。'此论非是。杜此歌尚有败笔,韩《石鼓诗》雄奇怪伟,不啻倍蓰过之,岂可谓后人不及前人也。后子瞻作《凤翔八观诗》中《石鼓》一篇,别自出奇,乃是韩公勍敌。"③方东树也说:"东坡《石鼓》,飞动奇纵,有不可一世之概,故自佳。然似有意使才,又贪使事,不及韩气体肃穆沉重。海峰谓苏胜韩,非笃论也。以余较之,坡《石鼓》不如韩。韩《石鼓》又不如杜《李潮八分小篆歌》,文法纵横,高古奇妙。要之此三诗更古今天壤,如

---

① 蒋抱玄:《注释评点韩昌黎诗全集》。
② 《韩诗臆说》,商务印书馆1935年版,第58页。
③ 《池北偶谈》卷一三,中华书局1982年版,第318页。

华岳三峰矣。"①三诗优劣,古今多论及,此不必赘。然可从中看出,韩学杜,苏学韩,对后世同类题材诗写作影响之大者,当推杜甫《李潮八分小篆歌》。

从杜诗奇险处开拓　上文从思想和方法上讲了杜诗对韩诗的影响,这里讲韩诗对杜甫诗风的接受。韩愈从杜诗奇险处,辟山开道,自成一家。诗务奇险自有得失,杜甫才思所到,偶一为之,却有闪光佳什。韩愈心性好奇,刻成奇险之风,有得有失。吴乔看出了韩愈的心性,曰:"于李、杜后,能别开生路,自成一家者,惟韩退之一人,既欲自立,势不得不行其心之所喜奇崛之路。"②韩愈效法杜诗奇险,创之以奇崛新体,深受杜甫形象而特殊构思的影响。杜甫《画鹰》本是咏画诗,写生欲活,神思飞动,新颖奇崛,实开韩愈《雉带箭》之先。这里不妨作一比较。杜甫《画鹰》曰:

　　素练风霜起,苍鹰画作殊。㧐身思狡兔,侧目似愁胡。绦镟光堪摘,轩楹势可呼。何当击凡鸟,毛血洒平芜。③

韩愈《雉带箭》:

　　原头火烧静兀兀,野雉畏鹰出复没。将军欲以巧伏人,盘马弯弓惜不发。地形渐窄观者多,雉惊弓满劲箭加,冲人决起百余尺,红翎白镞随倾斜。将军仰笑军吏贺,五色离披马前堕。

杜诗写鹰,㧐、侧二字,摹鹰之状,形态毕肖;摘、呼二字,活

---

① 《昭昧詹言》卷一,第43页。
② 《围炉诗话》卷三,《清诗话续编》,上海古籍出版社1983年版,第560～561页。
③ 《杜甫全集校注》卷一,第38～39页。

灵活现。结联从画上之鹰想出空中真鹰,写死欲活。诗于老笔苍劲、灵气飞舞中透出新鲜卓异之气。韩诗则写得很有特色。洪迈《容斋三笔》曰:"昌黎《雉带箭》诗,东坡尝大字书之,以为绝妙。"①纵观全诗,写人龙跳虎卧,写雉有声有色。全诗有气有势,变态新奇。诗之用韵、用语、题材与情调全承杜诗,然韩诗能避旧趋新,故多得意之笔。

自唐宋以来,诗评家对杜甫《北征》、韩愈《南山诗》较短论长,究其影响者代不乏人,可见二诗必有不少相似之处。徐震《南山诗评释》云:"以韵语刻画山水,原于屈、宋。汉人作赋,铺张雕绘,益瑧繁缛。谢灵运乃变之以五言短篇,务为清新精丽,遂能独辟蹊径,擅美千秋。昌黎《南山》,取杜陵五言大篇之体,摄汉赋铺张雕绘之工,又变谢氏轨躅,亦能别开境界,前无古人。顾嗣立谓之光怪陆离,方世举称其雄奇纵恣,合斯二语,庶几得之。自宋人以比《北征》,谈者每就二篇较絜短长。予谓《北征》主于言情,《南山》重在体物,用意自异,取材不同,论其工力,并为极诣,无庸辨其优劣也。"②徐震历述其渊源和流变,指出二诗异同,论定韩诗风格,颇有见地。就其异同而论,相同的是:二诗同用散文章法,赋体铺叙,景中寓情。杜诗写北征途中所见,把安史之乱造成的社会巨变囊收笔底,是那一历史横断面的艺术写照;韩诗写京都名山终南,把南山的灵异缥缈、光怪陆离、穷极变态、雄奇纵姿一一赋出,以雄劲的笔力,表现出博大的气势。在遣词造句上,论者指出昌黎《南山诗》连用五十

---

① 《容斋随笔》,第460页。
② 《国立武汉大学(文哲季刊)》,1942年第2期。

一个"或"字,少陵《北征》已先用"或红如丹砂,或黑如点漆"[1]句式,都是受《诗经·小雅·北山》"或燕燕居息,或尽瘁事国"[2]十二句连用十二个"或"字的影响。也有人认为《南山诗》参差变化,似出于陆机《文赋》,取其"或仰逼于先条"至"或研之而后精"[3]一段写法。这既说明杜诗对韩诗的影响,也可看出这一写法传承运用的历史变化。不同的是:二诗取材不同,用意自异。杜甫《北征》借叙事以言情,表现出对国运的关心、民情的体恤;韩愈《南山诗》重体物而言情,表现出久被压抑,大志难申,一旦解脱束缚之后的雄肆狂放之情。《北征》无疑是盛唐诗坛上的名篇杰构,韩愈《南山诗》学习杜诗,同则有趋,异则有避,有趋有避,正说明韩诗的新创,所以,《南山诗》才能成为元和时期名篇。"诗到元和体变新",正说明诗历盛唐之后,经过对大历前后三十多年诗坛之不景气的反思,志士们激发了中兴创新意识,使诗坛产生新气象。韩愈觑定杜诗奇险处,劈山开道,创立诗风奇崛新径,而自成"韩体"。

二、主体意识与韩诗风格

在形成诗人风格的诸多因素中,除时代、社会、创作传统外,最直接最根本的是诗人内在的主体意识。由于社会、家庭、所受教育及个人生活经历的影响,青壮年时期的韩愈就具有与众不同的心理机制,而心理机制的变化则影响其创作风格的变化。《杂诗》:"独携无言子,共升昆仑巅……向者夸夺子,万坟压其颠。"以无言子、夸夺子作比,以盘空想象,造神仙幻境,登

---

[1] 《杜甫全集校注》卷四,第944页。
[2] 《十三经注疏》,第463页。
[3] 金声涛点校:《陆机集》卷一,中华书局1982年版,第3~4页。

昆仑,飞高圆以观九州八荒,总揽人间世俗邪正,运语恢宏,抒发填塞胸次的郁勃之气,表现出沉郁奇崛风格。《苦寒》"肌肤生鳞甲,衣被如刀镰。气寒鼻莫齅,血冻指不拈",奇思幻笔,锐思镂刻,字带刀锋,怪怪奇奇。《答柳柳州食虾蟆》"跳踯虽云高,意不离污淖。鸣声相呼和,无理只取闹",于俳谐戏笔中出奇思壮语,令人读之愕然。虽然这些诗写于不同时期,但这些艺术意象的产生,都与韩愈"我年十八九,壮气起胸中""少小尚奇伟,平生足悲咤"的主体意识有直接关系。正因为他一生胸怀博大,尚奇好胜,心理机制与众不同,奇崛瑰怪的诗风才能贯穿他一生的诗作。张戒论韩诗风格时指出:"退之诗,大抵才气有余,故能擒能纵,颠倒崛奇,无施不可。放之则如长江大河,澜翻汹涌,滚滚不穷;收之则藏形匿影,乍出乍没。姿态横生,变怪百出,可喜可愕,可畏可服也。苏黄门子由有云:'唐人诗当推韩杜,韩诗豪,杜诗雄,然杜之雄亦可以兼韩之豪也。'此论得之。诗文字画,大抵从胸臆中出,子美笃于忠义,深于经术,故其诗雄而正。李太白喜任侠,喜神仙,故其诗豪而逸。退之文章侍从,故其诗文有廊庙气。退之诗正可与太白为敌,然二豪不并立,当屈退之第三。"①韩诗之所以能得到这样的推许,关键在于他能独辟蹊径,创造出奇崛瑰怪的个性风格,开中唐至宋代一派新诗风。赵翼说:"中唐诗以韩、孟、元、白为最。韩、孟尚奇警,务言人所不敢言;元、白尚坦易,务言人所共欲言。试平心论之,诗本性情,当以性情为主。"②此说指出韩愈敢于创新的主体意识和他"务言人所不敢言"与"惟陈言之务去"的主

---

① 《岁寒堂诗话》卷上,《历代诗话续编》,第458~459页。
② 《瓯北诗话校注》卷四,第109页。

张是一致的。"自笑平生夸胆气,不离文字鬓毛新。"胆,是他深层思维中竞奇争新的主体意识特征;气,是这种艺术思维创造出的诗的气魄和精神。这一思维层次的特征表现为强烈的艺术追求——创新。在这种主体意识支配下,韩愈创造出崭新且具有很高价值的艺术品,如《陆浑山火一首和皇甫湜用其韵》《游青龙寺赠崔大补阙》。《龙移》云:"天昏地黑蛟龙移,雷惊电激雄雌随。清泉百丈化为土,鱼鳖枯死吁可悲。"这样的艺术构思,怪奇且具有很高的美学价值。

以狠重之笔,标新异之姿,是韩愈艺术思维更高层次的心理机制,此处可分为新、异两个方面。所谓新,当是韩愈不满于大历以降的因袭、保守、陈言、旧调,欲去陈言,创新风。清人叶燮指出:"愈尝自谓'陈言之务去',想其时陈言之为祸,必有出于目不忍见、耳不堪闻者。使天下人之心思智慧,日腐烂埋没于陈言中,排之者比于救焚拯溺,可不力乎!而俗儒且栩栩然俎豆愈所斥之陈言,以为秘异而相授受,可不哀耶!故晚唐诗人,亦以陈言为病;但无愈之才力,故日趋于尖新纤巧。俗儒即以此为晚唐诟厉,呜呼,亦可谓愚矣!"[①]所谓异,即是与新互为表里的另辟蹊径。另辟蹊径是推陈创新的高级阶段,即以渐变而达到质的飞跃。然而,不是任何创新都能达到这样的高度。韩诗中属于这一艺术层次的作品不少,《谒衡岳庙遂宿岳寺题门楼》《南山诗》《石鼓歌》《左迁至蓝关示侄孙湘》《泷吏》等都是。单就《谒衡岳庙遂宿岳寺题门楼》看,诗有四奇:一是于俗意中出新旨,表现出立意之奇。二是描绘衡岳之怪,出意境之

---

① 《原诗》,人民文学出版社1979年版,第9页。

奇。三是用硬语僻韵，出险格奇调。语多用双声叠韵，东韵到底，句句三平，以成正调，写出瑰奇雄壮的山势，表现诗人富贵不能淫，威武不能屈，至大至刚的浩然之气。四是以文入诗，散中求整，熔于一炉，出结构谋篇之奇，恰似一篇有首有尾，有谷有峰，起承转合，具体详尽的游记文。意奇、境奇、语奇、篇奇，构成了这首诗奇崛瑰怪的风格，故历来被人称"七古中此为第一"。

逆反，是又一种潜藏在韩愈思维活动中的心理机制，它对韩诗风格的形成起了重要的作用。韩愈忧国爱民，倾心政事，得到的却是当政者的压制，世俗的诽谤。对社会不公和压力的不满与反抗，有时难以直言，便往往采用旧语翻新的修辞手段，让读者在奇奇怪怪的语句里参悟。如"岁老岂能充上驷，力微当自慎前程。不知何故翻骧首，牵过关门妄一鸣"(《入关咏马》)，在自慎之中发牢骚。清人王鸣盛指出："观此作，似有鉴于阳山之覆辙，欲以缄默取容矣。乃其后谏迎佛骨，面折王廷凑，强项自如，不少贬也，君子哉!"①韩诗中还有于反常事物中寓深刻哲理的一类。如《郑群赠簟》，诗中盛赞簟席之美："倒身甘寝百疾愈，却愿天日恒炎曦。"看似极不合理，细究却有深刻道理。这种把哲理蕴于似不合理的诗句中的手法，表现了韩愈思维的高妙。《苦寒》里形容天冷也用的是这种思维方式。再看《孟东野失子》诗，序云："东野连产三子，不数日辄失之。几老，念无后以悲。"呼天怨地"负我十年恩，欠尔千行泪"(孟郊《悼幼子》)。为了劝慰老友，本无寻奇觅怪的必要，也无瑰怪奇

---

① [清]王鸣盛撰：《蛾术编》卷七六，商务印书馆1958年版，第1190页。

崛的事可写。然而,诗出于奇崛诗人韩公之手,情况就大不同了。他利用丰富的想象力,"推天假其命以喻之",写出了上天入地,寻龟问灵,天帝劝慰,托梦于郊,海阔天空,荒诞不经的意象,以喻祸福有常,不是人力所能改变的。又举出鱼、鸱枭、蝮蛇等生子之苦,只落得孤苦无报,恩将仇报的事例,说明有子不为喜、无子不必忧的道理,劝慰老友。最后抒发了他对老友的诚挚感情,荡气回肠,使老友转悲为喜,破涕为笑。真是其思精,其喻怪,其语警,收到了奇特的效果。韩公这种化平淡为奇崛,化悲痛为喜悦的本领,可谓高超。奇崛瑰怪是韩诗的主体风格,纵观韩愈一生,由于不同时期主体意识的变化,其诗风格也表现出多样性。

三、韩诗风格的多样性

韩诗经历了四十多年的创作实践,不仅反映了唐诗历史曲折变化的过程,也是韩诗风格不断发展变化的历史。经过他的创造,使大历以来陈陈相因的诗风"一洗万古凡马空"①。人们往往以奇崛概韩诗,虽属主调,恐未及全貌,要全面认识韩诗的风格,必须对他各个时期的诗做具体分析。赵翼《瓯北诗话》云:"其实昌黎自有本色,仍在文从字顺中,自然雄厚博大,不可捉摸,不专以奇险见长。恐昌黎亦不自知,后人平心读之自见。若徒以奇险求昌黎,转失之矣。"②韩诗早年诸作,虽有像《条山苍》那样的"简淡"之作,然尚未完全形成固定风格,大抵以清新

---

① [宋]何汶《竹庄诗话》:"《雪浪斋日记》云:王逸少于书知变,犹退之于诗知变,则'一洗万古凡马空'也。"[宋]何汶撰,常振国、绛云点校:《竹庄诗话》,中华书局1984年版,第10页。

② 《瓯北诗话校注》卷三,第80页。

雄豪为主。如《青青水中蒲》三首,就给人以清新之感。与王维《杂诗三首》、李商隐《夜雨寄北》较之,皆为抒情佳制,韩诗"自有风致"。他的《杂诗》利用飞驰的想象,以寓言为假托,表达了他对世俗的看法。诗人站在时代知识、思想认识的峰巅,发挥《原道》之旨,写法上直接继承李白诗浪漫主义的传统,颇似屈原《离骚》。全诗想象奇特,比喻新鲜,特别是"独携无言子"以下六句,和"慷慨为悲咤,泪如九河翻""翩然下大荒,被发骑麒麟"的夸张形容,语言清新,气势宏博,已表现出韩诗清新雄豪的风格。这个时期写的《汴泗交流赠张仆射》《雉带箭》《归彭城》《山石》等,都体现了韩愈诗的早期风格。特别是《山石》一诗,黄震评曰:"《山石诗》清峻。"[①]元遗山《论诗绝句三十首》第二十四云:"'有情芍药含春泪,无力蔷薇卧晚枝。'拈出退之《山石》句,始知渠是女郎诗。"[②]此论意在讲诗的不同风格。他将秦少游诗比作女郎之态,既美又柔,是切中少游诗风的。用"含春泪"写芍药有情,用"卧晚枝"写蔷薇体态,可谓妙绝。韩诗风格与少游诗不同,《山石》表现出一种刚健清峻之美。

韩愈中期诗歌创作最多,也最能代表他的主体风格,特点是奇崛瑰怪。韩愈平生喜欢奇伟的新鲜事物,他在学习古代遗产时对珠玑华实、奇辞奥旨最感兴趣。正如《上兵部李侍郎书》里讲的:"凡自唐虞已来,编简所存,大之为河海,高之为山岳,明之为日月,幽之为鬼神,纤之为珠玑华实,变之为雷霆风雨,

---

① [宋]黄震著,张伟、何忠礼主编:《黄震全集》,浙江大学出版社2013年版,第1815页。

② 《元好问论诗三十首小笺》,人民文学出版社1978年版,第76页。

奇辞奥旨,靡不通达。"①他这一时期的诗作发扬光大了这一特点,形成了他独特的创作风格。如这一时期写的《咏雪赠张籍》《苦寒》《利剑》《谴疟鬼》《谒衡岳庙遂宿岳寺题门楼》《洞庭湖阻风赠张十一署》《郑群赠簟》《南山诗》《城南联句》《游青龙寺赠崔大补阙》《孟东野失子》《陆浑山火和皇甫湜用其韵》等大部分五、七言古诗都有这个特点。《南山诗》争用险韵,怪语迭出,"或"字叠字连用,灵异缥缈,光怪陆离,正如骏马下冈,失缰脱辔,具千钧难挡之势。最后以"大哉立天地"数语收煞,犹如柝声忽惊,万籁俱寂,表现出韩愈争奇斗胜的心理特点。盛唐写终南山的名篇迭出,然都以短小精湛见称。如王维的五律《终南山》,把终南山的神态和盘托出,给人以整体鲜明的印象。祖咏的《终南山望余雪》,摆脱应试律诗六韵十二句之体,只写了四句。虽然遭试官诘责,却被世人誉为写终南山雪景的绝唱,流传千年。要创写终南山的新篇章,再走王维、祖咏的路子恐难逮意,故韩愈以瑰怪新奇制胜,这就是诗人的不同艺术心理产生的不同风格。

韩诗奇崛瑰怪的风格表现在哪些方面呢?

其一,构思上的匠心独运,腾空飞驰。韩愈最追慕"万类困陵暴"的李白、杜甫。他对于"光焰万丈长"的李、杜文章,是"夜梦多见之,昼思反微茫"的。故他最倾倒的是李、杜"徒观斧凿痕,不瞩治水航。想当施手时,巨刃磨天扬。垠崖划崩豁,乾坤摆雷硠"的构思创作过程,他说"我愿生两翅,捕逐出八荒",通过认真学习与精心实践,达到了与李、杜"精神忽交通,百怪入

---

① 《韩昌黎全集》卷一五,第233页。

我肠。刺手拔鲸牙,举瓢酌天浆。腾身跨汗漫,不著织女襄"的境界。他的古体长诗不少篇章都具有这个特点。贞元十九年(803)关中大旱,冬又早雪,灾情严重,百姓生活极为困难。然而德宗李适酷好敛财,重用盘剥百姓的谗臣,大肆搜刮,民无宁日;朝臣之间,朋党争权,权臣误国,造成了贞元末年的政治混乱。他的《咏雪赠张籍》反映了百姓的疾苦,抨击了祸国殃民的权臣,发泄了胸中的愤慨。看似写雪,实则讽喻,这样的立意,表现了这首诗的构思之奇。诗把弄权者比寒雪,把充位者比粪壤,把君子比松篁,把困民比萌芽,把雪比作从天而降的天鹅、白鹭身上掉下的羽毛,把雪片视作人工的剪裁,诗中的这些比喻又表现了语言之奇。他的诗在艺术技巧上,"写景纯用白描,看似场面热闹耳。此种工夫,须从涵泳经史,烹割子集而来,确为韩公一家法,他人莫能语也"[①]。以雪起兴,先写雪景,以喻其寒,恰似一篇铺写雪景的大赋,不仅摹写雪景惟妙惟肖,也写出了大雪的性格,可观可思,耐人咀嚼。中间在极尽赋雪的基础上,比附时事,以寓讥刺。最后,发抒感慨,以显其志,扣"赠友"之题,既有趣,又相得,构思谋篇极新巧,确实是韩公继承李、杜,合二璧于一体的好诗。

其二,用语刻意生新。退之古诗,造语皆根柢经传,犹陈商周彝鼎,古痕斑斑。时而火齐木难,错落照眼,应接不暇,幽涩之语,如牛鬼蛇神。形容一物一事,语必造极,常人想不到,也不敢想。如"不如弹射死,却得亲烹燀"(《苦寒》)写天气寒冷,麻雀受冻难堪,与其受冻还不如受弹射炖煮。《送文畅师北游》

[①] 蒋抱玄:《注释评点韩昌黎诗全集》。

写归京得官之喜,本用杜甫"每愁夜中自足蝎"句,偏反其意,以"照壁喜见蝎"形容。《醉赠张秘书》本用嵇绍鹤立鸡群语,偏说"张籍学古淡,轩鹤避鸡群"。《县斋有怀》本用向平婚嫁毕事,偏说"如今便可尔,何用毕婚嫁"。《荐士》诗本用《汉书》"强弩之末,不能入鲁缟",偏说"强箭射鲁缟"。韩诗各种用语生新奇瑰的例子俯拾皆是,最集中的当推《陆浑山火》之写山火。

其三,以散文句法、章法入诗,出非诗为诗之奇,达到参差错落、散中见整的瑰奇之美。我国近体绝律到盛唐,形式工整完美,达到顶峰。如果诗总是一样货色,变来变去,只能在文字上斗巧争艳,美则美矣,但势必会走上绝路。在竞相创作对仗工整的近体诗中,能写出参差不齐、错落有致的"非诗之诗",会给人一种新奇之美的感受。在这一点上,韩愈的诗是一个创造。他的诗在五七言中插入三四言的短句,或十字、十几字、几十字的长句,如:"昔年因读李白杜甫诗,长恨二人不相从。"(《醉留东野》)"决云中断开青天,噫!剑与我俱变化归黄泉。"(《利剑》)"昔寻李愿向盘谷,正见高崖巨壁争开张。""归来辛苦欲谁为?坐令再往之计堕眇芒。"(《卢郎中云夫寄示送盘谷子诗两章歌以和之》)"上界真人足官府,岂如散仙鞭笞鸾凤终日相追陪。"(《奉酬卢给事云夫四兄曲江荷花行见寄并呈上钱七兄阁老张十八助教》)"马厌谷兮,士不厌糠籺;土被文绣兮,士无褐褐。彼其得志兮不我虞;一朝失志兮其何如?已焉哉!嗟嗟乎鄙夫!"(《马厌谷》)韩诗喜用古文常用的文言虚词、连词,如岂、尔、岂如、耶、哉、都、也、焉等,于整齐中变化。如《荐士》这首五古长诗,从"周诗三百篇"至"亦各臻阃隩"一段,恰似从《诗经》到盛唐的中国诗史纲要,夹叙夹议,有述有评。下边赞孟郊诗,论孟郊为人,写圣皇求贤,请求郑馀庆举荐孟郊,于整齐中见散文章法。总之,韩诗造语、结构之雄厚博大,不可捉摸,与其擅长造语、布局,变幻莫测,气韵深稳而堂庑开阔的散文章法有密切关系。

其四,艺术手法的奇瑰多变。韩愈写诗在艺术手法上也是别具匠心,富于变化的。他常以俗为雅,拙中见巧,散中见整,平中出奇,用字狠重奇险。以狠重奇险来说,如用太阳神羲和的火鞭子和"赤龙拔须血淋漓"这样既壮丽又恐怖的形象形容赤藤杖的珍异奇美。《感春三首》之三中的"艳姬蹋筵舞,清眸刺剑戟",用"刺剑戟"三字形容艳姬的眼神。《游青龙寺赠崔大补阙》中,用"赫赫炎官张火伞""金乌下啄赪虬卵"这样狠重奇险的比喻,形容八月柿子成熟时柿园一片彤红之景。《落齿》中写牙齿掉,竟用"意与崩山比"。这种手法一般人是不大敢用的,用得恰切,能增加诗歌的瑰奇之美。正可用苏洵"如长江大河,浑浩流转,鱼鼋蛟龙,万怪惶恐,而抑遏蔽掩,不使自露;而人自见其渊然之光,苍然之色,亦自畏避,不敢迫视"①之语来看韩诗。

晚期韩诗仍可见奇崛险怪余风,然从整个时期的诗歌创作看,更多地呈现出平淡妥帖的风貌。正如他在《送无本师归范阳》里讲的:"奸穷怪变得,往往造平淡。"受生活和思想影响,韩愈晚年那种长篇巨幅的古体诗已少见,而多写一些短小的律绝,如《奉和兵部张侍郎酬郓州马尚书祗召途中见寄开缄之日马帅已再领郓州之作》"赖寄新珠玉,长吟慰我思"。《和仆射裴

---

① [宋]苏洵著,曾枣庄、金成礼笺注:《嘉祐集笺注》卷一二,上海古籍出版社1993年版,第328~329页。

相公感恩言志》表达了他这一时期的思想:"文武成功后,居为百辟师。林园穷胜事,钟鼓乐清时。摆落遗高论,雕镂出小诗。自然无不可,范蠡尔其谁?"既言裴度,也说自己。他这时写的一些名篇,都体现了平淡妥帖的风格,清新喜人。特别是像《送桂州严大夫》:"苍苍森八桂,兹地在湘南。江作青罗带,山如碧玉簪。户多输翠羽,家自种黄甘。远胜登仙去,飞鸾不暇骖。"写桂林山水,堪称绝唱。《早春呈水部张员外二首》之一:"天街小雨润如酥,草色遥看近却无。最是一年春好处,绝胜烟柳满皇都。"写早春景色,春日细雨的可爱,春草萌芽的形态,于似见非见中,在有意无意间达到曲尽其妙的境界。《南溪始泛三首》之二:"南溪亦清驶,而无楫与舟。山农惊见之,随我观不休。不惟儿童辈,或有杖白头。馈我笼中瓜,劝我此淹留。我云以病归,此已颇自由。幸有用余俸,置居在西畴。囷仓米谷满,未有旦夕忧。上去无得得,下来亦悠悠。但恐烦里间,时有缓急投。愿为同社人,鸡豚燕春秋。"不雕不琢,率真恬适,即物写心,笔到意随,亲切感人。

　　韩愈反佛抑道,继承旧传统,建立新儒学,捍卫中华民族文化思想传统,功比孟轲,故成为中国文化史上的大思想家;其文学思想、散文成就及发动和领导的"古文运动",诗论与创作及开辟的方向,在中国文学发展史上起着导夫先路的作用,故被称为伟大的文学家、语言大师、世界文化名人;他继承民族的师道传统,以正确的师道观破除旧的师道尊严,为建立优秀的师道传统作出不朽贡献,成为孔子之后的大教育家;为振兴中唐,他在政治、军事、经济上都有突出建树。像韩愈这样对中国文化有多方面贡献的人,实属罕见,故后世推重,敬称其为"泰山北斗"。

《昌黎先生集》的编辑整理

韩愈文集是长庆四年（824）韩愈逝世后由门人李汉编辑的。在李汉之前曾有贞元本，今已不传。长庆末年李汉编纂的韩愈文集的定制、编目是当时首创，其规模和定制均为后代所推崇，是历代传本的祖本。宋以前韩集流布的情形，难以考查，但据方崧卿《韩集举正》序文中提到的，有唐令狐（澄）氏本、南唐保大本和赵德文录本。赵德文录本早于李汉本，选诗文七十五篇。北宋出现研究推重韩愈的高潮，宋人整理的韩集，最早有柳开、刘煦、欧阳修的传本。柳开《昌黎集后序》、穆修《唐柳先生集后序》均称得韩集之全，所以宋人对于韩集的整理，不必像整理李、杜之集那样把精力放在辑佚补缀上。宋代最早的韩集刻本是杭州大中祥符二年（1009）所刊。蜀中有嘉祐刻本。另有李左丞汉老、谢参政任伯所校秘阁本，即朱熹所称"阁本"。此外，还有谢克家本、李昞本、洪兴祖本、潮本、泉本、监本等。由于各本辗转传抄，讹误甚多，校正同异必不可少。欧阳修在韩集整理过程中功不可没，他掀起了研究学习韩愈的高潮。欧本校订精审，为后世所重。北宋韩集多为白文本，南宋出现校注韩集之风。上海古籍出版社曾影印宋白文本《韩昌黎先生文集》（简称宋白文本），是流传至今的较早传本，有正集四十卷，外集十卷（包括诗文和实录），首次出现外集，个别地方有校文，原文文本较善。文谠《新刊经进详注昌黎先生文》（简称文谠本），有正集四十卷，外集十卷，规模同宋白文本，篇目稍有出入，首次收入《论语笔解》。目前，学术界对《论语笔解》是否为韩愈、李翱所注有争议，但其行文风格和思想内涵与韩愈较为接近。文谠本还保留了《韩文公志》三卷,其注较详,较有见地。南宋中期魏仲举的《新刊五百家注音辩昌黎先生文集》(简称魏本),可谓韩集注本的祖本及"承前启后"的集大成者,前收宋儒诸家注解及校勘成果,是现存最早的集校集注本,还有魏仲举少量自注。附有评论、诂训、音释诸儒名士录,是比较珍贵的校注资料。方崧卿的《韩集举正》广校异本,是宋人韩学研究著作的高峰,校勘精审。附有当时可见的石本提要和令狐本、保大本、阁本、祥符本、嘉祐本、赵德文录本、文苑本、文粹本、谢本提要,极具文献价值。朱熹因之为《考异》,原本单行,正文但摘一二字大书,所考夹注于下。后来王伯大重编韩集时,将其散入各句之下,以便寻览。今有《朱文公校昌黎先生集》,题晦庵先生考异,留耕王先生音释。宋代还有韩醇注《新刊诂训唐昌黎先生文集》五十卷,又有文谠注、王俦补注《新刊经进详注昌黎先生文》,浙刊祝充《音注韩文公集》。宋代最后一个韩愈全集本是廖莹中《世绤堂昌黎先生集注》(简称廖本),明代经东雅堂翻刻后大为盛行。东雅堂本一出,诸本沉寂,其成为韩集唯一流行的本子,所谓"东雅堂韩集"是也。廖本纳入朱熹《考异》和魏本部分注释,但削去姓名,汇校不便。金元韩集整理不多。明清有蒋之翘《韩昌黎集辑注》、顾嗣立《昌黎先生诗集注》、方世举《韩昌黎诗编年笺注》、沈钦韩《韩集补注》、方成珪《韩集笺正》等。单就治韩诗而言,清人顾嗣立为最著,首开韩诗单注之先;方世举编年系统整理,上了一个台阶。顾著开方著之新貌。

自 20 世纪 80 年代以来,大陆(内地)与港台先后出版了多部韩愈诗文校注本,其中马其昶校注、马茂元整理《韩昌黎文集校注》、钱仲联集释《韩昌黎诗系年集释》、屈守元《韩愈全集校注》、罗联添编《韩愈古文校注汇辑》、阎琦《韩昌黎文集注释》、刘真伦《韩愈文集汇校笺注》影响较大,而马其昶、罗联添、阎琦、刘真伦四本均为韩愈文集,不包括韩愈诗集部分。钱仲联《韩昌黎诗系年集释》将全部韩诗进行系年并集释,童第德《韩集校诠》对韩愈诗文作了句解,屈守元《韩愈全集校注》则校注了《韩愈全集》的所有篇目。

钱仲联集释《韩昌黎诗系年集释》1957年由古典文学出版社印行,1984年由上海古籍出版社订补印行。其从最初面世距今已逾60年,虽曾于1984年订补,但距今也已有30余年。屈守元《韩愈全集校注》于1996年由四川大学出版社出版,距今已逾20年,且未进行过修订。近年来科技发展迅速,很多当年难以见到的古籍已影印出版,大大方便了学者的研究,出现了许多新材料和新的研究成果。这两个本子因出版时间较早,显然无法代表当前学术发展的新成果。

钱仲联先生《韩昌黎诗系年集释》(简称《集释》)资料丰富、翔实,可以说是宋元明清以来韩愈诗歌校注的集大成之作。钱先生学识渊博,功底深厚,用功甚勤,校注中有不少精辟见解。但毋庸讳言,此书无论是在校勘、注释方面,还是在系年、编排方面,都仍有未备不足之处。比如南宋文谠详注、王俦补注本宋刻《新刊经进详补注昌黎先生文集》,此书出自聊城杨氏海源阁,今藏中国国家图书馆,缺十二至十八卷,所幸诗歌部分尚属完整。钱仲联先生在《集释》前言中提到过此书,但在校注中却未加采用。王俦的补注多同于樊汝霖注,而文谠的校注却颇多独特见解。故此,本书较多地采用了文谠的校注。同时,尽可能吸收《集释》中的优秀成果,并校正其中错漏的地方,着重在其"未备"和"不足"之处下功夫,是我们的校注工作重心所在。

《韩集校诠》1986年由中华书局出版。该书运用校勘训诂学方法,根据"韩文无一字无来历"的特点,借鉴前人成果,探求词语典故根源与演变,胪列异同,抉择按断。由于童先生博闻强识,学养深厚,治学谨严,用功勤勉,该书具有很高的学术价值。诚如吴则虞称:"博而慎,核而恕,见独而不纤,是读书得其间,著书善用其才者。"①

四川师范大学著名文学史家屈守元教授及其助手常思春副教授共同主编、四川大学出版社1996年出版的《韩愈全集校注》对历代韩集校注进行了一次大整理,对现存韩诗韩文编年做了新的考订、校勘、注释,解决了不少前人未解决的疑难问题,具有很高的学术价值,成为迄今为止韩愈全集的最佳文本,为韩愈研究做出了重要贡献。但因此书是由多人合作完成,难免存在水平不齐、错讹之处。且因出版时间较早,受当时印刷技术限制,印刷错误较多。

本书参考现存的二十余种历代韩集刊本,尽量录入自宋至清的历代善本的校勘及评注成果。在选用历代善本时,注意择其优者。如祝充《音注韩文公文集》,不选用屈守元本所用的1934年文禄堂影印本,而选用中华再造善本原本影印宋刻本。再如增加钱仲联本虽提及却未选用的南宋文谠注、王俦补注本宋刻《新刊经进详补注昌黎先生文集》。注释时补充增加笔者的新见,集诸家注。除收入历代名家评点外,还在代表名篇原文前作点睛式的评述,更便于读者理解诗意。

---

① 《韩集校诠序》,见童第德:《韩集校诠》,中华书局1986年版,第1页。

前言

我开始校注评《昌黎先生集》已是三十多年前的事了。1984年4月洛阳牡丹花会期间,季镇淮先生来豫讲学,约我跟他开展韩愈研究,提出整理一部新校注的《韩愈全集》。我说:"《韩愈全集》不是已经列入国家古籍整理计划项目,由四川师大屈守元先生领导的研究所整理了吗?"先生说:"对韩公这样的大家,我们这样的泱泱大国,两部、三部也不算多。清代不就出了许多部吗?"于是在先生的指导下我开始了这一工作。1991年,中州古籍出版社出版的《韩愈诗文选注》,就是由我校注评、季先生审阅的新校注韩集简本。如《提要》所说:"此编首次汇韩愈诗文为一帙,是迄今选编最多的一种大型选本,有代表性的名篇尽皆收入。每篇包括评、注、集说。评则提纲择要,画龙点睛;注则不避难点,言简意赅;集说则选历代评析精粹及有代表性的不同论述。"季先生仙逝后,校注工作多得任继愈先生帮助、指导。一次我去北京看望任先生,并向先生汇报校注韩集工作时,先生仔细听我讲完后,说:"做韩公全集的辑校、辑注、辑评,是否像你老师詹锳先生整理《李白集》那样,出一个韩集的定本,定本一出,其他本子,如王琦等的《李白集》,可以不带。"并表示:"我做你的顾问。"任先生的意见很好,我原本就是这样做的,只是心里无底,进展迟缓。任先生这么一说,使我整理韩集的方向更明确,责任心更强,也更有信心了。然而,出"定本"何其难也!我们下决心按任先生的要求努力、奋进,不辜负先生的期望。近年来整理韩集的新著不断涌现:台湾罗联添先生编的《韩愈古文校注汇辑》、陕西阎琦的《韩昌黎文集校注》、湖北刘真伦的《昌黎文录辑校》及其由中华书局出版的《韩愈文集汇校笺注》。任先生读我的《韩愈大传》后来信说:"内容充实,在当前许多'大传'中这是一部有分量的著作。赶任务是赶不出来的,它是长期积累的自然成果。"他要求研究生要潜心读书,不要急功近利。我遵先生之嘱,不赶速度,不抢时间,只求认真细致、扎扎实实地在全面吸收古今诸家成果的基础上,整理出一部汇校、汇注、汇评本《昌黎先生全集》。

小女弘韬在南开大学博士毕业后也加入这项工作中,现在呈献给大家的《汇校汇注汇评昌黎先生诗集》,就是综合了季、任二位先生的意见,由弘韬最后完成的。没有弘韬接力,此书难成。所谓汇校,就是尽可能汇集唐宋以来韩集善本、有关文献,汇总比较韩愈诗文及其用语个性特点,整理出较符合李汉《昌黎先生集》原貌的文本,故书名仍用"昌黎先生集"。汇注,就是在汇总诸家注释的基础上,比较后得出正确的解释。汇评,就是除对韩愈诗文整篇、重要词语作精要的点评外,书后及每篇集有历代学者的评论,特别是对不同观点的意见尽量收入,以显历代评论的全貌。我们这样做,意在为喜爱韩集的读者提供方便,为现在和今后的专家学者深入研究奠基。此乃诗的部分,故称《汇校汇注汇评昌黎先生诗集》。该书在傅璇琮、余恕诚和陈尚君等专家学者的支持、推荐下得到国家出版基金支持,各项工作由安徽大学出版社领导和专家具体操办。在这里我们对指导、支持、关心和帮助我们工作的各位同志致以诚挚的谢意!因限于学力,恐有错讹不足之处,恳请学友们批评指正!

张清华

2018 年 1 月于郑州百花书屋

凡 例

一、关于书名，尊重韩愈本意，即李汉编辑韩集时所定之名。晚唐五代两宋所传韩集书名，撮要有三：《昌黎先生集》《昌黎先生文集》《昌黎先生文》，李汉《序》中所出之名即为《昌黎先生集》。本书为韩集的诗歌部分，故名之为《汇校汇注汇评昌黎先生诗集》。

二、为了弘扬我国古代优秀的文化传统，继承古代优秀文化遗产，遵循普及提高的原则、文字改革之国策，本书既重学术，又与时俱进，采取便于阅读的横排规范简化汉字，其中人名、地名、书名则慎用，必要时仍用原繁体字。在辨析原文时，为说明各书文字异同，必要时仍保留原繁体字。

三、汇校：古人见到的文本有限，往往先得或残或全的一种文本，遇见另一种则比较之，列出异文。或一种或数种，难得其全，即如方崧卿《韩集举正》那样的汇校本；仍有该校未校，如文说《新刊经进详注昌黎先生文集》。今人校书得益于古籍数字化的发展，可以较为方便地获得古籍电子本，将多种善本并列比对。难的是如何在比较后得出较合乎作者本意的原文，故多列校文，亦作厘定。本书不以传统校书之法只罗列校文，而是采取本校、对校与理校结合的原则，在比较诸善本、有关研究著作及韩集文本的基础上，深究韩愈用语的个性特点，定出合适

的字、词、句,纳入正文,以求得出完善的文本。厘定的原则:

1. 比较诸家校本校文善否而定正文。

2. 推究上下文的深层内涵而定正文。

3. 比照韩愈其他诗文用语而定正文。

4. 不追求某家校文的新鲜与遵从古代诗文家用语的惯例,而是看校出的字、词、句是否符合韩愈用语习惯而定正文。

5. 探源知变,究其用语是否源于古代典籍而予新变。

6. 原则上先校后注。非注不能得出校文者,则校注结合。韩愈诗文此种情况不少,故全书不单列校、注、笺,而采取校注结合的方法。

四、汇注:汇辑诸家注释,力求其全。

1. 重要注本、选本、评本中的注释,除重复、基本重复而较简者,尽皆收入。为了增强某一解说的可信性,作必要的补充阐释。

2. 注释文字的次序,或按注者年代先后,或按注文繁简,或重或轻,旨在清晰可读。尤其是不同意见,尽量列入,以求完备。

3. 收入诸家注释时尽量列出注释者,原著的书名、篇名,以便读者检查。为简省文字,只出注释者姓,同姓后出者出全名,如方氏之崧卿、成珪、世举。重要者如钱仲联。

4. 凡诸家未注而必注者,尽皆补注,并在行文时随势纳入。自注者不出姓名,因已别于诸家,为简洁一般不加按字或补注字样。

5. 为了使研究者、普通读者多掌握一些文献资料,对历史事件、语词出处、成语典故、汉语流变,都作较详细的阐释。韩愈诗文尤其是诗,除上所说,还不足以使读者了解其内涵时,对语句作必要的阐释;对诗文之精彩处加以点评,或录入古今诸家评语。

6.注释遵从传统用语习惯,尽量做到明白流畅,易读易懂,不生歧义。尽力做到融校注评为一体,不枝不蔓,一气贯通。

7.汇注时仅引原文不足以证明韩愈深意者,则深究详析注疏,以提高校注的学术水平。

五、校注后列自己的意见,或辨析,或新见,务求确切。形式上须出"按"字则出之,无须出者直接诠释。诠释重在人物、事件、地名、职官及词语、成语典事。词语、成语典事,务在求其源、导其流,以便读者既知其源,亦知其变,了解韩愈用语对后世的影响,知道世称其为"语言大师"的原因。

六、汇评:韩愈诗文极富,不少篇章至为精彩、重要,故加点评。评分二端,一是为了给读者提供历代研究资料,加深读者对诗文背景、题旨及艺术性的理解,凡代表性名篇前均加作者点评;二是每一诗文后附历代不同意见的评说,以增加读者对每篇诗文及"韩学"研究史的了解。

七、校注引用书目及简称:

[1]《昌黎先生文集》四十卷《外集》十卷(其中卷五至卷七、卷一七至卷二四、卷一二第一页至第三页、《外集》卷一至卷十系清人钞配),《宋蜀刻本唐人集丛刊》,上海古籍出版社1994年版。简称:宋白文本。

[2]魏仲举《新刊五百家注音辩昌黎先生文集》,中华再造善本影印南京图书馆藏宋庆元六年(1200)魏仲举家塾刻本,北京图书馆出版社2006年版。简称:魏本。

[3]文谠注,王俦补注《新刊经进详注昌黎先生文集》,中华再造善本影印国家图书馆藏宋刻本,北京图书馆出版社2004年版。简称:文《详注》或文本。

[4]祝充《音注韩文公集》,中华再造善本影印国家图书馆藏宋刻本,北京图书馆出版社2004年版。简称:祝本。

[5]方崧卿《韩集举正》,《景印文渊阁四库全书》第1073册,台湾商务印书馆1986年版;又有方崧卿原著,刘真伦汇校《韩集举正汇校》,凤凰出版社2007年版。简称:方《举正》。

[6]朱熹《昌黎先生集考异》,上海古籍出版社影印宋池州刻本1981年版。简称:朱《考异》。

[7]廖莹中《昌黎先生集》,中华再造善本影印国家图书馆藏宋淳熙廖氏世綵堂刻本,北京图书馆出版社2005年版。简称:廖本。

[8]蒋之翘《韩昌黎集辑注》,明崇祯六年(1633)蒋氏三径草堂刊本,美国哈佛大学图书馆藏本。简称:蒋之翘《辑注》。

[9]李光地《韩子粹言》,清康熙刻本。

[10]顾嗣立《昌黎先生诗集注》,中华再造善本据康熙三十八年(1699)长洲顾嗣立秀野草堂刻本影印,北京图书馆出版社2002年版;又有日本早稻田大学藏道光十六年(1836)膺德堂刊本。简称:顾嗣立《集注》。

[11]黄钺《韩诗增注证讹》十一卷,咸丰七年丁巳(1857)四明鲍氏二客轩刊本。简称:黄钺《增注证讹》。

[12]方世举《昌黎诗集编年笺注》,《续修四库全书》第1310册,据浙江图书馆藏清乾隆二十三年(1758)卢见曾雅雨堂刻本影印;又有郝润华、丁俊丽整理《韩昌黎诗集编年笺注》,中华书

局2012年版。简称:方世举《笺注》。

[13]陈景云《韩集点勘》,《景印文渊阁四库全书》第1075册,台湾商务印书馆1986年版。简称:陈景云《点勘》。

[14]沈钦韩《韩集补注》,《广雅丛书》,清光绪十七年(1891)广雅书局刊本。简称:沈钦韩《补注》。

[15]王元启《读韩记疑》,《续修四库全书》第1310册,据华东师范大学图书馆藏清嘉庆五年(1800)王尚珏刻本影印,上海古籍出版社2002年版。简称:王元启《记疑》。

[16]方成珪《韩集笺正》,《续修四库全书》第1310册,据民国瑞安陈氏湫漻斋铅印本影印,上海古籍出版社2002年版。简称:方成珪《笺正》。

[17]日本近藤元粹选评《韩昌黎诗集》,青木嵩山堂日本明治四十三年(1910)版。

[18]蒋抱玄《注释评点韩昌黎诗全集》,上海会文堂书局1925年版。简称:蒋抱玄《评注》。

[19]程学恂《韩诗臆说》,商务印书馆1934年版。(此书原署名"程学恂著",近年来已有多位学者指出此书实为程学恂辑录李宪乔韩诗批语所成,并非程学恂原著。因李宪乔批点本流传不广,较难得见,故本书引用时仍以程学恂《韩诗臆说》为底本,以便读者参考。)

[20]韩愈《韩昌黎全集》,世界书局1935年版。

[21]徐震《南山诗评释》,《国立武汉大学(文哲季刊)》,1942年第2期。简称:徐震《评释》。

[22]徐震《韩集诠订》,《文艺丛刊》本。

[23]童第德《韩集校诠》,中华书局1986年版。简称:童

《校诠》。(此书以训诂为主,重校勘和诠释,为保持中华书局初版《韩集校诠》原貌,标点文字悉从原著,不加臆改。)

[24]韩愈著,钱仲联集释《韩昌黎诗系年集释》,上海古籍出版社1984年版。简称:钱仲联《集释》。

[25]屈守元、常思春主编《韩愈全集校注》,四川大学出版社1996年版。简称:屈《校注》。

[26]吕大防等撰,徐敏霞校辑《韩愈年谱》,中华书局1991年版。

此书汇集多种韩愈年谱,为便于核校,简称如下:

吕大防《韩吏部文公集年谱》作《吕谱》。

程俱《韩文公历官记》作《程记》。

洪兴祖《韩子年谱》作《洪谱》,《韩文辨证》作《辨证》。

樊汝霖《韩文公年谱》作《樊谱》,《韩文谱注》作樊《谱注》。

方崧卿《韩文年表》作《方表》,《韩集举正》作方《举正》。

顾嗣立《昌黎先生年谱》作《顾谱》。

方成珪《昌黎先生诗文年谱》作方《诗文年谱》,以免与《方表》混。

八、《汇校汇注汇评昌黎先生诗集》收韩愈诗十卷,外集诗、联句、遗诗、疑伪诗。附录一:昌黎先生诗系年。附录二:历代评韩诗(此处只录历代对韩诗的总评,对每首诗的评论附于各诗之下)。附录三:历代韩集序跋辑录。

九、本书引用韩文原文依《韩昌黎全集》(世界书局1935年版),韩诗依本书。引用唐人诗句皆依《全唐诗》,必要时用别集校正。

目 录

卷一 古诗

元和圣德诗并序 …………………………………… 1
琴操十首并序 ……………………………………… 62
　将归操 ……………………………………………… 64
　猗兰操 ……………………………………………… 70
　龟山操 ……………………………………………… 76
　越裳操 ……………………………………………… 81
　拘幽操 ……………………………………………… 86
　岐山操 ……………………………………………… 92
　履霜操 ……………………………………………… 98
　雉朝飞操 ………………………………………… 101
　别鹄操 …………………………………………… 104
　残形操 …………………………………………… 107
南山诗 ……………………………………………… 116
谢自然诗 …………………………………………… 188
秋怀诗十一首 ……………………………………… 202
赴江陵途中寄赠王二十补阙李十一拾遗李二十六员外翰林
　三学士 …………………………………………… 248
暮行河堤上 ………………………………………… 288

夜歌	290
重云一首李观疾赠之	292
江汉一首答孟郊	297
长安交游者一首赠孟郊	302
岐山下	305

卷二 古诗

北极一首赠李观	311
此日足可惜一首赠张籍	315
幽怀	348
君子法天运	351
落叶一首送陈羽	354
归彭城	356
醉后	365
醉赠张秘书	367
同冠峡	382
送惠师	385
送灵师	405
县斋有怀	426
题合江亭寄刺史邹君	447
陪杜侍御游湘西两寺独宿有题一首因献杨常侍	457
岳阳楼别窦司直	469
送文畅师北游	494
答张彻	512
荐士	536
喜侯喜至赠张籍张彻	565
古风	574

驽骥赠欧阳詹	577
马厌谷	586
出门	591
嗟哉董生行	593
烽火	601
汴州乱二首	603
利剑	608
龈龈	612

卷三　古诗

河之水二首寄子侄老成	617
山石	623
天星送杨凝郎中贺正	633
汴泗交流赠张仆射	636
忽忽	644
鸣雁	647
龙移	652
雉带箭	654
条山苍	658
赠郑兵曹	661
桃源图	664
东方半明	679
赠唐衢	683
贞女峡	687
赠侯喜	690
古意	696
八月十五夜赠张功曹	700

谒衡岳庙遂宿岳寺题门楼	714
岣嵝山	728
永贞行	733
洞庭湖阻风赠张十一署	752
李花赠张十一署	756
杏花	763
感春四首	770
寒食日出游夜归张十一院长见示病中忆花九篇因以投赠	790
忆昨行和张十一	800

卷四 古诗

刘生诗	813
郑群赠簟	827
丰陵行	835
游青龙寺赠崔大补阙	841
赠崔立之评事	853
送区弘南归	866
三星行	882
剥啄行	891
青青水中蒲	898
孟东野失子	901
陆浑山火一首和皇甫湜用其韵	910
县斋读书	947
新竹	951
晚菊	955
落齿	956
哭杨兵曹凝陆歙州参	962

苦寒	965
和虞部卢四汀云夫酬翰林钱七徽蔚宗赤藤杖歌	981
崔十六少府摄伊阳以诗及书见投因酬三十韵	989
送侯参谋赴河中幕	1005
东都遇春	1020
感春五首	1029
酬裴十六功曹巡府驿途中见寄	1039
燕河南府秀才得生字	1044
送李翱	1052
送石处士赴河阳幕得起字	1055
送湖南李正字归	1060

卷五 古诗

辛卯年雪	1065
醉留东野	1070
李花二首	1076
招杨之罘一首	1087
寄卢仝	1093
酬司门卢四兄云夫院长望秋作	1109
谁氏子	1118
河南令舍池台	1123
送无本师归范阳	1126
石鼓歌	1141
双鸟诗	1179
赠刘师服	1193
题炭谷湫祠堂	1199

听颖师弹琴 …………………………………… 1208

送陆畅归江南 ………………………………… 1222

送进士刘师服东归 …………………………… 1228

嘲鲁连子 ……………………………………… 1233

赠张籍 ………………………………………… 1237

调张籍 ………………………………………… 1246

卢郎中云夫寄示送盘谷子诗两章歌以和之 … 1262

寄皇甫湜 ……………………………………… 1275

病中赠张十八 ………………………………… 1279

杂诗 …………………………………………… 1293

寄崔二十六立之 ……………………………… 1302

月蚀诗效玉川子作 …………………………… 1339

孟生诗 ………………………………………… 1381

射训狐 ………………………………………… 1394

将归赠孟东野房蜀客 ………………………… 1400

答孟郊 ………………………………………… 1404

从仕 …………………………………………… 1410

短灯檠歌 ……………………………………… 1412

送刘师服 ……………………………………… 1418

卷六　古诗

符读书城南 …………………………………… 1421

示爽 …………………………………………… 1434

人日城南登高 ………………………………… 1442

病鸱 …………………………………………… 1448

华山女 ………………………………………… 1455

读皇甫湜公安园池诗书其后二首	1465
路旁堠	1475
食曲河驿	1477
过南阳	1481
泷吏	1482
赠别元十八协律六首	1499
初南食贻元十八协律	1517
宿曾江口示侄孙湘二首	1525
答柳柳州食虾蟆	1530
别赵子	1538
除官赴阙至江州寄鄂岳李大夫	1544
南山有高树行赠李宗闵	1551
猛虎行	1559

卷七 古诗

雪后寄崔二十六丞公	1567
送僧澄观	1574
山南郑相公樊员外酬答为诗其末咸有见及语樊封以示愈依赋十四韵以献	1586
和武相公镇蜀时咏使宅韦太尉所养孔雀	1596
感春三首	1598
早赴街西行香赠卢李二中舍人	1605
晚寄张十八助教周郎博士	1608
题张十八所居	1611
奉酬卢给事云夫四兄曲江荷花行见寄并呈上钱七兄阁老张十八助教	1615
奉和钱七兄曹长盆池所植	1625

记梦	1627
南内朝贺归呈同官	1639
朝归	1649
杂诗四首	1652
读东方朔杂事	1663
谴疟鬼	1678
示儿	1688
庭楸	1703
玩月喜张十八员外以王六秘书至	1708
奉和李相公摄事南郊览物兴怀呈一二知旧	1711
和裴仆射相公假山十一韵	1718
与张十八同效阮步兵一日复一夕	1722
送诸葛觉往随州读书	1726
南溪始泛三首	1731

卷八 联句

城南联句	1743
会合联句	1839
斗鸡联句	1856
纳凉联句	1870
秋雨联句	1888
征蜀联句	1906
同宿联句	1932
莎栅联句	1939
雨中寄孟刑部几道联句	1940
远游联句	1953
晚秋郾城夜会联句	1974

卷九　律诗

题楚昭王庙	2025
宿龙宫滩	2028
叉鱼	2031
李员外寄纸笔	2040
次同冠峡	2043
答张十一功曹	2046
郴州祈雨	2049
湘中酬张十一功曹	2052
郴口又赠二首	2054
题木居士二首	2057
晚泊江口	2062
湘中	2064
别盈上人	2066
喜雪献裴尚书	2067
春雪	2075
闻梨花发赠刘师命	2079
春雪间早梅	2081
梨花下赠刘师命	2085
和归工部送僧约	2086
入关咏马	2089
早春雪中闻莺	2092
木芙蓉	2094
题张十一旅舍三咏	2096

榴花 ……………………………………… 2097

　　井 ………………………………………… 2098

　　蒲萄 ……………………………………… 2100

峡石西泉 ……………………………………… 2102

梁国惠康公主挽歌二首 ………………………… 2104

和崔舍人咏月二十韵 …………………………… 2108

咏雪赠张籍 …………………………………… 2117

酬王二十舍人雪中见寄 ………………………… 2137

送侯喜 ………………………………………… 2139

学诸进士作精卫衔石填海 ……………………… 2141

酬振武胡十二丈大夫 …………………………… 2143

奉和库部卢四兄曹长元日朝回 ………………… 2147

寒食直归遇雨 ………………………………… 2152

送李六协律归荆南 ……………………………… 2154

题百叶桃花 …………………………………… 2157

春雪 …………………………………………… 2159

戏题牡丹 ……………………………………… 2160

盆池五首 ……………………………………… 2164

芍药 …………………………………………… 2171

和虢州刘给事使君三堂新题二十一咏并序 …… 2173

　　流水 ……………………………………… 2175

　　竹洞 ……………………………………… 2176

　　月台 ……………………………………… 2177

　　渚亭 ……………………………………… 2177

　　竹溪 ……………………………………… 2178

北湖	2179
花岛	2180
柳溪	2181
西山	2181
竹径	2182
荷池	2183
稻畦	2184
柳巷	2185
花源	2186
北楼	2187
镜潭	2187
孤屿	2188
方桥	2189
梯桥	2191
月池	2192

游城南十六首 …… 2194

赛神	2195
题于宾客庄	2197
晚春	2198
落花	2199
楸树二首	2200
风折花枝	2202
赠同游	2203
赠张十八助教	2206
题韦氏庄	2208

晚雨 …………………………………………………… 2210

出城 …………………………………………………… 2211

把酒 …………………………………………………… 2212

嘲少年 ………………………………………………… 2213

楸树 …………………………………………………… 2214

遣兴 …………………………………………………… 2215

卷十 律诗

送李尚书赴襄阳八韵 ……………………………… 2218

和席八十二韵 ………………………………………… 2222

和武相公早春闻莺 …………………………………… 2231

大安池 ………………………………………………… 2233

游太平公主山庄 ……………………………………… 2234

晚春 …………………………………………………… 2236

大行皇太后挽歌词三首 ……………………………… 2238

广宣上人频见过 ……………………………………… 2245

闲游二首 ……………………………………………… 2248

酬马侍郎寄酒 ………………………………………… 2252

和侯协律咏笋 ………………………………………… 2253

过鸿沟 ………………………………………………… 2261

送张侍郎 ……………………………………………… 2264

赠刑部马侍郎 ………………………………………… 2266

和裴相公东征途经女几山下作 ……………………… 2268

郾城晚饮赠副使马侍郎及冯李二员外 ……………… 2270

酬别留后马侍郎 ……………………………………… 2272

同李二十八夜次襄城	2273
同李二十八员外从裴相公野宿西界	2274
过襄城	2275
宿神龟招李二十八冯十七	2276
次硖石	2278
和李二十八司勋过连昌宫	2279
次潼关先寄张十二阁老使君	2282
次潼关上都统相公	2285
桃林夜贺晋公	2287
送李员外院长分司东都	2289
晋公破贼回重拜台司以诗示幕中宾客愈奉和	2291
独钓四首	2295
枯树	2301
元日酬马十二尚书去年蔡州元日见寄之什	2303
同侯十一咏灯花	2305
祖席二首	2308
送郑尚书赴南海	2312
答道士寄树鸡	2318
左迁至蓝关示侄孙湘	2321
武关西逢配流吐蕃	2328
次邓州界	2329
题临泷寺	2332
晚次宣溪辱韶州张端公使君惠书叙别酬以绝句二章	2334
题秀禅师房	2338
将至韶州先寄张端公使君借图经	2340

过始兴江口感怀 …………………………… 2342
韶州留别张端公使君 ……………………… 2344
量移袁州张韶州端公以诗相贺因酬之 …… 2349
次石头驿寄江西王十中丞阁老 …………… 2353
游西林寺题萧二兄郎中旧堂 ……………… 2355
自袁州还京行次安陆先寄随州周员外 …… 2358
题广昌馆 …………………………………… 2362
又寄随州周员外 …………………………… 2364
酒中留上襄阳李相公 ……………………… 2366
去岁自刑部侍郎以罪贬潮州刺史乘驿赴任其后家亦谴逐小女
　道死殡之层峰驿旁山下蒙恩还朝过其墓留题驿梁 …… 2371
贺张十八秘书得裴司空马 ………………… 2375
杏园送张彻侍御 …………………………… 2379
雨中寄张博士籍侯主簿喜 ………………… 2381
奉和兵部张侍郎酬郓州马尚书祗召途中见寄开缄之日马帅
　已再领郓州之作 ………………………… 2384
早春与张博士籍游杨尚书林亭寄第三阁老兼呈白冯二阁老
　………………………………………………… 2387
奉使常山早次太原呈副使吴郎中 ………… 2390
夕次寿阳驿题吴郎中诗后 ………………… 2393
镇州初归 …………………………………… 2395
同水部张员外曲江春游寄白二十二舍人 … 2397
和水部张员外宣政衙赐百官樱桃诗 ……… 2400
早春呈水部张员外二首 …………………… 2404
送桂州严大夫 ……………………………… 2408

奉酬天平马十二仆射暇日言怀见寄之作 …………… 2413
奉使镇州行次承天行营奉酬裴司空相公 …………… 2415
镇州路上奉酬裴司空相公重见寄 ………………………… 2417
和仆射裴相公感恩言志 …………………………………… 2419
和仆射裴相公朝回见寄 …………………………………… 2423
奉和李相公题萧家林亭 …………………………………… 2425
奉和杜相公太清宫纪事陈诚上李相公十六韵 ………… 2426

外集诗

芍药歌 ……………………………………………………… 2437
海水 ………………………………………………………… 2440
赠崔立之 …………………………………………………… 2444
赠河阳李大夫 ……………………………………………… 2447
苦寒歌 ……………………………………………………… 2451
赠同游者 …………………………………………………… 2454

遗诗　联句

有所思联句 ………………………………………………… 2455
遣兴联句 …………………………………………………… 2457
赠剑客李园联句 …………………………………………… 2461

遗诗　诗

同窦牟韦执中寻刘尊师不遇 …………………………… 2465
春雪 ………………………………………………………… 2468
赠族侄 ……………………………………………………… 2469
嘲鼾睡二首 ………………………………………………… 2473

昼月	2482
赠张徐州莫辞酒	2485
辞唱歌	2486
知音者诚希	2489
酬蓝田崔丞立之咏雪见寄	2490
潭州泊船呈诸公	2493
饮城南道边古墓上逢中丞过赠礼部卫员外少室张道士	2495
池上絮	2497

疑伪诗

| 赠贾岛 | 2499 |
| 赠译经僧 | 2500 |

附录一　昌黎先生诗系年

| 昌黎先生诗系年 | 2501 |

附录二　历代评韩诗

韩诗总评	2508
韩诗学李杜	2509
韩诗风格	2521
韩以文为诗	2540
韩诗知变化	2543
韩诗的语言	2547
韩诗艺术技巧	2556
韩诗用韵	2564
韩诗的缺失	2577

附录三　历代韩集序跋辑录

文录序 …………………………………………… 2580
昌黎先生集序 …………………………………… 2580
文集后序 ………………………………………… 2581
记旧本韩文后 …………………………………… 2582
书文集后 ………………………………………… 2584
书文集后 ………………………………………… 2584
潮本昌黎先生集书后 …………………………… 2585
书韩文后 ………………………………………… 2585
韩集举正序 ……………………………………… 2586
韩集举正后序 …………………………………… 2587
昌黎先生集考异识语 …………………………… 2587
昌黎先生集考异外集小序 ……………………… 2588
昌黎先生文考异跋 ……………………………… 2589
详注韩文引 ……………………………………… 2589
进详注昌黎先生文表 …………………………… 2590
详注昌黎先生文集序 …………………………… 2591
重刊韩文五百家注序 …………………………… 2593
五百家注音辩韩昌黎先生全集序 ……………… 2594
韩文公全集叙 …………………………………… 2595
昌黎伯韩文公全集序 …………………………… 2596
韩昌黎伯全集叙 ………………………………… 2597
昌黎先生诗集注序 ……………………………… 2598
　跋 ……………………………………………… 2599
　序 ……………………………………………… 2560
　跋 ……………………………………………… 2600

杜韩诗句集韵叙 …………………………………………… 2601
《唐宋诗醇》之昌黎韩愈诗小序 ………………………… 2603
韩昌黎诗集编年笺注序 …………………………………… 2604
　　序 …………………………………………………… 2606
读韩记疑序 ………………………………………………… 2607
读韩记疑弁言答惺斋先生见示《读韩记疑》首册书 ……… 2609
　　跋 …………………………………………………… 2610
韩集点勘书后 ……………………………………………… 2611
韩谱跋 ……………………………………………………… 2611
韩集笺正序 ………………………………………………… 2612
韩集笺正跋 ………………………………………………… 2613
昌黎先生诗增注证讹后序 ………………………………… 2614
韩诗证选序 ………………………………………………… 2615
韩诗萃精序 ………………………………………………… 2615
读杜韩笔记跋 ……………………………………………… 2616
韩诗臆说序 ………………………………………………… 2617
注释评点韩昌黎诗全集序三 ……………………………… 2617
韩昌黎诗集绪言 …………………………………………… 2618

参考书目 …………………………………………… 2621

后记 ………………………………………………… 2662

卷一　古诗

元和圣德诗 并序①

元和二年春

臣愈顿首再拜言②：臣见皇帝陛下即位已来③，诛流奸臣④，朝廷清明，无有欺蔽⑤。外斩杨惠琳、刘辟以收夏、蜀⑥，东定青、徐积年之叛⑦，海内怖骇⑧，不敢违越。郊天告庙⑨，神灵欢喜，风雨晦明⑩，无不从顺。太平之期，适当今日。臣蒙被恩泽，日与群臣序立紫宸殿下⑪，亲望穆穆之光⑫。况其职业，又在以经籍教导国子⑬，诚宜率先作歌诗以称道盛德，不可以辞语浅薄，不足以自效为解⑭。谨依古作四言《元和圣德诗》一篇⑮，凡千有二十四字，指事实录⑯，具载明天子文武神圣，以警动百姓耳目，传示无极⑰。其诗曰：

皇帝即阼⑱，物无违拒，曰旸而旸，曰雨而雨⑲。维是元年，有盗在夏，欲覆其州，以踵近武⑳。皇帝曰嘻㉑！岂不在我？负鄙为艰，纵则不可㉒。出师征之，其众十旅㉓，军其城下，告以福祸。腹败枝披㉔，不敢保聚㉕，掷首陴外，降幡夜竖㉖。

疆外之险,莫过蜀土⑰。韦皋去镇㉘,刘辟守后㉙。血人于牙㉚,不肯吐口㉛。开库啖士㉜,曰随所取㉝,汝张汝弓,汝伐汝鼓㉞,汝为表书,求我帅汝㉟。事始上闻,在列咸怒。皇帝曰然,嗟远士女㊱,苟附而安,则且付与。读命于庭㊲,出节少府㊳,朝发京师,夕至其部㊴。辟喜谓党:汝振而伍,蜀可全有,此不当受㊵。万牛脔炙,万瓮行酒㊶,以锦缠股,以红帕首㊷。有悝其凶,有饵其诱㊸,其出穰穰㊹,队以万数㊺。遂劫东川,遂据城阻㊻。皇帝曰嗟!其又可许㊼!爰命崇文,分卒禁御㊽,有安其驱,无暴我野㊾。日行三十,徐壁其右㊿。辟党聚谋,鹿头是守㈤。崇文奉诏,进退规矩㈥,战不贪杀,擒不滥数㈦。四方节度,整兵顿马㈧,上章乞讨,俟命起坐㈨。皇帝曰嘻㈩!无汝烦苦;荆并洎梁,在国门户㈨,出师三千,各选尔丑㈩。四军齐作㈥,殷其如阜㈦,或拔其角㈧,或脱其距㈨,长驱洋洋㈩,无有龃龉㈥。九月辛亥㈦,辟弃城走,载妻与妾,包裹稚乳㈧。是日崇文㈨,入处其宇。分散逐捕,搜原剔薮㈩。辟穷见窘,无地自处,俯视大江,不见洲渚㈦,遂自颠倒,若杵投臼㈦。取之江中,枷脰械手㈦。妇女累累,啼哭拜叩㈦。来献阙下,以告庙社㈦。周示城市,咸使观睹㈦,解脱挛索,夹以砧斧㈦。婉婉弱子㈦,赤立伛偻㈦,牵头曳足㈧,先断腰膂。次及其徒,体骸撑拄㈧。末乃取辟,骇汗如写㈧,挥刀纷纭,争刉脍脯㈧。

优赏将吏㈧,析珪缀组㈧,帛堆其家,粟塞其庾㈧。哀怜阵殁,廪给孤寡㈧,赠官封墓㈧,周匝宏溥。经战伐地,宽免租赋⁹⁰。施令酬功,急疾如火⁹¹。

天地中间,莫不顺序。魏幽恒青⁹²,东尽海浦⁹³,南至徐蔡⁹⁴,区外杂虏⁹⁵,怛威服德⁹⁶,踧踖蹈舞⁹⁷,掉弃兵革⁹⁸,私习篰箊⁹⁹,来请来觐,十百其耦¹⁰⁰。皇帝曰吁! 伯父叔舅¹⁰¹,各安尔位,训厥甿畮¹⁰²。

正月元日,初见宗祖¹⁰³,躬执百礼,登降拜俯¹⁰⁴。荐于新宫,视瞻梁桷¹⁰⁵,戚见容色,泪落入俎¹⁰⁶,侍祠之臣,助我恻楚¹⁰⁷。乃以上辛,于郊用牡¹⁰⁸。除于国南¹⁰⁹,鳞笋毛虡¹¹⁰。庐幕周施¹¹¹,开揭磊砢¹¹²。兽盾腾拏¹¹³,圆坛帖妥¹¹⁴。天兵四罗¹¹⁵,旗常婀娜¹¹⁶。驾龙十二¹¹⁷,鱼鱼雅雅¹¹⁸。宵升于丘¹¹⁹,奠璧献斝¹²⁰。众乐惊作,轰豗融冶¹²¹。紫焰嘘呵¹²²,高灵下堕¹²³。群星从坐¹²⁴,错落侈哆¹²⁵。日君月妃¹²⁶,焕赫婐婉¹²⁷。渎鬼濛鸿,岳祇嵳峨。饫膻燎芗¹²⁸,产祥降嘏¹³⁰。凤凰应奏,舒翼自拊¹³²。赤麟黄龙¹³³,逶陀结纠¹³⁴。卿士庶人,黄童白叟¹³⁵,踊跃欢呀,失喜嘻欧¹³⁶。乾清坤夷,境落寒举¹³⁸。帝车回来,日正当午¹³⁹。幸丹凤门,大赦天下¹⁴⁰。涤濯刬磢¹⁴¹,磨灭瑕垢¹⁴²。续功臣嗣,拔贤任耇¹⁴³。孩养无告,仁滂施厚¹⁴⁴。皇帝神圣,通达今古¹⁴⁵。听聪视明¹⁴⁶,一似尧禹¹⁴⁷。生知法式¹⁴⁸,动得理所。天锡皇帝,为天下主¹⁴⁹。并包畜养,无异细钜。亿载万年¹⁵⁰,敢有违者? 皇帝俭勤,盥濯陶瓦。斥遣浮华,好此绨纻¹⁵³。敕戒四方,侈则有咎¹⁵⁴。天锡皇帝,多麦与黍。无召水旱,耗于雀鼠¹⁵⁵。亿载万年,有富无窭。皇帝正直,别白善否¹⁵⁷。擅命而狂,既蔫既去。尽逐群奸,靡有遗侣¹⁵⁸。天锡皇帝,庬臣硕辅⑭,博问遐观,以置左右⑮。亿载万年,无敢余侮⑯。皇帝大孝,慈祥悌友。怡怡愉愉⑰,奉太皇后⑱。浃于族亲⑲,濡及九有⑳。天锡皇帝,与天齐寿㉑。登兹太平㉒,无怠永久。亿载万年,为父为母㉓。博士臣愈,职是训诂㉔。作为歌诗,以配吉甫㉕。

【校注】

① 方《举正》:"元和二年(807)任国子博士日作。"文《详注》:"《补注》:宪宗,新旧《纪》:永贞元年(805)八月即位。其月剑南西川节度使韦皋卒,行军司马刘辟自称留后。元和元年(806)正月癸未(18日),长武城使高崇文为佐(当为左)神策行营节度使讨刘辟。甲申(19日),刘辟陷梓州。三月甲子(是月无甲子日,《旧纪》谓三月丙子严砺收梓州,甲子当为丙子12日之误),高崇文克梓州。六月丁酉(5日),高崇文及刘辟战于鹿头栅,败之。九月辛亥(21日),高崇文克成都。十月甲子(5日),减剑南东西川今岁赋,释胁从将吏,葬阵亡者,廪其家五岁。戊子(29日),刘辟伏诛。二年(807)正月己丑(1日),朝献于太清宫。庚寅(2日),朝享于太庙。辛卯(3日),祀昊天上帝于郊丘,是日还宫,御丹凤楼,大赦天下。此诗有'正月元日,初见宗祖',又曰'乃以上辛,于郊用牡',又曰'帝车回来,日正当午。幸丹凤门,大赦天下',正与《旧纪》合,盖其年所作也。始刘辟叛,议者以其恃险讨之或生事,惟宰相杜黄裳固劝不赦,因奏罢中人监军,而专委崇文,凡兵进退黄裳自中指授,无不切于机。崇文素惮刘澭,黄裳使人谓曰:'公不奋命者当以澭代。'崇文惧,一死力缚贼以献。宪宗自是平夏、平江东、平泽潞、平蔡、平淄青,赫然中兴,实由黄裳启之,而平蜀、平蔡之功尤卓卓在人耳目者。以公此诗及《平淮西碑》,学者争诵之,习且熟故也。公《潮州表》曰:'臣于当时之文,[亦]未有过人者。至于论述陛下功德,与《诗》《书》相表里;作为歌诗,荐之郊庙;纪太(泰)山之封,镂

白玉之牒;铺张对天之宏休,扬厉无前之伟绩;编之乎《诗》《书》之册(策)而无愧,措之乎天地之间而无穷(亏),虽使古人复生,臣亦未肯多逊(让)!'此诗及《平淮西碑》诚编之乎《诗》《书》之册而无愧矣。苏黄门独不谓然。且曰:'此特宪宗命高崇文诛一刘辟尔,其言辟弃城走,至争功脍脯,何其言琐屑之甚,谓之造语工则可,谓之得雅体未也。独不见《周诗》载文王伐崇曰:是伐是肆,是绝是忽,四方以无拂载。武王伐纣曰:肆伐大商,会朝清明。《大雅》固自有体,而其意亦自浑然。退之独不到此,抑亦其少年所为文也。按:元和二年公行年四十,不可谓少年也。大抵德不足则夸宪宗功烈,固奇伟比文武则有间矣。'王荆公尝论诗曰:'《周颂》之词约,约所以为严盛德故也;《鲁颂》之词侈,侈所以为夸,德不足故也。'是诗也,其亦《鲁颂》之谓欤?"樊等注同而简,不录。魏本:"《补注》曰:穆伯长(修)曰:韩《元和圣德诗》《平淮西碑》,柳《雅章》之类,皆辞严义伟,制作如经,能崒然耸唐德于盛汉之表。"方世举《笺注》:"《元和圣德诗》以下(《记梦》《三星行》《剥啄行》《青青水中蒲三首》《酬裴十六功曹巡府西驿途中见寄》),二年权知国子博士分司东都作。"日人近藤元粹云:"永贞元年八月,宪宗即位,剑南刘辟自称留后以叛。明年正月改元元和,杨惠琳据夏州叛。正月以高崇文为左神策行营节度使讨辟。三月,夏州兵马使周[张]承金斩惠琳,传首以献。九月,崇文克成都,擒辟以献。十月,淄青李师道,十一月,武宁张愔皆受命。二年正月己丑朔,帝亲献太清宫。庚寅,朝享于太庙。辛卯,祀昊天上帝于郊。还宫,大赦天下。退之时为国子博士分教东都,献此诗。"

按:方系年未尽确,《青青水中蒲》乃贞元九年(793),韩公游凤翔作也。此诗乃颂体,虽写惨状,未免有自然主义倾向,时颂功之作无过此者。诗要在鼓劲,鼓宪宗及将帅群臣之劲,振起中兴的时代精神。平夏、蜀事开了唐朝中兴的好头,亦是韩公"振兴一代"的希望所在。此为该诗的着力处,不可不审也。《旧唐书·宪宗纪》:"(元和)二年(807)春正月己丑朔,上亲献太清宫、太庙。辛卯(3日),

祀昊天上帝于郊丘。是日还宫,御丹凤楼,大赦天下。"时韩愈四十岁,与众官随行,献四言长诗《元和圣德诗》。《洪谱》:"元和二年丁亥,分教东都生。《元和圣德诗序》云:'外斩杨惠琳、刘辟,以收夏、蜀,东定青、徐积年之叛[,海内怖骇,不敢畏越]。郊天告庙,神灵欢喜。'谓元年杨惠琳据夏州叛,三月辛巳(17日),夏州兵马使张承金斩惠琳,传首以献;九月辛亥(21日),高崇文奏收成都,擒刘辟以献;十月壬午(23日),淄青李师道,十一月戊申(19日),武宁张愔皆受命。二年正月己丑朔,上亲献太清宫、太庙。辛卯(3日),祀昊天上帝于郊丘。是日还宫,御丹凤楼,大赦天下。……序列二年事,诗云'正月元日'谓此年,是也。"

② 再拜言:方《举正》删"言"下"曰"字,云:"李、谢从唐本删,《文苑》此序入表类,其去'曰'字宜矣。"朱《考异》:"'言'下或有'曰'字。"《文苑》卷六一一录此文,标题为《进元和圣德诗表》,题下注:"《集》以此表为《元和圣德诗序》。"首云"臣愈顿首再拜言曰"。《唐文粹》卷一一载,题作《元和圣德诗一首并序》,与《集》本同,亦多一"曰"字。宋白文本、祝本、魏本"言"下均有"曰"字。文本无"言曰"二字。王本、廖本无"曰"字,注:"此下或有'曰'字。"言、曰二字意同,作陈述解。今从《举正》,无"曰"字。

③ 已来:宋白文本、王本、廖本作"已"。文本、祝本、魏本、游本作"以"。已、以二字音义同,唐以前文献多作"已",韩文多作"已",当作"已"。

④ 诛流奸臣:魏本:"孙曰:永贞元年八月庚子,宪宗即位,壬寅贬右散骑常侍王伾为开州司马,前户部侍郎度支盐铁转运使王叔文为渝州司户。九月,贬韩泰等为诸州刺史。十一月,贬中书侍郎平章事韦执谊为崖州司户,'诛流奸臣'谓此也。"文《详注》:"奸臣谓王叔文之徒。"方世举《笺注》:"诛流:《旧唐书·顺宗纪》:'(元年)八月壬寅(6日),宪宗受禅,贬右散骑常侍王伾为开州司马,前户部侍郎度支盐铁转运使王叔文为渝州司户。《宪宗纪》:'贬韩泰等为诸州刺史,十一月贬中书侍郎平章事韦执谊为崖州司马。'"曰

人近藤元粹云:"诛流奸臣,谓贬窜王伾、王叔文等。"

按:《旧唐书·顺宗纪》:"贞元二十一年(805)为永贞元年。自贞元二十一年八月五日已前,天下死罪降从流,流以下递减一等。……壬寅(6日),贬右散骑常侍王伾为开州司马,前户部侍郎度支盐铁转运使王叔文为渝州司户。"《宪宗纪上》:"(九月)己卯(13日),京西神策行营节度行军司马韩泰贬抚州刺史,司封郎中韩晔贬池州刺史,礼部员外郎柳宗元贬邵州刺史,屯田员外郎刘禹锡贬连州刺史,坐交王叔文也。"十一月再贬宰相韦执谊为崖州司马、韩泰为虔州司马、陈谏为台州司马、柳宗元为永州司马、刘禹锡为朗州司马、韩晔为饶州司马、凌准为连州司马、程异为郴州司马,皆坐交王叔文。史称"八司马"。

⑤ 蔽:《文苑》作"弊",注:"《集》作'蔽'。"宋白文本、文本、祝本、魏本、廖本等均作"蔽",从之。

按:蔽,蒙蔽。《荀子·解蔽篇》:"凡人之患,蔽于一曲,而暗于大理。"作"蔽"字是。

⑥ 收夏、蜀:文《详注》:"《补注》:永贞元年十一月,夏绥银节度使留后杨惠琳反,明年元和改元,三月,伏诛。"方世举《笺注》:"《宪宗纪》:'永贞元年八月癸丑(17日),剑南西川节度使韦皋薨,刘辟据蜀邀节钺。十一月,夏绥银节度留后杨惠琳反。元和元年三月辛巳(17日),夏州兵马使张承金斩惠琳。十月戊子(29日),斩刘辟。'"

按:《元和郡县图志》卷四关内道四:"夏州。今为夏绥银节度使理所。……(魏)孝文帝太和十一年(487),改置夏州,隋大业元年(605)以为朔方郡。……贞观二年(628)讨平之,改为夏州,置都督府。天宝元年(742)改为朔方郡,乾元元年(758)复为夏州。"东南至长安一千零五十里。蜀,此非专指蜀州,指剑南西川。

⑦ 定青、徐:方世举《笺注》:"定青、徐,《旧唐书·李师道传》:'师道初遣判官、孔目相继奏事,杜黄裳欲乘其未定分削之。宪宗以蜀川方扰,不能加兵。元和元年(806),命建王审遥领节度,授师

道充淄青节度留后。'又《张建封传》:'建封卒,徐军乞授其子愔旄节。朝廷不得已授之。元和元年,愔被疾请代,征为兵部尚书,以王绍代之。'"

按:《元和郡县图志》卷一〇河南道六:"(青州)管县七:益都、临淄、千乘、临朐、北海、寿光、博昌。"治益都。《旧唐书·地理一》:"徐州上,隋彭城郡。武德四年(621),平王世充,置徐州总管府,管徐、邳、泗、鄫、沂、仁六州。徐州领彭城、萧、沛、丰、滕、符离、诸阳七县。……徐州都督,管徐、泗、谯三州。(贞观)十七年(643),罢都督府,以废谯州之蕲县来属。天宝元年(742),改徐州为彭城郡。乾元元年(758),复为徐州。"治彭城。

⑧怖骇:惶惧、惊恐。魏本:"祝曰:怖骇,惶惧也。《选·喻巴蜀檄》(《文选》卷四四司马长卿撰):'单于怖骇。'怖,普故切;骇,侯楷切。"

按:汉赵晔《吴越春秋·越王无余外传》:"黄龙负舟,舟中人怖骇,禹乃哑然而笑。"唐玄奘《大唐西域记·駄那羯磔迦国》:"闻者怖骇,莫敢履户,谓是毒蛇之窟,恐丧身命。"

⑨郊天告庙:方世举《笺注》:"《宪宗纪》:'二年(807)正月己丑朔,亲献太清宫、太庙。辛卯(3日),祀昊天上帝于郊丘。是日还宫,御丹凤楼,大赦天下。'"

⑩风雨晦明:方《举正》据阁本作"晦明"。南宋监本原文作"明晦"。朱《考异》:"或作'明晦'。"宋白文本、文本、祝本、魏本、《文苑》《文粹》作"明晦"。王本、廖本作"晦明",注:"或作'明晦'。"魏本:"蔡曰:《左氏传》昭公元年:天有六气,阴、阳、风、雨、晦、明也。"则作"晦明",是。

按:晦明,作阴晴解,《国语·楚语上》:"地有高下,天有晦明。"《河岳英灵集》中储光羲《使过弹筝峡作》:"双壁隐灵曜,莫能知晦明。"按古至唐人用语均作"晦明",则犹可证作"晦明"是。方成珪《笺正》:"《旧史·宪宗纪》:'元和二年春正月己丑朔,上亲献太清宫、太庙。辛卯,祀昊天上帝于郊丘。'先是,将及大礼,阴晦浃辰,宰臣请改日,上曰:郊庙事重,斋戒有日,不可遽更。享献之辰,景物晴霁,人情欣悦。'据此,则'郊天告庙'四语,乃实录也。"晦明,亦当时天气实况。

⑪ 方《举正》据阁本"殿"下增"陛"字,云:"《文苑》同。宋、鲍本校增。"宋白文本、廖本、王本"殿"字下有"陛"字。朱《考异》:"或无'陛'字。"文本、祝本、魏本无"陛"字。

按:朱彝尊《批韩诗》:"无'陛'字是,'陛下'字恐亦宜避忌。"屈《校注》:"案:朱说过迂,唐宋以前人绝无避忌'陛下'字之例,今仍依方从阁本。又案今《文苑英华》作'殿下',方所见与今本不同。《文粹》亦作'殿下'。"文本、祝本、魏本作"殿下"。魏本注:"一本作'殿陛下'。"应作"殿下",无"陛"字是。

紫宸殿:文《详注》:"《两京杂记》曰:'紫宸殿在大明宫,即内衙正殿,殿前有紫宸门。'"魏本:"韩曰:'顺宗时朝群臣于紫宸门。'"

按:《唐两京城坊考》:"丹凤门内正牙曰含元殿⋯⋯含元殿后曰宣政殿⋯⋯殿门曰宣政门⋯⋯宣政殿后为紫宸殿,殿门曰紫宸门,天子便殿也,不御宣政而御便殿曰'入阁'。"此谓殿名,群臣立殿下朝见皇帝;非指群臣立紫宸之陛下也。若作陛下,与上语连则句意不通。作"紫宸殿(阶)下",是。

⑫ 穆穆:魏本:"孙曰:《礼记》:'天子穆穆,诸侯皇皇。'穆穆:威仪多貌。"日人近藤元粹注引孙云云。按:《诗·大雅·文王》:"穆穆文王,于缉熙敬止。"传:"穆穆,美也。"郑笺:"穆穆乎文王有天子之容于美乎,又能敬其光明之德坚固哉。"又《鲁颂·泮水》:"穆穆鲁侯,敬明其德。"《礼记·缁衣》:"《大雅》曰:'穆穆文王,于缉熙敬止。'"郑注:"缉、熙皆明也,言于明明乎敬其(文王)容止。"《汉书·韦玄成传》:"天子穆穆,是宗是师。"颜注:"穆穆,天子之容也。"穆穆,肃穆庄严之貌。

⑬ 况其职业:方《举正》订"而"字,云:"三本、《苑》、《粹》皆同。"朱《考异》:"而,或作'况'。"南宋监本原文作"况"。宋白文本、文本、潮本、浙本、祝本、魏本作"况"。王本、廖本作"而",注:"而,

或作'况'。"

按:"而"字虽可作副词犹、且解,如《孟子·万章下》:"千乘之君,求与之友而不可得也,而况可召与?"但与上文意不合。作"况"字是。况,转接连词,何况、况且,表示更进一层。王充《论衡·问孔》:"况仓卒吐言,安能皆是?"《史记·秦本纪》:"且先王崩,尚犹遗德垂法,况夺之善人良臣百姓所哀者乎?"

教导国子:文《详注》:"《周礼》:'师氏掌以三德教国子。'郑氏云:'国子,公卿大夫子弟。'唐六学皆隶于国子监,博士五人,学生三百人。元和元年(806)六月,公自江陵召拜国子博士也。"魏本:"《补注》:'元和元年六月,公自江陵召入为国子博士。'"见《周礼·地官·师氏》。

按:时韩愈为国子博士。《旧唐书·职官三》:"国子监:国子博士二人,正五品上。……博士掌教文武官三品已上、国公子孙,二品已上曾孙为生者。"又"凡教授之经,以《周易》《尚书》《周礼》《仪礼》《礼记》《毛诗》《春秋左氏传》《公羊传》《穀梁传》各为一经,《孝经》《论语》兼习之"。故云他的职业为以经籍教导国子。

⑭ 浅薄:肤浅,多指人的学识、修养。《荀子·非相》:"知行浅薄,曲直有以县矣。"《汉书·公孙弘传》:"愚臣浅薄,安敢比材于周公!"

为解:方《举正》作"为解",云:"阁本、杭本作'解',蜀本作'懈',误也。自《左传》(僖公二十八年)'请以曹为解',迁、固相承,用之非一。"朱《考异》:"解,或作'懈',或作'辞',皆非是。(下引方语)"日人近藤元粹云:"蒋之翘云:解,或作'懈',或作'辞',皆非是。此自《左传》'请以曹为解'语。迁、固亦相承用。"魏本:"洪曰:此序云'不足以自效为解',或以解为辞。'警动百姓耳目',或以警为惊。《诗》曰'血人于牙',或'以人为人'之类,皆流俗妄改。"文《详注》:"今世《韩集》数本,下称'一作'者甚众,皆因后人传写错误。本有同异,故两存之。诐读之既久,真伪自判,又撼之以古监本,多所是正,乃知文公用字非俗学所能测也,其浮浅乱理者今悉删去。如此篇中'解'一作'辞','警'一作'惊','血人于牙'一作'入'之类,皆非是。又如此诗云'日雨而雨',又复云'骇汗如雨',后人见其重,复遂作'骇汗如泻'。又云'队以万数',复云'擒不滥数',遂改作'擒不褴缕(褛)',殊不知字同而义异也。又如《南山诗》'凝湛闳阴兽',复云'或颓若寝獸',遂亦以兽为獸,殊不知兽,水产也,音许救切,自与獸字音义不同。"按:作"解"字是。

自效:蒋抱玄《评注》:"《汉书·苏武传》:'今得杀身自效。'"按:自效,韩愈自谓效法《诗·大雅·文王》,歌颂宪宗李纯的功德。

⑮ 谨依古:文本作"谨"。宋白文本、祝本、魏本、廖本等均作"辄"。按:作辄,当则、就或专擅解虽可通,然缺乏敬重意;作谨,当小心谨慎解,既通且含敬重意,与上下文及韩公此时心态合。今从文本作"谨"字。

四言:文《详注》:"《前汉·韦孟传》:楚元王作四言诗讽王,四言诗自此始也。"按:四字一句的古体诗始于《诗经》的风雅颂。魏晋以后五七言盛行,作四言诗较少。参阅清赵翼《陔余丛考》卷二三《四言诗》。

⑯ 实录:魏本:"扬子《重黎篇》太史迁曰:'实录。'"按:符合实事的记录。《汉书·司马迁传》:"其文直,其事核,不虚美,不隐恶,故谓之实录。"注:"言其录事实。"或谓编年史的一种体裁,专记某一皇帝统治时期的大事,如韩愈《顺宗实录》。日人近藤元粹云:"措词郑重,而隐然占地步矣。"按:后世论者或谓此诗所写过烂过惨,人不忍睹。如上云韩愈以自占地步为解,更为震慑藩镇叛贼而驰骋使力也。

⑰ 警动:方《举正》订"警"字,云:"《文苑》作'警',杭、蜀本作'惊'。洪曰:惊,流俗妄改也,《史记》《乐毅传》:'尊宠乐毅以警动燕、齐。'义当用此。"

魏本:"《补注》:《笔墨闲录》云:'此序乃司马迁之文,非相如文也。'"朱彝尊《批韩诗》:"序无文章,止直叙,然却亦腴峭有法。"

以上为诗序。

⑱皇帝即阼：方《举正》订"阼"字，云："晁本校。《史记·[孝]文[本]纪》有'皇帝即阼'一全语，实用'阼'字。"朱《考异》："阼，或作'祚'。……今按：阼，谓东阶也，作'祚'非是。"南宋监本原文作"祚"。宋白文本、文本、潮本、祝本、魏本、《文粹》作"祚"。魏本："《补注》：'祚，位也。《谷永传》曰：陛下践至尊之祚，为天下主。'"方世举《笺注》："《史记·孝文纪》正义曰：'主人阶也。'"童《校诠》："第德案：古籍或借胙为阼，荀子哀公篇：登自胙阶；汉曹腾碑阴：践胙之初，是也。或以祚为之，文选班孟坚东都赋：汉祚中缺，及本注引谷永传陛下践至尊之祚是也。阼（主阶也）本字，胙（祭福肉也）借字，祚为胙之后出字，见说文新附。"按：童说是。此作"阼"字善，本作台阶解。《仪礼·乡饮酒礼》："主人阼阶上……宾西阶上。"此引申作封建帝王主持祭祀，因以阼指帝位。

⑲曰旸、曰雨：文《详注》："雨以润物，旸以干物，当旸而旸，当雨而雨，阴阳顺序也。事见《洪范》。雨，玉矩切。旸，余章切。"日人近藤元粹云："《尚书》：'八、庶征：曰雨，曰旸……曰肃，时寒若；曰乂，时旸若。'"按：《尚书·洪范》："八、庶征，曰雨，曰旸，曰燠，曰寒，曰风，曰时。五者来备，各以其叙，庶草蕃庑。一极备凶，一极无凶。曰休征，曰肃，时寒若；曰乂，时旸若；曰晢，时燠若；曰谋，时寒若；曰圣，时风若。"传："雨以润物，旸以干物，暖以长物，寒以成物，风以动物，五者各以其时，所以为众验。言五者备至，各以次序，则众草蕃滋庑丰也。君行敬，则时雨顺之。君行政治，则时旸顺之。君能照晢，则时燠顺之。君能谋，则时寒顺之。君能通理，则时风顺之。"为韩诗所本，乃缩写也。

⑳维：文本作"惟"，诸本作"维"。惟、维，音义同，古通用。近，朱《考异》："近，或作'其'。"魏本："赵本'近'作'其'。"文本、祝本、魏本、廖本等均作"近"。

欲覆其州，以踵近武：文《详注》："永贞元年十一月，夏绥银节度留后杨惠琳反。"又云："覆，灭也，言欲灭之以继近世之迹。张平子《东京赋》云：'踵三皇之遐武。'"魏本："孙曰：'踵，继也。武，迹也。'韩曰:'先是德宗建中间,李希烈、朱泚等反。至是杨惠琳、刘辟继踵而起焉。'"顾嗣立《集注》:"《旧唐书》:'夏州节度韩全义入朝,其甥杨惠琳知留后,据城叛。'"李详《证选》:"《离骚经》:'及前王之踵武。'"方世举《笺注》:"司马相如《封禅文》:'率迩者踵武。'(下引韩语见上)"方成珪《笺正》:"'有盗在夏',专指杨惠琳也。《旧史》(《旧唐书·宪宗纪》):'夏州节度韩全义入朝,其甥杨惠琳知留后,据城叛。'韩注并列刘辟,误矣。"屈《校注》:"此'欲覆其州',谓惠琳欲据夏州叛也。踵武,即韩醇注所谓'继踵'也。"按:欲覆其州,指杨惠琳据夏州叛。按:诗首句起"皇帝即阼",指时在位皇帝宪宗;下句"维是元年",指宪宗元和元年(806)。均指当朝事。"以踵近武",踵武者指近叛者刘辟,即刘辟接踵杨惠琳而叛也。方说近之而未详,诸说解之而未审。以踵近武,即踵武也。

㉑ 皇帝曰吁:魏本:"孙曰:'噫、吁,叹辞。'"音注:"吁,许其切。"文《详注》:"吁,嗟辞也。何休曰:'发痛,语首之声。'"按:"岂不在我"乃皇帝之吁的内容。吁,同譆。叹词。《说文·言部》:"譆,痛(声)也。"《左传》定公八年:"从者曰:譆!速驾!"《诗·周颂·噫嘻》:"噫嘻成王!"表示赞叹。《礼记·檀弓》:"譆!其甚也!"表悲叹,意谓慨叹刘辟为恶之甚也。

㉒ 负鄙为艰:负鄙,文《详注》:"鄙,边邑也。"魏本:"孙曰:'负,恃。边,鄙也。'"钱仲联《集释》:"《国语》韦昭注:'鄙,边邑也。'"按:边邑,《春秋》庄公十九年:"冬,齐人、宋人、陈人伐我西鄙。"注:"鄙者,边陲之辞。"此句谓守卫边地之艰难,故有下句"纵则不可",即不可放纵。此指刘辟依仗蜀地坚险难攻。纵则不可,谓不能放任刘辟之叛。

㉓ 其众十旅:方《举正》:"谢本校'十'作'千'。按:此专纪惠琳之乱也。惠琳之叛,严绶在河东表请讨之,诏与天德军(天德军即河东军)合击,未尝他出师也。十旅为正。"朱《考异》:"十,或作'千'。(下引方语)今按:《周礼》(《地官·小司徒》):'五人为伍,五伍为两,四两为卒,五卒为旅。'则一旅五百人,而十旅五千人也。

方说得之。亦见以顺讨逆,师不在众之意。"文《详注》:"二百五十人为旅,言二千五百人也。"日人近藤元粹云:"一旅五百人,十旅五千人也。"按:《周礼·地官·小司徒》注:"两,二十五人;卒,百人;旅,五百人。"十旅为五千人。文说"二百五十人为旅"者误。

㉔ 腹败枝披:文《详注》:"《前汉·韩安国[传]》曰:'支大于干,胫大于股,不折必披。'披,丕靡切。见《灌夫传》(《汉书》)。邑落曰聚。在与切。"朱彝尊《批韩诗》:"只就质语加锤炼,炼到文处。腹枝是《文选》句。"钱仲联《集释》:"《逸周书》孔晁注:'四枝,手足。'《左传》杜预注:'披,析也。'"屈《校注》:"案:枝,通肢,谓手足也。《孟子·梁惠王上》:'为长者折枝。'赵岐注:'案摩折手节解罢枝也。'披,《左传》成公十八年:'而披其地。'注:'犹分也。'《左传》昭五年:'又披其邑。'注:'析也。'不敢保聚,谓不敢聚众保守也。《左传》僖公二十六年:'我敝邑用不敢保聚。'杜预注:'不聚众保守。'"按:此乃告叛贼以祸福之语:腹(主干)坏则枝(四肢)必折。枝,支,本字;枝,假借,肢,后出。

㉕ 不敢保聚:方世举《笺注》:"《左传》:'我敝邑用不敢保聚。'"谓不敢聚众保地叛乱也。

㉖ 陴(pí)外、降幡夜竖:文《详注》:"元和元年三月辛巳(17日),杨惠琳伏诛。琳,梨针切。陴,频泳切,城上女垣也。降,胡光切。"按:《说文·阜部》:"陴,城上女墙,俾倪也。"段注:"城上为小墙,作孔穴可以窥外,谓之俾倪(睥睨、陴倪、裨倪同)。《左传》宣十二年:'守陴者皆哭。'杜注:'陴,城上俾倪。'《释名》云:'城上垣曰俾倪,言于其孔中俾倪非常。亦曰陴,陴、裨也。言裨助城之高也,亦曰女墙。'"掷首陴外,降幡夜竖者,抛头颅于城外,指张承金斩杨惠琳,夜里举起降旗。何焯《批韩诗》:"平夏。"

以上叙宪宗即位平杨惠琳事,以下入平辟本事。

㉗ 疆外之险:沈德潜《唐诗别裁集》:"入本事。"

㉘ 韦皋:新旧《唐书》有传。韦皋(745—805),字城武,大排行二十三,京兆万年人。代宗广德元年(763)为建陵挽郎。大历初任

华州参军,累授使府监察御史。德宗建中四年(783),以功授凤翔陇右节度营田判官、殿中侍御史,权知陇州行营留后事。兴元元年(784),入为左金吾卫大将军。贞元元年(785),拜检校户部尚书,兼成都尹、御史大夫、剑南西川节度使,代张延赏。顺宗即位,加检校太尉。累破吐蕃,封南康郡王。顺宗永贞元年(805)八月卒,谥忠武。《全唐文》卷四九七有权德舆《韦公先庙碑铭》。

㉙ 刘辟守后:文《详注》:"永贞元年(805)八月癸丑(17日),剑南西川节度使韦皋卒。行军司马刘辟自称留后。皋治蜀岁久兵骄,故辟偕其属卒以为叛。"方世举《笺注》:"《新唐书·刘辟传》:辟佐韦皋府,累迁御史中丞、度支副使。皋卒,辟主后务。"按:刘辟,新旧《唐书》有传。辟,字太初,贞元中进士及第,登宏词科。韦皋辟为从事,累迁至御史中丞、支度副使。永贞元年八月,韦皋卒,辟自为西川节度留后,率成都将校上表请降节钺,不许,除给事中,召归京,不奉诏。时宪宗初即位,以无事宁人为务,遂授辟检校工部尚书,充剑南西川节度使。辟益凶悖,求都统三川,遂举兵围梓州。宪宗难于用兵,宰相杜黄裳奏:"刘辟一狂蹶书生耳,王师鼓行而俘之,兵不血刃。"荐高崇文、李元奕进兵伐之,令严砺、李康共讨之。诏许自新,辟不听。遂大鼓进兵,六月破鹿头关,收汉州。九月收成都。俘刘辟以献。戮于长安子城西南隅。

㉚ 血人于牙:宋白文本"人"字下注:"一作'入'。"朱《考异》:"人,或作'入',非是。"宋白文本、文本、祝本、魏本、廖本、王本等均作"人",是。

文《详注》:"用兵者植旗于门,则谓之牙门;或置车于门,则谓之辕门。牙,言如猛兽之有牙也。"魏本:"韩曰:《传》言:'辟尝病。见问疾者,必以手行入其口,辟辄裂食之。'其狠恶之壮如此。"方世举《笺注》:"《旧唐书·刘辟传》:'初,辟尝病,见诸问疾者来,皆以手据地,倒行入辟口,辟因礫裂食之。'"按:韩、方引文为《旧唐书·刘辟传》,然有缺误。原文为:"初,辟尝病,见诸问疾者来,皆以手据地,倒行入辟口,辟因礫裂食之;惟卢文若至,则如平常。《新唐书·刘辟传》同。按:此举一事泛指刘辟狠恶咬人和纵容部下,非谓辟吃来人之肉也。

㉛ 不肯吐口:文《详注》:"言其下强,相杀于牙门,而辟无一言以制之耳。"

㉜ 开库啖(dàn)士:啖,原作"啗",今简化作"啖"。魏本:"祝曰:《说文》:'啗,食也。'《史记》:'往说秦将,啗以利。'徒滥切,又徒敢切。"文《详注》:"《汉纪》(《汉书·高帝纪》):张良谓沛公曰:'使郦食其往说秦将,啗以利。'颜师古云:'啗者,本为食啗耳,[音]徒敢切,以食餧人,令其啗食,[音]则改变为徒滥切,今言以利诱之,取食以为譬'是也。"方世举《笺注》:"啗,音啖。《汉书·高帝纪》:使郦生食其、陆贾往说秦将,啗以利。"按:啗、食、含。《说文·口部》:"啗,食也。从口,臽声,读与含同。"段注:"徒滥切,八部。与今音异。"《国语·晋语二》:"主孟啗我。"汉扬雄《太玄经·玄莹》:"啗函启化。"以利诱人亦曰啗,《史记·高祖本纪》:"使郦生、陆贾往说秦将,啗以利。"则啗、噉同啖,今通作"啖"。

㉝ 曰随所取:方《举正》据唐、阁本"曰"作"日"。朱《考异》作"曰",云:"曰,方作'日'。今按:此乃陈述其诱啖士卒之词,方本非是。"宋白文本作"曰"字,注:"一作'日'。"文本、祝本、魏本、廖本、王本等皆作"曰"。当作"曰"。文《详注》:"大开府库,以金帛啖士,随其所欲取。"日人近藤元粹云:"蒋云:'曰述其诱啖士卒之辞也。'"

㉞ 汝伐汝鼓:方《举正》据阁本作"汝鼓汝鼓",云:"杭、蜀本作'汝伐',《文录》作'枹',荆公本作'击'。"朱《考异》同方,云:"上'鼓'字,或作'伐',或作'枹',或作'击'。"南宋监本原文作"伐"。宋白文本作"击"。文本、潮本、浙本、魏本、《文粹》作"伐"。廖本作"汝鼓汝鼓",注:"上'鼓'字或作'伐',或作'枹',或作'击'。"按:由此可见诸家望文生义乱改也。魏本:"《补注》:《诗·吉日》(《小雅》):'既张我弓,既挟我矢。'《诗·采芑》(《小雅》):'伐鼓渊渊,振旅阗阗。'"按:依上文"汝张汝弓"及《诗》之句式,作"汝伐汝鼓"为

上。应当指出的是：《文录》作"枹"，当是韩文初稿，因觉"枹"（击鼓）与鼓（击鼓）意重，故作"伐"（征伐）。诸本作"伐"，疑韩公后改也。

㉟ 汝为表书，求我帅汝：魏本："韩曰：'传言辟守后务，讽诸将，徼旄节。'"文《详注》："讽令或为表，或为书，以求戎帅于朝也。"《新唐书·刘辟传》："辟主后务，讽诸将徼旄节。"《通鉴》卷二三六永贞元年八月："刘辟使诸将表求节钺，朝廷不许。"

㊱ 士女：蒋抱玄《评注》："《诗》：'士女如云。'"按：此句指宪宗体恤百姓，不忍加兵。士女谓成年男女，泛指百姓。《书·武成》："肆予东征，绥厥士女。"《诗·郑风·溱洧》："士与女，方秉蕑兮。"《楚辞》宋玉《招魂》："士女杂坐，乱而不分些。"《后汉书·王畅传》："郡为旧都侯甸之国，园庙出于章陵，三后生自新野，士女沾教化，黔首仰风流，自中兴以来，功臣将相，继世而隆。"《三国志·魏·崔琰传》："士女企踵，所思者德。"谓百姓之多。

㊲ 苟附而安，则且付与：文《详注》："宪宗知辟意骄傲，非不能行师问罪，然新嗣位，意欲绥静远方。苟辟能怀附而安之，则且付与节旄以观其进退。附，如《荀子》'兵要在附民'之附。"方世举《笺注》："《辟传》：宪宗以给事中召之，不奉诏。时帝新即位，欲静镇四方，即拜检校工部尚书、剑南西川节度使。"按：《通鉴》卷二三六永贞元年十二月己酉（14日）："以给事中刘辟为西川节度副使、知节度事。"此承上"事始上闻，在列咸怒"句，谓：宪宗怜惜百姓，说刘辟若能臣附而安，就暂且授给他此官。时朝臣上疏请讨，如《通鉴》韦丹云："今释辟不诛，则朝廷可以指臂而使者，惟两京耳。此外谁不为叛！"

㊳ 读命于庭：朱《考异》："读，或作'续'，非是。"宋白文本作"续"，注："一作'读'。"文本、魏本、廖本等作"读"，注："一作'续'。"方世举《笺注》："《新唐书·百官志》：册命大臣，则使中书舍人持节读册命。"按：唐制册命大臣，使中人持节宣读册命，故此处作"读"字是。

㊴ 出节少府：魏本："《补注》：'《唐·百官志》云：符宝郎凡命将遣使，皆赐旌节。旌以颛赏，节以颛杀。'蔡曰：'按《唐志》：少府监掌供百官仪物。'"文《详注》："宪宗始以给事中召辟，辟不奉诏，于是拜检校工部尚书、剑南西川节度使。少府监掌工作法物（供百官仪物）符印旌节，故曰出节少府。"出节，《周礼·地官·掌节》："凡邦国之使节，山国用虎节，土国用人节，泽国用龙节。"唐制：符宝郎掌邦国符节，凡命将遣使，皆请旌节。旌以专赏，节以专杀。自汉以来少府符节令一人，凡遣使掌授符节，属少府。

㊵ 朝发京师，夕至其部：魏本："孙曰：'辟既自为留后，上初嗣位，未能讨。是岁十二月以辟为西川节度副使，知节度事。'"按：此承上句，谓皇上命少府符宝郎到成都府宣布诏命。

㊶ 此不当受：朱《考异》："不当，或作'当不'，非是。"宋白文本、文本、祝本、魏本等均作"不当"，是。

文《详注》："辟既得旄节，以为上可动，意益骄傲，吐不臣语。伍，卒伍也。"魏本："孙曰：'辟既得旌节，志益骄，求兼三川，上不许。'"方世举《笺注》："《辟传》：'辟意帝可动，益骜蹇，吐不臣语，求统三川。'"

按：自"辟喜谓党"以下三句，乃刘辟对下属所说的话。鲜明地表现出刘辟贪得无厌、骄横无理的形态。看似不起眼，实则妙笔，皆以一"喜"字出之。

㊷ 万牛脔炙，万瓮行酒：脔炙，方《举正》："脔炙，蜀本与《文粹》'炙'作'肉'。"朱《考异》："炙，或作'肉'。"宋白文本、文本、祝本、魏本作"炙"，注："一作'肉'。"祝本"牛"误作"年"。魏本："祝曰：脔，切也。《庄子》：'不敢食一脔。'炙，与炙同。《广韵》引《周书》：'（黄帝）始燔肉为炙。'又《礼记》：'毋嘬炙。'"《正韵》："炙，之夜切，音蔗。韩愈《元和圣德诗》'万牛脔炙'。"《正字通》："炙，旧注同'炙'。"可证当作"炙"。文《详注》："言辟恃蜀之富，杀牛酾酒，飨赍士卒，以买其叛。又设标异以夸雄强。炙，之夜切。"按：此谓杀万只牛烧烤而食，倾万瓮酒而饮。既是犒赏将士，又鼓动将士造事。

㊸ 缠股：即以锦缠裹腿，相当于后世士兵的裹腿。《诗·小雅·采菽》："赤芾在股，邪幅在下。"郑笺："胫本曰股，邪幅如今行縢也。逼束其胫，自足至膝，故曰在下。"

帕首：方《举正》："帕首，荆公本音麦，潮本亦出此音。郭璞《方言注》（卷四）曰：'络头，帕头也，音貊。'今多读作莫辖切。公送李益、郑权序皆用此语。或作'袜'字，盖二音通读。"朱《考异》引方语，云："今按：《集韵》'帕，莫白切'，无莫辖音。'袜，莫葛切，带也。'方说盖误。"文《详注》："帕，音普驾切，旧音麦，莫辖切。"魏本："《补注》：《（二仪）实录》曰：'禹会涂山之夕，大风雷震，有甲步卒千余人，其不被甲者以红绡帕抹其额。自此遂为军容之服。帕音麦。"方成珪《笺正》："《集韵·十五辖》：帕，莫辖切。袜音同。方说不误，朱子偶失检耳。"日人近藤元粹云："帕额，首饰也。《实录》：禹会涂山之夕，大风雷震，有甲步卒千余人，其不被甲者，以红绡帕抹其额。自此遂为军容之服。"按：此谓以红帕头之帕，而以之裹头。帕，当读莫辖切，音莫（mò）。作束额巾解，又称抹额，即古代男子束发的头巾。《三国志·吴·孙策传》："建安五年（200）……迎汉帝。"注引《江表传》："废汉家法律，尝著绛帕头。"韩愈《送郑尚书序》："大府帅或道过其府，府帅必戎服，左握刀，右属弓矢，帕首裤靴，迎郊。"或作缠裹讲。《辞源》《汉语大词典》均举韩愈此诗为例。清魏源《圣武记》卷一："禽蛩、志葵，进围松江，冒蛩军帕首入其城，陷之。"

㊹ 有悝其凶，有饵其诱：悝，魏本注："悝，怯也，音匡，一作'胁'。"按：《说文·心部》："悝，怯也。"凶，方《举正》据蜀本作"胸"，云："鲍校同。"朱《考异》："凶，方作'胸'。今按：此二句盖言有畏其暴者，有贪其利者，故从之者众耳，非本心乐从也。方本非是。"南宋监本原文作"凶"。宋白文本、文本、潮本、祝本、魏本、浙本均作"凶"。按：凶者，残暴也。《后汉书·南匈奴传》："汉初遭冒顿凶黠。"李白《幽州胡马客歌》："狼戾好凶残。"则当作"凶"。

魏本:"《补注》:黄石公记曰:'芳饵之下,必有悬鱼;重赏之下,必有死夫。'诗意取此。"文《详注》:"谓以祸福恇怯其凶,渠使从己叛,又设爵饵以诱掖之。恇,怯也,音曲王切。饵,钩上肉,以引鱼,仍吏切。"朱彝尊《批韩诗》:"此等偶句,《三百篇》亦有之。但如此排来,则全觉是《选》体。"

㊺ 其出穰穰:魏本:"祝曰:《诗》(《周颂·执竞》):'降福穰穰。'注,众也。如羊切。"按:穰穰,人口众多。《诗·商颂·烈祖》:"自天降康,丰年穰穰。"《史记·滑稽列传·淳于髡传》:"五谷蕃熟,穰穰满家。"《汉书·张敞传》:"长安中浩穰。"

㊻ 队以万数:魏本:"祝曰:数,计也。《周礼》:'各数其间之众寡。'所居切。"

㊼ 遂劫东川,遂据城阻:文《详注》:"元年正月,辟陷东川,执节度李康。东川,梓州也。《通典》:'梓州,左带涪水,右挟中江,居水陆之冲要。'故辟先据之也。"魏本:"孙曰:'上既不许辟三川,元和元年正月,辟遂发兵围东川节度使李康于梓州,欲以同幕卢文若为东川节度使,因陷梓州,降李康。'"方世举《笺注》:"劫东川:《辟传》(《新唐书·刘辟传》):'辟欲以所善卢文若节度东川,即以兵取梓州。'"按:东川,即今四川三台县。

㊽ 其又可许:文《详注》:"言其逆状已甚,不可复许也。"方世举《笺注》:"《旧唐书·辟传》:宪宗难于用兵,宰相杜黄裳奏:神策军使高崇文骁果可任。令崇文、李元奕等将神策行营兵相续进发,仍许其自新。"按:此宪宗对刘辟再次容忍,然辟反性依旧。

㊾ 爰命崇文,分卒禁御:文《详注》:"此宪宗命崇文之辞。辟之寇梓州也,议者以其恃险,讨之或生事。宰相杜黄裳固劝上无赦,因荐高崇文以为将,上然之。即诏崇文检校工部尚书、左右神策行营节度使,俾统左右神策、麟游、奉天诸屯以讨辟。时显功宿将人人自谓当选,及诏出,皆大惊。卯漏受命,辰巳出师,器械无一不具。过兴元,土有折逆旅箸者,即斩以徇,禁兵所以备御非常,故曰:禁御野田野也。"魏本:"孙曰:'初,上欲讨辟,而重于用兵。宰

相杜黄裳荐神策军使高崇文可用。元和元年正月,命崇文将步骑五千为前军,神策京师行营兵马使李元奕将步骑二千为次军,与山南西道节度严砺同讨辟。甲午(29日),崇文出斜谷,元奕出骆谷,同趋梓州,三月克之.'"方世举《笺注》、近藤元粹注同。

㊿ 无暴我野:童《校诠》:"案:无暴我野,谓不埋井,不刊木,不践禾稼。"按:故崇文斩折逆旅箠者。

(51) 日行三十:文《详注》:"兵法:师行三十里,吉行五十里。崇文乃西自阆中出,却之剑门,兵解梓潼之围,贼将郝玼退守梓州,即是蜀都之右也。"按:《诗·小雅·六月》:"我服既成,于三十里。"朱熹《诗集传》:"古者吉行日五十里,师行日三十里。"廖本:"《贾捐之传》(《汉书》)云:'吉行五十里,师行三十里。'"

徐壁:壁,方《举正》作"壁",云:"三本同。"朱《考异》:"壁,或作'辟'。"南宋监本原文作"辟",潮本、祝本、魏本作"辟",宋白文本、文本、廖本、王本作"壁"。魏本注:"辟,毗亦切,本亦作'壁',壁垒也。"童《校诠》:"第德案:辟、壁古通用。尔雅释天:营室东辟也,释文:辟本作壁;左氏昭十三年传:故请为武军,杜注:欲筑垒辟,释文:辟本作壁,是其证。阁、杭、蜀三本作壁(垣也),正字,此本作辟(法也),假借字。"按:《文选》张平子《思玄赋》:"观壁垒于北落兮。"衡曰:"壁,营壁也。"今从"壁"。

(52) 鹿头是守:文《详注》:"鹿头山,距成都百五十里,扼二川之要,辟兵城之,旁连八屯,以距东兵。"魏本:"孙曰:'六月,辟城鹿头,关连八栅,屯兵万余人以拒崇文。崇文击败之,辟置栅于关东万胜堆,崇文遣骑将高霞寓攻夺之。下瞰关城,凡八战皆捷。'韩曰:'鹿头山,南距成都百五十里。'"顾嗣立《集注》:"《旧唐书》:成都北一百五十里有鹿头山,辟筑城以守,又连八栅以拒王师。是日破贼二万于鹿头,明日又破于万胜堆。崇文使骁将高霞寓攻夺其堆儿,八战皆大捷。"方世举《笺注》:"《新唐书·高崇文传》:'鹿头山,南距成都百五十里。扼二川之要,辟城之,旁连八屯,以拒东兵。'"按:《元和郡县图志》卷三一"剑南道上":"汉州,(德阳县)鹿头戍,在县北三十八里。"乃邓艾平蜀处。在今四川省德阳市境。

㊝崇文奉诏,进退规矩:文《详注》:"初,师之出,以中人俱文珍为监军,既数月而无功,黄裳奏请罢文珍而专委崇文,事必济。上从之,凡兵之进退皆黄裳自中指授,无不切于机者,进克鹿头,贼始大震。"

规,祝本、魏本注:"规,一作'合'。"按:作"规矩"善。方世举《笺注》:"规矩:《淮南·修务训》:'战进如激矢,解如风雨,员之中规,方之中矩。'"

㊞擒不滥数:方《举正》据杭本作"蓝缕",云:"三馆本、《文粹》并同。姚令威曰:唐令狐本作'襤褛',蜀本始作'滥数',校本多从之。今姑存其旧。"朱《考异》作"滥数",云:"(引方语)今按:'蓝缕'无理,'滥数'盖用《左传》'数俘'之语。蜀本得之,它本皆误。"南宋监本原文作"滥数"。潮本、宋白文本、祝本、文本、魏本亦作"滥数"。屈《校注》:"案:蓝缕为双声字,义与䙙缕同,乃委曲繁琐,此句谓不滥擒也。方崧卿存此旧本,并非无理,朱氏语太武断。"童《校诠》:"第德案:公羊昭二十五年传:且夫牛马维娄,何(休)注:系马曰维,系牛曰娄。娄为缕之省借,缕可系,故引申为凡系之称。诗山有枢:弗曳弗娄,毛传:娄亦曳也,释文引马注:娄,牵也,释娄为曳为牵,亦缕字也,公示儿诗:有藤娄络之,亦用娄字。蓝、滥古字通,大戴记文王官人篇:蓝之以乐,卢(辩)注:蓝犹滥也。擒不蓝缕,谓不妄系缧人民,如不禽二毛,不系幼弱妇女之类,作蓝缕自通,宜两存之。左氏宣十二年传:荜路蓝缕,杜注:蓝缕敝衣,依说文应作襤褛,与此义异。说文:襤褕谓之襤褛,襤,无缘也褛,衽也,段玉裁曰:衽者杀而下者也,故引申之衣被丑弊或谓之缕裂,或谓之襤褛。"按:今从诸本作"滥数"。贪杀、滥数义同,即不贪杀人多,擒不为多而乱擒充数。

㊟整兵顿马:即整顿军马。语似费解,实则此韩文特用之修辞法。

㊠上章乞讨:方《举正》据阁本订"请"字,云:"李、谢校。"朱

《考异》:“请,或作‘乞’。”南宋监本原文作“乞”。廖本、王本作“请”。宋白文本、潮本、祝本、文本、浙本、魏本、《文粹》作“乞”。请、乞义同,然按韩公用字习惯避俗就奇,作“乞”,较合韩公意。

(57) 起坐:方世举《笺注》:“《记·郊特牲》:‘君亲誓社,以习军旅,左之右之,坐之起之。’”按:起坐,起立与坐下,坐立举止,俗谓起居。汉秦嘉《赠妇诗》:“一别怀万恨,起坐为不宁。”此谓四方用命乞请讨叛,随时可以出师,即起也。

(58) 皇帝曰嘻:嘻,方《举正》作“嘉”,云:“杭作‘嘉’,蜀作‘嘻’,李、谢校从‘嘻’。公上文已有‘曰嘻’,字不当重出也。”朱《考异》:“方作‘嘉’,非是。嘻,叹辞也。”廖本、王本作“嘻”。宋白文本亦作“嘻”,注:“一作‘嘉’。”文本、祝本、魏本作“嘉”,注:“嘉,一作‘嘻’。”童《校诠》:“第德案:仪礼觐礼:予一人嘉之,郑注:嘉之者,美之辞也,左传昭七年传:尚克嘉之,杜注:嘉、善也。作嘉自通,宜两存之。”文《详注》:“唐自安史既灭,武夫战卒以功起行阵列为侯王者,皆除节度使。由是方镇相望,至是知宪宗英武,故皆上章乞助讨贼。嘉者,美之辞也。《左氏传》曰:‘文襄之霸也。其务不烦诸侯。’”

按:据韩公用语习惯和早出本,作“嘻”字是。嘻、嘉两字虽均通,然此是校订原文,应尽可能厘定符合原貌的字,不是解辞;作“嘉”者当是后出本校者以为与上“嘻”字重,故改之。朱解“嘻”为叹辞符合当时氛围。参看上“四方节度,整兵顿马,上章乞讨,俟命起坐”和下“无汝烦苦”,此乃写宪宗既喜四方踊跃效命,而又抚慰他们,当用叹辞;若是美四方用命,下不当接“无汝烦苦”,而应出命其出兵之辞。

(59) 荆并洎梁,在国门户:魏本:“孙曰:‘荆谓荆南节度使裴均,并谓河东节度使严绶,梁谓山南西道节度使严砺也。’韩曰:《晋史》:‘西陵,国之西门。’言其要害也。”按:即荆、并及梁三镇,谓荆南、河东、山南,均为邦国的门户。

(60) 丑:魏本:“《补注》:‘丑类也。’”文《详注》:“此帝命四军之词。帝谓荆、梁之众近在国门,足以办事,令每节度出师三千,各选其众以充之。时京西行营兵马[使]李元奕,山南西道节度使严砺各率兵以助讨辟。荆即荆南也,并即荆北也。时京西兼统京北。梁,即山南也。《小雅·采芑》诗曰:'其车三千,师干之试。'《吉日》诗曰:'从其群丑。'注云:'丑,众也。'"按:丑,即丑类,众多也。《诗·小雅·吉日》:"从其群丑。"笺:"丑,众也。"《左传》定公四年:"将其丑类。"杜注:"丑,众也。"韩公语出此。

㉑ 四军:魏本:"孙曰:'四军,即谓荆、并、梁及崇文之师也。'"日人近藤元粹注引孙说。

㉒ 殷其如阜:朱《考异》:"殷其,或作'殷殷',或作'其殷'。"宋白文本作"其殷",注:"一作'殷殷'。"文本、魏本作"殷其"。按:当作"殷其"。方《举正》无校语。魏本:"祝曰:《诗》(《召南·殷其雷》):'殷其雷。'注:'殷,轰声也。'孙曰:殷,安也。《诗》:'如冈如阜。'《释名》:'土山曰阜。'殷,音隐。殷其,一作'其殷',赵作'殷殷'。"

方世举《笺注》:"按:殷,状军声之盛也,即《诗》'殷其雷'之义,谓军声如雷如霆也。《上林赋》:'车骑雷起,殷天动地。'《吴都赋》:'殷动宇宙,胡可胜原。'皆可证。如阜:《诗·天保》(《小雅》):'如山如阜。'按:虽用《天保》诗语,然意实本于《常武》(《大雅》)诗'如山之苞'。"王元启《记疑》:"殷,众也。《诗·郑风》(《溱洧》)'殷其盈',《周礼》'殷见殷覜',传注并同此解。此承'四军齐作'言之。解作众义,接下'如阜',喻意尤亲。或引《殷其雷》(《诗·召南》)、'殷天动地'、'殷动宇宙'等字为证,指为军声之盛。既指军声,何独取阜之无声者为喻?近人好奇炫博,不顾文义之安,往往类此。"方成珪《笺正》:"殷训安,未详。按:殷殷,盛貌。《史记·苏秦传》:辎辎殷殷,若有三军之众。义当用此。"童《校诠》:"第德案:殷、隐古字通,诗柏舟:如有隐忧,韩诗隐作殷,汉书扬雄传:殷殷轸轸,颜注:殷读曰隐,广雅释诂:隐,安也,孙氏读殷为隐,故以安释之,安其如阜,与诗常武:如山之苞义同。王氏讥方扶南释殷为军声之盛而以众易之，上文云：四方节度，整兵顿马，上章乞讨，俟命起坐，皇帝曰嘉，无汝烦苦，颂皇帝不愿兴动大众，故仅用荆并梁暨崇文四军征之，以众释殷，非公本意。诗常武：如山之苞，如川之流，毛传：苞本也，郑笺：山本以喻不可惊动也，川流以喻不可御也。正义：兵法有动有静，静则不可惊动，故以山喻，动则不可御止，故以川喻。殷其喻军声之盛，如阜喻不可动摇，按之兵法，未为不合，方解末引常武作证，其意自明。王氏似未深究其义，遽以讥之，过矣。祝注轰应作雷。”按：童说善。

(63) 或拔其角：拔，方《举正》作“拔”，云：“《文粹》‘拔’作‘披’。”朱《考异》：“拔，或作‘披’。”宋白文本、魏本作“拔”，注：“一作‘披’。”按：作“拔”是。拔，攻取也。《史记·魏公子列传》：“秦闻公子死，使蒙骜攻魏，拔二十城，初置东郡。”此句以牛之角被拔，喻刘辟叛军被折其犄角也。

(64) 或脱其距：魏本：“祝曰：距，鸡距。《史记》：‘投石超距。’距，其吕切。”方世举《笺注》：“拔角、脱距：按：《左传》（襄公十四年）：‘譬如捕鹿，晋人角之，诸戎掎之。’正义曰：‘角之，谓执其角也。掎之，谓戾其足也。’旧注引《史记·王翦传》‘投石拔距’，与此无涉。”钱仲联《集释》：“角距字，公于《曹成王碑》亦用之。所谓‘北向落其角距’也。”按：或脱其距，肉去皮骨。《礼记·内则》：“肉曰脱之，鱼曰作之。”引申为脱落、拔去。谢庄《月赋》：“洞庭始波，木叶微脱。”距，本作鸡爪解，此引申为爪牙，与上句之“角”皆指蜀之叛军。《左传》昭公二十五年：“季、郈之鸡斗，季氏介其鸡，郈氏为之金距。”韩公《曹成王碑》“王坐南方北向，落其角距”及《斗鸡联句》“复以距为镦”，均可证。

(65) 长驱洋洋：长驱，方世举《笺注》：“《史记·乐毅传》：‘轻卒锐兵，长驱至国。’《新唐书·高崇文传》：‘崇文始破贼二万于城下，明日战万胜堆，堆直鹿头左，使骁将高霞寓鼓之，募死士夺而有之。凡八战皆捷，仇良辅举鹿头城降，遂趣成都。’”洋洋，《诗·卫风·硕人》：“河水洋洋。”传：“盛大也。”《诗·鲁颂·闷宫》：“万舞洋洋。"传:"洋洋,众多也。"谓四军之雄伟气势。

⑥⑥ 无有龃龉:文《详注》:"神策兵及上三节度即四军也。言四军之起,殷然如雷之在阜,相与围辟若逐禽兽然。《召南》(《殷其雷》)诗曰:'殷其雷,在南山之阳。'《天保》诗曰:'如山如阜。'洋洋,盛大貌。龃龉者,相戾也。上音在所、吕爽二切。下音隅举切。"魏本:"祝曰:《前汉》:龃者,齿不正也。《说文》:'龃龉,不相值也。《选》:'或龃龉而不安。'上床吕切,又壮所切。下音语。"按:龃龉,牙齿参差不齐,比喻抵牾、不合。扬雄《太玄经》卷三《亲》:"其志龃龉。"晋范望解赞:"龃龉,相恶也。"《新唐书·高崇文传》:"崇文始破贼二万于城下,会雨不克攻。明日,战万胜堆,堆直鹿头左,使骁将高霞寓鼓之,士扳缘上,矢石如雨,募死士夺而有之,尽杀戍者,焚其栅,下瞰鹿头城,人可头数。凡八战皆捷,贼心始摇……仇良辅举鹿头城二万众降,执辟子方叔、婿苏强。遂趣成都。"《说文·齿部》:"龃,龃龉,齿不相值也,从齿,虘声。龉,龃龉也,从齿,吾声。佐齿,齿差跌貌。"

⑥⑦ 九月辛亥:诸本原作"八月壬午":元和元年八月二十二日。文《详注》:"按《帝纪》(《新唐书·宪宗纪》):癸丑(元和元年七月二十二日),崇文及辟战于玄武。九月丙午(16日),严砺及辟战于神泉,皆败之。辛亥(21日),进克成都,则辟弃城走,非八月壬午,疑传写误。"按:文说是。辟弃城当指成都,不然崇文怎入其宇。此"八月壬午"当为"九月辛亥"。

⑥⑧ 弃城:刘辟放弃成都城,携妻妾、子女逃走。包裹,《庄子·天运》:"充满天地,苞裹六极。"《淮南子·原道训》:"夫道者覆天载地,廓四方,柝八极,高不可际,深不可测,包裹天地,禀授无形。"韩愈《和虞部卢四汀云夫酬翰林钱七徽蔚宗赤藤杖歌》:"几重包裹自题署,不以珍怪夸荒夷。"

⑥⑨ 是日:朱《考异》:"日,或作'曰'。"按:作"曰"字非。魏本:"孙曰:'壬午八月二十二日。'"孙说误,见注⑥⑦。

⑦⑩ 搜原剔薮:李详《证选》:"张衡《西京赋》:'干池涤薮。'"按:

原,原野。《楚辞》屈原《九歌·国殇》:"平原忽兮路超远。"薮,水泽。《荀子·王制》:"修火宪,养山林薮泽草木鱼鳖百索。"此谓搜索原野,爬梳水泽,除辟余党。

㊆ 不见洲渚:文《详注》:"辟既穷迫,乃从数十骑至羊灌田,自投水,不能死。骑将郦定进擒之,搜剔逐捕之急也。《说文》:'高平曰原,大泽曰薮,水中可居曰洲渚。'"

㊄ 颠倒:以上下倒置喻末路倾覆也。《诗·齐风·东方未明》:"东方未明,颠倒衣裳。"《诗·陈风·墓门》:"讯予不顾,颠倒思予。"笺:"言至于破灭颠倒之急,乃思我之言。"此语形象地描写出辟穷途末路时头朝下、如杵投臼一样投江的形态。《旧唐书·刘辟传》:"九月,崇文收成都府。刘辟以数十骑遁走,投水不死,骑将郦定进入水擒辟成都府西洋灌田。"

㊓ 枷胫械手:乃二动宾词组,即用枷套其脖颈,用器械缚其手。魏本:"祝曰:胫,项也。《周礼》(《冬官考工记·梓人》):'大体胫。'胫,音豆。"文《详注》:"胫,胫也。《史记·春申君传》:'系胫束手。'胫,音豆。"按:《旧唐书·刘辟传》:"辟槛送京师,在路饮食自若,以为不当死。及至京西临皋驿,左右神策兵士迎之,以帛系首及手足,曳而入,乃惊曰:'何至于是!'或绐之曰:'国法当尔,无忧也。'……辟乃伏罪。"方世举《笺注》亦引《辟传》,同上而简且误,不赘。

㊔ 累累:魏本:"祝曰:累,索也。《礼记》(《乐记》):'累累乎端如贯珠。'累,力追切。"文《详注》:"累累,羸败貌。《礼记》:'丧容累累。'伦追反。"按:累累,犹缕缕也,《穀梁传》哀公十三年:"吴,东方之大国也,累累致小国以会诸侯。"此处指刘辟的妻妾等家属连连哭拜求饶。

㊕ 以告庙社:魏本:"韩曰:'《新史》:辟走,自投水不能死。骑将郦定进擒之,槛车送京师,献庙社,徇于市。'"方世举《笺注》:"庙社:《左传》(闵公二年):'帅师者受命于庙,受脤于社。'《辟传》(《新唐书》):'帝御兴安楼受俘,献庙社,徇于市,斩于城西南独柳树

下。'"按:庙,宗庙,供奉祭祀祖先之所,此指皇帝宗庙。《穀梁传》僖公十五年:"天子至于士皆有庙。"社,土地神。《左传》昭公二十九年:"后土为社。"

⑯ 周示城市,咸使观睹:方世举《笺注》:"城市:《记·王制》:'刑人于市,与众弃之。'"周示城市,《旧唐书·刘辟传》:"上御兴安楼受俘馘,令中使于楼下诘辟反状,辟曰:'臣不敢反,五院子弟为恶,臣不能制。'又遣诘之曰:'朕遣中使送旌节官告,何故不受?'辟乃伏罪。令献太庙、郊社,徇于市,即日戮于子城西南隅。"

⑰ 解脱挛索,夹以砧斧:挛,魏本:"祝曰:挛,系也。《易》(《小畜》):'有孚挛如。'力全切。"夹以砧斧,方《举正》:"砧,当作'枮',与'椹'同。《战国策》(《秦策》)范雎曰'臣之胸不足以当椹质,要不足以待斧钺'是也。"文《详注》:"辟槛送京师,冀不死,食饮于道,晏然将至都,神策以兵逆之,系其首曳而入。惊曰:'何至是耶?'帝御兴安楼受俘。辟曰:'臣不敢反,五院子弟为恶,不能制。'诏问遣使赐爵何不受?乃伏罪。献庙社,徇于市,斩于城西南,时十月戊子也。《前汉》:'王䜣解衣伏质。'颜师古曰:'质,鑕也。凡欲斩人,皆伏于鑕上,砧与鑕同。'音之林切。"童《校诠》:"第德案:周礼圉师:射则充椹质,杜子春读椹为齐人言铁椹之椹。尔雅释宫:椹谓之榩,郭注:斫木质也。释文:椹本又作砧。是椹字已见周礼尔雅,方引战国策,未得其朔。说文弓字下引周礼王弓弧弓以射甲革甚质,段玉裁曰:按故书作鞎,大郑云:鞎当为椹,许书无椹字,盖许从郑,郑本作甚也。是古假甚为椹,椹为甚之后出字,枮砧又椹之后出字。"

⑱ 婉婉:魏本:"婉,顺也。音宛。"方世举《笺注》:"谢瞻诗:'婉婉幕中书。'(书,《文选》作'画'。)"钱仲联《集释》:"《诗·候人》毛传:'婉,少貌。'"按:婉婉:和顺貌,《文选》卷二一南朝宋谢瞻(宣远)《张子房》诗:"婉婉幕中画,辉辉天业昌。"婉,年少美好貌。《诗·齐风·甫田》:"婉兮娈兮,总角丱兮。"《诗·曹风·候人》:"婉兮娈兮,季女斯饥。"传:"婉,少貌;娈,好貌。"

弱子：方世举《笺注》："《辟传》(《新唐书》)：'子超郎等九人与部将崔纲以次诛，与卢文若皆夷族。'"

(79) 伛偻(yǔ lǚ)：魏本："伛偻，曲躬貌。祝曰：《庄子》：'一命而伛，再命而偻。'伛，于武切。偻，音缕。"日人近藤元粹云："伛偻，曲躬貌。"

(80) 曳足：文本作"拽足"，曳、拽同，曳本字，拽后出字。

(81) 次及其徒，体骸撑拄：魏本："韩曰：'传云：斩于城西南独柳树下，子超郎等九人与部将崔纲以次诛。'祝曰：《说文》(手部)：撑，衺拄也，拄从旁指也。《古乐府》：'死人骸骨相撑拄。'上抽庚切，下冢庾切。"方世举《笺注》同。方成珪《笺正》："《说文》：'樘，衺拄也。'徐铉等曰：'今俗别作橕，非是。'字当从木，不从手。"

(82) 骇汗如写：方《举正》作"写"，云："三本同。写，音湑。法《蓼萧》诗用韵也。"朱《考异》："写，或作'雨'。方云：'写，音湑。《蓼萧》诗用韵如此。'作'雨'非是。"南宋监本、宋白文本、文本、潮本、浙本、祝本、魏本作"雨"，祝本、魏本注："一作'泻'。"写、泻同，作泻、写均可。廖本、王本作"写"。文《详注》："雨，王遇切，自上而下曰雨，与上雨字音训不同。"童《校诠》："第德案：廖本、王本依举正作写，祝本作雨与本书同。作雨亦自有本，战国齐策：挥汗成雨，是其证。宜两存之。泻为写之后出字。"按语意作"写"字善，写者流也，辟闻坐斩，吓得汗流如泻，为韩诗本意；若为"雨"字，用"挥"字可，用"骇"字则不合。童说未确。

(83) 争刌脍脯：方《举正》据唐本作"刌"字，云："范、谢校。"朱《考异》："争，或作'犹'；刌，或作'切'。皆非是。《仪礼》有'刌肺'。"按：《仪礼·特牲馈食礼》："刌肺三。"注："为尸主人主妇祭，今文刌为切。"南宋监本原文作"切"字，宋白文本、文本、潮本、浙本、祝本、魏本作"争"。廖本、王本作"刌"。争，宋白文本注："一作'刌'。"今从方作"刌"。《庄子·盗跖篇》："脍人肝而铺之。"《汉书·东方朔传》："生肉为脍，干肉为脯。"

文《详注》："苏黄门云(《栾城集·诗病五事》)：'诗人咏歌文武

征伐之事，其于克密曰：无矢我陵，我陵我阿；无饮我泉，我泉我池。其于克崇曰：崇墉言言，临冲闲闲。执讯连连，攸馘安安。是类是祃，是致是附，四方以无侮。（《诗·大雅·皇矣》）其于克商曰：维师尚父，时惟鹰扬。谅彼武王，肆伐大商，会朝清明。（《诗·大雅·大明》）其形容征伐之盛极于此矣！韩退之作《元和圣德诗》言刘辟之死：婉婉弱子，赤立伛偻，牵头曳足，先断腰膂。次及其徒，体骸撑拄。末乃取辟，骇汗如雨，挥刀纷纭，争切脍脯。此李斯诵秦所不忍言，而退之自谓无愧于《雅》《颂》，何其陋也！'觉以为不然。当此之时，藩镇跋扈，唐室中衰。宪宗即位，毅然欲削而平之，于出师之始，首能定蜀。故文公铺张其事，以耸动四方尔。"魏本："樊曰：'此诗苏黄门独谓不然，且曰：此特宪宗命崇文诛一刘辟尔。其言辟弃城走，争切脍脯，何其琐屑之甚。谓之造语工则可，谓之得《雅》体，未也。《诗》载文王伐崇，武王伐纣，固自有体，退之独不到此邪！亦其少年所为文也？按公时年四十，不可谓少，大抵德不足则夸，宪宗功烈固伟，比文、武则有间矣。王荆公尝论《诗》曰：周颂之词约，约所以为严盛德故也。鲁颂之词侈，侈所以为夸，德不足故也。是诗也，其亦鲁颂之谓欤！'"廖本注引张栻（号"南轩"）曰："退之笔力高，得斩截处即斩截。他岂不知此，所以为此言者，必有说。盖欲使藩镇闻之，畏罪惧祸不敢叛耳。今人读之至此犹且寒心，况当时藩镇乎！此正是合于《风》《雅》处。只如《墙有茨》《桑中》诸诗，或以为不必载，而龟山乃曰：此卫为夷狄所灭之由。退之之言亦此意也，退之之意过于子由远矣。"文廷式《纯常子枝语》卷二一："韩昌黎，文士耳，于天德王道大本原处往往失之。其《元和圣德诗》云：'妇女累累……先断腰膂。'噫！酷刑虐政，下及妇稚，乃津津道之以为圣德耶？苏子由以为李斯颂秦所不忍言，而张南轩曲为之说，谓欲使藩镇闻之，畏罪惧祸。夫藩镇之祸与唐相弊矣，岂退之极写惨毒之刑所能慑乎？"方世举《笺注》："按：苏、张二说皆有理，张更得'成《春秋》而乱臣贼子惧'义。《甘誓》言不共命者则孥戮之，而况乱臣耶？言虽过之，亦昭法鉴。"赵翼《瓯北诗话》:"(苏、张)二说皆非也。才人难得此等题以发抒笔力,既已遇之,肯不尽力摹写,以畅其才思耶!此诗正为此数语而作也。"李黼平《读杜韩笔记》:"愚按:《皇矣》言'执讯连连,攸馘安安',《泮水》言'在泮献馘,在泮献囚',昌黎特从而敷衍之,以警示藩镇。子由议之,非也。"《韩诗臆说》卷一:"'婉婉弱子……'一段,乃纪实之词,无庸讳之,诚不必如子由所讥。然如南轩所说,又恐近于宰我之言周社也。"按:诸说均持之有据,非为无理,然均以接受者的角度持之一端。子由讥之过者,在韩公看来乃持之有法,如《春秋》《甘誓》;学者皆持之有据,此乃杜甫随物赋形的现实手法,如《三吏》《三别》及自秦州入蜀途中山水诸作。谓韩愈呈才使气有之,他自江陵回京后,与孟郊等联句、《南山诗》皆可证,此正可驰其笔力,畅其怀抱。更重要的是他见新君即位,治绩显著,振兴有望,正合他披肝沥胆、致君尧舜的企望,欲自振一代、中兴唐朝之志,"少小尚奇伟,平生足悲吒"的性格;所谓震慑其他藩镇者,乃韩愈一贯思想,如平淮西后欲降河北李师道、王承宗等,使镇州晓谕王廷凑等均可证。

㊄ 优赏将吏:方世举《笺注》:"《旧唐书·高崇文传》:制授崇文检校司空、剑南西川节度、观察等使,改封南平郡王,实封三百户,诏刻石纪功于鹿头山下。"

㊅ 析珪缀组:诸本"析珪"作"扶珪"。方成珪《笺正》:"扶,《粹》作'枛'。按:《集韵》入声二十三锡:'枛与析同。'《汉书·扬雄传》:'析人之珪。'公当用此。"方世举《笺注》:"扶珪缀组:《南史·张充传》:'髣髴天阁,既谢廊庙之华;缀组云台,终愧衣冠之秀。'按:如郦定进以擒刘辟功封王,亦膺珪组也。"诸本作"扶",非是。此乃"析"字俗写体,宋拓怀仁集王羲之书《圣教序》即将"析"(见《全唐文》卷一〇太宗《圣教序》)写作"枛",是其证。韩公"析珪"语出自扬雄"析人之珪"。如文《详注》云:"珪,如周官信圭、躬圭之类。组绶属玉藻。郑氏云:'所以贯佩玉相承受者也。'"

㊆ 粟塞其庾:方《举正》作"仓庾",云:"三本同。"朱《考异》:

"其,方作'仓',非是,以上句偶之可见。"南宋监本原文作"其",宋白文本、文本、潮本、浙本、魏本、廖本均作"其"。文本、魏本等注:"其,一作'仓'。"屈《校注》:"朱但以句法相偶求之,初无证据。今仍从方校。诸本作'其'。"钱仲联《集释》亦作"其"。按:此二句工对,乃公颂语常用句法,且诸本均作"其"。其庾,文《详注》:"庾,仓无屋者。《甫田》诗(《小雅》:'曾孙之庾。')注:'露积谷也。'"庾,露天的谷仓。《诗·小雅·楚茨》:"我仓既盈,我庾维亿。"传:"露绩曰庾。"《史记·孝文本纪》:"发仓庾以振贫民。"集注引胡广曰:"在邑曰仓,在野曰庾。"《国语·周语中》:"野有庾积。"则按用语来历似作"仓"亦可。

⑧⑦ 哀怜阵殁,廪给孤寡:《新唐书·宪宗纪》:"元年十月甲子(5日),葬阵亡者,廪其家五岁。"

⑧⑧ 赠官封墓:谓有功者赠官赐爵,阵亡者垆墓。表示宪宗的仁爱之心。

⑧⑨ 周匝宏溥:匝,宋白文本、文本、廖本、王本作"帀",祝本、魏本作"匝"。匝、帀古通用,今通作"匝"。

魏本:"祝曰:周匝,遍也。《选》:'屯卫周匝。'"方成珪《笺正》:"赐文武官阶勋爵乃元和二年正月辛卯事,见《新史·宪宗纪》,注系元年十月似误。"按:《旧唐书·宪宗纪上》:"元和二年春正月己丑朔,上亲献太清宫、太庙。辛卯(3日),祀昊天上帝于郊丘,是日还宫,御丹凤楼,大赦天下。"《新唐书·宪宗纪》:"二年正月己丑(朔),朝献于太清宫。庚寅(2日),朝享于太庙。辛卯(3日),有事于南郊,大赦。赐文武官勋爵,文宣公、二王后、三恪、公主、诸王一子官,高年米帛羊酒加版授。"此谓皇帝对死去的将士普遍施以恩惠,与上严惩辟等给世人看。溥,广大普遍,《诗·大雅·公刘》:"逝彼百泉,瞻彼溥原。"《小雅·北山》:"溥天之下,莫非王土。"

⑨⑩ 宽免租赋:《新唐书·宪宗纪》:"元年十月甲子(5日),减剑南东西川、山南西道今岁赋。"

⑨① 施令酬功,急疾如火:文《详注》:"十月甲子,诏减剑东川、

山南西道今岁租，释胁从将吏，葬阵亡者，廪给其家。周帀宏溥言德广被也。李令伯《陈情》之表云：‘急于星火。’”魏本：“韩曰：‘十月减剑南东西川、山南西道今岁赋，释胁从将吏，葬阵亡者，廪其家五岁，赐文武百官勋爵。’”按：此指酬平蜀之功。李密《陈情表》：“州司临门，急于星火。”

(92) 魏幽恒青：方《举正》作“幽恒青魏”，云：“杭蜀诸旧本并同。鲍谢同上（即‘魏幽恒青’）。”朱《考异》作“幽恒青魏”，云：“或作‘魏幽恒青’。”廖本从朱。宋白文本、文本、祝本、魏本作“魏幽恒青”，从之。王元启《记疑》作“魏幽恒青”，曰：“孙、蔡、魏本皆如此。其序自西而北而东，接下‘海浦’及‘南至’句为顺。……方作‘幽恒青魏’，其言错杂无序，非是。”

文《详注》：“时藩镇世袭。魏则田洪正，幽则刘总，恒则王承元，青则李师古（当作‘道’），徐则张愔，蔡则吴少阳。浦，涯也。”魏本：“孙曰：魏谓魏博节度，幽谓幽州卢龙节度，恒谓成德军节度，青谓淄青、平卢节度，徐谓武宁军节度，蔡谓彰义军节度。”日人近藤元粹注：“蒋云：‘幽则幽州卢龙节度使刘济，恒则成德军节度使王士真，青则淄青、平卢节度使李师道，魏则魏博节度使田季安，徐则武宁军节度使张愔，蔡则彰义军节度使吴少诚，皆一时藩镇之国也。’”魏本：“蔡曰：‘按《唐·地理志》：魏州魏郡，今大名府；幽州范阳郡，今燕山府；镇州常山郡，今真定府；青州，北海郡也。魏则田季安，幽则刘济，恒则王士真，青则李师道，徐则张愔，蔡则吴少诚。此皆一时藩镇之国也。’”按：上说人名不同者缘承袭前后相混也。时魏则田季安，即魏博节度使，治所在魏州贵乡，管州六：魏州、相州、博州、卫州、贝州、澶州。幽则刘济，即幽州大都督府，范阳节度使，治所在蓟州，管幽、易、平、檀、燕、北燕、营、辽等八州。恒则王士真，即恒冀节度使，亦称成德节度使，治所在真定，管州六：恒州、冀州、深州、赵州、德州、棣州。青则李师道，即淄青节度使，治所在东平，管州十二：郓州、兖州、青州、齐州、曹州、濮州、密州、海州、沂州、莱州、淄州、登州。见《元和郡县图志》及两《唐书·地理志》。

㉝ 海浦：文《详注》："张平子《西京赋》(《文选》)曰：'声震海浦。'浦，音普，颇五切。"按：海浦，海边，如张衡赋云。东尽海浦，即东到东海之滨。

㉞ 南至徐蔡：南至，指当时河南北藩镇的南至。徐则张愔，即武宁节度，亦称徐泗节度，治彭城，管州四：徐州、宿州、泗州、濠州。蔡则吴少诚，即漳义节度，亦称蔡州节度，治汝阳，管州三：蔡州、申州、光州。

㉟ 区外杂虏：宋白文本、文本、魏本、廖本作"区外杂虏"。当作"区外杂虏"。魏本："孙曰：'区外，方外也。杂虏，夷狄也。'"廖本注："区外，方外也。杂虏，夷狄也。"

㊱ 怛威服德：方《举正》订"怛威赧德"，云："唐本、阁本、蜀本皆作'赧'，'怛'字得之《文录》。公《尊号表》有'怛威愧德'与此同。上下文义亦可考也。"朱《考异》："诸本作'烜威赫德'。赧，或作'服'。方以《文录》定'烜'作'怛'，以唐、阁、蜀本定'赫'作'赧'。"南宋监本原文作"烜威赧德"。诸本作"烜威赧德"，宋白文本注："一云'怛威服德'，一云'烜威赧德'。"魏本注："烜，许远切，赵作'怛威赧德'。"文《详注》作"烜威赫德"，云："烜赫，畏服貌。"魏本："祝曰：烜赫，光明也。《诗》：'赫兮烜兮。'"童《校诠》："第德案：方从赵本定烜作怛，从唐、阁、蜀本定赫作赧，是赵本不作赧德，与此注所见赵本不同，祝本注：赵云：怛威服德，服赧形近，此注赧当为服之讹。"按：审文义作"怛威服德"是，即畏唐室之威，服唐皇之德。若作"赧"字，作忧惧、惭愧解，不仅与上怛义重，与文义亦不妥：畏威则可，忧惧德则不通。故作"怛威服德"善。得之于《文录》，当是韩文初稿，韩公晚年编辑成集时亦有修改。

㊲ 踧(cù 子六切，音蹙，入，屋韵)踖(jí 秦昔切，音藉，入，昔韵)：作恭敬或局促不安解。文《详注》："踧踖，足相接也。蹈舞，所以达欢欣。"魏本："《补注》：踧踖，恭敬貌。《论语》：'踧踖如也。'《诗》曰：'手之舞之，足之蹈之。'谓举手而舞，身动足而蹈地也。"方世举《笺注》："《广雅·释训》：'踧踖，畏敬也。'"按：即手舞之，足蹈

之,表高兴,或谓谦恭之貌。《论语·乡党》:"君在,踧踖如也。"注:"恭敬之貌。"《后汉书·东平宪王苍传》:"每会见,踧踖无所措置。"注:"踧踖,谦让貌也。"

⑱ 掉弃兵革:日人近藤元粹注:"掉,掷也。"掉、弃二字作动词,义相近,即丢弃也。兵革,军械装备,指兵、戈、矛、刀、箭等兵器。革,甲胄等军服。《战国策·秦一》:"兵革大强。"

⑲ 私习簠簋:魏本:"孙曰:簠簋,礼器。簋,受斗二升,内圆而外方,以竹为之。"文《详注》:"私习簠簋,欲以其职来助也。"方世举《笺注》:"《记》《乐记》:'簠簋俎豆,制度文章,礼之器也。'"王元启《记疑》:"按:惮威故踧踖而弃兵革,报德故蹈武而习簠簋。"按:簋(guǐ),古代祭祀宴享时盛黍稷的器皿。《诗·秦风·权舆》:"於我乎,每食四簋。"传:"四簋,黍稷稻粱。"《释文》:"内方外圆曰簋,以盛黍稷;外方内圆曰簠,用贮稻粱,皆容一斗二升。"《说文·竹部》:"簋,黍稷方器也。"簠(fǔ),古时祭祀宴享,用以盛稻粱的器皿。二者原以竹木为之,后多用铜制造。何焯《义门读书记》卷三○:"二句锁上起下。"此谓惮威故踧踖,服德故蹈舞而习簠簋。

⑳ 来请来觐:《周礼·春官·大宗伯》:"以宾礼亲邦国。春见曰朝,夏见曰宗,秋见曰觐,冬见曰遇,时见曰会,殷见曰同。"至汉有所变动。《史记·魏其武安侯列传》:"太后除窦婴门籍,不得入朝请。"集解:"(汉)律,诸侯春朝天子曰朝,秋曰请。"《史记·吴王濞传》:"吴王身有内病,不能朝请二十余年。""使人为秋请。"觐,《孟子·万章上》:"朝觐讼狱者,不之益而之启。"觐,谓使之相亲。

十百其耦:耦,诸本作"耦",宋白文本注:"一云'数'。"祝本、魏本注:"赵(《文录》)作'数'。"魏本注:"耦,谓朋类。韩曰:'《诗》《周颂·噫嘻》:十千维耦。'"文《详注》:"耦,辈也。四方诸侯请觐之使,十百其辈,言众也。《诗·颂·噫嘻》云:'亦服尔耕,十千维耦。'郑氏云:二耜为耦,一川之地万夫,故有万耦耕之,今言十百,谓使者之来亦犹此也。"按:万夫耜耕曰耦,言其朋类多也。此言四方诸侯臣服,纷纷来京朝觐也。

⑩ 伯父叔舅:魏本:"孙曰:谓当时藩镇诸帅也。《礼记》:'天子之吏。'天子同姓谓之伯父,异姓谓伯舅。九州之牧,天子同姓谓之叔父,异姓谓之叔舅。"王元启《记疑》:"此指九州之牧言之。据《礼记》,当称'叔父叔舅'。'伯'字误。"方世举《笺注》:"《仪礼·觐礼》:同姓大国则曰伯父,其异姓则曰伯舅;同姓小邦曰叔父,其异姓小邦则曰叔舅。"按:《仪礼·觐礼》:"同姓大国则曰伯父,其异姓则曰伯舅;同姓小邦则曰叔父,其异姓小邦则曰叔舅。"方说是,则王元启未读其全文也。

⑫ 训厥甿畮:方《举正》:"阁本'甿'作'田'。"朱《考异》:"甿,或作'田'。"宋白文本、文本、祝本、魏本、廖本等均作"甿",从之。

魏本:"祝曰:《周礼》:'不易之地,家百畮。畮与亩同。'"按:《周礼·地官·大司徒》:"不易之地,家百畮;一易之地,家二百畮;再易之地,家三百畮。"则畮与亩同。文《详注》:"此帝谦辞,谓诸侯方春之时不必来觐,各安其位,以训敕农事也。《周礼·遂人》:'以土宜教甿稼穑〔以兴锄,利甿以时器,劝甿以强予,任甿以土均平政〕。'郑氏云:'甿,言懵无知也。'谟耕切。"按:《说文·田部》:"甿,田民也,从田,亡声。"段注:"甿为田民,农为耕人,其义一也。民部曰氓,民也。此从田,故曰田民也。唐人讳民,故'氓之蚩蚩'。《周礼》'以下剂致氓',石经皆改为'甿'。"则甿、氓、民同,畮与亩同。

以上谓安抚诸藩镇。

⑬ 正月元日,初见宗祖:魏本:"元和二年,详见题注。"方世举《笺注》:"《书·舜典》:正月元日,舜格于文祖。"按:《书·舜典》:"正月上日,受终于文祖。"传:"上日,朔日也。终谓尧终帝位之事。文祖者,尧文德之祖庙。"此指宪宗正月初一祭祀祖庙。

⑭ 躬执百礼,登降拜俯:文《详注》:"二年正月己丑朔,朝献于太清宫,庚寅,享于太庙。今顺宗丧毕,初见祖宗于太庙也。见,形甸切。《诗·颂》(《周颂·丰年》)云:'烝畀祖妣,以洽百礼。'郑氏云:'百礼为燕飨之属。'"方世举《笺注》:"百礼,《诗·宾筵》:'烝衎烈祖,以洽百礼。'"见《诗·小雅·宾之初筵》。

拜：屈《校注》作"并"，曰："《文粹》作'拜'。"《文粹》、宋白文本、文本、祝本、魏本、廖本均作"拜"。钱仲联《集释》亦作"拜"，从之。

登降拜俯：蒋抱玄《评注》："《新序》：'登降揖让，进退闲习。'潘尼《释奠颂序》：'我后乃躬拜俯之勤，资在三之义。'"即朝献于太清宫，享于太庙升降拜跪之仪式。

⑩ 荐于新宫，视瞻梁栮：方《举正》据阁本订"于"字，云："李、谢校。"朱《考异》："于，或作'飨'。新，或作'閟'，非是。"南宋监本原文作"飨"。文本、潮本、浙本、祝本、魏本作"飨"。宋白文本、朱《考异》、廖本作"于"。新，宋白文本作"閟"，注："一作'新'。"诸本作"新"。今从"于"、从"新"。

魏本："孙曰：'新宫，顺宗室也。'"文《详注》："新宫，顺宗之宫。《春秋》：'成公三年二月，新宫灾。'《穀梁传》曰：'祢宫也。'杜预云：'三年丧毕，神主入庙，故谓之新宫。'栮，楣也，两举切。"魏本注："栮，楣也。祝曰：桷端连绵木名。《选》：'榱栮缘边。'孙曰：《说文》（木部）：'栮者，楣也。'栮，音吕。"

⑩ 戚见容色，泪落入俎：文《详注》："戚，忧也，仓历切。"按：俎，本为祭祀时盛牛羊祭品的礼器。《左传》隐公五年："鸟兽之肉，不登于俎。"此谓忧戚之色盛而落泪，泪水落入祭器。可见新君之虔诚。

⑩ 助我恻楚：李黼平《读杜韩笔记》："《史记·外戚世家》：'助皇后悲哀'是此'助'字所本。"助，帮助、辅佐。《诗·小雅·正月》："载输尔载，将伯助予。"文《详注》："楚，当作'憷'，痛也。"按：楚字不误，痛苦也。《史记·孝文本纪》："何其楚痛而不德也。"傅咸《斑鸠赋》："慨感物而哀鸣，声楚切以怀伤。"楚与憷为古今字，楚本字，憷后出。恻，悲伤，与楚义同。

以上写告庙。

⑩ 乃以上辛，于郊用牡：魏本："《补注》：哀元年《穀梁传》曰：'郊，自正月至于三月，郊之时也。我以十二月下辛卜正月上辛，如不从，则以正月下辛卜二月上辛。如不从，则以二月下辛卜三月上

辛。如不从,则不郊矣。'"文《详注》:"二年正月辛卯(3日),有事于南郊。用辛日者,人君当斋戒自新尔。"按:《礼记·郊特牲》:"郊之用辛也,周之始郊,日以至。"注云:"用辛日者,凡为人君,当斋戒自新耳。"

魏本:"孙曰:'是月辛卯,有事于南郊。牡,牛也。'"按:郊,祭天地也,谓大祭,如郊社、郊祀。周代冬至祭天称郊,夏至祭地称社。《礼记·中庸》:"郊社之礼,所以事上帝也。"《汉书·平帝纪》:"(元始)四年春正月,郊祀高祖以配天,宗祀孝文以配上帝。"牡,雄性鸟兽,与牝相对。《诗·邶风·匏有苦叶》:"雉鸣求其牡。"

⑩ 除:文《详注》:"除,扫也,扫国之南以立郊位。《礼记》云:'扫地而祭,贵[于]其质也。'兆于南郊,就阳位也。"《礼记·郊特牲》:"兆于南郊,就阳位也。扫地而祭,于其质也。"魏本:"孙曰:除,治也。《周礼》:'祭天于圆丘,在国之南。'"方世举《笺注》:"除:《左传》(昭公十八年):'郊人助祝史除于国北。'国南:《记·郊特牲》:'兆于南郊,就阳位也。扫地而祭,于其质也。'"

⑩ 鳞笋毛虡(jù):文《详注》:"《周礼·冬官》:'梓人为笋虡。'郑氏云:乐器所悬,横曰笋,饰以鳞属;植曰虡,饰以羽属。笋,息允切,虡,音巨。唐制:凡笋、虡以悬磬钟,皆十有六,周人谓之一堵,唐人谓之一虡。开元定礼著为二十虡也。"魏本:"孙曰:'笋虡所以垂钟磬也。横曰笋,饰以鳞属;植曰虡,饰以蠃属。'祝曰:'《周礼·梓人》:为笋虡。'"魏本音注:"笋,思尹切,亦作'箰'。虡,国许切,又音巨。"

⑪ 庐幕周施:文《详注》:"庐幕,陈设之次。唐制:郊祀陈设其别有五,皆设幕。"方世举《笺注》:"《周礼·天官·幕人》:'掌帷幕幄帟绶之事,凡祭祀,共其帷幕幄帟绶。'又《掌次》:'掌王次之法,以待张事,王大旅上帝,则张毡案,设皇邸。朝日祀五帝,则张大次小次,设重帟重案。'凡祭祀张其旅幕。"李详《证选》:"左思《吴都赋》:'峭格周施。'"按:周围施以帐幕式的建筑。《周礼·地官·遗人》:"凡国野之道,十里有庐,庐有饮食,三十里有宿,宿有路室。"

按:此指郊祀所设之帐幕。

⑫ 开揭磊砢:魏本"祝曰:《说文》(手部):'揭,高举也。'《诗》(《小雅·大东》):'西柄之揭。'"文《详注》:"揭,举也,丘竭切。磊砢,相委积貌,上鲁猥切,下郎可切。司马(相如)《上林赋》云:'水玉磊砢。'"方世举《笺注》:"开揭:张衡《东京赋》:'豫章珍观,揭焉中峙。'磊砢:砢,鲁可切。司马相如《上林赋》:'水玉磊砢。'郭璞曰:'磊砢,魁礨貌也。'"

⑬ 兽盾腾拏:宋白文本、文本、魏本、廖本作"挐",挐同拏,音义均同,同拿。文《详注》:"盾饰之以兽形,故曰兽盾。《周礼》(《夏官司马下·旅贲氏》):'旅贲氏掌执戈盾,夹王车而趋。'腾拏,高貌。"魏本:"孙曰:'盾以木为之而画龙文,相合载之以蔽马。'祝曰:用以蔽身。《诗》(《秦风·小戎》):'龙盾之合。'挐,《说文》(手部)云:'牵引也。'《楚辞》:'骰乱兮纷挐。'盾,顺允切。挐,女加切。"方世举《笺注》:"兽盾,虎盾也,唐讳虎为兽。"

⑭ 圆坛:魏本"韩曰:《礼》:'圆丘象天。'圆丘,即圆坛也。《补注》:'贺循《上郊坛制度》曰:《汉旧仪》:南郊圆坛八陛,于宫南七里。'"按:圆坛,即圆丘,祭祀之所。《广雅·释天》:"圆丘,大坛,祭天也。"《后汉书·祭祀志》:"建武二年(26),初制郊兆……采元始中故事。为圆坛八陛,中又为重坛,天地位其上……其外坛上为五帝位……其外为壝,重营皆紫,以像紫宫。"

帖妥:宋白文本作"妥帖"。按:诸本作"帖妥",作"妥帖",义虽通,然与上句"砢"字韵不合,作"帖妥"是。《文选》卷一七陆机《文赋》:"或妥帖而易施。"公《荐士》:"横空盘硬语,妥帖力排奡。"《唐宋诗醇》:"十字中尤妙在'妥帖'二字。樊宗师文最奇崛,而退之以文从字顺许之,其亦异乎世之所谓妥帖者矣。"帖妥、妥帖,韩愈与同时代及后世之人亦互用之。

⑮ 天兵四罗:魏本"韩曰:(扬雄)《长杨赋》:'天兵四临,幽都先加。'注:'称天者,重其威也。'"按:此指皇室禁军仪仗队。

⑯ 旗常婀娜:方《举正》订"旂"字。朱《考异》:"旂,或作

'旗'。"南宋监本原文作"旗"。宋白文本、文本、潮本、浙本、祝本、魏本均作"旗"。廖本、王本作"斾"。今通作"旗"。按：旗，乃旗子的通称，斾，乃旗子的一种，古代指有铃铛的旗。若旗之总称者，旗、斾通用。《诗·大雅·韩奕》："王锡韩侯，淑斾绥章。"《左传》桓公二年："三辰斾旗，昭其明也。"疏："斾旗，是九旗之总名。"

常：文《详注》："旗、常，卫兵所执。《周礼·春官》曰：'日月为常，熊虎为旗。'皆画象于其中。婀娜，旗旒下垂貌。《南都赋》云：'婀娜蓊茸。'上于可切，下奴可切。"魏本："孙曰：'《周礼》：交龙为旗，日月为常。'"钱仲联《集释》："常，旗也。《周礼·春官·司常》：'王建太常，诸侯建斾。'郑玄注：'王画日月，象天明也。'"按：常为古代绘有日月图形的旗子。《周礼·春官·司常》："日月为常，交龙为旗。"

婀娜：文《详注》："婀娜，旗旒下垂貌。《南都赋》云：'婀娜蓊茸。'上于可切，下奴可切。"魏本："《补注》：婀娜，美貌。曹植曰：'华容婀娜。'上哥可切，下即可切。"方世举《笺注》："古乐府《焦仲卿诗》：'婀娜随风转。'"

⑰驾龙十二：文《详注》："驾，法驾也。龙，马也。凡马八尺以上为龙。《楚辞》云：'余驾飞龙兮。'唐制五路：玉路、金路、象路、革路、木路，皆驾六马。五路皆有副，故曰十二。玉路，祭祀所乘也。"按：路，同辂。《论语·卫灵公》："乘殷之辂。"《左传》宣公十二年："筚路蓝缕，以启山林。"此指宪宗皇帝的车驾。天子车驾正驾者马六匹，副驾者马六匹，故云"驾十二"。《周礼·夏官·校人》："校人掌王马之政。……天子十有二闲，马六种。"又《廋人》："廋人掌十有二闲之政，教以阜马、佚特、教駣、攻驹及祭马祖、祭闲之先牧及执驹、散马耳、圉马。……马八尺以上为龙，七尺以上为騋，六尺以上为马。"闲为马厩，一厩为一闲。

⑱鱼鱼雅雅：文《详注》："鱼鱼，如鱼之游。雅雅，正也。《晋书·刘惔传》曰：'落中雅雅。'"魏本："韩曰：雅雅字见《晋史·刘惔传》：'洛中雅雅有三㱤。'鱼鱼，字未详，要亦车驾整肃之意。"方世

举《笺注》:"鱼鱼雅雅:《晋书·刘惔传》:'洛中雅雅有三嘏。'(下引《升庵诗话》有误。)按:鱼有贯,雅有阵,言扈从之象也。"按:杨慎《升庵诗话》卷九《鱼鱼雅雅》:"古乐府《朱鹭曲》:'朱鹭,鱼以乌,鹭何食,食茄下。'乌,古与'雅'同叶,音作'雅'。盖古字乌也雅也,本一字也。'雅'与'下'相叶,始得其音。'鱼以雅'者,言朱鹭之威仪,鱼鱼雅雅也。韩文《元和圣德诗》'鱼鱼雅雅'之语本此。"许顗《彦周诗话》:"韩退之《元和圣德诗》云:'驾龙十二,鱼鱼雅雅。'其深于诗者耶!"李黼平《读杜韩笔记》:"《国语》:'暇豫之吾吾,不如乌乌。'韦昭注:'吾,犹鱼也。'此'鱼鱼'所本。又《说文》:'乌,雅也。'乌、雅本同,亦因有'洛中雅雅'之句,故合而用之耳。"俞樾《俞楼杂纂》卷二六:"《楚辞·九辨》:'通飞廉之衙衙。'洪兴祖《补注》云:'衙衙,行貌。《集韵》音鱼。'然则韩文之'鱼鱼',即《楚辞》之'雅雅'也。"童《校诠》:"第德案:俞说是,兹复为证明之。洪注本之说文,说文:衙,行貌,从行,吾声,广韵九鱼:衙与鱼同为语居切。鱼与吾古通用,国语晋语:暇豫之吾吾,韦注:吾读如鱼(李氏已引,按韦云:吾吾不敢自亲之貌,与公此文异义,只能作鱼吾同音之证,不能说为公所本);列子黄帝篇:姬,鱼语汝,张(湛)注:鱼当作吾;史记河渠书:功无已时吾山平,徐广曰:东郡东阿有鱼山,或者其是乎?皆鱼、吾通用之证。衙从吾得声,读如鱼,故公假鱼为衙也。又按:洛中雅雅有三嘏,见世说新语赏誉篇,晋书采自世说。雅雅言其闲雅安雅,朱骏声氏谓闲雅字借为舒,实为徐。此文雅雅,言车驾安节徐行也。杨升庵谓乌、雅本一字,其说无据,又言与下相叶乃得其音,不悟下古音读如户,诗七月下与股、羽、野(音墅)、宇、户、鼠、户、处韵可证。方扶南以鱼有贯雅有阵释鱼鱼雅雅,依本义作解失之。"按:鱼鱼,即衙衙也。鱼鱼雅雅,威仪整肃徐行之貌。雅通鸦。鱼行成贯,鸦飞成阵,故称。自韩诗用此语后,后世多用之。清王应奎《柳南随笔》卷一:"鱼鱼雅雅,殆取娖队之义,言马之行如鱼贯,如雅阵耳。"褚人获《坚瓠八集·闲适》:"寻花问月,两两三三;置酒焚香,鱼鱼雅雅。"邹容《革命军》第二章:"以故海内之士,莘莘济济,鱼鱼雅雅,衣冠俎豆,充牣儒林,抗议发愤之徒绝迹,慷慨悲咤之声不闻,名为士人,实则死人之不若。"

⑲宵升于丘:方《举正》订"昇"字,云:"昇,阁本、旧本并同。《楚辞》'升'皆作'昇'。它准此。"文本、魏本、廖本作"昇",宋白文本作"升"。按:升、昇,今通用。文《详注》:"丘,圆丘也。《周礼·春官》《大宗伯》:'以苍璧礼天。'郑氏云:谓始告神,奠于神,坐礼神,必象其类。璧圆以象天也。"按:丘指圆丘。此句谓天不亮就登上圆丘。

⑳奠璧献斝:魏本:"孙曰:奠,荐也。斝,玉爵也。《礼记》:夏后氏以盏,商以斝,周以爵。"方世举《笺注》:"《周礼·大宗伯》:以苍璧礼天,以黄琮礼地。《记·明堂位》:夏后氏以盏,殷以斝,周以爵。"按:此谓设玉器敬美酒,祭祀仪式开始。以卢思道《驾出圜丘诗》"坛上埋苍玉"推测,祭祀时帝读祭文,后将刻有祭文的玉册埋在圜坛里。韩诗《城南联句》亦用"奠鸿璧"语。斝(jiǎ),文《详注》:"斝爵,酒之尊。《礼记·明堂位》郑氏云:斝,画禾稼者也,居迓切。"按:斝,古代铜制的酒器,似爵而较大,三足两柱一鋬,圆口平底,盛行于商代。《诗·大雅·行苇》:"或献或酢,洗爵奠斝。"注:"斝,爵也。"《礼记·明堂位》:"夏后氏以盏,殷以斝,周以爵。"注:"斝,画禾稼也。"疏:"殷以斝者,殷亦爵形而画为禾稼,故名斝。斝,稼也。"

㉑众乐惊作,轰豗融冶:文《详注》:"《周礼·春官·大司乐》:奏黄钟,歌大吕,舞云门,以祀天神。若乐六变,而天神可得而礼矣。唐朝制十二和,以法天地之成号。大唐雅乐一曰豫和,以降天神。"按:祀天神时众乐齐奏,音融声鸣,一派愉悦气氛。《周礼·春官·大司乐》:"凡乐,圜钟为宫,黄钟为角,大蔟为徵,姑洗为羽,雷鼓雷鼗,孤竹之管,云和之琴瑟,云门之舞。冬日至,于地上之圜丘奏之。若乐六变,则天神皆降,可得而礼矣。"

轰豗(huī):文《详注》:"轰豗,乐众作之声;融冶:和缓貌。轰,音呼宏切;豗,音呼回切。"魏本:"祝曰:轰,群车声。《选》:'轰轰阗

卷一　古诗

阗。'豗,相击也。《选》(木玄虚《海赋》):'磊匒匌而相豗。'"蒋之翘《辑注》:"融冶,和洽也。"按上句"众乐惊作",则"轰豗融冶"形容众乐之声。

⑫ 紫焰嘘呵:方《举正》据阁、杭本作"紫焰"。朱《考异》:"紫,或作'柴'。"南宋监本原文作"柴"。宋白文本、文本、潮本、浙本、祝本、魏本作"柴"。廖本、王本同朱。魏本:"韩曰:'柴,燔柴。嘘呵,火气。'"文《详注》:"祭天燔柴,所以告至。其焰之起如人气之嘘呵也。嘘,香居切。呵,虎何切。"方世举《笺注》:"紫焰:卢思道《驾出圜丘诗》:'风中扬紫烟,坛上埋苍玉。'"按:《全唐诗》卷二一六杜甫《天育骠骑歌》:"毛为绿缥两耳黄,眼有紫焰双瞳方。"又卷七六四谭用之《古剑》:"铸时天匠待英豪,紫焰寒星匣倍牢。"作柴、作紫均通,今从方作"紫",合韩公意。

⑬ 高灵下堕:文《详注》:"高灵,天神也。堕,落也。《汉书·燕王旦传》曰:'流星下堕。'徒果切。"方世举《笺注》:"高灵,指昊天上帝也。"按:文、方说是。魏本:"孙曰:'高灵谓天神之有灵者。'"不确。

⑭ 群星从坐:魏本注:"从,才用切。"方世举《笺注》:"群星:《记·祭法》:'日月星辰,民所瞻仰也。'《新唐书·礼乐志》:五星、十二辰、河汉及内官五十有五于第二等十有二陛之间。二十八宿及中官一百五十有九于第三等。外官一百有五于内壝之内,众星三百六十于内壝之外,各依方次。"按:此谓群星按位次陪坐。

⑮ 错落侈哆:文《详注》:"错落,分布貌。《西都赋》曰:'错落其间。'《小雅·巷伯》诗云:'哆兮侈兮,成是南箕。'许氏云:'哆,张口也。侈,大也。箕四星二为踵,二为舌。踵二星,哆然,故舌二星益大。'哆,昌者切。"魏本注:"错落,纵横分布貌。韩曰:《西都赋》:'隋侯明月,错落其间。'"顾嗣立《集注》:"《诗》:'哆兮侈兮,成是南箕。'郑氏曰:'箕星踵狭而舌广。'孔氏云:'哆,大貌。侈者,因物而大之名。'"按:此诗下毛传:"哆,大貌。"郑笺:"箕星哆,然踵狭而舌广。……犹因箕星之哆而侈大之。"

㊗ 日君月妃:文《详注》:"日为阳,故称君;月为阴,故称妃。"魏本:"韩曰:'《礼记》:君之与后犹日之与月。'《补注》:《前汉·李寻传》:'日者,众阳之宗,辉光所烛,万物同暑,人君之表也。'"方世举《笺注》:"日君月妃:《记·礼器》:'大明生于东,月生于西,此阴阳之分,夫妇之位也。'《新唐书·礼仪志》:大明于东陛之南,夜明于西陛之北,席皆以稿秸。"按:《礼记·昏义》:"天子之与后,犹日之与月。阴之与阳,相须而后成者也。"杨炯《浑天赋》:"日也者,众阳之长,人君之尊。……月也者,群阴之纪,上天之使,异姓之王,后妃之事。"(《杨炯集》卷一)

㊗ 焕赫婐婗:文《详注》:"焕赫,日光也。婐婗,月色也。上乌果切,下乃果切。"魏本:"祝曰:婐婗,身弱好貌。《乐府》:'珠佩婐婗戏金阙。'孙曰:'焕赫谓日君,婐婗谓月妃。'"魏本音注:"婐,乌果切;婗,赵本五果切。"方世举《笺注》:"梁武帝《乐府》:'珠佩婐婗戏金阙。'"按:婐婗(wǒ nuǒ),细柔美好貌。《乐府诗集》卷五〇梁武帝《江南弄·游女曲》:"珠佩婐婗戏金阙。"《辞源》亦引韩诗为证。《说文·女部》:"婐,婗也。一曰女侍曰婐,读若骒,或若委。从女,果声。"又:"婗,婐婗也,一曰弱也,从女厄声。"段注:"婐婗与旖施音义皆同,俗作婀娜。"《广雅》:"婗,好也。"《康熙字典》丑集下:"婐婗,美貌。(下引韩诗)扬子《太玄经》:'瞢瞢之离,不宜荧且婗。'注:瞢瞢,犹薆薆。离为日,荧为月。"《汉语大词典》亦引韩诗为例。

㊗ 渎鬼濛鸿:魏本:"孙曰:'渎,四渎之神。濛鸿,广大貌。'"文《详注》:"渎鬼,四渎之鬼。岳祇,五岳之神。濛鸿,游气也。扬子云《羽猎》云:'濛鸿沉茫,碣以崇山。'上莫孔切,下胡孔切。"方成珪《笺正》:"濛鸿:江文通《丹砂可学赋》:'贯濛鸿而上厉。'"钱仲联《集释》:"濛鸿,即鸿濛。《淮南子·道应训》:'东开鸿濛之光。'《汉书·扬雄传》:'鸿濛沉茫。'注:'鸿濛,广大貌。'"魏本:"祝曰:《选》:'濛鸿沉茫。'上莫孔切,下胡孔切。"按:渎鬼,四渎之鬼。濛鸿,广大貌,谓天地。《礼记·王制》:"天子祭天地,诸侯祭社稷,大

夫祭五祀。天子祭天下名山大川,五岳视三公,四渎视诸侯。"

⑫㉙ 岳衹嶪峨:文《详注》:"嶪峨,高貌。班固《西都赋》云:'增槃嶪峨。'上五腊切;下音我。"魏本:"孙曰:岳衹,四岳之神。嶪峨,山高貌。祝曰:《后汉》(《班固传·西都赋》):'增槃嶪峨。'"方世举《笺注》:"嶪峨,音业我。《后汉书·班固传》:'增槃嶪峨。'"按:嶪(yè)峨,高峻貌。《辞源》亦以韩诗为例。《文苑》卷四八李华《含元殿赋》:"瘁修邃以窅徼,恍嶪骎而岩巍。"

⑬㉚ 饫膻燎芗:方《举正》出"饫沃膻芗",云:"三本同。"朱《考异》:"沃膻,或作'膻燎'。今按:'饫沃'之义未详,或云当作'饫厌',亦未有所据也。'膻芗'字见《礼记》云。"南宋监本原文作"沃膻燎芗"。宋白文本作"沃膻燎芗",注:"沃膻燎,一作'饫沃膻'。"文本、潮本、浙本、祝本、魏本作"饫膻燎芗"。魏本注:"一作'饫沃膻芗'。芗,又一作'香'。"廖本、王本作"饫沃"。今从文本等作"饫(yù,饱)膻燎芗(xiāng,同香,用以调味的香草)"。文《详注》:"《礼记·祭义》云:'燔燎膻芗。'郑氏云:'膻,当为馨声之误也;芗,音香,蒿也,染以脂,合黍稷烧之。'饫,厌也,依倨切。燎,燔也,力召切。"钱仲联《集释》:"《礼记》:'黍曰芗合,粱曰芗萁。'"按:诸家作"羶",羶,同膻,今通作"膻"。

⑬㉛ 产祥降嘏:文《详注》:"嘏,福也,古下切。"魏本:"孙曰:嘏,福也。《诗》(《鲁颂·閟宫》):'天锡公纯嘏。'"此指天降祥瑞,赐之以福寿。嘏(jiǎ,古疋切,音假,上,马韵,又读 gǔ),福,《诗·鲁颂·閟宫》:"天赐公纯嘏。"郑笺:"纯,大也。受福曰嘏。"大,远,《尔雅·释诂》:"嘏,大也。"《方言》一:"秦晋之间,凡物壮大谓之嘏。"《说文·古部》:"嘏,大远也。"

⑬㉜ 凤凰应奏,舒翼自拊:魏本:"蔡曰:《帝王世纪》:'帝喾击磬,凤凰舒翼而舞。'"文《详注》:"凤凰,其翼若干,其声若箫,故来而应奏。舒翼自拊,来仪之形,逶迤结纠,率舞之状。成公子安《啸赋》云:'凤凰来仪而拊翼。'"按:《书·益稷》:"箫韶九成,凤皇来仪。"传:"韶,舜乐名。言箫,见细器之备。雄曰凤,雌曰皇,灵鸟

也。仪,有容仪,备乐九奏而致凤皇,则余鸟兽不待九而率舞。"故曰应奏,即应乐章而至也。舒,舒展。拊,敲击。《益稷》又曰:"夔曰:'予击石拊石,百兽率舞,庶尹允谐。'"

⑬ 赤麟黄龙:方《举正》作"麟",云:"荆公校。"朱《考异》作"麟",云:"麟,或作'鳞'。"南宋监本原文作"鳞"。宋白文本、文本、潮本、浙本、祝本、魏本作"鳞"。宋白文本注:"荆公作'麟'。"廖本、王本作"麟",注:"麟,或作'鳞'。"今从荆公作"麟"。按:由荆公校本和宋白文本对勘,二本之文当属《韩集》早期旧本;廖本、王本亦当由此而来。

文《详注》:"《月令章句》曰:'凡麟生于火,故色赤,王者视明礼修则见。'《瑞应图》曰:'黄龙者,四龙之长,王者不漉池而渔则至。'"方世举《笺注》:"班固《两都赋序》:《白麟》《赤雁》《芝房》《宝鼎》之歌,荐于宗庙。神爵、五凤、甘露、黄龙之瑞,以为年纪。"

⑬ 逶陀结纠:方《举正》作"逶陀",云:"蜀本'逶'作'頠',《文粹》同。"朱《考异》:"逶,或作'頠'。"宋白文本"逶"作"頠",注:"一作'逶'。"文本、祝本、魏本、廖本等作"逶"。或作"委佗"。委佗、逶陀,同。今作"逶陀"。

文《详注》:"《卫风》(当作《鄘风·君子偕老》)诗云:'委委佗佗。'笺云:'踪迹委曲也。'逶,于为切。《尔雅》曰:'结纠,缠也。'张平子《思玄赋》云'腾蛇蜿而自纠'是也。"魏本:"孙曰:'逶陀结纠,容与之貌。'"魏本注:"逶,于为切。陀,徒何切。逶,一作'委',又一作'頠'。陀与迤通用。"钱仲联《集释》:"《一切经音义》引《诗》'逶逶佗佗'传:'逶佗者,行可委曲迹也,亦自得之貌。'按:逶佗状麟,结纠状龙。"日人近藤元粹云:"逶陀结纠,容与之貌。"按:《尔雅》曰:"委委佗佗,美也。"疏:"委委佗佗,美也。释曰:李巡曰:皆宽容之美也。孙炎曰:委委,行之美;佗佗,长之美。"佗(tuó,徒何切,平,歌韵)、陀音义同。此承上句,谓"赤麟黄龙,逶陀结纠"。

⑬ 黄童白叟:文《详注》:"黄童白叟:皆老称谓,发黄而头童者。一云:诸男女三岁已下为黄,事见《刑统》。"按:黄童,儿童。幼

童发色黄,故称。《抱朴子内篇·杂应》:"金楼玉堂,白银为阶,五色云为衣,重叠之冠,锋铤之剑,从黄童百二十人。"《辞源》引韩诗为例。白叟,白发老人。《辞源》亦引韩诗为例。

⑱ 欢呀:方《举正》据蜀本订"欢"字,云:"谢校同。"朱《考异》:"欢,或作'叹'。"南宋监本原文作"叹"。宋白文本、文本、潮本、浙本、祝本、魏本作"叹"。廖本、王本作"欢"。今从方。文《详注》:"踊跃叹呀,皆喜抃貌。呀,张口也,音虚加切。"魏本注:"呀,张口貌。"魏本:"祝曰:'《选》:含利呀呀。虚加切,又音牙。'"日人近藤元粹同魏本注。按:此指上"卿士庶人,黄童白叟"等所有人欢呼。呀,口形为张口貌,实则形声词。

⑲ 喑呕:方《举正》作"喑欧",云:"呕,今俗字,蜀作'欧'。"朱《考异》同方。宋白文本、文本、祝本、魏本作"呕"。廖本、王本作"欧"。文《详注》:"踊跃叹呀,皆喜抃貌。喜甚则气逆,故或至喑呕也。喑,乌结切。呕,乌后切。"魏本:"祝曰:'喑,食塞也。'"钱仲联《集释》:"《说文》(欠部):欧,吐也,从欠,区声。"日人近藤元粹云:"喑呕,食窒而吐也。"按:喑呕,本意可作"食窒而吐"解,然用于此处解释则不妥,当从文说。《辞源》引韩诗为例。

⑳ 境落褰举:朱《考异》:"褰,或作'骞'。"宋白文本作"骞",文本、祝本、魏本、廖本作"褰",从之。

文《详注》:"孙绰《天台山赋》云:'羲和亭午,游气高褰。'注云:'亭,至也。褰,开也。'褰、骞同。"方成珪《笺正》:"褰,当作'骞'。"李详《证选》:"沈约《齐安陆昭王碑文》:'倾巢举落,望德如归。'"童《校诠》:"第德案:方说无据。一作骞不误,褰、骞古通用,左氏襄廿六年传:拂衣从之,杜注:拂衣褰裳也,释文:褰,起虔反,本或作骞,是其证。又案:此文承上乾清坤夷来,谓境落无奸人,不呵讥,门户褰开(郑康成礼记曲礼暑无褰裳注:褰,袪也,袪即开),与平淮西碑里门夜开,同我太平同意。其本字应作攓,抠衣也,抠则开矣。褰(绔也)、骞(马腹絷也)皆假借字。"

朱彝尊《批韩诗》:"此段全是本《楚茨》化来,追琢可谓极工,所恨者未浑然。若《南海碑》则浑然矣。秦少游谓此系少作,未敢谓然。然《南海》后此十年,要见亦是年力。"何焯《批韩诗》曰:"郊天。"

按:此诗从"正月元日,初见宗祖"至"境落骞举",写宪宗祭天地祖宗而回驾也。此段文字,乃脱化于《诗·小雅·楚茨》写周王祭先祖,而更极力雕琢。乾清坤夷,即天下太平。《孟子·万章下》:"当纣之时,居北海之滨,以待天下之清也。"《文选》班固《两都赋序》:"臣窃见海内清平,朝廷无事。"又《文选》晋傅长虞《赠何劭王济》诗:"但愿隆弘美,王度日清夷。"《后汉书·王涣传》:"境内清夷,商人露宿于道。"境落,境域。境,疆域;落,村落,此指国内。骞举,《汉语大词典》引此诗作高飞貌解。以明刘基《〈宋景濂学士文集〉序》"其神思飘逸,如列子御风,飘然骞举,不沾尘土"为例,与此诗意不合。此当为四海升平,门户开放,无盗无虞。

⑬ 日正当午:方《举正》:"校本一作'日始东吐',学者皆以为当午无回车之理,然诸本皆同,姑从上。"朱《考异》同方。王元启《记疑》:"(方)盖疑郊祀回车,不应至午也。愚谓此指幸门下赦言之,不必以郊回太晏为疑。"王说是,此指下句"幸丹凤门,大赦天下"而言。

⑭ 幸丹凤门,大赦天下:魏本:"孙曰:'南郊礼毕,是日,幸丹凤门,大赦天下。'"文《详注》:"帝纪(《新唐书·宪宗纪》):'元和二年,有事于南郊,大赦,赐文武官勋爵,宣公、二王后、三恪、公主、诸王一子官,高年赐米帛酒肉。'"钱仲联《集释》:"《唐六典》:'大明宫南面五门,正南曰丹凤门。'"下,祝本:"下,音户。《诗》:'宗室牖下。'后协韵同。"《旧唐书·宪宗纪上》:"辛卯(1月3日),祀昊天上帝于郊丘,是日还宫,御丹凤楼,大赦天下。"似是先还宫,后御丹凤楼,乃先后二事,必非当日回宫途经丹凤楼宣布大赦也。

⑭ 涤濯划碾:宋白文本"划"作"刺",注:"一作'划'。碾,测两切。"文本、祝本、魏本、廖本作"划",是。

文《详注》:"碾,瓦石洗物也。郭璞《江赋》:'奔溜之所碾错。'

初两切。"魏本："祝曰:《选》:'飞涝相磢。'"魏本音注:"划，楚简切。磢，初两切，又此两切。划，一作'刺'。磢，一作'㧻'。"魏本:"韩曰:划，削也，平也。《诗》:'勿划勿败。'"陈景云《点勘》:"《诗》'勿剪'，《韩诗》作'勿划'，见《经典释文》，此注所本。方成珪《笺正》:"《山海经·西山经》:'钱来之山，其下多洗石。'郭注:'澡洗可以磢体，去垢圿。'"

涤濯:洗涤。《周礼·天官·大宰》:"及执事，眂涤濯。"郑注:"涤濯，谓溉祭器及甑甗之属。"《文选》张平子《东京赋》:"涤濯静嘉，礼仪孔明。"薛综注:"涤濯，谓洗涤也。"唐欧阳行周《回鸾赋》:"雾霾扫荡于寰区，尘埃涤濯乎皇都。"划(chǎn)磢(chuǎng)，刮削磨刷。《汉语大词典》引韩诗为例。《山海经·西山经》:"钱来之山……其下多洗石。"郭璞注:"澡洗可以磢体去垢圿。"《文选》晋木玄虚《海赋》:"飞涝相磢，激势相沏。"李详《证选》:"郭璞《江赋》:'飞涝相磢。'"按:查郭璞《江赋》无"飞涝相磢"之语，实乃木华《海赋》语。李详所引有误。

⑭ 磨灭瑕垢:魏本注:"磨，涤也。"瑕垢，羞辱、污点。《左传》宣公十五年:"谚曰:'高下在心。'川泽纳污，山薮藏疾，瑾瑜匿瑕，国君含垢，天之道也。"班固《东都赋》:"于是百姓涤瑕荡秽，而镜至清。"杜甫《入衡州》:"君臣忍瑕垢，河岳空金汤。"韩愈《县斋有怀》:"惟思涤瑕垢。"此谓去掉瑕垢，何焯《批韩诗》:"大赦。"

⑭ 拔贤任耇(gǒu):文《详注》:"耇，老也。《说文》云:'老人面冻黎若垢然。'"魏本:"《补注》:耇，谓老成旧德之人。《书》(《召诰》)曰:'今冲子嗣，则无遗寿耇。'"按:《召诰》传云:"童子言成王少嗣位，治政无遗弃老成人之言，欲其法之。"耇，寿，高年。此指选拔贤能，任用老臣。

⑭ 孩养无告，仁滂施厚:文《详注》:"无告，鳏寡孤独无所告愬者，抚养之若婴孩然。滂，流也，音普郎切。"魏本:"孙曰:'高粱帛羊酒，加版授施。字从去声。'"方世举《笺注》:"无告:《书·大禹谟》:'不虐无告，不废困穷。'"蒋抱玄《评注》:"《孟子》:'天下之穷

民而无告者。'"按:《说文·水部》:"滂,沛也。"此谓老幼鳏寡孤独无告者受到圣君的仁德厚恩。

⑭通达今古:方《举正》作"今古",云:"杭本作'先古'。蜀本作'今古'。《文粹》同。《文录》作'通今达古',而易下语为'视听聪明'。盖公初成进本也。晚年实从今本,公他文有异者,当以此推之。"朱《考异》:"今,或作'先'。或作'通今达古'。"南宋监本原文"今"作"先"。文本、潮本、浙本、祝本、魏本作"先古"。魏本注:"一作'今古',一作'通今达古'。"宋白文本、廖本、王本作"今",注:"今,或作'先'。"按:作"今古"善,说宪宗神圣博识,通今达古。

⑭听聪视明:魏本作"听聪视明",注:"一作'视听聪明'。"宋白文本、文本、廖本作"听聪视明"。方《举正》:"(《文录》)易下语为'视听聪明'。"作"听聪视明",较合韩公语法,从之。

魏本:"《补注》:《书》:'视远惟明,听德惟聪。'"按:耳明眼亮。《商书·太甲中》:"视远惟明,听德惟聪。"传:"言当以明视远,以聪听德。"疏:"正义曰:人之心识所知在于闻见,闻见所得在于耳目,故欲言人之聪明以视听为主。视若不见,故言惟明,明谓监察是非也;听若不闻,故言惟聪,聪谓识知善恶也。视戒见近迷远,故言视远听戒,背正从邪,故言听德,各准其事,相配为文。"

⑭一似尧禹:魏本:"洪曰:盖取《礼记》(《檀弓下》)'一似重有忧者'。鲁直云:'退之文、老杜诗,无一字无来处。后人读书少,故谓韩、杜自作此语耳。'方成珪《笺正》:"今《檀弓》作'壹',古通用。"钱仲联《集释》:"《荀子·修身篇》:'以修身自名,则配尧、禹。'又《王霸篇》:'若是则一天下,名配尧、禹。'"按:此谓宪宗听聪视明如古代圣君尧和禹一样。

⑭生知法式:钱仲联《集释》:"《论语》:'生而知之者上也。'《管子》:'人主立其度量,陈其分职,明其法式。'"按:法式,礼仪法度。《荀子·礼论》:"大象其生以送其死,使死生终始莫不称宜而好善,是礼义之法式也。"此句谓宪宗和尧禹一样生来就知礼仪法度,对国事的处理一举一动都很合适。

⑭ 天锡皇帝,为天下主:方世举《笺注》:"天锡,《诗·閟宫》(《鲁颂》):'天锡公纯嘏。'"按:锡,通"赐",赐给。天赐宪宗皇帝为天下之主。其意源于《诗·鲁颂·閟宫》:"天锡公纯嘏,眉寿保鲁。"纯嘏,大福;眉寿,高年。意思是:天赐鲁公大吉祥,高龄长寿保鲁邦。韩公正用此意,贺颂宪宗。

⑮ 并包畜养,无异细钜:方世举《笺注》:"并包:司马相如《难蜀父老》:'驰骛乎兼容并包,而勤思乎参天贰地。'"按:此句谓宪宗皇帝对天下生灵无论大小,都能包容恤养。《老子·六十一章》:"大国不过欲兼畜人,小国不过欲入事人,夫两者各得其所欲。"司马相如《难蜀父老檄》(《文选》卷四四):"故驰骛乎兼容并包,而勤思乎参天贰地。"韩愈《进学解》:"俱收并蓄,待用无遗者,医师之良也。"成语:兼容并包。

⑯ 亿载万年:文《详注》:"唐虞曰载,周曰年。郭璞云:'载取物,更终始;年取禾,一熟也。'"魏本:"孙曰:'十万为亿。'"钱仲联《集释》:"《国语》韦昭注:十万曰亿,古数也。今人乃以万万为亿。"按:《诗·周颂·丰年》:"亦有高廪,万亿及秭。"《礼记·内则》:"降德于众兆民。"疏:"算法,亿之数有大小二法:其小数以十为等,十万为亿,十亿为兆也;其大数以万为等,万至万是万万为亿。"

⑰ 盥濯陶瓦:文《详注》:"盥,澡手也。陶瓦,谓器用也。盥,古玩切。"魏本:"孙曰:'盥濯以陶瓦之器,言其俭也。'韩曰:《礼记》:'器用陶匏。'"按:谓宪宗俭朴,盥洗用简陋的陶瓦之具。

⑱ 绨纻:文《详注》:"绨,厚缯;纻,麻属。上音田黎切,下音直吕切。"魏本:"《补注》:'绨,厚缯也。汉文帝身衣弋绨纻布也。'"方世举《笺注》:"绨:《汉书·贾谊传》:'帝之身自衣皂绨。'《释名》:'绨,似蝃虫之色,绿而泽也。'"日人近藤元粹云:"绨,厚缯也。纻,布也。"按:绨,质底粗厚,平滑而有光泽的丝织品。《管子·轻重戊》:"鲁梁之民,俗为绨。"《急就篇》卷二:"绨,厚缯之滑泽者也,重三斤五两,今谓之平紬。"纻,苎麻。《书·禹贡》:"厥贡漆枲绨纻。"《诗·陈风·东门之池》:"东门之池,可以沤纻。"

⑭ 侈则有咎:方世举《笺注》:"侈则有咎:《新唐书·高崇文传》:'崇文恃功而侈,举蜀帑藏百工之巧者皆自随。'诗云'皇帝俭勤'至'侈则有咎'六语,似为崇文而发。"按:此乃以宪宗皇帝之勤俭,戒崇文等四方各地藩镇奢侈,非专指高崇文也。

⑮ 耗于雀鼠:朱《考异》:"耗于,或作'无耗'。"廖本从朱。宋白文本、文本、魏本作"耗于",魏本注:"耗于,一作'无耗'。"

文《详注》:"耗于雀鼠,事见《南史·张率传》。"方世举《笺注》:"《南史·张率传》:'率在新安,遣家僮载米三千石还宅,及至,遂耗大半。率问其故,答曰:雀鼠耗。率笑而言曰:壮哉雀鼠也!'"按:此句意谓莫使麦黍让雀鼠耗费了。

⑯ 有富无寠:方《举正》据阁本作"富有",云:"李、谢校。杭本作'富有贫寠',蜀本作'有富无寠'。要当以阁本为正。"朱《考异》:"方作'富有无寠',或作'富有贫寠',或作'无有贫寠',皆非是。"宋白文本、文本、祝本、魏本、廖本、王本均作"有富无寠",是。按:意谓有富无贫。寠(jù),贫穷而简陋。《诗·邶风·北门》:"终寠且贫,莫知我艰。"注:"寠者,无礼也;贫者,困于财。"《庄子·外物》:"老莱子曰:夫不忍一世之伤,而骛万世之患,抑固寠邪?亡其略弗及邪?"

⑰ 皇帝正直,别白善否:蒋抱玄《评注》:"《汉书·董仲舒传》:'辞不别白,旨不分明。'"钱仲联《集释》:"否,恶也。《庄子》:'不择善否。'"按:否(pǐ),恶、邪恶。《史记·秦始皇本纪》:"善否陈前。"《诗·大雅·抑》:"于呼小子,未知臧否。"臧否,善恶。此谓皇帝行为端正,能分别黑白善恶。

⑱ 既翦既去:魏本:"去,除也。祝曰:《周礼》:'去其淫怠,与其奇衺之民。'丘吕切。"文《详注》:"去,除也。羌举切。"钱仲联《集释》:"《诗·狡童》(《郑风》)序:'权臣擅命也。'陆德明《释文》:'擅,专也。'"按:翦、去意同。此指刘辟等受皇帝之命,不思尽职,却更疯狂叛乱,则被剪除。

⑲ 尽逐群奸,靡有遗侣:蒋抱玄《评注》:"《诗》(《大雅·云

汉》):'[周余黎民,]靡有孑遗。'"按:群奸尽除,没有剩余。《后汉书·应劭传》上《汉仪》奏:"逆臣董卓,荡覆王室,典宪焚燎,靡有孑遗,开辟以来,莫或兹酷。"

⑯ 厖臣硕辅:厖(máng),方世举《笺注》:"《尔雅·释诂》:'厖,大也。'"按:拟指杜黄裳、武元衡等为大臣贤辅。《诗·卫风·考槃》:"硕人之宽。"传:"硕人,大德也。"笺云:"硕,大也。"

⑯ 博问遐观,以置左右:魏本:"《补注》《商书》:'置诸左右。'"宋白文本、文本、祝本、魏本、廖本、王本均作"以置左右",从之。方世举《笺注》:"置左右:《书·说命》:'爰立作相,王置诸其左右。'"按:此谓借殷高宗得傅说后,以为得贤臣,礼命以为相,使在左右,而国政得治。

以上连用"天锡皇帝"作排比,颂戒宪宗。

⑯ 余侮:余,方《举正》据阁本作"有"字。朱《考异》:"余,方作'有',非是。"南宋监本原文作"余",宋白文本作"有"。文本、潮本、浙本、祝本、魏本,廖本作"余"字,从之。按:余侮,即侮余,语出《诗·豳风·鸱鸮》:"今女下民,或敢侮予。"笺云:"我至苦矣,今女我巢下之民,宁有敢侮慢,欲毁之者乎?"

⑯ 怡怡愉愉:舒畅和乐之貌。《论语·乡党》:"逞颜色,怡怡如也。……私觌,愉愉如也。"按:怡怡,得意轻松貌。

⑯ 奉太皇后:方世举《笺注》:"《新唐书·宪宗纪》:'宪宗母曰庄宪皇太后王氏,元和元年五月,尊母为皇太后。'"按:《旧唐书·宪宗纪上》:"纯,顺宗长子也,母曰庄宪王太后。……(顺宗永贞元年八月)辛酉(25日),太上皇诰册良娣王氏为太上皇后。"

⑯ 浃于族亲:方世举《笺注》:"族亲:《书·尧典》:'克明俊德,以亲九族。'"钱仲联《集释》:"颜延之诗:'温渥浃舆隶。'《说文新附》:'浃,洽也,彻也。'"按:浃,当作沾溉解。《后汉书·献帝伏皇后传》:"操出,顾左右,汗流浃背。"浃于族亲,即其和乐之情沾溉亲族。

⑯ 濡及九有:濡,浸润、润泽。《诗·邶风·匏有苦叶》:"济盈

不濡轨。"引申为润泽。《诗·郑风·羔裘》:"羔裘如濡。"

九有:祝本:"赵作'左右',非。上已有'左右'字。"童《校诠》:"赵云:作左右非,上已有左右字。第德案:祝本下文:濡及九有下注云:赵作左右非,上已有左右字。此注应移九有下,云字衍,谓赵本九有作左右非也。"方世举《笺注》:"《诗·玄鸟》(《商颂》):'奄有九有。'"钱仲联《集释》:"《诗》毛传:'濡,渍也。'九有,九州也。《诗》笺:'古帝天也,天帝命有威德者成汤,使之长有邦域,为政于天下,方命其君谓遍告诸侯也。汤有是德,故覆有九州为之王也。'"按:韩愈诗句由"奄有九有"化来。此指皇上的恩惠遍泽九州。

⑯ 与天齐寿:李详《证选》:"《九章·涉江》:'与天地兮比寿。'"按:《诗·小雅·天保》:"如南山之寿,不骞不崩。"《庄子·人间世》:"是不材之木也,无所可用,故能若是之寿。"《南齐书·豫章王嶷传》:"嶷谓上曰:'古来言愿陛下寿偕南山,或称万岁,此殆近貌言。如臣所怀,实愿陛下极寿百年亦足矣。'"此乃祝辞,即愿皇帝寿可比天。

⑱ 登兹太平:登,进也。钱仲联《集释》:"《汉书·食货志》:'进业曰登,再登曰平,三登曰太平。'《白虎通》:'天下太平,乃更制作焉。'"按:此谓愿天下永享太平。下句"无怠永久",怠者,松懈,怠慢。实则暗暗告诫皇帝之语,亦见韩公率直。

⑲ 为父为母:方世举《笺注》:"父母:《书·泰誓》:'亶聪明作元后,元后作民父母。'"朱彝尊《批韩诗》:"禄位名寿,分四大节。'皇帝'字作纲,全是祖《琅玡刻铭》,下字亦多效李。"按:《孟子·梁惠王上》:"为民父母,行政,不免于率兽而食人,恶在其为民父母也。"又《滕文公上》:"为民父母,使民盻盻然,将终岁勤动;不得以养其父母,又称贷而益之,使老稚转乎沟壑,恶在其为民父母也?""为父为母"者,实乃"为父母"之变,亦是四言句式之常法,韩公多用。

⑳ 职是训诂:魏本:"孙曰:'职,主也。《尔雅》有《释诂》《释

训》。《释诂》者,释古今之异辞。《释训》者,辨物之形貌。训诂即歌诗也。'"徐震《韩集诠订》:"谓训诂即诗歌,非也。时愈为博士,以训说典籍为职。此句之意,即序所谓职业又在以经籍教导国子也。"按:徐所说是,韩公《释言》:"元和元年六月十日,愈自江陵法曹诏拜国子博士。"元和二年春夏,仍在长安为四门博士,其职务乃为生徒训释经典,也包括诗,故下句云"作为歌诗,以配吉甫"。

⑰ 吉甫:文《详注》:"尹吉甫,周之卿士。《诗·大雅》,《崧高》《烝民》《韩奕》《江汉》,皆吉甫所作,以美宣王中兴也。"魏本:"韩曰:'《诗》之《嵩高》《烝民》《韩奕》《江汉》,皆尹吉甫美宣王作,公为此诗,亦以吉甫自比也。'"按:文、孙所说是,此诗乃借表宪宗功业,发己欲自振一代的中兴之志。

关于此诗用韵:清姚范《援鹑堂笔记》卷四一云:"《元和圣德诗》八语、九麌、十姥、三十三哿、三十四果、三十五马、四十四有,凡所用皆上声。若据协韵,何无一韵滥入三声耶?"清赵翼《瓯北诗话》:"《元和圣德诗》通用语、麌、马、有、哿五韵。"清李黼平《读杜韩笔记》:"《元和圣德诗》,语、麌、哿、马、有五韵通押,即平韵之鱼、虞、歌、麻、尤也。"清庞大堃《古音辑略》卷一:"安溪李氏《榕村韵书》云:韩退之《元和圣德诗》以歌、麻通鱼、虞,微为吴音所混。"又云:"《榕村韵书》云:萧、肴、豪、尤皆收合口音。又云:鱼、虞正收合口音,其于萧、肴、豪、尤,亦犹支、微、齐之于佳、灰也。韩退之《元和圣德诗》,鱼、虞、尤三韵通,甚合乐府收声之法。愚按:古韵后五部皆第一部之所生,故云佳、灰与支、微、齐同收声,萧、肴、豪、尤与鱼、虞同收声。《元和圣德诗》用歌、麻、鱼、虞、尤韵上声,自是昌黎之误,而李氏以为鱼、虞、尤三韵通,甚合乐府收声之法,不知萧、肴、豪、尤不通鱼、虞,犹鱼、虞之不通歌、麻也。"

【汇评】

宋穆修:韩(退之)《元和圣德》《平淮西》,柳(子厚)《雅章》之类,皆辞严义密,制述如经,能岸然耸唐德于盛汉之表。(《河南穆

公集》卷二《唐柳先生集后序》)

宋苏辙:诗人咏歌文武征伐之事,其于克密曰:"无矢我陵,我陵我阿;无饮我泉,我泉我池。"其于克崇曰:"崇墉言言,临冲闲闲,执讯连连,攸馘安安。是类是祃,是致是附,四方以无侮。"其于克商曰:"维师尚父,时维鹰扬。谅彼武王,肆伐大商,会朝清明。"其形容征伐之盛极于此矣。韩退之作《元和圣德诗》,言刘辟之死曰:"宛宛(婉婉)弱子,赤立伛偻。牵头曳足,先断腰膂。次及其徒,体骸撑拄。末乃取辟,骇汗如泻。挥刀纷纭,争切脍脯。"此李斯颂秦所不忍言,而退之自谓无愧于《雅》《颂》,何其陋也!(《栾城第三集》卷八《诗病五事》)

宋陈师道:少游谓《元和圣德诗》于韩文为下,与《淮西碑》如出两手,盖其少作也。(《后山诗话》)

宋叶梦得:石介守道与欧(阳)文忠同年进士,名相连,皆第一甲。国初诸儒,以经术行义闻者,但守传注,以笃厚谨修表乡里。自孙明复为《春秋发微》,稍自出己意。守道师之,始唱为辟佛老之说,行之天下。文忠初未有是意,而守道力论其然,遂相与协力,盖同出韩退之。及为《庆历圣德诗》,遂偃然肆言,臧否卿相不少贷。议者谓《元和圣德诗》但奖用兵之善,以救贞元姑息之弊。且时已异,用推宪宗之意而成之,固不害为献纳,岂有天子在上方欲有为,而匹夫崛起,擅参予夺于其间乎?孙明复闻之曰:"为天下不当如是,祸必自此始。"文忠犹未以为然,及朋党论起,始悟其过。(《避暑录话》卷上)

宋许顗:韩退之《元和圣德诗》云:"驾龙十二,鱼鱼雅雅。"其深于诗者耶!(《彦周诗话》)

宋吴曾:《试辞学兼茂科格制》:大观四年(1110)四月,礼部奏拟立到岁试辞学兼茂科试格:"制依见行体式,章表依见行体式……颂如韩愈《元和圣德诗》、柳宗元《平淮夷雅》之类;箴铭如扬雄《九州箴》,又如柳宗元《涂山铭》、张孟阳《剑阁铭》之类;诫谕如近体诫谕风俗或百官之类。序记依古体,亦许用四六。……并限二百字

以上,箴铭限一百字以上。"奉圣旨依。(《能改斋漫录》卷一)

宋王十朋:《次韵陈大监赴天申节宴》:贱臣逢时最侥幸,归美宁辞管城秃。愿同韩愈颂元和,兼美武公歌绿竹。(《梅溪王先生文集》后集卷二)

宋张栻:诵退之《圣德颂》至"婉婉弱子""赤立伛偻,牵头曳足,先断腰膂"处,世荣举子由之说曰:"此李斯颂秦所不忍言。而退之自谓无愧于《风》《雅》,何其陋也!"此说如何?曰:退之笔力高,得斩截处即斩截,他岂不知此?所以为此言者,必有说。盖欲使藩镇闻之,畏罪惧祸不敢叛耳。今人读之至此犹且寒心,况当时藩镇乎!此正是合于《风》《雅》处,只如《墙有茨》《桑中》诸诗,或以为不必载。而龟山乃曰:此卫为夷狄所灭之由。退之之言亦此意也,退之之意过于子由远矣。大抵前辈不可轻议。(廖莹中《昌黎先生集》卷一)

宋孙奕:《老而诗工》:客有曰:"诗人之工于诗,初不必以少壮老成较优劣。"余曰:"殆不然也。醉翁在夷陵后诗,涪翁到黔南后诗,比兴益明,用事益精,短章雅而伟,大篇豪而古。如少陵到夔州后诗,昌黎在潮阳后诗,愈见光焰也。不然,少游何以谓《元和圣德诗》于韩文为下,与《淮西碑》如出两手,盖其少作也。"(《履斋示儿编》卷一〇)

宋王正德:(黄鲁直《与何静翁书》)又云:"苏子由云:退之作《元和圣德诗》言刘辟之死曰:'婉婉弱子,赤立伛偻。牵头曳足,先断腰膂。次及其徒,体骸撑拄。末乃取辟,骇汗如雨。挥刀纷纭,争切脍脯。'此李斯颂秦所不忍言,而退之自谓无愧于《雅》《颂》,何其陋也!"(《馀师录》卷二黄鲁直)

宋方岳:四言自韦孟、司马迁、相如、班固、束晳、陶潜、韩愈、柳宗元、梅尧臣、欧阳修、王安石、苏轼,工拙略见。尝怪五言而上,世人往往极其才之所至,而四言虽文辞巨伯,辄不能工。水心有是言矣。后村刘潜夫亦以四言尤难,《三百五篇》在前之故。韦氏云:"谁谓华高,企其齐而。谁谓德难,历其庶而。使经圣笔,亦不能

删。"余思四言如律以《三百五篇》,则韦氏为工。世殊体异,后之铭诗,莫非四言也。安石以上诸公,未暇深论。(《深雪偶谈》)

宋黄震:《元和圣德诗》典丽雄富。前辈或谓"挥刀纷纷,争刌脍脯"等语,异于文王"是致是附"气象。愚谓亦各言其实,但恐于颂德之名不类。或云,公之意欲使藩镇知惧。(《黄氏日抄》卷五九)

宋樊汝霖:宪宗平夏、平江东、平泽潞、平蔡、平淄青,而平蜀、平蔡之功,尤卓卓在人耳目者。以公此诗及《平淮西碑》,学者争诵之。(魏仲举《新刊五百家注音辩昌黎先生文集》卷一)

元郝经:《一王雅序》:李唐一代诗文最盛,而杜少陵、李太白、韩吏部、柳柳州、白太傅等为之冠。如子美诸怀古及《北征》《潼关》《石濠》《洗兵马》等篇,发秦州、入成都、下巴峡、客湖湘,《八哀》九首,伤时咏物等作,太白之《古风》篇什,子厚之《平淮雅》,退之之《圣德诗》,乐天之讽谏集,皆有风人之托物,二雅之正言,中声盛烈,止乎礼义,抉去污剥,备述王道,驰骛于月露风云花鸟之外,直与《三百五篇》相上下。惜乎但著当世之事,而及前代者略也。(《郝文忠公陵川文集》卷二八)

元俞琰:韩退之《元和圣德诗》云:"以红帕首。"盖以红绡缚其头,即今之抹额也。"帕首""扑头",本只是一物,今分为二物。(《席上腐谈》卷上)

明吴讷:《国风》《雅》《颂》之诗,率以四言成章;若五七言之句,则间出而仅有也。《选》诗四言,汉有韦孟一篇。魏晋间作者虽众,然惟陶靖节为最,后村刘氏谓其《停云》等作突过建安是也。宋齐而降,作者日少。独唐韩柳《元和圣德诗》《平淮夷雅》脍炙人口。先儒有云:"二诗体制不同,而皆词严气伟,非后人所及。"自时厥后,学诗者日以声律为尚,而四言益鲜矣。今取韦孟以下得十余篇,以备一体。若三曹等作,见于古乐府者,不复再录。(《文章辨体序说·古诗·四言》)

明薛瑄:韩文公《元和圣德诗》,终篇颂美之中,多继以规戒之

词,深得古诗遗意。(《薛文清公读书录》卷七)

明杨慎:《鱼鱼雅雅》:古乐府《朱鹭曲》:"朱鹭,鱼以乌,鹭何食,食茄下。"乌,古与"雅"同叶,音作"雅"。盖古字乌也雅也,本一字也。"雅"与"下"相叶,始得其音。"鱼以雅"者,言朱鹭之威仪,鱼鱼雅雅也。韩文《元和圣德诗》"鱼鱼雅雅"之语本此。茄,古"荷"字。(《升庵诗话》卷九)

明胡震亨:柳州之《平淮西》,最章句之合调;昌黎之《元和圣德》,亦长篇之伟观。一代四言有此,未觉风雅坠绪。(《唐音癸签》卷九《评汇五》)

明蒋之翘:退之《元和圣德诗》,列铭颂体中,文尚质实可观。若论四言诗,则韦、曹诸人,已失前规;三唐间安复论此。(《韩昌黎集辑注》卷一)

清钱谦益:《顾麟士诗集序》:唐之诗人,皆精于经学。韩之《元和圣德》,柳之《平淮夷雅》,雅之正也。玉川子之《月蚀》,雅之变也。(《牧斋有学集》卷一九)

清钱谦益:《彭达生晦农草序》:昔者,有唐之文,莫盛于韩、柳,而皆出元和之世。《圣德》之颂,《淮西》之雅,铿锵其音,灏汗其气,晔然与三代同风。(同上)

清朱彝尊:若规模《雅》《颂》,其实全仿李丞相。只就质语加锤炼,炼到文处。或又落《文选》,此起处犹近《雅》,微有一二不似。大约中间凡典雅处似《毛诗》,质峭处似秦碑,华润处似《文选》,然通看纯是质峭调。(顾嗣立《昌黎先生诗集注》卷一)

清王士禛:元和之世,削平僭乱,于时韩愈氏则有《圣德诗》,柳宗元氏则有《平淮西雅》,昔人谓其辞严义纬,制作如经,能萃然耸唐德于盛汉之表,所谓"鸿笔之人,为国云雨"者也。(《带经堂诗话》卷五序论类)

清查慎行:通章以"皇帝"二字作主,即《荡》八章冠以"文王曰咨"章法也,特变《雅》为《颂》耳。(《查初白诗评十二种》)

清何焯:《元和圣德诗》"掉弃兵革,私习篡篡",二句锁上起下。

(《义门读书记》卷三〇)

清沈德潜：昌黎四言，唐人中无与俪者。《平淮西碑》尤为立极。因碑以文为主，系之以诗，恐体例不合，故只录《元和圣德诗》。(《唐诗别裁集》卷四)

清沈德潜：《元和圣德诗》唐人四言，绝少佳者，不能另立一体，故附五言体中。《元和圣德诗》典重峭奥，体则二雅、三颂，辞则古赋、秦碑，盛唐中昌黎独擅。(同上)

清沈德潜：昌黎豪杰自命，欲以学问才力跨越李、杜之上，然恢张处多，变化处少，力有余而巧不足也。独四言大篇，如《元和圣德》《平淮西碑》之类，义山所谓句奇语重，点窜涂改者，虽司马长卿亦当敛手。(《说诗晬语》卷上)

清方世举：按：苏张二说皆有理，张更得"成《春秋》，而乱臣贼子惧"之义，《甘誓》言不共命者则孥戮之，而况乱臣耶？言虽过之，亦昭法鉴。(《韩昌黎诗集编年笺注》卷六)

清姚范：《元和圣德诗》八语、九麌、十姥、三十三哿、三十四果、三十五马、四十四有，凡所用皆上声。若据协韵，何无一韵滥入三声耶？(《援鹑堂笔记》卷四一)

清爱新觉罗·弘历：诛辟一段，借以悚动藩镇，前人论之详矣。至幽、恒、青、魏一段，写诸道震慑，而朝廷慰安镇抚，得体有威，尤是最著意处。(《唐宋诗醇》卷二七)

清纪昀：《徂徕集二十卷》宋石介撰。……介时为国子直讲，因作《庆历圣德诗》，以褒贬忠佞。其诗今载集中，盖仿韩愈《元和圣德诗》体。然唐宪宗削平淮、蔡，功在社稷，愈仿《雅》《颂》以纪功，是其职也。至于贤奸黜陟，权在朝廷，非儒官所应议。(《四库全书总目》卷一五二集部别集类五)

清赵翼：《元和圣德诗》叙刘辟被擒，举家就戮，情景最惨，曰："解脱挛索，夹以砧斧。婉婉弱子，赤立伛偻。牵头曳足，先断腰膂。次及其徒，体骸撑拄。末乃取辟，骇汗如写。挥刀纷纭，争刌脍脯。"苏辙谓其"少酝藉，殊失《雅》《颂》之体"，张栻则谓"正欲使各藩镇闻之畏惧,不敢为逆",二说皆非也。才人难得此等题以发抒笔力,既已遇之,肯不尽力摹写,以畅其才思耶!此诗正为此数语而作也。(《瓯北诗话》卷三)

清李黼平:《元和圣德诗》语、虞、哿、马,有五韵通押,即平韵之鱼、虞、歌、麻、尤也。(《读杜韩笔记》)

清庞大堃:安溪李氏《榕村韵书》云:"韩退之《元和圣德诗》以歌、麻通鱼、虞,微为吴音所混。"又云:"萧、肴、豪、尤皆收合口音。又云:鱼、虞正收合口音,其于萧、肴、豪、尤,亦犹支、微、齐之于佳、灰也。韩退之《元和圣德诗》,鱼、虞、尤三韵通,甚合乐府收声之法。"愚按:古韵后五部皆第一部之所生,故云佳、灰与支、微、齐同收声,萧、肴、豪、尤与鱼、虞同收声。《元和圣德诗》用歌、麻、鱼、虞、尤韵上声,自是昌黎之误,而李氏以为鱼、虞、尤三韵通,甚合乐府收声之法,不知萧、肴、豪、尤不通鱼、虞,犹鱼、虞之不通歌、麻也。(《古音辑略》卷一)

林纾:韩昌黎之《元和圣德诗》厥体如颂。其曰:"取之江中,枷脰械手。妇女累累,啼哭拜叩。求献阙下,以告庙社。周示城市,咸使观睹。解脱挛索,夹以砧斧。婉婉弱子,赤立伛偻。牵头曳足,先断腰膂。"读之令人毛戴。子由以为李斯颂秦所不忍言,而退之自谓"无愧于《风》《雅》",何其陋也。南轩曰:"盖欲使藩镇闻之,畏罪惧祸不敢叛。"愚诵南轩之言,不期失笑。魏博传五世,至田弘正入朝,十年复乱,更四姓,传十世,有州七。成德更二姓,传五世,至王承元入朝,明年王庭凑反,传六世,有州四。卢龙更三姓,传五世,至刘总入朝,六月朱克融反,传十二世,有州九。淄青传五世而灭,有州十二。沧景传三世,至程权入朝,十六年而李全略有之,至其子同捷而灭。宣武传四世而灭,有州四。彰义传三世而灭,有州三。泽潞传三世而灭,有州五。叛逆至于数世,而魏博最久,此岂畏罪惧祸?鄙意终以昌黎之言为失体。盖昌黎蕴忠愤之气,心怒贼臣,目睹俘囚伏辜,振笔直书,不期伤雅,非复有意为之。但观《琴操》之温醇,即知昌黎非徒能为此者也。(《春觉斋论文·流别论》)

程学恂：后石介作《庆历圣德诗》即本此。此诗虽颂武功，而其意则在宪宗初政，贬斥伾、文、执谊等，故序中即从诛流奸臣说起。而诗中于"别白善否"一段，尤切切言之。可知主意所在，非只胪成功告庙之词也。（《韩诗臆说》卷一）

章士钊：山姜云"《元和圣德》仿《淮雅》二章"，此抽象言之则可，征之于实，显有未合。寻韩、柳同时，文章工力悉敌，凡所为文，相互览观，乃至仿效，俱有可能。独退之《元和圣德诗》，言成都擒刘辟事，是元和二年所作，而子厚《平淮夷雅》，则与退之《平淮西碑》同一时作，事在元和十二年，视刘辟授首迟十年矣。退之不可能在十年前豫见子厚腹稿，蓄意摹仿，山姜阿其所好，未免失言。（《柳文指要》卷四《辩鬼谷子》）

琴操十首 并序
元和十四年

蔡邕《琴操》："古琴曲有一十二操，一曰《将归操》、二曰《猗兰操》、三曰《龟山操》、四曰《越裳操》、五曰《拘幽操》、六曰《岐山操》、七曰《履霜操》、八曰《雉朝飞操》、九曰《别鹤操》、十曰《残形操》、十一曰《水仙操》、十二曰《怀陵操》。"方《举正》作《琴操十首》，云："阁本只存此题义，无注文。唐令狐本注与题义皆不出，蜀本于注文上增'又曰'二字，与题义皆夹注写，以此见虽题义亦后人以《琴操》续补也。欧、宋、荆公本皆用阁本，谢氏从唐本，今姑以阁本为正。"朱《考异》："诸本题义下皆有子注，方云：阁本只存题义，唐本注与题义皆不出，蜀本于'注云'上增'又曰'二字，与题义皆夹注写。以此见虽题义亦后人以《琴操》续补也。欧、宋、荆公皆用阁本。今按：欧本云：此效蔡邕作《十操》，事迹皆出蔡邕《琴操》云。"宋白文本、祝本、魏本十首下有"并序"二字。宋白文本注："古本并不著其义。"据文中十首题下均有序看，当有"并序"二字，是否后人所增，亦无确据。魏本:"韩曰:按《琴操》十有二,公取其十,如下所作是也。惟《水仙》《怀陵》操乃伯牙所作,公削之。为之词者十事,各注于下。唐子西(《唐子西文录》)云:'《琴操》非古诗,非骚词,惟退之为得体。退之《琴操》,柳子厚不能作也。'孙曰:《风俗通》云:'凡琴曲,忧愁而作,命之曰《操》。操者,言困厄穷迫犹不失其操也。'"何焯《义门读书记》卷三〇:"刘向《别录》云:'君子因雅琴之适,故从容以致思焉。其道闭塞悲愁而作者,名其曲曰操,言遇灾害不失其操也。'十篇皆得不失其操本意。"方世举《笺注》:"按:《琴操》十章,未定为何年所作。但其言皆有所感发,如'臣罪当诛'二语,与《潮州谢上表》所云'正名定罪,万死犹轻'之意正同。盖入潮以后,忧深思远,借古圣贤以自写其性情也。若《水仙》《怀陵》二操,于义无取,则不复作矣。"陈沆《诗比兴笺》:"予读《琴操》,而知古人之用意,旷世不遇知音者,何多也?夫昌黎,词必己出,不傍古人,故集中从无乐府、骚、七之篇,假设摹仿之什。乃忽无病效颦,代情拟古,言匪由衷,例徒自乱,果何为者耶?古操十二,止取其十,《怀陵》《水仙》,删而不拟,何为者耶?《将归》《猗兰》,以孔子而先文、周;《越裳》《岐山》,一周公而分两处。宋本沿于唐集,此必公所手定,又何为者耶?贸贸悠悠,寻声奚益,惟知为咏怀感遇之作,乃测其时世先后之由。前之四操,盖作于阳山谪黜之时;后之六操,乃在潮海窜逐之后。既匪作于一时,自难循其故序。且前谪止由萋菲,故岩岩然疾邪守正之思。后窜因触龙鳞,故悄悄兮引岑恋主之意。比类以观,洵非逆志无以达其辞,非论世不可诵其诗已。"钱仲联《集释》:"陈沆以前四操为在阳山作,以后六操为在潮州作,虽自成一说,然实疏于考订。寻此十操次第,退之一依蔡邕《琴操》原次,初未有所更张。沆盖未睹邕书,故有'以孔子而先文、周,一周公而分两处'之疑也。且一题十操,而沆截为两处,先后年代,辽隔至十六年,于理亦不合。沆以前三操为指斥德、顺之际李实、韦执谊诸权幸,然未尝不可指元和末之皇甫镈。沆谓《越裳操》为德宗而作,然未尝不可谓儆戒宪宗以居安思危之意。故今仍从方世举旧编,系潮州诸作中。"按:钱说善,然犹可补充者,韩公性格,为诗力雄气盛,往往为鸿篇巨制,一题数首,一气挥洒而力有余,故是操当为一气而成的一时之作,且风神一贯,皆合潮州之情事心态。深味之,则知韩公以兰自比,以荠麦比佞人,以显其湘兰无遇而自香,乃真君子也。

将归操

孔子之赵,闻杀鸣犊作①。

狄之水兮,其色幽幽②。我将济兮,不得其由③。涉其浅兮④,石啮我足⑤。乘其深兮,龙入我舟⑥。我济而悔兮,将安归尤。归兮归兮⑦,无与石斗兮,无应龙求⑧。

【校注】

① 杀鸣犊:方《举正》:"阁本只存此题义,无注文。唐令狐本注与题义皆不出。蜀本于注文上增'又曰'二字,与题义皆夹注写,以此见虽题义亦后人以《琴操》续补也。欧、宋、荆公本皆用阁本。谢氏从唐本。今姑以阁本为正。"朱《考异》:"诸本题义下皆有子注。(下引方语)今按:欧本云:'此效蔡邕作《十操》,事迹皆出蔡邕《琴操》云。'"宋白文本作"窦杀鸣犊",语序误。魏本"鸣"字上有"窦"字。祝本、廖本、王本等诸本无"窦"字。文本题下无"孔子之赵闻杀鸣犊作"语,而归之于注。宋白文本、祝本注:"不遇其时,虑人之忌害我者,故将归也。"文《详注》:"《琴操》曰:'《将归操》者,孔子之赵,闻杀鸣犊而作也。'按《史记》:孔子既不用于卫,将西见赵简子。至于河闻窦鸣犊、舜华之死也,临河而叹曰:'美哉,水洋洋乎!丘之不济此,命也夫!'鸣犊、舜华,国之贤也。简子未得志之

时,须此两人而后从政;及其得志,乃杀之。鸟兽之于不义也尚犹知辟,况乎丘哉!乃还。息乎陬乡,作《陬操》以哀之。今作《将归》,旧注云:'不遇其时,虑人之害我,故将归也。'《前汉·沟洫志》云:'今有鸣犊河,清河之灵县鸣犊河口是也。'陬,音邹。"魏本孙《全解》亦引《史记·孔子世家》。后云:"丘闻之也,刳胎杀夭,则麒麟不至;竭泽而渔,则蛟龙不游。何则?君子讳伤其类也。鸟兽之于不义,尚知避之,而况丘乎?乃还。孔丛子曰:'孔子既还,乃为《操》曰:翱翔于卫(宋刻本作往,《四库》本作卫,当作卫),复我旧居。从吾所好,其乐只且。'蔡曰:按窦鸣犊,《孔丛子》作'鸣犊''窦犨',《战国策》作'鸣犊''铎犨',《新序》作'犊犨''铎鸣',或又作'鸣铎''窦犨'。诸说不同,未知孰是。"诸家引《史记》,或简或详,多有不合者。今录原文。《史记·孔子世家》:"孔子既不得用于卫,将西见赵简子。至于河而闻窦鸣犊、舜华之死也,临河而叹曰:'美哉,水洋洋乎!丘之不济此,命也夫!'子贡趋而进曰:'敢问何谓也?'孔子曰:'窦鸣犊、舜华,晋国之贤大夫也。赵简子未得志之时,须此两人而后从政;及其已得志,杀之乃从政。丘闻之也,刳胎杀夭则麒麟不至郊,竭泽涸渔则蛟龙不合阴阳,覆巢毁卵则凤皇不翔。何则?君子讳伤其类也。夫鸟兽之于不义也尚知辟之,而况乎丘哉!'乃还,息乎陬乡,作为《陬操》以哀之。"索隐:"《家语》云:'闻赵简子杀窦犨鸣犊及舜华。'《国语》云:'鸣铎、窦犨。'则窦犨,字鸣犊。声转字异,或作'鸣铎'。庆华,当作'舜华'。诸说皆同。"按:则窦犨,字鸣犊,一人也。蔡邕《琴操》:"《将归操》者,孔子之所作也。赵简子循执玉帛以聘孔子,孔子将往,未至,渡狄水,闻赵杀其贤大夫窦鸣犊,喟然而叹之曰:'夫赵之所以治者,鸣犊之力也。杀鸣犊而聘余,何丘之往也?夫燔林而田,则麒麟不至;覆巢破卵,则凤皇不翔。鸟兽尚恶伤类,而况君子哉!'于是援琴而鼓之,云:'翱翔于卫,复我旧居。从吾所好,其乐只且。'"方世举《笺注》引《史记·孔子世家》后云:"《孔丛子·记问篇》:赵使聘夫子,夫子闻鸣犊与窦犨之见杀也,回舆而旋卫息鄹,遂为《操》曰:'周道衰微,礼乐陵迟,文武既坠,吾将焉归?周游天下,靡邦可依。凤鸟不识,珍宝枭鸱。眷然顾之,惨然心悲。巾车命驾,将适唐都。黄河洋洋,攸攸之鱼。临津不济,还辕息鄹。伤于道穷,哀彼无辜。翱翔于卫,复我旧庐。从吾所好,其乐只且。'"沈钦韩《补注》:"此操见《水经注·河水篇》,与《孔丛》异辞。公此词本《水经》所载。"陈沆《诗比兴笺》:"《孔丛子》《将归操》作四言。公拟此篇'狄之水'云云,用《水经注》而不用《孔丛》者,以其伪书故也。"

②狄之水兮,其色幽幽:方《举正》作"狄之水",云:"阁本、杭本皆作'狄',蜀本始讹。临济,故狄也。《水经注》《河水》甚详。"朱《考异》:"狄,蜀本作'秋'。今按:《水经》:'河水至东阿、茌平等县东北流四渎津。'注云:津西有四渎祠,东对有四渎口,河水东分,济水受河,盖荥口水断不通,始自是出,与清水合,沛渎自河入济,水径周通,故有四渎之名。昔赵杀鸣犊,孔子临河叹而作歌曰:'狄之水兮风扬波,舟楫颠倒更相加,归来归来胡为斯。'案:临济,故狄也。是济所迳,得其通称也。又云:济水迳临济县南。详此,则是济水自荥泽之下潜流至此四渎津口,而后复出。河又东分一支与之合流,以过临济而为狄水,故孔子临河不济而歌咏,狄水即此东分之河复出之济也。然此皆齐地,今在济、郓之间。《史记》以为孔子自卫将西见赵简子,则其道不当出此,此又不可晓者。今姑阙之,以俟深于地理者正焉。"宋白文本、文本、祝本、魏本、廖本等均作"狄",注:"一作'秋'。"则作"狄"是。

于钦《齐乘》:朱子《韩文考异》云云。"按:汉陈留郡平丘县有临济亭,故狄也。盖济水出陶丘北,南渎被孟猪,北渎注巨野,亭临此渎,故曰临济。春秋时狄人据此,因以名焉。此水夫子所歌,至王莽时枯竭。《水经》所谓'济枯渠注巨野'者也。其自巨野北出,至四渎津与河合流者,乃齐之清河,《水经》所谓'得其通称'者是也。汉千乘别有狄县,安帝更名临济。唐又别以汉东朝阳为临济,今章丘之临济镇也。文公盖疑于此云。"朱彝尊《批韩诗》:"今相传孔子回车处在山西泽州,此正由卫入晋路。狄水太远,作秋近是。

退之或亦承讹。"姚范《援鹑堂笔记》卷四一:"《将归操》注:'昔赵杀鸣犊,孔子临河叹而作歌曰:狄之水兮风扬波。临济,故狄也。'案:临济,今济南府济阳县。又按:《史记》云:'乃还息乎陬乡,作为《陬操》以哀之。'或还陬而济狄水与?今高苑县西南有临济县故城。"王元启《记疑》:"据《水经注》所载孔子歌咏狄水之辞,疑《史记》自卫之言或误。否则言狄水者妄矣。抑岂自卫之晋,中间别有狄水,非郦元临济之谓与?又按:《后汉·郡国志》:'河南雒阳有狄泉,在城中。'刘昭注云:'《左传》僖二十九年:盟于狄泉。杜预曰:城内太仓西南地水。'此水亦以狄名,然而自卫适晋,其道亦不须经此。"俞樾《俞楼杂纂》卷二六:"狄,当为铁,声之误也。《广韵》十六屑:'铁,他结切。'而二十三锡中从狄得声之字,如逖,如鷩,如愁,并他历切。铁与他双声,从狄得声之字,亦与他双声,故铁得转而为狄。《水经·河水篇》注:'河水东经铁丘南,《春秋左传》哀公二年登铁上,即此处也。京相璠曰:铁,丘名。杜预曰:在戚南,河之北岸。'孔子自卫之晋,故取道铁丘。《说文》:'铁,黑金也。'凡言铁者,皆有黑意。《月令》:'驾铁骊。'注云:'色如铁也。''铁之水兮,其色幽幽。'幽幽,亦黑也。疑铁丘之水,正以深黑得名矣。"钱仲联《集释》:"诸说皆未安。于氏临济亭之说,仍非由卫入晋之道。朱氏疑秋水近是,然于书无征。姚氏还陬而济狄水之说,与《史记》临河不济之说不合。王氏狄泉之说,固风马牛不相及。俞氏以铁为狄,音近而形不近,且有改字之嫌。窃谓《史记》所称临河而叹洋洋者,其非小川泽可知。由卫入晋,惟漳河足以当之耳。《水经》'浊漳水过潞县北'条,郦道元注:'县故赤翟,潞子国也。阚骃曰:有潞水,为冀州浸,即漳水也。无他大川可以为浸,所有巨浪长湍,惟漳水耳,故世人亦谓浊漳为潞水矣。'《礼记·祭统》孔疏云:'翟即狄也,古字通用。'《檀弓》郑注:'是时在翟。'《释文》云:'本又作狄。'狄之水者,赤狄潞国之水也。潞县,今之潞城县,在山西省长治县东北。又《水经注·沁水》条云:'邢水经邢城西,又东南经孔子庙东。庙庭有碑云:仲尼伤道不行,欲北从赵鞅,闻杀鸣铎,遂旋车而返。及其后也,昔人思之,于太行岭南,为之立庙,盖往时回辕处也。'余按诸子书及史籍之文,并言仲尼临河而叹曰:'丘之不济,命也夫。'是非太行回辕之言也。此条与朱氏泽州之说近。邢城在今河南省沁阳县西北,虽亦由卫入晋之道,然邢水与狄水声形俱不近,恐不然也。"按:钱说善。孔子由卫之赵,中经漳河,此地域卫在漳河南,赵在漳河北,西临太行。后人记之,立庙于太行东侧山下,而北临漳河,非不合理。其色幽幽者,正可说明水穿山而过,则有清幽之感;若出山而东,则平原黄土,水则混矣,无幽幽之貌。

③ 我将济兮,不得其由:济,渡水,过河。《公羊传》僖公二十二年:"楚人济泓而来。"泓,水名。由,道也。日人近藤元粹云:"蒋云:'由,道也。'"此语出自《史记》:"(孔子)临河而叹曰:'美哉,水洋洋乎!丘之不济此,命也夫!'"感慨其道不行于时。

④ 涉其浅兮:蒋抱玄《评注》:"《诗•邶风》《谷风》):'就其深兮,方之舟之。就其浅兮,泳之游之。'"按:谓涉其浅水,乃"就其浅兮"。

⑤ 石啮我足:啮(niè),祝本、文本作"啮"。宋白文本、魏本、廖本、王本作"齧"。魏本:"祝曰:啮,噬也。《礼记》(《曲礼上》):'毋啮骨。'五结切。"方世举《笺注》:"《庄子•人间世》:'吾行却曲,无伤吾足。'"闻人倓《古诗笺》注:"《说文》:啮,噬也。"按:《说文》段注:"口部曰:噬,啗也。《释名》曰:鸟曰啄,兽曰啮。"齧,同嚙,咬、啃。《管子•戒第》:"东郭有狗嘤嘤,旦暮欲啮我,猳而不使也。"齧、嚙、啮同,今作"啮"。此句意为水里有石,硌他的脚。

⑥ 龙入我舟:蒋之翘《辑注》:"《淮南子》(《精神训》):'禹南省,方济于江,黄龙负舟。舟中之人,五色无主。禹熙笑而称曰:我受命于天,竭力而劳万民。生,寄也,死,归也。何足以滑和?视龙犹蝘蜓,龙乃弭耳掉尾而逃。'"方世举《笺注》:"龙入舟:《淮南•精神训》:'禹南省,方济于江,黄龙负舟。舟中之人,五色无主。禹熙笑而称曰:我受命于天,竭力而劳万民。生,寄也,死,归也。何足以滑和?视龙犹蝘蜓,颜色不变,龙乃弭耳掉尾而逃。'"按:涉浅乘

深四句,从屈原《九章·思美人》"令薜荔以为理兮,惮举趾而缘木。因芙蓉而为媒兮,惮褰裳而濡足。登高吾不说兮,入下吾不能"化出。

⑦ 归兮归兮:方《举正》据阁本作"归兮归兮",云:"李、谢校。"朱《考异》:"诸本'兮'作'乎'。"南宋监本原文作"乎"。宋白文本、文本、潮本、祝本、魏本作"乎"。廖本、王本作"兮"。作"兮"作"乎"均可。

⑧ 无与石斗兮,无应龙求:文本"斗"下无"兮"字。诸本有"兮"字,今从诸本。蒋之翘《辑注》:"此圣人不入危邦之意。"《论语·泰伯》:"危邦不入,乱邦不居。"查慎行《查初白诗评十二种》:"得《未济》九二之义。"《唐宋诗醇》:"喻意奇警。"按:无与石斗,即不欲渡河而就危邦也。无应龙求,即龙不可怕,不必求它。

【汇评】

元祝尧:《将归操》,孔子之赵,闻杀鸣犊作。晁氏曰:愈博学群书,奇辞奥旨,如取诸室中物。以其所涉博,故能约而为此。其取兴幽眇,怨而不言,最近《离骚》。十操取其四,以近《楚辞》,其删六首者皆诗也。愚谓晁氏所取诚近《骚》,今从之。此篇则比而赋也。(《古赋辨体》卷一○)

明唐汝询:孔子将适晋,临河而还,故以河之难济比晋之不可往也。言悠悠之水,欲济而不得其道正,以浅有石啮,深有龙患也。假令济而后悔,则何如不济而归?我岂可与石斗而干求此龙乎哉?圣人不入危邦如此。(《唐诗解》卷二○)

清姚范:《将归操》注:"昔赵杀鸣犊,孔子临河叹而作歌曰:'狄之水兮风扬波。'临济,故狄也。"案:临济,今济南府济阳县。又按:《史记》云:"乃还息乎陬乡,作为《陬操》以哀之。"或还陬而济狄水与?今高苑县西南有临济县故城。(《援鹑堂笔记》卷四一)

清陈沆:公《秋怀诗》欲嘗南山之寒蛟,《炭谷诗》欲刃牛蹄之湫龙,说者皆谓其指斥权幸,证以此诗益明。盖龙谓窃弄威福者,石谓余党附和者。言我将小试其道,则群小龃龉,将深论大事,则权贵侧目,吾力其能胜彼乎？恐道未行而身先不保矣。公阳山之谪,新旧《书》谓因论宫市,行状及碑则谓为幸臣专政者所恶,年谱谓为李实所谗,而公诗云:"或自疑上疏,上疏岂其由？或虑言语泄,传之落冤仇。"又云:"前年出官由,此祸最无妄。奸猜畏弹射,斥逐恣欺诳。则其为权幸忌而逐之矣。又《忆昨行》云:伾文未揣崖州炽,虽得赦宥常愁猜。"是其为韦执谊、王叔文等所排明矣。无应龙求,即《炭谷》《秋怀》二诗所指也。（《诗比兴笺》卷四）

猗兰操

孔子伤不逢时作①。

兰之猗猗②,扬扬其香③。不采而佩④,于兰何伤⑤？今天之旋,其曷为然？我行四方,以日以年⑥。雪霜贸贸⑦,荠麦之茂⑧。子如不伤,我不尔觐⑨。荠麦之茂,荠麦之有⑩。君子之伤,君子之守⑪。

【校注】

① 伤不逢时:钱仲联《集释》引祝本:"兰、荠麦自喻。我不用,于我何伤乎？霜雪贸贸之时,荠麦乃茂,喻己居乱薄之世,自修古人之道。"按:魏本、廖本、王本等无此注。《乐府诗集》一作《幽兰操》。文《详注》:"《琴操》曰:'《猗兰操》者,孔子所作也。孔子[历]聘诸侯,诸侯莫能任,自卫反鲁,[过]隐谷之中,见香兰独茂,喟然叹曰:夫兰当为众草[王者]香,今乃独秀[茂],与众草为伍[,譬犹贤者不逢时,与鄙夫为伦也］。乃止车,援琴鼓之[云:习习谷风,以阴以雨。之子欲归,远送于野。何彼苍天,不得其所。逍遥九州,

无所定处。世人暗蔽,不知贤者,年纪逝迈,一身将老。]自伤不逢时,托辞于香兰。'(见蔡邕《琴操·猗兰操》)旧注云:兰,茅麦,自喻不用,于我何伤乎?雪霜贸贸之时,茅麦乃茂,喻己居乱薄之世,自修古人之道。"魏本:"韩曰:'《猗兰操》者,孔子所作也。孔子历聘诸侯,[诸侯]莫能用,自卫反鲁。隐谷之中,见香兰独茂,喟然叹曰:夫兰为王者香,今乃独茂,与众草为伍[,譬犹贤者不逢时,与鄙夫为伦也]。乃止车,援琴鼓之,自伤不逢时。托辞于香兰云。见古《琴操》。'孙曰:'古《琴操》云:习习谷风,以阴以雨。之子于归,远送于野。何彼苍天,不得其所。逍遥九州,无有定处。世人暗蔽,不知贤者。年纪逝迈,一身将老。'"钱仲联《集释》同,不赘。按:此《操》之文内三"伤"字,正与题下"伤不逢时"照应。

② 兰之猗猗:魏本:"孙曰:'猗猗,兰盛貌。'蔡曰:班固《西都赋》:'兰茝发色,晔晔猗猗。'"按:猗猗,美盛貌。《诗·卫风·淇奥》:"瞻彼淇奥,绿竹猗猗。"毛传:"猗猗,美盛貌。"《文选》卷一八嵇叔夜(康)《琴赋》:"微风余音,靡靡猗猗。"李善注:"猗猗,众盛貌。"《全唐诗》卷二四〇元结《二风诗·治风诗五篇·至慈》:"至化之深兮,猗猗娭娭。"

③ 扬扬其香:魏本:"孙曰:'扬扬,香之远闻也。'"钱仲联《集释》:"《史记·司马迁传》:'吐芳扬烈。'集解:'郭璞曰:扬烈,香酷烈也。'"按:宋王令《终风操》:"云之扬扬,油油其蒙,望我以雨,卒从以风。"此谓飘香扬靡。明凌濛初《虬髯翁》:"似这般扬扬神采谁相类,昂昂气宇谁能配。"此谓神采飘逸貌。

④ 不采而佩:魏本:"韩曰:《左传》(宣公三年):'兰有国香,人服媚之。'《楚辞》(屈原《离骚》):'纫秋兰以为佩。'佩,言以之而为服饰也。"文《详注》:"《楚辞》曰:'纫秋兰以为佩。'王逸云:'佩,饰也,所以象德。'"

⑤ 于兰何伤:魏本:"《补注》:《文子》曰:'兰芷不为莫服而不芳,君子行道不为莫知而止。'此公所谓'不采而佩,何伤于兰'之意也。"按:《唐诗归》卷二九钟惺曰:"有品有识之言,即所谓'草木有

本心,何求美人折'也。"朱彝尊《批韩诗》:"三四太显,少味。"按:韩愈以兰自比,虽语显意露,却能道出其性情,如《文子》所云者也。

⑥ "今天之旋"四句:谓我以日以年地旅行四方,就像天之运行一样,乃自然之事。可见韩愈行事自信。

⑦ 雪霜贸贸:文本"雪霜"作"霜雪"。诸本作"雪霜"。今从诸本。按:"雪霜"一词唐人多用之,尤其杜甫、韩愈。如韩愈《古意》:"冷比雪霜甘比蜜。"《苦寒》:"雪霜顿销释。"《送无本师归范阳》:"雪霜刻以憯。"贸贸,《礼记·檀弓下》"有饿者,蒙袂辑屦,贸贸然来。"贸贸,眼不明貌。按:魏本韩、祝均引《礼记》作交易解,与此句意不合。魏本:"孙曰:'繁多貌。贸,音茂。'"解近是。方成珪《笺正》:"雪霜,《粹》作'霜雪'。贸,《说文·贝部》作'賀',徐锴《系传》:'賀,犹乱也,交互之义。'《广韵》去声五十侯:'賀,交易也。'《檀弓》'贸贸'注:'目不明之貌。'与此异义。"童《校诠》:"第德案:尔雅释训:懋懋,勉也,释文:懋本作茂。淮南子天文训:卯则茂茂然。书皋陶谟:懋迁有无化居,汉书食货志作楙迁,叙传作茂迁,文选王元长永明九年策秀才文:贸迁通其有无,李注:尚书:帝曰:贸迁有无化居,是懋、茂、楙、贸古字通。说文:茂,草木盛貌,雪霜贸贸,言雪霜盛多也。公用茂茂字,本尔雅、淮南,以下有荞麦之茂句,故借贸作茂耳。此例于诗有之,桑柔:进退维谷,乃榖之借字,榖,善也,因其近在不胥以榖之下,即改一假借之谷字当之(阮元说)。信南山:维禹甸之,据郑注甸祝云:甸之言田,说文:田,陈也。是甸即田也,乃下言曾孙田之,上即假言甸之矣。行苇:舍矢即均,谓均齐也,乃下言即均,上言四镞既均,即假用钧字矣(马瑞辰说)。公承用其例。尔雅茂又训丰,丰为本义,勉则丰之引申义也。至檀弓贸贸然来,高氏诱吕氏春秋介立篇注引作瞀瞀而来。贸贸为瞀瞀之借字,说文:瞀,不明也,从苜,从旬,旬,目摇也,与此义异。方氏知檀弓之贸贸为目不明貌,不悟其本字应作瞀,故为补之。韩、方皆以贸之本义作解,未允。孙说是,惟未说明贸为茂之借耳。"按:童说善。《汉语大词典》作纷乱貌解,引韩愈此诗为例,曰:"钱

仲联集释引方成珪曰:'徐锴《系传》:贸,犹乱也,交互之易。'宋苏轼《和黄鲁直效进士作岁寒知松柏》:'那忧霜贸贸,未喜日迟迟。'一本作'賀賀'。元郑祐《送友还乡》诗:'萧萧风前柳,贸贸霜下草。'"

⑧ 荞麦之茂:魏本:"孙曰:'麦秋生夏死,荞冬生中夏死。'韩曰:《西京杂记》曰:'建亥之月,阴气之极,荞麦始生,由阳升也。'"文《详注》:"按《月令》(《礼记》):'孟夏之月,靡草死,麦秋至。'旧说以靡草为荠,葶苈之属。《淮南子》云:'阴生于午,故荞麦枯,则荞麦者,非盛冬之物也。'"陈沆《诗比兴笺》:"《淮南子》:'麦,秋金王而生。荞,冬水王而生。'"翁方纲《石洲诗话》:"傅玄《董逃行历九秋篇》:'荞与麦兮夏零,兰桂践霜逾馨。'董仲舒《雨雹对》:'荞麦始生,由阳升也。'荞麦正当寒冬所生,故曰'雪霜贸贸',只惟荞麦之是茂也。与傅玄同用以托兰,而意有反正。"按:此二句谓雪霜虽盛大,而荞麦耐寒亦茂盛也。

⑨ 子如不伤,我不尔觐:魏本:"孙曰:'言我如荞麦之茂,当雪霜之时不改其操。子如见伤而用我可也;子如不伤,我无自贬以见子之义。觐,见也。'"翁方纲《石洲诗话》:"'子如不伤'二句,在篇中为最深语。盖有不妨听汝独居之意,较'不采''何伤'更进一层。然说着'不伤',而伤意已深矣,此亦妙脱本词也。"按:如日人近藤元粹注:"言我如荞麦之茂,当霜雪之时不改其操。子或见伤而用我可也;子如不伤,我亦无自贬以见子之义。觐,见也。"(此当是引孙汝听解。)

⑩ 荞麦之有:魏本:"孙曰:'能傲雪霜,荞麦之固有。'"朱彝尊《批韩诗》:"《莆田》诗(《小雅》):'终善且有。'有,盖多也。"日人近藤元粹注:"茂而能傲霜雪,此荞麦之固有。"(此当是引孙解)按:此谓既多又好的丰年,则"有"字作丰富解。

⑪ 君子之伤,君子之守:魏本:"《补注》:'君子居可伤之时,而不易其所守,亦犹荞麦之有也。'"朱彝尊《批韩诗》:"夫子伤兰守,总是'不为莫服而不芳'意。"翁方纲《石洲诗话》:"前曰'何伤',后

曰'之伤',回环婉挚。评家或以'子'指夫子,'我'指兰,非是。"《唐宋诗醇》:"'荞麦'二语。妙于和平。君子二语,妙于斩截。写得安土乐天意出。"方世举《笺注》:"此作在诸操中最为奥折,旧注多未得其解。……'子如不伤',子字即指兰,如'篓兮篓兮,风其吹汝'之汝也。诸家之说,盖未向旧操推求耳。"日人近藤元粹注:"君子居可伤之时,不易其守,亦犹荞麦之有也。"

按:结在君子守道之性上。孔丘是这样,韩愈亦是这样,无论遇何等艰难困苦的环境,终不改其操守。全首以孔比己,文中又以"兰之猗猗,扬扬其香"比君子,以"雪霜贸贸,荞麦之茂"喻小人。兰花、荞麦皆比喻。通篇突出一个"比"字。

【汇评】

明钟惺:声气在汉、魏上。(《唐诗归》卷二九)

明唐汝询:兰之含芳,喻己之抱道。不采而佩,未见用也。芬芳自有,于己何伤?且当法天之健,周流四方,以行我道,不自掩其芳也。及涉霜雪而睹荞麦之茂,则世乱益甚。在位皆匪人,兰于此能无伤乎?假令不伤而与荞麦等,则我无用见汝矣。彼荞麦之茂,荞麦所自有之性。兰为君子所伤,谓有君子之守也。荞麦感阴而生,故以为匪人之喻。兰芳以时,不群众草,故取为有守之比。然始云何伤,末竟不能无伤者,遁世固可以无闷,对麟不能不掩涕耳。刘云篇中三"伤"字,正与题下"伤不逢时"相应。(《唐诗解》卷二〇)

清毛先舒:《猗兰操》钟云:《操》中一字不及兰。古人文章寄托不拘如此。(《诗辩坻》卷四)

清沈德潜:君子之伤,正君子之守也。(《唐诗别裁集》卷七)

清查慎行:雪霜贸贸,荞麦之时也。荞麦得时,猗兰断无不受伤之理。"子"字、"尔"字,与末两"君子",皆指兰而言。得其解者,不烦辞费。(《查初白诗评十二种》)

清方世举:此作在诸操中最为奥折,旧注多未得其解。孙汝听云:"言我如荞麦之茂,当霜雪之时,不改其操。子如见伤而用我可也,子如不伤,我亦无自贬以见子之义。"又云:"茂而能傲霜雪,荠麦之固有。"韩醇云:"君子居可伤之时,不易其守,亦犹荠麦之有也。"此两说以荠麦自比,而竟抛荒猗兰,不知题义何居?刘履云:"篇中三'伤'字正与题下'伤不逢时'相应,亦为踳驳。"唯瞽者唐汝询云:"兰之含芳,喻己之抱道。不采而佩,未见用也。芬芳自有,于己何伤。且当法天之健,周流四方,以行吾道,不自掩其芳也。及涉霜雪而睹荠麦之茂,则世乱益甚,在位皆匪人,兰于此能无伤乎?假令不伤而与荠麦等,则我无用见汝矣。彼荠麦之茂,荠麦所自有之性。兰为君子所伤,谓其有君子之守也。荠麦感阴而生,故以为匪人之喻。兰芳以时,不群众草,故取为有守之比。然始云何伤,未竟不能无伤者,遁世固可以无闷,对麟不能不掩涕耳。"此说于义为近,然犹未尽善也。窃推之,兰有国香故宜服佩,然无人自芳,要亦何损?特天之生兰,不宜如是置之耳。今天道不可知,而我亦终老于行,唯见邦无道,富且贵焉者累累若若,于此而不伤,则亦无以见兰为矣!虽然,彼荠麦固无足怪也,所谓适时各得所也。若夫君子之伤,则谓生不逢时,处非其地,为世道慨叹耳。要其固穷之守,岂与易哉?荠麦即指众草。"今天之旋"四句,即旧操'何彼苍天'四句之意。"子如不伤",子字即指兰,如"籜兮籜兮,风其吹汝"之汝也。诸家之说,盖未向旧操推求耳。(《韩昌黎诗集编年笺注》卷一一)

清王元启:孙、韩旧注,皆以荠麦当霜雪时不改其操,比君子之有守。余谓托兴猗兰,忽复下侪荠麦,孤芳与群蔓无分,语殊不称。唐汝询谓"荠麦感阴气而生,故以为匪人之喻;猗兰不与荠麦争茂,故取为有守之比",此论独为超越。以此推之,"雪霜"二句,言世乱而群小盈朝。荠麦之有,言荠麦自有其时,如鼠之乘昏肆窃,蚊之候夜嘬人,公所谓"嗟嗟乎鄙夫"是也。甘处可伤之地,不与荠麦争荣,是则君子之守也。(《读韩记疑》卷一)

清翁方纲:韩公《猗兰操》:"雪霜贸贸,荠麦之茂。"按:傅玄《董逃行历九秋篇》:"荠与麦兮夏零,兰桂践霜逾馨。"董仲舒《雨雹对》:"荠麦始生,由阳升也。"荠麦正当寒冬所生,故曰"雪霜贸贸",只惟荠麦之是茂也。与傅玄同用以托兰,而意有反正。"子如不伤"二句,在篇中为最深语。盖有不妨听汝独居之意,较"不采""何伤",更进一层。然说着"不伤",而伤意已深矣,此亦妙脱本词也。前曰"何伤",后曰"之伤",回环婉挚。评家或以"子"指夫子,"我"指兰,非是。(《石洲诗话》卷二)

清陈沆:霜雪以下,说者多昧。盖荠麦得阴气以生,故以喻小人。猗兰无人而自芳,故以况君子。诗中所谓子所谓尔者,皆指猗兰也。霜雪贸贸者,荠麦之时。荠麦既得时,猗兰自无不受摧伤之理。如使亦乘时竞荣,而与荠麦无异,则我亦何由见而之真乎!何则?受气于天,物各有性。彼荠麦之以此时茂者,乃荠麦之所固有,则君子之以此时伤者,亦正君子之所自守也。公当李实、韦执谊等用世时,不肯附之骤进,而甘受其中伤,所以高于刘、柳欤?(《诗比兴笺》卷四)

龟山操

孔子以季桓子受齐女乐,谏不从,望龟山而作①。

龟之氛兮②,不能云雨③。龟之枿兮④,不中梁柱⑤。龟之大兮,只以奄鲁⑥。知将隳兮⑦,哀莫余伍⑧。周公有鬼兮,嗟归余辅⑨。

【校注】

① 宋白文本、祝本、魏本、廖本、王本题下有"孔子以季桓子受齐女乐,谏不从,望龟山而作"十八字。文本、《文粹》无此十八字。

祝本"从"字下注:"一有'退'字。"题下又云:"位之尊,非其人,嗟予莫之依也。"

蔡邕《琴操》:"《龟山操》者,孔子所作也。齐人馈女乐,季桓子受之,鲁君闭门不听朝。当此之时,季氏专政,上僭天子,下畔大夫,贤圣斥逐,谗邪满朝。孔子欲谏不得,退而望鲁。鲁有龟山蔽之,辟季氏于龟山,托势位于斧柯。季氏专政,犹龟山蔽鲁也。伤政道之陵迟,闵百姓不得其所,欲诛季氏而力不能,于是援琴而歌云:'予欲望鲁兮,龟山蔽之。手无斧柯,奈龟山何?'"魏本:"孙曰:'鲁定公十四年,齐选国中女子八十人以遗鲁,季桓子受之。'"文《详注》:"《琴操》曰:'季桓子受齐女乐,孔子谏之不从,退而望鲁龟山,作此曲,喻季氏若龟山之蔽也。'按:《史记》鲁定公十四年,孔子由大司寇摄行相事。齐人闻而惧,用犁锄(或作黎钮)之谋,选齐国中女子八十人,皆衣文采而舞康乐,文马三十驷,以遗鲁君。陈于鲁城南门外,季桓子卒受女乐,三月不听政,郊又不致膰于大夫,孔子遂行。旧注云:'位之尊,非其人,嗟予莫之依也。'"魏本:"樊曰:《史记》:'季氏受齐乐,三日不听政,郊又不致燔(膰)俎于大夫。孔子时为大司寇,遂行,宿于屯。而师己送曰:夫子则非罪。孔子曰:吾歌可夫?歌曰:彼妇之口,可以出走。彼妇之谒,可以死败。盖优哉游哉,维以卒岁。师己反,季子曰:孔子亦何言?师己以实告。季氏喟然叹曰:夫子罪我以群婢也。'韩曰:古《琴操》云:'予欲望鲁兮,龟山蔽之。手无斧柯,奈龟山何?'孔子退而望鲁。鲁有龟山蔽之,譬季氏于龟山,托势位于斧柯。言季氏之专政,犹龟山之蔽鲁也。"方成珪《笺正》:"季子曰,'子'当作'氏'。以群婢也,'婢'下脱'故'字。"按:《史记·孔子世家》原文与文、樊注引文稍有出入。季子作桓子,少"故"字。魏本注:"龟山,鲁山。诗(《鲁颂·闷宫》):'奄有龟蒙。'在泰山博县。"龟山,鲁山,在今山东省泗水县东北,新泰市东南,与蒙阴县蒙山相连。

② 氛:方《举正》据唐本、阁本订。朱《考异》:"氛,或作'气'。"宋白文本、文本、祝本、魏本作"气"。宋白文本注:"气,本作'氛'

兮。"廖本、王本作"氛"。当作"氛"。

文《详注》:"龟山,在鲁之东,即《春秋》定十年,龟阴之地。"按:氛,雾气,预示灾祸的凶气。《说文·气部》:"氛,祥气也。从气,分声。雰,氛或从雨。"段注:"氛,谓吉凶先见之气。《左传》曰:'非祭祥也,丧氛也。'杜注:'氛,恶气也。'《晋语》曰:'见翟柤之氛。'注:'氛,祲气,凶象也。凶曰氛,吉曰祥。'玉裁按:统言则祥、氛二字皆兼吉凶。析言则祥吉氛凶耳。许意是统言。《左传》又曰:'楚氛甚恶。'杜注:'氛,气也。'可见不容分别。"《礼记·月令》:"仲冬行夏令,则其国乃旱,氛雾冥冥。"注:"霜露之气散相乱也。"《国语·楚上》:"故先王之为台榭也,榭不过讲军实,台不过望氛祥。"注:"凶气为氛,吉气为祥。"

③ 不能云雨:方《举正》作"不能云雨",云:"杭本作'不能为雨'。蜀本作'不能为云雨'。校本多只同今文。"朱《考异》:"云,或作'为'。或'云'上有'为'字。"《文粹》"云"作"为"。宋白文本、魏本作"不能云雨",注:"一作'为'。"文本"云雨"上有"为"字。今从宋白文本、魏本作"不能云雨"。

魏本:"《补注》:《春秋元命苞》曰:'山者,气之包含,所含精藏云,故触石布山。'言龟山不能然也。"顾嗣立《集注》引刘石龄曰:"《礼记》:山林、川谷、丘陵能出云、为风雨,见怪物,皆曰神。"屈《校注》:"《礼记·祭法》:山林、川谷、丘陵能出云,为风雨,皆曰神。有天下者祭百神。"按:《诗·召南·殷其雷》:"在南山之阳。"毛传:"山出云雨,以润天下。"

④ 龟之枿兮:钱仲联《集释》:"《尔雅》:'烈、枿,余也。'《书·盘庚》正义引李巡曰:'枿,槁木之余也。'《释文》引马云:'颠木而肄生曰枿。'《文选·东京赋》:'山有槎枿。'薛综注:'斩而复生曰枿。'"按:《书·盘庚上》:"若颠木之有由蘖。"汉马融注:"颠木而肄生曰枿。"又李巡注:"枿,槁木之余也。"《文选》卷三张平子(衡)《东京赋》:"山无槎枿,畋不麛胎。"薛琮注:"斜斫曰槎,斩而复生曰枿。"枿(niè),同蘖,树木经斫伐后新生长的枝丫。

⑤ 不中梁柱:方《举正》:"阁本'不'下有'能'字,《太玄经》(《强》):'梁不中,柱不隆,大厦微。'中,平声读。"朱《考异》:"'不'下或有'能'字,非是。(下引方语)今按:此但言其木不堪作梁柱耳。与《太玄》'中'字意异。当只作去声读,文意乃协。"方世举《笺注》:"不中:□云:'中'作去声读。按:当作平声。《汉书·王尊传》:'其不中用,趋自退避。'《魏志·焦先传》:'不中为卿作君。'《洛阳伽蓝记》:'惟茗饮不中与酪作奴。'今世俗犹有'不中用'之语。其义则去声,其音则平声也。公所为《毛颖传》云:'吾尝谓君中书,今君不中书耶?'此其作平声读,显显甚明者。于彼既然,不应此作去声也。亦有宜当去声者,如《礼记·王制》云:'用器不中度[,不粥于市];兵车不中度[,不粥于市];布帛精粗不中数,幅广狭不中量[,不粥于市];木不中伐[,不粥于市];禽兽鱼鳖不中杀,不粥于市。'皆去声读。梁柱:《世说》:'陆玩拜司空,有人诣之,索美酒,得便自起,泻著梁柱间地,祝曰:当今乏才,以尔为柱石之用,莫倾人栋梁。玩笑曰:戢卿良箴。'"按:不中用、中、中不中皆中原人口语,至今仍活用在人口,均读阴平。

⑥ 只以奄鲁:只,文本、王本、游本作"衹",从示,氏音,俗写。宋白文本、祝本、魏本、廖本作"祇"。三种写法意同,皆可作"只",即仅仅解,今规范字通作"只"。

方世举《笺注》:"奄鲁:《鲁颂》:'奄有龟蒙。'"按:此以龟山遮蔽鲁国之地,比喻季桓子蒙蔽鲁国国君,使之不理国事而纵情女乐。柳宗元《敌戒》:"废备自盈,祇益为愈。"韩愈诗文亦用之,如《秋怀十一首》之七:"苦勉只能暂。"奄(yǎn),同掩,包括、遮蔽。《诗·周颂·执竞》:"自彼成康,奄有四方。"《淮南子·修务训》:"万物至众,而知不足以奄之。"

⑦ 知将隳兮:朱《考异》:"知,或作'如'。"诸本均作"知",是。

文《详注》:"隳,毁也。《左氏传》曰:'仲由将隳三都。'旧本作'周公有鬼兮,嗟子归辅。'言周将有神。"魏本《祝曰:隳,毁也。《老子》:'或载或隳。'《补注》:将隳,盖取《左氏》'仲尼[由]将隳三都'。"钱仲联《集释》："《左传》作堕,杜预注:'堕,毁也。'隳,盖'堕'之俗字。《吕氏春秋》高诱注:'隳,坏也。'公此语兼取《荀子·富国篇》'非将堕之也。'"朱彝尊《批韩诗》："龟喻季氏,隳指隳三都,作如字圆。"童《校诠》："第德案:说文:陊败城阜曰陊,墯,篆文,徐铉等曰:俗作隳,非是。段玉裁曰:小篆陊作墯,隶变作堕,俗作隳,用堕作崩落之义,用隳作倾坏之义,习非成是,积习难反也。按:今左传定十二年传隳三都作堕,老子第二十九章载隳,陆氏释文本作隳,魏默深云:傅奕作堕。"按:《老子·二十九章》为"或挫或隳"。此谓知道它将毁坏。

⑧ 哀莫余伍:魏本:"孙曰:'言鲁将隳坏,哀而怜之者,莫余若也。'"按:此谓哀叹鲁国隳坏,没有人比得上我这样的人。

⑨ 周公有鬼兮,嗟归余辅:方《举正》作"周公有鬼兮,嗟归余辅",订"鬼"字,"余归"乙作"归余",云:"杭、蜀同。荆公、洪、谢本并校从上。"朱《考异》:"鬼,或作'思',非是。余归,方作'归余',非是。大氐方意尚异,不问文义之如何,惟作倒语者,则必取之,如下文'我幽于家''莫尔余追',皆此类也。"南宋监本原文作"思"。祝本、魏本、廖本、王本作"鬼"。文本、潮本、浙本、宋白文本作"思",注:"一作'鬼'。"当作"鬼"。魏本作"归余"。宋白文本、文本、祝本、廖本、王本均作"余归"。魏本:"洪曰:盖言周公如有神,其使余归辅其君也,旧本皆同。今本云:'周公有思兮,嗟余归辅。'恐非。"文《详注》:"《辨证》引《古琴操》云:'余欲望鲁兮,龟山蔽之。手无斧柯,奈龟山何?'譬季氏于龟山,托势位于斧柯也。隳,毁也。《左氏传》曰:'仲由将隳三都。'旧本作'周公有鬼兮,嗟予归辅',言周将有神。"王元启《记疑》曰:"此承周公有鬼言之,作'归余'方与上句意脉相注。作'余归'则似孔子自归,与周公何与? 方虽好奇,此却未为失理。"童《校诠》:"第德案:廖本、王本、祝本皆作余归,与考异同,余归、归余,义得两通。思为鬼之形讹,洪、朱说是。吕氏春秋博志篇:盖闻孔子、墨翟,昼日讽诵习业,夜亲见文王、周公旦而问焉,用志如此其精也,何事而不达,何为而不成,故曰精而熟之,

鬼将告之。此为周公有鬼句所本。"按：余归、归余,虽意得两通,然校文当取其合韩公原文者是。

何焯《义门读书记》卷三〇："末句所谓'公伯寮其如命何'。"《唐宋诗醇》："一结深痛。"

【汇评】

元祝尧：孔子以季桓子受女乐,谏不从,望龟山而作。愚谓此亦比而赋也。(《古赋辨体》卷一〇)

清朱彝尊：语太奇险,类铙歌、郊庙歌,稍乏雅味。不若古操浑妙,含味深长。(顾嗣立《昌黎先生诗集注》卷一)

清何焯：末句所谓"公伯寮其如命何"。(《义门读书记》卷三〇)

清方东树：收句"鬼"字,却是字诀,若下"神"字便腐。学古歌要直,若曲便嫩。只是意直笔又直,便难看。所以笔调字眼上,又须略变。(《昭昧詹言》卷一二韩公)

清陈沆：此刺执政之臣,智小谋大,力小任重,无鼎足之望,有栋挠之凶也。《旧唐书》言自陆贽免相后,德宗不复委成,所取信者,惟裴延龄、李齐运、李实、韦执谊等,皆权倾相府,奸欺多端,故云"只以掩鲁"也。知国事之日蹙,哀手援之莫助,故章末望之。《苦寒》诗云："天王哀无辜,惠我下顾瞻。褰旒去耳纩,调和进梅盐。贤能日登御,黜彼傲与贪。生风吹死气,豁达如褰帘。天乎苟其能,吾死意亦厌。"即末章之旨。(《诗比兴笺》卷四)

程学恂：《龟山操》前半已尽原词之意,结处真能得孔子心。蔡邕岂能见及。(《韩诗臆说》卷二)

越裳操

周公作^①。

雨之施②,物以挚③。我何意于彼为④?自周之先,其艰其勤⑤。以有疆宇,私我后人⑥。我祖在上,四方在下⑦。厥临孔威⑧,敢戏以侮⑨。孰荒于门?孰治于田⑩?四海既均,越裳是臣⑪。

【校注】

① 题下《序》:方《举正》出"周公作",云:"阁本、蜀本皆只具此三字。"魏本、廖本、王本有此三字。文本、《文粹》无。宋白文本有"周公以越裳来王时作"。祝本题"周公作",下注:"雨施物挚,贤人道施则国治。其末患时之荒淫者众,君不能艰勤致越裳之臣。"蔡邕《琴操》:"《越裳操》者,周公之所作也。周公辅成王,成文王之王道,天下太平,万国和会,江、黄纳贡,越裳重九译而来献白雉,执贽曰:'吾君在外国也,顷无迅风暴雨,意者中国有圣人乎?故遣臣来。'周公于是仰天而叹之,乃援琴而鼓之,其章曰:'于戏嗟嗟,非旦之力,乃文王之德。'遂受之,献于文王之庙。"文《详注》:"《琴操》曰:'《越裳操》者,周公所作也。'按《韩诗外传》(卷五):成王时有越裳氏重三(蔡作九)译而朝曰:'吾受命国之黄发久矣,天之不迅风雨,海之不波溢者三年矣,意者中国有圣人乎?盍往朝之。'《前汉》张晏曰:'越不着衣裳,慕中国化,遣译者来着衣裳也。'故曰越裳。颜师古曰:'国名,王充《论衡》作越裳。'《通典》云:'今骧州越裳县是也。'旧注:雨施则物挚,贤人道施则国治。其末世荒淫者众,人君不复,艰勤以致,越裳之臣也。《补注》:《后汉·南蛮志》:'交趾之南有越裳国,周公居摄六年,越裳以三象重译而献白雉,且曰:久矣,天之无烈风雷雨,意者中国有圣人乎?有则盍往朝之,乃归于周。'"魏本:"《集注》:越裳在交趾国之南。"方世举《笺注》:"《韩诗外传》:周成王之时,有三苗贯桑而生,同为一秀。周公曰:'意者天下殆同一也。'比期三年,果有越裳氏重九译而至,献白雉于周公曰:'吾受命国之黄发,曰:久矣,天之不迅风疾雨也,海不波溢也,

三年于兹矣。意者中国殆有圣人,盍往朝之。'于是来也。"按:《琴操》,周公辅成王之成王道,越裳献白雉。周公乃援琴而歌,遂受之,献于文王之庙。词曰:"於戏嗟嗟,非旦之力也,乃文王之德。"越裳,古国名,在南海,周成王时,曾以三象重译来朝,献白雉。

② 雨之施:魏本:"《补注》:施,疾利切。"方世举《笺注》:"《易·乾》:'云行雨施,品物流行。'"按:《易·乾》又云:"云行雨施,天下平也。"正义曰:"象之文,以赞美此乾之义。云行雨施,天下平者,言天下普得其利,而均平不偏陂。"韩愈用此意。

③ 物以孳:朱《考异》:"孳,或作'滋'。"诸本作"孳",是。孳,繁殖,生息。

文《详注》:"施、孳,疾利、子思二切,孳,产也。"魏本:"《补注》:孳,谓孳萌。孳,子思切。"方世举《笺注》:"《说文》:'孳,汲汲生也。'"朱彝尊《批韩诗》:"两语简妙。语淡意浓。"童《校诠》:"说文:滋,益也。史记律书:子者,滋也,言万物滋于下也,汉书律历志:孳萌于子,汉书用本字,史记作滋为假借字。左氏僖十五年传:物生而后有象,象而后有滋,说文:子,阳气动万物滋,皆假借滋为孳。一曰孳,滋之本字当为兹,说文:兹,草木多益,从艸,丝省声。"按:孳,《列子·汤问》:"不夭不病,其民孳阜亡数。"作滋,当培植解,与此文义不切。童说虽有据,而滋同子,虽可假借为"孳",然唐时通用"孳",无须假借,韩诗用"孳",不用"滋"。

④ 我何意于彼为:魏本注:"彼为,周也。"按:此句乃《越裳操》主意在。《唐宋诗醇》:"不享其贽,不臣其人,妙用尽此六字。"

⑤ 其艰其勤:此指周文、周武二王和周公旦建周之艰,治国之勤。艰,艰辛。《尚书·说命》:"非知之艰,行之惟艰。"屈原《离骚》:"哀民生之多艰。"勤,勤勉、尽力。《论语·微子》:"四体不勤,五谷不分,孰为夫子?"《国语·鲁语上》:"夫圣王之制祀也,法施于民则祀之,以死勤事则祀之。"

⑥ 疆:宋白文本作"强(彊)",作"强"与诗义不合,显系彊、疆二字形近及传写之误。

疆宇：国土。《汉书·叙传·述武纪》："恢我疆宇，外博四荒。"

私：魏本："孙曰：'私，犹遗也。'"钱仲联《集释》："《吕氏春秋》：'而以私其子孙。'高诱注：'私，利也。'"童《校诠》："礼记郊特牲：私之也，郑注：私之犹言恩之也。"按：私我后人，谋利于后人也。《韩非子·五蠹》："行货赂而袭当涂者则求得，求得则私安，私安则利之所在，安得勿就？是以公民少而私人众矣。"

⑦ 在上、在下：方世举《笺注》："《诗·大雅》（《大明》）：'明明在下，赫赫在上。'"按：此颂文王之德与声威传扬四海，昭著于后世。《礼记·中庸》："在上位不陵下，在下位不援上。"

⑧ 厥临孔威：厥，代词，他，那个。《尔雅·释言》："厥，其也。"贾谊《吊屈原文》："乃殒厥身。"临，下视，临监。《论语·为政》："临之以庄，则敬。"皇侃疏："临，谓以高视下也。"《诗·大雅·大明》："上帝临汝，无贰尔心。"郑笺："临，视也。"《王力古汉语字典》臣部："《说文》临字在卧部，注云'临，监临也。'"按：经韵楼藏版《说文解字注》无"临"字。《荀子·劝学篇》："不临深溪，不知地之厚也。"此谓从高处往下看。《荀子·性恶篇》："故为之立君上之势以临之。"此引申作监视解。

孔威：魏本："孔，甚也。"钱仲联《集释》："《诗》毛传：'孔，甚也。'又：'昊天已威。'传：'威，畏也。'"按：《尔雅·释言》："孔，甚也。"按：《书·禹贡》："六府孔修。"又《皋陶谟》："何畏乎巧言令色孔壬。"《史记》"孔"作"甚"。又"九江孔殷"。《史记·夏本纪》"孔殷"作"甚中"。《诗·豳风·东山》："其新孔嘉。"毛传："孔，甚也。"威，威风、威严。《诗·小雅·巧言》："昊天已威。"毛传："威，畏。"《诗·小雅·雨无正》《小旻》《大雅·召旻》："旻天疾威。"《史记·陈涉世家》："威振四海。"魏征《十渐不克终疏》："疏远者畏威而莫敢谏。"此颂文王威严。

⑨ 敢戏以侮：钱仲联《集释》："《诗》：'今女下民，或敢侮予。'"按：此承上谓不敢戏侮先王。敢，不敢也。《礼记·杂记下》："敢不敬须以俟命。"《礼记·哀公问》："敢不敬与。"《左传》庄公二十

年:"敢辱高位,以速官谤。"杜注:"敢,不敢也。"又襄公三十一年:"敢不尽言。"昭公七年:"敢不听命。"《诗·豳风·鸱鸮》:"今女下民,或敢侮予!"意谓:现在你们下面的人,有谁还敢来欺侮我的人!"敢"字作不敢解,乃中原人口语,今日仍用。如"你敢去?"即你不敢去。"你敢说?"即你不敢说。均可证。

⑩ 孰荒于门,孰治于田:魏本:"孙曰:言岂有'荒于门'而能'治于田'者乎?故必'四海既均'而后'越裳是臣'也。"李光地《榕村诗选》:"见非安近无以服远,起下两句意。"何焯《义门读书记》卷三〇:"'孰荒于门'二句,言必内治而后外服,亦所谓'不泄迩,不忘远'也。"按:此谓先王鉴临,谁个荒芜家园,谁个把田地治理好,则一清二楚。

⑪ 四海既均,越裳是臣:魏本注:"海,一作'方'。"诸本作"海",是。

方世举《笺注》:"孙云:'言岂有荒于门而能治于田者乎?故必四海既均而后越裳是臣也。'唐汝询曰:'我祖在天,四方皆其覆冒。厥临甚威,罔敢戏慢。孰为荒游,孰为力作?我祖实鉴临之。今世治而越裳是来臣服,皆我祖之灵也。'按:如孙说,则不应用二'孰'字。如唐说,则'荒于门'句似无所指。此诗归美先王,则'荒'字当训为治。'天作高山,太王荒之''乃立皋门,乃立应门',为后世治朝悬法之所。是'荒于门'者,太王之所以基王业也。后稷始播百谷,'文王卑服,即康功田功',是治于田者,周家之所以开国也。今孰为'荒于门',孰为'治于田',致'四海既均'而'越裳是臣'乎?即'无念尔祖,聿修厥德'之意也。"王元启《记疑》云:"'荒于门'是戏侮者,'治于田'是不戏侮者,皆我祖鉴观之所及也。此二句承上'厥临孔威'言之,'四海既均'又承上两'孰'字言之。举世皆不荒而克治者,此越裳所以来臣也。语语归功祖德,与古操'非且之力'二句同意。古人最重田功,荒则必不于田,治则必不于门。门与田特言嬉游勤业之所,非谓治田外别有不荒于门之业也。孙注谓必无荒于门,而后能治于田,其说非是。"按:均,平均,或引申作和谐解。《诗·小雅·北山》:"大夫不均,我从事独贤。"《论语·季氏》:"不患寡而患不均。"《诗·小雅·皇皇者华》:"我马维骃,六辔既均。"

结句承上句,谓四海和谐,越裳国就来称臣。《唐宋诗醇》:"愈淡愈妙,所谓'不著一字,尽得风流'也。"

【汇评】

清何焯:《越裳操》"敦荒于门"二句,言必内治而后外服,亦所谓"不泄迩,不忘远"也。(《义门读书记》卷三〇)

清沈德潜:孰荒孰治,皆我祖所监临也。(《唐诗别裁集》卷七)

清陈沆:朝廷者,藩镇之所瞻仰。此言欲服外必先治内也。神尧以一旅取天下,而子孙不能以天下取河北。然先朝之功德在人,四方之人心未去。绸缪桑土,孰敢侮乎?德宗初政清明,叛将投戈河北;奉天罪己,军士垂泣于山东。此治于门自不荒于田之验也。一用奸相,再致播迁,贪彼进奉,权归节镇。此荒于门必不治于田之验也。故文宗云:去河北贼易,去中朝党难。杜牧《罪言》亦谓上策自治,中策取魏。皆"四海既均,越裳是臣"之谓也。此诗正为德宗而作。若元和以后,宪宗朝纲振肃,强镇削平,不可谓荒于门矣。

以上四操,皆德、顺之际,公谪阳山时作,故以孔子而居文王之前。又周公两操,而忽以羑里隔其中,皆此为先作,彼为后作。不以时代为次第之明证。以下六操,皆宪宗元和中贬潮州时作。(《诗比兴笺》卷四)

程学恂:有周公之理,无周公之才,蔡词不足道也。(《韩诗臆说》卷二)

拘幽操

文王羑里作①。

目窈窈兮②,其凝其盲③。耳肃肃兮,听不闻声④。朝不见日出兮,夜不见月与星⑤。有知无知兮,为死为生⑥?呜呼⑦!臣罪当诛兮,天王圣明⑧。

【校注】

① 文王羑里作:文本、《乐府诗集》、《文粹》无此五字。宋白文本有"文王拘羑里作",祝本、魏本、廖本、王本同,无"拘"字。从之。祝本注:"一有'拘'字。"

宋白文本、祝本题下注:"退之罹患,操者自坚其心[也]。"方世举《笺注》:"《史记·周本纪》:崇侯虎谮西伯于纣,曰:'西伯积仁累德,诸侯皆向之,将不利于帝。'纣乃囚西伯于羑里。闳夭之徒患之,乃求美女、文马、他奇怪物而献之纣。纣乃赦西伯。"

按:周文王,姓姬,名昌,商末周部落的领袖。崇侯虎与文王并列为诸侯,而德不及文王,因忌妒而谗害于纣,文王被商纣王拘禁于羑里。纣王择日欲杀文王,后被四臣太颠、闳夭、散宜生、南宫适设计救出,灭纣,建立了周朝。原诗为文王申愤。蔡邕《琴操》:"《拘幽操》者,文王拘于羑里而作也。文王备修道德,百姓亲附。文王有二子,周公、武王皆圣。是时崇侯虎与文王列为诸侯,德不能及文王,常嫉妒之,乃谮文王于纣曰:'西伯昌,圣人也,长子发、中子旦皆圣人也。三圣合谋,将不利于君,君其虑之。'纣用其言,乃囚文王于羑里,择日欲杀之。于是文王四臣太颠、闳夭、散宜生、南宫适之徒,往见文王。文王为瞋反目者,纣之好色也,枏柎其腹者,言欲得奇宝也,蹀躞其足者,使疾迅也。于是乃周流海内,经历风土,得美女二人,水中大贝,白马朱鬣,以献于纣。陈于中庭,纣见之仰天而叹曰:'嘻哉!此谁宝?'散宜生趋而进曰:'是西伯之宝,以赎刑罪。'纣曰:'于寡人何其厚也!'立出西伯。纣谓宜生:'谮岐侯者,长鼻决耳也。'宜生还以状告文王,乃知崇侯谮之。文王在羑里时,演八卦以为六十四卦,作郁尼之辞,困于石,据于蒺藜,乃申愤以作歌曰:'殷道溷溷,浸浊烦兮。朱紫相合,不别分兮。

迷乱声色,信谗言兮。炎炎之虐,使我愆兮。无辜桎梏,谁所宣兮?幽闭牢阱,由其言兮。遘我四人,忧勤勤兮。得此珍玩,且解大患兮。仓皇迄命,遗后昆兮。作此象变,兆在昌兮。钦承祖命,天下不丧兮。遂临下土,在圣明兮。讨暴除乱,诛逆王兮。'"羑里,《汉书·地理志》:"河内郡荡阴有羑里城,西伯所拘也。"《元和郡县图志》卷一六河北道一:"相州汤阴县,牖里,一名羑里,在县北九里,纣拘西伯之所也。"今河南省汤阴县北有旧址,其庙尚存。

② 目窈窈:方《举正》作"窈搇搇",云:"三本同。"朱《考异》:"方作'窈搇搇',或作'目搇搇'。今按:下文有'耳'字,正与'目'字相对。'窈窈'二字,比之'搇搇',似亦差胜。"宋白文本、文本、祝本、魏本、《乐府诗集》作"目搇搇"。魏本注:"搇,覆也,音掩。"廖本、王本从朱作"目窈窈",从之。

钱仲联《集释》:"窈窈,昏暗也。司马相如《长门赋》:'天窈窈而昼阴。'"按:窈窈,同"窅窅",形容环境幽远深密,昏暗不明。《庄子·在宥》:"至道之精,窈窈冥冥;至道之极,昏昏默默。"《鹖冠子·天则》:"举善不以窅窅,拾过不以冥冥。"刘良注《长门赋》云:"窈窈,暗也。"《汉语大词典》也以韩诗为例。

③ 其凝其盲:魏本:"蔡曰:'盲,眉耕切。目无童子。'"蒋之翘《辑注》引刘辰翁云:"极形容之苦,不可谓非怒也。"钱仲联《集释》:"《文选·七命》李善注:'凝,犹结也。'"凝,凝结,凝聚,注意力集中。傅玄《杂诗》:"凝气结为霜。"鲍照《芜城赋》:"凝思寂听。"

④ 肃肃:方世举《笺注》:"古乐府《有所思》:'秋风肃肃晨风飔。'"钱仲联《集释》:"肃肃,犹肃瑟,萧条冷落状。潘岳《寡妇赋》:'墓门兮肃肃。'"按:肃肃,肃穆寂静。《文选》卷一五张平子《思玄赋》:"出紫宫之肃肃兮,集太微之阆阆。"潘安仁《寡妇赋》:"墓门兮肃肃,修垄兮峨峨。"也指风声,《世说新语·容止》:"嵇康身长七尺八寸,风姿特秀。见者叹曰:'萧萧肃肃,爽朗清举。'或云:'肃肃如松下风,高而徐引。'"以上四句谓羑里幽暗寂寞,看不见东西,听不见声音。

⑤朝不见日出兮,夜不见月与星:方《举正》作"朝不日出",云:"蜀本'日'上有'见'字。《文粹》无。荆公删。"朱《考异》:"'日'上或有'见'字。"祝本、魏本、廖本无"见"字。宋白文本、文本"日"上有"见"字。从之。按:以上下句对应及文义推断有"见"字是,此为文王拘羑里的感受:早晨看不见太阳,夜里看不见月亮与星星。若"朝不日出",是日不出吗?这不可能,应是不见日出。不见日出,则合文王当时之情事。二句谓:早晨看不见日出,夜里看不见月亮和星星。

方世举《笺注》:"日月星:按此较宋玉'去白日之昭昭兮,袭长夜之悠悠',古茂过之。"按:虽想象,则是实境。语古朴而内含情。

⑥"有知"二句:魏本:"孙曰:'皆言幽囚之际,耳目无所闻见,不知为死为生也。'"按:生活在黑暗之中,有知觉无知觉,是死是生,都不晓得。

⑦呜呼:魏本:"蔡曰:呜呼,上如字,下荒胡切,叹辞也。字或作'乌虖',或作'於虖',又作'於戏',音义皆同。"

⑧"臣罪"二句:谓君主永远是圣明的,当臣子的有罪应当处分。魏本:"《补注》:伊川曰:退之作《琴操》有曰:'臣罪当诛兮,天王圣明。'道文王意中事,前后之人道不到此。徐仲车言:退之《拘幽操》,谓文王囚羑里作,乃云:'臣罪当诛兮,天王圣明。'可谓知文王之用心矣。《凯风》七子之母,犹不能安其室,而云'母氏圣善,我无令人'重自责也。"日人近藤元粹注:"蒋云:《史记》:蔺相如谓秦王曰:臣知欺大王之罪当诛。'蔡邕《独断》:'天王,诸夏之所称,天下之所归往,故称天王。'胡应麟云:'臣罪当诛,天王圣明。'得其意未得其词。案:胡生食李、王之糟粕,而动诽议前贤,可憎。以是句为不得其词。使自家作之,则为如何样句乎?谭元春云:'从容悲缓。'案:谭评亦欠明了。姑录二评以资笑。"方世举《笺注》:"天王:按'天王'字本《春秋》。蔡邕《独断》:'天王,诸夏之所称,天下之所归往,故称天王。'此二语深道得圣人心事,今不知者竟以为文王语矣。"按:晁说之《晁氏客语》:"徐仲车言:退之《拘幽操》为文王囚羑

里作乃名,'臣罪当诛兮,天王圣明',此可谓知文王之用心矣。《凯风》(《诗·邶风》)七子之母犹不能安其室,而云'母氏圣善,我无令人',重自责也。"此结语真能表达韩愈谪潮州之心情。

也有人不同意程说,认为是罪己颂圣之词。这是倒置句,激愤反语,妙出深怨之意。苏东坡《狱中寄子由》诗云:"圣主如天万物春,小臣愚暗自亡身。"亦此意。

【汇评】

宋程颐:韩退之作《羑里操》云:"臣罪当诛兮,天王圣明。"道得文王心出来,此文王至德处也。又云:"道文王意中事,前后之人道不到此。"(《二程语录》卷一一)

宋晁说之:徐仲车言:退之《拘幽操》为文王囚羑里作乃名,"臣罪当诛兮,天王圣明",此可谓知文王之用心矣。《凯风》七子之母犹不能安其室,而云"母氏圣善,我无令人",重自责也。(《晁氏客语》)

元祝尧:文王羑里作。末云"臣罪当诛兮,天王圣明",正与《诗》中所谓"母氏圣善,我无令人"意合。真得古人之心也夫。(《古赋辨体》卷一〇)

明胡应麟:"'臣罪当诛,天王圣明',意则美矣,然语非商、周本色。"(《诗薮》内编卷一)

明谭元春:从容悲惋。(《唐诗归》卷二九)

明唐汝询:此代为文王之词,拘囚之中,心烦虑乱,视若不见,听若不闻,知觉昏然,死生莫辨,忧危极矣。然犹引咎自责,不敢怨上,非善体圣心者,与严沧浪云退之《琴操》极高古,正是本色,非唐贤所及。(《唐诗解》卷二〇)

清吴乔:又问曰:"丈丈极轻二李,与牧斋之论同乎?"答曰:"渠论于鳞者尽之矣,空同犹有屈处。于鳞才本薄弱,而又学问浅,见识卑;空同唯是心粗气浮,横戴少陵于额上,轻蔑一世,是可厌贱。若其匠心而出,如'卧病一春违报主,啼莺千里伴还乡',上句叙坐狱,得昌黎'臣罪当诛兮,天王圣明'造语之法;下句言人情凉薄,从

《楚辞》'波滔滔兮来迎,鱼鳞鳞兮媵予'而来,岂余人所及?……"(《答万季野诗问》)

清朱彝尊:只就"拘幽"字上生发来,自有意味。末二句意虽正,却不难道,愚则以为尚未圆妙。(顾嗣立《昌黎先生诗集注》卷一)

清查慎行:前八句是明入地中之象,文王之蒙难以之。结句即《系传》惧以终始之义。(《查初白诗评十二种》)

清何焯:《拘幽操》篇末注引徐仲车《凯风》云云。按仲车可谓善道文章体源。(《义门读书记》卷三〇)

清沈德潜:《拘幽操》,集中少此格,今附七言古后。此为"人臣止于敬"注脚也。程伊川先生云:"道文王意中事,前后人道不到此。"(《唐诗别裁集》卷七)

清方世举:刘会孟评此诗,谓其极形容之苦,不可谓非怒者。然《小雅》怨诽而不乱,亦人情也。况此诗唯归咎于己,怨且无之,又何怒焉?(《韩昌黎诗集编年笺注》卷一一)

清王元启:《琴操》所载之辞,几于直言骂詈矣,读此然后知公作高出古人远甚。然读《诗》"文王曰咨"之篇,则其幽深思远,似又有非公所能及者。此又不可不知。(《读韩记疑》卷一)

清袁枚:郑夹漈笑韩昌黎《琴操》诸曲为《兔园册子》,薄之太过。然《羑里操》一篇,末二句云:"臣罪当诛,天王圣明。"深求圣人,转失之伪。按《大雅》(《荡》):"文王曰咨,咨汝殷商。汝炰烋于中国,敛怨以为德。"文王并不以纣为圣明也。昌黎岂不读《大雅》耶?东坡言孔子不称汤、武。按:《革卦·系辞》:"汤、武革命,顺乎天而应乎人。"《系辞》,孔子所作也。东坡岂不读《易经》耶?刘后村为吴恕斋作《诗序》云:"近世贵理学而贱诗赋,间有篇章,不过押韵之语录讲章耳。"余谓此风至今犹存,虽不入理障,而但贪序事,毫无音节者,皆非诗之正宗。韩、苏两大家,往往不免。故余《自讼》云:"落笔不经意,动乃成苏、韩。"(《随园诗话》卷二)

又:郑夹漈诋韩昌黎《琴操》数篇为"兔园册子",语似太妄。然

《羑里操》一篇,文王称纣为"天王圣明",余心亦不以为然,与《大雅》诸篇不合,不如古乐府之《琴操》曰:"殷道溷溷,浸浊烦兮;炎炎之虐,使我愆兮。"其词质而文。要知大圣人必不反其词以取媚而沽名,余文集中辨之也详。(《随园诗话》补遗卷九)

清马星翼:《文王拘幽操》,《古今乐录》有一篇末云"殷道溷溷,浸浊烦兮;炎炎之虐,使我愆兮",讥切太甚。退之拟句"臣罪当诛兮,天王圣明",义出古人上矣。《元和圣德诗》,退之自匹《雅》《颂》,而苏子由《诗病》摘其"宛宛弱子"一段,以为李斯颂秦所不忍言。果大称意,则人必大笑之邪?(《东泉诗话》卷一)

程学恂:《拘幽操》结云"臣罪当诛兮,天王圣明",此诗须是程子识得确乎不刊。(程伊川曰:退之作《琴操》,有曰:"臣罪当诛兮,天王圣明。"道文王意中事,前后之人道不到此。)袁子才欲恃其滑稽辩才,翻伊川之案,遂并抹倒此诗,恐难以强千百世人心也。(《韩诗臆说》卷二)

岐山操

周公为太王作①。

我𪛊于家②,自我先公③。伊我承绪,敢有不同④?今狄之人,将土我疆。民为我战,谁使死伤⑤?彼岐有岨,我往独处⑥。人莫余追⑦,无思我悲⑧。

【校注】

① 周公为太王作:文本、《文粹》无此六字。宋白文本、祝本题义下有此六字,下有注:"追古豳公之绩,患时黩武也。"魏本、廖本、王本并有此六字。由此可证,此乃旧本。

按：蔡邕《琴操》："《岐山操》者，周太王之所作也。太王居豳，狄人攻之。仁恩恻隐，不忍流滛，选练珍宝犬马皮币束帛与之。狄侵不止，问其所欲，得土地也。太王曰：'土地者，所以养万民也。吾将委国而去矣，二三子亦何患无君？'遂杖策而出，逾乎梁而邑乎岐山。自伤德劣，不能化夷狄，为之所侵。喟然叹息，援琴而鼓之云：'狄戎侵兮土地移，迁邦邑兮适于岐。烝民不忧兮谁者知？嗟嗟奈何兮予命遭斯？'"《孟子·梁惠王下》："（孟子）对曰：昔者公刘好货，《诗》（《大雅·公刘》）云：'乃积乃仓，乃裹糇粮。于橐于囊，思戢用光。弓矢斯张，干戈戚扬，爰方启行。'故居者有积仓，行者有裹囊也，然后可以爰方启行。王如好货，与百姓同之，于王何有？……对曰：昔者太王好色，爱厥妃。《诗》（《大雅·绵》）云：'古公亶父，来朝走马。率西水浒，至于岐下。爰及姜女，聿来胥宇。'当是时也，内无怨女，外无旷夫。王如好色，与百姓同之，于王何有？"太王，亦作"大王"，即古公亶父，文王的祖父，初居豳，在今陕西栒邑、邠县一带，为周祖先公刘开创，兴农桑，民富裕。后被戎狄侵略，迁岐山定居，国号周。武王伐纣定天下，追尊为太王。《汉书》卷二八下《地理志》："昔后稷封斄，公刘处豳，大王徙郊，文王作酆，武王治镐，其民有先王遗风，好稼穑，务本业，故《豳》诗言农桑衣食之本甚备。"《诗经》中《生民》《公刘》《绵》等多写周祖兴业。《史记·周本纪》："周后稷，名弃。……后稷卒，子不窋立。……不窋卒，子鞠立。鞠卒，子公刘立。……公刘卒，子庆节立，国于豳。庆节卒，子皇仆立。皇仆卒，子差弗立。差弗卒，子毁隃立。毁隃卒，子公非立。公非卒，子高圉立。高圉卒，子亚圉立。亚圉卒，子公叔祖类立。公叔祖类卒，子古公亶父立。古公亶父复修后稷、公刘之业，积德行义，国人皆戴之。熏育戎狄攻之，欲得财物，予之。已复攻，欲得地与民。民皆怒，欲战。古公曰：'有民立君，将以利之。今戎狄所以攻战，以吾地与民。民之在我，与其在彼，何异？民欲以我故战，杀人父子而君之，予不忍为。'乃与私属遂去豳，度漆、沮，逾梁山，止于岐下，豳人举国扶老携弱，尽复归古公于岐下。……古公卒,季历立,是为公季。……公季卒,子昌立,是为西伯。"文《详注》:"《琴操》曰:《岐山操》者,周人为文王作也。按:《史记》:公刘卒,子庆节立国于豳。九世而古公亶父修后稷、公刘之业,积德行义,国人皆戴之。薰育戎狄攻之,欲得财物,与之。已复攻,欲得地与民。民皆怒,欲战。古公曰:'杀人父子而君之,予不忍为。'乃与私属遂去豳,逾梁山,止于岐山之下。豳人举国复归古公于岐下,皆歌乐之。《通典》曰:'今邠州新平县,即古豳国也。'徐广曰:'今县东北有豳亭。'岐山在今岐州岐山县。旧注云:'追古豳公之绩,患时黩武也。'岐州,今凤翔府。《补注》:岐山事见《孟子》及《周本纪》,而曰:'周公为太王作,思乃祖也。'"豳,同邠。《说文·邑部》:"邠,周大王国也,在右扶风美阳。从邑分声。豳,美阳亭,即豳也。"段注:"是以《周礼·籥师》经文作'豳',注作'邠',汉人于地名用'邠'不用'豳'。"《太平御览》引《大周正乐》曰:"《岐山操》者,周大臣之所作也。"亦备一说。方世举《笺注》:"《琴操》大王居邠,狄人攻之,策杖而去之,邑乎岐山,喟然叹息。援琴而歌之,其词曰:狄戎侵兮土地移,迁邦邑兮适于岐。烝民不忧兮谁者知?嗟嗟奈何兮予命遭斯。"古邠国,在今陕西彬县境。岐山,在今陕西凤翔岐山县北,岐阳即今县境。

② 我豳于家:方《举正》作"我豳于家",云:"杭、蜀、《文粹》同。谢校。"朱《考异》:"我家于豳,方作'我豳于家',非是。"南宋监本原文作"我家于豳"。宋白文本、文本、潮本、浙本、祝本、魏本、廖本、王本作"我家于豳。"王元启《记疑》:"'我豳于家',方本如此,《考异》作'我家于豳'。愚按:《左氏传》'惧队宗主,私族于谋',以'私谋于族'为'私族于谋'。又云'室于怒,市于色',与此诗句法皆同。王荆公铭晁仲参墓有'开封于家'之语,其铭李馀庆墓云'公闽于家,来自陈留',步骤此诗,几于准矩作方,尤可证方本之非谬。窃谓古文句法类此甚多,不当辄改。'"童《校诠》:"第德案:廖、王、祝三本皆作我家于豳,与本书同。一本及方本作我豳于家者亦通,宜两存之。王伯申云:于,於也,亦有於句中倒用者,诗崧高曰:四国

于蕃,四方于宣,言蕃于四国,宣于四方也。又云:谢于诚归,亦言诚归于谢也。先于王氏所引左传,为公我廙于家所本。墨子非乐上:野于饮食,例同。大抵朱子以文从字顺为主,方则有时不免好奇,奇而为经传所用者,亦觉鲜新,不可偏废。一曰于,为也,我廙于家,我以廙为家也,王伯申云:诗之定之方中曰:定之方中,作于楚宫,揆之以日,作于楚室,正义曰:作为楚邱之宫,作为楚邱之室,张载注魏都赋引诗作作为楚宫,作为楚室。其它例从略。亦备一解。"按:童说有理。韩诗以奇生新,不为俗语,且有所本,此诗句以"我廙于家",出《诗·大雅·崧高》,合韩公意。

③ 自我先公:魏本:"蔡曰:廙,悲巾切,地名。公,谓庆节也。《史记·周本纪》:'……子庆节立国于廙。'郑玄《诗谱》云:'廙者,公刘所徙。戎,狄之地名。'今属扶风栒邑。孔颖达云:《汉·地理志》:'右扶风栒邑县有廙乡。'《诗·公刘》所邑,是汉时属扶风。栒邑,杜预云:'廙在新平漆县东北,今邠州是也。'邠与廙同。"按:《史记·周本纪》,周先祖建国于廙,亶父得称先公。详见注①。

④ 伊我承绪,敢有不同:承绪,方《举正》作"承序",云:"三本同。《商书》(《书·商书·太甲上》)'丕承基绪',然《国语》(《楚语上》)亦有'奔走承序',注:'谓承受事业次第。'朱《考异》:"诸本'序'作'绪'。(下引方语)今按:序谓传授次第,《汉书》(见《董贤传》)多云'朕承天序'是也。绪,犹言统系,方引《商书》之言是也。二字义虽不同,然用之于此,似亦两通。但《国语》'承序',乃谓承受政役之次第,与《汉书》字同而意异。方作"序",而引以为说,则误矣。"宋白文本、文本、祝本、魏本作"绪",廖本、王本作"序"。按:《诗·鲁颂·闷宫》"后稷之孙,实为大王。居岐之阳,实始翦商。至于文武,缵大王之绪"与"奄有下土,缵禹之绪"乃韩公诗语所本,则作"绪"是。此谓继承大王古公亶父留下的事业,也即世系。敢有不同,即不敢有不同的。如《史记·周本纪》:"西伯曰文王,遵后稷、公刘之业,则古公、公季之法,笃仁、敬老、慈少,礼下贤者,日中不暇食以待士,士以此多归之。"

⑤"今狄"以下四句所写,即《史记·周本纪》所记:"熏育戎狄攻之,欲得财物,予之。已复攻,欲得地与民。民皆怒,欲战。古公曰:'有民立君,将以利之。今戎狄所为攻战,以吾地与民。民之在我,与其在彼,何异?民欲以我故战,杀人父子而君之,予不忍为。'乃与私属遂去豳。"

⑥彼岐有岨,我往独处:方《举正》作"彼岐有岨",云:"岨,与'阻'同。《楚辞》《汉书》多用'岨'字。今以平声读之,非也。"朱《考异》同方。宋白文本、祝本、魏本、廖本、王本作"彼岐有岨"。今从诸本。按:岨(zǔ),同阻,险要之地。《史记·孙膑传》:"马陵道狭,而旁多阻隘,可伏兵。"魏本:"岨,石山戴土。祝曰:《楚辞》:'高丘之岨。'岨,七余切。孙曰:'合作阻,谓险阻也。'"童《校诠》:"第德案:诗天作:彼徂矣岐,有夷之行,郑笺:徂,往。后汉书西南夷传:朱辅上书曰:臣闻诗云:彼徂者岐,有夷之行,传曰:岐道虽僻,而人不远。又曰:今白狼王唐菆路经邛来,大山零高坡,峭危峻险,百陪岐道。按:朱辅释徂为险阻,故云岐道虽僻,又云峭危峻险,百陪岐道,与郑氏义异。公云彼岐有岨,当本之朱辅。说文:岨,石戴土也;阻,险也。险阻字应作阻,其作岨者借字。岨、徂古字通,诗阆宫:徂来之松,水经注廿四引作岨徕之松,是其证。歧为岐之后出字。"岨,又与"砠"同。《诗·周南·卷耳》:"陟彼砠矣。"《说文》引作"岨",又可证。也解作戴土石山也。《文选》司马相如《上书谏猎》:"今陛下好陵阻险,射猛兽。"则作险阻解。此谓岐虽险阻,我独往处(居)。"我往独处"倒装。

⑦人莫余追:方《举正》作"莫尔余追",云:"杭、蜀同。荆公、曾、李本并校从上。阁本作'人莫余追'。"朱《考异》作"尔莫",云:"尔,或作'人'。尔莫,方作'莫尔',非是。"南宋监本原文作"人莫"。宋白文本、文本、祝本、魏本作"人莫余追",注:"一作'莫尔余追'。"廖本、王本作"尔莫"。今从诸本作"人莫余追"。尔,指夷狄;人,指敌人或别的人,包括夷狄。则作人、尔均可。方作"莫尔余追",语序错落,古诗也有此用法,朱谓之非,亦非。

⑧ 无思我悲：魏本："蔡曰：按诗言我者，皆追指古亶父，即太王也。《周本纪》：'庆节卒，八世至古公亶父立，复修后稷、公刘之业，积德行义，国人戴之。薰育戎狄攻之，欲得地与民。民皆怒，欲战。古公曰：今戎狄所为攻战，以吾地与民。民之在我，与其在彼，何异？民欲以我故战，予不忍为。乃去豳，止于岐下。豳人复归之。于是古公乃贬戎狄之俗，营筑而邑居之，民皆歌颂其德焉。'"引文有删节，详见注①引《史记·周本纪》。日人近藤元粹云："蒋云：'诗言我者，皆追指古公亶父，即太王也。'"

【汇评】

明唐汝询：太王还岐告其民曰：我周之家于豳，自先公始。我承其序，敢有不同哉？今狄人将取我疆为己土，民为我战而死伤，将谁咎耶？自我使之也。彼岐山虽险，我将往居焉。尔众无用追我，亦无思我而悲，狄人即汝君也。此见太王惓惓惜民之意。（《唐诗解》卷二〇）

清陈沆：公潮州之贬，以谏迎佛骨。其表言佛本夷狄之人，非中国先王之教，不宜崇奉，使愚民疑惑。故是篇托避狄之词以寄意。盖周初窜于戎狄之间，自公刘迁豳，变从中夏声教，已非一世，故太王不肯从狄俗而迁岐焉。公诗则借以言中国先王之教，自古至今，相承不改。今夷狄之教行，将化中国而从之，坐视愚民为其所惑而不救，是谁之责乎？"我往独处"以下，则谓中朝之人，惑怜其窜逐投荒万里，然我则忠鲠获罪，甘之不悔也。借古寄情，断章取意。不然，此与《越裳》皆周公作，且此篇追拟太王，尤应在前，何为独次《羑里》之后？（《诗比兴笺》卷四）

程学恂：只衍得孟子说语耳。看"天作高山"七句中，是何神力，岂可学得？（《韩诗臆说》卷二）

履霜操

尹吉甫子伯奇无罪,为后母谮而见逐,自伤作①。

父兮儿寒,母兮儿饥②。儿罪当笞③,逐儿何为?儿在中野④,以宿以处。四无人声,谁与儿语?儿寒何衣?儿饥何食⑤?儿行于野,履霜以足⑥。母生众儿,有母怜之。独无母怜⑦,儿宁不悲⑧?

【校注】

① 题下小序:文本、《乐府诗集》《文粹》无此十八字。祝本、魏本无"伯奇"二字,宋白文本为"尹吉甫之子伯奇",廖本、王本有"伯奇"二字。按:当有十八字小序。宋白文本、祝本题义下有注:"追帝舜之事,明怨其身之不父母怜也。言人之不得于父母者,当益亲也。"别本无。

文《详注》:"《琴操》曰:'《履霜操》者,尹吉甫之子所作也。吉甫之子伯奇遭后母之谮,无罪见逐,自伤而作。'补注:'尹吉甫之子伯奇甚孝,吉甫听其后妻之言逐之。伯奇编水荷而衣,采楟花而食。清朝履霜,而自伤无罪,乃援琴鼓之。见《乐府古题辞》。'"魏本:"'樊曰:《履霜操》者,尹吉甫之子伯奇所作也。吉甫听其后妻之言逐之。伯奇编水荷而衣,采楟花而食。清朝履霜,而自伤无罪见放逐,乃援琴而鼓之。见《乐府古题解》。'孙曰:其词曰:'朝履霜兮采晨寒,考不明其心兮信逸言。孤恩别离兮摧肺肝,何辜皇天兮遭斯愆。痛殁不同兮恩有偏,谁流(当作说,意悦)顾(宋本作硕,四库本作顾,作顾较善)兮知此冤。'曲终投河而死。《补注》:《家语》曰:'曾参遣妻告其子曰:高宗以后妻杀孝己,尹吉甫以后妻杀伯奇。伯奇,尹吉甫之子,事后母至孝,而后母谮之,伯奇乃亡走山林。'《说苑》:王国子奇事与此正同。必有一误。"

按:虽诸说不同,可增史料。蔡邕《琴操》:"《履霜操》者,尹吉甫之子伯奇所作也。吉甫,周上卿也,有子伯奇。伯奇母死,吉甫更娶后妻,生子曰伯邦。乃谮伯奇于吉甫曰:'伯奇见妾有美色,然有欲心。'吉甫曰:'伯奇为人慈仁,岂有此也?'妻曰:'试置妾空房中,君登楼而察之。'后妻知伯奇仁孝,乃取毒蜂缀衣领,伯奇前持之。于是吉甫大怒,放伯奇于野。伯奇编水荷而衣之,采楟花而食之。清朝履霜,自伤无罪见逐,乃援琴而鼓之曰:'履朝霜兮采晨寒,考不明其心兮听谗言。孤恩别离兮摧肺肝,何辜皇天兮遭斯愆。痛殁不同兮恩有偏,谁说顾兮知我冤。'宣王出逊,吉甫从之。伯奇乃作歌,以言感之于宣王,宣王闻之曰:'此孝子之辞也。'吉甫乃求伯奇于野而感悟。遂射杀后妻。"事亦见《乐府古题辞》。韩公所依当为尹吉甫事。谮(zèn),陷害。《诗·小雅·巷伯》:"彼谮人者,亦已大甚。"《公羊传》庄公元年:"夫人谮公于齐侯。"注:"如其事曰诉,加诬曰谮。"

② "父兮"二句:谓伯奇被赶到荒郊后,又冷又饥,呼父叫母。

③ 儿罪当笞,逐儿何为:魏本"蔡曰:《前汉·车千秋传》:'子弄父兵,法罪当笞。'"钱仲联《集释》:"'法罪当笞',蔡注'法'字衍。"按:笞,鞭笞,用竹板、荆条打人。《史记·陈涉世家》:"尉果笞广。"钱说是,《汉书·车千秋传》:"子弄父兵,罪当笞。"无"法"字。何为,为什么。

④ 中野:魏本:"蔡曰:'野,协音墅,郊外也。'"方世举《笺注》:"中野,曹植诗:'中野何萧条。'"钱仲联《集释》:"按邵长蘅《古今韵略六语》:古韵叶野,上与切。司马相如赋:出乎椒丘之阙,行乎洲淤之浦。经乎桂林之中,过乎泱漭之野。"蒋抱玄《评注》:"《易》:'葬之中野。'"按:中野,荒野之中。《易·系辞》:"葬之中野,不封不树。"《文选》卷二八三国魏缪熙伯(袭)《挽歌》:"生时游国都,死没弃中野。"李善注:"《周易》曰:'古之葬者,厚衣之以薪,葬之中野。'"曹植《送应氏》诗之一:"中野何萧条,千里无人烟。"

⑤"儿寒"二句:儿冷穿什么?儿饥吃什么?伯奇被赶到荒郊,编水中荷叶为衣,采楟花而食。楟花,棠梨花。元杨维桢《铁崖乐府》卷一《履霜操》:"衣荷之叶兮叶易穿,采楟花以为食兮食不下咽。"即此意。

⑥"儿行"二句:用伯奇之歌"履朝霜兮采晨寒"之意。履霜,当为霜雪之霜。方世举《笺注》:"《易·坤卦》:初六:履霜,坚冰至。"履霜作坚冰解,恐与诗意不合。按:《周易正义》本句注:"始于履霜,至于坚冰。"疏:"正义曰:始但履践其霜,微而积渐,故坚冰,乃至义。"即初始足踏霜,后至冰也。足,古韵叶子悉切。钱仲联《集释》:"邵长蘅《古今韵略》:'足,古韵叶子悉切。'《易林》:'欲飞无翼,鼎重折足。失其福利,包羞为贼。'"

⑦独无母怜:方世举《笺注》:"唐汝询曰:上文兼呼其母,此以'独无母怜'悟其父,虽不敢明言后母之谮,而失爱之由隐然见矣。昌黎善体古人之心哉!"按:独无母怜,即独有我无母亲爱怜。此用伯奇歌"痛殁不同兮恩有偏"意。

⑧儿宁不悲:方《举正》作"母宁不悲"。朱《考异》:"儿,方作'母',非是。"宁(nìng),岂能,难道。《史记·陈涉世家》:"王侯将相,宁有种乎?"

【汇评】

宋刘辰翁:不怨,非情也,乃怨也,此乃《小弁》之志欤?又饥寒履霜,反覆感切,真可以泣鬼神矣。此所以为《琴操》也。(蒋之翘《韩昌黎集辑注》卷一)

明唐汝询:伯奇被放,呼其父母而诉以饥寒,且言己之罪,当笞而不当逐。今逐处中野,孤伤无依,饥寒迫身,履霜以足,穷亦甚矣!因言众儿皆见怜于后母,己独不然,岂能无悲?上文兼呼其母,此以"独无母怜"悟其父,虽不敢明言母之谮,而失爱之由隐然见矣。昌黎善体古人之心哉!(《唐诗解》卷二〇)

明蒋之翘:退之十操,惟此最得体。语近古而意含蓄有味,绝

无摹仿痕迹。(《韩昌黎集辑注》卷一)

清朱彝尊:通首精工,道孝子意真切。末四句略指大意,却不伤露。(顾嗣立《昌黎先生诗集注》卷一)

清何焯:凄切。(同上)

清爱新觉罗·弘历:结处独呼母怜,更得神解。(《唐宋诗醇》卷二七)

清陈沆:此即《至潮州谢表》所谓"臣负罪婴衅,自拘海岛……瞻望宸极,神魂飞去。伏望陛下,天地父母,哀而怜之"者也。盖批鳞冒死者,忠鲠之素心,恋主怀阙者,臣子之至谊。(《诗比兴笺》卷四)

程学恂:妙在质,妙在稚。"逐儿何为""独无母怜",正是学小弁之怨。(《韩诗臆说》卷二)

雉朝飞操

牧犊子七十无妻,见雉双飞,感之而作①。

雉之飞,于朝日。群雌孤雄②,意气横出③。当东而西④,当啄而飞⑤。随飞随啄,群雌粥粥⑥。嗟我虽人,曾不如彼雉⑦。生身七十年,无一妾与妃⑧。

【校注】

① 文本、《乐府诗集》《文粹》无此十五字。宋白文本、祝本、魏本、廖本、王本有,从之。朱《考异》:"牧犊,或作'沐渎'。"宋白文本、魏本等作"牧犊"。宋白文本、祝本题义下注:"言婚姻失时也。"

魏本:"樊曰:吴兢《乐府古题解》云:旧说齐宣王时,木犊子所作也。木犊子年七十无妻,出薪于野,见雉雌雄相随,意动心怨,乃仰天叹曰：圣王在上，恩及草木鸟兽，而我独不获。因援琴而歌以自伤，其声中绝。魏武帝宫人有卢女者，阴叔之妹，七岁入汉宫，学鼓琴，能传此曲。若梁简文帝'晨光照妾机'，但咏雉而已。孙曰：崔豹《古今注》：牧犊子，齐宣王时人，五十无妻，出薪于野，见雉雌雄相逐而飞，乃作词曰：'雉朝飞兮鸣相和，雌雄群游于山阿。我独何命兮未有家，时将暮兮可奈何？嗟嗟暮兮可奈何？'"文《详注》："《琴操》曰：《雉朝飞操》者，牧犊子所作也。牧犊子七十无妻。朝出薪于野，见飞雉雌雄相随感之，抚琴而歌，齐处士昏，宣王时人号牧犊子。旧注云：'言昏姻失时也。'《补注》：吴竞《乐府古题解》云：'旧说齐王时，牧犊子年七十无妻，出采薪见雌雄雉相随，意动心感，乃援琴而歌以自伤，其声中绝。魏武帝宫人有卢女，阴叔之妹，七岁入汉宫，学鼓琴，能传此曲。至魏明帝崩，出降为尹更生妻。若梁简文帝，晨光照妾畿，但咏雉而已。'"

按：蔡邕《琴操》："《雉朝飞操》者，齐独沐子所作也。独沐子年七十无妻，出薪于野，见飞雉雌雄相随，感之，抚琴而歌。曰：'雉朝飞，鸣相和，雌雄群游于山阿。我独何命兮未有家？时将暮兮可奈何！嗟嗟暮兮可奈何！'"《初学记》引《琴操》作"牧犊子"。《乐府诗集》卷五七《雉朝飞操》注："齐犊沐子作。一曰《雉朝雏操》。扬雄《琴清英》曰：'《雉朝飞操》，卫女傅母之所作也。卫侯女嫁于齐太子，中道闻太子死，问傅母曰：'何如？'傅母曰：'且往当丧。'丧毕不肯归，终之以死。傅母悔之，取女所自操琴，于冢上鼓之。忽二雉俱出墓中，傅母抚雉曰：'女果为雉耶？'言未毕，俱飞而起，忽然不见。傅母悲痛，援琴作操，故曰《雉朝飞》。'崔豹《古今注》曰：'《雉朝飞》者，犊沐子所作也。齐宣王时，处士泯宣，年五十无妻。出薪于野，见雉雄雌相随而飞，意动心悲，乃仰天叹大圣在上，恩及草木鸟兽，而我独不获。因援琴而歌，以明自伤，其声中绝。魏武帝时，宫人有卢女者，七岁入汉宫，学鼓琴，特异于余妓，善为新声，能传此曲。'伯牙《琴歌》曰：'麦秀蕲兮雉朝飞，向虚壑兮背乔槐，依绝区兮临回池。'《乐府解题》曰：若梁简文帝'晨光照麦畿'，但咏雉而已。"《乐府古题要解》曰:"右旧说齐宣王时处士牧犊子所作也,年七十无妻,出采薪于野,见雉雄雌相随而飞,意动心悲,乃仰天而叹曰:'圣王在上,恩及草木鸟兽,而我独不获。'因援琴而歌以自伤,其声中绝。魏武帝宫人有卢女者,故将军阴叔之妹,七岁入汉宫,学鼓琴,特异于余妓,善为新声,能传此曲。至魏明帝崩,出降为尹更生妻。若梁简文帝'晨光照麦畿',但咏雉而已。"牧犊,或作沐犊、木犊;作犊沐者非。

② 群雌孤雄:方世举《笺注》:"《庄子·应帝王篇》:'众雌而无雄,而又奚卵焉?'刘孝威诗:'单雄杂寡雌。'"按:原《操》眼前实景,触景生情,引出下句"意气横出"。

③ 意气横出:魏本:"严曰:横,下孟切。一无'气'字。"朱《考异》:"或无'气'字。"

按:意气,神情气概。《管子·心术下》:"是故意气定,然后反正。"《史记·李广传》:"会日暮,吏士皆无人色,而广意气自如。"所谓意气风发是也。朱彝尊《批韩诗》:"'横出'二字太厉。"虽说用字太厉,却也使雄雉形神俱肖,见韩愈用语狠重特点。

④ 当东而西:钱仲联《集释》:"曹植《吁嗟篇》:'当南而更北,谓东而反西。'"按:此与下句,以事物之逆反喻该婚而未娶,世态失常也。

⑤ 当啄而飞:方世举《笺注》:"啄:《庄子·养生主篇》:'泽雉十步一啄,百步一饮。'"按:白居易《山雉》:"五步一啄草,十步一饮水。"当啄不啄而飞者,亦世事之失常也。

⑥ 粥粥:文《详注》:"《博物志》曰:'祝鸡翁养鸡法,令世人呼鸡为祝祝,起此也。'粥与祝同。"魏本:"《集注》:粥粥,雉鸣声,又退惧貌。《记》(《礼记·儒行》)曰'粥粥若无能',之六切,或谓粥当作䎞,音祝。《说文》:'呼鸡,重言之。'杜诗:'谁话䎞鸡翁。'"按:《礼记·儒行》:"粥粥若无能也。"郑注:"粥,徐本作'鸒',章六反,卑谦貌。一音羊六反。"粥粥,雉的叫声,音为鸒(yù),与啄叶。正合雌从雄飞啄之意,更不必换字强释。

⑦ 曾不如彼雉：钱仲联《集释》："诸本'雉'下俱有'鸡'字。"宋白文本注："一无'鸡'字。"朱《考异》："马大年云：别本'彼'作'此'，无'鸡'字。而下语'妃'音媲，与雉叶。"无"鸡"字语洁，合韩公意。文《详注》："按《春秋运斗枢》曰'玑星散为雉，衡星散为鸡'，则雉亦鸡之类也，故此通言之。"王元启《记疑》："按：汉时始有野鸡之名，恐周时未有此语，或当从别本为是。"俞樾《俞楼杂纂》卷二六："无'鸡'字者是也。既言雉，又言鸡，文复而俚，乃俗人疑'雉'字与下'妃'字不协韵，故妄增之耳。不知雉妃古韵同在支微部，至平上之分，则古诗固不拘也。又此四句，人与年韵，雉与妃韵，乃古诗隔句协韵之例。人与年古韵同在真臻部也。"

⑧ 无一妾与妃：方世举《笺注》："妃：按'妃'字古人通用。《说文》云：'妃，匹也。'《秦国策》'贞女工巧，天下愿以为妃'是也。后世乃独称王妃耳。"蒋之翘《辑注》："'嗟我'四句，语太浅露，此《感二鸟赋》致讥于后人也。"朱彝尊《批韩诗》："后四句伤直致，'曾不如'无太著力，看古词何等浑然。"按：妃(pèi)，通配，婚配也，非妃子之妃。《左传》文公十四年："子叔姬妃齐昭公，生舍。"又昭公三十二年："天有三辰，地有五行，体有左右，各有妃耦。"《诗·卫风·有狐序》："卫之男女失时，丧其妃耦焉。"

【汇评】

清陈沆：感盛年之迟暮，慨遇合之无时也。以雉之意气横出，喻乘权得志之人。群雌孤雄，喻党附之众。盖斥皇甫镈辈欤？（《诗比兴笺》卷四）

程学恂：只直言之，正足感动。谁为在上者？发政施仁，岂容缓耶？（《韩诗臆说》卷二）

别鹄操①

商陵穆子娶妻五年无子，父母欲其改娶。其妻闻之，中夜悲啸。穆子感之而作②。

雄鹄衔枝来,雌鹄啄泥归③。巢成不生子,大义当乖离④。江汉水之大,鹄身鸟之微⑤。更无相逢日,且可绕树相随飞⑥。

【校注】

① 别鹄操:《乐府诗集》"鹄"作"鹤",以下正文均作"鹤"。鹄、鹤,虽因意别为两字,然古诗文常通用。诸本均作"鹄",魏本注:"一本题云'别鹤操'。"

魏本:"韩曰:'旧说商陵穆子所作也。见吴兢《古题解》。'孙曰:崔豹《古今注》(卷中《音乐第三》)曰:'商陵穆子娶妻五年无子,父兄欲其改娶,妻闻之,中夜起,倚户而悲啸。穆子闻之,怆然而悲,乃援琴而歌,为《别鹤操》,亦曰《别鹄操》。词曰:将乖比翼隔天端,山川悠远路漫漫,揽衾不寐食忘飡。'后遂为夫妻。"魏本音注:"鹄,胡督切。"陈景云《点勘》:"鹄与鹤本一字,古人皆通用。"方成珪《笺正》:"《说文》(鸟部):'鹄,鸿鹄也。'胡沃切。鹤,下各切。《淮南子·览冥训》:'鸿鹄鸧鹤。'班固《西都赋》:'鸟则玄鹤白露,黄鹄鸧鹤。'左思《吴都赋》:'鷫鹄鹭鸿,鹔鹤鹜鸧。'皆鹄与鹤并举,似不可谓一鸟也。"钱仲联《集释》:"鹄鹤固非一鸟,然二字互用,古人亦有先例。《庄子·天运》:'夫鹄不日浴而白。'《释文》:'鹄,本作鹤。'又《庚桑楚》:'越鸡不能服鹄卵。'《释文》:'本亦作鹤。'方以智《通雅》云:《诗》(《唐风·扬之水》)'从子于鹄',音鹤,叶'白石皓皓'。《后汉·吴良传赞》:'大仪鹄发。'注:'发,即鹤发。'曹植《表》:'实怀鹄立企伫之心。'即鹤立。刘孝标《辩命论》:'龟鹄千岁。'即龟鹤。《法书要录》:'鹤头书,一作鹄头书。'今武昌黄鹤楼下曰黄鹄矶,此确证也。"按:《说文·鸟部》"鹤"字下段注:"鹤字今补。……《尔雅》无'鹤'……后人鹤与鹄相乱。"亦可证韩用"鹄"字不误。

②《乐府诗集》《文粹》无此三十字。宋白文本、祝本、魏本、廖本等均有之。宋白文本、祝本题义下注:"《商陵操》,言人情义浇薄也。"文本、魏本、廖本、王本等无。蔡邕《琴操》:"《别鹤操》者,商陵牧子所作也。牧子娶妻,五年无子,父兄欲为改娶。妻闻之,中夜惊起,倚户悲啸。牧子闻之,援琴鼓之云:'痛恩爱之永离,叹别鹤以舒情。'故曰《别鹤操》。后仍为夫妇。"文《详注》同,且《补注》引歌曰云云。

③"雄鹄"二句:鹄,鸿鹄,即天鹅。衔,宋白文本作"唧",音义同,用嘴取物,《后汉书·张衡传》:"(地动仪)外有八龙,首衔铜丸。"啄,鸟用嘴取物。《诗·小雅·黄鸟》:"无啄我粟。"雄鹄衔柴构架,雌鹄啄泥糊封,筑巢养子,和谐融洽。钱仲联《集释》引钟惺曰:"便难堪。"

④ 大义:方世举《笺注》:"大义:贾充《与妻李氏联句》:'叹息亦何为?但恐大义亏。'"钱仲联《集释》:"《孟子》:'不孝有三,无后为大。'"(见《离娄上》)

按:大义,即正道、原则。《易·归妹》:"象曰:'归妹,天地之大义也。'"《左传》僖公二十五年:"狐偃言于晋侯曰:'求诸侯莫如勤王,诸侯信之,且大义也。'"在嫁之女不生子者谓违反大义,即封建礼教的七出之一。七出:一无子,二淫泆,三不侍姑舅,四口舌,五盗窃,六妒忌,七恶疾。见《仪礼·丧服》:"出妻之子为母。"七出,首列无后。《孟子·离娄上》:"不孝有三,无后为大。"大义二字含无限悲慨。《唐诗归》卷二九谭元春曰:"'大义'二字悲甚。"封建社会妇女命运之悲惨如此。

⑤ 江汉水之大,鹄身鸟之微:《唐诗归》卷二九钟惺曰:"二语合来便是乐府。"朱彝尊《批韩诗》:"水大鸟微,语迂拙。中著'之'字,更缓弱。按:江汉,长江、汉水。水大鸟微,比喻鹄命可悲。

⑥ 且可绕树相随飞:方《举正》出"且可绕树相随飞",云:"李、谢以阁本校。李陵诗(《文选》卷二九《与苏武诗》):'长当为此别,且复立斯须。'又古乐府:'与子如黄鹄,将别复徘徊。'意义原此。

杭、蜀本皆作'且可'。朱《考异》:"且,或作'安',又无'绕树'二字。皆非是。"宋白文本、祝本、魏本、《乐府诗集》作"安可相随飞"。祝本:"安,一作'且'。"宋白文本注:"相随,一作'绕树'。"魏本注:"安,一作'且'。"按:韩公诗《感春四首》之四:"百年未满不得死,且可勤买抛青春。"《全唐诗》卷五七八刘驾《且可怜行》:"今朝且可怜,莫问久如何?"今从方。

方世举《笺注》:"绕树:魏武帝《短歌行》:'绕树三匝,无枝可依。'相随飞:方云:李陵诗:'长当为此别,且复立斯须。'又古乐府:'与子如黄鹄,将别复徘徊。'亦此意也。"

【汇评】

明蒋之翘:李陵诗:"长当为此别,且复立斯须。"又古乐府:"与子如黄鹄,将别复徘徊。"亦此意。(《韩昌黎集辑注》卷一)

清查慎行:读此,觉《孔雀东南飞》一首未免冗长。(《查初白诗评十二种》)

清陈沆:逐臣弃妇同情也。水大如江汉,则始分终合。今我微如禽鸟,而一分尚有合时乎?既不可必,且尽吾依恋之情而已。(《诗比兴笺》卷四)

程学恂:更无可说,含悲无穷。古今多少去妇词,皆不及此深厚而凄恻也。(《韩诗臆说》卷二)

残形操

曾子梦见一狸,不见其首作①。

有兽维狸兮,我梦得之。其身孔明兮②,而头不知③。吉凶何为兮,觉坐而思。巫咸上天兮,识者其谁④?

【校注】

① 小序：文本、《乐府诗集》、《文粹》无此十一字。宋白文本、祝本、魏本、廖本、王本等有之。祝本"曾"字下注："一作'鲁'。"魏本："孙曰：《残形操》事出《琴录》，其详未闻。曾子，一作'鲁子'。"宋白文本、祝本题义下有注："狸身明而头不知，言不祥也，当得智者识之。"文本、魏本等无。

按：蔡邕《琴操》："《残形操》者，曾子所作也。曾子鼓琴，墨子立外而听之，曲终入曰：善哉鼓琴，身已成矣，而曾未得其首也。曾子曰：吾昼卧，见一狸，见其身而不见其头，起而为之弦，因曰《残形》。"

② 其身孔明：孔，副词，甚也。《诗·小雅·鹿鸣》："我有嘉宾，德音孔昭。"笺："孔，甚；昭，明也。"韩公"孔明"用"孔昭"义。又《楚茨》(《诗·小雅》)："祝祭于祊，祀事孔明。"谓祭事大备，不合韩文意。

③ 而头不知：何焯《义门读书记》卷三〇："未得其首，盖叹明王不作也。"王元启《记疑》："此操专重此句，然莫识其意之何属。或云慨圣王之不作。吾谓推之事亲交友，及学问中崇德辨惑之事，无所不通。若就鲁国而论，或叹三桓僭妄，亦未可知。"按：此句借鲁三桓用事而鲁君不察，喻宪宗不察其上表之意，扣定结二句。《唐诗归》卷二九钟惺云："奇语。"

④ 巫咸上天兮，识者其谁：魏本："韩曰：《离骚》：'巫咸将夕降兮，怀椒糈而要之。'注：'巫咸，古神巫也。当商中宗时。降，下。'张衡《思玄赋》：'抨巫咸使占梦。'"文《详注》："太史公曰：昔之传天数者，商巫咸。《楚辞》云：'巫咸将夕降兮，怀椒糈而要之。'王逸以为古之神巫也。当商中宗之时，要而享之，以问吉凶。《庄子》以为郑人，字曰季咸。"方世举《笺注》："蒋（之翘）云：'刘须溪论《十操》，惟此最古意，以其不著迹也。余谓其词尚欠归宿，不如杨维桢拟此操精悍典雅。'按：刘评固未当，蒋尤谬。维桢作浅俚可笑，有目者皆能别之。"按：钟惺以为"而头不知"为奇语。则结二句显奇旨，乃韩公满腹之怨的呼天之语。谓巫咸既去，谁能辩屈。

卷一　古诗

【汇评】

元祝尧：《残形操》：曾子梦一狸不见其首作。愚谓此虽赋，实有比义。(《古赋辨体》卷一〇)

明蒋之翘：昔刘须溪论十操，惟此最古意，以其不著述也。余以其辞尚欠归宿，不如胜国杨维桢亦拟此《操》，云："我梦有兽兮，其首曰狸；狸有怪兮，身首异。而我以凶兮，戒而戒；而我丘有首兮，誓死完以归。"较亦精悍典雅，他作则不逮此。(《韩昌黎集辑注》卷一)

清朱彝尊：直述事，语亦古质，但恨少言外意。(顾嗣立《昌黎先生诗集注》卷一)

清何焯：《残形操》未得其首，盖叹明王不作也。(《义门读书记》卷三〇)

清方世举：按：刘评固未当，蒋尤谬。维桢作浅俚可笑，有目者皆能别之。(《韩昌黎诗集编年笺注》卷一一)

清陈沆：贾谪长沙，问吉凶于鵩鸟；屈放江南，托占筮于巫咸。此诗合而用之，明示放臣之感，故以终篇。不然牧犊子乃齐宣王时人，曾子何为反殿其后？(《诗比兴笺》卷四)

程学恂：淡得妙，糊涂得妙。笑问青天我是谁，用此章结，既济未济。(《韩诗臆说》卷二)

【十首总评】

宋晁补之：愈博涉群书，所作十操，奇辞奥旨，如取之室中物。以其所涉博，故能约而为此也。夫孔子于《三百篇》皆弦歌之，操亦弦歌之辞也。其取典幽渺，怨而不言，最近《骚》体。《骚》本古诗之衍者，至汉而衍极，故《离骚》《琴操》与诗赋同出而异名，盖衍复于约者。约故去古不远，然后之为《骚》者，惟约犹及之。(蒋之翘《韩昌黎集辑注》)

宋唐庚：古乐府命题，皆有主意。后之人用乐府为题者，直当代其人而措词，如《公无渡河》，须作妻止其夫之词。太白辈或失之。惟退之《琴操》得体。

又曰:《琴操》非古诗,非《骚》词,惟韩退之为得体。退之《琴操》,柳子厚不能作;子厚《皇雅》,退之亦不能作。(《唐子西文录》)

宋王灼:刘、项皆善作歌,西汉诸帝如武、宣类能之。赵王幽死,诸王负死罪,临绝之际,曲折深迫。广川王通经好文辞,为诸姬作歌尤奇古。而高祖戚夫人、燕王旦之容华夫人两歌,又不在诸王下。盖汉初,古俗犹在也。东京以来,非无作者,大概文采有余,情性不足。高欢玉壁之役,士卒死者七万人,惭愤发疾,归使斛律金作《敕勒歌》,其辞略曰:"山苍苍,天茫茫,风吹草低见牛羊。"欢自和之,哀感流涕。金不知书,能发挥自然之妙如此,当时徐、庾辈不能也。吾谓西汉后,独《敕勒歌》暨韩退之十《琴操》近古。(《碧鸡漫志》卷一)

宋吴沆:琴诗当读韩、柳《琴操》;笛诗当看《武昌老人说笛歌》。(《环溪诗话》卷下)

宋陆游:《跋李徂徕集》:中野去鲁归周三诗,可以追媲退之《琴操》,而世不甚传。使予得见李公,当百拜师之,不特愿为执鞭而已。绍熙甲寅六月二日书。(《渭南文集》卷二八)

宋楼钥:《相州道中》:千古兴亡一梦惊,就中物理似持衡。茜花空染朝歌血,荒草犹祠羑里城。但见反身知自咎,谁言修政欲相倾。知音只有昌黎《操》,臣罪当诛主圣明。(《攻媿集》卷七)

宋李涂:退之《琴操》,平淡而味长;子厚《铙歌鼓吹曲》,险怪而意到。(《文章精义》)

宋严羽:读《骚》之久,方识真味。须歌之抑扬,涕洟满襟,然后为识《离骚》。否则,如戛釜撞瓮耳。唐人惟柳子厚深得《骚》学,退之、李观皆所不及。若皮日休《九讽》,不足为《骚》。韩退之《琴操》极高古,正是本色,非唐诸贤所及。(《沧浪诗话·诗评》)

宋刘克庄:《翀甫侄四友除授制》:世皆以列于《楚辞》者为骚,殊不知荀卿之相,贾、马之赋,韩之《琴操》,柳之《招海贾》《哀溺》《乞巧》诸篇,皆骚也。同一脉络,同一关键,而融液点化,千

变万态，无一字相犯，至此而后可以言笔力。(《后村先生大全集》卷一〇八)

又：谢康乐有《拟邺中诗》八首，江文通有《拟杂体三十首》，名曰"拟古"，往往夺真。亦犹退之《琴操》，真可以弦庙瑟；子厚《天对》真可以答《天问》。今人号为摹拟某作，求其近似者少矣。(《后村先生大全集》卷一七三《诗话》)

宋魏庆之：《晦庵论楚词》：韩愈所作十操，如《将归》《龟山》《拘幽》《残形》四操近《楚词》，其六首似诗。愈博学群书，奇辞奥旨，如取诸室中物，以其所涉博，故能约而为此也。夫孔子于《三百篇》，皆弦歌之，操亦弦歌之辞也。其取兴幽眇，怨而不言，最近《离骚》，本古诗之衍者，至汉而衍极，故《离骚》亡。操与诗赋同出而异名，盖衍复于约者。约故去古不远。然则后之欲为《离骚》者，惟约犹迫之。(《诗人玉屑》卷一三)

宋黄震：《琴操》大抵意味悠长，拱挹不尽。将古圣贤之作而述之耶？抑述古圣贤之意而作之耶？《猗兰操》有云："荠麦之茂，荠麦之有。君子之伤，君子之守。"辞约义精，尤当佩服。盖能全其所自得者投之患难而不变。志士仁人，平居无异侪伍，惟历变而后可知。荠麦处雪霜而茂者，由荠麦之性自有阳和，惟因君子之伤，乃足见君子之守也。《拘幽》之乱曰："臣罪当诛兮，天王圣明。"至哉言乎！昔师席王宗谕教授于鄞县学官，余实从之游，闻其讲《诗》至卫庄姜，慨然举此章而言曰："反己之切者，惟见己之不然，不见人之有不然。卫庄姜惟知为妇之当顺，而不见其夫之不义；惟知为母之当慈，而不见其子之不孝。"此心也，何心也？充其类而广之，大舜所谓"父母之不我爱，于我何哉"之心也。文王所谓"臣罪当诛兮，天王圣明"之心也。《凯风》孝子谓"母氏圣善，我无令人"，亦此心也。罗仲素谓"天下无不是底父母"，即所以指明此心也。(《黄氏日抄》卷五九)

宋王应麟：韩文公《琴操》十首，琴有十二操，不取《水仙》《怀陵》二操。(《困学纪闻》卷五《乐》)

元吴莱:《古琴操九引曲歌辞》:古者琴有五曲、十二操、九引。五曲者,《鹿鸣》《伐檀》《驺虞》《鹊巢》《白驹》,本《诗》也。汉魏以降,惟《鹿鸣》一调仅存。十二操者,《将归》《猗兰》《龟山》《越裳》《拘幽》《岐山》《履霜》《雉朝飞》《别鹄》《残形》《水仙》《襄陵》,古辞或存或亡,而存者类出后世之傅会。汉蔡中郎及唐韩吏部曾作十《操》。《水仙》《襄陵》且以其系于乐工琴师,不复采用。(《渊颖吴先生文集》卷九)

明朱右:《广琴操序》:操者,操也。君子操守有常,虽穷厄犹不失其操也。其音节固古诗骚辞之体,然诗以兴,骚以怨,操以操。作《广琴操》,广云者,题义因韩子之旧也。(《皇明文衡》卷四)

明吴讷:今观五曲、九引、十二操,率皆后人所为。若文王《居忧》,孔子《猗兰》《将归》等操,怨怼躁激,害义尤甚,故皆不取。而独载昌黎所拟诸作于后,先儒谓深得文王之心者是也。西山真氏又云:"琴之音以淳古澹泊为上。今则厌古调之希微,夸新声之奇变,虽琴亦郑卫矣。"此又有志于琴者不可不知也。(《文章辨体序说·琴曲歌辞》)

明谢榛:《碧鸡漫志》曰:"斛律金《敕勒歌》曰:'敕勒川,阴山下,天似穹庐,笼盖四野。天苍苍,野茫茫,风吹草低见牛羊。'"金不知书,同于刘、项,能发自然之妙。韩昌黎《琴操》虽古,涉于摹拟,未若金出性情尔。(《四溟诗话》卷二)

明胡应麟:退之《琴操》,子厚《鼓吹》,锐意复古,亦甚勤矣。然《琴操》于《文王》列圣,得其意不得其词。《鼓吹》于《铙歌》诸曲,得其调不得其韵,其犹在晋人下乎?(《诗薮》内编卷一)

明方以智:"眓眓"即"宵宵",通作"杳杳"。《说苑》:"将将之台,宵宵其谋。"韩退之《琴操》:"目宵宵兮。"唐山诗:"粥粥音送,细齐人情;清思眓眓,经纬冥冥。""眓眓"即"窈窈",则与"宵宵"通。(《通雅》卷九释诂)

清毛先舒:昌黎《琴操》以文为诗非绝诣。昔人尝赏之过当,未为知音。至其拟《越裳操》,"我祖""四方"语奇,收斩截古劲,又复

浑然。《龟山操》奇而朴,语意工妙。(《诗辩坻》卷三)

又毛先舒:钟目韩退之《琴操》为真风雅,未敢信。三唐乐府中当称杰耳。然古《琴操》多伪作,佳者自少。(《诗辩坻》卷四)

清朱彝尊:《琴操》果非《诗》《骚》,微近乐府,大抵稍涉散文气。昌黎以文为诗,是用独绝。(顾嗣立《昌黎先生诗集注》卷一)

清王士禛:问:唐人乐府,何以别于汉、魏?

答:汉、魏乐府,高古浑奥,不可拟议。唐人乐府不一。初唐人拟《梅花落》《关山月》等古题,大概五律耳。盛唐如杜子美之《新婚》《无家》诸别,《潼关》《石壕》诸吏,李太白之《远别离》《蜀道难》,则乐府之变也。中唐如韩退之《琴操》,直溯两周;白居易、元稹、张籍、王建创为新乐府,亦复自成一体。……至于唐人王昌龄、王之涣,下逮张祜诸绝句,《杨柳枝》《水调》《伊州》《石州》等辞,皆可歌也。(《师友诗传续录》)

清王士禛:近人言诗,好立门户,某者为唐,某者为宋,李、杜、苏、黄强分畛域,如蛮触氏之斗于蜗角,而不自知其陋也。唐诗三百年,一盛于开元,再盛于元和。退之《琴操》上追三代。李观之言曰:孟郊五言,其有高处,在古无上;其平处下顾二谢。李翱亦云:苏属国、李都尉、建安诸子、南朝二谢,郊皆能兼其体而有之。今人号为学唐诗者,语以退之《琴操》、东野五言,能举其目者盖寡矣。(《带经堂诗话》卷二七俗砭类)

清王士禛:乐府之名,始于汉初,如高帝之《三侯》,唐山夫人之《房中》是也。《郊祀》类《颂》,《铙歌》《鼓吹》类《雅》,《琴曲》《杂诗》类《国风》,故乐府者继《三百篇》而起者也。唐人唯韩之《琴操》最为高古,李之《远别离》《蜀道难》《乌夜啼》,杜之《新婚》《无家》诸别,《石壕》《新安》诸吏,《哀江头》《兵车行》诸篇,皆乐府之变也,降而元、白、张、王,变极矣。(《带经堂诗话》卷二九答问类)

清何焯:《琴操十首》:刘向《别录》云:"君子因雅琴之适,故从容以致思焉。其道闭塞悲愁而作者,名其曲曰'操',言遇灾害不失其操也。"十篇皆得不失其操本意。(《义门读书记》卷三〇)

清沈德潜：陈正字《幽州台歌》、韩吏部《琴操》，或属四言，或属六言。王右丞《送友人还山》、李翰林《鸣皋歌》、韩吏部《罗池庙迎神词》，皆属骚体，因篇什甚少，附七言古中。（《唐诗别裁集》卷首《凡例》）

清王元启：《琴操》十首，皆古诗体。中如《将归》《龟山》《拘幽》《残形》等操，则亦可以为《骚》，故朱子《楚辞后语》采之。论者但以《柳集》所无，遂谓子厚不能作，而更造为非《诗》非《骚》之论以惑误后生，此真耳食之论。（《读韩记疑》卷一）

清翁方纲：唐诗似《骚》者，约言之有数种：韩文公《琴操》，在《骚》之上；王右丞《送迎神曲》诸歌，《骚》之匹也；刘梦得《竹枝》，亦《骚》之裔；卢鸿一《嵩山十志》诗最下。（《石洲诗话》卷二）

又翁方纲：文公《琴操》，前人以入七言古。盖《琴操》，琴声也。至苏文忠《醉翁操》，则非特琴声，乃水声矣。故不近诗而近词。（《石洲诗话》卷二）

清翁元圻：按《通志·乐略》：十二操，韩愈取十操，以为文王、周公、孔子、曾子、伯奇、牧犊子所作，则圣贤之事也，故取之。《水仙》《怀陵》二操，皆伯牙作，则工伎之为也，故削之。（《困学纪闻全校本》卷五《乐》集证）

清吴德旋：《杂著示及门诸子》：退之《琴操》迈西京，余事何妨纵笔成。为遣谁人语孙子，大儒原不要诗名。异体何嫌各擅场，那将蝉噪等齐梁。高谈竞拾韩公唾，欲与黄初较短长。（《初月楼诗钞》卷二）

清陈沆：《琴操》皆被谪时咏怀而作。十二操中独去《怀陵》《水仙》者，殆以无可寄托欤？观其赴贬时途中诗云："吾君勤听治，照与日月敌。臣愚幸可哀，臣罪庶可释。"又云："而我抱重罪，孑孑万里程。下负明义重，上孤朝命荣。杀身谅无补，何用答生成。"正此篇君圣臣罪之旨也。或谓如此，得无嫌于以宪宗比纣？不知魏晋以来拟古乐府者，皆借言己情，非拟其人其事也。《董逃行》《杨叛儿》，孰是泥其本题本事者？何独《琴操》而不然？且《猗兰》《越

裳》,不嫌自比于周孔,何独《羑里》而不然?(《诗比兴笺》卷四)

夏敬观:《琴操》《皇雅》一类诗,皆非深于文者不能作。退之、子厚,皆文章之宗匠也。惟退之湛深于经诰,子厚则惟渊源于《骚》《雅》。使子厚作《琴操》,必似《骚》,退之未尝不能作《皇雅》也。(《同声月刊》1942年第2期《说韩》)

程学恂:朱子谓《十操》作于潮州,恐未必然。且在贬所而作《拘幽操》,不几于讪乎?"天王圣明",在文王说,则为忠;在退之说,则比宪宗于纣矣。《琴操》十首皆胜原词,皆能得圣贤心事,有汉魏乐府所不能及者。惟《越裳》《岐山》二操,不逮周公《雅》《颂》耳。(《韩诗臆说》卷二)

章士钊:子厚《平淮夷雅》,唐子西取退之《琴操》与之相比……语见文录,此子西之廋辞也。夫题如《琴操》,辞出名手,非摹古诗,即肖《骚》辞,非《诗》非《骚》,抑又何物?试为譬之,直兽类中之四不像耳。明明讥退之不能作此体文,而美其名曰惟退之为得体,犹言退之以文为诗然。夫文与诗,赫然两体,不能相溷也。今不曰退之不能为诗,而佯誉之曰以文为诗,试为譬之,亦直人类中之阴阳生耳。诚不若杨升庵径以"人称退之善诗,乃势利他"语之为直截痛快也。于是子西谓"退之《琴操》,子厚不能作",特子厚不作而已,非真不能作也。如作之,非古诗,即《骚》辞。至"子厚《皇雅》,退之不能作",则退之真不能作,如作之,将四不像与《琴操》等。(《柳文指要》卷一《平淮夷雅》)

钱仲联:按:章讥退之不能作《雅》,但退之《平淮西碑》具在;讥退之不能为《骚》,但退之《柳州罗池庙碑》之迎送神词具在,章说非确论。(《韩昌黎诗系年集释》卷一一)

华按:章士钊受"五四"文化新潮影响,崇法批儒,乃以子厚为法家,退之为儒家,故一部《柳文指要》肯柳而讥韩处多。是真不懂韩,亦不知柳也。柳若有知,亦不会以章之说辞为然。

南山诗①

元和元年

从诗里"前年遭谴谪""昨来逢清霁"推断,则《南山诗》写于宪宗元和元年(806)秋初,韩愈由江陵召回长安任国子博士后。这首诗用散文的结构、赋的铺写之法,先写作诗缘起,中间镌刻山形,最后总成,慨叹山之高峻,说出了写诗的目的。首尾呼应,中则重心,结构完整谨严。诗人用雕塑家的刀笔,从不同角度,详尽地雕镂出南山的伟姿奇态,呈现细腻而博大的意象。或嫌其重复,实则未细味韩公体物敏锐,写物细腻。同是南山,然不同景点,或见物的角度不同,则有其不同特点。一般写家,谁能达到这样的境界?在写山的过程中或融进回京后的喜悦心情,或忆昔贬经南山的沮丧情绪,既写景也抒情,情景交融,使人读之如历其山,如见其人,且知其情。如"前年遭谴谪"一段,真是愈嚼愈有味。有人说韩公《南山诗》只写山不写人,是未能真正把诗读懂。这一段不正是既写山又写人的范例吗?写诗要出新意,对读者来说,不同风格的艺术品都要读,特别是写同一题材,如果韩愈的《南山诗》仍像祖咏那样,写南山阴岭一时的意象,或像王维那样,写南山的总体形象,就难以超过前人。所以,王、祖二诗虽都是佳作,也无法代替韩愈的《南山诗》。那种可以不作的说法,只能使艺术单调,妨害艺术的丰富多样。牡丹虽好,也代替不了百花竞艳的大好春光。据时议或惧藩镇而求苟安,或怕蕃、胡而欲迁都的现实,韩诗力颂国都镇山,巍然屹立,坚不可摧,其诗寓意深矣!如文说云:"愈惧其不能治内,或弃根本而事枝叶也。于是盛夸京城之壮丽,山川之险阻,以为不可轻去,为国谋虑实深且远。昔宗周之末不能修成王之业,疆理天下以奉禹功,故周大夫作《信南山》之诗以刺之。今考愈所作实得诗人之遗意焉。而议者乃以杜甫《北征》胜《南山》,未达愈之旨也。"

卷一　古诗

吾闻京城南，兹维群山囿②。东西两际海，巨细难悉究③。山经及地志④，茫昧非受授⑤。团辞试提挈，挂一念万漏⑥。欲休谅不能，粗叙所经觏⑦。

尝升崇丘望⑧，戢戢见相凑⑨。晴明出棱角⑩，缕脉碎分绣⑪。蒸岚相颎洞⑫，表里忽通透⑬。无风自飘簸⑭，融液煦柔茂⑮。横云时平凝⑯，点点露数岫⑰。天空浮修眉⑱，浓绿画新就⑲。孤撑有巉绝⑳，海浴褰鹏噣㉑。

春阳潜沮洳㉒，濯濯吐深秀㉓。岩峦虽崒崪㉔，软弱类含酎㉕。夏炎百木盛，荫郁增埋覆㉖。神灵日歊歔㉗，云气争结构㉘。秋霜喜刻轹㉙，磔卓立癯瘦。参差相叠重，刚耿陵宇宙㉛。冬行虽幽墨㉜，冰雪工琢镂㉝。新曦照危峨㉞，亿丈恒高袤。明昏无停态，顷刻异状候㊱。

西南雄太白㊲，突起莫间簉㊳。藩都配德运㊴，分宅占丁戊㊵。逍遥越坤位㊶，诋讦陷乾窦㊷。空虚寒兢兢㊸，风气较搜漱㊹。朱维方烧日，阴霾纵腾糅㊺。

昆明大池北㊻，去觐偶晴昼㊼。绵联穷俯视㊽，倒侧困清沤㊾。微澜动水面㊿，踊跃躁猱狖㈮。惊呼惜破碎，仰喜呀不仆㈯。

前寻径杜墅㈰，坌蔽毕原陋㈱。崎岖上轩昂，始得观览富㈲。行行将遂穷㈳，岭陆烦互走㈴。勃然思坼裂㈵，拥掩难恕宥㈶。巨灵与夸娥㈷，远贾期必售㈸。还疑造物意，固护蓄精祐㈹，力虽能排斡，雷电怯呵诟㈺。攀缘脱手足，蹭蹬抵积甃㈻。茫如试矫首，堛塞生恟愗㈼。威容丧萧爽㈽，近新迷远旧㈾。拘官计日月，欲进不可又㈿。

因缘窥其湫[69]，凝湛闷阴兽[70]。鱼虾可俯掇[71]，神物安敢寇[72]。林柯有脱叶，欲堕鸟惊救。争衔弯环飞[74]，投弃急哺鷇[75]。旋归道回眸[76]，达栱壮复奏[77]。吁嗟信奇怪，峙质能化贸[78]。

前年遭谴谪[79]，探历得邂逅[80]。初从蓝田入[81]，顾盼劳颈脰[82]。时天晦大雪[83]，泪目苦矇瞀[84]。峻途拖长冰，直上若悬溜[85]。褰衣步推马，颠蹶退且复[86]。苍黄忘遐眄，所瞩才左右[87]。杉篁咤蒲苏，杲耀攒介胄[88]。专心忆平道，脱险逾避臭[89]。

昨来逢清霁[90]，宿愿忻始副[91]。峥嵘跻冢顶[92]，條闪杂鼯鼬[93]。前低划开阔[94]，烂漫堆众皱[95]。或连若相从；或蹙若相斗[96]；或妥若弭伏[97]；或竦若惊雊[98]；或散若瓦解[99]；或赴若辐辏[100]；或泛若船游[101]；或决若马骤[102]；或背若相恶[103]；或向若相佑；或乱若抽笋；或嵲若炷灸[104]；或错若绘画[105]；或缭若篆籀[106]；或罗若星离[107]；或蓊若云逗[108]；或浮若波涛；或碎若锄耨[109]；或如贲育伦[110]，赌胜勇前购[111]，先强势已出，后钝嗔诟谬[112]。或如帝王尊，丛集朝贱幼[113]，虽亲不亵狎[114]，虽远不悖谬；或如临食案，肴核纷饤饾[115]。又如游九原[116]，坟墓包椁柩；或累若盆甖[117]，或揭若登豆[118]；或覆若曝鳖[119]；或颓若寝兽[120]；或蜿若藏龙；或翼若搏鹫[121]；或齐若友朋[122]；或随若先后[123]；或迸若流落[124]；或顾若宿留[125]；或戾若仇雠；或密若婚媾[126]；或俨若峨冠[127]；或翻若舞袖[128]；或屹若战阵；或围若蒐狩[129]；或靡然东注[130]；或偃然北首[131]；或如火熺焰[132]；或若气馈馏[133]；或行而不辍[134]；或遗而不收[135]；或斜而不倚⑬;或弛而不彀⑬;或赤若秃鬝⑬;或熏若柴楢⑬;或如龟坼兆⑭;或若卦分繇⑭;或前横若剥⑭;或后断若姤⑭;延延离又属⑭,夬夬叛还遘;喁喁鱼闯萍⑭,落落月经宿⑭;闾闾树墙垣⑭,巘巘架库厩⑭;参参削剑戟⑮,焕焕衔莹琇⑯;敷敷花披萼⑯,阗阗屋摧霤⑯;悠悠舒而安,兀兀狂以狃⑯;超超出犹奔⑯,蠢蠢骇不懋⑯。

大哉立天地⑯,经纪肖营腠⑯。厥初孰开张⑯?伛俯谁劝侑⑯?创兹朴而巧⑯,戮力忍劳疚⑯。得非施斧斤?无乃假诅咒⑯?鸿荒竟无传⑯,功大莫酬僦⑯。尝闻于祠官⑯,芬苾降歆鱮⑯。斐然作歌诗⑯,惟用赞报酭⑯。

【校注】

① 题:方《举正》作《南山诗》,云:"宋本只作'《南山》一首',无'诗'字。元和改元作。"朱《考异》:"或只作'《南山》一首',无'诗'字。"宋白文本、文本、魏本、廖本等均有"诗"字。从之。

魏本:"樊曰:按《长安志》,终南山在万年县南五十里,东自蓝田县界石鳖谷,以谷水与长安县为界,东西四十里。《禹贡》曰:'终南惇物。'孔注:'终南,山名。'《诗》曰:'终南何有?'毛注:'周之名山。'《左传》(昭公四年)曰:'荆山、中南,九州之险也。'杜注:'终南,在始平、武功县南。《汉书》(《地理志》):'太一山,又为终南山。'《五经要义》曰:'太一,一名终南山,在扶风武功县。'则终南、太一不得为一山。盖终南,南山之总名。太一,其山之别号尔。《关中记》:'终南山,一名中南山,言在天之中,居都之南也。'又曰:'终南,太一左右三十里内名福地。'(见《初学记》)东方朔曰:'终南山,天下之大阻也。其山多玉石,金、银、铜、铁、豫章、檀柘、异物之类,不可胜原。此百工取给,万姓所仰足也。'(见《汉书·东方朔传》)。志所记终南尽矣,公所赋即此。凡百有二韵,元和初,自江陵法曹召为国子博士作。"文本王伯《补注》释终南略同,又曰:"凡百有二韵。始总叙南山,次叙四时之变,次叙方隅,次叙其经历所见。'或'字五十一,'又'字一,凡取譬五十有二。'前年遭谴谪',公贞元十九年(803)冬自御史出为阳山令。时被谮斥逐,故其下有'脱险逾避臭'之语。至是元和改元,自江陵掾召为国子博士,而作此诗。"文《详注》:"昔高祖初起义师,唐兵西至霍邑,会天久雨,粮且尽,高祖欲还兵太原。太宗谏曰:'义师起,宜直入咸阳,号令天下。'高祖不纳。太宗泣于军门。高祖寤,进兵长安,一举而定。不数年,四方群盗以次束手,盖先得关中形势之地,以控扼天下故也。厥后内治不张,大盗遽起,吐蕃乘隙内逼郊甸。肃、代之朝,群臣奏请,屡欲迁洛。至于德宗,其乱尤甚,乃一切姑息之,变生仓卒,奔走奉天,徒以逭祸而已。宪宗初立,召愈为国子博士,时屡出禁御,以诛藩镇。愈惧其不能治内,或弃根本而事枝叶也。于是盛夸京城之壮丽,山川之险阻,以为不可轻去,为国谋虑实深且远。昔宗周之末不能修成王之业,疆理天下以奉禹功,故周大夫作《信南山》之诗以刺之。今考愈所作,实得诗人之遗意焉。而议者乃以杜甫《北征》胜《南山》,未达愈之旨也。"魏本:"洪(《谱注》)曰:'此诗似《上林》《子虚》赋,才力小者不可到也。'"王元启《记疑》:"旧注:是诗百有二韵。始叙四时之变,次叙南山连互之所,末叙经历所见。按:末叙经历所见又分三节:'昆明太池'以下,官四门博士时游历之境;'前年遭谴谪'下,贬阳山时所历之境;'昨来逢清霁'下,则还朝后即今所历之境。此诗元和元年国子博士日作。"按:文说是。南山,早在《诗经》里就有记载。《小雅》"节南山""信南山"皆指终南山。《秦风》里有《终南》,毛传:"终南,周之名山中南也。"《召南·草虫》毛传:"南山,周南山也。"潘岳《关中记》:"其山一名中南,言在天之中,居都之南,故曰中南。"程大昌《雍录》:"终南山横亘关中南面,西起秦陇,东彻蓝田,凡雍、岐、郿、鄠、长安、万年,相去且八百里,而连绵峙据其南者,皆此之一山也。"钱坫《新斠注地理志》卷二曰:"山在今鄠县南者曰终南,在今西安府城南者,古只称南山,从未被以终南之名。"亦见韩公用字之准确。《史记·夏本纪》:"终南、敦物至于鸟鼠。"正义引《括地志》最详,云:"终南山,一名中南山,一名太一山,一名南山,一名橘山,一名楚山,一名秦山,一名周南山,一名地肺山,在雍州万年县南五十里。"主峰太一,也称太乙,太白,在武功境。终南山,终者大也,乃其总名。南山,谓在帝都长安之南。其余之名,因地与时而异。韩公大笔挥写,非单为驰骋笔力,而畅胸怀;更虑国事深,怀廊庙切,欲坚宪宗之心,振兴国家之志也。

② 兹维群山囿:维,文本作"惟",诸本作"维"。按:维、惟、唯三字作副词,当独、仅、只解,通用。《书·益稷》:"启呱呱而泣,予弗子,惟荒度土功。"《史记·鲁仲连传》:"方今唯秦雄天下。"《史记·太史公自序》:"维三代尚矣。"

文《详注》:"《通典》曰:汉高帝自栎阳徙都长安,至惠帝方发人徒筑城,今城西北古杏城是也。至隋文帝开皇二年(582)移筑新都,号曰大兴,今城是也。武德已来称京城。开元元年(713)称西京,《隋唐两京记》曰:'京城南对终南山子午谷,北据渭水,东临灞、浐,西枕龙首原。'山囿,言所聚也。"魏本:"孙曰:'长安城南。囿,园圃。言群山聚此。'"王元启《记疑》:"囿者,禽兽草木所聚,终南为群山所聚,故亦目之为囿。"按:京城,唐都长安。囿(yòu),本指草木丛生,禽兽聚集的园囿,此指南山乃群山会聚,为长安镇山。

③ 东西两际海,巨细难悉究:方《举正》:"《史记》(《春申君列传》)春申君《上秦昭王书》:'王之地,一经两海。'《太康地记》(《西海郡》)曰:'河北得水为河,塞外得水为海。'"朱《考异》:"(引方语)按:此与《史记》但皆极言其广耳,不必曲引塞外之说也。"徐震《南山诗评释》:"《史记·张仪传》:'利尽西海,而天下不以为贪。'索隐:'西海为蜀川也。'《汉书·东方朔传》:'此所谓天下陆海之地。'颜注:'言关中山川物产饶富,是以谓之陆海也。''东西两际海',谓南山东际有陆海,西际有西海也。西际实未极蜀川,诗赋语多夸侈,往往如此。"文《详注》:"《福地记》云:'终南山东接骊山、太华,

西连太白、陇山,北去长安八十里,南入楚塞连蜀,东西诸山,周回数百里,名曰福地。'"方世举《笺注》:"两际海:《秦国策》:'王之地,一经两海,要截天下。'"钱仲联《集释》:"'东西两际海',犹司马相如赋《上林》而曰'左苍梧,右西极'也,不必凿求。"按:指南山东际有陆海,陆海者,指物产丰富的关中山川;西际有西海,指蜀川。或谓东至大海,西至瀚海。此为夸饰语,谓南山东西两边接海,大小难以尽说,不必坐实也。如王维《终南山》:"太乙近天都,连山到海隅。"

④ 山经及地志:魏本:"蔡曰:'谓《山海经》《地理志》也。'"文《详注》:"山经者,《山海经》也。《吴越春秋》曰:'禹按《黄帝中经》,见圣人所记,曰在九疑山东南天柱,号曰宛委,承以文玉,覆以盘石,其书金简,青玉为字,编以白银,皆琢其文。禹乃东巡,登衡山求之。赤绣文衣男子自称元夷仓水使者来候禹,令斋三日更求之。禹乃三日斋,登宛委山取书,得通水之理。遂周行天下,使益疏记,名《山海经》也。'地志者,地图所志也。《周礼》郑氏云:'若今司空所掌郡国舆地图。'言山经地图去世逾远,非亲受于昔人,今睹之则茫然暗昧不可详悉。"方世举《笺注》:"《汉书·艺文志》:'《山海经》十三篇。'《隋书·经籍志》:'汉初萧何得秦图书,故知天下要害。后又得《山海经》,相传以为夏禹所记。武帝时,计书既上太史,郡国地志,故亦在焉。班固因之作《地理志》。'"按:《汉书》卷六一《张骞李广利传赞》:"故言九州山川,《尚书》近之矣。至《禹本纪》《山经》所有,放哉!"《汉书·艺文志》列入《数术略·形法类》,十三篇。最初见于《史记·大宛传论》,但未言谁人所作。今本十八篇,卷首有汉刘秀(当作刘歆)校上奏,称为夏禹、伯益所作,不可信。大约成书于战国,又经秦汉,有所增删。书中记述各地山川、道里、部族、物产、祭祀、医巫、原始风俗,往往掺杂怪异,保存远古的神话传说和史地文献材料甚富。晋有郭璞注和图赞;明有杨慎补注;清有郝懿行笺疏。以毕沅新校正本为善。山经,即《山海经》。地志,指《地理志》。

⑤茫昧：方世举《笺注》："《南史·顾宪之传》：'虽复茫昧难征，要若非妄。'"钱仲联《集释》："《吕氏春秋》：黄帝曰：'茫昧因天之威，与元同气。'高诱注：'芒芒昧昧，广大之貌。'"徐震《评释》："茫昧非受授，意谓不能明晰，未可依据也。"

⑥团辞试提挈，挂一念万漏：挂一念万漏，方《举正》："阁本作'一念挂万'。"朱《考异》："挂一念，或作'一念挂'，非是。"

魏本："孙曰：'团，集也。山经、地志既茫昧不详，欲团集其辞而试挈提之，又恐挂一漏万也。'"文《详注》："张茂先《鹪鹩赋》云：'提挈万里。'"蒋之翘《辑注》："团，集也。"方世举《笺注》："《淮南子·俶真训》：'提挈天地而委万物。'"张相《诗词曲语词汇释》卷五："团，犹云估量也，猜度也。言将欲为约估之辞而挈其大纲，则挂一而滤其漏万也。"按：挂一念万漏，即挂一怕漏万。二句谓：把词汇集起来写南山也难免挂一漏万。团，聚集，或云估量、猜度。提挈，把物体提起来。念，惦念。《诗·大雅·桑柔》："忧心殷殷，念我土宇。"《战国策·赵策四》："念悲其远也。"

⑦粗叙所经觏（gòu）：大致叙说。魏本："《补注》：觏，见也。《诗》（《召南·草虫》）：'亦既觏止。'言姑叙其经行觏见者尔。"日人近藤元粹云："觏，见也。言姑叙其经行觏见者尔。粗，略也。"按：粗叙，大致叙说。经觏，经过时所看见的。

徐震《评释》："以上言作诗之缘起。"

⑧尝升崇丘望：朱《考异》："尝，方作'常'。"今本《举正》无出此条，当是方校刊《韩集》。宋白文本、文本、祝本、魏本作"常"。廖本作"尝"。虽作"常"亦通，按文意与韩公写《南山诗》之经历作"尝"，当曾解，是。

文《详注》："《尔雅》曰：'山之魁梧桀大者为丘。'"徐震《评释》："《说文》（丘部）：'丘，土之高也，非人所为也。'此处言升高丘以望南山。"方世举《笺注》："崇丘：《诗小序》：'崇丘，万物得极其高大也。'"按：登高丘以望南山也。

朱彝尊《批韩诗》："泛就远望说起。"

⑨戢(jí)戢见相凑：文《详注》："戢戢，聚貌，音侧立切。"徐震《评释》："《诗·小雅·无羊》：'尔羊来思，其角濈濈。'毛传：'聚其角而息，戢戢然。'《释文》：'濈，亦作戢。'此句谓众峰凑聚，戢戢然也。"方世举《笺注》："《广雅·释诂》：'凑，聚也。'"按：戢戢见相凑，即见山峦凑聚也。戢戢，聚集貌。凑，凑聚。此句写山峦聚积。郭璞《江赋》："川流之所归凑。"杜甫《又观打鱼》："小鱼脱漏不可记，半死半生犹戢戢。"

⑩晴明出棱角：魏本："《补注》：公《秋怀诗》云：'南山见高棱。'"钱仲联《集释》："《说文》（木部）：'棱，柧也。从木，夌声。'"按：此句谓天气晴朗时才显现出山势的险峻。棱角，形容山峰有棱有角。此句写山势的奇险。唐释玄应《一切经音义》卷一八"四棱"引《通俗文》："亦四方为棱，八棱为柧。"班固《西都赋》："设璧门之凤阙，上柧棱而栖金雀。"柧(gū，古胡切，音孤，平，模韵)，棱角。

⑪缕脉碎分绣：魏本："孙曰：'缕，丝脉，脉也，言众山之状相错如绣。'"按：此句写山势的秀美，谓山脉缕缕，碎纷如绣。朱彝尊《批韩诗》："炼语工妙。"

⑫蒸岚相颎洞：方《举正》："山谷本校作'鸿洞'。《淮南子》（《精神训》）：'颎濛鸿洞。'许氏音'贡同'。《选》王褒《箫赋》（风鸿洞而不绝兮）、扬雄《羽猎赋》（鸿絧缐猎）（李善均注曰：相连貌）所用皆同。唐人始兼用之。少陵诗'鸿洞半炎方'，又'鸿洞不可掇'是也。前辈校字之密如此。"朱《考异》："颎洞，或作'鸿洞'。（下引方语）"

文《详注》："蒸岚，山气也。颎洞，相连属貌。颎，湖洞切。《淮南子》曰：'山云蒸而柱础润。'"魏本："孙曰：'蒸出为岚。岚，山气。颎洞，相浑合之状。'"方世举《笺注》："按贾谊《旱云赋》：'运清浊之颎洞兮，正重沓而并起。'则西汉已有此语，非自唐人也。"童《校诠》："文选羽猎赋作鸿絧，汉书同，不作洞。韩氏引淮南子精神训鸿濛颎洞，当作颎濛鸿洞，高注：颎读项羽之项，鸿读子贡之贡，洞读同游之同，皆无形之象。方季申云：许氏音贡同，则此为许注，非高注。"按：蒸，山谷里冒出的气。岚，蒸气升出笼罩在山峦上的云气。澒（hòng）洞（tóng），弥漫无际。

⑬ 表里忽通透：表里，内外。方世举《笺注》："《左传》（僖公二十八年）：'表里山河。'"忽通透，写山岚浮动的情景，忽开忽合，开时可清楚地看见山峦。

⑭ 无风自飘簸：飘簸，荡漾。魏本："祝曰：簸，扬米也。《诗》（《小雅·大东》）：'不可以簸扬。'簸，音播，又音跛。"方世举《笺注》："张衡《西京赋》（《文选》卷二）：'荡川渎，簸林薄。'"按：谓无风自簸扬也，如韩公《三星行》"箕独有神灵，无时停簸扬"亦此意。

⑮ 融液煦柔茂：融液，文《详注》："融液，亦山之气。郭景纯《江赋》（《文选》卷一二）云：'云雾之所蒸液。'《晋·诸公赞》曰：'融液腾怪。'"按：亦作溶液、溶溢（yì），水波涌动貌。宋玉《高唐赋》："水澹澹而盘纡兮，洪波淫淫之溶溢。"《晋书·王濬传》："须臾，融液断绝，于是船无所碍。"宋苏轼《菜羹赋》："爨铏锜以膏油，泫融液而流津。"此形容蒸岚流动明亮柔和，像消融的液体。

⑯ 横云时平凝：此句形容云有时在山顶安安静静，一动不动的样子，像一面平铺的镜子。凝，凝结。傅玄《杂诗》："凝气结为霜。"

⑰ 岫：文《详注》："山有穴曰岫，音袖。"魏本："樊曰：《说文》（山部）：'岫，山穴也。'"徐震《评释》："《尔雅·释山》：'山有穴为岫。'"按：岫（xiù），峰峦或洞穴。嵇康《幽愤》："采薇山阿，散发岩岫。"谢朓《郡内高斋闲坐答吕法曹》："窗中列远岫，庭际俯乔林。"《文选》张协《七命》："临重岫而揽辔。"注引汉仲长统《昌言》："闻上古之隐士，或伏重岫之内，窟穷皋之底。"晋陶潜《归去来兮辞》："云无心以出岫，鸟倦飞而知还。"刘义庆《世说新语·言语》："郊邑正自飘瞥，林岫便已皓然。"杜甫《甘林》诗："晨光映远岫，夕露见日晞。"

⑱ 天空浮修眉：方《举正》出"空"字，云："三本同。"朱《考异》："空，或作'宇'。"宋白文本、文本、祝本、魏本作"宇"，廖本作"空"。

二字均可,此从"空"。

文《详注》:"'天宇'字出陶潜诗,一作'天空',非。谓天之覆地如屋宇也。《西京杂记》云:'文君眉色不加黛饰,常如远山。'东坡《赠欧阳晦夫》云:'我怀汝阴六一老,眉宇秀发如春峦。'是用天宇字读也。夫愈以高才博学为唐巨儒,盖得孔孟之心,故其发为文章,立意造语遂为后世之宗匠。近时追仿其作者不可胜数,如欧阳公、苏氏父子,皆尊而师之。东坡《庙碑》之作有曰:'匹夫而为百世师,一言而为天下法。'呜呼,大哉!虽亲灸其教诲,号为韩门子弟如李翱、皇甫湜、李汉之徒,安能见到如此。是以下笔之际或用其事,或用其意,或用其字,读之而韩意愈明者,兼载之于注,以见韩氏之矩矱。"魏本:"孙曰:'言远山横如修眉也。'韩曰:《选·洛神赋》:'修眉联娟。'注:'修,长也。'《西京杂记》(卷二):'文君佼好,眉色如望远山。'《补注》:《赵飞燕外传》云:'合德为薄眉,号远山黛。'合德,飞燕妹名。"按:修眉,形容天上的云像女子的长眉毛一样秀美。值得一说的是,以上诸家多依杜诗韩文无一字无来处,从用语索原考虑,定作"宇",非谓不可;然用"空"字,不但语畅声响明白如画,且意境博大深远有味,符合诗词用语。

⑲ 浓绿画新就:浓绿,形容山上的树木杂草葱郁墨绿。画新就,即新画就,形容色彩新鲜像新画成的一样。

⑳ 孤撑有巉绝:撑,或作"樘"。廖本作"樘"。撑、撑同,撑为本字,撑为后出字,今标准简化字作"撑"。祝本作"樘",宋白文本、文本、魏本均作"撑",从之。

孤撑,文《详注》:"言险绝之处有孤峰撑起,如海鸟之举嘴也。《史记·楚世家》:'射蜀鸟于东海。'撑,邪柱也,音抽庚切。"巉绝,魏本:"祝曰:巉,峻貌。绝,岩险也。杜诗(《白水县崔少府十九翁高斋三十韵》):'巉绝华岳赤。'《补注》:《南史》刘孝标《广绝交论》:'太行孟门,岂云巉绝。'"按:此句谓孤立直竖的山峰像斜立的柱子。撑,斜柱。巉绝,形容山势高耸险峻。李太白《江上望皖公山》:"清宴皖公山,巉绝称人意。"苏轼《独秀峰》:"倚天巉绝玉浮屠,肯与彭郎作小姑。"潘飞声《题披秘石门》:"群山郁幽闷,巉绝排天闾。"

㉑ 海浴褰(qiān)鹏噣(zhòu):褰,揭起、张开。噣,鸟喙。魏本:"噣,喙也。祝曰:鸟口也。《史记》(《赵家》):'中行人面鸟噣。'音昼。"文《详注》:"言险绝之处有孤峰撑起,如海鸟之举噣也。《史记·楚世家》:'射噣鸟于东海。'鹏,海鸟也。褰,举也,音居言切。噣,喙也,陟救切,与喙同。"徐震《评释》:"潘岳《射雉赋》:'褰微罟以长眺。'徐爰注:'褰,开也。'《说文》(口部):'噣,喙也。'"按:以上二句谓:云海中的峭壁怪峰或桀起特立,拔地凌霄;或峰峦对峙,如鹏鸟开喙。

何焯《批韩诗》:"此就望中所见,先叙大概。"又云:"刻画奇秀。"魏本:"《补注》:'已上总叙南山大概。'"

㉒ 春阳:春天和煦的阳光。文《详注》:"春阳、夏炎、秋寒、冬雪,皆言山色随时而变。下各咏其意。"汉焦延寿《易林》卷四《井》:"春阳生草,夏长条枝,万物蕃滋,充实益有。"荀悦《申鉴·杂言》上:"喜如春阳,怒如秋霜,威如雷霆之震,惠若雨露之降。"

潜:隐藏、笼罩。《荀子·议兵篇》:"窥敌观变,欲潜以深。"

沮洳(jù rù):润泽的低洼湿地。文《详注》:"沮洳:渐湿也。上将豫切,下如倨切。"魏本:"祝曰:沮洳,陷湿地。《诗》(《魏风·汾沮洳》):'彼汾沮洳。'孙曰:'沮洳,犹言润泽也。'沮,子鱼切。洳,音如,又一音。皆去声。"方世举《笺注》:"春阳:《诗·七月》(《豳风》):'春日载阳。'沮洳:《诗·魏风》(《汾沮洳》):'彼汾沮洳。'《广韵·释诂》:'沮洳,湿也。'"先说春。

㉓ 濯濯吐深秀:濯濯,光彩耀眼。文《详注》:"濯濯:言如洗濯然。《晋书》(《王恭传》):'王恭美姿仪,人多爱悦,或目之云:濯濯如春月柳。'"徐震《评释》:"《诗·崧高》(《大雅》):'钩膺濯濯。'毛传:'濯濯,光明貌。'"

吐深秀:方《举正》作"吐深秀",云:"杭、蜀同,阁本只作'深吐秀'。荆公与李、谢诸校本多从杭本。"宋白文本、文本作"吐深秀"。

祝本、魏本作"深吐秀",注:"一作'吐深秀'。"今从方作"吐深秀"。

深秀:形容低洼处的树木茂盛而秀丽。宋欧阳修《醉翁亭记》:"望之蔚然而深秀者,琅玡也。"明宋濂《琅玡山游记》:"惜乎山皆童而无蔚然深秀之趣。"

㉔ 岩峦虽巃崒:岩,宋白文本作"嵓",诸本作"岩",从之。按:二字古通用。鲍照《登庐山》之一:"千岩盛阻积,万壑势回萦。"柳宗元《梦归赋》:"山嵬嵬以嵒立兮,水汩汩以漂激。"皆形容高峻的山。岩峦,高峻的山峰。《文选》卷二二南朝梁徐敬业《古意酬到长史溉登琅玡城》诗:"表里穷形胜,襟带尽岩峦。"李白《蜀道难》:"青泥何盘盘,百步九折萦岩峦。"

巃崒(lù zú):高峻貌。魏本注:"巃崒,山峻也。巃,音律。崒,昨没切,又慈恤切。"魏本:"祝曰:《史记》(《司马相如传》):'隆崇巃崒。'"方世举《笺注》、钱仲联《集释》皆同祝。魏本:"韩曰:杜诗(《桥陵诗三十韵》):'高岳前巃崒。'"文《详注》:"峦:山小而锐也,卢丸切。巃崒:峰头巉岩也,上劣戍切,下促律切。《上林赋》云:'其山则隆崇巃崒。'又《西都赋》:'岩峻嶵崒。'皆指南山而言也,与此同义。"

㉕ 软弱类含酎:酎(zhòu),重酿的酒。文《详注》:"郑氏注《月令》云:'酎之言醇,谓重酿之酒,春酒也。'酎,直又切。"诸本多作"輭",即今通用软字。童《校诠》:"祝曰:后汉:安车輭轮,輭,柔也。又曰:輭与软同,而兖切。方世举曰:汉书尹赏传:一坐輭弱不胜任免。第德案:玉篇:㪔,柔也,而兖反。说文:㪔,轹也,从车㞋声。野王案:今亦以为柔㞋之㞋,汉书:软弱不胜任为此字,㞋在尸部。或为奊字,在大部。或为偄字,在人部。说文:偄,弱也,奊,稍前大也,读若畏偄,段玉裁曰:二字义近音同,又云:俗作輭,讹作软,王念孙曰:软当报之讹。案:说文:㞋,柔皮也,从申尸之后,尸或从又。王氏谓软当报之讹,本之顾氏。輭为輭之形变,篇韵作輮从重而,丧车也,其本字应为需,考工记輈人:马不契需,郑司农(众)注:需读为畏需之需,释文:需音须,又乃乱反,案:乃乱反即偄字之音。

或假懦为之,左氏僖二年传:懦而不能强谏,释文:懦,乱反,又乃货反,字林作愞,乃乱反,是其例。或谓需与懦为讹字,与奭不同部,不悟需、懦、奭皆从而声,自可假借,郑司农读需为畏需,是其证。祝氏引后汉安车輭轮,见明帝纪。章怀太子(李贤)注:輭轮以蒲裹轮,輭音而充反,无柔也二字,疑依玉篇增入。又案:战国楚策:李园软弱人也,史记货殖传:妻子软弱,用软弱字先于尹赏传(按:本传作软不作輭)。"

㉖ 夏炎百木盛,荫郁增埋覆:二句谓炎热的夏天草木茂盛,郁郁葱葱,覆盖众山。文《详注》:"《释木》云:'蔽者,翳,言树阴覆地也。'魏本:"孙曰:'言草木茂盛,埋覆众山也。'"二说夏。

㉗ 欻歔(xiāo xū):蒸气上升的样子。魏本:"祝曰:欻,热气。《说文》(欠部):'歔歔,气出貌。'歔,欷也。《老子》:'或歔或吹。'孙曰:'言山谷鸣吼如神灵也。'"魏本音注:"欻,居骄切。歔,休居切。"文《详注》:"言山之神灵,出云吐气,日相歔歔,谓欲雨也。《礼记》(《祭法》)曰:'山林(川谷丘陵)能出云为风雨,见怪物皆曰神。'歔歔,气上出貌。上虚娇切,下休居切。"按:《汉语大词典》谓气蒸发貌,亦引韩诗为例。

㉘ 结构:聚集。魏本:"韩曰:《选》(卷二二)左太冲《招隐》诗:'岩穴无结构[,丘中有鸣禽]。'"按:以上二句谓神生气,气成云,云气聚。参阅韩公《杂说》四首之一:"龙嘘气成云,云固弗灵于龙也,然龙乘是气,……神变化,水下土,汩陵谷,云亦灵怪矣哉!"又韩公《合江亭》诗:"梁栋宏可爱,结构丽匪过。"《抱朴子外篇·勖学》:"文梓干云而不可名台榭者,未加班输之结构也。"《辞源》亦以韩诗为例。

㉙ 秋霜喜刻轹:方《举正》作"刻轹",云:"杭作'轹',蜀作'铄'。旧监本亦从'轹'。'刻轹宗室',《史记·酷吏传序》语。"朱《考异》:"轹,或作'铄'。"宋白文本、祝本作"铄"。当作"轹"。三说秋。

刻轹(lì):魏本:"祝曰:轹,车所践也。《周礼·大驭》(《夏官》)

'犯轹'注:'既祭之,以车轹之。'《吕氏春秋》云:'陵轹诸侯。'音历。一作铄,非是。"徐震《评释》:"《汉书》(《酷吏传序》'刻轹宗室'句)颜注云:'轹,谓陵践也。'"按:刻轹,深刻陵践,《盐铁论·讼贤》:"刻轹公主,侵陵大臣。"

㉚磔卓立癯瘦:文《详注》:"秋冬则山泽藏气,磔然而立,有似人体之癯瘦也。古者死刑,皆磔于市。磔,竹客切。癯,亦瘦也,音权俱切。"魏本:"磔,裂也。祝曰:开也,张也。《尔雅》'祭风曰磔'。注:'磔,狗以止风。'《礼记》:'大难旁磔。'癯,瘠也。《选》:'癯瘠改貌。'孙曰:'言草木皆落,山卓然独立也。'"按:磔(zhé),古代的一种酷刑,把人肢体分裂。癯(qú)瘦,清瘦。此二句谓秋霜残酷地摧残草木,使其凋落,只剩下山瘦骨嶙峋地卓然特立。

㉛刚耿陵宇宙:文《详注》:"参差不齐也。《西京赋》(《文选》卷二)曰:'冈峦参差。'宇宙,天地也。"方世举《笺注》:"马融《长笛赋》(《文选》卷一八):'密栉叠重。'"徐震《评释》:"刚有肃义。耿者,光也。光与清朗之义相因,刚耿云者,犹言清肃也。"按:此句谓终南山性格刚耿,形态岿伟,其气势可陵轹宇宙也。

㉜幽墨:魏本注:"俗本作'黑'。"非也。徐震《韩集诠订》:"《楚辞·怀沙》:'孔静幽默。'《史记》'默'作'墨'。韩以'幽墨'为'幽默'。依《史记》之文。"童《校诠》:"吴闿生曰:墨、默古字通,左氏传蔡墨,吕氏春秋召类篇作史默。史记商君传:武王谔谔以昌,殷纣墨墨以亡,汉书李陵传:陵墨不应,是墨、默古通用。第德案:说文:默,犬暂逐人也,读若墨,凡言读若者皆可通用,故二字通。又案:黑、墨古亦通用,仪礼士昏礼:乘墨车,郑注:漆车,释名释车:漆车,漆之正黑,无文饰。左氏僖三十三年传:晋于是始墨;哀十三年传:肉食者无墨;孟子滕文公篇:面深墨;皆黑之借字。作黑自通。"按:幽墨,即幽默,静穆也。墨,亦作"默",韩愈将"幽默"写作"幽墨",本自《史记·屈原贾生列传》里司马迁将《九章·怀沙》中的"孔静幽默"写作"孔静幽墨"。此为韩公炼字寓意处,作"墨",既写冬天之山的静穆,又突出山的色彩。《史记》集解引王逸注:"孔,

甚也。墨,无声也。"正义云:"言江南山高泽深,视之昫,野甚清净,叹无人声。"墨、默、黑三字古虽可通,然韩公此诗当作"墨"。四说冬。

㉝ 冰雪工琢镂:雪,朱《考异》:"雪,或作'路'。"诸本作"雪"字,是。

文《详注》:"《尔雅》(《释器》)曰:'金谓之镂,玉谓之琢。'镂,郎豆切。言冰雪屈曲自为琢镂之形如白玉然。"按:文说甚是。工,精巧别致。琢镂,雕刻。此句谓以冰雪雕镂装点山形。

㉞ 新曦照危峨:方《举正》:"阁本同上。蜀本'危'作'崞'。"朱《考异》:"危,或作'崞'。"

文《详注》:"曦,日光也,虚其切。"魏本:"祝曰:曦,日光也。《选》:'隆暑方赫曦。'曦,音希。"按:曦,日。危峨,同巍峨,形容山势高大。晋陆云《四言失题》诗前八章之五:"沉曦含辉,芳烈如兰。"南朝齐谢朓《谢宣城集》卷五《奉和随王殿下》诗之十一:"气爽深遥瞩,豫永聊停曦。"

㉟ 亿丈恒高褒:方《举正》:"恒,居邓切。曾本作'亘'。"朱《考异》同方。宋白文本、魏本、廖本作"恒",注:"一作'亘'。"文本、祝本亦作"恒"。按:恒(héng),通亘(gèn,旧读 gèng),横贯。张平子《西京赋》:"亘雄虹之长梁。"亘为本字、亘为俗写,音义同,今通作"亘"。

文《详注》:"亿丈,谓冰雪也。谢惠连《雪赋》(《文选》卷一三)曰:'袤丈则表沴于阴德。'《过秦论》云:'据亿丈之城。'袤,莫侯切。《说文》(衣部)云:'东西曰广,南北曰袤也。'"魏本:"袤,广也。祝曰:长也,东西曰广,南北曰袤。《前汉》:'延袤百丈。'莫侯切。"方世举《笺注》:"《汉书·西域传》:'广袤三百里。'"按:亿丈,极言其高。汉贾谊《过秦论》:"据亿丈之城,临不测之溪以为固。"《汉语大词典》亦以韩诗为例。或曰冰雪,不妥。作绵延解,恒与亘字通。袤(mào),广大。此句极言南山高峻广大。

㊱ 明昏无停态,顷刻异状候:文《详注》:"沈休文《钟山》诗曰:

'发地多奇岭,千云非一状。'"按:此二句总括四时阴晴不同,倏忽之间,变化不定,作一收束,开下分述。顷刻,谓时间短暂,本唐时中原口语,今仍沿用。

这一段分述四季所见南山景色变化。朱彝尊《批韩诗》:"南山当咸京面前,日日望见,故备睹四时态状。"徐震《评释》:"以上言瞻望所见也。中分两层,自'尝升崇丘望'至'海浴褰鹏噣'为一层,总述所见之大概。自'春阳潜沮洳'至'顷刻异状候',分述四时所见之不同。'明昏'二句,总括四时言之,作一收束。"

㊲ 太白:文《详注》:"言太白山在京城西南,最为雄桀,众山莫能齐也。《水经》云:'武功县有太一山,古文以为终南,杜预以为中南也,亦曰太白山。在武功县南,去长安二百里,不知其高几何?俗云:武功太白,去天三百,山下军行,不得鼓角。以其辄致雷雨故也。'东坡《奏乞封太白山神状》云:'伏见凤翔府郿县太白山,雄镇一方,载在祀典。案:唐天宝八年(749)诏:封山为神应公,逮至皇朝始改封侯,而加以济民之号。自去岁九月不雨,父老咸谓此山旧有湫水,试加祷请,必获响应。'告封为明应公。又诗曰:'平生闻太白,一见驻行驺。鼓角谁能试,风雷果致不?岩崖已奇绝,冰雪更琱锼(当为镂)。春旱忧无麦,山灵喜有湫。蛟龙懒方睡,瓶罐小容偷。'"孙、韩及方注均同上而简。魏本:"《补注》:'柳子厚云:雍州西南界于梁,其山太白,其地多寒。'"按:太白峰,终南山主峰,在武功县南,长安西南。《水经注·渭水》:"太一山,亦曰太白山,在武功县南,去长安二百里,不知其高几何。俗云:'武功太白,去天三百。山下军行,不得鼓角。'"日人近藤元粹云:"朱云:以上远望,以下乃身历。此由西南入。"

㊳ 突起莫间簉:文《详注》:"簉,初救切。嵇叔夜《琴赋》(《文选》卷一八)云:'承间簉乏。'"魏本:"祝曰:簉,倅也,齐也,杂也。《左氏》(昭公十一年):'僖子使助薳氏之簉。'注:'簉,副倅也。'"徐震《评释》:"此二句言太白崛起于西南,旁无高山堪为副贰。"按:簉(zào),副贰、比并。《左传》昭公十一年:"泉丘人有女……遂奔僖

子……僖子使助薳氏之簷。"《文选》卷二张平子(衡)《西京赋》:"属车之簷,载猊㹮。"

㊴ 藩都配德运:藩都,文《详注》:"藩,谓藩王,所居东宫也。都,谓帝都也。德运,五德之运,水、木、火、金、土也。"魏本:"孙曰:'言太白山为帝都藩垣,唐土德,太白在西南坤位,故配德运。'"按:此句谓太白山是帝都长安的藩垣。配德运,太白山在长安西南的坤位,属帝都的藩属,唐土德,故云配德运。

㊵ 分宅占丁戊:文《详注》:"丁戊,西南之位,坤母之所在,故配德运者各以所旺而宅之。唐土德,故占丁戊。"魏本:"孙曰:'丁戊,亦谓西南。'"徐震《评释》:"此句之义,由来注家皆曰'丁戊,亦谓西南',此言殊不分明。震谓丁为南,戊乃中也。谓终南自太白山分来,据秦岭之中,帝都之南,故曰'分宅占丁戊'耳。秦岭西为太白,中为终南,东为华山,韩公意谓太白乃秦岭之首,故歌颂终南,不可遗之耳。"按:丁为南,戊为中。此句是说南山以太白峰为中分之界,居秦岭之中,帝都之南,故称"分宅占丁戊"。按地区分,秦岭西为太白,中为终南,东为华山。诗意谓:太白乃众山之首,写南山不能把太白忘掉。

㊶ 逍遥越坤位:方《举正》订"坤位",云:"阁本作'地位',蜀本作'坤位'。晁、谢皆从'坤'。"朱《考异》:"坤,或作'地'。"宋白文本、祝本、魏本作"地",注:"一作'坤'。"文本、廖本、王本作"坤"。今从方。

文《详注》:"以坤位为超越而乐居之。"魏本:"逍遥,谷名。"王元启《记疑》:"旧注:谷名。按:下与'诋讦'为偶,不应解作谷名。"姚范《援鹑堂笔记》卷四一:"按:此非必指谷名,盖与'诋讦'皆形容词耳。诋讦,同抵揭。"方世举《笺注》:"蒋云:'逍遥、诋讦,或云谷名。'按:逍遥谓谷,诚为有之,韦复之所居也。诋讦,无此谷名。此四字不过形容'越'字、'陷'字耳。《墨子》:'虽有诋讦之人,无所依矣。'诋讦,犹凌犯也。坤位、乾窦:扬雄《蜀都赋》:'下按地纪,则坤宫奠位。'班固《西都赋》(《文选》卷一):'据坤灵之正位。'《后汉书·地理志注》:《耆旧记》曰:'国当乾位,地列艮墟。'《管辂别传》:'古之圣人,处乾位于西北,坤位于西南。'"日人近藤元粹注:"'逍遥'二句,但云太白非特占西南坤位而已,又侵及东西乾位,故云'陷乾窦'也。"

按:逍遥谷不在太白山,而在骊山清虚原幽栖谷,韦嗣立别墅在焉。开元二十五年(737)暮春,王维与萧嵩、张九龄、韩休、杜暹、王丘、裴耀卿同游宴于逍遥谷韦氏庄,王维作《暮春太师左右丞相诸公于韦氏逍遥谷宴集序》,与韩诗"逍遥谷"方位不对。韩诗之逍遥非谷名,乃形容南山的姿态,正承上句"分宅占丁戊"来,又与下句"诋讦"对。坤位,正位,西南叫坤,太白山正居此位。苏轼《寄题梅宣义园亭》:"我本放浪人,家寄西南坤。"

㊷诋讦陷乾窦:文《详注》:"以乾窦为陷绝而诋讦之。班固《西都赋》云'据乾灵之正位,放太紫之圆方'是也。凡此数联,皆言京城者帝王之都,祖宗之旧宅,有德则易以昌,不可一日轻去故也。"魏本:"祝曰:诋,呵也。《史记》:'舞文巧诋窦穴也。'孙曰:言太白非特占西南坤位而已,又侵及西北乾位,故云'陷乾窦'也。"方成珪《笺正》:"东北,当从王本作'西北'。乾,西北之卦也。见《说卦》。若东北,则艮位,非乾位矣。"按:诋讦(jié),本意为说别人的坏话,陷害人家;此处作侵占、凌犯解。乾窦,西北方,乾卦表示西北方。此二句谓太白山高大,不但占据了西南的坤位,又侵凌了西北的乾位。

㊸空虚:方世举《笺注》:"《庄子·徐无鬼》篇:'逃空虚者,闻人足音,跫然而喜矣。'"按:空虚,即虚空,空无,不充实。《管子·八观》:"民偷处而不事积聚,则困仓空虚。"《史记·龟策列传》:"竹外有节理,中直空虚。"韩公《符读书城南》:"《诗》《书》勤乃有,不勤腹空虚。"《汉书·匈奴传下》:"数年之间,北边虚空,野有暴骨矣。"三国魏刘劭《人物志·接识》:"静听不言,则以为虚空。"则空虚、虚空意同。

兢兢：争强好胜。《诗·小雅·无羊》："矜矜兢兢。"毛传："矜矜兢兢，以言坚强也。"又《小旻》："战战兢兢。"毛传："战战，恐也；兢兢，戒也。"则韩公用《诗经》语而省，战战为坚强，兢兢为谨慎小心也。所谓"空虚寒兢兢"正应西北方也。

㊹ 风气较搜漱：较，一说作"校"。诸本作"较"，从之。

方世举《笺注》："陶潜诗：'山中晓霜露，风气亦先寒。'"按：较、校，作较量解，音义同。《战国策·秦四》："足以校于秦矣。"《孟子·万章下》："鲁人猎较。"徐震《评释》："《广雅·释诂》一：'校，度也。'校即较也，引申校度之义，则为争竞。搜漱，皆取其声。《广雅·释训》：'飕飕，风也。'搜漱，犹飕飕矣。"按：徐氏解较绕弯，不如以上直说善。搜漱，犹飕飕，寒风的声音。

㊺ 朱维方烧日，阴霰纵腾糅：魏本："祝曰：霰，雨雪杂也。《诗》（《小雅·颇弁》）：'先集维霰。'糅，即谓杂糅。《仪礼》（《乡射礼》）：'无物，则以白羽与朱羽糅。'"文《详注》："朱维，谓南方。祝融，主夏之神。阴霰，积雪也。腾糅，犹流散也。言太白之高，积雪至夏方散也。《颇弁》诗曰：'维彼雨雪，先集惟霰。'毛云：'霰，暴雪也。'将大雨雪，始必微温，雪自上下，遇温气而抟谓之霰，久而寒胜，则大雪矣。谢惠连《雪赋》云：'霰淅沥而先集，雪纷糅而遂多。'霰，先见切。糅，女救切。"徐震《评释》："朱维，南方也。阴，北方也。《穀梁传》（僖公二十八年）：'山南为阳，水北为阳。'此言山南日光正盛，山北飞霰交下矣。《广韵》：'糅，杂也，女救切。''空虚'二句，形太白之高。此二句形其大也。"按：朱维，南方。方烧日，日照正盛。阴，北方为阴。霰，雪粒。纵，放纵。腾，飞舞。糅，混杂。此二句谓山南日照正盛，山北却下起大雪。形容太白山高大，把山南山北分成冬夏两个世界。

以上颂太白之高大，以终南发脉于太白也。

㊻ 昆明大池北：昆明池，文《详注》："《前汉书》（参阅《武帝纪》'三年，发谪吏穿昆明池'及如淳注）：昆明池，武帝所穿也。初，汉

欲征昆明国,有滇河,乃使谪戍伐上林,象滇河,作昆明池以习水战,中有戈船、楼船百艘,石鲸、石鼓。滇,音颠。《关中记》云:'昆明池,尧治水讫,停船此池。'盖尧时已有池,汉代因而深广之。《西京杂记》云:'池周回四十里,鱼给诸陵庙祭祀。'"魏本:"孙曰:'昆明池在长安西南,周回四十里。汉武元狩二年(前121)作,以习水战。'"朱彝尊《批韩诗》:"大池,乃太液池,在建章宫北,去昆明不远。"徐震《评释》:"朱说迂曲,孙说得之。"按:昆明池在长安西南,周回四十里,广三百三十二顷。汉武帝元狩三年(前120)开凿,练习水战,池水东出为昆明渠。至十六国后秦姚兴时,池水涸竭。唐时曾经修整,德宗贞元十三年(797)又加修浚,引潏水、沣水合流入池,成为游览之所。朱彝尊认为是建章宫北的太液池,误。

㊼ 觌(dí):看见。《易·困》:"入于幽谷,三岁不觌。"《论语·乡党》:"私觌,愉愉如也。"《国语·周语中》:"阳人不服晋侯:武不可觌,文不可匿。觌武无烈,匿文不昭。"注:"觌,见也。匿,隐也。"

㊽ 绵联:方世举《笺注》:"《广雅·释诂》:'绵联,牵连也。'"蒋抱玄《评注》:"《西京赋》:绕垣绵联,四百余里。"按:绵联,连绵不断。张平子《文选》卷二《西京赋》:"缭垣绵联,四百余里。"俯视:从上向下看。

㊾ 倒侧困清沤:此承上句谓从上向下看昆明池,山影倒映池水之中,为池所拘束,好像山被困在池水里一样。文《详注》:"倒侧谓鱼鳖之属,言多也。枚乘《七发》云:'鱼鳖失势,颠倒偃侧。'按愈《日食》诗亦云'翎鬣倒侧相搪撑'是也。沤,停水也,音乌候切。"魏本:"祝曰:沤,久渍也。《诗》(《陈风·东门之池》):'可以沤麻。'"徐震《评释》:"言山影倒侧映池水中,为池所限,故曰困也。"按:文谓"鱼鳖失势"恐与韩公诗意不合;徐说较善。沤,积水成池。

㊿ 微澜动水面:方世举《笺注》:"《释名》(《释水》):'风吹水波成文曰澜。澜,连也,波体转流相及连也。'"按:谓微风吹过水面掀起层层细细的波纹。澜,水波连成纹,即波浪。《孟子·尽心上》:

"观水有术,必观其澜。"宋玉《神女赋》:"望余帷而延视兮,若流波之将澜。"

㉛ 踊跃踩猱狖:朱《考异》:"踩,或作'踩'。作"踩"非。
文《详注》:"猱,猿属,奴刀切。狖,鼠属,余救切。踩,动也,子到切。马融《笛赋》云:'鱼鳖禽兽,怦噪踊跃。'踩,当作'噪'。"魏本:"祝曰:猱,猴属。《诗》(《小雅·角弓》):'无教猱升木。'狖,鼠属,善旋,一云兽名,似猿。《楚辞》:'猿狖杂处兮虎豹嗥。'"魏本音注:"猱,奴刀切,狖音柚。踩,一作'踩'。"按:猱(náo),猿类,猴子之属的一种。《尔雅·释兽》:"猱猨善援。"《文选》卷八司马相如《上林赋》:"蛭蜩蠼猱。"李善注:"蠼猱,似猕猴而大。"《古文苑》扬雄《蜀都赋》:"猨蝙玃猱,犹縠毕方。"注:"玃猱,《上林赋》作'玃猱',猴属。"狖(yòu),长尾猨。《楚辞》屈原《九歌·山鬼》:"雷填填兮雨冥冥,猨啾啾兮又夜鸣。"《淮南子·览冥训》:"猨狖颠蹶而失木枝。"高诱注:"狖,猨属,长尾而印鼻。"

㉜ 惊呼惜破碎,仰喜呀不仆:文《详注》:"言波澜聚散不常,可观而喜也。东坡《春思》诗云'西湖忽破碎,鸟落鱼动镜'即此意。呀,开口也,音虚加切。仆,顿也,音敷救切。"魏本:"祝曰:《说文》(人部):'仆,倒也。'《尔雅》:'僨,仆也。'注:'顿踬倒。仆,音敷救切,又匹候切。'《补注》:已上言南山方隅连亘之所。"按:此二句谓俯视水面,水波动荡,见山影破碎,不觉为之惊呼:"呀!"再仰望山峦似倾倒而未倾倒,喜欢得惊呆了。

曾国藩《十八家诗钞》:"旧注:已上言南山方隅连亘之所。国藩按:清泚为微澜所破碎,故猱狖踩而惊呼,呀而不仆,此述昆明池所见也。"

㉝ 前寻径杜墅:方《举正》据杭本作'径',曰:"径,当如'夜径泽中'之'径'。"朱《考异》:"径,或作'经'。杜,或作'社',非是。"宋白文本、文本、祝本、魏本作"经"。廖本、王本同方作"径"。童《校诠》:"王元启曰:案:史记陈杞世家有牵牛径人田之语,径字不始高

纪。第德案:汉书五行志:还经鲁地,颜注:经者,道出其中也,作经自通,宜两存之。又按:方氏云:当如夜径泽中之径,乃举例说明径字之义,王氏谓径字不始高纪,引史记陈杞世家作证,殊乖方氏本意。左氏僖二十五年传:赵衰以壶飧从径,杜注:径犹行也,周礼野庐氏:禁野之横行径逾者,郑注:径逾射邪趋疾越堤渠也。径行字左氏、周礼已用之,王引史记未得其朔。"按:径,本指小路。《论语·雍也》:"行不由径。"引申为取道,同"经",经过。《史记·高祖本纪》:"夜径泽中。"用作经过,又写作"迳",同经。

杜墅:文《详注》:"《旧史·宪宗纪》'宰相杜佑与同列宴于樊川别墅',即此地。杜,一作'社',非。墅,田庐也,音上与切。"魏本引韩《全解》同。魏本:"孙曰:杜墅,即杜陵也。本周之杜伯国,在长安万年县东南。祝曰:墅,田庐也。《晋史》:'围棋赌别墅。'墅,神与切,一本作'社墅',非。徐震《评释》:"自昆明池东北行至杜墅,由此登山也。"按:杜陵,周成王迁封陶唐氏之后于杜,称杜伯国,即汉杜陵地,在长安东南,杜甫诗称"杜陵叟"者缘此。

㊾ 坌蔽毕原陋:坌,方《举正》:"杭、蜀本'坌'皆作'忿',疑误。"朱《考异》:"坌,或作'忿'。"宋白文本、文本、祝本、魏本、廖本、王本均作"坌",是。

坌(bèn),尘埃。文《详注》:"坌,尘也,音火吻切。毕,道名。《尔雅·释丘》曰:毕,堂墙。郭璞注云:今终南山道名毕,其边若堂之墙也。原陋,疑亦地名。"魏本:"祝曰:坌,尘也,《后汉》:'益气坌涌。'孙曰:毕原,周文、武葬处,在今咸阳县西北。或曰文王子封于毕,此其地也。"方世举《笺注》:"《广雅·释诂》:'坌,尘也。蔽,隐也。'"徐震《评释》:"此二句谓已至杜墅,毕原为尘坌所蔽,不可见矣。陋者言其卑小。"按:文、孙说非是;徐说亦未审。毕原在咸阳西北,杜墅在咸阳东南,韩愈去南山不经毕原。此乃韩愈游南山经杜陵所眼见情景也。蔽,为尘浮所遮盖。毕原,所有的原野。因此才产生"陋(劣、坏)"的感受。

㊳ 崎岖上轩昂,始得观览富:崎岖,魏本:"崎,音祈。岖,音区。"文《详注》:"言行轩昂之处。"按:崎岖,山路曲折不平貌。汉王符《潜夫论·浮侈》:"倾倚险阻,崎岖不便。"轩昂,形容精神饱满,气度不凡,指终南山。如韩公《卢郎中云夫寄示送盘谷子诗两章歌以和之》:"开缄忽睹送归作,字向纸上皆轩昂。"此二句点明诗人开始走到南山脚下,即朱彝尊《批韩诗》所谓"始抵南山"是也。富,谓其多也。

㊵ 行行:向前走了又走。魏本:"《补注》:谢惠连诗(《西陵遇风献康乐》):'行行道转远。'又古诗(《文选·古诗十九首》):'行行重行行。'"文《详注》:"穷,极也。"《后汉书·济南安王康传》:"不忍穷竟其事。"

㊶ 岭陆烦互走:文《详注》:"观览既富,将遂极其所止,而横岭之道又复交进,莫知所适,言愈高也。范蔚宗《应诏》诗(《文选》卷二〇《乐游应诏》)云:'随山上岖嵚,瞻目有极览。'吕向注:'《天台山赋》云:平而横曰岭。'"魏本:"祝曰:走,疾趋也。《孟子》'兽之走圹也',音奏。"徐震《评释》:"《楚辞·九叹》:'巡陆夷之曲衍兮。'王逸注:'大阜曰陆。'互者,《汉书·刘向传》'宗族磐互'注:'字或作牙。'谓若犬牙相交入之意也。走者,《释名》(《释姿容》)曰:'走,奏也,促有所奏至也。'《释名》(《释言语》):'烦,繁也。''行行'二句,谓岭陆繁然交会,若无路可由也。朱彝尊(《批韩诗》)云:'将遂穷则尚未至顶。'朱以穷为穷其巅,非是,二句自言山路将穷耳。"按:徐震所说符合实情。岭,山冈。陆,平地。互走,相互交替。

㊷ 勃然思坼裂:文《详注》:"言山愈高,思欲坼裂其拥掩之所也,故下继以巨灵、夸娥事。"魏本:"坼,丑格切。"按:突然震惊如心肺撕裂的样子。《庄子·天地篇》:"荡荡乎,忽然出,勃然动,而万物从之乎。"按:坼(chè)裂,裂开。刘歆《遂初赋》:"地坼裂而愤忽急兮。"思,句首、句中、句末语气词。《诗·鲁颂·駉》:"思马斯臧。"又《小雅·桑扈》:"旨酒思柔。"又《小雅·采薇》:"昔我往矣,杨柳依依。今我来思,雨雪霏霏。"此句谓山忽然裂开。连下句,文

说“思”作“欲”解亦通。

(59) 拥掩难恕宥(yòu)：恕宥，宽恕、原谅。此句谓山路崎岖狭窄难以通过。文《详注》承上云：“下继以巨灵、夸娥事。”

(60) 巨灵与夸蛾：方《举正》作“夸蛾”，云：“考《列子》(《汤问》)当作‘蛾’。”朱《考异》：“蛾，或作‘娥’。”宋白文本、文本、祝本、魏本作“娥”，廖本、王本作“蛾”，均可。文《详注》：“《述征记》曰：华山对河东首阳山，黄河流于二山之间。云旧本一山巨灵所开，今睹手迹于华岳，而脚迹在首阳下。《西京赋》云：‘巨灵赑屃，高掌远蹠，厥迹犹存。’《列子》曰：‘太行、王屋二山，方七百里，高万仞，本在冀州之南，河阳之北。北山愚公者，年且九十，面山而居，惩北山之塞，出入之迂也。聚室而谋，将移之。操蛇之神闻之，惧其不已也，告帝。帝感其诚，命夸娥氏二子负山，一措朔东，一措雍南，自此冀南汉阴无陇。’”魏本：“孙曰：郭缘生《述征记》曰：‘华山对河东首阳山，黄河流于二山之间。古语云：此本一山当河，河水过之而曲行，河神巨灵以手擘开其上，以足蹈离其下，中分为两，以通河流。今睹手迹于华岳上，而脚迹在首阳山下。’”按：《列子·汤问》：“帝感其诚，命夸蛾氏二子负二山，一厝朔东，一厝雍南。自此冀之南，汉之阴，无陇断焉。”当作“蛾”。然自韩愈之后，唐诗人多用“娥”，《全唐诗》卷六一〇皮日休《游毛公坛》：“将山待夸娥，以肉投猰貐。”卷六二三陆龟蒙《奉和袭美古杉三十韵》：“恐是夸娥怒，教临巀嶭衰。”唐诗里也有用“蛾”字的，但多用于形容女人的眉，用于夸蛾者也有，当数韩愈，其《月蚀》诗“终令夸蛾抉汝出”即是，然有的版本亦作“娥”。故当两存之。巨灵，古代神话中劈开华山的河神。张平子(衡)《西京赋》：“缀以二华，巨灵赑屃，高掌远蹠，以流河曲，厥迹犹存。”巨灵、夸娥，传说中的大力神。

(61) 远贾期必售：方《举正》：“贾，阁本作‘雇’。”朱《考异》：“贾，或作‘雇’。”诸本作“贾”，音义同估。文《详注》：“贾，古售，音承咒切。《说文》云：‘卖去手也。’《卫·谷风》(当作《邶风》)诗曰：‘既阻我德，贾用不售。’此言有德者方可居之。”魏本：“祝曰：售，卖物出手。诗:'贾用不售。'"李黼平《读杜韩笔记》:"此盖言平日欲登此山,见岭陆互走,思坼裂之也。得此数韵顿折极好,与少陵'吾欲铲叠嶂'意同。'远贾'句翻用《世说》'未闻巢、由买山而隐'语也。"徐震《评释》:"李说非也。李谓平日欲登此山尤误。此明谓当前所见,何云平日邪?"程学恂《韩诗臆说》卷一:"宥、售等韵,似乎强押,然中有妙趣,非习于游山者不知也。"按:此句翻用《诗·邶风·谷风》"贾用不售"语。是说此山喜其必售。

⑫ 还疑造物意,固护蓄精祐:文《详注》:"言二神开山,有造物者蓄其精神,以祐助之也。祐,于救切。《说文》云:'神助之者也。'"按:此二句谓我还怀疑造物者的用意,精心专一地积聚保护这些天地精华。造物,创造万物。《庄子·大宗师》:"伟哉,夫造物者将以予为此拘拘也。"固护,精心专一。《礼记·曲礼》:"毋固获。"郑玄注:"欲专之曰固,争取曰获。"陆德明《释文》:"获,一音护。"马融《长笛赋》(《文选》卷一八):"或乃聊虑固护,专美擅工。"李善注:"精心专一之貌。"

⑬ 力虽能排斡,雷电怯呵诟:魏本:"祝曰:诟,怒也,耻也,骂也。《礼记》:'以儒相诟病。'诟,呼漏切。"文《详注》:"言雷电之力虽能排斡,然且怯于呵诟。开山之任非二神不可也。木元虚《海赋》云:'雷响电激。'响,与诟同音。"沈钦韩《补注》:"'雷电'以上八句,言思破其拥掩,有巨灵之劈华,夸娥之移山,大力所必售也。然天欲固护之,人力虽胜,终怯雷电也。"徐震《评释》:"沈说非也。沈谓思破拥掩,则亦与李同谓是想像之辞。不知此八句皆言山形,乃实境也。盖当岭陆互走,路若将穷矣,山忽开豁,若有勃然思坼裂之者,如巨灵、夸娥欲贾耀其威神也。山势如此,疑将分矣,然天意又似不欲其离,所以开而复合也。固护蓄精祐,《说文》:蓄积也。此句谓积集神力以固护之。排斡,《广雅》云:排,推也。斡,转也。雷电怯呵诟,谓巨灵、夸娥犹怯雷电之呵诟也。"朱彝尊《批韩诗》:"如此说大话,亦未见佳,以无所取义。若龟山蔽鲁,便有味。"

徐震《评释》:"'勃然思坼裂'一段与'因缘窥其湫'一段相接,

以形容险怪之状,与摹写幽靓之境交映成趣。朱氏以'勃然思坼裂'为出于想像,不知韩公乃形容山势开合之实景,宜乎不识其奇妙矣。"按:景则实景,而意则想像,即将山势忽开忽合,假托于神力,以实生虚,以虚托实,虚实相生,妙在其中矣!排,推开。诸葛亮《梁甫吟》:"力能排南山。"斡(wò),旋转。谢惠连《七月七日咏牛女》:"倾河易回斡。"贾谊《鵩鸟赋》:"万物变化兮,固无休息。斡流而迁兮,或推而还。"此二句谓:巨灵、夸娥力大,虽然能把山推开,然而又怕雷电的呵骂。

64 攀缘脱手足,蹭蹬抵积甃:缘,祝本作"辕"。诸本作"缘",是。

文《详注》:"蹭蹬,失步也。上七邓切。下丁邓切。抵,至也。积甃,山半石级也,侧救切。"魏本:"祝曰:蹭蹬:失道也。《选》(木玄虚《海赋》):'蹭蹬穷波。'(吕延济)注:'失势貌。'"顾嗣立《集注》:"《选·海赋》:'蹭蹬穷波。'"方世举《笺注》:"蹭蹬:蹭,七邓切,蹬,音邓。木华《海赋》:'蹭蹬穷波。'积甃:甃,树救切。《易·井卦》:'井甃无咎。'"徐震《评释》:"蹭蹬,《说文》新附字云:'失道也。'甃,《说文》(瓦部)云:'井壁也。'《广韵》音皱。此以积甃形容深谷。此二句言山势既开而复合,攀缘上登,手足欲脱,既不得上,乃失道而下,至于谷中。"按:祝谓"失道",误;文、徐震注云"失步","失势",是。实则为韩公攀登悬崖失足坠下之状。此二句谓:山势既开又合,攀缘上登,既上不去,又失足而下,至于谷底。蹭蹬,道路难行,遭遇挫折。积甃(zhòu),甃本指井壁,井壁直竖壁立,积甃形容山谷悬崖高高竖立像井壁一样。故曾国藩《求阙斋读书录》云:"恶群峰之拥塞,思得如巨灵、夸娥者擘开而坼裂之。以雷电不为先驱,终不能擘,遂有攀缘蹭蹬之困。"

65 茫如试矫首,堛(bì)塞生恂愁(kòu mào):文《详注》:"矫,举也。恂愁,惧也。举首而观则山势愈高,目前堛塞可为惧也。堛,块也,拍逼切。恂,音寇。愁,莫候切。陶潜《归去来》云:'时矫首以遐观。'《楚辞·九章》云:'直恂愁而自若。'"魏本:"《补注》:

'茫如,即茫然也。'祝曰:垀,土块。《尔雅》云:'块,垀也。'塞,填塞。怐愁:愚也。《楚辞》宋玉《九辩》云:'直怐瞀而自若。'孙曰:'怐愁:愁怨貌。寇茂二音。'樊曰:'按《集韵》通作毂霡,鄙吝,心不明也。'"方世举《笺注》:"张衡《思玄赋》:'仰矫首以遥望兮,魂怅惘而无畴。'"钱仲联《集释》:"垀塞,亦作畐塞,唐人恒言。慧琳《一切经音义》卷七十五:'畐塞,被逼反。《方言》:畐,满也。经文作逼,误也。'畐亦作愊,谓气愤满郁结也。愁,疑借作霡,《集韵》去声五十候:霡,毂霡,鄙吝也。或作愁,莫候切。与'怐愁'音义皆近。"徐震《评释》:"此二句言在深谷之中,茫然仰望,迫促郁塞,如在井中。"按:此二句谓:身在山谷中向上仰望,茫然迫促,心感郁塞,如在井中。茫,茫然。矫首,举头仰望。垀塞,气愤郁结满胸。怐愁,愚昧的样子。《楚辞》宋玉《九辩》:"然潢洋而不遇兮,直怐愁而自苦。"

⑥⑥ 威容丧萧爽:方世举《笺注》:"张衡《西京赋》:'浸盛威容。'《后汉书·承宫传》:'臣貌丑,宜选有威容者。'"徐震《评释》:"威容犹仪容。言处垀塞之中,失萧爽之仪容。"蒋抱玄《评注》:"杜甫诗:'致身福地何萧爽。'"按:此句谓:身处困境,失去了潇洒的仪容。威容,仪容。萧爽,潇洒。杜甫《玄都坛歌寄元逸人》:"铁锁高垂不可攀,致身福地何萧爽。"《全唐诗》卷四〇〇元稹《春余遣兴》:"云叶遥卷舒,风裾动萧爽。"

⑥⑦ 近新迷远旧:徐震《评释》:"言近处觅得新路,迷失远来之旧路。"按:此句谓:近处找到新路,却迷失了远来的旧路。

⑥⑧ 拘官计日月,欲进不可又:方世举《笺注》:"不可又:《诗·小雅》《小宛》:'天命不又。'传:'又,复也。'郑笺:'今女君臣各敬慎威仪,天命所去,不复来也。'徐震《评释》:"言拘系官守,不可旷日于游山,故虽在近处觅得新路,不可复进也。《诗·小雅·宾之初筵》:'矧敢多又。'笺云:'又,复也。'"按:此二句谓:守官有定时,不能随意远游;虽然找到新路想继续向前走,却不能再游下去。意谓得回城上班了。又:再、继续。

此段写由杜陵入，开始游山，迤逦行来，随行随写，描摹山势，神形可见，直至路绝见湫。引出下写湫来。

(69) 因缘窥其湫：魏本："韩曰：'南山有炭谷湫，公下有《题炭谷湫祠》诗，即谓此湫也。'"蒋抱玄《评注》："《史记·田叔传》：'留求事为小吏，未有因缘也。'"徐震《评释》："此二句言山路既不可再进，因于便道往观湛湫。"按：因缘，因此才有缘分。湫，积水成潭，指炭谷湫。韩公《题炭谷湫祠堂》诗云："至令乘水旱，鼓舞寡与鳏。"欲进不可是因，得见湫是果。

(70) 凝湛闷阴兽：朱《考异》："兽，或作'獸'。"宋白文本作"獸"，注："一作'猛嘼'。"文本、祝本、魏本、廖本等作"嘼"，注："一作'獸'。"当作"嘼"，简作"兽"。

文《详注》："一作'獸'，非兽产也。许救切，古畜字。阴兽，谓潭中龙也。愈《秋怀诗》云：'其下澄湫水，有蛟寒可罾。'《汉志》云：'凡水有龙者皆谓之湫，子由切。闷，闭也，兵媚切。"魏本："孙曰：《礼运》：'龙以为兽。'谓湫中蛟也。"魏本音注："兽，音嗅。亦作'畜'，又一作'獸'。"魏本："樊曰：作'獸'者，非是。洪曰：兽，畜产也。公《秋怀诗》云：'其下澄湫水，有蛟寒可罾。'即此也。"童《校诠》："第德案：今礼记礼运嘼作畜。说文：嘼，犍也，尔雅释畜，疏：字林：畜作嘼，易中孚王(弼)注：豚者，畜之微贱者也，释文：畜本或作兽。是嘼、畜、兽古通用。公以下文或颓若寝兽字，故此文改用嘼，樊说泥。"按：此句谓：清湛的湫水里藏着蛟一样的兽。嘼，古畜字，似蛟的一种畜生。

(71) 鱼虾可俯掇：掇(duō)，拾取。文《详注》："掇，拾也，都活切。魏武帝乐府诗《短歌行》云：'明月明月(或作明明月月)，何时可掇。'"魏本音注："掇，丁括切。"方世举《笺注》："俯掇：《诗·芣苢》(《周南》)：'薄言掇之。'"

(72) 神物安敢寇：寇，强取。神物，神圣之物。文《详注》："寇，钞也。枚叔《七发》(《文选》卷三四)云：'神物怪疑，不可胜言。'"方世举《笺注》："《易·系辞》：'天生神物，圣人则之。'枚乘《七发》：

'神物怪疑,不可胜言。'任昉诗:'神物徒有造,终然莫能状。'寇:《广雅·释言》:'寇,钞也。'按:公《祭李郴州文》:'洞往古而高观,固邪正之相寇。'"徐震《评释》:"郑玄注《舜典》'寇贼奸宄'云:'强取为寇。'此言湫水清澄,鱼虾可以俯拾,以其为神物,故不敢取。"按:此二句写湫水澄清,鱼虾脱手可得,因为神物,不敢强取。

⑦③ 林柯有脱叶,欲堕鸟惊救:文《详注》:"言有叶欲落龙潭,则鸟飞下急衔起,不令触误(当作'污')也。东坡《游白水山》诗云'坐看惊鸟救霜叶,知有老蛟蟠石瓮'即此意也。"魏本:"樊曰:其湫如镜面,叶落恐其污,即鸟衔去,盖其神物之灵如此。公《题炭谷湫祠堂》所谓'鱼鳖蒙拥护'者此也。"方世举《笺注》引樊说后又曰:"《水经注》:'燕京山之天池在山原之上,方里余。其水澄渟镜净而不流,若安定朝那之湫渊也。池中尝无斥草,及其风籊有沦,辄有小鸟,翠色,投渊衔出。'南山之湫,盖亦若是乎?"按:谓湫水明彻如镜,恐怕叶落污染,鸟即将落叶衔去,真是神物之灵。

⑦④ 争衔弯环飞:顾嗣立《集注》:"刘石龄云:杜子美《(万丈潭》)诗:'黑如湾澴底。'《玉篇》:'澴,聚流也。'"方世举《笺注》:"按顾嗣立注引刘石龄云:杜子美诗:'黑如湾澴底。'《玉篇》:'澴,聚流也。'此说未当。弯环盖状鸟之回翔,非指水也。"童《校诠》:"案:弯环,叠韵,弯环犹言回环;回环,双声。刘石龄氏引杜诗黑如湾澴底作注,杜诗湾澴状水之回旋,此则状鸟之往还飞翔也。"按:弯环,半圆,弓月形。唐李贺《十二月乐词·十月》:"金凤刺衣著体寒,长眉对月斗弯环。"按:此句谓飞鸟争衔树叶,在湫水上来回飞旋的情景。

⑦⑤ 投弃急哺鷇(kòu):文《详注》:"鷇,音寇。《字林》云:'鸟子须哺曰鷇,自食曰雏。'"魏本韩《全解》同。魏本:"祝曰:《尔雅》:'生哺鷇,生噣雏。'"方世举《笺注》:"《尔雅·释鸟》:'生哺鷇。'注:'鸟子须母食之。'《汉书·东方朔传》:'声謷謷者,鸟哺鷇也。'韦昭曰:'凡鸟哺子而活者为鷇,生而自啄为雏。'"徐震《评释》:"言鸟投弃脱叶,急于哺其雏鷇。"按:此句谓:老鸟把树叶衔给雏鸟吃。鷇,

须母鸟哺食的鸟。"林柯"四句写鸟与子神态毕肖,真平里出奇,淡而有味。如朱彝尊《批韩诗》:"此境奇甚。"何焯《批韩诗》:"体物幽细至此。"李黼平《读杜韩笔记》:"诗正叙神物之灵,与《炭谷湫祠堂》不同,彼别有所托词。"

⑯ 旋归道回睨(nì):魏本:"祝曰:睨,视也。《礼记》(《中庸》):'睨而视之。'音诣。"按:睨,斜着眼睛看东西。《说文·目部》:"睨,衺视也。《左传》:'余与褐之父睨之。'《中庸》:'睨而视之。'"又《庄子·山木》:"虽羿、蓬蒙不能眄睨也。"

⑰ 达枿壮复奏:达,方《举正》据蜀本作"达",云:"《诗》(《商颂·长发》):'苞有三櫱,莫遂莫达。'枿,与櫱同。卢仝《月蚀》诗亦用'头戴井冠高达枿'。"朱《考异》:"达,或作'远'。"宋白文本、文本、祝本、魏本作"远"。廖本、王本作"达"。当作"达"。

文《详注》:"枿,伐木余也。奏,进也。谓斩而复生也。《说文》云:'奏字从巾。巾,上进之义也。'"方世举《笺注》:"达枿,高貌。卢仝诗:'头戴弁冠高达枿。'"徐震《评释》:"此二句言于归途中回视,则高峰巍然复在前也。达枿,盖即嵽嵲之音转。壮者,形其崇也。奏,《说文》云:'进。'引申其义,则为前矣。"

按:达枿(niè):嵽嵲(dié niè)的音转,山高峻貌。杜甫《自京赴奉先县咏怀五百字》:"凌晨过骊山,御榻在嵽嵲。"《汉语大词典》云:"高峻。"亦引韩诗及方世举、徐震说为解。

⑱ 吁嗟信奇怪,峙质能化贸:魏本:"祝曰:'贸,易也。音茂。'"文《详注》:"贸,易也,莫候切。盖记当时所见,奇怪如此。"按:此二句回视南山,嗟叹山势之奇,乃诗人归途中看山的感受。贸,易也。

自"昆明大池北"至此为一大段,中分数节,如徐震《评释》:"按此二句之义,谓归途不由旧径,而依然睹见向所升陟之高陵,所以嗟叹称奇。谓此不动之峙质,若能变化眩人也。以上叙初往陟览,中间失途,未登其巅。此二十一韵,中分六层。'昆明大池北'至'仰喜呀不仆',言登山之前,途中景物也。'前寻径杜墅'至'始得观览富',言自山麓上跻之所见也。'行行将遂穷'至'雷电怯呵诉',言山中群岭缪辘,开而复合,极奇险也。'攀缘脱手足'至'欲进不可又',言上跻既难,遂至失道,不获更进也。'因缘窥其湫'至'投弃急哺毂',言便道视清湫之景物也。'旋归道回眄'至'峙质能化貿',言归途之所见也。"

㊆ 前年遭谴谪：文《详注》："贞元十九年冬,愈以御史言事,与同僚张署坐徙岭表,道出南山。愈祭署文云'夜宿南山,同卧一席'是也。"魏本："孙曰：'谓贞元十九年十二月,自监察御史谪连州阳山令。'"按：由此句开始写贞元十九年冬十二月,韩愈贬阳山途经南山所历情景。冰雪里艰难行路,历历在目。如何焯《批韩诗》："此段一开,妙甚。"

㊇ 探历得邂逅：文《详注》："探,试也。历,过也。言本非游览,因事经过,得邂逅此殊胜也。《诗》(《郑风·野有蔓草》)曰：'邂逅相遇。'不期而会也。"魏本："韩曰：'此言其出为阳山,过蓝田所经见也。'"按：邂逅,偶然游览。本为民忧国,以实上《状》,竟不意被逐,得历此境,岂非"邂逅"也。

㊈ 蓝田：魏本："《补注》：蓝田,县名,今在雍州,有关。"文《详注》："《通典》(《州郡部·古雍州上》)云：'蓝田关,秦岭关也。玉之美者曰球,次曰蓝,以出玉故名之。'《地道记》云：'关有虎候山。'"朱彝尊《批韩诗》："此从东南入。"按：蓝田县在长安东南,是去商南至湘岭的必经之地。此指蓝田县至蓝田关的一段坡路。

㊉ 顾眄劳颈脰(dòu)：魏本："《补注》：脰,项也。《公羊传》(庄公十二年)云：'绝其脰。'脰,音豆。"文《详注》："回视为顾,动目为盼。盼,普现切。脰亦颈也,大透切。谢灵运诗(《初发疆中作》四章一)云：'顾望脰未悁。'方世举《笺注》："颈脰：脰,音豆。《广雅·释貌》：'颈脰,项也。'"徐震《评释》："此四句,言在迁谪途中,便道往游。"按：徐说非。此乃韩愈贬经蓝田关艰难途中所见所感,乃冰雪中南山之真景实情也。顾眄,观览。本指回视、斜视。《汉书·叙传上》："是故鲁连飞一矢而蹶千金,虞卿以顾眄而捐相印

也。"也作左顾右眄解。《后汉书·马援传》:"援据鞍顾眄,以示可用。"颈脰,项、脖子。《汉语大词典》引韩诗为例,方说为解。

㊃ 时天晦大雪:文《详注》:"按《县斋有怀》诗云:'捐躯辰在丁,锻翻时方蜡。'则知愈与署南迁时在十二月也。故祭署文云:'岁弊寒凶,雪虐风号。'"魏本:"唐曰:公两谪南方,皆由蓝关,又皆遇冰雪。其谪阳山以十二月,《江陵途中寄三学士》诗云:'商山季冬月,冰冻绝行輈。'其谪潮州虽以正月,然亦遇雪。《蓝田驿》诗云'雪拥蓝关马不前'是也。"按:韩愈经蓝田关在贞元十九年十二月末,时阴天大雪。如韩公祭张署文云:"岁蔽寒凶,雪虐风号。"又《蓝田县志》卷三云:元和间,蓝田山中大雪,人有冻踣者,雀鼠多死。又《文征录》卷一蒋文祚《七盘坡烟洞沟等处修路记》云:"其阸塞(或作'寨')峻峭,崎岖坎陷,固弗利于行旅。塞一遇雪雨,往往覆舆毙马。"亦见韩公所写属实。

㊄ 泪目苦矇瞀(méng mào):文《详注》:"矇瞀,不明貌,上莫红切,下莫候切。《楚辞》云:'瞀迷而不知路。'"魏本:"祝曰:瞀,目不明。《庄子》(《徐无鬼》):'予适有瞀病。'注:'风眩冒乱。'"方世举《笺注》:"《释名》(《释疾病》):'矇,有眸子而失明,矇矇无所分别也。'《说文》(目部):'瞀,低目谨视也。'"钱仲联《集释》:"矇瞀,并列复词,在此同义。《集韵》:'瞀,目不明,亡遇切。'按:大雪降后,遍山皆白。反光强烈射目,使人泪下。登西北高山者,往往遇此境。"按:此句谓:白雪朗照,刺得人眼泪模糊,看不清山的面目。矇瞀,《辞源》云:"目昏花不明。"也引韩诗为例。

㊅ 峻途拖长冰,直上若悬溜:文《详注》:"拖,曳也,徒可切。溜冰注下也。一云水名,在郁林郡。"方世举《笺注》:"《尔雅·释水》:'沃泉县出。县出,下出也。'注:'从上溜下。'"按:此二句谓陡峻的山路上,雪水冻成冰河,从下向上看,像从上直下悬挂在悬崖上的瀑布冰河。

㊆ 褰(qiān)衣步推马,颠蹶退且复:文《详注》:"愈文(《祭河南张员外文》)云'颠于马下,我泗君号'是也。"魏本:"祝曰:颠,仰

倒也。蹶，失脚也。《庄子》(《人间世》)：‘为颠为蹶。’注：‘颠，倒；蹶，败复返也。’”徐震《评释》：“《广韵》：‘复，又也，返也，往来也，扶富切。’”童《校诠》：“案：后汉书祭祀志注：应劭汉官马第伯封禅仪记曰：往往道峻峭，不骑，步，牵马。”按：此二句谓：把衣襟曳起来一步一步推着马向前走，还不断跌跤。褰，撩起，用手提起。《诗·郑风·褰裳》：“子惠思我，褰裳涉溱。”“子惠思我，褰裳涉洧。”即提起衣裳过溱水、洧河。颠蹶，失足跌跤。复，又。

(87) 苍黄忘遐睎，所瞩才左右：文《详注》：“远望曰睎，近视曰瞩。睎，香衣切；瞩，朱欲切。”魏本：“祝曰：睎，视也。《扬子》：‘如不欲睎则已。’孙曰：‘遐睎，远望。忘遐睎，言不能远望也。’”方世举《笺注》：“苍黄，孔稚圭《北山移文》：‘苍黄反覆。’按：犹言苍皇也。遐睎：《广雅·释诂》：‘睎，视也，望也。’”徐震《评释》：“苍黄，乃遽迫之意也。杜甫《送郑虔》诗曰：‘仓皇已就长途往。’仓皇即苍黄，音义并同。”按：此二句谓仓皇就道，地冻路滑，顾不得远望南山之景，只好注视着眼前的道路。苍黄，同仓皇。遐睎，远望。瞩，注视。《淮南子·氾论训》：“夫绳之为度也，可卷而伸也，引而伸之，可直而睎。”班固《西都赋》：“于是睎秦岭，睋北阜。”《世说新语·轻诋》：“桓公(温)入洛，过淮泗，践北境，与诸僚属登平乘楼，眺瞩中原。”

(88) 杉篁咤蒲苏，杲耀攒介胄：魏本：“祝曰：咤，喷也。《礼记》(《曲礼上》)：‘无咤食。’陟驾切。攒，聚也。《楚辞》：‘匍匐兮丛攒。’音巑。”文《详注》：“言松竹森然如介胄之攒立，愈增寒慄也。《尔雅》云：杉似松。师衔切。篁，竹名，胡先切。蒲苏，五采毛，为马饰，见张平子《东京赋》。杲耀，白色。介，甲胄兜鍪也。”方世举《笺注》：“《广雅·释诂》：‘杲、耀，明也。’”徐震《评释》：“此言杉篁皆被冰雪，若刀剑之可咤，若甲胄之攒聚。”按：此二句谓杉树、篁竹都披上了冰雪，像刀剑咤煞，如甲胄攒束。蒲苏，本意为树木枝叶茂盛，此指竹树的枝叶上结满了冰雪。杲、耀，明亮照眼。

(89) 专心忆平道，脱险逾避臭：方《举正》：“蜀作‘逾’，杭作

'迩'。"朱《考异》:"逾,或作'迩',非是。"

文《详注》:"曹大家《东征赋》云:'既免脱于险峻。'"徐震《评释》:"此二句言愿速至平道,急求脱险也。以上叙二次往游,以迁谪道途所经,邂逅历览,天既大雪,己又病目,不敢犯险登陟,遂急退还。"按:此二句谓:一心想尽快摆脱艰险的道路,到达平地。忆,想,《木兰诗》:"问女何所思?问女何所忆?"杜甫《奉赠萧十二使君》:"重忆罗江外,同游锦水滨。"逾,越过,《尚书·禹贡》:"逾于洛。"《韩非子·五蠹》:"故十仞之城,楼季弗能逾者,峭也。"臭,狐臭。按《吕氏春秋》"人有大臭者,其亲戚兄弟妻妾知识无能与居者"看,韩公以狐臭比冰雪之路,人皆畏而避之。徐从游山入理解这段诗,非是。此一段乃回忆南迁经过南山时情景,只想迅速过去,不是惧险遂急退还也。

此段写回忆他贞元十九年冬,谪阳山时过蓝田山的情景。

⑩ 昨来逢清霁:文《详注》:"此指言为国子博士时也。《荆州记》曰:'衡山秀峰,最为竦桀,自非清霁素朝,不可望见。'"按:清霁,清朗。《水经注·湘水》:"望若阵云,非清霁素朝,不见其峰。"元代黄镇成《赠叶山人诗》:"更约秋风清霁日,与君高踏万重云。"正因为天晴日丽,才能细看详写南山全景,开启下面一大段排比铺写文字。

⑪ 宿愿忻始副:方《举正》始作"所",云:"杭作'所',蜀作'始'。"校本多从'始'。"朱《考异》:"始,方作'所',非是。自'前年遭谴责'以后读之可见。"祝本、魏本作"所",注:"一作'始'。"宋白文本、文本、廖本、王本作"始",从之。

文《详注》:"副,称也,扶救切。"按:宿愿、夙愿、素愿,即一向怀着的愿望。副,符合、相称,如"名副其实"。此句谓:很高兴一向的愿望今天实现了。

⑫ 峥嵘跻(jī)冢顶:文《详注》:"峥嵘,高峻貌。上仕耕切,下音宏。"魏本注:"峥嵘,山峻也。冯衍曰:'观壶日之峥嵘。'祝曰:《楚辞》(屈原《远游》):'下峥嵘而无地。'峥,助耕切。嵘,音宏。"徐

震《评释》:"颜师古司马相如《大人赋》注云:'峥嵘,深远貌。'"按:此句谓山势高峻或深远貌。《汉书·西域传》:"临峥嵘不测之深。"此作深远解善。全句谓:登上高远的山顶,即所谓临观也。或作神理气象解也可,指韩公登山览胜的神情。如《全唐诗》卷六九二杜荀鹤《送李镡游新安》:"邯郸李镡才峥嵘,酒狂诗逸难干名。"以下则写登到山顶而临观南山诸境也。跻,登上。冢顶,山顶。如钱仲联《集释》云:"《尔雅·释山》:'山顶冢。'《诗·小雅·十月之交》:'百川沸腾,山冢崒崩。'"

㊝倏(shū)闪杂鼯(wú)鼬:魏本:"鼯鼬,虫似鼠者。祝曰:《尔雅》云:'鼯鼬,夷由。'注:'谓之飞生。'又曰:'鼬鼠注:鼬似鼯,赤黄色,大尾,啖鼠。'鼯音吾,鼬音又。"文《详注》:"鼯鼬,鼠名。《说文》云:'鼯,状如小狐,似蝙蝠,肉翅,亦谓之飞生。鼬,赤黄色,尾大,食鼠者。'上讹胡切,下余救切。"按:倏,疾走貌。《说文·犬部》:"犬走疾也。"倏闪,晃动不定。乃唐人口语。元稹《秋堂夕》诗:"萧条帘外雨,倏闪案前灯。""倏闪"一词至今仍活在中原人口头。鼯,俗称飞鼠,别名夷由。鼬,兽名,又名鼪,俗称黄鼠狼,善捕鼠,尾毛可作笔。《尔雅·释兽》:"鼬鼠,鼬似貂,赤黄色,大尾,啖鼠,江东呼为鼪。"此句所写乃韩公所见鼯鼬一类小动物在山上树间飞窜闪动的情景。

㊞前低划开阔:魏本:"祝曰:锥刀曰划。《前汉》:'划崇墉。'音画,又忽麦切。"按:此解不若张相《诗词曲语词汇释》卷二:"划,犹忽也;突也。杜甫《雷》诗:'龙蛇不成蛰,天地划争回。'又《苦雨奉寄陇西公兼呈王征士》诗:'划见公子面,超然欢笑同。'"韩公站在山顶所见眼前的低凹处。划,突然,即豁然开朗。

㊟烂漫堆众皱:烂,祝本、魏本作"澜"。宋白文本、文本、廖本、王本作"烂"。烂漫、澜漫、烂熳、烂曼,古通用。烂漫,淋漓酣畅的样子。《文选》卷一八嵇康《琴赋》:"流连(或作'留连')澜漫,嗢噱终日。"又卷一一王文考《鲁灵光殿赋》:"滃滃泱泱,流离烂漫。"杜甫《彭衙行》:"众雏烂熳睡,唤起沾盘餐。"

堆众皱：皱，方《举正》作"皲"，云："众皲，以蜀人韩仲韶本校。皲，石蟆也。二韵皆取喻，谓高而群峰飞驰如貙貐之奔，低而堆阜分布如众皲之列义为近。"朱《考异》引方语，曰："今按：此蜀本之误，沈元用本亦然，皆非是。盖此但言登山之时，丛薄蔽翳，方与虫兽群行，而忽至山顶，则豁然见前山之低，虽有高陵深谷，但如皱物微有蹙折之文耳。此最为善形容者，非登高山，临旷野，不知此语之为工也。况此句'众皱'为下文诸'或'之纲领，而诸'或'乃'众皱'之条目。其语意接连，文势开阖，有不可以豪厘差者。若如方说，则不唯失其统纪，乱其行列，而貙貐动物，山体常静，绝无相似之理。石蟆之与堆阜，虽略相似，然自高顶下视，犹若成堆，则亦不为甚小而未足见南山之极高矣。其与下文诸'或'疏密工拙又有迥然不侔者。未论古人，但使今时举子稍能布置者，已不为此，又况韩子文气笔力之盛，关键纪律之严乎？大氐今人于公之文，知其力去陈言之为工，而不知其文从字顺之为贵，故其好怪失常，类多如此。今既定从诸本，而复备论其说，以晓观者云。"陈景云《点勘》："朱子言：此蜀本之误者，当谓嘉祐中苏溥刊本上言，方从蜀人韩仲韶本，则南宋初临邛韩醇所刊本也。盖石蟆之注，虽出于韩，而字之从皱，则嘉祐蜀本已然，故特分别言之耳。又沈元用，名晦，钱塘人，崇宁六年进士第一人，宣和中，尝刊韩柳集。后入金，曾再应举登第。归朝，历官徽猷阁学士。"童《校诠》："沈钦韩曰：皱当作皲，惟石蟆可云众，朱熹强作解事。"文《详注》："众皱，重叠之象。"俞樾《俞楼杂纂》："《史记》司马相如《子虚赋》：'襞积褰绉，纡徐委曲，郁桡溪谷。'注曰：'绉，裁也，其绉中文理，弗郁迟曲，有似于溪谷也。'韩子用绉字本此，所谓杜诗韩笔无一字无来历。方氏从蜀本作'皲'，固失之，朱子极言方本之非，然亦未知皱字所出也。"沈德潜《说诗晬语》卷下："诗人每用'烂熳'字，玩诗意乃淋漓酣足之状。然考《说文》《玉篇》等书，从无'熳'字，而王文考《鲁灵光殿赋》有'流离烂漫'句，韩昌黎《南山诗》有'烂漫堆众皱'句，皆'烂'旁从'火'，'漫'旁从'水'。改'漫'为'熳'，不知起于何时？焉乌成马、习焉不觉,殊可怪也。"童《校诠》:"第德案:朱子纠方氏之失是也。沈氏斥朱子强作解事,非。俞荫甫谓皱字本之子虚赋,尤足证朱子之说不可易。说文:绉,衣戚也,段玉裁曰:戚今蹙字也,古多用戚,无蹙字。考工记曰:不微至无以为戚速,郑笺云:绉绨,绨之戚戚者,今俗改作蹙。衣戚衣部所谓襞,韦部所谓䪎。子虚赋:襞积褰绉,纡徐委曲,郁桡溪谷,张揖注曰:襞积,简蠜也,褰,缩也,绉,戚也,其绉中文理弟郁回曲,有似于溪谷也。简古字,襉、襇皆今字。绉训戚,与郑笺合,俗本讹裁,而小颜小司马皆不得其解,甚矣古书之难读也。按:俞氏未悟绉训裁之非,故引段说补之。回曲俞作迟曲,迟曲字见庄子、说文、广雅,自亦有本,但史记作回曲,于义自通,似不应校改。皱为绉之后出字。注澜蜀本皆作烂,皆字衍。或曰蜀当为诸,亦通。"按:用衣物的皱纹形容站在山顶看山下峦谷交错的形态,肖似繁复的衣物饰纹,可谓善体物者。"堆众皱"开以下五十一个"或"字句及十四个叠字句之具体描写山的形态。童说是。

⑨ 或蹙(cù)若相斗:文《详注》:"蹙,迫也,子六切。"按:蹙者,积聚、迫促也,像人皱着眉头。《诗·大雅·召旻》:"今也日蹙国百里。"即国土日缩小百里。柳宗元《乞巧文》:"眉睫颊蹙。"此与上句"或连若相从"句对,谓有的山峦积聚在一起像争斗的一样。

⑨ 或妥若弭(mǐ)伏:魏本:"祝曰:妥,安也。《诗》(《小雅·楚茨》):'以妥以侑。'注:'安坐也。'吐火切。"文《详注》:"伏,鸟菢子也。扶富切,又音服。《河图挺佐辅》曰:'黄帝修德,万邦弭伏。'"按:妥,停止、安祥。弭伏,低低伏下身子。此形容山形安卧不动貌。

⑨ 或竦(sǒng)若惊雊(gòu):文《详注》:"《楚辞》云:'雄咸雊兮相求。'王逸注云:'飞鸟惊鸣,雄雌相合也。'"方世举《笺注》:"惊雊:《书·高宗肜日》:'越有雊雉。'"钱仲联《集释》:"雊,雄雉鸣也。《诗》(《小雅·小弁》):'雉之朝雊,尚求其雌。'"按:竦,作惧怕解,同悚、耸。《韩非子·初见秦》:"弃甲兵弩,战竦而却。"潘岳《射雉

赋》:"情骇而神悚。"《韩非子·内储说上》:"吏皆耸惧。"雉,雉(野鸡)的叫声,《诗·小雅·小弁》:"雉之朝雊,尚求其雌。"此句以雄雉惊飞之状形容山形。上下句对:上句是静,此句写动。动而惊飞,真神笔妙语。

㊾ 或散若瓦解:魏本:"韩曰:《前汉·匈奴传》:'其困败瓦解云散矣。'解,胡卖切。"文《详注》:"解,下买切。"方世举《笺注》:"《后汉书·孔融传》:'桑落瓦解,其势可见。'"徐震《评释》:"《汉书·徐乐传》:'乐上书云:臣闻天下之患,在于土崩,不在瓦解。'"按:仲长统《昌言·理乱》:"土崩瓦解。"此谓:散开的山形像瓦之碎裂一样。

㊿ 或赴若辐辏:方《举正》作"轮凑",云:"杭、蜀同,李、谢校。"朱《考异》:"轮者,毂辐之通名,其凑于毂者,辐而已。当作'辐'。"宋白文本、文本、祝本作"辐辏",魏本、廖本、王本作"辐凑"。文《详注》等注:"辐,一作'轮'。"作"辐辏"善。

文《详注》:"《前汉·叔孙通传》:'四方辐辏。'颜师古注云:'辏,聚也,言车辐之聚于毂也。辏,千候切。'"查慎行《查初白诗评十二种》:"凑当作'辏',不然与前'戢戢见相凑'重叶矣。"王鸣盛《蛾术编》卷七五《重韵》:"顾亭林论诗不忌重韵。愚谓苏、李送别、《庐江小吏》是或一道也。唐杜子美、李义山当律体盛行,而《饮中八仙歌》《行次西郊作》尚用此体,即成疵病,岂可效乎?昌黎《南山》一百二韵,前云'尝升崇邱望,戢戢见相凑',后云'或散若瓦解,或赴若辐凑'。遍考近日翻刻,魏仲举《五百家昌黎集注》、宋版王伯大《音释》、晦庵朱氏《昌黎集考异》及东雅堂徐氏刻《昌黎集》、顾氏嗣立、方氏世举注本,皆同,似属重韵。但《广韵·去声五十候》有'凑'字,亦有'辏'字,注云:'辏,亦作凑。'《集韵》与《广韵》同。《广韵》本于《唐韵》,昌黎必从《唐韵》作'辐辏',各本作'凑',皆非也。《说文·车部》无'辏'字,新附亦无。然诗家用字,岂能尽拘《说文》?《唐韵》已收之字,何不可用?若重韵,直不成诗矣。"钱仲联《集释》:"王氏以重韵不成诗,其说太过。自《三百篇》而下,迄于汉、唐,重韵之作,不独苏、李送别诸诗,迮鹤寿已历举以驳之矣。然在昌黎诗中,其通押数韵者,如《此日足可惜》之类,即不避重韵。其押一韵到底之险窄韵者,因难见巧,例不重韵。此句自当从宋刻祝氏《音义》本作'辏'。'辏'字不收于《说文》,然早见于《汉书·叔孙通传》云:'四方辐辏。'注:'辏,聚也,言如车辐之聚于毂也。字或作凑。'"按:辐,连接和支撑车毂与车牙之间的撑柱,俗谓车辐条。辏,聚集。辐辏,以车辐条集聚形容山形。辐为车轮轴套(毂)与轮圈之间的撑木,辐辏即用撑木把轮圈与轴套联结起来。此以车轮之形写山形。《周礼·冬官考工记·轮人》:"毂也者,以为利转也;辐也者,以为直指也;牙也者,以为固抱也。"上句散,此句聚,正对。

⑩ 或泛若船游:朱《考异》:"翩,或作'泛'。"宋白文本、文本作"泛",注:"一作'翩'。"祝本、魏本、廖本、王本作"翩"。

文《详注》:"《庄子》云:'泛然若不系之舟。'"按:翩(piān 芳连切,《集韵》纰延切,平,仙韵),形容鸟飞之状。《诗·鲁颂·泮水》:"翩彼飞鸮,集于泮林。"《文选》卷一九曹子建《洛神赋》:"翩若惊鸿,婉若游龙。"泛(fàn 孚梵切,去,梵韵),形容船在水中漂浮之状。汉武帝《秋风辞》:"泛楼船兮济汾河。"《汉书·礼乐志·郊祀歌》:"泛泛滇滇从高游,殷勤此路胪所求。"此诗句以船在水中漂荡形容山势,当作"泛";作"翩"字,则形容鸟飞之状,与诗义不合。作"泛",其音律亦好,故作"泛"字,善。钱仲联《集释》、屈《校注》皆从朱氏等,不从;今从宋白文本、文《详注》作"泛"。

⑩ 或决若马骤:文《详注》:"骤,马步疾也。音钮救切。"按:决,决口,此谓山势像决了堤的水,犹如万马注坡一样奔泻而下。《说文·马部》:"骤,马疾步也。"《庄子·齐物论》:"麋鹿见之决骤。"崔撰注:"疾走不顾为决。"

⑩ 或背若相恶:背,向背,反面。相恶,相互仇视。

⑩ 或乱若抽笋,或嵲(niè)若炷灸:炷,廖本、王本作"注"。宋白文本、文本、祝本、魏本作"炷",是。

魏本:"祝曰:巆,山小而不安貌。《选》:'嶔岈屹巆。'灸,灼也。"方世举《笺注》:"左思《蜀都赋》:'苞笋抽节,往往萦结。'"徐震《评释》:"乱若抽笋,为众峰丛杂之状。巆若炷灸,则特出之状也。又笋皆上削,灸则加艾而上抒,其形又正相反。凡二句相连,皆以相对之形言。"童《校诠》:"第德案:巆为臬之后出字,其本字应作屵,说文:屵,危高也,读若臬,与祝氏山小而高义正同。屹巆今文选张平子南都赋作屹㠖,当为巆之异体。"按:巆,形容山势高峻。杜甫《自京赴奉先县咏怀五百字》:"凌晨过骊山,御榻在嵽巆。"灸,针灸,从火,当与炷同类。㠖,《集韵》:"鱼列切,音臬。"屵,《说文·山部》:"屵,高危也,与㠖同。"

⑩⑤ 或错若绘画:绘画,文《详注》作"画绘",注云:"错,杂也。《尔雅》云:'绘者画之始。'"诸本作"绘画",是。

方世举《笺注》:"绘画:《水经注》:'峰次青松,岩悬赪石,丹青绮分,望若图绣。'"按:错,错落。此句谓山形如画,错落有致。

⑩⑥ 或缭若篆籀(zhòu):缭,文《详注》:"缭,缠也,胡鸟切。籀,周太史名,宣王时始著大篆十五篇,或与古同,或与古异,世谓之籀书是也。籀,音胄。"魏本:"祝曰:缭,绕也。《楚辞》(《九章·思美人》):'佩缤纷以缭转。'韩曰:史籀,周宣王时太史名,造大篆,以故有籀文。《选》云:'篆籀之则。'缭,音力少切。籀,音宙。"钱仲联《集释》:"许慎《说文序》:'宣王太史籀著大篆十五篇,与古文或异。又李斯作《仓颉篇》,中车府令赵高作《爱历篇》,太史令胡毋敬作《博学篇》,皆取史籀大篆,或颇省改,所谓小篆者也。'"

按:缭,回环旋转。屈原《九歌·湘夫人》:"缭之兮杜衡。"班固《西都赋》:"缭以周墙,四百余里。"篆,汉字书体的一种,此指小篆。刘勰《文心雕龙·练字》:"李斯删籀而秦篆兴。"籀,汉字书体的一种,即大篆。《说文》中标明为籀文者有二百二十五字,与小篆异体。参见唐张彦远《法书要录》卷七唐张怀瓘《书断》上《籀文》、王国维《〈史籀篇疏证〉序》。

⑩⑦ 或罗若星离:文《详注》:"鲍明远《舞鹤赋》云:'或星离而云

罗。'离,散也。"方世举《笺注》:"星离:郭璞《江赋》:'星离沙境。'"钱仲联《集释》:"李善注:'星离,言众多也。'傅玄《拟楚篇》曰:'光灭星离。'"童《校诠》:"第德案:汉书扬雄传:涣若天星之罗,颜注:天星之罗,言布列也。公盖用扬语而稍变化之。"童说是。按:罗,罗列。韩公《陆浑山火》诗:"红帷赤幕罗脤膰。"李白《忆旧游寄谯郡元参军》:"当筵意气凌九霄,星离雨散不终朝。"星离,星光繁多。

⑩ 或翕若云逗:文《详注》:"翕,郁也,乌孔切。逗,止也,大透切。潘岳《西征赋》云:'纳归云之翕郁。'"方世举《笺注》:"云逗:《广韵》:'逗,遛。'又:'住也,止也。'"按:翕,聚集貌。宋玉《高唐赋》:"滂洋洋而四施兮,翕湛湛而不止。"李善注:"翕然,聚貌。"云逗,像云一样停驻在那里。张相《诗词曲语词汇释》卷二:"逗,犹驻也,此为逗留义。刘孝绰《夕逗繁昌浦》诗:'疑是辰阳宿,于此逗孤舟。'逗孤舟,驻孤舟也……杜甫《将别巫峡赠南卿兄瀼西果园四十亩》诗:'残生逗江汉,何处狎樵渔。'逗江汉,驻江汉也。"下引韩公《南山诗》。

⑩ 或浮若波涛,或碎若锄耨(nòu):波涛,大的波浪。文《详注》:"涛,大波也。木玄虚《海赋》云:'溢浪扬浮,飞沫起涛。'"锄耨,耕耘田地。文《详注》:"《说文》云:'耨,田器也。或从金,或从耒。'《纂文》曰:'耨,如铲,柄长三尺,广二寸,以刺地锄草。'"方世举《笺注》:"《燕国策》:'鄙夫不敏,窃释锄耨而干大王。'"按:锄耨,《史记·龟策列传》:"锄之耨之。"裴骃集解引徐广曰:"耨,除草也。"

⑩ 或如贲(bēn)育伦:文《详注》:"孟贲、夏育,皆卫之壮士。"魏本:"韩曰:夏育、孟奔,秦之勇力者。祝曰:扬子曰:'或曰贲、育。'注:'夏育、孟奔,皆卫人。'"方世举《笺注》:"《羽猎赋》(《汉书·扬雄传》):'贲育之伦,仗镆铘而罗者以万计。'师古曰:'孟贲、夏育,皆古之力士也。'"按:贲育,人名,指孟贲、夏育二人。《孟子·公孙丑上》:"若是,则夫子过孟贲远矣。"疏:"案:《帝王世说》云:'秦武王好多力之人,齐孟贲之徒并归焉。孟贲生拔牛角,是谓之

勇士也。'"《史记·袁盎传》:"虽贲育之勇不及陛下。"索隐引《尸子》:"孟贲水行不避蛟龙,陆行不避兕虎。"《史记·蔡泽传》:"夏育、太史噭叱呼骇三军,然而身死于庸夫。"贲、育是卫人、秦人、齐人,说法不一,但皆古之力士是公认的。韩诗则取其力且勇这一点。

⑪赌胜勇前购:文《详注》:"赌胜谓较量其力负重扛鼎之类,胜则取财也。购,以财设赏也,居候反。"徐震《评释》:"《汉书·高帝纪》:'乃多以金购豨将。'注:'购,设赏募也。'赌胜勇前购,谓竞胜勇进,以赴赏募。"按:此句意谓:竞胜勇进,以赴赏募。

⑫后钝嗔逗耨(dòu nòu):文《详注》:"强钝,胜负也。胜者气势横出,则负者嗔塞不能言矣。逗耨,不能言也。音斗耨。"魏本:"逗耨,不能言也。祝曰:《玉篇》:'逗耨,呫说也。呫说,言不正也。'"徐震《评释》:"逗耨,《广韵》上音斗,下音耨,云:'逗耨,不能言也。'此句谓后钝见嗔,不能言也。"方世举《笺注》:"逗耨:《玉篇》:'逗耨,呫说也。呫说,言不正也。'"按:逗耨,说话迟钝。《辞源》引韩诗为例。

⑬或如帝王尊,丛集朝贱幼:方世举《笺注》:"丛集:何晏《景福殿赋》:'丛集委积,焉可殚筹。'"徐震《评释》:"幼字不免凑韵,良以取譬帝王,只当分别尊卑,无庸以长幼为言也。"童《校诠》:"第德案:书吕刑:王曰:呜呼,念之哉!伯父伯兄,仲叔季弟,幼子童孙,皆听朕言,庶有格命,伪孔(安国)传:皆王同姓,有父兄弟子孙列者,伯仲叔季,顺少长也,举同姓,包异姓,言不殊也。孙星衍曰:王呼亲戚长幼使听我言者,深戒之。穆王寿考,孙行甚多,故下文亦呼嗣孙,此云幼子童孙也。是幼子亦得朝王听诰誓,此为公幼字所本,徐氏轻议前哲,非。"按:帝王尊,像帝王端坐一样庄重威严。朝贱幼,与上句对称,谓有的山形像地位低下之幼童跪着磕头朝拜帝王一样。此言取喻奇特,形象鲜明,因诡怪,故遭徐氏微辞。

⑭虽亲不褒袘:魏本:"《补注》:晁说之《语录》云:韩文公诗号壮体,谓铺叙而无含蓄也。若'虽亲不褒袘,虽远不悖谬',该于理

多矣。"徐震《评释》:"壮体之说,皮相之谈耳。韩公用笔之妙,固非专事铺叙也。"程学恂《韩诗臆说》卷一:"中间形容比拟,穷神尽象至矣。然其他似乎汉、唐人集中尚或见之,至'虽亲不亵狎,虽远不悖谬'顿觉扬、马、李、杜皆当阁笔瞠视。"童《校诠》:"说文:亵,私服,从衣,执声,诗曰:是亵绊也。段玉裁曰:引申为凡昵狎之称,假借为媟字。"按:亵狎,亲昵、密切。韩公《荐士》诗云"横空盘硬语,妥帖力排奡",可谓既硬语盘空,又能力排奡而妥帖,真韩公个性语。正如晁补之所说:"虽亲不亵狎,虽远不悖谬。"

⑮ 或如临食案,肴核纷饤饾:分,方《举正》作"纷",云:"谢校。"朱《考异》云:"纷,或作'分'。"宋白文本、文《详注》、祝本、魏本作"分"。廖本、王本作"纷"。作"分"当分类摆设解;作"纷"当多解,均可,今从"纷"字,谓祭品丰富也。

文《详注》:"《宾之初筵》诗(《小雅·宾之初筵》)云:'肴核惟旅。'《曲礼》(《礼记·曲礼上》)曰:'凡进饮食之礼,左肴右胾。'饤饾,上先定切,下田候切。"魏本:"祝曰:《诗》:'肴核维旅。'注:'肴,豆实也。核,加笾也。'(郑笺:'豆实,菹醢也。笾实,有桃、梅之属。凡非谷而食之曰肴。')饾,《玉篇》(食部)云:'贮食。'"《广韵》:"饤,贮食。饾,饤饾。"魏本音注:"肴,何交切;核音翮;饤,力定切;饾字音豆。"按:肴核,豆制食品。饤饾,供奉祭祀陈设的食品。饤饾二字亦可单用。《玉篇》:"饤,贮食。"韩公《赠刘师服》诗:"妻儿恐我生怅望,盘中不饤栗与梨。"

⑯ 又如游九原:魏本:"孙曰:《礼记》(《檀弓下》):'赵文子与叔誉观乎九原。'九原,晋卿大夫葬处。"文《详注》:"《礼记》:'赵文子与叔誉游于九原,流连下泪,以思随会。'郑氏云:'九原,晋大夫葬所也。'按《檀弓篇》又作九京。《通典》云:'今汾州隰城有汉京陵县地,即九原之所也。'"按:九原,山名,或谓墓地,也作九京。《礼记·檀弓下》:"是全要领以从先大夫于九京也。"注:"晋卿大夫之墓地在九原,'京'盖字之误,当为'原'。"后世因称墓地为九原。《文选》南朝梁沈休文《冬节后至丞相第诣世子车中作》:"谁当九原

上,郁郁望佳城。"下句"坟墓包椁柩"句下,何焯《批韩诗》:"中间著此四段,便觉参差变化。"

⑰ 或累若盆罂(yīng):文《详注》:"罂,瓶也。《汉·苏武传》音义曰:谓瓶之大腹小口者也,于茎切。"方世举《笺注》:"《尔雅·释山》:'重甗,隒。'注:'谓山形如累两甗。'盆罂:《尔雅·释器》:'瓯瓿谓之瓵。'注:'瓵甀,小罂。'《广雅·释器》:'盉,谓之盆。罂,瓶也。'"钱仲联《集释》:"扬雄《方言》:'自关而东赵、魏之郊,瓮或谓之罂。'"按:累,多,如累累果实。罂为小口大肚的酒器。《急就篇》:"甀甇瓽瓯瓨罂卢。"注:"罂,甀之大肚者也。"《文选》晋刘伶《酒德颂》:"先生于是方捧罂承槽,衔杯漱醪,奋髯踑踞,枕曲藉糟。"

⑱ 或揭若登豆:方《举正》据阁、蜀本作"甎桓"。朱《考异》:"甎桓,或作'登豆'。"宋白文本、廖本、王本作"甎桓"。文本、祝本、魏本作"登豆",从之。

文《详注》:"《说文》(豆部)云:'豆,古食肉器,或从木,或从竹。登,瓦豆也,都滕反。豆,大透反。"魏本:"孙曰:《尔雅》:'木豆谓之豆,瓦豆谓之登。'揭音订,又桀、羯二音。登豆一本作'甎桓'。"方世举《笺注》:"揭:《诗·大东》:'维北有斗,西柄之揭。'甎桓,一作'登豆'。《诗·生民》(《大雅》):'卬盛于豆,于豆于登。《尔雅·释器》:'木豆谓之豆,瓦豆谓之登。'"童《校诠》:"第德案:廖本、王本作甎桓,祝本作登豆,与本书同。说文:豆,古食肉器也,从口,象形,皀,古文豆。桓,木豆谓之桓。按豆、桓古通用。登,说文作𢍏,礼器也,从𠬞持肉在豆上,读若镫同。诗:于豆于登;尔雅:瓦豆谓之登,皆𢍏之借字。或假镫为之,仪礼公食大夫礼:大羹湇不和,实于镫,郑注:瓦豆谓之镫是也。甎为𢍏之后出字。"钱仲联《集释》:"《文选》贾谊《过秦论》李善注:'《埤苍》曰:揭,立举也。'"按:揭,举起。登豆,祭器名,瓦制的叫登,木制的叫豆。《诗·大雅·生民》:"卬盛于豆,于豆于登。"传:"木曰豆,瓦曰登。豆荐菹醢也;登,大羹也。"则韩诗作"豆登"。韩公《陆浑山火一首和皇甫湜用其韵》:"翕呀钜壑颇黎盆,豆登五山瀛四樽。"亦用"豆登"可证。以上二句

— 160 —

形容山势或如盆瓮累叠,或像登豆分立。

⑲ 或覆若曝鳖:文《详注》:"《埤雅》(卷二《释鱼》)云:世说鳖伏随日,谓随日光所转。朝首东向,夕首西向。曝,就日也,音薄报切。本作'暴',俗作'曝',非也。"按:此句谓有的山形像盆扣在地上老鳖晒盖一样。

⑳ 或颓若寝兽:魏本:"颓,一作'顽'。寝,一作'偃'。"方《举正》订"寝"字,云:"杭作'穷',蜀作'寝'。"作"颓"作"寝"字是。朱《考异》:"寝,或作'穷',非是。又或作'偃'。"按:颓,萎靡不振貌。寝兽,睡熟的兽。

㉑ 或蜿若藏龙,或翼若搏鹫:文《详注》:"蜿,蟠结貌。宋玉《神女赋》云:'蜿若游龙。'《颜氏家训》曰:'雕,一名鹫。其翮可用为箭羽。'鹫,音就。"魏本:"祝曰:蟠蜿,龙貌。《楚辞》:'驾八龙之婉婉。'又曰:'龙屈兮蜿蟆。'《补注》陆机云:'鵰鸠,目上骨露,幽人谓之鹫。'鹫音就。"方世举《笺注》:"藏龙:沈约注《竹书纪年》:'蟠龙旧迅于其藏。'抟鹫:《庄子·逍遥游》:'抟扶摇羊角而上者九万里。'《水经注》:'耆阇崛山,山是青石,石头似鹫鸟。阿育王使人凿石,假安两翼两脚,凿治其身。今见存,远望似鹫鸟形,故曰灵鹫山也。'"按:此二句谓:有的山形像藏龙盘结,有的山形如鹫翅搏击。《庄子·逍遥游》:"怒而飞,其翼若垂天之云。"《水经注》:"耆阇崛山,山是青石,石头似鹫鸟。阿育王使人凿石,假安两翼两脚,凿治其身。今见存,远望似鹫鸟形,故曰灵鹫山也。"鹫,鸟名。《山海经》云:"景山多鹫,黑色多力。"

㉒ 或齐若友朋:魏本:"洪曰:友朋,一作'随迎'。盖不知先后之义,妄改之耳。"按:齐,排列整齐。友朋,甲骨文的友字为𢏳,是两个人字或两只鸟并排在一起的,故此句谓有的山形像友朋一样整齐地排列在一起。

㉓ 或随若先后:方《举正》作"随",云:"杭、蜀同,谢校。《方言》曰:'先后,犹娣姒也。'《释名》(《释亲属》)曰:'以来先言也。'校本不详'先后'之义,以'友朋'为'随迎',复易'随'为'差',误甚

矣。"朱《考异》："友朋，或作'迎随'。随，或作'差'。（下引方语）今按：《史记》（《孝武帝本纪》）'见神于先后宛若'，即谓娣姒也。"魏本："洪曰：《前汉志》（《汉书·郊祀志》）云：'见神于先后宛若。'注云：'兄弟妻，关中呼为先后。'"随，祝本作"差"。魏本："祝曰：《方言》：'先后犹娣姒。'《补注》：先后导从也，《诗》（《大雅·绵》）：'予曰有先后。'先，苏见切。后，音候。"文《详注》："诗传'相导前后'，曰'先后'。《方言》云：'先后，娣姒也。'《补注》：《汉郊祀志》'先后'颜师古注：'兄弟妻相谓为先后。'先，去声。《诗》（《大雅·绵》）：'予曰有先后。'先，音线。后，音诟。"作"随若"是。

按：此句形容山形：山高低像兄弟高低排列一样。先后，当弟兄妻讲。费衮《梁溪漫志》卷四《退之东坡用先后语》："退之《南山诗》云：'或齐若朋友，或差若先后。'人多不知'先后'之义。练塘洪庆善吏部兴祖引《前汉志》云：'见神于先后宛若。'其注云：'兄弟妻，关中呼为先后。'予观东坡《徐州谢上表》云：'信道直前，曾无坎井之避；立朝寡助，谁为先后之容。'或疑'先后'不可对'坎井'，盖不知亦出于此者也。"则作"随"字是。

⑭ 或迸若流落：文《详注》："潘安仁《射雉[赋]》云：'倒禽纷以迸落。'"李善注："禽被箭跃起而反落。"徐震《评释》："《广韵》（去声四十四诤）：'迸，散也。比诤切。'"按：此作喷射、涌流解更切。《水经注·谷水》："大水迸瀑。"谓山形散开像水从高处迸溅流落下来一样。

⑮ 或顾若宿留：顾，顾盼。宿留，迟待、留宿两讲均通。文《详注》："宿留：秀留，行相待也。本作'㑴㑻'，上息㑴切，下力救切。"魏本："祝曰：宿留，有所须待也。《史记》（《孝武帝本纪》）：'宿留之，数日无所见。'又《武帝》：'宿留海上。'"《史记·孝武帝本纪》又云："至东莱，宿留之，数日毋所见。"索隐云："音秀溜。宿留，迟待之意。若依字读，则言宿而留，亦是有所待，并通也。"

⑯ 或戾若仇雠，或密若婚媾：戾，乖张、发怒。韩愈《论语笔解》："如子之说，文虽相反，义不相戾。"《荀子·荣辱》："猛贪而

戾。"仇雠,仇敌。《国语·越上》:"夫吴之与越也,仇雠敌战之国也。"昏媾,昏同婚,男女结成婚姻,此以婚姻喻密切。《易·屯》:"匪寇,昏媾。"《国语·晋四》:"今将婚媾以从秦。"《左传》隐公十一年:"如旧昏媾,其能降以相从也。"注:"妇之父曰昏,重昏曰媾。"《左传》成公十三年:"君之仇雠,而我之昏姻也。"此句谓:山峰对峙,或如雠敌搏斗,或如婚媾亲密。

㉗ 或俨若峨冠:文《详注》:"峨,高貌。《楚辞》云:'冠浮云之峨峨。'"方世举《笺注》:"峨冠:《水经注》:'峨峨冠众山之表。'"按:俨,肃穆、庄重。《诗·陈风·泽陂》:"有美一人,硕大且俨。"谓眼见一个美男子,魁梧庄重长得好。峨冠,高冠。韩公《示儿》诗:"问客之所为,峨冠讲唐虞。"后用"峨冠博带"称儒生之装束。此句形容山势高大肃穆。

㉘ 或翻若舞袖:方《举正》作"舞",云:"谢本校'舞'作'举'。"朱《考异》:"舞,或作'举'。"诸本作"舞"字,善。

文《详注》:"傅武仲《舞赋》(《文选》卷一七)云:'罗衣从风,长袖交横。'曹子建《临观赋》:'俯无鳞以游遁,仰无翼以翻飞。'李白《高句丽》诗:"翩翩舞广袖,似鸟海东来。"此写山动态之美,乃意象之景也。

㉙ 或屹若战阵,或围若蒐(sōu)狩:文《详注》:"蒐狩,田猎名。左氏传曰:'春蒐,夏苗,秋狝,冬狩。'杜预云:'蒐,择取不孕者。狩,围守也。至冬,万物必成,获则取之,无所择者也。'"魏本:"祝曰:屹,山貌。《选》:'屹山峙以纡郁。'鱼乙切。孙曰:蒐狩,猎名。《尔雅》:'春猎为蒐,夏为苗,秋为狝,冬为狩。'蒐,疏鸠切。"按:屹,山势矗立高峻。《文选》卷一一王文考《鲁灵光殿赋》:"屹山峙以纡郁。"战阵,亦作战陈(同阵),本指作战的阵法,此指军队的阵列整饬也。《左传》成公七年:"教之战陈。"《韩非子·难一》:"战阵之间,不厌诈伪。"蒐狩,打猎。《左传》隐公五年:"故春蒐,夏苗,秋狝,冬狩。"故《尔雅》(《释天》)解释为:"春猎为蒐,冬猎为狩。"

㉚ 或靡然东注:文《详注》:"水以东流为顺,故《禹贡》导水皆

言东入于海。司马[相如]《上林赋》云:'濥乎滈滈,东注太湖。'"魏本:"《补注》:《隋·地理志》曰:'大河之流,波澜东注。'"方世举《笺注》:"《三齐略记》:始皇作石桥欲过海,于时有神人能驱石下海,城阳一山,石尽起立,嶷嶷东倾,状似相随。又众山之石皆倾注,今犹岌岌东趣。"

按:靡然,侧身倒下的样子。东注,山向东倾倒,像水东流一样。

⑬ 或偃然北首:魏本:"祝曰:首,向也。《楚辞》:'登昆仑而北首。'音狩。"文《详注》:"首,向也。《礼记·檀弓》云:'葬于北方,北首三代之达礼也。'首,舒救切。"按:偃然,仰首倒下的样子。北首,头向北。

⑬ 或如火熹焰:方《举正》据唐本订"焰"字,云:"李、谢校。阁本、蜀本皆同今文。"朱《考异》:"焰,或作'烟'。"宋白文本、文本、祝本、魏本作"烟"。廖本、王本作"焰"。方成珪《笺正》:"《举正》焰作'熇'(hè)……'熇'字较'焰'为胜。"文《详注》:"熹,烟也,虚其切。"魏本:"熹,炽也。祝曰:《选》:'耀华屋而熹洞房。'音僖。孙曰:与熹同,一本作'焰烟'。"方世举《笺注》:"木华《海赋》(《文选》卷一二):'阳冰不冶,阴火潜然,熹炭重燔,(吹炯九泉,)朱燉绿烟。'"钱仲联《集释》:"余所据《四库全书》本《举正》作'焰'不作'熇',未知《笺正》所据者何本也。《海赋》李善注:'熹,炽也。燉,与爁同。'《一切经音义》七引《三苍》'爁'作'焰'。《西都赋》(《文选》卷一)李善注:'《字林》曰:爁,火貌也。'"按:四库本作"焰",皕宋楼钞本《举正》作"熇"。朱熹不云方氏作"熇",则方氏本订作"焰"也。是钱氏未查皕宋楼本。爁、燉、焰音义同,乃异体字。焰,火苗也。熇作炽盛解,与焰同而势盛。作热气升腾,则熇与焰异。审此句诗意,熹作光明解,如《管子·侈靡》:"古之祭,有时而星,有时而星熹。"作"熹熇",形容南山为阳光照耀,其光似升腾之火焰一样,与下句以气形容正对,似更合韩诗意。方说有理。注韩愈诗文,不寻根索源,不能定文本原文之是否,由此可证,故校注韩公诗文往往得校注结合。

⑬ 或若气馈馏(fēn liù)：文《详注》："《说文》(食部)云：'馈，半蒸饭。馏，饭气蒸也。郭璞云：今呼餐饭为馈，熟为馏。上甫云切，下力救切。"魏本："祝曰：馈馏，蒸饭。《尔雅》：'馈馏，稔也。'注：'餐饭为馈，馈熟为馏。'"王元启《记疑》："按：稔，熟也。餐，音修。孙炎曰：'蒸之曰馈，均之曰馏。'《说文》：'馈，一蒸米也。馏，饭气流也。'"徐震《评释》："此二句言山中云雾上出之状。"方世举《笺注》："馈馏，音分溜。《尔雅·释言》：'馈、馏，稔也。'《广雅·释器》：'馏、饸，蕢也。馈，谓之餐。'"钱仲联《集释》："下句信如徐释，上句则状朱维烧日时，山光如火之象，不宜混为一解。"按：钱说是。馈馏，蒸饭。一蒸曰馈，再蒸曰馏。《辞源》亦以韩诗为例。

⑭ 或行而不辍：文《详注》："王子渊《洞箫赋》云：'或留而不行，或行而不留。'"

按：辍，掉下、拉下。《庄子·在宥》："雀跃不辍。"陆德明《释文》引李颐云："止也。"此句谓：山势如行伍一样紧跟而无掉队的。韩愈《祭十二郎文》："吾不以一日辍汝而就也。"

⑮ 或遗而不收：文《详注》："《小雅·大田》之诗曰：'彼有不获稚，此有不敛穧；彼有遗秉，此有滞穗。'注云：'获，收也。稚，幼禾也。穧，禾未束也。秉，把也。穗，穟也。收，音舒救切。"魏本："祝曰：收，获也。《易》：'井收勿幕。'音狩。"按：或者像丢下的人(物)也不收入行伍。

⑯ 或斜而不倚：南山峰与峰之间虽有倾斜者，却不相互依靠。

⑰ 或弛(chí)而不彀(gòu)：魏本："《补注》：彀，张弓也。"按：弛，放松弓弦。《说文·弓部》："弛，弓解也。"《礼记·曲礼上》："张弓尚筋，弛弓尚角。"引申为缓和、松弛。《左传》昭公三十二年："弛周室之忧，徼文武之福。"彀，用劲拉弓，满如圆月。《韩非子·外储说左上》："彀弩而射。"《史记·廉颇蔺相如列传》："彀者十万人。"

⑱ 或赤若秃鬝(qiān 苦闲切，音悭，平，山韵)：文《详注》："《博雅》云：'鬝，亦秃也。下八切。'"魏本："祝曰：鬝，《说文》(髟部)云：'鬓秃也。'"方世举《笺注》："秃鬝：鬝，可闲切。《广雅·释诂》：

'髽,秃也。'"徐震《评释》:"赤者谓赤立无草木。"按:赤,空,一无所有。《韩非子·十过》:"晋国大旱,赤地三年。"成语"赤手空拳"。髽,鬓秃。或曰头无发、山无草木为髽。

⑬或熏若柴槱(yǒu):魏本:"祝曰:'槱,积火以燎。'"文《详注》:"《说文》云:'燻,烟上出也。本作黑,从山,从黑。'山黑,黑,象也,隶作熏,俗作燻,非是。《周礼·大宗伯》:掌禋祀之礼'[以禋祀祀昊天上帝,]以实柴祀,日月星辰,以槱燎祀司中、司命。'郑氏云:'禋之言烟,周人尚臭,烟之气臭,闻者[槱积也,《诗》曰:芃芃棫朴,薪之槱之。]三祀皆积柴实牲体[焉],或有玉帛,燔燎而升烟,所以报阳也。'槱,谓积火燎之也,音余救切。"方世举《笺注》:"柴槱:《诗·棫朴》(《大雅》):'芃芃棫朴,薪之槱之。'"按:此句乃以祀礼燔烧柴薪升起之烟气形容山谷升腾之云雾。熏,同燻,燎火成烟。陶弘景《许长史旧馆坛碑》:"金炉扬熏。"或曰火燃烧成烟气。作烧烤者,写作燻,现规范简化为"熏"。槱,积聚。《诗·大雅·棫朴》:"芃芃棫朴,薪之槱之。"《周礼·春官·大宗伯》:"以槱燎祀司中、司命、风师、雨师。"张平子《东京赋》:"飏槱燎之炎炀,致高烟乎太一。"

⑭或如龟坼(chè)兆:坼,文《详注》、魏本作"拆"。宋白文本、廖本作"坼"。坼、拆音义同。坼本字,拆字后出,韩依古,不从俗。则作"坼"字,合旧本,当是韩公原字。《诗·小雅·小旻》疏即作"坼",见下屈注引。

魏本:"孙曰:'钻龟之象谓之兆。'"文《详注》:"《周礼》:'卜师掌开龟之四兆。'已见《复志赋》。"方世举《笺注》:"坼兆,分繇:繇,音宙。公文'卜兆灼龟坼'也。《左传》:'卜之以守龟,龟兆告吉。'潘岳《西征赋》:'遂钻龟而启繇。'善曰:'繇,卜兆辞也。'"屈《校注》:"案:《诗·小雅·小旻》云:'我龟既厌。'孔疏云:'兆者龟之璺坼,繇者卜之文辞。'"按:坼兆,古代灼龟壳卜卦,视坼裂之纹,以验吉凶。此句形容山石龟裂之象。韩公《复志赋》:"假大龟以视兆兮,求幽贞之所庐。"《周礼·卜师》:"卜师,掌开龟之四兆。一曰方兆,二曰功兆,三曰义兆,四曰弓兆。凡卜事,视高。扬火以作龟,致其墨。凡卜,辨龟之上下、左右、阴阳,以授命龟者,而诏相之。"

⑭ 或若卦分繇(zhòu):宋白文本、文本、祝本、廖本、王本作"若"。魏本作"如"。当作"若"。

繇:卦爻。魏本:"韩曰:繇,占辞。《左传》:'姜氏问繇。'音宙。"文《详注》:"繇,占辞也,直又切。《易》疏曰:伏羲画卦,文王为之繇。繇者,乃逐卦下所属之辞,演一卦德用之旨者。繇,音宙。"徐震《评释》:"《左传》闵二年传:'成风闻成季之繇。'杜注:'卦兆之占辞。'观此句文义,则直以繇为卦爻矣。"

⑭ 或前横若剥:剥,卦名,六十四卦之一。《易·剥》:剥,卦名☷,坤下艮上。《彖》曰:"剥,剥也,柔变刚也。'不利有攸住。'"文《详注》:"剥卦,艮上坤下,五阴而一阳,一阳为上九,故曰前横。"魏本:"蔡曰:《易·剥》:☷,坤下艮上。《彖》曰:'剥,剥也。'"

⑭ 或后断若姤:魏本:"蔡曰:'姤,☴,巽下乾上。'"文《详注》:"姤,卦名。乾上巽下,一阴而五阳,一阴为初六,故曰断后。"朱翌《猗觉寮杂记》卷上:"退之《南山诗》,每句用'或'字。'或连若相从,或蹙若相斗'而下,五十句皆用'或'字。《诗·北山之什》自'或燕燕居息'而下,用'或'字廿有二,此其例也。"朱彝尊《批韩诗》:"'或连若相从'以下,琢句虽工,然不甚切实,自觉味短,且翻更说得太板了。"姚范《援鹑堂笔记》卷四一:"《华严法界品》言'三昧光明',多用'或'字文法。然公自本《小雅》,兼用《说卦》传耳。陆鲁望《和皮袭美千言诗》,多用'谁'字,文法同此。"施补华《岘佣说诗》:"《南山诗》五十余'或'字,与《送孟东野序》二十余'鸣'字一例,大开后人恶习,学诗学文者宜戒。"陈衍《石遗室诗话》:"涛园说诗,时有误入处……尝云昌黎《南山诗》连用五十一'或'字,少陵《北征》已有'或红如丹砂,或黑如点漆'之句,实则莫先于《小雅·北山》'或燕燕居息,或尽瘁事国',十二句连用十二'或'字。余谓《北山》将苦乐不均,两两比较,视《南山》专状山之形态,有宽窄难易之不同。《北山》到底竟住,斩截可喜。《南山》则不免辞费,故中

多复处。如'或戾若仇雠',非即'或背若相恶'乎?'或密若婚媾',非即'或向若相佑'乎?'或随若先后',非即'或连若相从'乎?其余'或赴若辐辏'与'或行而不辍','或妥若弭伏'与'或颓若寝兽',大同小异之处尚多。故昔人谓《北征》不可无,《南山》可以不作'也。且其叠用'若'字、'如'字、'或'字,又本于《高唐赋》之'湫兮如风,凄兮如雨','若生于鬼,若出于神';《神女赋》之'耀乎若白日初出照屋梁''皎若明月舒其光''晔乎如华,温乎如莹';《洛神赋》之'翩若惊鸿,婉若游龙''仿佛兮若轻云之蔽月,飘飘兮若流风之回雪''皎若太阳升朝霞''灼若芙蕖出渌波''肩若削成,腰如约素''或戏清流,或翔神渚,或采明珠,或拾翠羽'诸句来也。等而上之,《淇澳》之'如切如磋,如琢如磨''如金如锡,如圭如璧';《板》之'如埙如篪,如璋如圭,如取如携';《荡》之'如蜩如螗,如沸如羹',《三百篇》早有之矣。"徐震《评释》:"诗中连用五十一'或'字,虽云原本《北山》,观其参差变化之处,似亦出于陆机《文赋》,试取《文赋》中'或仰逼于先条'至'或研之而后精'一段观之,可见阴用《文赋》之迹……连用五十一'或'字,一气鼓荡,势极排奡。以既登绝顶,殚睹千山万壑之变态,如此形容,以便总摄,用笔殊为巧妙。且与上文自山下瞻望,及两次登山之所见,写法迥异,尤为善于变化……惟'或戾若仇雠,或密若婚媾',与'或背若相恶,或向若相佑',词意不免重复,斯为小疵耳。"

⑭延延离又属:文《详注》:"言绝而复续也,《吴都赋》云:'长于延属。'注云:'邑屋相连也。'"魏本:"孙曰:'属,续也。'"方世举《笺注》:"《广雅·释训》:'延延,长也。'"按:延延,延长貌。属,继续,连接。此写物体绵延不断的情景。

⑮夬(guài)夬叛还遘:文《详注》:"言去而复来也。《易》曰:'君子夬夬,独行遇雨。'"魏本注:"遘,遇也。"方世举《笺注》:"《易·夬卦》:'君子夬夬。'又:'苋陆夬夬。'"按:夬,《易》卦名,乾下兑上。《易·夬》:"夬,扬于王庭。"疏引正义曰:"夬,决也。此阴消阳息之卦也。"王弼注:"君子处之,必能弃夫情累,决之不疑,故

曰夬夬也。"姤、遘二字同纽连用,叶韵。

⑭ 喁(yóng)喁鱼闯萍:文《详注》:"喁喁,鱼口上出也。鱼容切。闯,亦出貌,音鱼禁切。"魏本:"祝曰:喁喁,鱼口也。《吴越春秋》云:'天下喁喁。'闯,马出门貌。《公羊》:'开之则闯然。'注:'出头貌。'"魏本音注:"喁,音颙。闯,丑禁切。"徐震《评释》:"喁喁,言众山相齐。"按:此句谓:鱼嘴向上,露出水面。闯,出头貌。此句形容众山峰露出云海像鱼在水里闯破浮萍露出水面一样。

⑭ 落落月经宿:文《详注》:"宿,列星也,音息救切。"魏本:"祝曰:宿,列星也。《庄子》:'日月星宿。'音秀。"方世举《笺注》:"月经宿:《说苑》:'宿,日月五星所宿舍也。'"徐震《评释》:"《后汉书·耿弇传》:'落落难合。'注:'落落,犹疏阔也。'此句言一大山在疏落之小山间。"按:落落,疏远。《后汉书·耿弇传》:"落落难合。"注:"落落,犹疏阔也。"此句谓一座高山疏落在众山之间。宿,舍也。《说苑·辨物》:"所谓宿者,日月五星之所宿也。"

⑭ 圁(yín)圁树墙垣:圁圁,高大貌。圁,通言。《汉语大词典》亦以韩诗为例。钱仲联《集释》:"王元启曰:圁圁恐取《诗·大雅》'崇墉言言'之义。古字圁与言通。毛传云:'言言,高大也。'方成珪《笺正》:《礼·玉藻》:'二爵而言言斯。'注:'言言与圁圁同。'"按:此句谓:有的山形环绕,如高大的墙垣。

⑭ 㠇(yǎn)㠇架库厩:文《详注》:"㠇,疑作'辄'。《西京赋》(《文选》卷二张衡作)云:'飞檐辄辄。'又《景福殿赋》(《文选》卷一一何平叔作)云:'飞檐翼以轩翥,反宇辄以高骧。'注云:'辄辄,偃起貌,鱼桀切。皆谓屋檐向上偃阔而势举也。"方《举正》:"㠇,山形如甑也。姚令威云:恐当作'辄辄',《选·魏都赋》(《文选》卷六左思作):'四门辄辄。'(张铣)注:'高也。'"钱仲联《集释》:"《吕氏春秋》高诱注:'《诗》曰:庶姜辄辄。高长貌。'《说文》:'辄,载高貌。从车,㠇省声。"方世举《笺注》:"库厩:《记·曲礼》:'君子将营宫室,宗庙为先,厩库为次。'"按:此句谓:高高的山头形如屋檐仰起貌。㠇,山峰,一说小山。《诗·大雅·公刘》:"陟则在㠇,复降在

原。"传:"巘,小山,别于大山也。"同辚辚。辚辚,盛饰貌,高壮貌。《吕氏春秋·过理》"宋王筑为蘖帝",汉高诱注引《诗》:"庶姜巘巘。"今《卫风·硕人》作"孽孽",《释文》引《韩诗》亦作"辚辚"。《文选》张平子《西京赋》:"反宇业业,飞檐辚辚。"库庑,仓库与马庑。《左传》襄公三十一年:"馆如公寝,库庑缮修。"《新唐书·韩弘传》:"汴之库庑,钱尚百万缗。"

⑤⑩ 参参削剑戟:文《详注》:"参,音疏簪切。戟,有枝兵也。"魏本:"祝曰:参参,不齐貌。《诗》:'参差荇菜。'"魏本音注:"参,楚簪切。"方世举《笺注》:"参参:《后汉书·张衡传》:'长余佩之参参。'注:'参参,长貌。'削剑戟:《水经注》:'立石崭岩,亦如剑杪。'"按:参参,长长的样子。《后汉书》卷五九《张衡传》:"修初服之娑娑兮,长余佩之参参。"注:"参参,长貌。"《文选》卷一九束晳《补亡诗·华黍》:"芒芒其稼,参参其穑。"李善注:"参参,长貌。"《汉语大词典》亦以韩诗为例。削剑戟,立石崭岩,像用剑戟削成的一样。

⑤⑪ 焕焕衔莹琇:魏本:"祝曰:《诗》:'充耳琇莹。'注:'美石也。'"文《详注》:"《说文》云:'莹琇,石之次玉者。'《淇奥》诗云:'充耳琇莹。'紫定切。琇,息救切。《西都赋》云:'金钉衔璧,是为列钱。'注云:'金钉,灯盏也。填璧于中,故言衔。行列于室,有似列钱。'李善云:'赵皇后弟居昭阳,舍其璧带,往往为黄金钉,函蓝田璧,明珠翠羽饰之。'衔,谓衔璧也。事见《西都赋》。"按:衔,文本作"啣",音义同。焕焕,光辉貌。《辞源》以韩诗为例。《汉武故事》:"元光元年,天星大动,光耀焕焕竟天,数夜乃止。"莹琇,美石。《诗·卫风·淇奥》:"有匪君子,充耳琇莹,会弁如星。"

⑤⑫ 敷敷花披萼:文《详注》:"萼,华附也。通作鄂,逆各切。"钱仲联《集释》:"《素问》:'木敷者其叶发。'注:'敷,布也。'《文选·吴都赋》刘逵注:'敷蘤,华开貌。'"顾嗣立《集注》:"郑玄毛诗笺:'承华者,萼也。'"按:所说是。敷敷,广布的样子。敷作传布解,《诗·小雅·小旻》:"旻天疾威,敷于下土。"《书·大禹谟》:"文命敷于四海,祗承于帝。"蔡沈《集传》:"禹既已布其文教于四海矣,于是陈其

谟以敬承于舜。"《汉语大词典》云:"敷敷,花开貌。"亦引韩诗为例。萼为花,花披萼,花开的样子。则"敷敷"为形容花开之貌,不当作花开解。敷敷同敷蕍,《文选》卷五左思《吴都赋》:"异荂蓲蕍。"晋刘逵注:"敷蕍,花开貌。"李善注:"郭璞曰:'蕍犹敷蕍,亦草之貌也。'蕍与蒲同,庾俱切。芏与敷同,无俱切。"高步瀛义疏:"杜宗玉曰:俞、育声转,敷训华开,取铺华义。蕍训荣,犹敷荣,亦敷华义。"

⑮ 翕(xī 许及切,音吸,入缉韵)翕屋摧雷:方《举正》作"翕翕",云:"晁本作'阋阋'。"朱《考异》:"翕翕,或作'闶闶'。"诸本作"翕翕",从之。

文《详注》:"《说文》云:'霤,屋水流也。《礼记外传》云:'古人穴居,开上取明入中谓之中霤。今之屋当栋取明,谓之掩雀是也。'翕,乙及反。"魏本:"祝曰:霤,屋檐也,又屋水流也,《礼记》:'其祀中霤。'翕音翕。霤,力救切。"方世举《笺注》:"翕翕:翕,音翕,一作阋。按《广韵》:'阋,载名。'无他义,故一本作'阋'。《说文》:'阋,楼上户也。'于义差近。然按《韩诗外传》:'巫马期仰天而叹,翕然投镰于地。'则'翕'字固形容之辞,字书略之也。屋摧雷:《记·月令》:'其祀中霤。'《释名》:'中央曰中霤,室中霤下之处。'"方成珪《笺正》:"《管子·小问篇》:'翕然止。'注:'住立貌。'《史记·匈奴传》:'翕然更始。'注:'安定意。'公诗义当用此。摧,疑'垂'字之讹。《礼·玉藻》:'颐霤。'注:'颐,如屋霤之垂也。'作'垂'义为胜,然无本可校,姑仍之。"徐震《评释》:"翕为形容之辞,方世举引《韩诗外传》证之是也。方成珪说'霤'字之义引《玉藻》,亦是也。以《外传》观之,翕盖状下投之貌,则韩公云'翕翕屋摧雷'者,谓如屋檐摧坏,有下投之势耳。方成珪欲改'摧'为'垂',非是。又方成珪所引《玉藻》注,乃疏文之误。"童《校诠》:"第德案:翕翕即翕翕,亦即歙歙(汉书辛庆忌传:与歙侯战,颜注:歙即翕字),老子四十九章:歙歙为天下浑其心,释文引顾注:歙歙,危惧貌,此状山势倾危若屋霤将摧之形,方雪斋疑摧当为垂,非。徐氏已纠之。玉藻疏云:颐霤者,霤屋檐,身俯,故头临前,垂颐如屋霤,雪斋校改疏文,亦非。"按：童说是。此句实是形容山势如屋雷倾毁下投之状。阘阘，《汉语大词典》云："下投貌。唐韩愈《南山诗》：'敷敷花披萼，阘阘屋摧雷。'钱仲联《集释》引徐震《评释》：以《外传》观之，阘盖状下投之貌，则韩公云'阘阘屋摧雷'者，谓如屋檐摧坏，有下投之势耳。"

⑭ 兀兀狂以狃(niǔ)：魏本："祝曰：狃，习也。《前汉》：'奸有所隐则狃而寝广。'女救切。"徐震《评释》："《尔雅·释兽》：'阙泄多狃。'《释文》云：'𤟤，《字林》或作狃。'《说文》：'𤟤，兽足蹂地也。'兀兀，不安貌。此句之义，谓兀兀然狂若兽之走也。《广雅·释诂一》：'蹂，疾也。'狃作𤟤解，与狂字义正合。"童《校诠》："第德案：说文：狃，犬性骄也，兀兀狂以狃，兀兀狂以骄也，与上句悠悠舒而安正相对。祝释狃为习亦通，左氏桓十三年传：莫敖狃于蒲骚之役，杜注：狃，忕也，狃、忕犹惯习，见后汉书冯异传注，为骄之引申义。徐氏释狃为𤟤不免求之过深，未允。"按：兀兀，不安之貌，形容狃兽的狂躁之态。狃，兽足蹂地。此句谓：山形突兀如狂兽踏地欲奔也。

⑮ 超超出犹奔：方世举《笺注》："超超：《世说》：'王夷甫云：我与王安丰说延陵、子房，亦超超玄箸。出犹奔：《水经注》：'灵石一名逃石，石本桂阳，因夜迅雷之变，忽然迁此。'"钱仲联《集释》："范晞文《对床夜话》引此作'起起'。按：《说文》：'超，跳也。'若作'起起'，则用《后汉书·郑玄传》，亦通。"屈《校注》："超超，即超然。《世说新语·言语》云：'亦超超玄箸。'《晋书·王戎传》即作'超然玄箸'。"按：超超，跳跃。此与上句对析，作"跳跃"解善，屈说与诗义不合。

⑯ 蠢蠢骇不愸：魏本："《补注》：'已上并叙其经历所见之状。'"王元启《记疑》："上云'蠢蠢'，则'骇'字恐系'骏'字误文。愸，勉也。'骏不愸'者，不能勉强之意，对上'出犹奔'言之。"徐震《评释》云："王欲改'骇'为'骏'，非也。《广雅·释言》：'骇，起也。'此句之意，谓虽蠢蠢起动，而不肯勉力进趋，与已超超上出而犹速

趋者,意正相对。"钱仲联《集释》:"《左传》:'今王室实蠢蠢焉。'杜预注:'蠢蠢,动扰貌。'"按:蠢蠢,骚乱貌。《左传》昭公二十四年:"今王室实蠢蠢焉,我小国惧矣。"杜预注:"蠢蠢,动扰貌。"韩公《平淮西碑》:"常兵时曲,军士蠢蠢;既翦陵云,蔡卒大窘。"骇不懋,不能勉强。

范晞文《对床夜语》云:"连十四句皆用双字起,盖亦《古诗》'青青河畔草,郁郁园中柳'之意。"朱彝尊《批韩诗》:"以韩公高才,到此亦乏出场。虽强为驰骋,终见才竭。"徐震《评释》:"'延延'以下十四叠,正足见余勇可贾,何云才竭邪?以上言第三次直跻冢顶,殚睹众山之形态。"

按:这一大段极写南山形态,诗人像雕塑家一样从不同角度刻画。五十一个"或"字句与十四个叠字句铺写南山,淋漓尽致。中分两节:前节挥笔酣畅,看似才力用尽;可笔锋一转,以叠字句式再起,不但使诗语变化,也使对南山之塑造再树高峰,绝无蛇尾与怯力之嫌。下以"大哉"一句叫起,精神再振。

⑮⑦ "大哉立天地"一句,总承全局,以千钧之力叫起,慨叹南山之雄峻高大。谓雄峻高大的南山矗立于天地之间。既颂山,亦说己:山虽高,谁写之;才虽大,谁用之?以大才写大山,以大山表大才也。如查慎行《查初白诗评十二种》云:"一句总承全局。"

⑮⑧ 经纪肖营腠:魏本:"孙曰:'肖,象也。谓象营卫腠理。'"经纪,天地。《淮南子·原道训》:"经纪山川,蹈腾昆仑。"又《精神训》:"有二神混生,经天营地……外为表而内为里,开闭张歙,各有经纪。"此真能揭出韩愈"经纪山川,蹈腾昆仑"的气概。肖,像也。《说文·肉部》:"肖,骨肉相似也。"《书·说命上》:"乃审厥象,俾以形旁求于天下。说筑傅岩之野,惟肖。"营腠,黄帝《素问》:"炅则腠理开,营卫通。"《仪礼·乡饮酒礼》:"肺皆离,皆右体,进腠。"郑玄注:"腠,理也。"《灵枢经·营卫生会第十八》:"人受气于谷,谷入于胃,以传于肺,五脏六腑皆以受气。其清者为营,浊者为卫。营在脉中,卫在脉外……营卫者,精气也。"

⑮⑨厥初：它的开初。开张，开辟。首则以慨叹叫起，拓展空间，力举千钧；此接一发问，把时空扩展到远古，发人之思。叹山问天，真能见韩公胸怀之大，笔力之雄，郁勃之深也。

⑯⓪僶（mǐn）俛：宋白文本、魏本作"僶俛"。文本作"黾勉"，注："一作'俯仰'，非。"魏本："祝曰：僶俛，犹俯仰也。僶，武尽切。僶俛，一作'俯仰'。侑，劝食。《周礼》：'以乐侑食。'侑音宥。"

黾、僶同。文《详注》："言元气肇判天高地下，万物散殊各有条理，犹人身之有营腠也。究其初始，孰主而开张之？孰从而劝侑之？皆不可知也。《淮南子》云：'六合之间，四极之内，经以星辰，纪以四时，人十月而生，形体以成，五藏乃形，亦有经纪，此天人之相肖也。'营，血气也；腠，肤理也。黾勉，用力也，《字林》云：'黾，善怒，故音猛，而谓怒力为黾。'或作僶，音弥尽切。侑音宥，劝食也。又爱救切。"钱仲联《集释》："《文选·秋胡诗》李善注：'僶俛，犹俯仰。'《诗·楚茨》毛传：'侑，劝也。'按：此二句用意句法本于《庄子·天运篇》：'孰主张是？孰维纲是？孰居无事推而行是？孰隆施是？孰居无事淫乐而劝是？'兼参《楚辞·天问》。"按：韩诗虽当作"僶俛"，义则为俯仰。劝、侑，义同，即勉励。

⑯①创兹：创造这座南山。朴，文本作"扑"，乃抄写之误，诸本作"朴"是。朴，大也。徐震《评释》："《广雅·释诂》一：'朴，大也。'"巧，秀丽精致。《诗·卫风·硕人》："巧笑倩兮，美目盼兮。"

⑯②勠力：方世举《笺注》："《书·汤诰》：'聿求元圣，与之勠力。'"童《校诠》："段玉裁氏说文：勠，并力也，注云：并，相从也，併者，并也，并、併古通用。左传、国语或云勠力同心，或云勠力一心，皆谓数人共致力，伪尚书传训云陈力，斯失之矣。古书多有误作戮者。徐震曰：戮，勠之假借字，说文：勠，并力也。第德案：廖本、王本、祝本皆作戮，戮、勠古通用，左传成十三年传：戮力同心，释文：戮力相承，音六，嵇康力幽反，吕静字韵与飂同，字林音辽。阮（元）校勘记云：石经宋本作勠，释文亦作勠。公羊桓十年传注：戮力拒之，释文：勠音六，又力雕反，字亦作勠。是戮、勠通用之证。段以

作戬为误,殊泥。徐说是。方引汤诰作证,汤诰为伪古文,似不应引。"按:并力。《左传》成公十三年:"昔逮我献公及穆公相好,戮力同心,申之以盟誓,重之以昏姻。"劳疚,劳苦。《尔雅·释诂》:"疚,病也。"此谓积劳成疾,故曰劳疚。

⑯ 得非施斧斤? 无乃假诅咒:此二句为假设问句,谓创造此山者用斧斤乎? 或是借诅咒(神鬼)之力乎? 方世举《笺注》:"施斧斤:《水经注》:'昔禹治洪水,山陵当水者凿之。'鲍照《石帆铭》:'在昔鸿荒,刊起原陆。乃剡乃铲,既剞既斫。'假诅咒:《诗·荡》:'侯诅侯祝。'"钱仲联《集释》:"《庄子·天运篇》:'意者其有机缄而不得已邪? 意者其运转而不能自止邪?'此阴法《庄子》而泯其迹。"

⑯ 鸿荒竟无传:竟无传,方《举正》据阁本作"竟无传",云:"谢校同。蜀本无作'谁'。朱《考异》:"无,或作'谁',又作'莫'。"宋白文本作"莫",注:"一作'无'。"文《详注》、魏本作"无",同方。今从方。

鸿荒:太古混沌初开之世。扬雄《法言·问道》:"鸿荒之世,圣人恶之。"这句用《天问》"遂古之初,谁传道之"的意思。

⑯ 功大莫酬僦(jiù):方《举正》据阁本作"莫酬僦",云:"谢校同。"朱《考异》:"莫,或作'岂'。"宋白文本作"岂",注:"一作'莫'。"文《详注》、魏本同方作"莫"。从之。

文《详注》:"此言巨神并力开山之时,虽有疚病,忍而不言,将施斧斤资人力以为之。抑假诅咒借神谋以助之乎! 其事在于鸿荒之代,终不传闻也。"魏本:"祝曰:僦,赁也。《前汉》(《食货志》):'或不偿其僦费。'"方世举《笺注》:"酬僦:《汉书·食货志》:'或不偿其僦贷。'师古曰:'僦,顾也,言所输货物不足偿其顾佣之费也。'"按:方引作"贷"误;《汉方·食货志》作"费",《史记·平准书》作"费",当作"费"。徐震《评释》:"此言创造功大,莫能酬直。"按:酬僦,酬劳。此句谓:创造南山的功劳特大,用什么都无法酬劳。

⑯ 尝闻于祠官:祠官,管祭祀天地神灵的官。魏本:"蔡曰:《史记·高祖纪》:'二年,令祠官祀天地四方上帝山川,以时祠之。'

《封禅书》：'高祖令长安置祠祝,而南山巫祠南山秦中。'"文《详注》："祠官,礼官也。"

⑯芬苾降歆齅：芬苾,花的芳香气味。朱《考异》："嗅,或作'齅'。依字当作'齅'。"宋白文本、魏本作"齅"。文《详注》、祝本、廖本、王本作"嗅"。文《详注》："芬苾,黍稷馨香之气,歆嗅,神享之也。"魏本："祝曰：芬苾,馨香气也。《诗》(《小雅·信南山》)：'苾苾芬芬。'又(《小雅·楚茨》)：'苾芬孝祀。'孙曰：歆齅,谓神享之也。苾,蒲必切。齅,许救切,与'嗅'同。"方世举《笺注》："苾芬：《诗·楚茨》(《小雅》)：'苾芬孝祀。'《诗·生民》(《大雅》)：'上帝居歆。'注：'鬼神食气曰歆。'"方成珪《笺正》："《说文》(鼻部)：'齅,鼻就臭也。'"徐震《评释》："此二句言闻诸祠官,南山之神甚灵异,能降临歆受禋祀也。"童《校诠》："第德案：朱子说是。说文：齅,以鼻就臭也,读若牲畜之畜,方所引落以字。廖本、王本、祝本皆作嗅,为齅之后出字。古籍或以臭为之,易系辞：其臭如兰；荀子王霸篇：臭欲綦臭。虞(翻)注及杨(倞)注皆以气释之,是其例。"按：嗅、齅二字音同,古可假借,然义稍异。嗅,用鼻子辨别气味,后出齅之俗字,按会意造字,亦不通,口怎能辨别气味。如《韩非子·外储说左下》："食之则甘,嗅之则香。"齅,闻味、气味。《汉书·叙传》："不绁圣人之罔,不齅骄君之饵。"韩公《苦寒》诗："气寒鼻莫齅,血冻指不拈。"当作"齅"。

⑱斐然作歌诗：斐然,有文采的样子,此句用《论语·公冶长》"吾党之小子狂简,斐然成章"意。斐,五色相错。《诗·小雅·巷伯》："萋兮斐兮,成是贝锦。"

⑲惟用赞报酬：方世举《笺注》："《广韵》：酬,报也。"酬,通侑,酬酒,报答,《辞源》《汉语大词典》均以韩诗为例。报酬谓以酒相酬。魏本："孙曰：'言作歌诗以赞助报酬之曲。酬亦报也。'"文《详注》："酬,酬酒也。言既有馨香之物以供祭祀,天地鬼神既降而歆享之矣。当作歌诗,声于乐府,以助天子之报酬神祇也。《信南山》之诗曰：'苾苾芬芬,祀事孔明。'上莘芸切,下蒲筬切。孙莘老常谓

老杜《北征》胜《南山诗》，王平甫则谓《南山》胜《北征》，终不能相服。时豫章先生尚少，乃曰：'若论工巧，则《北征》不及《南山》；若书一代之事，以与《国风》《雅》《颂》相为表里，则《北征》不可无，而《南山》虽不作未害也。谠以谓不然，三者之论当从平甫，《北征》虽不作可也。'酭，于救切。"按：赞，赞颂、辅佐。酭(yòu)，报也。以上诸家各执一端而论诗，未从整个文艺百花园地的高视点上，以宏观的角度看问题，这样必然导致文学艺术的单一化，对百花齐放不利。诗苑需要《北征》，亦需要《南山》。

徐震《评释》："赞，佐也。报酭，谓报神之祭。以上为颂南山之辞，即以作结。此七韵中凡分四层：'大哉'二句，总束上文叙述所见之山形。'厥初'八句，推求南山之起原。'尝闻'二句，称其灵异。'斐然'二句，明作诗之意。"

此诗用韵，王懋竑《读书记疑》卷一六云："《南山诗》先、寒、文、真、删、元同用，皆从先韵。言字、冤字，元韵韵补无叶音。"

【汇评】

宋范温：《山谷论诗文优劣》：孙莘老尝谓老杜《北征》胜退之《南山诗》，王平甫则谓《南山》胜《北征》，终不能相服。时山谷尚少，乃曰："若论工巧，则《北征》不及《南山》；若书一代之事，以与《国风》《雅》《颂》相为表里，则《北征》不可无，而《南山》虽不作未害也。"二公之论遂定。时曾子固曰："司马迁学《庄子》，班固学《左氏》，班、马之优劣，即《庄》《左》之优劣也。"公又曰："司马迁学《庄子》，即造其妙；班固学《左氏》，未造其妙也。然《庄子》多寓言，架空为文章；《左氏》皆书事实，而文调亦不减《庄子》，则《左氏》为难。"子固亦以为然。(《潜溪诗眼》)

宋洪兴祖：此诗似《上林》《子虚》赋，才力小者，不可到也。(魏仲举《新刊五百家注音辩昌黎先生文集》卷一)

宋朱翌：退之《南山》诗，每句用"或"字。"或连若相从，或蹙若相斗"而下，五十句皆用"或"字。《诗·北山之什》自"或燕燕居息"

而下,用"或"字下廿有二,此其例也。(《猗觉寮杂记》卷上)

宋胡仔:《苕浪斋日记》云:"读谢灵运诗,知其揽尽山川秀气。读退之《南山》诗,颇觉似《上林》《子虚赋》,才力小者不能到。李长吉、玉川子诗,皆出于《离骚》,未可以立谈判也。皇甫持正云:'吟诗未有刘长卿一字。'唐人必甚重长卿,今诗十卷,亦清丽。"(《苕溪渔隐丛话》前集卷二国风汉魏六朝下)

宋王十朋:《绿画轩记》:有客游兹轩,尝陪主人之清尊,览景物之幽奇,寓之于目,得之于心,有若不能忘者。主人曰:"客为我名之。"客曰:"予尝读韩退之《南山》诗,有'浓绿画新就'之句,爱其清新峭拔,恨斯景之莫见。今此轩之秀,庶几其仿佛。采其语而名之,可乎?"主人曰:"可。客为吾记之。"(《梅溪王先生文集》前集卷一七)

宋曾季貍:韩退之《南山》诗,用杜诗《北征》诗体作。(《艇斋诗话》)

宋王质:《压波亭记》:风石之力亦大矣,而骚人墨客,一觞一咏,可使妥伏安帖,文章之力滋大矣。韩退之于南山,杜子美于洞庭,玩名山大川于股掌之上,推此类具言之,岂足以当文章之锋哉!(《雪山集》卷七)

宋楼钥:《南山广莫轩》:广莫垂风隘九州,乱山无数点平畴。一千里外在吾目,三十年来无此游。地下天高俱历历,鸢飞鱼跃两悠悠。昌黎费尽《南山》句,旷望还能似此不?(《攻媿集》卷一〇)

宋王正德:王履道《答吴检法书》云:辱枉书并近诗。伏承吏事简少,雍容文史,乐道无闷,起居休胜,感慰不已。某废放之久,虽非幻未证,而诸幻已空,无还尚隔,而可还略尽。公独以文,何耶?少小之过,不由师授,妄作文,果何物哉?向上诸圣,虽寓此以见仁义道德之意,然文非仁非义非道非德,实则辞也。《易》有圣人之道四,而以言者尚其辞。辞之为尚,欲以行远,不工则不达。谓文曰道,吾不求工,此非某之所敢知。将求天下之工于辞者,斯则有以验之。辞必工而可出,愈出而不穷,屈原以来,作者皆睹此秘,而可操以驭者,窃尝有得于庄周、司马相如。周之论风,其辞若与风俱鸣于众窍,掩卷而坐,犹觉寥寥之逼耳。其论真人曰:"与乎!其觚而不坚也;张乎!其虚而不华也。邴邴乎,其似喜乎?崔乎,其不得已乎?"凡累数十句,危如易转之卵而层起,曼如独缲之茧而不绝。相如赋《大人》有言曰:"低昂夭矫,反以骄骜。诎折隆穹,蠼以连卷。沛艾赳螑,泛以佁儗兮;放散畔岸,骧以孱颜。"如此等甚多。则夫乘云气、御飞龙之状,亦可想见。架空凿坚,刊陈趋新,何其来之亹亹也。有得于此,则太史公《龟策》《日者传》可识其机杼。韩退之《南山》诗、柳子厚《晋问》,不能以汪洋屈河伯。顷在京国,每以语人,固有不以为难者。指事而拟之,率不过三数语,则重复宕跌,不复从顺而识职。(《徐师录》卷三王履道)

宋费衮:《退之东坡用先后语》:退之《南山》诗云:"或齐若友朋,或差若先后。"人多不知"先后"之义。练塘洪庆善吏部兴祖引《前汉志》云:"见神于先后宛若。"其注云:"兄弟妻,关中呼为先后。"予观东坡《徐州谢上表》云:"信道直前,曾无坎井之避;立朝寡助,谁为先后之容。"或疑"先后"不可对"坎井",盖不知亦出于此者也。(《梁溪漫志》卷四)

宋刘克庄:昔与王去非侍郎同官金陵,去非言永贞小人钩致名士,退之非谪阳山,未必不为牵率。余曰:"能为阳山之行,必不入伾文之党。"去非以为然。韩《南山》诗,设"或""如"者四十有九,词义各不相犯,如缲瓮茧,丝出无穷。柳《寄张沣州》诗,就"瑕"字内押八十韵,未尝出韵,如弯硬弓,臂有余力。尽斯文变态,穷天下精博,然非诗之极致。(《后村先生大全集》卷一七六《诗话》)

宋罗大经:诗有一句叠三字者……有七联叠字者,昌黎《南山诗》云"延延离又属,夬夬叛还遘;喁喁鱼闯萍,落落月经宿;阊阊树墙垣,巘巘架库厩;参参削剑戟,焕焕衔莹琇;敷敷花披萼,阗阗屋摧雷。悠悠舒而安,兀兀狂以狃;超超出犹奔,蠢蠢骇不懋"是也。近时李易安词云"寻寻觅觅、冷冷清清,凄凄惨惨戚戚"。起头连叠七字,以一妇人,乃能创意出奇如此。(《鹤林玉露》乙编卷六)

宋黄震:《南山诗》险语层出,合看其布置处。(《黄氏日抄》卷

五九)

宋范晞文:退之《南山诗》云:"延延离又属,夬夬叛还遭;喁喁鱼闯萍,落落月经宿;闾闾树墙垣,巘巘架库厩;参参削剑戟,焕焕衔莹琇;敷敷花披萼,阖阖屋摧雷;悠悠舒而安,兀兀狂以狃;超超出犹奔,蠢蠢骇不懋。"连十四句皆用双字起,盖亦《古诗》"青青河畔草,郁郁园中柳"之意。(《对床夜语》卷四)

元吴师道:《北山》诗后三章"或燕燕居息"以下,凡十二句,皆首用"或"字。韩公《南山诗》盖本此。卢仝《放鱼》诗,亦连六句用"或"字。《南山》之作,仝固得于目击也。(吴礼部诗话)

明蒋之翘:《南山》之不及《北征》,岂仅仅不表里《风》《雅》乎?其所言工巧,《南山》竟何如也?连用"或"字五十余,即恐为赋若文者,亦无此法。极其铺张山形峻险,叠叠数百言,岂不能一两语道尽?试问之,《北征》有此曼冗否?翘断不能以阿私所好。(《韩昌黎集辑注》卷一)

清吴乔:《咏怀》《北征》,古无此体,后人亦不可作,让子美一人为之可也。退之《南山》诗,已是后生不逊。诗贵出于自心,《咏怀》《北征》出于自心者也。《南山》欲敌子美,而觅题以为之者也。山谷之语,只见一边。(《围炉诗话》卷二)

清朱彝尊:此诗雕镂虽工,然有痕迹,且费排置。若《北征》则出之裕如,力量固胜。(顾嗣立《昌黎先生诗集注》卷一)

清宋荦:余意历代五古,各有擅场,不第唐之王、孟、韦、柳,即宋之苏轼、黄庭坚、梅尧臣、陆游,要是斐然;而必以少陵为归墟。昔人诗评:杜工部如周公制作,后世莫能拟议。盖笃论也。至杜之《北征》《咏怀》,韩之《南山》诸大篇,尤宜熟诵,以开拓其心胸。(《漫堂说诗》)

清顾嗣立:此等长篇,亦从骚赋化出。然却与《焦仲卿妻》、杜陵《北征》诸长篇不同者,彼则实叙事情,此则虚摹物状。公以画家之笔,写得南山灵异缥缈,光怪陆离,中间连用五十一个"或"字,复用十四叠字,正如骏马下冈,手中脱辔。忽用"大哉立天地"语作

收,又如柝声忽惊,万籁皆寂。(《昌黎先生诗集注》卷一)

清沈德潜:《鸱鸮》诗连下十"予"字,《蓼莪》诗连下九"我"字,《北山》诗连下十二"或"字,情至不觉音之繁、词之复也。后昌黎《南山》用《北山》之体而张大之,下五十余"或"字。然情不深而侈其词,只是汉赋体段。(《说诗晬语》卷上)

清沈德潜:诗人每用"烂熳"字,玩诗意乃淋漓酣足之状。然考《说文》《玉篇》等书,从无"熳"字,而王文考《鲁灵光殿赋》有"流离烂漫"句,韩昌黎《南山诗》有"烂漫堆众皱"句,皆"烂"旁从"火","漫"旁从"水"。改"漫"为"熳",不知起于何时?焉乌成马、习焉不觉,殊可怪也。杜诗"众雏烂熳睡"俱从火傍。然是后代镌本所讹,不可引以为据。以上偶举大概,以枚数阂,何能遽尽,细心求之,其讹自出。(《说诗晬语》卷下)

清方世举:古人五古长篇,各得文之一体。《焦仲卿妻》诗传体,杜《北征》序体,《八哀》状体,白《悟贞寺》记体,张籍《祭退之》诔体,退之《南山》赋体。赋本六义之一,而此则《子虚》《上林》赋派。长短句任华《寄李白》《杜甫》二篇书体,卢仝《月蚀》议体,退之《寄崔立之》亦书体,《谢自然》又论体。触类而成,不得不然也。又按《南山》《北征》,各为巨制,题义不同,诗体自别,固不当并较优劣也。此篇乃登临纪胜之作,穷极状态,雄奇纵恣,为诗家独辟蚕丛。无公之才,则不能为;有公之才,亦不敢复作。固不可无一,不可有二者也。近代有妄人讥其曼冗,且谓连用"或"字为非法,不知"或"字本《小雅·北山》,连用叠字本屈原《悲回风》《古诗十九首》,欬启寡闻,而轻有掎撼,多见其不知量也。(《韩昌黎诗集编年笺注》卷四)

清姚范:《南山》诗注:"此诗似《上林》《子虚》赋,才力小者不可到也。"余谓才力小者固不能,然如东野诗仅十句,却奇出意表耳。《潜溪诗眼》云:"孙莘老尝谓:'老杜《北征》胜退之《南山诗》。'王平甫以谓'《南山》胜《北征》',终不能相服。时山谷尚少,乃曰:'若论工巧,则《北征》不及《南山》;若书一代之事,以与《国风》《雅》《颂》相为表里,则《北征》不可无,而《南山》虽不作未害也。'二公之论遂定。余谓宋人评泊,特就事义大小言之耳。"愚谓:但就词气论,《北征》之沉壮郁勃,精采旁魄,盖有百番诵之而味不穷者,非《南山》所并;《南山》仅形容瑰奇耳,通首观之,词意犹在可增减之中。杜公诗,诵之古气如在喉间。《南山》前作冒子不好。"逍遥越坤位,诋讦陷乾窦。"注:"逍遥,谷名。"按:此非必指谷名,盖与"诋讦"皆形容词耳。"诋讦",同"抵揭"。(《南山》)诗中用五十一"或"字。按《华严法界品》言"三昧光明",多用"或"字文法。然公自本《小雅》,兼用《说卦传》耳。陆鲁望《和皮袭美千言诗》多用"谁"字,文法同此。(《援鹑堂笔记》卷四一)

清爱新觉罗·弘历:入手虚冒开局。"尝升崇丘"以下,总叙南山大概。"春阳"四段,叙四时变态。"太白""昆明"两段,言南山方隅连亘之所自。"顷刻异状候"以上,只是大略远望,未尝身历。瞻太白,俯昆明,眺望乃有专注,而犹未登涉也。"径杜墅""上轩昂",志穷观览矣。蹭蹬不进,仅一窥龙湫止焉。遭贬由蓝田行,则又跋涉艰危,无心观览也。层层顿挫,引满不发,直至"昨来逢清霁"以下,乃举凭高纵目所得景象,倾囊倒箧而出之。叠用或字,从《北山》诗化出,比物取象,尽态极妍,然后用"大哉"一段煞住。通篇气脉透迤,笔势竦峭,蹊径曲折,包孕宏深,非此手亦不足以称题也。(《唐宋诗醇》卷二七)

清王鸣盛:《重韵》:顾亭林论诗不忌重韵。愚谓苏、李《送别庐江小吏》是或一道也。唐杜子美、李义山当律体盛行,而《饮中八仙歌》《行次西郊作》尚用此体,即成疵病,岂可效乎?昌黎《南山》一百二韵,前云:"尝升崇丘望,戢戢见相凑。"后云:"或散若瓦解,或赴若辐凑。"遍考近日翻刻魏仲举《五百家昌黎集注》、宋版王伯大《音释》、晦庵朱氏《昌黎集考异》及东雅堂徐氏刻《昌黎集》、顾氏嗣立、方氏世举注本皆同,似属重韵。但《广韵》去声五十"候"有"凑"字,亦有"輳"字。注云:"輳"亦作"凑",《集韵》与《广韵》同。《广韵》本于《唐韵》,昌黎必从《唐韵》作"辐輳"。各本作"凑",皆非也。《说文》"车"部无"輳"字,新附亦无。然诗家用字,岂能尽拘《说

文》？《唐韵》已收之字，何不可用？若重韵，直不成诗矣。(《蛾术编》卷七五)

清赵翼：《南山诗》，古今推为杰作。《潜溪诗话》记"孙莘老谓《北征》不如《南山》，王平甫则谓《南山》不如《北征》，各不相下。时黄山谷年尚少，适在座，曰：'若论工巧，则《北征》不及《南山》；若书一代之事，与《国风》《雅》《颂》相表里，则《北征》不可无，《南山》虽不作可也。'其论遂定"云。此固持平之论；究之山谷所谓"工巧"，亦未必然。凡诗必须切定题位，方为合作；此诗不过铺排山势及景物之繁富，而以险韵出之，层叠不穷，觉其气力雄厚耳。世间名山甚多，诗中所咏，何处不可移用，而必于南山耶！而谓之工巧耶！则与《北征》固不可同年语也。(《瓯北诗话》卷三)

清赵翼：唐人五言古诗，大篇莫如少陵之《北征》，昌黎之《南山》。二诗优劣，黄山谷已尝言之。然香山亦有《游王顺山悟真寺》一首，多至一千三百字，世顾未有言及者。今以其诗与《南山》相校：《南山》诗但优侗摹写山景，用数十"或"字，极力刻画，而以之移写他山，亦可通用。《悟真寺》诗，则先写入山，次写入寺，先憩宾位，次至玉像殿，次观音岩，点明是夕宿寺中；明日又由南坨路过蓝谷，登其巅；又到蓝水环流处，上中顶最高峰，寻谒一片石、仙人祠；回寻画龙堂，有吴道子画、褚河南书。总结登历，凡五日。层次既极清楚，且一处写一处景物，不可移易他处。较《南山》诗似更过之。又《北征》《南山》皆用仄韵，故气力健举；此但用平韵，而逐层铺叙，沛然有余，无一语冗弱，觉更难也。而诗人不知，则以香山有《长恨》《琵琶》诸大篇，脍炙人口，遂置此诗于不问耳。(《瓯北诗话》卷四)

清赵翼：《叠字诗》：叠字诗"河水洋洋，北流活活"等句，连用六叠，此为创体。《沧浪诗话》谓："《十九首》中'青青河畔草，郁郁园中柳。盈盈楼上女，皎皎当窗牖。娥娥红粉妆，纤纤出素手'一连六句，皆用叠字。今人必以为句法重复。古诗正不当以此论也。"退之《南山》诗……盖亦仿此。后人遂转有以此为工。(《陔余丛

考》卷二三)

清管世铭:陈、张《感遇》出于阮公《咏怀》,供奉《古风》本于太冲《咏史》。《经乱离后赠江夏韦太守》,计八百三十字,太白生平略具,纵横恣肆,激宕淋漓,真少陵《北征》劲敌。后人舍此而举昌黎《南山》,失其伦矣。(《读雪山房唐诗序例》)

清恽敬:《沿霸山图诗序》:余少读退之《南山诗》及子厚《万石亭记》《小丘记》,喜其比形类情,卓诡排荡。及长,始知其法自周、秦以来,体物者皆用之,非退之、子厚诗文之至者也。庄子曰:"刍狗之已陈也,行者践其首脊,苏者取而爨之而已。"昔人之已言,其诸亦能言者之刍狗乎?瑞金多石山,往往一石为一峦,一石为一岭一崖,惟沿霸诸山,皆千万石为一峦一岭一崖。余数过,欲状之,终无以自别于退之、子厚之所言者。爰使户曹史赖縠分为十图,以尽其势,而余与诸同志举觞而咏之。至退之以重望自山阳改官京曹,方有大行之志,故其诗恢悦;子厚负衅远谪,故其文清浏而迫隘。余小生乐志下僚所言,亦有相称者焉。(《大云山房文稿》补编)

清郭麐:余旧居芦墟,去分湖半里,天朗气清,湖光荡目,吴中远山,一痕如黛,因取昌黎"天空浮修眉,浓绿画新就"之句,名楼曰"浮眉"。后虽迁移,而其名尚仍而不改。邗江僧序初为之图,刘芙初为作记。(《灵芬馆诗话》卷七)

清郭麐:余最厌宋人妄议昔贤优劣。元微之作《杜工部墓志》轩轾李、杜;退之"蚍蜉撼树"之论,未必不为此而发。山谷以杜《北征》为有关系之作,昌黎《南山》虽不作亦可,以此定《北征》为胜于《南山诗》,宁可如此说耶?余少时有《论诗绝句》数首,其一云:"一首《南山》敌《北征》,昔人意到句随成。江湖万古流天地,不信涪翁论重轻。"(《灵芬馆诗话》卷八)

清方东树:惟陶公则全是胸臆自流出,不学人而自成,无意为诗而已。至东坡亦如是,固是天生不再之贤。虽杜、韩犹是先学人而后自成家。如杜《同谷七歌》从《胡笳十八拍》来,韩《南山诗》从《京都赋》来。(《昭昧詹言》卷一通论五古)

清方东树:《北征》《南山》体格不侔,昔人评论以为《南山》可不作者,滞论也。论诗文政不当如此比较。《南山》盖以《京都赋》体而移之于诗也。《北征》是《小雅》《九章》之比。(《昭昧詹言》卷一通论五古)

清方东树:读《北征》《南山》,可得满象,并可悟元气。(《昭昧詹言》卷一通论五古)

清马星翼:"红皱晒檐瓦,黄团系门衡",韩退之句也太纤丽矣。"竹笼拾山果,瓦瓶担石泉",贾浪仙句也,又太不刻画,皆未足法杜诗。"或红如丹砂,或黑如点漆,雨露之所濡,甘苦齐结实",浑雅极矣,与"红皱""黄团"之句,直不可同日语。此周紫芝语。或谓"丹砂""黑漆",殊难理会,岂未读《北征》全篇,何论之固邪?(《东泉诗话》卷一)

清施山:诗中连用叠字,始于"喓喓草虫""河水洋洋"及三闾《橘颂》。厥后有《十九首》之"青青河畔草"。昌黎《南山》诗仿之,罕有入七古者。(《望云诗话》卷二)

清施山:予谓好高爱奇,是诗家本分事。试观少陵、昌黎不好高爱奇,何能臻此!《南山》之说,乃指翻新入僻者而言。所云"暂足惊人",而受惊者亦初学寡识者耳。(《姜露庵诗话》)

清曾国藩:《南山诗》:"西南"十句,赋太白山。"昆明"八句,赋昆明池。清沤为微澜所破碎,故猱狖躁而惊呼,呀而不仆,此述昆明池所见。"前寻"下二十二句,言从杜陵入山,因群峰之拥塞,不得登绝顶而穷览也。恶群峰之拥塞,思得如巨灵夸娥者,擘开而坼列之。以雷电不为先驱,终不能擘,遂有攀缘蹭蹬之困。"因缘"以下十二句,因观龙湫而书所见。"前年"以下十二句,谓谪阳山时曾经此山,不暇穷探极览也。"昨来"以下至"蠢蠢骇不懋",谓此次始得穷观变态。前此游太白,游昆明池,游杜陵,游龙湫,本非一次,即谪贬时亦尝经过南山,俱不如此次之畅心悦目耳。(《求阙斋读书录》卷八)

清施补华:《南山》一首,昔人以拟《北征》,其实不类。《北征》

抒写情境,不可不作;《南山》刻画山水,可以不作。(《岘佣说诗》)

清施补华:《南山诗》五十余"或"字,与《送孟东野序》二十余"鸣"字一例,大开后人恶习,学诗学文者宜戒。(《岘佣说诗》)

清胡薇元:初、盛、中、晚之分以时耳。有唐一代,李、杜、韩三家,屹然鼎峙:李生而知之也,杜学而知之也,韩天人各半;李似颜子,韩似曾子,杜似孟子,各造其极者也。韩退之愈,贞元八年进士,至吏部侍郎,谥文。"君子法天运,四时可前知。小人惟所遇,寒暑不可期。利害有常势,取舍无定姿。焉能使我心,皎皎远忧疑。"此首已定公一生践履。言君子所法天运,世运有隆污,君子不以时易其操;小人则畏冷趋炎,取舍惟视利害,元稹、令狐楚一流是也。"河之水去悠悠,我不如水东流。我有孤侄在海陬,三年不见兮使我生忧。日复日,夜复夜,二年不见汝,使我鬓发未老而先化。"此直二《雅》之遗。《南山诗》,《大雅》正音,隐者于《北征》《南山》皆师之,自谓笔力近韩。同年阳湖赵源潏云:"《北征》和杜,《南山》仿韩,天才横绝,乃如不经意。"仆愧不敢承也。(《梦痕馆诗话》卷二)

清金湜生:不读《南山诗》,那识五言材力,放之可以至于如是,犹赋中之《两京》《三都》乎!彼以囊括苞符,此以镌镵造化。(《粟香三笔》卷一)

清陈衍:《巢经巢集·正月陪黎雪楼舅游碧霄洞作》,效昌黎《南山》而变化之。(《石遗室诗话》卷四)

清陈衍:涛园说诗,时有悟入处。近年在上海,与苏堪诸人作温经会,不止胸有左癖矣。尝云:昌黎《南山诗》,连用五十一"或"字,少陵《北征》已有"或红如丹砂""或黑如点漆"之句,实则莫先于《小雅·北山》"或燕燕居息,或尽瘁事国",十二句连用十二"或"字。余谓《北山》将苦乐不均,两两比较,视《南山》专状山之形态,有宽窄难易之不同。《北山》到底住斩截可喜。《南山》则不免辞费,故中多复处,如"或戾若仇雠"非即"或背若相恶"乎?"或密若婚媾"非即"或向若相佑"乎?"或随若先后",非即"或连若相从"乎?其余"或赴若辐辏"与"或行而不辍","或妥若弭伏"与"或颓若寝兽",大同小异之处尚多。故昔人谓"《北征》不可无,《南山》可以不作"也。且其叠用"若"字、"如"字、"或"字,又本于《高唐赋》之"湫兮如风,凄兮如雨""若生于鬼,若出于神";《神女赋》之"耀乎若白日初出照屋梁""皎若明月舒其光""晔乎如华,温乎如莹";《洛神赋》之"翩若惊鸿,婉若游龙""仿佛兮若轻云之蔽月,飘飘兮若流风之回雪""皎若太阳升朝霞,灼若芙蕖出渌波""肩若削成,腰如约素""或戏清流,或翔神渚,或采明珠,或拾翠羽"诸句来也。等而上之,《淇澳》之"如切如磋,如琢如磨,如金如锡,如圭如璧",《板》之"如埙如篪,如璋如圭,如取如携",《荡》之"如蜩如螗,如沸如羹",《三百篇》早有之矣。(《石遗室诗话》卷一九)

清陈衍:昌黎《南山诗》,固未甚高妙。然论诗者,必谓《北征》不可不作,《南山》可以不作,亦觉太过。《北征》虽忧念时事,说自己处居多;《南山》乃长安镇山,自《小雅》"秩秩斯干,幽幽南山"后,无雄词可诵者。必谓《南山》可不作,《斯干》诗不亦可不作邪?(《石遗室诗话》卷二六)

清谭嗣同:《思篇》四十六:宋人以杜之《北征》,匹韩之《南山》,纷纷轩轾,闻者惑焉。以实求之,二诗体与篇幅,各有不同,未当并论。夷岸于谷,雌鸣求牡,岂有当乎?杜之《北征》可匹韩之《赴江陵》及《此日足可惜》等诗。韩之《南山》,惟白之《悟真寺》乃劲敌耳。情事既类,修短亦称矣。(《谭嗣同全集》卷一)

程学恂:宥、售等韵,似乎强押。然中有妙趣,非习于游山者不知也。读《南山诗》当如观《清明上河图》,须以静心闲眼逐一审谛之,方识其尽物类之妙。又如食五侯鲭,须逐一咀嚼之,方知其极百味之变。中间形容比拟,穷神尽象至矣,然其他似乎汉唐人集中尚或见之。至"虽亲不褒狎,虽远不悖谬",顿觉扬、马、李、杜,皆当阁笔瞠视。昔人云:赋家之心包罗天地者,于《南山诗》亦然。《潜溪诗眼》载孙莘老尝谓老杜《北征》胜退之《南山诗》,王平甫则谓《南山》胜《北征》,终不能相服。时山谷尚少,乃曰:若论工巧,则《北征》不及《南山》;若书一代之事,以与《国风》《雅颂》相为表里,则《北征》不可无,而《南山》虽不作未害也。予谓山谷语亦未尽确,然则《北征》可谓不工乎?要知《北征》《南山》本不可并论;《北征》,诗之正也,《南山》乃开别派耳。公所谓与李、杜精诚交通,百怪入肠者,亦不在此等。(《韩诗臆说》卷一)

徐震:以韵语刻画山水,原于屈、宋。汉人作赋,铺张雕绘,益臻繁缛。谢灵运乃变之以五言短篇,务为清新精丽,遂能独辟蹊径,擅美千秋。昌黎《南山》取杜陵五言大篇之体,摄汉赋铺张雕绘之工,又变谢氏轨躅,亦能别开境界,前无古人。顾嗣立谓之光怪陆离,方世举称其雄奇纵恣,合斯二语,庶几得之。自宋人以比《北征》,谈者每就二篇较絜短长。予谓《北征》主于言情,《南山》重在体物,用意自异,取材不同,论其工力,并为极诣,无庸辨其优劣也。(《南山诗评释》)

谢自然诗[①]

贞元十年

果州南充县[②],寒女谢自然[③],童騃无所识[④],但闻有神仙。轻生学其术,乃在金泉山[⑤],繁华荣慕绝,父母慈爱捐。凝心感魑魅[⑥],恍惚难具言[⑦]。一朝坐空室,云雾生其间[⑧],如聆笙竽韵,来自冥冥天[⑨]。白日变幽晦,萧萧风景寒[⑩]。檐楹暂明灭,五色光属联[⑪]。观者徒倾骇,踯躅讵敢前[⑫]。须臾自轻举[⑬],飘若风中烟。茫茫八纮大[⑭],影响无由缘[⑮]。里胥上其事[⑯],郡守惊且叹[⑰],驱车领官吏,氓俗争相先[⑱]。入门无所见,冠屦同蜕蝉[⑲],皆云神仙事,灼灼信可传[⑳]。

余闻古夏后,象物知神奸[㉑],山林民可入,魑魅莫逢斺㉒。迤逦不复振,后世恣欺谩㉓。幽明纷杂乱㉔,人鬼更相残㉕,秦皇虽笃好,汉武洪其源㉖;自从二主来,此祸竟连连㉗。木石生怪变㉘,狐狸骋妖患㉙。莫能尽性命㉚,安得更长延㉛。人生处万类,知识最为贤㉜;奈何不自信,反欲从物迁㉝。往者不可悔,孤魂抱深冤;来者犹可诫㉞,余言岂虚文㉟。人生有常理,男女各有伦㊱,寒衣及饥食,在纺织耕耘㊲。下以保子孙,上以奉君亲㊳,苟异于此道,皆为弃其身㊴。噫乎彼寒女,永托异物群㊵。感伤遂成诗㊶,昧者宜书绅㊷。

【校注】

① 文《详注》无"诗"字。诸本有"诗",从之。

方《举正》:"谢自然以贞元十年十一月十二日上升。果州有石刻尚存。"文《详注》:"《集仙录》(《太平广记》卷六六引):谢自然者,其先兖州人。父寰居果州南充,为从事。母胥氏,亦邑中右族。自然性颖异人,不食荤血,所言多道家事,词气高异。其家在大方山下,山顶有古像老君。自然因礼拜,不愿下,母从之,乃迁居山顶。自然常诵《道德经》《黄庭内篇》。年十四,其年九月,因食新稻米饭,云尽是蛆虫,自此绝粒。后于开元观诣绝粒,道士程太虚受五千文《紫灵宝录》。贞元九年刺史李坚筑室于金泉山,移居之。有石室惟容一床,四边才通人行。又有两虎,出入必从,他人至则隐伏不见。每行止则诸神侍卫,自言将授东极真人之任。屡有天使降,鸾鹤千万,众仙毕集。自然绝粒,凡一十年,昼夜不寐,两膝忽有印形,并膝则两印相合,分毫无差。又有神力,日行数百里。或至千里,人莫知之。暝夜深室,纤微无不洞鉴,又不衣绵纩,寒不近火,热不操扇,人问吉凶善恶,无不知者。贞元十一年十一月九日,诣州与李坚别,云中旬的去。十二日辰时,于金泉道场白日升天,士女数千人咸共瞻仰。祖母周氏、[母]胥氏、妹自柔、弟子李生闻其诀别之语曰：勤修至道。须臾，五色云遮亘一川，天乐异音散漫弥久。所着衣冠簪帔一十事，脱留小绳床上，结系如旧。刺史李坚表闻，诏褒美。李坚《述金泉道场碑》立本末为传云。"魏本："《集注》曰：果州谢真人上升，在州城西门外金泉山，贞元十一年十一月十二日白昼轻举，州人尽见。时郡守李坚以状闻，且为之传。上赐诏褒谕，有曰：所部之中，灵仙表异，元风益振，至道弥彰。今此郡石刻在焉。公生平力主吾道，斥佛老，排异端，故其诗意有所不取。"按：谢自然上升之年：方说十年；文引《集仙录》、魏本引《集注》为十一年；钱、屈二《注》从方系十年。方世举《笺注》引《集仙录》作"十年"，今从十年说，则韩愈此诗写于贞元十年十二月。韩公不信白日飞升邪说，指出此乃道家骗术。明杨慎《升庵诗话》卷一四云："谢自然，女仙，白日飞升，当时盛传其事。至长安，韩昌黎作《谢自然诗》，纪其迹甚著，盖亦得于传闻也。予近见唐诗人《刘商集》有《谢自然却还旧居》一诗云：'仙侣招邀自有期，九天升降五云随。不知辞罢虚皇日，更向人间住几时？'观此诗，其事可知矣。盖谢氏为妖道士所惑，以幻术贸迁他所而淫之。久而厌之，又返旧居。观商诗中所云'仙侣招邀'，意在言外。惜乎昌黎不闻也。然则世之所谓女仙者，皆此类耳。"蒋之翘《辑注》："自然，孝廉谢寰女。"按：韩公主张"人生处万类，知识最为贤""人生有常理，男女各有伦。寒衣及饥食，在纺织耕耘"。这在佛道盛行的中唐，无疑是进步的。何焯《义门读书记》卷三〇："《唐书·艺文志》：'李坚《东极真人传》一卷。'注：'果州谢自然。'"宋阙名《南窗纪谈》："秦、汉以来，方士言神仙，莫不白日上升。后世小说所载，往往而是。然人未尝有目见之者，难以必其有无。惟韩文公诗叙谢自然事曰：'一朝坐空室，云雾生其间。如聆笙箫韵，来自冥冥天。白日变幽晦，萧萧风景寒。檐楹气明灭，五色光属联。观者徒倾骇，踯躅讵敢前。须臾自轻举，飘若风中烟。'据此等语，则其幼学仙，而至轻举，众所共见者，昭然不诬。近吴兴陈汤求大夫提举江西茶盐回，言数年前袁州一村民女子自幼乐静默,常独处一室中。然初无他异。至年十八九,一旦,其家闻空中笙箫之声,女子已在室中阖户而坐。须臾,彩云四合,翁郁其舍。家人与观者皆莫敢前。经半日方散,开户视之,已不见女子。久之,犹闻笙箫声在半空。其事与《谢自然》相类。"梁披云《中国书法大辞典》:"谢自然,唐人。妇人。幼而入道,师事司马承祯,得道术于金泉山,号华阳女真。南唐沈汾《续仙传》谓谢自然'善笔札,能属文'。"

② 果州南充县:方世举《笺注》:"《旧唐书·地理志》:'果州,隋巴西郡之南充县。武德四年,割隆州之南充、相如二县置,因果山为名。天宝元年,为南充郡。乾元元年,复为果州,领南充县,属剑南道。'"《元和郡县图志》阙卷逸文卷一:"果州,《禹贡》梁州之域。春秋战国时为巴子国,秦灭巴立为巴郡,即汉巴郡之安汉县也。自李雄之乱,巴境荒残,至宋于安汉故城置南宕渠郡。开皇三年属阆州,大业初属巴西郡。南充县,隋开皇十年改县曰南充,唐武德四年于县立果州,以县属焉。"在今四川南充市。

③ 寒女:贫女。魏本:"孙曰:寒女,贫女也。韩曰:《选》郭泰机《答傅咸诗》:'寒女虽巧妙,不得秉杼机。'"按:寒女乃穷人家女儿。又《答傅咸诗》:"皎皎白素丝,织为寒女衣。"注:"傅咸赠诗曰:'素丝岂不洁,寒女难为容。'"孟浩然《题长安主人壁》:"促织惊寒女,秋风感长年。"又杜甫《奉先咏怀》:"彤庭所分帛,本自寒女出。"

④ 童騃(ái)无所识:识,文本作"知",宋白文本、魏本、廖本等均作"识",作"识"字是。

童騃:魏本:"祝曰:騃,痴也。《前汉》:'内实騃不晓政事。'騃,语骇切。"此引《汉书·息夫躬传》:"左将军公孙禄、司隶鲍宣皆外有直项之名,内实騃不晓政事。"方世举《笺注》:"騃,音呆。《广雅·释诂》:'童騃,痴也。'《辞源》:'童騃,童幼痴愚。'亦以韩诗为例。白居易《观儿戏》:"一看竹马戏,每忆童騃时。"

⑤ 轻生学其术,乃在金泉山:魏本:"《集注》:果州谢真人上升,在州城西门外金泉山。"按:谢自然学仙事见注①。金泉山在果

州城西门外。

⑥凝心：方世举《笺注》："《齐书·刘虬传》：'退不凝心出累，非冢间树下之节。'"诚心，专注。《汉语大词典》引韩诗为例，云："专心；一心一意。唐韩愈《谢自然诗》：'凝心感魑魅，恍惚难具言。'《云笈七签》卷一〇四：'太清真人宋伦，字德玄，洛阳人也。以厉王甲辰岁入道。于是凝心寝景，抱一冲和，不交人事，日诵五千文数遍。'"

魑魅：魑，文《详注》作"螭"。宋白文本、祝本、魏本、廖本等作"魖"，魑、螭通，今从"魑"。古谓之鬼怪、山神。《左传》文公十八年："投诸四裔，以御魑魅。"注："魑魅，山林异气所生，为人害者。"《文选》卷一一公孙绰（兴公）《游天台山赋序》："始经魑魅之涂，卒践无人之境。"

⑦慌惚：同恍忽，不明白，不清楚。魏本："祝曰：慌惚，仿佛貌。《礼记》：'以其慌惚以与神明交。'"文《详注》："公排斥仙道，言谢女感妖怪而去，非仙也。慌惚，无形也。《尔雅》曰：'有光而无象谓之恍，有一而未形谓之惚。'上虚晃切，下胡骨切。"魏本音注："慌，呼晃切。惚，呼骨切。"按：《后汉书·马皇后纪》："兄客卿敏惠早夭，母蔺夫人悲伤发疾慌惚。"屈原《九歌·湘夫人》："慌忽兮远望，观流水兮潺湲。"

⑧云雾生其间：方世举《笺注》："郭璞《游仙诗》：'云生梁栋间，风出窗户里。'《齐书·刘虬传》：'正昼有白云徘回檐户之内，又有香气磬声。'"按：王维《辋川集·文杏馆》："不知栋里云，去作人间雨。"何焯《批韩诗》："四语为后半篇议论伏案。"

⑨如聆笙竽韵，来自冥冥天：聆，细听。谢灵运《登池上楼》："倾耳聆波澜。"笙、竽，皆管乐器名。笙，大者十九簧，小者十三簧。《诗·小雅·鹿鸣》："我有嘉宾，鼓瑟吹笙。"竽，与笙均以竹管制成，笙短数寸或尺余；竽则长数尺。屈原《九歌·东皇太一》："疏绥节兮安歌，陈竽瑟兮浩倡。"应劭《风俗通·声音·竽》："《礼记》：'管三十六簧也，长四尺二寸。'今二十三管。"1972年长沙马王堆

一号汉墓出土的随葬器物中有竽,二十二管,分前后两排。

冥冥:文《详注》:"冥冥,高貌。《楚辞》(屈原《九歌·山鬼》)云:'杳冥冥兮羌昼晦。'"昏昧、晦暗。《诗·小雅·无将大车》:"无将大车,维尘冥冥。"此处作高远、深远解。扬雄《法言·问明》:"鸿飞冥冥,弋人何篡。"《素问》二三《徵四失论》:"窈窈冥冥,孰知其道。"注:"冥冥,言玄远也。"何焯《批韩诗》:"描写似太史公《封禅书》。"

⑩ 萧萧风景寒:萧萧,象声词,如风声。《史记·荆轲传》:"风萧萧兮易水寒,壮士一去兮不复还。"此突出当时环境之气氛,寒字当有阴森之气意。

⑪ 檐楹暂明灭:方《举正》据阁本作"甄明灭"。朱《考异》:"甄,或作'气'。"宋白文本、文本、祝本、魏本作"气"。宋白文本注:"一作'暂'。"廖本、王本作"甄"。按:暂同甄,作一时、不久解,形容时间短音义同。《列子·杨朱》:"以若之治外,其法可暂行于一国,未合于人心。"《尚书·盘庚》:"颠越不恭,暂遇奸宄。"张相《诗词曲语辞汇释》卷二:"韩愈《叉鱼》:'迷火逃翻近,惊人去暂遥。'《远游联句》:'魍魉暂出没,蛟螭互蟠蟉。'《谢自然诗》:'檐楹甄明灭,五色光属联。'甄同暂,甄明灭,犹云乍明灭,亦忽字义。"

属联:文《详注》:"属,连也,之欲切。"按:此指五色之光联绵不断,互相联结。

⑫ 踯躅(zhí chú):文《详注》:"踯躅,住足也。上直灸切,下音厨玉切。"按:踯躅者徘徊不前貌。《文选》宋玉《神女赋》:"奋长袖以正衽兮,立踯躅而不安。"《文选》陆机《答张士然》诗:"逍遥春王圃,踯躅千亩田。"讵(jù),何、岂。《庄子·齐物论》:"庸讵知吾所谓知之非不知邪?"

⑬ 轻举:方世举《笺注》:"屈原《远游》:'悲时俗之迫厄兮,愿轻举而远游。'"轻举谓飞升乃轻率的行动。《韩非子·难四》:"明君不悬怒,悬怒则臣罪轻举以行计,则人主危。"作轻而易举解,未合韩诗义,此处应作飞升、登仙解。《汉书·郊祀志下》:"及言世有仙

人,服食不终之药,遥兴轻举。"宋李石《续博物志》卷三:"后世必有人主,好高而慕大,以久生轻举为羡慕者。"因谓登仙飞升,故有下句飘飘然如风中之烟。

⑭ 茫茫八纮大:文《详注》:"《淮南子》(《墬形训》)曰:'九州[八殥]之外而有八纮。'许氏云:'纮,维也。维络天地而为之表,故曰纮也。'"魏本:"孙曰:《淮南子》:'九州之外有八殥,八殥之外有八纮。'祝曰:《列子》(《汤问》):'八纮九野之水。'注:'八极也。'"方世举《笺注》同而简。

⑮ 无由缘:文《详注》:"'影响无由缘',言谢女之影无由复见。"方世举《笺注》:"曹植《与吴质(季重)书》:'天路高邈,良无由缘。'"按:无由缘即无缘由,没有理由也。

⑯ 里胥:魏本:"《补注》:里胥,里吏也。"胥,小官吏。柳宗元《梓人传》:"为乡师里胥。"里胥,一里之长,相当于后世的"地方"。

⑰ 叹:方《举正》据阁本订,云:"李、谢校同。潮本作'欢',今作'观',皆讹。"朱《考异》:"叹,或作'观',或作'欢'。"宋白文本作"欢"。文本、祝本、魏本作"观"。廖本作"叹"。按以下数句才写观,则此处作"叹"字,是。

⑱ 氓(méng):方世举《笺注》:"《南史·王训传》:训作诗云:'旦奭匡世功,萧曹佐氓俗。'又《虞玩之传》:'自顷氓俗巧伪。'"氓:田民,农民。《周礼·地官·遂人》:"凡治野以下剂,致氓以田里,安氓以乐昏,扰氓以土宜,教氓稼穑以兴耡,利氓以时器,劝氓以强予,任氓以土均平政。"注:"变民言氓,异外内也。"《史记·秦始皇本纪》太史公曰:"陈涉瓮牖绳枢之子,氓隶之人,而迁徙之徒也。"裴骃集解引徐广曰:"田民曰氓。"此氓俗指百姓。

⑲ 冠屦同蜕蝉:文《详注》:"《神仙传》:'汉武帝时李少君化去,及殓失尸,所在中表衣悉不解,如蝉蜕。'蜕,音税,去皮也。"魏本:"祝曰:蜕,去皮也。《楚辞》(王褒《九怀·陶壅》):'济江海兮蜕蝉。'韩曰:夏侯湛作《东方朔画赞》(《文选》卷四七)曰:'蝉蜕龙变,弃俗登仙。'音税。"方世举《笺注》:"蜕蝉:蜕,音脱。王褒《九怀》:

'济江海兮蜕蝉。'《神仙传》：'王方平过吴，教蔡经尸解。经入室以被自覆，忽然失之，视其被内，惟有皮、头、足具，如蝉蜕也。'"

⑳ 灼（zhuó之若切，入，药韵）灼：鲜明、光盛貌。《诗·周南·桃夭》："桃之夭夭，灼灼其华。"汉贾谊《新书·匈奴》："梦中许人，觉且不背其信。陛下已诺，若日出之灼灼。"

㉑ 夏后：即夏后氏。古史称禹受舜禅，建夏王朝，也称夏后氏。《论语·八佾》："夏后氏以松，殷人以柏，周人以栗，曰，使民战栗。"神奸，害人的鬼神怪异之物。《左传》宣公三年："铸鼎象物，百物而为之备，使民知神奸。"《文选》张平子《西京赋》："禁御不若，以知神奸。"注："止其不顺，知神鬼之奸情。"

㉒ 山林民可入，魑魅莫逢旃：民，方《举正》："唐本、阁本皆作'民'。公文石本用'民'字多，只为字不成不尽避也。"朱《考异》："民，或作'人'。"宋白文本、文本、祝本、魏本作"人"。廖本、王本作"民"。作"人"为避讳太宗名改，作"人"、作"民"均可。

魏本："韩曰：《选·西京赋》：'魑魅魍魉，莫能逢旃。'樊曰：《左传》宣公三年：楚子问鼎之大小轻重。王孙满对曰：'在德不在鼎。昔夏之方有德也云云。[远方图物，贡金九牧，]铸鼎象物，[百物]而为之备，使民知神奸，故民入川泽、山林[，不逢不若]。魑魅魍魉，莫能逢之。'此曰'莫能逢旃'，旃之也。"（按：樊引《左传》文字不全，且有误，以原文补之。）杜预注云："使民知神奸：图鬼神百物之形，使民逆备之。"魑，山神。魅，怪物。魍魉，水神也。旃，助词之焉的合音，音之延切。莫能逢旃，即莫能逢之。

㉓ 逶迤不复振，后世恣欺谩：逶迤，文《详注》："逶迤：衺去貌。上邕危切，下余支切。"按：逶迤，本指蛇行弯弯曲曲，连绵不断貌。此谓年代久远。不复振，魏本："孙曰：'言此事不复振起也。'"按：指上所说的事，已年代久远，不能再兴起了。

恣欺谩：《汉书·宣帝纪》："务为欺谩，以避其课。"颜师古注："谩，诳言也。"按：恣欺谩即肆意欺骗谩哄后人。恣，放纵、肆意。《荀子·成相》："吏敬法令莫敢恣。"谩，欺骗。《韩非子·八经》：

"今符言于后,以知谩诚语。"

㉔ 幽明纷杂乱:蒋抱玄《评注》:"《易经》(《系辞上》):'是故知幽明之故。'注:'有形无形之象也。'"按:此句谓:杂乱纷纷,看不清之貌。

㉕ 人鬼更相残:文《详注》:"言夏政既衰,后世始尚神仙之术,指无为有,交恣欺谩,使妖怪凭借得以惑乱于人。从此幽明杂乱,人鬼相残矣。更,音庚。"

㉖ 秦皇虽笃好,汉武洪其源:魏本:"孙曰:'秦始皇、汉武帝皆好神仙,使人入海求蓬莱、方丈。洪,大也。'"文《详注》:"言仙道始于秦皇,大于汉武也。《茅盈内记》曰:始皇三十一年九月庚子,盈曾祖父蒙乃于华山之中,乘云驾龙,白日升天。先是其邑谣歌曰:'神仙得者茅初盈,驾龙上升入太清,时下玄州戏赤城,经世而往在我盈,帝若学之腊嘉平。'始皇闻谣歌而问其故,父老对'此仙人之谣歌',劝帝求长生之术。于是,始皇乃有寻仙之意,因改腊曰嘉平。《史记》:孝武即位之明年,李少君以祠灶谷道却老方见上。上尊之以为神,数百岁人也。少君言于上曰:'祠灶则致物,而丹砂可化为黄金,黄金成以为饮食器则寿;寿而海中蓬莱仙者可见之矣。以封禅则不死,黄帝是也。'于是,天子始亲祠灶,而遣方士入海求蓬莱,安期之属而海上。燕、齐迁怪之士多相效,更言神仙事而文成五利之言,不效,卒以诛死。"方世举《笺注》:"沈约《游道士馆诗》:'秦皇御宇宙,汉帝恢武功……宁为心好道,直由意无穷。'"

㉗ 二主:指佛、老。按:来,佛乃国外传入,可谓来;老乃中国自生,不当说来。此来字应作以来解,即自佛、老兴起以来。

竟连连:连连即连绵不断。魏本:"《补注》:《庄子·骈拇篇》:'又奚连连如胶漆缠纠(索)〔而游乎道德之间为哉〕?'连,结也。竟,一作'竞'。"按:作"竞"乃音同形近致误,当作"竟",即竟然也。

㉘ 木石生怪变:文《详注》:"《国语》(《鲁语下》)曰:'木石之怪曰夔、罔两。'薛综云:'夔如龙有角,鳞甲光如日月,见则其邑大旱。'"方世举《笺注》:"《鲁语》:'孔子曰:木石之怪曰夔、魍魉。'"

按:《孔子家语·辨物》:"木石之怪,夔、魍魉。"

㉙ 狐狸骋妖患:患,魏本注:"一作'妍'。"诸本作"患",是。

文《详注》:"《说文》曰:'妖狐兽鬼所乘也。'《名山记》曰:'狐者,古之淫妇,其名曰紫,化而为狐,故其怪多自称阿紫。'此又言:谢女感妖怪而去,非真仙也。患,音胡关切。"魏本:"祝曰:患字义与去声同,见《楚辞》'屡离忧而逢患'。音还。"方世举《笺注》:"狐狸:《晋书·郭璞传》:'暨阳人任谷,因耕息于树下,忽有一人着羽衣就淫之,谷遂有娠。将产,羽衣人复来,以刀穿其阴下,出一蛇子,便去。遂成宦者,诣阙上书,自云有道术,帝留谷于宫中。璞上疏曰:任谷所言妖异,无有因由,臣愚以为阴阳陶蒸,变化万端,亦是狐狸魍魉,凭陵作慝。愿采臣言,即特遣谷出。'"

㉚ 莫能尽性命:方《举正》据唐本订"尽"字,云:"阁本、蜀本同。嵇康《养生论》(《文选》卷五三):'导养得理,以尽性命。'"朱《考异》:"尽,或作'保'。"宋白文本、文本、祝本、魏本作"保"。廖本、王本作"尽"。按语义作"尽"、作"保"均可,今作"尽"。方世举《笺注》:"尽性命:嵇康《养生论》:'导养得理,以尽性命。'"童《校诠》:"第德案:后汉书仲长统传:不受当时之责,永保性命之期,公感春诗亦有欲保性命诚难哉之语,作保自通。"王元启《记疑》:"此句足以唤醒痴愚。《孟子》(《尽心上》)云:'尽其道而死者,正命也。'世所诧为灵仙飞化者,自公视之,皆不尽其道而死者耳。谢自然事人人皆以为仙,公独斥为妖魅所惑,后世亦无有能追道之者。宋庆历中,衡山何仙姑初时亦以仙名,晚与衰媪无殊,临死亦不闻别有怪异,然至今妇孺皆知其名,盖未经韩公掊击故耳。同属异端,其为世所艳称与否,亦自有幸有不幸哉!"按:此句谓:信道欲成仙者都未能尽享其性命。

㉛ 安得更长延:程学恂《韩诗臆说》卷一:"'莫能尽性命,安得更长延'二语,说理极高妙,然是文体,非诗体也。"按:此承上句,谓连正常的寿命都达不到,怎么能够长生不死呢?韩公《论佛骨表》:"汉明帝时,始有佛法,明帝在位才十八年耳。其后乱亡相继,运祚

不长。宋齐梁陈元魏已下,事佛渐谨,年代尤促……事佛求福,乃更得祸。由此观之,佛不足事,亦可知矣。"

㉜ 人生处万类,知识最为贤:万类,万物。《鬼谷子·捭阖》:"筹策万类之终始。"晋张华《鹪鹩赋》:"何造化之多端兮,播群形于万类。"《汉语大词典》亦引韩诗为例。此二句谓:神仙之说渺茫荒诞,长生之说子虚乌有;人类生活之中,知识才是最重要的。韩公此语最有见地,时人莫能言也。

㉝ 物迁:魏本:"《补注》:《书·君陈》曰:'惟民生厚,因物有迁。'此言为异物所迁耳。"方世举《笺注》:"《书·君陈》:'因物有迁。'《齐语》:'其心安焉,不见异物而迁焉。'"按:汪琬《批韩诗》:"四语应'童骏无识'。"此"物"字,当作异物解。

㉞ 来者犹可诫:蒋抱玄《评注》:"《论语》(《微子》):'往者不可谏,来者犹可追。'"按:此乃韩公辟往者、诫来者也。可见韩公之诗,无一不是为社会人生,绝无风花雪月、无病呻吟之作。

㉟ 余言岂虚文:方《举正》据唐本订"空文"二字,云:"阁本、蜀本同。司马迁《书》(《报任少卿书》):'思垂空文以自见。'公诗亦多用《选》语。"朱《考异》:"空,或作'虚'。"宋白文本、文本、祝本、魏本作"虚"。廖本、王本作"空"。方世举《笺注》:"《盐铁论》:'贤者处实而效功,亦非徒空文而已。'"按:作"空"、作"虚"均通,此作"虚"似更合韩公用语脱俗习惯,况诸本多作"虚"。虚者空也。韩公诗文,绝无无的放矢者。

㊱ 人生有常理,男女各有伦:魏本:"蔡曰:伦,匹也。《孟子》:'饮食男女,人之大伦也。'"按:常者恒也,常理乃至理也。伦,人伦、序类。《孟子·滕文公上》:"教以人伦,父子有亲,君臣有义,夫妇有别,长幼有序,朋友有信。"《荀子·解蔽》:"众异不得相蔽以乱其伦也。"有伦者,有序也。下语谓男耕女织,即人伦也。

㊲ 寒衣及饥食,在纺织耕耘:纺织,朱《考异》作"纺绩",云:"纺,或作'蚕'。"宋白文本作"蚕",注:"一作'纺'"。诸本作"纺"字,善。织,文《详注》作"绩"。作织、绩均可。文《详注》:"纺,网丝

也,抚罔切。绩,缉麻也,则历切。耘,除苗间秽也,于分切。前汉主父偃曰:'男子疾耕,女子纺绩。'(《汉书·主父偃传》)"按:此承上句,谓人寒则穿衣,饥则吃饭,靠的是女纺织和男种地。

何焯《批韩诗》:"切寒女。"黄钺《增注证讹》:"公五言古诗如'在纺绩耕耘'及'乃一龙一猪''夫平生好乐'等句,其句脉皆上一下四,亦古人所未有,直从《三百篇》来。"

㊳ 下以保子孙,上以奉君亲:王元启《记疑》:"按《荀子·成相篇》:下以教诲子孙,上以奉祖考。"按:《礼记·昏义》:"上以事宗庙,而下以继后世也。"《诗·周南·关雎》序:"上以风化下,下以风刺上。"君亲:君王与父母。汉李陵《答苏武书》:"违弃君亲之恩,长为蛮夷之域。"

㊴ 苟异于此道,皆为弃其身:方世举《笺注》:"阮籍诗:'轻荡易恍忽,飘飘弃其身。'"按:此道指"人生"以下六句所云。其身,自身。

㊵ 噫乎彼寒女,永托异物群:《汉书·郊祀志》:"有异物之神,见于成纪。"文《详注》:"异物,魑魅之类。魏文帝《与吴质书》曰:'化为异物。'《史记》曰:'兽三为群。'王子思《诗话》云:姑射之巅,崆峒之虚有人焉。世间万态,一不得以经其心,故形可练而为泽也,生可卫而康也,年可保而永也,神仙之道诚高矣。然有斯归尽阴阳,且尔况人乎?至于云中鸡犬,棺里衣屦,似不近人情。谢自然乘云气以登天,韩退之直惜其为异物所迁,而永托异邻,亦至论也。"

㊶ 感伤遂成诗:方《举正》据蜀本作"诗",云:"李、谢。"又云:"此诗皆以阁本校。"朱《考异》:"诗,或作'咏'。"宋白文本、文本、祝本、魏本作"咏"。廖本、王本作"诗"。作"诗"、作"咏"均可。此从"诗"。按:此语揭出题旨。

㊷ 昧者宜书绅:文《详注》:"绅,大带也。书绅,示不忘。《论语》:'子张书诸绅。'《嵇康诗》曰:'写怀良未远,感赠以书绅。'(南朝梁江淹《杂诗三十首·嵇中散康言志》)《补注》:'公力排异教以主盟吾道,故诗有所不取也。'"魏本:"孙曰:《论语》:'子张书诸

绅。'绅,大带也。"按:此乃韩公主意:永志书册,以诫后人。

【汇评】

宋阙名:秦汉以来,方士言神仙,莫不白日上升。后世小说所载,往往而是。然人未尝有目见之者,难以必其有无。惟韩文公诗叙谢自然事曰:"一朝坐空室,云雾生其间。如聆笙箫韵,来自冥冥天。白日变幽晦,萧萧风景寒。檐楹气明灭,五色光属联。观者徒倾骇,踯躅讵敢前?须臾自轻举,飘若风中烟。"据此等语,则其幼学仙而致轻举,众所共见者,昭然不诬。近吴兴陈汤求大夫提举江西茶盐回,言数年前,袁州一村民女子自幼乐静默,常独处一室中。然初无他异,至年十八九,一旦,其家闻空中笙箫之声,女子已在室中阖户而坐。须臾,彩云四合,蓊郁其舍。家人与观者皆莫敢前。经半日方散,开户视之,已不见女子。久之,犹闻笙箫声在半空。其事与谢自然相类。(《南窗纪谈》)

宋葛立方:白日升天之说,上古无有也。老子为道家之祖,未尝言飞升。后之学道者,稍知清虚寡欲,则好事者必以白日上升归之,见于仙记者,抑何多邪?如淮南王安,《汉史》以为自杀,而《神仙传》以为白日升天,有"鸡鸣天上,犬吠云中"之语,其妄乃尔。韩退之集载《谢自然诗》曰:"须臾自轻举,飘若风中烟。"人多以为上升,而不知自然为魅所着也。故其末云:"噫乎彼寒女,永托异物群。"鲍溶《寄阳炼师诗》云:"道士夜诵《蕊珠经》,白鹤下绕香烟听。夜移经尽人上鹤,仙风吹入秋冥冥。"虽一时褒拂炼师之言,然亦岂儒者所当道哉?曾南丰称溶诗清约谨严,违理者少,观此诗于理似未醇。(《韵语阳秋》卷一二)

宋朱翌:退之《谢自然诗》云云,谢自然,女道士也。果州人,居金泉山,昼夜不寐,忽有云气散漫,弥久仙去。见《风俗通》。(《猗觉寮杂记》卷上)

宋黄震:《谢自然诗》指其轻举之事,为幽明杂乱,人鬼相残,不知人生常理而弃其身。卓哉,正大之见乎!(《黄氏日抄》卷五九)

宋范晞文:退之《纪梦》云:"我能屈曲自世间,安能从汝巢神山。"《游青龙》云:"忽惊颜色变韶稚,却信灵仙非怪诞。"又《谢自然》云:"檐楹气明灭,五色光属联。须臾自轻举,飘若风中烟。"信且见矣!《华山女》云:"豪家少年岂知道,来绕百匝脚不停。云窗雾阁事恍惚,重重翠幔深金屏。仙梯难攀俗缘重,浪凭青鸟通丁宁。"又《谁氏子》云:"或云欲学吹凤笙,所慕灵妃媲萧史。"非不信且见,故从而斥之也。(《对床夜语》卷四)

明何孟春:古今传神仙事多矣。韩退之《谢自然诗》,可破诸妄。然自然非公同时事,公独于自然发论者,诸仙历代正史未尝言及。而庚(唐)书载蜀有女道士谢自然白日上升,故不得不辩之耳。(《馀冬序录》卷三七)

明杨慎:谢自然,女仙,白日飞升,当时盛传其事。至长安,韩昌黎作《谢自然诗》,纪其迹甚著,盖亦得于传闻也。予近见唐诗人《刘商集》有《谢自然却还旧居》一诗云:"仙侣招邀自有期,九天升降五云随。不知辞罢虚皇日,更向人间住几时?"观此诗,其事可知矣。盖谢氏为妖道士所惑,以幻术贸迁他所而淫之,久而厌之,又返旧居。观商诗中所云"仙侣招邀",意在言外。惜乎昌黎不闻也。然则世之所谓女仙者,皆此类耳。(《升庵诗话》卷一四)

清朱彝尊:率尔漫写,不见作手。(顾嗣立《昌黎先生诗集注》卷一)

清李光地:世固自有仙道,自韩子言之,则皆鬼魅所为也。信乎?曰:其入于鬼魅者多矣。故首曰"凝心感魑魅",后曰"木石生怪变,狐狸骋妖患",而中叙其升举之候,风寒幽晦,则非休征可知。然韩子本意,虽视仙道犹鬼道也,故曰"莫能尽性命,安得更长延"。其《记梦》云"安能从汝巢神山",则直谓世无仙道,但窟宅岩崖,群彼异物耳。(《榕村诗选》卷六)

清何焯:《谢自然诗》:阮公《咏怀》云:"王子十五年,游衍伊洛滨。朱颜茂春华,辨慧怀清真。焉见浮邱公,举手谢时人。轻荡易恍惚,飘飘弃其身。飞飞鸣且翔,挥翼且酸辛。"退之此篇,盖从之出。《唐书·艺文志》:"李坚《东极真人传》一卷。"注:"果州谢自然。"安溪先生云:"世固有仙道,自韩子言之,则皆鬼魅所为也,信乎?"曰:其入于鬼魅者多矣,故首曰"凝心感魑魅";后曰"木石生怪变,狐狸骋妖患";而中叙其升举之候风寒幽晦,则非休征可知。然韩子本意虽视仙道犹鬼道也,故曰:"莫能尽性命,安得更长延?"其《记梦》云"安能从汝巢神山",则直谓世无仙道,但窟宅岩崖,群彼异物耳!韩子之距邪也严,故于仙佛皆以鸟兽号之。若朱子《感兴》二诗,则探其本原之论也。(《义门读书记》卷三〇)

清王懋竑:谢自然,贞元十年十月十二日辰时,白昼上升,见于郡守李坚之奏,又赐诏褒谕,其事自非诬。昌黎诗云:"皆云神仙事,灼灼信可传。"盖纪其实也。是时举世莫不崇信,而公独谓"木石生怪变,狐狸骋妖患"。而有"孤魂抱深冤""永托异物群"之叹,其卓识不惑如此。与《论佛骨表》同,世之人未有表而出之者也。余尝见王凤洲所撰《昙阳子传》,正所谓木石怪变,狐狸妖患者,而乃为之张大其事以传。其视昌黎公,当愧死无地矣。(《读书记疑》卷一六)

清顾嗣立:公排斥佛老,是生平得力处。此篇全以议论作诗,词严义正,明目张胆,《原道》《佛骨表》之亚也。(《昌黎先生诗集注》卷一)

清爱新觉罗·弘历:前叙后断,排斥不遗余力,人诧其白日飞升,吾独为孤魂冤痛,警世至深切矣。"凝心感魑魅"一语包括半部《楞严》。(《唐宋诗醇》卷二七)

清王元启:按谢自然事,当日俱奉为神仙,公谓此特为妖魅所惑。末言人生常理,不但议论宏伟,其一片至诚恻怛之心,尤足令人感悚。

谢自然事,人人皆以为仙,公独斥为妖魅所惑,后世亦无有能追道之者。(《读韩记疑》卷一)

清曾国藩:《谢自然》"灼灼信可传"以上,叙谢自然白昼轻举事,以下论神仙事不足信。(《求阙斋读书录》卷八)

程学恂：韩集中惟此及《丰陵行》等篇，皆涉叙论直致，乃有韵之文也，可置不读。"莫能尽性命，安得更长延"二语说理极高妙，然是文体非诗体也。篇末直与《原道》中一样说话，在诗体中为落言诠矣。(《韩说臆说》卷一)

蒋抱玄：排斥佛老，为公一生经济。是作词严义正，亦《原道》之亚也。(《注释评点韩昌黎诗全集》卷一)

秋怀诗十一首①
元和元年秋冬

《韩公行状》云："宰相有爱公文者，将以文学职处公。有争先者，构公语以非之。公恐及难，遂求分司东都。"诗中有"学堂日无事"(其三)及"南山见高棱"(其四)句所云，时韩愈仍居长安任国子博士。从第十首"诘屈避语阱，冥茫触心兵"句看，确是他闻流言后有所感"复凄酸"而写的，时在"霜风侵梧桐，众叶著树干"(其九)的"鲜鲜霜中菊"(其十一)的元和元年深秋，故题作《秋怀》。这是韩诗中的经意之作，也是他五古诗的代表。自宋玉伤叹"悲哉秋之为气也"始，"悲秋"已成为千百年来墨客骚人的滥觞。韩愈《秋怀》一反陈词，借"怀秋"表现他忧国爱民的中兴之叹和愤时疾俗、豁达磊落的品格。这组诗在艺术上是韩诗刚健奇崛的代表。诗的构思注重炼意，以精思运淡语，寓理于谐，既含有深刻的哲理，又趣味盎然。

其一

窗前两好树，众叶光薿薿②。秋风一披拂，策策鸣不已③。微灯照空床④，夜半偏入耳⑤。愁忧无端来⑥，感叹成坐起⑦。天明视颜色⑧，与故不相似⑨。羲和驱日月，疾急不可恃⑩。浮生虽多涂,趋死惟一轨⑪。胡为浪自苦⑫,得酒且欢喜!

【校注】

①题:文本无"诗"字。诸本有"诗"字,从之。

文《详注》:"晋谢惠连有《秋怀》诗注云:'感秋而述其所怀也。'"魏本:"樊曰:《秋怀诗十一首》,《文选》诗体也。唐人最重《文选》学,公以六经之文为诸儒唱,《文选》弗论也。独于《李郱墓志》曰:'能暗记《论语》《尚书》《毛诗》《左氏》《文选》。'而公诗如'自许连城价'(《县斋有怀》)、'傍砌看红药'(《和席八十二韵》)、'眼穿长讶双鱼断'(《酒中留上襄阳李相公》)之句,皆取诸《文选》,故此诗往往有其体。"文《详注》:"《补注》:公时为国子博士,元和初作。此《文选》体也。唐人最重《文选》学,至公以六经之文为诸儒唱,《文选》弗论也。独于《李郱墓志》曰:'能暗记《论语》《尚书》《毛诗》《左氏》《文选》。'而公诗如'自许连城价''傍砌看红药''眼穿长讶双鱼断'皆取诸《文选》,故此诗往往有其体焉。"姚范《援鹑堂笔记》卷四一:"《秋怀》诗十一首,注云'《文选》诗体也'。余谓此诗清特峭露,自是盘硬旧格,非《选》体也。"李详《媿生丛录》卷一:"宋樊汝霖言韩公'《秋怀》诗十一首,《文选》体也……'案:退之最精《选》理,樊氏仅举其凡,未备。余有《韩诗证选》一书,别见。"方世举《笺注》:"自宋玉悲秋而有《九辩》,六朝因之有《秋怀》诗,皆以摇落自比也。"

此诗作年:方《举正》:"元和改元,任国子博士日作。"陈景云《点勘》:"诗乃元和初自江陵掾召为国子博士时作。《行状》云:'时宰相有爱公[文]者,将以文学职处公。有争先者,构飞语[公语以非之]。公恐及难,[遂]求分司东都。'是诗中有云'学堂日无事',盖方官国子也。又云'南山见高棱',则犹未赴东都也。至'语阱''心兵'诸语,其在已闻飞语后欤?更以《释言》篇参证,公元和元年六月进见相国郑公后,数日,即有为谮于相国之座者,则是秋正公忧谗畏讥时也。"方成珪《诗文年谱》:"'桐叶干''霜菊晚',是秋末所作。"方世举《笺注》:"此诗云'学堂日无事',乃自员外郎下为国子博士时作。"钱仲联《集释》:"此诗方世举注系元和七年公自员外郎下为国子博士时。陈沆《诗比兴笺》以为官四门博士时作。兹从《举正》及陈景云说。"

② 薿(nǐ)薿:形容树木枝叶茂盛。文《详注》:"薿薿,茂也。《诗》(《小雅·甫田》)曰:'黍稷薿薿。'《古诗》(《文选》卷二九《古诗十九首》)云:'庭前有奇树,绿叶发华滋。'"魏本:"祝曰:《诗》:'黍稷凝凝。'"钱仲联《集释》:"《广雅·释诂》:'薿薿,茂也。'"按:薿薿,形容树木枝叶茂盛。

何焯《义门读书记》卷三〇:"《秋怀诗十一首》第一首,'悲哉秋之为气也,草木摇落而变衰。'发端祖此。"

③ 披拂、策策:文《详注》:"披拂,扇动也。策策,落叶声。"按:吹拂,摇动。策策,象声词,此形容落叶之声。《庄子·天运》曰:"风起北方,一西一东,有上彷徨。孰嘘吸是?孰居无事,而披拂是?"白居易《冬夜》:"策策窗户前,又闻新雪下。"此二句承上,接得妙。公此诗发端于宋玉《九辩》:"悲哉秋之为气也,草木摇落而变衰。"童《校诠》:"第德案:策策与刺刺同,公送殷员外序:语刺刺不能休。"童诠亦备一说。按:策策,在此当作风声解,与"刺刺"作多言貌不同。此处"策策"与"刺刺"同是象声词,策策,状风声。唐李商隐《送千牛李将军赴阙五十韵》:"去程风刺刺,别夜漏丁丁。"也可状风。见《辞源》"刺刺"条。朱彝尊《批韩诗》:"起四句常意,却写得流快。"何焯《批韩诗》:"接得妙。"

④ 微灯:灯光微弱。南朝宋王僧达《祭颜光禄文》:"微灯动光,几筵谁照!"韩诗一用,后之多学。《全唐诗》卷二六〇秦系《秋日过僧惟则故院》:"衰草经行处,微灯旧道场。"又卷五四三喻凫《冬夜宿余正字静恭里闲居》:"微灯悬刻漏,旧梦返湘沅。"空床,独身深夜之境,难入睡也,表孤独之感。《全唐诗》卷五七六温庭筠《春愁曲》:"锦叠空床委堕红,飔飔扫尾双金凤。"微灯与空床对,妙

出深夜静境。上句接得妙,此句启下,层层衬入,好。

⑤ 夜半偏入耳:何焯《批韩诗》:"顶'策策'。"此谓"策策鸣不已"的秋风偏偏在耳边策策作响,烦人。

⑥ 无端:文《详注》:"《淮南子》(《精神训》)曰:'自无蹠有,自有蹠无,终始无端,莫知其所萌。'端,绪也。"李详《证选》:"魏文帝《善哉行》:'忧来无方。'"按:无端即无因,莫名其妙也。《楚辞》宋玉《九辩》:"蹇充倔而无端兮,泊莽莽而无垠。"王逸注:"媒理断绝,无因缘也。"引申为无缘无故。《宋书·谢晦传》上书:"血诚如此,未知所愧,而凶狡无端,妄生衅祸。"韩公《感春四首》之四:"今者无端读书史。"《感春三首》之一:"怀悲自无端。"《游城南十六首·落花》:"无端又被春风误。"

⑦ 感叹成坐起:钱仲联《集释》:"此四语即阮籍《咏怀》首章'夜中不能寐,起坐弹鸣琴'数语及《古诗十九首》'忧愁不能寐,揽衣起徘徊'上半章神理。"按:以上四句,因秋伤感,悲从中来,静夜独坐,凝结忧国忧民之思,真不能寐也。《诗·邶风·柏舟》:"耿耿不寐,如有隐忧。"《文选》卷二九《古诗十九首》之十九:"明月何皎皎,照我罗床帏。忧愁不能寐,揽衣起徘徊。"乃公诗借鉴。

⑧ 视颜色:谓天明照镜也。

⑨ 与故不相似:此承上句谓悲秋忧心而颜衰。谓早起照镜,已觉与过去不一样了。何焯《批韩诗》:"应'蘶蘶'。妙。从秋声入耳,写得惊心动魄,然后转出颜色凋瘁来。若于'光蘶蘶'下径接'凋瘁',便嚼蜡矣。"

⑩ 羲和驱日月,疾急不可恃:朱《考异》:"日月,或作'白日'。"文本作"白日"。蒋之翘《辑注》:"日月,或作'白日'为是。《广雅》:'羲和,日御也。'"诸本作"日月",从之。

魏本:"孙曰:'羲和,日月之御也,主运行日月。'韩曰:当作'驱白日'。《广雅》云:'羲和,日御也。'又杜诗云:'羲和鞭白日。'"文《详注》:"《山海经》曰:'东南海之外,甘水之间,有羲和之国,有女子名曰羲和,浴日于甘泉。羲和者,帝俊之妻,是生十日。'郭璞注云:'盖天地始生日月者也。'"钱仲联《集释》:"《山海经·大荒南经》郭璞注:'羲和,盖天地始生主日月者也。故《启筮》曰:空桑之苍苍,八极之既张,乃有夫羲和,是主日月,职出入,以为晦明。'是羲和可兼日月言之。"王元启《记疑》:"羲和日御,不当驱月,月御则为望舒。今据杜诗'鞭白日'之语改从或本。"王说但知其一耳。按:此二句当从屈原《离骚》"吾令羲和弭节兮,望崦嵫而勿迫"化出。喻时光流速,逝而不返。趋日月,谓羲和驾着车子驱赶日月,以比日月也。急疾,迅速。恃,依靠,凭借。作"日月"是。

⑪ 浮生虽多涂,趋死惟一轨:朱《考异》:"虽,方作'每'。"方《举正》无出此条,当为方校刊《韩集》。文本、祝本、魏本作"每"。宋白文本、廖本、王本作"虽"。童《校诠》:"第德案:今举正(文渊阁本)不出每字,亦无校语。廖本、王本作虽,祝本作每,与本书同。案;每、虽义同,诗皇皇者华:每怀靡及,毛传:每,虽,常棣:每有良朋,郑笺:每有虽也,义本尔雅释训。"则每与虽通。每、虽二字义虽通,似作"虽"字善。

文《详注》:"言贤愚同归于死也。《魏志》许芝云:帝王代兴之会,以七百七十年为一轨。"按:此二句谓人的一生道路虽不一,然死只有一条;慨叹人事无定,生命短促。涂,同途。趋死,走向死亡。惟一轨,只有一条路。《庄子·刻意》:"其生若浮,其死若休。"清吴伟业《清凉山赞佛诗》之四:"持此礼觉王,贤圣总一轨。"一轨,一条车道。《周礼·地官·遂人》:"洫上有涂。"郑玄注:"涂,容一轨;道,容乘车二轨。"《管子·君臣上》:"书同名,车同轨。"即车同行一轨(道)也。查慎行《查初白诗评十二种》:"见到语,不嫌入佛。"

⑫ 胡为:为何。陶潜《归去来兮辞》:"胡为乎遑遑兮欲何之?"韩公《赴江陵途中寄赠三学士》诗:"胡为首归路,旅泊尚夷犹。"浪,轻率,徒然。《礼记·学记》:"言及于数。"孔颖达正义:"犹若一则称配大一,二则称配二仪,但本义不然,浪为配当。"《辞源》亦引韩诗为例。《全唐诗》卷一九东方虬《王昭君三首》之二:"单于浪惊

喜,无复旧时容。"

何焯《义门读书记》卷三〇:"'胡为浪自苦'二句,反结放开。"

【汇评】

宋曾季貍:陶渊明诗"白日沦西阿,素月出东岭"(《杂诗十二首》之二)一篇,说得秋意极妙。韩退之《秋怀》'窗前两好树,恻恻鸣不已'一篇亦好。虽不及渊明萧散,然说得秋意出。予每至秋,喜颂此二诗及欧公《秋声赋》。(《艇斋诗话》)

清何焯:"悲哉秋之为气也,草木摇落而变衰。"发端祖此。(《义门读书记》卷三〇)

清陈沆:此上三章(霜风侵梧桐、卷卷落地叶、窗前两好树),皆感落叶同时作。故一章(霜风侵梧桐)闻而惊忧,次章(卷卷落地叶)忧而就枕,此章(窗前两好树)则晨起念忧之伤人而自遣也。"浮生虽多途,趋死惟一轨",凡人极忧无益,每作此想,始知徒以不赀之躯,殉无涯之患也。(《诗比兴笺》卷四)

清曾国藩:此首因闻脱叶秋声而生感。(《求阙斋读书录》卷八)

其 二

白露下百草①,萧兰共凋萃②。青青四墙下③,已复生满地④。寒蝉暂寂寞⑤,蟋蟀鸣自恣⑥。运行无穷期⑦,禀受气苦异⑧。适时各得所⑨,松柏不必贵⑩。

【校注】

① 白露:魏本:"樊曰:宋玉《九辩》云:'皇天平分四时兮,窃独悲此廪秋。白露既下百草兮,奄离披此梧楸。'"文《详注》《月令》:'孟秋之月白露降。'"王俦《补注》同樊。按:白露,即霜。《诗·秦风·蒹葭》:"蒹葭苍苍,白露为霜。"《礼记·月令》:"孟秋之月,凉风至,白

露降,寒蝉鸣。"一谓二十四节气之一,在西历每年八月八日前后。《逸周书·时训解》:"白露之日,鸿雁来……秋分之日,雷始收声。"此用前者意。谓:白露既下,百草凋枯,时气衰煞,寒蝉凄切。

② 萧兰共凋萃:方《举正》据唐本作"雕悴",云:"陈齐之校。《荀子》(《子道》):'劳苦彫萃。'"朱《考异》:"雕,或作'憔',或作'凋'。"宋白文本、廖本、王本作"雕悴"。文本作"凋悴"。祝本、魏本作"憔悴",注:"一作'凋'。"雕、凋通用。

文《详注》:"萧,艾蒿也。兰,香草也。悴,秦醉切。"魏本:"孙曰:萧、兰,二草名。以喻君子。"李详《证选》:"刘孝标《广绝交论》:'萧艾与芝兰共尽。'"按:雕悴、凋悴均不成词,按韩文无一字无来处,当作"彫萃",同"凋萃"。彫萃,凋伤憔悴。如上文引《荀子·子道》。《三国志·蜀·谯周传》:"于时军旅数出,百姓彫瘁。"若与"百草""萧兰"关照,则诗用比兴手法,以物写心;无物则无心,百草、萧兰皆物也,故作"凋萃",善。

③ 青青四墙下:魏本:"《补注》:后山诗:'墙根霜下草,又作一番新。'意本于此。"方世举《笺注》:"四墙:《襄阳耆旧传》:'蔡瑁屋宇甚好,四墙皆以青石结角。'"魏本:"孙曰:'青青,众草貌,以喻小人。'"按:谓四周墙脚下长满青草。《文选》卷二九《古诗十九首》之二:"青青河畔草,郁郁园中柳。"李善注:"郁郁,茂盛也。"韩公用此意。此承上句,谓萧兰凋萃,而四周杂草却很茂盛。

④ 已复生满地:此承上句萧兰凋萃,而草却满地丛生。吴子良《林下偶谈》卷二:"自《离骚》以草为讽喻,诗人多效之者。退之《秋怀》云:'白露下百草,萧兰共憔悴。青青四墙下,已复生满地。'……意皆有所讥也。"

⑤ 寒蝉暂寂寞:寒蝉,秋蝉。或谓蝉的一种,似蝉而小。《文选》卷二四曹植《赠白马王彪》:"秋风发微凉,寒蝉鸣我侧。"李善注引蔡邕《月令章句》:"寒蝉应阴而鸣,鸣则天凉,故谓之寒蝉也。"因谓天寒的蝉,蝉到秋深天凉即不再叫,故把有所顾虑而默不作声比作寒蝉。《后汉书·杜密传》:"刘胜位为大夫,见礼上宾,而知善不

荐,闻恶无言,隐情惜己,自同寒蝉,此罪人也。"暂,张相《诗词曲语词汇释》卷二:"暂,犹且也。李白《月下独酌》诗:'暂伴月将影,行乐须及春。'……韩愈《戏题牡丹》诗:'长年是事皆抛尽,今日栏边暂眼明。'……暂,犹初也;才也;刚也……钱起《送杨著作归东海》诗:'酒酣暂轻别,路远始相思。'暂轻别,言初不以别为意也,与始字相应……韩愈《秋怀》诗:'寒蝉暂寂寞,蟋蟀鸣自恣。'暂寂寞,犹云才寂寞也。"以此二句诗上下对析和韩公此刻为避语阱,暂时保持沉默看,作"初"不合诗意;作"暂"当暂且解,尚合韩诗意。

⑥ 蟋蟀鸣自恣:魏本:"韩曰:《楚辞·九辩》:'蝉寂寞而无声。'又云:'蟋蟀鸣此西堂。'皆宋玉悲秋之词也。"文《详注》:"按《月令》(《礼记》):'仲夏之月,鹿角解,蝉始鸣。孟秋之月,凉风至,白露降,寒蝉鸣。'释之者曰:'夏至之气,初五日,鹿角解,次五日,蜩始鸣。立秋之节,初五日,凉风至;次五日,白露降;后五日,寒蝉鸣。'是则蝉有两种。《方言》(卷一一)曰:'蝉者,楚人谓之蜩,宋、卫之间谓之蟪。'今胡蝉也。鸣声清亮,江南人亦呼为蜩蟪,即《月令》仲夏所鸣是也。《尔雅》(《释虫》)云:'蜺,寒蜩,一名寒蜇,似蝉而小,青赤。'蔡邕《月令章句》云:'鸣则天凉,故谓之寒蝉。'即《月令》孟秋所鸣是也。盖胡蝉已则寒蝉然后鸣。故《楚辞》(宋玉《九辩》)悲秋云:'蝉寂寞而无声。'又云:'蟋蟀鸣此西堂。'谓胡蝉也。今公引用《楚辞》之言,而误以胡蝉为寒蝉,盖白露之后,寒蝉正鸣,不得云:'寂寞也。'蟋蟀,促织也,立秋鸣者。"

⑦ 运行无穷期:文《详注》:"言时运循环无有尽期。草之或凋或生,虫之或寂或鸣,皆以受天地之气各异也。'白露下百草',以况时治尚刑。'萧兰共凋悴',以况贤否不分。'青青四墙下,已复生满地''蟋蟀鸣自恣'以况君子失时。此皆法《楚辞》之意。"按:此句谓日月运行没有停止的时候。《易·系辞上》:"日月运行,一寒一暑。"疏:"日月运行,一寒一暑者,重明上经变化见矣。"

⑧ 禀受气苦异:钱仲联《集释》:"《淮南子·原道训》:'禀受无形。'高诱注:'禀,给也。'嵇康《明胆论》:'夫元气陶铄,众生禀焉。'

又《养生论》:'特受异气,禀之自然。'"

⑨ 适时各得所:《易·系辞下》:"聚天下之货,交易而退,各得其所。"

⑩ 松柏不必贵:文《详注》:"言众人随时俯仰,独君子守道不屈也。"魏本:"孙曰:'言君子不必见贵,自叹伤之词也。'"

按:何焯《义门读书记》卷三〇:"墙草、蟋蟀,又得气之偏者,言物亦各适其时,非必以草木之荣悴生感也。"又《批韩诗》:"翻案感慨。"查慎行《查初白诗评十二种》:"'适时各所得'二句却是未经人道。"程学恂《韩诗臆说》卷二:"'适时各所得,松柏不必贵。'却如此说,妙。"

【汇评】

宋吴子良:《诗人以草为讽》:自《离骚》以草为讽谕,诗人多效之者。退之《秋怀》云:"白露下百草,萧兰共憔悴。青青四墙下,已复生满地。"乐天《咸阳原上草》云:"野火烧不尽,春风吹又生。"僧赞宁诗:"要路花争发,闲门草易荒。"《后山诗集》:"墙头霜下草,又作一番新。"后徐师川诗:"遍地闲花草,乘春傍路生。"意皆有所讥也。(《林下偶谈》卷二)

宋刘辰翁:怨甚。(蒋之翘《韩昌黎集辑注》卷一)

清朱彝尊:是比,若谓秋中生更胜彼后凋者。(顾嗣立《昌黎先生诗集注》卷一)

清何焯:墙草、蟋蟀,又得气之偏者,言物亦各适其时,非必以草木之荣悴生感也。(《义门读书记》卷三〇)

清陈沆:兰蝉告退,草虫得时。愤语若宽,达观实怨。(《诗比兴笺》卷四)

清曾国藩:第二首,此首言四时运行,百物虽有早晚长短贵贱之不同,要皆禀气自然,不足异也。(《求阙斋读书录》卷八)

程学恂:第二首结云:"适时各得所,松柏不必贵。"却如此说,妙。(《韩诗臆说》卷二)

其 三

彼时何卒卒①？我志何曼曼②？犀首空好饮③,廉颇尚能饭④。学堂日无事,驱马适所愿⑤。茫茫出门路,欲去聊自劝⑥。归还阅书史⑦,文字浩千万。陈迹竟谁寻⑧？贱嗜非贵献⑨。丈夫意有在⑩,女子乃多怨⑪。

【校注】

① 卒(cù):与促、猝通,急遽貌。卒卒,匆促急迫的样子。《汉书·司马迁传》司马迁《报任少卿书》:"相见日浅,卒卒无须臾之间得竭指意。"颜注:"卒卒,促遽之意也。"韩公《答刘秀才论史书》:"岂一人卒卒能纪而传之邪?"宋陈亮《祭杨子固县尉文》:"俄凶问之卒卒,惊去我之堂堂。"颇似韩公语。

② 我志何曼曼:钱仲联《集释》:"《庄子》:'我生也有涯,而知也无涯。'班固《幽通赋》:'道修长而世短。'皆诗意所本。"按:曼曼,漫长貌。《广雅·释训》:"曼曼,长也。"屈原《离骚》:"路曼曼其修远兮,吾将上下而求索。"《九章·悲回风》:"终长夜之曼曼兮,掩此哀而不去。"韩诗出此,乃发人生的慨叹。何焯《批韩诗》:"《古诗》:'人生不满百,常怀千岁忧。'陶诗:'世短意常多。'起联即此意。"

③ 犀首空好饮:屈《校注》:"《史记·(张仪)陈轸犀首传》:'犀首者,魏之阴晋人也。名衍,姓公孙氏。''楚使陈轸使于秦,过梁,见之曰:公何好饮也?曰:无事也。'"《集解》引司马彪云:'犀首,魏官名(按:犀首为魏国相),若今虎牙将军。'"《史记·张仪陈轸犀首列传》:"犀首者,魏之阴晋人也。名衍,姓公孙氏。与张仪不善。"犀首,耆酒好饮。

④ 廉颇尚能饭:尚,文《详注》作"强"。诸本作"尚",合韩公用《史记》廉颇被逸弃而不用意。作"尚"是。

按:《史记·廉颇蔺相如列传》:"廉颇居梁,久之,魏不能信用。赵以数困于秦兵,赵王思复得廉颇,廉颇亦思复用于赵。赵王使使者视廉颇尚可用否,廉颇之仇郭开多与使者金,令毁之。赵使者既见廉颇,廉颇为之一饭斗米,肉十斤,披甲上马,以示尚可用。赵使还报王曰:'廉将军虽老,尚能饭。然与臣坐,顷之三遗矢矣。'赵王以为老,遂不召。"朱彝尊《批韩诗》:"饮食字摘得好。"王元启《记疑》:"此一联言己具可用之材,而坐废于无用,故下直接云'学堂日无事'。"

⑤ 学堂日无事,驱马适所愿:钱仲联《集释》:"《初学记》:'鲁城北有孔子学堂,见《国都城记》。'文廷式《纯常子枝语》(卷二六)曰:'《太平寰宇记》卷一八稷门:刘向《别录》云:齐有稷门,齐之城外有学堂,即齐宣王立学处也。故称为稷下之学。'此盖学堂二字之始。"屈《校注》:"文廷式《纯常子枝语》卷二六云:'《太平寰宇记》卷八十稷门:刘向《别录》云:齐有稷门,齐之城西门也。外有学堂,即齐宣王立学处也,故称稷下之学。'按后世学堂二字本此。"按:钱、屈引文之间稍有出入。此指战国时稷下学宫。学堂,即学校。《北齐书·权会传》:"会方处学堂讲说,忽有旋风瞥然吹雪入户。"此指韩愈所在的国子监。

⑥ 聊自劝:方《举正》订,云:"杭、蜀作'劝'。"朱《考异》:"劝,或作'叹'。"南宋监本原文作"叹"。宋白文本、文《详注》、祝本、魏本作"叹"。廖本、王本作"劝"。王元启《记疑》:"非意所欲,聊尔一行,故曰'自劝'。"作"劝"、作"叹"均通,今作"劝"。

⑦ 书史:方《举正》:"杭本作'简书'。"朱《考异》:"或作'简书'。"宋白文本、文本、祝本、魏本、廖本、王本均作"书史",注:"一作'简书'。"当作"书史"。

书史:或作记事之史官,或作书法之史,宋米芾著有《书史》。此指典籍,即经史。南朝江淹《杂体诗三十首·颜特进侍宴》:"摋日粲书史,相都丽闻见。"朱彝尊《批韩诗》:"十一诗大指通在读书。"

⑧ 陈迹竟谁寻:方《举正》据蜀本订"陈""谁"字,云:"《庄子》:

'六经者,先王之陈迹。'"朱《考异》:"陈,或作'尘'。谁,或作'难'。"南宋监本原文"陈"作"尘"。宋白文本、文本作"尘",作"谁"。祝本、魏本作"尘",作"难"。廖本、王本同方。陈、尘,古通用。今从"陈"、从"谁"。

陈迹:亦作陈跡、陈蹟。方世举《笺注》:"《庄子·天运》:'六经,先王之陈迹也。'"童《校诠》:"第德案:尔雅释诂:尘,久也,尘迹即陈迹。书盘庚:失于政,陈于兹,伪孔传训陈为久,正义引尔雅释诂:尘,久也作证(孙氏星衍尚书今古文注疏亦引此),并引孙炎曰:陈居之久,久则生尘矣。是孙氏以尘为陈之本字,郭景纯亦以尘垢为训,皆尘、陈通用之例。说文:迹,步处也,从足亦声,蹟或从足,责;速,籀文迹从朿。跡为迹之后出字。"则迹为本字。从足、责,从足、亦,皆后出字。唐郎士元《关羽祠送高员外还荆州》:"去去勿复言,衔悲向陈迹。"则唐人常用"陈迹"也。

⑨贱嗜非贵献:魏本:"韩曰:'负日之暄而欲献君,食芹之美而欲进御,贵贱固有差矣。诗意大抵以其所嗜不与时偶也。'"李详《证选》:"旧注虽用《列子》(《杨朱》),其实本之嵇康《与山巨源绝交书》:'野人有快炙背而美芹子者,欲献之至尊。虽有区区之意,亦已疏矣。'此所云'贱嗜非贵献'也。"

⑩丈夫意有在:在,方《举正》据蜀本作"存"。朱《考异》:"在,方作'存'。"南宋监本原文作"在"。宋白文本作"存"。文本、潮本、浙本、祝本、魏本、廖本、王本作"在",从之。按:在者,读书史也,即大丈夫志在读古圣贤之典籍。

⑪女子乃多怨:蒋抱玄《评注》:"《论语》(《阳货》):'唯女子与小人为难养也。近之则不逊,远之则怨。'"按:此承上句谓大丈夫不像女子一样多怨言,其志在读古圣贤之典籍。何焯《批韩诗》:"结高。志士悲秋,不同思女伤春。我特以时易失而志难行耳,岂叹老哉?"程学恂《韩诗臆说》卷二:"一结感深兴远,令读者无从觅其衔接之迹。要亦无难领取,上十二句皆含怨意也,故此句暗中作转。"以转作结,用意尤深。

【汇评】

宋刘辰翁：肮脏愈高。（蒋之翘《韩昌黎集辑注》卷一）

清严虞惇：诗意大抵以其所嗜不与时偶也。（钱仲联《韩昌黎诗系年集释》卷五）

清何焯：第三首，"学堂日无事"，此诗盖博士时作。"丈夫意有在"二句，志士悲秋，不同思女伤春。我特以时易失而志难行耳。岂叹老哉。（《义门读书记》卷三〇）

清陈沆：二章"秋夜不可辰""彼时何卒卒"皆言志士之悲，异乎秋女之怨也。若曰：抑知我之所憾者，果安在乎？（《诗比兴笺》卷四）

清曾国藩：第三首，此首言己之所嗜与时异趣，虽举世不好而无怨也。（《求阙斋读书录》卷八）

程学恂：第三首，一结感深兴远，令读者无从觅其衔接之迹。要亦无难领取，上十二句皆含怨意也，故此句中暗中作转。（《韩诗臆说》卷二）

其 四

秋气日恻恻，秋空日凌凌①。上无枝上蜩②，下无盘中蝇③。岂不感时节④，耳目无所憎⑤。清晓卷书坐，南山见高棱⑥。其下澄湫水⑦，有蛟寒可罾⑧。惜哉不得往，岂谓吾无能⑨。

【校注】

① 秋气日恻恻：文《详注》："恻恻，惨也，察色切。谢灵运诗（《道路忆山中》）云：'恻恻广陵散。'凌凌，寒也，虚承切。《七月》诗（《诗经·豳风》）云：'纳于凌阴。'"方世举《笺注》："潘岳《寡妇赋》：'情恻恻而弥甚。'"按：恻恻，凄怆悲凉。《文选》卷一六潘岳《寡妇

赋》："庶浸远而哀降兮,情恻恻而弥甚。"杜甫《梦李白》："死别已吞声,生别常恻恻。"凌凌,钱仲联《集释》："《尔雅·释言》：'凌,慄也。'刘辰翁曰：'恻恻凌凌,亦是自道。'"按:凌凌,同棱棱,寒冷貌。《尔雅·释言》："凌,慄也。"南朝宋鲍照《芜城赋》："棱棱霜气,蔌蔌风威。"

② 上无枝上蜩：魏本："祝曰：蜩,大蝉也。《诗》（《豳风·七月》）：'五月鸣蜩。'音条。蜩,蝉,俗名知了,叫声聒耳噪人。公《荐士》："齐梁及陈隋,众作等蝉噪。"查慎行《查初白诗评十二种》："'上无枝上蜩'四句,妙在随事多有指斥。"

③ 下无盘中蝇：盘,餐具。蝇,令人生厌的小虫儿,古诗中常用以比小人。

④ 岂不感时节：岂不,谓怎能不。《全唐诗》卷三李隆基《送贺知章归四明》："岂不惜贤达,其如高尚心。"韩公《赠侯喜》："人间事势岂不见,徒自辛苦终何为？"感时节,感慨时令的变化。《全唐诗》卷四〇〇元稹《杨子华画三首》："依然古妆服,但感时节移。"

⑤ 耳目无所憎：方《举正》据阁本、蜀本"无"作"去"字,云："晁、谢校同。"朱《考异》："去,或作'无'。"南宋监本原文作"无"。宋白文本、文本、潮本、浙本、祝本、魏本作"无"。廖本、王本作"去"。作"去"、作"无"均通,按:上二句"上无""下无",意在"无",则作"无"字是。廖本、王本作"去"字,乃忌重而改,不妥。耳所憎者蜩,目所憎者蝇。此指朝廷里的宦官和佞臣等一般小人。《淮南子·原道训》："无所好憎,平之至也。"此数句表现了公孤衷梗峭性,触境吐出,妙在见物兴感,深含指斥；不是无憎,而是无去之也。如杂剧《陈州粜米》："吃仓厫的鼠耗,咂脓血的苍蝇。"缘何不憎？

⑥ 南山见高棱：终南山,在陕西省西安市南。棱,此同崚,指山岭。公《南山诗》云："清明出棱角。"钱仲联《集释》："南山及棱俱见卷四《南山》诗注。"钱谦益《牧斋有学集》卷四七《题遵王秋怀诗》："高寒凄警,与南山相栖泊,警绝于文字之外。"何焯《批韩诗》曰："清神高韵,会心目远。"王元启《记疑》："读此二语,清寒莹骨,

肝胆为醒。"详见《南山诗》注①。

⑦ 其下澄湫水：方《举正》订"澄"字，云："蜀本澄作'通'，谢本注：'一作有。'"朱《考异》："澄，或作'通'，或作'有'，或作'古'，或作'石'。"诸本作"澄"字，是，与湫水"凝湛"合。按：澄，湛也，清也，水很清的样子。湫，水潭，此指《南山》诗"因缘窥其湫，凝湛闷阴兽"，即《炭谷湫》诗所说之湫也。魏本："祝曰：即公《南山诗》'因缘窥其湫'，炭谷湫也。"古人认为潭湫是害人蛟龙潜藏的地方。

⑧ 有蛟寒可罾：魏本："祝曰：罾，鱼网也。《庄子》（《胠箧》）：'钩饵网罟罾笱之知多。'音曾。"文《详注》："蛟，龙属。《山海经》云：'似龙而小头细颈，颈有白瘿，大者十围，生子如一二斛瓮，能吞人。'罾，网也，音咨腾切。"按：蛟，古代传说中的一种动物，似龙而恶。屈原《九歌·湘夫人》："麋何食兮庭中，蛟何为兮水裔。"注："蛟，龙类也。"《山海经·中山经》："（翼望之山）贶水出焉，东流注于汉，其中多蛟。"郭璞注："似蛇而四脚，小头细颈，有白瘿，大者十数围，卵如一二石瓮，能吞人。"公以凶猛的蛟比喻凶恶强横之人，此指藩镇。罾，鱼网，此处作动词，即网鱼。此谓诗人希望趁有利时节把强悍的藩镇一网打尽。

⑨ 岂谓：怎么能说。文《详注》："晋周处、刘遐皆能入水捕蛟，今以不得往为恨。盖君子精神内守，临天地怪物而不惑，然后可以当大事故也。"按：这首诗以蜩、蝇、蛟作喻，比喻那些小人、权奸、叛臣，含意深邃。何焯《义门读书记》卷三〇云："第四首，'沉寥兮天高而气清，寂寥兮收潦而水清。'是首所祖。原本前哲，却句句直书即目，所以至。'清晓卷书坐'以下，不但去所憎，霁开水澄，尤秋之可喜也。末又因不得手揽蛟龙，触动所怀，此故丈夫之猛志，奈何为一博士束缚也！"真可谓比得巧，直得妙，寓意邃。

【汇评】

明唐汝询：此谓宪宗之世，朝政渐肃，宜讨不廷，而己无权，故有是叹。然自任亦不浅。（蒋之翘《韩昌黎集辑注》）

清钱谦益：《题遵王秋怀诗》：余苦爱退之《秋怀》诗，云："清晓卷书坐，南山见高棱。"高寒凄警，与南山相栖泊，警绝于文字之外。能赏此二言，味其玄旨，斯可与谈胎性之说矣。遵王近作《秋怀》十三首，余观其有志汲古，味薄而抱明，囧囧乎《南山》之遗志也，故亟取焉。而遵王避席，请未已。若退之梦吞丹篆，傍一人抚掌而笑，似是孟郊。余老矣，无以长子。他日丹篆文成，余为梦中傍笑之人，不亦可乎？（《牧斋有学集》卷四七）

清何焯：从悲秋意又翻出一层。（顾嗣立《昌黎先生诗集注》卷一）
"沉寥兮天高而气清，寂寥兮收潦而水清。"是首所祖。原本前哲，却句句直书即目，所以为至。"清晓卷书坐"以下，不但去所憎，霁开水澄，尤秋之可喜也。末又因不得手揽蛟龙，触动所怀，此故丈夫之猛志，奈何为一博士束缚也！（《义门读书记》卷三〇）

清方世举：按：明人唐汝询曰："'有蛟寒可罾'四句，为宪宗之世，朝政渐肃，宜讨不庭，而己无权，故有是叹。"但概云宪宗时，未有以定其何年所作。以余观之，殆为王承宗也。按《旧唐书·宪宗纪》："元和七年六月，镇州甲杖库［一十三间］灾［兵杖都尽］。王承宗常蓄叛谋，至是始惧天罚，凶气稍夺［仍杀主库吏百余人］。"先是裴度极言淮、蔡可灭，公亦奏其败可立而待。执政不喜，至是以柳涧事降为国子博士。故曰"惜哉不得往"也。南湫之蛟特借喻耳。若诚言蛟，不足入《秋怀》也。（《韩昌黎诗集编年笺注》卷八）

清爱新觉罗·弘历：用意与《同谷六歌》略同。（《唐宋诗醇》卷二七）

清陈沆：蝎蝇之去，可憎之小者也。寒蛟之罾，可图之大者也。内而宦幸权奸，外而藩镇叛臣，手无斧柯，掌乏利剑，其若之何！公《南山诗》云："因缘窥其湫，凝湛閟阴兽。"《湫堂》诗云："吁无吹毛刃，血此牛蹄殷。"皆指此也。（《诗比兴笺》卷四）

程学恂：第四首，郁怀直气，真可与老杜"感至诚"者。此与"南有龙兮在山湫，拔剑欲斩且复休"一篇，意兴绝相似。说此诗只可如唐瞽，若必求其事以实之，则难免附会穿凿之病。此仆之读《毛

诗》所以不信小序也。小序传出圣门,尚似多所附会,况以千年后人推臆者乎?(《韩诗臆说》卷二)

其 五

离离挂空悲①,戚戚抱虚警②。露泫秋树高③,虫吊寒夜永④。敛退就新懦,趋营悼前猛⑤。归愚识夷涂⑥,汲古得修绠⑦。名浮犹有耻⑧,味薄真自幸⑨。庶几遗悔尤⑩,即此是幽屏⑪。

【校注】

① 离离:文《详注》:"离离,下垂貌,言秋气之可悲,亦离离然挂怀也。周诗(《王风·黍离》)云:'彼黍离离。'《楚辞》宋玉《九辩》云:'悲哉秋之为气也,萧索兮草木摇落而变衰。'"按:离离,分披繁盛貌,或剥裂貌。《诗·王风·黍离》:"彼黍离离,彼稷之苗。"《文选》张平子《西京赋》:"神木灵草,朱实离离。"《楚辞》刘向《九叹·思古》:"曾哀凄欷,心离离兮。"王逸注:"离离,剥裂貌。"此诗以悲秋起,故戚戚慨叹。

② 戚戚:文《详注》:"戚戚:忧也,仓历切。警,诫也,举影切。谢惠连诗(《西陵遇风献康乐》)曰:'戚戚抱遥悲。'《风土记》曰:'白鹤性儆,至白露降即高鸣相儆。'警与儆同。"钱仲联《集释》:"《广雅·释训》:'戚戚,忧也。'顾炎武曰(姚范《援鹑堂笔记》卷四一引):'是用陆士衡《叹逝赋》:节循虚而警至(当为立)。'"方世举《笺注》:"虚警:顾嗣立曰:'顾炎武云:陆机《叹逝赋》:节循虚而警至(当为立)。'按:此说未妥。循虚警至,言时节于空中警动而至,此何可抱耶?大抵警犹惊也,乃戚戚焉时怀怵惕耳。"按:戚戚,忧伤貌。程学恂《韩诗臆说》卷二:"悲无所寄,故谓之空悲;警无所著,故谓之虚警。然实有所悲,实有所警也。"何焯《义门读书记》卷三〇:

"发端即虚喝下二句。"

③ 露泫(xuàn)秋树高,虫吊寒夜永:方《举正》作"露泫",云:"泫,杭本作'啼',蜀本作'滴',刊本一作'泣'。考之唐本,'泫'字也。盖求避国讳,转易转讹。谢灵运诗(《从斤竹涧越岭溪行》):'花上露犹泫。'谢惠连诗(《泛湖归出楼中玩月》):'泫泫露盈条。'王僧达诗(《七夕月下》):'秋还露泫柯。'古诗于'露'用'泫'字非一。"朱《考异》:"泫,或作'滴',或作'啼',或作'泣'(下引方语)。今按《檀弓》(上):'孔子泫然流涕。'则泫为流涕之貌,于下句'虫吊'对偶尤切。"南宋监本原文作"啼"。宋白文本、文本作"滴",注:"一作'啼',一作'泣'。"潮本、祝本、魏本作"啼"。廖本、王本作"泫"。今从方作"泫"。

露泫与虫吊,音义、词性切对。即露泫在秋天的高树枝。泫:水珠下滴貌。字书引谢灵运《从斤竹涧越岭溪行》诗:"岩下云方合,花上露犹泫。"引申为流泪。《吕氏春秋·知士》:"静郭君泫而曰:'不可,我弗忍为也。'"泫然流涕,即涕泪下流貌。

④ 虫吊寒夜永:文《详注》:"啼、吊,皆悲意也。"按:吊,伤痛、忧虑。《诗·桧风·匪风》:"顾瞻周道,中心吊之!"《左传》襄公十四年:"有君不吊,有臣不敏。"《唐诗归》卷二十九钟惺曰:"'吊'字得秋夜之神。"施补华《岘佣说诗》:"宛然晋、宋人语也。"清何焯《批韩诗》:"字字生造,新警之极。"

⑤ 敛退就新懦,趋营悼前猛:文《详注》:"谓乞分司也。《诗含神雾》曰:'秦地处仲秋之位,男懦弱,女高瞭。'"按:此二句谓悼前就新,敛猛退懦,避语阱,乞分司东都也。即柳子厚《答韦中立论师道书》所说:"愈以是得狂名,居长安,炊不暇熟,又挈挈而东,如是者数矣。"宋葛立方《韵语阳秋》卷一一:"韩退之《秋怀诗》十一篇,其一云:'敛退就新懦,趋营悼前猛。'此陶渊明'觉今是昨非'之意,似有所悟也。然考他篇,有曰:'低心逐时趋,苦勉只能暂。'又曰:'尚须勉其顽,王事有朝请。'则进退之事尚未决也。至第十篇云:'世累忽进虑,外忧遂侵诚。'诘屈避语阱,冥茫触心兵。败虞千金

弃,得比寸草荣。'其筹虑是故尤深。"葛说可参。韩公曾不止一次说:我之退何尝不为进矣。何焯《义门读书记》卷三〇:"'悼前猛'应'揽蛟龙','就新懦'仍归于'阅书史'。"

⑥归愚识夷涂:方《举正》作"归愚",云:"李本校作'归儒'。然阁本、旧本皆作'愚'。"朱《考异》:"愚,或作'儒'。"宋白文本、文本、祝本、魏本、廖本、王本均作"愚",从之。

文《详注》:"夷,平也。修,长也。"方世举《笺注》:"陆云诗(《赠顾彦先》):'假我夷涂,顿不忘驱。'"高步瀛《唐宋诗举要》卷一:"《文选·西京赋》曰:'襄岸夷涂。'薛综注曰:'夷,平也。'"

⑦汲古得修绠:文《详注》:"绠,汲绳也,古杏切。《庄子》(《至乐》)云:'绠短者不可以汲深泉。'"魏本:"祝曰:绠,绳也。《左氏》:'具绠缶。'注:'汲索。'韩曰:《荀子》:'短绠不可以汲深井之泉。'音梗。"朱彝尊《批韩诗》:"如此琢句,是学谢。然意却比谢精深。"按:谓吊古得用长绳。《说文·糸部》:"绠,汲井绠也。"

⑧名浮犹有耻:魏本:"浮,过也。韩曰:《礼记》:'先王耻(四库本作耻,宋本作体,当作耻)名之浮于行也。'"文《详注》:"《礼记》(《表记》):'先王谥以尊名,节以壹惠,耻名之浮于行也。'注云:'名,声誉也。在上曰浮,言声誉逾行也。'"按:名浮,即浮名,虚名。《书·泰誓》:"惟受罪浮于桀。"又《礼记·坊记》:"与其使食浮于人也,宁使人浮于食。"

⑨味薄真自幸:文《详注》:"《风俗通》曰:'腊正祖食得免胙者,名之曰幸,赏以寒酒。幸,善祥,令人吉利也。'"魏本:"韩曰:《国语》(《周语下》):'厚味腊毒。'"程学恂《韩诗臆说》卷二:"'名浮犹有耻,味薄真自幸',写忧谗畏讥,旷疏无聊之况,可谓极致。"

⑩庶几遗悔尤:文《详注》:"《论语》(《为政》):'言寡尤,行寡悔。'尤,过也。"

按:庶几,也许可以,表示希望或推测之词。《庄子·人间世》:"医门多疾,愿以所闻思其则,庶几其国有瘳乎。"《孟子·公孙丑下》:"王庶几改之,予日望之。"庶几,唐人口语,今人仍用。悔,灾祸。张平子《思玄赋》:"占既吉而无悔兮。"尤,罪过,过错。任昉《为齐明帝让宣城郡公第一表》:"非臣之尤,谁任其咎?"

⑪ 即此是幽屏:魏本:"韩曰:'幽屏,隐僻之处。'祝曰:《选》张衡(当为《文选》卷五左思《吴都赋》)曰:'杂插幽屏。'屏,必郢切。"方世举《笺注》:"旧注引左思《吴都赋》:'杂插幽屏。'李善注:'幽屏,生处也。'按诗意岂可谓即此是生处耶? 当用曹植《出妇赋》:'遂臻颜而失望,退幽屏于下庭。'盖谓屏居耳。又卷六《东都遇春》诗'即事取幽迸',正可与此参看。"按:《汉语大词典》:"幽屏,隐僻之处。《文选》左思《吴都赋》:'隐赈崴嵬,杂插幽屏。'李周翰注:'杂插幽屏,谓杂生隐僻之处。'唐韩愈《秋怀》诗之五:'庶几遗悔尤,即此是幽屏。'"若按句意:即此,指示代词,谓处所;是字为内动词,幽屏,作处所解。则全句为:即此是隐僻之处(地)。

【汇评】

宋葛立方:韩退之《秋怀》诗十一篇,其一云:"敛退就新懦,趋营悼前猛。"此陶渊明"觉今是昨非"之意,似有所悟也。然考他篇,有曰:"低心逐时趋,苦勉只能暂。"又曰:"尚须勉其顽,王事有朝请。"则进退之事尚未决也。(《韵语阳秋》卷一一)

清查慎行:独抒怀抱,一字不犹人。朱子谓《秋怀诗》学《文选》体,浅之乎论昌黎矣。(《查初白诗评十二种》)

清何焯:第五首,发端即虚喝下二句。"悼前猛"应"揽蛟龙","就新懦"仍归于"阅书史"。(《义门读书记》卷三〇)

清沈德潜:《秋怀诗二首》(第五首)此即今是昨非之意,连下章(第六首)颇近谢公。(《唐诗别裁集》卷四)

清陈沆:前此猛于趋营,则名常苦其不足;今此敛就新懦,则名尚耻其有余。至是而始识夷途矣,知不幸中之幸矣。《文集·五箴》克己惩创,即是时作耶?(《诗比兴笺》卷四)

清曾国藩:第五首,此首即陶公今是昨非之意。若新有所悟者,以浮名为耻,以薄味为幸。知道之言也。(《求阙斋读书录》卷八)

程学恂：第五首云："离离挂空悲，戚戚抱虚警。"悲无所寄，故谓之空悲；警无所著，故谓之虚警。然实有所悲，实有所警也。"名浮犹有耻，味薄真自幸"，写忧谗畏讥，旷疏无聊之况，可谓极致。（《韩诗臆说》卷二）

其 六

今晨不成起，端坐尽日景①。虫鸣室幽幽②，月吐窗囧囧③。丧怀若迷方④，浮念剧含梗⑤。尘埃慵伺候⑥，文字浪驰骋。尚须勉其顽，王事有朝请⑦。

【校注】

① 日景（jǐng 居影切，上，梗韵）：文《详注》："景，光也，居影切。"按：景，日光。或谓光也。《文选》卷一六江淹《别赋》："日出天而曜景，露下地而腾文。"

② 虫鸣室幽幽：方《举正》据阁本作"虫鸣幽室中"。朱《考异》："幽室中，当作'室幽幽'。"南宋监本原文作"室幽幽"。宋白文本、文本、祝本、魏本、廖本、王本均作"室幽幽"。从之。

钱仲联《集释》："《礼记·礼运》郑玄注：'幽，暗也。'《诗·斯干》：'幽幽南山。'毛传：'幽幽，深远也。'此与囧囧为偶，盖取暗义。"按：钱说是，幽幽当作"深暗"解，韩公《琴操·将归操》："狄之水兮，其色幽幽。"

③ 月吐窗囧（jiǒng）囧：吐，魏本作"照"。宋白文本、文本、廖本、王本作"吐"。吐字用得传神新颖，极好，乃韩公个性语，从之。

文《详注》："《说文》曰：'囧囧，窗牖丽廔开明也，俱永切。'江淹诗云：'囧囧秋月明。'《雪浪斋日记》云：'古人下连绵字不虚发，如老杜：野日荒荒白，江流泯泯清。退之云：月吐窗囧囧。皆造微入妙。'"按：冏冏：明亮貌。《文选》卷三一江淹《杂体诗三十首》之《张廷尉（绰）杂述》诗："冏冏秋月明，凭轩咏尧老。"李善注："《仓颉篇》曰：'冏，大明。俱永切。'"

④丧怀若迷方：若，文本、魏本注："若，一作'苦'。"宋白文本作"苦"。又'迷'字下注："一作'远'。"苦、远均形似致误，今从"若"、从"迷"。

文《详注》："鲍明远诗云：'南国有儒生，迷方独沦误。'注云：'惑于所向也。'"（《文选》卷三一鲍照《拟古三首》二）魏本："韩曰：'冏冏，窗牖明也。'孙曰：秋月明貌，孙绰曰：'冏冏秋月明。'"方世举《笺注》："迷方：《列子·周穆王篇》：'秦人逢氏子有迷罔之疾，天地四方无不颠倒者。'鲍照诗：'南国有儒生，迷方独沦误。'"钱仲联《集释》："《左传》：'哀乐而乐哀，皆丧心也。'姚氏引文不见于陆德明《释文》。《周易集解》引《九家易》曰：'坤为牝为迷。'不作'为迷为方'。姚氏岂因《易说卦传》'坤也者地也'及《淮南子》'地道曰方'之义而牵合误记欤？此诗迷方盖用《易·坤》卦'先迷失道'义，《集解》引何妥曰：'阴道恶先，故先致迷失。'《史记·游侠传》索引苏林曰：'道，犹方也。'"按：此句谓：夜梦失忆如迷失方向，而寓道迷失，路受阻也。姚范《援鹑堂笔记》卷四一："陆氏《释文》：'《九家易》，坤为迷为方。'鲍明远诗：'迷方易沦误。'善注引《庄子》：'小惑易方。'《文心雕龙·哀吊》：'迷方告控。'杜诗：'迷方著处家。'"则方、钱说俱通。

⑤浮念剧含梗：文《详注》："剧，甚也。"魏本音注："梗，古杏切。"钱仲联《集释》："《诗·桑柔》毛传：'梗，病也。'"童《校诠》："案：含梗乃骨鲠在喉之义，梗、鲠古字通，诗桑柔：至今为梗，后汉书段颎传作至今为鲠，是其证。"

按：浮念，即虚罔不实之思。《全唐诗》卷一二五王维《戏赠张五弟諲三首》："对君忽自得，浮念不烦遣。"又卷八一五皎然《答俞校书冬夜》："真思在杳冥，浮念寄形影。"剧，甚也。梗，同鲠。鲠直、骨鲠。《诗·大雅·桑柔》："谁生厉阶，至今为梗。"毛传："梗，病也。"《楚辞》屈原《九章·橘颂》:"淑离不淫,梗其有理兮。"作正直解似更合韩公诗义。

⑥ 尘埃惼伺候:文《详注》:"《前汉》(《汉书·杜周传》):杜周为廷尉,其治大抵放张汤而善伺候。"按:惼,懒,懒得。杜甫《送李校书》诗:"晚节惼转剧。"伺候,《吕氏春秋·制乐》:"臣请伏于陛下,以伺候之。"韩公《送李愿归盘谷序》:"伺候于公卿之门。"《辞源》引韩愈《与陈给事书》"其后阁下位益尊,伺候于门墙者日益进"为例。

⑦ 王事有朝请:文《详注》:"《汉书·吴王传》:孟康曰:'汉律:春曰朝,秋曰请。如古诸侯朝聘也。'光武时功臣分土不过大县数四,所加特进奉朝请已。颜师古云:'请,才性切。'此诗作上声读。"钱仲联《集释》:"《诗》(《唐风·鸨羽》):'王事靡盬。'(盬(gǔ),《诗·唐风》《小雅·四牡》均有此句,注:止息也。)《史记·魏其武安侯传》:'不得入朝请。'《集解》:'律曰:诸侯春朝天子曰朝,秋曰请。'"按:李黼平《读杜韩笔记》曰:"《史记·吴王濞传》:'使人为秋请。'索隐曰:'音净。'今韵亦在去声。昌黎于上声用之,则上去可通押。前人谓'朝请'字东坡始押入上声,非也。"何焯《义门读书记》卷三〇:"'尚须勉其顽'二句,仍不能终于幽屏,与前首结句('即此是幽屏')反对。"《唐宋诗举要》卷一:"吴曰:一折乃尔深郁。"

【汇评】

清何焯:第六首,"尚须勉其顽"二句,仍不能终于幽屏,与前首结句反对。(《义门读书记》卷三〇)

清陈沆:此皆自伤自反之词,叹世情日益,道念日损也。(《诗比兴笺》卷四)

清曾国藩:第六首,此首本思遗世高举,不复愿伺候于尘埃之中,而为生事所累,尚须黾勉以从王事也。(《求阙斋读书录》卷八)

其 七

秋夜不可晨,秋日苦易暗①。我无汲汲志,何以有此憾②?寒鸡空在栖,缺月烦屡瞰③。有琴具徽弦④,再鼓听愈淡⑤。古声久埋灭,无由见真滥⑥。低心逐时趋⑦,苦勉只能暂⑧。有如乘风船,一纵不可缆⑨。不如觑文字,丹铅事点勘⑩。岂必求赢余,所要石与甔⑪。

【校注】

① 秋夜不可晨,秋日苦易暗:魏本:"《补注》:《选》(《文选》卷二八)陆士衡《挽歌诗》(三首之二)云:'大暮安可晨。'晨,明也。"文《详注》:"夜长不可待晨,日短故常苦暗,此即《古诗》(《文选》卷二九傅休奕《杂诗》)所谓'志士苦日短,愁人知夜长'是也。"按:二句表现韩公苦闷情绪。陶潜《饮酒》二十首之十六:"披褐守长夜,晨鸡不肯鸣。"蒋之翘《辑注》:"'不可晨'三字,峭刻之极。"

② 我无汲汲志:方世举《笺注》:"陶潜诗(《饮酒》第二十首):'汲汲鲁中叟,弥缝使其淳。'"汲汲,急切貌。《礼记·问丧》:"其往送也,望望然,汲汲然,如有追而弗及也。"孔疏:"汲汲然者,促急之情也。"引申为追求。《汉书·扬雄传》:"少嗜欲,不汲汲于富贵,不戚戚于贫贱。"

何以有此憾:憾(hàn):遗憾。《左传》庄公十四年:"人又不念寡人,寡人憾焉。"此二句谓:我没有追求,为啥有这样的遗憾呢?此乃正话反说,韩诗惯用之法。《唐诗归》卷二十九钟惺曰:"二语似自安,其实自悼。"何焯《义门读书记》卷三〇:"'我无汲汲志'二句,正言若反。"

③ 寒鸡空在栖,缺月烦屡瞰(kàn):缺月,文本作"月缺",非是。诸本作"缺月",从之。

文《详注》:"言感叹二事,将欲鼓琴也。《君子行役》(当为

《诗·王风·君子于役》)诗曰:'鸡栖于埘''鸡栖于桀'。郑氏云:'凿垣而栖曰埘,干杙曰桀。'《释名》云:'月缺也。'满则缺矣,故张协《七命》云:'若乃高风送秋,飞霜迎节,奏《绿水》,吐《白雪》。悲蕢焚之朝落,悼望舒之夕缺。'瞰,视也,音苦滥切。"钱仲联《集释》:"《广雅·释诂》:'瞰,视也。'"

按:寒鸡,冬日报晓之鸡。《文选》卷一四鲍照《舞鹤赋》:"感寒鸡之早晨,怜霜雁之违漠。"唐陆龟蒙《自遣诗》:"心摇只待东窗晓,长愧寒鸡第一声。"缺月,未满之月。杜甫《宿凿石浦》:"缺月殊未生,青灯死分翳。"瞰,远望。《文选》卷八扬雄《羽猎赋》:"东瞰目尽。"视者,可作远望或俯视解,此作远望切诗义。《唐诗归》卷二九谭元春曰:"'烦'字妙。"朱彝尊《批韩诗》:"点景好。"

④ 徽弦:魏本:"祝曰:徽,绳也。《前汉》:'高张急徽。'"按:徽弦,指琴弦。因下接弦字,不当作绳解,祝作绳解者误。魏本:"韩曰:《晋(书)·陶潜传》:'畜素琴一张,徽弦不具。'徽,呼韦切。"方世举《笺注》:"徽弦,嵇康《琴赋》:'弦以园客之丝,徽以钟山之玉。'"钱仲联《集释》:"《文选·文赋》李善注:'许慎《淮南子》注曰:鼓琴循弦谓之徽。'《汉书·扬雄传》注:'徽,琴徽也。'"按:韩、方、钱解是。《书·舜典》:"慎徽五典,五典克从。"传:"徽,美也,善也。"王粲《公宴诗》:"管弦发徽音。"或作弹奏解,同挥。《淮南子·主术训》:"邹忌一徽,而威王终夕悲,感于忧。"

⑤ 再鼓听愈淡:文《详注》:"再鼓,谓若伯牙之类。《吕氏春秋》曰:伯牙鼓琴,钟子期善听之。方鼓琴,志在泰山,钟子期曰:'善哉乎鼓琴,巍巍乎如泰山。'志在流水,钟子期曰:'善在乎鼓琴,洋洋乎若流水。'子期死,伯牙遂摔琴绝弦,终身不复鼓琴,以为世无知音,无足与鼓琴者也。"

⑥ 古声淡新乐真滥:文《详注》:"古声,雅正之声,谓若白雪、清角之类。时趣,新声也。趣,趋遇切。"魏本:"韩曰:《礼记》(《乐记》):'古乐和正以广,新乐奸声以滥。'"魏本注:"滥,伪也。"方世举《笺注》:"真滥:《乐记》:'古乐和正以广,新乐奸声以滥。'"按:韩

诗自《礼记·乐记》出。此以古乐自况,而斥时俗之滥也。雅正之声,谓若白雪、清角之类。

⑦ 低心逐时趋:朱《考异》:"低,或作'吾'。盖草书之误而失其半。"诸本作"低",是。趋,文本作"趣",诸本作"趋",二字通用,今从"趋"。

低心:《汉语大词典》:"犹屈意。唐韩愈《秋怀诗》之七:'低心逐时趋,苦勉只能暂。'宋曾巩《游鹿门不果》诗:'低心就薄禄,实负山水情。'宋陆游《上巳临川道中》:"如今自怜还自笑,敛版低心事年少。"趋、趣作趋向、奔向解二字同,贾谊《论积贮疏》:"今背本而趋末,食者甚众,是天下之大残也。"《史记·孙膑传》:"兵法,百里而趣利者蹶上将。"

⑧ 苦勉只能暂:苦,宋白文本作"若",乃形近致误。

按:《唐诗归》卷二九钟惺曰:"高人实历之苦。"屈心逐时,苦勉暂避,不得不远佞避谗。亦见韩公内心之苦。

⑨ 乘风船:方世举《笺注》:"《晋书·王濬传》:'濬将至秣陵,王浑遣信要令暂过论事。濬举帆直指,报曰:风利不得泊也。'"缆,魏本:"祝曰:缆,用以维舟。《选》(《文选》卷二五谢灵运《登临海峤初发疆中作》):'系缆临江楼。'音滥。"文《详注》:"言声音渐变,去古愈远。如纵船之不可系缆也。缆,舟绁也,音滥。"

⑩ "不如"二句:魏本:"祝曰:覻,伺视也。《说文》(见部):'拘覻(按:段注:此亦汉时语。),未致密也。(从见,虚声。)'"钱仲联《集释》:"《一切经音义》:《通俗文》曰:'伏觇曰覻。'《广雅·释诂》:'覻,视也。'"按:覻,谓低头细看。唐张鷟《朝野佥载》卷四:"黄门侍郎卢怀慎好视地,[魏光乘]目为覻鼠猫儿。"此二句意谓:低心趋时,不如细究经史。

丹铅:魏本:"韩曰:《选·范始兴立太宰碑表》(《文选》卷三八任彦升撰):'人蓄油素,家怀铅笔。'注:'铅,粉笔也,所以理书也。'"文《详注》:"丹,朱也。铅,笔也。任彦升《表》云:'家怀铅椠。'"魏本:"蔡曰:王充《论衡》:'扬雄采集异国殊语,常把三寸弱翰赍素油四尺,以问其异语,以铅摘之于椠。"钱仲联《集释》:"《文选·吴都赋》刘逵注:'丹,丹砂也。'《说文》新附:'勘,校也,从力,甚声。'"按:丹铅,丹砂和铅粉,古人多用来校勘文字,所以称考订工作为丹铅。《辞源》亦引韩诗为例。

⑪ 岂必求赢余,所要石与甔:文《详注》:"后汉(《后汉书·马援传》)马援曰:'士生一世,但取衣食裁足,致求赢余,徒自苦耳。'前汉扬雄家无担石之储。(《汉书·扬雄传》)应劭曰:'齐人名小瓮,为担受二斛。'晋灼曰:'石,斗石也。'或曰:'担者,一人之所负担也。'甔,都滥切,或作'儋'。"魏本注:"甔,小瓮也。孙曰:'扬雄家无甔石之储,晏如也。'祝曰:'瓮也。齐东北海岱之间谓之甔,列子状若甔甄。都滥切。'韩曰:甔,通作儋。《蒯通传》:'守儋石之禄者,阙卿相之位。'《补注》:《魏书》(《三国志·华歆传》):'华歆清贫,家无儋石之储。'《南史》桓玄闻刘毅起兵,曰:'毅家无儋石之储。'"按:此谓韩愈禄低家贫,而以清贫自守。真无可奈何也。

【汇评】

清李光地:首言其汲汲求志,而患日之不足也。又言淡古之音,世无知者。低心逐时,性所不堪。如乘风之船,不能自返,故惟有读书以自乐。苟暂得甔石之储,便浩浩乎无求矣。(《榕村诗选》卷六)

清何焯:第七首,"我无汲汲志"二句,正言若反。"低心逐时趋",承上"尘埃慵伺候,文字浪驰骋"言之。"苦勉只能暂",应上章"勉"字。"一纵不可缆",应"顽"字。"岂必求赢余"二句,史书之味无穷,朝请之求有限,何必以人之营营,易己之汲汲也。(《义门读书记》卷三〇)

清曾国藩:第七首,此首言本不能逐时趋,因石甔谋生之故,难遽舍去。与上首之指略同。(《求阙斋读书录》卷八)

程学恂:第七首"秋夜不可晨"云云,黯然慨然,一肚皮不合时宜,郁郁吐不尽。结云"不如觑文字,丹铅事点勘",都是无聊赖语,非本志在著述也。(《韩诗臆说》卷二)

其 八

　　卷卷落地叶①,随风走前轩②。鸣声若有意,颠倒相追奔③。空堂黄昏暮④,我坐默不言。童子自外至,吹灯当我前⑤。问我我不应,馈我我不餐⑥。退坐西壁下,读书尽数编⑦。作者非今士,相去时已千⑧,其言有感触,使我复凄酸⑨。顾谓汝童子,置书且安眠⑩,丈人属有念,事业无穷年⑪。

【校注】

　　① 卷(quán)卷:文《详注》:"卷卷,落叶形。古转切。"蒋抱玄《评注》:"卷卷,弯曲也,读如拳。"按:卷卷,卷曲貌,指树叶干枯卷曲零落貌。《辞源》亦引韩诗为例。查《全唐诗》仅此一例。《汉语大词典》:"卷卷:零落貌;干缩蜷曲貌。"亦举韩诗为例。用此意者,始于韩愈,后人沿用。宋曾巩《高松》诗:"岂同墙根槐,卷卷秋可扫。"明高启《陪临川公游天池三十韵》:"幽幽霜泉微,卷卷风叶燥。"

　　② 轩:窗前房廊。《文选》左思《魏都赋》:"周轩中天,丹墀临猋。"李善注:"轩,长廊之有窗也。"《南齐书·刘善明传·陈事表》:"陛下凝晖自天,照湛神极……故能高啸闲轩,鲸鲵自翦。"

　　③ 鸣声若有意,颠倒相追奔:用拟人化写法,把无情之物,写得有形有情,妙在展现诗人心绪。前四句写秋叶飘落,形声毕肖。意者,乃韩公诗心也。

　　④ 空堂黄昏暮:文《详注》:"《淮南子》曰:'日薄虞渊,是谓黄昏。'"按:此句谓:日将落而天暗也,接下句默默独坐。《淮南子·天文训》:"(日)至于虞渊,是谓黄昏。"《楚辞》屈原《九章·抽思》:"昔君与我诚言兮,曰黄昏以为期。"韩公何时默坐,直到黄昏掌灯。

真闷坐沉思,所思者何？意在哪里？玩味可知。

⑤童子自外至,吹灯当我前:方世举《笺注》:"吹灯:吹有二义。《淮南·说山训》:'或吹火而然,或吹火而灭。'所以吹者异也。如王僧孺诗(《秋闺怨》):'月出夜灯吹。'此吹灭也。《拾遗记》(卷六《后汉》):'刘向校书天禄阁,夜有老人植青藜杖,登阁而进,见向暗中独坐诵书,乃吹杖端烟燃。'《开元天宝遗事》(卷下《吹火照书》):'苏颋少好学,每患无灯烛,常于马厩灶中旋吹火光,照书诵焉。'此吹然也,公诗正如此。"按:此谓小童从外进来,吹火燃灯照明也。然同燃。吹火,唐人诗常用之,如《全唐诗》卷二八二李益《从军夜次六胡北饮马磨剑石为祝殇辞》:"吹火荧荧又为碧,有鸟自称蜀帝魂。"又卷三八八卢仝《寄萧二十三庆中》:"山魈吹火虫入碗,鸠鸟咒诅鲛吐涎。"吹灯,如《全唐诗》卷二二八杜甫《山馆》:"山鬼吹灯灭,厨人语夜阑。"又八三〇贯休《鄂渚赠祥公》:"松烟青透壁,雪气细吹灯。"以上四句写出幽暗清凉之境,百无聊赖的难堪之情:真莫奈何也。

⑥馈我我不餐:馈,本作赠送或进献解,此作送饭讲。《左传》桓公六年:"于是诸侯之大夫戍齐,齐人馈之饩。"《周礼·天官·玉府》:"凡王之献金玉、兵器、文织、良货贿之物,受而藏之。"郑玄注:"古者致物于人,尊之曰献,通行曰馈。"《仪礼·士虞礼》:"特豕馈食。"疏:"馈者,上下通称。故祭祀于神而言馈;阳货馈孔子豚而言馈;《乡党》云朋友之馈。是上下通言馈。"《周礼·天官·膳夫》:"凡王之馈食用六谷。"注:"进物于尊者曰馈。"

餐,文《详注》:"《说文》(食部)曰:'餐,吞也。'千安切,俗作飧,非是。"按:本作名词,当食物讲,此用作动词,当进餐、用饭解。李白《北上行》:"草木不可餐,饥饮零露浆。"

⑦退坐西壁下,读书尽数编:朱《考异》:"坐,或作'卧'。"廖本注:"坐,或作'下'。"宋白文本、魏本、祝本、廖本、王本均作"坐",从之。书,文本作"书",注:"一作'诗'。"宋白文本亦作"书"。魏本、廖本作"诗"。今从"书"。

按：此二句写公退坐读书。文《详注》："以绳次物曰编。古未有纸，多编次物以写文字。如孔子读《易》，韦编三绝（事见《史记·孔子世家》）。汉路温舒贫乏，截蒲为编（见《汉书·路温舒传》）是也。"以上四句谓幽居属思，默不作言。如高步瀛《唐宋诗举要》卷一云："《魏志·贾诩传》：'诩曰：属适有所思，故不及对耳。'《鲍明远·答客诗》：'幽居属有念。'"似同一境界。蒋之翘《辑注》引刘辰翁（《须溪集·赵仲仁诗序》）曰："耿耿如在目前。荆公'抛书还少年'，不如此畅。"李光地《榕村诗选》卷六："言诵古人诗，与古人相感，默然安寝，而志乎无穷之业。《诗》所谓'独寐晤宿，永矢弗告'者欤？"

⑧ 千：千年。谓时代久远。

⑨ 其言有感触，使我复凄酸：宋白文本、文本、魏本、廖本作"悽"，或作"凄"。悽、凄二字作凄凉悲伤解音义同，均可。

文《详注》："悽，悲也。酸，辛也。"按：其言，指古人诗，如《诗三百》《离骚》等。凄酸者韩公自指。此谓感先贤之忧国忧民，见现实倍感凄酸也。《汉语大词典》凄酸、悽酸两用之。心部云："悽酸，悲痛心酸。唐韩愈《秋怀》诗之八：'其言有感触，使我复悽酸。'清蒲松龄《聊斋志异·成仙》：'成往访周，始知入城讼理。急奔劝止，则已在囹圄矣……成入狱，相顾悽酸。'"冫部云："痛苦辛酸。宋贺铸《答杜仲观登丛台见寄》诗：高风荡河汉，白露被寒菊。下有络纬虫，凄酸生意促。"则悽酸、凄酸二词音义同，均可。皆可表韩公心理。

⑩ 顾谓汝童子，置书且安眠：汝，文本作"尔"。诸本作"汝"，从之。且安，文本作"安且"，非是。

按：此二句写：韩公回过头对童子说："放下书睡觉去吧。"顾，回头看。置，放下。

⑪ 丈人属有念，事业无穷年：丈人，诸本作"丈夫"，非是。

丈人，韩公自称，一般用于对长者的称呼。此为韩公答童子时自称，《易·师》："师，贞，丈人，吉，无咎。"则是对老者的称呼。属：

近,正在这时。《后汉书·吴汉传》:"属者恐不与人。"注:"属,犹近也。"姚范《援鹑堂笔记》卷四一:"丈夫属有念。注:夫,或作'人'。按:作人是也。《霍光传》:'将军之广明,都郎属耳。'属,近也,言丈人方有念也。若丈夫之念,不必言其近矣。"《左传》成公二年:"属当戎行。"又昭公四年:"属有宗祧之事于武城。"《汉书·李寻传》:"属者颇有变改。"诸属字均作此时解。念,感触。人生有限,事业无穷,故感念遥深。此结语突兀戛延,韩公本色。

【汇评】

宋刘辰翁:耿耿如在目前。荆公"抛书还少年",不如此畅。(蒋之翘《韩昌黎集辑注》卷一)

清李光地:言诵古人诗,与古人相感,默然安寝,而志乎无穷之业。《诗》所谓"独寐晤宿,永矢弗告"者欤?(《榕村诗选》卷六)

清何焯:第八首,"君不知兮可奈何!蓄怨兮积思,心烦憺兮忘食事。愿一见兮道余意,君之心兮与余异"(宋玉《九辩》)。诗意似本于此。我之所以诵诗读书者,岂惟空言无施之为哉?学古之文,期于行古之道。日月逾迈,事业之有无不可知。前日变衰者,今已摇落矣,安得不后顾无穷,怆然兴怀也?(《义门读书记》卷三〇)

清王懋竑:用先、元、寒三韵,奔字、言字元韵无叶。(《读书记疑》卷一六)

清陈沆:此与上篇(霜风侵梧桐)俱以落叶起兴,不言、不应、不餐,即"霜风侵梧桐"章所指之忧也。忧之无益,则置之而寻书。书复生感,又置之而就枕。然所感何事,终不能言也。(《诗比兴笺》卷四)

清曾国藩:第八首,此首因落叶而感触生平之志事,甚远且大。(《求阙斋读书录》卷八)

程学恂:第八首在十一篇中,最为显畅。然情兴感触,亦正无端。(《韩诗臆说》卷二)

其 九

霜风侵梧桐①,众叶著树干②。空阶一片下,琤若摧琅玕③。谓是夜气灭④,望舒霣其团⑤。青冥无依倚⑥,飞辙危难安⑦。惊起出户视,倚楹久汍澜⑧。忧愁费晷景⑨,日月如跳丸⑩。迷复不计远⑪,为君驻尘鞍⑫。

【校注】

①霜风:刺骨的寒风。北周庾信《卫王赠桑落酒奉答》:"霜风乱飘叶,寒水细澄沙。"宋柳永《八声甘州》:"渐霜风凄惨,关河冷落,残照当楼。"何焯《义门读书记》卷三〇:"'白露既下百草兮,奄离披此梧楸。'王逸谓:'以茂美树兴于仁贤早遇霜露。'故此篇复独以梧桐起兴也。"

②著树:文《详注》:"著,附也。直略切。"按:张相《诗词曲语辞汇释》卷三:"着,犹发也;生也。王维《杂诗》(三首之二):'来日绮窗前,寒梅着花未?'"著花,生花。文说是。著,同着(zhuó),附着。贾谊《论积贮疏》:"今殴民而归之农,皆著于本,使天下各食其力。"按:树枝上的叶干枯了,乃风霜侵凌的结果。

叶干:方世举《笺注》:"蔡琰《胡笳十八拍》:'塞上黄蒿兮枝枯叶干。'"按:叶着树干,即经霜打后的干叶挂在树枝上的情景。

③琤若摧琅玕:方《举正》出"琤"字,云:"蜀本作'玱'。"朱《考异》:"琤,或作玱。"作"琤"字是。

魏本:"祝曰:《逸论语》云:'琤,玉声也。'楚耕、土耕二切。"按:琤,玉石或流水声。《梁书·张缵传·南征赋》:"风瑟瑟以鸣松,水琤琤而响谷。"唐李商隐《燕台四首》之一《春》:"夹罗委箧单绡起,香肌冷衬琤琤珮。"韩公《城南联句》:"泉音玉淙琤。"《文选》卷二二陆士衡《招隐诗》云:"山溜何泠泠,飞泉漱鸣玉。"李善注:"枚乘上书曰:'泰山之溜穿石。'《楚辞》曰:'吸飞泉之微液。'鸣玉,亦琼瑶也。"均以琤形容玉声,此韩公借描写干叶落阶之声,则作"琤"是。

琅玕:文《详注》:"琅玕,石而似珠,音郎干。《山海经》曰:'昆仑山有琅玕树。'"按:琅玕,美石。《书·禹贡》:"黑水西河惟雍州……厥贡惟球琳琅玕。"《急就篇》:"系臂琅玕虎魄龙。"注:"琅玕,火齐珠也,一曰石之似珠者也。"《文选》卷一一王文考《鲁灵光殿赋》:"骈密石与琅玕。"注:"琅玕,珠也,似玉。"

④ 谓是夜气灭:说的是夜气消失了。此指上二句所言:霜风吹着干枯的树叶落在阶前的声音,就像玉珠坠落的琤琤响声。夜气灭,夜色已尽。《孟子·告子上》:"梏之反覆,则其夜气不足以存;夜气不足以存,则其违禽兽不远矣。"夜气,即平淡之气,自夜至旦,未与物接触,其气清明,良心易于发现,若人利欲薰心,犹若禽兽。

⑤ 望舒霣(yǔn)其团:文《详注》:"望舒,月也。《释名》曰:望,月满之名,日月遥相望也。霣其团,谓月蚀也。"魏本:"孙曰:《淮南子》:'月御曰望舒。'韩曰:《离骚》:'前望舒使先驱。'霣,坠也。《公羊》(庄公七年):'夜中星霣如雨。'《补注》:张载曰:'望舒四五团。'闻叶声琤然,误谓望舒之霣其团也。"魏本音注:"霣,于敏切。"王元启《记疑》:"谓月西沉也。上云夜气灭,下又承以飞辙跳丸之云,则是因其没匿而叹时运转移之速,不吾待也。注谓:'闻叶声琤然,误谓望舒之霣其团。'则是以琤然者为月坠声耶?愚亦甚矣!然上句'谓是'二字不可解,或云恐是'须臾'二字之讹,未知是否。"钱仲联《集释》:"王说似固,未探韩公幽窈之思,旧解为胜。按:望舒,神话中给月神驾车的御手。霣,坠落。团,指月。此句谓夜尽月落。《楚辞》屈原《离骚》:"前望舒使先驱兮。"注:"望舒,月御也。"

朱彝尊《批韩诗》:"桐叶落,常事耳,写得如此奇峭,不知费多少营构工夫?"何焯《义门读书记》卷三〇:"'望舒霣其团',卿士惟月,此篇必有所指。"

⑥ 青冥:指天空。《楚辞》屈原《九章·悲回风》:"据青冥而攄(今读如舒 shū,散布、抒发)虹兮,遂倏忽而扪天。"韩公《县斋有

怀》:"虽陪肜庭臣,讵纵青冥靶。"又《荐士》:"青冥送吹嘘,强箭射鲁缟。"无依倚,即无所倚:指月在天空中无倚无靠。

⑦飞辙危难安:梁简文帝《咏月》诗:"飞轮了无辙,明镜不安台。"按:此指见月神的车轮飞快无辙痕感觉很不安稳。飞辙,指车。南朝梁何逊《学古》诗:"飞轮倘易去,易去因风力。"何焯《义门读书记》卷三〇:"下半篇亦从'仰明月而太息兮,步列星而极明'意变化而出……'青冥无依倚'二句,岂不高明?或以孤立难安,亦公自比也。惊心动魄之句。"

⑧倚楹久汍澜:文《详注》:"汍澜,泣貌。伤月蚀也。"魏本音注:"汍音丸。澜音阑。"按:楹,厅堂前的柱子。汍澜,涕泪横流貌。《后汉书·冯衍传》:"泪汍澜而雨集兮,气滂浡而云披。"《文选》卷二三欧阳坚石《临终诗》:"挥笔涕汍澜。"李周翰注:"涕流貌也。"韩公早起,见景生情,伤痛时间速逝,而己事业难成,不觉倚柱下泪也。

⑨忧愁费晷景(guǐ yǐng):晷景,日影,引申为时光。文《详注》:"《后汉·志》(《后汉书·律历志下》注):'冬至之(日)晷,景极长。夏至之日晷,景极短。'注云:'冬至晷长一丈三尺,立春晷长一丈一寸六分,春分晷长七尺二寸四分,立夏晷长四尺三寸六分,夏至晷长一尺四寸八分,立秋晷长四尺三寸六分,秋分晷长七尺二寸四分,立冬晷长一丈一寸四分。'《纂要》曰:'日光曰景,日影曰晷。'矩鲔切。"钱仲联《集释》:"张衡《西京赋》:'白日未及移其晷。'《说文》(日部):'晷,日景也,从日,咎声。'"按:想日晷变化,感时间流逝,而己事业无成,故为之忧愁也。

⑩日月如跳丸:此句以跳丸比喻日月运行。文《详注》:"张衡《西都赋》曰:'跳丸剑之挥霍。'注云:'跳,音条,弄也。丸,铃也。挥霍,丸剑上下貌。言日往月来,循环无穷,其速如此。'"魏本:"祝曰:'跳,跃也。'"钱仲联《集释》:"《慎子》:'月如银丸。'《礼记·月令》正义:'京房云:先师以为日似弹丸,或以为月亦似弹丸。'"按:以日月运行之速如剑上跳丸。宋吴开《优古堂诗话》:"元微之《遣

兴》云：'日月东西跳。'又云：'光阴本跳掷。'又《答胡灵之诗序》云：'日月跳掷，于今行二十年矣。'几与退之'日月如跳丸'大同小异也。"

⑪ 迷复不计远：方《举正》订"不远计"，云："谢本'计'，一作'许'。"朱《考异》："计，一作'记'。"作"许"、作"记"，皆非。诸本作"计"，是。

迷复：文《详注》："《复》卦（《易·复》）：'迷复，凶。'王弼云：'最处复后，是迷复者也，以迷求复，故曰迷复。'《楚辞》（屈原《离骚》）：'回朕车以复路兮，及行迷之未远。'此公自谓。不知当时以赠何人。"此卦原文为："迷复，凶，有灾眚。"又"'迷复之凶'，反君道也。"意谓：迷失了回来的道路，凶险，有灾难。迷复之凶，是因为违反了为君之道。不计远：不计远近。魏本："孙曰：《易》（《复》卦）：'不远复，无祇悔。'又曰：迷复凶，有灾眚。'言迷而能复，不计远近也。"此卦原文为："不远复，无祇悔，元吉。"按：迷复，迷途知返。意谓：迷途不远即返回，没有大的悔恨，大吉大利。韩公此句谓：迷途不管远近，只要知道返回来，仍不违君道，可以有所作为，也是大吉大利。

⑫ 为君驻尘鞍：君，自指。驻，安置。尘鞍，征尘之鞍，喻为登程。此乃韩公沉思后的心境。何焯《义门读书记》卷三〇："'忧愁费暑景'至末，言君自忧愁。日月自飞行不顾，暑景空费，迷复转赊，望舒司御，从此果为君驻鞍，安驱乎！"此诗以霜打梧桐叶落，比喻贤士遭摧残，正用"白露既下百草兮，奄离披此梧楸"（《楚辞》宋玉《九辩》）之意，以一叶之落为缘起，竟写出"惊起出户视，倚楹久汍澜"的景况，抒发了他心系国事、感慨万端的情绪；表现出韩诗蹊径独辟、奇崛峭拔的性格。

【汇评】

清何焯：第九首，"白露既下百草兮，奄离披此梧楸。"王逸谓："以茂美树兴于仁贤早遇霜露。"故此篇复独以梧桐起兴也。下半篇亦从"仰明月而太息兮,步列星而极明"意变化而出。"望舒霣其团",卿士惟月,此篇必有所指。"青冥无依倚"二句,岂不高明?或以孤立难安,亦公自比也。惊心动魄之句。"忧愁费晷景"至末,言君自忧愁,日月自飞行不顾,晷景空费,迷复转赊,望舒司御,从此果为君驻鞍,安驱乎!(《义门读书记》卷三〇)

清爱新觉罗·弘历:一叶之落,写得如许奇峭。此等蹊径,从何处开出?联句云:"肠胃绕万象。"可想见落笔时意思。(《唐宋诗醇》卷二七)

清陈沆:闻落叶而误疑望舒之陨团,因误疑而忧及青冥之危辙,忧国恍惚,如梦如醉。汍澜倚户,而冀迷复之不远,念及时之尚可为也。(《诗比兴笺》卷四)

清曾国藩:第九首,此首因叶落而疑为月霣,志士固有非常之感触也。(《求阙斋读书录》卷八)

程学恂:第九首,见大臣忧国,心神恍惚,真《骚》《雅》之嗣也。(《韩诗臆说》卷二)

其 十

暮暗来客去,群嚻各收声①。悠悠偃宵寂,亹亹抱秋明②。世累忽进虑③,外忧遂侵诚④。强怀张不满,弱念缺已盈⑤。诘屈避语阱⑥,冥茫触心兵⑦。败虞千金弃⑧,得比寸草荣⑨。知耻足为勇⑩,晏然谁汝令⑪?

【校注】

① 群嚻:魏本:"孙曰:'群嚻,群动也。'"按:群嚻,自然界的各种声音。《全唐诗》卷一二五王维《春夜竹亭赠钱少府归蓝田》:"夜静群动息,时闻隔林犬。"又卷四二八白居易《清夜琴兴》:"响余群动息,曲罢秋夜深。"均与韩公诗境界相似。写自然,亦喻人事。

② "悠悠"二句：文《详注》："悠悠，言长也。偃，卧也。寂，静也。亹亹，明貌，武斐切。秋明，谓月也。"魏本："祝曰：亹亹，进也，美也。《前汉》：'儿生亹亹。'音尾。"按：时间长久而闲适。《诗·唐风·鸨羽》："悠悠苍天，曷其有极。"按：夜长难眠。《楚辞》宋玉《九辩》："去白日之昭昭兮，袭长夜之悠悠。"偃宵，夜卧。寂，寂寞、沉静。亹(wěi)亹，形容时间前进，月光推移。《楚辞》宋玉《九辩》："时亹亹而过中兮，蹇淹留而无成。"王逸注："亹亹，进貌。"抱秋明，秋夜月光投入我的怀抱。

③ 世累：朱《考异》："进，或作'连'。"按：用于此处，进、连二字意同。此从诸本作"进"。世累，世间万物万事。进虑，闯进思绪。

④ 外忧：身外的忧患，世间的祸事。诚，真诚，正直。此二句谓：思绪萦怀，祸事连连侵扰。程学恂《韩诗臆说》卷二："'宵寂''秋明'已奇，'偃宵寂''抱秋明'更奇，'悠悠''亹亹'更奇；必如此乃不可思议，必如此乃笔参造化，此等惟《东野集》中时一遇之，欧、梅、苏、王皆不能道。"

⑤ "强怀"二句：已，方《举正》作"已"，云："三本同。"朱《考异》："已，或作'易'。"南宋监本原文作"易"。宋白文本、文本、潮本、浙本、祝本、魏本作"易"。注："一作'已'。"廖本、王本作"已"。"已盈"与上句"不满"对，作"已"是。

文《详注》："强怀，壮怀也。张不满，喻之以弓。《老子》（五五章）曰：'心使气之谓强。'弱念，私念也。缺易盈，喻之以月。江文通《杂体诗》曰：'行光自容裔，无使弱思侵。'谢灵运《方山诗》云：'含情易为盈，遇物难可歇。'"按：强烈的思绪想扩展它却总不会饱满；微弱的念头想去掉它却很快充满了。以上四句写出诗人的内心矛盾。曾国藩《求阙斋读书录》卷八云："强怀，本志也；弱念，时趋也。"程学恂《韩诗臆说》卷二："'强怀张不满'二句，所谓世累。"

⑥ 诘屈避语阱：方世举《笺注》："《柏梁》诗：'迫窘诘屈几穷哉？'"按：诘曲，曲曲折折。汉陆贾《新语·资质》："累累诘屈，委曲不同。"宋钱易《南部新书》庚："含元殿侧龙尾道，自平阶至，凡诘屈

七转。"清方象瑛《七盘关》:"氐中又复度七盘,诘屈纡回势相引。"语阱,以流言蜚语设下害人的圈套。《汉语大词典》:"语阱,语言的陷坑。唐韩愈《秋怀诗》之十:'诘屈避语阱,冥茫触心兵。'钱仲联《集释》:'《一切经音义》:《苍颉篇》曰:坎坑曰阱。'宋陈与义《同家弟用前韵谢判府惠酒》之二:'日饮知非贫士宜,要逃语阱税心靰。'"

⑦冥茫触心兵:沈钦韩《补注》:"《韩诗外传》(卷二):'孔子曰:心欲兵,身恶劳。'《吕览·荡兵篇》:'在心而未发,兵也。'"按:冥茫,公《咏雪赠张籍》诗:"纬繣观朝萼,冥茫瞩晚埃。"曾国藩《求阙斋读书录》卷八:"诘曲,时趋也;冥茫,本志也。"查慎行《查初白诗评十二种》:"'语阱''心兵',大似东野语。"程学恂《韩诗臆说》卷二:"'诘屈避语阱'二句,所谓外忧。"

⑧败虞千金弃:此句语出《庄子·山木篇》:"林回弃千金之璧,负赤子而趋。或曰:为其布与?赤子之布寡矣。为其累与?赤子之累多矣。弃千金之璧,负赤子而趋,何也?林回曰:彼以利合,此以天属也。夫以利合者,迫穷祸患害相弃也。以天属者,迫穷祸患害相收也。夫相收之与相弃,亦远矣。"败,失败。虞,惧怕。千金弃,丢弃千金之宝。

⑨得比寸草荣:与上句"千金弃"对比。正应《庄子·山木》之说意。寸草,小草。唐孟郊《游子吟》:"谁言寸草心,报得三春晖。"《宋史·苏轼传》:"吴人种菱,春辄芟除,不遗寸草。"

⑩知耻足为勇:此句语出《礼记·中庸》:"子曰:'好学近乎知,力行近乎仁,知耻近乎勇。知斯三者,则知所以修身。"讲的是修身之道。易一"足"字,而语气更进一层也。

⑪晏然谁汝令:王本注:"谁,一作'惟'。"诸本作"谁",从之。此句谓:谁能使你安然。晏然,安然自得。《汉书·董仲舒传》:"晏然自以如日在天。"注:"晏然,自安意也。如日在天,言终不坠亡也。"《庄子·山木篇》:"圣人晏然体逝而终矣。"疏:"晏然,安也。"集解:"晏然,安然。"此诗揭示了诗人想用世、又怕流言蜚语陷害的

矛盾思想。后觉悟到这种思想的可耻后,坚定了忧国忧民、做一番事业不避祸尤的思想。如陈沆《诗比兴笺》卷四曰:"嚣收声寂,喻放心之敛也。语阱,尤也;心兵,悔也。尤悔生于浮名,故失有丘山之隙,得无分寸之益。《知名箴》曰:'小人在辱,亦克知悔,及其既宁,终莫能戒。'此诗乃以推敲字句而炼意,故妙。真韩公极用意之作。

【汇评】

宋刘辰翁:时时有自得语。(蒋之翘《韩昌黎集辑注》卷一)

明杨慎:《亹》:韩文《秋怀诗》:"亹亹抱秋明。"徐铉云:《说文》无"亹"字,当作"娓"。按《说文》:娓,顺也,美也,非不倦之意。(《丹铅杂录》卷三)

清朱彝尊:此是退之苦心诗,纯是炼意,故妙。(顾嗣立《昌黎先生诗集注》卷一)

清何焯:第十首,此又自坚其志,不欲有所依倚也。(《义门读书记》卷三〇)

清陈沆:嚣收声寂,喻放心之敛也。语阱,尤也;心兵,悔也。尤悔生于浮名,故失有丘山之隙,得无分寸之益。《知名箴》曰:"小人在辱,亦克知悔,及其既宁,终莫能戒。"(《诗比兴笺》卷四)

清曾国藩:第十首,此首因仕途崎岖,动触陷阱,思委蛇以逐时趋,而此心终以为耻,不敢自违其本志也。强怀,本志也;弱念,时趋也。诘曲,时趋也;冥茫,本志也。(《求阙斋读书录》卷八)

程学恂:第十首,"宵寂""秋明"已奇,"偃宵寂""抱秋明"更奇,"悠悠""亹亹"更奇;必如此乃不可思议,必如此乃笔参造化。此等惟《东野集》中时一遇之,欧、梅、苏、王皆不能道。"强怀张不满"二句,所谓世累。"诘屈避语阱"二句,所谓外忧。(《韩诗臆说》卷二)

其十一

鲜鲜霜中菊,既晚何用好①。扬扬弄芳蝶②,尔生还不早③。运穷两值遇,婉娈死相保④。西风蛰龙蛇,众木日凋槁⑤。由来命分尔⑥,泯灭岂足道⑦。

【校注】

① 鲜鲜:钱仲联《集释》:"《方言》:'鲜,好也。'"按:鲜鲜,亦作鱻鱻,鲜艳美丽的样子。《汉语大词典》:"鲜鲜,好貌,鲜丽貌。唐韩愈《秋怀诗》之十一:'鲜鲜霜中菊,既晚何用好。'宋王安石《酬裴如晦》诗:'鲜鲜细菊霜前蕊,漠漠疏桐日下阴。'"正应下句的"好"字。中原人口语:"真鲜。"

② 扬扬:朱《考异》:"扬扬,或作'阳阳'。"宋白文本作"阳阳",注:"一作'扬扬'。"诸本作"扬扬",从之。

扬扬:方世举《笺注》:"《史记·晏子传》:'意气扬扬,甚自得也。'"扬扬得意,今变作"洋洋得意",出此。钱仲联《集释》:"《说文》:'扬,飞举也。'《荀子》:'扬扬如也。'杨倞注:'扬扬,得意之貌。'按:扬扬谓得意洋洋的样子。《荀子·儒效》:"得委积足以掩其口,则扬扬如也。"杨倞注:"扬扬,得意之貌。"韩公《猗兰操》:"兰之猗猗,扬扬其香。"《说文·手部》:"扬,飞举也。从手,易声。"段注:"汉碑用飏历,它文用敭历,皆用今文《尚书·盘庚》之'优贤扬历'也。"《史记·晏子传》:"意气扬扬,甚自得也。"

③ 尔生还不早:尔,你,指蝴蝶,乃意比。魏本:"《补注》:东坡诗云:'勿(颇)讶昌黎公,恨尔生不早。'谓此语也。"

④ 运穷两值遇,婉娈死相保:运穷,命穷,指蝴蝶生活在霜风凄紧的秋天。两值遇,菊花和蝴蝶二者相遇,即同命运也。文《详注》:"菊以秋而芳,蝶以菊而至,以况朋友以义相结。《甫田》(《诗·齐风》)诗曰:'婉兮娈兮。'婉娈:顾慕貌也。东坡公《甘菊诗》:'新荑蔚已满,宿根寒不槁。扬扬弄芳蝶,生死何足道。颇讶昌黎翁,恨尔生不早。'盖反其意而用之也。"

⑤ 西风蛰龙蛇:魏本:"韩曰:《易》(《系辞下》):'龙蛇之蛰,以存身也。'"方世举《笺注》:"《易·系辞》:'龙蛇之蛰,以存身也。'"

王元启《读韩记疑》曰:"虽龙蛇亦为伏蛰,其不当与时流竞进可知,公所以急求分司东出也。"按:西风,秋风。中原秋天多西风,故以西风喻秋风。蛰,昆虫、动物冬眠,即潜伏起来不食不动叫蛰居。此指龙蛇被西风蛰服而不能动。蛰,用作动词。凋,凋谢、衰败。槁,树木枯萎。何焯《义门读书记》卷三〇:"蛰龙蛇,或自谓。一云即赋众木之凋,其枝干如龙蛇之蛰也。乃倒装句法。"

⑥ 命分(fèn):命运,命中注定。唐时口语,今中原人仍用。《全唐诗》卷四〇白居易《白云期》:"年长识命分,心慵少营为。"尔,如此、这样。此句谓命运如此。

⑦ 泯灭:消亡、埋没。《三国志·钟会传》:"生民之命,几于泯灭。"文《详注》:"《礼记》《月令》:'仲秋之月,蛰虫坏户,杀气浸盛。'西风肃杀之气,以况小人。龙蛇变化之物,以况君子。言小人用事,君子退藏,在位者皆蒙其毒,时运不与之,则将就泯灭,岂足道哉。此因秋自悲之辞。"何焯《义门读书记》卷三〇:"归之于命,言盛衰不足道,及时进德修业,则有死而不亡者存矣。"这首诗以菊花、蝴蝶自比,把恶劣的政治环境比作秋风,发出"泯灭岂足道"的愤激之词。故刘辰翁曰:"甚悲惋自足,有守死不易之志。陈去非以为躁,岂其然哉?"

【汇评】

宋刘辰翁:甚悲惋自足,有守死不易之志。陈去非以为躁,岂其然哉?(蒋之翘《韩昌黎集辑注》卷一)

清何焯:第十一首,菊有黄华,则九秋矣,故秋怀以是终也。"西风蛰龙蛇"二句,蛰龙蛇,或自谓。一云即赋众木之凋,其枝干如龙蛇之蛰也,乃倒装句法。"由来命分尔"二句,归之于命,言盛衰不足道,及时进德修业,则有死而不亡者存矣。(《义门读书记》卷三〇)

清陈沆:此章则安命之思,以下诸章皆反己自修为其归。(《诗比兴笺》卷四)

清曾国藩：第十一首，此首有安贫知命，致死不变，确乎不拨之意。(《求阙斋读书录》卷八)

程学恂：末首或谓指妻子言，初从之，及后细味，亦不必然。(《韩诗臆说》卷二)

【十一首总评】

宋秦观：《秋兴拟韩退之》：逍遥北窗下，百事远客虑。无端叶间蝉，催促时节去。愁起如乱丝，萦缠不知绪。日月岂得已，还复役朝暮。人生均有得，悲叹我不悟。春秋自天时，感愤亦真趣。(《淮海集》后集卷四)

宋陈师道：韩诗如《秋怀》《别元协律》《南溪始泛》，皆佳作也。(《后山诗话》)

宋葛立方：韩退之《秋怀》诗十一篇，其一云："敛退就新懦，趋营悼前猛。"(此乃第五首)此陶渊明"觉今是昨非"之意，似有所悟也。然考他篇，有曰："低心逐时趋，苦勉只能暂。"又曰："尚须勉其顽，王事有朝请。"则进退之事尚未决也。至第十篇云："世累忽进虑，外忧遂侵诚。""诘屈避语阱，冥茫触心兵。败虞千金弃，得比于草荣。"其筹虑世故尤深。至第十一篇云："鲜鲜霜中菊，既晚何用好。扬扬弄芳蝶，尔生还不早。"则似有不遇时之叹也。(《韵语阳秋》卷一一)

宋樊汝霖：《秋怀诗》十一首，《文选》诗体也。唐人最重《文选》学，公以六经之文为诸儒唱，《文选》弗论也。独于《李邢墓志》之曰："能暗记《论语》《尚书》《毛诗》《左氏》《文选》。"而公诗如"自许连城价""傍砌看红药""眼穿长讶双鱼断"之句，皆取诸《文选》，故此诗往往有其体。(魏仲举《新刊五百家注音辩昌黎先生文集》卷一)

宋刘辰翁：《秋怀诗》终是豪宕，非《选》体也。(蒋之翘《韩昌黎集辑注》卷一)

宋黄震：《秋怀诗》寄兴悠远，多感叹，自敛退之意。(《黄氏日抄》卷五九)

明胡应麟：世多谓唐无五言古。笃而论之，才非魏、晋之下，而调杂梁、陈之际,截长絜短,盖宋、齐之政耳。如文皇《帝京》之什,允济《庐岳》之章,子昂《感遇》之篇……常建《太白峰》,韦左司《郡斋》,柳仪曹《南涧》,顾况《弃妇》,李端《洞庭》,昌黎《秋怀》,东野《感兴》,皆六朝之妙诣,两汉之余波也。(《诗薮》内编卷二)

明陈继儒:余见鲜于伯机草书昌黎《琴操》四章及《秋兴》十一首,其真迹后题云:为国宝先辈书。国宝书法臻妙,家藏秘迹甚奇。恶札何足以汗几案,爱忘其丑,长者事也。(《妮古录》卷二)

明蒋之翘:退之《秋怀》十一诗,语意耿切,有志复古,此晚唐人不能作也。(《韩昌黎集辑注》卷一)

清钱谦益:《秋怀倡和诗序》:钱塘卓方水作《秋怀诗》十七首,桐乡孙子度从而和之。二子者,高才不偶,坎壈失职,皆秋士也。读其诗,其襟期志气,如秋天之高、月之明而水之清也。其擷英散馥,如白云之在天,而黄菊之始华也;其寥戾奔放,如朔雁之叫远空;而沉吟凄断,则蟋蟀之警机杼也。读之再四,徘徊吟咀,凄然泣下,信二子之深于秋也。方水不鄙余,抠衣而请益,余告之曰:子读韩退之之《秋怀》乎?叹秋夜之不晨,悼萧兰之共悴,此悲秋者之所同也。"清晓卷书坐,南山见高棱。归愚识夷涂,汲古得修绠。"此四言者,退之之为退之,俨然在焉,亦思所以求而得之乎?夫悲忧穷蹇,蛩吟而虫吊者,今人之《秋怀》也;悠悠亹亹,畏天而悲人者,退之之《秋怀》也。求《秋怀》于退之,而退之之秋怀在焉;求退之于《秋怀》,而退之在焉!则夫为二子者,自此远矣。退之不云乎:"志乎古,必遗乎今。吾诚乐而悲之。"夫志乎古者,未有不遗乎今,未有不遗乎今而能志乎古者也。今之人秋怀今也,二子之秋怀亦今也,吾愿二子之遗之也。吾诚与二子乐而悲之,且亟称其人以劝焉。(《牧斋初学集》卷三三)

又:《题遵王秋怀诗》:余苦爱退之《秋怀》诗,云:"清晓卷书坐,南山见高棱。"高寒凄警,与南山相栖泊,警绝于文字之外。能赏此二言,味其玄旨,斯可与谈胎性之说矣。遵王近作《怀秋》十三首,余观其有志汲古,味薄而抱明,冏冏乎《南山》之遗志也,故亟取焉。

而遵王避席,请未已,若退之梦吞丹篆,傍一人抚掌而笑,似是孟郊。余老矣,无以长子。他日丹篆文成,余为梦中傍笑之人,不亦可乎?(《牧斋有学集》卷四七)

清朱彝尊:以精语运淡思,兼陶、谢两公。(顾嗣立《昌黎先生诗集注》卷一)

清严虞惇:韩公诗号状体,谓有铺叙而无含蓄。如《秋怀诗》,岂得谓之状体乎?(钱仲联《韩昌黎诗系年集释》卷五)

清方世举:昌黎短篇以此十一首为最。樊、刘二说皆有可取,盖学《选》而自有本色者也。《文选》之学,终唐不废,但名手皆有本色。如李如杜,多取材取法其中,而豪宕不践其迹。韩何必不如是耶?《荐士》诗之所斥者,但谓齐、梁、陈、隋耳,非汉、魏、晋、宋之载在《文选》者也。吾家不蓄《文选》,只李德裕放言高论。而德裕《会昌一品集》之诗文具在也,其与《文选》何如耶?孟郊《秋怀》十六首,与此勍敌,且有过而无不及。(《韩昌黎诗集编年笺注》卷八)

清姚范:《秋怀》诗十一首,注云:《文选》诗体也。余谓此诗清特峭露,自是盘硬旧格,非《选》体也。"彼时何卒卒",注:《前汉·司马相如传》:"卒卒无须臾之闲。"按:所引乃《司马迁传》,非《相如传》。又《霍光传》见"云家卒卒"。"学堂日无事",此乃公为国子博士之日。"清晓卷书坐,南山见高棱。"钱牧斋尝喜此语,以为高寒凄警,与南山相栖泊,警绝于文字之外。"戚戚抱虚警。"顾亭林云:陆士衡《叹逝赋》:"节循虚而警立。""丧怀若迷方。"按:陆氏《释文》:"九家易,坤为迷为方。"鲍明远诗:"迷方易沦误。"善注引《庄子》"小惑易方",《文心雕龙·哀吊》"迷方告控",杜诗"迷方著处家"。"丈夫属有念。"注:"夫"或作"人"。按:作"人"是也。《霍光传》:"将军之广明,都郎属耳。""属",近也,言丈人方有念也。若丈夫之念,不必言其近矣。"望舒霣其团。"按:《太玄》中首"月阙其博"。博音团。(《援鹑堂笔记》卷四一)

清爱新觉罗·弘历:《秋怀》诗抑塞磊落,所谓"寒士失职而志不平"者。昔人谓东野诗读之令人不欢,观昌黎此等作,真乃异曲

同工,固宜有臭味之合也。(《唐宋诗醇》卷二七)

清方东树:《秋怀》终是豪宕,非《选》体也。此元和十年,公由员外郎降为国子博士时作,即作《进学解》之意也。有怨意,有敛退自策厉意,而直书目前,即事指点,惝恍迷离,似庄似讽。朱子言孟子说义理"精细明白,活泼泼地",可以状此诗意境。(《昭昧詹言》卷九韩公)

清方东树:《秋怀》始于宋玉,以"摇落"自比,此其本旨也。谢惠连作,一往清绮,真味盎如,然犹未若韩公之奇恣,根本渊浩,无不包也。(《昭昧詹言》卷九韩公)

清方东树:韩公亦是长篇易知,短篇用意深微,文法奇变,隐藏难识,尤莫如《秋怀》十一首矣。(《昭昧詹言》卷九韩公)

清方东树:余阅世之人,觏闵受侮,皆由揭己,乃悟此为至理名言。如退之《秋怀》,亦多是敛退意。古之达人皆如此,圣人之次也。(《昭昧詹言》卷五大谢)

清陈沆:《秋怀诗》始于忧世,终于忧学,所异于秋士之悲者在此。世人但赏音节,莫讨旨归,故学韩学杜千百家,徒得其皮与其骨也。(《诗比兴笺》卷四)

清施补华:《秋怀》诗,古人尺度。如"露泫秋树高,虫吊寒夜永",宛然晋、宋人语也。"敛退就新懦"四语,则效大谢之削炼,而理致较胜。(《岘佣说诗》)

清谭嗣同:《学篇》六十八:《五百家注昌黎集》,《秋怀诗》:"秋夜不可晨。"案:此下别为一首,编缮者误不跳行也。又《送灵师》诗:"惊电让归船。"注:让,责让也。案:让,逊让不及意。注非是。又《送殷侑员外使回鹘序》"持被入直三省"注:三省,见《论语》"吾日三省吾身"。案:"三省"谓中书、黄门、尚书也。《北史·儒林传》:刘炫"虽遍直三省,竟不得官"。诗文集中用三省尤不胜数。此注舛陋可笑,大率类此,宜《猗觉寮杂记》斥为妄凿。(《谭嗣同全集·石菊影庐笔记》)

程学恂:《秋怀》诗当与东野所作同读,然亦难以轩轾,盖各有其至处。后来王龟龄所拟,便格平而味浅矣。读《秋怀》诗,须于闲闷无聊时,长讽百过,自见其言外之意无穷也。(《韩诗臆说》卷二)

夏敬观:《秋怀诗》十一首,可与阮步兵《咏怀诗》颉颃。荆公《两马齿俱壮》廿八篇效之,但气味有时代之分别。合读可悟学古之方,与夫变化之道……朱文公《校昌黎集》,取樊汝霖说,《秋怀诗十一首》,《文选》诗体也……予案此说非也。昭明《文选》,汉、魏、六朝之诗皆入选,退之《秋怀》效阮籍,《文选》亦不弃阮籍也……而未知《文选》所取之诗,退之固亦有取之者,非二物也。(《同声月刊》1942年第2期《说韩》)

赴江陵途中寄赠王二十补阙李十一拾遗李二十六员外翰林三学士

永贞元年九月

郑珍《跋韩诗》云:"诗盖作于由衡至潭途中。诗云'湘水清且急',则在湘江也。云'凉风日修修',则八九月也。云'胡为首归路,旅泊尚夷犹',益见观岳之后,泊潭之前,中间必以故稽留一二十日。此诗之作,即在其时。宪宗之立,伾、文之贬,在八月。京使至湘中,当在九月。此时公已闻诏,则诗作于九月无疑。"又韩愈《谒衡岳庙遂宿岳寺题门楼》诗有"星月掩映云瞳胧"句,当在九月十二日前光景,游衡岳不过三五日。自衡到潭,船行得五六日,公抵潭后题《陪杜侍御游湘西两寺独宿有题一首因献杨常侍》诗云"山楼黑无月",已是九月十七八日后的月杪光景。故此诗当写于九月下旬。这是一篇叙次缜密、记事得体的叙事长诗。主要申诉忧国爱民却遭贬谪的冤屈,希望得到王涯等人的同情,引荐他早日回京。诗叙述长安饥荒与苛政给人民带来的灾难,逼他离长安时与家人分别的痛楚,阳山一带的民情风俗,两易其主的遭遇及他的志向,历历在目,生动感人。把这三年的历史变迁再现出来,和杜甫《北征》一样,是一首优秀史诗。笔锋所到,无不形神毕肖,气势袭人;亦真情感人。诗以挥洒自如的笔力,表现了韩诗奇崛瑰玮的风格。

孤臣昔放逐②,泣血追愆尤③。汗漫不省识④,恍如乘桴浮⑤。或自疑上疏,上疏岂其由⑥?是年京师旱,田亩少所收⑦。上怜民无食,征赋半已休⑧。有司恤经费⑨,未免烦征求⑩。富者既云急,贫者固已流⑪。传闻闾里间⑫,赤子弃渠沟⑬。持男易斗粟⑭,掉臂莫肯酬⑮。我时出衢路,饿者何其稠⑯!亲逢道死者,伫立久咿嚘⑰。归舍不能食,有如鱼中钩⑱。适会除御史,诚当得言秋⑲,拜疏移閤门,为忠宁自谋⑳!上陈人疾苦,无令绝其喉㉑;下言畿甸内㉒,根本理宜优㉓;积雪验丰熟,幸宽得蚕麰㉔。天子恻然感,司空叹绸缪㉕,谓言即施设,乃反迁炎州㉖。同官尽才俊,偏善柳与刘㉗。或虑语言泄,传之落冤仇㉘。二子不宜尔,将疑断还不㉙。中使临门遣㉚,顷刻不得留。病妹卧床褥㉛,分知隔明幽㉜。悲啼乞就别,百请不颔头㉝。弱妻抱稚子,出拜忘惭羞㉞。俛僶不回顾,行行诣连州㉟。

朝为青云士,暮作白首囚㊱。商山季冬月㊲,冰冻绝行辀㊳。春风洞庭浪,出没惊孤舟㊴。逾岭到所任,低颜奉君侯㊵。酸寒何足道,随事生疮疣㊶。远地触事异,吏民似猿猴㊷。生狞多忿很,辞舌纷嘲啁㊸。白日屋檐下,双鸣斗鸺鹠㊹。有蛇类两首㊺,有蛊群飞游㊻。穷冬或摇扇,盛夏或重裘㊼。飓起最可畏,訇哮簸陵丘㊽。雷霆助光怪,气象难比侔㊽。疠疫忽潜遘㊾，十家无一瘳㊿。猜嫌动置毒㉛，对案辄怀愁㉜。

前日遇恩赦，私心喜还忧㉝。果然又羁絷㉞，不得动锄耰㉟。此府雄且大㊱，腾凌尽戈矛㊲。栖栖法曹掾㊳，何处事卑陬㊴？生平企仁义㊵，所学皆孔周。早知大理官㊶，不列三后俦㊷。何况亲犴狱㊸，敲榜发奸偷㊹。悬知失事势㊺，恐自罹置罘㊻。湘水清且急，凉风日修修㊼。胡为首归路，旅泊尚夷犹㊽。

昨者京使至，嗣皇传冕旒㊷。赫然下明诏，首罪诛共兜㊸。复闻颠夭辈㊹，峨冠进鸿畴㊺。班行再肃穆㊻，璜珮鸣琅璆㊼。伫继贞观烈㊸，边封脱兜鍪。三贤推侍从㊿，卓荦倾枚邹㉛。高议参造化㉜，清文焕皇猷㉝。协心辅齐圣㉞，致理同毛辀㉟。《小雅》咏鸣鹿，食苹贵呦呦㊱。遗风邈不嗣㊲，岂忆尝同裯㊳。失志早衰换㊴，前期拟蜉蝣㊵。自从齿牙缺，始慕舌为柔㊶。因疾鼻又塞㊷，渐能等薰莸㊸。深思罢官去，毕命依松楸㊹。空怀焉能果㊺？但见岁已遒㊻。殷汤闵禽兽，解网祝蛛蝥㊼。雷焕掘宝剑，冤气销斗牛㊽。兹道诚可尚，谁能借前筹㊾？殷勤谢吾友㊿，明月非暗投㉛。

【校注】

① 题：方《举正》题同上，云："题以阁本、杭本为正，余同此。蜀本只无'翰林'字，上文皆同。三学士，王涯、李建、李程也。永贞元年（805）秋作。"朱《考异》："或作'寄三学士'，题下注'王二十补阙李十一拾遗李二十六员外'。方云：蜀本无'翰林'字。三学士，

王涯、李建、李程也。"宋白文本、廖本、王本同方。文本只作"赴江陵途中寄三翰林"。祝本、魏本无"翰林"二字。方等作全称是,为是求荐,故殷勤尊重,不会将三人职衔及名字省略或作题下小字注。当同方,称其全。

文《详注》:"愈以德宗贞元十九年秋拜监察御史,冬十二月坐言事贬连州阳山令,二十一年二月,逢恩移江陵法曹参军。按新旧《史》皆言公上疏极论宫市,德宗怒之,贬阳山令。至论宫市疏则遗佚不载,亦不见于本集。意者鲠言直论,冒犯宸威,以至迁谪乎?而此诗自言缘上疏论天旱人饥得罪。与新旧《史》所载不同。然《旱疏》录在本集,观其辞意未必可罪,今乃叙为放逐之由,抑惩宫市事,遂乃避谗讳而不复言乎?《补注》:王二十补阙名涯,李十一拾遗名建,李二十六员外名程。此诗公永贞元年秋,自阳山令徙掾江陵而作。《旧史》谓公上章言宫市贬为阳山令,而《新史》亦云上疏极论宫市。今观此诗,盖自阳山赴江陵因诗序其曰所以得罪之由,大抵缘京师旱,民流且死,公乃拜疏论列,未尝言宫市也。及观李习之所状公行,但云:'为幸臣所恶,出为阳山令。'惟皇甫持正《神道碑》云:'贞元十九年,关中旱饥,吏刻取恩(《集》作怨),先生列言天下根本,[民急如是,]请民缗(非,应为宽免)徭,而免田租(之敝)。专政者恶之,出为阳山令。'正与此诗意合。又考之于《集》,则有《御史台上论天旱人饥状》,而史所谓宫市疏则亡;虽或有遗佚,然此诗盖自公口出,而持正又当时所从游,是知公自御史逐为阳山令,以论天旱人饥,不以论宫市也。"章士钊《柳文指要》上《体要之部》卷三〇《与李翰林建书》:"李程于刘、柳均号交深,于韩亦厚……顺宗即位,为王叔文所排,罢学士。韩在江陵与三学士诗,适逢此顷,冤气未销,前筹可借,故诗之长言愤激也如彼……永贞元年三月,宦官俱文珍等,阴谋设立太子,召翰林学士郑䌹、卫次公辈于金銮殿议事,李程与焉。《通鉴》郑重纪述,且著明程为神符五世孙。胡注:'神符者,淮安王神通之弟。'是程宗室近支,谋以气力与闻家国重事,而与王叔文派为敌,形态甚显,故叔文恶之……又金銮殿之议,王涯亦在其列,韩退之江陵寄三学士诗,程与王涯同被重视,其故了不外此。"又《通要之部》卷六《全谢山之于韩柳》曰:"或曰退之作寄三学士诗,用意何在?诗不寄他人,而特选三学士为的标,意又何居?曰:此目的有二,一曰复仇,一曰扳援。由前之说,共兜已殛,八司马已贬,刘、柳又断其不为逭人,以势推之,京朝中委实无仇可复。篇末数语……汤牒宪宗,谓己在诏追起用之列;剑影自身,谓时际沉冤昭雪之期。借前筹以三贤拟留侯,非暗投则友朋之力可恃。盖由后之说,昭昭然矣……退之躬膺患难,一切不求诸己,一面寄恨于踪影毫无之余孽,一面引领于萍蓬偶合之同僚。'足乎己无待于外'之谓何?退之其将不识道之大原位于何所矣。据《新书》:李建原任左拾遗、翰林学士。顺宗立,李师古以兵侵曹州,建作诏谕还之,词不假借,王叔文欲更之,建不可,左除太子詹事。《旧书》:贞元二十年,李程为监察御史,其年充翰林学士。顺宗即位,为王叔文所排,罢学士。由是观之,退之作诗时,二李官职已变更,诗题所署皆旧衔云。"郑珍《巢经巢文集》卷五《跋韩诗》:"诗盖作于由衡至潭途中……宜编在《潭州泊船》诗前。方扶南编《岳阳楼别窦司直》后,误矣。盖阻风鹿角地,在潭州下流二百余里,时已是十月,与'凉风'句不合。若过岳阳,则是大江,更不得云湘水也。"钱仲联《集释》:"郑以此为观岳后泊潭前作,其说是矣。惟公登岳诗有'星月掩映'之语,当是十二左右光景,游山不过四五日事。自衡之潭,下水船五六日可达矣。而公抵潭后题《湘西寺》诗,有'山楼黑无月'句,已是月杪光景,故知途中有旬日之淹滞,但不至稽留至二十日也。"江陵,汉置江陵县,唐上元元年升荆州为江陵府,治所在江陵,即今湖北江陵市。王二十补阙:王涯,字广津,太原人。贞元八年,与韩愈为同榜进士,举博学宏辞科,授蓝田尉,召充翰林学士,拜右拾遗,顺宗立,为左补阙。元和十一年十二月,以工部侍郎加中书侍郎、同平章事。文宗大和九年五月,正拜司空、加开府仪同三司。同年十一月坐李训事被诛。两《唐书》有传。李十一拾遗:即李建,《旧唐书》卷一五五《李逊传》附建传:建,字杓直,家素清贫,无旧业。与兄造、逊在荆南躬耕致养,嗜学好文,贞元十四年举进士,授秘书省校书郎。德宗闻其名,迁右拾遗、翰林学士。长庆二年二月卒,赠工部尚书。李二十六员外:即李程,《旧唐书》卷一六七《李程传》:李程,字表臣,陇西人,贞元十二年进士,举博学宏辞科,累辟使府。贞元二十年入朝为监察御史,秋,充翰林学士。宪宗即位,三迁为员外郎。元和十一年,拜中书舍人,权知京兆府事。开成二年三月,检校司徒。卒谥缪。二十、十一、二十六均为族中大排行。

② 孤臣:文《详注》:"孤臣,公自谓。"蒋抱玄《评注》:"《孟子》:'独孤臣孽子,其操心也危。'"按:受放逐远离皇帝的臣子称孤臣。《孟子·尽心上》:"独孤臣孽子,其操心也危,其虑患也深,故达。"南朝梁江淹《恨赋》:"或有孤臣危涕,孽子坠心,迁客海上,流戍陇阴。"唐柳宗元《入黄溪闻猿》诗:"孤臣泪已尽,虚作断肠声。"

③ 泣血追愆尤:方《举正》作"血泣",云:"三本同。"朱《考异》:"或作'泣血',或作'血泫'。"宋白文本、文本、祝本、魏本作"泣血"。廖本、王本作"血泣"。今作"泣血"。

文《详注》:"《礼记·檀弓》曰:'〔高子皋之执亲之丧也,〕泣血三年。'郑氏云:'泣,无声,如血之出也。'张平子《东京赋》曰:'祗以招其愆尤。'注云:'愆,短。尤,过也。'"按:封建社会凡臣居君丧、子居父丧者都为之"泣血稽首"。贞元二十一年德宗李适、顺宗李诵先后卒,此句含居皇帝之丧意。泣血,极其悲痛而无声的哭泣谓泣血。《易·屯》:"上六,乘马斑如,泣血涟如。"《礼记·檀弓上》:"高子皋之执亲之丧也,泣血三年。"注:"言泣无声,如血出。"疏:"凡人涕泪,必因悲声而出;若血出,则不由声也。今子皋悲无声,其涕亦出,如血之出,故云泣血。"

追愆尤:追想自己的过失。愆尤:过失,罪咎。汉张衡《东京赋》:"卒无补于风规,祗以昭其愆尤。"李白《古风》十八:"功成身不退,自古多愆尤。"程学恂《韩诗臆说》卷一:"直从《九歌》《九辩》来。开口言'追愆尤'而其下绝不愆尤,正如诗所谓'我罪伊何'也。"

④ 汗漫不省识：魏本："祝曰：《淮南子》：'徙倚于汗漫之宇。'注：'汗漫，无生形。'又曰：'吾与汗漫期于九垓之外。'注：'汗漫，不可知之也。'"文《详注》："许氏注《淮南子》曰：'汗漫然不可知之也。'"按：汗漫谓渺茫不着边际，即不可知也。语出《淮南子·道应训》："吾与汗漫期于九垓之外，吾不可以久驻。"注："汗漫，不可知之也。"

⑤ 恍（huǎng）如乘桴（fú）浮：魏本："孙曰：《论语》：'乘桴浮于海。'《说文》曰：'桴，编木以渡。'"文《详注》："《语》曰：'乘桴浮于海。'注云：'编竹木为之大者曰筏，小者曰桴。'芳符切。"按：恍通怳，失意貌。《楚辞》屈原《九歌·少司命》："望美人兮未来，临风怳兮浩歌。"乘桴浮，桴，小木筏。语出《论语·公冶长》："道不行，乘桴浮于海。从我者，其由与？"注："编竹木之大者曰筏，小者曰桴。"《说文·木部》："桴，从木孚声。"

⑥ 或自疑上疏，上疏岂其由：朱《考异》："自疑，或云此当作疑自，谓疑由上疏也，故下文云'上疏岂其由'。当乙。"诸本均作"自疑"，从之。

按：自疑，自己怀疑自己遭贬谪的原因，上下句对举，自问自答，与怀疑来自上疏意不同。岂其由，那里是上疏的原因。自己否定了他怀疑贬阳山的原因是上论宫市疏。

《洪谱》云："《顺宗实录》云：'是时春夏旱，京畿乏食，实一不以介意，方务聚敛征求，以给进奉，勇于杀害，人吏不聊生。'书云：'今年已来，种不入土，而盗贼不敢起，谷价不敢贵，老奸宿赃销缩摧沮。'称其所长，止此而已。自博士拜监察御史。是时有诏以旱饥蠲租之半，有司征愈急，公与张署、李方叔上疏，言关中天下根本，民急如是，请宽民徭而免田租之弊。天子恻然，卒为幸臣所谮，贬连州阳山令。幸臣，李实也。"按：《书》与《状》对李实的态度不同，初李实之恶尚未明显暴露，故求汲引而请托；后则大恶昭著，韩公并不顾念曾经请托而姑息，故前后不同：这也表现韩愈爱憎分明的正直品格。

韩愈贬阳山令原因辨析：

方《增考》："公阳山之贬，《寄赠三学士》诗叙述甚详，而皇甫持正作公《神道碑》亦云：'因疏关中旱饥，专政者恶之。'则其非为论宫市明矣。今公集有《御史台论天旱人饥状》，与诗正合。况皇甫持正从公游者，不应公尝疏宫市而不及之也。然公《寄三学士》诗尚云：'或自疑上疏，上疏岂其由。'则是又未必皆上疏之罪也。又曰：'同官尽才俊，偏善柳与刘，或虑语言泄，传之落冤仇。'又《岳阳楼》诗云：'前年出官由，此祸最无妄。奸猜畏弹射，斥逐恣欺诳。'是盖为王叔文、韦执谊等所排矣。德宗晚年，韦、王之党已成，韦执谊以恩幸，时时召见问外事。贞元十九年，补阙张正买疏谏他事，得召见，与正买相善者数人，皆往贺之。王叔文、韦执谊疑其言己朋党事，诬以朋宴，尽谴斥之。意公之出，有类此也。故公《寄三学士》诗云：'前日遇恩赦，私心喜还忧。果然又羁絷，不得归锄耰。'盖是时叔文之党尚炽也。又《忆昨行》云：'伾文未揃崖州炽，虽得赦宥常愁猜。'是其为王叔文等所排，岂不明甚，特无所归咎，驾其罪于上疏耳。洪谓公之被绌，坐论宫市与旱饥，两事兼而言之，而又不考韦、王始末，故为申及之。"

严虞惇《批顾嗣立韩诗注》："其实公之得罪，为李实所诿，非伾、叔文也。伾、叔文得政，不荐引公，而仅量移江陵，故公深恨之，痛加诋訾，并迁怒于刘、柳诸公耳。公之贬阳山以贞元十九年，而顺宗即位，王伾、王叔文用事，在贞元二十一年，何以得贬阳山为伾、叔文罪也。"

姚范《援鹑堂笔记》卷四一："注谓：'公因论旱饥为专政者所恶，出为阳山令。'诗云：'或自疑上疏，上疏岂其由。'注或云'自疑'当作'疑自'，谓疑由上疏也。余谓作'自疑'为是。人自疑上疏之故，而上疏非放黜之由也。下叙上疏颠末，且为天子大臣之所感叹，何为而罪之乎？此盖有奸谗排陷之者，故罹罪耳……盖公疏为李实而发，而谗者非必实也。"

程学恂《韩诗臆说》："公之被谪，因疏关中饥旱（见皇甫湜所作

《公神道碑》)。而新旧二史皆误以为坐论宫市,愚谓此非误也。饥旱之疏,上无以罪之,且不便明著诏令,而忌之者特以他事中之耳。"

钱仲联《集释》:"愈阳山之贬,皇甫湜所撰愈《神道碑》谓因疏论关中旱饥,新旧《唐书》愈本传谓因疏论宫市,两说不同。主张因论旱饥为李实所谮而致贬者,有唐庚、马永卿《懒真子录》、洪迈《容斋随笔》、林云铭、严虞惇、章士钊《柳文指要》诸家之说;主张因王伾、王叔文、刘禹锡、柳宗元构陷下石者,有葛立方《韵语阳秋》、蔡启《蔡宽夫诗话》、方世举注、王元启《读韩记疑》诸家之说。持论大同小异。于韩诗'上疏岂其由'一语,颇少留意。方崧卿注意及此,而又借此以坐实叔文之党所陷。今扫除葛藤,引严虞惇、姚范、程学恂三说以明诗意。"

关于韩愈阳山之贬,以上《论天旱人饥状》,为幸臣李实所陷遭贬为是。若因论宫市,何以张署、李方叔同贬,此为硬证,不该为诸家忽略。详细可参考《韩愈研究》第五辑《韩愈与岭南文化》中《韩愈阳山之贬原因辨析》。

朱彝尊《批韩诗》:"泛从缘由起。"张鸿《批韩诗》:"曲折而达。"

⑦ 是年京师旱,田亩少所收:文《详注》:"是年谓贞元十九年(803)也,按《帝纪》(《旧唐书·德宗纪下》):自正月不雨,至于秋七月甲戌(26日)晦。"方世举《笺注》:"田亩:《书·盘庚》:'不服田亩,越其罔有黍稷。'"按:此诗多写追忆。韩公《御史台上论天旱人饥状》云:"今年以来,京畿诸县,夏逢亢旱,秋又早霜,田种所收,十不存一。"何焯《批韩诗》:"追叙。"

⑧ 上怜民无食,征赋半已休:方《举正》据杭、蜀本订"征赋"。朱《考异》:"征,或作'兵'。"宋白文本、文本、祝本、魏本作"兵"。廖本、王本作"征"。作"兵"作"征"均可,此从"征"。

按:上,皇上。征赋,即在征的赋税。公《状》云:"陛下恩逾慈母,仁过春阳,租赋之间,例皆蠲免。"

⑨ 有司恤经费:有司,执政者。恤:顾念、忧虑。经费,《史记》

卷三〇《平准书》:"不领于天下之经费。"索隐:"经,训常。言封君以下,皆以汤沐邑为私奉养,故不领入天子之常税,为一年之费也。"此谓当政者考虑经费,多次征讨赋税。此乃百姓饥馑的原因。

⑩ 未免烦征求:韩公《顺宗实录》:"贬京兆尹李实为通州长史。诏曰:'……比年旱歉,先圣忧人,特诏逋租悉皆蠲免。而实敢肆诬罔,复令征剥。'……是时,春夏旱,京畿乏食,实一不以介意,方务聚敛征求,以给进奉。每奏对,辄曰:'今年虽旱,而谷甚好。'由是租税皆不免,人穷至坏屋卖瓦木贷麦苗以应官。"

⑪ 富者既云急,贫者固已流:按:急,本作迫切、急需的、紧急严重的事情解。《盐铁论·非鞅》:"盐铁之利,所以佐百姓之急。"引申为生活窘迫、穷困之急。古今中原人口语:"俺家急着哩!"又如"穷急潦倒"。流,漂泊、流亡、逃难。《诗·大雅·召旻》:"旻天疾威,天笃降丧。瘨我饥馑,民卒流亡。"郑笺:"重赋税也,病中国以饥馑,令民尽流移。"《汉书》卷二四《食货志上》:"至昭帝时,流民稍还,田野益辟,颇有畜积。"

⑫ 闾里:街衢乡里。《周礼·天官·小宰》:"以官府之八成,经邦治……三曰听闾里以版图。"《文选·古诗十九首》之十四:"思还故里闾,欲归道无因。"闾里,里闾,义同。

⑬ 赤子:百姓。《书·康诰》:"若保赤子。"孔疏:"子生赤色,故言赤子。"弃,抛弃。渠沟,渠本指灌田的水渠;沟指护城的壕沟,此指沟壑。语出《孟子·梁惠王下》:"孟子对曰:'凶年饥岁,君之民老弱转乎沟壑,壮者散而之四方者,几千人矣。'"杜甫《醉时歌》:"但觉高歌有鬼神,焉知饿死填沟壑。"

⑭ 持男易斗粟:方世举《笺注》:"斗粟:《史记·淮南王传》:民有作歌曰:'一斗粟,尚可舂。'"按:此句谓拿自己的一个男孩换一斗谷子。斗,魏本作"斜",乃俗斗字。公《状》云:"至闻有弃子逐妻以求口食,坏屋伐树以纳税钱,寒馁道涂,毙踣沟壑。"此语犹可作上句"赤子弃渠沟"的注脚。

⑮ 掉臂莫肯酬:文《详注》:"酬,答也。"按:此句谓用一个男孩

换一斗谷子也无人问,可见灾害之重,伤民之惨。掉臂,挥手、振臂,甩动胳膊走开,表示不顾而去。《史记·孟尝君列传》:"冯驩曰:明旦,侧肩争门而入;日暮之后,过市朝者掉臂而不顾。非好朝而恶暮,所期物忘其中。"清徐士鸾《宋艳·丛杂》:"以财交者,财尽则散,掉臂不顾。"《汉语大词典》亦以韩诗为例。

⑯ 我时出衢路,饿者何其稠:方《举正》订"何其",云:"阁作'何为'。"朱《考异》:"其,或作'为'。"诸本作"何其",是。

文《详注》:"稠,多也。四达谓之衢。"方世举《笺注》:"《记·檀弓》:'有饿者,蒙袂辑屦,贸贸然来。'"按:稠,多也。此指饥饿之人及饿殍多载于道也。

⑰ 亲逢道死者,伫立久咿嚘:方《举正》作"道死者",云:"杭、蜀同。阁本作'道边死',谢本从之。"朱《考异》:"方云(略)。今按:古人谓尸为死。《左传》(哀公十六年):'生拘石乞而问白公之死焉。'《汉书》(《酷吏·尹赏传》):'何处求子死。'且古语又有'直如弦,死道边'(《后汉书·五行志》)之说。韩公盖兼用之。此乃阁本之善,而方反不从,殊不可晓也。"宋白文本、文本、祝本、魏本作"道死者"。宋白文本云:"一作'道边死'。"廖本、王本、方世举《笺注》作"道边死"。作"道死者""道边死",均可。然作"道死者"善。"道边死"为无主句,语意不完整。虽说诗之语法可省,然现有诸本作"道死者",何不可从?朱《考异》:"伫立,或作'停马'。"作"伫立",形神毕肖,善。

伫立、咿嚘(yī yōu):文《详注》:"伫立,久立也。咿嚘,叹辞也。"咿嚘:魏本:"祝曰:叹也。《选》:'含哀懊咿。'《太玄经》:'正厉嚘鸣。'《补注》:嚘,气逆也。《老子》:'终日号而不嚘。'"方世举《笺注》:"咿嚘:《汉书·东方朔传》:'咿嚘亚者,辞未定也。'"按:伫立,久立。《诗·邶风·燕燕》:"伫立以泣。"《楚辞》屈原《离骚》:"时暖暖其将罢兮,结幽兰而延伫。"咿嚘:象声词,悲叹呻吟或吟咏之声。《汉语大词典》引韩诗为例。清蒲松龄《聊斋志异·丐仙》:"痂渐脱落,似能步履,顾假咿嚘作呻楚状。"韩公《远游联句》:"貊谣众猥歋,巴语相咿嗄。"语音不清貌。

⑱ 有如鱼中钩:方《举正》据蜀本作"出钩",云:"《选·文赋》:'若游鱼衔钩而出重渊之深。'语原此。"朱《考异》:"中,或作'挂'。(引方语)今按:韩公未必用《选》语,况其语乃鱼出渊,非鱼出钩也。不若作挂为近。然第五卷《送刘师服》诗有'鱼中钩'之语,则此'出'字乃'中'字之误,而尚存其仿佛耳。今定作'中'。"宋白文本、文本、祝本、魏本作"挂"。廖本、王本作"中"。朱说有理。

中,读去声,作动词,今中原人口语常用,想唐时亦然,况韩公乃河南人。且韩公《送刘师服》诗"士生为名累,有似鱼中钩"亦用。此写韩公见饥民惨状,心如针刺。《大智度论》:"著欲之人,如鱼吞钩。"何焯《批韩诗》云:"闻见作两层写。"张鸿《批韩诗》云:"戛戛独造,真陈言之务去也。"

⑲ 适会:正当。除:拜官。御史,即监察御史。《旧唐书·职官三》:"监察御史十员(《新唐书·百官志》谓十五人,正八品下),正八品上。监察掌分察巡按郡县、屯田、铸钱、岭南选补、知太府、司农出纳,监决囚徒。监察祀则阅牲牢,省器服,不敬则劾祭官。尚书省有会议,亦监其过谬。凡百官宴会、习射,亦如之。"贞元十九年秋,韩愈为监察御史。诚当,真该。得言,能够向皇帝进谏。秋,非专指秋天之时间,亦表示一年的收获,检点年成的好坏。

⑳ 阁门:宫殿侧门。方世举《笺注》:"《说文》(门部):'阁,门旁户也。'"沈钦韩《补注》:"《六典》(卷七):'宣政殿之左曰东上阁,右曰西上阁。'《事文类聚》:'《续通典》:天祐二年(905)敕:东上西上阁门,制置各别。至于常事,则以东上居先。或大忌进名,遂用西阁为便。'知常日章奏于东阁门进也。"按:《新唐书·百官志三》:御史台侍御史条下云:"监察御史分日直朝堂,入自侧门,非奏事不至殿庭,正门无籍;天授中,诏侧门置籍,得至殿庭;开元七年(719),又诏随仗入阁。"阁,同阁。

为忠宁自谋:文《详注》:"《语》(《学而》):曾子曰:'为人谋而不忠乎?'"按:韩公自谓:上疏论旱饥,恤民苦,乃是对皇上尽忠。

㉑ 上陈人疾苦：王元启《记疑》："人，读作'民'。"按：人非读作"民"，当是避讳，将"民"作"人"。无令绝其喉：喉，方《举正》作"喉"，云："谢本一作'糇'。"朱《考异》："喉，一作'糇'。"诸本作"喉"，是。喉，喉咙，即口也；糇，口粮。二字均通，今从"喉"。

文《详注》："后汉（《后汉书·霍谞传》）霍谞奏记于梁商曰：'疗饥于附子，止渴于鸩毒，未入肠胃，已绝咽喉矣。'"

㉒ 下言畿甸内：方《举正》从阁、蜀本作"下陈畿甸事"。朱《考异》："陈，或作'言'。内，方作'事'。"宋白文本、文本、祝本、魏本作"言"，作"内"，从之。魏本注："言，一作'令'。"作"令"，非是。

文《详注》："《周礼》（《地官·大司徒·小司徒》）：'王畿千里，四邑为丘，四丘为甸。'畿甸，谓京师。优，饶也。"按：畿甸，京城一带地方。古制王畿千里，千里之内曰甸服，去王城五百里。后泛指京城地区。蔡邕《独断》上："京师，天子之畿内千里，象日月，日月躔次千里。"《文选》卷五四晋陆机《五等论》："钲鼙震于阃宇，锋镝流乎绛阙，然祸止畿甸，害不罩及。"王元启《记疑》："下言：言原本亦作'陈'。按上云'陈民疾苦'，疾苦必有疾苦之状，原《状》'弃妻逐子'一节及此诗'传闻'以下等云是也。至于畿甸宜优，指原《状》'腹心根本，其百姓宜倍加忧恤'等语。特言其理如此，不当用'陈'字。"作"言"字善。

㉓ 根本理宜优：根本，腹心，指京城一带的百姓为王之根本。理宜优，理应加意优抚。方世举《笺注》："公集《御史台上论天旱人饥状》：'今年以[已]来，京畿诸县，夏逢亢旱，秋又早霜，田亩所收，十不存一……京师者，[四方之腹心，]国家之根本，其百姓[实]宜倍加忧恤……今年税钱[及草粟]等[在百姓腹内征未得者]，并且停征。'"按：方注引文乃摘引，文字稍异，而意则合，稍校补之。

㉔ 积雪验丰熟，幸宽待蚕麰(móu)：文《详注》："言今冬瑞雪可以为来岁丰熟之兆，苟宽贷租限，以俟毕蚕麰，则君孰与不足。《信南山》诗曰'雨雪雰雰'。注云：'丰年之冬，必有积雪。'《思文》诗曰：'贻我来麰。'《左传》曰：'来麰，麦也。'"魏本："孙曰：'贞元十九

年,自正月不雨,至于七月,关中大饥,人死相枕藉。会公除监察御史,上疏乞救京兆府:应今年税钱及草粟等,在百姓腹内征未得者,并宜停征,容至来年蚕麦庶得少[有]存立。执政恶之,坐贬阳山令。疏见集中。'祝曰:牟,麦也。《孟子》:'牟麦播种而耰之。'"魏本音注:"牟,音牟。"方世举《笺注》:"谢惠连《雪赋》:'盈尺则呈瑞于丰年,袤丈则表沴于阴德。'"按:牟,大麦,通指麦子。《孟子·告子上》:"今夫牟麦,播种而耰之。"韩公《状》:"伏乞特救京兆府:应今年税钱及草粟等在百姓腹内征未得者,并宜停征,容至来年蚕麦庶得少有存立。"以上六句诗,隐括《御史台上天旱人饥状》无余。

㉕ 天子恻然感,司空叹绸缪:文《详注》:"司空,杜佑也。其年三月,以检校司空、同中书门下平章事。绸缪,犹缠绵也。上陈留切,下亡幽切。"魏本:"韩曰:是年三月,杜佑检校司空、同中书门下平章事。《诗》(《唐风·绸缪》):'绸缪束薪。'注:'犹缠绵也。'"钱仲联《集释》:"马永卿曰:司空,谓杜佑也。《宰相年表》:'十九年二月,佑检校司空。'"按:此二句谓:天子怀恻隐之心而被感动,执政者有感于时事而筹划未来。司空,指杜佑。杜佑于贞元十九年(803)三月任检校司空、同平章事(见《新唐书·德宗纪下》)。谓二月者非。绸缪,本意作缠缚讲,此处作先有防备讲,即防患于未然。《诗·豳风·鸱鸮》:"迨天之未阴雨,彻彼桑土,绸缪牖户。"虽说作"缠绵"解亦通,不如上解善。

㉖ 谓言即施设,乃反迁炎州:施设,设施、施行。《史记·孙吴列传》:"世俗所称师旅,皆道《孙子》十三篇、吴起《兵法》,世多有,故弗论,论其行事所施设者。"韩公《上兵部李侍郎书》:"今者入守内职,为朝廷大臣。当天子新即位,汲汲于理化之日,出言举事,宜必施设。"《汉语大词典》亦以韩文为例。

炎州,方《举正》订,云:"古本只作'州'。陈、谢皆校从上。"朱《考异》:"反,或作'返'。州,本多作'洲'。"文本、祝本、魏本作"洲"。宋白文本、廖本、王本作"州"。作"州"、作"洲"均可。今作"反"、作"州"。

魏本:"唐曰:迁炎州,谓贬阳山也。《旧史》言公自监察御史上章数千言,极论宫市,德宗怒,贬连州阳山令。量移江陵府法曹参军。《新史》亦云上疏论宫市。今诗自序其得罪之由大抵言京师旱饥,未尝言宫市也。唯皇甫持正《神道碑》云:'关中旱饥,先生列言天下根本,专政者恶之,出为阳山令。'正与诗意合。持正当时从公游者,知公之不以论宫市而出,审矣。"文《详注》:"炎洲,南方也。《十洲记》曰:'炎洲在南海中。'连州虽非其地,亦谓炎洲者,以言其远。"按:两说均通。《楚辞》屈原《远游》:"嘉南州之炎德兮,丽桂树之冬荣。"后因泛称南海之州为炎州。陈子昂《感遇》诗二三:"翡翠巢南海,雄雌珠树林……杀身炎州里,委羽玉堂阴。"后泛指岭表以南之地。

㉗ 同官尽才俊,偏善柳与刘:才俊,才智出众者。韩公《送李愿归盘谷序》:"才畯满前。"注:"畯,或作'俊'。"《辞源》以韩文为例。柳与刘,柳宗元和刘禹锡。贞元十九年秋,与韩愈同为监察御史。魏本:"孙曰:'时柳宗元、刘禹锡皆为御史。'"文《详注》:"同官为僚,谓同为御史者虽众,独与柳宗元、刘禹锡友善。时王伾、王叔文得幸太子,刘、柳以名重一时与之交,人不敢指其名,号二王、刘柳。"顾嗣立《集注》:"王叔文用事,引禹锡及宗元入禁中,与之图议。喜怒凌人,道路以目。按:公本集《永贞行》亦云:'吾尝同僚情可胜。'是时公与刘、柳同为监察御史也。"按:《旧唐书》卷一六〇《柳宗元传》:"贞元十九年,为监察御史。"方世举《笺注》:"《旧唐书·柳宗元传》:'宗元,字子厚,河东人。'《刘禹锡传》:禹锡,字梦得,彭城人。王叔文用事,引禹锡与宗元入禁中,与之图议。颇怙威权,中伤端士。既任,喜怒凌人,道路以目。"《旧唐书·刘禹锡传》:"从佑入朝,为监察御史。"《新唐书》同。

㉘ 或虑语言泄,传之落冤仇:徐震《诠订》:"观此二句,则退之上疏论旱,当为密疏。"方世举《笺注》:"《左传》:'范宣子亲数戎子驹支于朝曰:盖言语漏泄,则职汝之由。'"按:徐说非是。语言泄,或者考虑到是因为议论的话被泄漏,结怨于王伾、王叔文,而被视

为冤家仇敌。

㉙ 二子不宜尔，将疑断还不：魏本："祝曰：不者，未定之辞。《前汉》：'知捕儿不？'"文《详注》："或人谓公恐是交结二子，平居疾恶之言，传及仇人，以成祸衅。公始闻而疑之，中复自断曰：二子必不然也。不，方鸠切。"按：二子，指柳、刘二人。将疑，将要怀疑，将作副词。断还不，判断后又否定了。朱彝尊《批韩诗》："述上疏事。"查慎行《查初白诗评十二种》："终是疑案。"魏本："《补注》：《蔡宽夫诗话》云：'退之阳山之贬，以诗考之，亦为王叔文、韦执谊等所排耳。子厚、禹锡于退之最善，然至是不能无疑，故云：同官尽才俊，偏善柳与刘云云。'苕溪渔隐曰：'余阅洪庆善《年谱》，然后知宽夫为误。《年谱》云：贞元十九年，公与张署、李方叔上疏言关中民急，为幸臣所谗。幸臣者，李实也。'"严虞惇《批顾嗣立〈昌黎先生诗集〉》："公与刘、柳相厚善，迨叔文当国，刘、柳皆进用，而公仅量移江陵，意深恨之。故于《顺宗实录》深加诋訾。而《永贞行》及此诗，皆直讦而不讳。但因此并疑阳山之贬为出刘、柳，则冤甚矣。"王鸣盛《蛾术编》："子厚《答许孟容书》：'与负罪者亲善，奇其能，谓可共立仁义。'叔文母《刘夫人墓铭》：'叔文坚明直亮，献可替否，利安之道，将施于人。'子厚心事光明如此。若云泄言冤仇，以卖其友，梦得亦不肯，况子厚邪？"章士钊《柳文指要》上《体要之部》卷一二《先侍御史府君神道表石背先友记》："退之长子厚不过五岁，贞元八年，退之登进士第。九年，子厚继登。两人因缘旧谊，同角试场，才力相距不远，驯至同官御史，势不可能有何恶感存在。永贞变后，退之《寄三学士诗》：'同官尽才俊，偏善柳与刘。或虑语言泄，传之落冤仇。二子不宜尔，将疑断还不。'所谓'语言泄'者，乃根上文阖门拜疏，天子动容，司空绸缪，谓即施设而来，此示退之有因言得官之象，消息一漏，同官可能立启猜谗，从而视同冤仇，肆力排挤。又或退之疏言灾荒，为李实所痛恨，而刘、柳均曾为实撰文，与实有连，因而退之疑此两友漏言于实，以致实下毒手而己左官。惟柳与刘者，品高学懋，同以天下为己任，益以情亲，断不至

此。'将疑断还否',语意十分斩截,谓吾曾疑之,旋敢断为决无此理也……如实言之,伾、文初政,即追回被放诸名流,退之亦在列,此子厚暗相推挹于其间,不难想见。至退之之贬,及幸臣如李实者从而挤排,其时子厚之党并未当路。"又下《通要之部》卷六《全谢山之于韩柳》:"曩疑韩诗'或虑语言泄',不知是何种语言?查赵绍祖《新旧唐书互证》云:'疑刘、柳漏泄,当是与宗元、禹锡言王叔文之奸,而二子漏其语于叔文,遂为其所中也。'钊案:阳山之贬,乃叔文出山一年以前事,叔文当时潜伏东宫,即其谏止太子言宫市事观之,可见是一异常谨慎之人,即令不喜退之,亦何至出头干预朝官之黜陟乎?此类猜测,终嫌不切实际。何况退之之黜由迕李实而起,别见证据确凿乎?"按:据史实推断:贞元十九年三月初一,以淮南节度使杜佑检校司空、同中书门下平章事。禹锡从佑入朝,为监察御史。约于是年秋前,由李汶推荐,宗元为监察御史。皆与伾、文无涉。时伾、文尚潜东宫,与李诵皆无预朝政。是年秋,韩愈为监察御史,与柳、刘同官,"或虑语言泄"者,不可能是伾、文,更不可能由柳、刘泄密于伾、文,而伾、文向尚未即位当政的李诵泄语,于是冬贬阳山。贞元二十一年正月二十三日,德宗李适崩,二十六日,李诵即位为顺宗。即使伾、文预政,与柳、刘结成死交,与之图议,韩愈已贬阳山一年有余矣,事实则二事无关。韩愈乃当时知情者,怎么会怀疑柳、刘泄密于伾、文,伾、文泄密于顺宗呢?那么泄密于谁?"语言"者何?或谓迁官之议,泄于当政,然史无此迹象;或谓论旱饥,而泄语于李实,此有《状》在,实无密可泄;况柳虽为李实起草过文件,其过从亦未见之密,鉴于此和他与柳、刘之谊及二子品格,曾疑,马上又否定了。韩愈得罪李实则是事实,先是上《书》推重其政能,此又上《状》揭露他聚敛害民:这在韩愈是其性憨直的实话实说,于李实却不能不恨韩愈。时李实正得幸弄权,黜韩愈等上《状》者张署、李方叔同贬,原因则一,于事实不是一清二楚吗?

㉚ 中使临门遣:中使,帝王宫廷中派出的使者,多由宦官充

任。《宋书·袁粲传》：" 元徽元年(473)，丁母忧。葬竟，摄令亲职，加卫将军，不受。敦逼备至，中使相望，粲终不受。" 白居易《缭绫》诗："去年中使宣口敕，天上取样人间织。"

临门遣：文《详注》："临门，谓御史之门也。" 按：即朝堂派中使到韩愈府门逼迫其上路离京。

㉛病妹卧床褥：文本、魏本作"姝"。方《举正》作"妹"，云："三本同。" 朱《考异》："妹，或作'姝'。" 宋白文本、祝本、廖本、王本作"妹"。文《详注》："姝，美貌。《干旄》(《诗·鄘风》)诗曰'彼姝者子'，是公之女也。" 魏本："孙曰：'谓女挐也。'" 此公之女，非谪潮州时女挐也。

童《校诠》："第德案：女挐为公第四女，病卒于商南层峰驿，在元和十四年公谪潮州途中，卒年十二岁，生于元和三年，此诗作于顺宗永贞元年九月，女挐尚未生，本集二十二卷有祭女挐文，三十五卷有女挐圹铭可证，孙说未谛。集中未及公有妹事，妹当为姝之形讹，诗中有弱妻抱稚子，出拜忘态羞语，可证应以作姝为是。" 按：童谓非韩公四女女挐，谓妹乃姝字致误，甚是。此乃韩公之女，在病中，谓姝者，甚爱之也。大于卢氏怀中稚子，而小于贞元十五年生于符离之昶，甚或大于昶者的女儿。

㉜分知隔明幽：分，读去声，作料想解。《汉书·苏武传》："自分已死久矣。" 明幽，按字意为明暗，或指天地，此乃阴阳之别也。《隋书·音乐志下》："人神接礼，明幽交畅。" 此指人间和阴间，《汉语大词典》以此诗为例。《全唐诗》卷二一二高适《题尉迟将军新庙》："明明幽冥理，至诚信莫欺。" 隔明幽，分隔阴阳两世。

㉝百请不颔头：文《详注》："颔头，低头也。谓中使不许复归其家也。《春秋(左)传》(襄公二十六年)曰：'迎于门[者]，颔之而已。'音五感切。" 魏本："祝曰：颔，点头也。《后汉》：'操颔之。'户感切，又五感切。" 顾嗣立《集注》："《左传》：'逆于门者，颔之而已。'" 蒋之翘《辑注》："颔，点头也。《后汉》：'操颔之。'" 按：颔头，点头，表示同意。不颔头，不点头，即不同意。《仪礼·饮酒礼》："迎于门

外。"又《士昏礼》:"迎于门外再拜。"《左传》襄公二十六年:"大夫逆于竟者,执其手而与之言;道逆者,自车揖之;逆于门者,颔之而已。"杨伯峻《春秋左传注》注:颔,低头也,即今点头。

㉞ 弱妻:文《详注》:"公妻卢氏。"忘惭羞,忘记出门抛头露面的羞惭。何焯《批韩诗》:"老杜家数。"张鸿《批韩诗》:"描写真确,无不尽之情。"

㉟ 俛俛(mǐn miǎn):努力,奋勉。钱《集释》依诸宋本作"俛",而上古简排本作"俯"。此处本不当简作"俯"。查《辞源》等收"俛俛"一词,《现代汉语词典》收之,作努力、勉力解,无作"俛俯"者。此当作"俛俛"。贾谊《新书·劝学》:"然则舜俛俛而加志,我僵僵而弗省耳。"潘岳《悼亡诗》三首之一:"俛俯恭朝命,回心返初役。"行行,不停地向前走。曹操《苦寒行》:"行行日已远,人马同时饥。"《古诗十九首》之一:"行行重行行,与君生别离。"唐时阳山县属连州。

此段写出京之苦状。朱彝尊《批韩诗》:"出京苦。"

㊱ 朝为青云士,暮作白首囚:此二句对偶。朝暮,早晚。青云士,位显德高之人。《史记》卷七九《范雎蔡泽列传》:"须贾顿首言死罪,曰:'贾不意君能自致于青云之上。'"又卷六一《伯夷列传》:"非附青云之士,恶能施于后世哉?"今有成语"平步青云"。白首囚,古时罪犯头裹白巾,身穿白衣,故云。

㊲ 商山季冬月:方世举《笺注》:"按《新唐书·地理志》:'商山上洛郡,属关内道,盖以商山得名也。'公谪阳山,由蓝田入商洛也。"按:商山,一名商坂、商洛山,又名地肺山、楚山,在山南道商县东南,秦末东园公等四老隐居于此,号为"商山四皓"。《新唐书·地理志一》:"关内道商州管县六。有商洛县,东有武关。"韩愈谪阳山经过此地。季冬月,时令在冬天,韩愈谪经此地时为十二月下旬。朱彝尊《批韩诗》:"途间苦。"

㊳ 冰冻绝行辀:此句谓冬月冰冻舟车难行。辀(zhōu),本指车辕,此指车辆。文《详注》:"辀,车辕也,张流切。"参阅韩公《南山

诗》写过蓝田山一段。

㊴春风洞庭浪,出没惊孤舟:文《详注》:"商山、洞庭,皆贬路之所经过。"魏本:"孙曰:公《祭张署文》:'夜宿南山,同卧一席。'又:'洞庭漫汗,粘天无壁。'南山即上言商山也。"按:洞庭,即洞庭湖,在湖南北部岳阳市。韩愈南迁所经过也。此写贞元二十年春过洞庭湖,颠簸湖上、出没水波的惊险之状。

㊵逾岭到所任,低颜奉君侯:颜,宋白文本、文本作"头"。祝本、魏本、廖本、王本作"颜"。作"头"、作"颜"均通。今作"颜",免与上"头"字重,况"颜"字雅正,"头"字俚俗。

逾岭:文《详注》:"岭者,西自衡山之南,东穷于海,一山之限尔,而别标名则有五焉。邓德明《南康记》曰:'大庾岭,一也。桂阳骑田岭,二也。九真都庞岭,三也。临贺萌王岭,四也。始安越城岭,五也。'《通典》(卷一八三《州郡》十三)曰:'骑田岭,今郴州腊岭是也。'公与张豫(当作署)同贬南方,公为连州阳山令,豫(署)郴州临武令。后公《祭豫(署)文》云:'余出岭中,公俟州下。'则知公与豫(署)同出骑田岭,豫(署)留郴而公之连也。君侯,谓连州刺史。"魏本:"樊曰:以二十年春到阳山也。"蒋之翘《辑注》:"商山,今在陕西商州。洞庭,见一卷《复志赋》。此皆途中涉历之处。"又云:"岭,广中五岭也。阳山在岭南,故云。"按:翻过岭,查《中国历史地图集》之《岭南道东部》,此处之岭为骑田岭。所任,即任职的地方:阳山。君侯,对连州刺史的尊称。

㊶酸寒何足道,随事生疮疣:魏本:"祝曰:疣,赘也,结病也。《庄子》(《大宗师》):'[彼以生为]附赘垂(当作悬)疣。'孙曰:'疮疣,言罪戾。疣,音尤。'"文《详注》:"疮疣,以喻过失。《楚辞》(屈原《九章·惜颂》)曰:'反离群而赘疣。'疣,亦赘也,于求切。"方世举《笺注》:"张衡《西京赋》:'所好生毛羽,所恶成疮痏。'《广韵》:'疣,结病也。'"童《校诠》:"第德案:文选张平子西京赋:所恶成创痏,薛综注:创痏谓瘢痕也,善曰:仓颉曰:痏,殴伤也。嵇叔夜幽愤诗:怛若创痏,李注:说文曰:痏,瘢也,汉书音义曰:以杖殴击人,剥

其皮肤,起青黑无创者谓疻痏。案:李引汉书音义见薛宣传应劭注,段若膺据颜注急就篇:殴人皮肤肿起曰疻,殴伤曰痏,谓疻下夺去六字,当有其有创瘢者谓痏是也。说文:疻,殴伤也;痏,疻痏也,无瘢也之训,疑李氏误记。痏,大徐本荣美切,在支部,小徐本于救切,在尤部,痏、疣皆从又得声,故得通假。疣为颅之或体,其本义为颤,亦假为赘肬字,故祝注以赘释疣,垂疣应作悬疣,见庄子大宗师篇。疮为创之后出字,伤也,祝氏未明疣为痏之假借,故以赘释疣。方氏引西京赋是也,其引广韵释疣为结病,亦未明假借之义。江氏总摄山栖霞寺碑:尽缠痴爱,岂离疮疣,观佛三昧经:魔王心怒,魔子谏曰:父王无辜,自招疮疣,为公疮疣字所本。一曰庄子至乐篇:支离叔与滑介叔观于冥伯之丘,昆仑之墟,黄帝之所休,俄而柳生其左肘,其意蹷蹷然恶之,李慈铭曰:柳者瘤之借字。案:瘤,肿也,瘤疣声近义同,是作赘肬解亦通,可备一说。"

按:酸寒,《辞源》:"酸寒:犹寒酸。喻贫士窘拘之态。唐韩愈《昌黎集》二十二《祭郴州李使君文》:'虽掾俸之酸寒,要拔贫而致富。'"韩公一用,后人继之。宋苏轼《次韵答邦直子由》之三:"老弟东来殊寂寞,故人留饮慰酸寒。"疮疣,《辞源》:"疾苦。唐韩愈《昌黎集》一《赴江陵途中寄题王二十补阙……》诗:'酸寒何足道,虽事生疮疣。'"《汉语大词典》亦引韩诗为例。宋苏舜钦《哭师鲁》:"二边方横猾,四海皆疮疣。"梅尧臣《送柳秘丞大名知录》:"浑浑发西极,奋奋入九州。自古患决溢,于今为疮疣。"

㊷ 远地触事异,吏民似猿猴:涂,或作"途"。涂、途通。或作"事"。文本、魏本作"涂"。祝本、廖本、王本作"途"。魏本注:"一作'事'。"宋白文本作"事"。

童《校诠》:"第德案:以作事为是,触事指下吏民辞舌嘲啁,异鸟、蛇、虫、飓风之类,如作塗与地义复,非也。方氏举正,朱氏考异无校语,祝本作途,亦云一作事,与本书同,廖本、王本作途,无校语。道涂字经典假涂(水名)为之,周礼量人:量天下之涂,汉书礼乐志:大朱涂广,是其例。汉碑多作涂,间有作塗(今简化作涂)者,途又塗之后出字。塗应从水,不从夂。”似猿猴:谓人瘦小肤黑多毛,长相似猿猴一样。韩公《送区册序》:“小吏十余家,皆鸟言夷面。”童说作“事”字,是。上句指地域,谓诸物(鸟、蛇、虫、风)不同;下句写人,谓吏民的长相与别处不同。

㊸ 生狞多忿很,辞舌纷嘲啁:多,朱《考异》:“多,或作‘知’。”宋白文本、文本、廖本、王本作“多”。祝本、魏本作“知”。作“多”、作“知”均通。按上下句式及文义作“多”字善。

生狞忿很:魏本:“祝曰:狞,恶也。李贺《猛虎行》:‘乳孙哺子,教得生狞。’很,戾也。《书》:‘厥心疾很。’”文《详注》:“猿,猴一种而异名。公《送区册序》云:‘阳山,天下之穷处。县郭无居民,夹江茅竹之间,小吏十余家,皆鸟言夷面。始至,言语不相通晓,画地为字,然后可告以出租税。’狞,獠也。”很,违背,乖戾,不听从。与心狠、残忍之“狠”不同。

辞舌嘲啁:文《详注》:“嘲啁,燕雀声。言夷獠之性动多忿很,难以制服。辞舌纷乱,无异于燕雀,不可通晓。即《孟子》所谓‘南蛮鴃舌之人’是也。狞,乃庚切,啁,张流切。《蜀志》曰:‘孙权性既滑稽,嘲啁无方。’”按:此二句谓:那里的吏役与百姓面目狰狞好斗,说话唧唧喳喳像吵架。狞,獠也。嘲啁,燕雀声。言夷獠之性,动多忿很,难以制服。辞舌纷乱,无异于燕雀不可通晓,即《孟子》(《滕文公上》)所谓“南蛮鴃舌之人”是也。狞,乃庚切。啁,张流切。《蜀志》(《三国志·费祎传》)曰:“孙权性既滑稽,嘲啁无方。”

㊹ 鸺鹠(xiū liú):文《详注》:“《岭表录异》曰:‘鸺鹠鸟夜飞昼伏,能拾人爪甲以知吉凶,凶则鸣其屋上。’”魏本:“祝曰:鸟名,少美长丑,江东呼为鹍鵙。《岭表录异》:‘鸺鹠,即鸱也。’孙曰:‘训狐也。’”魏本音注:“鸺,音休。鹠,音留。”方世举《笺注》(卷二《射训狐》诗注②):“《庄子·秋水篇》:‘鸱鸺夜撮蚤,察毫末,昼出瞋目而不见丘山。’《博物志》:‘鸺鹠,一名鵋鸺,昼目无所见,夜则目至明,人截爪甲弃路地,此鸟夜至人家,拾取爪视之,则知吉凶,辄便鸣,其家有殃。’”按:鸺鹠,鸟名,羽毛棕褐色,有横斑,尾巴黑褐色,腿

部白毛,外形似鸥鹑,但头部无角状羽毛,捕食鼠兔等。

㊺ 有蛇类两首:文《详注》:"贾谊《书》:孙叔敖见两头蛇,杀而埋之,曰:闻见此蛇者死……今诗云'类两首',但言多大。"魏本:"孙曰贾谊《新书》:孙叔敖为儿出游,归而不食,母问之,对曰:'今旦见两头蛇,恐死矣。'"

按:即两头蛇,可怕。《尔雅·释地第九》:"中有枳首蛇焉。"郭璞注:"歧头蛇也。或曰:今江东呼两头蛇为越王约发,亦名弩弦。"《尔雅翼》卷三二:"《岭表录异》(唐刘恂)曰:两头蛇,岭外多此类。时有如小指大者,长尺余,腹下鳞红,背锦文,一头有口眼,一头似头而无口眼。云两头俱能进退,谬也……南人见之为常,其祸安在哉?"

㊻ 有蛊群飞游:有成群飘飞游动的小虫,俗谓蜉蝣,咬人。蛊,方《举正》订,云:"杭、蜀同。鲍明远诗(《苦热行》):'吹蛊病[痛]行晖。'李善曰:'吹蛊,飞蛊也。'"朱《考异》:"蛊,或作'虫'。"宋白文本、祝本、魏本作"虫",注:"一作'蛊'。"文本、廖本、王本作"蛊"。今从"蛊"。

李详《证选》:"鲍照乐府(《苦热行》):'吹蛊痛行晖。'善注:(蛊,即飞蛊也。)顾野王《舆地志》曰:'江南数郡有畜蛊,主人行之以杀人,[行食饮中,人不觉也,]其家绝灭者,则飞游妄走,中之则死(毙)。'详案:旧注不采野王之说,则飞游两字无着,故备引之。"方世举《笺注》:"《隋书·地理志》:'畜蛊之法,以五月五日聚百种虫,大者至蛇,小者至虱,合置器中,令自相啖,余一种存者留之。蛇则曰蛇蛊,虱则曰虱蛊。行以杀人,因食入人腹内,食其五脏死,则其产移入蛊主之家。自侯景乱后,蛊家多绝,既无主人,故飞游道路之中则殒焉。鲍照诗:'吹蛊病[痛]行晖。'善曰:'吹蛊,飞蛊也。'"

㊼ 穷冬或摇扇,盛夏或重裘:方世举《笺注》:"摇扇、重裘:《晋书·周𫖮传》:'王敦素惮𫖮,每见𫖮面热,虽复冬月,扇面。'《世说》:'胡毋彦国至湘州,坐正衙,摇扇视事。'按:岭南气候偏于热,

遇雨则凉。摇扇重裘,寒暑互异,记风土也。"按:此二句谓:这里气候异常,夏天有时冷得穿皮裘,冬天有时热得扇扇子。

㊽ 飓起最可畏,訇哮簸陵丘:文《详注》:"訇哮,大声也,言风雷相助则訇哮之声可以簸荡陵丘,而光怪之象卒难比也。《番禺杂编》云:'飓,音惧,彼人云:风来至三日,不闻鸡犬之声,如有所忧惧也。'今本或作'颶',字从货贝之贝,非也。《国史补》云:'南海有大飓风,四面而至,倒屋拔木,或数年一作,将作则多虹蜺,谓之飓母。春夏多雷,无日无之,秋冬则伏地中,状如鼃,人取食之,亦有雷斧、雷墨,可入药用。'《穀梁传》云:'阴阳相薄,感而为雷,激而为霆。'訇,呼宏切。"魏本:"《集注》曰:《岭南录异》云:'岭峤夏秋雄风曰飓,发日午至夜半止,仆屋僵树,甚者扬屋瓦若飞蝶,累年一发,或岁再三。'《南粤志》云:'风起人心恐惧。或曰风来四面俱足耳。'《番禺杂编》云:'彼人云风未至,三日不闻鸡犬之声,如有所忧惧也。'房千里《投荒杂录》云:'南方诸郡皆有飓风,以其四面风俱至也。'公此诗有是句。又《县斋有怀》曰:'雷威固已加,飓势仍相借。'《泷吏》诗:'飓风有时作。'《赠元十八》诗:'峡山逢飓风。'皆言其可畏也。飓,音具。"

按:飓(jù):《辞源》:"飓风,发于海上的大风。"引韩诗为例。南朝梁江洪《胡笳曲》:"飂飂夕风高,联翩飞雁下。"唐刘恂《岭表录异》(卷上)云:"南中夏秋多恶风,彼人谓之飓。"韩公《县斋有怀》:"雷威固已加,飓势仍相借。"《泷吏》诗:"飓风有时作。"《赠别元十八协律六首》之六:"峡山逢飓风。"均言其可畏也。最,宋白文本作"晨",乃形近致误。

訇哮:方世举《笺注》:"《广韵》:'訇,大声。'《说文》:'哮,豕惊声。'"按:风势猛烈响声很大。《辞源》亦引韩诗为例。簸丘陵,摇撼山岗。《太平御览》卷九引《南越志》:"熙安间多飓风。飓者,具四方之风也。一曰惧风,言怖惧也。常以六七月兴。未至时,三日鸡犬为之不鸣。"

㊾ 比侔:比拟。侔,祝本作"牟"。宋白文本、文本、魏本、廖

本、王本作“侔”，从之。

(50) 疠疫忽潜遘：遘，祝本作“沟”。宋白文本、文本、魏本、廖本、王本作“遘”。遘，同声假借作沟，亦通“构”。今作“遘”。

文《详注》：“南方多热，故积为疫。疠，疫鬼也。”方世举《笺注》：“《隋书·地理志》：自岭以南二十余郡，大率土地下湿，皆多瘴疠，人尤夭折。”按：遘作结成解，如王粲《七哀诗》：“豺虎方遘患。”疠疫，瘟疫。《墨子·兼爱下》：“今岁有疠疫，万民多有勤苦冻馁转死沟壑中者，既已众矣。”《左传》昭公元年：“山川之神，则水旱疠疫之灾，于是乎禜之。”《说文·疒部》：“疫，民皆疾也。从疒，役省声。”

(51) 十家无一瘳：魏本：“《补注》：瘳，愈也。《书》：‘厥疾弗瘳。’”瘳(chōu)，病愈。《书·说命上》：“启乃心，沃朕心，若药弗瞑眩，厥疾弗瘳。”《诗·郑风·风雨》：“既见君子，云胡不瘳。”

(52) 猜嫌动置毒：此句谓：互相猜疑，动辄投毒害人。蒋抱玄《评注》：“《魏志·贾诩传》：‘惧见猜嫌，阖门自守。’”钱仲联《集释》：“《隋书·地理志》：‘畜蛊行以杀人，因食入人腹内，食其五脏。’”

(53) 对案辄怀愁：案，宋白文本、文本作“按”。祝本、魏本作“桉”，廖本、王本作“案”。案，从木，安声，书案也。作“案”字是。《康熙字典》：桉同案。此句谓：韩愈对案生愁。方世举《笺注》：“《史记·万石君传》：‘对案不食。’”朱彝尊《批韩诗》：“恶地苦。”

从“逾岭到所任”至此，写阳山生活。曾国藩《求阙斋读书录》卷八：“以上叙道途及连州(阳山)之苦。”

(54) 前日遇恩赦：魏本：“孙曰：贞元二十一年，正月乙巳，顺宗即位。二月甲子(24 日)，大赦天下。公量移江陵掾。”按：是年正月无乙巳日。顺宗即位亦非二月甲子日。方世举《笺注》：“恩赦：□云：贞元二十一年正月乙巳，顺宗即位。二月甲子，大赦天下。公量移江陵掾。”亦误引孙说作注。方成珪《笺正》：“是年正月无乙巳，当作丙申(26 日)，月之二十六日也。公《实录》亦可证。”按：

《旧唐书·顺宗本纪》："贞元二十一年正月癸巳(23日)，德宗崩，丙申(26日)，即位于太极殿。"《新唐书·顺宗纪》同。韩愈遇二月二十四日赦旨应诏北归，然非江陵掾也。在《八月十五夜赠张功曹》"州家申名使家抑"后，才"坎轲只得移荆蛮"的。韩愈于是年二月遇赦，按常规拟当归京；到郴州后疑因湖南观察使杨凭应伾、文指使令其滞留待命。韩公《忆昨行和张十一》："伾文未揃崖州炽，虽得赦宥恒愁猜。"意当指此，而"忧"亦由此而生。

(55) 果然又羁絷：文《详注》："贞元二十一年正月丙申(26日)，顺宗即位，二月甲子(24日)大赦。公以恩内徙江陵法曹参军，言又以执事羁絷不得归田也。羁焉，络头絷马绊也，上居宜切，下执立切。《庄子》曰：'连之以羁馽。'馽，通作絷。"羁絷，拘留。二月遇赦，八月才授江陵法曹参军，当指此。

(56) 不得归锄耰(yōu)：耰，农具，用于平整土地。文《详注》："耰，摩田器也，音于求切。"《文选》卷五一贾谊《过秦论》："锄耰棘矜。"李善注："孟康曰：'耰，锄柄也。'"韩公《刘生诗》："芟蒿斩蓬利锄耰。"此作锄柄解不妥。作农具解，其形如大木榔头，用来捣碎土块，平整土地。《淮南子·氾论训》："民劳而利薄，后世为之耒耜耰钽。"贾思勰《齐民要术·种谷》："深其耕而熟耰之。"以上二句说：既不能还朝，又不得归田。此乃应上喜中之忧也。忧、耰同纽连用。

(57) 此府雄且大：文《详注》："此府，江陵府也。《通典》(卷一八三《州郡》十三)曰：'江陵，春秋以来，战国之都，谓之郢都。西通巫、巴，东接云梦，一都会也。其地居洛阳正南，唐为荆州，或为江陵郡。'公为《同官记》云：'江陵戎士五万。'"

按：以下开始写江陵事，即《八月十五夜赠张功曹》所谓"坎轲只得移荆蛮"也。《元和郡县图志》卷二一山南道二："襄州：汉以南为南郡，今荆州是也……按襄阳去江陵陆道五百里，势同辅车，无襄阳则江陵受敌。自东晋庾翼为荆州刺史，将事北伐，遂镇襄阳，北接宛、洛，跨对樊、沔，为荆、郢之北门，代为重镇。周置总管，隋置行台，皇家初亦置山南道行台，武德七年废行台，置都督府。贞观六年废都督府，改为州。永贞元年升为大都督府。”《新唐书》卷四〇《地理四》：“江陵府江陵郡，本荆州南郡，天宝元年更郡名。肃宗上元元年号南都，为府。”故云雄且大。公《河南府同官记》云：“永贞元年，愈自阳山移江陵法曹参军……于时河东公为左仆射宰相，出藩大邦，开府汉南……汉南地连七州，戎士十万，其官宰相也。”朱彝尊《批韩诗》：“量移。”钱仲联《集注》：“忧、稷同纽连用。”何焯《批韩诗》：“入江陵。”

(58) 腾凌尽戈矛：方世举《笺注》：“腾凌：《尉缭子》(《兵谈》)：‘人人无不腾陵张胆，绝乎疑虑。’”按：江陵为军事要地，兵多势雄，军士骄横。腾凌，骄横也。《全唐诗》卷一五二颜真卿《赠裴将军》：“战马若龙虎，腾凌何壮哉。”卷二七七卢纶《腊日观咸宁王部曲娑勒擒豹歌》：“传呼贺拜声相连，杀气腾凌阴满川。”

(59) 栖栖法曹掾：文《详注》：“栖栖，不自安之貌。《论语》(《宪问》)：孔子曰：‘丘何为是栖栖者欤？’唐制：州郡法曹掌律令、定罪、盗贼、赃赎之事。《汉书音义》曰：‘正曰掾，副曰属掾。’”按：栖栖，同“惶惶”，惶惧不安貌。《后汉书·苏竟传》：“仲尼栖栖，墨子遑遑。”法曹掾，《新唐书》卷四九下《百官四下》：“上州，司法参军事二人，从七品下。”

(60) 何处事卑陬(zōu)：文《详注》：“卑陬字出《庄子·天地篇》，云：‘子贡卑陬失色，顼顼然不自得。’注云：‘惭怍之貌。’”按：卑，下贱；陬，角落。此合言之谓官职卑微低下。

(61) 生平企仁义：此句谓：有生以来都努力讲仁行义。企，企及，举足而望曰企。韩愈一生追求仁义，捍卫儒学，真周公、孔子之徒也。

(62) 所学皆孔周：此句谓：他所学皆孔子、周公的学说。韩公《上宰相书》：“其所读皆圣人之书，杨墨释老之学无所入于其心。”

(63) 大理官：方世举《笺注》：“大理：《汉书·东方朔传》：‘皋陶为大理。’”按：大理，即大理寺属官，掌刑狱。

(64) 不列三后俦：文《详注》："《尚书·吕刑》曰：'乃命三后，恤功于民。伯夷降典，折民惟刑。禹平水土，主名山川。稷降播种，农殖嘉谷。三后成功，惟殷于民。士制百姓于刑之中，以教祗德。'皋陶作士虽助成治道，而不列于三后之俦者，盖圣人右德而左刑也。《通典》(卷二五《职官》七)云：大理，舜时士官，秦为廷尉，汉景更名大理，至唐因之。王逸注《楚辞》云：'二人为匹，四人为俦。'"魏本："韩曰：东汉杨赐为廷尉，自以世非法家书曰：'乃命三后，恤功于民。伯夷、禹、稷三君耳。士皋陶不在焉，盖吝之也。'《补注》：《笔墨闲录》曰：'此等语，可谓怨诽而不乱矣。'"按：三后，尧时伯夷、禹、稷为三公。唐制：三师：太师、太傅、太保；三公：太尉、司徒、司空。此句承上句谓：最高的刑法之官也不能与三公同列。蒋之翘《辑注》引黄震曰："此语可警世俗。"

(65) 何况亲犴(àn)狱：魏本："祝曰：犴，亦狱也。《汉书音义》曰：'乡亭狱曰犴。'《杨子》：'狴犴使人多礼乎？'孙曰：《诗》(《小雅·小宛》)：'宜岸宜狱。'犴，与岸同。"程学恂《韩诗臆说》："明理人亦作此糊涂语耶？然真悃正自可爱。此与《答柳子厚书》中语参看。"按：犴狱，即监狱。犴，同狱。

(66) 敲搒发奸偷：敲搒，鞭打。《汉书·项籍传》："执敲扑以鞭笞天下。"《汉书·东方朔传》："臣愿令朔复射，朔中之，臣榜百。"师古注："榜，击也。"查慎行《查初白诗评十二种》："四句用事得体。"此谓：以敲搒发付奸偷之人也。

(67) 悬知失事势：失事势，祝本、魏本注："一云'事势乖'。"宋白文本作"事势乖"。诸本作"失事势"，从之。

按：悬知，预知、设想。庾信《庾子山集》卷四《和赵王看伎》诗："悬知曲不误，无事畏周郎。"王维《王右丞集》卷二《和太常韦主簿五郎温汤寓目之作》："闻道甘泉能献赋，悬知独有子云才。"

(68) 恐自罹(lí)罝(jū)罘(fú)：文《详注》："言法曹亲犴狱事，敲榜罪隶以发奸偷之情。苟绳恶太过，则小人侧目。自知处非其职，朝夕恐惧，虑蒙仇害也。犴，亦狱也，音岸。《荀子·宥坐篇》曰：

'犴狱不治,不可刑也。'注云:'狱二大象所以守者。犴,胡地野犬,亦善守狱,故谓之犴。'敲,横擿也。榜,笞击也。上丘交切。下薄庚切。罝罘,兽罟也。上子斜切,下音缚谋切。"按:此句谓:怕自结罗网。罹,遭遇、遭受。罝,捕兔的网。罘,捕鹿的网。此指判理刑狱之苦。《礼记·月令》:"田猎罝罘,罗罔毕翳。"朱彝尊《批韩诗》:"理刑苦。"

(69) 湘水:文《详注》:"《水经》(《湘水》):'湘水出零陵、始安(县)阳海山,东北流注洞庭湖。'《湘中记》曰:'湘水至清,虽深五六丈,见底了了,石子如樗蒲,五色鲜明。'《尔雅》(《释天》)曰:'北风谓之凉风。'修修,风声也。言此者,怀北归之思。张平子《思玄赋》云:'寒风凄其永至兮,拂穹岫之骚骚。'李善曰:'骚骚,风劲貌。'音修修。"方成珪《笺正》云:"乐府魏武帝《塘上行》:'边地多悲风,树木何修修?'晋乐所奏作'萧萧'。是古'修'与'萧'音义皆通。"方世举《笺注》:"魏甄后诗:'树木何修修。'"

(70) 胡为首归路:文《详注》:"谓泊江陵也。首,舒救切。《汉(书)·韩信传》曰:'北首燕路。'"魏本:"首,向也,音式救切。"按:胡为,何为,即为何。首,向。首归路,向着归去的道路。韩公自叹:不知何时能北归也。

(71) 夷犹:犹豫不前也。文《详注》:"夷犹,犹豫也。《楚辞·九歌》(《湘君》)曰:'君不行兮夷犹。'"魏本:"《补注》:左思(《吴都赋》)曰:'周章夷犹。'"按:夷犹同夷由,犹豫不前也。《后汉书·马融传·广成颂》:"或夷由未殊,颠狈顿踬。"注:"夷由,不行也。"

曾国藩《求阙斋读书录》卷八:"以上叙顺宗即位大赦,公量移江陵法曹。"

(72) 嗣皇传冕旒:文《详注》:"《淮南子·主术篇》:'冕而前旒,所以蔽明。'"按:继承皇位的皇帝,指继承顺宗李诵之位的宪宗李纯。永贞元年八月初一,受内禅。九日,即位于宣政殿。冕旒,古代礼冠中最尊贵的一种。外面黑色,里面朱红色,冠顶有版,后高前低,略向前倾。延版的前端垂有组缨,穿挂着玉珠,叫作旒。天子之冕十二旒，诸侯九，上大夫七，下大夫五。亦以此代称皇帝。《淮南子·主术训》高诱注云："冕，王者冠也。前旒，前后垂珠，饰邃筵也。下自目，故曰蔽明也。天子玉悬十二。"北魏《元袭墓志》："冕旒矜悼，宠锡有加。"王维《和贾舍人早朝大明宫之作》："九天阊阖开宫殿，万国衣冠拜冕旒。"即指肃宗皇帝。

(73) 首罪诛共兜：方《举正》从蜀本作"吺"，云："吺，古'兜'字。"朱《考异》："吺，或作'兜'。"宋白文本、文本、祝本、魏本作"兜"。廖本、王本作"吺"。唐时多用"兜"，从之。

按：首罪，首犯。共、兜，共工和驩兜，虞舜时的两个氏族的首领。兜、吺古今字。《尚书·舜典》："流共工于幽洲，放驩兜于崇山，窜三苗于三危，殛鲧于羽山，四罪而天下咸服。"以共、驩比伾、文。《旧唐书·顺宗纪》："贞元二十一年八月壬寅(6日)，贬右散骑常侍王伾为开州司马，前户部侍郎、度支盐铁转运使王叔文为渝州司户。"后伾病死开州。叔文赐死。此时二人还未被处死，"诛"字当作惩罚解。如《原道》"臣不行君之令而致之民……民不出粟米麻丝，作器皿，通货财，以事其上，则诛"之"诛"字。文《详注》："首罪，渠魁也。谓宪宗逐二王等，若舜之四罪也。《书》(《舜典》)曰(见上，略)。《左传》(文公十八年)曰：'帝鸿氏有不才子，好行凶德，天下之民谓之浑敦。少皋氏有不才子崇饰恶言，天下之民谓之穷奇。'杜预注云：'浑敦，驩兜也。穷奇，共工也。'顺宗在东宫时，王伾、王叔文皆诏直东宫，遂大爱幸。及即位，二人更相倚仗，以攘天权。宪宗即位，即贬王伾为开州司马，王叔文为渝州司马(《宪宗纪》作'户')，尽逐其党。"魏本引孙《全解》《补注》同而简，不录。王鸣盛《蛾术编》卷七六："昌黎于俱文珍不知其将为恶，而轻以文假借之；于叔文不知其忠于为国，心疑谗谮而恨之。此不知人之故也。"王说未谛，公在汴作《序》与《诗》嘉之，时俱文珍平乱有功，乃秉晋之命为之；至于永贞时，勿论伾、文政治品格不尽好，为直臣们所恶，即如李诵不死，伾、文辅政，是否能使唐中兴，尚不可料；然宪宗在诸公的辅佐下确实得以中兴，则赫然在史。程学恂《韩诗臆说》："公于伾、文之败，皆痛快彰明言之，所谓雄直气也。"

(74) 颠夭辈：魏本："韩曰：'谓当时杜黄裳、郑馀庆之徒为相，如太颠、闳夭，为周文王之佐也。'"方世举《笺注》："颠夭：《书·君奭》：'时则有若闳夭，有若泰颠。'"按：泰颠、闳夭，周武王时贤臣；此指杜黄裳、袁滋、郑馀庆等。

(75) 峨冠进鸿畴：文《详注》："谓宪宗任贤，若周文王时也。《尚书》(《君奭》)曰：'惟文王尚克修和，我有夏亦惟有若虢叔、闳夭、散宜生、泰颠、南宫括。'注云：'五臣佐文王，为胥附奔走先后御侮之任。'始宪宗监国，以杜黄裳为门下侍郎，袁滋为中书侍郎，并同中书门下平章事。及即位，以杜佑摄冢宰，又以郑馀庆为尚书左丞，郑䌹为中书侍郎，并同中书门下平章事。《洪范》(《尚书》)曰：'天乃锡禹洪范九畴。'注云：'洪，大也。范，法也。畴，类也。'"魏本引孙《全解》同而简，不录。方世举《笺注》："按：《后汉书·蔡邕传》，洪范作《鸿范》，则鸿畴盖谓《鸿范》九畴也。"日人近藤元粹注："鸿，大也。畴，谋也。鸿畴，谓国论。"按：峨冠，高冠，比喻宪宗即位起用的大臣。韩公《示儿》诗："问客之所为，峨冠讲唐虞。"鸿畴，鸿同洪，大也；畴，法也。《书·洪范》"九畴"，谓各种政治措施，即法。鸿畴者，大法也。

(76) 班行再肃穆：文《详注》："行，胡刚切。肃，恭也。穆，和也。"蒋抱玄《评注》："荀悦《汉纪》：'成礼而罢，莫不肃穆。'"按：班行，谓朝班中文武大臣。肃穆，严肃安和。此指王、韦之党刘禹锡、柳宗元、韩泰、陈谏、韩晔、凌准、程异及韦执谊贬为司马，被逐出朝廷，朝纲肃清也。

(77) 璜珮鸣琅璆(làng qiú)：文《详注》："黄石，次玉，胡光切。璆，琅声也，渠幽切。《孔子世家》(《史记》)曰：'夫人自帷中再拜，环佩玉声璆然。'璆，亦音求。"魏本："孙曰：《周礼》：'以玄璜礼北方。'璜，半璧也。《书》(《禹贡》)：'厥贡惟璆(球)琳琅玕。'祝曰：《尔雅》：'西南之美者，有昆仑墟之璆琳琅玕焉。'注：'璆、琳，美玉名。琅玕，状似珠也。'"魏本音注："琅，音琅。球，音求。"顾嗣立

《集注》引刘石龄曰："《三礼图》：凡玉珮有双璜，璜中横冲牙，以仓珠为之。"按：璜、珮：两种玉饰，此指朝臣的服饰。琅璆，玉饰的响声。

(78) 伫继贞观烈：魏本："《补注》：'贞观烈，谓太宗（李世民）之烈。'"顾嗣立《集注》："《（旧）唐书·太宗纪》：'贞观元年（627）正月乙酉（朔）改元。'"按：此句期望宪宗李纯，能继承太宗李世民贞观时代的业绩。伫，侍立，等待，企望。贞观，太宗李世民年号。贞观元年（627）春正月乙酉（1日），改元。二十三年（649）五月己巳（26日），太宗崩于含风殿，是为贞观之治时期，共二十三年。是年八月丙子（4日），百僚上谥曰文皇帝，庙号太宗。

(79) 边封脱兜鍪（móu）：文《详注》："四夷来王，则边封息兵。兜鍪，首铠也。下音矛。"魏本："祝曰：封，边境也。兜鍪，《说文》云：'首铠。'又《书》（《说命中》）曰：'惟甲胄起戎。'注：'胄，兜鍪也。'上当侯切，下音牟。"按：兜鍪，将军的帽盔。脱兜鍪，将军卸去盔甲，谓无战事也。此企望新政振起，即朱彝尊《批韩诗》："颂新政。"

(80) 三贤：文《详注》："三贤，谓上翰林三学士也。"魏本："《补注》：'三贤即涯、建、程也。'"按：谓王涯、李建、李程。三人都是翰林学士，为文学侍从之臣，都与韩公交游。

(81) 卓荦倾枚邹：文《详注》："三贤，谓上翰林三学士也。言其才气卓荦，或以倾望枚皋、邹阳也。谢惠连《雪赋》曰：'乃置旨酒，命宾友召邹生，延枚叟。'又谢灵运《邺中序》云：'梁孝王时有邹枚严马者。'卓荦，超绝貌。班固《西都赋》：'卓荦诸夏。'" 魏本："祝曰：卓荦，特达也，又超绝貌。《选》：'圣贤卓荦。'左思曰：'卓荦观群书。'枚谓枚乘，邹谓邹阳。"钱仲联《集释》："左思诗：'卓荦观群书。'李善注：'犹超绝也。'"按：此句谓：三贤之才卓荦，弹压枚乘、邹阳。枚乘（？ —前140），汉淮阴人，字叔，先后为吴王濞、梁孝王武文学侍从之臣。后为景帝弘农都尉。以诗文名世。皋，乘之子，文《详注》作皋者误。邹阳，汉临淄人。以文辩知名，初从吴王濞，吴王谋起兵，阳上书谏，不听遂去，投梁孝王。以见谗于羊胜、公孙诡，下狱。将死，上书自陈冤屈，获释后为梁孝王上客。

(82) 造化：方《举正》据阁本作“造物”，云：“谢校。”朱《考异》：“化，方作‘物’。非是。”宋白文本、文本、祝本、魏本、廖本、王本等均作“造化”，是。

蒋抱玄《评注》：“《礼记》：‘唯天下至圣。’为能与天地参。”按：此以天地自然化育比喻三学士之以高议辅佐宪宗。《礼记·中庸》：“唯天下至圣，为能聪明睿知，足以有临也。”《庄子·大宗师》：“今一以天地为大炉，以造化为大冶。”杜甫《望岳》：“造化钟神秀，阴阳割昏晓。”

(83) 清文焕皇猷：魏本注：“焕，发也。”蒋抱玄《评注》：“《忠经》：皇猷丕丕，行于四方。”按：焕，焕发，光亮。《论语·泰伯》：“焕乎？其有文章。”汉班固《西都赋》：“焕若列宿。”皇猷，大道，指帝王的谋略或教化，比喻开明政治。此句谓三学士以清丽之文光耀皇朝政治。南朝梁沈约《齐太尉文宪王公墓志铭》：“帝图必举，皇猷谐焕。”《隋书·牛弘传》请依古制修立明堂议：“今皇猷遐阐，化覃海外，方建大礼，垂之无穷。”

(84) 协心辅齐圣：魏本协作“同”。心，或作“力”。均非。诸本作“协”、作“心”从之。

按：此句谓：同心协力辅佐宪宗。《尚书·毕命》：“三后协心，同底于道；道洽政治，泽润生民。”又《冏命》：“昔在文、武，聪明齐圣；小大之臣，咸怀忠良；其侍御仆从，罔匪正人。”公用此义。

(85) 致理如毛辅：廖本作“政”，乃“致”字形近之误，宋白文本、文本、祝本、魏本作“致”，从之。

魏本：“孙曰：‘理，治也。唐人避高宗讳，故治字皆作理。’”文《详注》：“言协辅圣君致治之迹，可同周室中兴之臣仲山甫也。《烝民》（《诗·大雅》）诗曰：‘德辅如毛，民鲜克举之。’辅，轻也。音由。”按：《烝民》是歌颂周宣王及贤臣仲山甫的，此比喻宪宗君臣。

(86)《小雅》咏鸣鹿：文《详注》：“《小雅·鹿鸣》诗曰：‘呦呦鹿鸣，食野之苹。’毛云：‘苹，萍也。鹿得苹，呦呦然而鸣相呼，以兴嘉宾相呼以成礼。'今此言者,谓贤人在上,必引其类也。呦,音幽。苹,音平。"俞樾《俞楼杂纂》:"《小雅》(《鹿鸣》)毛传曰:'鹿得萍,呦呦然鸣而相呼,恳诚发乎中。'《淮南子·泰族篇》曰:'《鹿鸣》兴于兽,君子大之,取其见食而相呼也。'公时有望于王涯、李建、李程三君之引援,故为三君陈此义也。注家未达斯旨。"按:《鹿鸣》是《诗经·小雅》的首篇,为贵族宴会宾客的诗。其首章即云:"呦呦鹿鸣,食野之萍。我有嘉宾,鼓瑟吹笙。"鹿得食而呼同伴,以比人以美乐娱其友,此谓韩愈借喻,希望三学士得位莫忘引荐他。

⑧⑦ 遗风邈不嗣:此句谓:古代的好风气没有继承下来。邈,渺茫,久远。嗣,继承。

⑧⑧ 岂忆尝同裯:方《举正》作"常",云:"杭作'常',蜀作'尝'。《选》曹子建诗(《赠白马王彪》):'何必同衾帱,然后展殷勤。'李善引郑氏诗笺(《诗·召南·小星》笺)曰:'帱,床帐也。'帱与裯,古字通。"宋白文本、文本、祝本、魏本作"常"。廖本、王本作"尝"。朱《考异》:"尝,方作'常'。裯,或作'俦',或作'稠',皆非是。"朱说是。当作"尝"、作"裯"。

文《详注》:"言《鹿鸣》相呼之风既远,后之君子虽在高位者不能继之,岂复思昔日同裯之友乎?此讥三子也。《小星》诗曰:'抱衾与裯。'毛云:'裯,襌被也。'陈留切。晋刘锟、祖逖,共被同寝。"魏本:"孙曰:同裯者,取《诗》(《秦风·无衣》)'同袍'之义。樊曰:'公与三贤有同裯之旧,故望之以《鹿鸣》之风也。'"朱彝尊《批韩诗》:"望援。"何焯《批韩诗》:"转接自己无痕。"

⑧⑨ 失志早衰换:文《详注》:"此公自谓失志未逾四十而颜色衰换,不复可望寿考也。"按:即失去了当年"少小尚奇伟,平生足悲吒"(《县斋有怀》)的大志。衰换,因衰老容貌起了变化。

⑨⓪ 前期拟蜉蝣:文《详注》:"《说文》曰:'蜉蝣,渠略也。似蛣蜣,身狭而长,有角,黑黄色。丛生粪土中,朝生暮死,晋楚之间谓之渠略。'《埤雅》(《释虫》)云:'朝生暮死,有浮游之义,故曰蜉蝣也。'蜉蝣:上,芳扶切。下夷周切。"按文《详注》引《说文》语乃陆玑

《毛诗草木鸟兽虫鱼疏·蜉蝣之羽》条。查《说文·虫部》无"蜉蝣"条。魏本:"孙曰:'言前期不可知,有如蜉蝣,忽然死矣。上音浮,下音游。'"方世举《笺注》:"《诗·曹风》(《蜉蝣》):'蜉蝣之羽,衣裳楚楚。'《埤雅·释虫》:'蜉蝣朝生暮殒。'"按:悲前生也。

㉑ 齿牙:文本作"牙齿",诸本作"齿牙",从之。

文《详注》:"言以刚直得罪,今始慕柔弱也。刘向《说苑》曰:'常枞有病疾,老子往问焉。张其口而示老子曰:吾舌存乎?老子曰:然。吾齿存乎?曰:亡。子知之乎?曰:夫舌之存也,岂非以其柔乎?齿之亡也,岂非以其刚乎?曰:噫!是矣。'《淮南子·原道篇》曰:'齿坚于舌而先为之弊,是故柔弱者生之干(质)也;(而)坚强者死之徒也。'"方世举《笺注》:"齿舌:《孔丛子·抗志篇》:'老莱子谓子思曰:子不见夫齿乎?齿坚刚,卒尽相磨,舌柔顺,终以不敝。子思曰:吾不能为舌,故不能事君。'"查慎行《查初白诗评十二种》:"应前御史建言。"齿缺、舌柔,用刘向《说苑·敬慎》:"老子曰:'夫舌之存也,岂非以其柔耶?齿之亡也,岂非以其刚耶?'"按:语本《老子》"人之生也柔弱,其死也坚强;万物草木之生也柔脆,其死也枯槁,故坚强者死之徒,柔弱者生之徒"的"贵柔"之意。韩愈时因谪而慕柔,然其刚直本性不改。

㉒ 鼻塞:方世举《笺注》:"《释名》:'鼻塞曰齃,涕久不通,遂至窒塞也。'"按:因鼻疾而不通气,则难辨香臭。

㉓ 渐能等薰莸:魏本:"孙曰:'喻不分善恶也。'"文《详注》:"渐,几也,言几能辨别香臭而已。《左氏传》(僖公四年)曰:'一薰一莸,十年尚犹有臭。'杜预注云:'薰,香草。莸,臭草。'王逸注《楚辞》云:'茵,薰也。叶曰蕙,根曰薰。'莸,夷周切。《说文》(草部)曰:'水边草也。'"按:等,同也。薰莸,香草气香与臭草气臭。等薰莸者,香臭不辨也,比喻善恶不分。薰,香草。莸,臭草。朱彝尊《批韩诗》:"意奇妙,然却以无心得之。"何焯《批韩诗》:"双关语。"程学恂《韩诗臆说》卷一:"须知此皆托言,不然公岂真败节者。"查慎行《查初白诗评十二种》:"又深一层。"张鸿《批韩诗》:"此二联可

窥造句之妙。"

㊉ 松楸：魏本："孙曰：'松楸，旧陇也。'"文《详注》："松楸，坟墓上所栽者。《齐册文》(《文选》谢玄晖《齐敬皇后哀策文》)曰：'映舆锾于松楸。'"松楸：松树，楸树。古人在坟墓上多栽松树、楸树，故以松楸代指坟墓。

(95) 空怀焉能果：李详《证选》："谢灵运《富春渚》诗：'始果远游诺。'善注：'果，犹遂也。'"按：此句谓：空想哪能成功，即空抱难以实现的愿望。果，结果，喻成功。用曹植《与杨德祖书》"吾志未果，吾道不行"句意，正与韩公此刻心情相似。晋陆机《文赋》："时抚空怀而自惋，吾未识夫开塞之所由也。"《汉语大词典》亦引韩诗为例。

(96) 但见岁已遒：文《详注》："言空怀去意而未能果决，但睹时岁之遒尽也。弥正平《鹦鹉赋》曰：'心怀归而弗果。'宋玉《九辩》云：'岁忽忽而遒尽。'遒，睢由切。"魏本注："遒，尽也。"按：遒，迫近。宋玉《招魂》："分曹并进，遒相迫些。"司马相如《上林赋》："遒孔鸾，促鵔鸃。"潘岳《秋兴赋》："悟时岁之遒尽兮。"

(97) 殷汤罔禽兽：魏本"殷汤"作"商汤"。宋白文本、文本、祝本、廖本作"殷汤"。商汤、殷汤，二者同指殷高宗建立的朝代。今从"殷"。童《校诠》："案：商应作商，廖本、王本、祝本作殷。商为啻之隶变，说文：啻，语时不啻也，从口帝声，一曰啻，谇也，读若鞮。凡从啻声之字，如敵、適、謫之类，隶皆作商。商从外知内也，从冏，章省声。殷商字假商为之，尔雅释乐：商，章也，说文：殷，作乐之盛称殷，夏，中国之人也，引申为大为雅，周密也，皆美名，故三代以为国号。上文商山季冬月之商亦应作商。"方世举《笺注》："左思《魏都赋》：'蛛蝥之网，螳螂之卫。'"

文《详注》："贾谊《新书》(《谕诚》)曰：'汤出，见网者四面张，祝曰：自天下者，自地出者，自四方至者，皆罗我网。汤曰：嘻！尽之矣。乃去其三面，祝曰：蛛蝥作网，欲左，左。欲右，右。吾请受其犯命者。士民闻之曰：汤德及禽兽矣。'《尔雅》(《释虫》)曰：'蜘蛛，蛭也。'北燕谓之蛭。《字说》曰：'一面之网，物触而后诛之，知诛义也。'蟊,迷浮切,又音牟,虫食草根者。"魏本引韩《全解》同而简。

按:此句谓田猎不尽杀,以喻仁德。《吕氏春秋》记载:商汤见一猎人设置猎网,并祝告:从天上下来的,从地下出来的,从四面来的,都落入我的网中。汤见后就收其三面网,留一面网,改变祝辞说:昔蜘蛛做网只张一面,今人学纾,欲左者左,想右者右,欲高者高,想下者下,我取其中该死的。诸侯听说这件事,以为汤仁及禽兽,是仁德之君,四十余诸侯国都归附商汤。《史记·殷本纪》有记载。蛛蟊,蜘蛛的别名,中原人通称。《尔雅·释虫》作:"鼌蟊。"汉贾谊《新书》七《谕诚》:"蛛蟊作网,今之人修绪。"日人近藤元粹注:"朱(彝尊)云:殷汤以下再申前意。"

㊳雷焕掘宝剑,冤气销斗牛:方《举正》据唐本、阁本作"氛"。朱《考异》:"氛,或作'气'。"宋白文本、文本、祝本、魏本作"气",注:"一作'氛'。"廖本、王本作"氛"、作"气",作"氛"均通,今从"气"。

文《详注》:"雷焕,字孔璋,晋人也。《豫章记》曰:吴未亡,常有紫气见斗牛间,闻雷。孔璋妙达纬象,乃要宿问天文。孔璋曰:斗牛之间有异气,是宝物也,精在豫章丰(鄩)城。遂以孔璋为丰(鄩)城令。至县,掘深二丈,得玉匣长八尺,开之得二剑。其夕,斗牛之间气不复见。孔璋乃留其一,匣而进之,剑至,光耀炜烨,焕若电发。后张华遇害,此剑飞入襄城水中。孔璋临亡,戒其子常以剑自随。后其子为建安从事,经浅濑,剑忽于腰间跃出,遂视之,见二龙相随焉。今洪州鄩城县是也。"方世举《笺注》:"雷焕:《晋书·张华传》:斗牛之间,常有紫气。华闻豫章人雷焕妙达象纬,乃要焕登楼仰观。华曰:是何祥也?焕曰:宝剑之精上彻于天耳!因问,在何郡?焕曰:在豫章丰(鄩)城。即补焕谓丰(鄩)城令。到县,得双剑,刻题一曰龙泉,一曰太阿。"方引文中有删节。按:豫章丰(鄩)城,今江西丰(鄩)城市。雷焕,字孔璋,晋人。精通天文,见斗牛间紫气,对张华说:此宝剑之精,上彻于天,剑在豫章郡丰(鄩)城县。张华想得到宝剑,就任他为丰(鄩)城县令去查询。雷焕到丰(鄩)城县后掘狱屋基,入地四丈余,见石函,开之,得双剑。剑题刻有名:一为龙泉,一为太阿。这二句诗韩公自谓:含冤如宝剑,久埋狱底,希望有雷焕那样的人帮他申诉,能得到重用。详见《晋书》卷三六《张华传》。

⑨兹道诚可尚,谁能借前筹:文《详注》:"自言旅泊江陵,有若鄶城之剑,谁能于上前言之乎?前汉张良对高祖曰:'臣请借前箸以筹之。'张晏曰:'求借所食之箸,用指画也。'筹,张留切。"方世举《笺注》:"《史记·留侯世家》:'臣请借前箸以筹之。'"

按:兹道,指上二剑及张华沉冤被张显事。借前筹,代之谋划。《史记·留侯世家》云:刘邦正在吃饭,张良对他说,臣请借前箸(筹子)为大王筹之。韩愈借此希望王涯等设法在宪宗前援引。

⑩殷勤谢吾友:方《举正》据唐本、阁本作"吾友"。朱《考异》:"吾,或作'朋'。"宋白文本、文本、祝本、魏本作"友朋"。注:"一作'吾友'。"作"友朋""吾友"均可,然"吾友"口气更亲近,更合韩愈此刻的心态,从之。此句表示对朋友委婉而诚挚的谢意。

⑩明月非暗投:文《详注》:"言欲以故旧为先容也。前汉邹阳书(《汉书·邹阳传·狱中上梁孝王书》)曰:'明月之珠,以暗投人于道,人莫不按剑相眄。何则?无因而至前也。'郭璞《游仙诗》曰:'明月难暗投。'"魏本引孙《全解》、方世举《笺注》引邹阳书为解,同文而简,不赘。魏本:"樊曰:'公意以汤譬宪宗,以剑譬己,以借前筹属三贤者,明月之珠,非投暗矣。'"按:明月,即明月珠,在黑暗里犹灼灼发光。谓宝珠不会投于暗处,意谓三贤必不会使明珠投暗。于褒扬中仍是期望故友重视。《史记·邹阳传》:"臣闻明月之珠,夜光之璧,以暗投人于道路,人无不按剑相眄者,何则?无因而至前也。"按:此以寄赠收,应题。

此诗用韵,清王懋竑:寒、删、元通用。敦、谖,元韵,《韵补》无叶。(《读书记疑》卷一六)

【汇评】

宋吴曾:《唐参军簿尉不免杖》:陈正敏《遁斋闲览》言,杜子美

"脱身簿尉中,始与箠楚辞";韩退之"判司卑官不堪说,未免箠楚尘埃间";杜牧之"参军与簿尉,尘土惊劻勷。一语不中治,鞭笞身满疮";谓唐时参军、簿尉,不免受杖。鲍彪谓详考杜、韩所言,捶有罪者也。牧之亦言惊见有罪者如此,非身受杖也。退之《江陵途中》云:"栖身法曹掾,何处事卑陬。何况亲狴狱,敲搒发奸偷。"此岂身受杖者耶? 然《太平广记》载李逊决包尉臀杖十下;及《旧唐书·于頔传》:"頔为湖州刺史,改苏州,追憾湖州旧尉,封杖以计强决之。"则鲍论亦未当。(《能改斋漫录》卷四)

宋洪迈:韩文公自御史贬阳山,新、旧二《唐史》皆以为坐论宫市事。案:公《赴江陵途中》诗,自叙此事甚详。(略)皇甫湜作公《神道碑》云:"关中旱饥,人死相枕藉,吏刻取恩,先生列言天下根本,民急如是,请宽民徭而免田租,专政者恶之,遂贬。"然则不因论宫市明甚。(《容斋随笔》卷八《韩文公佚事》)

宋刘克庄:《江陵道中寄三翰林》云:"同官多材儁,偏善柳与刘。或疑言语泄,传之落冤雠。"按退之阳山之贬,此诗及史皆云因论宫市,似非刘、柳漏言之故。当时乃有此说,市朝风波,可畏久矣。然退之于刘、柳豁然不疑,故有"二子不宜尔"之句,庶几不怨天不尤人矣。(《后村先生大全集》卷一七六《诗话》)

宋黄震:《赴江陵途中》诗,叙次明密,是记事之体。内有云:"早知大理官,不列三后俦。何况亲狴狱,敲搒发奸偷。"此语可警世俗。盖比肩唐虞之朝者,大禹、皋陶、稷、契也。禹平水土,稷教播种,而契教以人伦,是为三后,独皋陶不预焉。三后子孙为三代,享国长久。虽益之后为秦,亦绵延千百祀,独皋陶之后无闻焉。或谓皋陶之所司者,刑也。汉高祖再整宇宙,一时际会,如萧、曹、韩信、张良。萧之后为萧梁,曹之后为曹魏。张良好道家学,至今名天师者,亦其后。独韩信夷族,以其所用者兵,而刑之大者也。皋陶明刑,所以辅唐虞之仁,虽不当以汉事比,然且不得列三后之俦。则刑之不可易言昭昭也。司刑君子,其可不尽心欤!(《黄氏日抄》卷五九)

明蒋之翘：此诗详切恳恻，其述饥荒离别二段，亦仿佛工部，较胜《南山》数筹。（《韩昌黎集辑注》）

清朱彝尊：此却近《北征》，其笔力驰骋，亦不相上下。但气脉犹觉生硬，杜则浑然。（顾嗣立《昌黎先生诗集注》卷一）

清何焯：《赴江陵途中寄赠三学士》"早知大理官"二句，注：东汉杨赐云云。按：此太远太大，不独汉儒谬于经意。"峨冠进鸿畴"，谓"鸿范九畴"。（《义门读书记》卷三〇）

清姚范：《赴江陵途中寄赠王二十补阙李十一拾遗李二十六员外翰林三学士》注谓："公因论旱饥为专政者所恶，出为阳山令。"诗云："或自疑上疏，上疏岂其由。"注或云"自疑"当作"疑自"，谓疑由上疏也。余谓作"自疑"为是。言人自疑上疏之故，而上疏非放黜之由也。下叙上疏颠末，且为天子大臣之所感叹，何为而罪之乎？此盖有奸谗排陷之者，故罹罪耳。"亲逢道边死。"注云：古人谓尸为死。《左传》："生拘石乞，而问白公之死。"《汉书》："何处求子死。"古语又有"直如弦，死道边"之说，韩公盖兼用之。余按：《史记·秦记》："晋、楚流死河二万人。""死"亦读"尸"。"同官尽才俊，偏善柳与刘。或虑语言泄，传之落冤仇。二子不宜尔，将疑断还不。"注《蔡宽夫诗话》云：退之阳山之贬，以诗考之，亦为王叔文、韦执谊等所排耳。子厚、禹锡于退之最善，然至是不能无疑。故云"同官尽才俊，偏善柳与刘"云云。苕溪渔隐曰："余阅洪氏《年谱》，然后知宽夫为误。"《年谱》云：贞元十九年，公与张署、李方叔上疏，言关中民急，为幸臣所谗。幸臣者，李实也。按：蔡绦之说是。盖公疏为李实而发，而谗者非必实也。胡仔但据《年谱》，不知考于公诗耳。"栖栖法曹掾，何处事卑陬。"按：《庄子·天地篇》："子贡卑陬失色。"（《援鹑堂笔记》卷四一）

清爱新觉罗·弘历：此自阳山量移江陵，而寄王涯、李建、李程，意在牵复耳。有求于人，易涉贬屈，而齿缺鼻塞等语，借失志衰换写，意似有惩创，然只以诙谐出之，固知倔强犹昔，不肯折却腰骨也。意缠绵而词凄婉，神味极似《小雅》。（《唐宋诗醇》卷二八）

清王鸣盛:《赴江陵途中寄赠王二十补阙李十一拾遗李二十六员外翰林三学士》,方崧卿云:公阳山之贬,《寄三学士诗》叙述甚详。而《行状》但云:"为幸臣所恶,出宰阳山。"《神道碑》亦只云:"因疏关中旱饥,专政者恶之。"而公诗云:"或自疑上疏,上疏岂其由?"则是未必上疏之罪也。又曰:"同官尽才俊,偏善柳与刘。或虑语言泄,传之落冤仇。"《岳阳楼》诗云:"前年出官由,此祸最无妄。奸猜畏弹射,斥逐恣欺诳。"是盖为王叔文等所排矣。《忆昨行》云:"伾文未揃崖州炽,虽得赦宥常愁猜。"是其为叔文等所排,岂不明甚?特无所归咎,驾其罪于上疏耳。昌黎于俱文珍不知其将为恶,而轻以文假借之;于叔文不知其忠于为国,心疑谗谮而恨之。此不知人之故也。叔文行政,首贬京兆尹李实为通州长史,而实乃毁愈者也。赠故忠州别驾陆贽兵部尚书谥曰"宣",而贽乃愈之座主也。罢宫市为五坊小儿,而此事乃愈所谏正也。诸道除正敕卫税外,诸色杂税并禁断,除上供外不得别有进奉。贞元二十一年十月以前,百姓所欠诸色课利、租赋、钱帛共五十二万六千八百四十一贯,石、匹、束并除免。正愈诗所云"适会除御史,诚当得言秋。拜疏移阁门,为忠宁自谋"者也。愈与叔文,事事吻合如此。愈固大贤,叔文亦忠良,乃目为共叹,以嗣王诛之为快,非不知人邪?又疑柳、刘言泄,子厚《答许孟容书》:"与负罪者亲善,奇其能,谓可共立仁义。"叔文母《刘夫人墓铭》:"叔文坚明直亮","献可替否","利安之道,将施于人"。子厚心事,光明如此。若云"泄言""冤仇",以卖其友,梦得亦不肯,况子厚邪?(《蛾术编》卷七六)

清曾国藩:《赴江陵途中寄赠王二十补阙李十一拾遗李二十六员外翰林三学士》:"行行诣连州"以上,因上疏而贬连州。"对案辄怀愁"以上,叙道途及连州之苦。"旅泊尚夷犹"以上,叙顺宗即位大赦,公量移江陵法曹。末节,宪宗即位,朝政清明,有望于三贤之借筹援引。(《求阙斋读书录》卷八)

程学恂:直从《九歌》《九辩》来。开口言"追愆尤",而其下绝不愆尤,正如诗所谓"我罪伊何"也。(《韩诗臆说》卷一)

张鸿：此诗直追少陵。玩其描写，真有不可及处。梅宛陵极力摹仿，而无其雄杰。（钱仲联《韩昌黎诗系年集释》卷三）

暮行河堤上①
贞元十五年冬

暮行河堤上，四顾不见人②。衰草际黄云，感叹愁我神③。夜归孤舟卧④，展转空及晨⑤。谋计竟何就？嗟嗟世与身⑥。

【校注】

① 题：文《详注》："古之作诗者，多以首句名篇，或别立名以总一篇之义。首句名篇，如《何彼秾矣》《皇皇者华》。或别立名以总一篇之义，如《常武》《大明》。后之述作者多取则焉。此诗伤时之乱，所谓以首句名篇者。余皆仿此。"方《举正》题注："卷末六诗（《暮行河堤上》《夜歌》《重云》《江汉》《岐山下二首》），皆未遇日作，盖贞元十一年（795）以前也。"王元启《记疑》："此诗与《洞庭湖阻风》同意。衰草黄云，是十月节。落句'谋计'云云，则所谓'粮绝谁与谋'是也。盖永贞元年（805）自郴赴江陵时作。"方成珪《年谱》系贞元十五年，曰："当是此年冬朝正京师，途中有感而作。"方世举《笺注》："卷二（自《海水》至《射训狐》）凡三十八首，起贞元十六年，去徐居洛，十七年从调京师，十八年为四门博士，十九年拜监察御史，迄二十一年春，为阳山令时作。"钱仲联《集释》："洞庭阻风时在湘江，不得云'河堤'。方说为长。"按：钱从方成珪十五年冬说，是。然韩公自郴北上江陵，洞庭阻风，在洞庭湖鹿角，非湘江也。在洞庭湖中船上，怎能言"河堤"？韩愈从徐州符离上船，走的是汴河，故云"河堤上"。

② 四顾不见人：宋白文本作"回"。诸本作"四"，从之。

此写韩公日暮泊船,登岸闲步,四顾无人,感叹世情与身事而作。

③衰草际黄云,感叹愁我神:文《详注》:"谢灵运《邺中》(《文选》卷三〇《拟魏太子邺中集诗八首·阮瑀》)曰:'风悲黄云起。'注云:'黄云谓兼尘埃之色,以喻乱也。'"魏本注:"际,连也。"方世举《笺注》:"谢灵运诗:'河洲多沙尘,风悲黄云起。'"按:《全唐诗》卷二〇李白《相和歌辞·豫章行》:"半渡上辽津,黄云惨无颜。"耿㵢《相和歌辞·陇西行》:"白草三冬色,黄云万里愁。"二句所写:即经秋冬而枯萎的草,连着天边的黄云:真一派衰杀之气,凄凉之感。

④夜归孤舟卧:上句写登岸在堤上漫步,此句写归船休息。孤舟,孤独的船。晋陶潜《始作镇军参军经曲阿作》:"眇眇孤舟逝,绵绵归思纡。"宋陆游《戏题江心寺僧房壁》:"史君千骑驻霜天,主簿孤舟冷不眠。"

⑤展转空及晨:文《详注》:"《诗》曰:'展转不寐。'注云:'卧而不周曰展转。'"魏本:"韩曰:潘安仁(岳)《怀旧赋》云:'宵展转而不寐,骤长叹以达晨。'"按:顶上句"感叹愁我神",正突出一个"愁"字。

⑥嗟嗟:叹词,此为韩公感叹之声。韩公感叹者世情之乱与自身不遇也。《楚辞》屈原《九章·悲回风》:"曾歔欷之嗟嗟兮,独隐伏而思虑。"唐李颀《行路难》:"薄俗嗟嗟难重陈,深山麋鹿下为邻。"

【汇评】

程学恂:此诗意兴萧骚,看似无味,而感最深。后来苏子美集中多拟之。(《韩诗臆说》卷一)

蒋抱玄:随意写去,亦落落有致。(《注释评点韩昌黎诗全集》》

夜　歌①

贞元十八年春

静夜有清光,闲堂仍独息②。念身幸无恨③,志气方自得④。乐哉何所忧?所忧非我力⑤。

【校注】

① 题:魏本:"樊曰:'此歌及前《暮行河堤上》诗,皆作于德宗贞元中。时强藩悍将,可为朝廷忧,公方叹计谋之未就,虽欲忧之,非所力也。'"文《详注》:"《补注》:'二篇,贞元中所作。德宗时强藩叛将罗列,天下所可忧者多矣,而公且叹计谋之未就,虽欲忧之。非所力也。'"方世举《笺注》:"按:'闲堂独息'当是十八年为四门博士之时,不以家累自随也。参调无成,始获一官,何遽自得?然以一身较之天下,则一身为可乐,而天下为可忧。其时伾、文渐得宠,殷忧方大。而身居卑末,又非力所能为,故托于《夜歌》以见意。《夜歌》者,阴幽之义,言不敢明言也。"王元启《记疑》引旧注(即上樊注)后曰:"愚谓此诗自江陵还朝,初官国子博士日作。时公虽遂北归,且未遭飞语,当时强藩悍将如杨惠琳、刘辟以次诛灭,欣然有太平之望,故其言如此。前诗谋计,谓谋生之计。此云所忧,盖指官资之崇卑。旧注非是。"方成珪《年谱》系贞元十六年,云:"此去徐居洛时作。"《韩愈年谱汇证》云:"四说各据道理。如说写于(贞元)十六年秋冬居洛时,韩愈心情郁闷,生活困窘,家小在旁,难有静夜闲堂的悠雅之境。况徐州军乱、吴少诚事已暂平息,不当以为忧。从中二句'念身幸无恨,志气方自得'看,说刚得博士之任,博士官虽卑,也是韩愈常想步履京朝官的愿望,一得自适,自觉幸得无恨。云十六年者,不当有此志得自乐之情。云自江陵还朝者,不当云'志气方自得',因韩愈并不以复归太学博士之任为愿。方世举之说较长,然所析之由未为中的。"故系贞元十八年。

文《详注》:"歌者,诗之永其言者也。《书》(《舜典》)曰:'歌永言。'此歌之首见于书者也。《虞书》(《益稷》)《乃赓载歌》,《夏书·五子之歌》,舜《琴歌》《南风》,皆是。'言之不足,故永言之。'然则歌者特诗之别称,而后世遂以名篇,余者仿此。"按:夜歌义双关,一为静夜忧思,一喻政治形势暗然,不便明言也,以见所忧之深也。今人何其芳有诗《夜歌和白天的歌》)。

② 独息:方世举《笺注》:"《诗·葛生》(《唐风》):'[予美亡此,]谁与独息。'"日人近藤元粹注引朱彝尊云:"是刻苦语,劈空创出,清空无衬贴,却有浓味。"按:朱说甚是。首二句静夜、清光、闲堂、独息之意境,颇似王维《山中与裴迪秀才书》清空有味,又为苏轼《记承天夜游》发之。四词妙为契合,境界全出。《全唐诗》卷四二九白居易《赠朴直》:"寂静夜深坐,安稳日高眠。"又卷四七九徐凝《再归松溪旧居宿西林》:"西林静夜重来宿,暗记人家犬吠声。"

③ 念身幸无恨:《唐诗归》卷二九钟惺曰:"古极。"按:念无恨者,有所待也;着一"幸"字,念之深也。于淡语里出厚味。

④ 志气方自得:方世举《笺注》:"屈原《远游》:'漠虚静以恬愉兮,澹无为而自得。'"蒋抱玄《评注》:"《礼记》:'君子无入而不自得焉。'"屈《校注》:"贞元十五年二月,汴宋节度使董晋卒,愈从晋丧去汴,出四日而汴州军乱,从事皆遇害。后为徐州节度使张建封节度推官,十六年五月去徐归洛,随即张建封卒,徐州军乱。二难皆先见而避之,祸不及身,此所谓'幸无恨''方自得'也。"

⑤ 所忧非我力:方《举正》出"所忧非我力",云:"阁本作'可悲我才力'。"朱《考异》作"所忧非我力",云:"或作'可悲我才力'。"诸本皆作"所忧非我力",从之。按:诗抒忧国之情,一无悲意。二句一问一答,似答非所问,于无意中表深意。两"忧"字关索极妙,若用"悲"字,不但不合公意,且无诗味矣。正如以下诸公所说:《唐诗归》卷二九谭元春曰:"达。"蒋之翘《辑注》:"退之以无所忧为乐,正以不得忧为忧也。"查慎行《查初白诗评十二种》:"(末句)词简意足。"李光地《榕村诗选》卷六:"言所乐者己所自得,而所忧者世事

则非己力之所及也。与下《重云》篇正可参看。"程学恂《韩诗臆说》:"妙在不明言所忧何事。"

【汇评】

明钟惺:古直之气,从深静出,似魏武诸诗。(《唐诗归》卷二九)

清朱彝尊:是刻苦语,劈空创出。清空无衬贴,却有浓味。(顾嗣立《昌黎先生诗集注》卷一)

程学恂:止三十字耳,而抵得《大雅》一篇,此为厚,此为深矣。须知所谓深厚者,亦非故为昧晦,示人以不可测也。语语都在眼前,而非蹇蹇匪躬者,则不解所谓。(《韩诗臆说》卷一)

重云一首李观疾赠之①

贞元十年夏

天行失其度②,阴气来干阳③,重云闭白日④,炎燠成寒凉⑤。小人但咨怨,君子惟忧伤⑥。饮食为减少,身体岂宁康⑦。此志诚足贵,惧非职所当⑧。藜羹尚如此,肉食安可尝⑨?穷冬百草死,幽桂乃芬芳⑩。且况天地间,大运自有常⑪。劝君善饮食,鸾凤本高翔⑫。

【校注】

① 题目:方《举正》、朱《考异》只作"重云"。廖本作"重云李观疾赠之"。宋白文本、文本、祝本、魏本多"一首"二字。方世举、钱仲联同,从之。

魏本:"韩曰:'观,字元宾,陇西人。与公同举贞元八年进士,以十年死于京师。当其疾时,以诗赠云。'"文《详注》:"李观,字元宾,赵州赞皇人。集有《墓铭》。重,直龙切。"《补注》:'元宾与公同举贞元八年进士,以十年死于京师。当其疾时,常有诗赠云。'"方世举《笺注》:"陶潜诗:重云闭白日。"顾嗣立《集注》引胡渭曰:"《新书·五行志》:'贞元十年春,雨,至闰四月,间止不过一二日。'"

按:韩公《李元宾墓铭》:"李观,字元宾,其先陇西人也,始来自江之东。年二十四,举进士,三年登上第。又举博学宏辞,得太子校书。一年,年二十九,客死于京师。"进士试有《御沟新柳诗》,博学宏辞试《中和节诏赐公卿尺诗》《钧天乐赋》。据韩诗与《新唐书·五行志一》:"贞元十年春,雨,至闰四月,间止不过一二日。"《五行志三》:"贞元十年三月乙亥(2日),黄雾四塞,日无光。"据所记天气推断,诗当写于春夏。韩愈与李观为好友,除此诗与墓铭,还有《瘗砚铭》《北极一首赠李观》。贞元中,二人以文齐名,世称"韩李"。《新唐书·文艺下·李华传》附《李观传》谓此李观为李华从子,非是。李华从子乃其兄扬州司马李并幼子,如李华志李并墓云:"长子规,前刑部员外郎兼侍御史;次子觐,故沂州沂水县丞;次子覢,故太原府榆次县尉;次子岘,前汾州平遥县丞;幼子观,前左监门卫率府兵曹参军事。"又云:"华于公诸从雁行,为公所知。"李华《送观往吴中序》首云:"见观送兰州兄诗,敬不逾节,情而中礼。是篇也,得诗人之一端矣。"不但能诗,时已有相当造诣与诗名,不然不会受李华称道。元宾长于文,无诗名,况二人年龄相差甚远,显系二人。《新书》一误,致使后世连误。

② 天行失其度:方《举正》据蜀本作"令失度",云:"公诗语多用此一体。"朱《考异》引方语,云:"今按:诸本皆作'天行失其度',文意自通,公诗虽间有如方说者,然亦不专以此为奇也。"宋白文本作"既失度",注:"一作'失其度'。"文本、祝本、魏本作"失其度"。方世举、钱仲联校同,从之。王元启《记疑》:"愚按:失度自指天行,不应别出一'令'字,反于行度无关。《考异》云云,语犹未彻。"

魏本:"孙曰:'天行,天运也。'"方世举《笺注》:"天行:《易·乾卦》:'天行健。'《记·月令》:'司天日月星辰之行,宿离不贷,无失经纪。'失度:班彪《北征赋》:'夫何阴曀之不阳兮,嗟久失其平度。'"按:失其度,失去常态。《管子·内业第四十九》:"忿怒之失度,乃为之图。"《通鉴》卷四:"(乐毅)遂进军深入,齐人果大乱失度,湣王出走。"

③ 阴气来干阳:文《详注》:"阴盛阳微,君弱臣强之喻。"魏本:"韩曰:《选·补亡诗》:'黱黱重云。'(束晳《补亡诗》六首之三)"方世举《笺注》:"贾谊《旱云赋》:'阴气辟而留滞。'"按:阴气,与阳气对称。或谓肃杀之气。《管子·形势解》:"秋者,阴气始下,故万物收。"杜甫《雨》诗:"干戈盛阴气,未必自阳台。"公以此作比喻,谓李观之病,如重云密布,阴气压住阳气也。

④ 重云闭白日:方《举正》作"闭日夜",云:"樊本作'闭白日',谓今本非。朱《考异》:"白日,方'日夜',非是。"宋白文本、祝本作"日夜",注:"一作'白日'。"文本作"蔽白日"。魏本、廖本、王本作"闭白日",敝、闭用于此处音义同。从之。魏本:"韩曰:《古诗》(《文选》卷二九《古诗十九首》):'浮云蔽白日。'或作'重云闭日夜',非是。"

文《详注》:"白日,喻君。"按:重(zhòng)云,浓云。此句谓天连阴浓云遮盖了白日。

⑤ 炎燠(yù)成寒凉:文《详注》:"燠,煖也。乙六反。"又云:"《书》(《君牙》)曰:'夏暑雨[,小民惟曰怨咨];冬祁寒,小民惟曰怨咨。'"按:谓天气变化失常,炎热的天气,变成了寒冷的天气。《说文·火部》:"燠,热在中也。"《书·洪范》:"曰雨,曰旸,曰燠,曰寒,曰风,曰时。"《诗·唐风·无衣》:"不如子之衣,安且燠兮。"《礼记·内则》:"下气怡声,问衣燠寒。"

⑥ 小人但咨怨,君子惟忧伤:文《详注》:"小人图近利,故但咨嗟其身;君子有远虑,故忧伤于国也。《诗》(《小雅·甫田序》)曰:'君子伤今而思古焉。'君子指观而言。"魏本:"孙曰:《书》(《君牙》):'夏暑雨,小民惟曰怨咨;冬祁寒,小民亦惟曰怨咨。'小民但知怨咨而已,君子则忧政事之失,干阴阳之和,或至于乱也。言观忧伤以致成疾耳。"方世举《笺注》亦引《书·冏命》为证,然标《冏

命》篇则误,当是《君牙》篇。

⑦饮食为减少,身体岂宁康:方《举正》据阁本作"尚为减",云:"李、谢校。"朱《考异》:"方作'尚为减',非是。"宋白文本、文本、祝本、魏本、廖本、王本均作"为减少"。

方世举《笺注》:"宁康:《前汉书·叙传》:'民用宁康。'"按:宁康,同康宁,平安、无疾病患难。《书·洪范》:"五福:一曰寿,二曰富,三曰康宁,四曰攸好德,五曰考终命。"

⑧惧非职所当:方《举正》作"职所当",云:"杭、蜀本'职'皆作'识'。张衡《同声歌》:'贱妾职所当。'今从三馆本。"朱《考异》:"职,或作'识'。(下引方语)"文本同《举正》,作"职所当"。魏本同,云:"职,一作'识'。"今同《举正》作"职所当"。童《校诠》:"第德案:方校是也。作识亦非误,职、识古字通,庄子缮性篇:心与心识,释文:识向本作职;周礼:职方氏,汉修华岳碑作识方氏,是其证。读识为职可矣。"

方世举《笺注》:"张衡《同声歌》:'贱妾职所当。'"按:此二句为韩愈安慰李观的话,意谓:你忧国忧民的志向确实可贵,恐怕是你的职位所难担当的。识与职,古通假,然华岳碑将"职方"作"识方",恐误。且古碑刻常有错字。

⑨藜羹尚如此,肉食安可尝:文《详注》:"太史公(《汉书·司马迁传》论六家要指)曰:'藜藿不糁。'颜师古曰:'藿,豆叶也。藜,草似蓬。'《左氏传》(庄公十年)曰:'肉食者谋之。'杜预云:'谓在位者。'"魏本:"韩曰:藜羹:《庄子》:'藜藿不糁。'肉食:《左氏》:'肉食者鄙,未能远谋。'蔡曰:《史记·蔡泽传》:'吾持梁跃马食肉,富贵四十三年,足矣。'"方世举《笺注》:"藜羹:《庄子·让王篇》:'藜羹不糁。'肉食:《说苑》(《善说》):'晋献公之时,东郭民有祖朝者,上书献公。献公曰:肉食者已虑之矣,藿食者尚何与焉?对曰:设使肉食者一旦失计于庙堂之上,若臣等之藿食者,宁得无肝脑堕地于中原之野乎?'"按:写李观困居长安,生活艰苦,虽重病,亦只有野菜藜藿充饥,那有肉食可尝呢?写出了韩、李当时的生活苦状,如

张鸿《批韩诗》云:"细筋入骨。"

⑩ 穷冬百草死:徐震《韩集诠订》:"《合江亭》诗云:'穷秋感平分。'《送僧澄观》云:'洛阳穷秋厌穷独。'皆用'穷秋'。则此'穷冬',必为'穷秋'之误。若作'穷冬',则桂不芳矣。"按:虽说韩诗有用"穷秋"者,然用"穷冬"者亦不乏其例,如《赴江陵途中寄赠三学士》诗:"穷冬或摇扇,盛夏或重裘。"《天星送杨凝郎中贺正》:"正当穷冬寒未已,借问君子行安之。"如文《详注》:"幽桂处穷冬而愈茂,以况君子在隐约而平宽。芬芳,香气也。"方世举《笺注》:"淮南小山《招隐》诗:'桂树丛生兮山之幽。'"童《校诠》:"第德案:若作穷秋,何得云百草死乎?楚辞远游:嘉南州之炎德兮,丽桂树之冬荣;谢康乐入华子冈是麻源第三谷诗亦云:南州实炎德,桂树凌寒山,皆桂树冬荣之证。"此韩公以穷冬百草死,衬托幽桂不怕寒冬仍芬芳,喻李观之品格。徐震略显拘泥。

⑪ 大运:方世举《笺注》:"《史记·天官书》:'其发见固有大运。'"按:大运,天运。《后汉书·明帝纪》:"朕承大运,继体守文。"亦星相家语,谓命运气数十年一改,名为大运。此韩公排解李观忧伤的话。

⑫ 鸾凤本高翔:文《详注》:"《楚辞》(贾谊《惜誓》)曰:'独不见鸾凤之高翔乎?大皇之野,循四极而周回,见盛德而下。'"魏本:"孙曰:'以鸾凤比观也。'"方世举《笺注》:"《广雅·释鸟》:'鸾鸟,凤皇属也。'"按:孙说是。韩公为李观鼓气,谓病愈之后,当如鸾凤一样展翅高飞。《文选》卷六〇贾谊《吊屈原文》:"鸾凤伏窜兮,鸱枭翱翔。"以鸾凤比美善贤俊。《全唐诗》卷二二李白《舞曲歌辞·白鸠辞》:"凤凰虽大圣,不愿以为臣。"以鸾凤比大圣。《全唐诗》卷三六九卢储《催妆》:"今日幸为秦晋会,早教鸾凤下妆楼。"比美人。

【汇评】

清朱彝尊:稍率易。(顾嗣立《昌黎先生诗集注》卷一)

清李光地:言李生忧世之志虽可贵,而非职所当。今日贫贱如

此,苟富贵当如何乎?有以独乐而知天命,则不以岁寒改柯易叶。如高飞之凤皇,览德晖而来下也。(《榕村诗选》卷六)

清何焯:《重云李观疾赠之》:安溪云:此诗言生忧世之志虽可贵,而非职所当。今日贫贱如此,苟富贵,当何如乎?有以独乐而知天命,则不以岁寒改柯易叶,如高飞之凤凰,览德晖而来下也。(《义门读书记》卷三〇)

又云:诸短章音节极古,且多用比兴,直所谓突过黄初也。(顾嗣立《昌黎先生诗集注》卷一)

程学恂:此与《苦寒歌》《苦寒诗》并读。(《韩诗臆说》卷一)

江汉一首答孟郊①

元和九年

江汉虽云广②,乘舟渡无艰③。流沙信难行④,马足常往还⑤。凄风结冲波⑥,狐裘能御寒⑦。终宵处幽室,华烛光烂烂⑧。苟能行忠信⑨,可以居夷蛮⑩。嗟余与夫子,此义每所敦⑪。何为复见赠?缱绻在不谖⑫。

【校注】

① 方《举正》、朱《考异》作"江汉"。宋白文本、文本、廖本无"一首"二字。祝本、魏本、王本作"江汉一首答孟郊",题似《重云一首李观疾赠之》,并和《重云一首李观疾赠之》编在一起,可见李汉也这样看,从之。

魏本:"唐曰:《孟郊集》(卷六)有《赠韩郎中》二首,其一云:'何以结(集作"定")交契?赠君高山石。何以保真坚?赠君青松色。贫交过此外,无可相彩饰。闻君首鼠诗,吟之泪空滴。'其二云:'硕鼠既穿墉,又啮机上丝。穿墉有闲(一作"余")土,啮丝无余衣。朝吟枯桑柘,暮泣穿杼机。岂是无巧妙,丝断将何施?众人尚肥华,志士多饥羸。愿君保此节(一作"愿保此贞节"),天意当察微。'唐人诸诗,和意不和韵,此篇岂公所答者耶?"文《详注》:"《唐史》:孟郊字东野,湖州武康人。《旧史》:洛阳人,集有《墓志》。"王《补注》同唐庚,于诗作年,则云:"公为比部郎中在元和八年(813)三月,而郊以九年(814)八月死,则此诗作于八年矣。"方世举《笺注》系九年,云:"按孟郊《赠韩郎中愈》二首,有曰云云。颇与此诗语义相应,题称'韩郎中',盖于比部时也。十月转考功郎中,则郊已没矣。公与郊唱和之诗止于此。"王元启《记疑》:"此诗'行忠信'以下,正答来诗山石青松保节之意。郊称公'郎中'则元和八年自博士改比部时作,次年未转考功,郊已前死。因此诗编入首卷,与贞元中诸作相杂,读者遂不敢考论其世。"方成珪《年谱》同方世举说,系元和九年。按:《韩学研究》之《韩愈年谱汇证》系元和九年,云:"三月郑馀庆尹兴元,节度山南西道,辄辟孟郊为幕,孟郊有诗《赠韩郎中愈》二首……唐人诸诗,和意不和韵,韩愈此篇当是对孟郊诗的回答……诗前半讲江汉之内容,当指郊将赴兴元事。时当在是年春夏。韩愈任比部郎中。韩愈一生两任郎中,任考功郎中在十月后,则郊八月已卒矣。"

② 江汉虽云广:魏本:"韩曰:《诗》(《周南·汉广》):'汉之广矣……江之永矣。'"方世举《笺注》:"《诗·汉广》(《周南》):'汉之广矣,不可泳思。江之永矣,不可方思。'"江,长江。汉,汉水,亦叫汉江。源出陕西西南汉中宁羌县,东南流至湖北武汉汉阳入长江。此句借《汉广》诗而起兴。韩公《别鹄操》:"江汉水之大,鹄身鸟之微。"

③ 乘舟渡无艰:方《举正》:"山谷本校'艰'作'难'。"朱《考异》:"艰,或作'难'。诸本作'艰',从之。

魏本:韩曰:"又(《诗·卫风·河广》):'谁谓河广,一苇杭之。'"按:大河虽广,一苇可以渡之,有何难哉!激励之辞:谓保持节操不难,正应孟郊诗。

④ 流沙信难行:文《详注》:"流沙,西境之最远者。《地理志》(《汉书·地理志》)以为张掖居延泽是。"魏本:"韩曰:《书》疏:'流沙当是西境最远者也。'"方世举《笺注》:"《书·禹贡》:'导弱水至于合黎,余波入于流沙。'"屈《校注》:"案:古以流沙为西北沙漠之泛称,因沙随风迁徙,其流如水,故云流沙,实不能指定一处也。如《楚辞·招魂》:'西方之害,流沙千里些。'《吕氏春秋·本味》'流沙之西,丹山之南,有凤之丸'是也。"按:流沙,可指西域远地,亦指流沙之地的沙漠。两说都可与"信难行"扣合。《楚辞·离骚》:"忽吾行此流沙兮,遵赤水而容与。"王逸注:"流沙,沙流如水也。"李白《闺情》诗:"恨君流沙去,弃妾渔阳间。"则更合韩诗意。孟郊为郑馀庆聘而西去兴元,韩愈念之,故有此情。

⑤ 马足常往还:蒋抱玄《评注》:"《东京赋》:马足未极。"按:此句反用《文选》卷三张衡(平子)《东京赋》"马足未极,舆徒不劳"意,谓流沙虽然难行,马足却能常往还。由此以下四联均以流水对法,而每两句反对,作衬托,以喻孟郊此行而莫忘往还也。

⑥ 凄风结冲波:凄风,凉风,寒风。文《详注》:"凄风,寒风也。冲波,逆波也。《淮南子》(《主术训》)曰:'疾风起而波兴。'"方世举《笺注》:"陆机诗(《从军行》):'寒冰结冲波。'"蒋抱玄《评注》:"《吕氏春秋》(《有始》):'西南曰凄风。'"按:《左传》昭公四年:"春无凄风,秋无苦雨。"注:"凄,寒也。"如"凄风苦雨"。上举《吕氏春秋·有始》注亦云:"一曰凉风。"冲波,大波,激浪。晋陆机《演连珠》之三九:"臣闻冲波安流,则龙舟不能以漂;震风洞发,则夏屋有时而倾。"李白《蜀道难》:"上有六龙回日之高标,下有冲波逆折之回川。"

⑦ 狐裘能御寒:文《详注》:"《说苑》(《建本》)曰:'千金之裘,非一狐之皮。'"魏本:"《补注》:《吕氏春秋》(卷二五《似顺论·分职》):'卫灵公[天寒]凿池,苑(当作宛)春曰:天寒[起役]恐伤民。公曰:[天]寒哉[乎]?[宛]春曰:君[公]衣狐裘,坐熊席,四陬[隅]有火[灶],是以不寒。'"因魏本引文有误,钱、屈注皆未查原文,不

但断句误,亦把人名"宛春"弄错,故校补之。

⑧ 华烛光烂烂:方《举正》订"烂烂",云:"阁本作'炎炎'。杭、蜀本皆作'烂烂'。《楚辞》'烂'字亦叶平声用。《九章》(《橘颂》)曰'曾枝剡棘,圆果抟兮。青黄杂糅,文章烂兮'是也。"朱《考异》:"烂烂,或作'炎炎'。"今从方。

文《详注》:"烂烂,光貌。郎干切,协韵。曹子建《七启》曰:'华烛烂,幄幕张。'舟马裘烛,皆以喻忠信之具。"魏本:"《补注》:《礼记》(《仲尼燕居》):'譬犹终夜,有求于幽室之中,非烛何见?'祝曰:'《广韵》:烂,火熟又明也。烂,音阑,义与去声同。'"按:烂烂,光亮。《史记·司马相如列传·上林赋》:"磷磷烂烂,采色澔旰。"《世说新语·容止》:"裴令公(楷)目王安丰:'眼烂烂如岩下电。'"

⑨ 苟能行忠信:方《举正》:"陈齐之校行作'存'。"朱《考异》:"行,或作'存'。"诸本作"行",是。

《礼记·礼器》:"忠信之人,可以学礼,苟无忠信之人,则礼不虚道,是以得其人之为贵也。"《礼记·儒行》:"忠信之美,优游之法。"《左传》昭公十二年:"忠信之事则可,不然必败。"

⑩ 可以居夷蛮:文《详注》:"《论语》:孔子曰:'言忠信,行笃敬,虽蛮貊之邦行矣。'"魏本:"孙曰:江汉、流沙、冲波、幽室四者皆以喻忠信,则无往而不可也。孔子曰(《论语·卫灵公》):'言忠信,行笃敬,虽蛮貊之邦行矣。'"李详《证选》:"欧阳建《临终》诗:'子欲居九蛮。'此居蛮字所出。"夷蛮,即蛮夷,古时泛指华夏中原民族以外的少数民族。《书·舜典》:"柔远能迩……蛮夷率服。"夷,对异族的称呼,如四夷、九夷。亦多用于称呼东方民族。《书·禹贡》:"岛夷皮服。"《释文》:"岛,当老反。马云:岛夷,北夷国。"正义:"郑玄云:岛夷,东方之民。"《礼记·王制》:"东方曰夷。"蛮,古时对南方民族的泛称。《周礼·夏官·职方氏》:"四夷、八蛮、七闽、九貉。"《诗·大雅·抑》:"用戒戎作,用逷蛮方。"

⑪ 余:文本作"予"。诸本作"余",韩公自称多作"余",从之。

敦(dūn 都昆切,平,魂韵):文《详注》:"曹子建诗(《赠徐幹》)

曰:'亲交义在敦。'"按:敦,惇厚,笃厚。《易·临》:"敦临,吉,无咎。"《老子》:"敦兮其若朴,旷兮其若谷。"又作聚集解,《诗·大雅·行苇》:"敦彼行苇,牛羊勿践履。"此处当用后者,义韵俱合

⑫ 缱绻(qiǎn quǎn)在不谖(xuān):文《详注》:"缱绻,反复也。缱,音遣。下(绻),起阮(切)。《民劳》诗曰:'以谨缱绻。'谖,诈也,音暄。《淇奥》诗曰:'终不可谖兮。'"魏本:"祝曰:缱绻,不相离貌。《诗》:'以谨缱绻。'《左氏》:'缱绻从公。'注:不离散也。谖,忘也。《诗》:'永矢弗谖。'"魏本音注:"缱,音遣。绻,古远切。谖,许元切。"按:缱绻,谓友谊牢结,不可破也。《诗·大雅·民劳》:"无纵诡随,以谨缱绻。"《左传》昭公二十五年:"缱绻从公,无通外内。"注:"不离散。"不谖,不忘。《诗·卫风·考槃》:"独寐寤言,永矢弗谖。"弗谖,即不谖。韩公诗用此义。意谓:他与孟郊的友谊牢不可破。此诗用"寒"韵;"敦"字似不协,有读团音者,属寒韵。核之韵书无误。

【汇评】

清朱彝尊:四排一律,总是难处,尚可为意。调法本左太冲"四贤岂不伟"来。(顾嗣立《昌黎先生诗集注》卷一)

清李光地:言修德可以涉险困,而欲共勉之。(《榕村诗选》卷六)

清何焯:《江汉答孟郊》:发端叠下四喻,极缱绻之致,诗亦突过黄初。(《义门读书记》卷三〇)

清查慎行:古情古义,真觉缠绵。(《查初白诗评十二种》)

清姚范:《江汉答孟郊》云:"缱绻在不谖。"注:缱绻,不相离貌。《诗》:"以谨缱绻。"按:此当引《左》昭二十五年传:"缱绻从公,无通外内。"《诗》"缱绻"郑笺:"反覆也。"(《援鹑堂笔记》卷四一)

清曾国藩:《江汉一首答孟郊》:王襃云:"有其具者易其备。"舟、马、裘、烛,皆御物之具也。忠信,履险之具也。韩公与其徒党,固常常以自立相勖矣。(《求阙斋读书录》卷八)

长安交游者一首赠孟郊①

贞元八年春

长安交游者,贫富各有徒。亲朋相过时②,亦各有以娱③。陋室有文史④,高门有笙竽⑤。何能辨荣悴?且欲分贤愚⑥。

【校注】

① 题:方《举正》、朱《考异》只作"长安交游者",宋白文本、文本、魏本、廖本多"赠孟郊"三字。祝本、王本又多"一首"二字。今从祝、王。

魏本:"樊曰:'《长安交游者》《马厌谷》《出门》,其意大率相类,皆公未得志之所为也。'"方世举《笺注》:"《新唐书·孟郊传》:'郊,字东野,湖州武康人。少隐嵩山,性介少谐合。韩愈一见为忘形交。'按:公撰《贞曜先生墓志》云:'年几五十,始以尊夫人之命来集京师,从进士试。'此盖相遇于长安而作也。"方成珪《年谱》系贞元十一年,云:"《郊集·长安道》云:'家家朱门开,得见不可入。高阁何人家,笙簧正喧吸。'此诗正广其意,乃公未筮仕,东野未第时所作。"钱仲联《集释》系贞元九年,曰:"方谱系此诗于贞元十一年。按:郊于本年往徐州,十一年未必在京。此当作于本年《孟生诗》之前。"《韩学研究·韩愈年谱汇证》系此诗与《孟生诗》于贞元八年春试后。并有详考。

② 亲朋相过时:方《举正》据蜀本作"相过时",云:"范、谢校同。"朱《考异》:"过,或作'遇'。"宋白文本、文本、祝本、魏本作"遇",注:"一作'过'。"作"过"、作"遇"均可。此指交友。过,即过从,相互交往。《商君书·兵守》:"故曰慎使三军无相过,此盛力之道。"《汉语大词典》也引韩诗为例。遇,可作相逢解。《诗经·郑风·野有蔓草》:"邂逅相遇,适我愿兮。"或作投合解。《战国策·

秦四》："楚王扬言与秦遇,魏王闻之恐,效上洛于秦。"此从"过"。

③亦各有以娱:此句方《举正》作"亦各有以娱",云:"阁本作'亦有以欢娱'。"朱《考异》:"或作'亦有以欢娱'。"诸本作"亦各有以娱"。此谓贫富不同亲戚朋友到一块时,亦各有不同的欢乐。

④陋室:狭小简陋的屋子。《韩诗外传》卷五:"(儒者)虽居穷巷陋室之下,而内不足以充虚,外不足以盖形,无置锥之地,明察足以持天下。"《新唐书·崔沔传》:"沔俭约自持,禄禀随散宗族,不治居宅,尝作《陋室铭》以见志。"刘禹锡在和州任刺史时曾建陋室,作《陋室铭》。有人认为此文非禹锡作,清人钱大昕《十驾斋养新录》卷一六考为禹锡作。方世举《笺注》:"文史:《晋书·张华传》:'家无余财,惟有文史。'"文史即文艺与史学,此指古籍。《汉书·司马迁传·报任少卿书》:"仆之先人非有剖符丹书之功,文史星历近乎卜祝之间,固主上所戏弄,倡优畜之,流俗之所轻也。"又《东方朔传》:"年十三学书,三冬文史足用。"《全唐诗》卷七七骆宾王《在江南赠宋五之问》:"一顾重风云,三冬足文史。"又卷二一七杜甫《送李校书二十六韵》:"十五富文史,十八足宾客。"

⑤高门有笙竽:文《详注》:"笙竽同类而异名。笙,十三簧;竽,三十六簧。左思诗曰:'北里吹笙竽。'"魏本:"葛立方曰:'公此诗盖言贫者文史之乐,贤于富者笙竽之乐也。'"方世举《笺注》:"高门:《史记·驷奭传》:'齐王为开第康庄之衢,高门大屋尊宠之。'"又云:"笙竽:左思诗:'南邻击钟磬,北里吹笙竽。'"按:以高门大第喻富贵之家。《庄子·达生》:"(鲁)有张毅者,高门县薄,无不走也。"《文选》南朝梁沈休文《恩倖传论》:"刘毅所云'下品无高门,上品无贱族'者也。"注:"臧荣绪《晋书》(《刘毅传》)曰:'刘毅为尚书左仆射,上疏陈九品之弊,曰:上品无寒门,下品无势族。"笙竽,两种乐器,此指高门富贵之家的声乐之娱。

⑥辨:宋白文本、文本作"辩"。祝本、魏本、廖本、王本作"辨",从之。古籍二字常通用。

荣悴:兴盛与衰败,犹荣枯。《文选》晋潘岳《秋兴赋》:"虽末士之荣悴兮,伊人情之美恶。"方世举《笺注》:"按:《郊集》有《长安羁旅行》云:'十日一理发,每梳飞旅尘。三旬九过饮,每食惟旧贫。失名谁肯访,得意争相亲。'又《长安道》云:'家家朱门开,得见不可入。高阁何人家?笙簧正喧吸。'此诗云'贫富各有徒',盖以郊有怨诽之言,故以此广其意。"

贤愚:《唐诗归》卷二九钟惺曰:"嘲骂只须此二字。"清朱彝尊《批韩诗》:"末句太说明,反觉味短。"日人近藤元粹注:"案:诗固有寓言者,又有说明者,未必一定。此诗原广东野之意,故不得不说明。竹坨之说似拘。"

此诗用"虞"韵。徒,模韵,在"鱼"部。鱼、虞韵,古韵通叶。

【汇评】

宋范晞文:东野《长安道》诗云:"胡风激秦树,贱子风中泣。家家朱门开,得见不可入。长安十二衢,投树鸟亦急。高阁何人家?笙簧正喧吸。"气促而词苦,亦可怜也。退之有赠孟之诗《长安交游者》:"长安交游者……且欲分贤愚。"亦广其意而使之安其贫也。(《对床夜语》卷四)

明蒋之翘:荣悴分贤愚,千古同恨。然世情自宜乃尔,读之能不三叹。(《韩昌黎集辑注》卷一)

清方世举:《郊集》有《长安羁旅行》云:"十日一理发,每梳飞旅尘。三旬九过饮,每食惟旧贫。失名谁肯访,得意争相亲。"又《长安道》云:"家家朱门开,得见不可入。高阁何人家?笙簧正喧吸。"此诗云"贫富各有徒",盖以郊有怨诽之言,故以此广其意。(《韩昌黎诗集编年笺注》卷一)

蒋抱玄:意调大率浅露,殆信口为之耳。(《注释评点韩昌黎诗全集》)

岐山下①

贞元九年夏秋

诗反映了韩愈中进士后，应博学宏辞不中时的思想感情。韩愈希望他的时代能像周朝那样朝廷有圣明，凤凰鸣高冈，好施展自己的才智和抱负。中唐是由盛到衰的转折，所以诗人发出"凤凰不至"之叹。他把这种不遇之叹，寓于美丽传说的诗的语言之中，既给人一种美与和谐的希望，也使诗有深刻的内含。

谁谓我有耳，不闻凤皇鸣②。竭来岐山下③，日暮边鸿惊④。丹穴五色羽，其名为凤皇⑤。昔周有圣德，此鸟鸣高冈⑥。和声随祥风⑦，窈窕相飘扬⑧。闻者亦何事？但知时俗康。自从公旦死⑨，千载闷其光⑩。吾君亦勤理，迟尔一来翔⑪。

【校注】

① 题：方《举正》据阁、蜀本作"岐山下二首"，云："阁本自'日暮边火惊'以上为第一篇。世有《灌畦暇语》一书，谓子齐初应举，韩公赏之，为作'丹穴五色羽，其名为凤凰'。子齐姓程，字昔范，尝著《中薯》三卷，见《因话录》。则下诗似当为别篇。第前诗题以《岐山下》，则此必游凤翔日作。然四语亦不成篇，此诗载之卷末，疑有脱误。"朱《考异》题作"岐山下"，云："诸本只作一首。"顾嗣立《集注》引俞旸曰："此诗不必作二首，庚、阳二韵，古原通叶也。"王元启《记疑》："旧注：'子齐初应举，韩公赏之，为作丹穴五色羽。子齐姓程，字昔范。'据此，则'丹穴'以下别为一篇，应题《丹穴一首赠程昔范》，与前赠李观、孟郊一例。考《通鉴》，昔范当敬宗初与张又新等同为宰相李逢吉私人。李汉编集时，以此附《岐山下》四句之后者，殆鄙其为人，故将原题削去耳。又据《通鉴》，当云'名昔范'，旧注

'字'字误。"黄钺《增注证讹》:"此诗究当从方作二首为是。'日暮边鸿惊'五字,颇有含蓄。"方世举《笺注》:"按:此篇亦有分二首者,非。"钱仲联《集释》:"诸说作二首者为长。惟王氏谓李汉鄙昔范为李逢吉私人之故,削去原题,此未可信。集中有《和李相公》古近体诗,皆未削去其题。逢吉且不削,何论其私人乎?"

此诗作年:程俱《韩文公历官记》:"贞元十一年五月去京师,有不遇时之叹。感二鸟以赋。过潼关,游凤翔,以书抵邢君牙,不得意去。"方崧卿《年表》系十一年,云:"五月东归,六月游凤翔。"又《与凤翔邢尚书书》"居十日而不敢进者"。《增考》云:"计公之凤翔,当在秋半矣。"方成珪《年谱》:"是年游凤翔时作"。按:《韩学研究·韩愈年谱汇证》详考后云:"韩愈五月七日方出潼关,息河阴的时间怕已到五月中旬以后,焉能六月又西到凤翔?诗当写于贞元八年试博学宏辞科不第后至贞元十年这段时间。今从钱仲联《集释》系贞元九年。"韩愈这次是回洛阳,再到河阳。长安至河阳一千多里,长安至凤翔又三百多里。不要说在洛阳、河阳必停,即如不停,来往二千六七百里,按日行五十里计,也得近两月。此乃未详考之误也。韩愈游凤翔在贞元九年六七月,《岐山》诗当写于此时。诸家谓诗为二首,"丹穴"以下应为《丹穴一首赠程昔范》。若细考:昔范元和十三年(818)中进士,则贞元九年(793),相去二十五年,如昔范时二十岁,中进士时已四十五矣,敬宗时已五十多岁,年龄恐不甚合。况贞元九年时,韩愈尚无如《因话录》云"及赴举,言于主司曰:'程昔范不合在诸生下。'当时下第,大振屈声"荐昔范于主考的可能。韩愈荐诸生于主考在贞元十七八年间,任四门博士时,故不当为赠程昔范。此诗前四句庚韵,后用阳韵,古诗庚、阳韵通叶,"丹穴"句正可接上"岐山凤鸣",意亦连贯,作一首为善。

文《详注》:"《补注》:岐山,凤翔也。公有《上凤翔邢尚书君牙书》,盖公尝至岐山而作是诗。《山海经》云:'丹穴之山有鸟焉,五采而文,名曰凤鸟。'是鸟也,饮食自歌自舞,见则天下安宁。'自从姬旦死,千载闷其光。'杜子美《凤凰台诗》所谓:'西伯今寂寞,凤凰亦悠悠。'"

② 不闻凤皇鸣：皇，同凰，古多用皇，借为本字，凰字后出。魏本："《补注》：《书》(《君奭》)曰：'我则鸣鸟不闻。'注云：'鸣凤不得闻也。'"文《详注》："《瑞应图》(《凤凰》)曰：'凤凰，仁鸟也，雄曰凤，雌曰凰。王者不刳胎，剖卵则至。'"朱彝尊《批韩诗》："突起，奇。"

③ 朅（qiè）来：去来。《说文·去部》："朅，去也，从去曷声。"方世举《笺注》："朅，丘揭切，又去谒切。《说文》：'朅，去也。'曾子《归耕操》：'朅来归耕，历山盘兮。'"岐山，在今陕西岐山县，又名凤凰堆，传说周朝初兴，有凤凰飞鸣其上得名。方世举《笺注》："《诗·绵》：'率西水浒，至于岐下。'《水经注》云：'岐山在扶风美阳县西北。'《新唐书·地理志》：'凤翔府扶风郡岐山县，有岐山，属关内道。'"《元和郡县图志》卷二关内道二："凤翔府岐山县，岐山，亦名天柱山，在县东北十里。"

④ 日暮边鸿惊：方《举正》据唐、阁本作"边火惊"。朱《考异》："鸿，方作'火'。今按：上文言不闻凤鸣，则此当作'鸿'。"作"鸿"是，既切题又有诗味。

文《详注》："言不闻凤凰，徒见惊鸿也。《琴操》(《文王受命》)曰：'文王以纣时为岐侯，躬修道德，执行仁义，百姓亲附。其后有凤凰衔书于文王之郊，文王曰：商（商）帝无道，虐乱天下，皇命已移，不得复久。乃作《凤凰之歌》，其辞曰：翼翼翱翔，彼鸾凤兮。衔书来远，以命昌兮。瞻天案图，商（商）将亡兮。苍苍昊天，始有萌兮。神连精合，谋于房兮。'"《旧唐书·邢君牙传》："贞元三年，君牙代为凤翔尹、凤翔陇州都防御观察使，寻迁右神策行营节度、凤翔陇州观察使，加检校工部尚书。吐蕃连岁犯边，君牙且耕且战，以为守备，西戎竟不能为大患。"故公有"边鸿惊"之语。

⑤ 丹穴五色羽，其名为凤皇：文《详注》："《山海经》(《南山经》)曰：'丹穴之山，有鸟状如鹤，五色而文，名曰凤。首文曰德，翼文曰顺，背文曰义，膺文曰仁，腹文曰信。栖梧桐，食竹实。是鸟自

歌自舞,见则天下安宁。'《尔雅》(《释地》)曰:'距齐州以南,戴日为丹穴。'郭璞注云:'岠,去也。齐,中也。'又按《倦游录》云:'南恩州北,其山壁立千仞,有瀑水飞下,猿狖不能至,凤凰巢于上,彼人呼为山凤凰。所食亦虫鱼,遇大风雨,或飘坠其雏,小者犹如鹤,而足差短,南人截其觜,谓之凤凰杯。古书凤凰生于丹穴,即南方也。予守恩平郡日,尝见其过,前后鸟雀数千,如导从状。所以为羽族之长者,以其智能远害,逢时而出也。'东坡作《海南五色雀诗》云:'粲粲五色羽,炎方凤之徒。'即用此意也。"魏本引樊《谱注》同而简,不赘。方世举《笺注》:"《尔雅·释地》:'距齐州以南,戴日为丹穴。'《南山经》:'丹穴之山有鸟焉,其状如鸡,五采而文,名曰凤皇。'"按:凤皇,祥瑞之鸟,见则吉兆。

⑥ 昔周有圣德,此鸟鸣高冈:文《详注》:"《大雅·卷阿》诗曰:'凤凰鸣矣,于彼高岗。'注云:'山脊曰岗。'时周、召夹辅成王,以致太平。文公之诗,言周有盛德,凤凰再至高岗。高岗即岐山,在今凤翔府城之东有东湖,即古饮凤池也。故东坡公诗(《凤翔八观·东湖》)云:'闻昔周道兴,翠凤栖孤岚。飞鸣饮此水,照影弄毵毵。至今多梧桐,合抱如彭聃。彩羽无复见,上有鹘捎鹌。嗟余生虽晚,好古意所妉。图书已漫漶,犹复访侨郯。《卷阿》诗可继,此意久已含。'"魏本:"孙曰:《周语》(《国语·周语上》)曰:'周之兴也,鸑鷟鸣于岐山。'"按:凤凰在高冈上鸣叫,主吉祥。

⑦ 和声随祥风:文《详注》:"祥风,治世之风也。《孝经援神契》曰:'德及八方,则祥风至。'宋均注云:'即景风也。'"方世举《笺注》:"《左传》(庄公二十二年):'凤皇于飞,和鸣锵锵。'又'和声入于耳而藏于心'。王褒《圣主得贤臣颂》:'恩从祥风翔,德与和气游。'"和声,指凤凰和谐的叫声。祥风,吉祥之风。此句谓凤凰乘祥瑞之风而飞来也。

⑧ 窈窕:方《举正》据杭、蜀本作"窅窕"。廖本同《举正》。朱《考异》:"方本如此,而《举正》改'窕'为'窈'。按:窅,即窈字,既连

用之,不应异体,或是窅字一作'窈'耳。"宋白文本作"窅窅",注:"一作'窈窕'。"文本、祝本、魏本作"窈窕"。从之。

文《详注》:"《方言》(卷二)曰:'美心为窈,美状为窕。窈言幽静,窕言闲都。'魏本:"祝曰:窈窕,深貌。《庄子》:'窈然空然。'"方世举《笺注》:"《说文》(穴部):'窅,深目也。窈,深远也。窕,深肆极也。'按:窅窕亦相近可通,然与窕字相连,宜作'窈窕',以《诗经》为正。"按:《诗·周南·关雎》:"窈窕淑女,君子好逑。"

⑨ 公旦:方《举正》据唐本订"公",云:"柳本同。"朱《考异》:"公,或作'姬'。"宋白文本、文本、祝本、魏本作"姬"。作"公"字合韩愈尊重周公旦之意。魏本:"樊曰:即杜子美《凤凰台诗》所谓'西伯今寂寞,凤声亦悠悠'也。"

⑩ 千载闷(bì)其光:文《详注》:"嗟凤鸟之不至也。闷,闭也。音兵媚切。"

⑪ 吾君亦勤理,迟尔一来翔:文《详注》:"迟,待也。直利切。"魏本:"祝曰:迟,待也。《易》:'迟归有时。'"方世举《笺注》:"《后汉书·章帝纪》:'朕思迟直士。'注:迟,犹希望也。《魏志·管宁传》:'振翼遐裔,翻然来翔。'"按:吾君,指德宗李适。迟(zhì),读治,去声,作动词,当期待解。《后汉书·章帝纪》:"朕思迟直士。"注:"迟,犹希望也。"《易·归妹》:"迟归有时。"王弼注:"迟归以待时也。"《荀子·修身》:"迟,彼止而待我。"杨倞注:"迟,待也。"来翔,飞来。

此诗庚、阳韵。二韵古叶。

【汇评】

清朱彝尊:意不深,却近古。(顾嗣立《昌黎先生诗集注》卷一)

清严虞惇:作一首为是。四句亦不成篇,必有脱误也。(钱仲联《韩昌黎诗系年集释》卷一)

清王懋竑:此诗作一首,当从叶韵。若作二首,仍从本音。(《读书记疑》卷一六)

卷二 古诗

北极一首赠李观①
贞元八年春

北极有羁羽,南溟有沉鳞②。川原浩浩隔③,影响两无因④。风云一朝会⑤,变化成一身⑥。谁言道里远⑦,感激疾如神⑧。我年二十五⑨,求友昧其人。哀歌西京市⑩,乃与夫子亲⑪。所尚苟同趋,贤愚岂异伦⑫。方为金石姿⑬,万世无缁磷⑭。无为儿女态⑮,憔悴悲贱贫⑯。

【校注】

① 题:方《举正》、朱《考异》题只作"北极"二字。宋白文本、文本、廖本无"一首"字。祝本、魏本作"北极一首赠李观",从之。

此诗作年:方《举正》:"贞元八年,登第日作。"诸家均系贞元八年。

魏本:"孙曰:观字元宾,其先陇西人,贞元八年(792)与公同举进士。"文《详注》:"《补注》公贞元八年与李观同年登科,时年二十五,故诗及之。"方世举《笺注》:"《列子·汤问篇》:'岱舆、员峤二山流于北极,沉于大海。'按《新唐书·李观传》:'观,字元宾,贞元中举进士、宏辞连中,授太子校书郎,卒年二十九。观属文不旁沿前人,时谓与韩愈相上下。'又按《科名记》:'是年陆贽主司,愈与观同登进士。'诗正其时。《上邢君牙书》云'二十有五而擢第',与诗语合。又按《新唐书·欧阳詹传》:'詹与韩愈、李观、李绛、崔群、王涯、冯宿、庾承宣联第,皆天下选,时称龙虎榜。'"按:韩公诗有"我年二十五""风云一朝会"句。公生于大历三年(768),上推二十五年,正是贞元八年。故诗写于是年登第时。参阅韩公《李元宾墓铭》及《重云一首李观疾赠之》与注。

②北极:北方极远之地。文《详注》:"极,方也。溟,海也。南北言相远,羁沉言失所。观,赵州人,故喻以羁羽。公南阳人(此说误,当为河阳),故自喻以沉鳞。《淮南子》曰:'北方之极,玄冥所司者万二千里。'《庄子》(《逍遥游》)曰:'南溟,天池也。'"魏本:"孙曰:《庄子》:'北溟有鱼,其名曰鲲,鲲之大,不知几千里。化而为鸟,其名曰鹏。鹏之大,不知其几千里。是鸟也,海运则将徙于南溟。南溟者,天池也。'羁羽,谓鹏。沉鳞,谓鲲也。以喻己与观相遇之意。"方世举《笺注》:"《庄子·逍遥游》:'南溟者,天池也。'《抱朴子·勖学篇》:'沉鳞可动之以声音。'"

③川原浩浩隔:原,宋白文本、祝本、魏本、王本、游本作"源"。文本、廖本作"原"。原、源作水源,通用。作原野,只作"原"。此处当作"原"。

按:浩浩:水盛大貌。《书·尧典》:"汤汤洪水方割,荡荡怀山襄陵,浩浩滔天。"或谓旷远貌。《诗·小雅·雨无正》:"浩浩昊天,不骏其德。"《文选·古诗十九首》之六:"还顾望旧乡,长路漫浩浩。"此为后者,形容川原旷远。

④影响:比喻感应迅速。《书·大禹谟》:"惠迪吉,从逆凶,惟影响。"传:"迪,道也。顺道吉,从逆凶,吉凶之报若影之随形,响之应声,言不虚。"《荀子·议兵》:"明道而分钧之,时使而诚爱之,下之和上也如影响。"

⑤风云一朝会:魏本:"蔡曰:《后汉书·马武传》论中兴二十八将:'前世以为上应列宿,咸能感会风云。'杜甫《夔府书怀》:'风云际会期。'"方世举《笺注》:"班固《答宾戏》:'彼皆蹑风云之会。'"

按：比喻人的际遇。《文选》卷四六陆士衡《豪士赋序》注："《答宾戏》曰：'彼皆蹑风尘（钱、屈注引方世举注作"云"）之会，履颠沛之势。'项岱曰：彼谓李斯辈也。风发于天，以喻君上，尘从下起，以喻斯等。"此正好以喻韩愈、李观等登国选于君上。

⑥变化成一身：《文选》卷二九苏武《诗四首》之一："四海皆兄弟，谁为行路人。况我连枝树，与子同一身。"谓同登进士第。

⑦谁言道里远：道里，方《举正》据阁、蜀本作"道理"。朱《考异》："里，方作'理'，非是。陶诗（《拟古》）云'不怨道里长'，正作'里'。"文本作"理"，注："一作'且'。"宋白文本、祝本、魏本作"里"。祝本注："里，一作'且'。"乃形似致误。魏本注："里，一作'远'。"作"远"与下"远"字重复，语亦不通，作"里"是。

按：道里，路程。以道里比喻时间长，句首加谁谓之无疑而问词，便引出下句"疾"字意。

⑧疾如神：言快也，故有感激之意。方世举《笺注》："《易·系辞》：'惟神也，故不疾而速，不行而至。'"

⑨我年二十五：魏本："蔡曰：'时贞元八年也，岁在壬申。按李汉《集序》公生于大历之戊申三年。今自壬申逆数至戊申，公时年二十五岁矣。'"按：李汉《韩昌黎集序》："先生生于大历戊申（768）。"上推二十五年为壬申（贞元八年，792年），韩愈二十五岁。

⑩哀歌西京市：方世举《笺注》："《三辅黄图》：'汉高祖始都长安，实曰西京。'《新唐书·地理志》：'上都初曰京城，天宝元年曰西京。'"

⑪乃与夫子亲：文《详注》："《史记》（《荆轲传》）：'荆轲者，卫人也。既至燕，日与屠狗者及高渐离隐（饮）于燕市。酒酣以往，高渐离和而歌于市中，相乐也。已而相泣，傍若无人。'左太冲（《咏史诗》）咏之曰：'荆轲饮燕市，酒酣气益震。哀歌和渐离，谓若傍无人。'又《庄子》（《天地》）：'汉阴丈人谓子贡曰：子非独弦哀歌以买名声于天下者乎？'公以贞元八年与李绛、李观、崔群、王涯、冯宿、庾承宣联第，时称'龙虎榜'云。"按：夫子谓李观，乃古代对男子的

尊称。《书·泰誓中》:"勖哉夫子。"《左传》文公元年:"孤实贪以祸夫子,夫子何罪?"《史记》卷八六《荆轲传》:"荆轲者,卫人也……荆轲既至燕,爱燕之狗屠及善击筑者高渐离……日与狗屠及高渐离饮于燕市。酒酣以往,高渐离击筑,荆轲和而歌于市中,相乐也,已而相泣,旁若无人者。"此乃以荆轲与高渐离比他与李观。

⑫ 所尚苟同趋,贤愚岂异伦:方《举正》订"所尚",云:"《文粹》作'所向'。《孟子》(《告子下》):'三子者不同道,其趋一也。'注:'趋,读如趣。'"读趣,去声。姚范《援鹑堂笔记》卷四一:"《孟子》赵岐注:'此言人虽异道,所履则一也。'"朱《考异》:"尚,或作'向'。"

按:尚,崇尚、尊重。《论语·阳货》:"君子尚勇乎?"《荀子·王制》:"尚贤使能。"伦,类也,贾谊《过秦论》:"赵奢之伦制其兵。"五代王定保《唐摭言》卷七:"贞元中,李元宾、韩愈、李绛、崔群同年进士。先是四君子定交久矣,共游梁补阙之门;居三岁,肃未之面,而四贤造肃多矣,靡不偕行。肃异之,一日延接,观等俱以文学为肃所称,复奖以交游之道。"

⑬ 金石姿:文《详注》:"《淮南子》(《氾论训》)曰:'金石一调而不更。'"方世举《笺注》:"阮籍诗(《咏怀》):'如何金石交,一旦更离伤。'"徐震《诠订》:"《古诗十九首》:'人生非金石,岂能长寿考。'退之反用古诗之意。"按:喻李观。

⑭ 万世无缁磷:文《详注》:"《论语》(《阳货》):'孔子曰:不曰坚乎?磨而不磷。不曰白乎?涅而不缁。'注(孔传)云:'磷,薄也。涅,可以染皂。言至坚者,磨之而不薄;至白者,染之于涅而不缁黑。喻君子虽在浊乱,而不能污。'磷,音离珍切。"

⑮ 儿女态:朱《考异》:"儿女,或作'女儿',非是。"祝本作"女儿"。各本均作"儿女",从之。

按:儿女态,《汉语大词典》:"儿女间表现的依恋、扭怩的情态。唐韩愈《北极一首赠李观》诗:'无为儿女态,憔悴悲贱贫。'宋苏轼《答陈季常书》:'彼此须髯如戟,莫作儿女态也。'"方世举《笺注》:"《后汉书·来歙传》:'呼巨卿欲相属以军事,而反效儿女子涕泣耶!'"

⑯ 憔悴:瘦弱萎靡貌。《楚辞》屈原《渔父》:"颜色憔悴,形容枯槁。"《孟子·公孙丑上》:"民之憔悴于虐政,未有甚于此时者也。"

真、谆通叶。

【汇评】

清姚范:《北极赠李观》"所尚苟同趋。"注:《孟子》云:"三子者不同道,其趋一也。"趋,读如趣。按:《孟子》赵岐注:"此言人虽异道,所履则一也。""趋"正读平音。今从朱子,当读为"趣"。亦无所引之注。(《援鹑堂笔记》卷四一)

蒋抱玄:不求奇而层折有致,颇得渊明冲淡之致。(《注释评点韩昌黎诗全集》)

此日足可惜一首赠张籍①
贞元十五年夏

贞元十五年(799)二月,汴州兵乱,韩愈至徐州符离集,与家人团聚。张籍中进士后东归,至此相遇。同游月余后归和州,韩愈赠此诗,时在夏。诗的写法颇似杜甫《北征》,然内容不同:《北征》写安史之乱诗人亲历的社会灾难,抒思国忧民之情;此诗写家庭个人遭遇,抒朋辈交谊,个人思家之情。然都是以战乱作背景。韩诗虽不及杜诗思想与现实意义深刻,也很有特色。如"闻子高第日,正从相公丧。哀情逢吉语,惝恍难为双"写作者的复杂矛盾心情。"对食每不饱,共言无倦听。连延三十日,晨坐达五更"写两人言难尽情的友谊。"骄女未绝乳,念之不能忘。忽如在我前,耳若闻啼声"写父女深情。"卑贱不敢辞,忽忽心如狂。饮食岂知味,丝竹徒轰轰。平明脱身去,决若惊凫翔"写急于东归,惦记妻女的心情,真挚动人。与《北征》写的"经年至茅屋,妻子衣百结"一段有异曲同工之妙。诗叙事与抒情结合,虽长篇大轴,却无一句对偶,亦无惊人语,使人读之不觉冗长枝蔓。此诗用韵之妙亦倍受诸家称赞。

此日足可惜,此酒不足尝②;舍酒须相语,共分一日光③。念昔未知子,孟君自南方④;自矜有所得,言子有文章⑤。我名属相府,欲往不得骧⑥;思之不可见,百端在中肠⑦。维时月魄死,冬日朝在房⑧。驱驰公事退,闻子适及城⑨。命车载之至,引坐于中堂,开怀听其说,往往副所望⑩。孔丘殁已远,仁义路久荒⑪,纷纷百家起,诡怪相披猖⑫。长老守所闻,后生习为常⑬。少知诚难得,纯粹古已亡⑭。譬彼植园木,有根易为长⑮。留之不遣去,馆置城西旁⑯,岁时未云几,浩浩观湖湘⑰。众夫指之笑,谓我知不明⑱。儿童畏雷电,鱼鳖惊夜光⑲。州家举进士,选试缪所当⑳,驰辞对我策,章句何炜煌㉑。相公朝服立㉒,工席歌《鹿鸣》㉓。礼终乐亦阕㉔,相拜送于庭。之子去须臾,赫赫流盛名㉕。窃喜复窃叹,谅知有所成㉖。

人事安可恒,奄忽令我伤㉗。闻子高第日,正从相公丧㉘。哀情逢吉语㉙,惝恍难为双㉚。暮宿偃师西,展转空在床㉛。夜闻汴州乱,绕壁行彷徨㉜。我时留妻子,仓卒不及将㉝。相见不复期㉞,零落甘所丁㉟。骄女未绝乳,念之不能忘。忽如在我前,耳若闻啼声㊱。中途安得返,一日不可更㊲。俄有东来说:我家免罹殃㊳,乘船下汴水㊴,东去驱彭城㊵。

从丧朝至洛,旋走不及停㊶。假道经盟津,出入行涧冈㊷。日西入军门,羸马颠且僵㊸。主人愿少留,延入陈壶觞㊹。卑贱不敢辞,忽忽心如狂㊺。饮食岂知味,丝竹徒轰轰㊻。平明脱身去,决若惊凫翔㊼。黄昏次汜水,欲过无舟航㊽,号呼久乃至,夜济十里黄㊾。中流上滩潬,沙水不可详㊿,惊波暗合沓,星宿争翻芒㉛。马乏复悲鸣,左右泣仆童㉜。甲午憩时门,临泉窥斗龙㉝。东南出陈许,陂泽平茫茫㉞。道边草木花,红紫相低昂。百里不逢人,角角雄雉鸣㉟。行行二月暮,乃及徐南疆。下马步堤岸,上船拜吾兄㊱。虽云经艰难,百口无夭殇㊲。

仆射南阳公,宅我睢水阳㊳。箧中有余衣,盎中有余粮㊴。闭门读书史㊵,清风窗户凉㊶。日念子来游,子岂知我情㊷?别离未为久,辛苦多所经㊸。对食每不饱,共言无倦听㊹。连延三十日,晨坐达五更㊺。我友二三子,宦游在西京㊻。东野窥禹穴㊼,李翱观涛江㊽。萧条千万里,会合安可逢㊾?淮之水舒舒㊿,楚山直丛丛㉛。子又舍我去,我怀焉所穷㉜?男儿不再壮,百岁如风狂㉝。高爵尚可求,无为守一乡㉞!

【校注】

① 题:方《举正》、朱《考异》作"此日足可惜"。宋白文本、文本、廖本有"赠张籍"三字。祝本、魏本、王本又多"一首"二字,今从之,作"此日足可惜一首赠张籍"。

此诗作时:方《举正》:"贞元十五年秋,徐州作。"方成珪《年谱》:"是年居符离睢上,未入徐幕时作。"曰贞元十五年作是,然不当谓是秋。按诗"行行二月暮,乃及徐南疆",则韩张相会于符离在三月底。"连延三十日",而送归赠诗在四五月间。魏本:"《集注》:'籍,字文昌,吴郡人。尝为公所荐送。贞元十五年,公时在徐,籍往谒公,未几辞去,公惜别,故作是诗以送之。'洪曰:此诗杂用韵,又叠用韵。张籍祭公诗用此格。欧阳公云:'退之工于用韵,得宽韵,则波澜横溢,泛入傍韵,如《此日足可惜》之类是也。得窄韵,则不复旁出,因难见巧,如《病中赠张十八》之类是也。'蔡曰:按此诗与《元和圣德诗》多从古韵,读之者当始终以协声求之,非所谓杂用韵也。"蔡梦弼《杜工部草堂诗话》卷二:"退之《赠张籍》诗押二'更'字、二'狂'字、二'鸣'字、二'光'字。"文《详注》:"贞元十二年七月,董晋为汴州宣武军节度使,表公为观察推官。十五年二月,晋卒,愈从丧出,不四日,汴军乱。公乃从洛阳出陈许,走依徐州武宁军节度使张建封。建封辟公为观察推官。会见张籍于此。籍,字文昌,和州乌江人。唐史有传。《补注》:此诗波澜横溢,泛入傍韵,乍去乍还,出入四合,殆不可拘以常格。欧公所谓得韵宽者。"方世举《笺注》:"《旧唐书·张籍传》:贞元中登进士第,性诡激,能为古体诗,有警策之句传于时。调补太常寺太祝,转国子助教,秘书郎。以诗名当代,公卿如裴度、令狐楚,才名如白居易、元微之,皆与之游,而韩愈尤重之。累授国子博士,水部员外郎,转水部郎中卒,世谓之张水部云。又按《新唐书·张籍传》:籍,字文昌,和州乌江人。仕终国子司业。《旧书》云卒于水部,非也。又按:唐中书舍人张洎编次《司业集》云:'苏州吴人,贞元十五年,渤海公下及第。'与《韩集》中吴郡张籍之说合。则又非和州人也。"张籍曾居吴郡苏州,后居和州,故有苏州、和州二说。

② 此酒不足尝:方《举正》据唐、阁本作"此酒不足尝"。朱《考异》:"足,或作'可'。"宋白文本、文本、祝本、魏本作"可"。廖本、王本作"足"。今从《举正》作"足"。二句写惜别之意,抒眷恋之情。汪琬《批韩诗》:"惜别之意,似从'勿言一樽酒,明日难重持'二句翻出。"按:汪引诗用沈约《别范安成》。朱彝尊《批韩诗》:"起句奇壮,意高远。"刘熙载《艺概》卷二《诗概》:"('此日'二句)儒者之言,所由与任达者异。"程学恂《韩诗臆说》卷一:"慨然以起,与《醉赠张秘书》同。"

③ 舍酒须相语,共分一日光:方《举正》作"须相语",云:"三本同。"朱《考异》:"去,方作'须'。今按:'须'字无理,或是'复'字,传写误尔。"宋白文本、文本作"须",注:"一作'去'。"祝本、魏本、廖本作"去",注:"一作'须'。"何焯《义门读书记》卷三〇:"'舍酒去相语',注:'去',方作'须'。按:'须'字是。所以饮酒不乐者,乃亟待张之至也。'去'字真无理尔。《诗》:'卬须我友。'"徐震《诠订》:"张籍见在与韩共饮,韩于席间赋诗赠之,玩'舍酒'二字可见也。何焯谓'亟待张之至',于文义未合,'舍酒去相语',犹云舍去酒而相语耳,语意本明,无庸穿凿为说。"童《校诠》:"第德案:何校是,所以舍酒者,乃须相语诉离情耳,其云亟待张之至则偶误,故为徐哲东所纠。徐谓舍酒去相语,即舍去酒相语,倒字作解,亦非。须字见诗匏有枯叶,何氏引此作证,有来历,为公所本,不能说为穿凿。"按:何、童说是。韩公用字多本古籍,且妙在使人不觉,不详古籍者往往误之。《诗·邶风·匏有枯叶》:"人涉卬否,卬须我友。"郑笺:"人皆涉,我友未至,我独待之而不涉。"可得知之。童说是。舍酒待籍,尽日畅谈也,则作"须"字善。

共分一日光:文《详注》:"古人重叠用韵者甚多,不可具举,但意到即押,不拘常体,如《饮中八仙歌》之类。韩诗如此,诗中押二'光'字,二'更'字。《岳阳楼别窦司直》押二'向'字。《李花》诗押二'花'字。《双鸟》诗押二'州'字、二'头'字、二'秋'字、二'休'字。《和卢郎中盘谷》诗二'行'字,《公安》诗二'闲'字,《示爽》诗二'愁'字,《叉鱼》诗二'销'字,《寄孟郊》诗二'奥'字。孔毅夫《杂记》云:'退之好押狭韵,累句以示工,而不知重叠用韵之为病也。'其重叠用韵出自《文选》,古人自有体格,老杜辈亦常效之,非创意也。"按:此句谓他与张籍共同分享一天的时光。

④ 孟君:文《详注》:"孟君,孟郊也。《本传》云:'从愈游者,孟郊、张籍,亦自有名于时。'"按:孟郊,韩愈好友,他结识张籍,是由孟郊介绍的。

⑤ 自矜:自夸。李白《与韩荆州书》:"安能自矜?"《史记·孝

文本纪》：'今又矜其功，受上赏，处尊位。"有文章，即张籍以诗文知名于世。张、韩结交前，即有数百篇诗问世。此二句意谓：韩公自夸他结交了一位文章之士。

⑥ 我名属相府：文《详注》："相府，谓董晋。集有《行状》。"相府谓董晋，贞元五年，董晋以门下侍郎同中书门下平章事，相当于宰相。九年罢，十二年，诏为检校尚书左仆射，同中书门下平章事，宣武军节度副大使，汴州刺史。韩愈为部属，故云"我名属相府"。

欲往不得骧：方《举正》据阁本"骧"订作"行"字，云："曾李校蜀本尚作'行'，范本云绍圣本作'城'。作'骧'、作'墙'自杭本也。此诗视古用韵，首篇不入今韵者，多为后学以意妄改。吴才老云：'诗人用行字韵二十有五，无叶今读者。此诗后用'东去趋彭城''谅知有所成'，皆庚韵也，何独于此疑之？'"朱《考异》："行，或作'骧'。（下引方语。）"宋白文本、文本、祝本、魏本作"骧"。骧，马奔跑；行，去也。二字意同，作骧作行均通。若叶韵，当用"骧"。

骧：文《详注》："骧，驰也。"按：骧（xiāng息良切，平，阳韵），奔驰。《文选》卷二张衡《西京赋》："负笋业而余怒，乃奋翅而腾骧。"薛综注："骧，驰也。"

⑦ 百端在中肠：中，宋白文本"在中肠"作"在心肠"，非是。诸本只作"中"字，从之。

魏本："孙曰：谓怀思也。"按：此乃思绪无形，其情无限，百端之思，萦绕怀中。百端，谓种种感想，后以百端指百感。《辞源》亦引韩诗为例。中肠，内心。《文选》三国魏文帝曹丕《杂诗二首》之一："向风长叹息，断绝我中肠。"杜甫《赠卫八处士》："访旧半为鬼，惊呼热中肠。"

⑧ 维时月魄死：维，发语词，无实义。月魄死：月无光，指每月朔（月初）望（十六日后）。古人以月朔（初一）为死霸，望日（十五）为生霸。霸，古同魄。《汉书·律历志》："死霸，朔也。生霸，望也。"师古曰："霸，古魄字同。"霸，古读魄，义同。《说文·月部》："霸，月始生，魄然也。承大月二日，承小月三日。"段注："霸、魄叠

韵。《乡饮酒义》曰:'月者三日则成魄。'正义云:'前月大则月二日生魄,前月小则三日始生魄。'马注《康诰》云:'魄,朏也,谓月三日始生兆朏,名曰魄。'《白虎通》曰:'月三日成魄,八日成光。'按已上皆谓月初生明为霸。而《律历志》曰:'死霸,朔也。生霸,望也。'孟康曰:'月二日以往明生魄死,故言死魄。魄,月质也。'三统说是,则前说非矣。"《书·武成》:"惟一月壬辰,旁死魄。"传:"旁,近也。月二日,死魄。"疏:"魄者,形也,谓月之轮郭无光之处名魄也。朔后明生而魄死,望后明死而魄生。"又疏:"月十六日为始生魄,是一日为始死魄,二日为近死魄也。"又"厥四月哉生明"。传:"其四月哉始也。始生明,月三日,与死魄互言。""既生魄。"传:"魄生明死十五日之后。"《书·顾命》:"惟四月哉生魄。"传:"成王崩年之四月始生魄,月十六日。"《书·康诰》:"惟三月哉生魄。"传:"周公摄政七年三月始生魄,月十六日,明消而魄生。"在房,在房星宿上方。房星为二十八宿之一,苍龙七宿的第四宿,有星四颗。《礼记·月令》:"季秋之月,日在房。"疏引正义曰:"九月中,日在房。"朝(zhāo),早晨。此谓冬天的早晨可同时见日、月于房星之上。魏本:"韩曰:朝,早也。孙曰:房者,日月所会之处也。如房室之房。《书》(《胤征》)曰'乃季秋月朔,辰弗集于房'是也。"文《详注》:"《月令》:'季冬之月,日在婺女、昏娄中,旦昏中。'故曰:日在房也。《周礼》(《冯相氏》)注疏言二十八宿云:'若指星体而言,谓之星,日月会于星,即名宿,亦名辰,亦名次,亦名房。'"

⑨ 闻子适及城:方《举正》据阁本订"城"字,云:"曾、李校。范本云:绍圣本作'城'。作'墙',自杭本也。"朱《考异》:"城,或作'墙'。"宋白文本、文本、祝本、魏本作"墙"。廖本、王本作"城"。作"墙"、作"城"于意均可通,然作"墙"与情理不合。此从方作"城"。文《详注》:"墙,一作'隍',非。言籍来谒于公也。《孟子》曰:'夫子之墙数仞。'公之于籍盖以师道自居。"魏本:"《补注》:公在汴,张籍、李翱始与公相从。其后籍祭公诗(《祭退之》)云:'北游偶逢公,盛语相称明。公领试士司,首荐到上京。'翱祭公文(《祭吏部韩侍

郎》)云:'贞元十二年(796)公在汴州,我游自徐,始得兄交。'孟郊有《汴州乱后忆韩愈李翱诗》,盖此也。"程学恂《韩诗臆说》卷一:"及城,一本作'及墙'。墙,门墙也。后魏立学于四门,至随改隶国子。及墙者如今入监肄业,同在国学门墙之中也。公亦尝为四门博士。"按上下文语义推测,谓张籍到了汴州城,况时韩愈对张籍尚不可能以师自许,故不当作"墙"字,而作"城"是。

⑩ 往往副所望:魏本:"祝曰:望,音忘,相望也。《诗》(《小雅·都人士》):'万民所望。'"文《详注》:"望,音武方切。"按:副,相称,符合。《后汉书·黄琼传》:"阳春之曲,和者必寡,盛名之下,其实难副。"望(wàng),期望。曹操《收田租令》:"欲望百姓亲附。"副所望,符合所期望的。与"名副其实"义同。

⑪ 仁义路久荒:魏本:"蔡曰:赵岐序《孟子》(《孟子题辞》):'仁义荒怠。'"此二句谓:孔子死的年代久远了,他提倡的仁义道德之说早被世人抛弃了。程学恂《韩诗臆说》卷一:"'孔丘殁已远'数语着眼,可知文昌为学根柢,非第以诗律微婉,为世称道也。"

⑫ 纷纷:诸本作"纷纷",文本注:"一作'纷纭'。"宋白文本作"纷纭"。作"纷纷",善。

纷纷百家起:文《详注》:"《后汉·郑玄传》曰:'竞设异端,百家纷起。'"方世举《笺注》:"百家,荀卿《成相篇》:'慎墨季惠,百家之说诚不详。'《庄子·天下篇》:'百家往而不返,道术将为天下裂。'"按:谓孔子死后,百家之说蜂起。

诡怪相披猖:文《详注》:"《楚辞》(屈原《离骚》)曰:'何桀纣之披猖(当作"猖披")。'王逸注云:'衣不带貌,一云乱也。'"方世举《笺注》:"诡怪:何逊诗:'诡怪终不测。'披猖:屈原《离骚》:'何桀纣之昌披。'《南史·褚照传》:'彦回少立名行,不意披猖至此。'"按:此句谓:诡怪之说猖狂。《北齐书·平鉴传》:"高祖(高欢)谓鉴曰:今尒朱披猖,又能去逆从善,摇落之时,方识松筠。"按:披猖,猖狂。《辞源》引韩诗为例。

⑬ 长老守所闻,后生习为常:方世举《笺注》:"《史记·五帝本

纪赞》：长老皆各往往称黄帝、尧、舜之处，风教故殊焉。"按：此指文明之乡的长者。《史记·五帝本纪》太史公曰："余尝西至空峒，北过涿鹿，东渐于海，南浮江淮矣，至长老皆各往往称黄帝、尧、舜之处，风教固殊焉，总之，不离古文者近是。"后生，后代子孙，或后辈。《诗·商颂·殷武》："寿考且宁，以保我后生。"《论语·子罕》："后生可畏，焉知来者之不如今也。"李白《上李邕》："宣父犹能畏后生，丈夫未可轻少年。"此乃赞扬张籍乃后生可畏也。

⑭ 少知诚难得，纯粹古已亡：宋白文本"已"作"以"，诸本作"已"，二字古通用，今从"已"。古，诸本作"古"，魏本、廖本注："一作'固'。"非是。

魏本注："少，诗诏切。"文《详注》："言少知于道者固已难得，况又求其纯粹如古者乎？"方世举《笺注》："少知：贾谊《治安策》：'因使少知治体者，得佐下风。'纯粹：《易》(《乾·文言》)：'纯粹，精也。'"王元启《记疑》："按是诗贞元十五年(799)作，前此十三年，籍至汴，公年三十。籍尝自言大历中问张巡事于于嵩，公生大历三年(768)，至十四年裁[才]止十二岁，而籍已能向六十余岁人问事，计其年齿，亦当在七八岁。是则公长于籍，多不过四五岁，居然以少知难得相目，盖籍年未壮，公复以前辈自居，故其言如此。或引贾谊'少知治体'为证，则又误以'长少'之'少'为'多少'之'少'矣。"钱仲联《集释》："少知与下句纯粹意相对。仍当以方注为长。"籍与愈年相若，然为韩门弟子，以学文与道于韩愈。详可参《韩愈大传》第四卷之《张籍传》。查慎行《查初白诗评十二种》："才难一言，千古同叹。"按：在纯粹的古道丧失之后，张籍少能知道，诚为难得。

⑮ 譬彼植园木，有根易为长：文《详注》："《楚辞》(贾谊《惜誓》)曰：'木去根而不长。'此指籍而言也。"魏本："孙曰：以喻籍也。"何焯《义门读书记》卷三〇："少有所知，便是根也。"朱彝尊《批韩诗》："叙事觉太详、太实，亦稍拙。"

按：此乃以园中有根之木，易长为国家栋梁也。喻张籍。

⑯ 留之不遣去，馆置城西旁：韩公对张籍，一见倾心，留之不

去;安排在韩愈住的汴城西的馆舍住下。馆置,招待安置。

⑰ 岁时未云几:方《举正》据杭、蜀本作"未云几"。朱《考异》:"未,或作'来'。诸本同方,魏本注:"'未'字一作'来'。"非是。

浩浩观湖湘:方《举正》作"浩浩观湖江",云:"阁本、杭本同。蜀本作'湖湘'。公诗多倒用字,《汉皋诗话》亦见,蜀本非也。一云'植园本',以喻籍之始从学也;'观湖江',以喻其成也,义为是。"朱《考异》:"江,或作'湘',非是。"宋白文本、文本、祝本、魏本作"湖湘"。宋白文本、魏本注:"湖,一作'江'。"廖本、王本从方、朱作"湖江"。作"湖湘"善。

魏本:"孙曰:言其日进,如有湖湘之大。"文《详注》:"湖湘,谓荆楚之间。"按:作"湖湘""湖江"于义、韵均可。查《全唐诗》作"湖江"者,仅此《举正》一处;作"湖湘"者,多见。况韩诗《酬四门卢四兄云夫院长望秋作》:"曲江荷花盖十里,江湖生目思莫缄。"《县斋有怀》:"濯缨起江湖,缀佩杂兰麝。"《与孟东野书》:"到今年秋,聊复辞去,江湖余乐也,与足下终幸矣!"皆无倒用。由此可见,韩诗大有可能即用"湖湘"。湖湘,荆楚之间藏璞玉,众人不识,如和氏之璧,喻张籍。作"湖湘",善。

⑱ 众夫:众人。方世举《笺注》:"《后汉书•边让传》:'众夫寂然。'"

知不明:昏暗、愚钝。知(zhì),同智。明,昭昭。文《详注》:"籍才高,人未之识。惟公知其贤,故湖湘之间反以公为不明而终则惊畏也。"魏本:"蔡曰:明,昭也。《荀子•赋篇》:'昭昭乎知之明也。'"钱仲联《集释》:"明,叶谟郎切。"按:此句承上反说,以其(韩愈)昭昭之明,才能在湖湘间发现张籍之才。故经韩愈指教后,首荐登进士第。

⑲ 儿童畏雷电,鱼鳖惊夜光:文《详注》:"《广志》曰:'莫难有明珠,称夜光。'(此本《御览》卷八〇三引,与今本《御览》均有误字。)《续汉书•志》《后汉书•西域传•大秦国》)曰:'大秦国有夜光璧。'东坡《次丹元姚先生韵》云:'慎勿使形谍,儿童惊夜光。'即

此意。"魏本:"孙曰:《汉书》(《邹阳传·狱中上梁王书》):'明月之珠,夜光之璧。'夜光亦珠类。韩曰:《广雅》(《释天》):'夜光谓之月。'"方世举《笺注》:"夜光:蔡邕《汉津赋》:'明珠胎于灵蚌兮,夜光潜乎玄洲。'《述异记》:'南海有明珠可以鉴,谓之夜光。'"

按:此以儿童畏之雷电,惊鱼鳖之夜明珠,比喻张籍。此喻过于奇诡,故何焯《义门读书记》卷三〇谓:"'儿童畏雷电'二句,韩、苏诗病。"

⑳ 州家举进士:文《详注》:"籍由汴州举进士,公时为考官。"魏本:"孙曰:汴州举进士,愈为考官。"方世举《笺注》:"州家:《吴志·太史慈传》:'慈仕郡奏曹,会郡与州有隙,州章已去。慈晨夜到洛阳,取州章截败之,因通郡章,州家更有章,不复见理,由是为州家所嫉。'举进士:《新唐书·选举志》:'每岁仲冬,州、县、馆、监举其成者送之尚书省;而举选不由馆学者,谓之乡贡,皆怀牒自列于州、县。试已,长吏以乡饮酒礼会属僚,设宾主,陈俎豆,备管弦,牲用少牢,歌《鹿鸣》之诗。'"

按:此指汴州官府推荐贡士参加进士考试。《新唐书·选举志上》:"每岁仲冬,州、县、馆、监举其成者送之尚书省;而举选不由馆学者,谓之乡贡,皆怀牒自列于州、县。"州家,即州刺史。《三国志·吴主权徐夫人传》:"恐州家多发水军来逆人,则不利矣。"按:董晋为汴州刺史,故称董晋为州家。顾炎武《日知录》卷一六《举人》:"进士乃诸科目中之一科,而传中有言举进士者,有言举进士不第者。但云举进士,则第不第未可知之辞,不若今人已登科而后谓之进士也。自本人言之,谓之举进士;自朝廷言之,谓之举人。进士即是举人,不若今人以乡试榜谓之举人。"《进士》:"进士,即举人中之一科。其试于吏部者,人人皆可谓之进士。试毕放榜,其合格者,曰赐进士及第,后又广之曰赐进士出身,赐同进士出身,然后谓之登科。"唐人未及第称进士,已及第则称前进士。

选试缪所当:文《详注》:"籍由汴州举进士,公时为考官。缪,妄也。妄所当,公谦辞。按:籍文集,时试《反舌无声》诗。"按:举行贡士考试选拔。缪(miù),作错误、过失解同谬,此乃韩公自谦之辞,缪所当,即不敢当。

㉑ 驰辞对我策:魏本:"孙曰:汴州举进士,愈为考官,试《反舌无声》诗,籍中等。"文《详注》:"唐制:进士试时务策五道。"按:策,策对,唐代进士考试的一种文体,即政论文,以见其文辞辩说及对时事的认识。

炜煌(wěi huáng):诸本作"炜煌",魏本注:"一作'煌煌'。"光彩鲜明,文辞优美。文《详注》:"炜煌,光也。上羽鬼切,下胡光切。"方世举《笺注》:"《前汉书·萧望之传》注:'师古曰:对策者,显问以政事经义,令各对之,而观其文辞,定高下也。'章句:《前汉书·扬雄传》:'雄少而好学,不为章句。'"按:章句本指古书的章节句读,是从学最基本的能力。《汉书·夏侯胜传》:"胜从父子建字长卿,自师事胜及欧阳高,左右采获,又从《五经》诸儒问与《尚书》相出入者,牵引以次章句,具文饰说。胜非之曰:'建所谓章句小儒,破碎大道。'"亦指章节与句子,刘勰《文心雕龙·章句》:"夫人之立言,因字而生句,积句而为章,积章而成篇。"此指文章。谓张籍属对敏捷,倚马千言。

㉒ 相公:董晋,晋曾以宰相立朝。详见韩公《董公行状》。《论语·乡党》:"乡人傩,朝服而立于阼阶。"周亮工《书影》卷八:"前代拜相者必封公,故称之曰相公;若封王,则称相王。"董晋以检校尚书左仆射、同中书门下平章事(宰相)节度汴州,故称相公。朝服立,孔传:"傩,驱逐疫鬼,恐惊先祖,故朝服立于庙之阼阶。"

㉓ 工席:文《详注》:"工,乐工也。鹿鸣,《诗》篇名。唐制:选举不由学馆者谓之乡贡,皆怀牒自列于州县。试已,长吏以乡饮酒礼会僚属,设宾主,陈俎豆,备管弦,牲用少牢,歌《鹿鸣》之诗,因与耆艾叙少长焉。"魏本引孙《全解》同。魏本注:"《鹿鸣》,《诗·小雅》。"方世举《笺注》:"工席:《仪礼·乡饮酒礼》:'设席于堂廉东上。'注:'工布席也。'"按:宴席。《仪礼·乡饮酒礼》云:设席于堂廉东上,谓之工布席,简称工席,歌《鹿鸣》。《诗·小雅·鹿鸣》三

章以"呦呦鹿鸣,食野之苹,我有嘉宾,鼓瑟吹笙"起,至"我有旨酒",以燕乐嘉宾之心结。是古代贵族宴会宾客的诗,唐代选士后举行乡宴庆祝,席间歌唱此诗,后世因之。《新唐书·选举志上》:"举选不由馆学者,谓之乡贡,皆怀牒自列于州县。试已,长吏以乡饮酒礼,会属僚,设宾主,陈俎豆,备管弦,牲用少牢,歌《鹿鸣》之诗,因与耆艾叙长少焉。"鸣,钱仲联《集释》:"鸣,叶谟郎切。"

㉔ 礼终乐亦阕(què):祝本"亦"作"已"。宋白文本、文本、魏本、廖本、王本作"亦"。从之。

文《详注》:"阕,尽也,曲终为阕,音苦穴切。《礼记·郊特牲》曰:'卒事而乐阕,孔子屡叹之。'(郑注:)美此礼也。"魏本:"祝曰:阕,终也。《礼记》:'卒爵而乐阕。'"魏本音注:"阕,苦穴切。"按:此句谓庆祝的礼仪进行完了,乐曲也结束了。阕:一个乐章,此谓乐章已经奏完。

㉕ 之子去须臾,赫赫流盛名:文《详注》:"之子,是子也。流盛名,谓籍登进士第也。按:籍文集,贞元十五年(799),丞相渤海公下及第,时省试《行不由径诗》。"方世举《笺注》:"李固《遗黄琼书》:'盛名之下,其实难副。'"按:子,指张籍。去须臾,去长安不久。赫赫,显耀。盛名,谓显赫的名声,指张籍登进士第。

㉖ 窃喜复窃叹,谅知有所成:朱《考异》:"窃喜复,或作'慷慨仍'。"文本、魏本作"窃喜",文本注:"一作'慷慨'。"魏本注:"一作'慷慨乃窃叹'。"宋白文本作"窃喜复",注:"一作'慷慨'。"今作"窃喜复窃叹"。

窃叹:魏本:"祝曰:慷慨竭诚也。《史记》:'慷慨伤怀。'"按:"窃喜复窃叹"云云,正合韩愈对张籍的叹赏与他此时的心情。窃喜、窃叹,似重复,实则层面有别,且是加重形容。正显文字锤炼工夫。何焯《义门读书记》卷三〇:"二'窃'字暗与'众夫指笑'对照。"

此段写韩、张相见于汴州,从学交游及推荐张籍举进士。钱仲联《集释》:"以上籍与公见于汴州,籍中进士。成,叶辰羊切。"

㉗ 人事安可恒:文本"恒"作"常"。诸本作"恒",从之。

按：恒，亦作常解，经常、常常。《诗·小雅·小明》："无恒安处。"《晋书·陶潜传》："性嗜酒，而家贫不能恒得。"柳宗元《答韦中立论师道书》："庸蜀之南，恒雨少日。"

奄忽令我伤：文《详注》："奄忽，犹倏忽也。《古诗》曰：'奄忽交相逾。'(《文选》卷二九《古诗十九首》之四'奄忽若飙尘。'李善注：'《方言》曰：奄，遽也。'又之十一'奄忽随物化。')"钱仲联《集释》："马融《长笛赋》：'奄忽灭没。'"奄忽，时间过得快。按：此联转出汴州之乱，于上接得自然。如何焯《批韩诗》云："转卸无痕。"

㉘ 闻子高第日，正从相公丧：魏本："孙曰：贞元十五年，高郢知举，籍登第。是岁二月晋卒，愈护其丧行。"方世举《笺注》："《史记·儒林传》：'一岁皆辄试，其高第可为郎中者，太常集奏。'"钱仲联《集释》："顾炎武《日知录》：'前代拜相者必封公，故称之曰相公。'按：董晋以宣武军节度同中书门下平章事，封陇西郡开国公，故云。"按：高中，此谓张籍进士及第。张籍及第在贞元十五年春。相公丧，董晋是年二月三日卒于汴州，韩愈同其家属送董晋归葬行至洛阳东偃师。董晋以宣武军节度检校尚书左仆射同中书门下平章事，封陇西郡开国公，故云。

㉙ 哀情逢吉语：文《详注》："吉语，见《前汉·陈汤传》。吉，善也。"按：哀情，指董晋之丧。吉语，指张籍高中的信息。

㉚ 惝恍（chǎng huǎng）难为双：方《举正》作"敞怳"，云："《楚辞·远游》作'惝悦'，《相如传》(《汉书》)作'敞怳'。今从蜀本为正。"朱《考异》："惝，或作'憯'。（下引方语）"宋白文本、文本、祝本、魏本作"憯"。廖本作"惝"。按：憯、惝为异体字。惝恍、惝悦音义均同，韩愈诗文中两用之，故两存之。

难为双，祝本、魏本注："一作'美难双'。"非是。

文《详注》："《楚辞·九章》(《远游》)曰：'怊惝恍而乖怀。'王逸注云：'惆怅失望，志意乖错貌。'"按：文引《九章》诗句，殊误。查《九章》无此语，而《远游》有"怊惝恍而乖怀"句。惝恍，失意，不高兴的样子。双，指上句的哀情和吉语。何焯《批韩诗》："工妙。"

㉛ 偃师西：今河南偃师市与洛阳之间。董晋本山西河中虞乡人，归葬，经偃师西从孟津过黄河，故云。

展转空在床：方《举正》据阁本作"徒展转在床"，云："李、谢校。"朱《考异》："诸本作'展转在空床'。今按：或当从诸本。"宋白文本、祝本、魏本作"展转在空床"。文本作"展转空在床"。按："展转在空床"与"展转空在床"，似同而实异。前者意谓在空床上展转（翻个不停），于文意则不通，因为人在床，何言空？后者谓白白（柱）在床上翻来覆去，形容韩愈心烦意乱，其情态可见。语意近方说，然方说语拙乏味。今作"展转空在床"。此非注不能定也。

㉜ 绕壁行彷徨：韩愈《董公行状》："十五年二月三日，薨于位。……公之将薨也，命其子三日敛。既敛而行，于行之四日，汴州乱。"《旧唐书·德宗纪下》："十五年二月乙酉（十一日），汴州军乱，杀陆长源及节度判官孟叔度、丘颖。"《新唐书·德宗纪》《通鉴》记日同《旧纪》。彷徨，亦作"仿偟"。徘徊不定。《庄子·逍遥游》："彷徨乎无为其侧，逍遥乎寝卧其下。"《文选》曹丕《杂诗》："展转不能寐，披衣起彷徨。"真心神不定也。如朱彝尊《批韩诗》云："自己跋涉辛苦，又闻此变，叙来稍觉有味。大抵文生于情是本等。"

㉝ 我时留妻子，仓卒不及将：朱《考异》："留，或作'弃'。"宋白文本"时留"作"乃弃"。文本、魏本、廖本等均作"我时留妻子"。魏本注："一作'我乃弃妻子'。"此说非。今从诸本作"时留"。

方世举《笺注》："按：陈（程）俱云：晋薨，随晋丧出四日而汴州乱，公家在围中，寻得脱，下汴，东趋彭城。"按：时韩愈家属住在汴州城西。仓卒，同"仓促"，匆忙也。将，读平声，用作动词，当携带、偕行解。

㉞ 相见不复期：文《详注》："言护送晋丧时，公之妻子尚留汴州，不与俱来也。《淮南子》（《诠言训》）曰：'去者弗将。'苏武诗曰：'相见未有期。'"按：意谓相见无期也。《文选》卷二九苏武《诗四首》之三："行役在战场，相见未有期。"

㉟ 零落甘所丁：文《详注》："零落：王逸注《楚辞》（屈原《离

骚》)云:'草曰零,木曰落。'张平子《西京赋》云:'惟爱所丁。'丁,当也。"方世举《笺注》:"丁:《诗·云汉》:'好敨下土,宁丁我躬。'《尔雅·释诂》:'丁,当也。'"钱仲联《集释》:"丁,叶当阳切。"按:此句意谓:即甘愿受孤独冷落这样的遭遇,当是正话反说。丁,音义同当。《诗·大雅·云汉》:"宁丁我躬。"传:"丁,当也。"《后汉书·岑彭传》:"我喜我生,独丁斯时。"

㊱忽如在我前:方《举正》作"在我所",云:"杭作'所'。蜀作'前'。"朱《考异》:"我所,或作'其侧'。所,或作'前',或作'侧'。"文本、祝本、魏本作"前"。宋白文本作"侧"。廖本、王本作"所"。按:作"所"、作"侧"、作"前"均通,然作前合此刻情景与韩公心理意象。作"前"善,即妻子忽如出现在面前一样。

文《详注》:"古乐府诗(《饮马长城窟行》)曰:'梦见在我旁,忽觉在他乡。他乡各异县,展转不相见。'"以上四句心理刻画、形态描绘历历在目。故何焯《批韩诗》曰:"真。"而程学恂《韩诗臆说》卷一谓:"中间愈琐愈妙,正得杜法。"钱仲联《集释》:"声,叶尸羊切。"

㊲中途安得返,一日不可更:文《详注》:"司马(相如)《长门赋》曰:'夜漫漫其若岁,怀郁郁其不可再更。'注云:'言怀愁郁不可易欢乐之时而为之也。'更,音居行切。此篇重押更字,义各不同。"钱仲联《集释》:"更,叶居郎切。"更(gēng),再、变。

㊳我家免罹(lí)殃:罹殃,祝本作"离",非是。诸本作"罹"。按:罹殃者,遭遇灾祸也。此句谓:韩公全家已逃离汴州,未遭祸殃。

㊴汴水:汴河。上流受黄河水为古荥渎,古荥至郑州一段叫浪荡渠。东流入汴州、商丘,再经安徽宿州市、灵璧、泗县入淮河。隋炀帝幸江都(扬州),唐代漕运都由此干道。世称汴水,也叫汴河。

㊵彭城:魏本:"孙曰:公妻子先往徐州。"文《详注》:"言公之家幸逃兵祸,自汴水顺流而入彭城矣。《通典》(卷一八〇《州郡》十《古徐州·彭城郡》)曰:'彭城,徐州也,古彭祖国。'"按:徐州彭城

郡，在今徐州市南铜山县。《元和郡县图志》卷九河南道五：徐州治所在彭城。"彭城县，古大彭氏国也，汉为彭城县，属楚国。后汉属彭城国，宋属彭城郡。隋文帝罢郡为县，属徐州。"

此写韩公知汴州乱之忧，闻妻子脱险虽喜仍忧的心情与表现。细腻入微，历历在目，真切动人。

㊶ 从丧朝至洛，旋走不及停：方《举正》据阁本作"从丧至洛阳，还走不及停"，云："李、谢校。杭、蜀本上语亦同。"朱《考异》："方无'朝'字。洛下有'阳'字。今按：'朝至洛'，盖用《洛诰》(《尚书》)语。又下文云'日西入军门'，则此当作'朝至洛'明矣。还，或作'旋'。"宋白文本作"从丧至洛阳"，注："一作'从丧朝至洛'。"文本、祝本、魏本作"从丧朝至洛"，从之，韩诗用"朝至洛"，无疑。顾嗣立《集注》："《书·洛诰》：'朝至于洛师。'"还，宋白文本、文本、祝本、魏本作"旋"。廖本、王本作"还"。作"还"、作"旋"均通，按语义作"旋"，善。文《详注》："按《董溪墓志》，晋归葬于河南。旋，回也，谓归彭城。"

程学恂《韩诗臆说》卷一："'从丧朝至洛'一段，叙次妙处，真得老杜《北征》《彭衙》遗意。"

㊷ 盟津：文《详注》："《通典》(卷一七七《州郡》七《古荆河州·河南府》)曰：'盟津，本孟地名，都道所凑，古今以为津，武王会八百诸侯于此盟，故曰盟津。'后亦曰富平津。在河阳县之南，谓之陶河者是也。"魏本："孙曰：盟津，即孟津，在唐为三城节度使之治所。"按：即孟津。旧址在河南孟津县东古渡口。周武王伐纣，东观兵于此，诸侯不期而会盟者八百，故称盟津。

行涧冈：涧或作"间"，冈或作"岗"，均非。涧，山涧，冈，凡谓山冈者今通作"冈"。

文《详注》："《尔雅》(《释山》)曰：'山夹水曰涧。'《尚书》(《禹贡》注)曰：'伊洛瀍涧，三水入洛，合流而入河。'涧水，公所过也。《前汉》晁错《书》(《言兵事书》)曰：'出入溪涧。'"方世举《笺注》："假道：《周语》：定王使单襄公聘于宋，遂假道于陈，以聘于楚。《左传》:华元曰:过我而不假道,鄙我也。盟津:《史记》索隐曰:盟,古孟字。涧冈:鲍照诗:'冈涧近难分。'"

㊷ 羸(léi)马颠且僵:瘦弱的马快要累死了。羸,瘦弱,疲病。《礼记·问丧》:"身病体羸,以杖扶病也。"注:"羸,力垂反,劣也,疲也。"《荀子·正论》:"王公则病不足于上,庶人则冻馁羸疾于下。"

㊹ 主人愿少留,延入陈壶觞:文《详注》:"主人,守盟津之吏。陶潜(《归去来兮辞》)云:'引壶觞以自酌。'"魏本:"孙曰:时李元为河阳节度,主人谓元也。"按:时李元为河阳节度使。李元,原名李长荣,德宗赐名元淳,后避宪宗李纯名讳,单字元。陈壶觞(shāng),摆列酒菜招待。觞,酒杯。

㊺ 卑贱不敢辞,忽忽心如狂:因不敢辞,而内心恍惚失意,没着没落。文《详注》:"《礼记》(《曲礼上》)曰:'长者赐,少者贱者不敢辞。'郑氏注云:'不敢亢礼也。'《前汉·苏武传》:'李陵谓武曰:陵始降时,忽忽如狂,自痛负汉。'"按:《文选》卷一九宋玉《高唐赋》:"悠悠忽忽,怊怅自失。"《汉书·司马迁传》:"居则忽忽若有所亡。"又《王褒传》:"苦忽忽善忘,不乐。"

㊻ 饮食岂知味,丝竹徒轰轰:文《详注》:"丝竹,总言乐器。轰轰,众声也,音呼宏切。"方世举《笺注》:"丝竹,苏武诗:'丝竹厉清声。'《北史·李元忠传》:'轰轰大乐。'"钱仲联《集释》:"轰,叶呼光切。"按:因心事填胸,故食之无味,丝竹不乐。轰轰,本来形容车的响声,殊无乐味。见《说文》。也作"轰鸣"。唐元稹《放言诗》之三:"霆轰电㸌数声频,不奈狂夫不藉身。"

㊼ 平明脱身去,决若惊凫翔:文《详注》:"凫,鹜也。木玄虚《海赋》曰:'鹬若惊凫之失侣。'"钱仲联《集释》:"以上公送董晋之丧至洛,中途闻汴州乱,至洛东,还将赴徐州,中间一谒李元于河阳。由洛赴徐,本应行黄河之南,是时或因汴州之乱,避行河北。"按:此二句意谓:天刚亮我就像惊飞的鸟一样疾速离去。平明,天刚亮。决,疾速飞起。凫,野鸭。《楚辞》屈原《卜居》:"宁昂昂若千里之驹乎,将氾氾若水中之凫乎,与波上下,偷以全吾驱乎?"《庄

子·逍遥游》:"我决起而飞,枪榆枋。"韩愈《雉带箭》:"冲人决起百余尺。"钱谓韩公为避汴州乱行黄河北,非是。韩公至汜水渡黄河,仍然经黄河南,与从盟津渡河无别。韩公此举盖为路近,送晋丧已过黄河,不必再绕道西南过河,经偃师返回。韩公到汜水后,过黄河,未走郑州,而是南走新郑、许州、陈州东去彭城,这才是避汴乱绕道也。

㊽ 次汜(sì)水:到汜水。汜水在荥阳与巩县之间,今郑州上街西北十余里处。

欲过无舟航:过,方《举正》订,云:"杭、蜀同。"朱《考异》:"过,或作'济'。"文本、魏本作"济",注:"一作'过'。"作"过"是,不与下句"夜济十里黄"重复。

文《详注》:"《汉书》(《高帝纪》注):如淳曰:'汜水,今成皋城东汜水是也。'颜师古曰:'此水旧读音凡,今彼乡人呼之音祀。'《周书·阴符》曰:'四辅不存,若济河无舟航矣。'航,方舟也,音胡刚切。"魏本:"韩曰:汜水,在河南成皋县。祝曰:《说文》:'水别复入水也。《诗》(《召南》):江有汜。'"按:颜说不确,汜,水形,巳(凡)声;汜,水形,巳声。字形字义皆不同。汜水乃黄河支流。

㊾ 号呼久乃至,夜济十里黄:魏本:"蔡曰:《前汉·地理志》:'陈留郡外黄县有黄沟。'"文《详注》:"号呼,谓呼舟而济也。十里黄,水名。《淮南子》(《道应训》)曰:'昔公孙龙有客能呼,后龙往说燕王,至于河上而航,[在]一汜。使善呼之,一呼而航来。'"按:谓"十里黄"为水名,非是,谓黄沟,更误。此指黄河河面之宽十里许也。济,渡水曰济。《三国志·吴书·吴主传》:"同船济水。"成语有"同舟共济"。此谓公夜到黄河北岸的汜水渡口,呼船横渡黄河。

㊿ 中流上滩浑(dàn),沙水不可详:方《举正》作"沙浑",云:"杭、蜀同。郭璞曰:'江东人呼水中沙滩为浑。'浑,即滩也。今本作'滩浑',非。朱《考异》:"滩,方作'沙'。浑,或作'泽'。今按:下句便有'沙'字,恐只当作'滩'。二字复出,如上句言舟航之类。"宋白文本、文本、祝本、魏本作"沙滩",注:"沙滩,一作'滩浑'。"廖本、

王本作“滩潬”。今从方作“滩潬”。

魏本:“洪曰:滩潬,河阳县南有中潬城。一作‘沙潬’。”文《详注》:“《尔雅》曰:‘水中沙堆为潬。’音大亶切。刘公幹《公宴诗》云:‘生年未始闻,歌之安能详。’”魏本:“祝曰:《尔雅》:‘潬,沙出。’注:‘今江东呼水中沙堆为潬。”魏本音注:“潬,音但。”沈钦韩《补注》:“此汴河中所历,非河阳之中潭城也。”童《校诠》:“第德案:作沙字是。尔雅释水:潬,沙出,沙出水中,则航行者知所避忌,免致失事。公言沙水不可详,谓沙没水中,有碍行舟,济渡维艰,故复承以惊波暗合沓,星宿争翻芒之句,以见与尔雅言沙出者不同,与下句沙字,不得不复,无庸相避。说文:灘,水濡而干也,滩,俗灘从佳,无潬字。段茂堂、桂未谷皆谓滩一作潬,为滩之或体。如作滩潬,为异体叠字,与舟航异字同义者不同,非复字。方扶南所引尔雅为监本,与祝廷宾、方季申所见本不同,应以祝、方本作江东者为正,其引河有滩,滩当作灘。沈氏校洪之误,得也。”按:滩潬,沙滩。《尔雅·释水》:“潬,沙出。”郭璞注:“今江东呼水中沙滩为潬。”《北齐书·阳斐传》:“石济河溢,桥坏,斐修治之。又移津于白马,中河起石潬,两岸造关城,累年乃就。”童氏之说又误,此乃汜水黄河渡口,非汴河也,汴河无此大水,亦不会沙滩与黄水不分,不可以沙没水中解说。况韩公此行未走汴水。谓潬、滩同,则据上绎解,然毕竟二字音义有异,韩公惯以奇字求新,尤以早中期为最,又是写给张籍的,决不能平平而出,故作“潬”字是。此谓沙水难分明的黄河特有情景也。以上诸误,只扣字眼,信从他说,全不明韩公经历、地理环境及其用语个性。

(51) 惊波暗合沓,星宿争翻芒:文《详注》:“惊波,大波也。《江赋》(《文选》卷一二郭景纯作)曰:‘惊波飞薄。’合沓,高貌。鲍明远(当为谢朓《游敬亭山》)诗曰:‘合沓与云齐。’宿,音息救切。鲍明远《舞鹤赋》曰:‘星翻汉回。’芒,光也。”魏本:“祝曰:合沓,重也,高也。”魏本注:“沓,徒合切。芒,光芒。宿,音秀。”方成珪《笺正》:“李白《九日登山诗》:‘连山似惊波,合沓出溟海。’正公诗所本也。”

方世举《笺注》："惊波：王粲《浮淮赋》：'飞惊波以高骛。'合沓：鲍照诗：'澜漫潭洞波，合沓崿嶂云。'"按：上句谓水中惊涛骇浪翻滚复沓，下句写星映水里翻变之貌。合沓，重叠，与云重叠，言其高。翻芒，闪闪发光。此八句写韩公夜渡黄河，呼船之难，渡河之险，及中夜水天互映之景，真实想象，生动感人，非亲历是写不出来的。如何焯《义门读书记》卷三〇云："'惊波暗合沓'四句，非屡涉江湖不知其真。"按：虽涉江湖，无韩公之历，之笔亦写不出来。

㊼马乏复悲鸣，左右泣仆童：方《举正》出"辕马蹢躅鸣"，云："阁本与《文录》同。杭、蜀本皆作'马蹢躅鸣悲'。曾、谢本多从杭本。"朱《考异》："诸本或作'马乏复悲鸣'，或作'马蹢躅鸣悲'。"文本作"马蹢躅悲鸣"。宋白文本、祝本、魏本作"马乏复悲鸣"。廖本、王本同方作"辕马蹢躅鸣"。按：韩公此行骑马，不是坐车，不当用辕马；若坐车仆童亦不当悲泣。按实情作"马乏复悲鸣"，善。其他可各备一说。蹢躅（zhí zhú），同踟蹰，徘徊不前。《楚辞》屈原《离骚》："仆夫悲余马怀兮，蜷局顾而不行。"方世举《笺注》："李陵《录别诗》：'辕马顾悲鸣。'《易·垢》（当为《姤》）卦：'羸豕孚蹢躅。'"按：上句谓马困徘徊嘶叫，下句写童仆累而悲泣。写马、写人形神逼肖。何焯《批韩诗》："摹写逼老杜。"

㊽甲午憩时门，临泉窥斗龙：魏本："洪曰：《左》昭十九年：'郑大水，龙斗于时门之外洧渊。'时门，郑城门。退之过此时，岂复有斗龙，盖想见其事耳。以渊为泉，避讳也。"文《详注》："《九域志》曰：'时门在今郑州，即《春秋》昭公十九年，斗龙处。'晋潘安仁赋金谷诗（《文选》卷二〇《金谷集作诗》）云：'滥泉龙鳞间，激波连珠挥。'"钱仲联《集释》："龙，叶莫江切。"

按：甲午，贞元十五年二月二十日。时门，古郑国城南门，故城在今新郑县境内。临泉，即临渊，渊字为避李渊名讳改作泉。韩愈时过郑国古城临渊观水。窥斗龙，用《左传》昭公十九年："郑大水，龙斗于时门之外洧渊。"陈迩冬《韩愈诗选》注为郑州城门之一，误。洧水，源出河南登封县东北阳城山，流经密县，过新郑南为洧渊。

顾栋高《春秋大事表》卷七之二云:"洧水在郑城南,故知(时门)是城南门也。"《水经注·洧水》云:"洧水又东为洧渊水,《春秋传》曰'龙斗于时门之外洧渊',即此潭也。"今郑州城古为管城,唐属河南道,治管城,辖管城、荥阳、荥泽、原武、新郑、中牟七县,则新郑为郑州属县。时门在新郑,即郑国之城门,谓郑州,误。此二句于惊险紧张之后,忽转舒缓,真使人可长出一口气了。何焯《义门读书记》卷三〇:"'临泉窥斗龙',只此句用一故实趁韵,非当时情理。"洪亮吉《北江诗话》:"昌黎诗如奇而太过者,如《此日足可惜》一篇内'甲午憩时门,临泉窥斗龙。'岂此时时门复有龙斗耶?若仅用旧事,则'窥'字易作'思'字或'忆'字为得。"何、洪之说似拘,不若程学恂《韩诗臆说》卷一云:"'甲午憩时门,临泉窥斗龙'云云,百忧中有此古兴,妙绝。"

㊴ 东南出陈许,陂泽平茫茫:东南,宋白文本、文本、祝本、魏本、王本作"东南"。廖本作"东西",非是。方成珪《笺正》:"东西,当从王本、魏本作'东南'。《元和郡县志》(卷七、卷八):'汴州,东南至陈州三百一十里。许州,东南至陈州二百六十里。'许密迩于陈,而曰陈许者,节度使以陈许名故也。"按:韩公此行的方向,由西北向东南。故作"东南"是。俞樾《俞楼杂纂》:"一人之行,不能东西并出,'西'疑'南'字之误。自郑而许则迤南,又自许而陈则迤东,故曰'东南出陈许'。"俞氏所说之郑,当指郑韩古城,即新郑,非管城之郑州。陈许,陈,陈州,今河南淮阳市。许,许州,今河南许昌市。此语倒置,按实际行程路线,则先许后陈。或以"陈许节度使"而作"陈许"。

平茫茫:方《举正》据阁本作"茫茫平",云:"杭、蜀本皆作'路茫茫',以今韵求合也。"朱《考异》:"方作'茫茫平',云用古韵。今按:此诗固用古韵,然皆因其语势之自然,未尝作意舍此而用彼也。诸本只作'陂泽平茫茫',韵谐语协,本无不可。若作'陂泽茫茫平',却觉不响。不应以欲用古韵之故牵挽而强就之也。又按:别本'平'或作'路',而或作'何'者,语意尤胜,读者详之。"

文《详注》："陈许，二州名。陂，泽漳也。茫茫，广貌，古诗曰：'四顾何茫茫。'"方世举《笺注》："《诗·陈风》(《泽陂》)：'彼泽之陂。'传：'陂，泽障也。'"按：平茫茫，把新郑东南一带地势平坦、水泽多的地貌写出来了。平字虽不经意，而神情出矣。

(55) 角角雄雉鸣：方《举正》据阁本作"雄雉鸣"，云："李、谢校。蜀作'雉雊鸣'。角，音谷，见《集韵》(入声一屋韵)。"角，朱《考异》："方云：音谷，见《集韵》。雄雉，或作'雉雊'。"文《详注》："角角，雉声。"宋白文本、文本、祝本、魏本作"雉雊"。廖本、王本作"雄雉"。按：作"雄雉"善。雄雉鸣声响亮，易引人注意。故不能作"雌"。又前有"角角"之鸣声，后不应再出"雊"字。魏本："孙曰：角角，雉鸣声，雊，亦鸣也。一作'雄雉鸣'。"王元启《记疑》："雉雊，旧作'雄雉'，今从建本。雊鸣并出，如前'舟航''滩涄'之例，旧本特著一'雄'字，无谓。"童《校诠》："第德案：祝本作雉雊，与本书同，廖本、王本作雄雉。案：以作雄雉鸣为长。说文：雊、雄雌鸣也，雷始动，雉鸣而雊其颈，丁福保曰：书高宗肜日正义，诗小弁正义皆引作雄雉鸣，大徐本雉误作雌，宜据改。是公用雄雉鸣三字，本诸许氏。许氏爰注文选潘安仁射雉赋云：雉一界之内，要以一雄为主，余者虽众，莫敢鸣雊也。亦可为应作雄之证。王氏谓著一雄字无谓，未谛。"按：角角，象声词，音谷谷。《辞源》以韩诗为例。雊，雉鸣，《诗·小雅·小弁》："雉之朝雊，尚求其雌。"《礼记·月令》："季冬之月……雁北向，鹊始巢，雉雊鸡乳。"则此句作"角角雄雉鸣"，谓：雄雉咕咕鸣叫。朱彝尊《批韩诗》："要知此间点景，方是诗家趣味。《北征》诗'或红如丹砂'等句，亦是此意。"所说甚是。

(56) 下马步堤岸，上船拜吾兄：魏本："洪曰：公有三兄，皆早世。见于集中者，云卿之子俞，绅卿之子岌，皆公从兄。或曰：吾兄谓张籍，非也。"文《详注》："《后汉·第五伦传》曰：'孙斌下马步从伦。'兄，愈兄介。"沈钦韩《补注》："汴阳也。《寰宇记》：'古汴河在徐州丰县南十步。'"按：是年韩愈三十二岁，侄老成二十七，老成兄百川，当有三十岁上下。其父介，至少五十岁，按《韩滂墓志》所云：介一命率府军佐以殁，时恐怕已卒。从兄俞，元和元年卒时为开封县尉，有可能在开封。是否避乱东去，尚有可能。“拜吾兄”者，俞也？谓张籍，下文才提到他来见的事。都无文献可据，亦难断言，存疑待考。

(57) 虽云经艰难，百口无夭殇：虽，宋白文本、祝本、魏本、廖本等均作“谁”。文本作“虽”。按文意作“虽”字善，今从文本。朱《考异》：“艰，或作‘险’。”诸本作“艰”，从之。殇，方《举正》作“殇”，云：“唐本作‘殇’，杭、蜀作‘横’。《楚辞》：‘强死者为国殇。’三字（无夭殇）全语亦见《列子》（《黄帝》）。”朱《考异》：“殇，或作‘横’。”宋白文本、文本、廖本作“殇”。魏本作“横”，注：“一作‘殇’。”文《详注》：“一作‘夭横’，非。短折曰夭，未成人曰殇。《列子》（《黄帝》）曰：‘华胥之国，不知夭殇。’”则作“殇”字是。按：此二句推绎，百口中有族兄俞一家，拟指俞。

方世举《笺注》：“《列子·说符篇》：‘利供百口。’《晋书·周𫖮传》：‘王导呼𫖮曰：伯仁，以百口累卿。’”按：“百口”之说，向有争议，盖言家人之多，非谓实数百口也。

此段叙其东南至彭城符离集路途所经、所见、所感。与首段汴州乱心绪、过黄河之艰险不同。

(58) 仆射南阳公，宅我睢水阳：洪《年谱》：“南阳公，张建封也。”魏本：“孙曰：二月末，公至徐州。祝曰：睢，水名，在徐州。《前汉书》：‘大战彭城灵璧东睢水上。’” 文《详注》：“《补注》：公《与东野书》云：‘主人与余（吾）有故，居余（吾于）符离睢上。’南阳公，谓张建封也。”又注：“《地理志》曰：‘睢水自荥阳受河，东流至彭城入泗。’睢，音虽。”方世举《笺注》：“南阳公，谓张建封也。睢水阳：祝云公《与孟东野书》云：‘主人与余有故，居余于符离睢上。’即此也。”按《旧唐书·张建封传》：建封字本立，兖州人（一说邓州南阳人，或谓河南孟州人）。少属文，好谈论，慷慨负气。素与马燧友善，大历十年，燧为河阳三城镇遏使，辟为判官，奏授监察御史。建中二年(781)，任岳州刺史，四年改寿州。兴元元年(784)加御史大夫，充濠寿庐三州都团练使。贞元四年(788)为徐州刺史，兼御史大夫、徐泗濠节度、支度营田观察使。十二年(796)，加检校右仆射。十六年五月卒于任。此指建封安排韩愈一家住在符离睢上。

(59) 箧：小箱子，可装衣物。盎，魏本注："盎，盆属。下浪切。"古代一种口小肚大似瓮的器皿，可储存粮食。

(60) 闭门读书史：方《举正》作"读书史"，云："蜀本'读'作'阅'。"朱《考异》："读，或作'阅'。"宋白文本、文本、魏本、廖本作"读书史"，从之。

魏本："蔡曰：《后汉·王充传》：'充，字仲壬，闭门潜思。'《楚国先贤传》：'孙敬，字文宝，常闭户读书。'"按：书史，古代典籍，指经史一类书籍。南朝梁江淹《杂体》诗《颜特进侍宴》："揆日粲书史，相都丽闻见。"韩愈《秋怀诗》十一首之三："归还阅书史，文字浩千万。"《送灵师》："少小涉书史，早能缀文篇。"韩愈《感春》四首之四："今者无端读书史，智慧只足劳精神。"可知韩公习用"读书史"语。

(61) 清风窗户凉：方《举正》作"窗户忽已凉"，云："三本同。《文录》作'风已凉'，荆公作'清风凉'。"朱《考异》："诸本多作'清风窗户凉'，或作'窗户风已凉'，或作'窗户清风凉'。今按：公以二月末到徐，不知此诗何时作。若夏，即当作'清风窗户凉'；若秋，即当作'窗户风已凉'。"宋白文本、文本、魏本作"清风窗户凉"。廖本作"窗户忽已凉"。宋白文本注："一作'窗户风已凉'。"文《详注》："一作'窗户清风凉'。《淮南子》(《泛论训》)曰：'户牖者，清风之所入也。'"魏本注："一作'窗户清风凉'，又一作'窗户忽已凉'，赵作'窗户风已凉'。"王元启《记疑》："按：是年秋，建封奏公为节度推官，此诗有'共言无倦听'及'晨坐达五更'之语，必系未授职时所作。其时正当夏令，当作'清风窗户凉'。"按：今从"清风窗户凉"。

(62) 子岂知我情：魏本："孙曰：言籍亦继至徐。"钱仲联《集释》："情，叶兹良切。"按：情者，日念子来游也。此乃意中惊喜也：即想你，你就来了。

(63) 别离未为久，辛苦多所经：张籍去冬离汴赴京应试，至今年春夏,半年不到,故云"未为久"。"辛苦"句五字,把在不长的时间里经历的艰难辛苦表现了出来。查慎行《查初白诗评十二种》:"二句结束中间三百余字。"钱仲联《集释》:"经,叶居良切。"

⑥④ 对食每不饱,共言无倦听:上句谓在战乱中饥一顿,饱一顿;下句意对上句,谓和别人谈话没有人能好好听的,意思是说身边没有像籍那样说话投机的朋友。钱仲联《集释》:"听,叶他阳切。"

⑥⑤ 连延三十日,晨坐达五更:魏本:"蔡曰:公时与籍款会几一月也。"陈景云《点勘》:"按公始至徐,徐帅馆之睢上,至秋方辟为从事,详见《与东野书》中。注家自失采,遂误以为初至即授幕职也。此诗乃未为从事时作。故喜张之来,有'连延三十日,晨坐达五更'之语。若已入使院,则方晨入暮归,安得此闲适耶?合全篇细读之,旧注之疏益见矣。"方世举《笺注》:"连延:枚乘《七发》:'蒲伏连延。'善注:'连延,相续貌。'"按:此二句谓:二人边攻读边携游达三十日,晚上读书论文到第二天早晨五更,即天亮。可证韩公尚未入建封幕。

⑥⑥ 我友二三子,宦游在西京:方《举正》据杭、蜀本"我友"作"我有"。朱《考异》:"友,方作'有'。"诸本作"友",是。

魏本:"孙曰:西京,长安也。"方世举《笺注》:"宦游:《汉书·司马相如传》:'王吉曰:长卿久宦游不遂。'"韩公《山石》诗有"我党二三子",党即其友也。又《叉鱼》:"脍成思我友,观乐忆我僚。"我僚,亦我党。《叉鱼》中"我友"专指,《此日足可惜》里"我友"为复指,或谓在西京诸友指柳宗元、刘禹锡等,有可能。

⑥⑦ 东野窥禹穴:魏本:"《补注》:公时《与东野书》云:'张籍在和州居丧,家甚贫,速图之,余之望也。'故此诗有是句。孙曰:禹穴在会稽。"文《详注》:"孟郊,字东野。《汉书》(《司马迁传》注)张晏曰:'禹巡狩至会稽而崩,因葬焉。上有孔穴,民间云:禹入此穴。'司马迁(《太史公自序》)曰'上会稽而探禹穴'是也。"钱仲联《集释》:"《史记·太史公自序》:'上会稽,探禹穴。'《孟东野诗集》有

《越中山水》及《春集越州皇甫秀才山亭》诗,当在此时。"按:会稽即绍兴。禹穴在今绍兴市南,相传禹死葬此。旁有禹王庙和碑,建筑宏伟,为游览胜地。时东野在越游历。

⑱ 李翱观涛江:文《详注》:"李翱,字习之。唐史有传。翱集《复性论》(《李文公集》卷二《复性书》上)曰:'某南观涛江,入于越。'枚乘《七发》曰:'交游兄弟,并往观涛乎广陵之曲江。'"魏本:"《补注》:李习之《论性》末云:'南观涛江,入于越。而吴郡陆参存焉,与之言。参曰:尼父之心也。'翱观涛江,岂此时乎?蔡曰:李翱,字习之,公兄弇之婿也。《文选》枚乘《七发》篇:'将以八月之望,往观涛乎广陵之曲江。'"方世举《笺注》:"涛江,即浙江。《越绝书》:'银涛白马。'言潮也。"按:时李翱在杭州钱塘江。涛江,钱塘江以潮驰名,故云观涛江。李翱,韩门弟子,韩愈侄婿,中唐著名思想家、古文家。明清人列入唐宋十大家之一,有储欣《唐宋十大家全集录》。

⑲ 萧条千万里,会合安可逢:萧条,凋零。文《详注》:"曹子建(《送应氏》)曰:'中野何萧条,千里无人烟。'"《文选》班固《西都赋》:"原野萧条,目极四裔。"南朝宋傅亮《为宋公至洛阳谒五陵表》:"廛里萧条,鸡犬罕音。"按:散在千里之外,会合怎么能实现呢?钱仲联《集释》:"逢,叶符良切。"

⑳ 淮之水:淮水。舒舒,水缓缓而流貌。文《详注》:"宋玉《玄谟》曰:'彭城,南届大淮,左右清汴。'舒舒,缓之貌。"魏本:"孙曰:'淮、楚皆在徐境。舒舒,丛丛,山水貌。'"陈景云《点勘》:"'淮之水舒舒',时送籍返和州,故有'淮水''楚山'二句。和隶淮南,又楚地也。"按:韩公《复志赋》:"排国门而东出兮,慨余行之舒舒。"孟郊《靖安寄居》诗:"役生皆促促,心竟谁舒舒。"

㉑ 楚山:文《详注》:"《通典》曰:'彭城,春秋宋地,后属楚,谓之西楚。项羽建都于此,故其山曰:楚山。'丛丛,聚貌。《唐子西语录》云:'退之作古诗有故避属对者,淮之水舒舒,楚山直丛丛是也。'"按:楚山,即楚地的山,此言楚地。丛丛,即族族,聚集的样

子。族，今作簇。

⑫ 我怀焉所穷：朱《考异》："焉，或作'安'。"宋白文本作"安"，注："一作'焉'。"文本、祝本、魏本、廖本作"焉"，注："一作'安'。"按：作'安'、作'焉'均可，皆疑问词。即我心有无穷无尽的思念之情。

⑬ 风狂：方《举正》作"狂风"，云："蜀本、三馆本同。晁、范校。"朱《考异》："方作'狂风'。今按：方亦强用古韵之过。不如只作'风狂'，语势尤健。"方世举《笺注》："风狂：朱子曰：方亦强用古韵之过。不如只作'风狂'，语势犹健。"按：苏轼《陪欧阳公燕西湖》诗："插花起舞为公寿，公言百岁如风狂。"所说是。

⑭ 无为：不要，王勃《送杜少府之任蜀川》："无为在岐路，儿女共沾巾。"至徐与籍重逢又别，结在此日足可惜上。语势挺拔，此诗可见韩公长诗用韵自如，如欧阳修之言。文《详注》引欧阳修说作证。详见下《汇评》。

此诗用韵，宋洪迈："韩退之《此日足可惜一首赠张籍》，凡百四十句，杂用东、冬、江、阳、庚、青六韵。"

【汇评】

宋欧阳修：退之笔力无施不可，而尝以诗为文章末事，故其诗曰"多情怀酒伴，馀事作诗人"也。然其资谈笑，助谐谑，叙人情，状物态，一寓于诗，而曲尽其妙。此在雄文大手，固不足论，而予独爱其工于用韵也。盖其得韵宽，则波澜横溢，泛入傍韵，乍还乍离，出入回合，殆不可拘以常格，如《此日足可惜》之类是也。得韵窄，则不复傍出，而因难见巧，愈险愈奇，如《病中赠张十八》之类是也。余尝与圣俞论此，以谓譬如善驭良马者，通衢广陌，纵横驰逐，惟意所之。至于水曲蚁封，疾徐中节，而不少蹉跌，乃天下之至工也。圣俞戏曰："前史言退之为人木强，若宽韵可自足，而辄傍出，窄韵难独用，而反不出，岂非其拗强而然欤？"坐客皆为之笑也。（《欧阳修全集》卷一二八《诗话》）

宋张耒：韩吏部《此日足可惜》诗，自"尝"字入"行"字，又入"江"字、"崇"字。虽越逸出常制，而读之不觉，信奇作也。子瞻说："读吏部古诗，凡七言者，则觉上六字为韵；设五言，则上四字为韵。设如'君不强起时难更'，'持一念万漏'之类是也。不若老杜语韵浑然天成，无牵强之迹。"则退之于诗，诚未臻其极也。韩退之穷文之变，每不循轨辙。古今人作七言诗，其句脉多上四字而下以三字成之。如"老人清晨梳白头""先帝天马玉花骢"之类。而退之乃变句脉，以上三下四。如"落以斧斤引缥徽""虽欲悔舌不可扪"之类是也。退之作诗，其精工乃不及柳子厚。子厚诗律尤精，如"愁深楚猿夜，梦短越鸡晨""乱松知野寺，馀雪记山田"之类，当时人不能到。退之以高文大笔，从来便忽略小巧，故律诗多不工，如陈商小诗，叙情赋景，直是至到，而已脱诗人常格矣。柳子厚乃兼之者，良由柳少习时文，自迁谪后，始专古学，有当世诗人之习耳。（《明道杂志》）

宋朱翌：退之《此日足可惜赠张籍》云："闻子高第日，正从相公丧。""夜闻汴州乱，绕壁行徬徨。我时留妻子，仓卒不及将。"退之从董晋辟汴州，掌书记。晋死，退之送丧至洛。晋死八日，而汴军乱，杀留后陆长源、判官杨凝等。退之幸而去，贤者必阴有护持也。（《猗觉寮杂记》卷上）

宋洪迈：韩退之《此日足可惜一首赠张籍》，凡百四十句，杂用东、冬、江、阳、庚、青六韵。及其亡也，籍作诗祭文，凡百六十六句。用阳、庚二韵，其语铿锵震厉，全仿韩体。所谓"乃出二侍女，合弹琵琶筝"者是也。（《容斋四笔》卷三《此日足可惜》）

宋蔡梦弼：此诗与《元和圣德诗》，多从古韵。读之者当始终以协声求之，非所谓杂用韵也。

又：此篇押二"光"字、二"鸣"字、二"更"字、二"狂"字。胡仔谓退之好重叠用韵，以尽己之意，盖不恤其为病也。（魏仲举《新刊五百家注音辩昌黎先生文集》卷二）

宋文谠：古人重叠用韵者甚多，不可具举。但意到即押，不拘常体,如《饮中八仙歌》之类。韩诗如此,诗中押二"光"字、二"更"字。《岳阳楼别窦司直》押二"向"字,《李花诗》押二"花"字,《双鸟诗》押二"州"字、二"头"字、二"秋"字、二"休"字,《和卢郎中盘谷诗》二"行"字,《公安诗》二"闲"字,《示爽诗》二"愁"字,《叉鱼诗》二"销"字,《寄孟郊》诗二"奥"字。孔毅夫《杂记》云:退之好押狭韵,累句以示工,而不知重叠用韵之为病也。其重叠用韵出自《文选》,古人自有体格。老杜辈亦常效之,非创意也。(《新刊经进详注昌黎先生文集》卷二)

清俞玚:此诗用韵非杂也。古庚、阳二韵原自相通,观《鹿鸣》《采芑》之诗自见,却非俗说通用转用之例也。其入东韵者,《桑中》之诗亦然。按少陵《饮中八仙歌》,尝叠用韵。此诗中间叙次,亦仿佛《彭衙》《北征》光景。(顾嗣立《昌黎先生诗集注》卷二)

清李光地:顾氏讥韩公不识古韵,盖谓此诗及《元和圣德》之类。然顾氏之学,以质于《诗》《书》古文,合者为多,至声气之元,歌乐之用,古人所以协律同文之本,则似有未能明者。盖东、冬、江、阳、庚、青、蒸七韵,原为一部,以其元乃一气所生,而用之以叶歌曲,则收声必同故也。……退之此诗,正用东、冬等一部。(《榕村诗选》卷六)

清严虞惇:长篇叙情事,无对偶语,而不觉其冗漫,此见笔力。(钱仲联《韩昌黎诗系年集释》卷一)

清宋长白:昌黎《赠张籍》诗:"哀情逢吉语,惝恍难为双。"(按:此二句乃韩公《此日足可惜一首赠张籍》诗)用《龟策传》"祸与福并,刑与德双"之句。王半山《金陵怀古》诗"逸乐安知与祸双",本此。(《柳亭诗话》卷五《双字》)

清何焯:《此日足可惜赠张籍》"舍酒去相语"注:"'去'方作'须'。"按"须"字是。所以饮酒不乐者,乃亟待张之至也。"去"字真无理尔!《诗》:"卬须我友。""有根易为长",少有所知,便是根也。"儿童畏雷电"二句,韩、苏诗病。"窃喜复窃笑"二"窃"字,暗与"众夫指笑"对照。"惊波暗合沓"四句,非屡涉江湖不知其真。

"临泉窥斗龙",只此句用一故实趁韵,非当时情理。"闭门读书史"二句,惊魂初复,不觉及秋,二语神助。"晨坐达五更",谓自五更起坐达晨也。本老杜"午时起坐自天明"来。"百岁如风狂"结归此日可惜。(《义门读书记》卷三〇)

清方世举:按:此篇用韵全以《三百篇》为法,如《楚茨》"济济跄跄"一章,跄、羊、尝、亨、将、祊、明、皇、飨、庆、疆,是庚、阳二韵也。《瞻彼洛矣》末章泱、同、邦,是阳、东、江三韵也。《凫鹥》首章泾、宁、清、馨、成,是庚、青二韵,旁及侵韵也。四章潨、宗、降、崇,是东、冬、江三韵也。诸如此类,不可枚举。此诗用东、冬、江、阳、庚、青六韵,盖古韵本然耳。至于叠韵,亦非始于老杜,自老杜以前,《焦仲卿》诗叠用甚多,而亦本于《三百篇》。如《七月》第五章"九月在户""塞向墐户"皆韵也。《伐木》首章用两"声"字,《正月》第三章用两"禄"字,《十月之交》第六章用两向字,《卷阿》末章用两"多"字,彼皆短篇,犹用叠韵。至《商颂·那》一章二十二句,而连用三"声"字为韵。《烈祖》一章二十二句,自"既载清酤"以下亦用庚、阳为韵,凡押二"疆"字,二"将"字。论者读韩诗则震而惊之,读《诗经》则习焉弗察,何也?又按《史记·龟策传》"乃刑白雉及与骊羊"一段,凡二十六韵,杂用东、江、阳、庚、元、寒、先、真诸部,间见错出,如欧阳子所谓"乍离乍合"者,是此用韵之祖也。洪景伯《隶续》谓本《汉平兴令薛君碑铭》亦是。但碑为延熹间文,又未必不因《史记》。至叠用韵,《焦仲卿》诗后,又有陈思王《弃妇词》等篇。顾宁人《日知录》言之,然未言《三百篇》,亦疏。(《韩昌黎诗集编年笺注》卷一)

清许昂霄:昌黎《此日足可惜》诗,本用阳韵,旁入庚、青,又兼及东、冬、江,实本于《史记·龟策传》、《淮南子·兵略训》、《楚辞·惜誓》、东方朔《七谏》与乐府《焦仲卿妻诗》。故郑庠《古音辨》谓东、冬、江、阳、庚、青、蒸皆叶阳音。而毛大可云:"七韵一收,皆反喉入鼻之音,即为宫音。"理或然也。(《查初白诗评十二种》卷上)

清爱新觉罗·弘历：追溯与籍结交之始，至今日重逢别去。而其中历叙己之崎岖险难，意境纡折，时地分明，摹刻不传之情，并觍缕不必详之事，倥偬杂沓，真有波涛夜惊，风雨骤至之势。若后人为之，鲜不失之冗散者。须玩其劲气直达处，数十句为一句。尤须玩其通篇章法，搏捥操纵，笔力如一发引千钧，庶可神明于规矩之外。（《唐宋诗醇》卷二八）

清王鸣盛：《此日足可惜》顾嗣立引洪兴祖云："此诗杂用韵。"长洲俞玚犀月云：古"庚""阳"二韵通，观《鹿鸣》《采芑》之诗自见。其入"东"韵者。《桑中》之诗亦然。方世举云：此篇用韵，全以《三百篇》为法。如《楚茨》"济济跄跄"一章，"跄""羊""尝""亨""将""祊""明""皇""飨""庆""疆"，是"庚""阳"二韵也。《瞻彼洛矣》末章，"泱""同""邦"，是"阳""东""江"三韵也。《凫鹥》首章，"泾""宁""清""馨""成"，是"庚""青"二韵，旁及"侵"韵也。四章"潀""宗""降""崇"，是"东""冬""江"三韵也。此类不可枚举。此诗用"东""冬""江""阳""庚""青"六韵，盖古韵本然耳。愚谓：诸家论韵，可谓谬矣。洪兴祖谓"此诗杂用韵"，若依顾炎武说，则洪说甚确。《鹿鸣》以"鸣""苹""笙""簧""将""行"为韵。顾云："苹"字从"平"，"笙"字从"生"。遍考三代、秦、汉之书，凡"鸣""平""生"字，无入"阳""唐"韵者，知此章自"吹笙鼓簧"以下，别为一韵。《烈祖》之诗亦然。《采芑》次章以"乡""央""衡""玱""皇""珩"为韵。顾于"乡"下注：十"阳"，与"央""衡""玱""皇""珩"协。"衡"下注："古音户郎反。"考"衡"字，《诗》凡五见，并同。后人混入十二"庚"韵。"珩"下注同。《桑中》，顾注首章"唐""乡""姜"为一韵。"中""宫"为一韵。而"上"字仍协首句。此以平、去通为一韵。《楚茨》次章以"跄""羊""尝""亨""将""祊""明""皇""乡""庆""疆"为韵。其为"阳""唐"韵者，无可疑。而顾于"亨"下注："古音普郎反。"考"亨"字，《诗》凡二见，《礼记》一见，并同。后人混入十二"庚"韵。"祊"字注："古音方。"后人混入十二"庚"韵。"庆"字注："古音羌。"考"庆"字，《诗》凡七见，《书》一见，《易》十二见，《仪礼》二见，《礼记》

一见，并同。后人混入四十三"暎"韵。此以平、上通为一韵。"明"，《齐风·鸡鸣》注："古音弥郎反。"考"明"字，《诗》凡十六见，《书》三见，《易》十七见，《礼记》五见，《尔雅》一见，《楚辞》十见，并同。后人混入十二"庚"韵。《瞻彼洛矣》，顾以"矣"与"止"为韵，"同"与"邦"为韵；非以"泱""同""邦"为韵。若《凫鹥》首章，"泾""宁""清""馨""成"皆"庚""青"二韵，而以为旁及"侵"韵，盖老而眊昏矣。凡此皆据顾氏《诗本音》为定。古音千年无人讲明，陈第发之，顾炎武大畅其说，著为《音学五书》，藏诸名山，播诸通邑大都。朱竹垞等亲与之游，犹不知尊信，若俞玚辈，更不足言矣。昌黎生于经学既衰之日，摘埴索涂，那有是处。《荐士》前云："中间数鲍谢，比近最清奥。"后云："后来相继生，亦各臻阃奥。"重叠用韵，自是大病。(《蛾术编》卷七六)

清黄钺：此篇颇似老杜《北征》，第微逊其纡余卓荦耳。(《韩诗增注证讹》)

清曾国藩：《此日足可惜一首赠张籍》：籍字文昌，吴郡人。尝为公所荐送。贞元十五年，公时在徐，籍往谒公。未几，辞去，公惜焉，故作是诗以送之。"选试缪所当"，汴州举进士，公为考官，试《反舌无声诗》，籍中等。"谅知有所成"以上，籍与公相见于汴州，籍中进士。"正从相公丧"，贞元十五年，高郢知举，籍登第。是岁二月，晋卒，公护其丧行。"决若惊凫翔"以上，公送董晋之丧至洛，中途闻汴州乱，至洛东还，将赴徐州，中间一谒李元于河阳。由洛赴徐，本应行黄河之南，是时或因汴州之乱，避行河北欤？"窗户忽已凉"(清风窗户凉)以上，由河阳经氾水、陈、许而至徐州。"子岂知我情"句，谓望其来，而籍竟未也。末叙籍来月馀而又别。(《十八家诗钞》卷九)

清刘熙载：昌黎《赠张籍》云："此日足可惜，此酒不足尝。"儒者之言，所由与任达者异。(《艺概》卷二《诗概》)

蒋抱玄：惜别是道情之文，只须字字从心坎流出，写得淋漓尽致，便是大家手笔。况既非律言，用韵错杂，无足瑕疵。评家多就

用韵为上下手,毋乃蛙黾。(《注释评点韩昌黎诗全集》)

程学恂:慨然以起,与《醉赠张秘书》同。中间愈琐愈妙,正得杜法。公云"上与(按:当作'远追')甫白感至诚"(《酬司门卢四兄云夫院长望秋作》),如《南山诗》,乃变杜之体而与相抗者也,如此篇乃同杜之体而与相和者也。(《韩诗臆说》卷一)

幽　怀①
贞元十六年春

幽怀不能写②,行此春江浔③。适与佳节会,士女竞光阴④。凝妆耀洲渚⑤,繁吹荡人心⑥。间关林中鸟⑦,亦知和为音⑧。岂无一樽酒⑨,自酌还自吟⑩。但悲时易失⑪,四序迭相侵⑫。我歌君子行⑬,视古犹视今⑭。

【校注】

① 方《举正》:"樊云:徐州作。"方成珪《诗文年谱》系十五年,曰:"诗有'春江'句,乃是年三月作。"方世举《笺注》:"此诗编年无可明据,但以'我歌君子行'揣之,或朝正归徐春间所作。观其《上张仆射书》,辨晨入夜归之不可,则于其幕僚有不相合者。故感春鸟和鸣而自酌自吟,叹人之不如鸟也。题曰'幽怀',盖有不可明言者欤?"王元启《记疑》:"此诗与《赠张籍》《归彭城》诸首同编,疑亦在徐所作,读篇中自酌自吟句可见。"按:后二说较长。此抒幽怀之诗写于春日无疑。十五年春,韩愈汲汲于避乱寻亲,哪有"适与佳节会,士女竞光阴"之心境?诗当写于十六年春。

② 幽怀不能写:方《举正》据唐本作"能"。朱《考异》:"能,或作'可'。"宋白文本、文本、祝本、魏本作"可"。宋白文本注:"可,一作'能'。"廖本、王本作"能"。作"能"、作"可"皆通。钱仲联《集

释》、屈《校注》作"能"。今从诸本作"可"。按：与下句"适与佳节会"酌之，不是不能写，盖"不可写"也。

按：首句点题明旨，开门见山。接下翻波叠浪，亦不平直。

③ 行此春江浔（xún）：文《详注》："春江，曲江也。康骈《剧谈录》曰：'曲江池，本秦澄州。开元中，凿疏遂为妙境，花卉周环，烟木明媚，都人游玩，盛于中和节，江侧菰蒲葱翠，柳阴四合，碧波红渠，湛然可爱。'浔，水涯也。"方世举《笺注》："《淮南·原道训》：'江浔海裔。'枚乘《七发》：'弭节乎江浔。'"按：浔，水边。《淮南子·原道训》："故虽游于江浔海裔，驰要裹，建翠盖。"《文选》枚乘《七发》："周驰乎兰泽，弥节乎江浔。"韩公诗文多有感而发，不为空言。若此则幽怀当是见曲江实境而发，据此可推知，诗乃写于贞元十六年朝正后，欧阳詹举荐未成，韩愈独游自酌，有感而作。文注不无识眼。真可谓熔古铸今，如朱彝尊《批韩诗》云："起是裁嗣宗'独坐空堂上'四句为两句，却近自然。"朱所引嗣宗诗句，乃阮籍《咏怀诗》"独坐空堂上，谁可与欢者。出门临永路，不见行车马"四句。

④ 适与佳节会，士女竞光阴：方世举《笺注》："《诗·溱洧》：'维士与女。'宋玉《招魂》：'士女杂坐。'"按：适，副词，恰好，正也。《三国志·蜀书·先主传》："先主斜趋汉津，适与羽船会。"佳节，疑指中和节。德宗贞元五年（789），据李泌建议，下诏废止正月晦日（三十日）之节，以二月初一为中和节。休假一日，民间以青囊盛百谷果实，相互赠送以贺。长安士女游曲江，十分热闹。此下六句正写一幅曲江游春图。士女，成年男女。《书·武成》："肆予东征，绥厥士女。"光阴：光，明；阴，暗。指日月推移。《文选》江淹《别赋》："明月白露，光阴往来。"

⑤ 凝妆耀洲渚：凝妆，盛妆也。蒋抱玄《评注》："谢偓诗（《全唐诗》卷三八《乐府新歌应教》）：'凝妆艳粉复如神。'"按：谓士女盛装游春，光彩满曲江也。王昌龄《闺怨》："闺中少妇不知愁，春日凝妆上翠楼。"

⑥ 繁吹荡人心:方《举正》据杭本"人心"作"神心"。朱《考异》:"人,方作'神'。非是。"诸本作"人",是。

文《详注》:"蔡邕《月令章句》曰:'吹者所以通气也。管箫竽笙埙篪,皆以鸣吹也。'"魏本:"祝曰:《礼记》(《月令》):'命乐师以大合吹。'"方世举《笺注》:"枚乘《七发》:'陶阳气,荡春心。'"

⑦ 间关林中鸟:方世举《笺注》:"《诗·车舝》:'间关车之舝兮。'《水经注》:'时禽异羽,翔集间关。'"按:间关,鸟和鸣之声。《魏书·李顺传》附李骞《释情赋》:"鸟间关以呼庭,花芬披而落牖。"白居易《琵琶行》:"间关莺语花底滑,幽咽泉流水下滩。"

⑧ 亦知和之音:方《举正》据杭、蜀本作"亦知和为音"。廖本、王本同。朱《考异》:"诸本作'知时为和音',非是。然今本疑亦有误,或恐为是其字。"宋白文本作"亦知为和音"。文本、祝本、魏本作"知时为和音",注:"知时,一作'亦知'。"徐震《诠订》:"'和为音'不误,'和'读如'唱和'之'和',言相和为音也。上句云'繁吹荡人心',故此句言鸟亦知相和为音,似与繁吹相应合也。"文《详注》:"和(hè),音胡卧切。"

⑨ 岂无一樽酒:樽,宋白文本、祝本、魏本作"罇"。二字同,今通作"樽"。

钱仲联《集释》:"陶潜诗(《饮酒二十首》之一):忽与一樽酒,日夕欢相持。"按:李白《江上吟》:"美酒樽中置千斛。"韩公《李花赠张十一署》:"力携一樽独就醉,不忍虚掷委黄埃。"

⑩ 自酌还自吟:方世举《笺注》:"《颜氏家训·文章篇》:'自吟自赏,不觉更有旁人。'"按:韩公《与孟东野书》:"足下知我心乐否也!吾言之而听者谁欤?吾唱之而和者谁欤?言无听也,唱无和也,独行而无徒也,是非无所与同也。足下知吾心乐否也!"与诗意合。

⑪ 但悲时易失:时易失,魏本:"蔡曰:《前汉·蒯通传》:'夫功者难成而易败,时者难值而易失。时乎时,不再来。'"方世举《笺注》:"《汉书·蒯通传》:'时者难值而易失。'"按:此"时"字当作时

机解。《淮南子·原道训》:"故圣人不贵尺之璧,而重寸之阴,时难得而易失也。"

⑫ 四序迭相侵:钱仲联《集释》:"《庄子》:'春夏先,秋冬后,四时之序也。'"按:此句谓:春、夏、秋、冬四季转换。《魏书·律历志上》:"然四序迁流,五行变易。"王勃《守岁序》:"春秋冬夏,错四序之凉炎。"

⑬ 君子行:文《详注》:"古乐府有《君子行》,注云:'君子之道,宜守执谦,不履见猜之地。'行,曲引也。"按:君子的行为。郭茂倩《乐府诗集》卷三二平调曲三《君子行》:"《乐府解题》曰:'古辞云:君子防未然。盖言远嫌疑也。又有《君子有所思行》,辞旨与此不同。'"

⑭ 视古犹视今:文《详注》:"《列子》(《杨朱》)载杨朱之言曰:'五情好恶,古犹今也。四体安危,古犹今也。世事苦乐,古犹今也。变易治乱,古犹今也。'"按:即"古犹今"。韩公《孟生诗》:"尝读古人书,谓言古犹今。"《庄子·知北游》:"冉求问于仲尼曰:未有天地,可知邪?仲尼曰:可,古犹今也。"

【汇评】

清朱彝尊:是《选》调,此自是诗正派。(顾嗣立《昌黎先生诗集注》卷二)

君子法天运①
贞元二十一年

君子法天运②,四时可前知③。小人惟所遇④,寒暑不可期⑤。利害有常势⑥,取舍无定姿⑦。焉能使我心,皎皎远忧疑⑧。

【校注】

① 题：方《举正》："樊云：'二诗徐州作。'"按：二诗指《君子法天运》《幽怀》。方世举《笺注》："按：此诗为刘禹锡、柳宗元昵比伾、文而作。君子居易以俟命，四时可前知也。小人行险以侥幸，寒暑不可期也。利害判然，惟人自择耳。彼二子者，慕熏灼之势，而忘冰霜之惧，可忧哉，可疑哉！"王元启《记疑》："君子之有好恶，如天之有温凉舒肃，四时皆可前知。小人惟所遇为转移，穷冬可以摇扇，盛夏或至重裘，寒暑有不可期也。利害有常势，谓惠迪从逆之吉凶，小人去顺效逆，是谓取舍无定姿。结句非谓我亦不能无惑，正谓群小恣行，国脉必受其伤，故不得不动其忧疑。贞元末，小人用事，一时欲速侥幸之徒争附之。公自弱岁入京，当出门无所之之日，即知有天命之不吾欺，盖其所见者卓矣。是岂群小所得而乱之者哉？此诗亦为伾、文群党而作。"钱仲联《集释》："樊说恐无据，今从方说。"屈《校注》："按：樊说未知何据，方、王说乃臆度也。"按：全诗化用《荀子·荣辱》君子与小人对比之意（见诗以下各注），则王说不谓无理。故诗写于贞元二十一年从阳山到郴州滞留，李纯监国后这段时间。

② 天运：自然的气数。魏本："孙曰：谓寒暑可前期也。"钱仲联《集释》："《荀子》（《不苟》）：'君子大心，则天而道。'《庄子》（《天运》）：'天其运乎？地其处乎？'"按：天运，天体运行规律。《后汉书·天文志上》注引东汉张衡《灵宪》："阳道左回，故天运左行。"或自然之气数。《史记·天官书》："夫天运，三十岁一小变，百年中变，五百载大变；三大变一纪，三纪而大备：此其大数也。"此句谓：君子知道遵循天道自然法则。晋陶潜《陶渊明集》卷三《责子》："天运苟如此，且进杯中物。"

③ 四时可前知：朱《考异》："可，或作'每'。"诸本作"可"，魏本注："一作'每'。"作"可"，是。

钱仲联《集释》："《荀子》：'君子者，虑之易知也。'"（见下《荣辱》）按：谓君子知四时变化的规律，故可预知未来。《荀子·荣辱》:"故君子者,信矣,而亦欲人之信己也;忠矣,而亦欲人之亲己也;修正治辨矣,而亦欲人之善己也。虑之易知也,行之易安也,持之易立也。成则必得其所好,必不遇其所恶焉。"

④ 小人惟所遇:钱仲联《集释》:"《荀子》(《修身》):君子役物,小人役于物。"按:谓小人只知道际遇。《荀子·荣辱》:"小人也者,疾为诞而欲人之信己也,疾为诈而欲人之亲己也,禽兽之行而欲人之善己也。虑之难知也,行之难安也,持之难立也,成则必不得其所好,必遇其所恶焉。"

⑤ 寒暑:方世举《笺注》:"《庄子·让王篇》:'道德于此,则穷通为寒暑风雨之序矣。'"按:寒冬暑夏,常指代一年。《易·系辞下》:"寒往则暑来,暑往则寒来,寒暑相推而岁成焉。"或谓冷热,即寒气与暑气。《左传》襄公十七年:"吾侪小人皆有阖庐以辟燥湿寒暑。"《荀子·荣辱》:"骨体肤理辨寒暑疾养。"

⑥ 利害有常势:常势,即常态、常情。《荀子·荣辱》:"材悫者常安利,荡悍者常危害;安利者常乐易,危害者常忧险;乐易者常寿长,忧险者常夭折,是安危利害之常体也。"

⑦ 取舍无定姿:钱仲联《集释》:"《荀子》(《荣辱》):'[是奸人之所以取危辱死刑也。]其虑之不深,其择之不谨,其定取舍楛僈,是其所以危也。'按:公此篇全用《荀子》义,注家不知,为发其微如此。"

⑧ 皎皎远忧疑:远,文本作"还",非。诸本作"远"。

皎皎:光明貌。《楚辞》屈原《远游》:"时仿佛以遥见兮,精皎皎以往来。"《文选》卷二九嵇康《杂诗》:"皎皎亮月,丽于高隅。"

【汇评】

清王元启:君子之有好恶,如天之有温凉舒肃,四时皆可前知。小人惟所遇为转移,穷冬可以摇扇,盛夏或至重裘,寒暑有不可期也。利害有常势,谓惠迪从逆之吉凶,小人去顺效逆,是谓取舍无定姿。结句非谓我亦不能无惑,正谓群小恣行,国脉必受其伤,故不得不动其忧疑。贞元末,小人用事,一时欲速侥幸之徒争附之。公自弱岁入京,当出门无所之之日,即知有天命之不吾欺,盖其所见者卓矣。是岂群小所得而乱之者哉? 此诗亦为伾、文群党而作。(《读韩记疑》卷一)

程学恂:此与《忽忽》诗同感。(《韩诗臆说》卷一)

蒋抱玄:音节短而古。(《注释评点韩昌黎诗全集》)

落叶一首送陈羽①

贞元七年

落叶不更息②,断蓬无复归③,飘飘终自异④,邂逅暂相依⑤。悄悄深夜语,悠悠寒月辉⑥。谁云少年别? 流泪各沾衣⑦。

【校注】

① 题:朱《考异》:"落叶,或作'叶落'。篇首同。非是。"诸本作"落叶"是。祝本、魏本、王本有"一首"二字。宋白文本、文本、廖本无二字。今从前者。

文《详注》:"按《登科记》,羽与公同登贞元八年进士第,此当是得第而归,与公别也。"方成珪《年谱》:"贞元七年辛未,二十四岁。《落叶送陈羽》,羽与公同年进士,此当是八年前公与羽均未登第时所作。"方世举《笺注》:"陈羽,江东人,登贞元进士第。历官乐(东)宫尉佐。汉武帝《落叶哀蝉曲》:'落叶依于重扃。'以起句'落叶'二字命题,仿《三百篇》,与前《北极》同。"按:《韩学研究·韩愈年谱汇证》:"陈羽,江东人,贞元八年,陆贽知贡举榜下第三名登进士第,历官至东宫卫佐。从诗里所写'谁云少年别? 流泪各沾衣'看,首句落叶比喻二人同时落第,陈羽离长安暂回江东,韩写这首诗相送。从诗里'邂逅暂相依''悄悄深夜语'的语气分析,二人定交有日,感情已深。诗亦当写于贞元七年。"

② 落叶不更息:按:对"落叶""断蓬"的解释历来不一:或谓落叶为阶前叶,止水《韩愈诗选》主此说,云:"阶前的落叶,一片,又一片,不稍停息。"此说不确。若写落叶、断蓬为实景,则与"悄悄夜语""悠悠寒月"所写语境不合。或谓秋景,认为落叶、秋蓬乃秋景,亦非。无论诗写于贞元七年秋、八年中进士后,均与情事不合。实则借喻,以秋叶凋落之枯和下句秋蓬飘去比喻二人分别时难舍难离之情的苦涩。《全唐诗》卷三八孔绍安《落叶》:"早秋惊落叶,飘零似客心。"卷三四九欧阳詹《铜雀妓》:"落叶不归林,高陵永为谷。"卷五七二贾岛《忆江上吴处士》:"秋风生渭水,落叶满长安。"

③ 断蓬无复归:文《详注》:"落叶、断蓬,以况公之与羽也。曹子建《杂记》诗曰:'转蓬无本根,飘飘随长风。'蓬,蒿也,蒲蒙切。"方世举《笺注》:"司马彪诗:'秋蓬独何幸?飘飘随风转。'"按:断蓬,犹飞蓬,蓬蒿秋枯根断,遇风则飘飘飞转,比喻飘泊而去也。唐王维《使至塞上》:"征蓬出汉塞,归雁入胡天。"唐王之涣《九日送别》:"今日暂同芳菊酒,明朝应作断蓬飞。"宋柳永《双声子》词:"晚天萧索,断蓬踪迹,乘兴兰棹东游。"

④ 飘飖:魏本注:"一作'飘飘'。"诸本作"飘飖",是。

文《详注》:"飘飖,飞扬貌。"按:飘飖,亦作飘摇、飘遥。《战国策·楚四》:"(黄雀)飘摇乎高翔,自以为无患,与人无争也。"《文选》卷一五张衡《思玄赋》:"超逾腾跃绝世俗,飘飖神举逞所欲。"

⑤ 邂逅:不期而遇。文《详注》:"邂逅,相遇貌。"方世举《笺注》:"《诗·蔓草》:'邂逅相遇,适我愿兮。'"《诗·郑风·野有蔓草》:"邂逅相遇,适我愿兮。"传:"邂逅,不期而会,适其时愿。"韩诗正合此意。韩公《南山诗》:"前年遭谴谪,探历得邂逅。"杜甫《送高司直寻封阆州》:"万里长江边,邂逅一相遇。"

⑥ 悄悄:寂静貌。唐韦应物《晓至园中忆诸弟崔都水》诗:"山郭恒悄悄,林月亦娟娟。"元稹《会真诗三十韵》:"更深人悄悄,晨会

雨濛濛。"悄悄、悠悠二双声叠韵词用得好,使深夜月下挚情交谈的情态、意境全出。

⑦ 谁云少年别,流泪各沾衣:文《详注》:"《古诗》(《文选》卷二九《古诗十九首》之十九)曰:'下泪沾衣裳。'"方世举《笺注》:"沈约诗:'平生少年日,分手易前期。'此诗盖翻其语。"按:二句太俗,与前六句不配。真不似韩公语。或谓韩愈少作。

诗用微字韵,乃拗律也。

【汇评】

清朱彝尊:此亦可谓拗律。(顾嗣立《昌黎先生诗集注》卷二)

清方世举:蒋(之翘)云:"晚唐人律诗如此,入古体觉别自有致。"此误因旧编云然。此即五律,《孟郊集》亦有五律,而后人误同古诗,殊不辨音节。(《韩昌黎诗集编年笺注》卷一)

清方东树:《赠傅都曹别》:"鸿"比傅,"雁"比己。前四句合,中四句分。"落日"四句,正面送别。韩公《送陈羽》同,皆短篇,而用笔回复曲折,离合顿逆,不使一直笔。(《昭昧詹言》卷六鲍明远)

蒋抱玄:不假斧凿,自有风致。(《注释评点韩昌黎诗全集》)

归彭城①

贞元十六年春

贞元十五年(799),韩愈亲历兵乱、关中旱饥、郑滑水患。十六年正月朝正,又眼见朝廷政治混乱,权臣尸位素餐。使素有报国大志、安邦之策的韩愈感慨良多;在彭城与张建封意见不合,郁郁不乐,内心苦闷,因而归彭城后便写下这首忧国恤民、不满朝政与个人抱负难于施展的诗,指出造成百姓灾难、政治危机四伏的原因是执政无能、朝廷腐败。表现出他敏锐的政治眼光,忧国忧民的思想。虽怀治国之策,却"无由至彤墀"。虽有"刳肝为纸,沥血书辞"

之心,却无尧舜之君像了解龙夔一样了解自己。不得不借"遇酒即酩酊"排郁解闷,发出"君知我为谁"的慨叹。诗铺陈直书,中借典作比,跌宕变化,表现出韩诗峻拔奇崛的特点。

天下兵又动②,太平竟何时?讦谟者谁子③?无乃失所宜④。前年关中旱,闾井多死饥⑤。去岁东郡水,生民为流尸⑥。上天不虚应,祸福各有随⑦。我欲进短策,无由至彤墀⑧。刳肝以为纸,沥血以书辞⑨;上言陈尧舜,下言引龙夔⑩。言词多感激,文字少葳蕤⑪。一读已自怪,再寻良自疑⑫。食芹虽云美,献御固已痴⑬。缄封在骨髓⑭,耿耿空自奇⑮。昨者到京城,屡陪高车驰⑯。周行多俊异⑰,议论无瑕疵⑱。见待颇异礼,未能去毛皮⑲。到口不敢吐,徐徐俟其巇⑳。归来戎马间,惊顾似羁雌㉑。连日或不语,终朝见相欺㉒。乘间辄骑马㉓,茫茫诣空陂㉔。遇酒即酩酊,君知我为谁㉕?

【校注】

① 彭城:魏本:"樊曰:彭城,徐州也。公为欧阳詹《哀辞》曰:'贞元十五年冬,予以徐州从事朝正于京师。'《答张彻》诗曰:'朝京忽同舲。'而此诗曰归彭城者,盖十六年(800)自京复归徐也。"文《详注》:"按公以贞元十五年冬,以徐州从事朝正于京师。此诗当自京师归,在彭城作也。愈时未甚知名,故其辞多感激。或以为未得建封辟署时作,误矣。"方世举《笺注》:"王云:公作《欧阳詹哀词》云:'贞元十五年冬,余为徐州从事,朝正于京师。'而此诗曰'归彭城',则明年自京归徐也。"按:彭城,唐时徐州治所所在地,在今江苏徐州市。

② 兵又动:指方镇叛乱。文《详注》:"谓贞元十五年秋,令诸

道兵讨吴少诚。"魏本:"孙曰:贞元十五年,诏诸道兵讨彰义军节度使吴少诚。蔡曰:《孟子·梁惠王篇》:'是动天下之兵也。'"方世举《笺注》:"《新唐书·德宗纪》:'贞元十五年三月,彰义军节度使吴少诚反。九月,宣武、河阳、郑滑、东都汝、成德、幽州、淄青、魏博、易定、泽潞、河东、淮南、徐泗、山南东西、鄂岳军讨吴少诚。十二月,诸道兵溃于小溵河。'"

按:据新旧《唐书·德宗纪》载:贞元十五年二月十一日,宣武军乱,杀节度行军司马陆长源,宋州刺史刘逸准自称留后。三月十日彰义军节度使吴少诚反,陷唐州,守将张嘉瑜被杀害。九月四日,陈许节度留后上官涚与吴少诚战于临颍,败绩。九月十五日,宣武军等十五节度(宣武、河阳、郑滑、东都汝、成德、幽州、淄青、魏博、易定、泽潞、河东、淮南、徐泗、山南东西、鄂岳)讨吴少诚,十二月,诸道兵溃于小溵河。文《详注》、魏本引韩《全解》、方世举《笺注》均据新旧《唐书》注。

③ 訏谟(xū mó):宋白文本、祝本、魏本作"訏谋",误。文《详注》:"追咎当时执政之人。《大雅·抑》诗曰:'訏谟定命。'注云:'訏,大。谟,谋也。'况于切。"方世举《笺注》:"訏谟者谁子:《诗·抑》:'訏谟定命。'《新唐书·宰相表》:'贞元十四年(798)七月壬申(25日),赵宗儒罢,工部侍郎郑馀庆为中书侍郎,同中书门下平章事,崔损为门下侍郎。'"按:訏谟本指谋划大事,指辅佐德宗主管朝政的权臣。时德宗信任韦渠牟、李实等,群小用事,宰相崔损、郑馀庆、齐抗等充位而已。《诗·大雅·抑》:"訏谟定命,远犹辰告。"传:"訏,大。谟,谋。犹,道。辰,时也。"郑笺:"犹,图也。大谋定命,谓正月始和,布政于邦国都鄙也。为天下远图,庶事而以岁时告施之。"《世说新语·栖逸》:"南阳刘驎之,高率善史传,隐于阳岐。于时苻坚临江,荆州刺史桓冲将尽訏谟之益,征为长史。"谁子,意谓:为朝廷出谋划策的是什么人。子是古代对男子的敬称。

④ 无乃:莫不是。《全唐诗》卷四七张九龄《杂诗五首》之五:"终始行一意,无乃过愚公。"又卷一二五王维《寓言二首》之一:"朱

绂谁家子,无乃金张孙。"

⑤ 前年关中旱,闾井多死饥:魏本:"樊曰:十四年冬,京师饥。"文《详注》:"谓十四年冬,京师饥也。《关中记》曰:'东自函谷洪农郡灵宝县界,西至陇关,今汧阳郡汧原县界,二关之间,谓之关中,东西十(当作千)余里。'"方世举《笺注》:"《新唐书·德宗纪》:'贞元十四年冬,无雪,京师饥。'闾井:《左传》:'子产使都鄙有章,闾井有伍。'"按:据新旧《唐书·德宗纪》载:贞元十四年冬,无雪,京师饥。十五年二月二十九日,诏罢三月群臣宴赏,出太仓粟十八万石,粜于京畿诸县。闾井,乡里百姓。死饥,死于饥饿。

⑥ 去岁东郡水,生民为流尸:方《举正》:"东郡水,杭、蜀同。《旧纪》:'十五年秋,郑滑大水。'"朱《考异》:"郡,或作'洛'。方云非也。"文本、祝本、魏本、廖本作"郡"。文、魏本注:"一作'洛',非。"宋白文本作"洛",注:"一作'郡'。"作"郡"字是。

文《详注》:"谓十五年秋,郑滑大水也。《龊龊》诗曰:'河堤决东郡,老弱随惊湍。'即此也。郑滑大水,前史纪志皆不载,盖阙文也。此诗十六年在徐州作。"贞元十五年郑州、滑州一带黄河决口,造成河南北至彭城水灾,百姓溺水淹死,河上漂尸。公《龊龊》诗"河堤决东郡,老弱随惊湍"是也。东郡,指东部州郡,即郑州、滑州至徐州一带。韩诗可补史志之阙。

⑦ 上天不虚应,祸福各有随:方世举《笺注》:"不虚应:《后汉书·顺帝纪》:'咎征不虚,必有所应。'"

按:二句谓:上天是不会没有报应的,降祸赐福随各人情况不同,各有各的原因。这是韩愈"天人感应"思想的表现。

⑧ 无由至彤墀:彤,方《举正》据阁本订。朱《考异》:"彤,或作'丹'。"宋白文本、文本、祝本、魏本作"丹"。彤、丹,皆作红解。作"彤"、作"丹"均通。韩诗当作"彤"。

方世举《笺注》:"班婕妤《自悼赋》:'俯视兮丹墀。'"按:查《全唐诗》用"彤墀"者,除韩诗外,还有卷六一四皮日休《送羊振文先辈往桂阳归觐》:"桂阳新命下彤墀,彩服行当欲雪时。"则用"彤"字善。进短策,向皇帝进献治理国家的计策。策,书简。短,自谦之词。无由,没有条件。彤墀,本指宫殿台阶,此代指朝廷。《文选》张衡《西京赋》:"右平左墄,青琐丹墀。"李善注:"《汉官典职》曰:'丹漆地,故称丹墀。'"

⑨刳(kū)肝以为纸,沥血以书辞:文《详注》:"谓披心腹之言也。陆士衡《表》曰:'肝血之诚,终不一闻。'刳,剔也。上音空胡切。"方世举《笺注》:"《拾遗记》:'浮提国献神通、善书二人,出肘间金壶,壶中有黑汁如浮漆,洒地及石,皆成篆隶科斗之字。及金壶汁尽,二人刳心沥血,以代墨焉。'"魏本:"韩曰:《后汉》:'夫以刳肝斩趾之性。'注:'刳,剖也。'陆士衡《谢平原内史表》:'肝血之诚,终不一闻,所以临难慷慨,而不能不恨。'恨者为此而已。"魏本音注:"刳,空胡切。"《唐宋诗醇》:"'刳肝沥血'句,从少陵《凤凰台》诗化出。又庾信《经藏碑》有'皮纸骨笔'之句,退之虽不喜用释典,然运化前人词语自无嫌也。"钱仲联《集释》:"《大智度论》:'释迦文佛本为菩萨时,魔变作婆罗门而语之言:'我有佛所说一偈,汝能以皮为纸,以骨为笔,以血为墨,书写此偈,当以与汝。'此公语所本。至老杜《凤凰台》诗云:'我能剖心出,饮啄慰孤愁,心以当竹实,炯然无外求,血以当醴泉,岂徒比清流。'意似稍殊。"日人近藤元粹注:"刳心沥血以代墨。见《拾遗记》。"按:刳,剖开。沥,淋出。此二句谓:剖开肝作纸,用流出的血写书上奏。古人以为肝呈叶状,可以作纸。血不但可以写字,且可表忠诚赤心。

⑩上言陈尧舜,下言引龙夔:文《详注》:"《孟子》曰:'我非尧舜之道,不敢陈于王前。'夔、龙,舜二臣,龙作纳言,夔典乐是也。"魏本:"蔡曰:《孟子》:'我非尧舜之道,不敢陈于王前。'《尚书·舜典》:帝曰:'夔,命汝典乐教胄子;龙,命汝作纳言,夙夜出纳,朕命惟允。'"按:此二句先说尧舜圣君的治国之道;再说龙夔那样的贤臣。此为比赋。《孟子·公孙丑下》:"我非尧舜之道,不敢以陈于王前。"诗含此意。龙、夔,舜的贤臣,龙掌政令得失,夔管礼乐教化。

⑪ 葳蕤(wēi ruí)：方《举正》订，云："杭、蜀同。'纷葳蕤以馺遝'，见陆机《文赋》。"朱《考异》："葳，或作萎。（引方语）今按：'葳蕤'已见《楚辞》（即东方朔《七谏·初放》）。"宋白文本、文本、祝本、魏本作"萎"，二字同，韩诗用"葳"。

文《详注》："葳蕤，委曲。上邑危切，下儒加切。陆士衡《文赋》曰：'纷葳蕤以馺遝。'"魏本："祝曰：萎蕤，草木叶垂貌，又盛貌。《选》：'文物共萎蕤。'"魏本音注："萎音透，蕤音绥。或作葳蕤。"按：葳，草木茂盛的样子，此比文章的华美。陆机《文赋》："纷葳蕤以馺遝，唯毫素之所拟。"李善注："葳蕤：盛貌。"

⑫ 一读已自怪，再寻良自疑：此指自己的文章，谓初读已自觉奇怪，再仔细寻味就更有疑虑了。一读，初读。寻，寻思、思考。良，本作好解，此作真的、确实解。此与《文选》陆机《拟古十二首》之《东城一何高》"一唱万夫叹，再唱梁尘飞"句法相似。

⑬ 食芹虽云美，献御固已痴：文《详注》："嵇叔夜《绝交书》（《与山巨源绝交书》）曰：'野人有快灸背而美芹子者，欲献之至尊。虽有区区之志，亦已疏矣。'注云：'宋有田夫自曝于日，顾谓其妻曰：负日之暄，人莫知之，今吾献之至尊，必蒙厚赏。其妻曰：昔有人美芹子者，献于乡豪，尝而苦口，嗟而怨。'斯亦子之类也。事出《列子》。芹，今水中芹菜也，音渠巾切。"方世举《笺注》："《列子·杨朱篇》：宋有田父曰：'负日之暄，以献吾君。'里之富室告之曰：'昔有甘芹萍子者，对乡豪称之。豪取而尝之，蜇于口，惨于腹。众哂而怨之，其人大惭。'"按：此二句事出《列子·杨朱篇》：有一个人认为芹菜味道很美，献给乡绅，乡绅吃后，口麻腹痛，人嘲笑这个人不通世故。意用嵇文，自谓：自己吃了芹菜觉得味道鲜美，然而要把它献给皇上，虽志诚，行为就显得愚蠢了。

⑭ 缄封：文《详注》："缄：缠也，音居咸切。"方世举《笺注》："缄封：班婕妤《捣素赋》：'书既封而重题，笥已缄而更结。'骨髓：董仲舒《贤良策》：'臧于骨髓。'"按：封闭、深藏。《汉书·外戚传·孝宣许皇后传》："其殿中庐有索长数尺可以缚人者数千枚，满一箧缄

封。"注:"缄,束箧也。"《法苑珠林》卷九三引梁《高僧传》:"安公遥闻之,以竹筒盛一荆子,手自缄封,题以寄(法)遇。"骨髓:内心深处。董仲舒《贤良策》:"臧(同藏)于骨髓。"《素问·生气通天论》:"筋脉和同,骨髓坚固。"《战国策·燕三》:"樊将军(于期)仰天太息流涕,曰:'吾每念,常痛于骨髓,顾计不知所出耳!'"

⑮耿耿:久久难于忘怀。《诗·邶风·柏舟》:"耿耿不寐,如有隐忧。"《楚辞》屈原《远游》:"夜耿耿而不寐兮,魂茕茕而至曙。"《全唐诗》卷八李煜《句》:"粲粲黄姑女,耿耿遥相望。"又卷四七张九龄《感遇》十二首之十:"冥冥愁不见,耿耿徒缄忆。"

⑯京城:文白文本、文本、祝本、王本、游本作"城"。魏本、廖本作"师"。城、师意同。作"师"、作"城"均可,此从诸本作"城"。文《详注》:"《补注》:公为《欧阳詹哀词》曰:'贞元十五年冬,予以徐州从事朝正于京师。'《答张彻》诗曰:'朝京忽同龄。'而此诗曰'归彭城'者,盖十六年自京复归于徐也。"

屡陪高车驰:文《详注》:"高车,公卿之车也。"方世举《笺注》:"古谚:'高车驷马带倾覆。'"按:屡,多次。高车,一种车盖高,可以立乘的车,也称高盖车。《史记·孙叔敖传》:"王必欲高车,臣请教间里使高其梱。"达官显贵之车。称"高门客驷"。《全唐诗》卷三七王绩《益州城西张超亭观妓》:"高车勿遽返,长袖欲相亲。"又卷七四苏颋《闲园即事寄韦侍郎》:"有酒空盈酌,高车不可攀。"也以高车代尊称,卷一二六王维《喜祖三至留宿》:"早岁同袍者,高车何处归。"

⑰周行(háng)多俊异:文《详注》:"行:列也。周遍于列位,谓朝廷臣也。行,音胡刚切。"方世举《笺注》:"周行:《左传》:'君子谓楚于是乎能官人。'《诗》:'嗟我怀人,置彼周行。'能官人也。俊异:任昉《求荐士诏》:'思求俊异,协赞雍熙。'"按:周行,指长安的大街。陈迩冬《韩愈诗选》:"《诗经·周南·卷耳》:'置彼周行',毛传:'置周之列位',郑笺:'谓朝廷臣也'。俊异,英俊杰出的人物。杜甫《宿凿石浦》:"穷途多俊异,乱世少恩惠。"此句谓:长安大街上

走的都是英俊特异的人物,内含讥讽之意。

⑱ 议论无瑕疵:方世举《笺注》:"《左传》:'楚文王谓郑申侯曰:惟吾知汝,余取余求,不汝瑕疵也。'"按:此指讲话。瑕疵,白玉上有异色的斑点叫瑕,皮肤上有斑叫疵。无瑕疵,没有毛病,谓议论精当。北齐颜之推《颜氏家训·省事》:"或有劫持宰相瑕疵,而获酬谢。"《全唐诗》卷三五二柳宗元《哭连州凌员外司马》诗:"进身齐选择,失路同瑕疵。"

⑲ 见待颇异礼,未能去毛皮:魏本:"孙曰:虚礼也。韩曰:犹庄周所谓索我于形骸之内也。"钱仲联《集释》:"孙说为胜。"方世举《笺注》:"去皮毛:《左传》(僖公十四年):'虢射曰:皮之不存,毛将安傅?'"此二句谓长安的达官显贵见面客客气气,实际上是表面应付,讽刺他们世故圆滑,虚心假意。见待,接待。异礼,特殊的礼节。毛皮,表面东西。曾国藩《求阙斋读书录》卷八:"《归彭城》云云,谓不能披肝沥胆,豁露天真,犹今谚云'客气'也。"

⑳ 到口不敢吐,徐徐俟其衅(xī)文《详注》:"公以贞元二年,年十九至京师举进士,八年登第,又上宰相三书,不得调。退而作《感二鸟赋》。归事董晋,遇乱,又依张建封。故此追念痛诋之也。"按:此二句谓:话到口边不敢说,只好慢慢等待机会。徐徐,慢慢地。《孟子·尽心上》:"子谓之姑徐徐云尔。"《全唐诗》卷一三六储光羲《吃茗粥作》:"敝庐既不远,日暮徐徐归。"俟,等待。衅,同隙,空隙,此处作机会解。《鬼谷子·抵巇》:"巇者,罅也。"注:"巇,隙也。"

㉑ 戎马:方世举《笺注》:"《左传》(成公十六年):'范文子立于戎马之前。'"羁雌,装在笼子里的雌鸟,谓无匹也。文《详注》:"谓归彭城也。谢灵运诗(《晚出西射堂》)曰:'羁雌望(恋)旧侣[,迷鸟怀故林。'注云:'无耦也。'"魏本:"孙曰:羁雌:孤雌也,枚乘(《七发》)曰:'暮则迷鸟羁雌宿焉。'"方世举《笺注》:"羁雌:枚乘《七发》:'暮则羁雌迷鸟宿焉。'善注:'羁,无偶也。'"按:此乃韩公自我感觉:虽在戎马间,犹若被羁而孤独无伴也。

㉒ 终朝(zhāo)：每天，一天到晚。见相欺，方《举正》作"见我欺"，云："阁本与旧本同。蜀本作'相欺'。朱《考异》："相，方作'我'。'见相'或作'见相'。今按：此三字，三本疑皆有误。"魏本作"相"，云："相，一作'我'。"当作"相"。见相欺，被人猜忌欺弄。

㉓ 乘间：趁着空闲。辄，宋白文本作"趣"，非。辄，就也。

㉔ 茫茫：原指大水浩瀚无涯，此指心里茫然无着。诣(yì)，去、到。空陂(bēi)，空旷的山野。陂，山坡、斜坡。《诗·陈风·泽陂》："彼泽之陂，有蒲与荷。"陆游《思故山》："陂南陂北鸦阵黑，舍西舍东枫叶赤。"此二句正写他思无侣，而若"羁雌"一样。

㉕ 酩酊(mǐng dǐng)：文《详注》："《晋书》《山简传》：'山简，字季伦，山涛之子也。永嘉三年(309)，出为征南将军，[都督荆湘交广四州诸军事，]镇襄阳。于时四方寇乱，[天下分崩，王威不振，]朝野危惧，简优游卒岁，惟酒是耽。诸习氏荆士豪族有佳园池，简每出[嬉]游，多之池上，置酒辄醉，名之曰高阳池。时有童儿歌曰：山公出何许？往至高阳池。日夕倒载归，酩酊无所知。时时能骑马，倒著白接篱。举鞭向葛强，何如并州儿？强家在并州，简爱将也。'酩酊，醉甚也。上音母迥切，下都挺切。"(文引文有误漏，据《晋书》校补)魏本引蔡曰，方世举《笺注》等均引《山简传》，然较简，不赘。按：结用典，出语奇。连上语知韩公亦不满于建封。

【汇评】

清查慎行：一肚皮不合时宜，无所发泄，于此章吐之。究竟不能尽吐，一起一结，感叹何穷！(《查初白诗评十二种》卷上)

清爱新觉罗·弘历：忧时伤乱，感愤无聊。骑马空陂，不减穷途之哭。周行俊异数语，风刺微婉，所谓"中朝大官老于事，讵肯感激徒媕婀"也。(《唐宋诗醇》卷二八)

清曾国藩：《归彭城》"见待颇异礼，未能去皮毛"，谓不能披肝沥胆，豁露天真，犹今谚云"客气"也。(《求阙斋读书录》卷八)

程学恂：不到二雅不肯捐，似此真是矣。(《韩诗臆说》卷一)

蒋抱玄:人人惊公多险句,余谓险字工夫,实从夷字经验而来。读此首,可以悟关巧。(《注释评点韩昌黎诗全集》)

醉　后①

永贞元年

煌煌东方星②,奈此众客醉③。初喧或忿争④,中静杂嘲戏⑤。淋漓身上衣⑥,颠倒笔下字⑦。人生如此少,酒贱且勤置⑧。

【校注】

① 题目:诸本作"醉后"。祝本、魏本、廖本注:"一作'醉客'。"魏本:"洪曰:吾观退之'煌煌东方星',其顺宗时作乎? 东方谓宪宗在储宫也。樊曰:按史,贞元二十一年正月,顺宗即位。三月立广陵王纯为皇太子。八月立为皇帝,是为宪宗。"文《详注》:"《补注》:魏道辅云:夏英公评老杜《中秋月》诗'微升古塞外,已隐暮云端',意主肃宗也。退之'煌煌东方星',其顺宗时作乎? 东方,谓顺宗在储也。"王元启《记疑》:"此诗旧注谓与卷三《东方半明》同义。然彼诗自指宪宗在储宫时,此诗极言醉中酣适之趣,'众客'字盖泛言之,恐不得竟指伾、叔文之党。"方世举《笺注》:"《诗·东门之杨》(《陈风》):'昏以为期,明星煌煌。'"按:顺宗在东宫时韩愈在阳山,无此情景。忿争不专指伾、文,乃谓朝臣为立储之争。故诗以东方星指太子李纯;太子之立在喧争之后,当写于太子立后。时韩愈已遇赦,在郴州。钱仲联《集释》:"比意显然,旧说为是。"按:今从钱说。宋胡仔《苕溪渔隐丛话》前集卷一三杜少陵八:"《隐居诗话》云:夏郑公竦评老杜《初月》诗'微升紫塞外,已隐暮云端',以为意主肃宗也。郑公善评诗也。吾观退之'煌煌东方星,奈此众客醉',其顺宗时作也。东方,谓宪宗在储也。"

② 煌煌东方星：魏本："韩曰：《诗》：'明星煌煌。'"文《详注》："此亦谓太白星也。《东门之扬》(《诗·陈风》)诗曰：'明星煌煌。'"方世举《笺注》："《诗·大东》(《小雅》)：'东有启明[，西有长庚]。'"按：启明、长庚，是同一颗星，即金星。早晨出现在东方，先日而出，称启明，故谓之"煌煌东方星"。晚上出现在西方，后日而入。

③ 奈此众客醉：方世举《笺注》："屈原《渔父》篇：'众人皆醉我独醒。'"蒋抱玄《评注》："众客谓王叔文、王伾、韦执谊辈。醉者，捣乱之义。"按：众者当指所有当事人，非专指二王、执谊三人也。不然与下句"忿争"不合。

④ 初喧或忿争：方《举正》出南宋监本"忿争"，据阁本作"争忿"。朱《考异》："忿争，或作'纷争'。方作'争忿'。"宋白文本、祝本、魏本、廖本作"忿争"。注："'忿'字，一作'纷'。"按：虽为古诗，按上下句平仄恰对，作"忿"字为善。忿争，谓争权夺势也。此句一"喧"一"忿"把朝中的矛盾和托出来了。

⑤ 中静杂嘲戏：方《举正》据蜀本订"杂"字，云："'杂以嘲戏'，《选·典论》全语。"朱《考异》："杂，或作'惟'。"宋白文本、祝本、魏本作"惟"，注："一作'杂'。"文本、廖本、王本作"杂"。按：静与嘲戏意对，中若用"惟"字，意不协；用"杂"字，把当时立储之争活托了出来。不但意合，亦有形态，出意境，妙甚。

⑥ 淋漓身上衣：方《举正》据蜀本作"淋漓"，云："二语李、谢校同。"朱《考异》："漓，或作'浪'。"宋白文本、文本、廖本、王本作"漓"，注："或作'浪'。"祝本、魏本作"浪"，注："浪，音郎，一作'漓'。"按：淋漓乃固定词组，此形容酣酒忿争，以至于大汗淋漓也。淋漓，沾湿或水下滴貌。韩公《赤藤杖歌》："共传滇神出水献，赤龙拔须血淋漓。"

⑦ 颠倒笔下字：蒋抱玄《评注》："此二语谓伾、文之党，不日超迁，一切诏敕，皆出其手也。"按：《诗·齐风·东方未明》："东方未明，颠倒衣裳。颠之倒之，自公召之。"此句不但含意深，且形态宛然，有诗味。如朱彝尊《批韩诗》云："醉境宛然。"

⑧ 人生如此少,酒贱且勤置:韩公慨叹人生,落在忿世上。何焯《义门读书记》卷三〇:"'人生如此少'二句,正言若反。"

【汇评】

宋胡仔:《隐居诗话》云:"夏郑公竦评老杜《初月》诗'微升紫塞外,已隐暮云端',以为意主肃宗也。郑公善评诗也。吾观退之'煌煌东方星,奈此众客醉',其顺宗时作也。东方,谓宪宗在储也。"(《苕溪渔隐丛话》前集卷一三杜少陵八)

宋魏泰:夏郑公竦评老杜《初月》诗"微升紫塞外,已隐暮云端",以为意主肃宗。此郑公善评诗也。吾观退之"煌煌东方星,奈此众客醉",其顺宗时作乎?东方,谓宪宗在储也。(《临汉隐居诗话》)

清何焯:《醉后》"人生如此少"二句,正言若反。(《义门读书记》卷三〇)

清薛雪:少陵诗:"初升紫塞外,已隐暮云端。"昌黎诗:"煌煌东方星,奈此众客醉。"一意肃宗,一意顺宗。前人善作,后人善看。诗遇善看人,亦一大快事。(《一瓢诗话》)

蒋抱玄:"醉"字系寓意,写来却不露痕爪,盖公至是又经一世故矣。(《注释评点韩昌黎诗全集》)

醉赠张秘书①

元和元年秋

韩愈于元和元年六月,由江陵回长安任国子博士,时张署也在长安,访友醉酒,遂有此章,时间当在回长安后不久。诗里详细写了他们饮酒论文的情趣与回京后的欢乐心情。又以他们的文字之饮与长安富儿们的醉红裙对比,表现了两种不同人物的不同生活追求与情趣。借此对张署、孟郊、张籍的诗作了评价,以张扬韩门诗派的文学业绩和他的诗学观。他赞扬了张署的诗春云蔼蔼,变化多姿;孟郊诗的天葩惊俗;张籍诗的古淡高雅。表述了他"至宝不雕琢,神功谢锄耘"的天趣自然,反对雕饰的主张。此诗在语言风格上可谓实现了他尚自然去雕饰的诗学观,屏去了其诗风中险硬的一面,突出了平易畅适的特点。结尾笔锋一转,发抒感慨,有意在言外之妙。其章法局阵有致,参差迷离;语言寓庄于谐,有情有趣。

人皆劝我酒,我若耳不闻。今日到君家②,呼酒持劝君。为此座上客③,及余各能文④。君诗多态度,蔼蔼春空云⑤。东野动惊俗,天葩吐奇芬⑥。张籍学古淡,轩鹤避鸡群⑦。阿买不识字⑧,颇知书八分⑨。诗成使之写,亦足张吾军⑩,所以欲得酒,为文俟其醺⑪。酒味既泠洌⑫,酒气又氛氲⑬。性情渐浩浩⑭,谐笑方云云⑮。此诚得酒意,余外徒缤纷⑯。长安众富儿,盘馔罗膻荤⑰,不解文字饮⑱,惟能醉红裙⑲。虽得一饷乐⑳,有如聚飞蚊㉑。今我及数子,固无莸与薰㉒。险语破鬼胆,高词媲皇坟㉓。至宝不雕琢㉔,神功谢锄耘㉕。方今向泰平㉖,元凯承华勋㉗。吾徒幸无事,庶以穷朝曛㉘。

【校注】

① 张秘书:张署。署与愈同贬、同赦、同官江陵曹掾。署被邕管经略使奏辟为判官,未行,拜京兆府司录,回京稍早于愈。因署谪灵武前曾任秘书省校书郎,唐人重京官内省职,故称张秘书。方《举正》:"元和初作。今本下或注'彻'字,杭、蜀本无之。彻,元和四年(809)进士,此时犹未第。公(此后)五六年间皆在东都,此诗盖在长安日作,非彻也。"朱《考异》同方。魏本:"孙曰:张秘书彻,

元和四年登进士第,娶韩氏礼部郎中云卿之孙,开封尉俞之女,与公为叔父孙女。"文《详注》:"张署也,瀛州河间人,《集》有《墓志铭》。《补注》:以为张彻。彻诗不见于世,惟《会合联句》有'愁去剧箭飞,欢来若泉涌''马辞虎豹怒,舟出蛟鼍恐'两联,亦奇语也。时公自江陵召入为国子博士。四人者《会合联句》,此诗则元和四年,彻及第后作也。"方世举《笺注》:"方云:今本下或注'彻'字。彻,元和四年进士,此诗元和初作,彻犹未第。公五六年皆在东都,此诗盖在长安日作,非彻也。按:彻当作署。署为御史谪临武,徙掾江陵。半岁,邕管奏为判官,不行,拜京兆府司录。元和元年还京。是年六月,公亦召还拜国子博士。故诗中同在长安。张署时官司录,诗题乃称'秘书',张初本校书郎也。唐人率重内职如是。"按:张秘书为张署,时在元和元年秋,谓四年者误。韩、孟、张署、张籍、张彻等同在长安者惟是年夏秋。明年夏至六年夏,韩在东都。

② 君:指张署。下文同。

③ 为此座上客:客,方《举正》据阁、蜀本作"士"。朱《考异》:"客,方作'士',非是。"作"客"、作"士"均通。座,文本作"坐"。座、坐,古通用。祝本、魏本作"座",作"客"。廖本从朱作"座上客"。按韩诗作"客"、作"座"较合唐人及公用语意,善。

魏本:"蔡曰:《后汉·孔融传》:'融字文举,性宽容少忌,好士,喜诱益后进。及退闲职,宾客日盈其门。常叹曰:坐上客常满,樽中酒不空。吾无忧矣。'"文《详注》、方世举《笺注》同蔡。按:为作介词,当因为解。《孟子·梁惠王上》:"仲尼曰:'始作俑者,其无后乎! 为其象人而用之也。'"此,代词,指张署家设的宴席。座上客,指诗里所说孟、张等。

④ 及余各能文:方世举《笺注》:"《世说》:'孙兴公、庾公共游白山,卫君常在座。孙曰:此子神情都不关山水,而能作文。'"按:及:和、同。余:韩愈自称。各能文,都能诗会文。《全唐诗》卷三六九马异《答卢仝结交诗》:"忆仝吟能文,洽臭成兰薰。"

⑤ 态度:风姿,此指张署诗风姿多变。《荀子·修身》:"容貌

态度,进退趋行,由礼则雅。"

蔼蔼:文本注:"蔼,当作'霭'。"文及诸本作"蔼",从之。蔼蔼,盛多貌。陶潜《停云》:"蔼蔼停云,濛濛时雨。"梁吴均《咏云》:"飘飘上碧虚,蔼蔼隐青林。"束晳《补亡诗》:"瞻彼崇丘,其林蔼蔼。"韩公此二句正是利用以上诸说评论张署诗如春云布空,舒卷自如。叶梦得《石林诗话》卷下讲到署诗时云:"古今论诗者多矣,吾独爱汤惠休称谢灵运为'初日芙蓉',沈约称王筠为'弹丸脱手'两语最当人意。……韩退之《赠张籍》(当作《醉赠张秘书》)云:'君诗多态度,蔼蔼春空云。'司空图记戴叔伦语云:'诗人之辞,如蓝田日暖,良玉生烟。'亦是形似之微妙者,但学者不能味其言耳。"

⑥ 东野动惊俗,天葩吐奇芬:文《详注》:"天葩:言华也。葩,披巴切。吐奇芬:香分布也。左思《魏都赋》曰:'擒翰则纵春葩。'《因话录》云:'韩文公与孟东野友善,韩文公文至高,孟长于五言,时号孟诗韩笔。'"魏本:"韩曰:葩,华也。班固《答宾戏》:'驰辩如清波,摛藻如春华。'芬,香气。"按:东野,中唐著名诗人孟郊的字,韩愈好友,韩孟诗派的创始者,与韩愈并称"韩孟"。惊俗,超凡脱俗,与众不同。祝本"天"作"大",乃书写之误。天葩,天上之花,即好花也。吐奇芬,散发出奇异的香味。二句谓:孟诗奇崛惊俗,如天花散香。公《荐士》:"有穷者孟郊,受材实雄骜。冥观洞古今,象外逐幽好。横空盘硬语,妥帖力排奡。敷柔肆纡余,奋猛卷海潦。荣华肖天秀,捷疾逾响报。"又《贞曜先生墓志铭》:"及其为诗,剚目鈌心,刃迎缕解,钩章棘句,掐擢胃肾,神施鬼设,间见层出。"

⑦ 张籍学古淡,轩鹤避鸡群:朱《考异》:"鹤,方及诸本皆作'昂'。今按:此言'张籍学古淡',而不骛于绮靡,如以乘轩之鹤而反避鸡群也。又:作轩鹤,乃与天葩之句相偶。"方《举正》无出此条,当是方校刊《韩集》。宋白文本、文本、祝本、魏本作"昂"。宋白文本注:"一作'鹤'。"按:当作"轩鹤",韩公诗同"轩鹤一至,鸡群回避"意。

魏本:"孙曰:《晋书》:嵇绍始入洛,或谓王戎曰:昨于稠人中见嵇绍昂昂然，若野鹤之在鸡群。'"文《详注》："晋嵇绍字延祖，中散康之子，绍始入洛，或谓王戎曰：'昨稠人中始见嵇绍，昂昂然若野鹤之在鸡群。'（见《晋书·嵇绍传》）《国史补》：'籍长于歌行。'"方世举《笺注》："古淡：《碧溪诗话》：孟郊诗最淡且古，坡谓'有如食彭越，竟日凿空螯'。退之论数子：乃以'张籍学古淡'，东野为'天葩吐奇芬'，岂勉所长而讳所短耶？抑亦东野古淡自足，不待学耶。按：此说可谓固哉！高叟之为诗也。东野固古淡，而与韩往来，又复奇绝，何作侏儒仅窥一节之见？"又云："轩鹤：《左传》：卫懿公好鹤，鹤有乘轩者。朱子曰：言张籍学古淡，而不骛于绮靡，如以乘轩之鹤，而反避鸡群也。"

按：张籍，中唐著名诗人，终生以韩愈为师友。长于乐府诗，元和、长庆间与元稹、白居易共倡新乐府。公《赠张籍》云："吾爱其风骨，粹美无可拣。"古淡，古朴恬淡。轩鹤避鸡群，轩鹤一至，鸡群回避。《左传》闵公二年：春秋时卫懿公爱鹤，让鹤乘华贵的轩盖车，享受高级官员待遇。轩，带华盖的车。轩鹤，乘轩之鹤。此语用典，上下对偶，朱说是。《世说新语·容止十四》："有人语王戎曰：'嵇延祖卓卓如野鹤之在鸡群。'答曰：'君未见其父耳。'"何焯《义门读书记》卷三〇："'避'，当作'辟'，言轩鹤一至，鸡群辟易也。犹《孟子》（《离娄下》）'行辟人'之'辟'，与上'惊俗'语意相类也。"此句"避"字当开辟、开道解，辟同闢。与《孟子》之"辟"字意同。辟作躲开解，与"避"音意同。细审此句诗意，乃用《晋书·嵇绍传》意，谓张籍诗古淡高雅，不同凡俗，如野鹤立于鸡群之中，高昂特出也。作避开，作开道，虽合辞书，与公意却不合：此韩公用字与众不同处也。顾嗣立《集注》："以上四句两相呼应。'东野'二句，即《荐士》诗所谓'敷柔肆纡余'与'荣华肖天秀'是也。'张籍'二句，即《调张籍》诗所谓'腾身跨汗漫，不著织女襄'是也。亡友犀月尝谓东野、文昌两君，所得极不相似，而同为公所许，足见公之才大，可谓知言矣。"程学恂《韩诗臆说》卷一："贞曜诗须是公论定，次则李元宾耳。文昌诗须是公论定，次则白乐天耳。余子多不能识之。东坡直是粗心乱道，而后人又啜其醉醨也。"

⑧ 阿买：文《详注》："阿买，疑是公之童仆，魏晋之时，公卿呼所善者，多以阿为名，如阿戎、阿童之类。《三国志·东夷传》曰：'辰韩人名乐浪人为阿残，东方名我为阿，谓乐浪人本其残余尔。'"魏本："韩曰：此必其子侄小字，如陶渊明家阿舒、阿宣之类耳。"沈钦韩《补注》："《金石萃编》以阿买为公子昶小名，亦非是。"魏本："赵尧夫曰：或问鲁直：'阿买是退之何人？'答云：'退之侄。'必有所据而云。"按：阿买，尚难详。前人认为是公侄子、儿子或童仆，未确。因是在张署家聚会，未必带子、侄、童仆，何况又是善八分之书者也。疑为张彻，从诗云此座上客各能文看，似包括彻。彻先为韩公门人，后为侄婿，属晚辈，也能文，韩公称"阿买"，亦合情。不识字，非不认识字，而是不识难字。韩公在《科斗书后记》云："思凡为文辞，宜略识字。"不仅指科斗文，亦指难字。如葛立方《韵语阳秋》卷一四："韩退之云：'凡为文词，宜略识字。'遂从归登学科斗书，则知留意字学者，当以识字为本也。颜鲁公书迹冠当代，有《干禄字样》行于世者，畏学书者不识字尔。"钱仲联《集释》："阿买既能书八分，则公谓之不识字者，不识文字之形义耳，非如世俗之所谓不识字也。"

⑨ 八分：书体的一种，即八分书。隶书的一体，亦称分隶、分书。其名始于魏、晋。字体似隶而多波磔，相传为秦时上谷人王次仲所造。关于八分，历来多歧解：或谓二分似隶，八分似篆，故称八分；或以为似汉隶的波磔，向左右分开，像八字分背，故称八分。见唐张怀瓘《书断》。近人以为八分非定名，汉隶为小篆的八分，小篆为大篆的八分，今隶为汉隶的八分。韩公《科斗书后记》："同姓叔父择木善八分。"且以书碑版知名当世，则为唐时流行书体。宋刘克庄《后村集》卷一五《阿买》诗："如何万金产，只解八分书。"葛立方《韵语阳秋》卷一四："退之诗云：'阿买不识字，颇知书八分。诗成使之写，亦足张我军。'岂非贬之之词邪？又按择木以八分受知于明皇，故尝与蔡有邻、顾文学并直供侍，故老杜有'分日示诸王，

钩深法更秘'之语,而谓之不识字可乎?"按文献记载:唐时校书郎所掌字体有五:一古文,二大篆,皆不用;三小篆,印玺旗旛用之;四八分,石经碑刻用之;五隶书,典籍表奏公私文疏用之。清刘熙载《艺概》卷五《书概》云:"未有正书以前,八分但名为隶;既有正书以后,隶不得不名八分。名八分者,所以别于今隶也。"晋卫恒《四体书势》著录最早,谓:"上谷王次仲始作楷法。"传邯郸淳、梁鹄。"鹄弟子毛弘教于秘书,今八分皆弘法也"。

⑩ 亦足张吾军:魏本:"韩曰:《左传》(桓公六年):'楚斗伯比曰:我张吾三军,而被吾甲兵,以武临之。'"文《详注》:"张,大也。《左氏传》曰:'尔张吾三军。'"李黼平《读杜韩笔记》:"(《左传》)陆德明《释文》云:'张,猪亮反,一如字。'然则平、去两通,后人用此句,转不知有平音矣。"按:张,张扬。吾军,我党、我派。即公《山石》诗云:"嗟哉吾党二三子。"意谓:张大我们这一党的声誉。《管子·七法》:"是故张军而不能战……则可破毁也。"《韩非子·初见秦》:"悉其士民,张军数十百万。"

⑪ 为文俟(sì)其醺:文《详注》:"醺,醉也,许云切。《凫鹥》诗(《大雅》):'公尸来止醺醺(熏熏)。'"魏本注:"醺,醉也。"按:俟,等,即等到之意。俟其醺者乃等待大家醉酒;俟,即佐助之意。此二句承上,谓以上张我军的目的是助大家酒兴酣醉后作诗文。前者虽通,不若后解上下文意贯通顺畅。参酌"李白一斗诗百篇"和张旭醉而著书。

⑫ 酒味既泠洌(líng liè):朱《考异》:"泠,或作'冷'。"宋白文本、文本、祝本、魏本、廖本作"泠",从之。

文《详注》:"泠洌,清也,力蘗切。"魏本:"祝曰:《玉篇》洌,寒气。《诗》'洌彼下泉',注:'洌,寒也。'诗本有从水者,非'泠'字,一作'冷'。"魏本音注:"洌,音列。"钱仲联《集释》:"泠洌,双声涟语,与'氛氲'为对。泠洌并当从水,谓酒味之清。《说文》:'洌,水清也。'与从仌之'冽'异。"按:泠洌,酒液清醇,非如钱说酒的气味。洌,水清醇、洁净。《易·井》:"井洌寒泉。"此指酒。按:泠洌,清凉香醇。泠,清凉。《楚辞》东方朔《七谏·初放》:"下泠泠而来风。"《西厢记·长亭》:"暖溶溶玉醅,白泠泠似水,多半是相思泪。"指酒之清冽。

⑬ 酒气又氛氲(fēn yūn):方《举正》据阁本订"氛"字,云:"氛氲,盛貌,字见《选·雪赋》。蜀本'气'作'烟'。"朱《考异》:"气,或作'烟'。氛,或作'氤'。"宋白文本、文本、魏本作"氤氲"。氤氲、氛氲均可。今从方作"氛氲"。

魏本:"祝曰:氤氲,气也。《选》:'元气氤氲。'"又注:"氤,音因;氲,音于云切。'又'字一作'亦'。"文《详注》:"氤氲,和气也,上伊真切;下于云切。"方世举《笺注》:"酒气:鲍照诗(《代少年时至衰老行》):'好酒多芳气。'氛氲:《水经注》(《河水四》):'刘堕宿擅工酿,香醑之色,清白若滫浆,别调氛氲,不与他同。'"按:上句写酒液,此句写酒味,正好意对。氛氲,或作"氲氛",盛浓之貌。《文选》卷一三谢惠连《雪赋》:"霰淅沥而先集,雪纷糅而遂多。其为状也,散漫交错,氛氲萧索。"氛氲,谓云烟弥漫。唐张九龄《湖口望庐山瀑布泉》:"灵山多秀色,空水共氤氲。"氲氛,同"氛氲",盛貌。唐李白《观元丹丘坐巫山屏风》:"水石潺湲万壑分,烟光草色俱氛氲。"

⑭ 性情渐浩浩:以水之盛大形容人胸怀坦荡,意气风发之貌。《书·尧典》:"汤汤洪水方割,荡荡怀山襄陵,浩浩滔天。"

⑮ 谐笑方云云:作和谐、融洽解。《左传》襄公十一年:"如乐之和,无所不谐。"或作诙谐、滑稽解。《晋书·顾恺之传》:"恺之好谐谑,人多爱狎之。"谐笑,作戏谑之笑,或和乐之态解均可。

云云:如此如此,或作"芸芸",众多貌。文《详注》:"东方朔善为谐语,颜师古曰:'谐,和韵之言也。'《汲黯传》又注:'云云者,犹言如此如此也。'"方成珪《笺正》:"《庄子·在宥篇》:'万物云云。'注:'盛貌。'"方世举《笺注》:"《家语·三恕》篇:'孔子进众议者而问之,皆曰云云。'《汉书·汲黯传》:'上曰:我欲云云。'"童《校诠》:"谐笑方云云,方成珪曰:庄子在宥篇:万物云云,注:盛貌。前汉书汲黯传:上曰:吾欲云云,师古曰:犹言如此如此也。按公诗当用庄义。第德案:老子十六章:夫物芸芸,各归其根,河上公注:芸芸者,华叶盛。玉篇艹部,文选江文通杂拟诗李注引老皆作云云,遂州碑本亦作云云,庄子在宥篇:万物云云,各复其根,亦本诸老子,是应引老子,乃得其朔。云云郭氏及释文皆无注,成玄英以众多释之,方氏所云注:盛貌,究为谁氏注,应说明。又案:汉书金安上传:教当云云,颜注:云云者,多言也。谐笑则多言矣,亦备一解。"云云,同"芸芸",谐笑趣话盛多貌。

⑯ 此诚得酒意,余外徒缤纷:魏本:"祝曰:缤纷,杂乱也。《家语》:'旗旟缤纷。'缤,匹宾切。"方世举《笺注》:"屈原《离骚》:'时缤纷以变易兮。'"按:此二句谓:这样饮酒才是真正领略饮酒的乐趣,我们这些人以外的一般酒徒只不过是借酒戏闹罢了。诚,真正、的确。余外,此外,指"吾党"以外的一般酒徒。徒,空。缤纷,杂乱。此指灯红酒绿闹闹嚷嚷。屈原《离骚》:"时缤纷其变易兮,又何可以淹留。"张衡《思玄赋》:"私湛忧而深怀兮,思缤纷而不理。"陶潜《桃花源记》:"芳草鲜美,落英缤纷。"以上八句总叙一事。

⑰ 盘馔罗膻荤:文《详注》:"荤,菜名,许云切。东坡《芦菔羹》诗:'勿语贵公子,从渠醉膻腥。'即用此意。"魏本:"孙曰:荤,辛臭菜。祝曰:《礼记》:'膳荤。'"又音注:"荤,许云切。"按:盘子里盛满了肉食和气味浓烈的食物。罗,陈列。膻荤,指牛羊鸡鸭等各种肉食。《吕氏春秋·本味》:"肉玃者臊,草食者膻。"故膻指牛羊的腥气。《辞源》引韩诗为例。何焯《义门读书记》卷三〇:"'所以欲得酒'八句,穿作一事。"此指以上八句。

⑱ 不解(jiě)文字饮:文《详注》:"文字饮事,不见前书,自文公作古,后多袭其句法。如东坡公《和霍大夫》云:'文字先生饮。'又《洞庭春色》云:'贤王文字饮,醉笔蛟蛇走。'又《西湖月下听琴》云:'良辰饮文字,晤语无由醮。'皆用此意也,学者可以类推之矣。解,下买切。"何焯《义门读书记》卷三〇:"《诗·瓠叶》(《小雅》):'君子有酒。'笺云:'此君子谓庶人之有贤行者也,其农功毕,乃为酒浆,以合朋友,习礼讲道艺也。'公诗'文字饮'本此。"按:张相《诗词曲

语辞汇释》卷一:"解,犹会也;得也;能也。……李白《月下独酌》诗:'月既不解饮,影徒随我身。'不解饮,不会饮也。李颀《听安万善吹觱篥歌》:'世人解听不解赏,长飙空中自来往。'言会听不会赏也。"此谓长安众富儿不能借酒助兴吟诗作文。

⑲ 惟能醉红裙:此谓只知醉倒在歌伎舞女的石榴裙下。钱仲联《集释》:"陈师道曰:退之诗云:'长安众富儿,盘馔罗膻荤。不解文字饮,惟能醉红裙。'然此老有二妓,号绛桃、柳枝,故张文昌云'为出二侍女,合弹琵琶筝'也。陈善曰:予观退之,亦未是忘情者。又尝有诗云:'银烛未销窗送曙,金钗半醉坐添香。'(《酒中留上襄阳李相公》)此岂空饮文字者耶?《西清诗话》云:张耒文潜云:东坡尝言退之诗'长安众富儿,盘馔罗膻荤。不解文字饮,惟能醉红裙',疑若清苦自饰也。至云'艳姬踏筵舞,清眸射剑戟'(《感春三首》之三)则知此老子个中兴复不浅。文潜戏答曰:'爱文字饮者,与俗人沽酒同科。'王若虚曰:'红裙之诮,亦曰唯知彼而不知此,盖词人一时之戏言,非遂以近妇人为讳也。且诗词岂当如是论,而遽以为口实耶?抑前复有'盘馔罗膻荤'之句,以二子绳之,则又当不敢食肉矣。按:上引诸家之说,"银烛"一联,见《酒中留上襄阳李大夫》,写的是李逢吉筵上之歌妓。"艳姬"一联乃韩公《感春三首》之三,写的是韩公家姬,疑与张籍《祭退之》诗"乃出"联同指。韩公晚年官显家富,确养有一二歌姬以取乐,但其一生困窘者多,此种生活与诗文里涉此者不多。此乃唐人习见,韩公亦直言不避。

⑳ 虽得一饷乐:文《详注》:"饷,馈也,式亮反。"误。按:实则为唐时口语,至今中原人仍习用,如"干了一晌活""歇晌""吃晌饭"等。表时间词,向、晌、饷通用。张相《诗词曲语辞汇释》卷三:"一向、一晌、一饷,指示时间之辞;有指多时者,有指暂时者。秦观《促拍·满路花》词:'未知安否,一向无消息。'……李后主《浪淘沙》词:'梦里不知身是客,一晌贪欢。'……欧阳修《渔家傲》词:'醉倚绿阴眠一饷,惊起望,船头搁在沙滩上。'……辛弃疾《雨中花慢》词:'为谁西望,凭栏一饷,却下层楼。'"童《校诠》:"补注:免使退之

嘲一饷,谓此语也。第德案:公刘生诗:瞥然一饷成十秋,方崧卿氏举正云:杭本作一晌,晌,不久也,朱氏考异云:饷,或作晌,非是。案:一饷即一晌,饷为晌之借字,方说是。唐宋人多用一饷字,白乐天诗:一饷愁销值万金;玉川子诗:万世金石交,一饷如浮云;张文潜诗:寄身爱憎间,得失真一饷;及补注所引东坡诗,皆谓不久,犹言一霎时也。或假向为之。薛涛诗:他家本是无情物,一向南飞又北飞;梅圣俞诗:秋雨一向不解休,连昏接晨终穷秋,是其例。字又作响,为曩之后出字,李后主词:一响贪欢;冯延巳词:一响关情,其它不列举。"向、饷、响,均读晌(shǎng),指工作了一段时间,一会儿。韩公诗作一会儿解,善。

㉑ 有如聚飞蚊:魏本:"蔡曰:《前汉·中山靖王传》'聚蚊成雷',颜师古注:'言众蚊飞声,有如雷也。'"按:指众富儿饮酒只不过像一群蚊子一样一轰而散罢了。朱翌《猗觉寮杂记》卷上:"《楞严经》云:'一切众生,如一器中聚百蚊蚋,啾啾乱鸣,于寸方中鼓发狂闹。'退之虽辟佛,然亦观其书。"韩公反佛重在政治,对人对事则具体对待。而佛书亦读,故亦用佛书中语。形容长安众富儿只知一响贪欢,胸无点墨。如何焯《义门读书记》卷三〇云:"'长安众富儿'六句,此耳不闻志也。"

㉒ 莸(yóu)与薰(xūn):文《详注》:"言气味同也。莸,臭草。薰,香草。解见赋江陵诗。"魏本:"孙曰:僖公五年《左氏》:'一薰一莸,十年尚犹有臭。'薰,香草;莸,臭草。"按:指臭草与香草。莸,落叶小灌木,叶子卵形,聚散花序,花兰色,蒴果成熟后列成四个小坚果,可供观赏,古书上指为臭草,比喻坏人。薰,香草。《左传》僖公四年:"一薰一莸。"古书上比喻好人。如薰莸不同器,即好坏不同处也。此二句谓:他和孟郊、张籍、张署气味相投,都是好人,没有莸与薰的区别。

㉓ 险语破鬼胆,高词媲皇坟:文《详注》:"言险怪之辞,可以动鬼神;高大之辞,可以偶《三坟》也。《淮南子》(《本经训》)曰:'昔者仓颉作书而鬼夜哭。'许氏注云:'恐为书文所劾,故夜哭之也。'今

之诗句,盖亦如此。皇坟,三皇之书也。《书序》曰:'伏羲、神农、皇帝之书,谓之《三坟》,言大道也。'媲,相偶也,回诣切。"魏本:"《补注》曰:《开元天宝遗事》云:'李杲为洛阳令,有刘兼者过其境宿,夜深,闻户外语声曰:古今正人李令是也。见其行事,令人破胆。开户视之,无物,乃鬼神也。'蔡曰:《淮南子》:'昔仓颉作书而鬼夜哭。'注:'恐为书文所劾,故夜哭也。'又祝曰:《尔雅》:'妃媲也。'注:'相偶媲也。'樊曰:'《书序》:伏羲、神农、黄帝之书,谓之《三坟》。皇坟,三皇坟书也。'"又音注:"媲,匹诣切。"此谓孟郊诗以奇崛之语惊人。媲(pì),匹敌、比配。皇坟,三皇之《三坟书》。

㉔ 至宝:最好的宝珠。雕琢,镂刻修饰。琢(zhuó),雕刻石玉。《诗·卫风·淇奥》:"如切如磋,如琢如磨。"文《详注》:"至宝,良玉也。神功,造化也。《董仲舒传》(《汉书》)曰:'良玉不琢,资质润美。'《老子》曰:'神功不宰。'言诗文之妙,出于自然,不待工巧也。"童《校诠》:"第德案:汉书董仲舒传:臣闻良玉不琢,资质润美,不待刻琢,颜注:琢谓雕刻为文也。音篆。"

㉕ 神功:天工造化,天运神筹,非人力所能为。《南史·谢方明传附惠连传》:"子惠连,年十岁能属文,族兄灵运嘉赏之。……尝于永嘉西堂思诗,竟日不就,忽梦见惠连,即得'池塘生春草',大以为工。常云:此语有神功,非吾语也。"谢,辞也。张相《诗词曲语辞汇释》卷五:"谢,犹辞也。……由辞谢义引申之,则为不用义。"引韩诗为例。锄耘,借耘地锄草比喻文字加工锤炼。黄震《黄氏日抄》卷五九:"此谓文字混然天成之妙也,公之自得盖如此。"何焯《义门读书记》卷三〇:"'险语破鬼胆'四句,对上文字。三君之为文,上既言之。此四语乃终'及余各能文'之意。笔势错综,不见其夸,然于公实不愧也。"此联与上联是两境:上言诗之怪变,下说诗之平淡,公自谓兼此二能,真未见其自夸耶!

㉖ 泰:祝本、廖本作"泰",宋白文本、文本、四库魏本、王本、游本作"太"。泰平,即太平。太、泰、大三字古常通。王符《潜夫论·慎微》:"政教积德,必致安泰之福;举错数失,必致危亡之祸。"《史

记·秦始皇本纪》:"皇帝奋威,德并诸侯,初一泰平。"又登会稽山时刻文:"黔首修洁,人乐同则,嘉保太平。"扬雄《法言》:"继周者未欲太平也,如欲太平也,舍之而用他道,亦无由至矣。"《庄子·天道》:"知谋不用,必归其天。此之谓太平,治之至也。"

㉗ 元凯:八元八凯,都是上古贤臣。魏本:"孙曰:文十二年《左氏》:'高阳氏有才子八人,谓之八凯。高辛氏有才子八人,谓之八元。'《书》:'尧曰放勋','舜曰重华'。"按:《左传》文公十二年无此语。《左传》文公十八年:"昔高阳氏有才子八人,苍舒、隤敳、梼戭、大临、尨降、庭坚、仲容、叔达,齐、圣、广、渊、明、允、笃、诚,天下之民谓之八恺。高辛氏有才子八人,伯奋、仲堪、叔献、季仲、伯虎、仲熊、叔豹、季狸,忠、肃、共、懿、宣、慈、惠、和,天下之民谓之八元。"杜注:"恺,和也。"《易·文言》:"元者,善之长也。"华,舜之号。勋,尧之号。《史记·五帝本纪》:"帝尧者,放勋。其仁如天,其知如神。就之如日,望之如云。富而不骄,贵而不舒。"又:"虞舜者,名曰重华。"此句承上谓:当今乃太平盛世,有贤臣辅佐圣君。如魏本:"韩曰:时宪宗即位,杜黄裳、郑馀庆、李吉甫、裴垍、李藩之徒相继为相,故云。"文《详注》:"《补注》:时宪宗即位四年,杜黄裳、郑馀庆、李吉甫、裴垍、李藩之徒为相,公以都官员外郎分司东都,故有此句。"方世举《笺注》:"元凯:按《新唐书·宰相表》:元和元年,杜黄裳、郑馀庆为相。华勋:《书·尧典》:'曰若稽古帝尧,曰放勋。'《舜典》:'曰若稽古帝舜,曰重华。'"韩、王说不妥,时李吉甫、裴垍尚未为相,为相者杜佑、杜黄裳、郑馀庆。方说近是。

㉘ 庶以穷朝曛:文《详注》:"曛,日入余光也,许云切。谢灵运诗(《拟魏太子邺中集诗八首·陈琳》)曰:'朝游穷曛黑。'"庶,庶几,幸亏,希望之词。穷:尽,都。朝曛,早晚,此谓从早晨到晚上,寓长久之意。结联落到我辈悠游无事,希望天天过太平欢乐的生活。曛,日落余光或落日。均可指晚上、黄昏。《文选》卷二二谢灵运《晚出西射堂》:"晓霜枫叶丹,夕曛岚气阴。"鲍照《冬日》诗:"曛雾蔽穷天,夕阴晦寒地。"结句落到"饮"字上,而甚合题。如何焯

《义门读书记》卷三〇云:"对上'饮'字。"其用韵如钱仲联《集释》:"勋、曛同纽连用。"

【汇评】

宋叶梦得:韩退之《赠张籍》云:"君诗多态度,霭霭春空云。"(按此二句为韩公《醉赠张秘书》诗,张秘书乃张署,非籍也)司空图记戴叔伦语云:"诗人之词,如蓝田日暖,良玉生烟。"亦是形似之微妙者,但学者不能味其言耳。(《石林诗话》卷下)

宋蔡絛:张耒文潜云:"东坡尝言退之诗:'长安众富儿,盘馔罗膻荤。不解文字饮,惟能醉红裙。'疑若清苦自饰者。至云'艳姬踏筵舞,清眸射剑戟',则知此老子个中兴复不浅。"文潜戏答曰:"爱文字饮者,与俗人沽酒同科。"(《西清诗话》卷下)

宋葛立方:韩退之云:"凡为文词,宜略识字。"遂从归登学科斗书,则知留意字学者,当以识字为本也。颜鲁公书迹冠当代,有《干禄字样》行于世者,畏学书者不识字尔。退之诗云:"阿买不识字,颇知书八分。诗成使之写,亦足张吾军。"岂非贬之之词邪?又按择木以八分受知于明皇,固尝与蔡有邻、顾文学并直供侍,故老杜有"分日示诸王,钩深法更秘"之语。而谓之不识字,可乎?以是二说校之,则知"阿买"非"择木"明矣。(《韵语阳秋》卷一四)

宋朱翌:退之云:"长安富豪儿,盘馔罗膻荤。不解文字饮,唯能醉红裙。虽然一饷乐,有如聚飞蚊。"《楞严经》云:"一切众生,如一器中聚百蚊蚋,啾啾乱鸣于方寸中,鼓发狂闹。"退之虽辟佛,然亦观其书。(《猗觉寮杂记》卷上)

宋朱翌:退之云:"阿买不识字,颇知书八分。诗成使之写,亦足张吾军。"不能文而能书者多矣,未有不识字而能书者。(同上)

宋洪迈:古人八岁入小学,教之六书。《周官》保氏之职,实掌斯事,厥后浸废。萧何著法,太史试学童,讽书九千字,乃得为吏。以六体试之,吏人上书,字或不正,辄有举劾。刘子政父子校中秘书,自《史籀》以下凡十家,序为小学,次于六艺之末。许叔重收集篆、籀、古文诸家之学，就隶为训注，谓之《说文》。蔡伯喈以经义分散，传记交乱，讹伪相蒙，乃请刊定《五经》，备体刻石，立于太学门外，谓之《石经》。后有吕忱，又集《说文》之所漏略，著《字林》五篇以补之。唐制：国子监置书学博士，立《说文》《石经》《字林》之学，举其文义，岁登下之。而考功、礼部课试贡举，许以所习为通，人苟趋便，不求当否。大历十年，司业张参纂成《五经文字》，以类相从。至开成中，翰林待诏唐玄度，又加《九经字样》，补参之所不载。晋开运末，祭酒田敏合二者为一编，并以考正俗体讹谬。今之世不复详考，虽士大夫作字，亦不能悉如古法矣。韩子曰："凡为文辞，宜略识字。"又云："阿买不识字。颇知书八分。"安有不识字而能书？盖所谓识字者，如上所云也。（《容斋四笔》卷一二《小学不讲》）

宋王楙：《阿买》：晋宋人多称"阿"，如云"阿戎""阿连"之类。或者谓此语起于曹操称"阿瞒"。仆谓不然，观汉武帝呼陈后为"阿娇"，知此语尚矣。设谓此妇人之称，则间以男子者，如汉《殽阮碑阴》有"阿奉""阿买""阿兴"等名。韩退之诗"阿买不识字"，知"阿买"之语有自。（《野客丛书》卷一三）

宋黄震：《醉赠张秘书》谓座客能文，性情浩浩，为得酒意，而"富儿""红裙"之醉，如聚飞蚊，可谓逸兴。卒章有云："至宝不雕琢，神功谢锄耘。"此谓文字混然天成之妙也，公之自得盖如此。（《黄氏日抄》五九）

金王若虚：孔毅父《杂说》讥退之笑长安富儿不解文字饮，而晚年有声伎；罪李于（干）辈诸人服金石，而自饵硫黄。陈后山亦有此论。甚矣，其妄议人也。红裙之诮，亦曰唯知彼而不知此。盖词人一时之戏言，非遂以近妇人为讳也。且诗词岂当如是论，而遽以为口实邪？其罪李于辈，特斥其烧炼丹砂而祈长生耳。病而服药，其所禁哉！乐天《思旧》诗云："退之服硫黄，一病讫不痊。"则公亦因病而出于不得已，初不如于辈有所冀幸以致毙也。抑前诗复有"盘馔罗膻荤"之句，以二子绳之，则又当不敢食肉矣。（《滹南诗话》卷一）

清朱彝尊：只说文字饮，与杜《简薛华醉歌》同，但少逊其超逸。（顾嗣立《昌黎先生诗集注》卷二）

清何焯：《醉赠张秘书》"轩鹤避鸡群"，"避"当作"辟"，言轩鹤一至，鸡群辟易也。犹《孟子》"行辟人"之"辟"，与上'惊俗'语意相类也。"所以欲得酒"八句，穿作一事。"长安众富儿"六句，此耳不闻志也。"不解文字饮"，《诗·瓠叶》："君子有酒。"笺云："此君子谓庶人之有贤行者也。其农功毕，乃为酒浆，以合朋友，习礼讲道艺也。"公诗"文字饮"本此。"险语破鬼胆"四句，对上文字。三君之为文，上既言之。此四语乃终"及余各能文"之意。笔势错综，不见其夸，然于公实不愧也。"吾徒幸无事"二句，对上"饮"字。（《义门读书记》卷三〇）

清王鸣盛：《醉赠张秘书》署也，非彻也。诗云"方今向太平"，故知元和初。又云"长安众富儿"云云，故知在长安作。（《蛾术编》卷七六）

清方东树：《醉赠张秘书》句法精造，山谷所常模。《醉赠张秘书》与《赠无本》，特地做成局阵，章法参差迷离，读者往往忽之，不能觉也，然此等皆尚有迹可寻。（《昭昧詹言》卷九韩公）

蒋抱玄：屏去险硬本能，纯以和易出之。结末自感身世，有意在言外之妙。（《注释评点韩昌黎诗全集》）

同冠峡①

贞元二十年春

南方二月半，春物亦已少②。维舟山水间，晨坐听百鸟③。宿云尚含姿，朝日忽升晓④。羁旅感和鸣，囚拘念轻矫⑤。潺湲泪久迸，诘曲思增绕⑥。行矣且无然，盖棺事乃了⑦。

【校注】

① 题：文《详注》："公迁连州，道出此峡。诗云'南方二月半'即贞元二十一年也。许氏曰：'两山之间为峡。'浮休《南迁录》作铜官峡，云：'是湘潭水之险处，去潭州可六七十里，东岸林薄丛茂，南去多山，樊水益澄渌湍急。'《补注》：贞元十九年十二月贬阳山，明年二月作此诗，故有'南方二月半''羁旅感阳和'之句。"魏本："唐曰：集有《同冠峡》二诗。一云'因拘念轻矫'，一云'无心思岭北'，皆赴阳山时作也。"顾嗣立《集注》引胡渭云（《次同冠峡》诗）："今广州府阳山县西北七十里有同官峡，接连州界，疑即此同冠峡也。"沈钦韩《补注》（《宿龙宫滩》诗）："《阳山县志》：同官峡，在县西北七十里。"蒋之翘《辑注》："峡在阳山西北七十里。公《集》有同冠峡二诗，皆贞元十九年贬后作。"按：《洪谱》《方表》皆系贞元二十年（804）。韩愈于贞元十九年（803）十二月黜为阳山令，至此已是"南方二月半"，诗写于二十年春二月中。韩愈过连州，乘湟水船东南行约五公里到贞女峡，再向东南行四十七公里，到同冠峡。则峡在连州与阳山中间，非如文引浮休之说的铜官峡也。

② 南方二月半，春物亦已少：《洪谱》曰："知公今春到阳山矣。"方世举《笺注》："谢朓诗：'春物方骀荡。'"按：南方地气暖而春早，故花谢亦早，故云二月半，春物已少了。春物，春日物色也。

③ 维舟山水间，晨坐听百鸟：文《详注》："李陵书（《答苏武书》）曰：'吟啸成群，晨坐听之，不觉泪下。'"按：维，系也。《诗经·节南山》："四方是维。"《淮南子·天文训》："共工……怒而触不周之山，天柱折，地维绝。"按：真山水间景色也，不到此地，怎知此景悠雅之妙；然听百鸟之叫声，不能不动情也。

④ 宿云尚含姿，朝日忽升晓：文《详注》："《说文》：'日高为晓。'"方世举《笺注》："宿云：张正见诗：'滥滥宿云浮。'"又："升晓：康孟《咏日诗》：'金乌升晓气。'"按：宿云，谓夜里的云。韩公《喜雪献裴尚书》："宿云寒不卷，春雪堕如簁。"《全唐诗》卷五三宋之问《早发始兴江口至虚氏村作》："宿云鹏际落，残月蚌中开。"又卷三

——王观《早行》:"路明残月在,山露宿云收。"晓,《说文·日部》:"晓,明也。从日,尧声。"段注:"此亦谓旦也。俗云天晓是也。引伸为凡明之称。"

⑤羁旅感和鸣,因拘念轻矫:方《举正》据阁本作"和鸣",云:"范、谢校。和鸣、轻矫,皆指百鸟而言也。"朱《考异》:"和鸣,本或作'阳和'。"宋白文本、文本、祝本、魏本作"阳和"。廖本、王本从方作"和鸣"。文《详注》:"阳和为春,轻矫谓百鸟也。《天台山赋》(《文选》卷——孙兴公作)曰:'哂夏虫之凝冰,整轻翮而思矫。'贾谊离骚赋(《鵩鸟赋》)曰:'愚士系俗,伦若拘囚。'伦,音欺怆切。"方世举《笺注》:"因拘:贾谊《鵩鸟赋》:'愚士系俗兮,攌如囚拘。'"文、方二家引文或作"伦",或作"攌",非;《六臣注文选》作"愚士系俗兮,窘若囚拘"。按:阳和,春天的暖气。《史记·秦始皇本纪》二十九年之罘刻石:"时在中春,阳和方起。"柳宗元《诏追赴都二月至灞亭上》诗:"诏书许逐阳和至,驿路开花处处新。"和鸣,鸟之叫声。《诗·周颂·有瞽》:"喤喤厥声,肃雍和鸣。"《左传》庄公二十二年:"是谓凤皇于飞,和鸣锵锵。"如承上"百鸟",对下"轻矫",鸟之高飞,《汉语大词典》引韩诗为例。宋苏轼《赠杜介》诗:"妻孥空四壁,振策念轻矫。"则当用"和鸣"。此二句意谓:羁旅(孤单)之人感慨希望像鸟一样"和鸣",因拘(阴暗)的人则思念像鸟一样的高飞。正如查慎行《查初白诗评十二种》所云:"'羁旅感和鸣'二句入情。"

⑥潺湲泪久迸,诘曲思增绕:朱《考异》:"久,或作'交'。"诸本作"久",从之。文《详注》:"《楚辞》(屈原)《九歌》(《湘君》)曰:'横流涕兮潺湲。'流貌。上音仕连切,下为元切。《楚辞》(屈原)《九章》(《哀郢》):'思蹇产而不释。'王逸注云:'蹇产,诘曲也。言思念诘曲而不可解释。'"魏本:"祝曰:潺湲,水流貌。孙曰:诘曲,反复也。"方世举《笺注》:"潺湲:屈原《九歌》:'横流涕兮潺湲。'"按:上句写眼泪迸流,下句写思绪缠绕。真见物生情也。

⑦行矣且无然,盖棺事乃了:魏本:"韩曰:刘毅云:'丈夫儿,踪迹不可寻,常便混群小中,盖棺事方定矣。'《韩诗外传》云:'孔子

曰:学而不已,阖棺乃止。'"方世举《笺注》:"盖棺:鲍照诗:'盖棺世业埋。'了:《广雅·释诂》:'了,讫也。'"杜甫《自京赴奉先县咏怀五百字》:"盖棺事则已。"即盖棺才能论定。无然,行迹无定。按:看似韩公百无聊赖,莫奈何也;实则谓自己虽混迹于群小之中,孰好孰坏,盖棺才能论定。

【汇评】

清朱彝尊:昌黎诗大抵师谢客而加之俊快。(顾嗣立《昌黎先生诗集注》卷二)

程学恂:公南迁诗,似无甚意义者,中极悲悄。须是反覆沉吟,乃见所感深也。(《韩诗臆说》卷一)

送惠师①

贞元二十年

惠师浮屠者,乃是不羁人②。十五爱山水,超然谢朋亲③。脱冠剪头发,飞步遗踪尘④。发迹入四明,梯空上秋旻⑤,遂登天台望,众壑皆嶙峋⑥。夜宿最高顶,举头看星辰,光芒相照烛,南北争罗陈⑦。兹地绝翔走,自然严且神⑧。微风吹木石,澎湃闻韶钧⑨。夜半起下视,溟波衔日轮⑩。鱼龙惊踊跃,叫啸成悲辛⑪。怪气或紫赤,敲磨共轮囷⑫。金鸦既腾翥,六合俄清新⑬。

常闻禹穴奇,东去窥瓯闽⑭。越俗不好古,流传失其真⑮。幽踪邈难得,圣路嗟长堙⑯。回临浙江涛,屹起高峨岷⑰。壮志死不息,千年如隔晨⑱。是非竟何有?弃去非吾伦⑲。凌江诣庐岳,浩荡极游巡⑳。崔崒没云表,陂陀浸湖沦㉑。是时雨初霁,悬瀑垂天绅㉒。前年往罗浮,步夏南海漘㉓。大哉阳德盛,荣茂恒留春㉔。鹏骞堕长翮,鲸戏侧修鳞㉕。

自来连州寺,曾未造城闉㉖。日携青云客,探胜穷崖滨㉗。太守邀不往,群官请徒频㉘。囊无一金资,翻谓富者贫㉙。昨日忽不见,我令访其邻㉚,奔波自追及,把手问所因㉛。顾我却兴叹:君宁异于人㉜?离合自古然,辞别安足珍?吾闻九疑好,夙志今欲伸㉝。斑竹啼舜妇,清湘沈楚臣㉞。衡山与洞庭,此固道所循㉟。寻嵩方抵洛,历华遂之秦㊱。浮游靡定处,偶往即通津㊲。

吾言子当去,子道非吾遵㊳,江鱼不池活,野鸟难笼驯㊴。吾非西方教,怜子狂且醇㊵。吾嫉惰游者,怜子愚且谆㊶。去矣各异趣,何为浪沾巾㊷?

【校注】

① 题:方《年表》系贞元二十年。魏本:"樊曰:公《宴喜亭记》曰:'太原王洪中在连州,与学佛之人景常、元慧者游。'惠师岂元惠耶?其诗云:'自来连州寺。'洪中时为连州司户参军,公其属邑阳山令也。"文《详注》:"《补注》:公《宴喜亭记》曰:'太原王弘中在连,与学佛之人景常、元惠者游。'惠师岂惠元邪?其下云:'自来连州寺。'(弘中)时为连州司户参军,公其属邑阳山令也。其曰'自来'至'夙志今欲伸',则送其自连州将窥九疑,游衡山,过洞庭,寻嵩抵洛,历华之秦,无往不可矣。"方世举《笺注》同。方成珪《年谱》:"旧说皆以为是年作。"王元启《记疑》:"送惠、灵二诗,公为阳山令作。"钱仲联《集释》:"沈钦韩注:《传灯录》:'释元慧,姓陆,立志持三白,吴会之间,谓为三白和尚。'补释:赞宁《宋高僧传》:'三白和尚之元

慧,于开成二年(837)出家,乾宁三年(896)示寂,年七十八。'公在阳山时,尚未生。沈说非是。"按:诗云:"惠师浮屠者,乃是不羁人。"是云游各地的一位和尚。又说:"自来连州寺,曾未造城闉。……"知惠师自来连州与韩愈交往;其来是否与王弘中介绍有关,当如是想。三人在互相慕名,同爱山水上有共同志趣,非一般官僚可比。诗写于贞元二十年,在阳山令任上。

② 惠师浮屠者,乃是不羁人:魏本:"孙曰:袁宏《汉纪》云:'浮屠,佛也。'不羁者,以马为喻,言不受羁靮也。"文《详注》:"浮屠者,释氏之别名。《隋志》(《隋书·经籍志四·佛经》)曰:'出家学道,勤行精进,觉悟一切种智而谓之佛,亦曰佛陀,亦曰浮屠,皆胡言也。华言译之为静觉。'一云浮屠即佛陀,但声转耳。《司马迁传》(《汉书》)曰:'仆少负不羁之才。'颜师古注云:'言其材质高远,不可羁系也。'"魏本:"韩曰:邹阳《上吴王书》:'使不羁之士,与牛马同皂。'注:'不羁,无所拘系也。'又《司马迁传》:'少负不羁之才。'"童《校诠》:"第德案:史记邹阳传:马作骥,汉书同。索隐:言骏足不可羁绊,以比喻逸才之人。颜氏汉书注:不羁,言才识高远,不可羁系也,司马迁传注同,识作质。皆与韩所引不同。"按:浮屠、浮图,均为佛的译音。不羁,童说虽是,然不合韩诗义。韩公谓惠师乃自肆放荡,不可拘束之人,非赞扬他是逸才高士也。"不羁"二字,盖视惠师的品格。如程学恂《韩诗臆说》卷一:"'不羁'二字,是一篇主脑。"

③ 山水:何焯《批韩诗》:"山水,一篇之骨。"魏本:"韩曰:《晋史·李太后传》:'会有道士许迈者,朝臣时多称得道,帝从容问答曰:是好山水人,本无道术。'"

谢朋亲:朱《考异》:"谢朋亲,或作'同隐沦'。"宋白文本、文本作"同隐沦",注:"一作'谢朋亲'。"祝本、魏本、廖本、王本作"谢朋亲"。廖本注:"或作'同隐沦'。"按文意作"谢朋亲",乃惠师离家,谢辞亲朋出家云游也;同隐沦者,即和隐沦之人一样,喜游天下。二者均可。

文《详注》：" 《楚辞》（屈原《卜居》）曰：'将（《楚辞》原文作"宁"，文注误）超然高举，以保真乎？'鲍照诗（《行乐至城东桥》）曰：'孤贱长隐沦。'注云：'隐，蔽。沦，没也。'《新论》（桓谭《新论·辨惑篇》）曰：'天下之神人五：一曰神仙，二曰隐沦，三曰使鬼物，四曰先知，五曰铸凝。'按：沦字有两义，《说文》（水部）曰：'沦，没也。'即《诗》（《小雅·小旻》）所谓'无沦胥以败'是也。又曰'小波为沦'，即《诗》（《魏风·伐檀》）所谓'河水清且沦猗'者是也。韩公作诗一字而有两义者，或皆双押。'超然同隐沦'，即沦没之沦。'坡陀侵胡沦'，即小波为沦之沦也。后人见其韵重复，遂改作'超然谢朋亲'，误矣。"

④ 头发：方《举正》作"头发"，云："谢本作'短发'。"朱《考异》："头，或作'短'。按：下对'踪尘'，当作'头发'。飞，或作'孤'。"宋白文本、文本、祝本、魏本、廖本等均作"头发"。朱说是。孤，宋白文本、文本作"孤"，宋白文本注："一作'飞'。"祝本、魏本、廖本作"飞"，注："一作'孤'。"作"飞"、作"孤"均通。作"飞"字善。

文《详注》："《天台山赋》（《文选》卷一一孙兴宗作）曰：'荡遗尘于璇流。'注云：'六尘也。谓色、声、香、味、触、法也。'谢灵运《九日诗》曰：'脱冠谢朝列。'"尘，为人世间的现实社会，即儒家说的入世之世；与释氏所说的出世，即超尘相对。陶潜《辛丑岁七月赴假还江陵夜行涂口作》："闲居三十载，遂与尘事冥。"

⑤ 四明：文《详注》："四明、天台，皆山名。孙绰《天台山赋》曰：'天台山者，盖山岳之神秀也。涉海则有方丈、蓬莱，登陆则有四明、天台，皆玄圣之游化，灵仙之窟宅。'《通典》（一八二《州郡》十二《古扬州》下《余姚郡》《临海郡》）曰：'四明在今明州，天台在今台州，二州皆以山得名。'"魏本："孙曰：四明，山名，在明州。《尔雅》（《释天》）云：'[春为苍天，夏为昊天，]秋为旻天[，冬为上天]。'言惠师初游四明山，当秋时，梯空而上也。又：四明，"韩曰：与下禹穴并在今越州。天台，山名，在台州。"按：四明，谢灵运《山居赋》自注："四明、五奥皆相接连……四明、方石，四面自然开窗也。"唐时

明州治所在今浙江宁波市。

秋旻：秋季的天。唐李白《古风》之一："文质相炳焕，众星罗秋旻。"《汉语大词典》引韩诗为例。旻，天也。《诗·小雅·小旻》："旻天疾威，敷于下土。"《孟子·万章上》："舜往于田，号泣于旻天。"

⑥ 天台：魏本："韩曰：天台，山名，在台州。嶙峋，深崖貌。《选》：'阶楯嶙峋。'祝曰："《前汉》：'岭嶬嶙峋。'孙曰：嶙峋，小山貌。言惠师次登天台，见众山皆小也。"文《详注》："嶙峋：山崖重深貌。上力珍切，下相伦切。"方世举《笺注》："支遁《天台山铭序》：'余览《内经·山记》云：剡县东南有天台山。'"按：天台山在台州，台州治在今浙江临海县。因山而设，今有天台县。梯空上秋旻，即凌空而上也。此语极超逸、缥缈。嶙峋，此处形容沟壑、山崖等重叠幽深。《文选》扬雄《甘泉赋》："增宫参差，骈嵯峨兮。岭嶬嶙峋，洞物匡兮。"《汉语大词典》亦引韩诗为例。

⑦ 烛：文本作"爥"。诸本作"烛"。二字音义同，今从诸本作"烛"。

方世举《笺注》："谢灵运有《登石门最高顶》诗。光芒：《史记·天官书》：'填星，其色黄，光芒。'"按：烛者，谓登上天台山最高顶也。罗陈：《汉语大词典》："罗列。唐韩愈《送惠师》：'光芒相照烛，南北争罗陈。'清俞樾《古书疑义举例·文具于前而略于后例》：'乃有行文之体，初无限制，而前所罗陈，后从省略。乃知古人只取意足，辞不必备也。'"此四句写夜卧山顶，四无遮拦，南北东西，星光满天，罗列晖映之状。

⑧ 绝翔走：文《详注》："翔走，禽兽也，张平子《东京赋》(《当为《西京赋》》)曰：'上无逸飞，下无遗走。'"王元启《记疑》："言最高处，飞走皆不能到，故曰'绝'。"按：谓天台山高且有神灵，飞禽走兽不能到也。

⑨ 微风吹木石，澎湃闻韶钧：魏本："韩曰：水势滂沛也。《韶》《钧》皆乐名。舜《九韶》之乐，天帝《钧天》之乐。孙曰：水石相击，

其声澎湃,如乐音也。《补注》:相如曰:'汹涌澎湃。'澎音彭,湃音普拜切。"文《详注》:"风吹木石之声,有似乐音,言殊异也。《韶》,舜乐名。《书》(《益稷》)曰:'箫韶九成。'《列子》(《周穆王》)曰:'周穆王游化人之宫,王实以为清都紫微,钧天广乐,帝之所居。'张湛注云:'秦穆公、赵简子亦然也。'《淮南子》(《天文训》)曰:'天有九野,中央曰钧天。澎湃,水声也。上音蒲萌切,下音普拜切。《上林赋》曰:'汹涌澎湃。'"方世举《笺注》:"澎湃:司马相如《上林赋》:'沸乎暴怒,汹涌澎湃。'司马彪曰:'澎湃,波相戾也。'韶钧:《书·益稷》:'箫韶九成。'《史记·赵世家》:'简子曰:我之帝所甚乐,与百神游于钧天,广乐九奏万舞,不类三代之乐。'"李详《证选》:"左思《吴都赋》:'木则宗生高冈,族茂幽阜,擢本千寻,与风摇飑,鸣条律畅,飞音响亮,盖象琴筑并奏,笙竽俱唱。'按:此二句谓:小风吹动树枝碰击山石,发出像《韶》《钧》之乐一样澎澎湃湃的响声。《史记·扁鹊列传》:'简子寤,语诸侯大夫曰:我之帝所甚乐,与百神游于钧天,广乐九奏万舞,不类三代之乐,其声动心。'"

⑩夜半起下视,溟波衔日轮:方《举正》出南宋监本"半夜",据蜀本乙作"夜半",云:"谢作'中夜'。"朱《考异》:"或作'半夜',或作'中夜'。"宋白文本、文本、祝本、魏本、廖本等均作"夜半"。夜半、半夜、中夜,义均同。今从诸本作"夜半"。溟,祝本作"冥"。宋白文本、文本、魏本、廖本、王本均作"溟"。按文义作"溟",善。

文《详注》:"天气之运如车毂之转,故日出于东沉于西,夜行也。下将明则复反于东。天台山临东海之滨,故夜视之则日轮见于海底。《天台山赋》曰'或倒影于重溟'是也。溟,亦海也。《三国赞》(《文选》卷四七袁彦伯《三国名臣序赞》)曰:'二溟扬波。'"方世举《笺注》:"日轮:梁简文帝《大爱敬寺铭》:'日轮下盖,承露上擎。'"钱仲联《集释》:"《列子》:'日初出,大如车轮。'"按:夜半,即半夜,约四更天光景,即日出的时间,非中夜、午夜。日轮,即日。凡登泰山、天台山观过日出的人都会见此情景,韩诗之形容逼真、活脱,有韵味。

⑪ 鱼龙惊踊跃，叫啸成悲辛：方《举正》订"啸"字，云："三本同。《选·海赋》、鲍、谢诗多用'叫啸'字。"朱《考异》："啸，或作'笑'。"祝本、魏本作"笑"。宋白文本、文本、廖本作"啸"，从之。

文《详注》："日光散射，故鱼龙惊怪也。《海赋》曰：'更相叫啸，诡色殊音。'又谢灵运诗（《七里濑诗》）曰：'哀禽相叫啸。'注云：'相命声也。'"李详《证选》引《海赋》与文同。按：悲辛，悲伤辛酸。鲍照《野鹅赋》："舍水泽之欢逸，对钟鼓之悲辛。"李白《门有车马客行》："呼儿扫中堂，坐客论悲辛。"

⑫ 怪气或紫赤，敲磨共轮囷：文《详注》："敲磨，气上出貌。敲音虚娇切。轮囷，屈盘高下也。囷，区轮切。邹阳上书（《汉书·邹阳传·狱中上梁王书》）曰：'轮囷离奇，为万乘器。'"方世举《笺注》："《史记·天官书》：'若烟非烟，若云非云，郁郁纷纷，萧索轮囷，是谓卿云。'"童《校诠》："案：困当作囷，注不误。"按：四库魏本即作"困"，不作"囷"。此二句写日初升时海面冒出的水气，似云如雾，随着日上升，而光照的变化，由赤红，变紫红，再变橘红。

⑬ 金鸦既腾骞，六合俄清新：文《详注》："金鸦，乌也。隋康孟《咏日诗》：'金乌升晓气，玉槛（当作鉴）漾晨曦。'腾骞，飞举也，章恕切。潘岳《闲居赋》曰：'微雨新晴，六合清朗。'四方上下为六合。"魏本："韩曰：金鸦，日也。隋康孟《咏日》诗：'金乌升晓气，玉鉴漾晨曦。'"又："蔡曰：《山海经》（《大荒东经》）曰：'上于扶桑，一日方至，一日方出，皆戴于乌。'注：'一日方至，一日方出，言交会相代也。日中有三足乌，故云戴于乌也。'"按：鸦，本作"鵶"，二字音义同。今规范简作"鸦"，乌鸦，《庄子·齐物论》："鸱鸦耆鼠。"《释文》："鸦，本亦作'鵶'。"《南史·侯景传》："或走马遨游，弹射鸦鸟。"金鸦，比日。六合，即四方上下的天地之间。此二句谓日升起盘空后，天气顿时明朗清新。《楚辞》屈原《远游》："鸾鸟轩翥而翔飞。"

以上八句写惠师登天台山所见之景色变幻。即魏本："孙曰：已上皆言游天台所见。"

⑭ 常闻禹穴奇,东去窥瓯闽:宋白文本、魏本注:"去,一作'下'。"诸本作"去",是。

文《详注》:"禹穴,在会稽山之东。谢灵运诗曰:'幸游建德乡,观奇经禹穴。'已见《此日足可惜》注。瓯闽,两越名。《通典》(一八二《州郡》十二《古扬州下》之《永嘉郡》《长乐郡》)曰:'闽越王无诸及越东海王摇,其先皆越王勾践之后也。诸侯叛秦,无诸及摇率越人佐汉击项籍,汉五年(前202)复立诸为闽越王,王闽中故地,都东冶,今福州闽县即其地也。孝惠三年(前192),复立摇为东海王,都东瓯,今温州永嘉县即其地也。'闽音缗。瓯,乌侯切。"方世举《笺注》同文。魏本:"孙曰:司马迁上会稽探禹穴。禹巡狩至会稽而崩,因葬焉。上有孔穴,在今越州。韩曰:瓯闽,即今福建路。孙曰:汉高帝立亡诸为闽越王,惠帝立摇为东瓯王。瓯闽,百越之地。"按:禹穴,在今绍兴会稽山,《此日足可惜》有"东野窥禹穴"句,约为今浙江、福建之地。

⑮ 越俗不好古,流传失其真:方世举《笺注》:"《庄子·逍遥游》篇:'宋人资章甫而适诸越,越人断发文身,无所用之。'"按:此谓越地人的风俗不古。

⑯ 圣路:魏本:"孙曰:圣路,谓舜禹南巡之路。"方世举《笺注》引蒋云同孙。文《详注》:"堙,塞也。元稹《禹穴铭》云:'虽山之坚,虽洞之濊,有时而堙,有时而兑。岁其万千,风雨涛汰,七其嵌呀,曾是翳荟。'"魏本:"祝曰:堙,塞也。《左氏》:'甲寅堙之。'"按:湮同堙。《说文·土部》:"堊,塞也。"堙,后出字。《史记·蒙恬列传》:"堑山堙谷,通直道。"

⑰ 回临浙江涛,屹起高峨岷:浙,宋白文本、文本、祝本、魏本、王本、游本作"浙"。廖本作"淛"。淛为浙的异体字。

文《详注》:"江水东至会稽山阴为浙江。岷峨,蜀二山。《水经》曰:'浙江出庐山,北过余杭,东入于海。杭州钱塘县诸山,皆西临浙江,水流于两山之间。江水急濬,皆[兼]涛水昼夜再来,来应时刻,尝以月晦及望尤大,至二月、八月最高,峨岷二丈有余。《吴越春秋》以为子胥、文种之神也。昔子胥死于吴,而浮尸于江,吴人怜之,立祠于上,名曰胥山。在太湖,去江不百里,故曰江上。文种去越(当作"诚于越")而伏剑于山阴,越人哀之,葬于重山。文种既葬一年,子胥从海上负种俱去,游夫江海,故潮水之前扬波者伍子胥,后重水者大夫种。'屹,高貌,鱼乙切。东坡诗(《八月十五日看潮》)曰'欲识潮头高几许?越山浑在浪花中'是也。"方世举《笺注》:"浙江涛:浙,同浙。《越绝书》:'子胥死,王使人捐于大江口,发愤驰腾,气若奔马。威凌万物,归神大海。仿佛之间,音兆常在。后世称述,盖子胥水仙也。'《水经注》:'浙江水流于两山之间,江水急濬,兼涛水昼夜再来,来应时刻,常以月晦及望尤大,至于二月、八月最高,峨峨二丈有余。'峨岷:按峨嵋、岷山至高。《水经注》:'当抗峰岷峨,偕岭衡、嶷。'言水势也。"

按:《史记·项羽本纪》:"秦始皇帝游会稽,渡浙江。"索隐:"韦昭云:'浙江在今钱塘。'盖其流曲折,《庄子》所谓'浙河',即其水也。浙、折声相近也。"则作"浙"字是。浙,水名。古渐江,也称之江。以其多曲折,故称浙江。《说文·水部》:"江水东至会稽山阴为浙江。"段注:"今俗皆谓钱唐江为浙江,不知钱唐江。《地理志》《水经》皆谓之渐江。江至会稽山阴,古曰浙江。《说文》浙、渐二篆分举划然,后人乃以浙名冒渐。"则会稽至钱塘为浙江,钱塘至海为渐江。诗谓"浙江涛"者,把二者合二为一。魏本:"洪曰:谓伍胥也。《续齐谐记》云:'子胥死,戒其子投于江中,当朝暮乘潮,以观吴之败。自是海门山潮头汹涌,高数百尺。越钱塘渔浦,方渐低小。朝暮再来,其声震怒,雷奔电激,闻百余里,时有见子胥乘素车白马,在潮头之中,因庙以祠。'按《越绝书》:'子胥死,捐于大江,发愤驰腾,气若奔马,乃归神大海。'《水经》云:'钱塘江涛,二月、八月最高,峨峨二丈有余。《吴越春秋》以为子胥、文种之神。'谓此也。"

⑱ 壮志死不息,千年如隔晨:魏本:"孙曰:秦始皇三十七年,出游至钱塘,临浙江,水波恶,乃西百二十里,从狭中渡。壮志,谓始皇也。"文《详注》:"壮志,谓子胥、文种也。"童《校诠》:"第德案:

谓始皇也句,疑有脱误,或当作谓子胥之神阻始皇渡浙江也,更详之。塘,史记作唐。"按:两说均通。或指子胥、文种虽死而神灵壮志尤在。千年如隔晨,谓历史瞬息而过,如在眼前一样。见上注。

⑲ 是非:谓人世间的是是非非。伦,辈也。此谓惠师弃世入佛,不是我辈中人。

⑳ 庐岳:庐山。在江西九江市南,北临长江,东南有鄱阳湖。《水经·庐江水注》引王彪《庐山赋》叙云:"庐山,彭泽之山也。虽非五岳之数,穹窿嵯峨,实峻极之名山也。"文《详注》:"《山海经》曰:'庐山名有二,一曰天子障。'孙故曰:'在今江州之南。'《水经》有三说,曰:'一按《豫章旧志》云:庐俗字君孝,本姓匡,父东野王,共鄱阳令吴芮佐汉定天下而亡。汉封俗于邬阳,曰越庐君。俗兄弟七人,皆好道术,遂寓精于洞庭之山,故世谓之庐山。汉武帝东巡,睹山以为神灵,封俗大明公也。二按远法师《庐山记》曰:商周之际,匡俗先生、奚道仙人共游此山,时人谓其所止为神仙之庐,因以名矣。三按周景式曰:庐山匡俗字子孝,本东里子,出周武王时,生而神灵,屡逃征聘,庐于此山,时人敬事之。俗后仙化,空庐尚存,弟子睹室悲哀,哭之,世称庐君,故山取号焉。斯乃并传说之谈,非实证也。'按《山海经》创志大禹记录远矣。故《海内东经》曰:庐山出三天子都,入江彭泽西。是曰庐江,山水相依,互举殊称,不因匡俗治,正是好事君子,强引此类,用成章句矣。"方世举《笺注》:"庐岳:《水经注》:王彪之《庐山赋序》曰:庐山,彭泽之山也。虽非五岳之数,穹窿嵯峨,实峻极之名山也。《山图》曰:'山四方,周四百余里,叠嶂之岩万仞,怀灵抱异,苞诸仙迹。'王云:庐山在江州。"

浩荡:方世举《笺注》:"屈原《九歌》:'登昆仑兮四望,心飞扬兮浩荡。'"按:浩荡,水势汹涌、壮阔貌。《文选》卷二六潘岳《河阳县作》诗:"洪流何浩荡,修芒郁苕峣。"杜甫《奉赠韦左丞丈二十二韵》:"白鸥没浩荡,万里谁能驯?"

㉑ 崔崒没云表,陂陀浸湖沦:文《详注》:"崔崒,高貌。下慈律切。陂陀,宽貌,音婆驼。湖沦,谓彭蠡泽(鄱阳湖)也。小波曰沦,

《子虚赋》曰：'其山则隆崇崔崒，上干青云。罢池陂陀，下属江河。'伏滔《游山序》曰：'庐山者，江阳之名岳，其大形也，背岷流，面彭蠡，蟠根所据，亘数百里，重岭桀嶂，仰插云日，俯瞰川湖之流。'魏本："祝曰：崔崒，高貌。《选》云：'隆窟崔崒。'陂陀：《楚辞》：'侍陂陀些。'《释文》：'不平也'。孙曰：'湖谓彭蠡也。言庐山上没云表，下浸湖沦。'沦，岸也。"方世举《笺注》："崔崒：扬雄《蜀都赋》：'崔崒崛崎。'云表：《三辅黄图》：'铜仙人捧铜盘玉杯，以承云表之露。'陂陀：《尔雅·释地》：'陂者曰阪。'注：'陂陀，不平。'沦：《诗·伐檀》：'置之河之漘兮，河水清且沦猗。'《尔雅·释水》：'大波为澜，小波为沦。'"钱仲联《集释》："《匡谬正俗》：'陂陀犹言靡迤耳。'"童《校诠》："祝所引见文选西京赋，窟应作崛。"

㉒ 是时雨初霁，悬瀑垂天绅：方《举正》订"天绅"，云："三本同。宋之问诗（《早入清远峡》）：'雨岩天作带，云壑树披衣。'孟东野与坡公诗皆尝用'天绅'字。"朱《考异》："天，或作'大'。"宋白文本、祝本、魏本作"大"，注："一作'天'。"文本、廖本、王本作"天"。作"大"、作"天"均通，今从"天"。

文《详注》："远法师《庐山记》曰：'西南有石门，其形似双阙，壁立千余仞，而瀑布流焉。水出山腹，挂流三四百丈，飞湍林表，状若悬素，注处悉巨井，其深不测，其水下入江渊。'《天台山赋》注云：'瀑布，泉悬流如布而下。'瀑，蒲木、蒲报二切。天绅，言大带也。"魏本："孙曰：庐山有瀑布，高数百丈，如大带之垂也。"方世举《笺注》："《水经注》（《庐江水》）：'庐山之北，有石门水，水出岭端，悬流飞瀑，近三百许步，下散漫千数步，上望之连天，若曳飞练于霄中矣。'"按：霁，雨雪停，云雾散，天放晴。《韩非子·难势》："云罢雾霁。"李白《避地司空原言怀》："雪霁万里月。"李白还有《望庐山瀑布》诗。

㉓ 前年往罗浮，步戛南海漘：文《详注》："《罗浮山记》曰：罗浮，盖总称焉。罗，罗山也。浮，浮山也。二山合并谓之罗浮。旧说高三千丈，有石室七十二，在曾城、博罗二县之境。曾城属广州，

博罗属循州。戛,轹也,音讫黠切。滣,水涯也,音舡伦切。"方世举《笺注》:"罗浮:《后汉书·地理志》:'南海郡博罗有罗浮山,自会稽浮往博罗山,故置博罗县。'海滣:班固《东都赋》:'西荡河源,东澹海滣。'善曰:'滣,厓也。'"钱仲联《集释》:"木华《海赋》:'戛岩嶅。'李善注:'戛犹概也。'"魏本:"《补注》:滣,水际也。《选·东都赋》:'西荡河源,东澹海滣。'"按:罗浮,即罗浮山,在广东增城、博罗等县界。《元和郡县图志》卷三四岭南道一:"循州:博罗县,罗浮山在县西北二十八里。罗山之西有浮山盖蓬莱之一阜,浮海而至,与罗山并体,故曰罗浮。高三百六十丈,周回三百二十七里,峻天之峰,四百三十有二焉,事具袁彦伯记。"杜甫诗《渼陂行》:"船舷暝戛云际寺,水面月出蓝田关。"

㉔阳德:阳气。方世举《笺注》:"阳德:傅休奕诗:'阳德虽普济,非阴亦不成。'"

按:《周礼·春官·大宗伯》:"以天产作阴德,以中礼防之;以地产作阳德,以和乐防之。"郑玄注:"阳德,阳气在人者。阳气盈,纯之则躁,故食植物。作之使静;过则伤性,制和乐以节之。"

恒:文本作"常"。诸本作"恒",当总是讲,从之。

文《详注》:"南方阳气之所聚,故山川荣茂如春。"魏本:"孙曰:岭海不寒,故云留春。"按:唐孟云卿《寒食》:"二月江南花满枝,他乡寒食远堪悲。"谓因江南阳气盛也。

㉕鹏骞堕长翮,鲸戏侧修鳞:方《举正》:"骞,从鸟,虚言切,飞举也。从马,起虔切,亏少也。音义皆异,今字多误用,故详之。"朱《考异》:"骞,或作'搴'。"宋白文本作"骞",文本作"搴",祝本、魏本作"搴",廖本、王本作"骞"。当作"骞"。

童《校诠》作"搴",曰:"第德案:骞举字自应作骞,说文:骞,飞貌是也。骞,说文:马腹縶也,非骞亏本字,其本字应作寋,为衍之或体,籀文作䇿,[寋从寒省,寒从舜,与寋实也异字,从塞省声,从䇿不从舜,隶变混而为一。]过也,有过衍则亏损矣。寋、骞、骞、搴皆从寒得声,故得通假。其假骞为骞者,广雅释诂:骞,飞也;楚辞大招：王虺骞只，王注：骞，举头貌。公陆浑山火诗：视桃著花可小骞是也。假搴[说文作攓拔取也]为骞者，广雅释诂：搴，举也，本篇鹏骞作搴是也。"囷为圆仓，此与轮合并谓圆曰也。

文《详注》："鹏，海鸟也。《庄子》《逍遥游》曰：'鹏之大，不知其几千里，其翼若垂天之云。'《幽明录》曰：'楚文王猎于云梦，纵鹰，俄有一大鸟堕地，度其两翅，长数十里，时有博物君子曰：此大鹏雏也。'堕，音徒果切。褰，居言切。鲸，《古今注》《鱼虫》曰：'海大鱼也。大者长十里，小者长千丈，一生数万子，常以五月生子于岸，八月导而还大海中。鼓浪成雷，喷沫成雨，水族畏之。其雌曰鲵，大者亦长十里，眼为明月珠。'鲸，音居京切。修，长也。"

此段写惠师漫游吴越、庐山、罗浮、南海。如汪琬《批韩诗》云："历叙山水之趣，错落入古。"朱彝尊《批韩诗》云："以上游过。"

㉖ 连州：方世举《笺注》："《旧唐书·地理志》：'连州，隋熙平郡。武德四年，平萧铣，置连州。'"按：连州，今属广东清远市。唐属江南西道。

闉：文《详注》："闉，城内重门也，音于真切。"魏本："祝曰：闉，城上重门。孙曰：《诗》'出其闉阇'者是也。闉音因。"方世举《笺注》："《诗·出其东门》：'出其闉阇。'传：'闉，曲城也。'"按：方世举说是，文、孙谓城上重门，非。此乃城曲重门。《文选》卷二七颜延年《始安郡还都与张湘州登巴陵城楼作》诗："经涂延旧轨，登闉访川陆。"此指城门。

㉗ 青云客：方《举正》订"青云客"，云："三本同。李白诗喜用'青云客'三字。"朱《考异》："青，或作'春'。"宋白文本、文本、祝本、魏本、廖本作"青云客"，注："青，一作'春'。"作"青云客"是。

青云客：魏本："孙曰：青云客，谓方外高士。"方世举《笺注》："郭璞诗（《游仙诗》）：'寻我青云友，永与时人绝。'"李详《证选》："谢灵运《登石门最高顶》诗：'惜无同怀客，同登青云梯。'"按：青云，一谓高空，《楚辞》屈原《远游》："涉青云以泛滥游兮，忽临睨夫旧乡。"或喻官高爵显，《史记·范雎传》："须贾顿首言死罪，曰：'贾不意君能自致于青云之上。'"后称登科谓"平步青云"。或比喻隐逸,《南史·衡阳元王道度传》附《萧钧》:"身处朱门,而情游江海,形入紫闼,而意在青云。"青云士,或即青云客,指立德立言的高尚之人,《史记·伯夷传》:"闾巷之人,欲砥行立名者,非附青云之士,恶能施于后世哉?"探胜,寻找名胜之迹。

㉘ 太守邀不往:方《举正》作"邀不去",云:"阁本作'不去'。杭、蜀作'不往'。"朱《考异》:"去或作'往',或作'得'。"宋白文本、文本、祝本、魏本作"不往"。廖本、王本作"不去"。作"得",非。作"去"、作"往"均可,疑韩诗原作"往"。按:古汉语"去"作离开解;往则是到那里。作"往"字较合文意。

群官请徒频:朱《考异》:"或作'其志信不群'。"文《详注》:"公作《宴喜亭记》曰:'太原王弘中讳中舒,贬为连州司户,与学佛之人景常、元惠二人游。'即此惠师也。"作"群官请徒频",是。与上句对。

㉙ 囊无一金赀,翻谓富者贫:赀,文本作"赀",乃异体字。方《举正》订"谓"字,云:"荆公与范本皆校从'谓'。"朱《考异》:"谓,或作'为'。"宋白文本、文本作"为"。廖本作"谓"。按文义作"谓"字是。

文《详注》:"言师不以财为富也。为,音于伪切。《辨证》读作谓,多作为,非。"方世举《笺注》:"一金:《汉书·东方朔传》:'其贾宙一金。'班彪《王命论》:'夫饿馑流隶,饥寒道路,所愿不过一金。'韦昭曰:'一斤为一金。'"

㉚ 我令访其邻:文本"令"作"今"。诸本作"令",按与上句"昨日"对,作"今"字是。按当时情景与文意作"令"字善,况古诗不必对。此正表现惠师不拘礼节的不羁之性:欲来则来,想去就去。

㉛ 奔波自追及,把手问所因:朱《考异》:"波,或作'走'。"诸本作"波"。从之。

方世举《笺注》:"仲长统《昌言》:救患赴难,跋涉奔波者,忧乐之尽也。"童《校诠》:"案:波为播之借字,奔波同义。周礼职方氏:

其浸波溠,郑注:波读为播,书禹贡:荥波既猪,史记夏本纪作荥播既都,是其证。"按:播、波,古同音假借。然此不得为播也。汪琬《批韩诗》:"叙送别意曲致。"文《详注》:"言如江波之相奔。"

按:此指惠师不告而别,韩公追问其因。乃总上惠师连州之来,下启衡湘之游。

㉜ 顾我却兴叹,君宁异于人:方《举正》:"我却,阁本作'却我'。"诸本作"我却",从之。

查慎行《查初白诗评十二种》:"以下皆述惠师之言。"文《详注》:"自此至'偶往即通津',皆惠师语公之言。"方世举《笺注》:"民,惠师自称也。晋人自称民者甚多。如《世说》《陆太尉与王丞相笺》云:'民虽吴人,几为伧鬼。'又罗友曰:'民已有前期。'王右军《官奴帖》:'不令民知。'皆可证也。惟《齐书·庾易传》:'临川王瑛临州,独重易,上表荐之,饷麦百斛。易谓使人曰:民樵采麋鹿之伍,终岁鲜毛之衣,驰骋日月之车,得保自耕之禄。于大王之恩,亦已深矣。辞不受。'此乃以部民而自称,较前此诸条稍别。"王元启《记疑》:"谓公所见不异凡民。或引《世说》中晋人自称为民之例,谓此为惠师自称,则所见各异,不当反云'宁异'。此亦鄙人所谓好奇炫博,不顾文义之安者也。"按:顾我兴叹,指惠师;我,韩公自指。君异于人,乃韩公指惠师。作"人"字善,直言之也。自"离合"句以下才是惠师的话。

㉝ 吾闻九疑好,夙志今欲伸:朱《考异》:"欲,或作'愿'。"诸本作"欲",是。

九疑:文《详注》:"罗含《湘中记》曰:'九疑山在道州泠道县,九山相似,行者疑惑,故名九疑。'《集仙录》曰:'九疑之都,山有九峰,峰有一水,舜导九州,开八域而归理兹山,山峰皆有真官主之。一曰长安,二曰万年峰,三曰宗正峰,四曰大理峰,五曰天宝峰,六曰广德峰,七曰宜春峰,八曰宜成峰,九曰行化峰。下有宫阙,各为理所,兹山以舜修道之所,故曰道州营道县。'"魏本:"孙曰:《皇览》曰:'九疑在零陵营道县,其山九峰相似,故名九嶷,舜葬于此。'韩曰：'九疑山在零陵营道县，零陵隶永州，而营道则隶道州矣。'今九疑在焉。《补注》：《山海经》曰：苍梧之川，其中有九疑山，汉武巡狩，祀舜于此。"方世举《笺注》："屈原《离骚》：'九嶷缤其并迎。'《史记·太史公自序》：'窥九嶷。'《水经注》：'营水出营阳泠道县，流迳九疑山下，磐基苍梧之野，峰秀数郡之间，罗岩九举，各导一溪，岫壑负阻，异岭同势，游者疑焉，故曰九疑山。'王幼学《纲鉴集览》：'九疑山有九峰：一朱明，二石城，三石楼，四娥皇，五舜源，六女英，七萧韶，八桂林，九梓林。'"钱仲联《集释》："《太平寰宇记》卷一一六《江南西道》十四《道州宁远县》云：'九疑山，在县南六十里永、郴、连三州界。山有九峰，参差互相隐映。'《湘中记》云'九峰状貌相似，形者疑之，故曰九疑，舜所葬，为永陵'是也。"按：上注九嶷，名异实同。

开下衡湘之游。朱彝尊《批韩诗》："以下方拟游。"九疑山又作九嶷山，在今湖南、广东交界的兰县、临武、江华与连州市之间。

㉞ 斑竹啼舜妇：斑，宋白文本、文本、祝本作"班"。魏本、廖本作"斑"，从之。

舜妇：尧二女娥皇、女英。斑竹啼，文《详注》："《博物志》(《史补》)：'洞庭之山，帝之二女啼以挥竹，竹尽班[斑]。'今岳州有班[斑]竹皮。王逸注《楚辞》(屈原《九歌·湘君》)曰：'尧用二女娥皇、女英妻舜。有苗不服，舜往征之，二女从而不返，道死沅、湘之中，因为湘夫人也。'其详见《黄陵庙碑》。"魏本："孙曰：《博物志》有云：'洞庭之山，帝之二女以涕挥竹，竹尽斑。'"方世举《笺注》："斑竹：《博物志》：尧之二女，舜之二妃，曰湘夫人。舜崩，二妃啼，以涕挥竹，竹尽斑。"

楚臣：屈原。文《详注》："《史记》(《屈原列传》)：'屈原名平，为楚怀王左徒，怀王内惑于郑袖，外欺于张仪，疏屈平而信上官大夫、令尹子兰。平既迁于江南，乃作怀沙之赋，怀石自投汨罗水以死。'《异苑》(卷一《汨潭马迹》)曰：'长沙罗县有屈原自投之川，山水明净，异于常处，民为立庙在汨罗潭之西，岸侧磐石马迹尚存。相传屈原投川之日,乘白骥而来。'盛洪之《荆州记》曰:'罗县北带汨水,水源出豫章艾县界,西流注湘,沿汨西北去县三十里,名曰汨潭,原自沉处。'《通典》(卷一八三《州郡》十三《古荆州·巴陵郡》)曰:'岳州湘阴县本罗子之国,即秦罗县也。县北有汨水,即原怀沙自沉处,俗谓之汨江。又有屈原冢,今有石碑,文曰:楚放臣屈大夫之碑。其余字灭矣。'"方世举《笺注》:"《水经注》(《湘水》):'《湘中记》曰:湘川清照五六丈,下见底,石如挎蒲。湘水又北,汨水注之。汨水又西,为屈潭,即罗渊也。屈原怀沙自沉于此。'"黄钺《增注证讹》:"此与《会合联句》'剥苔吊斑林,角饭饵沈冢'意同,而彼造句尤奇峭。"韩公又有《湘中》诗:"猿愁鱼踊水翻波,自古流传是汨罗。蘋藻满盘无处奠,空闻渔父叩舷歌。"

㉟ 衡山与洞庭,此固道所循:衡山,五岳之南岳,在今湖南衡阳。洞庭,即洞庭湖,在湖南岳阳。魏本:"韩曰:衡山在今衡州。洞庭在今岳州。"文《详注》:"道,路也。循,由也。"方世举《笺注》:"衡山:《书·禹贡》:'岷山之阳,至于衡山。'《周礼·夏官·职方氏》:'正南曰荆州,其山镇曰衡山。'注:'衡山在湘南。'《水经注》:'衡山东西二面,临映湘川,自长沙至此江湘七百里,有九背,故渔者歌曰:帆随湘转,望衡九面。'罗含《湘中记》:'衡山九疑,皆有舜庙,遥望衡山如阵云,沿湘千里,九面九背,乃不复见。'洞庭:《中山经》:'洞庭之山,帝之二女居之,是常游于江渊,澧、沅之交,潇、湘之渊,是在九江之间,出入必以飘风暴雨。'注:'今长沙巴陵县西,有洞庭陂潜伏通江。'《离骚》曰'遵吾道兮洞庭','洞庭波兮木叶下',皆谓此也。《史记·苏秦传》:'楚南有洞庭、苍梧。'索隐曰:'洞庭,今青草湖是也,在岳州界。'《水经注》(《湘水》):'洞庭湖水广圆五百余里,日月若出没于其中。'"

㊱ 嵩:廖本作"嵩"。宋白文本、文本、祝本、魏本作"崧"。崧、嵩同用,此指嵩山,亦称崇高。古无嵩字,以崇为嵩,汉碑始见嵩字,后分为二字,崇为泛称,嵩则专指中岳。参阅清郑珍《说文新附考》卷四《嵩》。

嵩山：魏本："孙曰：嵩高在洛。太华山在华州。祝曰：《尔雅》：华山为西岳。《书》：南至于华阴。"文《详注》："嵩高为中岳。在颍川阳城县西北。《尔雅》(《释山》)曰：'山大而高曰崧。'合而言之为崧高，分而言之为二室，西南为少室，东北为太室。崧，一作'嵩'。华之山为西岳，在华州华阴县西南。《山海经》(《西山经》)曰：'太华之山，削成而四方，高五千仞，其广千里。'记(《艺文类聚》卷八引《华山记》)云：山顶有池，池中生千叶莲花，服之羽化，因名华山。"方世举《笺注》："嵩：《尔雅·释山》：'嵩高为中岳。'注：'太室山也。'《白虎通》：'中央之岳，独加高字者何？中央居四方之中，故曰嵩高山。'洛：《书·禹贡》：'导洛自熊耳东北会于涧瀍，又东会于伊，又东北入于河。'华：《西山经》：'太华之山削成而四方，其高五千仞，其广十里。'《尔雅·释山》：'华山为西岳。'《周礼·夏官·职方氏》：'河南曰豫州，其山镇曰华山。'秦：张衡《西京赋》：'秦里其朔，实为咸阳，左有肴函重险、桃林之塞，缀以二华。'"童《校诠》："第德案：说文新附：嵩，中岳，嵩高山也，从山从高，亦从松，韦昭国语注云：古通用崇字。案：中岳原名崇山，国语：融降于崇山是也。汉书武帝纪称帝名太室曰崇高，郊祀志、地理志作崈高，颜注皆云：崈，古崇字，按：当云崈为崇之异体。史记封禅书：秦有太室，祠太室，崇高也，以汉人语释之。诗崧高：崧高维岳，毛传：崧，高也，山大而高曰崧，崧即崈之异体。汉桐柏淮源庙碑：宫室嵩峻；三公山碑：厥体嵩厚，并与崇同。汉灵帝时中郎将堂溪典请改崇高山为嵩高山，则以崇为高之泛称，嵩为中岳专称矣。说文无嵩、崧字，为崇之隶变，崈为崇之小异。白虎通：中央之岳，独加高字者何？中央居四方之中，故曰嵩高山。"又："第德案：说文：崋，山在弘农华阴，从山，华省声，此为华岳本字，华，荣也，从艸、䓕，二字有别。经典多假华为之，如禹贡大华，华阳、华阴，周礼职方氏：其镇曰华山，礼记中庸：载华岳而不重，庄子天地篇：尧观乎华皆是，其它不列举。"按：嵩山，在河南登封市北。古称外方，亦称嵩高。因处四方之中，山形高大,故云。东曰太室,西曰少室。《史记·封禅书》:"中岳,嵩高也。"韩公《送侯参谋赴河中幕》:"三月崧少步,踯躅红千层。"则嵩、崧,唐时通用。

㊲ 浮游靡定处,偶往即通津:魏本:"樊曰:诗意送惠自连州,将窥九疑,游衡山,过洞庭,寻崧抵洛,历华之秦,无往而不可矣。"方世举《笺注》:"屈原《离骚》:'欲远集而无所止兮,聊浮游以逍遥。'枚乘《七发》:'浮游览观。'《诗·桑柔》:'自西徂东,靡所定处。'"

㊳ 吾言子当去,子道非吾遵:魏本:"孙曰:吾,公自谓。子,谓惠师也。"文《详注》:"此下皆公答师之语。"按:此句转折作结,扣"送"字,仍突出惠师喜游名山的不羁之性。

㊴ 江鱼不池活,野鸟难笼驯:活,诸本作"活"。宋白文本作"恬",恬字与诗意不合,乃形近而讹。鸟,文本作"鹜",注:"一作'鸟'。"诸本作"鸟"。鹜,通务,或作乱跑解,与诗意不合。作"鸟"是。

文《详注》:"喻以鱼鸟,言与人异类,不可服驯。《埤雅》(卷一《释鱼》)曰:'流水与止水不同,韩文言江鱼不池活,今鱼生池水中,则背鳞黑而味恶,此其验也。'晋郭瑀指翔鸿以示人,曰:'此鸟也,安可笼哉!'驯者,教令从人之意也。音私伦切。"魏本:"《补注》:潘安仁《秋兴赋序》云:'譬犹池鱼笼鸟,有江湖山薮之思。'祝曰:驯,扰也,从也。《列子》:'无不柔驯。'"魏本音注:"驯,音循。"方世举《笺注》:"池鱼笼鸟:潘岳《秋兴赋序》:'譬犹池鱼笼鸟,有江湖山薮之思。'"按:此二句以江鱼、野鸟比惠师,表惠师的不羁之性,不能就樊笼与水池也。

㊵ 吾非西方教:魏本:"韩曰:《后汉·西域志》:'西方有神,名曰佛。'"方世举《笺注》:"西方:《白帖》:'教起西方,化流中夏。'"钱仲联《集释》:"《文中子》:'或问佛,子曰:圣人也。曰:其教何如?曰:西方之教也,中国则泥。'"

怜子狂且醇：文《详注》："醇，厚也。谆，诚也。厚则不浇，诚则无伪。尚有可取，此公之所怜也。"按：狂谓惠师的性格，醇谓惠师的信仰。一"怜"字，表韩公的爱惜、遗憾之思，当含"人其人"之意。

㊶吾嫉惰游者，怜子愚且谆：嫉，文本作"疾"，诸本作"嫉"是。谆，魏本："孙曰：诚悫貌也，音朱伦切。"方世举《笺注》："惰游：《记•玉藻》：'垂绥五寸，惰游之士也。'"

㊷去矣各异趣，何为浪沾巾：朱《考异》："浪，或作'泪'。"宋白文本作"泪"。文本、祝本、魏本、廖本、王本作"浪"。魏本注："浪，一作'泪'。"当作"浪"。

文《详注》："方欲敛发加冠诱掖之俾归儒道，然其所守异趣，故斥去之。曰：无浪沾我儒家之冠巾也。醇，殊伦切、朱轮二切。"魏本：祝曰："趣，趣向。《选》：'动中得趣。'趣，音娶。韩曰：潘岳《怀旧赋》：'涕泫流而沾巾。'"钱仲联《集释》："《庄子》郭象注：'对大于小，所以均异趣也。'浪，滥也。"按：浪沾巾，王勃《送杜少府之任蜀川》："无为在歧路，儿女共沾巾。"浪，轻率、徒然。韩公《秋怀》诗之一："胡为浪自苦，得酒且欢喜。"此为韩诗"浪沾巾"的浪字之意。童《校诠》："第德案：应以作浪为长，楚辞离骚：沾余襟之浪浪，王注：浪浪，流也。何为浪沾巾，即何为流沾巾，省却泪字，于义自明。公祭张员外文：有陨如泻，亦省去泪字，句法正同。"童说省略"泪"字，是；然谓"浪"字作"流"字解，不妥。作"流"，为动词，与"沾"字同。"浪"作轻率、徒然解善，符合韩公意。

【汇评】

宋朱翌：浙江之涛，自古以为子胥余怒，盖俗说也。虽退之作诗，未免用俗。《送惠师》云："回临浙江涛，屹起高峨岷。壮士死不息，千年如隔辰。"（《猗觉寮杂记》卷上）

宋黄震：《送惠师》《（送）灵师》皆叙其游历胜概，终律之以正道。（《黄氏日抄》卷五九）

清朱彝尊:历叙名山之游,挨次铺叙,下语炼净。(顾嗣立《昌黎先生诗集注》卷二)

清查慎行:通篇写其爱山水,游踪或已到,或未到,序次变化错落。(《查初白诗评十二种》卷上)

清查晚晴:通篇以好游为旨,妙在中间将连州隔断,便如砥柱中流,波涛上下,前是已游,后是未历。忽作一顿,诗格亦正宜尔尔。(《查初白诗评十二种》卷上附载)

清曾国藩:《送惠师》:自"遂登天台"下十八句,叙天台观日出。"禹穴"以下十二句,叙会稽观禹穴,浙江观潮。"庐岳"以下十二句,叙江州观庐山,南海观罗浮。"自来"八句,叙惠至连州,遍游诸胜。"昨日"以下十八句,惠别韩公之辞。"吾言子当去"以下十句,韩公送惠之辞。(《求阙斋读书录》卷八)

程学恂:乃是不羁人,"不羁"二字,是一篇主脑。惠之高处,是爱山水,故四明、天台、禹穴、浙涛、庐岳、罗浮,以次追述,而终之以衡山、嵩、华也。(《韩诗臆说》卷一)

蒋抱玄:此诗下语极炼,摘字极净。即气势壮勇,亦不减《送灵师》一首。(《注释评点韩昌黎诗全集》)

送灵师①

贞元二十年

灵师姓皇甫,有文墨,因不得志而出家为浮屠。其命运与韩公及王弘中似。诗"十月下桂岭"云云,知灵师是年十月来桂阳,受到王弘中的最先款待,韩愈参与欢会作此长诗相送。(见《韩学研究·韩愈年谱汇证》)虽送浮屠,犹写其围棋、六博、醉花月、罗婵娟,意若褒惜。而诗结语云"方将敛之道,且欲冠其颠",退之总不忘辟佛,而"人其人"也。此诗排纂妥帖,亦能气壮势勇。与《送惠师》绝不雷同,而能别开生面也。

佛法入中国,尔来六百年②。齐民逃赋役,高士著幽禅③。官吏不之制,纷纷听其然④。耕桑日失隶,朝署时遗贤⑤。灵师皇甫姓,胤胄本蝉联⑥。少小涉书史,早能缀文篇⑦。中间不得意,失迹成延迁⑧。

逸志不拘教,轩腾断牵挛⑨。围棋斗白黑,生死随机权⑩。六博在一掷,枭卢叱回旋⑪。战诗谁与敌?浩汗横戈鋋⑫。饮酒尽百盏,嘲谐思愈鲜⑬。有时醉花月,高唱清且绵⑭。四座咸寂默,杳如奏湘弦⑮。寻胜不惮险,黔江屡洄沿⑯。瞿塘五六月,惊电攘归船⑰。怒水忽中裂,千寻堕幽泉⑱。环回势益急,仰见团团天⑲。投身岂得计,性命甘徒捐⑳。浪沫鼓翻涌,漂浮再生全㉑。同行二十人,魂骨俱坑填㉒;灵师不挂怀,冒涉道转延㉓。开忠二州牧,赋诗世多传㉔。失职不把笔,珠玑为君编㉕。强留费日月,密席罗婵娟㉖。昨者至林邑,使君数开筵㉗。逐客三四公,盈怀赠兰荃㉘。湖游泛潇沅,溪宴驻潺湲㉙。别语不许出,行裾动遭牵㉚。邻州竞招请,书札何翩翩㉛!

十月下桂岭,乘寒恣窥缘㉜。落落王员外,争迎获其先㉝。自从入宾馆,占怪久能专㉞。吾徒颇携被,接宿穷欢妍㉟。听说两京事,分明皆眼前㊱。纵横杂谣俗,琐屑咸罗穿㊲。材调真可惜,朱丹在磨研㊳。方将敛之道,且欲冠其颠㊴。韶阳李太守,高步凌云烟㊵。得客辄忘食,开囊乞缯钱㊶。手持南曹叙,字重青瑶镌㊷。古气参《象》《系》,高标摧《太玄》㊸。维舟事干谒,披读头风痊㊹。还如旧相识,倾壶畅幽悁㊺。以此复留滞,归骖几时鞭㊻?

【校注】

① 题：此诗作年：魏本："孙曰：公时为阳山令作。"方《举正》："贞元二十年（804）阳山作。"方成珪《年谱》："是年冬末作，以'占怪久能专'句臆度之。"文《详注》："《补注》：此诗公南方所作也。公凡两贬南方：其为御史贬阳山，在贞元十九年冬；其为刑部侍郎贬潮州也，在元和十四年春，相去远矣。此诗凡四十五韵，波澜放溢，殆非潮州诗，盖阳山所作也。潮州诗揪敛收拾，无复此作矣。"此诗如方云：作于贞元二十年十月间。

文《详注》："灵师，姓皇甫氏。"

② 佛法入中国，尔来六百年：魏本："孙曰：按：后汉明帝梦见金人，问群臣，或曰：西方有神名曰佛，其形长丈六尺而黄金色。于是遣使天竺问佛道法，图画形象以归，其教因流入中国。此诗盖据汉明帝时言之尔。故其《佛骨表》云：'自后汉时流入中国。'又云：'汉明帝时始有佛法也。'樊曰：刘孝标注《世说》引刘向《列仙传序》云：'历观百家之中，以相捡验得仙者百四十六人，其七十四人已在佛经。'又《汉武故事》：昆邪王杀休屠王来降，得其金人之神置之甘泉宫，其祭惟烧香礼拜，上使从其俗祀之。则是佛入中国始自汉武，至成、哀间已有经矣。《补注》：杜致行《守约编》亦曰：'汉武作昆明池，掘地得黑灰。'东方朔云：'可问西域道人。'西域道人，佛之徒也。又《开皇历代三宝记》云：刘向称予览典籍已见有经，将知周时久流释典，秦虽爇除，汉兴复出。则先汉之前，逆至于周，有佛有经，其来也远。范晔胡为以谓明帝之时，佛始入中国耶？退之一世大儒，非承袭谬误者，将由心恶其教，不复详考其源流所自耳。"文《详注》："袁宏《汉记》（即袁宏《后汉纪》卷一〇孝明帝永平十三年即公元70年）曰：西方天竺国有佛道焉。佛者，汉言觉也。将以觉悟群生，其教专务清净，其精者为沙门，汉言息也。盖息意去欲，归于无为而得佛也。初明帝梦见金人，以问群臣，或曰西方有神，其名曰佛，陛下所梦得无是乎？遣使天竺，问其道术而图其形象，自此佛法益流入中国矣。时永平十年（67）也。"方成珪《笺正》："后汉

明帝永平八年乙丑(65),遣使至天竺,得佛书及沙门。至唐贞元二十年甲申(804),实七百四十年。公方痛恨浮屠之祸,不应减其年数也。按《桓帝纪论》:'设华盖以祠浮屠老子。'而祠黄老于濯龙宫,始延熹九年(166)。浮屠之祠,大约即在其时。自延熹九年丙午(166)至贞元甲申(804)亦六百三十八年矣。言六百,举成数耳。盖明帝时佛法虽入中国,然楚王英外,奉其道者不多。"方世举《笺注》:"愚按:《南史·天竺迦毗黎国传》:'佛道自后汉明帝法始东流,自此以来,其教稍广,别为一家之学。'又按:陶弘景《难沈约均圣论》云:'汉初,长安乃有浮屠,而经像眇昧。张骞虽将命大夏,甘英远居安息,犹不能宣译风教,阐扬斯法。必其发梦帝庭,乃稍就兴显。'弘景生梁武之世,佛教源流是其所悉,乃著论如此。则佛法入中国,断自明帝。而某乃引杂说以訾之,殊无深识。顾嗣立以为出于朱门弟子之手,未必然也。"钱仲联《集释》:"《历代三宝记》引朱士行《经录》,称秦始皇时,西域沙门室利防等十八人赍佛经来咸阳,始皇投之于狱。此一说也。但朱士行《经录》不甚可信。《魏志》(见《三国志·魏·乌丸鲜卑东夷传评》)裴松之注引鱼豢《魏略》,称汉哀帝元寿元年(公元前2年),博士弟子景卢从大月氏王使伊存口受《浮屠经》。此一说也。著于信史,此为最早者。至汉明帝永平八年(65)报楚王英诏,已有浮屠、伊蒲塞、桑门诸辞,此诏始载于汉人所撰之《东观汉记》,自属可信。则佛教之来,自在汉明遣使以前矣。遣使一事,近人考证,知出妄造,特昌黎当时未知之耳。"

按:尔,近也。《周礼·地官·肆长》:"名相近者相远也,实相近者相尔也。"朱彝尊《批韩诗》:"亦是顺叙铺去,笔力自苍。"

③ 齐民:平民。魏本注:"齐,平也。"文《详注》:"齐民,被中国教化整齐之民也。唐自中叶以来,国用不足,下苦征求,耕桑之民,去为浮屠,以规免赋役,故国家岁负租庸数十万。禅,静也。清高之士则泥其寂静之说,亦去儒事佛,如萧瑀之流。康秦[泰]《扶南传》曰:'天竺国耆阇崛山,未至顶三里有石窟,南向,佛坐禅处。西

北四十步复有一石窟,阿难坐禅处。'著,敕略切。"方世举《笺注》:"齐民:《庄子·渔父篇》:'上以忠于世主,下以化于齐民。'逃赋役:《魏书·释老志》:'愚民侥幸,假称入道,以避输课。'"著,魏本"孙曰:著,恋也。祝曰:附也。《前汉》:'因取奇言怪语而附着之。'"魏本音注:"著,直略切。"按:贾谊《论积贮疏》:"今殴民而归之农,皆著于本,使天下各食其力。"张相《诗词曲语辞汇释》卷三:"著,犹爱也,亦犹云注重也。……'著幽禅',爱幽禅也。"禅,静思。钱仲联《集释》:"《大智度论》:'诸定功德,都是思维修。禅,秦言思维修。'"查慎行《查初白诗评十二种》:"两言尽之。"

④ 官吏不之制,纷纷听其然:方《举正》据阁本订"纷纷"。朱《考异》:"制,或作'禁'。纷纷,或作'纷纭'。"宋白文本、文本、祝本、魏本作"纷纭"。廖本、王本作"纷纷"。之,魏本作"知"。作"之",与下句"其"字对,是。作"之",作"纷纷",亦合文义,善。

按:上句谓不制止佛教的传播,下句谓听任平民入佛逃赋役。这也是韩愈辟佛的重要原因。何焯《批韩诗》:"伏后意。"

⑤ 耕桑日失隶:隶,魏本:"孙曰:隶,氓隶也。朝署,朝行也。"按:隶,本指奴隶、差役,此指农民。耕桑:种田养蚕,泛指农事。《韩诗外传》一:"其后,在位者骄奢,不恤元元,税赋繁数,百姓困乏,耕桑失时。"《文选》卷四一汉扬子幼《报孙会宗书》:"是故身率妻子,戮力耕桑,灌园治产,以给公上。"按:此句顶上对举,如环相扣。如何焯《义门读书记》卷三〇:"'耕桑'顶'齐民'来。'朝署'顶'高士'来。"程学恂《韩诗臆说》卷一:"此亦略同前篇,而本旨发明在前。"陈寅恪《论韩愈》:"其所持排斥佛教之论点,此前已有之,实不足认为退之之创见,特退之所言更较精辟,胜于前人耳。……盖唐代人民担负国家直接税及劳役者为'课丁',其得享有免除此种赋役之特权者为'不课丁'。'不课丁'为当日统治阶级及僧尼道士女冠等宗教徒,而宗教徒之中,佛教徒最占多数。其有害国家财政、社会经济之处,在诸宗教中尤为特著,退之排斥之亦最力,要非无因也。"此二句文意又相对,"遗贤"对"失隶",乃国家根本。方世

举《笺注》:"遗贤:《书·大禹谟》:'野无遗贤。'"玄宗时李林甫专政,以"野无遗贤",排斥贤臣、良材,使朝臣中无人敢直言者,以至于酿成国家衰败。

⑥胤胄:魏本:"孙曰:胤,继也。胄,系也。胤胄,谓姓氏所出。蝉联,联续之貌。"文《详注》:"汉侍中貂蝉。言灵师胄族,本貂蝉之后。绵联,不绝也。左思《京都赋》曰:'蝉联丘陵。'"魏本:"《补注》:《南史》宋王钧七叶之中,爵位相继,人人有集。沈约语人云:'自开辟以来,未有爵位蝉联,文才相继如王氏之盛。'"顾嗣立《集注》:"《吴都赋》:'蝉联林丘。'善曰:'蝉联,不绝貌。'"方世举《笺注》:"蝉联:《南史·王筠传》:'七叶之中,名德重光,爵位相继,人人有集。沈约语人曰:自开辟以来,未有爵位蝉联、文才相继如王氏之盛也。'"按:胤胄,即胄胤,官员之后。蝉联,连绵、继续。谓灵师皇甫氏辈辈做官,是官宦之子孙。

⑦少小涉书史,早能缀文篇:文《详注》:"汉班超(《后汉书·班超传》):'涉猎书史。'传注云:'涉如涉水,猎如猎兽。言不能周悉,粗窥览也。'贾谊(《汉书·贾谊传》):'善属文。'注云:'属谓缀缉之,言其能为之也。'"按:此谓灵师,少年读书多,能文章。书史、缀文,韩愈诗文多用之。

⑧延迁:文本作"迁延",非。诸本作"延迁",从之。文《详注》:此句"言习儒无成,踪迹蹉跎,递迁其业,至为浮屠也"。方世举《笺注》:"《左传》(襄公十四年):'晋人谓之迁延之役。'注:'迁延,却退。'"按:文注从古籍,然韩公用辞不为所拘,况作"延迁"亦合韵。

⑨逸志不拘教,轩腾断牵挛:《史记·荀卿传》:"鄙儒小拘。"《商君书·更法》:"贤者更礼,而不肖者拘焉。"方世举《笺注》:"《淮南·原道训》:'曲士不可与语至道,拘于俗,束于教也。'"蒋抱玄《评注》:"扬雄《太玄赋》:'荡然肆志,不拘挛兮。'义本此。"按:拘,拘泥,拘束。《庄子·渔父》:"故圣人法天贵真,不拘于俗。"轩腾:《汉语大词典》:"飞腾。韩愈《送灵师》诗:'逸志不拘教,轩腾断牵挛。'宋曾巩《苦

热》诗:'赫日已照灼,赤云助轩腾。'"此句开下所谓不拘之行也。如查慎行《查初白诗评十二种》:"以下皆言其不拘教处。"

⑩ 围棋斗白黑,生死随机权:诸本作"碁"。今作"棋"。

围棋:顾嗣立《集注》:"邯郸淳《艺经》:'棋局纵横各十七道,合二百八十九道,白黑棋子各一百五十枚。'桓谭《新论》:'俗有围棋是兵法之类。'"方世举《笺注》:"围棋:邯郸淳《艺经》:'棋局纵横各十七道,合二百八十九道,白黑棋子各一百五十枚。'桓谭《新论》:'俗有围棋是兵法之类。'马融《围棋赋》:'略观围棋兮,法于用兵。三尺之局兮,为战斗场。白黑纷乱兮,于约如葛。自陷死地兮,设见权谲。'白黑:班固《弈旨》:棋有白黑,阴阳分也。"机权,文《详注》:"机,要也。谋,权也。昔尧有愚子丹朱,尧教以弈棋,以象用兵,故胜负随其谋也。班固言棋有黑白,阴阳分也。"

⑪ 六博在一掷,枭卢叱回旋:枭卢,方《举正》:"阁作'呼卢'。"朱《考异》:"枭,或作'呼',或作'檃'。"顾嗣立《集注》:"枭,一作'呼',或作'檃'。"诸本作"枭卢",从之。

文《详注》:"博局戏箸十二棋也。《楚辞·招魂》曰:'菎蔽象棋,有六博[些]。分曹并进,犹相迫[些]。成枭而牟,呼五百[些]。'注云:'菎蔽,玉箸也。各投六箸,行六棋,故曰六博。枭,胜也。倍胜为牟。言棋也,枭当成牟。又呼五百,以助其溥,五百,博齿也。'《晋书》(《刘毅传》):'刘毅于东府,聚樗蒱大掷,一判应至数百万,余人并黑犊以还,惟刘裕及毅在后,毅次掷得雉,大喜,褰衣绕床叫,谓同坐曰:非不能庐(卢),不事此耳。裕恶之,因接五木久之,曰:老兄试为卿答。既而四子俱黑,其一子转跃未定,裕厉喝之,即成庐(卢)焉,毅意殊不快。'庐(卢),即牟也。李翱《五木经》云:'卢,黑白色也。'《书》曰:'袚弓一,袚矢百。'所谓投黑者也。袚音庐。魏本:"韩曰:《楚辞》宋玉《招魂》:'菎蔽象棋,有六博。'王逸注云:'投六箸行六棋,故为六博也。'《南史》:桓玄闻刘毅起兵,曰:'毅家无儋石之储,樗蒱一掷百万,共举大事,何谓不成。'"方世举《笺注》:"六博:宋玉《招魂》:'菎蔽象棋,有六博些。成枭而牟,呼五白些。'注:'投六箸,行六棋,故为六博也。'一掷:《晋书·何无忌传》:'刘毅家无甔石之储,摴蒱一掷百万。'枭卢:按《晋书·张重华传》:'谢艾曰:六博得枭者胜。'而李翱《五木经》:'王采四,卢白雉牛。盱采六,开塞塔秃撅枭。全为王,驳为盱。皆玄曰卢,白二玄三曰枭。'元革注曰:'王采,贵采也。盱采,贱采也。'则又以卢为最胜,枭为最下。大抵古今不同。然按《刘毅传》,亦以卢为贵,则谢艾未足据也。枭二子白,使转为黑,即成卢矣。叱回旋:《晋书·刘毅传》:'东府聚摴蒱大掷,毅次掷得雉,大喜,褰衣绕床叫,谓同座曰:非不能卢,不事此耳。刘裕恶之,因授五木,久之曰:老兄试为卿答。既而四子俱黑,其一子转跃未定,裕厉声喝之,即成卢焉,毅意殊不快。'"按:此四句谓灵师会围棋,善权变,长六博,爱枭卢。

⑫战诗谁与敌?浩汗横戈铤:方《举正》据阁本作"战诗与谁敌",云:"杭、蜀本作'争战谁与敌'。范、谢本校'争'作'诗'。战诗、战文,唐人语也。白乐天(《东南行一百韵寄通州元九侍御》)'战文重掉鞅',刘梦得(《乐天是月长斋遂为联句》)'战文矛戟深'是也。"朱《考异》:"战诗,或作'争战',或作'文战',或作'诗战'。(下引方语)"宋白文本、祝本作"争战"。文本作"文战"。宋白文本注:"争,一作'文'。"魏本作"争战",注:"争,一作'文',又一作'诗'。"廖本作"战诗"。今从方作"战诗"。

文《详注》:"言文锋无敌也。其《送文畅》诗云'今成十余卷,浩汗罗斧钺'同意。戈,平头戟也。铤,小矛也,时连切。《东京赋》(应为班固《东都赋》)曰:'戈铤彗云。'曹子建《七启》曰:'戈芟皓旰。'注云:'白色也。'皓,音浩。旰,(音)汗。"魏本:"祝曰:铤,小矛也。《方言》:'五湖之间谓矛为铤。'《选》:'戈铤彗云。'铤,一音蝉,又音延。"按:此以兵战武功比喻灵师诗文尤善,无人敢敌也。此指灵师之诗。

⑬饮酒尽百盏,嘲谐思愈鲜:朱《考异》:"觳,或作'醆',或作'琖'。后放此。"宋白文本、文本、祝本、魏本作"醆"。觳、醆、琖、盏音义同。

文《详注》:"盉,爵也,音阻限切。嘲,谈也。谐,和韵之言也。"魏本:"祝曰:盉,杯也。《礼记》(《礼运》):'盉斝及尸君。'《音义》:夏曰盉,商曰斝,周曰爵。尽,一作'逾',又一作'余'。"钱仲联《集释》:"《广韵》:珓,玉珓,小杯。觥同。"按:《说文·口部》:"斝,玉爵也。夏曰珓,殷曰斝,周曰爵。"

愈,方《举正》订作"逾",云:"三本同。"朱《考异》:"逾,或作'愈'。"廖本从方、朱作"逾"。宋白文本、文本、祝本作"愈"。按:逾,作更加解。《史通·叙事》:"逮晋已降,流宕逾远。"与愈同,如《韩非子·显学》:"夫有功者必赏,则爵禄厚而愈劝(受到鼓励)。"韩诗两用之。如《县斋有怀》《郑群赠簟》用"愈";《县斋读书》《合江亭》《荐士》用"逾",平声。若以音调配合,愈,去声,读起来更顺。此二句谓灵师饮酒海量,文思新奇,不守浮屠戒规。如程学恂《韩诗臆说》卷一云:"分明不是守禅家戒律者。"

⑭ 有时醉花月,高唱清且绵:方《举正》订"高唱清"三字,云:"三本同。"朱《考异》:"或作'清唱高'。"宋白文本、文本、廖本、王本作"高唱清"。祝本、魏本作"清唱高"。作"高唱清",是。

魏本注:"《选》(卷一七陆机)《文赋》:'譬偏弦之独张,含清畅而靡应。'绵,远也。"方世举《笺注》:"李陵《录别诗》:'乃命丝竹音,列席无高唱。'"按:上句说灵师醉倒在月下花间,下句谓高唱既清脆又缠绵。清与绵连用。

⑮ 四座咸寂默,杳如奏湘弦:魏本:"韩曰:张协《咏史诗》:'顾谓四座宾,多财为累愚。'"文《详注》:"湘弦,湘妃之瑟也。《楚辞》(屈原《远游》)曰:'使湘妃鼓瑟兮海若舞。'"按:此二句赞灵师清唱之声,如湘妃奏湘弦一样高亢有韵味,惊呆四座。上结身世,下开寻胜。

⑯ 寻胜不惮险,黔江屡洄沿:魏本注:"黔州今有黔江县。祝曰:《尔雅》(《释水》):'逆流而上曰溯洄[,顺流而下曰溯游]。'诗:'溯洄从之。'《书》(《禹贡》)注:'顺流而下曰沿。'《书》(《禹贡》):'沿于江海。'《选》:'水涉尽洄沿。'"文《详注》:"《水经》(《江水注》)

曰:'水出武陵郡,北经涪陵入江。昔(原刻为皆,误,据《水经注》改)司马错溯舟此水,取楚黔中地。'故曰:黔江洄溯也。沿,顺也。谢灵运诗曰:'水浅尽洄沿。'"方世举《笺注》:"黔江:《史记·苏秦传》:'楚西有黔中、巫郡。'《新唐书·地理志(五)》:'黔州,有黔江县。'"按:黔江,水名,在广西中部,红河水与柳江在象州县石龙合流后称黔江。东南流至桂平县与郁江合,以下称浔江。洄,溯也。沿,顺也。谢灵运《过始宁墅》诗:"山行穷登顿,水涉尽洄沿。"

⑰ 瞿塘五六月,惊电攘归船:方《举正》:"晁本'让'作'攘',姚令威曰:'让,责怒也。'按:此只谓归舟急于惊电耳,'让'当如'厥大谁与让'之'让'。"朱《考异》:"让,或作'攘',非是。"宋白文本作"攘"。文本、祝本、魏本、廖本等作"让"。

魏本:"祝曰:瞿塘,三峡险也。《荆州(记)》:'滟滪如马,瞿塘莫下。滟滪如象,瞿塘莫上。'杜诗:'好过瞿塘滟滪堆。'"文《详注》:"《水经》《江水注》曰:'江水东迳鱼腹县故城南,又东迳广溪(文《详注》原刻为'陵',据《水经注》改)峡,斯乃三峡首也。其间三十里,镇岩倚水,厥势殆交。峡中瞿塘、黄龛二滩,夏水回复,沿泝所忌。瞿塘滩上有神庙,尤至灵验。刺史二千石迳过,皆不得鸣角伐鼓。商旅上水,恐触石有声,乃以布裹篙足,今则不能尔,犹荐飨不辍。其峡盖自昔禹凿以通江,郭景纯所谓巴东之峡也。'《国史补》(卷下)云:'峡路最险,以滟预为则。故曰:滟预大如马,瞿塘不可下。滟预大如牛,瞿塘不可流。滟预大如幞,瞿塘不可触。'让,当作攘,并音人样切。盖攘,却也。古字让通用,见《司马迁传》。"魏本注:"让,责让也。"顾嗣立《集注》:"《寰宇记》(卷一四八):'[夔州奉节县]瞿塘在夔州东一里,古西陵峡也。连崖千丈,崩流电激。'《水经注》:'峡中有瞿塘、黄龙二滩,夏水回复,沿溯所忌。'"童《校诠》:"第德案:说文让为责让字,攘为推攘字,攘,夺字作壤,乱也,从爻工交叩,一曰窒壤,读若襄。今经典不用。此文让训责让,与公本意不合。方氏谓当如厥大谁与让之让是也,而谓归船急于惊电,亦未全符公意,让,敌也,见厥大谁与让注。舡,宋人以为船字。"按：童说虽有理，然未详之，他亦未见文氏注。文氏谓让、攘，古通，作却解，正公以惊电吓却归船也。则作"攘"字善。攘作排斥、排除解，如《庄子·胠箧》："攘弃仁义。"作扰乱，如《淮南子·兵略训》："故至于攘天下，害百姓。"作侵夺解，如《庄子·渔父》："诸侯暴乱，擅相攘伐。"均合韩公诗义。瞿塘峡在今重庆市之奉节市东至巫峡间，为长江大三峡之首。此造句警奇。

⑱ 怒水忽中裂，千寻堕幽泉：方《举正》据阁、蜀本作"千寻"。朱《考异》："寻，或作'浔'。今按：浔与寻同。"宋白文本、文本、廖本、王本作"寻"。祝本作"𢔌"，魏本作"得"。魏本引《补注》："《说文》云：'得'义与'寻'字同，作'浔'者非。"童《校诠》："第德按：说文：𢔌，绎理也，从口，从工，从又，从寸，工口乱也，又寸分理之，彡声，此与毁同意，度人之两臂为𢔌，八尺也。是𢔌绎字、𢔌丈字皆作𢔌，寻为隶省。从彡得省，彡音所衔切，祝本不误，本书从彳，疑为传写之误。浔，说文：旁深也，与𢔌异字，考异从水，疑亦传写笔误。"按：作"寻"是。

文《详注》："八尺曰寻。堕，坠也，徒果切。《辨证》云：'寻，一作浔。浔深也，于义不通。'"王元启《记疑》："泉，读作渊。"方世举《笺注》："《水经注》：同源分派，裂为二水。"按：寻，长度，每寻八尺，千寻言其高也。此二句上句写江水遇巨石忽然分流，像裂开一样；下句写悬崖幽泉飞瀑，一泻千丈。

⑲ 团团：文本、魏本作"团圆"。宋白文本、祝本、廖本、王本作"团团"，是。

方世举《笺注》："见天：《水经注》：'三峡七百里中，两岸连山，略无阙处，重岩叠嶂，隐天蔽日。自非停午夜分，不见曦月。'"钱仲联《集释》："沈攸之《西乌夜飞曲》：'日从东方出，团团鸡子黄。'"按：以上六句造语警奇，写水之洄漩，奇景如在目前。团团，谓月。《文选》卷二七班婕妤《怨歌行》："裁成合欢扇，团团似明月。"

⑳ 投身岂得计，性命甘徒捐：方世举《笺注》："潘岳《西征赋》：'矧匹夫之安土，邈投身于镐京。'"按：二句突出江行之险，写心理

415

活动,体察细腻。

㉑ 浪沫蹙翻涌,漂浮再生全:文《详注》:"沫,飞波也。涌,水上出也。《江赋》(《文选》郭景纯)曰:'骇浪暴洒……涌湍叠跃。'"按:写江上遭遇:浪里生还,真惊险一幕也。

㉒ 同行二十人,魂骨俱坑填:方《举正》据阁本作"二十人"。朱《考异》:"诸本'二'作'三'。"宋白文本、文本、祝本"二"作"三"。魏本作"三十人",注:"一作'二十人',一作'二三人'。"俱,文本作"徒"。作"二十"、作"俱",是。按:若作"二三"和"三十",均不如作"二十","同行二十人",为"平平仄仄平",声韵协调。二十人魂骨都落江了。

㉓ 灵师不挂怀,冒涉道转延:魏本:"孙曰:冒犯跋涉。延,远也。"钱仲联《集释》:"《尔雅》(《释诂》):'延,长也。'按:前'失迹成延迁'句,蒋抱玄注以为'迁延未始不韵,不解何以颠倒'。公盖欲避免此句复韵故耳。"按:先写其才识,再写其嗜好,此写其胆识,突出了与惠师的不同经历与性格。如何焯《义门读书记》卷三〇云:"'瞿塘五六月'至'冒涉道转延',此段见不独有才调,且兼胆勇。"

㉔ 开忠二州牧,赋诗世多传:宋白文本、文本、魏本作"世"。廖本作"时"。按:作"世"、作"时"均通。此作"世"字善,避免三平声连用的三平调。

宋白文本注:"韦处厚、白居易二州牧。"文《详注》:"旧注以开、忠二州牧为韦处厚与白居易,按:处厚以元和十一年(816)坐与宰相韦贯之善,自考功员外郎出为开州刺史。而《居易集》三《游洞序》云:'平淮之明年冬,予自江州司马授忠州刺史。'平淮之明年,即元和十三年(818)也。文公以德宗贞元十九年(803)冬贬连州阳山令,与韦、白作刺史之日相距十有余年,是二公者安得见灵师乎?开、忠二州牧,决非韦、白明矣。或疑以为此诗在元和十四年(819)南迁时作。按:公以元和十四年春正月,以佛骨事贬潮州,迨秋七月复以恩量移袁州,而此诗所述皆冬事,故曰'十月下桂岭,乘寒恣窥缘。落落王员外,争迎获其先',与上《送惠师》同意。则知在连州时作,为得其实。"方《举正》:"魏道辅谓二牧韦处厚、白居易也。二公出守在元和末,考其时,非也。今本多具入注文,当削去。"又文《详注》:《补注》:开、忠二牧,世多以为韦处厚、白居易,王员外则王仲舒。手持南曹序,唐吏部员外郎一人掌判南曹。曹在选曹之南,故曰南曹。考之传,处厚为开州刺史在元和十一年八月。居易为忠州在十三年冬。而仲舒以吏部员外郎贬连州司户,在贞元十九年,与公阳山同年贬。则王员外诚王仲舒无疑矣。南曹序,岂非亦谓仲舒邪?是时韦、白皆未至开、忠,然'诗赋世多传',舍韦、白其谁哉?"方世举《笺注》:"《新唐书·地理志》(四):'开州盛山郡,忠州南宾郡,皆属山南道。'"陈景云《点勘》:"'开牧'未详。'忠牧'盖谓李吉甫。吉甫以贞元中,自郎署左官于外,及在忠州,又六年为迁,故曰'失职'。是诗作于贞元二十年(804),而二牧之赠僧诗,则又在前,观下'昨者'句可知矣。"方成珪《笺正》:"鲍刻魏道辅《临汉隐居诗话》:'赵瓯江云:开牧唐次,忠牧李吉甫也。'按:次,字文编。贞元八年(792),窦参贬官,次出为开州刺史,在巴峡间十余年不获进用。吉甫,字宏宪,亦以窦参故出为明州员外长史,久之遇赦,刺忠州。六年不徙官。诗故并云'失职'也。次、吉甫,新旧《唐书》皆有传。"沈钦韩《补注》:"《旧书·文苑传》:'唐次坐窦参,出为开州刺史十余年。'《权德舆集·唐使君盛山倡和集序》:'十九年(803)冬,既受代,转迁于夔。'《房琯传》:'式,琯之侄。出入李泌门,为其耳目。及泌卒,再除忠州刺史。'《文苑英华》:'贞元十八年(802),韦皋表式为云南安抚使。'两人皆自朝列左迁,故诗谓其'失职'。陈景云曰:'忠牧盖李吉甫。'考《吉甫传》,其贬忠州在陆贽贬别驾时,贞元十一年(795)也。"岑仲勉《唐集质疑》:"权德舆《驾部员外郎举朝散郎使持节开州诸军事开州刺史赐绯鱼袋唐次自代状》称:'常任起居郎、礼部员外郎,出守四年,日新其道',十一年所上也。同书四九四、同人《开州刺史新宅记》:'贞元八年四月,北海唐侯文编承诏为郡……时十三年冬十月,文编居部之六岁也',文编,次字。又四九〇、同人《唐使君盛山唱和集序》:'八年夏,佩盛山印绶……十九年冬,既受代,转迁于夔……理盛山十二年,其属诗多矣。'次之刺开,自贞元八年夏至十九年冬,故赠诗者必次也。"按:李泌卒于贞元五年(789),则式再为忠州,在五年或稍后。吉甫刺忠州在贞元八年后,能诗。《全唐诗》存诗四首,语言典雅清丽。则二牧为李吉甫、唐次。次及二子扶、持均入《旧唐书·文苑传》,且云:"宪宗即位,与李吉甫同自峡内召还,授次礼部郎中。"则二人时同命运,齐名也。

㉕ 失职:文《详注》:"珠玑以喻赠答之文。玑,珠之不圆者。"魏本:"韩曰:江淹谓郭巩曰:'子之咳唾成珠玉,吐气作虹霓。'"方世举《笺注》:"失职:宋玉《九辩》:'坎廪兮,贫士失职而志不平。'"按:吉甫、唐次均由郎署左官流于外多年,可谓"失职"。玑,玉石之一种,谓珠之不圆者。

㉖ 强(qiǎng)留费日月,密席罗婵娟:魏本注:"强,其两切。"文《详注》:"《楚辞》王逸云:'婵娟,犹牵引也。'上时连切,下紫缘切。"魏本:"孙曰:罗,罗列。婵娟,美色也。"魏本:"韩曰:《西京赋》:'增婵娟以跐豸。'强,音巨两切。"方世举《笺注》:"陆机诗:'密席接同志。'"按:强,竭力、尽力。《战国策·赵策四》:"太后不肯,大臣强谏。"费日月,费时光。《楚辞》宋玉《招魂》:"费白日些。"文氏说与陆机诗及循绎文义,此谓情思牵萦貌。南朝梁江淹《去故乡赋》:"情婵娟而未罢,愁烂漫而方滋。"李白《古风》之五一:"虎口何婉娈,女嬃空婵媛。"

㉗ 昨者至林邑,使君数开筵:祝本、魏本注:"一作'数数为开筵'。"诸本作"使君数开筵",从之。

文《详注》:"《通典》(卷一八四《州郡》一四《古南越·日南郡》)曰:'林邑国,秦象郡邑县地,古越裳之界也。'《唐志》(《新唐书·地理志》):'武德初,以隋林邑郡置林州,侨治驩州日南郡之南境。'使君,谓林州刺史也。"魏本:"孙曰:林邑本南方国名,为隋所灭。唐曰:林邑,今驩州地。"方世举《笺注》:"《新唐书·地理志》:'驩州,日南郡越裳县。'注:'贞观二年(628),绥怀林邑,乃侨治驩州之南境。九年(635),置林州,领林邑、金龙、海界三县。贞元末废。'开筵:梁简文帝《诗》:'饯行临上节,开筵命羽觞。'"按:唐林州在今越南境。

㉘ 逐客三四公,盈怀赠兰荃:文《详注》:"逐客,遭谴责者也。秦有逐客之令。兰、荃,香草,喻相赠之文。"魏本注:"兰、荃,皆香草。韩曰:李斯为秦逐客。'馨香盈怀袖'(《古诗十九首》语)。祝曰:《楚辞》(屈原《离骚》):'荃蕙化而为茅。'《选》(卷一六司马相如《长门赋》):'席荃兰而茝香。'"魏本音注:"荃,音诠。"按:逐客,指贬谪之官员。兰荃,指所赠诗文。

㉙ 湖游泛潎沆,溪宴驻潺湲:方《举正》作"湖游",云:"阁本、蜀本作'湖',杭本作'湘'。此言在林邑日,非湘地也。"朱《考异》:"湖,或作'湘'。今按:'湖游'与'溪宴'为对,乃切。"宋白文本作"游湖",非。文本、祝本、魏本作"湘游",亦非。当作"湖游"。

文《详注》:"潎沆,深大貌。上母朗切,下举朗切。潺湲,流貌。上仕连切,下为权切。张衡《西京赋》曰:'沧池潎沆。'《楚辞·招魂》云:'溪谷径复流潺湲。'"魏本:"韩曰:潎沆,广貌。《西京赋》:'沧池潎沆。'"魏本音注:"潎,音莽。沆,胡朗切。"方世举《笺注》:"潎沆:音莽骯。张衡《西京赋》:'沧池潎沆。'善曰:潎沆,宽大也。屈原《九歌》:'观流水兮潺湲。'"按:此二句句法料峭别致,韩愈新创。如程学恂《韩诗臆说》卷一云:"此等句法,自韩、孟发之。"

㉚ 别语不许出,行裾动遭牵:二句谓强留也。上句谓不允许说离别的话,下句说动则就拉着衣裳不让走。裾,衣服前襟,即大襟。《淮南子·齐俗训》:"楚庄王裾衣博袍,令行乎天下。"也指后襟。《尔雅·释器》:"被谓之裾。"注:"衣后襟也。"或指衣袖。《方言》四:"袿谓之裾。"注:"衣后襟也,或作袪。《广雅》云:衣袖。"总指衣裳。

㉛ 邻州竞招请,书札何翩翩:文《详注》:"札,木简之薄小者也。古未多用纸,故以札书。陆韩卿诗(《奉答内兄希叔》)曰:'书记既翩翩。'注云:'轻举貌。'周越《书苑》曰:'张芝草书,气脉通连,

隔行不断,谓之一笔札书。'"魏本:"祝曰:札,简札也。翩,飞也。"魏本音注:"翩,音篇。"方世举《笺注》:"陆厥诗:'书记既翩翩,赋歌能妙绝。'"李详《证选》:"魏文帝《与吴质书》:'元瑜书记翩翩,致足乐也。'"按:谓邻州相请灵师者多。上结"寻胜不惮险",下开"桂岭"之行。

㉜ 十月下桂岭,乘寒恣窥缘:魏本:"孙曰:桂岭县在贺州。"文《详注》:"岭在连州桂阳县桂水之阳,非五岭也。《埤雅》(卷一四《释木·桂》)云:'南海山谷,冬夏常青,故桂林、桂岭,皆以桂为名。'"方世举《笺注》:"桂岭:《新唐书·地理志》:'贺州临贺郡,武德四年,以始安郡之富川,熙平郡之桂岭,零陵郡之冯乘,苍梧郡之封阳,置属岭南道。'"何焯《义门读书记》卷三〇:"乘寒恣窥缘:岭外山川,惟天寒乃可经寻。"钱仲联《集释》:"《太平寰宇记》卷一一七《江南西道》十五《连州桂阳县》云:'桂岭,五岭之一也。山上多桂,因以为名。'"按:《元和郡县图志》卷三七:"岭南道四桂岭县:桂岭,在县东十五里。"则桂岭为县名。连州市、阳山县今属广东省清远市。岭外山川,惟天寒乃可经寻。

㉝ 落落王员外,争迎获其先:魏本:"樊曰:谓王仲舒也。仲舒自户部员外郎贬为连州司户参军,与公阳山同年贬,又同在连州。唐曰:见公《宴喜亭记》。"文《详注》:"王仲舒也,见《喜宴亭记》。"方世举《笺注》:"落落:《世说》:'太尉答王平子曰:诚不如卿落落穆穆。'王员外:《新唐书·王仲舒传》:'迁吏部考功员外郎,坐累为连州司户。'"按:落落,高超不凡貌。汉杜笃《首阳山赋》:"长松落落,卉木蒙蒙。"北周庾信《谢赵王示新诗启》:"落落词高,飘飘意远。"王员外,即王仲舒。其仕履见韩公《江南西道观察使……太原王公神道碑铭》《太原王公墓志铭》。

㉞ 占怪:文《详注》:"言师通晓《易》卦,能占吉凶悔吝之事。下文云'古气参《象系》,高标摧《太玄》'是也。吝,一作'怪',鄙也。"沈钦韩《补注》:"《会要》五十九:'大历十四年(779),虞部奏准式山泽之利,公私共之者,比来占怪甚多。'则占怪乃占据之义也。"

按:文说善。

㉟ 吾徒颇携被,接宿穷欢妍:方《举正》据阁本订"被"字。朱《考异》:"颇,或作'或'。被,或作'之'。"魏本作"颇"作"被",注:"颇,一作'或'。被,一作'之'。"宋白文本作"颇"作"之",注:"之,一作'被'。"文本作"颇",注:"被,一作'之'。"祝本"被"作"之"。按:作"吾徒颇携被"善,与下句对。妍,美也。唐刘知几《史通·惑经》:"盖明镜之照物也,妍媸必露。"此引申为欣欢。

㊱ 听说两京事,分明皆眼前:文《详注》:"两京,东西都也。《洞冥记》(卷二):'孟岐,清河之逸人,年可七百岁。语及周初事,了然分明,如在眼前。'"钱仲联《集释》:"杜甫诗(《历历》):'历历开元事,分明在眼前。'"按:又杜甫《清明》:"马援征行在眼前,葛强亲近同心事。"此二句谓其通晓历史、时事。

㊲ 纵横杂谣俗,琐屑咸罗穿:文《详注》:"言纵横谣俗之事,悉能备举,虽细不遗也。扬雄《解嘲》曰:'一纵一横,论者莫当。'注云:'谓言词纵横而生也。'一说纵横家流,出于行人之官。约为纵,离为横。《琴赋》(嵇康)云:'下逮谣俗。'注云:'歌风俗之声也。'纵,音子容切。"方世举《笺注》:"谣俗:按:魏武帝有《谣俗词》。郭璞《尔雅序》:'考方国之语,采谣俗之心。'"童《校诠》:"第德案:谣俗字见史记天官书及货殖传。汉书天文志作䚻俗,李寻传作䚻俗,颜注:䚻读与谣同,䚻俗者谓若童谣及舆人之诵。案:汉书地理志:凡民通五常之性,而其刚柔、缓急、音声不同,系水土之风气,故谓之风。好恶、取舍、动静无常,随君上之情欲,故谓之俗。谣俗谓听歌谣而知其习俗,与陈诗以观民风义同。䚻本字,谣后出字,徐鼎臣云:䚻为䚻之俗字。"按:此二句论灵师诗才。

㊳ 材调真可惜,朱丹在磨研:材,诸本同。宋白文本作"才"。当作"材",即材料。唐时口语,至今仍用,如俗谓"材料好""有材料"。

文《详注》:"调,曲也。言其天材如曲调之可爱也。又若朱丹二砂之美在于磨妍之方适用也。僧皎然评谢灵运诗曰:'其材婉,其调逸。'音徒吊切。研,亦磨也。"蒋抱玄《评注》:"《晋书·王接传论》:'材调秀出。'"方世举《笺注》:"梁简文帝《答湘东王书》:'朱丹既定,雌黄有别。'"则作"材"字是。顾嗣立《集注》:"刘石龄云:'《吕氏春秋》:丹可磨也,而不可夺赤。'"

㊴ 方将敛之道,且欲冠其颠:文《详注》:"颠,首也。言方欲束发加冠,驱之俾归于吾道,如贾岛之徒。"按:韩公辟佛,而不厌其人;却总是怜其材而欲其弃佛而从儒,为国家出力也。如何焯《批韩诗》云:"四语是作诗之旨。"查慎行《查初白诗评十二种》:"有此一段,方见其才学,惜流入于异端也。"黄钺《增注证讹》:"公不喜浮屠法,而集中所见凡六人,皆反覆惜其材调,而收敛加之冠巾者,仅一无本。甚矣,从善之难也。"韩公总不忘对浮屠"人其人",使浮屠弃佛从儒也,对有才学者犹惜之。

㊵ 韶阳李太守,高步凌云烟:李,诸本同。廖本注:"李,一作'季'。"非。凌,宋白文本、文本作"凌"。祝本、魏本、廖本作"陵"。按:凌、陵二字古通用,此处作"凌"更切。《全唐诗》无作"陵云"者,用"凌云"者比比。直为"凌云烟"者多有,如卷一五八贺兰进明《行路难》五首之一:"君不见山上苗,数寸凌云烟。"卷一七四李白《留别广陵诸君》:"中回圣明顾,挥翰凌云烟。"卷二六五顾况《萧郸草书歌》:"若把君书比仲将,不知谁在凌云阁。"

文《详注》:"韶阳,即韶州也。"方世举《笺注》:"韶阳:《新唐书·地理志》:'韶州始兴郡,属岭南道。'高步:左思诗:'高步追许由。'凌云烟:《汉书·司马相如传》:'飘飘有凌云气。'"按:唐韶州治曲江县,在今广东省韶关市南。李太守,未详俟考。

㊶ 开囊乞缯钱:缯,方《举正》:"李校从'缙'。"朱《考异》:"缯,或作'缙'。"宋白文本、文本、祝本、魏本、廖本等均作"缯"。魏本注:"一作'缙钱'。"作"缯"是。

文《详注》:"乞,谓乞贷与人,言其倾财结士。缯,帛之总名。"方世举《笺注》:"《世说》:郗公大聚敛,嘉宾意甚不同,乞与亲友周旋略尽。又:王右军为会稽内史,谢公就乞笺纸,右军检校库中,有九万,悉以乞谢公。《晋书·谢安传》:'与玄围棋赌别墅,玄不胜,安顾谓其甥羊昙曰:以墅乞汝。'《广韵》(入声迄):'气,与人物也。今作乞。'"按:乞(qǐ),乞讨,向别人要东西钱财。《左传》隐公四年:"宋公使来乞师。"乞,同"气",读去声,给别人东西钱财。《汉书·朱买臣传》:"妻自经死,买臣乞其夫钱,令葬。"李白《少年行》:"好鞍好马乞与人。"此为后者。

㊷ 手持南曹叙,字重青瑶镌:方《举正》:"南曹,谓王员外仲舒也。《墓志》(韩愈《故江南西道观察使赠左散骑常侍太原王公墓志铭》):'所为文章,无世俗气。'"文《详注》:"李(按下文当作'王'字)公常任职南曹,故师所赠之文,谓之南曹叙。唐制:员外一人掌判南曹。左选曹街之南,故曰南曹。《集仙录》曰:'王君授夫人以宝经,白玉为简,青玉为字。'瑶,玉之美者,余招切。"魏本:"樊曰:唐制:吏部员外郎一人,掌判南曹。曹在选曹之南,故曰南曹。仲舒自吏部员外郎贬,谓仲舒也。"王元启《记疑》:"愚谓唐世尚书诸曹概曰南曹,此承王员外言之,故知其指吏部。至于判南曹,亦时用他官为之,不必定由吏部,如令狐峘以刑部员外判南曹是也。就吏部论,《百官志》云:'员外郎二人,一人判南曹。'亦非凡为员外皆判南曹也。"

㊸ 古气参《象》《系》:方《举正》作"象象",云:"阁本作'象象'。杭、蜀作'象系'。"朱《考异》:"系,方作'象'。今按:杜诗(《宿凿石浦》):'前哲垂象系。'"魏本:"韩曰:谓《易》之《象》《象》《系辞》也。一作'象象'。"方世举《笺注》:"象系:《史记·孔子世家》:'孔子晚而喜《易》,序《彖》《系》《象》《说卦》《文言》。'《汉书·艺文志》:'孔氏为《彖》《象》《系辞》。'"则作"象系"是。文《详注》:"叙谈幽妙之理,其标气可以合《易·系》,催《太玄》也。昔者文王重《易》,至孔子象系之,前汉扬雄作《太玄》以准《易》。标,格也,卑遥切。"《太玄经》,扬雄撰。

㊹ 干谒:文《详注》:"谓师干谒于李也。《典略》曰:'陈琳作诸书及檄,草成,呈魏太祖。太祖先苦头风,是日病发,卧读所作,翕

然而起曰:此愈我病。'"魏本:"孙曰:《典略》曰:'魏太祖以陈琳管记室,作诸书及檄,草成,呈太祖。太祖先苦头风,是日疾发,读琳所作,翕然起曰:此愈我病。'"按:干谒,对人有所求而请见。《北史·郦道元传》:"(弟道约)好以荣利干谒,乞丐不已,多为人所笑弄。"杜甫《奉先咏怀》:"以兹悟生理,独耻事干谒。"又《全唐诗》卷三八八卢仝《扬州送伯龄过江》:"努力事干谒,我心终不平。"

㊺ 还如旧相识,倾壶畅幽悁:朱《考异》:"还如,本或作'颇似'。"诸本作"还如",从之。文《详注》:"晋王羲之《序》(《兰亭集序》)曰:'亦足以畅叙幽情。'《楚辞》(刘向《九叹·思古》)曰:'悲余心之悁悁。'怀也,萦缘切。"魏本:"祝曰:畅,通也。幽悁,忧悒也,忿也。《诗》(《陈风·泽陂》):'中心悁悁。'"方世举《笺注》:"如旧相识:《左传》:'吴公子札聘于郑,见子产如旧相识。'倾壶:任昉诗:'倾壶已等乐。'"

㊻ 以此复留滞,归骖几时鞭:文《详注》:"言留滞韶州也。《汉书》(《司马迁传》):'太史公留滞周南。'"蒋抱玄《评注》:"庾信《李陵苏武别赞》:'归骖欲动,别马将前。'"方世举《笺注》亦引《史记》作注,不复。按:结联挽留,盼归也。真可谓"未登程先问归期"也。

【汇评】

宋陈善:退之送惠师、灵师、文畅、澄观等诗,语皆排斥。独于灵师,似若褒惜,而意实微显。如"围棋""六博""醉花月""罗婵娟"之句,此岂道人所宜为者?其卒章云:"方将敛之道,且欲冠其颠。"于澄观诗亦云:"我欲收敛加冠巾。"此便是勒令还俗也。(《扪虱新话》下集卷一)

清汪琬:《草堂合刻诗序》:自昔辟佛者莫严于昌黎韩子。及读其《送灵师》一篇,则有异焉。夫其人舍去父母、兄弟、妻子而从佛,既已叛吾周、孔之教矣;逮其为僧,则又围棋、六博、饮酒而食肉,以干谒招请为事,不更干佛之戒律耶?上之叛吾周、孔,次之干佛之戒律,虽甚工于诗,奚取焉?而昌黎不为之讳,反津津称道不已,何

也？（《尧峰文钞》卷三〇）

清查晚晴：叙其生平嗜好技能，拉杂如火，重之以好奇好游，群公爱重，俱非以禅寂之流目之，而归之于才调可惜，敛道冠巾，与起处发论，同归于正。公之不稍假借，往往如此。（《查初白诗评十二种》卷上）

清何焯：《送灵师》得毋太冗。"耕桑日失隶"二句，"耕桑"顶"齐民"来，"朝署"顶"高士"来。"瞿唐五六月"至"冒涉道转延"，此段见不独有才调，且兼胆勇。"乘寒恣窥缘"，岭外山川，惟天寒乃可经寻。（《义门读书记》卷三〇）

清方世举：公抵排异端，攘斥佛老，不遗余力，而顾与缁黄来往，且为作序赋诗，何也？岂徇王仲舒、柳宗元、归登辈之请，不得已耶？抑亦迁谪无聊，如所云"逃空虚者，闻人足音跫然而喜"，故姑与之周旋耶？然其所为诗文，皆不举浮屠老子之说，而惟以人事言之。如澄观之有公才吏用也，张道士之有胆气也，固国家可用之才，而惜其弃于无用矣。至如文畅喜文章，惠师爱山水，大颠颇聪明、识道理，则乐其近于人情。颖师善琴，高闲善书，廖师善知人，则举其闲于技艺。灵师为人纵逸，全非彼教所宜，然学于佛而不从其教，其心正有可转者，故往往欲收敛加冠巾。而无本遂弃浮屠，终为名士，则不峻绝之，乃所以开其自新之路也。若盈上人爱山无出期，则不可化矣。僧约、广宣出家而犹扰扰，盖不足与言，而方且厌之矣。（《韩昌黎诗集编年笺注》卷二）

清爱新觉罗·弘历：退之辟佛，却频作赠浮屠诗。前篇（《送惠师》）但叙其放浪山水，后篇则干谒饮博，无所不有。其所以称浮屠者，皆彼法之所戒。良以不拘彼法，乃始近于吾徒，且欲人其人而已，并未暇明先王之道以道之也。二僧游走诸方，行止亦略相似，而两作各开生面，绝不雷同，是其匠心布置处。（《唐宋诗醇》卷二八）

清曾国藩：此诗贞元十九年复在连州阳山作也。云王员外者，仲舒也，仲舒时亦谪连州司户，见《燕喜亭记》。首八句，论佛法为世大害。"灵师"八句,叙其少时事。"轩腾"句,谓其弃俗而为僧也。"围棋"十二句,叙其博弈诗酒之能。"寻胜"以下二十二句,叙其游黔蜀及在瞿塘落水得生事。"昨者"以下十句,叙游林邑。"十月"以下十六句,叙其在连州久聚。"韶阳"以下十四句,叙其由连至韶。(《十八家诗钞》卷九)

蒋抱玄:顺叙直写,最难气壮而势勇。读此首,方知妥帖工夫,纯从排奡而来。(《注释评点韩昌黎诗全集》)

程学恂:此亦略同前篇,而本旨发明在前。诗言"饮酒尽百盏",分明不是守禅家戒律者。"湖游泛潆㳒,溪宴驻潺湲",此等句法,自韩孟发之。前曰"遗贤",后曰"材调",皆不以僧目之也。(《韩诗臆说》卷一)

县斋有怀①

贞元二十一年春

贞元二十一年二月后,韩愈为阳山令所作。写他半生坎坷曲折的经历,若要了解他的思想和生活是必读之诗。他虽有"事业窥皋禹"的抱负,"文章蔑曹谢"的才华,因朝廷群小当道不能发挥,产生了"劚嵩开云扃,压颍抗风榭。禾麦种满地,梨枣栽绕舍"的归隐思想。表示对仕途、官场的厌倦,反映了当时有识之士的内心苦闷,有一定的典型意义。对这首诗的艺术评价历来针锋相对:一云无什佳处,一曰熔裁甚工。诗的写法有几个特点:所用典事句句有来历,却能去陈言,化腐朽。如用向长嫁女后隐去,常用则云"早欲寻名山,须待婚嫁毕。"(沈约诗)"无或毕婚嫁,竟为俗务牵。"(元结诗)韩诗却说:"如今便可尔,何用毕婚嫁。"一也。全诗为对偶的仄声韵排律,比较难写,用的不好会弄巧成拙,韩愈运用娴熟精巧,有一唱三叹之妙。二也。熔裁有致,构制精工。三也。语言淳朴,生动感人。四也。令人读之不厌其长,不觉其繁。何言无什佳处?

少小尚奇伟，平生足悲吒[2]。犹嫌子夏儒[3]，肯学樊迟稼[4]？事业窥稷卨[5]，文章蔑曹谢[6]。濯缨起江湖[7]，缀珮杂兰麝[8]。悠悠指长道，去去策高驾[9]。谁为倾国媒[10]？自许连城价[11]。初随计吏贡[12]，屡入泽宫射[13]。虽免十上劳[14]，何能一战霸[15]？人情忌殊异[16]，世路重权诈[17]。蹉跎颜遂低[18]，摧折气愈下[19]。冶长信非罪[20]，侯生或遭骂[21]。怀书出皇都，衔泪渡清灞[22]。

身将老寂寞，志欲死闲暇[23]。朝食不盈肠，冬衣才掩骼[24]。军书既频召，戎马乃连跨[25]。大梁从相公，彭城赴仆射[26]。弓箭围狐兔，丝竹罗酒炙[27]。两府变荒凉，三年就休假[28]。求官去东洛，犯雪过西华[29]。尘埃紫陌春，风雨灵台夜[30]。名声荷朋友[31]，援引乏姻娅[32]。虽陪彤庭臣[33]，讵纵青冥靶[34]。寒空耸危阙，晓色曜修架[35]。捐躯辰在丁，铩翮时方蜡[36]。

投荒诚职分，领邑幸宽赦[37]。湖波翻日车，岭石坼天罅[38]。毒雾恒熏昼[39]，炎风每烧夏[40]。雷威固已加[41]，飓势仍相借[42]。气象杳难测，声音吁可怕[43]。夷言听未惯[44]，越俗循犹乍[45]。指摘两憎嫌，睢盱互猜讶[46]。只缘恩未报，岂为生足藉[47]。嗣皇新继明[48]，率土日流化[49]。惟思涤瑕垢，长去事桑柘[50]。斸嵩开云扃，压颍抗风榭[51]。禾麦种满地，梨枣栽绕舍[52]。儿童稍长成，雀鼠得驱吓[53]。官租日输纳，村酒时邀迓[54]。闲爱老农愚[55]，归弄小女姹[56]。如今便可尔[57]，何用毕婚嫁[58]。

【校注】

① 题:斋,廖本作"齐",误。诸本作"斋",是。

此诗作年:文《详注》:"公因迁谪,追叙生平坎坷之怀。"魏本:"韩曰:此诗阳山县斋作。贞元十九年,公以言事出,至是二十一年,顺宗即位而作是诗。'嗣皇新继明',谓顺宗也。"文《详注》:"《补注》:县斋,阳山县也。公年十九,以贞元二年至京师举进士,凡四[六]年,以八年登第。十一年犹未得仕,乃三上宰相书不报,则去而东归。明年七月,始从董晋于汴。十五年,晋薨,依张建封于徐。明年五月,建封薨,公去徐来居洛,中(当作'十')八年,得四门助教(当为博士)。十九年,除监察御史。其年十二月,以言事斥为阳山令。至是二十一年(805),顺宗即位,而作是诗。'嗣皇新继明',谓顺宗也。详此,则是诗不待讲而明。"按:何焯《批韩诗》:"此篇全用对属,与《答张彻》篇一例。"朱彝尊《批韩诗》:"此仄声排律,熔裁甚工。规格与《寄三学士》同,但彼一一实叙,此组织华缛。"

② 少小尚奇伟,平生足悲咤:咤,廖本作"咜",诸本作"咤",从之。文《详注》:"悲咤,叹声也,音陟嫁切。郭璞《游仙诗》曰:'抚心独悲咤。'"尚,注重、崇尚。奇伟,胸怀博大,志气高尚。悲咤(zhà),悲愤。二句起势突兀排奡,以尚奇伟与足悲咤的矛盾统一,为全篇之骨,表现了韩愈的思想性格。如何焯《义门读书记》卷三〇云:"发端两连,领起全篇,为纲。"

③ 子夏:文《详注》:"《论语》:孔子谓子夏曰:'汝为君子儒,无为小人儒。'卜商,字子夏,孔子弟子,卫人也。孔子殁,子夏居西河教授,为魏文侯之师。"魏本引孙《全解》同文《详注》而简。钱仲联《集释》:"《荀子》:'正其衣冠,齐其颜色,嗛然而终日不言,是子夏氏之贱儒也。'"按:子夏,孔子的学生。姓卜,名商,字子夏,春秋末年晋国温(今河南温县)人。善长语言文学,比孔子小四十岁。居西河教授,为魏文侯之师。相传他著《易传》《诗序》《礼记·丧服》等。"子夏儒"语出《论语·雍也》:"子谓子夏曰:'女为君子儒,无为小人儒!'"公诗意说:我还看不起以文(章

句)著称的子夏这样的儒生呢。

④ 肯学樊迟稼：魏本："孙曰：《论语》：樊迟请学稼，子曰：小人哉，樊须也。"文《详注》："《论语》：樊迟请学稼，孔子曰：'吾不如老农。'樊须，字子迟，孔子弟子，齐人。"樊迟，名须，字子迟，春秋末年齐(今山东北部)人，孔子的学生。《论语•子路》："樊迟请学稼。子曰：'吾不如老农。'请学为圃。曰：'吾不如老圃。'"此句谓：更不肯像樊迟那样热衷种田。

⑤ 稷卨：方《举正》作"皋稷"，云："谢以唐本校。"朱《考异》："皋稷，或作'稷卨'。"宋白文本、文本、祝本、魏本作"稷卨"。廖本、王本同方"皋稷"。作"皋"、作"卨"均可。窥，探视、效法。皋，即皋陶，或作"咎繇"，传为舜臣，治刑法，掌刑狱。稷，后稷，舜臣，掌管农业，教人学稼，周人之祖。二人皆世称贤臣。稷卨(xiè)，文《详注》："稷卨，舜二臣，稷为农师，卨为司徒。扬雄《解嘲》文曰：'家家自为稷卨。'卨，古契字。"杜甫《自京赴奉先县咏怀五百字》："许身一何愚，窃比稷与契(同卨)。"两说均通。童《校诠》："第德案：廖本、王本作皋稷，祝本同本书。应以作稷卨为是。公赴江陵途中赠三学士诗云：平生企仁义，所学皆孔周，早知大理官，不列三后俦，何况亲犴狱，敲榜发奸偷，悬知失时势，恐自罹置罘。大理不列三后之义，见后汉书杨赐传，赐出为廷尉，自以世非法家，言曰：三后(伯夷、禹、稷)成功，唯殷于民，皋陶不与焉，盖吝之也，遂固辞。章怀注：吝，耻也。公不数皋陶，与杨伯献同，即孔子听讼不如无讼之意。杜子美诗：窃比稷与契，稷教民稼穑，契为司徒，敬敷五教在宽，重教养不重刑诛，故子美以自比，公盖与之同。祝氏引汉书语，见司马相如传。说文：卨，虫也，从内，象形，读与偰同，离，古文卨；偰下云：高辛氏之子，尧司徒，殷之先。王箓友云：尚书作契，盖卨之省借，汉书作卨，盖正字也。古人质朴，故舜以草名，禹及夔、龙、虎、熊、罴以动物名，殳、斨以器名，皋陶盖即考工记之皋陶鼓木，亦以器名也。则卨以虫名，亦其理矣，孳育浸多，始作偰以为专字耳。"今从童说。

⑥ 文章蔑曹谢：魏本："孙曰：蔑，陵蔑也。曹谓子建，谢谓灵运。"文《详注》："《魏志》：曹植字子建，文帝之弟也。《南史》：诸谢俱以文章著称，而谢灵运为第一。蔑，轻也。左太冲《咏史》诗曰：'亲戚还相蔑。'"按：蔑，蔑视、小看。曹，曹植，三国时著名文学家，才称八斗。字子建，安徽亳（今亳州）人，魏武帝曹操第三子。谢，谢灵运，南朝宋诸谢以文著称，谢灵运为第一，原籍河南太康人。《南史·文学传》："（吴）迈远好自夸而蚩鄙他人，每作诗得称意语，辄掷地呼曰：'曹子建何足数哉！'"以上二句谓：政治上要做皋稷（稷⿱）那样的贤人，文学上要超过曹植、谢灵运。如何焯《义门读书记》卷三〇云："此二语于公不为夸。但意尽于词，无余味尔。"

⑦ 濯（zhuó）缨起江湖：魏本："孙曰：《孟子》：'沧浪之水清兮，可以濯我缨。'缨，所以结冠。濯，自洁也。"文《详注》："言濯洗冠缨，谓欲仕也。《楚辞》（屈原《渔父》）曰：'屈原既放，游于江潭，渔父莞尔而笑曰：沧浪之水清兮，可以濯我缨；沧浪之水浊兮，可以濯我足。'王逸注曰：'清，喻明时，可以沐浴，升朝廷也。'沧浪，江水名。盖公幼从兄会迁韶岭，及还，旅食于江南数年。"按：濯缨，洗涤帽子上的缨穗。《孟子·离娄上》："有孺子歌曰：'沧浪之水清兮，可以濯我缨；沧浪之水浊兮，可以濯我足。'孔子曰：'小子听之！清斯濯缨，浊斯濯足矣。自取之也。'"江湖，隐居之处。隐逸之人择时而出，表其志向高洁。谓他从江湖平居到朝廷从仕。如《洪谱》云："'濯缨起江湖'，谓自江南入京师。"

⑧ 缀佩杂兰麝：文《详注》："兰麝，以喻制行香洁。《楚辞》（屈原《离骚》）曰：'纫秋兰以为佩。'张子《思玄赋》曰：'旌性行以制佩兮，佩夜光与琼枝。缅幽兰之秋华兮，又缀之以江蓠。'缀，连也，结也。缀，床卫切。"蒋抱玄《评注》："《礼记》（《玉藻》）：'左结佩，右设佩。'刘向《九叹》：'结琼枝之杂佩兮。'《晋书·石崇传》：'婢妾数十人，皆蕴兰麝，被罗縠。'"按：佩戴美玉制成的饰物。杂，搀合。兰麝，兰草和麝香，皆为馨香之饰物。此如屈原《离骚》以美玉香草自比高洁。

⑨ 悠悠指长道,去去策高驾:文《详注》:"悠悠,远貌。古诗(《文选》卷二九《古诗十九首》)曰:'悠悠涉长道。'苏子卿诗(《文选》卷二九)曰:'去去从此辞。'"钱仲联《集释》:"《古诗十九首》:'何不策高足,先据要路津?'"按:悠悠,远也。策,驾御,鞭策。高驾,高车大马。谓虽仕途漫长,我驾着大马高车努力奔跑,志达远大目标。

⑩ 谁为倾国媒:呼唤识者引荐,以喻先容也。倾国,指美人,韩愈自比。媒,媒人。借李延年荐美人比喻宦途的引荐人。《汉书·外戚传》:"孝武李夫人,本以倡进。初,夫人兄延年性知音,善歌舞,武帝爱之。……延年侍上起舞,歌曰:'北方有佳人,绝世而独立,一顾倾人城,再顾倾人国。宁不知倾城与倾国,佳人难再得!'上叹息曰:'善!世岂有此人乎?'平阳主因言延年有女弟,上乃召见之。实妙丽善舞,由是得幸。"文《详注》、顾嗣立《集注》俱引《外戚传》作解,不全,故全录之。

⑪ 连城价:文《详注》:"自喻以玉。"下引《史记》。方世举《笺注》:"连城价:《魏略》:'致连城之价,为命世之宝。'《北史·彭城王勰传》:'帝改勰诗一字,勰曰:陛下赐刊一字,足以价等连城。'"

按:以价值连城的和氏璧玉相比。文《详注》、魏本录孙《全解》俱引《史记》作解,然有讹漏。按:此乃"完璧归赵"的故事。今录《史记·廉颇蔺相如传》:"赵惠文王时,得楚和氏璧。秦昭王闻之,使人遗赵王书,愿以十五城请易璧。……赵王于是遂遣蔺相如奉璧西入秦。……相如视秦王无意偿赵城……乃使其从者衣褐,从径道亡,归璧于赵。"《文选》卷四二魏文帝曹丕《与钟大理书》:"猥以蒙鄙之姿,得睹希世之宝;不烦一介之使,不损连城之价。"注:"连城,谓十五城,秦之所易者。"晋卢谌《览古诗》:"赵氏有和璧,天下无不传。秦人来求市,厥价徒空言。……连城既伪往,荆玉亦真还。"

⑫ 初随计吏贡:文《详注》:"谓被乡举也。《前汉·儒林传》:'孝武时,公孙弘劝学奏曰:郡国县官有好文学,敬长上,肃政教者,

二千石谨察可者,常与计偕,诣太常得受业。'颜师古曰:'随上计吏,至京师也。'"方世举《笺注》:"《汉书·武帝纪》:'元光五年(前130),征吏民有明当世之务,习先圣之术者,令与计偕。'师古曰:'计者,上计簿使也。'按:'初随计吏贡',贞元二年,公始来京师也。"按:指他被乡贡举荐到京城应试。时在贞元二年(786)秋。计吏,掌管计簿的官吏。《汉书·朱买臣传》:"买臣随上计吏为卒,将重车至长安,诣阙上书,书久不报。"贡,推荐考生。唐制:每年秋冬地方官(或派官吏)至京师上计籍,称上计。《新唐书·选举志》载:每年仲冬,州、县、馆、监举其生员成者,送至尚书省,应来春选试。

⑬ 屡入泽宫射:魏本:"樊曰:《礼记》:诸侯岁贡士于天子,天子试之于射宫。又曰:天子将祭,必先习射于泽。泽者,所以择士。已射于泽而后射于射宫。注:泽,宫名。"文《详注》:"《礼记·射义》:天子将祭,必先习射于泽。泽者,所以择士也。已射于泽而后射于射宫。射中者,得与祭;不中者,不得与泽宫。[泽]宫名也。《唐史》归崇敬议云:古天子学曰辟雍,在礼为泽宫,晋以来为国学。"

按:指他多次参加考试。泽宫射:原指天子择士前在射宫举行祭礼,此借指考试。《周礼·夏官·司宫矢》:"泽,共射椹质之弓矢。"郑注:"泽,泽宫也,所以习射选士之处也。"《礼记·射义》:"诸侯岁献贡士于天子,天子试之于射宫。"又"天子将祭,必先习射于泽。泽者,所以择士也。已射于泽,而后射于射宫。射中者,得与于祭;不中者,不得与于祭。"《孔子家语·郊问》:"卜之日,王亲立于泽宫,以听誓命,受教谏之义也。"故泽是宫名,史称泽宫。《新唐书·归崇敬传》:"古天子学曰辟雍……在礼为泽宫。"

⑭ 十上劳:文《详注》:"苏秦十上秦王书,不听,黑貂裘敝,金尽而归。出古语。"魏本:"韩曰:《战国策》:'苏秦说秦惠王,书十上而说不行,资用乏绝,去秦而归。'"按:文说古语即韩引《战国策》。谓多次上书而不报。语出《战国策·秦策一》。

⑮ 何能一战霸:方《举正》作"能",云:"杭作'能',蜀作'曾'。"

朱《考异》:"能,或作'曾'。"宋白文本作"能",注:"一作'曾'。"文本、祝本、魏本、廖本均作"能",从之。

文《详注》:"《左氏传》僖公二十七年:'晋文作三军,一战而霸,文之教也。'杜预云:'谓明年与楚人战于城濮,楚师拜绩。'公尝四举于礼部,乃一得;三选于吏部,卒无成焉。"魏本:"孙曰:僖二十七年《左氏》曰:'一战二伯,文之教也。'公自贞元八年(792)中进士第,贡于京师至贞元十年,屡试博学宏词不中。"王元启《记疑》同。按:此承上句,说苏秦十上书都未成功,我怎能参加一次考试就得中呢?实则他从贞元二年进京应试,参加四次进士考试,八年才中进士,参加三次博学宏辞考试,虽一次初试得中,后又被人顶了。均未中。十一年,离京。十年未得官。此指参加进士考试,非谓博学宏辞选试也。韩公举进士,凡四举而后得之,故曰:"何能一战霸。"若试宏辞,则始终不得,难以言霸。霸与伯同。即古诸侯之长,引申为称霸。

⑯ 人情忌殊异:文《详注》:"扬雄《解嘲文》曰:'方今言奇者见疑,行殊者得辟。'"按:世俗人情忌妒有特殊才干的人。殊异,特别突出。

⑰ 世路重权诈:方《举正》据杭、蜀本作"多"。朱《考异》:"多,或作'重'。"宋白文本、文本、祝本、魏本作"重"。廖本、王本作"多"。作"重"、作"多"均可。按韩公用字多带感情色彩,作"重(zhòng)"合公意,作"多"则俗矣。权诈,玩弄权术,尔虞我诈。

⑱ 蹉跎(cuō tuó)颜遂低:文《详注》:"蹉跎,失时也。《楚辞·九怀》曰:'骥垂两耳兮,中坂蹉跎。'"按:蹉跎,谓道路坎坷,宦途失意,时光白白地流逝。颜,本指颜面,此指因失意常低着头。阮籍《咏怀诗》:"娱乐未终极,白日忽蹉跎。"《世说新语·自新》:"(周处)正见清河(陆云),具以情告,并云欲自修改,而已年蹉跎,终无所成。"

⑲ 摧折气愈下:方世举《笺注》:"贾山《至言》:'震之以威,压之以重,岂有不摧折者哉!'"按:摧折,摧残挫折。气愈下,势气愈

来愈低。《汉书·贾山传》:"(贾山《至言》)雷霆之所击,无不摧折者;万钧之所压,无不糜灭者。……震之以威,压之以重,则虽有尧舜之智,孟贲之勇,岂有不摧折者哉?"《汉书·酷吏传·严延年传》:"其治务在摧折豪强,扶助贫弱。"

⑳ 冶长信非罪:文《详注》:"《论语》:孔子谓公冶长,虽在缧绁之中,非罪也。公冶长,字子长,孔子弟子,鲁人,能忍耻。"魏本:"韩曰:《论语》:子谓公冶长可妻也。虽在缧绁之中,非其罪也。"公冶长,孔子学生,字子长,春秋末齐国人。此以公冶长自比,说仕途坎坷不是自己的罪过。《论语·公冶长》:"子谓公冶长,'可妻也。虽在缧绁之中,非其罪也'。以其子妻之。"

㉑ 侯生或遭骂:魏本:"孙曰:《史记》:魏有隐士曰侯嬴,公子无忌虚左迎之。嬴有客在市屠中,引车入市,下见其客朱亥,睥睨久立,与其客语,从骑皆窃骂侯生。"文《详注》:"《补注》:魏有隐士侯嬴,为夷门监者。公子无忌从车骑,虚左自迎。侯谓臣有客在市屠中,愿过之。公子引车入市,下见其客朱亥,睥睨故久立。是时皆窃骂侯生。公子色终不变,乃谢客就车。"方世举《笺注》同,皆据《史记·魏公子列传》。按:侯嬴,战国时魏国大梁城夷门的城门守,实则隐士,后与信陵君无忌结好,帮助无忌完成"西却秦北救赵"的事业。《史记·魏公子列传》:"魏有隐士曰侯嬴,年七十,家贫,为大梁夷门监者。公子闻之,往请,欲厚遗之,不肯受。……公子于是乃置酒大会宾客。坐定,公子从车骑,虚左,自迎夷门侯生。侯生摄敝衣冠,直上载公子上坐,不让,欲以观公子。公子执辔愈恭,侯生又谓公子曰:'臣有客在市屠中,愿枉车骑过之。'公子引车入市,侯生下见其客朱亥,俾倪故久立,与其客语,微察公子。公子颜色愈和。当是时,魏将相宗室客满堂,待公子举酒。市人皆观公子执辔,从骑皆窃骂侯生。"以上二句乃韩愈自比公冶长、侯嬴,虽遭挫折,或被笑骂,却是才德出众的人。

㉒ 怀书出皇都,衔泪渡清灞:魏本:"孙曰:贞元十一年(795),公东归河阳。"文《详注》:"此即感二鸟作赋时。皇都,京师也。《水

经》(《渭水下》)云:灞者,水上地名,古曰滋水。秦穆公霸世,更名灞水,以显霸功。水出兰田,应劭曰:在长安东三十里。王仲宣诗(《七哀诗》)云'南登灞陵岸,回首望长安'是也。"方世举《笺注》:"怀书:《秦国策》:'苏秦去秦而归,负书担囊。'出都:按:贞元十一年五月,公如东京。"按:怀里揣着圣贤之书,谓有学识。皇都,京城,因皇帝所居故名。灞,水名,在长安东,东出长安必经灞桥。此指贞元十一年五月,韩愈三上宰相书不报,含着眼泪愤而离京城东归。

以上写胸怀大志的韩愈,长安十年应试求官生活。

㉓ 身将老寂寞,志欲死闲暇:文《详注》:"鲍明远诗(《咏史诗》)曰:'君平独寂寞,身世两相弃。'谓严君平也。《庄子·刻意》篇曰:'就薮泽,处闲旷,钓鱼闲处,无为而已,此江海之士,避世之人,闲暇者之所好也。'"按:此二句表韩愈失意的心态。谓我的身体将在寂寞中老去,意志将在闲居生活里消磨。公《答崔立之书》:"若都不可得,犹将耕于宽闲之野,钓于寂寞之滨……"此乃伏脉,如何焯《义门读书记》卷三〇云:"'身将老寂寞'二句,已为结处伏脉。"

㉔ 朝食不盈肠,冬衣才掩骼(qià 枯驾切,去,祃韵):文《详注》:"骼:腰骨也,丘驾切。扬雄《解嘲文》曰:'范睢折胁拉骼。'"方世举《笺注》:"朝食、冬衣:《左传》:'余姑翦灭此而后朝食。《淮南·齐俗训》:'贫人冬则短褐不掩形。'掩骼:《汉书·扬雄传》:'折胁拉骼。'师古曰:'骼,骨也。'《埤苍》:'腰骨也。'"

按:朝,即朝朝,每天。不盈肠,吃不饱。掩,盖。骼,腰部下面腹部两侧的骨,此谓股骨。《素问·长刺节论》:"刺两骼髎季胁肋间。"王冰注:"骼为腰骨。"二句谓他过的是食不饱腹、衣不蔽体的生活。

㉕ 军书既频召,戎马乃连跨:文《详注》:"谓节度府皆辟召公,如董晋、张建封之徒。吴质书(《答魏太子笺》)曰:'边境有虞……军书幅至。'跨,骑也。吴人谓大坐曰跨。《上林赋》:'日跨野马。'"

指董晋、张建封的聘书。唐节度使掌兵权,文书称军书,其幕曰戎幕。戎马,军马。连跨,相继在汴、徐军幕中任从事。

㉖ 大梁从相公,彭城赴仆射:文《详注》:"相公,董晋也。仆射,张建封也。"魏本:"孙曰:贞元十二年,公从汴州董晋幕。贞元十五年,公从徐州张建封幕。"方世举《笺注》引孙说而阙名,作"□云"。按:大梁,战国、秦、汉等称大梁,唐称开封。开封为汴州治所,在今河南开封市。彭城,徐州治所所在地,古为彭城郡,唐称徐州。今在江苏徐州市。

㉗ 弓箭围狐兔,丝竹罗酒炙:狐或作"孤",炙或作"灸",文本云:"炙与灸同,之夜切。"作"孤",乃书写之误。灸、炙,一从火,久声;一从火,之声,音义均别,不得混。

文《详注》:"言出则从游猎,入则侍宴飨。"方世举《笺注》:"贾山《至言》:'系兔伐狐。'东方朔《谏起上林苑疏》:'广狐兔之囿,大虎狼之墟。'"按:此二句总叙他在汴、徐幕的围猎、宴乐生活。丝竹,本指弦管乐器,此泛指音乐。炙,烤熟的肉,此指酒菜。此言从二州宴猎也。如韩诗《赠张徐州莫辞酒》《雉带箭》所写等。

㉘ 两府变荒凉,三年就休假:对三年休假各家说法不一:文《详注》:"《汉纪》(《汉书·高帝纪》):'孟康曰:休告,请假也。汉制,刺史病满三日(月),当免。天子优赐其告,使得带印绶,将官属归家养病,谓之赐告。'公自去徐州居嵩山者三年,即《复志赋》所谓'卜幽贞之庐'是也。故此末章乃叙其求归之意曰:'剧嵩开云扃,压颍抗风榭。'"魏本:"孙曰:自贞元十六年张建封薨,公归洛阳,至十九年,始除监察御史。"方《增考》:"'三年就休假',盖统十五年而言也。公是年二月去汴,及秋方从张建封之辟,是亦可以休假言也。公十八年首春,即以一书荐十士于陆傪。二月,陆出刺歙,公送行有序,考其辞意,盖皆已仕于朝也。况公明年《上陈京书》云:'去年春,尝得一进谒,其后如东京取妻子。'是公在春末已谒告挈家矣,岂可尚以休假言也。"方世举《笺注》:"自十六年冬至十九年春,才二年余,曰三年,特举其成数耳。且十八年春,已有四门博士

之授，但是年尝谒告归洛，因游华山，故亦在休假中也。"王元启《记疑》："公自十六年初夏去徐州，至十八年春，始有四门博士之授。休居虽止二年，合计前后年岁，亦可谓之三年。孙注直以十九年始除御史当之，则前此得官博士，岂亦列诸休假中乎？"按：此二句叙贞元十五年董晋卒，汴州兵乱；十六年，建封卒，徐州兵乱，则汴徐二府率荒凉也。自贞元十六年五月去徐幕，至十七八年间任四门博士，则首尾闲居跨三个年头，故云"三年"。此乃诗语之约数，不必拘泥死扣。休假，休闲也。孙谓三年休假，自去徐至贞元十九年任监察御史，非是。

㉙ 求官去东洛：方《举正》作"去"，云："蜀本与阁本同。杭本作'去官来东洛'，此谓贞元十五、十六年冬如京调官也。杭本非。"朱《考异》："去，或作'来'。或作'去官来东洛'。"宋白文本、文本、祝本、魏本作"来"。按：作"去"字善。此乃仄韵五言排律诗，此句第三字是关键，作去为仄声，全句为"平平仄平仄"，语音尚谐调；若作来字，来为平声，全句为"平平平平仄"，语调不协。

文《详注》："东洛，洛阳也。唐都长安，洛阳在东，故名东洛。"王元启《记疑》："公于贞元十六年冬及明年冬，自洛再往京师。"钱仲联《集释》："公十五年冬为建封朝正京师，非调官也。《举正》误。"

犯雪过西华：过，诸本作"过"。祝本、魏本注："一作'经'。"非。文《详注》："华山为西岳，故曰西华。"方世举《笺注》："《北史·薛端传》：'隆冬极寒，徒跣冒犯霜雪，自京及乡五百余里。'"冒雪，指下雪的冬天经过华山。西华，西岳华山。此指他十六年回洛阳后，是年冬和十七年冬曾两次东去洛，西到长安求官，均可言冒雪也。

㉚ 尘埃紫陌春，风雨灵台夜：文《详注》："此一联，皆谓其试太常寺协律郎及四门博士朝会之时也。王者宫室，上象紫微大帝之居，其间出入往来之道，号曰紫陌。班固《西都赋》曰'焕若列宿，紫宫是环'是也。故其阙道谓之紫阙。《楚辞》（屈原《九歌·河伯》）曰：'鱼鳞屋兮龙君，紫贝阙兮朱宫。'韦述《两京杂记》曰：'太史监

内有灵台以候风物,高七尺,周回八十尺。'"何焯《义门读书记》:"谓调四门博士也。《后汉书》注,第五颉'洛阳无主人,乡里无田宅,客止灵台中,或十日不炊'。然公诗似非用此。"方世举《笺注》:"紫陌:王粲《羽猎赋》:'济漳浦而横阵,倚紫陌而并征。'灵台:《诗·灵台》:'经始灵台。'《三辅黄图》:'文王灵台在长安西北四十里,汉灵台在长安西北八里。'按:《后汉书》:'第五颉在洛无主人,寄止灵台中。'此三雍之一也,又一灵台。"钱仲联《集释》:"唐人多泛用紫陌,不泥邺地。如王勃《春思赋》:'伤紫陌之春度。'"陈景云《点勘》:"谓官四门博士也。汉光武帝立明堂、辟雍、灵台,号三雍宫。"按:紫陌,指京城的街道。《全唐诗》卷三八朱子奢《文德皇后挽歌》:"神京背紫陌,缟驷结行輈。"又卷七九骆宾王《和孙长史秋日卧病》:"白云淮水外,紫陌灞陵隈。"灵台,指国子学。西汉有三雍宫,为对策讲学之地。东汉光武帝刘秀设立明堂、辟雍、灵台为三雍宫。《诗·大雅·灵台》:"经始灵台,经之营之。"笺:"观台而曰灵者,文王化行似神之精明,故以名焉。"紫陌,指帝都郊野的道路。李白《南都行》:"高楼对紫陌,甲第连青山。"刘禹锡《元和十一年自朗州召至京戏赠看花诸君子》:"紫陌红尘拂面来,无人不道看花回。"《唐宋诗醇》:"'尘埃紫陌'一联与'梅花灞水'同一风致。"

㉛ 名声荷朋友:文《详注》:"《穀梁》曰:'名誉不彰,朋友之过也。'"童《校诠》:"穀梁昭十九年传:心志既通而名誉不闻,友之罪也。"按:荷,仰赖、感戴。此句说他迁监察御史是由朋友荐引,故曰"名声荷朋友"。

㉜ 援引乏姻娅(yà):魏本:"韩曰:《诗》:'琐琐姻亚,则无膴仕。'孙曰:《尔雅》曰:'两婿相谓曰娅。'"文《详注》:"《小雅·节南山》诗曰:'琐琐姻亚,则无膴仕。'郑氏云:'婿之父曰姻,两婿相谓为娅。'衣驾切。"蒋抱玄《评注》:"《后汉书·宦者传》:其有更相援引,希附权强者。"按:推举、荐拔。《后汉书·郎颉传》:"臣愿陛下发扬乾刚,援引贤能,勤求机衡之寄,以获断金之利。"又《宦者传》:"其有更相援引,希附权强者。"姻娅,姻亲。亲家之间,女方之父为

婚，男方之父为姻。《左传》定公十三年："荀寅，范吉射之姻也。"杜注："婿父曰姻，荀寅子取吉射女。"荀寅是范吉射女婿的父亲。娅，或作亚，两婿相称曰娅。《尔雅·释亲》："两婿相谓为亚。"疏："言每一人取姊，一人取妹，相亚次也。"《诗·小雅·节南山》："琐琐姻亚，则无膴仕。"笺："婿之父曰姻……两婿相谓曰娅。"此句意谓：他迁为监察御史不是由于亲戚的关系。实则由御史中丞李汶推荐，详见《韩愈大传》卷一第四章。

㉝ 虽陪彤庭臣：虽，方《举正》作"偶"，云："谢以唐本校，今本一作'仰'，由'偶'字讹也。蜀本作'虽偶彤廷臣'。"朱《考异》："虽，方作'偶'。一作'仰'。陪，或作'偶'。皆非是。"宋白文本、文本、祝本、魏本、廖本均作"虽"、作"陪"，从之。

文《详注》："谢朓《直中书省》诗曰：'彤庭赫敞。'已见《归彭城》诗。《补注》：谓为御史。彤庭，天子之庭以丹漆饰庭也。"方世举《笺注》："彤庭臣：班固《西都赋》：'玉阶彤庭。'按：公此诗谓为监察御史时也。"按：陪，排列。彤庭臣，朝廷之臣。班固《西都赋》："玉阶彤庭。"此句意谓：他身为监察御史已列朝臣行列。

㉞ 讵纵青冥靶：方《举正》订"青冥"，云："蜀作'青云'。"朱《考异》："冥，或作'云'。"诸本作"青冥"，是。

文《详注》："靶，辔革也，必驾切。王褒颂（《圣主得贤臣颂》）曰：'王良执靶。'"蒋抱玄《评注》："《楚辞》（屈原《九章·悲回风》）：'据青冥而摅虹兮。'注：'青冥。云也。'"方《增考》："盖公在御史位之日甚浅，《进学解》云：'暂为御史，遂窜南夷。'又《县斋》诗曰：'虽陪彤庭臣，讵纵青冥靶。'皆可考也。"顾嗣立《集注》："青冥，云也。"方世举《笺注》："青冥靶：屈原《九章》：'据青冥而摅虹兮，遂倏忽而扪天。'王褒《圣主得贤臣颂》：'王良执靶。'晋灼曰：'靶，辔也。'"按：讵，岂，哪里，表反诘。纵，纵情、驰骋。青冥靶，青冥，指天空，此从王良驾车遨游而来，谓靶在天上，极言志向高远。靶，马的辔缰。《汉书·王褒传》："王良执靶。"注引晋灼曰："靶，音霸，谓辔也。"

㉟寒空耸危阙,晓色曜修架:文《详注》:"危阙,台门也。《礼》:'天子外阙两观。'(见《公羊传》昭公二十五年'设两观'何休注引。今本《礼记》无此文)此言为监察御史上疏论天旱人饥,时在贞元十九年冬十二月。"童《校诠》:"案:淮南子本经训:大夏曾加,高注:曾重,架材木相乘架也。修架与曾加义同,曾同层,加同架。"按:谓此二句渲染贬官那天早晨,宫殿风景。寒空、高空。耸,高高矗立。危阙,形容宫殿极高。晓色,晨光。修架,长桥。

㊱捐躯辰在丁,铩翮时方蜡:文《详注》:"言忘身忧国,上疏言事,其日在丁,中遭贬黜,如飞鸟之剪翮,乃在十二月蜡祭之时也。铩,剪也。《五君咏》曰:'鸾翮有时铩。'音所拜切,又所八切。蜡,同禓,年终祭名。《礼记》(《郊特牲》)曰:'蜡,索也,岁十二月,合聚万物而索飨之也。'夏曰清祀,商曰嘉平,周曰大蜡,秦曰腊。蜡,锄驾切。"魏本:"韩曰:曹子建《三良诗》:'谁言捐躯易,杀身诚独难。'又《求自试表》云:'捐躯济难,忠臣之志也。'孙曰:贞元十九年十二月,公以监察御史上《天旱人饥疏》,贬阳山令。辰在丁,谓上疏之日也。"顾嗣立《集注》:"颜延年诗:'鸾翮有时铩。'"

按:捐躯:舍身报国。指冒死上《论天旱人饥状》。辰在丁,当是韩愈上《状》的日子,查《唐代的历》,当在十二月丁巳(10日)。铩翮(shā hé),《文选》卷四左思《蜀都赋》:"鸟铩翮,兽废足。"腊,同蜡,十二月。韩公遭贬在腊月。唐历以大寒后第一个辰日为蜡祭日,是年大寒为十二月戊申(一日),而蜡日在丙辰(九日),而丁日为十日,韩愈上《状》不可能在蜡之后。如此,十二月十日被贬,正合诗所写的时间顺序。

上写仕途艰难,下开阳山之贬。

㊲投荒诚职分,领邑幸宽赦:投荒,魏本:"孙曰:谓岭阳山。"文《详注》:"阳山在南荒地。"按:放逐到荒凉的地方。诚职分,很合适。诚,确实、的确。职分,所任之职应尽的本分。宽赦,宽大赦宥。蒋抱玄《评注》:"孟浩然诗(《陪张丞相登荆州城楼因寄蓟州张使君及浪泊戍主刘家》):'投荒法未宽。'《尹文子》:'守职分而不

乱。'"按：何焯《批韩诗》："入县斋。"黄钺《增注证讹》："此一联束上起下，一大开合。"二句说：把我放到蛮荒地方是很合适的，作县令是对我的宽大。或曰：此乃正话反说，含讥讽意。实则臣下对皇上的至忠。

㊳ 湖波翻日车，岭石坼(chè)天罅(xià)：文《详注》："湖、岭，皆贬道所出。日车，日御也。汉李尤歌(《九曲歌》)曰：'安得力士翻日车。'昌遮切。天罅，言高也，虚讶切。"魏本："韩曰：《淮南子》：'日乘车驾以六龙，羲和为御。'杜诗：'西江侵日月。'"方世举《笺注》："《庄子·徐无鬼篇》：'若乘日之车，游于襄城之野。'"按：日车，太阳神乘的车子，喻日。此句写湖面波浪翻滚，日影跳动的景象。坼，裂开。罅，裂缝。坼天罅，山把天撕开缝也，言其高。此句写人行两山陡壁间，仰望天空的景象。二句极言他赴阳山经江湖、山岭的风险与艰辛。

㊴ 毒雾恒熏昼：恒，文本作"常"。宋白文本"熏"作"曛"。诸本作"恒"、作"熏"。从之。

文《详注》："《后汉·马援传》曰：'下潦上雾，毒气熏蒸。'"按：毒雾，瘴气。恒熏昼，一天到晚不散。此句谓瘴气升腾整日不散。鲍照《代苦热行》："瘴气昼熏体。"

㊵ 炎风每烧夏：炎风，热风。烧夏，夏天热得象火烧一样。文《详注》："《淮南子》(《时则训》)曰：'南方之极……南至委大(火)，炎风之野。'"李详《证选》："鲍照乐府《苦热行》：'障气昼熏体。'"方世举《笺注》："《淮南·时则训》：'南方之极，自北户之外，[贯颛顼之国，]南至委火，炎风之野。'"按：由此二句以下十二句写阳山的环境和天气。

㊶ 雷威固已加：方世举《笺注》："雷威：贾山《至言》：'雷霆之所击，无不摧折者。今人主之威，非直雷霆也?'"

㊷ 飓(jù)势仍相借：飓，祝本作"飙"。诸本作"飓"。从之。

文《详注》："飓，其遇切。见《泷吏》注。"魏本注："飓风，见上《江陵途中寄三学士》诗注。"方世举《笺注》："《国史补》：'南海人言海风四面而至，名曰飓风。飓风将至，则多虹蜺，名曰飓母。'《岭表录异》：'岭峤夏秋雄风曰飓，发日午，至夜半止。'"

按：飓，台风、暴风。《太平御览》卷九："《南越志》曰：'熙安间多飓风。飓者，具四方之风也。一曰惧风，言怖惧也，常以六七月兴。'"按：《字鉴》："飓，俗从贝，读若豹，皆误。"公《寄赠三学士诗》："飓起最可畏，訇哮簸陵丘。雷霆助光怪，气象难比侔。"则作"飓"合韩公意。飓势，飓风之形势。

㊸ 气象杳难测：杳，渺茫，谓变化难测。

声音吁可怕：吁，叹息。顾嗣立《集注》："王文考《鲁灵光殿赋》：'吁可畏乎，其骇人也。'"

㊹ 夷言：指当地地方土语。即公《送区册序》所谓"鸟言"也。魏本："蔡曰：《左氏》哀十二年：'卫侯归效夷言。'"

㊺ 越俗循犹乍：方《举正》："杭本'循'作'修'，字讹也。"诸本作"循"是。乍，文本、祝本、魏本作"乍"，注："又一作'诈'。"作"诈"字，恐非韩公原文。《说文·言部》："诈，欺也。从言乍声。"乍，本字，诈，后出。作忽然解二字通。韩诗原文当作"乍"。乍，忽然。《孟子·公孙丑上》："今人乍见孺子将入于井，皆有怵惕恻隐之心。"《史记·天官书》："其角动，乍小乍大。"曹植《洛神赋》："乍阴乍阳。"《鬼谷子·飞箝》："其说辞也，乍同乍异。"

文《详注》："《通典》曰：'连山，本楚地，县在桂水之阳，即汉伏波将军路博德讨南越，出桂阳，下汉水，即此地。'"越俗，指岭南一带人的风俗习惯。循犹乍，虽然已慢慢习惯，却仍有疑惑。正如朱彝尊《批韩诗》云："此形容岭俗，有醖藉。"

㊻ 指摘两憎嫌，睢盱（huī xū）互猜讶：文《详注》："摘，发擿也，陟革切。《列子》曰：'指摘无痟痒。'睢，仰目也。盱，张目也。《老子》曰：'睢睢盱盱。'"

按：指摘，同"指擿"，指责。《后汉书·李固传》："陛下宜开石室，陈图书，招会群儒，引问失得，指擿变象，以求天意。"《新唐书·吴凑传》："凑叩鞍一视，凡指擿，尽中其弊。"睢盱，瞪眼睛。猜讶，猜疑。此二句疑谓：当地百姓遇事相互猜疑，态度忽变；或因语言不通，风俗不同，百姓与官府互相指责、猜疑，投以怀疑的眼光。《三国志·蜀书·孟光传》："光之指摘痛痒，多如是类。"《文选》卷二张衡《西京赋》："缇衣韎韐，睢盱拔扈。"《庄子·寓言》："老子曰：'而睢睢盱盱，而谁与居。'"郭象注："睢睢盱盱，跋扈之貌，人将畏难而疏远。"

㊼ 只缘恩未报，岂谓生足藉：只缘，只因。岂谓：那里是说。藉，依靠、凭借。此二句谓：只因我对圣上恩德未报，哪是说我一生不可以有什么作为呢？

㊽ 嗣皇新继明：新，方《举正》作"帝"，云："杭作'帝'，蜀作'新'。"朱《考异》："新，方作'帝'，非是。"宋白文本、文本、祝本、魏本、廖本等均作"新"，从之。

《洪谱》："《顺宗实录》：'贞元二十一年正月丙申，上即位。二月甲子（《洪谱》不误，钱仲联引《洪谱》作戊子，二月无戊子日，乃甲子之讹），大赦。八月辛丑，改永贞元年。"文《详注》："嗣皇，顺宗也。《易·离》卦所谓：'明两作离，大人以继明照四方。'"按：嗣皇，德宗子李诵，于贞元二十一年正月二十四日宣遗诏，二十六日继帝位。二月二十四日，上御丹凤门，大赦天下。八月改元永贞，庙号顺宗。见韩公《顺宗实录》卷一。

㊾ 率土日流化：方世举《笺注》："率土：《诗·北山》：'率土之滨。'流化：《三略》：'三皇无言，而化流四海。'《南史·刘怀慰传》：'胶东流化，颍川致美。'"《汉语大词典》亦以韩诗为例。

按：率土，全国。《诗·小雅·北山》："溥天之下，莫非王土；率土之滨，莫非王臣。"流化，感受皇帝的恩德和教化。汉刘向《战国策序》："周之流化，岂不大哉。"《汉书·成帝纪》："（阳朔二年九月）诏曰：'古之立太学，将以传先王之业，流化于天下也。'"

㊿ 惟思涤瑕垢（xiá gòu）：文《详注》："言思得赦宥，洗涤前过，长归闲居，不复愿仕也。陆韩卿诗（《奉答内兄希叔》）曰：'归来翳桑柘。'柘，之夜切。"方世举《笺注》："桑柘：王褒《僮约》：'种植桃李

梨柿柘桑，三丈一树，八尺为行。”钱仲联《集释》：“班固《东都赋》：‘于是百姓涤瑕荡秽，而镜至清。’”按：涤，洗掉、除去。瑕垢，疵点、错误。公《元和圣德诗》：“涤濯划硖，磨灭瑕垢。”杜甫《上水遣怀》：“庶与达者论，吞声混瑕垢。”又《入衡州》：“君臣忍瑕垢，河岳空金汤。”何焯《义门读书记》卷三〇：“‘惟思涤瑕垢’至末，事业文章，奇伟之实，嫌小人儒而不为者也。蹉跎摧折悲咤之由，今将不得为大人之事。行以学稼终，所谓悼本志之变化者也。后半故谬其词，公岂有乐乎此哉。”

(51)劚(zhǔ)嵩开云扃(jiōng)，压颍抗风榭：文《详注》：“公常筑室于嵩颍之间，将欲退居于此，诗述其所志也。故公《平蔡州回》诗曰：‘郾城辞罢过襄城，颍水嵩山刮眼明。已去蔡州三百里，家人不用远来迎。’劚，斫也，陟玉切。嵩山在颍川阳城县西北，颍水出嵩高之西北。扃，外闭之关也，涓荧切。台有木谓之榭，音谢。”方世举《笺注》：“云扃：鲍照诗：‘罗景蔼云扃。’榭：《尔雅·释宫》：‘阇者谓之台，有木者谓之榭。’注：‘台上起屋。’”按：劚，开凿。嵩，嵩山，中岳，在河南登封。扃，原指门闩，此指门户。开云扃，为拨开云雾，登上嵩山。颍，颍水，发源于嵩山，入淮河。压颍，居颍水之上。《礼记·礼器》：“家不宝龟，不藏圭，不台门。”郑注：“阇者谓之台。”

上叙事，下抒怀。如何焯《批韩诗》云：“以下结出所怀。”

(52) 梨枣栽绕舍：梨，宋白文本作“黎”，误。诸本作“梨”，是。

方世举《笺注》：“梨枣：潘岳《闲居赋》：‘张公大谷之梨，周文弱枝之枣。’”按：此乃韩公想象退隐后的闲适光景。如朱彝尊《批韩诗》：“预描写光景好，此是寂寞闲暇受用处。”

(53) 儿童稍长成，雀鼠得驱吓：魏本：“韩曰：吓，讻吓。《庄子》(《秋水》)：‘鸱得腐鼠，鹓雏过之，仰而视之，曰：吓。’注：‘怒而拒物声。’”文《详注》同。方世举《笺注》：“萧广济《孝子传》：‘王祥后母庭中有李结子，使祥昼视鸟雀，夜则趋鼠。’《南史·顾欢传》：‘欢年六七岁，家贫，父使田中驱鸟雀。’”按：此二句谓：孩子一天一天长大，已经能够驱赶鸟雀了。真天真想象，韩公有此想象，有此实践否？然也写出田园的乐趣。

㊴ 官租日输纳：按时缴纳官家租税，村酒时时沽。迓(yà)，迎接也。《左传》成公十三年："迓晋侯于新楚。"真欲作一守法之民也。

㊵ 闲爱老农愚：愚，憨直，《说文·心部》："愚，戆也。"《史记·仲尼弟子列传》："柴也愚。"裴骃集解引何晏曰："愚直之愚。"敦厚，《孔子家语·问玉》："故《诗》之失愚，《书》之失诬。"王肃注："愚，敦厚。"引申为淳朴，此不作愚笨解。

㊶ 归弄小女姹(chà)：方世举《笺注》："弄：《后汉书·明德马皇后纪》：'吾但当含饴弄孙。'小女姹：姹，陟驾切。《后汉书·五行志》：桓帝初，京都童谣曰：'河间姹女工数钱。'《说文》(女部)：'姹，少女也。'"按：弄，戏耍、逗着玩。姹，娇艳、好看，如形容花"姹紫嫣红"。此指小女儿。《全唐诗》卷四八张九龄《剪彩》："姹女矜容色，为花不让春。"又卷一六〇孟浩然《上巳日涧南园期王山人陈七诸公不至》："浴蚕逢姹女，采艾值幽人。"

㊷ 尔：代词，指归田务农生活。

㊸ 何用毕婚嫁：魏本："樊曰：《后汉书》：向平，字子平，隐居不仕。建武中，男女娶嫁既毕，敕家事勿相关，当如我死也。齐萧惠基(见《南齐书》及《南史》之《萧惠基传》)：常谓所亲曰：'须婚嫁毕，当归老旧庐。'公反之尔。"方世举《笺注》："《后汉书·向长传》：'长，字子平，隐居不仕。建武中，男女娶嫁既毕，敕断家事，与北海禽庆俱游五岳名山，竟不知所终。'"按：此句反用向长事，谓：不用到办完女儿婚事的时候，就要归隐了。毕婚嫁，办完儿女婚事。《后汉书·向长传》："向长，字子平，河内朝歌人也，隐居不仕，性尚中和，好通《老》《易》。……读《易》至《损》《益》卦，喟然叹曰：'吾已知富不如贫，贵不如贱，但未知死何如生耳。'建武中，男女娶嫁既毕，敕断家事勿相关，当如我死也。于是遂肆意，与同好北海禽庆俱游五岳名山，竟不知所终。"沈约《还园宅奉酬华阳先生》："早欲寻名山，须待婚嫁毕。"元结《招陶别驾家阳华作》："无或毕婚嫁，竟为俗务牵。"公意与此近。

【汇评】

宋黄震：《县斋有怀》自叙平生甚详。(《黄氏日抄》卷五九)

明焦竑：《韩诗用吓字》：韩退之诗："儿童稍长成，雀鼠得驱吓。官租日输纳，邨酒时邀迓。""吓"音如"罅"。《庄子》："鸱得腐鼠，鹓雏过之；仰而视之，曰：'吓！'"韩诗本此。(《焦氏笔乘》卷三)

明蒋之翘：诗无甚佳处，只叙事颇详快恳切。(《韩昌黎集辑注》卷二)

清朱彝尊：此仄韵排律，熔裁甚工。规格与《寄三学士》同，但彼一一实叙，此组织华缛。(顾嗣立《昌黎先生诗集注》卷二)

清严虞惇：古诗句句对偶，疑自《文选》出。(钱仲联《韩昌黎诗系年集释》卷二)

清何焯：《县斋有怀》发端两连，领起全篇，为纲。"事业窥皋稷"二句，此二语于公不为夸，但意尽于词，无余味尔。"身将老寂寞"二句，已为结处伏脉。"风雨灵台夜"，谓调四门博士也。《后汉书》注："第五颉'洛阳无主人，乡里无田宅，客止灵台中，或十日不炊。'"然公诗似非用此。"虽陪彤庭臣"，谓除监察御史。"惟思涤瑕垢"至末，事业文章，奇伟之实，嫌小人儒而不为者也。蹉跎摧折悲咤之由，今将不得为大人之事，行以学稼终，所谓悼本志之变化者也。后半故谬其词，公岂有乐乎此哉。(《义门读书记》卷三〇)

又：此篇全用对属，与《答张彻》篇一例。(顾嗣立《昌黎先生诗集注》卷二)

清顾嗣立：公诗句句有来历，而能务去陈言者，全在于反用。如《醉赠张秘书》诗，本用嵇绍"鹤立鸡群"语，偏云"张籍学古淡，轩鹤避鸡群"。《送文畅》诗本用老杜"每愁夜中自足蝎"句，偏云"照壁喜见蝎"。《荐士》诗本用《汉书》"强弩之末，力不能入鲁缟"语，偏云"强箭射鲁缟"。《岳庙》诗本用谢灵运"猿鸣诚知曙"句，偏云"猿鸣钟动不知曙"。此诗结语本用向平婚嫁毕事，偏云"如今便可尔，何用毕婚嫁"。真令旧事翻新。解得此秘，则臭腐皆化为神奇矣。(《昌黎先生诗集注》卷二)

清姚范：《县斋有怀》：风雨灵台夜，按：《第五伦传》注引《三辅决录》言："伦子颉，洛阳无主人，乡里无田宅，客止灵台中。"（《援鹑堂笔记》卷四一）

清曾国藩：此诗阳山县斋作。贞元十九年，公以言事出，至是，二十一年，顺宗即位而作是诗。"嗣皇新继明"，谓顺宗也。公自贞元八年中进士第。贡于京师，至贞元十年屡试博学宏词不中。首十六句，叙少年中进士、试宏博时事。"人情"以下二十句，叙出都从董晋、张建封幕事。"求官"以下十四句，叙为御史上疏被谪事。"湖波"以下十四句，叙道涂及阳山之苦。"嗣皇"以下十六句，思得赦宥而归故土。（《十八家诗钞》卷九）

程学恂："尚奇伟，足悲咤"六字，乃一篇之骨。"犹嫌子夏儒，肯学樊迟稼"，此等语不疑于侈，若老杜"许身稷、契"亦然。"蹉跎颜遂低，摧折气愈下"，此等语不嫌于卑，若老杜"残杯冷炙"亦然。前云"肯学樊迟稼"，后云"闲爱老农愚"，语意似相矛盾，何耶？曰：此正可见古人用心处。如陶靖节多田家之作，而朱文公谓是欲有为而不得者也。靖节于先师忧道不忧贫之旨，亦每及之，是岂真心作田舍翁者？田舍乃其寓耳。故凡读古人田舍诗者，皆当作如是观。然则公此诗中所言，可并行而不悖也。（《韩诗臆说》卷一）

题合江亭寄刺史邹君①

永贞元年九月

红亭枕湘江，蒸水会其左②。瞰临眇空阔，绿净不可唾③。维昔经营初，邦君实王佐④。翦林迁神祠，买地费家货⑤。梁栋宏可爱，结构丽匪过⑥。伊人去轩腾，兹宇遂颓挫⑦。老郎来何暮，高唱久乃和⑧。树兰盈九畹，栽竹逾万个⑨。长绠汲沧浪，幽蹊下坎坷⑩。波涛夜俯听，云树朝对卧⑪。初如遗宦情,终乃最郡课⑫。人生诚无几⑬,事往悲岂那⑭。萧条绵岁时,契阔继庸懦⑮。胜事谁复论,丑声日已播⑯。中丞黜凶邪,天子闵穷饿⑰。君侯至之初,闾里自相贺。淹滞乐闲旷,勤苦劝慵惰⑱。为余扫尘阶,命乐醉众坐⑲。穷秋感平分,新月怜半破⑳。愿书岩上石,勿使泥尘涴㉑。

【校注】

① 题:文本序次在《陪杜侍御游湘西两寺》诗后。题,方《举正》作"合江亭",云:"阁与杭、蜀本只出此三字。"廖本、王本从之。朱《考异》:"诸本作'题合江亭寄刺史邹君'。方从阁、杭、蜀本,篇内三处注文亦用蜀本。"宋白文本、文本、祝本、魏本作"题合江亭寄刺史邹君",从之。

此诗写作时间:《洪谱》《方谱》等俱系永贞元年。王元启《记疑》:"诸本如此,方从阁、杭、蜀本,只存'合江亭'三字。又云篇内三处注文亦用蜀本,愚谓篇题宜从诸本,不著'题寄'等字。则篇中'君侯'一语突无来历,三处注文却宜备载。'邦君实王佐'下注曰:'故相齐公映所作。''高唱久乃和'下注曰:'宇文郎中炫,又增其制。''天子闵穷饿'下注云:'前刺史元澄无政廉使,中丞杨公凭奏黜之,朝廷遂用邹君。'剑本遗第三节。吴本遗第二节。今汇诸本补足。"又云:"此诗永贞元年公受江陵法曹之命,自郴至衡作。诗云'穷秋感平分,新月怜半破。'知在九月既望生魄之后,至岳州则在十月。读《岳阳楼》诗可见。"《韩学研究·韩愈年谱汇证》:"诗云'穷秋感平分','穷秋'指九月,鲍照《白纻曲》之五:'穷秋九月荷叶黄'是也。'平分',乃半月之谓。而'新月半破',指上弦月,在九月上旬八九日。《诗经·小雅·天保》'如月之恒',孔颖达疏:'弦有上下……八日、九日,大率月体正半,昏而中,似弓之张而弦直,谓上弦也。'故此诗之写当在上中旬之间。"

卷二　古诗

魏本:"孙曰:亭在衡州负郭,今之石鼓头,即其地也。地形特异,岿然崛起于二水之间。旁有朱陵洞,亦谓之朱陵仙府,唐人题刻散满岩上。时公自阳山量移江陵府法曹参军,过衡山有此诗。邹君,逸其名。"文《详注》序此诗于《游湘西寺》后,云:"此诗因顺宗即位,赦还江陵,道经衡州作也。浮休《南迁录》曰:自潭州湘江逆行,南望见衡州城郭。又一二里过青草江石鼓头,衡州在湘江之西,临岸南北,石鼓头即古合江亭也。地形诡异,岿然特起于二水之间,石角盘结,竹林亏蔽,下临清流,最为奇趣。贞元中刺史齐映葺新之,韩退之为《合江亭》诗,具道其事。诗所谓'蒸水会其左',即青草江也。旁有朱陵洞,亦谓之朱陵仙府,有唐人题刻散满岩上,岁久荒凉。至庆历中,因其地建为石鼓书院,虽略为规制,然僻在江郊,又三冬寒露,学者未常游焉。惟守将之好事者,岁时一登览焉,为燕游之地。《补注》:齐映微时,张延赏遇之厚。及映相,延赏数为英画事,又为所亲求官,映不答,延赏恚。既复用,即劾映非宰相器,贬夔州刺史,徙衡州。映贬,贞元三年也。"陈景云《点勘》:"范石湖《骖鸾录》曰:合江亭,今名绿净阁,取韩诗'绿净不可唾'句。盖石湖赴桂林时,过此而目睹其悬榜也。"岑仲勉《唐集质疑》曰:"《元和姓纂》邹姓,'开元中有象先……象先生儒立,衡州刺史',据《唐诗纪事》二二,象先为萧颖士同年生,即开元二十三年(735)进士,时代相当,此刺史应即儒立,邹姓著者不多,况复同为衡州刺史也。儒立,贞元四年(788)贤良方正科及第,见《会要》七六;《江州集》四有《送云阳邹儒立少府侍奉还京师》诗,意贞元初作;十四年(798),官殿中侍御史,见《会要》六二;《郑准墓志》,十七年(801)立,撰人结衔曰殿中侍御史武功县令邹儒立,见《芒洛遗文续编补遗》,四五年间,自京县令擢升刺史,固常事也。"钱仲联《集释》:"诗云'新月半破',当指上弦而言,下弦不得云新月矣。《旧唐书·职官志》:'上州刺史,从第三品。'"

② 红亭枕湘江,蒸水会其左:方《举正》作"洪亭",云:"阁本、蜀本同。晁、谢皆校从上。三处注文亦用蜀本定。"朱《考异》:

"红,或作'江',方作'洪'。今按:欧本作'红'。鲍云:当作'红'。其作'洪'者,声存而字讹也。"宋白文本、文本、祝本、魏本作"江亭"。宋白文本注:"一作'烘'。"廖本、王本作"红亭"。按:此当以亭之色得名,非以江也;若亭名江,则公起句必不如此之重笔。

红亭,魏本引《笺》云:"故相齐映所作。"文《详注》:"《水经》(《湘水》)曰:'湘水出零陵始安县,东北过鄀县西,蒸水从东南来注之。'注云:'蒸水出邵陵县界蕫山,东北流至重安县,迳舜庙下又东合略塘。相传云:此塘中有铜神,今时犹闻铜声于水,水辄变渌,作铜腥,鱼为之死。又东北流至湘东临承县北,东注于湘,谓之承口。临承即故鄀县也。'《通典》云:'衡州理衡阳县,即汉鄀县也。有鄀水湖,酿酒醇美,所谓鄀酒。晋武帝平吴,始荐鄀酒于太庙,谓此地有蒸水故也。'蒸,本名承,因知彼人汲此水以造酒,故名蒸。'绿净不可唾'者,以不敢污之故也。枕,据也,音职任切。"方世举《笺注》:"蒸水:《汉书·地理志》:'长沙国承阳。'应劭曰:'承水之阳。'师古曰:'承水源出零陵永昌县界,东流注湘。承,音蒸。'《后汉书·地理志》:'烝阳侯国,故属长沙。'注:罗含《湘中记》曰:'烝水注湘。'《水经》:'湘水出零陵始安县阳海山,又东北过鄀县西,承水从东南来注之。'注:'承水出衡阳重安县西邵陵县界邪蕫山。'"钱仲联《集释》:"《太平寰宇记》卷一一五《江南西道》十三《衡州衡阳县》云:'蒸水,源出县西,水气如蒸。《水经》云:蒸水源出重安县南,又东北至临蒸入于湘,谓之蒸口也。'"按:蒸水由蒸县北入湘江,谓之蒸口。《元和郡县图志》卷二九:"(衡州衡阳县)蒸水,自临蒸县北东注于湘,谓之蒸口。"

③ 绿净不可唾:绿,或作"渌"。绿,表颜色;渌,谓清澈。二字均通。诸本作"绿",谓因此处有铜矿。此从诸本。文《详注》:"'绿净不可唾'者,以不敢污之故也。瞰,视也,音苦滥切。眇,远也,音弥沼切。"方世举《笺注》:"《水经注》(《赣水》):'清潭远涨,绿波凝净。'"按:"绿净"一词虽生造,却写实景,鲜明贴切。加"不可唾",虽稍俗气,却也将韩公对此水的感情突显出来。如朱彝尊《批韩

诗》:"独造语,语境俱佳。"

④ 维昔经营初,邦君实王佐:指齐映最早造"红亭"。魏本:"樊曰:映以贞元三年罢相,贬夔州刺史,后徙为衡州。"文《详注》:"旧注云:故相齐映之作。按《唐史》(《旧唐书·齐映传》):'映,瀛州高阳人。贞元二年(786)以中书舍人为相。会与张延赏不协,明年贬夔州刺史,徙衡州。'《灵台》(《诗·大雅》)诗曰:'经之营之。'毛云(按:乃郑笺,非毛传):'经度其址,营表其位。'"方世举《笺注》:"邦君:洪云,亭,故相齐暎所作。《旧唐书·齐映传》:'贞元二年,同平章事。三年,贬夔州刺史,转衡州。七年,授御史中丞,改江西观察使。'"

蒋抱玄《评注》:"《论语》(《季氏》):'邦君之妻。'《后汉书·王元传》:'王生一日千里,王佐才也。'"陈景云《点勘》:"'邦君实王佐'句,宋本下注:故相齐映所作。'老郎'一联下注:宇文郎中炫又增其制。'君侯'一联下(注):前刺史元澄无政,廉使杨公中丞奏黜之,朝廷遂用邹君。此《考异》所谓篇内三处注文也。按:此三条,定公自注之文,刊本误以为出于后人而削之。题下注亦止采二条,尚遗其一。"童《校诠》:"第德案:此本下二条笺文与陈氏所说同,廉使杨公中丞无公字。王本只列第一第二两条,每条冠以洪曰二字,第一条句首增一谓字,第二条句首亦有谓字,无郎中二字,是此注出于洪庆善,非公自注。疑陈氏未见魏本、王本,故以为公注。所谓宋本者,或是祝本,祝本宇文炫又增其制,无郎中二字,亦与陈所见本小异。又三处注文,乃朱氏转引方说,非出考异。"按:邦君,指齐映;王佐,谓齐映乃王佐之才,意谓帝王的辅佐。《文选》任昉《王文宪集序》:"是以宸居膺列宿之表,图纬著王佐之符。"刘良注:"王佐,谓贤才可以佐辅天子者。符,应也。"《汉书·董仲舒传》:"刘向称:董仲舒有王佐之材。虽伊吕亡以加,管晏之属,伯者之佐,殆不及也。"童《校诠》谓三条旧注乃洪庆善注,以魏本等所有;岂不知宋蜀本已有之,且全。此本偶有简释,疑为公原有。

⑤ 买地费家货:魏本注:"费,一作'匮'。"朱《考异》:"费,或作

'匮'。"诸本作"费",从之。

童《校诠》:"第德案:晏子春秋杂上:吾托国于晏子也,以其家货养寡人,不欲其淫侈也,而况与寡人谋国乎?家货,家财也。作费作匮义得两通。"按:童说非。魏本中此三条笺云,当出自宋白文本,这是一个南宋中期前蜀中刊刻的旧本,当为晚唐旧本所有。其文是否韩公自注,不敢断言。然亦非洪说。因魏本凡采《洪谱》或《辨证》者均明书"洪曰",而独此篇三处所注谓"笺云",通体不类;况宋白文本全书无注,有则为少量校文,而此篇则竟赫赫有此三处,且语义明析,可见绝非一般。此二句谓:清除杂树迁走神庙,出自家钱买地建亭。虽在赞亭,实赞齐映也。

⑥ 梁栋宏可爱,结构丽匪过:方《举正》作"宏",云:"阁本、蜀本并同。晁、谢皆校从上。"朱《考异》:"宏,或作'横'。"宋白文本、文本、祝本作"横"。宋白文本注:"一作'宏'。"魏本、廖本、王本作"宏"。按文意作"宏"字善。

文《详注》:"言制作虽宏丽,不过度也。《景福殿赋》(《文选》卷一一何平叔《景福殿赋》)曰:'结构则修梁彩制。'李善注云:'谓交结构架也。'"方世举《笺注》:"王延寿《鲁灵光殿赋》:'详察其栋宇,观其结构。'"

⑦ 伊人去轩腾,兹宇遂颓挫:文《详注》:"伊人,映也。轩腾,奔驰也。映自衡州徙为桂管、江西观察使卒。"

按:齐映,新旧《唐书》有传。《新唐书·齐映传》:"贞元二年,以舍人同中书门下平章事,俄改中书侍郎,封河间县男。……明年,贬夔州刺史,徙衡州。久之,为桂管、江西两观察使。"则齐映刺衡、修亭约在贞元四五年间,贞元七年后卒于江西,年四十八。伊人之伊作"是""此"字解,《诗·秦风·蒹葭》:"所谓伊人,在水一方。"郑笺:"伊,当作繄。繄,犹是也。"

⑧ 老郎来何暮,高唱久乃和:文《详注》:"旧注云:'郎中宇文炫,又增其制。'按:《唐史世系》,炫乃宰相宇文融之孙,终刑部郎中。"沈钦韩《补注》:"宇文炫,见《袁高传》,其出守衡州无考。"方世

举《笺注》："《汉武故事》：'颜驷，汉文帝时为郎，至武帝辇过郎署，见驷庞眉皓发，上问曰：叟何时为郎，何其老也？'"来何暮，即来何晚，指炫晚年才来。魏本："孙曰：后汉建中初，廉范为蜀郡太守，百姓歌曰：'廉叔度，来何暮。不禁火，民安堵。'"按：老郎，指宇文炫。宇文炫晚年来为衡州刺史，复加修葺红亭。来何暮，即来何晚，指炫晚年才来。宇文炫官终刑部郎。德宗欲复用卢杞，炫时为拾遗，与同官陈京等力争而止，风节伟矣。《旧唐书·袁高传》与高上言卢杞奸诈，"遗补陈京、赵需、裴佶、宇文炫、卢景亮、张荐等，上疏论奏"。何焯《义门读书记》卷三○："旧刻《五百家注韩集》独此诗三处有笺云，疑旧有之。注家削去'宇文炫又增其制'句。而私前后二处为己有，绝可笑。"宋白文本保留三处笺注原文，此句下云："宇文郎中炫，又增其制。"可见此本之早且善。

⑨ 树兰盈九畹，栽竹逾万个：树，植也，作动词。兰，香草。九畹，《辞源》："《楚辞》屈原《离骚》：'余既滋兰之九畹兮，又树蕙之百亩。'注：'十二亩曰畹，或曰田之长为畹也。'后来九畹就成为种兰的典故。唐韩愈《昌黎集》二《合江亭》诗：'树兰盈九畹，栽竹逾万个。'又直接用以称兰花。元张昱《可闲老人集》四《赵松雪墨兰》诗：'玉庐墨妙世无同，九畹高情更所工。'"

个，或作"箇"。方《举正》据蜀本作"个"，云："'竹竿万个'，《史记·货殖传》语，只作'个'字。古书如《仪礼》《左传》《荀子》皆用'个'字，《汉·功臣表》始出'箇'字。胡德辉曰：'个、箇，古今字也。'"朱《考异》："个，或作'箇'。"宋白文本、文本、祝本、魏本作"箇"。廖本、王本作"个"。当作"个"。箇、个音义同。个本字，箇后出，乃古今字。

文《详注》："《楚辞》（屈原《离骚》）曰：'余既滋兰之九畹。'王逸云：'十二亩也。'《前汉·货殖传》曰：'竹竿万箇。'《说文》（竹部）曰：'箇，竹枚也。'或作个，同，居贺切。"

⑩ 长绠汲沧浪，幽蹊下坎坷：魏本："孙曰：沧浪，清水也。"文《详注》："绠，级（汲）绳也，苦杏切。《庄子》（《至乐》）曰：'绠短者不

可以汲深。'沧浪,水名。蹊,道也。谢玄晖登山诗(《敬亭山》)曰:'兼得寻幽蹊。'坎坷,不平貌。"方世举《笺注》:"沧浪:屈原《渔父篇》:'沧浪之水清兮。'蒋云:'此只泛言其水为沧浪耳。'《禹贡》:'沧浪之水。'今在均州。坎坷:《广韵》:'不平也。'"钱仲联《集释》:"《吕氏春秋》毕沅注:'苍狼,青色也。在竹曰苍筤,在天曰仓浪,在水曰沧浪。'"按:方世举引蒋云者乃明蒋之翘《辑注》:"此只泛言其水为沧浪耳。"蒋说是。此乃泛指合江亭侧江水清澈。

⑪ 波涛夜俯听,云树朝对卧:此二句谓:夜俯听波涛,朝卧对云树。均词序到置句式。朱彝尊《批韩诗》:"写景工。"

⑫ 初如遗宦情,终乃最郡课:文《详注》:"《邺中集》(谢灵运《拟魏太子邺中集诗序》)曰:'徐干少无宦情,有箕、颍之志。'唐制:考功有二十七最,礼义兴,行肃清,所部为郡国之最。最,古外切。"魏本引《补注》同。魏本:"孙曰:治行第一也。"方世举《笺注》:"遗宦情:《南史·刘善明传》:'我本无宦情。'最郡课:《汉书·百官志》注:'秋冬岁尽,丞尉以下诣郡课校其功。'卢谌诗:'倪宽以殿黜,终乃最众赋。'"按:乃卢谌《赠崔温》诗。

按:此二句乃上下之纽。如何焯《批韩诗》云:"二句联络下意。"

⑬ 人生诚无几:诚,方《举正》作"成",云:"三本同。荆公、谢氏诸校本多作'诚'。"朱《考异》:"诚,方作'成',非是。"魏本作"成"。宋白文本、文本、祝本、廖本、王本作"诚",从之。

按:此句慨叹人生苦短也。曹操《短歌行》之二:"对酒当歌,人生几何?"

⑭ 事往悲岂那(nuó):那,方《举正》据蜀本作"奈"。朱《考异》:"奈,或作'那'。"宋白文本、文本、祝本、魏本作"那"。廖本、王本作"奈"。

文《详注》:"那,犹堪也,音奈,或从口从奈。"魏本:"祝曰:那,奈也。宋鲍照《采菱歌》:'秋心殊不那。'那,乃过切。"按:那,多也。《诗·小雅·桑扈》:"不戢不难,受福不那。"那,指代词,同那(nà),

与这对。唐张鹭《朝野佥载》卷二："必是那狗。"按文意与上下句对,作那(nuó);按用韵作那(nuò)。皆可通。

⑮契阔继庸懦:懦,宋白文本、祝本作"琐",注:"一作'懦'。"文本、魏本、廖本、王本作"懦"。魏本:"唐曰:懦,一作'琐',非。公诗凡篇中通押上去声韵者,字必有两音。他仿此。"

文《详注》:"绵,历也。庸懦,疲弱下才也。言自炫之后刺史皆不得其人,疲弱相继,职事不修,遂使江亭胜事无复可论,而丑恶之声,日相播告也。懦,乃卧切。一作'琐',非是。文公诗,凡一篇内通用上去声为韵者,其字必有两音,它皆仿此。"魏本:"韩曰:《诗》(《邶风·击鼓》):'死生契阔。'注:'勤苦也。'"按:契阔,聚散、离合。《文选》卷二六陆机《吴王郎中时从梁陈作》诗:"谁谓伏事浅,契阔逾三年。"

⑯胜事谁复论,丑声日已播:文《详注》:"言自炫之后刺史皆不得其人,疲弱相继,职事不修,遂使江亭胜事无复可论,而丑恶之声,日相播告也。"

⑰中丞黜凶邪,天子闵穷饿:宋白文本注:"前刺史元澄无政,廉使杨公中丞奏黜之,朝廷遂用邹君。"文《详注》:"旧注(指上注)云:'前刺史元澄无政,廉使杨公中丞奏黜之,朝廷遂用邹公。'以恤穷饿之民。"魏本:"孙曰:杨谓御史中丞湖南观察使杨凭也。"按:君侯,指邹君儒立。

⑱淹滞乐闲旷,勤苦劝慵惰:蒋抱玄《评注》:"《左传》(昭公十四年):'诘奸慝,举淹滞。'(杜注:'淹滞,有才德而未叙者。')"按:《左传》文公六年:"续常职,出滞淹。"疏:"出滞淹者,贤能之人沉滞田里,拔出而官爵之也。"《魏书·常景传》:"景淹滞门下积岁,不至显官。"此二句乃紧要处,故何焯《批韩诗》云:"上句斡题,下句联络上意。"

⑲为余扫尘阶,命乐醉众坐:尘阶,方《举正》据阁本作"东阶"。朱《考异》:"尘,方作'东',非是。"诸本作"尘阶",从之。

按:此二句谓:打扫庭阶,置酒陈乐,热情接待。

⑳ 穷秋感平分，新月怜半破：魏本："韩曰：《骚》(宋玉《九辩》)云：'皇天平分四时兮，窃独悲此廪秋。'樊曰：公永贞元年(805)九月初，道衡之江陵，故云耳。孙曰：半破：谓月未圆也。"文《详注》："《楚辞》曰：'皇天平分四时'，此诗谓季秋之初。'新月怜半破'，月缺之状。《晋志》(《晋书·天文志上》)曰：'日之入西方，视之稍稍去，初尚半如横，破镜之状，须臾沦没矣。'此诗借使也。"按：拗仄押韵，遂开后世法门。故程学恂《韩诗臆说》卷一云："押韵处生拗有奇趣，遂开苏、黄次韵之派。"

㉑ 勿使泥尘涴：方《举正》出南宋监本"尘泥涴"，据阁本乙作"泥尘"。朱《考异》："泥尘，或作'尘泥'。"廖本、王本作"泥尘"。宋白文本作"尘阶"。文本、祝本、魏本作"尘泥"。作"泥尘""尘泥"均可。

文《详注》："涴，泥著物也，乌卧切。"方世举《笺注》："《广韵》：'涴，泥着物也，亦作污。'"按：涴，污染。《说文》无"涴"字。《王力古汉语字典》引韩诗为例。

【汇评】

宋范成大：《合江亭序》：合江亭即石鼓书院，今为衡州学宫。一峰特立，踞两水之会，湘水自右，蒸水自左，俱至亭下，合为一江而东。有感而赋。韩文公所谓"渌净不可唾"者，即此处。今有渌净阁。(《石湖居士诗集》卷一三)

清朱彝尊：亦是顺序，然风致有余。(顾嗣立《昌黎先生诗集注》卷二)

清何焯：《合江亭》：旧刻《五百家注韩集》独此诗三处有"笺云"，疑旧有之。注家削去"宇文炫又增其制"句，而私前后二处为己有，绝可笑。"维昔经营初"二句，笺云："故相齐映所作。""老郎来何暮"二句，笺云："宇文炫又增其制。""中丞黜凶邪"四句，笺云："前刺史元澄无政，廉使杨中丞奏黜之，朝廷遂用邹君。"(《义门读书记》卷三〇)

清曾国藩:《合江亭》:"邦君",指齐映,初建此亭者也。"老郎",继齐而树兰栽竹者也。"庸懦"指元澄,被杨凭劾去者也。"君侯"指邹君,款接韩公者也。邹君逸其名,老郎并逸其姓。(《十八家诗钞》卷九)

陪杜侍御游湘西两寺
独宿有题一首因献杨常侍①

永贞元年九月

长沙千里平,胜地犹在险②。况当江阔处,斗起势匪渐③。深林高玲珑④,青山上琬琰⑤。路穷台殿辟,佛事焕且俨⑥。剖竹走泉源,开廊架崖广⑦。是时秋初残,暑气尚未敛⑧。群行忘后先,困息弃拘检⑨。客堂喜空凉,华榻有清簟⑩。涧蔬煮蒿芹,水果剥菱芡⑪。伊余凤所慕,陪赏亦云忝⑫。幸逢车马归,独宿门不掩⑬。山楼黑无月,渔火灿星点⑭。夜风一何喧,杉桧屡摩飐⑮。犹疑在波涛,怵惕梦成魇⑯。静思屈原沉,远忆贾谊贬⑰。椒兰争妒忌,绛灌共谗谄⑱。谁令悲生肠?坐使泪盈脸⑲。翻飞乏羽翼,指摘困瑕玷⑳。珥貂藩维重,政化类分陕㉑。礼贤道何优,奉己事苦俭㉒,大厦栋方隆,巨川楫行剡㉓,经营诚少暇,游宴固已歉㉔。旅程愧淹留,徂岁嗟荏苒㉕,平生每多感,柔翰遇频染㉖,展转岭猿鸣,曙光青㬎㬎㉗。

【校注】

① 题:方《举正》补"两""一首因"四字,云:"杭、蜀本皆作'两

寺'。少陵诗亦有《岳麓道林二寺行》。今本'因'字并'一首'字删之,非也。杨常侍,杨凭也,时观察湖南。"朱《考异》:"诸本无'两'字及'一首因'三字。"宋白文本、文本、祝本、魏本无"两"和"一首因"字。廖本无"一首"字。钱仲联《集释》同题,云:"《举正》本、《考异》本、王本如此。"今从方补,钱校。

魏本:"樊曰:寺在潭州。杨常侍凭,时为潭州刺史,湘西观察使。公自阳山北还过潭作。一作'因献杨侍御'。"文《详注》:"此诗赦还江陵道经潭州作也。时杜侍御为潭州刺史,杨常侍为湖南观察使。侍御,未详姓氏。常侍,杨凭也,见《荆潭唱和诗序》。浮休《南迁录》云:潭州,在湘江东岸,濒江为城,南北十五里,临江十一门,列肆繁会,甲于江表。在汉为东郡,梁隋为湘州,唐为潭州刺史治之所。乾宁中,马殷自邵州刺史入据,遂为武安军节度,开霸府立官属。南辟容桂,北吞澧朗二十余郡,父子称制,居五代之世,兵强财阜者六十年。后为江南所并而不能守,遂入周行逢。开宝中,行逢子保权归朝,今为湖南安抚治所,即唐观察使也。癸丑(当作癸酉:九月七日),独过湘西寺,即潭州湘水之西也。寺有韩退之诗刻。"方世举《笺注》:"原注:杨常侍,凭也,时观察湖南。《旧唐书·杨凭传》:'凭,字虚受,宏农人。举进士,累迁湖南、江西观察使。入为左散骑常侍、刑部侍郎、京兆尹。凭工文辞,少负气节,与母弟凝、凌相友爱,皆有时名。'杜侍御无考。"钱仲联《集释》:"祝穆《方舆胜览》:'灵麓峰乃岳山七十二峰之数。自湘西古渡登岸,夹径乔松,泉涧盘绕,诸峰叠秀,下瞰湘江。岳麓寺在山上,百余级乃至。今名惠光寺。下有李邕麓山寺碑。道林寺在岳麓山下,距善化县八里。寺有四绝堂,保大中马氏建,谓沈传师、裴休笔札,宋之问、杜甫篇章。治平间蒋颖叔作记,乃为诠次,以沈书、欧书、杜诗、韩诗为四绝。'"按:此诗系年,《韩学研究·韩愈年谱汇证》:"《洪谱》、方崧卿《年谱》、《顾谱》系是年。方成珪《诗文年谱》系是年,曰:此自衡至潭九月作,诗有'是时秋之残'句可证。按:寺在潭州,潭州即长沙。诗首句即云'长沙千里平,胜地犹在险',可证诗写于长沙,时间当在秋之残的九月底。……诗云'柔翰遇频染''曙灯青睒睒',知为夜宿有感而写。"樊谓凭为潭州刺史,文谓杜为潭州刺史。两《唐书·杨凭传》均不言凭为刺史事。则观察使未兼其州刺史也。

② 长沙千里平,胜地犹在险:文《详注》:"《通典》(卷一八三《州郡》十三《古荆州·长沙郡》)曰:'潭州,今理长沙县,古三苗之地。自春秋以来,为楚国之南境,秦为长沙郡,有万里沙祠,故曰长沙。'岳、衡、永、道、柳、连、邵、朗,并长沙之地。今诗指潭州而言也,故曰'胜地犹在险'。"魏本:"孙曰:长沙即潭州,在湘江之东,西岸小山,即道林、岳麓诸寺。胜,奇胜也。"朱《考异》卷一末附载张洽补注:"'长沙千里平',洽尝至长沙,登岳麓寺,见相识云:'千'当作'十',盖后人误增'丿'也。州城方十里,坦然而平,湘西岳麓寺乃独在高处,下视城中,故云'长沙十里平,胜地犹在险'。寺中道乡亭观之,信然。此朱先生及方氏所未及。漫志于此,以备考订。"王元启《记疑》:"千里平,一说'千'当作'十'。州城方十里,坦然而平,湘西岳麓寺乃独高处,故公诗云云。沈德毓曰:'千里平'即孟浩然诗所谓'卦席几千里,名山都未逢'是也。公诗统举大势,无一语及于州城大小,改'千'作'十',转使语意索然。一说非是。"王说乃知诗者言。

③ 况当江阔处,斗起势匪渐:宋白文本、祝本、魏本、廖本注:"匪,一作'非'。"文本作"匪"。匪、非,通用。

魏本:"孙曰:斗,顿也。"方世举《笺注》:"《史记·封禅书》:'成山斗入海。'索隐曰:'谓斗绝曲入海也。'《水经注》:'峻坂斗上斗下。'"按:岳麓山,《元和郡县图志》卷二九:"(潭州)长沙县,本汉临湘县,属长沙国。隋改为长沙县,属潭州。岳麓山,在县西南,隔湘江水六里,盖衡山之足也,故以'麓'为名。"韩愈、孟郊《征蜀联句》孟郊语"斗起成埃圻"。何焯《批韩诗》:"峭句。"

④ 深林高玲珑:文《详注》:"玲珑,明暗貌。上郎丁切,下庐东切。谢灵运《经湖中》诗曰:'环州亦玲珑。'"魏本:"《集注》:玲珑,

玉声。一曰明貌。扬子:'玲珑其声者,其质玉乎?'《选》(左思《吴都赋》):'珊瑚幽茂而玲珑。'"魏本音注:"玲,音苓。珑,音笼。"方世举《笺注》:"扬雄《蜀都赋》:'其中则有玉石簪岑,丹青玲珑。'"玲珑借玉之美色状深林空明之貌。李白《玉阶怨》:"却下水晶帘,玲珑望秋月。"韦应物《横塘行》:"玉盘的历双白鱼,宝簟玲珑透象床。"

⑤青山上琬琰(wǎn yǎn):方《举正》:"谢本校'上'作'生',李本亦一作'生'。"朱《考异》:"上,或作'生'。"上作"生",非。诸本作"上",是。

魏本:"孙曰:琬琰,青玉也。"文《详注》:"琬琰,圭之上锐者。上委远切,下音以冉切。"魏本音注:"琰,以冉切。"方世举《笺注》:"琬琰:《书·顾命》:'琬琰在东序。'《说文》:'琰,石上起美色也。'王云:琬琰,青玉也。"按:琬琰,青玉也。方世举所引王云,实为孙说。由此可知方似未见魏本。钱仲联《集释》:"琬琰,取琬圭琰圭之义,以状山之宛然隆起及剡上之形。《说文》段玉裁注曰:'先郑云:琬,圭无锋芒。后郑云:琬,犹圜也。'玉裁谓圜剡之故曰圭首宛。宛者,与丘上有丘为宛丘同义。又曰:'琰,许云:起美色。或当作圭,剡上起美饰者。《考工记》郑注曰:凡圭,琰上寸半,琰圭,琰半以上。'"按:琬琰,以玉之美色状山色美丽。《楚辞》屈原《远游》:"吸飞泉之微液兮,怀琬琰之华英。""深林"二句,气势突兀,险中有韵。如何焯《义门读书记》卷三○云:"'深林高玲珑'二句,斗起。"

⑥佛事焕且俨:魏本:"孙曰:焕俨:盛也。"钱仲联《集释》:"《论语》何晏《集解》:'焕,明也。'《诗》:'硕大且俨。'《说文》:'俨,一曰好貌。'"按:二句始入湘西寺也,见佛事庄严肃穆之貌。《诗·陈风·泽陂》:"硕大且俨。"毛传:"俨,衿庄貌。"《楚辞》屈原《离骚》:"汤禹俨而祗敬兮。"王逸注:"俨,畏也。"则俨在这里作庄严解。

⑦剖竹走泉源:真山中实景。山中人常剖粗大之竹,去节穰

作水槽(如今之水管)引水,或食用,或灌溉。

开廊架崖广:廊,祝本作"廓",非。诸本均作"廊",是。

文《详注》:"《说文》曰:'广,因崖为室,象对刺高屋之形。'音俨。《西京赋》曰:'设砌厓槏。'广、槏同音。"按:文注引《说文》见广部:"广,因厂为屋也。从厂,象对刺高屋之形。凡广之属皆从广,读若俨然之俨。"段注:"厂,各本作广,误。今正。厂者,山石之厓岩。因之为屋,是曰广。《广韵》:琰、俨二韵及昌黎集注皆作因岩,可证。因岩即因厂也。"广(yǎn鱼掩切,音俨,上,俨韵):《王力古汉语字典》:"因岩架成的屋。《广韵》:'广,因岩为屋。'唐韩愈《游湘西两寺》诗:'剖竹走泉源,开廊架崖广。'"厂(hǎn呼旱切,音罕,上,旱韵):山崖。《说文》:"厂,山石之崖岩,人可居。"广、厂,义近而音异。韩诗当作"广"。以上十句写长沙之景。朱彝尊《批韩诗》:"写情景入细。"

⑧ 是时秋初残:方《举正》"秋"作"之"字,云:"三本同。"朱《考异》:"之,或作'初'。"宋白文本、文本、祝本、魏本作"初"。廖本、王本作"之"。按:二句相对和南方天暖推断,此作"初"字合韩公意。与韩公游湘西的九月下旬合。

暑气尚未敛:文《详注》:"敛,收也。"此二句谓:天气尚热,秋象始显。此乃南方天气之兆也。

⑨ 群行忘后先:文《详注》:"相导前后曰先后。上胡迈切,下音先见切。"按:后先谓群行行列之次第。韩公《南山》诗"或齐若友朋,或随若先后"曾用之。

困息弃拘检:方《举正》据唐本"困"作"朋",云:"谢校。"朱《考异》:"朋,或作'困'。"宋白文本、文本、祝本、魏本作"困"。廖本、王本从方作"朋"。作"困"、作"朋"均通。困者,写群游之人山行困乏,在山里休息时不再拘束于礼数,意与上句"忘后先"意合。作"朋"者,按上下句式、用词之对举则合。细味诗意,作"困"更合韩诗意。

按:拘检,拘束。《后汉书·左雄传》:"虚诞者获誉,拘检者离毁。"韦应物《南园陪王卿游瞩》诗:"形迹虽拘检,世事澹无心。"

⑩客堂喜空凉,华榻有清簟:朱《考异》:"空,或作'风'。"宋白文本作"风"。文本、祝本、魏本、廖本、王本作"空"。作"空"字是。顾嗣立《集注》:"谢玄晖诗(《在郡卧病呈沈尚书》):'珍簟清夏室。'杜子美诗(《七月一日题终明府水楼二首》之二):'清簟疏帘看弈棋。'"按:簟,簟竹织成的竹席,凉爽少节,堪称佳品。见韩公《郑群赠簟》诗。上句写客堂空广凉爽,下句谓豪华的床上铺着簟席。"空"用得好,传神。王维诗多用之,如《过香积寺》"薄暮空潭曲",《山中》"空翠湿人衣",《鹿柴》"空山不见人",《孟城坳》"空悲昔人有",《鸟鸣涧》"夜静春山空"。一"空"字,突出题中"独"字。如何焯《批韩诗》云:"先为独宿引线。"

⑪涧蔬煮蒿芹,水果剥菱芡:文《详注》:"《尔雅》(《释草》)曰:'蘩之类,秋为蒿也。芹,楚葵也。'郭璞注云:'春秋各有种名,至秋老成,皆通为蒿也。芹,水中芹菜。蔬,菜总名。菱,水中芰。'《说文》(草部)曰:'芡,鸡头莲也。'《方言》曰:'南楚谓之鸡头,北燕谓之莜,青、徐、淮、泗之间谓之芡。'上音力膺切。下音巨崄切。"魏本:"祝曰:芡,鸡头。《周礼》:'菱芡栗脯。'"顾嗣立《集注》:"《左传》隐公三年:'涧溪沼沚之。'毛诗:'食野之蒿。'注:'菣也,即青蒿。'又'薄采其芹。'注:'水菜也。'杜子美诗:'香芹碧涧羹。'又:'饭煮青泥坊底芹。'《江赋》:'攒布水蓛。'《东京赋》:'供蜗蜯与菱芡。'善曰:'菱,芰也。芡,鸡头也。'"按:此二句皆倒装,谓:煮涧蔬的芹蒿,剥水果的菱芡,即宿寺所食也。

⑫伊余凤所慕,陪赏亦云忝:魏本:"孙曰:谓陪杜侍御。"按:伊,即杜侍御。余,韩公自指。凤,平素、过去。杜甫《骢马行》:"凤昔传闻思一见。"忝,辱。《汉书·叙传下》:"陵不引决,忝世灭姓。"或作愧解。李商隐《筹笔驿》:"管乐有才终不忝。"谓我一向仰慕你,陪你游赏是我的荣幸。何焯《批韩诗》:"陪游,转下独宿。"

⑬幸逢车马归,独宿门不掩:文《详注》:"谓侍御归而独留寺宿也。"魏本:"孙曰:谓杜归而己留也。"按:扣题。如何焯《义门读

书记》卷三〇云:"入独宿。"

⑭ 山楼黑无月,渔火灿星点:文《详注》:"叉鱼之炬来往江中,点点明若星灿。"按:此乃九月下旬天气,俗谓十七八黄昏曚是也。入写夜里所见之景。如何焯《批韩诗》:"写景如见。"

⑮ 夜风一何喧,杉桧屡摩颭:方《举正》作"摩",云:"蜀本作'摩'。古磨、摩通。"朱《考异》:"磨,或作'摩'。"宋白文本、文本、祝本、魏本、廖本、王本均作"磨"。二字通。今从方作"摩"。

文《详注》:"杉、桧,二木名。杉似松,所咸切。桧,柏叶松身,桧,音古外切。两木相磨曰颭,占琰切。"魏本:"韩曰:颭,风动物也,音点,又职琰切。"方世举《笺注》:"《尔雅·释木》:'柀,樋。'注:'似松,生江南,可以为船。'又:'桧,柏叶松身。'《南方草木状》:'杉,一名柀𣐿。合浦东二百里有杉一树。汉安帝永初五年春,叶落随风飘入洛阳城。'磨颭:《玉篇》:'櫷,木相摩也。'刘歆《遂初赋》:'回风育其飘忽兮,回颭颭之泠泠。'《说文》:'颭,风吹浪动也。'"

按:《木兰辞》:"小弟闻姊来,磨刀霍霍向猪羊。"王充《论衡·率性》:"摩拭朗白。"张相《诗词曲语辞汇释》卷三:"在唐五代时,随声取字,麽、磨、摩皆假其声为之,尚未划一,似至宋以还始专用麽字,后乃或并唐人所用之磨字而亦追改之矣。"摩字或作摇字解,如"摩(磨)旗"即摇旗。此诗颭若作两物相磨擦解,则此作磨与颭字意思重复;若作摩当摇动解,则为杉桧树枝摇动相磨擦之状,似更合诗意。

⑯ 怵惕梦成魇(yǎn):魏本音注:"魇,于琰切。梦,一作'几'。"诸本作"梦"字,是。

文《详注》:"魇,惊梦也,于琰切。《庄子·天运篇》曰:'彼不得梦,必且数魇焉。'方世举《笺注》:'《说文》:魇,梦惊也。'"按:何焯《批韩诗》曰:"即生出下文,妙。"查慎行《查初白诗评十二种》:"六句写独宿景象,出鬼入神。"

⑰ 静思屈原沉,远忆贾谊贬:文《详注》:"《史记》(《屈原传》):

'屈原名平,楚之同姓也,为楚怀王左徒。秦昭王与楚婚,欲与王会。怀王欲行,屈平曰:不可。怀王稚子子兰劝王,卒行。顷襄王卒(立),子兰使上官大夫短原于王,王怒而迁之江南,原于是遂怀石自投汨罗以死。'《离骚》曰:'余以兰为可恃兮,羌无实而容长。椒专佞以慢慆兮,椒又欲充其佩帏。'注云:'椒,王弟大夫子椒也。'《汉书》(《贾谊传》):'贾谊,洛阳人,文帝时至太中大夫,诸律令所更定,列侯就国,皆由谊发之。于是天子议以为公卿。绛、灌之属尽害之,乃短贾生。于是天子疏之,后亦不用其议。乃以为长沙王太傅。生既辞往行,闻长沙卑湿,自以寿不得长,又以谪去,意不自得,度湘水为赋以吊屈原,其死之日,年三十三。'"魏本:"祝曰:屈原,楚臣。《楚辞》屈原沉于汨罗。"又音注:"屈,九勿切。"又"韩曰:贾谊为长沙王太傅。"

⑱ 椒兰争妒忌,绛灌共谗诋:魏本:"樊曰:公自御史贬阳山,至是量移江陵掾,过长沙,故引此二人以自比。屈原《离骚》经曰:'余以兰为可恃兮,羌无实而容长。椒专佞以慢慆兮,椴又欲充夫佩帏。'王逸注:'兰,楚怀王弟司马子兰也。椒,楚大夫子椒也。'贾谊:《西汉·贾谊传》文帝议以谊任公卿之位,绛、灌乃毁谊曰:'洛阳人年少初学,专欲擅权,纷乱诸事。'于是天子以为长沙王太傅。颜师古注:'绛,绛侯周勃。灌,灌婴也。'"方世举《笺注》:"屈原《离骚》:'览椒兰其若兹兮,又况揭车与江离。'按:处境相同,感怀一也,故以屈原、贾谊自比。四句概写身世,却不明说,以屈、贾比之。"

⑲ 谁令悲生肠,坐使泪盈脸:魏本、祝本注:"令,一作'念'。"宋白文本作"念"。诸本作"令"。作"念"、作"令"音意均可,今从诸本作"令"。

坐使泪盈脸:方世举《笺注》:"梁简文帝《与广信侯书》:'睽违既积,兴言盈脸。'"沈钦韩《补注》:"《宋书·庐江王祎传》:'颜含戚状,泪不垂脸。'《张仲方传》:'驳李吉甫谥议:诣泪在脸,遇便则流。'《颜鲁公集·京兆尹鲜于仲通碑》:'励精为学,至以针钩其脸,使不得睡。'唐人以脸字用之入文矣。"童《校诠》:"第德案:说文新附:睑,目上下睑也。郑子尹云:王叔和脉经:脾之候在睑,始见其文。众经音义凡四引字略云:睑,眼皮也,字略不知谁作,殆不出晋宋以前,是汉以后俗字。案:北史姚僧垣传:睑垂覆目,不得视。是睑字入文见于晋人,隋以前已多用之。沈氏既引宋书庐江王祎传作证,又云唐人以睑字用之入文,不免自相抵互。又按睑字应从目,廖、王、祝三本及本书皆从月,从月者集韵释为颊,又一义矣。"按:宋白文本、文本、魏本作"脸"。意谓:泪流满颊。二句乍读似感突兀,细想则表情深至,颇觉感人。此乃触景生情,由彼怜己之谓也。

⑳ 翻飞乏羽翼,指摘困瑕玷:方《举正》:"谢本'乏'作'摧'。阁本'困'作'因'。"朱《考异》:"乏,或作'摧'。困,或作'因',非是。"宋白文本、文本、祝本、魏本、廖本、王本均作"乏""困"。从之。

文《详注》:"《楚辞》(屈原《天问》王逸注)曰:'大鸟翻飞。'《史记》(《蔺相如列传》):'蔺相如谓秦王曰:玉有瑕,请指示王。'玷亦瑕也,丁念切。指摘,见《县斋有怀》诗。"魏本:"祝曰:玷,玉瑕也。《诗》(《大雅·抑》):'白圭之玷。'"方世举《笺注》:"曹植《临观赋》:'俯无鳞以游遁,仰无翼以翻飞。'"童《校诠》:"第德案:诗小旻:拼飞维鸟,陈奂疏:拼,疑当作翻,文选陆机赠冯文熊诗,刘琨答卢谌诗注引毛诗皆作翻。又谢瞻张子房诗注引薛君章句翻飞貌,是其证。按陈说是也,翻飞字本诸诗,方扶南引曹子建临观赋作证,未得其朔。飜、翻皆幡之后出字。"陈景云《点勘》:"公自阳山遇赦,仅量移江陵法曹,盖本道廉使杨凭故抑之。《赠张功曹》所谓'州家申名使家抑,坎轲只得移荆蛮'是也。时韦、王之势方炽,凭之抑公,乃迎合权贵意耳。诗中椒、兰、绛、灌,自斥韦、王,而指摘瑕垢,盖谓使家之抑也。"按:何焯《义门读书记》卷三〇:"此四连系之梦魇,便可味。"陈、何所说极是。前二联之比,实有所指;再推出后二联的悲愤之极,乃不得不发,当是给杨凭看,即扣题。

㉑ 珥貂藩维重,政化类分陕:文《详注》:"言常侍以珥貂之贵而处藩维重任,犹昔之周、召分陕也。《说文》(豸部)曰:'貂,鼠属,

大而黄黑，出胡丁零国。'《后汉志》(《后汉书·舆服志下》)曰：'侍中、中常侍，武弁加黄珰，附蝉为文，貂尾为饰，谓之赵惠文冠。赵武灵王效胡服，以金珰饰首，前插貂尾，为贵职。秦灭赵，以其冠赐近臣。'蝉取其居高而食，貂取其内劲悍而外温润。曹子建《诗》(实为左思《咏史》八首之二)曰'七叶珥汉貂'是也。珥，音二，插也。貂，音田聊切。陕，州名。在周为二伯分陕之地，即虢国之上阳也，汉弘农之陕县，后魏始改为陕州。《公羊传》(隐公五年)曰：'天子之相，则何以三？自陕而东者，周公主之。自陕而西者，召公主之。一相处乎内。'南齐以荆州为陕西。故《通典》(卷一八三《州郡》十三《古荆州》)曰：'江左大镇，莫过荆、扬。'故谓荆南为陕西，以比周、召分陕之义。唐湖南观察使治在潭州，潭本荆楚之南境，故云然。《补注》云：《汉·官志》云：'秦置散骑，又置中常侍，汉因之。兼用士人，无常员，多以为嘉官。皆银珰附蝉为文，貂尾为饰，谓之貂珰。常侍服之则左貂，侍中服之则右貂。珥貂分陕，谓凭以常侍镇长沙也。"魏本引孙、韩《全解》同文而略，不赘。沈钦韩《补注》："《六典》(《唐六典》卷八门下省左散骑常侍二人)：'贞观中，置散骑常侍二员，隶门下省。长庆二年(822)，又置员外，隶中书省，始有左右之号，并金蝉珥貂。左散骑与侍中左貂，右散骑与中书令右貂，谓之八貂。'然观察使例带中丞、常侍，则入三品乃后加也。"顾嗣立《集注》："左太冲《咏史诗》：'七叶珥汉貂。'善曰：'珥，插也。'董巴《舆服志》：'侍中、中常侍冠武弁，貂尾为饰。'"按：此以周公、召公分治大郡比杨凭，颂之也。

㉒ 礼贤道何优，奉己事苦俭：文《详注》："言常侍有盖载之材。《晋书》(《和峤传》)庾顗曰：'温峤如千丈松，施之大厦，有栋梁之用。'《易·大过卦》曰：'栋隆吉。'象曰：'不挠于下也。'注云：'梁栋也。'"方世举《笺注》："《旧书·凭传》称其'重交游，尚然诺，与穆质、许孟容、李鄘、王仲舒为友，时称杨、穆、许、李之交。而性尚简傲，不能接下。'然则礼贤亦未必然，大抵待韩则优。《左传》(僖公二十八年)：'蒍吕臣实为令尹，奉己而已。'"按：史称凭历二镇，尤事

奢侈,后为李夷简所劾,以赃罪贬。公岂反言以讽之耶?抑交善盖之也。"按:由此联串入自己。

㉓ 大厦栋方隆,巨川楫行剡:朱《考异》:"行,或作'初'。"诸本作"行",是。

文《详注》:"言常侍终必为国用,将剡楫而归,亦以喻有济物之德。《易》(《系辞下》)曰:'剡木为楫。'《书》(《说命上》)曰:'若济巨川,用汝作舟楫。'剡,锐利也。音以冉切。"魏本:"韩曰:《选·西都赋》:'大厦耽耽。'《易·大过》:'栋隆吉。'孙曰:《书》:'若济巨川,用汝作舟楫。'《易·系辞》:'剡木为楫。'剡,削也。"方世举《笺注》:"大厦:扬雄《长杨赋》:'大厦不居,木器无文。'栋隆:《易·大过卦》:'栋隆吉。'巨川:《书·说命》:'若济巨川,用汝作舟楫。'楫剡:《易·系辞》:'剡木为楫。'"

㉔ 经营诚少暇,游宴固已歉(qiàn):《诗·大雅·灵台》:"经始灵台,经之营之。"方《举正》:"歉,欧本云:'当作慊。'歉,俗字。后诗有'侯氏来何歉'同。按:古书如欢、欣之类,或从心,或从欠,多通用。"朱《考异》同方。文《详注》:"歉,不足貌,音古簟切。"魏本:"歉,少也。"方世举《笺注》亦引欧语。童《校诠》:"第德案:说文:歉,食不满,歉少之歉,自应作歉,欧阳永叔以歉为俗字,未谛。经典或假慊(说文:慊,疑也。)为之,孟子公孙丑篇:吾何慊乎哉?赵岐注:慊,少也,淮南子原道训:道不以慊为悲,高注:慊,约也是也。此诗作歉,或慊皆通。歉本字,慊假借字。又按:从心之懁为欢之后出字。"按:收游寺,预结束。

㉕ 旅程愧淹留,徂岁嗟荏苒:淹留,蒋抱玄《评注》:"《战国策》:'臣请避于赵,淹留以观之。'"按:淹留,滞留、停留。《楚辞》屈原《离骚》:"时缤纷其变易兮,又何可以淹留?"又宋玉《九辩》:"事亹亹而觊进兮,蹇淹留而踌躇。"荏苒,文《详注》:"荏苒,渐尽貌。上忍甚切,下而冉切。潘安仁《悼亡诗》曰:'荏苒冬春谢[,寒暑忽流易]。'"方世举《笺注》:"徂岁:谢灵运《伤己赋》:'眺徂岁之骤经。'"

㉖ 平生每多感,柔翰遇频染：文《详注》："柔翰,笔也。左太冲《咏史诗》曰：'柔(当作弱)冠弄柔翰。'"魏本引《补注》："《选》：'弱冠弄柔翰。'"李详《证选》："谢惠连《秋怀诗》：'朋来当染翰。'"钱仲联《集释》："苒、染同纽连用。"按：谓挥笔写诗也。"遇"字下省略宾语,此指杜、杨。按：上承思屈原、忆贾谊所写。如何焯《批韩诗》云："收屈、贾一段。"

㉗ 展转岭猿鸣,曙光青眹眹：方《举正》出"曙光青眹眹",云："以杭本定。蜀本作'曙灯青焰焰'。"朱《考异》："灯,方作'光'。眹眹,或作'焰焰'。今按：晓光不青,作'灯'是也。"宋白文本、文本、祝本、魏本作"焰焰"。廖本、王本作"眹眹"。童《校诠》："第德案：考异校光作灯是也。庚子山灯赋：烬长宵久,光青夜寒,为公所本。唐人如李端诗：空城寒雨稀,深院晓灯青；吴融诗：漏永沉沉静,灯孤的的青；唐彦谦诗：愁鬓丁年白,寒灯丙夜青；杜荀鹤诗：寒雨萧萧灯焰青,皆用灯青字可证。……说文：镫,锭也,臣铉等曰：锭中置烛,故谓之镫,今俗别作灯,非是。"按：实则唐人多作"灯"字。朱说非。曙与光配构成固定词组,形容晨光；曙与灯可连用,非固定词组。作"曙光青眹眹""曙灯青焰焰"均通。眹眹,眺望所见,乃曙光也。焰焰,形容火光。此句意谓：辗转反侧,夜不能寐,猿啼不断,直至天光也。今从方。

文《详注》："展转,不寐貌。曙,晓也。谢灵运《越岭溪》诗曰：'猿鸣诚知晓[曙]。'焰焰,以冉切。《说文》曰：'火行微也。'一作'眹眹',误。字无从日者。又作'眹'字,非。"魏本："祝曰：焰焰,火初著也。《书》：无若火,始焰焰。"李详《证选》："谢灵运《从斤竹涧越岭西行》诗：'猿鸣诚知曙。'"钱仲联《集释》："眹眹,见卷二《东方半明》注。"屈《校注》："眹眹,闪烁貌也。《东方半明》诗：'残月晖晖,太白眹眹。'"按：扬雄《太玄经》："明腹眹天,中独烂也。"则作"眹眹",不误。文说非。按：仍以独宿结,扣题。

【汇评】

清何焯:《陪杜侍御游湘西两寺独宿有题一首因献杨常侍》:"长沙千里平",《考异》附载云:"洽尝至长沙,登岳麓寺,见相识云,'千'当作'十',盖后人误增'丿'也。州城方十里,坦然而平,湘西岳麓寺乃独高处,下视城中,故云'长沙十里平,胜地犹在险'。寺中道乡亭观之,信然。此朱先生及方氏所未及,漫志以备考订。""深林高玲珑"二句,斗起。"幸逢车马归",入归宿。"静思屈原沉"八句,此四连系之梦魇,便可味。"珥貂藩维重",杨常侍。(《义门读书记》卷三〇)

清爱新觉罗·弘历:从独宿写景生情,先以客堂华榻引起。猿鸣灯睒,仍就独宿上结。章法一线。(《唐宋诗醇》卷二八)

清曾国藩:《陪杜侍御游湘西两寺独宿有题一首因献杨常侍》"陪赏"句以上,叙陪杜侍御同游。"幸逢"以下十六句,叙独宿。"珥貂"以下,颂杨常侍。(《十八家诗钞》卷九)

程学恂:此诗先叙寺,再叙陪游,再叙独宿,后赞常侍之贤,惜未同游,而自明作诗之旨。此一定章法,唐人多有如此。妙在因独宿而述所感,因夜风而疑波涛,因波涛而思屈、贾。因屈、贾而恨群小之妒忌谗诟,不觉触动自己平生遭遇,茫茫交集。其运思也,如云无定质,因风卷舒。《毛诗》三百篇,都是如此;《离骚》廿五卷,都是如此。(《韩诗臆说》卷一)

蒋抱玄:写情景入细,句法亦峭仄,是集中刻露之作。(《注释评点韩昌黎诗全集》)

岳阳楼别窦司直①
永贞元年十月

永贞元年十月,韩愈过洞庭湖,登岳阳楼,受到岳州刺史窦庠的盛情款待。登楼远眺,观湖山景色有感而作此诗。窦庠、刘禹锡均有和诗。韩诗有"时当冬之孟"句,说明诗写于十月。诗人想起自己无辜遭贬,胸怀无限激情,抓起如椽之笔,蘸着浩瀚湖水,挥写出汪洋恣肆的五古长诗。绘景叙事,夹叙夹议,意境博大,笔力劲健,发胸中无穷积郁,表诗人雄放胸怀和卓越艺术才能。"写景两段,阳开阴闭。范希文《岳阳楼记》似从此脱胎。"(《唐宋诗醇》卷二八)诗前半写景,后半叙事,似若不接,实则情寓景中,而叙事以景为托。"追思南渡时"数语挽转,有千钧回旋之力。前后浑成,此大手笔之杰构。正如程学恂云:"《南山诗》纯用《子虚》、《上林》、《三都》、《两京》、木《海》、郭《江》之法,铸形镂象,直若天成者,咏洞庭亦然。宇宙间既有此境,不可无此诗也。前半自赋景,后半自叙事,两两相关照,而自成章法。此真古格,后人多不知之。"(《韩诗臆说》卷一)

洞庭九州间,厥大谁与让②?南汇群崖水,北注何奔放③。潴为七百里,吞纳各殊状④。自古澄不清,环混无归向⑤。炎风日搜搅,幽怪多冗长⑥。轩然大波起,宇宙隘而妨⑦。巍峨拔嵩华,腾踔较健壮⑧。声音一何宏,轰輵车万两⑨,犹疑帝轩辕,张乐就空旷⑩。蛟螭露笋虡⑪,缟练吹组帐⑫,鬼神非人世,节奏颇跌踼⑬,阳施见夸丽,阴闭感凄怆⑭。朝过宜春口,极北缺堤障⑮。夜缆巴陵洲,丛芮才可傍⑰。星河尽涵泳,俯仰迷下上⑱。余澜怒不已,喧聒鸣瓮盎⑲。明登岳阳楼,辉焕朝日亮⑳。飞廉戢其威,清晏息纤纩㉑。泓澄湛凝绿,物影巧相况㉒。江豚时出戏,惊波忽荡漾㉓。时当冬之孟,隙窍缩寒涨㉔。前临指近岸,侧坐眇难望㉕。涤濯神魂醒,幽怀舒以畅㉖。

主人孩童旧㉗,握手乍忻怅㉘。怜我窜逐归,相见得无恙㉙,开筵交履舄,烂漫倒家酿㉚,杯行无留停,高柱送清唱㉛。中盘进橙栗,投掷倾脯酱㉜。欢穷悲心生,婉娈不能忘㉝。念昔始读书,志欲干霸王㉞,屠龙破千金,为艺亦云亢㉟。爱才不择行,触事得谗谤㊱。前年出官日,此祸最无妄㊲。公卿采虚名,擢拜识天仗㊳。奸猜畏弹射,斥逐恣欺诳㊴。新恩移府庭,逼侧厕诸将㊵。于嗟苦驽缓,但惧失宜当㊶。追思南渡时,鱼腹甘所葬㊷。严程迫风帆,劈箭入高浪㊸。颠沈在须臾,忠鲠谁复谅㊹?生还真可喜,克己自惩创㊺。庶从今日后,粗识得与丧㊻,事多改前好,趣有获新尚㊼。誓耕十亩田,不取万乘相㊽,细君知蚕织,稚子已能饷㊾,行当挂其冠,生死君一访㊿。

【校注】

①题:方《举正》:"窦庠,时权领岳州。此诗永贞元年(805)赴江陵道间作。"魏本:"《集注》:窦司直,名庠,字胄卿。韩皋出镇武昌,辟为幕府。陟大理司直,权领岳州刺史。公自阳山赴江陵掾,道出巴陵岳阳楼作。楼在州西门,下瞰洞庭。庠五昆弟,皆工词章,有《联珠集》。庠尝和公此诗,刘禹锡亦有和篇。"文《详注》:"此诗赦还江陵,道经岳州作也。《南迁录》曰:岳阳楼者,即岳州之西门也。下瞰湖水,北望荆江,江自西北流,东至岳州,下与湖水合而东流始为大江。凡绝江而南者趣湖南,西者趣鼎澧,西北者趣荆峡,一湖之间,分此四路。每岁十月已后,四月已前,水落洲生,则四江可辨。余时弥漫,云涯相浃,日月出没,皆在其中,相望水中,如覆斗者,即君山也。州附阜麓重叠而起,其势颇高,衢之鱼腥,过者掩鼻。楼之胜则天下无有也。据图经始于张燕公,终唐之世,屡更完葺。庆历中,滕宗谅谪守,始大加增饰。规制宏敞,甲冠上流,取宋梁已来所题诗记,刻石于楼,范希文作记,苏舜钦书,故好事者并湖楼以名四绝。元丰二年,岳州火,一夕而烬。知州事郑民瞻,

不日复成之,虽不逮前日之制,然居难事之日,亦可谓强力者也。《补注》:窦庠,字胄卿,时以武昌幕大理司直,权知岳州。"按:岳阳楼,即岳阳城西门城楼,今在湖南岳阳市城西。登楼可眺瞰洞庭湖。窦司直,窦庠。时为大理司直权领岳州刺史。《旧唐书·窦群传附庠传》:"牟弟庠,字胄卿,释褐国子主簿。吏部侍郎韩皋出镇武昌,辟为推官。皋移镇浙西,奏庠为节度副使、殿中侍御史,迁泽州刺史。又为宣歙副使,除奉天令、登州刺史、东都留守判官,历信、婺二州刺史。卒年六十三。"司直,大理寺属官,司直六人,从六品上。掌管出使调查复核案件,参议疑案。

②洞庭九州间,厥大谁与让:文《详注》:"《风土记》曰:'巴陵县东有太湖,中有包山,山下间有洞穴,潜行地中。'云无所不通,谓之洞庭地脉。"厥大:这样大。谁与让,谁能比得上。洞庭为我国内陆第二大淡水湖。魏本:"孙曰:言九州之间,洞庭最大,无可与让。"童《校诠》:"第德案:荀子正论篇:夫有谁与让矣,为公所本,杨注:让者,势位均敌之名。厥大谁与让,犹言厥大谁与敌,送灵师诗:惊电让归船,言归船之疾足与惊电相敌,与此诗敌字义同。彼注释让为责让未谛。此文孙注作推让解,亦非。"童说有理。高步瀛《唐宋诗举要》卷一:"《水经·湘水注》曰:'湘水左会清水口,资水也,世谓之益阳江。湘水左则沅水注之,谓之横房口,东对微湖,世或谓之麋湖也。右属微水,西流注于江,谓之麋湖口。湘水又北,左则澧水注之,世谓之武陵江,凡此四水同注洞庭,北会大江,湖水广圆五百余里,日月若出没于其中。'《元和郡县志》曰:'江南道岳州巴陵县:洞庭湖在县西南一里五十步,周回二百六十里。'《清统志》曰:'湖南岳州府:洞庭湖在巴陵县西南,每夏秋水涨周围八百余里。'"按:洞庭,公有《洞庭湖阻风赠张十一署》。九州,中国古代行政区划。《书·禹贡》载:冀、兖、青、徐、扬、荆、豫、梁、雍九州。此指中国。谓湖之大,世无敌者。起势突兀,振起全篇。

③南汇群崖水,北注何奔放:方《举正》出"汇"字,云:"洪氏以唐本定。杭、蜀本皆作'维'。"朱《考异》:"汇,或作'维'。"宋白文

本、文本、祝本、魏本作"维"。魏本注:"唐本'维'作'汇'。"廖本、王本作"汇"。作"汇"字善。文《详注》:"《辨证》云:唐本'维'乃'汇'字。"

魏本:"孙曰:维,聚也。群崖水,言潇湘之类。"文《详注》:"群水,谓沅、澧、湘、微也。《水经》(《湘水注》)曰:'湘水北过巴陵,左则沅水注之,谓之横房口。右属微水,西流注于江,谓之麋湖口也。湘水又北迳金浦戍,北带金浦水,湖溠也。左则澧水注之,世谓之武陵江。凡此四水,皆自南来,同注洞庭,北会大江,名之曰五渚。'《战国策》(《秦策一》)曰:'秦与荆战,大破之,取洞庭五渚是也。'陆士衡《文赋》曰:'或奔放以谐合。'"钱仲联《集释》同文而简,不赘。按:谓洞庭湖承接南岭,汇集了群山上流下的水,而北注大江气势奔放。

④ 潴(zhū)为七百里,吞纳各殊状:魏本:"祝曰:《说文》(水部):'潴,水所停也。'《周礼》:'以潴畜水。'注:'畜流水之陂也。'"方世举《笺注》:"《书·禹贡》:'彭蠡既潴。'《说文》:'潴,水所渟也。'"文《详注》:"水所停曰潴。《水经》(《湘水注》)曰:'湖水广圆五百余里,日月若出没于其中。'《吴都赋》(左思)曰:'或吞江而纳汉。'"方世举《笺注》:"郭璞《江赋》:'并吞沅澧,汲引沮漳,呼吸万里,吐纳灵潮。'《水经注》:'吐纳川流,以成巨沼。'"按:积水之泽谓之潴。潴,音猪,谓水渟。渟、停,二字音义同。七百里,形容湖面积很大。祝穆《方舆胜览》卷二九:"洞庭湖在巴陵县西,西吞赤沙,南连青草,横亘七八百里。"吞纳,蒋抱玄《评注》:"左思《蜀都赋》注:关山巨防,皆可吞纳。"以上三联,真气势恢弘。如朱彝尊《批韩诗》:"宏阔跌宕,是大局面,大约以力量胜。"

⑤ 自古澄不清,环混无归向:文《详注》:"言湖水浊而不清者,以其为众水所聚,环流混混,无所归向也。"童《校诠》:"后汉书黄宪传挠作淆,世说新语德行篇作扰,又新语若千作如万,顷下有之字。"按:指众流汇聚,泥沙俱下,湖水混浊,难分流向。环混,水势大而四周含混不清。无归向,没有固定的流向。童引《黄宪传》不

全。《后汉书·黄宪传》云:"黄宪,字叔度。……(郭)林宗曰:……叔度汪汪若千顷陂,澄之不清,淆之不浊,不可量也。"以下写湖景,如在眼前。朱彝尊《批韩诗》:"湖景。"

⑥ 炎风日搜搅,幽怪多冗长:文《详注》:"炎风,南风也。解见《县斋有怀》诗。幽怪,鱼龙之属。冗长,烦杂也。上如勇切,下仵亮切。陆士衡《文赋》曰:'[故]无取乎冗长。'"魏本:"祝曰:扰,乱也。《诗》(《小雅·何人斯》):'祇搅我心。'"高步瀛《唐宋诗举要》卷一:"《广韵》四十一漾:'长,直亮切,多也。'"按:上写湖之广大,乃固定之境,此以风搅怪多,则使大湖势动涵多也。如何焯《义门读书记》卷三〇云:"只赋其大,便是死句。借风形容,因为比兴。"

⑦ 轩然大波起,宇宙隘而妨:妨,祝本作"防",非是。诸本作"妨"。魏本:"韩曰:妨碍。《玉篇》云:'害也。'"文《详注》:"风波,一也。疾风起而波兴,则轩然而大,虽宇宙亦狭隘而妨碍也。《楚辞》(屈原《九歌·湘夫人》):'嫋嫋兮秋风,洞庭波兮木叶下。'妨,敷亮切。曹子建《七启》云:'以防六合而隘九州。'"按:轩然,湖水波涛汹涌貌。轩本作高起、高仰,如轩昂、轩轾。隘,险阻。妨,妨碍。谓湖水之大,水连天地,把天地都吞没了。

⑧ 巍峨拔嵩华,腾踔(chuō)较健壮:踔,方《举正》据蜀本订,云:"谢校同。《选·吴都赋》:'腾踔飞超。'"朱《考异》:"踔,或作'跃'。"宋白文本、文本、祝本、魏本作"跃"。廖本、王本作"踔"。作"踔"、作"跃"均通。

魏本:"孙曰:言波起高如嵩华。"文《详注》:"此言大波之状。华、嵩,二山名。张孟阳《剑阁铭》曰:'高逾嵩华。'木玄虚《海赋》曰:'掎拔五岳。'"方世举《笺注》:"《汉书·扬雄传》:'腾空虚,距连卷,踔夭矫,嬉(《传》作娭)涧门。'师古曰:'踔,走也。'"钱仲联《集释》:"木华《海赋》云:'峭拔杰而为魁。'又云:'岑岭奔(飞)腾而反覆,五岳鼓舞以相磓。'公诗意所本。"按:巍峨,形容浪头像山峰一样高峻。拔,超越。嵩华,嵩山、华山。腾踔,凌空跳跃。健壮,雄壮有力。此二句谓:波浪腾踊跳跃,比喻水势高,水声大。此以人比湖之大波,拟人手法也。

⑨ 声音一何宏,轰辂(gé)车万两:方《举正》订"辂"字,云:"辂,丘葛切。鞫辂,车声也。扬雄《羽猎赋》所谓'皇车幽辂'是也。杭、蜀本皆作'轰渴'。卢仝《月蚀诗》亦有'推荡轰渴',不知唐人何以讹'辂'为'渴'?潮本作'揭'。今本多作'礚'。砰磅轰礚,《上林赋》语。礚与'辂',音义一也。"朱《考异》:"辂,诸本作'輵',或作'揭',方定作'辂'(下引方语)。"宋白文本、文本、祝本、魏本作"礚"。辂、礚,通用。今从辂。

文《详注》:"宏,大也。两,乘也,力丈切。轰礚,群车声也。上呼宏切,下苦代切。《西都赋》(按:应为张平子《西京赋》)曰:'砰磕象乎天威。'"魏本:"祝曰:轰,群车声。礚,石声。《前汉》:'砰磅訇磕。'訇与轰同,大声也。孙曰:轰礚,车声。两,乘也。"方世举《笺注》:"《说文》:'轰,群车声。'扬雄《羽猎赋》:'皇车幽辂。'师古曰:'幽辂,车声也。'"王元启《记疑》:"按《羽猎赋》'辂'字,颜音一辖反,与'幽'字为双声。若音邱葛反,则当从《上林赋》'砰磅訇礚'之'礚'。卢诗杭、蜀本作'轰渴',盖音存而字讹尔。今从建本作'礚'。"钱仲联《集释》:"辂,《广韵》收入声十二曷。是《举正》音丘葛切,本不误。礚,《广韵》去声十四泰,入声二十八盍两收,音苦盖、榼十两切,无作丘葛切读者,王说非也。"童《校诠》:"第德案:说文无辂字,辂非车声专字,玉篇车部有辖无辂,训輖辖,非车声。辂即辖之省,广韵十二曷:辂,輖辂,与玉篇同,又增入驱驰貌一义,亦无车声之训。既无专字,则借用石声之礚为之,其用辂字者,则取其声,不取其义。卢诗作渴,以渴与礚同音(玉篇音苦盖、苦阖两切,广韵音苦盖、苦曷两切),并无讹误,亦非音存字讹。潮本作揭,亦取其从曷声而已。羽猎赋:皇车幽辂,汉书颜注、文选李注皆以车声释之,顺文作解,未引出于某书,可见其不足为典要。方氏谓砰磅轰礚,上林赋语,史、汉、文选皆作訇磕,祝氏云:訇与轰同,加以说明,而未言礚作礚,与方氏同欠审谛。礚、磕同字,以音苦盖切,后人复制磕字,其实礚、磕皆从盍声无庸重制。王氏谓辂颜氏音一辖反,与幽字为双声是也,其云杭、蜀本作渴则为误记。钱氏云:磕音苦盖、槛十两切,槛十字讹,应作苦阖。又谓磕无作丘葛读者,不悟丘葛切与苦阖切苦曷切同音,以此讥王氏,失之。方氏盖用集韵音。孙云:两,乘也,疑孙本辆作两,磕当作礚。"按:二句谓:声音怎么那样大,如万辆车奔跑的响声。轰辖,车辆的响声。两,同辆。

⑩ 犹疑帝轩辕,张乐就空旷:二句谓:那涛声好像轩辕黄帝在辽阔的原野上奏古乐一样热闹。文《详注》:"《史记》(《五帝本纪》)曰:'黄帝者,少典之子,姓公孙。'《庄子》(《天运》):'北门成问于黄帝曰:帝张咸池之乐于洞庭之野,吾始闻之而惧,后闻之而惑,荡荡默默,乃不自得。'谢玄晖诗(《新亭渚别范零陵诗》)曰'洞庭张乐地,潇湘帝子游'是也。下数联言张乐之意。"

⑪ 蛟螭露笋虡:文《详注》:"蛟螭,龙属。《楚辞》王逸曰:'龙小曰蛟,无角曰螭。'螭,丑知切。笋虡,蛟龙之状。解见《圣德诗》云。"按:《元和圣德诗》:"鳞笋毛虡。"魏本:"祝曰:螭,无角如龙而黄。蛟,龙之属也。《选》:'或藏蛟螭,笋虡以悬钟磬。'衡者为笋,植者为虡。《周礼》(《考工记·梓人》):'梓人为笋虡。'螭,音摛。笋,笋尹切。虡,其吕切。"按:《周礼·考工记·梓人》注:"笋虡,乐器所悬,横曰笋,植曰虡。"《礼记·明堂位》:"夏后氏之龙簨虡。"

⑫ 缟练吹组帐:方《举正》据蜀本订"组"字,云:"李、谢校同。"朱《考异》:"组,或作'祖'。今按:鲍昭诗(《数名诗》):'组帐扬春风。'"诸本作"组",魏本注:"组,一作'祖'。"当作"组"。

文《详注》:"缟练,白色也。言飞波之起,如缟练之帐也。鲍明远《数诗》曰:'六乐陈广坐,组帐扬春风。'嵇叔夜《赠秀才诗》曰:'组帐高褰。'注云:'组,绦绶之属,所以系帐也。'"魏本:"祝曰:缟,素也,鲜色。《诗》(《郑风·出其东门》):'缟衣綦巾。'又《诗》(《鄘风·干旄》):'素丝组之。'注:'总以素丝而成组。'孙曰:言轩辕张乐于此,大波之起,若笋虡组帐犹存也。"魏本音注:"缟,古老切。"按:以上二句是想象:由波涛腾涌想到蛟螭鼓荡,由蛟螭想到悬挂乐器的笋虡,由波涛想到白练,由白练想到组帐,都与黄帝张乐有关。

⑬ 鬼神非人世,节奏颇跌踼(diē dàng):文《详注》:"乐非人作,则节奏失正也。《庄子·外物篇》曰:'海水震荡,声侔鬼神。'《礼记》《乐记》曰:'乐者,比物以饰节,节奏以成文。'跌踼,行失正也。上徒结切。下大浪切。"魏本:"孙曰:跌荡,悲壮也。祝曰:放荡也,又行失正貌。《说文》(足部):跌,一曰越也。踼,一曰抢也。"魏本音注:"跌,徒结切。踼,徒浪切。"童《校诠》:"第德案:跌荡与跌踼同,疑孙本作跌荡,与后汉书孔融传同。案:汉书礼乐志作詄荡,扬雄传作佚荡,方言作佚婸,广雅作劮婸,后汉书张衡传作迭邁,文选恨赋作跌宕,并字异而义同。祝注行失正貌,本诸广雅。"按:此二句谓:此乐非人间所有,声音抑扬顿跌,变化失常。颇,格外。跌踼,抑扬顿错。按:文本"踼"作"踢"(tī),误。注云"跌踢",不成词,亦误。

⑭ 阳施见夸丽,阴闭感凄怆(chuàng):方《举正》据蜀本订"感"字,云:"晁、李校同。上四韵皆以轩辕张乐喻也。"朱《考异》:"感,或作'咸'。"宋白文本、文本、祝本作"咸"。魏本、廖本、王本作"感"。宋白文本注:"咸,一作'成'。"

文《详注》:"阳施,谓春夏也。阴闭,谓秋冬也。言江湖之间,四时景物不同,而诗人写物之工亦异也。扬子云《甘泉赋》曰:'帅尔阴闭,霅然阳开。'又张平子《西京赋》曰:'人在阳时则舒,在阴时则惨。此牵乎天者也。'怆,音创。"方世举《笺注》:"《淮南·天文训》:'吐气者施,含气者化,是故阳施阴化。'又《原道训》:'与阴俱闭,与阳俱开。'"按:阳施,阳气散布。夸丽,指波浪喷荡,阳光映照,色彩绚丽。阴闭,阴云四布。凄怆,凄惨哀伤,指音乐旋律的低沉。二句含义深邃而丰富。如何焯《批韩诗》:"二句抵一篇《江赋》。"沈德潜《唐诗别裁集》卷四:"二句分上下景状。"

⑮ 朝过宜春口,极北缺堤障:方《举正》据阁本订"过"字,云:"李、谢校。"朱《考异》:"过,或作'迴'。"文本、祝本作"迴"。魏本作

"回"。宋白文本、廖本、王本作"过"。今从"过"。

文《详注》:"袁州为宜春郡。堤障,界也。"魏本:"唐曰:宜春郡袁州。"方世举《笺注》:"宜春:《新唐书·地理志》:'袁州宜春郡,属江南西道。'"沈钦韩《补注》:"《北梦琐言》:'湖南武穆王(谓马殷)巡边,回舟至洞庭南宜春江口。'《一统志》:'宜春口在岳州府巴陵县西北。'旧注非是。然以公诗及《琐言》证之,当在西南,不得云西北。"文廷式《纯常子枝语》卷二二曰:"洞庭山之北,宜春水出焉。韩退之诗'朝发宜春口'即此地也(宋范致明《岳阳风土记》)。"陈景云《点勘》:"公是时方自潭抵岳,以趋荆南,不应过袁州之境。观下'夜缆巴陵洲'句,则宜春口盖在岳州之南,乃洞庭中小洲渚名也。注承《洪谱》之误。"查慎行《查初白诗评十二种》:"宜春口恐非袁州,与岳阳相去尚远,岂即今之渌口耶?俟再考。"王元启《记疑》:"唐曰:'宜春即袁州。'陈曰:'时公自潭抵岳,以趋荆南,不应至袁州境,观下夜缆巴陵州,则宜春口盖在岳州之南,乃洞庭中小洲渚名耳。'注误。沈德毓语余云:'潭即今之长沙府,岳州在长沙府之浏阳县北。浏阳南为醴陵县,东与江西袁州接壤。宜春口盖为醴陵东达袁州之水口。'愚谓公自潭北上,虽不必东至袁州,然欲抵岳州,则此口在所必经,故曰'过口'。陈谓洞庭中小洲渚,当改为湖旁汊港之名,于义乃显。至斥唐注为误,则陈语亦嫌未析。"钱仲联《集释》:"洞庭山在岳阳西南,宜春水出其北,则犹在岳阳之南也。可证沈说之无误。查、王两家均属臆说。"按:宜春口,宜春江水入洞庭湖之口,在湖之南岸。"朝过宜春口"句,疑出武穆王马殷回舟宜春口事。钱说善。韩公此二句诗乃以南北对举,又以"朝还"所示,时不长,路不远,则所指与漉水(渌水)无涉,更难涉袁州之宜春。此乃洞庭南之宜春口也。即《琐言》所说马殷回舟之宜春口也。

极北,方《举正》作"极地",云:"三本同。李、谢皆校从'北'。"朱《考异》:"北,方作'地'。"魏本、宋白文本作"地",注:"一作'北'。"文本、祝本、廖本、王本作"北"。作"北"字善。堤障,文《详注》:"堤障:界也。"魏本:"祝曰:障,界也,隔也。"

⑯ 夜缆巴陵洲:魏本:"唐曰:巴陵郡,岳州。缆,维舟也。"文《详注》:"岳州为巴陵郡,郭景纯《江赋》所谓'巴陵地道'是也。"方世举《笺注》:"《新唐书·地理志》:'岳州巴陵郡,本巴州,武德六年(623)更名。有巴陵县,有洞庭山,在洞庭湖中,属江南西道。'"按:《元和郡县图志》卷二七:"江南道三:岳州巴陵县,本汉下雋县之巴丘地也。下雋属长沙郡,故城在今蒲圻县界。吴初巴丘置大屯戍,使鲁肃守之,后改为巴陵县,自晋以后遂因之。……昔羿屠巴蛇于洞庭,其骨若陵,故曰巴陵。"

⑰ 丛芮才可傍:文《详注》:"芮,草生状,而锐切。傍,依也。蒲浪切。"魏本:"孙曰:丛芮,岸上蘖茅,可维舟处。"又音注:"芮,而锐切。傍,蒲浪切。"《唐宋诗醇》:"《说文》(草部)云:'芮芮,草生貌,又,水涯也。'《诗》(《大雅·公刘》):'芮鞫之即。'笺:'水内曰芮,水外曰鞫。'此云丛芮,谓洲渚之地,水草之间也。"方世举《笺注》:"丛芮,《说文》:'芮芮,草木貌。'"俞樾《俞楼杂纂》:"'丛芮'二字,未知何义,疑'蕞芮'之误。《文选·西征赋》:'营宇寺,署肆廛,管库蕞芮于城隅者,百不处一。'注引《字林》曰:'蕞,聚貌也,音在外切。'《说文》曰:'芮,小貌,而锐切。'韩子用'蕞芮'字,即本潘赋。"童《校诠》:"第德案:孙氏、高宗之说是也。诗公刘:芮鞫之即,毛传:芮,水涯,郑笺:芮之言内也,水之内曰澳,水之外曰鞫。说文:汭,水相入也,从水、内,内亦声。按:出为外,入为内,故水厓之在内者名汭,丛芮言水厓可泊船处杂草丛生故曰才可傍。俞氏以丛芮为蕞芮,不免求之过深,未合诗意。孙氏未言芮为汭之借,高宗同,故为证成之。说文:芮,芮芮,草生貌,从草内声,读若汭,亦芮、汭通假之证。选注引作芮,小貌,与今本作草生貌不同。方扶南引说文芮之本谊作解,不明芮为汭之假借,又误生作木,高宗既释芮为水厓,复引说文:芮,芮芮,草生貌,于义为赘。童说是。

⑱ 星河尽涵泳,俯仰迷下上:魏本:"孙曰:星河,谓星与河汉。"方世举《笺注》:"左思《吴都赋》(《文选》卷五):'涵泳乎其

中。"钱仲联《集释》:"张融《海赋》:'浪动而星河如覆。'"按:此二句谓天空中星星和银河沉浸在湖水之中,向上向下看去,分不清是在天上还是在湖中。

⑲ 喧豗鸣瓮盎:文《详注》:"喧豗:水声。郭景纯《江赋》曰:'千声万类,自相喧豗。'《史记》(《李斯列传》)李斯曰:'击瓮扣缶,而歌于了。'东坡《连雨江涨诗》云:'高波隐床鸣瓮盎。'即此意也。"方世举《笺注》:"瓮盎:《广雅·释器》:'瓮,瓶也。盎,谓之盆。'《庄子·德充符》:'瓮盎大瘿。'"按:此为比喻。喧豗,吵闹声。瓮、盎,两种口小肚大的陶器。比喻风吹起波涛的响声。故何焯《批韩诗》云:"归到风上。"

⑳ 辉焕朝日亮:文《详注》:"辉焕,日光也。亮,明也。杜甫《登楼》(《登岳阳楼》)诗曰:'昔闻洞庭水,今上岳阳楼。吴楚东南坼,乾坤日夜浮。'"方世举《笺注》:"夏侯湛《长夜谣》:'望阊阖之昭晰兮,丽紫薇之辉焕。'"按:此二句诗乃从杜诗化出。

㉑ 飞廉戢其威,清晏息纤纩:方《举正》:"蜀本'息'作'目'。按:《海赋》(《文选》木玄虚撰):'轻尘不飞,纤罗不动。'息字为胜。"朱《考异》:"息,或作'自'。"作'目'、作'自'均误,今从方。

飞廉:文《详注》:"飞廉,风师。戢,敛也,测立切。纩,絮也,苦谤切。言风威既敛,则四面清晏,无有纷翳也。应劭曰:'飞廉,神禽,能致风气,身似鹿,头如雀而有角,蛇尾,文如豹文。'《羽猎赋》(《文选》卷八扬雄撰)曰:'天清日晏。'又注云:'晏,无云也。'"魏本:"樊曰:《离骚经》:'后飞廉使奔属。'王逸注:'风伯也。'戢,敛也。"方世举《笺注》:"扬雄《羽猎赋》:'天清日晏。'师古曰:'晏,无云也。'"童《校诠》:"第德案:说文:晏,天清也,汉书郊祀志:晏温,如淳曰:三辅谓日出清济为晏。按:天清即天晴,清济即晴霁(说本王筼友),羽猎赋天清日晏,即天日晴霁。公此文清晏字,盖用如淳注之义。颜氏释晏为无云,为曋之假借。纩,魏本:"韩曰:《书》:'厥篚纤纩。'纤纩,细绵也。"按:飞廉,风神之名,此指风。清晏,平静。纤纩,细丝绵。《书·禹贡》:"厥贡漆枲绨纻,厥篚纤纩。"传:

"纩,细绵。"疏引正义:"纤是细,故言细绵。"《三国志·诸葛亮传》:"善无微而不赏,恶无纤而不贬。"南朝梁刘孝标《广绝交论》:"驰骛之俗,浇薄之伦,无不操权衡,秉纤纩。"或作细纹丝帛解。此二句关锁上下,乃关键。如何焯《义门读书记》卷三〇:"'飞廉戢其威'二句,此连是诗中转关。生出下半。"

㉒ 泓澄湛凝绿,物影巧相况:文《详注》:"物,水物也。《西京赋》(《文选》卷二张衡撰,查张《西京赋》无此二句,语见卷四左思《蜀都赋》)曰:'水物奇(殊)品,鳞介异族。'"魏本:"祝曰:泓澄,水深清貌。"按:湖水碧绿之波,涵泳岸上的景物,相互映衬。泓澄,湖水。湛,清澈。凝绿,把绿色凝聚在一起,形容水很绿。物影,岸上的景物与水里的倒影。相况,相同。此二句如何焯《批韩诗》:"写景幽细。"

㉓ 江豚时出戏:文《详注》:"江豚,鱼类。《江赋》(郭璞撰)曰:'鱼则江豚海狶。'《南越志》曰:'江豚似猪。'"按:江豚,俗称江猪,形似鱼,体肥胖,灰黑色,生长于长江中下游。时,时时,即经常。戏,戏耍。

惊波忽荡漾:方《举正》订"波"字,云:"谢本一作'没'。"宋白文本、文本、魏本、廖本作"波"。漾,宋白文本、文本、魏本作"瀁"。祝本、廖本、王本作"瀁"。作水波荡漾解,漾、瀁二字音义均同。瀁:《说文》:"古文漾字。"此作"漾"。

按:南朝宋谢灵运《山居赋》:"引修堤之逶迤,吐泉流之浩瀁。"唐权德舆《奉送韦起居老舅百日假满归嵩阳旧居》:"旧壑穷杳窕,新潭瀁沦涟。"隋炀帝《春江花月夜》诗之二:"夜露含花气,春潭瀁月晖。"唐罗隐《赠渔翁》:"风瀁长歌笼月里,梦和春雨昼眠时。"韩公《咏雪赠张籍》:"娥嬉华荡漾。"此"瀁"亦作"漾"。两存之。

㉔ 时当冬之孟,隙窍缩寒涨:祝本、魏本注:"冬之孟,一作'孟冬月'。"宋白文本作"孟冬月"。作"孟冬月",语拙,非韩公语。作"冬之孟",善。

魏本:"孙曰:公永贞元年十月至岳州。"按:孟,冬之首也,韩公是年十月抵岳州无疑。文《详注》:"缩,蹙也。丘希范《发渔浦诗》曰:'折折寒沙涨。'"二句谓:时已至初冬,处处冒着寒气。

㉕ 前临指近岸,侧坐眇难望:文《详注》:"眇,远也。"按:临,观,即向前看。眇,看不清,谓辽远。此二句谓:临观岸就在眼前,坐望则茫茫然看不清楚,故谓远。

㉖ 涤濯神魂醒,幽怀舒以畅:文《详注》:"醒,醉寤也,音铣挺切。"朱彝尊《批韩诗》:"楼景。"按:涤濯,洗涤。舒以畅,即舒畅。此二句写诗人上岸登楼见景之心情。

上写洞庭湖景,而幽怀于其中;转至后幅,开与窦幸会。

㉗ 主人孩童旧:祝本、魏本作"童孩",注:"一作'孩童'。"宋白文本、文本、廖本、王本作"孩童",从之。

文《详注》:"主人,窦公也。"魏本:"《补注》:主人,窦庠。"方世举《笺注》:"孩童旧:《窦庠墓志》云:愈少公十九岁,以童子得见,时以师亲公,而终以兄事焉。"按:韩愈与窦庠兄弟为旧交,当在他寓居江南宣城,时为十六七岁的少年。韩愈《国子司业窦公墓志铭》:"公一兄三弟:常、群、庠、巩。……愈少公十九岁,以童子得见,于今四十年。始以师视公,而终以兄事焉。公待我以朋友,不以幼壮先后致异。"此下写与窦庠岳阳楼相会。如何焯《批韩诗》云:"入窦司直。"朱彝尊《批韩诗》:"入窦。"

㉘ 握手乍忻怅:文《详注》:"握手叙怀,故忻怅交至。怅,恨也,丑亮切。"魏本:"孙曰:悲喜兼也。"按:悲喜交集,百感顿生。

㉙ 怜我窜逐归,相见得无恙:文《详注》:"《风俗通》曰:无恙,俗说无疾也。凡人相见及书问者曰:无疾耶。按上古之时,草居露宿。恙,噬虫也,食人心。凡相劳问者曰无恙乎?非为疾也。恙,余亮切。"魏本:"《补注》:《风俗通》曰:'恙,毒虫也,喜伤人。古人草居露宿,故相劳问,必曰无恙。'李陵曰:霍与上官无恙乎?又《后汉·苏竟传》:君执事无恙。恙,病也。"方世举《笺注》:"《战国策》(《战国策·齐四》):'岁亦无恙耶?民亦无恙耶?王亦无恙耶?'"高步瀛《唐宋诗举要》卷一:"《楚辞·九辩》曰:'还及君之无恙。'"

《说文·心部》:"恙,忧也。"按:《尔雅·释诂》同。恙,病、忧二解。作病解为后出义。由此开始追写南贬阳山事。如何焯《义门读书记》卷三〇云:"伏后追思南渡一段。此下皆赋清宴之意。"

㉚ 开筵交履舄,烂漫倒家酿:文《详注》:"《史记》(《滑稽列传》):'淳于髡曰:日暮酒阑,合尊促坐,[男女同席,]履舄交错,杯盘狼藉。'《晋书》(《何充传》):何充,字次道,能饮酒,雅为刘惔所贵。惔每云:'见次道饮,令人欲倾家酿。'言其能温克也。倒,都皓切。酿,女亮切。"魏本:"韩曰:《史·滑稽传》:'履舄交错,杯盘狼藉。'《世说》(《赏誉下》):'刘尹曰:见何次道饮酒,令人欲倾家酿。'"韩愈与窦庠兄弟为旧交,当在他寓居江南宣城,时为少年。漫,宋白文本、文本作"熳"。烂熳同烂漫,意为焕发,放荡。《文选》汉王文考(延寿)《鲁灵光殿赋》:"潏潏泧泧,流离烂漫。"刘向《列女传》卷七《夏桀末喜》:"造烂漫之乐,日夜与末喜及宫女饮酒,无有休时。"杜甫《彭衙行》:"众雏烂熳睡,唤起沾盘餐。"韩公《新竹》:"纵横乍依行,烂漫忽无次。"

㉛ 杯行无留停,高柱送清唱:方《举正》据蜀本作"留停",云:"李、谢校同。"朱《考异》:"留停,或作'停留'。"祝本、魏本作"停留"。宋白文本、文本、廖本、王本作"留停",从之。

文《详注》:"王仲宣《公宴诗》曰:'但恐杯行迟。'潘安仁《金谷作》亦云。柱,琴柱也。唱,曲调也。"魏本:"《补注》:高柱,琴柱。按《古今琴录》曰:'凡歌曲终,皆有送声。'"按:上句写饮酒必尽兴,下句写奏乐助酒兴。柱,概指琴弦。梁元帝《屋名诗》:"玉柱调新曲。"

㉜ 中盘进橙栗,投掷倾脯酱:魏本:"祝曰:橙,柚属。《选》:'蝉以秋橙。'橙,除庚切。"方世举《笺注》:"《记·内则》:'脯羹,兔醢,鱼脍,芥酱,麋腥,醓酱。'"

㉝ 欢穷悲心生,婉娈不能忘:文《详注》:"婉娈,解见《秋怀》诗。忘,遗忘也,巫放切。《后汉·第五伦传》曰:'心不能忘。'"魏本:"韩曰:《诗》:'婉兮娈兮。'婉,少貌。娈,好貌。"

方世举《笺注》："《史记·滑稽传》：'淳于髡曰：酒极则乱，乐极则悲。'陆机诗：'婉恋居人思。'善曰：《方言》：惋，欢也。惋与婉同。'《说文》曰：'恋，慕也。'"屈《校注》："《诗·齐风·甫田》：'婉兮娈兮。'传：'婉娈，少好貌。'"按：作少好解与韩公诗义不合；作欢慕解亦不确。当作缠绵、深挚解，形容他与窦的感情。《后汉书·朱佑传赞》："婉娈龙姿，俪景同翻。"注："婉娈，犹亲爱也。"晋陆机《于承明作与士龙诗》："婉娈居人思，纡郁游子情。"韩公《秋怀诗》十一首之十一："运穷两值遇，婉娈死相保。"

㉞ 志欲干霸王：文《详注》："王，巫放切。"魏本："祝曰：《易》：'包羲氏王天下。'王，去声。"按：干，达到、赶上。霸王，霸业与王道。《商君书·更法》："三代不同礼而王，五霸不同法而霸。"《书·大禹谟》："罔违道以干百姓之誉。"孔安国传："干，求也。"《论语·为政》："子张学干禄。"何晏《集解》引郑注同上。王霸，古代有天下者为王，诸侯之长为霸。《左传》闵公元年："亲有礼，因重固，间携贰，覆昏乱，霸王之器也。"《礼记·经解》："义与信，和与仁，霸王之器也。"此非韩诗之义，韩诗谓要成霸王之业。《孟子·公孙丑上》："夫子加齐之卿相，得行道焉，虽有此霸王，不异矣。"此为韩公自叹。朱彝尊《批韩诗》："自叹。"

㉟ 屠龙破千金，为艺亦云亢：文《详注》："《庄子》(《列御寇》)曰：'朱泙曼学屠龙于支离益，殚千金[之家]。[三年]技成，无所用其巧。'注云：'姓朱，名泙曼。（实则姓朱泙，名曼。）'末旦切。亢，高也，苦浪切。"魏本："孙曰：艺，术艺。亢，高也。"按：艺，技艺。亢：高亢，超群。《庄子·人间世》："牛之白颡者，与豚之亢鼻者。"如今之双音词"高亢"。此韩公所感：自己虽艺高学博，却没有用场。正话反说，因见其意。如何焯《批韩诗》："悲愤郁勃，所谓茫茫交集。"

㊱ 爱才不择行，触事得谗谤：文《详注》："行，下孟切。"魏本："孙曰：谓不护细行。"王元启《记疑》："不择行：自悔前此取友之滥。"按：行，本作行为解；后延伸作品行、道德解。触事，遇事。谗

谤,诽谤、诬陷。

㊲ 前年出官日,此祸最无妄:日,方《举正》作"由",云:"三本同。"朱《考异》:"由,或作'日'。以前卷'上疏岂其由'(《赴江陵途中寄赠三学士》)之语推之,作'由'者是。但恐此与彼语意不同,则只作'日'亦通。"宋白文本、文本、祝本、魏本作"日"。廖本、王本作"由"。按文意,谓前年出官时所得之祸最荒谬,下文"奸猜畏弹射",乃"斥逐"之由。此处作"日"字善。既合此句诗意,又不与下重,且顺序次第分明。

文《详注》:"谓贞元十九年(803)冬,左迁阳山也。见《赴江陵诗》。《易》(《无妄》)曰:'无妄之灾(疾),勿药有喜。'"按:无妄,无辜遭祸。《易·无妄》:"六三,无妄之灾,或系之牛,行人之得,邑人之灾。"后人以"无妄"指意外的灾祸。何焯《义门读书记》卷三〇:"'此祸最无妄',不说人以无罪。"

㊳ 公卿采虚名,擢拜识天仗:文《详注》:"《前汉》(《汉书·鲍宣传》):'唐尊衣敝履空,以瓦器饮食,又以历遗公卿,被虚伪名。'见《鲍宣传》后。"又云:"谓德宗初拜公为监察御史也。兵仗,天子仪卫,一曰仗刀戟总名。"《洪谱》:"贞元十九年癸未,拜监察御史。"魏本:"孙曰:天仗,天子仗卫也。"陈景云《点勘》:"擢拜识天仗,谓御史之擢也。唐制:三院御史有缺,悉由御史大夫及中丞荐授。贞元之季,御史台久不除大夫,皆中丞专其事。公之入台,时李汶为中丞,盖由汶荐也。时同官中名最著者,如柳宗元、刘禹锡、李程、张署等,俱汶所荐。故宗元《祭汶文》云:'慎择寮吏,必薪之楚。'斯笃论矣。时公先贬官于外,故不预祭耳。惜史逸汶传,而荐公事尤失传。当以宗元《祭文》及《新史·王播传》参考,自可得之。"

㊴ 奸猜畏弹射,斥逐恣欺诳:猜,祝本、魏本注:"猜,一本作'猾'。"诸本作"猜",作"猾"乃形近致误。

文《详注》:"言奸宄猜疑,如鸟之畏弹射,欺诳天子,以斥逐于我。射,食亦切。诳亦欺也,古况切。"魏本:"唐曰:谓为王叔文之党所排逐。"方世举《笺注》:"张衡《西京赋》:'弹射臧否。'"王元启

《记疑》:"此诗刘禹锡亦有和篇,各叙贬黜之由。然公能作'奸猜畏弹射'之语,禹锡则自云'卫足不如葵',其辞惭矣。"钱仲联《集释》:"此即公《祭张员外文》所云'彼婉娈者,实惮吾曹,侧肩帖耳,有舌如刀'也。"朱彝尊《批韩诗》:"此事屡叙述,要看改换法,虚实繁简各有境。"何焯《义门读书记》卷三〇:"'奸猜畏弹射'一连,退之出官,颇猜刘、柳泄其情于韦、王,乃此诗即以示刘,令其属和,毋乃强直而疏浅乎?或者窦庠语次深明刘、柳之不然,劝其因倡和以两释疑猜,而刘亦忍诟以自明也。"按:此乃韩公为奸邪猜忌而被斥逐也。

⑩ 新恩移府庭,逼侧厕诸将:方《举正》据蜀本订"移"字。朱《考异》:"移,或作'趋'。"宋白文本、文本、祝本、魏本作"趋"。廖本、王本作"移"。趋、移二字均通。

文《详注》:"谓顺宗即位,蒙恩内徙江陵也。《西京赋》曰:'骈罗偪侧。'注云:'偪侧,言相逼也。'偪与逼同。"魏本:"孙曰:谓自阳山令量移江陵法曹参军。"李详《证选》:"谢朓《辞随王笺》:'荣立府庭,恩加颜色。'"童《校诠》:"案:公时移江陵法曹参军事,其同僚有功曹、仓曹、户曹、田曹、兵曹、士曹参军事各一人,故云逼侧厕诸将。"按:此谓为湖南观察使杨凭所抑,不得归朝而移江陵法曹。《文选》卷一三潘岳《秋兴赋》:"摄官承乏,猥厕朝列。"李善注:"《苍颉篇》曰:厕,次也,杂也。"逼侧:即逼仄,当狭窄讲。意谓处境困难,无地容身。厕:厕身、置身。诸将,指江陵诸曹官员。将,或作副词,即将要。

⑪ 于嗟苦驽缓,但惧失宜当:文《详注》:"嵇叔夜《绝交书》(《与山巨源绝交书》)曰:'性复疏懒,筋驽肉缓。'《楚辞》(严忌《哀时命》)曰:'身既不容于浊世兮,不知进退之宜当。'当,丁浪切。"蒋抱玄《评注》:"于,同吁。《诗》(《周南·麟之趾》):'于嗟麟兮!'"按:《诗经·卫风·氓》:"于嗟鸠兮。"《诗经》多用。陈景云《点勘》:"当,谓奏当也。奏当见《汉书》(《路温舒传》)师古注:'当,谓处其罪。'时公量移江陵法曹,故云尔。言惟恐司刑而不得其平也。"章

士钊《柳文指要》上《体要之部》卷三二《答周君巢书》:"似'宜当'成为当时文坛中通用语言,……宜当,同义字也。"童《校诠》:"案:诗麟趾:于嗟麟兮,毛传:于嗟,叹词。陈氏奂疏云:于、吁古今字。"按:童氏所谓陈氏奂疏,即陈奂《诗毛氏传疏》。

㊷ 鱼腹甘所葬:文《详注》:"谓过洞庭时也。《楚辞》(屈原《渔父》):'渔父谓屈原曰:宁赴湘流,葬于江鱼腹中。'"魏本:"韩曰:《史记》(《屈原贾生列传》):'屈原曰:宁赴常流而葬乎江鱼腹中。'"严虞惇《批顾嗣立韩诗注》:"前半是写岳阳楼之景,'追思南渡时',是渡洞庭湖而南窜也。"按:此句诗实从《渔父》脱化而来,亦以屈原被谗而贬比之也。

㊸ 严程迫风帆,劈箭入高浪:文《详注》:"程,途限也。劈,激也,匹历切。言贬时为守吏所迫,追程而进,去如箭激,不得休息也。帆,舟上幔也,所以泛舟。木玄虚《海赋》曰:'候劲风,挂帆席。'"魏本:"祝曰:帆,舟上泛风幔。《释名》:随风张幔曰帆。帆,符咸切。《说文》:'劈,破也。'《魏志》:羽便伸臂令医劈之。劈,音僻,又博麦切。孙曰:字合作擘。"黄钺《增注证讹》:"《赴江陵途中》所谓'春风洞庭浪,出没惊孤舟'者是也。"方世举《笺注》:"劈箭:鲍照诗:'箭迅楚江急。'"钱仲联《集释》:"即《祭张员外文》'追程盲进,帆船箭激'意。"按:即离京迫迁,途中催促。《全唐诗》卷五一宋之问《自洪府舟行直书其事》:"严程无休隙,日夜涉风水。"又卷六二杜审言《赠崔融二十韵》:"高选俄迁职,严程已饬装。"何焯《义门读书记》卷三〇:"严程迫风帆,关合。"谓此乃前后幅之纽而关合也。

㊹ 颠沈在须臾,忠鲠谁复谅:魏本:"祝曰:骨鲠謇谔之臣。《楚辞》:'观其骨鲠之所立。'鲠,音梗。"蒋抱玄《评注》:"《北史·庾质传》:'立言忠鲠。'"钱仲联《集释》:"此翻用高适诗'忠信涉波涛'意。"按:须臾,顷刻之间。谓风激浪大,行舟危险,顷刻之间就有翻船的危险。忠鲠:忠诚正直,韩公自谓。谁复谅:有谁能谅解呢?此语双关:看在写景叙事,实则把景之险恶与自己被迁打并在一

起,表现其满腹怨气。如何焯《批韩诗》:"回视向途,杳然有不测之险。打转前半,方见写景处非漫然铺叙,此真匠手结构。"

㊺克己自惩创:方《举正》未出校语。朱《考异》:"剋,或作'刻'。"宋白文本、文本、魏本作"刻"。祝本、廖本、王本作"剋"。童《校诠》:"第德案:廖、王、祝三本皆作剋。说文:克,肩也,象屋下刻木之形,刻、克古通用,书洪范曰克,周礼太卜注作曰尅,诗云汉:后稷不克,郑笺:克当作刻,是其证。剋、尅皆克之后出字,一曰为勉(尤剧也)之隶变。论语颜渊篇:克己复礼为仁,马(融)注:克己,约身,皇(侃)本作剋,引范宁剋责也。刘炫云:克训胜也,己谓身也,其义为使礼义胜嗜欲。按古籍如汉书王莽传:克己不倦,聘诸贤良,后汉书邓皇后纪:接抚同列,常克己以下之;晋书祖逖传:克己务施,不畜资产,皆用马义,盖为相承经师旧说。公此文亦用马义,或用范义亦通,非用刘氏解。应以作剋为长。其作刻之本义解者亦可通,说文:刻,镂也,后汉书第五伦传:臣常刻著五藏,章怀注:谓铭之于心也,刻己犹言铭心镂骨矣。"

文《详注》:"惩,戒。创,艾也。创,楚亮切。《尚书》正义曰:创与惩皆见恶自止之意。"魏本:"祝曰:《书》:予创若时。注:创,惩也。创,楚亮切。"按:剋,唐人文献常用,今从克。克,克制自己。惩创:惩戒、警惕,此谓告戒自己。《书·吕刑》:"罚惩非死,人极于病。"唐孔颖达疏:"正义曰:言圣人之制刑罚,所以惩创罪过,非要使人死也。"《辞源》亦以韩诗为例。

㊻庶从今日后,粗识得与丧:庶,庶几,幸好,希望。得与丧:得与失,是与非。韩公自我反省。

㊼事多改前好(hào),趣有获新尚:自己的志趣有了新的目标。文《详注》:"《易》《蛊》曰:'不事王侯,高尚其事。'曹子建《与杨德修书》曰:'人各有好尚,兰荪之芬,众人所好,而海畔有逐臭之夫。'"按:好,去声读,爱好。趣有获新尚:自己的志趣有了新的目标。此乃反省的结果。结果为何,下句出解。

㊽誓耕十亩田,不取万乘相:魏本:"韩曰:《庄子》《让王》:

'颜回曰:回有郭内之田十亩,足以为丝麻,不愿仕。'"方世举《笺注》:"十亩:《诗·魏风》:'十亩之间兮,桑者闲闲兮,行与子还兮。'"钱仲联《集释》:"东方朔《答客难》:'苏秦、张仪,一当万乘之主,而身都卿相之位。'"按:韩公诗意出《庄子》《答客难》。

㊾ 细君:妻子。稚子:小孩子。文《详注》:"细君,妻之别称。东方朔(《汉书·东方朔传》)曰:'归遗细君。'颜师古曰:'细,小也。朔自比于诸侯,谓其君(妻)曰小君。'野馈曰饷,食亮切。《孟子》(《滕文公下》)曰:'有童子以黍肉饷。'"方世举《笺注》:"细君:《汉书·东方朔传》:'归遗细君。'师古曰:'细君,朔妻之名。一说:细,小也,朔自比于诸侯,谓其妻曰小君。'蚕织:《诗·瞻卬》:'妇无公事,休其蚕织。'"魏本:"韩曰:孙芸铭石庵:'稚子拾薪,老夫汲涧,细君缉纴。'"按:反省后出欲归隐躬耕之意。

㊿ 行当挂其冠,生死君一访:魏本:"韩曰:后汉庞萌解冠挂东都门而去。"文《详注》:"言不复求仕,游心淡泊,以死生为一也。《后汉》(《后汉书·逢萌传》):'逢萌,字子康,王莽杀其子宇,恐祸及,乃解冠挂东都城门,归客辽东。'老聃曰:'以死生为一条,可不可为一贯。'《庄子·德充符篇》。《补注》:《刘宾客集》有《和韩诗》,云:'韩十八侍御见示《岳阳楼别窦司直》诗,因令属和,重以自述,故足成六十二韵。'见《刘梦得集》。梦得出为连州,途至荆南改武陵司马,故其诗有'今朝会荆蛮'之句。公诗岳州作,梦得则和于荆也。唐赵璘《因话录》:御史台三院,一曰台院,其寮曰侍御史,众呼为端公;二曰殿院,其寮曰殿中侍御史,众呼为侍御;三曰察院,其寮曰监察御史,众呼亦曰侍御。公贞元十九年,为监察御史,故呼侍御。"高步瀛《唐宋诗举要》卷一:"王僧孺《送殷何两记室诗》:傥有还书便,一言访死生。"按:挂冠,去官归田。生死君一访,即生死一访君。君,指窦庠。谓我要挂冠归田了,如果我还活着的话,总还会来看望老朋友的。行当,本当。

【汇评】

宋唐庚:过岳阳楼,观杜子美诗,不过四十字尔,气象闳放,涵蓄深远,殆与洞庭争雄,所谓"富哉言乎"者。太白、退之辈率为大篇,极其笔力,终不逮也。杜诗虽小而大,余诗虽大而小。(《唐子西文录》)

宋黄震:《岳阳楼》叙洞庭之胜。(《黄氏日抄》卷五九)

明蒋之翘:退之《岳阳楼诗》前半写景,犹卓荦有致。至"时当冬之孟"以下,便觉琐屑甚矣。(《韩昌黎集辑注》卷二)

清俞玚:此诗前半首写景,后半首述事,却用"追思南渡时"数语挽转,真有千钧之力。且有此一段,才见前此铺张,非漫然也,可见公布局运笔之妙。(顾嗣立《昌黎先生诗集注》卷二)

清何焯:《岳阳楼别窦司直》注:刘禹锡有和篇。按:刘诗见《外集》。"炎风日搜搅",只赋其大,便是死句。借风形容,因为比兴。"朝过宜春口",宜春口,未详,注以宜春郡当之,谬甚。"余澜怒不已",归到风上。"飞廉戢其威"二句,此连是诗中转关,生出下半。"江豚时出戏",风之余。"怜我窜逐归",伏后追思南渡一段。此下皆赋清宴之意。"此祸最无妄",不说人以无罪。"奸猜畏弹射"一连,退之出官,颇猜刘、柳泄其情于韦、王,乃此诗即以示刘,令其属和,毋乃强直而疏浅乎!或者窦庠语次深明刘、柳之不然,劝其因倡和以两释疑猜,而刘亦忍诟以自明也。"严程迫风帆",关合。(《义门读书记》卷三〇)

清沈德潜:《岳阳楼别窦司直》:前两段阳开阴阖,入窦司直后,见忠直被谤,而以追思南渡数语挽转前半,笔力矫然。(《唐诗别裁集》卷四)

清爱新觉罗·弘历:写景两段,阳开阴闭。范希文《岳阳楼记》似从此脱胎。(《唐宋诗醇》卷二八)

清袁枚:韩愈《岳阳楼》诗:"字宙隘而妨。""妨"作"访"音。(《随园诗话》卷一)

清翁方纲:韩文公《岳阳楼》诗"宜春口"未知在何处,注以为宜春郡,非也。且上句云在袁州,而下句"夜缆巴陵洲",注云"即岳州",亦殊可笑。(《石洲诗话》卷二)

清曾国藩:《岳阳楼别窦司直》:"轩然大波"以下十四句,状其洪涛壮观。"朝过宜春"以下二十二句,状其风息波恬。自"主人孩童旧"至末,公于窦氏兄弟最为契好,故于欢宴之余,追忆前事,言之沉痛。(《十八家诗钞》卷九)

程学恂:《南山诗》纯用《子虚》、《上林》、《三都》、《两京》、木《海》、郭《江》之法,铸形镂象,直若天成者,咏洞庭亦然。宇宙间既有此境,不可无此诗也。前半自赋景,后半自叙事,两两相关照而自成章法。此真古格,后人多不知之。(《韩诗臆说》卷一)

附:

和韩十八侍御登岳阳楼

窦庠

巨浸连空阔,危楼在杳冥。稍分巴子国,欲近老人星。昏旦呈新候,川原按旧经。地图封七泽,天限锁重扃。万象皆归掌,三光岂遁形?月车才碾浪,日御已翻溟。落照金成柱,馀霜翠拥屏。夜光疑汉曲,寒韵辨湘灵。山晚云常碧,湖春草遍青。轩皇曾举乐,范蠡几扬舲?有客初留鹢,贪程尚数蓂。自当徐孺榻,不是谢公庭。雅论冰生水,雄材刃发硎。座中琼玉润,名下芷兰馨。假手诚知拙,斋心匪暂宁。每惭公府粟,却忆故山苓。苦调常三叹,知音愿一听。自悲由也瑟,敢坠孔悝铭。野杏初成雪,松醪正满瓶。莫辞今日醉,长恨古人醒。(参考钱仲联《韩昌黎诗系年集释》)

附：

韩十八侍御见示岳阳楼别窦司直诗因令属和重以自述故足成六十二韵①

刘禹锡

楚江何苍然，曾澜七百里。孤城寄远目，一写穷无已。荡漾浮天盖，回环宣地理。积涨在三秋，混成非一水。冬游见清浅，春望多洲沚。云锦远沙明，风烟青草靡。火星忽南见，月魄方东迤。雪波西山来，隐若长城起。独专朝宗路，驶悍不可止。支川让其威，蓄缩至南委。熊武走蛮落②，潇湘来奥鄙。炎蒸动泉源，积潦搜山趾。归往无旦夕，包含通远迩。行当白露时，眇视秋光里。曙色未昭晰，露华遥斐亹。浩尔神骨清，如观混元始。戕风忽震荡③，警浪迷津涘。怒激鼓铿訇，蹙成山岿峉。鹍鹏疑变化，罔象何恢诡。嘘吸写楼台，腾骧露鬐尾。景移群动息，波静繁音弭。明月出中央，青天绝纤滓。素光淡无际，绿静平如砥。空影渡鸂鸿，秋声思芦苇。鲛人弄机杼，贝阙骈红紫。珠蛤吐玲珑，文鳐翔旖旎。水乡吴蜀限，地势东南庳④。翼轸粲垂精，衡巫屹环峙。名雄七泽数，国辨三苗氏。唐羿断修蛇，荆王殪青兕⑤。秦狩迹犹在，虞巡路从此。轩后奏宫商，骚人咏兰芷。茅岭潜相应，橘洲傍可指。郭璞验幽经，罗含著迹纪。观津戚里族，按道侯家子。联袂登高楼，临轩笑相视。假守亦高卧⑥，墨曹正垂耳⑦。契阔话凉温，壶觞慰迁徙。地偏山水秀，客重杯盘侈。红袖花欲然,银灯昼相似。兴酣更抵掌⑧,乐极同启齿。笔锋不能休,藻思一何绮。伊余负微尚,夙昔惭知己。出入金马门,交结青云士。袭芳践兰室,学古游槐市。策慕宋前军,文师汉中垒。陋容昧俯仰,孤志无依倚。卫足不如葵,漏川空叹蚁。幸逢万物泰,独处穷途否。铩翩重垒伤,兢魂再三褫。蘧瑗亦屡化,左丘犹有耻。桃源访仙官,薜服祠山鬼。故人南台旧⑨,一别如弦驶。今朝会荆蛮⑩,斗酒相宴喜。为余出新什,笑抃随伸纸。晔若观五色,欢然臻四美。委曲风涛事,分明穷达旨。洪韵发华钟,凄音激清徵。羊渚要共和⑪,江淹多杂拟。徒欲仰高山,焉能追逸轨。湘州路四达,巴陵城百雉。何必颜光禄,留诗张内史。（参考钱仲联《韩昌黎诗系年集释》)

【校注】

① 沈钦韩《补注》:"刘与公同为御史,此时刘贬官过江陵相遇也。"

② 魏本注:"孙曰:'熊、武二溪名。'"

③ 戕风:《全唐诗》作"北风"。童《校诠》:"案:木玄虚海赋:戕风起恶,李注:杜预左氏传注曰:戕,卒暴之名也;起恶,起为暴恶也。刘用戕风字本此。董康景印宋本刘宾客集作戕,为戕之形讹。全唐诗作北,盖不知戕字之义而改之。"

④ 庳:童《校诠》:"案:痺当依董本、朱本、全唐诗作庳,说文:庳,一曰屋庳;卑,贱也,二字古通用,诗正月:谓天盖卑,释文:卑本作庳,是其证。痺为痺之后出字。"

⑤ 魏本:"惮,丁达切。"童《校诠》:"惮丁达切。第德案:楚辞宋玉招魂:君王亲发兮惮青兕,王注:惮,惊也。此注音丁达切,则当读如怛,用周礼考工记矢人:亦弗之惮矣,郑注:故书惮或作怛,

郑司农云:读当为怛之以威之怛是也。"

⑥ 魏本:"孙曰:'窦时权领郡事。'"

⑦ 魏本:"孙曰:'韩亦量移江陵法曹司法参军,或谓之法曹,或谓之墨曹。'"

⑧ 童《校诠》:"案:抵当作抵,说文:抵,侧击也,段玉裁曰:战国策:抵掌而谈,东京赋:抵璧于谷,解嘲:介泾阳,抵穰侯,按:抵字今多讹作抵,其音义皆殊。第德案:抵,挤也,从手,氐声,在脂部;抵,从手氏声,在支部,故段云音义皆殊。"

⑨ 魏本:"樊曰:'公为御史时与禹锡仝官。'"

⑩ 魏本:"樊曰:'时禹锡出为连州,途至荆南,改武陵司马,和韵于荆。'"

⑪ 魏本:"要,平声。"

送文畅师北游①

元和元年

昔在四门馆②,晨有僧来谒③。自言本吴人,少小学城阙④。已穷佛根源,粗识事辁轹⑤。挛拘屈吾身⑥,戒辖思远发⑦。荐绅秉笔徒⑧,声誉耀前阀⑨。从求送行诗,屡造忍颠蹶⑩。今成十余卷,浩汗罗斧钺⑪。先生闷穷巷,未得穷剖劂⑫。又闻识大道,何路补剖刖⑬?出其囊中文,满听实清越⑭。谓僧当少安,草序颇排讦⑮。上论古之初,所以施赏罚⑯。下开迷惑胸,廓豁剧株橛⑰。僧时不听莹⑱,若饮水救暍⑲。风尘一出门,时日多如发⑳。

三年窜荒岭,守县坐深樾㉑。征租聚异物㉒,诡制怛巾袜㉓。幽穷共谁语?思想甚含哕㉔。昨来得京官,照壁喜见蝎㉕。况逢旧相识,无不比鹈鹕㉖。长安多门户,吊庆少休歇㉗。而能勤来过,重惠安可揭㉘。当今圣政初㉙,恩泽完狓㉚。胡为不自暇,飘戾逐鹳鹢㉛？仆射领北门,威德压胡羯㉜。相公镇幽都,竹帛烂勋伐㉝。酒场舞闺姝,猎骑围边月㉞。开张箧中宝,自可得津筏㉟。从兹富裘马,宁复茹藜蕨㊱。余期报恩后,谢病老耕垡㊲。庇身指蓬茅,逞志纵猃猲㊳。倘还相访来,山药煮可掘㊴。

【校注】

①《洪谱》系元和元年,曰:"《送文畅北游》云:'昔在四门馆,晨有僧来谒。'谓贞元十九年(803)为四门博士时。'昨来得京官',谓今年被召。'照壁喜见蝎',甚言北归之乐也。'仆射领北门',谓田季安。'相公镇幽都',谓刘济。"文《详注》:"《补注》:贞元十九年春,退之为四门博士,作《送文畅序》。元和初为国子博士,送畅师北游,'昨来得京官'是也。此诗大率解释《序》意。"魏本:"樊曰:公尝有《送文畅师序》,此诗亦多师序意。'少小学城阙',则《序》所谓'喜为文章也'。'戒辖思远发',则《序》所谓'周游天下也'。'荐绅秉笔徒,声誉辉(当作耀)前阀。从来(当作求)送行诗,屡造忍颠蹶',则《序》所谓'凡有行必请于缙绅先生,以求咏歌其所志也'。'今成十余卷,浩汗罗斧钺',则《序》所谓'得所序诗累百余篇也'。"方崧卿《年表》、顾嗣立《年谱》系是年。方成珪《年谱》曰:"是年六月后作,诗中叙述甚明。"方世举《笺注》:"公《送文畅师序》:浮屠师文畅喜文章,其周游天下,凡有行,必请于搢绅先生,以求咏歌其所志。贞元十九年春,将行东南,柳君宗元为之请,解其装,得所叙诗累百余篇。《柳宗元集》有《送文畅上人登五台遂游河朔序》。□云:《送文畅序》,公为四门博士时作,此诗国子博士时所作也。"钱仲联《集释》:"《柳宗元集》有《送文畅上人登五台遂游河朔序》,贞元十八年所作也。公集有《送浮屠文畅师序》,则贞元十九年春作,

送文畅作东南之行也。此诗方崧卿《韩文年表》系元和元年,时公官国子博士,诗有'仆射领北门'句,考河东节度使严绶于是年蜀平后加检校尚书左仆射,是此诗已作于秋末冬初,文畅盖第二次北游矣。"

按:诗云"昔在四门馆",指贞元十九年任四门博士,文畅来谒,韩愈作《序》以赠事。"三年窜荒岭,守县坐深樾",指韩愈自十九年十二月谪岭南阳山,至元和元年六月归京事。"昨来得京官,照壁喜见蝎",指韩愈回京任国子博士事。"长安多门户,吊庆少休歇",指韩愈回长安之后的活动。"当今圣政初",指宪宗李纯初登基掌政。"仆射领北门",指严绶平刘辟后加检校尚书左仆射,镇守太原事。"相公镇幽都",指刘济。《旧唐书·刘济传》:"贞元五年,迁左仆射,充幽州节度使。……寻加同中书门下平章事。顺宗即位,再迁检校司徒。元和初,加兼侍中。"《洪谱》谓领北门者为田季安,田季安官职虽合,然不在太原,不合北门。平息刘辟在九月,诗当写于九月后。

② 昔在四门馆:魏本:"孙曰:后魏太和中立学于四门,因以为名。隋始隶国子,公时为四门国子博士。"顾嗣立《集注》:"《旧唐书·职官志》:国子监有六学,一国子学,二太学,三四门,四律学,五书学,六算学。四门博士三人。(正七品上。)"钱仲联《集释》:"徐松《唐两京城坊考》卷二:'朱雀坊东第二街,街东从北第一务本坊,半以西国子监,领国子监、太学、四门、律、书、算六学。'"

③ 晨有僧来谒:魏本:"《补注》:《闻见录》云:欧阳公于诗主退之,不主子美,刘仲原父每不然之。公曰:子美'老夫清晨梳白头,玄都道士来相访'有俗气,退之决不道也。仲原父曰:亦退之'昔在四门馆,晨有僧来谒'之句之类耳。公赏其辩。"姚范《援鹑堂笔记》卷四一:"余谓:句法疏卤,大家固有无害,不得云俗气也。韩公较之,乃常言耳。"

④ 自言本吴人,少小学城阙:文《详注》:"陆士衡《谢表》(《谢平原内史表》)曰:'臣本吴人。'自此至'何路补剿刖',皆文畅自言。

城阙,学校也,言少常业儒。《子衿》(《诗·郑风》)诗曰:'在城阙兮。'"陈景云《点勘》:"'少小'句,盖言此僧少尝为士耳。"李黼平《读杜韩笔记》:"昌黎时为四门博士,此'城阙'二字,谓京都也。杜诗'城阙秋生画角哀',自注云:'南京同两都得称城阙。'诗盖兼用此,非特用《郑风》而已。"钱仲联《集释》:"李说非是。柳宗元《送文畅上人登五台遂游河朔序》云'方今有释文畅者,道源生知,善根宿植,深嗜法语,忘甘露之味,服道江表,盖三十年。谓王城雄都,宜有大士,遂蹑虚而西,驱锡逾纪'云云。是文畅少小时服道江表,未尝学于京都也。"按:《诗·郑风·子衿》:"挑兮达兮,在城阙兮。"序云:"《子衿》,刺学校废也,乱世则学校不修焉。"笺云:"国乱人废学业,但好登高见于城阙,以候望为乐。"韩公诗以此意而引申之也。谓文畅少小从学于儒,为士人。

⑤ 粗识事輗(ní)軏(yuè):輗,大车车杠(辕)和衡相固着的销子。《说文·车部》:"輗,大车辕耑持衡者也。从车兒声。"段注:"辕与衡相接之关键也。"軏,置于辕前端与车衡衔接处的销钉。《说文·车部》作"軏",云:"軏,车辕耑持衡者。从车,元声。"段注:"衡者,横木⋯⋯持衡者曰軏则衡与辕耑相接之关键也。"魏本:"祝曰:《语》(《为政》):'大车无輗,小车无軏。'注:'輗者,辕端横木以缚轭。軏者,辕端上曲钩衡。'"按:用于大车者称輗,小车者称軏。

⑥ 挛拘屈吾身:身,方《举正》订作"真",云:"唐本、阁本并同。曾、蔡校。"朱《考异》:"'真',或作'身'。"宋白文本、文本、祝本、魏本作"身"。宋白文本注:"一作'真'。"廖本、王本作"真"。作"身"、作"真"均通。按文意作"身"善。

文《详注》:"时畅师欲游东南,公送之,有《序》在集。潘安仁《西征赋》曰:'陋吾人之拘挛。'"魏本:"韩曰:汉邹阳《上书》(《狱中上梁王书》)'能越挛拘'之语。拘挛,犹拘束也。"钱仲联《集释》:"《汉书·杨王孙传》:'以返吾真。'《淮南子》高诱注:'真,身也。'"

⑦ 戒辖(xiá)思远发:魏本题注:"樊曰:则《序》所谓:'周游天下也。'"又:"祝曰:左氏(《左传》哀公三年):'巾车脂辖。'孙曰:

《诗》(《邶风·泉水》):'载脂载辖。'辖,车轴头铁,盖车键也。"《毛诗注疏》:"辖,车轴头金也。"童《校诠》:"第德案:说文:舝,车轴耑键也,两穿相背,从舛,禼省声,禼,古文偰字,辖,车声也,一曰舝键也。段玉裁曰:舝、辖异字而同义同音。按:孙氏引诗,见泉水篇,字作舝,文选潘正叔赠陆士衡诗舝作辖,李注引诗同。车舝:间关车之舝兮,左氏昭二十五年传作辖,云:昭子赋车辖,释文:本又作舝。舝、辖音义同,故得通用。辖隶变作鎋,诗节南山,维周之氐,郑笺:为周之桎鎋,释文:字又作辖;赵邠卿孟子题辞:五经之馆鎋;汉祝睦后碑:七政馆鎋,皆其例。祝氏引左氏语见襄三十年传。"按:此与上句一联乃文畅自谓:他欲摆去拘束而身获真性,乘车远游也。揭出一个"游"字。

⑧ 荐绅秉笔徒:荐,文本作"缙"。魏本作"荐",注:"荐绅,即缙绅。"方世举《笺注》:"《史记·五帝本纪赞》:'荐绅先生难言之。'"则作"荐绅"、作"缙绅"均可。今从"荐"。

文《详注》:"缙,赤色;绅,大带也。或作'搢'。搢,插也。"钱仲联《集释》:"《集解》:'徐广曰:荐绅,即缙绅也,古字假借。'又《封禅书》:'搢绅者不道。'《集解》:李奇曰:'搢,插也。插笏于绅。绅,大带。'《索隐》:'姚氏云:搢当作缙。郑众注《周礼》云:搢读曰荐,谓垂之绅带之间。案:郑意以搢为荐,则荐亦是进,进而置于绅带之间,故《史记》亦多作荐字也。《新唐书·百官志》:'起居舍人分侍左右,秉笔随宰相入殿。'"

⑨ 声誉耀前阀:耀,魏本作"辉"。诸本作"耀",从之。耀者,光耀也,用作动词,合诗意。

魏本:"祝曰:阀阅,家世也。《后汉》(《宦者列传》):声荣光晖于门阀。"文《详注》:"阀阅,功状也。阀,芳越切。"魏本音注:"阀,音伐。"顾嗣立《集注》:"《后汉书》:'声容辉于门阀。'《史记·功臣表》:'功有五品,明其等曰阀。'"按:阀,同伐,阀阅本作伐阅。一作功绩和经历,也指世家门第。《后汉书·韦彪传》上议:"士宜以才行为先,不可纯以阀阅。"唐皮日休《奉献致政裴秘监》:"既无阀阅门,常嫌冠冕累。"秦汉功有五品:勋、劳、功、伐、阅。明其等曰伐,积日曰阅。见《史记·高祖功臣侯者年表》。

⑩ 从求送行诗,屡造忍颠蹶(diān jué):方《举正》订"求"字,作"从求送行诗",云:"谢氏以唐本定。杭、蜀本'求'皆作'来',字小讹也。此盖言文畅求送行之诗于一时诸公,不惮屡造义为是。"朱《考异》:"求,或作'来'。"祝本、魏本作"来"。宋白文本、文本作"从行送吾诗",注:"一作'从来送行诗'。"今从方作"求"。

文《详注》:"言公卿大夫文章名世者,皆以歌诗赠别于师,按迹而至,不惮颠蹶之劳。谓柳宗元之徒也,公《送畅序》言之详矣。蹶,僵也,居月切。"魏本:"孙曰:颠沛谓仆。蹶,失足也。"魏本音注:"蹶,音厥。"沈钦韩《补注》(见于《送浮屠文畅师序》):"《全唐诗》送文畅篇什,有权德舆、白居易、吕温、张祜。"方世举《笺注》:"《齐国策》:'颠蹶之请,望拜之谒,虽得则薄矣。'"按:颠蹶,颠倒失次。《管子·小匡》:"桓公惧,出见客曰:'天威不违颜咫尺,小白承天子之命而毋下拜,恐颠蹶于下,以为天子羞。'"或作倒仆、跌落。《战国策·齐三》:"颠蹶之请,望拜之谒,虽得则薄矣。"鲍彪注:"颠,倒;蹶,僵也。言其请救之遽。"以上二句谓文畅求诗之勤恳与求诗之苦。

⑪ 浩汗罗斧钺:魏本:"祝曰:《说文》(金部):钺,大斧也。"又:"樊曰:《序》所谓'得所序诗累百余篇'也。"文《详注》:"浩汗,本作'皓旰',见《送灵师》诗。"按:公《送灵师》诗云:"战诗谁与敌?浩汗横戈铤。"《史记·河渠书》:"瓠子决兮将奈何,皓皓旰旰兮闾殚为河。"指水盛貌。此指文畅得诗文之多也。

⑫ 先生閟(bì)穷巷,未得穷剞劂(jī jué):文《详注》:"盖以大匠喻公。閟,藏也,兵媚切。《淮南子》曰:'镂之以剞劂。'许氏云:剞,工钩刀也;劂者,规度刺画所以刻镂之具也。剞,音技;劂,音厥。"童《校诠》:"剞劂:祝曰:刻镂刀也,淮南子:剞劂无迹,人巧之妙;楚词:握剞劂而不用。孙曰:甘泉赋:般倕弃其剞劂。○剞,居绮切,劂音厥。剞一作剖。方崧卿氏举正无校语。朱氏考异作剞

剧，云：或云剞作剖字，见傅毅琴赋，当考。王元启曰：傅毅琴赋载古文苑第二十一卷，其语云：命离娄使布绳，施公输之剞剧，其字并不作剖，或说误也。钱仲联曰：淮南子高诱注：剞，巧工钩刀也，剧者，规度刺画墨边笺也，所以刻镂之具也。甘泉赋应劭注：剞，曲刀也，剧，曲凿也，二注皆谓剞、剧是二。陶方琦淮南许注异同诂云：文选魏都赋注引许注，剞剧，曲刀也，说文：剞剧，曲刀也，与淮南注正同，淮南剧应作剧。韩集送文畅师北游诗注：剞剧，曲刀也，即本许注。王逸注哀时命，剞剧，刻镂刀也，亦以剞剧为一物，广雅：剞剧，刀也。第德案：说文作剞剧，剞下云：剞剧，曲刀也，剧，剞剧也。高、应二氏以剞剧为二，与许君、王叔师、张稚让说为一物不同，盖经师传授之异。一曰对文则异，散文则通，亦备一说。按：淮南俶真训（镂之以剞剧，注引作剧，疑有改易）本经训（王尔无所措其剞剧）作剧，齐俗训则作剧（即祝注所引剞剧无迹，人巧之妙二句），剧、剧两见。剧为剧之隶变，桂未谷云：屈、厥声相近，左传韩献子厥，公羊作屈，文十年厥貉，昭十一年厥愁，公羊并作屈。按：桂说是，周礼内司服：掌王后之六服，郑司农注：屈者音声与阙相似，礼记玉藻：君命屈狄，郑注：屈，周礼作阙，亦可作为一证。高注墨边笺，笺当依朱丰苎校作线。钱氏未说明淮南剧、厥两见，陶氏谓淮南剧应作剧，亦欠审谛。"

按：闵：闭门、关闭。《左传》庄公三十二年："初，公筑台，临党氏，见孟任，从之。闵。而以夫人言，许之。"闵作闭门解。《诗·鄘风·载驰》："视尔不臧，我思不闵。"闵作终止解。祝本"剞"作"攲（同'敧'）"，非。朱《考异》："或云'剞'作'剖'，字见傅毅《琴赋》，当考。"剞，雕刻用的曲刀；攲，倾倒。诸本作"剞"字是。剞剧，刻刀。《楚辞》汉严忌《哀时命》："握剞剧而不用兮，操规矩而无所施。"《楚辞补注》："应劭曰：'剞，曲刀；剧，曲凿。'"按：剞剧，本义当作雕刻之具，即曲刀；后引申为雕琢刻镂，韩公诗乃此义。《全唐诗》卷八二一皎然《郑容全成蛟形木机歌》云"浑朴无劳剞剧工"是其证。又《魏书·术艺传论》："蒋少游以剞剧见知，没其学思，艺成为下，其近是乎?"唐玄奘《大唐西域记·劫比它国》:"城东二十余里,有大伽蓝,经制轮奂,工穷剞劂,圣形尊像,务极庄严。"

⑬ 又闻识大道,何路补劓刖:文《详注》:"又以良医喻公也。《庄子·大宗师》篇曰:'庸知夫造物者之不息我黥而补我劓,使我乘成以随先生耶?'劓,墨形在面,本作黥,渠京切。刖,断足也,音刖(当为月)。"魏本:"祝曰:劓,墨刑也。刖,断足也。《书》:'爰始淫为劓刖椓黥。'韩曰:公诗意谓文畅既祝发为僧,欲补其劓刖而反之初可得乎?劓与黥同,并音渠京切。"方成珪《笺正》:"自第三句'自言本吴人'直贯至此句,皆述文畅语。劓刖乃代文畅作谦词,冀公以大道补之也。"

按:识大道,认识大道理。《礼记·礼运》:"大道之行也,天下为公。"也指常理正道。《史记·优旃传》:"善为笑言,然合于大道。"《论语·子张》:"子贡曰:'文武之道,未坠于地,在人。贤者识其大者,不贤者识其小者,莫不有文武之道焉。'"韩公诗意出此。劓刖,用卞和献璞玉而劓刖事,而肯定文畅。

⑭ "出其"二句:以玉比文畅囊中之文。文《详注》:"清越:以玉喻文。《礼记》曰:'叩之其声清越而远闻。'"魏本:"孙曰:《记》:君子比德于玉,叩之其声清越,以长乐也。"李详《证选》:"颜延年《和谢监灵运》诗:'清越夺琳珪。'"按:《礼记·聘义》:"君子比德于玉焉,温润而泽,仁也。……叩之其声清越以长。其终诎然,乐也。"韩公《会合联句》:"孟郊:'嘉言写清越,瘉病失肧肿。'"清越,本作形容音乐声清彻激扬,此作高超、出众解。《南史·贞惠世子方诸传》:"幼聪警博学,明《老》《易》,善谈玄,风采清越,特为元帝所爱。"

⑮ 谓僧当少安,草序颇排讦(jié):文《详注》:"'谓僧当少安',此公答师之辞也。公送畅游东南,其言排讦佛老,今下文亦举其凡。讦者,面斥人以言也。《论语》(《阳货》)注云:'谓攻发人之隐私。'讦,居谒切。"魏本:"孙曰:公《送文畅序》在《集》中。讦,谓斥人以言。"方世举《笺注》:"少安:《左传》:孙文子来聘,公登亦登。

叔孙穆子曰:'吾子其少安。'草序:谓前《送文畅序》深诋浮屠,又讥缙绅先生'无以圣人之道告之',所谓排讦也。"钱仲联《集释》:"《汉书》颜师古注:'相斥曰讦。'"按:排讦,排斥抨击。《汉语大词典》引韩诗为例。又云:"清赵翼《瓯北诗话·韩昌黎诗》:'昌黎以道自任……于文畅则草序排讦。'"

⑯古之初:钱仲联《集释》:"《楚辞·天问》:'遂古之初。'"施赏罚,《周礼·地官·小司徒》:"凡用众庶,则掌其政教,与其戒禁,听其辞讼,施其赏罚,诛其犯命者。"

⑰庨豁剧株橛:方《举正》出"窌豁",云:"何逊诗(《渡连圻诗》):'窌豁下嵌岈。'窌音哮,气上蒸也。校本一用《西京赋》语,刊作'庨豁',恐非。"朱《考异》引方语,云:"今按:一本作'庨豁',注云:'开达貌。'《西京赋》李善无注,而《篇》《韵》以为'宫殿貌'。祝氏《音义》作'庨豁,开达貌'。潘岳《登虎牢赋》:'幽谷豁以窌寥。'今亦未详孰是,且从方氏作'窌'。"宋白文本、文本、廖本、王本作"窌",祝本、魏本作"庨",从之。

文《详注》:"言上古先王之道,用之可以开天下之迷惑,若剧荒谷之株橛,廓然豁达也。《淮南子》曰:'古之所以为治者,伏羲、神农不施赏罚而民不为非。'张平子《西京赋》曰:'瞵眾窌豁。'窌,气上蒸也,许交切。《庄子》曰:'吾处也,若橛株。'崔谓云:橛,断树也,音其月切。"《说文·斤部》:"斸(zhú 陟玉切,入,烛韵),斫也。"钱仲联《集释》:"《说文》:'斸,斫也,从斤,属声。'《释名》:'斸,诛也,主以诛钼根株也。'《庄子》:'吾处身也,若厥株拘。'陆德明《释文》:'厥,本或作橛。李云:厥竖也。'《尔雅》郝懿行《义疏》:'橛是竖木。'《说文》:'株,木根也。'按:诗意谓开晓以大道,使其胸中豁然,病根毕拔也。"查慎行《查初白诗评十二种》:"此六句,先生括前《送文畅序》中大意。"童《校诠》:"第德案:说文,哮,豕惊声也,朱骏声曰:字亦作庨,长笛赋:庨窌巧老,注:深空之貌。按:朱氏以哮为庨之本字是也,深空开达皆惊义之引申。玉篇:庨许交切,庨豁,宫殿形状。厂部、穴部皆不收庨、窌,是庨、窌皆为庨之后出字,朱氏所见祝注本作寎,与此本异。厗、寎皆为序之后出字,应以作序为长。"

⑱ 憎时不听莹:方《举正》:"不听莹,不疑惑也。《庄子》旧注甚明,今人多误用。"文《详注》:"《庄子·齐物论》曰:'是黄帝之所听莹也。'注云:'听莹,疑惑不明之貌。'"钱仲联《集释》:"陆德明《释文》:'荧,本亦作莹,于迥反。向、司马云:听荧,疑惑也。'"魏本:"樊曰:《庄子》:'是黄帝之所听莹也。'疏:'听莹,疑惑貌。'不听莹则无所疑矣。此所以若饮水救渴也。"童《校诠》:"第德案:樊引庄子,见齐物论,正文作荧,释文:荧亦作莹。荧正字,莹借字。案:疏应作释文,引向、司马说,成玄英疏则云疑惑不明之貌,即本之向、司马。古籍亦有借营字为之者,荀子宥坐篇:言谈足以饰邪营众,杨注:营读为荧是也。"按:听莹、听荧、听营同。《北史·甄琛传》彭城王勰等奏:"至使朝廷识者,听营其间。"

⑲ 若饮水救喝:方《举正》据唐本订"喝"字,云:"曾、谢校。公诗用今韵者,未尝逾韵。此诗三十二韵,不应独旁取此一韵,义亦可考。"朱《考异》:"喝,或作'渴'。(下引方语)今按:方说不知何以见此诗用今韵,当考。"宋白文本、文本、祝本、魏本作"渴"。廖本、王本作"喝"。方成珪《笺正》:"此诗全用十月韵,不参通转,故方校云然。"王元启《记疑》:"'喝'字今韵入月,'渴'字入曷,诚为逾韵。然二韵本可通用,况作'救喝'则当用凉风或挥扇等字,今云'饮水',则是救渴可知。今从建本及樊注作'渴'。"钱仲联《集释》:"《说文》:'喝,伤暑也。'《淮南子·说林训》:'救喝而饮之寒。'公诗正用《淮南》,王说非是。"按:喝字入月韵,义为暑热之伤,于文义正合;况韩诗用字奇峭,既不出韵,也不俗套,若用渴字,则俗矣。方、钱说是。喝(yē),中暑,伤于暴热。《庄子·则阳》:"夫冻者假衣于春,喝者反冬乎冷风。"《荀子·富国》:"使民夏不宛喝,冬不冻寒。"

⑳ 风尘一出门,时日多如发:文《详注》:"谓师与公别而去也。"方世举《笺注》:"如发:马融《围棋赋》:'胜负之策兮,于言如发。'"张鸿《批韩诗》曰:"韩之造句,其独到皆如此。"按:多如发,言

其日月如发之多也。

上写文畅求诗出游,下转写他窜逐归京。

㉑ 三年窜荒岭,守县坐深樾:《洪谱》:"《杏花》诗云:'二年流窜出岭外。'二年,谓甲申(804)、乙酉(805)。《送文畅》诗云:'三年窜荒岭。'通癸未(803)岁也。"文《详注》:"公自谓贬阳山也。樾,树阴也,亡代切。"深樾:魏本:"祝曰:楚谓两木交阴之下曰樾。《淮南子》:'武王荫喝人于樾下。'"

㉒ 异物:方《举正》:"李本作'物异'。"朱《考异》:"异物,或作'物异',非是。"宋白文本、文本、祝本、魏本、廖本、王本均作"异物",是。

异物,指当地的土特产品。《元和郡县图志》卷二九江南道五:"连州,管县三:桂阳、阳山、连山。"又:"贡、赋:开元贡:细布。元和贡:钟乳。"

㉓ 制怛(dá):方《举正》订,云:"阁本、蜀本皆作'制'。怛,惊怛也。曾、谢本皆从古本定作'怛'。"朱《考异》:"怛,或作'恒'。"文本作"制常"。宋白文本作"制恒",注:"恒,一作'怛'。"廖本、王本作"制怛",从之。魏本注:"诡,怪也。"文《详注》:"言岭表衣服异也。袜,足衣,音勿伐切。"方世举《笺注》:"异物、诡制:鲍照《登大雷岸与妹书》:'繁化殊育,诡质怪章。'束晳《近游赋》:'衣裳之制,名号诡异。设系襦以御冬,资汗衫以当暑。'怛巾袜:怛,音但,又当割切。按:《诗》(《桧风·匪风》):'中心怛兮。'《说文》(心部):'怛,得案切,憯也。'《广韵》(入声十二部曷):'当割切,悲惨也。'《庄子》(《大宗师》):'毋怛化。'又有惊惧之意。《世说》(《雅量》):'庾亮大儿有雅重之质,温太真尝隐幔怛之。'是则与此诗用字正同。又按:《隋书·地理志》:'长沙郡杂有夷蜒,其男子但著白布裈,更无巾裤。其女子青布衫斑布裙,通无鞋屐。桂阳、熙平皆同。'阳山,隋时属熙平。则其巾袜之制,固宜有可骇者矣。与诗语合。"

㉔ 幽穷与谁语?思想甚含哕(yuě):朱《考异》:"共,或作'与'。"宋白文本作"与"。文本、祝本、魏本、廖本作"共",注:"一作

'与'"。作"与"、作"共"均通。韩诗正用《报任安书》"谁与语",故作"与"合公意。

文《详注》:"哕,气牾也,音乙劣切。"魏本注:"哕,逆气。祝曰:《礼记》:'不敢哕噫,嚏咳。'"方世举《笺注》:"司马迁《报任安书》:'是以独郁悒而谁与语。'含哕:哕,乙劣切。《记·内则》:'不敢哕噫,嚏咳。'《说文》:'哕,气牾也。'"按:哕,呃逆。《素问·宝命全形论》:"病深者,其声哕。"注:"哕,谓声浊恶也。"如韩公在《送区册序》所说:阳山地辟人穷,语言不通,说话含混不清,没有共同语言。

㉕ 昨来得京官,照壁喜见蝎:来,魏本作"夜",语义不通。诸本作"来"字,是。童《校诠》:"案:夜,廖、王、祝三本皆作来,举正、考异无校语。作夜亦通,与下句照壁喜见蝎句相应。"按:童说非,正因为下句,魏本等才误作"夜"的。昨来是指韩公自江陵回京的时间概念,非昨夜之具体所指昨天晚上也。

文《详注》:"谓召拜国子博士也。岭南本无蝎虫,归至江陵喜复见之也。《酉阳杂俎》(卷一七《虫篇》)曰:'蝎,形如钱,蛰人必死。江南旧无蝎,开元中,常(尝)有主簿竹筒盛过江,至今江南往往有之,俗呼为主簿蝎虫。常为蝎(蜗)所食,以迹规之,不复去,蝎前谓之螫,蝎后谓之虿。'字作蝎,音歇。"按:文说江陵有蝎则可,谓在江陵"照壁喜见蝎"则误。此乃写公归京任博士后所见的喜悦心情。魏本:"孙曰:元和元年(806)六月,自江陵召还为国子博士。"《洪谱》:"'照壁喜见蝎',甚言北归之乐也。"魏本:"祝曰:杜诗(《全唐诗》卷二二五《早秋苦热》):'每愁夜中自足蝎。'樊曰:苏内翰《闻骡驮试笔》:'余谪居黄州五年,今日离泗州北行,岸上骡驮声空笼,意亦欣然,盖不闻此声久矣。退之照壁喜见蝎,不虚语也。'又《岭南归》云:'亡脱问鹏之变,行有见蝎之喜。'皆取诸此。"钱仲联《集释》:"诸本皆作'蝎'。按:此诗全用十月韵。《广韵》蝎在十二曷韵,注:'《尔雅》:蝤蛴蝎。'又:'蝎,桑虫。'其在十月韵者为蠍,注:'螫人虫。'今据改。《庄子·天运篇》陆德明《释文》:'《通俗文》云:长尾为蚰,短尾为蠍。'"何焯《批韩诗》:"曲曲衬出。"

㉖ 况逢旧相识，无不比鹣蟨：方《举正》据蜀本订"亲识"，云："谢校。"朱《考异》："亲识，或作'识知'。亲，或作'相'。"文本作"逢"（逢字之误）、"识知"。宋白文本、廖本、王本作"亲识"。祝本、魏本作"相识"。作"亲识""相识"均通。"识知"不成语。今从祝本、魏本作"相识"，则此句为"况逢旧相识"，亦合平仄律。

文《详注》："《尔雅》《释地》曰：'南方有比翼鸟，不比不飞，其名鹣鹣。'郭璞注云：'似凫青赤色，一目一翼，相得乃飞。西方有比肩兽[焉]，名[与]邛。邛，岠虚，[为邛邛岠虚]啮甘草。或（即）有难，邛邛岠虚相负而走，其名谓之蟨。'郭璞注云：'《吕氏春秋》《不广》）曰：北方有兽，其名为蟨（蹶），鼠前而兔后。然则邛邛岠虚亦宜鼠前而兔后，前高不得取甘草，故须蟨（蹶）食之。'今雁门广武县夏屋山中有兽，形如兔而大，相负共行，土俗名之为蟨鼠。'一见《山海经》《海外北经》注）。鹣音兼。蟨音厥。"方世举《笺注》、魏本引祝《全解》同。魏本："樊曰：公窜逐新归，见蝎犹喜，况相识乎？无不比之鹣蟨矣。"按：蝎者北方才有，意寓北归之喜。蟨（jué 居月切，入，月韵），兽名。《韩诗外传》五："西方有兽，名曰蟨，前足鼠，后足兔。"也作"邛邛岠虚"。传说邛邛岠虚与蟨互相依存，邛邛岠虚善走而不善求食，蟨善求食而不善走。平时蟨以美草供给邛邛岠虚，遇难时邛邛岠虚负蟨而逃。蟨、蹶、蠙同。何焯《批韩诗》："衬。"

㉗ 吊庆：吊慰或庆贺，亦指喜事与丧事。方世举《笺注》："《燕国策》《战国策·燕策一》）：'齐王按戈而却曰：此一何庆吊相随之速也？'"按：宋欧阳修《述怀》诗："归来见亲识，握手相吊庆。"清蒲松龄《聊斋志异·邵女》："柴知之，谢绝人事，杜门不通吊庆。"亦作庆吊，《史记·苏秦列传》："苏秦见齐王，再拜，俯而庆，仰而吊。齐王曰：'是何庆吊相随之速也？'"《后汉书·王充传》："（王充）以为俗儒守文，多失其真，乃闭门潜思，绝庆吊之礼，户牖墙壁各置刀笔。"多用逆折笔。何焯《批韩诗》："无一顺笔。"

㉘ 重惠安可揭：方《举正》出"重惠"，云："谢本作'惠重'。魏

毌丘俭诗(《之辽东》)：'忧责重山岳，谁能为我担。'疑用此义。"朱《考异》："重惠，或作惠重。"安，文本作"焉"。诸本作"重惠"、作"安"字，是。

文《详注》："揭，担也，其谒切。"魏本："孙曰：揭，举也，音羯，又桀、音竭二音。"

㉙ 当今圣政初：魏本："韩曰：谓宪宗初即位也。"按：《旧唐书·宪宗纪上》："永贞元年八月丁酉朔，受内禅。乙巳（九日），即皇帝位于宣政殿。"

㉚ 恩泽完狖狘(xuè)：方《举正》据唐本订"完"字，云："公联句亦有'恩熙完朆剫'。"朱《考异》："完，或作'宽'。"宋白文本、文本、祝本、魏本作"宽"。廖本、王本作"完"。作"宽"、作"完"均可。

文《详注》："《礼记》(《礼运》)曰：'凤以为畜，故鸟不獝。麟以为畜，故兽不狘。'獝狘：飞走之貌，并许月切。狖，又许聿切，义与獝同。陆德明云：'獝，况必切。'"按：狖，飞越。南齐谢朓《谢宣城集》卷一《三日侍宴曲水代人应诏》诗之五："巢阁易窥，训庭难狖。"狘，兽惊走貌。《礼记·礼运》曰："麟以为畜，故兽不狘。"郑玄注："狘，飞走之貌也。"孔颖达疏："獝狘，惊走也。"又曰："惊走，故云獝狘飞走之貌。"狘，一般字书不收，《康熙字典》：同翼，狱之讹字。

㉛ 胡为不自暇，飘戾逐鹯(zhān)䴅(jué)：文《详注》："此欲止畅北游收敛而冠巾之也。潘安仁《西征赋》曰：'臧扎飘其高厉。'《尔雅》(《释鸟》郭璞注)曰：'䴅似鹰，尾上白。善捕鼠，一名杨鸟。'又音其月切。"魏本："樊曰：鹯，鹞属。䴅，似鹰，尾上白，善捕鼠。祝曰：䴅，一名鸷。《尔雅》(《释鸟》)：'鸷，白鹰。'"按：鸷，《尔雅·鸟部》本一字，文《详注》作二字"杨鸟"，误。屈《校注》："《文选》潘岳《秋兴赋》：'庭树槭以洒落兮，劲风戾而吹帷。'注：'戾，劲疾之貌。'《尔雅·释鸟》：'晨风，鹯。'郝懿行义疏谓鹯为隼之声转。"按：此二句劝文畅也。鹯，猛禽。《孟子·离娄上》："为丛驱爵者，鹯也。"䴅，其月切，入，月韵，鸟名。《说文·鸟部》："䴅，白鹰，王雎也。"汉杨孚《异物志》："䴅鸟，大如雄鸡，色赤或黑而能鸣，弹射取

之,其肉香美,中作炙。"《汉语大词典》亦以韩诗为例。下开文畅北游。如何焯《批韩诗》云:"转出北游。"

㉜ 仆射领北门,威德压胡羯:《洪谱》:"谓田季安。"魏本:"孙曰:谓田季安为魏博节度使。"陈景云《点勘》:"谓河东帅严绶也。注承《洪谱》之误。唐以太原为北门,屡见于史。田季安时镇魏博,不当言北门。至宋都大梁,始以魏地为北门,如寇莱公镇魏,'自言北门锁钥,非准不可'是也。洪说失之。又唐河东帅府兼统藩部,观公作《郑儋墓志》可见,故继以'威德压胡羯'之句。"沈钦韩《补注》:"魏博,非京师北门,又界内无胡羯。《权德舆集·马燧行状》:'皇帝以太原王业所起,国之北门。'唐以太原为北京,故称北门。《严绶传》:贞元十七年(801),代郑儋为河东节度使。元和元年(806),蜀、夏平,加检校尚书左仆射。盖文畅游代之五台,代州在河东节度管内,仆射是严绶也。"按:陈、沈所说是。羯,魏本:"祝曰:羯,胡种。"钱仲联《集释》:"《韵会》:'羯,地名,上党武乡羯室,晋匈奴别部入居之,后因号为羯。'作"胡种""胡地"均通,当作"胡羯"。

㉝ 相公镇幽都,竹帛烂勋伐:魏本:"《补注》:此诗送文畅北游,故及北门、幽都云。"又:"孙曰:谓刘济为幽州节度使。"文《详注》:"此谓范希朝为北都留守,刘总为幽州节度。言必欲北游,惟此二人为可从也。《左传》(襄公十九年):'季武子曰:诸侯言时计功,大夫称伐。'"王元启《记疑》:"公《送李端公序》称济为天子之宰。盖济以节度兼平章事,故此诗又称相公。"方世举《笺注》:"勋伐:《史记·高祖功臣侯年表》:'以德立宗庙定社稷曰勋,明其等曰伐。'"烂,灿烂、光耀。《诗·郑风·女曰鸡鸣》:"明星有烂。"笺云:"明星尚灿烂然。"伐,此作功劳解。《左传》庄公二十八年:"且旌(表彰)君伐。"又引伸作夸耀讲。《道德经》:"自伐者,无功。"此句谓:相公镇守幽都,战功赫赫,光耀于青史也。此指刘总,非为范希朝,希朝时已遭贬。

㉞ 酒场舞闺姝,猎骑围边月:文《详注》:"此谓入侍宾飨,出从田猎也。《县斋》(《县斋有怀》)诗曰:'弓箭围狐兔,丝竹罗酒炙。'

《答张彻》诗曰:'觥秋纵兀兀,猎宴驰骎骎。'皆与此意同。"魏本注:"姝,美色。祝曰:《诗》(《鄘风·干旄》):'彼姝者子[,何以畀之]。'孙曰:《史记》(《匈奴传》):'匈奴举事,候星月,月盛壮则攻战,月亏则退兵。'韩曰:李恢《秋月词》云:'边月破镜飞。'"按:此下引出对文畅游北地受到热情款待的推想。何焯《批韩诗》:"丽句。"

㉟ 开张箧中宝,自可得津筏:魏本:"孙曰:谓送行诗。"文《详注》:"箧中宝,以喻畅所述作也。编竹木曰筏,音伐。解见《赴江陵》诗。"魏本:"孙曰:津水际筏,以渡水。"又:"祝曰:《尔雅》:舫,泭也。注:水中簰筏。《方言》:泭谓之簰,簰谓之筏。《吴志》:束缚作大筏。"钱仲联《集释》:"《说文》(水部):'津,水渡也。'《方言》:'簰谓之筏。'"按:此句谓文畅将所得诗文编辑成册。

㊱ 从兹富裘马,宁复茹藜蕨:魏本:"韩曰:《语》(《论语·公冶长》):'乘肥马,衣轻裘。'"文《详注》:"《尔雅》(《释草》)曰:'蕨,鳖也。'(注:)'初生无叶,可食,江西谓之鳖。蕨,音厥。'藜,草,似蓬。解见《重云》诗。"钱仲联《集释》:"《史记·太史公自序》:'藜藿之羹。'正义:'藜似藿而表赤。'《齐民要术》:'《诗》义疏曰:蕨,山菜也。'"何焯《义门读书记》卷三〇:"数语甚鄙,恐未为聪明识道理者所笑也。"钱仲联《集释》:"柳宗元《送文畅上人登五台遂游河朔序》云:'上人之往焉,将统合儒释,宣涤疑滞,然后蒇衣械之赠,委财施之会,不顾矣。'勉中亦含讽意。公诗特率直言之耳。"按:以上六句,直讽文畅。浮屠本不如此,而文畅所追求者,乃浮屠所戒。

㊲ 余期报恩后,谢病老耕垈:余期报恩后者,何焯《批韩诗》云:"完窜岭一段案。"谢病老耕垈,蒋抱玄《评注》:"《战国策》:'乃谢病归相印,谓辞以疾也。'"魏本:"孙曰:耕起土谓之垈。垈,音伐。祝曰:垈与墢同。《国语》:'王耕一墢。'"按:此谓谢皇恩之后,即归田农耕。归到自己身上。

㊳ 庀身指蓬茅,逞志纵猃(xiǎn)猲(xiē):文《详注》:"蓬茅,谓嵩山之旧庐,言将归休于此,以耕猎自娱也。垈,耕起土也,音伐。《列子》曰:'庀其蓬室。'猃猲,田犬也。《驷铁(当为'驖')》诗

《诗·秦风》》曰:'载猃猲獢(文作"骄",误)。'毛云:'长喙曰猃,短喙曰猲。'猃,力验切;猲,音歇。"魏本:"祝曰:猃猲,田犬也。《尔雅》:'长喙曰猃,短喙曰猲獢。'《诗》曰:'载猃猲獢。'"按:《尔雅·释畜》:"长喙,猃;短喙,猲獢。"猃,长嘴猎狗。《说文·犬部》:"猃,长喙犬。一曰黑犬黄头。从犬,佥声。"獢,短嘴狗。《说文·犬部》:"獢,猲獢。短喙犬也,从犬,曷声。"此谓:退居山林后,住茅屋,纵猎犬,以农耕为乐也。

㊴ 僧还相访来,山药煮可掘:魏本:"孙曰:河北归时。"张相《诗词曲语辞汇释》卷一:"还,犹云如其也。还相访,犹云如其相访也。陈师道《次韵关子容湖上晚饮》诗:'如今归去还高卧,更问风光有几旬?'"文《详注》:"山药,薯蓣也。《本草》曰:'一名山芋,多生嵩山,野人谓之土储,若欲掘取,默然则获,唱名便不可得。人有植之者,随所种之物而像之。'《倦游录》云:'山药,本名薯蓣,唐代宗名预(豫),改下一字为药,本朝英宗讳上一字,改为药。'今以公诗考之,一名山药,亦其来久矣。"方世举《笺注》:"山药:《北山经》:'景山其草多薯蓣。'注:'根似羊蹄,可食。'《尔雅翼》:薯蓣味甘温。唐代宗讳预(当作'豫'),故呼薯药。今人呼为山药,一名山芋。秦、楚名玉延,郑、越名土薯。人多掘食之以充粮。"按:回抱题目,有送有请。如何焯《批韩诗》云:"与'晨有僧来谒''而能勤来过'一处应。"

【汇评】

清李光地:先叙文畅求言,而当日作序极陈古义以破其惑,即今集中《送文畅序》是也。中言被贬阳山,自幸还见亲识,而僧之往来尤密。后乃劝其逃墨来归,以诗文为缘,足以自致,且与为异日相从之约。(《榕村诗选》卷六)

清朱彝尊:一味逞粗硬,然气力亦足驱使。(顾嗣立《昌黎先生诗集注》卷二)

清俞玚:公诸长篇用险韵,都不傍借,正所谓因难见巧,不独

《赠张十八》一首也,但江字韵为尤窄耳。(同上)

清何焯:《送文畅师北游》:未免以好用险韵减其自然之美。"酒场舞闺姝"六句,数语甚鄙,恐反为聪明识道理者所笑也。(《义门读书记》卷三○)

清王懋竑:《送文畅》用月韵,暍、樾、哕、狘今韵阙,皆见《广韵》。(《读书记疑》卷一六)

清姚范:《送文畅师北游》注:《闻见录》云:"欧阳公于诗主退之,不主子美,刘仲原父每不然。公曰:子美'老夫清晨梳白头,玄都道士来相访'有俗气,退之决不道也。仲原父曰:亦退之'昔在四门馆,晨有僧来谒'之句之类耳,公赏其辩。"余谓:句法疏卤,大家固有无害,不得云俗气也。韩公较之,乃常言耳。"又闻识大道,何路补剶刖"注:《庄子》:"庸讵知造物者,不息我剶,而补我刖。"公诗意谓文畅既祝发为僧,欲补其剶刖而反之初,可得乎?余谓:此公述文畅之言,非公言也。"寠豁剶株橜"注:何逊诗"寠豁下嵓呀",一本作"庨豁"。注云:开达貌。《西京赋》,李善无注。余按:睽眾庨豁,薛综注"形貌",则善亦从之。"若饮水救暍"注:方云:"公诗用今韵者,未尝逾韵。此诗三十二韵,不应独旁取此一韵。"按:三十二韵,俱见《广韵》十月。(《援鹑堂笔记》卷四一)

清爱新觉罗·弘历:就北道主人作歆动语,纯是声色货利事。昌黎胸次何等,乃作此腐鼠之吓耶?缘其恶异学甚于鄙俗情也。(《唐宋诗醇》卷二八)

清曾国藩:《送文畅师北游》:"自言本吴人"以下十八句(至"补剶刖"),皆述文畅在四门馆之言。"出其囊中文"以下十二句,叙前作《送文畅序》赠别之事。"三年窜荒岭"以下十四句,叙贬阳山及回京再见文畅。自"当今圣政初"至末,送文畅北游,而自拟归耕。(《十八家诗钞》卷九)

程学恂:诸赠僧诗,于澄观取其经营之才,于惠师取其好游,于灵师取其能文,于文畅取其多得搢绅先生歌咏,皆非以僧取之也。(《韩诗臆说》卷一)

答张彻①

元和元年

　　辱赠不知报,我歌尔其聆②。首叙始识面,次言后分形③,道途绵万里,日月垂十龄④。浚郊避兵乱,睢岸连门停⑤。肝胆一古剑,波涛两浮萍⑥。溃墨窜旧史,磨丹注前经⑦,义苑手秘宝,文堂耳惊霆⑧。暄晨踏露舄,暑夕眠风棂⑨。结友子让抗,请师我惭丁⑩。初味犹啖蔗,遂通斯建瓴⑪。搜奇日有富,嗜善心无宁⑫。石梁平侹侹,沙水光泠泠⑬。乘枯摘野艳,沈细抽潜腥⑭。游寺去陟巘⑮,寻幽返穿汀⑯。缘云竹竦竦,失路麻冥冥⑰。淫潦忽翻野,平芜眇开溟⑱。防泄埏夜塞,惧冲城昼扃⑲。

　　及去事戎辔,相逢宴军伶⑳。觥秋纵兀兀,猎旦驰骍骍㉑。从赋始分手,朝京忽同舲㉒。急时促暗棹,恋月留虚亭㉓。毕事驱传马,安居守窗萤㉔。梅花灞水别,宫烛骊山醒㉕。省选逮投足,乡宾尚摧翎㉖,尘袪又一掺,泪眦还双荧㉗。

　　洛邑得休告,华山穷绝陉㉘。倚岩睨海浪,引袖拂天星㉙。日驾此回辖,金神所司刑㉚。泉绅拖修白,石剑攒高青㉛,磴藓澾拳跼,梯飙飐伶俜㉜。悔狂已咋指,垂诫仍镌铭㉝。

　　峨豸忝备列㉞,伏蒲愧分泾㉟。微诚慕横草,琐力摧撞楟㊱。叠雪走商岭,飞波航洞庭㊲。下险疑堕井,守官类拘图⑧。荒餐茹獠蛊,幽梦感湘灵㊴。刺史肃菁蔡㊵,吏人沸蝗螟㊶。点缀簿上字,趋跄阁前铃㊷。赖其饱山水,得以娱瞻听㊸。紫树雕斐亹,碧流滴珑玲㊹。映波铺远锦,插地列长屏㊺。愁狖酸骨死,怪花醉魂馨㊻。潜苞绛实圻㊼,幽乳翠毛零㊽。

赦行五百里,月变三十蓂㊾,渐阶群振鹭㊿,入学海螟蛉[51],苹甘谢鸣鹿,罍满惭罄瓶[52]。囷囷抱瑚琏,飞飞联鹡鸰[53]。鱼鬣欲脱背,虬光先照硎[54]。岂独出丑类,方当动朝廷[55]。勤来得晤语,勿惮宿寒厅[56]。

【校注】

① 题:魏本:"韩曰:公为国子博士时作。张彻,公门下士,又公之从子婿。"文《详注》:"彻以进士累官至范阳府监察御史,公兄俞之婿也。集有《墓志》。"顾嗣立《集注》:"公撰《张彻墓志》:'彻举进士,迁殿中侍御史,为幽州节度判官,军乱骂贼死。'事具载《唐书》。"魏本:"《补注》:《笔墨闲录》曰:'刘倜云《答张彻》一诗,尤奇丽。'"按:方崧卿《年表》系元和元年(806)。《韩学研究·韩愈年谱汇证》:"方成珪《诗文年谱》曰:'此诗六月后官国子博士时作。'按:方说是。这首长诗历数了他与张彻的交往,直到他从江陵回京这段历史。又诗云:'赦行五百里,月变三十蓂。'三十蓂,正指韩愈从贞元十九年十二月贬阳山,至今元和元年六月,凡三十个月。诗正写在此时。又诗云:'渐阶群振鹭,入学海螟蛉。'指他入国子学教诸生,在任国子博士后。"何焯《批韩诗》:"以强韵为工。"朱彝尊《批韩诗》:"此乃是拗排律。"

② 辱赠不知报,我歌尔其聆:上句谓张彻赠公诗,而未及时酬答;下句说他的诗歌却为张彻痴心聆听。魏本注:"聆,听也。"

③ 首叙始识面,次言后分形:上句谓二人始识面于符离睢水

之上,下句说他们分别之久。魏本:"韩曰:《北史》(《宋游道传》):'齐神武自太原来朝,见宋游[道]曰:尝闻其名,今日始识其面。'曹子建《求自试表》:'诚与国分形同气,忧患共之也。'借用以言离别。"方世举《笺注》:"分形:鲍照《赠故人马子乔》诗(六首之六):'烟雨交将夕,从此遂分形。'旧注引曹子建《求自试表》'分形同气'之语,谓公借用以叙离别。真可哂也。"

④ 道途绵万里,日月垂十龄:文《详注》:"此言与彻离合之凡(总括)。鲍明远乐府诗(《东武吟》)曰:'密途亘万里。'"陈景云《点勘》:"公此诗发端云'首叙始识面',而其下以浚郊避乱,睢岸连居为识面之始,则知公与彻邂逅在贞元十五年(799)己卯,去汴居徐之日,至丙戌(806)凡八年,故曰垂十龄也。"方世举《笺注》:"《记·文王世子》:'梦帝与吾九龄。'古者谓年为龄。鲍照诗:'舍耨将十龄。'□云(魏本引樊《谱注》):谓自贞元十二年丙子,至是元和元年丙戌,十年也。"按:方世举谓十年,误。贞元十二年,韩公在汴州,十三年与张籍始交,非彻也。韩公诗谓"十龄"者,乃举其成数。陈景云说是。起二联以总说领起。汪琬《批韩诗》:"总起,以下分应。"朱彝尊《批韩诗》:"故为拙起。"

⑤ 浚郊避兵乱,睢岸连门停:方《举正》作"庭",云:"阁本作'停'。"朱《考异》:"停,诸本作'庭',阁本作'停',而方从诸本。按:停,犹居也。上对'乱'字,宜用'停'字乃的。后又有'洞庭'字,或未必重押也。"宋白文本、文本、祝本、魏本作"庭"。廖本、王本作"停"。作"停"字善,今从朱说。

魏本:"孙曰:贞元十五年二月,汴州乱。是岁公至彭城,节度使张建封居之于睢水上。时彻(宋刻本为籍,四库本为彻)亦来徐,与公连居。"文《详注》:"浚郊,汴州也。睢岸,徐州也。自董晋之卒,公从丧西出,不数日而汴军乱,彻随愈家从汴下徐。公自洛归视家,宅于睢水之上,彻从师焉,故得与为邻也。二事皆见《此日足可惜》诗。"《此日足可惜》诗未见有此记载,疑文说把张籍当张彻,误。顾嗣立《集注》:"王云:'是岁公至彭城,节度使张建封居之于睢水上。停,犹居也。'"方世举《笺注》:"浚郊:《诗·干旄》:'在浚之郊。'连门停:《洛阳伽蓝记》:'隔墙并门,连檐接响。'即诗所谓'连门停'也。公居睢上,盖与彻比屋而居停也。"按:《新唐书·地理志二》:"汴州陈留郡,雄。武德四年以郑州之浚仪、开封,滑州之封丘置。"按《元和郡县图志》卷七河南道三,则开封县、浚仪县均属汴州治所郭下,开封管其东界,浚仪管其西界。

⑥ 肝胆一古剑,波涛两浮萍:此二句谓:两人虽如浪涛浮萍水相逢,却如耿耿古剑之肝胆相照。文《详注》:"自谓同怀报国之诚,而羁旅无定也。古诗曰:'泛泛江汉萍,飘荡水无根。'"魏本:"韩曰:刘伶(《酒德颂》)曰:'俯观万物,扰扰焉如江河之载浮萍。'"方世举《笺注》:"肝胆:董仲舒《士不遇赋》:'苟肝胆之可同兮,奚须发之足辨也。'"童《校诠》:"第德案:文选刘伶酒德颂河作汉。又按:周礼秋官叙官萍氏,郑注:萍之草无根而浮;楚词王子渊九怀:窃哀兮浮萍,泛淫兮无根,王注:自比如萍,随水浮游;杜季雅怒论:夫萍之浮与菱之浮相似,菱植根,萍随波,皆先于刘氏酒德颂。或曰:夏侯孝若浮萍赋:流息则宁,涛扰则动,公盖用此。"按:二句一锁,开与彻始交之意。

⑦ 渍墨窜旧史,磨丹注前经:魏本:"韩曰:张平子《西京赋》:'雅好博古,学乎旧史氏。'《选·赭白马赋》:'访国美于旧史,考方载于往牒。'《补注》:《左传》:'仲尼因鲁史策书成文,其余皆用旧史渍染也。'"方世举《笺注》:"窜:《后汉书·张衡传》:《河洛》《六艺》,篇录已定,无所容窜。注:谓不容妄有加增也。旧史:张衡《西京赋》:'学乎旧史氏。'"又:"磨丹:《吕氏春秋》:'丹可磨而不夺其赤。'"按:渍(zì),浸染、沾染。《周礼·考工记·钟氏》:"钟氏染羽……淳而渍之。"《史记·礼书》:"而况中庸以下,渐渍于失教,被服于成俗乎?"渍墨,即染墨。旧史,先前的史书。晋杜预《〈春秋经传集解〉序》:"其余则皆即用旧史。"杜甫《冬日洛城北谒玄元皇帝庙》诗:"世家遗旧史,道德付今王。"磨丹,研磨丹砂。前经,先前的经典。《后汉书·张衡传》:"《河洛》《六艺》,篇录已定,后人皮傅,

无所容篆。"注:"谓不深得其情核,皮肤浅近,强相傅会也。后人不达皮肤之意,流俗本多作'颇傅'者,误也。无所容窜谓不容妄有加增也。"

⑧义苑手秘宝,文堂耳惊霆:魏本:"孙曰:手,持也。"方世举《笺注》:"《后汉书·班固传》:'御东序之秘宝。'注:'秘宝,谓《河图》之属。'"童《校诠》:"案:北史杜弼传:弼注庄子惠施篇并易上下系,名曰新注义苑,并行于世。为公所本。"按:此谓注疏古文献的书籍。《北史·杜弼传》云:"注《庄子·惠施篇》并《易·上下系》,名曰《新注义苑》,并行于世。"手,本为名词,此作动词,当持解。耳,听也,与上句手字对。

⑨暄晨蹑露舄(xì),暑夕眠风棂:舄,履,即鞋子。文《详注》:"舄,履也。棂,窗也。《此日足可惜》诗曰'仆射南阳公,宅我睢水阳。闭门读书史,清风窗户凉'是也。"顾嗣立《集注》:"《左传》桓公二年:'带裳幅舄。'杜预曰:'舄,复履。'"魏本:"孙曰:棂,窗棂。郭璞《游山诗》:'回风流曲棂。'"顾嗣立《集注》:"《文选》(卷二四)曹子建诗(《赠徐幹》):'流焱激棂轩。'《说文》(木部):'棂,窗间也。'"日人近藤元粹注引顾注,然未标明。按:炼句虽工,然露痕迹。张鸿《批韩诗》:"炼句可师。"

⑩结友子让抗,请师我惭丁:文《详注》:"丁,当也。公《志彻墓》云:'君常从余学。'"魏本:"孙曰:言不敢当师之名。蔡曰:《左氏》襄十四年:尹公佗学射于庾公差,庾公差学射于公孙丁。二子追公,公孙丁御尹公。佗曰:'子为师,我则远矣。'"沈钦韩《补注》:"丁乃丁宽,《易》祖师也,非公孙丁。"廖本:"《晋阳秋》曰:'陆抗、羊祜为边将,推侨札之好。抗尝遗祜酒,祜亦馈抗药,各推心服之。'"方成珪《笺正》:"《史记·陆贾传》:'与天子抗衡。'索隐引崔浩云:'抗,对也。''让抗'谓不敢与公为对。"王元启《记疑》:"旧注以抗为羊祜推心之陆抗,丁为庾公差学射之公孙丁。其解晦拙难通。窃谓结友则子既逊不敢抗,请师则我又愧不敢当。《宋书·谢瞻传》称'瞻文与仲叔琨族弟灵运相抗',即此抗字。公《赠张籍》诗'零落

甘所丁',亦与此'丁'字同义。抗,敌也。丁,当也。"方世举《笺注》:"按旧注:《晋书·羊祜传》:'祜出征南夏,与陆抗相对,使命交通。'《左传》:'尹公佗学射于庾公差,庾公差学射于公孙丁。'此说甚非,全无关涉。细思'抗'乃抗礼之抗,'丁'乃当也。承上'义苑''文堂'来,语意乃合。"按:此写韩、张交谊的态度:张彻推辞不敢平交为友,愿以韩为师;韩公自谦,推辞,谓不当为师。

⑪ 初味犹啖蔗,遂通斯建瓴:此谓彻之学初如食蔗刚尝出甜头,而今深造有成则如高屋建瓴。文《详注》:"言彻之学日就月将也。《晋书》(《顾恺之传》):'顾恺之每食甘蔗,常自尾至本,人或怪之,云:渐入佳境。'《前汉书》(《高帝纪》):'张良曰:譬犹居高屋之上而建瓴水也。'如淳曰:'瓴,盛水瓶也。居高屋之上而幡瓴水,言其向下之势易也。'建,音蹇。瓴,音铃。一说瓴瓯似瓮有耳。"魏本引韩醇注、《补注》同文,不赘。方世举《笺注》实录韩醇注、《补注》。

⑫ 搜奇日有富,嗜善心无宁:文《详注》:"言搜摘古人之奇异,其学日富,研精覃思,遂无厌歇。宁,安也。《吴都赋》(左思撰)曰:'相与昧潜险,搜瑰奇。'注云:'谓搜求宝玉之物。'《庄子》(《天地》)曰:'万有不同之谓富。'"按:谓张彻学习以奇为新,日积月累,知识愈来愈富;好善而永无满足的时候。

⑬ 石梁平侹侹,沙水光泠泠:文《详注》:"此已下皆言游观之事。梁,桥也。侹(tǐng),直也,他鼎切。泠泠,清也。刘越石《扶风歌》曰:'泠泠涧水流。'"魏本:"祝曰:石绝水曰梁,梁所以节水。《说文》(人部):'侹侹,长貌。'韩曰:《说文》(木部):'楚人谓桥为圯,凡桥有木梁,有石梁。侹侹,直也。'"魏本音注:"侹,音挺,又音听(tīng)。"方世举《笺注》:"《诗·鸳鸯》(《小雅》):'鸳鸯在梁。'笺:'梁,石绝水之梁。'《说文》:'侹,长貌。'《广雅·释诂》:'侹,直也。'"顾嗣立《集注》:"陆士衡《招隐诗》:'山溜何泠泠。'"按:侹侹,作长作直解均通,《辞源》作长,引韩诗为例。《汉语大词典》谓平直而长貌,亦引韩诗为例。泠泠,形容水清。《西厢记·长亭》:"白泠泠似水,多半是相思泪。"

⑭ 乘枯摘野艳，沈细抽潜腥：乘，钱仲联《集释》："乘，登也。《诗》(《豳风·七月》)：'亟其乘屋。'"按：《列子·黄帝》："俱乘高台。"《史记·高祖本纪》："兴关内卒乘塞。"野艳，文《详注》："野艳，杂花也。潜腥，小鱼也。"蒋之翘《辑注》："'野艳'字新。二句亦工丽似《选》。"按：细谓缗，即钓丝也。

⑮ 游寺去陟巘：朱《考异》："陟，或作'登'。"宋白文本作"登"，注："一作'陟'。"文本、魏本、廖本、王本均作"陟"，注："一作'登'。"作"陟"、作"登"均通，今从"陟"。

文《详注》："巘(yǎn)，山形如甑者，鱼蹇切。《公刘》(《诗·大雅》)诗曰：'陟则在巘。'"按：或作山峰或小山解。《诗·大雅·公刘》："陟则在巘，复降在原。"毛传："巘，小山，别于大山也。"谓小山之形如甑者。《广韵》："巘，山形如甑。"

⑯ 寻幽反穿汀：方《举正》出"寻径"，云："谢本校作'寻巫'，杭、蜀皆同'径'字。"朱《考异》："径，或作'巫'，非是。"宋白文本、文本、魏本作"径"，注："径，一作'幽'。"方成珪《笺正》："魏本云：'径，一作'幽'。'当从之。盖全诗每句第二字皆平仄仄平相间而用，不应此独异例也。"按：所说是，"寻幽"与下"穿汀"义正合。钱仲联《集释》校亦从"幽"。

文《详注》："汀，水际平沙也，他丁切。"按：汀，水边平地。屈原《九歌·湘夫人》："搴汀洲兮杜若。"宋范仲淹《岳阳楼记》："岸芷汀兰，郁郁青青。"

⑰ 缘云竹竦竦，失路麻冥冥：魏本："孙曰：竦竦，高貌。冥冥，多貌。"文《详注》："《灵光殿赋》(《文选》卷一一王文考撰)曰：'缘云上征。'张景阳《七命》曰：'寻竹竦茎荫其壑。'"方世举《笺注》："竦竦：鲍照诗(《绍古辞》七首之三)：'瑟瑟凉海风，竦竦寒山木。'"钱仲联《集释》："《汉书·王莽传》下：'江湖河泽麻沸。'颜师古注：'麻沸，言如乱麻而沸涌。'"按：麻，乱也。麻沸，比喻形势动乱。麻冥冥，杂乱不清貌。《诗·小雅·无将大车》："无将大车，维尘冥冥。"屈原《九歌·山鬼》："云容容兮而在下，杳冥冥兮羌昼晦。"

⑱ 淫潦忽翻野，平芜眇开溟：魏本："祝曰：潦，积水。《礼记》（《月令》）：'以备水潦。'"魏本音注："潦，音老。"文《详注》："淫潦，久雨也。平芜，荒泽也。言久雨则天地晦昧，郊野变色，水泽渐盈，远若开溟矣。鲍明远《芜城赋》曰：'浕沲平原，南驰涨海。'"方世举《笺注》："宋玉《九辩》：'淫潦何时而得干？'"按：贞元十五年，郑、滑大水。"钱仲联《集释》："冥溟同纽连用。"按：《旧唐书·德宗纪》："贞元十五年(799)秋七月，郑、滑大水。"二句写是年郑州、滑州至徐州大水成灾的情况。

⑲ 防泄堑夜塞，惧冲城昼扃：文《详注》："言防军情之泄，则长堑夜塞，惧敌人之冲突，则城门昼闭，谓处军戎之间也。堑，绕水城也。扃，外闭之关也，音古萤切。"按：文说非，此指防洪水，非防敌军也。

魏本："孙曰：自'肝胆一古剑'以下至此，皆言十五年(799)睢岸连居，与彻相从之乐。"王元启《记疑》："'淫潦'四句，纪述时事之辞。《归彭城》篇云：'去岁东郡水，生民为流尸。'《齪齪》篇云：'河堤决东郡，老弱随惊湍。'意此时东郡河决，徐泗间亦被其灾，故有'防泄''惧冲'等语。旧注概以相从乐事言之，殊谬。"按：王说是。

自始至此，写二人交游。

⑳ 及去事戎辔，相逢宴军伶：此句与下句写入徐幕而遇宴会。文《详注》："言公为徐州从事，彻亦从焉。伶，乐官也。《简兮》（《诗·邶风》）诗注曰：伶氏世事掌乐官而善焉，故后世多号乐官为伶官。伶，郎丁切。"魏本："孙曰：公先居睢水，久之，建封以为节度推官。伶，乐官也。"蒋之翘《辑注》："军伶，军中乐。"按：伶，为乐官。如欧阳修《五代史·伶官传序》即写乐伶。军伶，指张建封徐州幕中乐伎也。

㉑ 觥(gōng)秋纵兀兀，猎且驰駉(jiōng)駉：此句写狩猎。旦，方《举正》作"宴"，云："鲍、谢校作'旦'。"朱《考异》作"旦"，云："旦，方作'宴'。"宋白文本、文本、祝本、魏本作"宴"，文本注："一作'旦'。"廖本、王本作"旦"，从之。谓狩猎之日，若作"宴"，则与上

"宴军伶"重,韩公不为也。童《校诠》:"第德案:此文宴不作宴乐解,宴、晏古通用。汉书扬雄传:于是天清日晏,逢蒙列眦,羿氏控弦,为公猎晏字所本。晏字之义,见上文岳阳楼别窦司直诗:清晏息纤纩句下,不重出。"按:童说宴与晏古通,不错;然唐时宴、晏二字已分别用之,韩公原诗拟亦作晏。查韩诗《秋怀诗》之十"知耻足为勇,晏然谁汝令"等四处形容时间的均用"晏";《送灵师》"溪宴驻潺湲"等四处形容宴乐的均用"宴",不通用。

蒋抱玄《评注》:"觥秋,谓会饮之时也。猎旦,谓行猎之日。"魏本注:"兀兀,醉貌。"文《详注》:"觥,爵也。晏,晚也。兀兀,坐忘貌。駉駉,并驰貌。《駉》(《诗·鲁颂》)诗曰:'駉駉牡马。'毛苌云:'腹马,腹干肥张也。'駉,涓荧切。"按:觥,古代的一种酒器。《诗·周南·卷耳》:"我姑酌彼兕觥。"駉,马肥壮貌。《诗·鲁颂·駉》:"駉駉牡马,在坰之野。"传:"駉駉,良马腹干肥张也。"唐元稹《三叹》诗之三:"非无駉駉者,鹤意不在鸡。"

㉒ 从赋始分手,朝京忽同舲:文《详注》:"从赋,谓彻从乡举也。朝京,谓贞元十五年,公以徐州从事朝正于京师也。汉晁错《贤良策》(《汉书·晁错传》)曰:'乃以臣充赋。'如淳曰:'犹以备数也。'瓒曰:'此错之谦辞,云如赋谓也。'舲,舟上有窗者,郎丁切。《楚辞》(屈原《九章·涉江》)曰:'乘舲上沅。'朝,驰遥切。"魏本:"孙曰:谓彻赴举试也。《汉书》:'以臣错充赋。'充赋者,如赋调云。樊曰:是年冬,公以徐州从事朝正于京师,又与彻同时行。"方世举《笺注》:"《汉书·晁错传》:'诏有司举贤良文学士,错在选中。对曰:今臣窟等,乃以臣充赋。'如淳曰:'犹言备数也。'"

按:预写朝京后二人分手也。王元启《记疑》:"此为后分形之始。"

㉓ 急时促暗棹,恋月留虚亭:写韩公在路途的感受。促暗棹,即暗促棹。上句写促程,下句写夜里缆船,故得登岸空亭赏月。

㉔ 毕事驱传(chuán)马,安居守窗萤:魏本:"孙曰:谓十六年春,公朝正事毕,归彭城也。"又:"孙曰:谓彻留京师也。韩曰:车武

子贫,聚萤读书。"文《详注》:"言毕朝正之事而归也。《汉书》颜师古曰:'传者,若今之驿,古者以车谓之传车,其后又单置马,谓之驿骑,一曰传马。'萤,萤火虫也。《晋书》(《车胤传》):'车胤字武子,家贫无灯火,以绢囊盛萤,照书夜读。'"方世举《笺注》:"《汉书·贾谊传》:'乘传而行郡国。'《盐铁论》:'乘传诣公车。'师古曰:'传者,若今之驿。'《新唐书·百官志》(一):'主客郎中掌(诸蕃)朝见之事。蕃州都督、刺史朝集日,视品级,乘传者日四驿,乘驿者六驿。'"按:传马,驿站所用之马。《汉书·昭帝纪》:"元凤二年六月,赦天下。诏曰:'朕闵百姓未赡,前年减漕三百万石。颇省乘舆马及苑马,以补边郡三辅传马。'"传车,驿车。传,驿站。《史记·游侠传》:"条侯(周亚夫)为太尉,乘传车,将至河南,得剧孟。"传者,传递也。

㉕ 梅花灞水别,宫烛骊山醒:魏本:"樊曰:公归彻留,故有此句。"文《详注》:"灞水在长安东三十里,解见《县斋有怀》诗。《通典》(卷一七三《州郡》三《古雍州上·京兆》)曰:'骊山本周骊戎国,在京兆新丰县南,武太后改曰庆山。'自新丰故城西至霸城五十里,霸城西十里则灞水,又西三十里则长安,是则彻与公同过骊山而后以事相别于灞水也。杨文公《谈苑》曰:'翠微寺在骊山绝顶,旧离宫也。唐太宗尝避暑于此,后寺亦废。有游者题云:翠微寺本翠微宫,楼阁亭台障几重?天子不来僧又乏,樵夫时倒一株松。'以此知一作官烛,非。"方世举《笺注》:"灞水、骊山:《三辅黄图》:霸水出蓝田谷,西北入渭。阿房宫阁道通骊山八十余里。《水经注》:霸城西十里则霸水,西二十里则长安城。《史记·周本纪》索隐曰:骊山在雍州新丰县南,故骊戎国也。《太平寰宇记》:骊山在昭应县东南二里,即蓝田山也。"魏本:"《补注》:《笔墨闲录》曰:'刘佣云:此对极有风味。'"钱仲联《集释》:"《元和郡县志》:'关内道京兆府,管万年县,霸水在县东二十里。'"

按:上写二人交游,下开分别后的情景。自"及去事戎幕"至"宫烛骊山醒"一节写入幕和朝正。此联风味殊绝,如《笔墨闲录》"此对极有风味"云。

㉖ 省选逮投足，乡宾尚撂翎：魏本："樊曰：谓彻下第也，彻后元和四年始登第。"文《详注》："此谓彻也。《周礼》(《地官·乡大夫之职》)曰：'三年大比，考其德行道艺，而兴贤能，乡老及乡大夫帅其吏与其众寡，以宾礼宾之。'郑氏注云：'兴贤若今举孝廉，兴能若今举茂才。宾，敬也，谓合众而尊宠之，以乡饮酒之礼礼而宾之。'扬雄《解嘲》曰：'行者拟足而投迹。'撂翎谓铩翮也，见《县斋有怀》诗。"陈景云《点勘》："'省选'以下四句又另叙十七年(801)以后事。公赴省谒选者再，至十八年(802)春，始有四门博士之授，'省选逮投足'者，谓此也。"方世举《笺注》："陆机诗(《长安有狭邪行》)：'矩步岂逮人，投足事已尔。'"沈钦韩《补注》："《白氏长庆集》有《邓鲂张彻落第诗》。"蒋抱玄《评注》："乡宾，犹言乡贡也。《唐书·选举志》：'取士之法，由州县荐举不由国子者，谓之乡贡。'"

㉗ 尘袪又一掺，泪眦还双荧：魏本："祝曰：《诗》(《郑风·遵大路》)：'掺执子之袪兮。'孙曰：掺：揽。袪袂，执袂而别也。"文《详注》："言彻不得志，公悲其失时，泪目至于矇瞽。及此相见，引袂而言喜复明也。袪，衣袂也。掺，犹牵引也，所咸切。眦，目匡也，疾智切。荧，明也，女肩切。"方世举《笺注》："《说文》(《目部》)：'眦，目匡也。'蔡琰诗：'常流涕（一作离）兮眦不干。'《庄子·人间世篇》：'而目将荧之。'"陈景云《点勘》："公谒选入都，复与彻相聚。及公得官而彻方下第，且有远适，故继以'尘袪''泪眦'二语，皆惜别之词。"王元启《记疑》："此彻下第东归与公相别，与前灞水之别，彻留公去者不同。盖在十八年(802)公为博士之日，故下直接休告登华一事。孙注概指为十六年事，殊混。"按：双荧，二人分别时泪流形态：泪水闪闪有光。

㉘ 洛邑得休告，华山穷绝陉：文《详注》："自此以下，皆公自述。休告，休假也。解见《县斋有怀》诗注。华山为西岳，解见《送灵师》诗。陉，山绝坎也，户经切。李肇《国史补》(卷中)曰：'退之登华山绝峰，不可下，乃大恸。华阴令百计取之，始得下。'"魏本："韩曰：《尔雅》(《释山》)：'山绝陉。'注：'连山中断绝。'"方世举《笺

注》:"《汉书·魏相传》:'休告从家还至府。'按:十八年,公为四门博士,谒告归洛,因游华山。"按:叙入登华山事便奇。何焯《批韩诗》:"叙入登华一段助奇。"

㉙ 倚岩睨(nì)海浪,引袖拂天星:文《详注》:"华山在黄河之上,盖河自龙门山冲击华山之东,其水湍激若海浪然。睨,视也,郎计切。曹子建《七启》云:'倚峻岩而嬉游。'天星句,言山之高。"

㉚ 日驾此回辖,金神所司刑:魏本:"孙曰:华山西岳,其神少昊,为金神,西方主刑也。"文《详注》:"日驾,日御也。日出于东,沉于西。华山为西岳,故为日御回辖之地。《月令》(《礼记》)曰:'孟秋之月,其帝少皞,其神蓐收。'郑氏云:'此白精之君,金官之神,自古以来,著德立功者也。少皞金天氏,蓐收少皞之子,曰该为金官。'华为西岳,故为金神司刑之所。"方世举《笺注》:"回辖:刘孝威乐府:'鲁日尚回轮。'按:华山西岳,言日至西而落也。金神:《广雅·释天》:'金神谓之清明。'《淮南·时则训》:'西方之极,少皞、蓐收之所司者万二千里。其令曰:审用法,诛必辜。'注:'蓐收,金神,应金断也。'"按:上联以实生虚,此联纯属想象:即归之于虚也。

㉛ 泉绅拖修白,石剑攒高青:文《详注》:"绅,大带。修,长也。石剑,山峰。攒,刺也。"魏本:"孙曰:泉流如绅带。"方世举《笺注》:"《水经注》:'山上有飞泉,直至山下,望之若幅练在山矣。'按:泉绅,即《送惠师》'悬瀑垂天绅'。石剑,即《南山诗》'参参削剑戟'也。"按:上句写泉流飞瀑,下句写华山峻峰。修绅、石剑比喻肖似生动。

㉜ 磴(dèng)藓澾(tà)拳踢(jú),梯飙颭(zhǎn)伶俜(pīng):文《详注》:"磴,阁道也,都邓切。澾,滑也,音达。颭,撼也,职琰切。拳踢,迹也。伶俜,行不正也。皆言华岳之险,磴行则苔藓滑其步,梯升则疾风撼其身。"魏本:"祝曰:磴,岩磴。《选》:'石磴泻红泉。'孙曰:《字林》云:'澾,滑也。拳踢,藓滑之貌。'韩曰:《楚辞》:'拳踢顾而不行。'"顾嗣立《集注》:"王逸曰:'诘屈不行貌。'"魏本:"祝曰:飙,扶摇,风也。韩曰:《楚辞》:'忽飙腾兮浮云。'《补

注》:伶俜,行不正。《选》(潘岳《寡妇赋》):'少伶俜而偏孤。'又《选·古猛行》云:'少年惶且怖,伶俜到它乡。'"魏本音注:"磴,都邓切。迖,音闷。跼,音局。"按:《尔雅·释天》:"扶摇谓之猋。"注:"暴风从下上。"此联真奇峭生新。如何焯《批韩诗》云:"奇险。"

㉝ 悔狂已咋指,垂诫仍镌铭:狂,祝本、魏本、廖本注:"一作'往'。"诸本作"狂",本句咋指谓惊吓而发狂之貌,作"往"则无讲,当作"狂"。

文《详注》:"后汉崔瑗字子玉,涿郡人,早孤。好学,举茂才,为汲令。兄璋为人所杀,瑗遂手刃其仇,亡命。蒙赦而出,作铭以自戒,尝置坐右。公兄会亦坐贬,卒官韶岭。故云然。"童《校诠》:"祝曰:咋,啮也,大声也,又多声,选:哓哓喧咋。咋音责,狂一作往。第德案:方氏举正、朱氏考异俱不言狂一作往,王本同。廖本、祝本与本书同,作往亦通,宜两存之。祝注大声也。至末十字,与本文无涉,应删。又按:咋为醋之后出字,说文:醋,啮也,从齿,昔声,苲,醋或从乍。童谓作"往"亦通,未出证据。魏本:"樊曰:公尝过华山,登绝顶,发狂恸哭,遗书为诫,见《国史补》。"钱仲联《集释》:"《说苑》:'孔子之周,观于太庙。右陛之前,有金人焉。三缄其口而铭其背曰:古之慎言人也,戒之哉!戒之哉!'"胡仔《苕溪渔隐丛话》后集卷一〇:"《历代确论》载沈颜《登华旨》曰:'尝读李肇《国史补》云:韩文公登华岳之颠,顾视其险绝,恐慄,度不可下,乃发狂恸哭而欲缒,遗书为诀,且讥好奇之过也如是。'沈子曰:'吁!是不谕文公之旨邪!夫仲尼之悲麟,悲不在麟也;墨翟之泣丝,泣不在丝也。且阮籍纵车于途,途穷辄恸,岂始虑不至邪?盖假事讽时,致意如此耳。前贤后贤,道岂相远?文公愤趣荣贪位者,若陟悬崖,险不能止,俾至身危蹈蹶,然后叹不知税驾之所,焉可及矣。悲夫!文公之旨,微沈子,几晦乎?'《艺苑雌黄》云:谢无逸作《读李肇国史补》一篇,谓肇之言为不合于理。其论韩退之登华山穷绝处,下视不可返,则发狂恸哭,此尤不足信。虽妇人童子且知爱其身,不忍快一时之欲以伤其生,呜呼!而谓退之贤者为之邪?观其贻书谏张仆射云:驰马击球,犹恐颠顿,而至于殒命,使退之安人也,则为此言而可。若诚贤者也,则必能践其言,其不肯穷筋力登高临深,以取危坠之忧,亦明矣。岂肇传之误也,何其信退之之不笃也!予谓无逸此语,谓之爱退之可也,谓之熟退之之文,则未也。登华之事,退之尝载于其诗云:'洛邑得休告,华山穷绝陉。倚岩睨海浪,引袖拂天星,登茀迄拳踢,梯飙毓伶俜。悔狂已咋指,垂诫仍镌铭。'观此,则发狂恸哭,不可谓之无也。肇书此于《国史补》,盖实录耳。岂无逸未尝见退之之诗乎?沈颜作《聱书》,其说亦与无逸相类,而《东轩笔录》尝辨之矣,岂无逸亦未之见乎?予恐学者信无逸之言,遂以李肇为妄,故复著此说。'"按:韩公好奇,不避艰险,于壮岁与客同登华山;华山奇险,为诸山之最,绝顶遇险,则属实,有其诗为证。若谓韩公趣荣贪位则过之,此说宋人一出,流遗颇甚,若对韩公一生作深入解读,则其高风亮节可见。我们不能从他的几句言辞盖论,当及实质。韩公一生作为岂是趣荣贪位者能到邪?韩公这样写,正表现了他不隐过的真率品格。同时代的人少敢如此说者。

此节写韩公登华山遇险。

㉞峨豸忝备列:文《详注》:"谓监察御史也。《山海经》曰:'东望山有獬豸者,神兽也。尧时有之,能触邪,如羊,一角,王者狱讼平则至。'《后汉志》(《后汉书·舆服志下》)曰:'獬豸神羊,能别曲直,楚王获之,故以为冠。'《左传》有'南冠而絷者,则楚冠也'。秦灭楚,以其君服赐执法近臣,故史服之。《御史台故事》曰:'御史法冠。'一名獬豸。"魏本:"祝曰:《前汉》(《汉书·司马相如传》之《上林赋》)'陂池貏豸',豸与廌同。《说文》:'獬廌,兽似牛而一角。'古者决讼,令触不直;今曰峨豸,以御史冠用之,故耳。孙曰:法冠,一名柱后惠文冠,或谓獬豸冠,凡执法官皆服之。《异物志》:'北荒中有兽名獬豸,性别曲直,见人斗,触不直者;闻人争,咋不正者。楚王尝获此兽,因像其形以制衣冠。'十九年,公为御史,故云'峨豸'也。峨,高也。豸,宅买切。"方世举《笺注》:"峨豸:《后汉书·

舆服志》:'法冠或谓之獬豸冠。獬豸,神羊,能别曲直,故以为冠,执法近臣御史服之。'注:'《异物志》曰:东北荒中,有兽名獬豸,一角,性忠,见人斗则触不直者,闻人论则咋不正者,楚执法者所服也。今冠两角,非豸也。'"童《校诠》:"第德案:汉书司马相如传,颜氏不为豸字作注,文选上林赋李注:貏豸,渐平貌,与公诗豸字义别。前汉陂池貏豸六字应删。"按:獬豸(xiè zhì),同解廌、解豸。《汉书·司马相如传·上林赋》:"推蜚廉,弄解廌。"《史记》作"解豸"。以兽形比喻执法官员秉公直,韩愈为御史,故自云忝在御史之列。

㉟伏蒲愧分泾:文《详注》:"谓上疏论旱饥不足以激浊扬清也。《汉书》(《史丹传》):'史丹字君仲,元帝竟宁元年(前33),上寝疾,传昭仪及定陶王常左右,而皇后、太子希得进见。(皇后、太子)皆忧,不知所出。丹以亲密臣得视疾,候上间独寝时,丹直入卧内,顿首伏青蒲上,泣涕言曰:皇太子,天下归心,今道路流言,以为太子有动摇之意。审若此,公卿以下必不奉诏,臣愿先赐死以示群臣。上意大感,太子由是遂为嗣。'如淳曰:'青缘,蒲席也。'应劭曰:'以青规地曰青蒲,非皇后不得至。'泾、渭,二水名,泾清渭浊。任昉《哭范云》曰:'伊人有泾、渭,非余扬浊清。'"魏本:"孙曰:汉元帝寝疾,数问尚书,以景帝时立胶东王故事。史丹候上独寝时直入卧内,伏青蒲上泣涕谏帝,帝由是不废太子。"又:"孙曰:分泾,分别泾、渭以明清浊也。"按:《诗·邶风·谷风》:"泾以渭浊,湜湜其沚。"即渭水入泾泾水混,泾水虽混底下清。

㊱微诚慕横草,琐力摧撞莛:方《举正》作"筳",云:"字从竹,纳维丝筳也,见东方朔《答客难》。"朱《考异》:"诸本筳从艸,方云当从竹,维丝筳也,见东方朔《答客难》。"宋白文本、文本、祝本、魏本从"艹"。廖本、王本从"竹"。按:韩公《醉留东野》诗"犹如寸莛撞巨钟",当从"艹",其意亦同。

文《详注》:"'微臣慕横草',汉终军自请(《汉书·终军传》)曰:'军无横草之功。'颜师古曰:'行草中使草偃卧,故曰横草。''琐力摧撞筳',谓言不足以感上心,以致黜责,犹寸筳之微琐不足于撞巨钟也。汉东方朔曰'以筳撞钟',又魏杜袭曰(《三国志·魏书·杜袭传》):'万石之钟不以筳撞起音。'筳,草茎也,持丁切。"按:《文选》东方朔《答客难》:"语曰:'以管窥天,以蠡测海,以筳撞钟,岂能通其条贯,考其文理,发其音声哉!'"魏本:"樊曰:《说苑》:'子路对赵襄子曰:建天下之钟,而撞之以筳,岂能发其声乎哉?'"方成珪《笺正》:"瑣当从小作'琐'。筳当从诸本作'莛'。《前汉·东方朔传》:'以莛撞钟。'注:'莛谓蒿莛也。'又《说文》云:'莛,茎也。'《玉篇》云:'言其声不可发也。'皆隶艸部。若从'竹'作'筳',则《说文》谓维丝筳,《楚辞》注谓小折竹,《文选》注谓竹算,以之撞钟皆有声矣。读者详之。"王元启《记疑》:"'莛'字诸本皆从草,旧注:草茎也。樊曰(见上)。方氏好奇,谓字当从竹,训为维丝管,以管撞钟,犹足发声,未为微之至者。且引东方朔《客难》为据。考《汉书·朔传》,字实从草,文颖曰:谓蒿莛也,则方为谬说无疑。"方世举《笺注》:"横草:《汉书·终军传》:'军无横草之功,得列宿卫。'师古注:'言行草中,使草偃卧,故云横草也。'撞筳:筳,音廷。《说苑》:赵襄子问仲尼,仲尼不对。异日,襄子见子路,曰:'尝问先生以道,先生不对。'子路曰:'见天下之鸣钟而撞之以筳,岂能发其声乎哉?君问先生,无乃犹以筳撞乎!'"童《校诠》:"琐,小也。莛,草茎。第德案:廖本、王本作筳,祝本作莛,与本书同。文选东方朔答客难作筳,李注引文颖曰:筳音庭,又引说苑作筳。筳有平、上二音(广韵十五青,四十一迥),文氏音庭,破筳为莛,故以蒿莛释之。说文:筳,维丝筳也,徐锴曰:竹片挺也,故东方朔曰:以筳撞钟。是文选李氏及小徐所见本皆作筳,与方季申本同。客难云:以筦窥天,以蠡测海,以筳撞钟,皆言其微小,所云岂足以发其声,谓不足发钟之巨大音声。王氏谓筦犹足发声,方氏谓作筳皆有声,不悟即作莛未始无声,特较微耳。公醉留东野诗:犹如寸筳撞巨钟,唐子西引说苑筳作挺,复释之云:说苑作挺而公两作筳,东方朔客难曰:以筳撞钟,公事使说苑,而字则出此。总之说苑、汉书有筳、莛、挺三本之异,唐、樊、祝三本皆作莛,文选本之汉书,李注作筳,此为最古,汉书作莛,疑因文氏注而改从艸,王、方皆从艸之莛为是,不参校文选说文,未为通论。"按:《汉书·东方朔传》之《答客难》本作"莛",从艸。文颖注:"谓蒿莛也。"亦作"莛",从草,不从竹。童谓疑因文氏注改从艸,未出据,且是疑。而《文选》后录此文作"筳"从竹为是,非为的论。《文选》出自《汉书》,改作"筳",自当从早出的《汉书》作"莛"。疑古时莛、筳可互借通用,或抄写致误。古籍中虽善本亦有错字错简者。韩公此诗用"莛",以极小与硕大之物对比是也。

㊱ 叠雪走商岭,飞波航洞庭:参阅韩公《赴江陵途中寄赠三学士》诗:"商山季冬月,冰冻绝行辀。春风洞庭浪,出没惊孤舟。"此乃贞元十九年,韩公南贬阳山所经商山冒大雪,过洞庭湖见风波。

㊳ 下险疑堕井,守官类拘囹:朱《考异》:"官,或作'宫'。"诸本作"官"字,是。

文《详注》:"下险,谓南逾岭也。堕,坠也,徒果切。守官,谓守阳山令也。"方世举《笺注》:"堕井:《北史·薛端传》:'端弟裕后庭有井,裕落井,同坐共出之。'拘囹:《释名》:'狱谓之囹圄。囹,领也。圄,御也。领录囚徒禁御之也。'"按:上句谓逾岭之险,下句写守官之苦。

㊴ 荒餐茹獠蛊,幽梦感湘灵:魏本:"祝曰:獠,夷别名。《后汉》:'大诏獠者。'孙曰:獠,南夷。蛊,虫毒。自'峨冠忝备列'已下皆言贞元十九年冬,自监察御史言事贬阳山时也。孙曰:《楚辞》(屈原《远游》):'使湘灵鼓瑟兮,令海若舞冯夷。'湘灵,湘水之神。"魏本音注:"獠,音老。"方世举《笺注》:"《北史·蛮獠传》:獠者,南蛮之别种,自汉中达于邛筰、川洞之间,所在皆有。"

㊵ 刺史肃荐蔡:《孔子家语·好生》云:"臧氏家有守龟焉,名曰蔡。"文《详注》:"肃,敬也。谓连州守居异俗举问吉凶也。五行,《传》曰:'蓍,百年一本生百茎,此草木之寿亦知吉凶,圣人以问吉凶。'《淮南子》曰:'上有丛蓍,下有伏龟。'《论语》马融曰:'蔡国君之守龟也。'龟出蔡地,因以名之。"魏本:"韩曰:《三国名臣赞》(《文

选》卷四七):'思同蓍蔡,运用无方。'蓍,龟也。《家语》:'臧文仲有守龟焉,名曰蔡。'孙曰:蓍蔡,蓍龟也,言刺史为人所信如蓍蔡也。"顾嗣立《集注》:"《选》(卷四七)袁彦伯《三国名臣赞》:'思同蓍蔡,运用无方。'《史记·龟策传》:'蓍千岁则一本百茎,下有神龟守之,上有青云覆之。'《家语》:'臧氏家有守龟焉,名曰蔡。'"按:《楚辞》王褒《九怀·匡机》:"蓍蔡兮踊跃,孔鹤兮回翔。"王逸注:"蓍龟喜乐,慕清高也。蓍,筮也;蔡,大龟也。"此即韩公《赴江陵途中寄赠三学士》诗"低颜奉君侯"也。如方成珪《笺正》云:"此但言大吏尊严耳。"

㊶吏人沸蝗螟:魏本:"孙曰:螟,亦蝗也。《诗》(《小雅·大田》):'去其螟螣。'食叶曰螟。沸,言其多也。"文《详注》:"《说文》(虫部)曰:'螟,蝗,虫食谷叶者。'吏冥冥,犯法即生螟。《西阳杂俎》曰:'蝗食苗,由吏贪残所致。农语云:身黑头赤者,武官蝗;头黑身赤者,文官蝗。'"方世举《笺注》:"吏人:《后汉书·周纡传》:'到官晓吏人,吏人大震。'蝗螟:《诗·大田》(《小雅》):'去其螟螣,及其蟊贼。'《尔雅·释虫》:'食苗心曰螟。'《广雅·释虫》:'螽,蝗也。'"

㊷点缀簿上字,趋跄阁前铃:文《详注》:"'点缀簿上字',言困于簿书也。'趋跄阁前铃',言趋事官长也。晋羊祜,铃阁之下侍卫者不过十数人。"魏本:"韩曰:《东汉·周纡传》:'又问铃下。'注:《汉官仪》曰:'铃下、待(当作侍)阁、辟车,此皆以名自定者也。'"《补注》:"(《晋书·羊祜传》)羊祜出镇南夏,铃阁之下侍卫不过十数人。"沈钦韩《补注》:"《蜀志·秦宓传》(《三国志》):'宓以簿击颊。'注:'簿,手版也。'县令诣刺史,当手版致敬,点缀其字,盖备应对之词,所谓笏记也。"方世举《笺注》:"点缀:钟嵘《诗品》:'终朝点缀,分夜呻吟。'阁前铃:《周纡传》:'又问铃下。'注:'《汉官仪》曰:铃下侍阁辟车。'"按:阁、阎二字于此可通用。趋跄,步履有节奏貌。《诗·齐风·猗嗟》:"巧趋跄兮,射则臧兮。"传:"巧,趋貌。"

㊸赖其饱山水,得以娱瞻听:二句写他在阳山饱餐山水之景,

聆听异鸟之鸣。此乃山水佳境也。如汪琬《批韩诗》曰："又插山水异境。"

㊹ 紫树雕斐(fěi)亹(wěi)，碧流滴珑玲：雕，魏本作"杂"，非，诸本作"雕"，从之。

文《详注》："斐亹，文色也。上妃尾切，下武斐切。《天台山赋》(《文选》卷一一孙绰《游天台山赋》)曰：'彤云斐亹以翼椙。'珑玲，玉声。上卢东切，下郎丁切。古本扬子《法言》曰：'珑玲其声者，其质玉乎？'"魏本引唐曰同而简。顾嗣立《集注》："《汉·扬雄传·甘泉赋》：'和氏珑玲。'孟康曰：'其声玲珑也。'"方世举《笺注》同。查慎行《查初白诗评十二种》："'珑玲'字倒用，《柳州记》中亦然。"

㊺ 映波铺远锦，插地列长屏：魏本："孙曰：'映波铺远锦'，言林木映水如铺远锦。'插地列长屏'，言四面峰峦如列长屏。"文《详注》："《吴都赋》(左思撰)云：'杂插幽屏。'"方世举《笺注》："铺远锦：班固《西都赋》：'若摛锦与布绣，烛耀乎其陂。'《南史·颜延之传》：'君诗若铺锦列绣。'"

㊻ 愁狖酸骨死，怪花醉魂馨：死，方《举正》："荆公作'怨'。"朱《考异》："死，或作'怨'。"诸本作"死"，是。魂，祝本作"魄"，作"魂"、作"魄"均通，诸本作"魂"，从之。

魏本："祝曰：狖，兽形似猿，余救切。"文《详注》："狖，猿属，余救切。《开元天宝遗事》(卷上《醒醉草》)云：'有草丛生，叶紫而香，醉者嗅之即醒，谓之醒醒(醉)草。'"按：上句谓猿愁悲死骨，突出阳山僻地的悲凉；下句写异花馨香，醉人心脾。这种反差鲜明的对比写法乃韩公自家语。

㊼ 潜苞绛实坼：童《校诠》："案：潜与渐古通用，书洪范：沈潜刚克，史记宋微子世家作沈渐，是其证。此文潜苞即书禹贡之草木渐包，释文：渐文作蓒，马注：渐包，相包裹也。说文：蓒，艸相蓒包也，书曰：草木蓒苞，蘔，蓒或从敦。徐灏曰：蓒之言渐也，长也，蓒以萌牙言，苞以皮甲言。桂馥曰：苞、包皆假借，正字作勹，勹裹也。谢康乐酬从弟惠连诗：野蕨渐紫苞，李注引尚书伪孔传：渐，进长；

苞,丛生也。按以马季长注为长。拆应从土作坼。"按:此谓草木生长茂盛,红色的果实裂开了。《易·解》:"雷雨作而百果草木皆甲坼。"

㊽ 幽乳翠毛零:朱《考异》:"乳,或作'孔'。"宋白文本、文本作"孔"。祝本、魏本、廖本、王本作"乳"。当作"乳",即钟乳石。

文《详注》:"《盐铁论》曰:'岭南多孔雀。'魏钟会《赋》(《孔雀赋》)云:'戴翠毛以表弁。'"按连州、阳山一带贡赋为钟乳石、翠羽,此句实写洞里钟乳奇石与林间孔雀翠羽。二句中"潜苞"对"幽乳","绛实"对"翠毛","坼""零"作动词亦对。则作"乳"字是。

㊾ 赦行五百里,月变三十蓂(míng):文《详注》:"谓宪宗即位,肆赦天下也。"魏本:"樊曰:(贞元)二十一年(805)正月,顺宗即位。二月大赦,公自阳山量移江陵法曹。"按:上句谓赦书下达之速,下句写他被谪阳山将及三年。韩愈遇顺宗之赦北归滞留郴州,宪宗之赦才北上江陵府任法曹参军。蓂,即蓂荚,古代传说瑞草名,一名历荚。《汉书·王莽传》:"甘露降,神芝生,蓂荚、朱草、嘉禾,休征同时并至。"按相传尧时有草荚阶而生,随月生死。每月朔日生一荚,至月半则生十五荚,至月晦而尽,若月小则余一荚。厌而不落,以是占日月之数。韩公自贞元十九年(803)十二月遭贬,至元和元年(806)六月归京,正好三十个月。《竹书纪年》卷上《帝尧陶唐氏》:"有草夹阶而生,月朔始生一荚,月半而生十五荚;十六日以后,日落一荚,及晦而尽;月小,则一荚焦而不落,名曰蓂荚,一曰历荚。"班固《白虎通·封禅》亦有记载。

㊿ 渐阶群振鹭:文《详注》:"渐,进也。阶,墀也。言贤者并进如振鹭然。《易》曰:'鸿渐于阶。'(按:《易》卷五《渐》云:'鸿渐于干,鸿渐于磐,鸿渐于陆,鸿渐于木,鸿渐于陵,鸿渐于陆。'未有作'阶'字者,而后一句下《疏》引《正义》云:'鸿渐于陞者,上九,与三皆处卦上,曰鸿渐于陞也。'则此'陆'字疑作'陞',亦不与上重。)《诗·颂》(《振鹭》)曰:'振鹭于飞。'毛云:'振,群飞貌。'"韩公诗语当直承扬雄《剧秦美新》。陈景云《点勘》:"扬雄《剧秦美新》云:'振

鹭之声充庭,鸿鸾之党渐阶。'又《韩诗·振鹭篇》:'于彼西雍。'薛君章句曰:'鹭,洁白之鸟。西雍,文王之雍。言文王之辟雍学士,皆洁白之人。'则'渐阶'句语本《扬子》,而义取《韩诗》,盖与下句并切太学言之也。"

(51) 入学诲螟蛉:魏本:"孙曰:元和元年六月,公自江陵法曹召为国子博士,故云。"文《详注》:"谓拜国子博士。《小宛》(《诗·小雅》)诗曰:'螟蛉有子,蜾蠃负之。教诲尔子,式谷似之。'传云:'螟蛉,桑虫。蜾蠃,蒲卢也,负持也。蒲卢取桑虫之子负持而去,养之以成其子,今有教诲用善道者,亦似蒲卢。'扬雄《法言》曰:'螟蛉之子,殪而逢蜾蠃,祝之曰:类我类我。久则肖之。速哉,七十子之肖仲尼也。'"按:陆玑《诗疏》:"螟蛉,桑上小青虫也。蜾蠃,土蜂也,似蜂而小腰,取桑虫而负之于木空中,七日而化为其子。"此谓韩公入国子,教诸生也。

(52) 苹甘谢鸣鹿,罍满惭罄瓶:文《详注》:"苹甘谢鸣鹿:谓在位之君子,高谢《鸣鹿》之风,不复呼引其类。罍满惭罄瓶:《蓼莪》(《诗·小雅》)诗曰:'瓶之罄矣,惟罍之耻。'传(当作笺)云:'瓶小而尽,罍大而盈,言为罍耻[者],刺[王]不能[使]富分贫,众恤寡也(笺无也字)。'《说文》曰:'罍,龟目酒樽,刻木作云雷之象,象施无穷也。'罍,卢回切。"魏本:"韩曰:《诗》(《小雅·鹿鸣》):'呦呦鹿鸣,食野之苹。'鹿得苹则鸣相呼,诗意谓朋友也。孙曰:《诗》:'瓶之罄矣,维罍之耻。'瓶小而尽,罍大而盈。罍耻者,刺不能使富分贫,众恤寡也。"按:罍满,韩公以罍满自比,谓己得位卑,而不能帮助罄瓶之穷窘的张彻。

(53) 冏冏抱瑚琏,飞飞联鹡鸰:文《详注》:"冏冏,明也。飞飞,小也。皆言自守,不获大用。《论语》注云:'瑚琏,黍稷之器。夏曰瑚,商曰琏,周曰簠簋。宗庙之器贵者。'《小宛》诗曰:'题彼脊令,载飞载鸣。'传云:'脊令,雍渠也,飞则鸣,行则摇,不能自已也。'"魏本:"祝曰:冏冏:窗牖开明貌。《选》(《文选》江淹《杂体诗·张廷尉杂述》):'冏冏秋月明。'(注:《仓颉篇》曰:'冏,大明也。')孙曰:

《诗》(《小雅·常棣》):‘鹡鸰在原,兄弟急难。’《尔雅》(《释鸟》):‘鹡鸰雍渠。’[郑注:]鹊属也,飞则鸣,行则摇。樊曰:鹡鸰,诗以况兄弟,张彻弟复亦举进士,故云。”钱仲联《集释》:“彻中进士在元和四年(809),元年或举而未第。又彻为张籍之从弟,见《张司业集》,此时籍亦在京师。”

(54) 鱼鬣(liè)欲脱背:魏本:“祝曰:鬣,须鬣。《山海经》:‘鳀鱼赤目赤鬣。’孙曰:欲脱背,言将化为龙也。鬣,音猎。”鬣,鱼颔旁小鬐。凡鱼族之须与鬐亦成鬣,如虾鬣。《辞源》引韩诗为例。方世举《笺注》:“司马相如《上林赋》:‘揵鬐掉尾。’郭璞注:‘鳍,背上鬣也。’”

虬光先照硎:方《举正》据唐本作“虬光先照硎”,云:“洪、谢校。杭、蜀本皆作‘虬精光照硎’。北齐杨愔(《北齐书·杨愔传》)尚幼,其从兄昱曰:此儿驹齿未落,已是我家龙文。义同此。”朱《考异》:“光先,或作‘精光’。”宋白文本、文本、祝本、魏本作“精光”。魏本:“洪曰:精光,本作‘精先’,又一本作‘光先’。”宋白文本注:“一作‘光先’。”廖本、王本作“光先”。硎,宋白文本、文本作“铏”。按上下句之对,则下句作“虬光先照硎”善。魏本:“祝曰:《庄子》(《养生主》):‘刀刃若新发硎。’硎,砥石也。”文《详注》:“虬,龙子有角者。铏,盛和羹器,以虬精饰之。《埤雅》曰:‘龙精于目。’盖龙耸故精于目也。虬,渠幽切。铏,音刑。”方世举《笺注》:“照硎:《庄子·养生主篇》:‘今臣之刀十九年矣,而刀[刃]若新发于硎。’司马彪注:‘硎,磨石也。’”钱仲联《集释》:“虬光当指剑光言,方与照硎字相关。”

(55) 岂独出丑类,方当动朝廷:文《详注》:“丑类,南越也。”按韩公《鳄鱼文》“丑类”指鳄鱼一类有害于民的动物,非指人也。从上联鱼脱鬣成龙,剑磨砺精光照耀看,此联谓:难道只出丑类吗?而今也有惊动朝廷的人才。

(56) 勤来得晤语,勿惮宿寒厅:结联照前落在答张彻上。此乃嘱语:你要常来会晤,不要嫌这里僻陋。文《详注》:“《东门》(《诗·

陈风·东门之池》)之诗曰:'可与晤语。'注云:'晤,遇也,对也,五故切。'"方世举《笺注》同文。

【汇评】

宋王十朋:《戊辰岁尝和韩退之赠张彻诗寄曹梦良至今十年梦良方和以寄因赠一绝》:欲识交情久远期,十年方和和韩诗。他时更践诗中语,偕隐溪山不可迟。(《梅溪王先生文集》后集卷三)

宋计有功:"洛邑得休告,华山穷绝陉。倚岩睨海浪,引袖拂天星。日驾此回辖,金神所司刑。泉绅拖修白,石剑攒高青。磴藓澾拳跼,梯飙飚伶俜。悔狂已咋指,垂诫仍镌铭。"退之《答张彻》诗也。李肇载登华事,信有之。沈颜遗肇书,谓退之托此以悲世人登高而不知止,示示诫焉。皇甫湜作《韩先生墓志》云:长庆四年八月,昌黎韩先生既以疾免吏部侍郎,书谕湜曰:"死能令我躬所以不随世磨灭者,惟子以为嘱。"其年十二月丙子遂薨。明年正月,其孤昶,使奉功绪之录继讣以至。三月癸酉,葬河阳,乃哭而叙铭其墓,其详将揭之于《神道碑》云。(《唐诗纪事》卷三四)

明蒋之翘:退之《答张彻》诗,綦组特工,雅缛非靡靡者比也。使运思更加精凿,是可与潘、陆仿佛矣。(《韩昌黎集辑注》卷二)

清朱彝尊:此乃是拗排律。(顾嗣立《昌黎先先诗集注》卷二)

清查慎行:此诗与《县斋有怀》同是俳体,而属对更新奇。(《查初白诗评十二种》卷上)

清何焯:《答张彻》:以强韵为工。"肝胆一古剑"一连,二句一锁。"碧流滴珑玲",《甘泉赋》:"和氏珑玲。"(《义门读书记》卷三〇)

清顾嗣立:《笔墨闲录》刘侗云:《答张彻》一诗尤绮丽。嗣立按:此诗通首用对句,而以生峭之笔行之,便与律诗大别。杜少陵《桥陵》诗便自(钱《集解》作"是")此种。(《昌黎先生诗集注》卷二)

清方世举:公叙事长篇如《此日足可惜》《县斋有怀》《赴江陵途中寄三学士》及此篇,所叙之事,大约相同,而笔法变化。此与《县斋有怀》皆用对句,犹遒劲。(《韩昌黎诗集编年笺注》卷四)

清爱新觉罗·弘历：排律用拗体，亦是变格。调古而词艳，不徒叙致之工。(《唐宋诗醇》卷二八)

清王鸣盛：《答张彻》一首，历叙聚散踪迹。自"浚郊避兵乱"以下十四韵，言贞元十五年公至彭城，节度使张建封居之睢水上，与彻连门相从之乐。自"及去事戎辔"以下八韵，言建封以公为节度推官，彻赴举试始别去。是年冬，公以徐州从事朝于京师，又与彻同行。十六年春，公朝正事毕，将归，与彻别于灞水。彻下第，而公返彭城。自"洛邑得休告"以下七韵，叙己从洛告休，游华山事。自"峨豸忝备列"以下十二韵，言贞元十九年为御史言事贬阳山令事。自"赦行五百里"以下至末，言永贞元年大赦，移江陵法曹，元和元年入为国子博士，彻与其弟复相继举进士，尚未得官，与公相晤事。诗云"囷囷抱琐琏，飞飞联鹔鸘"，明弟兄相继中第。又云"鱼鬣欲脱背，虬光先照硎"，明未入仕。又云"勤来得晤语，勿惮宿寒厅"，语尤显然。(《蛾术编》卷七六)

清赵翼：然青邱非专学青莲者，如《游龙门》及《答衍师见赠》等作，骨坚力劲，则竟学杜。《太湖》及《天平山》《游城西》《赠杨荥阳》《寄王孝廉乞猫》等作，长篇强韵，层出不穷，无一懈笔，则又学韩。《送徐七往蜀山书舍》，古体带律，奇峭生硬，更与昌黎之《答张彻》如出一手。(《瓯北诗话》卷八)

清黄钺：此篇整齐严肃，如纪律之师，望之如火如荼。(《韩诗增注证讹》卷二)

清曾国藩：《答张彻》：自"肝胆一古剑"至"惧冲城昼扃"皆叙贞元十五年睢岸连居，与张彻相从之乐。自"及去事戎辔"至"泪眦还双荧"十六句，叙公以徐州从事朝正京师，与彻同行之事。"尘祛"二句，公先出京，彻后出京，又与途中相见而再别也。"洛邑得休告"以下十二句，叙登华山事。"峨豸忝备列"以下二十四句，叙为御史上疏贬阳山事。"赦行五百里"以下至末，叙入为国子博士，因答彻诗。(《十八家诗钞》卷九)

程学恂：此即公之排律，不得以常调律之。"肝胆一古剑，波涛

两浮萍"二句比乐天《赠微之》云"无波古井水,有节青竹竿"何如?此与《城南联句》同一格韵。(《韩诗臆说》卷一)

荐　士①
元和元年

　　这首诗写于元和元年重阳节前一二日。韩愈与孟郊同在长安。在中唐,无论是诗歌成就还是品德,孟郊都是佼佼者。然而,困苦潦倒,年逾五十而不遇。韩愈与孟郊是好友,且素慕孟郊之才德。这是一首有感而发,有为而作的诗,他希望朝廷能得到贤能之士,孟郊有施展才智的机会。《荐士》本身就是一首"横空盘硬语,妥帖力排奡"的佳制,是一篇有叙有议的书体诗。为了达到举荐孟郊的目的,他挥舞大笔,纵横开阖,攀古论今,信笔驰骋,洋洋洒洒,写下这首长诗。他评赞孟郊不单笔直入,而是溯本求源。在历述我国诗歌发展史时,他对《诗经》、苏李、建安、子昂、李杜都作了妥帖的评价。"横空盘硬语,妥帖力排奡"不仅恰当地评价了孟郊的诗,也是卓有见识的诗歌理论。正如许顗所说:韩愈此论"盖能杀缚事实,与意义合,最难能之。知其难则可与论诗矣,此所以称孟东野也"(《彦周诗话》)。

　　周诗三百篇②,雅丽理训诰③。曾经圣人手④,议论安敢到⑤。五言出汉时⑥,苏李首更号⑦。东都渐弥漫⑧,派别百川导⑨。建安能者七⑩,卓荦变风操⑪。逶迤抵晋宋⑫,气象日凋耗⑬。中间数鲍谢⑭,比近最清奥⑮。齐梁及陈隋⑯,众作等蝉噪⑰,搜春摘花卉⑱,沿袭伤剽盗⑲。国朝盛文章⑳,子昂始高蹈㉑。勃兴得李杜㉒,万类困陵暴㉓。后来相继生,亦各臻阃奥㉔。

有穷者孟郊㉕,受材实雄骜㉖。冥观洞古今㉗,象外逐幽好㉘。横空盘硬语㉙,妥帖力排奡㉚。敷柔肆纡余㉛,奋猛卷海潦㉜。荣华肖天秀㉝,捷疾逾响报㉞。行身践规矩㉟,甘辱耻媚灶㊱。孟轲分邪正㊲,眸子看瞭眊㊳。杳然粹而精,可以镇浮躁㊴。酸寒溧阳尉㊵,五十几何耄㊶? 孜孜营甘旨㊷,辛苦久所冒㊸。俗流知者谁? 指注竞嘲傲㊹。

　　圣皇索遗逸㊺,髦士日登造㊻。庙堂有贤相㊼,爱遇均覆焘㊽。况承归与张㊾,二公迭嗟悼㊿。青冥送吹嘘,强箭射鲁缟(51)。胡为久无成(52)? 使以归期告(53)。霜风破佳菊,嘉节迫吹帽(54)。念将决焉去,感物增恋嫪(55)。彼微水中荇,尚烦左右芼(56)。鲁侯国至小,庙鼎犹纳郜(57)。幸当择珉玉(58),宁有弃珪瑁? 悠悠我之思,扰扰风中纛(60)。上言愧无路(61),日夜惟心祷(62)。鹤翎不天生,变化在啄菢(63)。通波非难图,尺地易可漕(64)。善善不汲汲,后时徒悔懊(65)。救死具八珍(66),不如一箪犒(67)。微诗公勿诮(68),恺悌神所劳(69)。

【校注】

　　① 题:文本题作"荐士四十韵"。诸本作"荐士",从之。

方《举正》:"荐东野于郑馀庆也。"朱《考异》同方。魏本注:"为孟郊东野作,凡四十韵。唐曰:据《旧史》称,李翱分司洛中,荐郊于留守郑馀庆。又据翱《答公书》云:'还示云:于贤者汲汲,惟公与不材耳。'又云:'如兄者颇亦好贤'云云。则孜孜汲汲,无所爱惜。公此诗云'善善不汲汲,后时徒悔懊',盖述与翱书语,实助翱荐郊者也。韩曰:'东野贞元十一(当作二)年进士,为溧阳尉,时郑馀庆尹河南,公作是诗荐之,郑辟郊为水陆运从事。此诗作于郊为尉后、辟从事前欤? 观公铭郊墓谓:郑公尹河南,既辟从事,后以节镇兴元,复奏为参谋。皆此一诗之荐故也。'"文《详注》:"按孟郊年五十始登第,授溧阳尉,去尉二年,而故相郑馀庆尹河南,奏为水陆运从事。此诗当在未得从事时作也。尹河南在元和元年(806)。"王元启《记疑》:"荐孟郊于郑馀庆也。按:郊登第,在贞元十二年(796)间。四年选为溧阳尉,当在十七年(801)。去尉二年,河南尹郑馀庆奏为水陆运从事。馀庆以元和元年十一月尹河南。二年辟郊为从事,则郊之去尉当在贞元二十一年(805)。唐制:居官以四考为满。二十一年,正郊满官罢任之时。旧注:'贞元十一年郊为溧阳尉,郑馀庆尹河南,公作诗荐之。'纪年皆舛。又馀庆以元和元年五月罢相为太子宾客,九月改国子祭酒,篇中有霜风佳菊之句,当是馀庆初改祭酒时所荐。若在尹河南时,则此诗当作于二年(807)九月,时公已于夏末出京。篇中所云,似公与郊同在京师,非分司东都时语。窃谓水陆从事之辟,虽由此诗之荐,作此诗时,自在馀庆未尹河南之前。旧注谓即在尹河南之日,其说非是。"方成珪《笺正》:"馀庆两入相,先于贞元十四年(798)七月壬申(25日),以工部侍郎为中书侍郎同平章事,次年九月丙戌(贞元十五年九月无丙戌日,新旧《唐书·德宗纪》作十六年九月庚戌),贬郴州司马,时东野尚未尉溧阳也。后于永贞元年(805)八月癸亥(27日),以尚书左丞同平章事,次年为元和元年,五月庚辰(17日),罢为太子宾客,九月丙午(16日),迁国子祭酒。玩诗中'庙堂有贤相'句,是馀庆方出国时所荐,乃永贞元年九月初事,诗中'嘉节迫吹帽'句可证。东野以贞元十六年为溧阳尉,年五十,故曰'五十几何耄'。尉溧阳六年,为永贞元年,故曰'辛苦久所冒'。是年去尉,故曰'念将决焉去'。公时移掾江陵,寄此诗以荐。明年十一月庚戌(21日),馀庆尹河南,又因李翱之荐,奏东野为水陆运从事。大约公荐东野时,欲吹嘘而未得其便也。永贞元年八月,顺宗传位宪宗,与诗中'圣皇索遗逸,髦士日登造'二语气象亦合。"钱仲联《集释》:"王说是也。东野去溧阳尉,在永贞元年乙酉(805)。《孟集》有《乙酉岁舍弟扶侍归义兴庄居后独止舍待替人》一诗可证。但《笺正》即以此诗为乙酉九月初作,则非是。尔时公正在赴潭州旅途中,未必已得东野去尉之讯。况公本人其时尚作'坎坷只得移荆蛮'之感,何有余力荐人。诗中'念将决焉去,感物增恋嫪'二语,正是二公在京相聚,东野久而无成,又将去京时口气。盖承上文'胡为久无成,使以归期告'二句来。若在乙酉,则初去尉职,何云'久无成',二人吴、楚遥隔,何云'增恋嫪'乎?馀庆曾两入相,今虽罢相,仍在朝廷,则贤相之称,初无不可。《笺正》必欲指为馀庆当国时,则乙酉八月为丁酉朔,癸亥拜相,已是二十七日,诗有'嘉节追吹帽'句,是作于重阳以前。公远在湘江旅途,岂能于十日以内,便知京中消息乎?至'圣皇索遗逸'二语,于元年出之,气象亦无不合,更不必确指为上年矣。王说谓馀庆初改祭酒时所作,亦有小误。元和元年九月为辛卯朔,馀庆丙午迁国子祭酒,为十六日,已在重阳后矣。此诗当是在馀庆为太子宾客时上也。"

按:韩公《贞曜先生墓志铭》:"先生讳郊,字东野。……年几五十,始以尊夫人之命来集京师,从进士试,既得,即去。间四年,又命来选,为溧阳尉,迎侍溧上。去尉二年,而故相郑公尹河南,奏为水陆运从事,试协律郎。"此诗当荐孟郊于郑馀庆。时郑刚罢相,韩为国子博士,时元和元年秋,韩孟与郑俱在长安。下年郑为河南尹,辟孟河南府水陆运从事,三人又相次赴东都洛阳。详见《韩愈年谱汇证》。

② 周诗三百篇:《诗经》收西周初至春秋中叶的朝庙乐章和民歌三百一十一首,六首有目无文,故举其成数云,世称《三百篇》。这是我国最早的一部诗歌总集,先秦称诗,汉尊为经,后称《诗经》。《史记·太史公自序》:"《诗》三百篇,大抵贤圣发愤之所为作也。"又《孔子世家》:"《关雎》之乱以为《风》始,《鹿鸣》为《小雅》始,《文王》为《大雅》始,《清庙》为《颂》始。三百五篇,孔子皆弦歌之,以求合《韶》《武》《雅》《颂》之音。"

③ 雅丽理训诰:方《举正》出监本"丽雅",作"雅丽",云:"杭、蜀同,蔡、谢校。"朱《考异》:"雅丽,或作'丽雅'。理,或作'埋'。今

按：二字皆未安,恐必有误。"宋白文本、文本、祝本、魏本作"丽雅"。廖本、王本作"雅丽"。今从方。

雅丽：内容纯正,形式华美。《文心雕龙·征圣》："然则圣文之雅丽,固衔华而佩实者也。"理,说理通达,或作并解。训诰,法典,如《尚书》的《汤诰》《伊训》。全句说:《诗经》内容纯正,形式华美,为后世取为法则。文《详注》："大小二雅,虽杂出于臣下之言,然理与《商训》《周诰》为一也。"魏本："孙曰：丽,美也;雅,正也;理,犹比也。"方世举《笺注》："雅丽,或作'丽雅'。理,或作'埋'。朱子曰：二字皆未安,恐必有失误。班固《楚辞序》：'宏博丽雅,为辞赋宗。'"王元启《记疑》："埋,原作'理'。按：埋者包藏之意,与苏诗'端庄杂流丽,刚健含婀娜'句法正类。又公《送区宏》诗有'当今天子铺德威'句,与此对照,其旨更明。凡显施于外者则曰铺,隐藏于内者则曰埋,此是韩公措字之法。后人少见多怪,改作'理'字,殊无意义,今从或本。"俞樾《俞楼杂纂》："'雅丽理训诰',愚按当作'雅理丽训诰'。雅者,正也。丽与俪通。言《周诗》三百篇,皆合正理,而可与训诰相俪耦也。旧本'雅丽'或作'丽雅',则正以雅、理二字连文,但'丽'字误置'雅'字之上耳。'理'字或作'埋',则形似之误,不足论也。"钱仲联《集释》："王说未安,俞说较长。然即不移易亦可以解。《淮南子·时则训》高诱注：'理,通也。'又：'理,达也。'谓周诗雅丽,可通于训诰也。童《校诠》："第德案：王氏释埋为包藏,殊失公意,如其说,则诗胜于书,有违公诗书并称无轩轾之意(如言诗书置后前,右诗左书,游之乎诗书之源,乃能志存乎诗书,闻诗书仁义之说,进学解分别论易、诗、书、春秋尤详明),所举苏诗及公诗之例,亦觉不类。公言诗正而葩,俞氏释雅理为正理,仅言正而不及葩,意义未备,又雅理字不经见,无依据,转乙亦嫌专辄。丽雅、雅丽皆有本,此论诗书,为说经,应从文心雕龙征圣篇作雅丽为长,亦与诗正而葩相合。理犹并也,理读为厘(lí),诗臣工郑笺云：厘,理也,以声训。方言：陈楚之间凡人兽乳而双产谓之厘孳,广雅释诂：厘,挛也,皆并之意(说本于邕香草校书校孙子),雅丽理训诂,即雅丽并训诂也。作埋者埋从里声,得通借,孙子九地篇:方车埋轮,方车即并车,埋轮即厘轮,亦即并轮(于说),是其例。俞氏以作埋为形误,未谛。孙氏言理犹比也,而未举例证,故为足之。钱氏引高诱注,释理为通为达亦通,而谓俞说较长,失之。一曰理犹类也,理、类一声之转,雅丽理训诂,即雅丽类训诂,礼记乐记:乐者通伦理者也,荀子劝学篇:伦类不通,仁义不一,不足谓善学。乐记言通伦理,荀子云伦类不通,伦理即伦类也。或曰:唐人讳高宗名,以理易治,治,敌也,雅丽理训诂,即雅丽敌训诂,汉书韩安国传:公等足与治乎?颜注:治谓当敌也,今人犹云对治,是其证。亦备一说。"

按:雅丽,顶上句,形容《诗三百》。理,避讳李治名,治作理。治者比较、较量也。即《三百篇》之雅丽可敌得上(比得上)《训》《诂》。此解符合历史环境与韩公思想。

④ 曾经圣人手:文《详注》:"圣人,谓孔子也。"魏本:"孙曰:古诗三千余篇,孔子删取三百,故云经圣人手。"按:此指孔子删诗事。《史记·孔子世家》:"古者诗三千余篇,及至孔子,去其重,取可施于礼仪……三百五篇,孔子皆弦歌之,以求合《韶》《武》《雅》《颂》之音,礼乐自此可得而述,以备王道,成六义。"圣人,指孔子,自汉儒董仲舒独尊儒术,始称孔子为圣人。

⑤ 议论:评说。安敢到,即岂敢涉及。意即怎么敢妄加评论。

⑥ 五言出汉时:此谓西汉始有五言诗。学界共识:五言诗成熟于汉。钟嵘《诗品序》:"昔《南风》之辞,《卿云》之颂,厥义夐矣。《夏歌》曰:'郁陶乎予心。'《楚谣》曰:'名余曰正则。'虽诗体未全,然是五言之滥觞也。逮汉李陵,始著五言之目矣。古诗眇邈,人世难详,推其文体,固是炎汉之制,非衰周之倡也。"现存李陵、苏武五言诗,《文选》卷二九有李少卿《与苏武诗》三首,苏子卿诗四首。《艺文类聚·人部十三》有李陵诗七首,苏武诗四首,《古文苑》卷八有李陵《录别诗》八首,苏武《答诗》《别李陵》各一首。去其重复,共得李陵诗十三首,苏武诗六首,俱为五言。

⑦苏李首更号：魏本："韩曰：谓苏武、李陵。《选》李陵与苏武诗注云：'五言诗自陵始也。'"文《详注》："苏李：谓苏武、李陵也。武，字子卿，为典属国，常为五言诗《别从昆弟》。陵，字子（当作少）卿，为骑都尉。与苏武善，武将使匈奴，陵赠以五言诗。五言诗自此始也。《瑶溪集》云：五言诗其来尚矣，如古诗'谁为雀无角，何以穿我屋'是也。至李陵始专用其体。"按：谓五言诗为苏武、李陵首创。后世学者多认为李陵诗是伪托。故《先秦汉魏晋南北朝诗》不收苏、李诗。苏武，字子卿，西汉杜陵人，天汉元年（前100年）出使匈奴，被扣在贝加尔湖放牧十九年归汉，官典属国。王维《陇头吟》："苏武才为典属国，节旄空尽海西头。"李陵，字少卿，陇西成纪人。少年英武勇敢有奇策，武帝时率军北征，矢尽粮绝，后不及援，败而被俘，投降匈奴。二人为好友，尝唱和。《史记》有传。王维有《李陵咏》："汉家李将军，三代将门子。结发有奇策，少年成壮士。长驱塞上儿，深入单于垒。旌旗列相向，箫鼓悲何已。日暮沙漠陲，战声烟尘里。将令骄虏灭，岂独名王侍。既失大军援，遂婴穿庐耻。少小蒙汉恩，何堪坐思此。深衷欲有报，投躯未能死。引领望子卿，非君谁相理。"

⑧东都渐弥漫：魏本："孙曰：光武都洛，故号东都。祝曰：弥漫，水大貌。《选》：'滉瀁弥漫。'"文《详注》："东都，后汉也。弥漫，水广大貌。"近藤元粹注云："笺注韦孟父子四言长篇后有焦仲卿五言、蔡文姬七言，皆大作也。前所未有，故曰弥漫。"按：唐以西之长安为首都，称西都；东之洛阳为东都；前汉建都长安，后汉建都洛阳，故以东都为后（东）汉。《文选·古诗十九首》李善注："诗云'驱车上东门'，又云'游戏宛与洛'，此则辞兼东都。"弥漫，水盛大貌，借以形容东汉五言诗的普及而风弥于世。

⑨派别百川导：文《详注》："派，水别流也。言后汉之时诗体渐变，如江河之弥漫，派别而流，百川各异也。《吴都赋》曰：'百川，派别。'《国语》曰：'川气之导也。'注云：'导，达。'"魏本："孙曰：派，水分流也。导，通也。百川导，谓风雅之体如百川之分也。韩曰：

《吴都赋》:'百川派别,归海而会。'"按:谓东汉五言诗之盛,形成了很多派别,各派自成体统而影响后世。

⑩建安能者七:建安,东汉末献帝刘协的年号。刘协在位三十二年(189—220)。能者七,指建安七子。曹丕《典论·论文》:"今之文人,鲁国孔融文举,广陵陈琳孔璋,山阳王粲仲宣,北海徐幹伟长,陈留阮瑀元瑜,汝南应场德琏,东平刘桢公幹,斯七子者,于学无所遗,于辞无所假,咸以自骋骥騄于千里,仰齐足而并驰。"

⑪卓荦(luò)变风操:卓荦,出类拔萃。文《详注》:"卓荦:超越貌,风操,声律也。言建安之时能诗者七人,玄变声律,超越前代也。"魏本:"孙曰:卓荦,高奇貌。风,谓风雅。操,《琴操》之类,亦诗也。"方世举《笺注》:"卓荦,左思诗:'卓荦观群书。'善注:'犹超绝也。'"按:卓荦,超越、特出。韩公《赴江陵寄赠……三学士》:"三贤推侍从,卓荦倾枚邹。"《后汉书·班固传》:"卓荦乎方州,羡溢乎要荒。"李贤注:"卓荦,殊绝也。"晋左思《咏史》:"弱冠弄柔翰,卓荦观群书。"宋王安石《次韵信都公石枕蕲簟》:"公才卓荦人所惊,久矣四海流声名。"变风操,改变了五言体的风貌、调子。东汉时五言诗多伤感,少社会内容,建安时为之一变。风操,风范,操守。《晋书·贺循传》陆机《荐循书》:"伏见武康令贺循德量邃茂,才鉴清远,服膺道素,风操凝峻。"

⑫逶迤抵晋宋:魏本注:"逶迤,低回之貌。"方世举《笺注》:"《诗品》:晋宋之际,殆无诗乎。义熙中,以谢益寿、殷仲文为华绮之冠,殷不竞矣。《文心雕龙》:晋世群才,稍入轻绮,采缛于正始,力柔于建安。或析文以为妙……体有因革。庄老告退,而山水方滋。俪采百字之偶,争价一句之奇,情必极貌以写物,词必穷力而追新,此近世之所竞也。"按:此句指诗发展到晋与南朝刘宋的风貌。逶迤,也作逶移、逶迆、逶蛇、委移。连绵不断,曲折低回貌。《文选》卷一八潘岳《笙赋》:"余箫外逶。"李善注:"逶,逶迤,渐邪之貌。"韩公《谢自然诗》:"逶迤不复振,后世恣欺谩。"又韩公《汴泗交流赠张仆射》:"短垣三面缭逶迤,击鼓腾腾树赤旗。"

⑬气象日凋耗：魏本注："凋耗，衰也。"按：此句承上谓建安时期形成具有风骨的气派一天一天衰颓。刘勰《文心雕龙·明诗》："晋世群才，稍入轻绮，张、潘、左、陆，比肩诗衢，采缛于正始，力柔于建安，或析文以为妙，或流靡以自妍，此其大略也。江左篇制，溺乎玄风，嗤笑徇务之志，崇盛忘（原作'亡'，今据詹锳先生《文心雕龙义证》校改）机之谈。……宋初文咏，体有因革，庄老告退，而山水方滋，俪采百字之偶，争价一句之奇，情必极貌以写物，辞必穷力而追新，此近世之所竞也。"钟嵘《诗品》卷下《晋征士戴逵晋东阳太守殷仲文》："晋宋之际，殆无诗乎！义熙中，以谢益寿（混）、殷仲文（浩）为华绮之冠，殷不竞矣。"又《诗品序》云："而后陵迟衰微，迄于有晋。……永嘉时，贵黄老，稍尚虚谈，于时篇什，理过其辞，淡乎寡味。爰及江表，微波尚传，孙绰、许询、桓、庾诸公诗，皆平典似《道德论》，建安风力尽矣。"钱仲联《集释》："陈子昂《与东方史虬修竹篇序》云：'汉、魏风骨，晋、宋莫传。齐、梁间诗，彩丽竞繁，而兴寄都绝。思古人常恐逶迤颓靡，风雅不作，以耿耿也。'卢藏用《右拾遗陈子昂文集序》云：'宋、齐之末，盖憔悴矣。逶迤陵颓，流靡忘返。'论晋、宋、齐、梁诗用'逶迤'字，退之所本。"

⑭中间数鲍谢：魏本："樊曰：鲍照与谢灵运。孙曰：鲍照、谢朓也。照，字明远。朓，字玄晖。或曰谢通称二谢，犹李观评郊诗云：'平处下顾二谢也。'"文《详注》："鲍昭（照），字明远，东海人也。谢灵运，陈郡人也。"顾嗣立《集注》："刘石龄曰：杜子美诗：'赋诗何必多，往往凌鲍谢。'"方世举《笺注》："中间：《江表传》：'蒋干曰：中间别隔，遥闻芳烈。'鲍谢：《诗品》：轻薄之徒谓曹、刘为古拙，谓鲍照羲皇上人，谢朓古今独步。"按：数鲍、谢，数得上鲍照、谢灵运。鲍照（约414—466）南朝刘宋时杰出的诗人、文学家，字明远，东海（今江苏涟水）人。孝武帝时为中书舍人。后为东海王刘子顼前军参军，子顼败，为乱军所杀。传有《鲍参军集》。杜甫《春日忆李白》："清新庾开府，俊逸鲍参军。"钱仲联《集释》："钟嵘《诗品》：'宋参军鲍照，其源出于二张，善制形状写物之词，得景阳之诙诡，含茂

先之靡嫚,骨节强于谢混,驱迈疾于颜延,总四家而擅美,跨两代而孤出。'"谢灵运(385—433),南朝刘宋著名诗人,陈留阳夏(今河南太康)人。谢玄之孙,袭封康乐公,任永嘉太守、侍中、临川内史。其诗刻画自然景物细致精巧,对山水诗的形成和发展起了奠基作用。钟嵘《诗品序》:"元嘉中,有谢灵运,才高词盛,富艳难踪,固已含跨刘、郭,凌轹潘、左。"钱仲联《集释》:"宋临川太守谢灵运,其源出于陈思,杂有景阳之体,故尚巧似,而逸荡过之。"沈德潜《唐诗别裁集》卷四:"失却陶公,性所不近也。"程学恂《韩诗臆说》卷一:"取鲍谢而遗渊明,亦偶即大概言之,非定论也。"韩公明说"晋宋之间",只能是鲍照、谢灵运。谓谢朓者非,谢朓乃齐梁时人。

⑮ 比近最清奥:清奥,清俊飘逸,内容深邃。魏本:"孙曰:比近,比兴也。奥,深也。"文《详注》:"文章之美,江左莫及,时号鲍谢。奥,深也。《尔雅》曰:'室西南隅曰奥。'"按:比较接近古风。如《宋书·临川王道规附鲍照传》云:鲍照"文辞瞻逸,尝为古乐府,文甚遒丽"。

⑯ 齐、梁、陈、隋:南朝宋后的四个朝代。齐,即南齐,起于高帝萧道成建元元年己未(479),终于和帝萧宝融中兴二年(502),共二十四年。梁:起于武帝萧衍天监元年壬午(502),终于敬帝萧方智太平二年(557),共五十六年。陈:起于武帝陈霸先永定元年丁丑(557),终于后主陈叔宝祯明三年己酉(589),共三十三年。隋:文帝杨坚开皇元年辛丑(581),统一南北,建国隋,终于恭帝杨侑义宁二年戊寅(618),共三十八年。

⑰ 众作等蝉噪:文《详注》:"蝉噪:言多也。噪,先到切。许氏(顗)《[彦周]诗话》云:'六朝诗人之诗,不可不熟读。如:芙蓉露下落,杨柳月中疏。锻炼至此,自唐以来,无人能及也。退之诗云:齐梁及陈隋,众作等蝉噪。此语言不敢议,亦不敢从。'"何焯《义门读书记》卷三〇:"蝉噪,对《三百篇》言之也。"按:众作,众人的作品。等,等于、如同。蝉噪,知了的叫声。极言四朝文学成就不高。杨泉《物理论》:"夫虚无之谈,尚其华藻。无异春蛙秋蝉,聒耳而已。"

⑱ 搜春摘花卉:魏本:"祝曰:卉,百草总名。"按:卉,草的总称。《诗·小雅·四月》:"秋日凄凄,百卉具腓。"此句谓伤春咏花草,谓内容贫弱。

⑲ 沿袭伤剽盗:文《详注》:"剽,窃也,匹妙切。"魏本:"孙曰:沿袭:谓循袭也。剽:强取也。"按:沿袭,模仿承袭前代。剽盗,抄袭剽窃。二句谓:四朝诗内容贫弱,只会吟风弄月,咏花歌柳,形式上蹈袭前人。柳宗元《辩文子》:"其浑而类者少,窃取他书以合之者多,凡孟、管辈数家,皆见剽窃。"

⑳ 国朝:唐朝。盛文章,文章盛,即文学创作很繁荣。

㉑ 子昂始高蹈:文《详注》:"唐兴,文章承徐庾余风,天下祖尚。子昂始变雅正,初为《感遇诗》三十八章。王适曰:'是必为海内文宗。'乃与定交。子昂所论著,当世以为法。唐史有传。"魏本:"孙曰:陈子昂,梓州射洪人。唐高宗时有文章盛名。高蹈,高举也。《补注》:《笔墨闲录》曰:'《荐士》诗与《送东野序》盛言子昂、李杜,余皆不在其列。唐诗由子昂始唱之也。'"按:子昂,姓陈,字伯玉,梓州射洪人,官右拾遗。初唐杰出诗人,倡导诗文革新,提倡建安风骨。此句谓:唐代诗文之兴,自子昂始风雅高张。高蹈,远行。《左传》哀公二十一年:"鲁人之皋,数年不觉,使我高蹈。"杜注:"高蹈,犹远行也。"杜甫《陈拾遗故宅》:"有才继骚雅,哲匠不比肩。公生扬马后,名与日月悬。"卢藏用《右拾遗陈子昂文集序》:"道丧五百岁而得陈君,君讳子昂,字伯玉,蜀人也。崛起江汉,虎视函夏,卓立千古,横制颓波,天下翕然,质文一变。"

㉒ 勃兴得李杜:勃兴,勃然兴盛。《孟子·梁惠王上》:"天油然作云,沛然下雨,则苗浡然兴之矣。"李,李白;杜,杜甫。盛唐两位伟大诗人。《新唐书·杜甫传》:"少与李白齐名,号'李杜'。……昌黎韩愈于文章慎许可,至歌诗,独推曰:'李杜文章在,光焰万丈长。'(《调张籍》)诚可信云。"《韩集》评赞李杜如是者七。

㉓ 万类困陵暴:陵,宋白文本、文本、魏本作"凌"。陵同凌,陵暴即侵凌压迫。

魏本:"孙曰:谓李白、杜甫勃然而兴,万物皆为李杜凌轹云尔。"文《详注》:"凌,轹也。暴,露也。言雕刻万物,以为诗句,并遭凌轹暴露,靡有孑遗。《双鸟诗》云:'草木有微情,挑抉示九州。'"方世举《笺注》:"《尔雅·释言》:'强,暴也。'注:'强梁陵暴。'"按:此句谓:不同风格流派的许多(或谓一切)诗人,都被李杜诗歌的光焰压下去了。困,困顿于。《史记·仲尼弟子列传》:"子路性鄙,好勇力,志伉直,冠雄鸡,佩豭豚,陵暴孔子。孔子设礼稍诱子路,子路后儒服委质,因门人请为弟子。"日人近藤元粹注云:"万物皆为李杜陵轹云尔。"

㉔ 后来相继生,亦各臻阃(kǔn)隩(yù):隩,方《举正》订作"奥",云:"旧本同。今本作'隩',以重韵误刊也。班固传(《汉书·叙传上》):'究先圣之壶奥。'作'隩',非义。"朱《考异》:"奥,或作'隩'。"文本、祝本、魏本作"隩"。宋白文本、廖本、王本作"奥"。

文《详注》:"阃隩以喻造其极。阃,门橛也,苦本切。隩,水崖也,于到切。"钱仲联《集释》:"《尔雅·释宫》:'西南隅谓之奥。'《释文》:'或作隩。'《礼记·仲尼燕居》:'室无奥阼。'《释文》:'本又作隩。'《家语》:'目巧之室,则有隩阼。'注:'室西南隅谓之隩。'古奥、隩二字盖可通用。此处避重韵,自以作隩为是。《一切经音义》引《三苍》:'阃,谓门限也。'阃隩,犹深奥也。"童《校诠》:"第德案:说文:窔,宛也,室之西南隅;隩,水隈崖也,阃奥字自应作奥,作隩者借字。"按:钱说善。隩(ào),原意作水边解,读予(yù),此音义同奥,作深邃讲,但此处用"隩"合公原意,为避重;若改作"奥",则与上文"奥"字重韵。作水岸弯曲处解。《说文·阜部》:"隩,水隈崖也。"段注:"厓,山边也。引申之为水边。隈崖,谓曲边也。"《尔雅·释丘》:"隩隈,崖内为隩,外为隈。"《文选》卷二二南朝宋谢灵运《从斤竹涧越岭溪行》诗:"逶迤傍隈隩,苕递陟陉岘。"又通奥。室内西南隅。《太平御览》卷一八〇引《风俗通》云:"《尔雅》曰'西南隅谓之隩',尊长之处也。"作"隩"。今《尔雅·释宫》作"奥"。郭璞注:"室中隐奥之处。"《释文》:"奥,本或作'隩'。"泛指室内。南朝宋鲍照《观漏赋》:"历玫阶而升隩,访金壶之盈阙。"臻,达到。阃,门限以内的厅堂。此句谓:后来相继而产生的作者,也都能登堂入室。《三国志·魏书·管宁传》:"(宁)娱心黄老,游志六艺,升堂入室,究其阃奥。"《辞源》亦引公语为证。

以上谓诗之源流。

㉕ 有穷者孟郊:文《详注》:"时李翱亦荐郊于张建封曰:'郊穷饿不能安养其亲,周行天下无所遇。作诗(《赠崔纯亮》)曰:食荠肠亦苦,强歌声无欢。出门即有碍,谁为[谓]天地宽。'其穷也甚矣。欧阳公云:孟郊、贾岛皆以诗穷至死,犹自喜为穷苦之文。孟有移居诗(《借车》)云:'借车载家具,家具少于车。'乃是都无一物矣。又《谢人惠炭》诗云'暖得曲身成直身',人谓非其身倍尝之,不能道此句。常谓梅圣俞曰:'世谓诗人多穷,非诗能穷人,殆穷者而后工尔。'圣俞以为知言。"魏本:"樊曰:'东野窥禹穴','东野动惊俗'。公平日以朋友处之,字而不名。独此诗曰'有穷者孟郊',盖荐之于王公大人,不得不名也。"文《详注》:"《补注》:《此日足可惜》云:'东野窥禹穴,李翱观涛江。《赠张秘书》云:'东野动惊俗','张籍学古淡'。字孟而名张、李,初谓其偶然,及览《旧史·郊传》,言公一见以为忘形之交,尝称其字曰'东野'。与之唱和文酒间,则知公以朋友处之矣。翱、籍则从公学者也,师于门弟子则名之。孔子于曾子曰'参乎,吾道一以贯之'是也。称友朋于师亦名之,子贡谓孔子'师与商也孰贤'是也。朋友则字而不名,子张谓子夏之门人,曰:'子夏云何'是也。公不惟诗,其于书亦然,独此诗有曰'有穷者孟郊',盖荐之于王公大人,不得不名也。"按:以一"穷"字贯后半幅。

㉖ 受材时雄骜(ào):文《详注》:"骜,俊也,五到切。"按:受材,天生之材。雄骜,雄壮的好马。骜,骏马。《吕氏春秋·察今》:"良马期乎千里,不期乎骥骜。"

㉗ 冥观洞古今:文《详注》:"冥观,犹云默视也。洞,达也。"按:深入观察社会生活。洞,透彻了解。古今,文本作"今古"。诸本作"古今",即古往今来的事情。

㉘ 象外逐幽好：文《详注》："圣人之书，立象以尽意，读其意以遗其象，有幽好存焉，此谓郊工于诗也。"蒋抱玄《评注》："孙绰《游天台山赋》：'浑万象以冥观。'又'散以象外之说'。"

象外：超逸物象之外。《文选》卷一一晋孙绰《游天台山赋》："散以象外之说，畅以无生之篇。"注："象外，谓道也。"按：唐司空图《司空表圣文集》卷三《与极浦书》："戴容州云：诗家之景，如蓝田日暖，良玉生烟，可望而不可置于眉睫之前矣。象外之象，景外之景，岂容易可谭哉！"正可评孟郊诗。逐，追求、寻找。幽好，深刻美好的内涵。此赞孟郊诗：通过事物的表象，表达深奥的思想。

㉙ 横空盘硬语：横空，方《举正》订，云："蜀作'纵横'。"朱《考异》："或作'纵横'。"诸本作"横空"，善。

文《详注》："言其诗之奇怪。临川评诗曰：'清水出芙蓉，天然去凋饰'，此李白所得也（李白《经乱离后天恩流夜郎忆旧游书怀赠江夏韦太守良宰》）；'或看翡翠兰苕上，未掣鲸鲵碧海中'，此杜甫所得也（杜甫《戏为六绝句》）；'横空盘硬语'，此韩愈所得也。"按：横空，凌空，不同凡俗。《全唐诗》卷三六虞世南《侍宴应诏赋韵得前字》："横空一鸟度，照水百花然。"又卷一三三李颀《爱敬寺古藤歌》："横空直上相陵突，丰茸离缅若无骨。"盘，制造、创作，回绕、弯曲，作动词。《隋书·百济传》："女辫发垂后，已出嫁则分为两道，盘于头上。"宋沈约《梦溪笔谈》卷三："用柔铁屈盘之。"硬语，刚健有力的诗歌语言。此句形容孟郊诗刚健古朴，不同于大历时期的软体诗。此语不仅是对孟郊诗的称赞，也是对前代诗的反思与批评；这也是韩公在贞元时期对孟郊诗推重的原因。

㉚ 妥帖力排奡（ào）：文《详注》："排奡：言其诗之壮。妥帖，安貌。陆机《文赋》曰：'或妥帖而易施。'《论语》孔子曰：'奡荡舟。'注云：'奡多力，能陆地行舟。为夏后少康所杀。'奡音鱼到切。"方世举《笺注》："按：诸葛亮《梁甫吟》：'力能排南山，文能绝地纪。'此句以力能排奡为义。"按：妥帖，平实通达。奡，古之能陆地行舟的大力士。《论语·宪问》："羿善射，奡荡舟。"此句形容孟郊诗笔力雄

劲,能如羿那样的大力士一样,一扫大历以来诗坛的颓势。翁方纲《石洲诗话》卷二:"'羿'字,《五百家注》本内引《论语》'羿荡舟',甚是。宋末《月泉吟社送诗赏小札》云:'语无排羿,体不效昆。'此可证也。旧以'羿'与'傲'同,作'排羿'两字连说者,未然也。"又云:"谏果虽苦,味美于回。孟东野诗则苦涩而无回味,正是不鸣其善鸣者。不知韩何以独称之。且至谓'横空盘硬语,妥帖力排羿',亦太不相类,此真不可解也。"许𫖮《彦周诗话》:"韩退之云:'横空盘硬语,妥帖力排羿。'盖能杀缚事实,与意义合,最难能之。知其难则可与论诗矣。此所以称孟东野也。"《唐宋诗醇》卷二九:"十字中尤妙在'妥帖'二字。樊宗师文最奇崛,而退之以文从字顺许之,其亦异乎世之所谓妥帖者矣。"翁谓韩公以此语评孟郊诗,真不可解者非;许𫖮、《唐宋诗醇》所说是。朱彝尊《批韩诗》:"比东野数语却工。"

㉛ 敷柔肆纡(yū)余:文《详注》:"言其诗之美丽。纡余,委曲貌。见《上林》(司马相如《上林赋》'纡余逶迤')诗。"魏本:"祝曰:纡余,屈曲貌。古诗曰:'山泽纷纡余。'孙曰:纡余,妍好也。"按:敷,铺陈、表述。柔,婉转优美。肆,任意、尽情。纡余,逶迤曲折。此谓孟郊诗表现委婉曲折的感情时能做到优美多姿,意趣横生。

㉜ 奋猛卷海潦:文《详注》:"奋猛句言其诗之气势。潦,郎到切,本作涝。木玄虚《海赋》曰:'飞涝则百川倒流。'注云:'涝,高浪也。'"按:海潦,海中波涛。此句谓:孟郊诗在表达昂扬愤发的感情时,能像大海卷波叠浪一样雄浑有力。

㉝ 荣华肖天秀:文《详注》:"荣华句言其诗之巧。肖,似也。"按:荣花,盛开的花,此指孟诗的文采。《庄子·齐物论》:"道隐于小成,言隐于荣华。"成玄英疏:"荣华者,谓浮辩之辞,美华之言也。"肖,似、像。天秀,天然秀丽。此谓孟诗词藻优美如天造神运。

㉞ 捷疾逾响报:捷,朱《考异》:"捷,或作'健'。"诸本作"捷",从之。逾,方《举正》据阁本订,云:"曾、谢校。"

文《详注》:"捷疾句言其思之敏。报,应也,若响之应声。"方世举《笺注》:"《诗品》:'张思光纵有乖文体,然亦捷疾丰饶。'"按:捷疾,敏捷、迅速。逾,超越。响报,回响。此谓孟郊文思敏捷如回声清脆而迅速。魏泰《临汉隐居诗话》:"孟郊诗寒涩穷僻,琢削不假,真苦吟而成,观其句法、格力可见矣。其自谓'夜吟晓不休,苦吟神鬼愁。如何不自闲?心与身为仇'。而退之荐其诗云'荣华肖天秀,捷疾愈响报',何也?"程学恂《韩诗臆说》卷一:"'荣华肖天秀'二语,逾奇逾确。"

㉟ 行身践规矩:行身,立身行事,即行为。践,实践,身体力行。规矩,作人的准则、操守。何焯《义门读书记》卷三〇:"'行身践规矩'二连,古来才子或多文而薄于行,不可荐之天子。若郊之方正诚笃如此,二公又何所疑难,不亟进言于上也。"

㊱ 甘辱耻媚灶:甘心情愿处身贫贱,不以贫贱为耻。耻媚灶,以献媚权臣为耻辱。《论语·八佾》:"王孙贾问曰:'与其媚于奥,宁媚于灶,何谓也?'"何晏《集解》:"奥,内也,以喻近臣。灶,以喻执政。贾,执政者,欲使孔子求昵之,微以世俗之言感动之也。"汉崔寔《政论》:"长吏或实清廉,心平行洁,内省不疚,不肯媚灶。"

㊲ 孟轲分邪正:孟轲,邹国(今山东邹县)人,战国时期大思想家。事迹见《史记·孟子荀卿列传》。

㊳ 眸子看瞭眊:文《详注》:"孟子曰:'存乎人者,莫良于眸子。眸子不能掩其恶。胸中正,则眸子瞭。不正,则眊。'注云:'眸子,目瞳也,瞭,明也,眊,矇也。瞭,音了,眊,音耄。'"魏本引韩《全解》同。眸子,眼球,此指眼睛。瞭,明亮。眊,昏暗。《孟子·离娄上》:"孟子曰:'存乎人者,莫良于眸子。眸子不能掩其恶。胸中正,则眸子瞭焉;胸中不正,则眸子眊焉。'"朱熹《集注》:"眸子,目瞳子也。"赵岐注:"瞭,明也。眊者,蒙蒙目不明之貌。"

㊴ 杳然粹而精,可以镇浮躁:精,方《举正》作"清",云:"山谷本、谢本所校同。"朱《考异》:"清,或作'精'。"宋白文本、文本、祝本、魏本作"精"。廖本、王本作"清"。精、清、晴,同源字,精、清母耕韵,晴从母耕韵,故古精、清可通假。又清作水里杂质少,与精作

纯粹解，义通。故作"精"、作"清"均可。味韩诗义，当作"精"。

蒋抱玄《评注》："《礼记正义序》：'夫人上资六气，下承四序。精粹者虽复凝然不动，浮躁者实亦无所不为。'"程学恂《韩诗臆说》卷一："至'眸子看瞭眊''可以镇浮躁'，则不惟得贞曜品诣，并能写出贞曜神骨。"按：杳然，遥远貌，即远得看不到头。蔡琰《胡笳十八拍》："朝见长城兮路杳漫。"粹而精，精，质纯而精深。《荀子·解蔽》："用精惑也。"杨倞注："精目之明也。"韩公用精字本此。镇，压制、克服。浮躁，轻浮急躁。此二句以孟轲比孟郊，说他眸子深邃而明亮，可以遏制浮躁气。

以上论孟郊人品文品；以下惜其遭遇。

㊵ 酸寒溧阳尉：文《详注》："郊年五十得进士第，调溧阳尉。事见《郊墓志》。"魏本："祝曰：溧阳，宣州。孙曰：昇州，县名。贞元十二年，吕渭知贡举，郊年四十有六，中进士第，间四年，调溧阳尉。"按：孟郊贞元十六年（50岁）始为溧阳尉，地位低下，生活贫寒。溧阳，今江苏溧阳县。《新唐书·孟郊传》："年五十，得进士第，调溧阳尉。县有投金濑、平陵城，林薄蒙翳，下有积水。郊闲往坐水旁，裴回赋诗，而曹务多废。令白府，以假尉代之，分其半奉。"刘叉《答孟东野》诗："酸寒孟夫子。"中下县尉，从九品下，九品中正制最低一级的官。

㊶ 五十几何耄：文《详注》："几，居稀切，解见《复志赋》。耄，莫报切，八十、九十曰耄。耄，志昏也。"魏本："孙曰：《礼记》：八十、九十曰耄耋。昏忘也。"钱仲联《集释》："东野于元和九年卒，年六十四。以此推之，贞元十七年始尉溧阳时，年五十一。二十一年去尉时，年五十五。"按：几何，多少。耄，有说七十，有说八十，有说九十，盖言人老。《礼记·曲礼上》："八十、九十曰耄。"注："耄，昏忘也。"何焯《义门读书记》卷三〇："此句贯注'不汲汲'而'后时悔懊'一连。"沈德潜《唐诗别裁集》卷四："言去耄几何？"此谓：东野已经五十多岁了，离耄老还有多少呢？韩公惜其老而不遇也。

㊷ 孜孜营甘旨：勤勉不息。《书·益稷》："予思日孜孜。"传：

"孜孜不怠,奉承臣功而已。"疏:"孜孜勤于臣职而已。"甘旨,美好的食物。此句说孟郊孜孜不倦地求职恭养老母。《礼记·内则》:"由命士以上,父子皆异宫。昧爽而朝,慈以旨甘;日出而退,各从其事;日入而夕,慈以旨甘。"

㊸ 辛苦久所冒:冒,俗谓顶着,此作坚持。谓虽然长年勤苦,他还是坚持不懈地侍奉老母。司马迁《报任安书》:"士无不起……冒白刃,北向争死敌者。"《三国志·蜀书·王连传》:"不宜以一国之望,冒险而行。"

㊹ 指注竞嘲慠:蒋抱玄《评注》:"指注:谓指而注意之也。"魏本注:"慠,亦作'傲',慢也。"钱仲联《集释》:"《礼记·投壶》郑玄注:'敖,慢也。'《左传》:'大夫敖。'《释文》:'本亦作慠。'"按:指注,手指目注,即指示、指点。《韩诗外传》卷七:"齐有良狗曰韩卢,亦一日而走五百里。使之瞻见指注,虽良狗犹不及众兔之尘。"《汉语大词典》引韩诗为例。嘲慠,嘲笑、慠视。此指流俗之辈争相嘲笑,慠视孟郊。

此段正写孟郊:论孟郊之诗,叙孟郊之穷。

㊺ 圣皇索遗逸:文《详注》:"圣皇,德宗也。"按:文谓德宗,非是,时德宗、顺宗均死。圣皇,圣明的皇帝,此指宪宗李纯。索遗逸,搜求民间的贤人才士。

㊻ 髦士日登造:魏本:"孙曰:《诗》:'烝我髦士。'髦士,俊士也。造,作也。登造,登用也。"文《详注》:"《礼记》曰:司徒升选事之秀者为造士。郑氏云:造,成也,能习礼则为成士。造,七到切。"方世举《笺注》:"髦士:《诗·甫田》:'烝我髦士。'又《思齐》:'誉髦斯士。'登造:《纪·王制》:命乡论秀士,升之司徒,曰选士。司徒论选士之秀者而升之学,曰俊士。升于司徒者,不征于乡;升于学者,不征于司徒,曰造士。大乐正论造士之秀者,以告于王而升诸司马,曰进士。"按:髦士,有才德的人,或称英俊之士。《诗·小雅·甫田》:"攸介攸止,烝我髦士。"传:"烝,进髦俊也。"笺:"以进其为俊士之行。"《礼记·王制》:"命乡论秀士,升之司徒,曰选士。司徒

论选士之秀者而升之学,曰俊士。升于司徒者不征于乡,升于学者不征于司徒,曰造士。……大乐正论造士之秀者,以告于王而升诸司马,曰进士。"日登造,天天进用。《宋书·谢庄传》:"进选之轨,既弛中代;登造之律,未闻当今。"

㊼ 庙堂有贤相:庙堂,朝廷。贤相,时宰相有郑馀庆(永贞元年八月二十七日任,元和元年五月十七日罢)、杜黄裳(永贞元年七月二十八日任,元和二年正月十七日罢)、郑絪(永贞元年十二月二十七日任,元和四年二月二十一日罢)。魏本:"贤相谓郑馀庆。"因荐孟郊于郑馀庆,韩公意指郑馀庆;然时郑馀庆已罢相,而郑絪平庸,贤相当指杜黄裳。

㊽ 爱遇均覆焘(dào):文《详注》:"焘,亦覆也,徒报切。《礼记》曰:譬如天地之无不持载,无不覆焘。"魏本:"洪曰:公有《与馀庆书》云:再奉示问,皆缘孟家事。郊死于元和九年,时馀庆为兴元尹。韦庄云:东野佐徐州幕,卒使下廷评。以墓志考之,馀庆在兴元奏郊为参谋,未至而卒。庄说非也。"按:爱遇,喜爱礼遇,乐于提携。均,平等,一视同仁。覆焘,焘音义同帱,作覆盖解。覆焘,本指太阳覆照万物,此指施爱天下贤人才士。《礼记·中庸》:"辟如天地之无不持载,无不覆帱。"郑注:"帱,亦覆也。帱,或作'焘'。"《后汉书·朱穆传·崇厚论》:"故夫天不崇大则覆帱不广,地不深厚则载物不博。"师古曰:"帱亦覆。帱与焘同。"

㊾ 况承归与张:魏本:"韩曰:谓郊尝为归登、张建封所知。"文《详注》:"归与张谓归登、张建封也。《唐史》有传。言二公执政推援于郊,其势易今反不能也。"方世举《笺注》:"冠归于张之上,必其名位在建封之前,疑是登父崇敬也。《旧唐书·德宗纪》:'贞元十五年,特进兵部尚书归崇敬卒。十六年,右仆射张建封卒。'追而溯之,称曰二公,固其宜也。登虽尝与韩、孟周旋,然按《登传》,德宗时才至兵部员外郎,充皇子侍读,史馆修撰,不应并称二公,又在张上也。"按:此句谓:况且上承归与张。归,指崇敬。崇敬,字正礼,苏州人,天宝中举通坟典科对策第一,迁四门博士。历左散骑常

侍、工部尚书、兵部尚书，封余姚郡公。贞元十五年卒，年八十八岁，赠尚书左仆射。张建封，贞元十六年，卒于徐州刺史任所，时为右仆射，堪称二公，是当时德行、政绩齐名的人物。一说归是崇敬子登，非。登贞元初，登贤良方正、能极言直谏科，授右拾遗。元和六年受诏与孟简等同译《大乘本生心地观经》，加左散骑常侍。不可能与建封并称，更不可能上用“承”字也。

㊿ 二公迭嗟悼：此句指崇敬、建封对孟郊的德才给予称赞，对他的遭遇给予同情。迭嗟悼，连连称赞与伤叹。潘岳《杨荆州诔》：“圣王嗟悼，宠赠衾襚。”

(51) 青冥送吹嘘，强箭射鲁缟：此二句谓：如果朝廷上有像归、张这样政治地位高的人举荐孟郊，他被重用就如同强弩射穿薄绸布一样容易。青冥，天，指朝廷。《楚辞》屈原《九章·悲回风》：“据青冥而摅虹兮，遂倏忽而扪天。”吹嘘，原指出气：急曰吹，缓曰嘘。此指宣扬、举荐。《后汉书·郑太传》：“孔公绪，清谈高论，嘘枯吹生。”杜甫《赠献纳使起居田舍人》：“扬雄更有《河东赋》，唯待吹嘘送上天。”鲁缟，鲁（今山东西南）地产的薄绸。射鲁缟，见《史记·韩长孺（安国）列传》：“安国曰：‘且强弩之极，矢不能穿鲁缟；冲风之末，力不能漂鸿毛。非初不劲，末力衰也。’”集解：“许慎曰：鲁之缟尤薄。”《汉书·韩安国传》：“安国曰：‘且臣闻之，冲风之衰，不能起毛羽；强弩之末，力不能入鲁缟。夫盛之有衰，犹朝之必莫也。’”颜师古注：“缟，素也。曲阜之地，俗善作之，尤为轻细，故以取喻也。”韩公反用之，即强弩能射穿鲁缟。旧典翻新是韩公诗文创新的手段之一。

(52) 胡为久无成：胡为，何为，为什么。杨树达《词诠》卷三：“胡，疑问代词，与何同。《诗·邶风·式微》：‘微君之躬，胡为乎泥中？’”孟郊为什么长时间不被重用呢？

(53) 使以归期告：文《详注》：“《补注》：东野时归江南，公又有《序》送云。”钱仲联《集释》：“谓东野自去溧阳尉来京师，久而无成，将东归也。”按：此承上句，孟郊离溧阳归京后，因为得不到朝廷的重用，不得不归家而使人向韩愈转告归去的日期。韩公《送孟东野序》云："大凡物不得其平则鸣……东野之役于江南也，有若不释然者，故吾道其命于天者以解之。"可同读。

(54) 霜风破佳菊，嘉节迫吹帽：文《详注》："《晋书》(《九家旧晋书辑本·孟嘉传》)：'孟嘉，字万年，后为征西将军桓温记室。九月九日，温宴龙山，寮佐毕集，时佐吏并著戎服。有风至，忽嘉帽堕落，嘉不之觉。温使左右勿言，以观其举止。良久如厕，温命取还之。'"魏本引樊《谱注》同而简。按：此二句以重阳节赏菊饮酒之典而推扩，上句着一"破"字，借孟嘉之典，赞东野气度不凡，而遭遇风霜之残。《晋书·孟嘉传》：孟嘉为东晋大司马桓温的参军，九月九日桓温在龙山宴请群僚，风把孟嘉的帽子吹落，而嘉仍饮酒不觉，表现了孟嘉的豁达风度。杜甫《九日蓝田崔氏庄》："羞将短发还吹帽，笑倩旁人为正冠。"嘉节谓九九重阳节也。

(55) 念将决焉去，感物增恋嫪(lào)：决，魏本、文本作"决"，廖本作"决"，高步瀛《唐宋诗举要》作"决"。文《详注》："嫪，姻也，郎到切。张平子《东京赋》曰：'感物增思。'陆士衡《赴洛诗》曰：'感[物]恋堂室。'"魏本："《集注》：嫪，恡物也。《声类》云：姻嫪，恋惜也。《说文》云：固也。"按：决(xuè 呼决切、音血、入，屑韵)焉去：疾去。决：疾也。决同决。《庄子·逍遥游》："我决起而飞，抢榆枋。"陆德明音义："喜缺反。"恋嫪：恋恋不舍。《说文·女部》："嫪，婟也。从女，翏声。"段注："《声类》云：'婟嫪，恋惜也。'郎到切，古音在三部。"

(56) 彼微水中荇(xìng)，尚烦左右芼(mào)：文《详注》："以喻士之欲进，必假先容。"下引《毛诗》与传不全，略。魏本引祝《全解》同。见下。

按：《诗·周南·关雎》："参差荇菜，左右芼之。"荇菜，水生植物名，又单字名荇，又名接余。嫩时可食。多生长于湖塘中。传云："荇，接余也。"疏："接余，白茎，叶紫赤色，正员，径寸余，浮在水上，根在水底，与水深浅等，大如钗股，上青下白。鬻其白茎，以苦酒浸之,肥美,可案酒是也。"芼,传:"择也。"一作水草名,可食。《晏子春秋》外篇第七:"今岁凶饥,蒿种芼敛不半。"注:"芼,池沼生草,可为蔬者。"柳宗元《游南亭夜还叙志七十韵》:"野蔬盈顷筐,颇杂池沼芼。"此处荇作野菜解,芼作动词用,当采荇解。《诗序》:"《关雎》乐得淑女以配君子,爱在进贤,不淫其色,哀窈窕,思贤才,而无伤善之心焉。"公诗谓那微不足道的野菜尚靠人的采择,才能食用,言下之意:何况贤才呢?

㊼ 鲁侯国至小,庙鼎犹纳郜:魏本:"祝曰:《春秋》:桓二年,取郜大鼎于宋。戊申纳于太庙。郜,地名。郜音告。"文《详注》:"以喻片善不可遗。《春秋》:'鲁桓公二年夏四月,取郜大鼎于宋。戊申,纳于太庙。'《左氏传》曰:'宋督已杀孔父而弑殇公,召庄公于郑而立之,以亲郑。以郜大鼎赂公。'杜预曰:'郜国所造器也,故系名于郜。'"高步瀛《唐宋诗举要》卷一:"在今山东城武县。"按:此二句:据《春秋左传》桓公二年:鲁桓公二年(前710),宋华父督杀宋殇公,桓公会齐、陈、郑三国诸侯平宋乱,宋将所藏郜国大鼎置于太庙祭祖先,以为重宝。意思是,鲁国虽小尚重宝器,言外之意是希望当政像鲁桓公重视郜鼎那样重视人才。

㊽ 幸当择珉玉:顾嗣立《集注》:"刘石龄云:《礼》:'君子贵玉而贱珉。'"方世举《笺注》:"珉玉:《记·聘义》:子贡问于孔子曰:敢问君子贵玉而贱珉者,何也?为玉之寡,而珉之多欤?"

按:《礼记·聘义》:"子贡问于孔子曰:'敢问君子贵玉而贱珉者,何也?为玉之寡而珉之多与?'孔子曰:'非为珉之多,故贱之也;玉之寡,故贵之也。夫昔者,君子比德与玉焉,温润而泽,仁也。'"顾、方所引《礼记》断其文而遗其孔子所答之紧要语;韩公诗用《礼记》中孔子所答意,而意在说明东野乃仁人君子也。幸当,本当。张相《诗词曲语辞汇释》卷二:"幸,犹本也,正也。……韩愈《荐士》诗……幸当,正当也,意言正当分玉石也。"珉,一种类玉的石。《礼记》径直作"碈",从石,民声。《全唐诗》卷一六一李白《古风》:"流俗多错误,岂知玉与珉。"即玉不同于珉。

(59) 宁有弃珪瑁：魏本："祝曰：《书》：乃受同瑁。孙曰：《周礼》：天子执瑁四寸，以朝诸侯。瑁，天子珪也。"文《详注》："珉玉珪瑁皆以喻贤。《上林赋》曰：'珉玉旁。'唐张楫云：'珉，石之次玉者也。'《尚书大传》曰：'古者天子执瑁，以朝诸侯；诸侯执圭璧，以朝天子。'故珪瑁者，天子所与，诸侯为瑞也。珉，音旻。瑁，音冒。"方世举《笺注》："珪瑁：《书·顾命》：太保承介珪，上宗奉同瑁。《周礼·考工记》：天子执瑁四寸，以朝诸侯。"

按：宁，读去声，副词，作岂、难道解，宁有，岂有。《史记·陈涉世家》："王侯将相宁有种乎？"珪瑁，同圭冒，玉器。古代天子朝会时大臣常持的礼器。天子者珪，诸侯者瑁。其形上或圆或尖，下方。此二句谓：珉玉本当选用，难道要抛弃珪瑁那样珍贵的玉器吗？

(60) 悠悠我之思，扰扰风中纛（dào）：魏本："祝曰：纛，以牦牛尾为之，大如斗，系于左骓马轭上。《选》：'黄屋左纛。'《补注》：楚王曰：'寡人之心摇摇然如悬旌。'诗意取此。"文《详注》："《雄雉诗》曰：'瞻彼日月，悠悠我思。'《前汉》李斐曰：'纛，毛羽幢也，徒到切。'"顾嗣立《集注》："《战国策》（《楚策一》）：'寡人心摇摇如悬旌而无所终薄。'《文选》张景阳诗（《杂诗》十六首之六）：'羁旅无定心，翩翩如悬旌。'公诗意取此。"方世举《笺注》："风中纛：纛，音导。《尔雅·释言》：翢，纛也。注：今之羽葆幢。又：纛，翳也。注：舞者所以自蔽。"按：悠悠我思，深思、忧思之貌。《诗·邶风·终风》："莫往莫来，悠悠我思。"扰扰，纷乱搅扰之貌。《庄子·天道》："尧曰：胶胶扰扰乎？"成玄英疏："胶胶扰扰，皆扰乱之貌。"纛，大旗。《史记·项羽本纪》："纪信乘黄屋车，传左纛。"集解："纛，毛羽幢也，在乘舆车衡左方上注之。"此二句谓：鉴于东野的处境，我心里充满忧思，像大纛旗在我胸中翻滚搅扰一样。

(61) 上言愧无路：上言，向皇帝上疏进谏。韩公《归彭城》："上言陈尧舜，下言引龙夔。"愧无路，没有门径。又《归彭城》："我欲进短策，无由至彤墀。"意均同。

㊷ 惟：只有。心祷，内心祝愿。魏本："祝曰：求福曰祷。"

㊷ 鹤翎不天生，变化在啄菢（bào）：文《详注》："鹤以啄菢而生，士以知己而进。菢：鸟伏卵也，薄报切。"沈钦韩《补注》："《文选·东征赋》注：'《尸子》曰：卵生曰啄，胎生曰乳。'"按：二句谓：仙鹤展翅高飞不是天生的，需靠老鸟的孵抱。翎，鹤的羽毛。菢，孵卵。玄应《一切经音义》卷一八引《通俗文》："鸡伏卵，北燕谓之菢。"按：中原人传统俗语谓孵鸡娃为菢鸡娃，母鸡捞窝为菢窝。二句谓东野极待人帮助举荐，落到荐士上。如何焯《义门读书记》卷三〇："二句谓东野之待荐。"

㊸ 通波非难图，尺地易可漕：文《详注》："言进贤有渐也。班固《西都赋》曰：'东郊则有通沟大漕，与海同波。'注云：'漕，水运也。'"王元启《记疑》："易，移易也。言但移易尺寸之地，即可以达通波，所谓一举手之劳耳。或引《河渠书》'径易漕'之语，以释此文。读为'难易'之'易'，非是。"童《校诠》："第德案：尺池（何焯'地疑作池'）字不经见，无据。此文以尺地对通波，以易漕对难图，文义明白。易漕字本史记，方氏已引（方世举《笺注》：《史记·河渠书》：'径易漕。'）。王（元启）读易为入声，以移易释之，有失公意，句亦诘屈难读，不可从。又按：尺地言其小，故言易漕，何、王皆疑地不可漕，不悟地总山水土而言，周礼地官大司徒：辨其山林、川泽、丘陵、坟衍、原隰之名物；尔雅释地叙述鲁有大野等十薮；礼记中庸：今夫地，一撮土之多，及其广厚载华岳而不重，振河海而不泄，万物载焉；博物志：地以川为之脉；管子山权数地作坔（dì古地字），皆地水不可分之证。"按：二句谓：像孟郊这样德才兼备的人才，只要稍加提拔就会做一番事业。通波，与海沟通，波喻大海。班固《西都赋》："与海通波。"以孟郊比大鱼，得水之助可以至大海。易可漕，漕，本指通过水道可以运输粮食。此引申作动词，当开渠解。全句说尺地虽小，可以开渠，渠可通海。韩公《应科目时与韦舍人书》："天池之滨，大江之濆，曰有怪物焉；盖非常鳞凡介之品汇匹俦也。其得水，变化风雨，上下于天不难也。"意与此同。

(65) 善善不汲汲，后时徒悔懊：文《详注》："言进贤欲及时也。昔齐桓公之郭，问父老郭何故亡？父老曰：'郭君善善不能用，恶恶不能去。'（事见桓谭《新论·谴非篇》）懊，恨也，乌到切。晋史（《晋书·王羲之传》）：'门生惊懊者累日。'"按：此二句谓如不及时选用人才，以后懊悔就白费了。善善，前一善字作动词，当爱惜解；后一善字作名词，当善才解。《公羊传》昭公二十年："君子之善善也长，恶恶也短。"汲汲，急切貌。《礼记·问丧》："其送往也，望望然，汲汲然，如有追而弗及也。"徒悔懊，白白懊悔。《汉书·扬雄传》："少嗜欲，不汲汲于富贵，不戚戚于贫贱。"颜师古曰："汲汲，欲速之义，如井汲之为也。"

(66) 救死具八珍：文《详注》："《周礼》：食医掌和八珍之齐。又：膳夫珍用八物。郑氏注云：淳熬、淳母、炮豚、炮牂、捣珍、渍、熬、肝膋也。"八种美味佳肴。《周礼·天官·膳夫》："珍用八物。"郑注："珍谓淳熬、淳母、炮豚、炮牂、捣珍、渍、熬、肝膋也。"此为八种烹调方法制作的美味。

(67) 不如一箪犒：方《举正》据阁本作"不"。朱《考异》："不，或作'无'。"宋白文本、文本作"无"。廖本、王本作"不"。作"不"、作"无"均通，然作"不"较善。

一箪（dān）犒（kào）：文《详注》："昔楚与晋战，或人进王一箪酒，王欲与军士共之，则少而不遍，乃倾酒于水上源，令众士饮之，士卒皆醉，乃感惠尽力而战，晋师大败。箪，一樽也。犒，赏也，口到切。《论语》：一箪食。"魏本："孙曰：《语》：一箪食。箪，竹器。"魏本引《补注》同文注而简。方世举《笺注》："《三略》：昔者良将用兵，人有馈一箪醪者，使投之于河，令将士迎流而饮之。"按：一箪，一竹盒普通食物。箪，盛饭用的竹器，一般多圆形。犒，以酒食等物慰劳。《左传》僖公三十三年："寡君闻吾子将步师出于敝邑，敢犒从者。"又宣公二年："初，宣子田于首山，舍于翳桑，见灵辄饿，问其病，曰：'不食三日矣。'食之，舍其半。问之，曰：'宦三年矣，未知母之存否？今近焉，请以遗之。'使尽之，而为之箪食与肉，置诸橐以与之。"杜预注:"箄,筲也。"《公羊传》何休注:"犒,劳也。"何焯《批韩诗》:"此诗多用譬喻,极纵横历落之致。"

⑱ 微诗公勿诮:方《举正》订"微"字,云:"杭、蜀本皆作'数诗',未详。"朱《考异》:"微,或作'数'。"诸本作"微",从之。

文《详注》:"诮,责也。一作'笑'。"魏本作"诮",注与文同。笑作讥笑解,与诮同。微诗,谦词,即微不足道的小诗。方世举《笺注》:"《书·金縢》:'王亦未敢诮公。'"

⑲ 恺悌(kǎi tì):同岂弟。恺悌,和乐平易。语出《诗·大雅·旱麓》:"岂弟君子,神所劳矣。"《左传》僖公十二年:"恺悌君子,神所劳矣。"杜注:"恺,乐也;悌,易也。"神所劳,谓神灵保佑诸事成功。

【汇评】

宋王安石:临川评诗曰"清水出芙蓉,天然去凋饰",此李白所得也(李白《经乱离后天恩流夜郎忆旧游书怀赠江夏韦太守良宰》);"或看翡翠兰苕上,未掣鲸鲵碧海中",此杜甫所得也(杜甫《戏为六绝句》);"横空盘硬语",此韩愈所得也。(文谠《新刊经进详注昌黎先生文集》卷二)

宋魏泰:孟郊诗寒涩穷僻,琢削不假,真苦吟而成。观其句法、格力可见矣。其自谓"夜吟晓不休,苦吟神鬼愁。如何不自闲?心与身为仇"。而退之荐其诗云"荣华肖天秀,捷疾愈响报",何也?(《临汉隐居诗话》)

宋周紫芝:韩退之《荐士》诗云:"孟轲分邪正,眸子看瞭眊。杳然粹而清,可以镇浮躁。"盖谓孟东野也。余尝读孟东野《下第》诗云:"弃置复弃置,情如刀剑伤。"及登第,则自谓"春风得意马蹄疾,一日看尽长安花"。一第之得失,喜忧至于如此,宜其虽得之而不能享也。退之谓"可以镇浮躁",恐未免于过情。(《竹坡诗话》)

宋许顗:韩退之云:"横空盘硬语,妥帖力排奡。"盖能杀缚事实,与意义合,最难能之。知其难则可与论诗矣,此所以称孟东野

也。(《彦周诗话》)

宋黄震:《荐士》诗叙六朝之陋为"搜春摘花卉",叙国朝之盛为"奋猛卷海潦"。论文者可以观矣。(《黄氏日抄》卷五九)

宋范晞文:退之《序孟东野诗》云:"东野之诗,其高出魏晋,不懈而及于古,其他浸淫乎汉氏矣。"又荐之以诗云:"有穷者孟郊,受材实雄骜。冥观洞古今,象外逐幽好。横空盘硬语,妥贴力排奡。敷柔肆纡余,奋猛卷海潦。荣华肖天秀,捷疾愈响报。"东坡《读东野诗》乃云:"孤芳擢荒秽,苦语余诗骚。水清石凿凿,湍急不受篙。初如食小鱼,所得不偿劳。又如煮彭蚏,竟日嚼空螯。要当斗僧清,未足当韩豪。人生如朝露,日夜火消膏。何苦将两耳,听此寒虫号。"退之进之如此,而东坡贬之若是,岂所见有不同耶?然东坡前四句,亦可谓巧于形似。(《对床夜语》卷四)

明何孟春:韩退之《荐士》诗称孟东野有"可以镇浮躁"之句。按东野下第诗:"弃置复弃置,情如刀剑伤。"及登第则云:"春风得意马蹄疾,一日看尽长安花。"安在其能"镇浮躁"也?(《馀冬诗话》卷上)

清朱彝尊:正是盘硬语耳,若妥贴则犹未尽。(顾嗣立《昌黎先生诗集注》卷二)

清李光地:此荐孟郊之诗,而首段叙诗源委,极其简尽。李太白便谓建安之诗"绮丽不足称",杜子美则自梁、陈以下无贬词,故惟韩公之论最得其衷。虽然,陶靖节诗蝉脱污浊,六代孤唱,韩公略无及之,何也?此与论文不列董、贾者同病,犹未免于以辞为主尔。(《榕村诗选》卷六)

清查慎行:穷源溯流,归重在一东野,推奖至矣,其如尉命何?所谓得一人知己,死亦无憾者也。(《查初白诗评十二种》卷上)

清查晚晴:此与微之铭少陵文同叙诗派源流,后人断不可轻为拾袭。(同上)

清何焯:《荐士》"中间数鲍谢","谢"自谓康乐,若玄晖则齐人矣。"众作等蝉噪","蝉噪"对《三百篇》言之也。"有穷者孟郊","穷"字贯注后半。"行身践规矩"二连,古来才子或多文而薄于行,不可荐之天子。若郊之方正诚笃如此,二公又何所疑难,不亟进言于上也。"五十几何耄",此句贯注"不汲汲"而"后时悔懊"一连。"悠悠我之思"四句,若必待已得者而后进郊,则恐后时矣。故以此责望二公,亦诗人忠厚之至也。"鹤翎不天生"二句,谓东野之待荐。"通波非难图",谓二公。"尺地易可漕","地"疑作"池",此句自谓。(《义门读书记》卷三○)

清顾嗣立:公此诗历叙诗学源流,自《三百篇》后,汉、魏止取苏、李、建安七子,六朝止取鲍、谢,余子一笔抹倒。眼明手辣,识力最高。唐初格律变于子昂,至李、杜二公而极,所谓'李杜文章在,光焰万丈长',知公平生最得力于此也。后以东野继之,似犹未足当此。若公之才大而力雄,思沉而笔锐,则庶乎可以配李、杜而无惭矣。(《昌黎先生诗集注》卷二)

清沈德潜:《荐士》:此荐孟东野于郑馀庆也。盛称东野之诗,谓可上承李、杜。东野不足以当,而公爱才之心,几比于吐哺握发矣。(《唐诗别裁集》卷四)

清方世举:按孟子之论道统,至孔子而止,言外自任。昌黎之论诗,至李、杜而止,言外亦自任。李、杜论诗,却有不同。杜有诸绝句,不废六朝、四杰。李《古风》开章,则专汉魏风骚。昌黎此诗与夺主李,故其自为,恒有奇气,欲令千载下凛凛如生,不肯淹淹如九泉下人。刘贡父议其本无所解,但以才高,此释家见山是山,见水是水,见地[是地],未到见山不是山,见水不是水地位。仰面唾天,自污其面,甚为贡父惜之。欧阳子以唐人多僻固狭陋,无复李、杜豪放之格,所以能好昌黎之不袭李、杜而深合李、杜者。王半山选《唐百家诗》后,又特尊李、杜、韩、白四家。白之与韩,迥乎不同,韩亦易白,往来者少。白寄韩诗,有"户大嫌甜酒,才高笑小诗",颇得韩傲兀之情。然白实学杜铺陈,时取李之俊逸。学韩者当以半山兼罗并收为准。东坡比山谷诗美如江瑶柱,多食却发头风。韩固亦异味也。(《韩昌黎诗集编年笺注》卷二)

清爱新觉罗·弘历:孟郊一诗流之幽逸者耳,殊未足踵武诸大

家。而退之说士乃甘于肉,其自谓嗜善心无宁者此也。(《唐宋诗醇》卷二九)

清纪昀:《陈拾遗集十卷》唐陈子昂撰。子昂事迹,具《唐书》本传及卢藏用所为别传。唐初文章,不脱陈隋旧习,子昂始奋发自为,追古作者。韩愈诗云:"国朝盛文章,子昂始高蹈。"柳宗元亦谓:"张说工著述,张九龄善比兴,兼备者子昂而已。"马端临《文献通考》乃谓"子昂惟诗语高妙,其他文则不脱偶俪卑弱之体。韩、柳之论,不专称其诗,皆所未喻。"今观其集,惟诸表序犹沿排俪之习,若论事书疏之类,实疏朴近古。韩、柳之论,未为非也。(《四库全书总目》卷一四九集部别集类二)

清李调元:唐王、杨、卢、骆四杰,浑厚朴茂,犹是开国风气。自吾蜀陈子昂,始以大雅之音,振起一代,沨沨乎《清庙》《明堂》之什矣。昌黎诗云:"国朝盛文章,子昂始高蹈。"信不诬也。吾蜀文章之祖司马相如、扬雄而后,必首推子昂。(《雨村诗话》卷下)

清翁方纲:"妥贴力排奡""奡"字,《五百家注》本内引《论语》"奡荡舟",甚是。宋末《月泉吟社送诗赏小札》云:"语无排奡,体不效昆。"此可证也。旧以"奡"与"傲"同,作"排奡"两字连说者,未然也。(《石洲诗话》卷二)

清管世铭:初唐五言,尚沿排偶之迹,陈拾遗翩然脱去,直接西京。"国朝盛文章,子昂始高蹈",昌黎岂欺我哉!(《读雪山房唐诗序例》)

程学恂:诗云"逶迤抵晋宋,气象日凋耗。中间数鲍谢,比近最清奥",取鲍谢而遗渊明,亦偶即大概言之,非定论也。"受材实雄骜","雄骜"二字,评东野奇确。"荣华肖天秀"二语,逾奇逾确,至"眸子看瞭眊""可以镇浮躁",则不惟得贞曜品诣,并能写出贞曜神骨。(《韩诗臆说》卷一)

夏敬观:世言韩退之"文起八代之衰",赅诗言之也。唐诗承齐、梁、陈、隋之后,风气萎靡不振。自陈子昂崛起复古,李、杜勃兴,始开盛唐之风。然太白未尝弃晋、宋、齐、梁,于谢宣城尤极推重。子美则不弃徐、庾,兼贬沈、宋。至退之,除鲍、谢外皆不齿及矣。退之《荐士》诗云云,诗虽为荐孟郊作,其论诗之旨,悉具于是矣。(《同声月刊》1942年第2期《说韩》)

又《说孟》:孟东野诗,当贞元、元和间,可谓有一无二者矣。世称韩孟。然退之诗与东野绝不相类,盖皆各树一帜,不为风气所囿,而能开创成家,以左右风气者也。退之在唐,虽未大行,至宋以后,则与杜子美分庭抗礼,学诗者非杜即韩。东野诗则至今无人能问津者。岂孟不及韩耶?抑知韩者不足以知孟耶?……张戒《岁寒堂诗话》谓:"退之于张籍、皇甫湜辈皆儿子蓄之,独于东野极口推重。虽退之谦抑,亦不徒然。"此说甚是。(《同声月刊》1942年第3期《说孟》)

喜侯喜至赠张籍张彻[①]

元和元年

昔我在南时,数君长在念[②]。摇摇不可止,讽咏日喁喁[③]。如以膏濯衣,每渍垢逾染[④]。又如心中疾,针石非所砭[⑤]。常思得游处,至死无倦厌[⑥]。地遐物奇怪,水镜涵石剑[⑦]。荒花穷漫乱,幽兽工腾闪[⑧]。碍目不忍窥,忽忽坐昏垫[⑨]。逢神多所祝,岂忘灵即验[⑩]。依依梦归路,历历想行店[⑪]。今者诚自幸,所怀无一欠[⑫]。孟生去虽索,侯氏来还歉[⑬]。攲枕听新诗,屋角月艳艳[⑭]。杂作承间骋[⑮],交惊舌互噞[⑯]。缤纷指瑕疵,拒捍阻城堑[⑰]。以余经摧挫,固请发铅椠[⑱]。居然忘推让,见谓蓺天焰[⑲]。比疏语徒妍,悚息不敢占[⑳]。呼奴具盘飧,饤饾鱼菜赡[㉑]。人生但如此,朱紫安足僭[㉒]。

【校注】

① 题:此诗作年,《韩学研究·韩愈年谱汇证》系元和元年,云:"方崧卿《年谱》、《顾谱》系是年。方成珪《诗文年谱》曰:'与前诗同时作。'前诗指《答张彻》。按:系是年是。然方成珪云与《答张彻》诗同时,作于六七月间,则不妥。诗云:'孟生去虽索'后,侯生才来'侯氏来还欸'。孟郊十一月二十一日在郑馀庆任河南尹之后随其去洛阳,为水陆运从事。诗当写于此时稍后。"

魏本:"韩曰:公初谪阳山令,元和改元,六月自江陵掾召为国子博士,其从游如喜、如籍、如彻皆会于都下,诗以是作。"方世举《笺注》:"《会合联句》乃初至京师与孟郊、张籍、张彻相遇而作。至是而孟郊已去,而侯喜始来,盖其至最晚,诗中语甚明也。"文《详注》:"侯喜,字叔起,上谷人。善为文,公常荐之于卢郎中。"日人近藤元粹注云:"蔡云:侯喜字叔起,贞元十九年中进士第,终国子主簿。"按:韩公有《赠侯喜》《和侯协律咏笋》《与汝州卢郎中论荐侯喜状》《与祠部陆员外书》等。《书》云:"文章之尤者,有侯喜者……喜率兄弟操耒耜而耕于野,地薄而赋多,不足以养其亲,则以其耕之暇,读书而为文,以干于有位者而取足焉。喜之文章,学西京而为也,举进士十五六年矣。"又韩公《洛北惠林寺题名》:"韩愈、李景兴、侯喜、尉迟汾,贞元十七年七月二十二日,鱼于温洛,宿此而归。"

② 昔我在南时,数君长在念:魏本:"孙曰:谓谪阳山时也。"文《详注》:"《补注》:时为令于阳山也。至是元和改元,六月自江陵召为国子博士,其徒侯、张,皆集辇下。"方世举《笺注》:"《释文》(当为《释名·释言语》):'念,黏也,意相亲爱,心黏著不能忘也。'"按:念(niàn奴店切,去,橡韵),思念,怀念。《说文·心部》:"念,常思也。"《诗·秦风·小戎》:"言念君子,温其如玉。"唐杜甫《遣兴》诗:"客子念故宅,三年门巷空。"《文选》卷一班固《西都赋》:"摅怀旧之蓄念,发思古之幽情。"

③ 摇摇不可止,讽咏日唱(yóng)唫(yǎn):文《详注》:"《史记》

曰:'心摇摇如悬旌而无所然终薄。'喁喴:鱼口出上貌。《淮南子》曰:'水浊则鱼喁(《淮南子》无"喁"字)唊。'上音颙,下音验。"魏本:"孙曰:喁喴:鱼口动貌。韩曰:《选》张衡曰:'喁喴沉浮。'"方世举《笺注》:"《楚国策》:'〔寡人卧不安席,食不甘味,〕心摇摇如悬旌而无所终薄。'《淮南·主术训》:'水浊则鱼唊。'注:'鱼短气出口于水,喘息之喻也。'左思《吴都赋》:'唊喁沈浮。'善曰:'唊喁,鱼在水中群出动口貌。'"按:二句写因思念老友而心神不安貌。喁喴,群鱼嘴出水貌。

④ 如以膏濯衣,每渍垢逾染:文《详注》:"膏,脂也。染,音而艳切。"魏本音注:"染,而艳切。"方世举《笺注》:"膏濯衣:《柏舟》(《诗·邶风》)诗云:'心之忧矣,如匪浣衣。'言烦冤愤昈如衣不濯之衣也。今膏非濯衣之物,而以濯衣,则非但不浣,而反增垢矣。比风人更深一层。"按:以膏濯衣,则垢更多。此比喻其思友之情濯之不但不去,反而愈来愈重。

⑤ 又如心中疾,砭石非所砭:魏本:"孙曰:《说文》(石部):'砭,以石刺病。'祝曰:《素问》(《黄帝内经》):'其治宜砭石。'"文《详注》:"砭,以石刺病也。《山海经》(《东山经》)曰:高氏之山有石如玉,可以为针,则砭石也。砭,陂验切。"方世举《笺注》:"箴石:《史记·扁鹊传》:'疾之居腠理也,汤熨之所及也。在血脉,针石之所及也。'砭:《南史·王僧孺传》:'侍郎金元起欲注《素问》,访以砭石。僧孺答曰:古人当以石为针。'《说文》(石部)有此'砭'字。许慎云:'以石刺病也。'《东山经》:'高氏之山多针石。'郭璞云:'可以为砭针。'《左传》(襄公二十三年):'美疢不如恶石。'服子慎云:'石,砭石也。季世无复佳石,故以铁代之耳。'"钱仲联《集释》:"《一切经音义》引《字诂》:'鍼,又针、箴二形,今作鍼,同。支淫反。'"按:郭璞《山海经》注:"可以为砭针,治痈肿者。"古箴、针、鍼同用。此二句谓:心病非药石能治也。

⑥ 常思得游处:王元启《记疑》:"处,读上声,谓得与数君游处也。作去声读者非是。"按:处(chǔ),停留、居处。《孙子兵法·军

争》:"卷甲而趋,日夜不处。"屈原《九章·涉江》:"幽独处乎山中。"

至死无倦厌:朱《考异》:"无,或作'不'。"诸本作"无"。今从"无"。

按:《赠侯喜》:"吾党侯生字叔起,呼我持竿钓温水。平明鞭马出都门,尽日行行荆棘里。"又《山石》诗云:"嗟哉吾党二三子,安得至老不更归。"常想同携游也。何焯《义门读书记》卷三〇:"直贯注结句。"

⑦ 地逴物奇怪,水镜涵石剑:逴,文本作"荒",非是,作"荒"与下句重,诸本作"逴",是。

文《详注》:"此已下皆南方之异俗。"魏本:"孙曰:水镜一名蜮(yù)。陆机疏(陆玑《毛诗草木鸟兽虫鱼疏》)云:一名射影,江淮水皆有之,人在岸上,影见水中,投人影则杀之。"按:二句接得好,好在峭拔震荡。如何焯《批韩诗》:"'地逴物奇怪',接得变化。此处若接今者云云,便直。"又何焯《义门读书记》卷三〇:"'水镜函石剑',此谓山水清峭可喜。"姚范《援鹑堂笔记》卷四一:"(水镜涵石剑)疑此以镜状水,以剑状石。""镜""剑"二字当句对,谓水清澈平静如镜,而如剑之山从水中拔地而起。写桂中山水真有个性。韩公《送桂州严大夫》:"苍苍森八桂,兹地在湘南。江作青罗带,山如碧玉簪。"柳宗元《与浩初上人同看山寄京华亲故》:"海畔尖山似剑铓,秋来处处割愁肠。"正写岭南桂阳山水。

⑧ 荒花穷漫乱,幽兽工腾闪:魏本:"祝曰:《说文》(门部):'闪,窥头门中也。'"文《详注》:"穷,极也。漫,莫半切。腾闪,犹跳踉也。闪,舒赡切。"钱仲联《集释》:"《礼记·礼运》正义:'闪是忽有忽无,故字从门中人也。'"

按:《说文》之解乃闪字本义,然不合韩诗,文注将"腾闪"二字合解,较善。幽兽,着一幽字,把野兽在山林之中乍出乍没、忽隐忽现的情景活托了出来,如钱所言。工,善长。腾闪,跳跃藏躲。

⑨ 碍目不忍窥,忽忽坐昏垫:宋白文本、祝本、魏本、廖本作"目",是。王本作"日",非。

文《详注》:"南方暑湿如坐昏垫之中。《书》(《尚书·益稷》)曰:'洪水滔天,[浩浩怀山襄陵,]下民昏垫。'注云:'昏,瞀。垫,溺也。'"按:《尚书·益稷》正义:"垫是下湿之名。郑云:昏,没也。垫,陷也。"

⑩ 逢神多所祝,岂忘灵即验:文《详注》:"公出南荒,道过衡岳湘妃等庙,皆入谒之。《建康录》云:'宫亭湘庙极验,妄入者皆死。'忘,去声。"

⑪ 依依梦归路,历历想行店:文《详注》:"言怀北归之思,形于梦想也。苏武言(《文选》卷二九苏《诗四首》之二)曰:'胡马失其群,思心常依依。'"蒋抱玄《评注》:"陶潜诗:'行行循归路。'"方世举《笺注》:"《广韵》(去声第五十六栝):'店,舍。'"按:依依,长想不断。《楚辞》王逸《九思·伤时》:"志恋恋兮依依。"历历,清楚、明明。《文选》卷二九《古诗十九首》之七:"玉衡指孟冬,众星何历历。"

⑫ 今者诚自幸,所怀无一欠:文《详注》:"谓已逢恩还朝,为国子博士。"按:此谓自幸还朝,心里无一点欠忧。

⑬ 孟生去虽索,侯氏来还歉:去,文本作"居"。歉,方《举正》:"当作'慊'。"朱《考异》作"歉"。宋白文本、祝本、魏本、廖本作"去"、作"歉"。今作"去"、作"歉"。

文《详注》:"《礼记》曰:'吾离群而索居,亦已久矣。'索,昔各切。歉,当作嗛。嗛,足也,诘念切。"魏本:"孙曰:孟生,郊。索,离也。樊曰:东野其年十一月从河南尹郑馀庆奏为水陆运从事。"方世举《笺注》:"《记·檀弓》:'吾离群而索居,亦已久矣。'注:'索,犹散也。'"钱仲联《集释》:"《战国策》高诱注:'嗛,快也。'《荀子》杨倞注:'嗛与歉同。'"童《校诠》:"第德案:本卷陪杜侍御游湘西寺独宿有题献杨常侍诗:游宴固已歉,方季申引欧本云:当作慊,歉俗字,后诗有侯氏来还歉同之语,故考异云:说已见上。方云当作慊,乃用欧公说。按:说文:歉,食不满;慊,疑也;嫌,不平于心也,一曰疑也;嗛,口有所衔也。经典慊疑字皆作嫌,不用慊字,以慊为厌足快意字:孟子公孙丑上:行有不慊于心,赵注:快也;庄子天运篇:尽去而后慊,李注:足也;礼记大学:此之谓自谦,郑注:谦读为慊慊之言厭(其本字应为猒,又作饜,为后出字)也,则假慊为厭。其本字当为兼,说文:兼,并也,从又持秝,兼持二禾,秉持一禾。易郑本为其慊于无阳也,注:读如群公溓之溓,溓,杂也(朱丰芑说)。杂有兼义,是其证。其假嗛为之者,钱氏举战国策高注、荀子杨注作证,其它若史记乐毅传:以为慊于志,索隐:慊亦作嗛,史记孝文纪:未有嗛志,汉书作慁,则假为慊。余不列举。"按:此二句谓:东野虽然离京去洛,侯生来了还使人满足(快乐)。歉(qiàn 苦簟切,上,忝韵;又口陷切,去,陷韵)、慊、嗛(qiè 诘叶切,入,帖韵),《王力古汉语字典》:"同源字,三字同音。《广雅・释诂》曰:'慊,贫也。'《孟子・公孙丑下》:'吾何慊乎哉?'赵岐注:'慊,少也。'《穀梁传》襄公二十四年:'一谷不升谓之嗛。'范宁注:'嗛,不足貌。'《荀子・仲尼》:'满则虑嗛,平则虑险。'杨倞注:'嗛,不足也。'《广雅・释诂三》:'歉,少也。'又《释天》:'一谷不升曰歉。'"则三字通假。作"歉",乃借字。作满足、慊意讲。《庄子・盗跖》:"口嗛于刍豢醪醴之味。"《战国策・魏策二》:"齐桓公夜半不嗛。"高诱注:"嗛,快。"《庄子・天运》:"今取猨狙而衣以周公之服,彼必龁啮挽裂,尽去而后慊。"郭璞注:"慊,足也。"则嗛、慊,音义同,通用。

⑭ 欹枕听新诗,屋角月艳艳:朱《考异》:"眠,或作'枕'。月,或作'日'。"宋白文本作"枕",下字作"听"。作"眠听"不合人事逻辑,作"枕听"善。作"日"、作"月",意均通,今从诸本作"月",意与诗意合。

文《详注》:"新诗所遗(wèi 赠送)公也。艳艳,月色。"蒋之翘《辑注》:"老杜有'凉月白纷纷'(《全唐诗》卷二二四《陪郑广文游何将军山林》十首之九),与退之'屋角月艳艳'俱写得秾致,字法亦奇。"何焯《批韩诗》:"佳句,可方老杜'夜阑''月落'(杜甫《赠蜀僧闾丘师兄》:夜阑接软语,落月如金盆。)一联。"按:欹(qī《集韵》丘奇切,平,支韵),倾斜。《荀子・宥坐》:"吾闻宥坐之器者,虚则欹,中则正。"北周庾信《哀江南赋》:"入欹斜之小径,掩蓬藋之荒扉。"引申为斜依,斜靠。杜甫《重题郑氏东亭》诗:"崩石欹山树,清涟曳水衣。"韩诗正用此意。

⑮ 杂作承间骋:朱《考异》:"杂,方作'新'。按:上句已云'听新诗',不应此句便重出'新'字,当作'杂作承间骋',盖谓间出它文也。"方《举正》无出此条,当是方校刊《韩集》。宋白文本、文本、祝本、魏本作"新",注:"一作'杂'"。廖本、王本作"杂"。今从朱,作"杂"。

方世举《笺注》:"承间:屈原《九章》(《抽思》):'愿承间而自察兮。'"姚范《援鹑堂笔记》卷四一:"'承间箠乏'见《琴赋》。"

⑯ 交惊舌互䑛:方《举正》:"杭、蜀本皆作'文惊舌牙䑛',由'牙'字讹也。"朱《考异》:"交,或作'文'。乐,或作'牙'。皆误。乐,俗互字也。"交,宋白文本作"文"。乐,宋白文本、文本、祝本、魏本作"互"。当作"互"。

文《详注》:"䑛,舌出貌,他念切。如《庄子》所谓'舌桥然而不下'(今《庄子》无此语,语见《史记·扁鹊传》)。"魏本:"樊曰:《说文》(舌部):'䑛,吐舌貌。'"按:此二句谓:侯喜诗文新作叠出,使韩公等惊叹不绝于口。

⑰ 缤纷指瑕疵,拒捍阻城堙:方《举正》出南宋监本"阻城堙",据阁本乙作"城阻"。朱《考异》:"方作'城阻',非是。"诸本作"阻城",从之。

文《详注》:"文之有病,如玉之有疵,更相指示,各持其说,论难锋起,险如城堙,未可卒攻而破也。孙楚书曰:'二方合从(纵),拒捍中国。'堙,城下池,七艳切。"钱仲联《集释》:"《汉书·董仲舒传》注:'扞,距也。'《史记·游侠传》索隐:'扞,即捍也。'又《高祖纪》:'使高垒深堑,勿与战。'《广韵》:'壏,绕城水也。堑同。'"

⑱ 以余经摧挫,固请发铅椠(qiàn):文《详注》:"以公屡遭贬黜,其文益工,更请大发铅椠以诲我也。铅,铅刀。椠,牍朴也。刀所以削书,古者用简牍,故以刀笔自随。《西京杂记》曰:'扬雄常怀

铅提椠,从计吏访四方,作《法言》。'椠,七艳切。"魏本:"韩曰:王充《论衡》:'断木为椠。'《西京杂记》:'扬子云好事,常怀铅提椠,从诸计吏访殊方绝域之语。'铅,墨。椠,牍也。"方世举《笺注》同。按:文以铅为刀,韩以铅为墨,似异解,实则意同,然未得其详。铅,金属名,呈青白色,名青金,亦称黑锡。《书·禹贡》:"(青州)厥贡盐缔……铅、松、怪石。"疏:"铅,锡也。"钱仲联《集释》:"堊、椠同纽连用。"按:古时铅、锡未分。古以铅为刀或以铅为笔,或刻于竹木简牍,或书之简牍。《东观汉记》卷一五《曹褒》:"寝则怀铅笔,行则诵文书。"《文选》卷三八南朝梁任昉《为范始兴作求立太宰碑表》:"人蓄油素,家怀铅笔。"唐李周翰注:"铅,粉笔也,所以理书也。"粉笔即铅粉之笔。椠,书版。古代削木为牍,未经书写的素版称椠。《古文苑》卷一〇汉扬雄《答刘歆书》:"雄常把三寸弱翰,赍油素四尺,以问其异语,归即以铅摘次之于椠。"汉王充《论衡·量知》:"断木为椠,析之为板,力加刮削,及成奏牍。"

⑲ 居然忘推让,见谓蓺天焰:方《举正》订"天"字,云:"三馆本作'蓺黔焰',山谷本从'黔'。"朱《考异》:"天,或作'黔',非是。"

文《详注》:"文焰之高,不可企及,盖推公为师也。《蜀都赋》(《文选》卷四左思撰)曰:'高焰飞煽于天垂。'东坡《次韵刘湜峡山寺》诗云:'便回蓺天焰,长作照海烛。'即此意也。蓺,烧也,儒劣切。"方世举《笺注》:"《诗·生民》(《大雅》):'居然生子。'《释名》(《释天》):'热,蓺也,如火所烧蓺也。'"按:犹所云'李杜文章在,光焰万丈长'(《调张籍》)也。按:居然,竟然。《世说新语·品藻》:"有人问袁侍御(恪之)曰:'殷仲堪何如韩康伯?'答曰:义理所得,优劣乃复未辨,然门庭萧寂,居然有名士风流,殷不及韩。故殷作《诔》云:'荆门昼掩,闲庭晏然。'"杜甫《自京赴奉先县咏怀五百字》:"居然成濩落,白首甘契阔。"

⑳ 比疏语徒妍,悚息不敢占:文《详注》:"此公答喜之辞,言以疏远相比,今徒为虚语以相美尔。如曰请师,吾之所惧,不敢当也。此公谦词,比读如'比于文王'(《诗·大雅·皇矣》)之比。《家语》

(《贤君》):'孔子谓颜回曰:不比于数而比于疏,不亦远乎?'注云:'不比亲数而近疏远也。'数,音朔。"沈钦韩《补注》:"《汉书·匈奴传》:'遗单于比疏一。'案:即枇梳也。此言诗篇枏比之工耳。"蒋抱玄《评注》:"《汉书·叙传》:'吏民悚息。'"方世举《笺注》:"比疏:言语虽美,而拟不于伦,非己所敢当也。"

㉑ 呼奴具盘飧,丁饾(dìng dòu)鱼菜赡(shàn):朱《考异》:"飧,或作'餐'。"祝本、魏本作"餐"。宋白文本、文本、廖本、王本作"飧",从之。

顾嗣立《集注》:"盘飧:《左传》僖公二十三年:'乃馈盘飧,置璧焉。'"魏本注:"丁饾,贮食。丁,丁定切。饾,音豆。"钱仲联《集释》:"赡:《文选·西征赋》李善注:'《字书》曰:赡,足也。'"按:丁饾,亦作饾丁,堆叠于盘中的菜肴果品。韩公《南山》诗:"或如临食案,肴核纷丁饾。"赡,富足,充足。《墨子·节葬上》:"力不足,财不赡。"《孟子·公孙丑上》:"非心服也,力不赡也。"

㉒ 人生但如此,朱紫安足僭:方世举《笺注》:"僭:申培《诗说》:'《芄兰》刺霍叔也。以童子僭成人之服,比其不度德量力。'《广雅·释诂》:'僭,拟也。'"钱仲联《集释》:"韦绚《刘宾客嘉话录》:'贞观中,始令三品以上服紫,四品五品以朱。'"按:以此收,耐人寻味。何焯《义门读书记》卷三〇:"收得不费力,虚含有味。"《新唐书·郑馀庆传》:"每朝会,朱紫满廷而少衣绿者,品服太滥,人不以为贵。"唐三品以上服紫,五品以上服朱,六七品衣绿。

【汇评】

清汪琬:后半颇涩。(顾嗣立《昌黎先生诗集注》卷二)

清何焯:《喜侯喜至赠张籍张彻》:"常思得游处",直贯注结句。"水镜函石剑",此谓山水清峭可喜。"人生但如此"二句,收得不费力,虚含有味。(《义门读书记》卷三〇)

清姚范:《喜侯喜至赠张籍张彻》"水镜涵石剑"注:"水镜"一名"蜮"。按:"蜮"为水镜,石剑又何物也?疑此以镜状水,以剑状石

耳。注公诗者,多学究,强作解事,不足取。"杂作承间骋",按:"承间篷乏"见《琴赋》。(《援鹑堂笔记》卷四一)

古　风①

贞元十年

今日曷不乐?幸时不用兵。无曰既蘼矣,乃尚可以生②。彼州之赋,去汝不顾③;此州之役,去我奚适④?一邑之水,可走而违⑤;天下汤汤,曷其而归⑥?好我衣服,甘我饮食⑦,无念百年,聊乐一日⑧。

【校注】

①题:方《举正》:"蜀本作二首,宋本同。"朱《考异》:"蜀本作二首。"宋白文本作二首,注:"监本只作一首。庆历本作二首。"文本、魏本、廖本等均作一首。今作一首。文《详注》:"风者,诸侯诗名也。以风化得名,后世呼诗人为风人,谓此。然诗人多作古风,而又曰古风诗者,误也。《补注》:公贞元十五年作《汴州乱》有'朝廷不肯用干戈'之句,此又云云者,盖自'安史乱'后,方镇相望,兵骄则逐帅,帅强则叛上,不贡不廷,往往而是,故公见于诗者如此。"魏本:"樊曰:自安史乱后,方镇相望于内地,大者连州十余,小者不下三四,兵骄则逐帅,帅强则叛上,不廷不贡,往往而是。故托古风以寓意。韩曰:观诗意当在德宗之世,与《烽火》相为表里云。"廖本:"谓当时之民疲于赋役,无可逃之地,譬如一邑之水尚可违,而天下汤汤则无所可归。好衣甘食,以苟一日安,则可见当时之不自聊如此。"陈景云《点勘》:"贞元之季,人主方渎货,外吏多掊克,以事进奉,有税外方圆之目。科率日多,民力重困。公诗殆以是时作。"顾嗣立《集注》引胡渭曰:"诗云'幸时不用兵',此必贞元十四

年以前作也。十五年则吴少诚反,而大发诸道兵以讨之矣。"王元启《记疑》:"此诗为各方镇赋役烦苛而作,非谓不廷不贡发也。与《烽火》诗义指各殊。樊、韩二注混而一之,非是。胡渭曰:'此必贞元十四年以前作,十五年则吴少诚反,大发诸道兵讨之矣。'愚谓十四年以前,公在汴幕,主宾甚相得,不应作此哀怨激楚之音。考《德宗本纪》,自贞元二年,李希烈伏诛后,虽吐蕃时有蠢动,不过边疆之患。中土诸节镇,无有称兵构乱者,公所谓'幸时不用兵'也。此诗十年以前客居京城,未入汴幕时作。"钱仲联《集释》系贞元十年甲戌(794)。屈《校注》系贞元十六年。《韩学研究·韩愈年谱汇证》:"按:此诗先指出'幸时不用兵'的国中形势,'无日'二句,急转而含讽意;后重在写方镇各据一方,百姓赋役之重。贞元十二年秋韩愈入汴幕乃因军乱,十五年初又乱,不当无事,诗大抵写汴乱入幕之前,王说较胜,故系于是年(即贞元十年)。"

② 无曰既蹙(cù)矣,乃尚可以生:方《举正》据宋本作"无曰",云:"阁本上语'可以生',作'可劳生',岂讹也?"朱《考异》:"曰,或作'日'。以,或作'劳',非是。"文本作"日"。宋白文本、魏本、廖本作"曰",方世举《笺注》、钱仲联《集释》、屈《校注》作"曰"。按:作"曰"字是,不与上"今日何不乐"的"日"字重。

文《详注》:"蹙,迫也。无一日之不迫,则时岁将尽,乃尚可以久生乎?蹙,子六切。"王元启《记疑》:"既蹙,即谓赋役烦苛。然比前此朱泚、李怀光之乱,则尚有可生之望也。"按:蹙,紧迫、窘迫。《诗·小雅·小明》:"曷云其还,政事愈蹙。"毛传:"蹙,促也。"《三国志·吴书·吕蒙传》:"兵追蹙击。"唐柳宗元《捕蛇者说》:"自吾氏三世居是乡,积于今六十岁矣,而乡邻之生日蹙。"此二句谓不要说日子窘迫,虽说如此,尚可以活下去。

③ 彼州之赋,去汝不顾:方世举《笺注》:"《诗·硕鼠》:'逝将去女,适彼乐土。'"按:《诗·魏风·硕鼠》:"硕鼠硕鼠,无食我黍!三岁贯女,莫我肯顾。逝将去女,适彼乐土。"按:韩诗用其意而有其味。陈沆《诗比兴笺》:"刺赋役之困也。用《硕鼠》诗'逝将去

女'。"此二句承上,谓它州赋重,逼得人无法生活,故离开那里,无以反顾也。以彼肯此,此岂能生存。乃以肯以讽也。

④ 去我奚适:去我,方《举正》据三馆本作"我去",云:"欧、谢校同。阁本'奚'作'爱'。"朱《考异》:"去我,方作'我去',非是。奚,或作'爱',非是。"按朱说是。诸本作"去我"、作"奚"从之。

魏本:"孙曰:言政烦赋重,舍之而去,无可之适,谓所在皆同也。一本作'我去奚适'。"文《详注》:"彼州,谓汴州;此州,谓徐州也。公去董晋事张建封,皆遇军乱是也。"按:文说不如孙说。此二句总上四句:到哪里都是赋重役烦,逼得百姓无法生活。

⑤ 一邑之水,可走而违:方世举《笺注》:"违:《论语》:'弃而违之。'违,避去也。"按:此二句谓:一个地方发大水,还可以逃避。违,避开。王充《论衡·知实》:"当早易道,以违其害。"《孟子·梁惠王上》:"不违农时,谷不可胜食也。"《左传》成公十六年:"有淖于前,乃皆左右相违于淖。"注:"违,辟也。"避、辟,古通用。

⑥ 天下汤汤,曷其而归:魏本:"孙曰:汤汤,大水貌。《书》(《尧典》):'汤汤洪水方割。'一邑之水,尚可以避,今天下汤汤,可复避乎?"文《详注》:"水以喻乱。《楚辞》王逸曰:'伊尹母妊身,梦神女告之曰:臼灶生蛙,亟去无反。居无何,臼灶中有生蛙,母去东走,顾视其邑,尽为大水,母因溺死,化为空桑之林。水干之后,有小儿啼水涯,即伊尹也。'《尚书》(《尧典》)曰:'汤汤洪水方割,下民其咨。'孔云:'汤汤,流貌,音尸羊切。'"方世举《笺注》:"《书·五子之歌》:'呜呼曷归?予怀之悲。'"按:此承上二句谓:天下洪水泛滥,能到哪里躲避呢?此乃以洪水比赋役:即重赋猛于洪水,如《捕蛇者说》"苛政猛于虎"之意。

⑦ 好我衣服,甘我饮食:陈景云《点勘》:"《史记·平准书》云:'告缗狱兴,[于是]商贾中家以上大率破,民偷甘食好衣,不事畜藏之产。'篇末四语,意盖本此。"《唐宋诗醇》卷二九:"《史记·韩信传》曰:'农夫莫不辍耕释耒,褕衣甘食。'索隐曰:'恐灭亡不久,故废止作业而事美衣甘食。'此篇结意类此。可谓长歌之哀,深于痛哭矣。"

⑧ 无念百年,聊乐一日:文《详注》:"《列子》曰:'终北之国,人不夭不病,百年而死。'"方世举《笺注》:"《诗·山枢》:'且以喜乐,且以永日。'"按:此二句并上合四句总束:百姓生存无望,只好过一天是一天了。

【汇评】

明蒋之翘:此诗质而不俚,婉而多风,似古谣谚之遗,非唐人语也。(《韩昌黎集辑注》卷二)

清胡渭:本讥赋役之困,民无所逃,却言时不用兵,正宜甘食好衣,相与为乐。辞弥婉而意弥痛,《山枢》《苌楚》之遗音也。(顾嗣立《昌黎先生诗集注》卷二)

清何焯:《平准书》:"杨可告缗,杜周治之。""于是商贾中家以上大率破,民偷甘食好衣,不事畜藏之产业。"托之方镇,以觉在上者也。"幸时不用兵",盖以兵方自此不解,正言若反也。(《义门读书记》卷三〇)

清陈沆:刺赋役之困也。言民避彼州之赋,去其土著而不顾。然避至此州,而客籍之丁役,又安所逃哉? 汝,谓彼州也。我,谓此州也。(《诗比兴笺》卷四)

程学恂:此等诗直与《三百篇》一气。(《韩诗臆说》卷一)

驽骥赠欧阳詹①
贞元十五年

驽骀诚龌龊,市者何其稠②? 力小苦易制,价微良易酬③。渴饮一斗水,饥食一束刍④。嘶鸣当大路,志气若有余⑤。骐骥生绝域,自矜无匹俦⑥,牵驱入市门,行者不为留⑦。借问价几何? 黄金比嵩丘⑧。借问行几何? 咫尺视九州⑨。饥食玉山禾,渴饮醴泉流⑩。问谁能为御? 旷世不可求⑪。惟昔穆天子,乘之极遨游⑫,王良执其辔⑬,造父挟其辀⑭。因言天外事,茫惚使人愁⑮。驽骀谓骐骥,饿死余尔羞⑯,有能必见用,有德必见收⑰,孰云时与命,通塞皆自由⑱? 骐骥不能言,低徊但垂头⑲。人皆劣骐骥,共以驽骀优⑳。喟余独兴叹,才命不同谋㉑。寄诗同心子,为我商声讴㉒。

【校注】

① 题:今存诸本无"赠欧阳詹"四字。方《举正》:"洪云:唐本下有'赠欧阳詹'四字。"朱《考异》引方说,云:"或作'驽骥吟示欧阳詹'。《詹集》有《答韩十八驽骥吟》。"《文苑》卷三三〇收韩诗,题作"驽骥吟",与欧阳诗同载。王元启《记疑》:"篇末有'寄诗同心子'句,标题当从唐本。"今从唐本。魏本注:"唐本云:'赠欧阳詹。'"

魏本:"孙曰:詹,字行周,泉州晋江人。贞元八年,与公同中进士第。樊曰:公贞元十五年冬,以徐州从事朝正于京,詹时为国子监四门助教,将率其徒伏阙下举公为博士,此诗殆斯时作欤。《詹集》有《答韩十八驽骥吟》。"方世举《笺注》:"《新唐书·欧阳詹传》:'詹,字行周,泉州晋江人。举进士,与韩愈、李观、李绛、崔群、王涯、冯宿、庾承宣联第,皆天下选。与愈友善,詹先为国子监四门助教,率其徒伏阙下,举愈博士。卒年四十余。'按:公为《欧阳生哀辞》云:'十五年冬,余以徐州从事朝正于京师。詹将举余为博士,不果上。'"方成珪《诗文年谱》:"是年冬,抵京后作。"文《详注》:"以兴小人得时而君子不遇也。《补注》:或云'赠欧阳詹',旧本无。《詹集》有《答韩十八驽骥吟》云:'故人舒其愤,作尔《驽骥篇》。……'公贞元十九('九'为'五'字之讹)年冬,以徐州从事朝正于京,詹时为四门助教,将率其徒举公为博士。诗意是时作欤。"

② 驽骀(nú tái):方世举《笺注》:"驽骀:宋玉《九辩》:'却骐骥

而不乘分,策驽骀而取路。'《相马经》:'凡相马之法,先除三羸五驽。'龌龊:司马相如《难蜀父老》:'岂特委琐龌龊。'"按:驽与骀皆劣马,以喻庸才。《晋书·荀崧传》上疏:"思竭驽骀,庶增万分。"龌龊(wò chuò),气量狭小,局促委琐。魏本:"祝曰:龌龊,急促貌。"《文选》张衡《西京赋》:"独俭啬以龌龊,忘蟋蟀之谓何。"李善注:"《汉书》注曰:'龌龊,小节也。'"南朝宋鲍照《代放歌行》:"小人自龌龊,安知旷士怀?"李白《大猎赋》:"当时以为穷壮极丽,迨今观之,何龌龊之甚也。"稠,多也。《说文·禾部》:"稠,多也,从禾周声。"《汉书·百官公卿表上》:"县大率方百里,其民稠则减,稀则旷。"

③ 力小苦易制,价微良易酬:方《举正》:"宋本'苦'亦作'良'。"朱《考异》:"苦,或作'良'。良,或作'诚'。"宋白文本作"苦",注:"一作'良'。"文本、魏本、廖本作"苦"。作"苦"是。作"良",与下句重。《文苑》作"若",乃'苦'字之讹。

文《详注》:"酬,售也。韩子(《韩非子·说林下》)曰:'伯乐教其所憎者相千里马,教其所爱者相驽马。千里之马时一,其利缓;驽马日售,其利急(疾也)。'"按:苦,劣也。《荀子·王制》:"辨功苦,尚完利。"注:"功谓器之精好者,苦谓滥恶者。韦昭曰:功,坚;苦,脆也。"《国语·齐语》:"辨其功苦。"或作甚字解。良,好也。《韩非子·外储说左上》:"良药苦于口。"《诗·秦风·黄鸟》:"歼我良人。"谓贤才。张相《诗词曲语辞汇释》卷二:"苦,甚辞,又犹偏也;极也;多或久也。韩愈《赠崔立之》诗:'崔侯文章苦敏捷,高浪驾天输不尽。'犹云甚捷敏也。又《驽骀》诗:'力小苦易制,价微良易酬。'苦与良互文,皆甚辞。"

④ 一斗水、一束刍:方世举《笺注》:"《庄子·外物》篇:'君岂有升斗之水而活我哉?'"按:谓其食量小也。《汉书·梅福传》:"言可采取者,秩以升斗之禄,赐以一束之帛。"斗升之禄,谓其微少。诗意同此。

⑤ 嘶鸣当大路,志气若有余:嘶鸣,《文苑》作"嘶嘶"。诸本作

"嘶鸣",从之。

按:二句当有风讥之意,于"当大路"与"若有余"可见。韩公《与崔群书》:"自古贤者少,不肖者多。……贤者恒不遇,不贤者比肩青紫;贤者恒无以自存,不贤者志满气得。"

⑥骐骥生绝域,自矜无匹俦:文《详注》:"骐骥,骏马名,生绝域,谓若汉武帝时神马来西北之类。阮籍诗(《咏怀》)曰:'羁旅无匹俦。'王逸注《楚辞》(王褒《九怀·危俊》)云:'二为匹,四为俦。'"方世举《笺注》:"骐骥:屈原《卜居》:'宁与骐骥亢轭乎,将随驽马之迹乎?'绝域:李陵《答苏武书》:'出征绝域。'匹俦:古乐府《伤歌行》:'悲声命俦匹。'"蒋抱玄《评注》:"《管子》:'不远道里,故能感绝域之民。'王褒《九怀》:'览可与兮匹俦。'"按:骐骥,良马。《庄子·秋水》:"骐骥骅骝,一日而驰千里。"骐,青黑色的马,其纹路如棋盘,故名。《诗·小雅·皇皇者华》:"我马维骐,六辔如丝。"或谓骐骒,《商君书·画策》:"骐骥䭴骊,每一日走千里。"骥,《论语·宪问》:"骥不称其力,称其德也。"《荀子·修身》:"夫骥一日而千里,驽马十驾,则亦及之矣。"

⑦牵驱入市门,行者不为留:文《详注》:"为,子伪切,言不顾也。时无伯乐,谁识骐骥。"方世举《笺注》:"《齐国策》(《燕策二》):'苏代说淳于髡曰:人有骏马欲卖之,见伯乐曰:比三旦立于市,人莫与言。'《古今注》:'阓,市垣也。阛,市门也。'"按:市门,即市肆之门。不为留,不停留也。此谓:人不识良马,故无人关顾也。韩公《杂说四首》之四:"世有伯乐,然后有千里马。千里马常有,而伯乐不常有。故虽有名马,只辱于奴隶人之手,骈死于槽枥之间。"

⑧黄金比嵩丘:文《详注》:"嵩丘,为中岳,言高也。"魏本:"韩曰:老杜《骢马行》:'未觉千金满高价。'"方世举《笺注》:"潘岳《怀旧赋》:'前瞻太室,旁眺嵩丘。'"按:《文苑》作"崇丘"。嵩丘,即嵩山,亦作崇山,谓其高大也。句句针对时弊,通读韩诗,皆有为而作,绝无无病呻吟者,故何焯《批韩诗》云:"句句针对,却又变化。"

⑨借问行几何?咫尺视九州:文《详注》:"八尺曰咫,言其行

速,以九州为近也。汉王褒颂(《圣主得贤臣颂》)曰:'及至驾啮䣛[膝],骖乘旦……过都越国,其蹑如历块,周流八极,万里一息。'"按:此二句谓:骐骥马良,行路之快,视九州之远如在咫尺间。韩公《杂说四首》之四:"马之千里者,一食或尽粟一石,食马者不知其能千里而食也。是马也,虽有千里之能,食不饱,力不足,才美不外见。"

⑩ 饥食玉山禾,渴饮醴泉流:文《详注》:"《山海经》(《海内西经》)曰:'昆仑亦名玉山,上有玉禾,其修五寻。'张协《七命》云:'琼山之禾。'《白虎通》曰:'王者德至渊泉,则醴泉涌。醴泉者,美泉也。状如酒醴,可以养老。'《汉书》(《地理志》):'酒泉郡,其水若酒,故曰酒泉。旧俗(应劭《地理风俗记》语)传云:城下有金泉,泉味如酒(颜师古注)。'"方世举《笺注》:"《西山经》:'玉山,是西王母所居也。'又《海内西经》:'昆仑之墟,高万仞,上有木禾,长五寻,大五围。'注:'木禾,谷类也。'"按:玉山之禾,醴泉之流,均谓其所食之禾,所饮之水珍贵。《山海经·海内西经》:"昆仑之虚,方八百里,高万仞。上有木禾,长五寻,大五围。"郭璞注云:"木禾,谷类也,生黑水之阿,可食,见《穆天子传》"。《穆天子传》卷四:"黑水之阿,爰有野麦,爰有荅堇,西膜之所谓木禾。"鲍照《代空城雀》诗:"诚不及青鸟,远食玉山禾。"王充《论衡·是应》:"谓泉从地中出,其味甘若醴,故曰醴泉。"

⑪ 问谁能为御,旷世不可求:方《举正》订"问谁能为御",云:"杭、蜀与《詹集》皆同。"朱《考异》:"诸本作'借问谁能御'。方从杭、蜀本及《欧阳詹集》如此。"宋白文本作"借问谁能御"。文本、魏本、廖本作"问谁能为御",钱仲联《集释》、屈《校注》同,从之。

文《详注》:"旷,空也,谓空旷之人也。《楚辞》宋玉(《九辩》)曰:'却骐骥而不乘兮,驾驽骀而当路。[当]世岂无骐骥兮,诚莫能之御。'"韩诗当从宋玉诗句化出。钱仲联《集释》:"张衡《东京赋》:'故旷世而不觌。'《广雅》:'旷,久也。'"即所谓"旷日持久"。按:上句问得好,给人特出之感;下句接得妙,揭出社会现实:世无识良马之人伯乐。御,驾使也。

⑫穆天子:周穆王。文《详注》:"穆天子,周穆王也。按《穆天子传》(卷四)曰:'天子肆意远游,命驾八骏之乘。右服骅骝而左绿耳,右骖赤骥而左白㹱,主车则造父为御,齐合为右。次车之乘,右乘渠黄而左逾轮,左骖盗骊而右山子,柏夭主车,参百为御,奔戎为右。驱驰千里,西至昆仑。'方世举《笺注》:"穆天子:《史记·秦本纪》:'周穆王得骥、温骊、骅骝、绿骅之驷,西巡狩,乐而忘归。'裴骃曰:郭璞《纪年》:'穆王十七年(前985),西征于昆仑丘,见西王母。'"按:揭出"问谁"的谜底。只要有周穆王那样的爱马之人,造父那样的御手,就有良马。

⑬王良:文《详注》:"许氏注《淮南子》云:'王良,晋大夫邮无恤子良也,一名孙无政,为赵简子御,死而托精于天驷星,天文有王良星是也。'邮无恤御见《左氏传》铁之战,虽非穆王时人,以善御,故此诗与造父并言之。《淮南子》曰:'王良、造父之御也,上车揽辔,马为整齐,世以为巧。'"方世举《笺注》:"王良:《韩子》:'王良佐辔,则身不劳而易及轻兽。'张晏曰:'王良,邮无恤也。'"按:春秋时晋之善御马者。《孟子·滕文公下》《荀子·王霸》《吕氏春秋·审分》《淮南子·览冥训》皆有王良名。《左传》哀公二年"卫太子为右"注以为邮无恤。《荀子·王霸》杨倞注为伯乐。

⑭造父挟其辀:方《举正》:"夹,音挟,詹作'挟'。"朱《考异》:"挟,方本作'夹'。此从《詹集》。今按:《左传》(隐公十一年):'颍考叔挟辀以走。'当作'挟'。"宋白文本、文本、祝本、魏本及《文苑》均作"夹"。廖本作"挟"。今从《左传》作"挟"。挟,谓左右相持。《说文·大部》:"夹,持也,从大,侠二人。"段注:"捉物必以两手,故凡持曰夹。"《仪礼·既夕礼》:"圉人夹牵之。"《礼记·檀弓下》:"使吾二婢子夹我。"夹其辀,即持其辀。亦作"挟"。挟、夹音义同。

文《详注》:"《史记》(《秦本纪》):'造父,嬴姓,伯翳之后,飞廉之子,为穆王御,西巡忘归。徐偃王作乱,造父御归,一日千里以救乱。穆王以赵城封造父。'"按:《史记·秦本纪》:"皋狼生衡父,衡父生造父。造父以善御幸于周缪王,得骥、温骊、骅骝、骒耳之驷,西巡狩,乐而忘归。徐偃王作乱,造父为缪王御,长驱归周,一日千里以救乱。缪王以赵城封造父,造父族由此为赵氏。"《史记·赵世家》:"赵氏之先,与秦共祖。……蜚廉有子二人,而命其一子曰恶来……恶来弟曰季胜。……季胜生孟增,孟增幸于周成王,是为宅皋狼。皋狼生衡父,衡父生造父。造父(以善御)幸于周缪王。……与桃林盗骊、骅骝、绿耳,献之缪王。缪王使造父御,西巡狩,见西王母,乐之忘归。而徐偃王反,缪王日驰千里马,攻徐偃王,大破之。乃赐造父以赵城,由此为赵氏。"文氏谓造父为飞廉子,非是。辀(zhōu 张流切,平,尤韵),先秦的马车一般都是单辕,称作辀。《说文·车部》:"辀,辕也。从车,舟声。"《周礼·考工记·辀人》:"辀人为辀。"郑注:"辀,车辕也。"《左传》隐公十一年:"公孙阏与颍考叔争车,颍考叔挟辀以走。"杜预注:"辀,车辕也。"代为车。《楚辞》屈原《九歌·东君》:"驾龙辀兮乘雷,载云旗兮委蛇。"

⑮ 因言天外事:魏本:"孙曰:天外事,即谓昆仑池之事,非中国所见者也。"方世举《笺注》:"扬雄《羽猎赋》:'木仆山还,漫若天外。'《拾遗记》:'始皇好神仙之事,有宛渠之民,乘螺舟而至曰:臣少时蹑虚却行,日游万里。及其老也,坐见天地之外事。'"

茫惚使人愁:方《举正》订"茫惚",云:"三本同。《詹集》作'慌惚',古'慌'与'茫'音通。"朱《考异》:"茫,或作'恍',或作'荒'。方云:《詹集》作'慌',古'慌'与'茫'通。"宋白文本、祝本、魏本作"恍惚"。文本作"恍忽"。《文苑》作"恍惚"。今从方作"茫惚"。

茫作年代久远,模糊不清解。文《详注》:"恍忽,空无著也。恍,一作'荒',一作'茫'。《楚辞·九章》曰'览方外之荒惚'是也。"方世举《笺注》:"茫惚:司马相如《上林赋》:'茫茫恍忽。'《淮南·原道训》:'昔者冯夷大丙之御也,乘云车,入云蜺,游微雾,惊恍忽。'朱子曰:古书如荒忽、茫忽之类,皆一字也,意义多相近。"按:《庄子·天下》:"芒乎昧乎,未之尽者。"茫惚,犹恍惚。《汉语大词典》亦以韩诗为例。程学恂《韩诗臆说》卷一:"二语尽比兴无端之妙。"所说甚是。

⑯ 饿死余尔羞：朱《考异》："饿，或作'饥'。"诸本作"饿"，从之。此句乃驽骀嘲笑骐骥的话。

⑰ 有能必见用，有德必见收：能，才艺。《荀子·王制》："无能不官，无功不赏。"引申为有才艺的人。司马迁《报任安书》："招贤进能，显岩穴之士。"德，道德、品行。《易·乾·文言》："君子进德修业。"此指品德高尚的人。《庄子·天地》："德人者，居无思，行无虑，不藏是非美恶。"

⑱ 孰云时与命，通塞皆自由：文《详注》："以喻小人得志，忽于穷达之数。李萧《远运命论》曰：'穷达，命也。贵贱，时也，圣人居之不疑。譬如水也，通之斯为川，塞之斯为渊。'后汉郦炎诗（见《后汉书·郦炎传》）曰：'通塞苟由己，志士不相卜。'"按：通塞，指境遇的顺利与滞涩。《易·节》："象曰：不出户庭，知通塞也。"疏："知通塞者，识时通塞，所以不出也。"《文选》潘岳《西征赋》："生有修短之命，位有通塞之遇。"

⑲ 骐骥不能言，低徊但垂头：文本作"能"。宋白文本、魏本、廖本等作"敢"。作"能"、作"敢"，意均通；若从音律分析，作"敢"则全句皆"仄"，与下句音律不调。则作"能"字善，况骐骥不是不敢言，而是不能言，这才合韩公思想性格。

文《详注》："以喻贤者不见用，虽言而人莫信。低徊，犹徘徊也。《盐铁论》曰：'骐骥负盐车，垂头于太行之坂，屠者持刀睨之。'"方世举《笺注》："垂头：《盐铁论》：'骐骥负盐车，垂头于太行之坂。'"按：低徊，或作低回，徘徊也。《史记·司马相如传·大人赋》："低回阴山翔以纡曲兮，吾乃今目睹西王母矐然白首。"《汉书·司马相如传》："低徊阴山翔以纡曲兮，吾乃今目睹西王母。"作"低徊"。屈原《九章·抽思》："低回夷犹，宿北姑兮。"韩公《祭郴州李使君文》："逮天书之下降，犹低回以宿留。"

⑳ 人皆劣骐骥，共以驽骀优：此二句意如文《详注》："时无善御，则骐骥劣而驽骀优。世非明主，则君子贱而小人贵。"童《校诠》："案：以作以为解，史记滑稽列传：自以为海内无双，汉书东方

朔传自以知能海内无双,此以即以为之证。"

㉑ 喟余独兴叹,才命不同谋:文《详注》:"喟,叹声。此言之不足,故嗟叹之也。或薄于才而厚于命,或厚于命而薄于才,故曰不同谋。"即才命不同,不同于谋也。

㉒ 寄诗同心子,为我商声讴:朱《考异》:"诗,或作'言'。商,或作'高'。"魏本作"商声",注:"一作'高声',非。"诸本均作"诗"、作"商",是。

文《详注》:"此嗟叹之不足,故永歌之也。商声者,悲愁之声也。阮籍(《咏怀诗》)曰:'素质游商声。'讴,歌也。《说文》(言部)曰:'齐歌曰讴。'昔宁戚饭牛车下,商歌(事见《淮南子·道应训》)曰:'明星灿灿,白石烂烂。'"魏本:"孙曰:同心之人谓詹也。《补注》:《记》曰:爱者宜歌商。"顾嗣立《集注》:"《选》阮嗣宗《咏怀诗》:'素质由商声。'《礼记》(《月令》):'孟秋之月,其声商。'"方世举《笺注》:"同心:《易·系辞》:'二人同心,其利断金。'商声讴:《庄子·让王篇》:'曾子曳缍而歌商颂,声满天地,若出金石。'"

【汇评】

宋李觏:《读韩文公驽骥篇因广其说》:主人渴良马,仆夫念驽骀。行迟追易及,力少牵易来。时闻千里足,百箭攒其怀。主人虽欲买,众口大悠哉。(《李觏集》卷三五)

宋黄震:《驽骥》诗高自称誉,陋视凡子也。(《黄氏日抄》卷五九)

清朱彝尊:语气近古,然无甚风致。(顾嗣立《昌黎先生诗集注》卷二)

清查慎行:鱼、模、尤、侯通用,得之《三百篇》。(《查初白诗评十二种》卷上)

清何焯:《驽骥》此诗太直。(《义门读书记》卷三〇)

清沈德潜:《驽骥》:唐本有"赠欧阳詹"字,《詹集》有《答韩十八驽骥吟》,知此诗为欧阳作也。小才得志,傲睨高贤,古今一辙,岂独欧阳詹耶!(《唐诗别裁集》卷四)

附：

答韩十八驽骥吟
欧阳詹

故人舒其愤，作尔《驽骥篇》。驽取易售陈，骥以难知言。委曲感既深，咨嗟词亦殷。伊情有远澜，余志游其源。室有周孔堂，道适尧舜门。调雅声寡同，途遐势难翻。顾兹万恨来，假彼二物云。贱贵而贵贱，世人良共然。巴蕉一叶妖，茂葵一花妍。异无才实资，手植阶墀前。梗楠十围瑰，松柏百尺坚，罔念栋梁功，野长丘墟边。伤哉昌黎韩，焉得不迍邅？上帝本厚生，大君方建元。实将庇群甿，庶此规崇轩。班尔图永安，抡择其精专。君看广厦中，岂有庭前萱。

马厌谷①
贞元十一年

这首诗的写作年代，众说不一：陈沆认为作于贞元十九年，韩愈由四门博士拜监察御史时；韩醇认为此诗与《出门》皆未得志之辞，当写于贞元十一年，长安东归前。韩说近是，从之。刘向《新序·杂事二》："燕相得罪于君，将出亡，召门下诸大夫曰：'有能从我出者乎？'三问，诸大夫莫对。燕相曰：'嘻！亦有士之不足养也。'大夫有进者曰：'……凶年饥岁，士糟粕不厌，而君之犬马有余谷粟；隆冬烈寒，士短褐不完，四体不蔽，而君之台观帏帘锦绣，随风飘飘而弊。财者，君之所轻；死者，士之所重也。君不能施君之所轻，而求得士之所重，不亦难乎？'燕相遂惭。"这首诗借刘向讥燕相以刺时宰，有点直斥詈骂的味道。故蒋之翘谓这首诗"意似古而语亦太激"。与《苦寒行》《利剑》《忽忽》等诗,皆用乐府之奇崛,发《离骚》之幽怨。

马厌谷兮,士不厌糠籺②;土被文绣兮③,士无裋褐④。彼其得志兮不我虞⑤,一朝失志兮其何如?已焉哉!嗟嗟乎鄙夫⑥!

【校注】

① 题:文《详注》:"刺朝廷大臣不引贤也。"魏本:"樊曰:刘向《新序》(《杂事》二):'燕相得罪将出,召门下诸大夫曰:有能从我出者乎?大夫有进者曰:凶年饥岁,士糟粕不厌,而君之犬马有余谷粟;隆冬烈寒,士短褐不全,而君之台观帏帘锦绣,飘飘而弊。财者,君之所轻;死者,士之所重。君不能施君之所轻,而求得士之所重,不亦难乎?燕相惭。'公名篇意出此。韩曰:此诗及其下《出门》,皆未得志之辞。其三上光范书时作乎?"文《详注》所引王《补注》亦引刘向语后云:"公语盖出此,亦其不得志有激而云尔!"方世举《笺注》亦引刘向语。钱仲联《集释》:"陈沆《诗比兴笺》以此诗与《利剑》《忽忽》二诗并题曰《杂诗》三章,笺曰:'三章旧各以章首之字为题,时则一时所作。当是德宗贞元十九年,由四门博士拜监察御史时。盖公怀史䲡进贤退不肖之志,而郁郁无所遂,故首章恨不欲去逸而无其权也。次章全用《国策》燕相出亡事,恨时不养士也。既皆不得,故三章无所发愤,激而为世外之思,屈子所谓安能忍而与此终古也。'陈说联三诗为一,究无确据,转不如韩说为长。"按:从"士不厌糠籺""士无裋褐"二句分析,诗当写于贞元十一年,三上宰相书时。厌,同餍,饱食。《孟子·离娄下》:"其良人出,则必餍酒肉而后反。"谷,五谷,食粮。

② 士不厌糠籺:文《详注》:"《史记》(《陈丞相世家》):'陈平食糠籺。'孟康云:'麦糠中不破者是也。'籺,胡骨切。厌,饫也,于艳切。"魏本:"韩曰:厌,饱也。粗屑为籺,舂粟不溃也。杜诗:'黎民

糠籺窄。"方世举《笺注》:"《史记·陈丞相世家》:'人或谓陈平曰:贫何食而肥若是?其嫂嫉平之不视家生产,曰:亦食糠覈耳。'徐广曰:'覈,音核。'孟康曰:'麦糠中不破者也。'"钱仲联《集释》:"'籺'字当为䬾,《说文》:'䬾,坚麦也。乎没切。'谓麦糠中不破者,即《史记·陈丞相世家》所谓糠覈也。"童《校诠》:"第德案:籺为秔之后出字,说文:秔,稻也。(稻舂米不渍也,小徐本作溃,是)一切经音义云:秔又作䬾(说文:䬾,坚麦也)同痕入声,一音胡结反,坚米也,谓米之坚硬,舂捣不破者也。今关中谓䬾屑坚者为䬾头,亦此也。按陈丞相世家作覈,为借字。孙注麃当作麃,字又作麃,皆麤之后出字。"按:士为有德有才的读书人。《三国志·魏书·邓艾传》:士者,"文为世范,行为士则"。不厌,食不饱腹。糠籺(hé),谷物的皮壳或不宜食用的粗食。唐杜甫《驱竖子摘苍耳》:"乱世诛求急,黎民糠籺窄。"

③ 土:墙壁。被,同披。文绣,彩绣之衣。文《详注》:"《后汉·宦者论》曰:'土木被缇绣。'注云:'土墙木屋也,言被以缇绣之文。'"方世举《笺注》:"《前汉书·贾谊传》:'庶民墙屋被文绣。'《三辅黄图》:'木衣绨绣,土被朱紫。'"

④ 裋褐:文《详注》:"褐,毛布之衣,何葛切。"方《举正》订"裋"字,云:"公此语本之《前汉·货殖传序》,实用'裋'字。传本多以'裋'为一作。董彦远、洪庆善皆尝辨古无'短褐'字。按:裋褐,两《汉》如《贾谊》《贡禹》传,《班彪》《刘平》《张衡》传与《货殖传序》,凡六见,无有作'短'字者。班彪《王命论》'裋褐之袭',《汉书》作'裋',《文选》则用丁管切。是唐儒方两用之。故少陵诗以'长缨''短褐'为对。而《史记·孟尝君传》与《战国策》墨子语盖皆传写之讹。校本多两见。公好古最深,当以'裋'为正。"朱《考异》:"裋褐,诸本多作'裋',一作'短'。方云(略)。今按《战国策》(《宋卫策》):'邻有短褐。'一作'裋'。《史记》(《孟尝君列传》):'士不得短褐。'司马贞曰:'短,亦音竖。'班彪《王命论》:'短褐之袭。'韦昭曰:'短,当作裋。裋,襦也。'字皆正作短。注中乃云:'裋字竖音。'又《淮南

子》(《道应训》)亦云:'巫马期绔衣短褐。'而高诱无说,则亦未必皆传写之误也。又柳子厚亦尝用之,则安知韩公之必不然乎?今两存之,以俟知者。"魏本:"洪曰:按:《列子》(《力命》)云:'衣则裋褐,食则粢粝。'……许氏注《淮南子》云:'楚人谓袍为裋。'《说文》云:'粗衣,又敝布襦也。又襦褕短者谓之裋褕。'《荀子》(《大略》)作'竖褐'。注云:'童竖之褐。'《汉书》(《贡禹传》)云:'裋褐不完。'注云:'裋,童竖所着布长襦也。褐,毛布之衣也。'杜子美云:'赐浴皆长缨,与宴非短褐。'(《奉先咏怀》)'短褐风霜入,还丹日月迟。'(《冬日有怀李白》)皆作长短之短。盖襦褕短者谓之裋褕,则短义亦通。抑古书自有作短褐者,予未之见耶?"宋白文本、文本、祝本、魏本作"短"。短、裋二字皆可,今从"裋"。《说文·衣部》:"裋,竖使布长襦,从衣,豆声。"裋褐,粗陋及短而窄的衣服。《史记·秦始皇本纪》引贾谊《过秦论》:"夫寒者利裋褐,而饥者甘糟糠。"集解引徐广曰:"一作'短',小襦也,音竖。"索隐:"谓褐布竖裁,为劳役之衣,短而且狭,故谓之短褐,亦曰竖褐。"

⑤ 彼其得志兮不我虞(yú):文《详注》:"彼谓当时大臣。虞,度也。《礼记》(《少仪》)曰:'隐情以度曰虞。'"方世举《笺注》:"扬雄《逐贫赋》:'惆怅失志。'"按:虞,意料、预料。《左传》僖公四年:"不虞君之涉吾地也。"《孙子兵法·谋攻》:"以虞待不虞者胜。"意谓:小人得志而我则不遇。

⑥ 已焉哉,嗟嗟乎鄙夫:文《详注》:"《北门》(《诗·邶风》)诗曰:'已焉哉,天实为之,谓之何哉!'传云:'自决之辞。'鄙,贪也。未得患得,既得患失,此鄙夫之行,孔子之所恶,故重伤之。"按:《论语·阳货》:"子曰:'鄙夫可与事君也与哉?其未得之也,患得之。既得之,患失之。苟患失之,无所不至矣。'"

【汇评】

宋吴曾:《短褐裋褕》:韩退之《马厌谷》曰:"马厌谷兮,士不厌糠籺;土被文绣兮,士无裋褐。"洪庆善辨曰:"按《列子》云:'衣则裋褐，食则粢粝。'《音义》引《方言》：'裋，复襦。'许慎注《淮南子》云：'楚人谓袍为裋。'《说文》云：'粗衣。'又，'敝布襦也。'又，'襜褕，短者，谓之短褕。'《荀子》作'竖褐'，注云：'童竖之褐。'《汉书》云：'裋褐不全。'注云：'裋，童竖所著布长襦也。褐，毛布之衣也。'杜子美云'赐浴皆长缨，与宴非短褐'及'短褐风霜入，还丹日月迟'，皆作长短之短。盖襜褕短者，谓之'裋褕'。则短义亦通，抑古书自有作短褐者，余未之见也。"以上皆洪说。余按《文选》班彪《王命论》曰："思有短褐之袭，担石之蓄。"张铣注曰："短褐，粗衣也。"韦昭曰："短为裋，裋襦也。毛布曰褐。"李善注曰："短，丁管切。"退之与子美皆熟《文选》，李善既以"短"为丁管切，而韦昭又以"短"为"裋"。则"短褐"之为长短之"短"，自有明据。盖庆善偶忘《文选》耳。今《彪传》皆作"裋褐"，惟《选》不然。裋音常恕切。（《能改斋漫录》卷七）

明蒋之翘：意似古而语亦太激。（《韩昌黎集辑注》卷二）

清方世举：按此《三上宰相书》不报时作。全用燕相语事。《左传》："季文子相君三世，妾不衣帛，马不食粟。"皆命意所在。下《苦寒歌》同。（《韩昌黎诗集编年笺注》卷一）

清陈沆：三章（此与《利剑》《忽忽》三诗）旧各以章首之字为题，实则一时所作，当是德宗贞元十九年，由四门博士拜监察御史时。盖公怀史䲡进贤退不肖之志，而郁郁无所遂，故首章（《利剑》）恨不欲去谗而无其权也。次章（《马厌谷》）全用《国策》燕相出亡事，恨时不养士也。既皆不得，故三章无所发愤，激而为世外之思，屈子所谓"安能忍而与此终古"也。用乐府之奇倔，摅《离骚》之幽怨，而皆遗其形貌，所谓情激而调变者欤？（《诗比兴笺》卷四）

程学恂：集中如此等诗，皆直气径达，无半点掩饰。非以孟子自任者，不能为之；非真信得韩子是孟子者，亦不能读之。（《韩诗臆说》卷一）

出　门①

贞元三年

长安百万家,出门无所之②。岂敢尚幽独,与世实参差③。古人虽已死,书上有遗辞④。开卷读且想,千载若相期⑤。出门各有道,我道方未夷⑥。且于此中息,天命不吾欺⑦。

【校注】

① 题:魏本:"樊曰:公年十九,举进士京师。二十五,登第春官。二十九,始佐汴幕。此诗在京师未得志之所为,故其辞如此。"文《详注》引王《补注》同。方世举《笺注》:"《易·同人卦》:'出门同人。'又《随卦》:'出门交有功。'按:公十九年,始来京师。此诗语气,系未第时作。"王元启《记疑》:"此诗公贞元二年(786)初入京师,未遇马燧时作,故有'出门无所之'之语。"钱仲联《集释》系贞元二年,屈《校注》作疑年。《韩学研究·韩愈年谱汇证》:"写于是年(贞元三年)之后未遇马燧之前。由诗句'长安百万家,出门无所之。岂敢尚幽独,与世实参差。'可证时公无遇而少交游。"按:韩愈贞元二年秋进京赴试,年底抵京,即准备参加三年春试,无遐交游。三年夏秋遇马燧后亦无此情绪。诗当写于春试落第后。

② 长安百万家,出门无所之:方世举《笺注》:"《三辅黄图》:'汉高祖有天下,始都长安,欲其子孙长安都于此也。'注:'长安本秦之乡名,高祖作都于此。'"按:《元和郡县图志》卷一关内道一:"长安县,本秦旧县。初,楚怀王封项羽为长安侯,则长安久矣,非始于汉,但未详所在耳。及高帝五年(前202)入关,复置长安县,乃取旧名以名县也。至隋开皇三年(583),迁都长安,移至长寿坊西南隅。乾封元年,分置乾封县,理怀直坊,长安三年(703)废。"百万家,言其多;无所之,言其少。以少对多,可见韩公此时心绪孤独。伏下写幽独。

③ 幽独:静寂孤独,亦指静寂孤独的人。《楚辞·九章·涉江》:"哀吾生之无乐兮,幽独处乎山中。"诗正用此意。杜甫《久雨期王将军不至》:"天雨萧萧滞茅屋,空山无以慰幽独。"司空图《秋思》:"势利长草草,何人访幽独。"参差,矛盾,不齐貌。《诗·周南·关雎》:"参差荇菜,左右流之。"《庄子·秋水》:"无一而行,与道参差。"唐刘知几《史通·申左》:"夫以一家之言,一人之说,而参差相背,前后不同。斯又不足观也。"

④ 书上有遗辞:遗,方《举正》据唐、阁本"遗"订作"其"。朱《考异》:"其,或作'遗'。"宋白文本、文本、祝本、魏本作"遗",注:"遗,一作'其'。"廖本、王本作"其",注:"其,或作'遗'。"作"遗"、作"其"均通,然作"遗"字,善。王元启《记疑》:"遗,方作'其'。按:'其'字空无所指,作'遗'承上'已死'说,下语较切实,义复浑全。今从或本。后凡改从或本者,但云'原作某',不更出'或本'。"

按:二语看似平淡,然淡而有味,平中寓奇。如《唐诗归》卷二九钟惺曰:"朴妙,似元结语。"

⑤ 千载若相期:期,本作一定时间期限解,此引申作期会、适逢讲。《诗·鄘风·桑中》:"期我乎桑中。"《史记·陈涉世家》:"会天大雨,道不通,度已失期。"《广韵·上平声·支韵》:"期,会也。"

⑥ 出门各有道,我道方未夷:文《详注》:"夷,平也。左太冲《咏史》诗(《文选》卷二一)曰:'出门无通路,枳棘塞中途。'后汉郦炎诗(《见志诗》载《后汉书·郦炎传》及《诗纪》卷三)曰:'大道夷且长。'"按:道,路也;此指人生道路。夷,平也。《北史·杨愔传》:"世故未夷。"宋王安石《游褒禅山记》:"夫夷以近,则游者众。"

⑦ 且于此中息,天命不吾欺:朱《考异》:"命,或作'诚'。"诸本作"命",注:"命,一作'诚'。"作"诚"、作"命"均可。作"命"善,见《汇评》李光地语。

按:此承上句,谓且在这不平的道路上生活,天命不会欺我的。《唐诗归》卷二九谭元春曰:"结得深至。"作"命"字善。朱彝尊《批韩诗》:"淡中亦有雅味,但略伤率易。"

【汇评】

清朱彝尊:淡中亦有雅味,但略伤率易。(顾嗣立《昌黎先生诗集注》卷二)

清李光地:文集所谓"驱马出门,不知所之。斯道未丧,天命不欺"者,即此时也。(《榕村诗选》卷六)

程学恂:此等诗即见公安身立命处。(《韩诗臆说》卷一)

嗟哉董生行①

贞元十五年

诗云:"刺史不能荐,天子不闻名声。"事在董邵南应举前。彭城与邵南家寿州安丰相近,故稔闻邵南行义,诗当写于贞元十五六年,公在徐州时。董生品德高尚,学识超群,孝敬父母,和睦乡邻,是"无与俦"的人才。可地方官不荐,天子不闻,不为世用,韩愈写诗为其鸣不平。诗以淮水与淝水对比,犬鸡相乳为喻,突出董生的高尚行为。句式长短相济,造语参差错落,表现出韩愈以文为诗的特点。用古文章法,讲究虚实反正,形式上具有转折顿挫美,形成了诗歌散文化的新路。

淮水出桐柏山,东驰遥遥千里不能休②。淝水出其侧,不能千里,百里入淮流③。寿州属县有安丰④,唐贞元时,县人董生召南隐居行义于其中⑤。刺史不能荐,天子不闻名声⑥。爵禄不及门,门外惟有吏,日来征租更索钱⑦。嗟哉董生朝出耕,夜归读古人书⑧,尽日不得息。或山于樵,或水于渔⑨。入厨具甘旨,上堂问起居⑩。父母不戚戚,妻子不咨咨⑪。嗟哉董生孝且慈。人不识,惟有天翁知⑫。生祥下瑞无时期⑬。家有狗乳出求食,鸡来哺其儿⑭,啄啄庭中拾虫蚁,哺之不食鸣声悲,傍徨踯躅久不去,以翼来覆待狗归⑮。嗟哉董生谁将与俦⑯?时之人夫妻相虐兄弟为仇,食君之禄,而令父母愁。亦独何心⑰?嗟哉董生无与俦⑱!

【校注】

①题:魏本:"孙曰:董召南,寿州安丰人。韩曰:公尝有《送董生游河北序》,且曰:'董生举进士,连不得志于有司。'而此诗叙其孝且慈如此。"文《详注》:"公赠别序云:'昔予泛淮至寿,揖生于南阳伯门。'南阳伯谓张建封也,时为寿州刺史。则公时往来徐寿为熟,而知董生为详。建封自贞元四年(788)自寿州刺史迁为徐泗节度使,治徐十有余年,董生之行义日闻矣。寿与徐为属州,而后刺史不能知荐之于朝,故曰:'刺史不能荐,天子不闻名声。'此诗之作,当在徐州从事时,盖荐之于建封也。行者,诗之别名,《文选》乐府辞有《饮马长城窟行》,无名氏《汉书音义》曰:'行,曲也。'按:长城筑于战国赵武灵王时,至秦始皇又筑。今《饮马长城窟》有行曲即此词,当自周末有之。所谓行者,如行酒行食行书之行,引而前之之义,若永言之义欤?《补注》:《禹贡》:导淮出桐柏,千里不能休。谓东会于泗,近东入于海也。淝水,按《水经》云:出九江北入于淮,故曰百里入淮流。苏轼常(尝)作《苏州姚氏三瑞堂诗》云'董召南隐居'云云。"方世举《笺注》:"王云:董召南,寿州安丰人。公尝有《送董生游河北序》,且曰'董生举进士,连不得志于有司',而此诗叙其孝且慈如此。按:《送董召南序》当在宪宗之世,故云:'明天子在上,凡昔时屠狗者,皆可出而仕矣。'此诗云:'刺史不能荐,天子不闻名声。'在董生未应举之时,大抵徐州所作。徐与寿相近,故稔闻其行义如此。'狗乳'一段,即公文中记北平王家猫相乳之意。"魏本:"樊曰:苏翰林尝作《苏州姚氏三瑞堂诗》云:'君不见董召南,隐居行义孝且慈。天公亦恐无人知,故令鸡狗相捕(哺)儿,

又令韩老为作诗。尔来三百年,名与淮水驰'云云。"《韩学研究·韩愈年谱汇证》系贞元十五(799)年。

② 淮水:魏本:"韩曰:《禹贡》:导淮自桐柏。孙曰:桐柏,山名,今在唐州界,淮水所出。"文《详注》引《水经》较详,然讹漏较多,今以《水经》释之。淮河,源出河南、湖北交界的桐柏山,经流河南、安徽、江苏入长江。桐柏山,在唐州桐柏县(今河南桐柏县)西南九十里。《书·禹贡》:"导淮自桐柏。"注:"桐柏山在南阳之东。"《水经注·淮水》:"淮水出南阳平氏县胎簪山,东北过桐柏山,东过江夏平春县北,又东过新息县南,又东过期思县北,又东过原鹿县南,汝水从西北来注之。又东过庐江安丰县东北,决水从北来注之。又东北至九江寿春县西,沘水、泄水合北注之。又东,颍水从西北来流注之。又东过寿春县北,肥水从县东北流注之。……又东至广陵淮浦县,入于海。"淮为古四渎之一,原入洪泽湖,其下游本流经淮阴涟山入海。宋绍熙五年(1194),黄河夺淮,淮水自洪泽湖以下,主流合于运河,经高邮湖江都县入长江。桐柏山,在今河南桐柏县西南,东南接湖北随县,西接枣阳。淮河所出。

遥遥:廖本、王本注:"遥遥,一作'悠悠'。诸本作"遥遥",从之。

遥遥千里不能休:魏本:"韩曰:谓东会于泗沂,东入于海也。"按:遥遥,远也。《礼记·王制》:"自江至于衡山,千里而遥。"《左传》昭公二十五年童谣有之,曰:"鸜鹆之巢,远哉遥遥,裯父丧劳,宋父以骄。"谓辽远。《南史·何尚之传附何昌寓》:"昌寓后为吏部尚书,尝有一客姓闵求官,昌寓曰:'君是谁后?'答曰:'子骞后。'昌寓团扇掩口而笑,谓坐客曰:'遥遥华胄。'"谓久远也。

③ 淝水:魏本:"孙曰:淝水在庐江。祝曰:《晋史》:列阵临淝水。淝,音肥。"按:淝水亦作肥水。在安徽境内,源出合肥县西南紫蓬山,北流二十里分为二:一东北流,经合肥东向西注入巢湖;一西北流二百里至寿县流入淮河。《水经注·肥水》:"肥水出九江成德县广阳乡西,北过其县西,北入芍陂。又北过寿春县东,北入于淮。"

不能千里,百里入淮流:千里,方《举正》:"阁本只作'千百里'。"朱《考异》:"或无此'里'字。"诸本作"千里""百里",合韩诗义,从之。

魏本:"洪曰:不能千里者,以兴董生居下,其可以施于人者不遐也。"文《详注》:"寿春,即寿州也。公方称召南高洁之行,故引二水之秀以谓钟生此人,犹箕颍之有巢由也。范云诗(《古意赠王中书》)曰:'淮水富英奇。'一云:'名与淮水驰。'(见苏轼《苏州姚氏三瑞堂诗》'名与淮水东南驰')。"按:指肥水短而小,与千里淮河无法相比。

④ 寿州:文《详注》:"《九域志》云:'县在州之南八十里。'"方世举《笺注》:"《新唐书·地理志》:'寿州寿春郡,本淮南郡,天宝元年(742)更名。领县五:寿春、安丰、盛唐、霍丘、霍山。属淮南道。'安丰:《新唐书·地理志》:'安丰县,武德七年(624)省小黄、肥陵二县入焉。'"按:唐时有寿州寿春郡,辖寿春、安丰、盛唐、霍丘、霍山五县。治所在安徽寿春。安丰,在今安徽霍丘县西之寿县。

⑤ "唐贞元时"句:方《举正》据唐本删"年",云:"蔡删。"朱《考异》:"'元'下或有'年'字。"宋白文本、文本、祝本、魏本有"年"字,文本、魏本注:"一无'年'字。"廖本、王本无"年"字。无"年"字善。朱《考异》:"召,或作'邵'。"韩公《送董邵南序》作"邵"。作"邵"、作"召"均可,二字古通用,而邵后出。

文《详注》:"《论语》(《季氏》):'孔子曰:隐居以求其志,行义以达其道。吾闻其语矣,未见其人也。'"按:意思是避世隐居以求保全他的意志,依义行事来贯彻他的主张。王懋竑《读书记疑》卷一六:"'中'本字与'丰'字叶,音征,与'声'字叶。"此诗古体杂言,而用长句。朱彝尊《批韩诗》:"长短句错是仿古乐府,意调亦仿佛似之。"

⑥ 刺史不能荐,天子不闻名声:方世举《笺注》:"《后汉书·百官志》:外十有二州,每州刺史一人,六百石。"钱仲联《集释》:"顾炎武《日知录》:'汉之刺史,犹今之巡按御史。隋以后之刺史,犹今之

知府及直隶知州也。'《新唐书·地理志》曰:'唐兴,高祖改郡为州,太守为刺史。'"按唐制:外官刺史管地方军政,有举荐本地有德有才而学有成者于礼部的任务,中选者升吏部,然后升之皇帝,皇帝亲选谓之殿试。

⑦ 爵禄不及门,门外惟有吏,日来征租更索钱:方《举正》据阁本删"更"字。朱《考异》:"方无'更'字,非是。"朱说是。

魏本:"孙曰:征,亦索也。更,谓更役也。"按:征,征讨租税。索,意同征,即要钱。及,到也。此二句谓:没有官职,没有俸禄,门外只有来征收租赋的官吏。此诗句式多散文化,用韵似古诗,较自由。先协休、流,再转丰、中、声,钱、书则前后不协。再用息、渔、居,再转咨、慈、知、期、食、蚁、悲、归。后俤、仇、愁、俤。而两"俤"字重韵。故王懋竑《读书记疑》卷一六:"'钱'字不可韵,俟考。或'门'字叶眠,与'钱'字叶。"看似质而俚,然却似乐府之纯朴。故朱彝尊《批韩诗》谓其:"近俚近质处,乐府本色。"

⑧ 嗟哉董生朝出耕,夜归读古人书:宋白文本、文本、祝本、魏本、廖本作"耕"。王本作"至"。当作"耕"。此谓邵南白天耕田纳租养家,夜间勤苦读书,一天从早到晚不停地耕读。

⑨ 或山于樵,或水于渔:于,各本均作"而",方《举正》据杭、蜀本作"于"。朱《考异》:"而,方并作'于',非是。"王元启《记疑》:"两于字,方本如此。与《论语》'各于其党',《春秋传》'于诸其家',公诗'婚冠所于'同义。谓于此焉樵,于此焉渔。宋曾子固《南轩记》云:'或田于食,或野于宿。'正用此诗句法。《送蔡元振序》又有'室于叹,涂于议'之语。杨诚斋《易传》释《既济》六四爻辞,亦有'陵于居,水于泽'之语。皆与此诗句法相类。改'于'作'而',语间反生跲螯。余详首卷《岐山操》,可参证也。"按:王说有理,当作"于",作"而"虽通,然不是韩公意。此二句承上而具体写邵南的劳动生产:或上山砍柴,或下水捕鱼。句法一变,峭峻生新。

⑩ 入厨具甘旨,上堂问起居:具,魏本作"供"。诸本作"具",从之。

魏本:"韩曰:《选》颜延年《咏史》:'上堂拜嘉庆。'"方世举《笺注》:"问起居:按:此三字虽出《后汉书·岑彭传》,而问父母者,则自《文王·世子》'鸡初鸣,至寝门外,问内竖,今日安否?何如'云云,与晨昏定省者同。其时无'起居'字,而起居之义具在。"钱仲联《集释》:"甘旨,旧多指奉亲之食品。《宋史·刘恕传》:'家素贫,无以给旨甘。'"按:二句表邵南至孝。入厨,俗谓下厨房。具甘旨,为父母整备饭菜。具者,供也、备也。甘旨,美味。《韩诗外传》卷五:"鼻欲嗅芬香,口欲嗜甘旨。"《礼记·内则》:"由命士以上,父子皆异官。昧爽而朝,慈以旨甘。日出而退,各从其事。日入而夕,慈以旨甘。"《汉书·食货志上》晁错《论贵粟疏》:"夫寒之于衣,不待轻暖;饥之于食,不待甘旨。"上堂之堂为堂屋,即正房,长辈父母所居。起居,作息,乃问候安否之言。《世说新语·言语》:"顾司空时为扬州别驾,援翰曰:'……明公蒙尘路次,群下不宁,不审尊体起居何如?'"杜甫《奉送蜀州柏二别驾将中丞命赴江陵起居卫尚书太夫人因示从弟行军司马佐》诗:"迁转五州防御使,起居八座太夫人。"此二句为全诗之轴。沈德潜《唐诗别裁集》卷七:"作诗主意。"

⑪ 戚戚:文《详注》:"戚戚,忧也。"忧惧或感动。《论语·述而》:"君子坦荡荡,小人常戚戚。"《孟子·梁惠王上》:"夫子言之,于我心有戚戚焉。"方世举《笺注》:"《汉书·扬雄传》:'不戚戚于贫贱。'"

咨咨:文《详注》:"咨咨,叹也。"方《举正》作"羞羞",云:"三本同。此诗以三'嗟哉'三易韵,以'羞'叶居,视古用韵也。"朱《考异》:"方从阁、杭、蜀本作'羞羞',云:此诗以三'嗟哉'易韵,以'羞'叶居,视古用韵也。今按:咨字自与居叶,方于《毛颖传》'资'字论之矣,何独于此而疑之邪?'羞羞'韵虽可叶,然殊无理而可笑,方之主此,又其酷信三本之误也。或恐本是'嗟'字,叶音子余反,而误作'羞'字耳。然亦不如且作咨字之见成稳当也。"按:咨咨,白居易《五弦弹》诗:"座中有一远方士,唧唧咨咨声不已。"此二句谓邵南上孝父母,下和妻子。

⑫"人不识"下魏本注:"句绝。"惟有天翁知,方《举正》据杭本删"有"字。朱《考异》:"方无'有'字,非是。"诸本有"有"字,是。无"有"字不成句。

按:天翁,天公,即天。以天拟人,故称天为天公,或天翁。《宋书·天文志》:"而石虎频年再闭关不通信使,此复是天公愤愤无皂白之征也。"《辞源》亦以韩诗为例。

⑬生祥下瑞无时期:陈景云《点勘》:"按:时,当从宋闽本作休。"宋白文本、文本、祝本、魏本、廖本、王本均作"时"。生、下二字均作动词,祥瑞本是一词,谓产生祥瑞。此乃句式变化。按句意作"时"字善,即天降祥瑞没有一定的时候。若作"休",当停止解则不通。或作定解,即无定期解虽通,然休作"定"字解绕弯。不如诸本作"时"字为顺。

⑭狗乳出求食,鸡来哺其儿:文《详注》:"鸡哺狗子,和之应也。"方世举《笺注》:"狗乳:乳,去声。《北史·孝义传》:'郭世隽家门雍睦,七世同居。犬豕同乳,乌鹊同巢,时人以为义感之应。'哺:《汉书·东方朔传》:'声謷謷者,鸟哺彀也。'"按:狗乳,哺乳期的母狗,名词词组;或作主谓词组,即母狗哺乳幼仔。此当为前者。"狗乳出求食"句,狗乳为主语,求为动词,与名词食构成狗乳的谓语。出乃形容状态,为补语。鸡哺其儿,鸡代哺狗的幼雏。古人以鸡狗相乳,乌鹊同巢是生祥下瑞,吉祥之兆。以下数句是说董生家庭和睦,生活温馨,必有吉祥兆临。

⑮"啄啄"四句:魏本:"孙曰:覆,盖也,读作去声。"方世举《笺注》:"虫蚁:《史记·五帝本纪》:'淳化鸟兽虫蛾。'正义曰:'蛾,鱼起反,蚍蜉也。'傍徨:李陵《录别诗》:'寒裳路踯躅,傍徨不能归。'翼覆:《诗·生民》:'鸟覆翼之。'"按:虫蚁,虫蛾。傍徨,犹豫不定。踯躅,徘徊不前。翼覆,用翅羽覆盖刍狗。四句看似平俗,实则平中有味,俗中有雅。汪琬《批韩诗》:"叙事质而不俚,琐而不俗,是为古节古意。"朱彝尊《批韩诗》:"亦以俚俗佳。"

⑯谁将与俦:谁能与董生相比呢? 俦(chóu 直由切,音绸,尤

韵),同辈、伴侣。汉张衡《思玄赋》:"魂惝惘而无俦。"引申为相比。扬雄《法言·修身》:"俦克尔。"《三国志·魏书·高柔传》:"萧、曹之俦,并以元勋,代作心膂。"唐杜甫《陪王侍御同登东山最高顶宴姚通泉晚携酒泛江》诗:"姚公美政谁与俦?"

⑰ 亦独何心:朱彝尊《批韩诗》:"锻语刻酷警动。"

⑱ 无与俦:方《举正》:"阁本、杭本、三馆本皆同。蜀本作'谁与俦',然亦无'将'字。"朱《考异》:"或作'谁将与俦',或作'将无与俦',或作'谁与俦'。今按:上句'谁将与俦',疑而问之之词也。此云'无与俦',答而决之之词也。"宋白文本、文本、祝本、魏本作"谁将与俦"。按:朱说是。"无与俦",即无人相比邵南的"孝慈"与"仁义"。

【汇评】

清吴乔:昌黎《董生行》不循句法,却是易路。《石鼓歌》,子瞻能为之。张籍、王建七古甚妙,不免是残山剩水,气又苦咽。(《围炉诗话》卷二)

清俞玚:古诗长短句,盛于太白,如《蜀道难》《远别离》等篇,实为公所取法者。其奇横偏在用韵处贯下一笔,然后截住,以足上意。如"尽日不得息""亦独何心"等句是也。(顾嗣立《昌黎先生诗集注》卷二)

清沈德潜:《嗟哉董生行》:此诗朱子取入小学中,见孝慈之行,可以矜式众人也。直白少文,正是不可及处。俞犀月云:"奇横在用韵处,贯下一笔,然后截住,以足上意,如'尽日不得息''亦独何心'等句是也。"(《唐诗别裁集》卷七)

清方世举:鸡狗一段,形容物类相感,其说理本《易·中孚》"信及豚鱼",其行文设色,又用《史》法。李广射虎、苏武牧羝,细碎事极为铺张。此所谓人所应有,我不必有,人所应无,我不必无也。然其实总在《三百篇》,如"我徂东山",叹恤士卒三年未归者,正言不过一二,而瓜敦、熠耀、鹳垤、鹿场,娓娓言之。汉乐府犹得此法,

如《上留田》之瓜蒂是也。(《韩昌黎诗集编年笺注》卷一)

清姚范:《嗟哉董生行》一首,出于乐府《洛阳令王君歌》。(《援鹑堂笔记》卷四一)

清爱新觉罗·弘历:神味古淡,节族自然,集中寡二少双,惟《琴操》间有近之者。(《唐宋诗醇》卷二九)

清喻文鏊:昌黎《嗟哉董生行》,在集中又是一格。朱子取入小学中,见孝慈之行,可以式靡。(《考田诗话》卷一)

烽 火①

贞元三年

登高望烽火,谁谓塞尘飞②?王城富且乐,曷不事光辉③?勿言日已暮,相见恐行稀④。愿君熟念此,秉烛夜中归⑤。我歌宁自感?乃独泪沾衣⑥。

【校注】

① 题:方《举正》:"贞元年中未遇日作。"《韩学研究·韩愈年谱汇证》:"魏本引唐庚注:'时吴少诚败韩全义,两都甚扰扰,公诗以此作也。'王元启(《记疑》)说:'唐说非是。全义之败,在贞元十六年五月,时公去徐居洛,未入京师,与诗王城富乐一语,境象不符。考《德宗本纪》,贞元二年(786)九月,吐蕃入寇。是冬,连陷盐、夏二州。明年闰五月,盟于平凉。吐蕃劫盟,公兄侍御史(弇)为判官,被害。六月,寇盐、夏二州。八月,寇青石岭。九月,寇连云堡。十月,又连寇丰义、长武城。此诗贞元三年,因兄弇殉难,后连遭吐蕃入寇而作。时公年二十岁,正在京师。读首二句,知所慨在边塞,非为中原。结语寄慨遥深,亦兼为兄弇下泪。'王说是。两《唐书·德宗纪》对此事均有记载,然《旧唐书》所记五月受命,而劫盟则在闰五月。而《新唐书》所记劫盟之事,在闰五月。诗首联'登

高望烽火,谁谓塞尘飞'点明所写之烽火在边塞,而非淮西。'王城富且乐,曷不事光辉',上句实写长安情景:是年丰收,米斗钱百五十,粟斗钱八十;而下句则诘问:既然王城富乐,而边塞为何烽火频仍,烟尘乱飞呢? 诗后边是否实写寄慨念兄,当如是想。不然他所熟念之君便无着落,而结尾'我歌宁自感,乃独泪沾衣'两句是不会平白无故产生的。"顾嗣立《集注》:"胡渭云:按全义之败在贞元十六年五月,败于广利城。七月,又败于五楼。时公去徐居洛,故以王城为言。"屈《校注》系十六年,非。钱仲联《集释》系三年,是。

魏本:"韩曰:周幽王为烽燧,寇至则举以招兵,诸侯患之。公感时而有取云。"文《详注》:"《前汉书》颜师古曰:'边方备警急,作高土台,台上作桔槔,桔槔头有兜零,以薪草置其中,常低之。有寇即燃之、举之,以相告曰。烽又多积薪,寇至即燔之,望其烟曰燧。昼则燔燧,夜则举烽。《广雅》曰:'兜零笼。'"方世举《笺注》:"《史记·周本纪》:'有寇至,则举烽火。'正义曰:'昼日燃烽以望火烟,夜举燧以望火光也。'"按:烽火,乃古代边防报警的信号:昼放烟曰烽,夜举火曰燧。《墨子·号令》:"与城上烽燧相望。昼则举烽,夜则举火。"

② 登高望烽火,谁谓塞尘飞:魏本:"韩曰:《选》(《文选》卷二二)鲍明远诗(《行药至城东桥》):'迅风首旦发,平路塞飞尘。'"按:《史记·司马相如传·喻巴蜀檄》:"夫边郡之士,闻烽举燧燔,皆摄弓而驰,荷兵而走。"索隐引韦昭曰:"烽,束草置之长木之端,如挈皋,见敌则烧举之。燧者,积薪,有难则焚之。烽主昼,燧主夜。"李颀《古从军行》:"白日登山望烽火,黄昏饮马傍交河。"

③ 王城富且乐,曷不事光辉:此谓:既然王城富且乐,为什么没有太平的生活呢? 王元启《记疑》:"前诗(《韩集》卷二《古风》)'好我衣服,甘我饮食。[无念百年,聊乐一日。]'二语,即所谓事光辉也。"方世举《笺注》:"王城:《后汉书·地理志》:'河南,周公所城洛邑也,春秋时谓之王城。'"按:王城,即都城,帝王所居之城也。

④ 勿言日已暮,相见恐行稀:魏本:"孙曰:日暮,老将至也。

主父偃曰:'吾日暮途远。'"童《校诠》:"第德案:吾日暮途远,为伍子胥谢申包胥语,见史记本传,主父偃乃用其成语耳。楚辞离骚:日忽忽其将暮。"按:此以行将暮以寄遥思与念时事之慨。此句上下关锁。王元启《记疑》:"此句为下文秉烛夜归作引。"

⑤ 愿君熟念此,秉烛夜中归:熟,宋白文本、祝本作"孰"。上有主语"君",此不当又出以代词作主语之"孰"字。文本、魏本、廖本等多作"熟",是。

魏本:"韩曰:杜诗(《羌村》):'夜阑更秉烛。'孙曰:古诗(《文选》卷二九《古诗十九首》):'昼短苦夜长,何不秉烛游。'欲以及时自娱乐。"方世举《笺注》:"秉烛:《古诗十九首》:'昼短苦夜长,何不秉烛游。'"按:熟,当常常解,为动词念之修饰词。真无其奈何也!

⑥ 我歌宁自感?乃独泪沾衣:钱仲联《集释》作"戚"。作"戚"意通,与"感"字近。然无版本可据,诸本作"感",从之。

王元启《记疑》:"言所忧在君国,非为一身私计。"按:其感时落泪者,不只念己,实重忧国忧民也。宁,作反诘副词岂,难道解。《左传》成公二年:"宁不亦淫从其欲以怒叔父?"《史记·魏其武安侯列传》:"且帝宁能为石人邪!"《庄子·盗跖》:"子之道岂足贵邪?"

汴州乱二首①
贞元十五年

《董晋行状》云:"十五年二月三日,(丞相)薨于位。……公之将薨也,命其子三日敛。既敛而行,于行之四日,汴州乱。"当时陆长源欲峻法绳骄兵,为晋所持,不克行。董晋死后,汴州军乱,杀陆长源、孟叔度、丘颖。韩公途经偃师西闻讯,诗当写于二月中旬。首章讥刺四邻坐视不救,伤"下无方伯";二章斥朝廷姑息养乱,伤"上无天子"。韩公主张中央集权,全国统一,这两首诗正反映了他这一政治主张。小诗语言平实,很像民谣,乍看似无意求工,实则却很见功力。正如朱彝尊《批韩诗》云:"质直得情,正是歌谣意。"

汴州城门朝不开,天狗堕地声如雷②。健儿争哗杀留后③,连屋累栋烧成灰④。诸侯咫尺不能救⑤,孤士何者自兴哀⑥。

母从子走者为谁?大夫夫人留后儿⑦。昨日乘车骑大马,坐者起趋乘者下⑧。庙堂不肯用干戈⑨,呜呼奈汝母子何⑩!

【校注】

① 题:魏本:"樊曰:汴州自大历后多兵,刘玄佐死,子士宁代之,(畋游)无度,其将李万荣逐之,代为节度使。万荣死,董晋实代之,晋卒,军司马陆长源总留后事。八日而军乱,杀长源等。监军俱文珍密召宋州刺史刘逸准使总后务,朝廷从之,赐名全谅。故公此二诗,卒章各有所讽。韩曰:公是时已从晋丧出汴四日,实贞元十五年,二诗之作,盖讥德宗姑息之政云。"方世举《笺注》:"王云:汴州自大历后多兵,董晋卒,行军司马陆长源总留后事,八日而军乱,杀长源等。监军俱文珍密召宋州刺史刘逸准使总后务,朝廷从之,赐名全谅。公是时已从晋丧出汴四日,实贞元十五年。二诗盖讥德宗姑息之政云。"顾嗣立《集注》同方注引王云,又曰:"《唐地理志》:汴州陈留郡,武德四年,以郑州之浚仪、开封,滑州之封丘置。"

按:《旧唐书·德宗纪下》:"贞元十五年(799)春二月丁丑(三日),宣武军节度使、检校左仆射、平章事、汴州刺史董晋卒。乙酉(十一日),以行军司马陆长源检校礼部尚书、汴州刺史、御史大夫、宣武军节度度支营田、汴宋亳颍观察等使。……是日,汴州军乱,杀陆长源及节度判官孟叔度、丘颖,军人脔而食之。监军俱文珍以宋州刺史刘逸准久为汴州大将,以书招之,俾静乱。"韩公《董晋行状》:"汴州自大历来多兵事:刘玄佐益其师至十万,玄佐死,子士宁代之,畋游无度。其将李万荣乘其畋也,逐之。万荣为节度一年,其将韩惟清、张彦林作乱,求杀万荣不克。三年,万荣病风,昏不知事,其子乃复欲为士宁之故。监军使俱文珍与其将邓惟恭执之归京师,而万荣死。诏未至,惟恭权军事。公(董晋)既受命,遂行。……公(董晋)之将薨也,命其子三日敛。既敛而行,于行之四日,汴州乱;故君子以公为知人。"则汴州乱在十五年二月十一日。

② 天狗堕地声如雷:魏本:"樊曰:《天官书》:天狗状如犬,奔有声,其下止地,类狗。汉吴楚七国反,天狗过梁野,及兵起,遂伏尸流血其下。韩曰:《山海经图》:天门山有赤犬,名曰天狗,其光飞天,流而为星,长数十丈,其疾如风,其声如雷,其光如电。孙曰:《汉天文志》:天狗状如犬,流星有声,见则破军杀将。"钱仲联《集释》:"公语本《山海经》郭璞注:《周书》云:天狗所止地尽倾,余光烛天为流星,长数十丈,其疾如风,其声如雷,其光如电。"按:《史记·天官书》:"天狗,状如大奔星,有声,其下止地,类狗。所堕及,望之如火光炎炎冲天。其下圜如数顷田处,上兑者则有黄色,千里破军杀将。"又"吴楚七国叛逆。彗星数丈,天狗过梁野"。《后汉书·天文志》:"大流星如缶……有声如雷隐隐者,兵将怒之征也。"首用典事起,易平直发死;此气势突兀,振起全篇,气势真宏。

③ 健儿争哗杀留后:哗,方《举正》订作"誇"字,云:"三本同。"朱《考异》:"夸,或作'诱'。"宋白文本、祝本、魏本作"诱"。俞樾《俞楼杂纂》卷二六:"愚按:作'诱'、作'夸'均未合,是时军乱而杀其将,非为人所诱,亦非欲以此夸于人也。'夸'乃誇字之误。《广韵·九麻》:'譁(哗),喧譁。誇,上同。'是唐人书'譁'字,有作'誇'者。《国语·晋语》:'士卒在陈而譁。'《吴语》:'三军皆譁,扣以振旅。'韩子用'哗'字本此,言健儿争哗呼而杀留后也。因字从俗作'誇',而后人罕见'誇'字,遂误作'夸'矣。'诱'则又'夸'之误也。"按:俞说善,当作"哗",即"譁"也。健儿,指哗变中的军人。

魏本注:"留后,陆长源也。"方世举《笺注》:"古乐府《折杨柳歌辞》:'健儿须快马,快马须健儿。'《唐六典》兵部郎中条下云:'天下诸军有健儿。'注:'旧,健儿在军皆有年限更来往。开元二十五年敕:自今以后,诸军镇置兵防,健儿于诸色征行人内及客户中召募,取丁壮情愿[充]健儿长住边军者,每年加常例给赐。'"按:留后,唐中叶以后,节度使子弟或亲信将官代行长官职务者称节度留后,或观察留后。此指陆长源。

④连屋累栋烧成灰:累栋,方《举正》订,云:"阁本作'累累'。"朱《考异》:"或作'累累'。"宋白文本、祝本、魏本、廖本、王本均作"累栋",是。

按:此指大火把城里接连不断的房屋都烧坏了。

⑤诸侯:本指古代中央政权分封各国国君的统称。周分公、侯、伯、子、男五等,汉分王、侯二等。《礼记·王制》:"诸侯之上大夫卿、下大夫、上士、中士、下士凡五等。"疏:"此公、侯、伯、子、男,独以侯为名而称诸侯者,举中而言。又《尔雅》:侯为君,故以侯言之。"《史记·汉兴以来诸侯王年表》:"汉定百年之间,亲属益疏,诸侯或骄奢……天子观于上古,然后加惠,使诸侯得推恩分子弟国邑。"此指邻近各镇,代指藩镇节度使。咫尺,相距很近。

⑥孤士:诗人自谓。兴哀,发哀怜之心。在佐汴同僚中,杨凝返京,韩愈护柩离汴,脱难。然谓之哀伤慨叹,心中遗憾。蒋之翘《辑注》:"二语神气黯然欲绝。"

⑦母从子走者为谁? 大夫夫人留后儿:魏本:"韩曰:《语》:执舆者为谁? 孙曰:谓长源之妻子。唐曰:长源以御史大夫为留后。"按:母从子,何焯《批韩诗》:"谓长源妻子。"即母亲与儿子。母指下句说的"大夫夫人",即长源之妻,陆以御史大夫为留后,见《送权秀才序》:"相国陇西公既平汴州,天子命御史大夫吴县男为军司马,门下之士权生实从之来。"子,指下句"留后儿",即长源之子。

⑧昨日乘车骑大马,坐者起趋乘者下:此二句写兵变前陆长源的妻、子的显赫声威:乘华车,骑大马在大街上耀武扬威,人们见之,坐着的人得站起来迎接;乘车、骑马的得下来致敬。方世举《笺

注》:"大马:《庄子·让王篇》:'子贡乘大马,轩车不容巷。'《盐铁论》:'当路于世者,高堂邃宇,安车大马。'坐者起,乘者下:《古今注》:'两汉京兆、河南尹及执金吾司隶校尉,皆使人导引传呼,使行者止,坐者起。'"

⑨ 庙堂不肯用干戈:朱《考异》:"肯,或作'敢'。"魏本作"肯",注:"肯,一作'敢'。"按:当作"肯",与德宗姑息求安正对。敢,语气太重,不似韩公的口气。

按:德宗鉴于前代及其因兵乱而流亡难安,后期采取了容忍安抚的政策,造成藩镇兵乱时有发生。故蒋抱玄《评注》曰:"此谓德宗姑息养乱,不肯严于讨伐也。"

⑩ 奈汝母子何:即"汝母子奈何"。即你们母子有什么办法呢? 真无奈何也。故蒋之翘《辑注》引蒋春父曰:"叙得惨。二首结语,俱无可奈何之辞。"

【汇评】

宋罗大经:昌黎《汴州》诗云:"母从子走者为谁? 大夫夫人留后儿。昨日乘车骑大马,坐者起趋乘者下。庙堂不肯用干戈,呜呼奈汝母子何!"为汴州之乱、留后陆长源遭杀作也。方董晋帅汴,昌黎在幕中。晋专行姑息,知军骄难制,变在旦夕。且死,遗戒丧车速发。及长源代之,绳以严急,军果乱。官属多死之,昌黎随晋丧已去汴,获免。夫长源固失矣,晋不能酌宽猛之中,潜消事变,乃以姑息偷免其身。使相激相形,产后来之祸,又不能先以一语忠告长源,乌得无罪? 昌黎在幕中,盖亦与有责矣! 此诗末句似有愧于中,而为自解之辞。(《鹤林玉露》甲编卷一)

明杨慎:《陆长源》:韩文公《汴州乱》诗、白乐天《哀二良》文,为宣武军司马陆长源作也。及考他史籍,则长源酷刑以威骄兵,御之已失其道矣。又裁军中厚赏,高在官盐直,曰:我不同河北贼以钱物买健儿旌节。所委任从事杨仪、孟叔度,浮薄不检,常戏入军营调弄妇女,自称孟郎。三军怨怒,遂执长源并杨、孟杀之。由是论之,是长源有以取之,何异于云南之张乾陀,扬州之吕用之哉?大雅先人,福之所聚。小智自私,藏怨之府。长源之谓乎?(《升庵全集》卷七二)

明蒋之翘:退之虽好为长句,然其短古极有可观。如《汴州乱》《马厌谷》《古风》《河之水》诸作,俱高古绝伦,尚是《琴操》余技。(《韩昌黎集辑注》卷二)

清汪琬:无意求工,乃臻古奥。(钱仲联《韩昌黎诗系年集释》卷一)

清朱彝尊:质直得情,正是歌谣意。(《昌黎先生诗集注》卷二)

清胡渭:此诗一章讥四邻坐视,二章讥君相姑息也。(同上)

清何焯:《汴州乱二首》:前伤无伯,后伤无王。(《义门读书记》卷三〇)

清陈景云:首章意乃公羊子所云"下无方伯",次篇则"上无天子"也。(《韩集点勘》卷一)

清沈德潜:《汴州乱二首》:汴州董晋卒,陆长源总留守事。八日而军乱,杀长源。公因此作诗。(《唐诗别裁录》卷七)

清方东树:《汴州乱》二首:大题短章而自足,以笔力高,斩截包括得尽也。前叙四句能尽,以笔力高也。收二句入议闲远。次首六句三韵,各抵一大篇,又各换笔。(《昭昧詹言》卷一二韩公)

利　剑①

贞元十九年

利剑光耿耿,佩之使我无邪心②。故人念我寡徒侣③,持用赠我比知音④。我心如冰剑如雪⑤,不能刺谗夫⑥,使我心腐剑锋折⑦。决云中断开青天⑧,噫!剑与我俱变化归黄泉⑨。

【校注】

①题：魏本：" 韩曰：此诗次《汴州乱》后，不平之气略见于此。"查慎行《查初白诗评十二种》："观诗中语，乃为贝锦青蝇而发，非因汴州乱也。"陈景云《点勘》："按此诗岁月无可考，详味诗意，似为疾谗而作，与汴州事无涉。又孟东野送公从军诗中，有'行为孤剑咏'句，疑指此诗。从军，盖公初赴汴幕时也。"王元启《记疑》："此诗虽列《汴州乱》后，然以不能刺谗夫为恨，则非为汴州之乱可知。又诗旨与《炭谷湫》'吁无吹毛刃'二语略同。考《顺宗实录》，言京兆尹李实陵轹公卿以下，随喜怒诬奏黜陟。则此诗所云谗夫，恐指李实言之。"《韩学研究·韩愈年谱汇证》："此诗无具体年代可考，陈景云谓初赴汴幕所作，韩醇谓为汴州乱所作，查慎行谓为贝锦青蝇而发。皆非。王元启说：'诗旨与《炭谷湫》吁无吹毛刃二语略同。考《顺宗实录》，言京兆尹李实陵轹公卿以下，随喜怒诬奏黜陟。则此诗所云谗夫，恐指李实言之。'钱仲联《集释》：'王说是也，公《祭张员外文》曰：贞元十九年，君为御史。余以无能，同诏并跱。彼婉娈者，实惮吾曹，侧肩帖耳，有舌如刀。正此诗所指之谗夫也。'方世举《笺注》："曹植诗：'利剑不在掌，结友何须多。'"按：公虽少徒侣，却自谓如耿耿利剑，刺谗夫之决心，则如樊於期，决云开天后而深藏归化也。

②耿耿：光明貌。方世举《笺注》："宋玉《大言赋》：'长剑耿耿倚天外。'无邪心：《越绝书·宝剑篇》：'一曰湛卢，二曰纯钧（或曰磐郢），三曰胜邪，四曰鱼肠，五曰巨阙。'《古今注》：'吴大帝有宝剑六，三曰胜邪。'"《文选》南齐谢朓《暂使下都夜发新林至京邑赠西府同僚》："秋河曙耿耿，寒渚夜苍苍。"《全唐诗》卷三七三孟郊《偶作》："利剑不可近，美人不可亲。"又卷四二四白居易《答友问》："大圭廉不割，利剑用不缺。"宋苏轼《梦与人论神仙道术》："照夜一灯长耿耿，闭门千息自濛濛。"明方孝孺《郑氏四子加冠祝辞》："日之方升，其辉耿耿。愈进而崇，无物不炳。"《辞源》《汉语大词典》均引韩诗为例。无邪心，心底纯正，乃韩公自谓。

③ 故人念我寡徒侣：方《举正》据杭、蜀本作"寡徒侣"。朱《考异》："寡，或作'无'。徒，或作'俦'。"宋白文本作"寡"、作"俦"。祝本、魏本、廖本作"寡"、作"徒"。方世举《笺注》作"无徒侣"。今从"寡""徒"。

此句发少同道的孤独之感。方世举《笺注》云："《前汉书·东方朔传》：'今世之处士，魁然无徒，廓然独居。'何逊诗：'合岸喧徒侣。'"

④ 比知音：公有《知音者诚希》："知音者诚希，念子不能别。行行天未晓，携手踏明月。"又公《与冯宿论文书》："仆为文久，每自测意中以为好，则人必以为恶矣……不知古文直何用于今世也？然以俟知者知耳。"《文选》卷二九《古诗十九首》之五："不惜歌者苦，但伤知音稀。"《吕氏春秋·本味》记伯牙遇知音钟子期事。伯牙善弹琴，子期善听琴，子期死，伯牙以为世无知音者，断弦摔琴，终身不再弹琴。后世称知己为知音。

⑤ 我心如冰剑如雪：方世举《笺注》："魏文帝诗(《大墙上蒿行》)：'欧氏宝剑，何为低昂。白如积雪，利若秋霜。'"按：《西京杂记》卷一："高祖斩……刃上常若霜雪。"唐王昌龄《芙蓉楼送辛渐》："洛阳亲友如相问，一片冰心在玉壶。"

⑥ 谗夫：魏本："韩曰：此朱云(《汉书·朱云传》)'愿借上方斩马剑，用断佞臣一人头'之意也。"谗夫，好说别人坏话的人。谗，《荀子·修身》："伤良曰谗，害良曰贼。"汉王充《论衡·言毒》："君子不畏虎，独畏谗夫之口。"宋叶适《朝请大夫提举江州陈公墓志铭》："以浅疑我，谗夫之淫。"

⑦ 心腐剑锋折：方世举《笺注》："心腐：《史记·荆轲传》：'樊於期曰：此臣之日夜切齿腐心也。扬雄《太玄》：'其心腐且败。'剑锋折：《赵国策》：'马服君曰：吴干之剑，薄之柱上而击之，则折为三。'"按：上言谗夫之可畏，此说自己力不从心：恨之深也。《史记·刺客列传·荆轲传》："荆轲曰：'愿得将军之首以献秦王，秦王必喜而见臣，臣左手把其袖，右手揕其匈，然则将军之仇报而燕见陵

之愧除矣。将军岂有意乎?'樊於期偏袒扼腕而进曰:'此臣之日夜切齿腐心也,乃今得闻教!'遂自刭。"

⑧ 决云中断开青天:魏本:"韩曰:《庄子·说剑》:'上决浮云,下绝地纪。'"

⑨ 剑与我俱变化归黄泉:魏本:"《补注》:《晋书》(《张华传》):'雷焕得丰城宝剑,一与张华,一自佩。华诛,剑失所在。焕死,其子持过延平津,忽于腰间跃出堕水,化为两龙而去。'"方世举《笺注》:"变化:《吴越春秋》:'莫耶曰:神化之物,须人而成。干将曰:昔吾师铸剑,夫妻俱入冶炉中。今吾作剑,不变化者,其若斯耶?'黄泉:《左传》(隐公元年):'不及黄泉,无相见也。'"蒋之翘《辑注》:"'剑与我俱变化归黄泉'一语便属萎餒极矣。"李黼平《读杜韩笔记》:"此有功成即退,深藏不出意。评者以'黄泉'字而言其诿餒,不知'归黄泉'者,即《易》所谓'龙蛇之蛰'。且不见扬子云'深者入黄泉,高者上苍天'语耶?"此诗用扬子云意。

【汇评】

清朱彝尊:语调俱奇险,亦近风谣。(顾嗣立《昌黎先生诗集注》卷二)

清何焯:奇气郁律。(同上)

清陈沆:《利剑》《马厌谷》《忽忽》三章旧各以章首之字为题,时则一时所作,当是德宗贞元十九年由四门博士拜监察御史时。盖公怀史鳅进贤退不肖之志,而郁郁无所遂,故首章(《利剑》)恨不欲去逸而无其权也。次章(《马厌谷》)全用《国策》燕相出亡之事,恨时不养士也。既皆不得,故三章无所发愤,激而为世外之思。屈子所谓"安能忍而与此终古"也。用乐府之奇倔,摅《离骚》之幽怨,而皆遗其形貌,所谓情激而调变者欤?(《诗比兴笺》卷四)

清潘德舆:昌黎《利剑》诗剧有劲骨。(《养一斋诗话》卷六)

程学恂:此及《忽忽》等篇,古琴古味古调。上凌楚《骚》,直接《三百篇》也。(《韩诗臆说》卷一)

龊 龊①
贞元十五年

这首诗写于贞元十五年(799)秋后,韩愈时为张建封幕府节度推官。《史记·货殖列传》:"邹鲁滨洙、泗,犹有周公遗风,俗好儒,备于礼,故其民龊龊。颇有桑麻之业,无林泽之饶,地小人众,俭啬,畏罪远邪。及其衰,好贾趋利,甚于周人。"诗题《龊龊》本此。乃讽刺"当世士"为小利而不顾国家大事。韩愈客幕洙、泗,建封又曾居兖州,正与《史记》所说吻合,显然有讽谕之意。是年秋东郡黄河决口,郑、滑大水,正如诗中所说:"河堤决东郡,老弱随惊湍。"反映了诗人对百姓疾苦的关心,因此,他才希望能被建封引荐,施展才华,为国家做一番事业。这些思想构成了韩愈早期思想的核心。然而,由于处境困难,不能不使韩愈有"自进诚独难"的慨叹,"愿辱太守荐"的期望。

龊龊当世士②,所忧在饥寒③,但见贱者悲,不闻贵者叹。大贤事业异,远抱非俗观④,报国心皎洁⑤,念时涕汍澜⑥。妖姬坐左右⑦,柔指发哀弹⑧。酒肴虽日陈,感激宁为欢⑨?秋阴欺白日,泥潦不少干⑩。河堤决东郡,老弱随惊湍⑪。天意固有属,谁能诘其端⑫?愿辱太守荐⑬,得充谏诤官⑭。排云叫阊阖⑮,披腹呈琅玕⑯。致君岂无术,自进诚独难⑰!

【校注】

① 题:龊(chuò)龊,谨小慎微貌。韩公《与于襄阳书》:"世之龊龊者既不足以语之,磊落奇伟之人又不能听焉,则信乎命之穷

也。"《史记·货殖列传》："邹鲁滨洙、泗,犹有周公遗风,俗好儒,备于礼,故其民龈龈。"《新唐书·杜佑传附杜牧传》："牧刚直有奇节,不为龈龈小谨。"

魏本："《集注》:贞元十五年,郑、滑大水。公十六年(800)自京师归彭城,作诗云:'去岁东郡水,生民为流尸。'而此诗亦云:'河堤决东郡,老弱随惊湍。'诗意相类,大抵言当世之士,龈龈无能为国虑者。"顾嗣立引胡渭曰:"按《洪谱》,公以十五年二月暮抵徐州,张建封居之于符离睢上。及秋将辞去,建封奏为节度推官。符离属徐州彭城郡。诗云'愿辱太守荐',太守即徐州刺史。盖是时建封尚未奏辟,故有望于太守之荐。'大贤事业异'至'感激宁为欢'八句美太守也。"王元启《记疑》:"此诗贞元十五年秋,为徐州节度推官日作。'妖姬'四句,即《赠张彻》诗所谓'相逢宴军伶'者是也。是秋河决东郡,诗中'念时涕汍澜',正感老弱惊湍一事。"按:诗云"愿辱太守荐",非但为幕僚推官事,而是登朝为国之大举也。钱仲联《集释》:"王说为长。'大贤'数句,乃公自谓。'愿辱太守荐,得充谏诤官'者,愿建封荐之于朝廷,非谓辟之为推官。此盖是秋已入徐幕时作。"

② 龈龈当世士:方世举《笺注》:"龈龈:龈,初六切。《史记·货殖传》:'其民龈龈。'当世士:《汉书·司马迁传》:'羞当世之士。'"黄钺《增注证讹》:"龈龈,《汉书》作跟跟。《申屠嘉传》:'跟跟廉谨。'师古曰:'跟跟,持整之貌。'"

按:《史记·申屠嘉传》:自嘉卒,景帝所用丞相,"皆以列侯继嗣,娖娖廉谨。为丞相备员而已,无所能发明功名有著于当世者",诗意同此。则龈、跟、娖三字同。当世士,当代的文士。

③ 所忧在饥寒:此句意谓:当世士所忧虑的只是在个人的温饱。韩愈推崇《论语》,《卫灵公》孔子所说"君子忧道不忧贫",而"所忧在饥寒"的"当世士",不是"龈龈"的庸人吗?一"忧"字揭出写诗目的。如程学恂《韩诗臆说》卷一:"一起直诋得妙。"

④ 大贤:高尚的人。事业异,与"当世士"不同,他们要干的是

为国为民的另一番事业。故引出下句:他的抱负远大,不是世俗庸人的观点。或谓以下八句美太守,非也;乃作者自谓语。如汪琬所说:"'大贤'以下,盖公自谓;若谓太守,即是谀词。"

⑤报国心皎洁:报国,报效国家。皎洁,明亮而洁白。唐张九龄《感遇》诗之一:"兰叶春葳蕤,桂华秋皎洁。"顾况《悲歌》之三:"我心皎洁君不知,辘轳一转一惆怅。"与韩公诗意同。

⑥念时涕汍澜:念时,感念世事。汍澜,涕泣之貌。《文选》卷二三欧阳坚石《临终诗》:"执纸五情塞,挥笔涕汍澜。"《后汉书·冯衍传·显志赋》:"泪汍澜而雨集兮,气滂浡而云披。"汍澜,叠用联绵字。《说文》无汍字,《新附》有之,云:"泣泪貌。"

⑦妖姬坐左右:妖姬,美丽的女子。《全唐诗》卷三七王绩《咏妓》:"妖姬饰靓妆,窈窕出兰房。"此谓席间歌伎。

⑧柔指发哀弹:此句谓:在纤细的柔指下,发出清越哀怜的琴声。柔指,手指纤嫩。《诗·卫风·硕人》:"手如柔荑。"晋刘琨《重赠卢谌》诗:"何意百炼刚,化为绕指柔。"哀弹,弹出哀怜之声。《文选》晋潘安《笙赋》:"辍张女之哀弹。"

⑨酒肴虽日陈,感激宁为欢:虽然每天陈列着美味佳肴,妖姬弹唱,难道就能因感激而欢娱吗?晋阮籍《咏怀诗》八十二首之二:"感激生忧思,萱草树兰房。"

⑩秋阴欺白日,泥潦不少干:欺,方《举正》作"蔽",云:"阁作'蔽',蜀作'欺'。"朱《考异》:"欺,方作'蔽'。今按:作'蔽'固古语,然作'欺'尤有味也。"蒋之翘《辑注》:"欺,或作'蔽',语本古而字雅。《考异》云'作欺尤有味',宋人之见也。"按:蒋说虽有理,然据韩公诗用字求奇求新狠重的特点,作"欺"合公意。

按:二句意谓秋天的阴云遮蔽了太阳;淫雨连绵,水涝地浸怎能不使诗人忧恨呢?欺,蔽也。《楚辞》宋玉《九辩》:"皇天淫溢而秋霖兮,后土何时而得干?"杜甫《秋雨叹》:"秋来未曾见白日,泥污后土何时干。"

⑪河堤决东郡,老弱随惊湍:方世举《笺注》:"《史记·河渠

书》：'孝文时，河决酸枣，东溃金堤，于是东郡大兴卒塞之。'《旧唐书·地理志》：'滑州，隋东郡，武德元年改为滑州。'潘岳诗：'惊湍激岩阿。'"按：《旧唐书·德宗纪下》："贞元十五年秋七月，郑、滑大水。"东郡，滑州，隋时名东郡，今河南滑县一带。《新唐书·地理志二》："滑州灵昌郡，望。本东郡，天宝元年更名。"州城为古滑台城。此指滑州东部一带地方。惊湍，急流。贞元十六年，韩愈从京师回徐州写的《归彭城》诗"去岁东郡水，生民为流尸"指此。

⑫ 天意固有属，谁能诘其端：诘，方《举正》作"语"，云："三本同。谢本作'天意固有谓，谁能诘其端'。"朱《考异》："属，或作'谓'，或作'以'。诘，方作'语'。今按：谓、以、语，不若作属、诘为深切。"按：属，隶属、本性。诘其端，追究它的根源。诘，追问、探寻。或谓"属"字作"谓"，"诘"字作"语"，均非。不若作"属"、作"诘"切韩诗意。

⑬ 太守：指张建封，张为州刺史，亦代行郡守职务，唐代刺史与郡守互名，故云。顾炎武《日知录》卷九《隋以后刺史》注："有时改郡为州，则谓之刺史；有时改州为郡，则谓之太守：一也。"

⑭ 谏诤官：方《举正》据阁本作"争臣官"，云："李校。"朱《考异》："谏诤，方作'争臣'。今按：'争臣'下更着'官'字，语复，非是。"朱说是。

方世举《笺注》："谏诤官：《汉书·鲍宣传》：'何武荐宣为谏大夫，常上书谏争曰：臣官以谏争为职。'"按：谏诤官，掌纠察弹劾百官朝廷得失的官，属御史台。即韩公《争臣论》里所说的"争臣"。《争臣论》云："官以谏为名，诚宜有以奉其职，使四方后代知朝廷有直言骨鲠之臣，天子有不僭赏从谏如流之美；庶岩穴之士，闻而慕之，束带结发，愿进于阙下，而伸其辞说，致吾君于尧舜，熙鸿号于无穷也。"

⑮ 排云叫阊阖：排云，上天。《庄子·说剑》："上决浮云，下绝地纪。"阊阖，天门。《楚辞》屈原《离骚》："吾令帝阍开关兮，倚阊阖而望予。"王逸注："阊阖，天门也。"《汉书·司马相如传·大人赋》："排阊

阊而入帝宫兮。"

⑯披腹呈琅玕：披露心腹，即剖心推腹。琅玕，美玉，借比忠言。《书·禹贡》："厥贡惟球琳琅玕。"

张衡《四愁诗》："美人赠我金琅玕，何以报之双玉盘。"江淹《水上神女赋》："守明玑而为誓，解琅玕而相要。"

⑰致君岂无术，自进诚独难：二句谓：辅佐国君难道是我没有办法吗？然而要想自荐于朝廷却非常困难。与杜甫《奉赠韦左丞丈二十二韵》"致君尧舜上，再使风俗淳"意同。

【汇评】

清沈德潜：时张建封居公于符离睢上，及秋将辞去，建封奏为节度推官。此犹未荐时诗，故有望于太守之荐也。（《唐诗别裁集》卷四）

清王元启：读此诗首章八句，襟期宏远，气厚辞严，见公悯恻当世之诚，发于中所自不能已。从游如李翱辈，渐涵于公之教泽者深，故《幽怀》一赋，辞气悉与冥会。欧公读《幽怀赋》，至恨不得生翱时，与翱上下其议论。盖其所感者深矣。顾反薄韩愈为不足为。则岂读公此诗，独能漠然无动于中乎？（《读韩记疑》卷一）

程学恂：一起直诋得妙。"愿辱太守荐，得充谏诤官"，是公之素愿，后公为御史，即上《天旱人饥疏》，其志事已定于此。可知古人立言，皆发于中诚，非仅学为口头伎俩也。（《韩诗臆说》卷一）

蒋抱玄：此诗刚中有媚骨，较《驽骥》等篇耐嚼。（《注释评点韩昌黎诗全集》）

汇校汇注汇评

昌黎先生诗集

张弘韬 张清华 编著

第二册

北京师范大学出版集团
安徽大学出版社

卷三 古诗

河之水二首寄子侄老成①
贞元十六年

由诗次章卒句"我徂京师,不远其还"可证,此诗写于贞元十六年(800),韩愈由徐归洛,由洛准备赴京时作。愈与老成虽是叔侄,然年相若。愈少孤,养于伯兄嫂,老成是愈二兄介之子,过继于会,两人自小相依为命,情同手足:"零丁孤苦,未尝一日相离。"这两首诗正表现了韩愈思念老成的真情。师法《诗经》之《国风》,语句长短变化,似古且新,既保留了《诗经》、乐府古朴的传统,又在诗歌革新道路上有所创新。字句用韵不拘,挥洒自由,容易抒发感情。如程学恂《韩诗臆说》卷一云:"看来只淡淡写相思之意,绝不著深切语,而骨肉系属之深,已觉痛入心脾。二诗剀切深厚,真得《三百篇》遗意,在唐诗中自是绝作。"当与公《祭十二郎文》同读。

河之水,去悠悠②,我不如,水东流③。我有孤侄在海陬④,三年不见兮,使我生忧⑤。日复日,夜复夜,三年不见汝,使我鬓发未老而先化⑥。

河之水,悠悠去,我不如,水东注⑦。我有孤侄在海浦⑧,三年不见兮,使我心苦⑨。采蕨于山⑩,缗鱼于渊⑪;我徂京师,不远其还⑫。

【校注】

① 题：方《举正》、朱《考异》只作"河之水"。《文粹》卷一一载此诗，作"水悠悠二章"。文本、魏本、廖本作"河之水二首寄子侄老成"。宋白文本"二首"字在题下为小字注。王元启《记疑》："'子'字疑衍。或引杜甫《赠侄佐》诗'嗣宗诸子侄'句为例，谓唐人有此称谓。吾谓杜云诸子侄，盖泛指群从，下句'早觉仲容贤'，乃指侄佐。若篇题直云'示子侄佐'，恐亦未安。又按贞元十六年夏，公去徐居洛，冬如京师。明年三月东还。此诗十六年在洛时始拟入京而作，观次章末句可见。"方成珪《笺正》："'子'疑当作'示'。第六卷有《示爽》《宿曾江口示侄孙湘》诗，第七卷有《示儿》诗，第十卷有《左迁至蓝关示侄孙湘》诗，其例也。"

老成：即十二郎。韩愈上有三兄，一早卒。长兄会，官起居舍人，无子；季兄介，一命率府参军卒，二子：百川、老成。老成过继会为嗣，有二子：湘、滂。老成，未仕而卒。湘，中进士，官大理评事；滂，早卒，回继伯父百川。文《详注》："公之兄会、介。介为人孝友，一命率府军佐以卒。二子百川、老成。会为起居舍人，卒官岭表，无子，以老成为后。老成时在江南，公方自徐州罢去，入京城，故有此赠。按公祭老成文云：'吾佐董丞相幕于汴州，汝来省吾，止一岁，请归取其孥。明年，丞相薨，吾去汴州，汝不果来。是年，吾佐戎徐州，使取汝者始行，吾又罢去，汝又不果来。吾念汝从于东，东亦客也，不可以久图，吾故舍汝而适京师，以求斗斛之禄。'董晋以贞元十五年二月卒，二月暮，公乃至徐依张建封，及秋，建封始辟为从事。十六年，建封卒，公五月出于徐州，西居于洛阳，则此诗之作在贞元十七年乎？公时在洛阳，将有入京之意，故先以此诗为赠，而诗曰'三年不见'也。"《方表》系十六年，《增考》同，云："公《河之水》诗亦今年作，故曰'我徂京师，不远其还'是也。"魏本："孙曰：'十七年公有此诗。'韩曰：观公祭老成文，则知公眷眷之情与此诗一也。诗云'我不如，水东流，我有孤侄在海陬'，则祭文'吾念汝从于东'之意。诗云'我徂京师，不远而还'，则祭文所谓'暂相别，终当久相与处'之意。"方世举《笺注》:"《韩滂墓志》云:滂祖讳介,一命率府军佐以卒。二子百川、老成。老成为伯父起居舍人会后,未仕而死。有二子,曰湘、滂。按《祭十二郎文》云:'吾佐董丞相于汴州,汝来省吾。止一岁,请归取其孥。明年,丞相薨,吾去汴州,汝不果来。是年,吾佐戎徐州,使取汝始行,吾又罢去,汝又不果来。'十二郎,即老成也。取孥之行在十四年至十六年春,则三年不见矣。'我徂京师,不远其还',谓朝正毕即归也,此乃自京寄怀之作。"蒋抱玄《评注》:"托黄河以寄兴,必去徐州由洛阳如京师时作。贞元十六年。"钱仲联《集释》:"按魏本引孙汝听注,以为十七年作。方世举注以诗'我徂京师,不远其还',谓朝正毕即归,此乃自京寄怀之作。皆非是。兹从王说。"按:诗之系年,以方崧卿、王元启说为善。文说十七年,则不合"三年不见";三年者,指老成贞元十二年秋,服郑氏孝期满,东归汴省叔愈,止一岁,则十三年;自十三年至十六年,则三年。若系十七年,则四年矣;况韩愈十六年冬入京参选未成,十七年二次入京参选。公《祭十二郎文》:"吾年十九,始来京城。其后四年,而归视汝。又四年,吾往河阳省坟墓,遇汝从嫂丧来葬。又二年,吾佐董丞相于汴州,汝来省吾,止一岁,请归取其孥……"韩愈十九岁进京赴试,为贞元二年,其后四年为贞元六年,又四年为贞元十年,又二年为十二年,止一岁为十三年,三年不见,当为十六年也。三年者与韩愈所说正合。

② 悠悠:长流不断的样子。《全唐诗》卷二〇《相和歌辞》姚氏月华《怨诗二首》:"春水悠悠春草绿,对此思君泪相续。"又卷二一温庭筠《懊恼曲》:"悠悠楚水流如马,恨紫愁红满平野。"

③ 我不如,水东流:文《详注》:"水以东流为顺,人以宗族为本,公方与老成隔绝,河水之不如也,故以为况。刘公幹《赠从弟》诗曰:'泛泛东流水。'"方世举《笺注》:"蔡琰《胡笳十八拍》:'河水东流兮心是思。'《十六国春秋·陇上壮士歌》:'西流之水东流河,一去不还奈子何?'"按:我向西,水向东,不能像黄河水一样向你客居的地方东流去。

④ 孤侄:老成父母早卒,孤身一人,过继韩会,而养父母韩会、郑氏又死,无兄弟姊妹,乃韩公之侄,故云"孤侄"。

海陬:方《举正》:"《文粹》作'海隅',古音'隅'与'流'通。"文《详注》:"陬,隅也,音菑尤切。"魏本:"韩曰:祭文'吾念汝从于东'之意。"又魏本音注:"陬,子侯切。"方世举《笺注》:"陬:《说文》(邑部):'陬,阪隅也。'"童《校诠》:"第德案:说文:隅,陬也,段曰:古音在四部(侯部);偶平声;禺,母猴属,头似鬼,从由,从内,段曰:古音在四部,读如偶。悠、流、忧在尤部,陬、隅在侯部,尤侯得通叶,故方云古音通。但隅与流叶之例,毛诗、周易、楚辞皆未见,俟考。"

按:海陬,海角,时老成在宣城上元,故云,言其远也。陬,或作"隅"。

⑤ "三年"句:王元启《记疑》:"按公祭老成文,贞元十四年(798)老成归宣,欲并取其孥来汴,因公去汴,不果。十六年(800),公佐戎徐州,使人往取老成,继又去徐,不果。是冬,将入京师,与老成别二年余矣,故云'三年不见'。"按:贞元十三年老成由汴回宣城,欲取家小来汴,因愈去汴未成。《祭十二郎文》曰:"是年,吾佐戎徐州,使取汝者始行,吾又罢去,汝又不果来。"则是贞元十六年事,算来相距三年。忧,忧虑。《论语·卫灵公》:"君子忧道不忧贫。"《列子·天瑞》:"杞国有人忧天地崩坠,身亡所寄,废寝食者。"此含思念意。

⑥ 使我鬓发未老而先化:即"使我未老而鬓发先化"。先化者,先变白也。《祭十二郎文》云:"吾年未四十,而视茫茫,而发苍苍。"《说文·老部》:"七十曰老。老,从人毛匕。言须发变白也。"须发变白叫化。是年愈才三十三岁。《楚辞》屈原《离骚》:"伤灵修之数化。"王逸注:"化,变也。"《荀子·正名》:"状变而实无别而为异者,谓之化。"注:"化者改旧形之名。"此诗前协侯韵:悠、流、陬,后用祃韵:夜与化协。

⑦ 水东注:文《详注》:"悠悠而去,非特去悠悠之缓也。东注于海,水有所归,非特东流之远也。言河水之有归,益以况己之不

如。"方世举《笺注》:"东注:《诗·有声》(《诗·大雅·文王有声》):'丰水东注[,维禹之绩]。'"按:水东注,即水东流。《庄子·齐物论》:"注焉而不满。"李白《早过漆林渡寄万巨》:"沓浪竞奔注。"

⑧ 海浦:文《详注》:"浦,水厓也,尤言其远。此与《祭老成》云'一在天之涯,一在地之角'同意。"王懋竑《读书记疑》卷一六:"浦、苦上声,此上去通用。或浦、苦叶去声,或注叶上声。《韵补》俱不载。"方世举《笺注》:"《广韵》:'《风土记》:大水有小口别通曰浦。'"按:浦,水边、岸边。《楚辞》屈原《九章·哀郢》:"背夏浦而西思兮,哀故都之日远。"

⑨ 使我心苦:文《详注》:"心苦,忧之至也。"按:相别日久,心苦之甚也。如《诗·王风·采葛》:"一日不见,如三岁兮。"苦:注、浦、苦协韵,上声,姥韵。

⑩ 采蕨(jué)于山:文《详注》:"采蕨、缗鱼,嘉老成有隐居之乐。蕨,菜名也。"魏本:"樊曰:'采蕨必于山,兴也。'"方世举《笺注》:"采蕨:《诗·草虫》:'陟彼南山,言采其蕨。'"按:此句谓:在山上采蕨。蕨,多年生草本植物,嫩叶可食,茎根可作淀粉,全株可入药。《诗·召南·草虫》:"陟彼南山,言采其蕨。"笺云:"《草木疏》云:周秦曰蕨,齐鲁曰蘩。俗云其初生似鳖脚,故名焉。"

⑪ 缗(mín)鱼于渊:方《举正》"渊"作"泉",云:"杭本同,蜀作'渊'。"朱《考异》:"渊,方作'泉'。今按:以渊为泉,避讳(高祖李渊名讳)也。依例当作渊。"宋白文本、文本、祝本、魏本作"泉",即旧唐本原貌。廖本、王本作"渊",后出本,未讳也。

文《详注》:"采蕨、缗鱼,嘉老成有隐居之乐。缗,钓缴也。《诗》(《召南·何彼秾矣》):云:'其钓维何?惟丝伊缗。'音眉贫切。"魏本:"樊曰:'缗鱼必于渊,求禄必于京师,兴也。'"方世举《笺注》:"缗鱼:《诗·何彼秾矣》:'其钓维何,维丝伊缗。'《六韬》:'缗隆饵重,则嘉鱼食之。缗绸饵芳,则庸鱼食之。'"按:此句谓在水潭里钓鱼。缗,钓鱼用的丝线。《诗·召南·何彼秾矣》:"其钓维何?维丝伊缗。"

⑫我徂京师,不远其还:方《举正》据阁本订"其"字,云:"李、谢校。"朱《考异》:"其,或作'而'。"宋白文本、文本、祝本、魏本作"而",魏本注:"而,一作'其'。"按:有"远"字,作"其"字善。

方世举《笺注》:"我徂京师:《公羊传》:'京师者何?天子之居也。京者何?大也。师者何?众也。天子之居,必以众大之辞言之。'"魏本:"韩曰:祭文所谓'暂相别,终当久相与处'之意。"文《详注》:"还,反也。"蒋之翘注引刘辰翁曰:"此'其',楚语也。"按:此句意谓:我去京师长安,不久就回来了。《诗·豳风·东山》:"我徂东山,慆慆不归。"

对此诗结句含义理解不一:王元启《记疑》:"按联句诗云:'我家本瀍谷,有地介皋巩。'瀍、谷、皋、巩,皆今河南府地,唐为洛州。公去徐即洛,盖是返其故居。祭老成文云:'将成家而致汝。'即谓致之于洛也。采蕨者必于山,缗鱼者必于渊,洛既为公故居,则虽有京师之役,终当不远其还耳。盖聚族必于是也。旧注谓求禄必于京师,似错会公意。后老成竟死宣州,在得此诗后二年。"陈沆《诗比兴笺》:"'我徂京师,不远其还',即所谓'图久远者,莫如西归,将成家而致汝'也。'采蕨必于山,缗鱼必于渊',以喻合聚骨肉必在成家,欲成家必求禄于京师。故云'不远其还'者,言不久当使汝携孥来西还京师也。或谓昌黎不久亦将还就湘[老成]于海浦,有是情乎?"钱仲联《集释》:"陈说仍牵于旧注樊汝霖之说,未若王说为长。'不远其还'紧接上句'我徂京师'而来,皆就公本人言。陈笺似迂曲。"按:钱说是。

【汇评】

明唐汝询:此退之在朝,思见其侄而不可得,故以河水起兴,言不能如水之东流而从彼,是以日夕怀忧,而觉鬓发之改色耳。

己之念侄至矣,恐彼不能忘情,则又深慰之,使采蕨缗鱼以自适。且言我往京师,不久将返,汝勿以为念也。(《唐诗解》卷一八)

清朱彝尊:是学《国风》,却乃长短句,盖亦欲稍换面貌。(顾嗣

立《昌黎先生诗集注》卷三)

清何焯:二诗一片真气,词亦古极。(同上)

清陈沆:老成,昌黎兄子。昌黎幼鞠于寡嫂,故《祭十二郎文》曰:"吾上有三兄,皆不幸早世,承先人后者,在孙惟汝,在子惟吾;两世一身,形单影只。"即谓湘(老成)也。又曰:"吾佐董丞相于汴州,汝来省吾,止一岁,请归取其孥;明年,吾去汴。""佐戎徐州,汝又不果来。"诗盖是时作也。三年不见,鬓发先化。即《祭文》所谓"吾年未四十,而视茫茫,而发苍苍"也。"我徂京师,不远其还",即所谓"图久远者,莫如西归,将成家而致汝也"。"采蕨必于山,缗鱼必于渊",以喻合聚骨肉必在成家,欲成家必求禄于京师。故云"不远其还"者,言不久当使汝携孥来西还京师也。或谓昌黎不久亦将还就湘(老成)于海浦,有是情乎?(《诗比兴笺》卷四)

程学恂:看来只淡淡写相思之意,绝不著深切语,而骨肉系属之深,已觉痛入心脾。二诗剀切深厚,真得《三百篇》遗意,在唐诗中自是绝作。当与公所作《琴操》同读。(《韩诗臆说》卷一)

山　石①

贞元十七年

该诗写作时间,一云公在徐州时作,一云贬岭南时作,一云离徐居洛时作。从诗所写内容看,当写于贞元十七年(801)秋。诗所绘之境,所抒之情,无不别致新颖,刚健清峻。这是一首纪游诗,虽非专咏山石,开头一句"山石荦确行径微",就把怪石壁立险峭,蛇径崎岖难行的山景展现在读者面前。意不在写山,山形毕肖。接着便一步一绘地向前继进,于是一幅幅生动鲜明的画图如展画卷:黄昏时分蝙蝠乱飞的山寺晚景,新雨后堂前的芭蕉支子图,依次展现出来。五、六句是一幅客释古寺照壁观画图,七、八句是一幅客释生活的风俗画。九、十句又一画,画面鲜明,意境幽远,乃山寺戴月的清净夜境。"天明"六句,共绘一幅山间早行长卷。最后四句是因景抒怀发出对人事际遇的感慨。方东树《昭昧詹言》卷一一总论七古云:"凡结句都要不从人间来,乃为匪夷所思,奇险不测。他人百思所不解,我却如此结,乃为我之诗。如韩《山石》是也。不然,人人胸中所可有,手笔所可到,是为凡近。"又卷一二韩公:"《山石》:不事雕琢,自见精彩,真大家手笔。许多层事,只起四语了之。"查晚晴亦说(《查初白诗评十二种》附载):"写景无意不刻,无语不僻;取径无处不断,无意不转。屡经荒山古寺来,读此始愧未曾道着只字,已被东坡翁攫之而趋矣。"

山石荦确行径微,黄昏到寺蝙蝠飞②。升堂坐阶新雨足③,芭蕉叶大支子肥④。僧言古壁佛画好,以火来照所见稀⑤。铺床拂席置羹饭,疏粝亦足饱我饥⑥。夜深静卧百虫绝⑦,清月出岭光入扉⑧。天明独去无道路,出入高下穷烟霏⑨。山红涧碧纷烂漫⑩,时见松枥皆十围⑪。当流赤足蹋涧石⑫,水声激激风吹衣⑬。人生如此自可乐,岂必局束为人鞿⑭。嗟哉吾党二三子,安得至老不更归⑮!

【校注】

①题:文《详注》:"公时居洛阳,此山即嵩山也。《补注》:公贞元十六年,去徐即洛,此诗所以作。故末有'岂必局束为人鞿'之句。苏轼尝与客游南岸(溪),醉后咏公此篇,因次其韵。"魏本:"樊曰:此诗编次于《河之水》后,当是去徐即洛时作,故其后有'人生如此自可乐,岂必局束为人鞿'之句。苏内翰尝与客游南溪,醉后相与解衣濯足,因咏公此篇。慨然知其所以乐,而忘其在数百年之外,因次其韵,见《坡集》。"方世举《笺注》:"按:《外集·洛北惠林寺题名》云:'韩愈、李景兴、侯喜、尉迟汾,贞元十七年七月二十二日,鱼于温洛,宿此而归。'前诗云'晡时坚坐到黄昏',此诗云'黄昏到

寺蝙蝠飞',正一时事景物。"钱仲联《集释》:"王鸿(疑为鸣)盛曰:'观诗中所写景物,当是南迁岭外时作,非北地之语,但不知是贬阳山抑潮州,不能定也。'王元启曰:'此诗在徐独游而作。公在徐所亲无一相从者,《与东野书》及《赠张籍》诗可考。今此诗卒章又复云云,是以知其为在徐作也。樊注恐非。'《补释》:二王说俱无确证,不如方说为长。"《韩愈年谱汇证》系贞元十七年,云:"从诗所写内容看,当写于是年秋……不仅诗中'黄昏'句与《赠侯喜》诗'晡时坚坐到黄昏'指同一情景,诗中'嗟哉吾党二三子,安得至老不更归'句,与'是时侯生与韩子',题记三者皆合。是时韩愈与侯喜皆无仕闲居,有不遇之叹,鱼樵之思。"

② 荦(luò)确:魏本:"孙曰:'荦确,山不平貌。上吕角切,下音觉。'"方世举《笺注》:"荦确:《广雅·释山》:'峇,确也。'《玉篇》:'硗,确,亦作埆。'郭璞《江赋》:'幽涧积阻,岩碛磐礴。'善曰:'皆水激石,崄峻不平之貌。'又按:《广雅》:'磐确,石相扣声。'想与此通用。后'巴山荦岩''热石荦硞',音义亦相近。"按:形容山石奇险嵯峨,凸凹不平。荦确,石地不平貌。《全唐诗》卷三七五孟郊《石淙》十首之四:"蜿蜒相缠掣,荦确亦回旋。"行径微,山路狭窄崎岖。蝙蝠,方世举《笺注》:"《尔雅·释鸟》:'蝙蝠,服翼。'注:'或谓之仙鼠。'"按:蝙蝠,哺乳动物。或名仙鼠,飞鼠。形似鼠,前后肢有薄膜与体连,夜间飞捕蚊、蚁与小昆虫。

按:诗起笔即写山行与山寺实景,真干净利落,峻爽逗人。如何焯《义门读书记》卷三〇云:"直书即目,无意求工而文自至。一变谢家模范之迹,如画家之有荆关也。"

③ 新雨足:方《举正》订"足"字,云:"杭作'足',蜀作'定',柳、谢皆从'足'。"朱《考异》:"足,或作'定',非是。"宋白文本、祝本、魏本作"定"。文本、廖本、王本作"足"。按:作"定"者,或字形似而讹,或理解而误,即雨下得足够理解为雨停。作"足"字善,与下句"肥"对。

新雨:刚刚下过的雨。《全唐诗》卷一八《横吹曲辞》欧阳瑾《折杨柳》:"嫩色宜新雨,轻花伴落梅。"又卷二八《杂曲歌辞》刘禹锡《竹枝》之三:"江上朱楼新雨晴,瀼西春水縠文生。"足,足够,充足。《老子》:"损有余而补不足。"曹操《置屯田令》:"夫定国之术,在于强兵足食。"

④ 芭蕉叶大支子肥:方世举《笺注》:"芭蕉:《南方草木状》:甘蕉望之如树,株大者一围余,叶长一丈,或七八尺,广尺余二尺许,花大如酒杯形,色如芙蓉,著茎末甜美。一名芭蕉,或曰芭苴。"按:芭蕉为多年生草本植物。又名甘蕉、巴苴。大者高可及丈,果实可食,根茎花蕾入药,原产于我国。晋嵇含《南方草木状》上:"甘蕉望之如树,株大者一围余,叶长一丈或七八尺,广尺余、二尺许。……一名芭蕉,或曰巴苴。"

支子:文《详注》:"支子,荔枝也。"魏本注:"旧作支子。支,即栀字。"魏本所谓"旧注",乃文谠注。谓支子即荔枝则非。支子又作卮子、栀子。常绿灌木,仲春开白花,甚芳香,夏秋结实如诃子,生青熟黄,可入药,可作染料。详见《本草纲目》卷三六《木》三《卮子》。《酉阳杂俎》卷一八《广动植》之三《木篇》:"诸花少六出者,惟栀子花六出。陶真白言,栀子蒵花六出,刻房七道,其花香甚,相传即西域薝蔔花也。"《全唐诗》卷二六《杂曲歌辞》施肩吾《古曲》五首之三:"不如山支子,却解结同心。"肥,硕大繁盛。《全唐诗》卷一二六王维《送友人南归》:"郧国稻苗秀,楚人菰米肥。"又卷一二七王维《田家》:"夕雨红榴拆,新秋绿芋肥。"而公所用实出杜甫《陪郑广文游何将军山林》十首之五:"绿垂风折笋,红绽雨肥梅。""支子肥"对上"新雨足"。

⑤ 古壁:旧墙壁。《全唐诗》卷二一《相和歌辞》李贺《神弦曲》:"古壁彩虬金帖尾,雨工骑入秋潭水。"又卷四二卢照邻《文翁讲堂》:"空梁无燕雀,古壁有丹青。"火,灯火。

所见:朱《考异》:"或作'见所'。非是。"

稀:钱仲联《集释》:"稀,依稀,模糊;亦可作稀罕解,谓如此好画,确是稀见。"稀,少有,罕见,中州口语"稀罕";作依稀,模糊解也通。《唐宋诗醇》卷二九:"与《岳庙》作'神纵欲福难为功'略同。于法则随手撇脱,于意则素所不满之事即随处自然流露也。"

⑥ 疏粝(lì):粗糙的米。文《详注》:"墨子言尧舜曰:粝粟之食。服虔(《汉书·司马迁传》注引)曰:'粝,粗米也。'张晏(《汉书·司马迁传》注引)曰:'一斛粟七斗米为粝。'音赖。疏,亦粗也。"魏本:"粝,祝曰:'脱粟也。《列子》(《力命》):食则粢粝。'粝,音赖,又兰未切。"童《校诠》:"粝,粗粝。第德案:诗召旻:彼疏斯粺,郑笺:疏,粗也;文选左太冲魏都赋:非疏粝之士所能精,刘渊林注:疏粝,粗也。旧注未释疏字之义,故为补之。疎为疏之后出字。"疏粝,糙米。

⑦ 夜深静卧百虫绝:方世举《笺注》:"静卧:陶弘景《授陆敬游十赉文》:'可以安身静卧。'"百虫绝,所有的虫都停止了鸣叫,寂静无声息。衬托夜深静穆之感。

⑧ 扉:门扇。《尔雅·释宫》:"阖谓之扉。"疏:"阖,门扇也,一名扉。"

此诗首十句从日暮写到昏夜,此又由昏夜写到天明。何焯《义门读书记》卷三〇:"'清月出岭光入扉',从晦中转到明。"

⑨ 天明独去无道路:山间非无道路,乃为晨雾笼罩,看不清也。

出入高下穷烟霏:高下,高高下下,谓山路高低不平。穷烟霏,在云雾里穿来穿去,有日出雾敛之感。何焯《义门读书记》卷三〇:"《山石》:直书即目,无意求工而文自至。一变谢家模范之迹,如画家之有荆关也。'出入高下穷烟霏','穷烟霏'三字是山中平明真景。从明中仍带晦,都是雨后兴象,又即发端'荦确''黄昏'二句中所包缊也。"

⑩ 山红涧碧纷烂漫:魏本引《补注》:"东坡诗云:'荦确何人似退之,意行无路欲从谁?宿云解驳晨光漏,独见山红涧碧时。'皆采公此篇中语也。"方世举《笺注》:"山红涧碧:王融诗:'日汨山照红,

松映水华碧。'梁简文帝诗:'垂花临碧涧,结翠依丹巘。'烂漫:沈约诗:'烂漫屓云舒,欻崟山海出。'"按:此句写朝霞映照山冈呈现的景象,北方山间早晚多见。或云山间红花。涧碧,涧水碧绿,与"山红"对应。纷,盛多貌。烂漫,光彩照人。一句七字三折,把雨后山景之美写足了。

⑪枥(lì):方《举正》:"阁本、蜀本同。曾、谢本刊'枥'作'栎'。《选·南都赋》:'枫柙栌枥。'李善曰:'枥与栎同,古字通。'"朱《考异》:"枥,或作'栎'。"木名。文《详注》:"枥,木名。《说文》(木部)曰:'枥斯,枊脂也。[从木,历声。]'汉枚叔书(《汉书·枚乘传》上书)曰:'十围之木。'注云:'三尺曰围,十围言大也。'苏鹗《演义》曰:'前史称十围者众,近者《北史》又云:庾信身长八尺,腰带十围。十围者,环绕之义。'古制以围三径一,即一围者三尺也,岂长八尺之人而系三十尺腰带乎?甚非其理,此围盖取手大指头相合为一围,即今俗谓之一搦是也。"按:枥,同栎,落叶乔木,树干粗大。十围:俗谓两手合抱叫一围,十围形容枥树之大。或称手大指头相合一搦为一围,也言其粗大。此句总言枥树粗大,非坐实言之也。谓"古制以围三径一,即一围者三尺也。岂长八尺之人而系三十尺腰带乎?甚非其理。"真不懂数学的圆周率。圆周率谓直径与圆周之比约为三比一。

⑫当流赤足蹋涧石:顾嗣立《集注》:"刘石龄云:杜子美《早秋苦热》诗:'南望青松架短壑,安得赤脚蹋层冰。'方世举《笺注》:"蹋,徒盍切。《释名》:蹋,榻也。榻,着地也。"按:赤足,光脚。诗写光着脚在水里走。杜甫《早秋苦热堆案相仍》:"南望青松架短壑,安得赤脚踏层冰。"韩诗效杜。韩公《寄卢仝》:"一奴长须不裹头,一婢赤脚老无齿。"皆狠重之笔。蹋(tà 徒盍切,入,盍韵),践踏,踩。《说文·足部》:"蹋,践也。"段注:"俗作踏。"《后汉书·东夷传》:"群聚歌舞,舞辄数十人相随,蹋地为节。"

⑬水声激激风吹衣:方《举正》订"吹衣",云:"三本同。谢作'生衣'。"朱《考异》:"吹,或作'生'。"宋白文本、文本、廖本、王本作

"吹"。文本注："一作'生',非。"祝本、魏本作"生",注："一作'吹'。"作"吹",是。

激激：方世举《笺注》："古乐府《战城南》：'水声激激,蒲苇冥冥。'"风吹衣,文《详注》："陶潜赋(《归去来兮辞》)曰：'风飘飘而吹衣。'"方世举《笺注》："蔡琰诗(《悲愤诗》)：'翩翩吹我衣,肃肃入我耳。'"按：激激,水声。风吹衣,山中风凉,吹之宜觉。《战城南》《归去来兮辞》为韩公所本。"当流"二句回抱"新雨足"。故何焯《义门读书记》卷三〇云："顾雨足。"

⑭ 自可乐：方《举正》作"自得乐",云："杭、蜀。"朱《考异》："或作'可自得'。自可,方作'自得',或作'可自',皆非是。"诸本作"自可乐",从之。

文《详注》："言有官守,如马之被羁也。《前汉·灌夫传》：'局趣辕下驹。'应劭曰：'局趣,蹙小之貌。'又《刑法志》晋灼曰：'靮,古羁字。'颜师古曰：'马络曰羁。一曰镳在口。'"魏本："韩曰：《前汉·灌夫传》：'廷论局趣效辕下驹。'靮,马络。祝曰：《楚辞》：'余虽好修姱以鞿羁兮。'注：'缰在口曰鞿。'《前汉》是犹以靮而御驿马突。孙曰：'言为人所鞿縶也。'"方世举《笺注》："局束：《汉书·灌夫传》：'廷论局趣效辕下驹。'靮,《离骚》：'余虽好修姱以鞿羁兮。'注：'缰在口曰鞿,革络头曰羁。'"按：自可乐者,自然可以快乐也。局束,同拘束。靮(jī),马缰绳,这里当为人控制解。

⑮ 二三子：似指《题名》里同游诸友。安得,怎能够。不更归,即更不归,更不想回去了。《全唐诗》卷一八《横吹曲辞》孟郊《折杨柳》："赠远累攀折,柔条安得垂。"又卷一九《相和歌辞》李白《猛虎行》："巨鳌未斩海水动,鱼龙奔走安得宁。"蒋抱玄《评注》："《论语》(《公冶长》)：'吾党之小子。'又(《述而》)：'二三子以我为隐乎？'"为韩公所本。

【汇评】

宋黄震：《山石》诗清峻。(《黄氏日抄》卷五九)

金元好问:《论诗三十首》之二十四:有情芍药含春泪,无力蔷薇卧晚枝。拈出退之《山石》句,始知渠是女郎诗。(《杜甫戏为六绝句集解　元好问论诗三十首小笺》)

明瞿佑:《山石句》:元遗山《论诗三十首》内一首云:"有情芍药含春泪,无力蔷薇卧晚枝。拈出退之《山石》句,始知渠是女郎诗。"初不晓所谓。后见《诗文自警》一编,亦遗山所著,谓"有情芍药含春泪,无力蔷薇卧晚枝",此秦少游《春雨》诗也。非不工巧,然以退之《山石》句观之,渠乃女郎诗也。破却工夫,何至作女郎诗?按昌黎诗云:"山石荦确行径微,黄昏到寺蝙蝠飞。升堂坐阶新雨足,芭蕉叶大栀[支]子肥。"遗山固为此论,然诗亦相题而作,又不可拘以一律。如老杜云:"香雾云鬟湿,清辉玉臂寒。""俱飞蛱蝶元相逐,并蒂芙蓉本自双。"亦可谓女郎诗耶?(《归田诗话》卷上)

清查慎行:意境俱别。(《查初白诗评十二种》)

清查晚晴:写景无意不刻,无语不僻;取径无处不断,无意不转。屡经荒山古寺来,读此始愧未曾道着只字,已被东坡翁攫之而趋矣。(同上)

清何焯:《山石》:直书即目,无意求工而文自至。一变谢家模范之迹,如画家之有荆关也。"清月出岭光入扉",从晦中转到明。"出入高下穷烟霏","穷烟霏"三字是山中平明真景。从明中仍带晦,都是雨后兴象,又即发端"荦确""黄昏"二句中所包缊也。"当流赤足蹋涧石"二句,顾雨足。(《义门读书记》卷三〇)

清顾嗣立:七言古诗,易入整丽,而亦近平熟。自老杜始为拗体,如《杜鹃行》之类。公之七言皆祖此种,而中间偏有极鲜丽处,不事雕琢,更见精采,有声有色,自是大家。元遗山《论诗绝句》云(略)。真笃论也。(《昌黎先生诗集注》卷三)

清沈德潜:《山石》:元遗山《论诗绝句》云:"有情芍药含春泪,无力蔷薇卧晚枝。拈出退之《山石》句,始知渠是女郎诗。"谓此篇也。"有情"二句,秦少游诗。(《唐诗别裁集》卷七)

清爱新觉罗·弘历:"以火来照所见稀",与《岳庙》作"神纵欲

福难为功"略同。于法则随手撇脱,于意则素所不满之事即随处自然流露也。(《唐宋诗醇》卷二九)

清翁方纲:全以劲笔撑空而出,若句句提笔者。(《古诗选批》)

清郭麐:遗山《论诗绝句》:"有情芍药含春泪,无力蔷薇卧晚枝。拈出退之《山石》句,始知渠是女郎诗。"遗山之论本于王拟栩中立,见《中州集》中拟栩诗,皆粗豪无味,故有此论。瞿宗吉《归田诗话》驳之是也。其谓见《诗文自警》一编,亦遗山所著论此二句云云,似遗山自为此论者,其书今亦未见。(《灵芬馆诗话》卷一)

清方东树:凡结句都要不从人间来,乃为匪夷所思,奇险不测。他人百思所不解,我却如此结,乃为我之诗。如韩《山石》是也。不然,人人胸中所可有,手笔所可到,是为凡近。(《昭昧詹言》卷一一总论)

又:《山石》:不事雕琢,自见精彩,真大家手笔。许多层事,只起四语了之。虽是顺叙,却一句一样境界。如展画图,触目通层在眼,何等笔力!五句、六句又一画。十句又一画。"天明"六句,共一幅早行图画。收入议,从昨日追叙,夹叙夹写,情景如见,句法高古。只是一篇游记,而叙写简妙,犹是古文手笔。他人数语方能明者,此须一句,即全现出,而句法复如有余地,此为笔力。(同上卷一二韩公)

又:《寄韩谏议》:此开韩《山石》。(同上卷一二杜公)

清方东树:《游六榕寺拟韩退之山石》:古寺跬步睹榜颜,人境不远异寂喧。当阶日穿榕叶暗,阴壁翻动天影圆。入寻碑碣认苏字,点画剥落无一全。升堂啜茗共僧话,傀语亦足当谈玄。物外日月绝幽静,鸟声闲暇花余妍。日暮欲去意未厌,照井绕树重流连。须臾隔巷寺门隐,回望宝塔凌苍烟。归来冥想尘纷剥,但觉耳目非从前。嗟予流落寡游赏,每闻胜境常歉然。况更摧折气难横,那复强句追杜韩。(《仪卫轩诗集》卷一)

清刘熙载:昌黎诗陈言务去,故有倚天拔地之意。《山石》一作,辞奇意幽,可为《楚辞·招隐士》对,如柳州《天对》例也。(《艺

概》卷二《诗概》)

程学恂:李、杜《登太山》《梦天姥》《望岱》《西岳》等篇,皆浑言之,不尽游山之趣也,故不可一例论。子瞻游山诸作,非不快妙,然与此比并,便觉小耳。此惟子瞻自知之。(《韩诗臆说》卷一)

汪佑南:昌黎《山石》想是宿寺后补作,以首二字"山石"标题,此古人通例也。"山石"四句即景。"僧言"四句,到寺后即事。"夜深"二句,宿寺写景。"天明"六句,出寺写景。"人生"四句,写怀。通体写景处句多浓丽,即事及写怀,以淡语出之。浓淡相间,纯任自然,似不经意,而实极经意之作也。(《山泾草堂诗话》卷一)

顾随:思想是活的,客观现实是活的,如云烟变幻,而文字是死的。表达思想、写实,不仅用字形、字义,而且用字音。韩退之修辞最好,如:"山石荦确行径微。"用"荦确"二字,好;若易为"磊落"或"磊磊""嶙峋",皆不可,如用之则不成其为韩退之。"落"乃语词;"磊磊"则形、音太整齐;"嶙峋"太漂亮,美。漂亮虽漂亮,而无力,皆不如"荦确"。且"荦确"二字对韩愈最合适。韩是阳刚,是壮美;若用"嶙峋",是阴柔,是幽美。二词虽相似而实不同。老杜有:"星垂平野阔,月涌大江流。"(《旅夜书怀》)若易"垂"为"明"、"阔"为"静",则糟了。"明""静",阴柔,幽美;"垂""阔",壮美。余不太喜欢自然,而喜欢人事,对陶诗"采菊东篱"非极喜欢,而老杜之二句好,以其中有人,气象大,"星垂"句尤佳。"星垂"句可代表老杜,如"山石荦确"之可代表退之。韩诗"山石荦确行径微""芭蕉叶大栀子肥","荦确""大""肥",即法国小说家佛罗贝尔(Flaubert)所谓"合适的形容词"……《山石》写夜:"夜深静卧百虫绝,清月出岭光入扉。"金圣叹有写夜的诗:"夜久语声寂,萤于佛面飞。半窗关夜雨,四壁挂僧衣。"(《宿野庙》)……韩之《山石》写夜深不及金,韩曰"百虫绝",金诗"声寂""萤飞"更静。王籍《入若耶溪》曰"鸟鸣山更幽",好;王安石曰:"何若'一鸟不鸣山更幽'?"不可。静与死不同,静中要有生机,若曰"百虫绝",则是死。……韩之短篇不佳,应看其长篇之组织:下字所以成句,结构所以成篇。《山石》一篇从庙外至庙中再至庙外,从黄昏至夜至朝,有层次。前半黄昏,写眼前景物,以夜黑不能远见;后半天明后始写远景。末四句不佳……末四句是议论。诗中可表现人之思想,而忌发议论。韩思想浮浅。

诗是女性,偏于阴柔、优美。中国诗多自此路发展,直至六朝。至杜甫已变,尚不太显。至韩愈则变为男性,阳刚、壮美。若以为必写高山、大河、风云始能壮美,则壮美太少;此是壮美,而壮美不仅此,要看作者表现如何。"芭蕉叶大栀子肥","芭蕉""栀子",岂非阴柔?而韩一写,则成阳刚之美,如上帝之造万物。或曰生活平淡,写不出壮美。此语不能成立,过伟大生活者未必能写伟大的诗。"芭蕉叶大栀子肥。"此句不容小视,唐宋诗转变之枢纽即在"芭蕉叶大栀子肥"一句。唐诗之变为宋诗,能自杜甫看出者少,至韩愈则甚为明显,到江西诗派则致力于阳刚。顺阴柔走是诗之本格,而走得太久即成为烂熟、腐败,或失之纤弱。至晚唐,除小李杜外,他人诗亦多佳者。(《驼庵传诗录》上《退之诗说》)

天星送杨凝郎中贺正①
贞元十四年

天星牢落鸡喔咿②,仆夫起餐车载脂③。正当穷冬寒未已④,借问君子行安之?会朝元正无不至⑤,受命上宰须及期⑥。侍从近臣有虚位⑦,公今此去归何时⑧?

【校注】

① 题:方《举正》:"贞元十四年(798)冬,汴州送杨凝朝正作。"《洪谱》:"公有《天星诗送杨凝郎中贺正》,唐本注云:贞元十四年也。"文《详注》:"公为宣武推官,与凝同事董晋,凝朝正于京师,故公以此诗送之。按:子厚集有《送凝还汴后序》,则凝自京复归于汴矣。其后为《凝墓碣》则曰:'会朝复命,次于汴郊,帅丧,乱不可入,

遂西走阙下,以病居家。'盖未至汴而回也。军乱在贞元十五年春,则此诗之作在于十四年冬矣。子厚,凝之婿也。凝,字懋功。"魏本:"樊曰:'凝字懋功,虢州弘农人,贞元十二年,以检校户部郎中充宣武军节度判官。时公与凝同佐董晋幕,此诗送其自汴朝正于京。'"方世举《笺注》:"《新唐书·杨凝传》:'凝,字懋功,宏农人。迁右司郎中,宣武董晋表为判官。晋卒乱作,凝走还京师,阖门三年,拜兵部郎中,以瘖疾卒。'"按:韩公《董晋行状》:"杨凝自左司郎中为检校吏部郎中、观察判官。"之后,阖门三年,拜兵部郎中,以瘖疾卒,在贞元十九年正月。与兄凭、弟凌皆有文名,号"三杨",见《新唐书·杨凭传附凝传》。宋白文本题作"天星一首送杨凝郎中贺正",注:"一无'一首'。"

② 天星牢落鸡喔咿:咿,文本作"呀",非。诸本作"咿"。

文《详注》:"牢落,稀疏貌。谢玄晖诗(《京路夜发》)曰:'晓星正寥落。'喔咿,鸡声也。上音乙角切,下音于夷切。"魏本注:"牢落,疏貌。喔咿,鸡鸣声。祝曰:'后汉王延寿《王孙赋》:声呖嚦而喔咿。'《补注》:'《楚辞》:吾将喔咿嚅唲以事妇人乎?喔咿、嚅唲,强笑噱也。'"按:天星:指日、月、星、辰。《周礼·春官·保章氏》:"保章氏掌天星,以志星辰日月之变动,以观天下之迁,辨其吉凶。"牢落:韩公《远游联句》:"两欢日牢落。"蒋抱玄《评注》:"《文赋》:'心牢落而无偶。'"钱仲联《集释》:"《文选·魏都赋》李善注:'牢落,犹辽落也。按:亦与廖落通用。'"喔咿,禽(鸡)鸣声。李白《雉子班》诗:"喔咿振迅欲飞鸣,扇锦翼,雄风生。"《汉语大词典》引韩诗为例。首句写出发的时间,景峭而肖似。如朱彝尊《批韩诗》:"题意元浅,道来境却合。首一句点景峭。"

③ 仆夫起餐车载脂:餐,文本作"飡",非是。诸本作"餐",从之。

文《详注》:"载脂:谓欲行也。《泉水》(《诗·邶风》)诗曰:'载脂载辖。'"魏本:"孙曰:《诗》:'载脂载辖,还车言迈。'谓将行也。"方世举《笺注》:"《诗·出车》(《小雅》):'召彼仆夫,谓之载矣。'

《诗·泉水》:'载脂载舝,还车言迈。'"按:载脂,载,发语词。脂,润滑车轴的油脂,车出发前一般先用油脂抹车轴,使车行走顺畅。表示将出发也。

④ 正当穷冬寒未已:穷冬,魏本:"蔡曰:'按:时贞元十四年之十二月也。'"蒋抱玄《评注》:"十二月为穷冬,以岁时之穷而言。"穷者,尽也。韩公《题合江亭寄刺史邹君》:"穷秋感平分,新月怜半破。"

⑤ 会朝元正无不至:文《详注》:"《大明》诗(《诗·大雅》)曰:'会朝清明。'班固《东京赋》(当作《东都赋》)曰:'春王三朝,会同汉京。'注云:'岁月日之朝,谓元正日会同也。'朝,音陟娇切。"魏本:"孙曰:'唐制:诸州有朝正使。'"方世举《笺注》:"会朝元正:傅休奕《朝会赋》:'采秦汉之旧仪,肇元正之嘉会。'《新唐书·礼乐志》:'皇帝元正受群臣朝贺而会。前一日,有司设群官客使等次于东西朝堂,又设诸州朝集使位。'"

⑥ 受命上宰须及期:上宰,指董晋。魏本:"孙曰:'上宰,董晋也。'"沈钦韩《补注》:"杨奉使贺正,去董晋卒仅一月耳。"方世举《笺注》:"上宰:谢灵运诗:'上宰奉皇灵。'"按:董晋以宣武节度使兼同中书门下平章事,故云"上宰"。及期,按时到达。

⑦ 虚位:方世举《笺注》:"任昉《为萧扬州进士表》:'养素邱园,台阶虚位。'"韩愈《原道》:"仁与义为定名,道与德为虚位。"

⑧ 归何时:方《举正》云:"三本与《文苑》同。"宋白文本、文本、祝本、魏本作"何时归",注:"一作'归何时'。"廖本、王本作"归何时"。二说均通。

魏本:"孙曰:'恐凝遂留京师。'"按:此诗语平意浅,表送友盼归意,结在送行上。

【汇评】

程学恂:起兴最妙。此并是公应酬之作,所以可存者,中无肤滥语耳。(《韩诗臆说》卷一)

蒋抱玄：意境有似短浅，却写得绵邈有致。(《评点注释韩昌黎诗全集》)

汴泗交流赠张仆射①

贞元十五年

韩愈《上张仆射第二书》，是专门以击球规谏张建封的。当同写于贞元十五年(799)秋后，公三十二岁，为观察推官。马球，由波斯传入，俗名波罗球，风行于唐代上层社会。韩愈亲见其伤人损马，不利备战，故上书劝谏。又诗云："此诚习战非为剧，岂若安坐行良图。当今忠臣不可得，公马莫走须杀贼！"表现出壮年韩愈直言敢谏、忧国爱民的思想。诗在艺术上的成功在于对击球场面与特技的具体摹写。通过这些描写，表现了诗人的博大气势和豪迈风采。"侧身转臂著马腹，霹雳应手神珠驰"写高超球艺极工尽致；"发难得巧意气粗，谨声四合壮士呼"写人的气势神采飞动。都是警句。这是古诗中最早描写体育运动的好诗，值得后人效法。诗用韵极其变化而整饬，似杜甫《冬狩行》。

汴泗交流郡城角②，筑场千步平如削③。短垣三面缭逶迤④，击鼓腾腾树赤旗⑤。新雨朝凉未见日⑥，公早结束来何为⑦？分曹决胜约前定⑧，百马攒蹄近相映⑨。球惊杖奋合且离⑩，红牛缨绂黄金羁⑪。侧身转臂著马腹⑫，霹雳应手神珠驰⑬。超遥散漫两闲暇⑭，挥霍纷纭争变化⑮。发难得巧意气粗⑯，谨声四合壮士呼⑰。此诚习战非为剧⑱，岂若安坐行良图⑲。当今忠臣不可得⑳，公马莫走须杀贼㉑！

【校注】

① 题：魏本："孙曰：贞元十五年，公在徐州张仆射幕。汴水，徐之西；泗水，徐之南，故以名篇。"按：汴水发源于新密、荥阳交界的索河、须水、京水至郑州东之中牟汇合而成汴水。泗水发源于兖州泗水县东陪尾山，其源有四，四泉俱导，因以为名。经曲阜、兖州、沛县、徐州入淮河。后汴直入淮河，不入于泗。

文《详注》："建封在徐久，躬好驰射。公数谏正，鲠言无所忌。《汴泗交流》刺马击球也。"魏本："樊曰：公集有《谏张仆射击球书》，此诗言：'此成习战非为剧，岂若安坐行良图。'盖亦以讥之也。"按：张建封有《酬韩校书愈打球歌》云："韩生讶我为斯艺，劝我徐驱作安计。不知戎事竟何成，且愧吾人一言惠。"方世举《笺注》："按：击球亦武事之一。刘向《别录》：'蹵鞠，兵势，所以陈武事也。'唐时有球场，宪宗尝问赵宗儒：人言卿在荆州，球场草生，何也？此盖问其军政不修。宗儒不知，对曰：死罪，有之。虽然，草生不妨球子往来。上为之启齿，此唐时武场击球之明证也。此诗规之，似失事宜。但此时吴少诚已阻朝命，则讲武者不止于此，故末有杀贼之语。若后来裴度平蔡，则赠诗劝其'钟鼓乐清时'矣。"钱仲联《集释》："《旧唐书·职官志》：'尚书省左右仆射各一员，从二品。'"

② 汴泗交流郡城角：文《详注》："汴泗，二水名，徐州之城也。东坡云：自唐以前，汴泗会于彭城郡之东北，然后东南入淮。近岁，汴水直达于淮，不复入泗矣。"按：苏轼《徐州上皇帝书》："及移守徐州，览观山川之形势……其地三面被山，独其西平川数百里，西走梁宋……其城三面阻水，楼堞之下，以汴泗为池，独其南可通车马，而戏马台在焉。"又《徐州谢奖谕表》："乃者河决澶渊，毒流淮泗。"又《徐州贺河平表》："汉筑宣防之宫，二十余年而定，未有收狂澜于既溃，复故道于将埋。"知徐州形势，汴泗历来多灾。以汴泗起兴也。如朱彝尊《批韩诗》："起句是兴。"

③ 筑场千步平如削：筑场，方《举正》订，云："杭、蜀同。《诗》（《豳风·七月》）：'九月筑场圃。'谓筑坚以为场也。"朱《考异》：

"筑,或作'劚'。"宋白文本、文本、祝本、魏本作"劚"。注:"劚,一作'筑'。"廖本、王本作"筑"。作"筑"字是。劚,一作锄头,二作斫,三作掘取解,均不合此诗意,当作"筑"。魏本:"韩曰:'劚,犹言锄治也。《周礼》:仲秋教大阅虞人菜所田之野。注:芟除其田之草菜,令车得驱驰。'"方世举《笺注》:"筑场:《诗·七月》:'九月筑场圃。'此但筑驰场也。"魏本音注:"劚,音竹。一作'筑'。"筑场,修筑马场。杜甫《雷》:"吾衰尤拙计,失望筑场圃。"又杜甫《从驿次草堂复至东屯二首》:"筑场看敛积,一学楚人为。"童《校诠》:"第德案:韩所引见周礼夏官大司马,仲秋当作中冬,两菜字皆当作莱。又按方氏举正依杭、蜀本劚作筑,筑场字见诗七月,考异同。劚场字少见,应以作筑为长。"按:筑,古代作筑墙,或作轧场,即筑场解,用木板夹住泥土,用木杵把土砸实以成墙,或把地整平后轧坚实而成场。如《诗·豳风·七月》:"九月筑场圃。"《诗·大雅·绵》:"筑之登登。"作修筑、建造解,如《史记·燕召公世家》:"改筑宫。"千步,形容球场广大。苏轼《次韵李邦直感旧》:"酸寒病守尤堪笑,千步空余仆射场。"指此。角(jiǎo旧读 jué 古岳切,入声,觉韵)、削(xuē息约切,入,药韵)协韵。何焯《批韩诗》:"此诗用韵极变而整。"

平如削:平坦如夷。

④ 短垣三面缭逶迤:文《详注》:"垣,墙也。缭,绕也,音了。《西京赋》曰:'缭垣绵联。'逶迤,长远貌。《古诗》(《文选》卷二九《古诗十九首》)曰:'东城高且长,逶迤自相属。'"方世举《笺注》:"《吴语》(《国语》):'君有短垣而自逾之。'"顾嗣立《集注》:"《西都赋》:'缭以周墙。'"按:短垣,矮墙,短墙。《左传》襄公二十五年:"吴子门焉,牛臣隐于短墙以射之,卒。"唐白居易《井底引银瓶》:"妾弄青梅凭短墙,君骑白马傍垂杨。"缭,围绕。逶迤,也作"逶移""逶迱""逶蛇""委移",即连绵不断。《淮南子·泰族训》:"河以逶蛇故能远,山以陵迟故能高。"按《文子·上仁》有此语,作"逶迤"。《后汉书·边让传·章华赋》:"振华袂以逶迤,若游龙之登云。"

⑤ 击鼓腾腾树赤旗:腾腾,擂鼓助威的声音。《全唐诗》卷四

一九元稹《和李校书新题乐府十二首·立部伎》:"戢戢攒枪霜雪耀,腾腾击鼓云雷磨。"树赤旗,竖立红色旗帜作标志。方世举《笺注》:"《新唐书·礼乐志》:'凡讲武,击鼓举赤旗为锐阵。'"

⑥ 新雨朝(zhāo)凉未见日:方《举正》:"谢本作'新雨'。"朱《考异》:"秋,或作'雨'。"宋白文本、文本、祝本、魏本、廖本、王本诸本均作"新秋",作"秋"、作"雨"均通。今从"雨"。作"雨",全句平仄为"平仄平平仄仄仄",音律较和谐。

魏本:"蔡曰:'按:时贞元十五年六、七月也。'"《洪谱》:"九月一日上建封书(《上张仆射书》)论晨入夜归事,其后有谏击球书(《上张仆射第二书》)及诗。"方崧卿《增考》:"或云:公谏击球诗云:'新秋朝凉未见日,公早结束来何为?'而论晨入夜归书在九月,不当云其后也。余默默念之。后见唐本,乃作'新雨朝凉未见日'。'新雨'字本《史记·日者传》,与《山石》诗所谓'升堂坐阶新雨足'同义也。以是知谏击球之为第二书,盖审也。洪本亦只作'新秋',盖洪亦未尝考及此也。"方成珪《诗文年谱》:"十五年七月,在徐幕作,于诗中'新秋'句见之。"按:《洪谱》谓与第二书同时,在九月,是。《增考》说更细,辨之有理。朝,早晨。写早晨太阳还未出来就赛马球。

⑦ 公早结束来何为:公,建封。结束,结扎装束。《文选·古诗十九首之十二》"荡涤放情志,何为自结束"作约束解;宋王珪《华阳集》卷六《宫词》"朝朝结束防宣唤,一样珍珠络䯼头"作装束解。

⑧ 分曹决胜约前定:分曹,魏本注:"曹,偶也。"按:分曹谓分队,即把人马分成数目相等的两队,故魏云"偶也"。按:《楚辞》宋玉《招魂》:"分曹并进,遒相迫些。"《全唐诗》卷二四李益《杂曲歌辞·汉宫少年行》:"分曹六博快一掷,迎欢先意笑语喧。"又卷三二褚亮《伤始平李少府正己》:"并拜黄图右,分曹清渭滨。"

⑨ 百马攒蹄近相映:祝本:"攒,在丸切,聚也。"按:攒蹄,聚拢马蹄,形容马跳跃腾飞貌。百马攒蹄,谓马队运动。近相映,形容跳跃飞奔的马在观者面前一闪而过的情景。

⑩ 球惊杖奋合且离：球，古作"毬"，今通作"球"。毬，本字，球，后出字。即鞠丸。古代习武用具，以皮为之，中实以毛，足踏或杖击为戏。白居易《洛桥寒食日作十韵》："蹴球尘不起，泼火雨新晴。"球惊，球的速度之快就像受惊的马一样疾驰，使人惊呆。杖，球棒。奋杖，挥舞球棒。

⑪ 红牛缨绂黄金羁：牛，文本作"氂"。诸本作"牛"，从之。

文《详注》："缨、绂：马饰也，以红牛毛为之。羁，马络头也，以黄金饰之。《谈苑》云：'氂牛出西域，尾长而劲，中国以为缨。'"魏本："孙曰：'以红牛毛为缨绂，黄金为羁，所以饰马。'韩曰：梁吴筠曰（《别夏侯故章》）：'白马黄金羁。'杜诗：'白马嚼啮黄金勒。'《选·白马篇》：'白马饰金羁。'"按：此句极言马装饰珍贵华丽。红牛缨绂，红的长牛毛做的马缨。金羁，黄金制成的马笼头。

⑫ 侧身转臂著马腹：此句写骑马击球的特技。著，文本作"着"，诸本作"著"，二字意同。著，贴附。著马腹，把身子贴在马腹上击球。方世举《笺注》："《左传》：'伯宗曰：虽鞭之长，不及马腹。'"以下四句写击球特技，最精彩。故朱彝尊《批韩诗》云："奇处全在翻身著马腹。"

⑬ 霹雳应手神珠驰：文《详注》："霹雳，霆激也，谓击球声。"顾嗣立《集注》："《南史·曹景宗传》：'昔在乡里，骑快马如龙，拓弓弦作霹雳声，箭如饿鸱叫。'唐王邕《内人蹋球赋》：'球体兮似珠。'按：曹子建《白马篇》：'仰手接飞猱，俯身散马蹄。'杜子美诗（《前出塞》九首之二）：'走马脱辔头，手中挑青丝。捷下万仞冈，俯身试搴旗。'诗意本此。"张鸿《批韩诗》："描写击球之形状，此公擅长处也。"按：霹雳，击球的声音。谓挥手击球，球应手飞驰，其声如霹雳之响。

⑭ 超遥散漫两闲暇：球速快而跑得远。《广雅·释诂》："超、遥，远也。"《楚辞》宋玉《九辩》："去乡离家兮徕远客，超逍遥兮今焉薄？"《全唐诗》卷二四皎然《杂曲歌辞·苦热行》："安得奋翅翮，超遥出云征。"又卷一三四李颀《送暨道士还玉清观》："遂此留书客，

超遥烟驾分。"方世举《笺注》:"谢惠连《雪赋》:'其为状也,散漫交错。'"按:散漫,聚在一起抢球的人马散开了。两,比赛双方。此句谓:击球活动中,有时人马散开,好像安静下来停止了争斗。"超遥散漫"形容"两闲暇"的状态。此乃高潮后的转笔,亦是气氛的调节。妙在"闲暇"二字。此句宕开一笔,为下一回合蓄势。

⑮ 挥霍纷纭争变化:文《详注》:"陆士衡《文赋》云:'纷纭挥霍,诚难为状。'"魏本:"《补注》:'挥霍:奋迅也。'"陈迩冬《韩愈诗选》注:"挥霍:疾速、敏捷。陆机《文赋》:'纷纭挥霍,形难为状。'"屈《校注》:"挥霍,轻捷迅疾貌。张衡《西京赋》:'跳丸剑之挥霍,走索上而相逢。'"方世举《笺注》:"曹植《七启》:'凌跃超骧,婉蝉挥霍。'"按:挥霍,古人把它解释为"迅疾、急速",实则是一挥一霍的击球技法、动作。挥,挥臂奋击,使球远飞。霍,轻挑。纷纭,乱貌。《文选》卷一班固《东都赋》:"万骑纷纭。"唐吕延济注:"纷纭,多也。"《楚辞》刘向《九叹·远逝》:"肠纷纭以缭转兮。"王逸注:"纷纭,乱貌也。"此句写击球动作变化多端。

⑯ 发难(nán)得巧意气粗:魏本:"韩曰:《史记·晏婴传》:'意气扬扬,甚自得也。'蔡曰:《前汉》(《高帝纪第一》):'项羽围汉王于荥阳。汉王恐,与郦食其谋挠楚权。食其欲立六国后以树党。汉王将立之,以问张良。良发八难,汉王曰:竖儒几败乃公事。'"顾嗣立《集注》:"按发难得巧,即《雉带箭》所谓'将军欲以巧伏人,盘马弯弓惜不发'是也。旧注难作去声,引张良发八难解,大谬。"按:发难后出高招,制服对方。难读阳平,与易相对,作困难解。《后汉书·黄琼传》:"盛名之下,其实难副。"如张建封和诗云:"俯身仰击复旁击,难于古人左右射。"王元启《记疑》:"谓发之难,得之巧。建封和诗云:'俯身仰击复旁击,难于古人左右射。'与此'难'字正同。"按:以"巧"字表"发难"之球技高超巧妙。一"难"道出韩诗"意气"的形态与语言的个性化。

⑰ 讙声四合壮士呼:魏本注:"讙,喧也,音欢。"讙,喧哗。正与下"呼"字应。《墨子·号令》:"救火者无敢讙哗。"《史记·陈丞

相世家》:"(汉王)乃拜平为都尉……诸将尽讙。""讙"作高兴解与"欢"通用,然此处形容声音,不能作"欢"。此只一句把观看的人群写活了,且衬托出球技之精彩。

⑱ 此诚习战非为剧:习战,练习战斗。剧,游戏。王元启《记疑》:"剧,谓戏剧。建封诗云:'儒生疑我新发狂。'盖皆以戏剧疑张,张则自云:'习蛇矛,学便马,用备戎事耳。'公故顺其意而谓之曰习战。"李黼平《读杜韩笔记》:"《三苍》云:'鞠毛可踢以为戏。'而刘向《别录》云:'蹋鞠,兵势,所以陈武事,知有材力也。'"《史记·卫将军骠骑列传》:"其在塞外,卒乏粮,或不能自振,而骠骑尚穿域蹋鞠。"此习战句之所本。按:末章议论,揭出韩公主意。故朱彝尊《批韩诗》云:"入正意。"

⑲ 岂若安坐行良图:祝本作"端坐",非。诸本作"安坐",从之。

行良图:文《详注》:"剧,戏也。图,谋也。用兵之术贵谋而贱战。"按:筹划良策。《全唐诗》卷八三陈子昂《答韩使同在边》:"废书怅怀古,负剑许良图。"

⑳ 当今忠臣不可得:文《详注》:"忠臣,谓忠谋之臣也。言建封若能好谋,可坐平贼,不必躬自驰射也。莫走马事,见《北史·东魏孝静帝纪》。"

㉑ 公马莫走须杀贼:此句谓:你不要使马太疲累了,还是留着力气杀敌吧。结二句是韩公劝张建封的话。李黼平《读杜韩笔记》:"末句则从杜《冬狩行》'为我回鹘擒西戎'脱胎。"

【汇评】

宋樊汝霖:公集有《谏张仆射击球书》,此诗言"此诚习战非为剧,岂若安坐行良图。"盖亦以讥之也。(魏仲举《新刊五百家注音辩昌黎先生文集》卷三)

宋黄震:《汴泗交流》诗叙教战。(《黄氏日抄》卷五九)

清何焯:此诗用韵极变而整。风旨与老杜《冬狩行》略相似。

（顾嗣立《昌黎先生诗集注》卷三）

清陈景云：此诗张仆射有和篇，其末云"韩生许（讶）我为斯艺，劝我徐驱作安计。不知戎事竟何成，且愧吾人一言惠"。盖击球之事，虽不为即止，亦深以公言为有当也。（《韩集点勘》卷一）

清方世举：按：击球亦武事之一。刘向《别录》："蹵鞠，兵势，所以陈武事也。"唐时有球场，宪宗尝问赵宗儒：人言卿在荆州，球场草生，何也？此盖问其军政不修。宗儒不知，对曰：死罪，有之。虽然，草生不妨球子往来。上为之启齿，此唐时武场击球之明证也。此诗规之，似失事宜。但此时吴少诚已阻朝命，则讲武者不止于此，故末有杀贼之语。若后来裴度平蔡，则赠诗劝其"钟鼓乐清时"矣。（《韩昌黎诗集编年笺注》卷一）

清爱新觉罗·弘历：神彩飞动，结有忠告，便比《雉带箭》高一格。（《唐宋诗醇》卷二九）

清翁方纲：廿句中凡七换韵，每韵二句者与四句者相为承接转，而意与韵或断或连，以为劲节。（《古诗选批》）

清方东树：《汴泗交流》："分曹决胜"一段，此等处无笔力则冗滞，最宜知。"此诚"二句笔力。（《昭昧詹言》卷一二韩公）

程学恂：前赋击球，极工尽致。后乃以正规之，此诗之讽与书之谏有不同处。（《韩诗臆说》卷一）

附：

酬韩校书愈打球歌

张建封

仆本修持文笔者，今来帅镇红旗下。不能无事习蛇矛，闲就平场学便马。军中役养骁智才，竞驰骏逸随我来。护军对引相向去，风呼月旋期先开。俯身仰击复旁击，难于古人左右射。齐观百步透短门,谁羡养由遥破的?儒生疑我新发狂,武夫爱我生辉光。杖移鬓底拂尾后,星从月下流中场。人人不约心自一,马马不鞭蹄自疾。凡情莫便捷中能,拙自翻惊巧时失。韩生讶我为斯艺,劝我徐驱作安计。不知戎事竟何成,且愧吾人一言惠。(参考钱仲联《韩昌黎诗系年集释》)

忽　忽①
贞元十五年

诗写于贞元十五年(799)冬,两谏张建封未获采纳后,时韩愈在徐州。诗如刘邦的《大风歌》,脱口而出,因此能真实地反映韩愈这时的思想情绪。自贞元二、三年进京应试,四试礼部才中进士,三试吏部一得又被顶替,三上宰相书不报。事董晋,晋卒;事建封,又政见不合。至今历时十三年,年三十二而无所得。看看国家命运、个人前途、世俗风气,他不由自主地倾泻出满腹怨气。这是对现实的痛诉,对个人遭遇的呐喊。诗在写法上化用了《逍遥游》的蕴含与手法,然并非庄子消极无为思想的翻版,骨子里是想冲破社会现实的束缚、世俗恶习与昏聩政治的闸门,争取一个理想的朝政、统一的中央集权,振兴唐朝。诗笔法自由,具有骚体浪漫主义特色,散行挥洒,叙议并用,是以文为诗的典型。

忽忽乎余未知生之为乐也,愿脱去而无因②。安得长翮大翼如云生我身③,乘风振奋出六合,绝浮尘④。死生哀乐两相弃,是非得失付闲人⑤。

【校注】

① 题：文《详注》："司马迁《报任安书》曰：'居则忽忽若有所亡，出则不知所往。'注云：'忽忽，愁乱之貌。'"魏本："樊曰：公贞元八年（792），第进士，十二年（796）始佐董晋汴州。十五年（799）晋薨汴乱，公依张建封于徐，故曰：'忽忽乎余未知为生之乐也。'此岂非所谓天之降大任于是人，必先穷饿困苦之如是欤？《补注》：《前汉·王褒传》：'太子苦忽忽善忘不乐。'名篇意或出此。"方世举《笺注》："《旧唐书·董晋传》：'行军司马陆长源好更张云为，务从刻削，判官孟叔度轻佻好慢易，军人皆恶之。晋卒后未十日，汴州大乱，杀长源、叔度等。'此诗作于晋未死之前，盖逆知乱本之已成，而义不可去，故其自忧如此。以下诸诗皆贞元十五年作。"方成珪《诗文年谱》："《忽忽》，樊泽之谓此诗徐州作，方扶南以为在汴幕，然方说亦无确据，姑从樊说附此。"钱仲联《集释》："按：方说亦无确据，兹从樊说。"《韩学研究·韩愈年谱汇证》："按：因此诗无具体时间可考，故有此异说。然从诗首句'忽忽'用《汉书·王褒传》'太子苦忽忽善忘不乐'句意看，全诗正反映了韩愈苦忽忽郁闷不乐的心情；又从第二句'愿脱去而无因'看，韩愈十四年至十五年汴州乱前这段时间，他并未表现出郁闷而想离去的强烈愿望。相反，十五年底在徐州张建封幕，由于数上诗、书谏建封击球、晨入夜归事，建封不纳，心情郁闷。正如韩愈《上张仆射书》里说：'若此者，非愈之所能也；抑而行之，必发狂疾。'言词之激烈，正表现了他郁结之深。然而，因建封与他有旧，待之又厚，不好意思直说辞去，辞去之心却很坚毅。如《与孟东野书》所说：'去年春，脱汴州之乱，幸不死，无所于归……江湖余乐也。'与诗意正合，诗当写于是年（十五年）秋冬，数上诗书之后。"

② 生之为乐：宋白文本、文本、祝本、魏本等作"为生之乐"。朱《考异》："方作'为生之乐'，非是。"按：方《举正》无出此条，当是方校刊《韩集》。作"生之为乐"合公意。

按：此句表现了诗人寄人篱下，意见不合，心神恍惚，欲摆脱困境的心情。《与孟东野书》云:"去年春,脱汴州之乱,幸不死,无所于归,遂来于此。……及秋将辞去,因被留以职事。默默在此,行一年矣。到今年秋,聊复辞去。江湖余乐也,与足下终幸矣!"忽忽,失意之貌。庾信《枯树赋》:"常忽忽不乐。"《全唐诗》卷二一张祜《相和歌辞·乌夜啼》:"忽忽南飞返,危弦共怨凄。"又卷四一卢照邻《赠益府裴录事》:"忽忽岁云暮,相望限风烟。"又卷八三陈子昂《秋园卧病呈晖上人》:"绵绵多滞念,忽忽每如失。"

③"安得"句:魏本注:"北齐邢子才《游仙诗》:'安得金仙术,两腋生羽翼。'郭璞《游仙诗》:'仰思举云翼,延首矫玉掌。'"方世举《笺注》:"长翮大翼:《晋书·陶侃传》:'侃梦生八翼,飞而上天。'《述异记》:'王次仲变苍颉书为隶书,秦始皇遣使征之,不至。始皇怒,槛车囚之,路次化为大鸟,出车飞去,至西山,乃落。二翮一大一小,遂名其落处为大小翮山。'如云:《庄子·逍遥游》:'怒而飞,其翼若垂天之云。'"按:安得,哪里能够。此主谓语结构,安为代词。翮(hé),羽毛中间的硬管,支持羽毛的关键。曹植《送应氏》:"愿为比翼鸟,施翮起高翔。"柳宗元《跂乌词》:"左右六翮利如刀。"

④乘风振奋出六合,绝浮尘:方世举《笺注》:"乘风:《南史·宗悫传》:叔父少文(炳)问其所志,答曰:'愿乘长风破万里浪。'"按:乘风,乘风势。曹植《升天行》:"乘风忽登举,仿佛见众仙。"又如成语"乘风破浪"。振奋,振翅奋飞。《文选》司马相如《上林赋》:"振鳞奋翼。"六合,东、西、南、北、上、下为六合,俗称天地之间。《庄子·齐物论》:"六合之外,圣人存而不论。"绝浮尘,庄子《逍遥游》:"鹏之背,不知其几千里也;怒而飞,其翼若垂天之云。是鸟也,海运则将徙于南冥……水击三千里,抟扶摇直上者九万里。"诗含此意。

⑤"死生"二句:方世举《笺注》:"阮籍(《咏怀》)诗:'是非得失间,焉足相讥理。'"按:死与生,哀与乐是人生皆有的,诗人把二者抛开不管。是与非,得与失是人生处世离不开的,韩愈却都要让给那些闲人。其积怨之深,味之自见。

【汇评】

蒋抱玄:语调亦模摹风谣得来。(《注释评点韩昌黎诗全集》)

鸣　雁①

贞元十五年

诗写于贞元十五年(799)秋,与《忽忽》《雉带箭》为同一年作,思想内容也一致。诗以比兴寓激情,比较概括,虽以鸣雁起兴作比,所言事实具体,表示他不愿再过这种碌碌无为的生活,想如鸿雁一样搏击奋飞,凌空高远,云游太空。鸣者,为世,为人,为己鸣不平。可与《送孟东野序》同读。

嗷嗷鸣雁鸣且飞②,穷秋南去春北归③。去寒就暖识所依④,天长地阔栖息稀⑤。风霜酸苦稻粱微⑥,毛羽摧落身不肥⑦。徘徊反顾群侣违⑧,哀鸣欲下洲渚非⑨。江南水阔朔云多⑩,草长沙软无网罗⑪。闲飞静集鸣相和,违忧怀息性匪他⑫。凌风一举君谓何⑬?

【校注】

① 题:魏本:"樊曰:此诗兴也。公在徐州《与孟东野书》有曰:'去年脱汴州之乱,遂来于此。主人与余有故,居余符离睢上,及秋将辞去,因被留以职事。默默在此,行一年矣。今年秋,聊复辞去,江湖余乐也,与足下终幸矣!'(按:引文有节)主人谓张建封。公在徐郁郁不得志,故见于书与诗者如此,其义一也。"文《详注》:"雁以随阳为得其所,公以得君为行其道;今出事藩方,是未得其所也,故以鸣雁自况焉。《补注》:此诗兴也。公去汴来徐,郁郁不得志,故云。此诗与贞元十六年,与孟东野江湖余乐书意同。"廖本注:"与

前诗同时，公盖托雁以自喻也。"方世举《笺注》："王云：公在徐州，《与孟东野书》有曰'去年脱汴州之乱，遂来于此。主人与余有故，居余于符离睢上，及秋将辞去'云云，主人谓建封。公在徐不得志，见于书与诗者如此。按：十五年秋，欲去而被留以职事，然去志已决，明年夏即去徐居洛，不待秋矣。"

② 嗷（áo）嗷鸣雁鸣且飞：鸣雁，方《举正》："蜀本作'鸿雁'，李本从'鸿'。然以题语考之，'鸣雁'为是。"朱《考异》："鸣，或作'鸿'。"宋白文本作"鸿雁"。魏本、廖本作"鸣雁"，云："鸣雁，一作'鸿雁'。"今从方说作"鸣雁"。

文《详注》："嗷嗷，鸣声也。"魏本："韩曰：《诗》：'鸿雁于飞，哀鸣嗷嗷。'"方世举《笺注》："嗷嗷：《诗·鸿雁》章：'鸿雁于飞，哀鸣嗷嗷。'鸣雁：《诗》：'雍雍鸣雁。'"按：嗷嗷，亦作嗸嗸，象声词，雁凄凉的叫声。《诗·小雅·鸿雁》："鸿雁于飞，哀鸣嗸嗸。"毛传："未得所安集，则嗸嗸然。"《诗·邶风·匏有苦叶》："雍雍鸣雁，旭日始旦。"传："雍雍，雁声和也。"《全唐诗》卷二六《杂曲歌辞》李端《古别离》："木落雁嗷嗷，洞庭波浪高。"又卷四七张九龄《二弟宰邑南海见群雁南飞因成咏以寄》："鸿雁自北来，嗷嗷度烟景。"

③ 穷秋南去春北归：文《详注》："《淮南子》《地形训》'燕雁代飞'注曰：'雁，秋分而南诣彭蠡，春分而北诣漠中。'《禹贡》（《尚书》）曰'彭蠡既潴，阳鸟攸居'是也。孔颖达注云：'日之行也，夏至渐南，冬至渐北。鸿雁之属，九月而南，正月而北，与日之进退，故称阳鸟焉。'"魏本："祝曰：'《管子》：桓公曰：鸿雁春北而秋南，不失其时。'"方世举《笺注》："穷秋：鲍照诗（《代白纻曲》）：'穷秋九月荷叶黄，北风驱雁天雨霜。'秋南、春北：《管子》桓公曰：'鸿雁春北而秋南，不失其时。'"按：雁是候鸟，秋去南方，春回北方。

④ 去寒就暖识所依：依，方《举正》据蜀本作"依"，云："李、谢校同。"文本作"处"。朱《考异》："依，或作'处'。非是。"宋白文本、魏本、廖本作"依"，作"依"是。

按：鸿雁因识寒暖，能去南就北。故何焯《批韩诗》谓"顶明"。依，依靠。曹操《短歌行》："绕树三匝，何枝可依。"《全唐诗》卷二五七常建《泊舟盱眙》："平沙依雁宿，候馆听鸡鸣。"

⑤ 天长地阔栖息稀：安身之地少。唐李华《吊古战场文》："地阔天长，不知归路。"《全唐诗》卷九六沈佺期《遥同杜员外审言过岭》："天长地阔岭头分，去国离家见白云。"又卷三四九欧阳詹《泉州赴上都留别舍弟及故人》："天长地阔多歧路，身即飞蓬共水萍。"

⑥ 风霜酸苦稻粱微：文《详注》："鸿雁事多使，'稻粱'祖出《战国策》，故杜甫诗云：'君看随阳雁，亦有稻粱谋'也。"魏本引韩《全解》同。方世举《笺注》："风霜：鲍照《代鸣雁行》：'辛苦风霜亦何为。'稻粱：《韩诗外传》：'田饶谓鲁哀公曰：黄鹄止君园池，啄君稻粱。'刘峻《广绝交论》：'分雁鹜之稻粱。'"按：古诗里多以稻粱指鸿雁的食物，说明鸿雁食物少。杜甫《宫池春雁》云："自古稻粱多不足。"此比也，以雁食稻粮少比己生活困窘。其实全诗都以鸿雁比己。

⑦ 毛羽摧落身不肥：方《举正》据蜀本作"毛羽"，云："李本乙从上（即毛羽）。"朱《考异》："毛羽，或作'羽毛'。"文本、祝本、魏本作"羽毛"。宋白文本、廖本、王本作"毛羽"，从之。

文《详注》："应场侍宴诗（《侍五官中郎将建章台集诗》）云：'朝雁鸣云中，音响一何哀？问子游何乡？戢翼正徘徊。言我塞门来，将就衡阳栖。往春翔北土，今冬客南淮。远行蒙霜雪，毛羽日摧颓。常恐伤肌骨，身陨沉黄泥……欲因云雨会，濯翼陵高梯。'此诗首尾皆取此意，故备录之。《古今注》（卷中《鸟兽》）云：'雁在河北则瘦，至江南则肥，江南沃饶故也。'"魏本："韩曰：李白《鸣雁行》：'凌霜触雪毛体枯，畏逢矰缴惊相呼。'盖公自状其穷苦者如此。"按：此句谓鸿雁羽毛脱落，身体消瘦。

⑧ 徘徊反顾群侣违：王元启《记疑》："公在徐幕中无一同志，书与诗盖屡叹之。"方世举《笺注》："徘徊：苏武诗（《文选》卷二九《四首之二》）：'黄鹄一远别，千里顾徘徊。'反顾：屈原《远游》：'乘

间维以反顾。'群侣:《艳歌何尝行》:'踯躅顾群侣。'"按:徘徊、反顾:比喻同伴不能在一起相伴。公《与孟东野书》云:"吾言之而听者谁欤?吾唱之而和者谁欤?言无听也,唱无和也,独行而无徒也,是非无所与同也,足下知吾心乐否也!"

⑨ 哀鸣欲下洲渚非:哀鸣,祝本作"晨鸣"。诸本均作"哀鸣"。从之。

文《详注》:"洲渚在南,言今非其地,未可处也。《埤雅》曰:'雁夜泊洲渚,令雁奴围而警察,飞则衔芦而翔,以避矰缴,有远害之道。'"方世举《笺注》:"屈原《九章》(《悲回风》):'望大河之洲渚。'"按:以鸿雁叫声凄凉喻自己处身之孤凄也。洲渚非,比喻环境不好。洲渚,水中小岛。非,与"是"义对。

⑩ 江南水阔朔云多:朔,或作"朝",非。朔云,方《举正》:"曾本作'朝云'。然三本皆同上。"朱《考异》:"朝,方作'朔'。今按:既云江南,则不应言朔云矣。兼作朝云,语亦差响。"俞樾《俞楼杂纂》:"作'朔'者是也。朔与南相对成文,与上文'穷秋南去春北归',并以南北对言,而义则有异。上言南北,据鸿雁春北秋南而言。此言南朔,则承'江'字而言,言江之南水阔,而江之北云多也。朱子以'江南'连读,'朔云'连读,遂不得其义,而改从'朝'字。岂江南但有朝云无暮云乎?若谓'作朝云语差响',则公诗固不可以常格论。朱子盖嫌作'朔'字则似乎七言律诗耳。然上文'风霜酸苦稻粱微',亦何尝不似律诗乎?"按:俞说善。

⑪ 草长沙软无网罗:此句谓:江南环境适宜,生活无虞,没有危险。故违忧怀息,以病暂栖后,欲离徐州也。

⑫ 闲飞静集鸣相和,违忧怀息性匪他:息,或作"惠"。祝本、廖本作"惠",非。宋白文本、文本、魏本作"息",是。

公为求"闲飞静集鸣相和"的适宜环境,所以才"违忧怀息"。"性匪他",即指上句。意谓:我本意追求的不是别的,而是适合自己生活与发展的环境。"鸣相和"即上引《与孟东野书》《与李翱书》之意。暂栖于徐,实因病不得已也。又何焯《批韩诗》云:"《与李翱书》所谓'病而求息乎此也'。"陈景云《点勘》:"公在徐幕时,有《与李习之书》云:'仆于此岂以为大相知乎?……将亦有所病而求息于此也。'违忧怀惠(息),即有病求息意。"王元启《记疑》:"息,原作'惠'。按公在徐,自谓病而求息。今既毛羽摧落,又与群侣相违,则求息之念,又将转而之他,所以云'违忧怀息'。前此之来,本以求息;今此之去,亦止为怀息之故,故曰'性匪他'。以此推之,'惠'字脱空无着,不如建本作'息'义长。"闻人倓《古诗笺》:"《周易》(卷一《乾》):'忧则违之。'"蒋抱玄《评注》:"诗(《小雅·颊弁》):'兄弟匪他。'"

⑬凌风一举君谓何:结句揭出韩文谜底:欲凌空远飞也。《史记·留侯世家》:"上歌曰:'鸿鹄高飞,一举千里。'"《全唐诗》卷一李世民《伤辽东战亡》:"振鳞方跃浪,骋翼正凌风。"又卷二九《杂歌谣辞》韦渠牟《步虚词》:"云行疑带雨,星步欲凌风。"魏本:"韩曰:公《与东野书》又云'今秋聊复辞去'云云。此又见其有思乡之意。"方世举《笺注》:"凌风。《楚国策》:'奋其六翮而凌清风。'一举:《史记·留侯世家》:'上歌曰:鸿鹄高飞,一举千里。'"何焯《义门读书记》卷三〇云:"'违忧怀惠性匪他'二句,注:惠,一作'息'。按:'息'字长。二语促在一处,忠厚明快,两得其妙。"

#【汇评】

清朱彝尊:此却纯是唐调,风雅尽有余,然未为甚高作。(顾嗣立《昌黎先生诗集注》卷三)

清何焯:《鸣雁》:"违忧怀惠性匪他"二句,注:惠,一作"息"。按:"息"字长。二语促在一处,忠厚明快,两得其妙。(《义门读书记》卷三〇)

清爱新觉罗·弘历:王伯大曰:"公在徐州《与孟东野书》有曰'去年脱汴州之乱,遂来于此。主人与余有故,居余符离睢水上。及秋,将辞去'云云,主人谓建封。公在徐郁郁不得志,见于书与诗者如此。"盖托雁以自喻也。(《唐宋诗醇》卷二九)

清方东树:《鸣雁》:时依张建封于徐,不得志欲去。明年夏,即去徐。(《昭昧詹言》卷一二韩公)

清曾国藩:《鸣雁》此在幕府不得志之诗,欲远举而他适也。(《求阙斋读书录》卷八)

程学恂:平韵柏梁体,入后仍转平韵,唯公多有之。(《韩诗臆说》卷一)

龙　移①

永贞元年

天昏地黑蛟龙移,雷惊电激雄雌随②。清泉百丈化为土③,鱼鳖枯死吁可悲④!

【校注】

① 题:方《举正》:"此咏长安干湫也。"文《详注》:"建封卒,徐州军乱,故以龙移况之。《补注》:龙移,或谓南湫也。湫初在山下平地。一日风雷,移居于上,公《题炭谷[湫]祠》所谓'厌处平地水,巢居插天山'即此也。其山下湫遂化为土,长安至今谓之干湫。"魏本:"韩曰:此诗谓南山湫也。湫初在平地,一日风雷,移居山上,其山下湫遂化为土,长安人至今谓之干湫。公《题炭谷》诗云:'厌处平地土(水),巢居插天山。'其此之意欤?"方世举《笺注》:"王云:此诗谓南山湫也。湫初在平地,一日风雷,移居山上,其山下湫,遂化为土。公《题炭谷》诗云:'厌处平地水,巢居插天山。'"按:方世举注"王云"文与文《详注》王俦《补注》同,疑王即王俦。方世举又云:"按:王伯大以此诗为南山移湫之事,而引公《炭谷》诗'厌处平地水,巢居插天山'为证。此见非也。凡诗叙怪异事,旁带以为点染则有之,如杜《汤东》'青白二小蛇',如白《悟真寺》'化作龙蜿蜒',皆游戏及之,未尝实赋。《炭谷》实赋,则必有诋斥之语,所以云'吁

无吹毛刃,血此牛蹄殷'。盖欲如荆、佽、蕫诸人斩蛟以绝语怪,焉得此篇信其事而实赋之? 诚如王说,则此诗了无意味矣。以愚推之,此是寓言,乃为顺宗传位而作。'天昏地黑',谓永贞时朝事;'蛟龙移',谓内禅;'鱼鳖枯死',谓伾、文以及党人皆斥逐也。"方成珪《诗文年谱》:"据方扶南说于是年(永贞元年)。"屈《校注》谓疑年。钱仲联《集释》系永贞元年。《韩学研究·韩愈年谱汇证》:"按:此诗所写与《南山》诗写湫一段、《题炭谷湫祠堂》所写情调不类,韩醇之说非是。而与《永贞行》中'国家功高德且厚,天位未许庸夫干。嗣皇卓荦信英主,文如太宗武高祖。膺图受禅登明堂,共流幽州鯀死羽'近似。当是韩愈过洞庭遇天大变感于时世而作,时为顺宗元年北上江陵。"朱彝尊《批韩诗》:"直述事。"按:实为寓言。

② 雷惊电激雄雌随:方《举正》据蜀本订"激"字,云:"谢校。'雷奔电激',班固《西都赋》语。古书如《说文》、《答宾戏》、郭璞《江赋》皆用'激'字。"朱《考异》:"激,或作'击'。雄雌,或作'雌雄'。"宋白文本、文本、祝本、魏本作"击"。廖本、王本作"激"。作"激",作"雄雌"字善。

顾嗣立《集注》:"《史记·夏本纪》:'孔甲好方鬼神事,天降龙二,有雌雄。'"方世举《笺注》:"雷惊电激:班固《西都赋》:'雷奔电激。'雄雌:《左传》(昭公二十九年):'蔡墨曰:有夏孔甲,帝赐之乘龙,河汉各二,各有雄雌。'《拾遗记》:'虞舜时,南浔之国献毛龙,一雌一雄。'"童《校诠》:"第德案:汉书司马相如传:雷动焱至,星流电击(子虚赋);扬雄传:壁垒天旋,神抶电擊(羽猎赋);叙传:长驱六举,电擊雷震(述卫青霍去病传第二十五);汉郭仲奇碑:鹰伺电毄,毄与擊同。作电擊亦有本,宜两存之。"按:今规范简化字为"击"。雷惊电激,本自然中天气变化的特殊现象,此比喻当时的政治形势,由下语"雌雄随"可证。

③ 清泉百丈化为土:方世举《笺注》:"百丈:鲍照诗(《拟古》):'凿井北陵隈,百丈不及泉。'"按:喻徒劳也。

④ 鱼鳖枯死吁可悲:方世举《笺注》:"枯死:《神仙传》:'宅旁

有泉水,水自竭,中有一蛟枯死。'"王元启《记疑》:"此为刘、柳诸人发叹。鱼鳖即《炭谷》诗所谓'群嬉傲妖顽'者是。枯死可悲,则《永贞行》所谓'吾尝同僚情可胜'也。"按:此深含寓意也。

【汇评】

清朱彝尊:直述事。(顾嗣立《昌黎先生诗集注》卷三)

程学恂:毕竟不知此诗是何意思,不必强作解事。(《韩诗臆说》卷一)

雉带箭①

贞元十五年

韩愈《县斋有怀》云:"大梁从相公,彭城赴仆射。弓箭围狐兔,丝竹罗酒炙。"可见《雉带箭》诗写于徐州张建封幕,时在贞元十五年(799)秋至贞元十六年(800)春。苏轼将这首诗大字书之,以为绝妙。诗确实以高超的诗艺被评论家誉为范例。诗生动具体地描写了猎者的绝技,观者的情态,伤雉的惨状。如查晚晴云:用笔"以留取势,以快取胜"。其状历历在目,真写物之妙笔。诗未作任何想象夸张,"句句实境,写来绝妙,是昌黎极得意诗,亦正是昌黎本色"。(朱彝尊语)

原头火烧静兀兀②,野雉畏鹰出复没③。将军欲以巧伏人④,盘马弯弓惜不发⑤。地形渐窄观者多,雉惊弓满劲箭加⑥。冲人决起百余尺⑦,红翎白镞随倾斜⑧。将军仰笑军吏贺,五色离披马前堕⑨。

【校注】

① 题:雉,野鸡。方《举正》:"此诗当在徐州日作。"魏本:"樊

曰:公阳山《县斋》诗有曰:'大梁从相公,彭城赴仆射。弓箭围狐兔,丝竹罗酒炙。'此诗公佐张仆射于徐从猎而作也。读之其状如在目前,盖写物之妙者。"文《详注》:"谏张仆射也。解见《汴泗交流》诗。"文《详注》引引《补注》、方世举《笺注》同樊而简。按:文说非。《韩学研究·韩愈年谱汇证》系十五年,云:"此诗是公在徐州任观察推官,陪张建封射猎而作,时当在是年秋冬。"此诗为公率笔写来,景活形肖。如朱彝尊《批韩诗》:"句句实境,写来绝妙,是昌黎极得意诗,亦正是昌黎本色。"

② 原头火烧静兀兀:文《详注》:"《晋书》(《顾恺之传》):顾恺之作了语,曰:'火烧平原无遗燎。'"《晋书·顾恺之传》:"恒玄时与恺之同在仲堪坐,共作了语。恺之先曰:'火烧平原无遗燎。'玄曰:'白布缠根树旒旗。'仲堪曰:'投鱼深家放飞鸟。'……"魏本:"韩曰:唐太宗《出猎》诗:'平原烧火红。'晋《顾恺之传》:'火烧平原无遗燎。'"方世举《笺注》:"火烧:《世说》:顾恺之曰:'火烧平原无遗燎。'"按:原头,原野之上。火烧,烧起猎火。陈迩冬《韩愈诗选》:"'烧'字读 shào,与'火'字合为名词、是放起的火,为行猎而烧的火。兀兀:突出地;这里形容火光冲起,火势很大。"写原野一片静寂,唯见猎火。首句着一"静"字,妙绝。只起一句,造境已佳。

③ 野雉畏鹰出复没:方《举正》据阁本作"伏欲没",云:"李、谢校。"朱《考异》:"出复,方作'伏欲'。按:雉出复没,而射者弯弓不肯轻发,正是形容持满命中之巧豪(毫)厘不差处。改作伏欲,神采索然矣。"按:朱说是,此句正写射者、捕者与野鸡斗智的形态,不是亲眼所见或设身处地认真思考是不能得其意也。鹰,猎鹰。出复没,写雉时而惊起,时而躲藏。梁武帝萧衍《天安寺疏圃堂》诗:"出没看飞翼。"

④ 将军欲以巧伏人:将军,张建封。巧,巧妙的绝技。伏人,令人折服。《左传》隐公十一年:"许既伏其罪矣。"又使人敬佩。韩公《与崔群书》:"伏其为人。"庾信《谢赵王赍丝布启》:"自然心伏。"

⑤ 盘马弯弓惜不发:顾嗣立《集注》:"'将军欲以巧伏人,盘马

弯弓惜不发'二句,无限神情,无限顿挫,公盖示人以运笔作文之法也。"《唐诗归》卷二九谭元春曰:"二语深,不是寻常弓马中人说得。"查慎行《查初白诗评十二种》:"善于顿挫。"方世举《笺注》:"盘马:邓粲《晋记》:'王湛就蚁封盘马。'《世说》:'杜预之荆州,朝士悉祖,杨济不坐而去。和长舆曰:必大夏门下盘马。往大夏门,果大阅骑。'弯弓:阮籍诗:'弯弓挂扶桑,长剑倚天外。'"程学恂《韩诗臆说》卷一:"二句写射之妙处,全在未射时。是能于空处得神,即古今作诗文之妙,亦只在空处著笔,此可作口诀读。"钱仲联《集释》:"张衡《西京赋》:'弯弓射乎西羌。'薛综注:'弯,挽弓也。'"按:盘马,勒马不进,盘旋凝视。弯弓,拽(yè)满弓。弯,动词,挽也。惜不发,不肯轻发。一句三折,容量之大,以一顶十,真大手笔之腕力也。以上二句笔底传神,绘形妙手。

⑥ 地形渐窄观者多,雉惊弓满劲箭加:方世举《笺注》:"司马相如《子虚赋》:'左乌号之雕弓,右夏服之劲箭。'加:《诗》:'弋言加之。'《子虚赋》:'双鸧下,玄鹤加。'"钱仲联《集释》曰:"加,此处作'射'解。"按:猎者与雉藏的距离愈来愈逼近,雉的藏处愈来愈窄,弓拉得愈来愈加劲,准备最后箭射雉身。加,即加箭于雉身,故钱作"射"解。加,动词,本来是动宾词组作谓语句式,此省略宾语"雉",伏笔而留到下文。宋洪迈《容斋三笔》卷三:"昌黎《雉带箭》诗,东坡尝大字书之,以为绝妙。予读曹子建《七启》论羽猎之美云:'人稠网密,地逼势胁。'乃知韩公用意所来处。"

⑦ 冲人决起百尺余:方世举《笺注》:"《庄子·逍遥游》:'蜩与鷽(yù)鸠笑之曰:吾决起而飞,抢榆枋。'"按:此谓雉冲着人突然跃起来;乃雉被射中下坠后,痛疼难忍,奋力跃起,飞上空中的刹那情景。真精巧传神。

⑧ 红翎白镞随倾斜:魏本:"祝曰:'镞,箭镞也。《列子》:善射者能令后镞中前栝。'"按:弓劲射准。红翎,雉伤流血把箭羽都染红了。白镞,明晃晃的箭头穿过雉身而露出。随倾斜,雉带着箭上冲下沉,身子倾斜。以上二句写雉中箭后之情景,真切绝妙。何焯《义门读书记》卷三〇:"'带'字醒。"

⑨ 将军仰笑军吏贺：方世举《笺注》："仰笑：《楚国策》：'楚王游于云梦，有狂兕群车依轮而至，王亲引弓而射，一发而殪，王抽旃旄，抑兕首，仰天而笑曰：乐矣，今日之游也！'"此句先写将军，着"仰笑"二字，其形态、神情全出，且可透过具体描写，窥见其内心活动。

五色离披马前堕：五色，雉的羽毛色彩斑斓。离披，掉落。文《详注》："晋潘安仁《射雉赋》曰：'擎（鲸）矛低镞，心平望审。毛体摧落，霍若碎锦。'"魏本："韩曰：《尔雅》（《释鸟》）：'雉五色皆备，[成章,]曰翬。'"顾嗣立《集注》："《射雉赋》：'有五色之名翬。'"方世举《笺注》："宋玉《九辩》：'奄离披此梧秋。'注：'离披，分散也。'"按：五彩山雉曰翬（huī）。结如铎锤一响，戛然而止。恰到好处，多一句不得。查慎行《查初白诗评十二种》："恰好便住，多着一句不得。"

【汇评】

宋洪迈：《曹子建七启》："原头火烧净兀兀，野雉畏鹰出复没。将军欲以巧伏人，盘马弯弓惜不发。地形渐窄观者多，雉惊弓满劲箭加。冲人决起百余尺，红翎白镞随倾斜。将军仰笑军吏贺，五色离披马前堕。"此韩昌黎《雉带箭》诗。东坡尝大字书之，以为绝妙。予读曹子建《七启》论羽猎之美云："人稠网密，地逼势胁。"乃知韩公用意所来处。（《容斋三笔》卷三）

宋黄震：《雉带箭》峻特有变态。（《黄氏日抄》卷五九）

清汪琬：短幅中有龙跳虎卧之观。（钱仲联《昌黎先生诗集注》卷一）

清朱彝尊：句句实境，写来绝妙，是昌黎极得意诗，亦正是昌黎本色。（顾嗣立《昌黎先生诗集注》卷三）

清查晚晴：看其形容处，以留取势，以快取胜。（《查初白诗评十二种》）

清何焯：《雉带箭》："红翎白镞随倾斜。""带"字醒。（《义门读书记》卷三〇）

清顾嗣立:"将军欲以巧伏人,盘马弯弓惜不发"二句,无限神情,无限顿挫,公盖示人以运笔作文之法也。至其全首,波澜委曲,细微熨帖。王留耕所谓写物之妙,其状如在目前。信然,信然!(《昌黎先生诗集注》卷三)

清沈德潜:《雉带箭》,李将军度不中不发,发必应弦而倒,审量于未弯弓之先。此矜惜于已弯弓之候,总不肯轻见其技也。作文作诗,亦须得此意。(《唐诗别裁集》卷七)

清爱新觉罗·弘历:篇幅有限,而盘屈跳荡,生气远出,故是神笔。(《唐宋诗醇》卷二九)

张鸿:描写射雉,与《汴泗交流》之描写击球,同样工巧。(钱仲联《韩昌黎诗系年集释》卷一)

程学恂:"将军欲以巧伏人,盘马弯弓惜不发"二句,写射之妙处,全在未射时。是能于空处得神,即古今作诗文之妙,亦只在空处著笔。此可作口诀读。(《韩诗臆说》卷一)

条山苍①

贞元二年

德宗李适贞元二年(786),十九岁的韩愈离开宣城赴长安应试,绕道父亲做过县尉的滁州铜鞮(dī),假道河中中条山。站在中条山脚下,黄河之滨,远望苍茫巍峨的中条山,近看奔腾东流的黄河。想起高士阳城,禁不住发出由衷的感慨。借山河壮美,阳城贞操,抒发了青年诗人对人生的憧憬和未来的抱负。景中寓情,把言不尽的情全用眼前的景托出,简淡高古,汉魏遗响,是这首小诗的特点。字不多,耐人寻味。故程学恂《韩诗臆说》卷二曰:"寻常写景,十六字中,见一生气概。"

条山苍,河水黄②。浪波沄沄去③,松柏在高冈④。

【校注】

① 题：朱《考异》："欧本注云：中条山在黄河之曲，今蒲中也。"魏本："韩曰：'条山，山名，在河中府。河中，公故居在焉。'"《史记·五帝纪》正义引《括地志》云："蒲州河东县雷首山，一名中条山，亦名历山，亦名首阳山，亦名蒲山，亦名襄山，亦名甘枣山，亦名猪山，亦名狗头山，亦名薄山，亦名吴山。此山西起雷首山，东至吴坂，凡十一名。"《元和郡县图志》卷一二河东道河中府："河东县，雷首山，一名中条山，在县南十五里。"《通典》卷一七九《州郡九》蒲州河东县下注："有雷首山，（伯）夷、（叔）齐居其阳，所谓首阳山也。"其山在今山西西南，黄河北岸，西起永济，东北延伸数百里。

文《详注》："松柏以喻隐逸坚正之士，如当时阳城之徒。"方世举《笺注》："欧本注云：'中条山在黄河之曲，今蒲中也。'《新唐书·地理志》：'绛州闻喜县引中条山水于南城下，西流经六十里，溉涑阴田。属河东道。'"

此诗作年：方世举《笺注》列在卷一二《夕次寿阳驿题吴郎中诗后》之后，《奉使镇州行次承天行营奉酬裴司空》之前，定为长庆二年为兵部侍郎时。王元启《记疑》："条山者，阳城隐居之所，事详《顺宗实录》。其地在河东之河曲。欧本注云：'今之蒲中也。'说者但知公使镇州，尝假途出此，故方世举定此诗为长庆二年作。余读《连理木颂》及《外集·题李生壁》知公未第时，先曾两至河东。此诗贞元二年初至河东，城尚未膺李泌之荐，正隐条山，公感事赋此。按：公自言始得李生于河中，与之皆未冠。据此则公年十九曾至河中。过蒲中，感阳城事，有《条山苍》诗一首。条山者，阳侯隐居之所，事详《顺宗实录》。其地在河东之河曲。欧本注云：今之蒲中也。说者但知公使镇州，尝假途出此，故方世举定此诗为长庆二年作。波浪句，谓远近慕其德行，从学者多。松柏句，仰其德行之高，且有未获从游之恨。方谓长庆中作，则与前后奉使诸诗不类。又讥此诗之作为无谓，且疑下有阙文，皆由误定为奉使镇州时作故耳。余定为贞元初，美阳城作，则语甚有谓，亦不嫌其有阙文也。"

屈《校注》:"按:此诗未必美阳城作,作年亦未可确定。"谓疑年。按《旧唐书·德宗纪上》:"兴元元年八月癸卯(4日)以灵盐节度使、侍中、兼灵州大都督、楼烦郡王浑瑊为河中尹、晋绛节度使、河中同陕虢等州及管内行营兵马副元帅,改封咸宁郡王。"又《德宗纪下》:"贞元十五年十二月庚午(1日),朔方等道副元帅、河中绛州节度使、检校司徒兼奉朔中书令浑瑊薨。丁酉(28日),以同州刺史杜确为河中尹、河中绛州观察使。"新旧《唐书》本传同。公《河中连理木颂》云:"司空咸宁王尹蒲之七年,木连理生于河之东邑。"当是贞元七年,公再至河中,城已入朝为谏官矣。韩公第二次至河中,疑是求荐举,第三次赴镇州是路过,均不过中条山。按公所经路线和情事,诗当写于第一次,由宣城赴京,经河阳,沿河西去,到河中找族兄弇,经中条山所作,时贞元二年,韩公十九岁。

② 河:黄河。《书·禹贡》:"导河积石,至于龙门。"《尔雅·释水》:"河出昆仑虚,色白;所渠并千七百一川,色黄;百里一小曲,千里一曲一直。"古称黄河,后世以河水多泥沙而色黄,故称黄河。古籍谓河者,指黄河。

③ 浪波沄沄去:方《举正》作"浪波",云:"杭、蜀同。"朱《考异》:"波浪,方作'浪波'。"宋白文本、文本、祝本、魏本作"浪波",注:"浪,一作'沧'。"廖本、王本注:"浪波,或作'波浪'。"今从"浪波"。

沄(yún)沄:魏本:"韩曰:'沄沄:转流也。'"文《详注》:"沄沄,转流也。音胡昆切,又音云。"魏本音注:"沄,音云,又音浑。"顾嗣立《集注》:"杜子美诗:'沄沄逆素浪。'"方世举《笺注》:"《尔雅·释言》:'沄,沆也。'王逸《九思》:'窥见兮溪涧,流水兮沄沄。'按:此首疑有脱文,作诗之指归安在耶?大抵一诗之起。"按:沄沄,旋流滔滔。《说文·水部》:"沄,转流也。从水云声,读若混。"《楚辞》汉王逸《九思·哀岁》:"窥见兮溪涧,流水兮沄沄。"董仲舒《春秋繁露》卷一六《山川颂》:"水则源泉混混沄沄,昼夜不竭。"柳宗元《惩咎赋》:"凌洞庭之洋洋兮,溯湘流之沄沄。"

④ 高冈：方《举正》据阁本作"山冈"，云："杭同，蜀作'高冈'。"朱《考异》："山冈，'山'或作'高'。"祝本作"高冈"。魏本宋刻本作"高岗"，四库本作"高冈"。廖本、王本作"山冈"。作"山冈""高冈"均可。作"高冈"善。

按：高冈，即山冈，指中条山。首句已见"山"字，不应复出，故用"高"；作"高"字好。公《岐山下》诗云："昔周有圣德，此鸟鸣高冈。"

【汇评】

宋黄震：《条山苍》简淡有余兴。（《黄氏日抄》卷五九）

清朱彝尊：语不多，却近古。（顾嗣立《昌黎先生诗集注》卷三）

清陈沆：苍者自高黄自浊，流俗随波君子独。（《诗比兴笺》卷四）

清曾国藩：《条山苍》："波浪"句喻世人随俗波靡。"松柏"句喻君子岁寒后凋。亦自况之诗。（《求阙斋读书录》卷八）

程学恂：寻常写景，十六字中，见一生气概。（《韩诗臆说》卷二）

蒋抱玄：此亦汉魏遗音。（《注释评点韩昌黎诗全集》）

赠郑兵曹①

元和元年

樽酒相逢十载前，君为壮夫我少年②。樽酒相逢十载后，我为壮夫君白首③。我材与世不相当，戢鳞委翅无复望④。当今贤俊皆周行⑤，君何为乎亦遑遑⑥？杯行到君莫停手⑦，破除万事无过酒⑧。

【校注】

① 题：魏本："韩曰：'郑，或以为郑通诚。张建封节度武宁时，

通诚为副使,公为其军从事。樽酒相从,在其时欤?'樊曰:白乐天《哀二良》云:'祠部员外郎郑通诚。'此云兵曹,所未详也。"文《详注》:"《补注》:兵曹疑郑通诚。盖张建封为武宁军节度,而通诚其军副也。公贞元十五年为徐从事,时年三十有二,故云'十载前'。后白乐天《哀二良文》'祠部员外郎郑通诚',而此云曹,所未详也。"王元启《记疑》:"韩曰:'郑或以为郑通诚。张建封节度武宁,通诚为副使,公为其军从事。'樊曰:'白乐天《哀二良》云:祠部员外郎郑通诚。此云兵曹,未详。'愚按通诚为乱军所杀,即在贞元十六年(800)建封始卒之时,何缘十载后又有樽酒相逢之事?若以即今相聚为十载后,则尔时通诚正为副使,亦未见其遑遑而无所依也。此兵曹恐另有其人,必非通诚。又武宁军系贞元二十一年(805)顺宗赐额。当建封时,止当云节度徐、泗、濠三州。"沈钦韩《补注》:"兵曹者,州之判司,与通诚官位悬绝。此诗当是在江陵作,郑兵曹即郑群。"方世举《笺注》:"《旧唐书·张建封传》:'十六年五月,建封卒,判官郑通诚权知留后事,军乱,杀通诚。'此诗作于将去之时,故有'戢鳞委翅'之语,见机可谓早矣。凡人历官不一。兵曹、祠部互见,未足为疑也。"系贞元十六年。钱仲联《集释》:"公《朝散大夫尚书库部郎中郑君墓志铭》:'君讳群,字弘之,世为荥阳人。以进士选吏部考功,所试判为上等,授正字。自鄂县尉拜监察御史,佐鄂岳使裴均之为江陵,以殿中侍御史佐其军。'《旧唐书·职官志》:'中都督府兵曹参军事一人,从七品上。'"与王元启同系元和元年。按:所说是。十年前,韩公在京求官不得,正困顿之时。而郑群贞元四年(788)中进士,时已得官;况韩公兄嫂郑氏乃荥阳郑氏族人,早年又得郑馀庆推许,谓故交。此谓郑群无疑。同时二人同为江陵裴均幕曹掾。韩公又有《郑群赠簟》诗,述其感情甚笃。

② 樽酒相逢十载前,君为壮夫我少年:方世举《笺注》:"《曲礼》(《礼记》):'三十曰壮。'"钱仲联《集释》:"公撰《郑群墓志》,群以长庆元年卒,春秋六十。其年公五十四岁,群盖长公六岁。本年同在江陵,群四十五岁,公三十九岁。再溯十载以前,当为贞元七、

八年至十一年之间,群年三十许,正为壮夫,公则年在二十四至二十八之间,尚未满三十,是少年也。樽酒相逢,殆同在京师应进士试乎?《郑群赠簟》诗称群为故人,盖二人为旧交。"按:郑群以贞元四年中进士,至十一年几七年矣,不可能未得官,更不可能未中进士。韩愈长嫂乃荥阳郑氏,韩家与郑家为通家之好。

③ 樽酒相逢十载后,我为壮夫君白首:魏本:"樊曰:'公贞元十五年去汴即徐,为军从事,时年三十有二,故云。'"钱仲联《集释》:"本年公三十九岁,未满四十,尚是壮夫。郑年四十五,亦未老,然白首云者,谓白发耳。四十余岁见二毛,固恒事也。"按:此诗用语率直爽朗,开门见山。朱彝尊《批韩诗》:"起四句大快,不是韩退之,乃是张正言。"

④ "我材"二句:魏本:"韩曰:《选》(卷四三赵景真)《与嵇茂齐书》:'时不我与,垂翼远逝,锋钜靡加,六翮摧屈。'戢,敛也,阻立切。望,平声。"方世举《笺注》:"屈原《九章》(《悲回风》):'鱼戢鳞以自别兮,蛟龙隐其文章。'"按:此正表现出他在荆州幕的心态:仍是不遇时之叹。

⑤ 贤俊:方世举《笺注》:"《颜氏家训·勉学篇》:'汉时贤俊皆以一经宏圣人之道。'"按:周行,大路。《诗·周南·卷耳》:"嗟我怀人,置彼周行。"又《小雅·大东》:"佻佻公子,行彼周行。"引申为大道,至美之道路。又《小雅·鹿鸣》:"人之好我,示我周行。"

⑥ 君何为乎亦遑遑:朱《考异》:"亦,或作'独'。"宋白文本、文本、祝本、魏本、廖本、王本等诸本作"亦",注:"一作'独'。"当作"亦"。

方世举《笺注》:"《列子·杨朱篇》:'遑遑尔竞一时之虚誉,规死后之余荣。'"按:遑遑,急迫惊惧貌。《楚辞》宋玉《九辩》:"众鸟皆有所登栖兮,凤独遑遑而无所集。"韩诗意同此。此比也,说人况己,鸣不平也。

⑦ 杯行:即传杯。方世举《笺注》:"王粲诗(《公宴诗》):'合坐同所乐,但愬杯行迟。'"

⑧ 破除万事无过酒：曹操《短歌行》："何以解忧，唯有杜康。"韩公《李花赠张十一署》："力携一樽独就醉，不忍虚掷委黄埃。"《游城南十六首·遣兴》："断送一生惟有酒，寻思百计不如闲。"结联语似平常，嚼之有味。朱彝尊《批韩诗》："收有味。"

【汇评】

宋黄震：《遣兴》诗"断送一生惟有酒"，《赠郑兵曹》诗"消除万事无过酒"。山谷词各于其下去一"酒"字，天然妙对。（《黄氏日抄》卷五九）

又：《赠郑兵部》诗，慷慨。（同上）

程学恂：此亦无甚深意，随时倡酬之作也。（《韩诗臆说》卷一）

蒋抱玄：集中快调多似瀑布式，独此如河流朝宗，千回万折。篇幅虽短，而意味无穷，至文也。（《注释评点韩昌黎诗全集》）

桃源图①

元和八年

陶渊明《桃花源记》一出，祖此题材写诗的不少，最脍炙人口者推王维《桃源行》。却把"避地"写成"出世"，"人间"换成"仙境"。韩公诗有"武陵太守好事者，题封远寄南宫下"。太守即窦常，元和七年（812）冬，窦常为武陵刺史。刘禹锡为武陵司马，曾写《游桃源一百韵》叙神仙事："因话近世仙，耸然心神惕。乃言瞿氏子，骨状非凡格。"公首破神仙荒唐之说，疑因此而发，当写于元和八年（813）。王维诗只重本事，层层叙写，句句本色，不露凿痕，被后世誉为千古绝唱。后人再作，必出新意，若无新意，不必重作。王、韩二诗，与宋王介甫之作，成为公认的陶渊明后写桃源题材的杰作。韩诗所以能与王诗并肩要在有二：一是否定了前人，包括王维把桃源写成"仙境"，而尽人"出世"的主题，指出"神仙有无何眇芒，桃源之说诚荒唐"。这思想在韩愈的时代是进步的,也是韩诗高出的原因。二是诗的写法与语言的运用,起结照应,道出题旨,中先叙画作案,次写本事,间议提顿,语尽铺张,通畅流利,雄浑奇伟。章法结构翻波叠浪,曲折有致。公七言古诗,少用对句。此篇诸对,亦甚奇伟。句法又多变化,形成了这首诗流利奇伟的特点。王士禛谓:"唐、宋以来作《桃源行》,最传者王摩诘、韩退之、王介甫三篇。观退之、介甫二诗,笔力意思甚可喜。及读摩诘诗,多少自在!二公便如努力挽强,不免面赤耳热,此盛唐所以高不可及。"(《池北偶谈》卷一四《桃源诗》)

神仙有无何眇芒②,桃源之说诚荒唐③。流水盘回山百转④,生绡数幅垂中堂⑤。武陵太守好事者⑥,题封远寄南宫下⑦。南宫先生忻得之⑧,波涛入笔驱文辞⑨。文工画妙各臻极⑩,异境恍惚移于斯⑪。架岩凿谷开宫室⑫,接屋连墙千万日⑬。嬴颠刘蹶了不闻⑭,地坼天分非所恤⑮。种桃处处惟开花⑯,川原近远蒸红霞⑰。初来犹自念乡邑,岁久此地还成家⑱。渔舟之子来何所⑲?物色相猜更问语⑳。大蛇中断丧前王㉑,群马南渡开新主㉒。听终辞绝共凄然,自说经今六百年㉓。当时万事皆眼见,不知几许犹流传㉔。争持酒食来相馈,礼数不同樽俎异㉕。月明伴宿玉堂空,骨冷魂清无梦寐㉖。夜半金鸡啁哳鸣㉗,火轮飞出客心惊㉘。人间有累不可住㉙,依然离别难为情㉚。船开棹进一回顾,万里苍苍烟水暮㉛。世俗宁知伪与真,至今传者武陵人㉜。

【校注】

① 题:魏本:"孙曰:《陶渊明集》:晋太元中,武陵人捕鱼。缘

溪行,忘路远近。忽逢桃林,夹岸数百步,渔人甚异之,前得一山,山有小口,便舍船从口入。其中土地平旷,往来种作,悉如外人。见渔人大惊,问所从来,具答之。便要还家,为设酒,杀鸡作食,自云避秦来此。乃不知有汉,无论魏晋也。洪曰:渊明叙桃源事,初无神仙之说,梁任(当作'伍')安贫(一作'宾')为《武陵记》亦祖述其语耳。渊明云:'先世避秦时乱。'而安贫云:'曩以避秦之乱,邑人相率携妻孥隐此,厥后绝不外通,何人世之多迁贸也。'后人不深考,因谓秦人至晋犹不死,遂以为地仙。"文《详注》:"陶潜《桃花源记》曰:晋孝武帝太康中,武陵人捕鱼。从溪而行,忽逢桃花林。夹两岸数百步无杂木,芳花芬馥,落英缤纷,渔人异之,前行穷林。林尽见山,见山有小口,仿佛有光,便舍舟步入。初极狭,行四五十步,豁然开广,邑屋连接,鸡犬相闻,男女被发,怡然并足。见渔人,大惊,问所从来,要还,为设酒食,云:先世避秦难,率妻子来此,遂与外隔绝,不知有汉,不论魏晋也。既出,白太守,太守遣人随而寻之,迷不复得路。后世尽以传观,公爱南宫之妙,歌以志之。"下引洪《辩证》后云:"非是。"又引王《补注》:"公诗大概咏陶渊明所记。今之鼎州也。"又魏本:"洪驹父云:荆公《桃源行》、东坡《和桃源诗》皆得之。王摩诘、退之、刘梦得诸人以为神仙,皆非是。渊明载渔人所遇时称晋太元中,任安贫云太康中。退之诗云:'自说经今六百年。'按始皇三十四年(公元前213)筑长城,燔诗书,明年坑儒生。三十七年(公元前210),胡亥立,三年而灭于汉。二汉四百二十五年而为魏。魏四十五年而为晋,晋武帝即位十五年,至是凡四百九十二年。明年改元太康,自太康元年至孝武帝时宁康三年(375),凡九十六年,通五百八十七年。明年改元太元(376),至太元十三年,乃及六百年。梦得诗亦云:'金行太元岁。'安贫之记误也。韩曰:'南宫先生欣得之,波涛入笔驱文辞。'此必与一郎官赓和,不复详其名氏矣。"沈钦韩《补注》:"《全唐文》董侹《阎贞范先生碑》言:'阎寀上言,乞以皇帝降诞之辰,度为武陵桃源观道士。'《会要》五十载其事在贞元七年(791)四月。此诗盖为其事而作,故首用神仙荒唐之说破之。"方世举《笺注》先概引陶潜《桃花源记》"晋太元中"至"遂迷,不复得路"后,曰:"按:此诗不可考其年月,因前诗有'秦客桃源'之语,故附之。大抵乃题画之作也。且所云南宫先生,或即卢汀,亦未可知。"钱仲联《集释》:"诗云'武陵太守好事者,题封远寄南宫下',太守,窦常也。常以元和七年冬出守武陵(唐武陵郡即朗州,治所在今湖南省常德市),见刘禹锡《武陵北亭记》,时去贞元七年已二十余载矣,此诗未必追刺前事也。考常守武陵时,禹锡方为武陵司马,《刘集》有《游桃源诗一百韵》,中述神仙事云'羽人顾我笑,劝我税归轭,因话近世仙,耸然心神惕。乃言瞿氏子,骨状非凡格,往事黄先生,群儿多侮剧。謷然不屑意,元气贮胸鬲,往往游不归……至今东北隅,表以坛上石'云云。此诗首破神仙荒唐之说者,疑因此而发也。今以系诸八年(813)末。"按:沈说非。陈、钱说是。然陈谓元和十年,常为朗州刺史,则非。自晋陶潜《桃花源诗并记》后,不少人以此题材写诗作画,韩愈此诗据图而写,故云《桃源图》。

② 眇芒:朱《考异》作"眇芒",云:"或作'渺茫'。"宋白文本、文本作"眇茫",廖本、王本作"眇芒",祝本、魏本作"渺茫"。作"眇茫""眇芒""渺茫"均可,今作"眇芒"。

何焯《义门读书记》卷三〇:"'眇芒'言其细已甚也。若作'渺茫',与荒唐重复。"按:作遥远模糊不清解,则眇芒、渺茫、眇茫,音义均同。眇芒为早出本字,本意为细小得使人看不清楚,此作遥远而模糊不清讲。汉王充《论衡·知实》:"神者,眇茫恍惚,无形之实。"韩公《感春》之三:"死者长眇芒,生者困乖隔。"亦用"眇芒"。

③ 荒唐:文《详注》:"言神仙之事在于有无之间,难以形象。如桃源之说,诚不可信。荒唐,广大而无当也。《庄子》(《天下篇》)曰:'荒唐之言,谬悠之说。'扬雄《法言》曰:'或人问:言仙有诸乎?对曰:惟嚚嚚者能以无为有。'"钱仲联《集释》:"按康骈《剧谈录》云:'渊明所记桃花源,今鼎州桃花观即是其处。自晋、宋来,由此上升者六人。'《云笈七签》引司马紫微《天地宫府图》云:'第三十五

桃源山洞,周回七十里,名曰白马玄光天。在玄洲武陵县,属谢真人治之。'公诗所破,乃此类神仙诞说,及梦得所咏近事耳。故下文述避秦人语,有'自说经今六百年,当时万事皆眼见'之言,不云先世,一似长生不死者然,以见其荒唐不可信也。"按:荒唐,本意谓广大无际貌,引申为错误到使人觉得奇怪的程度。《庄子·天下》:"以谬悠之说,荒唐之言。"注:"荒唐,谓广大无域畔者也。"《辞源》亦以韩诗为例。宋吴子良《吴氏诗话》卷上:"渊明《桃花源记》初无仙语,盖缘诗中有'奇踪隐五百,一朝敞神界'之句,后人不审,遂多以为仙。如韩退之诗云:'神仙有无何渺茫,桃源之说尤(诚)荒唐。'刘禹锡云:'仙家一出寻无踪,至今流水山重重。'王维云:'初因避地去人间,及至成仙遂不还。'又云:'重来遍是桃花水,不卜仙源何处寻。'"

④ 盘回:钱仲联《集释》:"《陶集》李公焕注引《桃源经》曰:'桃源山在县南一十里,西北乃沅水,曲流而南,有障山东带钞锣溪,周回三十有二里,所谓桃花源也。"按:盘回,迂回曲折。百转,弯曲处特别多。如俗谓"愁肠百转"。

⑤ 生绡数幅垂中堂:文《详注》:"此谓当时别本画也。未详其谁氏所写,然按舒元舆有《桃源画录》,其说甚详,意其无出于此。今兼载之以互见,云:四明山道士叶某,出古画,画有桃源图。图上有溪,名武陵之源,按仙记,分灵洞三十六之一支。其水趣流势,与江河同。有深而渌,浅而白者。白者激石,渌者落镜。溪南北有山,山如屏形,连接而去,峰竖不险,翠浓不浮。其夹岸有枯木千万本,列立如揖。色鲜如霞,擢举若动若舒。山铺朱草,散茵毯。有鸾青其衿,有鹤朱其毛。佹佹亭亭,间而立者十有八九。岸而北,有深曲岩门,细露室宇,霞栏缭转,云灯五色,雪冰肌颜,衣裳皆负星月文章。岸而南,有五人,服貌肖虹。王直右有书童玉女,角发而侍立者十二,视其意况,皆逍遥飞动,若云十许片,油然而生,忽然而往。其坦处有坛,层级踏玉,坛面俄起炉灶。灶口含火,上有云气,且备五色。中有溪,艇泛上。一人雪华须眉,身着秦时衣服,

手鼓短枻,意状深远。合而视之,大略山势高,水容深,人貌高奇,鹤情闲暇,烟岚草木,如带香气。熟得详玩,自觉骨体清莹,如身入镜中,不似在人寰,眇然有高谢之志。少选,道士卷画而藏之,若身形却落尘土中。视向所张壁上,又疑有顽石化出,塞断道路。某见画不寡,此图之精而有如是耶!叶君且自珍重,无路得请,遂染笔录其名数,将以备异日写画之不谬。"魏本注:"绡,生缯也。"按:生绡,用细丝织成的极薄的绫帛之类的绸布,可作画画及裱画的底布。《一切经音义》引《通俗文》:"生丝缯曰绡。"生绡数幅,指桃源图。垂中堂,悬挂在堂屋正中。

⑥ 武陵:魏本:"孙曰:'武陵郡朗州,国朝改为鼎州。'"顾嗣立《集注》:"《唐·地理志》:'朗州武陵郡,属山南道。'"方世举《笺注》:"武陵:《新唐书·地理志》:'朗州武陵郡,属山南东道。'"按:朗州,唐属武陵郡。在今湖南省常德市。

太守:陈景云《点勘》卷一:"武陵太守,当是窦常。常兄弟五人,并以诗擅名,有《联珠集》行世。元和十年,常为朗州刺史,朗州唐武陵郡之官。《寄刘梦得》诗,柳子厚和之,见《柳集》中。韩有《岳阳楼别窦司直庠》诗及《窦司业牟墓志》,二人皆常之弟。常之刺朗亦见《牟志》。又朗州至宋,因避圣祖讳,改为鼎州。"窦常,字中行,叔窦向子,弟兄五人,为长,京兆金平(今陕西兴平)人。大历十四年(779),中进士。贞元十四年(798),任淮南节度参谋。元和六年(811),征为侍御史,转水部员外郎。明年,授朗州刺史。终国子祭酒。常父子均能诗,有《窦氏联珠集》。刘禹锡《武陵北亭记》云常以元和七年出守武陵,时刘为司马。好:本作美好解,此引申为善、喜欢,即形容词作动词。好事者,喜欢作画的人。

⑦ 题封远寄南宫下:文《详注》:"言缄封别本,远寄南宫,俾传写之也。《通典》曰:'秦昭王置黔中郡,汉高更名武陵。晋赵钦问潘京:何以名武陵?京曰:本郡本名义陵,在展阳界,与夷相接,数为所攻。光武移东,共议易号。传曰:止戈为武。《诗》称:高平曰原。武陵记桃花源,即此也。今鼎州武陵县是。'"题封,题字捆札

封贴。《晋书·顾恺之传》:"恺之见封题如初,但失其画。"唐杜甫《惜别行送向卿进奉端午御衣之上都》诗:"裁缝云雾成御衣,跪拜题封向端午。"《汉语大词典》以韩诗为例。

南宫:南宫本为南方列宿,汉用以比喻尚书省。后汉郑弘为尚书令,取前后尚书省政事,著为《南宫故事》一百卷。杜甫《别唐十五诫因寄礼部贾侍郎》诗:"南宫吾故人,白马金盘陀。"后又称礼部为南宫,礼部属尚书省。又唐代尚书省位置在大明宫南,习称南宫。见韩公《赤藤杖歌》及注。

⑧南宫先生忻得之:陈景云《点勘》:"南宫先生疑是卢虞部汀。韩、卢倡和甚多,详见本集。临邛韩本题下注:'必与一郎官赓和。'廖本改郎官为礼部郎,非也。尚书诸曹,唐代统称南宫,盖犹云南省,不专指礼部。如《和虞部赤藤杖》诗,称虞部为南宫,即其证也。"方世举《笺注》:"南宫:《后汉书·郑弘传》:'弘前后所陈,有补益王政者,皆著之南宫,以为故事。'"钱仲联《集释》:"公元和四年《和卢赤藤杖歌》称卢为虞部,工部尚书之属。六年《和卢望秋作》称司门,刑部尚书之属。十年《和卢元日朝回》称库部,兵部尚书之属,皆可称南宫。公为此诗时,卢当在司门或库部任。若十年以后,公《早赴街西行香赠卢》诗称中舍人,《酬卢曲江荷花》诗称给事,皆不属南宫矣。"按:南宫先生,指卢汀,时卢为虞部郎中,属尚书省官。之,代词,指《桃源图》。

⑨波涛入笔:文《详注》:"南宫先生,未详姓氏,盖时画师。波涛入笔,言笔势翻覆也。"方世举《笺注》:"江总诗(《赋得一日成三赋应令》):'飞文绮縠采,落纸波涛流。'"按:指南宫先生在图上题字,笔势浩荡,波浪起伏。驱文辞,遣词造句,指题辞。

⑩文工:文章精巧工稳。画妙,画则妙绝传神。臻极,达到极点。

⑪异境恍惚移于斯:文《详注》:"谓南宫既能驱驾文辞以录其实,又能传写其妙,二者曲尽桃源之境,恍惚若在目前。"按:异境,异地。恍惚,好像、仿佛。惚同忽。《老子》:"道之为物,惟恍惟

惚。"《淮南子·原道训》:"游微雾,骛恍忽。"高诱注:"恍忽,无之象也。"斯,代词,此处。

⑫架岩凿谷开宫室:方世举《笺注》:"架岩凿谷:《水经注》:'凿石开山,因崖结构。'"按:此句指画面上所画的是在山谷岩壁上开凿建筑的房屋。

⑬接屋连墙千万日:方世举《笺注》:"接屋:扬雄《逐贫赋》:'居非近邻,接屋连家。'"按:接屋连墙,房屋接着房屋,墙接着墙,即连绵不断。千万日,年深日久。此为倒装句式,谓:年深日久,房屋愈建愈多。

⑭嬴颠刘蹶了不闻:文《详注》:"嬴刘,秦汉也。"魏本:"孙曰:嬴颠刘蹶,谓秦汉之亡。"顾嗣立《集注》:"《史记·秦本纪》:'昔柏翳为舜主畜,有土,赐姓嬴。'《汉高帝纪》:'姓刘氏。'"按:嬴,秦朝的国君姓嬴,代指秦朝。颠,颠覆、倒塌,指秦灭亡。刘,汉朝的皇帝姓刘,代指汉朝。蹶,跌倒,亦指灭亡。此指陶渊明《桃花源记》所说:"不知有汉,无论魏晋。"

⑮地坼天分非所恤:魏本:"孙曰:'地坼天分,谓晋魏之乱。'"文《详注》:"地坼天分,谓晋时。此即《记》所谓'不知有汉,不论魏晋'之意。《晋书》惠帝太安二年(303)秋八月庚午(29日),天中裂,无雷而云(当为'无云而雷')。永嘉三年(309)秋七月戊辰(初2日),当阳地裂三所,各广三丈,长三百余步。成帝咸和四年(329),天裂西北。穆帝升平五年(361)八月己卯(15日),天裂,广数丈,有声如雷。皆晋室乱离之兆。地坼天分,本《史记》周人语。"方世举《笺注》:"《史记·天官书》:'天开县物,地动坼绝。'"按:地坼天分,即天地分开,天翻地覆。指三国及东晋两段中国分裂割据的历史。

⑯种桃处处惟开花:即陶渊明《桃花源记》:"忽逢桃花林,夹岸数百步,中无杂树,芳草鲜美,落英缤纷,渔人甚异之。"

⑰川原近远烝红霞:方《举正》作"近远",云:"蜀作'远近'。"朱《考异》:"近远,或作'远近'。"宋白文本作"远近"。祝本、文本、

魏本、廖本、王本作"近远"。今从方及诸本作"近远"。烝,同蒸,焕发。宋白文本、祝本、文本、魏本、王本作"蒸"。廖本作"烝",从之。童《校诠》:"蒸一作丞。第德案:丞当作烝,说文:烝,火气上行也;蒸,折麻中干也,烝本字,蒸假借字。"

顾嗣立《集注》:"《河图》:'昆仑山有五色水,赤水之气,上烝为霞。'"按:红霞,形容红艳艳的桃花遍地盛开若天上遍布红霞。许颛《彦周诗话》:"状花卉之盛,古今无人道此语。"

⑱"初来"二句:文《详注》:"洪驹父云:先贤亦言,文章须道出胸中事乃为工。往事尝看豫章先生写退之《桃源行》至'初来犹自念乡邑,岁久此地还成家',公曰:此妙句也。盖能道出当时意中事。"按:乡邑,家乡、故里。

⑲渔舟之子:即《桃花源记》中的"武陵渔人"。

⑳物色相猜更问语:顾嗣立《集注》:"《后汉·严光传》:'令以物色访之。'"方世举《笺注》:"物色:《列仙传》:'关令尹喜知真人当过,物色而遮之,果得老子。'"蒋抱玄《评注》:"《桃花源记》:'村中闻有此人,咸来问讯。'"按:物色,访求、查寻。《新唐书·李林甫传》:"初,林甫梦人皙而髯,将逼己。寤而物色,得裴宽,类所梦。"《宋史·天文志一》:"宣夜先绝,周髀多差,浑天之学,遭秦而灭,洛下闳、耿寿昌晚出,始物色得之。"相猜,相互怀疑猜测。语本《桃花源记》:"见渔人,乃大惊,问所从来。"二句看似平平,却也真实传神。

㉑大蛇中断丧前王:文《详注》:"《汉书》:高帝被酒,夜径泽中,令一人行前。行前者还报曰:'前有大蛇当径。'高祖乃拔剑斩蛇。蛇分为两,道开。后人来至蛇所,有一老妪夜哭。人问之,妪曰:'吾子,白帝子也,化为蛇,当道。今为赤帝子斩之。'因忽不见。应劭曰:'秦襄公自以居西,作西畤祠白帝。白帝少昊,金德也。赤帝,尧之后,谓汉也。杀之者,明汉当代秦。'更,音庚。"按:指汉高祖刘邦斩蛇起义而灭秦。丧前王,指汉灭秦。《史记·高祖本纪》:"汉元年(公元前206)十月,秦王子婴素车白马,系颈以组,封皇帝玺符节,降轵道旁。"秦亡。

㉒群马南渡开新主:指西晋亡,晋君臣南渡江偏安,是为东晋。开新主,指晋元帝司马睿建立东晋新政权。《晋书·元帝本纪》:西晋末,因晋灭,宗室琅玡王司马睿与西阳王羕、汝南王祐、南顿王宗、彭城王绎等五王渡江南逃,司马睿即帝位。时童谣曰:"五马浮渡江,一马化为龙。"韩诗本此。亦即《桃花源记》:"不知有汉,无论魏晋。"以上二句对仗工稳,为律句。何焯《批韩诗》云:"对属奇伟,公七言古诗,少用对句。"

㉓"听终"二句:文《详注》:"《辨证》曰:按渊明记曰'晋太元中',梁伍安贫云'晋太康中'。二说不同。秦始皇三十四年(公元前213)筑长城,燔诗书,明年坑儒。三十七年(公元前210)胡亥立,三年而灭于汉。二(当为'四')百二十五年而为魏。魏四十五年而为晋。晋武帝即位四十五年,至是凡四百九十二年。明年改太康,自太康元年(280)至孝武帝宁康二年(374),凡九十六年,通五百八十七年。明年改太元,至太元十三年(388)乃及六百年。梦得诗亦云:'金行太元岁。'以此考之,安贫误也。"方世举《笺注》:"六百年:顾嗣立曰:《晋书·元帝纪》:始秦时,望气者云:'五百年后金陵有天子气。'故始皇东游以厌之。及元帝渡江,乃五百二十六年,真人之应在于此矣。按:元帝建武至武帝太元,又已六十年,曰六百者,举成数也。"按:指桃源中人听了渔人说世外六百年的兴亡历史,凄然伤感。秦亡至东晋太元年间渔人入桃花源的时间凡"六百年"。如蒋抱玄《评注》:"《桃花源记》:'此人一一为具言,所闻皆叹惋。'"

㉔几许:多少。张相《诗词曲语词汇释》卷三:"许,估计数量之辞……凡云几许,犹云多少也。"流传,何焯《义门读书记》卷三〇:"'架岩凿谷开宫室'以下,事既流传已熟,又所赋者图,不须更著此铺叙。此诗在韩子非得意者。"

㉕"争持"二句:语本《桃花源记》:"便要还家,为设酒杀鸡作食……余人各复延至其家,皆出酒食。停数日。辞去。"相馈,给酒食招待渔人。礼数,风俗礼节。樽俎,盛酒食的器具。《庄子·逍

遥游》:"庖人虽不治庖,尸祝不越樽俎而代之矣。"《史记·乐书》:"布筵席,陈樽俎,列笾豆,以升降为礼者,礼之末节也。"陶潜《桃花源诗》:"俎豆犹古法。"樽盛酒,俎盛肉。

㉖"月明"二句:玉堂,本为宫殿的美称。宋玉《风赋》:"然后徜徉中庭,北上玉堂。"也指仙人居所。晋庾阐《游仙诗》:"神岳辣丹霄,玉堂临雪岭。"此谓桃花源人所居之室,招待渔人居处。月明伴宿与无梦寐,是眼前现景,空与骨冷魂清,是感觉,合成清空幽雅之境界,妙在形肖味厚。如程学恂《韩诗臆说》卷一云:"'骨冷魂清无梦寐'七字甚妙,须知此境惟桃源中有之,则凡得此境者,到处皆桃源也。"

㉗夜半金鸡啁哳(zhāo zhā)鸣:文《详注》:"《玄中记》曰:'东南有桃都山,上有大树,名曰桃都枝。相去三十里,上有天鸡。日初出照此木,天鸡即鸣,天下鸡皆随之。申酉者金之位,阴之精,鸡属酉,故谓之金鸡。'《楚辞》(宋玉《九辩》)云:'鶗鸡啁哳而悲鸣。'啁哳,鸣声也。上音张留切,下音竹包切。"方世举《笺注》:"金鸡:《神异经》:'扶桑山有玉鸡。玉鸡鸣则金鸡鸣,金鸡鸣则石鸡鸣,石鸡鸣则天下之鸡皆鸣。'啁哳:宋玉《九辩》:'鶗鸡啁哳而悲鸣。'"按:啁哳,指鸡杂乱的叫声。白居易《琵琶行》:"岂无山歌与村笛,呕哑啁哳难为听。"

㉘火轮:文《详注》:"火轮:谓日也。"
按:火轮,太阳。《辞源》引韩诗为例。查《全唐诗》韩愈前唐诗人无用之者,后渐为用,如卷四一九元稹《和李校书新题乐府十二首·胡旋女》:"蓬断霜根羊角疾,竿戴朱盘火轮炫。"卷六六九章碣《夏日湖上即事寄晋陵萧明府》:"亭午羲和驻火轮,开门嘉树庇湖濆。"客,渔人。惊,惧怕,指渔人怕与桃源中人分别。

㉙人间有累:指人间(指桃源外的世界)有家人牵挂。不可住,不能久留在桃源。

㉚依然离别难为情:文《详注》:"江文通《别赋》曰:'惟世间兮重别,谢主人兮依然。'注云:'依然,不能无情。'"依然不能无离别的难为之情。此句写出渔人不愿离去的心态,谓仍然有恋桃源之情。

㉛ 苍苍：空旷迷茫貌。烟水暮，暮色苍茫的水面。《全唐诗》卷一五一刘长卿《赠湘南渔父》："问君何所适？暮暮逢烟水。"卷五一一张祜《松江怀古》："无人踪范蠡，烟水暮沉沉。"

㉜ "世俗"二句：文《详注》："东坡作《黄楼仙》诗云：'神人戏汝真可怜，愿君为考然不然，此语可信冯公传。'即仿此意。"何焯《义门读书记》卷三〇："中极铺张，则似有似真矣。章法盖未甚密。'武陵人'三字，并太守皆收在内。"又何焯《批韩诗》："观起结，命意自见，中间铺张处皆虚矣。章法最妙。"顾嗣立《集注》："按俞玚云：'公七言古诗，少用对句。此篇诸对，亦甚奇伟。'"按：何焯两处所说似有抵牾，非也。世俗，世上一般人。宁，哪能。下句谓武陵人至今传为嘉话。

【汇评】

宋叶梦得：镇江茅山，世以比桃源。余顷罢镇建康，时往游三日，按图记问其故事。山中人一一指数，皆可名，然不至大，亦无甚奇胜处。而自汉以来传之，宜不谬。华阳洞最知名，才为裂石，阔不满三四尺，其高三尺，不可入。金坛福地正在其下，道流云："近岁刘浑康尝得入百余步。"其言甚夸，无可考，不知何缘能进？韩退之未尝过江，有诗云"烦君直入华阳洞，割取乖龙左耳来"。意当有谓，不止为洞言也。（《蒙斋笔谈》卷下，按：旧题为郑景望作）

宋胡仔：东坡此论，盖辨证唐人以桃源为神仙，如王摩诘、刘梦得、韩退之作《桃源行》是也。（《苕溪渔隐丛话》前集卷三《五柳先生》上）

宋许顗：退之《桃源行》云："种桃处处皆开花，川原远近蒸红霞。"状花卉之盛，古今无人道此语。（《彦周诗话》）

宋陈岩肖：武陵桃源，秦人避世于此，至东晋始闻于人间。陶渊明作记，且为之诗，详矣。其后作者相继，如王摩诘、韩退之、刘禹锡，本朝王介甫，皆有歌诗，争出新意，各相雄长。而近时汪彦章藻一篇，思深语妙，又得诸人所未道者。（《庚溪诗话》卷下）

宋王十朋：《和桃源图序》：世有图画桃源者，皆以为仙也，故退之《桃源图》诗诋其说为妄。及观陶渊明所作《桃花源志（记）》，乃谓先世避秦至此，则知渔人所遇，乃其子孙，非始入山者能长生不死，与刘阮天台之事异焉。东坡和陶诗尝序而辨之矣。故予按陶志以和韩诗，聊证世俗之谬云。（《梅溪王先生文集》卷九）

宋吴子良：渊明《桃花源记》初无仙语，盖缘诗中有"奇踪隐五百，一朝敞神界"之句，后人不审，遂多以为仙。如韩退之诗云："神仙有无何渺茫，桃源之说尤（诚）荒唐。"刘禹锡云："仙家一出寻无踪，至今流水山重重。"……此皆求之过也。惟王荆公诗与东坡《和桃源诗》所言，最为得实，可以破千载之惑矣！（《吴氏诗话》卷上）

宋黄震：《桃源图》前立两柱，一叙图，一叙诗，方双合。叙事中间云"大蛇中断丧前王，五马南渡开新主"，只提秦、晋，包尽六百年。结云"世俗宁知伪与真，至今传者武陵人"，与"神仙有无何渺茫，桃源之说诚荒唐"相应，皆明之以正理。（《黄氏日抄》卷五九）

元吴师道：《桃花源记并诗》，洪景卢云：后人因陶公记、诗，不过称赞仙家之乐。唯韩公有"渺茫宁知伪与真"云云，不及所以作记之意。窃意桃源之事，以避秦为言，至云"无论魏晋"，乃寓意刘裕，托之于秦尔……愚早岁尝题《桃源图》云：古今所传避秦，如茹芝之老，采药之女，入海之童，往往不少，桃源事未必无，特所记渔父迷不复得路者，有似异境幻界神仙家之云。此韩公所以有是言。（《吴礼部诗话》）

元陈秀明：太白有"岸夹桃花锦浪生"，退之有"种桃到（处）处惟开花，川原近远蒸红霞"，子瞻有"戏将桃核裹红泥，石间散掷如风雨；坐令空山作锦绣，倚天照海光无数"。皆状桃花之盛，而语妙各臻其极。许彦周岂未之考见，而独称退之，何耶？（《东坡诗话录》卷下）

明王祎：《跋圯上进履图》：右张子房《圯上进履图》。按《黄石公记》，黄石，镇星之精也。黄者星色，石者星质也。而太史公、班孟坚皆谓学者多言无鬼神，如良所见老父予书，亦异矣。岂可谓非天乎？盖真以黄石公为鬼神也，与昌黎韩子以桃源为神仙何异哉！眉山苏公曰：黄石公，古之隐君子也。是可以祛千载之惑矣。（《王忠文公集》卷一三）

明唐肃：《跋山谷墨迹》：黄文节公书韩昌黎《桃源行》一首，盖崇宁六年十月笔也。……宜州无佳笔，公每以三钱市鸡毛笔作字，此纸亦果用鸡毛笔。则公书之妙，又不可及已。（《皇明文衡》卷四六）

明吴宽：《李龙眠刘阮遇仙图》：谁与龙眠作画评，高唐云雨笔端生。欲知刘阮天台事，试读韩子《桃源行》。（《匏翁家藏集》卷六）

明何孟春：李太白诗："岸夹桃花锦浪生。"韩退之："种桃到（处）处惟问（开）花，川原远近蒸红霞。"苏子瞻："戏将桃核裹红泥，石间散掷如流雨；坐令空山作锦绣，倚天照海光无数。"皆状桃花之盛，而妙语各臻其极。许彦周未之考也，称韩曰："古今无道此语。"吾恐荼垒亦不然之。聚三诗而观花境，信可爱也。（《馀冬诗话》卷下）

清俞玚：公七言古诗，少用对句。此篇诸对，亦甚奇伟。（顾嗣立《昌黎先生诗集注》卷三）

清王士禛：唐、宋以来作《桃源行》，最传者王摩诘、韩退之、王介甫三篇。观退之、介甫二诗，笔力意思甚可喜。及读摩诘诗，多少自在！二公便如努力挽强，不免面赤耳热。此盛唐所以高不可及。（《池北偶谈》卷一四《桃源诗》）

清查慎行：通畅流丽，较胜右丞。（《查初白诗评十二种》）

清何焯：《桃源图》："神仙有无何眇芒"，"眇芒"言其细已甚也。若作"渺茫"，与"荒唐"重复。"架岩凿谷开宫室"以下，事既流传已熟，又所赋者图，不须更著此铺叙。此诗在韩子非得意者。"世俗宁知伪与真"二句，中极铺张，则似有似真矣。章法盖未甚密。"武陵人"三字，并太守皆收在内。（《义门读书记》卷三〇）

又：观起结命意自见，中间铺张处皆虚矣。章法最妙。（顾嗣立《昌黎先生诗集注》卷三）

清方世举：洪云：渊明叙桃源，初无神仙之说，梁任安为《武陵记》亦祖述其语耳。后人不深考，因谓秦人至晋犹不死，遂以为地仙。洪驹父云:荆公《桃源行》、东坡《和桃源》诗皆得之。王摩诘、退之、刘梦得诸人以为神仙,皆非是。按:起结四语,未尝以为神仙。朱子《考异》亦未尝议之。称誉苏诗,苏但偶未及耳。若如小孤山神,陈尧叟有七绝辨非女子,而坡诗方且有"小姑嫁彭郎"语,何尝于桃源有心正论耶？正人心,辟邪说,不在于此,是亦不得不辨。(《韩昌黎诗集编年笺注》卷六)

清金德瑛:凡古人与后人共赋一题者,最可观其用意关键。如《桃源》,陶公五言,尔雅从容,草荣木衰八句,略加形容便足。摩诘不得不变七言,然犹皆用本色语,不露斧凿痕也。昌黎则加以雄健壮丽,犹一一依故事铺陈也。至后来王荆公则单刀直入,不复层次叙述。此承前人之后,故以变化争胜,使拘拘陈迹,则古有名篇,后可搁笔,何庸多赘？诗格固尔,用意亦然。前人皆于实境点染。昌黎云"当时万事皆眼见,不知几许犹流传",则从情景虚中摹拟矣。荆公云"虽有父子无君臣""天下纷纷经几秦",皆前所未道。大抵后人须精刻过前人,然后可以争胜。试取古人同题者参观,无不皆然。苟无新意,不必重作。世有议后人之透露,不如前人之含蓄者,此执一而不知变也。(《冷庐杂识》卷七《金总宪论诗》)

清爱新觉罗·弘历:一起一结,善占地步。(《唐宋诗醇》卷二九)

清翁方纲:古今咏桃源事者,至右丞而造极,固不必言矣。然此题咏者,唐宋诸贤略有不同,右丞及韩文公、刘宾客之作,则直谓成仙;而苏文忠之论,则以为是其子孙,非即避秦之人至晋尚在也。此说似近理。盖唐人之诗,但取兴象超妙,至后人乃益研核情事耳,不必以此为分别也。(《石洲诗话》卷一)

清黄钺:右丞作后,乃为绝唱。(《韩诗增注证讹》卷三)

清方东树:《桃源图》:自李、杜外,自成一大宗,后来人无不被其凌罩。此其所独开,格意句创造己出,安可不知？欧、王章法本此,山谷句法本此。此与鲁公书法同为空前绝后,后来岂容易忽？先叙画作案,次叙本事,中夹写一二,收入议,作归宿,抵一篇游记。

"接屋连墙",用子云。"大蛇中断",用《水经》。凡一题数首,观各人命意归宿,下笔章法。辋川只叙本事,层层逐叙夹写,此只是衍题。介甫纯以议论驾空而行,绝不写。(《昭昧詹言》卷一二韩公)

清施山:杜《醉歌行》云:"酒尽沙头双玉瓶,众宾皆醉吾独醒。"韩《桃源图》云:"大蛇中断丧前王,群马南渡开新主。"换"人"为"宾",则音节愈亮;换"五"为"群",则句法益健。此类不可枚举。予尝论曰:"用典不佳,不如勿用。如稍未合拍,则宁改换字面,毋伤诗句。"指此类也。是亦唐秘法,惟王文简得之。(《姜露庵诗话》)

清施补华:《桃源行》,摩诘一副笔墨,退之一副笔墨。《石鼓歌》,退之一副笔墨,东坡一副笔墨。古之名大家,必自具面目如此。(《岘佣说诗》)

程学恂:起结题破,中间乃详为衍叙,此诗之异于文也。与王右丞同衍一篇《桃源记》,而各自成其妙,惟能变之,乃克与相当也。"骨冷魂清无梦寐"七字甚妙,须知此境惟桃源中有之,则凡得此境者,到处皆桃源也。(《韩诗臆说》卷一)

东方半明①

永贞元年

东方半明大星没②,独有太白配残月③。嗟尔残月勿相疑④,同光共影须臾期。残月晖晖⑤,太白睒睒⑥。鸡三号⑦,更五点⑧。

【校注】

① 题:方《举正》作"半明"。宋白文本、文本、祝本、魏本作"未",注:"未,旧本作'半'。"廖本、王本作"半"。今从"半"。

文《详注》:"刺群小也。顺宗之时,君弱臣强,小人在位。事见《实录》。《补注》:东方未明,皆指顺宗时事也。东方未明,宪宗之在东宫欤？大星没者，贾耽、郑珣瑜二相皆天下重望，叔文既用事，相继引去。'独有太白配残月'，谓执谊之于叔文也。时顺宗已厌万机，天下莫不属望皇太子。而叔文、执谊乃猜忌如此。'嗟尔残月勿相疑，同光共影须臾期'，讥之也。'残月晖晖，太白睒睒。鸡三号，更五点'，东方明矣。东方明而残月、太白灭。宪宗立，而叔文、执谊诛。"魏本："韩曰：此诗与'煌煌东方星'兴寄颇同，盖指顺宗即位，不能亲政，而宪宗在东宫之时也。时贾耽、郑珣瑜二相皆天下重望，王叔文用事，相继引去。此诗所以喻'东方未明大星没'也。执谊、叔文初相汲引，此诗所以喻'独有太白配残月'也。顺宗已厌机政，执谊、叔文尚以私意更相猜忌，此诗所以有'嗟尔残月勿相疑，同光共影须臾期'也。及宪宗立而叔文、执谊窜，犹东方明而残月、太白灭，此诗所以喻'残月晖晖，太白睒睒。鸡三号，更五点'也。意微而显，诚得诗人之旨。樊曰：公《忆昨行》所谓'伾文未剪崖州炽，虽得赦宥常（恒）愁猜。近者三奸悉破碎，羽窟无底幽黄能。'义与此诗同，惟此诗曰：'东方未明。'所以微其辞如此，盖风人之托物也。未明，旧本作'半明'。"按：公此诗当受《诗·齐风·东方未明》启发，似应作"未"，然审诗旨，当作"半"。两存。此诗内含寓意体现了韩愈诗文无无的放矢之作的特点。与永贞朝事合，当系永贞元年(805)。

② 东方半明大星没：方《举正》据阁本作"半"，云："洪庆善曰：'旧本作半明。'今蜀本题语亦作'半明'。既云'大星没'，则不应'未明'也。传本多习于诗人成语而不考意义故也。"朱《考异》："半，或作'未'。"宋白文本作"半"，而题作"未"，注："一作'半'。"文本、祝本、魏本作"未"。廖本、王本作"半"。蒋之翘《辑注》："未明，亦将明时耳。如《诗》所谓昧旦，谓天欲旦而晦昧未辨之际也。况结云'鸡三号，更五点'，则三号五点之前，东方能半明乎？从'未'字为是。"顾嗣立《集注》引刘石龄曰："《诗》：'东方未明。'"王元启《记疑》："顺宗时，王叔文用事，首引韦执谊为相。执谊初不敢负叔文，后迫公议，时有异同。及叔文母死，执谊益不用其语。叔文乃

大怒，谋起复必先斩执谊，而尽诛不附己者。及太子监国，两人先后诛逐，篇中'残月''相疑'二句，盖指伾之怨韦也。先是六月癸丑（16日）韦皋上表，请皇太子监国。已而裴均、严绶表继至，悉与皋同时。群邪蔽主，而皇太子已为海内属心，是为东方半明之象。又叔文与王伾相依附，自叔文归第，伾日诣中人请起叔文不得。七月戊寅（11日），伾遂称疾自免，公诗所谓'大星没'也。时叔文之党已渐去，惟执谊为相如故，故独以太白配残月拟之。"陈沆《诗比兴笺》卷四："此永贞元年七月，顺宗使太子监国，尚未传位时作。大明未升，而震方业已主器，故曰'东方半明'也。"又曰："此与《三星行》皆出《小雅·大东》之诗。"俞樾《俞楼杂纂》："考《史记·天官书》：'心为明堂，大星天王。'索隐曰：'《鸿范·五行传》曰：心之大星，天王也。前星太子，后星庶子。'公用'大星'字本此。朱子谓此诗之作，在顺宗即位，不能亲政，而宪宗在东宫之时。然则'东方半明大星没'，殆指德宗晏驾而言乎？"按：就以上诸说含义看，一说大星指伾文，或指贾耽、郑珣瑜；一说指顺宗。按星象学考之，大星当指君王；太白指大臣。一二句所指分明：上指宪宗父子，下指伾文等大臣。

③ 独有太白配残月：文《详注》："《尔雅》（《释天》）曰：'明星，谓之启明。'郭璞注曰：'太白星也。晨见东方为启明，昏见西方为太白。'东坡《次韵郑介夫》云：'长庚到晓启残月。'太白即长庚也。"魏本："韩曰：'太白，西方星，故云配月。又太白主大臣，其号为上公，故公有取焉。'"王元启《记疑》："时叔文之党已渐去，惟执谊为相如故，故独以太白配残月拟之。"陈沆《诗比兴笺》卷四："东有启明，西有长庚。长庚即太白。时方七月，故指西方金星为喻。群奸气焰已燘，惟叔文与执谊尚相表里，其势已孤立，故云'独有太白配残月'也。月，谓叔文，太白为执谊。"

④ 嗟尔残月勿相疑：文《详注》："言二王用事，自相疑沮，势将不久也。"王元启《记疑》："顺宗时，王叔文用事，首引韦执谊为相，执谊初不敢负叔文，后迫公议，时有异同。及叔文母死，执谊益不

用其语。叔文乃大怒,谋起复必先斩执谊,而尽诛不附己者。及太子监国,两人先后诛逐。篇中'残月''相疑'二句,盖指王之怨韦也。"陈沆《诗比兴笺》卷四:"时叔文以执谊不尽从己意,大相猜忌,欲逐去之,故曰'嗟尔残月勿相疑'云云也。逾月,宪宗即位,而二奸皆窜逐矣,故末语危之快之。"

⑤ 晖晖:方世举《笺注》:"虞骞《视月》诗:'晖晖光稍没。'"按:晖晖,清明貌。南朝梁何逊《登石头城》诗:"扰扰见行人,晖晖视落日。"《乐府诗集》卷七七南朝陈江总《燕燕于飞》:"二月春晖晖,双燕理毛衣。"

⑥ 睒(shǎn)睒:方《举正》作"睒睒",云:"睒,当从目,今本多误。"朱《考异》:"睒睒,或作'晱晱'。"宋白文本、魏本作"晱晱"。文本作"焰焰",均误。

魏本:"祝曰:字当从目,暂视貌。《太玄经》:'明复睒天,中独烂也。'"文《详注》:"焰字有两音,一音以赡切,火光也,即公《赠侯喜》诗云'见谓爇天焰'是。又音以冉切,火行微也,即公《游湘西寺》云'曙灯青焰焰'是。此诗当作以冉切读。一作'晱晱',误,盖字无从日者。"按:北周卫元嵩《元包经·孟阴》:"睛睒睒,步走疌。"唐段成式《酉阳杂俎·雷》:"忽暴风雨,有物坠如玃,两目睒睒。"

⑦ 鸡三号:文《详注》:"言阳气将升,群阴欲消也。谓宪宗监国之时。《史记·历书》:'鸡三号,卒明。'"方世举《笺注》:"《大戴礼·四代篇》:'东有开明,于时鸡三号以兴。'《史记·天官书》:'鸡三号,卒明。'"按:吴开《优古堂诗话》:"盖鸡必三号而后天晓耳,故杜子美《鸡》诗亦云:'纪德名标五,初鸣度必三。'"颜之推《颜氏家训·书证》:"汉魏以来,谓为甲夜、乙夜、丙夜、丁夜、戊夜。又云鼓,一鼓、二鼓、三鼓、四鼓、五鼓,亦云一更、二更、三更、四更、五更。皆以五为节。"

⑧ 更五点:顾嗣立《集注》:"杜佑《通典》:'一夜分五更者,以五夜更易为名也。'颜之推(《颜氏家训·书证》)曰:'五夜,谓甲乙丙丁戊也。'点者,以下漏滴水为名,每一更又分五点也。"按:宋程

大昌《演繁露》卷四："点者,则以下漏滴水为名。每一更又分为五点也。"宋高似孙《纬略》卷一〇："更点之制无所著见。韩愈诗:'鸡三号,更五点。'李郢诗(《宿杭州虚白堂》):'江风彻曙不成睡,二十五点秋夜长。'李商隐诗(《深宫》):'金蜕销香闭绮笼,玉壶传点咽铜龙。'惟此三诗言点也。"朱彝尊《批韩诗》："只如此收,更不点出意,更妙。"查慎行《查初白诗评十二种》："四句如汉魏谣辞。"陈沆《诗比兴笺》卷四："末语危之快之,亦悯其愚也。"

【汇评】

清朱彝尊：虽若枯淡,然含味却浓腴,气格极练。(顾嗣立《昌黎先生诗集注》卷三)

清爱新觉罗·弘历：与钟鸣漏尽意同。(《唐宋诗醇》卷二九)

清陈沆：此与《三星行》皆出《小雅·大东》之诗。(《诗比兴笺》卷四)

程学恂：此诗忧深思远,比兴超绝,真二雅也。即以格调论,亦旷绝古今。(《韩诗臆说》卷一)

赠唐衢①

元和三年

韩公真能知唐衢,明王达真能知韩公意。韩公惜唐衢才识,叹其不遇；时也正是韩公受谤不遇之时。惜之、叹之是实,而后谓"当今天子急贤良"云云,则是虚,从中可见韩公的讽喻之意。诗平淡古朴,真能见贤哲心事与光明磊落的品格。

虎有爪兮牛有角,虎可搏兮牛可触②。奈何君独抱奇材,手把锄犁饿空谷③。当今天子急贤良④,甄函朝出开明光⑤。胡不上书自荐达,坐令四海如虞唐⑥。

【校注】

①题：方《举正》："前五诗皆贞元十七年往还京都之所作。"魏本："《集注》：衢从退之游，《旧史》附公传末，《新史》削之。《旧史》云：'衢应进士，久而不第。能为歌诗，意多感激。见人文章有所伤叹者，读讫必哭，涕泗不能已。每与人言论，既别，发声一号，音辞悲切，闻者莫不涕下，故世称唐衢善哭。'白乐天亦尝赠以诗，略云'贾谊哭时事，阮籍哭路歧；唐生今亦哭，异代同其悲'者是也。"文《详注》："《国史补》云：周郑唐衢，有文学，老而无成，善哭，每一发声，音调哀切，闻者泣下。白居易伤之。诗（《全唐诗》卷四二四《伤唐衢二首之一》）曰：'君本儒家子，不得诗书力。五十着青衫，试官无禄食。遗文近千首，六义无差忒。散在京索间，何人为收得？'《旧史》有传。"方世举《笺注》引《国史补》、《旧唐书·唐衢传》、白居易诗，见上，重而简，不录。后云："按：诗云'当今天子急贤良'，宜在元和三年春，御宣政殿试制科举人贤良方正对策之时，故系之东都诸作间。"王元启《记疑》："其（衢）文则仅存《阳武复县记》一篇，见《集古录》。欧阳公谓其气格不俗，亦足佳也。"

按：《唐国史补》卷中："唐衢，周郑客也。有文学，老而无成。唯善哭，每一发声，音调哀切，闻者泣下。常（《旧唐书》作'尝'）游太原，遇享军，酒酣乃哭，满坐不乐，主人为之罢宴。"《旧唐书·韩愈传附唐衢传》："唐衢者，应进士，久而不第。能为歌诗，意多感发。见人文章有所伤叹者，读讫必哭，涕泗不能已。每与人言论，既相别，发声一号，音辞哀切，闻之者莫不凄然泣下。尝客游太原，属戎师军宴，衢得预会。酒酣言事，抗音而哭，一席不乐，为之罢会，故世称唐衢善哭。左拾遗白居易遗之诗曰：'贾谊哭时事，阮籍哭路歧。唐生今亦哭，异代同其悲。唐生者何人？五十寒且饥。不悲口无食，不悲身无衣。所悲忠与义，悲甚则哭之。太尉击贼日，尚书叱盗时。大夫死凶寇，谏议谪蛮夷。每见如此事，声发涕辄随。……我亦君之徒，郁郁何所为？不能发声哭，转作乐府辞。'其为名流称重若此。竟不登一命而卒。"《韩学研究·韩愈年谱汇证》系元和三年，云："按：韩愈诗云'当今天子急贤良'，当指是年春宪宗御宣政殿亲试制科举人；'甀函朝出开明光'，指宪宗下诏征直言极谏事。以此推断，诗当写于是年。白居易元和三、四年为左拾遗，与《旧唐书》作者称'左拾遗'也合。"

② "虎有"二句：牛有角，魏本："蔡曰：'角，协音鹿。'"文《详注》："《老子》（第五十章）曰：'虎措其爪，兕措其角。'兕，亦牛类。"按：韩诗首二句应是从《老子·第五十章》"兕无所投其角，虎无所措其爪"出。二句喻唐衢和虎兕一样本有爪有角，可搏可触；然却无所触，无所搏。由下语可见其伤叹之深也。

③ 把锄犁：方世举《笺注》："锄犁：王粲诗：'相随把锄犁。'"饿空谷，文《详注》："《小雅诗》（《白驹》）曰："皎皎白驹，在彼空谷。"方世举也引《白驹》为解。《白驹》是一首别友思贤的诗，韩诗暗用此意，甚合题旨。

④ 当今天子急贤良：此指元和三年春宪宗亲莅临殿试，选拔人才事。《旧唐书·宪宗纪上》："元和三年夏四月乙丑（13日），贬翰林学士王涯虢州司马，时涯甥皇甫湜与牛僧孺、李宗闵并登贤良方正科第三等，策语太切，权幸恶之，故涯坐亲累贬之。"《资治通鉴》卷二三七："元和三年夏四月，上策试贤良方正直言极谏举人，伊阙尉牛僧孺、陆浑尉皇甫湜、前进士李宗闵皆指陈时政之失，无所避；吏部侍郎杨於陵、吏部员外郎韦贯之为考策官，贯之署为上第。上亦嘉之，诏中书优与处分。李吉甫恶其言直，泣诉于上，且言：'翰林学士裴垍、王涯覆策。湜，涯之甥也，涯不先言，垍无所异同。'上不得已，罢垍、涯学士，垍为户部侍郎，涯为都官员外郎，贯之为果州刺史。后数日，贯之再贬巴州刺史，涯贬虢州司马。乙亥（23日），以杨於陵为岭南节度使，亦坐考策无异同也。"

⑤ 甀函朝出开明光：文《详注》："唐史（《新唐书·百官志二》）：'武后垂拱二年（686），有鱼保宗者上书，请置甀以受四方书。乃铸铜甀四，涂以方色，列于朝堂。青甀曰延恩，在东，告养人劝农之事者投之。丹甀曰招谏，在南，时政得失者投之。白甀曰伸冤，

在西,陈抑屈者投之。黑甑曰通玄,在北,告天文、密谋者投之。以谏议大夫、补阙、拾遗一人充使知甑事。御史中丞、侍御史一人为理甑使。'甑函,投书匣也,音矩鲔,胡南二切。明光,殿名。"顾嗣立《集注》:"《三秦记》:'未央宫渐台西有桂宫,中有明光殿。'"按:则明光为殿名;亦含朝廷对告养劝农、时政得失、抑屈伸冤、天文密谋四大要事的重视,告白天下,表现朝政光明正大的一面。

⑥虞唐:文《详注》:"致君于尧舜也。"魏本:"蔡曰:'虞、唐,国号也。尧居于唐,舜封于虞,故尧、舜号唐、虞氏。'"沈德潜《唐诗别裁集》:"贤哲心事,光明磊落,公所以三上宰相书也。"按:韩公对唐衢的嘱语。然唐衢真有机会上言秉政吗?岂非与韩公《归彭城》诗"我欲进短策,无由至彤墀。刳肝以为纸,沥血以书辞;上言陈尧舜,下言引龙夔"的处境相类吗?《送董邵南序》里嘱邵南"明天子在上,可以出而仕矣"一样讥讽,为人才不得其用鸣不平。

【汇评】

明王达:《哀唐衢辞有序》:唐衢,韩公退之同时人也。性耿介,落落有大志,不妄与人交,人亦莫知其所负。衢于学发愤研究,不少自废。然累举不中,人咸笑之,衢则不以为意也。衢能诗,诗多悲思激烈而感创,读之使人慨然有动于中。衢往往见人文章有伤激者必大哭,涕泗滂沱而弗能已。每与人言论,既别发声一号,音韵呜切,闻者莫不为之酸鼻。人皆以衢善哭,而不知其所以哭也。独退之识其人,赠以诗曰:"虎有爪兮牛有角,虎可搏兮牛可触。奈何君独抱奇材,手把锄犁饿空谷。当今天子急贤良,甑函朝出开明光。胡不上书自荐达,坐令四海如虞唐。"退之之意,讵非以衢之才迥出一世,而反不逮乎琐琐者邪?乐天亦有诗曰:"贾谊哭时事,阮籍悲路岐。唐生今亦哭,异代而同悲。"而乐天以谊之才方衢矣。《旧史》附衢于退之传后,《新史》则又削之。何君子之命薄者,有若是之不偶哉!吁,有人负奇材如贾谊,当世既莫知之,后世又莫知之,不既深可悲乎?俾无退之、乐天,则天地间空生此材矣。是以君子贵成人焉。天游道者,读退之、乐天二诗,深叹衢之不偶,作哀辞于千载之下,炷香杯酒酹衢于千载之上,仰天大恸,衢其知邪?凄风西来,吾知衢不能不知我心也。辞曰:"兰生于幽谷兮为众秽之所翳,玉产于昆冈兮以砆砄为同类。匪良玉之靡良兮,寡不能敌众嫭之联势。众势之联兮,固已密比而难攻。此芳馨之润洁兮,幸不掩于匠目之与春风。衢乎衢乎!尔材虽奇兮,何造物之靡通。但千载之下,识衢之弘阔兮,赖乐天之与韩公。世之婶婀才嫉挤人于极地者,读二公之诗兮,乌知其不额泚而心憎?"(《皇明文衡》卷九五)

清沈德潜:《赠唐衢》:贤哲心事,光明磊落,公所以三上宰相书也。(《唐诗别裁集》卷七)

程学恂:乐天遗唐衢诗,全赋其哭。此独不及其哭,但称其材之奇而已。须知哭处正是奇材无所发泄处也。(《韩诗臆说》卷一)

贞女峡①
贞元二十年

诗写于贞元二十年(804)春,韩公被谪阳山途经贞女峡所作。虽仅六句之小诗,却写出了贞女峡惊心动魄的奇景和一派雄豪的气势。虽被贬,但不气馁,表现了一位政治家的博大胸怀和诗情。如蒋抱玄评之曰:"起语恢奇,收语雄而直率。"

江盘峡束春湍豪②,雷风战斗鱼龙逃③。悬流轰轰射水府④,一泻百里翻云涛⑤。漂船摆石万瓦裂⑥,咫尺性命轻鸿毛⑦。

【校注】

① 题:魏本:"孙曰:在连州桂阳县。贞元十九年冬,公自监察

御史谪连州阳山令,有此诗。樊曰:《荆州记》:秦时有女子化入石,在东岸穴中。"文《详注》:"王韶之《始兴记》曰:'中宿县有贞女峡,西岸水际有石如人形,状似女子,是曰贞女。父老相传云:秦世有女数人取螺于此,遇风而昼晦,一女化为此石。'《通典》(卷一八三《州郡》十三《古荆州·连山郡》)云:'在今连州桂阳县,桂岭峡有湟水,汉伏波将军路博德讨南越,出桂阳,下湟水即此。'"方《举正》:"连州桂阳县。贞元二十年(804)春作。"钱仲联《集释》:"《太平寰宇记》卷一一七《江南西道》十五《连州桂阳县》云:'贞女峡,在县南一十五里。'按:《水经注》卷三九《洭水》:"《地理志》曰:洭水出桂阳,南至四会是也。洭水又东南流,峤水注之,水出都峤之溪,溪水下流,历峡南出,是峡谓之贞女峡。峡西岸高岩,名贞女山。山下际有石,如人形,高七尺,状如女子,故名贞女峡。古来相传,有数女取螺于此,遇风雨昼晦,忽化为石……溪水又合洭水,洭水又东南入阳山县,右合涟口,水源出县西北百一十里石塘村。"《太平寰宇记》卷一一七《江南西道》十五《连州桂阳县》:"贞女峡,在县南一十五里。"桂阳县在今广东连州市,南临阳山县。《元和郡县图志》卷二九《江南道》五:"连州治桂阳县。贞女峡,在县东南一十里。阳山县西北至州水路一百七十四里。"则贞女峡在阳山县西北约一百六十里,地属桂阳县,在今连州市境内。

② 江盘峡束春湍豪:顾嗣立《集注》:"杜子美诗:'峡束沧江起。'李太白诗:'青春流惊湍。'"方世举《笺注》全引顾注。魏本音注:"湍,它端切。"按:江盘,江水弯弯曲曲。峡束,峡窄。两岸峭壁紧紧夹住弯弯曲曲的江水。杜甫《秋日夔府咏怀奉寄郑监李宾客一百韵》:"峡束沧江起,岩排石树圆。"春湍豪,春天的江水大流急,气势汹涌。公过此乃二十年春也。《全唐诗》卷一六一李白《古风》:"青春流惊湍,朱明骤回薄。"

③ 雷风战斗:方世举《笺注》:"雷风:《易·系辞》:'雷风相薄。'"按:以风骤雷疾如兵马交战,形容贞女峡江水奔腾咆哮、汹涌激荡,即水流之急也。

④ 悬流：方世举《笺注》："悬流：《水经注》：'崩浪万寻，悬流千尺。'"按：悬流，瀑布。《文选》郭璞《江赋》："鲛人构馆于悬流。"轰轰，水泻之声。水府，神话中的龙宫。《文选》木华《海赋》："尔其水府之内，极深之庭。"

⑤ 一泻百里翻云涛：方世举《笺注》："《水经注》：'激石云洄，澴波怒溢，水流迅急，破害舟船。"一泻百里，形容水流疾速，快也。《文选》郭璞《江赋》："倏忽数百，千里俄顷。"云涛，浪高入云，形容水势，即水卷起的波涛，如云翻滚。《全唐诗》一三三李颀《鲛人歌》："鸟没空山谁复望，一望云涛堪白首。"又卷一五九孟浩然《宿天台桐柏观》："日夕望三山，云涛空浩浩。"此以云比水。

⑥ 漂船摆石万瓦裂：魏本："祝曰：摆，开也。又摆，拨。《吴志》注：'摆拨众人之议。'"童《校诠》："第德案：摆为捭之后出字，说文：捭：两手击也，段曰：礼记：燔黍捭豚，段捭为擘字。按：说文：擘，㧖也；㧖，裂也，此文摆石亦擘之假借。"按：此句意谓：漂流的船在激浪中碰着岩石就会像万瓦俱碎一样。摆，本作手击，《晋书·张协传·七命》："钩爪摧，踞牙摆。"此引申为碰撞后碎裂。或谓拨，也通。

⑦ 咫尺性命轻鸿毛：方《举正》据蜀本作"鸿毛"，云："山谷、范、谢校同。阁本作'如毛'。"朱《考异》："鸿，或作'于'，或作'如'。"宋白文本、文本、祝本、魏本作"于"。廖本、王本同方。作"鸿毛"善。

文《详注》："司马迁曰：'人固有一死，死或重于泰山，或轻于鸿毛，用之所趣异也。'"此句意谓：顷刻之间性命就没了，故谓如鸿毛一样轻生。诗用司马迁《报任少卿书》"人固有一死，死有重于泰山，或轻于鸿毛，用之所趣异也"语，亦可证用"鸿毛"也。

【汇评】

清朱彝尊：起似长吉。（顾嗣立《昌黎先生诗集注》卷三）

蒋抱玄：起语恢奇，收语雄而直率。（《注释评点韩昌黎诗全集》）

赠侯喜①

贞元十七年

吾党侯生字叔起②,呼我持竿钓温水③。平明鞭马出都门④,尽日行行荆棘里⑤。温水微茫绝又流,深如车辙阔容辀⑥。虾蟆跳过雀儿浴⑦,此纵有鱼何足求⑧。我为侯生不能已,盘针擘粒投泥滓⑨。晡时坚坐到黄昏⑩,手倦目劳方一起。暂动还休未可期,虾行蛭渡似皆疑⑪。举竿引线忽有得,一寸才分鳞与鬐⑫。是时侯生与韩子⑬,良久叹息相看悲。我今行事尽如此,此事正好为吾规⑭。半世遑遑就举选⑮,一命始得红颜衰⑯。人间事势岂不见,徒自辛苦终何为?便当提携妻与子,南入箕颍无还时⑰。叔起君今气方锐⑱,我言直切君勿嗤。君欲钓鱼须远去,大鱼岂肯居沮洳⑲。

【校注】

① 题:方《举正》:"贞元十七年(801)秋鱼于温洛所作。"又其《增考》云:"公今年三月自京还,夏秋居于洛。喜五月至洛,七月二十二日与公钓鱼温水,洛北惠林寺题名尚存。"魏本:"韩曰:洛水在河南县北。《易·乾·凿度》曰:'王者有盛德之应,则洛水先温。'故号称温洛。公贞元十七年七月二十二日,与李景兴、侯喜、尉迟汾同渔于洛,洛北惠林寺有石刻在焉,诗必是时作。落句云云,反复其意,兴寄远矣。唐曰:公《祭侯喜文》云'我钓我游,莫不我随'指此。"文《详注》:"侯喜,字叔起,上谷人,善为文。公常荐之于卢郎中。"方世举《笺注》:"按公《与祠部陆员外书》云:'有侯喜者,其

家在开元中衣冠而朝者,兄弟五六人,及喜之父仕不达,弃官而归。喜率兄弟[操末耜而]耕于野,以其耕之暇,读书[而]为文。文章学西京,举进士十五六年矣。'是书作于贞元十八年(802),而喜以十九年(803)中进士第,仕终国子主簿,亦韩门弟子中一人也。又按:《与卢郎中论荐侯喜状》云:'进士侯喜,其为文甚古,立志甚坚。家贫亲老,无援于朝,在举场十余年,竟无知遇。愈与之还往,岁月已多。去年愈从调选,本欲携持同行,适遇其人自有家事,迍邅坎坷,又废一年。及春末自京还,怪其久绝消息。五月初至此,自言为阁下所知'云云。是书正十七年(801)年作。温水之游,在其年七月,有题名可考。"按:贞元十七年七月作,写他与侯喜温洛钓鱼事。虽琐细,然读之不烦,反觉有趣。朱彝尊《批韩诗》云:"浅事浅叙,只嫌语太繁耳。"朱批未谛。

② 吾党侯生字叔起:起,方《举正》:"蜀本作'岊','起'之古文也。"朱《考异》:"岊,或作'起'。方云:'起之古文也。'"宋白文本、文本、祝本作"起"。魏本、廖本、王本作"岊"。文《详注》:"旧本'起'作'岊',音同。按:《说文》(山部)曰:'山无草木曰岊。'《诗》(《魏风·陟岵》)'陟彼岊兮'是也。即与下'起'字音义不同。"

③ 持竿:方世举《笺注》:"宋玉《钓赋》:'今察元洲之钓,未可谓能持竿也。'"文《详注》:"《补注》:温水在河南县(北)四里。洛北惠林寺有石刻曰:'韩愈、李景兴、侯喜、尉迟汾,贞元十七年七月二十二日,渔于温洛,宿此而归。昌黎韩愈书。'"

④ 平明:方世举《笺注》:"任昉诗:'长泛沧浪水,平明至曛黑。'"按:平明,谓天刚亮。《荀子·哀公》:"君昧爽而栉冠,平明而听朝……日昃而退。"《史记·项羽本纪》:"(项王)直夜溃围南出,驰走。平明,汉军乃觉之。"都门,蒋抱玄《评注》:"唐以河南为东都,故云。"按:谓都城之门。隋唐以洛阳为东都(京),在京师长安之东,故曰东都,或称东洛。唐李白《鸣皋歌送岑征君》:"扫梁园之群英,振大雅于东洛。"韩公《县斋有怀》:"求官去东洛,犯雪过西华。"

⑤尽日：从早到晚。行行，走路。前一行字为动词，后一行字为名词，作路解。曹操《苦寒行》："行行日已远，人马同时饥。"《文选》卷二九《古诗十九首》之一："行行重行行。"荆棘，方世举《笺注》："东方朔《七谏》：'荆棘聚而成林。'"按：谓丛生有刺的灌木。《左传》襄公十四年："我诸戎除剪其荆棘，驱其狐狸豺狼。"

⑥辀（zhōu）：方世举《笺注》："辀：《考工记》：'辀人为辀。'"钱仲联《集释》："《广雅·释器》：'辕谓之辀。'《通训定声》：'大车左右两木直而平者谓之辕，小车居中一木曲而向上者谓之辀，故亦曰轩辕，谓其穹窿而高也。'"按：辀者，辕也。用于大车上称辕，用于兵车、田车、乘车上称辀。辀为曲木，一端为方形，置于轴的中央，从车底伸出渐渐隆起，又渐成圆木。木前端置衡木，称为衡。衡两端作缺月形，夹贴马颈，称为轭，也称輈。《左传》隐公十一年："公孙阏与颍考叔争车，颍考叔挟辀以走。"《说文·车部》："辀，辕也。从车，舟声。"《说文通训定声》："大车左右两木直而平者为之辕，小车居中一木曲而上者谓之辀，故亦曰轩辕，谓其穹窿而高也。"《广雅·释器》："辕谓之辀。"参阅《周礼·考工记·辀人》。

⑦虾蟆跳：顾嗣立《集注》："《埤雅》：'虾蟆，一云蟾蜍，或作詹诸。'"方世举《笺注》："《艺文类聚》：'《风俗通》云：虾蟆一跳八尺，再丈六。'"按：虾蟆，蛙和蟾蜍的通称。《汉书·武帝纪》元鼎五年："秋，蛙、虾蟆斗。"《水经注》卷一六《谷水》："晋《中州记》曰：惠帝为太子，出闻虾蟆声，问人为是官虾蟆、私虾蟆。"

⑧此纵有鱼何足求：汪琬《批韩诗》："此句是主。"按：诗以钓鱼起，以垂钓展开，又以难得鱼而感叹收。结出"君欲钓鱼须远去，大鱼岂肯居沮洳"。

⑨盘针擘（bò）粒投泥滓：方世举《笺注》："《列子·汤问篇》：'詹何以独茧丝为纶，芒针为钩，荆条为竿，剖粒为饵，引盈车之鱼于百仞之渊。'宋玉《钓赋》：'钩如细针。'《广雅·释言》：'擘，剖也。'泥滓：《史记·屈原传》：'［不获世之滋垢，］皭然泥而不滓者也。'"按：擘，分开。《礼记·内则》："炮之，涂皆干，擘之。"《史记·

专诸传》：" 既至王前，专诸擘鱼，因以匕首刺王僚。"滓（zǐ），沉淀的杂质。《急就篇》：" 糟糠汁滓稿莝卓。"注：" 滓，澱也。"

⑩ 晡（bū）时坚坐到黄昏：方《举正》作"到"，云：" 阁本'到'作'至'。"宋白文本、文本、祝本、魏本、廖本、王本均作"到"。作"至"、作"到"均可，今从"到"。

文《详注》：" 《淮南子》（《天文训》）曰：'日至于悲谷，是谓晡时。薄于虞渊，是谓黄昏。'许氏云：'悲谷，西南之大壑。'"方世举《笺注》：" 晡时，晡，音逋。《淮南·天文训》：'日至于悲谷，是谓晡时。回于女纪，是谓大迁。经于泉隅，是谓高舂。顿于连石，是谓下舂。爰止羲和，爰息六螭，是谓悬车。薄于虞渊，是谓黄昏。'"按：晡时，申时。相当于每天下午三至五点钟。《汉书·天文志》：" 昳至晡，为黍；晡至下晡，为菽；下晡至日入，为麻。"也作晚解。坚坐，形容久坐。杜甫《季秋苏五弟缨江楼夜宴崔十三评事韦少府侄三首》之一：" 老人因酒病，坚坐看君倾。"到，抵达，达到，即至也。《诗·大雅·韩奕》：" 蹶父孔武，靡国不到。"

⑪ 虾行蛭渡似皆疑：魏本、廖本注：" 虾，一作'鰕'。"宋白文本作"鰕"。虾，通鰕。《本草纲目》卷四四《鳞》三《鰕》：" 鰕音霞（俗作虾），入汤则红色如霞也。"

文《详注》：" 蛭，水虫也，音之吉、之结二切。《博物志》（《续一切经音义》引）曰：'水蛭三断而成三物。'"魏本引祝《全解》同。方世举《笺注》：" 虾蛭：贾谊《吊屈原文》：'偭蟂獭以隐处兮，夫岂从虾与蛭螾。'"按：随物赋形，真称妙手。如何焯《批韩诗》：" 未一持竿，不知二句之真确。"

⑫ 一寸才分鳞与鬣：朱《考异》：" 鬣，或作'鳍'。"宋白文本、文本、魏本作"鬣"。今按：鬣，马鬃也。当作鳍，然《庄子·外物》作"鬣"，则亦可通也。

文《详注》：" 鬣，鼠也，音渠伊切。"魏本：" 祝曰：《仪礼》（《士虞礼》）：'鱼进鬐。'注：'脊也。'音祈。"方世举《笺注》：" 一寸：庾信《小园赋》：'一寸二寸之鱼，三竿两竿之竹。'鳞鬣：一作鳍鬐，通。司马相如《上林赋》：'揵鬐掉尾，振鳞奋翼。'郭璞曰：'鬐，背上鬣也。'"按：古"鬐"与"鳍"通。苏轼《叶涛致远见和二诗复次其韵》："弃置一寸鳞，悠然笑侯喜。"

⑬ 是时侯生与韩子：时，宋白文本、文本、魏本、廖本、王本作"日"。祝本作"时"。作"时"合诗义。是，代词，指忽得才分鳞与鳍鱼的时刻，非指一日也。

⑭ "我今"二句：正回应上句"良久叹息相看悲"。以坚坐一日仅得小鱼之运而寓其际遇不佳，可谓以鱼规己也。二句乃此诗核心，当细味而知全诗。

⑮ 半世遑遑就举选：举选，祝本作"选举"。宋白文本、文本、魏本、廖本、王本作"举选"，是。

按：举选者，谓选拔也，乃举与选两码事。举选者，谓举于乡而选于京也。遑遑，匆忙貌。《列子·杨朱篇》："遑遑尔竞一时之虚誉，规死后之余荣。"晋陶渊明《归去来辞》："已矣乎！寓形宇内能复几时，曷不委心任去留？胡为遑遑兮欲何之？"蒋抱玄《评注》："《列子》：'遑遑尔竞一时之誉。'"时韩愈三十四岁，虽中进士，两入戎幕，进京举选，也未得官；侯喜多年考进士也未中，故有此对人生的慨叹。

⑯ 一命始得红颜衰：始，方《举正》作"始"，云："阁本'始'作'已'。"朱《考异》："始，或作'已'，非是。"

魏本："韩曰：《续仙传》：'蓝采和者，常于市中歌曰：红颜一春树，流年一掷梭。'"按：引此作注，不妥。红颜，本指妇女艳丽的容貌，《汉书·孝武李夫人传》汉武帝《悼李夫人赋》："既激感而心逐兮，包红颜而弗明。"亦指人之少壮风华。南朝宋鲍照《拟行路难》："红颜零落岁将暮，寒光宛转时欲沉。"李白《赠孟浩然》："红颜弃轩冕，白首卧松云。"白居易《后宫词》："红颜未老恩先断，斜倚薰笼坐到明。"衰，其意作衰老解，而音当读崔，方与上句"规"字叶。

⑰ 南入箕颍无还时：文《详注》："箕山、颍水，许由、巢父隐处。嵇康《高士传》：'许由，字武仲，尧、舜皆师之。尧、舜欲举天下而让

由,乃退耕于中岳颍水之阳,箕山之下。巢父,亦尧时隐人。'"魏本:"蔡曰:箕,山名。颍,水名。《地理志》:'颍水出阳城,汉有颍阳、临颍二县。'《高士传》:'许由者,贞固之士也,巢居穴处,无杯杅,每以捧水而饮之。有遗其瓢者,由操饮毕,辄挂于林杪,风至瓢有声,由以为烦,取而弃之。尧聘为九州长,由不赴,遂洗耳于河,恶闻其声,终隐于箕山。'"王元启《记疑》:"按公时赴京谒选,无成而归,故有箕、颍之思。"按:《元和郡县图志》卷五河南道一:许由山在洛州告成县南十三里。又《元和郡县志》卷一三河东道二:"箕山,在县(辽山县)东四十五里。上有许由冢。按《司马迁传》曰'余登箕山,上有许由冢',则在今洛州阳城县,不当在此。"

⑱ 叔起:宋白文本、魏本、廖本、王本作"迡"。文本、祝本作"起"。解从注②。

⑲ 大鱼岂肯居沮洳:朱《考异》:"肯,或作'有',非是。"诸本作"肯",是。

文《详注》:"沮洳,浅水也。魏诗(《诗·魏风·汾沮洳》)曰:'彼汾沮洳。'上音床据切,下音人恕切。《庄子·外物篇》云:'揭竿趋渎,守鲵鲋,其于得大鱼难矣。'"魏本:"孙曰:《诗》:'彼汾沮洳。'沮洳,渐湿也。樊曰:苏东坡《记儋耳上元》:'放杖而笑,过问:何笑?曰:自笑也。然亦笑韩退之钓鱼无所得,更欲远去,不知走海者未必得大鱼也。'盖公作此诗时年三十四,去徐居洛,方有'求官来东洛'之语。而东坡则晚岁儋耳,发于忧患之余,览者无以为异。沮洳,音疽茹。肯,一作'有'。"王元启《记疑》:"旧注载:'东坡笑退之钓鱼无得,更欲远去,不知入海者未必得大鱼也。'愚按:公欲远去,盖有高隐之思,指尘世为沮洳耳,非欲驰逐于名利之场别求厚获也。樊谓公年三十四,方有求官去东洛之语,而东坡儋耳晚岁发于忧患之余。以此为两人所见之异,岂非错会韩公主意?"方世举《笺注》:"大鱼:《齐国策》:'君不闻大鱼乎,网不能止,钩不能牵,荡而失水,则蝼蚁得意焉。'沮洳:《诗·魏风》(《汾沮洳》):'彼汾沮洳。'笺:'沮洳,水浸处。'"下引□云,实为上文樊注原文,此乃从顾注转引,故同作□云。汪琬《批韩诗》:"应转'何足求'句,划然而止。"查慎行《查初白诗评十二种》:"通篇多为结句作势。"

【汇评】

宋黄震:《赠侯喜》以钓鱼况人事,舍小求大。(《黄氏日抄》卷五九)

清朱彝尊:浅事浅叙,只嫌语太繁耳。(顾嗣立《昌黎先生诗集注》卷三)

清何焯:《赠侯喜》:"一名始得红颜衰。"注:采《续仙传》蓝采和云云。按:此人在韩公后百年,何得引注公诗?(《义门读书记》卷三〇)

程学恂:此诗本旨在结句,而以上模写处,亦有意致。(《韩诗臆说》卷一)

蒋抱玄:竹垞嫌此诗太繁,以余视之,非繁也,亦淅沥之商音也。(《注释评点韩昌黎诗全集》)

古　意①

贞元十八年

太华峰头玉井莲②,开花十丈藕如船③,冷比雪霜甘比蜜④,一片入口沈疴痊⑤。我欲求之不惮远,青壁无路难夤缘⑥。安得长梯上摘实⑦,下种七泽根株连⑧。

【校注】

① 题:文《详注》:"《文选》载范云《古意一首赠王中书》,吕向曰:'谓象古诗之意也。'《补注》:《华山记》云:'山顶有池,生千叶莲花,服之羽化。'《山海经》:'华山,一名太华。'公登华时,以前后诗考之,贞元十六年也。李肇《国史补》载公登华事甚怪。而沈颜作

《登华旨》,其略曰:'仲尼悲麟,悲不在麟也。墨翟泣丝,泣不在丝也。且阮籍纵车于途,途穷辄哭(恸),岂始虑不至耶?盖假事讽时,致意于此尔。文公愤趋荣贪位者。若涉悬崖绝险不能已,至颠危踣蹶,不知税驾之所,焉可及也。悲夫!文公之旨微。沈子几晦哉!'按公诗及《国史补》所云实如此,则无它旨也。"魏本:"韩曰:《华山记》云:'山顶有池,生千叶莲花,服之羽化,因曰华山。'观公诗意与前诗皆有兴寄,其曰古意,旨深远矣。樊曰公《县斋有怀》曰:'求官来东洛,犯雪过西华。'《答张彻》曰:'洛邑得休告,华山穷绝陉。'李肇《国史补》言:'愈好奇,登华山绝峰,度不可反,发狂恸哭,县令百计取之,乃下。'而沈颜作《登华旨》,略曰:'仲尼悲麟,悲不在麟也。墨翟泣丝,泣不在丝也。且阮籍纵车于途,途穷辄恸,岂始虑不至耶?盖假事讽时,致意于此尔。文公愤趋荣贪位者。若陟悬崖,险不能止,至颠危踣蹶,然后叹不知税驾之所,焉可及矣。悲夫!文公之旨,微沈子几晦哉!'按:公诸诗及《国史补》所云,公实如此,初无它旨也。"方世举《笺注》:"此为宪宗信仙采药而作。《新唐书》:'元和十三年,诏天下求方士。李道古因皇甫镈荐山人柳泌,言天台多灵草,上信之,以泌权知台州刺史。十四年,泌至天台,采药岁余,无所得而惧,举家逃入山中。'(按:上所引均非新旧《唐书》原文,所记者《旧唐书》为详)此诗托言太华以比天台,托言莲藕以比灵草。深入天台,故曰'不惮远';卒无所得,故曰'难夤缘'也。其曰'我'者,经传指君之义例也。"谓元和十三年作,列在《朝归》后,《读东方朔杂事》前。下接《元日酬蔡州马十二尚书去年蔡州元日见寄之什》《左迁至蓝关示侄孙湘》,恐非。王元启《记疑》:"旧注引沈颜《登华旨》,谓《国史补》言公好奇登华为不察韩公假事讽诗微旨。余谓悔狂咋指,明载公诗,此事何须深讳。但诗题《古意》,并非纪游之什。详诗结句,盖欲人君膏泽下流之意,疑是贞元十九年为天旱人饥而作。"顾嗣立《集注》:"朱子云:'此诗本以古意名篇,非登山纪事之诗也。'旧注援引《国史补》登华山事及沈颜《登华旨》,略。聚讼纷纷,殊属无谓。"钱仲联《集释》:"方注嫌凿,王说得之。"方《举正》:"贞元十八年夏,登华山日作。"《韩学研究·韩愈年谱汇证》系贞元十八年,云:"按:古人习惯诗题'古意'者,必有所托。王说不无道理;然必拉到十九年旱饥,则不必。诗由见景起兴,希望自然或人君泽及众庶,不一定是下雨。"

② 太华峰头玉井莲:文《详注》:"太华,华山也。解见《送惠师》诗。《华山记》曰:'山顶有千叶莲花,服之羽化,因名曰华山焉。'"方世举《笺注》:"太华:《西山经》:太华之山削成,而四方其高五千仞,其广十里。玉井:古乐府《捉搦歌》:'华阴山头百丈井,下有泉水彻骨冷。'《述异记》:'昆仑山有玉桃,光明洞彻而坚莹,须以玉井水洗之,便软可食。'"

③ 开花十丈藕如船:文《详注》:"《禹贡》(《尚书》)曰'至于太华'是也。蔡诞云:'仙人有玉井。'《汉皋诗话》云:'人多以此为寓言,世非有十丈花也。'而《关令尹喜传》(见《法苑珠林》)云:'真人游时,各各生(当为坐字)莲花之上,一花辄径十丈。'"钱仲联《集释》:"《法苑珠林》:'《真人关尹传》曰:老子曰:真人游时,各各坐莲华之上,华径十丈。有反生灵香,逆风闻三十里。'"方世举《笺注》:"十丈:按《拾遗记》:'郁水生碧藕,长千常。七尺为常也。'有千常之藕,自应有十丈之花,甚言方士之迂诞,至于此极也。"

④ 冷比雪霜甘比蜜:方世举《笺注》:"雪霜:《洞冥记》:'龙肝瓜生于冰谷,仙人瑕丘仲采食之,千岁不渴。瓜上恒如霜雪,刮尝如蜜滓。'甘比蜜:《家语》:'楚江萍大如斗,剖而食之,甜如蜜。'"

⑤ 一片入口沈疴痊:文《详注》:"疴,病也。痊,愈也,音于何切。"魏本:"韩曰:疴,病也。《晋史·乐广传》:'沈疴顿愈。'又潘岳《闲居赋》:'尝膳载加,旧疴有痊。'于何切。痊音诠。"方世举《笺注》:"一片:《神异经》:'西北荒中石边有脯,名曰追复,食一片复一片。'沉疴:《晋书·乐广传》:'沉疴顿愈。'"按:起二句夸张,三四句比中有情。王元启《记疑》:"通篇从此一句生情。"

⑥ 青壁无路难夤(yín)缘:方《举正》据唐本作"五月壁路难攀缘",曰:"蔡、谢校同。《鲍溶集》有陪公登华山诗,盖五月也。传本

讹'五月'字为'青',复于下增'无'字,非也。"朱《考异》于此句下引方语,云:"夤,或作'攀'。今按:公此诗本以《古意》名篇,非登山纪事之诗也。且泰华之险,千古屹立,所谓削成五千仞者,岂独五月然后难攀缘哉?若以句法言之,则'五月壁路'之与'青壁无路',意象工拙又大不侔,亦不待识者而知其得失矣。方氏泥于古本,牵于旁证,而不寻其文理,乃去此而取彼,其亦误矣。原其所以,盖缘'五月'本是'青'字,唐本误分为二,而读者不晓,因复削去'无'字,遂成此谬。今以诸本为正。"宋白文本、文本、祝本、魏本、廖本、王本等诸本均作"青壁无路",善。朱说是。

青壁:方世举《笺注》:"嵇康《琴赋》:'丹崖险巘,青壁万寻。'"夤缘,文《详注》:"夤缘,犹攀缘也。左太冲《吴都赋》曰:'夤缘山岳之岊。'又云:'临青壁。'注云:'山之石壁色青者。'"魏本:"韩曰:《选·琴赋》:'丹崖崄巘,青壁万寻。'"方世举《笺注》:"左思《吴都赋》:'夤缘山岳之岊。'"按:夤,攀,向上。常与缘字连用。此谓:华山悬崖青壁,崇高无路,难以登攀。此乃实景稍加想象,华山青石峭壁,高陡难攀,韩公登华山可证。

⑦ 安得长梯上摘实:顾嗣立《集注》:"杜子美诗(《凤凰台》):'安得万丈梯,为君上上头。'"钱仲联《集释》:"《韩非子》(《外储说左上》):'秦昭王令工施钩梯而上华山。'"方世举《笺注》:"长梯:张协《七命》:'构云梯,陟峥嵘。'"

⑧ 下种七泽根株连:魏本:"孙曰:司马相如《子虚赋》:'楚有七泽,其小者名云梦,方九百里。'韩曰:《列子》言五山曰:'根株不相连著。'"文《详注》:"《子虚赋》曰:'楚有七泽,常见其一,名曰云梦。'其卑湿则生莲藕。"王元启《记疑》:"欲使病者皆得痊可,不致憾于远求莫致也。"方世举《笺注》:"根株:魏明帝(《种瓜篇》)诗:'兔丝无根株,蔓延自登缘。'"

【汇评】

宋韩醇:观公诗意,与前诗皆有兴寄,其曰古意,旨深远矣。

(魏仲举《新刊五百家注音辩昌黎先生文集》卷三)

清朱彝尊：总只以诞事诞语结构。(顾嗣立《昌黎先生诗集注》卷三)

清沈钦韩：此诗与杜甫《望西岳》作意趣同。(《韩集补注》卷三)

蒋抱玄：虽非登山纪事，亦有感慨而发，不是绝对古意。(《注释评点韩昌黎诗全集》)

八月十五夜赠张功曹①
永贞元年

永贞元年(805)八月十五日，韩愈与张署二人第二次遇赦同赴江陵，待命郴州时作。这首诗运用"虚者实之，实者虚之"，反客为主的手法，写出了催人泪下、如泣如诉的苦辞。不仅诉谴谪，也诉了大赦之日"同时辈流多上道，天路幽险难追攀"的坎坷遭遇。二人命运相同，苦情一样，怎能不在这羁旅客舍借酒解闷，以抒其慨呢？诗虽大笔直书，读起来却娓娓动人。写月夜景色高朗清新，写遭遇之苦悲凉料峭，写情寄慨一唱三叹，三者又能有机融合，自然浑成，是一首停蓄顿折、错落有致的优秀古诗。

纤云四卷天无河②，清风吹空月舒波③。沙平水息声影绝④，一杯相属君当歌⑤。君歌声酸辞且苦⑥，不能听终泪如雨⑦。洞庭连天九疑高⑧，蛟龙出没猩鼯号⑨。十生九死到官所⑩，幽居默默如藏逃⑪。下床畏蛇食畏药⑫，海气湿蛰熏腥臊⑬。昨者州前捶大鼓，嗣皇继圣登夔皋⑭。赦书一日行万里，罪从大辟皆除死⑮。迁者追回流者还⑯，涤瑕荡垢朝清班⑰。州家申名使家抑⑱，坎坷只得移荆蛮⑲。判司卑官不堪说,未免捶楚尘埃间⑳。同时辈流多上道,天路幽险难追攀㉑。君歌且休听我歌㉒,我歌今与君殊科㉓。一年明月今宵多㉔,人生由命非由他㉕,有酒不饮奈明何㉖?

【校注】

① 题:《洪谱》、《樊谱》、方崧卿《韩文年表》、顾嗣立《年谱》、方成珪《诗文年谱》均系永贞元年。洪云:"公初在郴时,《八月十五日夜赠张功曹》云:'昨者州前捶大鼓……'是年八月,宪宗受禅,公两遇赦矣。"魏本:"樊曰:张公曹,署也。公与张以贞元二十一年二月二十四日赦,自南方俱徙掾江陵,至是俟命于郴而作是诗。公在江陵《祭郴州李使君》云'辍行谋于俄顷,见秋月之三毂,待天书之下降,犹低回以宿留',此其证也。诗怨而不乱,有小雅之风。"文《详注》引王《补注》同樊。顾嗣立《集注》:"公撰《张署墓志》云:'署,河间人,举进士,拜监察御史,为幸臣所逸,与同辈韩愈、李方叔三人俱为县令南方。二年,逢恩俱徙掾江陵。半岁,邑管奏为判官。'□云:'是诗徙掾江陵,俟命于郴州而作。公《祭郴州李使君文》云:俟新命于衡阳,费薪刍于馆候,辍行谋于俄顷,见秋月之三毂。'正谓此也。"

郑珍《跋韩诗》:"合公过衡岳诸诗考之。此《合江亭》云:'穷秋感平分,新月怜半破。'曰'平分',则是秋中;曰'半破',则已上弦。知公以八月初旬至衡州,与刺史邹君盘桓,因赋《合江亭》诗。其过中秋,亦在衡州。《八月十五夜赠张功曹》言'沙平水息',正是江景。继乃登衡山,宿岳庙,访禹碑。所谓'委舟湘流,往观南岳',必非一二日事,然亦去中秋不远。《宿岳庙》诗:'夜投佛寺上高阁,星月掩映云朣胧。'是其时犹有月也。初八九尚在衡州,登岳又非一二日事,则中秋赠张功曹,必不在游衡山之后。某氏以其诗为俟命于郴州作,方扶南沿之,编在《郴州祈雨》后,不知与公纪时不合也。

衡州至潭州，下水船仅五六日，而公游岳在八月二十前后。至《潭州泊船》诗云：'夜寒眠未觉。'《独宿湘西寺》云：'是时秋之残。'又云：'山楼黑无月。'则已是九月二十后者。意公《谴疟鬼》诗云'乘秋作寒热'，必即在游岳后泊潭前。中间一二十日，以疟疾淹留故也。九月下旬，公应发潭州，其至洞庭湖已是十月。又在鹿角避风七日，及岳州当在初十前后。《洞庭湖阻风》云：'十月阴风盛。'《登岳阳楼》云：'时当冬之孟。'可考也。"钱仲联《集释》："樊汝霖以此诗为俟命郴州时作，实未尝误。公在郴'见秋月之三毂'，计当夏秋之间抵郴，九月初旬离郴，中秋正在郴州，安得谓此在衡州作？此诗有'移荆蛮''判司卑官'之语，是公与张署受命为江陵掾在八月。而《祭李郴州文》云：'逮天书之下降，犹低徊以宿留。'则受命后又留至九月始行也。'穷秋感平分'二句，愚谓不当如郑作八月解，当解作九月上弦方合。盖穷秋为九月，出鲍照诗。郑误解此句，以《合江亭》诗为八月上旬作，衡岳之游，遂亦提前一月，中间乃相差二十余日矣。至'沙平水息'之景，何必定属衡州。"

按：钱说有理。郑谓写于衡阳实误。是年八月四日李诵宣诏"宜令皇太子（李纯）即皇帝位"，五日《诰》曰："乃命元子，代予守邦……宜改贞元二十一年为永贞元年。自贞元二十一年八月五日已前，天下死罪降从流，流以下递减一等。"二人第二次遇赦，已官江陵曹掾，滞留待命，尚未北上，八月十五日夜在郴州作。与赦书及新命亦合。详见《韩愈年谱汇证》。张功曹，张署。与公同因上《状》被贬岭南，同待命郴州，同为江陵曹掾，又同携行赴任。

② 纤云四卷(juǎn)天无河：纤云：文《详注》："纤，轻也。傅休奕《杂诗》曰：'纤云时仿佛。'"按：谓一丝丝的轻云。

四卷：向四处卷去。卷，用如动词，读上声。《诗·邶风·柏舟》："我心匪席，不可卷也。"《世说新语·排调》："不如卷角牸，有盘辟之好。"这个意义后来写作"捲"，现简化作"卷"。

天无河：魏本："孙曰：'河，谓天河。'"方世举《笺注》："谢惠连《月赋》：'列宿掩缛，长河韬映。'"按：月光极明亮，使银河的光也显示不出来了。《文选》卷二九傅玄(休奕)《杂诗》:"清风何飘飖,微月出西方……纤云时仿佛,渥露沾我裳。"张铣注:"纤,轻也。"《汉语大词典》引韩诗为例。后人多用。宋秦观《鹊桥仙》词:"纤云弄巧,飞星传恨,银汉迢迢暗度。"

③ 月舒波:魏本:"孙曰:'舒,展也。波,月光。'"方世举《笺注》:"月舒波:汉《郊祀歌》:'月穆穆以金波。'虞羲《咏秋月诗》:'泛滥浮阴来,金波时不见。'王云:'波,月光。'"按:月亮放出金色的光亮。古人常以金波形容月光。汉《郊庙歌辞·郊祀歌·天门》:"月穆穆以金波,日华耀以宣明。"唐独孤及《寒夜溪行舟中作》:"月轮大如盘,金波入空谷。"

④ 沙平水息声影绝:沙平,方《举正》据阁本作"平沙",云:"李、谢校。"朱《考异》:"方作'平沙',非是。"诸本作"沙平",是。

沙平水息:江边沙地平坦,江水平静。此句写深夜之境,突出一个"静"字。如朱彝尊《批韩诗》:"写景语净。"《全唐诗》卷三二褚亮《和御史韦大夫喜霁之作》:"沙平寒水落,叶脆晚枝空。"卷八一乔知之《赢骏篇》:"沙平留缓步,路远暗频嘶。"

⑤ 一杯相属君当歌:方世举《笺注》:"《史记·田窦灌夫传》:'及饮酒酣,灌夫起舞,属丞相。'注:'若今人舞讫相劝也。'当歌:魏武帝《短歌行》:'对酒当歌,人生几何?'"按:举起杯酒,相邀而饮,相劝而歌。相属,相邀,相嘱。属(zhǔ),音义均同嘱,嘱咐、委托。《左传》隐公三年:"宋穆公疾,召大司马孔父而属殇公焉。"《史记·李斯列传》:"以兵属蒙恬。"三国魏曹操《与荀彧书追伤郭嘉》:"以其通达……欲以后事属之。"范仲淹《岳阳楼记》:"属予作文以记之。"这个意义后来写作"嘱"。君,指张署。当歌,应当吟诗。《汉书·灌夫传》:"及饮酒酣,夫起舞属蚡。"颜师古注:"属,付也,犹今之舞讫相劝也。"曹操《短歌行》:"对酒当歌,人生几何?"以上写中秋之夜,借酒消愁,苦中求乐。

⑥ 君歌声酸辞且苦:指张署歌辞酸楚苦涩。真能道出张署内心之郁积。

⑦不能听终泪如雨:《文选》卷二九《古诗十九首》之九:"终日不成章,涕泣零如雨。"李白《丁都护歌》:"一唱都护歌,心摧泪如雨。"又《全唐诗》卷一二〇袁欢《鸿门行》:"此曲不可终,曲终泪如雨。"

⑧洞庭连天九疑高:魏本:"韩曰:'洞庭,今在岳州。九疑,今在道州。'"按:洞庭,洞庭湖,在湖南省东北部。《元和郡县图志》卷二七江南道三:"岳州治巴陵县,洞庭湖在县西南一里五十步。周回二百六十里。湖口有一洲,名曹公洲。"连天,水天相接,极言洞庭湖广阔无边。毛泽东《七律·答友人》:"九嶷山上白云飞,帝子乘风下翠微……洞庭波涌连天雪,长岛人歌动地诗。"九疑,九疑山,在湖南省宁远县。《元和郡县图志》卷二九江南道五:"道州延唐县,九疑山,在县东南一百里。舜所葬也。九山相似,行者疑惑,故为名。舜庙在山下。"

钱仲联《集释》:"以下十八句,皆代张署歌辞。"

⑨蛟龙出没猩鼯(wú)号:魏本:"孙曰:'猩猩,似猿,能言,声如小儿。鼯,鼠名,一曰飞生,音吾。'"文《详注》:"任昉《述异记》云:'水虺五百年为蛟,蛟五百年为龙。'《尔雅》(《释兽》)曰:'猩猩小而好啼,出交趾。人面豕声,能言,声似小儿。一云:人以酒取之,猩猩觉而不去,初暂尝,得其味甘而饮之,终见羁缧。'猩,音师庚切。鼯,飞鼠也。"按:蛟龙,即蛟。以其形似传说中的龙,故称蛟龙。《管子·形势解》:"蛟龙,水虫之神者也。乘于水则神立,失于水则神废……故曰:蛟龙得水,而神可立也。"猩,猩猩,猿猴类。鼯,大飞鼠,生活在南方山林。号,大声号叫。《尔雅·释鸟》:"鼯鼠,夷由。"郭璞注:"状如小狐,似蝙蝠,肉翅。脚短爪长,尾三尺许。飞且乳,亦谓之飞生,声如人呼,食火烟,能从高赴下,不能从下上高。"江淹《杂体诗·谢临川灵运游山》:"夜闻猩猩啼,朝见鼯鼠逝。"韩愈《祭河南张员外文》:"洞庭漫汗,粘天无壁。风涛相豗,中作霹雳……山哀浦思,鸟兽叫音。"即写此景。

⑩十生九死到官所:十生九死,即九死一生。官所,任官的地

方，指张署贬所临武，韩愈贬所阳山。高步瀛《唐宋诗举要》卷二：
"退之《祭张员外文》曰：'我落阳山，以尹鼯猱；君飘临武，山林之
牢。'案贞元十九年冬，退之与署同贬，退之贬连州阳山令，署贬郴
州临武令。阳山今广东属县，临武今湖南属县，此诗所云官所，在
张为临武，在韩为阳山。"

⑪ 幽居默默如藏逃：魏本："韩曰：《庄子》(《徐无鬼》)：'逃虚
空者，藜藋柱乎鼪鼬之径，踉位其空，闻人足音，跫然而喜矣。'"蒋
抱玄《评注》："《礼记》(《儒行》)：'幽居而不淫。'《楚辞》(《卜居》)：
'吁嗟默兮，谁知吾之廉贞。'"童《校诠》："第德案：韩注鼪鼬当作鼪
鼬(查魏本文渊阁四库本作'鼪鼬'，童所据之本为宋刻本)，跟当作
踉，语见徐无鬼篇。又按：韩氏引此作注，与诗意不合，公言幽居藏
逃，庄子云：闻人足音而喜，适得其反。蒋引礼记幽居而不淫，见儒
行篇，郑注：幽居谓独处时也。引楚辞见卜居篇。"按：幽居，潜居之
地。《礼记·儒行》："儒有博学而不穷，笃行而不倦，幽居而不淫，
上通而不困。"郑注："幽居，谓独处时也。"

⑫ 下床畏蛇食畏药：宋白文本、祝本、魏本、廖本、王本作
"药"。文本作"毒"，注："一作'药'。"当作"药"。

方世举《笺注》："南方多蛇，又多畜蛊，以毒药杀人。"按：畏蛇，
此谓南方多蛇，下床怕咬。食畏药，吃东西怕中毒。《隋书·地理
志下》："(畜蛊)行以杀人，因食入人腹内，食其五藏。"《文选》卷二
八鲍照《苦热行》："含沙射流影，吹蛊痛行晖。"李善注："吹蛊，即飞
蛊也。顾野王《舆地志》曰：'江南数郡有畜蛊者，主人行之以杀人。
行食饮中，人不觉也，其家绝灭者，则飞游妄走，中之则毙。'"

⑬ 海气湿蛰熏腥臊：方《举正》"湿蛰"据杭、蜀本作"温蛰"。
朱《考异》："湿，方作'温'，非是。"宋白文本、文本、魏本作"湿"，注：
"一作'温'。"当作"湿"。熏，文本、魏本注："熏，一作'重'。"乃形似
致误，诸本均作"熏"，是。

湿蛰：在潮湿泥土里孵育出的虫蚁。此谓南方临海，水气蒸
发，空气潮湿，气味腥臊。《洛阳伽蓝记》："江左假息，僻居一隅，地

多湿蛰，攒育虫蚁。"钱仲联《集释》："蛰亦湿义，字通作霫。《集韵》：'霫，小湿，陟立切。'"高步瀛《唐宋诗举要》卷二："吴北江曰：'写哀之词，纳入客语，运实于虚。'"按：熏，动词，即蒸发出气体。腥臊，难嗅之气味。

⑭ 昨者州前捶大鼓，嗣皇继圣登夔皋：昨者，八月十四日。嗣皇，继承皇位的皇帝，此指宪宗李纯；作顺宗李诵者误。见注①。继圣，继承先皇圣德。登夔皋，选用贤臣。夔、皋，舜时贤臣。《洪谱》："初公在郴时，《八月十五日夜赠张功曹》云：'昨者州前捶大鼓，嗣皇继圣登夔皋。赦书一日行万里，罪从大辟皆除徙（死）。迁者追回流者还，涤瑕荡垢清朝班。州家申名使家抑，坎轲只得移荆蛮。'是年八月，宪宗受禅，公两遇赦矣。"方《增考》："是年八月五日，宪宗即位。此十五日诗也，所谓'嗣皇继圣登夔皋'及'州家申名使家抑'，只谓顺宗赦也。别本'昨者'作'昨日'，然'使家抑'之言，恐不缘再赦也。"魏本："孙曰：'贞元二十一年正月，顺宗即位。是年二月甲子（24日），赦天下。'"陈景云《点勘》："'昨者'宋本作'昨日'，则以下八句，似谓是岁八月朔，顺宗内禅之赦，及细考之，非也。唐制：赦书日行五百里，计旬余即可达郴州。功曹以是月十四日在郴闻赦，理或有之。但观'州家申名使家抑'句，时使府驻潭州，自郴申潭，文移往复其事，岂一二日可了乎？则作'昨日'自误也。又《洪谱》亦谓此指宪宗受禅之赦，不知宪宗受禅无赦，至逾年改元，始颁赦耳，其考尤疏。"方世举《笺注》："赦书：《旧唐书·顺宗纪》：'贞元二十一年正月丙申，顺宗即位，二月甲子大赦。'此公所以离阳山而俟命于郴也。及八月，宪宗即位，改贞元二十一年为永贞元年。自八月五日以前，天下死罪降从流，流以下递减一等。诗所云'昨者赦书'，正指此。旧注但引前条，犹为疏漏。"钱仲联《集释》："顺宗即位在正月，大赦在二月，时尚未至郴，何得曰'昨者州前'？且顺宗即位，韦、王用事，张署岂肯颂之为夔、皋？方、陈之说非也。至'使家抑'之言，自不缘再赦，正因使家久抑，故至是始获量移江陵耳。"按：虽无赦书，然犹有八月庚子（4日）诏书，明书所

赦内容，而韩公诗说"嗣皇继圣""赦书""罪从大辟皆除死"，则与诏书正合。《新唐书·百官志三》："赦日，树金鸡于仗南，竿长七丈，有鸡高四尺，黄金饰首，衔绛幡长七尺，承以彩盘，维以绛绳，将作监供焉。击㭍鼓千声，集百官、父老、囚徒。"故有此诗句所写情景。

⑮ 大辟：死刑。《尚书·吕刑》传："大辟，死刑。"《礼记·文王世子》："狱成，有司谳于公，其死罪，则曰某之罪在大辟。"《旧唐书·刑法志》："九十以上，七岁以下，虽有死罪，不加刑。比隋代旧律，减大辟者九十二条。"

除死：方《举正》作"除死"，云："阁本、蜀本同。荆公与谢本皆作'除徙'。下文已有'迁者追回流者还'，则此作'除死'为当。"朱《考异》从方《举正》。宋白文本、文本作"除徙"，注："徙，一作'死'。"除死，赦免死罪。

⑯ 迁者：贬谪的。流者，被判刑流放的。

⑰ 涤瑕荡垢朝清班：清洗污秽。方《举正》据唐本订"清朝"为"朝清"，云："晁校。以文意考之，盖言追还之人皆得涤瑕垢而朝清班，惟己为使家所抑，故只量移江陵也。白乐天诗（《重赠李大夫》）有'早接清班登玉墀'，坡、谷诗皆尝用'清班'字。朱《考异》："朝清，或作'清朝'。"宋白文本、廖本、王本作"朝清"。文本、祝本、魏本作"清朝"。按方说作"朝清"解虽通，然作"清朝"，当把朝廷上的坏人清理干净，也通。故两存之。班固《东都赋》："于是百姓涤瑕荡秽，而镜至清。"

⑱ 州家申名使家抑：魏本："孙曰：'使家，谓湖南观察使。'"方世举《笺注》疑从顾嗣立《集注》过录："□云：使家，谓湖南观察使。"沈钦韩《补注》："是时杨凭为湖南观察使。"按：州家，指郴州刺史李伯康。申名，上报应赦名册。使家，湖南观察使杨凭，职管州县。抑，压制。此一句中顿挫。韩公时亦用方言、口语。程学恂《韩诗臆说》卷一："州家、使家，皆当时方言。"

⑲ 坎轲只得移荆蛮：魏本："孙曰：'轲，口个切。又音可。'"顾嗣立《集注》："《楚辞》：'年既已过太半兮，然垎轲而留滞。'注：'垎

轲,不遇也。'《选•古诗》:'辕轲长苦辛。'辕、辂与坎同。"方世举《笺注》:"坎轲:东方朔《七谏》:'年既已过大半兮,然辂轲而留滞。'"按:坎轲,道路崎岖不平貌。南朝梁江淹《江文通集》卷一《待罪江南思北归赋》:"愿归灵于上国,虽坎坷而不惜身。"《全唐诗》卷一三二李颀《送綦毋三谒房给事》:"高道时坎坷,故交愿吹嘘。"又卷三五四刘禹锡《送张盥赴举诗》:"今成一丈夫,坎坷愁风尘。"

荆蛮:魏本:"孙曰:'荆蛮,江陵。'"文《详注》:"江陵本古荆州之地,蛮夷之国,槃瓠之种。诗人所谓'蠢尔蛮荆'者也。"方世举《笺注》:"移荆蛮:《史记•吴太伯世家》:'太伯之奔荆蛮,自号勾吴。'索隐曰:'荆者,楚之旧号,以州而言之,地在楚越之界,故称荆蛮。'"按:此二句寓杨凭迎合权贵意,压制张署等不得回朝。公自阳山遇赦,仅量移江陵法曹,盖本道观察使杨凭故抑之。即此诗所谓"州家申名使家抑,坎轲只得移荆蛮"是也。时韦(执谊)、王(叔文、伾)之势尚炽,凭为宗元妻父,自必抑公,乃迎合权贵意耳。

⑳判司卑官不堪说:文《详注》:"法曹主判狱讼之事。《通典》曰:'州府佐史自司功以下通谓之判司。'捶,挞也。楚,荆也。谓以荆杖鞭挞也。捶,音主蕊切。《遁斋闲览》云:'杜甫《赠高适》云:脱身簿尉中,始与捶楚辞。杜牧《寄佽》云:参军与簿尉,尘土惊羌勷。一语不中治,鞭棰身满疮。并此诗云云,可以见唐之参军、簿尉有过即受笞杖之刑,犹今之胥吏也。'"沈钦韩《补注》:"《通典》(卷三三《职官》十五《总论郡佐》):'唐制:在府为曹,在州为司。府曰功曹、仓曹,州曰司功、司仓。'案云:判司者,判一司之事,而司录为之长。《会要》六十九:'乾元二年(759)敕:录事参军,自今已后,宜升判司一秩。'韩琬《御史台记》:'萧诚初拜员外,侍御史王旭曰:萧子从容省闼。琬应声答曰:萧任司录,早已免杖,岂至今日,方省挞耶?'则州佐至司录方免杖。"蒋之翘《辑注》引黄震曰:"此唐之判司簿尉类然欤?然唐之待卑官虽严,而卑官之行法于人,犹得以申其严。如刘仁轨为陈仓尉,搒杀中贵人折冲都尉鲁宁是也。嗣后判司簿尉以待新进士,而管库监当不以辱之,视唐重矣。奈何朝廷视

之虽重,世俗待之益卑。苦役苛责,甚于奴仆。官之辱,法之屈也。公此语实关世道。"方世举《笺注》:"判司:按永贞元年,公为江陵府法曹参军,署为功曹参军。此时虽未之任,而官已定矣。捶楚:《汉书·路温舒传》:'捶楚之下,何求而不得。'"按:判司为唐代官名。唐代节度使、州郡等僚属有判官,分曹判事。也用以通称州郡佐吏。州府佐吏自司功以下,皆称判司。

卑官:地位低下的小官。不堪说,不值得一说。捶楚,鞭笞杖打。《隋书·高祖纪》:"(开皇十七年)三月丙辰,诏曰:……其诸司论属官,若有愆犯,听于律外斟酌决杖。"唐沿隋制:参军一类小官稍有不慎即受鞭杖。杜甫《送高三十五书记》诗:"脱身簿尉中,始与捶楚辞。借问今何官?触热向武威。"杜牧《冬至日赠小侄阿宜诗》:"参军与县尉,尘土惊劻勷。一语不中治,笞棰身满疮。"尘埃间,伏地受刑。宋赵彦卫《云麓漫钞》卷五引韩昌黎诗云云,曰:"姜皎为秘书监,杖死。周子亮(谅)为监察御史,以言事杖于朝堂。代宗命刘晏考所部官吏,刺史有罪,五品以上系劾,六品以下杖然后奏,不特判司卑官也。"何焯《义门读书记》卷三〇:"隋文帝以所在属官不敬惮其上。开皇十七年三月壬辰,诏诸司论属官罪,有律轻情重者,听于律外斟酌决杖。于是上下相驱,迭行捶楚。唐盖沿隋俗也。"

㉑ 同时辈流多上道,天路幽险难追攀:方《举正》订,云:"李、谢本并校从'辈流'。"或作"流辈"。宋白文本、文本、祝本、魏本、廖本、王本作"辈流",则作"辈流"是。

文《详注》:"言同被迁责者皆赦还京师矣。独彷徨于此,仰视归路,如天险之不可升也。《魏志》(《三国志·魏书·武帝纪》)曰:'曹操与韩遂,同时侪辈。'曹子建《与吴季重书》曰:'天路幽险,良无由缘。'"方世举《笺注》:"天路:汉古诗:'美人在云端,天路隔无期。'幽险:张华《鹪鹩赋》:'鹖鸡窜于幽险。'"蒋抱玄《评注》:"《晋书·李密传》:'郡县逼迫,催臣上道。'"按:二句言回朝无路的苦闷。同时辈流,同时被贬谪流放的人。上道,踏上回京城的路。天路,比喻朝廷。幽险,昏暗险恶。以上十八句纯是借张署苦诉,说尽二人的贬谪压抑之苦,而怨愤全由此出。故朱彝尊《批韩诗》:"借张作宾主,又借歌分悲乐,总是抑人扬己。"高步瀛《唐宋诗举要》卷二:"吴曰:'此转尤胜。'以上代张署歌辞。贬谪之苦,判司之移,皆于张歌词出之。所谓避实法也。"

㉒ 君歌且休听我歌:文本"听我","听"作"歌",注:"一作'听'。"诸本作"听"字是。翟翚《声调谱拾遗》:"即用起处原韵,'歌'字韵复。复韵古人多有之。"

㉓ 我歌今与君殊科:宋白文本、魏本作"我今与君岂殊科"。朱《考异》:"我歌今与君殊科,杭本如此。言张之歌词酸苦,而己直归之于命,盖反《骚》之意,而其词气抑扬顿挫,正一篇转换用力处也。方从诸本,我下去'歌'字,而'君'下著'岂'字,全失诗意。使一篇首尾不相运掉,无复精神,又不著杭本之异,岂考之亦未详耶!"文本、廖本均作"我歌今与君殊科",从之。

殊科:不同类。文《详注》:"陆士衡乐府诗《吴趋行》曰:'楚妃且勿叹,齐娥且勿讴。四坐并清听,听我歌吴趋。'"《说文·禾部》:"科,程也。"《广雅·释言》:"科,品也。"《史记·主父偃传》:"德优则行,否则止,与内奢泰而外为诡服以钓虚誉者殊科。"

㉔ 一年明月今宵多:明月,祝本、魏本作"月明",宵作"霄"。均非是。宋白文本、文本、廖本、王本均作"明月""宵"。童《校诠》:"案:霄,廖本、王本作宵,祝本与本书同。说文:霄,雨霓为霄,齐语也;宵,夜也。按:吕氏春秋明理篇:有霄见,高注:霄,夜。是霄、宵古字通,宵本字,霄借字。"按:查《全唐诗》霄、宵二字已分得很清,故此处用"宵"字,是。多,谓月光之多也。今宵,指今天,即八月十五日,月亮最圆最亮。

㉕ 人生由命:文《详注》:"潘安仁《闲居赋》曰:'人生安乐,孰知其他。'"王元启《记疑》:"言不必归怨使家。旧注以为非我所自主,非是。"按:韩公认为人一生中的显达与遭遇都是由天命决定。似有宿命论观点,然是劝友之语。韩公一生只讲奋斗,不大相信命

运。如《谢自然诗》云:"人生处万类,知识最为贤……寒衣及饥食,在纺织耕耘。"可见。

㉖ 有酒不饮奈明何:蒋之翘《辑注》:"此用'明'字,似不成句,当作月。"钱仲联《集释》:"奈明何,奈明宵何也。承上省'宵'字。今宵中秋,月色分外明,故上句云'多',明宵,则满月开始缺矣,故唤奈何也。蒋说非。"顾嗣立《集注》:"李太白诗:'对酒不肯饮,含情欲待谁。'"童《校诠》:"第德案:上文有一年月明(廖本、王本作明月)今宵多之语。此承上省月作明,义本明白。而公以月为明,亦自有本:易离象:明两作离,虞注:两谓日与月也;系辞:悬象著明,莫大乎日月,孟子尽心上:日月有明,容光必照焉;荀子劝学篇:天见其明,杨注:明谓日月;国语越语:明者以为法,韦注:谓日月盛满时也。古文明从日从月,是日月皆得谓之明,以明为月,本诸易、孟、荀、国语,此诗作于八月十五夜,与韦注月盛满时义尤相合。庄(当作'蒋'字)疑明字不成句,似未深考。"按:以上韩公歌辞。收应起笔,笔力转换;高明雄秀,情韵兼美。韩公七古也很讲究平仄运用,注意音律的和谐和用韵,如清翟翚《声调谱拾遗》云:"'州家申名使家抑','使'字仄,妙。'判司卑官不堪说',与上联句同,亦详见七律中。'官'字平,'不'字仄,妙。上下字平,此字宜仄,'堪'字平。'同时辈流多上道',句法见前,亦详七律中。当与上二句参看。'多'字平,'上'字仄,妙。上字平,此字宜仄。'君歌且休听我歌',即用起处原韵。'歌'字韵复,复韵古人多有之。结四句叠韵。全诗纯用古调,无一联是律者,转韵亦极变化。"奈明何,意谓月亮这么明,不痛饮几杯怎么对得起这美好的明月呢?《易·系辞上》:"县象著明,莫大乎日月。"

【汇评】

宋胡仔:《遁斋闲览》云:"杜甫《赠高适》诗云:'脱身簿尉中,始与捶楚辞。'韩愈《赠张功曹》诗云:'判司卑官不堪说,未免捶楚尘埃间。'杜牧《寄小侄阿宜》诗云:'参军与簿尉,尘土惊劻勷。一语

不中治,鞭捶身满疮。'以此明唐之参军、簿尉,有过即受笞杖之刑,犹今之胥吏也。"(《苕溪渔隐丛话》前集卷一三杜少陵八)

宋赵彦卫:杜诗云:"脱身簿尉中,始与捶楚辞。"韩昌黎诗云:"判司卑官不堪说,未免捶楚尘埃中。"姜皎为秘书监,杖死。周子亮(谅)为监察御史,以言事杖于朝堂。代宗命刘晏考所部官吏,刺史有罪,五品以上系劾,六品以下杖然后奏,不特判司卑官也。(《云麓漫钞》卷五)

宋黄震:《八月十五夜赠张功曹》感慨多兴。内云"判司卑官不堪说,未免捶楚尘埃间"。然则唐之判司簿尉类然欤? 然唐人之待卑官虽严,而卑官之行法于人,犹得以伸其严。如刘仁轨为陈仓尉,榜杀中贵人折冲都尉鲁宁是也。我朝判司簿尉以待新进士,而管库监当不以辱之。其于判司簿尉,视唐重矣。奈何朝廷视之虽重,世俗待之益卑。苦役苛责,甚于奴仆。官之辱,法之屈也,此事关系世道。(《黄氏日抄》卷五九)

明胡震亨:《簿尉》,杜《送高适》诗:"脱身簿尉中,始与捶楚辞。"韩愈诗:"判司卑官不堪说,未免捶楚尘埃间。"杜牧诗:"参军与县尉,尘土惊劻勷。一语不中治,笞箠身满疮。"据此,唐时卑官,不免笞挞,正与今代同。史称代宗命刘晏考所部刺史有罪者五品以上劾治,六品杖讫奏闻,岂但簿尉已哉!(《唐音癸签》卷一七《诂笺二》)

清汪琬:虚者实之,实者虚之,得反客为主之法。观起结自知。(钱仲联《韩昌黎诗系年集释》卷三)

清查慎行:用意在起结,中间不过述迁谪量移之苦耳。(《查初白诗评十二种》)

清何焯:《八月十五夜赠张功曹》:"未免捶楚尘埃间",隋文帝以所在属官不敬惮其上。开皇十七年三月壬辰,诏诸司论属官罪,有律轻情重者,听于律外斟酌决杖。于是上下相驱,迭行捶楚。唐盖沿隋俗也。(《义门读书记》卷三〇)

清沈德潜:《八月十五夜赠张功曹》:功曹,名署。为谗言所中,

贬县令南方。顺宗即位,徙掾江陵。(《唐诗别裁集》卷七)

清姚范:《八月十五夜赠张功曹》注:张功曹,署也。公与张,以贞元二十一年二月二十四日赦自南方,俱徙掾江陵。按:《张署墓志》云:"逢恩俱徙掾江陵,半岁,邕管奏君为判官。"诗有"判司卑官"之云,正其时矣。(《援鹑堂笔记》卷四一)

清翁方纲:《八月十五夜赠张功曹》韩诗七古之最有停蓄顿折者。(《古诗选批》)

清翟翬:"州家申名使家抑","使"字仄,妙。"判司卑官不堪说",与上联句同,亦详见七律中。"官"字平,"不"字仄,妙。上下字平,此字宜仄,"堪"字平。"同时辈流多上道",句法见前,亦详七律中。当与上二句参看。"多"字平,"上"字仄,妙。上字平,此字宜仄。"君歌且休听我歌",即用起处原韵。"歌"字韵复,复韵古人多有之。结四句叠韵。全诗纯用古调,无一联是律者,转韵亦极变化。(《声调谱拾遗》)

清方东树:《八月十五夜赠张功曹》:贞元二十一年正月,顺宗赦公,故俟命柳州。一篇古文章法。前叙,中间以正意苦语重语作宾,避实法也。一线言中秋,中间以实为虚,亦一法也。收应起,笔力转换。朱子曰:"词气抑扬,一篇转换用力处,归之于命,反《骚》意。"(《昭昧詹言》卷一二韩公)

又:《赠浙博士歌》:"滁山"七句,直写。"子有"句,入琴。"嗟乎"句,入议。"杜彬"句,是谓傲衬。收二句,学韩《八月十五夜》诗。(同上卷一二欧阳永叔)

清曾国藩:《八月十五夜赠张功曹署》自"洞庭连天"至"难追攀"句,皆张署之歌辞。末五句,韩公之歌辞。(《求阙斋读书录》卷八)

程学恂:此诗料峭悲凉,源出《楚骚》。入后换调,正所谓一唱三叹有遗音者矣。(《韩诗臆说》卷一)

蒋抱玄:用韵殊变化,首尾极轻清之致,是以圆巧胜者,集中亦不多见。(《注释评点韩昌黎诗全集》)

高步瀛:高朗雄秀,情韵兼美。(《唐宋诗举要》卷二)

谒衡岳庙遂宿岳寺题门楼①
永贞元年

永贞元年(805)九月韩愈离郴州,到衡州,《题合江亭寄刺史邹君》诗云:"穷秋感平分,新月怜半破。"是九月中下旬。此诗云"夜投佛寺上高阁,星月掩映云曈昽。"当是九月二十日光景。诗当写于此时。韩公登衡山谒岳庙,将衡岳的奇峰壮观、岳庙的古朴别致尽收笔底,构制了南岳峻峭险怪的山景古寺图。他虽遇赦北归,但被贬受压,心情郁愤,借景抒情,因事言志。在信笔挥洒中,表现了他那倔强豪迈,高心劲气的性格;戛戛独造,不落凡俗的进取精神。诗亦庄亦谐,看似戏语,实含深意,意趣横生,耐人寻味。其写法也很有特色,押韵句末三字全用平声,即三平调,这是七言古诗一韵到底的正调。这种写法,声调铿锵,音律和谐,是七言古诗的极制。"七言格律太繁,不易作好"。(《驼庵传诗录》上《杜甫诗讲论三·杜甫五言诗》)韩公此诗却作得好。

　　五岳祭秩比三公②,四方环镇嵩当中③。火维地荒足妖怪,天假神柄专其雄④。喷云泄雾藏半腹⑤,虽有绝顶谁能穷⑥?我来正逢秋雨节,阴气晦昧无清风⑦。潜心默祷若有应⑧,岂非正直能感通⑨。须臾静扫众峰出,仰见突兀撑青空⑩。紫盖连延接天柱,石廪腾掷堆祝融⑪。森然魄动下马拜,松柏一径趋灵宫⑫。粉墙丹柱动光彩,鬼物图画填青红⑬。升阶伛偻荐脯酒⑭,欲以菲薄明其衷⑮。庙令老人识神意⑯,睢盱侦伺能鞠躬⑰。手持杯珓导我掷⑱,云此最吉余难同⑲。窜逐蛮荒幸不死,衣食才足甘长终⑳。侯王将相望久绝㉑,神纵欲福难为功㉒。夜投佛寺上高阁㉓,星月掩映云朣胧㉔。猿鸣钟动不知曙㉕,杲杲寒日生于东㉖。

【校注】

① 题:方《举正》只出"谒衡岳庙",云:"杭、蜀同。谢校增(庙)。"朱《考异》:"或无'庙'字。"宋白文本、文本、祝本、魏本、廖本、王本均有"庙"字。当有"庙"字。宋白文本、祝本、魏本、廖本、王本均作"谒衡岳庙遂宿岳寺题门楼",从之。

谒(yè):作拜见解。衡岳,南岳衡山,位于湖南衡阳境,海拔1300.2米。衡岳庙,南岳衡山山神庙,也即岳寺,在原衡山县城西三十里。题门楼,把诗写在庙的门楼上。《元和郡县图志》卷二九《江南道五》:"衡州衡山县:衡山,南岳也,一名岣嵝山,在县西三十里。《南岳记》曰:'衡山者,朱阳之灵台,太虚之宝洞。'又云:'赤帝馆其岭,祝融托其阳,以其宿当翼、轸,度应机、衡,故为名。'又曰:'上如车盖及衡轭之形,山高四千一十丈。'衡岳庙,在县西三十里。《南岳记》曰:'南宫四面皆绝,人兽莫至,周回天险,无得履者。'汉武帝移于江北置庙。隋文帝复移于今所。"《通典》卷四六《礼六·吉礼五》曰:"大唐武德、贞观之制,五岳……年别一祭……南岳衡山,于衡州……开元十三年……封南岳神为司天王。"文《详注》:"此诗赦还江陵道经衡州作。祭张署文云'委舟湘流,往观南岳'是也。按东坡《观海市》及《过太行》诗并记,《公潮州庙碑》皆引用此事,以为自潮州还朝时作,误矣。此司空表圣所谓'驱驾气势,若掀雷扶电,撑抉于天地之垠'者。若自潮还,则无复此作矣。"魏本:"孙曰:《尔雅》《释山》:'霍山为南岳。'一名衡山。樊曰:唐衡山隶潭州,神龙五年(709,当作景龙三年),来属衡州,有南岳衡山祠。苏内翰《登州观海市》诗云'潮阳太守南迁归,喜见石廪堆祝融',《过太行》诗序云'予南迁其必返乎,此退之登衡山之祥也',又《潮州庙记》云'公之精神能开衡山之云',皆取此事。观苏公《海市》诗,则公此篇疑自潮州还作。然永贞元年,公自阳山徙掾江陵,尝有'委舟湘流,往观南岳'之语,诗当是此时作,时年三十八,故其辞豪。以放潮州还后,则节简严重,无复此作矣。《补注》:公前后两谪南方,初自阳山北还过衡在永贞元年八月,至潭适当残秋。《陪杜侍御游湘西寺》诗云'是时秋向残'是也。今云'我来正逢秋雨节',故知此诗自阳山还时作,后自潮州移刺袁州,则元和十五年十月,盖未尝过衡。据《袁州谢上表》云'去年正月,贬授潮州刺史。其年十月,准例量移'云云,即自潮径当来袁,又未尝遇秋雨节时也。苏公《海市》诗中所云粗言之耳。"钱仲联《集释》:"《补注》言八月过衡,非是。郑珍《跋韩诗》以此为八月二十前后作,亦误。公在衡州赋《合江亭》诗,有'穷秋感平分,新月怜半破'句,是九月上弦前后,尚在衡州。此诗有'夜投佛寺上高阁,星月掩映云朣胧'句,苟非九月十一二日光景,即二十日左右光景也。"按:从韩愈被贬阳山、潮州两次北归的时间、路线及心态的不同看,此诗只能写于俟郴,二次遇赦,由郴州北上荆州,九月中下旬间,过衡登山谒岳庙而作。

② 五岳祭秩比三公:比,方《举正》据唐本订"皆",云:"李、谢校。"朱《考异》:"皆,或作'比',非是。"文本作"比",注:"一作'皆'。"宋白文本作"皆",注:"一作'比'。"廖本、王本作"皆"。童《校诠》:"第德案:礼记王制:五岳视三公,郑注:视犹比也,作比自通,义本郑氏,宜两存之。"作皆作比均通,若按韩公用字多有来处看,作"比"字善。

文《详注》:"《礼记·王制》曰:'天子祭天下名山大川,五岳视三公。'郑氏云:'视其牲器之数。'《通典》(卷四六《礼典六·吉礼五》)曰:'自隋至唐,海岳旧皆封公。天宝十载(751),皆进封王。'浮休《南迁录》云:'某游南岳,退诣礼神库,观玉册冕服,册乃祥符四年(1011)真庙所发。是时始册岳神为帝。由是知南岳终唐与五代之世,犹为王。五岳封册前后之不齐也。'按《倦游录》真庙封崇五岳,册号南岳神为司天昭圣帝。"魏本:"孙曰:《礼记》:'天子祭天下名山大川,五岳视三公。'秩,次也。因其次第而祭之尔。"顾嗣立《集注》:"《书》(《舜典》):'柴望秩于山川。'注:'如其秩次望祭之。'"沈钦韩《补注》:"《唐大诏令》及《会要》四十七:开元十三年(725),敕书节文封泰山神为天齐王,礼秩加三公一等。《礼仪志》:'五岳皆封。'此云'皆三公','皆'乃'加'之误。"沈说是。然诸本或作"皆",或作"比",均通,两存之。钱仲联《集释》:"《通典》卷四六《礼典·吉礼六》云:'大唐武德、贞观之制,五岳年别一祭,南岳衡山于衡州南镇。开元十三年,封南岳神为司天王。'《太平寰宇记》卷一一四《江南西道潭州》云:'岳祠南岳庙,岁以太牢祀之。'"按:五岳,东岳泰山,在今山东省泰安市;西岳华山,在今陕西省华阴市;北岳恒山,在今山西省浑源县;南岳衡山,在今湖南省衡阳市;中岳嵩山,在河南省登封市。祭秩,祭礼的等级。三公,古时封建政权中最高的官位。周以太师、太傅、太保为三公。也有以司马、司徒、司空为三公者。《礼记·王制》:"天子祭天下名山大川,五岳视三公。"唐代五岳皆封王,礼秩比三公还高一等。

③ 四方环镇嵩当中:文《详注》:"泰山为东岳,兖州之镇;华为西岳,豫州之镇;衡为南岳,荆州之镇;恒为北岳,并州之镇;嵩为中岳。"魏本:"韩曰:《白虎通》曰:'嵩山夹居四方之中,故曰嵩。'孙曰:《周礼》:'其山镇曰会稽。'注:'镇名山地德者也。'"方世举《笺注》:"四方环镇:《周礼·夏官·职方氏》:东南曰扬州,其山镇曰会稽;正南曰荆州,其山镇曰衡山;河南曰豫州,其山镇曰华山;正东曰青州,其山镇曰沂山;河东曰兖州,其山镇曰岱山;正西曰雍州,其山镇曰岳山;东北曰幽州,其山镇曰医无闾;河内曰冀州,其山镇曰霍山;正北曰并州,其山镇曰恒山。"又:"《水经》:嵩高为中岳,在颍川阳城县西北。"方成珪《笺正》:"《初学记》《白帖》引《白虎通》卷三上《巡狩类》云:'中央之岳,独加高字者何?居四方之中而高,故曰嵩高山。'"按:嵩当中,嵩山位居中央。镇,镇守,四岳均一方之主。《史记·封禅书》:"昔三代之君,皆在河、洛之间,故嵩高为中岳,而四岳各如其方。"《尔雅·释山》:"嵩高为中岳。"东西南北四岳环绕雄镇四方,而嵩岳居中。

④ 火维地荒足妖怪,天假神柄专其雄:文《详注》:"天有四维,

火维,南方也。昔颛顼氏之子黎为高辛氏火正,号为祝融,死为衡山之神,世食国祀,专此雄镇。事见《三十六洞经》云。"方世举《笺注》:"火维:徐灵期《南岳记》:衡山者,朱陵之灵台,太灵之宝洞,上承翼轸,铃总钧物,故名衡山。下距离宫,统摄火师(或作'摄位火乡'),故号南岳。赤帝馆其巅,祝融宅其阳。天假神柄:葛洪《枕中书》:'祝融氏为赤帝,治衡霍山。'《五岳真形图》:'南岳姓崇,名堙。'《河图》:'南岳,衡山君神,姓丹名灵峙。'"钱仲联《集释》:"《初学记》(《地理上》):徐灵期《南岳记》及盛弘之《荆州记》云:'故南岳衡山,朱陵之灵台,太虚之宝洞,上承冥宿,铨德钧物,故名衡山。下踞离宫,摄位火乡,赤帝馆其岭,祝融托其阳,故号南岳。'"按:此借神话传说,而说衡山之地域风貌。火维地荒,火乡、荒域,指南岳衡山在炎热荒僻的南方。足妖怪,妖魔鬼怪很多。天假,上天授予。神柄,神权。专其雄,使它独自雄镇南方。下笔气势宏阔。故汪琬《批韩诗》云:"起势雄杰。"

⑤ 喷云泄雾藏半腹:文《详注》:"喷、泄,言云雾皆出此山。盛洪(或作宏、弘)之《荆州记》曰:'衡山有三峰极秀,其一名芙蓉,最为竦杰,自非清霁素朝,不可望见。'"按:写山间云雾涌出弥漫山峦的态势,字字欲活。《文选》左思《魏都赋》:"穷岫泄云,日月恒翳。"李善注:"泄,犹出也。"藏半腹,谓遮蔽了山腰。

⑥ 绝顶:山峰极高处。穷,尽也。文《详注》:"绝顶,谓之芙蓉峰也。"杜甫《望岳》诗:"会当凌绝顶,一览众山小。"高步瀛《唐宋诗举要》卷二:"以上言衡岳不易登览。"

⑦ 我来正逢秋雨节,阴气晦昧无清风:方《举正》据阁本"无清风"作"无晴风"。朱《考异》:"清,方作'晴'。今按:清风兴,群阴伏。无清风,则雨意未已也。'晴'字非是。"诸本作"清"字是。

何焯《义门读书记》卷三〇:"'我来正逢秋雨节'顶上'云雾'。"文《详注》:"即上篇八月十五时也。"按:阴气晦昧,指淫雨连绵,天色昏暗。衡岳山间多潮湿阴森之气,非清风吹而不散。南朝梁吴均《送柳吴兴竹亭集》诗:"踯躅牛羊下,晦昧崦嵫色。"《全唐诗》卷七六六刘兼《简竖儒》:"近日冰壶多晦昧,虎皮羊质也观光。"

⑧ 潜心默祷:暗自祷告,祈求天晴。若有应,好像有应验。

⑨ 岂非正直能感通:方《举正》作"岂即正直感能通",云:"三本同。"朱《考异》:"非,方作'即',非是。能感,方作'感能'。今按:若从方读,则此句为吃羌语矣。"宋白文本、文本、魏本、廖本等均作"岂非正直能感通",从之。

何焯《义门读书记》卷三〇:"'正直'谓岳神。《左传》(庄公三十二年):'神,聪明正直而壹者也。'注引《诗》者误。"程学恂《韩诗臆说》卷一:"'潜心默祷若有应,岂非正直能感通'。曰若有应,则不必真有应也。我公至大至刚浩然之气,忽于游嬉中无心现露。"正直,本指神明,此为韩公自谓:不偏不曲,端正刚直。《书·洪范》:"平康正直。"《诗·小雅·小明》:"靖共尔位,好是正直。"感通,心诚则感,感能通神。指韩公正直虔诚感动了神灵。《易·系辞上》:"易,无思也,无为也,寂然不动,感而遂通天下之故。"

⑩ 须臾静扫众峰出,仰见突兀撑青空:文《详注》:"突兀,高貌。言默祷之后云雾四卷,三峰秀出,高高陵空也。故东坡作《潮州庙碑》言公'能开衡山之云',正谓此尔。"方世举《笺注》:"突兀:杜甫《青阳峡》诗:'突兀犹趁人。'"按:须臾,霎时,不一会。静扫,轻轻地就把云雾扫尽,山峰显现出来了。不用"尽"而用"静",词彩锤炼,韵味出也。《水经注》卷三八《湘水》:"湘水又北径衡山县东,山在西南,有三峰,一名紫盖,一名石囷,一名芙容。芙容峰最为竦杰,自远望之,苍苍隐天。故罗含云:望若阵云,非清霁素朝,不见其峰。"突兀,巍峨特出的样子。撑青空,众山峰支撑着清朗的天空。故朱彝尊《批韩诗》:"相传南岳无时无云,乃退之祷即开霁,亦大异。"何焯《批韩诗》:"二语朗快。"查慎行《查初白诗评十二种》云:"'潜心默祷若有应'四句,所谓'公之精神,能开衡山之云也'。"

⑪ 紫盖、天柱、石廪、祝融:文《详注》:"紫盖、石廪皆二峰名。天柱峰,名天柱山,霍山也。腾掷,岌嶪貌。言紫盖之峰,远接天柱,而石廪之峰又且岌嶪然,与芙蓉峰相接也。芙蓉峰,一名祝融

峰。罗含《湘中记》曰:'衡山有三峰,一曰紫盖,每见辄有双白鹤回翔其上。二曰石囷,下有石室,即石廪也。三曰芙蓉峰,有飞泉如带。'《倦游录》云:'上封寺在祝融峰顶,峭立万丈,猿鸟所不至。米盐醯酪,次宿则腐败不可食。初秋已挟纩,盛夏亦拥炉。坐间云气忽生,即咫尺不相见。林木高者止丈余,绝顶地寒风猛不能长尔。前汉武帝南巡,望祀舜于九疑,登灊天柱山。文颖曰:天柱山在灊县,有祠。"紫盖、天柱、石廪、祝融:都是衡山七十二峰中的峰名。衡山之峰较高者为此四峰。《长沙记》:"衡山七十二峰,最大者五:芙蓉、紫盖、石廪、天柱,祝融为最高。"杜甫《望岳》:"祝融五峰尊,峰峰次低昂。紫盖独不朝,争长嶪相望。"腾掷,用腾飞、抛掷物体形容山势起伏,各呈异姿,而活灵活现。如朱彝尊《批韩诗》曰:"此下须用虚景语点注,似更活。今却用四峰排一联,微觉板实。"汪佑南《山泾草堂诗话》卷一曰:"(竹垞批)余意不然。是登绝顶写实景,妙用'众峰出'领起。盖上联虚,此联实,虚实相生。下接'森然魄动'句,复虚写四峰之高峻,的是古诗神境。朗诵数过,但见其排荡,化堆垛为烟云,何板实之有?"何焯《批韩诗》:"顶上'绝顶'。"高步瀛《唐宋诗举要》卷二曰:"以上因祷而开霁,故得仰观众峰。"均言诗语义丰而灵通。

⑫"森然"二句:森然魄动,承上句说:山峰高峻使人敬畏而惊心动魄。

松柏:方《举正》:"谢本作'松桂'。"朱《考异》:"柏,或作'桂'。"诸本作"松柏",是。

文《详注》:"谓南岳庙也。《倦游录》曰:'岳庙在紫盖峰下,凡千楹杉松掩映,诸峰回抱,灵寿涧水,转其右腋。'浮休《南迁录》云:'衡山县在湘水之西岸小山下,临岸出县西门,长松夹道,高下三十余里至岳祠,居民可百余家,庙在山下小川中,位置极卑下,制度不宏显,亦无石阙石碑及宫苑次第。庙之西即衡山之麓北,垣外即衡岳观,庙东岗上有胜业禅寺,寺后凭高小亭西望,尽得诸峰之胜。或曰:三十里松乃马希萼所植,长而无髭,遂祷于岳祠,种松而髭生。然退之《南岳》诗云,松柏一径趋灵宫,故有松矣。或曰:希萼葺松。"魏本:"孙曰:'灵宫,岳庙。'"按:灵宫,庙堂,指衡岳庙。回溯"谁能穷",如何焯《义门读书记》卷三〇:"'松柏一径趋灵宫',顶上'穷'字。"

⑬ "粉墙"二句:文《详注》:"《鲁灵光殿赋》(木玄虚)曰:'皓壁曤曜以月照,丹柱歙赩而电烻。'(文注引文'照'作'昭','歙'作'翕',据《文选》改)注云:'赩,赤色,光彩也。'赩,音许力切。烻,音式战切。"按:此二句写庙堂的建筑与壁画。粉墙丹柱,白墙红柱。动光彩,色彩鲜明,相互照映。鬼物图画,指墙上的图画。填,涂抹、填充。青红,壁画的颜色。《列子·黄帝篇》:"随烟烬上下,众谓鬼物。"

⑭ 升阶伛偻(yǔ lǚ)荐脯(fǔ)酒:登上庙堂的台阶。伛偻,弯着腰,恭敬貌。《左传》昭公七年:"(《正考父鼎铭》)一命而偻,再命而伛,三命而俯。"《后汉书·张酺传》:"公其伛偻,勿露所敕。"注:"伛偻,言恭敬从命也。"荐,进献。脯,肉干、果脯等祭品。《诗·大雅·凫鹥》:"尔酒既湑,尔肴伊脯。"《史记·封禅书》:"秦并天下,令祠官所常奉天地名山大川鬼神可得而序也……春以脯酒为岁祠。"

⑮ 欲以菲薄明其衷:魏本:"孙曰:'菲薄,所祭之具。衷,诚也。'"按:孙谓"菲薄"为所祭之器,恐非。当指祭礼。文《详注》:"《左氏传》(隐公三年)曰:'苟有明信,涧溪沼沚之毛,蘋蘩蕴藻之菜,可荐于鬼神。'杜预云:'义不嫌于菲薄。'衷,诚也。"方世举《笺注》:"屈原《远游》:'质菲薄而无因兮,焉托乘而上浮?'"按:菲薄,薄礼,即简单的祭品。明其衷,表示内心虔诚。

⑯ 庙令老人识神意:方《举正》据杭、蜀本作"令"字。朱《考异》:"令,或作'内'。"王元启《记疑》:"建本'令'作'内',非是。"宋白文本、文本、祝本、魏本作"内"。廖本、王本作"令",从之。

庙令:寺庙里的主持僧人。识神意,了解神的意思。《新唐书·百官志四下》:"五岳、四渎,令各一人,正九品上,掌祭祀。""庙令"以下四句,似庄实谐。如程学恂《韩诗臆说》卷一云:"'庙令老人识神意'数语,纯是谐谑得妙。"

⑰ 睢盱侦伺能鞠躬:闻人倓《古诗笺》:"《后汉·清河王传》:'使御者侦伺得失。'"高步瀛《唐宋诗举要》卷二:"《庄子·寓言篇》曰:'杨朱南之沛,老子曰:而睢睢,而盱盱,而谁与俱?'郭注曰:'睢睢盱盱,跋扈之貌。'成玄英疏曰:'睢盱,躁急威权之貌也。'案:此喻岳神之威。《论语·乡党篇》曰:'入公门鞠躬如也。'《汉书·冯奉世传》颜注曰:'鞠躬,谨敬貌。'案:鞠躬,当读为鞠穷。"按:睢盱,睁大眼睛仰视岳神。《文选》张衡《西京赋》:"迥卒清候,武士赫怒。缇衣韎韐,睢盱拔扈。"李善注:"《字林》曰:'睢,仰目也。盱,张目也。'"此写韩公眼里岳神的威严。侦伺,观察。鞠躬,见岳神而恭敬之。《论语·乡党》:"入公门,鞠躬如也。"

⑱ 手持杯珓(jiào)导我掷:方《举正》据蜀本作"杯校",云:"《广韵》(去声效韵)出'杯珓'字,谓古者以玉为之。《朝野佥载》亦作'杯角','角'与'校'义近。魏野有《咏竹校子》诗,只用'校'字。《荆楚岁时记》又作'教'字用。"朱《考异》:"珓,方从唐本作'校',云云。今按:当从《广韵》及众本。"宋白文本、文本、魏本、廖本作"盃珓"。祝本"盃"作"柸",误。"盃"今通作"杯"。

杯珓:文《详注》:"杯珓者,巫以占吉凶器,古者以玉为之。珓,居效切。"方世举《笺注》:"程大昌《演繁露》(卷三):'问卜于神,有器名杯珓,以两蚌壳投空掷地,观其俯仰,以断休咎。后人或用竹,或用木,斫如蛤形,而中分为二,亦名杯珓。野庙之巫,未必力能用玉,当是择蚌壳莹白者为之,因附玉为名。凡今珠玑琲珫,字虽从玉,其质皆蚌属也,其掷法则以半俯半仰者为吉。'"按:杯珓,古代的占卜工具。形似瓢,两片,占卜时把两片合起来掷在地上,看正反,定吉凶。

⑲ 云此最吉余难同:意谓:韩公掷的最吉利,别人都比不上。王若虚《滹南诗话》卷上:"退之《谒衡庙》诗云:'手持杯珓导我掷,云此最吉余难同。''吉'字不安,但言灵应之意可也。"程学恂《韩诗

臆说》卷一:"'云此最吉余难同',吉犹灵验也。犹《左传》'是何详'详字,兼吉凶二条。"所引《左传》为僖公十六年:"是何祥也?吉凶焉在?"范晞文《对床夜语》卷二:"下三字似乎趁韵,而实有工于押韵者。"作灵验虽通,然难合下语义,作吉利解更合诗义,或两兼之。

⑳ 蛮荒:魏本:"孙曰:'蛮荒,阳山。'"方世举《笺注》:"《后汉书·马援传》:'援从弟少游曰:人生在世,但取衣食才足。'《史记·扁鹊传》:[弃捐填沟壑,]长终而不得返。'"按:衣食才足,衣食生活仅能维持住。甘长终,甘心情愿一生过这样的生活。

㉑ 侯王将相望久绝:此为韩公已经没有侯王将相的期望。《史记·陈涉世家》:"涉曰:'王侯将相,宁有种乎?'"

㉒ 神纵欲福难为功:此谓:即使神灵保佑赐福也难有效验。以韩公之意,以上为拜祭,非如庙令之意是赐福。可见其倔强之性犹昔时也。

㉓ 夜投佛寺上高阁:文《详注》:"即上胜业禅寺是也。"按:投,投宿。佛寺,南岳寺。此句点题中岳寺。

㉔ 星月掩映云曈昽(tóng lóng):方《举正》云:"《选·秋兴赋》:'月曈昽而含光。'从日者非。"朱《考异》引方语,云:"今按:字书二字从日,当更考之。"廖本、王本作"曈昽"。宋白文本、魏本作"曈昽"。文本、祝本作"曈昽"。

文《详注》:"曈昽,欲明貌。上音徒东切,下音卢东切。"魏本:"《补注》:曈昽,本日出貌,然前辈月诗多用之,如梁刘孝绰《月诗》'曈昽入床箪'之类。"童《校诠》:"第德案:文选秋兴赋:月曈昽以含光兮,李注引埤苍曰:曈昽欲明也;文赋:情曈昽而弥鲜,李氏亦引埤苍曰:曈昽,欲明也。说文日部徐氏铉新附:曈,曈昽,日欲明也;昽,曈昽也;玉篇日部:曈,徒冬切,曈曈,日欲明也,昽,力冬切,曈昽,广韵一东亦有曈昽字。说文月部新附有胧字,云:朦胧也,无曨字,玉篇、广韵皆同,是曈昽为曈昽之后出字。钮树玉曰:曈昽疑童龙之俗,说文:童训目童子,龙训龗龙,则童龙本有明义。广韵十五青昤注云:昤昽,日光,出道书。按钮说是。"何焯《义门读书记》卷三〇:"'星月掩映云朣胧',顾'阴晦'。"

按:作朣胧、朦胧、曈昽音义同,皆叠韵联绵词,均可。朣胧字虽后出,然唐人多用,今从之。掩映,月时隐时现。朣胧,隐隐约约。《文选》卷一三潘岳《秋兴赋》:"月朣胧以含光兮,露凄清以凝冷。"其意为:蒙昧不明貌。《后汉书·张衡传》:"吉凶纷错,人用朣朦。"李贤注:"朣朦,言未晓也。"将明貌。《全唐诗》卷一四六陶翰《宿天竺寺》诗:"湖色浓荡漾,海光渐曈朦。"似明不明貌。

㉕ 猿鸣钟动不知曙:方世举《笺注》:"猿鸣:谢灵运诗:'猿鸣诚知曙,谷幽光未显。'"按:此句反用南朝宋谢灵运《从斤竹涧越岭溪行》诗"猿鸣诚知曙,谷幽光未显"句意,这也是韩公以旧出新的方法。钟动,寺里早课的钟声已经敲响了。不知曙,不知不觉已经天亮了。

㉖ 杲杲寒日生于东:魏本:"孙曰:《诗》(《卫风·伯兮》):'杲杲出日。'杲杲,初日貌也。"刘勰《文心雕龙·物色》:"杲杲为出日之容。"方世举《笺注》:"杲杲:《诗·伯兮》:'其雨其雨,杲杲出日。'"高步瀛《唐宋诗举要》卷二:"吴曰:'此诗质健,乃韩公本色。'"何焯《义门读书记》卷三〇:"'杲杲寒日生于东',反照'阴气'。"又何焯《批韩诗》:"与'阴气晦昧'反照。"高步瀛《唐宋诗举要》卷二:"以上佛寺投宿。"按:杲杲,日光明亮,指日已升起貌。寒日,因是深秋,日刚升起,天带寒气。

【汇评】

宋释惠洪:《次韵游南岳》:退之倔强迁揭阳,道经衡山爱青苍。逸群骏气不可御,顿尘初控青丝缰。朝云偶开岂有意,妙意放浪高称扬。我生少小善诗律,读之坐令身世忘。竭来结友本上座,南游私喜初心偿。(《石门文字禅》卷七)

宋邵博:(东坡)《海市诗》:"潮阳太守南迁归,喜见石廪堆祝融。"按韩退之《谒衡岳》诗"紫盖连延接天柱,石廪腾掷堆祝融"。又云"窜逐蛮夷幸不死",故以为退之迁潮阳归日作。是未详退之

先谪阳山令,徙掾江陵日。"委舟湘流,往观衡岳"之语,乃云"潮阳太守南迁归",亦误也。(《邵氏闻见后录》卷一六)

宋俞文豹:唐《王玙传》:汉以来丧葬皆瘗钱,后世俚俗稍以纸代钱,为鬼事。玄宗好神仙,玙始用之。韩文公《谒衡岳》诗:"手持杯珓导我掷,云此最吉余难同。"《列子》:"秦之西有仪梁国,其亲死,聚柴焚之,薰则烟上,谓之升遐。"鲁伐齐,将战,公孙夏命其徒歌虞殡,示必死。田横自杀,从者不敢哭,为歌以寄哀。此烧纸抛珓焚尸挽歌之始也。(《吹剑录》)

宋黄震:《谒衡岳祠》恻怛之忱,正直之操,坡老所谓"能开衡山之云"者也。(《黄氏日抄》卷五九)

金冯璧:《阴晦中忽见华山》:吏部能开衡岳云,坡仙曾借海宫春。莲峰清晓忽自献,二公何人予何人。(《中州集》卷六)

金王若虚:退之《谒衡岳》诗云:"手持杯珓导我掷,云此最吉余难同。""吉"字不安,但言灵应之意可也。(《滹南诗话》卷上)

明杨慎:《禹碑》:徐灵期《衡山记》云:"夏禹导水通渎,刻石书名山之高。"刘禹锡《寄吕衡州》诗云:"传闻祝融峰,上有神禹铭。古石琅玕姿,秘文龙虎形。"崔融云:"于铄大禹,显允天德。龙画傍分,螺书匾刻。"韩退之诗:"岣嵝山尖神禹碑,字青石赤形模奇。"又云:"千搜万索何处有,森森绿树猿猱悲。"古今文士,称述禹碑者不一,然刘禹锡盖徒闻其名矣,未至其地也。韩退之至其地矣,未见其碑也。崔融所云,则似见之。盖所谓"螺书匾刻"非目睹之不能道也。宋朱晦翁、张南轩游南岳,寻访不获。其后晦翁作《韩文考异》,遂谓退之诗为传闻之误,盖以耳目所限为断也。王象之《舆地纪胜》云:"禹碑在岣嵝峰,又传在衡山县云密峰,昔樵人曾见之,自后无有见者。宋嘉定中,蜀士因樵夫引至其所,以纸打其碑七十二字,刻于夔门观中,后俱亡。"近张季文金宪自长沙得之,云是宋嘉定中何政子一模刻于岳麓书院者。斯文显晦,信有神物护持哉!韩公及朱、张求一见而不可得,余生又后三公,乃得见三公所未见,亦奇矣。禹碑凡七十七字,《舆地纪胜》云"七十二字",误也。其文云："承帝曰嗟，翼辅佐卿。洲渚与登，鸟兽之门。参身洪流，明发尔兴。久旅忘家，宿岳麓庭。智营形折，心罔弗辰。往求平定，华岳泰衡。宗疏事衰，劳余伸禋。郁塞昏徙，南渎衍亨。衣制食备，万国其宁，窜舞永奔。"（《升庵全集》卷四七）

明焦竑：《退之衡岳诗》：退之谪阳山令，尝谒衡岳，有诗云："手持杯珓导我掷，云此最吉余难同。"退之卒内召，珓固神也。宋太祖微时，被酒入南京高辛庙，以珓阴阳为圣，卜其后禄，自小校上至节度使，俱不应，忽呼曰："过此则天子乎？"一掷而圣。我高皇帝壬辰起兵，祷龙兴寺伽蓝之神，以珓卜曰："守此则阴，出此则阳。"两卜俱阴，不吉。则曰："莫不容予倡义否？复阴之。"果阴。又曰："果倡义而吉乎？复阴之。"又阴。卒以是起兵有天下。呜呼！异哉！岂天子为天地人物之主，山川鬼神随在而呵护之耶？何其受命之如响也。（《焦氏笔乘》卷四）

清何焯：《谒衡岳庙遂宿岳寺题门楼》"我来正逢秋雨节"，顶上"云雾"。"岂非正直能感通"，"正直"谓岳神。《左传》："神，聪明正直而壹者也。"注引《诗》者误。"紫盖连延接天柱"，顶上"绝顶"。"松柏一径趋灵宫"，顶上"穷"字。"星月掩映云朣胧"，顾"阴晦"。"杲杲寒日生于东"，反照"阴气"。（《义门读书记》卷三○）

清爱新觉罗·弘历：东坡所谓"能开衡山之云"者本此。（《唐宋诗醇》卷二九）

清翁方纲：此始以句句第五字用平矣，是阮亭先生所讲七言平韵到底之正调也。盖七古之气局，至韩、苏而极其致尔。（《七言诗平仄举隅》）

清阮元：《丁丑九月十一日谒南岳庙遂登祝融峰顶》：我今远从岩上立，那见叶叶湘中帆。惟见带水自转折，一条白气相吞涵。苍梧地荒禹迹远，山中近事差可谈。少陵侧身叹朱凤，昌黎掷珓多忧谗。邺侯结庐在何处？烟霞留与张文潜。（《揅经室四集》诗卷一○）

清方东树：《谒衡岳庙遂宿岳寺题门楼》：庄起陪起。此典重大题。首以议为叙。中叙中夹写，意境托句俱奇创。以己收。凡分

三段。"森然"句奇纵。(《昭昧詹言》卷一二韩公)

清潘德舆:退之诗"我能屈曲自世间,安得随汝巢神山";"王侯将相望久绝,神纵欲福难为功"。高心劲气,千古无两。诗者心声,信不诬也。同时惟东野之古骨,可以相亚,故终身推许不遗余力。虽柳子厚之诗,尚不引为知己,况乐天、梦得耶?(《养一斋诗话》卷三)

清平步青:《圣筊》:按:筊,竹索也,又箫名。肴、巧韵两收。此字应作"珓",入十九效。《广韵》:珓,杯珓也,巫占吉凶者。故昌黎《谒衡岳》诗:"手持杯珓导我掷。"又名瓦子。《南部新书》戊:"西京寿安县,有墨石山神祠最灵。神龙中,神前有两瓦子,过客投之以卜休吉,仰为吉,而覆为凶。"《石林燕语》卷一:"太祖皇帝微时,尝被酒,入南京高帝庙。香案有竹杯筊,因取以上占己之名位,以一俯一仰为圣筊。"今越语犹然,以俯为阴筊,仰为阳筊。(《霞外捃屑》卷一〇《玉雨淙释谚》)

清施补华:《登州海市》诗,虽不袭退之《衡山》,而风格近似,盖情事略同之故也。人所不能比喻者,东坡能比喻;人所不能形容者,东坡能形容。比喻之后,再用比喻;形容不尽,重加形容。此法得自《华严》《南华》。(《岘佣说诗》)

程学恂:七古中此为第一。后来惟苏子瞻解得此诗,所以能作《海市》诗。"潜心默祷若有应,岂非正直能感通"。曰"若有应",则不必真有应也。我公至大至刚浩然之气,忽于游嬉中无心现露。"庙令老人识神意"数语,纯是谐谑得妙。"云此最吉余难同",吉犹灵验也。犹《左传》"是何详",详字兼吉凶二条。末云"侯王将相望久绝,神纵欲福难为功",我公富贵不能移、威武不能屈之节操,忽于嘻笑中无心现露。公志在传道,上接孟子,即《原道》及此诗可证也。文与诗义自各别,故公于《原道》《原性》诸作,皆正言之,以垂教也。而于诗中多谐言之,以写情也。即如此诗于阴云暂开,则曰此独非吾正直之所感乎?所感仅此,则平日之不能感者多矣。于庙祝妄祷,则曰我已无志,神安能福我乎?神且不能强我,则平日之不能转移于人可明矣。然前则托之开云,后则以谢庙祝,皆跌宕游戏之词,非正言也。假如作言志诗,云我之正直,可感天地;世之勋名,我所不屑,则肤阔而无味矣。读韩诗与读韩文迥别,试按之,然否?(《韩诗臆说》卷一)

汪佑南:首六句从五岳落到衡岳,步骤从容,是典制题开场大局面,领起游意。"我来正逢"十二句,是登衡岳至寺写景。"升阶伛偻"六句叙事。"窜逐蛮荒"四句写怀。"夜投佛寺"结宿意。精警处在写怀四句。明哲保身,是圣贤学问,隐然有敬鬼神而远之意。庙令老人目为寻常游客,岂非浅之乎视韩公哉?(《山泾草堂诗话》卷一)

顾随:韩诗《谒衡岳庙遂宿岳司题门楼》一诗之结尾高于《山石》:"夜投佛寺上高阁,星月掩映云朣胧。猿鸣钟动不知曙,杲杲寒日升于东。"此高于前篇"人生如此自可乐"四句。此篇不写思想,但写景,而好,以其感觉锐敏。此诗从"仰见突兀撑青空"以下五句好:"……仰见突兀撑青空。紫盖连延接天柱,石廪腾掷堆祝融。森然魄动下马拜,松柏一径趋灵宫。""紫盖连延接天柱,石廪腾掷堆祝融"是具体写法,经简洁字句写敏捷动作,说时迟,那时快。此甚或高于老杜。(《驼庵传诗录》上《退之诗说》)

岣嵝山①

永贞元年

岣嵝山尖神禹碑②,字青石赤形摹奇③。科斗拳身薤倒披④,鸾飘凤泊拏虎螭⑤。事严迹秘鬼莫窥,道人独上偶见之⑥,我来咨嗟涕涟洏⑦,千搜万索何处有?森森绿树猿猱悲⑧。

【校注】

①　题：岣(gǒu)嵝(lǒu)：山名。在湖南省衡阳市北。衡山七十二峰之一，为衡山主峰，故衡山也叫岣嵝山。古代神话传说，禹曾在此得金玉书。《山海经》卷五《中山经·中次一十一经》："又东四十五里，曰衡山。"郭璞注："今衡山在衡阳湘南县，南岳也，俗谓之岣嵝山。"袁珂案："此衡山非南岳衡山，郭注以为即南岳衡山，失之。"又《山海经》卷五《中山经·中次八经》亦记有"衡山"。《水经注》卷三八《湘水》云："湘水又北径衡山县东，山在西南，有三峰：一名紫盖，一名石囷，一名芙容。芙容峰最为竦杰，自远望之，苍苍隐天。故罗含云：望若阵云，非清霁素朝，不见其峰。丹水涌其左，澧泉流其右。《山经》谓之岣嵝，为南岳也。山下有舜庙，南有祝融冢。楚灵王之世，山崩，毁其坟，得《营丘九头图》。禹治洪水，血马祭山，得金简玉字之书。芙容峰之东，有仙人石室，学者经过，往往闻讽诵之音矣。衡山东南二面，临映湘川，自长沙至此，江湘七百里中，有九向九背，故渔者歌曰：'帆随湘转，望衡九面。'山上有飞泉下注，下映青林，直注山下，望之若幅练在山矣。"诸家注多引《山海经》《水经注》，然均不全，故录原文。魏本："《补注》：东坡《中隐堂诗》云：'岣嵝何须到，韩公浪自悲。'谓此诗也。"钱仲联《集释》："《太平寰宇记》卷一一五《江南西道》十三《衡州衡阳县》云：'岣嵝山，在县北五十二里。按《湘水记》云：衡山南有岣嵝山，东西阔七十里，高一千五百尺。'"

②　岣嵝山尖神禹碑：神禹碑，也称岣嵝碑、禹碑。后人附会为夏禹治水时所刻。实出后人伪造。宋嘉定中何政曾到碑所，手摸碑文刊之。凡七十七字，似缪篆，又似符箓。碑原在湖南衡山县云密峰，早佚。昆明、成都、绍兴、西安碑林等处均有摹刻。碑文见《金石萃编》二。杨慎《升庵全集》卷四七《禹碑》："徐灵期《衡山记》云：'夏禹导水通渎，刻石书名山之高。'刘禹锡《寄吕衡州》诗云：'传闻祝融峰，上有神禹铭。古石琅玕姿，秘文龙虎形。'崔融云：'于铄大禹，显允天德。龙画傍分，螺书匾刻。'韩退之诗：'岣嵝山

尖神禹碑，字青石赤形模奇。'又云：'千搜万索何处有，森森绿树猿猱悲。'古今文士，称述禹碑者不一。然刘禹锡盖徒闻其名矣，未至其地也。韩退之至其地矣，未见其碑也。崔融所云，则似见之。盖所谓'螺书匾刻'非目睹之不能道也。宋朱晦翁、张南轩游南岳，寻访不获。其后晦翁作《韩文考异》，遂谓退之诗为传闻之误，盖以耳目所限为断也。王象之《舆地纪胜》云：'禹碑在岣嵝峰，又传在衡山县云密峰，昔樵人曾见之，自后无有见者。宋嘉定中，蜀士因樵夫引至其所，以纸打其碑七十二字，刻于夔门观中，后俱亡。'近张季文佥宪自长沙得之，云是宋嘉定中何政子一模刻于岳麓书院者。斯文显晦，信有神物护持哉！韩公及朱、张求一见而不可得，余生又后三公，乃得见三公所未见，亦奇矣。禹碑凡七十七字，《舆地纪胜》云'七十二字'，误也。其文云：'承帝曰嗟，翼辅佐卿。洲渚与登，鸟兽之门。参身洪流，明发尔兴。久旅忘家，宿岳麓庭。智营形折，心罔弗辰。往求平定，华岳泰衡。宗疏事衰，劳余伸禋。郁塞昏徙，南渎衍亨。衣制食备，万国其宁，窜舞永奔。'……予既得禹碑刻，作《禹碑歌》。"方世举《笺注》、叶昌炽说等同上而简。姚范《援鹑堂笔记》卷四一："近世有禹碑刻于岳麓书院。杨用修笔之于《丹铅录》，冯氏《诗纪》亦载之。余谓此即用修辈伪撰，尝据其文辨之。今《志》言：'宋嘉定中，何贤良致于祝融峰下，樵子导之至碑所，手摸其文以归，奉转运曹彦约。时人未信，致遂刊之岳麓书院。鄱阳张世南作《记》。'按：如《志》所云，亦宋人伪撰。"

③ 字青石赤形摹奇：诸本作"摹"，游本作"模"。

按：模、摹同音而意不同。摹作临摹解，如潘岳《西征赋》云："乃摹写旧丰，制造新邑。"模本意作模子、模型解。王充《论衡·物势》："埏埴作器，必模范为形。"引申为仿效解，陆倕《石阙铭》："色法上圆，制模下矩。"作临摹、仿效二字义同。按诗句含义，作摹写解，故此作"摹"字更合诗义。

④ 科斗拳身薤倒披：方《举正》据蜀本作"薤倒披"，云："谢校同。衡阳旧刻亦然。华莲重葩而倒披，《魏都赋》语。"朱《考异》：

"倒,或作'叶'。方从蜀本云云。今按:薤倒披者,古有倒薤书,见欧公《集古录目》、唐玄度《十体书》,方得之矣。"宋白文本、文本、祝本、魏本作"叶"。廖本、王本作"倒"。今从方。

文《详注》:"晋卫常(恒)《书势》曰:'昔苍颉观鸟迹以制字,自黄帝至三代,其文不改。及秦用篆书,焚烧先典,而古文绝矣。汉武帝时,鲁恭王坏孔子宅,得《尚书》《春秋》《论语》《孝经》,时人不复知有古文,谓之科斗书。'《尔雅》曰:'科斗,虾蟆子也。'又:'薤,篆。'按《书法苑》云:'倒薤篆者,仙人务光所作也。'"魏本:"孙曰:《书序》云:'鲁共(当作恭)王得孔子所藏古文,皆科斗文字。'科斗,古篆也,以其头粗尾细,类水虫之科斗焉。王愔《文志》曰:'倒薤,书名,小篆法也。垂枝浓直(宋本作垂篆浓真),若薤叶也。'"沈曾植《海日楼札丛》卷七:"公好古文奇字,宜有此意想。"方世举《笺注》:"薤倒披:《文字志》:'倒薤书者,小篆体也,垂支浓直,若薤叶也。'左思《魏都赋》:'华莲重葩而倒披。'"

⑤ 鸾飘凤泊拏虎螭:文《详注》:"鸾凤虎螭,皆言字体之古。拏,引也,音女居切。螭,龙属。"魏本:"韩曰:鸾凤虎螭,皆以象其碑之摹刻如此。"顾嗣立《集注》:"刘石龄云:杜子美《赠汝阳王》诗:'笔飞鸾耸立,章罢凤骞腾。'又《八分小篆歌》:'蛟龙盘拏肉屈强。'《书断》:'韦诞书如龙拏虎踞。'"翁方纲《古诗选批》:"竟似真见其字形者。"韩公诗句以假想思真见其毕肖之神态,以见韩公摹写之工。

⑥ 道人:方士,有道术的人,或谓道士。《汉书·京房传》:"道人始去,寒,涌水为灾。"注:"道人,有道术之人也。"也为僧人的别称,或道家之徒。《世说新语·言语》:"竺法深在简文坐,刘尹(惔)问:'道人何以游朱门?'答曰:'君自见其朱门,贫道如游蓬户。'"文《详注》:"道人当是好神仙言鬼物者,故谓入山偶见禹碑,资怪说以助其术。文公好古也,故信而寻访之。按:科斗书,即仓颉所制也。自秦变篆籀,其体始坏。周秦之间,人颇莫能辨,以其形类科斗虫,故谓之科斗,一曰古文。古文之作,未有碑碣,后人之好名者始有

之,以纪功德。古文与碑,世不相并,以此知其妄。按《南迁录》:'衡山胜叶寺傍有别室,为王者象曰:《禹王堂传》云:寺是禹之行宫。'凡衡山之下禹迹甚多,故道人托此以妄其说也。"

⑦ 涟洏(ér):流泪垂涕貌。《文选》卷二三,三国魏王粲《赠蔡子笃》诗:"中心孔悼,涕泪涟洏。"唐刘知几《史通·自叙》:"此予所以抚卷涟洏,泪尽而继之以血也。"

⑧ 森森绿树猿猱悲:森森,繁密貌。《文选》晋陆机《文赋》:"播芳蕤之馥馥,发青条之森森。"

朱《考异》:"猱,或作'啼'。"宋白文本、文本、祝本、魏本、廖本作"猱",注:"一作'啼'。"魏本注:"悲,一作'啼'。"作"猱",作"悲"字是。蒋之翘《辑注》:"结语凄清如画。"

【汇评】

清朱彝尊:《书峋嵝山铭后》:昌黎韩子谒南岳庙,兼赋《峋嵝山》诗,上言:"峋嵝山尖神禹碑,字青石赤形模奇。科斗拳身薤倒披,鸾飘凤泊拏虎螭。"下言:"事严踪迹鬼莫窥,道人独上偶见之。千搜万索何所有?森森绿树猨猱悲。"是韩子仅得之道人之口,而铭文仍未之见也。(《曝书亭集》卷四七)

清姚范:《峋嵝山》诗注:音"矩缕"。黄山谷云:"峋,读如苟。嵝,读如塿。今俗读如疴偻,如钩楼,如拘留,皆非是。"然余按唐张谓《长沙土风考·碑铭》,已读平音。"峋嵝山尖神禹碑"注:峋嵝者,衡山南麓别峰之名。今衡山实无此碑。此诗所记,盖当时传闻之误。故其卒章,自为疑词,以见微意。按:近世有禹碑刻于岳麓书院。杨用修笔之于《丹铅录》,冯氏《诗纪》亦载之。余谓此即用修辈伪撰,尝据其文辨之。今《志》言:"宋嘉定中,何贤良致于祝融峰下,樵子导之至碑所,手摸其文以归,奉转运曹彦约。时人未信,致遂刊之岳麓书院。鄱阳张世南作《记》。"按:如《志》所云,亦宋人伪撰。(《援鹑堂笔记》卷四一)

清方东树:《峋嵝山》:先点次写,似实却虚。"事严"以下入议,似虚却实。衡山实无禹碑,此诗所记,盖当时之传闻误也。故篇末自为疑词,以见微意。东坡诗云:"岣嵝何须到,韩公浪自悲。"谓此诗也。(《昭昧詹言》卷一二韩公)

清沈曾植:《韩愈〈岣嵝山〉诗》:"科斗拳身薤倒披。"公好古文奇字,宜有此意想。(《海日楼札丛》卷七)

程学恂:此与《石鼓歌》,皆见好古之诚意耳。究之亦无甚紧要。(《韩诗臆说》卷一)

永贞行①

永贞元年

从诗中所写嗣皇继位,王伾等人被贬,诗人遇到刘禹锡的内容看,当写于他在岳阳与刘禹锡会晤后,时为永贞元年(805)十月中旬。永贞革新虽宣告失败,但其力图改革弊政的主张是有进步意义的。韩愈虽同情他们的主张,但鄙薄王伾、王叔文的为人,对他们失败被贬是称快的,诗的前半首正表现了这种情绪。认为刘、柳与二王不同,并嘱咐他们到蛮夷之地,要多加小心,遇事要审慎。"吾尝同僚情可胜,具书目见非妄征"。韩愈这种直言敢书,豁朗大度的襟怀,深得人们赞赏。正如南宋王应麟《困学纪闻》卷一八中所说:"少陵善房次律,而《悲陈陶》一诗不为之隐;昌黎善柳子厚,而《永贞行》一诗不为之讳。公议之不可掩也如是。"

君不见太皇谅阴未出令②,小人乘时偷国柄③。北军百万虎与貔④,天子自将非他师⑤。一朝夺印付私党⑥,懔懔朝士何能为⑦?狐鸣枭噪争署置⑧,睒睗跳踉相妩媚⑨。夜作诏书朝拜官,超资越序曾无难⑩。公然白日受贿赂⑪,火齐磊落堆金盘⑫。元臣故老不敢语⑬,昼卧涕泣何汍澜⑭!董贤三公谁复惜⑮?侯景九锡行可叹⑯!国家功高德且厚⑰,天位未许庸夫干⑱。嗣皇卓荦信英主⑲,文如太宗武高祖⑳。膺图受禅登明堂㉑,共流幽州鲧死羽㉒,四门肃穆贤俊登㉓,数君匪亲岂其朋㉔。郎官清要为世称㉕,荒郡迫野嗟可矜㉖。湖波连天日相腾㉗,蛮俗生梗瘴疠烝㉘。江氛岭祲昏若凝㉙,一蛇两头见未曾㉚?怪鸟争鸣令人憎,蛊虫群飞夜扑灯㉛。雄虺毒螫堕股肱㉜,食中置药肝心崩㉝。左右使令诈难凭㉞,慎勿浪信常兢兢㉟。吾尝同僚情可胜㊱,具书目见非妄征㊲,嗟尔既往宜为惩㊳!

【校注】

① 题:文《详注》:"永贞,顺宗年号也,诗以遗刘禹锡,事见末章。《补注》:时永贞元年作也。公时年二十八(当作三十八),故其辞豪放。潮州还后则简静严重,无复此作。"魏本:"韩曰:'贞元二十一年(805)正月,德宗崩,顺宗即位,病风且瘖,不能视朝,王伾、王叔文用事。四月,策皇太子,八月立为皇帝,是为宪宗,顺宗为太上皇,改元永贞。此诗所以具载。太皇谓顺宗,小人谓叔文,元臣故老谓杜佑、高郢、郑珣瑜等,嗣皇谓宪宗,郎官荒郡意指刘禹锡坐叔文党贬连州也。公方量移江陵,而梦得出为连州,邂逅荆蛮,故作是诗。观终篇之意,可见其为梦得作也。'樊曰:此诗或云自'四门肃穆贤俊登'下为别篇,非是。"按:唐顺宗李诵,年号永贞。他即位后,任用王伾、王叔文。王伾、王叔文又引用刘禹锡、柳宗元等,进行政治改革,遏制藩镇势力,削弱宦官兵权,起用一些有影响力的老臣,废除一些弊政,史称"永贞革新"。行,古诗一体。其音节、押韵较自由,字数不限,五、七、杂言均可,也称乐府歌行。

② 太皇谅阴:谅,廖本作"亮"。宋白文本、文本、祝本、魏本、王本等均作"谅"。

太皇谅阴：文《详注》："太皇，谓顺宗也。德宗之丧未除，故谅阴。永贞元年八月庚子，立皇太子为皇帝，自称曰太上皇。太子，宪宗也。《汉书》（《高帝纪》）颜师古曰：'太上，极尊之称。皇，君也，天子之父，故号曰皇。不预治国家事，故不言帝。'《书》曰：'王宅忧，谅阴三祀。'孔云：'阴，默也。居忧信默，三年不言。'"钱仲联《集释》："《书·无逸》：'作其即位，乃或亮阴，三年不言。'按：《尚书大传》作'梁暗'，《论语》作'谅阴'，《礼记·丧服四制》篇作'谅暗'，《汉书·五行志》作'凉阴'。段玉裁说：谅、凉、亮、梁，古四字同音，不分平仄也。暗、阴，古二字同音，在侵韵，不分侵、覃也。《大传》曰：'高宗居倚庐，三年不言，百官总已听于冢宰，而莫之违。此之谓梁暗。'郑注《尚书·无佚》云：'谅暗，转作梁暗，楣谓之梁，暗，庐也。小乙崩，武丁立，忧丧三年之礼，居倚庐柱楣，不言政事。'郑用伏生义也。字当本作'梁暗'，余皆假借。"按：太皇，太上皇。《新唐书·顺宗纪》："永贞元年八月庚子（4日），立皇太子为皇帝，自称曰太上皇。辛丑（5日），改元。"谅阴，亦作谅暗、亮阴、梁暗、凉阴，故作谅作亮均可，今从谅。谅阴有二说：一说为天子、诸侯居丧之称；一说为居丧之所，即凶庐。《书·说命上》："王宅忧，亮阴三祀。"《释文》："亮，本又作'谅'。"《礼记·丧服四制》："高宗谅暗，三年不言。"注："暗，谓庐也。"《文选》潘岳《西征赋》："武皇（司马炎）忽其升遐，八音遏于四海。天子寝于谅暗，百官听于冢宰。"晋人臣居丧，亦称谅暗，以后仅用于皇帝。宋王楙《野客丛书》卷二八有《谅暗登遐》。《尚书·无逸》传："武丁起，其即王位，则小乙死，乃有信默，三年不言，言孝行者。"

③ 小人：文《详注》："谓王伾、王叔文、韦执谊、刘禹锡、柳宗元等十数人也。"方世举《笺注》："乘时偷柄：《顺宗实录》：'上学书于王伾，颇有宠；王叔文以棋进：俱待诏翰林，出入东宫。德宗大渐，上疾不能言。伾即入，以诏召叔文入，坐翰林中使决事。伾以叔文意入言于宦者李忠言，称诏行下，外初无知者。'《新唐书·王叔文传》：'顺宗立，不能听政，深居施幄坐，以牛昭容、宦人李忠言侍侧。

群臣奏事,从帷中可其奏。大抵叔文因伾,伾因忠言,忠言因昭容,更相倚仗。伾主传受,叔文主裁可,乃授之中书,韦执谊作诏文施行焉。叔文每言:钱谷者,国大本,操其柄可因以市士,乃白用杜佑领度支、盐铁使,己副之,实专其政。'"蒋抱玄《评注》:"《孟子》(《公孙丑上》):'虽有智慧,不如乘时。'《管子》:'大德不至仁,不可以授国柄。'"按:文说不确。偷国柄之小人,韩公指二王,即王伾、王叔文,非指刘禹锡、柳宗元。乘时,乘机,利用李诵因病不能理事的机会。国柄,国家的权柄。《旧唐书·顺宗纪》:"贞元二十一年正月癸巳(23日),德宗崩。丙申(26日)即位于太极殿。上自二十年九月风病,不能言。……壬寅,以太子侍书、翰林待诏王伾为左散骑常侍,充翰林学士。以前司功参军、翰林待诏王叔文为起居舍人,充翰林学士。……时上久疾,不复延纳宰臣共论大政。事无巨细,皆决于李忠言、王伾、王叔文。"《六韬·守土》:"无借人国柄,借人国柄,则失其权。"

④北军:方世举《笺注》:"北军:《史记·吕后纪》:'乃令吕禄为上将军,军北军。'《新唐书·兵志》:'天子禁军者,南北衙兵也……王叔文用事,欲取神策兵柄,乃用故将范希朝为左右神策、京西诸城镇行营兵马节度使,以夺宦者权而不克。'"按:北军,北衙的军队,亦即禁军。《新唐书·兵志》:"夫所谓天子禁军者,南北衙兵也。南衙,诸卫兵是也;北衙者,禁军也……上元中,以北衙军使卫伯玉为神策军节度使,镇陕州,中使鱼朝恩为观军容使,监其军……代宗即位……及京师平,朝恩遂以军归禁中,自将之,然尚未与北军齿也。永泰元年,吐蕃复入寇,朝恩又以神策军屯苑中,自是浸盛,分为左、右厢,势居北军右,遂为天子禁军,非它军比……自肃宗以后,北军增置威武、长兴等军,名类颇多,而废置不一。惟羽林、龙武、神武、神策、神威最盛,总曰左右十军矣。其后京畿之西,多以神策军镇之,皆有屯营……诸将务为诡辞,请遥隶神策军,禀赐遂赢旧三倍,繇是塞上往往称神策行营,皆内统于中人矣,其军乃至十五万。"

貙（pí）：魏本："祝曰：《书》：'如虎如貙。'貙，虎属也。貙，音毗。"文《详注》："北军谓神策兵也。时叔文等在省，日引其党谋取神策兵，制天下之命。乃以宿将范希朝为西北诸镇行营兵马使，籍其老易制。"见韩公《顺宗实录》卷三。按：古书上讲的一种形似熊猛如虎的野兽。《尚书·牧誓》："如虎如貙，如熊如罴，于商郊。"传："貙，执夷，虎属也。四兽皆猛健。"

⑤ 天子自将非他师：他师，方《举正》订，云："杭本作'他时'。"朱《考异》："他师，或作'他时'。"文本作"它时"。宋白文本、廖本作"他师"。作"他师"是。按：天子，皇帝，此指顺宗李诵。自将，亲自统领。将（jiāng），动词，率领。王充《论衡·道虚》："将我上天。"即领我上天。李白《鲁郡尧祠送窦明府薄华还西京》："遂将三五少年辈，登高远望形神开。"非他师，不是一般的军队。其实当时禁军掌握在宦官手里，战斗力也不强。

⑥ 一朝夺印付私党：魏本："孙曰：'是岁五月，王叔文等以金吾大将军范希朝为左右神策京西诸城镇行营节度使，以度支郎中韩泰为其行军司马。叔文欲夺取宦官兵权以自固，藉希朝老将，使主其名，而实以泰专其事。人情不测其所为，益疑惧。私党，即泰也。'"文《详注》："夺印事出《韩信传》。"严虞惇《批韩诗》："私党谓韩泰。唐季锢由宦官，而宦官之横，皆以专主兵柄之故。伾、叔文欲夺其权，未可尽非也。'天子自将非他师'，韩公亦是曲笔。"钱仲联《集释》："何焯《义门读书记》、王元启《读韩记疑》所论与严说同。王鸣盛《十七史商榷》所论与《蛾术编》同。在此以前，范仲淹《述梦诗序》、王世贞《读书后》卷三《书王叔文传后》，俱已论伾、文夺宦官兵柄一事为谋国之忠矣。"按：钱说是。范仲淹《范文正公集》卷六《述梦诗序》云：叔文"及议罢中人兵权，忤俱文珍辈。又绝韦皋私请，欲斩刘辟，其意非忠乎？"王鸣盛《蛾术编》卷七六："亦以宦官典兵为'天子自将'，且云'夺印付私党'。《新书·希朝传》称其'治军整毅，当世比之赵充国'，历叙其安民御房保塞之功，与《旧书·韩游环传》所云'大将范希朝善将兵，名闻军中'者正合。岂可谓之

'私党'乎？唐天子被弑者自宪宗始，以后大权咸归宦者。昌黎地下有灵，得无悔乎？"安史之乱后，宦官掌握兵柄，是唐朝一大祸事，韩愈亦反对。只是他认为二王贪赃受贿，专权独断，排斥老臣，品行不端，夺兵柄是巩固自己地位的私心。这在当时为世人所共识。《顺宗实录》卷三："贞元二十一年五月辛未（3日），以右金吾大将军范希朝为检校右仆射，兼右神策京西诸城镇行营兵马节度使。叔文欲专兵柄，藉希朝年老旧将，故用为将帅，使主其名；而寻以其党韩泰为行军司马专其事。甲戌（6日），以度支郎中韩泰守兵部郎中兼中丞，充左右神策京西都栅行营兵马节度行军司马，赐紫。"指韩泰，非希朝。

⑦懔(lǐn)懔：方世举《笺注》："《书·泰誓》：'百姓懔懔〔，若崩厥角〕。'"按：懔懔，恐惧不安貌。《南史·宋纪下》："禁中懔懔，若践刀剑。"

⑧狐鸣枭噪争署置：文《详注》："狐，妖兽也。枭，恶鸟也，音坚尧切。以喻小人谨然，自相任用。"魏本："祝曰：《说文》：'枭，不孝鸟也。'《诗》：'为枭为鸱。'注：'恶声之鸟。'《楚辞》：'鸱枭群而制之。'韩曰：狐、枭，《楚辞》皆以喻小人谗佞，公意亦然。"又音注："枭，坚尧切。"顾嗣立《集注》："《史记·陈涉世家》：'夜篝火狐鸣。'"方世举《笺注》："狐鸣枭噪：《史记·陈涉世家》：'夜火狐鸣。'屈原《离骚》：'鸱枭群而制之。'《旧唐书·王叔文传》：'叔文司两使利柄，齿于外朝，愚智同曰：城狐山鬼，必夜号窟居以祸福人，人亦神而畏之。一旦昼出路弛，无能必矣。'署置：董仲舒《诣丞相公孙弘记室书》：'留心署置，以明消灭邪枉之迹。'"

按：枭(xiāo)，猫头鹰，俗谓不祥之鸟。此以狐、枭比喻谗佞小人。争署置，争夺衙署官位。董仲舒《诣丞相公孙弘记室书》："留心署制，以明消灭邪枉之迹。"《通鉴》卷二三六顺宗永贞元年五月辛卯（23日），"俱文珍等恶其专权，削去（叔文）翰林之职。叔文见制书，大惊，谓人曰：'叔文日时至此商量公事，若不得此院职事，则无因而至矣。'王伾即为疏请，不从。再疏，乃许三五日一入翰林，去学士名。叔文始惧。"

⑨ 睗睒(shì shǎn)跳踉(liáng)相妩媚:方《举正》据阁本订"睗睒跳踉",云:"李校。睒睒,兽狂视貌,字见《吴都赋》。踉,音梁,乃《庄子》(《逍遥游》)所谓'狸狌东西跳梁'是也。柳文多用'跳踉'字。跳,音条。"朱《考异》:"睗睒,或作'睒闪'。"下引方语。宋白文本、文本、祝本、魏本作"睒闪"。当作"睗睒跳踉"。

文《详注》:"睒、闪:惊视貌,并音失冉切。跳踉:疾行貌,下音卢当切。"魏本:"祝曰:《说文》(足部):'跳,蹶也,一曰跃也。'《玉篇》:'踉,欲行貌。'孙曰:睒闪跳踉:得意喜跃之貌。相妩媚,相媚说(同悦)也。"顾嗣立《集注》:"《旧唐书·王叔文传》:'叔文司两使利柄,齿于外朝,愚智同曰:城狐山鬼,必夜号窟居以祸福,人亦神而畏之,一旦昼出路驰,无能必矣。'"按:尤可证作"睗睒跳踉"善,且有多据。睒、闪为同源字,作窥视解,音义同。《文选》卷五左思《吴都赋》:"忘其所以睒睗,失其所以去就。"注:"《说文》(目部)曰:'睒,暂视也。睗,疾视也。"《庄子·逍遥游》:"子独不见狸狌乎,卑身而伏,以候敖者,东西跳梁,不避高下。"疏:"跳梁:犹走掷也。"睗睒,目光炯炯。跳踉,跳来跳去,上窜下跳。相妩媚,互相吹嘘。《广雅·释诂》:"妩媚,好也。"司马相如《上林赋》:"妩媚纤弱。"注:"《埤苍》:'妩媚,悦也。'"韩公《寄崔二十六立之》:"雷电生睒睗,角鬣相撑披。"

⑩ 超资越序:魏本:"樊曰:'顺宗为太子时,王伾、王叔文有宠,至是,天下事皆决于叔文,而伾为内应,韦执谊行之于外,荣辱进退,生于造次。'"按:超资越序,超越资历和序阶任官。《顺宗实录》卷五:"叔文既得志,与王伾、李忠言等专断外事,遂首用韦执谊为相;其常所交结,相次拔擢,至一日除数人,日夜群聚。伾以侍书幸,寝陋,吴语,上所褻狎。"

⑪ 公然白日受贿赂:此句谓:伾文公然收受贿赂。文《详注》:"伾、叔文等当其盛时,门皆若沸羹,而伾尤通天下贿谢,日月不阕。为巨匮裁窍以受珍,使不可出,夜则寝处其上。"魏本:"韩曰:《叔文

传》《新唐书》):'雄藩剧帅,阴相赂遗以自结。'"按:《新唐书·王伾传》:"当其党盛,门皆若沸羹,而伾尤通天下赇谢,日月不阕。为巨匮,裁窍以受珍,使不可出,则寝其上。"

⑫火齐磊落堆金盘:文《详注》:"火齐,珠名。《汉书》颜师古曰:'今南方出火珠也。'《辨证》云:'火齐,似云母重沓而开,色黄赤似金,出岭南。'齐,音墙计切。金盘,尚方器也。"魏本:"韩曰:火齐,珠名。《选》班固《西都赋》:'翡翠火齐,流耀含英。'注:'珠也。'樊曰:'火齐,状如云母,色如紫金,有光耀。别(宋刻本作别,四库本作裂)之,则如蝉翼;积之,则如纱縠之重沓。详见《南史》(卷七八)《中天竺国》。'祝曰:《文选》:'磊落漫衍乎其侧。'注:'众多貌。'"宋庞元英《文昌杂录》卷四:"韩文公《永贞行》云:'公然白日受贿赂,火齐磊落堆金盘。'《南史·中天竺国》说:火齐,状如云母,色如紫金,有光辉。别之,则如蝉翼;积之,则如纱縠之重沓。又王子年《拾遗记》曰:'董偃尝卧延清之室,上设火齐屏风。'所谓磊落者,亦珠玼之谓也。"庞说得之。顾嗣立《集注》:"杜子美诗:'火齐堆金盘。'《旧唐书》(《王伾传》):'伾与叔文及诸朋党之门,车马填凑,而伾门尤盛,珍玩赂遗,岁时不绝。室中为大柜,开一窍以藏金宝,其妻或寝卧于上。'"章士钊《柳文指要》上《体要之部》卷一三:"此以退之自作之《实录》中所行善政推之,白日受贿,可认为断断必无之事。如伾等器小官高,在应酬小节偶有不慎,事亦可能,然何至如退之诗句描写之甚?观子厚《与饶州书》,明斥国家弊政之大,莫如贿赂行而赋税乱,又何至刚亲政权,躬自蹈之?"按:火齐,火齐珠,宝珠的一种,色赤如金,极为珍贵。磊落,形容宝珠多的样子。章谓子厚非受贿之人,尚可信;谓伾、文则非,伾、文器量狭小,专权受贿,时所公认,文献多有记载。政见虽好,施之非人,也难成功,章氏扬柳抑韩,不妥,即如宗元有灵,亦不会同意章说。

⑬元臣故老不敢语:唐制:宰相在政事堂会食,朝官不得进见。《顺宗实录》卷二:"(三月)丁酉(28日),吏部尚书平章事郑珣瑜称疾去位。其日,珣瑜方与诸相会食于中书。故事:丞相方食,

百寮无敢谒见者。叔文是日至中书，欲与执谊计事，令直省通执谊。直省以旧事告，叔文叱直省，直省惧，入白执谊。执谊逡巡惭赧，竟起迎叔文，就其阁语良久，宰相杜佑、高郢、珣瑜皆停箸以待。有报者云：'叔文索饭，韦相已与之同飡阁中矣。'佑、郢等心知其不可，畏惧叔文、执谊，莫敢出言。珣瑜独叹曰：'吾岂可复居此位！'顾左右取马径归，遂不起。前是，左仆射贾耽以疾归第，未起；珣瑜又继去。二相皆天下重望，相次归卧，叔文、执谊等益无所顾忌，远近大惧焉。"时杜佑、高郢年逾七十，郑珣瑜六十八岁，均德宗朝宰相老臣，故称"元臣故老"。

⑭昼卧涕泣何汍澜：宰相郑珣瑜、左仆射贾耽因不满王伾、王叔文等人的专权，而相次归卧。汍澜（wán lán），涕泪纵横的样子。《后汉书·冯衍传·显志赋》："泪汍澜而雨集兮，气滂浡而云披。"

⑮董贤三公谁复惜：方《举正》据杭、蜀本订"三公"。朱《考异》："三，或作'一'，非是。"宋白文本、文本、魏本、廖本、王本作"三"，注："三，或作'一'。"祝本作"一"。作"三"，是。

此句谓：王伾、王叔文和董贤一样无德无才身居高位，谁还同情他呢？董贤，为汉哀帝男宠，二十二岁位列三公。哀帝死，为王莽弹劾自杀。此处以董贤比王伾、王叔文，说王伾、王叔文不过以棋艺、书法得到李诵的宠信，实无什么才德，则过矣。文《详注》："言既僭三公，将及九锡也。《前汉》（《佞臣·董贤传》）：哀帝时，佞幸董贤年二十二，为三公，权侔人主。"王鸣盛《蛾术编》卷七六："董贤以男宠进，而以比叔文，可谓拟不于伦，亦太不为顺宗地。侯景篡梁，岂可以比叔文？且何至说干天位？真所谓恶而不知其美者。"把二王以比董贤，不类。

⑯侯景九锡行可叹：魏本："蔡曰：'《南史·侯景传》：梁武帝崩，景立简文。后废简文，迎豫章王栋即皇帝位。太尉郭元建谏曰：主上仁明，何得废之？大宝二年，景矫萧栋（栋，宋本作谏，四库本作栋，按《梁书》当作栋）诏，自加九锡，冕十有二旒，建天子旌旗，出警入跸。'"文《详注》："《南史》（《侯景传》）：梁武帝时，叛臣侯景

僭窃九锡:一曰车马,二曰衣服,三曰乐器,四曰朱户,五曰纳陛,六曰虎贲百人,七曰铁钺,八曰弓矢,九曰秬鬯。此皆天子制度,大臣有功尊之。故事:事锡与,但数少尔,经本无文。《周礼》以为九命。《春秋》说有之。"方成珪《笺正》:"蔡注九锡,本《汉武纪》:'元朔元年乃加九锡。'应劭注与《韩诗外传》、《穀梁》庄元年传注序次稍异,惟四曰荣则,乃《穀梁》注文,《武纪》及《外传》皆作'乐器'。"严虞惇《批韩诗》:"伾、文不过弄权耳,岂可以侯景为比。"按:侯景,初仕北魏,后仕南朝梁,废梁简文帝,迎立豫章王栋。大宝二年,侯景矫萧栋诏,自加九锡,冕十二旒,建天子旌旗,出警入跸。后举兵反梁,攻陷建康,自立为汉帝,史称"侯景之乱",诗借以影射王伾、王叔文谋权篡位。自加九锡是权臣谋叛篡位的信号。

⑰ 国家:指唐王朝,即下文所说高祖、太宗之德厚业隆。

⑱ 天位:文《详注》:"班叔皮《王命论》曰:'又况么麽,[不及数子,]而欲暗干(或作奸)天位者乎?'注云:'干,求也。'"方成珪《笺正》:"《文选》作'干'。《一切经音义》十三:'干,古文作奸,同。'"王懋竑《读书记疑》卷一六:"伾、叔文乘时窃柄,朋党相煽,意在专权自恣,其夺取兵权亦以固位,非有莽、操、懿、裕之志也。韩公此语,亦似太过。"钱仲联《集释》:"何焯《义门读书记》、陈景云《点勘》、王鸣盛《蛾术编》、严虞惇、王元启诸家所论与此同。"按:天位,指皇权。庸夫,指伾、文。干,古字同奸,读作干,当窃解。诸家指出韩公言语过火,甚是。然谓伾、文无莽、操之志则未细审其潜意也。伾、文有大志,无政治长才,却有嫉妒之性,故事不成。查慎行《查初白诗评十二种》:"二句笔力气骨,极似少陵。"

⑲ 嗣皇卓荦(luò)信英主:文《详注》:"嗣皇,谓宪宗也。"魏本注同。按:嗣皇、英主,均指新继位的宪宗李纯。时以嗣继顺宗即位。卓荦,出类拔萃。《后汉书·班固传》:"卓荦乎方州,羡溢乎要荒。"李贤注:"卓荦,殊绝也。"《文选》卷二一左思《咏史》八首之一诗:"弱冠弄柔翰,卓荦观群书。"注:"卓荦,特达也。"信,真,确实。英主,英明的皇帝。

⑳ 文如太宗：文治像太宗李世民。李世民在位期间，政绩卓著，为盛唐走向辉煌奠定了基础，史称"贞观之治"。武高祖，武功比得上高祖李渊，他是以武力开国的皇帝。

㉑ 膺图受禅登明堂：文《详注》："图，河图也。禅，让也。言宪宗有尧舜之德，复受天命，遂能斥退小人，如去四凶也。是时贬叔文渝州司户，伾开州司马，执谊崖州司户，禹锡武陵司马，宗元永州司马。坐叔文贬者凡八人。《尚书中候》曰：皇帝巡河过洛，受龙图于河，龟书于洛，赤文篆字。尧以授舜，舜以授禹。"魏本："孙曰：'图，瑞应也。'"

按：传说古代圣王登王位时，天会垂图象，谓之奉天承命。《洛阳伽蓝记》卷二："膺箓受图，定鼎嵩、洛。"受禅，王朝更迭，新皇帝接受旧皇帝让给的帝位。《孔丛子·杂训》："夫受禅于人者，则袭其统。"禅亦作襢、嬗。《汉书·异姓诸侯王表序》："昔《诗》《书》述夏、虞之际，舜、禹受襢。"又《王莽传》："莽曰：'予之皇始祖考虞帝受嬗于唐。'"明堂，古代帝王宣明政教的地方。凡朝会、祭祀、庆赏、选士、养老、教学等大典均在此举行。《逸周书·明堂解》："明堂者，明诸侯之尊卑也，故周公建焉……制礼作乐，颁度量，而天下大服。"

㉒ 共流幽州鲧死羽：魏本："鲧，禹父名。祝曰：《楚辞》：'鲧婞直以忘身。'孙曰：《书》：'流共工于幽州，殛鲧于羽山。'以喻伾、叔文也。樊曰：'宪宗立，贬叔文渝州司户，明年杀之。余党以次斥逐。'"顾嗣立《集注》："本集《江陵途中寄三学士》诗：'嗣皇传冕旒，首罪诛共殴。'语与此同。"按：共流幽州，尧时的部族首领共工（上古时与驩兜、三苗、鲧，合称四凶）被流放到幽州。鲧死羽，鲧被尧授命治水，九年无功，后被舜杀死于羽山。这句诗以共工、鲧被处死影射伾、文。此比亦不类。

㉓ 四门肃穆贤俊登：四门肃穆，即四方安定、肃静。《尚书·舜典》："宾于四门，四门穆穆。"贤俊登，贤能之士为朝廷选用，时宰臣是杜黄裳、郑馀庆。文《详注》："言大辟四门，登用贤俊，皆非前

日小人之亲党,三省郎署,一旦澄清矣。《书》传曰:'开辟四方之门,以广致众贤。'"魏本:"孙曰:《书》(《舜典》):'宾于四门,四门穆穆。'四门者,四方之门。蔡曰:'谓是时用杜黄裳、郑馀庆为宰相也。'"

㉔ 数君匪亲岂其朋:方世举《笺注》:"《顺宗实录》(卷五):'叔文密结韦执谊,并有当时名欲侥倖而速进者陆质、吕温、李景俭、韩晔、韩泰、陈谏、刘禹锡、柳宗元等十数人,定为死交。'"章士钊《柳文指要》上《体要之部》卷一三《王叔文母刘氏志文》:"数君者,指刘、柳诸公也。此所用'匪亲'字,殆与李白《蜀道难》篇中'所守或匪亲,化为狼与豺'同意。"又卷四《晋文公问守原议》:"顾韩退之与子厚同时,在宦权萌蘖初成阶段,不麈不主持正谊,同张挞伐,而反沟通权奄,竭尽谄谀,且指斥唐室百余年唯一先识远见、舍身救国之王叔文为共工、为驩兜、为鲧,以投畀豺虎有北然后快……何其政识之低下,而干进之可丑也!"钱仲联《集释》:"章氏谓退之'沟通权奄',乃文致之词。退之在贞元十三年,有送俱文珍诗及序,乃奉董晋之命而作。其后退之仕途坎坷,并未得俱文珍任何奥援。元和五年,正当俱文珍等宦官势盛之时,而退之《上郑尚书相公启》有'日与宦者为敌,相伺候罪过,恶言詈辞,狼藉公牒'云云,可以证'沟通权奄'之绝无其事也。"按:钱说是。韩公虽极力诋毁伾、文,但始终为柳、刘开脱回护,至终生为好友。朋党,指参与"永贞革新"的刘禹锡、柳宗元、吕温、李景俭、韩晔、韩泰等人。此句谓:刘禹锡、柳宗元等人与伾、文并不亲近,怎么会成为他们的同党呢?韩公当时对"永贞革新"虽缺乏正确认识,但对其一些作法是肯定的,况在后次所撰《顺宗实录》亦予证实。试想若无韩公《顺宗实录》,后世能对"永贞"事有较全面的了解吗?章氏学博,细审其言,似对韩公文本并未全面深入研究,非后学者训。章士钊一力诋毁韩公,亦如他说韩公诋毁二王一样。如此对待韩公,若柳、刘有灵也不会同意章氏之说。《柳文指要》成于二十世纪崇法批儒的左倾思潮的氛围中,章氏此论,不难理解。所不可解者,他下韩愈"沟通

权奄"的结论时,怕连《韩集》也未详读。文《详注》:"《蔡宽夫诗话》云:阳山之贬,史不载其所由,以其诗考之,亦为王叔文、韦执谊等所排尔。所谓'伾文未剪崖州炽,虽得赦宥常愁猜'(韩愈《忆昨行和张十一》)是也。时刘禹锡、柳宗元同为御史,二人于退之最为厚善,然至此不能无疑,故其诗云:'同官尽才俊,偏善柳与刘。或虑言语泄,传之落冤仇。二子不宜尔,将疑断还不。'盖伾、文用事时亦极力罗网人物,故韩柳辈亦在其中,然退之岂终为人役者,虽不能自脱,而视刘、柳终有间。及其为《永贞行》,愤疾至云'数君匪亲岂其朋',又曰'吾常同僚情可胜',则亦见其坦夷尚义,待朋友终始也。《补注》:当谓刘梦得。梦得以尚书郎附叔文党贬连州刺史,途至荆南改武陵司马,故和公《岳阳楼诗》云'故人南台旧',盖与梦得同为御史。公斥阳山,至是量移江陵法曹,而梦得为连州,邂逅荆蛮,此诗所以作也。"

㉕ 郎官:钱仲联《集释》:"《通典》:'郎官谓之尚书郎,汉置。'"按:谓尚书省六部诸司郎中及员外郎。时刘禹锡为屯田员外郎,柳宗元为吏部员外郎,韩晔为司封郎中。清要,闻人倓《古诗笺》:"《唐书·李素立传》:'素立初擢监察御史,以亲丧解官,起授七品清要。有司拟雍州司户参军。帝曰:要而不清。复拟秘书郎,帝曰:清而不要。'"按:清要,廉洁谨重。为世称,为世人称赞。《旧唐书·李素立传》:"素立,武德初为监察御史……寻丁忧,高祖令所司夺情,授以七品清要官,所司拟雍州司户参军,高祖曰:'此官要而不清。'又拟秘书郎,高祖曰:'此官清而不要。'遂擢授侍御史,高祖曰:'此官清而复要。'"《新唐书》同。宋赵升《朝野类要》卷二《称谓》:"职慢位显谓之清,职紧位显谓之要。兼此二者,谓之清要。"

㉖ 荒郡迫野嗟可矜(jīn):魏本:"韩曰:'郎官荒郡,意指刘禹锡坐叔文党贬连州也。公方量移江陵,而梦得出为连州,邂逅荆蛮,故作是诗。观终篇之意,可见其为梦得作也。'"王鸣盛《蛾术编》卷七六:"诗中明言数君,安得专指梦得一人。"方世举《笺注》:

"《旧唐书·宪宗纪》:'永贞元年(805)九月,京西行营节度行军司马韩泰贬抚州刺史,司封郎中韩晔贬池州刺史,礼部员外郎柳宗元贬邵州刺史,屯田员外郎刘禹锡贬连州刺史,坐交王叔文也。十月,再贬韩泰虔州,陈谏台州,柳宗元永州,刘禹锡朗州,韩晔饶州,凌准连州,程异郴州,皆为州司马。'……愚按:诗曰'数君',盖概言之。诸人皆自郎官迁谪,又皆窜南方,非独禹锡也。然公于二韩辈未闻相好,终篇'同僚'一语,有以知其兼为刘、柳而作,柳贬邵州,亦当过江陵也。"文《详注》:"嗟可矜,此举连州异俗以告禹锡。矜,戒也。下文见。"按:荒郡迫野,荒僻偏远之地。当时刘禹锡贬连州刺史,旋改朗州司马。柳宗元贬邵州刺史,旋改永州司马。其余六人均贬偏远的南方为司马,史称"永贞八司马"。嗟可矜,慨叹柳、刘值得同情。矜,怜悯、同情。《书·泰誓上》:"天矜于民,民之所欲,天必从之。"《后汉书·周泽传》:"矜恤孤羸。"或作危险解,《诗·小雅·菀柳》:"曷予靖之,居以凶矜。"毛传:"矜,危也。"此为前者。

㉗ 湖波连天日相腾:洞庭湖水,波涛腾涌,与天相接,日日蒸腾也。如王勃《滕王阁序》:"秋水共长天一色。"孟浩然《临洞庭赠张丞相》"八月湖水平,涵虚混太清。气蒸云梦泽,波撼岳阳城"的意境相类。

㉘ 蛮俗生梗瘴疠烝:烝,宋白文本、文本、祝本、魏本作"蒸",廖本、王本作"烝"。作热气蒸腾解,二字通用。

按:蛮俗,南方少数民族的生活习惯。生梗,风俗习惯殊异,使人不习惯。《北史·郭彦传》:"蛮左生梗,不营农业。"瘴疠,瘴是有毒的湿热之气,使人生热症,即流行病。《文选》左思《魏都赋》:"盖音有楚夏者,土风之乖也;情有险易者,习俗之殊也……宅土燸暑,封疆障疠。"《诗·大雅·生民》:"释之叟叟,烝之浮浮。"《世说新语·轻诋》:"桓南郡(玄)每见人不快,辄嗔云:'君得哀家梨,当复不烝食不?'"《史记·周本纪》:"阳伏而不能出,阴迫而不能蒸,于是有地震。"《素问·五运行大论》:"其令郁蒸。"以上二语生峭有味。

㉙ 江氛岭浸昏若凝：氛，魏本作"气"，误，诸本作"氛"，是。

魏本："祝曰：《周礼》（《春官·眡祲》）：'一曰祲。'注：'阴阳气相侵。'《左氏》（昭公十五年）：'赤黑之祲，非祭祥也。'音侵。"文《详注》："氛、祲，恶气也。郭景纯《江赋》：'隶氛祲于清旭。'郑氏《礼记》注（当为《周礼》，见《左传》昭公十五年"赤黑之祲"下注及《周礼·眡祲》郑注）曰：'祲，阴阳气相侵。'渐以成灾也。音子鸩切。"方世举《笺注》："江氛岭祲：按《新唐书·地理志》，抚州、池州、邵州皆属江南西道，惟连州属岭南道。"按：江指江南，岭谓岭南。江南三州为韩泰、韩晔、柳宗元贬地；连州为刘禹锡贬地，故云。江氛，谓江上的水蒸气。岭祲（jìn），谓山间的瘴气。

㉚ 一蛇两头见未曾：一蛇两头，即两头蛇。《岭表录异》："两头蛇，岭外多此类，时有如小指大者，长尺余，腹下鳞红皆锦文，一头有口眼，一头似蛇而无口眼。云两头俱能进退，谬也。昔孙叔敖见之不祥，乃杀而埋之。南人见之为常，其祸安在哉？"俗以两头蛇毒甚，韩诗或以之喻人。黄彻《䃬溪诗话》卷五："庄子文多奇变，如'技经肯綮之未尝'，乃未尝技经肯綮也。诗句中时有此法，如昌黎'一蛇两头见未曾''拘官计日月，欲进不可又''君不强起时难更'。"顾嗣立《集注》："贾谊《新书》：'孙叔敖为婴儿出游，见两头蛇而埋之。'《列女传》亦云。"蒋抱玄《评注》："见未曾，谓见乎否也。"韩公《赴江陵赠三学士诗》："有蛇类两首。"

㉛ "怪鸟"二句：争鸣，方《举正》据阁本订"鸣唤"二字，云："李、谢校。杭、蜀本作'争鸣'。"朱《考异》："鸣唤，或作'争鸣'。"宋白文本、文本、祝本、魏本作"争鸣"，注："一作'鸣唤'。"诸本作"争鸣"，从之。

怪鸟：或谓鸱鸮之类。文《详注》："《尔雅》曰：鸲鹠，通呼为怪鸟。"顾嗣立《集注》："《尔雅》：'怪鸱：郭璞曰：即鸱鸺也，今江东呼此属为怪鸟。'"方世举《笺注》："《尔雅·释鸟》：'狂，茅鸱。'注：'今鵵鸱也。'又：'怪鸱。'注：'即鸱鸺也，今江东通呼此属鸟为怪鸟。'"鸣唤：《尔雅·释鸟》：'䴏，泽虞。'注：'常在泽中，见人辄鸣唤不去。'"

蛊(gǔ)虫群飞夜扑灯：蛊虫，毒虫。魏本："祝曰：扑，拂着也。《书》(《盘庚上》)：'其犹可扑灭。'"韩公《赴江陵赠三学士诗》："有蛊群飞游。"《左传》隐公六年："其犹可扑灭。"

㉜ 雄虺(huǐ)毒螫(shì)堕股肱(gōng)：祝本："螫，音释，虫行毒也。《诗》(《周颂·小毖》)：'自求辛螫。'《史记》：'草无毒螫。'"又《史记·田儋田横传》："齐曰：'蝮螫手则斩手，螫足则斩足。'"方世举《笺注》："《尔雅·释鱼》：'蝮虺，博三寸，首大如臂。'宋玉《招魂》：'南方不可以止些''雄虺九首''吞人以益其心些'。毒螫：《淮南·说山训》：'贞虫之动以毒螫。'堕股肱：《汉书·田儋传》：'蝮蠚手则斩手，蠚足则斩足。'《尔雅翼》：'蝮蛇之最毒者，著手断手，著足断足。不尔，合身糜溃。'"按：虺，毒蛇。螫，有毒刺的虫子刺人，即叮咬。堕股肱，毁坏人的四肢。《楚辞》屈原《天问》："雄虺九首，倏忽焉在？"

㉝ 食中置药肝心崩：按：相传南方少数民族制成毒药放进食物里致人死。肝心崩，心肝崩裂。韩公《八月十五夜赠张功曹》："下床畏蛇食畏药，海气湿蛰熏腥臊。"不是亲处其地而有生活经验的人，无法写出此语；亲临此境，即使有生活经验，亦不一定能写得出。故朱彝尊《批韩诗》："写瘴乡语工。"以上八句写江岭的生活环境及当地风俗，历历在目。文《详注》："已上数事并解见《赴江陵》诗。"

㉞ 左右使令诈难凭：此句谓左右使用的人奸诈，使人难以信赖。《汉书·孝昭上官皇后传》："虽宫人使令，皆为穷绔，多其带。"注："使令，所使之人也。"

㉟ 慎勿浪信常兢兢：勿，文本作"无"。诸本作"勿"。勿、无同义。

浪信：轻信。兢兢，谨慎小心。《诗·小雅·小旻》："战战兢兢，如临深渊，如履薄冰。"

㊱ 吾尝同僚情可胜：尝，方《举正》作"尝"，云："李本从'尝'。"

朱《考异》:"尝,或作'常',非是。"祝本、魏本作"常",注:"常,一作'尝'。"当作"尝",作曾经解。

魏本:"韩曰:公尝与梦得同为御史。《补注》:《蔡宽夫诗话》云:子厚、禹锡于退之最厚善,然退之贬阳山,不能无疑。《赴江陵途中寄三学士》云'同官尽才俊,偏善柳与刘。或虑语言泄,传之落仇雠'云云。及其为《永贞行》,愤疾至云'数君匪亲岂其朋',又曰'吾尝同僚情可胜',则亦见其坦夷尚义,待朋友终始也。"严虞惇《批韩诗》:"此韩公快意摹写之语,坦夷尚义,岂其然乎?"方世举《笺注》:"《诗·板》(《大雅》):'我虽异事,及尔同僚。'《左传》:'荀伯曰:同官为寮,吾尝同僚,敢不尽心乎?'"按:吾尝同僚,我们曾经在一起做官。指韩公贬阳山前与柳、刘同在御史台做官。情可胜,友情深厚。

㊲ 具书目见非妄征:魏本:"韩曰:公以言事先出为连州阳山令,至是梦得为连州刺史,故书所目见告之。"顾嗣立《集注》:"旧注专指梦得,似未必然。"按:此诗写与梦得会见,得知诸僚友贬江南岭表后所写。自"荒郡"以下一段为嘱咐"数君"之语:以其亲身经历,嘱咐朋友注意保重身体,以见矜怜之情。

㊳ 嗟尔既往宜为惩:文《详注》:"按《唐史》,刘禹锡坐叔文党,以永贞元年(805)九月,自尚书郎贬连州刺史。其自传云:'余出为连州,途至荆南,又贬武陵司马。'有和公《岳阳楼》诗云:'故人南台旧,一别如弦矢。今朝会荆蛮,斗酒相宴喜。'盖公与禹锡同为御史。《赴江陵》诗云'同官并(尽)才俊,偏善柳与刘'是也。公坐言事贬阳山令,至是年量移江陵法曹,而禹锡出为连州,邂逅公于荆南,此《永贞行》之所以作也。'吾尝同僚情可胜',言常(当作'尝')同为御史也。'具书目见非妄征',阳山于连为属邑,其所书荒郡以下风土,盖目见之也。'嗟尔既往宜为惩',其以告禹锡也审矣。禹锡至荆南改武陵司马,此诗实未改武陵前作也。自'小人乘时偷国柄'以下,载顺宗在位一时事,终始上下与《实录》相类。《实录》指刘、柳为徼幸速进,而此指为小人,面刺其过,盖亦不浅。想禹锡读

之,亦已汗下。呜呼!刘、柳用时,公以罪籍远徙,至刘、柳黜,而公乃被诏入用。一出一入,又如相避,然君子小人之辨,于此益明矣。"蒋抱玄《评注》:"《论语》:'既往不咎。'"魏本注:"惩,戒也。"何焯《义门读书记》卷三〇:"'具书目见'亦有君来路、吾归路之意,非长者言也。末句言将来朝士咸宜以数子既往之事惩躁进也。"求之过深,然把事看偏了。

【汇评】

宋庞元英:韩文公《永贞行》云:"公然白日受贿赂,火齐磊落堆金盘。"《南史·中天竺国》说:火齐,状如云母,色如紫金,有光辉。别之,则如蝉翼;积之,则如纱縠之重沓。又王子年《拾遗记》曰:"董偃尝卧延清之室,上设火齐屏风。"所谓磊落者,亦珠琲之谓也。(《文昌杂录》卷四)

宋朱翌:《永贞行》皆顺宗时伾、文事。其言"元臣故老不敢语,昼卧涕泣何汍澜",谓高郢、郑珣瑜、杜佑辈。"郎官清要为世称,荒郡迫野嗟可矜",谓柳子厚谪永州。(《猗觉寮杂记》卷上)

宋王十朋:《和永贞行序》:予自少喜读柳文,而不忍观其传,惜其名齐韩愈,而党陷叔文也。退之与柳善,及作《顺宗实录》,未尝假借公议之不可屈也如此。戊辰仲冬二十有二,夜读韩诗《永贞行》,至"予尝同僚情可胜"之句,则知退之虽恶伾、文,亦未能忘情于刘、柳辈也。予既追和其韵,遂于八司马中独详及柳,盖惜其人而深责之耳。(《梅溪王先生文集》卷九)

宋王应麟:少陵善房次律,而《悲陈陶》一诗不为之隐;昌黎善柳子厚,而《永贞行》一诗不为之讳。公议之不可掩也如是。(《困学纪闻》卷一八评诗)

明李东阳:韩、苏诗虽俱出入规格,而苏尤甚。盖韩得意时,自不失唐诗声调,如《永贞行》固有杜意,而选者不之及,何也?杨士弘乃独以韩与李、杜为三大家不敢选,岂亦有所见耶?(《麓堂诗话》)

清何焯:《永贞行》:"一朝夺印付私党",叔文欲夺中人兵柄,还之天子,此事未可因其人而厚非之。下文"九锡""天位"等语,直欲坐之以反,公于是乎失大人长者之度矣。"董贤三公谁复惜"四句,二连过矣,有伤诗教。"具书目见非妄征"二句,"具书目见"亦有君来路、吾归路之意,非长者言也。末句言将来朝士咸宜以数子既往之事惩躁进也。(《义门读书记》卷三〇)

清顾嗣立:此诗前半言小人放逐之为快,后半言数君贬谪之可矜,盖为刘、柳诸公也。(《昌黎先生诗集注》卷三)

清陈祖范:予读韩退之《顺宗实录》及《永贞行》,观刘、柳辈八司马之冤,意退之之罪状王、韦,实有私心,而其罪固不至此也……退之于伾、文、执谊有宿憾,于同官刘、柳有疑猜,进退祸福,彼此有不两行之势。而伾、文辈又连败,于是奋其笔舌,诋斥无忌,虽其事之美者,反以为恶,而刘、柳诸人朋邪比周之名成矣。史家以成败论人,又有韩公之言为质的,而不详其言之过当,盖有所自。予故表而出焉,非以刘、柳文章之士而回护之也。(《记昌黎集后》)

清爱新觉罗·弘历:前幅天昏地暗,中间日出冰消,阅至后幅,又如凄风苦雨。文生于情,变幻如是。(《唐宋诗醇》卷二九)

清袁枚:唐八司马辅顺宗,善政不可胜书,而史目为奸邪,昌黎《永贞行》亦诋诃之。独范文正作论深为护惜,必有所见。(《袁枚全集·随园随笔》卷四)

清王鸣盛:《永贞行》"太皇亮阴未出令,小人乘时偷国柄",揭出王叔文偷柄更明白。夫傅得诸版筑,吕起于渔钓,叔文之进用何嫌?且二月方得柄,八月即远斥,叔文亦可怜矣。又云:"北军百万虎与貔,天子自将非他师。一朝夺印付私党,懔懔朝士何能为?"《新唐书·兵志》:天子禁军者,南北衙兵也。南衙诸卫兵,北衙禁军。上元中,以北衙军使卫伯玉为神策军节度使,鱼朝恩为监军。后朝恩以军归禁中,分为左右厢,势居北军右,遂为天子禁军,非他军比。自肃宗以后,北军增置不一。京畿之西,多以神策镇之。塞上往往称神策行营,皆内统于中人。叔文用事,欲取神策兵柄,乃用故将范希朝为左右神策京西诸城镇行营兵马节度使,以夺宦者权而不克。亦以宦官典兵"为天子自将",且云"夺印付私党"。《新书·希朝传》称其"治军整毅,当世比之赵充国",历叙其安民御虏保塞之功,与《旧书·韩游环传》所云"大将范希朝善将兵,名闻军中"者正合。岂可谓之"私党"乎?唐天子被弑者自宪宗始,以后大权咸归宦者。昌黎地下有灵,得无悔乎?又云:"董贤三公谁复惜?侯景九锡行可叹。国家功高德且厚,天位未许庸夫干。"董贤以男宠进,而以比叔文,可谓拟不于伦,亦太不为顺宗地。侯景篡梁,岂可以比叔文?且何至说干天位?真所谓恶而不知其美者。(《蛾术编》卷七六)

清谭献:《十七史商榷》于唐独表王叔文之忠,非过论也。予素不喜退之《永贞行》,可谓辩言乱政。(《复堂日记》)

程学恂:直叙起,此诗史也。观《顺宗实录》中所书,则刘、柳实与伾、文同党济恶矣。而公《赴江陵途中》诗云"将疑断还不",此诗"匪亲岂其朋",皆多为原谅,不忍直斥之。盖作史者,朝廷之公义;作诗者,朋友之私情也。二者不可偏废。公于二子,不惟不憾之,盖深惜之,惜其为小人所误也。然此难于明言,而情有不能自已,故托言之。蛇蛊毒物皆阴险之类。既惩于前,当戒于后,恳恳款款,敦厚之旨,友朋之谊,于斯极矣。所叙蛮岭之俗,与《赴江陵途中》诗似相同而不同者,此中有寄托在也。(《韩诗臆说》卷一)

洞庭湖阻风赠张十一署[①]

永贞元年

公《祭河南张员外文》"避风太湖,七日鹿角"云云,知这首诗乃公北归江陵过洞庭湖,遇风鹿角所作。时为永贞元年(805)十月。公由衡山北上,正怀北归兴致,不料遇暴风所阻,路隔粮绝,一时无计可施,企盼天晴,偏天又淫雨。诗具体、形象地描写了险恶的天气、环境;生动地表现了诗人的凄苦心情。情景交融,如历真境,不是亲历其境,亲尝其苦,有升华妙笔,是不会写得这样好的。可谓使寻常之境,刻画诡奇、寄托悱恻、造意可爱的神妙佳构。

十月阴风盛,北风无时休②。苍茫洞庭岸,与子维双舟③。雾雨晦争泄④,波涛怒相投⑤。犬鸡断四听⑥,粮绝谁与谋⑦?相去不容步,险如碍山丘⑧。清谈可以饱⑨,梦想接无由⑩。男女喧左右⑪,饥啼但啾啾⑫。非怀北归兴,何用胜羁愁⑬?云外有白日,寒光自悠悠⑭。能令暂开霁⑮,过是吾无求⑯。

【校注】

① 题:此诗作年:魏本:"樊曰:永贞元年(805),自阳山徙掾江陵,十月过洞庭湖作。或云赴阳山时作。公《江陵途中》诗,叙初赴阳山云'春风洞庭浪',而此诗则首云'十月阴气盛',可知其非矣。《祭郴州李使君文》其略云'俟新命于衡阳',《祭张十一》云'避风太湖',详此可见。"文《详注》:"《补注》:或云赴阳山作,而公《江陵途中》诗其叙初赴阳山云:'商山季冬月,冰冻绝行辀。春风洞庭浪,出没惊孤舟。'则知公以贞元十九年十二月过商山,而此诗言'十月阴气盛',则知其非赴阳山日。盖自阳山徙掾江陵,永贞元年十月过洞庭作也。公《祭李使君》云'俟新命于衡阳,见秋月之三毂',《祭张十一》云'避风太湖',详此盖可见矣。"按:洞庭湖,在湖南省北部,长江南岸。湘、资、沅、澧四水均汇于此,在岳阳市北入长江。湖中小山甚多,以君山最著名。《水经注》卷三八:"凡此四水,同注洞庭,北会大江,名之五渚⋯⋯湖水广圆五百余里,日月若出没于其中。"阻风,为风阻隔。

② 无时休:没有休止的时候。李白《上清宝鼎诗》:"玉尺不可尽,君才无时休。"又杜甫《同诸公登慈恩寺塔》:"高标跨苍天,烈风

无时休。"

③ 苍茫:文《详注》:"本作'莽苍',郊野不明之色也。莽,音莫浪反,或作茫,音莫郎反。苍,音七荡反。事见《庄子》'适莽苍'注。"文谠所引见《庄子·逍遥游》"适莽苍者三餐而反"句注,司马云:"莽苍,近郊之色。"李云:"近野也。"宋白文本、文本、祝本、魏本、廖本、王本均作"苍茫",从之。

子:张署。维双舟,系着两只小船。

④ 雾雨晦争泄:魏本:"韩曰:《汉·邹阳传》:'浮云出流,雾雨咸集。'"按:谓茫茫大雨在昏暗的天地间倾泄而下,真一望无际八百里洞庭阴雨情景。《楚辞》屈原《大招》:"雾雨淫淫,白皓胶只。"即迷雾阵阵,淫雨绵绵,海天相接,浩浩茫茫。

⑤ 波涛怒相投:波涛像发了怒似的争奔而来。怒,气愤发狂,气势盛大。《诗·邶风·柏舟》:"薄言往愬,逢彼之怒。"《庄子·逍遥游》:"怒而飞,其翼若垂天之云。"投,投掷,搏击。《史记·西门豹传》:"即使吏卒共抱大巫妪投之河中。"班固《奕旨》:"博悬于投。"此写近景。

⑥ 犬鸡断四听:方《举正》据杭、蜀本作"犬鸡绝四听"。朱《考异》:"断,方从杭、蜀本作'绝'。今按:此句既有'绝'字,则下一句不应便复出。方为杭、蜀所误,此比多矣。今但刊正,不能悉论,而论其最著者一二,以晓观者。"宋白文本、文本、祝本、魏本、廖本作"断"。朱说是。

按:此句谓雨、涛之声盛大,四周的犬吠、鸡啼声都听不见了。此反用《庄子·胠箧》:"鸡狗之音相闻。"陶渊明《桃花源记》:"鸡犬相闻。"

⑦ 粮绝谁与谋:宋白文本作"绝",下注:"绝,一作'断'。"

此句用《论语·卫灵公》"在陈绝粮,从者病,莫能兴"意。粮绝谁与谋:无人与筹措也。

⑧ "相去"二句:即相隔不到一步的距离,却像隔着山丘一样。此指他的船与张署的船并靠,距离近。《说文·石部》:"硋,止也。"

《列子·力命》:"独往独来,独出独入,孰能碍之?"唐宋之问《早入清远峡》诗:"秋菊迎霜序,春藤碍日辉。"险、碍二字皆指洞庭湖波涛。指他与张署两船停靠仅一步之隔的距离,却难以接近,突出了凶险之势。以上二句写风涛险阻如画,寓时人之心理跃出。故朱彝尊《批韩诗》云:"偶然境。道来亦醒眼,兴趣乃在近而不得相就上。"

⑨ 清谈可以饱:方世举《笺注》:"清谈:刘桢诗:'清谈同日夕,情眄叙忧勤。'可以饱:《诗·苕(之)华》(《小雅》):'人可以食,鲜可以饱。'"按:清谈,清雅的交谈、议论。《文选》卷二三,三国魏刘桢《赠五官中郎将》之二:"清谈同日夕,情眄叙忧勤。"《三国志·魏·刘劭传》:夏侯惠荐刘劭曰:"臣数听其清谈,览其笃论,渐渍历年,服膺弥久,实为朝廷奇其器量。"应璩《与侍郎曹长思书》:"幸有袁生,时步玉趾,樵苏不爨,清谈而已。"

⑩ 梦想:梦里都想。《古诗十九首》:"独宿累长夜,梦想见容辉。"接无由,无缘接近。张鸿《批韩诗》:"造意可爱。"

⑪ 男女:指儿女等人。喧左右,在身旁叫嚷。杜甫《岁晏行》:"况闻处处鬻男女,割慈忍爱还租庸。"

⑫ 啾啾:魏本注:"啾啾,小儿声。祝曰:《楚辞》(《九歌·山鬼》):'猿啾啾兮狖夜鸣。'啾,即由切。"按:啾啾,儿女凄凉的叫声。《全唐诗》卷二〇王翰《饮马长城窟行》:"黄昏塞北无人烟,鬼哭啾啾声沸天。"又卷二一八杜甫《凤凰台》:"恐有无母雏,饥寒日啾啾。"均形容凄凉的叫声。

⑬ "非怀"二句:何用,方《举正》:"晁校'用'作'由',李本'一作由'。"宋白文本、文本、魏本作"用"。方成珪《笺正》:"此诗第二字仄平平仄,循环相间,井然不乱,当作'用'为协。况第六韵即是'由'字。不应复出也。"

按:方成珪说有理,此句为"仄仄平平仄",第二字作"仄"。况亦不与上文"由"字重复。此二句谓:如果不是心怀北归的兴致,哪里用得着这么多羁旅苦愁呢?

⑭ 悠悠:遥远貌,亦作悠闲自得讲。《楚辞》屈原《九章·思美人》:"开春发岁兮,白日出之悠悠。"王勃《滕王阁》:"闲云潭影日悠悠。"

⑮ 开霁:蒋抱玄《评注》:"《南史·宋文帝纪》:'风转而西南,景色开霁。'"

按:开霁,雨止云开,日出天晴。宋玉《高唐赋》:"风止雨霁,云无处所。"如苏轼《潮州韩文公庙碑》:"故公之精诚,能开衡山之云。"

⑯ 过是吾无求:宋白文本、文本、祝本、廖本、王本作"无"。魏本作"何"。作"何"、作"无"均通,今从诸本作"无"。

此句谓:除此之外无别的要求,即只希望天晴。过是,超出这个(能令暂开霁)。

【汇评】

蒋抱玄:写得不即不离,自具神妙。(《注释评点韩昌黎诗全集》)

李花赠张十一署①

元和元年

元和元年(806)二月末写于江陵。韩愈赋李花诗甚工,诗前半写李花神形毕肖,字字欲活,然意在托后半之情。而他又不是以文造情,而是以情造文。江陵西郊的李花,赢得了不少人的叹赏。韩愈这位"念昔少年著游燕,对花岂省曾辞杯"的诗人,遇此佳期好景,怎能不畅游,对花一醉呢? 可是,因为他"自从流落忧感集",便不得不"欲去未到先思回"了。可见他是借花写人,以李花自比托出他"弥感身世之易衰"的感情。众多诗人颂赞桃花,桃花虽美,经日色退,不如李花洁白如玉。"昌黎半山总爱李,爱其缟色天不晡"

也。韩愈虽也有"不如归田十亩园"的想法,但他关心国事,体恤百姓,终"不忍虚掷委黄埃",自暴自弃。诗不仅以李花表现了他的性格贞操,还反映出他此时此地的思想:韩愈毕竟是一生力图进取的人。诗妙在借花写人,却始终不明提及,极匣剑帷灯之致。

江陵城西二月尾②,花不见桃惟见李③。风揉雨练雪羞比④,波涛翻空杳无涘⑤。君知此处花何似?白花倒烛天夜明⑥,群鸡惊鸣官吏起⑦。金乌海底初飞来⑧,朱辉散射青霞开⑨。迷魂乱眼看不得⑩,照耀万树繁如堆⑪。念昔少年著游燕⑫,对花岂省曾辞杯⑬?自从流落忧感集⑭,欲去未到先思回⑮。只今四十已如此⑯,后日更老谁论哉!力携一樽独就醉⑰,不忍虚掷委黄埃⑱。

【校注】

① 题:朱《考异》:"李花,或作'李有花'。"宋白文本作"李有花",亦可。文本、祝本、魏本、廖本作"李花",魏本等注:"一作'李有花'。"作"李花",善。

文《详注》:"《补注》:'江陵城西二月尾',元和元年二月也。公时为江陵法曹。"魏本:"《补注》:元和元年二月,公时为江陵法曹参军作。"

按:李,李子树,落叶小乔木,春二月开花色白,夏秋果实成熟,圆球形,色青黄紫红,味甘美。梨,亦开白花,品种不同。

② 江陵:在今湖北省西部的荆州市江陵区。二月尾,农历二月末。《旧唐书》卷三九《地理志二》:"荆州江陵府:隋为南郡。武德初,萧铣所据。四年,平铣,改为荆州,领江陵、枝江、长林、安兴、石首、松滋、公安七县。五年,荆州置大总管,管荆、辰、朗、澧、东松、沈、基、复、巴、睦、崇、硖、平等十三州,统潭、桂、交、循、夔、高、康、钦、尹九州。……七年……改大总管为大都督……上元

元年九月,置南都,以荆州为江陵府,长史为尹,观察、制置,一准两京。"

③ 花不见桃惟见李:看不见红色的桃花,只见白色的李花。此为夜景。陆游《老学庵笔记》卷一:"杨廷秀在高安有小诗云:'近红暮看失燕支,远白宵明雪色奇。花不见桃惟见李,一生不晓退之诗。'予语之曰:'此意古人已道,但不如公之详耳。'廷秀愕然问:'古人谁曾道?'予曰:荆公所谓'积李兮缟夜,崇桃兮炫昼'是也。廷秀大喜曰:便当增入小序中。"宋人杨万里以写花著名,《诚斋集》卷二五《读退之李花诗》:"桃李岁岁同时并开,而退之有'花不见桃惟见李'之句,殊不可解。因晚登碧落堂,望隔江桃李,桃皆暗而李独明,乃悟其妙,盖'炫昼缟夜'云。'近红暮看失燕支,远白宵明雪色奇。花不见桃惟见李,一生不晓退之诗。'"

④ 揉:方《举正》作"揉",云:"阁本、蜀本并作'柔'。"朱《考异》:"揉,或作'柔',非是。"宋白文本、文本、祝本、魏本、廖本、王本均作"揉"。魏本注:"揉,以手挺也。"文《详注》:"而由切。"沈钦韩《补注》:"练,当为'涑'。《考工记》(《周礼·考工记·㡛氏》):'㡛氏涑丝。'"童《校诠》:"第德案:揉、柔古通用,诗嵩高:揉此万邦,释文:揉本亦作柔,民劳:柔远能迩,释文作揉,云:揉音柔,本亦作柔,是其证。管子四时篇:然则柔风甘雨乃至,公用柔风字本此,作柔自通,宜两存之。宋文与可诗:风柔日薄恰新霁;陆务观诗:雏燕风柔渐独飞,则祖公之所为。说文:练,涑缯也;涑,滴也。涑、练古字通,试以周礼互证:㡛氏涑丝作涑;天官染人:凡染,春暴练,郑注:暴练,练其素而暴之,正义:春阳时阳气燥达,故暴晒其练,是涑、练通用之证。战国秦策:简练以为揣摩,高注:练,濯也,文选:枚叔七发:洒练五藏,李注:练犹汰也,亦其证(说本朱丰芑)。"钱仲联《集释》:"《易·说卦传·释文》:宋衷云:使曲者直,直者曲为揉。"

按:揉、柔,二字古通用。柔,本字,揉,后出,唐人多用"揉",今从朱说。风揉雨练,李花洁白像春天的和风抚揉、细雨练洗的一样。雪羞比,雪虽白,若与李花相比也自惭不如。

⑤ 波涛翻空杳无涘(sì)：方《举正》据阁本"翻空"作"相翻"，云："李、谢校。"朱《考异》："方作'相翻'，非是。"诸本作"翻空"，从之。

按：文《详注》："涘，厓也，音床史切。"魏本注："涘，水涯，音俟。"波浪翻空，一望无际的李花如大海里的波浪排空滔天。杳无涘，无边无际。《诗·王风·葛藟》："绵绵葛藟，在河之涘。"传："涘，音俟，涯也。"《庄子·秋水》："两涘渚崖之间，不辩牛马。"此远望李花盛开之景。何焯《批韩诗》："言其盛。"

⑥ 君知此处花何似？白花倒烛天夜明：按：二句一问一答，语壮，省神。何焯《义门读书记》卷三〇："插入张，复作体物，语势有断续，语有关键。"倒烛，蜡烛本是从上向下照，倒烛是从下向上照。天夜明，黑夜变成像白天一样亮。意思谓：日光本自从上向下照亮大地，黑夜里的李花却从下向上照，使黑夜明亮如白天。马位《秋窗随笔》："郑谷'月黑见梨花'，佳句也；不及退之'白花倒烛天夜明'为雄浑，读之气象自别。义山《李花》诗'自明无月夜'，与退之未易轩轾。"此句写李花白而明，造意甚奇，他诗无比。日本人近藤元粹注："'白花'二句，夜景。"实用朱彝尊《批韩诗》语。

⑦ 群鸡惊鸣官吏起：用夸张手法极写李花的白光照彻黑夜，使雄鸡误认为天亮而啼叫；官吏听见鸡叫，误以为天亮而起床。前起六句状李花之白，工为形似之言。以上七句写夜景。张鸿《批韩诗》："花中惟李夜中独白，此诗写李之白而明，造意奇。"朱彝尊《批韩诗》："夜景。"

⑧ 金乌海底初飞来：文《详注》："金乌，日也。"魏本："韩曰：'金乌，日也。'"顾嗣立《集注》："张衡《灵宪》：'日，阳精之宗，积而成乌，乌有三趾。'隋孟康《咏日》诗：'金乌升晓气。'唐太宗（《赋得白日半西山》）诗：'红轮不暂驻，乌飞岂复停？'"此句转折，写日初升的朝景。金乌，太阳。此句写日出形似活脱。隋孟康《咏日应赵王教诗》诗："金乌升晓气，玉槛漾晨曦。"《全唐诗》卷三八蔡允恭《奉和出颍至淮应令》："稍觉金乌转，渐见锦帆稀。"韩愈《游青龙寺

赠崔大补阙》:"然云烧树火实骈,金乌下啄赪虬卵。"孟、蔡诗拘而板,均不如韩诗。朱彝尊《批韩诗》:"朝景。"

⑨朱辉:红光。太阳刚升起时天上的红霞。青霞,青云。《全唐诗》卷六二杜审言《和韦承庆过义阳公主山池五首》之三:"携琴绕碧沙,摇笔弄青霞。"又《七夕》:"白露含明月,青霞断绛河。"韩愈《同窦牟韦执中寻刘尊师不遇》:"院闭青霞入,松高老鹤寻。"《文选》卷一六江淹《恨赋》:"郁青霞之奇意。"

⑩迷魂乱眼:方《举正》据唐本作"迷魂乱眼",云:"蔡、谢校。晁本作'迷乱人眼',蜀作'迷乱入眼'。"朱《考异》:"迷魂乱眼,或作'迷乱入眼'。入,又作'人'。皆非是。"宋白文本、文本、祝本、魏本作"迷乱入眼",注:"一作'迷魂乱眼'。入,一作'人'。"廖本、王本作"迷魂乱眼",从之。

文《详注》:"《庄子·秋水篇》曰:'迷乱而不能自得。'"按:迷魂乱眼,朝阳的光照射到李花上,万株李花光耀照人,照得人眼花缭乱,神情恍惚。犹如冬日阳光下看雪,刺得人睁不开眼。

⑪繁如堆:形容李花繁盛如堆白雪。以上四句写日出朝景,形肖语峻。如何焯《批韩诗》云:"字字惊绝。"

⑫著游燕:贪恋游赏饮宴。著,贪恋,着实,乃中原人口语,即却实。燕,同宴。宴作宴席解,作安闲解均可。张相《诗词曲语辞汇释》卷三:"着,犹爱也;亦云注重也……《李花赠张十一署》:'念昔少年着游燕,对花岂省曾辞杯。'着游燕,爱游燕也。"着,同著。日本人近藤元粹注:"'念昔'以下换韵为正体,是盖变体。"

⑬对花岂省曾辞杯:方《举正》据唐、阁本作"省曾辞",云:"蔡、谢校。"朱《考异》:"或作'岂曾辞酒',非是。"宋白文本、文本、魏本作"曾辞酒杯"。宋白文本注:"曾,一作'省'。"魏本注:"一作'岂省曾辞杯'。"今作"岂省曾辞杯"。童《校诠》:"第德案:礼记乐记:省其文采,郑注:省犹审也,对花岂省曾辞杯,言对花岂审曾辞杯也。一曰汉禁中以避元后父名改为省中,颜氏家训书证篇:其处既常有禁卫省察,故以省代禁,对花岂省曾辞杯,言对花岂禁曾辞杯也。

元、刘诗以第一义解之自通。张谓省曾同义,可商。注鲁当作曾。广韵十五灰:栝说文曰:䥶也,杯上同,盃俗。"按:此句谓:面对繁华似锦的李花,哪里还想辞杯不饮呢?张相《诗词曲语辞汇释》卷五:"省,犹曾也……亦有省、曾二字联用者。韩愈《李花赠张十一署》诗:'念昔少年着游燕,对花岂省曾辞杯。'元稹《得乐天书》诗:'远信入门先有泪,妻惊女哭问何如?寻常不省曾如此,应是江州司马书。'"

⑭流落:指贬官阳山后的流徙生活。方世举《笺注》:"流落:按:《史记·霍去病传》:'诸宿将常坐留落不遇。'索隐曰:'谓迟留零落也。'杨慎曰:'今作流落,非。'然阮瑀诗(《怨诗》)'流落恒苦心',其来久矣。"

⑮欲去未到先思回:钱仲联《集释》:"杜甫《乐游园歌》:'却忆年年人醉时,只今未醉已先悲。'为公用意所本。又公《晚菊》诗云:'少年饮酒时,踊跃见菊花。今来不复饮,每见恒咨嗟。'意亦同此。"按:此句承上"流落忧感集"(因)转折,谓他数年流落饱受忧患,此花虽好也无心赏玩,欲去思回。

⑯只今:张相《诗词曲语辞汇释》卷六:"即今、只今、祗今、如今、而今、今来。李峤《汾阴行》:'不见只今汾水上,惟有年年秋雁飞。'李白《苏台览古》诗:'只今惟有西江月,曾照吴王宫里人。'"韩愈《赠刘师服》:"只今年才四十五,后日悬知渐莽卤。"亦用之。《韩愈年谱汇证》:"诗又云'只今四十已如此',韩愈时年三十九岁。若以传统习俗,虚一岁而言,正四十岁也。"

⑰独就醉:方《举正》据杭、蜀本订"独"。朱《考异》:"独,或作'共',非是。"宋白文本、魏本作"独"。文本作"共",注:"共字一作'独'。"作"独"字是。何焯《义门读书记》卷三〇:"注独,或作'共',非是。按:《寒食日出游》篇云:'李花初发君始病。'则为"独"字所出也。

按:樽,酒器。独就醉,时张署病,故独自饮酒致醉。何焯《批韩诗》:"对君说,似收到李花。"

⑱ 不忍虚掷委黄埃：委，方《举正》订，云："谢本'委'作'随'。"宋白文本、文本、魏本、廖本作"委"，注："一作'随'。"作"委"字善。

魏本："韩曰：《选》（卷一一）《芜城赋》：'直视千里外，唯见起黄埃。'"方世举《笺注》："《淮南·地形训》：'黄埃五百岁生黄澒。'谢尚诗（《大道曲》）：'青阳二三月，柳青桃复红。车马不相识，皆落黄埃中。'"蒋抱玄《评注》："李白诗（《宣州九日醉后寄崔侍御》）：'良辰与美景，两地方虚掷。'"按：虚掷，虚度光阴。掷，抛弃。委黄埃，寄身于黄土。此结句耐人寻味。李黼平《读杜韩笔记》云此诗佳处在后段，曰："百折千回，传出'不忍虚掷'之意，而前之'迷魂乱眼看不得'者，亦不能不携尊而就矣。此刘彦和所谓'以情造文'，非'以文造情'者也。"

【汇评】

宋朱翌：郑谷《海棠》诗云："秾丽正宜新著雨，娇饶全在欲开时。"百花惟海棠未开时最可观，雨中尤佳。东坡云："雨中有泪亦凄怆。"亦此意也。五代诗格卑弱，然体物命意亦有工夫，卒章云："浣花溪上堪惆怅，子美无心为发扬。"故王介甫《梅》云"少陵为尔牵诗兴，可是无心赋海棠"，用此也。穿凿者乃云：子美之母小名海棠，故子美不作海棠诗。未知出何典记。世间花卉多矣，偶不及之尔。若撰一说以文之，则不胜其说矣。如牡丹、芍药、酴醾之类，子美亦未尝有诗，何独于海棠便为有所避耶？退之于李花赋之甚工，又将为何说耶？（《猗觉寮杂记》卷上）

宋杨万里：《读退之李花诗》：桃李岁岁同时并开，而退之有"花不见桃惟见李"之句，殊不可解。因晚登碧落堂，望隔江桃李，桃皆暗而李独明，乃悟其妙，盖"炫昼缟夜"云。"近红暮看失燕支，远白宵明雪色奇。花不见桃惟见李，一生不晓退之诗。"（《诚斋集》卷二五）

清何焯：《李有花赠张十一署》："君知此处花何似"，插入张，复作体物，语势有断续，语有关键。"力携一尊独就醉"，注"独"或作

"共",非是。按:《寒食日出游》篇云:"李花初发君始病。"(《义门读书记》卷三〇)

清马位:郑谷"月黑见梨花",佳句也;不及退之"白花倒烛天夜明"为雄浑,读之气象自别。义山《李花》诗"自明无月夜",与退之未易轩轾。(《秋窗随笔》)

清李黼平:情动于中而形于言,古人即物流连,藉以发其情之不容已,未尝拘拘于是物也。退之"江陵城西二月尾"一篇,起数韵状李花之白,可谓工为形似之言,而诗之佳处不在此。后段云:"念昔少年著游燕,对花岂省曾辞杯?自从流落忧感集,欲去未到先思回。只今四十已如此,后日更老谁念(论)哉!力携一樽相(独)就醉,不忍虚掷委黄埃。"百折千回,传出"不忍虚掷"之意,而前之"迷魂乱眼看不得"者,亦不能不携尊而就矣。此刘彦和所谓"以情造文",非"以文造情"也。(《读杜韩笔记》卷下)

清陈衍:芳原绿野,妆点春景者,莫如桃李花,荆公"崇桃兮炫昼,积李兮缟夜"二语尽之矣。惟少陵诗喜说桃花,昌黎、荆公诗喜说李花。殆以桃花经日经雨,皆色褪不红,一望成林时,不如李花之鲜白夺目。所以少陵之爱桃花,亦在"深红间浅红"时。余作《法源寺丁香》诗,所谓"昌黎半山总爱李,爱其缟色天不晡"也。(《石遗室诗话》卷一七)

汪佑南:见李花繁盛,弥感身世之易衰。公与署同谪江陵,同悲流落,李花如此盛开,而不赏花饮酒,辜负春光,岂不可惜?惜李花,实自惜也。(《山泾草堂诗话》卷一)

蒋抱玄:此诗妙在借花写人,始终却不明提,极匣剑帷灯之致。(《注释评点韩昌黎诗全集》)

杏　花①

元和元年

元和元年(806)春在江陵作。韩愈虽然遇赦,但是不得归京,只在江陵当了一名法曹参军的小官,其志难酬,其情难舒。正值春日,比邻北郭古寺两株杏花盛开,触景生情,借咏物以寄其慨。虽题为"杏花",但只有"杏花两株能白红"一句写到杏花,余则十九句全在寄情。笔锋恣肆,情思驰骋,突出诗旨,真是奇作。诗的写法:起句得势,中间转折自然,收笔落到明年,意味无穷。诗人满肚子的怨气在二十句诗里和盘托出。写咏物诗,初学者必得物肖,而大手笔则不必描头画脚,追求"迫肖物形",全在突出精神,这样的诗才能感人,才是好诗。

居邻北郭古寺空②,杏花两株能白红③。曲江满园不可到,看此宁避雨与风④。二年流窜出岭外⑤,所见草木多异同⑥。冬寒不严地恒泄⑦,阳气发乱无全功⑧。浮花浪蕊镇长有⑨,才开还落瘴雾中。山榴踯躅少意思⑩,照耀黄紫徒为丛。鹧鸪钩辀猿叫歇⑪,杳杳深谷攒青枫⑫。岂如此树一来玩,若在京国情何穷⑬?今旦胡为忽惆怅⑭?万片飘泊随西东。明年更发应更好⑮,道人莫忘邻家翁⑯。

【校注】

① 题:文《详注》:"《补注》:此诗元和改元春江陵作。'二年流窜出岭外',公贞元十九年冬出为阳山凡二年,至是为掾江陵,其年六月召。'明年更发愈(应)更好',则公时为博士于京矣。"魏本云:"与前篇(《李花赠张十一署》)同时(元和元年春二月)作。"诸谱均系是年。

何焯《义门读书记》卷三〇:"此篇真怨而不怒矣。"

② 居邻:住所附近。魏本:"孙曰:'江陵所居之邻。'"王元启《记疑》:"北郭古寺:江陵有金銮寺,退之题名在焉。居邻古寺,意即此寺。"按:北郭,城北郊。"空"字用得奇峭,形容古寺荒僻,无人光顾,惟韩公,人亦凄凉也。一"空"字,尽物与人之遭遇。

③杏花两株能白红：方世举《笺注》：" 能白红，李白诗：'桃花能红李能白。'愚按：杏花初放，红后渐白。"按：能白红，能白能红。或云杏花初开色红，渐而变白。陈迩冬《韩愈诗选》："能，唐人口语，含有多么、居然这样的意思。今桂林口语读 nèn（恁），还保存着唐音。"张相《诗词曲语词汇释》卷三："能，甚辞。凡亦可作这样或如许解而嫌其不得劲者属此。韩愈《杏花》诗：'居邻北郭古寺空，杏花两株能白红。'言何其红白相间而热闹也，反衬古寺荒凉之意。"此句承上而衬，此解好。陈说"能"为唐人口语，今桂林口语读恁（nèn），今中州依然，如说"你能""你能耐"。题为"杏花"，然只此一句写杏花，且用清新雅丽的语言把杏花之形态和内在美写足了。

④"曲江"二句：文《详注》："曲江池在长安。解见《秋怀》诗。"魏本："孙曰：曲江在长安。园即芙蓉园也。韩曰：曲江，在长安城南，公故有怀思之意焉。蔡曰：《西京杂记》：'朱雀街东龙华寺南，有流水诘屈，谓之曲江。'唐《剧谭录》：'曲江池本秦隑州，开元中疏凿，遂为妙境。花卉周环，烟水明媚，都人游玩，盛于中和节。江侧菰蒲葱翠，柳阴四合，碧波红蕖，湛然可爱。'杜甫《哀江头》诗'春日潜行曲江曲，细柳新蒲为谁绿'者是也。"按：此二句是想象中的内心独白：曲江的春天虽然繁华似锦却无法去赏玩，宁可在这里看花以避（政治上的）风雨。曲江，长安城东南的游览胜地。《太平寰宇记》二五《雍州·长安县·曲江池》："曲江池，汉武帝所造，名为宜春苑，其水曲折，有似广陵之江，故名之。"康骈《剧谈录》卷下："曲江池，本秦世隑洲，开元中疏凿，遂为胜境。其南有紫云楼、芙蓉苑，其西有杏园、慈恩寺，花卉环周，烟水明媚。"何焯《批韩诗》："波澜感慨。"概言之：曲江在西京外郭城东南敦化坊南，青龙坊东。龙华寺之南有流水屈曲，谓之曲江，其深处下不见底。司马相如赋曰："临曲江之隑州。"盖其所也。详参《两京城坊考》卷三"曲江"。

⑤二年流窜：魏本："樊曰：'公贞元十九年冬，出为阳山，凡二年，至是始为掾江陵。'""洪谱"："二年谓甲申、乙酉。"按：贞元十九

年(803)冬,韩愈被贬阳山,地在岭南。贞元二十一年(805)冬,北归江陵,至今元和元年(806)春,时为二年。故云二年流窜岭外。

⑥异同:偏义词,强调"异",即不同。《全唐诗》卷一二五王维《送陆员外》:"迟迟前相送,握手嗟异同。"又卷三五二柳宗元《重赠二首》:"闻道将雏向墨池,刘家还有异同词。"朱彝尊《批韩诗》:"借客形主。"

⑦冬寒不严地恒泄:恒,魏本作"常"。宋白文本、文本、廖本作"恒",是。泄,宋白文本、文本、祝本、魏本作"洩",廖本、王本作"泄"。泄、洩异体通用,今通作泄。

地恒泄:文《详注》:"南方阳气所聚,故虽冬如春。《月令》曰:'孟冬行春令,则冻闭不密,地气上泄。'"魏本:"孙曰:'岭南无大寒,故地气多泄。'"《礼记·月令》:"孟冬行春令,则冻闭不密,地气上泄。"又"地气沮泄,是谓发天地之房。"方世举《笺注》:"冬寒不严:鲍照诗:'江南多暖谷,杂树茂寒峰。'地恒泄:《记·月令》……"按:地恒泄,恒者常也。南方天暖,阳气早泄,宜于植物生长。

⑧阳气发乱无全功:无全功,方《举正》订,云:"阁本作'全无功',恐非。"诸本作"无全功",是。

此句谓:阳气乱发,天也无法控制。无全功,此用《列子·天瑞篇》"天地无全功"意,是说天地也不是全能的。以上二句写南方气候特点,真实绝妙,不亲历其地,无法写出,亦不能理解。正如查慎行《查初白诗评十二种》所说:"不到岭南,不知此句之妙。"

⑨浮花浪蕊镇长有:镇,常也,与"长"字连用,当常常讲。朱骏声《说文通训定声》:"《尔雅·释诂》:'尘(古镇、尘通假),久也。'今人谓时之久曰镇日曰镇年,以镇为之。"张相《诗词曲语词汇释》卷二:"镇,犹常也,长也,尽也。韩愈《杏花》诗……此与长字义同而联用为重言。"韩公《题炭谷湫祠堂》:"林丛镇冥冥,穷年无由删。"童《校诠》:"案:楚辞离骚:贯薜荔之落蕊,王注:蕊,实貌也,吕延己注:蕊,花心也。刘渊林蜀都赋注:蕊者或谓之华,或谓之实,一曰:花须头点也。说文:蘂,垂也,桂未谷云:卢谌时兴诗:榮榮芬

华落,李善引字书曰:橤,垂也,馥谓诗借橤字,注依诗作橤字,而所引则蘂字也。惢,说文:心疑也,从三心,读若易旅琐琐,王菉友云:文选魏都赋:神惢形茹,注:蘂,垂也,谓垂下也,惢与蘂同。似蘂、橤皆蘂之俗,玉篇又有蕊字。是则华蘂字应作蘂,作惢者借字,蘂、橤、蕊皆后出字,蕊又隶变作蕋。又按:六朝唐人多用镇字,义为久也、长也。公此语与答孟郊诗肠肚镇煎煼;题炭湫谷(按:应为"谷湫")祠堂诗林丛镇冥冥;秋雨联句帝鼓镇訇磕皆同。其本字当作填(说本段若膺)。说文:填,塞也,塞则安定矣;诗柔桑:仓兄填兮,毛传:填,久也,安则能久。一曰其本字当为尘(说本朱丰芑),尔雅释诂:尘,久也,孙(炎)注:尘居之久也,久则生尘矣。或假烝字为之,诗东山:烝在桑野,毛传:烝,窴也,郑笺:古者声窴、填、尘同也。按说文:窴,塞也,王菉友云:窴、填同。"唐太宗李世民《咏烛》诗:"镇下千行泪,非是为思人。"

⑩ 山榴:山石榴。植物名,又名红踯躅、山石榴、映山红、杜鹃花。《渊鉴类函·果四·石榴一》引周景式《庐山记》:"香炉峰头有大磐石,可坐数百人,垂生山石榴,三月中作花,色似石榴而小,淡红敷紫萼,炜熠可爱。"白居易《山石榴寄元九》:"杜鹃啼时花扑扑,九江三月杜鹃来。"踯躅(zhí zhú),羊踯躅,落叶小灌木,花有毒,羊食则死,俗名闹羊花,羊不食草。树高三四尺,花似山石榴。文《详注》:"《本草》:踯躅,草名,羊食之踯躅而死,因名之。树高三四尺,叶似桃叶,花似山石榴。"崔豹《古今注》卷下:"羊踯躅,花黄,羊食之则死,羊见之则踯躅分散,故名羊踯躅。"少意思,缺乏趣味、兴致。韩公《与冯宿论文书》:"辱示《初筮赋》,实有意思。"

⑪ 钩辀(zhōu):文《详注》:"鹧鸪自呼其名,常向日而飞,不思北徂。《南越志》所谓'鹧鸪虽东西回翔,然开翅之始,必先南翥,亦胡马嘶北之义也。'《本草》曰:'鹧鸪形似母鸡,鸣云钩辀格磔者是;有鸟相似,不为此鸣者非。'上音之夜切,下音古乎切。"方世举《笺注》:"鹧鸪钩辀:左思《吴都赋》:'鹧鸪南翥而中留。'善曰:'鹧鸪如鸡,黑色,其鸣自呼,常南飞不北。豫章已南诸郡,处处有之。'《岭

表记》:'鹧鸪自呼云钩辀。'"按:钩辀,象声词,鹧鸪的叫声。《全唐诗》卷五六九李群玉《九子坡闻鹧鸪》:"正穿诘曲崎岖路,更听钩辀格磔声。"

⑫杳(yǎo)杳深谷攒(cuán)青枫:方《举正》作"杳杳",云:"谢校同。"朱《考异》:"杳杳,或作'杳蔼'。"宋白文本、文本、祝本、魏本作"杳蔼",注:"蔼,一作'杳'。"廖本、王本同方作"杳杳",从之。

杳杳:遥远、幽深貌。攒,聚集在一起。司马相如《上林赋》:"攒立丛倚,连卷櫹椮。"师古注:"攒,聚也。"文《详注》:"杳蔼,深暗貌。《尔雅》(《释木》注)曰:'枫树似白杨,叶圆而歧。'《山海经》(《大荒南经》注)曰:'黄帝杀蚩尤,弃其桎梏,变为枫木,脂入地,千年化为虎魄。'"方世举《笺注》:"攒青枫:宋玉《招魂》:'湛湛江水兮上有枫。'《南方草木状》:'五岭之间多枫木。'"钱仲联《集释》:"《文选·西都赋》李善注:'《仓颉》曰:攒,聚也。'"童《校诠》:"第德案:班孟坚西都赋:列刃钻鍭,李注:苍颉篇曰:攒,聚也,钻与攒同。是班原作钻,不作攒,李以钻与攒同,故引仓颉篇作注。汉书司马相如传上:攒戾莎,颜注:攒,聚也(文选上林赋李氏无注);文选扬子云甘泉赋:攒并间与茇葀兮,李注:苍颉篇曰:攒,聚也(汉书扬雄传上颜氏无注)。公用攒字,本诸相如、子云,应引扬、马文,乃得其朔。又按:说文欑,积竹杖也,一曰穿也,一曰丛木,丛木即聚之义,攒为欑之后出字。"

⑬"岂如"二句:谓怎比这两株杏花,当我一来赏玩,就像在京城一样,引发无穷的情思。京国,指长安。何焯《义门读书记》卷三〇:"'若在京国情何穷'应'曲江满园不可到'。"

⑭今旦胡为忽惆怅:胡,魏本作"何"。诸本作"胡"。何、胡二字义同。朱《考异》:"惆,或作'怊'。后放此。"

按:今旦,今日早晨,或云今日。胡为,何为,为什么?惆怅,惆、怊通用。惆怅,伤感、失意。《楚辞》宋玉《九辩》:"廓落兮羁旅而无友生,惆怅兮而私自怜。"

⑮明年更发应更好:更发,再发。魏本作"花发",误。虽去更

字之重复,却少意味、情趣。句中连用两更字,奇俏。何焯《义门读书记》卷三〇:"安知明年不仍在江陵。京国真不可到矣。落句正悲之至也。即从'飘泊'二字生下凄绝语。出以平淡。"

⑯ 道人莫忘邻家翁:道人,有道之人,此指寺里老僧。魏本:"樊曰:'八(当作本)年六月,公召拜国子博士。明年花发时,公为博士于京矣。'孙曰:'道人谓寺僧。'蔡曰:'翁,愈自称也。'"文《详注》:"东坡《寒食游南塔寺》云:'记取明年作寒食,杏花曾与此翁邻。'即此意也。"方世举《笺注》:"道人:《南史·顾欢传》:'道之与佛,遥绝无二,吾见道士与道人战儒、墨,道人与道士辨是非。'又《世说》称'林道人''道一道人',皆系沙门,此盖谓寺僧也。'忘,音望。"

【汇评】

宋朱翌:退之《杏花》云:"鹧鸪钩辀猿叫歇。"《本草》鹧鸪鸣云:"钩辀格磔。"李群玉云:"方穿诘曲崎岖路,又听钩辀格磔声。"林逋云:"草泥行郭索,云木叫钩辀。"当时人盛诵之,以今所闻之声,不与四字合,若云"行不得也哥哥",不知《本草》何故知谓此声?鹧鸪非啼于木上,止啼于草茅中。逋,钱塘人,浙无此禽,盖传闻之误。段成式则云:"鸣云向南不北逃。"(《猗觉寮杂记》卷上)

清何焯:《杏花》:此篇真怨而不怒矣。"若在京国情何穷",应"曲江满园不可到"。"明年更发应更好",安知明年不仍在江陵,京国真不可到矣。落句正悲之至也。即从"飘泊"二字生下凄绝语,出以平淡。(《义门读书记》卷三〇)

清姚范:《杏花》"曲江满园不可到"注:《剧谈录》:"曲江池本秦隑州。"然则以隑州为州乎? 康骈未必若是之谬,注诗者未必若是之陋,俗刻误耳。相如赋:"临曲江之隑州。"张揖曰:"苑中有曲江之象,中有长洲也。"小颜曰:"曲岸头曰'隑'。隑,即'碕'字。""山榴踯躅少意思。"按:《吴志》吕蒙称陆逊"意思深长"。公《答冯宿书》:"辱示《初筮赋》,实有意思。"(《援鹑堂笔记》卷四一)

清李黼平：诗凡十韵，只次句是写杏花。著一"能"字，精神又注到"曲江"，与少陵"西蜀樱桃也自红"用意正同。此下纵笔说二年岭外所见草木，如山榴、踯躅、青枫之类，然后束一笔云"岂如此树一来玩，若在京国情何穷"，醒出诗之旨。一篇纯是写情，无半字半句粘着杏花，岂非奇作？少陵《古柏行》《海棕行》及《枏树》等篇，不必贴切，而自然各肖其身分，兴寄有在故耳。凡大家皆然。（《读杜韩笔记》卷下）

清方东树：《杏花》：起有笔势。第三句折入，中间忽开。"岂如"句收转，乃见笔力，挽回收本意。（《昭昧詹言》卷一二韩公）

汪佑南：（公）窜身岭外，思归京国，触目浮花浪蕊，无非蛮乡风景。忽见杏花，借以寄慨。一缕清思，盘旋空际，不掇故实，自然是咏杏花，意胜故也。收笔落到明年，正见归期之难必。思而不怨，自关学养。（《山泾草堂诗话》卷一）

感春四首①

元和元年

元和元年（806）写于江陵。韩愈所感者何？第三首云"诗书渐欲抛，节行久已惰""孤负平生心，已矣知何奈"，知四诗所感与《五箴》中说的"聪明不及于前时，道德日负于初心"和屈原《离骚》里写的"汨余若将不及兮，恐年岁之不吾与""日月忽其不淹兮，春与秋其代序""老冉冉其将至兮，恐修名之不立"的思想一脉相承。韩愈与屈原一样，都是既有雄才大略，又有政治抱负的大诗人。他时居楚地，正值盛春佳景，自己仍困居于此，生活困窘，前途无望，知音无应，十分感伤。因此，由郁闷而伤春，由伤春而激愤，由激愤而发为言词，写下了既有张衡《四愁诗》比兴寄托，又有蔡琰《胡笳十八拍》郁勃激愤的诗篇，是笔力雄健的着意之作。虽然如此，他仍期望"幸逢尧舜明四目，条理品汇皆得宜"的际遇。可得到的却是"与众异趣谁相亲",便产生时不我遇的感叹:"一生长恨奈何许。"因此,便奋力喊出:"百年未满不得死,且可勤买抛青春。"不是他甘愿,而是万不得已,不是现实逼得他无法去为国为民施展自己的才智,他是不会轻易喊出这样的声音,更不忍心这样做的。诗读之沁人心脾,就是调子低沉一点。此乃韩愈思想的真实写照。这也是他一生中感到前景渺茫,思想最郁闷的时期。正如程学恂《韩诗臆说》云:"末首郁愤极矣。吐为此吟,其音悲而远。至'皎皎万虑醒还新',可以泣鬼神矣!"古人伤秋,韩公伤春,非伤春也,乃伤春天美好事物之不遇也。

【校注】

① 题:魏本:"韩曰:'元和元年(806)春掾江陵时作。'唐曰:诗有云'千江隔兮万山阻',又云'我恨不如江头人',又云'两鬓雪白趋埃尘',此在江陵为掾曹审矣。"文《详注》:"《补注》:此诗元和元年春作于江陵。"王元启《记疑》:"玩第二首'幸逢尧舜明四目'及'平明出门暮归舍'句。似二年春为国子博士在京师所作。盖公既遭飞语,方求分司东出,故其辞多哀怨之音。临邛韩氏感于前后篇题,概指为掾江陵时作,非是。"钱仲联《集释》:"王说非是。'幸逢尧舜明四目',颂圣之语,何必定在京师。'平明出门暮归舍'句,正与'两鬓雪白趋埃尘'句合,是为掾江陵情况,更不必指为官国子博士时也。"按:钱说是。元和元年六月,韩愈归京为博士,是他一生仕途的转折,虽为蜚语构陷而生怨愤,但未使他郁闷到灰心;只有怨恨而不得不避往东都图进罢了。故诗当写于元和元年为掾江陵时。

其 一

我所思兮在何所①?情多地遐兮遍处处②。东西南北皆欲往,千江隔兮万山阻③。春风吹园杂花开,朝日照屋百鸟语④。三杯取醉不复论⑤,一生长恨奈何许⑥!

【校注】

① 我所思兮在何所:文《详注》:"此效张平子《四愁诗》体。注云:'题首为愁,而此为思者,以愁出于思故也。'《补注》:张衡'四思':'我所思兮在太山。'"方世举《笺注》:"张衡《四愁诗》一章曰:'我所思兮在泰山。'"按:兮,语助词,似啊。此诗以愁生怨,以怨生思,以思生情,而发为心声。总不离一个"感"字。

② 情多地遐兮遍处处:止水《韩愈诗选》云:"想念一个无所不在的朋友或情人,这是自《楚辞》以来诗人们常用的题材。永远在期待,永远在追求着一个美好的愿望。"按:地遐,路途遥远。遍处处,走到哪里住在哪里。前一个处字读去声(chù),作名词用,当处所讲。《汉书·张骞传》:"知水草处,军得以不乏。"后一个处字读上声(chǔ),作动词用,当居住讲。屈原《九章·涉江》:"幽独处乎山中。"魏本注:"上齿据切,下如字。"

③ 东西南北皆欲往,千江隔兮万山阻:宋白文本、文本、祝本、魏本、廖本作"千江",王本作"千山"。作"千江",是;作"千山"与下"万山"重。

魏本:"孙曰:张衡《四愁诗》'我所思兮在太山,欲往从之梁甫艰''我所思兮在桂林,欲往从之湘水深''我所思兮在汉阳,欲往从之陇阪长''我所思兮在雁门,欲往从之雪纷纷'。公云'东西南北皆欲往,千江隔兮万山阻'取此。"二句谓:我打算东西南北四处去寻找我所思念的人,却被千水万山阻隔。二句化用《礼记·檀弓》"今丘也,东西南北之人也"及《四愁诗》"我所思兮在太山,欲往从之梁父艰。""我所思兮在桂林,欲往从之湘水深。""我所思兮在汉阳,欲往从之陇阪长。""我所思兮在雁门,欲往从之雪纷纷。"《文选》李善注"太山以喻时君,梁父以喻小人也",故谓思明君,怨小人也。与韩愈此时思想合。泰山在东,汉阳在西,桂林在南,雁门在北,故云东西南北四方。

④ 春风吹园杂花开,朝日照屋百鸟语:魏本:"韩曰:《选》(卷四三)丘希范《与陈伯之书》:'暮春三月,江南草长,杂花生树,群莺乱飞。'"方世举《笺注》同。按:二句谓:春风吹进花园里,各样花儿竞开放;晨光照进屋子里,百鸟鸣啭齐歌唱。造语甚工。如朱彝尊《批韩诗》云:"两语工。"写春朝花香鸟语,细致形象,活灵活现,如《牡丹亭》游园所见之景,然见景不能不感,景愈好,则感愈深,思愈笃也。

⑤ 三杯取醉不复论:顾嗣立《集注》:"刘石龄云:李太白诗(《月下独酌四首》之二):'三杯通大道。'杜子美诗(《赠严二别驾》):'乘舟取醉非难事。'"以醉酒而解郁闷。

⑥ 奈何许:方《举正》订"奈何许",云:"杭、蜀同。古乐府:'奈何许,石阙生口中,衔碑不得语。'"朱《考异》:"诸本'奈'作'春'。"宋白文本、文本作"春"。宋白文本注:"春,一作'宗'。"文本注:"春,一作'奈'。"作"奈"字是。

文《详注》:"毕卓(茂世)曰(《世说新语卷五《任诞》):'右手持酒杯,左手执蟹螯,拍浮酒池中,便足了一生。'"顾嗣立《集注》:"古乐府:'奈何许!石阙生口中,衔碑不得语。'"方世举《笺注》:"奈何许:古乐府《读曲歌》:'奈何许!石阙生口中,衔悲不得语。'"按:奈何许,怎么办?许,语助词,无义。(杨树达《词诠》)

【汇评】

程学恂:第一首比兴无端,虽出张衡,实已过之。(《韩诗臆说》卷一)

其 二

皇天平分成四时①,春风漫诞最可悲②!杂花妆林草盖地③,白日座上倾天维④。蜂喧鸟咽留不得⑤,红萼万片从风吹⑥。岂如秋霜虽惨冽⑦,摧落老物谁惜之⑧?为此径须沽酒饮,自外天地弃不疑⑨。近怜李杜无检束,烂漫长醉多文辞⑩。屈原《离骚》二十五,不肯铺啜糟与醨⑪。惜哉此子巧言语,不到圣处宁非痴⑫!幸逢尧舜明四目⑬,条理品汇皆得宜⑭。平明出门暮归舍,酩酊马上知为谁⑮?

【校注】

① 皇天:文《详注》:"《楚辞》宋玉曰:'皇天平分四时兮,窃独悲此凛秋。'"魏本:"樊曰:宋玉《九辩》曰:'皇天平分四时兮,窃独悲此凛秋。'"按:皇天,自然的天。平分成四时,即把一年平均分为春、夏、秋、冬四个时令,每季平分均为三个月,称一季。平,均也。《楚辞》宋玉《九辩》:"皇天平分四时兮,窃独悲此凛秋。"公语用上句,而意则承下句,寓其心中之悲。公《苦寒》诗首句也云:"四时各平分,一气不可兼。"杜甫《宿花石戍》:"四序本平分,气候何回互。"

② 春风漫诞最可悲:方《举正》从阁本、蜀本作"春气谩诞"。朱《考异》:"气,或作'风'。"宋白文本、文本、祝本、魏本作"风",谩作"漫"。廖本、王本作"气"。按平仄律作"风"字是。漫诞,《辞源》无"漫诞"条。《汉语大词典·水部》"漫诞"作散漫解,引韩诗为例。漫诞作浮夸虚妄解,与韩诗义不合。《韩诗外传》卷九:"谩诞者,趋祸之路也。"《周礼·秋官·禁暴氏》"禁暴氏掌禁庶民之乱暴力正者",汉郑玄注:"民之好为侵陵、称诈、谩诞,此三者亦刑所禁也。"贾公彦疏:"谩诞,谓浮谩虚诞也。"汉焦赣《易林·遁之中孚》:"市空无虎,谩诞妄语。"亦义不合。据公诗义作无拘无束解,形容春意到处都是。最可悲,春色恼人,即春光最易引发人的伤感情绪。文《详注》:"悲秋之作,始于宋玉。悲春之作,始于文公。其后东坡诗(《法惠寺横翠阁》)曰:'春来故国悲无期,人言悲秋春更悲。'正用此意也。漫诞,往来披拂貌。"魏本:"孙曰:'漫诞,飘荡之意。'"李详《证选》:"此翻用《九辩》'窃独悲此凛秋'语。"则作"漫诞"合韩诗义。

③ 杂花妆林：林树花开，谓各种不同的花把树都妆扮起来了。丘迟《与陈伯之书》："暮春三月，江南草长，杂花生树，群莺乱飞。"《全唐诗》卷八二刘希夷《江南曲八首》之六："风过长林杂花起。"又卷六〇李峤《莺》："芳树杂花红，群莺乱晓空。"

④ 白日座上倾天维：魏本："孙曰：'倾谓倾侧，风动而然。'韩曰：《西京赋》：'振天维，衍地络。'"文《详注》："天维，谓春光照灼如维帘之张举也。《西京赋》云：'振天维，衍地络。'"天维，天之常规。方世举《笺注》："倾天维，傅休奕诗：'辍耕综时纲，解褐倾天维。'王云：'一本注云：天维，谓春光照灼如帷帘之张举也。'"按：意谓：太阳在天座上从西方坠落下去。倾天维，动摇了天的常道。倾，倒塌。王伯大注云"一本"注云乃文《详注》注。《文选》张衡《西京赋》："振天维，衍地络，荡川渎，簸林薄。"韩公用语以奇创新，然未免生硬。如朱彝尊《批韩诗》云："意新语奇，则故为生硬。"

⑤ 蜂喧鸟咽留不得：魏本："孙曰：'咽，噪也。留，谓留此花。'"按：此谓蜜蜂喧闹，鸟儿悲鸣。留不得，留不住春光。

⑥ 红萼万片从风吹：红萼，本指花萼，即包在花瓣外的一圈叶状薄片。此代指花，用杜甫《曲江》诗"一片花飞减却春，风飘万点正愁人"意。汪琬《批韩诗》："杂花生树，群莺乱飞，未几有花落之感，可悲在此鸟啼。"

⑦ 岂如秋霜虽惨冽：岂如，哪里比得上。《全唐诗》卷二〇《相和歌辞》刘叉《怨诗》："丈夫不立义，岂如鸟兽情。"又卷一六四李白《东海有勇妇》："岂如东海妇，事立独扬名。"公《杏花》："岂如此树一来玩，若在京国情何穷？"

惨冽：方《举正》据蜀本订"惨冽"，云："以霜言之，'惨冽'为胜。《选·西京赋》：'冰霜惨烈。'"朱《考异》："惨，或作'凛'。方以《西京赋》'冰霜惨烈'定作'惨'。"宋白文本作"凛列"，注："凛，一作'性'。"文本、魏本、祝本作"凛冽"。魏本注："冽，音列。凛，一作'惨'。"廖本、王本作"惨冽"。惨烈，同凛冽。今作"惨冽"。

此句谓：气候严寒或景象凄厉。《文选》张衡《西京赋》："雨雪飘飘，冰霜惨烈，百卉具零，刚虫搏挚。"烈，一作"冽"。司马相如《美人赋》："流风惨冽，素雪飘零。"童《校诠》："第德案：楚辞宋玉九辩：窃独悲此廪秋，王注：微霜凄沧，寒栗冽也。廪一作凛。公言秋霜凛冽，本诸九辩。又按：西京赋云：于是孟冬作阴，寒风肃杀，雨雪飘飘，冰霜惨冽。时在孟冬，已有冰雪，故言惨冽，公此诗作秋霜，应以作凛为长。杜子美北征诗：那无囊中帛，救汝寒凛冽；白乐天代书诗一百韵寄微之：简威霜凛冽，衣彩绣葳蕤，皆用凛冽字，而乐天诗言霜凛冽与公同。陆士衡文赋：心懔懔（为凛之后出字）以怀霜，亦用凛霜字。凛，说文作癛，凛为癛之省，作廪者借字。说文有冽无洌，古通用洌字，或曰：瀨即冽，或曰应作颲。冽为洌之后出字。"按：则作"凛冽"为常。韩公用字狠重，当据《西京赋》《美人赋》作"惨冽"。

⑧ 老物：文《详注》："《周礼》：国祭蜡，则击土鼓以息老物。郑氏云：十二月，建亥之月，万物至此而老成。"魏本："樊曰：'晋宣帝尝疾张皇后，往省，帝曰：老物可憎。又曰：老物不足惜。'"童《校诠》："姜宸英曰：《周礼》：国祭蜡则击土鼓，歙（同吹）豳颂，以息老物，此诗言摧落黄落之草木，故不足惜，正用此义。顾嗣立曰：按刘石龄云：《周礼·籥祭章》：祭蜡以息老物。第德案：姜、刘引周礼以息老物作注是也。樊引晋书老物，老物指张皇后，与公意违异。公使事出周礼，而用字则兼采晋书老物不足惜语。姜注则击土鼓吹豳颂，当作则吹豳颂击土鼓。又按：史记律书：申者，言阴用事申贼万物，故曰申；酉者，言万物之老也，故曰酉；戌者，言万物尽灭，故曰戌。公盖兼用史记义。"何焯《批韩诗》："翻案。"张鸿《批韩诗》："意句均奇崛。"止水《韩愈诗选》："秋霜殒叶，是新陈代谢的自然规律，原不足惜，而春天的美好事物被摧残，就令人感到悲痛了。我粤明遗民屈大均有《望江南》词云：'悲落叶，叶落落当春。岁岁叶开还有叶，年年人去更无人，裙带泪痕新。'"按：老物，本意为万物，为古代蜡祭偶像。《周礼·春官·籥章》："国祭蜡，则吹《豳颂》，击

土鼓,以息老物。"郑注:"十二月建亥之月也,求万物而祭之者,万物助天成岁事,至此,为其老而劳,乃祀而老息之,于是国亦养老焉。《月令》孟冬劳农以休息之是也。"此指秋天植物枯竭衰老故云老物。宋黄震《黄氏日抄》卷五九:"《感春》谓春风漫诞之可悲,甚于秋霜摧落之不足惜。此意亦奇。东坡谓'春蟾投醪光陆离','不比秋光,只为离人照断肠',皆是此意翻出。"萧参《希通录》:"俗斥年长者为老物。"《晋书·宣穆张皇后传》:"帝尝卧疾,后往省病。帝曰:'老物可憎,何烦出也!'后惭恚不食,将自杀,诸子亦不食。帝惊而致谢,后乃止。帝退而谓人曰:'老物不足惜,虑困我好儿耳!'"二句表达了诗人因春伤时的内心苦闷,寓意深刻。古人悲秋,他却惜秋,则是用老物本意,而反世俗意之不足惜而惜之,衬托出春天美好事物被摧残,更令人悲伤。有好的人才被摧残之寓。

⑨ 为此径须沽酒饮,自外天地弃不疑:蒋抱玄《评注》:"阮籍《大人先生传》:'今吾乃飘飘于天地之外。'"钱仲联《集释》:"杜甫诗:'得钱即相觅,沽酒不复疑。'"按:径,直。沽酒,买酒。杜甫《醉时歌》:"得钱即相觅,沽酒不复疑。"韩公《赠崔立之评事》:"墙根菊花好沽酒,钱帛纵空衣可准。"又《寄卢仝》:"买羊沽酒谢不敏,偶逢明月曜桃李。"自外天地,置身于天地之外,悲叹无人问津。外,作动词用,即置于……之外。弃不疑,一切都可置之度外,不必再疑虑了。阮籍《大人先生传》:"今吾乃飘飘于天地之外。"程学恂《韩诗臆说》卷一:"满怀郁郁,感时伤老,遂欲寄情于酒,而笑屈原之不饮,皆极无聊之词,非平平论古。"非无聊,乃正话反说,以讥其时也。

⑩ 怜:文《详注》:"怜,爱也。"怜,爱怜,喜爱。《庄子·秋水篇》:"夔怜蚿,蚿怜蛇。"《战国策·赵策四·赵太后新用事》:"丈夫亦爱怜其少子乎?"亦作矜怜,同情解。《说文·心部》:"怜,哀也。"韩公《赴江陵途中寄赠三学士诗》:"上怜民无食,征赋半已休。"李杜,李白、杜甫。无检束,无拘无束,纵情放意。检束,检点约束。此语韩公以前罕见,后世多用。唐姚合《武功县中作》诗之七:"自

嫌多检束,不似旧来狂。"宋魏了翁《鹤山题跋》五《跋邵康节检束二大字》:"二字下注云:检谓检其行止,束谓束其情性。"

烂漫:放浪。祝本作"烂熳",魏本作"澜漫",宋白文本、文本、廖本、王本作"烂漫",从之。

文《详注》:"《开元天宝遗事》(卷下《醉圣》)云:'李白恃酒不拘小节,然沉酣中所撰文章,未尝错误。而与不醉之人相对议事,皆不出太白所见,人号为醉圣。'顾嗣立《集注》:"李太白诗(《春日醉起言志》):'处世若大梦,胡为劳其生?所以终日醉,颓然卧前楹。'又(《月下独酌》):'一尊齐死生……醉后失天地。'杜子美诗(《杜位宅守岁》):'谁能更拘束,烂醉是生涯。'"按:烂漫,指醉后无拘无束,恣情放纵的样子。多文辞,多诗篇。韩公《荐士》:"勃兴得李杜,万类困陵暴。"李白《将进酒》:"钟鼓馔玉不足贵,但愿长醉不复醒。"杜甫《饮中八仙歌》:"李白一斗诗百篇,长安市上酒家眠。天子呼来不上船,自称臣是酒中仙。"

⑪ 屈原《离骚》二十五:文《详注》:"屈原,楚大夫。王逸叙《楚辞》曰:'原履忠被谮,忧悲愁思,独依诗人之义而作《离骚》。上以讽谏,下以自慰。遭时暗乱,不见省纳,不胜愤懑,遂复作《九歌》下凡二十五篇。楚人高其行义,伟其文采,以相传教离别也。骚,愁也,言以放逐离别,中心愁思也。其《渔父》篇云:'举世混浊我独清,众人皆醉我独醒。渔父曰:何不随其流而扬其波,哺其糟而啜其醨。'按:《汉书·艺文志》:屈原赋二十五篇,谓《离骚经》一,《九歌》十一,《天问》一,《九章》九,《远游》一,《卜居》一,《渔父》一也。"魏本引樊《谱注》、方世举《笺注》同而简。按:此二句惜屈原之不饮,正与上二句李杜狂饮长醉对。哺啜,吃喝。糟,糟糠。醨,薄酒。

⑫ 此子:文《详注》:"《魏·徐邈传》曰:'太祖禁酒,邈私饮至沉醉。从事赵逵问以曹事,曰:中圣人。逵白之太祖,太祖怒。鲜于辅进曰:平日醉客谓酒清者为圣人,浊者为贤人。'《感春》之作,方以酒为事,故优李杜而劣屈原。"魏本:"韩曰:'先儒云:公以原词介于庄周、司马迁之间,其《感春》诗云云,盖与屈原之惩于风谏,而

伤其违圣之达节也。'"方世举《笺注》引韩云,曰:"按:清者为圣始于邹阳《酒赋》。又见《魏志·徐邈传》,与此无涉。此只言不肯铺糟啜醨,非圣人推移之义耳,是用屈原本文。"方成珪《笺正》:"《魏略》:'太祖禁酒,人窃饮之,故难言酒,以白酒为贤人,清酒为圣人。'又《晋书·徐邈传》:'酒清者为圣人,浊者为贤人。'此言屈原不肯铺糟歠醨,人皆醉而己独醒,故曰不到圣处。盖参用徐邈中圣人语,紧就饮酒言,而以诙谐出之,非真讥三闾也。"程学恂《韩诗臆说》卷一:"第二首直用《楚辞》语,明其所感同也。此公自写心事,借屈原以寄慨耳,非论屈原也。注言'非圣人推移之义'迂阔无当,何足与读公诗耶?'圣处'确是指酒。李白诗'醉月频中圣',在唐时固多用之。观此诗前言'径须沽酒饮''长醉多文辞',而末以'酩酊马上'结之,知此皆以酒言。若拘定本文,圣人能与世推移,则与前后都不关照,且如何加'宁非痴'三字。此'固哉!高叟不可与言诗'也。"按:此子,指屈原。不到圣处,不饮美酒。古人以白酒比贤人,以清酒比圣人。《礼记·内则》:"酒:清、白。"《艺文类聚》卷七二引《魏略》:"太祖(曹操)禁酒,而人窃饮之,故难言酒,以白酒为贤者,清酒为圣人。"此为比喻。宁,岂、难道。《史记·陈涉世家》:"王侯将相,宁有种乎?"

⑬ 明四目:文《详注》:"尧舜以况当时之君。孔安国(《尚书·舜典》注)云:'明目达聪,广视听于四方,品汇万物也。'"程学恂《韩诗臆说》卷一:"所感如此,忧危甚矣。然偏说是'尧舜明四目'者,体应如此,言之者无罪也。"按:明四目,广开门路,招揽贤士。《尚书·舜典》:"辟四门,明四目,达四聪。"

⑭ 条理品汇:魏本:"孙曰:'言今遇尧舜之主,万类皆得其宜也。'"《孟子·万章》下:"金声而玉振之也,金声也者,始条理也;玉振之也者,终条理也。始条理者,智之事也;终条理者,圣之事也。"

品汇:事物之品种类别。《晋书·孝友传序》:"资品汇以顺名,功苞万象。"韩公《应科目时与人书》:"天池之滨,大江之濆,曰有怪物焉,盖非常鳞凡介之品汇匹俦也。"按:条理品汇,处理政事,有条有理;评断人才,公允恰当。条理,层次,秩序。

⑮ 平明:早晨天亮。酩酊,醉态。

知为谁:方《举正》:"阁本、杭、蜀本皆作'谁为'。谢从阁本。李从今文。按公后诗'遇酒即酩酊,公知我为谁',恐不当异义也。鲍明远(《行药至城东桥》)诗:'容华坐消歇,端为谁苦辛。'"朱《考异》:"为谁,阁、杭、蜀本作'谁为'。方从诸本(引方语)。今按:方氏此论最公,使他处皆如此,则无可议矣。"宋白文本、文本、祝本、魏本、廖本、王本等均作"知为谁"。作"知为谁"是。

文《详注》:"一作'谁为',非。《论语》(《微子》)'桀溺曰:子为谁'是也。为,平声。许氏《诗话》云:'诗末句七字,用意哀怨过于痛哭。'"魏本:"韩曰:晋山简每出嬉游时,儿童歌曰:'日夕(暮)倒载归,酩酊(茗艼)无所知,时时能骑(复能乘骏)马,倒著白接篱。'"又注:"酩,音茗。酊,音鼎。"童《校诠》:"第德案:世说新语任诞篇:夕作暮,酩酊作茗艼,时时能骑马作复能骑骏马。说文西部新附:酩,酩酊醉也,酊,酩酊也。钮树玉云:晋书山简传旧本音义及世说新语并作茗艼,庄子则阳篇:颠冥乎富贵之地,释文引司马云:颠冥犹迷惑也,与茗艼义有合,故疑茗艼即冥颠。按:钮说是。"

按:韩公诗《归彭城》有"遇酒即酩酊,君知我为谁",恐不当异义也。鲍明远诗《行药至城东桥》:"容华坐消歇,端为谁苦辛。"知为谁,即知是谁,韩公自指。

【汇评】

清何焯:第二首"不到圣处宁非痴",此"圣"字用徐邈"中圣人"之语。注谓伤其违圣之达节者,非。(《义门读书记》卷三〇)

程学恂:第二首直用《楚辞》语,明其所感同也。此公自写心事,借屈原以寄慨耳,非论屈原也。《注》言"非圣人推移之义"迂阔无当,何足与读公诗耶?"圣处"确是指酒。李白诗"醉月频中圣",在唐时固多用之。观此诗前言"径须沽酒饮""长醉多文辞",而末以"酩酊马上"结之,知此皆以酒言。若拘定本文,圣人能与世推移,则与前后都不关照,且如何加"宁非痴"三字?此"固哉!高叟不可与言诗"也。所感如此,忧危甚矣。然偏说是"尧舜明四目"者,体应如此,言之者无罪也。满怀郁郁,感时伤老,遂欲寄情于酒,而笑屈原之不饮,皆极无聊之词,非平平论古。(《韩诗臆说》卷一)

其 三

朝骑一马出,暝就一床卧①。诗书渐欲抛,节行久已惰②。冠欹感发秃③,语误悲齿堕④。孤负平生心⑤,已矣知何奈⑥!

【校注】

① 暝:文本、魏本、王本作"暝"。宋白文本、祝本、廖本作"瞑"。黄钺《增注证讹》:"从日作'暝'。从目者,古眠字,与上句'朝'字不对,且与'卧'字触。冥已从日,从日作暝,俗字也。"按:黄说是。朝(zhāo),早晨。暝,日落,天黑。从早到晚,任其自然,真百无聊赖也。

② 惰:朱《考异》:"惰,方作'破',非是。"方《举正》无出此条,当是方校刊《韩集》。宋白文本、祝本作"久已破"。祝本注:"久已,一作'已久'。"魏本作"久矣破"。文本、廖本、王本作"久已惰",注:"一作'破'。"

童《校诠》:"破,废也,一本作已久破,又一作憜。第德案:朱子校破作惰是也,此为公自策励之词。说文释憜为不敬,惰为憜之省,论语子罕篇:语之而不惰者,其回也与? 皇疏:惰,疲懈也,疲懈与不敬义同。堕为陊之篆文,经典假堕为陊落字,憜为堕之隶变。一曰作破,如淫破义之破,正义:破谓破败(隐公三年左氏传),亦备一解。"按:公诗用《论语·子罕》"子曰:'语之而不惰者,其回也与'"意。节行,节操、品行。惰,懈怠。故作"惰"是。

③ 欹(qī):倾斜,不正貌。发秃,头发脱落。韩公《进学解》:"头童齿豁。"此句谓因愁闷头发脱落,连帽子也戴不住了。

④ 语误悲齿堕:宋白文本、文本、祝本、魏本、廖本作"悲"。王本作"惊"。作"悲"与四首诗情调一致。是。语误,讲话咬字不清,常常引起误会。齿堕,牙齿脱落。以上二句伤其未老先衰也。钱仲联《集释》:"永贞元年《五箴》序云:'余生三十有八年,发之短者日益白,齿之摇者日益落。'合此诗观之,公未四十时,屡有此叹。"贞元十九年公写的《祭十二郎文》云:"吾年未四十,而视茫茫,而发苍苍,而齿牙动摇。"可作二句诗之内证。

⑤ 孤负平生心:方《举正》据蜀本作"孤负"。朱《考异》:"孤,或作'辜'。"宋白文本、文本、魏本作"辜"。廖本、王本作"孤"。孤负同辜负。孤负,违背、对不起。《文选》旧题汉李陵《答苏武书》:"功大罪小,不蒙明察,孤负陵心区区之意。"《后汉书·袁敞传》:"臣孤恩负义。"《三国志·蜀书·先主传》上献帝书:"常恐殒没,孤负国恩,寤寐永叹,夕惕若厉。"《三国志·魏书·司马朗传》注引《魏书》曰:"朗临卒,谓将士曰:'……遭此疫疠,既不能自救,辜负国恩。"作"辜负"。韩公用"孤负"有所本也。平生心,一生的志向。此指他"欲自振一代"的政治抱负。

⑥ 已矣知何奈:方《举正》据阁本作"已知无可奈",云:"谢校。蜀本作'已矣知何奈'。李本作'如何那'。"宋白文本作"已矣如何那"。文本作"已矣知何奈",注:"知,一作'如'。"朱《考异》:"已矣知何奈,诸本皆同,无可疑者。荆公本'奈'作'那',李本'知'作'如',亦无大异。独方从阁本作'已知无可奈',乃不成文理,故今定从诸本。"魏本:"祝曰:元稹《立部伎》诗:'古人邪正将谁奈。'"又注:"奈,乃个切,一作'如何奈'。"当作"已矣知何奈"。

童《校诠》:"第德案:庄子人间世:知其不可奈何而安之若命,德之至也,淮南子兵略训:唯无形者无可奈也,公此语本诸庄子、淮南应并存之。"今从朱说。蒋抱玄《评注》:"何奈即奈何,想以用韵而颠倒之。公诗中见不一见。"汪琬《批韩诗》:"所感在此。"已矣,感叹词,表伤感意。知何奈,谁知道该怎么办呢?这首诗并无写春,只是写他孤居独游的沮丧心情,正好作前一首诗的注脚。朱彝尊《批韩诗》:"是侧律,意态自妥顺。"韩公真没奈何也。

【汇评】

清朱彝尊:是侧律,意态自妥顺。(顾嗣立《昌黎先生诗集注》卷三)

清顾嗣立:后二首通与春无涉。(同上)

程学恂:第三首正是前首注脚,可知非从容适意语也。(《韩诗臆说》卷一)

其 四

我恨不如江头人①,长网横江遮紫鳞②。独宿荒陂射凫雁③,卖纳租赋官不嗔④。归来欢笑对妻子,衣食自给宁羞贫⑤。今者无端读书史,智慧只足劳精神⑥。画蛇著足无处用⑦,两鬓雪白趋埃尘⑧。干愁漫解坐自累⑨,与众异趣谁相亲⑩?数杯浇肠虽暂醉⑪,皎皎万虑醒还新⑫。百年未满不得死⑬,且可勤买抛青春⑭。

【校注】

① 我恨:方《举正》作"奈我",云:"以杭本定。阁本无上'奈'字。谢本删。蜀本作'我奈'。荆公只从监本作'我恨'。"朱《考异》:"我恨,方从杭本作'奈我'。阁本无'奈'字,亦无'恨'字。蜀作'我奈'。今按:杭、蜀本盖因前篇之末有'奈'字而误也,阁本亦少一字,皆非是。今从监本。"宋白文本、文本、祝本、魏本、廖本、王本均作"我恨",从之。

文《详注》：" 扬雄《解嘲》曰：'上世之士，或横江潭而渔。'"按：江头人，江上渔人。《全唐诗》卷八八张说《巴丘春作》："岛户巢为馆，渔人艇作家。"渔人生活在江水之上，故以江头人称之。

② 遮紫鳞：顾嗣立《集注》："《蜀都赋》：'鲜以紫鳞。'"按：遮，拦截江流，张网捕鱼。紫鳞，指鱼。《文选》卷四左思《蜀都赋》："觞以清醥，鲜以紫鳞。羽爵执竞，丝竹乃发。巴姬弹弦，汉女击节。"《全唐诗》卷八八张说《岳州宴姚绍之》："翠罦吹黄菊，雕盘鲙紫鳞。"又卷一三二李颀《渔父歌》："绿水饭香稻，青荷包紫鳞。"

③ 荒陂（bēi）：本作地势不平斜坡解，此作荒僻的江边。陂，水边或山坡。《诗・陈风・泽陂》："彼泽之陂，有蒲与荷。"陆游《思故山》："陂南陂北鸦阵黑，舍东舍西枫叶赤。"射凫（fú）雁，方世举《笺注》："《诗・鸡鸣》：'将翱将翔，弋凫与雁。'"凫，野鸭。《诗・大雅・凫鹥》："凫鹥在泾，公尸来燕来宁。"《诗・郑风・女曰鸡鸣》："将翱将翔，弋凫与雁。"则凫与雁乃两种飞禽。

④ 卖纳租赋：承上江头人打鱼射雁，卖了鱼雁交纳田租赋税。嗔（chēn），发怒、责怪。杜甫《丽人行》："炙手可热势绝伦，慎莫近前丞相嗔。"唐李贺《野歌》："男儿屈穷心不穷，枯荣不等嗔天公。"

⑤ 归来欢笑对妻子，衣食自给宁羞贫：上句似杜甫《闻官军收河南河北》"却看妻子愁何在"意，下句不怕过衣食自给的贫寒生活。宁，反诘副词，岂、难道、怎么会。《左传》成公二年："宁不亦淫从其欲以怒叔父？"《史记・张仪传》："且苏君在，仪宁渠能乎！"《全唐诗》卷二一三高适《别韦参军》："且喜百年有交态，未尝一日辞家贫。"又卷一三四李颀《送乔琳》："阮公惟饮酒，陶令肯羞贫。"意思是渔人自给自足不怕穷困。

⑥ 今者无端读书史，智慧只足劳精神：只，方《举正》作"只是"，云："阁本'是'作'足'。"朱《考异》："只足，阁本如此为当。方乃不从，而以'足'为'是'，又不可晓也。"宋白文本、文本作"只是"。祝本、魏本作"秖是"，秖与只同。廖本、王本作"只足"。今从朱说。

无端：无缘无故，韩诗用"无端"者多矣。如《秋怀诗十一首》之一:"愁忧无端来,感叹成坐起。"《感春三首》之一:"时节适当尔,怀悲自无端。"《游城南十六首·落花》:"无端又被春风误,吹落西家不得归。"正话反说的悔恨之词。智慧,指人的天赋,即聪明,才智。蒋抱玄《评注》:"《孟子》(《公孙丑上》):'虽有智慧,不如乘时。'"《墨子·尚贤》:"若使之治国家,则此使不智慧者治国家也。"亦作"智惠"。《荀子·正论》:"天子者……道德纯备,智惠甚明。"此二句说:而今无缘无故读那么多经典史书,有了才智,只不过是白白耗费精神罢了。真可谓怨(不被重用)而不怒(自己有学问才智)。《孟子·公孙丑上》:"齐人有言曰:'虽有智慧,不如乘势;虽有镃基,不如待时。'今时则易然也。"王安石《临川先生文集》卷三四《韩子》:"力去陈言夸末俗,可怜无补费精神。"韩公《赠崔立之评事》:"可怜无益费精神,有似黄金掷虚牝。"韩公真能做到怨而不怒也:这种思想情绪,贯穿宪宗一朝。查慎行《查初白诗评十二种》:"似怨矣,却不怒。"

⑦ 画蛇著足无处用:著,文本等作"着"。著、着意同。

画蛇著足:文《详注》:"言业成而不利也。《战国策》(《齐策二》)陈轸曰:有祠者,赐其舍人酒卮……"按:画蛇著足,即画蛇添足成语之意。《战国策·齐策二》:"楚有祠者,赐其舍人卮酒。舍人相谓曰:'数人饮之不足,一人饮之有余。请画地为蛇,先成者饮酒。'一人蛇先成,引酒且饮之,乃左手持卮,右手画蛇,曰:'吾能为之足。'未成,一人之蛇成,夺其卮曰:'蛇固无足,子安能为之足?'遂饮其酒。为蛇足者终亡其酒。"后以画蛇添足、画蛇著足为成语,喻出力不讨好。《辞源》《汉语大词典》亦以韩诗为例。著,著笔,即画上。张相《诗词曲语词汇释》卷三:"着,(本字作著)犹加也,添也……着足,添足也。"指上文"无端读书史"。又《史记》卷四〇《楚世家》:"六年,楚使柱国昭阳将兵而攻魏,破之于襄陵,得八邑。又移兵而攻齐,齐王患之。陈轸适为秦使齐,齐王曰:'为之奈何?'陈轸曰:'王勿忧,请令罢之。'即往见昭阳军中,曰:'愿闻楚国之法,破军杀将者何以贵之?'昭阳曰:'其官为上柱国,封上爵执珪。'陈轸曰:'其有贵于此者乎?'昭阳曰:'令尹。'陈轸曰:'今君已为令尹矣,此国冠之上。臣请得譬之。人有遗其舍人一卮酒者,舍人相谓曰:数人饮此,不足以遍,请遂画地为蛇,蛇先成者独饮之。一人曰:吾蛇先成。举酒而起,曰:吾能为之足。及其为之足,而后成人夺之酒而饮之,曰:蛇固无足,今为之足,是非蛇也。今君相楚而攻魏,破军杀将,功莫大焉,冠之上不可以加矣。今又移兵而攻齐,攻齐胜之,官爵不加于此;攻之不胜,身死爵夺,有毁于楚:此为蛇为足之说也。不若引兵而去以德齐,此持满之术也。'昭阳曰:'善。'引兵而去。"

⑧ 两鬓雪白趋埃尘:方世举《笺注》:"两鬓雪白:左思《白发赋》:'星星白发,生于鬓垂。'"按:韩公未老先衰,发白而头童。趋埃尘,谓奔走于尘埃之中,指他沉于下僚,被人冷落。埃尘,随风飘扬的尘土。《庄子·逍遥游》:"野马也,尘埃也,生物之以息相吹也。"唐人成玄英疏:"扬土曰尘,尘之细者曰埃。"杜甫《兵车行》:"耶娘妻子走相送,尘埃不见咸阳桥。"埃尘,即尘埃。

⑨ 干愁漫解坐自累:钱大昕《十驾斋养新录》:"谓空愁而无益也。"按:即白愁无济,徒愁无益,或无端忧愁。漫解,散乱无法解脱。《全唐诗》卷六三四司空图《寄薛起居》:"粗才自合无岐路,不破工夫漫解嘲。"坐自累,自招辛苦。意谓:让无端的愁绪白白困扰自己,不能解脱。白居易《反鲍明远白头吟》:"胡为坐自苦,吞悲仍抚膺。"

⑩ 异趣:志趣与众不同。《史记·李斯传》:"非主以为名,异趣以为高。"韩公《送惠师》:"去矣各异趣,何为浪沾巾。"谁相亲,没有志趣相投的知己亲近自己。意谓:志趣与众不同,有谁来亲近自己呢?

⑪ 浇肠:下肚,此乃借酒浇愁。《世说新语·任诞》:"王孝伯问王大:'阮籍何如司马相如?'王大曰:'阮籍胸中垒块,故须酒浇之。'"此诗步步递进,思致甚妙。如汪琬《批韩诗》云:"以'暂醉'应前'长醉''取醉'语,更深入一层,妙。"

⑫ 皎皎:清楚明亮。《全唐诗》卷一一七张若虚《春江花月

夜》："皎皎空中孤月轮。"韩公《君子法天运》："焉能使我心,皎皎远忧疑。"意谓:万种愁绪酒醒后依然清晰地摆在那里。

⑬ 百年未满不得死:文《详注》:"古诗(《文选》卷二九《古诗十九首》)曰:'人生不满百,常怀千岁忧。'"按:百年,百岁,一生。《全唐诗》卷一九《相和歌辞》王建《短歌行》:"人初生,日初出,上山迟,下山疾。百年三万六千朝,夜里分将强半日。"韩公《读皇甫湜公安园池诗书其后二首》之二:"百年讵几时,君子不可闲。"王德信(实甫)《商调·集贤宾·退隐》套曲:"百年期六分甘到手。"

⑭ 且可勤买抛青春:朱《考异》:"买,或作'置'。"宋白文本、文本作"买",注:"一作'置'。"诸本均作"买",从之。

文《详注》:"言时序推迁,莫不感人,惟酒可以忘弃之。此诗方以感春而作,故云。然东坡(《东坡题跋》)以为酒名,引《国史补》(卷下)云:'酒有郢之富[水]春,乌程之若下春,荥阳之土窟春,富平之实(当作石)冻春,剑南之烧社春。'杜子美亦云:'闻道长安麴米春,才倾一盏即醺人。'裴铏作《传奇》记裴航事,亦有酒名松醪春。乃知唐人名酒多以'春',则'抛青春'亦必酒名也。"魏本:"洪曰:东坡云抛青春必酒名。予按此诗在江陵作,盖江陵酒名也。"魏本引樊《谱注》、方世举《笺注》等均同上。按:且可:张相《诗词曲语辞汇释》卷一:"且可,且也。可为助辞,与乍可、宁可、省可之可同。韩愈《感春》诗(略),抛青春,酒名。又《别鹄操》:'更无相逢日,且可绕树相随飞。'王安石《次韵酬龚深甫》诗:'百年邂逅能多少?且可勤来共草庵。'"

【汇评】

清朱彝尊:意新语奇,则故为生硬。(顾嗣立《昌黎先生诗集注》卷三)

清方东树:起故曲跌入。中入"感"字。(《昭昧詹言》卷一二韩公)

程学恂:末首郁愤极矣。吐为此吟,其音悲而远。至"皎皎万虑醒还新",可以泣鬼神矣。(《韩诗臆说》卷一)

【四首总评】

宋苏轼:《记退之抛青春句》:韩退之诗曰:"百年未满不得死,且可勤买抛青春。"《国史补》云:"酒有郢之富春,乌程之若下春,荥阳之土窟春,富平之石冻春,剑南之烧春。"杜子美亦云:"闻道云安麹米春,才倾一盏便醺人。"近世裴铏作《传奇》记裴航事,亦有酒名松醪春。乃知唐人名酒多以春,则"抛青春"亦必酒名也。(《东坡题跋》卷二)

宋叶寘:退之自云:"今日无端读书史,智慧只足劳精神。"荆公遂谓:"力去陈言夸末俗,可怜无补费精神。"不知先已悔之矣。又直用退之"可怜无益费精神,有似黄金掷虚牝"之句。退之此语为崔立之作。盖讥其投赠之多,非若前《感春诗》中十四字,乃欺己也。刘彦冲亦云:"文章固自有机杼,戏事岂足劳心神。"(《爱日斋丛钞》卷三)

宋黄震:《感春》谓春风漫诞之可悲,甚于秋霜摧落之不足惜。此意亦奇。东坡谓"春蟾投醪光陆离","不比秋光,只为离人照断肠",皆是此意翻出。(《黄氏日抄》卷五九)

清何焯:《感春四首》:《四愁》《十八拍》之间,而笔力逾健。(《义门读书记》卷三〇)

清郭麐:韩翃《田仓曹东亭夏夜》诗:"玉佩迎初夜,金壶醉老春。"东坡以昌黎诗"且可勤买抛青春"为酒名,则"老春"当亦酒名。如"金陵春""麹米春"之比耳。(《灵芬馆诗话》卷一)

清方东树:《感春》:第二首兴比。本言近学三人,而故非之,曲折。"岂如"句,折深。"近怜"四句,以旷为愤,放纵豪阔;意高,胸襟远大,势亦阔远。"平明"句,不得职之故,深开荆公。第三首起故曲跌入。中入"感"字,叙自己近事,却借古人说,以藏掩抑闷之,最是兴会。(《昭昧詹言》卷一二韩公)

清陈沆:《秋怀》诗当知其所怀何怀,《感春》诗当知其所感何感。原本尚有五言一章云"诗书渐欲抛,节行久已惰","孤负平生心,已矣知何奈",则知此前后三章所感,即文集《五箴》所谓"聪明不及于前时,闻道日负其初心"者也。又即《楚辞》所谓"泊予若将不及兮,恐年岁之不吾与","日月忽其不淹兮,春与秋其代序","老冉冉其将至兮,恐修名之不立"者也。"幸逢尧舜明四目,条理品汇皆得宜",此进不得有为于时也。"今者无端读书史,智慧只足劳精神",此退不能自进于道也。不然,首章"情多地遐遍处处""一生长恨奈何许",果何所思何所恨耶?次章"春气漫诞最可悲""白日座上倾天维",果所悲何所惜耶?三章"数杯浇肠虽暂醉,皎皎万虑醒还新",果所何虑耶?公《与孟尚书书》"仆且潜究其得失之故,献之乎吾相,致之乎吾君,下犹取一障而乘之。若都不可得,犹将耕于宽闲之野,钓乎寂寞之滨"是也。故君子功业欲其及时,行道悲其逝水。(《诗比兴笺》卷四)

清马星翼:退之《感春》诗:"近怜李杜无检束,烂漫长醉多文辞。屈原《离骚》二十五,不肯铺啜糟与醨。惜哉此子巧言语,不到圣处宁非痴。"大似史论,实惊人语也。渠欲到圣处,不愧所言。(《东泉诗话》卷一)

程学恂:第一首比兴无端,虽出张衡,实已过之。

第二首直用《楚辞》语,明其所感同也。此公自写心事,借屈原以寄慨耳,非论屈原也。注言"非圣人推移之义",迂阔无当,何足与读公诗耶?"圣处"确是指酒。李白诗"醉月频中圣",在唐时固多用之。观此诗前言"径须沽酒饮""长醉多文辞",而末以"酩酊马上"结之,知此皆以酒言。若拘定文本,圣人能与世推移,则与前后都不关照,且如何加"宁非痴"三字?此"固哉!高叟不可与言诗"也。所感如此,忧危甚矣。然偏说是"尧舜明四目"者,体应如此,言之者无罪也。满怀郁郁,感时伤老,遂欲寄情于酒,而笑屈原之不饮,皆极无聊之词,非平平论古。

第三首正是前首注脚,可知非从容适意语也。

末首郁愤极矣。吐为此吟,其音悲而远。至"皎皎万虑醒还新",可以泣鬼神矣。(《韩诗臆说》卷一)

寒食日出游夜归张十一院长见示病中忆花九篇因以投赠①

元和元年

李花初发君始病,我往看君花转盛②。走马城西惆怅归,不忍千株雪相映③。迩来又见桃与梨,交开红白如争竞④。可怜物色阻携手⑤,空展霜缣吟九咏⑥。纷纷落尽泥与尘,不共新妆比端正⑦。桐花最晚今已繁,君不强起时难更⑧。关山远别固其理⑨,寸步难见始知命⑩。忆昔与君同贬官,夜渡洞庭看斗柄⑪。岂料生还得一处,引袖拭泪悲且庆⑫。各言生死两追随,直置心亲无貌敬⑬。念君又署南荒吏,路指鬼门幽且夐⑭。三公尽是知音人,曷不荐贤陛下圣⑮?囊空甑倒谁救之,我今一食日还并⑯。自然忧气损天和,安得康强保天性⑰。断鹤两翅鸣何哀⑱,羁骥四足气空横⑲。今朝寒食行野外,绿杨匝岸蒲生迸⑳。宋玉庭边不见人,轻浪参差鱼动镜㉑。自嗟孤贱足瑕疵,特见放纵荷宽政㉒。饮酒宁嫌盏底深,题诗尚倚笔锋劲㉓。明宵故欲相就醉㉔,有月莫愁当火令㉕。

【校注】

① 题:宋白文本题作"寒食日出游夜归张十一院长见示病中忆花诗因此投赠"。祝本、魏本题为"寒食日出游夜归张十一院长见示病中忆花九篇因此投赠"。廖本、王本只作"寒食日出游"。方《举正》题作"寒食日出游一首",云:"题下注文:阁本、蜀本并同。李、谢皆校从阁本。"

廖本注:"张十一院长见示病中忆花九篇,寒食日出游夜归,因以投赠。张十一,即功曹署。公与张同自御史贬官,又同为江陵掾。公法曹参军,张功曹参军。元和元年时也。"文《详注》:"署诗已亡。按《周礼·司烜氏》:'仲春以木铎修火禁于国中。'寒食之名盖起于此。而后之记事者不一:《荆楚岁时记》以谓去冬至一百五日,有疾风甚雨,谓之寒食。(禁火三日。)周斐《先贤传》以谓太原旧俗以介子推焚骸,一月寒食,莫敢烟爨。《补注》:《国史补》(卷下)云:'外郎、御史、遗、补,相呼为院长。'公与张自御史贬官来,故云院长。张掾江陵,未几邕管奏为判官,故云:'念君又补南荒吏,路指鬼门幽且敻。'然卒不行,后拜京兆府司录。"樊注同而简。方世举《笺注》题作"寒食日出游",曰:"自注:'张十一院长见示病中忆花九篇,寒食日出游夜归,因以投赠'。"谓作者自注,非题目之文,此说亦有可能。

② 我往看君花转盛:魏本:"孙曰:'转,愈也。'"按:杨树达《词诠》:"转,表态副词。刘淇云:转犹浸也。王羲之《帖》:'但恐前路转欲逼耳。'《宋书·王景文传》:'吾逾忝转深,足以致谤。'"此指花开形态的变化。转,即变也,避也。《管子·法法》:"上令尽行,禁尽止,引而使之,民不敢转其力。"注:"转,犹避也。"《商君书·立本》:"兵生于治而异,俗生于法而万转。"高亨译注:"万转,万变,指风俗多变化,有好有坏。"《楚辞》屈原《离骚》:"路不周以左转兮,指西海以为期。"

③ 惆怅:宋白文本、文本、祝本、廖本、王本作"惆",魏本作"怊"。按:作失意解,惆、怊二字同。《庄子·天地篇》:"怊乎若婴儿之失其母也。"《释文》引《字林》:"怊,怅也。"《说文·心部》:"惆,失意也。"《荀子·礼论》:"案屈然已,则其于志意之情者惆然不嗛。"

魏本:"孙曰:即上言'江陵城西二月尾,花不见桃惟见李'者也。"按:惆怅,同怊怅,失意感伤貌。《楚辞》宋玉《九辩》:"廓落兮羁旅而无友生,惆怅兮而私自怜。"又《高唐赋》:"悠悠忽忽,怊怅自失。"则古已通用。

不忍千株雪相映：文《详注》："城西，江陵城西也。不忍，爱也。"方世举《笺注》："走马：《汉书·张敞传》：'走马章台街。'千株：梁简文帝《南郊颂》：'百果千株。'"按：即不忍像白雪映照一样的千株梨花在那里白白开放，无人欣赏。忍，残忍，忍心。贾谊《新书·道术》："恻隐怜人谓之慈，反慈为忍。"《史记·项羽本纪》："君王为人不忍。"杜甫《丹青引》："忍使骅骝气凋丧。"

④迩来又见桃与梨，交开红白如争竞：朱彝尊《批韩诗》："三次花开是节奏，盖因其忆花意答之，所以有忆。"按：迩，近。《诗·郑风·东门之墠》："其室则迩，其人甚远。"《史记·屈原传》："其称文小而其指极大，举类迩而见义远。"红白，谓桃梨，桃花色红，梨花色白，点染色彩之鲜美。争竞，谓桃梨竞开之态势，死物欲活。

⑤可怜物色阻携手：魏本："孙曰：'物色，春之景物。'"刘勰《文心雕龙·物色》："物色之动，心亦摇焉。"童《校诠》："第德案：礼记月令：仲秋之月，察物色，正义：物色，驿騽之别也；周礼：阳祀用骍，阴祀用黝，望祀各以其方色也。高氏吕氏春秋仲秋纪注：物，毛也。按：谓辨牺牲之毛色，此一义也。后汉书寒朗传：试以建等物色独问忠平，章怀注：物色谓形状也；严光传：令以物色访之，章怀注：以其形貌求之；公桃源图诗：物色相猜更问语，义同，此又一义也。刘彦和文心雕龙有物色篇，云：春秋代序，阴阳惨舒，物色之动，心亦摇焉；又云：是以献岁发春，悦豫之情畅，滔滔孟夏，郁陶之心凝，天高气清，阴沉之志远，霰雪无垠，矜肃之虑深；文选赋庚有物色类，列风、秋兴、雪、月四赋，李注：四时所观之物色而为之赋；又云：有物有文曰色，风虽无正色，然亦有声；诗注云：风行水上曰漪，易曰：风行水上，涣，涣然即有文章也，是天地间有声有色之景物，皆得谓之物色，此又一义也。公本篇物色字，即用此义，次同冠峡诗：天晴物色饶，同。孙氏以物色为春之景物，当云四时之景物，其义乃备。"

按：物色，指景色，此指春光。可怜，可惜。张相《诗词曲语词汇释》卷五:"犹云可惜也。韩愈《寒食日出游》诗:'可怜物色阻携手,空展霜缣吟九咏。'言可惜有风景而不得携手同游也。按韩愈此诗乃投赠张署者,故云然。又《赠崔立之》诗:'可怜无益费精神,有似黄金掷虚牝。'言可惜枉费精神而无益也。又《榴花》诗:'可怜此地无车马,颠倒青苔落绛英。'言可惜无游人来赏,任其谢落也。"阻,阻止。主语非物色,而是张署的病。携手者谓韩、张也。《诗·邶风·北风》:"惠而好我,携手同行。"

⑥ 缣(jiān):魏本:"祝曰:'缣,丝缯也。古乐府(《上山采蘼芜》):新人工织缣,故人工织素。'缣,音兼。"双丝织的微带黄色的细绢。《管子·山国轨》:"春缣衣,夏单衣。"《淮南子·齐俗训》:"夫素之质白,染之以涅则黑;缣之性黄,染之以丹则赤。"古乐府《上山采蘼芜》:"新人工织缣,故人工织素。织缣日一匹,织素五丈余,将缣来比素,新人不如故。"

九咏:文《详注》:"即序九篇也。"查慎行《查初白诗评十二种》:"九咏,即题下小注'忆花九篇'。"按:此乃"张十一院长(署)见示病中忆花九篇"诗,惜逸。

⑦ 落尽:可作双关解:一曰桃李花落尽。二曰花尽落入泥土、泥尘。新妆,此以女人新妆比花。

端正:顾嗣立《集注》:"《文选》(卷二三《赠从弟三首》之二)刘公幹诗:'冰霜正惨凄,终岁常端正。'"指容貌端庄,即端庄正矜。《史记·公孙弘传》:"太常择民年十八已上,仪状端正者,补博士弟子。"

⑧ 桐花:文《详注》:"《月令》(《礼记》):'季春之月,桐始华。'更,再也,音居孟切。"更,再。魏本引孙《全解》"更,再也"同。方世举《笺注》:"桐华:《记·月令》:'季春之月,桐始华。'强起:《史记·白起传》:'武安君称病,秦王闻之,强起武安君。'时难更:《书·牧誓》:'时哉,弗可失。'按:'君不强起时难更'及'拘官计日月,欲进不可又',以虚字押韵,皆为奇崛,要亦本于《诗经》'天命不又'(《小雅·小宛》)、'矧敢多又'(《小雅·宾之初筵》),非创也。"

⑨ 关山:关隘山岭。《乐府诗集·横吹曲辞五·木兰诗一》:"万里赴戎机,关山度若飞。"前蜀牛希济《谒金门》词:"秋已暮,重叠关山歧路。嘶马摇鞭何处去?晓禽霜满树。"承上启下。如何焯《批韩诗》曰:"先著此句,生出'忆昔'三句之妙。"

⑩ 寸步:方世举《笺注》:"《神仙传》:'蓟子训曰:吾千里不倦,其惜寸步乎?'"钱仲联《集释》:"杜甫诗(《九日寄岑参》):'寸步曲江头,难为一相就。'"按:寸步,近也。《全唐诗》卷四一卢照邻《狱中学骚体》:"寸步千里兮不相闻,思公子兮日将曛。"卷二七三戴叔伦《奉天酬别郑谏议云逵卢拾遗景亮见别之作》:"关河烟雾深,寸步音尘隔。"韩愈《酬司门卢四兄云夫院长望秋作》:"白首寓居谁借问?平地寸步扃云岩。"

⑪ 同贬官:魏本:"孙曰:'贬阳山时。'"文《详注》:"谓俱为县令南方也。"贞元十九年冬,大雪,韩愈与张署、李方叔因《上论天旱人饥状》同贬官南方,即韩阳山,署临武。

斗柄:文《详注》:"《淮南子》(《齐俗训》)曰:'乘舟而惑者,不知东西,见斗极则悟矣。'"斗柄,即斗杓,此指北斗星。《国语·周语下》:"日在析木之津,辰在斗柄。"注:"斗柄,斗前也。"《鹖冠子·环流》:"斗柄东指,天下皆春;斗柄南指,天下皆夏;斗柄西指,天下皆秋;斗柄北指,天下皆冬。"何焯《批韩诗》引《淮南子》(《齐俗训》):"'夫乘舟而惑者,不知东西,见斗极则晓然悟矣。'《宿曾江口》结亦本此。"方世举《笺注》亦引《淮南子》。韩公《宿曾江口示侄孙湘》二首之一:"仰视北斗高,不知路所归。"

⑫ 生还得一处:魏本:"孙曰:'同在江陵。'"文《详注》:"谓顺宗即位,俱徙为江陵掾也。"按:即生还又同为江陵曹掾。韩公法曹,张署功曹。公《八月十五夜赠张功曹》:"十生九死到官所,幽居默默如藏逃。"《湘中酬张十一功曹》:"休垂绝徼千行泪,共泛清湘一叶舟。今日岭猿兼越鸟,可怜同听不知愁。"此谓同赴江陵也。

⑬ 生死:方《举正》据谢校作"死生"。朱《考异》:"生死,方作'死生'。"诸本作"生死",从之。两人真生死与共也。

直置：方世举《笺注》："直置：江淹诗：'直置忘所宰，萧散得遗虑。'心亲貌敬：《记·表记》：'君子不以色亲人。情疏而貌亲，在小人则穿窬之盗也与？'"此真能表现二人的命运与感情。如查慎行《查初白诗评十二种》云："写交情乃尔真挚。"

⑭ "念君"二句：魏本："樊曰：张在（'在'字宋本为'生'，四库本为'在'，当作'在'）江陵未几，邕管经略使路恕署为判官。容州北流县南三十里，有两石相对，门阔三十步，俗号鬼门关。谚曰：'鬼门关，十人[去]，九不还。'"文《详注》："时邕管经略使，又表署为判官。邕州在岭外，故曰南荒。《南迁录》云：鬼门在衡潭两驿路口五里头小岭上，凿石通道，崖壁如削，虽盛夏亦凛然寒凉。少下过北湖塘，次郴州也。《通典》曰：有两石相对，状若关门，阔三十步，俗号鬼门关。汉马援讨林邑蛮，路由此，立碑，石龟尚存。其南凡多瘴疠，去者鲜得生还。谚云：'鬼门关，十人去，九不还。'夐，远也，音翾正切。谢玄晖（朓）诗（《京路夜发诗》）曰：'故乡邈已夐。'"《旧唐书·地理志》有关于"鬼门关"的记载。

⑮ 三公：方世举《笺注》："《书·周官》：'立太师、太傅、太保，兹惟三公。'"按：《新唐书·百官志一》："三师、三公：太师、太傅、太保，各一人，是为三师；太尉、司徒、司空，各一人，是为三公。皆正一品。三师，天子所师法，无所总职，非其人则阙。三公，佐天子理阴阳、平邦国，无所不统。"此指在朝当权者都是张署的知音者。

知音人：钱仲联《集释》："《列子》：'伯牙鼓琴，志在高山，钟子期曰：峨峨然若泰山；志在流水，曰：洋洋然若江河。子期死，伯牙绝弦，以无知音者。'"按：此指知己。《吕氏春秋·本味》："伯牙鼓琴，钟子期听之。方鼓琴而志在太山，钟子期曰：'善哉乎鼓琴，巍巍乎若太山。'少选之间，而志在流水，钟子期又曰：'善哉乎鼓琴，汤汤乎若流水。'钟子期死，伯牙破琴绝弦，终身不复鼓琴，以为世无足复为鼓琴者。"

陛下：魏本："樊曰：人臣称至尊曰陛下，其与人言及亦通曰陛下。田横入海居岛中，汉高帝使人赦横罪而召之，至尸乡厩置。横谢使者曰：'陛下在洛阳，今斩吾头，驰三十里，形容尚未能败，犹可观也。遂自刭。'陛下圣，即谓天子圣明。廖本注："蔡邕《独断》云：'谓陛下者，群臣不敢指斥天子，故呼在陛下者，因卑达尊之义也。'"何焯《义门读书记》卷三〇："'曷不荐贤陛下圣'，句法奇健。"

⑯"囊空"二句：文《详注》："囊空：杜诗（《空囊》）：'囊空恐羞涩，留得一钱看。'《郭林宗传》（《后汉书》）：'孟敏客太原，荷甑堕地，不顾而去。'一食日还并：《礼记·儒行》曰：'易衣而出，并日而食。'郑氏云：'二日用一食也。'后汉虞延家贫，子孙同衣而出，并日而食（见《后汉书·虞延传》注）。"按：此以囊空、甑倒无人救扶，虞延家贫缺衣少食比喻他所处的困境。此谓韩公一家生活困窘。

⑰天和：蒋抱玄《评注》："《庄子》（《知北游》）：'正汝形，一汝视，天和将至。'"按：天和，谓自然的祥和之气。《汉书·礼乐志》："嘉承天和，伊乐厥福。"天性，天然的本质或特性，即本性。《荀子·儒效》："而都国之民安习其服，居楚而楚，居越而越，居夏而夏，是非天性也，积靡使然也。"《史记·李广传》："广为人长，猿臂，其善射亦天性也。"上句谓自然忧伤之气会损伤人的祥和愉悦，下句说损伤了祥和之气就保不住人健康的本性。朱彝尊《批韩诗》："'三公'六句似可省。"朱说恐非。韩公此六句意在说明张署也包括他自己处境困难，无人援引，可见世态炎凉。

⑱断鹤两翅鸣何哀：方世举《笺注》："《世说》（《言语》）：'支公好鹤，有人遗其双鹤，少时翅长欲飞，乃铩其翮。鹤轩翥不复能飞，乃反顾翅，如有懊丧意。林曰：既有陵霄之姿，何肯为人作耳目近玩。养令翮成，置使飞去。'"

⑲絷骥四足气空横：文《详注》："吴季重《答东阿王书》曰：'今处此而求大功，是犹绊骐骥之足而责千里之任。'横，音户孟切。"魏本："祝曰：絷，维也。横，不以理也。《孟子》：'其横逆犹是也。'"又音注："絷，陟立切。横，户孟切。"方世举《笺注》："《淮南·俶真训》：'身蹈于浊世之中，而责道之不行也，是犹两绊骐骥而求其致千里也。'"童《校诠》："第德案：尚书尧典：光被四表，伪孔传：光，充

也。今文尚书作横被四表,汉书王莽传、后汉书冯异传皆有此语,王褒传、崔骃传、班固传有横被字。礼记祭义:夫孝溥之横乎四海,乐记:号以立横,孔子闲居:以横于天下,郑注皆云:横,充也。汉书郊祀志:横泰河,颜氏以充满释之。此言骥虽志气充满,然已絷四足,不得展其能,故曰气空横。公雄朝飞操:群雌孤雄,意气横出,义同。其本字应为桄,说文:桄,充也,本尔雅释言。横从黄声,黄从光声,古读横如光,淮南子原道训:横四维而食阴阳,高注:横读桄车之桄;汉书成帝纪:虒上小女陈持弓走入横城门,如淳曰:横音光,是其证。祝谓横,不以理也,失之。"按:横,作充满解,合韩公诗义,善。《汉语大词典·木部》:"横,充溢,充满。《礼记·祭义》:'曾子曰:夫孝,置之而塞乎天地,溥之而横乎四海。'《汉书·礼乐志》:'扬金光,横泰河。'颜师古注:'横,充满也。'唐李白《古风》之十三:'白骨横千霜,嵯峨蔽榛莽。'康有为《明夷阁与梁铁君饮酒话旧事竟夕》诗:'冷吟狂醉到天明,舞剑闻鸡意气横。'"《礼记》《汉书》为公诗所据。又:"桄,充满。《说文·木部》:'桄,充也。'段玉裁注:'桄,读古旷切,所以充拓之圻堮也,必外有桄,而后内可充拓之令满,故曰:桄,充也。'光、桄、横,古同声而通用非转写讹脱而为光也,三字皆充广之义。"此二句矜健意切,嚼之有味。如何焯《批韩诗》云:"句法健。"

⑳ 绿杨匝岸蒲生迸:朱《考异》:"生,或作'芽'。"诸本作"生",从之。

文《详注》:"迸,散也,音比诤切。一云蒲草名迸。"按:此句语法结构为绿杨(柳)匝岸,蒲(蒲草)生迸。即绿色的柳枝拂扫着河岸,蒲草丛生而散开。匝、生为动词,岸、迸作匝、生的宾语。

㉑ "宋玉"二句:文《详注》:"宋玉,楚大夫,屈原弟子,有故宅在江陵城外。《哀江南赋》云:'诛茅宋玉之宅。'镜,水面也。沈休文诗(《咏湖中雁》)曰:'群浮动轻浪。'"魏本:"孙曰:'宋玉,楚人,故居在江陵。'韩曰:杜诗:'曾闻宋玉宅,每欲到荆州。'荆州,即江陵也。"顾嗣立《集注》:"王逸《楚辞序》:'宋玉,屈原弟子。唐余知

古《渚宫故事》:庾信归江陵,居宋玉故宅。宅在城北三里。故《哀江南赋》云:'诛茅宋玉之宅,穿径临江之府。'老杜(《送李功曹之荆州充郑侍御判官重赠》)云'曾闻宋玉宅,每欲到荆州'是也。"按:今人王汝涛编校《全唐小说》中《渚宫故事》未收此条。《西溪丛语》卷上云:"唐余知古《渚宫故事》曰:'庾信因侯景之乱,自建康遁归江陵,居宋玉故宅。宅在城北三里。故其赋(《哀江南赋》)曰:诛茅宋玉之宅,穿径临江之府。'"

轻浪:蒋抱玄《评注》:"沈约《郊居赋》:'动红荷于轻浪。'"方世举《笺注》:"潘岳诗:'游鱼动圆波。'虞世南《孔子庙堂碑》:'皎洁璧池,圆流若镜。'"按:池水波纹。参差,池鱼乱动貌。镜,水面平净如镜。

㉒ 足瑕疵:缺点很多。瑕疵谓缺点与过失。北齐颜之推《颜氏家训·省事》:"或有劫持宰相瑕疵,而获酬谢。"闻人倓《古诗笺》:"《左传》:'予取予求,不女疵瑕也。'"

荷宽政:魏本:"孙曰:'言江陵尹之政。'"方世举《笺注》:"《左传》:'羁旅之臣,幸若获宥,及于宽政。'"按:上句自谦自己缺点过失很多,下句谓今上司江陵尹政宽人和。

㉓ 盏:与琖、醆同,今通作盏。方世举《笺注》:"李鹰《罚爵典故》:'桑义在江总席上曰:虽深盏百罚,吾亦不辞也。'"

笔锋:魏本:"韩曰:鲍明远《拟古诗》:'两说穷舌端,五车推笔锋。'"

㉔ 明宵:魏本"宵"作"霄",乃写刻之误。诸本作"宵"。故,方《举正》据阁、蜀本定。朱《考异》:"故,或作'固'。"宋白文本、文本、祝本、魏本作"固"。廖本、王本作"故"。故、固,作本来解音义同。《韩非子·难一》:"微君言,臣故将谒之。"司马迁《报任少卿书》:"人固有一死,死或重于泰山,或轻于鸿毛。"方世举《笺注》:"李陵《答苏武书》:'故欲如前书之言。'按古人多用'故'字,与'固'同义。"童《校诠》:"第德案:固、故古通用,论语子罕篇:固天纵之将圣,论衡知实篇作故天纵之将圣;国语周语:而咨于故实,史记鲁周

公世家作咨于固实,是其证。李陵答苏武书为后人伪托,似不应引。"

㉕火令:方《举正》:"火令,为禁烟也。东坡尝为李公择书此诗作'灯火冷',不知所据何本。"魏本:"樊曰:'火令谓禁烟。'孙曰:火令,焚火之时也。相传寒食日介子推焚骸,后世一月不举火云。或作'有月莫辞灯火冷',非是。"朱《考异》:"洪云:此时春末夏初,故云火令。方云:非也,此谓寒食禁火耳。火令字见《周礼》(《夏官·司爟》)。魏武帝亦有《寒食禁火令》。但东坡尝为李公择书此诗,作'灯火令',又不知其所据何本也?今按:方说是也。此言夜行有月,故不忧当寒食禁火之令耳。坡读亦误。"何焯《义门读书记》卷三〇:"注:东坡尝为李公择书此诗,作'灯火冷'。《考异》以坡读为误。按:灯火冷,亦禁火之意。两本字不同,坡固未误读也。"方成珪《笺正》:"按《广韵》,令属去声四十五劲,冷属上声三十八梗,全诗韵皆去声,不应于末韵忽然旁出。坡所读究系误本也。"顾嗣立《集注》:"《周礼·司爟》:'仲春修火禁于国中。'注:'季春将出火也。'《司爟》:'掌行火之政令。'郑玄注:'《鄹子》曰:春取榆柳之火,又时则施火令。'魏武帝《明罚令》云:'闻太原、上党、西河、雁门,冬至后百五日,皆绝火寒食。'"按:诸解均探源用典出处,未明韩诗之意。循绎韩诗"当火令",即举火也,此乃指"掌行火之政令"的司爟而言。司爟负责举火,此因有月照明,不愁无火也。

【汇评】

清朱彝尊:兴致本花来,微加藻润,营构犹有杜法。(顾嗣立《昌黎先生诗集注》卷三)

清何焯:《寒食日出游》:"曷不荐贤陛下圣。"句法奇健。"有月莫愁当火令",注:东坡尝为李公择书此诗,作"灯火冷"。《考异》以坡读为误。按:灯火冷,亦禁火之意。两本字不同,坡固未误读也。(《义门读书记》卷三〇)

清沈德潜:《寒食日出游》:张十一院长见示《病中忆花》九篇,

寒食日出游夜归,因以投赠。(《唐诗别裁集》卷七)

清姚范:《寒食日出游》:"饮酒宁嫌盏底深。"注:桑乂在江总席上曰:"虽深盏百罚,吾亦不辞也。"按:此注得非伪造耶?顾侠君引此加《南史》二字,《南史》无此事。(《援鹑堂笔记》卷四一)

清黄钺:此篇亦间有对句。(《昌黎诗增注证讹》卷三)

清方东树:《寒食日出游》:收句言有月可行,莫以当禁火之令为辞也。(《昭昧詹言》卷一二韩公)

程学恂:押韵处别具锤炉,欧、梅、坡、谷皆宗之。(《韩诗臆说》卷一)

忆昨行和张十一[①]

元和元年

忆昨夹钟之吕初吹灰[②],上公礼罢元侯回[③]。车载牲牢瓮舁酒,并召宾客延邹枚[④]。腰金首翠光照耀,丝竹迥发清以哀[⑤]。青天白日花草丽,玉斝屡举倾金罍[⑥]。张君名声座所属,起舞先醉长松摧[⑦]。宿醒未解旧痁作,深室静卧闻风雷[⑧]。自期殒命在春序,屈指数日怜婴孩[⑨]。危辞苦语感我耳,泪落不掩何漼漼[⑩]。念昔从君渡湘水,大帆夜划穷高桅[⑪]。阳山鸟路出临武[⑫],驿马拒地驱频隤[⑬]。践蛇茹蛊不择死,忽有飞诏从天来[⑭],伾文未揃崖州炽,虽得赦宥恒愁猜[⑮]。近者三奸悉破碎,羽窟无底幽黄能[⑯]。眼中了了见乡国,知有归日眉方开[⑰]。今君纵署天涯吏,投檄北去何难哉[⑱]?无妄之忧勿药喜,一善自足禳千灾[⑲]。头轻目朗肌骨健,古剑新劚磨尘埃[⑳]。殃销祸散百福并,从此直至鸯与鲐㉑。嵩山东头伊洛岸，胜事不假须穿栽㉒。
君当先行我待满，沮溺可继穷年推㉓。

【校注】

① 题：方《举正》据杭、蜀本订作"忆昨行一首和张十一"，云："卷末五题皆元和元年（806）江陵作。"朱《考异》："或作'和张十一忆昨行'。"宋白文本作"忆昨行和张十一"，"张十一"下注"署"字。文本、祝本、魏本作"和张十一忆昨行"。廖本、王本同宋白文本，作"忆昨行和张十一"，从之。古代祭地神之日为社日。后汉以后一般用戊日，以立春后第五个戊日为春社，立秋后第五个戊日为秋社，相当于春分、秋分前后。汉以前只有春社。是年春社日为夏历二月二十四日，诗当写于二十五日。

② 忆昨夹钟之吕初吹灰：魏本："韩曰：《月令》（《礼记》）：'仲春之月，律中夹钟。'二月之吕也。《续汉书》：以葭灰实律之端。按历而候之，其月气至，则灰飞而律通。孙曰：'此言元和元年春时也。'"文《详注》："夹钟之吕，谓二月也。《前汉志》：'律十有二，阳六为律，阴六为吕。夹钟者，言阴夹助太簇，宣四方之气而出种物也，位于卯。'《乐书》云：'候气之法，为室三重，以木为案，每律为其方位，加律其上，实葭莩之灰，以轻缇素覆其口，每月气至，与律冥符则灰飞冲素，散出于外。北齐田曹参军信都芳，能以管候气仰视云色与人对语，即指天曰：孟春之气至矣，人往验管而飞灰，已应每月所候，皆言不爽。《补注》：时社祭罢也。"方世举《笺注》："夹钟：《史记·律书》：'二月也，律中夹钟，言阴阳相夹厕也，其于十二支为卯。'吹灰：《后汉书·律历志》：'候气之法，为室三重，布缇幔。以木为案，每律各一，内庳外高，从其方位，加律其上。以葭莩灰抑其内端，按历而候之，气至者灰去。'"按：《礼记·月令》注："夹钟者，夷则之所生，仲春气至，则夹钟之律应。"《后汉书·律历志上》："候气之法，为室三重，户闭，涂衅必周，密布缇缦。室中以木为案，

每律各一，内庳外高，从其方位，加律其上。以葭莩灰抑其内端，案历而候之。气至者灰动。"杜甫《小至》诗："刺绣五纹添弱线，吹葭六琯动浮灰。"

③上公礼罢元侯回：上公，方《举正》作"社公"，云："杭、蜀同。柳子厚云：'湖南人重社饮酒。'洪本作'杜'字，讹也。《洪谱》："杜佑贞元十九年春，自淮南节度入朝拜检校司空也。"故以"上公"为"杜公"。又方《增考》："杜公，古本作'社公'。公时任江陵法曹，元侯谓帅裴均也，言裴均罢社而享客，故其下谓'车载牲牢瓮舁酒，并召宾客延邹枚'，其义甚明。洪误矣。"朱《考异》："上，洪作'杜'，云：杜佑自淮南入朝也。方作社，云：此为荆帅裴均罢社而享客也。今按：方说是也，但以上为社则未然。《左传》（昭公二十九年）云：'五行之官，封为上公，祀为贵神。其土正曰后土。''在家则祀中霤，在野则为社。'故杜注（《左传》庄公二十五年）'用币于社'云'以请于上公'，则上公即社神也。况此句内又自以元侯为对耶？"按：文《详注》："昔共工氏有子曰句龙，祀以为社。《月令》：'仲春之月，择元日命民社。'郑氏云：'春事具，故祭之以祈农。'元日，谓春分前后戊日也。元侯谓当时江陵府帅裴均也。"宋白文本、文本、魏本作"社公"。廖本、王本作"上公"。作"上公"，善。《左传》襄公四年："《三夏》，天子所以享元侯也。"杜注："元侯，牧伯。"上公，社公，主祭社神者。元侯，即江陵尹裴均。

④"车载"二句：魏本："孙曰：'牛羊豕曰牢。'"文《详注》："邹阳、枚乘事见《赴江陵诗》。舁，共举也，音羊诸切。"魏本："祝曰：舁，对举也，益部。《耆旧传》：'遵敕吏舁尸到。'音余。"方世举《笺注》："《说文》：'共举也。'《玉篇》：'二人对举也。'"顾嗣立《集注》："谢惠连《雪赋》：'召邹生，延枚叟。'"按：牲，供食用和祭祀用的家畜。《易·萃》："用大牲，吉。"《周礼·天官·庖人》："掌共六畜、六兽、六禽。"汉郑玄注："始养之曰畜，将用之曰牲。"谢惠连《祭古冢文》："酒以两壶，牲以特豚。"牢，本指饲养牲畜的栏圈，此指养成系

牢待祭的牛羊猪。《礼记·王制》："天子社稷皆太牢,诸侯社稷皆少牢。"太牢,牛羊猪全用。少牢,只用羊猪。牲牢,祭祀用的牲畜。《诗·小雅·瓠叶序》："上弃礼而不能行,虽有牲牢饔饩,不肯用也。"笺:"牛羊豕为牲,系养者曰牢。"李商隐《代李玄为崔京兆祭萧侍郎文》:"牲牢粗洁,酒醴非多。"朱彝尊《批韩诗》:"就饮酒叙来,诗家趣味自合。"延邹枚,邀请高士。延,本作引进解,此引申为邀请。《战国策·齐策四》:"宣王使谒者延入。"陶渊明《桃花源记》:"余人各复延至其家,皆出酒食。"邹枚,邹阳、枚乘,皆汉代善辩能文的高士,后因作才辩之士的通名。《水经注》卷二四《睢水》:"梁王与邹、枚、司马相如之徒,极游于其上(平台)。"唐高适《酬庞十兵曹》:"怀贤想邹枚,登高思荆棘。"

⑤ "腰金"二句:魏本:"孙曰:'谓倡姬之服饰。'"文《详注》:"金翠,妇人饰。曹子建诗(《美女篇》)曰:'头上金雀钗,腰佩翠琅玕。'"顾嗣立《集注》:"《洛神赋》:'带金翠之首饰。'"方世举《笺注》:"《旧唐书·舆服志》:文武三品以上金玉带,四品、五品并金带。《新唐书·车服志》:'远游冠,三梁加金博山,附蝉首,施珠翠。'"按:此二句写宴间歌舞:上句写人之金翠耀眼,下句写乐曲清丽哀婉。

⑥ 玉斝(jiǎ)屡举倾金罍:魏本:"孙曰:斝,盏(宋本'盏'字作'盛',四库本作'盏')也。罍,壶也。《诗》(《周南·卷耳》):'我姑酌彼金罍。'"文《详注》:"斝以献酬,罍以贮酒。《说文》曰:斝一升,爵名也。'夏曰盏,商(殷)曰斝,周曰爵。'《尔雅》(《释器注》)曰:'罍形似壶,大者受一斛。'一见《荐士》诗。"方世举《笺注》:"《诗·行苇》(《大雅》):'洗爵奠斝。'《记·明堂位》:'殷以斝,周以爵。'《礼》:'玉斝不挥。'"朱彝尊《批韩诗》:"是有意避排缛,虽未精腴,却亦不粗硬。"

⑦ "张君"二句:座,文本作"坐"。二字古通,诸本作"座",从之。

魏本:"孙曰:'属,谓众所属目。'"音注:"属,朱六(读录)切。"文《详注》:"《中山先生诗录》云:'古人饮酒,皆以舞相属献寿,尊者亦往往歌舞。长沙王小举袖云:国小不足回旋。至唐太宗亦自起舞属群臣。古人质朴,舞以达欢欣,不必合度臻好,人人可为之,不羞不及也。'张燕公诗(查《全唐诗》卷一七九李白《铜官山醉后绝句》)云:'要须回舞袖,拂尽五松山。'今时舞者曲折,益尽奇妙,非有师授皆不可观,故士大夫不复起舞矣。或有善舞者,以其似乐工,辄耻为之。"顾嗣立《集注》:"《世说》(《容止》):'山公曰:嵇叔夜之为人也,岩岩若孤松之独立。其醉也,俄如玉山之将崩。'"按:张君,指张署。属(zhǔ),同瞩,注视。贾思勰《齐民要术·园篱》:"盘桓瞻属。"《魏书·张渊传》:"凝神远瞩。"

⑧宿酲未解旧痁(shān 失廉切,平,盐韵)作,深室静卧闻风雷:祝本"酲"作"醒","旧痁"作"痁旧"。诸本作"酲",是。方《举正》"旧痁作"作"痁旧作",云:"阁本、蜀本同。晁、李本皆校作'旧痁作'。"朱《考异》:"方作'痁旧'。今按:此句内上有'宿酲'字,则此当为'旧痁'明矣。方误。"宋白文本、文本、魏本、廖本作"旧痁",从之。文《详注》:"酲,酒病也,音直呈切。《北史》:'崔仲文为银青光禄大夫,常被敕召,宿酲未解,文宣怒,将罚之,使为观射诗十韵,操笔立成,乃原之。'痁,疟疾也,音诗廉切。疟发之状阴阳交战,寒栗鼓颔,有声如风雷,事见《素问》。"魏本:"《补注》:酲,酒病也。刘伶五斗解酲。痁,疟疾。《左传》:'痁作而伏。'"方世举《笺注》:"宿酲:《诗·节南山》:'忧心如酲。'注:'酒病曰酲。'痁作:《左传》:'齐侯疥遂痁。'杜预曰:'痁,疟疾也。'又'痁作而伏。'"按:《素问·疟论》有"寒栗鼓颔"语。魏本:"孙曰:'谓耳疾,若有所闻也。'"按:韩公《石鼎联句诗序》:"道士倚墙睡,鼻息如雷鸣。"《嘲鼾睡》二首之一:"澹师昼睡时,声气一何猥。顽飙吹肥脂,坑谷相嵬磊。"皆用风雷形容鼾声。连下句看,当是酒酣鼾声如风雷,非疟疾发作。

⑨"自期"二句:春序,魏本注:"序,时也。"数日怜婴孩,文《详

注》:"数,计也,音所矩切。《仓颉篇》曰:'女曰婴,男曰儿。'"方成珪《笺正》:"疑署甫举一子。数读上声,《说文·支部》:'数,计也。'所矩切。"按:二句谓自己估计殒命就在春天,而天天数着指头怜悯(忘不了)孩子们。

⑩ 漼(cuǐ)漼:魏本:"樊曰:《集韵》云:'漼,雪霜积聚貌。'祝曰:《选》(卷六〇陆机《吊魏武帝文》):'指季豹而漼焉。'(李善)注:'漼,涕泣垂貌。'漼,七回切。"文《详注》:"《补注》:漼漼,霜雪积聚貌,徂回切。"按:漼漼,积聚貌。《艺文类聚》卷三南朝宋何瑾《悲秋夜赋》:"霜凝条兮漼漼,露雷叶兮泠泠。"白居易《庭松》诗:"春深微雨夕,满叶珠漼漼。"涕泪齐下貌。《文选》卷六〇晋陆机《吊魏武帝文》:"执姬女以嚬瘁,指季豹而漼焉。"李善注:"漼,泣涕垂貌。"《辞源》《汉语大词典》引韩诗为例。唐孟郊《秋怀》诗之十四:"夫子失古泪,当时落漼漼。"按成诗时间,孟郊、白居易诗均在韩诗后,则韩公先用"漼漼"一词,后世沿用。《敦煌变文集·目连缘起变文》:"目连见母泪漼漼。"

⑪ 念昔从君渡湘水:朱《考异》:"湘,或作'湖'。"诸本作"湘",是。

大帆夜划穿高桅:魏本:"樊曰:'帆,舟上幔,所以泛风。划,破也。'祝曰:高桅,挂帆柱也。《玉篇》云:'船上樯竿。'帆,符咸切。划,忽麦切。桅,五回切。"文《详注》:"帆,船上幔也,音符咸切。桅,船上樯竿也,音五回切。夜划穿桅,言追程而进,不得休息。"按:文《详注》简约而意审。

⑫ 阳山鸟路出临武:魏本:"樊曰:'公责连之阳山令,张为郴之临武。郴在江南,连则广南也。'"文《详注》:"时公为连州阳山县令,署郴州临武令。阳山尤远,故道出临武。"方世举《笺注》:"《南中八志》:'鸟道四百里,以其险绝,兽犹无蹊,特上有飞鸟之道耳。'"钱仲联《集释》:"《太平寰宇记》卷一一七《江南西道》十五《郴州》云:'临武县,汉旧县也,属桂阳郡,盖因县南武溪水为名。'"按:

查《中国历史地图集》岭南东道。韩愈、张署经郴州治所郴县,过五岭之骑田岭,到张署贬所临武。二人分手。韩愈继续南下,经连州治所的桂阳县后,东南行百余里,达阳山县。山水遥阻,十分难行:水路江流湍急,时有破船粉身之险,如韩公《贞女峡》诗云:"漂船摆石万瓦裂,咫尺性命轻鸿毛。"陆路崎岖难行,少数平缓路段,可以骑马,山路小道,只能步行。官路故道虽较平缓,但时有跌跤的危险。见下句可知。

⑬ 驿马拒地驱频䭿(tuí 杜回切,平,灰韵):方《举正》:"三馆旧本'䭿'作'槌'。《博雅》:'槌,挃摘也。'亦有义。"朱《考异》:"三馆本'䭿'作'槌'。方云:《博雅》:'槌,挃也。'亦有义。今按:方义暗僻不可晓,此但言当谪官时,驰驿发遣而山路险恶,故羸马拒地不进,被驱而屡至倾䭿耳。䭿,或取尯䭿字,然其义但为不能升高之病,又似未必然也。"文《详注》:"《卷耳》(《诗·周南》)诗云:'陟彼崔嵬,我马虺䭿。'下坠也。后公《祭署文》云'君飘临武,我落阳山,颠于马下,我泗君咷'是也。䭿,音杜回切。"朱翌《猗觉寮杂记》:"蜀人谓立地为拒地。立地者,不容少休之意。"陈景云《点勘》:"按:'江南'乃'湖南'之误,又连属广南,此宋制也。唐则郴、连并隶湖南。宋朱新仲(翌)《猗觉寮杂志[记]》云:韩诗'驿马距地驱频䭿',蜀人谓立地为拒地,立地者,不容少休意。按蜀人方言,如土锉、岸溉之类,屡见杜诗,盖少陵久寓蜀地,故旅中所咏,即用土人语耳。韩子阳山之行,路不由蜀,何故忽采方言入诗乎?《汉书·甘延寿传》'跋距'注云:'有人连坐,相把据地,而能拔取之。'拒地之拒,殆与距同。夫人以手据地可曰距,则马以足踞地亦可言拒矣。韩子时从临武逾岭南,出经鸟道之险,驿马力疲足倦,据地不前,策之而犹不能升,故曰'驱频䭿'。正取'尯䭿'义也。"陈说是。韩公于《诗》最熟知,用《诗》中词义,随手拈来。

⑭ 践蛇:方世举《笺注》:"《海内西经》:'开明西有凤凰鸾鸟,皆戴蛇践蛇。'"按:脚踩着蛇,谓蛇之多,到处可见。茹蛊,即食有

毒之物。茹,吃也。《文选序》:"茹毛饮血之世。"《赴江陵途中寄赠三学士》:"有蛇类两首,有蛊群飞游。"飞诏,魏本:"孙曰:'量移诏也。'"按:皇帝下的赦宥诏书。飞,言其快也。

⑮ 未揃:方《举正》订,云:"谢本校从'翦'。《说文》(手部):'揃,搣(灭)也。'《史记·西南夷赞》有'揃剽'字。"朱《考异》:"揃,或作'剪'。"宋白文本、祝本、魏本、廖本、王本作"揃"。文本作"搊"。今从"揃"。

魏本:"《补注》:伾,王伾。文,王叔文。崖州,韦执谊也。揃,灭也。《史记》:'西夷揃剟。'《史记》索隐:'揃,谓被分割也。'"文《详注》:"顺宗立未逾年,三月癸巳(24日)立广陵王为皇太子,四月戊申(9日)以册皇太子,赦死罪已下。是时贬王伾开城,叔文渝州,韦执谊崖州。言奸党未灭,己虽得赦宥,恐其复用,故愁猜也。炽,当时作'帜'。按律文狂犬噬人而摽帜,羁绊不如法,以故伤人者以过失论。此盖指执谊而言也。"方世举《笺注》:"《新旧唐书·王伾、王叔文、韦执谊传》:永贞元年(805)八月,叔文贬渝州司户,明年诛之。伾贬开州司马,死其所。十月,执谊贬崖州司户,以宰相杜黄裳之婿,故最后贬,是气焰未衰也,亦死于贬所。"童《校诠》:"第德案:举正西南夷下应补传字,考异同。补注剟当作剽。又按:谢本校从剪,剪与揃古通用,仪礼士虞礼:沐浴栉搔翦,郑注:翦今文或为揃;庄子外物篇释文引三苍云:揃犹翦也,是其证。依说文段注,翦之原义为羽生及矢羽,前之原义为齐断,㓝之原义为前后字,揃灭作剪者,乃假借字。"按:《易·解》卦:"君子以赦过宥罪。"苏轼《和陶〈读山海经〉并引》:"践蛇及茹蛊,心空了无猜。"化用此四句诗。恒愁猜,常愁猜。此指李纯立为太子大赦,时二王、韦执谊尚掌权柄,恐其回京重用,故不欲回京而俟命郴州:此事引人猜想也。

⑯ 三奸破碎:文《详注》:"三奸谓叔文、伾、执谊也。三人者皆死贬所,如羽山之鲧也。《尔雅》云:'能,三足鳖也,音奴来切(nái)

然。'谠按：《左传》（昭公七年）载郑子产之言曰：'昔尧殛鲧于羽山，其神化为黄熊，以入于羽渊。'杜预：音回弓切。《国语》（《晋语》八）作黄能，音贤能之能，说者谓能为熊属，又为鳖类。东海祭禹庙不及熊白，及鳖为馐，以鲧化为二物也。则一字而三音，音义各别。今诗当从奴来切读。《魏志》（《三国志·王郎传》注）：'王郎被召，孔融与书曰：不意黄能突出羽渊也。'按：《通典》禹窟在海州朐山县南。《列子》（《汤问篇》）曰：'渤海之东不知几亿万里有大壑焉，实惟无底之谷。'注云：'盖举深之极耳。'"魏本："《集注》：能有两音。奴来切者，三足鳖也。奴登切者，熊属，足似鹿者也。《左传》：'尧殛鲧于羽山，其神化为黄熊，以入于羽渊。'《国语》作'黄能'，当音贤能之能，然说者谓能既熊属，又为鳖类。东海人祭禹庙不用熊白及鳖为馔，疑鲧化为二物，则两音亦可通用也。"与文注同。

⑰了了：聪明伶俐，明白事理。《世说新语·言语》："小时了了，大未必佳。"《南史·戴法兴传》："彭城王义康于尚书中觅了了令史，得法兴等五人。"亦作清楚解。李白《秋浦歌》之十一："桃波一步地，了了语声闻。"方世举《笺注》："罗含《湘中记》：'湘水至清，虽深五六丈，见底了了然。'《神仙传》：'王烈入抱犊山中，见一石室，架上有素书，乃与嵇康共往读之。至其道径，了了分明。比反又失所在。'又：'涉正说秦始皇时事，了了似及见者。'"朱彝尊《批韩诗》："叙得婉曲有雅致，不惟远胜《永贞》，亦胜《八月十五夜》。"此谓事理明白清楚。童《校诠》："案：公郾城晚饮奉赠副司马侍郎及冯李二员外诗：眉间黄色见归期。又按：白乐天诗多用眉开或开眉字，如醉中酬殷协律：醉袖放狂相向舞，愁眉和笑一时开；赴苏州至常州答贾舍人：厌见簿书先合眼，喜逢杯酒暂开眉；岁暮寄微之：若并如今是全活，纡朱拖紫且开眉；镜换杯：不似杜康神运速，十分一盏便开眉，余不列举。"

⑱今君纵署天涯吏：方《举正》据阁本订"纵"，云："蜀本'纵'作'从'。"朱《考异》："纵，或作'从'。今按《张署墓志》，邕管奏署为

判官也。"宋白文本、文本、祝本、魏本作"从"。文本等注:"一作'纵'。"廖本、王本作"纵",注:"或作'从'。"作"从"、作"纵"均通,二字古通用。

投檄北去何难哉:文《详注》:"时邕管经略使复奏署为判官。邕管非善地,当投弃此檄,北归京师也。后署果不行。"魏本:"《补注》:邕管奏为判官,即前云'今君又署南荒吏'也。孙曰:'投,掷也。'祝曰:檄,符檄。《说文》(木部):'二尺(当作尺二)书。'《前汉》:'三秦可传檄而定。'"按:此句以下十二句,当是韩公劝慰张署的话:谓而今君纵使署为邕管吏,投书求北归有何难呢? 后署果授京兆司录,先公归京也。

⑲ "无妄"二句:文《详注》:"《易》(《无妄》九五)曰:'无妄之灾[疾],勿药有喜。'(注:)'言非妄之灾,(勿)不治自复也。'"魏本引孙《全解》同。蒋抱玄《评注》:"《礼记》(《中庸》):'得一善则拳拳服膺。'"按:上句谓没有想到的忧愁(疾病),不用吃药就痊愈了;下句是说得一善道就足以消除一切祸灾。意谓,邕管之辟,不需要发愁。

⑳ 劚(zhú):同"斸",铲除。《说文·斤部》:"劚,斫也,陟玉切。"《全唐诗》卷六〇九皮日休《公斋四咏·小桂》:"欻从山之幽,劚断云根移。"

㉑ 耇(gǒu):方《举正》据阁本订"耇"字,云:"杭本作'耆'。"朱《考异》:"耇,或作'耆'。"宋白文本、祝本、魏本作"耆",注:"一作'耇'。"文本作"耇"。今从"耇"。

文《详注》:"《行苇》(《诗·大雅》)诗曰:'黄耇鲐背。'言背如鲐鱼。耇谓老人面冻黎若垢然,皆寿考之通称。耇音举后切,鲐音台。"按:《说文·老部》:"耇,老人面冻黎若垢。从老省,句声。"作"耇"字是。何焯《义门读书记》卷三〇:"反对'数日'。"

㉒ 裁:方《举正》据阁本订,云:"杭、蜀本皆作'栽'。"朱《考异》:"裁,或作'栽'。"宋白文本、文本、祝本、魏本作"裁"。作"裁"、

作"栽"均可。文《详注》："栽,一作'栽'。公自贞元十一年(795),上宰相三书,不报,五月遂东归,卜居于洛,即《复志赋》所谓'假火龟以视兆兮,求幽正之所庐'是也。其后见于诗者九。《县斋有怀》云:'劚嵩开云扃,压颍抗风榭。'《送文畅师北游》云:'庇身指蓬茅,逞志纵猃猲。'《赠侯喜》云:'便当提携妻与子,南入箕颍无还时。'《酬崔少府》云:'况住洛之涯,魴鳟可钓汕。'《寄崔(二十六)立之》云:'去来伊洛上,相待安罘罝。'《送侯参谋》云:'三月嵩少步,踯躅红千层。'《送李愿归盘谷》云:'行抽手板付丞相,不待弹劾归耕桑。'《平蔡州回》云:'郾城辞罢过襄城,颍水嵩山刮眼明。已去蔡州三百里,家人不用远来迎。'及此诗为九。以此知公虽出仕王官,立声名,履忧患,未尝一日忘巢许之志,用舍行藏,处之有素,自非信道之笃者,畴克能之。呜呼,休哉!"方世举《笺注》:"伊洛:《书·禹贡》:'伊、洛、瀍、涧,既入于河。'胜事:梁武帝《答陶隐居书》:'宜微以著赏,此既胜事,虽风训非嫌。'穿栽:按:'穿栽'难解,大抵'穿'如穿渠,'栽'如栽花之类。童《校诠》:"姜宸英曰:栽就韵,难解。第德案:谢康乐还旧园诗:曩基即先筑,故池不更穿,果木有旧行,壤石无远延,为公不假穿栽所本,言嵩下伊洛间,山水绝胜,自足游娱,不须更经营园池,方扶南所释是,无庸致疑。栽与栽古通用,汉书王贡两龚鲍传:栽日阅数人,颜注:栽与才同。按:说文:才,草木之初也。礼记中庸:故栽者培之,郑注:栽,读如文王初载之载,今人名草木之植曰栽,又上天之载,郑注:载读曰栽,谓生物也。说文:载,乘也,段云:假借之为始,才之假借也,夏曰载亦谓四时终始也。颜谓栽与才同,郑栽、载互读,段云载为才之假借,如是则杭、蜀本、本书及祝本作栽,为栽之借字。姜谓作栽难解,泥于本义,未及深考耳。"

㉓魏本:"韩曰:张先迁京兆府司录。祝曰:沮溺,人名。《语》(《论语·微子》):'长沮、桀溺耦而耕。'樊曰:'公家河南,而嵩山、伊水、洛水并隶河南。诗意欲与张耦耕于嵩山下也。'韩曰:'推'字

取《礼记》(《月令》)'三推九推'之意。"文《详注》:"言待江陵秩满,共归耕稼也。《论语》(《微子》)曰:'长沮、桀溺耦而耕。'注云:'隐者二人。'"魏本注:"沮,子鱼切。耰,它回切,或作'催'。"作"催"乃形近致误。祝本注:"耰,他回切,去也。《诗》:'则不可耰。'"童《校诠》:"姜宸英曰:耰就韵难解。第德案:论语微子篇:长沮、桀溺耦而耕,郑注:长沮、桀溺隐者也,耜广五寸,二耜为耦。礼记月令:天子三推,三公五推,卿诸侯九推,释文:推谓伐也。吕氏春秋孟春纪高注云:天子三推,谓一发也,国语曰:王耕一发。按:国语作墢,其本字应作坺,说文:臿土谓之坺,伐、发借字,墢后出字。韩、樊说是。祝引诗则不可耰,见云汉篇,释耰为去,非公意。姜(宸英)谓耰难解,似未见魏本韩注,亦偶忘月令三推语耳。作摧无义,当为耰之形讹,上文有长松摧之语,不应复出。"

【汇评】

宋朱翌:退之《忆昨行》:"驿马拒地驱频隤。"蜀人谓立地为拒地。立地者,不容少休之意。(《猗觉寮杂记》卷上)

清何焯:《忆昨行和张十一》:从此直至耆与鲐,反对"数日"。(《义门读书记》卷三〇)

清姚范:《忆昨行和张十一》"君当先行我待满。"注:"张先迁京兆府司录。"按:上文"投檄北去何难哉",此句正承上言之,非既迁司禄也。(《援鹑堂笔记》卷四一)

清曾国藩:《忆昨行》:自首至"泪落"句,叙张与裴帅赛社之宴,酒后卧病。自"念昔从君"至"眉方开"句,叙(公)与张同贬南荒,而俱幸北归。自"今君纵署"至末,祝张病体康复,将耦耕于嵩山之下。"上公礼罢"句,"上公"方以为当作"社公",叙荆帅裴均罢社而享客也。朱子云:"'上公'即社神也,不必改为'社公'。""今君纵署"二句,张在江陵,虽经邕管经略使路恕奏署为判官,而可以辞谢不往。故劝其"投檄北去","投檄"犹投绂投劾之投。(《求阙斋读书录》卷八)

程学恂:"飞诏从天来"以下数语,乃通首关键。盖张之贬官以群奸故,故群奸败而疾自当愈也。至"无妄之忧"云云,竟同世俗庆祝谀词矣。然细思之,却全为群奸破碎而发,故不嫌恣意言之,使千古正人吐气。读此诗,须知全是傲岸滑稽,嘻笑怒骂。前言危疾可忧,非真忧也;后言病愈可庆,非真庆也。总对三奸言耳。若认真作愁苦语、吉祥语,则此诗俗澈骨矣。(《韩诗臆说》卷一)

汪佑南:此首通体不外哀乐二字。首段从公宴说到病,是乐而哀也。中段叙谪官就道,水陆艰难,落到归日,是哀而乐也。末段首联回应迁谪,了中段。以下祝其病愈,了首段。然后以耦耕作结,自有无穷乐字。不说破乐字,而乐在其中矣。(《山泾草堂诗话》卷一)

卷四 古诗

刘生诗①
贞元二十一年

生名师命其姓刘,自少轩轾非常俦②。弃家如遗来远游,东走梁宋暨扬州③。遂凌大江极东陬,洪涛春天禹穴幽④。越女一笑三年留⑤,南逾横岭入炎洲⑥。青鲸高磨波山浮⑦,怪魅炫耀堆蛟虬⑧,山狶谨噪猩猩愁⑨,毒气烁体黄膏流⑩。问胡不归良有由⑪:美酒倾水炙肥牛,妖歌慢舞烂不收⑫;倒心回肠为青眸⑬,千金邀顾不可酬,乃独遇之尽绸缪⑭。瞥然一饷成十秋,昔须未生今白头⑮。五管遍历无贤侯,回望万里还家羞⑯。阳山穷邑惟猿猴,手持钓竿远相投⑰。我为罗列陈前修⑱,芟蒿斩蓬利锄耰⑲。天星回环数才周⑳,文学穰穰困仓稠㉑,车轻御良马力优,咄哉识路行勿休㉒,往取将相酬恩仇㉓。

【校注】

① 题:朱《考异》:"或无'诗'字。"诸本有"诗"字,从之。
魏本:"韩曰:贞元二十一年,刘师命访公于阳山,断章似有送行之意。集中有因梨花为生作二诗,岂前此之作耶?"文《详注》:

"韩门弟子师服之昆弟。《补注》:'师命时访公于阳山。'"方《举正》:"贞元二十一年(805),阳山作。"何焯《批韩诗》:"贞元二十一年,刘师命访公于阳山,断章似有送行之意。集中有因梨花为生作二首,岂前此古作耶?"何焯说全同韩醇。方世举《笺注》:"《刘生》本乐府旧题,方本作《刘生诗》,而注云:'或无诗字。'无'诗'字者是也。《古乐府解题》云:'刘生不知何代人,观齐梁以来所为《刘生》诗者,皆称其任侠豪放,周游于五陵、三秦之地,大抵五言四韵,意亦相类。'公以师命姓刘,其行事颇豪放,故用旧题赠之,而更为七言长篇。集中有用乐府旧题而效其体者,如《青青水中蒲》及《有所思联句》是也。有用乐府旧题而变其体者,如《猛虎行》及此诗是也。"王元启《记疑》:"题曰《刘生》,与卷五《孟生》诗同旨。或以为乐府古题,非是。又公以贞元二十一年夏秋离阳山,是诗述刘之投公,有'天星回环'之句,则其初至当在二十年(804)春夏之交。韩谓二十一年师命访公于阳山,亦非。"方成珪《诗文年谱》云:"诗当是年(贞元二十一年)春夏间作。"按:师命来阳山访韩公在贞元二十年(804),离阳山在贞元二十一年(805),遇赦离阳山前,王元启谓在贞元二十年(804)夏秋,恐非。从诗结语看,乃送行之作。此诗体式,或谓古体,或谓柏梁。顾嗣立与诸本列之"古体",朱彝尊谓又似"柏梁",而实为乐府燕歌行体。朱彝尊《批韩诗》云:"柏梁体句各一事,此自是'燕歌行'体。然此体不宜长,又须炼得精。此作遒紧有味,意态尚恨未甚浓。"

全诗一句一韵,一韵到底,均侯韵也。

② 自少轩轾(xuān zhì)非常侪:朱《考异》:"轾,或作'轶'。"按:诸本作"轾",从之。作"轶"作超越、超群解,亦通。

魏本:"韩曰:轩轾,调适也。一云轻重也。《诗》(《小雅·六月》):'戎车既安,如轾如轩。'又《马援传》(《后汉书》):'居前不能令人轾,居后不能令人轩。'侪,谓侪匹也。"又音注:"轾,竹二切。"高步瀛《唐宋诗举要》卷二:"步瀛案:轾同埶(鞶),《淮南子·人间篇》曰:'道者置之前而不轾,置之后而不轩。'与《马援传》同义,然不轾不轩而后为平,轩轾正不平也。郑康成《诗笺》曰:'从后观之如挚,从前观之如轩,然后调适。'非以调适训轩轾也。韩说失之。"

按:轩轾,车前高后低(前轻后重)称轩,前低后高(前重后轻)称轾,引申为轻重高低。《后汉书·马援传》上疏:"夫居前不能令人轾,居后不能令人轩,与人怨不能为人患,臣所耻也。"《新唐书·十一宗诸子传赞》:"唐自中叶,宗室子孙多在京师……实与匹夫不异,故无赫赫过恶,亦不能为王室轩轾。"童《校诠》:"第德案:作軼是也。诗六月:戎车既安,如轾如轩,郑笺:戎车之安,从后视之如挚,从前视之如轩,然后适调也,是轩轾为车之安闲适调,与此言非常倚之义不合。轩、軼同义,说文:軼车相出也,楚辞九叹:軼迅风于清源,王注:軼从后出前也;庄子徐无鬼:超軼绝尘;汉书王褒传:因奏褒有軼材,皆其例。公送灵师诗:逸志不拘教,轩腾断牵挛,曰逸(逸与軼通)志,曰轩腾,可以互证。后人多见轩轾字,少见轩軼字,故校軼作轾。幸有朱子考异在,知轾有作軼之本,应从或本作軼。考异凡言某或作某者,义得两通,朱子亦以作軼为可通,特未作断语耳。韩注调适当作适调,一云轻重也之义,则本后汉书章怀注。说文无轾字,其本字应作挚,抵也,作挚者借字。"虽说轾、軼均通,然《全唐诗》里无用"轩軼"者,有用"轩轾"者,如卷二一七杜甫《送从弟亚赴安西判官》:"崆峒地无轴,青海天轩轾。"此作轾是。轩轾,本指车前高后低叫轩,前低后高叫轾。引申为高低、轻重、优劣。语出《诗·小雅·六月》:"戎车既安,如轾如轩。"朱熹《集传》:"轾,车之覆而前也。轩,车之却而后也。凡车从后视之如轾,从前视之如轩,然后适调也。"南朝宋颜延之《又释何衡阳达性论》:"唱言穷轩轾,立法无衡石。"唐刘禹锡《楚望赋》:"亦有轻舟,轩轾泛浮。"可引申为褒贬抑扬。《新唐书·杨虞卿传》:"宗闵待之尤厚,就党中为最能唱和者,以口语轩轾事机,故时号党魁。"

③ 弃家如遗来远游:《诗·小雅·谷风》:"将安将乐,弃予如遗。"郑笺:"如遗者,如人行道遗忘物,忽然不省存也。"师命自小磊落不羁,奇崛狂放,飘然离家,无所顾及也。

暨：方《举正》订，云："唐本、蜀本作'暨'，杭本作'堕'。《尔雅》曰：'暨，至也。'"朱《考异》："暨，或作'堕'。"宋白文本、文本、祝本、魏本、廖本、王本作"暨"，从之。按：《尔雅·释诂》："逮、及、暨，与也。"郭璞注："《公羊传》曰：'会、及、暨，皆与也。'逮，亦及也。"邢昺疏："逮、及、暨，与也。释曰：'皆相亲与也。'注《公羊》至、及也。"屈《校注》引《尔雅》训"与"，是。又引《释训》，训作"不及"，则与韩诗义不合。然"暨"亦可作"至"、作"及"解，如邢疏云。此句：梁宋与扬州作动词走的宾语，即走梁宋与扬州，乃双宾语。或梁宋只作走的宾语，即走梁宋；暨作动词当及、到解，即到扬州，均可。按韩愈用语求新超俗的思想意识推断，似暨作至、到、及解为善。

扬：宋白文本、文本、魏本、廖本、王本作"杨"。扬、杨，作地名作姓古通用。唐宋以来扬州、扬雄多作"扬"。今从"扬"。

方世举《笺注》："梁宋：《新唐书·地理志》：'宋州睢阳郡，本梁郡。'扬州：《书·禹贡》：'淮、海维扬州。'孔注：'北据淮，南距海。'"高步瀛《唐宋诗举要》卷二："《元和郡县志》曰：'河南道宋州，自汉至晋为梁国，宋改为梁郡。'案：唐宋州治宋城县，在今河南商丘县南。唐淮南道扬州治江都县，在今江苏江都县西南。"扬州，唐属淮南道，治所在江都县，在今江苏省扬州市。

④ 东陬：魏本："孙曰：东陬，东隅，即谓越也。"

洪涛春天禹穴幽：春，诸本作"春"，乃传写笔误。

魏本："孙曰：洪涛，大波。春，春撞也。禹穴在会稽，禹得治水之书于此。"方世举《笺注》："洪涛：蔡邕《汉津赋》：'洪涛涌而沸腾。'"文《详注》："禹穴在会稽，东坡《峡山寺诗》曰：'偶从越女笑，不怕蛮江浴。'"顾嗣立《集注》："《史记·太史公自序》：'上会稽，探禹穴。'张晏曰：'禹巡狩至会稽而崩，因葬焉。上有孔穴，民间云：禹入此穴。'"按：《清一统志》："禹穴在会稽县宛委山，禹藏书之所。"

⑤ 越女一笑三年留：魏本："韩曰：刘生在越，意有所眷，下云'问胡不归良有由'，继以'妖歌慢舞'，则知生所寓皆不羁也。故终

篇有'咄哉识路行勿休,往取将相酬恩仇'。盖有且讽且劝之意云。"方世举《笺注》:"越女:《越绝书》:'越乃饰美女西施、郑旦,使大夫种献之于吴王。'枚乘《七发》:'越女侍前,齐姬奉后。'一笑:宋玉《登徒子好色赋》:'嫣然一笑,惑阳城,迷下蔡。'"高步瀛《唐宋诗举要》卷二:"宋玉《登徒子好色赋》曰:'嫣然一笑,惑阳城,迷下蔡,然此女登墙窥臣三年,至今未许也。'"按:巨大的波涛拍打着蓝天,禹穴幽奇,越州的姑娘一笑,留住了刘生三年。

以上七句写刘生离家东游,留越三年。高步瀛《唐宋诗举要》卷二:"吴曰:'极意雕琢成奇句。'"

⑥ 南逾横岭入炎洲:方《举正》据蜀本作"炎州"。朱《考异》:"州,或作'洲'。"宋白文本、文本、祝本、魏本作"炎洲"。廖本、王本作"炎州",高步瀛、屈守元校作"炎州"。钱仲联《集释》校作"炎洲",曰:"作'州'作'洲',义并通。但州字与上'扬州'句韵复,作'洲'为是。"魏本:"孙曰:横岭,谓五岭也。炎洲,南方洲岛,水中曰洲。"按:作"州"、作"洲"均通,然钱说合韩公意,作"洲"字善。

方世举《笺注》:"横岭:公《送廖道士序》:'衡之南八九百里,地益高,山益峻,其最高而横绝南北者岭。'炎州:屈原《远游》:'嘉南洲之炎德兮。'谢灵运《孝感赋》:'眇投迹于炎州。'"按:五岭横卧赣粤间,绵延千余里,故云"横岭"。洲,指南方之地,五岭以南属亚热带,天气炎热,古曰"炎洲"。高步瀛《唐宋诗举要》卷二:"案:岭字本作'领',《后汉书·吴祐传》章怀注:领者西自衡山之南,东至于海,一山之限耳,别标名则有五焉。裴氏《广川记》云(川当作州):大庾、始安、临贺、桂阳、揭阳是为五岭。邓德明《南康记》曰:大庾一也,桂阳甲骑(《水经·耒水》注作'骑田')二也,九真都庞(《水经·钟水》注作部龙,误。戴东原已校改,杨惺吾《水经注疏要》删谓第三岭当在桂阳、临贺之间,即是南平之都庞山,九真二字或浅人增改)。三也,临贺萌渚四也,始安越城五也。裴氏之说则为审矣。"

⑦ 青鲸高磨波山浮:鲸,一作"鲜"。方《举正》作"青鲸",云:"三本同。"朱《考异》:"鲸,或作'鲜'。今按:青义未详,疑是'长'字

之误。"宋白文本、文本作"青鲜"。文本注:"鲜,一作'鲸'。"祝本、魏本、廖本、王本作"青鲸",注:"鲸,一作'鲜'。"

文《详注》:"《庄子·外物篇》曰:'大鱼奋鳍,白波若山。'青鲸,海鱼也。"王元启《记疑》:"按:波山浮,谓波兴如山。上文'磨'字无所比附,恐当如杜诗'上枝摩苍天'之'摩',其字从手不从石。"方成珪《笺正》:"《易·系辞》:'刚柔相摩。'《释文》:'摩,本又作磨。'《礼·学记》:'相观而善之谓摩。'《说苑·建本篇》引作磨。王惺斋《读韩记疑》谓字当从手不从石,亦未知古摩磨原可通用也。《庄子·外物篇》:'白波若山。'"按:青鲸,海中大鱼曰鲸,鲸之背露出水面为青色,可喷水,远望似可触摩云天。青者,鲸鱼颜色苍青,故言青鲸;朱熹谓"青"乃"长"字之误,非也。波山浮,大鲸鱼在海中鼓起的波浪。《庄子·外物篇》:"已而大鱼食之,牵巨钩,𫓧没而下骛。扬而奋鬐,白波若山,海水震荡,声侔鬼神,惮赫千里。"木华《海赋》:"沖瀜沆漾,渺弥溰漫,波如连山,乍合乍散。"真大鱼青鲸也。

⑧ 怪魅炫耀堆蛟虬(qiú):方《举正》据杭、蜀本订"怪魅"。又订"堆"字,云:"蜀同,杭作'推'。"朱《考异》:"魅,或作'媚'。堆,或作'推',非是。"宋白文本、祝本、魏本作"媚"。魏本注:"媚,一作'魅'。"魏本"堆"作"推",文本、廖本、王本作"魅"、作"堆"。按:作"魅"、作"堆"是。怪魅与蛟虬乃一伙,故用"怪",用"堆"。

文《详注》:"怪魅,山神也。蛟虬,龙属。"闻人倓《古诗笺》:"《史记·五帝纪》注:'魑魅,人面兽身四足,好惑人。'《说文》(虫部):'蛟,龙之属也。虬,龙子有角者。'"虬,同虯,传说中的无角龙。《楚辞》屈原《离骚》:"驷玉虬以乘鹥兮,溘埃风余上征。"注:"有角曰龙,无角曰虬。"古代传说中的一种动物。《楚辞》屈原《九歌·湘夫人》:"麋何食兮庭中?蛟何为兮水裔?"注:"蛟,龙类也。"《山海经·中山经》:"[翼望之山]贶水出焉,东南流注于汉,其中多蛟。"郭璞注:"蛟,似蛇而四脚,小头细颈,有白瘿,大者十数围,卵如一二石瓮,能吞人。"

⑨山獶(sāo)讙噪猩猩愁：方《举正》出"山獶讙噪猩猩游"，云："杭、蜀本皆作'獶'。獶，苏遭切。《神异经》(《西荒经》)：'西方深山有人，长尺余，袒身捕虾蟹以食，名曰山獶。'《国语》注(《鲁语下》韦昭注)作'山缫'。公联句亦有'中矢类妖獶'。公此诗押二'州'字，二'游'字，视古用韵也。杭本只作'游'，蜀本作'愁'，讹自此也。"朱《考异》："獶，或作'獠'，非是。游，或作'愁'，方云后人误改也。"宋白文本、文本、祝本、魏本作"獠"、作"愁"。譟，魏本作"噪"，古通用，今简作"噪"。

文《详注》："《国语》：'孔子曰：木石之怪曰夔魍魉。'韦氏注云：'夔一足，越人谓之山缫。'缫，音骚，或作獿。富阳有之，人面猴身，能言。噪，群呼也。猩猩，兽名。"獶，传说似人猿的兽名。猩猩，《尔雅·释兽》："猩猩，小而好啼。"郭璞注："《山海经》(《海内南经》)曰：'人面豕身，能言语，今交趾封溪县出猩猩，状如獾豚，声似小儿啼。'"方世举《笺注》："山獶：獶，苏遭切。《神异经》：'西方深山有人，长尺余，袒身，捕虾蟹以食，名曰山獶。'猩猩：《记·曲礼》：'猩猩能言，不离禽兽。'《海内南经》：'狌狌知人名，如豕而人面。'"钱仲联《集释》："作'游'，无意义，且韵复。方说非是。"童《校诠》："第德案：方引神异经，乃后人伪作，托名东方朔者。国语鲁语：木石之怪曰夔魍魉，韦注：木石谓山也，或云：夔一足，越人谓之山缫，音骚，或作獿，富阳有之，人面猴身，能言，或云：独足。山海经大荒东经：有兽状如牛，苍身而无角，一足，出入水则必风雨，其光如日月，其声如雷，其名曰夔，黄帝得之，以其皮为鼓，橛以雷首之骨，声闻五百里，以威天下。说文：夔，神魖也，如龙一足，从夊，象有角手人面之形。魖，耗鬼也。汉书扬雄传：捎夔魖，孟康曰：木石之怪曰夔，夔神如龙，有角，人面，魖，耗鬼也。文选张平子东京赋：残夔魖，薛注：夔，木石之怪，如龙有角，鳞甲光如日月，见则其邑大旱，说文曰：魖，耗鬼也。抱朴子：夔，山精，或如鼓色赤，一足(庄子达生篇：山有夔，释文引司马云：状如鼓而一足)，或如人长九寸，衣裘戴笠，或如龙而五色。抱朴子又云：山精，形如小儿，独足向后，夜喜犯人,名曰魈,呼其名则不犯也。广韵四宵:山魈,出汀洲,独足鬼,无狳字。是则所谓夔者,山海经谓如牛,韦氏谓人面猴身,孟康、薛综二氏与说文同谓如龙,抱朴子有如鼓、如人、如龙三说,所同者为一足,庄子秋水篇:夔谓蚿曰:吾以一足趻踔而行,亦自言一足,释文引李注即本诸山海经。神异经则直称之为人,惟身短,仅尺余耳。抱朴子所称山魈,又与夔非一物。总之夔与山狳(山缲、山獟)、山魈属于神怪类,世所希见,故诸书所说形貌不一。方氏定作狳,狳从参声在侵部(广韵二十一侵无狳字,二十六咸:狳,犬容头进也,与说文同),与缲、獟、魈在宵部不同,不应以狳为即缲、獟、魈。当从魏本作山獠为是,山獠为夷獠之山居者,孙说是。新唐书南蛮传有巴州山獠、明州山獠、巴洋集壁四州山獠、桂州山獠,山獠字屡见,惟其为夷人,故云谨噪,与下猩猩侣,猩猩能言,尔雅注谓出交趾封溪,为走兽,非怪物。方举公诗中矢类妖狳为例,孙氏释狳为狂犬,韩仲韶引说文:狳,犬容头进也作解,非山狳也。本人以为妖狳即妖夔,猿狙类,其字又作猱、獿,见八卷征蜀联句篇。说文:猩,猩猩,犬吠声,不言兽名,夒下言似狌狌(与猩同),说解有之,或为阙漏,或猩猩似犬而借用之,不可详矣。尔雅释兽:猩猩小而好啼,则作愁自通。高氏淮南氾论训注云:猩猩嗜酒,人以酒搏之,饮而不耐息,不知当醉以禽其身。贪而无远虑,不自戒以丧其生,作游亦通。宜两存之。方以愁,钱以游为非,欠审谛。"按:作"狳"、作"獠"均可,当两存之。作"愁"字善。《辞源》云:"狳,传说似人猿的兽名。"亦引韩诗为例。

⑩ 毒气烁体黄膏流:魏本注:"烁,烧灼也。"蒋抱玄《评注》:"《穆天子传》:'黄金之膏。'"按:此谓南方山林中毒气伤人,使肌肤糜烂流黄色汁液,如黄水疮之类。

以上五句写刘生游岭南的经历与韩公的亲身体验。

⑪ 问胡不归良有由:此借《诗·邶风·式微》"式微!式微!胡不归"诘问,启下五句。故高步瀛《唐宋诗举要》卷二引吴闿生曰:"逆折拗甚。"

⑫"美酒"二句：魏本注："收，敛也。"炙肥牛，方世举《笺注》："魏文帝《乐府》(《艳歌何尝行》)：'但当饮醇酒，炙肥牛。'"高步瀛《唐宋诗举要》卷二："《说文》(火部)曰：'炙，炮肉也，从肉在火上。'"按：上句写酒肴，下句写歌舞。魏文帝《艳歌何尝行》："何尝快，独无忧。但当饮醇酒，炙肥牛。"烂，烂漫之省，即任意潇洒，坦率自然。杜甫《彭衙行》："众雏烂熳睡。"收，敛也。《史记·秦始皇本纪》："收天下兵，聚之咸阳。"

以上三句意谓：要问刘生为什么不归？因为这里有饮不尽的美酒，吃不完的肥牛肉；艳姬的清歌慢舞，目不暇收。

⑬倒心回肠为青眸：文《详注》："青眸事见书《阮籍传》。"魏本："韩曰：司马迁《答任少卿（安）书》：'肠九回，阮籍见佳客为青眸。'"陈景云《点勘》："按青眸，即指上歌舞之人。公《感春》诗云：'艳姬踏舞筵（应为筵舞），青眸刺剑戟。'可以互证。倒心回肠，言刘生目成意移耳。为，当读去声。且注不引宋玉《高唐赋》'感心动耳，回肠伤气'之文。而举司马迁书，既属蔓引，至采阮籍青眼事，尤误。"按：陈说是，诸注皆不溯其源也。此句谓：刘生为艳姬眼神所动而倒心回肠。倒心，倾心。宋邵雍《伊川击壤集》卷四《天津感事诗》之二五："芳樽倒尽人归去，月色波光战未休。"《全唐诗》卷八四四齐己《怀金陵知旧》："万象倒心难盖口，一生无事可伤魂。"回肠，比喻情思辗转不解。司马迁《报任少卿书》："是以肠一日而九回。"《全唐诗》卷六七二唐彦谦《春阴》诗："一寸回肠百虑侵，旅愁危涕两争禁。"方世举《笺注》："青眸：傅毅《舞赋》：'眄般鼓则腾青眸，吐哇咬则发皓齿。'"按：青眸，瞳子，犹青瞳。见上陈景云《点勘》注。又《文选》卷一七傅毅《舞赋》："眄般鼓则腾清眸，吐哇咬则发皓齿。"《全唐诗》卷八二九贯休《天台老僧》："白发垂不剃，青眸笑转深。"

⑭"千金"二句：文《详注》："谢玄晖诗（《和王主簿季哲怨情》）：'平生一顾重，宿昔千金贱。'绸缪，犹缠绵也。"方世举《笺注》："千金：鲍照诗（《代白纻曲》）：'千金顾笑买芳年。'王僧孺诗

(《咏宠姬》):'再顾连城易,一笑千金买。'绸缪:李陵诗(《与苏武》):'独有盈觞酒,与子结绸缪。'"按:二句谓此良辰美景,千金难买,而恋恋不舍。鲍照《代白纻曲》:"齐讴秦吹卢女弦,千金顾笑买芳年。"李白《白纻辞》:"美人一笑千黄金,垂罗舞縠扬哀音。"酬,报答。李白《走笔赠独孤驸马》:"壮心剖出酬知己。"此句承上逆折而启下。故有以下刘生独自缠绵悱恻之情愫。绸缪(chóu móu),魏本:"孙曰:《诗》(《唐风·绸缪》):'绸缪束薪。'传云:'缠绵也。'"按:绸缪即缠绵悱恻,情意殷勤。《三国志·蜀·先主传》:"先主至京见(孙)权,绸缪恩纪。"《文选》卷四二三国魏吴质《答东阿王书》:"发函伸纸,是何文采之巨丽,而慰喻之绸缪乎?"

以上三句写刘生为艳姬动情倾心,人们用千金买不到的,独他得到艳姬的顾盼,能不销魂乎?真"千金顾盼俏郎君"也。

⑮ 一饷:方《举正》订,云:"杭本作'一晌'。晌,不久也。"朱《考异》:"饷,或作'晌',非是。"诸本作"一饷"。十秋,祝本作"千秋"。钱仲联《集释》:"晌、晑、饷同声通用。段玉裁云:'曰一晑,曰半晑,皆是晑字之俗。'十秋,祝本作'千秋'。诸本皆作'十',祝本误。"

瞥然:文《详注》:"瞥,过目也,音匹列切。"魏本:"祝曰:《说文》(目部):'瞥,过目也。'《楚辞》(王逸《九思·守志》):'目瞥瞥兮西没。'"方世举《笺注》:"瞥然:《说文》(目部):'瞥,过目也。又曰:财见也。'十秋:《诗·采葛》(《王风》):'一日不见,如三秋兮。'江淹《倡妇自悲赋》:'度九冬而廓处,遥十秋以分居。'"此句用《采葛》情歌,喻刘生之痴情:一饷不见,如隔十秋。故有下句的"白头"之叹。此二句承上,意涉双关而有讥讽:既寓其多情,又叹其时光虚度。瞬息之间十年过去,昔日的少年,今已成白头了。二句平淡而峭拔,如高步瀛《唐宋诗举要》卷二吴闿生称其为:"奇语。"

⑯ 五管:文《详注》:"五管,岭南五府经略使也。《通典》曰:南海郡绥静夷獠统经略军管兵万五千四百人,桂管经略使管兵千人,容管经略使管兵千一百人,镇南经略使管兵四千二百人,邕管经略

使管兵千七百人。东坡《峡山寺诗》云'应怜五管客',正引用此事。而注者以为五管在上,误矣。"魏本:"樊曰:唐永徽后以广、桂、容、邕、安南皆隶广府,谓之五府,节度使名岭南五管,见《旧书·地理志》。"按:遍历,即历遍。五管遍历,即走遍了岭南五管。侯,隋唐时刺史或太守所辖州郡与古代诸侯所管的地方差不多,故以诸侯比五管长官。羞,内心惭愧。刘生因遍历五管,而无际遇,回望家乡,故有"还家羞"之慨叹。"还家"句,回抱上"弃家",下转,折入阳山。故何焯《批韩诗》云:"'还家'句应'弃家',收一笔,方入阳山。"

⑰ "阳山"二句:魏本:"孙曰:公时为邑令。"文《详注》:"猿猴,言吏民似猿猴也。手持句以喻请公为师。《北史·高欢传》云:'刘生远来投我。'"韩公《送区册序》:"阳山,天下之穷处也……小吏十余家,皆鸟言夷面。"

⑱ 前修:文《详注》:"为陈前代修习道德之人,以开其茅塞。"顾嗣立《集注》:"《离骚》:'謇吾法夫前修兮,非世俗之所服。'王逸曰:'前修,谓前世修习道德之人。'"高步瀛《唐宋诗举要》卷二:"王叔师注曰:'前修者,言仿前贤以自修洁。'"此谓以前修之人,比喻来投师求道的刘生。此韩公引导刘生归正从儒。

⑲ 芟(shān)蒿斩蓬利锄耰:文《详注》:"锄耰:田器。见《赴江陵》诗。"顾嗣立《集注》:"《文选》贾谊《过秦论》:'锄耰棘矜。'孟康曰:'耰,锄柄也。'"钱仲联《集释》:"《左传》:'如农夫之务去草焉,芟夷蕴崇之。'又:'子产曰:昔我先君桓公,与商人皆出自周,庸次比耦,以艾杀此地,斩其蓬蒿藜藋而共处之。'此句乃比喻。"芟,锄草。《诗·周颂·载芟》:"载芟载柞。"毛传:"除草曰芟,除木曰柞。"《左传》昭公十六年:"斩之蓬蒿藜藋而共处之。"贾思勰《齐民要术·耕田》:"芟艾之,草干,即放火。"

⑳ 天星回环数(shǔ)才周:此句谓刘生来阳山算来才一年。天星,即星。《周礼·春官·保章氏》:"保章氏掌天星,以志星辰日月之变动。"扬雄《羽猎赋》:"焕若天星之罗,浩如涛水之波。"此指岁星。回环,旋转。才周,才一周年的时间。数,作动词,当计算

解。魏本注:"周,周岁也。"此谓:算来天星运行才一周的时间。方世举《笺注》:"按《记·月令》:'星回于天,数将几终,岁且更始。'《淮南·时则训》:'星周于天。'注:'谓二十八舍更见南方,至是月周匝也。'此一年十二月则星一周也。又按《左传》(襄公九年):'晋侯曰:十二年矣,是谓一终,一星终也。'庾信《哀江南赋》:'天道周星,物极必反。'此谓星皆十二年一周也。今此诗若承阳山来,则谓师服(疑为'命'字之误)至此已一年。若以'瞥然一饷成十秋'计之,则前此十年,今又二年,亦谓一纪矣。言其当归也。"高步瀛《唐宋诗举要》卷二吴闿生曰:"顿挫。"又可证此送赠诗写于贞元二十一年也。

㉑ 文学穰(ráng)穰囷仓稠:此句谓这一年学习收获甚丰。穰穰,众多之貌。《汉书·张敞传》:"长安中浩穰。"囷,文本作"困",诸本作"困",而所解不同。文《详注》:"言师命敏速,来从我师,才及一年,文学遂富,远压仓稠也。姓仓名稠,当时南土名士。穰穰,多也,音如阳切。"认为仓稠乃人名。魏本:"祝曰:穰穰,丰也。《史记》(《滑稽列传》):'五谷蕃熟,穰穰满家。'孙曰:仓圆曰囷。仓,庾也,藏也。《礼记》(《月令》):'修囷仓。'"认为是谷仓。两说均通,拟两存之。若从上所写芟蒿耕种看,则仓囷当指收获的粮食多;若从本句承上"文学"看,当指所学文学之富。而总其文意,当以粮丰比喻所学文学之富。

㉒ "车轻"二句:顾嗣立《集注》:"《汉·东方朔传》:'朔笑之曰:咄。'师古曰:'咄,叱咄之声也。'"方世举《笺注》:"(上引顾注)《魏国策》(《战国策·魏策四》):'魏王欲攻邯郸。季良曰:今者臣来,见人于太行,方北面而持其驾,告臣曰:我欲之楚。臣曰:君之楚将奚为[北面]?曰:吾马良。臣曰:马虽良,[此]非楚之路也!曰:吾用多。臣曰:用虽多,此非楚路也!曰:吾御者善。此数者愈善,而离楚[愈]远耳!今王[动]欲[成]霸王,而攻邯郸,犹至楚而北行也。'公以师命负才浪游,久荒其业,故'车轻御良马力优,咄哉识路行勿休',盖深警之。"按方引文错漏多。"车轻"二句:上句

谓车轻、御(驾车者)良、马优,故当行也;下句说其识途行无休(不要再停也),嘱他快点归去,莫再费时浪游在外停留也。

㉓ 往取将相酬恩仇:文《详注》:"此责以求仕也。咄者,斥去之辞。《淮南子》曰:'车轻马良虽中工,可使追速酬报也。'"方世举《笺注》:"《史记·范雎传》:'雎既相,散家财物,尽以报所尝困厄者。一饭之德必偿,睚眦之怨必报。'"何焯《义门读书记》卷三〇:"虽因其人而言之,然公之生平于'恩仇'二字耿耿不忘,亦心病之形于声诗者也。《鲁颂》所以尚乎'克广德心'也哉!"王元启《记疑》:"按:'酬恩仇'三字不过趁韵作结,所谓诗歌特等戏剧是也。公与人交,已而我负终不计,死则恤其家,史称终始不变,盖实录也。或以是为公心病所形,公有此病,当确指其实迹言之,何得混以虚辞相蔑?此真诬善之言,昔人譬之蝇矢者也。"

【汇评】

清朱彝尊:柏梁体句各一事,此自是"燕歌行"体。然此体不宜长,又须炼得精。此作遒紧有味,意态尚恨未甚浓。(顾嗣立《昌黎先生诗集注》卷四)

清何焯:《刘生诗》:"往取将相酬恩仇。"虽因其人而言之,然公之生平于"恩仇"二字耿耿不忘,亦心病之形于声诗者也。《鲁颂》所以尚乎"克广德心"也哉!(《义门读书记》卷三〇)

清王鸣盛:刘生狂躁无拘检之人,浪游遍天下。在东越为越女一笑而留三年,入炎州为妖歌慢舞遂尽十秋。及历遍五管,困穷不能还家,访公阳山,公乃陈前修以诱进之。才周一年,文字已稍可观矣,故勉之曰:"咄哉识路行勿休。"然如刘生者,岂能必绳以圣贤之道哉?且已白头,日暮途远矣,故以利动之曰:"往取将相酬恩仇。"因人施教云尔。抑公是时年卅七八,刘生必不少于公,或反长于公不可知。(钱仲联《韩昌黎诗系年集释》卷二)

清翁方纲:昌黎《刘生诗》,虽纪实之作,然实源本古乐府《横吹曲》。其通篇叙事,皆任侠豪放一流。其曰"东走梁宋""南逾横岭",亦与古曲五陵、三秦之事相合。末以"酬恩仇"结之,仍还他侠少本色。不然,昌黎岂有教人以官爵酬恩仇者耶?不惟用乐府题,兼且用其意,用其事,而却自纪实,并非仿古,此脱化之妙也。(《石洲诗话》卷二)

清郭麐:昌黎《刘生》诗:"往取将相酬恩仇。"少时见何义门批本述李安溪之言,以为昌黎于二字未忘,终未见道,言为心声,古人所以贵乎克广德心。余时见之,大不谓然。"恩仇"二字,断不可以不明,仇之欲酬,亦犹恩之欲酬。其人于仇不分明,则于恩亦必不能报。此宋人之论,安溪沿之耳。昌黎于北平王一饭之恩,至其孙墓铭犹必及;相好如刘、柳而泄言之疑,终亦不讳。此昌黎之所以为昌黎也。(《灵芬馆诗话》卷二)

清方东树:《刘生诗》:此赠叙题。造句重老。(《昭昧詹言》卷一二韩公)

清曾国藩:《刘生诗》:刘在广南,当有名妓,声价甚高,而遇刘独厚者。"美酒"二句,刘之冶游也。"倒心"句,倾情于名妓也。"千金"句,声价高也。"绸缪"句,待刘厚也。(《求阙斋读书录》卷八)

清陈衍:竹居为九江入室弟子,有《读书草堂诗》一册……《韩文公钓鱼台》云:"刘生诗句区生序,笑汝相寻寂寞滨。何事阳山关路远,竟来同作钓鱼人。"(《石遗室诗话》卷二四)

吴闿生:气体雄直,是韩公本色。字句亦以拗炼见长。(高步瀛《唐宋诗举要》卷二)

程学恂:通首写侠士性情,故弃家远游,倾心妖艳,取将相,酬恩仇,皆一类事也。惟其胸怀磊磊,有异凡庸,则不失为可取。而素行之不检,不足以累之耳。再公诗多涉滑稽俳谐,非正言也。若作正言,则公岂亦昵于色者乎?阮亭持此以攻击昌黎之短,谓不如文中子门下罗将相,勋业著一时。嘻,何其浅耶!(《韩诗臆说》卷一)

郑群赠簟①

元和元年

元和元年(806)夏在江陵作。诗借生活中的小事,表现千古可鉴的友情。诗的写法颇具特色。其一,写物形态毕肖,如写簟席用"体坚色净又藏节,满眼凝滑无瑕疵"。"呼奴扫地铺未了,光彩照耀惊童儿"。把席比作黄琉璃。写体胖怕热,只用了"腰腹空大","曼肤多汗"就达到惟妙惟肖的效果。其二,诙谐处意趣入妙。如"青蝇侧翅蚤虱避,肃肃疑有清飙吹"。清风凛凛,青蝇都不敢接近而疾速飞去,跳蚤虱子也畏怯而回避。其三,语言夸张而得体。如"倒身甘寝百疾愈,却愿天日恒炎曦"。因竹簟凉爽,转愿天不去暑而长卧。可谓思力所至,矢在弦上,不得不发。其四,结构上层层叠叠,转换曲折,虽写生活小事,但翻波鼓浪,引人入胜。总之,诗笔力遒劲,句格老重,作到了意深、情笃、趣谐三者结合。朱彝尊《批韩诗》云:"描写物象工,写意趣亦入妙。"诚然。

蕲州簟竹天下知②,郑君所宝尤瑰奇③。携来当昼不得卧,一府传看黄琉璃④。体坚色净又藏节,满眼凝滑无瑕疵⑤。法曹贫贱众所易⑥,腰腹空大何能为⑦?自从五月困暑湿,如坐深甑遭炊⑧。手磨袖拂心语口,曼肤多汗真相宜⑨。日暮归来独惆怅⑩,有卖直欲倾家资⑪。谁谓故人知我意⑫?卷送八尺含风漪⑬。呼奴扫地铺未了,光彩照耀惊童儿⑭。青蝇侧翅蚤虱避⑮,肃肃疑有清飙吹⑯。倒身甘寝百疾愈⑰,却愿天日恒炎曦⑱。明珠青玉不足报⑲,赠子相好无时衰⑳。

【校注】

① 题：方《举正》："元和元年五月江陵作，群时以殿中侍御史佐裴均江陵。"魏本："孙曰：'群字洪之，时以殿中侍御史佐裴均江陵军，公自阳山量移江陵法曹，与群同僚。'"文《详注》："《补注》：此诗元和元年江陵所作。群字洪之，以殿中侍御史佐裴均于江陵，公其法曹参军，于公为同僚也。"

按：郑群，字弘之，郑州荥阳人，中进士，历任监察御史、虞部员外郎、复州刺史、祠部郎中，出为衢州刺史，召为库部郎中，途中卒于扬州。时长庆元年八月二十四日，终年六十岁。韩在江陵时为同僚好友。韩公《朝散大夫尚书库部郎中郑君墓志铭》云："君天性和乐，居家事人与待交游，初持一心，未尝变节……去官，而人民思之；身死，而亲故无所怨议。"簟（diàn），簟竹所织之席。《诗·小雅·斯干》："下莞上簟，乃安斯寝。"公诗当借此意。

② 蕲（qí）州簟（diàn）竹：方《举正》作"笛竹"，云："刊本一作'簟竹'。"朱《考异》："笛，或作'簟'。"诸本均作"笛竹"。当作"簟竹"。

魏本："韩曰：蕲州在今淮南，其地出竹，本用为笛材，今以之为簟耳。"陈景云《点勘》："笛，当作'簟'。蕲州贡簟，见《唐史·地理志》，故曰天下知。"王元启《记疑》："簟，原作'笛'。或引白诗'笛竹出蕲春'（白居易《寄蕲州簟与元九因题六韵》）为证，谓作'簟'非是。余谓笛竹天生，簟由人力。白诗'霜刀劈翠筠'句，已为'笛'字加一番斫削之功。又云'织成双锁簟'，明点'簟'字，然后接下'寄与独眠人'句为顺。若直云以笛竹寄独眠人，笛与眠奚涉耶？此诗郑君所宝及卷送铺地、倒身甘寝等云，皆切指簟竹言之，不应首句讳簟言笛，反使通体皆空无依傍也。今改从或本，非谓簟竹不可言笛，用字各有宜当耳。"钱仲联《集释》："《一切经音义》十六：'笛，古文篴同。'方注以'篴'为古'笛'字，非是。"高步瀛《唐宋诗举要》卷二："《新唐书·地理志》曰：'淮南道蕲州蕲春郡：土贡白纻、簟。'案：唐蕲州治蕲春县，今湖北蕲春县西北。《群芳谱》曰：'蕲竹出蕲州,以色莹者为簟,节疏者为笛,带须者为杖。韩愈所谓蕲州笛竹天下知,一府争看黄琉璃者也。'《竹谱》曰:'箽任篙笛,体特坚圆。'又曰:'有竹象芦,因以为名。肌理匀净,筠色润贞。'《南方草木状》曰:'箽竹叶疏而大,一节相去六七尺。'"

按:蕲州,唐属淮南道蕲春郡,在今湖北省蕲春市北。箽竹,一作"笛竹",蕲州特产,节长色美,可作席、笛、杖。《施注苏诗》卷二五引《蕲春地志》:"蕲水县,汉蕲春地也。宋永嘉中,立浠水县。唐改为兰溪县,又改曰蕲水。兰溪源出苦竹山,笛竹生罗田县山中,蕲竹亦生于此,用以为箽。"白居易《寄李蕲州》诗:"笛愁春尽梅花里,箽冷秋生薿叶中。"自注云:"蕲州出好笛,并薿叶箽。"

天下知:天下知名,而以箽为稀有珍奇之物。亦如方世举《笺注》:"《唐六典》:'蕲州土贡:白纻、箽。'"则箽为知名贡品。按:笛竹,一作箽竹,此未知笛字来历耳。扬雄《方言》:"箽,宋魏之间谓之笙,或谓之篷笛。"篷,即古"笛"字也,作"笛"无可疑。《初学记》卷二八《竹第十八》:"沈怀远《南越志》曰:'博罗县东苍州,足箽竹。铭曰:箽竹既大,薄且空中,节长一丈,其直如松。'"《说文·竹部》:"篷篨,粗竹席也。从竹遽声。"段注:"《方言》曰:'箽,宋魏之间谓之笙,或谓之篷笛,自关而西或谓之箽,或谓之筴,其粗者谓之篷篨;自关而东或谓之篬楱。'郭云:江东呼篷篨为簾。簾,音废。按:此云粗者,与上筵箽别言之。筵箽其精者也。《晋语》《毛诗》皆云:篷篨不可使俯,此谓卷篷篨而竖之,其物不可俯,故诗风以言丑恶。《尔雅》以名口柔也。"笛,《说文·竹部》:"七孔筲也。从竹,由声,羌笛三孔。"段注:"《周礼·笙师》字作'篷',大郑云:'杜子春读篷、如荡涤之涤。今人所吹五空竹笛。'按:篷、笛,古今字。大郑注上作'篷',下作'笛',后人妄改一之。"则篷、笛为古今字。元稹有《酬乐天寄蕲州箽》诗。王元启《记疑》:"(韩诗)皆切指箽竹言之,不应首句讳箽言笛,反使通体皆空无依傍。"说有理。诗题明箽为旨,而诗以箽展开,不应出笛字为破题。

③宝:当成贵重宝物来喜爱、珍藏。尤,特别。瑰奇,文《详

注》:"言以笛竹为簟,尤可贵爱也。"魏本:"祝曰:瑰,琼瑰也。《选》:'窥东山之府,则瑰宝溢目。'瑰,公回切。"蒋抱玄《评注》:"《吴都赋》:'搜瑰奇。'"按:瑰奇即珍贵、奇异。《全唐诗》卷五〇杨炯《西陵峡》:"及余践斯地,瑰奇信为美。"又卷四四九白居易《和微之春日投简阳明洞天五十韵》:"瑰奇填市井,佳丽溢闉阇。"此言簟席之珍贵。瑰,作奇异、珍奇。次于玉的美石皆当用瑰。《诗·秦风·渭阳》:"何以赠之,琼瑰玉佩。"

④ 一府传看黄琉璃:琉,祝本、廖本作"瑠",宋白文本、文本、魏本、王本作"琉",琉与瑠音义同,为异体,今通作"琉"。

文《详注》:"《广雅》曰:'琉璃,珠也。'东坡《浴罢》诗云:'云母透蜀纱,琉璃映蕲竹。'蜀纱谓𦆯,蕲竹即簟也。"魏本:"《补注》:东坡《寄簟与蒲传正》诗云'愧此八尺黄琉璃'祖此语也。"方世举《笺注》:"《汉书·西域传》:'罽宾国出琉璃。'师古曰:'《魏略》云:大秦国出赤白黑黄青绿缥绀红紫十种流离。'此盖自然之物,采泽光润,逾于众玉。"按:一府,即全府,指江陵府的官吏。黄琉璃,天然的各种有光泽的宝石或涂有各种彩釉的陶瓷制品。此指簟席像黄琉璃一样色泽美丽而光滑。《北史·西域·大月氏国传》:"太武时,其国人商贩京师,自云能铸石为五色琉璃。于是采矿山中,于京师铸之。既成,光泽乃美于西方来者。乃诏为行殿,容百余人,光色映彻,观者见之,莫不惊骇,以为神明所作。自此,国中琉璃遂贱,人不复珍之。"

⑤ 体坚色净又藏节:坚,坚固紧密。净,文本作"静"。魏本作"润",均误。宋白文本、祝本、廖本、王本作"净",当作"净"。按:色净,颜色纯净,与下句"无瑕疵"对应。藏节,不见竹节的痕迹。戴凯之《竹谱》:"筳任篱笛,体特坚圆……肌理匀净,筠色润贞。"又:"桃枝皮赤,编之滑劲,可以为席……桃枝竹节,短者不兼寸,长者或逾尺。"或谓簟竹节长,《南方草木状》:"簟竹,叶疏而大,一节相去六七尺。"

满眼凝滑无瑕疵:方《举正》据阁本作"尽眼",云:"杭同,李、谢校。"朱《考异》:"尽,或作'满'。"宋白文本、文本、祝本、魏本作

"满"。廖本、王本作"尽"。作"尽"、作"满"均通。魏本注:"'满'字旧本作'尽'。"顾本作"尽",其底本当为廖本。作"尽"、作"满"均可。二字均读仄声,意同,然"满"字字音响亮,含意饱满,形象鲜明,则作"满"字善。

满眼,尽眼。凝滑,即满眼像凝脂一样光泽滑润。瑕疵,缺点或过失。瑕谓玉上斑点。疵指物上残点。

⑥ 法曹:《新唐书·百官四下》:"大都督府(江陵属大都督府)功曹参军事、仓曹参军事、户曹参军事、田曹参军事、兵曹参军事、法曹参军事、士曹参军事各一人,正七品下。"又"法曹司法参军事,掌鞫狱丽法、督盗贼、知赃贿没入"。时韩愈为法曹。易,轻视,看不起。《汉书·陆贾传》:"绛侯与我戏,易吾言。"师古曰:"言绛侯与我相戏狎,轻易其言耳。"顾嗣立《集注》:"《汉·陆贾传》:'绛侯与我戏,易吾言。'师古曰:'谓轻易其言也。'"方世举《笺注》:"按:公为江陵法曹参军在永贞元年秋,至明年六月,召拜国子博士还朝。赠篢之时,去还朝不远矣。"《史记·高祖本纪》:"高祖为亭长,素易诸吏。"

⑦ 腰腹空大:魏本:"樊曰:唐孔戣《私记》云:'退之丰肥善睡,每来吾家,必命枕簟。'而沈存中《笔谈》亦云:'世画韩退之小面而美髯,著纱帽,此乃江南韩熙载尔。熙载谥文靖,江南人谓之韩文公,因此遂误以为退之。退之肥而少髯。'此诗有'腰腹空大'及'慢肤多汗'之语。二说信然。"方世举《笺注》同。文《详注》:"《笔谈》云:'退之肥而寡髯。'《南史》(《贺琛传》):'梁武帝腰腹大于十围。'"清何焯《批韩诗》:"'腰腹'出《汉书·东平王传》。"

⑧ 自从五月困暑湿,如作深甑遭蒸炊:按:韩愈六月八日离江陵,五月仍在江陵。甑(zèng),古代蒸食物的陶器,犹如今天的蒸笼。贾思勰《齐民要术·作酱法》:"于大甑中燥蒸之。"《淮南子·地形训》:"南方阳气之所积,暑湿居之。"又《时则训》:"湛燖必洁。"

⑨ 手磨袖拂:用手拭汗,挥袖扇风。磨通摩,假借。心语口,心对口语,即自言自语。曼肤多汗,魏本:"韩曰:《楚辞·天问》:

'平胁慢肤,何以肥之?'"王元启《记疑》:"《楚辞·天问》:'平胁曼肤。'注云:'肥泽之貌。'此'慢'字恐即'曼'字之误。"按:魏本作"慢"。童《校诠》:"第德案:王(逸)注天问云:言纣为无道,诸侯皆畔,天下乖离,当怀忧癯瘦,而反形体曼泽,独何以能平胁肥盛乎?洪云:曼音万,李善云:曼,轻细也。王氏但云曼泽,无肥泽之貌语,似不应辄改。洪引李注曼,轻细也,见枚叔七发注。说文:曼,引也,或以漫为之,汉书扬雄传:指东西之漫漫,颜注:漫漫,长也。慢,说文:惰也,一曰不畏也。释名释言语:慢,漫也,漫漫心无所限忌也(毕秋帆云:说文无漫字,当借用曼)。漫与曼同,释名又以漫释慢,是则慢肤即曼肤,王宋贤以慢为曼之误,泥于本字,未达假借之谊。王叔师释曼为泽,李元长释曼为轻细,皆曼之引申义也。"按:曼肤多汗即体胖汗多,韩愈自谓其体胖怕热。曼,一作"慢",假借。《楚辞·天问》:"平胁曼肤,何以肥之?"注:"肥泽之貌。"相宜,这样好的席子对我这个体胖怕热的人再适宜不过了。四句开启下文十句,摹写生动形象。高步瀛《唐宋诗举要》卷二:"吴曰:'四句逆摄下文,摹写生动。'"

⑩日暮归来独惆怅:独惆怅,魏本注:"惆,一作'怊'。"诸本作"惆"。二字义同,今作"惆"。

按:应上自己怕热,黄昏回到家里热得人心烦躁。此句正可谓大腕挥洒,以劲横之笔,再行拓展,皆题前布局作势手法,可谓得势,韩公惯用。高步瀛《唐宋诗举要》卷二:"吴曰:'再展一句,乃笔力横劲处。'"

⑪有卖直欲倾家资:倾家资,倾尽家里所有资产。此句谓:如果有卖簟席的,我真想倾其所有买一张簟席乘凉。直欲,真想。高步瀛《唐宋诗举要》卷二:"以上言己极欲得此簟。吴曰:'皆题前布局作势之法。'"

以上为一段,极写簟席珍贵,和韩公得席的喜爱心情。

⑫谁谓:谁知,料想不到。故人,老朋友,指郑群。

⑬卷送八尺含风漪:文《详注》:"风吹水簟文曰漪,音于离切。

晋武帝赐何曾八尺簟褥。"此句用阴铿《经丰城剑池》"夹筱澄深绿，含风结细漪"意。

⑭ 奴：仆人。童儿，孩子们。

⑮ 青蝇：魏本："韩曰：《诗》：'营营青蝇，止于樊。'《补注》：《抱朴子》曰：'蚤虱攻君，卧不获安。'蚤，音早。"方成珪《笺正》："《抱朴子·论仙篇》：'蚊噆肤则坐不得安，虱群攻则卧不得宁。'《补注》所引二语未见。"查《抱朴子·论仙篇》，注所引二语确实未见。青蝇，《诗·小雅·青蝇》："营营青蝇，止于樊。"侧翅，苍蝇见簟席不敢落，旋转了一下就侧身飞走了。蚤，跳蚤。虱，虱子。谓席之凉爽生风，连这些烦人的小生物也畏避逃走了。

⑯ 肃肃：凉风的响声。《庄子·田子方》："至阴肃肃。"成玄英疏："肃肃，阴气寒也。"蔡琰《悲愤诗》："翩翩吹我衣，肃肃入我耳。"《全唐诗》卷二七九卢纶《冬日登城楼有怀因赠程腾》："风声肃肃雁飞绝，云色茫茫欲成雪。"清飙，清凉的风。《史记·廉蔺列传述赞》："清飙凛凛。"谢朓《纪功曹中园》："倾叶顺清飙，修茎仁高鹤。"

⑰ 甘寝：睡得香甜。文《详注》："东坡廉州净行院诗（《自雷适廉宿于兴廉村净行院》）云：'倒床便甘寝，鼻息如红（文作"红"字误，《苏轼集》卷二五原文作"虹"；况作"红"意不合）霓。'"

⑱ 却愿天日恒炎曦：文《详注》："曦，日光也，音居宜切。"方世举《笺注》："潘岳（《怀县》）诗：'隆暑方炎曦。'"顾嗣立《集注》："此诗每用反衬意见，奇。如'携来当昼不得卧''却愿天日恒炎曦'等句也。赋物之妙，直从细琐处体贴而出。"按：此谓：有这样凉爽的竹席，再热的天气也不怕；却反说愿天长炎热。恒，永远，长久。炎，炎热。曦，羲的俗字，羲和，日御也，此指日。真奇思妙喻也。《庄子·徐无鬼》："孙叔敖甘寝秉羽而郢人投兵。"沈德潜《唐诗别裁集》卷七："与'携来当昼不得卧'，俱透过一层法。"爱新觉罗·弘历《唐宋诗醇》卷二九："倢伃《怨歌》云：'常恐秋节至，凉风夺炎热。'此云'却愿天日恒炎曦'，同一语妙。"赵翼《瓯北诗话》卷三：

"谓因竹簟可爱,转愿天不退暑而长卧此也。此已不免过火。然思力所至,宁过毋不及,所谓矢在弦上,不得不发也。"程学恂《韩诗臆说》卷一:"韩派屏弃常熟,翻新见奇,往往有似过情语,然必过情乃发得其情者也。如此诗之'却愿天日恒炎曦'是已。后来欧、苏以下多主此。王逢原《蝗》诗云'儿童跳跃仰面笑,却爱甚密嫌疏稀'云云,即用此法。东坡《蒲传正簟》诗全从此出,然较宽而腴矣。"高步瀛《唐宋诗举要》卷二:"用加倍反衬,语意并妙。"

⑲ 明珠青玉不足报:魏本:"韩曰:《选》(卷二九)张衡《四愁诗》:'美人赠我貂襜褕,何以报之明月珠。''美人赠我锦绣段,何以报之青玉案。'"按:此谓:用明月珠、青玉案那样的瑰宝都不足以酬谢郑群赠簟。明珠,明月珠。青玉,青玉案,都是无价的珍宝。

⑳ 赠子相好无时衰:方《举正》作"无时衰",云:"阁本作'时无衰'。《选》潘岳诗(卷二三《悼亡诗》):'庶几有时衰,庄缶犹可击。'阁本恐非。"朱《考异》:"阁本无理之甚,不待潘诗而后知其非也。方本则是而说衍矣。"蒋抱玄《评注》:"《诗》(《小雅·斯干》):'式相好兮,无相尤兮。'"按:《诗·卫风·木瓜》:"投我以木瓜,报之以琼琚。匪报也,永以为好也。"上句说宝物都无法酬谢,只好献给你永不匮竭的真挚友情。

【汇评】

明杨慎:《琉璃簟》:韩文公《湘簟》诗"蕲州笛竹天下知""一府传看黄琉璃""卷送八尺含风漪"。刘禹锡诗:"簟冷秋生薤叶中。"薤叶秋生,琉璃夜滑。(《艺林伐山》卷一一)

清朱彝尊:描写物象工,写意趣亦入妙。(顾嗣立《昌黎先生诗集注》卷四)

清方东树:《郑群赠簟》:无甚意,只叙事耳,而句法意老重。三句叙。四句写。"法曹"以下议。"谁谓"三句叙。"光彩"句夹写。"青蝇"句棱。(《昭昧詹言》卷一二韩公)

程学恂:公诗"两地无数金",东野诗"家具少于车",谅都不是假话。韩派屏弃常熟,翻新见奇,往往有似过情语,然必过情乃发得其情者也。如此诗之"却愿天日恒炎曦"是已。后来欧、苏以下多主此,王逢原《蝗》诗云"儿童跳跃仰面笑,却爱甚密嫌疏稀"云云,即用此法。东坡《蒲传正簟》诗全从此出,然较宽而腴矣。(《韩诗臆说》卷一)

丰陵行^①

元和元年

从诗中"是时新秋七月初"句,知此诗写于元和元年(806)七月初。这是一首直接议论时政的诗,质言直说,指出李纯为父皇葬仪奢侈耗费,荒唐无度,是乱了"三代"古制墓葬、祭祀的礼仪。然而因为不是言事的谏官,韩愈不能直接上疏谏诤,才写了这首诗。韩愈并不是一味作"方今向泰平,元凯承华勋"(《醉赠张秘书》)的颂圣语。虽因言事遭贬刚回,但遇到不合礼制的事,哪怕是皇帝,他也敢明言直书。这首诗就表现了他直言敢谏的精神,具有强烈的现实意义。所谓语涉不庄者,乃含有讽意也,如"群官杂沓驰后先,宫官穰穰来不已"云云。

羽卫煌煌一百里②,晓出都门葬天子③。群官杂沓驰后先④,宫官穰穰来不已⑤。是时新秋七月初,金神按节炎气除⑥,清风飘飘轻雨洒⑦,偃蹇旐旆卷以舒⑧。逾梁下坂笳鼓咽⑨,嶞嵼遂走玄宫闾⑩,哭声訇天百鸟噪⑪,幽坎昼闭空灵舆⑫。皇帝孝心深且远,资送礼备无赢余⑬。设官置卫锁嫔妓,供养朝夕象平居⑭。臣闻神道尚清净,三代旧制存诸书⑮。墓藏庙祭不可乱⑯,欲言非职知何如⑰。

【校注】

① 题：魏本："樊曰：'顺宗陵也。按《长安志》：顺宗丰陵在富平县东北三十五里瓮金山。'韩曰：顺宗以元和元年七月葬，公是年六月方自江陵召入为博士，必当是时作。终篇言'三代旧制存诸书'，当时之礼必有不合于古者。故云。"文《详注》："《补注》：顺宗元和元年正月崩，七月葬于丰陵。公其年六月自江陵召入为国子博士。按《长安志》：'丰陵在富平县东北三十五里。'"按：丰陵，唐顺宗李诵的墓地，在陕西省富平县。《顺宗实录》："元和元年（806）七月壬申（是年七月壬辰朔，无壬申日，当为壬寅：11日之误），葬丰陵，谥曰：至德大圣大安孝皇帝，庙曰顺宗。"《旧唐书·宪宗纪上》："（元和元年）秋七月壬辰朔。壬寅，葬顺宗于丰陵。"《新唐书·宪宗纪》："七月壬寅，葬至德大圣大安孝皇帝于丰陵。"《旧唐书·顺宗纪》因据《顺宗实录》误作"壬申"。《洪谱》、顾《集注》、方世举《笺注》同系是时。此诗写于元和元年七月十一日。《长安志》：顺宗丰陵在富平县东北三十五里瓮金山上。

② 羽卫煌煌一百里：方《举正》作"一百里"，云："阁本作'三百里'。以《长安志》考之，非。"诸本作"一百里"，从之。

羽卫：魏本："孙曰：羽卫，谓旌旗扈从之属。羽，羽旄也。"文《详注》："羽林军，卫士也。唐制十二卫，今曰羽卫，总言之。"顾嗣立《集注》："《旧唐书·职官志》：'左右金吾卫，凡车驾出入，则率其属以清游队，建白泽朱雀等旗队先驱，如卤簿之法。'"方世举《笺注》："江淹诗（《文选》卷三一《杂体诗三十首·袁太尉》）：'羽卫蔼流景。'善曰：'羽卫，负羽侍卫也。'"按：羽卫乃皇帝禁卫军名称。汉武帝太初元年置建章营骑，管皇帝禁卫侍从，后更名羽林骑。唐设左右羽林卫，又称羽林军，置有大将军、将军等官，统领北卫禁军，督摄仪仗。煌煌，羽卫光彩辉煌的盛大之貌。钱仲联《集释》："《诗》（《大雅·大明》）：'檀车煌煌。'毛传：'煌煌，明也。'《文选》（卷一一何平叔）《景福殿赋》李善注：'煌煌，盛貌。'"按：《诗·陈风·东门之杨》："昏以为期，明星煌煌。"扬雄《法言》："明哲煌煌，旁烛亡疆。"

③ 都门：皇都城门，此指长安城门。《汉书·王莽传》："兵从宣平城门入，民间所谓都门也。"注："长安城东出北头第一门。"白居易《长恨歌》："翠华摇摇行复止，西出都门百余里。"或称都城里中之门，《世说新语·规箴》："元皇帝时，廷尉张闿在小市居，私作都门，早闭晚开，群小患之，诣州府诉，不得理。"天子，魏本注："天子，顺宗。"按：天之骄子，指皇帝，此为顺宗。

④ 群官：宋白文本、文本、魏本、廖本作"群臣"。钱仲联《集释》作"群官"，必有所据，惜未出据。窃意作"群官"合韩公诗义，有讽意。作"群臣"者，或以为与下句"宫官"重复改。重则有味。

杂沓（tà）：魏本："孙曰：杂沓，纷错也。"方世举《笺注》："《后汉书·张衡传》：'杂沓丛悴，飒以方骧。'"按：众多纷杂貌。扬雄《甘泉赋》："骈罗列布，鳞以杂沓兮，儳傀（cī zhì）参差，鱼颔而鸟胻（háng）。"《文选》卷四左思《蜀都赋》："舆辇杂沓，冠带混并。"后先，争先恐后。韩公《南山诗》："或齐若友朋，或随若先后。"

⑤ 宫官：魏本："孙曰：宫官，宦侍也。"按：宫官，即宫内皇帝等人的侍从之官，俗称宦官。穰穰，文《详注》："杂沓、穰穰，皆多也。"魏本："祝曰：穰，众也。《诗》（《周颂·执竞》）：'降福穰穰。'"又音注："穰，如羊反。"按：穰穰，众多貌。见韩公《刘生诗》："文学穰穰困仓稠。"

⑥ 金神按节炎气除：魏本："孙曰：金神，少昊蓐收之属，主秋之神。节者，以竹为之，以牦牛尾为旄，取象竹节，因以为名。按，持也。"童《校诠》："第德案：汉书扬雄传：各按行伍，颜注：按，依也。此谓金神按季节消除炎暑，义本明白，孙说殊嫌迂曲。又按孙氏释节字之义，本后汉光武纪：持节北度河，章怀注：取象竹节二语；又采汉书高帝纪：封皇帝玺符节，颜注以足之。"按：金神，阴阳家的说法：五行之一的司秋之神。韩公《答张彻》诗："日驾此回辕，金神所司刑。"按节，文《详注》："按节，徘徊也。"掌握节令。炎气除，炎热之气退去，此指夏去秋来。

⑦ 清：祝本"清"作"青"，误。诸本作"清"，是。

魏本:"《补注》:天子之行,风伯清尘,雨师洒道。"方成珪《笺正》:"《韩子·十过章》:'昔者皇帝合鬼神于泰山之上,风伯进扫,雨师洒道。'"方世举《笺注》:"《国史补》(卷中):'京辅故老言:每营山陵封輙雨,至少霖淫亦十余日矣。'"朱彝尊《批韩诗》:"淡淡语,却有风致。"

⑧ 旍:祝本作"旗"。旍、旗二字通用。

偃蹇(jiǎn):文《详注》:"偃蹇,高貌。枚乘《七发》曰:'旌旗偃蹇。'"按:偃蹇者,高举貌。《楚辞》屈原《离骚》:"望瑶台之偃蹇兮,见有娀之佚女。"卷以舒,卷起展开,展开卷起。写旗在空中的动态,妙。

⑨ 逾梁下坂笳鼓咽(yè):咽,方《举正》据阁本作"沸",云:"李、谢校。"诸本作"咽"。朱《考异》:"咽,方作'沸'。今按:作'咽'乃响,又见悲切之意。"宋白文本、文本、魏本均作"咽",是。

魏本:"梁,桥也。坂,坡也。祝曰:'笳,卷芦叶吹之。'韩云:'坂,甫晚切。'"文《详注》:"梁,谓桥梁也。笳者,胡人卷芦叶吹以作乐,故曰:胡笳。张博望入西域,传其法于西京,乘舆以为武乐,事见《古今注》(卷中《音乐》)。音居牙切。坂,坡也,音部版切。"闻人倓《古诗笺》:"《说文》(木部):'梁,木桥也。'《广韵》:'坂,坡坂也。'颜延之诗:'笳鼓震溟洲。'"魏本:"孙曰:咽,谓凄咽。"按:咽,声塞。《后汉书·董祀妻传·悲愤诗》:"欲舒气兮恐彼惊,含哀咽兮涕沾颈。"此句先绘形:顺宗梓宫及羽卫陟桥下坡;再写哀乐声:笳鼓鸣咽悲凄。

⑩ 嵽嵲(dié niè)遂走玄宫间:文本注:"遂,一作'逐'。"宋白文本作"逐"。诸本作"遂",是。宫间,方《举正》订,云:"三本同,李、谢校。"朱《考异》:"间,或作'虚',非是。"宋白文本、文本、祝本、魏本作"虚"。当作"遂"、作"间"。作虚亦通,即大土山。

魏本:"祝曰:嵽嵲,山小而不安貌。孙曰:玄宫谓陵也。"文《详注》:"嵽嵲,高貌。《西京赋》曰:'托乔基于山冈,直嵽嵲以高居。'上音徒结切,下音五结切。走,音奏,集也。玄宫,谓天子所居之宫也。事见《甘泉宫赋》。"方《举正》:"《选》注:'天子后妃所葬墓曰玄宫。'玄宫间,玄宫前之寓间也。《选·西京赋》:'托乔基于山冈,直嶭霓以高居。'嶭嶭义原此也。"童《校诠》:"第德案:木玄虚海赋:峰蜺孤亭,峰,庭结切,蜺,五结切。李注:峰蜺高貌。张平子西京赋:直嶭霓以高举,薛注:嶭霓,高貌也,李云:嶭,徒结切,霓,五结切,峰埌与嶭霓音义同。峰、埌、嶭皆说文所无,霓为借字,依说文应作垤陧,垤,说文:蚁封也,段云:蚁封其土似封界之高,故谓之封。又云:垤之言突也。陧,危也,读若虹蜺之蜺。垤,徒结切,蜺,五结切,是其证。公作嶭嵲,嵲亦说文所无,应作省,危高也,读若臬。鱼列切。与海赋、西京赋小异,其为叠韵则同。祝释嶭嵲:山小而不安貌,当本省陧二字之义而引申之。嶭,文选西京赋从土作埒,不从山,或方所见本与今本不同。又按:作虚亦通,礼记檀弓有虚墓字,应两存之。"按:嶭嵲,形容梓宫高大雄伟。玄宫,寝宫。间,寝宫所在地。虽淡淡实写,味之却意味深挚。

⑪ 訇(hōng):文《详注》:"訇,震也,音呼宏切。"魏本:"韩曰:魏陈琳《武库赋》:'声訇隐而动天。'"按:声訇者,形容声音很大也。此处形容哭声。后加"百鸟噪",则有了讽义。

⑫ 幽坎昼闭空灵舆:魏本:"孙曰:灵舆,梓宫。"闻人倓《古诗笺》注:"《汉·郊祀歌》:'灵舆位,偃蹇骧。'"按:幽坎,墓穴。灵舆,灵车。《汉书·霍光传》:"赐金钱、缯絮、绣被百领,衣五十箧,璧珠玑玉衣,梓宫、便房、黄肠题凑各一具……皆如乘舆制度。"《文选》谢朓《齐敬皇后哀策文》:"敬皇后梓宫,启自先茔,将祔于某陵。"按此句所云:从墓穴白天封闭而灵舆空的状况看,乃顺宗灵柩已入墓穴,而发送灵柩的灵车已经空了。此灵舆应为灵车,非梓宫。梓宫乃帝后所用梓木制成的棺材。孙解不妥。不用陵墓,而用幽坎,真贬中寓讽也。

⑬ 资送礼备:即送资备礼。无赢余,没剩余。赢,余利,利润。《广雅·释诂》:"赢,余也。"晁错《论贵粟疏》:"操其奇赢。"《左传》昭公元年:"贾而欲赢。"此句谓:为安葬顺宗用的钱财和备的礼物

应有尽有。此乃应上句皇帝孝心深且远也。

⑭ "设官"二句:锁,宋白文本、文本、魏本、廖本、王本作"锁",祝本作"琐"。琐与锁虽可通,然此处用"锁",与文意合。供养,蜀本作"供送"。唐制:皇帝安葬的诸陵均建造宫殿,设置官曹、嫔妃、歌伎、侍卫,如同生前一样。《通鉴》卷二四九《唐纪》六五:宣宗大中十二年二月甲子朔下注云唐制:"凡诸帝升遐,宫人无子者悉遣诣山陵供奉朝夕,具盥栉,治衾枕。事死如事生。"寓指葬礼超越古制。杜甫《桥陵诗》"宫女晚知曙,祠官朝见星"指此。

⑮ "臣闻"二句:神道,本指神妙不测的自然造化。《易·观》:"观天之神道,而四时不忒,圣人以神道设教,而天下服矣。"疏:"神道者,微妙无方,理不可知,目不可见,不知所以然而然,谓之神道。"亦指神仙之术,此指墓道。《汉书·霍光传》:"太夫人显改光时所自造茔制而侈大之。起三出阙,筑神道,北临昭灵,南出承恩。"三代,指夏、商、周三个朝代。旧制,旧时制定的礼制,天子丧葬都有规定。黄钺《增注证讹》:"便是不合于古。"

⑯ 墓葬庙祭不可乱:闻人倓《古诗笺》:"《礼记》:葬也者,藏也。藏也者,欲人之弗得见也。'王充《论衡》:'古礼庙祭。'"此句谓埋葬祭祀都必须按照古代礼制规定,不能乱。

⑰ 欲言:想说。非职,不在谏官之职,不能直接上疏言事。韩愈此时初任国子监博士,是学官,不是言事的谏官,故云"非职"也。

【汇评】

清严虞惇:语殊不庄,何也?(钱仲联《韩昌黎诗系年集释》卷五)

程学恂:此诗甚佳,予乃嫌其质直言之,是议体非诗体也。(《韩诗臆说》卷一)

游青龙寺赠崔大补阙①
元和元年

秋灰初吹季月管②,日出卯南晖景短③。友生招我佛寺行,正值万株红叶满④。光华闪壁见神鬼⑤,赫赫炎官张火伞⑥。然云烧树大实骈⑦,金乌下啄赪虬卵⑧,魂翻眼倒忘处所,赤气冲融无间断⑨。有如流传上古时,九轮照烛乾坤旱⑩。二三道士席其间,灵液屡进颇黎碗⑪。忽惊颜色变韶稚,却信灵仙非怪诞⑫。桃源迷路竟茫茫,枣下悲歌徒纂纂⑬。前年岭隅乡思发,踯躅成山开不算⑭。去岁羁帆湘水明,霜枫千里随归伴⑮。猿呼鼯啸鹧鸪啼⑯,侧耳酸肠难濯浣⑰。思君携手安能得?今者相从敢辞懒⑱。由来钝骏寡参寻,况是儒官饱闲散⑲。惟君与我同怀抱,锄去陵谷置平坦⑳。年少得途未要忙,时清谏疏尤宜罕㉑。何人有酒身无事?谁家多竹门可款㉒?须知节候即风寒,幸及亭午犹妍暖㉓。南山逼冬转青瘦,刻划圭角出崖㡇㉔。当忧复被冰雪埋,汲汲来窥诚迟缓㉕。

【校注】

① 题:方《举正》据阁本、蜀本作"游青龙寺赠崔大补阙一首","阙"字下有注"群"。朱《考异》:"诸本'大'作'群'。"朱说不确。祝本、魏本"大"作"群"。宋白文本、文本作"崔大群"。今从诸本去"一首"字,作"游青龙寺赠崔大补阙"。

文《详注》:"崔群,字敦诗,贝州武城人。举进士甲科,累迁右补阙。"魏本:"《集注》:'群,字敦诗,清河人。公同年进士。元和初为补阙,公时为国子博士作。青龙寺在长安曲江之左,京城南门之东。本隋灵感寺,唐景云二年改为青龙寺。'洪曰:诗云'正值万株红叶满',谓柿也。'灵液屡进颇黎碗',谓食柿也。'忽惊颜色变韶稚',言为红赤所照耀也。东坡云'九月柿叶赤而实红',故是诗终篇皆言赤色。白乐天《青龙寺早夏》诗云'新叶阴凉多',亦谓此也。《杂俎》云:'柿有七绝:一寿,二多阴,三无乌巢,四无虫,五霜叶可爱,六嘉宾,七落叶肥大也。'小说:'郑虔学书,病无纸,知慈恩寺有柿叶数间,遂借僧居。[日]取红叶学书,岁久殆遍。知当时僧居多种此树也。"童《校诠》:"题注:洪曰:诗云:正值万树红叶蒲(当作满),谓柿也。灵液屡进颇黎盌(同碗、椀,今通作碗),谓食柿也。忽惊颜色变韶椎(当作稚),言为红赤所照曜也。姜宸英曰:灵液屡进,谓茗饮。第德案:此篇形容柿,以红赤字为主;即其衬笔所举如桃源、枣下、踯躅、霜枫,亦取赤色,灵液自指柿液,若茗饮则非赤色矣。蒲应作满,椎应作稚。"《洪谱》:"元和元年,《游青龙寺赠崔大群补阙》云'秋灰初吹季月管',是年九月也。"

按:群,新旧《唐书》有传。崔群(772—832),字敦诗,排行大,郡望清河东武城(在今山东省武城县西北)。德宗贞元八年(792),与韩愈同榜进士及第。贞元十年(794),中贤良方正、能直言极谏科,授校书郎。累迁右补阙,宪宗元和二年(807),以本官充翰林学士,累加中书舍人。元和九年(814),拜礼部侍郎。元和十年(815),知贡举,转户部侍郎。元和十二年(817),拜相。十四年罢相,为湖南观察使。历镇徐州、华州、宣歙、荆南等。文宗大和四年(830),召拜检校右仆射、太常卿。大和五年(831),拜检校左仆射,兼吏部尚书。大和六年(832)八月卒。从诗里所示,韩为儒官国子博士、崔为右补阙同在京师,只有元和元年(806)秋。诗云"秋灰初吹季月管,日出卯南晖景短"。故诗写于是秋九月。青龙寺,魏本:"《集注》:青龙寺,在长安曲江之左,京城南门之东,本隋灵感寺。唐景云二年(711),改为青龙寺。"钱仲联《集释》:"《长安志》:'南门之东青龙寺,本隋灵感寺,开皇二年(582)立。文帝移都,徙掘城中陵墓。葬之郊野,因置此寺,故以灵感为名。至武德四年(621)废。龙朔二年(662),城阳公主复奏立为观音寺,景云二年(711),改为青龙寺。'"补阙,《旧唐书·职官二》:"中书省,右补阙二员……掌事同左省。"左省为门下省,"左补阙二员,从七品上……掌供奉讽谏,扈从乘舆"。朱彝尊《批韩诗》:"此诗运意却细,又与他处粗硬者不同。"

② 秋灰初吹季月管:魏本:"孙曰:吹灰者,谓作十二律管,于室中四时位上埋之,取芦莩烧之作灰,实之管中,以罗縠覆之,气至则吹灰动縠。律即候气之管,以铜为之。正月建中太簇,二月夹钟,三月姑洗,四月仲吕,五月蕤宾,六月林钟,七月夷则,八月南吕,九月无射,十月应钟,十一月黄钟,十二月大吕。"文《详注》:"《月令》(《礼记》):'季秋之月,律中无射。'注云:'律长四寸,季秋至,则无射之律应。'吹灰事见《永贞行》。《前汉·志》(《汉书·律历志上》):'黄帝使伶伦,自大夏之西,昆仑之阴,取竹之嶰谷生,其窍厚均者,断两节间而吹之,以为黄钟之宫。制十二箭以听凤之鸣,(其雄鸣为六,雌鸣亦六,)比黄钟之宫,而皆可以生之,是为律本。'故曰管。"

③ 日出卯南晖景短:此句谓:日出卯南时日影短。魏本:"孙曰:《月令》(《礼记》):'季秋之月,(日在房,)昏虚中,旦柳中。'季秋日出差晚,故出卯南。晖,日色。"文《详注》:"《书》曰:'日短星昴,以正仲冬。'孔安国云:'昴,白虎之中星,亦以七星并见,以正冬之节。'《淮南子》曰:'冬至八尺之修,日中而景丈三尺。夏至八尺之景,修径八尺五寸。景修则为阴,气胜景短,则阳气胜。'一见《秋怀》诗。"顾嗣立《集注》:"《礼记·月令》:'季秋之月,日在房,昏虚中,旦柳中。'"王元启《记疑》:"季秋之月,日在房。房居卯位之南,故云。"方世举《笺注》:"晖景短:《周礼·地官·司徒》:'正日景以求地中,日南则景短。'《后汉书·律历志》:'夏至阴气应,则乐均浊,景短。'按:诗语但言日短,非测景义。"景,即影也。

④ 友生招我佛寺行:魏本注:"即是同崔群游青龙寺。"文《详

注》:"友生,谓崔(文误作'郑')群也。"按:友生,朋友。《诗·小雅·伐木》:"矧伊人矣,不求友生?"韩公诗用此意。

正值万株红叶满:魏本:"洪曰:诗云'正值万株红叶满',谓柿也。"朱彝尊《批韩诗》:"要此句点明。此可谓极其形容,然还是长吉等面貌。"宋苏轼《东坡题跋》卷二《书退之诗》:"韩退之《游青龙寺》诗,终篇言赤色,莫晓其故。尝见小说:郑虔寓青龙寺,贫无纸,取柿叶学书。九月,柿叶赤而实红。退之诗乃寓此也。"

⑤ 光华闪壁见神鬼:方《举正》据杭、蜀本作"闪壁"。朱《考异》:"壁,或作'璧'。"魏本作"壁",注:"一作'璧'。"宋白文本、文本、廖本、王本作"壁"。作"壁"字是。

方世举《笺注》:"光华:古乐府《卿云歌》(载《尚书大传·虞夏》):'日月光华,旦复旦兮。'"按:壁指青龙寺墙,为日光照耀所产生的景象。韩公《山石》诗:"僧言古壁佛画好。"《送文畅师北游》:"照壁喜见蝎。"神鬼谓墙壁上呈现如画的内容,若为璧,指红柿如璧尚可,然不可能见鬼神也。

⑥ 赫赫炎官张火伞:魏本:"孙曰:炎官,谓炎帝祝融之属,主司南方者。"方成珪《笺正》:"伞,古作繖。其作伞,始见于《南史》'王缙以笠伞覆面'及《魏书·裴延俊传》'山胡持白伞白旗'。"顾嗣立《集注》:"《南史》:'王缙以笠伞覆面。'《魏书·裴延俊传》:'时有五城郡山胡假称帝号,服素衣持白伞、白幡。'"方世举《笺注》:"张火伞:《南史·曹景宗传》:'旱甚,求雨不降,帝命焚蒋帝庙,欲起火,当神上忽有云如繖。'"按:繖,同伞。繖、伞为古今字,繖,本字,伞魏晋以后出。赫赫,显赫盛大貌。《诗·大雅·常武》:"赫赫明明,王命卿士。"《荀子·劝学》:"无惛惛之事者,无赫赫之功。"或作干旱、炎热解。《诗·大雅·云汉》:"旱既大甚,则不可沮。赫赫炎炎,云我无所。"毛传:"赫赫:旱气也。"《庄子·田子方》:"至阴肃肃,至阳赫赫。"炎官,火神。

⑦ 然云烧树大实骈:大,王本作"火"。宋白文本、文本、祝本、魏本、廖本作"大"。王元启《记疑》:"剑本、徽本俱作'火实'。或谓

苏诗有'炎云骈火实'句,拟原本实属火字。然彼咏荔枝,不可言大,此咏柿,作"大实",乃与下句'虬卵'相称,且与上下文'火伞''赪虬'不伤重复。"则当作"大"字。

骈:魏本注:"骈,并也。祝曰:驾二马也。《庄子》:'骈拇枝指。'"钱仲联《集释》:"扬雄《甘泉赋》:'骈罗列布。'李善注:'骈,犹并也。'又:'骈交错而蔓衍兮。'善注:'骈,列也。'"按:《文选》班固《东都赋》:"骈部曲,列校队。"善注:"骈,犹并也。"

⑧ 金乌下啄赪(chēng)虬(qiú)卵:魏本:"刘曰:金乌,日也。"按:金乌,韩公《送惠师》:"金鸦既腾翥。"隋孟康《咏日应赵王教诗》:"金乌升晓气,玉槛漾晨曦。"赪,《诗·周南·汝坟》:"鲂鱼赪尾。"毛传:"赪,赤也。"虬,古代传说的一种有角的龙。《说文·虫部》:"虬,龙子有角者。"《楚辞》屈原《天问》:"焉有虬龙,负熊以游。"赪虬卵,以虬之卵(蛋)形容红柿个头之大。文《详注》:"东坡云:退之《游青龙寺》诗,终篇言赤色,莫晓其故。常见小说:郑虔寓青龙寺贫无纸,取柿叶学书。九月柿叶赤而实红,退之诗乃谓此也。金乌,日中火乌也。赪,赤色也,音痴贞切。虬,龙子有角者,音渠幽切……东坡《惠州食荔枝》诗云:'炎云骈火食,瑞露酌天浆。'又一首云:'先生洗盏酌桂醑,冰盘荐此赪虬珠。'珠,即卵也。韩公以比柿,东坡以比荔枝,皆取其赤色故耳。"魏本:"韩曰:'上联咏柿叶之红,而光华之灿然;下联咏柿实之赤,而日光之交映。火伞、虬卵,皆状其红,而取喻之工如此。'"何焯《义门读书记》卷三〇:"炎官张伞,金乌啄卵。宋人学奇者多矣,不能到得后半情味,则徒余恶面目也。"查慎行《查初白诗评十二种》:"'见神鬼'四句,形容太狠。"

⑨ 魂翻眼倒忘处所:倒,方《举正》据唐、阁本订。朱《考异》:"倒,或作'晕'。"宋白文本、文本、祝本、魏本作"晕",注:"晕,一作'倒'。"廖本、王本作"倒"。

魏本:"孙曰:晕,犹花也。"顾嗣立《集注》:"《文选·海赋》:'冲融溟涬。'杜子美诗:'动影袅窕冲融间。'"方世举《笺注》:"赤气:

《史记·天官书》:'嵩高三河之交,气正赤。'冲融:木华《海赋》:'冲融沉漾,渺弥澹漫。'按:倒(dào),颠倒。《礼记·曲礼下》:"倒荚、侧龟于君前。"晕、倒,均可作眼花缭乱讲,故作"倒"、作"晕"均通。下句承上句神魂颠倒,眼花缭乱,以赤气形容红柿火色蒸发冲融不绝,真妙喻也。四句极写红柿凝神照眼之工。如张鸿《批韩诗》:"写红柿,极造意之工。"

⑩ 九轮照烛乾坤旱:文《详注》:"《淮南子》曰:尧时十日并出,草木焦枯,尧命羿仰射十日,中其九乌,皆死堕羽翼。"顾嗣立《集注》同文《详注》。魏本引孙《全解》注亦同,又云:"九轮,谓九日车轮也。"方世举《笺注》:"屈原《天问》:'羿焉弹日,乌焉解羽。'注《淮南》言:'尧时十日并出,草木焦枯,尧令羿仰射十日,中其九,日中九乌皆死,堕其羽翼。'按:轮即日重光、月重轮,比象之语。"注出顾。马永卿《懒真子》:"仆旧读此诗,以为此言乃喻画壁之状。后见《长安志》云'青龙寺有柿万株',此盖言柿熟之状。火伞、赪虬卵、赤气冲融、九龙照烛,皆其似也……以此可知,长安诸寺多柿,故郑虔知慈恩寺有柿叶数屋,取之学书。"九轮,即九日。乾坤,天地、阴阳。

⑪ 道士:魏本:"孙曰:道士,有道之士。"钱仲联《集释》:"《新序》:'介之推曰:谒而得位,道士不居也。'王应麟《困学纪闻》:'盖谓有道之士。'"按:古者道士有三解:一曰有道之士,如上言,亦如董仲舒《春秋繁露·循天之道》:"古之道士有言曰:将欲无陵,固守一德。"二曰方士,《汉书·王莽传》:"卫将军王涉素养道士西门君惠。君惠好天文谶记。"三曰僧徒,《法苑珠林》卷六一《感应缘》:"(石)勒后因忿,欲害诸道士,并欲苦澄。"宗密《盂兰盆经疏》卷下:"佛教初传此方,呼僧为道士。"则道教徒与佛教徒均可称道士。此乃泛称,若量其情景,青龙寺乃佛寺,疑指寺里的僧徒。一直到隋唐以后,道士才专用来称呼道教徒。下句承此与会之人而享用红柿之灵液。故魏本:"洪曰:'谓食柿也。'"

灵液:文《详注》:"灵液,玉膏也,以喻酒。郭景纯《游仙诗》曰:

'钟山出灵液。'玻黎,玉名也,上音普波切,下音力堤切。一作'颇黎'。《酉阳杂俎》曰:'千岁冰即结为颇黎。'盌,小盂也,亦作椀,音乌管切。"魏本:"孙曰:'颇黎,玉名,其色赤,出西域,亦作玻瓈。'祝曰:盌,《说文》:'小盂也。'《选》:'逸珠盈盌。'"顾嗣立《集注》:"《文选》(卷一八)潘安仁《笙赋》:'浸润灵液之滋。'《韵会》:'玻璃,宝玉名。《本草》作颇黎,云西国宝。或云是水玉,千岁冰为之。'《说文》(皿部):'盌,小盂也。'"按:《文选》卷二一郭璞《游仙诗》:"圆丘有奇草,钟山出灵液。"李善注:"灵液,谓玉膏之属也。"此比柿液。梁简文帝《谢东宫赐柿启》:"甘清玉露,味重金液。"颇黎、玻璃,皆译音。玉名,或名水玉。李时珍《本草纲目》:"本作颇黎。颇黎,国名也。其莹如水,其坚如玉,故名水玉。"又云:"出南番,有酒色、紫色、白色,莹澈与水精相似。"朱彝尊《批韩诗》:"此巧丽类初唐,但句法加苍耳。"盌,同"碗"。

⑫忽惊颜色变韶稚:方《举正》作"勿惊",云:"杭、蜀同上,曾、谢作'忽'。"又出"韶稚",云:"杭本作'韶',蜀本作'齠',李、谢本只作'韶'。韶有美义,似不必易其字。"朱《考异》:"忽,方作'勿',非是。韶,或作'齠'。"宋白文本、文本、祝本、魏本作"勿"。宋白文本、魏本注:"勿,一作'忽'。韶,一作'齠'。"文本作"齠"。循绎诗文作"忽""韶"字,善。

魏本:"孙曰:'韶,美少之色。'祝曰:韶,一作'齠',始毁齿也。《卫玠别传》:'玠在齠龀中。'"洪《辨证》:"言为红赤所照耀也。"方世举《笺注》:"《神仙传》(卷六):'八公诣淮南王门,皆须眉皓白。门吏白王。王使阍人难问之曰:我王欲求延年,今先生年已耆矣,似无驻衰之术。言未竟,八公皆变为童子,年可十四五,角髻青丝,色如桃花。'"

⑬迷路竟茫茫:钱仲联《集释》:"陶潜《桃花源记》:'太守即遣人随其往,寻向所志,遂迷,不复得路。'"魏本:"孙曰:潘岳《笙赋》曰:'咏园桃之夭夭,歌枣下之纂纂。歌曰:枣下纂纂,朱实离离。宛其落矣,化为枯枝。人生不能行乐,死何以虚谥为?'李善注:

'《古咄唶（魏本作"唶"、〈文选〉作"喑"）歌》:枣下何攒攒,荣华各有时。枣欲初赤时,人从四边来。枣适今日赐,谁当仰视之?'"按:此二句承上,以桃花、枣下（和下文踯躅、霜枫）作比,收在"红"字上;又以桃源之茫茫难求,枣花实落矣,化枯枝发感慨,启后幅追昔抚今。如朱彝尊《批韩诗》云:"四样红树摘得好,寄兴亦妙。"

⑭"前年"二句:魏本:"樊曰:'谓贞元二十年（804）春在阳山。'"按:踯躅,踯躅花,色红,岭南山间多有而春始繁,开时满山红遍。见韩公《答张十一功曹》《杏花》诗。不算,不可胜算。何焯《义门读书记》卷三〇:"不算,即无数之意。"以上着力红色,更衬托出红柿之红。

⑮"去岁"二句:此指去年羁滞郴州,过湘水,北归江陵。魏本:"樊曰:'谓永贞元年（805）,自阳山移掾江陵,俟命于湘中。'"文《详注》:"《补注》:公贞元二十年（804）在阳山,永贞元年（805）自阳山移掾江陵,俟命于湘中,至是自江陵召拜国子博士,元和改元（806）,九月也。故云:'秋灰初吹季月管'。又'况是儒官饱闲散'。"廖本注:"谓永贞元年（805）,自阳山移掾江陵。"陈景云《点勘》:"去岁羁帆注,按注（指廖本注）乃采樊氏语,而江陵下删原文'俟命于湘中'一句,则与本句湘水不相关矣。"按:霜枫,谓九月经霜而枫叶红的时候。以上桃、枣、踯躅、霜枫四物均以红色比衬柿之红也。故何焯《批韩诗》云:"四衬皆取色。"

⑯猿呼鼯啸鹪鹀啼:文本作"猿啼鼯笑鹪鹀啼"。呼,宋白文本、祝本、魏本、廖本、王本作"呼"。注:"呼,一作'啼'。"作"啼",与句中"鹪鹀啼"重复,非是。又方《举正》订"鼯啸",云:"杭、蜀同。"朱《考异》:"啸,或作'笑',非是。"宋白文本、文本作"笑"。

按:魏本注:"鼯,音吾。呼字作'啼'者非。"猿,猿猴,兽名。鼯,鼠名。鹪鹀,鸟名。见《八月十五夜赠张功曹》《杏花》诗。以鸟兽叫声之凄凉衬托韩公北归之凄楚。突出一个"归"字。

⑰侧耳酸肠难濯浣:侧,方《举正》据阁、蜀本订。朱《考异》:"侧,或作'恻',非是。"宋白文本、文本作"恻",注:"恻,一作'侧'。"

祝本、魏本、廖本、王本作"恻",从之。浣,或作"澣",今简化作"浣"。

文《详注》:"此皆谓自阳山赦还江陵时。"方世举《笺注》:"《水经注》:'晓禽暮兽,寒鸣相和。羁宦游子,聆之者莫不伤思矣。'"按:浣、澣二字音义同。浣(huàn),胡管切、缓韵,澣(huàn),胡管切、缓韵,皆作洗涤衣物污垢解,古音义均同。《说文·水部》:"澣,濯衣垢也。从水榦声。浣,今澣从完。"段注:"小徐本如此。按《仪礼》古文假浣为盥,《公羊传》亦有此字。"《公羊传》庄公三十一年:"临民之所漱浣也。"注:"去垢曰浣,齐人语也。"《礼记·内则》:"衣裳垢,和灰请澣。"唐陆德明《释文》:"澣,本又作浣。"今通作浣。濯,义同浣。顾炎武《日知录》:"(濯澣)是用《诗·柏舟》'如匪澣衣。'"诗用《邶风·柏舟》句,正寓其有被遗弃之感。童《校诠》:"公喜侯喜至赠张籍张彻诗:如以膏濯衣,每渍垢愈染,亦用柏舟义,与此正同。"前幅写得何等徵张热烈,此又何等凄凉,可谓以热烈托凄凉。又说现在之闲散,总不免流露出才难为世用的怨气。

⑱ "思君"二句:屈《校注》:"谢朓《怀故人》诗:'安得同携手,酌酒赋新诗。'沈约《赠刘南郡季连》诗:'愿言可获,岁暮携手。'"按:上句忆昔,突出一个"思"字。下句说今,不辞从游。韩愈、崔群为同年进士,一生好友。写他与崔群的友谊,细而简约。如张鸿《批韩诗》云:"细筋入骨。"

⑲ "由来"二句钝骏,方《举正》订"骏"字,云:"三本同,晁作'骇'。"宋白文本、文本、祝本、魏本、廖本、王本作"骏"。文本注:"一作'骇',午骇切。"魏本注:"骏,语该切。"当作"骏"。

方世举《笺注》:"《汉书·息夫躬传》:'内实骏,不晓政事。'"钱仲联《集释》:"《一切经音义》:'《苍颉篇》曰:骏,无知之貌。'"王鸣盛《蛾术编》卷七六:"时为国子博士,故云闲散。"按:钝,迟钝。《汉书·鲍宣传》:"臣宣呐钝于辞,不胜惓惓,尽死节而已。"骏,愚呆。《汉书·息夫躬传》:"左将军公孙禄、司马鲍宣皆外有直项之名,内实骏不晓政事。"钝骏,蠢笨无知。《汉语大词典》引韩诗为例。情趣飘逸而畅适。故朱彝尊《批韩诗》云:"逸趣飘然。"

⑳ 锄去陵谷置平坦:方世举《笺注》:"《诗·十月之交》(《小雅》):'高岸为谷,深谷为陵。'张鸿《批韩诗》:'所造意句,均去陈言。'"按:此句谓过了坎坷崎岖的陵谷,就是平坦的大道。陵谷、平坦:均喻宦途,陵谷谓道路坎坷,平坦谓前途顺利。语平淡而不俗。

㉑ "年少"二句:陈景云《点勘》:"补阙十七登第,少公八岁。元和初列官谏署,年方逾壮,故有'年少得途'句。"王鸣盛《蛾术编》卷七六:"似以言事为切戒。"何焯《批韩诗》:"切补阙。"蒋抱玄《评注》:"语气实有所讽,盖公以谏请缓征而得罪也。"按:此谓崔群年少即登仕路,而未壮时即得谏官补阙,实属罕见。承上"平坦"意。又谕自己为闲官。褒者崔群,讽者朝政。罕(hǎn),呼旱切,旱韵。鸟网也。《说文·网部》:"罕,网也,从网干声。"段注:"谓网之一也。《吴都赋》注:'罼、罕皆鸟网也。'"可知上谓崔群年壮得谏官,下句告诫谏官难做,亦以己之遭遇讽朝政也。黄彻《碧溪诗话》:"岑参《寄杜拾遗》云:'圣朝无阙事,自觉谏书希。'退之《赠崔补阙》云:'年少得途未要忙,时清谏疏尤宜罕。'皆谬承荀卿'有听从,无谏诤'之语,遂使阿谀奸佞用以藉口。以是知凡造意立言,不可不预为天下后世虑。"

㉒ "何人"二句:文《详注》:"后汉孔文举常曰:'坐上客常满,樽中酒不空,吾无事矣。'(按:《后汉书·孔融传》作'吾无忧矣')。东坡云:此语甚得酒中趣。"又云:"晋王徽之(《晋书·王徽之传》),吴中士大夫家有好竹,欲观之,便出坐舆造竹下。讽啸良久,主人扫洒请坐,徽之不顾。将去,主人乃闭门,徽之便以此赏之,尽欢而去。常寄居空宅中,便令种竹,或问其故,徽之曰:'不可一日无此君。'欵,扣也,音苦管切。蔡宽夫云:'此一对尤闲远有味。'"顾嗣立《集注》:"按:刘石龄云:《史记·陈轸传》:陈轸使秦,见犀首曰:公何好饮也? 曰无事也。韩氏引孔文举语大谬。"按:《南史·袁粲传》:"郡南一家颇有竹石,粲率尔步往,亦不通主人,直造竹所,啸咏自得。"《吕氏春秋》卷八《仲秋季·爱士》:"夜欵门而谒。"高诱

注:"款,扣也。"按:胡仔《苕溪渔隐丛话》前集:"尤闲远有味。"朱彝尊《批韩诗》:"下句轻圆,诗家妙境。此处再得点一句红叶应转,更有味。"

㉓ "须知"二句:文《详注》:"《说文》曰:'日在午曰亭午。《天台山赋》曰:'羲和亭午。'注云:'亭,至也。'"顾嗣立《集注》:"《文选》孙兴公《天台山赋》:'羲和亭午,游气高褰。'《梁元帝纂要》:'日在午曰亭午。'"按:节候,时令、气候。《南齐书·褚炫传》:"从宋明帝射雉,至日中,无所得……炫独曰:'今节候虽适,而云露尚凝,故斯翚之禽,骄心未警。'"《辞源》亦引韩诗为例。亭午,中午。《水经注·江水二》:"自非停午夜分,不见曦月。"宋苏轼《上巳日出游随所见作句》:"三杯卯酒人径醉,一枕春眠日亭午。"此首在古体诗里当为皎皎者。何焯《义门读书记》卷三〇:"安溪谓:'韩子七言古诗,此篇第一。尤佳处则在此二句,真能随遇而安也。'"未免过火。妍暖,风和日丽,景物美好。《辞源》《汉语大词典》亦引韩诗为例。此后时多用。宋王安石《阴漫漫行》:"谁云当春便妍暖,十日九八阴漫漫!"宋周煇《清波杂志》卷六《初寮曲宴百韵》:"于时腊雪新霁,风日妍暖,已作春意。"清纳兰性德《摊破浣溪沙》词:"昨夜浓香分外宜,天将妍暖护双栖。"

㉔ "南山"二句:文《详注》:"转,益也,音主兖切。窾,空也,音苦管切。"魏本:"窾,空也。祝曰:《庄子》(《养生主》):'导大窾。'"方世举《笺注》:"鲍照《飞白书势铭》:'圭角星芒,明丽烂逸。'"按:《礼记·儒行》:"毁方而瓦合。"郑注:"去己之大圭角,下与众人小合也。"

南山:长安南的终南山。韩公《南山》诗:"秋霜喜刻轹,磔卓立癯瘦。""冬行虽幽墨,冰雪工琢镂。"圭角,圭的棱角,犹言锋芒。韩公《石鼎联句》:"磨砻去圭角,浸润著光精。"窾,空,此指山崖窍缺处。

㉕ 汲汲:急切貌。《礼记·问丧》:"其往送也,望望然,汲汲然,如有追而弗及也。"后引申为追求。《汉书·扬雄传》:"少嗜欲,

不汲汲于富贵，不戚戚于贫贱。"因官闲散而嗜再游。看似平淡语，却藏官闲而才智难展的怨气。由节候以下，因风寒、冰雪侵凌而山癯瘦，当有寓意。

清王懋竑《读书记疑》卷一六云："诞、坦、懒、散、伞，《正韵》俱改入产韵。"

【汇评】

宋苏轼：《书退之诗》：韩退之《游青龙寺》诗，终篇言赤色，莫晓其故。尝见小说：郑虔寓青龙寺，贫无纸，取柿叶学书。九月，柿叶赤而实红。退之诗乃寓此也。(《东坡题跋》卷二)

宋马永卿：韩退之《游青龙寺》诗，仆旧读此诗，以为此言乃谕画壁之状，后见《长安志》云"青龙寺有柿万株"，此盖言柿熟之状：火伞、赪虬卵、赤气冲融、九龙照烛，皆其似也。青龙寺在长安城中，白乐天《新昌新居》诗云："丹凤楼当后，青龙寺在前。"以此可知，长安诸寺多柿。故郑虔知慈恩寺有柿叶数屋，取之学书。仆仕于关陕，行村落间，常见柿连数里，欲作一诗，竟不能奇。每嗟"火伞"等语，诚为善喻。(《懒真子》卷三)

清顾炎武：《韩文公诗注》：韩文公《游青龙寺赠崔大补阙》诗"侧耳酸肠难濯浣"，是用《诗•柏舟》"如匪浣衣"。《秋怀》诗"戚戚抱虚警"，是用陆士衡《叹逝赋》"节循虚而警立"。注皆不及。(《日知录》卷二七)

清朱彝尊：此诗运意却细，又与他处粗硬者不同。(顾嗣立《昌黎先生诗集注》卷四)

清何焯：《游青龙寺赠崔大补阙》：炎官张伞，金乌啄卵。宋人学奇者多矣，不能到得后半情味，则徒余恶面目也。"踯躅成山开不算"，不算，即无数之意。"侧耳酸肠难濯浣"，亭林云："是用《诗》'如匪浣衣'。""须知节候即风寒"二句，安溪谓："韩子七言古诗，此篇第一。尤佳处则在此二句，真能随遇而安也。"(《义门读书记》卷三〇)

清王懋竑:诞、坦、懒、散、伞,《正韵》俱改入产韵。(《读书记疑》卷一六)

　　清姚范:《游青龙寺赠崔大补阙》"正值万株红叶满",东坡曰:"余读此句,初不解其故,及观小说:郑虔寓青龙寺,贫无纸,取柿叶学书。九月,柿叶赤而实红。故知退之之诗谓此。"(《援鹑堂笔记》卷四一)按:上东坡语与此稍异,皆非原作本文。

　　清王鸣盛:《游青龙寺赠崔大补阙》云:"去岁羁帆湘水明,霜风千里随归伴。""思君携手安能得,今者相从敢辞懒。"指去年永贞元年,自阳山移掾江陵,今方得归京。又云:"由来钝骏寡参寻,况是儒官饱闲散。"时为国子博士,故云"闲散"。又云:"年少得途未要忙,时清谏疏尤宜罕。"似以言事为切戒,乃又上《佛骨表》。公血性奋发,不计祸福。即其后宣抚王廷凑,众皆危之,元微之言"韩愈可惜",穆宗亦悔,诏愈度事从宜,无必入。愈曰:"安有受君命而滞留自顾?"遂疾驱入。是时已置死生于度外。"知者不惑,勇者不惧。"公之谓矣。(《蛾术编》卷七六)

　　清黄钺:公七言古诗间用对句,唯《桃源图》及此篇、《赠崔立之》三篇而已。(《昌黎诗增注证讹》卷四)

　　清沈曾植:《韩愈游青龙寺赠崔群补阙诗》:从柿叶生出波澜,烘染满目,竟是《陆浑山火》缩本。吾尝论诗人兴象与画家景物感触相通。密宗神秘于中唐,吴、卢画皆依为蓝本。读昌黎、昌谷诗,皆当以此意会之。颜、谢设色古雅如顾、陆,苏、陆设色如与可、伯时,同一例也。(《海日楼札丛》卷七)

赠崔立之评事①

元和元年

崔侯文章苦捷敏,高浪驾天输不尽②。曾从关外来上都,随身卷轴车连轸③。朝为百赋犹郁怒,暮作千诗转遒紧④。摇毫掷简自不供,顷刻青红浮海蜃⑤。才豪气猛易语言,往往蛟螭杂蝼蚓⑥。知音自古称难遇,世俗乍见那妨哂⑦。勿嫌法官未登朝,犹胜赤尉长趋尹⑧。时命虽乖心转壮,技能虚富家逾窘⑨。念昔尘埃两相逢,争名龃龉持矛楯⑩,子时专场夸觜距,余始张军严韅靷⑪。尔来但欲保封疆,莫学庞涓怯孙膑⑫。窜逐新归厌闻闹,齿发早衰嗟可闵⑬。频蒙怨句刺弃遗,岂有闲官敢推引⑭。深藏箧笥时一发,戢戢已多如束笋⑮。可怜无益费精神,有似黄金掷虚牝⑯。当今圣人求侍从,拔擢杞梓收楛箘⑰,东马严徐已奋飞,枚皋即召穷且忍⑱。复闻王师西讨蜀,霜风冽冽摧朝菌⑲。走章驰檄在得贤⑳,燕雀纷拏要鹰隼㉑。窃料二途必处一,岂比恒人长蠢蠢㉒。劝君韬养待征招,不用雕琢愁肝肾㉓。墙根菊花好沽酒,钱帛纵空衣可准㉔。晖晖檐日暖且鲜,摵摵井梧疏更殒㉕。高士例须怜麴蘖㉖,丈夫终莫生畦畛㉗。能来取醉任喧呼,死后贤愚俱泯泯㉘。

【校注】

①题:文《详注》:"按宰相世系:立之,字斯立,博陵第二房醴泉令润之之子。第进士,元和初为大理评事。屡言得失被黜,再转为蓝田丞。《补注》:公《蓝田丞厅记》言崔立之元和初,以前大理评事言得失黜官。而公元和元年(806)六月,自江陵掾召拜国子博士,作此诗,故谓立之曰评事,曰法官。而谓己曰'窜逐新归',又曰'复闻王师西讨蜀'。刘辟以永贞元年(805)八月反,元和元年(806)正月讨辟,九月克,此诗其作于八月、九月之间乎?盖其下有'墙根菊花'之句也。"魏本:"韩曰:立之,名斯立,博陵人。元和初为大理评事,以言事黜官,为蓝田丞。见公《蓝田丞厅记》。元和元

年(806)六月,公召拜国子博士,作此诗。详味诗意,当是崔频有诗,望公推引。故公有'频蒙怨句刺弃遗,岂有闲官敢推引'之语云。"顾嗣立《集注》:"崔斯立,字立之,博陵人。贞元四年,侍郎刘太真知举,放进士三十六人,立之中第。嗣立按:公《蓝田县丞厅壁记》:'博陵崔斯立,种学绩文。贞元初,挟其能战艺于京师,再进再屈于人。元和初,以前大理评事言得失黜官,再转而为丞兹邑'云云。又《集》中卷五有《寄崔二十六立之》诗,可以参考。"朱彝尊《批韩诗》:"长篇不换韵,气一直下,以有藻润,故不迫促。又洗炼得净,有遒紧味,故足讽咏。"全用痕韵。

② 崔侯文章苦捷敏,高浪驾天输不尽:魏本:"韩曰:老杜《不见》:'敏捷诗千首,飘零酒一杯。'孙曰:驾,陵。输,写也。言文章如高浪驾天,犹输写不尽。"文《详注》:"郭景纯《游仙诗》曰:'高浪驾蓬莱。'尽,音慈忍切。"此诗押险韵。何焯《批韩诗》:"多用喻语,乃押险韵之一法。"

按:苦,极,很。张相《诗词曲语辞汇释》卷二:"苦,甚辞,又犹偏也;极也;多或久也……韩愈《赠崔立之》诗:'崔侯文章苦捷敏,高浪驾天输不尽。'犹云甚捷敏也。又《驽骀》诗:'力小苦易制,价微良易酬。'苦与良互文,皆甚辞。"捷敏,迅速灵敏。《汉书·严延年传》:"延年为人短小精悍,敏捷于事。"《三国志·蜀·张裔传》:"汝南许文休入蜀,谓裔干理敏捷,是中夏钟元常之伦也。"驾,凌驾。输,输出,此作写字解。

③ 关外:方《举正》订"关外",云:"杭、蜀同上。'藉藉关外来',《选》(卷三一《效曹子建乐府〈白马篇〉》)袁阳源诗语。"外,宋白文本、文本、祝本、魏本、廖本等均作"外",注:"外,一作'内'。"朱《考异》:"外,或作'内',非是。"当作"关外"。

魏本注:"上都,京师也。"蒋抱玄《评注》:"关外,谓函谷关以外之地。"钱仲联《集释》:"《旧唐书·肃宗纪》:'元年建卯月,以京兆府为上都。'"钱注谓《旧唐书》误。见《新唐书·肃宗纪》:"(宝应元年)建卯月辛亥(朔),以京兆府为上都,河南府为东都,凤翔府为西都,江陵府为南都,太原府为北都。"卷轴,此指书卷。闻人倓注:"任昉《萧公行状》:'所造箴铭,积成卷轴。'"车连轸,文《详注》:"轸,车后横木。袁淑诗曰:'籍籍关外来,车徒倾国廛。'"魏本注:"轸,车后横木。轸,止忍切。孙曰:'连轸,言数车相接。'"按:与西历对照,此为七六二年二月。轸(zhěn),车箱底部后面横木。《周礼·考工记》:"车轸四尺。"又指车子。《后汉书·黄琼传》:"往车虽折,而来轸方遒。"言书之多。

④"朝为"二句:魏本:"孙曰:言犹有余勇也。"郁怒,蒋抱玄《评注》:"《舞赋》(《文选》卷一七傅毅撰):'或有宛足郁怒,盘桓不发。'"按:李善注:"言马按足缓步,郁怒气,迟留不发也。《周易》曰:'初九盘桓利居贞。'"

百赋、千诗:方世举《笺注》:"《梁书·武帝纪》:'下笔成章,千赋百诗,直疏便就。'"钱仲联《集释》:"《楚辞·招魂》王逸注:'遒,亦迫也。'"遒紧,《辞源》:"刚健严谨。"亦引韩诗为例。《汉语大词典》:"指声调音节急迫短促。清赵翼《瓯北诗话·查初白诗》:'初白好议论,而专用白描,则宜短节促调,以遒紧见工。'阿英《艺术家的故事》:'既而声渐遒紧,复以鼓旁之声合之。'"亦引韩诗为例。

⑤"摇毫"二句:文《详注》:"蜃,大蛤也,雉入水所化。《晋志》:'凡海旁蜃气似楼台,气成宫阙。'音时忍切。"魏本注:"蜃能吐气为楼台,海中春夏间见。祝曰:大蛤也。《礼记》:'雉入大水为蜃。'《前汉》:'海旁蜃气象楼台。'"又音注:"蜃,音肾。"按:上句谓立之挥毫成诗之快,下句形容其所成诗境界之美,如青红交错的海市蜃楼浮于海上一样。《史记·天官书》:"海旁蜃气象楼台,广野气成宫阙然。"《周礼·地官·掌蜃》:"掌敛互物蜃物,以共闉圹之蜃。"注:"互物,蚌蛤之属。闉,犹塞也。将井椁先塞下以蜃御湿也。"《国语·晋语九》:"雀入于海为蛤,雉入于海为蜃。"注:"小曰蛤,大曰蜃,皆介物,蚌类。"唐骆宾王《早发淮口望盱眙》诗:"岸昏涵蜃气,潮满应鸡声。"《文苑英华》卷四唐柳喜《日浴咸池赋》:"照蜃楼于圻岸,写蛟室于溟涨。"

⑥ 蛟螭杂蝼蚓：文《详注》："蛟螭，龙属。蝼，蛄蝼也，音力候切。蚓，蚯蚓也，音以忍切。《法言》(《问道》)曰：'狐狸蝼蚓，不膝腊也欤？'"魏本："孙曰：'蛟，龙属。螭，似龙而无角。蝼，蝼蝈。蚓，蚯蚓。'《补注》：蛟螭杂蝼蚓，言其小大不齐也。《苕溪渔隐丛话》云：'立之诗有不工处，故退之以此讥之。'"斯立能诗，多而未传。洪迈《容斋续笔》卷一二云："崔立之，字斯立，在唐不登显仕，它亦无传，而韩文公推奖之备至……观韩公所言，崔作诗之多可知矣，而无一篇传于今，岂非蝼蚓之杂，惟敏速而不能工耶？"《全唐诗》卷三四七存立之诗三首。

⑦ 知音自古称难遇：韩公有《知音者诚希》。《文选》卷二九《古诗十九首》之五："不惜歌者苦，但伤知音稀。"韩公《与冯宿论文书》："仆为文久，每自测意中以为好，则人必以为恶矣。……不知古文直何用于今世也？然以俟知者知耳。"又《与孟东野书》："吾言之而听者谁欤？吾唱之而和者谁欤？言无听也，唱无和也，独行而无徒也，是非无所与同也，足下知吾心乐否也！"可谓知音之难得的注脚。哂(shěn)，文《详注》："哂，笑也，音式忍切。"查慎行《查初白诗评十二种》："先生极爱才，而不轻假借又如此。"

⑧ 法官：职掌刑法的官。魏本："孙曰：法官，谓大理评事。斯立初为尹阳尉。唐州县有畿、赤、紧、望之等。尹谓京兆尹。"尉，谓立之为赤县尉，尹指京兆尹。顾嗣立《集注》："《元和郡县志》：'大唐县有赤、畿、望、紧、上、中、下六等(应为七等)之差。京师所治为赤县，京之旁邑为畿县。'陈景云《点勘》：'立之贞元中登第，后复中词科，初授校书郎，秩满除畿尉。当时相传畿尉有六道，入为御史、评事、京尉者，有佛道、仙道、人道之分，见崔琬《御史台记》。京尉即赤尉，谓长安、万年二赤县也。'勿嫌法官'二句，盖言立之自畿尉召入，止迁评事，不得御史，但比赤尉，尚有仙凡之异耳。盖除御史则登朝为常参官矣。唐常参官一名登朝官。"方世举《笺注》："法官：《北史·许善心传》：'初付法官，推千余人，皆称被役。'赤尉：《元和郡县志》：'大唐县有赤、畿、望、上、中、下六等之差。京师所

治为赤县,京之旁邑为畿县。'按:□(应为孙)云'斯立初为伊阳尉',非也。斯立摄伊阳在元和三年冬,公酬诗云云,见后卷。此盖斯立登第后,曾为赤尉,乃转评事耳。"

⑨"时命"二句:文《详注》:"贫不足以为礼曰窭,音渠殒切。"魏本:"祝曰:窭,迫也。《诗》:又窭阴雨。"方世举《笺注》:"《庄子·缮性篇》:'时命大谬也,当时命而大行乎天下,则反一无迹。不当时命而大穷乎天下,则深根宁极而待。'"窭,钱仲联《集释》:"《诗》毛传:'窭,困也。'"此二句意谓:立之"心转壮""技能虚富",时命却乖,技同虚设,处境却很困窭。

⑩"念昔"二句:尘埃,尘土,比喻轻微、渺小。《文选》卷二一晋左思《咏史》诗之六:"贵者虽自贵,视之若尘埃。"文《详注》:"言公在布衣时,与立之同举进士也。《韩子》曰:楚有鬻矛与楯者,誉之曰:'吾楯之坚,莫能陷也。'又誉:'其矛之利,于物无不陷之也。'或曰:'以子之矛,陷子之楯,何如?'其人弗能应。夫矛楯之不可两立,犹尧舜之不可两誉也。矛建于兵车,楯以扞身。音食允切。龃龉,见《圣德》诗。"楯,同"盾"。矛盾事又见《韩非子·难一》。魏本:"孙曰:矛、楯,皆兵器。《说文》云:'矛长二丈,建于兵车。楯亦兵器,所以蔽身。'祝曰:《诗》(《秦风·无衣》):'修我戈矛。'《左氏》(襄公二十五年):'赋车兵徒卒,甲楯之数。'"钱仲联《集释》:"《太玄经》:'其志龃龉。'范望《集解》按:'龃龉,相恶也。'《穀梁传》疏:'《庄子》:楚人卖矛及楯者,见人来买矛,即谓之曰:此矛无何不彻。见人来买楯,则又谓之曰:此楯无何能彻者。买人曰:还得尔矛刺尔楯,若何?'"龃龉(jǔ yǔ),齿参差不齐。比喻抵触、不合。汉扬雄《太玄经·亲》:"其志龃龉。"晋范望《解赞》:"龃龉,相恶也。"南朝梁何逊《还渡五洲》:"方圆既龃龉,贫贱岂怨尤。"

⑪"子时"二句:专场,方《举正》订,云:"蜀本作'擅场',用《东都赋》语,然古《斗鸡》诗,多用'专场'字。"宋白文本作"擅场"。文本、祝本、魏本、廖本作"专场"。朱《考异》:"专,或作'擅'。"作"擅"、作"专"均可。今从"专"。余,文本作"予"。余、予同。

魏本:"樊曰:《选》(卷三)张衡《东都(京)赋》:'秦政利觜长距,终得擅场。'注:'擅,专也。'"文《详注》:"(上句)言贾勇如鸡也。《东京赋》曰:'秦政利觜长距,终得擅场。'"又:"(下句)言文阵无敌也。《左氏传》(僖公二十八年)曰:'晋车七百乘,韅靷鞅靽。'注云:'在背曰韅,在胸曰靷,在腹曰鞅,在后曰靽。'韅,音许见切。靷,音以忍切。"张军,魏本:"《补注》:《左传》:'我张吾三军。'靷,驾牛具也。樊曰:《左传》僖二十八年:'晋楚战于城濮,晋军七百乘,韅靷鞅靽。'"张吾君,即壮大我军。韩公《醉赠张秘书》:"诗成使之写,亦足张吾军。"韅,马腹革带,在两腋旁,横经其下,而上系于鞍。《史记·礼书》:"寝兕持虎,鲛韅弥龙,所以养威也。"《集注》引徐广:"韅者,当马腋之革。"靷,引车前行的革带,一端系在马颈的皮套上,一端系在车轴上。《诗·秦风·小戎》:"游环胁驱,阴靷鋈续。"立之,贞元四年(788)中进士。韩愈,贞元二年(786)进京,贞元八年(792)中进士。童《校诠》:"第德案:选东京赋李注引说文曰:擅,专也,公用专字,乃以训诂易之,专场即擅场也。应德琏斗鸡诗:专场驱众敌,刘孝威斗鸡诗:妒敌复专场,信如方说;而曹子建斗鸡篇:愿蒙狸膏助,常得擅此场,则又用擅场字。"

⑫ "尔来"二句:尔,代词,你。韩公《送灵师》:"尔来六百年。"封疆,国家疆界。《战国策·燕三》:"国之有封疆,犹家之有垣墙。"《史记·商君列传》:"为田开阡陌封疆,而赋税平。"正义曰:"封,聚土也;疆,界也;谓界上封记也。"此为比喻,上句嘱立之自保坚持。下句反用孙膑胜庞涓事,鼓其士气。文《详注》、魏本引《全解》、方世举《笺注》俱引《史记》为证,然简讹不齐,今录《史记·孙子吴起列传》以窥全豹,云:"孙膑尝与庞涓俱学兵法。庞涓既事魏,得为惠王将军,而自以为能不及孙膑,乃阴使召孙膑。膑至,庞涓恐其贤于己,疾之,则以法刑断其两足而黥之,欲隐勿见。齐使者如梁……窃载(膑)与之齐……(齐)威王问兵法,遂以为师……后十三岁,魏与赵攻韩,韩告急于齐,齐使田忌将而往……庞涓闻之,去韩而归,齐军既已过而西矣……庞涓行三日,大喜曰:'我固知齐军

怯,入吾地三日,士卒亡者过半矣。'乃弃其步军,与其轻锐倍日并行逐之。孙子度其行,暮当至马陵……可伏兵,乃斫大树白而书之曰:'庞涓死于此树之下。'……庞涓果夜至斫木下,见白书,乃钻火烛之。读其书未毕,齐军万弩俱发,魏军大乱相失。庞涓自知智穷兵败,乃自刭,曰:'遂成竖子之名!'齐因乘胜尽破其军,虏魏太子申以归,孙膑以此名显天下。"

⑬ 窜逐新归厌闻闹,齿发早衰嗟可闵:魏本:"孙曰:公时方自江陵法曹召为国子博士。"文《详注》:"元和元年(806)六月,公自江陵召拜国子博士也。闵,忧也。《素问》(卷一《上古天真论》)曰:'丈夫五八肾气衰,发堕齿槁。'公时年逾四十。"

早:诸本作"早",魏本作"皂",乃形音近而误。闵,哀怜,怜悯。《诗经·豳风·东山》序:"序其情而闵其劳。"引申为忧愁。马融《琴赋》:"怀闵抱思。"在这个意义上,又作"悯"。

⑭ 频蒙怨句刺弃遗,岂有闲官敢推引:魏本:"孙曰:《诗》(《小雅·谷风》):'将安将乐,弃予如遗。'"上句谓立之频寄韩公诗(怨句)有愤世怨友不汲引之意,下句即韩公回答:己乃闲官无力不敢推引。闻人倓《古诗笺》:"闲官,韩公微辞。推引,犹汲引之意。"

⑮ "深藏"二句:方世举《笺注》:"魏文帝诗(《代刘勋出妻王氏作二首》):'缄藏箧笥里,当复何时披?'戢戢,聚集貌也。杜甫《又观打鱼》诗:'小鱼脱漏不可记,半死半生犹戢戢。'韩公《南山诗》:'尝升崇丘望,戢戢见相凑。'戢,文《详注》:'音侧立切。'此二句劝立之深藏箧笥,戢戢束笋,以待时机。

⑯ 可怜无益费精神,有似黄金掷虚牝:费,文本作"损",非。诸本及诗话所引作"费",是。

文《详注》:"《家语》(《执辔》):'子夏曰:丘陵为牡,溪谷为牝。'许氏云:'丘陵高敞阳也,故为牡。溪谷污下阴也,故为牝。'殷仲文诗(《南州桓公九井作》)曰:'哀壑叩虚牝。'"牝,谷壑。魏本:"洪曰:牝,溪谷也。古诗:'哀壑叩虚牝。'"钱仲联《集释》:"此语承上文,谓斯立频以诗望公汲引之无益也,非泛谓文章之无益。后人多错会诗意。扬雄《解难》:'宣费精神于此,而烦学者于彼。'"按:宋王安石《临川先生集》卷三四《韩子》诗"纷纷易尽百年身,举世何人识道真。力去陈言夸末俗,可怜无补费精神"即此,亦错会韩公诗意,而指文。此谓投诗文再多,就如把黄金扔到沟壑里一样,于事无补,徒费精神而已。

⑰ 当今圣人求侍从,拔擢杞梓收楛箘:魏本:"樊曰:'圣人,谓宪宗也。'"文《详注》:"言宪宗急于贤才,小大不遗也。陆韩卿诗(《奉答内兄希叔》)曰:'离宫收杞梓[,华星富徐陈]。'注云:'杞梓,良木,喻贤才也,故《禹贡》曰:惟箘簵楛。注云:箘,美竹。楛,中矢榦,皆出云梦之泽。"魏本:"孙曰:襄二十六年《左氏》:'晋大夫如杞梓皮革焉。'《书》(《禹贡》):'惟箘簵楛。'箘簵,美竹,可以为矢。楛,木名,可以为矢榦。楛音户。箘音窘。"按:《国语·楚上》:"晋卿不若楚,其大夫则贤,其大夫皆卿材也。若杞梓皮革焉,楚实遗之。"韦昭注:"杞梓,良材也。"此以杞、梓树的优质木材,楛、箘的优质之竹比喻人才。人才必定会被当今所用。乃劝解鼓励朋友之词。

⑱ 东马严徐:魏本注:"东方朔、司马相如、严助、严安、徐乐等。"文《详注》:"汉《严助传》:孝武帝征伐四夷,开置边郡,军旅数发,内改制度,朝廷多事,屡举贤良文学之士。其尤亲幸者,东方朔、司马相如、枚皋、严助之徒。而助最先进。徐则徐乐也。"又:"皋,字少孺,少遇罪亡,至长安。会赦上书,自陈枚乘之子。上得之大喜,召入见待诏。皋因赋殿中,帝善之,拜为郎。"按:《汉书·严助传》:"严助,郡举贤良,对策百余人,武帝善助对,由是独擢助为中大夫。后得朱买臣、吾丘寿王、司马相如、主父偃、徐乐、严安、东方朔、枚皋、胶仓、终军、严葱奇等,并在左右。"枚皋,《汉书·枚乘传》:"(乘)后乃得其孽子皋。皋字少孺……年十七,上书梁共王,得召为郎。……见谗恶遇罪,家室没入。皋亡至长安。会赦,上书北阙,自陈枚乘之子。上得之大喜,召入见待诏,皋因赋殿中。诏使赋平乐馆,善之,拜为郎。"韩公以比崔者,《汉书·枚皋传》又

— 861 —

云:因皋"为文疾,受诏辄成,故所赋者多。司马相如善为文而迟,故所作少而善于皋。皋赋辞中自言为赋不如相如,又言为赋乃俳,见视如倡,自悔类倡也。"何焯《义门读书记》卷三〇:"枚皋即召穷且忍;独以枚皋比崔,为其敏捷也。"按:何说是。

⑲ 西讨蜀、摧朝菌:游本"菌"作"箘",非。二字形似而意不同。

魏本:"孙曰:元和元年正月,命长武城使高崇文等伐蜀,讨刘辟。"文《详注》:"元和元年蜀帅刘辟叛,命高崇文讨之。霜风摧菌,言易也。《庄子》(《逍遥游》)曰:'朝菌不知晦朔。'注云:'谓天时滞雨于粪壤中蒸热而生,见日便死。'亦谓之犬芝,以其生于朝,死于暮,故曰朝菌。菌,音渠殒切。冽冽,寒也。"左思《杂诗》:"秋风何冽冽,白露为朝霜。"

⑳ 走章驰檄在得贤:魏本:"孙曰:章,章奏。檄,文檄。《说文》(木部)曰:'檄,二尺书也。'有急事则插以鸟羽,号为羽檄。韩曰:《西京杂记》扬子云曰:汉武帝戎马之间,飞书驰檄用枚皋。廊庙之上,高文典册用相如。"方世举《笺注》:"《西京杂记》:'枚皋文章敏疾,长卿制作淹迟。扬子云曰:军旅之际,戎马之间,飞书驰檄用枚皋。庙廊之下,朝廷之中,高文典册用相如。'"按:以枚皋撰文赋之速,比立之撰诗文之敏捷。朱彝尊《批韩诗》:"崔所长在能速,故首云'捷敏'。引枚皋亦是速意。细玩此诗,还是赞其入蜀。"何焯《批韩诗》:"比崔捷敏。"

㉑ 燕雀纷拏要鹰隼:祝本、王本作"挐",宋白文本、文本、魏本、廖本作"挐",二字音义均同,今通行字"拿"。要,文本、祝本、魏本、廖本作"要",注:"一作'恶'。"宋白文本作"恶"。今从诸本作"要"。

鹰隼:文《详注》:"鹰隼以喻将帅。《左传》(文公十八年):'季孙行父曰:见恶如鹰鹯之逐鸟雀。'隼,亦鹰类,即今呼为鹘者。纷拏,言多也。拏,音女居切,字一作'挐'。"魏本:"孙曰:'鹰隼鸷鸟,所以逐燕雀。'祝曰:《礼记》(《月令》):'鹰隼蚤鸷。'"方世举《笺注》:"纷拏:王逸《九思》:'骸乱兮纷拏。'"

㉒"窈枓"二句：文《详注》："二涂，谓求侍从择将帅。枓，音聊。蠢动，虫也，音尺尹切。"方世举《笺注》："二涂：□云：谓非列侍从，即从讨蜀。"按：《左传》昭公二十四年："今王室实蠢蠢焉。"杜预注："蠢蠢，动扰貌。"查慎行《查初白诗评十二种》："以上慰其进取之径。"如查、方所云，韩公所举之例，乃告慰立之进取的道路，或如东马严徐：以文从仕王庭；或如鹰隼：从军入幕。哪能像常人一样，长久地待在那儿呢？

㉓"劝君"二句：文《详注》："言士之有大略者不事章句。"李详《证选》："司马迁《报任安书》：'雕琢曼辞以自饰。'"按：此二句谓：不用像雕章琢句一样修饰自己，亦不用愁肝刿肾，只要韬光养晦，等待朝廷征招即可。仍是劝慰之辞。结上。何焯《批韩诗》："三语结住上文。"

㉔"墙根"二句：上句应陶潜采菊饮酒，贫而趣雅；下句说职微禄薄囊中无钱，尚可以衣沽酒。陈景云《点勘》："唐百官月俸，多给钱帛。纵空，谓官闲禄薄也。"李详《证选》："任昉《奏弹刘整文》，述刘寅妻诉整'突进房中，屏风上取车帷准米去'。又云：'整便留自使婢姊及弟各准钱五千文。'此公准字所本。准，犹今当质也。"准，准许，即可以以物换酒。明凌濛初《二刻拍案惊奇》卷一二："晦翁准了他状，提那大姓到官。"这个意义用"准"，动词。朱彝尊《批韩诗》："'准'字新。"

㉕晖晖：清明貌。南朝梁何逊《登石头城》诗："扰扰见行人，晖晖视落日。"《乐府诗集》卷七七南朝陈江总《燕燕于飞》："二月春晖晖，双燕理毛衣。"朱彝尊《批韩诗》："日、梧是比。"此乃比孤独凄凉景况。

摵摵：李详《证选》："潘岳《秋兴赋》善注：'摵，枝空之貌。'其字当从木，不从扌。然古多易混。"方世举《笺注》："庾肩吾诗：'井梧生未合。'"按：胡仔《苕溪渔隐丛话》前集卷一八《韩吏部下》："摵（shè山责切，去，麦韵），音缩，又音蹙，并到也。又音索，乃殒落貌。《文选》卢子谅诗（《时兴》）：'摵摵芳叶零。'潘岳《秋兴赋》：'庭

— 863 —

树摵以洒落。'"

㉖麹糵(niè):顾嗣立《集注》:"《晋·孔群传》:'尝与亲旧书云:今年田得七百石秫米,不足了麹糵事。'按:麹糵即酒母,俗称酒曲,此指酒。高士,犹高人。《战国策·赵三》:'吾闻鲁连先生,齐国之高士也。'糵,音聂,树再生枝桠。大麦生芽做麹,故云。此句嘱其自怜:即禄薄俭省着用。何焯《批韩诗》:"好句。"

㉗丈夫终莫生畦畛:生,宋白文本、文本、祝本、魏本、廖本、王本均作"生",注:"一作'老'。"作"生"字是。

按:生者,谓产生畦畛(归耕)之念。承上句,而劝其励志坚持从仕。文《详注》:"言不拘于礼界。《说文》曰:'田五十亩曰畦,井田间陌曰畛。'上音玄圭切,下音止忍切。"方世举《笺注》:"畦畛:《庄子·人间世篇》:'彼且为无町畦,亦与之为无町畦。'又《齐物论》:'为是而有畛也,请言其畛。有分有辨,有竞有争。'《说文》:'田五十亩曰畦。''畛,井田间陌也。'"童《校诠》:"畦,菜田;畛,陌。生一作老。第德案:作生字是,与前游青龙寺赠崔群补阙诗:惟君与我同怀抱,锄去陵谷置平坦义同。上文有频蒙怨句刺弃遗,岂有闲官敢推引语,故解释之,劝其勿介蒂于怀也。"童说善。查慎行《查初白诗评十二种》:"以上泯其同异之见。"查之说以"老"字生发,故谓同异。丈夫,指立之。

㉘"能来"二句:文《详注》:"《列子》《杨朱篇》曰:'万物所生者异也(应为万物所异者生也),所同者死也。生则贤愚,死则臭腐。'泯,灭也,音弭尽切。"方世举《笺注》:"喧呼:《南史·张镜传》:少与颜延之邻居,颜谈义饮酒,喧呼不绝,镜静默无言。后与客谈,延之取胡床坐听,谓客曰:'彼有人焉。'由是不复酣叫。"钱仲联《集释》:"《蒿里古辞》:'蒿里谁家地?聚敛魂魄无贤愚。'"魏本注:"泯,尽也,灭也。"按:泯泯,《书·吕刑》:"泯泯棼棼。"

【汇评】

宋洪迈:崔立之,字斯立,在唐不登显仕,它亦无传,而韩文公推奖之备至。其《蓝田丞壁记》云:"种学绩文,以蓄其有,泓涵演迤,日大以肆。"其《赠崔评事》诗云:"崔侯文章苦捷敏……"其《寄崔二十六》诗云:"西城员外丞……若摘颔底髭。"其美之如是。但记云"贞元初,挟其能,战艺于京师,再进再屈于人",而诗以为"连年收科第",何其自为异也?予按杭本韩文作"再屈千人",蜀本作"再进屈千人",《文苑》亦然。盖它本误以千字为于也。又《登科记》:"立之以贞元三年第进士。七年,中宏词科。"正与诗合。观韩公所言,崔作诗之多可知矣。而无一篇传于今,岂非螬蚓之杂,惟敏速而不能工邪?(《容斋续笔》卷一二)

宋葛立方:退之《赠崔立之》前后各一篇,皆讥其诗文易得。前诗曰:"才豪气猛易语言,往往蛟螭杂螬蚓。"后诗曰:"文如翻水成,初不用意为。"二诗皆数十韵,岂非欲炫博于易语言之人乎?前诗曰:"深藏箧笥时一发,戢戢已多如束笋。"后诗曰:"每旬遗我书,竟岁无差池。"有以知崔于韩情义之笃如此也。(《韵语阳秋》卷一)

又:韩退之于崔立之厚矣,立之所望于退之者宜如何?然集中所答三诗,皆未有慰荐之意,何邪?其曰:"几欲犯颜出荐口,气象硉矹未可攀。"又云:"东马严徐已奋飞,枚皋即召穷且忍。"知识当要路,正赖汲引,隐情惜己,殆同寒蝉,古人之所恶也。(《韵语阳秋》卷一八)

宋计有功:退之《赠崔立之评事》诗云:"崔侯文章苦捷敏,高浪驾天输不尽。曾从关外来上都,随身卷轴车连轸。朝为百赋犹郁怒,暮作千诗转迢遰。"诗意殊悯其穷。(《唐诗纪事》卷四三崔立之)

宋吴曾:《虚牝》:韩退之《赠崔立之》诗云:"可怜无补费精神,有似黄金掷虚牝。"洪庆善曰:"牝,溪谷也。《古诗》云:'哀壑叩虚牝。'"余按,《古诗》之意,"虚牝"当是壑中之窟穴耳。所以老子曰:"玄牝之门,是为天地之根。"然《大戴礼》以邱陵为牡,溪谷为牝。洪盖取《大戴》之意耳。(《能改斋漫录》卷七)

明何孟春:韩退之《赠崔斯立》诗有"可怜无补费精神"之句。

王介甫遂用以讥公云:"力去陈言夸末俗,可怜无补费精神。"然则介甫之新学又何补于世哉?其为精神心术之害多矣。荆公他日选《唐百家诗》,成序云:"费日力于此,良可悔也。"而不知新学之当悔,何也?昔人谓以学术杀天下者,介甫之谓欤?(《馀冬诗话》卷上)

清朱彝尊:长篇不换韵,气一直下,以有藻润,故不迫促。又洗炼得净,有遒紧味,故足讽咏。(顾嗣立《昌黎先生诗集注》卷四)

清何焯:《赠崔立之评事》"有似黄金掷虚牝",《文选》注:《大戴礼》:"邱陵为牡,溪谷为牝。"枚皋即召穷且忍:独以枚皋比崔,为其敏捷也。(《义门读书记》卷三〇)

清爱新觉罗·弘历:"可怜无益费精神",为千古文人喟息。(《唐宋诗醇》卷二九)

张鸿:此酷摹工部作也。(钱仲联《韩昌黎诗系年集释》卷五)

程学恂:立之跅驰之才,故多与为滑稽之言。然亦未始非所以励之也。(《韩诗臆说》卷一)

送区弘南归^①

元和元年

穆昔南征军不归,虫沙猿鹤伏以飞②。江汹洞庭宿莽微③,九疑巉天荒是非④。野有象犀水贝玑⑤,分散百宝人士稀⑥。我迁于南日周围,来见者众莫依稀⑦,爱有区子荧荧晖,观以彝训或从违⑧。我念前人譬葑菲⑨,落以斧斤引缳徽⑩。虽有不逮驱骓骓⑪,或采于薄渔于矶,服役不辱言不讥⑫。从我荆州来京畿,离其母妻绝因依⑬。嗟我道不能自肥,子虽勤苦终何希⑭?王都观阙双巍巍,腾踔众骏事鞍鞿⑮,佩服上色紫与绯,独子之节可嗟唏⑯。母附书至妻寄衣,开缄发封泪痕晞⑰。虽不赦还情庶几⑱,朝暮盘羞侧庭闱⑲。幽房无人感伊威,人生此难余可祈⑳。子去矣时若发机㉑!蜃沈海底气升霏,彩雉野伏朝扇翚㉒。处子窈窕王所妃㉓,苟有令德隐不腓㉔。况今天子铺德威,蔽能者诛荐受禨㉕。出送抚背我涕挥,行行正直慎脂韦㉖。业成志树来顾頋㉗,我当为子言天扉㉘。

【校注】

① 题:诸本作《送区弘南归》,方《举正》:"阁本作'区弘南征诗'。区,乌侯切。《唐韵》:'区冶子之后,今郴州有此姓。'弘岂郴人邪?《汉·王莽传》有中郎区博。元和元年(806)秋冬任博士日作。"朱《考异》:"区,或作'欧'。归,或作'征'。"文本作"欧"。今从诸本作"区"。

魏本注:"区,如字。祝曰:'区,姓也,后汉末有长沙区景。或音讴,古善剑区冶子之后。'洪曰:区,区冶子之后,《集》有《送区册序》,说者谓即弘也,故张籍《送弘诗》曰:'韩君国大贤,道德赫已闻。昨出为阳山,尔区来趋奔。韩官迁法曹,子随至荆门。韩入为博士,崎岖从羁轮。'今本皆作'区弘',误矣。樊曰:'公自阳山徙江陵,寻召拜国子博士,区生实从之,至是南归,公作诗送之。张籍、孟郊亦皆有诗。元和元年也。'"文《详注》:"欧弘,韩门弟子也。《景龙文馆记》。诗连句为柏梁体,一句一韵是也。《补注》:公自阳山徙江陵掾,寻召拜国子博士,欧生实从之。至是南归,公作诗送之。元和元年也。时张籍、孟郊皆有诗送欧。"按:区弘非区册,公《送区册序》明说,区册于贞元二十一年(805)春,已别公离阳山矣。诗写于元和元年(806)冬。诗用柏梁体,一句一韵,一韵到底,皆平声,微韵。何焯《批韩诗》:"温柔敦厚,声如厥志。愔愔蔼蔼,所谓伯牙之琴弦乎!"又:"气味出平子《思玄赋》。"朱彝尊《批韩诗》:"全以气力驱使,微袭古词歌意,总是变体。"

②穆昔南征军不归,虫沙猿鹤伏以飞:诗以周穆王南征军不归作比起兴,突兀有味,振起全篇。魏本:"孙曰:'《抱朴子》:周穆王南征,一军尽化,君子为猿为鹤,小人为虫为沙。伏谓猿虫,飞谓沙鹤。事亦出《博物志》。'"文《详注》:"《抱朴子》曰:'周穆王南游,一军皆化。君子为猿为鹤,小人为虫为沙。'东坡《过虔州郁孤台》诗:'不随猿鹤化,甘作贾胡留。'用此事也。"朱《考异》:"《抱朴子》云:'周穆王南征,三军之众,一朝尽化。君子为猿为鹤,小人为虫为沙。'《造化权舆》作周昭王南征。皆未详本何据也。"高步瀛《唐宋诗举要》卷二:"步瀛案:孙引《抱朴子》与《艺文类聚·兽部下》引同。《太平御览·妖异部四》引鹤作鹄,今本《抱朴子·绎滞篇》作'三军之众,一朝尽化,君子为鹤,小人为沙'。不言穆王南征及为猿为虫,疑传写异耳。又案:《诗·江有汜》郑笺曰:'以犹与也。'"钱仲联《集释》:"《考异》引《抱朴子》,与《太平御览》所引同。敦煌莫高窟藏唐写本《修文殿御览》残卷引《纪年》曰:'穆王南征,君子为鹤,小人为飞鸮。'此《抱朴》之所本也。"伏,承"为猿虫"说,指猿、虫在地上走。飞,承"为沙鹤"说,指沙鹤在天上飞。何焯《批韩诗》:"起得奇。"《唐诗归》卷二九钟惺曰:"深文秘义,似谶似隐。"

③江汹洞庭宿莽微:方《举正》据阁本作"汹汹洞庭莽翠微",云:"谢校。《选·石阙铭》:'旁映重叠,上连翠微。'翠微,山气也。"朱《考异》从方,云:"或作'江汹洞庭宿莽微'。"宋白文本、文本、魏本作"江汹洞庭宿莽微"。廖本、王本从方,注:"一作'江汹洞庭宿莽微'。"两说意思均通。

作"江汹洞庭宿莽微"者,如下引旧注。文《详注》:"《楚辞》曰:'夕揽洲之宿莽。'王逸云:'草冬生不死者。'"魏本:"孙曰:汹,水声。《楚辞》:'波逢汹涌,濆溚沛兮。'洞庭在岳阳。《离骚》云:'宿宿短草,莽莽长草。'(按:此当为注文。)祝曰:《楚辞》:'夕揽洲之宿莽。'王逸注云:'草经冬不死者,楚人名曰宿莽。'"又魏本音注:"汹,许拱切,又音凶。莽,莫补切。"按:汹,水往上涌。《韩非子·扬权》:"填其汹渊。"宿莽,经冬不死之草。《楚辞》屈原《离骚》:"朝搴阰之木兰兮,夕揽洲之宿莽。"《尔雅·释草》:"卷施草,拔心不死。"注:"宿莽也。"《太平御览》卷九九八《南越志》:"宁乡县草多卷施,江淮间谓之宿莽。"因时在冬季,经冬不死的草少。从方作"汹汹洞庭莽翠微"者,形容洞庭之波浪汹涌,山之葱郁巍峨。按韩公诗文重来处看,作"江汹洞庭宿莽微",合韩公诗意。今复韩诗原貌,作"江汹洞庭宿莽微"。细味诗意,韩诗所写为江水汹、洞庭宿莽两事,经冬江水仍汹汹地流,而洞庭水相对平静,宿草则莽微矣。方《举正》从阁本,词虽流畅漂亮,但不一定合韩公意。

④ 九疑巉(chán)天荒是非:巉,方《举正》订作"镵",云:"谢氏以唐本定。九疑言镵天,洪涛言春天,皆奇语也。"朱《考异》:"镵,或作'巉'。"宋白文本、文本、文本、魏本作"巉"。廖本、王本作"镵"。按:镵,刺也。巉,山势险峻且高,如凿削状。镵、巉(chán),音义同,可通用。然韩诗当作"巉"。上句言水势之盛大,下句言山势之高险。词义相对。韩诗常以"巉"形容山势高险,如《南山诗》:"孤撑有巉绝,海浴褰鹏噣。"

魏本:"孙曰:'巉天,犹摩天也,险也,高也。'祝曰:《选》(宋玉《高唐赋》):'登巉岩而下望。'韩曰:《湘中记》:'零陵营道县九山相似,行者疑惑,故名。''九疑荒是非',岂以此耶?"文《详注》:"荒,惑也。九疑山在道州界,九峰相似,行者疑惑其是非也。事见《送惠师》诗。巉,音锄咸切。"钱仲联《集释》:"《说文》(金部):'镵,锐也。'《一切经音义》:'镵,以锥刺物者也。'"王元启《记疑》:"荒是非,即指穆昔南征一事,谓虫沙猿鹤等云,为是为非,莫可考实也。韩注以九山疑似言之,陋矣。"高步瀛《唐宋诗举要》卷二:"《尔雅·释山》曰:'山未及上翠微。'"朱彝尊《批韩诗》:"莽翠微、荒是非,皆是奇语。"童《校诠》:"第德案:说文:暂,礛石也。徐锴曰:诗渐渐之石,当作此字。祝引选:登巉岩而下望,见宋玉高唐赋,楚辞招隐士:溪谷崭岩兮水横波,巉、崭皆暂之后出字。镵,说文:锐也,作镵作巉,义得两通。荒为芒之借字,尔雅释天:太岁在巳曰大荒落,史记历书作大芒落,是其证。庄子齐物论:人之生也固若是芒乎!释文:芒,昧也,荒是非,昧是非,言不能别白为某一山也。此句九疑言山,上句洞庭言水,言山水之奇,荒是非自指九疑而言。王宋贤谓指虫、沙、猿、鹤,按:虫、沙、猿、鹤事见抱朴子及唐写本修文御览引纪年,此诗首二句述之,事之信否,公置而不论,九疑为舜葬处,与虫、沙、猿、鹤无涉,公柳州罗池庙碑云:春与猿吟兮秋鹤与飞,亦用猿鹤事,自无庸辨其是非也。"童说善。按:荒是非,指九疑山,而王不信,当是未详《湘中记》。

⑤野有象犀水贝虮:贝,祝本作"具"。宋白文本、文本、魏本、廖本、王本均作"贝"。水贝,物名,水产类贝壳也。作"具"者乃笔误。

文《详注》:"象、犀,二兽名。《尔雅》(《释地》)曰:'南方之美者,有梁山之犀、象。'贝,海介虫也,音博盖切。虮,珠之不圆者。"魏本:"孙曰:《尔雅》(《释兽》)云:'犀,似豕。'郭璞云:'形如水牛。'韩曰:贝,水虫也,古以为货。虮,珠之不圆者。"方世举《笺注》:"《汉书·地理志》:'粤地近海,多犀象毒冒珠虮银铜果布之凑。'《尔雅·释鱼》:'贝居陆。'《说文》:'虮,珠不圜者。'"圜同圆。

按:《尔雅·释鱼》:"贝,居陆赆,在水者蜬,大者魼,小者鲼。玄贝、贻贝。"

⑥分散百宝人士稀:方《举正》作"人士",云:"唐本、阁本同。杭、蜀本'士'作'事',非。"朱《考异》:"士,或作'事',非是。"宋白文本、文本、祝本、魏本作"事"。廖本、王本作"士"。洪《辨证》云:"唐本作'士'。"今从方。

魏本:"孙曰:人事,人物也。言山川之美,散为百宝,独人物稀少也。唐本'事'作'士'。"方世举《笺注》:"公《送廖道士序》:'水土之所生,神气之所感,白金、水银、丹砂、石英、钟乳、橘柚之包,竹箭之美,千寻之名材,不能独当也。意必有魁奇忠信才德之民生其间,而吾又未见也。'柳宗元《送廖有方序》亦云:'交州其产多奇怪,而罕钟于人',与此同意。"爱新觉罗·弘历《唐宋诗醇》卷二九:"道尽西南边徼地脉风气,柳州所谓'少人而多石'也。"翁方纲《古诗选批》:"发端特出奇彩。"程学恂《韩诗臆说》卷一:"一起写出荒远。"童《校诠》:"第德案:说文,士,事也,《诗·褰裳》:其无他士,毛传:士,事也,郑笺:他士犹他人也,传以士为事之借,而笺则以本字释之,此以士为事也。诗十月之交(《小雅》):择三有事,毛传:有司,国之三卿;雨无正,三事大夫,郑笺:三卿(诗棫朴:髦士攸宜,郑笺:士,卿士也,正义:士者,男子之大号,以奉璋亚祼,是宗伯之卿,故言卿士也),此以事为士也。作人事者,事为士之借。周礼大司徒:以乡三物教万民而宾兴之,郑注:物犹事也,孙以人事为人物,亦通。"

高步瀛《唐宋诗举要》卷二:"以上言南荒少士。"按:高说是。此谓人士,即读书人;非谓人情事务。细味诗意,作"人事"意味堪咀嚼,虽与意同,然不若作"人士",合当时南方的情景:阳山一带的南方荒僻偏远人烟稀少,读书人更少,像区弘这样的士子,十分难得:以突出区弘。韩诗"人士稀"指此。

⑦ 莫依稀:文《详注》:"言南迁为阳山令时,来见虽众,无一人仿佛于道。依稀,犹仿佛也,稀,音香衣切。"日周围,魏本:"孙曰:贞元十九年(803)冬,公谪阳山。明年冬,弘来,故云日周围。"高步瀛《唐宋诗举要》卷二:"谓日行黄道已周一匝也。"日周围,谓一年也。区弘自到阳山投他,经江陵,至京师,至今南归,已经一年了。

⑧ 区子:方《举正》据杭本作"子区"。朱《考异》:"方作'子区'。"宋白文本、祝本、魏本、廖本、王本均作"区子"。文本作"欧子"。区子乃尊称,不误。

荧荧晖:文《详注》:"言欧子独为人中之宝,才德光明,可与语道。荧荧,光明也,音户扃切。"方世举《笺注》:"《释名》:荧荧,照明貌也。"

观以彝训或从违:魏本:"孙曰:《书》(《洪范》):'是彝是训。'彝,常也。观,示也。示以彝训,或从或不从,故曰或从违。"按:彝训,日常的训诫。《书·酒诰》:"聪听祖考之彝训。"南齐谢朓《为齐明帝让封宣城公表》:"鉴臣匪躬,共申彝训。"或从违,即或从或违。彝训,此指儒学思想。开下学习勤苦,何焯《义门读书记》卷三〇云:"伏后'业'字。"

⑨我念前人譬葑菲:魏本:"樊曰:《诗》(《邶风·谷风》):'采葑采菲,无以下体。'兴不可弃也。孙曰:'葑菲者,蔓菁之类,上下可食。然而其根有美时有恶时,不可以根恶时并弃其叶也。言此者,以譬弘虽未尽善,不可遂弃之也。'"文《详注》:"前人,谓诗人。(下同孙)"高步瀛《唐宋诗举要》卷二:"《诗·邶·谷风》曰:'采葑采菲,无以下体。'《左传》僖三十三年:臼季引此诗而说之曰:'君取节焉可也。'"查慎行《查初白诗评十二种》:"'葑菲'菲字,敷尾切,当作上声。先生诗叶作平声,借用芳菲之菲。一时偶失考据,不足征也。"按:查说误,菲又可读平声,芳菲(fēi),切微韵。如《楚辞》屈原《离骚》:"芳菲菲而难亏兮,芬至今犹未沬。"又《九歌·少司命》:"秋兰兮蘪芜,罗生兮堂下。绿叶兮素枝,芳菲菲兮袭予。"《文选》卷四晋左思《蜀都赋》:"日往菲薇,月来扶疏。"均读平声,此诗用齐韵。葑菲,蔓菁与荙一类的菜。《诗·邶风·谷风》:"采葑采菲,无以下体。"下体,指根茎。原意指采者不应以其根茎不良,而弃有用之叶,后因用作一德可取的谦词。明李昌祺《剪灯余话·曹云华还魂记》:"愿以葑菲,得待闺房,偕老百年,乃深幸也。"此处以比区弘。

⑩落以斧斤引絙徽:方《举正》作"落以斧引以絙徽",云:"唐本、阁本、杭本并同。蜀本讹。"朱《考异》校从方氏,云:"引以,或作'斤引'。洪本'絙'作'墨'。方从唐、阁、杭本。张文潜云:古人作七言诗,其句脉多上四字而下以三字成之。退之乃变句脉,以上三下四,如'落以斧引以絙徽''虽欲悔舌不可扪'是也。今按:此言絙徽,谓木工所用之绳墨也,然《周易》作徽絙,乃为黑索,所以拘罪人者,恐公所用别有据也。"宋白文本作"落以斧斤引以徽",注:"以,一作'墨'。"文本作"落以斧斤引絙徽"。注:"絙,一作'以'。"祝本、魏本同文本。廖本、王本作"落以斧引以絙徽。"按:作"落以斧斤引絙徽"较顺,如《举正》作"落以斧引以絙徽",变成上三下四句式殊觉别扭。

文《详注》:"缊,一作'以'。言弘有造道之质,当引而进之,如大匠之制材也。徽,准绳,音许归切。"魏本:"孙曰:'《易·系》用徽墨,绳也。引以徽者,即今梓匠所引以正木者也。'"王元启《记疑》:"《史·贾谊传》:'祸之与福,何异纠缦。'索隐注引韦昭曰:'缦,徽也。'此公缦徽二字所本。又扬雄《酒箴》:'不得左右,牵于缦徽。'师古曰:'井索也。'井索可言缦徽,更无疑于木工所用之绳墨矣,恐不得以《周易》拘系罪人墨索为疑。"何焯《义门读书记》卷三〇:"汉铙歌《上邪篇》云:'山无陵,江水为竭。'又汝南童谣云:'饭我豆,食羹芋魁。'其句脉皆上三字略断。韩子必有本也。"童《校诠》:"俞樾曰:以徽缦为黑索,虞翻说也,刘表云:三股为徽,两股为缦,皆索名,则非黑索也。庄子骈拇篇曰:附丽不以胶漆,约束不以缦索,则凡约束皆用之,非独拘系罪人之用。又朱子以为木工所用之绳墨,则亦非也。此承上句我念前人譬荶菲而言,落乃我落其实之落,斧乃墓门有棘斧以斯之之斧,盖采薪之事,而非工匠之事也。引以缦徽即绸缪束薪之义,诗绸缪篇正义曰:言薪在田野之中,必缠绵束之,乃得成为家用,韩子诗意亦然,谓既落之以斧,而又引之以缦徽也。此诗但譬区子之材如荶菲然,尚有可采,故不忍弃耳。未及斫之而成器,何取于绳墨乎?第德案:王宋贤引汉书扬雄酒箴:牵于缦徽,井索可言缦徽,则缦徽自非专系罪人之用,可以释朱子之疑。俞荫甫引周易刘表注及庄子骈拇篇缦索作证,亦是。淮南子说林训:予拯溺者金玉,不若寻常之缦索,高注:金玉虽宝,实非拯溺之具,故曰不如寻常之缦索,缦索为拯溺之具,非专系罪人,亦其一证。至谓引以缦徽即绸缪束薪之义,则可商榷,诗绸缪以喻婚姻不得其时,未闻以喻裁成后进者,如其解则公当云落以斧束以缦徽矣。引字正是木工引绳墨之义,公符读书城南诗云:木之就规矩,在梓匠轮舆,与此诗意同。孟子云:大匠诲人必以规矩,公诲区弘亦如是矣。"按:文注简而明确。童说亦善。上句是比喻,谓荶菲根虽不可食,然叶尚可用,不可弃之;下句接以规矩引导他,则仍可成有用之材。又可证明作"落以斧斤引缦徽"。落以,还可以;斧斤,即斧子。《孟子·告子上》:"牛山之木尝美矣,以其郊于大国也,斧斤伐之,可以为美乎?"引,带领、引导。《管子·法法》:"引而使之,民不敢转其力。"缰徽,规绳。

⑪骓(fēi 甫微切,平声,微韵)骓:文《详注》:"言弘虽有不及,常勉而进也。《诗》曰:'四牡骓骓。'毛云:'行不止之貌。'"骓,魏本:"音霏。"蒋抱玄《评注》:"《论语》:'耻躬之不逮。'"按:骓骓,四马驾车时,中间两马驾辕者为服马,两旁之名为骓马,亦称骖马。《墨子·七患》:"彻骖骓,涂不芸。"按:亦指一般的马。此谓马行不止貌。《诗·小雅·四牡》:"四牡骓骓,啴啴骆马。"毛传:"骓骓,行不止之貌。"《辞源》亦以韩诗为例。此语启后。何焯《义门读书记》卷三〇:"伏后'勤'字。"

⑫ 或采于薄渔于矶,服役不辱言不讥:文《详注》:"言师事文公,虽服劳不自以为辱,亦不讥责于公也。《庄子·渔父》:'谓孔子曰:先生不羞而比之服役而身教之,请因受业而卒学大道。'注云:'役者,门人之称。古人事师,共其驱役,不惮艰厄,故称役也。'一见《庚桑楚篇》。木丛生曰薄。矶,坐钓石也。"魏本:"薄,丛薄。矶,磺也。祝曰:渔矶,大石激水也。周明帝《赠韦居士诗》:'乘槎下钓矶。'"方世举《笺注》:"屈原《九章》(《涉江》):'露申辛夷,死林薄兮。'注:'草木交错曰薄。'"按:《论语·为政》:"有事,弟子服其劳。"此谓区弘从韩公学习期间,或侍钓,或采薪(柴薪),无怨无悔,勤恳尽心。

⑬ 从我荆州来京畿:荆州,文本作"荆山",误。诸本作"荆州",是。作荆山者,疑是因韩公《次潼关先寄张十二阁老使君》有"荆山已去华山来"句所致。

魏本:"孙曰:元和元年六月,公自江陵召为国子博士,弘与公俱至京师。"文《详注》:"荆山在江陵,公为法曹掾时也。"钱仲联《集释》:"《旧唐书·地理志》:'荆州江陵府。'"因依,凭借、依靠。

⑭ 嗟我道不能自肥:方《举正》订作"道不",云:"唐本、阁本、杭本并同。"朱《考异》:"道不,或作'不道',非是。"宋白文本、祝本、

魏本作"不道"。文本、廖本、王本作"道不"。不道，无理，费解。道不，即道非，乃韩公谦词。

文《详注》："《淮南子·原道篇》曰：'子夏心战而臞，得道而肥。'许氏云：'先王之道胜无所复思，故肥也。'能，不能也。"高步瀛《唐宋诗举要》卷二："《淮南子·精神篇》曰：'先王之道胜故肥。'"钱仲联《集释》："《韩非子》(《喻老》)：'子夏见曾子，曾子曰：何肥也？对曰：战胜故肥也。曾子曰：何谓也？子夏曰：吾入见先王之义则荣之，出见富贵之乐又荣之，两者战于胸中，未知胜负，故臞。今先王之义胜，故肥。'按：先王之义，《史记·乐书》作'夫子之道'，《淮南子·精神训》作'先王之道'。"子，指区弘。希，希望。钱仲联《集释》："《后汉书·党锢传》注：'希，望也。'又《卢植传》注：'希，求也。'"

高步瀛《唐宋诗举要》卷二："以上从来京师。"

⑮"王都"二句：王都，王者之都，指京城长安。阙双，阙成双也，即双阙。阙，宫门两侧的观楼。巍巍，高貌。文《详注》："《尔雅》(《释宫》)曰：'观谓之阙。'《古今注》(卷上《都邑》)云：'古者门树两观于其前，所以摽宫阙。其上可居，登之则可以远观，故谓之观。人臣将朝，至此则思其所阙多少，故谓之阙。上皆丹垩，其下皆画云气仙灵奇禽怪兽，以昭示四方。'巍巍，高貌。古诗(《文选》卷二九《古诗十九首》)云：'双阙百余尺。'观，去声。"

蹋：祝本、文本作"踏"。宋白文本、魏本、廖本、王本均作"蹋"。二字古通用，蹋，本字，踹也；踏，后出，为异体。

按：《汉书·武五子传》："山阳男子张富昌为卒，足蹋开户。"《晋书·王述传》："鸡子圆转不止，便下床以屐齿踏之。"靰(jī)，文《详注》："靰，古羁字。"按：马缰绳，比喻人受牵制。《楚辞》屈原《离骚》："余虽好修姱以靰羁兮，謇朝谇而夕替。"王逸注："缰在口曰靰，革络头曰羁，言为人所系累之也。"《汉书·刑法志》："俗已薄于三代，而行尧舜之刑，是犹以靰而御駻突，违救时之宜矣。"韩公《山石》诗："岂必局束为人靰。"

上句鼓励区弘观阙,下句说他可跨马腾踏众俊。故鞍与靮字连用,当作马解。鞍者马鞍,靮者缰绳,皆马之具,以之代马。何焯《批韩诗》:"顿挫。"

⑯"佩服"二句:紫、绯,皆指服色。唐制:文武官员三品以上服紫,金玉带。四品服深绯(红色),并金带。见《旧唐书·舆服志》。唐白居易《秦中吟·歌舞》:"雪中退朝者,朱紫尽公侯。"嗟唏,文《详注》:"唏,与欷同。《楚辞·九章》曰:'增歔欷之嗟嗟。'"魏本:"孙曰:'嗟唏,叹息也。'祝曰:哀而不泣。公《琴操》云:'乃号天嘘唏。'"魏本注:"唏,音希,字与欷同,或作'欷'。"节,节操。童《校诠》:"第德案:公当作古(指祝曰:公琴操),语见箜篌引序。说文:唏,笑也,一曰哀痛不泣曰唏;欷,嘘也,是唏、欷不同字,当云唏与欷古通用。"

⑰开缄发封泪痕晞:方《举正》作"开书拆衣痕泪晞",云:"唐本、阁本同。蜀本亦作'痕泪'。"朱《考异》:"开书拆衣,或作'开缄发封'。泪痕,方作'痕泪',非是。"宋白文本作"开缄发封""痕泪",注:"一作'书拆'。"文本、魏本作"开缄发封""泪痕"。廖本、王本"开书拆衣""泪痕"。开书,指拆开书信,然拆衣则不通,不若作"开缄发封泪痕晞"善。即打开书信,拆开封好的包裹。

魏本注:"晞,干也。"文《详注》:"缄,衣箧束也,音居咸切。晞,干也。"按:此句正承上句母附书妻寄衣。泪痕晞(xī香衣切,平声,微韵),区弘见书信、衣物伤痛之极,泪都哭干了。晞,日形希声,从日从希。干乃引申义,即物经日晒而干。《诗·齐风·东方未明》:"东方未晞,颠倒裳衣。"《小雅·湛露》:"湛湛露斯,匪阳不晞。"汉扬雄《方言》第七:"晞,暴也。暴五谷之类,秦晋之间谓之晒,东齐北燕海岱之郊谓之晞。"

⑱虽不敕还情庶几:文《详注》:"庶几,犹幸也。私情亦幸其来归也。"按:敕,告诫、劝慰。《说文·攴部》:"敕,诫也。"《史记·乐书》:"余每读《虞书》,至于君臣相敕,维是几安。"《世说新语·贤媛》:"不从母敕,以至今日。"此句意谓:我虽然不想让他回去,心情

却和他一样,还是劝他回去。此语质朴而有味。爱新觉罗·弘历《唐宋诗醇》卷二九:"语意深婉,游子读此,可以听于无声矣。"何焯《义门读书记》卷三〇:"《三百篇》语,妙。"

⑲ 朝暮盘羞恻庭闱:文《详注》:"《补亡·南陔诗》(《文选》卷一九束广微作)云:'眷恋庭闱,心不遑安。'注云:'庭闱,父母所居也。'"魏本:"孙曰:'盘羞,盘飧也。恻庭闱,言其母思弘也。'"顾嗣立《集注》:"《文选》(卷一九)束广微《补亡诗》(《南陔》):'眷恋庭闱,心不遑安。'又'馨尔夕膳,絜尔晨羞。'"方世举《笺注》同。

⑳ "幽房"二句:伊威,宋白文本、文本、祝本、魏本作"蚜蝛"。文《详注》:"《东山》诗云:'蚜蝛在室。'郑氏云:'家无人则然,令人感思。蚜蝛,鼠妇名,音伊威。"魏本:"韩曰:潘安仁《哀永逝文》:'抚灵榇兮诀幽房。'"《诗·豳风·东山》:"伊威在室。"则作"伊威"是。文《详注》:"此叙其母妻之情,劝以归也。祈,求也。言孝行难立而外物易求。"

童《校诠》:"韩曰:潘安仁哀永逝文:抚灵榇,诀幽房。姚范曰:案:潘岳文所云幽房,即葬所也。此与缧绁疑皆误用,未必更有出处。方东树曰:幽房即幽闺,不必用潘。第德案:方说是。文选张茂先情诗:清风动帷帘,晨月照幽房;艺文类聚:支昙谛赴火蛾赋:烛耀庭宇,灯朗幽房,皆以幽房为幽闺,为公所本。方未引例证,故为补之。潘文所用幽房,与此诗义异,韩氏误引,应删。至缧徽不专为系罪人之用,王宋贤、俞荫甫皆有辨证,见本篇落以斧斤句下,不赘。"按:《释文》:"伊威,并如字,或旁加虫者,后人增耳。"疏引陆玑《诗疏》:"伊威,一名委黍,一名鼠妇,在壁根下瓮底土中生,似白鱼者也。"祈,求也;有时二字连用,义同。

㉑ 子去矣时若发机:矣,方《举正》订,云:"唐本、阁本、杭本并同。"朱《考异》:"矣,或作'吴'。方从阁、杭、蜀本(朱引方本似误,见上引方《举正》)如此,是也。其句法见上张文潜说。"宋白文本、文本、祝本、魏本作"吴",乃形似致误。以上诸本疑据同一个底本,因下句"蜃沈海底"之误,将"矣"作"吴",而以为吴之近海也。所说

有理。公送弘自长安南归,与吴、海无涉。公诗谓"蜃沈海底",乃比喻弘归家恐难再返京师。况"矣"字上冠以"去",显然是离开京师,动词去下"矣"字乃语助,非名词也。廖本、王本作"矣",同方校,是。

文《详注》:"机,弩牙。若发机,言去家之速也。"高步瀛《唐宋诗举要》卷二:"《庄子·齐物论》曰:'其发若机括。'"钱仲联《集释》:"《淮南子·原道训》:'其用之也若发机。'高诱注:'机弩机关,言其疾也。'"高步瀛《唐宋诗举要》卷二又曰:"此句亦上三下四。以上南归。"按:文注谓归家之速,非;此乃写区弘归心似箭,像离弦的箭一样,心切也。

㉒"蜃沈"二句:扇翚,朱《考异》:"扇,或作'羽',非是。盖宫扇以雉尾为之。翚,文采貌。此言雉伏于野,而其羽可用为朝廷之仪,与上下两句为一类也。"

文《详注》:"喻以蜃雉,言弘虽未达而德已外著。霏,日气也。翚,雉名。《斯干》(《诗·小雅》)诗曰:'如翚斯飞。'毛云:'伊洛以南,素质五采皆备曰翚。'"魏本:"韩曰:《史记·天官书》:'凡海旁蜃气象楼台。'霏,甚貌。"方世举《笺注》:"雉扇:《尔雅·释鸟》:'雉素质,五彩皆备成章曰翚。'王云:'宫扇以雉尾为之,言雉伏于野,而其羽可用为朝廷之仪也。'"童《校诠》:"第德案:汉书扬雄传:云霏霏而来迎兮,颜注:霏霏,云起貌。气升霏亦状气升起,韩注虽本毛诗北风:雨雪霏霏传,与此义异。"又云:"扇翚,第德案:雉之羽可用为仪,不仅用于宫扇已也。乐舞用之,诗简兮:右手秉翟是也;车饰用之,诗硕人:翟茀以朝是也;武冠用之,后汉书舆服志:武冠加双鹖尾,竖左右,为鹖冠是也。作羽自通,宜两存之。"按:蜃,海市蜃楼。韩公《赠崔立之评事》:"顷刻青红浮海蜃。"霏(fēi),雨雪或烟云盛貌。《诗·邶风·北风》:"雨雪其霏。"常叠用,杜甫《望斗率寺》:"霏霏云气重,闪闪浪花翻。"气升霏,即云气升起貌。雉,野鸡,羽彩尾长,可作饰物。翚(huī许归切,平,微韵),雉名,上有雉字,此作五彩解。潘岳《射雉赋》:"聿采毛之英丽兮,有五色之名翚。"高步瀛《唐宋诗举要》卷二："《新唐书·仪卫志》曰：'唐制：人君举动必以扇，大驾卤簿有雉尾障扇、雉尾扇、方雉尾扇、花盖小雉尾扇。'虽用羽亦通，据公诗义当用扇。"

㉓ 处子窈窕王所妃：文《详注》："处子，处女也。窈窕，幽深貌。妃，匹也。腓，病也。言处女虽居窈窕，终为人君之匹，士苟有令善之德，虽暂隐晦不病也。《诗》（《周南·关雎》）曰：'窈窕淑女，君子好逑。'"方世举《笺注》："处子：《庄子·逍遥游》篇：'绰约若处子。'按：古来以守不字，隐居不嫁喻处士者多矣。至公《答杨子书》则曰'崔大敦诗以足下为处子之秀'，是竟称处士为处子矣。此诗尚是喻意。窈窕：《诗·关雎》：'窈窕淑女。'《方言》：'美状为窕，美心曰窈。'王所妃：《晋语》：'镇抚国家为王妃兮。'《左传》：'嘉耦曰妃。'"钱仲联《集释》："《庄子》陆德明《释文》：'处子，在室女也。'《诗·关雎》：'窈窕淑女，君子好逑。'郑玄笺：'窈窕，幽闲也。言后妃有关雎之德，是幽闲贞专之善女，宜为君子之好匹。'《左传》：'嘉耦曰妃。'《尔雅》：'妃，匹也。'"以处子鼓励区弘，尚可为君王所用。比也。何焯《批韩诗》："顿挫。"程学恂《韩诗臆说》卷一："'蜃沈海底气升霾，彩雉野伏朝扇翚。处子窈窕王所妃'三句，比而兴也。"

㉔ 苟有令德隐不腓（féi 符非切，平，微韵）：腓，魏本："孙曰：《诗》：'百卉具腓。'腓，病也。言苟有令德，虽在隐约不以为病。"文《详注》："腓，音芳菲切。"按：腓，病，枯萎。《诗·小雅·四月》："秋日凄凄，百卉具腓。"令德，美德。《书·周书·君陈》："君陈，惟尔令德孝恭。"《左传》襄公二十四年："子为晋国，四邻诸侯，不闻令德，而闻重币。"谓若有美德虽为隐居之处子，亦不为病。

㉕ 况今天子铺德威，蔽能者诛荐受机（jī 居依切，平，微韵）：方《举正》出"铺威德"，云："杭本作'辅德威'，岂言辅德以威也？"朱《考异》："铺，或作'辅'，非是。"宋白文本、文本、祝本、魏本、廖本、王本作"铺"。文本等注："铺，一作'辅'。"作"铺""敷""尃"古通用。均可。作"辅"，恐非韩公本意。敷可作"铺"，乃假借；作"尃"，乃"敷"之古字，即本字。

文《详注》:"天子谓宪宗。祉,福也,谓'进贤受上赏,蔽贤蒙显戮。'《汉武诏》(即《汉书·武帝纪·诏》)。"魏本:"祉,祥也。祝曰:'《史记》:因载其祉祥度制。'孙曰:'言能荐则王赏之,故云受祉。'《补注》:《汉书》:'进贤受上赏,蔽贤蒙显戮。'此用其意。"魏本音注:"祉,音几。"童《校诠》:"刘石龄曰:文选东都赋:铺鸿藻。第德案:朱子所校是。铺为敷之借字,说文:敷(隶变作敷),㪵也,周书曰:用敷遗后人。铺,著门铺首也,段曰:古者箸门为蠃形,谓之椒图,是曰铺首。又云:大雅:铺敦淮坟,笺云:陈屯其兵于淮水之上,此谓假铺为敷也。案:段说是。广雅释诂:铺陈,布也。段所引大雅常武:铺敦淮坟,释文:铺,韩诗作敷,赉:敷时绎思,左氏宣十二年传引作铺,是铺、敷通用之证。或假尃为之,说文:尃,布也,汉书郊祀歌朱明:旉与万物,颜注:旉古敷字,尃与,言开舒也。案:当云旉与敷古通用。或假布字为之,诗长发:敷政优优,左氏成二年传引作布政优优,可证。"何焯《批韩诗》:"得此衬染,方不单薄。"

按:铺,布也。铺德,即布德。祉,事神以求福去灾。《列子·说符》:"楚人鬼而越人祉。"或谓吉凶。《淮南子·氾论训》:"夫见不可布于海内,闻不可明于百姓,是故因鬼神祉祥而为之立禁,总形推类,而为之变象。"注:"祉祥,吉凶也。"钱仲联《集释》:"《匡谬正俗》:'祉,谓福祥也。'"

㉖ 出送抚背我涕挥,行行正直慎脂韦:方世举《笺注》:"抚背:《吴志·吕蒙传》:'蒙为鲁肃画五策,肃越席就之,拊其背曰:吕子明,吾不知卿才略,乃至于此。结友而别。'"闻人倓《古诗笺》注:"高适诗:'抚背念离别。'"文《详注》:"脂韦,柔顺也。《楚辞》(屈原《卜居》)曰:'宁廉洁正直以自清乎?将[突梯滑稽,]如脂如韦以洁楹乎?'"蒋抱玄《评注》:"《论语》(《先进》):'子路,行行如也。'《诗》(《小雅·小明》):'正直是与。'"按:脂,油脂。韦,软革。《楚辞》屈原《卜居》王逸注:"柔弱曲也。"比喻人,《文选》梁刘孝标《广绝交论》:"金膏翠羽将其意,脂韦便辟导其诚。"唐独孤及《毘陵集》一九《为杨右丞祭李相公文》:"危言献可,未尝脂韦取容;直躬而行,不

为权幸改操。"上句谓抚背挥涕而送,下句嘱咐区弘注意路途行程,保护自己的节行:要刚强正直,不要软弱趋时。何焯《批韩诗》:"'行行正直慎脂韦',伏下'志'字。王道正直,即上'彝训'归宿也。"

㉗ 业成志树来顾顾:顾顾,文《详注》:"顾顾,长貌。《卫诗》云:'硕人顾顾。'"《诗·卫风·硕人》:"硕人其顾。"毛传:"顾,长貌。"郑笺:"言庄姜仪表长丽佼好,顾顾然。"童《校诠》:"顾顾,长貌。第德案:礼记檀弓:顾乎其至也,郑注:顾,至也,此诗言来顾顾,乃用郑注:顾,至之义。注释顾为长貌,注引诗郑笺作解,皆失公意。绞应作佼或姣,见释文。"总上劝慰、鼓励,开下"志"字作结。魏本:"顾顾,长貌。祝曰:《诗·硕人》:'硕人其顾。'注:'言仪表长丽佼好,顾顾然。'"按:作"志","志"作达到解,即到了业成志树时,或作业成志树修美时,我当推荐。启下句。

㉘ 我当为子言天扉:魏本:"孙曰:天扉,天门。"钱仲联《集释》:"曹毗诗:'豁焉天扉开。'《尔雅》:'阖谓之扉。'"高步瀛《唐宋诗举要》卷二:"以上劝勉。"按:此承上句,等业成志树的时候,我要担当或承担把你推荐给朝廷的任务。

【汇评】

宋张耒(文潜):古人作七言诗,其句脉多上四字而下以三字成之。退之乃变句脉,以上三下四,如"落以斧引以缧徽""虽欲悔舌不可扪"是也。(朱熹《昌黎先生集考异》卷二)

明钟惺:深文秘义,似谶似隐。(《唐诗归》卷二九)

清朱彝尊:全以气力驱使,微袭古词歌意,总是变体。(顾嗣立《昌黎先生诗集注》卷四)

清李光地:公在阳山,有区册;在江陵,又有区弘,皆相从不忍舍,故弘之从公于京而归也,诗以送之。惓惓训勖,归于正直,可咏可感。(《榕村诗选》卷六)

清何焯:《送区宏南归》:温柔敦厚,声如厥志。憎憎蔼蔼,所谓伯牙之琴弦乎？气味出于平子《思玄赋》，中边皆甜。"穆昔南征军不归"六句，与《送廖道士序》同意。"观以彝训或从违"，伏后"业"字。"落以斧引以缧徽"，注引张文潜云云。按：汉铙歌《上邪篇》云"山无陵，江水为竭"。又汝南童谣云"饭我豆，食羹芋魁"，其句脉皆上三字略断。韩子必有本也。"虽有不逮驱骓骓"，伏后"勤"字。"服役不辱言不讥"，伏后"苦"字。"虽不敕还情庶几"，《三百篇》语，妙。"行行正直慎脂韦"，伏下"志"字。王道正直，即上"彝训"归宿也。（《义门读书记》卷三〇）

清姚范：《送区宏南归》："落以斧引以缧徽。"注：此言缧徽，谓木工所用之绳墨也。然《周易》作"徽缧"乃为黑索，所以拘罪人者，恐公所用，别有据也。又"幽房无人感伊威"，注：潘安仁《哀永逝文》："抚灵榇兮诀幽房。"按：潘岳文所云"幽房"即葬所也。此与"缧徽"疑皆误用，未必更有出处。（《援鹑堂笔记》卷四一）

程学恂：句法之变，此篇滥觞。如"落以斧引以缧徽""子去矣时若发机"是也。（《韩诗臆说》卷一）

高步瀛：字字精卓研炼而不伤气，读之但觉真味醰醰，紬绎不尽。（《唐宋诗举要》卷二）

三星行[①]

元和二年

这首诗写于元和二年（807），韩愈为国子博士求分司东都，尚未赴洛时作。诗借星命家言，怨自己身官命运不好，其实是指天划地用反语发泄怨愤，反映出世道的不平。诗在艺术上以丰富的想象，奇瑰的构思，曲喻生肖，意趣横生。故程学恂《韩诗臆说》卷一谓："此诗比兴之妙，不可言喻，伤绝谐绝，真《风》真《雅》。末段责牛斗处无聊，妙甚。若认作望其服箱把酒浆，真痴人说梦矣。"

我生之辰，月宿南斗[②]。牛奋其角，箕张其口[③]。牛不见服箱④,斗不挹酒浆⑤。箕独有神灵,无时停簸扬⑥。无善名已闻,无恶声已攘⑦。名声相乘除,得少失有余⑧。三星各在天,什伍东西陈⑨。嗟汝牛与斗,汝独不能神⑩!

【校注】

① 题:《韩愈年谱汇证》系元和二年,云:"方成珪《诗文年谱》曰:'是年遭飞语,未赴东都时作。'此说当据魏本引洪兴祖《辨证》:'《三星行》《剥啄行》,皆元和初遇谗求分司时作。'"按:诸家均未作具体时间的说明。后人多系元和元年,虽无不可,但缺乏具体分析。参考下注②,此诗写于元和元年十月后,下年去东都前。故谓元和元年、元和二年均可。若与西历对照,大历三年夏历十月为公元768年11月14日至12月13日;夏历11月,已经是下年1月了。而元和元年十月为公元806年11月14日至12月13日。韩愈心中积郁已久,于生日之后有感而发,当在元和一二年之间。韩公时为国子博士,遭谗,避语阱而求分司,去东都,见《释言》与《秋怀诗》十一首之十。韩公此诗当出于《诗·小雅·大东》:"睆彼牵牛,不以服箱。""维南有箕,不可以簸扬。维北有斗,不可以挹酒浆。维南有箕,载翕其舌。维北有斗,西柄之揭。"《诗·大雅·桑柔》:"我生不辰,逢天僤怒。"《抱朴子外篇·广譬》:"俗有欢哗之毁,而未必恶也。"借古喻今也。三星,斗、牛、箕。苏轼《东坡志林》卷一《退之平生多得谤誉》:"退之诗云:'我生之辰,月宿直(当为南字之误)斗。'乃知退之(以)磨蝎为身宫,而仆乃以磨蝎为命(宫),平生多得谤誉,殆是同病也。"屈《校注》:"苏轼《东坡志林》卷八云:'吾平生遭口语无数,盖生时与韩退之相似。吾命在斗间,而退之身在宫焉。故其诗曰:我生之辰,月宿南斗。且曰:无善声以闻,[无]恶声以扬。今谤吾者,或云死,或云仙。退之之言,良非虚耳。'"查中华书局1981年版五卷本《东坡志林》,此条在第二卷《东坡升仙》,文字稍异。明都穆《南濠诗话》:"韩文公诗曰:'我生之初(当为辰),月宿南斗。'东坡谓公身坐磨蝎宫,而己命亦居是宫。盖

磨蝎即星纪之次，而斗宿所缠也。星家言身命舍是者，多以文显。以二公观之，名虽重于当世，而遭逢排谤，几不自容。盖诚有相类者。吾乡高太史季迪为一代诗宗，命亦舍磨蝎，又与坡翁同生丙子。洪武初，以作文竟坐腰斩；受祸之惨，又二公之所无者。吁，亦异矣！"

②我生之辰，月宿南斗：方《举正》增"三"字，云："阁本作'三辰'。今本无'三'字，李、谢校增。《诗·小雅》（《小弁》）：'天之生我，我辰安在？'笺言：'我生所值之辰。'三辰，谓斗、牛与箕也。世尝以五星法准之。盖公以丑为身宫，而太阴宿于斗、牛分，箕与斗、牛相比，故曰'牛奋其角，箕张其口'。东坡谓'吾生时与退之相似，且身命同宫，平生遭口语无数'，以此也。"朱《考异》："之辰，方从阁本，'之'下有'三'字，云：谓斗牛与箕也。今按：辰，时也。《诗》云：'我辰安在。'方说非是。"宋白文本、文本、祝本、魏本、廖本、王本作"之辰"。

文《详注》："月宿南斗，建丑之月也。三星在东北方，牛在斗左，箕在斗右。《小弁》诗曰：'天之生我，我辰安在？'东坡云：'我生之辰，月宿直（当为南字之误）斗。乃知退之（以）磨蝎为身宫，而仆乃以磨蝎为命宫，平生多得谤誉，殆是同病。'按天文斗牛宫曰磨蝎，盖以其文章出处，自比退之也。"谓韩愈生于建丑月，即十二月，不确。月宿，宿，居、处也，即月所处的位置正在南斗的中央。南斗指南斗星座，共六星，成斗形，位在南方。星命家说它一主天子寿命；一主宰相爵禄。文廷式《纯常子枝语》卷二○云："梅定九《历学答问》云：以星推命，不知始于何时？吕才辟禄命，只及干支。韩潮州始有'我生之辰，月宿南斗'之说。由是征之，亦在九执以后耳。"《洪谱》："代宗大历三年（768）戊申，退之生。见李汉《昌黎集序》。是岁，代宗之六年也。"华按：关于韩愈的生日，我曾探索久矣，仍未得出满意的结论，故问于吾师涂宗涛先生。涂先生说："此诗或为《大东》诗的改写，或因三星和自己的生辰有关，感到亲切，故将《大东》诗句改动，咏以言志。我认为这后一种可能性大，可据之以推测韩之出生年月。先释月、宿。月即辰之方位。《大戴礼·易本命》'辰主月';《孔子家语·执辔》'辰为月'。月即每月朔'日月交会'之方位,在黄道十二宫所在位置。宿,日月五星之所止处也。《周礼·春官·冯相氏》'二十有八宿之位',《疏》:'若指星体而言,谓之星,日月会于其星,即名宿,亦名辰,亦名次,亦名房。'月宿南斗,即指'日月会于'南斗的方位。二十八宿分列于黄道两旁,'南斗'为二十八宿之一。日月由黄道自东向西运行,由春到冬,周而复始,积十二月为一年,故黄道带分为十二宫(中国古代分为十二星次,配以十二支),每宫长30度,从春分点起,依次为'白羊(戌)'(参阅天津人民出版社1982年9月出版,朱星《古代文化基本知识》附《天文图》)、'金牛(酉)''双子(申)''巨蟹(未)''狮子(午)''室女(巳)''天秤(辰)''天蝎(卯)''人马(寅)''摩羯(丑)''宝瓶(子)''双鱼(亥)'。因白羊宫起点为春分点,故巨蟹宫之起点为夏至点,天秤宫之起点为秋分点,摩羯宫之起点为冬至点。我国古代历法,据文献记载,在汉武帝颁行《太初历》之前,主要有夏历(即农历,以正月为岁首,建寅,以下表述以夏历为准),殷历(以夏历十二月为岁首,建丑),周历(以夏历十一月为岁首,建子)、秦历(又称颛顼历,以夏历十月为岁首,建亥)。《太初历》即夏历,为历代所采用,唐代用的当然是夏历。按阳历(公历),每月有两个节气,由于岁差,而夏历有的年份一个月只有一个节气,即是年为二十三个节气,如2005年(乙酉)的夏历即无'立春';但夏历的春分在二月,夏至在五月,秋分在八月,冬至在十一月却从无变化。本此,今从《古代文化基本知识》附《天文图》即可推知:南斗和箕在黄道十二宫的人马宫,'牛'星在南斗的左上角(在摩羯宫),而人马宫在摩羯宫之前。既知摩羯宫的起点为冬至点,是夏历十一月;天秤宫之起点为秋分点,即夏历八月,而人马宫在天秤宫与摩羯宫之间,一下即知日月会于人马宫的月份为夏历十月。韩诗'月宿南斗',即指在夏历十月。为了说明这个问题,还可以从产生于汉代的《古诗十九首》中'玉衡指孟冬'得到证实。在汉武帝之前,汉仍秦制,仍采用秦历。《礼记·月令》疏:'秦历以十月建亥为岁首。'按《天文图》所示,从人马宫(夏历十月,秦历一月)数到玉衡所指的室女宫,正是秦历十月孟冬。对'玉衡指孟冬'的日期,各家诠释皆称指夏历七月。在此还要指出,上古时代还有'岁星纪年法',即木星(岁星)绕地球在黄道上自西向东走一圈为十二年,每年走一步,也划分为'十二星次'。和日月在黄道上自东向西运行之十二宫不同,故韩诗之'月宿南斗'当指月而非指年。何况据可靠文献记载,韩愈生于唐大历三年(768),岁在戊申,而'岁星纪年法'又早已废止,韩不可能据之以标示自己的生年。从十二宫只可能推知月份,不可能推知日数(除非有别的条件如标明'朔''望'之类)。到此可得出结论:若韩诗'月宿南斗'指的是自己出生的月份,则韩很可能生于大历三年(768)的夏历十月。这里只能说'很可能',因前面已提及,作为诗,可以托物言志,即借咏'三星'而假托自己的生辰为'月宿南斗',和自己的生辰无关;再则《三星行》只是单文孤证,现尚未发现韩生于十月的其他论据,故不能作为定论。"涂先生说得有理。从韩公遭遇也可证他因生时磨蝎命宫一生多得谤誉取证。又从韩文中提供的两个数字:他贞元二年秋冬赴京应试,自谓十九岁,算来贞元二年十月,韩公恰十九岁。又韩公病重前告慰朋友、妻子说他年出伯兄会一十五岁,已愿足矣。时公五十七岁,又是在是年十月间。虽是大体巧合,但也可作辅证。

③牛奋其角,箕张其口:谓:我生的日子正是月位于南斗星座之中,牵牛星斜射,箕星昂奋张口的时候。牛,即牵牛星座,俗谓牵牛星。箕,箕星,苍龙七宿的末宿,有四星,亦名南箕。斗、牛、箕俱属二十八星宿。《汉书·翟方进传》:"狼奋角,弓且张。"张晏注:"狼,一星。奋角者,有芒角也。狼芒角则盗贼起。"《诗·小雅·巷伯》:"哆兮侈兮,成是南箕。"《史记·天官书》:"箕为敖客,曰口舌。"索隐:"敖,调弄也。箕以簸扬,调弄象也。"《诗纬》:"箕为天口,主出气。"箕星有舌有口,主谗言。魏本:"孙曰:'二十八宿:东方角亢氏房心尾箕,南方井鬼柳星张翼轸,西方奎娄胃昴毕觜参,北方斗牛女虚危室壁。斗即南斗,牛即牵牛也。'"廖本注:"牛、箕,

二十八宿中之二宿也。"

④ 牛不见服箱：文《详注》："《大东》(《诗·小雅》)诗曰：'睆彼牵牛，不以服箱。'注云：'河鼓谓之牵牛。服，牝服也。箱，大车之箱也。'《考工记》(《车人》注)云：'大车，平地载任之车，牝服长八尺，谓较也，两较内谓之箱。'"魏本："孙曰：'言有牛之名而无其实，不可以服箱。服，载也。'"按：谓有牛却不见它驾车，徒有虚名。服，驾驭。箱，带斗的车。

⑤ 斗不挹(yì)酒浆：文《详注》："《大东》(《诗·小雅》)诗曰：'维北有斗，不可以挹酒浆。'挹，斟也。此诗借使。"魏本："孙曰：'言亦有斗名而无其实，不可以挹酒也。挹，注也。皆以自喻。'"按：谓有斗不能舀酒浆。挹，舀，把液体盛起来。《诗·大雅·泂酌》："挹彼注兹。"《文选》卷二九《古诗十九首》之六："南箕北有斗，牵牛不负轭。"谓有名无实也。斗，此指南斗，共六星，因在箕星之北，故云"惟北有斗"。王勃《滕王阁序》："龙光射斗牛之墟。"北斗，星宿名，属大熊星座，共七星。《楚辞·九歌·东君》："援北斗兮酌桂浆。"注意：如斗牛连用，均指南斗，不是北斗。

⑥ "箕独"二句：文《详注》："《大东》诗曰：'惟南有箕，不可以簸扬。'《前汉·天文志》：'箕四星，后二星为踵，前二星为舌。箕簸物则扬其舌矣。'此诗自谓禀箕星之精，言冲于口不能自已也。"魏本："孙曰：《书》(《洪范》)：'星有好风，星有好雨。'孔安国云：'箕星会风，毕星好雨。'又《诗》(《小雅·大东》)：'维南有箕，不可以簸扬。'无时停簸扬者，言牛斗皆不可用，惟箕独能簸扬，所谓有神灵也。"魏本音注："簸，音播。"按：二句谓只有箕星神奇灵验，没有一刻停止簸扬。此谓有用者不灵，无用者灵应。钱钟书《谈艺录》："就现成典故比喻字面上，更生新意；将错而遽认真，坐实以为凿空……英国玄学诗派之曲喻，多属此体，吾国昌黎门下颇喜为之。"

⑦ 无善名已闻，无恶声已謼：方《举正》作"已闻""已讙(欢)"，云："唐本、阁本并同。蔡、鲍、李、谢本从上。讙，喧哗也。如《汉书》'诸将尽讙'之'讙'。此诗叶'余'于'除'，叶'讙'于'闻'。今本

易'谨'为'攘',以求叶'杨'韵,非也。"朱《考异》:"诸本'已'并作'以'。"南宋监本原文作"以闻""以攘"。宋白文本、文本、祝本、魏本作"以"。廖本、王本作"已"。宋白文本、文本、魏本作"攘"。廖本、王本作"欢(谨)"。

魏本:"祝曰:攘,手御也。《书》:'夺攘矫虔。'"魏本音注:"攘,汝阳切,一作'让'。"童《校诠》:"第德案:抱朴子广譬篇:俗有谨哗之毁,而未必恶也,为公所本。其作攘本亦通,攘读如史记货殖传天下攘攘之攘。文选傅武仲舞赋:扰攘就驾,李注:埤苍:攘,疾行也。以、已同,无恶声已攘,言无恶而恶声已流行也。其本字当作骧,说文:骧,马之低卬也。文选张平子西京赋:乃奋翅而龙骧,薛注:骧,驰也是也。或假襄为之,诗叔于田:两服上襄,大东:终日七襄,郑笺皆云:襄驾也,汉书邹阳传:交龙襄首奋翼,文选作骧首奋翼是也。祝注释攘为手御,未谛。作讓者,攘之假借字。"按:已、以,通用。唐以前多用"已",以后多用"以",今通用"以"。欢、攘,意相通。然作"攘"(ráng 汝阳切,平,阳韵),与上浆、阳叶。故作"攘"字善。此二句谓:没有作什么善事,好名声却早已宣扬出去;没有作什么恶事,坏名声已到处传播。谨(huān),喧哗。《史记·陈丞相世家》:"诸将尽谨。"童谓作攘亦通,可备一说。然以韩公用韵之奇、语有来处而借《抱朴子外篇·广譬》意,此作谨字亦可。如韩公《刘生诗》:"山狖谨噪猩猩愁。"《崔十六少府摄伊阳以诗及书见投因酬三十韵》:"隔墙闻谨呼,众口极鹅雁。"《题张十八所居》:"蛙谨桥未归,蝉嘈门长扃。"多用"谨"字,可证。闻、谨,古属文、寒二韵,古韵通叶。

⑧ 名声相乘除,得少失有余:魏本:"《补注》:历家有增减率迟速积,故有乘除之法。"樊《谱注》:"公被谗出为阳山,至是召还,又有谤之者,故《三星行》云:'名声相乘除,得少失有余。'"(见该卷《剥啄行》题下注)方世举《笺注》:"蔡云:'历家有增减率、迟速积,故有乘除之法。'"

按:此二句谓好、坏名声相乘除,得少失多。此乃韩公诙谐愤世的俗语。

⑨ 什伍东西陈：魏本："韩曰：《诗》（《唐风·绸缪》）：'三星在天。'"文《详注》："什伍，三星之数；东北，三星之位。西疑作'北'。"魏本："孙曰：'什伍，犹纵横也。南斗六星，牵牛六星，箕四星。'"方世举《笺注》："古乐府《艳歌何尝行》：'什什伍伍，罗列成行。'"按：纵横参差。陈，排列。

⑩ 嗟：怨也。汝指埋怨斗、牛二星。

方《举正》："此诗叶'余'于'除'，叶'谨'于'闻'。今本易'谨'为'攘'，以求叶'杨'韵，非也。"斗（dǒu 当口切，上，厚韵），口（kǒu，苦厚切，上，厚韵）同韵叶。浆（jiāng 即良切，平，阳韵），扬（yáng 与章切，平，阳韵），攘（ráng 汝阳切，平，阳韵）同韵相叶。除（chú 直鱼切，平，鱼韵）、余（yú 以诸切，平，鱼韵）二句同韵叶。陈（chén 直珍切，平，真韵），神（shén 食邻切，平，真韵），同韵相叶。此诗虽短，但用厚、阳、鱼、真，四换韵。而谨，平声，桓韵；闻，平声，文韵。虽寒、痕二韵可叶，总不如作"攘"叶浆、扬，均阳韵直接，方《举正》说屈曲，此乃方氏好求深求奇所致。

【汇评】

宋苏轼：退之平生多得谤誉：退之诗云："我生之辰，月宿直斗。"乃知退之磨蝎为身宫，而仆乃以磨蝎为命，平生多得谤誉，殆是同病也。（《东坡志林》卷一）

又：东坡升仙：吾平生遭口语无数，盖生时与韩退之相似。吾命在斗间，而身在宫焉。故其诗曰："我生之辰，月宿直（当作南）斗。"且曰："无善声以闻，无恶声以扬。"今谤我者，或云死，或云仙。退之之言，良非虚尔。（同上卷二）

宋蔡启：韩退之《三星行》，亦与古诗"南箕北有斗，牵牛不负轭，良无磐石固，虚名复何益"之意颇近。大抵古今兴比所在，适有感发者，不必尽相回避，要各有所主耳。（《蔡宽夫诗话》）

宋葛立方：退之《三星行》云："我生之辰，月宿南斗。"以五星法准之，则知退之以磨蝎为身宫。又云："牛奋其角，箕张其口。牛不见服箱，斗不挹酒浆。箕独有神灵，无时停簸扬。无善名以闻，无恶声以欢（或作攓）。"则知太阴在磨蝎者，主得谤誉。东坡尝援退之《三星行》之句，以谓"仆以磨蝎为命，殆与退之同病"。然观东坡《谢生日启》云："摄提正于孟陬，已光（或作先）初度；月宿直于南斗，更借虚名。"则是东坡亦磨蝎为身宫，而乃云"磨蝎为命"，岂非身与命同宫乎？寻常算五星者，以谓命宫灾福不及身宫之重。东坡以身命同宫，故谤誉尤重于退之。"职銮坡而代言，犯鲸波而远谪"，退之之荣悴，未至如是也。孔子曰："不知命无以为君子。"所谓知命者，不为名利所汩，而能安时处顺者也。后世贪求之士，不能自安分义，徒知金印艾绶之荣，而不知苟得为可愧。于是君平之肆，许负之庐，衣冠盈矣。刘梦得《和苏十郎中》诗云："菱花照后容虽改，蓍草占来命已通。"武伯奋《长安述怀》诗云："闻说唐生子孙在，何当一为问穷通！"观此又奚知孔子所谓命也哉？刘孝标作《辨命论》言："寿夭穷达，一归之命，可以使人杜奔竞僭逼之患。"萧瑀《非辨命论》言："人之祸福一本之人事，可以使人起修身累善之心。"二人皆非以甲乙丙丁休囚旺相而求吉凶者也。（《韵语阳秋》卷一七）

清朱彝尊：总本《诗》南箕北斗演来，大约近戏。（顾嗣立《昌黎先生诗集注》卷四）

清俞玚：奇趣却从《大东》之诗来，变化自妙，用韵凡五转，似古歌谣。（同上）

清陈沆：《东坡志林》云……平生遭口语无数，盖以此也。与《剥啄篇》盖同时作。公自江陵召入为国子博士，被谗谪阳山，至是召还，又有谤之者，故云："名声相乘除，得少失有余。"（《诗比兴笺》卷四）

程学恂：此诗比兴之妙，不可言喻，伤绝谐绝，真《风》真《雅》。末段责牛斗处无聊，妙甚。若认作望其服箱挹酒浆，真痴人说梦矣。（《韩诗臆说》卷一）

剥啄行①
元和二年

剥剥啄啄,有客至门②。我不出应,客去而嗔③。从者语我,子胡为然④?我不厌客,困于语言⑤。欲不出纳,以埋其源⑥。空堂幽幽,有秸有莞⑦。门以两版,丛书于间⑧。宥宥深堑⑨,其墉甚完⑩。彼宁可臻,此不可干⑪。从者语我,嗟子诚难!子虽云尔,其口实蕃⑫。我为子谋,有万其全。凡今之人,急名与官。子不引去,与为波澜⑬。虽不开口,虽不开关⑭,变化咀嚼,有鬼有神⑮。今去不勇,其如后艰⑯。我谢再拜,汝无复云。往追不及⑰,来不有年⑱。

【校注】

① 题:文《详注》:"《补注》:《三星行》《剥啄行》,旧次如此,元和元年江陵召入为国子博士所作也。公被谗而出,及召还又有谤之者,故《三星行》云'名声相乘除,得少失有余',《剥啄行》云'我不厌客,困于语言',各有激云尔。欧阳公《拟剥啄行》(《欧阳修集·居士外集四》)云:'剥剥复啄啄,柴门惊鸟雀。故人千里驾,信士百金诺。缙绅相趋动颜色,同(间)巷欢呼共嗟愕。顾我非惟慰寂寥,于时自可惊偷薄。事国十年忧患同,酣歌终(几)日暂相从。酒酣初不戒徒御(驭),归思瞥起如飞鸿。车马阒然人已去,荷锄却向野田中。'公远谤避谗,欲谢客以埋其原,深其堑,坚其墉,要为不可干者。而欧阳则归老故乡,欣然喜客之至,是以其辞不同如此。虽然公不开关,不开口,以为得计,殊不知变化咀嚼,如有鬼神。于是从

之者为之谋,以为不若相从波澜之为愈也。此岂非有激而云哉!"魏本:"剥啄,叩门声。樊曰:元和元年,自江陵召入为国子博士作也。公被逸出为阳山,至是召还,又有谤之者。故《三星行》云:'名声相乘除,得少失有余。'《剥啄行》云:'我不厌客,困于语言。'"王元启《记疑》:"此诗大有厌世混浊之意,盖在元和二年,既遭飞语之后,故卒章托为从者之语,促公引身远去意。谓世人惟名与官是急,若不离去名官,日与若辈波澜相逐,则虽缄口杜门,彼之疑鬼疑神者,造语万端,终不可止。'今去不勇'二句,又促使远去也。是年夏,自国子博士分司东出,是即公勇于去也。"按:此诗作于元和二年(807),韩公去东都前,由结四句听人劝而欲远避飞语可证。

② 剥剥:同剥啄。文《详注》:"剥啄,叩门声。句法自公作古,其后东坡等效之。在颍州《过欧阳叔弼小斋》云'梦回闻剥啄,谁乎陈赵子',《次韵秦少游》云'剥啄叩君容睐户'之类也。"按:唐高适《重阳》诗:"岂有白衣来剥啄,一从乌帽自欹斜。"叠字重言,《辞源》引公诗为例。宋梅尧臣《春日东斋》:"剥剥禽敲竹,薰薰日照花。"鲁迅《彷徨·幸福的家庭》:"那么,不理他,听她站在外面老是剥剥的敲?这大约不行罢。"啄啄,如啄木鸟啄木之声,单用亦作啄食之声。韩公《嗟哉董生行》:"鸡来哺其儿,啄啄庭中拾虫蚁。"

③ 客去而嗔:文《详注》:"客不载名氏,文公深拒之,权势子也。《旧史》云:'愈以兴起名教,弘奖仁义为事。诱厉后进,馆之者十六七,虽晨炊不给,怡然不介意;视权门豪士,如仆隶焉,瞪然不顾之。'"按:《旧唐书·韩愈传》原文为:"观诸权门豪士,如仆隶焉,瞪然不顾。而颇能诱厉后进,馆之者十六七,虽晨炊不给,怡然不介意。大抵以兴起名教、弘奖仁义为事。"嗔(chēn 昌真切,平,真韵),怒,生气。《诗·小雅·采芑》:"振旅阗阗。"《说文》引作"嗔嗔",盛貌。《世说新语·德行》:"丞相(王导)见长豫辄喜,见敬豫辄嗔。"《玉台新咏》卷五沈约《六忆》:"笑时应无比,嗔时更可怜。"杜甫《丽人行》:"慎莫近前丞相嗔。"亦作"瞋"。此意为后者,即用《世说新语》事。

④ 语我：对我说。语，名词作动词，我作语的宾语，构成动宾词组，作从者的谓语。方世举《笺注》："胡然：《左传》(昭公八年)：'子旗曰：子胡然。'"按：胡者，何也。杨树达《词诠》卷三："疑问代名词。与何同。'微君之躬，胡为乎泥中？'"

⑤ 困于语言：此句下或有"我嗟子诚"四字。方《举正》删"我嗟子诚"四字，云："阁本衍（困于语言）下四字，盖下语误入。唐本、杭、蜀本皆无之。吕、蔡诸本并删去。独姚令威谓此诗当有十解，盖'我嗟子诚'以下脱一语，恐未必然也。"朱《考异》："诸本此下有'我嗟子诚'一语，阁本同。方从唐、杭、蜀本删，云：阁本衍，盖下语误入。"宋白文本、文本、祝本、魏本有"我嗟子诚"一语。宋白文本注："一本无此四字。"文本注："《辨证》云：'一本无此句。'"魏本注："一本无此四字，疑是衍文。"廖本、王本同方，无此四字。今从诸本，无此句下"我嗟子诚"四字。

王元启《记疑》："困于语言，此句非谓倦于应对。谓公素困逸言，故欲绝去交往，以杜其谤耳。又按：'语'字误，当改作'谤言'，于义尤显。"童《校诠》："第德案：新唐书公本传：操行坚正，鲠言无所忌，又云：性明锐，不诡随。惟其鲠言不诡随，故动而得谤。公言箴云：幕中之辨，人反以汝为叛，台中之评，人反以汝为倾；知名箴云：矜汝文章，负汝言语，乘人不能，掩以自取；又云：汝曾不瘝，以及于难，深自刻责，作箴为戒。此文困于语言，与负汝言语意同，若改作困于谤言，有违公责己重，待人轻之义，非是。"按：童说是。"困于语言"者为韩公自省，谓自己所遭诽谤之困窘，是因为好言说而语耿直。此乃正话反说的愤激之言。

⑥ 以堙其源：文《详注》："公常以逸言获罪，故不欲出纳，以塞祸源。《书》（《舜典》）曰：'出纳朕命惟允。'注云：'出纳，犹听受。'堙，塞也。"方世举《笺注》："《书·洪范》：'我闻在昔，鲧堙洪水。'"钱仲联《集释》："《广雅》：'堙，塞也。'"按：此语表现出韩公心真苦。《唐诗归》卷二九钟惺云："苦心。"而实则韩公心苦而无诉，才发之于诗。他要求去东都，得下多大的决心。

⑦ 空堂幽幽:本作深远解。《诗·小雅·斯干》:"秩秩斯干,幽幽南山。"此为深暗寂静貌。韩公《琴操·将归操》:"狄之水兮,其色幽幽。"《全唐诗》卷一四四常建《张天师草堂》:"信是天人居,幽幽寂无喧。"韩公《秋怀诗》十一首之六:"虫鸣室幽幽,月吐窗囧囧。"

有秸(jiē 古黠切,音结,入,黠韵)有莞(guān 古丸切,音官,平,桓韵):文《详注》:"秸,音古八切。莞,音姑丸切。《补注》:秸,禾藁去其皮以为席。莞草可为席。"按:秸,谓秸秆织成的席。《书·禹贡》:"三百里纳秸服。"孔传:"秸,本或作'稭'。"《史记·封禅书》:"埽地而祭,席用葅稭。"集解:"应劭曰:稭,禾稿也。去其皮以为席。"莞,谓莞草织成的席。蒲草也。《诗·小雅·斯干》:"下莞上簟。"

⑧ 门以两版,丛书于间:版,文本、王本作"板"。宋白文本、祝本、魏本、廖本作"版"。门,古多以木制,而排列成片,从木从片皆形声字,故古通用。魏本:"孙曰:以两版为门,言常闭而不开。"又注:"丛,聚也。"此谓闭门读书也。

⑨ 宎宎深堑:魏本:"宎宎,深貌。"文《详注》:"宎宎,深貌,音于交、乌了二切。堑,城下池也。此二句谓权势之家。"

⑩ 其墉(yōng,余封切,平,钟韵)甚完:方《举正》订"墉"字,云:"杭作'容',蜀作'墉'。朱《考异》:'墉,或作容',非是。"宋白文本、文本、祝本、魏本、廖本作"墉",注:"墉,或作'容'。"

按:当作"墉",城墙。《诗·大雅·皇矣》:"与尔临冲,以伐崇墉。"毛传:"墉,城也。"墙壁,《诗·召南·行露》:"谁谓鼠无牙,何以穿我墉?"毛传:"墉,墙也。"《孟子·离娄上》:"城郭不完。"孙奭疏:"城郭颓坏而不完。"此作墙解,合诗义。

⑪ 彼宁可隳(huī 许规切,平,支韵):隳,文本作"随",注:"一作'隳'。"宋白文本、魏本、廖本作"隳",注:"一作'随'。"作"随",非。

魏本:"孙曰:'彼,谓堑与墉。隳,毁也。此,谓堂也。'"按:隳,毁坏。《老子》："或载或隳。"《文选》卷五一贾谊《过秦论》："一夫作难而七庙隳，身死人手为天下笑者，何也？"彼，指堑。宁，副词，岂，难道。此句谓：城濠城墙岂能毁坏。

此不可干：此，指堂；干，侵犯，冲撞。《商君书·定分》："故吏不敢以非法遇民，民不敢犯法以干法官也。"杜甫《兵车行》："哭声直上干云霄。"此句谓：堂（自家屋）岂可干犯？此指客。《唐诗归》卷二九钟惺曰："严甚，然亦无赖。"

⑫ 其口实蕃：方《举正》据唐本订"口益"二字，云："蔡、谢校。蜀本作'其口实蕃'。"朱《考异》："或作'其益实蕃'，或作'其口实蕃'。"南宋监本原文作"其口益蕃"。祝本作"其益实蕃"。宋白文本、文本、魏本作"实蕃"，注："一作'益蕃'。"作"实蕃""益蕃"均可。按韩诗意细审，作"实蕃"，乃极肯定语气，更合韩公对飞语的憎恶意。

蕃，盛貌。亦可作屏障解，故或将蕃作藩者为此也。此为前者，指谤者的口实有多利害可憎。钱仲联《集释》："《文选·西京赋》薛综注：'蕃，多也。'"

⑬ 与为波澜：方《举正》"与"作"以"，云："阁本作'以'，杭、蜀作'与'。韩文'与'多作'以'，他文见者非一。《诗》（《召南·江有汜》）：'之子归，不我以。'注：'以，犹与也。'"朱《考异》："'与'，方作'以'。今按：《陆宣公奏议》亦然，如云'未审云云以否'之类是也。然当作'与'为正。"南宋监本原文作"与"。宋白文本、文本、祝本、魏本并作"与"。按：以、与在这个意义上虽可同，然韩公原文当作"与"。

文《详注》："陆士衡乐府诗（《君子行》）云：'人道险而难。'翻覆若波澜。'"童《校诠》："与为波澜至有鬼有神。樊曰：公虽不开口，不开关，以为得计，殊不知变化咀嚼，如有鬼神，故从者为之谋，以谓不若相与为波澜之为愈也，此岂非有激而云哉！王元启曰：波澜字盖用此为戒耳，乃谓劝公随俗波靡，则与诗意大背矣。第德案：大波为澜。陆士衡君子行：休咎相乘蹑，反覆若波澜；王摩诘酌酒与裴迪诗：人情反覆似波澜。与为波澜，谓不能防未然，反而推波助澜，激之使怒耳。上文我不出应，客去而嗔，即其一例。樊说非，王氏已纠之矣。以谓谓当作为。"有激之言，奇特绝妙。如《唐诗归》卷二九钟惺曰："四字奇妙。"朱彝尊《批韩诗》云："此尤其源。"

⑭ 开口、开关：方世举《笺注》："开口、开关：《史记·信陵君传》：'公子诚一开口请如姬。'《离骚》：'吾令帝阍开关兮[，倚阊阖而望予]。'"

⑮ 变化咀嚼，有鬼有神：文《详注》："言权势之家，嫉怒于人，则变化其咀嚼，可以旋致祸患，若有鬼神也。咀嚼，吞噬也。上音在吕切，下音疾雀切。"顾嗣立《集注》引刘石龄云："《左传》昭公十五[六]年：'谗人交斗其间，鬼神而助之。'"王元启《记疑》："此谓谗者鬼域之谋。《行状》所谓'构公语以飞之'是也。"方世举《笺注》："咀嚼：《释文》：'咀，藉也，以藉齿牙也。''嚼，削也，稍削也。'"

⑯ 其如后艰：此句翻用《诗·大雅·凫鹥》"公尸燕饮，无有后艰"意，谓公今去不坚决，那么或者定有灾难也。其，那，那么。如，或，或者。《论语·先进》："安见方六七十如五六十而非邦也者？"

⑰ 往追不及：蒋抱玄《评注》："《孟子》(《尽心下》)：'往者不可(《孟子》无可字)追。'"按：《论语》："往者不可谏，来者犹可追。"

⑱ 来不有年：方《举正》订，云："三本同。公《祭十二兄文》'其不有年，以补我愆'，同此义也。"朱《考异》："诸本作'来可待焉'。方从阁、杭、蜀本。"南宋监本原文作"可待焉"。宋白文本、文本、祝本作"来可待焉"。魏本作"来不有年"，注："一作'来可待焉'。"按："来可待焉""来不有年"均可，皆出于《孟子·尽心下》："往者不追，来者不拒。苟以是心至，斯受之而已矣。"说明韩公对未来仍有信心。

此诗用韵，如清查慎行《查初白诗评十二种》云："真、文、元、寒、删、先六韵通用。"清王懋竑《读书记疑》卷一六曰："依《韵补》俱叶先韵，言、源二字缺。"

【汇评】

宋樊汝霖：公被谗出为阳山，至是召还，又有谤之者。故《三星行》云："名声相乘除，得少失有余。"《剥啄行》云："我不厌客，困于语言。欲不出纳，以堙其源。"各有所激云尔。欧阳文忠拟《剥啄行寄赵少师》云"剥剥复啄啄，柴门惊鸟雀。故人千里驾，信士百金诺"云云。公远谗避谤，欲谢客以堙其源，故深其堑，坚其墉，要为不可干者。而欧阳则归老故乡，欣然喜客之至，是以其辞不同如此。（魏仲举《新刊五百家注音辩昌黎先生文集》卷四）

明钟惺：与程晓《嘲热客》，皆实历苦境，不得已而写出，非一意绝俗嘲世之言。而此诗末一段，真有以自处，晓诗未暇及此。（《唐诗归》卷二九）

明陈天定：《剥啄行》钟惺云："实历苦境，不得已而写出，非一意绝俗嘲世之言。"又云："'与为波澜'四字奇妙。"（《古今小品》评语卷一）

清朱彝尊：锻语极古，然不似诗，只类箴铭。（顾嗣立《昌黎先生诗集注》卷四）

清查慎行：真、文、元、寒、删、先六韵通用。（《查初白诗评十二种》）

清王懋竑：依《韵补》俱叶先韵，言、源二字缺。（《读书记疑》卷一六）

清方世举：此客即《释言》所云"以谗告公者"也。告者即谗者之党，所以怵公使去耳。公淡然以应，则客怫然以愠矣。托从者之言，所以决其请去之志也。（《韩昌黎诗集编年笺注》卷六）

清爱新觉罗·弘历：方楘卿曰："韩文'与'多作'以'，他文见者非一。《诗》：'之子归，不我以。'注：'以，犹与也。'朱子《考异》云：按《陆宣公奏议》亦然，如云'未审云云以否'之类是也。然当作'与'为正。"（《唐宋诗醇》卷二九）

清王元启：此诗大有厌世混浊之意，盖在元和二年，既遭飞语之后，故卒章托为从者之语，促公引身远去意。谓世人惟名与官是急,若不离去名官,日与若辈波澜相逐,则虽缄口杜门。彼之疑鬼疑神者,造语万端,终不可止。"今去不勇"二句,又促使远去也。是年夏,自国子博士分司东出,是即公之勇于去也。(《读韩记疑》卷一)

清陈沆:救寒莫如重裘,止谤莫如自修,即《嘲鼾睡》诗所谓"何能埋其源,惟有土一畚"也。(《诗比兴笺》卷四)

青青水中蒲①

贞元九年

此诗当是韩愈贞元九年(793)游凤翔时,想念夫人卢氏而作的。诗言"上陇",盖其游凤翔也。"青青水中蒲"乃盛夏,和《与凤翔邢尚书书》"六月于迈,来观其师"正合。诗颇受《诗经》与古乐府的影响,用比兴手法。旅役在外,深觉孤独,想起年轻的妻子,眷恋相思之情尤甚,韩愈未直写,而是以物起兴,用反衬法,写妻子怀念他。处处以妻子语出,代内人抒情,句句情真动人。尤其第三章,含意更深。可见韩公思君之甚:意双关也。正如朱彝尊《批韩诗》云:"语浅意深,可谓炼藻绘入平淡。篇法祖《毛诗》,语调则汉魏歌行耳。"

青青水中蒲,下有一双鱼②。君今上陇去③,我在与谁居④?

青青水中蒲,长在水中居。寄语浮萍草,相随我不如⑤。

青青水中蒲,叶短不出水⑥。妇人不下堂,行子在万里⑦。

【校注】

① 题:方《举正》据阁本增"三首"二字。朱《考异》:"诸本作一首。方从阁本。今按:《乐府》亦作三首。"宋白文本、文本、魏本亦未标明三首。魏本注:"或析为三章章四句。樊曰:《文选·古乐府·饮马长城窟行》有'青青河畔草',《长歌行》有'青青园中葵',其大意与此相类。韩曰:'诗盖兴寄也。'孙曰:'当是妇人思夫之意。'"蒋抱玄《评注》:"或并为一章,非是。"按:作三章章四句合公原意,况三首诗韵不同。

陈沆《诗比兴笺》卷四:"首章,君,谓鱼也。我,蒲自谓也。次章'相随我不如',言蒲不如浮萍之相随也。此公寄内代为内人怀己之词。然前二章儿女离别之情,第三章丈夫四方之志。"

此诗作年,方世举《笺注》谓元和二年公分司东都作,误。钱系贞元九年,是。韩公贞元九年曾到陇上求职,有《上邢尚书书》。详见《韩学研究·韩愈年谱汇证》。

② 青青水中蒲,下有一双鱼:反兴,即诗人见水中青蒲起兴,借双鱼反衬夫妻分离、孤独。蒲,水中之草,茎叶扁长,可以织席。双鱼,古以双鱼比书信,故以此作比亲人。

③ 上陇:魏本:"孙曰:上陇,谓戍边也。"按:古乐府《陇头流水歌辞》:"西上陇阪,羊肠九回。"陇即陇山,亦称陇阪,上有陇头。上了陇头,水东西分流。陇阪在陇州,今陕西陇县。《秦州记》:"陇山东西百八十里。登山岭,东望秦川四五百里,极目泯然。山东人行役,升此而瞻顾者,莫不悲思。"山下有陇关,即大震关,为秦雍喉隘。

④ 我在与谁居:谁在家陪伴我,和我在一起呢?《诗·唐风·葛生》:"予美亡此,谁与独处!""予美亡此,谁与独息!"抒发了韩公的孤独之感;邢君牙,乃一介武夫,韩公求之,不能接受;上陇求进失败,加上试宏词科不遇,怎能不孤独呢?

⑤ 寄语浮萍草,相随我不如:此是比,告诉水中的浮萍草,你们能随水而走,相伴相依,而我却不如浮萍。寄语,托付别人的话。

浮萍,水中漂浮的绿藻。

⑥青青水中蒲,叶短不出水:用青蒲叶短不能长出水面,比喻自己不能和丈夫相随出门。

⑦妇人不下堂,行子在万里:魏本:"韩曰:《选·东门行》云:'居人掩闺卧,行子夜中饭。'又《杂诗》云:'之子在万里,江湖迥且深。'"按:妇人,妇女。不下堂,不能出门。《全唐诗》卷二三七钱起《送武进韦明府》:"理邑想无事,鸣琴不下堂。"又卷二七四戴叔伦《送汶水王明府》:"遗老应相贺,知君不下堂。"行子,在外行役的男人。谢榛《四溟诗话》谓此二句:"托兴高远,有风人之旨。杜少陵曰:'丈夫则带甲,妇人终在家。'此文不逮意,韩诗为优。"朱彝尊《批韩诗》:"尤妙绝,更不必道及思念。"

此诗一二首叶鱼韵,第三首叶微、齐韵。微、齐韵母均为(i),可同叶。亦可证作三首。

【汇评】

宋王令:《效退之青青水中蒲》:双双水中凫,足短翼有余。飞高既能远,行陆事安俱。

双双水中凫,来疾去闲暇。江湖风挽波,泛泛自高下。

双双水中凫,已往又回顾。弋者窥未知,舟来避还去。

双双水中凫,常在水中居。还有笼中鹜,腾轩仰不如。

双双水中凫,食饱不出水。灵凤来何时,鸿鹄志万里。(《广陵先生文集》卷八)

明胡应麟:昌黎"青青水中蒲"三首,颇有不安六朝意。然如张、王乐府,似是而非,取两汉五言短古熟读自见。(《诗薮》内编卷六)

清朱彝尊:语浅意深,可谓炼藻绘入平淡。篇法祖《毛诗》,语调则汉魏歌行耳。(顾嗣立《昌黎先生诗集注》卷四)

清何焯:三章真古意。第一章,此是反兴。第二首,此是比。第三首,此是兴。(同上)

孟东野失子①
元和三年

东野连产三子，不数日辄失之。几老，念无后以悲②。其友人昌黎韩愈，惧其伤也，推天假其命以喻之。

失子将何尤？吾将上尤天③。女实主下人，与夺一何偏？彼于女何有④，乃令蕃且延⑤？此独何罪辜，生死旬日间？上呼无时闻，滴地泪到泉。地祇为之悲，瑟缩久不安⑥。乃呼大灵龟⑦，骑云款天门⑧，问天主下人，薄厚胡不均⑨？天曰天地人⑩，由来不相关。吾悬日与月，吾系星与辰⑪，日月相噬啮，星辰踣而颠⑫，吾不女之罪，知非女由缘⑬。且物各有分，孰能使之然⑭？有子与无子，祸福未可原⑮。鱼子满母腹，一一欲谁怜⑯？细腰不自乳，举族长孤悬⑰。鸱枭啄母脑⑱，母死子始翻⑲。蝮蛇生子时，坼裂肠与肝⑳。好子虽云好，未还恩与勤㉑。恶子不可说，鸱枭蝮蛇然。有子且勿喜，无子固勿叹。上圣不待教，贤闻语而迁，下愚闻语惑，虽教无由悛㉒。大灵顿头受，即日以命还㉓。地祇谓大灵，女往告其人㉔。东野夜得梦，有夫玄衣巾㉕，闯然入其户㉖，三称天之言。再拜谢玄夫㉗，收悲以欢忻。

【校注】

① 题：方《举正》："元和二年（807）东都作。"魏本："唐曰：'东

野为郑馀庆留府宾佐,在元和二三年,此诗当是时作也。据《郊集》有《哀幼子》及《杏殇》诗,其词甚悲。'樊曰:石君美有子,年少而失。鲁直尝书此诗遗之,云:'时以观览,可用乱思而纾哀。究观物理,其实如此,大概因果耳。退之救世弊,故并因果不言。然此一段文意,乃是《涅盘》中佛语。退之言不能无所不读,未有能成大儒者,其弗信矣乎?'鲁直所云如此。"文《详注》引王《补注》同。钱仲联《集释》:"《东野集·杏殇》诗有云:'惊霜莫翦春,翦春无光辉。''应是一线泪,入此春木心。''谁谓生人家,春色不入门?''洌洌霜杀春,哭此不成春。'《悼幼子》诗云:'负我十年恩,欠尔千行泪,洒之北原上,不待秋风至。'是东野失子,当在春初。"王元启《记疑》:"此诗黄鲁直以为是《涅盘》中佛语。愚按:此诗每四韵为一章,除首末四章叙事外,中三章首言天地人各不相关,无子不当归怨于天。次言物各有分,有子无子皆莫原其故。末言子之最恶者,以见无子不必悲伤。此自韩公所见,并非《涅盘》中佛语。鲁直引公《答侯继书》,以见公于佛书无所不读,作此援儒入墨之论,诬矣。"按:华忱之《孟郊年谱》系元和三年。时东野五十八岁,可谓"几老"矣!则诗写于元和三年(808)春。

② 几老,念无后以悲:钱仲联《集释》:"东野《杏殇》诗云:'哀哀孤老人,戚戚无子家。'又云:'此诚天不知,翦弃我子孙。'又云:'失芳蝶既狂,失子老亦孱。且无生生力,自有死死颜。'又云:'病叟无子孙,独立犹束柴。'"韩孟《莎栅联句》:孟郊句:"此处不断肠,定知无断处。"真悲伤也。

③ 尤天:责天。《论语·宪问》:"不怨天,不尤人。"何晏《论语集解》马注:"孔子不用于世,而不怨天;人不知己,亦不尤人。"邢昺疏:"尤,非也。"皇侃疏:"尤,责也。"后来指不自责而推之命运曰"怨天尤人。"按:退之并不信天,故《序》谓:"推王假其命以喻之。"《宋书·谢晦传·悲人道》:"苟成败其有数,岂怨天而尤人。"唐崔湜《御史台精舍碑铭》(《金石萃编》卷七四):"传曰:'祸福无门,惟人所召。'则蹈网罟,婴徽缠,联桁杨,贯桎梏,可怨天尤人哉?"怨、

尤同义。《吕氏春秋·诬徒》:"人之情,恶异于己者,此师徒相与造怨尤也。"

④ 彼于女何有:女,宋白文本、文本、祝本、魏本作"汝"。廖本、王本作"女"。女通汝,即你。下文同。

何:方《举正》:"蜀本'何'作'以',非。'夺彼与此,一何(原文作何其)偏也?'《庄子》(《列御寇》)语。"朱《考异》:"何,或作'以'。"宋白文本、文本、魏本、廖本、王本作"何"。当作"何"。主,承上指天之职乃管下人。

⑤ 蕃且延:蕃,方《举正》:"蜀本作'繁'。"朱《考异》:"蕃,或作'繁'。"宋白文本、文本、祝本、魏本、廖本、王本作"蕃",注:"蕃,一作'繁'。"韩诗原文当作"蕃"。

魏本注:"蕃,多也。延,长也。"按:诗义句下有"延"字,即繁殖,延续也,故此"蕃"字当作茂盛解,作茂盛解"繁"与"蕃"字通用。《荀子·天论》:"繁启、蕃长于春夏,畜积收臧于秋冬。"魏征《谏太宗十思疏》:"善始者实繁,克终者盖寡。"

⑥ 地祇:文《详注》:"《说文》(示部)曰:'地祇,提出万物者也。'音翘移切。"童《校诠》:"第德案:说文:示,天垂象,见吉凶,所以示人也。从二,三垂、日、月、星也,观乎天文,以察事变,示人事也,兀古文示。祇,地祇,提出万物者也。周礼太宰:祀大神示亦如之,释文:示本又作祇,大宗伯:掌建邦之天神、人鬼、地示之礼,释文:示音祇,本或作祇。周礼经文作示,乃假借字,释文言本作祇可证。示、祇非同字,示亦非祇之古字。祇从氏声,非从氏声,氏在支部,氏在脂部,不同部。"瑟缩,收缩,卷曲。《吕氏春秋·古乐训》:"昔陶唐氏之始,……民气郁阏而滞著,筋骨瑟缩不达,故作为舞以宣导之。"按:祇,地神,亦作地示。示,音奇(qí 巨支切,平,支韵)。《周礼·春官·大宗伯》:"大宗伯之职,掌建邦之天神、人鬼、地示之礼,以佐王建保邦国。"又《大司乐》:"若乐八变则地示皆出。"示,古文兀,本字,祇后出字。又《史记·司马相如传》:"故圣王弗替,而修礼地祇,谒款天神。"《说文·示部》:"见吉凶,所以示人也,日

月星也,观乎天文,以察时变,示神事也。凡示之属皆从示。礻,古文示。"又:"祇,地祇,提出万物者也。从示氏声。"段注:"祇,巨支切,古音十六部,凡假借必取诸同部。"

⑦乃呼大灵龟:文《详注》:"《博物志》(卷一《地·物产》)曰:'地有三千六百轴,犬牙相牵,名山大川,孔穴内有神龙灵龟游行于其中。'"魏本:"孙曰:地祇呼也。"顾嗣立《集注》:"《尔雅》(《释鱼》):'[一曰神龟,]二曰灵龟。'邢昺曰:'《洛书》:灵龟者,玄文五色,神灵之精也。'"钱仲联《集释》:"《尔雅》(《释鱼》):'龟,俯者灵。'郝懿行《义疏》:'俯者,天龟也。'又:'灵龟者,刘逵《蜀都赋》注引谯周《异物志》曰:涪陵多大龟,其甲可以卜,其缘中叉似瑇瑁,俗名曰灵。'《说苑·辨物篇》云:'灵龟文五色,似玉似金。'《类聚》引吴谢承表云:'伏睹灵龟,出于会稽章安。臣闻灵龟告符,五色粲彰,则金则玉,背阴向阳。'"爱新觉罗·弘历《唐宋诗醇》卷二九:"《龟策传》祝词云:'假之玉灵夫子而上行于天,下行于渊。'诗以大灵发端,本此。"

⑧骑云欵天门:钱仲联《集释》:"《史记·商君传》:'欵关请见。'集解:'韦昭曰:欵,叩也。'东野《杏殇诗》云:'灵风不衔诉,谁为叩天关?'公本之而推申其义。"按:骑云,驾云。《全唐诗》卷一九宋之问《相和歌辞·王子乔》:"白虎摇瑟凤吹笙,乘骑云气吸日精。"又卷八八三顾况《曲龙山歌》:"下方小兆更拜焉,愿得骑云作车马。"欵,敲、叩。张衡《西京赋》:"绕黄山而欵牛首。"

⑨薄厚:文本、魏本作"厚薄"。宋白文本、祝本、廖本、王本作"薄厚",从之。朱彝尊《批韩诗》:"但直说,颇亦朴古,然犹是诗变格。"

⑩天曰天地人:俗谓天包含天、地、人三者,故云。天,地面上空为天。《诗·唐风·绸缪》:"绸缪束薪,三星在天。"地,大地,地面。《易·乾》:"本乎天者亲上,本乎地者亲下。"人,人类。《书·泰誓上》:"惟人万物之灵。"柳子厚《柳宗元集》卷一六《天说》:"彼上而玄者,世谓之天;下而黄者,世谓之地;浑然而中处者,世谓之

元气。"天、地、元气三者构成了天体宇宙。韩公《原人》云:"形于上者谓之天,形于下者谓之地,命于其两间者谓之人。形于上,日月星辰皆天也;形于下,草木山川皆地也;命于其两间,夷狄禽兽皆人也……天者,日月星辰之主也;地者,草木山川之主也;人者,夷狄禽兽之主也。"天、地、人三者各有其性,各职其主,从来不相干涉。

⑪ "吾悬"二句:文《详注》:"《易》《系辞》曰:'悬象著明,莫大乎日月。'《楚辞·天问》曰:'列星安陈?'注云:'安所系属。'"按:二句的意思是:我谓日月之悬,星辰之系,各有自己的特性。

⑫ 噬啮:文《详注》:"噬啮,薄蚀也。踣(bó)颠,殒坠也。踣,音鼻墨切。"魏本:"孙曰:'噬啮,薄蚀也。颠,谓霣星也。'韩曰:'踣,颠仆也,音匍。'"方世举《笺注》:"《广雅·释诂》:'噬,食也。'《释名》:'啮,齾也。'"

⑬ 知非女由缘:缘,方《举正》作"因",云:"杭作'因',蜀作'缘'。此诗如'因'与'鳏',今本皆以韵不叶妄刊也。"朱《考异》:"因,或作'缘'。(下引方语)今按:作'缘'亦通,未必误改也。"南宋监本原文作"缘"。宋白文本、文本、潮本、浙本、祝本、魏本并作"缘"。廖本、王本作"因"。王元启《记疑》:"由缘,建本如此,叶上颠韵,极浑脱自然。方以欲从古韵之故,改缘作因,反使语咽不响。"按:作"因"、作"缘",均可。按叶韵音响,文气顺畅,则作"缘"善。二句折起,推波叠澜。何焯《批韩诗》:"波澜妙。"

⑭ 分(fèn):文《详注》:"分,音扶问切。"分,名分、职分。《荀子·性恶》:"犯分乱理。"孰,谁。然,代词,这样。

⑮ 祸福未可原:童《校诠》:"案汉书东方朔传:异类之物,不可胜原,颜注:原,本也,言说不能尽其根本。祸福未可原,言为祸为福,不能推寻其根本也。陆浑山火诗:有声夜中惊莫原,义同。"按:是祸是福,追本索原,谁也说不清,就不必说了。此句启下一段祸福情事的具体事例。

⑯ "鱼子"二句:腹,方《举正》订"腹"字,云:"蜀本作'肚'。"朱《考异》:"腹,或作'肚'。"宋白文本、文本、魏本、廖本作"腹"。作

"腹"是。按:二句意谓:鱼的子孙(籽)很多,可它们之间谁怜惜谁呢?

⑰ "细腰"二句:悬,方《举正》据阁本订"�"字,云:"山谷、李、谢校同。"朱《考异》:"鰥,或作'悬'。"南宋监本原文作"悬"。宋白文本、文本、潮本、浙本、祝本、魏本并作"悬"。廖本、王本作"鰥"。

按:作"鰥"、作"悬",均可。然据韩公用语以奇求新的特点,此作"悬"合公意。如文《详注》云:"悬,一作'鰥'。公《与柳公绰书》亦曰:'浮寄孤悬。'《庄子》(《天运》)曰:'细腰者化。'注云:'蜂取桑虫,祝为己子。'《博物志》(卷四《物性》)曰:'无雌,蜂类。'《诗》(《小雅·小宛》)所谓'螟蛉之子,果蠃负之'是也。"《庄子·天运》曰:"细要者化,有弟而兄啼。"注云:"取桑虫,祝使似己也。"《释文》:"者化,蜂之属也。司马云:取桑虫,祝使似己也。案:即《诗》(《小雅·小宛》)所谓'螟蛉有子,果蠃负之'是也。"苏轼《自昌化双溪馆下步寻溪源至治平寺》:"宦游莫作无家客,举族长悬似细腰。"孤悬,无依无靠,意同"孤鰥"。《北齐书·慕容俨传》:"人信阻绝,城守孤悬,众情危惧。"自韩诗后用之者渐多。《明史·于谦传》:"大同孤悬塞外,按山西者不及至,奏别设御史治之。"皆可证作"悬"字善。细腰,蜜蜂。

⑱ 鸱枭啄母脑:文《详注》:"《尔雅》(《释鸟》)曰:'鸱枭,土枭也。'《说文》(鸟部)曰:'不孝之鸟,故日至捕枭磔之。从鸟,头在木上。'汉使东郡送枭,五月五日为枭羹以赐百官,以其食母故食之。枭,坚尧切。"魏本:"鸱枭,鸢也。枭,又一名鸱,亦名流离。孙曰:《释鸟》云:枭鸱,《说文》云:不孝鸟也。《汉·郊祀志》:天子常以春祠,皇帝用一枭。破镜,枭鸟名,食母。破镜,兽名,食父。《补注》云:张奂曰:鹳鹆食母。"魏本音注:"鸱,处脂切。枭,坚尧切。"方世举《笺注》:"《诗·鸱鸮》(《豳风》):'恩斯勤斯,鬻子之闵斯!'"钱仲联《集释》:"《尔雅·释鸟》:'枭,鸱。'《汉书·郊祀志》注:'孟康曰:枭,鸟名,食母。'"韩公诗用《鸱鸮》生子之勤苦劳累意。

⑲ 母死子始翻:翻,方《举正》据杭、蜀本订。朱《考异》:"翻,

或作'蕃'。"南宋监本原文作"蕃"。宋白文本、文本、潮本、浙本、祝本、魏本并作"蕃",注:"蕃,一作'翻'。"廖本、王本作"翻"。作"蕃",当繁殖解;作"翻",当飞解。均可,今从"翻"。钱仲联《集释》:"《说文新附》:'翻,飞也。'"按:翻,鸟飞。王维《辋川闲居》:"白鸟向山翻。"

⑳ 蝮蛇:宋白文本、文本、魏本、廖本作"蝮"。魏本、廖本注:"蝮,一作'虺'。"当作"蝮"。

文《详注》:"《尔雅》《释鱼》曰:'蝮蛇,博三寸,首大如臂[擘]。'旧说(《尔雅翼》)云:蛇之尤毒烈者也,鼻反其上,有斜锦文,众蛇之中此独胎产,生辄坼裂母蝮。蝮,音方六切。"魏本:"祝曰:蝮,毒蛇也。《玉篇》:'蝮,螫手则断。'《楚辞》:'蝮蛇蓁蓁。'孙曰:'郭璞注《尔雅》云:蝮蛇,色如绶,文鼻,上有针,大者长七八尺。一名反鼻,出南方。'"方世举《笺注》:"蝮蛇:宋玉《招魂》:'蝮蛇蓁蓁。'注:'蝮,大蛇也。'《尔雅翼》:'蝮,蛇之最毒者,众蛇之中,此独胎产。在母胎时,其毒气发作,母腹裂乃生。'"按:蝮蛇,《说文·虫部》:"蝮,虫(虺)也。"《尔雅·释鱼》:"蝮虺,博三寸,首大如擘。"《史纪·田儋列传》:"蝮螫手则斩手,螫足则斩足。"裴骃《集解》引应劭曰:"蝮一名虺,螫人手足,则割去其肉,不然则致死。"张守节《正义》:"蝮,毒蛇,长二三丈。"以上鱼、蜂、鸱枭、蝮蛇,四不孝之禽兽,以比解东野之伤。奇瑰之极,韩公真能想得出来。朱彝尊《批韩诗》:"四喻奇诡。"

㉑ 未还恩与勤:指上句"好子",即报答父母的养育之恩而勤谨。

㉒ 下愚闻语惑,虽教无由悛:《论语·阳货》:"唯上知与下愚不移。"韩公《原性》:"性之品有上中下三。上焉者,善焉而已矣;中焉者,可导而上下也;下焉者,恶焉而已矣……然则性之上下者,其终不可移乎?曰:上之性,就学而愈明;下之性,畏威而寡罪。是故上者可教,而下者可制也。其品则孔子谓不移也。"悛(quān 此缘切,平,仙韵),悔改,停止。《左传》隐公六年:"长恶不悛,从自及

也。"悛心,即悔改之心。《书·泰誓上》:"惟受罔有悛心,乃夷居,弗事上帝神祇,遗厥先宗庙弗祀。"孔传:"悛,改也,言纣纵恶无改心。"

㉓ 顿头:以头触地。魏本:"孙曰:'大灵顿头,头至地也。'"即日以命还,承上"乃乎大灵龟",即叩天门受天之命而还。

㉔ 女往告其人:魏本:"孙曰:'人,谓失子之人也。'"此指东野。即地祇对大灵龟说,把以上所说的告诉失子者,即上述有子"且勿喜"与无子"固勿叹"。

㉕ 东野夜得梦,有夫玄衣巾:文《详注》:"《古今注》《鱼虫》)曰:'龟,一名玄衣督邮。'"魏本:"孙曰:'玄夫,大灵龟,以其巾衣玄故曰玄夫。'韩曰:'崔豹《古今注》《鱼虫》)曰:龟,一名玄衣督邮。'"宋邵博《邵氏闻见后录》卷一六:"宋元王二年,江使神龟使于河,至于泉阳,渔者豫苴举网得之。龟来见梦于宋元王,梦见一丈夫,延颈而长头,衣玄绣之衣而乘辎车云云。出《史记·龟策列传》。韩退之《孟东野失子》诗云'东野夜得梦,有夫玄衣巾',实用此事。"

㉖ 闯然入其户:闯,文《详注》:"闯,从门窥头也,音丑禁切。"闯(chèn 音琛,丑禁切,去,沁韵),出头貌。日人近藤元粹注:"《说文》:'闯,马出门貌。'"《公羊传》哀公六年:"开之则闯然,公子阳生也。"韩公《南山诗》:"喁喁鱼闯萍,落落月经宿。"又窥视貌。韩愈、孟郊《同宿联句》:"儒门虽大启,奸首不敢闯。"与读音闯(chuǎng 音初亮切),音义不同。

㉗ 玄夫:魏本:"孙曰:'以其巾衣玄,故曰玄夫。'"此指东野夜梦着玄衣巾之人。

此诗用韵:清俞玚云:用韵本主先字,兼入真、文、元、寒、删诸韵,是古韵也。与《此日足可惜》一首同法。(顾嗣立《昌黎先生诗集注》引)

【汇评】

宋邵博:孔子自谓不及颜回。曹孟德《祭桥玄文》云尔,东坡

《醉白堂记》亦云。宋元王二年,江使神龟使于河,至于泉阳,渔者豫且举网得之。龟来见梦于宋元王,梦见一丈夫,延颈而长头,衣玄绣之衣而乘辎车云云,出《史记·龟策列传》。韩退之《孟东野失子》诗云"东野夜得梦,有夫玄衣巾",实用此事。(《邵氏闻见后录》卷一六)

宋葛立方:白乐天、元微之皆老而无子,屡见于诗章。乐天五十八岁,始得阿崔;微之五十一岁,始得道保。同时得嗣,相与酬唱喜甚。乐天诗云:"腻剃新胎发,香绷小绣襦。玉牙开手爪,苏颗点肌肤。"微之云:"且有承家望,谁论得力时。"又云:"嘉名称道保,乞姓号崔儿。"后崔儿三岁而亡,白赋诗云:"怀抱又空天默默,依前仍(重)作邓攸身。"伤哉!微之五十三而亡。按《墓志》"有子道护,年三岁而卒",以岁月考之,即道保也。孟东野连产三子,不数日皆失之。韩退之尝有诗,假天命以宽其忧。三人者皆人豪,而不能忘情如此,信知割爱为难也。若使学道者遭此,则又何必黑衣巾者闯然入其户而后喻哉!(《韵语阳秋》卷一〇)

宋孙奕:《三辰》:昭七年《传》曰:"晋侯谓伯瑕:'何谓六物?'曰:'岁、时、日、月、星、辰是也。'公曰:'多语寡人,辰而莫同。何谓辰?'对曰:'日月之会是谓辰。'"杜氏谓:"一岁,日月十二会也。一以为五星,一以为二十八宿,而并以辰为日月所会之次也。"则辰与星固异矣。退之有《东野失子》诗曰:"吾悬日与月,吾系星与辰。"抑承袭而言欤?(《履斋示儿编》卷一一)

宋樊汝霖:石君美有子,年少而失。鲁直尝书此诗遗之云:时以观览,可用乱思而纾哀。究观物理,其实如此。(《韩文谱注》)

宋黄震:《孟东野失子》诗云:"蝮蛇生子时,坼裂肠与肝。"愚往年见临安无梦和尚说蟹散子后即枯死,云出佛经。(《黄氏日抄》卷五九)

清俞玚:用韵本主先字,兼入真、文、元、寒、删诸韵,是古韵也。与《此日足可惜》一首同法。(顾嗣立《昌黎先生诗集注》卷四)

清何焯:先生早年诗好为镵镂以出怪巧,元和后多归于古朴,

所谓'奸穷变怪得,往往造平淡',又所云"不用意而功益奇老"。如此等诗,愈朴淡,愈奇古。(同上)

程学恂:此诗意旨与《列子·力命篇》略同,而语较奇警。(《韩诗臆说》卷一)

陆浑山火一首和皇甫湜用其韵①
元和三年

此诗写于元和三年(808)冬,韩公以寓言形式喻皇甫湜因抗言直谏得祸而作。时在东都国子博士任上。宪宗元和三年,皇甫湜、牛僧孺、李宗闵参加朝廷举行的贤良方正直言极谏科对策考试,他们直陈时弊,受到考官杨於陵、韦贯之和负责复试的王涯、裴垍的肯定和支持,宪宗的称赏而得中,却触怒了权相李吉甫。杨、韦、王、裴都遭到贬谪,皇甫湜等也被祸,皇甫湜出为陆浑尉。韩公愤愤不平,借和皇甫湜《陆浑山火》诗,为之鸣冤叫屈,以泄其愤。诗先写风大火猛,烧得空中、地上、水府、阴司鬼神潜避,禽兽奔逃。以喻当时政治形势险恶,善类皆遭横祸。再写火神趾高气扬,兴高采烈,大宴僚属,喻权臣中贵气焰之盛。最后写黑螭因为侦查被焚,上诉天庭,上帝无能奈其何,只得劝水神暂避,等待时机,再给火神以惩罚。结四句紧扣和诗,掏出韩公苦衷,以应题旨。诗构思奇特,想象丰富,读之如随韩公巡迹于天庭地府,遨游于四野八荒。语言夸饰,造意奇瑰:形容险恶奇怪之物用奇珍异珠、鲜花丽蕊、钟鼓箎埙这些美好事物,既突出其险恶,又给人光怪陆离的奇瑰之感,表现了韩诗奇崛瑰怪的风格。如宋员兴宗所说:"变体奇涩之尤者,千古之绝唱也。"(《九华集》卷二)程学恂云:"《青龙寺》诗是小奇观,《陆浑山火》诗是大奇观。"(《韩诗臆说》卷一)

皇甫补官古贲浑②，时当玄冬泽干源③。山狂谷很相吐吞④，风怒不休何轩轩⑤，摆磨出火以自燔⑥。有声夜中惊莫原⑦，天跳地踔颠乾坤⑧。赫赫上照穷崖垠⑨，截然高周烧四垣⑩。神焦鬼烂无逃门，三光驰隳不复暾⑪。虎熊麋猪逮猴猿⑫，水龙鼍龟鱼与鼋⑬。鸦鸱雕雁鹰鹄鹍⑭，𬊈炰煨爊孰飞奔⑮。

祝融告休酌卑尊⑯，错陈齐玫辟华园⑰，芙蓉披猖塞鲜繁⑱。千钟万鼓咽耳喧⑲，攒杂啾嚄沸篪埙⑳。彤幢绛旃紫纛幡㉑，炎官热属朱冠裈㉒，髹其肉皮通髀臀㉓，颓胸垤腹车掀辕㉔，缇颜韎股豹两鞬㉕，霞车虹靷日毂轓㉖，丹蕤縓盖绯繙帑㉗。红帷赤幕罗脤膰㉘，衁池波风肉陵屯㉙，谽呀巨壑颇黎盆㉚，豆登五山瀛四樽㉛，熙熙釂酬笑语言㉜。

雷公擘山海水翻㉝，齿牙嚼啮舌腭反㉞，电光䃴磹赪目暖㉟。顼冥收威避玄根㊱，斥弃舆马背厥孙㊲，缩身潜喘拳肩跟㊳，君臣相怜加爱恩㊴。命黑螭侦焚其元㊵。

天关悠悠不可援㊶，梦通上帝血面论㊷，侧身欲进叱于阍㊸。帝赐九河湔涕痕㊹，又诏巫阳反其魂㊺，徐命之前问何冤㊻。火行于冬古所存㊼，我如禁之绝其飧㊽，女丁妇壬传世婚㊾，一朝结仇奈后昆㊿。时行当反慎藏蹲(51)，视桃著花可小骞(52)，月及申酉利复怨(53)，助汝五龙从九鲲(54)，溺厥邑囚之昆仑(55)。

皇甫作诗止睡昏(56)，辞夸出真遂上焚(57)。要余和增怪又烦(58)，虽欲悔舌不可扪(59)。

【校注】

① 题：方《举正》题如此，云："三本（阁、杭、蜀）题语并同。"朱《考异》题同方，云："诸本作'次韵和皇甫湜陆浑山火'。"南宋监本原文作"次韵和皇甫湜陆浑山火"，宋白文本、潮本、浙本并作"次韵和皇甫湜陆浑山火"。文本"次"作"用"。祝本、魏本上无"次韵"字，下有"用其韵"字。廖本、王本同题，无"一首"字。今同方《举正》作"陆浑山火一首和皇甫湜用其韵"。

陆浑：古地名，亦称瓜州，原指甘肃敦煌一带。春秋时秦晋两国使居此地的"允姓之戎"迁居河南伊川，以所居之地为陆浑。汉置陆浑县，县北有陆浑关。五代废县，故城在河南嵩县东北，其地有陆浑山，一名方山。

皇甫湜（shí）：字持正，睦州新安人（屈《校注》："谓湜为'睦州新安人'，恐有误。据《新唐书·地理志》，睦州无新安县，新安为都畿河南郡属县，'安'字恐是'定'字之误，睦州即新定郡。"所说误。隋开皇时以始新县改名新安县，以江为名，治所在今浙江淳安县西北威平，新安江北岸。大业初又改名雉山县。唐睿宗文明时，复名新安县，治所在今浙江淳安城镇西南。神功初移治今淳安县西淳城镇。与今洛阳的新安不同）。元和元年（806），擢进士。元和三年（808），举贤良方正能直言极谏科，亢言直谏，忤权臣，出为陆浑尉，累官至工部郎中。辩急使气，数忤同僚，分司东都。约卒于大和九年（835），年逾六十。工诗文，和李翱、张籍齐名，为韩门弟子。详见张清华主编的《韩愈大传》第四卷《皇甫湜传》。

和（hè）：用别人原诗题材再作称和诗。用其韵，用被和的诗韵。与次韵不同。

关于此诗的写作时间有元和二年、三年和长庆初说之分：陈沆《诗比兴笺》卷四："盖哀魏博节度使田弘正为王庭凑所杀，朝廷不能讨贼雪仇而作也……皇甫尉陆浑在元和之初，此诗追和在长庆之初，非一时所作。"此与皇甫湜等擢制科时间相距遥远，不足据也。谓元和二年、元和三年说各有较充足的证据。元和二年说所据为《唐会要》卷七六:"(元和)二年四月,贤良方正能直言极谏科,牛僧孺、皇甫湜、李宗闵、李正封、吉宏宗、徐晦、贾𫗧、王起、郭球、姚袌、庚威及第。"《册府元龟》卷六四五《贡举部·科目》:"(元和)二年四月,贤良方正直言极谏科,牛僧孺、皇甫湜、李宗闵、李正封、吉弘宗、徐晦、贾𫗧、王起、郭球、姚袌、庚威及第。"而徐松《登科记考》卷一七系"元和三年",所列牛、皇甫等十一人名下均注明:"见《册府元龟》《唐会要》。"是否所据版本不同,或某本二、三两字书写有误。魏本引樊《谱注》、方成珪《诗文年谱》据樊说、与屈《校注》从二年说。文《详注》、顾《谱》、《韩愈年谱汇证》、《韩愈大传·皇甫湜传》主三年说。《登科记考》又引《广卓异记》:"元和三年,贤良方正能直言极谏科十一人登科。其后牛僧孺、李宗闵、王起、贾𫗧四人相次拜相。"《旧唐书·宪宗纪上》:"元和三年夏四月癸丑(1日)朔。乙丑(13日),贬翰林学士王涯虢州司马,时涯甥皇甫湜与牛僧孺、李宗闵并登贤良方正科第三等,策语太切,权幸恶之,故涯坐亲累贬之。"主二年说者,皆谓三乃二之误,而不明具体月日,王涯之贬有具体月日,想不会错。《资治通鉴》卷二三七"宪宗元和三年"下记载最详,云:"夏四月,上策试贤良方正直言极谏举人,伊阙尉牛僧孺、陆浑尉皇甫湜、前进士李宗闵皆指陈时政之失,无所避;吏部侍郎杨於陵、吏部员外郎韦贯之为考策官,贯之署为上第。上亦嘉之,诏[章注:十二行本'诏'上有'乙丑'(13日)二字]中书优与处分。李吉甫恶其言直,泣诉于上,且言'翰林学士裴垍、王涯覆策。湜,涯之甥也,涯不先言,垍无所异同。'上不得已,罢垍、涯学士,垍为户部侍郎,涯为都官员外郎,贯之为果州刺史。后数日,贯之再贬巴州刺史,涯贬虢州司马。乙亥(23日),以杨於陵为岭南节度使,亦坐考策无异同也。僧儒等久之不调,各从辟于藩府。""五月,翰林学士、左拾遗白居易上疏,以为:牛僧孺等直言时事,恩奖登科,而更遭斥逐,并出为关外官。杨於陵等以考策敢收直言,裴垍等以覆策不退直言,皆坐谴谪。"白《疏》即《论制科人状:近日内外官除改及制科人等事宜》,现收入《白居易集》卷五八。虽只说

"近日除改",但无具体时间,然《状》后云:"臣今职为学士,官是拾遗,日草诏书,月请谏纸:臣若默默,惜身不言,岂惟上辜圣恩,实亦下负神道。"据朱金城先生《白居易年谱》:"元和二年丁亥(807)秋,(白)自盩厔尉调充进士考官,有《进士策问五道》(卷四七)。试毕帖集贤校理。十一月四日,自集贤院召赴银台候进旨。五日,召入翰林,奉敕试制诰等五首,为翰林学士(见《奉敕试制书诏批答诗等五首》自注)。"自注云:"元和二年十一月四日,自集贤院召赴银台候进旨。五日,召入翰林。奉敕试制诏等五首。翰林院使梁守谦奉宣:宜授翰林学士。数月,除左拾遗。"《白居易年谱》又云:"元和三年戊子(808),四月,为制策考官。二十八日,除左拾遗、依前充翰林学士。是年,策试贤良方正能直言极谏科,牛僧孺、皇甫湜、李宗闵等登第,以三人对策切直,宰相李吉甫泣诉于上,均出为幕职。考官杨於陵、韦贯之、王涯等皆坐贬。居易上《论制科人状》,极言不当贬黜。其后李吉甫子德裕与牛僧孺、李宗闵等'党争'数十年,即种因于此。"则白居易为左拾遗在元和三年四月二十八日,是不会错的硬证。所上《论制科人状》,在除左拾遗后,《资治通鉴》列五月,不误;又可证《资治通鉴》谓三年亦不会误。再从李翱《来南录》云:"元和三年十月,翱既受岭南尚书公之命,四年正月己丑(12日),自旄善第以妻子上船于漕,乙未(18日)去东都,韩退之、石濬川假舟送予。"韩公有《送李翱诗》。时杨於陵为岭南节度使,辟李翱为幕府。与三年四月二十三日,杨於陵出为岭南节度使亦合。由此看来,《旧唐书·韦贯之传》及《裴垍传》均谓元和三年,不误。朱彝尊《批韩诗》:"首点地,次点时,次点山。"

② 补官:也叫补缺,既授以官职,赴该地官员之缺。《史记·萧相国世家》:"汉王数失军遁去,何常兴关中卒,辄补缺。"

贲(lù,或读作 fēn)浑:方《举正》作"贲浑",云:"杭、蜀同。贲,音陆,字本《公羊》。朱《考异》:"贲,或作'陆'。"南宋监本原文作"陆",宋白文本、文本、潮本、浙本、祝本、魏本均作"陆"。廖本、王本作"贲"。贲,"陆"之别字,均可。贲浑,即陆浑。《左传》宣公三年:"楚子伐陆浑之戎,遂至于雒。"杨伯峻《春秋左传注》:"陆浑之戎在今河南省嵩县及伊川县境。"《公羊传》宣三年:"楚子伐贲浑戎。"何注:"贲浑,旧音六(㊣),或音奔,下户门反。二传(即《左传》《穀梁传》)作陆浑。"钱大昕《潜研堂文集》卷七《答问》四:"问:宣三年'楚子伐陆浑之戎',《公羊》作'贲浑',贲,何以有陆音?曰:此转写之讹,本当为'䀠',即古文'睦'字,从'兟',兟读为六,故'睦'亦有陆音。"屈《校注》:"案:钱说是也。《说文·目部》:'睦,目顺也。从目,坴声。一曰:敬和也。䀠古文睦。'贲字虽讹,但唐时《公羊传》本已如此,愈称'古贲浑',所用必是贲字,今依段玉裁论校经之法,'以贾还贾,以孔还孔,以陆还陆,以杜还杜,以郑还郑'之例(见《经韵楼集·与诸同志书论校书之难》),亦以韩还韩,从廖本依方校仍作'贲'字。但知贲读六音,本为讹字,而韩依唐代《公羊》传本,原诗如此,则校雠之任,于斯为实事求是矣。"文《详注》:"旧本陆作贲。按《左传》作陆浑。《公羊》作贲浑。贲音陆,或音奔。《通典》曰:陆浑县属河南,故蛮国。春秋时,楚庄王伐陆浑之戎于此,后遂以为县名。有三涂山,在县西,即《左传》云:'三涂之险也。'"

按:《元和郡县图志》卷五河南道一:"陆浑县,本陆浑戎所居,春秋时秦、晋迁陆浑之戎于伊川,至汉为陆浑县,属弘农郡,后属河南尹。后魏改为伏流县,隋大业元年省伏流县,移陆浑县于今理。三涂山,在县西南五十里。《左传》曰:'四岳、三涂、阳城、大室,九州之险。'明(鸣)皋山,在县东北十五里。伊水,在县西南,自虢州卢氏县界流入。伏流城,即今县理城,东魏孝静帝武定二年所筑,以城北焦涧水伏流地下,西有伏流坂,因以为名。"首句即点地扣题。如朱彝尊《批韩诗》云:"首点地。"

③ 时当:其时正当。玄冬,方《举正》据唐本作"玄冬"。朱《考异》:"玄,或作'大'。"南宋监本原文作"大冬"。宋白文本、文本、潮本、浙本、祝本、魏本"玄"均作"大",非。文本、魏本注:"大,一作'玄'。"作"玄"善。

魏本:"孙曰:董仲舒曰:'阴常居大冬。'大冬,犹言盛冬也。韩曰:冬,一作'玄'。此诗其分司东都冬所作欤?"屈《校注》:"今从廖本依方校。《文选》卷八扬子云(雄)《羽猎赋》:'于是玄冬季月。'李善注:'北方水色黑,故曰玄冬。'其作'大冬'者,大冬一词,出《春秋繁露·阴阳出入上下篇》(大冬阴阳,各从一方)。孙汝听亦引董仲舒《元光元年举贤良对策》语(见《汉书·董仲舒传》)云:'阴阳常居大冬。'又云:'大冬,犹言盛冬也。'"按:玄冬即冬天。古人以木火金水配春夏秋冬,冬为水,水色黑,黑色习称玄色,故称冬天为玄冬。虽谓作"大冬"亦通,然韩公原文作"玄冬"是也。

泽干源:川泽里水源干枯。文《详注》:"《说文》(水部)曰:'源,水泉本也。'乾音干。"乾,作于湿之干,今简化作"干"。首二句点冬时节令,伏水势之衰,为全诗之纲。如朱彝尊《批韩诗》云:"次点时。"何焯《批韩诗》云:"先伏水衰。"方成珪《笺正》:"篇首二语为提纲。"又曰:全篇可分以下诸段:"自'山狂谷很'至'孰飞奔',言风助火势,延烧之盛。自'祝融告休'至'笑语言',言祝融御火与其属饮食宴乐也。自'雷公擘山'至'焚其元',言火盛则水无权,而反受其克也。自'天关悠悠'至'囚之昆仑',乃畅发相生相克之义。篇尾四语,点醒题中'和'字意。"

④ 山狂谷很相吐吞:很,王本作"狠"。宋白文本、文本、祝本、魏本、廖本作"很"。很、狠二字均可。

文《详注》:"谓山泽之气也。狂、很,气盛貌。很,音下恳切。"按:狂、很(狠),狠重之词,形容人的心态神姿和山峦谷壑态势的险峻嵯峨。相吐吞,犬牙交错。《说文·彳部》:"很,不听从也。一曰行难也,从彳,艮声。一曰鷙也。"《庄子·渔父》:"见过不更,闻谏愈甚,谓之很。"《国语·吴语》:"今王将很天而伐齐。"注:"很,违也。"此之很字当作凶暴解,通狠。《广韵》:"很,俗作狠。"《左传》襄公二十六年:"大子痤美而很。"注:"貌美而心很戾。"

⑤ 风怒:顾嗣立《集注》:"《春秋元命苞》:'阴阳怒而为风。'"方世举《笺注》同。按:风势狂,级别高。杜甫《茅屋为秋风所破歌》:"八月秋高风怒号,卷我屋上三重茅。"

卷四　古诗

轩轩：魏本《注》："轩轩，风怒之势。"按：轩轩，洋洋自得貌。《初学记》卷一二："傅子曰：'王黎为黄门郎，轩轩然得志，煦煦然自乐。'"《新唐书·孔戣传》："戣自以适所志，轩轩甚得。"《淮南子·道应训》："轩轩然方迎风而舞。"《世说新语·容止》："林公道王长史：'敛衿作一来，何其轩轩韶举。'"韩公《酬裴十六功曹巡府驿途中见寄》："遗我行旅诗，轩轩有风神。"一说飞举貌。《文选》卷二一颜延年《五君咏》："交吕既鸿轩。"又卷二三王仲宣（粲）《赠蔡子笃诗》："归雁载轩。"李善均注云："轩，飞貌。"作飞貌亦通。然韩公用拟人手法，作洋洋自得解更合韩公诗意。

⑥ 摆磨：风动火势，互相摆动、撞击。燔（fán），焚烧。文《详注》："巽为风，属木。离为火。木者，火之母也。故风甚则火应。《左传》鲁昭公十八年：'五月（原误为日，今据《左传》改，下日字同）火始昏见。丙子，风甚（今《左传》无甚字）。梓氏（《左传》作慎）曰：是谓融风，火之始也。七日火其（《左传》作其火）作乎？壬午（《左传》下有大甚二字），宋、卫、陈、郑皆火。'"方世举《笺注》："《易·家人卦》：'风自火出。'"屈《校注》："案：摆磨，磨借为摩（《说文通训定声》卷二四中二随部），谓摆动摩切而出火也。《说文·火部》：'爇，烧也。'又：'燔，爇也。'又：'烧，爇也。'是燔、烧、爇三字同义。文引《左传》谓风甚则火应，即火从风出；方引《易》谓风自火出：以此诗语势观之，文说较胜。"钱仲联《集释》："摆，与捭同。《说文·手部》：'捭，两手击也，北买切。'《玉篇》：'摆，同捭。'与诗义正合。"按：此句谓：大风撞击山上的树木，磨擦生火，自然燃烧，古人类钻木取火。故文《详注》曰："木者，火之母也。"

⑦ 惊：惊动，震惊。莫原，魏本："孙曰：谓莫穷其原也。"方世举《笺注》："左思《吴都赋》：'殷动宇宙，胡可胜原。'"按：暮色中的原野。莫同暮。《诗·小雅·小明》："曷云其还，岁聿云莫。"原，原野。《尔雅·释地》："广平曰原。"《诗·小雅·常棣》："脊令在原，兄弟急难。"《楚辞》屈原《九歌·国殇》："平原忽兮路超远。"此谓火烧之声震惊了暮夜里的原野。

⑧ 天跳地踔(chuō)颠乾坤：文《详注》："晋成公绥赋曰：'名[而](而字原脱，据《初学记》补)言之则曰天地，假而言之则曰乾坤。'(《天地赋》上句引见《初学记》卷一，下句引见《艺文类聚》卷一)踔，亦跳也，音敕略切。"魏本："祝曰：《后汉》(《蔡邕传》所载《释诲》)：'踔宇宙而遗俗。'注：犹越也。孙曰：'跳、踔，皆震动反覆之貌。跳，跃也，音迢。踔，踶也。'"顾嗣立《集注》："《文选·洞箫赋》：跳然复出。《说文》：跳，跃也。《羽猎赋》(卷八扬雄作)：'踔夭蹺。'善曰：'踔，逾也。'"按：踔，腾跃。乾坤，宇宙。颠，仆倒。此句谓火势凶猛，烧得天崩地陷。

⑨ 赫赫上照穷崖垠：文《详注》："垠，岸也，音鱼巾切。"祝注同。按：赫赫，火势显赫盛大貌。《诗·大雅·常武》："赫赫明明，王命卿士。"《荀子·劝学》："无惛惛之事者，无赫赫之功。"又作干旱、炎热貌。《诗·大雅·云汉》："旱既太甚，则不可沮，赫赫炎炎，云我无所。"《庄子·田子方》："至阴肃肃，至阳赫赫。"虽也通，然不如前说。穷崖垠，大火烧遍全山。垠，边界。《文选》卷一班固《东都赋》："西荡河源，东澹海漘，北动幽崖，南曜朱垠。"

⑩ 截然高周烧四垣：火焰冲天把周天都烧遍了，火势之大，通天彻地，四面环堵，把鬼神烧得焦头烂额，都无门可逃了。四垣，四周墙壁，以宅郭作喻，意指四周之山。

⑪ 神焦鬼烂：方世举《笺注》："《盐铁论》：'若救烂扑焦。'"

三光弛隳(chí huī)不复暾(tūn)：复，方《举正》据阁本作"复"字，云："杭同，蜀作'暇'。"朱《考异》："复，或作'暇'。"南宋监本原文作"暇"。宋白文本、文本、廖本作"复"，注："复，一作'暇'。"潮本、浙本、祝本、魏本作"暇"，注："暇，一作'复'。"作"复"字顺畅而意邃。

魏本注："弛隳，暗昧也。暾，日出貌，他昆切。祝曰：《楚辞》(屈原《九歌·东君》)：'暾将出兮东方。'"方世举《笺注》："屈原《九歌》：'暾将出兮东方。'"三光，日、月、星。《史记·天官书》："衡，太微，三光之廷。"索隐："三光，日、月、五星也。"《庄子·说剑》："上法圆天,以顺三光。"弛隳,毁坏。乃引申义。暾,光亮。此句谓:火势凶猛,把日、月、星烧得都发不出光了。

⑫ 虎熊麋猪逮猴猿:文《详注》:"熊,兽似豕,山居,冬蛰。麋,鹿属,冬至解其角。猿、猴,一种而异名。郭璞注《山海经》(《南山经》)云:'猿似猴而大,臂长,便捷,黑色。'《博雅》云:'猕猴,猱也。'"方世举《笺注》:"麋猪:《尔雅·释兽》:'麋,牡麔。豕,子猪。'"按:逮,和,或作到解。虎熊、麋猪、猴猿,代表山上的所有动物。

⑬ 水龙鼍龟鱼与鼋:文《详注》:"鼍,水虫。似蜥蜴而长大,其皮可以冒鼓。鼋,似鳖而大。鼍,音汤何切。鼋,音元。"魏本:"祝曰:'鼍,类鱼,有足,皮可冒鼓。鼋,似鳖而形大。'"魏本音注:"鼍,音汤何切。鼋,音元。"方世举《笺注》:"《续博物志》:'鼍长一丈,一名土龙。'《埤雅·释鱼》:'鼋,大鳖也。'"按:鼍(tuó),猪婆龙,或称扬子鳄。鼋,绿团鱼,癞头鼋。此句指水里的所有动物。

⑭ 鸦鹘(chī)雕雁鹰鹞鹃:方《举正》据阁本作"鹰雉"字,云:"李、谢校。"朱《考异》:"鹰雉,或作'雁鹰。'"南宋监本原文作"雁鹰"。宋白文本、文本、潮本、祝本、魏本并作"雁鹰"。廖本、王本作"鹰雉"。今同诸本作"雁鹰"。

魏本:"祝曰:'《庄子》:鸱鸦嗜鼠。鹃鸡三足,似鸡而大。《选》(张平子《西京赋》):驾鹅鸿鹃。'"文《详注》:"鸦,楚乌也。鸱,鸢属。鹃,鸡也。《尔雅》(《释畜》)曰:'鸡三尺为鹃。'音公浑切。"方世举《笺注》:"《尔雅·释鸟》:鹖斯,鹎鵊。注:鸦乌也。又:鸱鸮,鸋鴂。注:鸱类。又:鹰,鹣鸠……《说文》(鸟部):'鹃,黄鹃也。'《尔雅翼》:'鹃鸡似鹤,黄白色,长颔赤喙。'"方成珪《笺正》:"《尔雅·释畜》:'鸡三尺为鹃。'《玉篇》下:'鹃似鸡而大。'《集韵》:'公浑切。鹑、鹃同。'"王元启《记疑》:"原本'鸦鸱'句在'水龙'句下,愚按:虎熊等走属,鸦鸱等飞属,皆陆产,理应类叙。龙鼍等鳞介之属,与虎鸦类叙不伦,故须别提水字。据法,'鸦鸱'七字,当著'水龙'之上,今改正。"钱仲联《集释》:"走属陆,鳞介属水,飞属空,三句分叙,并无不伦。句法变化不雷同,故中句著水字耳。"何孟春

《馀冬诗话》卷上:"汉《柏梁台诗》:'柤梨橘栗桃李梅。'韩退之《陆浑山火》诗:'鸦鸱雕鹰雉鹄鹇。'陈后山《二苏公》诗:'桂椒楠栌枫柞樟。'七物为句,亦偶用耳。或谓诗多用实字为美,误矣。"翁方纲《石洲诗话》卷一:"渔洋云:韩、苏七言诗,学《急就章》句法,如'鸦鸱鹰雕雉鹄鹇''骓駥骊骆骊骝骒'等句。近又得五言数语,韩诗'蚌螺鱼鳖虫'、卢全'鳗鳝鲇鲤鳅'云云。然此种句法,间作七言可耳,五言即非所宜,解人当自知之。"按:此句:鸱,鹞鹰。雕,猛禽,俗称老雕。雁,大雁、鸿雁。鹄,天鹅。鹇,鹇鸡。指林间空中的所有飞禽。

⑮ 燖炰煨燂孰飞奔:燖(xún):用热水烫脱禽兽类的毛煮之。《魏书·苻生传》:"或生剥牛羊驴马,活燖鸡豚鹅鸭。"魏本:"祝曰:燖,汤中瀹肉。《仪礼》(《聘礼》注):'唯燖者有肤。'炰,合毛炙物。《诗》(《鲁颂·閟宫》):'毛炰胾羹。'"炰,同炮,烧烤。《诗·小雅·瓠叶》:"有兔斯首,炮之燔之。"《广韵》:"炮,合毛炙物也。一曰裹物烧。"

煨:用文火烤食物。《说文·火部》:"煨,盆中火。"王禹偁《小畜集·武平寺留题》:"最忆去年飞雪里,煮茶煨栗夜深回。"燂(āo),煨烤,把食物埋在火中烧熟。魏本:"祝曰:'燂,《广韵》:埋物灰中令熟。燂,于刀切。'"朱《考异》:"燂,于刀切,埋物灰中令熟也。方作'燖',非是。"宋白文本、文本作"燂"。祝本、魏本作"燂"。廖本、王本作"燂"。《广韵》作"燂"。童《校诠》:"第德案:文渊阁本方氏举正无校语,疑有脱漏。说文:燂,温器也,一曰金器,读若奥。燂,正字,燖、燂、燂皆后出字。祝注及于刀切之燂皆当作燂。熟为孰之后出字,正文熟当依廖本、王本作孰,孰,谁也。祝本亦作熟,非。"按:则三字古通用,今多用"燂"。炰,北魏贾思勰《齐民要术·脯腊》作鳢鱼脯法:"其鱼,草裹泥封,爊灰中燂之。去泥草,以皮布裹而槌之,白如珂雪,味又绝伦。"《汉书·杨恽传·报孙会宗书》:"亨羊炰羔。"颜师古注:"炰,毛炙肉也,即今所谓燂也。"此句谓:所有的禽兽鱼族都被大火烧熟了。如果说首段是造势,此段则是具相:生动具体地写出了火神一族的骄傲形态。蒋之翘《辑注》:"'虎熊麋猪'四句,其法本之《招魂》,汉柏梁亦尝效之。"朱彝尊《批韩诗》:"旁及物类。"陈沆《诗比兴笺》卷四:"四句叙被焚之象也。"方成珪《笺正》:"自'山狂谷很'至'孰飞奔',言风助火势,延烧之盛。"

⑯ 祝融告休酌卑尊:祝融,火神。告休,休假。酌,设酒宴按序次会客。卑尊,卑贱与尊贵者,此乃火神一族。句意为他们功成要休息了,故摆下庆功酒宴。魏本:"祝曰:昭二十九年《左氏》:'颛顼氏有子曰黎,为祝融。'(祝融)为高辛火正。祝融,火神也。酌,斟酌也。"文《详注》:"祝融,火神也。行火告罢,酌酒以劳其尊卑上下之神也。《辩证》谓祝融告休而归,非。《淮南子》(《时则训》)许氏云:'祝融,颛顼之孙,老童之子吴回也。一名黎,为高辛氏火正,号为祝融,死为火神。'《山海经》(《海外南经》)曰:'赤熛怒之佐,兽身,人面,乘两龙。'"按:今本无"赤熛怒之佐"五字,文引《辩证》,乃洪兴祖之说,今廖本注云:"火行于冬,犹祝融告休而归也。"乃录洪说。《管子·五行》:"昔者黄帝……得祝融而辩于南方。"《左传》昭公二十九年:"木正曰句芒,火正曰祝融。"《吕氏春秋》卷四《孟夏》:"其帝炎帝,其神祝融。"注:"祝融,颛顼氏后,老童之子吴回也,为高辛氏火正,死为火官之神。"

⑰ 错陈齐玫辟华园:方《举正》据阁本作"玫闢(简作'辟')",云:"蔡、谢校、杭、蜀皆误。"朱《考异》:"玫,或作'收',非是。洪曰:'谓火齐、玫瑰也。'闢,或作'阐'。"宋白文本作"收",注:"一作'枝'。"作"阐",潮本、浙本同。文本作"致",注:"一作'收'。"二本"闢"均作"阐"。南宋监本原文作"收阐"。今从方,作"错陈齐玫辟华园"。

按:错陈,纵横交错地摆列。齐玫,火齐珠(赤色宝珠)、玫瑰珠(红色宝珠)的省称。《文选》卷一班固《西都赋》:"翡翠火齐,流耀含英。"《文选》卷五左思《吴都赋》:"火齐之宝,骇鸡之珍。"刘逵注:"《异物志》曰:'火齐如云母,重沓而可开,色黄赤,似金,出日南。"《文选》卷七司马相如《子虚赋》:"其石则赤玉玫瑰,琳珉昆吾。"《急就篇》卷三:"璧碧珠玑玫瑰瓮。"注:"玫瑰,美玉名也……或曰珠之尤精者曰玫瑰。"华园,华美的园囿,即花园。此乃想象之词。以下想象祝融告休后在花园大宴僚属,肴馔错陈,繁花盛开,火神施虐的情形。

⑱芙蓉披猖塞鲜繁:魏本:"孙曰:披猖,纷乱貌。"文《详注》:"言火神之聚,取喻于芙蓉园也。《两京杂记》曰:'皇城之东常乐坊有芙蓉园,本隋氏离宫。'《关中记》所谓:'曲江之地名曰乐游苑也。'披猖,乱貌,见《此日足可惜》诗。江文通《杂体诗》(《文选》江淹,字文通,拟魏文帝曹丕《游宴》)曰:'左右芙蓉披。'塞,谓四塞也。"方世举《笺注》:"塞鲜繁:按:言火色如花之鲜艳繁华,充塞其中也。"朱彝尊《批韩诗》:"花卉。"按:芙蓉,芙蓉花,红色。披猖,纷乱的样子。鲜繁,鲜艳而繁盛。此二句谓:熊熊的火光像耀眼的红色宝珠错陈在那里,鲜艳美丽如满园芙蓉盛开。以丑为美,以美写丑,表韩公爱憎,妙绝。韩公《此日足可惜一首赠张籍》诗云:"纷纷百家起,诡怪相披猖。"《楚辞》屈原《离骚》:"何桀纣之猖披兮。"王逸注:"猖披,衣不带之貌。"乃衣冠不整也。据徐松《唐两京城坊考》卷三云:芙蓉园在皇城东第三街,敦化坊南为曲江,曲江南为芙蓉园,距常乐尚有六坊之隔。李肇《唐国史补》谓芙蓉园即秦之宜春园。《通鉴》:贞观七年(633)十二月,上幸芙蓉园。胡三省注引《景龙文馆记》:芙蓉园在京师罗城东南隅,本隋世之离宫也。文说所引指此。芙蓉乃意象之喻,非如文说所说,泥于芙蓉园之地也。

⑲千钟万鼓咽耳喧:童《校诠》:"案:鐘,廖、王、祝三本作鍾,古字通用。"今简作"钟"。

文《详注》:"咽,塞也,音一结切。"魏本注:"咽,填咽也,音噎。"童《校诠》:"诗有驰:鼓咽咽,毛传:咽咽,鼓节也。"按:所说是。《诗经·有驰》(《鲁颂》):'鼓咽咽。'毛传:'咽咽,鼓节也。'"按:千钟万鼓,即千口钟万面鼓,形容场面广阔,声音洪大。正是"千钟万鼓响惊雷"之意。咽,充斥、填塞。咽字颇见辞彩,表韩公对此景的厌恶之情。咽字可作鼓声解,然此处喧作钟、鼓二名词的谓语,咽作动词用,主语是喧声,以耳代为宾语,乃主谓倒置,况咽承上两名词钟、鼓。不当单作鼓声讲。

⑳ 攒(zǎn)杂啾嚆(huò)沸篪(chí)埙(xūn):沸,方《举正》订,云:"蜀本'沸'作'怫'。"朱《考异》:"沸,或作'怫'。非是。"宋白文本、文本、祝本、魏本、廖本、王本均作"沸"。注:"沸,一作'怫'。"按:当作"沸",上句"咽耳喧",写声音;此句"沸篪埙",写声势,谓声势鼎沸。怫(fú 符弗切,入,物韵),违戾。《书·尧典》:"吁!怫哉。"又《书·大禹谟》:"罔怫百姓以从己之欲。"怫与沸二字音义均不同,作"怫"与诗义不合。谓作"怫"者,因"咽"字有口字旁,误以为作声音解,未知"怫"字义,有此失误。

魏本:"祝曰:'《广韵》:啾:唧,小声。嚆:喷,大唤。'孙曰:'攒杂啾嚆,声杂乱貌。篪埙:乐器也。'"文《详注》:"攒杂啾嚆,皆乐声。啾,音将由切。嚆,音黄郭切。篪埙,乐器。《说文》(竹部)曰:'篪,管乐也;埙,以土为之,六窍。'沸,如羹之沸也。《芜城赋》(《文选》卷一一鲍照作)曰:'歌吹沸天。'"魏本音注:"啾,即由切。嚆,胡泊切。篪,音池。埙,音喧。"魏本:"樊曰:自'山狂谷很'以下,言火之盛如此。神鬼焦烂,三光不暾,鸟兽皆为所燖焦。祝融,火之神,所以错陈齐攻,张钟鼓埙篪而御之也。"童《校诠》:"第德案:说文:龠,管乐也,从龠,虒声。篪,龠或从竹。壎,乐器也,以土为之,六孔,从土,熏声。篪为篪之隶省。说文:勋古文作勋,埙当为壎之异体。"顾嗣立《集注》:"郭璞《尔雅注》:'埙,烧土为之。篪,以竹为之。'"按:攒杂,驳杂、纷乱。啾,象声词,指众声嘈杂。嚆,象声词,大声叫喊。沸,人声鼎沸,热闹非常。篪,古代单管横吹的乐器。埙,古代用陶土烧制而成的球状吹奏乐器。此乃以各种乐器大合奏形容。即朱彝尊《批韩诗》云:"音乐。"

㉑ 彤幢绛旃(zhān)紫纛(dào)幡:方《举正》从阁、蜀本订"旛"。朱《考异》:"旛,或作'番'。"南宋监本原文作"番"。宋白文本、文本、潮本、浙本、祝本并作"番",注:"番,一作'旛'。"魏本、廖本、王本作"旛"。今作"幡"。

文《详注》:"此已下皆言火神从卫之盛。彤,丹饰。绛,大赤也。幢、旃,皆旗属。《释名》(《释兵》)曰:'幢,童也。其状(或作貌)童童然。'音传江切。《尔雅》(《释天》)曰:'因章为(或作曰)旃。'郭云:'以白(或作帛)练为旒,因其文章,不复画之也。'音之延切。纛,毛羽幢也,在车衡上。蔡邕(《独断》)曰:'以牦牛尾为之,如斗(如斗上或有大字),或在骖头,或在衡上。'音徒到切,又音毒。"魏本:"孙曰:幢,幡也。《说文》:'其貌幢幢,故曰幢。'旃,亦赤旗也。《周礼》(《春官·司常》):'通帛为旃。'纛,左纛,以牦牛尾为之,系左骖马轭上。旃旗曲柄。彤,绛赤色。"按:彤幢,插羽饰的红旗。绛旃,紫红色的旗子。纛,大旗。幡,长方形下垂的长条旗子。《周礼·春官·司常》:"司常掌九旗之物名,各有属以待国事。日月为常,交龙为旗,通帛为旃,杂帛为物,熊虎为旗,鸟隼为旟,龟蛇为旐,全羽为旞,析羽为旌。"

㉒炎官热属朱冠裈(kūn):魏本:"祝曰:裈,音昆,亲身裳。《前汉》(《司马相如传》):'相如身自着犊鼻裈。'"文《详注》:"言冠裈朱色,辉映其身之上下也。裈,下裳也,音公浑切。"蒋抱玄《评注》:"炎官即火官。热属,谓炎官之僚属。"钱仲联《集释》:"《释名》:'裈,贯也,贯两脚上系要中也。'"按:炎官,火神。韩公《游青龙寺赠崔大补阙》:"光华闪壁见神鬼,赫赫炎官张火伞。"热属,火神的僚属。朱冠裈,红帽红裤。裈,有裆的裤子。《急就篇》卷二:"襜褕袷複褶裤裈。"颜师古注:"合裆谓之裈,最亲身者也。"

㉓鬈(xiū)其肉皮通髀(bì)臀(tún):髀,方《举正》作"骰",云:"祝季宾谓'胜'当作'骰'。按'胜'从月从骨,一也。刘备'髀中肉消',亦通用。"朱《考异》同方。宋白文本、文本、廖本、王本作"胜"。祝本、魏本作"骰"。骰、踔、髀,古通用。

文《详注》:"鬈,赤黑色也,音许求切。胜,股也,音部礼切。"童《校诠》:"第德案:今祝本骰下注云:音陛,作骰,辞意未达,当有脱文。说文:髀,股也,踔,古文髀。集韵:髀或从月,骰、胜皆髀之后出字。脾,说文:土藏也,非股髀字,考异已校正。髀中肉消,当作髀肉皆消,见三国志蜀志先主备下注。"屈《校注》:"案:方所引祝季宾当即祝充,魏本载《韩集所收诸儒名氏》谓祝充字廷宾,此诗方氏《举正》两引皆作季宾,魏本《名氏》疑有误。"按:髹,赤黑色的漆,或作上漆。《韩非子·外储说左上》:"客有为周君画荚者,三年而成。君观之与髹荚者同状。"通,直到。髀,通髀,大腿。臀,哺乳动物腰下股上的后面部位。俗谓屁股。或谓人体后两股上端和腰相连接的部位。

㉔ 頩胸埕(dié 徒结切,入,屑韵)腹车掀(xiān 虚言切,平声,元韵)辕(yuán 雨元切,平,元韵):方《举正》据唐本订"掀辕"字,云:"范(伯廉)、谢校。"朱《考异》:"掀辕,或作'辕掀'。"宋白文本、文本、祝本、魏本作"辕掀"。廖本、王本同方,作"掀辕"。按:掀辕,二字同韵,按诗叶韵均可。按本诗用语有"逃门""通髀臀",均为动宾词组,则作"掀辕",亦为动宾词组,善。

頩胸:袒露胸膛。埕腹,挺着大肚子。车掀辕,驾着车子,把车辕掀得高高的,以此形容火神趾高气扬。文《详注》:"頩、埕,皆纵弛貌。埕,音徒结切。掀,举也,音许言切。"钱仲联《集释》:"頩,下也。頩胸状气之頩下。埕,蚁封也,有坟起之义。埕腹状腹之隆起。"

掀辕:魏本:"祝曰:掀,音轩,手举物也。《左氏》(成公十六年):'乃掀公以出于淖。'"按:掀,举出也。掀公,实是将晋厉公戎车掀起,离开泥沼。

㉕ 缇颜韎(mèi)股豹两鞬:魏本:"祝曰:缇,音提,赤色也。《周礼》(《地官·草人》):'赤缇用羊。'韎,音莫拜切,又亦音昧。《诗》(《小雅·瞻彼洛矣》):'韎韐有奭。'鞬,居言切。两鞬,《说文》(革部):'所以戢弓矢。'《后汉》(《董卓传》):'董卓膂力过人,双带两鞬,左右驰射。'孙曰:《左氏》:'右属橐鞬。'豹两鞬者,以豹皮为之。"文《详注》:"缇、韎,皆赤色也,上音之黎切,下音莫佩切。《说文》(韦部)曰:'茅蒐(原误作鬼)染韦,一入曰韎。'鞬,马上盛弓矢器。《左传》曰'右(原误作左)属橐鞬'是也。今以赤豹皮饰之。"童

《校诠》："第德案：雨当作两，妹当作妹。说文：韇，所以戢弓矢。韇，本字，鞬，假借字。又按：今本后汉书董卓传及左传僖二十三年传皆作鞬，祝、孙所见本与今本异。"按：缇颜，红黄的脸盘。韎，宋白文本、魏本韦部，从未，乃抄写之误。文本作"𣎴"，注："一作'朱'。"亦误。《说文·韦部》："韎，茅蒐染韦也。一入曰韎，从韦末声。"韎，莫拜切，去声，怪韵。又莫拨切，入声，末韵。均不从未或朱。韎，茜草，可作染料。《国语·晋语六》："鄢之战，郤至以韎韦之跗注。"注："三君云：'一染曰韎。'郑后司农说：'以为韎，茅蒐染也。韎，声也。'昭谓：'茅蒐，今绛草也，急疾呼，茅蒐成韎也。'"韎股，茜红色的大腿。豹两鞬，用豹子皮制成的两个箭囊。

㉖ 霞车虹靷（yǐn）日毂（gǔ）辒（fān）：虹靷的"虹"字，方《举正》据唐本订作"虹"字，云："范、谢校。阁本已误。"朱《考异》："虹，或作'红'，非是。"南宋监本原文作"红"。方校刊韩集所用底本作"红"。宋白文本、文本、潮本、浙本、祝本、魏本并作"红"。文本、魏本注："红，一作'虹'。"廖本、王本作"虹"。按"霞车""虹靷"构词特点，则当作"虹"。

靷：牵车的红绳子。文《详注》："霞、日，皆言赤色。靷，音文忍切。解见上《赠崔（立之）评事诗》。毂，辐所凑也。辒，车箱也，音力烦切。"魏本："祝曰：靷，以忍切，又余刃切。引车索也。《史记》（《孟尝君列传》）：'凭轼结靷。'《前汉》（《景帝纪》）：'令长吏二千石[车]朱两辒。'辒，音番。孙曰：日毂，日车。辒，车大箱也。"方世举《笺注》："《诗·小戎》（《秦风》）：'阴靷鋈续。'《汉书·景帝纪》：'令长吏二千石车朱两辒。'"童《校诠》："第德案：辒、辒皆说文所无。说文：轩，曲𫐐藩车，以藩为之。周礼春官巾车：漆车藩蔽，郑注：藩今时小车，藩漆席以为之；左氏襄二十三年传：以藩载栾盈，杜注：藩车之有障蔽者；皆作藩。祝注石下应增车字，见汉书景帝纪。"按：毂，车轮中心的圆木，用来插车的辐条，此代车轮子。辒，车的障蔽，即古代车箱两旁用以遮蔽尘土的屏障。《汉书·景帝纪》："令长吏二千石车朱两辒，千石至六百石朱左辒。"颜师古注引应劭曰："车耳反出，所以为之藩屏，翳尘泥也。二千石双朱，其次乃偏其左。軛以篝为之，或用革。"《后汉书·董卓传》："卓遂僭拟车服，乘金华青盖，爪画两轓，时人号称'竿摩车'，言其服饰近天子也。"注："《续汉志》曰：轓长六尺，下屈，广八寸。"《汉语大词典》亦引韩诗为例。《易·说卦》："离为火，为日，为电，为中女，为甲胄，为戈兵，其于人也为大腹。"此句谓：车如彩霞，绳如彩虹，轮如红日。

㉗ 丹蕤（ruí）綩（quán 此缘切，音诠，平，仙韵）盖绯繙（fán 孚袁切，平，元韵）帑（yuān）：魏本："祝曰：綩，七绢切，绛色。《尔雅》（《释器》）：'一染谓之綩。'繙，音翻。韩曰：《广韵》（上平声二十二元）：'风吹旗貌。'帑，音鸳，《说文》（巾部）：'轓也。'孙曰：'繙帑：乱貌。'"文《详注》："蕤，旗也。《楚辞》曰：'载云旗之葳蕤。'（此语《离骚》《远游》《九辩》三见，作载云旗之委蛇）音儒惟切。綩，赤黄色也。《说文》曰：'一染谓之綩，再染谓之赬，三染谓之纁。'綩，音取绢切。帑，亦幡也，音于袁切。繙，音番，缤繙，风吹旗也。"按：丹蕤綩，车盖下垂的红丝穗。扬雄《甘泉赋》："风漎漎而扶辖兮，鸾凤纷其衔蕤。"颜师古注："蕤，车之垂饰缨蕤也。"綩盖，绛色的车盖子。《说文·糸部》："綩，帛赤黄色也。一染谓之綩，再染谓之赬，三染谓之纁。"段注："赤黄者，赤而黄也。《礼·丧服》注曰：'綩，浅绛也。'"绯繙帑，红色的旗子。绯，红色。《说文·糸部》："绯，帛赤色也。"韩公《送区弘南归》："腾踏众骏事鞍軏，佩服上色紫与绯。"繙，同翻，作翻动解。繙帑合之亦作旗旛解。《辞源》亦引韩诗为例。此句谓：风把车盖上插的旗子刮得纷乱翻动，此乃火神出行的仪仗队，写所乘车盖侍从之盛。

㉘ 红帏赤幕罗脤（shèn）膰（fán）：文《详注》："脤膰，祭肉也。上音是刃切，下音符袁切。《周礼》曰：'以脤膰亲兄弟。'"魏本："韩曰：《周礼》：'以膰脤之礼亲兄弟之国。'膰，祭肉也。"魏本音注："脤，音蜃。膰，符爱切。"按：脤，古代祭祀社稷用的生肉。膰，古代祭祀宗庙用的熟肉。合之者谓祭肉。此句谓：红色的帏幕前陈列着祭祀的供品。《周礼·春官·大宗伯》："以脤膰之礼亲兄弟之

国。"注:"脤膰,社稷、宗庙之肉,以赐同姓之国,同福禄也。"疏:"脤膰,社稷、宗庙之肉。分而言之,则脤是社稷之肉,膰是宗庙之肉。"韩醇"脤膰",作"膰脤",误矣。

㉙ 衁(huāng)池波风肉陵屯:方《举正》:"杭本作'凌',蜀作'陵',洪曰:'陵屯,字见《庄子》(《至乐》),当从陵。'樊泽之曰:'衁若池,波若风,肉若陵屯。'按:此诗自'祝融告休'之下,皆托喻于祝融之会其属。当告休之时,合尊卑而更酌,喧钟鼓,盛旆幢。炎官热属之徒,皆赪胸垤腹,缇颜袜鼓(股)以肃其前。霞车缛盖,言车舆之设也;红帷赤幕,言脤膰之罗也。衁如池,肉如陵,以巨鳌为颇黎盆,五岳为豆,四瀛为樽,醧酬喧杂,雷电亦助威焉。此其义也。衁与肉只当以二义言之。衁如池而波风,肉如陵之屯聚。樊说赘也。"朱《考异》:"陵,或作'凌'。洪曰:陵屯,字见《庄子》,当从'陵'。樊泽之曰:衁若池,波若风,肉若陵屯。方云:衁如池而波风,肉如陵之屯聚也。今按:《列子》(《天瑞》)'生于陵屯',注谓'高处',《庄子音义》云'阜也',洪说得之。樊说衁池、肉陵屯。方说波风,皆得之。而樊说波如风,方说肉陵之屯聚,则误矣。合二说而言之曰'如衁池之波风,肉之陵屯',乃为善耳。"文《详注》:"衁,血也,音呼黄切,又音荒。《左传》(僖公十五年)曰:'士刲羊,亦无衁也。'《庄子·至乐篇》曰:'生于陵屯。'疏云:'屯,阜也。'(洪)《辨证》以谓:'波风,言若风涛然。陵屯,言如丘陵之屯。'屯,聚也,音徒昆切。陵,一作'凌',非是。"孙、韩二说,与上《举正》引同,不赘。按:衁池,血池。衁,《集韵》:"《说文》:血也。引《春秋传》:'士刲羊,亦无衁也。'"《类篇》:"呼光切。"肉陵屯,宴席上的肉堆积如山丘。此写宴席上的酒肉。

㉚ 谽(hān 火含切,平,覃韵)呀巨鳌颇黎盆:方《举正》据唐本作"谽呀",云:"谽呀,大貌。字见相如《上林赋》。少陵诗(《柴门》)亦有'余光散谽呀'。"朱《考异》:"谽,或作'豃'。(引方语)今按:《汉书》注(《司马相如传》引郭璞说,《文选》注同)'谽呀,涧谷形容也。'"南宋监本原文作"豃"。宋白文本、文本、潮本、浙本、祝本、魏

本作"豁"。当作"谽呀"。

谽呀：深而大的样子，山谷空旷貌。《史记·司马相如传》："谽呀豁閜。"索隐引司马彪曰："谽呀，大貌。"《汉语大词典》亦引韩诗为例。壑，山谷。谽、呀、巨，三字都是形容山谷又深又大。颇黎，即玻璃。此句谓：深谷大壑像玻璃盆一样。魏本："孙曰：'巨壑豁（当作谽）呀，状如颇黎盆也。颇黎，西国赤玉名云。'"文《详注》："言山谷火后皆如赤玉之盆也。壑，大谷也。《子虚赋》曰：'谽呀豁閜。'注云：'谽呀，大貌。豁閜，虚空貌。'言众溪谷皆大而虚空也。颇黎，玉名。解见《游青龙寺》诗。"王元启《记疑》："'盂肉'承上'脉膰'言之。下文以壑为盆，以山为豆，以海为樽，又承此句'盂肉'言之。方云：'盂如池而波风，肉如陵之屯聚。'其说是也。《考异》谓'如盂池之波风，肉之陵屯。'则似指火之势焰，恐非语意。"童《校诠》："第德案：作豁呀亦通，公送刘师服诗：今我呀豁落者多，呀豁即豁呀。"按：文注赤玉盆为山谷火后之状，不若王元启谓承盂肉之说为确。若此则"谽呀巨壑"无着落了，文说有理。

㉛ 豆登五山瀛四樽：魏本："孙曰：《尔雅》（《释器》）：'木豆谓之豆，瓦豆谓之登。'豆登五山者，以五岳为豆登。瀛四樽者，以四海为酒樽也。"文《详注》："五山，五岳也。瀛，四海也。言以五岳为豆登，四海为樽罍也。冯衍《自论》（《后汉书·冯衍传》）曰：'经营五山。'注云：'即谓五岳也。'《玄怪录·仙真诗》（此郭修真咏《华山云台峰》诗，见《续幽怪录》卷一《杨恭政》条，又见《太平广记》卷六八《续玄怪录》）曰'华岳无三尺，东瀛仅一杯'与此同义。豆、登，盛黍稷之器。《诗》（《大雅·生民》）云：'卬盛（文原作成，当是假借，唐时已通用"盛"，今改）于豆。''于豆于登。'注云：'瓦豆为登。'一见《南山诗》。"魏本："樊曰：自'彤幢绛旗'以下，皆言祝融御火，其车御饮食之盛如此。"钱仲联《集释》："《史记·孟子荀卿传》：'乃有大瀛海环其外。'"按：豆、登，古代的食具。瀛，大海。此句谓：火神的宴会以五岳为食品的器具，以大海为酒杯，与上句文说合。故朱彝尊《批韩诗》云："酒肉。"

㉜ 熙熙醮(jiào)酬笑语言：文《详注》："醮，饮酒尽也，音子肖切。《礼记》曰：'长者举未醮，少者不敢饮。'醮，音时流切。《楚茨》诗(《诗·小雅》)笺云：'主人酌宾为献。宾既酢主人，主人又自饮酌宾曰酬。至旅而爵，交错以遍。'"按：熙熙，高兴貌。《老子·二十章》："众人熙熙，如享太牢，如春登台。"《汉书·礼乐志》："众庶熙熙，施及夭胎；群生啿啿，惟春之祺。"醮，饮尽杯中酒，即干杯。《礼记·曲礼上》："长者举未醮，少者不敢饮。"郑玄注："尽爵曰醮。"《新唐书·胡证传》："晋公裴度未显时，羸服私饮，为武士所窘，证闻，突入坐客上，引觥三醮，客皆失色。"酬，劝酒。公此句诗实用《诗·小雅·楚茨》"为豆孔庶，为宾为客。献酬交错，礼仪卒度，笑语卒获"意。

㉝ 雷公擘山海水翻：文《详注》："《淮南子》曰：'南方火，其色赤。赤天之气，上为赤云。相薄为雷，激扬为电。'(引文见《天文训》：'阴阳相薄，感而为雷。''南方曰炎天。'《地形训》：'赤泉之埃，上为赤云。阴阳相薄为雷，激扬为电。'及注：'南方火，其色赤。')《论衡》(《雷虚》)曰：'图雷之状，累累如连鼓形。又图一人若力士，谓之雷公。使之左手持连鼓，右手推之。'"《初学记》卷一《天部》引晋葛洪《抱朴子》佚文："雷神曰雷公。"方世举《笺注》："雷公：屈原《远游》：'前(当为左)雨师使径侍兮，右雷公以为卫。擘山：《述征记》：'华山、首阳本一山，巨灵擘开，以通河流。'"此句意谓：酒宴喧闹得像雷公劈山、掀翻大海一样。雷公，雷神。

㉞ 齿牙嚼啮舌腭反：方《举正》："祝季宾云：'腭，恐作噩。'按：腭，齿断也。《集韵》(入声十九铎)作'腭'。罒，咢之隶文也，义通。"朱《考异》："腭，或作'齶'。"宋白文本、文本、廖本、王本作"腭"，注："五各反。"祝本、魏本作"齶"。

魏本："祝曰：齶，口中断也，出《字统》。反，《前汉》'有所乎反'，或云：齶字恐作噩，音咢。反，音番。"文《详注》："腭，齿断也，音逆各切，又音乎衷反。"方世举《笺注》："按《玉篇》有齶字，无腭字。《说文》俱无。《广韵》：'噩，口中断，噩，出《字统》，与齶同。'亦无腭字。"童《校诠》:"第德案:章太炎先生云:其言龈噩者,字当作剿,说文:剿,刀剑刃也,刀剑横锋曰剿,故物有廉棱亦曰剿,是龈齶字应作剿。齶、噩皆后出字,腭字尤晚出。有所乎反,乎当作平,见汉书隽不疑传。"

按:此句谓:大吃大嚼,齿动舌翻,从不停息。啮,咬,意同嚼。舌腭,舌头、口腔上腭。反,同翻。

㉟ 电光礤(xiàn)磹(diàn)赪(chēng)目睻(xuān):魏本:"祝曰:晋王嘉《拾遗记》:'月支献猛兽,令作两目如天礤磹之炎光也。'礤,先念切。磹,徒念切。睻,音喧。"文《详注》:"礤磹,电光也,上音先念切,下音徒念切。睻,大目也,音喧。赪,赤色也,音痴贞切。《列仙传》:'汉武帝时,月支国献猛兽,一大如狸。使者指兽发声,忽如天雷霹雳之响,两目如天礤磹之炎光,帝颠蹙。'"魏本注:"睻,大目也。礤磹,电光。"方世举《笺注》:"礤磹:《十洲记》:'武帝时,月支献猛兽,命唤一声,忽如天大雷霹雳。又两目如礤磹之交光,光朗冲天。'赪目睻:睻,音喧。《说文》:'赪,赤色。'《广韵》:'睻,大目。'"按:礤磹,电光闪动的样子。东方朔《海内十洲记》:"(兽)两目如礤磹之交光,光朗冲天。"赪目睻,睁开红色的大眼睛。赪,红色。睻(祝本作"暖"误),大眼睛,此处作动词用,当张开解。瞪着大大的红眼睛,目光炯炯像闪电光一样。朱彝尊《批韩诗》:"饮啖。"陈沆《诗比兴笺》卷四:"叙火神饮宴之盛也。"此句承上启下:以上叙祝融火神已毕,以下叙颛冥水神之哀告。

㊱ 项(xū)冥收威避玄根:文《详注》:"项、冥,北方二神名。言祝融势盛,二神畏之,自失其职也。《淮南子》(《时则训》)曰:'北方之极,漂润之野(此节引),颛帝(项)玄冥之所司者,万二千里。'许(疑为'高'字)氏云:'颛项(原作帝),黄帝之孙,以水德王天下,号高阳氏。死为北方水神,水德之帝。其神玄冥者,金天氏有适(同嫡)子昧,为玄冥师,死而祀为主水之神也。'玄根,北方之根。《老子》曰:'玄之又玄,众妙之门。'(一章)'是谓天地根。'(六章)"避玄根,魏本:"洪曰:'水生木,木生火,水之于火犹祖视孙也。'"王元启

《记疑》:"避玄根:或谓水,阴根。阳,火也。愚按:如或言,则下文'背厥孙'于文为复沓,于义为反戾矣。此但言项冥畏怯,自离其本根耳。盖水属玄,冬为水舍,是即玄根也。"按:项,颛顼,冬之帝,主水德。冥,玄冥,冬之神,也称水神。玄根,玄根是水之本,即冬帝水神所管之土地。此句谓:冬帝冬神为避火而丢下自己的土地,被山火吓跑了。《列子·天瑞篇》:"玄牝之门,是谓天地之根。"《晋书·挚虞传》:"经赤霄兮临玄根。"《礼记·月令》:"孟冬之月……其帝颛顼,其神玄冥。"注:"颛顼,高阳氏也。玄冥,少暤氏之子曰修、曰熙,为水官。"疏引正义曰:"颛顼,高阳氏,姬姓也。又《帝王世纪》云:'生十年而佐少暤,十二年而冠,二十年而登帝位,在位七十八年而崩,以水承金也。'……又云:'修及熙为玄冥,是相代为水官也。'"文、方等注同。

㊲ 斥弃舆马背厥孙:魏本:"洪曰:'水生木,木生火,水之于火,犹祖视孙也。'"文《详注》:"水生木,木生火,水之于火,犹祖之视孙也。"文注同洪。斥弃,抛弃。舆马,车子马匹。厥孙,火神。阴阳家认为水生木,木生火。木于火为父,水于火为祖,火于水则为孙。此句谓:水神为躲避他的孙子火神,抛弃车马,狼狈逃窜。

㊳ 缩身潜喘拳肩跟:魏本:"祝曰:《选》(张平子《西京赋》):'突到投而跟趷。'"文《详注》:"跟,踵也。畏缩之甚,故拳曲其肩踵也。跟,音古痕切。"魏本注:"跟,足踵。跟,音根。"按:谓颛顼、玄冥不敢大声喘气。拳肩跟,拳,卷曲;肩,肩膀;跟,脚踵。此句谓:缩首缩脚,卷曲着身子。

㊴ 君臣:魏本:"樊曰:'君谓颛顼,黑精之君;臣谓玄冥,水官之臣。'"祝、文注同。按:君臣指冬帝颛顼,水神玄冥。此讽刺顼、冥君臣,颇含深意。

㊵ 命黑螭(chī)侦焚其元:魏本:"祝曰:'螭,兽也,如龙而无角。侦,伺也,问也。元者,首也。'孙曰:'谓为火焚。'"魏本音注:"螭,丑知切。侦,音柽;又丑郑切。"文《详注》:"侦,伺也。元,首也。黑螭,北方之龙,二帝命往伺候祝融之盛衰,反为大火焚首而

还。言水气之衰也。"按:黑螭,传说为无角之龙。其君颛顼为黑精之君,故称其为黑螭。侦,侦察。焚其元,烧坏了黑螭的头。

㊶ 天关悠悠不可援:魏本注:"援,攀也,平声。"按:天关,天门。悠悠,高远貌。《诗·唐风·鸨羽》:"悠悠苍天,曷其有极?"援,此处作攀缘或求助解。《诗·大雅·皇矣》:"以尔钩援,与尔临冲。"《左传》襄公元年:"晋侯卫侯次于戚,以为之援。"此句谓:黑螭被烧后欲诉天帝,然天门遥远难以攀登。

㊷ 梦通上帝血面论:托梦见上帝。血面,因被火烧伤,故满面流血。论,申诉。《庄子·齐物论》:"六合之内,圣人论而不议。"前蜀韦庄《小重山》:"万般惆怅向谁论?凝情立,宫殿欲黄昏。"魏本:"樊曰:'君谓颛顼,黑精之君;臣谓玄冥,水官之臣。诗意谓火既用事,则顼、冥当缩身潜喘,而君臣乃命黑螭问其事于祝融,而火焚其首,黑螭所以血面而论于帝也。'"文《详注》:"言二神为火所侵,将诉之于天帝也。"

㊸ 侧身欲进叱于阍(hūn):此句谓:侧着身子往天门里挤,却遭到了守门神的叱责。阍,守门人。《楚辞》屈原《离骚》:"吾令帝阍开关兮,倚阊阖而望予。"《汉书·五行志》:"阍戕吴子。"杜甫《塞芦子》:"谁能叫帝阍?"帝阍者天帝之门,俗谓南天门。

㊹ 帝赐九河湔(jiān)涕痕:方《举正》从杭、蜀本作"涕痕"。朱《考异》:"涕,或作'泪'。"南宋监本原文作"泪"。宋白文本、廖本、王本作"涕痕",注:"涕,一作'泪'。"文本、潮本、浙本、祝本、魏本作"泪痕",注:"泪,一作'涕'。"作"涕"、作"泪"均可。

文《详注》:"《书·传》:'河水分为九道,在兖州界,徒骇、太史、马颊、覆釜、胡苏、钩槃、鬲津、简、洁也。'"按:此句谓:帝赐九河之水洗泪涕之痕。九河,指地上九条河流。《书·禹贡》:"夹右碣石,入于河。济河惟兖州,九河既道(同导)。"传:"河水分为九道,在此州界平原以北是。九河徒骇一、太史二、马颊三、覆釜四、胡苏五、简六、絜七、钩盘八、鬲津九、出《尔雅》《释水》。"湔,洗濯。涕痕,泪涕之痕。

㊺ 又诏巫阳反其魂：魏本："韩曰：宋玉《招魂》云：'帝告巫阳曰：有人在下，我欲辅之。魂魄离散，汝筮与之。'注：'巫阳，天帝女也。'"文、祝注同而简略。按：巫阳，古代的巫官，名阳，能招魂。《楚辞》宋玉《招魂》："帝告巫阳曰：'有人在下，我欲辅之。魂魄离散，汝筮与之。'"王逸注："天帝哀闵屈原魂魄离散，身将颠沛，故使巫阳筮问求索，得而与之，使反其身也。"又："帝，谓天帝也。女曰巫，阳其名也。"反其魂，即命巫阳招归其魂也。阳，巫之名。

㊻ 徐命之前问何冤：此句谓：帝命黑螭慢慢走到跟前问他有什么冤枉。黑螭回话承上文（命黑螭侦焚其元）省略，下文直接写帝的嘱语。故朱彝尊《批韩诗》云："诉天帝。"

㊼ 火行于冬古所存：文《详注》："此已下皆天帝之言。按《周礼》《夏官》《司爟》：'掌行火之政令。季春出火[，民咸从之]。季秋纳（《周礼》作内，古通）火，民亦如之。（文引文错讹，遂正）'盖谓建辰之月，鹑火星昏见南方，则令民放火；建戌之月，火星伏在日下，夜不得见，则令民内火。禁放火者，今言火行于冬，乃在纳火之后，抑《礼记》所谓'昆虫未蛰，不以火田'乎？事见《王制》篇。"按：内与纳二字古通用，纳后出。屈《校注》："建辰之月，即三月；建戌之月，即九月。鹑火星即心星。《王制》篇郑注云：'取物必顺时候也。'又云：'昆，明也。明虫者，得阳而生，得阴而藏。'"

㊽ 我如禁之绝其飧：宋白文本、文本、廖本、王本作"飧"。祝本、魏本作"餐"。作"餐"、作"飧"，均通。然"飧"合上下句韵，作"飧"字善。

文《详注》："飧，音孙，《说文》（食部）曰：'餔也。'"魏本："樊曰：'帝告绝之语也。'"王元启《记疑》："按：飧，音孙，其字从夕。《诗》：'有饛簋飧。'传训熟食，俗本从歺作飧。按：飧与餐同，吞也，音千安反，韵既不谐，又谓绝其食则可，谓绝其吞则不可，义亦不安，今定从夕。"童《校诠》："第德案：公此诗用元、魂、痕三韵字，无旁出者，自以作飧为是。说文：飧，餔也。从夕、食，思魂切，引申为凡食字。餐，吞也，从夕、奴声，七安切，飡、餐或从水。飱为飧之俗，与餐不同，从水从食者，乃与餐同耳。王谓飧与餐同，未谛。"按：飧：熟食，此处作供其食物解。《说文·食部》："飧，铺也。从夕食。"段注："《小雅传》曰：'孰食曰饔。'《魏风传》曰：'孰食曰飧。'然则饔飧皆谓孰食，分别之则谓朝食夕食。许于饔不言朝，于飧不言孰，互文错见也。赵注孟子曰：'朝食曰饔，夕曰飧。'此析言之。《公羊传》：'赵盾食鱼飧。'《左传》：'僖负羁馈盘飧。''赵衰以壶飧从。'皆不必夕时，浑言之也。"飧，祝本等作"餐"，廖本、王本等作"飧"，合本诗用韵与义，是。

㊾女丁妇壬：方《举正》："阁本、蜀本作'女'，杭本作'夫'，荆公、李、谢皆从杭本。董彦远（逌）曰：当作'女丁夫壬'。引东山少连曰：玄冥之子曰壬夫安，祝融氏之女曰丁芈，俱学水仙，是为温泉之神。洪曰：丁，火也；壬，水也。火，女也；壬，男也。丁为妇于壬，故曰'女丁妇壬'。一作'夫丁妇壬'，亦通。夫丁，壬也，言壬为丁夫；妇壬，丁也，言丁为壬妇。"朱《考异》："杭本'女'作'夫'。（下引方语）今按：丁为阳中之阴，壬为阴中之阳，故言女之丁者为妇于壬，以见水火之相配。今术家亦言丁与壬合。洪氏二说皆是。"

魏本："洪曰：丁，火也。壬，水也。火，女也。壬，男也。丁为妇于壬，故曰'女丁妇壬'。一作'夫丁妇壬'，亦通。夫丁，壬也，言壬为丁夫。妇壬，丁也，言丁为壬妇。'韩曰：《左氏》（昭公九年）郑裨灶曰：'水，火妃也（水、火二字倒置也）。'五行：水克火为妻，所以水为夫于丁，火为妇于壬。水火，夫妇也。"文《详注》："天一生水，地二生火，故丁与壬合，而万物生，成此所以世世为婚也。《辨证》云（略）丁，阳中之阴也，故曰女丁；壬，阴中之阳也，故曰妇壬。"郑珍《巢经巢文集》卷五《跋韩诗陆浑山火》云："诗云'女丁妇壬传世婚'，注家皆不得所出。余谓萧吉《五行大义》论五行相杂第二段引《五行书》云：'甲以女弟乙嫁庚为妻，丙以女弟丁嫁壬为妻，戊以女弟己嫁甲为妻，庚以女弟辛嫁丙为妻，壬以女弟癸嫁戊为妻。甲、丙、戊、庚、壬为男，刚强，故自有德，不杂。乙、丁、己、辛、癸为女，柔弱不自专，从夫，故有杂义。'《论合》条云：'丙阳丁阴，壬阳癸阴，丁为壬妻,故壬与丁合。'引《季氏阴阳说》曰:'火七畏壬六,故以妹丁妻壬。'此公诗所本。"按:古以丁为火,女丁即火神的女儿。壬为水,妇壬即水神的儿媳。《左传》昭公九年:"火,水妃也。"正义曰:"阴阳之书有五行妃合之说:甲乙,木也;丙丁,火也;戊己,土也;庚辛,金也;壬癸,水也。木克土,土克水,水克火,火克金,金克木。木畏金,以乙为庚妃也;金畏火,以辛为丙妃也;火畏水,以丁为壬妃也;水畏土,以癸为戊妃也;土畏木,以己为甲妃也。杜用此说,故云'火畏水,故为之妃'也。"此句谓:火神女儿嫁给水神的儿子做妻子,水火两家世代为亲。

㊿ 一朝结仇奈后昆:一旦结为冤家对头,后代子孙怎么办呢?昆,后裔、子孙。《尚书·商书·仲虺之诰》:"以礼制心,垂裕后昆。"陈沆《诗比兴笺》卷四:"《左传》禆灶曰:火,水之妃也。梓慎曰:水,火之牡也。盖丁属火,壬属水,故言女之丁者,世为妇于壬,以见水火之相配,术家所谓丁与壬合也。"《文选》左思《吴都赋》:"其居则有高门鼎贵,魁岸豪杰,虞魏之昆,顾陆之裔。"

(51) 时行当反慎藏蹲:魏本:"蹲,踞也。祝曰:《左氏》(成公十六年):'蹲甲而射之。'音存。"文《详注》:"《易》(《杂卦》)曰:'复,反也。'(《序卦》)'剥,穷上反下,故受之以复。'盖复,十一月之卦也。当一阳来复之时,水气正王,故不可退藏,则乃为微阳所胜,故防于此也。蹲,迹(疑为踞字)也,音徂尊切。"钱仲联《集释》:"《左传》杜预注:'蹲,聚也。'"赵执信《声调谱》:"律句。"按:此句谓:随着时间的推移,事物的变化,一定会物极必反,希望水神暂时忍耐,等待时机。此乃天帝告慰顼冥的话。

(52) 视桃著花可小骞:魏本作"骞"。注:"小骞,亏少也。"又音注:"著,直略切。骞,音愆。"文《详注》:"《月令》:'仲春之月,始雨水,桃始华。'言桃花之候,水气可以小小骞腾也。《前汉·沟洫志》:杜钦曰:'来春桃花水盛,必羡溢,有填淤之害。'颜师古云:'盖桃方花时,既有雨水,川谷冰泮,众流猥积(今《汉书注》作集),波澜渐(今《汉书注》作盛)长,故谓之桃花水。'又《水衡记》云:'二三月水名桃花水。'着,音直落切。"王元启《记疑》:"旧作骞,音愆,训亏少(祝音注即如此),仍注云:一作'骞'。今以上文'藏樽'二字推之,义当作鶱。鶱,腾举也,字从鸟,音虚言反,其音愆者从马,自入先韵,今改正。"按:当作鶱(xiān 虚言切,音掀,平,元韵),腾举也。谓桃始花时,水可稍得势也。若作亏少解,音愆。不仅义乖违,而且韵亦不叶矣。《说文·鸟部》:"鶱,飞貌也。"《艺文类聚》卷九〇南朝梁沈约《天渊水鸟应诏赋》:"将鶱复敛翮,回首望惊雌。"韩公《和侯协律咏笋》:"得时方张王,挟势欲腾鶱。"则韩公诗作"鶱"字是。魏本:"洪曰:《月令》:'仲春始雨水,桃始华。'《汉书》(《沟洫志》)云:'来春桃花水盛。'谓二月雨水盛也。"此句谓:等到桃树开花的春天,水神就可以开始活动了。《礼记·月令》:"仲春之月,始雨水,桃始华。"

� 月及申酉利复怨:魏本:"怨,仇也。洪曰:'谓七八月多水潦也。'孙曰:'申,七月;酉,八月。此玄冥复怨之时。'韩曰:'水生于申,火死于酉。故水至申而利,火至酉而怨。'祝曰:古乐府:'空负百年怨。'怨,音冤。"文《详注》:"西方申酉,金之位也。金能生水,则气愈强盛。时火方衰于戌,故乘其衰弱,可以复怨也。怨,音于袁切。"方成珪《笺正》:"利复怨,谓利于复仇也。孙良臣注(略)解甚明析。注引韩说上二句是,下二句谬甚。"按:方说是。利复怨,利在水神,故利于复冬火被烧之怨仇也。到七八月时水神得势而火神遭厄运的时间。夏历以干支纪月,正月为建寅,序推申为七月,酉为八月。水生于申,火死于酉。故云七八月有利于水,不利于火。利复怨,有利于水神复仇。

㊵ 助汝五龙从九鲲:魏本:"祝曰:鲲,鱼名。《列子》(《汤问》):'其名为鲲。'"《庄子·逍遥游》:"北冥有鱼,其名为鲲,鲲之大,不知其几千里也。"文《详注》:"《鲁灵光殿赋》曰:'五龙比翼,人皇九头。'吕向注云:'上古有五龙,兄弟[有]五人:黄伯、黄仲、黄叔、黄季、黄少,并有羽翼,分理九州。人皇九头,理天下有圣德[也]。'李善引《春秋命历序》曰:'皇伯、皇仲、皇叔、皇季、皇少五姓

同时俱驾龙舟,密与神通,号曰五龙。'又曰:'人皇九头,提羽盖,乘云车,出旸谷,分九河。'宋均云:'九头,九人也。'又按项峻《始学篇》曰:'人皇九头,兄弟各三百岁,依山川土地之势,裁为九州,各居其一方。'九州因是以区别。九鲲,疑即人皇九头也。"魏本:"樊曰:从公学文者多矣。惟李习之得公之正,持正得公之奇。持正尝语人(参阅持正《答李生第二书》)曰:'《书》之文不奇,《易》[之文]可为(应为谓)奇矣。岂碍理伤圣乎?如龙战于野,其血玄黄,见豕负途,载鬼一车,突如其来如,焚如,死如,弃如,[此]何等语也。'公此诗黑螭、五龙、九鲲等语,其与《易》'龙战于野'何异?大抵持正文尚奇怪,公之此诗亦以效其体也。"魏本注:"鲲,音昆。"按:各家所注均无确指,古文献所说,亦非公义。五龙、九鲲,五、九皆虚指,言其多助而已。此句谓:助你五龙与九鲲,或以五龙、九鲲助你。汝,指水神玄冥。五龙,远古传说中的五个部落首领。《文选》王延寿《鲁灵光殿赋》:"五龙比翼,人皇九头。"李善注引《春秋命历序》:"皇伯、皇仲、皇叔、皇季、皇少,五姓同朝,俱驾龙……号曰五龙。"明胡应麟《少室山房笔丛》卷四三《玉壶遐览二》:"祝融氏为火帝,君南岳;五龙氏乘云登仙。"或谓古代传说中五个人面龙身的仙人,道教称为五行神。郭璞《游仙诗》李善注引《遁甲开山图》荣氏解曰:"五龙,皇后君也,昆弟五人,皆人面而龙身。长曰角龙,木仙也。次曰征龙,火仙也。次曰商龙,金仙也。次曰羽龙,水仙也。次曰宫龙,土仙也。"因其中有火龙,又去水龙为四,当非指此。想当时韩公作诗时仅以五龙与九鲲对出,非细审也。九鲲,未详何指。鲲,大鱼。

㊺ 溺厥邑囚之昆仑:朱《考异》:"之,或作'出'。"文本作"出",注:"一作'之'。"宋白文本、祝本、魏本、廖本作"之"。作"出",不合诗义,当作"之"字。

文《详注》:"言陷溺火神之邑,因其官于昆仑山,可以复怨也。《东京赋》曰:'囚耕父于清泠,溺女魃于神潢。'注云:'耕父、女魃皆旱鬼名,故囚溺之于水,使不为害。昆仑山,河水所出,故可以囚火官.'东坡《江涨》诗云:'坎离更休王,鱼鳖横陵陆.'得非昆仑囚,欲报陆浑衄,是误以昆仑囚为水官矣."此句谓:以水淹没火神住地,把他囚禁到昆仑山。厥,代词,指火神。昆仑,昆仑山,在新疆、西藏之间,西接帕米尔高原,东入青海,层峰叠岭,身高势险,传说中的神山。

㊹ 皇甫作诗止睡昏:即皇甫湜(持正)写诗,指其《陆浑山火诗》。现存《皇甫持正集》仅收其文,未见其诗;皇甫湜非不能诗,乃无人编辑而流失也。如《张司业集》,只编其诗,而仅收《韩集》所存其《与韩愈》二书一样,或各有所长也。唐人应进士,考诗赋;不能诗者,难中进士。应该说均能诗,只是有长与不长之别。止睡昏,抑制人困睡。指皇甫湜《陆浑山火诗》写得惊心动魄,提人精神。翁方纲《赵秋谷所传声调谱》:"七言古诗多以上四下三为句法,而此首却有上三下四者,凡二句,'溺厥邑囚之昆仑''虽欲悔舌不可扪'是也。此则七言句法之变。"方成珪《笺正》:"自'天关悠悠'至'囚之昆仑',乃畅发相生相克之义。"

㊺ 辞夸出真遂上焚:童《校诠》:"王元启曰:出真五字不可解。又焚字不韵,公此诗无一字借用他韵,不宜独溢此字,其误无疑。方成珪曰:全诗惟此句出韵,当必有误。第德案:此谓皇甫之诗辞旨夸张,不免超出真实情状,上焚者,焚之以告上帝也。焚字不误,说文:燓,烧田也,从火、棥,棥亦声,附袁切,音燓,隶省作焚,其字应在元韵、广韵廿二元不收燓、焚,是其缺漏。二十文,焚,燓烧,煩上同(说文所无),符分切,不收燓字。诗云汉:如惔如焚,释文:焚本又作燓,阮校云:卢本燓作燓,云:旧讹燓,说文:燓,烧田也,据改正。如惔如焚之焚与上句涤涤山川,川字韵;曹子建送应氏诗:步登北芒坂,遥望洛阳山,洛阳何寂寞,宫室尽烧焚,焚与山韵;郭景纯炎山赞:木含阳精,气结则焚,理其微乎,其妙在传,焚与传韵,皆读附袁切。隋石里村造桥碑焚作燓,集韵类篇合燓、焚为一,先出焚字,以燓为或作,不免倒置。王、方皆谓焚字有误,盖以一般韵书

焚在文韵,忘捡说文故耳。"韩公古诗用古韵,后世注者不审,故错判,童说是。屈《校注》:"此诗韵在《二十二元》《二十三魂》《二十四痕》,当时功令同用。焚字在《二十文》(当时功令与《二十一欣》同用),本不相远,古韵又同部(《六书音韵表》在第十三部),不宜以明清作诗程式,寻行数墨,苛责其出韵。以为误字,更属臆说。"亦可佐证。辞夸出真,言辞夸张失真。遂上焚,于是遭到了诽谤。遂,于是、就。《韩非子·说林上》:"乃掘地,遂得水。"焚,烧毁。《韩非子·难一》:"焚林而田,偷取多兽,后必无兽。"

㊺ 要余和增怪又烦:此句谓:要我和诗,可我觉得皇甫诗写得怪,和起来烦难。余,我,韩公自称。

㊻ 虽欲悔舌不可扪:文《详注》:"扪,持也,音谟奔切。《诗》曰'莫扪朕舌。'从公学文者多矣。惟李习之得公之正,持正得公之奇。持正尝《答李生(第二)书》曰:'《书》之文不(衍可字,删之)奇,《易》[之文]可谓奇矣。岂碍理伤圣乎?如龙战于野,其血玄黄,见豕负涂,载鬼一车,突如其来如,焚如,死[如、弃如],[何]等语也。'公此诗黑螭、五龙、九鲲等句,其与《易》'龙战于野'何异?大抵持正文尚奇怪,公此诗亦效其体也。"文、樊均南宋初高宗赵构绍兴间人,二注语类,不知孰录谁?然与持正原文均稍有出入。魏本:"韩曰:详此诗,始则言火势之盛,次则言祝融之御火,其下则水火相克相济之说也。悔,一作'晦'。"按:虽然想闭口不说,却又按捺不住:即不能不和。悔舌,闭口不言。扪,抑制、按捺。《诗·大雅·抑》:"莫扪朕舌,言不可逝矣。"韩公用此义。宋苏舜钦《苏学士集》卷二《高山别邻几》:"古也当贻言,在子可扪舌。"魏本:"孙曰:扪,谓以手抚持也。《诗》:'莫扪朕舌。'"后四句落在和皇甫诗上。七言古诗多以上四下三为句法,此诗"溺厥邑囚之昆仑""虽欲悔舌不可扪",则是上三下四,后者作上四下三读也通。

此诗用元、魂、痕三韵字,无旁出者。

【汇评】

宋刘攽：唐诗赓和，有次韵（先后无易），有依韵（同在一韵），有用韵（用彼韵不必次），吏部《和皇甫陆浑山火》是也。今人多不晓。（《中山诗话》）

宋朱翌：退之《陆浑山火》云："女丁妇壬传世婚。"《左氏》："火，水之妃。"妃音配，以丁之女为壬之妇也。（《猗觉寮杂记》卷上）

宋员兴宗：《永嘉水并引》：韩退之《陆浑山火》诗，变体奇涩之尤者，千古之绝唱也。并用其韵，效之赋《永嘉水》一首，以呈同舍监丞郑丈。盖丙戌水灾，曲折得之于郑也。（《九华集》卷二）

宋陆游：《跋皇甫先生文集》：右一诗，在浯溪《中兴颂》傍石间。《持正集》中无诗，诗见于世者，此一篇耳。然自是杰作。近时有《容斋随笔》亦载此诗，乃云风格殊无可采。人之所见，恐不应如此。或是传写误尔。（《渭南文集》卷二八）

《再跋皇甫先生文集后》：司空表圣论诗有曰："愚尝览韩吏部诗，其驱驾气势，掀雷决电，撑抉于天地之垠，物状其变，不得鼓舞而徇其呼吸也。其次，皇甫祠部文集外所作，亦为遒逸，非无意于深密，盖或未遑尔。"据此，则持正自有诗集孤行，故文集中无诗，非不作也……表圣直以持正诗配退之，可谓知之。然犹云未遑深密，非笃论也。（同上卷三〇）

宋周必大：《皇甫湜诗》：余尝得（皇甫）湜永州祁阳《元次山唐亭诗》碑，题云："侍御史内供奉皇甫湜。"其诗云："次山有文章，可惋只在碎。然长于指叙，约洁多余态。心语适相应，出句多分外。于诸作者间，拔戟成一队。中行（苏预）虽富剧，粹美君可盖。子昂《感遇》佳，未若君雅裁。退之全而神，上与千年对。李杜才海翻，高下非可概。文于一气间，为物莫与大。先王路不荒，岂不仰吾辈。石屏立衙衙，溪口啼素濑。我思何人知，徙倚如有赖。"后见洪迈《容斋随笔》亦载此诗，谓"风格无可采"，非也。（《二老堂诗话》）

宋沈作喆：自昔文章之言水者，如《七发》《上林》《子虚》等，皆诙奇雄武，神变非常，其状甚伟，独未有言火者。韩退之乃作《陆浑山》诗,极于诡怪,读之便如行火所燉,郁攸冲喷,其色绛天,阿房欲灰,而回禄煽之。然不见造化之理,未可与语性空真火之妙也。(《寓简》卷四)

宋魏了翁:《程氏东坡诗谱序》:赓歌答赋,其源尚矣。下逮颜、谢,各有和章见于集。虽声韵不必皆同,然更唱迭和,具有次第。逮唐人始工于用韵,韩退之《和皇甫持正陆浑山火》,张籍《和刘长卿馀十旅舍》,刘、白《和元微之春深》题二十篇,盖同出一韵。(《鹤山先生文集》卷五一)

宋吴可:叶集之云:"韩退之《陆浑山火》诗,浣花决不能作;东坡《盖公堂记》,退之做不到。硕儒巨公,各有造极处,不可比量高下。元微之论杜诗,以为李谪仙尚未历其藩翰,岂当如此说。"异乎微之之论也。此为知言。(《藏海诗话》)

明瞿佑:昌黎《陆浑山火》诗,造语险怪。初读殆不可晓,及观韩氏《全解》,谓此诗始言火势之盛,次言祝融之御火,其下则水火相克相济之说也。题云"和皇甫湜韵",湜与李翱皆从公学文,翱得公之正,湜得公之奇。此篇盖戏效其体,而过之远甚。东坡有《云龙山火》诗,亦步骤此体,然用意措辞,皆不逮也。(《归田诗话》卷上)

明何孟春:汉《柏梁台》诗:"枇梨橘栗桃李梅。"韩退之《陆浑山火》诗:"鸦鸱雕鹰雉鹄鹛。"陈后山《二苏公》诗:"桂椒楠栌枫柞樟。"七物为句,亦偶用耳。或谓诗多用实字为美,误矣。宋人诗话有极可笑者,引柳子厚《别弟宗一》诗"欲知此后相思梦,长在荆门郢树烟",谓梦中安得见郢树烟。此真痴人说梦耳!梦非实事,烟正其梦境模糊,欲见不可,以寓其相思之恨,岂问是耶?固哉!高叟之为诗也。(《馀冬诗话》卷上)

明杨慎:《女丁夫壬》:韩文公《陆浑山火》诗:"女丁夫壬传世婚。"董彦远曰:元冥之子曰壬夫,娶祝融之女曰丁竿,俱学水仙,是为温泉之神。按:韩诗句奇,董彦远所解又奇,但不知所出。今星命家以丁壬为淫合,其说亦古矣。(《艺林伐山》卷一三)

明方以智："贲"字十四音……又音陆。韩文注"陆浑山"，古作"贲浑"。《集韵》引《山海经》："贲浑山"即"陆浑"。智按：昭十七，荀吴灭陆浑之戎，《公羊》作"贲浑"可证。（《通雅》卷一疑始）

清朱彝尊：凿空硬造，语法本《骚》，然止是竞奇，无甚风致。（顾嗣立《昌黎先生诗集注》卷四）

清王士禛：《柏梁诗》大官令云"枇杷橘栗桃李梅"，语本可笑，而后人多效之，如韩文公《陆浑山火》云"鸦鸱雕鹰雉鹄鹇"，苏文忠公《韩幹牧马图》云"骓駓骊骆骊骝骡"……然皆施于歌行耳。（《池北偶谈》卷一三《柏梁诗句法》）

清王士禛：韩、苏七言诗，学《急就篇》句法，如"鸦鸱鹰雕雉鹄鹇"，"骓駓骊骆骊骝骡"等句，予既载之《池北偶谈》。近又得五言数语，韩诗"蚌螺鱼鳖虫"；卢仝"鳗鳝鲇鲤鳉"，"鹨鹅鸧鸥凫"；蔡襄"弓刀甲盾弩，筋皮毛骨羽"。然此种句法，间作七言可耳，五言即非所宜，解人当自知之。（《香祖笔记》卷二）

清刘石龄：公诗根柢，全在经传。如《易·说卦》："离为火。""其于人也，为大腹。"故于"炎官热属"，以"頩胸垤腹"拟诸其形容，非臆说也。又"彤幢""紫虆""日毂""霞车""虹鞅""豹鞿""电光""赪目"等字，亦从"为日""为电""为甲胄""为戈兵"句化出，造语极奇，必有依据，以理考索，无不可解者。世儒于此篇每以怪异目之，且以不可解置之。吁！此亦未深求其故耳，岂真不可解哉？（顾嗣立《昌黎先生诗集注》卷四）

清何焯：《陆浑山火》：刘石龄云：《易·说卦》"离为火"，"其于人也，为大腹"，故以"頩胸垤腹"拟诸形容。又"彤幢""紫虆""日毂""霞车""虹鞅""豹鞿""电光""赪目"等字，亦从"为日""为电""为甲胄""为兵戈"句化出，造语必有依据也。（《义门读书记》卷三〇）

清赵执信：《陆浑山火和皇甫湜用其韵》：古诗平韵句法，尽于此中矣。《柏梁》句句用韵，杂律句其中，犹不用韵之句，偶入律调，下句救之也。此篇各种句法俱备。然中有数句虽是古体，止可用于《柏梁》。至于寻常古诗，断不可用；转韵尤不可用，用之则失调，当细辨

之。如仄仄平平平平平,仄仄仄平平平平是也。又如平平平平仄平平,亦当酌用之。转韵中不宜,以其乖于音节耳。(《声调谱》)

清王懋竑:垠、怨二字,《广韵》在元韵,今韵删去。(《读书记疑》卷一六)

清姚范:《陆浑山火和皇甫湜用其韵》"皇甫补官古贲浑"注:贲,或作"陆"。今从杭蜀本云:贲,音陆,字本《公羊传》。按《公羊·宣三年》经文:"楚子伐贲浑戎。"陆氏《释文》:贲,旧音六,或音奔。(《援鹑堂笔记》卷四一)

清爱新觉罗·弘历:只是咏野烧耳,写得如此天动地岐,凭空结撰,心花怒生。(《唐宋诗醇》卷三〇)

清翁方纲:《陆浑山火和皇甫湜用其韵》(赵执信《声调谱》曰):古诗平韵句法尽于此中。《柏梁》句句用韵,杂律句其中,犹不用韵之句,偶入律调,以下句救之也。此篇各种句法俱备,然中有数句,虽是古体,止可用于《柏梁》。至于寻常古诗,断不可用;转韵尤不可用,用之则失调矣,当细辨之。如仄仄平平平平平、仄仄仄平平平平平是也。又如平平平平仄平平,亦当酌用之。转韵中不宜,以其乖于音节耳。(《赵秋谷所传声调谱》)

清黄钺:此诗似《急就篇》,又似《黄庭经》。(《昌黎诗增注证讹》卷四)

清马星翼:"唐诗赓和,有次韵,先后无易;有依韵,同在一韵。有用韵,用彼韵不必次,如吏部《和皇甫陆浑山火》是也。今人多不晓。"此刘公非语。(《东泉诗话》卷二)

清曾国藩:《陆浑山火和皇甫湜用其韵》:自首至"孰飞奔",浑写野烧之盛。自"祝融告休"以下至"赪目暖",设为祝融宴客仪卫之盛,宾从之豪,笑语之欢。告休,犹休暇也;卑尊,即客也。《周礼·小司徒》云:"使各登其乡之众寡。"《乡大夫》云:"率其吏,与其众寡。"此云卑尊,犹彼云众寡耳。自"项冥收威"至末,皆水火相克相济之说。"拳肩跟"者,谓肩与足跟拳局相连,极言颛顼玄冥君臣失势之状。洪曰:"丁,火也;壬,水也。火,女也;水,男也。丁女而为妇于壬,故曰'女丁妇壬'。"自"火行于冬"至"囚之昆仑"九句,皆上帝劝慰水神之辞,言不必与火结仇,时至行将胜之也。(《求阙斋读书录》卷八)

清浦铣:张文潜《病暑赋》:"阴阳循环靡穷极兮,时至而变有常则兮。融液金铁烁山石兮,谨视其报在朔易兮。"与昌黎《和皇甫持正陆浑山火》诗"时行当反慎藏蹲,视桃著花可小骞,月及申酉利复怨"同一意。(《复小斋赋话》上卷)

清平步青:《夫丁妇壬》:韩文公《陆浑山火和皇甫湜用其韵》末云:"女丁妇壬传世婚。"洪兴祖曰:"丁,火也;壬,水也,火,女也;水,男也。丁女而为妇于壬,故曰'女丁妇壬'。一作'夫丁妇壬'亦通。夫丁者,壬也,言壬为丁夫也。妇壬者,丁也,言丁为壬妇也。"朱子曰:"按丁为阳中之阴,壬为阴中之阳。故言女之丁者,为妇于壬,以见水火之相配。今术家亦言丁与壬合。洪氏二说皆是。"按:张说《温泉箴》:东山少连曰:"玄冥氏之子曰壬夫,妻祝融氏之女曰丁芊(或作芋),俱学水仙。是谓温泉之神焉。"文公之"夫丁",即燕公之"壬夫";"妇壬",即燕公之"丁芊"。质言之,不过曰"北水南火"。燕公文,唐人无不传习,文公用而小变其辞,诗人所谓喻语耳。其说亦古矣。《升庵全集》卷五十六作"女丁夫壬"。董彦远曰"玄冥之子"云云,升庵谓韩诗。□□彦远所解又奇,但不知所出。今星命家以丁壬为淫合,不解淹博如升庵,亦忘引燕公文。(《霞外捃屑》卷八《眠云舸酿说上》诗话)

清沈曾植:韩愈《陆浑山火诗》作一帧西藏曼荼罗画观。(《海日楼札丛》卷七)

清陈沆:是诗自来说者莫得其解,第谓其词奇奥诘屈而已。考集中奇作,无过此篇与《石鼎》《月蚀》者。昌黎言必由衷,何苦为此等不情无谓之词,以自耗其精思乎?《月蚀》之为刺诗,见于《新书》列传,故后人尚知吹索。《石鼎》已详前笺。此篇自项冥收威以下,冤烦幽愤,几于屈原之《天问》。第以此诗为好怪者,何异以《天问》为好怪耶?以史证之,盖哀魏博节度使田弘正为王庭凑所杀,朝廷不能讨贼雪仇而作也。史言田弘正以六州之地来归，又助讨吴元济、王承宗，诛李师道，屡立大功，忠节为诸镇冠。会王承宗死，朝廷复成德军，诏徙田弘正镇之。弘正自以久与镇人力战有仇，乃以魏兵二千从赴镇。因留自卫，奏请度支给其粮赐。户部侍郎崔倰无远虑，不肯给，弘正不得已遣魏兵归。于是兵马使王庭凑益无忌，阴激牙兵噪于府署，杀弘正及僚佐将吏并家属三百余人，自称留后。诏魏博、横海、河东、义武诸军讨之。以弘正子布为魏博节度使，令复父仇。既而诸军统领不一，监军掣肘，度支不继，逾年无功。田布又为史宪诚所逼杀，朝廷即以宪诚代之。阴与幽镇相结，朝廷不得已赦王庭凑，罢诸镇兵。庭凑尚围牛元翼于深州，命兵部侍郎韩愈往宣谕之，乃解，由是再失河朔。迄于唐亡，不能复取。此事盖昌黎所深痛，而又不忍显言以伤国体，长骄镇，故借词以寄其哀。首二段言变起不测，被祸之酷。次三段言贼党得志，凶焰气势之盛也。项冥以下，言田弘正忠魂冤抑，虽自诉于帝，而卒不能为雪，仅以姑息了事也。女丁妇壬云云，喻河北诸镇，互相树援，世相传袭，挟制朝命，其来已久也。皇甫尉陆浑在元和之初，此诗追和在长庆之初，非一时所作。亦犹《石鼎》托于弥明联句，《月蚀》托于效玉川体，皆廋词寄托，以避诽谤。故末云"虽欲悔舌不可扪"。（《诗比兴笺》卷四）

程学恂：《青龙寺》诗是小奇观，《陆浑山火》诗是大奇观。张籍责公好与人为驳杂无实之谈，公曰：吾以为戏耳，何害于道哉？按：张所言，乃谓使人陈之于前而公乐闻之，非公之议论文章也。吾谓即公之文章中，或亦不尽免此，即《陆浑山火》等篇，非驳杂无实之谈哉？然苟通达其旨，则虽变而不离于常也。"山狂谷很""天跳地踔""神焦鬼烂"等语，皆公生辟独造，前无所假。此诗极意侈张，满眼采缋，然其意旨却自清绝，无些子模糊。其视后之以涂饰为工者，真如土与泥矣。"火行于冬"至"囚之昆仑"，皆上帝语也。按：此诗言水火之相克相济处，亦以谐俳出之，若拘定是真实说话，则水诉于帝，帝不能决，但以结婚为之调解，岂天上亦有此和事天子乎？至谓火行于冬,本无不合,又何以待其势衰,然后纵之复仇,岂明正讨罪之义乎?孔明乘其昏弱,规取刘璋,世儒犹以为讥,而谓天帝为之乎?执此以读公诗,不殊高叟之论《小弁》矣。(《韩诗臆说》卷一)

县斋读书①
贞元二十年

出宰山水县②,读书松桂林③。萧条捐末事④,邂逅得初心⑤。哀狖醒俗耳⑥,清泉洁尘襟⑦。诗成有共赋,酒熟无孤斟⑧。青竹时默钓⑨,白云日幽寻⑩。南方本多毒⑪,北客恒惧侵⑫。谪遣甘自守⑬,滞留愧难任⑭。投章类缟带⑮,伫答逾兼金⑯。

【校注】

①题:魏本:"樊曰:贞元二十年在阳山作也。公尝曰:'阳山,天下之穷处。'又曰:'县郭无居民,官无丞尉,小吏十余家。'审此,则所谓'诗成有共赋,酒熟无孤斟',其孰与乐此乎?及观公集,区册、区弘、窦存亮、刘师命辈,皆自远方来从公,则外户(王《补注》作'户外')之屦满矣。县斋,阳山县斋。"文《详注》:"《补注》:公以贞元末由御史贬连州阳山令而作也。公常曰'阳山,天下之穷处',则所谓'诗成有共赋'者,其孰与乐?及观公集,区册、区洪、窦存亮、刘师命辈,皆自远方来从公,则户外之屦满矣。"顾嗣立《集注》:"胡渭云:《阳山县志》:'贤令山在县北二里,昔韩愈为令日读书于此,上有读书台。一名牧民山。'"方世举《笺注》:"《旧唐书·地理志》:'阳山,汉县,属桂阳郡,神龙元年移于洭水之北。今县理是也。'按:下皆阳山作。"按:县斋,阳山县府公寓住所。阳山,汉属桂阳郡,隋属连州,唐因之。神龙元年(705)移洭水北。县北二里有山,

韩愈读书于此,上有读书台,故世称"贤令山",一名"牧民山"。

②出宰山水县:谓到有山有水的阳山任县令。宰,宰官,原为官吏的通称,或指国家的首辅,或指某邑的一般长官,后俗指县令。此作动词,当治理解。《周礼》有冢宰、大宰、小宰、宰夫、内宰、里宰等。春秋时卿大夫的家臣及采邑的长官也称宰。《左传》定公五年:"子泄为费宰。"子泄,人名。费,地名。奴隶社会、封建社会中辅佐君主治理国家的最高官员。《韩非子·说难》:"伊尹为宰,百里奚为虏……此二人者,皆圣人也,然犹不能无役身以进加,如此其污也。"《诗·小雅·十月之交》:"家伯维宰。"家伯、冢宰,掌管国家典籍的长官。唐时冢宰由首相担任。

③读书松桂林:方《举正》据蜀本作"松桂林",云:"旧本多同。谢校。"朱《考异》:"桂,或作'竹'。"宋白文本、文本、祝本、魏本作"竹"。文本注:"竹,一作'桂'。"魏本注:"监本作'松桂林'。"南宋监本、廖本、王本作"桂"。按:此地多桂树而少竹,作"桂"较善。松桂林,谓松树、桂树之林。出山林恬静悠美之境。

④萧条捐末事:方世举《笺注》:"末事:潘岳《秋兴赋》:'虽末事之荣悴兮。'"萧条,寂寞冷落,谓事少官闲。捐,抛开。末事,琐碎事务。《论语·子张》:"抑末也,本之则无,如之何?"《商君书·壹言》:"治国能抟民力而壹民务者,强;能事本而禁末者,富。"

⑤邂逅(xiè hòu)得初心:邂逅,蒋抱玄《评注》:"《诗》(《郑风·野有蔓草》):'邂逅相遇,适我愿兮。'"按:邂逅,亦作邂遘、邂觏。不期而会,偶然遇见。《诗·郑风·野有蔓草》:"有美一人,清扬婉兮。邂逅相遇,适我愿兮。"陆德明《释文》:"遘,本亦作'逅'。"南朝宋鲍照《赠傅都曹别》:"邂逅两相亲,缘念共无已。"初心,钱仲联《集释》:"初心,犹本意也。吴融《和杨侍郎》诗:'烟霄惭暮齿,麋鹿愧初心。'"按:初心,即本意。此韩公自谓:为阳山令官闲事少,满足了自己原本喜欢读书、作文的心愿。《全唐诗》卷六八六吴融《和杨侍郎》:"烟霄惭暮齿,麋鹿愧初心。"

⑥哀狖(yòu)醒俗耳:魏本注:"狖,兽名,如猿,音柚。"方世举

《笺注》："哀狖：狖，音右。屈原《九歌》：'猿啾啾兮狖夜鸣。'谢灵运诗：'乘月听哀狖。'《异物志》：'狖，猿类，露鼻，尾长四五尺，居树上，雨则以尾塞鼻，建安临海北有之。'俗耳：《晋书》：'戴仲若春日携双柑斗酒，人问何之，往听黄鹂声。此俗耳针砭，诗肠鼓吹。'"按：此句谓：猿猴凄凉的叫声，可以清醒世俗的耳目。谓阳山虽偏僻，但清静，不为世俗所乱。狖，猿猴的一种。

⑦ 清泉洁尘襟：此句乃上句很好的注脚，谓清清的泉水能洗净被尘埃弄脏的衣服。洁，作动词，当洗涤讲。襟，以部分代全体，指衣服，作宾语。以上表韩公远世俗而心静洁也。

⑧ "诗成"二句：共赋，方《举正》"共"作"与"，云："三本同。"朱《考异》："共，方作'与'，非是。"宋白文本、文本、祝本、魏本、廖本作"共"。魏本注："共，一作'与'。"作"共"字，善。

此谓他在这地方吟诗、酌酒都有伴，不寂寞也。韩公在阳山时区册、区弘、窦存亮、刘师命等远来投师求学，结为师友。方世举《笺注》："孤斟：陶潜诗（《和郭主簿二首》之一）：'春秫作美酒，酒熟吾自斟。'"韩公反用陶潜诗意。

⑨ 青竹时默钓：此句谓：有时拿着青竹制成的鱼竿，默默地在溪旁垂钓。阳山县东半里许有塔溪，可垂钓。魏本："孙曰：'青竹，钓竿。'"顾嗣立《集注》："胡渭云：《阳山县志》：钓鱼台，在县东半里塔溪之右。韩愈《送区册序》云：'与之荫[翳]嘉林，坐石矶，投竿而渔，陶然以乐。'宋嘉定初，簿尉邱熹始作台矶上。"方世举《笺注》亦引胡渭注，乃转抄顾注。按：今阳山中学临江有钓鱼台，亦称钓鱼矶。

⑩ 白云日幽寻：谓常到白云缭绕的山中寻幽访问，亦见韩公之志。《全唐诗》卷八三陈子昂《答洛阳主人》："平生白云志，早爱赤松游。"又卷二一九杜甫《大麦行》："安得如鸟有羽翅，托身白云还故乡。"

⑪ 南方本多毒：此谓南方瘴气多有毒。毒，谓有毒的瘴气。

⑫ 北客恒惧侵：北客，北方来的人。恒惧侵，常常害怕毒气侵害。

⑬谪遣甘自守:方世举《笺注》:"自守:《汉书·扬雄传》:'有以自守,泊如也。'"甘,心甘情愿。自守,保持自己的节操。《全唐诗》卷二二五杜甫《送杨六判官使西蕃》:"子云清自守,今日起为官。"韩公《闲游二首》:"子云只自守,奚事九衢尘。"

⑭滞留愧难任(rén):顾嗣立《集注》:"《史记》:'太史公留滞周南。'"按:滞留,停留,指谪阳山。难任,任同忍。难任即难当,难耐。李详《证选》:"曹植《杂诗》:'离思故难任。'"李说未得其溯。《左传》僖公十五年:"重怒难任,背天不祥。"余冠英《汉魏六朝诗选》注曹植《杂诗六首》云:"难任,难当。"《汉语大词典》亦引韩诗为例。又南唐李煜《虞美人》词云:"满鬓清霜残雪思难任。"

⑮投章类缟带:投章,投赠诗文。方世举《笺注》:"鲍照诗(《和王护军秋夕》):'投章心蕴结。'"类,像、等于。缟带,素色的带子。此用吴季札赠郑子产缟带事,以缟带之洁白比友情醇厚贞洁。魏本:"祝曰:缟,素也。孙曰:襄二十九年《左氏》:'吴季札聘于郑,见子产[如旧相识],与之缟带。子产亦献纻裘焉。'吴贵缟,郑贵纻,各一献所贵也。缟,音杲。"文《详注》、方世举《笺注》同孙。

⑯伫答逾兼金:方《举正》据唐本作"伫答",曰:"蜀同。晁、蔡校。"朱《考异》:"诸本'答'作'益',非是。"宋白文本、廖本、王本作"答"。文本、祝本、魏本作"益",注:"一作'答'。"当作"答","益"乃形似致误。

兼金:魏本:"孙曰:其价倍于常者,故谓之兼金。《孟子》(《公孙丑下》)'前日于齐王馈兼金百镒而不受'是也。此诗当是赠与交朋,望其报章也。韩曰:《选·杂体诗》(江淹《颜特进延之侍宴》):'承荣重兼金,巡华过盈缻。'"顾嗣立《集注》:"《文选》(卷二四陆士衡诗《赠冯文罴一首》):'愧无杂佩赠,良讯代兼金。'"方世举《笺注》:"兼金:陆机诗:'愧无杂佩赠,良讯代兼金。'"童《校诠》:"第德案:五臣本文选作承荣重兼金,李本、六臣本作荣重馈兼金,填当作瑱。此为江文通拟颜特进延之侍宴诗。"按:以价倍于常值的赤金为兼金,比喻酬答之诗文的贵重。从诗之结语推究,当是对赠诗的酬答；再从全诗多写阳山读书之环境看，则赠诗者疑即来阳山从学的友人。

此诗用"痕"字韵。

【汇评】

清朱彝尊：是拗排律，全不费力，然意味却有余。（顾嗣立《昌黎先生诗集注》卷四）

清沈德潜：《县斋读书》：应是令阳山时作，末二句似答赠诗之客。（《唐诗别裁集》卷四）

清方世举：蒋云：翘尝闻先正云："公尝言'阳山，天下之穷处，城郭无居民，官无丞尉，小吏十余家。'审此，则'有共赋'，'无孤斟'，其谁与乎？盖是时远方来从游如区弘、刘师命辈，'户外屦常满'矣。"又云："此诗当是赠人望报章也。一结可见。"（《韩昌黎诗集编年笺注》卷二）

清黄钺：此诗通首对句，绝似选体。（《韩诗增注证讹》卷四）

程学恂：摹写景物处，工妙不及柳州远甚，而别有一种苦味可念。（《韩诗臆说》卷一）

新　竹①

元和元年

笋添南阶竹，日日成清闷②。缥节已储霜③，黄苞犹掩翠④。出栏抽五六，当户罗三四⑤。高标陵秋严，贞色夺春媚⑥。稀生巧补林，并出疑争地⑦。纵横乍依行，烂漫忽无次⑧。风枝未飘吹，露粉先涵泪⑨。何人可携玩？清景空瞪视⑩。

【校注】

① 题：方《举正》："《县斋读书》《新竹》《晚菊》三诗，贞元二十年(804)阳山作。"文《详注》："《补注》：'《新竹》《晚菊》并阳山所作，故末句皆有幽独之意。'"魏本："韩曰：此诗同下《晚菊》，意皆在阳山作。此诗落句云'何人可携玩'，《晚菊》云'此时无与语'，皆穷山不自聊之意。"王元启《记疑》："愚谓公在阳山，从游士颇不乏。唯在徐时，所亲无一人在者。所谓'何人可携玩'，及下篇'此诗无与语'，殆皆在徐独游时作。"方成珪《诗文年谱》系元和五年，云："公《东都遇春》诗，元和三年春作也。有'少年气真狂'及'尔来曾几时，白发忽满镜'之句，与此诗(《晚菊》)前四语意象相类。五年作《感春》诗云'坐狂朝论无由陪'，即此诗(《晚菊》)所谓弃置也。其云'孤吟莫和'，正《新竹》诗'何人可携玩'及此诗(《晚菊》)'此时无与语'之意。盖公在东都岁月较久，故不能无郁郁居此之感也。但未定其何年所作，姑附于此，以俟别考。"方世举《笺注》："□云：此诗同下《晚菊》意皆在阳山作。按：其说亦无明据，但旧编在《县斋读书》之后，姑从之。"屈《校注》："按：方崧卿、韩醇、王俦传本编次订阳山作近是。"钱仲联《集释》："公在徐幕年仅三十二，与《晚菊》诗首四句意象不类，方说为近，姑从《东都遇春》《感春》诗系本年。"本年即元和五年(810)。总上可归为三说：一曰贞元二十年(804)阳山作。二曰贞元十六年(800)徐州作。三曰元和五年(810)东都作。《韩愈年谱汇证》为慎重未将二诗作具体系年。过去诸家囿于旧说，总是将三诗捆在一起，矛盾难以解决。若要作较合实际的系年，当解决其中的矛盾。新竹、晚菊本不是一个季节的东西：新竹春夏旺长，晚菊则在秋冬。若是把韩愈的遭遇与二诗咏物结合，《晚菊》拟系于永贞元年(805)初冬。既有晚菊，又合韩公被抑不得归京，郁郁寡欢的弃置悲慨之感。《新竹》则在下年(806)春。好友张署病不能从，官又不得志，故"只今四十已如此，后日更老谁论哉！力携一樽独就醉，不忍虚掷委黄埃"。(《李花赠张十一署》)"干愁漫解坐自累，与众异趣谁相亲……百年未满不得死，且可勤

买抛青春"(《感春》四首之四)与《新竹》"何人可携玩？清景空瞪视",《晚菊》"此时无与语,弃置奈悲何"同。皆在江陵作。况洛阳竹少,地貌亦不合。何焯《义门读书记》卷三〇:"小诗自佳。"其佳处在观察敏锐,描写细腻而生动。

② 日日成清閟(bì 兵媚切,去,至韵):何焯《义门读书记》卷三〇:"'日日成清閟',清閟阁本此。"诸本同。

魏本:"孙曰:閟,幽也。"文《详注》:"閟,闭也,音兵媚切。"方世举《笺注》:"清閟:按:此用'閟宫有侐'之閟。注:'清閟也。'"童《校诠》:"第德案:诗閟宫:閟宫有侐,毛传:閟,闭也,说文:閟,闭门也,用毛义。郑笺:閟,神也,则假为祕,正义则谓閟与毖字异音同。方注清閟也之训,当为误记。孙以幽释閟,亦不详所出,岂以楚辞有幽篁字,遂以幽释閟邪!"

按:此作深密幽静解较善。南朝梁江淹《萧骠骑让太尉增封表》:"幸郊甸或静,江山以閟。"宋梅尧臣《读永叔所撰薛云卫碣》:"坚坚孝子心,森森柏庭閟。"韩公诗也有作隐藏、掩蔽者,如《送文畅师北游》"先生閟穷巷,未得窥剞劂"。此句写韩公对新竹观察的感受,新竹天天在清净的地方悄悄地生长。

③ 缥节已储霜:方《举正》:"袁本作'除霜'。"朱《考异》:"储,或作'除'。"诸本作"储",是。

缥(piǎo 敷沼切,上,小韵):魏本:"缥,青黄色。"方世举《笺注》:"缥节:《广雅·释器》:'缥,青也。'"按:谓淡青色。如《急就篇》卷二:"缥綟绿纨皂紫硟。"《艺文类聚》卷八二晋夏侯湛《浮萍赋》:"散圆叶以舒形,发翠綵以含缥。"《楚辞》汉王褒《九怀·通路》:"翠缥兮为裳,舒佩兮綝缡。"文《详注》:"缥,青白色也,音匹沼切。"亦形容青白色的衣服。按:此句形容竹节脱衣之色嫩绿含粉之态。储霜,指新竹上储存的一层白粉。

④ 黄苞犹掩翠:魏本:"孙曰:'苞,箨也。'"方世举《笺注》:"黄苞:左思《吴都赋》:'苞笋抽节,往往紫结。绿叶翠茎,冒霜停雪。'"何焯《义门读书记》卷三〇:"'黄苞犹掩翠',笋添。"按:竹先长干后

生叶。竹笋外包黄色笋壳，里面的竹干颜色翠绿。掩者，包也。《文选》卷二二南朝宋谢灵运《于南山往北山经湖中瞻眺》诗："初篁苞绿箨，新蒲含紫茸。"

⑤ 出栏抽五六，当户罗三四：抽，拔节。罗，罗列。上句写新竹抽笋拔节，下句谓当门所列竹丛。韩公《河南令舍池台》："灌池才盈五六丈，筑台不过七八尺。"《全唐诗》卷一二七王维《沈十四拾遗新竹生读经处同诸公之作》："嫩节留余箨，新业出旧阑。"韩公诗出此。又卷八八六孙鲂《看牡丹二首》："隔院闻香谁不惜，出栏呈艳自应夸。"又卷一三一祖咏《题韩少府水亭》："鸟吟当户竹，花绕傍池山。"卷五〇四郑巢《陈氏园林》："当门三四峰，高兴几人同。"又卷三五八刘禹锡《牛相公林亭雨后偶成》："新竹开粉奁，初莲爇香注。"卷三九八元稹《寺院新竹》："节高迷玉镞，箨缀疑花捧。"

⑥ 高标陵秋严，贞色夺春媚：《初学记》卷二八引陈贺修《赋得夹池竹诗》："逢秋叶不落，经寒色讵移。来风韵晚径，集凤动春枝。"《全唐诗》卷一二七王维《沈十四拾遗新竹生读经处同诸公之作》："闲居日清静，修竹自檀栾。嫩节留余箨，新业出旧阑。细枝风响乱，疏影月光寒。"高标，树梢曰标，故凡高耸的物体如山峰、宝塔等均可称高标。《文选》卷四左思《蜀都赋》："羲和假道于峻岐，阳乌回翼乎高标。"李白《蜀道难》："上有六龙回日之高标，下有冲波逆折之回川。"贞色，高雅之色，竹本清净怡人，为文士、淑女所爱，《红楼梦》以潇湘馆居黛玉，可玩味也。《全唐诗》卷一五四萧颖士《菊荣一篇五章》："岂微春华，懿此贞色。"

⑦ 稀生巧补林，并出疑争地：魏本作"迸"。宋白文本、文本、廖本等均作"并"。并出者骈生，故谓争地，正对。迸者突出也，虽也讲得通，不若作"并"字善。疑争，朱《考异》："疑争，或作'全遮'。"宋白文本、文本、魏本、廖本作"疑争"，善。

按：上句说竹生林间而补之稀疏，下句谓新竹并生而争土地。

⑧ 烂漫忽无次：烂漫，情态焕发，分散点布。《文选》卷一一王文考《鲁灵光殿赋》："潏潏湎湎，流离烂漫。"李善注："分散远貌。"

韩公《山石》:"山红涧碧纷烂漫。"韩公《南山诗》亦用之。此句说竹生长形态,生动毕肖。

⑨ 露粉先涵泪:朱《考异》:"露,或作'雾'。"宋白文本作"雾",文本、魏本、廖本均作"露"注:"露,一作'雾'。"当作"露"。方世举《笺注》:"露粉:王维诗(《山居即事》):'绿竹含新粉。'今沾露珠于上,如涵泪也。泪字于竹尤切。"上句说新竹尚未发枝生叶,下句谓新脱壳的竹竿附白粉而上带水珠。故方说如涵泪也。观察入微,描写更细。真不类韩公大笔挥写之风,大作家又一副笔墨也。

⑩ 清景空瞪视:文《详注》:"瞪,直视也,音持陵切。"顾嗣立《集注》:"曹子建《公宴诗》:'明月澄清景。'《鲁灵光殿赋》:'齐首目以瞪盼。'《埤苍》:'瞪,直视也。'"

【汇评】

清朱彝尊:是侧排律。琢句比前首(《县斋读书》)更工峭。(顾嗣立《昌黎先生诗集注》卷四)

清何焯:《新竹》:小诗自佳。"日日成清閟",清閟阁本此。"黄苞犹掩翠",笋添。(《义门读书记》卷三〇)

晚 菊①

永贞元年

少年饮酒时,踊跃见菊花②。今来不复饮,每见恒咨嗟③。伫立摘满手,行行把归家④。此时无与语⑤,弃置奈悲何⑥!

【校注】

① 题:永贞元年(805)初冬江陵作。详见《新竹》诗注。唐张少监有《晚菊》诗。《全唐诗》卷七五六徐铉有《和张少监〈晚菊〉》

诗。又卷三三三杨巨源《登宁州城楼》:"晚菊临杯思,寒山满郡愁。"

② 踊跃见菊花:钱仲联《集释》:"公在江陵时所作《李花赠张十一署》云:'念昔少年著游燕,对花岂省曾辞杯;自从流落忧感集,欲去未到先思回。'与此意同。"

③ 每见恒咨嗟:方世举《笺注》:"踊跃:徐淑诗:'瞻望兮踊跃,伫立兮徘徊。'"按:每,每每,每次。恒,常常。咨嗟,叹息。此二句与首二句为扇面对,谓今天来看菊花,已无昔日见菊花踊跃饮酒的豪情,只是每次看见菊花叹息罢了。这就是此题《晚菊》谓晚的含意。诗里虽无叹老迟遇之语,却有叹老迟遇之情。

④ 伫立:久站也。方世举《笺注》:"《诗·燕燕》笺(《邶风》):'伫立,久立也。'"按:把,拿,持。或引申作将字解。此句正应上语,独赏无趣而一步一步地走回家。

⑤ 无与语:方世举《笺注》:"司马迁《报任安书》:'独悒郁而谁与语。'"即无人与语也。

⑥ 奈悲:方《举正》据杭、蜀本作"悲奈"。朱《考异》:"奈悲,方作'悲奈'。"宋白文本、文本、祝本、魏本、廖本作"奈悲",从之。

魏本:"孙曰:弃置,投掷也。"顾嗣立《集注》:"《文选》刘越石《扶风歌》:'弃置勿重陈。'"韩公《感春四首》之三:"朝骑一马出,暝就一床卧。诗书渐欲抛,节行久已惰。冠欹感发秃,语误悲齿堕。孤负平生心,已矣知何奈!"与《晚菊》同慨。

【汇评】

清朱彝尊:兴趣近渊明,但气脉太今。(顾嗣立《昌黎先生诗集注》卷四)

落 齿①

贞元十九年

贞元十八年(802),韩愈在《与崔群书》中云:"近者尤衰惫,左车第二牙无故动摇脱去。"今据此诗云"去年落一牙,今年落一齿"推断,诗当写于贞元十九年(803),公三十六岁。韩愈时正壮年,齿落体衰,心有所感,见于诗文者多处,然多带有一种衰惫之叹,然其性刚气盛,内心总有一种奋发激进的劲头。故《落齿》写得豁达乐观,表现了他与世俗的不同品格。最后与妻子玩笑,颇为风趣。从表象看诗写的是生活琐事,与社会政治无关,其实,他所说的"语讹默固好,嚼废软还美"。不正是借老庄的话自嘲,暗含不平之气吗?韩愈学陶潜、杜甫,写了一些身边琐事的小诗,既风趣有致,又明白如话,物情俱真,自得其妙,形成了自己的风格。正如朱彝尊的批语云:"真率意,道得痛快,正是昌黎本色。"

去年落一牙,今年落一齿②。俄然落六七,落势殊未已③。余存皆动摇,尽落应始止④。忆初落一时,但念豁可耻⑤。及至落二三,始忧衰即死。每一将落时,懔懔恒在己⑥。叉牙妨食物⑦,颠倒怯漱水⑧。终焉舍我落,意与崩山比⑨。今来落既熟,见落空相似⑩。余存二十余,次第知落矣⑪。傥常岁落一,自足支两纪⑫。如其落并空,与渐亦同指⑬。人言齿之落,寿命理难恃⑭。我言生有涯,长短俱死尔⑮!人言齿之豁,左右惊谛视⑯。我言庄周云,木雁各有喜⑰。语讹默固好⑱,嚼废软还美⑲。因歌遂成诗,持用诧妻子⑳。

【校注】

① 题:方《举正》据三本作"落齿",云:"贞元十九年作。"朱《考异》:"或作'齿落'。"宋白文本、文本、魏本作"齿落"。廖本、王本作"落齿"。两说均可。按:作于贞元十九年冬,出为阳山令前。

齿:《六书故》:"齿当唇,牙当车。"口中两颊生的齿叫牙,俗称大牙。前近唇者称齿。车,牙床。诗中牙齿互文,无别。魏本:"韩曰:公尝与侄老成书云:'吾年未四十,齿牙动摇。'贞元十八年《与崔群书》云:'近者左车第二牙无故动摇脱去。'今此诗又云:'去年落一牙,今年落一齿。'其在贞元十九年作欤?樊曰:公诗有《江陵途中》云:'自从牙齿缺。'《感春》云:'语误悲齿堕。'《赠崔立之评事》云:'齿发早衰嗟可闵。'《送侯参谋》云:'我齿豁可鄙。'《赠刘师服》云:'我今呀豁落者多,所存十余皆兀臲(原诗作觥)。'《寄崔二十六立之》云:'所余十九齿,飘飘尽浮危。'《江州寄鄂岳李大夫》云:'我齿落且尽。'公文有祭老成云:'齿牙动摇。'《上李巽书》云:'发秃齿豁。'《进学解》云:'头童齿豁。'《五箴》云:'齿之摇者日益脱。'其感于中而见于诗文者多矣。"文《详注》:"《素问》曰:'丈夫五八,肾气衰,发堕齿槁。'公自连州赦还已有诗云:'自从牙齿缺,始慕舌为柔。'时公年方三十九,则知公未逮四十,而已病齿落矣。"

② "去年"二句:《墨子·非攻中》:"古者有语,唇亡则齿寒。"文《详注》:"《说文》(牙部)曰:'牙,壮齿也。'象上下相错之形。"《说文·齿部》:"齿,口断骨也。"郑注:"《周礼》曰:'人生齿而体备,男八月、女七月而生齿。'"方世举《笺注》:"《释名》(《释形体》):牙,揸牙也,随形言之也。齿,始也,少长之别,始乎此也。《六书故》:齿当唇,牙当车。"

③ 俄然:突然,形容时间短。落势,牙齿脱落的势头。殊未已,还未停止。

④ 余存皆动摇:方《举正》据阁、蜀本作"存",云:"晁、谢校。"朱《考异》:"存,或作'在'。"文本、祝本、魏本作"在"。宋白文本、廖本、王本作"存"。当作"存",作"在"乃形似致误。

余存:剩余的牙齿。尽落,落尽。始止,才停止。

⑤ 落一时:掉第一颗牙时。但念豁可耻,只觉得豁牙难看。与韩公《送侯参谋赴河中幕》"我齿豁可鄙"同感。豁,缺口。《广雅》:"豁,空也。"贾思勰《齐民要术·种谷》:"稀豁之处,锄而补之。"此指禾苗。

⑥ 懔(lǐn)懔:畏惧的样子。方世举《笺注》:"懔懔:《书·泰誓》(中):'百姓懔懔。'陆机《文赋》:'心懔懔以怀霜。'恒在己,自己经常处于这种畏惧的状态。

⑦ 叉牙:同权桠。即参差不齐。魏本:"孙曰:叉牙,不齐也。韩曰:《灵光殿》:'枝掌叉牙而斜据。'注:叉牙,相柱也。"方成珪《笺正》:"王文考《鲁灵光殿赋》:'枝掌权桠而斜据。'李善注:'权桠,参差之貌。'此不从木,盖古通用。"童《校诠》:"韩注灵上当补鲁字,殿下当补赋字,掌当作掌,其本字应作樘,说文:樘,衺柱也。韩所见本作义牙,与今本文选作权桠不同。说文有权桠字,权,枝也;桠,木也,一曰车辋会也。叉牙为权桠之省借。叉、杈为叉、权之俗。"按:叉牙同权桠。《文选》李善注"权桠"云:"权桠:参差之貌。"此形容牙齿参差不齐。权桠,六臣本作"扠扝",从手,恐非。

⑧ 颠倒:与横竖意同。上下前后跟原有的位置相反,即错乱。此句意谓:横竖都不舒服。怯漱水,怕用水漱口。方世举《笺注》:"漱水:《记·内则》:'鸡初鸣,咸盥漱。'"

⑨ 与:方《举正》据蜀本订,云:"李、谢校同。"朱《考异》:"与,或作'欲'。"宋白文本、文本、祝本、魏本作"欲"。廖本、王本作"与"。

崩山:方世举《笺注》:"《列子·汤问篇》:'初为霖雨之操,更造崩山之音。'"按:作"与",当和字解,即落齿的味儿和崩山一样。作"欲",当想字解,即落齿"意欲(想)比崩山"。二者均通。作"与"合文意。二句意谓:最后牙齿脱落时,像山崩一样迅速剧烈,形容牙齿掉得突然。以上节节叙来,态势磊落分明。

⑩ "今来"二句意谓:近来牙齿脱落已成习惯,每掉一颗都和往常一样。熟,习以为常。《新唐书·选举志》:"目熟朝廷事。"成语"熟视无睹"。

⑪ 次第:一个接一个。张相《诗词曲语辞汇释》卷四:"次第,进展之辞,犹云接着也,转眼也。韩愈《落齿》诗……言知其接着将俱落也。"

⑫"傥常"二句：落一，方《举正》据唐本作"落一"，云："谢校。"朱《考异》："或作'一落'。"宋白文本、文本、祝本、魏本作"一落"。按：今从方、朱作"落一"。

两纪：文《详注》："十二年曰一纪。"魏本："韩曰：'《周礼》：一纪十有二岁。以所余二十余齿，一岁一落，则足支两纪矣。'"方世举《笺注》："两纪：《书·毕命》：'既历三纪，世变风移。'"按：二句意谓：假如每年掉一颗牙，还可以支持二十余年。傥，假如。两纪，一纪十二年，两纪二十四年。《尚书·周书·毕命》："既历三纪。"孔传："十二年曰纪。"

⑬"如其"二句：魏本："韩曰：'如其今日并落，则与岁常渐渐而落者，亦同归于空而已也。'"按：意谓如果一下子掉完，和慢慢掉差不多。指，同恉(zhǐ)，当意向或意思差不多讲。

⑭"人言"二句：方世举《笺注》："古乐府《西门行》：'自非仙人王子乔，计会寿命难与期。'"

按二句意谓：人们都说牙齿掉落，按常理讲人的寿命难以再维持下去。恃，维持、凭借。

⑮"我言"二句：文《详注》："长短，谓寿数也。"下引《列子》语。

二句意谓：我说人的寿命总有一定年限，或长或短总是要死的。生有涯，《庄子·养生主》："吾生也有涯，而知也无涯。"长短俱死，王羲之《兰亭集序》："况修（长也）短随化，终期于尽。"《列子·杨朱》："然而万物齐生齐死……十年亦死，百年亦死。"

⑯左右：文《详注》："谛，审也，音丁计切。"

按：左右，左右的人。谛(dì)，仔细、详细。《列子·汤问》："王谛料之。"

⑰木雁：方世举《笺注》："'木雁'二字，亦非创用。《南史·王彧传》：'张单双灾，木雁两失。'梁元帝《玄览赋》：'混木雁而兼陈。'古人用字必有所本。"

按：庄周，名周，人称庄子，战国时蒙（今河南商丘）人，曾为漆园吏。所传《庄子》三十三篇。《内篇》七篇，历来认为是庄周自己作的。《外篇》十五篇，《杂篇》十一篇，历来认为出于后世道家假托之人。木雁，《庄子·山木》："庄子行于山中，见大木枝叶盛茂。伐木者止其旁而不取也。问其故，曰：'无所可用。'庄子曰：'此木以不材得终其天年。'夫子出于山，舍于故人之家。故人喜，命竖子杀雁而烹之。竖子请曰：'其一能鸣，其一不能鸣，请奚杀？'主人曰：'杀不能鸣者。'明日，弟子问于庄子曰：'昨日山中之木，以不材得终其天年；今主人之雁，以不材死。先生将何处？'庄子笑曰：'周将处夫材与不材之间，似之而非也，故未免乎累。'"各有喜，指主人对木与雁的态度。大木、鸣雁各得其所，比喻有牙无牙各有好处。

⑱ 语讹：方世举《笺注》："语讹：《诗·沔水》：'民之讹言。'"按：语讹，语言不清楚。没有牙齿说话容易讹误，默默不语本来就是好事。

⑲ 嚼废软还美：文《详注》："《补注》：'公贞元十九年冬，自御史坐言事贬为阳山，此句盖有激而云。其与《江陵途中》诗语一也。'"

按：牙齿没有了，舌头还好。嚼，能嚼食物的牙齿。软，柔软的舌头。与韩公《赴江陵赠三学士诗》"自从牙齿缺，始慕舌为柔"的意思同。用刘向《说苑·敬慎》："老子曰：夫舌之存也，岂非以其柔耶？齿之亡也，岂非以其刚耶？"这话本于《老子》七十六章"人之生也柔弱，其死也坚强。草木之生也柔脆，其死也枯槁。故坚强者死之徒，柔弱者生之徒。是以兵强则灭，木强则折，强大处下，柔弱处上"。

⑳ "因歌"二句：文《详注》："诧：告也，音丑亚切。谢惠连《秋怀》诗云：'因歌遂成赋，聊用布亲串。'"魏本："祝曰：《庄子》(《达生》)：'踵门而诧子扁庆子。'注：'告也，叹也。'"

按：二句意谓：一边唱歌一边写成诗，拿来在妻子面前夸耀。诧，夸耀。《文选》卷七司马相如《子虚赋》："子虚过姹乌有先生。"告诉中语含夸耀意，诙谐有趣。李善注："五臣作'诧'。"按：姹同诧。

【汇评】

宋孙奕:《齿牙》:或疑昌黎"去年落一牙,今年落一齿"为烦文。予案:……洪氏《韩子年谱》云:"去年与崔群云:'左车第二牙无故动摇脱去。'而《齿落》诗云'去年落一牙',则此诗今年作也。"乃知在颊为牙,当唇为齿也,昭昭矣。(《履斋示儿编》卷一三)

宋黄震:《落齿》诗结以"语讹默固好,嚼废软还美",翻说最佳。(《黄氏日抄》卷五九)

清查慎行:曲折写来,只如白话。渊明《止酒》一篇章法尔尔。(《查初白诗评十二种》)

清严虞惇:此首似乐天。(《钱仲联《韩昌黎诗系年集释》卷二)

清宋长白:《木雁》:《庄子》有"不材之木"及"不鸣之雁"语。卢谌《与刘琨书》:"在木缺不才之资,处雁乏善鸣之分。"宋明帝《与王景文诏》:"张单双灾,木雁两失。"梁元帝《元览赋》:"凿户牖而长望,混木雁而兼陈。"二字合用始此。韩昌黎《落齿》诗:"我言庄周云,木雁各有喜。"王临川诗:"故人相见如相问,为道方寻木雁篇。"不读《南华》、晋宋诸书,则二字难以卒解。(《柳亭诗话》卷三)

清何焯:《落齿》:拟《止酒诗》。(《义门读书记》卷三〇)

蒋抱玄:惟真最难写得痛,惟率最难写得快。是诗颇打出此关,然硬处正复不少耳。(《注释评点韩昌黎诗全集》)

哭杨兵曹凝陆歙州参①

贞元十九年

人生期七十,才半岂蹉跎②。并出知己泪③,自然白发多。晨兴为谁恸?还坐久滂沱④。新坟与宿草⑤,已矣两如何⑥!

【校注】

① 题：方《举正》据阁本作《哭杨兵部》，云："李、谢校。"朱《考异》题同方，云："部，或作'曹'。"宋白文本、文本、祝本、魏本、廖本、王本均作"哭杨兵曹凝陆歙州参"，从之。

《洪谱》："凝为兵部而云兵曹者，隋尝改兵部为兵曹，礼部为仪曹也。"文《详注》："《唐史》（见《新唐书·杨凝传》）：杨凝字懋功，第进士，宣武董晋表为判官。晋卒，乱作，凝走还京师，阖门三年，拜兵部郎中，以痼疾卒。一见《天星》诗。李翱集《陆歙州述》云：'吴都陆参，字公佐，生于世五十七年，明于仁义之道，可以化人厚俗者。参三十年连事观察使，不能知退。居于田者六七年，由侍御史入为祠部员外郎。二年出刺歙州，卒于道，贞元十八年（802）四月二十日也。'歙，音失涉切。"魏本："樊曰：柳子厚作凝墓碣云：'贞元十九年（803）正月卒。'李习之《陆歙州述》云：'贞元十八年（802）四月卒。'参先凝一年而卒，公乃同时哭之。盖参佐主司时，公尝以书荐侯喜等，及出刺歙，亦有序送，又尝有《行难》一篇，为参设也。凝则与公尝佐董晋汴州，皆知己者。去年参死，今年凝又死，此公所以因凝而并及之，且曰'数出知己泪'也。一本又有'新坟宿草'之句。"按：王《补注》，魏本引《补注》、孙《全解》均同上而简，不赘。

② 人生：方《举正》："柳本作'人生'，蜀校同。"朱《考异》作"人皆"，曰："皆，或作'生'。"宋白文本、文本、祝本、魏本、廖本作"皆"。按：诸本均作"皆"，意似亦通。若仔细推究，作"皆"，与下句意不合。按行文逻辑，上句用"皆"，指的是一般人，下句当转为特指即"我"，好与上句对，此则顺承。再就韩公古诗往往用律句，即便不用律句，也讲究音调和谐之美，读起来顺口。这二句诗，首句第二字若作"皆"字，则为"平仄平入入"，即"平仄平仄仄"。下句为"平仄仄平平"。平仄不合，声韵不美。首句第二字若作"生"字，则二句为"平平平仄仄，平仄仄平平"，平仄合，声韵亦美。况韩公为老杜后第一传承人，喜老杜，用老杜。此正用老杜《曲江》"人生七十古来稀"。故当从柳本作"生"字。按李汉《韩昌黎集序》谓韩愈生

— 963 —

于唐代宗大历戊申(768),至今贞元十九年癸未(803),则韩愈为三十六岁,为七十强半。蹉跎,失时,虚度光阴。《文选》阮籍《咏怀诗》之八:"娱乐未终极,白日忽蹉跎。"岂,难道,反诘语气。岂蹉跎,即难道是虚度光阴吗?

③ 并出知己泪:方《举正》据阁本作"并出",云:"李、谢校。"朱《考异》:"并,或作'数'。"宋白文本、文本、祝本、魏本作"数"。廖本、王本作"并"。作"并"是。因为两人并哭。从韩愈与杨凝、陆参的交情看,当为知己也。

知己:方世举《笺注》:"《汉书·司马迁传》:盖钟子期死,伯牙终身不复鼓琴,何则?士为知己者用。"

④ 恸(tòng):魏本:"韩曰:《语》(《论语·先进》):'非夫人之为恸而谁为?'"文《详注》:"滂沱,涕流貌。《泽陂》(《诗·陈风》)诗曰:'涕泗滂沱。'"方世举《笺注》:"《诗·彼泽之陂》:'涕泗滂沱。'"蒋抱玄《评注》:"《后汉书·赵壹传》:'沐浴晨兴,昧旦不忘。'"按:极度悲痛。柳宗元《哭连州凌员外司马》诗:"我歌诚自恸,非独为君悲。"滂沱,原意为大雨貌。此谓泪如暴雨倾盆。《诗·小雅·渐渐之石》:"月离于毕,俾滂沱矣。"《诗·陈风·泽陂》:"寤寐无为,涕泗滂沱。"

⑤ 新坟与宿草:朱《考异》作"论文与晤语",曰:"或作'新坟与宿草'。"宋白文本、文本、祝本、魏本作"论文与晤语",注:"一本(祝本、魏本作'赵本')云'新坟与宿草'。"魏本"与"作"兴",误。文《详注》:"一本云'新坟与宿草'。《南史·庾肩吾传》云:'梁简文帝曰:每欲论文,无可与晤,思吾子建,共一商榷。'晤,对也,音五故切,一见《答张彻》诗。"王元启《记疑》:"赵德《文录》本如此,见《五百家注》。此句点明陆先死,杨后死,公所以同时并哭之故,最为醒目。传本作'论文与晤',语句近凡俗。且上文'知己'二字其义已该,不烦缕举。又'论文'即是'晤语',就本句论,亦嫌冗复,今定从赵本。"钱仲联《集释》:"《礼记》(《檀弓上》):'朋友之墓,有宿草而不哭焉。'"注:"宿草,谓陈根也。"按:新坟,杨凝。宿草,陆参。王、钱

从赵德本是。韩与杨、陆生平无见共论文者。

⑥ 已矣两如何:方《举正》据阁本作"可如何",云:"蜀、文苑。"朱《考异》作"可如",曰:"可,或作'两',或作'复'。"宋白文本、文本、魏本作"两",宋白文本注:"两,一作'可'。"文本、魏本注:"两,一作'复',一作'尔'。"廖本、王本作"可"。按:作"已矣两如何"合上文意,善。即两人已去,如之奈何,叹惜也。

【汇评】

清朱彝尊:质意可讽。(顾嗣立《昌黎先生诗集注》卷四)

苦 寒①
贞元十九年

写于贞元十九年(803)春,韩愈在长安为四门博士时。公任京官后对朝政的积弊看得更清楚,因此,便借是年春三月大雪侵害万物生长,破坏百姓生活,比赋隐刺权臣误国,朝廷失政。用狠重奇险之笔,抒发了他鲜明的爱憎感情。他对自己不能尽力佐政抚民感到内疚,期望和煦的阳光施惠于万物,自谓为政于民死而无憾。从艺术上看,这首诗是韩愈着力镌刻的代表,表现了韩诗锐思镌刻,字带刀锋,怪怪奇奇,狠重奇险的诗风,是韩诗从思想上笔涉朝政,艺术上走向奇崛风格,从杜诗奇险处推扩奥衍,辟山开道,自树一家新风的标志。

四时各平分,一气不可兼②。隆寒夺春序③,颛顼固不廉④。太昊驰维纲,畏避但守谦⑤。遂令黄泉下,萌芽夭勾尖⑥。草木不复抽,百味失苦甜。凶飙搅宇宙⑦,芒刃甚割砭⑧。日月虽云尊,不能活乌蟾⑨。羲和送日出,恇怯频窥觇⑩。炎帝持祝融,呵嘘不相炎⑪。而我当此时,恩光何由沾⑫。肌肤生鳞甲⑬,衣被如刀镰⑭。气寒鼻莫嗅⑮,血冻指不拈⑯。浊醪沸入喉,口角如衔钳⑰。将持匕箸食,触指如排签⑱。侵炉不觉暖,炽炭屡已添⑲。探汤无所益⑳,何况纩无縑㉑。虎豹僵穴中,蛟螭死幽潜㉒。荧惑丧躔次㉓,六龙冰脱髯㉔。芒砀大包内,生类恐尽殱㉕。啾啾窗间雀,不知已微纤。举头仰天鸣,所愿晷刻淹㉖,不如弹射死,却得亲炰燖㉗。鸾皇苟不存,尔固不在占㉘。其余蠢动俦,俱死谁恩嫌㉙。伊我称最灵㉚,不能女覆苫㉛。悲哀激愤叹,五藏难安恬㉜。中宵倚墙立,淫泪何渐渐㉝?天乎哀无辜㉞,惠我下顾瞻㉟。褰旒去耳纩㊱,调和进梅盐㊲。贤能日登御㊳,黜彼傲与憸㊴。生风吹死气,豁达如褰帘㊵。悬乳零落堕,晨光入前檐㊶。雪霜顿销释,土脉膏且黏㊷。岂徒兰蕙荣㊸,施及艾与蒹㊹。日萼行铄铄㊺,风条坐襜襜㊻。天乎苟其能,吾死意亦厌㊼。

【校注】

① 题:方《举正》:"当为贞元十九年作。"文《详注》:"公前为幸臣所谗南迁连州,今感春寒而作,以谓阴乘于阳也。魏武帝乐府诗亦有《苦寒行》,与此同义。"按:文所说迁连州后作,非是。文《详注》引王《补注》:"《苦寒》公意盖有所风也。而旧本次于《哭杨陆》诗后,其贞元十九年春欤?颛顼不廉,谓冬夺春序。而肆其寒,譬则权臣用事也。太昊,春帝,畏避颛顼而不能张其纲纪,以譬当国者畏避权臣,取充位而已。'遂令黄泉下'至'割砭',言权臣所以肆其虐如此。日月不能活乌蟾,譬则人主委任权臣者,如此而我何由沾恩光,此公所以自叹也。终之曰'天子(当作乎)哀无辜'至'吾死意亦厌',言人君能褰旒去纩,无所蔽塞,进传说之徒于左右,则贤

能日登御，而恌狠险诐者黜，然后恩泽下流，施及草木，吾意死亦足矣。按《韦渠牟传》，自陆贽免，德宗不任臣下以权，所倚信者裴延龄、李齐运、王绍、李实、韦执谊、韦渠牟。延龄实奸虐，绍无所建明，渠牟后出，望最轻，乃张恩势以动天下，召崔芊（芊）于茅山，起郑随于布衣，至补阙，引醴泉令冯伉为给事中，士之浮竞者争出其门。（此据《新唐书》，字句稍异）详此而公诗可见矣。时贾耽、齐抗之徒当国。公四门博士。"魏本："韩曰：公此诗意盖有所讽，犹《讼风伯》之吹云而雨不得作也。谓'隆寒夺春序'而肆其寒，犹权臣之用事。太昊之畏避，则犹当国者畏权臣、取充位而已。其下反覆所言，无易此意。其末谓天子哀无辜，则望人主进贤退不肖，使恩泽下流，施及草木。其爱君忧民之意，具见于此。樊曰：按《韦渠牟传》……贞元十九年春作。"方世举《笺注》先以□引顾嗣立转录韩醇《全解》语，云："顾嗣立曰：胡渭云：《唐书·五行志》：'贞元十九年三月，大雪。'岂即所谓苦寒耶！"

② 四时各平分：魏本："孙曰：《楚辞》（宋玉《九辩》）：'皇天平分四时兮。'平，谓均也。"文《详注》："谓东方之神太昊，执规司春；南方之神炎帝，执衡司夏；西方之神少昊，执矩司秋；北方之神颛顼，执权司冬。各行其令，一气不可以相兼也。平分，四时。见上《感春》诗。"按：一年平均划分为四季，构成天地万物的基本素质，各不相兼也。《庄子·知北游》："臭腐复化为神奇，神奇复化为臭腐。故曰：通天下一气耳。"汉王充《论衡·齐世》："一天一地，并生万物，万物之生，俱得一气。"

③ 隆寒夺春序：魏本注："寒，一作'冬'。"祝本"春"作"青"。宋白文本、文本、祝本、魏本、廖本、王本均作"寒"，从之。宋白文本、文本、魏本、廖本、王本均作"春"，从之。按：隆寒，酷寒、严寒。三国魏曹操《步出夏门行·土不同》诗："乡土不同，河朔隆寒。"《三国志·魏·王昶传》："朝华之草，夕而零落；松柏之茂，隆寒不衰。"《汉语大词典》引韩诗为例。春序，春天。谓三月本和暖花开的春季，却大雪苦寒，故谓冬侵春序。南朝梁江淹《拜正员外郎表》：

"(臣)滥蒙恩幸,屡度经冬,亟移春序。"唐韦应物《复理西斋寄丘员外》诗:"海隅雨雪霁,春序风景融。"

④颛顼(zhuān xū)固不廉:文《详注》:"颛顼,黄帝之孙。以水德王天下,号曰高阳氏。死托祀于北方之神。《月令》(《礼记》)曰'孟冬之月,其帝颛顼'是也。言今阴气乘阳,乃颛顼之害。《释名》(《释言语》)曰:'廉,敛也。'言不自检廉也。"方世举《笺注》:"《梁书·朱异传》:'沈约戏异曰:卿年少,何乃不廉?'"

按:谓颛顼性本贪婪,侵犯春夏。传说春、夏、秋、冬四季,皆有一帝专管,颛顼管冬季。《礼记·月令》:孟冬、仲冬、季冬之月,其帝颛顼。

⑤驰维纲:朱《考异》:"或作'施纲维',非是。"诸本作"驰维纲",从之。

太昊(hào):春帝名。方世举《笺注》:"《记·月令》:'孟春、仲春、季春之月,其帝太昊。'班固《十八侯铭》:'御国维纲,秉统万机。'"驰,松散、废驰。文《详注》:"太昊,伏羲有天下,死托祀于东方之帝。《月令》(《礼记》)曰'孟春之月,其帝太皞'是也。驰维纲,言失职。"魏本:"孙曰:'废驰纲纪也。'"按:纲纪,治理。《诗·大雅·棫朴》:"勉勉我王,纲纪四方。"笺:"以罔罟喻为政,张之为纲,理之为纪。"又作法度、法纪解。《汉书·礼乐志》:"夫立君臣,等上下,使纲纪有序,六亲和睦,此非天之所为,人之所设也。"两说均可。谦,谦逊、退让。《后汉书·李通传》:"然性谦恭,常欲避权埶。"与此诗意同。埶同势。权埶即权势。

⑥黄泉下:方世举《笺注》:"《淮南子·天文训》:'阴气极,则北至北极,下至黄泉……万物闭藏。'"

芽:宋白文本、文本、魏本作"芽",从之。廖本、王本作"牙"。牙、芽,古通用。牙,本字;芽,后出字。此句谓:阴气盛极侵于地下,伤及草木萌发,使初生的草木芽尖冻死。文《详注》:"《淮南子》(《天文》)曰:'阴气极,则[北至北极,]下至黄泉[,万物闭藏]。'《月令》(《礼记》)曰:'安萌芽。'['勾者毕出,萌者毕达。']郑氏云:'屈生曰勾,直达曰萌。'勾尖,萌芽之细者也。"魏本:"孙曰:勾尖,物初生貌。"方世举《笺注》:"萌芽:《记·月令》:'安萌牙。'方云:'或作芽。'按:《汉书》如'朱草萌牙'事,有'萌牙',无用'芽'字。勾尖:《记·月令》:'勾者毕出,萌者尽达。'《广韵》:'尖,锐也。'"童《校诠》:"案:说文:铁,铁器也,一曰镵(段校作镵)也。臣铉等曰:今俗作尖,非是。尔雅释丘:再成锐上为融丘,郭注:铁顶者。公精于训诂,疑本作铁字,与郭氏同,移录者求通俗改之。公羊定八年传:睋而锓其版,释文:锓,本又作铁,锓字不见说文,亦后出字。"

⑦ 凶飙(biāo)搅宇宙:方世举《笺注》:"凶飙:《记·月令》:'孟春行秋令,则飙风暴雨总至。'"按:凶飙,谓暴风。《尔雅·释天》:"扶摇谓之猋。"注:"暴风从下上。"猋同飙。《礼记·月令》:"(孟春)行秋令,则其民大疫,猋风暴雨总至。"

搅:朱《考异》:"搅,或作'扰'。"宋白文本、文本、魏本、廖本作"搅",注:"一作'扰'。"按:当作"搅"。搅:扰乱也。《诗·小雅·何人斯》:"胡逝我梁,只搅我心。"注:"搅,乱也。"

⑧ 芒刃甚割砭:方世举《笺注》:"割砭:扬雄《太玄》:'达于砭割。'"按:凶暴的风甚于芒刺刀割。芒,文本、魏本作铓,芒、铓古通用,芒本字,铓后出字。砭(biān),用针刺皮肉。唐岑参《走马川行奉送出师西征》:"风头如刀面如割。"杜甫《前苦寒行》:"寒刮肌肤北风利。"砭,悲廉切。

⑨ 乌蟾:文《详注》:"乌蟾,日月之精也。《说文》曰:'日中有三足乌。'张衡《灵宪》曰:'羿请不死之药于西王母,嫦娥窃之以奔月宫,遂托身于月,是为蟾蜍。'"方世举《笺注》:"《淮南·精神训》:'日中有踆乌,而月中有蟾蜍。'"按:乌蟾,乌鸦和虾蟆。《淮南子》高诱注:"踆,犹蹲也,谓三足乌。蟾蜍,虾蟆。"

⑩ "羲和"二句:羲和把太阳送了出来,却胆怯地偷看,迟疑不前。羲和,神话里太阳神的车夫。《楚辞》屈原《离骚》:"吾令羲和弭节兮。"王逸注:"羲和,日御也。"文《详注》:"羲和,日母也。事见《秋怀》诗。"魏本:"孙曰:《山海经》云:'东南海之外,甘泉之间,有

羲和国,有女子曰羲和,为帝悦之妻,是生十日,常浴日于甘泉。'"方世举《笺注》:"羲和:《书·尧典》:'乃命羲和钦若昊天,历象日月星辰。'"钱仲联《集释》:"《初学记》引《淮南子》:'爰止羲和,爰息六螭。'许慎注云:'日乘车,驾以六龙,羲和御之,日至此而薄于虞泉,羲和至此而回六螭。'"恇(kuāng)怯,惧怕畏缩。窥觇(chān),观望,迟迟不敢向前。魏本注:"恇,亦怯也。觇,亦窥也。"方世举《笺注》:"《北史·虞世基传》:'卿是书生,定犹恇怯。'"

频:方《举正》据唐本订,云:"荆公校同。"朱《考异》:"频,或作'烦'。"宋白文本、文本、祝本、魏本作"烦"。廖本、王本作"频"。按:作"频"合诗意,即连连窥望。

⑪ "炎帝"二句:文《详注》:"炎帝,少典之子,以火德王天下,号曰神农,死托于南方之帝。祝融,颛顼之孙,一名黎,为高辛氏火正,号为祝融,死而为炎帝之佐。《月令》曰'孟夏之月,其帝炎帝,其神祝融'是也。呵嘘,气上出貌,上音寒歌切,下音休居切。言二神亦失职,火气遂微,不相炎照也。《说文》(炎部)曰:'炎,火光上下也。'"魏本:"孙曰:祝融:《月令》(《礼记》):'孟夏之月,其帝炎帝,其神祝融。'(《左传》)昭二十九年左氏云:'颛顼氏有子曰黎,为祝融。'"按:炎帝拿着火,却不去呵护照耀。炎帝,火神,名祝融,因主夏,世称夏帝。《礼记·月令》:"[孟夏之月,]其帝炎帝,其神祝融。"持祝融,举着火。呵嘘,天冷手冻,需呵气取暖。《说文》段注:"《洪范》曰:'火曰炎上,其本义也。'《云汉传》曰:'炎炎,热气也。'《大田传》曰:'炎,火盛阳也。'皆引申之义也。"

⑫ 恩光:圣恩。沾(zhān),宋白文本、文本、祝本、魏本作"霑"。廖本、王本作"沾"。

按:沾,霑,音义同。浸润、沾溉。恩光,《文选》卷三一梁江淹《杂体诗·鲍参军昭(戎行)》:"宵人重恩光。"李善注引郑玄《毛诗笺》曰:"言天子恩泽光曜被及者也。"《全唐诗》卷一二一陈希烈《奉和圣制三月三》:"皇情被群物,中外洽恩光。"又卷二三五贾至《闲居秋怀寄阳翟陆赞府封丘高少府》:"一言顿遭逢,片善蒙恩光。"

洽、蒙与沾同意。

⑬肌肤生鳞甲：方世举《笺注》："鳞甲：孔明《与蒋琬董允书》：'孝起为吾说正方腹中有鳞甲。'"此句意谓：身上皮肤被冻裂的像鳞甲一样。鳞甲，鱼鳞、龟甲。《全唐诗》卷三五七刘禹锡《晚泊牛渚》："芦苇晚风起，秋江鳞甲生。"

⑭衣被如刀镰：意谓衣服和被褥冻得冰凉，贴着身就如刀割一样痛。刀、镰，都是切割物什的工具，刃锋利。文《详注》："此下皆言苦寒之状。镰，刈器也，音离盐切。"魏本："祝曰：《释名》：'镰，廉也，薄其所刈似廉也。一作鎌，与镰同。《列子》：拥鎌带索。音廉。'"方成珪《笺正》："拥鎌带索。见《家语•致思篇》。《列子》'但有鹿裘带索'语。黄钺《增注证讹》："东坡'梦回布被起廉隅'，似从此脱化，而更觉趣甚。《说文》：鎌，锲也。非镰也，注误从廉。"方世举《笺注》："刀镰：《释名》：'镰，廉也。体廉薄也。'"童《校诠》："第德案：说文：鎌，锲也，段曰：俗作镰。按：释名释用器：鎌。廉也，体廉薄也，其所刈稍稍取之，又似廉者也。玉篇金部：镰，刈刂也，鎌同上。是东汉末已有镰字，顾氏则镰为正，而以鎌为重文，未免倒置。方言（五）：刈鉤自关而西或谓之钩，或谓之鎌，或谓之锲。锲，郭音结。黄氏以从廉者为误，不悟从廉者乃鎌之隶变非有二也。"

⑮气寒鼻莫嗅：嗅，原作"齅"。文《详注》："以鼻就物曰嗅，音许救切。以指取物曰拈，音奴镰切。"按：意谓天寒气凉鼻吸刺痛，莫敢呼吸。齅同嗅，用鼻子辨别气味。《汉书•叙传》："不齅骄君之饵。"注："齅，古嗅字也。"《说文•鼻部》："齅，以鼻就臭也。"《论语•乡党》："三嗅而作。"《韩非子•外储左下》："嗅之则香。"则作"嗅"。

⑯血冻指不拈：谓天冷得使人血液凝固，指头冻僵，无法合拢，无法摄物。拈(niān)，本意用手指取物。杜甫《绝句漫兴九首》之八："舍西柔桑叶可拈，江畔细麦复纤纤。"手指无法合拢，拿不了东西。《释名•释姿容》："拈，黏也。两指禽之，黏著不放也。"文

《详注》:"以指取物曰拈,音奴镰切。"作黏合解,似不合韩公诗意;当以指摄物解,善。方世举《笺注》:"《释名》:拈,黏也,两指翕之,黏著不放也。"

⑰"浊醪"二句:钳,原作"箝",今简化作"钳"。文《详注》:"《前汉·陈遵传》扬雄《酒箴》云:'酒醪不入口。'《庄子》曰:'口钳而不欲言。'箝亦作钳,音甘掩切。"魏本:"孙曰:'箝,马口中铁。'"钱仲联《集释》:"《后汉书》李贤注:'醪,醇酒汁滓相将也。'杜甫诗:'钟鼎山林各天性,浊醪粗饭任吾年。'箝:《公羊传》:'拑马而秣之。'《释文》:'拑,以木衔马口。'"按:天冷嘴冻得合不拢,连煮沸的酒都喝不进去。醪(láo),汁滓混合的酒。《说文·酉部》:"醪,汁滓酒也。从酉,翏声。"《汉书·爰盎传》:"买二石醇醪。"《庄子·胠箧》:"削曾史之行,钳杨、墨之口,攘弃仁义,而天下之德始玄同矣。"《汉书·江充传》:"辄收捕验治,烧铁钳灼,强服之。"注:"以烧铁或钳之,或灼之。钳,镊也。"《淮南子·本经训》:"今至人生乱世之中,含德怀道,拘无穷之智,钳口寝说,遂不言而死者,众矣。"《文选》卷三九江淹《诣建平王上书》:"若使下官事非其虚,罪得其实,亦当钳口吞舌,伏匕首以殒身。"

⑱触指如排签:文《详注》:"签,锐竹。签,音千帘切。"钱仲联《集释》:"《说文》:签,验也。一曰:锐也,贯也。从竹,佥声。"按:匕,汤匙。箸,筷子。签,竹签。如排签,像往手指里扎竹签一样痛。古有此酷刑。《三国志·蜀·先主传》:"先主方食,失匕箸。"

⑲"侵炉"二句:已,方《举正》据唐本订,云:"蔡、谢校。"朱《考异》:"已,或作'以'。"宋白文本、祝本、魏本作"以"。文本、廖本、王本作"已"。按:过去式,作已经解,以、已音义皆同。古时本为一字,唐宋以后渐分,在不同语句中,用法不同,义不得混。王元启《记疑》:"以,旧作'已',按:作'已'无义,今从建本。"钱仲联《集释》:"《礼记·内则》:'由命士以上。'《释文》:'以,本作已。'《荀子·非相篇》:'何已也。'杨倞注:'已与以同。'王说非是。"童《校诠》:"第德案:说文:目,用也,从反巳,贾侍中说:巳,意巳实也,象

形（按意已即薏苡）。段曰：今字皆作以，由隶变加人于右也。按：秦刻石作㠯，王孙钟、齐子仲姜镈、陈侯因𩦠敦、邾公华钟皆作台，非由隶变。自以（汉书作目）已分用，以作用义解，已作业已、止已解，一字作为二字。王宋贤谓作已无义，认已、以为二字二义，钱萼孙谓古书二字多通用，亦不悟已、以本一字也。"

文《详注》："《韩子》曰：'宰奉炽炉，炭尽以红赤。'"按：侵炉，贴近火炉。炽炭，炽烈燃烧的炭。

⑳ 探汤无所益：魏本："祝曰：探，取也。《语》：'见不善如探汤。'探，他南切。"方世举《笺注》："《列子·汤问篇》：'日初出，沧沧凉凉，及其日中如探汤。此不为近者热而远者凉乎？'"按：此谓手脚放在沸水里也无济于事。《论语·季氏》："见善如不及，见不善如探汤。"

㉑ 纩（kuàng）：棉絮。缣（jiān），绢帛。纩缣合称被褥。文《详注》："纩，细绵也，音苦谤切。缣，并丝绢也，音兼嫌切。"魏本："《补注》：《左氏》：'三军之士，皆如挟纩。'纩，音旷。缣，帛也。"方世举《笺注》："纩缣：《南史·齐·陈皇后传》：'冬月犹无缣纩。'《北史·邢峙传》：'文宣赐以被褥缣纩。'"钱仲联《集释》："《说文》：'纩，絮也，从糸，广声。'《春秋传》曰：'皆如挟纩。'又：'缣，并丝缯也，从糸，兼声。'"

㉒ "虎豹"二句：文《详注》："魏帝《苦寒行》云：'虎豹夹路啼。'僵：偾也，音居良切。蛟、螭，龙属。《楚辞·九怀》（按：乃王褒《通路》）云：'鲸鳣兮幽潜。'"顾嗣立《集注》："《广雅》：'有鳞曰蛟龙，无角曰螭龙。'杜子美《前苦寒行》'虎豹哀号又堪记'，又'冻埋蛟龙南浦宿'。"魏本："韩曰：蛟螭似龙而无角。'"方世举《笺注》："虎豹：《西京杂记》：'元封二年，大寒，雪深五尺，野鸟兽皆死。'蛟螭：扬雄《羽猎赋》：'薄索蛟螭。'"按：谓虎豹冻僵在洞穴里，蛟螭被冻死在深水中。蛟，有鳞的龙为蛟。螭，无角的龙为螭。

㉓ 荧惑丧躔（chán）次：躔，文本作"缠"，误。今从诸本作"躔"。

躔次：魏本："孙曰：躔，《说文》：'践也。'五星：东方岁星，南荧惑，西太白，北晨星，中央镇星。"文《详注》："荧惑，火星。躔次，所居之分也。《前汉志》曰：'荧惑常以十月入太微，受制而出行列宿，司无道之国。'"按：躔，足迹，引申为日轨。故此句谓：太阳运行也失去了规律。荧惑，本指火星，此指太阳。《史记·天官书》："察刚气以处荧惑，曰南方火，主夏，日丙、丁。"躔，足迹，也指日月及金水火土五星运行时经过天空某一区域的轨迹。汉蔡邕《独断》："京师，天子之畿内千里，象日月，日月躔次千里。"《路史·循蜚纪·钜灵氏》："或云治蜀，盖以其迹躔焉。"成公绥《故笔赋》："书日月之所躔。"宋沈括《梦溪笔谈》卷七《象数一》："若不用太阳躔次，则当日当时日月、五星、干支、二十八宿，皆不应天行。"《辞源》亦引韩愈《和崔舍人咏月》诗为例。

㉔ 六龙冰脱髯：冰，祝本作"水"。误。

文《详注》："《楚辞》王逸云：'日以龙为车，故曰六龙。'髯，须也。寒冽既甚，冰结其颔须，至脱落也。"魏本："孙曰：晋傅玄诗：'愿得并天驭，六龙齐王羁。'六龙，日驭也。《说文》：'髯，颊须。'"顾嗣立《集注》："《易》：'时乘六龙以御天。'《史记·封禅书》：'黄帝铸鼎于荆山，龙垂胡髯下迎，黄帝上骑。余小臣悉持龙髯，龙髯拔堕。'"童《校诠》："孙注传当作傅，王当作玉。顾引易比孙为得其朔。"按：魏本引孙《全解》，即作"傅"，不误。按：六龙，指太阳。传说日神乘车，驾以六龙。《楚辞》汉刘向《九叹·远游》："贯澒蒙以东揭兮，维六龙于扶桑。"按：六龙，谓皇帝之车六马，也称皇帝的车驾为六龙。汉刘歆《遂初赋》："总六龙于驷房兮，奉华盖于帝侧。"李白《上皇西巡南京歌十首》之四："谁道君王行路难，六龙西幸万人欢。"

㉕ "芒砀"二句：方《举正》："蜀本'砀'作'踢'，非。芒砀，乃茫荡也。芒，平、上声通。李白诗（《丁都护歌》）：'君看石芒砀，掩泪悲千古。'古书'茫'只作'芒'。'砀'与'荡'通。《诗》（《商颂·长发》）'洪水芒芒'，《庄子》（《天下》）'芒乎何之'，皆茫字也。又（《庚

桑楚》)'吞舟之鱼,砀而失水',《汉志》(《礼乐志·郊祀歌·西颢》)'西颢沆砀',皆荡义也。大包,以宇宙言也。"朱《考异》:"砀,或作'踢',非是。"文《详注》:"芒砀,圆广貌,音忙唐。大包内,天地间也。《文子》(卷一《道原》)曰:'天为雨露,地为润泽,大包群生,而无私好。'歼,灭也,子廉切。"魏本:"祝曰:《书》:'歼厥渠魁。'注云:'歼,灭也,将廉切。'"方世举《笺注》:"大包:《淮南·原道训》:'大包群生。'"按:诸本作"砀",是。此二句谓:天下所有的生物都被冻死。芒砀,同茫荡,辽阔无边。大包,整个天下。生类,一切生物。尽歼,全部死亡。

㉖ "啾啾"四句:文《详注》:"啾啾,小声。纤,细也。晷刻,日景也,解见《秋怀》诗。淹,留也。《楚辞》云:'日月忽其不淹。'"钱仲联《集释》:"《梁书·贺琛传》:'每见高祖,与语常移晷刻。'"方世举《笺注》:"啾啾:《秦嘉诗》:'啾啾鸡雀,群飞赴楹。'仰天鸣:陶潜诗(《拟挽歌辞》三首之三):'马为仰天鸣,风为自萧条。'"按:此句承上,麻雀小声地啾啾叫着说:天这么冷像把日晷都淹灭了,还不如快点死。晷(guǐ),日影。《说文·日部》:"晷,日景也,从日,咎声。"《梁书·贺琛传》:"每见高祖,与语常移晷刻。"刻,以刻度表时间。淹,停留。《楚辞》屈原《离骚》:"日月忽其不淹兮,春与秋其代序。"

㉗ "不如"二句:文《详注》:"射:音食亦切。炰烖:见《陆浑山火》。"方世举《笺注》:"弹射:《汉书·宣帝纪》:'元康三年,令三辅毋得以春夏摘巢探卵,弹射飞鸟。'《诗·閟宫》(《鲁颂》):'毛炰胾羹。'《广韵》:'炰,含毛炙物也。'《说文》(火部):'烖,汤中瀹肉也。'"钱仲联《集释》:"孟郊《寒地百姓吟》:'寒者愿为蛾,烧死彼寒膏。'落想与此略同。"屈《校注》:"《诗·大雅·韩奕》:'炰鳖鲜鱼。'郑笺:'炰鳖,以火熟之也。'疏引《字书》:'炰,毛烧肉也。'烖同燂,《周礼·冬官考工记·弓人》:'桥角欲孰于火而舞燂。'注:'燂,炙烂也。'"按:谓与其冻得难以忍受,不如弹射火烧汤煮而死,还能得点暖气。炰烖(páo xún),火烤汤煮。炰,同炮,合毛炙烤。烖,汤

里煮肉。清赵翼《瓯北诗话》卷三:"至如《苦寒行》云:'啾啾窗间雀……却得亲炰烋。'谓雀受冻难堪,翻愿就炰炙之热也。"查慎行《查初白诗评十二种》:"匪夷所思。"

㉘ 鸾皇苟不存,尔固不在占:皇,魏本注:"一作'凤'。"宋白文本、文本作"凤"。注:"一作'皇'。"按:鸾和皇是二鸟名,鸾指雄鸟,皇指雌凤。当作"皇"。

文《详注》:"鸾凤以喻贤人。当时幸臣用事,擅主威福,贤人往往遇害。占,问也。"方世举《笺注》:"屈原《离骚》:'鸾皇为余先戒兮。'注:'鸾,俊鸟也。皇,凤雌也。以喻仁智之士也。'不在占:按:《左传》(庄公二十二年):'懿氏卜妻敬仲,其妻占之曰:吉。是谓凤皇于飞,和鸣锵锵。'今雀之么麽,岂在占也。合上句自明。"王元启《记疑》:"不在占:占,犹数也。"按:苟,尚且。尔,指雀。占,占卜。不在占,犹如说了不算。

㉙ 蠢动:虫动也。此指昆虫一类。方世举《笺注》:"《十洲记》:'其仁也,爱护蠢动。'傅休奕《阳春赋》:'幽蛰蠢动,万物乐生。'"

恩:方《举正》据唐、蜀本订,云:"蔡、谢校。"朱《考异》:"恩,或作'思'。"宋白文本、文本、祝本、魏本作"思",注:"一作'恩'。"廖本、王本作"恩"。童《校诠》:"第德案:作恩是,思为恩之形讹。恩嫌犹言恩怨。"

按:蠢动俦,指虫介类。嫌,疑惑。《史记·太史公自序》:"别嫌疑,明是非。"

㉚ 伊我:指人类,伊是发语词。这句说:人是万物之灵。《书·泰誓上》:"惟人万物之灵。"

㉛ 不能女覆苫:方《举正》据唐本作"女覆",云:"蔡、谢校。韩文古本汝皆作'女'。杭本尚作'汝',今讹自阁本也。汝,指禽雀而言也。苫,盖也。言我虽最灵,而不能汝覆盖也,义为是。"宋白文本、文本、魏本"汝"作"安",覆作"寝"。今从方。此句谓:不能安汝于枕席。女,同汝。覆,覆盖。苫(shān),草苫子。

王元启《记疑》："苫,茅属。贫者不能具簟,用以为席。是故编以为衣则谓之披苫,编以为席即谓之寝苫。夫差欲报勾践之仇,至于卧薪。卧薪,亦寝苫类也,又如枕用角。郭公出亡在野,御者以土块枕之而去,是即谓之枕块。带用丝革,贫者以索为之,则即谓之带索。至遭丧之子,无有不寝苫枕块带索者。然不得谓凡属寝苫枕块带索,皆有丧者也。此诗多危苦之辞,如以肌肤为鳞甲,衣被为刀镰,口角则云衔箝,持箸则云排签,岂皆真有是事? 此句以寝不安席为不安寝苫,盖措辞之道宜然。方从校本改安寝为汝覆,谓指窗间鸟雀而言,隔断前后文脉,谬戾不可遍举。又仅仅覆一鸟雀,乃用'伊我称最灵'句转入,曾谓韩公腾身污(疑当作'汗')漫之笔,顾作此跛鳖登山之势乎? 今从诸本,仍作'安寝'。《考异》虽从方本,仍载诸本,如此固望后人再为酌定也。"钱仲联《集释》："王说非是。作'女覆苫',见诗人胞与之怀。作'安寝苫',转与下'难安恬'句犯复矣。今从《举正》。"按:钱说善。如方世举《笺注》:"《左传》(襄公十四年):'披苫盖,蒙荆棘。'《晋书·郭文传》:'倚木于树,苫覆其上而居焉。'"

㉜ 五藏难安恬:朱《考异》:"难,或作'谁',非是。"诸本作"难"。从之。

此句谓:心里难以安宁。五藏,方世举《笺注》:"五藏:《史记·扁鹊传》:'漱涤五藏,练精易形。'"按:此谓五脏,指脾、肺、肾、肝、心。《管子·水地》:"五味者何? 曰五藏。酸主脾,咸主肺,辛主肾,苦主肝,甘主心。"《后汉书·马融传》注:"《韩诗外传》曰:人有五藏六府。何谓五藏? 精藏于肾,神藏于心,魂藏于肝,魄藏于肺,志藏于脾,此之谓五藏也。"

㉝ 淫泪何渐渐:文《详注》:"倚墙流泪,感寒念国也。渐渐,流貌。《楚辞》(刘向《九叹·远逝》)曰:'涕渐渐其若屑。'音将廉切。"按:淫,多也。渐渐(chán chán),同潺潺,形容水流的样子,此指泪。《楚辞》屈原《九章·哀郢》:"涕淫淫其若霰。"

㉞ 天乎哀无辜:天乎,方《举正》据唐、阁本作"天王",云:"蔡、

李校。"宋白文本、文本、祝本、魏本作"天子"。廖本、王本作"天王"。按：此句为问天疾痛大呼貌,当作"天乎"。顾嗣立《集注》引胡渭曰："'子'本'乎'字,传写之讹,观篇末'天乎'句可知。天乎者,疾痛之呼也。《礼记》：'子夏曰：天乎！予之无罪也。'《史记》：'将闾仰天大呼曰：天乎！吾无罪。'"钱仲联《集释》："胡说是,今据改。"童《校诠》："第德案：胡说是。凡言天乎者,为陈诉之词,其下率继以予、吾、我等字,胡引二事即其例,公羊宣二年传：晋史书贼曰：晋赵盾弑其君夷獆,赵盾曰：天乎！无辜、吾不弑君；榖梁传作盾曰：天乎、天乎！予无罪可证(左氏文十八年传：夫人姜氏哭而过市,曰：天乎！仲为不道,杀嫡立庶,嫡为姜之子恶,不言吾子,其义自明)。此诗天乎哀无辜,惠我下顾瞻及天乎苟其能,我死意亦厌同。史记屈原传：天者,人之始也,父母者,人之本也,人穷则反本,故劳苦倦极,未尝不呼天也,疾痛惨怛,未尝不呼父母也。胡谓天乎者极痛之呼也,如作劳倦之呼,义较长。一曰褰旒去耳纩,调和进梅盐,贤能日登进,黜彼傲与忺,为天子之事,天子明目达聪,进贤退不肖,则能上感天和,恩泽下流,惠及万物,作天子与天王,于义自通。共详之。"按：今作"乎"。作"子"、作"王",并坐实宪宗,虽亦通,然真无诗味,亦太直。

㉟ 惠我：给予我的恩惠。顾瞻,照顾。文《详注》："天子谓宪宗也。回视曰顾,临视曰瞻。江文通书(《诣建平王上书》)曰：'大王惠以恩光,顾以颜色。'"谓宪宗者误。所解者是。方世举《笺注》："《诗·烈文》(《周颂》)：'惠我无疆。'《诗·匪风》(《桧风》)：'顾瞻周道。'"

㊱ 褰(qiān 去乾切,音千)旒去耳纩：魏本："孙曰：《礼·纬》曰：'旒垂目,纩塞耳。'褰旒去纩,谓明目达聪也。纩者以黄绵为之。韩曰：《汉书》(《东方朔传·答客难》)：'冕而前旒,所以蔽明；黈纩充耳,所以塞聪。'"文《详注》："言明目达聪,进用大臣也。《淮南子》曰：'冕而前旒,所以蔽明,黈纩注耳,所以掩聪。'注云：'旒,冠前垂者以蔽目前之明,示不见小过也。黈,黄土以绵裹之,于冠

两边以塞耳，示不闻人之过也。’”褰，拉起。旒(liú 力求切，音流)，冕旒，王冠上饰玉的垂帘。《礼记·礼器》：“天子之冕，朱绿藻，十有二旒。”纩，绵帛做成的耳暖。此句意谓：拉起冠前的帘，去掉耳暖的绵，寓天暖和之意。

㊲ 调和进梅盐：魏本：“樊曰：《书》(《说命下》)：高宗命傅说曰：‘若作和羹，尔惟盐梅。’言进傅说之徒于左右也。”文《详注》：“《书》：高宗谓傅说曰：‘若作和羹，尔惟盐梅。’注云：‘羹，须咸酸以和之。’”按：梅，味酸。盐，味咸。都是调味必须的原料。此比喻进用贤臣。

㊳ 登御：被皇帝任用。御，封建社会与皇帝有关的事物加御，如御驾、御旨、御览、御马。

㊴ 黜(chù)彼傲与憸(xiān)：文《详注》：“憸，佞人也，音思廉切。”按：意谓除掉那些殆堕政事和奸邪坏事之人。黜，罢除。傲，骄傲自恃，傲慢无礼。《书·益稷》：“无若丹朱傲，惟慢游是好。傲虐是作，罔昼夜额额。”孔传：“丹朱，尧子，举以戒之。傲戏而为虐，无昼夜常额额，肆恶无休息。”《左传》文公十八年：“颛顼有不才子，……傲很明德，以乱天常。”憸，奸邪。《书·盘庚上》：“相时憸民，犹胥顾于箴言。”《辞源》亦以韩愈此语为例。

㊵ 豁达如褰帘：达，廖本作“逵”，形似致误。诸本作“达”。

豁达：方世举《笺注》：“《史记》(《高祖本纪》)：‘高祖豁达大度。’刘桢诗(《公宴诗》)：‘豁达来风凉。’”按：豁达谓性开通，气量大。《全唐诗》卷一三二李颀《赠张旭》：“张公性嗜酒，豁达无所营。”又卷一四〇王昌龄《酬鸿胪裴主簿雨后北楼见赠》：“裴回顾霄汉，豁达俯川陆。”

㊶ 悬乳零落堕：文《详注》：“乳上，药名钟乳。晨光，日光也。言阴消阳长，渐可喜也。”魏本：“孙曰：乳冻也。”方世举《笺注》：“悬乳：谓檐下垂冰也。”按：悬乳，房檐悬垂的冰条。

㊷ 雪霜顿销释：销，文本、祝本作“消”。诸本作“销”。二字通用。

文《详注》:"《月令》:'孟春行冬令,则雪霜大挚,故此消释也。膏,润也。脉,理也。谓土脉润起,可以耕也。《东京赋》云:'农祥晨正,土膏脉起。'"魏本:"孙曰:《农书》曰:'春土冒橛,陈根可拔,耕且急发。'"按:销释,消融化解。

土脉膏且黏:方世举《笺注》:"土脉:《周语》:'土乃脉发,太史告稷曰:阳气俱蒸,土膏其动,弗震弗渝,脉其满眚。'"按:土地肥沃而墒情好,适合下种。

㊸ 兰蕙:香草。荣,茂盛。《楚辞》屈原《离骚》:"纫秋兰以为佩。"王逸注:"兰,香草也。"蕙,俗名佩兰。《离骚》:"荃蕙化而为茅。"《本草纲目》卷一四《草》三《零陵香》:古习烧蕙草以熏除灾邪,故又名熏草。以产在湖南零陵为最著名,又名零陵香。

㊹ 艾与蒹:艾蒿和芦苇。魏本:"孙曰:艾,草名。一名水台,可以治病。蒹,荻之未秀者。《诗》(《秦风·蒹葭》)曰:'蒹葭苍苍。'"文《详注》:"兰蕙,香草。艾,蒿也。蒹,萑之未秀者。"方世举《笺注》:"艾蒹:《尔雅·释草》:'艾,冰台。'注:'今蒿艾。'又《释草》:'蒹薕。'注:'似萑而细,江东谓之芦。'"

㊺ 日萼行烁烁:魏本:"孙曰:'日萼,日照花萼也。烁烁,鲜明貌。'"文《详注》:"日以喻君。"方世举《笺注》:"日萼:谢朓诗:'朝光映红萼。'"按:日萼,阳光照耀下的花朵。烁(shuò)烁,同烁烁,光亮的样子。

㊻ 风条坐襜(chān)襜:文《详注》:"襜襜,动貌,音昌廉切。"魏本注:"襜襜,风吹动摇貌。祝曰:相如曰:'举帷幄之襜襜。'《荀子》:'是襜襜者何也?'《楚辞》:'张绛帷以襜襜。'音处占切。"方世举《笺注》:"风条:《盐铁论》:'太平之时,风不鸣条。'"童《校诠》:"第德案:维当作帷。文选张景阳杂诗:百籁坐自吟,李注:无故自吟曰坐也。"按:风条坐襜襜,谓风吹起的衣带。风条,风吹起的衣带。襜襜,摆动貌。《文选》司马相如《长门赋》:"飘风回而赴闺兮,举帷幄之襜襜。"《楚辞》汉刘向《九叹·逢纷》:"裳襜襜而含风兮,衣纳纳而掩露。"注:"襜襜,摇貌。"

㊼"天乎"二句：文《详注》："厌，足也。"魏本注同。方世举《笺注》："《汉书·刑法志》：'虽文致于法而人心未厌者，辄谳之。'《广韵》：'恹，安也。'"按：此为诗人设想、期望。谓天假如做到这些，即"天乎哀无辜"以下十六句所言，谓我即使死也满意了。恹同厌。《说文·心部》："恹，安也。"引《诗》作"恹恹夜饮"。今《诗·小雅·湛露》作"厌厌"。何焯《批韩诗》："结祖老杜《茅屋为风雨所破》句法。"程学恂《韩诗臆说》卷一："此当与东野《寒地百姓吟》并读，然此才力尤加奇肆。结云：'天乎苟其能，吾死意亦厌。'少陵自比稷契处，亦正同此怀抱。"

【汇评】

清朱彝尊：怪怪奇奇，与《陆浑山火》同，此是昌黎独造。（顾嗣立《昌黎先生诗集注》卷四）

清汪琬：但欲语奇，不觉其言之过当。（钱仲联《韩昌黎诗系年集释》卷二）

清查晚晴：奇想幻笔，于公却是习径。（查慎行《查初白诗评十二种》）

清爱新觉罗·弘历：锐思镂刻，字带刀锋，不数晋人危语了语，结意与少陵"吾庐独破受冻死亦足"正同。（《唐宋诗醇》卷三〇）

程学恂：此当与东野《寒地百姓吟》并读，然此才力尤加奇肆。结云："天乎苟其能，吾死意亦厌。"少陵自比稷契处，亦正同此怀抱。（《韩诗臆说》卷一）

和虞部卢四汀云夫
酬翰林钱七徽蔚宗赤藤杖歌①
元和四年

赤藤为杖世未窥，台郎始携自滇池②。滇王扫宫迎使者③,跪进再拜语呕咿④。绳桥拄过免倾堕⑤,性命造次蒙扶持⑥。途经百国皆莫识,君臣聚观逐旌麾⑦。共传滇神出水献⑧,赤龙拔须血淋漓⑨。又云羲和操火鞭⑩,暝到西极睡所遗⑪。几重包裹自题署,不以珍怪夸荒夷⑫。归来捧赠同舍子,浮光照手欲把疑⑬。空堂昼眠倚牖户,飞电著壁搜蛟螭⑭。南宫清深禁闱密⑮,唱和有类吹埙篪⑯。妍辞丽句不可继⑰,见寄聊且慰分司⑱。

【校注】

① 题:方《举正》据阁、杭本增"四""七"二字,题曰:"和虞部卢四汀酬翰林钱七徽赤藤杖歌"。朱《考异》:"诸本无'四''七'字。方从阁、蜀本,仍侧注二名。"宋白文本、魏本、廖本同方。魏本"汀""徽"同题为大字。文本则作《和虞部卢四云夫酬翰林钱七蔚宗赤藤杖歌》。按:古人尊称朋友习惯多称字,不直接称名。如韩公有《酬司门卢四兄云夫院长望秋作》《卢郎中云夫寄示送盘谷子诗两章歌以和之》《奉酬卢给事云夫四兄曲江荷花行见寄钱七兄阁老张十八助教》,均称字。故诗题当从方《举正》本。汀、徽二小字,当是韩公或编者加的小注。

卢汀,新旧《唐书》无传。魏本:"孙曰:'汀,字云夫,为虞部员外郎。徽,字蔚章。元和初,为翰林学士。'韩曰:'旧题云:元和四年分司东都官员外郎作。据此诗落句可见,或无四与七字。'"

据魏本引《酬司门卢四兄云夫院长望秋作》的《集注》云:卢四,名汀,字云夫,贞元元年(785)进士,历虞部司门、库部郎曹,迁中书舍人,为给事中。与退之交,多有诗往还。钱徽,新旧《唐书》有传。《旧书》云:徽,字蔚章,吴郡人。父起,能诗,大历中,与韩翃、李端辈十人时号十才子。徽,贞元元年与卢进士擢第,从事戎幕。元和初入朝,三迁祠部员外郎,召充翰林学士。

虞部:《新唐书·百官志一》:"工部,其属有四……三曰虞部……虞部郎中、员外郎,各一人,掌京都衢闾、苑囿、山泽草木及百官蕃客时蔬薪炭供顿、畋猎之事。"《旧唐书·职官二》:"虞部郎中一员,从五品上。员外郎一员,从六品上。"翰林院,开元初置。以前掌内文书。武德以后,有温大雅等时召入草制,未有名目。乾封后始号北门学士。翰林院在银台门内,麟德殿西厢重廊后,盖天下以艺能技术见召者,皆可入院。学士院,开元二十六年置,在翰林院南。贞观中,秘书监虞世南等十八人,或秦府故僚,或当时才彦,皆以宏文馆学士会于禁中,内参谋猷,延引讲习,十数年间,多至公辅,时号十八学士。至德后,军国务殷其入直者,并以文辞共掌诏敕,自此翰林院始有学士之名。元和二年,崔群为翰林学士,为宪宗嘉赏,常宣旨云:"今后学士进状,并取崔群连署,方得进来。"详见《唐会要》卷五七《翰林院》。

赤藤杖:赤色藤条制成的手杖。藤,植物名,有紫、红、青、白数种。或匍匐于地,或攀缘于物,粗细弯曲,奇形怪状,可以作杖。《全唐诗》卷四二六白居易《蛮子朝》:"清平官持赤藤杖,大将军系金呿嗟。"闻人倓《古诗笺》:"赤藤出南诏。白居易诗:'南诏红藤杖。'"

② "赤藤"二句:窥,魏本:"窥,见也。孙曰:'台郎,尚书郎也。滇池,国名。楚威王使将军庄蹻将兵循江而上,略巴、黔以西。蹻至滇池,池方三百里,因王之。'樊曰:《前汉·西南夷传》:'夜郎最大,其西滇池,方三百里。'《华阳国志》云:'泽下流浅狭,状如倒池,故曰滇池。'祝曰:'在东汉建宁郡。滇,音颠。'"文《详注》:"前汉南夷君长以十数,夜郎最大,其西靡莫之属,滇最大。滇池方三百里,旁平地肥饶数千里。注云:'地有滇池,因为名也。'《地理志》云:'益州滇池县,其泽在西北。'《华阳国志》云:'泽下流浅狭,状如倒池,故曰滇池。'音颠。"按:《史记·西南夷传》:"西南夷君长以什数,夜郎最大。其西靡莫之属以什数,滇最大……始楚威王时,使将军庄蹻将兵循江上,略巴、(蜀、)黔中以西……蹻至滇池,(地)方三百里,旁平地,肥饶数千里,以兵威定属楚。"常璩《南中志》:"滇

池县,郡治。故滇国也。有泽水周回二百里,所出深广,下流浅狭如倒流,故曰滇池。"滇池在今云南昆明。台郎,俞汝昌《唐诗别裁集引典备注》:"孔融《荐弥衡表》:'擢拜台郎。'"

③迎使者:方《举正》:"阁作'避',蜀作'迎',晁、谢本皆从'迎'。荆公又作'邀'。避,当如'避舍''避道'之避,阁本为正。"朱《考异》:"避,或作'迎',或作'邀'。今按:上言洒宫,则当为避舍之避。"宋白文本作"迎"。文本、祝本、魏本作"邀"。廖本、王本作"避"。按:作"迎"字善。当作"滇王扫宫迎使者"。

滇王扫宫:方世举《笺注》:"滇王:《史记·西南夷传》:滇王与汉使者言曰:'汉孰与我大?'""扫宫避使者"不合诗义。作"邀"也与情事不合,汉使使滇非邀也。当作"迎",今从宋白文本。如扫门,即洒扫门庭,表示迎宾诚意。如扫径,即清扫道路。唐白居易《营闲事》诗:"浇畦引泉脉,扫径避兰芽。"如扫庭,打扫庭堂,表示敬意。《唐诗纪事·牛僧孺》:"僧孺登第,与同辈登政事堂,宰相曰:'扫厅奉候。'"

④呜(wà 乌八切,入,黠韵)咿:魏本:"孙曰:'呜咿,夷语也。'"文《详注》:"呜咿:强笑貌。上音乙骨切,下音于脂切。"魏本:"祝曰:呜,《说文》:'咽也。'咿,《字林》:'内悲也。'"祝注与诗不合。童《校诠》:"第德案:孙说是。祝泥于本义,未谛。呜咿双声。"按:呜咿,双声联绵词,同呜咽。《汉语大词典》:"形容语声。多用于听不懂或听不清的言辞。"亦引韩诗为例。《说文·口部》:"呜,咽也。从口昷声。"段注:"咽与呜音义同。笑云呜噱者,呜在喉中,噱在口也。乌没切,昷声。"呜,古音读作温,《说文》无咿字。宋陆游《战城南》:"虎狼虽猛那胜德,马前呜咿争乞降。"明宋濂《燕书》卷一六:"语言虽殊,朝夕呜咿作声,似慰解状。"此为双声联绵字,作夷语解,听不清貌。

⑤绳桥挂过免倾堕:魏本:"韩曰:以竹索为桥也。竹索曰筰,西南夷寻之以渡水。"文《详注》:"言自滇池至中国,其间山川险绝,江流湍急,不可行舟,乃以竹绳为桥,架虚而渡,号曰绳桥。挂,音

冢庾切。"顾嗣立《集注》："《梁益记》：'笮桥连竹索为之，亦名绳桥。'"按：拄，支撑。《战国策·齐策六》："大冠若箕，修剑拄颐。"

⑥ 造次：犹鲁莽，轻率也。《论语·里仁》："君子无终食之间违仁，造次必于是，颠沛必于是。"何晏《集解》："马曰：造次，急遽。"《史记·五宗世家》河间宪王德："好儒学，被服造次必于儒者。"

⑦ 旌麾：旌，古时一种用五色羽毛装饰的旗子。《国语·吴语》："建旌提鼓。"又旗子之通称。《楚辞》屈原《九歌·国殇》："旌蔽日兮敌若云。"麾，指挥作战用的旗子，也指一般的旗子。《墨子·号令》："城上以麾指之。"《穀梁传》范宁《集解》："麾，旌幡也。"南朝陈江总《三日侍宴宣猷堂曲水诗》："北宫命箫鼓，南馆列旌麾。"

⑧ 滇神：滇池水神。方世举《笺注》："《南中志》：'滇池水神祠祀。'"

⑨ 赤龙：文《详注》："如黄帝乘龙上天，小臣不得上，挽持龙须。须，拔堕之类。"方世举《笺注》："《淮南·地形训》：'赤金千岁生赤龙，赤龙入藏生赤泉。'"

⑩ 羲和：日御。见《苦寒》"羲和送日出"注。火鞭，神话中羲和日御之鞭。《汉语大词典》引韩诗为例。以上二句形容赤藤杖的颜色形态。施山《姜露庵笔记》："诵此亦可愈疟，不必'子璋髑髅'也。"

⑪ 暝到西极睡所遗：暝，文本、祝本、魏本作"瞑"，非是。宋白文本、廖本、王本作"暝"，从之。暝，日没处。钱仲联《集释》："《庄子》：'日出东方而入于西极。'"何焯《批韩诗》："此种设造，韩公本色。"沈德潜《唐诗别裁集》："此种奇杰，昌黎独造。"

⑫ "几重"二句：珍怪，指赤藤杖。荒夷，指滇池一带的地方。何焯《批韩诗》："二句结上起下，有力。"又《义门读书记》卷三〇："'几重包裹自题署'二句似与'途经百国'二句微碍。"按："聚观"不一定是夸耀，"皆莫识"者亦谓西南夷荒僻少见，仍落在一"荒"字上。

⑬ "归来"二句：同舍子，同舍人。方世举《笺注》："《汉书·直

不疑传》:'误将持其同舍郎金去。'"

浮光照手欲把疑:方《举正》据蜀本订"把""手"二字,作"照把欲手",云:"《檀弓》(《礼记》):'子手弓而可。'《列子》(《汤问》):'手剑以屠黑卯。'《史记》(《楚世家》):'楚庄王手旗。''手'义同此,诸本多误。"朱《考异》:"照手欲把,诸本同。方独从蜀本作'照把欲手',云《檀弓》有'手弓',《列子》有'手剑',《史记》有'手旗',义同此,诸本多误。今按:方说手义固为有据。然诸本云'照手欲把',则是未把之时,光已照手,故欲把而疑之也。今云'照把',则是已把之矣,又欲手之而复疑之,何耶?况公之诗,冲口而出,自然奇伟,岂必崎岖逼仄,假此一字而后为工乎?大氐方意专主奇涩,故其所取多类此。"南宋监本原文作"手"、作"把"。宋白文本、文本、潮本、浙本、祝本、魏本、廖本、王本均作"照手欲把疑"。朱说善。此句当作"浮光照手欲把疑"。

童《校诠》:"第德案:礼记曲礼:左手承弣,郑注:弣,把中,释文:把音霸,手执处也,文选潘安仁射雉赋:戾翳旋把,徐注:把,翳内所执处也,礼记、文选皆习见之书,手所把处谓之把,义亦明白,似非崎岖逼仄。朱子但以把握之本义作解,而忘把有所执处一义,盖偶未审耳。姜说是,以未举例证,故为证成之。公调张籍诗云:精诚互交通,百怪入我肠,刺手拔鲸牙,举瓢酌天浆,自道其作诗工力之深,所谓奸穷怪变得,往往造平淡者,似亦不得谓之冲口而出也。"按:姜宸英曰:"照把者,照其所把之处耳,方说未为不通。"此句作"照把欲手","把"作名词,音霸,去声,当手杖之把儿解。作"照手欲把",则"把"字为动词,读上声,当握、持、攥解。王充《论衡·顺鼓》:"操刀把杖以击之。"按从此句文义与事物构思逻辑分析,朱说善。诗意为:浮光照着赤藤杖的把儿,而想以手攥之,却又疑其之怪也。浮光照手,意不通,与情事不合。姜、童虽确解"把"字义,而未及全句。

⑭飞电著壁搜蛟螭:电,诸本作"电"。文、祝、魏、廖本注:"电,一作'雷'。"作"雷"非。

文《详注》:"蛟螭,龙属。著,附也,音直略切。《苕溪》(《苕溪渔隐丛话》前集卷一八《韩吏部下》)曰:东坡《铁拄杖》云:'入怀冰雪生秋思,倚壁蛟龙护昼眠。'山谷《筇竹杖赞》:'涪翁昼寝,藏龙挂壁。'皆用退之诗也。"魏本:"孙曰:'以杖倚户,飞电误以为蛟螭而搜索之,言其色赤也。'"文《详注》同。顾嗣立《集注》:"刘敬叔《异苑》:'陶侃尝捕鱼,得一织梭,还挂著壁。有顷雷雨,梭变成赤龙,从屋而跃。'亦见《晋书·陶侃传》。《后汉·费长房传》:'长房辞老翁归,翁与以竹杖曰:骑此任所之,则自至矣。既至,可以杖投葛陂中也,长房乘杖,须臾归家,即以杖投陂,顾视则龙也。'公盖暗使此二事。"王元启《记疑》:"飞电谓赤光闪烁,从牖户间倒映壁上,若攫蛟螭。孙注以蛟螭喻杖,则似真有飞电来搜矣。"

⑮ 南宫清深禁闱密:方《举正》订"密"字,曰:"阁本'密'作'客',蜀本'闱'作'围',洪、谢皆从'围'。按:此南宫,指卢也。禁闱,指钱也。白乐天诗(《醉后走笔酬刘五主簿长句之赠》)有'遽列谏垣升禁闱',洪引'缭绕宫墙围禁林'以释之,非也。"朱《考异》:"闱,或作'围'。阁本'密'作'客',亦非是。"

文《详注》:"南宫,虞部也。清,幽也,音七政切。宫中小门曰闱,言与宫禁相近也。扬子云《甘泉赋》曰:'稍暗暗而靓深。'"陈景云《点勘》:"尚书诸曹,唐代统称南宫,盖犹云南省。"(见《桃源图》注)王元启《记疑》:"公《论孔戣致仕状》谓'臣与戣同在南省'。时公为吏部,戣为左丞,皆尚书属。张水部祭公诗,亦自称南宫郎,可知南省、南宫、尚书诸曹皆可并称。盖唐制门下省在左,中书省在右,尚书省在南,称南宫、南省、南曹,所以别于东西二掖。"蒋抱玄《评注》:"南宫本南方列宿,汉时以象尚书省,故称尚书省为南宫。唐时尚书省在大明宫之南,本称南省。唐时翰林掌机密,禁令甚严,故曰禁闱。"

⑯ 埙篪:魏本:"孙曰:《诗》(《小雅·何人斯》):'伯氏吹埙,仲氏吹篪。'吹埙篪,言相应和也。"文《详注》:"埙、篪,乐器。"按:上海古籍出版社简字排印本作"篪",有依据。字典有"箎",同"篪"者,

然诸本及《十三经注疏》的《诗·小雅·何人斯》均作"篚",从之。

⑰ 妍辞丽句:蒋抱玄《评注》:"杜甫诗(《戏为六绝句》):'清辞丽句必为邻。'"

⑱ 分司:魏本注:"公时分司东都。"韩公《上郑尚书相公启》自称"分司郎官"。

【汇评】

宋陈善:此歌虽穷极物理,然恐非退之极致者。欧阳公遂每每效其体,作《凌溪大石》云:"山经地志不可究,遂令异说争纷纭。皆云女娲初锻炼,融结一气凝精纯。仰观苍苍补其缺,染此绀碧莹且温。或疑古者燧人氏,钻以出火为炮燔。苟非圣人亲手迹,不尔孔穴谁雕剜?又云汉使把汉节,西北万里穷昆仑。行经于阗得宝玉,流入中国随河源。沙磨水激自穿穴,所以镌凿无瑕痕。"观其立意,故欲追仿韩作,然颇觉烦冗,不及韩歌为浑成尔。(《扪虱新话》下集卷二)

宋胡仔:苕溪渔隐曰:"退之《赤藤杖》诗:'空堂昼眠倚牖户,飞电著壁搜蛟螭。'故东坡《铁拄杖》诗云:'入怀冰雪生秋思,倚壁蛟龙护昼眠。'山谷《筇竹杖赞》:'涪翁昼寝,苍龙挂壁。'皆用退之诗也。"(《苕溪渔隐丛话》前集卷一八韩吏部下)

宋黄震:《赤藤杖歌》"赤龙拔须""羲和遗鞭"等语,形容奇怪。韩诗多类此,然此类皆从庄生寓言来。(《黄氏日抄》卷五九)

清朱彝尊:与《郑簟》同调,但彼就眼前景说得亲切,所以有味,此只逞诞,所以殊觉味短。(顾嗣立《昌黎先生诗集注》卷四)

清何焯:《和虞部卢四酬翰林钱七赤藤杖歌》"几重包裹自题署"二句,似与"途经百国"二句微碍。(《义门读书记》卷三〇)

清阮元:《红藜杖》:老龙拔须电搜壁,南诏蛮藤如血赤。昌黎吟罢香山吟(韩昌黎有南诏《赤藤杖》诗,白香山亦有南诏《红藤杖》诗),万里云天隔梁益。我持节住六诏南,欲觅此藤无处觅。园中自有老藜根,斫取数枝握青碧。(《揅经堂续集》卷九)

清方东树:《和虞部卢四酬翰林钱七赤藤杖歌》怪变奇险。只造语奇一法,叙写各止数语,笔力天纵。起二句叙。"滇王"二句追叙。"绳桥"句议。"共传"二句虚写。"几重"句叙。"光照"句写。"空堂"二句冲口而出,自然奇伟。(《昭昧詹言》卷一二韩公)

清施山:昌黎《赤籐杖歌》云:"共传滇神出水献,赤龙拔须血淋漓。"予尝谓诵此亦可愈疟,不必"子璋髑髅"也。(《姜露庵笔记》)

清曾国藩:《和虞部卢四酬翰林钱七赤藤杖歌》:"空堂昼眠倚牖户,飞电著壁搜蛟螭。"东坡《以铁拄杖寿乐全》诗有句云:"欹壁蛟龙护昼眠。"融化此两句而为之也。(《求阙斋读书录》卷八)

崔十六少府摄伊阳以诗及书见投因酬三十韵①

元和三年

崔君初来时,相识颇未惯,但闻赤县尉,不比博士慢②。赁屋得连墙,往来忻莫间③。我时亦新居,触事苦难办。蔬飧要同吃,破袄请来绽④。谓言安堵后,贷借更何患⑤!不知孤遗多,举族仰薄宦⑥。有时未朝餐,得米日已晏⑦,隔墙闻欢呼,众口极鹅雁⑧。前计顿乖张,居然见真赝⑨。娇儿好眉眼,袴脚冻两骭⑩。捧书随诸兄,累累两角卯⑪。冬惟茹寒齑,秋始识瓜瓣⑫。问之不言饥,饫若厌刍豢⑬。才名三十年,久合居给谏⑭。白头趋走里,闭口绝谤讪。府公旧同袍,拔擢宰山涧⑮。寄诗杂诙俳,有类说鹏鷃⑯,上言酒味酸,冬衣竟未摌⑰;下言人吏稀,惟足猋与麎⑱;又言致猪鹿,此语乃善幻⑲。三年国子师,肠肚习藜苋⑳。况住洛之涯,鲂鳟可罩汕㉑。肯效屠门嚼㉒,久嫌弋者篡㉓。谋拙日焦拳㉔,活计似锄铲㉕。男寒涩诗书㉖,女瘦剩腰襻㉗。为官不事职,厥罪在欺谩㉘。行当自劾去㉙,渔钓老葭乱㉚。岁穷寒气骄,冰雪滑磴栈㉛。音问难屡通,何由觌清盼㉜?

【校注】

① 题:方《举正》题无"因酬三十韵",云:"元和三年冬。"朱《考异》:"'酬'下或无'三十韵'字,有'之'字。"魏本无"因酬三十韵"。宋白文本、文本、廖本有"因酬三十韵",从之。

《洪谱》:"唐本注云:元和三年(808)。"魏本引《集注》:"崔摄伊阳,乃洛之属邑也。观诗意,初与崔相识于赤县尉时,乃元和元年(806),公自江陵入为国子博士日也。又云'府公旧同袍,拔擢宰山涧',乃留守郑馀庆擢崔摄伊阳令也。又云'三年国子师','况住洛之涯',则以国子博士分司也。又云'冬裘竟未擐''岁穷寒气骄',则是元和三年冬作也。"

文《详注》:"伊阳县属河南府。《九域志》云:'伊阳在府南二百六十里。'按:此诗未知崔君任何所少府,来至河南赁屋而住。公时为分司博士,故与之连墙。此诗云'我时亦新居,触事苦难办',则元和二年(807)也。及郑相与崔有同袍之旧,哀其穷蹇,擢之使出摄伊阳,则与公相远,故有诗书以相赠答。其末章曰:'音问难屡通,何由觌清盼?'而公诗又曰'三年国子师',则知此诗之作当在元和四年冬也。《补注》:公元和元年召拜国子博士,二年分教东都,四年六月,迁都官员外郎。此诗有'三年国子师',而卒言'岁穷寒意骄',则知三年冬作矣。下文'居然见真赝',司马《考异》'宋太祖雁天子',《辨证》引此。赝,不真也。"方世举《笺注》:"《新唐书·地理志》:'河南府伊阳,畿,先天元年(712)析陆浑置,属河南道。'"郑珍《巢经巢文集》卷五跋此诗曰:"此崔十六非崔立之也。自东雅堂本某氏注《赠崔评事》诗云'立之初摄伊阳尉'（按：廖注之误，盖《五百家注》引孙汝听语），始误认此与立之为一人。方扶南不悟其非，又据此诗谓立之摄伊阳在为评事后，而于'西城员外丞'首详立之仕履，直云'评事谪官摄伊阳尉'，迷谬已甚。公寄立之诗'蓝田十月'首、'西城员外'首并称崔二十六，此称崔十六，行先不同，其为两人已明。又诗云'三年国子师'，此自是元和三年(808)之作。考公年十九到京师，当贞元二年(786)。其四年(788)，立之登第。八年(792)，公登第。公《赠崔评事》云：'忆昔尘埃两相逢，争场龃龉持矛盾。子时专场夸觜距，予始张军严罐鞯。'则知公与立之在贞元初年交好久矣。而此诗前半所叙，乃是公于元和元年以分司居东都，因崔十六赁屋连墙，相识始惯。初尚安排借贷，久之乃觉真穷，明是新交情事。若公于立之，相知至此已二十年，与诗皆不合矣。某氏一误，扶南再误，不可不正。"陈景云《点勘》："按诗意，言己新居洛下，而崔以赤尉继至，遂与邻居，则公与崔相识在元和二年分教东都后，非自江陵召入时也。河南、洛阳二赤县，皆在东都郭下。崔之摄伊阳，盖以赤尉权畿令也。"钱仲联《集释》："东雅堂本廖注之误，盖本于《五百家注》引孙汝听《全解》。周煇《清波杂志》：'古治百里之邑，令拊其俗，尉督其奸。故令曰明府，尉曰少府。'"

按：此诗作于元和三年(808)冬，韩公时在东都洛阳，尚在博士任也。

② 赤县：文《详注》："《史记》：邹衍著书云：中国于天下八十一分居其一尔，中国名赤县，内自有九州，禹之叙九州是也。今言赤县，谓京邑尔。唐因隋制，赤县置尉六员。谢惠连《秋怀诗》云：'虽好相如达，不同长卿慢。'"沈钦韩《补注》："《白居易集》卷三十三（《河南王尹初到以诗代书先问之》）诗：'官从分紧慢〔，情莫问荣枯〕。'"按：赤县，指中国。此指都城近属大县。唐制：县有赤、畿、望、紧、上、中、下七等之差，凡县治设在京城内者称为赤县，京之旁邑称为畿县。西京以长安、万年为赤县，东京以河南、洛阳为赤县。李白《赠宣城赵太守悦》："赤县扬雷声，强项闻至尊。"杜甫《投简成

华两县诸子》:"赤县官曹拥材杰,软裘快马当冰雪。"参阅《通典》卷三三《职官》十五《县令》、宋吴曾《能改斋漫录》卷九有《赤县》条。韩公谓"博士慢",即博士事少、闲散、随意也。张相《诗词曲语辞汇释》卷二:"漫,字亦作谩,又作慢。其作聊且解者。杜甫《阁夜》诗:'卧龙跃马终黄土,人事音书漫寂寥。'漫寂寥,言且听任其寂寥也。"

③ 得连墙:方《举正》据唐本作"得",云:"蔡校。"朱《考异》:"得,或作'住'。"南宋监本原文作"住"。宋白文本、文本、潮本、浙本、祝本、魏本作"住"。廖本、王本作"得"。钱仲联、屈守元校作"得"。作"住"、作"得"均通,然"得"字深含合公诗意,从之。赁屋,租房子。文《详注》:"《列子》(《仲尼》)曰:'列子与南郭子连墙二十年,不相请谒。'注云:'其道玄合,故至老不相往来也。'"此谓两家连墙而居,相得甚洽,往来频繁。

④ 蔬飧要同吃:方《举正》据蜀本作"蔬飧",云:"此诗用'蔬飧''朝餐',字多相乱,他诗亦然。唐人如少陵诗(《园》)'自足媚盘飧'、(《示从孙济》)'亦不为盘飧'、(《彭衙行》)'故索苦李餐'、(《夏日叹》)'对食不能餐',字皆有所分。《说文》(食部)曰:'飧,谓晡时食。餐,吞也。飧,或作飱'。餐,或作湌'。故字多相混。《汉·高后纪》'赐餐钱',《王莽传》'设飧粥',颜曰:'古餐、湌一字也。'又曰:'飧,古湌字。而皆以千安切读之则恐非。'《诗》:'不素飧兮。'郑曰:'飧,读如鱼飧之飧。'音孙为正。"朱《考异》:"诸本'飱'多作'餐'。(下引方语)今按:飱,或当作'餐',说见《平淮西碑》。"《平淮西碑》朱《考异》:"'左飱',飱或作'餐'。方云:'旧本皆作飱。'今按:'还,予授子之粲兮',传云:'粲,餐也。《史记》'餐未及下咽,酒未及濡唇',《汉书》'令其神将传餐',则'餐'字亦有义。公《祭郑夫人文》'念寒而衣,念饥而餐',同以衣对餐也。或当作'餐'。"方世举《笺注》:"飱,或作'餐',或作'湌'。故字多相乱。《汉高后纪》:'赐餐钱。'《王莽传》:'设飧粥。'颜师古曰:'古飧,湌字也。'又曰:'飧,古湌字。'而皆以千安切读之,则非。《诗》(《魏风·伐檀》):'不素飧兮。'郑康成:'读如鱼飧之飧。'音孙。当以此为正。"钱仲

联、屈守元同方校作"飧"。飧同飱。南宋监本原文作"餐"。宋白文本、魏本、廖本作"飱"。文本作"湌"。祝本、浙本作"餐"。飱,简化作"飧"字是。

童《校诠》:"第德案:方说是。飧,思魂切,音孙,在谆部,餐,千安切,在元部,二字古音分列二部,飧不应以千安切之。颜氏谓餐、湌一字是,而云飧古餐字,则与说文违异。诗缁衣:适子之馆兮,还予授子之粲兮,毛传:粲,餐也,本尔雅释言,郭注:今河北人呼食为餐。毛传尔雅以粲为餐,明粲为餐之假借。说文餐,吞也,吞犹食,伐檀素餐即素食可证。餐与馆韵,同在元部,释文:粲,七旦切,飧也,飧,苏尊切,作飧则非韵矣。史记:餐未及下咽,即食未及下咽,汉书传餐即传食。至祭郑夫人文,廖本、王本、魏本作飧,祝本与朱子所见本作餐,餐与兄、恩、官、秦、身、庸、屯为韵,用韵甚宽,按之清儒所列韵部皆不合,未能定其为餐或飧,如作飧,飧为夕食,引申为凡食之称,饔飧、盘飧、鱼飧、壶飧皆其例,义与餐同,故二字古书多相混。释名:飧,散也,投水于中解散也;餐,干也,干入口也。或谓说文餐下湌,餐或从水,应作湌,飧或从水,移在飧字下,共详之。注要一作道,道应作邀。"

按:以上诸家之校飧、湌、餐,三字音义均同,然"飧",又读"孙"(sūn),均可作吃(饭),或饭食解。前者如李白《北上行》:"草木不可餐,饥饮零露浆。"后者如《韩非子·十过》:"充之以餐。"飧,晚饭。柳宗元《种树郭橐驼传》:"吾小人辍飧饔以劳吏者。"亦引申作熟食、饭食解。杜甫《客至》:"盘餐市远无兼味。"韩公此句诗意,以下句"有时未朝餐,得米日已晏"对析,作一般饭食、熟食解均不合诗意,作晚饭为宜。今从诸本作"飧",即今通用作"餐"。按古籍有时餐、飧混用,当注意。飧,在这里作晚饭解合韩公诗意;不然韩公为什么此句用"飧",下句用"餐"。也见韩公用字之讲究。飧、铺、餐,《说文·食部》:"飧,铺也。从夕食。铺,申时食也,从食甫声。餐,吞也,从食,奴声。湌,餐,或从水。"段注:"《小雅》传曰:'孰食曰饔。'《魏风》传曰:'孰食曰飧。'然则饔飧皆谓孰食,分别之则谓朝食、夕食。许于饔不言朝,于飧不言孰,互文错见也。赵注《孟子》曰:朝食曰饔,夕曰飧,此析言之。《公羊传》:'赵盾食鱼飧。'《左传》僖负羁馈盘飧,赵衰以壶飧从。皆不必夕时,浑言之也。飧,思魂切,十三部,按《伐檀》正义引《说文》:'飧,水浇饭也,从夕食。'《淮南书》云:'日至于悲谷,是谓铺时。'铺,一作晡,引伸之义凡食皆曰铺。又以食食人谓之铺。餐,吞也。口部曰:'吞,咽也。'《郑风》曰:'使我不能餐兮。'《魏风》曰:'彼君子兮,不素餐兮。'是则餐,犹食也。《郑风》:'还,予授子之粲兮。'《释言》《毛传》皆曰:粲,餐也。谓粲为餐之假借字。"

要(yāo于宵切,平,宵韵):同邀,约也。文《详注》:"要,约也。"魏本注:"要,招也。"《论语·宪问》:"见利思义,见危授命,久要不忘平生之言。"注:"久要,旧约也。"通"邀",邀请。《孟子·万章上》:"孔子不悦于鲁、卫,遭宋桓司马,将要而杀之。"陶潜《桃花源记》:"便要还家,为设酒杀鸡作食。"

绽:本作衣服开裂解,如《礼记·内则》:"衣裳绽裂,纫箴请补缀。"注:"绽,犹解也。"又作补缀讲,《急就篇》:"针缕补缝绽纰缘。"《玉台新咏》卷一《古辞艳歌行》:"故衣谁当补,新衣谁当绽?"袄,有衬里的上衣,如夹袄、棉袄。方世举《笺注》:"《说文》(衣部):'袄,裘属。'"《辞源》亦引韩诗为例。"袄子"一词始见于北齐。见《旧唐书·舆服志》、宋高承《事物纪原》三。

⑤安堵:方世举《笺注》:"《汉书·高帝纪》:'(元年)吏民皆按堵如故。'应劭曰:'按,按次第。堵,墙堵也。'师古曰:'言不迁动也。'"钱仲联《集释》:"方注非其朔。《史记·田单传》:'愿无虏掠吾族家妻妾,令安堵。'"童《校诠》:"第德案:田单传作安,为正字,史记高帝纪作案,汉书作按,皆安假借,应氏释按为按次第,未谛。荀子劝学篇:安特将学杂识志顺诗书而已耳,杨注:安或作案;楚辞招魂:陈钟按鼓,王注:按,徐也,释按为徐,即安字也,为古安、案、按通用之证。"按:安堵,同按堵。安于四堵墙的屋里,即相安、安居也。

⑥孤遗：犹遗孤。指父母死后所留下的儿女。《三国志·蜀·先主传》："建安十二年(207)：先主曰：吾不忍也。"注引孔衍《汉魏春秋》曰："或劝备劫将（刘）琮及荆州吏士径南到江陵。备答曰：'刘荆州（表）临亡托我以孤遗，背信自济，吾所不为，死何面目以见刘荆州乎！'"仰，仰仗、依靠。《后汉书·袁绍传》："孤客穷军，仰我鼻息。"薄宦，卑微的官职。《宋书·陶潜传》："潜弱年薄宦，不洁去就之迹，自以曾祖晋世宰辅，耻复屈身后代，自高祖（刘裕）王业渐隆，不复肯仕。"此指他全家生活都依靠卑微官职所得的微薄的俸禄。

⑦朝餐：早饭。晏，晚、迟。《墨子·尚贤中》："早朝晏退。"按：此二句合下二句，有情有势，生活之情笃实而形象生动，真好句子。如朱彝尊《批韩诗》云："备极情态。"

⑧欢：即"讙"，文本作"懽"。方世举《笺注》："鹅雁之声极讙，众口交谪似之。"鹅叫雁鸣俱伸长脖子，以此形容儿女极饿待食之状。《全唐诗》卷四一八元稹《夫远征》："坑中之鬼妻在营，髽麻戴绖鹅雁鸣。"又《缚戎人》："半夜城摧鹅雁鸣，妻啼子叫曾不歇。"讙、懽皆通"欢"。

⑨前计：指上言"贷借"。王元启《记疑》："前计，谓贷借。"乖张，不顺，此指生活困窘，借贷不易。《广弘明集》卷二九上南朝梁武帝《孝思赋》："何在我而不尔，与二气而乖张。"颜师古《汉书叙例》："先后错杂，随手率意，遂有乖张。"吴融《富水驿东楹有人题诗》云："何事遽惊云雨别，秦山楚水两乖张。"童《校诠》："案：说文：乖，戾也，从丫、爪，爪古别字，乖张之义，当取角之权枒分张，经典不见此二字，梁武帝孝思赋，何在我而不尔，与二气而乖张，疑始于六朝时。公东都遇春诗：旧游喜乖张；符读书城南诗：二十渐乖张，凡三用之。司马贞补史记序：其中远近乖张，吴融诗：何事遽惊云雨别，秦山楚水两乖张，则多用之矣。"

居然：竟然。《世说新语·品藻》："有人问袁侍中（恪之）曰：'殷仲堪何如韩康伯？'答曰：'理义所得，优劣乃复未辨，然门庭萧寂，居然有名士风流，殷不及韩。'"

真赝:文《详注》:"言与俗自殊也。赝,伪也,音鱼涧切。事见《韩非子》。"魏本:"赝,伪物。祝曰:字亦作雁。《韩非子·说林》(下):'齐伐鲁,索谗鼎,鲁以其雁往。齐人曰:雁也。鲁人曰:真也。'樊曰:温公《考异》(《资治通鉴》):'宋太宗(当为明帝)泰始元年(465),华愿儿言于废帝曰:官为雁,天子臣。光曰:《宋书》作应天子。《宋略》作雁天子。'按:《字书》:赝,伪物也。韩愈诗曰:'居然见真赝。'《书》或作'雁',今从《宋略》。"钱仲联《集释》:"宋乾道本、明赵用贤本《韩非子》作'雁'。明韩子迁评本、凌濛初本作'赝'。雁、赝同纽连用。"雁、赝同。

⑩袴(kù 苦故切,去,暮韵)脚冻两骭:方世举《笺注》:"《释名》(《释衣服》):'袴,跨也,两股各跨别也。'"按:袴,胫衣,套裤。《礼记·内则》:"衣不帛襦袴。"《方言》四:"袴,齐鲁之间谓之褰,或谓之襱,关西谓之袴。"

骭:魏本:"祝曰:骭,胫骨。《尔雅》:'骭疡为微'注:'骭,脚胫也。'"文《详注》:"骭,胫骨也,音下晏切。许氏注《淮南子》(《俶真训》'易骭之一毛')云:'自膝以下,胫以上为骭。'《宁戚饭牛歌》曰:'短布单衣才至骭。'"按:杜甫《北征》:"平生所娇儿,颜色白胜雪。见耶背面啼,垢腻脚不袜。"

⑪累累两角卯:方《举正》据阁本作"两角卯",云:"李、谢校。杭、蜀本作'角两卯'。"朱《考异》:"两角,或作'角尚',或作'角两'。"南宋监本原文作"角尚",宋白文本、文本、潮本、浙本、祝本、魏本作"角尚"。"尚"字乃刻写之误。廖本、王本作"两角卯",从之。

两角卯:文《详注》:"卯,束发貌,音古患切。《甫田》(《诗·齐风》)诗曰:'总角卯兮。'注云:'总角,聚两髦也。卯,幼稚也。累,伦追切。"魏本引孙《全解》同。朱彝尊《批韩诗》:"称儿贤觉繁。"

⑫冬惟茹寒齑,秋始识瓜瓣:茹,魏本注:"茹,食也。瓣,瓜中实也。"齑,宋白文本、文本、魏本作"虀"。祝本、王本作"韰"。廖本作"齑"。

文《详注》:"齑,甘菜也。《谷风》诗(《邶风》)曰:'谁谓荼苦,其甘如荠。'齑,音才茨、才诣二切。瓣,瓜中实也,音补苋切。谢惠连《祭古冢文》曰:'李核瓜瓣。'"按:齏,从齐,不从草。虀,从草,齏俗字。则齏、虀、齑三字音义同,古常混用。今通作"齑"。齑(jī祖稽切,平,齐韵),细切的酱菜或腌菜,引申为调味品。《周礼·天官·醢人》:"以五齐、七醢、七菹、三臡实之。"注:"齐,当为齑……凡醯酱所和,细切为齑。"《释名·释饮食》:"韲,济也,与诸味相济成也。"荠同虀。齑本作腌菜,此作干菜解,尚合韩公诗义。

始:开始,引申为仅、只。张相《诗词曲语辞汇释》卷二:"始,犹只也,仅也。李白《梁园吟》:'天长水阔厌远涉,访古始及平台间。'始及,只及也。杜甫《陪王使君晦日泛江》诗:'山豁何时断,江平不肯流。稍知花改岸,始验鸟随舟。'稍亦有只义、仅义。始与稍互文,稍知,犹云只知或仅知;始验,犹云只觉或仅觉也。韩愈《崔十六以诗及书见投因酬》诗:'冬惟茹寒齑,秋始识瓜瓣。'始与惟互文,始识,只识也。"始,作只、仅解。

⑬饫(yù依据切,去,御韵):文《详注》:"《孟子》曰:'犹刍豢之悦我口。'注云:'草牲曰刍,谷食曰豢。'"

按:饫,宴食。《汉书·陈遵传》陈崇劾奏:"遵知饮酒饫宴有节,礼不入寡妇之门,而湛酒溷肴,乱男女之别。"犹饱也。《后汉书·刘盆子传》:"十余万人皆得饱饫。"《孟子·告子上》:"理义之悦我心,犹刍豢之悦我口。"朱熹《集注》:"草食曰刍,牛羊是也。谷食曰豢,犬豕是也。"

⑭才名:才华名声。《三国志·魏·贾诩传》:"是时,文帝为五官将,而临菑侯植才名方盛,各有党与,有夺宗之议。"杜甫《戏简郑广文虔兼呈苏司业源明》:"才名四十年,坐客寒无毡。"当为韩诗所本。

给谏:给事中、谏议大夫。文《详注》:"给事中、谏议大夫。《谈苑》曰:'唐朝重此官。旧语自外入为谏议大夫,班在给舍之上,两省同列,呼为上坡。'"方世举《笺注》:"《新唐书·百官志》:'起居郎二人,从六品上。贞观初,以给事中谏议大夫兼知起居注。"

⑮ 府公:魏本注:"府公,河南尹。见题注。"文《详注》:"府公,谓东都留守郑馀庆。山涧,谓伊阳也。涧,水名,与伊水合流而入洛。见《此日足可惜》诗。"魏本:"孙曰:《诗》(《秦风·无衣》):'与子同袍。'"方世举《笺注》:"《南史·陆慧晓传》:'慧晓为司徒右长史,谢朓为左长史。府公竟陵王子良谓王融曰:我府前世谁比?融曰:明公二上佐天下英奇,古来少见其比。'"按:唐五代时,官府幕僚习称节度使、观察使及州郡长官为府公。唐刘禹锡《送王司马之陕州》:"府公既有朝中旧,司马应容酒后狂。"

同袍:与同胞指同母所生者异,乃指好友。《诗·秦风·无衣》:"岂曰无衣,与子同袍。王于兴师,修我戈矛,与子同仇。"袍者,像斗篷一样的长衣,军人行军时白天可以穿,晚上可以盖,言同盖一袍者,比喻友爱。《文选》卷二九《古诗十九首》:"锦衾遗洛浦,同袍与我违。"相称旧时军人为同袍或袍泽。

拔擢:提拔任用。韩公《赠崔立之评事》:"当今圣人求侍从,拔擢杞梓收楷栖。"伊阳,属河南府。宰山涧,主宰山水之地。伊阳有伊水与嵩山等地,故云。

⑯ 寄诗杂诙俳:文《详注》:"言以诗遗公,皆寓言也。汉枚皋'诙笑类俳倡'(见《汉书·枚皋传》),李奇云:'诙,嘲也。俳,杂戏也。诙音恢。俳,音排。'《庄子》(《逍遥游》)曰:'鹏适南溟,斥鷃笑之。'此小大之辨也。故夫智效一官,行比一乡,合一君而征一国,亦若此矣。注云:斥,小泽也。鷃,雀也。言小大虽殊,而理各至足。"按:《庄子·逍遥游》:"穷发之北……有鸟焉,其名为鹏。背若泰山,翼若垂天之云,抟扶摇羊角而上者九万里,绝云气,负青天,然后图南,且适南冥也。斥鷃笑之曰:'彼且奚适也?我腾跃而上,不过数仞而下,翱翔蓬蒿之间,此亦飞之至也。而彼且奚适也?'"鷃(yàn 乌涧切,谏韵),字亦作鴳。程学恂《韩诗臆说》卷一:"读公诗者,亦当作如是观,方有入处。"方世举《笺注》:"诙俳:《碧溪诗话》:'子建称孔北海文章多杂以嘲戏。子美亦戏效俳谐体。退之

亦云:寄诗杂诙俳。大抵才力豪迈有余,而用之不尽,自然如此。'"又云:"鹏鷃:沈炯诗:'鹏鷃但逍遥。'"《辞源》引韩诗为例。

⑰ 酒味酸:非好酒也。方世举《笺注》:"《韩非·外储说》:酒酸而不售。"冬衣,方《举正》订,云:"杭作'衣',蜀作'裘'。"朱《考异》:"衣,或作'裘'。"南宋监本原文作"裘",宋白文本、文本、浙本、祝本、魏本同作"裘"。文本、魏本注:"裘,一作'衣'。"廖本、王本同方,作"衣"。按情事和文义作"衣"字善,能穿起裘者必能擐,冬衣未擐者,乃短褐裨衣也。文《详注》:"擐,贯也。《补注》:擐,擐甲(胄)之擐,音明患切。"按:以上四句诙谐有致。如朱彝尊《批韩诗》:"述来诗意,却有风致。"

⑱ 彪与虥(zhàn 士限切,音栈,上,产韵):文《详注》:"彪,虎文也,音甫休切。虥,浅毛也,音士谏切。"魏本:"孙曰:彪,虎文。虥,虎之浅毛者。祝曰:《尔雅》:'虎窃毛谓之虥猫。'注:'窃,浅也。'"方世举《笺注》:"彪虥:《说文》(虎部):'彪,虎文也。'《尔雅·释兽》:'虎窃毛谓之虥猫。'注:'窃,浅也。'按《说文》《玉篇》皆以彪为虎文,不云兽名。考《新唐书·张旭传》:'北平多虎,裴旻善射,一日得虎三十一,休山下,有老父曰:此彪也。稍北有真虎,使将军遇之,且败。旻不信,怒马趋之,有虎出丛薄中,小而猛,据地大吼。旻马辟易,弓矢皆坠。'则彪乃大于虎,而力稍弱也。"屈《校注》:"《说文·虎部》:'彪,虎文也。'亦指虎,庾信《庾子山集·枯树赋》(卷一):'熊彪顾盼,鱼龙起伏。'虥,一作'虢',士限切,音占,浅毛虎。《尔雅·释兽》:'虎窃毛谓之虢猫。'注:'窃,浅也。'"按:虥,浅毛虎。《辞源》亦引韩诗为例。

⑲ 善幻:方《举正》据阁本作"是幻"。朱《考异》:"善,方作'是'。今按:《汉书·西域传》有善眩之语,颜注云:'眩,读与幻同。眩,相诈惑也。'即今吞刀吐火、植瓜种树、屠人截马之术,韩公盖用此语。方从阁本,误矣。"南宋监本原文作"善"。宋白文本、文本、潮本、浙本、祝本、魏本、廖本、王本均作"善幻"。按:朱说有理。

文《详注》:"幻,相诈惑也,音胡惯切,言致猪鹿,如《列子》《周穆王')称二人梦鹿而讼于士师之谓。已上数事，皆崔君书及诗之意。今已亡，公特举其凡尔。"沈钦韩《补注》："《元结集·化虎论》：'都昌县大夫张粲君英将之官，与其友贾德方、元次山别，且曰：吾邑多山泽，可致麋鹿，为二贤羞宾客，何如？及到官，书与二友曰：待我化行旬月，使虎为鹿，豹为麏，枭为鹇鸠，虾蟆为兔，将以丰江外庖厨，岂独与德方、次山也。'案：公盖承此论，故云善幻。"王元启《记疑》："愚按：致猪鹿者，述来书之言，云以此物见饷。然公自谓有藜苋可饱，兼有鲂鳟佐膳，殊不羡肉味之美，则崔书虽至，物竟不达，故云此语是幻。即东坡所谓'岂意青州六从事，化为乌有一先生'之意。'是'字不当作'善'。"钱仲联《集释》："善幻犹云善戏，不必如王说作'是'。"

⑳ 习藜苋：方《举正》据杭、蜀本作"习藜苋"。朱《考异》："习，或作'集'，非是。"按：南宋监本原文作"集"。作"集"字亦通，然不若"习"字义善。宋白文本、文本、潮本、浙本、魏本作"集藜苋"。廖本、王本作"习藜苋"。《洪谱》："公自元年(806)为博士，至今三年。《行状》云'权知三年，改真博士'也。"顾嗣立《集注》："陆玑《毛诗疏》：'莱，即藜也，茎叶皆似王刍，兖州人蒸以为茹，谓之莱蒸。'《本草》：'苋，一名莫实，生淮阳川泽及田中，叶如兰。'"

㉑ 洛：洛水。文《详注》："嵩山之东，伊洛之上，公之旧庐也。事见《县斋有怀》及《忆昨行》。"又云："《九罭》(《诗·豳风》)诗曰：'九罭之鱼鳟鲂。'传曰：'鳟，圆鱼。鲂，方鱼。'上音祖本切，下音符方切。陆机云：'鲂鱼出伊洛，广而薄，肥恬而少力弱鳞。鳟，似鲩子，赤眼。'罩、汕，捕鱼器也。《南有嘉鱼》(《诗·小雅》)诗云：'烝然罩罩，烝然汕汕。'传云：'罩，编细竹以为笼，汕以沥淘鱼。'苏黄门云：维木为巢，承之以簀，沉之水中，以浮识其处，方舟载两轮，挽而出之，渔人谓之车浮。此诗所谓汕也。罩，音张教切。汕，音所谏切。"魏本："鲂，江东呼为鳊。鳟，似鲩而鳞细。韩曰：《诗·九罭》'九罭之鱼鳟鲂'，言大鱼也。祝曰：《尔雅》：'巢谓之汕，篧谓之罩。'孙曰：《诗·南有嘉鱼》：'烝然罩罩，烝然汕汕。'毛注：'罩罩

籋,取鱼之器。汕汕樔,今之撩罟也。'"音注:"魴音房。鱒,才本切。罩,都教切。汕音讪。"按:洛,即洛水,在洛阳,从巩义入黄河。韩公《县斋有怀》云:"求官去东洛,犯雪过西华。"韩公《忆昨行和张十一》云:"嵩山东头伊洛岸,胜事不假须穿栽。"汕(shàn 所晏切,去,谏韵),捕鱼的网。《辞源》引韩诗为例。

㉒ 肯效屠门嚼:魏本:"孙曰:桓谭《新论》(《初学记》卷二六引)曰:'人闻长安乐,则出门西向而笑。知肉味美,则对屠门大嚼。'又曹子建书(《文选》卷四二《与吴季重书》)曰:'过屠门而大嚼,虽不得肉,贵且快意。'"文《详注》亦引曹植书,然有缺字。

㉓ 久嫌弋者篡(cuàn 初患切,去,谏韵):方《举正》据唐本作"篡",云:"杭同。洪、谢校。语见《扬子》(《法言》)。篡,取也。古本《扬子》作'篡',今本作'慕',亦讹。"朱《考异》:"篡,或作'篡',非是。"南宋监本原文作"篡"。宋白文本、魏本作"篡"。文本、祝本、廖本、王本作"篡"。按:作"篡"是。篡,用强力夺取。《墨子·兼爱中》:"凡天下祸篡怨恨,其所以起者,以不相爱生也。"《孟子·万章上》:"居尧之宫,逼尧之子,是篡也,非天与也。"文《详注》:"扬雄《法言》曰:'鸿飞冥冥,弋者何篡焉?'宋曰:'篡,取也。鸿高飞冥冥薄天,虽有弋人何施巧而取也。'喻贤者隐处,不罹暴乱之患。范晔注《后汉》(《见《逸民列传序》注》)云:'篡字诸本或作慕。'"钱仲联《集释》:"《扬子法言》:'鸿飞冥冥,弋人何慕焉?'《音义》:'《后汉书·逸民传序》引《扬子》作弋者何篡。'宋衷注云:'篡,取也。鸿高飞冥冥薄天,虽有弋人执矰缴,何所施巧而取焉?'今'篡'或为'慕',误也。"

㉔ 谋拙日焦拳:沈钦韩《补注》:"拳,当为卷,言如草木之叶,日焦卷也。"童《校诠》:"第德案:拳卷古通用,庄子人间世:其细枝而拳曲,释文:拳本亦作卷可证。沈当云拳读为卷,明拳为卷之假借,曰当为,则以拳为讹字矣。"按:焦拳,《辞源》:"拳(quán 巨员切,平,仙韵):屈曲。通蜷。《庄子·人间世》:'擎跽曲拳,人臣之礼也。'《汉书》九七《孝武钩弋赵婕妤传》:'女两手皆拳。'"拳作卷

曲解音义均与卷通。《辞源》:"卷,曲。本指膝曲,引申泛指弯曲。《诗·大雅·卷阿》:'有卷者阿,飘风自南。'"

㉕活计似锄铲:铲,方《举正》订作"划",云:"旧本一作'铲'。铲,削平也。《选·海赋》:'铲临崖之阜。'公诗用今韵者,未尝逾韵,'划'属上声,疑当以'铲'为正。"朱《考异》同方。宋白文本、文本、祝本、魏本、廖本、王本均作"划"。按:划、铲二字作铲除、削平,音(chǎn初限切,上,产韵)义均同。北魏贾思勰《齐民要术·耕田》注:"养苗之道,锄不如耨,耨不如铲。"铲,以划地除草。《战国策·齐一》:"划而类,破吾家。"《文选》卷一二木华《海赋》:"于是乎禹也,乃铲临崖之阜陆,决陂潢而相浚。"活计,生计,谋生的手段。《辞源》引韩诗为例。又举苏轼尺牍《与蒲传正一首》:"千乘侄屡言大舅全不作活计,多买书画奇物,常典钱使。"锄、划二字义同,此谓农耕活计。

㉖男寒涩诗书:蒋抱玄《评注》:"谓无力买书也。"童《校诠》:"案:说文:歰,不滑也,从四止,涩为歰之后出字,隶变作澁。廖、王、祝三本皆作澁。又说文:濇,不滑也,歰、濇音义同。"按:时韩、崔皆囊中羞涩也。欲给孩子买书,却买不起。

㉗女瘦剩腰襻:女,方《举正》据唐、阁本订作"妻"字,云:"蔡、谢校。"朱《考异》:"妻,或作'女'。"宋白文本、文本、潮本、浙本、祝本、魏本作"女"。上句"男寒涩诗书"与下句"女瘦剩腰襻"对,若女作妻,则意不对,此当从诸本作"女"字。襻(pàn普患切,去,谏韵),系衣裙的带子。《玉台新咏》卷九王筠《行路难》:"襻带虽安不忍缝,开空裁穿犹未达。"《辞源》亦引韩诗为例。文《详注》:"襻,衣系曰襻,音普患切。"魏本引祝《全解》同文注。方世举《笺注》:"《新唐书·车服志》:'五品以上母妻服紫衣腰襻。'"何焯《批韩诗》:"《汉书》师古注:'编诸,若今之织成,以为腰襻及领缘者也。'与前'众口''娇儿'相对。此诗处处以饥寒相映发。"

㉘厥罪在欺谩:方《举正》据蜀本作"谩",云:"字见《贡禹传》。《汉书》如'面谩',皆音慢。"朱《考异》:"谩,或作'慢'。"南宋监本原

文作"慢"。文本、浙本、祝本作"慢"。宋白文本、魏本、廖本、王本作"谩"。

欺谩：顾嗣立《集注》："《汉·宣帝纪》：'务为欺谩，以避其课。'师古曰：'谩，音慢。《贡禹传》：欺谩而善书者尊于朝。'"按：此为韩诗所本，则作"谩"是。

㉙ 行当自劾去：魏本："祝曰：劾，推穷罪人。"《汉书·孙宝传》："张忠辟宝为属，欲令授子经……宝自劾去。"童《校诠》："案：文选：魏文帝与吴质书：别来行复四年，李注：行犹且也。劾当作劾，说文：劾，法有罪也，段云：此字俗作刻，恐从刀则混于刀部之刻也。廖、王、祝三本皆作劾。"按：且，应。行，作副词当且字解。《诗·魏风·十亩之间》："十亩之间兮，桑者闲闲兮，行与子还兮。"《史记·南越列传》："汉兴兵诛郢，亦行以惊动南越。"又《龟策列传》："南方老人用龟支床足，行二十余岁。老人死，移床，龟尚生不死。"劾，揭发罪状。程学恂《韩诗臆说》卷一："若真正言之，则欺谩当自惩涤，岂容一去塞责耶？"

㉚ 渔钓老葭菼：文《详注》："葭菼，荻芦之异名。《诗》传曰：参而考之，大率三物而已。生曰菼，长曰薍，成曰萑，其实荻也。生曰葭，长曰苇，其实芦，则荻之尤细者，可用织薄。葭，音居牙切。菼，音五患切。"魏本："樊曰：《尔雅》(《释草》)：'葭，芦；菼，薍。'注云：'葭芦，苇也。菼薍似苇而小。'孙曰：萎也。"方成珪《笺正》："陆玑《诗疏》：'薍或谓之荻，至秋坚成，则谓之萑。'"按：《汉语大词典》"葭菼"条云："葭菼，芦与荻。均为水生植物名。《诗·卫风·硕人》：'葭菼揭揭。'毛传：'葭，芦；菼，薍也。'汉张衡《东京赋》：'内阜川禽，外丰葭菼。'"菼，初生的荻，似苇而小，茎秆可以编习箔等。薍，此处读作(wàn《广韵》五患切，去声，谏韵)，初生的荻。《诗·秦风·蒹葭》："蒹葭苍苍。"

㉛ "岁穷"二句：谓岁末冬至，寒冷之气盛，而冰冻雪封的栈道滑也。文《详注》："磴栈，阁道也。上音都邓切，下音士限切。"魏本："栈，木道。祝曰：《前汉》：'(张)良因说汉王烧绝栈道。'"（事参

见《汉书》之《高祖纪》《张良传》)

㉜ 觏清盼：方《举正》据蜀本作"盼"字，云："李太白诗(《赠范金卿》)：'君子枉清盼。'《诗》(《卫风·硕人》)：'美目盼兮。'以目美言也。左顾右眄，以眄视言也。盼，本作'盻'。眄，通作'眒'。今四字多不分，当以蜀本为正。"朱《考异》："盼，或作'眄'。(下引方语)今按：盼，匹苋切，目黑白分也。眄，莫见切，从省作'眒'。眄睐，顾视也。盻，五礼切，见《孟子》(《滕文公上》)，恨视也。此诗当作'眄'，然作'盼'亦通，犹言青眼也。"宋白文本、文本作"盻"。祝本、魏本作"眄"。廖本、王本作"盼"。方成珪《笺正》："《考异》谓当作'眄'，亦非。公诗用三十谏、三十一裥两韵，无旁出者。盻韵在三十二霰，不应突然阑入。此与上'划'作'铲'，均当从《举正》之说为当也。"童《校诠》："第德按：朱氏分别盼、眄、盻之音义，足正举正盻本作盻之误(诗硕人：美目盼兮，宋小字本，相台岳氏本皆作盻，故举正误以盻、盼为一字)，方雪斋谓作盻非，应从举正作盼是也。诗：美目盼兮，毛传：盼，白黑分，韩诗云：黑色，论语八佾篇马注云：动目貌，皇疏同。公承用马义，其义与顾盻同。众经音义十引广雅：盼，视也，王氏疏证于释诂视也条补盼字，盼与眄同训视，为二字形音不同义同之证。正文及注眄皆当作眄。太白赠范金卿诗清盼，盼，今本作眄，或方所见本作盼邪？"则作盼、眄均通。此诗有盼望义，作"盼"合韩公意。何焯《批韩诗》："收转寄书及相识两段。"

【汇评】

宋黄彻：《北梦琐言》载：江陵在唐世号"衣冠薮泽"，人言"琵琶多如饭甑，措大多如鲫鱼。"退之《酬崔少府伊阳》诗云："下言人吏稀，惟足彪与虺。"余官辰溪时，士人皆可喜而不多得，近城人虎杂居，戏为对云："圆冠思得多于鲫，刻木唯宜少似彪。"(《䂬溪诗话》卷五)

宋孙奕：《弋人何慕》：《问明》篇："鸿飞冥冥，弋人何慕焉？"案：《后汉·逸民传序》援此语作"篡"字，退之《酬崔少府》云："久嫌弋

者纂。"今温公亦谓曰"纂",以或作"慕"字为误,诚有所据。(《履斋示儿编》卷一一)

清朱彝尊:凡诗须开阖错综,斯意态飞动,有风人之致。昌黎诗每多板叙,奇古有余,兴趣不长。(顾嗣立《昌黎先生诗集注》卷四)

清查慎行:掇拾琐细,具见真情。初读似平淡,愈读愈有味,累幅连行,不觉其冗。使元、白为之,未免涉浅易矣。(《查初白诗评十二种》)

清何焯:此诗处处以饥寒相映发。收转寄书及相识两段。(顾嗣立《昌黎先生诗集注》卷四)

清王懋竑:骭、谩、纂,《广韵》俱有,今韵书缺。(《读书记疑》卷一六)

清曾国藩:《崔十六少府摄伊阳以诗及书见投因酬三十韵》:"又言致猪鹿,此语乃善幻。三年国子师,肠肚习藜苋。况住洛之涯,鲂鳟可罩汕。"国藩按:崔诗必言将以猪鹿野鲜饷公,公诗辞之。善幻,犹云善戏。《汉书·西域传》有"善眩"之语。颜注云:眩,读与"幻"同。"况住洛之涯",公时以国子博士分教东都,谓但食藜苋鲂鳟,不劳致猪鹿异味也。(《求阙斋读书录》卷八)

送侯参谋赴河中幕①
元和四年

忆昔初及第,各以少年称②。君颐始生须,我齿清如冰③。尔时心气壮,百事谓己能④。一别讵几何⑤,忽如隔晨兴⑥。我齿豁可鄙,君颜老可憎⑦。相逢风尘中,相视迭嗟矜⑧。幸同学省官,末路再得朋⑨。东司绝教授,游宴以为恒⑩。秋渔荫密树,夜博然明灯⑪。雪径抵樵叟,风廊折谈僧⑫。陆浑桃花间,有汤沸如烝⑬。三月崧少步,踯躅红千层⑭。沙洲厌晚坐,岭壁穷晨升⑮。沈冥不计日,为乐不可胜⑯。迁满一已异,乖离坐难凭⑰。行行事结束,人马何跻腾⑱。感激生胆勇,从军岂尝曾⑲。洸洸司徒公,天子爪与肱⑳。提师十万余,四海钦风棱㉑。河北兵始进,蔡州帅新薨㉒。曷不请扫除,活彼黎与蒸㉓。鄙夫诚怯弱,受恩愧徒弘㉔。犹思脱儒冠,弃死取先登㉕。又欲面言事,上书求诏征㉖。侵官固非是,妄作谴可惩㉗。惟当待责免,耕劚归沟塍㉘。今君得所附,势若脱鞲鹰㉙。櫽笔无与让,幕谋职其膺㉚。收绩开史牒,翰飞逐溟鹏㉛。男儿贵立事,流景不可乘㉜。岁老阴沴作㉝,云颓雪翻崩。别袂拂洛水,征车转崷崚㉞。勤勤酒不进,勉勉恨已仍㉟。送君出门归,愁肠若牵绳。默坐念语笑,痴如遇寒蝇㊱。策马谁可适?晤言谁为应㊲?席尘惜不拂,残樽醋空凝㊳。信知后会时,日月屡环绠㊴。生期理行役,欢绪绝难承㊵。寄书惟在频,无悋简与缯㊶。

【校注】

① 题:方《举正》:"侯继,时从王谔(锷)辟,此诗与《赤藤杖歌》皆四年(809)作。"文《详注》:"参谋:侯继也。宪宗时王锷以检校司徒为河中节度使,徙治河东。河东自范希朝讨镇州无功,兵才三万,骑六百,府库残耗。锷能补完啬费,未几,兵至五万,骑五千,财用丰余,时召继为参谋。锷,唐史有传。按诗云:'河北兵始进,蔡州帅新薨。'则此诗之作,当在元和四年(809)十二月也。《补注》:'幸同学省官,末路再得朋。'继,同年进士,时为太学助教,同在东都,见《祭薛助教文》。又云:'洸洸司徒公,天子爪与肱。'元和三年

(808)九月,王锷为检校司徒、河中节度使。司徒公即锷也。'河北兵始进,蔡州帅新薨'谓今年十月讨王承宗,十一月,蔡州吴少诚死,明年《感春》云:'王师北讨何当回,蔡州纳节旧将死。'谓此也。"魏本:"韩曰:'侯参谋,继也。继与公同举贞元八年(792)进士,元和四年(809)又同官学省。公博士,继助教。六月,公分司东都,而继参河中幕,此诗是年冬作也。'"方世举《笺注》:"河中幕:《新唐书·地理志》:'河中府河东郡,赤。本蒲州,上辅。开元八年(720)置中都,为府;是年罢都,复为州。乾元三年(760)复为府。属河东道。'《旧唐书·宪宗纪》:'元和三年(808)九月,以淮南节度使王锷检校司徒、河南尹、河中晋降慈隰节度使。'"陈景云《点勘》:"公以国子博士分司东都,至是已三载。诗云'幸同学省官',又云'东司绝教授',盖与侯并为分司官也。已而公除都官郎,分司如前,而侯则往应河中之辟。注未明晓。"王元启《记疑》:"原注:侯继时从王锷辟。按:史元和四年十月辛巳,成德节度王承宗反。十一月乙巳,彰义节度吴少诚卒,弟少阳自称留后。诗有河北、蔡帅及岁老等句,盖四年十二月作。"

②"忆昔"二句:文《详注》:"言继与公同登贞元八年(792)进士第也。"蒋抱玄《评注》:"汉代取士,其射策而中者曰高第。及第之名始于唐。《唐书·选举志》以文理粗进为上上、上中、上下、中上凡四等,为第。侯继于贞元八年与公同登进士第,时公年二十四岁,故曰少年。"按:贞元八年,兵部侍郎陆贽知贡举,试《明水赋》《御柳新沟诗》,取进士二十三人,贾稜为状元。侯继十二,公十四。韩公生于大历戊申(768),推之时韩公二十四岁。

③须:宋白文本、文本、魏本、廖本、王本均作"须"。祝本作"鬓",误。

颐生须:方世举《笺注》:"颐生须:《释名》:'颐下曰须。须,秀也,物成乃秀,人成而须生也,亦取须体干长而后生也。'"按:颐,下巴。《庄子·渔父》:"左手据膝,右手持颐。"杜甫《夔府书怀》:"涕洒乱交颐。"颐生须者,下巴长出胡须也。

清如冰:方世举《笺注》:"鲍照诗:'直如朱丝绳,清如玉壶冰。'"按:即如冰一样清洁。唐王昌龄《芙蓉楼送辛渐》:"洛阳亲友如相问,一片冰心在玉壶。"

④ 己能:方《举正》:"用《中庸》语。"朱《考异》:"方云用《中庸》'人一能之己百之'之语。别本作'已'者非。"宋白文本、文本、魏本作"巳",祝本作"已"。按:作巳、作已均属刻工笔误。未将巳封,己不封,已字半封的字形区分开。

文《详注》:"《说文》(能部)曰:能本兽名,形似熊,足似鹿,为物坚中而强力,故人之有材能者,皆谓之能。《礼记·中庸》曰:'人一能之巳(己)百之,人十能之巳(己)千之。'"按:亦引《中庸》而将"己"作"巳",可证同误。《说文·能部》:"能,熊属。足似鹿,从肉,㠯声。能兽坚中,故称贤能。而强壮,称能杰也。"能(néng 奴登切,平,登韵),传说中的一种兽。《国语·晋八》:"今梦黄能入于寝门。"注:"能,似熊。"按《说文》能称人之有材能者,故引申为才能。此诗义为互指,而韩公意在称侯继之才气。

⑤ 讵:方《举正》作"讵",云:"谢本作'遽'。李本亦'一作遽'。讵,《字林》曰:'未知词也。'《选》潘岳《悼亡诗》'尔祭讵几时',只用'讵'字。"朱《考异》:"讵,或作'遽',或作'距'。(下引方语)"宋白文本、文本、祝本作"距",魏本作"讵"。童《校诠》:"第德案:说文新附:讵,岂也。古只用巨字(郑子尹云:汉后别加言),汉书高帝纪:公巨能入乎?服虔曰:巨音渠,犹未应得入也,列子黄帝篇:未巨怪也,殷敬顺释文:巨本作讵是也。或假渠为之,史记张仪传:且苏君在,仪宁渠能乎!集解:渠音讵,汉书孙宝传:掾部渠有其人乎?颜注:渠读曰讵是也。或假距为之,国语晋语:距非圣人,韦注:距,自也是也。或假钜为之,战国楚策:臣以为王钜速忘矣是也。或假遽为之,史记陆贾传:何渠不若汉,汉书渠作遽,颜注:言有何迫促而不如汉是也。讵为语词,古无专字,但假音近者用之,诸家或训岂、或训未、或训自、或训迫促,皆未谛。"按:童说甚详,且究其本。亦证作讵、遽、距等字均可。然韩公所用者何?以韩公用语习惯,作

反诘副词当作"讵"为是。此诗实用潘岳《悼亡诗》"尔祭讵几时"句式。杨树达《词诠》卷四谓作反诘副词、假设连词,讵、钜、距、渠、巨通用,且各有例。

⑥ 晨,魏本注:"晨字,一作'朝'。"按:诸本作"晨",是。

晨兴:早晨起床也。《诗·卫风·氓》:"夙兴夜寐,靡有朝矣。"笺:"无有朝者,常早起夜卧,非一朝然。"又《诗·小雅·小宛》:"夙兴夜寐,毋忝尔所生。"《墨子·非乐上》:"妇人夙兴夜寐,纺绩织纴,多治麻丝葛绪捆布缪。"《诗·召南·行露》:"岂不夙夜,谓行多露。"笺:"夙,早也。"则夙兴,即晨兴也。谓一夜之间。

⑦ "我齿"二句:谓人衰老也。豁,缺口,空无。《广雅·释诂》三:"豁,空也。"贾思勰《齐民要术·种谷》:"稀豁之处,锄而补之。"

⑧ 风尘:本指风起尘扬,此谓行旅患难之中。《艺文类聚》卷三二汉秦嘉《与妻书》:"当涉远路,趋走风尘。"矜(jīn居陵切,平,蒸韵),文《详注》:"矜,本矛柄也。字样借为矜怜字。"按:矜,怜悯。《诗·小雅·巷伯》:"视彼骄人,矜此劳人。"迭嗟矜,相互怜悯。

⑨ 学省:文《详注》:"国学,一名学省。公为分司国子博士,继时为太学助教。唐制:博士、助教,分经授诸生。"按:"再得朋"之"朋"当作群、聚解,再得朋者再相聚也。《书·益稷》:"朋淫于家,用殄厥世。"《易·坤》:"君子有攸往,先迷后得主利。西南得朋,东北丧朋,安贞吉。"注:"西南致养之地,与坤同道者也,故曰得朋。"《隋书·柳彧传》:"每以正月望夜,充街塞陌,聚戏朋游。"或谓同、齐。《山海经·北山经》:"有鸟焉,群居而朋飞。"《后汉书·李固杜乔传赞》:"李、杜司职,朋心合力。"李贤注:"朋,犹同也。"魏本:"樊曰:公元和四年(809)后三月《祭薛公达文》云:'朝议郎守国子博士韩愈,太学助教侯继。'"王元启《记疑》:"时公先于六月自博士改都官员外郎。此云同官学省,盖追叙之辞。"

⑩ "东司"二句:沈钦韩《补注》:"《摭言》:'元和二年(807)十二月敕,东都国子监量置学生一百员。'盖公于元和二年分教东都生,在是敕之前。其补学生,亦非一时所能集,故云'绝教授'也。"

恒，常常也。文《详注》："恒，常也，胡登切。"柳宗元《答韦中立论师道书》："庸蜀之南，恒雨少日。"顾嗣立《集注》："公《新唐书》本传：'元和初，权知国子博士，分司东都，三岁为真。'"

⑪"秋渔"二句：谓秋天在密密的树荫下钓鱼，夜里在明灯下博弈。博，即博弈之戏，唐时很普遍。见韩公《画记》。然，同燃。然本字，燃后出字。

⑫抵樵叟：方《举正》："杭、蜀并作'抵'。杭本作'讲叟'，蜀本作'樵叟'，晁、谢从蜀本。"朱《考异》："抵，或作'诋'；樵，或作'讲'。皆非是。此但言偶逢耳。"南宋监本原文作"诋"。宋白文本、文本、潮本、浙本作"诋"。宋白文本、文本作"樵"，注："樵，一作'讲'。"祝本、魏本、廖本、王本作"抵樵叟"。从之。

按：抵，胜也。《后汉书·桓谭传》："意非毁俗儒，由是多见排抵。"作诋，当毁谤、诬蔑者，非。折谈僧，即论辩折服僧人。二句炼意锤字。程学恂《韩诗臆说》卷一："于此等处，见公炼句之法。"

⑬陆浑：在今河南洛阳西南嵩县，唐有陆浑县。详见《陆浑山火》诗注。

烝：宋白文本、文本、魏本作"蒸"。祝本、廖本、王本作"烝"。按：烝、蒸古通用，烝本字，蒸，后出字。

有汤沸如烝：文《详注》："蒸，谓汤泉也，蒸气上行。"钱仲联《集释》："《说文》（火部）：'烝，火气上行也，从火，丞声。'下文尚有'活彼藜与蒸'韵，则此句自当作烝。"按：钱说是。

有汤：方世举《笺注》："有汤《水经注》(《洛水》)：陆浑县西有伏流，北与温泉水合。"此指汤泉，即今谓之温泉也。

⑭崧：魏本作"嵩"。宋白文本、文本、祝本、廖本、王本作"崧"。文《详注》："崧高山，东为太室，西为少室，见《送惠师》诗。公有旧居在东，事见《忆昨行》。踯躅，山石榴也，见《杏花》诗。"魏本："韩曰：《前汉》：'增高太室祠。'注：嵩高山有太室、少室之山。"王元启《记疑》："嵩少，嵩，剑本、吴本俱作'崧'。仍注云：'一作嵩。'按：崧，高也，此指嵩山少室，不当作'崧'。今从建本。"方成珪

《笺正》:"刘熙《释名》:嵩字或为崧。则二字通用由来久矣。"钱仲联《集释》:"《释文》:'崧即嵩也,俱是高大之貌。'《说文新附》:'嵩,中岳嵩高山也。从山从高,亦从松。'此二字通用之证。"方世举《笺注》:"崧少步:《水经注》:'《尔雅》:山大而高曰崧。合而言之为崧高,分而名之为二室,西南为少室,东北为太室。'公《外集·嵩山天封宫题名》云:'元和四年三月二十六日,与著作佐郎樊宗师、处士卢仝,自洛中至少室,谒李征君渤。明日,遂与李、卢、道士韦濛、僧荣并少室而东,抵众寺,上太室中峰,宿封禅坛下石室。遂自龙泉寺钓潭水,遇雷。明日,观启母石,入此观,乃归。闰月三日,国子博士韩愈题。'"钱仲联《集释》:"此题名无侯继名,则公与继游,乃又一役也。"童《校诠》:"第德案:汉书武帝纪及郊祀志增高作加增,武纪作崇高,郊祀志作崈高,颜注:崈,古崇字,按:当云崈与崇同,非古崇字。嵩,古只作崇,见国语周语,汉书仍之。崧、嵩皆后出字,嵩又后于崧(说本王氏玉树)。余详谒衡岳庙遂宿岳寺题门楼诗。王、方仅论崧、嵩异同,未得其朔。又按:释名释山无嵩或为崧语,玉篇:崧,思融切,中岳也,嵩上同,或方误记玉篇为释名邪?嵩、廖、王、祝三本皆作崧。"按:崈、崇同,按汉字构造,则崈先出,崇变体。崧、嵩后出,而嵩又后于崧。韩公惯用古字,则此句以作"崧"为当。踯躅,花名,即红踯躅。韩公《答张十一功曹》:"筼筜竞长纤纤笋,踯躅闲开艳艳花。"《杏花》:"山榴踯躅少意思,照耀黄紫徒为丛。"廖本:"崔豹《古今注》:'羊踯躅,羊食之则死,羊见之则踯躅分散,故名羊踯躅。'"

⑮沙洲:方《举正》据阁、蜀本作"洲沙"。朱《考异》:"洲沙,或作'沙洲'。晨,或作'朝'。"南宋监本原文作"沙洲"。宋白文本、文本、祝本、魏本作"沙洲",作"晨"。魏本注:"晨,一作'朝'。"廖本、王本作"洲沙"。按:洲沙,不合事物逻辑及诗义,作"沙洲"是。作"晨"字善。文《详注》:"颜延年(作'年'误,当作'之')《秋胡诗》云:'三陟穷晨暮。'注云:'穷尽晨朝也。'"二句含一"闲"字。因东都太学无生可教,多可闲游尽兴,故有静坐晚看日落,晨对岭壁观朝霞的情景。

⑯"沈冥"二句：文《详注》："《法言》曰：'蜀庄沉冥。'孔氏《书》传云：'沉冥，谓醉也。'"魏本："韩曰：《扬子》(《法言·问明》)：'蜀庄沉冥。'"李轨注："沈冥，犹玄寂，泯然无迹之貌。"按：韩公《会合联句》："休迹忆沈冥。"二句承上，才有"沈冥不计日，为乐不可胜"的境界。按：沈，也作"沉"。沉，同沈。

⑰一已异：方《举正》"异"作"毕"，云："阁本作'毕'，蜀本作'异'。"朱《考异》："异，方作'毕'，非是。"南宋监本原文作"异"。宋白文本、文本、潮本、浙本、祝本、魏本、廖本、王本均作"异"。从之。文《详注》："言继为参谋，公待秩满方去。行止既异，无所凭依也。"魏本："樊曰：公其年六月，迁都官郎分司东都。已而继亦参谋河中，'乖离坐难凭'矣。"王元启《记疑》："谓公迁都官，侯赴河中幕。"何焯《批韩诗》："转。"朱彝尊《批韩诗》："起一段尤觉硬排。"

⑱"行行"二句：文《详注》："《古诗》(《文选·古诗十九首》)云：'行行重行行，与君生别离。'跻腾，举足行高也。跻，音渠娇切。《赭白马赋》(《文选》卷一四颜延之撰)云：'料武艺，品骁腾。'注云：'言简择武艺之士，品类骁腾之马也。'跻与骁同。"魏本："《集注》：《诗·泮水》(《鲁颂》)'其马蹻蹻'，马逸也，音讫略切，又骄也，巨娇切。"按：跻，此指勇武貌。韩公此诗正作雄壮勇武解，读如矫(jiǎo居夭切，上，小韵)。又《诗·周颂·酌》："蹻蹻王之造，载用有嗣，实维尔公允师。"祝本："跻，讫略切。《诗》：'其马蹻蹻。'"姚范《援鹑堂笔记》："跻，去遥切。公正读平音耳。"方成珪《笺正》："《鲁颂·泮水》毛传：蹻蹻，训强盛。其训壮貌者，《大雅·崧高》'四牡蹻蹻'句也。"按：跻腾，总说人马强壮气盛。何焯《批韩诗》："赴河中。"朱彝尊《批韩诗》："以下叙事虽苍古，然终觉板实。"

⑲"感激"二句：文《详注》："曹操征孙权时，王粲从军作诗，以美其事。"按：此二句谓侯继感激仆射王锷而生从戎的胆气。然侯继乃书生，作诗虽胆勇，但从戎非其所长。贞元十二年(796)七月韩愈应董晋召从戎汴州时，好友孟郊《送韩愈从军》诗云："王粲有所依，元瑜初应命。一章喻檄明，百万心气定。今朝旌鼓前，笑别丈夫盛。"

⑳ 爪：魏本作"股"。宋白文本、文本、祝本、廖本、王本作"爪"。廖本注："爪，一作'股'。"作"爪"、作"股"均通，今从诸本作"爪"。

文《详注》："司徒公，王锷也。洸洸，武貌。《江汉》（《诗·大雅》）诗曰：'武夫洸洸。'爪牙股肱以喻为国之卫。"魏本引孙《全解》同。《旧唐书·职官二》："太尉、司徒、司空各一员，谓之三公，并正一品。"顾嗣立《集注》："《诗·祈父》（《小雅》）：'予王之爪牙。'《书》：'臣作朕股肱耳目。'"按：《左传》成公十二年："略其武夫，以为己腹心、股肱、爪牙。故诗曰：'赳赳武夫，公侯腹心。'天下有道，则公侯能为民干城，而制其腹心。"

㉑ 四海钦风棱：钱仲联《集释》："诸本作'稜'。按：《广韵》'稜'俗字，当作'棱'。"顾嗣立《集注》："《汉·李广传》：'威棱憺乎邻国。'李奇曰：'神灵之威曰棱。'"按：棱、稜汉时已通用。《文选》班固《西都赋》："设璧门之凤阙，上觚稜而栖金爵。"可证。故二字古通用。《说文》作"棱"，今标准简化字通作"棱"，从之。

文《详注》："棱，寒威也。《芜城赋》云：'霜气棱棱。'音卢登切。"魏本："孙曰：《诗》：'武夫洸洸。'洸洸，壮也。元和三年九月，以淮南节度使王锷检校司徒为河中尹、河中晋绛慈隰节度使。司徒公，王锷也。四年冬，辟继为府从事。洸，音光。"《三国志·魏武帝纪》封魏公策："蕲阳之役，桥蕤授首，棱威南迈，（袁）术以陨溃。"《南史·梁武帝纪》封梁公策："公棱威直指，势逾风电，旌旆小临，全州稽服。"按：钦，敬重。风棱，威仪。钦风棱，敬重王锷的威武风采。

㉒ 河北兵始进，蔡州帅新薨：方《举正》订"未"字，云："杭、蜀同。时讨王承宗，而吐突承璀督师逗留不进。"朱《考异》："未，或作'始'。作'始'者非。"宋白文本、文本、祝本、魏本作"始"。魏本注："始字，一作'未'。"廖本、王本作"未"。按：今从"始"。

《新唐书·宪宗纪》："（元和四年）十月辛巳（9日），成德军节度使王承宗反，执保信军节度使薛昌朝。癸未（11日），左神策军护军中尉吐突承璀为左右神策、河阳、浙西、宣歙、镇州行营兵马招讨处置使以讨之。戊子(16日),承璀为镇州招讨宣慰使……十一月己巳(27日),彰义军节度使吴少诚卒,其弟少阳自称留后。"《旧唐书·宪宗纪上》:"癸未(4年10月11日),诏:……以神策左军中尉吐突承璀为镇州行营招讨处置等使,以龙武将军赵万敌为神策先锋将,内官宋惟澄、曹进玉、马朝江等为行营馆驿粮料等使。京兆尹许孟容与谏官面论,征伐大事,不可以内官为将帅,补阙独孤郁其言激切。诏旨只改处置为宣慰,犹存招讨之名。己丑(17日),诏军进讨……己亥(27日),吐突承璀军发京师,上御通化门劳遣之。十一月己巳(27日),彰义军节度使、检校司空、同平章事吴少诚卒。"按:史书记载,吴少诚卒前已发兵进讨王承宗。故作"始"字是。钱仲联、屈守元作"未",均不合史实。吐突承璀按兵不进是后来的事。

㉓活彼黎与蒸:蒸,廖本、王本等作"烝"。宋白文本、文本、祝本、魏本作"蒸"。童《校诠》:"顾嗣立曰:封禅文:觉悟黎烝。第德案:诗烝民:天生烝民,孟子告子篇引作天生蒸民,是烝、蒸古通用。廖本、王本作烝,祝本作蒸。"按:上文"有汤沸如烝",避免重韵,此作"蒸"善。

文《详注》:"后承璀无功,朝廷赦承宗不治。少阳骄骜,亦并含忍,罢诸道兵。故公言扫除之计。"《新唐书·宪宗纪》:"五年正月己巳(28日),左神策军大将军郦定进及王承宗战,死之……四月丁亥(18日),河东节度使范希朝、义武军节度使张茂昭及王承宗战于木刀沟,败之。七月丁未(9日),赦王承宗。"《旧唐书·宪宗纪上》:"五年四月丁亥,河东范希朝奏破贼于木刀沟。七月庚子(2日),王承宗遣判官崔遂上表自首,请输常赋,朝廷除授官吏。丁未,诏昭洗王承宗,复其官爵,待之如初。"

㉔鄙夫诚怯弱:文《详注》:"公自谓也。"蒋抱玄《评注》:"《论语》(《阳货》):'鄙夫可与事君也与哉?'"按:鄙夫,鄙陋浅薄之人。《论语·阳货》:"子曰:鄙夫可与事君也与哉?其未得之也,患得

之。"韩公自指,谦虚也。何焯《批韩诗》:"插入自己一段,便觉波澜跌宕。"

㉕ "犹思"二句:先登,文《详注》:"先登:先锋也。李陵曰:'徒手奋呼,争为先登。'"顾嗣立《集注》:"《左传》隐公十一年:颖考叔取郑伯之旗蝥弧以先登。"方世举《笺注》:"儒冠:《史记·郦食其传》:'沛公不好儒,诸客冠儒冠来者,辄解其冠,溲溺其中。'先登:《左传》:'颖考叔取郑伯之旗蝥弧以先登。'"按:先登事见《左传》隐公十一年:"秋七月,公会齐侯,郑伯伐许。庚辰,傅于许。颖考叔取郑伯之旗蝥弧先登,子都自下射之,颠。"又见《汉书·李广传附孙陵传》:"陵召见武台,叩头自请曰:'臣所将屯边者,皆荆楚勇士奇材剑客也,力扼虎,射命中,愿得自当一队,到兰干山南以分单于兵,毋令专乡贰师军。'"查慎行《查初白诗评十二种》:"他时以掌书记与平蔡功,不食此言矣。"程学恂《韩诗臆说》卷一:"'鄙夫诚怯弱,受恩愧徒宏。犹思脱儒冠,弃死取先登'云云,此正公心事,故言之真切如此。"

㉖ 上书:宋白文本、文本、祝本、魏本、廖本、王本均作"书"。祝本、魏本注:"书,一作'言'。"按:上句已出"言"字,承句再作"言"则重,今从诸本作"上书"。此仍是韩公自谓,欲面言、上书求皇上诏书征用。

㉗ "侵官"二句:文《详注》:"公尝以言事获谴,今可诫也。"魏本:"孙曰:《左氏》:侵官,罪也。"按:侵官,侵犯别人的职守。《左传》成公十六年:"国有大任,焉得专之?且侵官,冒也;失官,慢也。"《国语·晋八》:"伯华曰:'外有军,内有事。赤也外事也,不敢侵官。'"注:"非其官而与之为侵官。"谴可惩,因受打击引起警戒而不再干。《诗·周颂·小毖》:"予其惩,而毖后患。"《楚辞》屈原《九歌·国殇》:"首身离兮心不惩。"

㉘ "惟当"二句:文《详注》:"《建康录》:'晋步骘少穷困,昼则耕劚以勤四体,夜则端坐读书。'沟塍,渠界也。班固《西都赋》曰:'沟塍刻镂。'塍(chéng),音食陵切。"魏本:"韩曰:劚(zhǔ),斫

也。"方世举《笺注》:"《周礼·地官·遂人》:'十夫有沟。'《说文》(土部):'塍,稻中畦也。'"按:待责免,谓只好等到职满去官,归耕田园罢了。耕副归沟塍者,谓归田佣耕也。

㉙"今君"二句:得所附,方《举正》据唐、阁本作"得所附",云:"蔡、谢校。"朱《考异》:"或作'行得所',非是。"南宋监本原文作"行得所"。宋白文本、文本、潮本、浙本、祝本、魏本作"行得所"。文本注:"一作'附'。"魏本注:"一作'附得所',一作'得所附'。"廖本、王本同方作"得所附",从之。

按:今君得所附,即指侯继所得到王锷之辟得入麾下,当与其希望及材质相当。故有下句"势若脱韝鹰"的愿速往也。韝鹰,文《详注》:"鲍明远乐府诗(《文选》卷二八乐府八《东武吟》)云:'昔如韝上鹰。'注云:'韝以皮蔽手而臂鹰也。'"魏本作"鞲",引韩《全解》亦引鲍诗以注。魏本:"孙曰:'鞲,臂捍。以皮为之,所以臂鹰。'"顾嗣立《集注》:"《东观汉纪》:'桓虞谓赵勒曰:善吏如良鹰矣,下韝即中。'"按:以皮为之,用以韝鹰,故云。韝,臂套,用以羁鹰。《史记·张耳传》:"赵王朝夕袒韝蔽,自上食。"唐元稹《酬翰林白学士一百韵》:"逸骥初翻步,韝鹰暂脱羁。"按:"鞲"同"韝",均可,然因以革制成韝臂鹰套,自当作"韝"。

㉚"檄笔"二句:职其膺,方《举正》订"职"字,云:"谢校。"朱《考异》:"职,或作'识',非是。"南宋监本原文作"识"。宋白文本、文本、潮本、浙本、祝本、魏本作"识"。廖本、王本作"职"。

文《详注》:"《汉书》(《高帝纪》)颜师古曰:'檄者,以木简为书,长尺二寸,用征召也。其有急事,则加以鸟羽插之,以示疾速。'又曰:"'幕府者,以军幕为义,军旅无常止,故以帐幕言之。'识,记也,字本作志,音职吏切。"按:识、职均通。童《校诠》:"第德案:此文于义自当作职,职、识古通用,识当读如职。廖本、王本作职,祝本作识。"屈《校注》:"膺,当也。见《诗经·鲁颂·閟宫》毛传及《汉书·淮南衡山济北王传赞》注。"按:《楚辞》屈原《天问》:"撰体协胁,鹿何膺之。"膺,当也。见《诗经·鲁颂·閟宫》:"戎狄是膺,荆舒是惩。"毛传:"膺,当承止也。"《书·武成》:"诞膺天命,以抚方夏。"

㉛ "收绩"二句:溟鹏,廖本作"溟鸿"。宋白文本、文本、祝本、魏本、王本均作"溟鹏"。按:今从诸本,作"溟鹏"。韩诗用《庄子·逍遥游》北冥之鱼化鹏而戾天事。故字作"鹏"是。

史牒:文《详注》:"《诗》(《小雅·小宛》)曰:'翰飞戾天。'翰,羽也。《庄子》(《逍遥游》)曰:'北溟之鲲,化而为鹏。'"魏本:"孙曰:溟,海也。《庄子》:'北溟有鱼,其名为鲲……化而为鸟,其名为鹏。'"史牒,史书。《晋书·辛谧传》:"伯夷去国,子推逃赏,皆显史牒,传之无穷。"

㉜ "男儿"二句:立事,方世举《笺注》:"《书·立政》:'继自今,我其立政立事。'"徐震《诠订》:"《文选》丘迟《与陈伯之书》:'立功立事。'李善注引延笃《与张奂书》曰:'烈士殉名,立功立事。'"

流景(yǐng):魏本:"孙曰:'景,日月也。流景,言(日月)如水流,以况其速。'"童《校诠》:"案:汉书陈汤传:大呼乘之,颜注:乘,逐也,流景不可乘,言流光迅速即逝,不可追逐,与夸父追日之追义同。"按:景作日月解,则乘作追讲。《汉书·陈汤传》:"吏士喜,大呼乘之。"

㉝ 岁老阴沴作:文《详注》:"《汉志》:服虔曰:'沴,善也。'音拂戾之戾。"魏本:"祝曰:阴沴,妖气也。《庄子》(《大宗师》):'阴阳之气有沴。'注:'阴阳二气陵乱不调。'"顾嗣立《集注》:"《文选·雪赋》:'袤丈则表沴于阴德。'"魏本音注:"沴,音戾,又音殄。"按:《释文》云:"音丽,徐(邈)又徒显反,郭(象)奴结反,云陵乱也。"故《辞源》云:"天地四时之气,反常而起的破坏和危害作用。"《汉书·五行志》:"气相伤,谓之沴。"《汉书·孔光传》引洪范《五行志》:"六沴之作。"颜师古注:"沴,恶气也。"又《汉书·谷永传》:"六沴作见。"颜师古注:"沴,灾气也。"恶气、灾气,皆不和之气。作妖气者非。童《校诠》:"第德案:此当从后一解为是,庄子语见大宗师篇,阴阳二语,为成玄英疏,义本郭象注,前一解可删。又按:说文:沴,水不利也,五行传曰:若其(段曰:其当作六)沴作。郑康成注尚书大传

维金沴木云:沴,殄也,此为注沴又音殄所本。"

㉞"别袂"二句:洛水在洛阳,崤陵在洛阳西渑池之崤山,皆侯继赴河中的必经之地。文《详注》:"《通典》(卷一七七《州郡》七《古荆河州·河南府·洛州》)言永宁县有二崤山。蹇叔哭其子曰:南陵夏后皋之墓,北陵文王之所以避风雨,即其所也。东坡《惠州上元夜云》'使君置酒罢,箫鼓转松陵'取此句法。"《元和郡县图志》卷五河南道一:"河南府洛阳县,洛水,在县西南三里。西自苑内上阳之南弥漫东流,宇文恺筑斜堤束令东北流。当水冲,捺堰九折,形如偃月,谓之月陂,今虽渐坏,尚有存者。"又:"永宁县,二崤山,又名嶔崟山,在县北二十八里。春秋时秦将袭郑,蹇叔哭送其子曰:'晋人御师必于崤。崤有二陵,其南陵夏后皋之墓,北陵文王之所避风雨。必死是间。'……《西征记》:'崤上不得鸣鼓角,鸣则风雨总至。'自东崤至西崤三十五里。东崤长坂数里,峻阜绝涧,车不得方轨。西崤全是石坂十二里,险绝不异东崤。汉冯异破赤眉于崤底,魏庞德破张白骑于两崤间。"

㉟"勤勤"二句:魏本注:"仍,重也。"方世举《笺注》:"勤勤:司马迁《报任安书》:'意气勤勤恳恳。'《诗·棫朴》(《大雅》):'勉勉我王。'"朱彝尊《批韩诗》:"叙别稍有姿态。"

㊱ 寒蝇:顾嗣立《集注》:"《朝野佥载》(卷四):'苏味道才高识广,王方庆质卑辞钝,俱为凤阁舍人。张元一曰:苏九月得霜鹰,王十月被冻蝇。'"《汉语大词典》:"唐韩愈《送侯参谋赴河中幕》诗:'默坐念语笑,痴如遇寒蝇。''遇寒蝇',指遇寒受冻之苍蝇。后以寒蝇指冬天的苍蝇。常用来形容愚钝。宋欧阳修《病告中怀子华原父》诗:'自是少年豪横过,而今痴钝若寒蝇。'"可见"寒蝇"一词韩公先用之,后世沿用。寒蝇形容其因友离去,喃喃默坐,呆若寒蝇。

㊲ 晤言谁为应:文《详注》:"应,答也。"魏本:"孙曰:《诗》:'可与晤言。'晤,对也。应,当也。祝曰:《选》:'晤言莫余应。'应,音膺。"按:《文选》卷二三阮籍《咏怀》诗十七首之十五:"日暮思亲友,

晤言用自写。"李善注:"毛诗曰:'彼美淑姬,可与晤言。'郑玄曰:'晤,对也。'"《诗·陈风·东门之池》:"彼美淑姬,可与晤语。""彼美淑姬,可与晤言。"

㊳ 惜不拂,醑空凝:方《举正》据唐本订"扫""对"二字,云:"蔡、谢校。蜀本亦作'对'。"朱《考异》:"扫,或作'拂'。对,或作'醑',非是。"南宋监本原文作"拂"、作"醑"。宋白文本、文本、潮本、浙本、祝本、魏本作"拂"、作"醑"。廖本、王本同方作"扫"、作"对"。屈、钱等亦校从方。按:诗义作"拂"、作"醑"是。拂与扫义同,皆谓友去无人相晤对语,思念好友连二人坐过席上的灰尘也不忍拂去。醑,酒也;空,徒也。无酒怎凝? 杯中有残酒才能凝。故作"拂"、作"醑"是。

㊴ 环绠:魏本:"孙曰:'环,循环。绠,大索,又急也。'"又音注:"绠(gēng 古恒切,平,登韵),居登切。"文《详注》:"绠,索也,音居登切。言其时序循环不止。"按:绠,《说文》(糸部)作"綆"亦作"絚",古籍中多作"綆",大绳、粗索。作"绠"者,训缓。此诗绠当绳索讲。《三国志·魏·王昶传》:"昶诣江陵,两岸引竹绠为桥。"谓日月循环,被绳拴住,无再晤之期也。

㊵ "理行役"二句:言侯继整理行装去矣,而自己再无欢娱的情绪了。蒋抱玄《评注》:"《诗》(《魏风·陟岵》):'予子行役。'"

㊶ 无悋简与缯:简、缯:魏本:"孙曰:'简、缯,竹帛也。'"悋,音义同吝,吝惜也。方世举《笺注》:"《说文》(竹部):'简,牒也。'(糸部)'缯,帛也。'"按:结在送行离别嘱语上,对友侯继曰:要多来书信,别吝惜简帛。

【汇评】

清朱彝尊:间有佳句,大约粗硬。起一段尤觉硬排。(顾嗣立《昌黎先生诗集注》卷四)

清何焯:《送侯参谋赴河中幕》:"乖离坐难凭",学省官亦是分司。"乖离"独指继之去耳。(《义门读书记》卷三〇)

清姚范:《送侯参谋赴河中幕》"人马何踳腾。"注:《诗·泮水》"其马踳踳",马逝也,讫略切。按:踳,去遥切。公正读平音耳。(《援鹑堂笔记》卷四一)

清李黼平:少陵送武威、汉中、河西、同谷诸判官诗,写军旅倥偬,朝廷需贤,各极淋漓感喟之致。后来作者,殊难着手。退之《送侯参谋赴河中幕》云:"行行事结束,人马何踳腾。感激生胆勇,从军岂尝曾。洸洸司徒公,天子爪与肱。提师十万余,四海钦风棱。河北兵未进,蔡州帅新薨。曷不请扫除,活彼黎与蒸。"此声韵殆欲与少陵争胜矣。(《读杜韩笔记》)

蒋抱玄:能于粗硬之中,作清妍之态,旨趣与《喜侯喜至》一首相似。(《注释评点韩昌黎诗全集》)

程学恂:"雪径抵樵叟,风廊折谈僧。"于此等处,见公炼句之法。坡公"潜鳞有饥蛟,掉尾取渴虎"等句,尚未足以臻其妙也。"鄙夫诚怯弱,受恩愧徒宏。犹思脱儒冠,弃死取先登"云云,此正公心事,故言之真切如此。(《韩诗臆说》卷一)

东都遇春①

元和五年

少年气真狂,有意与春竞②。行逢二三月,九州花相映。川原晓服鲜,桃李晨妆靓③。荒乘不知疲,醉死岂辞病④。饮啖惟所便,文章倚豪横⑤。尔来曾几时,白发忽满镜。旧游喜乖张,新辈足嘲评⑥。心肠一变化,羞见时节盛⑦。得闲无所作,贵欲辞视听。深居疑避仇,默卧如当瞑⑧。朝曦入牖来,鸟唤昏不醒⑨。为生鄙计算,盐米告屡罄⑩。坐疲都忘起,冠侧懒复正⑪。幸蒙东都官,获离机与阱⑫。乖慵遭傲僻，渐染生弊性⑬。既去焉能追，有来犹莫聘⑭。有船魏王池，往往纵孤泳⑮。水容与天色，此处皆绿净⑯。岸树共纷披，渚牙相纬经⑰。怀归苦不果，即事取幽迸⑱。贪求匪名利，所得亦已并⑲。悠悠度朝昏，落落捐季孟⑳。群公一何贤，上戴天子圣㉑。谋谟收禹绩，四面出雄劲㉒。转输非不勤，稽逋有军令㉓，在庭百执事，奉职各祗敬㉔。我独胡为哉？坐与亿兆庆㉕，譬如笼中鸟，仰给活性命㉖。为诗告友生，负愧终究竟㉗。

【校注】

①题：魏本："樊曰：'东都，河南也。唐都长安，显庆二年（657），以洛阳宫为东都。'韩曰：'次前后诗，当在元和五年（810）春作。'"方《举正》谓："三年（808）。"文《详注》：《补注》：东都，河南也。显庆二年，以洛阳宫为东都。李习之《行状》所谓'公恐及难，遂分司东都'，故此诗有东都获离机阱之句。"王元启《记疑》："此诗韩醇以为元和五年作。愚按：篇中有'幸蒙东都官，获离机与阱'之语，似是初赴东都时作。其曰遇春，盖三年之春。"钱仲联《集释》："王说非是。此诗篇末有云：'谋谟收禹绩，四面出雄劲。转输非不勤，稽逋有军令。'盖谓元和四年冬成德军节度使王承宗反，朝命恒州四面藩镇各进兵招讨，以左神策军护军中尉吐突承璀为镇州行营兵马招讨处置使，诸镇迁延不进，师久无功，故诗语云然，自是五年春作。若在三年春，则时方无事，西蜀刘辟之乱，早于元年秋讨平，诗语将无所指矣。'获离机阱'句，乃追叙之笔，无庸泥煞为初赴东都时作也。"东都，洛阳也。钱说有理，见《韩学研究·韩愈年谱汇证》元和五年条。

②"少年"二句：方《举正》据阁本"真狂"作"直狂"，曰："范、谢校。"朱《考异》："真，方作'直'。"南宋监本原文作"真"。宋白文本、

文本、潮本、浙本、祝本、魏本、廖本、王本作"真"。按:作"直"费解,语不顺,当作"真"。正因为真狂,才有意与春竞争。春,魏本作"花"。韩公与花竞不通,况与下句花字重,当同诸本作"春"。一"真"字推出壮岁韩愈的性格。

③"川原"二句谓:万紫千红的花把春天的川原,装点得像刚刚装束罢的少女一样鲜艳。靓(jìng疾政切,去,劲韵),方《举正》:"杭、蜀同。字见《子虚赋》(按《子虚赋》无'靓'字,方误记,当是《上林赋》),郭璞曰:'靓妆,粉白黛黑也。'《选·曲水序》有'靓装藻野,袨服缛川',上下语皆用此也。"朱《考异》:"靓,或作'婧'(qīng千定切,去,径韵)。婧,青黑色。(下引方语)"文本、祝本、潮本、浙本、魏本作"婧"。宋白文本、廖本、王本作"靓",从之。

文《详注》:"婧,一作'靓'。《上林赋》曰:'靓妆刻饰。'郭璞云:'靓妆,粉白黛黑也,音疾正切。'"魏本"祝曰:婧,装饰也。《前汉》:'婧妆刻饰。'"又音注:"婧,疾政切,一作'靓',明也。"童《校诠》:"第德案:廖本已校正子虚作上林。史、汉司马相如传,皆作靓庄,文选庄作粧。说文:靓,召也,臣错曰:亦用为净(应作静),甘泉赋:稍暗暗而靓深。彭,清(桂氏校作青)饰也,段曰:上林赋:靓庄刻饰,靓庄即彭妆之假借,彭与水部之瀞义略同。说文无婧,广韵四十六径:婧、婡婧、青黑,为朱子所本,祝以装饰释之,不详其自出。粧、粧为妆、庄二文之后出字,莊、装皆假借字。"按《辞源》:"一曰:召、呼。通请。《说文》:'靓,召也。'清段玉裁注:'《广韵》曰:古奉朝请亦作此字。'二曰:妆饰艳丽。《后汉书》八九《南匈奴传》:'昭君丰容靓饰,光明汉宫。'三曰:安静,通'静'。"婧,三种解释均与靓同。则二字通用。

④荒乘:荒郊之途。游兴真浓,虽远郊之累,不怕苦也。用语奇险狠重。朱彝尊《批韩诗》:"虽亦生割,然玩之有味,不为粗硬。"

⑤饮啖(dàn徒敢切,去,敢韵)惟所便:噉、啖、啗同。朱《考异》:"噉,或作'嚪'。"宋白文本、文本、魏本、廖本作"噉",宋白文本、廖本注:"一(或)作'嚪'。"魏本注:"噉,徒敢切。便,平声。横、

户孟切。"

按：啖者，食也。《北堂书钞》卷一四三晋束皙《发蒙记》："廉颇啖肉百斤。"《北史·贺若弼传》："上谓曰：'我以高颎、杨素为宰相，汝每昌言此二人唯堪啖饭耳，是何意也？'"嘬（chuài 楚夬切，去，夬韵），咬、叮也。嘬炙，吞食烤肉。《礼记·曲礼上》："干肉不齿决，毋嘬炙。"注："嘬，谓一举尽脔。"嘬嘬，吃得很快的样子。汉扬雄《太玄·翕》："次三，翕食嘬嘬。"按诗义两字俱通，若以韩公之性，似以嘬为是；因啖字常用，故两存之。啖，简作"啖"。豪横，犹豪放，爽朗有力。《汉语大词典》引韩诗为例，而后为人沿用。宋欧阳修《再和圣俞见答》："腹虽枵虚气豪横，犹胜诣笑病夏畦。"又：人性格刚强有骨气。老舍《四世同堂》三九："可是他豪横了一生，难道，就真把以前的光荣一笔抹去，而甘心向敌人低头吗？"

⑥ 乖张：性情怪僻执拗。《崔十六少府摄伊阳》诗："前计顿乖张，居然见真赝。"何焯《批韩诗》："昔之遇春若彼。"

评：魏本："评，评量，音病。祝曰：《广韵》：'平，言也。'"文《详注》："孔融《书》（《文选》卷四一《论盛孝章书》）曰：'今之少年，喜谤前辈，或能讥评孝章。'评，音皮命切。"按：玩味此诗用去声韵，则评当读若病（bìng 皮命切，去，映韵）。嘲评，《汉语大词典》："嘲笑评量。唐韩愈《东都遇春》诗：'尔来曾几时，白发忽满镜。旧游喜乖张，新辈足嘲评。'钱仲联《集释》引祝充注：'评，音病，评量。'宋范浚《读扬子云传》诗：'诡情怀禄遭嘲评，但用笔墨垂声名。'"此二句谓：旧时的朋友喜欢他乖张的性格，新遇之友则多嘲笑讥评他的与世不同。

⑦ 心肠：方《举正》云："阁作'腹'。"朱《考异》："肠，或作'腹'。"按：诸本作"心肠"，是。心肠，犹衷情、心地，此作心情解。《文选》卷一九楚宋玉《神女赋》："性和适，宜侍旁；顺序卑，调心肠。"《乐府诗集》卷三六三国魏曹丕《善哉行》："妍姿巧笑，和媚心肠。"宋苏轼《次韵曹辅寄壑源试焙新芽》诗："要知冰雪心肠好，不是膏油首面新。"

⑧ 深居避仇：即远离机阱。仇，诽谤陷害他的人。

默卧如当暝：或作"溟""瞑"，宋白文本、魏本、王本作"瞑"。文本、祝本、廖本作"暝"。童《校诠》："钱仲联（《集释》）曰：魏本、王本作瞑，祝本、廖本作暝，并误。（童引语有误。钱校无'并'字。）第德案：顾嗣君注本作瞑，方扶南笺注本作暝。说文：瞑，翕目也，从目冥，冥亦声，臣铉等曰：今俗别作眠，非是。此文当作瞑，默卧如当瞑，谓默卧如当眠也。庄子德充符：据槁梧而瞑，释文：瞑音眠，文选陆士衡答张士然诗：薄暮不遑瞑，李注：瞑古眠字。暝为冥之后出字，说文：冥，幽也，非此义，钱谓作暝误，以作瞑为是，未谛。"按：溟、暝二字同，音明（míng）。暝，幽暗、昏暗。宋欧阳修《醉翁亭记》："云归而岩穴暝。"瞑，闭上眼睛。三国魏曹丕《与吴质书》："通夜不瞑。"按诗义作瞑是，当瞑者，即白天睡觉当昏夜。而作暝，当暝谓默卧当闭上眼睛，于诗义不通。作"瞑"字是。

⑨ "朝曦"二句：顾嗣立《集注》："杜子美诗（《晦日寻崔戢李封》）：'朝光入户牖。'"按：鸟，魏本作"乌"，非。宋白文本、文本、廖本作"鸟"，是。

魏本注："醒，酒醒。"即醉解，清醒。《左传》僖公二十三年："（齐）姜与子犯谋，醉而遣之，醒，以戈逐子犯。"《楚辞》屈原《渔父》："举世皆浊我独清，众人皆醉我独醒。"《辞源》引韩愈《东都遇春》为例。

⑩ 告屡罄：方《举正》订，云："校本一作'屡告罄'。"朱《考异》："告屡，或作'屡告'。"宋白文本作"屡告罄"。文本、魏本、廖本作"告屡罄"，从之。魏本注："一作'屡空罄'。"

按：二句谓：拙于生计，致使生活困窘。钱仲联《集释》："《诗》毛传：罄，尽也。"范缜《神灭论》："粟罄于惰游。"《旧唐书·李密传》："罄南山之竹，书罪未穷。"

⑪ "坐疲"二句：魏本："祝曰：弃，忘也。《周礼·三宥》曰：'遗忘，音妄。'"何焯《批韩诗》："今之遇春若此。"写新春倦懒之态活灵活现，历历在目。

⑫ "幸蒙"二句:获,魏本作"复",误。诸本作"获"是。文《详注》:"机阱所以取兽。言学省闲官无重责也。阱,音疾正切。"魏本:"祝曰:离,去也。《礼记》(《中庸》):'道也者不可须臾离也。'机,弩牙。阱,陷也。樊曰:公时分教东都生。李习之状公行云:'自江陵掾召入为国子博士,宰相有爱公文者,将以文学职处公,有争先者谮公,公恐及难,遂求分司东都。'此公所以有'获离机阱'之语。"钱仲联《集释》:"《后汉书·文苑·赵壹传》:'机阱在下。'"

⑬ 乖慵:疲惫懒散,此谓不与世俗协调。此词韩公先用,当代与后世沿用。唐白居易《六年春赠分司东都诸公》:"老子苦乖慵,希君数牵率。"宋梅尧臣《日蚀》:"老鸦居处已自稳,三足鼎峙何乖慵。"皆从韩诗来。遭,遭遇。傲僻,亦作傲辟。《汉语大词典》:"傲慢邪僻。唐韩愈《东都遇春》诗:'乖慵遭傲僻,渐染生避性。'明顾起元《客座赘语·风俗》:'其小人多尴尬而傲僻。'清陈确《答张考夫书》:'严师之训童稚,鞭其傲辟,开其迷缪,惟恐其流于异学,陷于非人。'"韩诗谓遭世俗傲视冷遇。渐染,犹渐冉,延续。《三国志·魏·文帝纪》:"汉道陵迟,世失其序。"裴松之注引《汉献帝传》:"自汉德之衰,渐染数世,桓、灵之末,皇极不建。"犹渍染、沾染。《楚辞》东方朔《七谏·沉江》:"日渐染而不自知兮,秋毫微哉而变容。"王逸注:"稍积为渐,污变为染。"《后汉书·冯衍传下·显志赋》:"杨朱号乎衢路兮,墨子泣乎白丝;知渐染之易性兮,怨造作之弗思。"唐柳宗元《与吕道州温论非国语书》:"吾自得友君子,而后知中庸之门户阶室,渐染砥砺,几乎道真。"弊性,弊习,坏品格。弊,王本作"避",误。清陈天华《警世钟》:"没有自尊自大的弊习。"

⑭ 有来犹莫聘:文《详注》:"聘,问也。"《诗·采薇》(《小雅》):"我戍未定,靡使归聘。"注:"聘,问也。"《孟子·尽心下》:"往者不追,来者不拒。"朱彝尊《批韩诗》:"'东都'数语,颇拙滞。"

⑮ 有船魏王池:魏本:"洪曰:《河南志》云:'洛水经尚善、旌盖

二坊之北,南溢为池,深处至数顷,水鸟洋泳,荷芰翻覆,为都城之胜。贞观中,以赐魏王泰,故号魏王池。'"文《详注》:"《水经·洛水》》:'洛水径洛阳城东出天渊池。池中有魏文帝九花丛殿基,悉是洛中故碑累之,今造钓台于其上。'"

往往纵孤泳:纵,方《举正》据蜀本作"从",曰:"谢校同。"朱《考异》:"纵,方作'从',或作'泛'。"宋白文本、文本作"从"。魏本、廖本作"纵"。按:从、纵古通用,后分之,此从"纵"。

⑯ 水容与天色:即水与天一色。唐王勃《滕王阁序》:"落霞与孤鹜齐飞,秋水共长天一色。"

此处皆绿净:朱《考异》:"此,或作'比'。"按:作"比"乃笔误,非。诸本作"此",是。

绿净:此指魏王池水澄清洁净。句中有皆字,抑或指水上芰荷。韩公《题合江亭寄刺史邹君》:"瞰临眇空阔,绿净不可唾。"

⑰ "岸树"二句:纷披,盛多貌。《宋书·谢灵运传论》:"六义所因,四始攸系,升降讴谣,纷披风什。"杜甫《九日寄岑参》:"是节东篱菊,纷披为谁秀?"亦作散乱讲。北周庾信《枯树赋》:"纷披草树,散乱烟霞。"韩公《寄崔二十六立之》:"下驴入省门,左右惊纷披。"纬经,即经纬,谓渚边蒲芽如纵横交错。魏本:"孙曰:'纬经,织也,犹言纵横也。'"纬经,言交错如织也。方世举《笺注》:"渚牙:杜甫(《醉歌行》)诗:'[春光澹沱秦东亭,]渚蒲牙白水荇青。'纬经:《释名》:'布列众缕为经,以纬横成之。'"何焯《批韩诗》:"略点春景。"

⑱ 即事取幽迸:朱《考异》:"取,或作'最'。"宋白文本作"最",文本、祝本、魏本、廖本、王本均作"取"。文、魏、廖本注:"一作'最'。"今从诸本作"取"。迸,文《详注》:"迸,散也,音比净切。"钱仲联《集释》:"《礼记·大学》陆德明《释文》:皇云:'迸,犹屏也。'"按:作散开、屏障解都通。《后汉书·樊准传》:"时饥荒之余,人庶流迸,家户且尽。"《三国志·魏书·满宠传》:"督将迸走,死伤过

半。"同屏,作屏障、排除解也通。《礼记·大学》:"唯仁人放流之,迸诸四夷。"

⑲ 亦已并:方《举正》据唐本订"已"字,云:"蔡、谢校。"朱《考异》:"已,或作'以'。"南宋监本原文作"以"。宋白文本、祝本、魏本作"以"。魏本注:"一作'已'。"文本、廖本作"已",注:"一作'以'。"按:已、以,过去式音义同,古亦通用。文《详注》:"并,兼也。"

⑳ 落落:方《举正》作"落落",云:"杭、蜀同。陆机《叹逝赋》:'亲落落而日希。'曾本作'落魄',恐非。"朱《考异》:"落落,或作'落魄',非是。"宋白文本作"落落",注:"一作'落魄'。"文本作"落魄",注:"一本'落落'。"魏本、廖本作"落落",注:"一作'落魄'。"按上下句法及诗义当作"落落"。与上句"悠悠"对。

文《详注》:"《淮南子》(《缪称训》)曰:'忽乎日滔滔以自新,忘老之及己。始乎叔季,终乎伯孟,必此积也。'注云:'言自少至老。'"魏本:"孙曰:《语》(《微子》):'齐景公待孔子曰若季氏则吾不能,以季孟之间待之。'季氏为鲁上卿,孟氏下卿。"按诗义,文注为长。朱彝尊《批韩诗》:"此段却写得有姿态,且转折亦多。"

㉑ "群公"二句:下有群公之贤,上有天子之圣。文《详注》:"天子,宪宗。"何焯《批韩诗》:"推开。"

㉒ "谋谟"二句:谟,谋也。钱仲联《集释》:"伪古文《尚书·大禹谟》传:'谟,谋也。'"

禹绩:朱《考异》:"绩,或作'迹'。"魏本作"迹"。诸本作"绩",从之。

文《详注》:"《左传》曰:'茫茫禹绩,画为九州。出雄劲,诛有罪也。'"方世举《笺注》:"《左传》(哀公元年):'复禹之绩,祀夏配天。'"何焯《义门读书记》卷三〇:"'谋谟收禹绩',注:《左氏》:'茫茫禹迹,画为九州。'作'绩'恐非。按:《商颂》(《诗·商颂·殷武》):'天命多辟,设都于禹之绩。岁事来辟,勿予祸适,稼穑匪懈。'公诗用此尔。郑笺谓:时楚不修诸侯之职,此所用告晓楚之义也。禹平水土,弼成五服,而诸侯之国定,是以云然。"作"绩"字善。

㉓ 稽逗有军令:方世举《笺注》:"《广雅·释诂》:'逗,迟也。'"屈《校注》:"《史记·郦食其传》:'夫敖仓,天下转输久矣。'《广雅·释诂》:'逗,迟也。'《南齐书·张融传》:'随例同行,常稽迟不进。'"朱彝尊《批韩诗》:"以下涉粗硬。"

㉔ 执事:文本作"职事",非。执事,百官也,韩公诗文常用。方世举《笺注》:"百执事:《书·盘庚》(下):'百执事之人。'"《国语·吴语》:"王总其百执事。"祗敬,恭敬。《书·皋陶谟》:"日严祗敬六德。"

㉕ "我独"二句:胡,宋白文本、魏本作"何"。宋白文本注:"何,音胡。"按:作"何"字与上文重复,作"胡",是。他本均作"胡"。

兆庆:《尚书·吕刑》:"惟敬五刑,以成三德。一人有庆,兆民赖之,其宁惟永。"

㉖ 笼中鸟:方世举《笺注》:"《鹖冠子·世兵篇》:'笼中之鸟,空窥不出。'"谓遭困也。文《详注》:"仰,音鱼向切。"《后汉书·袁绍传》:"袁绍孤客穷军,仰我鼻息,譬如婴儿在股掌之上,绝其哺乳,立可饿杀。"

㉗ 友生:朋友也。《诗·小雅·常棣》:"虽有兄弟,不如友生。"

【汇评】

清朱彝尊:兴致颇豪,但尚觉未浑然耳。(顾嗣立《昌黎先生诗集注》卷四)

清何焯:《东都遇春》:"谋谟收禹绩",注:《左氏》:"茫茫禹迹,画为九州。"作"绩"恐非。按:《商颂》:"天命多辟,设都于禹之绩。岁事来辟,勿予祸适,稼穑匪懈。"公诗用此尔。郑笺谓:时楚不修诸侯之职,此所用告晓楚之义也。禹平水土,弼成五服,而诸侯之国定,是以云然。(《义门读书记》卷三〇)

感春五首①

元和五年

其 一

辛夷高花最先开②,青天露坐始此回③。已呼孺人戛鸣瑟,更遣稚子传清杯④。选壮军兴不为用,坐枉朝论无由陪⑤。如今到此得闲处,还有诗赋歌康哉⑥!

【校注】

① 题:文《详注》:"前二篇疑是分教时作,故诗中云'如今到此得闲处'。后三篇其间举孔丞适汝事,盖孔戡以元和五年(810)春卒,知此诗是此年春作也。又云:'蔡州纳节'及'杜尹拜表'二事,皆在四年冬,此追咎之尔。"魏本:"韩曰:'元和五年春分司东都作。'"王元启《记疑》:"公以元和五年由都官郎拜河南令,是诗未为河南令作,观元稹《乞花》诗,只称韩员外家,可见方据《洪谱》直定为河南县令时作,非是。"洪谱、方表、方《诗文年谱》、顾谱均系元和五年。《韩愈年谱汇证》系元和五年,云:"按:从第一首'辛夷高花最先开',第三首'春田可耕时已催,王师北讨何当回?''蔡州纳节旧将死,起居谏议联翩来',第四首'孔丞别我适临汝,凶讦讵可相寻来',第五首'辛夷花房忽全开,将衰正盛须频来'所写王师北讨王承宗,蔡州吴少诚卒,吴少阳为留后,裴度入为起居舍人,孟简为谏议大夫,孔戡卒,杜兼葬,俱元和五年事。而辛夷花盛开在正二月间的早春。其树为高大乔木,花初开如笔,北方人称木笔,又叫紫玉兰;南方称迎春,其花开得早。又孔戡正月壬子(十一日)卒,诗记此事,诗当写于正月,最迟为二月初。"

② 辛夷高花:方《举正》据唐本订"高花"二字,云:"谢校。以

末章'辛夷花房忽全开'言之,则'高花'为是。何逊诗(《渡连圻》诗二首之二)有'岩树落高花',曾子宣诗亦有'辛夷吐高花,卫公曾手植',前辈皆见旧本也。"朱《考异》:"高花,或作'花高'。"南宋监本原文作"花高"。宋白文本、文本、祝本、魏本作"花高"。廖本、王本作"高花"。按:二字虽同,然因序不同而义亦不同。作"花高"乃指树高而花发也,是见树指花;作"高花"者见花不见树也。文《详注》:"王逸曰:'辛夷,香草。'《补注》:元微之有《同韩员外赋辛夷花》云:'韩员外家好辛夷,花开时乞两三枝;折枝为赠君莫惜,纵君不折风亦吹。'岂非此邪?"魏本:"孙曰:'辛夷,一名辛矧。树高数仞,枝叶皆香。'洪曰:辛夷高数丈。江南地暖,正月开;北地寒,二月开。初发如笔,北人呼为木笔,其花最早,南人呼为迎春。苕溪渔隐曰:'木笔、迎春自是两种,木笔色紫,丛生,二月方开,迎春白色,高树,立春已开,然则辛夷乃此花耳。'花高,一作'高花'。"童《校诠》:"第德案:楚辞湘夫人:辛夷楣兮药房,王注:辛夷,香草。汉书扬雄传:列新雉于林薄,服虔曰:新雉,香草也,雉、夷声相近。颜注:新雉即辛夷耳,为树甚大,非香草也,其木枝叶皆芳,一名新矧。按:孙、颜二注是,公云辛夷花高最先开,青天露坐始此回,亦以为树,非草也。"按:韩诗所写辛夷乃树,高者达数丈,始花干径寸余的幼树亦高丈余,而今北方多种。树形同而花色异,白色者稍早开,紫粉者稍晚开,然先后相差不过五七日,皆树非草。此句意当为"辛夷(树)高花最先开",故作"高花"合诗意。

③ 青天露坐始此回:此句指韩公露天闲坐而后回屋也。蒋抱玄《评注》:"《后汉书·周举传》:'天子亲自露坐德阳殿东厢请雨。'"方世举《笺注》:"始此回:汉《古八变歌》:'故乡不可见,长望始此回。'"

④ "已呼"二句:孺人,韩愈夫人。戛,击也。鸣瑟,鼓瑟。魏本:"孙曰:《礼记》(《曲礼下》):'大夫妻曰孺人。'又《书》(《益稷》):'戛击鸣球。'戛,鼓也,音桔。"钱仲联《集释》:"陆德明《经典释文》:'戛,马云:栎也。'"方世举《笺注》:"江淹《四时赋》:'轸琴情动,戛

瑟涕落。'"

清：魏本作"青"，非。宋白文本、文本、祝本、廖本、王本作"清"，是。

文《详注》："江文通《恨赋》云：'左对孺人，右顾稚子。'注云：'大夫之妻曰孺人。'"韩注同文。按：稚子，幼子。时韩昶年十一岁。韩诗用江淹句法。杜甫《九日五首》之二："旧日重阳日，传杯不放杯。"何焯《批韩诗》："写出闲景，兴。"

⑤ 坐枉朝论无由陪：枉，文本作"枉"。宋白文本、魏本、廖本作"狂"。按诗意似作"枉"为善。

魏本："樊曰：'宪宗即位五年，平夏、平蜀，军（当作"平"）江东，赫然中兴。而公年逾强仕，投闲分司，故有是言。'"文《详注》："《补注》谓宪宗平夏、平蜀时而公年逾强仕，投闲分司，故有是言。"又："司马迁书（《报任安书》）曰：'陪外庭之末议。'注云：'陪奉群官庙堂之余论也。'"方成珪《笺正》："宪宗元和四年（809），成德王承宗反，五年（810）春尚未平，诗意指此。"钱仲联《集释》："王勃《平台秘略论》：'用公直而掌朝论。'"童《校诠》："按：周礼旅师：平颁其兴积，郑注：县官征聚物曰兴，今云军兴是也。史记司马相如传：今闻其乃发军兴制，惊惧子弟，索隐：张揖曰：发军为发三军之众，兴制为起军法诛渠帅也。按：唐蒙为使，而用军兴法制，故惊惧蜀人也。汉书司马相如传颜注云：以发军之法，为兴军之制也。有仅称兴者，史记司马相如传：用兴法，集解：骃案：汉书用军兴法也，旅师之兴同是其先例。有称军兴者，汉书隽不疑传：以军兴诛不从命者，颜注：有所追捕及行诛罚，皆依兴军之制，郑注及公此诗皆是。有称乏军兴者，后汉章帝纪：皆以乏军兴论，章怀注：军兴而致阙乏，当死刑也。"

⑥ "如今"二句：此，宋白文本、文本作"此"。魏本、廖本作"死"。按：此谓韩愈落到如此地步，无死的含义，故当作"此"。

王元启《记疑》："此句（即'如今到此得闲处'）兼承上二句言之。"文《详注》："夔既作乐，舜帝作歌，以戒安不忘危。皋陶赓之

(事见《尚书·益稷》)曰:'元首明哉,股肱良哉,庶事康哉。'《灵光殿赋》曰:'人咏康哉之诗。'"

【汇评】

宋胡仔:苕溪渔隐曰:"《感春》诗:'辛夷花高开最先。'洪庆善注云:'辛夷高数丈,江南地暖,正月开;北地寒,二月开。初发如笔,北人呼为木笔。其花最早,南人呼为迎春。'余观木笔、迎春,自是两种。木笔色紫,迎春色白。木笔丛生,二月方开;迎春树高,立春已开。然则辛夷,乃此花耳。"(《苕溪渔隐丛话》后集卷一〇韩退之)

清朱彝尊:粗硬自肆,惟志感春稍见风致。(顾嗣立《昌黎先生诗集注》卷四)

程学恂:第一首,前半妙,写得极乐,正坐实"闲"字。(《韩诗臆说》卷一)

其 二

洛阳东风几时来?川波岸柳春全回①。宫门一锁不复启②,虽有九陌无尘埃③。策马上桥朝日出,楼阙赤白正崔嵬④。孤吟屡阕莫与和⑤,寸恨至短谁能裁⑥?

【校注】

① "洛阳"二句:起仍扣始春,问内含弹力,语言飘忽而洒脱。汪琬曰:"起飘忽。"

② 宫门一锁不复启:魏本:"孙曰:'谓洛阳离宫也。'韩曰:唐都长安,以洛阳为东都,故有'宫门一锁'之句,若有感云。"顾嗣立《集注》:"杜子美诗:'江头宫殿锁千门,细柳新蒲为谁绿?'"方世举《笺注》:"王云:唐都长安,以洛阳为东都,故有'宫门一锁'之句。宫门不启,故九陌无往来之尘埃也。杜甫诗'江头宫殿锁千门,细

柳新蒲为谁绿'。按《新唐书·地理志》：东都，隋置，贞观六年(632)，号洛阳宫。皇城象南宫垣，名曰太微城。宫城在皇城北，曰紫微城，武后号太初宫。上阳宫在禁苑之东，上元中置，高宗之季，常居以听政。自天宝以后不幸东都。白香山、杜牧之、李义山皆有诗言其冷落。"屈《校注》："案：安史乱后，唐势日衰，天子不幸东都，从长安到东都之行宫如连昌宫也备极凄冷，元稹《连昌宫词》也写其'行宫门闭''宫门久闭'，与此诗同寓故宫禾黍，今昔盛衰之感。"

③九陌：魏本："孙曰：九陌，九逵也。宫门不启，故九陌无往来之尘埃也。"方世举《笺注》："按《三辅黄图》：'长安八街九陌。'想东都亦仿其制也。"

④"策马"二句：策马上桥，魏本："孙曰：'洛阳有天津桥。'"文《详注》："《两京杂记》云：洛阳宫殿有高三百尺者，武后所造，号万象神宫。又有五殿，在隔城之西，宫城中隔城四重五殿，上合为一，故名。"

⑤阕：量词，乐曲每一次终止为一阕。《礼记·文王世子》："有司告以乐阕。"注："阕，终也。"《史记·留侯世家》："歌数阕。"又词有两段者，称前阕、后阕。

⑥寸恨至短谁能裁：朱彝尊《批韩诗》："结句太近俚，终非雅调，乃宋人则多尚之。结苦凑泊作对，亦小有致。"

【汇评】

张鸿：故宫禾黍之哀也。(钱仲联《韩昌黎诗系年集释》卷七)

程学恂：第二首"孤吟屡阕莫与和，寸恨至短谁能裁"，总是投闲置散之感。(《韩诗臆说》卷一)

其 三

春田可耕时已催，王师北讨何当回①？放车载草农事济②。战马苦饥谁念哉③？蔡州纳节旧将死④，起居谏议联翩来⑤。朝廷未醒有遗策，肯不垂意瓶与罍⑥。

【校注】

　　① "春田"二句：文《详注》："言讨王承宗。"魏本："孙曰：'催，迫也。元和四年(809)讨成德节度使王承宗。'"按：起笔问得发人深省。战争祸国殃民，时首春农事当耕，故诗以师"讨何当回"叫起，对上春"耕时已催"。

　　② 放车：方《举正》据阁、蜀本订"放"字，云："晁、谢校。"朱《考异》："车，或作'军'，非是。"南宋监本原文作"军"。宋白文本、文本、潮本、浙本、祝本、魏本作"军"。文、魏注："一作'车'。"按：当作"车"。廖本、王本作"车"。魏本"农事"注："农，一作'浓'。"作"浓"字非。方世举《笺注》："《新唐书·房式传》：'式迁陕虢观察使，改河南尹。会讨王承宗镇州，索饷车四十乘，民不能具。式建言：岁凶人劳，不任调发。又御史元微之亦言：贼未擒，而河南民先困。诏可，都鄙安之。'公诗盖指此事，念农事之济。"

　　③ 战马苦饥谁念哉：方世举《笺注》："念战卒之饥。"蒋抱玄《评注》："诗意似讥宪宗懈于用兵也。"按：此承上句"念农事之济"，复念将士也。

　　④ 蔡州纳节旧将死：文《详注》："言吴少阳也。二事见《送侯参谋》。"方世举《笺注》："《旧唐书·吴少诚传》：'少诚，幽州人。朝廷授以申光蔡等州节度。贞元十五年(799)，擅出兵围许州，下诏削夺官爵，分遣十六道兵马进讨，王师累挫。少诚寻引兵退归蔡州，遂下诏洗雪，复其官爵。元和四年十一月卒。'"

　　⑤ 起居谏议联翩来：魏本："樊曰：'裴度自西川节度掌书记召为起居郎。'"文《详注》："时裴度自河南功曹迁起居舍人，孔戣、孟简等皆为谏议大夫。"魏本："孙曰：'孟简、孔戣皆为谏议大夫。联翩，相继也。'"陈景云《点勘》："裴度为河南功曹，西川节度使武元衡奏辟掌书记，寻自蜀召为起居舍人。"《旧唐书·裴度传》未记裴

度辟西川节度掌书记事,直云:"迁监察御史,密疏论权幸,语切忤旨,出为河南府功曹。迁起居舍人。"《新唐书·裴度传》:"迁监察御史,论权嬖梗切,出为河南功曹参军。武元衡帅西川,表掌节度府书记。召为起居舍人。"

⑥瓶与罍:文《详注》:"瓶、罍,小器,公以自喻,谦辞也。《诗》(《小雅·蓼莪》)曰:'瓶之罄矣,惟罍之耻。'"魏本孙引《诗·小雅·蓼莪》后云:"瓶小而罍大,公以自喻也。"王元启《记疑》:"瓶必有资于罍,瓶罄则罍耻之。公意望当路诸公倾罍以济瓶也。孙注泛云公以自喻,语犹未析。"

【汇评】

程学恂:蔡州之功,裴晋公主之;而佐其谋者,公也。此诗第三首云云,已为平蔡张本。(《韩诗臆说》卷一)

其 四

前随杜尹拜表回,笑言溢口何欢哈①。孔丞别我适临汝,风骨峭峻遗尘埃②。音容不接只隔夜,凶讣讵可相寻来③。天公高居鬼神恶,欲保性命诚难哉④!

【校注】

①杜尹拜表回:《洪谱》:"杜兼为河南尹,四年十一月暴薨。见墓志。"宋朱翌《猗觉寮杂记》:"杜尹,兼也。兼尹河南,退之为都官员外郎。祠济渎题名,退之所书,兼列衔其前。"韩公《中散大夫河南尹杜君墓志铭》:"公讳兼……改河南少尹,行大尹事;半岁,拜大尹。元和四年十一月二十二日无疾暴薨,年六十。明年二月甲午(24日)从葬怀州。"方世举《笺注》:"《旧唐书·杜兼传》:'兼,京兆人。元和初,拜河南尹。'"

欢咍(hāi呼来切,平,咍韵):咍,嗤笑。唐皇甫湜《皇甫持正集·吉州刺史厅壁记》:"昔民嗷嗷,今民咍咍。"文《详注》:"咍,笑也。音呼来切。左太冲《吴都赋》曰:'辗(应为輾)然而咍。'"顾嗣立《集注》:"咍,呼来切。《楚辞·九章》(《惜诵》):'又众兆之所咍。'王逸注:'咍,笑也。楚人谓相啁笑曰咍。'《文选·吴都赋》(卷五左思撰):'东吴王孙輾然而咍。'"

② 孔丞:孔戡。文《详注》:"《补注》:'杜兼为河南尹,四年十一月暴薨。孔戡为卫尉丞,分司东都,五年正月,将浴临汝之阳泉,壬子,至其县食,遂卒。见二人《墓志》。'"王《补注》谓孔戣,误。韩公《朝散大夫赠司勋员外郎孔君墓志铭》:"昭义节度卢从史有贤佐曰孔君,讳戡,字君胜……奏三上,乃除君卫尉丞,分司东都。诏始下,门下给事中吕元膺封还诏书;上使谓吕君曰:'吾岂不知戡也,行用之矣。'明年,元和五年(810)正月,将浴临汝之汤泉;壬子(11日),至其县食,遂卒,年五十七……其年八月甲申(16日),从葬河南河阴之广武原。"

临汝:钱仲联《集释》:"《新唐书·地理志》:'汝州临汝郡,本伊州襄城郡。'按:《元和郡县图志》卷六河南道二:'汝州临汝县,本汉梁县地,先天二年(713)置。贞元七年(791),刺史陆长源奏请割梁县西界二乡以益之,乃自下县升为上县。'临汝县南约四十里许有温泉。'温汤水,在(鲁山)县西四十里。状如沸汤,可以熟米。侧有石铭曰:皇女汤,可已万病。'"风骨峭峻,谓孔戡性坚正亢直。风骨,谓人的品格有骨气。《宋书·武帝纪上》:"(桓)玄见高祖,谓司徒王谧曰:'昨见刘裕,风骨不恒,盖人杰也。'"

峭峻:方《举正》订"峻"字,云:"范、谢校同,字见冯衍《显志赋》。"朱《考异》:"或作'峭峭'。"南宋监本原文作"峭峭"。宋白文本、文本、潮本、浙本、祝本、魏本作"峭峭"。廖本、王本作"峭峻"。今从方。峭峻,本来形容山势高峻陡直,《汉书·严助传》上书:"其入中国必下领水,领水之山峭峻,漂石破舟,不可以大船载食粮下也。"后形容刑罚严苛,《后汉书·冯衍传·显志赋》:"澄德化之陵迟兮,烈刑罚之峭峻。"也形容人性格刚直劲拔,高标不凡。《辞源》《汉语大词典》均引韩诗为例。明王世贞《艺苑卮言》卷一:"拟古乐府,如《郊祀》《房中》,须极古雅,发以峭峻。"

③ "音容"二句:文《详注》:"谢灵运《酬从弟》诗云:'欢爱隔音容。'讣,丧告也,音芳遇切,通作赴。"相寻,连续不断而来。蒋抱玄《评注》:"相寻,犹言相继也。《梁书·刘孝绰传》:'殿下隆情白屋,存问相寻。'"钱仲联《集释》:"《左传》杜预注:'寻,重(chóng)也。'"《三国志·吴书·吴主传》:"更寻盟好。"童《校诠》:"案:说文:赴,趋也,从走,仆省声,臣铉等曰:春秋传赴告用此字,今俗作讣,非是。段曰:聘礼:赴者未至;士丧礼:赴曰:君之臣某死,注皆云今文赴作讣。又云:杂记作讣不作赴者,礼记多用今文礼也,左传作赴者,左丘明述春秋传以古文,故与古文礼同也。王氏筠云:讣为汉字。"按:赴,古字;讣字为今文,后出。相寻,《北史·薛安都传》:"俄而酒馔相寻,刍粟继至。"

④ 欲保性命诚难哉:文《详注》:"二子当有阴匿,故公有此句。"童《校诠》:"第德案:后汉书仲长统传:永保性命之期,为公性命字所本,未为俚。"按:此句慨叹人性命无时难料。朱彝尊《批韩诗》:"结太俚。"韩公用典选词不仅有所本,而且不露痕迹,故人以为平俗。

【汇评】

宋朱翌:退之《感春》云"前随杜尹拜表回"者,杜尹,兼也。兼尹河南,退之为都官员外郎。祠济渎题名,退之所书,兼列衔其前。(《猗觉寮杂记》卷上)

程学恂:第四首乃伤人命之不可常,因感时事之不可失。若第作哀孔诗,则不必在感春中。(《韩诗臆说》卷一)

其 五

辛夷花房忽全开,将衰正盛须频来①。清晨辉辉烛霞日,薄幕耿耿和烟埃②。朝明夕暗已足叹,况乃满地成摧颓③。迎繁送谢别有意,谁肯留念少环回④?

【校注】

①须频来:方《举正》订,云:"蜀本作'频频来'。"朱《考异》:"须频,或作'频频',非是。"宋白文本、文本、祝本、魏本、廖本、王本均作"须频来",从之。须频来,诗人以惜春之心告诉世人须要快来,不然忽全开放的花就会摧落尘埃。此指人,非说花常常开,故作"频频"费解。频,紧急。《诗·大雅·桑柔》:"国步斯频。"写花明理,笔语皆妙。

②"清晨"二句:烟,文本作"尘"。宋白文本、祝本、魏本、廖本、王本作"烟"。从之。

辉辉:光耀、亮光。北周庾信《灯赋》:"辉辉朱烬,焰焰红荣。"杜甫《不寐》:"翳翳月沉雾,辉辉星近楼。"又杜甫《见萤火》:"却绕井栏添个个,偶经花蕊弄辉辉。"烛,昭也。霞日,朝日。耿耿,明亮貌。《文选》卷二六谢朓《暂使下都夜发新林至京邑赠西府同僚》:"秋河曙耿耿,寒渚夜苍苍。"李善注:"耿耿,光也。"韩公《利剑》:"利剑光耿耿,佩之使我无邪心。"烟埃,在落日照耀下烟雾与尘埃合成的一种气象,不仅是扬起的尘埃。何焯《批韩诗》云:"警句。"

③"朝明"二句谓:辛夷花早上光彩照人,晚上暗然失色,就已经使人为之叹惜,何况满地都是被摧落的花瓣呢!摧颓,摧毁零落。

④"迎繁"二句:魏本:"韩曰:此篇言辛夷花之盛如此,元微之有《问韩员外辛夷花》云:'韩员外家好辛夷,开时乞取两三枝;折枝为赠君莫惜,纵君不折风亦吹。'岂此耶?"钱仲联《集释》:"元微之于元和四年为监察御史分司东都,五年三月西归,见微之集《元和五年余官不了罚俸西归三月六日至陕府诗》自述。"结在对花感时上,回应以上诸诗。

【汇评】

清汪琬：以辛夷起，以辛夷结，中间历叙所感，夷犹骀宕，与前四首神理自别。（钱仲联《韩昌黎诗系年集释》卷七）

清何焯：《感春五首》第五首："将衰正盛须频来"，将衰正盛，名理，亦笔语，俱妙。（《义门读书记》卷三〇）

程学恂：末首"迎繁送谢别有意"，云"别有意"者，正是所感五首皆同。恐人认作为惜花起见，故与点明。（《韩诗臆说》卷一）

酬裴十六功曹巡府驿途中见寄①
元和二年

相公罢论道②，聿至活东人③。御史坐言事，作吏府中尘④。遂令河南治，今古无俦伦⑤。四海日富庶，道途隘蹄轮⑥，府西三百里，候馆同鱼鳞⑦。相公谓御史：劳子去自巡⑧。是时山水秋，光景何鲜新⑨，哀鸿鸣清耳，宿雾寒高旻⑩。遗我行旅诗，轩轩有风神⑪，譬如黄金盘，照耀荆璞真⑫。我来亦已幸，事贤友其仁⑬。持竿洛水侧，孤坐屡穷辰⑭，多才自劳苦，无用只因循⑮。辞免期匪远，行行及山春⑯。

【校注】

① 题：朱《考异》："或无'涂'字。旧云裴谂，非。"诸本作"涂"，今作道路解简化只作"途"字。涂、途二字音义同。方《举正》："裴十六，度也。二年秋作。"文《详注》："《补注》：按《宰相世系表》：'元和元年(806)十一月，郑馀庆罢为河南尹。'而《裴度传》曰：'为监察御史，论权幸鲠切，出为河南功曹参军。武元衡帅西川，表掌节度

书记。'元衡以二年(807)十月出帅西川,度时从元衡于蜀矣。是诗其二年秋作于河南欤?曰'是时山水秋'可见矣。公时分司东都。"方世举《笺注》:"方云:'裴十六,度也。'旧云裴谂,非。《旧唐书·裴度传》:'度,字中立,河东闻喜人。擢第,授河阴尉,迁监察御史。密疏论权倖,语切忤旨,出为河南府功曹。'"司功参军即功曹。《新唐书·百官四下》:"西都、东都、北都,功曹、仓曹、户曹、田曹、兵曹、法曹、士曹参军事各二人,皆正七品下。功曹司功参军事,掌考课、假使、祭祀、礼乐、学校、表疏、书启、禄食、祥异、医药、卜筮、陈设、丧葬。"

② 相公罢论道:文《详注》:"《旧史》(《旧唐书·宪宗纪》):元和元年(806)郑馀庆罢相,三年(808)夏六月甲戌(23日),自河南尹迁为东都留守。《书》(《周官》)曰:'三公论道经邦。'"孙注同文。魏本注:"相公,郑馀庆也。"

③ 聿至活东人:方《举正》据杭、蜀本作"聿来"。朱《考异》:"至,方作'来'。活,或作'治',非是。"南宋监本原文作"至"。宋白文本、文本、潮本、浙本、魏本作"至"。宋白文本作"至活",云:"一作'来康'。"文本、魏本作"至活",云:"一作'来治'。"按:当作"至活"。

魏本注:"聿,遂也。"顾嗣立《集注》:"刘石龄云:杜子美《北征》诗:'于今国犹活。'《诗》:'东人之子。'"蒋抱玄《评注》:"唐以河南洛阳为东都,故谓洛人为东人。"

按:聿(yù),句首语助词。《书·汤诰》:"聿求元圣。"《礼记》引《诗》:"聿追来孝。"按《诗·大雅·文王》:"聿修厥德。"《诗·大雅·绵》:"聿来胥宇。"《诗·大雅·大明》:"聿怀多福。"又作语中助词。《诗·豳风·东山》:"洒扫穹窒,我征聿至。"

④ "御史"二句:魏本:"孙曰:元和初,度为监察御史,密疏论权幸语切忤旨,出为河南府功曹。"详参题注。尘,本作尘土、尘芥,喻小也。此谓下僚。

⑤ "遂令"二句:方世举《笺注》:"《新唐书·地理志》:'河南府

河南郡,本洛州,开元元年为府,属河南道。'"按:二句谓:裴度到河南府功曹后,使河南得到治理,其治绩无与伦比。

⑥ 四海日富庶:魏本:"孙曰:《语》(《子路》):'子适卫,冉有仆。子曰:庶矣哉! 冉有曰:既庶矣,又何加焉? 曰:富之。'"按:《文选》卷一班固《西都赋》:"于是既庶且富,娱乐无疆。"

道途隘蹄轮:魏本:"孙曰:'蹄轮,车马也。'"以蹄代马,以轮代车。隘,通阨,阻塞。《战国策·楚二》:"太子辞于齐王而归,齐王隘之。"

⑦ 候馆同鱼鳞:文《详注》:"言西到长安也。《周礼·地官》(《遗人》):'五十里有市,市有候馆。'注云:'候馆,楼可以观望者也。'"魏本:"候馆,亭驿。孙曰:《周礼》:'五十里有市,市有候馆。'所以候宾客之馆也。"方世举《笺注》:"候馆:《周礼·地官·遗人》:'凡国野之道,十里有庐,庐有饮食。三十里有宿,宿有路室,路室有委。五十里有市,市有候馆,候馆有积。凡委积之事,巡而比之,以时颁之。'鱼鳞:《汉书·刘向传》:'鱼鳞左右。'师古曰:'言在帝之左右,相次若鱼鳞也。'"按:鱼鳞,形容候馆之多如鱼鳞,鳞次栉比。

⑧ 劳子去自巡:沈钦韩《补注》:"左降官例称前资,府州馆驿判官录事通掌之。其时裴度必常拟录事也。"

⑨ 鲜新:顾嗣立《集注》:"杜子美诗(《崔氏东山草堂》):'高秋爽气相鲜新。'"按:鲜新,新鲜,形容秋高气爽、艳阳朗照之景象。

⑩ 宿雾褰(qiān 去乾切,平,仙韵)高旻:褰,方《举正》从杭、蜀本作"褰高旻"。朱《考异》:"褰,或作'湦',非是。"南宋监本原文作"湦"。潮本、浙本作"湦"。宋白文本作"挹"。文本作"湦",注:"一作'褰'。"魏本、廖本、王本作"褰",从之。魏本:"《补注》:褰,犹开也。《尔雅》:'秋曰旻天。'褰,一作'湦'。"

哀鸿:鸣雁,《诗·小雅·鸿雁》:"鸿雁于飞,哀鸿嗷嗷。"南朝宋谢惠连《泛湖归出楼中玩月》诗:"哀鸿鸣沙渚。"褰,卷起,撩起。《庄子·山木》:"褰裳躩步。"唐李商隐《行次西郊》:"珠帘亦高褰。"

黄钺《增注证讹》:"《水经注》:'烟寒雾敛。'寒字本之。"旻(mín 武巾切,真韵),秋季的天,亦泛指天空。《尔雅·释天》:"秋为旻天。"《楚辞》汉王逸《九思·哀岁》:"旻天兮清凉,玄气兮高朗。"《书·大禹谟》:"日号泣于旻天。"《诗·小雅·小旻》:"旻天疾威,敷于下土。"

⑪轩轩:高昂貌。文《详注》:"轩轩,高举貌。《淮南子》(《道应训》)曰:'北海处士,轩轩迎风而舞。'"方世举《笺注》:"轩轩:《淮南·道应训》:'轩轩然方迎风而舞。'《世说》:'林公道王长史,敛衿作一来,何其轩轩韶举?'"按:文引《淮南子》不全,方引是。风神,风度、神采。《世说新语·赏誉》:"(张天锡)犹在渚住……王弥有俊才美誉,当时闻而造焉。既至,(张)天锡见其风神清令,言话如流,陈说古今,无不贯悉。"

⑫照耀荆璞真:文《详注》:"荆山,在今襄州南漳县,即卞和得璞之处,故《战国策》曰:'楚有和璞。'"魏本:"韩曰:《抱朴子》:'荆山之玉潜光荆石之中。'孙曰:'荆璞,卞和所得玉也。金盘、荆璞以况二人之诗。'"顾嗣立《集注》:"傅长虞《玉赋》:'潜光荆野,抱璞未理。'"方成珪《笺正》:"真,疑当作'珍'。"作'珍'非。童《校诠》:"第德案:荆璞未剖前,玉人以为石,此诗用荆璞字,谓能照见璞中之玉,玉光有耀,与金盘互相映辉也,故用真字。若作珍,则言尽于意,无余味矣。"

按:《韩非子·和氏》:"楚人和氏得玉璞楚山中,奉而献之厉王。厉王使玉人相之。玉人曰:'石也。'王以和为诳,而刖其左足。及厉王薨,武王即位,和又奉其璞而献之武王,武王使玉人相之,又曰:'石也。'王又以和为诳,而刖其右足。武王薨,文王即位,和乃抱其璞而哭于楚山之下,三日三夜泪尽而继之以血。王闻之,使人问其故,曰:'天下之刖者多矣,子奚哭之悲也?'和曰:'吾非悲刖也,悲夫宝玉而题之以石,贞士而名之以诳,此吾所以悲也。'王乃使玉人理其璞,而得宝焉,遂命曰和氏之璧。"

⑬事贤友其仁:魏本:"韩曰:《论语》(《卫灵公》):'[居是邦

也,]事其大夫之贤者,友其士之仁者。'孙曰:'事贤,谓馀庆;友仁,谓度。'"文《详注》:"孟子曰:'事其大夫之贤者,友其士之仁者。'"

⑭ 孤坐:独坐。魏本:"孙曰:'穷辰,尽日。'"按:闲无事也,故能尽日坐钓。

⑮ 多才:魏本:"孙曰:多才,谓度也。"按:多才,指裴度。

自劳苦:方《举正》作"自苦劳",云:"语见《后汉·吕强传》,杭、蜀本只作'自劳苦'。"文本、祝本、魏本作"苦劳",文、魏注:"一作'劳苦'。"宋白文本、廖本、王本作"劳苦"。朱《考异》:"方作'苦劳',云:苦劳,语见《吕强传》。今按语势当作'劳苦',大抵公诗多自胸襟流出,未必故用古人语也。"童《校诠》:"第德案:苦劳即劳苦,李洞径上人诗:卧听晓耕者,与师知苦劳,亦用苦劳字。大抵二字同义者,可以互易,如辛苦、苦辛,趋走、走趋,险阻、阻险是;二字相对者同,如得失、失得,从衡、衡从,吉凶、凶吉是。其例甚多,不遑枚举。苦劳字既见吕强传,应两存之。廖本、王本作劳苦与本书同。"按:校订古文献者与训诂不同,是要通过比对,找出符合原文的字或语,因古人原著只能是一,不能为二。童说虽谛,然不合校订之旨。朱说善。况上句"苦"字仄声,下句"循"字平声,音调也和谐。作"劳苦"善。

无用:魏本:"孙曰:'无用,(韩愈)自谓也。'"

因循:守旧法而不加变更。《史记·太史公自序》:"其(道家)术以虚无为本,以因循为用。"《汉书·百官公卿表上》:"秦兼天下,建皇帝之号,立百官之职,汉因循而不革。"

⑯ "辞免"二句:魏本:"孙曰:'言欲自免去。'"按:此谓自辞之期不远,走着走着就到春天了。行行,《文选》卷二七曹操《苦寒行》:"行行日已远,人马同时饥。"

何焯《批韩诗》:"与秋应。"

【汇评】

清朱彝尊:亦近古淡,然未工。(顾嗣立《昌黎先生诗集注》卷四)

程学恂：公与晋公实有知己之分，非同泛然也。故此等诗虽无甚深意而必存。(《韩诗臆说》卷一)

蒋抱玄：读之似嫌率易，然实为集中别开生面之作。(《注释评点韩昌黎诗全集》)

燕河南府秀才得生字[①]
元和五年

吾皇绍祖烈[②]，天下再太平。诏下诸郡国，岁贡乡曲英[③]。元和五年冬，房公尹东京[④]。功曹上言公，是月当登名[⑤]。乃选二十县，试官得鸿生[⑥]。群儒负己材，相贺简择精[⑦]。怒起簸羽翮，引吭吐铿轰[⑧]。此都自周公，文章继名声[⑨]。自非绝殊尤，难使耳目惊[⑩]。今者遭震薄[⑪]，不能出声鸣。鄙夫忝县尹，愧慄难为情[⑫]。惟求文章写，不敢妒与争。还家敕妻儿，具此煎炰烹[⑬]。柿红葡萄紫，肴果相扶擎[⑭]。芳茶出蜀门[⑮]，好酒浓且清。何能充欢燕，庶几露厥诚[⑯]。昨闻诏书下，权公作邦桢[⑰]。文人得其职，文道当大行[⑱]。阴风搅短日，冷雨涩不晴[⑲]。勉哉戒徒驭，家国迟子荣[⑳]。

【校注】

① 题：宋白文本、文本、魏本、廖本等题下均有"得生字"三字，乃原题下注，说明此诗乃分韵之作，公得"生"字。生，所庚切，平，庚韵。则全诗用庚韵。

文《详注》："歌《鹿鸣》之诗，以燕进士也。《唐志》(《新唐书·选举志》)：'选举不由学馆者，谓之乡贡，皆怀牒自列于州县。试已,长吏以乡饮酒礼会僚属设宾主,陈俎豆,备管弦,牲用少牢,歌《鹿鸣》之诗,因与耆艾叙少长焉。'"魏本:"韩曰:据《诗》云,元和五年(810)冬,房公尹东京。房公者,房式也,时为河南尹。公时为河南令,故曰'悉县尹'。权德舆时为宰相,故曰'作邦桢'云。"文《详注》:"《补注》:'房公式,时为河南尹,公时为河南令。'"河南,河南府。方世举《笺注》:"自注:'得生字'。《新唐书·地理志》:'河南府河南郡,本洛州,开元二年(当为元年)为府,领县二十。'按:《新唐书·选举志》:'唐制:取士之科,多因隋旧。然其大要有三:由学馆者曰生徒,由州县者曰乡贡,皆升于有司而进退之。其科之目,有秀才,有明经,有俊士,有进士,有明法,有明孝,有明算,此岁举之常选也。每岁仲冬,州县馆监举其成者,选之尚书省。而选举不繇馆学者,谓之乡贡,皆怀牒自列于州县。试已,长吏以乡饮酒礼令属僚设宾主,陈俎豆,备管弦,牲用少牢,歌《鹿鸣》之诗,因与耆艾序长少焉。既至省,由户部集阅,而关于考功员外郎试之。凡秀才,试方略策五道,以文理粗通为上上、上中、上下、中上凡四等,为及第云。其教人取士著于令者,大略如此。'河南府秀才盖由州县升者,所谓乡贡也。时元和五年仲冬,公为河南令而举燕礼,故作此诗。"按:燕,宴席。

② 吾皇绍祖烈:文《详注》:"吾皇,谓宪宗也。"孙注同。蒋抱玄《评注》:"马融《广成颂》:'允迪在昔,绍烈陶唐。'"按:绍,继承。《书·盘庚上》:"天其永我命于兹新邑,绍复先王之大业,厎绥四方。"烈,功业。《诗·周颂·武》:"于皇武王,无竞维烈。"

③ 乡曲英:州县推举的秀士。程学恂《韩诗臆说》卷二:"起得郑重得体。"

④ 房公:文《详注》:"房式,自给事为河南尹,房琯孙也。事见式墓志。"方世举《笺注》:"《旧唐书·宪宗纪》:'元和四年十一月(甲子:22日),河南尹杜兼卒。十二月(1日),以陕虢观察使房式为河南尹。'"按:元和五年(810)冬,房式在河南府尹任。

⑤ "功曹"二句:方《举正》订此二句为"功曹,上言公,是月当

— 1045 —

登名'",云:"阁本、监本皆作'是日',蜀本作'功曹上其言,是月当登名',晁、李本用此。盖'日'字必误,然易上语则非也。今校从三馆本。"朱《考异》:"上言公,或作'上其言'。月,或作'日',非是。"宋白文本作"功曹上言公",注:"一作'上其言'。"文本作"功曹上其言,是日当登名",注:"其言,一作'言公'。日,一作'月'。"祝本、魏本作"是日"。廖本、王本同作"功曹上言公,是月当登名",从之。

魏本:"孙曰:'功曹参军掌官吏考课、祭祀、祯祥、道佛、学校、表疏、医药之事。'"功曹,上言房公选拔贡士之事,是其职责。

⑥ 乃选二十县:文《详注》:"《通典》(卷一七七《州郡》七)云:'汉高帝置河南郡,后汉改为河南尹,领县二十。唐时增置二十六县。'今言二十县,举其旧之成数也。"按:《元和郡县图志》卷五河南道一元和时"河南道河南府管县二十六:洛阳、河南、偃师、缑氏、巩、伊阙、密、王屋、长水、伊阳、河阴、阳翟、颍阳、告成、登封、福昌、寿安、渑池、永宁、新安、陆浑、河阳、温、济源、河清、汜水"。《旧唐书·地理一》天宝时领县二十六。会昌三年(843),河阳、汜水、温、河阴割属孟州。阳翟还许州,王屋还怀州。乾元中(759),史思明再陷洛阳,太尉李光弼以重兵守河阳。及雍王平贼,留观军容使鱼朝恩守河阳,乃以河南府之河阳、河清、济源、温四县租税入河阳三城使。河南尹总领其县额。以上为河南府所属二十六县隶属的变化。元和时,河南府实际只剩二十二县,河阳等四县只有空名。

鸿生:魏本:"孙曰:'鸿生,硕儒也。'"顾嗣立《集注》:"《选·羽猎赋》:'于兹乎鸿生巨儒。'"按:指秀才,即硕儒。

⑦ 简择:文本、祝本作"拣择"。宋白文本、魏本、廖本、王本等作"简择",从之。

按:二句谓:群儒自负其才,道贺今年河南府选士精良。

⑧ "怒起"二句:上句谓如鹏鸟展翅腾飞,下句写引吭高歌。钱仲联《集释》:"《庄子》(《逍遥游》):'怒而飞,其翼若垂天之云。'《广雅》:'怒,勉也。'"文《详注》:"鲍明远《舞鹤赋》:'引员吭之纤婉。'注云:'吭,颈也,音何朗切。'铿轰,金玉声也。"魏本:"祝曰:

吭，咽也，颈也。《选》（卷一四鲍照《舞鹤赋》）：'引圆吭之纤婉。'《礼记》：'钟声铿。'铿，轰鸣声也。"顾嗣立《集注》："《选·舞鹤赋》：'引圆吭之纤婉。'《尔雅》：'吭，鸟咙。'"方世举《笺注》："引吭：《尔雅·释鸟》：'亢，鸟咙。（注：咙，谓喉咙。亢，即咽。）'铿轰：《广韵》：'铿锵，金石声。铿𨫼，钟鼓声相杂也。轰，群车声。'"朱彝尊《批韩诗》："簸羽引吭，故为颠倒，不作对，此昌黎独法。"

⑨"此都"二句：此都，魏本："孙曰：'周公成洛邑，尝居之。'"方世举《笺注》："《史记·鲁世家》：'周公营成周雒邑，遂国之。'"

文章：魏本作"文物"。诸本作"文章"，合以文选士及周公以文章引领后世，是。文《详注》："周公迁洛，作《洛诰》《召诰》《多士》《多方》，为后世文章之宗。"王元启《记疑》："文物：物，剑本、吴本作'章'。按：此句指周公时，且泛言之。下句说到现今考试，乃及文章。如此方有次序。今从建本作'物'。"钱仲联《集释》："《左传》：'文物以纪之，声明以发之。'"程学恂《韩诗臆说》卷二："'此都自周公，文章继名声'二语勉诸生，有深意，非第取切河南也。文章，一本作'文物'。"按：作"文章"合诗意。

⑩殊尤：特出绝伦。李详《证选》："司马相如《封禅文》：'未有殊尤绝迹，可考于今者也。'"按：仍是承上，谓只有文章殊尤，才能惊众耳目。何焯《义门读书记》卷三〇："'此都自周公'四句，安得此才。"查慎行《查初白诗评十二种》："大议论。"

⑪今者遭震薄：文《详注》："今者，指当时之士。遭震薄，谓在上之人嫉贤不用，如卢仝作《月蚀》诗而权幸侧目之类是也。"钱仲联《集释》："《诗》毛传：'震，雷也。'《易》（《说卦第九》）：'雷风相薄。'"

⑫"鄙夫"二句：顾嗣立《集注》："公《新唐书》本传，改都司员外郎，即拜河南令。"按：鄙夫，韩愈自指，自谦之词。谓自己充河南县尹，惭愧得心寒胆颤难为情。难为情，即不好意思。唐时口语，今河南人口头仍用。韩公《上留守郑相公启》："今虽蒙沙汰为县，固犹在相公治下，未同去离门墙为故吏。"

⑬"还家"二句：敕，告诉、嘱咐。《三国志·魏书·武帝纪》："公敕诸将：'关西兵精悍，坚壁勿与战。'"

煎䊞烹：朱彝尊《批韩诗》："叠煎、䊞、烹三字，非昌黎无此句法。"钱仲联《集释》："潘岳《悼亡诗》：'周遑忡惊惕。'句法所本。"童《校诠》："第德案：煎、䊞、烹三字三义，与忡、惊、惕三字同义者不同。当引汉书礼乐志郊祀歌天地篇：鸣琴竽瑟会轩朱，及天门篇佁佹嘉吉弘以昌作证较切。至急就篇则有七字句为七物者，公和皇甫湜陆浑山火诗曾效之。"按：做菜肴的三种方法。钱谓句法，未及字义；童说甚善。

⑭肴果相扶檠：方《举正》作"檠"，云："李本校作'擎'，然阁本、蜀本同上。"朱《考异》："檠，或作'擎'。诸本作"檠"。文《详注》："檠，举也，音渠京切。"王元启《记疑》："擎字从手，与上'扶'字为类。若从木作'檠'，义训架，《类篇》云：'有足所以几物。'《前汉·地理志》师古注：'笾豆，今之檠也。'系实字，与上'相'字不相承。方本作'檠'，非是。"方成珪《笺正》："檠，渠京切，《说文》：'榜也。'《唐韵》：'所以正弓。'《淮南子·修务训》：'弓必待檠而后能调。'亦是此义。今上既用'相扶'字，则当从李校作'擎'。又《玉篇》上收部：'擎，举也。'作'擎'亦通。擎即擎之或体。"童《校诠》："第德案：说文无擎字，檠，榜也，榜所以辅弓弩，韩非子外储说右：搒檠者，所以矫不直也。淮南说山训：撖不正而可以正弓，高注：撖、弓之掩床，读曰檠。是檠有从手者，即擎字，檠榜所以辅弓弩，矫不直，正与相扶字相承。王、方皆以檠为实字，不悟撖即檠之隶变，可作虚字用。方氏谓玉篇擎即擎之或体，玉篇手部有撖字，居景切，而无其义，疑有脱文，擎为檠之后出字。"虽如此说，韩公作诗时必不绕此大弯，当作"擎"。

⑮芳荼出蜀门：方《举正》作"芳荼"，云："潮本与三馆本作'荼'，他本多作'茶'。《尔雅》(《释木》)曰：'槚，苦荼。'郭璞注：'木小似栀子。早取者为荼，晚取者为茗。'是'茶'古字作'荼'也。《唐韵》(平声麻韵)：'茶，宅加切，俗作茶。'大抵'茶'与'荼'古音相近，

如今言'搽'与'涂'亦通用也。若以字论之,则'荼'字为正。今人别'茶'与'荼',非也。"朱《考异》:"诸本'荼'多作'茶'。(下引方语)今按:荼与茶今人语不相近,而方云相近者,莆田语音然也。虽出俚俗,亦由音本相近,故与古暗合耳。今建人谓口为苦,走为祖,亦此类。方言多如此云。"文本、祝本作"茶"。宋白文本、魏本、廖本、王本作"荼"。魏本注:"荼,茶也。"钱仲联《集释》:"郝懿行《尔雅义疏》:'今茶字古作荼。至唐陆羽著《茶经》,始减一画作茶。今则知茶不复知荼矣。'"蒋之翘《辑注》:"荼,茶也,茶之嫩者,雀舌、乌觜、麦颗,皆出蜀中,张孟阳《登成都城楼》诗'芳荼冠六州'是也。今蜀泸州尚出茶,食之可疗风疾。雅州亦出蒙顶茶。《图经》云:受阳气全者故香。唐李德裕入蜀得蒙饼,沃于汤饼上,移时化尽。公云芳荼恐即此。翘按:茶、荼本二字,声韵既不同,而为物亦二。《诗》注云:荼,苦菜,蓼属。则其与茶异可知矣,不识古人何以通用?如《尔雅》曰:槚,苦荼,音徒。郭璞注:木小似栀子,早取者为荼,晚取者为茗。《唐韵》:茶,宅加反。俗作茶之类何耶?大抵字形相近而误者有之,或者六经无'茶'字,古止有'荼'字,后人减其画而为此字,亦未可知也。"

童《校诠》:"第德案:席氏世昌云:亭林曰:古时未分麻韵,荼、舜亦只读为徒,东汉以下乃音宅加反,而加字音居何反,犹在歌戈韵,梁以下始有今音。方云:以字论之,则荼为正是也。朱氏谓荼与茶音近莆田语音然,是莆田音犹近古。郝兰皋云:诸书说茶处,其字仍作荼,至唐陆羽作茶经,始减一画作茶。按:唐岱岳观王圆题名碑:茶字两见皆从余(席说),公此诗芳荼作荼,同。白乐天谢李六郎中寄蜀新茶诗云:绿芽十片火前春,火前谓寒食断火之前,即今所谓明前,又云:末下刀圭搅麹尘,则和麹末煮沸饮之(按有和葱、姜、桔皮等百沸而饮者)。孟东野、冯周况前辈于朝贤乞茶诗云:蒙茗玉花尽,蒙茗即蒙顶茶,其他诗人称蜀茗者多,不列举。至饮茶之始,三国吴志韦曜传:曜初见礼异,或密赐茶荈以当酒,茗饮事见史始此。茶经引凡将有荈诧,王子渊僮约有武阳买茶语,则茗饮当起于汉世。或谓晏子春秋杂下六:食脱粟之食,炙三弋、五卯、苔菜,苔,太平御览八百六十七引作茗,谓始于春秋时,然茗为树芽,非菜类,不应称为茗菜,自以作苔为是。苔,水衣也,周礼醢人有菭(苔为菭之省)苴。孙注题当作颗。"按:荼古字,为正;茶后出,为今字。则作"荼"、作"茶"均可,韩公崇古,好用奇字,此作"荼"字,合韩公意。今作"茶"。

⑯"何能"二句:燕,同宴,指燕河南秀才之宴。庶,副词,表希望。《左传》桓公六年:"君姑修政而亲兄弟之国,庶免于难。"露,显现,表现。厥诚,其诚。厥,代词。诚,表心意真切。

⑰诏书下:方《举正》据阁、蜀本"下"作"来",非。南宋监本原文作"下",文本、潮本、浙本、祝本、魏本、廖本、王本均作"下",从之。文《详注》:"权德舆,字载之。元和五年(810),拜礼部尚书同中书门下平章事。德舆积思经术,无不综贯;其醖藉风流,自然可嘉,为元和缙绅羽翼。及卒,公志其墓。桢干,筑墙具也。"魏本:"桢,坚木也。又桢干,筑垣版也。事见题注。《补注》:杜《春陵行》云:'结也实国桢。'桢,音贞。"桢,诸本作"桢"。王本作"祯",当作"桢"。王元启《记疑》:"桢,干也,字从木。剑本作'祯',训祥,非是。"《诗·大雅·文王》:"王国克生,维周之桢。"传云:"桢,干也。"《诗·周颂·维清》:"迄用有成,维周之祯。"传云:"征伐之法,乃周家得天下之吉祥。"二字虽同音近形,而意不同。方世举《笺注》:"《新唐书·宪宗纪》:五年九月丙寅(29日),太常卿权德舆为礼部尚书同中书门下平章事。"童《校诠》:"第德案:祯、桢古通用,诗维清:维周之祯,毛传:祯,祥也,释文:徐云:本又作桢,音贞,与崔本同,是其证。即作邦祯,祯之本义祯祥解亦通。张说之赠广平公诗:亚相本时英,归来复国祯,国祯即邦祯。"童说虽有理,然祯、桢二字唐时义不同,用法亦分,而韩公实用"桢"字也。

⑱文人得其职:方《举正》订作"文人",曰:"杭、蜀同上。此谓权德舆拜相也。"魏本作"丈人",又:"韩曰:《易》:'师贞,丈人吉。'注:'丈人,严庄之称有(当作也)。'一本作'大人'。"宋白文本、文

本、祝本、廖本、王本作"文",注:"一作'大'。"童《校诠》:"第德案:作文是也。诗江汉:告于文人,毛传:文人,文德之人也。末章云:矢其文德,洽此四国,公此诗文人得其职,亦言文德之人得其职,故下云文道当大行,与诗矢其文德二语同义。书文侯之命,追孝于前文人,义与诗同,皆为公所本。又按:公为权公神道碑,称其能为文辞,擅声于朝,史亦称德舆综贯经术,其文雅正赡褥,风流蕴藉,则文章亦权公之所长也。"按:丈人,指权公;文人,泛称。故作"丈人""文人"均通,韩作"文"字。文道,文治之道。《国语·齐语》:"隐武事,行文道,帅诸侯而朝天子。"《汉语大词典》亦引韩诗为例。

⑲ 阴风搅短日:风,王本作"气"。宋白文本、文本、祝本、魏本、廖本均作"风"。王元启《记疑》:"风,剑本作'气',非。"

魏本:"韩曰:老杜《北征》诗:'阴风西北来。'"搅,扰乱。《诗·小雅·何人斯》:"胡逝我梁,只搅我心。"《礼记·月令》:"仲冬之月,日短至。"魏本:"祝曰:涩,歰同。《说文》:'不滑也。'《楚辞》:'不涩嗌只。'"何焯《义门读书记》卷三〇:"'阴风搅短日'二句,曲折顿挫。"童《校诠》:"第德案:揽当依廖、王、祝三本作搅,公送无本师归范阳诗:狞飙搅空衢,亦用搅字,可证。飙与风同,王谓作气非也,是。一曰作揽自通,说文擥,撮持也,释名:揽,敛也,阴风搅短日,谓阴风使日敛其光不得明,故下云冷雨涩不晴,晁补之诗云:北风动地起,云揽红日暗,亦用揽字,盖本此。玉篇擥作擥。揽为后出字。"

⑳ 家国迟子荣:文《详注》:"迟,待也,真利切。"魏本注:"迟,待也,音治。"上句勉励,下句期望。迟(待)子荣者,谓河南府所选秀才也。结在燕贺上。

【汇评】

清朱彝尊:既生造,亦复聊且,想出一时戏笔。(顾嗣立《昌黎先生诗集注》卷四)

清何焯:《燕河南府秀才》:得体。"此都自周公"四句,安得此才?"阴风搅短日"二句,曲折顿挫。(《义门读书记》卷三〇)

程学恂:起得郑重得体。语语端严,字字真朴,不肤阔,不客气,与韦使君郡斋燕集诗文,各有其至处。(《韩诗臆说》卷二)

送李翱①
元和四年

广州万里途②,山重江逶迤③。行行何时到,谁能定归期④?揖我出门去,颜色异恒时⑤。虽云有追送⑥,足迹绝自兹。人生一世间⑦,不自张与施⑧。譬如浮江木,纵横岂自知⑨。宁怀别时苦,勿作别后思⑩。

【校注】

① 题:方《举正》:"翱时从杨於陵辟岭南幕府,四年(809)正月作也。"文《详注》:"翱,字习之,元和初杨於陵出为岭南节度使,辟翱及韦词等在幕府,咨访得失,李翱《南来录》云:'元和三年(808)十月,某既受岭南尚书公之命,四年正月己丑(12日),自旌善第以妻子上船于漕。乙未(18日)去东都,韩退之、石濬川假舟送予。明日及故洛东,吊孟东野,遂以东野行。濬川以妻疾自漕口先归。黄昏到影云山居,诘朝登上方,南望嵩山,题名记别。既食,韩、孟别予西归。六月癸未(9日),至广州。'"

魏本:"孙曰:翱,字习之,陇西人。贞元十六年,娶公兄弇之女。元和三年四月乙亥(23日),户部侍郎杨於陵出为广州刺史岭南节度使,表翱佐其府。四年正月己酉(按:此月无己酉,如李翱《来南录》所记当为'己丑'),翱自东都旌善坊以妻子上船于漕。乙未去东都,公与石洪假舟送之。丁酉,同登嵩山题姓名纪别,故有此诗。"王元启《记疑》:"孙注:时翱应广州刺史杨於陵之辟,于元和四年正月己酉,自东都旌善坊以妻子止(上)船于漕。乙未,离东郡

(都)。按：下云乙未，则己酉之己恐当作乙。据翱《来南录》，己酉作己丑，则在乙未前六日，知刊本己字不误，酉字误耳。又按：张籍《与李浙东书》云：'阁下从事李翱。'考《旧史·宪纪》：李逊观察浙东在元和五年。据此，则翱赴广幕不久复依逊于浙。"方世举《笺注》引王云后，云："此诗盖别时所作。以下诸诗皆元和四年作。是年六月改都官员外郎，守东都省。"

顾嗣立《集注》："《唐书》：'翱字习之，中进士第，元和初为国子博士、史馆修撰。历官山南东道节度使，卒。始从昌黎韩愈为文章，辞致浑厚，见推当时，故有司亦谥曰文。'"李翱，新旧《唐书》有传。李翱，大历九年（774）生，陈留人（今属河南），称陇西者为郡望。幼勤于儒学，博雅好古，为文尚气质。贞元十四年（798）登进士第，授校书郎。贞元十六年（800）为义成军观察判官。三迁为京兆府司录参军。元和元年（806），为国子博士、史馆修撰分司东都。翱性刚急，议论无所避。执政虽重其学，而恶其激讦，故久任幕职。入朝权知职方员外郎。元和十五年（820）六月，授考功员外郎，兼史职。坐与李景俭友善，七月出为朗州刺史。筑堰蓄水，灌田千顷，人称"考功堰"。入为礼部郎中。长庆中，出为庐州刺史，时州旱，收豪室税万二千缗，贫弱以安。大和初，入为谏议大夫，寻以本官知制诰。大和三年（829）拜中书舍人。坐谬举柏耆左授少府少监，俄出郑州刺史。大和五年（831），为桂州刺史、御史中丞，充桂管都防御使。大和七年（833），改授潭州刺史、湖南观察使。大和八年（834），征为刑部侍郎。大和九年（835），转户部侍郎。八月（《旧书》谓七月误），检校户部尚书、襄州刺史，充山南东道节度使。开成元年（836）卒于镇。谥曰文。韩公有《与李翱书》。

② 广州：方世举《笺注》："《新唐书·地理志》：'广州南海郡，中都督府，属岭南道。'"钱仲联《集释》："《元和郡县志》：'岭南道广州南海都督府，西北至上都，取郴州路，四千二百一十里。取虔州、大庾岭路，五千二百一十里。管南海，县上郭下。'"按《元和郡县图志》卷三四岭南道一岭南节度使，广州。管州二十二。广州为上

州。"《禹贡》梁州之域。春秋时百越之地,秦并天下置南海郡。秦末赵佗窃据之,高帝定天下,为中国劳苦,释佗不诛,因以佗为南越王,使无为南边害。至武帝元鼎五年,遣伏波将军路博德出桂阳,下湟水,楼船将军杨仆下浈水,咸会番禺,诛佗玄孙建德及相吕嘉,遂定越地……南海县,上,郭下。本汉番禺县之地也,属南海郡,隋开皇十年分其地置南海县,属广州"。在今广州市。

③ 逶迤:魏本:"逶迤,曲折也。韩曰:《楚辞》:'载云旗兮逶迤。'"钱仲联《集释》:"《说文》:'逶,逶迤,衺去之貌。'王粲《登楼赋》:'路逶迤而修迥兮。'"按:《文选》卷一一王粲《登楼赋》:"路逶迤而修迥兮,川既漾而济深。"李善注:"逶迤,长貌也。《尔雅》:'迥,远也。'"朱彝尊《批韩诗》:"酷效李都尉,亦仿佛近之。"

④ "行行"二句:可谓送友而友未登程先盼归期。行行,谓路远艰难也。用《古诗十九首》"行行重行行"句法。不能定归期者,思念之深也。

⑤ "揽我"二句:告别时脸色都变了,可见二人非寻常分别,其关系亦非常人可比。李翱不仅是他的及门弟子,而且是他为兄拿挑选的得意女婿。在倡导古文上李翱又是他的传法弟子,韩公卒后李翱与皇甫湜继续倡导与写作古文,故北宋欧阳修等称中唐古文者谓"韩李",不称"韩柳"。按时间看,贞元、元和间,是李翱参与并同韩愈倡导"古文",时柳宗元尚写时文;元和初,柳宗元才开始写古文,这从他的写作经历和自述可以证明。北宋后称"韩柳"者,是指他们的散文成就对后世的影响。

⑥ 追送:方《举正》云:"《诗·有客》(《周颂》):'薄言追之。'郑笺曰:'追,送也。'《世说》多见。阁本作'迎送',非。朱《考异》:"追送,或作'迎送'。"宋白文本、文本、祝本、魏本、廖本、王本均作"追送",是。

⑦ 人生一世间:童《校诠》:"案:史记留侯世家:人生一世间,如白驹过隙。汉书张良传同。"按:此句谓人生苦短,是韩愈对人生的感叹。

⑧ 不自张与施：宋白文本、文本、祝本、魏本、廖本、王本作"施"。方世举《笺注》作"弛"，云："《记·杂记》：张而不弛，文武弗能也；弛而不张，文武弗为也；一张一弛，文武之道也。"王懋竑《读书记疑》卷一六："施当作'弛'，音同。《释文》：'君子不弛其亲。'弛，孔以支反，一音敕纸反，今本作'施'，则施、弛通用也。《韵会》：施，音弛，通作弛，亦施、弛通用。"童《校诠》："第德案：王氏既云施、弛通用，则施为弛之假借，似当云施读为弛，云当作，则破字矣。公此诗迤、期、时、兹、施、知、思皆平声，方校施作弛，则阑入上声（弛在纸韵），不悟公自假施为弛无庸校改。"

按：童说是。《淮南子·泰族训》："夫物未尝有张而不弛，成而不毁者也。"此诗用平声韵：迤、期、时、兹、施、知、思皆平声。

⑨ "纵横岂自知"以上四句总说路途危险艰苦。童《校诠》："案：后汉书陈蕃传：今一朝群臣，如河中木耳，泛泛东西，耽禄畏害，为公所本。公用其词而不用其义。"

⑩ "宁怀"二句：别时：钱仲联《集释》作"别后"，上海古籍出版社用此本简排从"别后"；方、朱未校，然魏本、文本、廖本、方世举《笺注》及屈《校注》均作"别时"，"时"与下句"后"二字对，作"时"善。别时之苦已如上述，而别后思则更苦，故念归期。文《详注》："谢灵运《酬从弟惠连》：'别时悲已甚，别后情更延。'"

【汇评】

清朱彝尊：酷效李都尉，亦仿佛近之。（顾嗣立《昌黎先生诗集注》卷四）

程学恂：短韵深情。（《韩诗臆说》卷一）

送石处士赴河阳幕得起字①

元和五年

长把种树书②，人云避世士③。忽骑将军马，自号报恩子④。风云入壮怀⑤,泉石别幽耳⑥。巨鹿师欲老⑦,常山险犹恃⑧。岂惟彼相忧,固是吾徒耻⑨。去去事方急,酒行可以起⑩。

【校注】

① 题:文本"石"下有"洪"字,"幕"下有"得起字"。诸本无"洪"字,是。朱《考异》:"题下或注'得起字'。"廖本引朱注。魏本题下有"得起字"三小字注。今从魏本。

按:"洪""得起字",皆注也,不得入正题。

魏本:"樊曰:'石处士,石洪也。'韩曰:'元和五年,乌重胤为河阳节度使,辟洪置幕府,公尝有序送(载集二一卷),诗亦是时作。'"文《详注》:"石洪,字濬川,始为黄州录事参军,罢归东都十余年,隐居不出。公卿数荐慰,皆不答。乌重胤镇河阳,求贤者以自重,或荐洪。重胤曰:'彼无求于人,其肯为我来邪?'乃具书币邀辟。洪亦谓重胤知己,故洪欣然戒行,重胤喜其至。仕终集贤校理。唐史有传。《补注》:李习之常荐洪于有位者云:'处士石洪,明经出身,十五年前曾任冀州纠。其贤优于李渤,身遁而道光,材长而气厚,若在班列,必有绩(殊绩)。'(见《李文公集》卷七《荐士于中书舍人书》)至是,元和五年,乌重胤为河南(阳)节度,辟置幕下。巨鹿、邢州、常山、镇州,元和四年成德军王承宗反,吐突承璀以河阳、宣歙等兵讨之,师久无功。成德军,镇州也,今为真定府。"

② 种树书:魏本:"韩曰:种树书,见《史记·秦始皇纪》。"顾嗣立《集注》:"《史记·秦始皇纪》:'所不去者,医药、卜筮、种树之书。'"按:种树书,有关种植的书籍,即农书。《汉语大词典》引韩诗为例。又引宋辛弃疾《鹧鸪天》词:"却将万字平戎策,换得东家种树书。"宋刘克庄《水龙吟》:"挟种树书,举障尘扇,著游山屐。"

③ 人云避世士:魏本:"韩曰:《论语》(《微子》):'且而与其从避人之士也,岂若从避世之士哉?'"方世举《笺注》:"何承天《乐府》:'古有避世士,抗志青霄岑。'"童《校诠》:"第德案:方引何氏乐

府作证,未得其朔,应从韩引论语为是,语见微子篇,辟世字先见宪问篇,云贤者辟世。论语作辟,为避之省借。宪问篇辟,皇本、高丽本作避。"

④ 报恩子:报恩者。《汉书·盖宽饶传》:"奉法宣化,忧劳天下,虽日有益,月有功,犹未足以称职而报恩也。"宋梅尧臣《双羊山会庆堂记》:"堂之前许其置佛,俾报恩奉佛两得焉。"俞汝昌《唐诗别裁集引典备注》:"《说苑》:'惟贤者为能报恩。'"文《详注》:"《隐居诗话》云:李勃(渤)、石洪、温造为处士,纯盗虚名,韩愈虽与之游而多侮薄之。所谓:'水北山人得名声,去年去作幕下士。水南山人又继往,鞍马仆从塞闾里。少室山人索高价,两以谏官征不起。彼皆刺口论世事,有力未免遭驱使。'(韩公《寄卢仝》诗)又为处士,乃刺口论世事,希声名,愿驱使。又索高价,饰舆御,夸闾里,此何等人也。其侮薄之甚,如此等语,尤可笑也。"

⑤ 风云入壮怀:朱《考异》:"云入,或作'雷开'。"宋白文本、文本、祝本、魏本、廖本、王本作"云入"。宋白文本、魏本注:"云入,一作'雷开'。"

钱仲联《集释》:"杨炯《王子安集序》:'风云入思。'"按:韩公《北极一首赠李观》:"风云一朝会,变化成一身。"《全唐诗》卷一七〇李白《赠张相镐》二首之一:"风云激壮志,枯槁惊常伦。"按:早有《易·乾》"云从龙,风从虎",《后汉书·耿纯传》"大王以龙虎之姿,遭风云之时"已用之。

⑥ 泉石别幽耳:泉石,指山水。《梁书·徐摛传》:"(朱异)遂承间白高祖曰:'摛年老,又爱泉石,意在一郡,以自怡养。'高祖谓摛欲之,乃招摛曰:'新安大好山水,任昉等并经为之,卿为我卧治此郡。'"《全唐诗》卷九八尹懋《秋夜陪张丞相赵侍御游灉湖》二首之一:"江山与势远,泉石自深深。"卷三四八陈羽《山中秋夜喜周士闲见过》:"留君不宿对秋月,莫厌山空泉石寒。"蒋之翘《辑注》:"二语逼真《选》诗之工者。"马位《秋窗随笔》:"(二句)包括《北山移文》一篇。"程学恂《韩诗臆说》卷二:"此诗前六句褒中不无嘲意。"

⑦巨鹿师欲老：文《详注》："巨鹿：邢州也。注见上。《通典》云：汉中山国之东恒邑，故曰恒山也。"魏本注："邢州巨鹿郡，亦有巨鹿县。"方世举《笺注》："巨鹿、常山：《新唐书·地理志》：'邢州巨鹿郡，镇州常山郡，皆属河北道。'《旧唐书·宪宗纪》：'元和四年，王承宗反，诏中人吐突承璀讨之，无功。五年六月，诏洗王承宗，复其官爵。'"钱仲联《集释》："《左传》（僖公二十八年）：'且楚师老矣。'又（僖公三十三年）：'老师费财。'杜预注：'师久为老。'"

按：《元和郡县图志》卷一五河东道四："邢州，秦兼天下，于此置信都县，属巨鹿郡，项羽改曰襄国……隋大业三年（607），改为襄国郡。武德元年（618），改为邢州，置总管……巨鹿县，隋开皇六年（586）于此置巨鹿县，属赵州，取汉巨鹿县之名也。武德元年，于此置起州，又立白起县……以县属赵州，贞观元年（627）改属邢州。"巨鹿今属河北省邢台市，龙冈即今邢台市。

⑧常山：《元和郡县图志》卷一七：本周并州地。秦为巨鹿郡，汉以巨鹿之北境置恒山郡，因恒山为名，后避文帝讳，改曰常山。两汉恒山太守，皆理于元氏，晋理于真定，即今常山故城。治真定。文《详注》："常山，恒山也。成德军所领四州，国号赵，治恒州。《通典》：汉中山国之东恒邑，故曰恒山也。"魏本："樊曰：《宪宗纪》《新唐书》：'元和四年十月，成德军节度使王承宗反。诏中人吐突承璀以河阳、浙西、宣歙兵讨之，师久无功。五年七月，遂赦王承宗。'成德军，镇州也，在今为真定府。"陈景云《点勘》："公《送石处士序》云：'方今寇聚于恒，师环其疆。'恒州，成德军治所也。时方讨成德帅王承宗，中尉吐突承璀统行营兵驻邢，军久无功，故有'巨鹿师欲老'二句。邢州，唐亦称巨鹿郡，属昭义军。先是，承璀兵深入成德境，为承宗所挫，故退屯于邢。"《洪谱》："四年冬，讨王承宗，五年七月赦之。石生赴河阳时，兵犹在河北。"方崧卿《年谱增考》："此时未赦承宗，故曰'恒山险犹恃'也。"

⑨岂惟彼相忧，固是吾徒耻：惟，文本作"维"。二字音义同，今从诸本作"惟"。

按：二句谓：难道只有彼（王承宗）搅扰，也因我们讨伐不力。对朝廷用兵亦有微辞。文《详注》："《论语》（《季氏》）：'孔子曰：危而不持，颠而不扶，则将焉用彼相耳。'包注："言辅相人者当能持危扶颠，若不能，何用相为？"既指藩镇不当反，又指廷臣无能平反。

⑩ "去去"二句：口语，即去吧，去吧！河北事正需要你呢。韩公《送僧澄观》："去去为致思从容。"下句谓起行，回应送行。却无留恋意，与其他送行之作不同。宋葛立方《韵语阳秋》卷一一："乌重胤之节度河阳也，求贤者以为之属，乃得石洪处士为参谋。韩退之送之序，又为诗曰：'长把种树书，人云避世士。忽骑将军马，自号报恩子。'盖吏非吏，隐非隐，故于洪有讥焉。"朱彝尊《批韩诗》："末二句则责备。"王元启《记疑》："结语几有灭此朝食之意。时尚未奉洗雪承宗之诏，故其言如此。樊注兼赦承宗言之，恐非诗意。"

【汇评】

宋葛立方：乌重胤之节度河阳也，求贤者以为之属，乃得石洪处士为参谋。韩退之送之序，又为诗曰："长把种树书，人云避世士。忽骑将军马，自号报恩子。"盖吏非吏，隐非隐，故于洪有讥焉。后有《寄卢仝》诗云："水北山人得名声，去年去作幕下士。"其意与前诗同。昔人有"门一杜其可开"之语，宜乎韩子以洪与温造同科，而独尊卢仝也。（《韵语阳秋》卷一一）

宋黄震：《送石处士赴河阳幕》"风云入壮怀，泉石别幽耳"最工。（《黄氏日抄》卷五九）

清朱彝尊：即以口头说话作诗，唐人亦少此体。（顾嗣立《昌黎先生诗集注》卷四）

清沈德潜：即序中所云"不告于妻子，不谋于朋友"也。中带讽意，合看《寄卢仝》诗愈见。（《唐诗别裁集》卷四）

清马位：昌黎《送石处士诗》云："风云入壮怀，泉石别幽耳。"包括《北山移文》一篇。（《秋窗随笔》）

清李黼平：六韵耳，而处士之贤，时事之亟，行者、送者激昂慷

慨之气,毕露于六韵中,亦奇。(《读杜韩笔记》)

张鸿:有讽意,合之送序,公意可知。(钱仲联《韩昌黎诗系年集释》卷七)

送湖南李正字归①

元和五年

长沙入楚深②,洞庭值秋晚③。人随鸿雁少④,江共蒹葭远⑤。历历余所经,悠悠子当返⑥。孤游怀耿介⑦,旅宿梦婉娩⑧。风土稍殊音,鱼虾日异饭⑨。亲交俱在此⑩,谁与同息偃⑪?

【校注】

① 题:方《举正》据阁、蜀本作"送湖南李正字归",云:"李正字,李础也。二诗(《送石处士赴河阳幕》)皆五年作。"朱《考异》作"送湖南李正字归",云:"或作'送李正字归湖南',或作'李判官'。"南宋监本原文作"送李正字归湖南"。宋白文本、文本、祝本、魏本作"送李正字归湖南"。廖本、王本同方作"送湖南李正字归"。二者均可。《洪谱》作"送李判官正字础归湖南序"。然诸本多作"送李正字归湖南",较合韩公意:先称内职后明归地,亦见唐人对官职的重视。今作"送李正字归湖南"。李础以正字为湖南幕府从事,回洛省亲,重归湖南,亦称湖南李正字。

《洪谱》:"元和五年庚寅,《送李判官正字础归湖南序》。础,贞元十九年(803)进士,仁钧之子也。序云:'贞元中,愈从太傅陇西公平汴州,李生之尊府(《洪谱》作"父")以侍御史管汴之盐铁。公薨军乱,军司马从事皆死,侍御史亦被逸,为民日南。其后五年,愈又贬阳山令。今愈以都官郎守东都省,侍御史自衡州刺史为亲王府长史，亦留此掌其府事。李生自湖南从事请告来觐。于时，太傅府之士惟愈与河南司录周君巢独存，其外则李氏父子。离十三年，幸而集处。'按：汴州乱在贞元十五年（799）。其后五年当贞元癸未（803），公贬阳山也。侍御之迁日南，在董晋死后。自贞元己卯（799）至今十二年，而云十三年，岂退之与础别在戊寅（798）岁乎？"李础与父十四年末去汴。文《详注》："正字名硎，一云名础。贞元十九年（803）进士第，以秘书省正字为湖南从事，请告来觐其亲。于其还也，公以诗及序送之，元和五年（810）秋也。柳子厚在永州有《送僧浩初》云：'近陇西李生础自东都来。'即其人也，父仁钧。按柳理作《秀师言》记载：'仁钧事甚怪。'其后云：'仁钧管汴州盐铁，复知河阴院，被人告，流爱州。后从爱州除衡州刺史，自衡州除王府长史，分司东都五六年，以寿终，有子曰硎。'"方成珪《诗文年谱》："（元和五年）秋暮作，以篇中'洞庭值秋晚'句见之。"钱仲联《集释》："《旧唐书·地理志》：'湖南观察使，治潭州。'《新唐书·百官志》：'校书郎十人（正九品上），正字四人（正九品下），掌雠校典籍，刊正文章。'"据《新唐书·宗室世系表上》："大郑王房，渭南令房，子万钧、千钧、仁钧。仁钧二子：硎，字次山。础。"则硎为长，础为弟。文《详注》谓：正字名硎，一云础，是把二人混同了。

② 长沙：《元和郡县图志》卷二九江南道五："湖南观察使管州七：潭州、衡州、郴州、永州、连州、道州、邵州。《禹贡》荆州之域。春秋时为黔中地，楚之南境。秦并天下，分黔中以南之沙乡为长沙郡，以统湘川。长沙县，郭下，本汉临湘县，属长沙国。隋改为长沙县，属潭州。"今长沙市。韩公《陪杜侍御游湘西两寺独宿有题一首因献杨常侍》诗："长沙千里平，胜地犹在险。"深，程度副词，极也，远也。《汉书·石显传》："是时，明经著节士琅琊贡禹为谏大夫，显使人致意，深自结纳。"《全唐诗》卷一二六王维《酬张少府》："君问穷通理，渔歌入浦深。"

③ 洞庭：洞庭湖。在湖南省岳阳市西，为名胜之地。韩公有《洞庭湖阻风赠张十一署》诗。值秋晚，谓李础回到长沙的时间正

是晚秋的时候。

④ 人随鸿雁少：方世举《笺注》："鸿雁少：《埤雅》：'今衡山之旁有峰曰回雁，盖南地极燠，故雁望衡山而止。'"按：故衡山有峰名回雁。

⑤ 蒹葭：文《详注》："杜诗(《美陂西南台》)：'蒹葭离披去，天水相与永。'"按：蒹葭，草名，未秀穗的芦荻。《诗·秦风·蒹葭》："蒹葭苍苍，白露为霜。"毛传："蒹，薕。"疏："郭璞曰：蒹似萑而细，高数尺，芦苇也。陆机疏云：蒹，水草也。坚实，牛食之，令牛肥强，青徐州人谓之薕。"《韩诗外传》卷二："闵子曰：'吾出蒹葭之中，入夫子之门。'"写景幽远明朗。蒋之翘《辑注》："澹然之景，悠然之怀，非一时凑泊所能得。"

⑥ 历历余所经：魏本："樊曰：'公贞元十九年(803)出为阳山，已而徙掾江陵，入为国子博士，湖南之地，盖尝经行矣。'孙曰：'谓础归湖南。'"按：此句写所经历之景，历历在目。历历，分明可数。《文选·古诗十九首》之六："玉衡指孟冬，众星何历历。"崔颢《黄鹤楼》："晴川历历汉阳树，芳草萋萋鹦鹉洲。"

⑦ 耿介：光明磊落。顾嗣立《集注》："《韩子》：'耿介之士寡，而商贾之人多。'《文选·广绝交论》：'耿介之士，疾其若斯。'"方世举《笺注》："潘岳《秋兴赋》：'宵耿介而不寐兮。'"李详《证选》："谢灵运《过始宁墅》诗：'束发怀耿介。'"徐震《诠订》："若援用最古者，当引屈子《离骚》'彼尧、舜之耿介'；若以句法论，当引谢灵运《过始宁墅诗》'束发怀耿介'句。"王逸注："耿，光也；介，大也。"童《校诠》："第德案：离骚王注：耿，光也，介，大也，此为一义；后来多用为高介、狷介不同俗，此为第二义。宋玉九辩：独耿介而不随兮(王注：执节守度，不枉倾也)，愿慕先圣之遗教；董仲舒士不遇赋：以辩诈而期通兮，贞士耿介而自束；陆士衡乐府猛虎行：眷我耿介怀(李注：夫蕴耿介之怀者，必高蹈风尘之表)，俯仰愧古今。公此诗之耿介，同后一义，徐谓应引离骚，与诗意不合，如引诗，则陆先于谢，应引陆句。"按：童说是。耿介，用于此诗，乃形容人的品格。《文选》卷二八陆机《乐府十七首》之

一《猛虎行》:"人生诚未易,曷云开此衿。眷我耿介怀,俯仰愧古今。"

⑧ 婉娩:文《详注》:"上音宛,下音晚,媚也。"魏本:"婉娩,媚也。祝曰:《礼记》(《内则》):'姆教婉娩听从。'"按:《礼记》注:"婉谓言语也。娩之言媚也,媚谓容貌也。"汉王逸《离骚章句后叙》:"婉娩以顺上,逡巡以避患。"方世举《笺注》:"《广韵》:'婉娩,媚也。'按:《礼记》'婉娩'本言女子,而此诗及《赠元十八》诗往往用之,亦犹'婉娈',本训少好也,陆机诗云'婉娈居人思'(《于承明作与士龙》),'婉娈昆山云'(《赠从兄车骑》),亦然。"童《校诠》:"第德案:说文:婉娈,娈作孌,婉、孌皆训顺,与毛传释为少好异,系传孌下有娈字,云:籀文孌如此。又按:诗甫田:婉兮娈兮,总角丱兮,未几见兮,突而弁兮,乃指男子;候人:婉兮娈兮,季女斯饥,则指女子,自可男女两用。此诗旅宿梦婉娩,婉娩指女子,谓李之妇,下文亲交俱在此,谁与同息偃可证,非指李正字。至赠元十八诗:能自媚婉娩,婉娩承媚言,谓其能和于世,何焯瞻云:言协律初非过于謇謇是也。一本作婉婉,婉婉,和顺貌,见文选谢宣远张子房诗李注。"《文选》卷二一谢宣远《张子房诗》:"婉婉幕中画,辉辉天业昌。"李注:"婉婉,和顺貌也。"

⑨ 风土稍殊音:音,宋白文本、文本、魏本、廖本作"音"。屈《校注》同。钱仲联《集释》校作"昔",未出所据之本。今从诸本作"音"。

朱彝尊《批韩诗》:"前十句预道途中情景。"此写法光大于王维的送行诗,因其善写山水,故中二联多写景名句。如《送梓州李使君》:"山中一夜雨,树杪百重泉。汉女输橦布,巴人讼芋田。"《送丘为往唐州》:"四愁连汉水,百口寄随人。槐色阴清昼,杨花惹暮春。"及《送晁监》诗皆可参。

⑩ 亲交:亲身交往者。方世举《笺注》:"按:序又云:'于时太傅府之士,惟愈与河南司录周君巢独存,其外则李氏父子,相与为四人。往时侍御有无皆尽于亲友,今又不忍其三族之寒饥,聚而馆之,疏远毕至。'是其亲交俱在河南也。"按:故云:"亲交俱在此。"

⑪ 偃:卧倒。伏倒为仆,仰倒为偃。韩诗用《诗·小雅·北

山》:"或息偃在床,或不已于行。"《吕氏春秋·顺说》:"若夫偃息之义,则未之识也。"朱彝尊《批韩诗》:"末二句别意。"

【汇评】

  清何焯:《送湖南李正字归》:字字妙。(《义门读书记》卷三〇)
  清顾嗣立:音调轻圆,绝类谢玄晖,似即暗拟《新亭渚》一首。(《昌黎先生诗集注》卷四)
  清沈德潜:昌黎五言,难得此清远之格。(《唐诗别裁集》卷四)
  清爱新觉罗·弘历:风神绵邈,绝似韦、柳,是《昌黎集》中变调,唯《南溪》三首近之。(《唐宋诗醇》卷三〇)
  清黄钺:此篇亦具《选》体。(《昌黎诗增注证讹》卷四)
  清马星翼:韩诗亦有摹《文选》者,如《送湖南李正字》诗:"长沙入楚深,洞庭值秋晚。人随鸿雁少,江共蒹葭远。历历余所经,悠悠子当返。孤游怀耿介,旅宿梦婉娩。风土稍殊音,鱼虾日异饭。亲交俱在此,谁与同息偃?"此诗全学二谢风格。(《东泉诗话》卷一)
  程学恂:韩集中如此等小诗,都有深味,不可忽。(《韩诗臆说》卷一)

卷五 古诗

辛卯年雪[1]
元和六年

元和六年春,寒气不肯归[2]。河南二月末,雪花一尺围[3]。崩腾相排拶,龙凤交横飞[4]。波涛何飘扬,天风吹幡旂[5]。白帝盛羽卫[6],髟髟振裳衣[7]。白霓先启涂,从以万玉妃[8]。翕翕陵厚载[9],哗哗弄阴机[10]。生平未曾见,何暇议是非?或云丰年祥,饱食可庶几[11]。善祷吾所慕,谁言寸诚微[12]?

【校注】

① 题下或有"一首"字。诸本无,从之。魏本:"韩曰:'公作之年月,见于诗矣,时为河南令。'"方世举《笺注》:"以下皆元和六年作,是年夏,行尚书职方员外郎,自河南至京师。"按:辛卯年,即元和六年(811)。

② 寒气不肯归:魏本:"孙曰:'归,收藏也。'"方成珪《笺正》:"'不肯'二字峭隽。陶《饮酒》诗:'晨鸡不肯鸣。'《拟古》诗:'日月不肯迟。'杜(甫)《陪王使君晦日泛江就黄家亭子》诗:'江平不肯流。'《客夜》诗:'秋天不肯明。'乃公所本也。"童《校诠》:"第德案:陶拟古诗、杜诗所云日月、江、秋天及此诗寒气为一类,此为无生命

者。无生命而曰不肯,不肯者可以肯也(穀梁宣四年传语),西人称为拟人格。公秋怀诗:秋夜不可晨;李太白月下独酌诗:月既不解饮;孟东野老恨诗:枕席不解听,例同。晨鸡是有生命者,亦可作拟人格用。"

③ "河南"二句:《洪谱》:"《辛卯年雪》云:'元和六年春,寒气不肯归。河南二月末,雪花一尺围。'即乐天诗云'元和岁在卯,六年春二月,月晦寒食天,天阴夜飞雪'者。然退之以为丰年之祥,而乐天云'信美非时节'。盖雪在腊中则为瑞,人春多为灾沴故耳。"文《详注》所引王《补注》亦引《洪谱》。钱仲联《集释》:"乐天诗有上林、曲江语,盖在长安作。长安、洛阳同时下雪,寒重雪大可知。"方世举《笺注》:"顾嗣立曰:《左传》:'凡平地尺为大雪。'按:此云'雪花一尺围',盖言雪片之大,非谓所积者之厚也。一尺亦极言之耳。"按:此谓雪大天寒,非谓雪之深浅。李白《北风行》:"燕山雪花大如席,片片吹落轩辕台。"

④ 崩腾:动荡,纷乱。《文选》卷一九南朝宋谢灵运《述祖德》诗之二:"崩腾永嘉末,逼迫太元始。"李白《赠张相镐二首》之二:"想像晋末时,崩腾胡尘起。"

排拶(zā 姊末切,入,末韵):文《详注》:"拶也,音子末切。"《辞源》等引韩诗为例。唐李山甫《禅林寺作寄刘书记》:"坐近松风骨自寒,茅斋直拶白雪边。"排拶,《汉语大词典》:"挤压。"引韩诗为例。又宋苏轼《攓云篇》:"龙移相排拶,凤舞或颓亚。"当效韩诗。

⑤ 天风:风。汉乐府《饮马长城窟行》:"枯桑知天风,海水知天寒。"《汉语大词典》亦引韩诗为例。幡旂即旂幡。旂(qí 渠希切,平,微韵),九种旗的一种。本指上画龙形、竿头系铃的旗。《诗·大雅·韩奕》:"王锡韩侯,淑旂绥章。"《周礼·春官·司常》:"日月为常,交龙为旂。"亦指旗帜的总称。《左传》桓公二年:"三辰旂旗,昭其明也。"疏:"旂旗,是九旗之总名。"韩公用"旂",不用"旗"字者,与上以"龙凤交横飞"形容风吹起的雪浪相关。上句"波涛何飘扬",用波涛之飘扬形容雪飞,新奇有味;可见雪大风疾,否则波涛

怎么能飘扬呢?

⑥白帝:古称五帝之一。《周礼·天官·大宰》:"祀五帝,则掌百官之誓戒,与其具修。"疏:"五帝者……西方白帝白招拒。"又古以蛇神为白帝,秦文公梦蛇,作鄜畤,祭白帝。五帝所指,各家不同。纬书所说天上五方之帝,东方青帝,名灵威仰;南方赤帝,名赤熛怒;中央黄帝,名含枢纽;西方白帝,名白招拒;北方黑帝,名汁光纪。按:此说合《大宰》疏。此因写雪,故以白帝之威形容。韩公《月蚀诗效玉川子作》:"既从白帝祠,又食于蜡礼有加。"

羽卫:仪仗队。《文选》卷三一南朝梁江淹《杂体诗·袁太尉从驾》:"羽卫蔼流景,采吹震沉渊。"韩公《丰陵行》:"羽卫煌煌一百里,晓出都门葬天子。"

⑦鬖髿:朱《考异》:"髿,或作'毟'。"诸本作"髿"。从之。

鬖(sān 苏甘切,平,谈韵)髿(shā 所加切,平,麻韵):发乱貌。《文选》卷一二晋郭璞《江赋》:"紫菜荧晔以丛被,绿苔鬖髿乎研上。"注:"《通俗文》曰:'发乱曰鬖髿。'"文《详注》、魏本注均谓:"鬖髿,发垂貌。"文、祝亦引《江赋》为例,然未详释。

⑧白霓:文《详注》:"霓,屈虹也,或曰白色阴气,音倪。"亦因雪,故以白霓形容云气。魏本:"孙曰:霓,虹霓也。"按:《楚辞》宋玉《九辩》曰:"骖白霓之习习兮。"王逸注:"骖驾素虹而东西也。"

玉妃:顾嗣立《集注》:"《灵宝赤书经》:'太真命笔,玉妃拂筵。'"按:比喻雪和花,此谓雪。《辞源》引韩诗为例。又《全唐诗》卷六一三皮日休《行次野梅》:"莺拂萝梢一树梅,玉妃无侣独裴回。"

朱彝尊《批韩诗》:"仍是《陆浑山火》《苦寒》一派语法。"按:所说是,然亦韩公雪诗一类也。

⑨翕翕陵厚载:陵,文本作"凌"。宋白文本、魏本、廖本、王本作"陵"。陵、凌,作侵犯解,通用。屈原《九歌·国殇》:"终刚强兮不可凌。"王符《潜夫论·交际》:"少而好陵长。"韩公《南山诗》"刚耿陵宇宙",《荐士》"万类困陵暴",《新竹》"高标陵秋严",《病中赠

张十八》"讵可陵崆峨"等,据韩诗大量用"陵"字,此从"陵"。

顾嗣立《集注》:"《诗·小旻》(《小雅》):'翕翕訾訾。'"按:孔疏:"翕翕(按:今《诗经》为'潝潝')为小人之势,是作威福也。"此指大雪陵逼万物,是作威作福也。童《校诠》:"第德案:诗:翕翕訾訾,毛传:翕翕然患其上,释文:尔雅云:翕翕訾訾,莫供职也,韩诗云:不善之貌,与公诗意不合。说文:翕,起也,从羽合声,段曰:翕从合者,鸟将起必敛翼也,文选:谢玄晖和伏武昌登孙权故城诗:鹊起登吴台,李注:起,飞也。此诗翕翕状雪飞。一曰翕为潝之省借,说文:潝,水流(依段补)疾声,翕翕言雪疾下也。"

厚载:魏本:"孙曰:'厚载,地也。'"徐震《诠订》:"《易》:'坤厚载物。'"按:此句谓大雪堆积,压迫大地。

⑩哗哗弄阴机:哗哗,雪下的声音。魏本:"祝曰:'哗,喧也。'"程学恂《韩诗臆说》卷二:"'翕翕''哗哗'二语,穷神尽相,与《岳阳楼》'阳施''阴闭'等,皆乾坤有数之句。"按:阴机,雪也。《中文大辞典》引韩诗为例。诸辞书未收此条。全诗重在写雪,而"崩腾"以下十句皆赋雪舞之状,看得见,触得着,真写雪之能手。

⑪丰年祥:魏本:"孙曰:《诗》(《诗·小雅·信南山》)传:'丰年之冬,必有积雪。'"按:丰年之祥瑞也。中原人俗谓:"麦盖三层被,庄稼佬搂着馒头睡。"《初学记》卷二张正见《应衡阳王教咏雪诗》:"九冬飘远雪,六出表丰年。"

庶几:估量之词,差不多。或谓韩公此云瑞雪兆丰年,不知春雪之危害;实则为借别人语,表希望之意,非不懂也,读"寒气不肯归"句可知。

⑫"善祷"二句:魏本:"孙曰:《礼记》(《檀弓下》):'晋献文子成室,张老曰:歌于斯,哭于斯。君子谓之善颂善祷。'"按:此借以表明韩公为友祷告祝愿其平安也。寸,心也;寸诚谓心诚也。结在送行祝福上。蒋之翘《辑注》:"结得有感慨。"

【汇评】

宋黄震：《辛卯雪》"万玉妃"之句，《李花》"万堆雪"之句，《寄卢仝》"犹上虚空跨骆驵"之句，《醉留东野》"为云""为龙"之句，皆立怪以惊人者。（《黄氏日抄》卷五九）

明蒋之翘：古丽，特工为形似之语。（《韩昌黎集辑注》）

清朱彝尊：佳处亦在生硬。（顾嗣立《昌黎先生诗集注》卷五）

清汪师韩：自谢惠连作《雪赋》，后来咏雪者多骋妍词。独韩文公不然，其集中《辛卯年雪》一诗有云："翕翕陵厚载，哗哗弄阴机。生平未曾见，何暇论[议]是非？"《咏雪赠张籍》一章有云："松篁遭挫抑，粪壤获饶培。隔绝门庭遽，挤排陛级才。岂堪神岳镇，强欲效盐梅。""日轮埋欲侧，坤轴压将颓。""鱼龙冷蛰苦，虎豹饿号哀。"所以讥贬者甚至。又《酬崔立之咏雪》一章有云："泯泯都无地，茫茫岂是天？崩奔惊乱射，挥霍讶相缠。不觉侵堂陛，方应折屋橡。"亦含讽刺，岂直为翻案变调耶？尝考雪之咏于《三百篇》者凡六，若《采薇》，遣戍役也，曰"今我来思，雨雪霏霏"。《出车》，劳还率也，曰"今我来思，雨雪载涂"。俱不过纪时语耳。《信南山》一诗，刺幽王不能修成王之业，而因追思成王之时，曰"上天同云，雨雪雰雰"，言丰年之冬，必有积雪，以明泽之普遍焉。此犹于比兴之义无与也。其他若《邶》之《北风》，刺虐也，曰"北风其凉，雨雪其雱"，则以喻政教之酷暴矣。《頍弁》，诸公刺幽王也，曰"如彼雨雪，先集维霰"，则以比政教之暴虐，自微而甚矣。《角弓》，父兄刺幽王也，曰"雨雪瀌瀌，见晛曰消"，则又以雪比小人多，而以日能消之，喻王之诛小人矣。其后张衡《四愁诗》，效屈原以美人为君子，以珍宝为仁义，以水深雪雰为小人。韩公之放才歌谣，正是《诗》《骚》苦语。（《诗学纂闻》）

清李黼平：傅色揣称，发《雪赋》之所未发，可谓奇特。其用意乃在"翕翕陵厚载，哗哗弄阴机"四韵，起句"寒气不肯归"，已伏脉矣。退之奇崛处易学，此等处难及也。（《读杜韩笔记》）

程学恂：公诸咏物诗，每以神而不以象，多有欧、苏不能到处。（《韩诗臆说》卷二）

醉留东野①

贞元十四年

据诗"东野不得官"句推断,当写于孟选为溧阳尉前。贞元十二年(796),孟中进士,贞元十七年(801)选为溧阳尉。贞元十三年(797)来汴州寄居。贞元十四年(798)春离汴,时韩为汴州观察推官,赋诗留别。韩在长安应试时结识孟,因身世遭遇相似,艺术志趣相同,结成了深厚友情。诗正表现了他对东野的倾慕,朋友间的真挚情感。该诗几乎全用比喻,以李、杜比二人的友谊和命运;以青蒿自比,青松比东野;以云自比,龙比东野。愿永世相挈,云游四方。恰切而奇特的比喻,形成了这首诗新颖奇崛的风格,形象具体,生动感人。故朱彝尊说这首诗:"粗粗莽莽,肆口道出,一种真意,亦自可喜。"

昔年因读李白杜甫诗②,长恨二人不相从③。吾与东野生并世④,如何复蹑二子踪⑤?东野不得官⑥,白首夸龙钟⑦。韩子稍奸黠⑧,自惭青蒿倚长松⑨。低头拜东野,愿得始终如駏蛩⑩。东野不回头,有如寸筳撞巨钟⑪。吾愿身为云,东野变为龙⑫。四方上下逐东野,虽有别离何由逢⑬。

【校注】

① 题:魏本:"樊曰:'元和六年公为河南令作。'"又:"唐曰:'东野前一年方罢河南水陆转运从事,故云。'"文《详注》:"《补注》:'元和二年,公为河南令所作。'"王元启《记疑》谓元和元年作,曰:"公《荐士》诗作于元和元年九月,时东野已去溧阳尉,在京参调无成,故有'久无成'及'决焉去'等句。此云'不得官''不回顾(头)',是未受水陆从事之辟,正当告归之时。疑《荐士》诗即继是而作,皆

（元和）元年九月事也，旧注因编次《辛卯年雪》之后，定为六年所作，盖由臆论。又东野水陆从事之罢，乃因母丧去职。此诗所云，不似居丧情景。据李翱《来南录》，翱于四年正月，吊孟东野于洛东。东野以元和九年，后其母五年而卒，则母丧去职，当在四年己丑，为辛卯之前二年，不得云前一年。唐说亦谬。"王鸣盛《蛾术编》卷七六："东野以贞元十一年为溧阳尉。去尉二年，郑馀庆尹河南，奏为水陆转运从事。此云'不得官'，当是未作尉以前。而《年谱》乃编于元和六年，其时东野已得从事。或云已罢，故云'不得官'，恐非。"连鹤寿《蛾术编附按》："《新唐书·孟郊传》云：'年五十，得进士第，调溧阳尉。县有投金濑平陵城，林薄蒙翳，下有积水。郊间往坐水旁，裴回赋诗，而曹务多废。令白府，以假尉代之，分其半俸。'据《登科记》，东野及第在贞元十二年，然则贞元十一年尚未为溧阳尉也。东野为郑馀庆留府宾佐，在元和二、三年间，去及第时已十一二年。若是贞元十一年即为溧阳尉，当非去尉二年即为水陆转运从事也。此诗云'东野不得官'，方世举以为'前一年罢水陆转运从事'，容或有之。但本传云：'卒年六十四。'若依《登科记》计之，在元和五年。则此诗不得编于六年。"夏敬观《孟东野先生年谱》云："诗云：'东野不得官，白首夸龙钟。'先生是年（元和六年）尚居母忧，宁有醉留而又叹其不得官之理。当是元和七八年所作也。"钱仲联《集释》："公诗明云'东野不得官'，是必作于东野未为溧阳尉及水陆转运从事之前。樊注元和六年，夏谱元和七、八年之说，皆非也。王元启知其非元和六年作，而以为作于元和元年九月，则仍在为溧阳尉之后，无解于'不得官'一语。王鸣盛以为当作于未为溧阳尉以前，是矣。而误以东野于贞元十一年为溧阳尉，致来连鹤寿之驳。今据公所为《东野墓志铭》，称其从进士试，既得即去。间四年，来选为溧阳尉。则东野于贞元十二年登第，后至十七年，始来选为溧阳尉。其在贞元十四年春以前，方客游汴州。夏氏《东野年谱》已有考定。然则十四年春，东野离汴南行，赋诗别公，及为《远游联句》之时，固尚未为溧阳尉也。此诗当亦作于同时，未段亦含有惜别之意。"按：钱说有理。元和以后均在孟为溧阳尉之后，与诗"东野不得官"事不合。孟郊（751—814），字东野，湖州武康（今浙江省德清县）人。少隐嵩山，贞元十二年中进士，贞元十七年任溧阳尉。县有投金濑平陵城，林薄蒙翳，下有积水。郊间往坐水旁，徘徊赋诗，公务多废。县令呈请府君，以假尉代之，分其半俸。后应郑馀庆之聘，为河南水陆转运从事、试协律郎。元和九年卒。一生穷困潦倒，是唐代著名的苦吟诗人。

② "昔年"句：李白（701—762），字太白，盛唐伟大的浪漫主义诗人。杜甫（712—770），字子美，盛唐伟大的现实主义诗人。两人为诗坛好友。

③ 长恨二人不相从：李杜二人虽是好友，但一生仅相遇三次，时间也不算长，不能终身相从也。顾嗣立《集注》："《杜子美集》有《送孔巢父》诗云：'南寻禹穴见李白，道甫问讯今何如？'又《不见》诗云：'不见李生久，佯狂真可哀。'又《春日忆李白》诗云：'何时一樽酒，重与细论文？'《李太白集》有《送杜二》诗云：'何时石门路，重有金樽开？'又《沙邱城下寄杜甫》诗云：'思君若汶水，浩荡寄南征。'所谓二人不相从也。"

④ 生并世：孟郊生于玄宗天宝十载，卒于宪宗元和九年；韩愈生于代宗大历三年，卒于穆宗长庆四年。孟长韩十七岁，俱中唐诗人，共创"韩孟"诗派。

⑤ 蹑（niè）二子踪：重走李杜走过的路。王十朋《梅溪王先生文集》后集卷二七《送喻叔奇尉广德序》："韩退之之留孟东野也，其诗有曰……某初疑退之言为夸，及观城南诸联句，豪健险怪，其笔力略相当。使李、杜复生，未必不引避路鞭也。然后知'复蹑'之语为非过。又读其末章有曰'吾愿身为云……'于是又知二公心相如，气味相得，至欲相与为云龙而不忍有离别，真可谓古之善交者。"

⑥ 不得官：没有得到官职，仍是白衣。韩公《贞曜先生墓志铭》："年几五十，始以尊夫人之命来集京师，从进士试，既得，即去。间四年，又命来选，为溧阳尉。"时东野五十一岁，故有下句"白首夸龙钟"。

⑦ 白首：白头。龙钟，衰老疲惫貌。皆指东野，时年四十八岁。方《举正》："董彦远曰：龙钟是潦倒意。当作'躘踵'，小儿行貌。王彦宾曰：文士用躘踵字，多作龙钟，从省文也。卢仝诗（《自咏》）有'卢子躘踵也，贤愚总莫惊'。"魏本："韩曰：苏鹗《演义》：'龙钟，不翘举之貌。如氂髿、拉搭之类，他说皆非。"文《详注》："《苏氏演义》云：龙钟，不昌炽，不翘举之貌，如氂髿、拉搭、瀣冻之类，它说皆非。《湘素杂记》云：古语有声合为一字者，从西域二合之音，盖切字之义。常怪世之学者殆不晓龙钟、老（潦）倒之义，二三其说，杂然不一，余谓正如二合之音是也。龙钟切为癃字，潦倒切为老字，谓之老羸癃疾者，即以龙钟、潦倒目之，其义取此。《苏氏演义》谓龙钟有以反字之音而呼者，正与余意合。而李济翁《资暇集》云：'钟即涔耳，涔与钟并蹄足所践处，则龙之致雨上下所践之钟，固淋漓溅淀。'恐误也。"夸龙钟，倚老卖老也。

⑧ 韩子：韩愈自称。奸黠（xiá），聪明而狡猾。《全唐诗》卷四二二元稹《梦游春七十韵》："石竹逞奸黠，蔓青夸亩数。"程学恂《韩诗臆说》卷二："'韩子稍奸黠''苏轼劾程奸'，诸儒遂愤骇不已，试看韩子，却自认何等胸量。"

⑨ 青蒿：韩愈自称，指野地常生的蒿草。顾嗣立《集注》："《尔雅》（《释草》）：'蒿，菣也。'"郭璞注："今人呼青蒿，香中炙啖者谓菣。"长松，比喻孟郊。方世举《笺注》："《诗·頍弁》（《小雅》）：'茑与女萝，施于松上。'"按：意谓：茑草、葛藤依附松柏。《世说新语·容止》："魏明帝使后弟毛曾与夏侯玄共坐，时人谓'蒹葭倚玉树'。"魏本："《补注》：《邵氏闻见录》云：刘仲原父戏欧阳曰：永叔于韩文有公取，有窃取，窃取者无数。公取者粗可数，永叔《赠僧》云'韩子亦尝谓收敛加冠巾'，乃退之送僧澄观'我欲收敛加冠巾'也。永叔《聚星堂燕集》云：退之尝有云'青蒿倚长松'，乃退之《醉留东野》'自惭青蒿倚长松也'。"

⑩ 駏蛩（jù qióng）：魏本："樊曰：'孔子曰：北方有兽，名曰蟨，爱蛩蛩駏驉，食得甘草，必啮以遗蛩蛩駏驉。见人将来，必负蟨以

走。蹶非爱驱蛩也,为其假足。二兽亦非心爱蹶也,为其得甘草而遗之也。夫禽兽犹知此假而相报也,况士君子之欲名利者呼?'"钱仲联《集释》:"按:《尔雅》作邛邛岠虚,《吕览》《韩诗外传》作蛩蛩距虚,《说苑》作蛩蛩巨虚。邛邛为省文,驱驉为别体也。"童《校诠》:"姜宸英曰:依文义当作蹶蛩。第德案:孔子曰,廖本、王本作孔丛子,今孔丛子无此文。李慈铭曰:今人喻患难相依,多用蛩驱,其实本当作蹶驱或蛩蹶也。又曰:王符潜夫论实边篇:内人奉其养,外人御其难,蛩蛩距虚,更相恃仰,乃俱安存,后人相沿误用,实始于此。按:姜李说是,公盖承用王说。说文作蛩蛩巨虚,邛邛为借字,驱驉为后出字。巨亦作岠、岠,岠,借字,岠,后出字。尔雅释文:驱本或作岠,又作狂,驉本作虚,又作獹。是陆本作驱驉,狂獹皆后出字。蹶,郭注作麏,借字。"按:古籍异体字多矣,或本字,或假借,或书写之变,或后出会意增减笔画者。可见汉字规范、简化,势在必然;古往今来,繁体字很多,不知恢复到哪种字体才好。驱蛩,传说中的动物。指驱驉和蛩蛩,驱驉,似骡而小,它与一种蹶(jué)的动物相互依存,生活得很好。蛩蛩,状如马。《淮南子·道应训》:"北方有兽,其名曰蹷。鼠前而兔后,趋则顿,走则颠。常为蛩蛩驱驉取甘草以与之。蹷有患害,蛩蛩驱驉必负而走。此以其能托其所不能。"《汉书·司马相如传·子虚赋》注:"张揖曰:'蛩蛩,青兽,状如马。距虚似骡而小。'郭璞曰:'距虚即蛩蛩,变文互言耳。'"王符《潜夫论·实边》:"内人奉其养,外人御其难,蛩蛩距虚,更相恃仰,乃俱安存。"公语出此。

⑪莛:草茎,韩愈以寸莛自比,以巨钟比孟郊。说东野决心离开汴州,他挽留不住犹如寸草撞大钟不见反响。韩公《答张彻》诗:"微诚慕横草,琐力摧撞莛。"则公诗两用"莛"自比,或谓作"筳",则非。刘向《说苑》:"子路曰:'建天下之鸣钟而撞之以梃,岂能发其声乎哉?'"东方朔《答客难》云:"以莛撞钟。"公事出《说苑》,而字用《答客难》。故作"莛"字是。

⑫吾愿身为云:吾,游本作"我"。诸本作"吾",从之。

魏本:"韩曰:取《易》'云从龙'之义。"二句意谓:我愿化为云,让东野化为龙,而欲与东野永远相随在一起。上引《易》,为《易·乾卦》:"子曰:'同声相应,同气相求。水流湿,火就燥,云从龙,风从虎。圣人作而万物睹。'"

⑬别离:方《举正》据唐本作"离别",云:"谢校。"朱《考异》:"离别,或作'别离'。"宋白文本、廖本、王本作"离别"。文本、祝本、魏本作"别离"。二者均通,据韩公此送别诗意作"别离"。钱仲联《集释》:"苏武诗(《文选》卷二九《苏子卿诗四首之二》):'愿为双黄鹄,送子俱远飞。'公意所本也。"何由逢,什么机缘才能再相逢呢?与张籍《赠别孟郊》诗"安得在一方,终老无送迎"同意。童《校诠》:"姜宸英曰:末句意殊不合,恐有误。第德案:行者、留者,行者不能止,留者不能行,天各一方,故有离别。末句承上句上下四方逐东野来,留者寻逐行者不舍,则无离别矣。语意明白无误。"钱、童说是。此谓有别无逢也,痛惜离别也。乃韩公之自家语,不能以俗常解之。何焯《批韩诗》:"奇趣。"

【汇评】

宋王十朋:《送喻叔奇尉广德序》:韩退之之留孟东野也,其诗有曰:"昔年因读李白杜甫诗,长恨二人不相从。吾与东野生并世,如何复蹑二子踪。"某初疑退之言为夸,及观城南诸联句,豪健险怪,其笔力略相当。使李、杜复生,未必不引避路鞭也。然后知"复蹑"之语为非过。又读其末章有曰:"吾愿身为云,东野变为龙。四方上下逐东野,虽有别离何由逢。"于是又知二公心相如,气味相得,至欲相与为云龙而不忍有离别,真可谓古之善交者。(《梅溪王先生文集》后集卷二七)

明俞弁:人之于诗,嗜好往往不同。如韩文公《读孟东野》诗,有"低头拜东野"之句。唐史言退之性偏强,任气傲物,少许可。其推让东野如此。坡公《读孟郊诗》有云:"初如食小鱼,所得不偿劳;又如食蟛蜞,竟日嚼空螯。"二公皆才豪一世,而其好恶不同若此。

元遗山有云:"东野悲鸣死不休,高天厚地一诗囚;江山万古潮阳笔,合卧元龙百尺楼。"推尊退之而鄙薄东野至矣。此诗断尽百年公案。(《逸老堂诗话》卷上)

清毛先舒:韩诗"吾欲身为云,东野变为龙"。空同"子昔为云我作龙"本此。然韩谦而李倨,亦似故欲避其意耳。(《诗辩坻》卷三)

清朱彝尊:粗粗莽莽,肆口道出,一种真意,亦自可喜。(顾嗣立《昌黎先生诗集注》卷五)

清沈德潜:韩子高于孟东野,而为云为龙,愿四方上下逐之。欧阳子高于苏、梅,而以黄河清、凤凰鸣比之。苏子高于黄鲁直,而己所赋诗云"效鲁直体"以推崇之。古人胸襟,广大尔许!(《说诗晬语》卷下)

清王鸣盛:《醉留东野》:东野以贞元十一年为溧阳尉。去尉二年,郑馀庆尹河南奏为水陆转运从事。此云"不得官",当是未作尉以前。而《年谱》乃编于元和六年,其时东野已得从事。或云已罢,故云"不得官",恐非。(《蛾术编》卷七六)

张鸿:设想奇,造句亦奇。公之诗与文,其用笔同出一机轴。(钱仲联《韩昌黎诗系年集释》卷一)

程学恂:公之倾倒于东野,至矣。乃后世之知重公者,或不足东野,何其陋耶。(《韩诗臆说》卷二)

李花二首①

元和六年

元和六年(811)春作,自去冬任河南令至今,仍在洛阳。第一首写他独游,以梨花与李花对比,梨花的"矜夸"与李花的"惨惨含嗟",似有寓意。第二首写他与张彻、卢仝同游,月夜同赏李花。无论是写李花的"芳意""碧实";还是写盛开李花的"缟裙练帨""静濯明妆""清寒莹骨",都表现了韩公对洁白如玉的李花怀有特殊的感情。韩愈性格骨鲠,不落流俗。世人喜的是红花粉黛,故白居易有"白花冷淡无人爱"之叹。韩公独喜李花的"清寒莹骨",表现了他"一生思虑无由邪"的高洁情操。诗在写法上,状李花之妙,形肖神似,突出了李花的性格。语言平淡味厚,极有风致。开韩诗别一境界。

其 一

平旦入西园②,梨花数株若矜夸③。旁有一株李,颜色惨惨似含嗟④。问之不肯道所以⑤,独绕百匝至日斜⑥。忽忆前时经此树,正见芳意初萌芽⑦。奈何趁酒不省录⑧,不见玉枝攒霜葩⑨。泫然为汝下雨泪⑩,无由反筛羲和车⑪。东风来吹不解颜⑫,苍茫夜气生相遮⑬。冰盘夏荐碧实脆⑭,斥去不御惭其花⑮。

【校注】

①题:方《举正》题作"李花",云:"此二诗也。自'当春天地争奢华'以下分焉。前乃株李,后篇乃醉于群李之下。意义甚明,编者误合而一之。"朱《考异》:"诸本作一首。(下引方语)"宋白文本、文本、祝本、魏本作"李花",不分首。廖本、王本作二首,今从之。

魏本:"樊曰:公元和初在江陵,有《李花赠张十一》,又有《寒食日夜归酬张十一李花》之什,所谓'不忍千株雪相映'是也。至是元和六年(811)为县河南而作。此诗自'夜领张彻投卢仝'而下,其所以状李花之妙者至矣。苏内翰《梅》诗举此云:'缟裙练帨玉川家,肝胆清新冷不邪。秾李争春犹办(辨)此,更教踏雪看梅花。'亦一奇也。"文《详注》:"《补注》:公元和初在江陵,有《李花赠张十一》,又有《寒食夜归张十一示病中忆花》之什,亦咏李花。至是元和六年为河南令而作此诗,故有'洛阳园苑尤纷挐'之句。其曰'夜领张彻投卢仝'至'一生思虑无由邪',其所以状李花者至矣。苏轼《梅》

诗举此云：'缟裙练帨玉川家，肝胆清新冷不邪。秾李争春犹辨此，更教踏雪看梅花。'亦一奇也。"

②平旦：蒋抱玄《评注》："平旦，犹言平明也。"按：盖日上其中者，日由地中上，鸡初鸣也；旦日者，日初出也。

③矜夸(kuā 苦瓜切，平，麻韵)：钱仲联《集释》："《史记·刘敬叔孙通传》：'此宜夸矜。'集解：'韦昭曰：夸，张也。'"按：矜夸，自我炫耀。《书·毕命》："骄淫矜夸，将由恶终。"夸，夸大，炫耀。北齐颜之推《颜氏家训·文章》："孙楚矜夸凌上，陆机犯顺履险。"此诗入"麻"韵。

④惨(cǎn)惨：蒋抱玄《评注》："《诗》：'我心惨惨。'"按：惨惨，内心忧伤，颜色惨淡。《诗·小雅·正月》："忧心惨惨，念国之为虐。"《文选》卷一一，三国魏王粲《登楼赋》："风萧瑟而并兴兮，天惨惨而无色。"嗟，叹词，表忧伤之感。《诗·周南·卷耳》："嗟我怀人，置彼周行。"

⑤问之不肯道所以：魏本："韩曰：此暗使'桃李不言，下自成蹊'事，见《汉书·李广赞》。老杜《哀王孙》诗：'问之不肯道姓名。'"按：问之，动宾词组，之，代词，指李花。不肯道所以，不肯说出"含嗟"的原因。

⑥独绕百匝至日斜：顾嗣立《集注》："《文选》魏武帝《短歌行》：'绕树三匝，何枝可依。'"按：此句指诗人自己一个人终日绕着李树转。百匝，百周，百圈。曹操《短歌行》："绕树三匝，何枝可依。"日斜，日西下。此句表现韩愈惜李的心情。暗用杜甫《百忧集行》"一日上树能千回"句的写法。

⑦正见芳意初萌芽：方《举正》据蜀本作"牙"，云："今本'牙'多作'芽'。《汉传》(《汉书·东方朔传》)如'朱草萌牙'(《汉书·金日磾传》)'事有萌牙'，无用'芽'字者。"朱《考异》："牙，或作'芽'。(下引方语)"南宋监本原文作"芽"。文本、潮本、浙本、祝本、魏本作"芽"。宋白文本、廖本、王本作"牙"。二字虽通，但按韩公意当作"芽"。童《校诠》："第德案：说文：芽，萌芽也，萌芽字自应作芽，

汉书作牙，为假借字。如僮曚易作童蒙，桃杅诗作桃夭，椮差诗作参差，梳比字汉书作疏，恭敬之恭，经典多作共，皆自有本字，不应以有假借字，便谓不必用本字也。即以汉书言之，试举郊祀歌为例，帝临：兴文匽武，青阳：岩处顷听，西颢：隅辟越远，玄冥：屮木零落，景星：依韦昭飨，朝陇首：雷电寮，象载瑜：六紒员，匽、顷、辟、屮、韦、寮、员，皆为偃、倾、僻（一云当作廦）、艸、违、燎、纭之借字。而练时日天门、华烨烨之三斿字皆为游之隶省（说文无斿字），帝临：穆穆优游即作游可证。古籍用芽字者：礼记月令：仲春之月，安萌芽；周礼薙氏：掌杀草，春始生而萌之；杜子春云：萌谓耕反其萌芽；关尹子四辅篇：核芽相生；吕氏春秋大乐篇：萌芽始震，凝寒以形；扬雄扬州牧箴：祸如丘山，本在萌芽（说本桂未谷），皆用萌芽，或芽字。公卢郎中云夫寄示送盘谷子诗两章歌以和之：有馈木蕨芽满筐；春雪诗：二月初惊见草芽；独钓：水长减蒲芽；次邓州界：早晚王师收海岳，普将雷雨发萌芽；殿中少监马君墓志：兰茝其芽，亦作芽。"按：童说是。初萌芽，刚生出芽。

⑧ 奈何趁酒不省录：沈钦韩《补注》："《汉书·胶西于王传》：'遂为无訾省。'苏林云'为无所省录'也。"按：趁酒，借酒兴，即借着酒兴。趁着啥，乃中州人口语，而今常用。不省录，省是察看，录是笔录。此句意谓：如趁着酒兴一样，未趁"芳意初萌芽"时，用诗把李花的风采写下来。

⑨ 不见玉枝攒霜葩：玉枝，方《举正》据蜀本作"玉枝"，云："曾、谢校。"朱《考异》："枝，或作'杖'。"南宋监本原文作"杖"。宋白文本、祝本、魏本作"枝"，注："一作'杖'。"文本作"杖"，注："一作'枝'。"按文意当作"枝"。攒霜葩，文《详注》："葩，华也，音披加切。"按：积聚李的白花。魏本注："攒，聚也，音巑。"

⑩ 泫然为汝下雨泪：泫然，涕泪交流貌。《礼记·檀弓》："孔子泫然流涕。"汝，指李花。此句谓：诗人为李花的遭遇涕泪交流。

⑪ 无由反斾羲和车：文《详注》："羲和，日母也。车，音冒遮切。"此句意谓：无法使羲和驾的日神之车倒转，比喻时光不能倒

转。反旆,旆乃古代旗饰,代表旗子,即日神的车队,反旆即回车。羲和,为日神驾车的御手。《左传》宣公十二年:"令尹南辕反旆。"杜预注:"旆,军前大旗。"

⑫ 解:宋白文本、王本、游本作"改",非。今从文本、祝本、魏本、廖本作"解"。

不解颜:不能解开笑颜,即不能消除愁容,比喻李花颜色惨惨。《列子·黄帝篇》:"列子师老商氏……五年之后,心庚念是非,口庚言利害,夫子始一解颜而笑。"《文选》卷三四曹植《七启》之三:"雍容闲步,周旋驰耀。南威为之解颜,西施为之巧笑。"

⑬ 生:甚词,唐时口语,偏也,硬也,很也。今中州人仍用,如生把好人家拆散。张相《诗词曲语辞汇释》卷二:"生,甚辞,犹偏也,最也,只也,硬也……韩愈《李花》诗:'东风来吹不解颜,苍茫夜气生相遮。'生相遮,犹云偏相遮。"

⑭ 冰盘夏荐碧实脆:意谓:夏天用洁白的玉盘捧出碧绿脆甜的果实(李子)。夏荐,夏天奉献果实叫夏荐;春天奉献果实叫春荐。唐王维《敕赐百官樱桃》:"才是寝园春荐后,非关御苑鸟衔残。"《文选》卷二六谢朓《在郡卧病呈沈尚书》:"夏李沉朱实,秋藕折轻丝。"以上云云如朱彝尊《批韩诗》:"细玩似是比意,第不知何比。"

⑮ 斥去不御惭其花:方《举正》:"张衡《思玄赋》'斥西施而不御',语原此也。唐本'斥去'作'片云',虽令狐氏本亦未免有误也。"朱《考异》:"斥去,或作'片云',或作'云去',或作'斥逐'。……或本皆误也。"祝本注曰:"一作'逐去',一作'斥逐'。"宋白文本作"斥去",注:"一作'片云'。"文本作"斥去",注:"斥,一作'逐'。"魏本作"斥去",注:"一作'云去',一作'斥逐'。"今从方、朱说作"斥去"。

朱彝尊《批韩诗》:"语法生而不硬,有一种清味。"程学恂《韩诗臆说》卷二:"第一首结语'冰盘夏荐碧实脆,斥去不御惭其花'拙致可喜。"此句谓:因为对不起李花,所以不忍吃其果实。斥去,拒绝。

御,用,吃。奇而不怪,生而不硬,此韩公创新手法也。

【汇评】

清李黼平:于草木偶不省录,自惭无地。花如解语,亦当谓可以不恨。(《读杜韩笔记》)

清陈沆:《楚辞》《离骚》"惟草木之零落兮,恐美人之迟暮",言贤者当及其盛年而用之也。梨花若矜夸,谓物之得时者。"李色惨惨似含嗟",谓物已过时者。"忽忆前时经此树"云云,谓吾不能早知子,至今而晚知之,则已负其芳华之年也。夏荐碧实,惭不忍御,所谓臣壮既不如人,今老复何能为,此用人者之所当愧也。负其春华用其秋实且不可,况并秋实而负之哉!(《诗比兴笺》卷四)

其 二

当春天气争奢华①,洛阳园苑尤纷拏②。谁将平地万堆雪③,剪刻作此连天花④?日光赤色照未好,明月暂入都交加⑤。夜领张彻投卢仝⑥,乘云共至玉皇家⑦。长姬香御四罗列⑧,缟裙练帨无等差⑨。静濯明妆有所奉⑩,顾我未肯置齿牙⑪。清寒莹骨肝胆醒⑫,一生思虑无由邪⑬。

【校注】

① 当春:正值春天,或曰今春。杜甫《春夜喜雨》:"好雨知时节,当春乃发生。"争奢华,争奇斗妍。查《全唐诗》,韩公前罕见有用之者,之后多见。如卷六九七韦庄《和郑拾遗秋日感事一百韵》"覆悚非无谓,奢华事每详",卷七二九周昙《后汉门·鲍宣妻》"君恶奢华意不欢,一言从俭亦何难",卷七四八李中《经废宅》"一梦奢华去不还,断墙花发岂堪看",卷七四九李中《红花》"染出轻罗莫相贵,古人崇俭诚奢华"等皆同韩诗。

② 纷拏:方《举正》据蜀本作"挐",云:"董彦远曰:挐,从如,今

人从奴。《唐韵》以挐为或体,非也。考相如《子虚赋》、王逸《九思》纷拏字只从如。"朱《考异》:"纷挐,挐,或作'拏'。(下引方语)今按:《说文》(手部):'拏,从奴,牵引也。''挐,从如,持也。'古书作挐,盖通用。"南宋监本原文作"拏"。文本、潮本、浙本、魏本作"拏"。宋白文本、祝本、廖本、王本作"挐"。文《详注》作"拏",云:"纷拏,言多也,音女加切。"方成珪《笺正》:"相如《大人赋》:'骚扰纷挐。'师古注:'挐音女居反。'《九思·悼乱章》:'殽辞兮纷挐',叶下绚,亦此音。许氏《说文》不知何时合挐、拏二字而同以女加切音之。今段氏校正云'拏,牵引也,女居切;挐,持也,女加切',则二字音义判然矣。此当从或作为是。"钱仲联《集释》:"纷挐之拏,当从奴。"童《校诠》:"第德案:廖、王、祝三本皆作挐,应从奴作拏。史记卫青传:汉与匈奴相纷挐,正义:三苍解诂云:纷挐,相牵也,为说文拏,牵引也所本,小徐本有一曰已也四字,已为巴之坏字,韵会作把可证。汉书作纷挐,颜注:乱相持搏也,以乱释纷,以相持搏释挐,兼用说文挐,持也之义。严安传:祸拏而不可解,颜注:拏,相连引也,扬雄传:攫拏者亡,颜注:妄有搏击牵引也,以连引,牵引释拏,可见二字通用。玉篇挐引说文持也,拏下云:手拏,拏即把义。可见说文相传如此。段氏说文拏、挐说解互易,无据,王篯友已非之,方雪斋反谓段校音义判然,未为审谛。公此诗皆用麻韵,如作拏,拏在鱼韵,不应旁出。麻、鱼古音相近,故挐、拏得通借,本篇自应作拏。董氏非唐韵以挐为拏之或体,而谓挐应从如,按:广韵九麻:拏,牵也;挐,丝絮相牵也,又女书切,未尝以挐为拏之或体。挐、拏异字异义,不应废拏作挐。九思悼乱王注云:君任佞巧,竞疾忠信,交乱纷挐也,纷挐即纷拏之借,拏,牵引也,故释挐为交乱。董氏不引史记,不究汉书别篇挐字之义,不考诸经籍及说文其它字书,遽弃拏存挐,不免率尔,方氏引之,不加是正,亦其失也。朱子挐、拏两存,引说文释二字之义云古书通用是也,未举例证,故为详之。"

按:方说非,童说是。《说文》段注:"按各本篆作挐,解作奴声。别有拏篆,解云持也,从手如声,女加切。二篆形体互讹,今正。挐字见于经者,僖元年'获莒挐'。三传之经所同也。其义则宋玉《九辩》曰:'枝烦挐而交横。'王注:'柯条纠错而崣嶷。'《招魂》:'稻粢穱麦,挐黄粱些。'王注:'挐,糅也。'王逸《九思》:'骰乱兮纷挐。'注:'君任佞巧,竞疾忠信,交乱纷挐也。'左思《吴都赋》:'攒柯挐茎。'李注曰:许慎注《淮南子》云:'挐,乱也。'凡若此等皆为牵引义为近。而《汉·霍去病传》:'昏,汉、匈奴相纷挐。'此与《九思》'纷挐'同。谓汉与虏相乱也。而师古注乃云:'纷挐,乱相持搏也。'以乱释纷,以相持搏释挐,大非语意。窃意其时《说文》已同今本,故颜从而傅会耳,盖其字本如声,读女居切,其义为牵引。"虽如此说,然当时已互用矣。纷挐(ná),纷乱错综。《淮南子·本经训》:"巧伪纷挐,以相摧错。"《史记·卫将军骠骑传》:"时已昏,汉、匈奴相纷挐,杀伤大当。"《汉书·霍去病传》作"纷挐"。颜师古注:"纷挐,乱相持搏也。"则二字通用。因韩诗用古麻韵,以作"挐"字为正。钱仲联《集释》作"挐",是。屈《校注》未解用韵,作"挈",误。

③ 谁将平地万堆雪:谁将,方《举正》:"谢本'堆'作'将',洪亦一作'将',然杭、蜀本皆作'堆'。"朱《考异》作"将",云:"将,方作'堆'。"文本、祝本、魏本作"堆"。宋白文本、廖本、王本作"将"。将,作"堆",与下"堆"字重,非;作"将"是,当与解。李白《鲁郡尧祠送窦明府薄华还西京》:"遂将三五少年辈,登高远望形神开。"岑参《太白胡僧歌》:"心将流水同清净,身与浮云无是非。"司空曙《早春游望》:"壮将欢共去,老与悲相逐。"万堆雪,形容李花盛开,多如隆冬时连天彻地堆积的白雪。

④ 剪刻:剪裁雕琢。以剪刻出雪花表冬之酷寒,风之锐利,语妙味足。《全唐诗》卷三○一王建《酬从侄再看诗本》:"眼暗没功夫,慵来剪刻粗。"又卷三九三李贺《艾如张》:"艾叶绿花谁剪刻,中藏祸机不可测。"连天花,表下雪态势,亦形象逼真。

⑤ "日光"二句:红艳艳的日光映照到李花上看时未见其好,初升的月光照到李花上花月交辉才更清丽怡人。暂,副词,刚也,初也。庾信《春赋》:"玉管初调,鸣弦暂抚。"入,进也。指月光照到

李花上。

⑥张彻(？—821)：郡望清河(今在山东武城西北)人，行大。元和四年(809)中进士为潞州从事，后为幽州判官。长庆元年(821)召为监察御史，为幽州节度使张弘靖挽留，七月兵乱，不屈而卒。与韩愈为师友，愈以侄女即韩俞之女妻之。韩公有《答张彻》诗、《故幽州节度判官赠给事中清河张君墓志铭》等。卢仝(约769—约813)，中唐著名诗人。号玉川子，族望范阳，实为河南济源人。早年曾居少室，客游扬州等地，后长期居洛阳。与韩愈为友，有《月蚀诗》，韩公有《月蚀诗效玉川子作》《寄卢仝》等。详见《韩愈大传》第四卷《卢仝传》。

⑦玉皇家：天宫。形容月下花间像玉皇大帝的宫殿一样洁白如玉。《庄子·天地篇》："乘彼白云，至于帝乡。"《全唐诗》卷八五六吕岩《七言》第十六首："不日成丹应换骨，飞升遥指玉皇家。"真神思幻想之海市蜃楼也。

⑧长姬香御四罗列：沈钦韩《补注》："《汉·旧仪》：'女御长如侍中。'《元后传》：'皇后有长御。'"按：《汉书·元后传》："微令旁长御问知太子所欲……长御即以为是。""旁侧长御以下皆垂涕。"长姬，本指皇宫里嫔妃宫女之长，此指月宫仙女。香御，宫女侍从。此句乃想象之词，写修美的仙女和馨香的侍御环绕排列。

⑨缟裙：素白色的裙子。《诗·郑风·出其东门》："缟衣綦巾，聊乐我员。"缟，白色。

练帨：魏本作"祝"。宋白文本、文本、祝本、廖本、王本作"帨"。童《校诠》从"祝"，云："第德案：祝、廖、王三本作帨。说文：帨，佩巾也，从巾自，所律切，帨，帨或从兑，又音税。仪礼有司彻：坐挩手，郑注：挩手者于帨，帨，佩巾，内则曰：妇人亦左佩纷帨，古文帨作税。说文：帗，礼巾，段曰：恐亦帨字，广雅已兼载帨、帗矣。是帨有作挩、税、帗者。此文祝字自应依廖、王、祝三本作帨。或祝当作税，假税为之，亦通，注同。祝注缟上当补诗字。"帨(shuì)，白色的佩巾，女子系在腹前，如今之围裙。《诗·召南·野有死麕》："无感我帨兮。"缟裙与素帨对文,以仙女穿着洁白如玉的衣裙、佩巾比李花。

⑩ 静濯明妆有所奉:静,通"净",洁净。《诗·大雅·既醉》:"其告维何,笾豆静嘉。"笺云:"是何故乎乃用笾豆之物? 洁清而美,政平气和,所致故也。"静濯明妆,净洗明妆,意有所奉。

⑪ 顾我未肯置齿牙:顾嗣立《集注》:"《宋书》(应为《南史·谢朓传》):'孔时尝令孔闰草让表,谢朓谓时曰:此子声名未立,应共奖成,无惜齿牙余论。'"置齿牙,讲话。齿牙,口头。《史记·刘敬叔孙通列传》:"此特群盗鼠窃狗盗耳,何足置之齿牙间。"《南史·谢朓传》:"士子声名未立,应共奖成,无惜齿牙余论。"韩公《再答柳中丞书》:"况此小寇,安足置齿牙间?"《汉语大词典》引韩愈文为证。此句谓:可是我却未肯说一句话。

⑫ 清寒莹骨肝胆醒:醒,祝本、魏本作"腥",非。宋白文本、文本、廖本、王本作"醒",是。钱仲联《集释》:"廖本、王本作'醒'。祝本、魏本作'腥',非是。"

按:谓清寒的境界使人莹骨透彻,肝胆清醒。清寒,形容"玉皇家"清洁寒素的意境。莹骨,晶莹彻骨。肝胆醒,使人肝胆清醒。童《校诠》:"第德案:说文无醒字,新附:醒解也,一切经音义十四引字林:醉解也,二十二引通俗文:醉除曰醒,是东汉末及晋人已用醒字。说文:醒,病酒也,一曰醉而觉也,诗节南山:忧心如醒,毛传:病酒曰醒,正义:说文云:病酒也,醉而觉,既醉得觉,而以酒为病,故言病酒也,是古醒字即以醒为之。世说任诞篇:伶跪而祝曰:天生刘伶,以酒为名,一饮一斛,五斗解醒,亦言饮五斗则觉以酒为病也。其它古籍少用之。腥,说文:星见食豕,令肉中生小息肉也,无假为醒者。公诗屡用醒字,感春:皎皎万虑醒还新;东都遇春:鸟唤昏不醒;北湖:应留醒心处;闲游:孤觉渠能醒,皆用醒字,自应从廖、王本作醒。一曰说文:姓,雨而夜除星见也,隶变作晴(即晴字),腥当为晴之误。朱骏声曰:姓假为星,诗定之方中:星言夙驾。按:郑笺:星,雨止星见。韩非子说林下:雨十日,夜星,夜星即夜牲。公纳凉联句,烦怀却星星,方崧卿举正云:蜀本作醒醒,刘梦得诗:自羞不足高阳侣,一夜星星骑马回,唐人星、醒通用。是暒即星字,作暒自通,共详之。"

⑬思虑无由邪:文《详注》:"西山居士作《思无邪堂记》云:'昌黎于花艳时喜李,数有妙语赏之曰:一生思虑无由邪,则非骚人辈玩好草木之所知也。"按:用《论语·为政》"子曰:'诗三百,一言以蔽之,曰:思无邪'"意。

【汇评】

宋樊汝霖:此诗自"夜领张彻投卢仝"而下,其所以状李花之妙者至矣。苏内翰《梅》诗举此云:"缟裙练帨玉川家,肝胆清新冷不邪。秾李争春犹办此,更教踏雪看梅花。"亦一奇也。(魏仲举《新刊五百家注音辩昌黎先生文集》卷五)

清朱彝尊:此二诗乃绝有风致,又与他诗迥别。只就一时所见光景写入骨髓,无所因袭,亦不强置,凿空撰出,真趣宛然,后鲜能继者。(顾嗣立《昌黎先生诗集注》卷五)

清陈沆:此章自言其志。奢华纷拏,世之所竞,君子不必避而去之。但愈置之纷华之中,而愈增其皜白之志,莹其清寒之骨,醒其肝胆思虑而无由邪。则道眼视之,无往非道也。"芳与泽其杂糅兮,惟昭质其犹未亏。"不然,出见纷华而悦,入见道德而悦,何年是战胜之日哉?此等咏花诗,肃肃穆穆,如对越在天,骏奔走在庙。《离骚》而下,无敢跂其仿佛。与《感春》诗皆昌黎最高之境。世人学韩,曾梦见此境否耶?(《诗比兴笺》卷四)

程学恂:第二首中间似有学玉川语,皆游戏耳。而公一生浩气大节,不觉流露。(《韩诗臆说》卷二)

汪佑南:朱竹垞谓:"第一首细玩似是比意,第不知何比。"诚哉比意之不易指明也。前首形容人之失意,暗指李藩。后首形容人之得意,指李吉甫。按《韩公年谱》,此诗作于元和六年。又考《通鉴》:是年正月,以李吉甫同平章事。二月,李藩罢为太子詹事。元和四年,裴垍荐藩有宰相器,擢藩为相,知无不言,上甚重之。诗"忽忆前时经此树,正见芳意初萌芽",藩之入相有为时也。"无由返旆羲和车"及"苍茫夜气生相遮",谓藩之罢相,由吉甫谮之。冰盘荐实,斥去不御,公之深恨吉甫也。次首发端数句,言李花之盛,正比吉甫之声势赫然,史载吉甫善逢迎上意,及专为悦媚,故有"长姬香御四罗列"数语。及"顾我未肯置齿牙"云云,公鄙夷其人,不肯交接,比意显然。妙在始终不说破,令人寻味无穷也。(《山泾草堂诗话》卷一)

招杨之罘一首①

元和六年

柏生两石间,万岁终不大;野马不识人,难以驾车盖②。柏移就平地,马羁入厩中③,马思自由悲,柏有伤根容④。伤根柏不死,千丈日以至⑤;马悲罢还乐,振迅矜鞍辔⑥。之罘南山来,文字得我惊。馆置使读书,日有求归声⑦。我令之罘归,失待柏与马⑧。之罘别我去,计出柏马下⑨。我自之罘归,入门思而悲。之罘别我去,能不思我为⑩?洒扫县中居,引水经竹间⑪。嚣哗所不及,何异山中闲⑫?前陈百家书,食有肉与鱼⑬。先王遗文章,缀缉实在余⑭。《礼》称独学陋⑮,《易》贵不远复⑯。作诗招之罘,晨夕抱饥渴⑰。

【校注】

① 题:之罘(fú 缚谋切,平,尤韵):方《举正》:"之罘,元和十一年进士。阁本作'之罕',字讹也。"朱《考异》引方说。

祝本："罖，音浮。《讳行录》云：'之罖行第八，元和十一年进士。之罖，一作'果之'。"魏本注："一作'录之'。"王本注："阁本作'之果'，字讹也。"按：皆形似致误。诸本均作"之罖"，是。

廖本有"一首"字。诸本无，从之。文《详注》："罖，音伏侯切。"魏本："韩曰：公为河阳（当为南）令，之罖自中山来，从公问学。公惜其归，以诗招之。《补注》：之罖，行第八，元和十一年进士。"文《详注》："《补注》：按《登科记》：'之罖登第在元和十一年。'公作河南县令时，盖未第也，故以诗招之，有柏马之喻。而后之工画者，遂作《柏石图》，陈季常家藏之。苏内翰为之铭（《柏石图诗》）曰：'柏生两石间，天命本如此。虽云生之艰，与石相终始。韩子俯仰人，但爱平地美。土膏杂粪壤，成坏几何尔。君看此槎牙，岂有可移理。苍龙转玉骨，黑虎抱金柅。画师亦何人，使我鬓毛起。当年落笔意，正若讥韩子。'原公诗意，其曰'柏移就平地'，盖以喻之罖始自山中来从公学问，以成就其才，故其后有'独学陋'，'不远复'之语，非谓以利迁也。若待槎牙而后徙，所谓时过然后学矣，览者无以为异。"《韩学研究·韩愈年谱汇证》系元和六年春，云：《洪谱》《顾谱》《方谱》等旧谱均系元和五年，钱、屈从之。"韩愈为河南令时之罖从南山中来问学，而后思归归山，韩愈因怜其才，想招之罖再来就学。韩愈五年冬任河南县令，之罖来去又招当有一个过程，费一定时日，故诗定于六年春作为宜"。元和十一年中书舍人李逢吉权知礼部贡举，擢进士三十三人。李逢吉二月入相，在榜成未放前，礼部尚书王播署榜代放。《唐诗纪事》卷四五："周匡物《及第后谢座主》云：'一从东越入西秦，十度闻莺不见春。试向昆山投瓦砾，便容灵沼洗埃尘。悲欢暗负风云力，感激潜生土木身。中夜自将形影语，古来吞炭是何人？'"又有《登科记考》卷一八元和十一年《及第谣》云："水国寒消春日长，燕莺催促花枝忙。风吹金榜落凡世，三十三人名字香。遥望龙墀新得意，九天敕下多狂醉。骅骝一百三十蹄，踏破蓬莱五云地。物经千载出尘埃，从此便为天下瑞。"朱彝尊《批韩诗》："浅语古调。"

② 车盖：方世举《笺注》："《释名》：'车盖在上，盖覆人也。'"按：此以车盖代车。这一用法，韩公先，后世沿用。元本高则诚《琵琶记·五娘到京知夫行踪》："此是弥陀寺，略停车盖。"清钱泳《履园丛话·杂记上·席宗玉》："元旦赠宗玉诗云：'家贫还甚侠，车盖敢相招。'"

③ "柏移"二句：魏本："樊曰：时之罘犹未第，故公以诗招之，有柏马之喻。而后之工画者，遂作为《柏石图》，陈季常家藏之。苏内翰为之铭（《柏石图诗》）云：'柏生两石间，天命本如此。'又云：'韩子俯仰人，但爱平地美。'又云：'君看此槎牙，岂有可移理。'原公诗意，盖以喻之罘游从问学，以成其才，故其下有'独学陋''不远复'之语，非谓以利迁也。若既槎牙而后移，则所谓时过然后学矣，览者无以为异。"方世举《笺注》："苏非驳韩，别有寄托耳。"程学恂《韩诗臆说》卷二："'生石间''不识人'喻不学也；'就平地''入厩中'喻学也。不可以辞害意。"

④ 柏有伤根容：方世举《笺注》："伤根：汉《古诗》（《古诗二首》之一）：'采葵莫伤根，伤根葵不生。'"顾嗣立《集注》："杜子美（《示从孙济》）诗：'刈葵莫放手，放手伤葵根。'"

⑤ 千丈日以至：方《举正》作"日已至"，云："阁作'已'。蜀作'以'。杭本作'不难至'，荆公、山谷皆从杭本。"朱《考异》："千，或作'百'。日以，或作'不难'。以，或作'已'。"按：方校刊《韩集》作"日以至"。宋白文本、文本、祝本、魏本作"千丈日已至"。文本注："日已至，一云'不难至'。"魏本注："千字，一作'百'。日已字，一作'日以'，一作'不难'。"廖本、王本作"以"。作"千丈日以至"，是。以、已，古通用。马、柏均比也。

⑥ 马悲罢还乐：罢，魏本作"疲"，注："罢，音疲。"宋白文本、文本、廖本、王本作"罢"。按：疲、罢（pí 符羁切，平，支韵），作疲困、软弱解音义同。《国语·吴语》："今吴民既罢，而大荒荐饥，市无赤米。"《韩非子·说林上》："魏攻中山而弗能取，则魏必罢，罢则魏轻。"《左传》成公十六年："奸时以动，而疲民以逞。"《后汉书·光武

帝纪》：" 中元二年，我自乐此，不为疲也。"

振迅矜鞍辔：方《举正》订"迅"字，云："三本同（阁、杭、蜀）。字见毛氏《七月》诗传。鲍照《鹤赋》亦见。"朱《考异》："迅，或作'顿'。"南宋监本原文作"顿"。宋白文本、廖本、王本作"迅"，注："一作'顿'。"文本、祝本、魏本作"顿"，注："一作'迅'。"今从"迅"。

文《详注》："言柏贵移植，马在调御也。"顾嗣立《集注》："《选》鲍明远《舞鹤赋》：'振迅腾摧。'"何焯《义门读书记》卷三〇："'柏生两石间'十二句，此即董子'常玉不琢不成文章，君子不学不成其德'指趣。"童《校诠》："第德案：诗七月：六月莎鸡振羽，毛传：莎鸡羽成而振讯之，释文：讯音信，本又作迅，同，陆音信，是以伸义释讯。鲍明远舞鹤赋：振迅腾摧。振迅字自有所本，方所举二例，皆为羽族。按：庄子马蹄篇：闉陀鸷曼，崔云：闉陀鸷曼，拒陀顿迟也；淮南子天文训：至于连石，御览引作顿于连石，又曰：至于悲泉，爰止其御，爰息其马；公元和圣德诗：四方节度，整兵顿马，是为马用顿字之证。李奇文选上林赋注：振，整也，是振顿即整顿，于义自通，应两存之。楚辞离骚：总余辔乎扶桑，王注：总，结也，说文：整，齐也，从攴，从束，从正，正亦声，臣错曰：束之，又小击之正。整从束，结、束同义，亦其一证。方氏每有改易，即抹揉原文，不如考异两字或诸字并存，校书例应如此。"

⑦"馆置"二句：即韩公《此日足可惜一首赠张籍》诗"留之不遣去，馆置城西旁"一段诗意。韩公惊叹之罘之文，而馆课读书。

⑧失待柏与马：方《举正》据阁本作"失待"，云："言失其所以待柏马者。杭作'实待'，蜀作'实失'。"廖本作"失得"。朱《考异》："失得，方作'失待'，或作'实待'，或作'实失'。今按：三本皆无理。唯嘉祐杭本作'失得'，似颇有理，而《举正》不收。盖其意曰：失得之计，观于柏马可见云尔。"宋白文本、文本即作"失得"。魏本作"实待"，注："实待，一作'失待'，一作'失得'。"按：作"失待"善；下文表明期待之罘再来，即"作诗招之罘"也。

文《详注》："言文公喜得之罘，而复失之，亦犹柏马之类。"童

《校诠》:"第德案:廖本、王本作失待,祝本作实待,与本书同。方校是也,公谓我令之罘归,是失待柏与马之道,乃自谦之辞,以见公爱士之切。下文之罘别我去,计出柏马下,则谓之罘去我为失计,即朱子所谓失得之计,观于柏马,可见云尔。如此则文字层次分明,条理井然,应以方说为长。其作实待,实失者皆非。"

⑨ 计出柏马下:文《详注》:"学业未成,不顾而去,将柏马之不如。"

⑩ 以上四句真能表现韩公爱才、惜才的感情深味,朴实无华,能得老杜真传。故何焯《批韩诗》云:"古淡味长。"为,句末语气词,表示反问或感叹。《庄子·外物》:"死何含珠为?"《汉书·赵皇后传》:"今故告之,反怒为?"

⑪ 县中居:县,魏本:"孙曰:'县,河南县。'"洒扫居处,引水竹间,造净雅舒适环境,以待之罘再来也。

⑫ "嚣哗"二句:承上谓县中环境幽静,望之罘来也。文《详注》:"嚣哗,狱讼也。《北山移文》:'喧哗犯虑。'"按:此解不合韩诗意。魏本:"祝曰:嚣哗,喧也。《庄子·天下》:'何其嚣嚣。'虚骄切。"嚣哗即喧哗。何焯《义门读书记》卷三〇:"'嚣哗所不及'二句,不应计出柏马之下,或者思山中闲旷尔。复以此解而招之,其用心也苦矣。"

⑬ 食有肉与鱼:魏本:"韩曰:《史记》(《孟尝君传》):'冯谖弹铗而歌曰:长铗归来兮?食无鱼。孟尝迁之幸舍,食有鱼矣。'《左传》(庄公十年):'肉食者鄙,未能远谋。'"谓有书读,有饭吃。

⑭ "先王"二句:方世举《笺注》:"任昉《王文宪集序》:'缀缉遗文,永贻世范。'"按:谓自己整理编辑先王遗文。

⑮ 独学陋:魏本:"孙曰:《礼记》(《学记》):'独学而无友,则孤陋而寡闻。'"

⑯ 不远复:魏本:"孙曰:《易》:'不远复,无祗悔。'"文《详注》:"《易·复卦》曰:'不远复,无祗悔,元吉。'"

⑰ 饥渴:何焯《批韩诗》:"渴与复叶。如《诗》(《周颂·载

芝》):'播厥百谷,实函斯活。'"钱仲联《集释》:"《诗》(《小雅·采薇》):'载饥载渴。'《孔丛子》:'子思对曰:君若饥渴待贤。'《文选·责躬诗》李善注:张奂《与许季师书》曰:'饥渴之念,岂当有忘?'"

【汇评】

宋黄彻:沈约命王筠作《郊居十咏》,书于壁,不加篇题。约云:"此诗指物程形,无假题署。"老杜《赠李潮八分歌》云:"吾甥李潮下笔亲……开元已来数八分。潮也奄有二子成三人,况潮小篆逼秦相……巴东逢李潮……潮乎潮乎奈汝何!"退之《招扬之罘》云:"之罘南山来,文字得我惊……我令之罘归,失得柏与马。之罘别我去,计出柏马下。我自之罘归,入门思而悲。之罘别我去,能不思我为?……作诗招之罘,晨夕抱饥渴。"尝戏谓此二诗真不须题署也。(《碧溪诗话》卷五)

清朱彝尊:浅语古调。(顾嗣立《昌黎先生诗集注》卷五)

清何焯:《招扬之罘一首》:"柏生两石间"十二句,此即董子"常玉不琢不成文章,君子不学不成其德"指趣。"嚣哗所不及"二句,不应计出柏马之下,或者思山中闲旷尔。复以此解而招之,其用心也苦矣。(《义门读书记》卷三〇)

清方世举:□云:"时之罘犹未第,故公以诗招之,有柏马之喻。而后之工画者,遂作为《柏石图》,陈季常家藏之。苏内翰作诗为之铭(《柏石图诗》)曰:'柏生两石间,天命本如此。'又云:'韩子俯仰人,但爱平地美。'又云:'君看此槎牙,岂有可移理?'原公诗意,盖以喻之罘游从问学以成其才。故其下有'独学陋''不远复'之语,非谓以利迁也。若既槎牙而后移,则所谓时过而后学矣,览者无以为异。"按:此说不但失韩诗,并失苏诗,苏非驳韩,别有寄托耳。(《韩昌黎诗集编年笺注》卷七)

清曾国藩:《招扬之罘》:"柏移就平地,马羁入厩中。"国藩按:柏移平地,谓去荒陋之邦,而渐染雅化;马入厩中,谓去驾驭之习,而范我驰驱,皆裁成之罘之意。(《求阙斋读书录》卷八)

寄卢仝①

元和六年

　　玉川先生洛城里,破屋数间而已矣②。一奴长须不裹头,一婢赤脚老无齿③。辛勤奉养十余人,上有慈亲下妻子。先生结发憎俗徒,闭门不出动一纪④。至令邻僧乞米送,仆忝县尹能不耻⑤?俸钱供给公私余,时致薄少助祭祀⑥。劝参留守谒大尹,言语才及辄掩耳⑦。水北山人得名声,去年去作幕下士⑧。水南山人又继往,鞍马仆从寒闾里⑨。少室山人索价高,两以谏官征不起⑩。彼皆刺口论世事,有力未免遭驱使⑪。先生事业不可量,惟用法律自绳己⑫。《春秋》三传束高阁⑬,独抱遗经究终始⑭。往年弄笔嘲同异,怪辞惊众谤不已⑮。近来自说寻坦途,犹上虚空夸绿駬⑯。去岁生儿名添丁⑰,意令与国充耘耔⑱。国家丁口连四海,岂无农夫亲耒耜⑲?先生抱才终大用,宰相未许终不仕。假如不在陈力列,立言垂范亦足恃⑳。苗裔当蒙十世宥㉑,岂谓贻厥无基址㉒?故知忠孝生天性,洁身乱伦安足拟㉓?昨晚长须来下状:隔墙恶少恶难似㉔,每骑屋山下窥阚,浑舍惊怕走折趾㉕。凭依婚媾欺官吏,不信令行能禁止㉖?先生受屈未曾语,忽来此告良有以㉗。嗟我身为赤县令,操权不用欲何俟㉘?立召贼曹呼五百㉙,尽取鼠辈尸诸市㉚。先生又遣长须来,如此处置非所喜,况又时当长养节,都邑未可猛政理㉛。先生固是余所畏,度量不敢窥涯涘㉜。放纵是谁之过欤？效尤戮仆愧前史㉝。买羊沽酒谢不敏，偶逢明月曜桃李㉞。先生有意许降临，更遣长须致双鲤㉟。

【校注】

① 题：方《举正》："《唐韵》：仝，'同'古文也，见《道书》。水北，谓石洪也；水南，温造也；少室，李渤也。"文《详注》："仝居东都，自号玉川子。公爱其诗，厚礼之。仝，唐史有传。《补注》：公元和五年(810)冬为河南令，六年秋迁职方员外郎，此诗有'偶逢明月曜桃李'之句，则知其为六年春作矣。"魏本："韩曰：'元和六年(811)春，公为河南令作。仝闭门不出，时洛阳有留守郑馀庆，有尹李素，仝皆不见。水北谓石洪，水南谓温造，皆继往河阳幕。少室谓李渤。三人者皆仝所不为也。'"卢仝，河南济源县西北石村玉川人，故自号玉川子。祖籍范阳，或称范阳人，实则为郡望。约生于大历四年(769)，约卒于元和八年(813)。早年居嵩山，后游江淮，客居扬州。元和初居洛阳，与马异、皇甫湜、贾岛等交，入韩门。韩公爱其诗，称其人，以先生遇之。有诗名于贞元元和间。今存《玉川子诗集》二卷、《外集》一卷。详见中州古籍出版社2003年版《韩愈大传》第四卷《卢仝传》。

② 洛城：洛阳城。魏本："孙曰：'仝居洛阳，自号玉川子。'韩曰：《选·放歌行》：'鸡鸣洛城里，禁门平旦开。'"文《详注》同韩。韩所引诗载《文选》卷二八鲍照《乐府诗八首·放歌行》。宋刘克庄《后村诗话》新集卷三："元和、大历间诗人多出韩门，韩于诸人多称其名，惟玉川常加'先生'二字。退之强项，非苟下人者。"按：大历当为贞元之误。

③ 一奴、一婢：方世举《笺注》："长须：黄香《责髯奴辞》：'我观人须，长而复黑。岂若子髯，既乱且赭。'不裹头：《北史·萧詧》：'恶见人发白，担舆者冬月必须裹头。'"按：二句：上句谓无头巾可裹，下句说无鞋袜可穿。均形容卢仝家境贫寒。杜甫《兵车行》：

"去时里正与裹头,归来头白还戍边。"赤脚,光脚,不着鞋袜。宋刘克庄《后村诗话》前集卷一:"玉川子贫甚,僧送米,令割俸,其家必无盖藏;一婢赤脚,必无姝丽。所讼恶少骑屋下瞰,未必尽然。既为捕笞恶少,不必为德,反谓处置未是。他人处此必怒,退之乃巽词谢之,为具招之。玉川赴其约,又先致双鲤,亦不之却。旧史称退之性崛强,以玉川事观之,乃一委曲人也。然其与宪宗争佛骨,与御史中丞李绅争台参,与王廷凑争牛元翼,与河南尹郑相争卖饼军人,则毅然不可夺。崛强于大节,而委曲于群碎,此其所以为退之欤!"

④ 结发:古代男子自成童开始束发,因谓童年而成时为结发;古男子二十而冠。《史记·李广传》:"且臣结发而与匈奴战,今乃一得当单于。"方世举《笺注》:"《汉书·儒林传》:'[雠为童子,从田王孙受《易》。后雠徙长陵,田王孙为博士,复从卒业……于是]梁丘贺荐施雠结发事师[,数十年,贺不能及]。'师古注:'言始胜冠。'"一纪,岁星(木星)绕地球一周约需十二年,故称十二年为一纪。顾嗣立《集注》:"《国语》《晋语》:'蓄力一纪[,可以远矣]。'韦昭曰:'十二年岁星一周为一纪。'"以上方、顾引文皆不全,令人费解,故补之。

⑤ "至令"二句:上句,方《举正》据阁本订"令"字,云:"杭同,蜀作'今'。"朱《考异》:"令,或作'今',非是。"按:令者,使也;作"今"乃刊刻致误。

下句"尹"字,宋白文本、魏本、文本、廖本作"尹"。廖本注:"令,一作'尹'。"按作"令"、作"尹"皆通。若论读音之谐和,作"尹"是。尹,长官。《尚书·益稷》:"庶尹允谐。"即群众与长官都很和谐。韩诗用"尹"不用"令"字意在此。此二句谓:卢仝穷困到了让邻居僧人送米的境地,我当河南县长官的能不感到羞耻吗?朱彝尊《批韩诗》:"如此贫窭,恶少复何窥阅耶?"按:朱说非。恶少乃欺人捣乱,非尽为财物也。程学恂《韩诗臆说》卷二:"自责妙,正以叹其贤也。"程说得其肯綮。

⑥"俸钱"二句:方世举《笺注》:"薄少:诸葛亮《与吴王书》:'所遗白旄薄少,重见辞谢,益以增惭。'"

二句意谓:公私剩余的俸钱供给你,虽然很少亦可作补充祭祀先灵之用。此乃谦辞。致,馈赠也。《荀子·解蔽》:"远方莫不致其珍。"作送达解。《论语·学而》:"事君,能致其身。"《后汉书·臧洪传》:"凡我同盟,齐心一力,以致臣节。"作贡献解。二解意相近也。

⑦劝参留守谒大尹:魏本:"樊曰:洛城有东都留守,有河南尹。公《送温造序》曰:'自居守,河南尹及百司之执事。'志卢登封墓曰:'为书告留守与河南尹。'是时郑馀庆留守东都,李素以少尹行大尹事。"沈钦韩《补注》:"《洪谱》:'公为河南县令,时河南尹为房式。'"文《详注》:"《补注》:盖洛阳有留守有尹,公《送温造序》曰:'自居守河南尹以及百司之执事。'《志卢登封墓》曰:'为书告河南留守与河南尹。'其年郑馀庆留守东都,房式五年十二月自河南尹移宣州观察使,至是,李素以河南尹行大尹事。"

按:谓时河南尹为李素、房式者均误。时郑馀庆为东都留守,郗士美为河南尹。《旧唐书·宪宗纪上》"元和三年六月甲戌、以河南尹郑馀庆为东都留守"至今。又:"四年十二月壬申朔,以陕虢观察使房式为河南尹。五年十二月壬午,以鄂岳观察使郗士美为河南尹。六年三月乙未朔,以河南尹郗士美检校工部尚书,兼潞府长史、昭义军节度使。"《韩学研究·韩愈年谱汇证》:元和六年三月,"李素'拜河南少尹,行大尹事',在六年三月,因河南尹郗士美为昭义军节度使。"据诗"偶逢明月曜桃李"句看,当在二月。河南尹应是郗士美,非李素也。而房式,五年十二月已去河南尹。谓时河南尹为房式、李素均误。屈《校注》未加详析而从樊说,亦误。掩耳者,真许由之辈也。

⑧水北山人:石洪,见韩公《送石处士序》《诗》《集贤院校理石君墓志铭》与注。

⑨仆从:方《举正》订,云:"阁本作'仆夫'。"朱《考异》:"从,或

作'夫'。"宋白文本、文本、祝本、魏本、廖本、王本均作"仆从",注:"从,或作'夫'。"今从诸本作"仆从"。

水南山人:温造,见韩公《送温处士赴河阳军序》。文《详注》:"水北谓石洪。水南谓温造也。乌重胤节度河阳日,皆召二人置幕府。"魏本:"孙曰:'水北水南,谓洛水之南北也,在洛阳城中。元和五年,乌重胤为河阳三城节度使,辟石洪为从事,洪居水北。温造字敬舆,亦为所辟,造居水南。故云水北水南山人也。'"按:温造,见韩公《送温处士赴河阳军序》。《序》云:"洛之北涯曰石生,其南涯曰温生。大夫乌公以铁钺镇河阳之三月,以石生为才,以礼为罗,罗而致之幕下。未数月也,以温生为才,于是以石生为媒,以礼为罗,又罗而致之幕下。"

⑩ 少室山人索价高:文《详注》:"少室,谓李渤也,隐少室山,宪宗以右拾遗召之,不至,事见本集《与李拾遗书》。索,求也。《论语》(《子罕》):'有美玉于斯,求善价而沽诸。'公以少室索价高,盖谓此耳。而《诗话》有王何者,乃谓韩与处士作牙以商度物价。侮韩之言,无足取也。"魏本:"孙曰:李渤,字濬之。刻志于学,与仲兄涉偕隐庐山,久之,徙少室。元和元年(806),盐铁运使李巽、谏议大夫韦况交荐之。诏以左拾遗召,不至。四年(809),河阳少尹杜兼,遣吏持诏敦促,又不赴。公为河南令,遗渤书譬说,渤善公言,始出家东都。"《旧唐书·宪宗纪上》:"元和元年九月癸丑,以山人李渤为左拾遗,征不至。"至是,又以右拾遗召。刘攽《中山诗话》:"王向子直谓韩与处士作牙人商度物价也。"魏泰《临汉隐居诗话》:"李固谓处士纯盗虚声,韩愈虽与石洪、温造、李渤游,而多侮薄之。"见新旧《唐书·李渤传》。

⑪ 刺口:文《详注》:"《礼记》曰:'无刺齿。'郑注云:'谓其弄口也。'口:《容止》:'不得刺弄之为不敬也。'刺音食亦切。"童《校诠》:"诗击鼓序:怨州吁也。正义:怨与刺皆自下责上之辞,怨者,情所圭恨,刺者,责其愆咎,大同小异耳。此云刺口,谓责在上者愆咎也。一曰战国齐策:面刺寡人之过者,高注:刺,举也,刺口,动

⑫惟用法律自绳己：祝本、魏本、廖本作"己"，是。自指也。宋白文本、文本、王本作"巳"，均书写之误。查慎行《查初白诗评十二种》："借彼形此，极有身分。"

⑬《春秋》三传：方《举正》作"五传"，云："杭、蜀本同。阁本作'左传'。"文本、祝本、魏本作"五传"。宋白文本、廖本作"三传"。朱《考异》："三，方作'五'，或作'左'。今按：邹、夹《春秋》，世已无传，而当世见行三《传》，作五、左，皆非也。"按卢仝《春秋摘微》细推之，韩公为赞卢仝自然不能用俗说，故"五传""左传"者，太俗。又读下句"独抱遗经究终始"亦可知也。

文《详注》："《春秋》之学，有邹氏、郏氏、左氏、穀梁氏、公羊氏，谓之《春秋》五传。今《春秋摘微》，全所注也。束高阁事出《晋书·庾翼传》。"魏本："孙曰：晋（《晋书·庾翼传》）杜乂、殷洪并才名冠世，庾翼弗之。重语人曰：此辈宜束之高阁，俟天下太平，然后议其任耳。五传，一作三传。"按：魏泰《临汉隐居诗话》："班固云：'《春秋》五传，谓左丘明、公羊高、穀梁赤、邹氏、夹氏也。'又云：'邹氏无书，夹氏未有书。'而韩愈《赠卢仝》诗曰：'《春秋》五传束高阁，独抱遗经究终始。'不知此二传果何等书也？"姚范《援鹑堂笔记》卷五〇："韩退之《答殷侍御书》：'况今《公羊》学几绝，何氏注外，不见他书。'按陆氏《释文》云：'二《传》近代无讲者，恐其学遂绝，故为音以示将来。'"

⑭独抱遗经究终始：方《举正》据蜀本作"独把"，云："谢校同。"朱《考异》："抱，方作'把'，非是。"诸本作"抱"，从之。南宋监本原文作"抱"。

陈景云《点勘》："晁氏《读书志》：'唐卢仝《春秋摘微》四卷，祖无择得之于金陵，《崇文总目》所不载。''独抱遗经'句，殆指是书言之，惜其不传也。"朱彝尊《批韩诗》："唐啖、赵《春秋》，惟据经尽驳三传，盖于时有此一种学问，玉川想亦宗此学。"

⑮往年弄笔嘲同异：文《详注》："见仝与马异《结交诗》。"魏

本:"孙曰:仝《与马异结交诗》云'仝不同,异不异,是谓大全而小异。仝自同,异自异,是谓全不往兮异不至'者。"

怪辞惊众谤不已:魏本、廖本注:"怪,一作'谤'。谤,一作'怪'。"诸本均作"怪辞""谤不"。怪辞惊众,指卢仝之诗。谤,谓俗世众人对卢仝诗的议论。

⑯"近来"二句:自说,谓卢仝。寻坦途,寻找平淡一路诗风。方《举正》:"蜀本'虚空'作'青云'。绿駬,今本字皆两从马。按:《穆天子传》《荀》《列子》《史记》《汉书》皆作'绿耳',郭璞注《穆传》谓'犹魏时鲜卑献黄耳马',是以耳色言也,字不必从马。李太白诗亦尝用'绿耳'字。此诗岂以重韵妄刊邪?"朱《考异》从方。文本、祝本、魏本作"騄駬"。宋白文本、廖本、王本作"绿駬"。今作"绿駬"。虚空,宋白文本、魏本、廖本作"虚空",注:"一作'青云'。"文本作"青云",注:"一作'虚空'。"按:当作"虚空"。

魏本注:"騄駬,良马名,耳色绿。韩曰:《淮南子》:'騏骥、騄駬,天下之疾马。'孙曰:《史记》:'造父得骅骝、绿耳之乘。'"文《详注》:"騄駬,周穆王骏马名。事见《驽骥》诗。《年纪》云:'北唐之君来见,以一骊马,是生绿耳。'八骏皆因其毛色以为名号。"按:绿耳,乃本字,后加马字者皆会意后出也。何焯《批韩诗》:"按马亦有黄耳事。"

⑰ 添丁:魏本:"孙曰:'仝有《添丁诗》。'"《全唐诗》卷三八七《示添丁》:"气力龙钟头欲白,凭仗添丁莫恼爷。"钱仲联《集释》:"辛文房《唐才子传》:王涯秉政,甘露之祸起。仝偶与诸客会食涯书馆中,因留宿。吏卒掩捕,仝曰:我卢山人也,于众无怨,何罪之有?吏曰:既云山人,来宰相宅,容非罪乎?苍茫不能自理,竟及于难。仝老无发,刑人于脑后加钉。先是,生子名添丁,人以为谶云。"按:此乃望文生义,无稽之谈。卢仝不死于"甘露之变",见本篇注①。添丁,生男孩。丁,后起意,谓成年男子。唐白居易《新丰折臂翁》:"无何天宝大征兵,户有三丁点一丁。"

⑱ 意令与国充耘耔:意,宋白文本、文本、廖本作"意"。屈《校

注》从"意"。魏本作"要",钱仲联《集释》从之。按:作"意"作"要"均通,审诗义作"意"合韩公意。意者,乃韩公揣测卢仝"添丁"之意;因生活困难,卢仝并不想生子。

耘耔:文《详注》:"耘,除草。耔,除根也。《甫田》诗(《诗•小雅》)云:'或耘或耔。'音祖以切。仝集有《示添丁》诗。"按:耘(yún玉分切,平声,文韵),除草。《诗•周颂•载芟》:"千耦其耘,徂隰徂畛。"耔(zǐ即里切,上声,止韵),培土。《诗•小雅•甫田》:"今适南亩,或耘或耔。"晋陶渊明《归去来兮辞》:"怀良晨以孤往,或植杖而耘耔。"

⑲ 丁口:人口。文《详注》:"唐制:民年二十一入募,六十一出军。取其丁壮之时,故曰丁口。"方世举《笺注》:"《新唐书•食货志》:'唐制:凡民始生为黄,四岁为小,十六为中,二十一为丁,六十为老。授田之制,丁及男年十八以上者人一顷,其八十亩为口分,二十亩为永业。'"按:丁口即人口。古代通常男称丁,女称口。《辞源》引韩诗为例。

⑳ 假如不在陈力列:在,文本作"就"。宋白文本、魏本、廖本作"在",从之。陈力列,文《详注》:"《论语》(《季氏》):'孔子曰:陈力就列。'言当陈其才力,度己所任而就其位。"

立言垂范亦足恃:立言,方世举《笺注》:"《左传》(襄公二十四年):'太上有立德,其次有立功,其次有立言。'"垂范,布示范例。南朝梁刘勰《文心雕龙•诏策》:"(汉武帝)策封三王,文同训典;劝戒渊雅,垂范后代;及制诰严助,即云厌承明庐,盖宠才之恩也。"《汉语大词典》引韩诗为例。平步青《霞外捃屑•论文•陆渭南集》:"丁宁训戒之语,皆足垂范百世。"

㉑ 苗裔当蒙十世宥:魏本:"孙曰:襄二十一年《左氏》:'谋而鲜过,惠训不倦者,叔向有焉,社稷之固也,犹将十世宥之。'"文《详注》:"《左传》襄二十一年:'栾氏之难,晋囚叔向,祁奚曰:叔向,社稷之固也,犹将十世宥之,以劝能者。今一不免其身,以弃社稷,不亦惑乎?'"

㉒岂谓诒厥无基址：址，方《举正》订"阯"字，云："字见《汉·疏广传》。校三馆本。"朱《考异》："阯，或作'址'。"南宋监本原文作"址"，宋白文本、文本、潮本、浙本、祝本、魏本作"址"。廖本、王本作"阯"。按：阯同址，作"阯"、作"址"均可。魏本注："诒，遗也。韩曰：《诗》：'诒厥孙谋。'"文《详注》："《文王有声》(《诗·大雅》)诗曰：'诒厥孙谋，以燕翼子。'诒，遗也。洪驹父曰：'世谓兄弟为友于，子姓为诒厥，文公亦未免于俗。'呜呼！诒厥乃诗人之句，非因俗也。基址事见《前汉·疏广传》。"按：《诗·文王有声》疏："遗传其所以顺天下之谋。"《书·五子之歌》："诒厥子孙。"孔传："诒，遗也。"《汉书·疏广传》："子孙儿及君时颇立产业基阯。"《宋书·五行志二》："何曾谓子遵曰：'国家无诒厥之谋，及身而已，后嗣其殆乎，此子孙之忧也。'"胡仔《苕溪渔隐丛话》后集卷七："《艺苑雌黄》云：昔人文章中，多以兄弟为友于，以日月为居诸，以黎民为周余，以子姓为诒(同诒)厥，以新婚为燕尔：类皆不成文理。虽杜子美、韩退之亦有此病：岂非徇俗之过邪？子美《岳麓山道林二寺行》云：'山鸟山花吾友于。'又《奉赠太常张卿均二十韵》云：'友于皆挺拔。'退之云：'岂谓诒厥无基址。'又《符读书城南》云：'为尔惜居诸。'《后汉·史弼传》云：'陛下隆于友于，不任恩绝。'曹植《求通亲亲表》云：'今之否隔，友于同忧。'《晋史》赞论中，此类尤多。洪驹父云：'此歇后语也。'……苕溪渔隐曰：'友于之语，自陶彭泽已自承袭用之。诗云：一欣侍温颜，再见喜友于。然则少陵盖承之也。且歇后语，苏、黄亦有之。'"洪迈《容斋四笔》卷四《杜韩用歇后语》："杜韩二公作诗，或用歇后语，如'凄其望吕葛'(杜甫《晚登瀼上堂》)、'仙鸟仙花吾友于'(《岳麓山道林二寺行》)、'友于皆挺拔'(《奉赠太常张卿二十韵》)、'再接再砺乃'(《斗鸡联句》孟郊语)、'僮仆诚自郐'(《秋雨联句》)、'为尔惜居诸'(《符读书城南》)、'谁谓诒厥无基址'(《赠卢仝》)之类是已。"《颜氏家训》："夫有子孙，自是天地间一苍生耳，何预身事，而乃爱护遗其基址。"

㉓"故知"二句：生天性，钱仲联《集释》作"本"。诸本均作

"生",从之。

文《详注》:"言隐者废君臣之义,皆洁身乱伦,不足以拟之。《论语》《微子》》:'子路语荷蓧丈人曰:欲洁其身而乱大伦。'按:此二句谓:人的忠孝之性是天生就有的;而洁身乱伦是不足取的。此对卢仝来说乃亦劝,亦促。朱彝尊《批韩诗》:"此段稍繁。"

㉔ 恶少:文《详注》:"仝所居之邻也。《荀子》《修身》曰:'无廉耻而嗜呼(乎)饮食,[则可]谓之恶少。'"魏本引韩《全解》同。此指地痞无赖,非指一般盗贼。

㉕ "每骑"二句:窥阚,方《举正》据阁、蜀本订"阚"字。朱《考异》:"阚,或作'瞰'。"南宋监本原文作"瞰",宋白文本、廖本、王本作"阚"。文本、潮本、浙本、祝本、魏本作"瞰"。按:阚、瞰二字同音(kàn)不全同义。阚,俯视。嵇康《琴赋》:"俯阚海湄。"瞰,远望。扬雄《羽猎赋》:"东瞰目尽,西畅亡崖。"瞰字虽然亦可作"俯视"解",如《后汉书·光武帝纪》:"云车十余丈,瞰临城中。"然总不如直作"阚"字善。韩诗当作"阚"。

屋山:魏本:"孙曰:'屋山,屋危也。瞰,视也,苦滥切。'"王元启《记疑》:"屋山,一作'屋上',非是。"童《校诠》:"第德案:史记魏世家:范座因上屋骑危,集解:危,栋上也。管子形势解:山,物之高者也,栋为屋之最高处,故称屋山。王介甫诗:落叶回飙动屋山;范致能诗:稻堆高出屋山头,皆本此。今浙人尚有屋山头之语;山东文登则称山墙头。说文:阚,望也,臣锴曰:进且望也,䀛,戴目也,江淮之间谓眄(锴本作眠)为䀛。臣锴曰:戴目,目望阳(按与望羊同)。阚、䀛集韵同。廖本、王本依考异作阚,此文瞰当依祝本从目作瞰,说文无瞰字,玉篇有之,孟子离娄下、阳货下作瞯、瞯、瞰皆阚、䀛之后出字。"屋山,即屋两头之形状如山的高墙,中原人口语"屋山""屋山头",古人俗语,至今仍之。屋山头为屋山墙的最高处之尖端,与江浙闽之平、弧形头或方形不同。洛阳在中原,当以中原称之为妥。浑舍,沈钦韩《补注》:"《五灯会元》:'丹霞禅师上堂,阿你浑家,各有一坐具也。'案:浑舍,犹言全家。"钱仲联《集释》:

"姚范曰:戎昱《苦哉行》:'身为最小女,偏得浑家怜。'方东树曰:李商隐《蝉》诗:'我亦举家清。'东坡诗:'酒肉淋漓浑舍喜。'小说记宋人称妻曰浑家,本此。"浑家指妻,浑舍指全家。钱仲联《集释》:"此处作全家解,与称妻为浑家之义异。"此真形象鲜明,意态堪味。如朱彝尊《批韩诗》云:"写状态好。"

㉖ "凭依"二句:婚媾,魏本:"孙曰:《易》:'婚媾有言。'媾,重婚也。"按:媾,此处以连襟而引申指裙带关系不同,孙解不妥。

令行能禁止:方世举《笺注》:"令行禁止:《淮南·主术训》:'令行禁止,岂是为哉?'"按:令行禁止的宾语为恶少的横行,此处省略。此二句:指恶少依靠裙带关系横行乡里,凌压官府。

㉗ 良有以:文《详注》:"以,因也。"方世举《笺注》:"魏文帝《与吴质书》:'古人思秉烛夜游,良有以也。'"按:此谓:卢仝先生受委曲多了,他都未说,这次来告官,是因为恶少欺之太甚。

㉘ 赤县:魏本注:"赤县,大县。"文《详注》:"京邑为神州属县,为赤县。解见上《酬崔十六少府》诗。"方世举《笺注》:"《新唐书·地理志》:'河南府河南县,赤,属河南道。'"按:唐制:县分赤县、畿县及上、中、下等。赤县乃帝都所属之县,如西都的长安、京兆,东都的洛阳、河南等。韩公为河南县令,故称之。

㉙ 五百:朱《考异》:"伍伯,方作'五百'。按:伍伯,见《古今注》,什伍之长也。作'五百'非。"方《举正》未出此条,当是方校刊《韩集》。宋白文本、廖本、王本作"伍伯"。文本、祝本、魏本作"五百"。按:古制专称当作"伍伯"。伍伯为古代军队的编制,五人为伍。《左传》桓公五年:"为鱼丽之陈,先偏后伍,伍承弥缝。"伍伯即伍长,《周礼·夏官序》:"五人为伍,伍皆有长。"晋崔豹《古今注》上《舆服》:"伍伯,一伍之伯也。五人曰伍,五长为伯,故称伍伯。"汉晋后多作"五百",文《详注》:"汉有贼曹掾主刑法,唐司法即其任也。《通典》云:'按《周礼·秋官》有涤狼氏掌执鞭以趋避,王出入则二人,此五百之比。今州县官府有杂职者掌行鞭挞,每官出则执楚导引呵辟行路,殆其职也。《湘素记》云:'五百字本为五百,五,

当也,伯,道也,使人道引当道陌中以驱除也。'按:今俗呼行杖人为五百,故《弥衡传》云:'令五百将出,加棰。'注云:'五百,犹今之问事者,又与前义相异。'然谓行杖人为五百,颇为允当。"魏本:"孙曰:汉郡国有贼曹,主盗贼事。张敞为京兆尹,有贼曹掾絮舜,是其职也。《古今注》:'五百,一伍之长(伯)。五人曰伍,伍长为伯,即今之行杖人也。'韩曰:《后汉》(《宦官传》)注:韦昭《辨释名》曰:'五百字本为伍陌。伍,当也。陌,道也。使之导引,当道陌中,[以]驱除也。'按:今俗呼行杖人为五百。又(《文苑传》):'弥衡不逊于黄祖,祖怒,令五百将出,加棰。衡大骂,祖遂杀之。'注:'五百犹今之问事者。'"钱仲联《集释》作"五百"。屈《校注》作"五百",曰:"李贤谓唐时俗呼行杖人为五百,则朱校误也。廖本从朱本作'伍伯',今改从祝、文、魏本。"

㉚ 尽取鼠辈尸诸市:文《详注》:"言杀恶少无异于雀鼠也。《周礼·秋官》(《掌戮》):'凡杀人者踣诸市。'注云:'踣,僵尸也。'"蒋抱玄《评注》:"《魏志·华佗传》:'不忧天下当无此鼠辈耶?'《论语》:'吾力犹能尸诸市朝。'"顾嗣立《集注》引刘石龄曰:"《左传》襄公二十八年:'尸崔杼于市。'"程学恂《韩诗臆说》卷二:"'嗟我身为赤县令,操权不用欲何俟'四句,语杂诙谐,极写好贤之诚耳。若认真看,则恶少窥屋,罪不至死,枉法徇友,岂是公道。"

㉛ 长养节:魏本:"孙曰:'谓春时也。'"文《详注》:"《月令》(《礼记》):'仲春之月,安萌芽,养幼少,省囹圄,止狱讼。'"方世举《笺注》:"《记·月令》:'仲春之月,桃始华,命有司省囹圄,去桎梏,毋肆掠,止狱讼。'"钱仲联《集释》:"《管子》注:'言春德喜悦长赢,为发生之节。'"

猛政理:钱仲联《集释》:"《左传》(昭公二十年):'郑子产有疾,谓子大叔曰:我死,子必为政。唯有德者能以宽服民,其次莫如猛。'"

按:二句乃执政原则:只有有德者才能使百姓休养生息。此乃卢仝对韩愈的劝告。

㉜ 涯涘：文《详注》："涘，音俟。"魏本："祝曰：涘，《说文》（水部）：'水涯也。'《诗》（《秦风·蒹葭》）：'在水之涘。'"按：涘，水边。《诗·秦风·蒹葭》："在水之涘。"涯涘，亦当水边解。《书·微子》："若涉大水，其无津涯。"《三辅黄图》卷四《池沼》："船上建戈矛，四角悉垂幡旄葆麾盖，照烛涯涘。"《西京杂记》卷六："昆明池中有戈船楼船……四角悉垂幡旄，旍葆麾盖，照灼涯涘。"《庄子·秋水》："今尔出于崖涘，观于大海，乃知尔丑，尔将可与语大理矣。"此作山边解。南朝梁沈约《与范述曾论竟陵王赋书》："夫渺泛沧流，则不识涯涘。"韩公《柳子厚墓志铭》："泛滥停蓄，为深博无涯涘。"

㉝ 放纵是谁之过欤：文《详注》："《左传》襄（公）三年：'晋侯之弟杨干乱行于曲梁，魏绛戮其仆……晋侯以绛为能以刑佐民。'公言若放纵恶少，有愧于魏绛也。"魏本："孙曰：襄三年《左氏》：'晋侯之弟杨干乱行于曲梁，魏绛戮其仆。'"钱仲联《集释》："'尤而效之'语，《左传》屡见。"王元启《记疑》："孙引左氏：魏绛戮扬干之仆，及周西鄙掠栾盈，王曰'尤而效之'二事，合释此文。沈曰：'详上文。'放纵一语，疑是专用魏绛事，与绛言'不能教训，至于用钺'语意相类。言恶少无状，实由平日放纵所致，故效尤古人戮仆，作此处置。孙引掠栾盈事，盖系衍说。"钱仲联《集释》："卢仝治《春秋》者，故前云'《春秋》三传束高阁，独抱遗经究终始'，而此处又以'都邑未可猛政理'驳斥《左传》所述子产语，以'效尤戮仆'答卢仝，仍是用《左传》语，皆非泛用。"按：过，过失，罪过。欤，也作与，语气词。效尤，明知有错误而仿效之。《左传》庄公二十一年："郑伯效尤，其亦将有咎。"戮仆事详见《左传》襄公三年。

㉞ 谢不敏：文《详注》："《隐居诗话》云：'退之《李花》诗云：夜领张彻投卢仝，乘云共到玉皇家。长姬香御四罗列，缟裙练帨无等差。《赠卢仝》诗曰：买羊沽酒谢不敏，偶逢明月曜桃李。'即此时也。"方世举《笺注》："《后汉书·郑均传》：'常以八月长吏存问，赐羊酒，显兹异行。'谢不敏：《左传》：使士文伯谢不敏焉。"按：不敏，不聪明，韩公谦辞。《左传》襄公三十一年："赵文子曰：'信，我实不

德,而以隶人之垣以赢诸侯,是吾罪也。'使士文伯谢不敏焉。"

曜,魏本作"耀"。诸本作"曜",从之。

㉟ 更遣长须致双鲤:魏本:"孙曰:古乐府(《玉台新咏》卷一汉蔡邕《饮马长城窟行》)云:'客从远方来,赠我双鲤鱼。呼儿烹鲤鱼,中有尺素书。'"文《详注》:"古乐府诗云:'客从远方来,遗我双鲤鱼。呼儿烹鲤鱼,中有尺素书。长跪读素书,书中竟何如。上有加餐字,下有长相思。'盖当时亦致双鲤,寓此意也。"

【汇评】

宋刘攽:韩吏部《赠玉川诗》曰:"水北山人得声名,去年去作幕下士。水南山人又继往,鞍马仆从塞闾里。少室山人索价高,两以谏官征不起。"又曰:"先生抱材须大用,宰相未许终不仕。"王向子直谓韩与处士作牙人商度物价也。古称驵侩,今谓牙,非也。刘道原云:"本称互郎,主互市。唐人书互为㸦,因讹为牙。"理或信然。今言万为方,千为撇,非讹也,若隐语尔。(《中山诗话》)

宋马永卿:《孝经序》云:"鲁史《春秋》,学开五《传》。"韩退之云:"《春秋》五传束高阁。"然今独有三家。今按《前汉·艺文志序》云:"《春秋》分为五。"注云:"左氏、公羊氏、穀梁氏、邹氏、夹氏。而邹氏、夹氏有录无书。"乃知二氏有名尔。王阳传称"能为《邹氏春秋》",何也?岂非至后汉之初,此书亦亡乎?故曰"有录无书"。前汉,"邹""驺"同音通用。(《懒真子》卷四)

宋胡仔:《隐居诗话》云:"班固云:'《春秋》五传,谓左丘明、公羊高、穀梁赤、邹氏、夹氏也。'又云:'邹氏无书,夹氏未有书。'而韩愈《赠卢仝》诗云:'《春秋》五传束高阁,独抱遗编究终始。'不知此二传果何等书。"(《苕溪渔隐丛话》前集卷一七韩吏部中)

宋许顗:"《春秋》三传束高阁,独抱遗经究终始"。此诗退之称卢玉川也。玉川子《春秋传》,仆家旧有之,今亡矣。词简而远,得圣人之意为多,后世深于经而见卢《传》者,当知退之之不妄许人也。(《彦周诗话》)

宋魏泰：李固谓处士纯盗虚声。韩愈虽与石洪、温造、李渤游，而多侮薄之。所谓"水北山人得名声，去年去作幕下士。水南山人今又往，鞍马仆从照闾里。少室山人索价高，两以谏官征不起。彼皆剌口论时事，有力未免遭驱使"。（《临汉隐居诗话》）

宋魏泰：班固云："《春秋》五传，谓左丘明、公羊高、穀梁赤、邹氏、夹氏也。"又云："邹氏无书，夹氏未有书。"而韩愈《赠卢仝》诗曰："《春秋》五传束高阁，独抱遗经究终始。"不知此二传果何等书也？（同上）

宋黄彻：史传袭称兄弟为友于，故渊明诗云："再喜见友于。"子美云："友于皆挺拔。"又："山鸟山花吾友于。"《南史》：到荩从武帝登北顾楼赋诗，荩受诏便就。上以示其祖溉云："荩定是才子。番恐卿从来文章假手于荩。"后每和御诗，上辄手诏戏溉曰："得无贻厥之力乎？"退之《玉川诗》云："谁谓贻厥无基趾？"二事政可对也。（《䂬溪诗话》卷八）

宋袁文：韩退之诗云："一奴长须不裹头，一婢赤脚老无齿。"此盖记卢仝之一奴一婢耳。苏东坡作绝句诗云："更烦赤脚长须老，来趁西风十幅蒲。"东坡似指赤脚、长须为一人，岂其不详审耶？（《瓮牖闲评》卷五）

宋洪迈：《玉川子》：韩退之《寄卢仝》诗云："玉川先生洛城里，破屋数间而已矣。一奴长须不裹头，一婢赤脚老无齿。""昨晚长须来下状，隔墙恶少恶难似。每骑屋山下窥瞰，浑舍惊怕走折趾。""立召贼曹呼五百，尽取鼠辈尸诸市。"夫奸盗固不义，然必有谓而发，非贪慕财货，则挑暴子女。如玉川之贫，至于邻僧乞米。隔墙居者岂不知？ 若为色而动，窥见室家之好，是以一赤脚老婢陨命也！恶少可谓枉著一死。予读韩诗至此，不觉失笑。仝集中《有所思》一篇，其略云："当时我醉美人家，美人颜色娇如花。今日美人弃我去，青楼珠箔天之涯。梦中醉卧巫山云，觉来泪滴湘江水。湘江两岸花木深，美人不见愁人心。相思一夜梅花发，忽到窗前疑是君。"则其风味殊不浅，韩诗当亦含讥讽乎？（《容斋续笔》卷五）

宋孙奕：《集字三》：《贡父诗话》云："前世所称'驵侩'（驵，子党切），今人谓之牙。韩文公《赠玉川诗》曰：'水北山人得名声，去年去作幕下士。水南山人又继往，鞍马仆从塞闾里。少室山人索价高，两以谏官征不起。'又云：'先生有才须大用，宰相未许终不仕。'王向子直谓韩公与处士作牙人，商度物贾也。'驵侩'谓牙者，世不晓所谓。道源云本谓之'互'，即互市事尔。唐人书'互'字作'㸦'，'㸦'字似'牙'字，因转读为'牙'。其理可信。或云：何得举世同词？盖不足怪。今人以'万'为'方'，以'千'为'丿'亦人人道之也。"（《履斋示儿编》卷二三）

宋真德秀：《著作春秋讲议》：昌黎公《寄玉川子诗》有"《春秋》三传束高阁"之语，学者疑之，谓未有舍传而可求经者。今观著作《刘公讲义》，一以圣笔为据，依其论秦穆公以人从死者，晋文之召王，宋襄之用人于社，皆以经证传之失，所谓伟然者也。（《真文忠公文集》卷三五）

宋王楙：《三传》不同：《春秋》五传，而驺、夹二氏不传，所传者左氏、公羊、穀梁而已。韩退之诗有"《春秋》五传束高阁"之句，"五"字疑"三"字传写之误耳。（《野客丛书》卷六）

宋刘克庄：玉川子贫甚，僧送米，令割俸，其家必无盖藏；一婢赤脚，必无姝丽。所讼恶少骑屋下瞰，未必尽然。既为捕笞恶少，不必为德，反谓处置未是。他人处此必怒，退之乃巽词谢之，为具招之。玉川赴其约，又先致双鲤，亦不之却。旧史称退之性崛强，以玉川事观之，乃一委曲人也。然其与宪宗争佛骨，与御史中丞李绅争台参，与王廷凑争牛元翼，与河南尹郑相争卖饼军人，则毅然不可夺。崛强于大节，而委曲于群碎，此其所以为退之欤！（《后村诗话》前集卷一）

明郎瑛：《赤脚科头》：卢仝婢子赤脚，想不避人。韩昌黎寄诗曰："一婢赤脚老无齿。"温庭筠醉歌又曰："洛阳卢仝称文房，妻子脚秃春黄粱。"张长史惯科头，杜子美歌曰："张旭三杯草圣传，脱帽露顶王公前。"李颀又赠曰："露顶据胡床，长叫三五声。"（《七修类

稿》卷二〇辩证类）

明焦竑：《玉川子》：退之《赠玉川子》诗："《春秋》三传束高阁，独抱遗经究终始。"许颢云："玉川子《春秋传》，仆家旧有之，辞简而远，得圣人之意。"则玉川又有经学，不但能诗而已。晚唐诗人，予最喜玉川子及司空表圣二人，人品甚高，不为势利所汩没，故其诗能不涉世俗蹊径。此非具只眼者，安能别之？（《焦氏笔乘》卷三）

清朱彝尊：是昌黎自家体，但稍有衬润及转折，遂觉不甚直致。（顾嗣立《昌黎先生诗集注》卷五）

清何焯：《寄卢仝》："犹上虚空跨绿駬"，注引郭璞注《穆天子传》云云。按：马亦有黄耳事。"更遣长须致双鲤"，以致书反应下状。（《义门读书记》卷三〇）

清何焯：拙朴有味，质而不俚，此种最是难到。（顾嗣立《昌黎先生诗集注》卷五）

清爱新觉罗·弘历：玉川垂老，尚依时宰，致罹甘露之难，其人固非高隐，退之何以倾倒乃尔？观诗中所叙，特与邻人构讼，而以情面听其起灭耳。却写得壁立千仞，有执鞭忻慕之意。乃知唐时处士，类能作声价如此。（《唐宋诗醇》卷三〇）

清赵翼：《诗作喁噱》：《刘贡父诗话》：韩昌黎《赠玉川子》诗曰："少室山人索价高，两以谏官征不起。"又曰："先生抱才须大用，宰相未许终不仕。"王子直谓韩与处士作牙人，商度物价。（《陔馀丛考》卷二四）

清陈衍：尝论昌黎《寄卢仝》《醉留东野》各诗，其亲爱敬礼朋友处，坡公所不及。此韩门所以独有千古也。（《石遗室诗话》卷四）

酬司门卢四兄云夫院长望秋作①
元和六年

长安雨洗新秋出，极目寒镜开尘函②。终南晓望踏龙尾，倚天更觉青巉巉③。自知短浅无所补，从事久此穿朝衫④。归来得便即游览，暂似壮马脱重衔⑤。曲江荷花盖十里⑥，江湖生目思莫缄⑦。乐游下瞩无远近，绿槐萍合不可芟⑨。白首寓居谁借问⑩？平地寸步扃云岩⑪。云夫吾兄有狂气，嗜好与俗殊酸咸⑫。日来省我不肯去，论诗说赋相諵諵⑬。《望秋》一章已惊绝，犹言低抑避谤讒⑭。若使乘酣骋雄怪，造化何以当镌劖⑮？嗟我小生值强伴，怯胆变勇神明鉴⑯。驰坑跨谷终未悔，为利而止真贪馋⑰。高挹群公谢名誉，远追甫白感至诚⑱。楼头完月不共宿⑲，其奈就缺行攙攙⑳。

【校注】

①题，方《举正》作"酬司门卢四兄"。朱《考异》同。诸本作"酬司门卢四兄云夫院长望秋作"，从之。

文《详注》："《补注》：公诗有《和虞部卢四汀钱七徽赤藤杖歌》，又有《和卢郎中云夫寄示送盘谷子诗》，又有《和库部卢四兄曹长元日朝回》，又有《早赴街西行香赠卢李二中舍》，又有《奉酬卢给事云夫四兄曲江荷花行见寄》。卢汀，字云夫，贞元元年（785）进士。新旧史无传。以公诗考之，历虞部、司门、库部郎、迁中书舍人（正五品上），为给事中（正五品上），其后莫知所终。此诗元和六年（811）秋所作。公时职方外郎。"魏本引《集注》同。按：《新唐书·百官志一》："尚书省刑部其属有四：四曰司门。司门郎中（从五品上）、员外郎各一人（从六品上），掌门关出入之籍及阑遗之物。"《唐国史补》卷下："外郎、御史、遗、补相呼为院长。"韩愈曾与云夫为同僚，且受韩愈尊敬，又年长于韩愈，故以"兄"称之。《洪谱》《方谱》等均系元和六年。

②极目寒镜开尘函：文《详注》："函，匣也，音胡谗切。"魏本

"函,匣也。韩曰:杜甫《月诗》:'尘匣元开镜。'"按:首联自然流走,极目远看,使人在无限广阔的宇宙空间,感受雨洗新秋的京城景象:清新怡人,韵清语洁,天籁一响,振起全篇,开全诗之"望"中新景也。朱彝尊《批韩诗》:"起二句写景佳。"

③ 终南:文《详注》:"《关中记》曰:'终南山,去长安城八十里。高祖在关东,萧何成未央宫,何斩龙首山而营之。山长六十余里,头饮于渭,尾达樊川,头高二十余丈,尾渐下,高五六丈,土色赤而坚。云昔有黑龙从南山出饮渭水,其行道因山成迹,即基阙,不假筑,高出长安城。北有玄武阙,即北阙也。'终南,一名中南,言在天中,居都之南,故曰终南。《法苑珠林·宣律师传》云:'终南山,一名青山。'巉巉,高貌,音锄衔切。"魏本:"孙曰:终南,长安南山。《诗》(《秦风·终南》)'终南何有?有条有梅'是也。龙尾陂,长安地名。"廖本:"《贾公谈录》:'唐龙尾道在含元殿侧。'白乐天诗(《早祭风伯因怀李十一舍人》)云:'步登龙尾道,却望终南山。'"钱仲联《集释》:"《太平御览·西京记》曰:'西京大明正中含元殿,左右龙尾道。'宋敏求《长安志》:'钟楼鼓楼殿左右,有砌道盘上,谓之龙尾道。'李上交《近事会元》:'含元殿侧有龙尾道,自平阶至地,凡诘曲七转。由丹凤门北望,宛如龙尾下垂于地焉。'"

按:终南:即终南山,也称南山,中南山。韩公有《南山诗》,详写终南山之貌。《元和郡县图志》卷一关内道一:"长安县,龙首山,在县北一十里,长六十里,头入渭水,尾达樊川。秦时有黑龙从南山出饮水,其行道因成土山。疏山为台殿,不假版筑,高出长安城。《西京赋》所云'疏龙首以抗殿'也。"《三辅黄图》:"营未央宫,因龙首山以制前殿。"倚天,谓终南山高依蓝天。方世举《笺注》:"宋玉《大言赋》:'长剑耿耿倚天外。'"韩公《卢郎中云夫寄示送盘谷子诗两章歌以和之》:"是时新晴天井溢,谁把长剑倚太行?"巉(chán 锄衔切,平,衔韵)巉,魏本注:"巉巉:高也,徂衔切。"按:巉巉,高峭险峻貌。唐岑参《入剑门作寄杜杨二郎中时二公并为杜元帅判官》:"凛凛三伏寒,巉巉五丁迹。"宋苏轼《留题延生观后山上小堂》:"溪山愈好意无厌,上到巉巉第几尖。"

方东树《昭昧詹言》卷一二韩公:"起四句,以写为点。"

④ "自知"二句:从事,钱仲联《集释》:"《诗》(《小雅·北山》):'朝夕从事。'"按:前四句写新秋望中的终南山,从"自知"二句转入写人。上句自谓,短浅无所裨补,《汉书·孔光传》:"臣光智谋浅短。"下句写卢云夫。《诗·小雅·北山》:"偕偕士子,朝夕从事。"笺:"朝夕从事,言不得休止。"朱彝尊《批韩诗》:"此下仍是粗硬调。"方东树《昭昧詹言》卷一二韩公:"再追叙事。"

⑤ 暂似壮马脱重衔:魏本:"韩曰:杜诗(《魏将军歌》):'将军昔着从事衫,铁马驰突重两衔。'"文《详注》同。魏本注:"衔,马口中铁。"按:衔(xián 户监切,平,衔韵),马嚼子,以铁制成,放马口中,驯马之行止。《战国策·秦一》:"伏轼撙衔,横历天下。"

⑥ 曲江:文《详注》:"《两京杂记》曰:朱雀街末第五街,皇城之东第二街,升道坊有流水屈曲,谓之曲江。司马相如《吊秦二世》云:'临曲江之陧州,望南山之参差。'盖其所也。张揖云:'陧,长也。'苑中有曲江之象,中有长洲也。陧,音钜依切,一见《幽怀》诗。"钱仲联《集释》:"欧阳詹《曲江池记》:'东西三里而遥,南北三里而近。'程大昌《雍录》载曲江'汉时周六里,唐时周七里'。"

按:曲江在长安东南,为名胜游览之地,池种藕,初夏荷花盛开,连绵十里。徐松《唐两京城坊考》卷三:"曲江,龙华寺之南有流水屈曲,谓之曲江,其深处下不见底。司马相如赋(《哀二世赋》)曰:'临曲江之陧洲。'盖其所也。张揖曰:'陧,长也。'苑中有曲江之象,中有长洲也。师古曰:'曲岸头曰陧,陧即碕字耳。言临曲江之洲。今犹谓其处曰曲江。'陧,钜依反。《剧谈录》曰:曲江池,本秦时陧洲,唐开元中疏凿为胜障。南即紫云楼、芙蓉苑,西即杏园、慈恩寺。花卉周环,烟水明媚,都人游赏,盛于中和、上巳节。即锡宴僚会于山亭,赐太常教坊乐,池备彩舟,惟宰相、三使、北省官、翰林学士登焉。倾动皇州,以为盛观。《南部新书》:曲江池,天祐(唐哀帝李柷年号,904—906)初因大风雨,波涛震荡,累日不止,一夕无故其水自竭。自后宫阙成荆棘矣。"杜甫《曲江三章章五句》:"曲江萧条秋气高,菱荷枯折随风涛。"韩公《奉酬卢给事云夫四兄曲江荷花行见寄并呈上钱七兄阁老张十八助教》:"曲江千顷秋波净,平铺红云盖明镜。"

⑦ 江湖生目思莫缄:方《举正》订"目思",云:"三本同。谓江湖生于目前,情思不可得而缄藏也。朱《考异》:"目思,或作'思自',或作'思目',非是。"宋白文本作"目思"。南宋监本原文作"思自"。文本、潮本、浙本、祝本、魏本作"思自"。方校刊《韩集》作"江湖生自思莫缄"。魏本注:"一作'生目''思自缄'。缄,敛也。"按:作"目思",是。

文《详注》:"言曲江荷花之多,与江湖之间无以异感而思之,遂形吟咏,不可缄嘿(同默)也。东坡《湖州诗》云'绕郭荷花一千顷,谁知六月下塘春'是也。思字侧声。童《校诠》:"第德案:生目思自缄无义,自当为目之讹。又按:江湖生思自莫缄,即陆鲁望诗:江湖思绪萦也。生思与楚辞抽思义同,作生思自莫缄亦通,宜两存之。"

⑧ "乐游"句:乐游,即乐游园。文《详注》:"《关中记》曰:'汉宣帝立庙曲江之北,名曰乐游园,因苑为名,即今升平坊内余址是也。此地在秦为宜春苑,在汉为乐游园。'芰,刈也,师衔切。"魏本:"孙曰:'汉宣帝神爵三年起乐游苑,在杜陵西北,今呼为乐游庙。'瞩,音烛。"方世举《笺注》:"《汉书·宣帝纪》:'神爵三年春,起乐游苑。'师古曰:《三辅黄图》云:'在杜陵西北。'又《关中记》云:'宣帝立庙曲池之北,号乐游。'案:其处则今之所呼乐游庙者是也。盖本为苑,后因立庙耳。刘石龄曰:《西京新记》亦名乐游原,基地最高,四望宽敞。"钱仲联《集释》:"蔡梦弼《杜工部草堂诗笺》卷六:'《西京杂记》:朱雀街东第五街,皇城之东第三街,升道坊龙华尼寺南,有流水屈曲,谓之曲江。此地在秦为宜春苑,在汉为乐游园。'又卷七:'按《西京杂记》:宣帝神爵二年(公元前60年),起乐游苑。《关中记》:宣帝立庙曲江之北,因苑为名,名曰乐游庙,即今升道坊内余地是也。此地在秦为宜春苑,在汉为乐游苑。'宋敏求《长安

志》:'万年县乐游庙,在县南八里,亦曰乐游原。'"

⑨"绿槐"句:文《详注》:"芟,刈也,音师衔切。"钱仲联《集释》:"张鸿曰:'槐阴之密,以浮萍之合形容之,独造可喜。然其筋脉则在下瞩二字。古人造意造句之妙如此。'"按:芟(shān 所衔切,平,衔韵),除草。《说文·草部》:"芟,刈草也。"《诗·周颂·载芟》:"载芟载柞,其耕泽泽。"传:"除草曰芟,除木曰柞。"此谓不可排除意。

⑩"白首"句:王元启《记疑》:"公年未四十,鬓发已苍。迁职方时,年已四十有四,故云'白首'。"按:韩公诗文里常叹老嗟鄙。《祭十二郎文》:"吾自今年来,苍苍者或化而为白矣,动摇者或脱而落矣。毛血日益衰,志气日益微。"时公年三十六岁。《赠郑兵曹》:"樽酒相逢十载后,我为壮夫君白首。"时公年三十九岁。《送侯参谋赴河中幕》:"我齿豁可鄙,君颜老可憎。"时公年四十二岁。

⑪ 扃云岩:方《举正》订"扃",云:"三本同。《北山移文》:'扃岫幌,掩云关。'"朱《考异》:"扃,或作'局'。"宋白文本作"扃",注:"一作'屈'。"南宋监本原文作"屈"。文本、潮本、浙本、祝本、魏本作"屈"。魏本注:"屈,一作'扃',门也。"童《校诠》:"第德案:注扃,门也,当作扃,关也。正文巚当依祝本作巘,故云巘与巖同字。又按:巖、巘同字,不烦注释,疑正文当作巘,说文:礹,石山也,广韵:礹与巖同。又疑作壛,汉书礼乐志:壛处顷听,颜注:壛与巖同。"按:巖、巘同字,当作"扃""巖"。今简化作"岩"。

寸步:极小的步子,谓相距很近。韩公《寒食日出游夜归张十一院长见示病中忆花九篇因以投赠》:"关山远别固其理,寸步难见始知命。"卢照邻《释疾文并序》:"寸步千里,咫尺山河。"扃(jiōng),门户、门闩。鲍照《野鹅赋》:"瞰东西之绣户,眺左右之金扃。"白居易《游悟真寺诗》:"门户无扃关。"

云岩:文《详注》:"言平地虽易,而险屈如碍丘山,以喻时俗也。山高入云,故曰云岩。岩,音五咸切。东坡《游白水山》云:'误抛山林入朝市,平地咫尺千褒斜。'又(《慈湖夹阻风》)云:'人间何处不巉岩。'即此意也。"

⑫"云夫"二句：姚范《援鹑堂笔记》卷四一："吾兄，一本作'老兄'。"按：诸本作"吾兄"，是。

文《详注》："盐取其咸，梅取其酸，古者调羹须咸酸以和之，故与俗殊异也。"蒋抱玄《评注》："《庄子》：'行殊乎俗。'《战国策》：'夕调乎酸咸。'"按：此句谓云夫家的习俗。《诗·周南·关雎》传序："家殊俗。"

⑬"日来"二句：魏本注："日，谓逐日。"按：谓云夫天天来看我而不忍离去，谈诗论文没完没了。闻人倓《古诗笺》："《说文》：'省，视也。'"諵(nán 女咸切，平，咸韵)諵，文《详注》："諵諵：语声也，音女函切。"按：多言低语貌，同喃喃。《辞源》《汉语大词典》均引韩诗为例。韩愈用之，后人沿用。宋文同《赠日新禅师》诗："师如捉龟拂，定不空諵諵。"清汪琬《中峰晓庵了法师塔铭》："吾尝遇师，访以《华严》，纲提领挈，其语諵諵。"

⑭抑：朱《考异》："抑，或作'徊'。"宋白文本、文本、魏本、廖本、王本均作"抑"，注："抑，一作'徊'。"祝本作"仰"。按：作"抑"是。"望秋"指卢云夫的《望秋》诗。此谓世俗之议论。

⑮"若使"二句：文《详注》："言文怪百出，则可以夺造化之工。劖，刻也，音士咸切。"魏本注："镌，子全切。劖，断也，徂衔切。"按：镌(juān 子泉切，平，仙韵)，琢凿。《淮南子·本经训》："镌山石，锲金玉，摘蚌蜃，消铜铁。"《说文·金部》："镌，穿木镌也。一曰啄石也。"《广雅·释言》："镌，凿也。"劖(chán 锄咸切，平，衔韵)，《说文·刀部》："劖，断也。一曰剽也，钊也。"《广雅·释诂》："劖，断也。"程学恂《韩诗臆说》卷二："'犹言低抑避谤谗。若使乘酣骋雄怪，造化何以当镌劖。'乃是加倍写法。"

⑯小生：读书人或文人的自称。《汉书·张禹传》："新学小生。"《后汉书·黄香传》让东郡太守疏："臣江淮孤贱，愚蒙小生，经学行能，无可算录。"

怯胆变勇神明鉴：文《详注》："言精神明锐，可以鉴照也。鉴音古衔切。"方世举《笺注》:"怯勇,暗用《光武纪》语。鉴,音监。"

按:二句谓:神明可鉴,我这个胆怯的后生可以成为勇敢之人,以伴先生"驰坑跨谷"之游。

⑰"驰坑"二句:魏本:"孙曰:'言愿游此山也。利谓利禄,言拘于利禄而不游此山,是为贪馋之人矣。'"文《详注》:"公自言驱驰势利,视卢有愧也。馋,饕也,音锄咸切。"

⑱远追甫白感至諴:魏本:"唐曰:甫白,谓李、杜。孙曰:諴,诚也。《书》:'至諴感神。'"文《详注》:"言欲去官不仕,与卢追李、杜之作也。《书》曰:'至諴感神。'諴,诚也。"按:諴(xián胡谗切,平,咸韵),和,和谐。《书·大禹谟》:"至諴感神,矧兹有苗。"又《书·召诰》:"呜呼!有王虽小,元子哉!其丕能諴于小民,今休。"《说文·言部》:"諴,和也。从言,咸声。《周书》曰:'不能諴于小民。'"

⑲完月:方《举正》据杭本作"完月",云:"山谷、李、谢本校同。今本作'见月',字小讹也。蜀作'皎月',非。"朱《考异》:"完,或作'见',或作'皎'。今按:《月蚀诗》有'完完上天东'之句,言月圆也,此亦同意。以下句'就缺'推之可见。"南宋监本原文作"见"。宋白文本、廖本、王本作"完"。文本、潮本、魏本作"见",文本、魏本注:"见,一作'皎'。"祝本作'皎',注:"一作'见'。"童《校诠》:"第德案:完月字不经见,杭本作完,当依山谷本、李、谢校本改。月蚀诗祝本作貌貌,注云:音邈,远也,魏本与祝本同。杭本作完,亦疑依荆公本、范本校改。月蚀诗用貌貌字,盖本谢希逸月赋易其字而用其意。见、完形近,诸本作见不讹,应从蜀本作皎为长,下文云:行将就缺可证。说详月蚀诗。"按:作"完"、作"皎"均通。今从方、宋白文本、廖本、王本作"完"。完月者,圆月也。韩公用字不俗,况与下句"缺"字属对。月圆月缺是常态,此用"完"表圆,用意却新。

⑳擽擽:方《举正》订"擽擽"二字,云:"杭、蜀同。蜀本音所咸切,则知盖非'纤'字也。《诗》(《魏风·葛屦》):'掺掺女手。'《说文》(手部)与《石经》皆作'擽擽'。东坡诗(《次韵和王巩六首》)亦

尝用'左右玉攕攕'。公诗用今韵者，未尝逾韵，此当以'攕'为正。"朱《考异》："攕攕，或作'纖（简化字作纤）纖'。（下引方语）"宋白文本、文本、廖本、王本作"攕攕"。潮本、浙本、祝本、魏本作"纖纖"。从方。

文《详注》："《葛屦》诗曰：'攕攕女手。'注云：'犹纤纤也。'音所咸切。"方世举《笺注》："按：后世作'纤纤'。鲍照诗（《玩月城西门廨中》）：'始见西南楼，纤纤如玉钩。'刘孝绰诗（《望月有所思》）：'秋月始纤纤。'盖古今递变也。"按：《说文》："攕，好手貌。"《广韵》："攕，掺同。"《诗毛传》："掺掺，犹纤纤也。"朱彝尊《批韩诗》："月圆缺是常景，此用意却新。"攕（xiān 所咸切，平，咸韵）攕同纤纤，纖（同"纤"）细貌。《辞源》引韩诗为例。

【汇评】

清姚范：《酬司门卢四兄云夫院长望秋作》"云夫吾兄有狂气"，吾兄，一本作"老兄"。（《援鹑堂笔记》卷四一）

清王鸣盛：《盐添咸衔严凡》：《广韵》"咸""衔"同用，"严""凡"同用。试观昌黎《酬司门卢世[四]兄云夫院长望秋作》一篇，虽系七言古风，然因难见巧，用"咸""衔"至十五韵，而无一韵杂入"严""凡"。可见唐人"咸"与"衔"同用，不与"凡"同用。而"凡"自与"严"同用，界限甚分明也。（《蛾术编》卷三五）

清王鸣盛：《酬司门卢四兄云夫院长望秋作》按：卢汀，字云夫，新旧《唐书》皆无传。见于公诗凡六：一《和虞部卢四汀酬翰林钱七徽赤藤杖歌》；二即此；三《卢郎中云夫寄示送盘谷子诗两章[歌以]和之》；四《早赴街西行香赠卢李二中含人》；五《奉和库部卢四兄曹长元日朝回》；六《奉酬卢给事云夫四兄曲江荷花行见寄某氏》。云卢汀，贞元元年进士，历虞部司门、库部郎中，迁中书舍人，为给事中。其先称虞部者，工部尚书之属。此称司门者，刑部尚书之属。后称库部者，兵部尚书之属。洪兴祖引《国史补》云："两省相呼为阁老，尚书丞、郎中相呼为曹长，郎中、员外、御史、补遗相呼为院长。上可兼下,下不可兼上。"然退之呼卢库部为曹长,张功曹为院长,则上下亦相通也。此称卢司门为院长者,公于元和六年以尚书职方员外郎还京后。元日朝回,又称卢库部为曹长者,公以考功郎中知制诰。故若《街西行香赠卢舍人》时卢汀已拜舍人,宜改编于"元日朝回"之后。(《蛾术编》卷七六)

清方东树:读韩公与山谷诗,如制毒龙,敛其爪牙横气于盂钵中,抑遏闳藏,不使外露,而时不可掩。以视浮浅,一味嚣张,如小儿傅粉,搔首弄姿,不可耐矣。观韩"长安雨洗"一首可见。(《昭昧詹言》卷一一总论七古)

《酬司门卢四兄云夫望秋作》:起四句,以写为点,再追叙事。(同上卷一二韩公)

清刘熙载:"若使乘酣骋雄怪",此昌黎《酬卢云夫望秋作》之句也。统观昌黎诗,颇以雄怪自喜。(《艺概》卷二《诗概》)

蒋抱玄:此诗藻润特工,字里行间,跃跃有粗硬气。"妥帖力排奡",于斯益信。(《注释评点韩昌黎诗全集》)

谁氏子^①

元和六年

非痴非狂谁氏子?去入王屋称道士②。白头老母遮门啼,挽断衫袖留不止。翠眉新妇年二十③,载送还家哭穿市④。或云欲学吹凤笙,所慕灵妃媲萧史⑤。又云时俗轻寻常,力行险怪取贵仕⑥。神仙虽然有传说,知者尽知其妄矣⑦。圣君贤相安可欺,干死穷山竟何俟⑧?呜呼余心诚岂弟⑨,愿往教诲究终始⑩。罚一劝百政之经,不从而诛未晚耳⑪。谁其友亲能哀怜⑫,写吾此诗持送似⑬?

【校注】

① 题：方《举正》："吕氏子炅也。见《李素墓志》。"文《详注》："公为《河南少尹李素墓志》云：'吕氏子炅弃其妻，著道士衣冠，谢母曰：当学仙王屋山。去数月复出。间诣公，公立之府门外，使吏卒脱道士衣冠，给冠带，送付其母。'《庄子·外物篇》云：'不知其谁氏之子。'"魏本："韩曰：吕炅也，河南人。元和中，弃其妻，著道士服，谢母曰：'当学仙王屋山。'去数月复出。见河南少尹李素，素立之府门，使吏卒脱道士服，给冠带，送付其母。公时为河南令作。此诗有'愿往教诲''不从而诛'之语，至是素始归之。"方世举《笺注》："谁氏子，原注：吕氏子炅。诗有'愿往教诲''不从而诛'之语，盖炅始入山时作。既知其姓名而题曰'谁氏子'者，犹《诗·何人斯》贱而恶之，著其无母之罪也。"

按：《韩学研究·韩愈年谱汇证》："是年（元和六年）三月，河南吕氏子炅，背母弃妻入山修道，韩愈作《谁氏子》诗规之……按：李素'拜河南少尹，行大尹事'在六年三月，因河南尹郗士美为昭义军节度使，以素为少尹，行大尹事……吕炅入王屋山修道在李素行大尹事之初，韩愈作诗以明其事，当在是时。"则此诗之作公尚在东都河南令任上，时在《酬司门卢四兄云夫院长望秋作》之前。《大唐传载》云："李河南素替杜公兼，时韩吏部愈为河南令。除职方员外归朝，问：'前后之政如何？'对曰：'将缣来比素。'"按：郗士美任河南尹前，尚有杜兼。如韩公《感春》五首之四："前随杜尹拜表回，笑言溢口何欢哈。孔丞别我适临汝，风骨峭峻遗尘埃。"元和四年十一月二十二日，杜兼卒。元和五年正月，孔戣卒，则郗接兼为河南尹。

② 痴、狂：方世举《笺注》："《淮南子·俶真训》：'或通于神明，或不免于痴狂。'"童《校诠》："按：是，廖、王、祝三本皆作氏，举正、考异无校语。按：是、氏古字通，是读为氏。仪礼觐礼：太史是右，郑注：古文是作氏。韩非子难三：庞𫠜氏，论衡非韩篇作庞㨉是，汉张迁碑：张是辅汉，是即氏，三国吴志：是仪本姓氏，后改为是，是其证。说文：氏，巴蜀名山岸胁之自旁箸欲落堕者曰氏，氏崩声，闻数

百里,象形,乀声。扬雄赋:响若氏隤。段曰:姓氏之氏,本当作是。又曰:姓者,统于上者也,氏者,别于下者也,是者,分别之言也,其字本作是,汉碑尚有姓某是者。朱骏声曰:氏为姓氏者,盖取水源木本之谊。又曰:段氏反谓姓氏之氏当作是,乖蹖不可从。第德案:氏当为支之借字,姓,本也,氏,支也,犹木之有干支,汉书月氏一作月支,阏氏一作燕支,是其证。朱说为长。"按:是、氏古籍中往往通用,后世则别,韩诗用"氏",是其正也。氏乃"支"之意,谓姓之别派也。

王屋:文《详注》:"王屋山在今绛州长垣县东北,昔黄帝受丹诀于是山。"按:即王屋山。《元和郡县图志》卷五河南道一:"河南府王屋县,王屋山,在县北十五里。周回一百三十里,高三十里。《禹贡》'厎柱、析城,至于王屋'是也。"在今河南省济源市北。

道士:钱仲联《集释》:"《太平御览》引《太霄经》:'人行大道,谓之道士。'又云:'从道为事,故称也。'"按:道士谓有道之士。汉董仲舒《春秋繁露·循天之道》:"古之道士有言曰:将欲无陵,固守一德。"此为方士。《汉书·王莽传》:"卫将军王涉素养道士西门君惠。君惠好天文谶记。"因吕炅执意入山学道,老母、妻子挽留不止,如下联云"白头老母遮门啼,挽断衫袖留不止"。顾嗣立《集注》:"按刘石龄云:'晋《温峤传》:峤欲将命,其母崔氏固止之,峤绝裾而去。'"

③ 翠眉:方世举《笺注》:"宋玉《登徒子好色赋》:'眉如翠羽。'"按:用黛螺画的眉。晋崔豹《古今注》卷下:"魏宫人好画长眉,今多作翠眉惊鹤髻。"南朝梁江淹《丽色赋》:"信东方之佳人,既翠眉而瑶质。"

④ 哭穿市:恸哭而行过市也。魏本:"韩曰:《左传》(文公十八年):文公夫人姜氏,以襄仲杀其子不得立,归于齐,哭而过市,市人皆哭。鲁人谓之哀姜。"

⑤ 凤笙:方《举正》据杭、蜀本作"凤皇"。朱《考异》:"笙,方作'皇',非是。"宋白文本、文本、祝本、魏本、廖本、王本均作"凤笙",从之。

文《详注》:"《仙传拾遗》:'萧史不知得道年代,善吹箫作鸾凤之响,而琼姿炜烁,风神超迈,真天人也。混迹于世,时莫能知之。秦穆公有女弄玉喜吹箫,公以弄玉妻之,遂教弄玉作凤鸣。居十数年,吹箫作凤声,凤凰来止其屋,公为作凤台,夫妇止其上,不饮不食,不下数年。一旦弄玉乘凤,萧史乘龙,升天而去。秦为作凤女祠,时闻箫声。今洪州西山绝顶有萧史石仙坛石室及岩石,其像存焉,莫知年代。'媲,匹也,音匹诣切。《补注》:媲,配也。"按:韩门弟子沈亚之有《秦梦记》写其事。《太平广记》卷四《萧史》引《神仙传拾遗》。灵妃,指仙女宓妃。《文选》卷二一晋郭璞《游仙诗》:"灵妃顾我笑,粲然启玉齿。"南朝梁沈约《游金华山》诗:"高弛入闻阊,方睹灵妃笑。"

⑥力行险怪取贵仕:文《详注》:"若卢藏用假隐自名以诡禄仕,至号终南、嵩少为仕途捷径之类。"方世举《笺注》:"行险怪:按终南仕宦捷径,昔人所讥,然往往有售其术者。况宪宗晚喜方士,此时谅有其渐。吕炅入山,旋出诣尹,其意居然可知。诗云'时俗轻寻常',盖诛心之论,而亦可以慨世矣。贵仕:《左传》:'有大功而无贵仕。'"朱彝尊《批韩诗》:"此意却奇。"

⑦"神仙"二句:魏本注:"上知,音智。"方世举《笺注》:"传说:按传说即如列仙传之类,《汉书·艺文志》'诸子传说,皆充秘府'是也。蒋之翘注,乃作'傅说',殊失诗意。'神仙'二句,破学吹凤笙之妄。"按:方世举指出蒋之翘"传"作"傅"之误,是;说他不知此句之意,则过之。此乃误刻。韩公《谢自然诗》:"皆云神仙事,灼灼信可传。余闻古夏后,象物知神奸……人生处万类,知识最为贤。奈何不自信,反欲从物迁。"《记梦》:"乃知仙人未贤圣,护短凭愚邀我敬。我宁屈曲自世间,安能从女巢神山。"皆破神仙之说。

⑧"圣君"二句:方世举《笺注》:"'君相'二句,警力行险怪之非。"又:"干死:李白诗:'干死明月魂,无复玻璃魄。'"钱仲联《集释》:"干死,无故而枉死。"按:干,原作"乾",此处当读干(gān古寒切,平,寒韵),作干燥解,今规范简化字作"干"。

⑨ 岂弟：文本、祝本、魏本作"恺悌"。《群书治要》卷三"岂弟"作"恺悌"。宋白文本、廖本、王本作"岂弟"，从之。

恺：文《详注》："《礼记》《表记》云：'恺以强教之，悌以悦安之。'"按：岂弟，音义均同"恺悌"。岂弟，和乐平易。《诗·小雅·青蝇》："岂弟君子，无信谗言。"又《大雅·旱麓》："岂弟君子，干禄岂弟。"《左传》僖公十二年："恺悌君子，神所劳矣。"注："恺，乐也。悌，易也。"

⑩ 诲：方《举正》作"悔"，云："悔音诲。蜀本作'悔'，今监本同荆公、谢本皆作'诲'。"朱《考异》："诲，方作'悔'。今按：作'悔'非是。大氐方意以奇为主，此类可见。"宋白文本、文本、祝本、魏本、廖本、王本均作"诲"，从之。按：韩公诗用《论语·述而》"诲人不倦"意。当作"诲"。

⑪ 罚一劝百政之经：文《详注》："《文中子·立命篇》：'杜如晦问政。子曰：赏一以劝百，罚一以惩众。'"按：此句谓：处分一个，劝诲百人乃为政之道。

⑫ 友亲：文本作"亲友"。宋白文本、祝本、魏本、廖本、王本作"友亲"，从之。

⑬ 似：朱《考异》："似，一作'以'，非是。"宋白文本、文本、祝本、魏本、廖本、王本作"似"。文本注："似，一作'与'。"当作"似"。

沈钦韩《补注》："似，犹云彼。"方成珪《笺正》："《集韵》：'似，奉也。'"按：张相《诗词曲语辞汇释》卷三曰："似，犹与也，向也，用于动辞之后，特于动作影响及他处时用之……持送似，即持送与也。"王懋竑《读书记疑》卷一六："士、市、仕、俟、似，俱纸韵上声。《正韵》俱增去声。"童《校诠》："第德案：作以是也，其作似者，乃之之假借字，诗江有汜：不我以；击鼓：不我以归，郑笺皆云：以犹与也，仪礼乡射礼：各以其偶进，郑注：今文以为与。张献之释送似为送与是。似、与古通用。易明夷：文王以之，释文：以，荀向本作似，是其证。沈云：似犹云彼未详所出。"假"似"为"以"，作"与"解者以、似，同声同韵，通用。《康熙字典》："《韵补》，叶养里切，音以。《诗·大雅》(《江汉》):'无曰余小子,召公是似。'叶下祉。贾谊《旱云赋》:'运清浊之澒洞兮,正重沓而并起;嵬隆崇以崔巍兮,时仿佛而有似。'"然韩公未必用"以",故仍以诸本,作"似"。

【汇评】

宋黄震:《招扬之罘》柏、马之喻爱之使进。而《谁氏子》之作,谓称道士为痴狂,尤正论也。(《黄氏日抄》卷五九)

又:吕氏子炅,弃妻谢母,学仙王屋山。李素为河南尹,使吏卒脱其道士衣,押送还其母。公所作《谁氏子》诗,岂正此吕欤?(同上)

程学恂:此作一段告条可耳,若以诗体言,则伤直致,正与《谢自然》等篇一类。(《韩诗臆说》卷二)

河南令舍池台①
元和六年

此诗虽编入"古诗",细究其平仄、对仗却是入仄韵的拗律,亦非浅率也。诗虽写小景而语平易,却有寓意。韩愈任都官分司,因维护百姓利益、社会治安,得罪了宦官、僧侣、禁军与藩镇,被沙汰为河南令,憋了一肚子气,由《上郑尚书相公启》《上留守郑相公启》可见。诗体拗仄,而句句含刺,如"才盈""不过""欲将""未许"的巧妙运用,和五六二句的本句反对,上下句反对,以及结语说池台之景的狼藉,都可体察出韩公自嘲与讽世的用意。故读诗当细品,尤其对韩公肆意所作的诗文,更不当以凡眼观。

灌池才盈五六丈,筑台不过七八尺②。欲将层级压篱落③,未许波澜量斗硕④。规模虽巧何足夸,景趣不远真可惜⑤。长令人吏远趋走⑥,已有蛙黾助狼藉⑦。

【校注】

① 题:魏本:"樊曰:'元和六年,公为令时作。'"文《详注》:"《补注》:元和六年作也。"方世举《笺注》:"《新唐书·韩愈传》:'元和初,权知国子博士,分司东都。三岁为真,改都官员外郎,即拜河南令。'按:以下诸诗为河南令作。"钱仲联《集释》引王元启校韩集:"诗有'蛙黾狼藉'一语,恐系六年春夏作。五年春夏,公尚未为河南令也。"按:王说是。诗之成在《酬司门卢四兄》诗前,《谁氏子》诗后。在洛阳为河南令时。

② 七八:朱《考异》:"七八,或作'六七'。"宋白文本、文本、祝本、魏本、廖本、王本均作"七八"。魏本注:"'七八'字,一作'六七'。"按:作"六七",与上句字重,不妥,当作"七八"。七八,亦中原人习惯口语也。钱仲联《集释》:"句法本杜诗(《南邻》):'秋水才深四五尺,野航恰受两三人。'"句法虽似,亦不必谓其学杜也。韩公这样的大才脱口即出这两句诗不难,况有韩诗特殊含义乎!

③ 欲将层级压篱落:魏本注:"言所筑台。"篱落,即篱笆。《抱朴子·自叙》:"贫无僮仆,篱落顿决,荆树丛于庭宇,蓬莠塞乎阶雷。"唐刘禹锡《龙阳县歌》:"鹧鸪惊鸣绕篱落,橘柚垂芳照窗户。"意谓:台虽然想压篱笆,奈何不过七八尺高。

④ 未许波澜量斗硕:魏本注:"言所灌池。"斗硕,黄钺《增注证讹》:"斗硕,即斗石。顾亭林《金石文字记》:余所见宋元碑,升作陞,斗作斝,石作硕。《水经注》有五斝米道。又云长湖南有覆斝山。又《旧唐书》字多作斝硕。"方世举《笺注》:"硕,古石字。"斗,魏本作"斝"。《管子·乘马》:"六步一斝。"《汉书·平帝纪》:"元始二年(公元2年),民捕蝗诣吏,以石斝受钱。"按:斝、斗,通用。今统作"斗"。硕(shí、shuò,常只切,入,昔韵),作大解,《诗·秦风·驷驖》:"奉时辰牡,辰牡孔硕。"通石(shí),比喻坚如硕(石)。《文选》卷四二,三国魏阮瑀《为曹公作书与孙权》:"孤与将军,恩如骨肉……而忍绝王命,明弃硕交,实为佞人所构会也。"善注:"硕与石古字通。"正如童《校诠》云:"斝,廖、王、祝三本皆作斗,广韵四十五

厚云:斛为斗之俗。说文:𥝢,百二十斤也,此为斗、石本字,经典通用石,亦假硕为之,诗小雅甫田孔颖达疏:引汉书食货志:一夫治田百亩,岁收亩一硕半,为粟百五十硕(今汉书作石)是也。方氏以硕为古石字,非。大抵升、斗、石作陞、斛、硕,如一二三四五作壹贰叁肆伍之例,是防有人增减其数之意。升降字古以登为之,周礼羊人:登其首,郑注:登,升也。陞为升之后出字。"硕通石,作量器解,读作旦(dàn),十斗为一石。

⑤ 景:朱《考异》:"景,或作'指'。"诸本作"景",文本、魏本注:"景,一作'指'。"

惜:吝惜。蔡琰《悲愤诗》:"岂敢惜性命。"痛惜、可惜同。贾谊《惜誓》:"惜余年老而日衰兮。"《左传》宣公二年:"惜也,越竟乃免。"

⑥ 人吏:方世举《笺注》:"人吏:《南史·庾於陵传》:'除东阳遂安令,为人吏所称。'"趋走,蒋抱玄《评注》:"《战国策》:'不佞寝疾,不能趋走。'《尔雅》:'门外谓之趋,中庭谓之走。'"按:趋,大步快走。《论语·微子》:"孔子下,欲与之言,趋而辟之,不得与之言。"又作小步快走。《战国策·赵四》:"入而徐趋,至而自谢。"走,跑也。《韩非子·五蠹》:"兔走触株,折颈而死。"《孟子·梁惠王上》:"弃甲曳兵而走。"

⑦ 狼藉:方《举正》:"藉,从艹。《说文》(艹部)曰:'草不编,狼藉。'今本亦从竹。《汉·陆贾传》:'名声籍甚。'孟康曰:'狼藉甚盛。'盖古字如籍田之类,皆只作'耤'字。而从竹从艹,则沿义以生。此当以'藉'为正。"朱《考异》同《举正》,引方语。祝本、魏本作"籍"。廖本、王本作"藉"。

蛙黾:见卷二《杂诗》。文《详注》:"黾亦蛙属。《尔雅》云:'在水者黾。'郭璞云:'似青蛙,大腹,母耿切。'"《通俗编》引苏鹗《演义》云:"狼藉草而卧,去则灭乱,故凡物之纵横散乱者,谓之狼藉。"则作"藉",是,然二字古籍常通用。童《校诠》:"第德案:广雅释诂:狼,螯也,狼藉二字平列义同。史记滑稽传:履舄交错,杯盘狼藉,狼藉与杯盘对文,言纵横杂乱也。公诗以狼藉对趋走,亦二字平列。又作狼戾:淮南子冥览训:流涕狼戾不可止,高注:狼戾犹交横也;孟子滕文公篇:乐岁粒米狼戾,赵注:狼戾犹狼藉也。亦作狼扈:周礼秋官序官:条狼氏郑注:狼,狼扈道上,狼扈犹狼藉也。有单用狼字者,孟子告子篇:则为狼疾人也,赵注:此为狼藉乱不知治疾之人也;淮南子要略:秦国之俗贪狼,高注:狼,荒也是也。有单用藉字者:汉书陆贾传:名声藉甚,孟康曰:言狼藉甚盛是也。有用籍籍二字连文者:汉书燕旦王传:骨籍籍兮无居,颜注:籍籍犹纵横貌也;刘屈氂传:事籍如此,颜注:籍籍犹纷纷也是也。通俗编引苏氏演义云:狼藉草而卧,去则散乱,故凡物之纵横散乱者,谓之狼藉;汉书严助传:闽越王狼戾不仁,颜注:狼性贪戾,凡言狼戾者谓贪而戾;吴都赋:料戾虓勇,则雕悍狼戾,皆以狼为兽名,失之。藉应从草作藉,古籍往往借从竹籍字用之。幸下当补切字。"

【汇评】

清朱彝尊:率意写景,亦有天趣。(顾嗣立《昌黎先生诗集注》卷五)

蒋抱玄:此首似仄韵拗律,意境颇类浅率。(《注释评点韩昌黎诗全集》)

送无本师归范阳[①]

元和六年

从贾岛《携新文诣张籍韩愈途中成》推知,其自幽州携所作诗文来京城谒韩公未见,见张籍后赴洛,元和六年春遂从公游,故有"始见洛阳春,桃枝缀红糁"句。是年秋,韩愈迁职方,贾岛随公入京。十一月告归范阳,公作诗送行,在长安。韩、贾交游期间,贾向韩学习诗文,切磋琢磨,韩愈不仅对贾岛的诗有深刻了解,还建立了深厚的感情。诗中韩公以他创作的亲身体验和对贾岛诗的深入理解,指出其诗"奸穷怪变得,往往造平淡"

的风格,说明由怪奇达到平淡自然的境界,给予很高的评价。贾岛作诗"苦吟",为人称道,如孟郊云:"瘦僧卧冰凌,嘲咏含金痍。金痍非战痕,峭病方在兹。诗骨耸东野,诗涛涌退之。"称其为"狂痴"(《戏赠无本》),故苏轼评其为"岛瘦",可谓贴切。诗后一段表现了他们既是师生,又是知己的深厚友情,离情凄惨,甚为动人。

  无本于为文,身大不及胆[2]。吾尝示之难,勇往无不敢[3]。蛟龙弄角牙,造次欲手揽[4]。众鬼囚大幽[5],下觑袭玄窞[6]。天阳熙四海[7],注视首不颔[8]。鲸鹏相摩窣[9],两举快一啖[10]。夫岂能必然,固已谢黯黵[11]。狂词肆滂葩[12],低昂见舒惨[13]。奸穷怪变得[14],往往造平淡[15]。风蝉碎锦缬[16],绿池披菡萏[17]。芝英擢荒蓁[18],孤翩起连菼[19]。家住幽都远[20],未识气先感[21]。来寻吾何能,无殊嗜昌歜[22]。始见洛阳春,桃枝缀红糁[23]。遂来长安里,时卦转习坎[24]。老懒无斗心[25],久不事铅椠[26]。欲以金帛酬,举室常颠颔[27]。念当委我去[28],雪霜刻以憯[29]。狞飙搅空衢[30],天地与顿撼[31]。勉率吐歌诗[32],尉女别后览[33]。

【校注】

  ① 题:无本师:《新唐书》卷一七六《韩愈传附贾岛传》:"时又有贾岛(779—843),刘叉,皆韩门弟子。岛字浪仙,范阳人,初为浮屠(和尚),名无本。来东都,时洛阳令禁僧午后不得出,岛为诗自伤。愈怜之,因教其为文,遂去浮屠,举进士。当其苦吟……累举不中第。文宗时,坐飞谤,贬长江主簿。会昌初,以普州司仓参军迁司户,未受而卒,年六十五。"范阳,范阳郡,天宝元年,更名蓟州渔阳郡。今属北京。文《详注》:"东坡公诗话云:韩退之《赠贾岛诗》,世俗无知者所托也。按《唐史》:'岛,字浪仙,范阳人,韩门弟子,初为浮屠,名无本。来东都,洛阳令禁僧午后不得出,岛为诗自

伤。愈怜之，因教之为文，遂去浮屠，举进士，终普州司户参军。'《补注》：《刘公嘉话》载贾岛骑驴冲尹事，以为退之，遂因此定交。《赠诗》云：'孟郊死葬北邙山，日月风云顿觉闲。天恐文章还断绝，再生贾岛在人间。'后下第为僧，常从无可上人唱和。一日，宣宗微行，闻钟楼吟咏，遂登楼，于岛案上取诗卷览之。岛不识，乃攘臂就帝手取之，曰：'郎君何会此？'帝惭去。既而岛知，亟谢罪，帝乃赐御札，除遂宁长江（主）簿。后程锜为诗以悼之云：'骑驴冲大尹，夺卷忤宣宗。'《摭言》云：'岛尝骑驴吟曰：落叶满长安。苦求一联，杳不可得，因之唐突刘栖楚，被系一夕而释之。又尝遇武宗于定水精舍，岛尤肆侮慢，上讶之。他日有中旨与一官，乃授长江簿。迁普州司仓而卒。'今普州有唐绛所志岛墓，第云：'罗飞谤，解褐，谪长江，迁普州司仓，会昌癸亥岁（843）卒。'《旧史》无传。《新史》载：'岛，范阳人，初为浮屠，来东都，时禁僧午后不得出，岛为诗自伤，公教之为文。一日骑驴冲尹。文宗时坐飞谤，贬长江簿。会昌初，卒普州。'所载与《摭言》合。而《嘉话》所载宣宗，非是，盖文宗也。文宗大和九年（835），开成五年（840），至武宗会昌六年（846），至宣宗。会昌三年（843），岁在癸亥。岛卒于会昌三年（843），其不在宣宗时明矣。《嘉话》所载公赠岛诗，子瞻以为非公语，世俗无知者所托。然欧公诗：'郊死不为岛，圣俞发其藏。'又曰：'嗟我于韩徒，未足窥其墙。而子得孟骨，英灵空北邙。'盖亦使其语也。其曰'始见洛阳春''时卦遇（转）习坎'，则新传为得之。公元和六年始识岛洛阳，公时为河南令，其秋迁职方员外郎，遂来长安，与之别。坎，十一月卦也。时孟东野亦有《戏赠无本诗》。东野诗作于其年秋，而公诗则十一月，所以送也。是时东野尚无恙，而云'死葬北邙邪？'若以为公为京兆始识岛，故云，则元和六年，公何以有此作也？其后十四年，公谪潮，岛寄诗云云。公为尹，在长庆三年（823），而此诗及岛所寄篇，皆作于元和间，则其识岛久矣。《嘉话》盖韦执谊之子询所录，未必能细也。"郑珍《巢经巢文集》卷五跋此诗云："《刘公嘉话》记岛以炼推敲字误冲京尹事，洪、樊诸子已辨其乌有。而《摭言》载岛因索句唐突刘栖楚被系,迹颇相似。《新唐书》遽信,采以入传。以余考之,亦谬谈也。《岛集》有《寄栖楚》诗云:'友生去更远,来书绝如焚。'通篇词意并见岛与栖楚为同辈旧交,何得有系岛事?《新书》殆失之不考。又以《岛集》与此《送无本师》参证,岛与韩公门,亦可略见始末,益见《嘉话》之非。岛《携新文见张籍韩愈途中成》诗云:'袖有新诗文,欲见张韩老。青竹未生翼,一步万里道。仰望青冥天,云雪压我脑。失却终南山,惆怅满怀抱。'此知岛由幽都携所业来谒公,先至长安见张籍,而后赴洛,故题与诗皆叙张先韩,而诗尚作于见张之先也。雪失终南,知见张在元和五年(810)冬。至六年春走洛见公,遂从公游,故公《送无本诗》云:'始见洛阳春,桃枝缀红糁。'则《新史》谓'禁僧不得出,为诗自伤之'云,亦不足信。是年秋,公迁职方,岛或随公入京。及十一月告归范阳,公作此诗送之。是后至长庆四年(824),公告病居城南庄,岛复来见公,有《黄子陂上韩吏部》诗云:'石楼云一别,二十二三春。相逐升堂者,几为埋骨人?'盖从元和七年(812)计至长庆四年,为十三年也。公庄在黄子陂岸曲,张籍祭公诗所称'地旷气色青'者。籍诗叙池上侍公事云:'偶有贾秀才,来兹亦同并。'即是指岛。公泛南溪,岛亦陪侍,有《和韩吏部泛南溪》诗。不久公卒,则岛必见公属纩。此岛于韩门始末可考者。"对贾岛事迹,魏本《集注》、洪、樊、沈及钱氏多有注,大同小异。然所说俱未备,详见《韩愈大传》卷四《贾岛传》及《唐代文学研究》第十一辑张清华《贾岛诗地名"石楼"考辨——兼辨韩愈、贾岛交往》。贾岛,范阳人,地有石楼村,岛家居此,今属北京房山区。曾访当地人,谓确有此地也。

②"无本"二句:上句"为文",定一篇之轴,下以次展开。为文,作诗,借"有韵为文,无韵为笔"之意。下句妙于翻用,身大不及胆:身子虽大,但包不住胆,即俗曰胆大包身。韩公《送张道士》诗"臣有胆与气",《酬振武胡十二丈大夫》诗"自笑平生夸胆气"。《三国志·蜀·赵云传》裴注引《云别传》:"子龙一身都是胆也。"强至《韩忠献公遗事》:"公(韩琦)平日谓:成大事在胆。"叶燮《原诗》内

篇下:"昔贤有言'成事在胆''文章千古事',苟无胆,何以能千古乎?吾故曰:无胆则笔墨畏缩。胆既诎矣,才何由而得伸乎?惟胆能生才,但知才受于天,而抑知必待扩充于胆邪?"是为韩诗注脚。爱新觉罗·弘历《唐宋诗醇》卷三〇:"妙于翻用。"

③"吾尝"二句:文《详注》:"已下四联,皆勇敢之意。"《全唐诗》卷五七四贾岛《题诗后》"二句三年得,一吟双泪流",可见韩公之意。程学恂《韩诗臆说》卷二:"一起真是异样识力,所以有此异样笔力。后人即执此诗以读无本之诗,亦未必解其所谓,以为诚然。此无本师'三年得句,不免泣下'也。"

④"蛟龙"二句:蛟龙舞角磨牙虽然厉害,然贾岛为文胆大,不假思索就把它搜敛在手里。弄角牙,摆弄角牙,即成语张牙舞爪。造次,仓卒,急切。《论语·里仁》:"君子无终食之间违仁,造次必于是,颠沛必于是。"《史记·五宗世家·河间献王德传》:"好儒学,被服造次必于儒者。"《后汉书·吴汉传》:"汉为人质厚少文,造次不能以辞自达。"此作轻易解。《水浒传》五十六回:"是一副雁翎砌就圈金甲……多有贵公子要求一见,造次不肯与人看。"唐诗中两种用法皆有。杜甫《送顾八分文学适洪吉州》:"御札早流传,揄扬非造次。"《绝句漫兴九首》之一:"即遣花开深造次,便觉莺语太丁宁。"《奉赠卢五丈参谋》:"时清非造次,兴尽却萧条。"韩愈《和虞部卢四汀云夫酬翰林钱七徽蔚宗赤藤杖歌》:"绳桥挂过免倾堕,性命造次蒙扶持。"韩愈《学诸进士作精卫衔石填海诗》:"人皆讥造次,我独赏专精。"

揽:魏本:"孙曰:'蛟龙属大者,数围能吞人。'"文《详注》:"汉息夫躬(《汉书·息夫躬传·绝命辞》)曰:'抚神龙兮揽其须。'注云:'揽,谓执持之。'"方世举《笺注》:"《释名》:'揽,敛也,敛置手中也。'陆机诗:'揽之不盈手。'"按:揽,收敛。《文选》卷一九宋玉《登徒子好色赋》:"遵大路兮揽子袪,赠以芳华辞甚妙。"《玉台新咏》卷三杨方《合欢诗五首》之四:"踟蹰向壁叹,揽笔作此文。"

⑤ 大幽:魏本注:"大幽,幽暗处也。"文《详注》:"《太玄经·

密》之首曰：'窥之无间，大幽之门。'注云：'一为坎位，居处深下，故窥之无间，真密如神，大幽之门也。'"按：指地下极深极黑的地方，亦指地狱。汉扬雄《太玄经》："窥之无间，大幽之门。"蔡邕《司徒袁公夫人马氏碑》："不享遐年，以永春秋。往而不返，潜沦大幽。"晋葛洪《抱朴子内篇·畅玄》："沦大幽而下沉，凌辰极而上游。"《汉语大词典》亦以韩诗为例。

⑥下觑袭玄窞：文《详注》："窞，坎中小坎也，音徒感切。《易》(《坎》)曰：'入于坎窞。'"按：此句承上谓贾岛诗胆大，敢捕捉大鬼于幽暗之中。觑(qù)，窥伺，此谓向下瞧。玄窞(dàn)，黑暗幽深的洞穴。袭，入。《庄子·大宗师》："以袭气母。"《释文》引司马注："袭，入也。"《国语·晋语二》："大国道，小国袭焉曰服；小国傲，大国袭焉曰诛。"韦昭注："袭，入也。"《楚辞》宋玉《九辩》："去白日之昭昭兮，袭长夜之悠悠。"朱熹《集注》："袭，入也。"《淮南子·览冥训》："虎豹袭穴而不敢咆。"高诱注："袭，入也。"宋葛立方《韵语阳秋》卷二："言手揽蛟龙之角，下觑众鬼之窞，皆难事，而无本勇往无不敢，盖作文以气为主也。"

⑦天阳：魏本："孙曰：'天阳，日也。熙，照也。'"按：太阳。《法苑珠林》卷四《日月篇·地动部》："日为天阳，火为地阳，地阳上升，天阳下降。"《汉语大词典》亦以韩诗为例。熙，照耀、暴晒。卢谌《赠刘琨》诗："仰熙丹崖，俯澡绿水。"

⑧颔(hàn)：文本、祝本、魏本、王本、廖本作"颔"。方《举正》作"领"，云："三本同，李本校作'颔'。《说文》(页部)：'颔，低头也。'《列子》(《汤问》)：'巧夫颔其颐。'字作颔。《左传》(襄公二十六年)：'逆于门者，颔之而已。'字作'颔'，义通。"朱《考异》引方语，云："按：《说文》'颔，五感切'引卫献公'颔之而已'为证，则与'颔'字自不同也。然《左传》今本只作'颔'，未详其说。或疑下有'顑颔'字，此不当重押，则作颔为是。然'顑颔'字见《楚词》(屈原《离骚》)。顑，虎感、古湛二切。颔，户感、鱼捡二切。食不饱，面黄貌，则亦与不颔义不同也。"文《详注》："本作颔，低头也，音五感切。

《晋书》《王导传》:'王导曰:太阳下同万物,苍生何由仰照。'"魏本注:"颔,注目也,颔颐也,摇头貌,音乎感切,旧本作五感切。"童《校诠》:"第德案:说文:顄,低头也,春秋传曰:迎于门,顄之而已。臣锴等曰:点头以应也,今左传作颔,假借。朱子疑顄、颔(说文:颔,面黄也)字不同,左传作颔未详其说,不悟颔为顄之借字,徐楚金已明言之。经典类此者多,无容置疑。文选郭景纯游仙诗:洪崖颔其颐,亦假颔为之。其用本字者,扬子云解嘲:顄颐折颇,及方氏所引列子顄其颐,皆其例……"按:"顄"为本字,则作"顄"为公之本,是,与下"顾颔"字不重叶。

朱彝尊《批韩诗》:"作'顄'字是一俯一仰。"

⑨ 鲸鹏相摩窣(sū):魏本:"孙曰:'鲸鹏,物之大者。相摩,空中出也。窣,亦摩也。'"此谓:鹏高飞可摩天。曹植《野田黄雀行》:"飞飞摩苍天,来下谢少年。"《全唐诗》卷一六一李白《古风》第三十三:"吾观摩天飞,九万方未已。"又卷二八四李端《荆州歌送兄赴夔州》:"摩天古木不可见,住岳高僧空得名。"窣,猝出洞穴,谓拂过也。李隆基《初入秦川路逢寒食》:"洛阳芳树映天津,灞岸垂杨窣地新。"《文选》司马相如《子虚赋》:"媻姗勃窣,上乎金堤。"《说文·穴部》:"窣,从穴中卒出,从穴卒声。"段注:"窣、卒、猝,古今字。《子虚赋》:'媻姗勃窣,上乎金堤。'韦劭曰:'媻姗勃窣,匍匐上也。'按:媻姗谓徐行,勃窣谓急行。"

⑩ 啖(dàn 徒敢切,上声,敢韵):诸本作噉(dàn 徒敢切,上声,敢韵)。按:噉、啖、啗同,皆作"吞食"解,简化字作"啖"。《说文·口部》有啖、啗,无"噉"字,则当作"啖"。《北堂书钞》卷一四三晋束晳《发蒙记》:"廉颇噉肉百斤。"汉王充《论衡·订时》:"仓卒之世,谷食乏匮,人民饥饿,自相啖食。"以上八句连用比喻,都是形容贾岛为文胆大,敢于揽龙缚蛟,下穴探鬼,仰观太阳不眨眼,鲸鱼鹏鸟一齐吞。朱彝尊《批韩诗》:"此原有意为奇怪,亦真奇怪。"汪琬《批韩诗》:"蛟龙四联,即下所云奸穷变怪。"

⑪ 谢黯黜(àn dàn):文《详注》:"言去浮屠举进士也。《庄

子·齐物论》曰:'我与若不[能]相知也。则人固受其黮闇(黭),吾谁使正之?'言人不相知,则彼此黮闇不明,苟相知矣,则昔之黮闇不明者必释然矣。故此云'谢黮黯'也。(注:暗昧不明貌。)又《楚辞》(宋玉)《九辩》云:'彼日月之昭明兮,尚黮黯而有瑕。'注云:'云霓之气蔽之也。'上音乙减切,下音徒感切。"魏本:"孙曰:'黮黯,庸暗貌。'韩曰:黑也。《楚辞》:'尚黮黯而有瑕。'"按:黮黯,暗淡不明貌。谢黮黯,离开黮黯。《楚辞》刘向《九叹·远游》:"望旧邦之黮黯兮。"王逸注:"黮黯,不明貌也。"陈迩冬《韩愈诗选》:"是作者的谦词,是说不知其所以然。"然通观之,此二句承上对贾诗艺术的评价,虽然未必达到那样的境界,却也摆脱了暗淡衰煞的状态。在韩公看来,贾岛诗艺已能做到狂放洒脱,怪奇清新。查慎行《查初白诗评十二种》:"十二句蝉联一气,只是赞其胆大耳。取象之奇,押韵之确,自当只立千载。"

⑫ 狂词肆滂葩:滂葩,魏本注:"滂葩,狂貌。"方世举《笺注》:"滂沛纷葩也。"按:狂词,狂放不羁之词。肆,极、尽。滂葩,蕴含丰富而文辞华美。《汉语大词典》以韩诗为例,又为后世沿用。朱彝尊《和程邃龙尾砚歌》:"黯然消魂万里别,长言不觉肆滂葩。"厉鹗《〈余茁村诗集〉序》:"若其辞肆滂葩,意辟蛰户,以韩孟之奥峭为宗,而复取材近于皮陆,渊雅近于欧梅,世当有知言者。"何焯《批韩诗》:"坡公所谓'绚烂之极'。"

⑬ 低昂:指音调的抑扬高低。《宋书·谢灵运传论》:"欲使宫羽相变,低昂互节,若前有浮声,则后须切响。"《全唐诗》卷三五一柳宗元《零陵赠李卿元侍御简吴武陵》:"铩羽集枯干,低昂互鸣悲。"韩公《此日足可惜一首赠张籍》:"道边草木花,红紫相低昂。"见,同现(xiàn),表现、显示。舒惨,乐与悲,欢乐与忧伤。《文选》张衡《西京赋》:"夫人在阳时则舒,在阴时则惨。"《全唐诗》卷六二三陆龟蒙《江南秋怀寄华阳山人》:"天地宁舒惨,山川自变更。"

⑭ 奸穷怪变得:此句谓贾岛诗得之于奸穷怪变,即以巧思、苦

吟、新创获得了成功。奸,巧思。穷,苦吟。怪,创新。得,获得成功。

⑮造平淡:达到平淡的境界。何焯《批韩诗》:"精语。"朱彝尊《批韩诗》:"由奇怪入平淡,是诗家次第。第不知公此诗奇怪耶?平淡耶?"顾嗣立《集注》:"俞玚云:凡昌黎先生论文诸作,极有关系。其中次第,俱从亲身历过,故能言其甘苦亲切乃尔。如此诗云:'无本于为文,身大不及胆。吾尝示之难,勇往无不敢。'作诗入手须要胆力,全在勇往上见其造诣之高。又云:'奸穷怪变得,往往造平淡。'平淡得于能变之后,所谓渐近自然也。此境夫岂易到。公之指点来学者,深矣微矣。"

⑯风蝉碎锦缬:风蝉,或作"蜂蝉""蝉翼""绛浑"。方《举正》据唐本作"蜂蝉碎锦缬",云:"蔡校。蜀本作'蝉翼',谢本只作'风蝉'。"方校刊《韩集》作"蜂蝉"。朱《考异》:"蜂蝉,诸本或作'风蝉',或作'蝉翼'。方从唐本。今按:此与下句不对,未详其说。"南宋监本原文作"风蝉"。宋白文本作"蜂蝉",注:"一作'风'。"文本、潮本、浙本、祝本、魏本作"风蝉"。文本注:"风,一作'蜂'。"魏本注:"风,一作'蜂'。"廖本作"蜂蝉"。按:均有道理,今从诸本作"风蝉"。

按:此句谓:蝉翼文如锦缬,风吹则碎,色彩披离。锦缬(xié),印染花纹的丝织品,即彩绸与彩丝。此词韩公首用,后人沿用。金元好问《下黄榆岭》:"东崖劫火余,绚烂开锦缬。"《汉语大词典》亦以韩诗为例。此句谓:贾诗如蝉翼那样绚烂锦绣。王元启《记疑》:"蝉翼纹如锦缬,遭风则碎,弥觉采色之离披,故云。"又曰:"风蝉旧作'蜂蝉',恐未是。"俞樾《俞楼杂纂》:"蜂蝉,或作'风蝉',或作'蝉翼'。朱子谓与下句不对,未详其说。今按:下句云'绿池披菡萏',此句疑本作'绛浑碎锦缬'。公赠张籍诗云:'中流上滩浑',集解引郭璞曰:'江东呼水中沙堆为浑,是公诗有用浑字者。此云'绛浑',正与'绿池'相对,而与'碎锦缬'之义亦相联贯,'绛'与'蜂','浑'与'蝉',均形近而致误耳。童《校诠》:"第德案:王说是也而未尽。

夏小正：五月良蜩鸣，传：良蜩也者，五采具。尔雅释虫：蜩，良蜩，注引夏小正传作证。蝉著树间，风动叶开，见五采之蝉，纷纷掩映于绿叶之间，故曰风蝉碎锦缬（潘安仁射雉赋：霍若碎锦，为公碎锦缬所本），王氏谓蝉翼遭风则碎，观物未审，失之。一曰木玄虚海赋：若乃云锦散文于沙汭之际，绫罗被光于螺蚌之节，李注：言沙汭之际，文为云锦螺蚌之节，光若绫罗也。诗公刘毛传：芮，崖也，芮与汭通。曹子建齐瑟行云：蚌蛤被滨崖，光采如锦红，俞氏谓公诗有用渾字者，渾与蝉形近而误是也。蜂与蚌形近，蜂当为蚌，盖风和日暖，蚌蛤出沙汭之际，舒展其体用以觅食，远而望之，光采如锦，故曰蚌渾碎锦缬，亦备一说。俞以蜂为绛之形讹，绛渾字不经见，未可从。孙注：声如风蝉，文如碎锦，增声字作解，分一事为二，未谛。"按：童说有理。

⑰ 披：方《举正》据阁本作"坏"，云："谢校。蜀本作'垤'，柳本作'披'，荆公又作'低'。鲍照尝评颜延年诗如'铺锦列绣，雕绘满眼'。谢灵运诗如'初发芙蓉，自然可爱'。说者谓公二语用此二义也。"朱《考异》作"披"，云："披，用荆公本定。或作'垤'，或作'低'，方从阁本作'坏'，皆非是。唯披、坏声相近耳。"南宋监本原文作"垤"。宋白文本作"披"。文本、潮本、浙本、祝本、魏本作"垤"。文本注："一作'低'。"魏本注："垤，一作'坏'。"廖本作"披"，云："《尔雅》：荷，芙蕖，其花曰菡萏。"

方世举《笺注》："菡萏：《尔雅·释草》：'荷，芙蕖，其花曰菡萏。'按《南史·颜延之传》：延之尝问鲍照己诗与灵运优劣，照曰：'谢五言如初发芙蓉，自然可爱。君诗若铺锦列绣，亦雕缋满眼。'公盖兼采其语，言贾或'雕镂出小诗'，或'天然去雕饰'也。下二句亦状其诗，言于荒榛连荚，一望平芜中，亦时有矫矫者也。"按：或作"垤""坏""低"，皆非是，当作"披"字。如童《校诠》："第德案：朱子从柳本作披是也。披为被之借字，楚辞招魂：皋兰被径兮，王注：被，覆也，文选张平子东京赋：秋兰被涯，薛注：被亦覆也，披、被古通用，庄子知北游：啮缺问道乎被衣；释文：被亦作披，是其证。"披者,散开也。菡萏,荷花,又称水芙蓉。此句谓:贾诗如荷花那样清丽淡雅。《全唐诗》卷二一《相和歌辞》李白《子夜四时歌·夏歌》:"镜湖三百里,菡萏发荷花。"韩公《和虢州刘给事使君三堂新题二十一咏·梯桥》:"乍似上青冥,初疑蹑菡萏。"

⑱芝英:灵芝,瑞草。以芝英比贾岛。司马相如《大人赋》:"呼吸沆瀣兮餐朝霞,噍咀芝英兮叽琼华。"葛洪《抱朴子内篇·明本》:"故藜藿弥原,而芝英不世;枳棘被野,而寻木间秀。"《宋书·符瑞志下》:"芝英者,王者亲近耆老,养有道,则生。汉章帝元和中,芝英生郡国。"擢,提拔、选拔。《战国策·燕策二》:"擢之乎宾客之中,而立之乎群臣之上。"

荒蓁(zhēn):朱《考异》:"蓁,方作'榛'。"方《举正》未出此条,当是方校刊《韩集》。诸本作"蓁"。

芝英擢荒蓁:魏本:"孙曰:芝,草也,其叶相连。《瑞应图》曰:'王者敬事耆老,不失故旧,则芝草生。'"按:"蓁"通"榛",荆棘丛生。晋孙绰《游天台山赋》:"披荒榛之蒙茏,陟峭崿之峥嵘。"孟郊《奉报翰林张舍人见遗之诗》:"品松位何高,翠宫没荒榛。"英,花也。擢,拔也。蓁,草盛貌。此句谓:香草从荒草荆棘中长出。

⑲孤翮起连菼:魏本:"祝曰:《诗》(《王风·大车》):'毳衣如菼。'注:菼草,色如骓在青白之间。孙曰:《尔雅》:'菼,乱。'郭璞注云:'似苇而小。'连菼,丛苇也。"文《详注》:"喻无本出于范阳也。蓁,草盛貌,音侧诜切。菼,萑之初生者,音吐敢切,一见《酬崔少府》。"方世举《笺注》:"二句亦状其诗,言于荒榛连菼、一望平芜中,亦时有矫矫者也。"按:孤翮(hé),孤鸟,即独自高飞的鸟,比贾岛。翮,本指羽毛中间的硬管,即毛羽之茎,泛指鸟的翅膀,代鸟。菼(tǎn),芦荻。此句谓:孤鸟从芦荻中飞起。意同上句"芝英擢荒蓁"意。

⑳幽都:指贾岛故里范阳。《书·尧典》:"申命和叔宅朔方,曰幽都。"北为幽,南曰明,朔方在北故称幽。《新唐书·地理志三》:"幽都,望,本蓟县地。隋于营州汝罗故城置辽西郡……武德

元年(618)曰燕州……六年(623)自营州迁于幽州城中,以首领世袭刺史。"

㉑ 未识气先感:此句谓:未曾认识贾岛,就已经为他的精神所感发。气,此指人的精神状态。《商君书·算地》:"勇士,资在于气。"《战国策·赵策四》:"太后盛气而揖之。"

㉒ 昌歜(chù):文《详注》:"《左传》(僖公三十年):'王使周公阅来聘,享有昌歜。'按:昌歜,植物名,即菖蒲。菖蒲菹,用蒲根切制成的盐菜。《左传》僖公三十年:"王使周公阅来聘,飨有昌歜、白黑、形盐。"杜预注:"昌歜,昌蒲菹。"《吕氏春秋·行孝览·遇合》:"文王嗜菖蒲菹,孔子闻而服之,缩䪼而食之,三年然后胜之。"此二句谓:贾岛看重自己来进谒,无异于嗜菖蒲菹,是背俗的嗜好,乃谦词。《辞源》《汉语大词典》亦以韩诗为例。

㉓ 桃枝缀红糁:文《详注》:"糁,浅红色也,音桑感切。《月令》:'仲春之月,桃始华。'后汉郭太游于洛阳,始见河南尹李膺,遂相友善。"魏本:"樊曰:'元和六年春,公为河南令,始识岛洛阳。'"又注:"以米和羹曰糁。糁,桑感切。"方世举《笺注》:"按:糁字见《内则》。《广韵》:'糂,桑感切,羹糂,或作糁。'杜甫诗(《漫兴绝句九首》之七):'糁径杨花铺白毡[,点溪荷叶叠青钱]。'"按:糁(古音读 sǎn,桑感切,上,感韵;今读 shēn),小米粒,泛指散粒状的东西,如玉米糁。缀红糁,桃树枝上长满了花蕾。此二句谓:我与贾岛始见于洛阳桃花始著的春天。《辞源》《汉语大词典》以韩诗为例。

㉔ 时卦转习坎:文《详注》:"坎,位在子,十一月之卦也。(下详述贾岛苦吟推敲遇京尹事。)"魏本:"樊曰:'公是年秋,迁职方员外郎,遂来长安里,与之别,十一月矣。坎,十一月卦也。'"方世举《笺注》:"《易·坎卦》:按京房《易传》云:'龙德十一月在子,在坎卦。'又云:'立夏四月节在申,坎卦,六四。立冬同用。'今诗云'时卦转习坎',自是秋转为冬也。"孙昌武《选集》:"'时卦'句,谓占卜遇到'习坎'卦,意即其时运气不佳。《易·坎》:'习坎,重险也。'习坎即二坎相重䷜,坎为险,习坎为重险。"按:昌武注虽备一说,然与

诗送意不合。

㉕ 斗心:斗胜或进取之心。《史记·项羽本纪》:"汉王笑谢曰:'吾宁斗智,不能斗力。'"指下句久不写文章。《汉语大词典》亦以韩诗为例。

㉖ 事铅椠:文《详注》:"铅,刀。椠,牍也。椠,音在敢切。"事,从事。铅椠(qiàn),笔札。古人以铅为刀(笔)为写字工具,《文选》卷六〇贾谊《吊屈原文》:"莫邪为钝兮,铅刀为铦。"卷二七王粲《从军诗》之四:"虽无铅刀用,庶几奋薄身。"椠,书写用的木片。此承上句谓:人老心懒无进取之志,已久不写文章了。《西京杂记》卷三:"扬子云好事,常怀铅提椠,从诸计吏,访殊方绝域四方之语。"韩公《喜侯喜至赠张籍张彻》:"以余经摧挫,固请发铅椠。"

㉗ 举室常顑颔(kǎn hàn):魏本:"韩曰:'顑,食不饱也。颔,面黄也。'樊曰:《离骚经》:'长顑颔亦何伤。'王逸注:'不饱貌。'孙曰:'言欲酬无本金帛,则我举室常饥贫也。'"文注同。童《校诠》:"第德案:玉篇:领动首鸥鸟名。广韵二十八勘:鸥,面虚色,顑,食不饱。"举室,全家。顑颔,因饥饿而面色枯槁貌。《楚辞》屈原《离骚》:"苟余情其信姱以练要兮,长顑颔亦何伤。"王逸注:"不饱貌。"《说文·页部》:"顑,饭不饱,面黄起行也。从页,咸声。读若戆。""颔,面黄也。从页含声。"

㉘ 委我去:别我而去。委,舍弃也。《韩非子·难势》:"释势委法,尧舜户说而人辩之。"

㉙ 雪霜刻以憯(cǎn 七感切,上,感韵):此句以雪霜的严寒凛冽形容分别时的凄惨心情。刻以憯,刻而憯。刻,形容寒风如刀刺肤。憯,惨痛。通惨。《说文·心部》:"憯,痛也,从心,朁声。惨,毒也,从心参声。"段注:"惨,七感切,古音在七部。"则二字同音而义稍别。此诗用"憯"为善,亦不与上"舒惨"的"惨"字重。可见韩公用字讲究。马王堆汉墓帛书《老子》:"祸莫大于不知足,咎莫憯于欲得。"魏本:"祝曰:憯,痛也。《礼记》(《表记》):'中心憯怛,爱人之仁也。'七感切。"文《详注》:"憯,毒也,音七感切。"

㉚ 狞飙搅空衢：搅，文本、祝本、魏本作"㩴"。文本注："㩴，一作'搅'。"宋白文本作"搅"。按：今从诸本作"搅"。作"㩴"亦通。

魏本："韩曰：'狰狞，恶也、叠也。'祝曰：'败也、折也。《史记》：折颈㩴颐。'方成珪《笺正》："按：《说文》：'㩴，败也。'《广韵》：'叠也。'与狞飙（飚）义不贯。王本'㩴'作'攉'（按：今王本亦作'搅'），《说文》训引，《广韵》训抽、训出，稍为近之。然终不若'搅'字之融洽，故诸本定作'搅'。飙当从三犬，不从三火。"童《校诠》："第德案：方氏云：不若搅字融洽是也。公苦寒诗：凶飙搅宇宙可证。疑韩本作慴，祝本作㩴。说文：慴，惧，读若诗时迈：莫不震叠，毛传：叠，惧，陈奂曰：叠者，慴之假借。韩诗释慴为叠，是恐惧之意。《广韵》㩴，叠也，其本字亦当为慴（如作重叠之义，其本字应为褺，急就篇作褶）。狞飙慴空衢，言空衢之狞飙，使人闻而震惧也。此亦可备一解。祝本正作㩴，故释为败为折。韩注：狰上当补狞字，叠上当补慴字。祝注败上当补折字，折头㩴颐，史记范睢作折胁㩴齿。汉书扬雄传作折胁拉骼。"按：狞飙，狂风。狞，凶猛，如狰狞。空衢，天衢，作天空解，或谓京城街道解亦通。不若作天空解贴切。

㉛ 天地与顿撼：承上句谓狂风霎时使天地动摇起来了。顿，表时间之速，可作霎时、顿时解。撼，词性为动词，即摇动。贾思勰《齐民要术·种枣》："收法：日日撼而落之为上。"

㉜ 勉率：勉强为之。率，率尔，率然。《论语·先进》："子路率尔对。"指"吐歌诗"，即吟诗。此为韩公谦词，谓：我勉强率尔写成此诗。

㉝ 尉女：即慰汝。文《详注》："东坡《赠诗僧道通》云：'为报韩公莫轻许，从今岛可是诗奴。'盖指此篇也。"童《校诠》："尉一作慰。第德案：说文：尉，从上案下也，从叾，又持火，以尉申缯也。汉书百官公卿表：太尉，应劭曰：自上安下曰尉，武官悉以为称。车千秋传：尉安黎庶，颜注：尉之字，本无心也，是以汉书往往存古体字焉。应颜之义皆本说文。"按：则"尉"为本字，"慰"乃后出字，韩公嗜古，崇尚三代两汉文，诗用"尉"字合公本义。

何焯《义门读书记》卷三〇:"结语恰好,便有味。"

【汇评】

宋葛立方:贾岛携新文诣韩愈云:"青竹未生翼,一步万里道。安得西北风,身愿变蓬草。"可见急于求师。愈赠诗云:"家住幽都远,未识气先感。来寻吾何能,无殊嗜昌歜。"可见谦于授业。此皆岛未儒服之时也。洎愈教岛为文,遂弃浮屠,学举进士。《摭言》载:岛初赴名场,于驴上吟"鸟宿池边树,僧敲月下门",遇权京尹韩吏部,呵(原作"呼",与意不合)唱而不觉,洎拥至马前。则曰:"欲作'敲'字,又欲作'推'字,神游诗府,致冲大官。"愈曰:"作'敲'字佳矣。"是时岛识韩已久矣,使未相识,愈岂肯教其作"敲"字耶?(《韵语阳秋》卷三)

宋吴□:退之《赠无本》诗有云:"风蝉碎锦缬,绿池埋菡萏。英芝擢荒榛,孤翻起连菼。"《醉赠张(秘书)》云:"君诗多态度,蔼蔼春空云。东野动惊俗,天葩吐奇芬。张籍学古淡,轩昂避鸡群。"至论李、杜,则云:"想当施手时,巨刃磨天扬。垠崖划崩豁,乾坤摆雷硠。"其形容诸人之诗,亦可谓奇巧也。(《吴氏诗话》卷上)

清俞玚:凡昌黎先生论文诸作,极有关系。其中次第,俱从亲身历过,故能言其甘苦亲切乃尔。如此诗云:"无本于为文,身大不及胆。吾尝示之难,勇往无不敢。"作诗入手须要胆力,全在勇往上见其造诣之高。又云:"奸穷怪变得,往往造平淡。"平淡得于能变之后,所谓渐进自然也。此境夫岂易到。公之指点来学者,深矣微矣。(顾嗣立《昌黎先生诗集注》卷五)

清朱彝尊:阆仙诗虽尚奇怪,然稍落苦僻一路,于此诗赞语,似尚未能称。(同上)

清何焯:《送无本师归范阳》:"勉率吐歌诗"二句,结语恰好,便有味。(《义门读书记》卷三〇)

清姚范:《送无本师归范阳》"注视首不颔"注:李本"颔"作"锁"。《说文》:"锁,低头也。"《列子》:"巧夫锁其颐。"《考异》云:

"《说文》'锁,五感切',引卫献公'锁中而已'为证,则与'颔'字自不同也。然《左传》今本只作'颔',未详其说。或疑下有'顩颔'字,此不当重押,则作'锁'为是。然'顩颔'字见《楚词》。'顩',虎感、古湛二切。'颔',户感、鱼检二切。食不饱,面黄貌,则亦与'不颔'义不同也。"按:《扬雄传》"锁颐折额",小颜音"钦",《后汉书·周燮传》章怀云"丘凡切"。韩公自本《说文》耳。(《援鹑堂笔记》卷四一)

清爱新觉罗·弘历:奖赏之中,讽喻深远,正不独为浪仙说法也。(《唐宋诗醇》卷三〇)

程学恂:(此诗)一起真是异样识力,所以有此异样笔力。后人即执此诗以读无本之诗,亦未必解其所谓,以为诚然。此无本师"三年得句,不免泣下"也。自苏子瞻有"郊寒岛瘦"之谑,严沧浪有"虫吟草间"之诮,世上寡识之流遂奉为典要,几薄二子不值一钱,宜乎风雅之衰,靡靡日下也。试看韩、欧集中推崇二子者如何?岂其识见反出苏、严下耶?再子瞻诋乐天为俗,而其一生学问专学一乐天,此等处须是善会,黄泥抟成人,多是被古人瞒了。(《韩诗臆说》卷二)

石鼓歌[①]

元和六年

从诗里"六年西顾空吟哦"句,知此诗写于元和六年(811),尚未迁职方员外郎,仍在洛阳河南县令任上。诗体势典重肃雅,音节铿锵响亮,气魄雄肆怪伟,字字顿错筋节,是一篇把枯燥的"金石学"入诗,却写成生动活泼的长篇佳制。为后世把学术内容入诗的人提供了经验,开辟了道路。如苏轼《石鼓》、吴渊颖《观秦丞相斯峄山刻石墨本碑》都效法韩诗。诗虽一韵到底,稍嫌平直,然描写字态活脱生肖,议论书姿凌空排阖,生出许多波浪,于平直中显奇崛,是韩诗的代表作之一。

张生手持《石鼓文》,劝我试作《石鼓歌》②。少陵无人谪仙死③,才薄将奈石鼓何④!周纲陵迟四海沸⑤,宣王愤起挥天戈⑥。大开明堂受朝贺⑦,诸侯剑珮鸣相磨⑧。蒐于岐阳骋雄俊⑨,百里禽兽皆遮罗⑩。镌功勒成告万世⑪,凿石作鼓隳嵯峨⑫。从臣才艺咸第一⑬,拣选撰刻留山阿⑭。雨淋日炙野火燎,鬼物守护烦㧾呵⑮。

公从何处得纸本,毫发尽备无差讹⑯。辞严义密读难晓⑰,字体不类隶与科⑱。年深岂免有缺画⑲,快剑斫断生蛟鼍⑳。鸾翔凤翥众仙下㉑,珊瑚碧树交枝柯㉒。金绳铁索锁纽壮,古鼎跃水龙腾梭㉓。陋儒编《诗》不收入㉔,《二雅》褊迫无委蛇㉕。孔子西行不到秦㉖,掎摭星宿遗羲娥㉗。

嗟余好古生苦晚,对此涕泪双滂沱㉘。忆昔初蒙博士征㉙,其年始改称元和㉚。故人从军在右辅㉛,为我量度掘臼科㉜。濯冠沐浴告祭酒㉝,如此至宝存岂多㉞?毡苞席裹可立致,十鼓只载数骆驼㉟。荐诸太庙比郜鼎㊱,光价岂止百倍过㊲?圣恩若许留太学㊳,诸生讲解得切磋㊴。观经鸿都尚填咽㊵,坐见举国来奔波㊶。剜苔剔藓露节角㊷,安置妥贴平不颇㊸。大厦深檐与盖覆,经历久远期无佗㊹。

中朝大官老于事㊺,讵肯感激徒媕婀㊻。牧童敲火牛砺角㊼,谁复著手为摩挲㊽?日销月铄就埋没,六年西顾空吟哦㊾。羲之俗书趁姿媚㊿,数纸尚可博白鹅㉛。继周八代争战罢㉜,无人收拾理则那㉝。方今太平日无事,柄任儒术崇丘轲㉞。安能以此上论列㉟?愿借辩口如悬河㊱。石鼓之歌止于此,呜呼吾意其蹉跎㊲!

【校注】

①题:魏本:"孙曰:石鼓文可见者其略曰:'我车既攻,我马既同。'又曰:'我车既好,我马既䭴,君子员猎,员猎员游,麀鹿速速,君子之求。'又:'左骖幡幡,右骖騝騝,秀弓时射,麋豕孔庶。'又曰:'其鱼维何,维鱮维鲤。何以橐之,维杨与柳。'橐,符霄切。《说文》曰:'囊也。'《补注》:《笔墨闲录》云:此歌全仰止杜子美《李潮八分小篆歌》。'才薄将奈石鼓何',即子美云'潮乎潮乎奈尔何'。'快剑斫断生蛟鼍',即子美云'快剑长戟森相向'。"文《详注》:"唐苏勉《载记》石鼓文,谓之周宣王猎碣,共十鼓。其文则史籀大篆。《湘素杂记》引《倦游录》云:古之石刻存于今者惟石鼓,本露于野,司马池待制知凤翔日,辇致于府学之门庑下,外以木棂护之。其石质坚顽类今为碓硙者。古篆刓铁可辨者几希。"王《补注》引《集古录》,说略同。

按:石鼓,即石鼓文。唐初在天兴(今宝鸡市)三畤原发现十块鼓形石刻,每鼓石刻四言诗一首,合成一组。字体籀文(大篆)。内容记叙秦国国君的游猎,也称"猎碣"。为我国迄今发现最早的石刻文字。历来对其年代众说不一:或因每诗开头与《诗经·小雅·车攻》相同,盖记周宣王畋猎之事,认为是周宣王时代的作品,其文史籀。唐贞观中,吏部侍郎苏勖纪其事,云虞(世南)、褚(遂良)、欧阳(询)共称古妙;董逌《广川书跋》卷二《石鼓文辩》、程大昌《雍录》卷九断为周成王时所作;《金石萃编》卷一引《姚氏残记》谓金马定国以为北周时之物;或以诗文里有秦襄公、秦文公、秦穆公、秦献公时的主张,认为秦始皇前秦代作品。近世学者从后说,认为是秦刻。今存北京故宫博物院雕塑馆。为前秦《诗经》之外仅见的石刻诗歌。刻工精良,在文学、文字、艺术、考古史上均有极珍贵价值。韦应物《石鼓歌》:"周宣大猎兮岐之阳,刻石表功兮炜煌煌。石如鼓形数止十,风雨缺讹苔藓涩。今人濡纸脱其文,既击既扫白黑分。忽开满卷不可识,惊潜动蛰走云云。喘逶迤,相纠错,乃是宣王之臣史籀作。一书遗此天地间,精意长存世冥寞。秦家祖龙还刻石,碣石之罘李斯迹。世人好古犹共传,持来比此殊悬隔。"欧阳修《集古录跋尾》卷一云:"右《石鼓文》,岐阳石鼓初不见称于前世,至唐人始盛称之。而韦应物以为周文王之鼓,宣王刻诗。韩退之直以为宣王之鼓。在今凤翔孔子庙中。鼓有十,先时散弃于野,郑馀庆置于庙而亡其一。皇祐四年(1052),向传师求于民间,得之乃足。其文可见者四百六十五,不可识者过半。余所集录,文之古者,莫先于此。然其可疑者三四:今世所有汉桓、灵时碑往往尚在,其距今未及千岁,大书深刻,而磨灭者十犹八九。此鼓按太史公《年表》,自宣王共和元年至今嘉祐八年,实千有九百一十四年。鼓文细而刻浅,理岂得存?此其可疑者一也。其字古而有法,其言与《雅》《颂》同文,而《诗》《书》所传之外,三代文章真迹在者,惟此而已。然自汉已来,博古好奇之士皆略而不道。此其可疑者二也。隋氏藏书最多,其志所录,秦始皇刻石,婆罗门外国书皆有,而独无《石鼓》。遗近录远,不宜如此。此其可疑者三也。前世传记所载古远奇怪之事,类多虚诞而难信,况传记不载,不知韦、韩二君何据而知为文、宣之鼓也。隋、唐古今书籍粗备,岂当时犹有所见,而今不见之邪?然退之好古不妄者,余姑取以为信尔。至于字画,亦非史籀不能作也。"苏轼《凤翔八观石鼓》:"忆昔周宣歌鸿雁,当时籀史变蝌蚪。"朱彝尊《批韩诗》:"大约以苍劲胜,力量自有余,然气一直下,微嫌乏藻润转折之妙。"歌,古代歌行体,音节、格律较自由,句字多少不定,篇幅长短大小不限。

②张生:文《详注》、魏本引孙《全解》均谓:"张籍。"钱仲联《集释》:"张籍时不在东都,此张生或是张彻,本年《李花》诗有'夜领张彻投卢仝'句可证。"按:钱说有理,生乃张彻。时彻辞潞州幕在东都,且好古,因彻为公侄婿、门人,故称生;对籍,不称生。清赵执信《声调后谱》曰:"起句不押韵。"翁方纲《七言诗平仄举隅》:"须此'文'字平声撑空而起,所以三句'石'字皆仄。"朱彝尊《批韩诗》:

"作歌起。"按:此诗以作歌起,亦祖杜诗。

③ 少陵:杜甫。谪仙:李白。文《详注》:"少陵谓杜甫,谪仙谓李白也。《前汉·地理志》:杜陵属长安,故杜伯之国。后宣帝葬于此,因曰杜陵。去长安五十里,一名少陵。杜甫诗(《自京赴奉先县咏怀五百字》)曰'杜陵有布衣',又(《哀江头》)曰'少陵野老吞声哭'是也。李白,字太白,母梦长庚星,因以命之。贺知章(见新旧《唐书·李白传》)见其文,叹曰:'子谪仙人也。'"按:李白《对酒忆贺监诗序》:"太子宾客贺公于长安紫极宫一见余,呼余为谪仙人。"高步瀛《唐宋诗举要》卷二:"吴曰:'挺接。'"

④ 才薄:才学浅薄,韩公谦词,于谦退处自占地步。文《详注》:"杜甫《歌李潮八分书》云:'仓颉鸟迹既茫昧,字体变化如浮云。陈仓石鼓又已讹,大小二篆生八分……我今衰老才力薄,潮乎潮乎奈汝何?'愈常欲远追李、杜,故祖述其句法。"朱彝尊《批韩诗》:"起四句似杜。"查慎行《查初白诗评十二种》:"谦退处自占地步。"高步瀛《唐宋诗举要》卷二:"吴曰:'以上虚冒点题。'"起四句似杜有法。虚冒点题,且自占地步。

⑤ 周纲:周朝的纲纪。陵迟、凋零、败坏。《荀子·宥坐》:"今夫世之陵迟亦久矣,而能使民无逾乎?"郑玄《诗谱序》:"后王稍更陵迟……厉也,幽也,政教尤衰,周室大坏。"高步瀛《唐宋诗举要》卷二:"吴曰:'跌下句。'"

⑥ 宣王:《史记·周本纪》:"厉王死于彘,太子静长于召公家。"又云:"二相乃共立之为王,是为宣王。"按:周厉王姬胡之子,名静,公元前827年至公元前782年在位,共四十六年,废除弊政,北伐南征,平定四境,世称周朝中兴之主。挥天戈,挥舞天子戈矛,指周伐叛。公元前823年伐玁狁、荆蛮、淮夷、徐戎,公元前825年伐西戎等。厉致周衰,宣使周兴。《诗·小雅·六月序》:"六月,宣王北征也。"《六月》诗云:"六月栖栖,戎车既饬。""王于出征,以匡王国。""薄伐玁狁,至于大原。文武吉甫,万邦为宪。"《汉书·匈奴传》:"宣王兴师命将以征伐之,诗人美大其功。"又《韦玄成传》:"周

室既衰,四夷并侵,狁最强,于今匈奴是也。至宣王而伐之,诗人美而颂之曰:'薄伐狁,至于太原。'"《诗·小雅·采芑序》:"宣王南征也。"《采芑》诗云:"如霆如雷,显允方叔,征伐玁狁,蛮荆来威。"此乃宣王派方叔南征荆蛮(楚)的诗。

⑦大开明堂受朝贺:谓四夷臣服来朝。明堂,周天子举行朝会、祭祀、宴功、选贤和朝见诸侯等政治活动的场所。《礼记·明堂位》:"昔者,周公朝诸侯于明堂之位。"郑注:"周公摄王位,以明堂之礼仪朝诸侯也。"《孝经·援神契》:"明堂者,天子布政之宫。"《三辅黄图》:"明堂者,天道之堂。所以顺四时,行月令,宗祀先王,祭五帝,故谓之明堂。"

⑧剑珮:诸本作"珮",祝本、魏本注:"一作'佩'。"作"佩"、作"珮"均可,此从"珮"。

文《详注》:"宣王名静,厉王之子,周、召共立相之,修政法,文武、成康之遗风。诸侯来朝,复宗周室。"按:古人在宝剑柄上系的玉制装饰品,也叫玉珮。鸣相磨,互相摩擦发出的声音。此谓诸侯来朝周室也。

⑨蒐(sōu):春猎。《管子·小匡》:"春以田曰蒐。"岐阳,岐山之南,在今陕西省岐山县。因《诗·小雅·车攻》开头"我车既攻,我马既同"两句与《石鼓文》首二句同,韩愈认为是写周宣王游猎的诗。宋葛立方《韵语阳秋》卷一四:"《左传》(昭公四年)云:'周成王蒐于岐阳。'而韩退之《石鼓歌》则曰'宣王',所谓'宣王愤起挥天戈''蒐于岐阳骋雄俊'是也。韦应物《石鼓歌》则曰'文王',所谓'周文大猎岐之阳,刻石表功何炜煌'是也。唐苏氏《载记》云:'《石鼓文》谓周宣《猎碣》,共十鼓。'东坡《石鼓诗》亦云:'忆昔周宣歌鸿雁……方召联翩赐圭卣。'不知韦诗云'周文'安据乎?欧阳永叔云:'前世所传古远奇怪之事,类多虚诞而难信,况传记不载,不知韦、苏二君何据而有此说也?'"文《详注》:"《左传》昭四年云:'成有岐阳之蒐。'(杜注)谓:'成王归自奄,大蒐于岐山之阳也。'言宣王继成王之业,亦尝蒐狩于此。岐山在今凤翔岐山县。"魏本:"孙曰:

《左氏》：'成有岐阳之蒐。'左氏言成王，公今言宣王，未详。"钱仲联《集释》："《诗·车攻序》：'宣王会诸侯于东都，因田猎而选车徒。'其起句'我车既攻，我马既同'，与《石鼓》起句相同，公遂断为周宣王。然周宣蒐于岐阳，古书无明文。即《小雅·吉日》之诗，亦只可知为西都之狩而已。自唐迄今，聚讼纷纭，考释何啻百家。沈梧汇辑定本，仍囿旧说，指为周宣。蒋元庆撰《石鼓发微》，始申郑樵之说，考明字体，参稽经史，而断为秦昭王之世所造，在周赧王十九年之后，二十七年之前，其说精核。"童《校诠》："第德案：汉书艺文志：史籀十五篇，注周宣王太史作大篆十五篇。说文序亦云：宣王太史籀著大篆十五篇，公以石鼓文为史籀所书，故定为宣王时，与苏勖、李嗣真、张怀瓘、窦臮、窦蒙、徐浩诸氏同。石鼓之作，有以为文王时鼓，宣王时刻者；有据左传成有歧阳之蒐（左传昭公四年楚椒举语）定为成王时作者；其以为宇文周时作者，则朱竹垞、王兰泉已驳正之。郑渔仲、巩仲至定为秦国器物，郑引秦斤、秦权作证。近儒震在廷疑其不类周文，从郑之说，罗叔蕴、马叔平、郭沫若诸氏同。马氏谓石鼓所在尚在歧阳之西，渔猎之地，更在其西，于郑氏二证外，复引盠和钟、秦公敦、重泉量、诅楚文、吕不韦戈、新郪阳陵二虎符、权量诏书、峄山、泰山、琅邪、会稽刻石作证。其时代震、罗二氏云作于文公时，马氏云穆公，郭氏云襄公，郭释鄜为蒲，即汧水发源地蒲谷乡之蒲本字。又云：石鼓在三畤原，西畤作于襄公八年，帝王世纪云：襄公二年徙都汧，天子嗣王皆谓周平王，其说较震、罗二氏为翔实，可信从。歧当作岐。"

⑩ 百里：朱《考异》："万，或作'百'。"文本、祝本、魏本、廖本、王本均作"万里"。魏本注："'万里'作'百里'。"

按："万里"当作"百里"，一则从地域空间上看不可能出"万里"；二则韩公诗文无端夸张者少；三则作"万"与下句"万"字重复。这样的写法，韩公不会干。"遮罗"，一作"遮逻"，张网拦截捕捉禽兽。《汉语大词典》引韩诗为例。宋黄庭坚《演雅》诗："桑蚕作茧自缠裹，蛛蝥结网工遮逻。"李纲《与张相公书》之二十五："近遣属官程圭率诸头项兵将,四面遮罗,深入讨捕,期于必取。"闻人倓《古诗笺》:"《玉篇》:'遮,要也,拦也。'"童《校诠》:"第德案:文选张平子西京赋:结罝百里,远杜蹊塞。应以作百里为是,万里则失之矜夸。注万当作萬,万里下当补一字。"按:狩猎百里乃常事,谓万里者乃文学语言的夸张。然与下句"万"字重复,不若作"百里"善。

⑪ 成:方《举正》作"成",云:"阁本'成'作'盛',讹也。'封岱勒成',《东都赋》语。"朱《考异》:"成,或作'盛'。(下引方语)"宋白文本、文本、祝本、魏本、廖本、王本作"成",注:"成,一作'盛'。"按:镌功勒成,写成文字,刻石纪功。作"成"字是。

镌:雕刻。《后汉书·蔡邕传》:"使工镌刻,立于太学门外。"勒,亦作雕刻解。《礼记·月令》:"物勒工名,以考其诚。"镌勒,在金石上雕刻文字,多用于表彰人物的功业、事迹。南朝梁任昉《为范始兴作求立太宰碑表》:"故精卢妄启,必穷镌勒之盛。"宋王谠《唐语林·补遗》:"颜真卿为平原太守,立三碑……其二碑求得旧文,买石镌勒,树之郡门。"

⑫ 隳:毁灭。嵯峨,魏本注:"嵯峨,山高貌。"方世举《笺注》:"张衡《西京赋》:'嵯峨嶫嶪。'按:隳嵯峨,谓隳坏高山也。"文《详注》:"言颂中兴之功,取岐山之石以为鼓也。嵯峨:高貌,上音五何切,下音昨何切。刘安《招隐士》云:'山气垅嵷兮石嵯峨。'"按:嵯峨,高大的山石。此句谓:开山凿石,制作石鼓,摧毁高山,镌刻大石为石鼓,刻文记功。

⑬ 从臣:随从的部下僚属。才艺,才能技艺。《列子·周穆王》:"万物滋殖,才艺多方。"《后汉书·仲长统传·昌言》:"表德行以厉风俗,核才艺以叙官宜。"《汉语大词典》亦引韩诗为例。咸第一,都是第一流的。

⑭ 拣:朱《考异》:"拣,或作'简'。撰,或作'譔'。"宋白文本、祝本、魏本、廖本、王本作"拣"。文本作"简"。按:拣,《说文》作"柬",云:"分别简之也。"汉赵晔《吴越春秋·阖闾内传》:"后三月,拣练士卒,遂之吴。"《左传》昭公十八年:"乃简兵大蒐。"作拣选、挑

选,二字通。今作"拣"。撰,文本、魏本作"譔",魏本注:"一作'撰'。"按:《说文·言部》:"譔,专教也。从言,巽声。"段注:"专教者,专壹而教之也。郑注《论语》'异乎三子者之撰','撰,读曰譔。譔之言善也'。《广韵》曰'譔,善言也'本郑。"《说文》未收"撰"字,则为后出。作撰述,撰、譔通用。今作"撰"。

山阿,文《详注》:"大陵曰阿。《真诰》曰:'《秦皇白璧盘铭》云:巡狩苍川,勒铭山阿。'"钱仲联《集释》:"《诗》(《小雅·菁菁者莪》):'菁菁者莪,在彼中阿。'"按:山阿即山陵。《楚辞》屈原《九歌·山鬼》:"若有人兮山之阿。"唐王勃《滕王阁序》:"访风景于崇阿。"阿,大丘陵也。此句诗的"山阿",当作山根、山脚解,当作"阿"。此句意谓:挑选修撰、刻工作文刻碑留在山下作纪念。

⑮ 鬼物守护烦㧙呵。方《举正》订作"呵"字,云:"杭、蜀同。柳文(《祭李中明文》):'魑魅㧙呵。'亦只用'呵'字。"朱《考异》:"呵,或作'诃'。"宋白文本、廖本、王本作"呵"。文本、祝本、魏本作"诃"。顾嗣立《集注》、方世举《笺注》从"呵"。高步瀛《唐宋诗举要》、钱仲联《集释》从"呵"。阿、呵、诃作呵斥解,通用,其他意义不通用,今简化为"呵",合而为一。作大山或山水的转弯处解,当作"阿",三字不通用。

烦:麻烦、劳驾。㧙呵,指责呵斥,此指鬼神严加守护。《列子·黄帝》:"众谓鬼物。"杜甫《李潮八分小篆歌》:"峄山之碑野火焚。"㧙,《说文·手部》:"㧙,裂也。从手,为声。"段注:"《易》:'㧙谦。'马曰:'㧙犹离也。'按:㧙谦者,溥散其谦,无所往而不用谦。裂义之引申也。《曲礼》:'为国君削瓜者华之。'注曰:'华,中裂之也。'华音如花,㧙古音如呵,故知华即㧙之假借也。"呵,大声呵斥。《韩非子·外储说左上》:"惠嗣公使人伪关市,关市呵难之。"《汉书·食货志下》:"纵而弗呵。"童《校诠》:"第德案:说文:诃,大言而怒也,呵为诃隶变,柳文或为抄写者所书,非柳自书,方氏反以后出字为正,似欠审谛。"童说"呵"为"诃"后出字,是;然说柳、韩作"呵",则欠妥。"呵"字秦汉以后已常用,唐更普遍,韩公《元和圣德诗》《南山诗》《苦寒》及此诗都用"呵"字。

以上为一段,写作鼓的源起:周宣王狩猎,刻石纪功。

⑯"公从"二句:何处,方《举正》据蜀本作"何士"。朱《考异》:"处,方作'士'。"南宋监本原文作"处"。宋白文本、文本、潮本、浙本、祝本、魏本、廖本、王本均作"何处",是。公,张彻。纸本,以纸为底的字画,此指《石鼓文》的拓本。宋梅尧臣《雷逸老以仿石鼓文见遗因呈祭酒吴公》:"唯闻元和韩侍郎,始得纸本歌且详。"范成大《题张希贤纸本花四首·牡丹》诗:"生绡多俗格,纸本有真艳。"由此始入张生所示《石鼓文》。

下句谓:一笔一画的细微末节都显得清清楚楚,没有一丝一毫的差错。差讹,错误。钱仲联《集释》:"《论衡》:'无细大毫发之亏。'翁方纲曰:'此拓在销烁之前,可惜尔时无能作释文者。'"

⑰辞严义密读难晓:文《详注》:"《石鼓文》云:'我车既攻,我马亦同。'又云:'其鱼维何,惟鲂及鲤,何以贯之,惟杨与柳。'惟此六句可读,余多不可通。事见东坡《石鼓诗》。"文词严整,含义深奥。难晓,难懂。此句乃拗律。何焯《义门读书记》卷三〇:"文章只一句点过,专论字体,得之。"《批韩诗》又云:"方入张生所示《石鼓文》。"

⑱隶与科:隶书与科斗文。科,方《举正》作"蝌",云:"蜀本、《文粹》同。谢校。"朱《考异》:"诸本皆同。方从蜀、《粹》作'蝌'。今按:蝌乃科之俗体,后人以重韵而误改耳。方知韩公不避重韵,乃疑于此,何耶?"南宋监本原文作"科"。宋白文本、潮本、浙本、祝本、魏本、廖本、王本均作"科"。文本、《文粹》作"蝌"。作"科"字是。

按:"蝌"字《说文》无,科斗文为大篆,形似蝌蚪,乃后出此俗字,韩诗作"科"字是,乃古字假借;况韩公《科斗书后记》即作"科"。韩公《岣嵝山》"科斗拳身薤倒披,鸾飘凤泊拿虎螭"及《峡石西泉》皆用"科斗"字。查《全唐诗》如崔湜、李白、韦应物、岑参、秦系、孟郊、刘禹锡、元稹等多用之,皆作"科斗"。科,即科斗文,也作蝌蚪文,即蝌蚪书。古文字体的一种。笔画多头大尾小,形如蝌蚪。清姚鼐《篆秋草堂歌赠钱献之》:"鲁壁再传蝌斗书,相传竟断卫伯儒。"袁枚《子不语·孔林古墓》:"有石榻,榻上朱棺已朽,白骨一具甚伟。旁置铜剑,长丈余,晶莹绿色。竹简数十页,若有蝌蚪文者。"沈起凤《谐铎·荆棘里》:"老人挈周登舟,达岸,岸上树廉石,镌金碧大字,类蝌蚪书,周不能辨。"

隶:即隶书。文《详注》:"晋卫常曰:'秦既用篆,秦事烦多,篆字难成,即令隶人佐书隶字,汉因行之。隶书,篆之捷也。'《书传》云:'科斗者,古文也。所谓仓颉本体,周所用文。以今所识,是古人所为,故名古文。形多头粗尾细状,腹团圆似水虫科斗之形,故曰科斗也。'字本作蝌,亦音科。"魏本:"孙曰:《说文》云:'自秦书有八体,八曰隶书,始皇时程邈所定,施于公府也。'科谓科斗书。鲁恭王坏孔子宅,得《书》《论语》《孝经》,人不复知有古文,谓之科斗文字也。"方世举《笺注》:"隶科:《水经注》:'古文出于黄帝之世,仓颉本鸟迹为字,自秦用篆书,焚烧先典,古文绝矣。鲁恭王得孔子宅书,不知有古文,谓之科斗书。盖因科斗之名,遂效其形耳。'篆,捷也。青州刺史傅弘仕说,临淄人发古冢得铜棺,前和外隐,起为隶字。亦齐太公六世孙胡公之棺也。证知隶自出古,非始于秦。"按:《水经注·泗水》:"自秦烧《诗》《书》,经典沦缺,汉武帝时,鲁恭王坏孔子旧宅,得《尚书》《春秋》《论语》《孝经》。时人已不复知有古文,谓之科斗书。汉世秘之,希有见者。"翁方纲《七言诗平仄举隅》:"此句五六上去互扭,是篇中小作推宕。"

⑲ 缺画:方《举正》:"杭、蜀作'画'。阁本作'划'。"朱《考异》:"画,或作'划'。"南宋监本原文作"划"。文本、潮本、浙本、祝本、魏本作"划"。宋白文本、廖本、王本作"画"。此指笔画,二字通,今作"画"字。

⑳ 斫断:凿刻。清翁方纲云:"既云毫发尽备,而又云有缺画,则可见韩公于篆学,或尚未详审,而深期于讲解切磋也。"蒋元庆《石鼓发微》曰:"各说以马定国断为宇文周最谬,宇文周联接隋、

唐,石鼓唐代初显,韦苏州先作歌,韩昌黎继之。韦、韩已有缺讹缺画之语,可悟毁坏必辽远不知何年。"

蛟:龙属。鼍,似蜥蜴。文《详注》:"蛟,龙属;鼍,似蜥蜴足长丈余,音徒何切。"按:详见《陆浑山火一首和皇甫湜用其韵》诗注⑬。此句用杜甫《李潮八分小篆歌》"况潮小篆逼秦相,快剑长戟森相向。八分一字直百金,蛟龙盘拏肉屈强"诗意。此句以下皆状石鼓文。何焯《义门读书记》卷三〇:"横插此二句,势不直。"

㉑鸾翱凤翥:魏本:"孙曰:'翱,翱翔也。翥,飞举也。仙人将下,故鸾翱凤翥以为先导也。'"按:翱,一作"翔"。以鸾凤飞举形容石鼓文字体势的鸾飞凤舞。汉班固《西都赋》:"鸳鸯飞翔之列。"汉张衡《西京赛》:"凤骞翥于甍标,咸溯风而欲翔。"晋陆机《浮云赋》:"鸾翔凤翥,鸿惊鹤奋。"明朱国祯《涌幢小品·白玉蟾》:"(白玉蟾)善草书,有鸾翔凤翥之势。"清张九征《与王阮亭书》:"屋漏之痕,古钗之脚,非不名世,对右军之鸾翔凤翥,则卧被不敢与争。"《辞源》亦以韩诗为例,"翱"作"翔"。以韩公标异之性格,拟作"翱"字为是。赵执信《声调谱》:"拗律句。"

㉒珊瑚碧树:方《举正》:"此语见《选·西都赋》。阁本作'幽碧',非。"朱《考异》:"碧树,或作'幽碧'。"宋白文本、文本、祝本、魏本、廖本、王本均作"碧树"。

珊瑚:文《详注》:"珊珊,玉声,音相干切。班固《西都赋》:'珊瑚碧树。'宋玉《神女赋》云:'拂墀声之珊珊。'"魏本:"孙曰:《广雅》曰:'珊瑚,珠也。'《说文》(玉部)云:'生海中,色赤。'碧树,碧玉树也。"按:珊瑚又名珊瑚树。碧树,珊瑚树似碧玉。海底珊瑚虫分泌的石灰质骨骼聚集而成的树状物品,有红、白、绿、黑等色,可供观赏、装饰。交枝柯,枝丫交错。《文选》班固《西都赋》:"珊瑚碧树,周阿而生。"《史记·司马相如传·上林赋》:"玫瑰碧琳,珊瑚丛生。"正义:"郭云:'珊瑚生水底石边,大者树高三尺余,枝格交错,无有叶。'"参阅《世说新语》卷三〇《汰侈》"石崇与王恺争豪"及注引《南州异物志》。《淮南子·地形训》:"掘昆仑虚以下地,中有增城九重,其高万一千里百一十四步二尺六寸。上有木禾,其修五寻,珠树、玉树、琁树、不死树在其西,沙棠、琅玕在其东,绛树在其南,碧树、瑶树在其北。"公以珊瑚碧树交枝柯形容科斗文字。

㉓ "金绳"二句:文《详注》:"汉武帝时,汾阴得宝鼎,荐见宗庙,藏于甘泉,言群臣上寿,贺得周鼎。晋陶侃少时,渔于雷泽,常网得一织梭,以挂于壁。有顷,雷雨暴至,乃化为龙而去。"按:此二句形容石鼓文字遒劲,好像用金绳铁索结实地捆住古鼎,俊逸似扯出水面的蛟龙腾跃一样有气势。古鼎跃水,相传禹铸九鼎,三代奉为国宝,周东迁,秦攻周取九鼎,一沉泗水,秦始皇使千人打捞,未出,是因为龙用牙齿咬断了金绳铁索。

龙腾梭:方《举正》:"《文粹》作'腾龙梭'。"朱《考异》:"龙腾,或作'腾龙'。"宋白文本、文本、祝本、魏本、廖本、王本均作"龙腾",是。

除以上传说,还见《晋书·陶侃传》:侃少时在雷泽捕鱼,网得一只织布梭,回家挂在墙上,一会雷雨大作,梭化为龙腾跃而去。据《史记·封禅书》:"其后百二十岁而秦灭周,周之九鼎入于秦。或曰宋太丘社亡,而鼎没于泗水彭城下。"又《秦始皇本纪》云二十八年,始皇东巡,过彭城,"欲出周鼎泗水,使千人没水求之,不得。"《水经注·泗水》:"周显王四十二年(公元前327年),九鼎沦没泗渊。秦始皇时,而鼎见于斯水。始皇自以德合三代,大喜,使数千人没水求之,不得。所谓鼎伏也。亦云:系而行之,未出,龙齿啮断其系。"以上八句极力写石鼓文之古奥。

㉔ 陋儒编《诗》不收入:收,廖本、王本注:"收,一作'得'。"

陋儒:指孔子前才能低下的文人,不能尽搜诗什。《荀子·劝学》:"上不能好其人,下不能隆礼。安特将学杂识志顺《诗》《书》而已耳,则末世穷年,不免为陋儒而已!"《史记·孔子世家》:"古者《诗》三千余篇,及至孔子,去其重,取可施于礼义。上采契后稷,中述殷周之盛,至幽厉之缺。始于衽席,故曰:'《关雎》之乱以为《风》始,《鹿鸣》为《小雅》始,《文王》为《大雅》始,《清庙》为《颂》始。'三百五篇孔子皆弦歌之，以求合《韶》《武》《雅》《颂》之音。礼乐自此可得而述，以备王道，成六艺。"李黼平《读杜韩笔记》："少时读此，便知陋儒是指毛公诸儒，诸儒所以不编入者，以孔子昔日所未见，遂至'掎摭星宿遗羲娥'耳，诗意甚明。后见黄东发引放翁言《石鼓文》不当谓删诗时失编入，以为此诚言语之疵，是黄、陆二公竟以'陋儒'指孔子也，殊失诗意。"童《校诠》："第德案：李谓陋儒非指孔子，是。"

㉕《二雅》：即《诗经》中的大雅、小雅。褊（biǎn）迫，指《二雅》编辑范围狭窄，未收入石鼓文。《荀子·修身》："狭隘褊小，则廓之以广大。"

委蛇，魏本："祝曰：委蛇，上于为切，下音移。《诗》（《召南·羔羊》）：'〔退食自公，〕委蛇委蛇。'注：'行可从迹也。'毛诗《叶韵补》：'音蛇，唐何切，行貌。'扬雄《反离骚》：'驾八龙之委蛇。'今协歌字韵。当从《补》音。孙曰：（《诗·鄘风·君子偕老》）'委委它它，如山如河。'委佗者，平易之貌。委蛇与委佗字同。"文《详注》："按《周礼》，太师教六诗曰：风、赋、比、兴、雅、颂，谓之正经。使瞽瞍诵之以劝戒人君也。释者以谓古有采诗之官，武王始得之。及成王即政之初，于时国史自定其篇目，属之太史以为常乐。其后周衰，礼废乐坏，简册倒置，孔子从而定之，然后雅颂各得其所。陋儒，谓当时掌国史之臣也。今宣王之诗，见于《大雅》者六，《小雅》者十四，而石鼓之事，不见编录，故曰'褊迫无委蛇'也。《君子偕老》（《诗·鄘风》）诗云：'委委佗佗，如山如河。'《传》曰：'委委，顺也，如河之所趋。佗佗，别也，如山之相负。言山无不容，河无不润。'"童《校诠》："第德案：李谓陋儒非指孔子，是。广韵七歌：它、蛇皆托何切，又云：蛇今市遮切，佗、委委佗佗，美也，又托何切。说文：它，虫也，从虫而长，象冤曲垂尾形。上古草居患它，相见问无它乎？蛇它或从虫。段曰：今人它与蛇异义异音，蛇，食遮切。说文无他字，古只用它或佗字，易比初六：终来，有它吉，诗鹤鸣：他山之石，释文本作它，故云它，古他字，汉书张良传：备它盗也，卫绾传不与它将争，是其例。其用佗字者:诗:委委佗佗,史记司马相如传:佗佗籍籍,左氏文六年传:贾佗,汉书古今人表:尹公佗,是其例。它为本字,佗为假借字。孙引诗委委它它(下文解释又作佗)御览六百九十引作委委蛇蛇。云委佗者平易之貌,毛传作委委佗佗,德平易也,稍有改易。祝引诗羔羊云:蛇音移,毛诗叶韵补蛇唐何切,案:蛇本托何切,音移者为音变。段若膺、王菉友皆云逶迤(与委蛇同),委佗为叠韵。"

委蛇(wēi yí):同"逶迤""委佗",弯弯曲曲貌。《淮南子·泰族训》:"河以逶蛇故能远,山以陵迟故能高。"《史记·蒙恬传》:"(长城)延袤万余里,于是渡河,据阳山,逶蛇而北。"《汉书·礼乐志·郊祀歌·赤蛟》:"票然逝,旗逶蛇。"《后汉书·杨秉传·章华赋》:"振华袂以逶迤,若游龙之登云。"《诗·召南·羔羊》:"退食自公,委蛇委蛇。"李黼平《读杜韩笔记》:"蛇字本有驰音。《诗·羔羊》,委蛇与纭为韵。《君子偕老》章作'委委佗佗',与河、何为韵。今韵四支蛇字注云:'弋支切。'《后汉书》作'委佗',又作'委它'。《韩诗外传》作'祎隋',并字异而义同。又歌、麻二韵(原注:以上四支蛇字注)。按:今五歌有'迱'而无'蛇','迱'字注曰:'通作佗,亦作蛇。'是今五歌之'迱'即'蛇'字也。"

㉖ 孔子(公元前551-公元前479):姓孔名丘,字仲尼。春秋时鲁国陬邑(今山东曲阜)人。我国伟大的思想家、教育家,世界文化名人。一生周游列国十余年,然没有到过秦国。此为平律句式。清翁方纲《七言诗平仄举隅》:"此句末字用平声峙起,此是中间顿宕,全以撑拄为能。"施山《姜露庵诗话》:"七古押平韵到底者,单句末一字不宜用平声。若长篇气机与音节拍凑,偶见一二,尚无妨碍。如杜《冬狩行》'东西南北百里间,况今摄行大将权',韩《石鼓歌》'孔子西行不到秦''忆昔初蒙博士征'之类是也。"

㉗ 掎摭(jǐ zhí)星宿遗羲娥:朱《考异》:"摭,或作'拾'。"文本作"拾",注:"一作'摭'。"

文《详注》:"孔子历聘列国,西不到秦。其作《春秋》也,陨石六鹯,虽或书之。然其间记灾异变见,或不记日月,盖其传闻所见,犹或异辞也。羲娥,谓日月也,事已见《日蚀》及《秋怀》诗。东坡诗云'增年谁复怨羲娥'是也。此言圣人犹有遗阙,故下言'嗟予好古诚苦晚'也。"魏本:"孙曰:'羲娥,日月也。羲和,日御。姮娥,月御。'韩曰:'诗意谓《石鼓文》不编于《诗》,而《二雅》不载,孔子删《诗》,小者具述,而此文独遗焉,是犹掎摭星宿而遗日月也。'"按:此句谓:孔子编诗,因未到秦地,所以得小失大,只拾到了星星,丢掉了日月。韩公把《石鼓文》比作日月。摭、遮今通用。掎摭,拾取。《说文·手部》:"掎,偏引也,从手,奇声。"又:"拓,拾也,陈宋语,从手,石声。摭,拓或从庶,拾也。"遗羲娥,丢掉羲娥。羲,羲和,代指日;娥,嫦娥,代指月。洪迈《容斋随笔》卷四《石鼓歌过实》:"文士为文,有矜夸过实,虽韩文公不能免。如《石鼓歌》,极道宣王之事,伟矣。至云'孔子西行不到秦,掎摭星宿遗羲娥','陋儒编《诗》不收拾,《二雅》褊迫无委蛇',是谓《三百篇》皆如星宿,独此诗如日月也。'《二雅》褊迫'之语,尤非所宜言。今世所传石鼓之词尚在,岂能出《吉日》《车攻》之右?安知非经圣人所删乎?"李黼平《读杜韩笔记》:"果如所言,'陋儒'谓孔子,又何必云'西行不到秦',为孔子辩明不编入之故也?按:诗言'拣选撰刻留山阿',明未立于乐府,东迁后地入于秦,至汉兴,诸经立博士,齐、鲁、韩、毛四家治《诗》,不能援《书》献《泰誓》、《礼》献《考功》、《乐》献《大司乐》之例,以《石鼓诗》编入,是其因仍固陋处。亦以孔子当日身未到秦,未经圣人考定,是致见遗。'掎摭'句仍就陋儒说,初无讥贬孔子意。"蒋元庆《石鼓发微》曰:"韩疑《诗》何不收入,徒认车工马同为周宣王诗所囿。今证明石鼓为秦昭王物,造鼓距孔子殁已一百九十余年,孔子何从寓目?"童《校诠》:"第德案:说文:掎,偏引(大徐本作偏僻)臣锴按:春秋传曰:譬如捕鹿,诸戎掎之。拓,拾也,陈宋语,摭,拓或从庶(段曰:袥衣袥引申为推广之义。又曰:今字作开拓,拓行而袥废矣)。按:补注释掎字之义,用说文小徐本。祝引文选曹子建与杨德祖书李注及补注释蹠,亦本说文。"程学恂《韩诗臆说》卷二:

"此等只是滑稽,切莫认真看。与'周公不为公'同。"以上一段赞叹拓本《石鼓文》字之精美,文之古奥而己之"才薄"也。朱彝尊《批韩诗》:"重颂《石鼓》,用起下。"何焯《义门读书记》卷三〇:"'陋儒编诗不收入'四句,此刘彦和所谓'夸饰',然在此题诗,反成病累。"

㉘ 余:《文粹》作"予"。

滂沱:文《详注》:"滂沱,流貌。潘安仁《寡妇赋》云:'泪横流兮滂沱。'"魏本:"樊曰:苏内翰《凤翔八观》诗,其一曰《石鼓》,其曰:'韩公好古生已迟,我今况又百年后。'则此歌所谓'好古生苦晚'也。"何焯《批韩诗》云:"二句结上生下,有神力。"按:以大雨倾盆形容涕泪横流。此句承前启后,顿挫叫起,振起下篇。

㉙ "忆昔"句:指元和元年(806),韩愈由江陵司法参军召为国子博士事。昔,当初。博士,唐国子学设博士五人,正五品上,掌管教授三品以上官和国公子孙,从二品以上官曾孙的学生。

㉚ 其年:那一年。始改称元和,开始由顺宗永贞二年(806)正月改为宪宗元和元年。元和,宪宗李纯年号。此乃铺叙,赵执信《声调谱》云:"平律句。"

㉛ 故人:未详,指当时凤翔府的从事官。韩公有《国子助教河东薛君墓志铭》,此指墓主薛公达乎?元和初,曾为凤翔府佐军从事。

右辅:魏本:"孙曰:'右辅谓右扶风,即凤翔府也。公故人为凤翔节度府从事,故云从军在右辅。'"指右扶风,即凤翔府,公故人为凤翔节度府从事,故云从军在右辅。《太平御览》卷一六四引《三辅黄图》:汉"太初元年(公元前104年),以渭城以西属右扶风,长安以东属京兆尹,长陵以北属左冯翊,以辅京师,谓之三辅。"

㉜ 为我量度掘臼科:文《详注》:"故人,未详姓氏。从军在右辅,谓为凤翔节度府从事首访石鼓事者。汉武帝置三辅,左冯翊、右扶风、京兆尹。今凤翔府即古扶风所治也。臼科,石鼓所在之处,言埋没于地,当用力取之。"按:此句谓:为我度量石鼓的大小并挖掘洞穴。臼科,洞穴,放置石鼓之处。翁方纲谓:"臼科,谓妥置

石鼓处。"不确,当从文说。《孟子·离娄下》:"盈科而后进。"赵岐注:"科,坎也。"

㉝濯冠:洗涤头巾与衣裳,此乃朝见、祭祀的礼仪。《礼记·礼器》:"浣衣濯冠以朝。"

文《详注》:"《唐志》(《旧唐书·职官三》):国子监祭酒一人,掌儒学训导之政。《汉·伍被传》应劭曰:'礼,饮酒必祭,示有先也,故称祭酒。'当时祭酒谓郑馀庆,事见《送郑涵校理序》,愈自言曾以石鼓事告馀庆,欲共请之朝廷,徙置庙学也。按《集古录》,则馀庆终迁之孔子庙中,其在愈作歌之后乎?"按:祭酒,国子监最高的行政长官,从三品,总领国子、太学、广文、四门、律、书、算七学儒学训导之政。时郑馀庆为祭酒。《旧唐书·宪宗纪上》:"元和元年(806)五月庚辰(17日),左丞、同平章事郑馀庆为太子宾客,罢知政事。九月丙午(16日),以太子宾客郑馀庆为国子祭酒。"与"忆昔初蒙博士征,其年始改称元和"合。

㉞至宝:最珍贵的宝物。《全唐诗》卷一九三韦应物《咏玉》:"乾坤有精物,至宝无文章。"韩公《醉赠张秘书》:"至宝不雕琢,神功谢锄耘。"

㉟"毡苞"二句:毡苞席裹,用毡子苞好,再用席子缠裹。方世举《笺注》:"《魏志·邓艾传》:阴平道山高谷深,至为艰险。艾以毡自裹,推转而下。"立致,立即送到京城保管。骆驼,文《详注》:"骆驼,匈奴奇兽,有肉鞍,善载。"魏本:"孙曰:骆驼,巨兽也。《外国图》云:'大秦国人,人长一丈五尺,好骑骆驼。'骆驼,即《汉书·匈奴传》(注)云:'橐驼,言能负囊而驼物也。'"

十鼓只载:宋白文本、文本作"只"。祝本、魏本、廖本、《文粹》作"秖"。"秖"乃"祇"之异体,"祇""只"通用。朱《考异》:"骆,或作'驼',依字当作'橐'。"诸本作"骆",从之。

㊱"荐诸"句:魏本:"韩曰:《春秋》桓二年:'取郜大鼎于宋,戊申纳于太庙。'郜,音告。"按:谓荐举进奉给太庙,可与郜鼎陈列在一块。荐,荐举、奉献。诸,之于。太庙,皇帝祭祖之处。郜鼎,国

之重器。《左传》桓公二年:"夏四月,取郜大鼎于宋。戊申,纳于大庙,非礼也。"

㊲光价:文《详注》:"梁《四公记》武帝时,扶南大舶从西天竺国来,卖碧颇黎镜,面广一尺五寸,光照三十里。问其价钱,约百万贯。帝令有司算之,倾府库不足也。郜鼎事见《荐士》诗。"按:光价,名词,声名、身价,光耀祖宗的价值。岂止百倍过,何止超过郜鼎价值的百倍。《魏书·李神俊传》:"凡所交游,皆一时名士,汲引后生,为其光价。"亦有作动词的,唐孔颖达《毛诗正义序》:"申公腾芳于鄢郢,毛氏光价于河间。"

㊳圣恩若许留太学:何焯《义门读书记》卷三〇:"元人缘公此诗,乃置石鼓于太学。然公之在唐,尝为祭酒,竟不暇自实斯言,何独切责于中朝大官哉!"陈景云《点勘》:"歌中叙元和初为博士,尝告祭酒以石鼓所在,劝其移置太学,惜未之从,故有'中朝大官'二句。欧公《集古录》云:'石鼓在今凤翔孔子庙。先时散弃于野,郑馀庆始置于庙。'按:馀庆帅凤翔在元和九年(814),乃韩子作诗后事。窃因欧公之言详考之,知韩公前此所告之祭酒即馀庆也。公为博士之岁,馀庆以故相为祭酒,故曰'中朝大官'。馀庆为祭酒三月,旋拜尹洛之命,意其莅官日浅,故公所请未及施行耶?至迁镇凤翔,即有移置孔庙事,盖理公前语也。然则石鼓之得久存于世,不至销蚀埋没,如公诗所叹者,固出自郑相收拾之力,而亦公在太学有以启之耳。先儒作石鼓考者,如王厚之、郑渔仲诸公,皆援据该博,而初不言凤翔移置事,自公发其端,故表而出之。"童《校诠》:"第德案:公为祭酒在元和十五年冬,前数年,郑节度移置石鼓于凤翔孔子庙,虽未入太学,已有大厦深檐与盖覆矣。陈说详尽,何氏盖偶失考耳。"按:圣恩,指皇帝之恩。《全唐诗》卷一二七王维《春日直门下省早朝》:"愿将迟日意,同与圣恩长。"柳宗元《寄韦珩》:"圣恩倘忽念地苇,十年践蹈久已劳。"

㊴切磋:本指将玉石骨角凿磨成器物珍宝,此作研究学问解。《诗·卫风·淇奥》:"如切如磋,如琢如磨。"传:"治骨曰切,象曰

磋。"《三国志·蜀·霍峻传》:"弋援引古义,尽言规谏,甚得切磋之体。"磋,文本作"磨",非是。

㊵观经鸿都尚填咽:鸿,祝本、魏本作"洪"。宋白文本、文本、廖本、王本作"鸿",从之。

魏本:"孙曰:汉灵帝光和元年二月,始置鸿都门学。熹平四年三月,诏诸儒正五经文字,命议郎蔡邕为古文、篆、隶三体书之,刻石于太学门外,使后生晚学,咸取正焉。碑始立,其觊见及摹写者,车乘日千两,填塞街陌。鸿都与观经盖二事,公并用之。洪,或作'鸿'。"童《校诠》:"第德案:文选左太冲吴都赋:闾阎阗噎,刘注:闾阎阗噎,言人物遍满之貌,填咽与阗噎同。又蔡邕书石经为隶书,非三体石经,三体石经为曹魏正始中所立,孙氏误记。又孙注鸿都门学下应补生字,正文洪应作鸿。灵帝纪五经,蔡邕传作六经,刻石传作使工镌刻,使后生传作于是后儒,观见,见作视。"

按:观经事见《后汉书·蔡邕传》:"邕以经籍去圣久远,文字多谬,俗儒穿凿,疑误后学,熹平四年(175),乃与五官中郎将堂溪典、光禄大夫杨赐、谏议大夫马日䃅、议郎张驯、韩说、太史令单飏等,奏求正定《六经》文字。灵帝许之,邕乃自书于碑,使工镌刻立于太学门外。于是后儒晚学,咸取正焉。及碑始立,其观视及摩写者,车乘日千余两,填塞街陌。"《儒林传》亦有记载,谓碑刻石经有古、篆、隶三种字体(见下文童说),后世称为三体石经。鸿都,鸿都门,在东汉京城洛阳。《后汉书·蔡邕传》:"光和元年(178),遂置鸿都门学,画孔子及七十二弟子像。其诸生皆敕州郡三公举用辟召,或出为刺史、太守,入为尚书、侍中,乃有封侯赐爵者,士君子皆耻与为列焉。"又《孝灵帝纪》:"光和元年(178)二月,始置鸿都门学生。"注:"鸿都,门名也,于内置学。时其中诸生,皆敕州、郡、三公举召能为尺牍辞赋及工书鸟篆者相课试,至千人焉。"

㊶坐见:将看见。"坐"作副词,当遂、将解。张相《诗词曲语辞汇释》卷四引韩诗"坐见"句,云:"坐见,犹云行见也。"柳宗元《早梅》:"寒英坐销落,何用慰远客。"举国,全国上下。来奔波,来奔

跑,即为研习《石鼓文》来京师。

㊷ 剜(wān 一丸切,平,桓韵)苔剔藓露节角:文《详注》:"剜,削也,音一丸切。"魏本注:"剜,刻削也。"按:剜,挖去。剔,除去。露节角,显示出字的笔画。此句谓:除去石上的苔藓露出字的笔画。

㊸ 平不颇:魏本注:"颇,不平也。祝曰:《书》:'惟逸惟颇。'《楚辞》:'循绳墨而不颇。'"按:平正不偏斜,即上云"安置妥帖"。《左传》昭公二年:"君刑已颇。"注:"颇,不平。"又昭公十二年:"书辞无颇。"注:"颇,偏也。"

㊹ 佗:祝本、魏本作"他"。廖本、王本作"佗"。文《详注》作"它",注:"谢承《后汉书》曰:'《六经碑》立于太学门外,瓦屋覆之,四面拦障。'"按:无佗,无别的妨碍。"佗"同"它"。

以上一段提出要求把石鼓放在太学门前,供学者学习研究。赵执信《声调谱》:"律句少拗。"朱彝尊《批韩诗》:"退之有此段意思,故尔详述,然亦繁而不厌。"

㊺ 大官:方《举正》订,云:"荆公本作'大夫'。考之杭、蜀,非也。"朱《考异》:"官,或作'夫'。"宋白文本、文本、祝本、魏本、廖本、王本均作"官"。文、魏、廖本注:"官,一作'夫'。"

中朝大官:方世举《笺注》:"中朝:《汉书·龚胜传》:'下将军中朝者议。'《后汉书·黄琼传》:'桓帝使中朝二千石以上会议其礼。'左思《魏都赋》:'中朝有赵。'善(当作'刘')曰:'汉氏大司马、侍中、散骑、诸吏为中朝。丞相六百石以下为外朝。'按:此中朝非汉制,但言中朝。大官:《左传》:'大官大邑,所以身庇也。'"按:朝廷中管事的大臣。老于事,老于事故,办事顾虑重重,拖拖拉拉。

㊻ 讵肯感激徒媕婀(ān ē):魏本:"孙曰:'讵,岂也。讵肯,谓不肯也。徒,但也。'"文《详注》:"当时朝臣不好古,不从故人之请。媕婀,无决也。上音庵,下音乌何切。"魏本:"孙曰:'媕婀,不决貌。谓但媕婀不决而已。'"方世举《笺注》:"《说文》(女部):'媕婀,阴婀也。'"陈景云《点勘》:"歌中叙元和初为博士,尝告祭酒以石鼓所

在,劝其移置太学,惜未之从……先儒作石鼓考者,如王厚之、郑渔仲诸公,皆援据该博,而初不言凤翔移置事,自公发其端,故表而出之。(见前注㊳)"按:所说是。公之友人佐凤翔时,将见石鼓事告诉韩公;韩公以博士职奉告祭酒,后见《石鼓文》纸本作此诗,颇得馀庆重视;元和九年(814),馀庆镇凤翔,收石鼓而安于孔庙,使《石鼓》得以保存而留传至今,韩、郑有功焉。婥婳,俯仰随人,无所作为,遇事不敢决断。

㊼ 牧童敲火:指放牛娃敲击石鼓石取火。牛砺角,牛在石头上磨角。文《详注》:"言鼓弃于野。潘安仁诗(《河阳县作》)曰:'欻如敲火石。'"翁方纲《七言诗平仄举隅》:"此句乃双层之句,在韩公最为宛转矣。所以下句仅换第五字,亦与篇中诸句之换仄者不同。"此谓二句平仄安排为韩公之法也。

㊽ 谁复著手为摩挲:文《详注》:"后汉蓟子训有神异之道,时有百岁翁自说儿童时见子训卖药于会稽市,颜色不异于今。后复于长安东霸城见之,与老翁共摩挲铜人。谓曰:'适见铸此已近五百岁矣。'注云:秦皇二十六年收天下兵,聚之咸阳,铸金人十二,重各千石,置之宫中,至此四百二十二年矣。'着手'字出《晋·杜预传》。"高步瀛《唐宋诗举要》卷二:"吴曰:'有慨言之。'"按:摩挲,同摩挱,抚摸也。用手拂摸。《后汉书·方术·蓟子训传》:"与一老公共摩挲铜人。"《晋书·杜预传》:"无复着手处也。"《释名·释姿容》:"摩娑,犹末杀也,手上下之言也。"

㊾ 日销月铄:日月消失,光阴流逝。此词韩公始用,后人沿用。《汉语大词典》引韩诗为例,并举清王夫之《读通鉴论·陈宣帝三》"无财无以养兵,无人无以守国,坐困而待其吞吸,日销月铄,而无如之何,自亡而已矣"以证。六年,自元和元年至今,六年矣。顾,思念。《诗·大雅·皇矣》:"乃眷西顾。"吟哦,吟咏慨叹。韩公《调张籍》:"帝欲长吟哦,故遣起且僵。"孟郊《吊卢殷》:"吟哦无滓韵,言语多古肠。"宋黄庭坚《奉和王世弼寄上七兄先生用其韵》诗:"吟哦口垂涎,嚼味有余隽。"赵执信《声调谱》:"'日销月铄就埋

没',拗律句。"

㊿ 羲之俗书趁姿媚：文《详注》："王子思《诗话》云：'王右军字画妙冠今古，当时为龙跳虎卧，何可少贬？或以韩诗为过曰：右军字画尚可谓俗书乎？是不然，退之主咏石鼓，尊彼贬此，盖作诗之法也。'"按：羲之，王羲之(321－379)，字逸少，琅玡临沂(今山东临沂)人。王导从子，为右军将军，会稽内史，晋代大书法家，书备众体，隶、正、行、草，均为后世楷模，世称"书圣"。俗书，当时世间流行的书体。此语本晋卫夫人(铄)《与释某书》："卫有一弟子王逸少，甚能学卫真书，咄咄逼人，笔势洞精，字体遒媚。"故吴德旋《初月楼论书随笔》说韩愈"意欲推高古篆，乃故作此抑扬之语耳"。宋王得臣《麈史》卷中《书画》云："王右军书多不讲偏旁，此退之所谓'羲之俗书趁姿媚'者也。"陆游《老学庵笔记》："胡基仲尝言：韩退之《石鼓歌》云'羲之俗书趁姿媚'，狂肆甚矣。予对曰：此诗至云'陋儒编《诗》不收入，《二雅》褊迫无委蛇'，其言羲之俗书，未为可骇也。"沈德潜《唐诗别裁集》卷七："隶书风俗通行，别于古篆，故云'俗书'，无贬右军意。"王鸣盛《蛾术编》卷七六："《石鼓歌》：'羲之俗书趁姿媚。'《题张十八所居》云：'端来问奇字，为我讲声形。'阿买能书八分，而目为'不识字'；羲之千古书圣，而直斥为'俗书'：可云卓见矣。王得臣《麈史》云：'王右军书多不讲偏旁，此退之所谓俗书也。'羲之《十七帖》如'县'字作'悬'，'麪'字作'麵'，'著'字作'着'，'疏'字作'踈'，'采'字作'採'。《兰亭叙(序)》'莫'字作'暮'，'领'字作'岭'。讥为不讲偏旁固宜，但昌黎名取俗字，或以已孤不更名。至于平生文章议论，于许氏《说文》从无一言援引推重，何也？"方成珪《笺正》："俗书对古书而言，乃时俗之俗，非俚俗之俗也。《麈史》之说非是。"趁，呈现出。姿媚，姿势秀丽潇洒。《乐府诗集》卷三五汉徐防《长安有狭斜行》："小妇多姿媚，红纱映削成。"《辞源》亦引韩诗为例。俗书乃当时世人称赏习学之书，唐诸大书法家虞、褚、张、欧、颜等，或学其楷，或习其草，或效其行，或融隶与楷而皆有所发明，自成一体者。"俗书"与"姿媚"语均非贬

意,此乃谓时行之书体与石鼓文字古朴相对而言。

㉛ 数纸尚可博白鹅:文《详注》:"《晋书》《王羲之传》:王羲之性好鹅,山阴有一道士养群鹅,羲之往观,因求市之。道士云:为写《道德经》,当举群相赠。羲之欣然,写毕,笼鹅而归。"按:王羲之喜欢白鹅,见山阴一道士养一群白鹅,想买回。道士提出让他写一部《道德经》,他写了一部《道德经》换回一群白鹅。博,换取。宋杨万里《长句寄周舍人子充》:"省斋先生太高寒,肯把好官博好山。"

㉜ 继周八代:魏本:"樊曰:'自周而下,不啻八代。论其正统,又颇多说。今以石鼓所在言之,其秦、汉、魏、晋、元魏、齐、周、隋八代欤?'"文《详注》同。按:继周八代,语出《论语·为政》:"其或继周者,虽百世可知也。"周以后石鼓所在地的八个朝代:秦、汉、魏、晋、元魏、齐、北周、隋。而世谓八代者为汉、魏、晋、宋、齐、梁、陈、隋。

㉝ 无人收拾理则那:谓无人收拾整理有什么办法呢?理,整理,承"收拾"意。则那(nuò),没奈何。那,何也。《左传》宣公二年:"犀兕尚多,弃甲则那?"杜注:"那,犹何也。"翁方纲(钱仲联《集释》)曰:"'收拾'二字,合上讲解切磋义俱在其中。韩公之愿力,深且切矣。"

㉞ 柄任儒术崇丘轲:方《举正》作"柄任",云:"杭、蜀、《文粹》同,谢校。"朱《考异》:"任,或作'用'。"南宋监本原文作"用"。文本、潮本、浙本、祝本、魏本作"用"。宋白文本、廖本、王本作"任"。今从方。柄,权柄。任,任用。柄任合用,谓授以权力。崇,崇尚、信奉。丘,孔丘。轲,孟轲。此谓授以孔孟儒学之权。由此可见韩公并无贬低孔子意,"陋儒"非指孔子明矣。

㉟ 安能:怎能。韩公《记梦》:"我宁屈曲自世间,安能从汝巢神山。"此,石鼓文。上论列,向朝廷提出陈述。

㊱ 辩口如悬河:方世举《笺注》:"《世说》《赏誉》:'王长史问孙兴公,郭公玄定何如?孙曰:吐章陈文,如悬河泻水,注而不

竭。’”按：辩口，口辩，即以口辩说。如悬河，即口若悬河，能言善辩，滔滔不绝。《晋书·郭象传》：“王衍每云：听象语，如悬河泻水，注而不竭。”《世说》与《晋书》略同。

(57) 蹉跎：文《详注》：“言蹉跎失时，终不见用也。（下文全引欧阳修《集古录》）说按：《湘素杂记》云‘鼓亡其一’，而欧公乃云‘其一无文’，抑欧公所见者非真，而后世传师始得之欤？不然何其二说言字数多寡之不同也？”按：蹉跎，本意指失足，颠蹶；借指时光白白流逝，此慨叹事不随心。此语虽指石鼓，亦寓己在河南令任之不遇时也。朱彝尊《批韩诗》：“作歌收，叹意不遂。”高步瀛《唐宋诗举要》卷二：“吴曰：‘收句幽咽苍凉不尽。’以上建议收拾。”

【汇评】

宋梅尧臣：《雷逸老以仿石鼓文见遗因呈祭酒吴公》：石鼓作自周宣王，宣王发愤蒐岐阳。我车我马攻既良，射夫其同弓矢张。舫舟又渔鲂鲂鲂，何以贯之维柳杨。从官执笔言成章，书在鼓腰镌刻藏。历秦汉魏下及唐，无人着眼来形相。村童戏坐老死丧，世复一世如鸟翔。唯闻元和韩侍郎，始得纸本歌且详。欲以毡苞归上庠，大官嫎阿驼肯将。传至我朝一鼓亡，九鼓缺剥文失行。近人偶见安碓床，亡鼓作臼刳中央。心喜遗篆犹在傍，以臼易臼庸何伤。以石补空恐舂粱，神物会合居一方。雷氏有子胡而长，日模月仿志暮强。聚完辨舛经星霜，四百六十飞凤皇。书成大轴绿锦装，偏斜曲直筋骨藏。携之谒我巧趋跄，我无别识心傍徨。虽与乃父非故乡，少与乃父同杯觞。老向太学鬓已苍，乐子好古亲缃箱。谁能千载师史仓，勤此冷淡何肝肠。而今祭酒禆圣皇，五经新石立两廊。我欲效韩非痴狂，载致出关无所障。至宝宜列孔子堂，固胜朽版堆屋墙。然须雷生往度量，登车裹护今相当。诚非急务烦纪纲，太平得有朝廷光。山水大字辇已尝，于此岂不同粃糠。海隅异兽乘舟航，连日道路费刍粮。又与兹器殊柔刚，感慨作诗聊激昂。愿因谏疏投皂囊，夜观奎壁正吐芒。天有河鼓亦焜煌，持此负鼎干成汤。

(《梅尧臣集编年校注》卷二八)

宋欧阳修:《石鼓文》:右《石鼓文》,岐阳石鼓初不见称于前世,至唐人始盛称之。而韦应物以为周文王之鼓,宣王刻诗。韩退之直以为宣王之鼓。在今凤翔孔子庙中,鼓有十,先时散弃于野,郑馀庆置于庙而亡其一。皇祐四年,向传师求于民间,得之乃足。其文可见者四百六十五,不可识者过半。余所集录,文之古者,莫先于此。然其可疑者三四:今世所有汉桓、灵时碑往往尚在。其距今未及千岁,大书深刻,而磨灭者十犹八九。此鼓按太史公《年表》,自宣王共和元年至今嘉祐八年,实千有九百一十四年。鼓文细而刻浅,理岂得存?此其可疑者一也。其字古而有法,其言与《雅》《颂》同文,而《诗》《书》所传之外,三代文章真迹在者,惟此而已。然自汉已来,博古好奇之士皆略而不道。此其可疑者二也。隋氏藏书最多,其《志》所录,秦始皇刻石,婆罗门外国书皆有,而独无《石鼓》。遗近录远,不宜如此。此其可疑者三也。前世传记所载古远奇怪之事,类多虚诞而难信,况传记不载,不知韦、韩二君何据而知为文、宣之鼓也。隋、唐古今书籍粗备,岂当时犹有所见,而今不见之邪?然退之好古不妄者,余姑取以为信尔。至于字画,亦非史籀不能作也。庐陵欧阳某记。嘉祐八年六月十日书。(《欧阳修全集》卷一三四《集古录跋尾》卷一)

宋马永卿:退之《石鼓歌》云:"镌功勒成告万世,凿石作鼓隳嵯峨。从臣才艺咸第一,拣选撰刻留山阿。"或云:"此乃退之自况也。淮西之碑,君相独委退之,故于此见意。"此说非也。元和元年,退之自江陵法曹征为博士,时有故人在右辅,上言祭酒,乞奏朝廷,以十橐驼载十石鼓安太学,其事不从。后六年,退之为东都分司郎官,及为河南令,始为此诗。歌中备载此事明甚。后元和十二年春,退之始被命为《淮西碑》,前歌乃其谶也。又云"日消月铄就埋没",而《淮西碑》亦竟磨灭,恐亦谶也。(《懒真子》卷二)

宋蔡启:《诗家书法》:退之《石鼓歌》云:"逸少俗书趁姿媚,数纸尚可博白鹅。"观此语,便知退之非留意于书者。今洛中尚有石刻题名，信不甚工。柳子厚书迹，湖湘间多有其碑刻，而体不一，或疑有假托其名者。惟《南岳弥陀和尚碑》最善，大底规模虞永兴矣。然不知所谓"柳家新样元和脚"者如何也？杜子美云："书贵瘦硬方通神。"予家有其父闲所书《豆卢府君德政碑》，简远精劲，多出于薛稷、魏华，此盖自其家法言之。白乐天不甚论书，然今世士大夫尚有藏其真迹者。如钱文僖家一二帖，为体精彩，殆不减徐会稽也。（《蔡宽夫诗话》）

宋董逌:《石鼓文辩》:世传岐山周篆，昔谓《猎碣》。以形制考之，鼓也。三代之制：文德书于彝鼎，武事刻于钲鼓，征伐之勋，表于兵钺。其制度可考。后世不知先王之典礼，犹有存者。凿山刻石，自是昭一时功绩。唐世诸儒，以石鼓为无所据，至谓田猎之碣，盖未知古自有制也。欧阳永叔疑此书不见于古，唐乃得于韩愈、韦应物。以其文为迂颂，亦恨不得。在六经推大著说，使学者肄业及之。其惊潜动蛰，金绳铁索，特以其书画传尔。顾未暇掎摭其文列之部类中，后世得考详。方唐之时，其文隐显未尽缺落，征词索事，或可得之。而愈、应物徒知校猎受朝，宣畅威灵，憺奢夷夏，故愈谓此为宣王时。应物以其本出岐周，故为文王鼓。当时文已不辩，故论各异出也。尝考于书，田猎虽岁行之，至于天子大蒐，征会诸侯，施大命令，则非常事也。故四王二公，后世以为绝典。然则宣王蒐于岐山，不得无所书，或史失之。其在诸侯国，当各有记矣，不应遂使后世无传，此其可疑也。当汉之时，见号奇字，如甄丰辈，定作史籀书。窦蒙以为宣王猎碣，而曰"我车既攻，我马既同"，张怀瓘以此本《车攻》诗，因考合前说，且曰讽畋猎之所作也。愈、应物其书藉之则有据矣。然为讽为美，其知不得全于文义见也。传曰："成有岐阳之蒐。"杜预谓还归自奄，乃大蒐于岐阳。然则此当岐周，则成王时矣。方楚合诸侯，求大蒐礼者，不知宣王尝狩于岐山以合诸侯，况小玘所美，其地本东都，又选车徒，无大号令，则不得为盛节。古者诗书不嫌同文，其据以此，便谓宣王，未可信也。吕氏纪曰：苍颉造大篆，后世知有科斗书，则谓篆为籀。汉制八书：有大篆，又有籀书。张怀瓘以柱下史始变古文,或同或异,谓之为篆,而籀文盖以其名自著,宣王世史所作也。如此论者,是大篆又与籀异,则不得以定为史籀所书。叔向曰:"昔成王盟诸侯于岐阳,楚为荆蛮置茅蕝,当时以为重礼,故后世不得泯没。宣王蒐岐阳,世遂无闻哉。方成康与穆赋颂钟鼎之铭,皆番吾之迹。"然则岐阳惟成王大会诸侯,则此为番吾可知。书言成汤狩于亳,故后世有亳亭;宣王狩于敖,其在地记,则著敖亭。《诗》曰"选徒于敖",其事可以考矣。周书记年,于蒐狩之大皆书,则合诸侯而颁大命,亦一见于成王,此其可信也。昔人尝怪自汉以往,好奇者不道此书,乃不得秦文,若者犹得人人录藏之。当汉号史书,以刻画奇崛,盖亦不得尽其文,则其不见道固宜,独怪愈于唐中世得之,乃谓勒勋以告万世,又恨圣人于《诗》不得见之。石鼓之讹,自杜甫尚叹,不知愈何以知其意,谓编《诗》有遗也。或曰:此成王时诗。则颂声所存,圣人不应去之。果有,岂不知邪?曰"芑之柔矣,作洛皇门",此周公作也。诗书不得尽见,将一时所训,非理乱所系,不足施后世者,不得著也。其因后代亡之,亦未可知也。曰:子信为成王颂,何前世未有考者,则其说使人尽得信乎?曰:蒐于岐阳,书传再见,而《车攻》之猎,《诗》以为敖,此可谓无所据乎?此余考于古而知之,世亦安得异吾说者。知考古而索其事,自当有所得尔,不待此以传也。(《广川书跋》卷二)

宋胡仔:《金石录》云:"《石鼓文》,世传周宣王刻石,史籀书。欧阳文忠公以谓今世所有汉桓、灵时碑,往往而在,距今未及千载,大书深刻,而磨灭者十有八九。自宣王时,至今实千有九百余年。鼓文细而刻浅,理岂得存?以此为可疑。余观秦以前碑刻,如此鼓及《诅楚文》、泰山秦篆,皆粗石,如今世以为碓臼者。石性既坚顽难坏,又不堪他用,故能存至今。汉以后碑碣,石虽精好,然易剥缺,又往往为人取作柱础之类。盖古人用意深远,事事有理,类如此。况此文字画奇古,决非周以后人所能到。文忠公亦谓非史籀不能作。此论是也。"苕溪渔隐曰:"韦苏州《石鼓歌》云:'周宣大猎兮岐之阳，刻石表功兮炜煌煌。石如鼓形数止十，风雨缺讹苔藓涩。今人濡纸脱其文，既击既埽白黑分。忽开满卷不可识，惊潜动蛰走云云。喘逶迤，相纠错，乃是宣王之臣史籀作。'退之《石鼓歌》云：'周纲陵迟四海沸，宣王愤起挥天戈。镌功勒成告万世，凿石作鼓隳嵯峨。从臣才艺咸第一，拣选撰刻留山阿。'退之初不指言史籀所作，永叔《集古录》云：'至于字画，亦非史籀不能作。'此盖原苏州之歌而云尔。苏长公《凤翔八观石鼓》诗云：'忆昔周宣歌鸿雁，当时史籀变蝌蚪。'亦原于苏州也。黄太史云：'石鼓文笔法如珪璋特达，非后人所能赝作。熟观此书，可得正书行草法，非老夫臆说，盖王右军亦云尔。'"（《苕溪渔隐丛话》后集卷九韦苏州）

宋邵博：欧阳公每哦太白"三山半落青天外，二水中分白鹭洲"之句，曰："杜子美不道也。"予谓约以子美律诗，"青天外"其可以"白鹭洲"为偶也。退之《石鼓诗》体子美八分歌也。（《邵氏闻见后录》卷一八）

宋陈岩肖：岐阳《石鼓文》，前世未传，至唐始盛称，而韦应物、韩退之皆为歌诗以咏之。应物歌其略曰："周人大猎兮岐之阳，刻石表功兮炜煌煌。石如鼓形数止十，风雨缺讹苔藓涩。端逶迤兮相纠错，乃是宣王之臣史籀作。"退之歌其略曰："周纲陵迟四海沸，宣王愤起挥天戈。大开明堂受朝贺，诸侯剑佩鸣相磨。蒐于岐阳骋雄俊，万里禽兽皆遮罗。镌功勒成告万世，凿石作鼓隳嵯峨。"以应物之歌考之，直以为宣王之鼓也。欧阳永叔《集古录》疑其唐以前不传；又疑汉魏以后，凡碑大书深刻者，多已磨灭；而此又远数百年，文细刻浅，岂得尚存？然以余论之，古物埋没，不见于世者多矣。陵谷迁变，此鼓或埋于土中，或沦于水滨，或隐蔽于幽僻之地，至唐始见于世。物虽古，而风日雨雪所侵未久，模打者亦未多，故缺讹尚寡，不可知也。而欧公又云："退之好古不妄，又其字画亦非史籀不能作也。然则宝此岂不贤于玩他石刻哉！"（《庚溪诗话》卷上）

宋沈洵：《韵语阳秋序》：韩愈疑《石鼓》之篇不入于《诗》，而杜子美之诗，世或称为诗史。夫以《诗三百》皆出圣人之手，其不合于礼义者固已删而弗取,岂容致疑其间?子美诗虽比物叙事,号为精确,然其忧喜怨怼、感激愤叹之际,亦岂容无溢言?余以是知观古人文词者,必先质其事而揆之以理。言与事乖、事与理违,则虽记言之史,如《书》之《武成》,或谓不可尽信;质于事而合,揆之理而然,则虽闾巷之谈,童稚之谣,或足传信于后世,而况文士之词章哉?(《韵语阳秋》卷首)

宋葛立方:《左传》云:"周成王蒐于岐阳。"而韩退之《石鼓歌》则曰"宣王",所谓"宣王愤起挥天戈""蒐于岐阳骋雄俊"是也。韦应物《石鼓歌》则曰"文王",所谓"周文大猎岐之阳,刻石表功何炜煌"是也。唐苏氏《载记》云:"石鼓文谓周宣王《猎碣》,共十鼓。"东坡《石鼓诗》亦云:"忆昔周宣歌鸿雁……方召联翩赐圭卣。"不知韦诗云"周文"安据乎?欧阳永叔云:"前世所传古远奇怪之事,类多虚诞而难信,况传记不载,不知韦、苏二君何据而有此说也?"梅圣俞亦有诗云:"传至我朝一鼓亡,九鼓缺剥文失行。近人偶见安碓床,亡鼓作臼刳中央。心喜遗篆犹在旁,以臼易臼庸何伤,神物会合居一方。"此与延平宝剑何异哉?(《韵语阳秋》卷一四)

宋洪适:《跋岐阳石鼓文》:右岐阳《石鼓文》一卷。顷在会稽得之粥碑者,而阙其第八。时常平使者徐子礼善篆,持以问真赝,又得其旧藏,复重一纸,十鼓遂足。初先公北归,有宣和殿所刊复古图一帙,图十鼓,而释之以《车攻》篇冠其首。韦、韩二诗,欧、周二跋尾,其后折衷以《云汉》之章,更有司马天章公凤翔所镌韩公诗,箧中所藏甚备,复集东坡诸公诗文为一卷。念昔登词科时,实赋《成王蒐岐颂》于此,盖拳拳焉。呜呼!鸑鷟不至,豺虎同穴,小雅诗废。今五十年摹索遗碑,可为恸哭。淳熙丁酉六月盘洲书。(《盘洲文集》卷六三)

宋洪迈:《石鼓歌过实》:文士为文,有矜夸过实,虽韩文公不能免。如《石鼓歌》,极道宣王之事伟矣。至云"孔子西行不到秦,掎摭星宿遗羲娥","陋儒编《诗》不收入,《二雅》褊迫无委蛇",是谓《三百篇》皆如星宿,独此诗如日月也。"《二雅》褊迫"之语,尤非所

宜言。今世所传石鼓之词尚在，岂能出《吉日》《车攻》之右？安知非经圣人删乎？（《容斋随笔》卷四）

宋陆游：胡基仲尝言："韩退之《石鼓歌》云'羲之俗书趁姿媚'，狂肆甚矣。"予对曰："此诗至云'陋儒编《诗》不收入，《二雅》褊迫无委蛇'，其言'羲之俗书'，未为可骇也。"基仲为之绝倒。（《老学庵笔记》卷五）

宋吴曾：《掎摭》：韩退之《石鼓歌》曰："孔子西行不到秦，掎摭星宿遗羲娥。"洪庆善辨之曰："上音奇，下之石切。来俊臣掎摭诸武。"予以退之非用此。按《文选》曹子建《与杨德祖书》曰："刘季绪才不逮于作者，而好诋诃文章，掎摭利病。"李善引《说文》曰："掎，偏引也。"张铣注曰："掎偏，摭拾。上居绮切，下之石切。言偏拾人善恶。"盖退之所用，实本此也。然"掎"一字，子建盖用左氏襄十四年"诸戎掎之"。杜注曰："掎其足也。"陆音居绮切。又《前汉书·班彪传》曰："昔秦失其鹿，刘氏逐而掎之。"师古注曰："掎，偏持其足也。音居蚁反。"皆作仄音。洪氏音奇，非是。（《能改斋漫录》卷七）

宋吴曾：《周宣王石鼓》：周宣王石鼓，欧阳文忠公以为有可疑者三。唯唐以来，韦应物、韩退之尝盛称赞。予谓不特二公，老杜固尝有《李潮八分小篆歌》云："陈仓石鼓又已讹。"况苏勖《载记》亦言："石鼓文，谓之猎碣，共十鼓，其文则史籀大篆。"则知石鼓称为周宣王所创者，在昔不止二公。（同上卷一五）

宋张淏：《石鼓文》：岐阳石鼓初散于野，郑馀庆始移置孔子庙中。韦应物、韩退之皆有诗。韦曰："宣王之臣史籀作。"韩曰："周纲陵迟四海沸，宣王愤起挥天戈。大开明堂受朝贺，诸侯剑珮鸣相磨。蒐于岐阳骋雄骏，万里禽兽皆遮罗。镌功勒成告万世，凿石作鼓隳嵯峨。"欧阳文忠公云："应物以为文王之鼓，至宣王刻诗尔；退之直以为宣王之鼓。"且云："自汉以来，博古好奇之士，皆略而不道；隋氏藏书最多，其《志》所录，秦始皇刻石、婆罗门外国书皆有，而独无《石鼓文》，遗近录远，不宜如此；况传记不载，不知二君何据而知为文宣之鼓也？然退之好古不妄，予姑取以为信。至于字画，亦非史籀不能作也。"予谓石鼓经秦涉汉，其亦久矣，其间岂无好事者称道之？历时之久，书传不存，后人不知耳。苏勖《载记》云：石鼓谓周宣王猎碣，共十鼓，其文则史籀大篆。唐章怀太子注《后汉书》云：今《岐州石鼓铭》，凡重言者，皆为二字。以二书言之，则安知秦汉间无称道之者？苏勖贞观中尝为吏部侍郎，在退之之先。退之以为宣王之鼓者，岂以勖所载为据耶？欧阳公又云："其文可见者四百六十五，磨灭不可识者过半。"予得唐人所录本，凡四百九十七字，其文皆可读，比他本最为详备。所言大率皆渔猎事，其文有"天子永宁，日维丙申"之语。既有天子之称，则决非文王之诗也。近时韩公元吉以左氏言成有岐阳之蒐，又以鼓为成王时物。然左氏虽言成之蒐猎，刻石纪事，初无明文，恐未可遽然便以为成王时物也。又任汝弼云：籀与古文书以刀，刀故锐；秦篆书以漆，漆故刓。石鼓之文，其端皆刓，以是知石鼓为秦时也。夫千载之刻，磨灭剥落之余，幸有一二可读，亦仅存体之仿佛尔。汝弼乃欲辨其刓锐于笔画之间，而断为秦人之作，非所敢闻也。（《云谷杂记》卷三）

宋王应麟：致堂曰："韩退之赋石鼓曰'孔子西行不到秦'，故不见录。孔子编《诗》，岂必身历而后及哉？信斯言也，《车邻》《驷驖》，胡为而收之也？"（《困学纪闻》卷一八《评诗》）

明高启：《跋张长史春草帖》：少陵观张旭草圣，极叹其妙。至东坡题王逸少帖，则诋张为书工。昌黎《石鼓歌》，则又诋王为俗书。是三公之言何戾耶？盖王之于《石鼓》，张之于王，其书固不可同语。然诗人词气抑扬，不无太过。论者遂欲以为口实，未为知书者也，亦未为知诗者也。世人不以韩言而短王，又可以苏言而少张欤？因观长史《春草帖》偶书。（《高太史凫藻集》卷四）

明何景明：《观石鼓歌》：我来太学谒孔庙，下观戟门石鼓陈。之罘诅楚几埋没，此石照耀垂千春。苔昏藓涩读难下，虫雕鸟剥细不分。古画诘曲蛟龙隐，石气惨淡烟雾氛。周王功勋史籀笔，数石散落岐阳滨。中兴气象岂复睹，大篆意格谁曾闻。先秦文字稍近古，两汉摹拓多失真。六朝以来尚靡丽，钟王往往称通神。唐韩宋轼递歌叹，长篇险韵何悲辛。(《何氏集》卷一五)

明焦竑：《石鼓》：岐阳石鼓，唐韦应物、韩退之谓为宣王之鼓，宋程泰之以为成王鼓，赵明诚谓决非周以后人所能及，独欧阳永叔以为可疑。其谓今世所有汉桓、灵时碑，往往尚在，距今未千岁，大书深刻，而磨灭者十犹八九。此鼓至今千九百余年，鼓文细而刻浅，理难独存。赵明诚谓秦以前碑如此鼓及《诅楚文》《泰山秦篆》皆粗石，性坚顽难坏，殊未然也。至金人马子卿以字画考之，谓是宇文周时所造，作《辨》余万言，出入传记，引据甚明。其全文今不可见。据《北史・苏绰传》云："周文帝为相，欲革文章浮华之弊，因魏帝祭庙，群臣毕至，乃命绰为《大诰》，奏行之。是后文笔皆依其体。"而周文帝十一年十月，尝西狩岐阳，其子武帝保定元年十一月丁巳，狩于岐阳，五年二月，行幸岐州。由此言之，则石鼓文为宇文周所造无疑。文既仿《书》，则诗体仿《诗》亦无疑。观武帝太和元年正月，考路寝，命群臣赋古诗，亦其一证也。况《考古》《博古》二图，《集古》《金石》二录，凡篆文出三代者，皆钟鼎器物款识，无刻石者，唯赞皇山"吉日癸巳"四字，以为周穆王时书；《诅楚文》以为春秋时书。世传比干、吴季子墓碑，虽皆刻石，前哲已辨其伪。《汉书・郊祀志》：起少昊、颛顼，历三代，直至秦始皇，始有立石颂德之文。故《隋志》所收，有始皇石刻。前此未闻。则石刻当断自始皇为始。始皇所以刻石者，亦传国玺有以先之耳。韩、韦臆度之语，要不足据。(《焦氏笔乘》续集卷四)

明胡应麟：退之《桃源》《石鼓》，模杜陵而失之浅；长吉《浩歌》《秦宫》，仿太白而过于深。(《诗薮》内编卷三)

明蒋之翘：退之《石鼓歌》，颇工于形似之语。韦苏州、苏眉山虽皆有作，不及也。(《韩昌黎集辑注》卷五)

清吴景旭：《石鼓》：《韵语阳秋》曰：《左传》："周成王蒐于岐阳。"而韩退之《石鼓歌》则曰宣王，所谓"宣王愤起挥天戈，蒐于岐阳骎雄俊"是也。韦应物《石鼓歌》则曰文王，所谓"周文大猎岐之阳，刻石表功何炜煌"是也。欧阳永叔云："前世所传古远奇怪之事，类多虚诞而难信，况传记不载，不知韩、韦二君何据而有此说也？"

吴旦生曰：《帝京景物略》云：庙门内之石鼓也，其质石，其形鼓，其高二尺，广径一尺有奇，其数十，其文籀，其辞颂天子之田。初潜陈仓野中，唐郑馀庆取置凤翔之夫子庙，而亡其一。皇祐四年，向传师得之民间，十数乃合。宋大观二年，自京兆移汴梁，初置辟雍后保和殿；嵌金，其字阴，错错然。靖康二年，金人辇至燕，剔取其金，置鼓王宣抚家，复移大兴府学。元大德十一年，虞集为大都教授，得之泥草中，始移国学大成门内，左右列矣。

谓周宣王之鼓，韩愈、张怀瓘、窦臮也。谓文王之鼓，至宣王刻诗焉，韦应物也。谓秦氏之文，宋郑樵也。谓宣王而疑之，欧阳修也。谓宣王而信之，赵明诚也。谓成王之鼓，程琳、董逌也。谓宇文周作者，马子卿也。

据今拓本，则甲鼓字六十一，乙鼓字四十七，丙鼓字六十五，丁鼓字四十七，戊鼓字一十二，己鼓字四十一，庚鼓字八，壬鼓字三十八，癸鼓字六，共三百二十五字存。惟辛鼓字无存者。（《历代诗话》卷四九庚集四）

清吴乔：又曰：义山……《韩碑》诗亦甚肖韩，得《石鼓歌》气概，造语更胜之。（《围炉诗话》卷三）

清尤侗：《题梵林书法》：昌黎《石鼓歌》曰："右军俗书趁姿媚，数纸尚可博白鹅。"仆谓"俗"训风俗之俗，非雅俗之俗。《太史公书》邹鲁俗好文学。荀卿书美政美俗。文学之俗，未尝不美也。阮咸未能免俗，亦谓七夕，俗尚曝衣，非以曝衣为俗事也。晋人无不能书，故晋字遂成习俗。右军俗书，正对史籀古篆而言，此何足为右军病，亦不必为昌黎辨。诸公聚讼纷纷，即西樵之言，矫枉过正矣。（《西堂杂俎》三集卷五）

清毛先舒：《嗟哉董生行》学《雁门太守》，然气格凡近不称。

《石鼓歌》全以文法为诗，大乖风雅。唐音云亡，宋响渐逗，斯不能无归狱焉者。陋儒哓哓颂韩诗，亦震于其名耳。（《诗辩坻》卷三）

清朱彝尊：大约以苍劲胜，力量自有余。然气一直下，微嫌乏藻润转折之妙。（顾嗣立《昌黎先生诗集注》卷五）

清朱彝尊：《石鼓文跋》：韩吏部歌曰："公从何处得纸本，毫发尽备无差讹。"又曰："年深岂免有缺画。"则石鼓在唐时已无全文，故吏部见张生之纸本，以为难得也。（《曝书亭集》卷四七）

清王士禛：苏文忠公《凤翔八观诗》，古今奇作，与杜子美、韩退之鼎峙。（《池北偶谈》卷一一）

清王士禛：《笔墨闲录》云："退之《石鼓歌》全学子美《李潮八分小篆歌》。"此论非是。杜此歌尚有败笔，韩《石鼓》诗雄奇怪伟，不啻倍蓰过之，岂可谓后人不及前人也？后子瞻作《凤翔八观》诗中，《石鼓》一篇，别自出奇，乃是韩公勍敌。（同上卷一三）

清何焯：《石鼓歌》："辞严义密读难晓"，文章只一句点过，专论字体，得之。"年深岂免有缺画"二句，横插此二句，势不直。"陋儒编诗不收入"四句，此刘彦和所谓"夸饰"。然在此题诗，反成病累。"圣恩若许留太学"，元人缘公此诗，乃置石鼓于太学。然公之在唐，尝为祭酒，竟不暇自实斯言，何独切责于中朝大官哉！"羲之俗书趁姿媚"，对籀文言之，乃俗书耳。《麈史》之云，愚且妄矣。（《义门读书记》卷三〇）

清沈德潜：于今石鼓永留太学，昌黎诗为之先声也。典重和平，与题相称。一韵到底，每易平衍，虽意议层出，终之涛澜漭漫之观。读此知少陵《哀王孙》《瘦马行》等篇，真不可及。（《唐诗别裁集》卷七）

清姚范：韩昌黎《石鼓歌》阮亭尝云："杜《李潮八分歌》不及韩、苏《石鼓歌》壮伟可喜。"余谓少陵此诗不及二百字，而往复顿挫，一出一入，竟纸烟波老境，岂他人所易到！（《援鹑堂笔记》卷四〇）

清全祖望：《国子监石鼓赋序》：石鼓在唐以前弗著，其以为宣王时者，始于张怀瓘。然张氏以为讽宣王而作，未尝以为美也。使其果讽,恐其不可勒之石矣。韦应物以为文王诗,而宣王勒之;夫诗中曰"天子",曰"王",果尔,则受命改元之说信矣。此又诞妄之甚者也。韩退之而下,皆以为美宣王。夫不问为美为刺,必不应雷同于《车攻》之篇。(《鲒埼亭集》卷三)

清王鸣盛:《石鼓歌》:"羲之俗书趁姿媚。"《题张十八所居》云:"端来问奇字,为我讲声形。"阿买能书八分,而目为"不识字";羲之千古书圣,而直斥为"俗书":可云卓见矣。王得臣《麈史》云:"王右军书多不讲偏旁,此退之所谓'俗书'也。"羲之《十七帖》如"县"字作"悬","麫"字作"麵","著"字作"着","疏"字作"疎","采"字作"採"。《兰亭叙(序)》"莫"字作"暮","领"字作"岭"。讥为不讲偏旁固宜,但昌黎名取"俗"字,或以已孤不更名。至于平生文章议论,于许氏《说文》从无一言援引推重,何也?(《蛾术编》卷七六)

清方世举:黄震曰:尝闻长者言,自昔诗文类不免差误,惟昌黎之文、少陵之诗独无之。然陆放翁尝议其咏石鼓,不当谓删《诗》时失编入,此诚不免言语之疵。至若言及经义而是非不谬于圣人,则文人皆无昌黎比者矣。(《韩昌黎诗集编年笺注》卷七)

清爱新觉罗·弘历:典重瑰奇,良足铸之金而磨之石。后半旁皇珍惜,更见怀古情深。厥后石鼓升沉不一,竟得依圣人之居,其文与六籍并垂永世,则退之请留太学之说,实有力焉,此诗亦不为空作矣。(《唐宋诗醇》卷三〇)

清翁方纲:盖渔洋论诗,以格调撑架为主,所以独喜昌黎《石鼓歌》也。《石鼓歌》固卓然大篇,然较之此歌(《李潮八分小篆歌》),则杜有停蓄抽放,而韩稍直下矣。但谓昌黎《石鼓歌》学杜此篇,则亦不然;韩又自有妙处。(《石洲诗话》卷一)

清翁方纲:苏诗此歌(《石鼓歌》),魄力雄大,不让韩公。然至描写正面处,以古器、众星、缺月、嘉禾错列于后,以郁律、蛟蛇、指肚、箝口浑举于前,尤较韩为斟酌动宕矣。而韩则"快剑斫蛟",一连五句,撑空而出,其气魄横绝万古,固非苏所能及。方信铺张实

际，非易事也。(同上卷三)

清翁方纲：(东坡)《安州老人食蜜歌》结四句云："因君寄与双龙饼，镜空一照双龙影。三吴六月水如汤，老人心似双龙井。"亦若韩《石鼓歌》起四句句法。此可见起结一样音节也，然又各有抽放平仄之不同。(同上卷三)

清翁方纲："李杜光芒万丈长，昌黎《石鼓》气堂堂。吴莱苏轼登廊庑，缓步空同独擅场。"此首今《精华录》所删，然全集有之。恐读者惑之，不可不辨也。既以韩《石鼓歌》接李、杜光焰，顾何以吴立夫继之？且以吴居苏前，可乎？且以李空同继之，可乎？此则必不可以示后学者矣。(同上卷八)

清赵敬襄：致堂曰："韩退之赋石鼓，曰'孔子西行不到秦'，故不见录。孔子编《诗》，岂必身历而后及哉？信斯言也，《车邻》《驷骥》，胡为而收之也？"按：《车邻》《驷骥》，编诗者之所收。昌黎正恐人谓陋儒指孔子，故须著此两句。致堂本不知诗，难与言也。(《困学纪闻参注》卷一八评诗)

清郭麐：姬传先生言：文章之事，后出者胜，如东坡《石鼓歌》实过昌黎。盖同此一诗，同此一体，自度力不能敌，断不复出此，所谓于艰难中特出奇丽也。后如犁眉公之《二鬼》诗，乃本昌黎《二鸟》之意，而参以卢仝、马异之体，又当异日论耳。(《灵芬馆诗话》卷二)

清阮元：《朱右甫(为弼)摹辑续钟鼎款识作秋斋摹篆图属题予按昔人论诗论词论画皆有绝句因作论钟鼎文绝句十六首题之》(其八)："一字经人十日思，却从许慎上推之。韩苏若解摹周篆，《石鼓》诗歌当更奇。(《揅经室四集》诗卷七)

清方东树：东坡《石鼓》，飞动奇纵，有不可一世之概，故自佳。然似有意使才，又贪使事，不及韩气体肃穆沉重。海峰谓苏胜韩，非笃论也。以余较之，坡《石鼓》不如韩。韩《石鼓》又不如杜《李潮八分小篆歌》，文法纵横，高古奇妙。要之此三诗更古今天壤，如华岳三峰矣。至义山《韩碑》，前辈谓足匹韩，愚谓此诗虽句法雄杰，

而气窒势平。所以然者,韩深于古文,义山仅以骈俪体作用之,但加精炼琢造,句法老成已耳。(《昭昧詹言》卷一通论五古)

清方东树:《平淮右题名碑》学韩《石鼓》。此诗真不如义山之隽伟。(同上卷一二王半山)

清方东树:《石鼓歌》一段来历,一段写字,一段叙初年己事,抵一篇传记。夹叙夹议,容易解,但其字句老炼,不易及耳。(同上卷一二韩公)

清施山:《石洲诗话》谓东坡《石鼓》不如昌黎。愚按:昌黎作于强盛之年,东坡作《石鼓》时年仅逾冠,何可较量?况诗中亦惟"牵黄狗"三字率凑,"富贵"二字尚未精,"时得一二遗八九"之下未免多说数句,其余足以相垺。至云"勋劳至大不矜伐,文武未远犹忠厚","暴君纵欲穷人力,神物义不污秦垢",且犹过之。(《姜露庵诗话》)

清施山:七古押平韵到底者,单句末一字不宜用平声。若长篇气机与音节拍凑,偶见一二,尚无妨碍。如杜《冬狩行》"东西南北百里间""况今摄行大将权",韩《石鼓歌》"孔子西行不到秦""忆昔初蒙博士征"之类是也。押仄韵到底者,单句末一字断不宜句句用平声。盖单句以平声落脚,顿束极难。此中甘苦,深历者自喻之。(同上)

清曾国藩:《石鼓歌》:自"周纲陵迟"以下十二句,叙周宣蒐狩镌功勒石。自"公从何处"以下十四句,叙拓本之精,文字之古。自"嗟余好古"以下二十句,议请移鼓于太学。自"中朝大官"至末十六句,慨移鼓之议不遽施行,恐其无人收拾。(《求阙斋读书录》卷八)

清曾国藩:《太学石鼓歌》:韩公不鸣老坡谢,世间神物霾寒灰。我来北雍抚石鼓,坐卧其下三徘徊。(《曾文正公诗集》卷四)

清刘熙载:《石鼓文》,韦应物以为文王鼓,韩退之以为宣王鼓,总不离乎周鼓也。而《通志·金石略序》云:"三代而上,惟勒鼎彝,秦人始大其制而用石鼓,始皇欲详其文而用丰碑。"故《金石略》列秦篆之目,以《石鼓》居首。夫谓秦用鼓,事或有之,然未见即为"吾车既工"之鼓。不然,何以是鼓之辞醇字古,与丰碑显异耶?(《艺概》卷五《书概》)

清刘熙载:篆书要如龙腾凤翥,观昌黎歌石鼓可知。或但取整齐而无变化,则絷人优为之矣。(同上)

清施补华:《石鼓歌》,退之一副笔墨,东坡一副笔墨。古之名大家,必自具面目如此。(《岘佣说诗》)

程学恂:国初以来,诸公为七言古者,多摹此篇,其实此殊无甚深意,非韩诗之至者,特取其体势宏敞,音韵铿訇耳。(《韩诗臆说》卷二)

汪佑南:如许长篇,不明章法,妙处殊难领会。曾文正画分此诗为四段。读者了然,余再申其意。首段叙石鼓来历,次段写石鼓正面,三段从空中著笔作波澜,四段以感慨结。妙处全在三段凌空议论,无此即嫌平直。古诗章法通古文,观此益信。"快剑斫断生蛟鼍"以下五句,雄伟光怪,句奇语重,镇得住纸,此之谓大手笔。(《山泾草堂诗话》卷一)

吴闿生:句奇语重,能字字顿挫出筋节,最是此篇胜处。(高步瀛《唐宋诗举要》卷二)

双鸟诗①

元和六年

这首诗写于元和六年(811),在长安。是一首"若捕龙蛇,搏虎豹,急与之角,而力不敢暇"的瑰奇之作,为韩诗瑰怪奇崛风格的代表。诗重笔写"双鸟",实为自述与述人。是公《送孟东野序》"不得其平则鸣"的反映。韩公大半生都在为社会贤才、为友、为己不得其用,为社会不公鸣不平。孟郊亦然。柳开等认为该诗意在指斥佛老,张表臣等以为指李杜;葛立方、方世举、何焯等认为写诗人与孟郊。李杜虽可并提,然韩公此时无这样的写作机缘,韩诗里也无将李杜比为双鸟者,况二人身事与一"落城市",一

"巢岩幽"不合。虽说韩公一生辟佛抑老,而多讥刺之,然不得称双鸟,二氏的活动环境,与一"落城市",一"巢岩幽"亦不合;韩公欲"人其人",亦不可能让它"还当三千秋,更起鸣相酬"。虽说全诗对二鸟赞语不多,然通篇意在褒不在贬,只因诗是用语奇诡之寓言,让人摸不着头脑。诗寓深意,想象丰富,用语奇诡,乃浪漫主义杰作,然表现与李白不同,李白胸怀博大,傲视一切,无拘无束;韩愈志虽奇伟而心系现实,语虽瑰怪而笔切人生。

双鸟海外来,飞飞到中州②。一鸟落城市,一鸟巢岩幽③。不得相伴鸣,尔来三千秋④。两鸟各闭口,万象衔口头⑤。春风卷地起,百鸟皆飘浮⑥。两鸟忽相逢,百日鸣不休⑦。有耳聒皆聋,有舌反自羞⑧。百舌旧饶声,从此恒低头⑨。得病不呻唤,泯默至死休⑩。雷公告天公,百物需膏油⑪。自从两鸟鸣,聒耳雷声收⑫。鬼神怕嘲咏,造化皆停留⑬。草木有微情,挑抉示九州⑭。虫鼠诚微物,不堪苦诛求⑮。不停两鸟鸣,百物皆生愁;不停两鸟鸣,自此无春秋;不停两鸟鸣,日月难旋辀⑯;不停两鸟鸣,大法失九畴⑰。周公不为公,孔丘不为丘⑱。天公怪两鸟,各捉一处囚⑲。百虫与百鸟,然后鸣啾啾⑳。两鸟既别处,闭声省愆尤㉑。朝食千头龙,暮食千头牛㉒。朝饮河生尘,暮饮海绝流㉓。还当三千秋,更起鸣相酬㉔。

【校注】

① 题:祝本、魏本作"双鸟",无"诗"字。方《举正》、朱《考异》、宋白文本、文本、廖本、王本有"诗"字,从之。《吕谱》:"元和六年辛卯拜职方员外郎,时有《双鸟诗》。"方《诗文年谱》从吕,曰:"吕意以公赋《双鸟》,谓己与东野也。"魏本注:"《集注》:苏内翰作《李太白

画像》诗有曰：'化为二鸟鸣相酬，一鸣一止三千秋。'或者遂谓此诗为李杜作，非也。按柳仲涂《双鸟诗解》云：'高公子奇曰：双鸟者，当其韩之前后，斯执政人也。一仕一隐，本异末同，故曰城市、岩幽，殊以别也。下言，盖以其辩奸诡，比将坏其时也，未知斯孰氏耳？予曰：不然。大凡韩之为心，忧夫道也。履行非孔氏者为夷矣，故垂言以刺之。释老俱夷而教殊，故曰双鸟。'又《石林诗话》云：'《双鸟诗》，殆不可晓。尝以问苏丞相子容，云：意以是指佛、老二学。以其终篇本末考之，或然。'又《笔墨闲录》云：'刘俩言《双鸟诗》为二氏作。予尝言其然，以其中有云：不停两鸟鸣，大法失九畴。周公不为公，孔丘不为丘。颇似云二氏之言乱周孔之教耳。'此诗仲涂解甚详。洪庆善又祖其意而笺之，揆以它说，于理为近，今备载焉。"

文《详注》："谓李白、杜甫也，皆以诗名天宝间。按：公《调张籍》云：'惟此两夫子，家居率荒凉。帝欲长吟哦，故遣起且僵。剪翎送笼中，使看百鸟翔。'又《送东野序》云：'李白、杜甫皆以其所能鸣。'则知此诗端为李、杜设也。盖愈寻常自谓不及二公，其追慕之者非一。有（《醉留东野》）曰：'昔年因读李白杜甫诗，长恨二人不相从。吾与东野生并世，如何复蹑二子踪？'亦以见其自述与孟郊尔。东坡公《书丹元子所示李太白真》云：'天人几何同一沤，谪仙非谪乃其游。麾斥八极隘九州，化为两鸟鸣相酬。'坡之诗之意也。说：《辨证》以谓喻释老二氏，穿凿甚矣。所谓鸟者即凤凰之类，雄曰凤，雌曰凰。今言双鸟谓其雄雌相和而鸣也，故欧公体此意作《蟠桃诗》以美韩孟，亦曰'韩孟于文辞，两雄亦相当''篇章缀谈笑，雷电击幽荒。众鸟谁敢和，鸣凤呼其皇'是也。"文《详注》引王《补注》引柳开说，同意柳开二鸟指释老说，并详说之。后又介绍柳开事迹。关于二鸟之议见诗后《汇评》。

② 双鸟海外来，飞飞到中州：来，飞飞，方《举正》乙作"飞，飞来"，以此为"双鸟海外飞，飞来到中州"，云："唐本、阁本同。李、谢校。此乃少陵诗（《闻斛斯六官未归》）所谓'故人南郡去，去索作碑

钱'是也,于义为胜。"朱《考异》:"方作'飞,飞来'。"魏本作"飞,飞来"。宋白文本、文本、廖本、王本作"来,飞飞"。按:方校以二鸟乃海外之物,不合实际,今从"来,飞飞"。文本"州"作"洲",非。

文《详注》:"《楚辞·九歌》(当为刘向《九叹·忧苦》)云:'三鸟飞飞以自南兮,览其志而欲北。'"魏本注:"柳曰:'其所从来,不在中国,后渐而至。'洪曰:'非周孔之教而行乎中国。'"钱仲联《集释》:"《史记·天官书》:'戊、己,中州,河、济也。'"按:中州,《书·禹贡》分中国为"冀、衮、青、徐、扬、荆、豫、梁、雍"九州。古豫州地处九州中间,称为中州。汉王充《论衡·对作》:"建初孟年,中州颇歉,颖川、汝南,民流四散。"泛指黄河中游地区。《三国志·吴·全琮传》:"是时中州人士避乱而南,依琮居者以百数。"也作为中国的代称。《汉书·司马相如传·大人赋》:"世有大人兮,在乎中州。"

③ 一鸟巢岩幽:朱《考异》:"集,或作'巢'。"诸本作"集"。文、魏等本注:"集,一作'巢'。"按:葛立方《韵语阳秋》、陈秀明《东坡诗话录》也作"巢"。集多作聚解,巢则作居解,于诗意较善,从之。

魏本:"柳曰:'释之为教,必处都邑;老之为教,栖息山林。'樊曰:'福祸之说,足以鼓动群众。'洪曰:'清净无为。'"按:上句"落城市",谓栖息到城市,此指当了官,韩公自指。巢岩幽,谓栖息在山野幽僻之处,指东野。时东野居丧后闲居。

④ "不得"二句:魏本:"柳曰:'二教虽来,未明于世。'洪曰:'不相为谋,其来久矣。'"按:柳、洪因谓二鸟为释老,故自此以下之注均为释老张本,皆误矣。正文前评说及注①已辨之,下只出其说,不再一一辩驳。谓自那时到现在,已经三千年了,比喻年代久远。秋,为春夏秋冬四季,即年也。

⑤ 万象:指世间一切事物和自然现象。谢灵运《从游京口北固应诏》诗:"皇心美阳泽,万象咸光昭。"《全唐诗》卷五二宋之问《驾出长安》:"天回万象出,驾动六龙飞。"王维《戏赠张五弟諲三首》之一:"徒然万象多,澹尔太虚缅。"魏本:"唐曰:'既未得明其教,其言亦未能大尽于物。'祝曰:'二家之说包罗万象,不鸣则

已。'"钱仲联《集释》:"《文选·游天台山赋》李善注:'《孝经》:《钩命决》曰:地以舒形,万象咸载。'"方世举《笺注》:"万象:《拾遗记》:'《皇娥歌》:万象回薄化无方。'"

⑥ "春风"二句:魏本:"柳曰:'正道衰浇风盛,故比之春风,百鸟飘浮,众邪兴也。'洪曰:'春风起则百鸟飞且鸣矣。天下之善鸣者遇其时,各以其术自奋。'"按:飘浮,在空中飞翔。

⑦ "两鸟"二句:魏本:"柳曰:'释老乃得竞出,而扇于民久益张矣。'洪曰:'二氏并行,各骋其辩。'"按:柳、洪谓二鸟比释老,非也。两鸟忽然飞到一块,整天不停地鸣叫。比喻韩、孟二人,志趣相投,以诗文相酬和。

⑧ "有耳"二句:聒(guō 古活切,入,末韵),嘈杂,喧嚷扰人。《庄子·天下》:"以此周行天下,上说下教,虽天下不取,强聒而不舍者也,故曰上下见厌而强见也。"

魏本:"柳曰:'谓其恢诞而繁极,己莫及也。'"按:二句谓:有耳能听,却被杂乱喧嚣的声音吵聋了;自己有舌能鸣叫,反自觉羞愧。指上文"两鸟各闭口"。

⑨ "百舌"二句:百舌,百舌鸟。旧饶声,原是善叫的。

恒:方《举正》:"蜀本'恒'作'且'。"文本作"且"。朱《考异》:"恒,或作'且',非是。"宋白文本、祝本、魏本、廖本、王本作"恒",从之。

魏本:"柳曰:'百舌谓百子也,从来作文著书,从此不能出其上。'洪曰:'虽善辩者无所容其喙。'"百舌,文《详注》:"《易纬·通卦》曰:'百舌者,反舌鸟也,能反覆其口,随百鸟之鸣,故曰百舌。'"

按:恒者,长也。二句谓:百舌鸟本来善鸣,却常低头不鸣。不是不会叫,也不是不敢叫,而是不愿叫。

⑩ "得病"二句:魏本:"柳曰:'谓其道或世不用,遂至死乃休矣。'洪曰:'忍死受害,不敢复言。'"按:呻唤,《辞源》:"即呻恫。"亦引韩诗为例。又呻恫:"因病痛所发出的声音。唐颜师古《匡谬正俗》六《恫》:"今痛而呻者,江南俗谓之呻唤,关中俗谓之呻恫。"韩

公不用呻吟、呻恫,可见其用字准确,且熟知江南方言。诸家注皆未注意到这一点。

泯默:默,祝本、魏本注:"一作'然'。"诸本作"默",善。

钱仲联《集释》:"《诗》毛传:'泯,灭也。'"按:寂然不言,《辞源》《汉语大词典》均引韩诗为例。宋罗大经《鹤林玉露》丙编卷二:"未几,以古字得者来谒,玉山因问之曰:'老兄头场冒子中用三古字,何也?'某人泯默久之,对曰:'兹事甚怪。'"明杨慎《阳关图引》:"徘徊共劝少留连,泯默相看两倾倒。"

⑪"雷公"二句:魏本:"柳曰:'闲有忿而诉于上,故曰雷公告天公,以假为喻也。百物须膏油者,使王化复其不败于生矣。'洪曰:'天公,喻君也。膏泽不下于民,以两鸟鸣故也。'"按:二句指雨水。

雷公:文《详注》:"《抱朴子》曰:'雷神曰雷公。'一见《陆浑山火》诗。"按:谓司雷之神。《楚辞》屈原《远游》:"左雨师使径侍兮,右雷公以为卫。"天公,神话传说里的玉皇大帝。《晋书·五行志中》记京中民谣云:"天公诛谪汝,教汝捻咙喉。"《宋书·天文志二》:"而石虎频年再闭关,不通信使。此复是天公愦愦,无皂白之征也。"

膏油:钱仲联《集释》:"《净住子》:'譬如灯炷,唯赖膏油。'"此指雨水。按:膏油即油脂。韩公《进学解》:"焚膏油以继晷。"

⑫"自从"二句:方《举正》据唐本作"自从两鸟鸣,聒雷声伏收",云:"谢校。公诗语自有此一体。阁本作'自从两鸟聒,雷声三伏收',柳本作'聒乱雷光收',蜀本从之,今本皆作'雷声收'。转易转讹也。"朱《考异》:"诸本同。但蜀本'声'作'光',阁本作'雷声三伏收',皆误。而方独从唐本作'聒雷声伏收',则不成文理矣。"南宋监本原文作"聒乱雷声收",宋白文本作"聒耳雷声收"。文本、潮本、浙本、祝本、魏本、廖本作"聒乱雷声收"。作"聒耳雷声收",善,"聒耳"语承上"有耳聒皆聋"句,今从宋白文本。

魏本:"柳曰:'盖谓帝王之道不能光行于天下。'洪曰:'雷者,天下号令。雷声收,则号令不行也。'"

⑬ 造化皆停留:方《举正》作"造作",云:"三本同,荆公校。"朱《考异》:"化,方作'作'。"南宋监本原文作"造化"。宋白文本、文本、潮本、浙本、祝本、魏本、廖本、王本等均作"造化"。今从诸本,作"造化"。

魏本:"柳曰:'或有哲智之人,将诛殛以全其变,则惧所以言之有素也,乃停留其造作鬼神者,造化所从出也。鬼神畏其号令,而况人乎?'"按:造化,培育、制作。亦指大自然、天地。杜甫《望岳》:"造化钟神秀,阴阳割昏晓。"亦见韩公《题炭谷湫祠堂》:"不知谁为助?若执造化关。"

⑭ 草木有微情:草木虽无言,但它也有感情。《文选》曹植《洛神赋》:"无微情以效爱兮,献江南之明珰。"《全唐诗》卷五七李峤《奉使筑朔方六州城率尔而作》:"千里何萧条,草木自悲凉。"

挑抉示九州:魏本:"洪曰:'万物有成理而不说,今则说之。'"方世举《笺注》:"挑抉:《左传》(襄公十年):'鄹人纥抉之以出门者。'《说文》:'挑,挠也。抉,挑也。'"按:挑、抉,二字同义,当掘出、挖出解。《庄子·盗跖》:"比干剖心,子胥抉眼。"九州,指中国。《史记·孟荀列传》:"中国名曰赤县神州,赤县神州内自有九州,禹之序九州是也。"见本篇注②,及韩公《杂诗》。

⑮ "虫鼠"二句:魏本:"柳曰:'谓其无所漏脱于幽微也。'洪曰:'诛求至于虫鼠,甚矣!'"按:诛求即特殊、过分的征求,也当勒索讲。《左传》襄公三十一年:"以敝邑褊小,介于大国,诛求无时。"杜注:"诛,责也。"

⑯ 辀(zhōu 张流切,平,尤韵):原指车辕,此代指车。《楚辞》屈原《九歌·东君》:"驾龙辀兮乘雷,载云旗兮委蛇。"此句谓:日月难以改变。

⑰ 大法失九畴:文《详注》:"《书》:'天乃锡禹洪范九畴。'传云:'天与禹洛出书,神龟负文而出,列于背有数至于九,禹遂因而第之,以成九类,常道所以次叙。洪,大。范,法也。〔言天地之大

法。］''自从两鸟鸣'至此，皆前诗所谓'勃兴得李杜，万类困凌暴'（《荐士》）之意也。"魏本："洪曰：'凡在天地间居者，皆不得其所。'"按：九畴，九种法则，即治理国家大法。《书·洪范》："天乃锡（赐）禹洪范九畴，彝伦攸叙。"

⑱"周公"二句：魏本："柳曰：'自此乱而时无其春秋矣。日月亦莫纪其序矣，大法亦失其九畴矣。周孔之道亦绝灭矣。'洪曰：孟子曰'杨墨之道不熄，孔子之道不著'与此同意。"又丘作大字解。钱仲联《集释》："丘，古有高大之义。《孙子·作战》：'丘牛大车。'李筌曰：'丘，大也。'又《庄子·则阳》：'何谓丘里之言？丘里者，合十姓百名而以为风俗也。'是亦大言之义。"作"大"字解不合诗意。意谓：周公不是周公，孔丘不是孔丘。

按：周公名旦，帮助武王建立周朝，辅佐侄子成王巩固周朝。丘，孔子名丘字仲尼，春秋时大思想家、教育家。二人为后世称为至圣先师。宋石介《徂徕石先生全集》卷七《尊韩》："噫！伏羲氏、神农氏、黄帝氏、少昊氏、颛顼氏、高辛氏、唐尧氏、虞舜氏、禹、汤氏、文、武、周公、孔子者十有四圣人，孔子为圣人之至。"此接上"自从两鸟鸣，聒耳雷霆收"，说两鸟鸣声力量之大，若不停地鸣下去，世间百物都会生愁；时令混乱，也分不清春夏秋冬了；日月也难以运行；天地也会失去正常法则；周公也不成周公，孔丘也不成孔丘了。

⑲各捉一处囚：捉，祝本作"把"。诸本作"捉"字，是。魏本："柳曰：'若此乃释老之教，果遂分焉。虽行于世各有拘其时政矣。'洪曰：'有王者作，则两鸟不得争鸣于天下。'"按：此句谓捉住两鸟，把他们各囚禁一处。比喻韩、孟，非谓释老也。

⑳百虫与百鸟：魏本："柳曰：'然后世得不全绝其言他道者，乃云百虫百鸟鸣而复啾啾矣。'洪曰：'能言之类，各得伸其说。'"顾嗣立《集注》："郭璞《三苍解诂》：'啾啾，众声也。'乐府《陇西行》：'凤皇鸣啾啾。'"

百鸟：方《举正》作"七鸟"，云："三本同。柳、谢、荆公诸本皆作

'七'。柳仲涂有此诗解一篇传于世,谓公此诗指释老也。然以欧公《感二子诗》及坡公《李白画像赞》考之,盖此诗专为李杜作。七鸟谓《月令》七十二候之虫鸟也。苏耆《开谭录》亦见。"朱《考异》:"〈百鸟〉诸本同。方从阁、杭、蜀本作'七鸟'。(下引方语)今按:百虫,即上文之虫鼠。百鸟,即上文所言皆飘浮者耳。与七十二候初不相关也。且使果为七十二候之鸟,而但云七鸟,则词既有所不备,又鸟既为七而虫独为百,于例亦有所不通。今细考之,岂以草书百字有似于七而致误耶?初不必过为凿说也。又释老、李杜之说,恐亦未然。旧尝窃意此但公为己、孟郊作耳。'落城市'者,己也。'集岩幽'者,孟也。初亦不能无疑,而近见葛氏《韵语阳秋》已有此说矣。读者详之。"朱说是。南宋监本原文作"百"。宋白文本、文本、潮本、浙本、祝本、魏本、廖本、王本均作"百鸟"。

按:"百鸟"与"百虫"本句对,乃作诗及韩公常用之法。谓释老者,既不当皆从海外来,也不当有"落城市"指释氏之说。释氏居山林者多,人所共知。而李、杜二人当官定居城市者少,漫游、飘泊、流徙者多,不当有城市、岩幽之别。啾啾,虫、鸟细小的叫声。即二鸟被囚,百虫、百鸟高兴。

㉑ 闭声省愆尤:声,文本作"身",非是。诸本作"声",善。

魏本:"柳曰:'教之既有其限,不混然而使民夷也,各守其方而省度矣。'"

按:省(xǐng 息井切,上,静韵),检查,反省。《论语·学而》:"吾日三省吾身。"愆(qiān 去乾切,平,仙韵)尤,过失。《文选》张衡《东京赋》:"卒无补于风规,只以昭其愆尤。"

㉒ "朝食"二句:文《详注》:"《吴志》(《三国志》卷五二《步骘传》注引《吴录》):'孙权曰:"当以牛千头,为君作主人。"'"沈钦韩《补注》:"《观佛三昧经》:'金翅鸟王于阎浮提,日食一龙及五百小龙。'《海龙王经》:'龙王白佛言:如此海中无数种龙,有四金翅常来食之。'"屈《校注》:"按:韩愈辟佛,诗文未见有直接采用佛经,沈氏此注恐未必然。"按:韩公进京后的大半生,无书不读,用佛经典文

献者不一。饶宗颐先生已有文章论及。

㉓"朝饮"二句:文《详注》:"《列子》(《汤问》):'夸父逐日,渴饮河渭,河渭不足,北饮大泽。'"魏本:"唐曰:'尚复信奉者众,耗世害世,率四海之大,几被其困焉。'"按:《山海经·海外北经》:"夸父与日逐走,入日。渴欲得饮,饮于河渭。河渭不足,北饮大泽。未至,道渴而死。弃其杖,化为邓林。"晋葛洪《神仙传·王远传》:"麻姑自说:'接待以来,已见东海三为桑田。向到蓬莱,又水浅于往昔,会时略半也,岂将复还为陵陆乎?'方平(王远字)笑曰:'圣人皆言,海中行复扬尘也。'"参阅韩公《海水》诗。

㉔"还当"二句:魏本:"柳曰:'谓其后尤不能终如此矣。复有其甚或者久而见兴也。'洪曰:'两鸟闭声而省愆尤,宜其衰也。然蚕食于民犹如此其甚,盖不能扼其吭,绝其声,则久而复鸣,理势之必然也。'"按:柳、洪解此二说均从释老发端,所解非是。二鸟虽被囚,迫于时势而闭声,后却重新振起,鸣相酬也。止水《韩愈诗选》:"末两句表现了韩愈对自己的事业充满信心。这也可以看做是作者所倡导的古文运动的宣言,尽管当时遭受落后势力的排斥和打击,诗人还坚信最后胜利是属于自己的。"

【汇评】

宋柳开:《韩文公双鸟诗解》:余居东郊府,从事高公独知予。开宝中,授以昌黎诗三百首。开与之会,即赓诵,评其尤至者。一日,予咨曰:"《双鸟诗》何谓也?"公曰:"得无若刺时之政者乎?"予因而悟之。与公言异,故作辞解之,以编于后。

高公子奇曰:"双鸟者,当其韩之前后,斯执政人也。一以之仕,一以之隐,本异而末同。故曰'落城市''集岩幽',殊以别也。下之言,盖以其辨奸诡比将坏其时也,未知斯孰耳?"予解曰:"不然。大凡韩之为心,忧夫道也。履行非孔氏者为夷矣。忿其正日削,邪日浸,斯以力欲排之,位复不得拯其世,权复不得动其俗。唱先于天下,天下从之者寡,背之者多,故垂言以刺之耳。"公曰:"何谓也?"予曰:"作害于民者,莫大于释老。释老俱夷而教殊,故曰'双鸟'矣,谓其曰此名也。以非仁义礼乐、父子君臣之类也。其所从来,俱不在于中国,故曰'海外来'也。后渐而至,故曰'飞飞到中州'也。"公曰:"若是言之,释之兴也,乃西始矣。老之兴也,子何云俱不在于中国乎?昔聃著二篇之书,以授其关令,而乃西逝矣。是自此而起耳。子如是,无乃误辨韩之旨哉!"予曰:"然。且聃之昔在中国也,不以左道示民矣。暨西入于夷,因化胡以成其教,故欺之以神仙之事,用革其心。而后教乃东来,与昔之书果异耳。是非中国之兴也,故韩俱云若是矣。夫释之为教也,务当民俗奉之,架宫崇宇,必处都邑,故曰'一鸟落城市'也。老之为教也,务当自亲其身,收视反听,栖息山林,以求不死,故曰'一鸟集岩幽'也。谓其'不得相伴鸣'也,以其二教之虽来,而未甚明于世,各泯然矣。言'三千秋'者,以其时久而极言之也。既未得明其教,其言亦未能大尽于物,故曰各闭其口而衔乎万象也。后之正道渐衰,浇妄之风渐盛,故比之'春风'焉,谓其卷地而起,以其举世悉如之也。'百鸟皆飘浮'者,众邪以兴也。释老乃得竞出而扇于民,久益张矣,故曰'两鸟忽相逢,百日鸣不休'也。有耳者聒皆声(或作'聋'),有舌者'反自羞',谓其能恢诞而繁极,他莫及也。'百舌',谓百子也。从来多善于著书,以乱夫子之道,故曰'旧饶声'。从此'低头'不能出其上也。'得病',谓其道或世不用之,泯泯遂至死乃休矣。世既炽耀其释老也,讹惑于上下之人,极之又不可究其根,无之又不能免其机,遂皆欲舍其生而从矣。其间有忿而殊其众者,能大其休声以愬于上,故曰'雷公告天公',以假为喻也。'百物须膏油'者,使世将复其不败于生矣。故托言云,自从其'两鸟鸣',而留(或作'雷')光聒亦收矣。盖谓其帝王之道不能光行于天下也。或有哲智之人,将斡运其世务,或诛或殛,以全其变则惧,所以言之有素也。乃停留其造作,而故云'怕嘲咏'矣。'挑抉'其'草木','诛求'其'虫鼠',谓其无所漏脱于幽微也。苟世不息其如此,则咸畏其或生或死,或罪或福,莫知其涯而愁忧矣,故云'不停两鸟鸣,百物皆生愁'

也。自此乱而其时无春秋矣,日月亦莫纪其序矣,大法亦失其九畴矣,周孔之道亦绝灭矣,故曰'周公不为公,孔丘不为丘'也。若此,乃释老之教果遂分焉。虽行于世也,各有拘其时政矣,故曰'天公'乃怪,而各因于'一处'也,然后世得不全绝。其言他道者,乃云'百虫''七鸟'鸣,而复'啾啾'矣。教之既有其限,不混然而使民夷也,各守其方而省度矣,故曰'既别'其处而能'闭声省愆尤'也。尚复民之信奉者众,耗于世而害于物,曰亦不知其厚矣。率四海之大,几被其困焉,故曰'朝食'其龙千,'暮食'其牛亦千,'饮河生尘',而'饮海绝'其流也。其末句云'还当三千秋,更起鸣相酬'者,谓其后必不能终如此矣。复有其甚惑者,久而见兴也。不限其时而云久也,故以'三千'为言焉。斯惟韩之在释老罪,非其他者。公以为如何?"公曰:"若子之言,韩之诗亦云是矣。然子能识之,信子于韩氏也,达其玄微也哉!"(《河东先生集》卷二)

宋孔毅夫:退之诗好押狭韵,累句以示工,而不知重叠用韵之病也。《双鸟诗》两"头"字,《孟郊诗》两"奥"字,《李花》诗两"花"字。(《孔氏杂说》卷四)

宋叶梦得:韩退之《双鸟诗》,殆不可晓。顷尝以问苏丞相子容,云:"意似是指佛、老二学。"以其终篇本末考之,亦或然也。(《石林诗话》卷上)

宋葛立方:韩退之《双鸟》诗多不能晓。或者谓其诗有"不停两鸟鸣,百物皆生愁""不停两鸟鸣,大法失九畴。周公不为公,孔子不为丘"之句。遂谓排释老而作,其实非也。前云"一鸟落城市,一鸟巢岩幽",后云"天公怪两鸟,各捉一处囚",则岂谓释老耶?余尝观东坡作《李白画像》诗云:"天人几何同一沤,谪仙非谪乃其游。挥斥八极隘九州,化为二鸟鸣相酬。一鸣一息三千秋,縻之不得矧肯求。"则知所谓双鸟者,退之与孟郊辈尔。所谓"不停两鸟鸣"等语,乃雷公告天公之言,甚其辞以赞二鸟尔。"落城市"退之自谓,"落岩幽"谓孟郊辈也。"各捉一处囚",非囚禁之囚,止言韩、孟各居天一方尔。末云"还当三千秋,更起鸣相酬",谓贤者不当终否,

当有行其言者。(《韵语阳秋》卷六)

宋张表臣：退之《双鸟》诗，或云谓佛、老，或云谓李、杜。东坡《李太白赞》云："天人几何同一沤，谪仙非谪乃其游。挥斥八极隘九州，化为两鸟鸣相酬。一鸣一止三千秋，开元有道为少留，縻之不可矧肯求？"乃知谓李、杜也。(《珊瑚钩诗话》卷一)

宋黄震：《石鼓歌》《双鸟诗》尤怪特，"双鸟"必有所指，岂异端欤！(《黄氏日抄》卷五九)

元陈秀明：韩退之《双鸟》诗，多不能晓。或者谓其诗有"不停两鸟鸣，有物皆生愁""不停两鸟鸣，大法失九畴""周公不为公，孔子不为丘"之句，遂谓排释、老而作。其实非也。前云"一鸟落城市，一鸟巢岩幽"，后云"天公怪两鸟，各捉一处囚"。则岂谓释、老耶？余尝观东坡作《李白画像》诗云"天人几何同一沤，谪仙非谪乃其游。挥斥八极隘九州，化为二鸟鸣相酬。一鸣一息三千秋，縻之不得矧肯求。"且知所谓"双鸟"者，退之与孟郊辈。且所谓"不停两鸟鸣"等语，乃雷公告天公之言也。其辞以谓二鸟耳。"落城市"退之自谓："巢岩幽"谓孟郊辈也。"各捉一处囚"非"囚禁"之"囚"，正言韩、孟各居天一方耳！末云"还当三千秋，更起鸣相酬"，谓言者不当终否，当有行其言者。(《东坡诗话录》卷上)

清朱彝尊：两鸟虽未定所指，谓为释老犹近之。若谓李杜及己与孟，断然非也。何者？诋斥意多，赞许意少。(顾嗣立《昌黎先生诗集注》卷五)

清宋长白：《双鸟》：叶少蕴曰：退之《双鸟》诗，殆不可晓。顷以问苏子容，曰：似指佛老二学。以终篇本末考之，亦或然也。张表臣曰：退之《双鸟》诗，或云谓佛老，或云谓李杜。东坡作《太白赞》曰："天人几何同一沤，谪仙非谪乃其游。挥斥八极隘九州，化为两鸟鸣相酬。一鸣一止三千秋，开元有道为少留，縻之不可矧肯求。"乃知谓李、杜也。(《柳亭诗话》卷五)

清何焯：柳说迂凿，葛说近之。"三千"谓夏秋冬三时也。纷纷致疑，总不晓词人夸饰之体耳。(《义门读书记》卷三〇)

清方世举：方崧卿曰："柳仲涂有此诗解一篇传于世，谓指释老。然以欧公《感二子》诗及东坡《李太白像赞》考之，盖专为李杜而作。"朱子曰："释老、李杜之说，恐亦未然。此但公为己与孟郊作耳。'落城市'者，己也；'集岩幽'者，孟也。近见葛氏《韵语阳秋》已有此说矣。"朱子之说最的。从此推之，则所谓"各捉一处囚"者，谓孟为从事，己为分司，孟已去职，己将还京也。（钱仲联《韩昌黎诗系年集释》卷七：按：诗有"两鸟既别处"句，则是公已别孟入京，为职方员外郎时矣。）（《韩昌黎诗集编年笺注》卷七）

清姚范：《双鸟诗》注："柳仲涂有此《诗解》一篇传于世，谓指释、老也。然欧公《感二子》诗及东坡《李太白画像赞》考之，盖专为李、杜而作。"《考异》云"释、老，李、杜之说，恐亦未然。旧尝窃意此但公为与孟郊作耳。'落城市'者，己也；'集岩幽'者，孟也。初亦不能无疑，而近见葛氏《韵语阳秋》已有此说矣。读者详之。"余按：朱子之说是也。柳仲涂等之言，皆愚陋可笑。然公此等诗，何足称奇，故不如《青田二鬼诗》放纵无涯耳。"周公不为公，孔丘不为丘"，后人为此，亦语类矣。（《援鹑堂笔记》卷四一）

清翁方纲：文公《双鸟诗》，即杜诗"春来花鸟莫深愁"，公诗"万类困陵暴"之意而翻出之，其为己与孟郊无疑，刘文成《二鬼诗》出于此。（《石洲诗话》卷二）

清郭麐：昌黎《二鸟诗》，柳仲涂以为二氏，朱子以为公与东野，皆未见确证。惟"煌煌东方星，奈此众客醉"，说者以为宪宗在储贰、群小用事而作，为得其意。（《爨馀丛话》卷二）

清方东树：韩退之《双鸟诗》，殆不可晓。尝以问苏子容，云："意似是指佛、老二学。"以其终篇本末考之，亦或然也。（《昭昧詹言》卷二一附论诸家诗话）

清陈沆：此篇或因苏子瞻《赞太白像》有云："化为两鸟鸣相酬，一鸣一止（息）三千秋。"遂以此诗为李、杜作，则何为有一落城市、一集岩幽之别乎？或又因来从海外到中州语，遂谓此诗指释老，然老不从海外，又皆不落城市，且无所谓嘲咏造化、抉摘草木之说，且不应有"还当三千秋,更起鸣相酬"之语也。惟朱文公谓公自谓与孟郊者近之。"落城市"者,己也;"集岩幽"者,孟也。公《送孟东野序》云:"物不得其平则鸣……以鸟鸣春,以雷鸣夏,以虫鸣秋,以风鸣冬……伊尹鸣夏,周公鸣周……孔子鸣《春秋》。唐之兴,陈子昂鸣之。其穷而在下者,孟郊东野以其诗鸣。"此诗全用其意。"自从两鸟鸣"及"不停两鸟鸣"二段是也。公又有诗云"我愿化为云,东野化为龙,四方上下逐东野"云云,亦同此旨,皆所谓怪怪奇奇者也。(《诗比兴笺》卷四)

清曾国藩:《双鸟诗》:朱子以"双鸟"指己与孟郊而作。"落城市"者,己也;"集岩幽"者,孟也。《韵语阳秋》已有此说。(《求阙斋读书录》卷八)

程学恂:此即《送东野序》中之意,而语尤奇瑰,奇幻至此篇极矣。"周公不为公"犹可解。"孔丘不为丘",是何情理?《文心雕龙》有云"碍而实通",此正是碍处。(《韩诗臆说》卷二)

徐震:末二句云:"还当三千秋,更起鸣相酬。"尤似为己及孟郊设喻也。(《韩集诠订》)

钱基博:《双鸟诗》奇趣横生,人骇鬼眩是也。(《韩愈志》卷六)

赠刘师服①

元和七年

羡君齿牙牢且洁,大肉硬饼如刀截②。我今呀豁落者多,所存十余皆兀臲③。匙抄烂饭稳送之④,合口软嚼如牛呞⑤。妻儿恐我生怅望,盘中不饤栗与梨⑥。只今年才四十五,后日悬知渐莽卤⑦。朱颜皓颈讶莫亲,此外诸余谁更数⑧?忆昔太公仕进初,口含两齿无赢余⑨。虞翻十三比岂少,遂自愧恨形于书⑩。丈夫命存百无害,谁能检点形骸外⑪？巨缗东钓傥可期，与子共饱鲸鱼脍⑫。

【校注】

① 题目，诸本同。朱《考异》："服，或作'命'。"蒋之翘《辑注》："服，或作'命'。"当作"师服"。

师服：文《详注》："师服，韩门弟子。"方世举《笺注》："按师服、师命皆无关轻重之人，其疑为师命者，以据昌黎有《送进士刘师服东归》诗云'不自求腾轩'，则师服为矜慎名节之人。师命放诞不羁，时越行检，如《刘生》诗所云'越女一笑三年留'，正与'朱颜皓颈'句相映。但《旧唐书·宪宗纪》：'元和十二年，于季友居丧，与进士刘师服欢宴夜饮。季友削官忠州安置，师服配流连州。'亦未能全令名，则此诗或赠师服，亦未可知。不足定一是也。"师服，新旧《唐书》无传。韩公有《石鼎联句》诗与《序》，《序》云："元和七年十二月四日，衡山道士轩辕弥明自衡下来。旧与刘师服进士衡湘中相识，将过太白，知师服在京，夜抵其居宿。有校书郎侯喜，新有能诗声，夜与刘说诗。"学者多谓轩辕弥明乃韩公假托，然《序》上所谓师服与侯喜事恐为真。师服句有"巧匠斫山骨，剜中事煎烹"，"外苞乾藓文，中有暗浪惊"，"大似烈士胆，圆如战马缨"，"一块元气闭，细泉幽窦倾"，"皖皖无刃迹，团团类天成"，"或讶短尾铫，又似无足铛"，"陋质荷斟酌，狭中愧提擎"，"徒示坚重性，不过升合盛"，"忽罹翻溢忿，实负任使诚"，"回旋但兀兀，开阖惟铿铿"二十句。又有《送进士刘师服东归》诗云："猛虎落槛阱，坐食茹孤豚。丈夫在富贵，岂必守一门？公心有勇气，公口有直言。奈何任埋没，不自求腾轩。"当是师服应进士试不第，东归故里。又《送刘师服》云："夏半阴气始，渐然云景秋。蝉声入客耳，惊起不可留。"时在秋初。从"赍财入市卖，贵者恒难售"看，师服有才而久不遇，故"士生为名累，有似鱼中钩"也。廖本注："服，或作'命'。"韩公在阳山，刘师命来访而从学。又有赠刘师命诗三首，师服、师命性格迥异，岂伯仲乎？《旧唐书·宪宗纪》："元和十二年四月辛丑（12

日),驸马都尉于季友居嫡母丧,与进士刘师服欢宴夜饮。季友削官爵,笞四十,忠州安置;师服笞四十,配流连州。"魏本:"樊曰:诗云'只今年才四十五',元和七年(812)作也。"

② 齿牙:文本作"牙齿"。诸本作"齿牙",从之。

韩公有《落齿》诗"去年落一牙,今年落一齿。俄然落六七,落势殊未已。余存皆动摇,尽落应始止"与此诗"所存十余皆兀臲"合。二句突兀而起,以师服年轻,羡其食之有味,开解师服不遇之苦闷,激其振起奋进也。

③ "我今"二句:呀豁落者多,魏本:"韩曰:'呀,含牙张口貌,音牙。'"呀豁,谓齿落空缺。兀臲(niè 五结切,入,屑韵),宋白文本、文本、魏本、廖本、王本作"兀臲"。祝本作"靰臲"。兀臲、靰臲、臬兀、臲卼,音义均同。今从诸本作"兀臲"。文《详注》:"兀臲,不安貌。上音五骨切,下音五结切,一作'阢陧'。"顾嗣立《集注》:"《文选·上林赋》:'谽牙豁闻。'"兀臲,动摇不定。《易·困》:"困于葛藟,于臲卼。"《尚书·周书·秦誓》:"邦之杌陧。"孔传:"杌陧,不安,言危也。"杜甫《大历三年春白帝城放船出瞿塘峡久居夔府将适江陵漂泊有诗凡四十韵》:"生涯临臬兀,死地脱斯须。"柳宗元《寄许京兆孟容书》:"末路孤危,阨塞臲靰。"此指牙齿掉了很多,仅剩的十余颗也都活动了。

④ 匙抄烂饭稳送之:谓体衰牙豁咀嚼食物困难,需要用汤匙小心翼翼地把软食送入口中。匙,汤匙。抄,用瓢、勺、箸取食物。杜甫《佐还山后寄三首》之二:"老人他日爱,正想滑流匙。"《与鄠县源大少府宴渼陂》:"饭抄云子白。"

⑤ 呞:祝本作"哂",误。宋白文本、文本、魏本、廖本、王本作"呞",是。

文《详注》:"《尔雅》(《释兽》)曰:'牛曰龁吐而噍也。'"钱仲联《集释》:"《尔雅·释兽》:'牛曰龁。'郭璞注:'食之已久,复出嚼之。'《诗·无羊》陆德明《释文》:"呞,本作龁,亦作齝。"

⑥ 飣(dìng 丁定切,渠,径韵):把菜肴、果品堆放在盘中。《辞

源》引韩诗为例。韩公《南山诗》:"或如临食案,肴核纷饤饾。"栗、梨,皆果品也。陶渊明《责子》诗:"通子垂九龄,但觅梨与栗。天运苟如此,且进杯中物。"按:栗与梨,皆下酒之物也。疑韩诗出陶此诗。

⑦"只今"二句:文《详注》:"王《补注》:年才四十五,元和七年也。"魏本:"韩曰:杜诗(《醉歌行》):'只今年才十六七。'"按:韩诗用杜诗句法。

莽卤:方《举正》作"莽卤",云:"杭作'卤莽'。蜀作'莽卤'。'卤莽'本《庄子》(《则阳》),然唐人多倒用之。柳子厚(《乞巧文》)'沉昏莽卤',又(《酬韶州裴曹长使君寄道州吕八大使因以见示二十韵》)'食贫甘莽卤',白乐天(《和祝苍华》)'养生仍莽卤'。又(《双鹦鹉》)'始觉琵琶弦莽卤',所用同也。"朱《考异》引方说。宋白文本、文本、祝本、魏本、廖本、王本均作"莽卤",从之。

魏本:"祝曰:《庄子》曰:'为政焉可莽卤。'注:'不用心也。'"按:《庄子·则阳》原文为:"长梧封人问子牢曰:'君为政焉,勿卤莽;治民焉,勿灭裂。昔予为禾,耕而卤莽之,则其实亦卤莽而报予;芸而灭裂之,其实亦灭裂而报予。'"文《详注》:"莽卤,灭裂也。上音莫古切,下音鲁。《庄子》曰:'耕而莽卤。'"宋孙奕《履斋示儿编》卷九《倒用字》:"诗中倒用字,独昌黎为多。《醉赠张秘书》曰:'元凯承华勋。'《赴江陵》云:'所学皆孔周。'《归彭城》云:'闾里多死饥。''下言引龙夔。'《城南联句》云:'戛鼓侑牢牲。'又'百金交弟兄。'《赴江陵》云:'殷勤谢友朋。'《孟东野失子》云:'薄厚胡不均。'《重云》云:'身体岂宁康。'《送惠师》云:'超然谢朋亲。'《答张彻》云:'碧海滴珑玲。'《苦寒》云:'调和进梅盐。'《东都游春》云:'渚牙相纬经(音径)。'《杂诗》云:'诗书置后前。'《寄崔立之》云:'约不论财资。'又'无人角雄雌。'《孟先生》云:'应对多差参。'又'此格转岖嶔。'《符读书》云:'寒饥出无驴。'《人日登高》云:'盘蔬冬春杂。'《南内朝贺》云:'不见酬稗稊。'又'磨淬出角圭。'《晚秋联句》云:'惟学平贵富。'《赠唐衢》云:'坐令四海如虞唐。'《八月十五夜赠功曹》云:'嗣皇继圣登夔皋。'《赠刘师服》云:'后日悬知渐莽卤。'《杏花》云:'杏花两株能白红。'又'百片飘泊随西东。'《感春》云:'两鬓雪白趋埃尘。'《和盘谷子》云:'推书扑笔歌慨慷。'皆倒字类也。"

⑧ 诸余:一切、种种、所有。张相《诗词曲语辞汇释》卷三:"诸余,犹云一切或种种也。韩愈《赠刘师服》诗:'朱颜皓颈讶莫亲,此外诸余谁更数?'王建《原上新居》诗:'懒更学诸余,林中扫地居。'又《赠人诗》:'朝回不向诸余处,骑马城西检校花。'"

⑨ 太公:即姜尚,字子牙,称太公望。《史记·齐太公世家》:"太公望吕尚者,东海上人。……本姓姜氏,从其封姓,故曰吕尚。吕尚盖尝穷困,年老矣,以渔钓奸周西伯……子真是邪?吾太公望子久矣。故号之曰'太公望'。载与俱归,立为师。"索隐:"谯周曰:'姓姜,名牙。'"《韩诗外传》卷四:"以为姣好耶?则太公年七十二,齫然而齿堕矣。"《荀子·君道》:"(文王)举太公于州人而用之……夫人行年七十有二,齫然而齿堕矣。"李白《梁甫吟》:"君不见朝歌屠叟辞棘津,八十西来钓渭滨。"《全唐诗》卷七〇九徐寅《贺清源太保王延彬》:"姜牙兆寄熊罴内,陶侃文成掌握间。"文《详注》:"《楚辞》云:'太公九十乃显荣。'"齫、齳同。《说文·齿部》:"齫,无齿也。从齿军声。"

⑩ 十三比岂少:方《举正》:"蜀本作'比',杭本作'皆'。'太公两齿''虞翻十三',语当相沿以生也。太公事见古本《荀子》(《君道》),虞翻,《吴志》(见《三国志·吴志·虞翻传》裴注引《翻别传》)只载其上书谓'臣年耳顺,发白齿落',岂在当时惋恨之书犹有可考也?今姑以蜀本为正。"朱《考异》:"比,或作'皆',或作'此'。(下引方语)"宋白文本、魏本、廖本作"比"。文本作"此"。魏本注:"比,一作'此'。"今从方作"比"。

虞翻:文《详注》:"《吴志》(《虞翻传》):'虞翻,字仲翔,会稽余姚人也,少好学,有高气。年十二,客有候其兄者,不过翻,翻追与书曰:仆闻虎魄不取腐芥,磁石不受曲针,过而不存不亦宜乎?'客得书奇之,由是见称,今作'十三'恐误。少,音诗照切。《补注》:虞翻事,因考之《吴志》,莫见其来处。"魏本引孙《全解》同文《详注》。

遂自惋恨:魏本注:"惋,乌贯切。遂,一作'遽'。"诸本作"遂"是。

魏本:"祝曰:自惋,惊叹也。《选》:'抚空怀而自惋。'"惋,惋恨、叹息。《韩非子·亡征》:"外内悲惋而数行不法者,可亡也。"惋恨即恨惜。《辞源》亦引韩诗为例。

王元启《记疑》:"沈(德毓)曰:此诗自首至此,皆论齿牙。窃意虞翻十三,亦指所存余齿。谓太公仅存两齿,虞翻尚余十三,比诸太公,岂犹见少,遂尔上书惋恨乎? 按:此说实本方氏。方谓虞翻,《吴志》载其上书,言'臣年耳顺,发白齿落。'特引齿落为证,亦疑十三为所存余齿耳。然太公两齿,樊引《荀子》为证。《荀子》但云:'齿坠,虞翻十三。'方引《吴志》为证。《吴志》亦但云齿落。公独云云,方谓岂在当时犹有可考耶?"文、孙谓"十三"应为"十二",过泥,王说是,则"十三"当指牙齿数,非谓年岁也。钱仲联《集释》:"沈说是,特十三之数,已无书可征耳。孙说则必非也。"按:从"臣年耳顺发白齿落",即自谓其年六十而齿落也。故"虞翻十三比岂少",十三当指齿之数也。

⑪ 形骸:魏本:"韩曰:《庄子》(《德充符》):'申徒嘉谓郑子产曰:子与我游于形骸之内,而索我于形骸之外,不亦过乎?'"文注同而简。

⑫ "巨缗"二句:文《详注》:"《庄子》(《外物》)曰:'任公子有道者,以大钩巨纶,钓于东海,而获大鱼。离而腊之,自浙河以东,苍梧以北,皆厌此鱼。'纶,缗也。东坡《放鱼诗》云:'长饥韩子隘且陋,一饱鲸鱼何足脍? 东坡也是可怜人,披抉泥沙收细碎。'盖用事常欲反其意也。"魏本:"孙曰:《庄子》:'任公子为大钩巨缁,五十犗以为饵,蹲乎会稽,投竿东海。已而大鱼食之。自浙河以东,苍梧以北,莫不厌若鱼者。'《广州记》曰:'鲸鲵长百丈大。亦称之目即

明月珠也。'韩曰:《旧史》云:'驸马都尉于季友居丧,与进士刘师服夜饮,师服流连州。'公亦继(元和十四年)贬潮阳,几若诗语之谶。《补注》:东坡云:尝讥韩子隘且陋,一饱鲸鱼何足脍。"按:遂从此而入海之谶同也。

【汇评】

宋黄震:《赠刘师服》诗可与《齿落》(《落齿》)诗参看。(《黄氏日抄》卷五九)

清朱彝尊:亦涉漫兴。(顾嗣立《昌黎先生诗集注》卷五)

程学恂:自"忆昔"下作转开语,言不必以形骸拘也。太公没齿始仕,虞翻齿始仕而跻于成人之列,何拘之有?(《韩诗臆说》卷二)

题炭谷湫祠堂[①]

贞元十九年

此诗实是通过对"出入人鬼间"的湫龙有何智慧的嗟叹,对看似天工造化而成的湫祠的赞颂,实以一"若"字,说它不过是群峰环抱的幽暗鬼域。本为储阴奸之所,哪有什么灵验,否定了此祈雨之举。至于韩公的讽刺笔锋,是指向德宗及其幸臣李实、李齐运,还是指向王叔文、韦执谊及八司马与柳、刘语言之泄,当是前者。按时间前后顺序排查,时德宗尚未放权,顺宗尚在东宫,亦未敢参议朝政。王叔文尚未登朝,亦无弄权。此观点《韩愈大传》里已有详述。关于文本是否错简事,王说虽有理,但中唐时均为手写卷子,不存在错简问题。此非如《山石》等游记诗,因景定章;拟似讽刺小品,其结撰乃由韩公当时因事感发,情绪所致之意识流向所定,不必以寻常为解也。

万生都阳明[②],幽暗鬼所寰[③]。嗟龙独何智,出入人鬼间[④]。不知谁为助?若执造化关[⑤]。厌处平地水,巢居插天山[⑥]。列峰若攒指,石盂仰环环[⑦]。巨灵高其捧,保此一掬悭⑧。森沈固含蓄,本以储阴奸⑨。鱼鳖蒙拥护,群嬉傲天顽⑩。翾翾栖托禽⑪,飞飞一何闲。祠堂像俨真,攫玉纤烟鬟⑫。群怪俨伺候,恩威在其颜⑬。我来日正中,悚惕思先还⑭。寄立尺寸地⑮,敢言来途艰。吁无吹毛刃,血此牛蹄殷⑯。至令乘水旱,鼓舞寡与鳏⑰。林丛镇冥冥,穷年无由删⑱。妍英杂艳实,星琐黄朱班⑲。石级皆险滑,颠跻莫牵攀⑳。尨区雏众碎,付与宿已颁㉑。弃去可奈何?吾其死茅菅㉒。

【校注】

① 题:文《详注》:"(陆长源)《辨疑志》云:'长安城南四十里有灵母谷,呼为炭谷。'退之所题即此也。《汉志》云:'凡水有龙者皆谓之湫。'音子小、即由二切。《补注》:炭谷湫在南山平地,一日风雷,移居于上。"魏本:"樊曰:按陆长源《辨疑志》云:'长安城南四十里有灵母谷,俗呼为炭谷。'宋敏求《长安志》则云:'炭谷在万年县南六十里。'又云:'澄源夫人湫庙在终南山炭谷。'公所云炭谷湫不出此。"又:"韩曰:公《南山诗》有云'因缘窥其湫'即此。公时在京师作。湫,龙居也,慈由切。"朱《考异》:"欧本云:在京兆之南,终南之下,祈雨之所也。《南山》《秋怀》诗皆见之。"顾嗣立《集注》:"按:胡渭云:公咏南山云:'拘官计日月,欲进不可又。因缘窥其湫,凝湛闷阴兽。'此为四门博士时事也。'时天晦大雪,泪目苦濛瞀',此赴阳山过蓝田时事也。'昨来逢清霁,宿愿忻始副',此江陵入至蓝田时事也。《题炭谷湫》诗,盖贞元十九年京师旱,祈雨湫祠,公往观焉,故曰'因缘窥其湫'。'因缘'谓以事行,非特游也。篇中饶有讽刺。时德宗幸臣李齐运、李实、韦执谊等与王叔文交通,乱政滋甚,故公因所见以起兴。湫龙澄源喻幸臣,鱼鳖禽鸟及群怪喻党人也。"方世举《笺注》:"按:此说是。"又顾嗣立《集注》:"《秋怀》欲矕

寒蛟,而是诗恨不血此牛蹄,刚肠疾恶,情见乎辞。刘、柳泄言,群小侧目,阳山之谪,所自来矣,上疏云乎哉?"方世举《笺注》:"此说则非。《秋怀》之蛟,乃喻王承宗。余有笺,与此迥别。"王元启《记疑》:"贞元末,王、韦之势已成,此诗公为御史时诋斥王、韦之作。《寄三学士》诗云:'或虑语言泄。'语言之泄,即指此等讥讪之诗。篇中鱼鳖群嬉,飞禽翾托,及龙区雏碎等语,皆指八司马等言之。盖贞元十九年作。此诗卒章,语意错出不伦,反覆数过,知'林丛'以下六句,乃系错简,当移置前文'飞飞一何闲'下。'林丛'字紧承禽之栖托言之。'冥冥'以下,言其地之幽暗,与篇首二语相应。'石级'句叙于祠堂之前,则下'寄立尺寸'二语,亦复有根。结处'龙区'四句,直接鼓舞寡鳏,尤为紧凑。移此六句,即前后文皆顺,无可疑矣。若于'飞飞'下突接祠堂,则'翾翾'二语,先苦单薄无依,不特后文错乱无序已也。今辄意为更定如后。"

附:王元启改之文次第:"万生都阳明,幽暗鬼所寰。嗟龙独何智,出入人鬼间。不知谁为助?若执造化关。厌处平地水,巢居插天山。列峰若攒指,石盂仰环环。巨灵高其捧,保此一掬悭。森沈固含蓄,本以储阴奸。鱼鳖蒙拥护,群嬉傲天顽。翾翾栖托禽,飞飞一何闲。林丛镇冥冥,穷年无由删。妍英杂艳实,星琐黄朱班。石级皆险滑,颠踬莫牵攀。祠堂像侔真,擢玉纤烟鬟。群怪俨伺候,恩威在其颜。我来日正中,悚惕思先还。寄立尺寸地,敢言来途艰。呀无吹毛刃,血此牛蹄殷。至令乘水旱,鼓舞寡与鳏。龙区雏众碎,付与宿已颁。弃去可奈何?吾其死茅菅。"按:可备方家酌之。钱仲联《集释》:"王说殊有理,但无版本可据改,今仍其旧。"

② 万生都阳明:生都,方成珪《笺正》:"生都,王本作'物皆',语落凡近,非韩公本色。"钱仲联《集释》:"元刊王本作'生都'。方所据者明翻王本。"

魏本:"孙曰:'万生,万物也。阳明,照明也。阳明阴晦,故曰阳明。'"文《详注》:"言万类之生聚于阳明之地。《独孤申叔哀辞》亦曰:'众万之生,谁非天邪?'"按:阳明,阳光。《汉书·孔光传》:

"光对曰:臣闻日者,众阳之宗,人君之表,至尊之象。君德衰微,阴道盛强,侵蔽阳明,则日蚀应之。"引申为光明。《文选》晋束晢《补亡诗·华黍》:"玉烛阳明,显猷翼翼。"

③ 幽暗鬼所寰:魏本:"孙曰:'寰,亦居也。'"按:寰,本指京都千里以内之地,即王畿。《穀梁传》隐公元年:"寰内诸侯,非有天子之命,不得出会诸侯。"亦指宇内,或作广大地域和宇宙。《北齐书·文宣帝纪》:"功浃寰宇,威棱海外。"此指居住。《汉语大词典》引韩诗为例。宋范成大《黄黑岭》:"谓非人所寰,居然见锄犁。"亦用"所寰"。此谓:此地幽暗,乃鬼所居之地。

④ "嗟龙"二句:魏本:"孙曰:'明晦皆居之。'"方世举《笺注》:"《左传》(昭公二十九年):'龙见于绛郊,魏献子问于蔡墨曰:虫莫智于龙,信乎?对曰:人实不智,非龙实智。'《晋书·鸠摩罗什传》:'龙者阴类,出入有时。'"按:此二句谓:龙有何智慧,而出入人鬼之间。《唐诗归》卷二九钟惺曰:"胸中无真正奇奥,吐此五字不出。"

⑤ 若执造化关:文《详注》:"言可以致水旱。"魏本注:"关,关键也。"按:造化,自然的创造化育。《庄子·大宗师》:"今一以天地为大炉,以造化为大冶。"杜甫《望岳》:"造化钟神秀,阴阳割昏晓。"

⑥ "厌处"二句:讨厌平地之水,而巢居在高山上。厌,讨厌,厌恶。《史记·主父偃传》:"诸公宾客多厌之。"巢居,方世举《笺注》:"《水经注》:'民井汲巢居。'"

插天山:魏本:"孙曰:'插天之山,高山也。'樊曰:湫本在南山平地,一日风雷,移居于上。或云公《龙移》诗'天昏地黑蛟龙移'云云,即此也。"

⑦ "列峰"二句:魏本:"孙曰:'攒指:若聚十指。攒音赞。盂:池小似盂。环环,圆貌。'"文《详注》:"《列子》(《汤问》)曰:'终北之国,有山曰壶领,山顶有口,状若圆环。'"方世举《笺注》:"环环:《列子·汤问》:'滨北海之北,其国曰终北。有山,名壶岭,状若甗甑,顶有口,状若员环,有水涌出。'古乐府《石城乐》:'环环在江津。'"

⑧ "巨灵"二句:文《详注》:"巨灵,有力之神。事见《南山

诗》。"魏本:"韩曰:薛综《西京赋》注云:'华山、首阳本一山,河神巨灵以手擘开其上。'巨灵,神之有巨力者。孙曰:匊,谓以手捧物。一匊,言小也。《诗》(《小雅·采绿》):'终朝采绿,不盈一匊。'掔,苦也,丘闲切。"方世举《笺注》:"巨灵:张衡《西京赋》:'巨灵赑屃,高掌远跖。'郭缘生《述征记》:'华山对河东首阳山,黄河流于二山之间。古语云:此本一山,当河,河水过之而曲行。河神巨灵以手擘开其上,以足蹋其下,中分为两,以通河流。'"按:掬、匊同。"掬"为"匊"之后出字。一掬掔,说巨灵两手捧起一座坚韧的大山。赵翼《瓯北诗话》卷三:"谓湫不在平地,而在山上也。"

⑨"森沈"二句:文《详注》:"森沉,水陆之物。"魏本:"孙曰:阴奸谓龙。犹《南山诗》所谓'凝湛闭阴兽'也。"廖本注:"鲍明远诗(《过铜山掘黄精》):'铜溪昼森沉。'"方世举《笺注》:"《水经注》:'寒水被潭,森沈骇观。'阴奸:王云:谓龙也。犹《南山》诗所谓'凝湛闭阴兽'也。"

⑩"鱼鳖"二句:文《详注》:"《逸史》云:'湫有青莲,乃上仙灵药谷神之女主守护之。一日,有仙女自空而降于水滨,以金槌叩玉版数下,莲即涌出,擘而食之,乘云而去。常人不可窃食,食即困惫。又渔者或于湫捕鱼,须投一帖子,必随斤两,方得。'此即'蒙拥护'也。《羽猎赋》曰:'群嬉乎其中。'"方世举《笺注》:"王褒《洞箫赋》:'春禽群嬉,翱翔乎其颠。'"

天顽:王元启《记疑》:"依义当作'妖顽'。诸本皆作'天顽',盖因'妖'误'夭',后更误'夭'为'天'尔。今改正。"宋白文本、文本、祝本、魏本、廖本、王本均作"天顽"。王说有理,然无出证据。

按:"天顽",意费解。妖顽,当作"妖玩",作嬉戏解。玩,同顽。《宋诗钞》陈造《江湖长翁集·田家谣》:"小妇初嫁当少宽,令伴阿姑顽过日。"自注:"房(陵)谓嬉为顽。"妖玩,或指好女子。《楚辞·招魂》:"郑卫妖玩,来杂陈些。"或作怪异的玩好。晋王嘉《拾遗记·蜀》:"河南献玉人……后常欲琢毁坏之,乃诫先主曰:'昔子罕不以玉为宝,《春秋》美之;今吴魏未灭,安以妖玩经怀?'"因无版本为据,仍其旧;然作"夭顽",善。

⑪ 翾(xuān 许缘切,平,仙韵)翾:小飞貌,或初飞起的样子。《韩诗外传》卷九:"夫凤凰之初起也,翾翾十步,藩篱之雀,喔咿而笑之。"《文选》卷一八潘岳《笙赋》:"如鸟斯企,翾翾岐岐。"李善注:"翾翾、岐岐:飞行貌。"方世举《笺注》:"翾翾:《法言》:'朱鸟翾翾。'《广韵》:'小飞貌。'"

⑫ "祠堂"二句:侔真,同真的一样。侔(móu 莫浮切,平,尤韵),相等。《墨子·小取》:"侔也者,比辞而俱行也。"注:"谓辞义齐等,比而同之。"《韩非子·五蠹》:"超五帝,侔三王者,必此法也。"《庄子·外物》:"海水震荡,声侔鬼神。"此指祠堂的神像和真的一样。

纤烟鬟:魏本注:"鬟,髻也。"文《详注》:"此即灵母之像。纤,绕也。鬟,髻也,音户关切。"蒋之翘《辑注》:"杨慎曰:奇语也。"

⑬ "群怪"二句:爱新觉罗·弘历《唐宋诗醇》卷三〇:"《(新)唐书·王叔文传》:'顺宗不能听政,深居施幄坐,以牛昭容、宦人李忠言侍侧,群臣奏事,从帷中可其奏。大抵叔文因伾,伾因忠言,忠言因昭容,更相依仗。'又《王伾传》:'叔文入止翰林,而伾至柿林院,见牛昭容等。'此诗'擢玉纤烟鬟'云云,盖借澄源以喻昭容也。"钱仲联《集释》:"此诗作于贞元十九年,时伾、文之党已成,故有所指斥。然其时顺宗尚未即位,《诗醇》以此数句为指牛昭容,未免言之过早。"

群怪:谓祠中众神像也。此谓:众神像俨然而侍立于左右,恩威在澄源夫人的喜怒之间。陈沆《诗比兴笺》卷四:"执造化之关,司恩威之柄,喻窃权也。"

⑭ 悚:文本作"怵",注:"一作'悚'。"诸本作"悚",怵同悚,音义均同。

⑮ 尺寸地:屈《校注》:"《孟子·告子上》:'无尺寸之肤不爱焉,则无尺寸之肤不养也。'《国语·周语下》:'不过步武尺寸之间。'《战国策·燕策一》:'又无尺寸之功。'"尺寸地,言小也,指地

位鄙下。按：尺寸皆微量，引申为微小。《国语·周下》："夫目之察度也，不过步武尺寸之间。"

⑯"吁无"二句：文《详注》："言欲诛锄淫祀也。古有吹毛之剑，言其利也。殷，赤黑色，音乌闲切。《左传》（成公二年）曰：'左轮朱殷。'《淮南子》曰：'牛蹄之涔，不生鳣鲔。'"魏本："孙曰：吹毛，良剑也。牛蹄，蹄涔，小水也。言我岂无吹毛之剑，血此牛蹄水令殷乎？言欲杀此龙也。殷，赤黑色。《左传》：'左轮朱殷。'注：'血深也。'殷，乌闲切。"廖本注："少陵诗：'匣里雄雌剑，吹毛任选将。'又（《喜闻官军已临贼境二十韵》）：'[锋先衣染血，]突骑剑吹毛。'鲁季钦引《吴越春秋》：'干将之剑，能决吹毛游尘。'"方世举《笺注》："牛蹄殷：《淮南·淑真训》：'牛蹄之涔，无尺之鲤。'《左传》：'左轮朱殷。'杜预曰：'今人谓赤黑色为殷色。'孙云：'言我岂无吹毛之剑，血此牛蹄之涔之水令殷乎？言欲杀此龙也。'"

按：今存《吴越春秋》本无此语。《说苑·善说》："庄周贫者，往贷粟于魏文侯，文侯曰：'待吾邑粟之来而献之。'周曰：'乃今者周之来，见道傍牛蹄中有鲋鱼焉，大息谓周曰：我尚可活也。周曰：须我为汝南见楚王，决江淮以溉汝？鲋鱼曰：今我命在盆瓮之中耳，乃为我见楚王，决江淮以溉我，汝即求我枯鱼之肆矣。今周以贫故来贷粟，而曰：须我邑粟来也而赐臣，即来，亦求臣佣肆矣。'文侯于是乃发粟百钟，送之庄周之室。"《艺文类聚》卷三五，三国魏应璩《与韦仲将书》："方今体寒心饥，忧在旦夕，而欲东希诛昌治生之物，西望陕县厨食之禄，诚恐将为牛蹄中鱼，卒鲍氏之肆矣。"《淮南子·氾论训》："夫牛蹄之涔，不能生鳣鲔。"韩诗反用其意。晋郭璞《游仙诗》："东海犹蹄涔，昆仑若蚁堆。"钱仲联《集释》："赵翼曰：'二句谓时俗祭赛此湫龙神，而己未具牲牢也。'今按之下二句诗意，赵说非是。"钱说有理。

⑰令：文本作"今"，方世举从"今"。诸本作"令"，钱仲联作"令"，从之。

鼓舞：魏本："孙曰：鼓舞，谓所祷也。《周礼》（《春官·宗伯·

女巫》):'(若)国大旱,则帅巫而舞雩。'是水旱之际,有鼓舞也。《孟子》(《梁惠王下》):'老而无妻曰鳏,老而无夫曰寡。'"按:《周礼·春官·宗伯·女巫》:"掌岁时祓除衅浴,旱暵则舞雩。"

⑱"林丛"二句:魏本注:"丛,草丛生貌。冥冥,幽黑也。"按:镇,常也。《唐诗纪事》卷四褚亮《烛花》诗:"莫言春稍晚,自有镇开花。"穷年,终年。杜甫《自京赴奉先县咏怀五百字》:"穷年忧黎元,叹息肠内热。"

⑲"妍英"二句:方《举正》:"妍从石,琐从金,皆非。"朱《考异》:"妍,或作'研'。琐,或作'锁'。"琐,文本作"璅"。琐、璅,音义均同。诸本均作"妍""琐",从之。

魏本注:"英,花也。'妍'作'研'者非。孙曰:'黄朱班,谓黄朱相杂。班,文也。琐,小也。'"文《详注》:"《楚辞》(屈原《离骚》)云:'欲少留此灵琐[,今日忽忽其将暮]。'注云:'琐,门镂也,音子道切。'"

⑳"石级"二句:石级,石阶。魏本注:"石级,石磴也。"颠,头顶,即物体之顶部。《诗·秦风·车邻》:"有马白颠。"陶潜《归园田居》:"狗吠深巷中,鸡鸣桑树颠。"又作跌倒解。柳宗元《逐毕方文》:"民气不舒兮,僵踣颠颓。"跻(jī祖稽切,平,齐韵;子计切,去,霁韵),升、登。《易·震》:"跻于九陵。"孔疏:"跻,升也。"《诗·豳风·七月》:"跻彼公堂。"笺:"跻,子兮反,升也。"《诗·商颂·长发》:"汤降不迟,圣敬日跻。"疏:"汤之下士尊贤甚疾,而不迟也。其圣明恭敬之德,日升而不退也。"韩公《听颖师弹琴》:"跻攀分寸不可上,失势一落千丈强。"又《顺宗实录五》:"皇帝天资仁孝,日跻圣敬。"又作跌到,下坠解。魏本:"孙曰:《书》(《微子》):'今尔无指,告予颠跻。'注云:'颠,陨。跻,坠也。'"又《正义》曰:"言殷将陨坠,欲留我救之。颠谓从上而陨,跻谓坠于沟壑,皆灭亡之意也。昭十三年《左传》曰:'小人老而无子,知跻于沟壑矣。'"《史记·宋微子世家》:"今女无故告予,颠跻,如之何其?"裴骃《集解》引马融曰:"跻,犹坠也。"从此句"莫牵攀"三字义分析,颠作陨,跻作坠解

为得公诗义。

㉑"尨区"二句：尨，文本、祝本、魏本、廖本作"龙"。宋白文本、王本作"尨"。今从"尨"。

王元启《记疑》："尨，杂也。雏众碎，谓当时侥幸欲速之徒，依附叔文，多至不可胜数，不异毛群之团聚，公故直以尨区目之。《顺宗实录》所谓'交游踪迹，诡秘莫有知其端者。'即此众碎是也。"又曰："颁，亦与也。言其乘水旱，鼓鳏寡，得享一时血食，亦若天与之也。旧注训颁为大，殊谬。"按：王谓旧注者，乃魏本注："颁，大也。"王谓颁亦与也，近是。颁可作大解，音符分切（fén），平声，文韵。《诗·小雅·鱼藻》："鱼在在藻，有颁其首。"形容鱼头大。又布还切（bān），平声，删韵。作发下、分赏解。《周礼·春官·大史》："正岁年以序事，颁之于官府及都鄙。"《书·洛诰》："乃惟孺子，颁朕不暇。"传："汝为小子，当分取我之不暇而行之。"则义与给予之义同。然谓"尨区雏众"为王叔文党，不妥。时在贞元十九年夏秋，顺宗未即位，王叔文未掌权也。大抵仍是以山喻人，讥刺君臣与众庶求雨于无知之神也。

㉒"弃去"二句：王元启《记疑》："自恨不能击斩此妖，第可伏处待尽而已。"魏本："茅菅，草名。韩曰：《诗》（《小雅·白华》）：'露彼菅茅。'菅音奸。"陈沆《诗比兴笺》卷四："甘死茅菅，不求神福。"

【汇评】

明钟惺：艰奥而带灵气。（《唐诗归》卷二九）

清朱彝尊：细玩若有所比。（顾嗣立《昌黎先生诗集注》卷五）

清何焯：此诗全是托讽，造语亦奇警。（同上）

清顾嗣立：按：胡渭云："公咏南山云：'拘官计日月，欲进不可又。因缘窥其湫，凝湛阔阴兽。'此为四门博士时事也。'时天晦大雪，泪目苦濛瞀'，此赴阳山过蓝田时事也。'昨来逢清霁，宿愿忻始副'，此江陵入至蓝田时事也。《题炭谷湫》诗，盖贞元十九年京师旱，祈雨湫祠，公往观焉，故曰：'因缘窥其湫。''因缘'谓以事行，非特游也。篇中饶有讽刺。时德宗幸臣李齐运、李实、韦执谊等与王叔文交通，乱政滋甚，故公因所见以起兴。湫龙澄源喻幸臣，鱼鳖禽鸟及群怪喻党人也。"（方世举《笺注》按："此说是。"）又云："《秋怀》欲罾寒蛟，而是诗恨不血此牛蹄，刚肠疾恶，情见乎词。刘、柳泄言，群小侧目，阳山之谪，所自来矣，上疏云乎哉？"（同上）

清方世举：（转录顾文）此说则非。《秋怀》之蛟，乃喻王承宗。余有笺，与此迥别。（《韩昌黎诗集编年笺注》卷二）

清爱新觉罗·弘历：感时托讽，不觉义形于色。《秋怀》已发其端，此更淋漓尽致。（《唐宋诗醇》卷三〇）

清陈沆：胡渭云："公咏南山云：'拘官计日月，欲进不可又。因缘窥其湫，澄湛闷阴兽。'此为四门博士时作也。盖贞元十九年，京师旱，祈雨湫祠，公往观焉。炭谷之诗，作其时也。时德宗幸臣李实、李齐运、韦执谊等与叔文交通乱政，公深疾之，因事托刺，幽暗阴森，神奸托处，以喻权幸。鱼鳖禽鸟，群怪伺候，谓党人也。执造化之关，司恩威之柄，喻窃权也。《秋怀》欲罾蛟，而是诗恨不血此牛蹄。甘死茅菅，不求神福，刚肠疾恶，情见乎词。刘、柳泄言，群小侧目，阳山之贬，所自来矣。"（《诗比兴笺》卷四）

清曾国藩：《题炭谷湫祠堂》："吁无吹毛刃，血此牛蹄殷。"国藩按：退之刚正傲岸，不信神道。如《衡山》诗则曰："神纵欲福难为功。"《记梦》诗则曰："乃知神人未贤圣。"此诗则曰："血此牛蹄殷。"皆凛凛有生气。（《求阙斋读书录》卷八）

听颖师弹琴①
元和七年

从李贺《听颖师弹琴歌》"凉馆闻弦惊病客，药囊暂别龙须席。请歌直请卿相歌，奉礼官卑复何益"分析，是李贺已任奉礼郎且病期间，时在元和七八年之间。韩诗亦当写于同时。中唐以来，诗坛留下了不少写音乐的名诗,如白居易的《琵琶行》、李贺的《李凭箜篌引》。写琴声最佳者当推这首韩诗。诗以奇特的想象,写出了韩愈对琴音的美好感受,以他素有的音乐修养,通过一系列的比喻,将琴音的娓娓动听,声音的高低回转,旋律的缓急变化,指法的抑弹拨挑用艺术的语言形象真实地再现给读者,使读者和诗人一样有强烈的美感,达到共鸣。以起四句看,写琴声忽而弱骨柔情、销魂欲绝;忽而舞爪张牙、变态百出、可骇可愕。特别是"跻攀"二句,写琴音升降,为千古诗文写音声的妙语。然所写是琴声,还是琵琶声,因接受者的乐感不同,史有争论。

昵昵儿女语②,恩怨相尔汝③。划然变轩昂④,勇士赴敌场⑤。浮云柳絮无根蒂⑥,天地阔远随飞扬⑦。喧啾百鸟群⑧,忽见孤凤凰⑨。跻攀分寸不可上⑩,失势一落千丈强⑪。嗟余有两耳⑫,未省听丝篁⑬。自闻颖师弹,起坐在一旁⑭。推手遽止之⑮,湿衣泪滂滂⑯。颖乎尔诚能⑰,无以冰炭置我肠⑱。

【校注】

① 题:颖,文本、祝本、魏本作"颖"。宋白文本、廖本、王本作"颍"。朱《考异》:"颖师若是道士,则颖字是姓,当从水;是僧,则颖字是名,当从禾。"按:从李贺《听颖师弹琴歌》"竺僧前立当吾门,梵宫真相眉棱尊"看,颖师乃来自天竺的僧人,当从禾。

颖师:不详。方《举正》:"杭作'颖乎',蜀作'颖师'。李贺亦有《听颖师琴歌》,盖颖时以琴游于公卿间。"善古琴,喜诗,元和间,尝游于长安等地公卿与名人间。关于诗的写作时间,方《诗文年谱》曰:"方扶南(世举)云:李贺有《听颖师弹琴歌》云云。盖颖师以琴于长安诸公而求诗也。贺官终奉礼,殁于元和十一年,特盖已病,而公亦当被谗左降,有'湿衣泪滂'之语。"钱仲联《集释》、屈《校注》均系元和十一年(816)。从李贺诗与李贺之经历,则当在元和七八年间,在长安。韩诗亦写于此时,公由职方员外郎左降为国子博士。若元和十一年,李贺在潞州为幕僚,或病归河南昌谷,不可能有"凉馆闻弦惊病客""奉礼官卑复何益"之说。"凉馆闻弦"者当在秋冬。与李贺《春归昌谷》诗云"旱云二三月""发轫东门外"对析,李贺元和八年(813)二三月已归昌谷。韩诗写于元和七年(812)秋冬可能性最大。

蔡絛《西清诗话》卷上:"三吴僧义海,朱文济孙,以琴世其业,声满天下。欧阳文忠公尝问东坡:'琴诗孰优?'坡答以退之《听颖师琴》。曰:'此只是听琵琶耳。'以问海,曰:欧阳公一代英伟,何斯人而斯误也。'昵昵儿女语,恩怨相尔汝',言轻柔细屑,真情出见也。'划然变轩昂,勇士赴敌场',精神余溢,竦观听也。'浮云柳絮无根蒂,天地阔远随飞扬',纵横变态,浩乎不失自然也。'喧啾百鸟群,忽见孤凤凰',又见颖孤绝不同流俗下俚声也。'跻攀分寸不可上,失势一落千丈强',起伏抑扬,不主故常也。皆指下丝声妙处,惟琴为然。琵琶格上声,乌能尔邪?退之深得其趣,未易讥评也。"

苏轼《苏轼文集》卷七一《欧阳公论琴诗》:"'昵昵儿女语,恩怨相尔汝。划然变轩昂,勇士赴敌场。'此退之《听颖师琴》诗也。欧阳文忠公尝问仆:'琴诗何者最佳?'余以此答之。公言此诗固奇丽,然自是听琵琶诗,非琴诗。余退而作《听杭僧惟贤琴》诗云:'大弦春温和且平,小弦廉折亮以清。平生未识宫与角,但闻牛鸣盎中雉登木。门前剥啄谁叩门,山僧未闲君勿嗔。归家且觅千斛水,净洗从前筝笛耳。'诗成欲寄公,而公薨,至今以为恨。"

何焯《义门读书记》卷三〇:"按:必非欧公语。又吴僧义海并洪庆善云云。按:义海之云,固为肤受;洪氏所载,则此数声者凡琴工皆能。昌黎何至闻所不闻哉?'失势一落千丈强',与琴声尤不肖,真妄论也。己卯十一月,留清苑行台,听李世得弹琴,出此诗共评,记所得于世得者如此。余不知琴,请世得为余作此数声,求以诗意,乃深信或者之妄,唐贤诗不易读也。后又与世得读冯定远《赠单曾传》诗,有'他人一半是筝声'之句。世得云:'此老亦不知琴法,从册子得此语耳。琴中固备有筝琵之声,但不流宕,非古乐真可诬也。'并记之。"顾嗣立《集注》与何焯批语同。

许𫖮《彦周诗话》云:"韩退之《听颖师弹琴》诗云'浮云柳絮无根蒂,天地阔远随飞扬',此泛声也,谓轻非丝,重非木也;'喧啾百鸟群,忽见孤凤凰',泛声中寄指声也;'跻攀分寸不可上',吟绎声也;'失势一落千丈强',顺下声。仆不晓琴,闻之善琴者云,此数声最难工。自文忠公与东坡论此诗,作《听琵琶》诗之后,后生随例云云。柳下惠则可,我则不可。故特论之,少为退之雪冤。"

方世举《笺注》:"嵇康《琴赋》中已具此数声,其曰'或怨𡠊而踌躇',非'昵昵儿女语'乎?'时劫掎以慷慨',非'勇士赴敌场'乎?'忽飘飘以轻迈,若众葩敷荣曜春风',非'浮云柳絮无根蒂'乎?'嘤若离鹍鸣清池,翼若游鸿翔曾崖,又若鸾凤和鸣戏云中',非'喧啾百鸟群,忽见孤凤皇'乎?'参禅[谭]繁促,复叠攒仄,拊嗟累赞,间不容息',非'跻攀分寸不可上'乎?'或乘险投会,邀隙趋危,或搂揽抴捎,缥缭潎洌',非'失势一落千丈强'乎?公非袭《琴赋》,而会心于琴理则有合也。《国史补》(卷下)云:'于頔司空尝令客弹琴,其嫂知音,听于帘下,曰:三分中一分筝声,二分琵琶声,绝无琴韵。'则琴声诚或有似琵琶者,但不可以论此诗。"

按:谓韩公诗所写琴声,是。由李贺诗"古琴大轸长八尺"可证,琵琶无此长轸。

② 昵昵:朱《考异》:"昵昵,或作'妮妮',或作'呢呢'。"文本作"呢呢"。宋白文本、祝本、魏本、廖本作"昵昵",从之。

魏本:"祝曰:《玉篇》:'呢喃,小声多言也,音尼,又呢质切。'"屈《校注》:"文本作'呢呢'。似文本作'呢呢'为是。《玉篇》卷五《口部》:'呢喊,二同女知切。呢喃小声多言也。'呢呢当即呢喊。《世说新语·言语》:'弥衡被魏武谪为鼓吏。'注引《文士传》:'少与孔融作尔汝之交。'《世说新语·排调》:'晋武帝问孙皓:闻南人好作《尔汝歌》,颇能为不?'皓正饮酒,因举觞劝帝而言曰:'昔与汝为邻,今与汝为臣。上汝一杯酒,令汝寿万春。'帝悔之。"王懋竑《读书记疑》卷一六:"昵,同'暱',无他音。疑当作'呢',音尼。或作'妮',亦音尼,'妮'字《广韵》不载。"童《校诠》:"第德案:说文:暱,日近也从日匿声,春秋传曰:私降暱燕,昵,暱或从尼,按:今左氏昭二十五年传作昵宴,燕、宴古通用。书高宗肜日:典祀无丰于昵,释文:昵,女乙反,尸子云:不避远昵,昵,近也,又乃礼反。正义:释诂云:即尼也,孙炎曰:即犹今也,尼者,近也,郭璞引尸子曰:悦尼而来远,是尼为近也,尼与昵音义同。按:今尔雅即今也二语亦为郭注,非孙炎语,疑孔氏所见本与今本不同,或为误记。王谓昵无他音,未谛。呢、妮说文不收,皆后出字。呢质切,呢当作尼。"按:《说文·日部》有暱字,云:"暱,日近也,从日,匿声。《春秋传》曰:'私降暱燕。'昵,暱或从尼。"按:童引与段注略同。则作"昵"字是。

昵昵:《辞源》《汉语大词典》均以韩诗为例,作亲切、亲密解。韩公先用,后世多沿用。宋辛弃疾《临江仙》词:"逗晓莺啼声昵昵,掩关高树冥冥。"《金史·习不失传》:"习不失闻其私语昵昵,若将执己者,一跃下楼,傍出藩篱之外,弃马而归。"

③ 尔汝:你我,犹古语中"卿卿我我"。以此作《尔汝歌》,见《世说新语·排调》,引文见上。文《详注》:"《殷芸小说》云:祢正平年未及冠,而孔文举已逾五十,相与为尔汝交。"按:《尔汝歌》为古代江南一带民间流行的情歌,歌词每句用尔或汝,表示彼此亲昵的关系,此诗取其义。此二句以青年男女谈情说爱时的窃窃私语形容婉转低回的琴声。

④ 划然:猛然间。魏本:"孙曰:'划截之声激烈也。'"《辞源》引韩诗为例。杜甫《苦雨奉寄陇西公兼呈王征士》:"划见公子面,超然欢笑同。"《全唐诗》卷二〇四鲁收《怀素上人草书歌》:"划然放纵惊云涛,或时顿挫紫毫发。"轩昂,高昂激越。韩公《卢郎中云夫寄示送盘谷子诗两章歌以和之》:"开缄忽睹送归作,字向纸上皆轩昂。"

⑤ 敌场:战场。此二句写琴声由低回婉转猛然变得激越高昂,像万千勇士杀入敌阵一样。蒋之翘《辑注》:"只起四语耳,忽而弱骨柔情,销魂欲绝,忽而舞爪张牙,可骇可愕。其变态百出如

此。"高步瀛《唐宋诗举要》卷二:"吴曰:无端而来,无端而止,章法奇诡极矣。"

⑥ 根蒂:犹根柢,草木的根。根、柢二字义同。《史记·邹阳传》上书:"蟠木根柢,轮囷离诡。"《三国志·蜀·蒋琬传》上疏:"今魏跨带九州,根蒂滋蔓,平除未易。"亦引申为事物发展的根本。陶潜《杂诗》十二首之一:"人生无根蒂,飘如陌上尘。"

⑦ 阔远:宽阔旷远。此谓写琴声悠扬轻盈,像浮云柳絮在广阔无边的蓝天上悠悠荡荡一样。

⑧ 喧啾:群鸟杂乱喧噪的叫声。

⑨ 孤凤凰:单凤独鸣,叫声和谐动听。此二句写琴声一会儿像百鸟喧噪,一会儿如凤凰和鸣。

⑩ 跻(jī 祖稽、子计二切,平或去,齐或霁韵)攀:指音阶步步高升,升到琴弦音阶的最高处,再不可升高了。杜甫《白水县崔少府十九翁高斋三十韵》:"清晨陪跻攀,傲睨俯峭壁。"《辞源》亦以韩诗为例。

⑪ 失势:失去跻攀到顶的态势。千丈强,比一千丈还多。廖本:"古《木兰诗》:'赐物百千强。'少陵诗(《四松》):'四松初栽时,大抵三尺强。'算家以有余为强。"按:此二句谓琴声升到最高处后陡然下落到最低处。查慎行《查初白诗评十二种》:"一连六句,每两句各自一意,是赞弹琴手,不是赞琴。琴之妙固不待赞也,所以下文直接云'自闻颖师弹'。"陈善《扪虱新话》上集卷一:"予因学琴遂得为文之法,文章妙处在能掩抑顿挫,令人读之亹亹忘倦。韩退之《听颖师弹琴》诗曰:'昵昵儿女语……失势一落千丈强。'此顿挫法也。"爱新觉罗·弘历《唐宋诗醇》:"'跻攀'二语,千古诗文妙诀。"高步瀛《唐宋诗举要》卷二:"吴曰:极顿挫抑扬之致,盖即以自喻其文章之妙也。"童《校诠》:"洪氏亦曰:跻攀分付不可上,吟绎声也,失势一落千丈强,历声也。德案:付当作寸,历,许颛彦周诗话作顺下。"

⑫ 嗟:感叹词,表示赞叹。《文选》曹植《洛神赋》:"嗟佳人之

信修,羌习礼而明诗。"余,诗人自称。

⑬ 省(xǐng):懂得。丝篁,"篁"字文本作"簧",指乐器中发声的薄片。《诗·小雅·鹿鸣》:"吹笙鼓簧,承筐是将。"亦代指笙乐器。《诗·王风·君子阳阳》:"左执簧,右招我由房。"篁,则可代指所有的竹制乐器。听丝篁,听琴声。丝指弦乐器,篁指管乐器,此指颖师之琴音。

丝篁:魏本注:"丝篁,丝竹也。"刘勰《文心雕龙·乐府》:"志感丝篁,气变金石。"《全唐诗》卷三八九卢仝《将归山招冰僧》:"月轮下射空洞响,丝篁成韵风萧萧。"此二句谓:叹惜自己白白长着两只耳朵,一向不懂得欣赏音乐。

⑭ 起坐:一词互动,即起来坐下,坐下起来。形容听颖师弹琴激动得不自觉地时站时坐。

一旁:方《举正》据阁本订"旁"字,云:"宋、谢校。杭、蜀作'床'。"朱《考异》:"旁,或作'傍',或作'床'。"南宋监本原文作"床"。宋白文本、廖本、王本作"旁",注:"一作'床'。"文本、潮本、浙本、祝本、魏本作"床"。魏本注:"一作'傍'。"当作"旁"。可惜一些学者为求奇意,乱改字。按:一旁,即旁边。

⑮ 推手:琴师结束弹琴时的手势。遽,急速,戛然。此句谓:手一挥而琴声戛然而止,真利落也。

⑯ 湿衣泪滂滂:方世举《笺注》:"泪滂滂:张协《七命》:'抚促柱则酸鼻,挥危弦则涕流。'按《世说》:'王国宝构谢太傅于武帝,太傅患之。帝召桓子野饮,太傅在坐,桓抚筝而歌曹子建《怨诗》,声节慷慨,俯仰可观,太傅泣下沾襟。'是时公方降左[右]庶子也。"滂滂,水流貌,此指泪流如雨之泻,故谓湿衣。《全唐诗》卷三八七卢仝《月蚀诗》:"天狗下舐地,血流何滂滂。"又卷二六九耿㵁《客行赠人》:"欲下今朝泪,知君已湿衣。"

⑰ 颖乎尔诚能:方《举正》订"颖乎"二字,云:"杭作'颖乎',蜀作'颖师'。"朱《考异》:"乎,或作'师'。"魏本作"颖乎",云:"一作'颖师',一本又作'颖乎颖乎尔诚能'。"高步瀛《唐宋诗举要》卷二:

"吴曰:再顿一笔。"

⑱ 无以冰炭置我肠:魏本:"孙曰:'冰炭言弹琴工拙之异。'韩曰:'当是琴操必有感于公者,故听终而悲焉。'"廖本:"郭象《庄子》(《人间世》)注:'喜惧战于胸中,固已结冰炭于五藏矣。'"方世举《笺注》:"公亦当被谗左降,故有'湿衣泪滂滂'之语也。"又云:"东方朔《七谏》:'冰炭不可以相并兮。'"童《校诠》:"第德案:韩说是,冰炭谓胸中有所感触,方氏已说明为被谗事,非谓琴之工拙。方引东方朔七谏冰炭字,先于廖氏,淮南子说山训:莫相爱于冰炭,又先东方氏。廖所引庄子郭注,见人间世篇,于公此诗为切。陶渊明杂诗:孰若当世士,冰炭满怀抱,白乐天读道经诗:只有一身宜爱护,少教冰炭逼心神,皆用冰炭字。"按:冰炭:水凝为冰,谓寒;炭可着火,谓热。此为颖师琴声所感,一会冷得像抱冰,一会热得如火烧。《庄子·人间世》:"事若成,则必有阴阳之患。"郭象注:"人患虽去,然喜惧战于胸中,固已结冰炭于五藏(脏)矣。"置我肠,置于腹中。此句正话反说:不要把冰炭放在我腹中,我心魂振荡,忽喜忽悲,已经受不了啦!

【汇评】

宋苏轼:《欧阳公论琴诗》:"'昵昵儿女语,恩怨相尔汝。划然变轩昂,勇士赴敌场。'此退之《听颖师琴》诗也。欧阳文忠公尝问仆:'琴诗何者最佳?'余以此答之。公言此诗固奇丽,然自是听琵琶诗,非琴诗。余退而作《听杭僧惟贤琴》诗云:'大弦春温和且平,小弦廉折亮以清。平生未识宫与角,但闻牛鸣盎中雉登木。门前剥啄谁叩门,山僧未闲君勿嗔。归家且觅千斛水,净洗从前筝笛耳。'诗成欲寄公,而公薨,至今以为恨。"(《苏轼文集》卷七一)

宋许顗:韩退之《听颖师弹琴》诗云"浮云柳絮无根蒂,天地阔远随飞扬",此泛声也,谓轻非丝,重非木也;"喧啾百鸟群,忽见孤凤凰",泛声中寄指声也;"跻攀分寸不可上",吟绎声也;"失势一落千丈强",顺下声也。仆不晓琴,闻之善琴者云,此数声最难工。自

文忠公与东坡论此诗,作《听琵琶》诗之后,后生随例云云。柳下惠则可,我则不可。故特论之,少为退之雪冤。(《彦周诗话》)

宋蔡絛:三吴僧义海,朱文济孙,以琴世其业,声满天下。欧阳文忠公尝问东坡:"琴诗孰优?"坡答以退之《听颖师琴》。曰:"此只是听琵琶耳。"或以问海,曰:"欧阳公一代英伟,何斯人而斯误矣。'昵昵儿女语,恩怨相尔汝',言轻柔细屑,真情出见也。'划然变轩昂,勇士赴敌场',精神余溢,竦观听也。'浮云柳絮无根蒂,天地阔远随飞扬',纵横变态,浩乎不失自然也。'喧啾百鸟群,忽见孤凤凰',又见颖孤绝不同流俗下俚声也。'跻攀分寸不可上,失势一落千丈强',起伏抑扬,不主故常也。皆指下丝声妙处,惟琴为然。琵琶格上声,乌能尔邪?退之深得其趣,未易讥评也。"东坡后有《听惟贤师琴诗》:"大弦春温和且平,小弦廉折亮以清。平生不识宫与角,但闻牛鸣盎中雉登木。门前剥啄谁扣门,山僧未闲君勿瞋。归家且觅千斛水,洗净从来筝笛耳。"诗成,欲寄欧公而公亡,每以为恨。客复问海,海曰:"东坡词气倒山倾海,然亦未知琴。'春温和且平''廉折亮以清',丝声皆然,何独琴也。又特言大小琴声,不及'指下'之韵。'牛鸣盎中雉登木',概言宫角耳。八音宫角皆然,何独丝也。"闻者以海为知言。余尝考今昔琴谱,谓宫者非宫,角者非角,又五调迭犯,特宫声为多,与五音之正者异,此又坡所未知也。(《西清诗话》卷上)

宋胡仔:苕溪渔隐曰:"古今听琴、阮、琵琶、筝、瑟诸诗,皆欲写其音声节奏,类以景物故实状之,大率一律,初无中的句,互可移用。是岂真知音者。但其造语藻丽,为可喜耳。'昵昵儿女语,恩怨相尔汝。划然变轩昂,勇士赴敌场。浮云柳絮无根蒂,天地阔远随飞扬。喧啾百鸟群,忽见孤凤凰。跻攀分寸不可上,失势一落千丈强。'此退之听琴诗也。'孤禽晓警秋野露,空涧夜落春岩泉',又'经纬文章合,调和雌雄鸣。飒飒骤风雨,隆隆隐雷霆。无射变凛冽,黄钟催发生。咏歌文王《雅》,怨刺《离骚经》。二《典》意澹薄,三《盘》语丁宁',此永叔听琴诗也。'大弦春温和且平,小弦廉折亮以清。平生未识宫与角,但闻牛鸣盎中雉登木。门前剥啄谁扣门,山僧未闲君勿嗔',此子瞻听琴诗也……永叔、子瞻谓退之听琴诗,乃是听琵琶诗。僧义海谓子瞻听琴诗,丝声八音宫角皆然,何独琴也。互相讥评,终无确论。如玉溪生《锦瑟》诗云:'庄生晓梦迷蝴蝶,望帝春心托杜鹃。沧海月明珠有泪,蓝田日暖玉生烟。'此亦是以景物故实状之,若移作听琴、阮等诗,谁谓不可乎?"(《苕溪渔隐丛话》前集卷一六韩吏部)

宋胡仔:苕溪渔隐曰:"东坡尝因章质夫家善琵琶者,乞歌词,取退之《听颖师琴》诗,稍加檃括,使就声律,为《水调歌头》以遗之。其自序云:'欧公谓退之此诗最奇丽,然非听琴,乃听琵琶耳。余深然之。'旧都野人乃谓'此词自外取意,无一字染着'。彼盖不曾读退之诗,妄为此言也。又谓'居士之文采窃处,取白乐天《琵琶行》意'。此尤可绝倒也。"(《苕溪渔隐丛话》后集卷一○韩退之)

宋吴曾:《僧义海评韩文公苏东坡琴诗》:蔡絛《西清诗话》谓:"三吴僧义海以琴名。世谓欧阳文忠公问东坡:'琴诗孰优?'坡答以退之《听颖公琴》,曰:'此只是听琵琶尔。'或以问海,海曰:欧阳公一代英伟,何斯人而斯误也?'昵昵儿女语,恩怨相尔汝。'言轻柔细屑,真情出见也……退之深得其趣,未易讥评也。"以上皆《西清诗话》。余谓义海以数声非琵琶所及,是矣。而谓真知琴趣,则非也。昔晁无咎谓尝见善琴者云"'浮云柳絮无根蒂,天地阔远随飞扬'为泛声。轻非丝、重非木也。'喧啾百鸟群,忽见孤凤凰',为泛声中寄指声。'跻攀分寸不可上',为吟绎声也。'失势一落千丈强',为历声也。数声琴中最难工。"洪庆善亦尝引用,而未知出于晁。是岂义海所知,况西清邪!(《能改斋漫录》卷五)

宋楼钥:《谢文思许尚之石函广陵散谱》:叔夜千载人,生也当晋魏。君卑臣浸强,骎骎司马氏。幽愤无所泄,舒写向桐梓。慢商与宫同,惨痛声足备。规模既弘阔,音节分巨细。拨剌洎全扶,他曲安有是。昌黎赠颖师,必为此曲制。昵昵变轩昂,悲壮见英气。形容泛丝声,云絮无根蒂。孤凤出喧啾,或失千丈势。谓此琵琶诗,欧苏俱过矣。余生无他好,嗜此如嗜芰。清弹五十年,良夜或无寐……韩文公《听颖师弹琴》诗,几为古今绝唱。前十句形容曲尽,是必为《广陵散》而作,他曲不足以当。此欧公以为《琵琶诗》,而苏公遂隐括为《琵琶词》。二公皆天人,何敢轻议,然俱非深于琴者也。丁卯夏秋间,尝有一词谩录呈,所谓激烈至流涕者也。(《攻愧集》卷五)

宋王楙:《退之琴诗》:退之《听琴诗》曰:"昵昵儿女语,恩怨相尔汝。划然变轩昂,勇士赴敌场。"此意出于阮瑀《筝赋》:"不疾不徐,迟速合度,君子之衢也;慷慨磊落,卓砾盘纡,壮士之节也。"阮瑀此意又出于王褒《洞箫赋》,褒曰:"澎濞沆瀣,一何壮士;优柔温润,又似君子。"(《野客丛书》卷二七)

宋黄震:《听颖师琴》有曰"喧啾百鸟群,忽见孤凤凰";《赠张十八》诗有曰"龙文百斛鼎,笔力可独扛",皆工于形容。(《黄氏日抄》卷五九)

宋俞德邻:韩退之《听颖师琴》诗,极模写形容之妙,疑专于誉颖者。然于篇末曰:"推手遽止之,湿衣泪滂滂。颖乎尔诚能,无以冰炭置我肠。"其不足于颖多矣!《太学听琴序》则曰:"有一儒生,抱琴而来,历阶而升,坐于尊俎之傍。鼓有虞氏之《南风》,赓之以文王、宣父之操;优游怡愉,广厚高明;追三代之遗音,想舞雩之咏叹。及暮而退,皆充然若有所得也。"何尝有"推手遽止之"之意?合诗与序而观,其去取较然。抑又知琴者,本以陶写性情,而冰炭我肠,使泪滂而衣湿,殆非琴之正也。(《佩韦斋文集》卷一八)

元倪瓒:《题陈惟允画》:韩公曾听颖师琴,山水萧条太古音。不作王门操瑟立,溪山高隐竟何心。(《倪云林先生诗集》卷六)

明胡应麟:唐人诸古体,四言无论。为骚者太白外,王维、顾况三二家,皆意浅格卑,相去千里。若李、杜五言大篇,七言乐府,方之汉魏正果,虽非最上,犹是大乘。韩《琴曲》,柳《铙歌》,仿佛声闻阶级,此外,蔑矣。(《诗薮》内编卷一)

明张萱:《颖师弹琴诗》:韩昌黎《听颖师弹琴》诗,欧阳文忠以语苏东坡谓为琵琶语。而吴僧海者,以善琴著名,又谓此诗皆指下丝声妙处,惟琴为然也。若琵琶则格上音,岂能如此?而谓文忠未得琴趣,故妄为讥评耳。余有亡妾善琴,亦善琵琶,尝细按之,乃知文忠之言非谬,而僧海非精于琴也。琴乃雅乐,音主和平。若如昌黎诗,儿女相语,忽变而战士赴敌;又如柳絮轻浮,百鸟喧啾。上下分寸,失辄千丈,此等音调,乃躁急之甚,岂琴音所宜有乎?至于结句泪滂满衣,冰炭置肠,亦惟听琵琶者或然。琴音和平,即能感人,亦不宜令人之至于悲而伤也。故据此诗,昌黎固非知音者,即颖师亦非善琴矣。(《疑耀》卷七)

清朱彝尊:写琴声之妙入髓,又一一皆实境。繁休伯称车子,柳子厚志筝师,皆不能及,可谓古今绝唱。六一善琴,乃指为琵琶,窃所未解。纯是佳唐诗,亦何让杜。(顾嗣立《昌黎先生诗集注》卷五)

清何焯:《听颖师弹琴》:按:李贺亦有《听颖师琴》,歌中云"笠僧前立当吾门,梵宫真相眉棱尊",颖师盖僧也。题注载:六一居士以为"此只是琵琶"云云。按:必非欧公语。又吴僧义海并洪庆善云云。按:义海之云,固为肤受;洪氏所载,则此数声者凡琴工皆能,昌黎何至闻所不闻哉?"失势一落千丈强",与琴声尤不肖,真妄论也。己卯十一月,留清苑行台,听李世得弹琴,出此诗共评,记所得于世得者如此。余不知琴,请世得为余作此数声,求以诗意,乃深信或者之妄,唐贤诗不易读也。后又与世得读冯定远《赠单曾传》诗,有"他人一半是筝声"之句。世得云:"此老亦不知琴法,从册子得此语耳。琴中固备有筝琶之声,但不流宕,非古乐真可诬也。"并记之。(《义门读书记》卷三〇)

清方世举:嵇康《琴赋》中已具此数声,其曰"或怨嬺而踌躇",非"昵昵儿女语"乎?"时劫掎以慷慨",非"勇士赴敌场"乎?"忽飘飘以轻迈,若众葩敷荣曜春风",非"浮云柳絮无根蒂"乎?"嘤若离鹍鸣清池,翼若游鸿翔曾崖,又若鸾凤和鸣戏云中",非"喧啾百鸟群,忽见孤凤皇"乎?"参禅[谭]繁促,复叠攒仄,拊嗟累赘,间不容息",非"跻攀分寸不可上"乎?"或乘险投会,邀隙趋危,或搂搣抉㧘,缥缭潎洌",非"失势一落千丈强"乎?公非袭《琴赋》,而会心于琴理则有合也。《国史补》云:"于頔司空尝令客弹琴,其嫂知音,听于帘下,曰:三分中一分筝声,二分琵琶声,绝无琴韵。"则琴声诚或有似琵琶者,但不可以论此诗。(《韩昌黎诗集编年笺注》卷九)

清薛雪:《颖师弹琴》,是一曲泛音起者,昌黎摹写入神,乃以"昵昵"二语,为似琵琶声,则"攀跻分寸不可上,失势一落千丈强",除却吟猱绰注,更无可以形容,琵琶中亦有此邪?(《一瓢诗话》)

清爱新觉罗·弘历:写琴声之妙,实为得髓,繁休伯称车子、柳子厚《志筝师》皆不能及,永叔善琴,乃用此为讥议耶。"跻攀"二语,千古诗文妙诀。(《唐宋诗醇》卷三〇)

清王文诰:永叔诋为琵琶,许彦周所辨,概属浮响,义海尤为悠谬,此琴工之言,不足折永叔也。韩诗"昵昵儿女"四句,皆琴之变声,犹荆、高变徵为羽,既而极羽之致则怒,使韩听《关雎》《伐檀》之诗,即无此等语矣。"攀跻分寸不可上,失势一落千丈强",谓左手搏拊也,其指约在五六徽位,搏拊入急,若不可上下者然。忽又直注十徽之下。此声由急响而注于微末,故云"失势一落千丈",既落不可便已,即又过弦而振起,故又云"强"也。琴横前而有荐,皆平其徽为过指地,是以左指得以作势,越数徽而下注也。琵琶倚于怀抱,用左执以按字,逐字各因界以成声,既非徽之可过,而欲攀跻分寸,失势一落,皆非其所能为。且不可横而荐之,取间隙于左手。苟暇为此,而琵琶仆矣,何有于声乎?永叔不知乐有正变,亦不察琵琶所以为用,忽于游心金石之时,过为訾韩之论,学勤而不籀统,岂俗习之移人哉?(钱仲联《韩昌黎诗系年集释》卷九)

清方东树:《听颖师弹琴》"浮云"句,泛声。"喧啾"句,泛声中寄指声。"分寸"句,吟绎声。"失势"句,顺下声。(《昭昧詹言》卷一二韩公)

程学恂:永叔所谓琵琶者,亦只起四句近之耳,余自迥绝也。"湿衣泪滂滂",注云:"时公方降左庶子。"谓以左迁而泪滂,真菜佣之见也。坡尝追忆欧公语(欧公语见《西清诗话》)更作《听贤师琴诗》,恨欧公不及见之。所谓"大弦春温和且平……牛鸣盎中雉登木"是也。予谓此诚不疑于琵琶矣,然亦了无琴味,试再读退之诗如何?彦周所称,即今世之琴耳,不知唐时所用,即同此否?若是师襄夫子所鼓,必不涉恩怨儿女也,此又不可不知。(《韩诗臆说》卷二)

章士钊:宋人俞德邻,著《佩韦斋辑闻》四卷……有论琴一则云:"韩退之《听颖师琴》诗,极摹写形容之妙,疑专于誉颖者。然于篇末曰:'推手遽止之,湿衣泪滂滂。颖乎尔诚能,无以冰炭置我肠。'其不足于颖多矣。《太学听琴序》则曰:'有一儒生,抱琴而来,历阶而升,坐于尊俎之间,鼓有虞氏之《南风》,赓之以文王、宣父之操,优游怡愉,广厚高明,追三代之遗音,想舞雩之咏叹。及暮而退,皆充然若有所得也。'何尝有推手遽止之意?合诗与序以观,其去取固较然,抑又知琴者本以陶写性情,而冰炭我肠,使泪滂滂而衣湿,殆非琴之正也。"退之《颖师琴》诗,东坡尝讥其所形容,为琵琶而非琴,可见退之并不知音。夫不知音而必强以知音鸣者,以乐为六艺之一,儒者不容诿为不知,以自安谫陋也。德邻谬以退之诗与序相较,殆更说不上知音,所谓自《郐》以下也已。(《柳文指要》上《体要之部》卷一一《筝郭师墓志》)

华按:诸说纷纭,争之不让。章士钊所云,近乎诬也,大抵不无"评法批儒"时风影响,可以不论。韩愈与李贺之所以有同题之诗,因俱亲见颖师之琴,听颖师琴音。所见必非琵琶,若二人连琴、琵琶亦认不清,甚或将琵琶看作琴,且韩公写弹琴亦非一次,岂不太失这位文化伟人之身,这恐怕是不可能的。世皆谓韩公善于赋物而使其形肖感人,他又亲自聆听,所写琴音似与不似且不说,但他所摹写的一定是当时他对琴音的感受,无可怀疑。后世之人既未亲历其境,又多是人云已云,何可以已说为准。然无论怎样讲,韩公《听颖师弹琴》是一首写音声的杰作,亦是世所共认的。

送陆畅归江南①
元和六年

举举江南子②,名以能诗闻③。一来取高第,官佐东宫军④。迎妇丞相府⑤,夸映秀士群⑥。鸾鸣桂树间⑦,观者何缤纷⑧。人事喜颠倒,旦夕异所云⑨。萧萧青云干⑩,遂逐荆棘焚⑪。岁晚鸿雁过,乡思见新文⑫。践此秦关雪,家彼吴洲云⑬。悲啼上车女,骨肉不可分⑭。感慨都门别⑮,丈夫酒方醺。我实门下士,力薄蚋与蚊⑯。受恩不即报,永负湘中坟⑰。

【校注】

① 题:方崧卿《年表》系元和六年(811)。魏本:"洪曰:畅字达夫,尝著《蜀道易》。《西阳杂俎》云:'畅,江东人,娶董溪女。'《溪墓志》云:'丞相陇西公第二子,迁商州刺史,除名,徙封州,死湘中。明年,许归葬,元和八年十一月,葬河南。长女嫁吴郡陆畅。'诗云'迎妇丞相府'即此也。'我实门下士',退之尝为董晋从事。'永负湘中坟',送畅时溪未归葬也。"文《详注》:"陆贽之子,苏州人也。娶董溪之女,即丞相晋之孙。溪为度支郎中,坐盗军资,流封州,至长沙赐死,时元和七年也。《补注》:陆畅字达夫,吴人,元和元年(806)第,娶董相第二子溪女。贡举之年,《对雪》落句云:'天工宁底巧,剪水在花飞。'《山斋玩月》云:'野性平生惟好月,新晴半夜睹婵娟。起来自擘书窗破,恰漏清光落枕前。'《崔谏议林亭》云:'蝉噪入云树,风开无主花。'及登兰省遇云阳公主下降,畅为傧相,其咏《帘》云:'劳将素手卷虾须,琼室流光更缀珠。玉漏报来过夜半,

可怜潘岳立踟蹰。'《催妆》诗云:'云阳公主贵,出嫁五侯家。天母看调粉,日兄怜赐花。催铺柏子帐,待障七香车。借问妆成未,天方欲晓霞。'内人以畅吴音,才思敏捷,嘲之曰:'十二层楼倚翠空,凤鸾相对立梧桐。双成走报监门卫,莫道吴歈入汉宫。'畅酬曰:'粉面仙郎选圣朝,偶逢秦女学吹箫。须教翡翠开王母,不奈乌鸢噪鹊桥。'观公诗所谓'名以能诗闻'可见矣。晋尝辟公佐汴,故云'门下士'。溪元和七年(812)遇赦归葬河南,而云'湘中坟',岂非此时尚藁葬湘中邪? 溪初为商州刺史,坐事贬死湘中。畅尝依韦皋于蜀,皋死,恶皋者,诋所进兵皆镂'[定]秦'字,畅曰:'臣向在蜀,知定秦者,匠名也。'又尝作《蜀道易》以美皋云。"方世举《笺注》:"《新唐书·韦皋传》:皋侈横,朝廷欲追绳其咎。而不与皋者,诋皋所进兵,皆镂'定秦'字。有陆畅者上言:臣向在蜀,知'定秦'者,匠名也。繇事议息。畅,字达夫,皋雅所厚礼。始天宝时,李白为《蜀道难》篇以斥严武,畅更为《蜀道易》以美皋焉。"陈景云《点勘》:"'名以能诗闻'注:《唐史·公主传》无云阳主,疑非云安即岐阳之误。畅,长庆初入江西廉使王仲舒幕府,至太和末,以前凤翔少尹预诛。郑注事见《唐史》。"王元启《记疑》:"畅娶董溪之女,溪于元和六年五月赐死湘中。七年遇赦,始以丧归。此诗卒章有'悲啼上车女'及'永负湘中坟'等句,盖去董溪凶问至京未久,公自河南召还初官职方时作。"方《诗文年谱》:"诗有'践此秦关雪'句,盖作于是年冬也。"钱仲联《集释》:"公撰《董溪墓志铭》及《唐诗纪事》、《全唐诗话》,皆以畅为吴郡人。《孟东野集》有《送陆畅归湖州因凭题故人皎然塔陆羽坟》一诗,则畅为湖州人。湖州,唐属江南道,东汉时属吴郡。"按:陆畅父陆贽《新唐书》卷一五七传云:"陆贽字敬舆,苏州嘉兴人。"则陆畅也当为苏州嘉兴人。又云:"贞元七年(791),罢学士,以兵部侍郎知贡举。"韩愈于陆贽榜下中进士。大赦当在元和七年(812)七月乙亥(19日),制立遂王宥为皇太子,改名恒之时。许归葬又在后。诗当写于元和六年冬,董溪尚无遇赦归葬。当依韩公《董府君墓志铭》:"元和六年五月十二日死湘中,年四十九。明年,立皇太子,有赦令许归葬。其子居中始奉丧归。元和八年十一月甲寅(5日),葬于河南河南县万安山下太师墓左。"《新唐书·郑注传》:"注率五百骑至扶风,令韩辽知其谋……前少尹陆畅用其将李叔和策,访注计事,斩其首,兵皆溃去。"

② 举举江南子:方《笺正》:"唐人以举止端丽为'举举'。孟东野诗(《宿空侳院寄澹公》)有'茗椀华举举',《北里志》有名娼郑举举。"朱《考异》:"方云:唐人以举止端丽为'举举'。"魏本:"孙曰:'举举,犹楚楚。畅,吴郡人,故云江南子。'"方成珪《笺正》:"《字典·心部》:'懙,音与。'引《说文》(心部)云:'趋步懙懙也,从心,与声。'韩诗'懙懙江南子',俗本讹作'举举'。按:此论前人所未发。故敬录之。懙,又音余,《广韵》:'恭敬。'《集韵》:'行步安舒也。'字又作'㦡',同《汉书·叙传下》'长倩㦡㦡'。苏林训同《集韵》。"童《校诠》:"第德案:举为懙之借字,古举、与通用,楚辞:东方朔初放:举世皆然兮,王注:举一作与,是其证。懙、举皆从与声,故得通假,韩集各本无作懙者,方云:唐人举止端丽为举举,明是举字,朱氏考异亦不云举一作某,字典云:俗本讹作举举,不悟作举者为借字,非讹字。古籍或借与为之,论语乡党篇:与与如也,马注:威仪中适之貌……按:孟子作豫,赵注:豫亦游也,引左传作证是也。孟东野宿空侳院寄澹公诗:茗椀华举举,与上句雪檐晴滴滴相对,是举举为屡举不一举之义,非谓茗椀之丽,方氏误引。"按:两说均通。

③ 名以能诗闻:魏本:"樊曰:畅贡举之年,《对雪》落句云:'天人宁底巧,剪水作花飞。'《山斋玩月》云:'起来自擘书窗破,恰漏清光落枕前。'《经崔谏议林亭》云:'蝉噪入云树,风开无主花。'及登兰省遇云阳公主下降,畅为傧相,有咏《帘》、咏《行障》、《催妆》等作。内人以畅吴音,才思敏捷,以诗嘲之。畅酬曰:'粉面仙郎选圣朝,偶逢秦女学吹箫。须教翡翠闻王母,不奈乌鸢噪鹊桥。'观此,可见其能诗矣。"按:《全唐诗》卷四七八收其诗一卷三七首。

④ 一来取高第:魏本:"韩曰:'畅,元和元年(806)登进士第。'"顾嗣立《集注》:"□云:畅,元和元年进士。"方世举照录顾注。

官佐东宫军：魏本："孙曰：'畅举进士为皇太子僚属。'"钱仲联《集释》："《诗》毛传：'东宫，齐太子也。'《正义》：'太子居东宫，因以东宫表太子。'"方世举《笺注》："《新唐书·百官志》：'太子左右率府，率各一人，副率各二人，录事参军事、仓曹参军事、兵曹参军事、胄曹参军事、骑曹参军事各一人。'诗云'官佐东宫军'，盖参军之属也。"沈钦韩《补注》："此盖畅登第后，自校书郎选率府参军也。"按：徐松《登科记考》卷一六："元和元年，进士二十三人：武翊黄状元，皇甫湜、陆畅、李绅。"皇甫湜乃韩门子弟，李绅曾受教于韩愈，且为韩愈亲笔书信直荐于考官者。中才识兼茂明于体用科的李蟠，乃为韩愈教其写文章，写《师说》及书二通者。陆畅与张复、李绅、张胜之应制诗《山出云诗》均收入《文苑英华》。《永乐大典》引《苏州府志》："陆畅，元和元年登第。"

⑤ 迎妇丞相府：方世举《笺注》："迎妇：按：公撰《董溪墓志》：'溪，字惟深，丞相陇西公第二子，长女嫁吴郡陆畅。'《古今诗话》：'陆畅娶董溪女，每旦婢进澡豆，畅辄沃水服之。或曰：君为贵门女婿，几多乐事？畅曰：贵门苦礼法，婢子食辣髲，殆不可过。'"见《历代诗话》收《全唐诗话》卷二《陆畅》，《唐诗纪事》卷三五《陆畅》。

⑥ 夸映秀士群：士，魏本注："一本'士'一作'才'。"宋白文本、文本、祝本、魏本、廖本、王本均作"士"，从之。

魏本："韩曰：《礼记·王制》：'命乡论秀士，升之司徒，曰选士。'"按：《礼记·王制》："命乡论秀士，升之司徒，曰选士。"注："秀士，乡大夫所考，有德行道艺者。"《吕氏春秋·怀宠》："举其秀士而封侯之，选其贤良而尊显之。"注："秀士，俊士。"

⑦ 鸾鸣桂树间：方《举正》据杭、蜀本乙"鸣鸾"，作"鸾鸣"。朱《考异》："或作'鸣鸾'。"祝本、魏本作"鸣鸾"。宋白文本、文本、廖本作"鸾鸣"。从之作"鸾鸣"。

魏本："孙曰：孙氏《瑞应图》曰：'鸾者，赤神之精，凤凰之佐。'"按：鸾，古代传说中的一种神鸟。《山海经·西山经》："西南三百里曰女床之山……有鸟焉，其状如翟而五采文，名曰鸾鸟。"《广雅》：

"鸾鸟,凤皇属也。"叶梦得《避暑录话》卷下:"世以登科为折桂。此谓郤诜对策东堂,自云桂林一枝也。自唐以来用之。"《诗·大雅·卷阿》:"凤皇于飞,翙翙其羽。"

⑧缤纷:魏本:"孙曰:缤纷,多貌。《补注》:言杂也。扬雄:'勿缤纷往来。'缤,正宾切。"文《详注》:"缤纷,多也。曹子建《杂诗》:'绮缟何缤纷。'"

⑨"人事"二句:魏本:"孙曰:'言事多变也。'"文《详注》:"班固《宾戏》云:'朝而荣华,夕而憔悴。'"方世举《笺注》:"人事颠倒:《新唐书·董晋传》:'晋子溪,擢明经,三迁万年令。讨王承宗也,擢度支郎中,为东道行营粮料使。坐盗军赀,流封州,至长沙,赐死。'"按:此句之历史实事指此。

⑩萧萧:有四种含义:一曰马鸣声。《诗·小雅·车攻》:"萧萧马鸣,悠悠旆旌。"杜甫《兵车行》:"车辚辚,马萧萧,行人弓箭各在腰。"二曰风声。《史记·荆轲传·易水歌》:"风萧萧兮易水寒,壮士一去兮不复还。"三曰动摇貌。《楚辞》屈原《九歌·山鬼》:"风飒飒兮木萧萧,思公子兮徒离忧。"四曰竦立貌。《世说新语·容止》:"嵇康身长七尺八寸,风姿特秀,见者叹曰:'萧萧肃肃,爽朗清举。'"干,冒犯。《商君书·定分》:"故吏不敢以非法遇民,民不敢犯法以干法官也。"此诗疑用杜甫《兵车行》"哭声直上干云霄"句意。

⑪遂逐荆棘焚:祝本、魏本作"逐逐"。宋白文本、文本、廖本、王本作"遂逐"。作"遂逐",善。

魏本:"韩曰:'畅归江南,必有其故,所不可得而详矣。'"按:所不可详之事,当指句中"荆棘焚",即董溪坐罪赐死事。因非雅事,公诗未明说。

⑫岁晚鸿雁过:文《详注》:"言畅感秋雁南飞,有怀归之作也。"钱仲联《集释》:"《礼记·月令》:'季冬之月,雁北乡。'"《礼记·月令》:"季秋之月,鸿雁来宾。"

⑬吴洲:文《详注》:"《地记》曰:'长洲苑在姑苏之南,太湖北

岸，阛阓所游猎处也。'"按：秦关为陆畅之归的出发地，吴洲乃陆畅之归的目的地。此乃冬天，秦地多雪；陆畅到吴则是明年春天，多云雨。朱彝尊《批韩诗》曰："此二句佳。"

⑭ "悲啼"二句：魏本："韩曰：《礼记》：'出御妇车。'"蒋抱玄《评注》："《吕氏春秋》(《精通》)：'父母之于子也，子之于父母也，一体而两分，此之谓骨肉之亲。'"钱仲联《集释》："上言'践此秦关雪'，下言'感慨都门别'，张籍《送陆畅诗》亦云：'共踏长安街里尘，吴州独作未归身。'送别在长安甚明。"按：上句指畅妻，亦即董溪女。下句写畅与妻的离别之情。

⑮ 感慨都门别：文《详注》："东都，长安门名。江淹《别赋》：'帐饮东都。'注云：'疏广老归，朝廷设供帐送于东都门外。'东都门，送客处也。"查《两京城坊考》长安无东都门，疑为都城东门外也。洛阳有东都门，但与出发南行的方向不合。

⑯ "我实"二句：门下士，文《详注》："公曾事董晋于汴州，故曰门下士。"方世举《笺注》："《新唐书·韩愈传》：'董晋为宣武军节度使，表署观察推官。'"蚋，同"蜹"，蚊子。《国语·晋九》："蜹蚁蜂虿，皆能害人。"《集韵》："蜹，蚋，虫名。《说文》：'秦晋谓之蜹，楚谓之蚊。'"乃韩公自谓：职微力薄，以小昆虫相比。

⑰ "受恩"二句：方《举正》据唐本乙"即不"作"不即"，云："杭、蜀同。畅，董晋之子溪婿也，公尝佐董晋幕。"朱《考异》："不即，或作'即不'。（下引方语）今按：畅字达夫，尝著《蜀道易》诗。"魏本作"即不"，非是。诸本作"不即"，从之。

文《详注》："湘坟，溪所葬也。按《溪墓志》：后复归葬河南。"魏本引《补注》："《溪墓志》云：'除名，徙死湘中，明年立皇太子，有诏令许归葬，元和八年葬河南。'此云'湘中坟'，岂公作此诗时尚蒿葬湘中耶？"方世举《笺注》："《董溪墓志》：'溪除名徙封州，元和六年五月，死湘中。明年立皇太子，有赦令许归葬，其子居中始奉丧归。'"

程学恂《韩诗臆说》卷二："数语送畅也，却感在溪。并非感溪也,感晋也。古人取兴如此,所以诗无泛作。"

【汇评】
宋葛立方:蔡君谟娶余祖姑清源君,已而赴漳南幕,余曾祖通议尝赠之诗曰:"藻思旧传青管梦,哲科新试碧鸡才;乍依仲宝莲花幕,更下温郎玉照台。"可谓佳句矣。韩退之《送陆畅》诗云:"一来取高第,官佐东宫军。迎妇丞相府,夸映秀士群。鸣鸾桂树间,观者何缤纷。"此二诗,事相类而语皆奇也。(《韵语阳秋》卷一)

明胡震亨:举举,韩退之《送陆畅》:"举举江南子。"方崧卿云:唐人以人有举止者为举举。(《唐音癸签》卷二四《诂笺九》)

清朱彝尊:未见手段。(顾嗣立《昌黎先生诗集注》卷五)

清阮葵生:《科举师弟之谊》:韩退之尝佐董晋幕。晋第二子溪负罪终长沙,因赠溪女婿陆畅云:"我为门下士,力薄蚋与蚊。受恩不即报,永负湘中坟。"盖其于易世而后,见其子孙戚属,勤勤思有以自效如此。岂与一时趋附便辟匍匐者同日论哉。大约厚于师友者,必不背君父。古者尝以此观人,百不失一也。(《茶馀客话》卷二)

蒋抱玄:公为此诗,实含有无限伤感。竹垞谓为未见手段,亦第就诗言之耳。(《注释评点韩昌黎诗全集》)

送进士刘师服东归①
元和八年

猛虎落槛阱,坐食如孤豚②。丈夫在富贵,岂必守一门③?公心有勇气,公口有直言④。奈何任埋没,不自求腾轩⑤。仆本亦进士,颇尝究根源⑥。由来骨鲠材⑦,喜被软弱吞。低头受侮笑⑧,隐忍䏿兀冤⑨。泥雨城东路,夏槐作云屯⑩。还家虽阙短,指日亲晨飧⑪。携持令名归,自足贻家尊⑫。时节不可玩,亲交可攀援⑬。勉来趋金紫⑭,勿久休中园⑮。

【校注】

① 题:方《举正》、朱《考异》题作"送刘师服"。宋白文本、文本、祝本、魏本、廖本、王本均作"送进士刘师服东归",从之。魏本:"唐曰:在京师作,次前后诗当在元和七年。诗云'夏槐作云屯',又当在其年夏。"方崧卿《年表》系此诗作于元和八年(813)。其《增考》云:"师服以七年(812)来京师,十二月有《石鼎联句》,而二送诗则皆来年夏也。故曰'夏槐作云屯',又曰'夏半阴气始'是也。"王元启《记疑》:"前有赠刘诗一首,此及卷末又有送刘诗二首,赠诗为元和七年作无疑。是冬,刘尚在京,有《石鼎联句》诗。则送诗二首,当在八年之夏,盖刘下第东归,故二诗皆有勉其再来之语。"《韩学研究·韩愈年谱汇证》亦系元和八年。师服事迹见《赠刘师服》诗注①。

② 落:廖本作"落",注:"落,一作'知'。"诸本均作"落",韩诗从司马迁《报任安书》意,作"落"字是。

方《举正》据阁本作"坐食如孤独",云:"李校。此乃司马迁(《报任安书》)所谓'猛虎在槛阱之中,摇尾而求食'是也。荆公与樊本'如'皆作'茹',盖不悟'食'字之讹也。"朱《考异》:"食,或作'贪'。荆公本'如'作'茹'。独,或作'豚'。方从阁本云……今按:方说是也,然则'坐'当作'求'矣。但本皆作'坐',故未敢改耳。"南宋监本原文作"贪"。宋白文本、廖本作"食"。文本、祝本、魏本作"贪"。宋白文本、祝本、廖本作"如"。文本、魏本作"茹",文《详注》:"茹,一云'如孤豚'。司马迁《报任安书》云:'猛虎在深山,百兽震恐。及在槛阱之中,摇尾而求食。'注云:'槛,圈也。阱,穿地为坑,以取猛兽。'独,豕子也。"魏本注:"茹,一作'如'。樊曰非。独与豚同,徒门切。"廖本注:"食或作'贪',荆公本'如'作'茹'。"方世举《笺注》:"坐食:蒋云:'朱子曰:坐当作求。翘按:坐字亦通,语虽用史,而亦稍变其意。坐食者,言不能外求而止食有限之食也。'孤独:独与豚同。《汉书·东方朔传》:'孤豚之咋虎,至则靡耳。'"童《校诠》:"第德案:方校是,作贪者乃食之形讹,茹亦应作如,朱子谓坐应作求,按:作坐自通,吴志贺邵传:后宫之中,坐食者万有余人,公朝归诗:坐食取其肥,无堪等聋聩,皆用坐食字。独为豚之后出字。槛阱汉书作穽槛,说文:阱,陷也,穽,阱或从穴,荥,古文阱从水。"

③"丈夫"二句:蒋之翘《辑注》:"语亦慷慨悲婉。"按:二语针对师服应进士落第而言,守一门,即从一条道也。只要有才艺,总会有用武之地。此乃鼓励师服再进也。

④"公心"二句:概括了师服之品格:勇于上进,敢于直言。

⑤"奈何"二句:针对师服落第后之灰心丧气情绪,指出不该"任埋没",当"求腾轩"。腾轩,同"轩腾"。高位也,以古之卿大夫乘轩车者作比。《汉语大词典》:"轩腾,飞腾。唐韩愈《送灵师》诗:'逸志不拘教,轩腾断牵挛。'宋曾巩《苦热》诗:'赫日已照灼,赤云助轩腾。'"又腾轩,《汉语大词典》:"飞黄腾达。唐韩愈《送进士刘师服东归》诗:'奈何任埋没,不自求腾轩。'"

⑥进士:此指有才艺而被其乡荐,或国子学推荐参加国家进士选拔考试的文士。《礼记·王制》:"大乐正论造士之秀者,以告于王而升诸司马,曰进士。"亦指可以进授爵禄之人。至隋大业中乃以进士为取士科目,唐宋因之。唐制:应举者谓之举进士,试毕放榜合格者曰成进士,凡试于礼部,皆谓之进士。颇尝穷根源,谓自己曾经费尽心力探求它的究竟。尝,副词,曾经。《论语·卫灵公》:"俎豆之事,则尝闻之矣。"

⑦骨鲠:方世举《笺注》:"骨鲠:《史记·陈平世家》:'项王骨鲠之臣,亚父、锺离眛之属。'"按:谓人正直,应上"公口有直言"。

⑧侮笑:方《举正》出"笑侮",据阁本乙作"侮笑",云:"李、谢校。"朱《考异》:"侮笑,方作'笑侮'。"南宋监本原文作"侮笑"。宋

白文本、文本、祝本、魏本、廖本、王本并作"侮笑"。从之。

侮笑:谓师服被冷落,被侮辱讥笑。

⑨ 硉(lǔ 勒没切,入,没韵)兀(wù 五忽切,入,没韵):魏本注:"硉兀:危石也。或作'硉矹'。韩曰:《选·江赋》(《文选》卷一二郭璞《江赋》):'巨石硉[矹]以前却。'"文《详注》:"硉矹,不平貌。上音力骨切,下音五骨切。《海赋》(按:谓《海赋》误,乃《江赋》)云:'巨石硉矹以前却。'"童《校诠》:"第德案:韩注硉下当补矹字。说文无硉矹字,玉篇:硉,郎兀切,危石,矹,五忽切,硉矹,注硉兀,危石也,本诸玉篇。"

按:"硉矹"也作"硉兀",危石也。高耸、突出。《文选》晋郭璞《江赋》:"碧沙瀢沱而往来,巨石硉矹以前却。"杜甫《瘦马行》:"东郊瘦马使我伤,骨骼硉兀如堵墙。"

⑩ 夏槐作云屯:文《详注》:"《尔雅》(《释木》):'槐木叶昼合夜布。'音胡限切。屯,聚也。"魏本:"韩曰:《刘表传》(《后汉书·袁绍刘表传赞》):'云屯冀马。'"方世举《笺注》:"谢灵运(《入彭蠡湖口》)诗:'春满绿野秀,岩高白云屯。'"按:此句谓夏天的槐树,枝叶茂密,如重云。此乃指路途艰苦,乃双关语。北周庾信《三月三日华林园马射赋并序》:"千乘雷动,万骑云屯。"

⑪ "还家"二句:阙短,朱《考异》:"或作'短阙'。"诸本作"阙短"。

王元启《记疑》:"阙短,犹空乏,言无可以奉亲者。"按:阙短,短阙意同,乃当时口语,今中原人仍用。

晨飧:魏本:"孙曰:束晳《南陔》诗:'馨尔夕膳,洁尔晨飧。'"文《详注》:"飧,音孙。《朝野佥载》云:'湿饭为飧。'"按:飧,或谓晚饭。柳宗元《种树郭橐驼传》:"吾小人辍飧饔以劳吏者。"或谓熟食。杜甫《客至》:"盘飧市远无兼味。"王元启《记疑》:"飧有二义,一训晡食,一训熟食,此云晨飧,当以熟食为义。"飧,同飱。今作"飧"。

⑫ "携持"二句:令名,美好的声誉,指美名。即上文所谓"直言""骨鲠"与孝心也。《左传》襄公二十四年:"非无贿之患,而无令

名之难。"南朝宋鲍照《行京口至竹里》诗:"君子树令名,细人效命力。不见长河水,清浊俱不息。"廖本注:"《左氏》:'令名载而行之。'"

贻家尊:奉赠父母。廖本注:"谢安问献之曰:'君书何如君家尊?'"(见《晋书·王献之传》与《世说新语·品藻》)。文《详注》:"《礼记·内则》云:'凡父在,孙见于祖,祖名之。'郑注云:'家统于尊也。'"黄彻《䂬溪诗话》卷三:"苏州《送黎尉》云:'只应传善政,朝夕慰高堂。'诚儒者迂阔之辞。然贪饕苟得,污累其亲,孰若清白之为愈!"方世举《笺注》:"昌黎训子侄诗,多涉于名利,宋人议之可也。此诗'携持令名归',自是粹然醇儒之言,䂬溪迂之,何耶?诗中'骨鲠'二语,从'何意百炼刚,化为绕指柔'(刘琨《重赠卢谌》)得来。"又曰:"家尊:《晋书·王献之传》:'谢安问曰:君书何如君家尊。'"家尊,父亲。陈景云《点勘》:"师服归后,复入京师。元和十二年,驸马都尉于季友坐居丧宴饮得罪,师服以与同饮,笞四十,流连州。'贻持令名'二句,惜其不能诵之终身,乃至犯刑而辱亲也。"查慎行《查初白诗评十二种》:"爱人以德,其味深长。"

⑬ "时节"二句:钱仲联《集释》:"《左传》(昭公元年):'玩岁而愒日。'杜预注:'玩、愒,皆贪也。'"按:玩,繁体作"翫"。《说文·习部》:"翫,习厌也。从习,元声。《春秋传》曰:'翫岁而愒日。'"魏本注:"愒,引也,音爱。"

⑭ 勉来趋金紫:来,祝本作"求"。宋白文本、文本、魏本、廖本、王本均作"来",从之。

金紫:钱仲联《集释》:"《史记·蔡泽传》:'怀黄金之印,结紫绶于腰。'"按:金紫,金印紫绶。金鱼袋及紫衣亦称金紫。《后汉书·马援传》:"猥先诸君纡佩金紫,且喜且惭。"《新唐书·李泌传》:"众指曰:'著黄者圣人,著白者山人。'帝闻,因赐金紫。拜元帅广平王行军司马。"

⑮ 中园:蒋抱玄《评注》:"石崇《思归叹》:'泽雉游凫兮戏中园。'"

【汇评】

宋黄彻：昌黎《送刘师服》云："携持令名归，自足贻家尊。"苏州《送黎尉》云："只应传善政，朝夕慰高堂。"诚儒者迂阔之辞。然贪饕苟得，污累其亲，孰若清白之为愈！（《䂬溪诗话》卷三）

清朱彝尊：立意犹好，恨炼法未尽。（顾嗣立《昌黎先生诗集注》卷五）

清方世举：昌黎训子侄诗，多涉于名利，宋人议之可也。此诗"携持令名归"，自是粹然醇儒之言，䂬溪迂之，何耶？诗中"骨鲠"二语，从"何意百炼刚，化为绕指柔"而来。（《韩昌黎诗集编年笺注》卷八）

嘲鲁连子①

元和六年

鲁连细而黠②，有似黄鹞子③。田巴兀老苍④，怜汝矜爪觜⑤。开端要惊人，雄跨吾厌矣⑥。高拱禅鸿声，若辍一杯水⑦。独称唐虞贤，顾未知之耳⑧。

【校注】

① 题：文《详注》："鲁连子曰：'齐有稷门，谈说之士期会于下者甚众，而田巴毁罪五帝三王五伯，而稷下服之者亦千人。鲁仲连闻之，往见而谓之曰：今楚军南阳赵伐高唐，亡在朝夕。今臣将罢南阳之师，运高唐之兵。'所谓谈说，此之谓也。如先生之言有似枭音，人皆恶之。田巴于是杜口易业，终身不谈。田巴，亦齐之辨士。稷门，齐城门也。"魏本："樊曰：鲁连，齐人。太史公（见《史记·鲁仲连传》）曰：'鲁连其指意虽不合大义，然余多其在布衣之位，荡然[肆志]，不诎于诸侯，谈说于当世，折卿相之权。'公乃云尔，何哉？

抑岂有所讽也?"朱《考异》:"今按:此诗洪说已详,然公之意必有为而作也。"廖本注:"鲁连,齐人。太史亦有取焉。公嘲之之意,不悉其安在?意必有所讽于当时,后世有不得而窥者。"方世举《笺注》:"《史记·鲁仲连传》:'鲁仲连者,齐人也,好奇伟俶傥之画策。'韩云:'鲁连,太史公亦有取焉。公嘲之之意,不悉其安在?意必有所讽于当时,后世有不得而窥焉。'按:《读东方朔杂事》《嘲鲁连子》非讥弄古人,皆有所为而作。此诗讥争名相轧者,而云'雄跨吾厌矣''高拱禅鸿声',有不屑与争之意,大抵为京兆尹与李绅争台参时作。香山诗中称绅为'短李',此诗'细而'注又作'儿',亦与短李合。考汉人史游《急就章》有'细儿'字。"王元启《记疑》:"此诗为后进争名者发,于卒章'唐虞'二句见之。……近解以'细儿'为'短李',谓与李绅争台参时作。争台参事与唐虞何涉?其解尤为荒谬。"沈钦韩《补注》:"此诗之旨,盖其时轻薄少年,恃口舌以屈名贤,借鲁连难田巴事以见意也。"程学恂《韩诗臆说》卷二:"此诗朱子未定所指,予亦谓当阙之。若谓是李绅之事,公负气人,恐亦未肯以田巴自拟。"钱仲联《集释》:"大抵亦嘲刘叉之流耳。无年可系,类附于此。"按:此诗钱仲联系元和十一年(816),并云"无年可系"。屈作疑年诗。实难考定具体写作年月。谓诗有所讥讽,是。然不必定指李绅。白居易称李绅为细儿,诚然;李绅中进士前,在韩愈举荐的十人之列,此十人连年皆中。台参事穆宗已有敕韩公不台参,李绅坚持旧规,和韩公争台参,真能忘旧恩矣。

② 鲁连细而黠:朱《考异》:"而,方作'儿'。"方《举正》未出此条,当是方校刊《韩集》。魏本、祝本作"儿"。宋白文本、文本、廖本、王本作"而"。按:而,连词,连结"细"与"黠"二字。"细""黠"均指鲁仲连的品格,故作"而"明矣。

王元启《记疑》:"或云:细儿犹言小儿,字见史游《急就章》,盖本鲁连子年十三之语而云。愚按:《考异》本单举一'细'字,似亦该得小儿之意。"钱仲联《集释》:"细,犹细人,言其藐小和见识短浅。"按:《史记·鲁仲连传》:仲连"好奇伟俶傥之画策,而不肯仕宦任职,好持高节"。按:细,微小。《老子》六十三章:"图难于其易,为大于其细。"《三国志·蜀·诸葛亮传》:"事无巨细,亮皆专之。"黠(xiá),狡猾。魏本注:"黠,惠八切。"《汉书·薛宣传》:"桀黠无所畏忌。"又聪明。《北史·后妃列传》:"慧黠,能弹琵琶,工歌舞。"此意偏重于后者。

③ 黄鹞子:魏本:"祝曰:鹞,鸷鸟也。《列子》:'鹞之为鹯。'鹞,弋照切。"文《详注》:"《草木疏》云:'黄鹞,色黄,燕颔,向风摇翅,乃因风飞疾,击鸠鸽燕雀食之。'《孟子》(《离娄上》)所谓'为丛驱雀者鹯',即此是也。"方世举《笺注》:"古乐府《企由谷歌》:'郎非黄鹞子,那得云中雀。'"按:鹞子为猛禽,似鹰而小。《说文·鸟部》:"鹞,鸷鸟也。"此比鲁连又聪明,又狡猾。

④ 田巴兀老苍:兀,祝本作"元",乃与"兀"字形似致误。宋白文本、文本、魏本、廖本、王本作"兀",从之。

田巴:顾嗣立《集注》:"《鲁连子》:齐辩士田巴服徂丘,议稷下,毁五帝,罪三王,服五霸,一日服千人。有徐劫者,其弟子曰:'鲁仲连年十二,号千里驹,往请田巴云云。'巴谓徐劫曰:'先生乃飞兔也,岂直千里驹。'巴终身不谈。陆士衡《叹逝》诗:'鸦发成老苍。'"方世举《笺注》:"《鲁连子》:齐之辩士田巴辩于徂丘,议于稷下,一日而服十人。有徐劫者,其弟子也。鲁连谓劫曰:'臣愿得当田子,使之必不复谈,可乎?'徐劫言之巴。鲁连得见,曰:'今楚军南阳,赵伐高唐,燕人十万在聊,国亡在旦夕。先生将奈何?'田巴:'无奈何。'鲁连曰:'危不能为安,亡不能为存,无贵士矣。如先生之言有似枭鸣出声,人皆恶之。愿先生弗复谈也。'田巴曰:'谨受教。'于是杜口为业,终身不谈也。"按:田巴,战国时齐之辩士。相传其辩于徂丘,议于稷下,一日服十人。后泛指口才敏捷的人。清姚鼐《赠戴东原》诗:"新闻高论诎田巴,槐市秋来步落花。"

老苍:文《详注》:"谓鹰也。《埤苍》曰:'鹰一岁曰黄鹰,二岁曰弁鹰,三岁曰苍鹰。'弁,次赤色也。"廖本注:"陆机《叹逝》诗:'鸦发成老苍。'"顾嗣立《集注》:"杜子美诗:'结交皆老苍。'"

⑤ 觜(zī 即移切,平,支韵):猫头鹰头上的毛角。《说文·角部》:"觜,鸱旧头上角觜也。一曰觜,觿也,从角此声。"通嘴,鸟喙。《文选》潘岳《射雉赋》:"当味值胸,裂膆破觜。"故游本作"嘴"。实则如宋白文本、文本、祝本、魏本、廖本、王本均作"觜",是。矜爪觜,收敛爪与嘴巴。谓田巴不敢再与鲁仲连抗争也。伏下"禅鸿声"句义。童《校诠》:"第德案:说文:觜,鸱旧头上角觜也,一曰觜,觿也。段曰:毛角锐,凡羽族之味锐,故鸟味曰觜。按:文选张平子东京赋:秦政利觜长距;潘安仁射雉赋:裂膆破觜,薛、李二氏皆以喙释觜。"

⑥ 开端要惊人:廖本注:"《淮阳王传》(《汉书》):'既开端绪,愿卒成之。'"王本:"鲁连。"顾嗣立《集注》:"《史记·滑稽传》:'[此鸟不飞则已,一飞冲天;]此鸟不鸣则已,一鸣惊人。'"《韩非子·喻老》:"虽无飞,飞必冲天;虽无鸣,鸣必惊人。"此句谓:开头要惊动众人。

文《详注》:"跨与夸(誇)同。"是,大言也。《史记·司马季主传》:"夫卜者多言夸严以得人情,虚高人禄命以说人志。"韩公《进学解》:"《春秋》谨严,左氏浮夸。"

⑦ "高拱"二句:魏本:"孙曰:'禅,时战切。高拱,拱手也。禅鸿声,谓尧舜以天下禅让,仅若弃一杯水耳。'"朱《考异》:"辍,或作'啜'。今按:此诗洪说已详,然公之意必有为而作也。"文本作"啜"。宋白文本、祝本、魏本、廖本、王本作"辍"。方世举《笺注》:"言淡而无味,辍之不足惜也。'辍'字为切,不当作'啜'。"屈《校注》:"二句谓田巴拱手以鸿声禅让鲁连,仅若弃一杯水耳。禅,让也。鸿声,大名声。"

⑧ "独称"二句:魏本:"孙曰:'以天下与人,于尧舜何足道者,而仲连以唐虞为贤,盖未知之耳。此田巴所以怜其矜爪觜也。'"顾嗣立《集注》:"细玩'唐''虞'二字,似顶'禅'字来,谓田巴有不得而窥者。禅名与鲁连,禅位同。"王元启《记疑》:"此诗为后进争名者发,于卒章'唐虞'二句见之。连之贤,唐虞者贤其让也。今巴拱手

而禅鸿名于连。连犹侈陈唐虞以肆辨,是受其让而不知也。真道尧、舜于戴晋人之前者矣。抑所谓得腐鼠而吓鹓雏者欤?注家皆莫得其要领。"按:韩公以田巴自比,以讽鲁连,喻有与其争名者。而韩公"高拱禅鸿声",一"禅"字道出韩公写此诗的天机。田巴虽为普通辩士,然其让人之精神是可佩的,故韩公作比;若是把田巴当成普通人,又何谓"禅",又何必举出唐虞呢?此诗之作与《讳辩》同时,故系六年。

【汇评】

清朱彝尊:托喻微婉,此必得其所讽,玩来乃有味。若只据语句间评量,尚未见工。(顾嗣立《昌黎先生诗集注》卷五)

清曾国藩:《嘲鲁连子》:国藩按:此当有与公争名者,而公甘以名让之。禅,让也。鸿声,大名也。(《求阙斋读书录》卷八)

清沈曾植:《韩愈嘲鲁连子诗》:此欧公见两苏让一头地之旨,与《吕翳山人书》合参。禅,读禅让之禅。(《海日楼札丛》卷七)

赠张籍①

元和六年

吾老著读书,余事不挂眼②。有儿虽甚怜,教示不免简。君来好呼出,踉蹡越门限③。惧其无所知,见则先愧赧④。昨因有缘事,上马插手版⑤。留君住厅食,使立侍盘盏⑥。薄暮归见君,迎我笑而莞⑦,指渠相贺言:"此是万金产⑧。吾爱其风骨,粹美无可拣⑨。试将诗义授,如以肉贯丳⑩。开祛露毫末⑪,自得高蹇巘⑫。子身蹈丘轲,爵位不早绾⑬。固宜长有人,文章绍编剗⑭。"感荷君子德,恍若乘朽栈⑮。召令吐所记,解摘了瑟僩⑯。顾视窗壁间,亲戚竞觇睿⑰。喜气排寒冬,逼耳鸣睍睆⑱。如今更谁恨?便可耕灞浐⑲。

【校注】

① 题:文《详注》:"《蔡宽夫诗话》云:旧说退之子不慧,读金根车改为金银。然退之《赠张籍》诗所谓'召令吐所记,解摘了瑟偭',则不应不识字也。其誉之如此,不知诗之所称,乃此子否?不然,何其无闻也?《补注》:此诗大率咏其子。"魏本:"韩曰:此诗大意以其子之惠为喜焉耳。张籍后有祭公诗(《祭退之》)云:'坐令其子拜,常呼幼时名。'与诗意合。"下引《蔡宽夫诗话》见文注。沈钦韩《补注》:"《孟东野集·喜符郎诗有天纵》云:'念符不由级,屹得文章阶。'案《孟县志》:'韩昶自为墓志云:幼而就学,性寡言笑,不为儿戏,不能记书。至年长不能通诗,得三五百字,为同学所笑。至六七岁,未解把笔,书字即是。性好文字,出言成文,不同他人所为。张籍奇之,为授诗。年十余岁,日通一卷。籍大奇之,试授诸童,皆不及。能以所闻曲问其义,籍往往不能答。受诗未通两三卷,便自为诗。'此昶自誉,若涉夸诞。然证诸此诗及孟诗,情事悉合。"钱仲联《集释》:"昶自为墓志云:'生徐之符离。时为贞元十五年(799)。'至元和六年(811),昶十三岁矣。志所云'籍奇之,为授诗。年十余岁,日通一卷',此诗所云'试将诗义授,如以肉贯弗'者,当在此时。诗有灞、浐字,知作于长安。有寒冬字,知作于岁暮。考公于元和元年夏自江陵召还,其冬在京,而昶时仅八岁,与志称'十余岁日通一卷'者不合。元和二年(807)至五年(810)之冬,则公又在东都矣。故今定为六年冬作也。"钱说是。按:宋张淏《云谷杂记》卷二:"《嘉话录诋韩》云:韩昶,退之之子,儿时即以诗动孟东野,今《东野集》有《喜符郎诗有天纵》之篇。符,盖昶小字,后登长庆四年(824)进士第,昶亦可谓能世其家矣。韦绚《刘宾客嘉话录》、李绰《尚书故实》,皆云昶为集贤校理,史传中有说'金根车'处,皆臆断之曰:'岂其误欤?必金银车也。'悉改'根'字为'银'

字。此说恐未必然。李绰之说,盖本于韦绚,绚乃执谊之子。又《嘉话录》所载,大抵诋退之处甚多,如云韩十八直是太轻薄,及忿席舍人草贬词之类,皆不足信。"朱彝尊《批韩诗》:"只是喜子聪明,却借张籍说。"知此诗构想用心也。

②吾老著读书:方《举正》订"著"字,云:"杭、蜀同。此乃如'高士著幽禅'(《送灵师》),'少年著游宴'(《李花赠张十一署》)之'著'。"朱《考异》:"诸本'著'作'嗜'。"南宋监本原文作"嗜"。文本、潮本、浙本、祝本、魏本作"嗜"。文、魏本注:"一作'著'。"宋白文本、廖本、王本作"著"。朱彝尊《批韩诗》:"'嗜'字明妥。"则作"嗜"、作"著"均可。

按:何焯《义门读书记》卷三〇:"东方朔《客难》:'著于竹帛,唇腐齿落,服膺而不失。'此'著'字所本也。"张相《诗词曲语辞汇释》卷三:"着(字本作著),犹爱也,亦犹云注重也。杜甫《寄贾司马严使君两阁老》诗:'晚着华堂醉,寒重绣被眠。'此追叙同官时乐事,犹云晚爱华堂醉,寒爱绣被眠也……韩愈《送灵师》诗:'佛法入中国,尔来六百年。齐民逃赋役,高士着幽禅。'着幽禅,爱幽禅也。又《李花诗赠张十一署》诗:'念昔少年着游燕,对花岂省曾辞杯!'着游燕,爱游燕也。又《赠张籍》诗:'吾老着读书,余事不挂眼。'着读书,爱读书也。""著"字乃北方常用口语,而"嗜"字太直白,作"著"字善。余事,读书之外别的事。韩公《和席八十二韵》:"多情怀酒伴,余事作诗人。"《全唐诗》卷一八五李白《送客归吴》:"别后无余事,还应扫钓矶。卷一八八韦应物《西涧即事示卢陟》:"永日无余事,山中伐木声。"不挂眼,即不入眼也。

③"君来"二句:呼出,魏本:"韩曰:张籍后有《祭公诗》云:'坐令其子拜,常呼幼时名。'与诗意合。"跭跻越门限,文《详注》:"好,上声。跭跻,行不迅也。上音亮,下音七亮切,又音量枪。《射雉赋》(《文选》潘岳撰)云:'已跭跻而徐来。'注云:'雉行貌。'"魏本注:"跭跻,急行貌,亦行不止貌。"魏本引《补注》:"潘岳曰:'已跭跻而徐来。'"钱仲联《集释》:"《射雉赋》徐爰注:'跭跻,乍行乍止,不

迅疾之貌也。'李善注:'踉跄,欲行也。《广雅》曰:跄,走也。'《尔雅·释宫》:'柣谓之阈。'郭璞注:'阈,门限。'邢昺疏:'柣者,孙炎云:门限也。经传诸注,皆以阈为门限,谓门下横木,为内外之限也。'"按:曾季狸《艇斋诗话》:"'踉跄'二字出古乐府梁简文诗:'毛嫱貌本绝,踉跄入毡帏。'"《辞源》引韩愈《赠张籍》诗为例。门限,门框下横木,中原人口语,至今仍用。

④赧:诸本作"被"。赧、被同。文《详注》:"被,惭而面赤也,音乃板切。"魏本:"被,与赧同。祝曰:《孟子》(《滕文公下》):'观其色,赧赧然。'"钱仲联《集释》:"诸本作'被'。按'被',俗字,当作'赧'。补释:《方言》:'赧,愧也,秦、晋之间,凡愧而见上谓之赧。'"童《校诠》:"第德案:说文:赧,面惭赤也,从赤,反声。周失天下于赧王。广韵二十五潸云:赧,俗作被,钱说本诸广韵。"

⑤"昨因"二句:缘事,沈钦韩《补注》:"谓官府相缘之事。"手版,文《详注》:"《晋(书)·舆服志》云:'手版,即古笏名。'"魏本:"孙曰:'手版,笏也。笏、薄、手版,一物而异名。'韩曰:《舆服志》:'八坐尚书执笏者自笔缀手板头,其余王公、卿士俱执手板,正主于敬。'"按:手版,即笏版,官员上朝手持的记事版。《周礼·天官》:司书,贾公彦疏:"若在君前,以笏记事,后代用簿。簿,今手版。"《宋书·礼志五》:"手板,则古笏矣。"韩公《卢郎中云夫寄示盘谷子诗两章歌以和之》:"行抽手版付丞相,不待弹劾还耕桑。"

⑥"留君"二句:厅,王本作"听",非。诸本作"厅",是。

按:厅,堂也,室也。方成珪《笺正》:"王本作'听'为古,加广作'廳',自六朝始也。"钱仲联《集释》:"元刻王本作'厅'。方所据者,明翻王本也。"盏(zhǎn 阻限切,上,产韵),文本、祝本、魏本作"醆"。宋白文本、廖本、王本作"醆"。醆、醆、琖、盏同,今简作"盏"。韩公《祭河南张员外文》:"君止于县,我又南逾。把盏相饮,后期有无。"钱仲联《集释》:"《说文》(角部):'醆,爵也。'"虽生活细事,却有情趣。故朱彝尊《批韩诗》:"就陪饭说来,有情致。"

⑦而莞(wǎn 户板切,上,潸韵):微笑貌。文《详注》:"莞,小

笑貌,音华板切。《论语》(《阳货》)云:'[子之武城,闻弦歌之声,]夫子莞尔而笑。[曰:割鸡焉用牛刀?]'"按:而莞,即莞尔。莞尔,微笑也。如上引《论语·阳货》。汉张衡《东京赋》:"(安处先生)乃莞尔而笑曰:'若客所谓,末学肤受,贵耳而贱目者也。'"《后汉书·蔡邕传》:"邕莞然而笑曰:'此足以当之矣。'"

⑧ "指渠相贺言"八句,乃张籍指韩昶而向韩愈祝贺,谓韩昶聪慧,可嗣香火,乃韩氏万金家产也。

渠:文《详注》:"渠,谓公之子也。自此至'自得高骞产',皆籍之贺言。《列子》(《杨朱》)曰:'卫端叔家累万金之产。'"

⑨ "吾爱"二句:风骨,品格、骨气。《宋书·武帝纪上》:"(桓)玄见高祖,谓司徒王谧曰:'昨见刘裕,风骨不恒,盖人杰也。'"

拣:钱仲联《集释》:"拣,择也。"按:拣,拾也,乃中原人口语,如"拾来的孩子",也说"拣来的"。谓这样聪明有骨气的优秀孩子,不可能是拣来的。

⑩ 弗(chǎn 初限切,上,产韵):烧肉器。《辞源》引韩诗为例。文本作"串",宋白文本、祝本、魏本、廖本、王本均作"弗",是。魏本:"孙曰:'弗,所以贯肉,初限切。'"文《详注》:"音刬,炙肉串也。言篇什之多贯穿相连也。学者必始于诗,故先授以此。"钱仲联《集释》:"《一切经音义》《字苑》曰:'弗,初眼反,谓以签贯肉炙之者也。'"王元启《记疑》:"以诗义授儿,等之肉贯弗者,言有顷即熟,见儿之慧也。"朱彝尊《批韩诗》:"正以质意佳,然却未尝不炼。"按:《古汉语常用字典》等亦以韩诗为例。

⑪ 开袪(qū 去鱼切,平,鱼韵):袪,袖口,代衣服。开袪,即开怀。《汉书·兒宽传》:"合袪于天地神祇。"《文选》扬雄《剧秦美新》:"权舆天地未袪,睢睢盱盱。"注:"言混沌之始,天地未开,万物睢盱而不定也。"魏本:"孙曰:袪,衣袂。开袪,犹开怀也。"王元启《记疑》:"袪,恐当作'胠箧'之'胠'。胠亦开也,其字从月不从衣。旧本作'袪',训衣袂,非是。"钱仲联《集释》:"孙训袪为衣袂,固未得诗义。王欲改'袪'为'胠',亦非是。胠字本训为腋下,见《说

文》。其训开,为假借义。《说文》:'袪,衣袂也。'《广雅》:'袪,开也。'《汉书·兒宽传》注:'李奇曰:袪,开散。'则袪字亦可训开,二者同为假借,不必改袪为胠也。"童《校诠》:"第德案:广雅释诂二:袪,去也,王念孙曰:袪,去古同声,袪各本讹作裕,卷三内袪,开也,袪讹作裕,正与此同。卷三:袪,开也,王云:汉书兒宽传:合袪(官本汉书作袪)于天地神祇,李奇注云:袪,开散也,今据以订正(原文讹作裕)。庄子胠箧篇:胠箧探囊发匮之盗,司马彪注云:从旁开为胠;秋水篇:公孙龙口呿而不合;吕氏春秋重言篇:君呿而不唫,高诱司马注并云呿,开也。袪、胠、呿古通用,袖口谓之袪,义亦同也。按:王氏谓袪、胠、呿(说文无呿)古通用,斯为通人之论,其云袪、去古同声,盖以去(人相违也)为袪、胠、呿本字。钱斥孙、王之非,孙以说文袪有一曰裹也之训,故以开怀释之。亦不悟胠、袪本字应作去,所引李奇注,本诸王氏,未出王氏之名,有违不掩善之义。此诗正文作袪,祝本同,孙本作袪,故以衣袂开怀作释。袪,见集韵,为袪之后出字。诗鲁颂駉:以车袪袪,唐石经相台本作袪袪,阮校云:袪字是。"

毫末:微小貌。顾嗣立《集注》:"《老子》:'合抱之木,生于毫末。'"

⑫ 蹇产:朱《考异》:"蹇,或作'巉'。"廖本注:"产(嵼),或作'产'。"又云:"屈原《九章》(《哀郢》):'思蹇产而不释。'王逸曰:'蹇产,诘屈也。'"文《详注》:"蹇产,山高貌。上音其展切,下音所简切。"魏本注:"蹇产,山屈曲貌。"又音注:"巉,基展切。产,所简切。"祝曰:《选》:'连岗岩以巉嵼',一作'蹇产',高貌。孙曰:《楚辞》'思蹇产之不矣'是矣。方成珪《笺正》:"东方朔《七谏·哀命篇》:'望高山之蹇产。'张衡《西京赋》:'珍台蹇产以极壮。'曹植《妾薄命》篇:'钓台蹇产清虚。'俱与巉嵼义同,言高而复屈曲也。"童《校诠》:"第德案:蹇产字始见楚辞九章悲回风篇。广韵蹇收二十八狝,产即二十六产部首,狝、产古音合为一部,蹇产叠韵,作为形况词,但取其音而已,从山者为后出字,说文未收,所谓孳乳而浸多也。孙

注引作峍,与廖所见本及今本异,不矣之矣应作释,涉下文矣字而误。廖氏即采孙注,王逸注乃廖所加,钱以为廖语,未加分别。"按:缕析之宜作"塞峍"。

⑬蹈:践、踏。丘轲,孔丘、孟轲。蹈丘轲,即走孔子、孟子的路。魏本:"《补注》:东坡诗云:'翁如退之蹈丘轲。'我身,一作'子身'。"钱仲联《集释》:"此籍称愈之词,'我身'疑当作'君身'。《史记·货殖传》索隐:'绾者,绾统其要津。'"何焯《义门读书记》卷三〇:"安溪(李光地)云:蹈道何以便须早绾爵位?此等与《病中赠张籍》末数行,皆可谓直而无礼也。"曾国藩《求阙斋读书录》卷八:"'我身'疑当作'君身',盖籍称公,不应'我'之也。"吴汝纶《韩集评点》校"我"为"子",云:"'我'字误。"童《校诠》:"第德案:我身一作子身是也。此诗自指渠相贺言至文章绍编划,皆张文昌语,感荷君子德以下始为公语。文昌言公身蹈丘轲,宜早绾爵位,与孟子:修其天爵而人爵从之,义同。自文昌言之则可,出于公言则不免矜夸,安溪所见本为我字,故有直而无礼之语,若作子身,则其疑尽释矣。曾氏亦未见魏本注,故疑我当作君。吴校我作子,当依此本校改。"诸本均作"我"字。惟魏本注:"我身,一作'子身'。"按:以诗文之意,当作"子"字,即你,指韩愈。童说有理,幸好魏本保留此一版本。绾(wǎn 乌板切,上声,潸韵),贯联结纳也。《史记·货殖列传》:"东绾秽貉、朝鲜、真番之利。"索隐:"绾者,绾统其要津。"《史记·绛侯周勃世家》:"绛侯绾皇帝玺,将兵于北军。"

⑭编划:文《详注》:"编划,谓简册也。"魏本音注:"划,楚限切。"方世举《笺注》:"《广韵》(上声二十六产):'划,削也。'编划,编缉删削也。"以上谓张籍语。

⑮"感荷"二句:感荷即感谢。南朝宋鲍照《拜侍郎上疏》:"忧愧增灼,不胜感荷屏营之情。"《辞源》亦引韩诗为例。蒋抱玄《评注》:"《北史·阳平王传》:'吴人感荷。'"恍(huǎng 许昉切,上,养韵),文本作"愧"。诸本作"怳",今作"恍",忽然也。《晋书·刘伶传·酒德颂》:"兀然而醉,怳尔而醒。"朽,廖本、王本注:"朽,一作

'朽'。"作"朽"误。今从诸本作"朽"。此句谓:感戴君子(指张籍)的恩德,忽然像乘腐朽的栈车一样,实不敢担荷也。文《详注》:"君子谓籍。《周礼》(《春官·巾车》)'士乘栈车'注云:'[栈车]不革,挽而漆之。'"王元启《记疑》:"栈,车也。《周礼》:'士乘栈车。'《书》:'予临兆民,凛乎若朽索之驭六马。'乘朽栈者,惊恐之意,虑其不副所言,如朽车之立败也。故必召令吐所记,至解摘之后,然后瑟僴乃了。此句正是未了瑟僴之时。旧注预照下文喜气,释为惊喜之貌,意虽密,辞则疏矣。"

⑯解摘了瑟僴:魏本:"孙曰:解摘,谓解释也。《诗》(《卫风·淇澳》):'瑟兮僴兮。'注:'矜庄宽大也。'"文《详注》:"解,释也。摘,举也。了,达也。言既诵其所记之诗,又能讲解《淇澳》之义,义盖取可与言诗之意欤?《淇澳》诗云:'瞻彼淇澳,绿竹猗猗。有匪君子,如切如磋,如琢如磨。瑟兮僴兮,赫兮咺兮。有匪君子,终不可谖兮。'猗猗,盛也。匪斐通,有文之貌也。瑟,矜庄也。僴,宽大也。赫,明也。咺,著也。谖,忘也。淇之泽深矣。然不可得而见所可见者,其隈之绿竹也。以是知其积诸内者厚,所以美武公之德欤。"胡仔《苕溪渔隐丛话》前集卷一六引《蔡宽夫诗话》:"旧说退之子不惠,读金根车,改为金银。然退之《赠张籍》诗所谓'召令吐所记,解摘了瑟僴',则不应不识字也……不知诗之所称,乃此二子否乎?"钱仲联《集释》:"解摘者,谓摘取数语,问之而能解也。退之子除昶外,尚有一子名佶,见《祭侯主簿文》。说部所载金根车事,皆谓昶。"朱彝尊《批韩诗》:"下句险而净。"

⑰觇(chān 丑廉切,平,盐韵)眚(mǎn 母版切,上,潸韵):窥视。《后汉书·马融传·广成颂》:"右眚三涂,左概嵩岳。"文《详注》:"眚,视也,音武板切。班孟坚《宾戏》云:'眚龙虎之文。'"

⑱睍(xiàn 胡典切,上,铣韵)睆(huǎn 户板切,上,潸韵):美好貌。《诗·邶风·凯风》:"睍睆黄鸟,载好其音。"注云:"好貌。"陈奂《诗毛氏传疏》:"好,谓声音之好也。"文《详注》:"睍睆,莺声也。《诗》(《邶风·凯风》)云:'睍睆黄鸟,载好其音。'"

⑲便可耕灞浐：文《详注》："灞、浐，二水名。皆出蓝田谷，入渭。"魏本："孙曰：灞、浐，长安二水名。司马相如《上林赋》曰：'终始灞浐，出入泾渭。'诗意谓有子如此，便可谋归耕也。"钱仲联《集释》："《三辅黄图》：'霸水出蓝田谷，西北入渭。浐水亦出蓝田谷，北至霸陵入霸。'据麟德元年(664)《何刚墓志》，灞、浐之间，有三辅胜地之称。长安城东郊，灞、浐之间，实际是在皇族与权要官僚意图下布置成之游览区，故昌黎欲退耕于此，而不言归耕河南河阳旧籍也。"

【汇评】

清朱彝尊：只是喜子聪明，却借张籍说。（顾嗣立《昌黎先生诗集注》卷五）

清何焯：《赠张籍》："吾老著读书。"东方朔《客难》："著于竹帛，唇腐齿落，服膺而不失。"此"著"字所本也。"我身蹈丘轲"二句，安溪云：蹈道何以便须早绾爵位，此等与《病中赠张籍》末数行，皆可谓直而无礼也。（《义门读书记》卷三〇）

清姚范：《赠张籍》"吾老著读书"注：诸本"著"作"嗜"，著如"高士著幽禅""少年著游宴"之"著"。按：此本东方朔《客难》："著于竹帛。"（《援鹑堂笔记》卷四一）

清曾国藩：《赠张籍》："此是黄金产"（"黄"当作"万"）至"文章绍编划"十一句，皆张籍之辞。"我身"疑当作"君身"，盖籍称公，不应"我"之也。（《求阙斋读书录》卷八）

蒋抱玄：意调纯以质峭胜，末段用险韵，不愧圣手。（《注释评点韩昌黎诗全集》）

程学恂：此诗于极真处见与籍知交之厚，故题曰《赠籍》也。若认作誉儿常情，则此诗可不作。"我身蹈丘轲"，自任得妙。"固宜长有人"，自信得妙。（《韩诗臆说》卷二）

调张籍①

元和十一年

元和八年(813),元稹《唐故工部员外郎杜君墓系铭并序》云:"时山东人李白,亦以奇文取称,时人谓之李杜。予观其壮浪纵恣,摆去拘束,模写物象及乐府歌诗,诚亦差肩于子美矣。至若铺陈终始,排比声韵,大或千言,次犹数百,词气豪迈而风调清深,属对律切而脱弃凡近,则李尚不能历其藩翰,况堂奥乎?"此尊杜抑李。元和十年(815),白居易贬江州司马,写给通州元稹的信《与元九书》云:"又诗之豪者,世称李杜。李之作,才矣奇矣,人不逮矣,索其风雅比兴,十无一焉。杜诗最多,可传者千余首,至于贯穿今古,觇缕格律,尽工尽善,又过于李。"李杜优劣之争发生在中唐,元白是代表;张籍虽属韩门,乐府诗则近白,诗学观也近白,故韩愈有此一诗,当写于元和十一年(816)。把我国浪漫主义诗歌优秀传统推向高峰者李白,把我国现实主义诗歌优秀传统推向高峰者杜甫,都是我国唐代的伟大诗人。然时尚未受到普遍重视,中唐前李名高于杜,元白一出,又扬杜抑李,都失之片面。真正诚心学李杜,得其精髓,集李杜之成,振兴中唐诗坛,开一代诗风的是韩愈。他以自己的亲身体会,对李杜作出正确评价。《调张籍》这首诗就是借戏赠张籍,力排众议,批评了当时诗坛上扬杜抑李的偏见,对李杜作了同样高度的评价:"李杜文章在,光焰万丈长。"诗中间一段,用极为丰富的想象,瑰奇多变的语言,夸张恰切的比喻,总结了李杜的创作实践,盛赞李杜的诗歌成就。写法本身就是从《离骚》到李白诗歌浪漫主义传统的最好继承。从诗歌内容看,作者以剑锋一样的笔直刺中唐诗坛的现实,触及了众目睽睽的一个重大问题:李杜之争。这种直面现实的精神,又是对杜甫现实主义精神的继承。所以说这首诗本身就是现实主义与浪漫主义结合的产物,是韩愈向李杜学习的最好例子。

李杜文章在②,光焰万丈长③。不知群儿愚④,那用故谤伤⑤?蚍蜉撼大树,可笑不自量⑥!伊我生其后⑦,举颈遥相望⑧。夜梦多见之,昼思反微茫⑨。徒观斧凿痕,不瞩治水航⑩。想当施手时,巨刃磨天扬⑪。垠崖划崩豁⑫,乾坤摆雷硠⑬。惟此两夫子⑭,家居率荒凉⑮。帝欲长吟哦⑯,故遣起且僵⑰。剪翎送笼中,使看百鸟翔⑱。平生千万篇,金薤垂琳琅⑲。仙官敕六丁⑳,雷电下取将㉑。流落人间者㉒,太山一豪芒㉓。我愿生两翅,捕逐出八荒㉔。精神忽交通㉕,百怪入我肠㉖。刺手拔鲸牙㉗,举瓢酌天浆㉘。腾身跨汗漫㉙,不著织女襄㉚。顾语地上友㉛,经营无太忙㉜!乞君飞霞佩㉝,与我高颉颃㉞。

【校注】

① 题:文《详注》:"《雪浪斋日记》(亦见《苕溪渔隐丛话》前集卷一六)云:退之参李杜,透机关,于《调张籍》见之。自'我愿生两翅,捕逐出八荒'以下,至'乞君飞霞佩,与我高颉颃',此领会语也。从退之言诗者多,而独许籍者,以有见处可以传衣钵耳。"魏本引《补注》内容同文注,而标说源于《笔墨闲录》。文《详注》:"《补注》:公前后称李杜者不一,然终未尝致优劣于其间。《旧史·甫传》云:甫与李白齐名,而白自负文格放达,讥甫龌龊,而有'饭颗山前'之嘲。元和中,词人元稹论李杜优劣云。属文者以稹论为是。按:稹《子美墓志》(《唐故工部员外郎杜君墓系铭》)言……微之作此论时,公正在朝,不知以为然否?或云元之说,退之以为不然。此诗为稹设也。及观鲁直亦云:'吾友黄介读李杜优劣论曰:论文正不当如此。予以为知言。'盖可见矣。此诗自'我愿生两翅'下,《潮州庙记》所谓'追逐李杜参翱翔'也。其曰'乞君飞霞佩',所以与张籍者如此。《调张籍》魏道辅(见魏泰《临汉隐居诗话》)云:'元稹作李杜优劣论,先杜而后李,退之以为不然,此诗为微之发也。'"方世举《笺注》:"此诗极称李杜,盖公素所推服者,而其言则有为而发。《旧唐书·白居易传》:元和十年(815),居易贬江州司马。时元微之在通州,尝与元书,因论作文之大旨云:'诗之豪者,世称李杜……'是李杜交讥也。元于元和八年(813)作《杜工部墓志铭》

云:'诗人以来,未有如子美者……'其尊杜而贬李,亦已甚矣。时其论新出,愈盖闻而深怪之,故为此诗,因元、白之谤伤,而欲与籍参逐翱翔。要之,籍岂能頡颃于公耶?此所以为调也。"钱仲联《集释》:"籍虽隶韩门,然其乐府诗体近元、白而不近韩,故白亟称之。元、白持论,当为籍所可,故昌黎为此诗以启发之欤?"按:调(tiáo),调笑,此为戏赠。《世说新语·排调》:"康僧渊目深而鼻高,王丞相每调之。"谢灵运《拟魏太子邺中集·应玚》:"调笑辄酬答。"白居易至江州在元和十年(815)九月以后,《与元九书》当在是冬,韩诗若写于白书后,时当在元和十一年(816)末。张籍,韩愈的学生和朋友,中唐著名诗人。字文昌,行十八,祖籍吴郡(今江苏苏州),后移居和州(今安徽和县)。德宗贞元十五年(799)中进士。历太常寺太祝、国子助教、博士、水部员外郎、国子司业等。世称张司业、张水部。因家贫,患眼病,孟郊称其为"穷瞎张太祝"(《寄张籍》)。中进士前从学韩愈,称韩门子弟。与王建交游,共倡乐府,世称"张王乐府"。白居易《读张籍古乐府》云:"张君何为者?业文三十春。尤工乐府诗,举代少其伦。"语言平实精炼。故王安石《题张司业诗》云:"看似寻常最奇崛,成如容易却艰辛。"与孟郊、贾岛、于鹄、白居易交游多有赠答。有《张司业集》,新旧《唐书》有传。详见张清华《韩愈大传·张籍传》。

② 李杜:李白、杜甫,皆盛唐伟大诗人。文章,泛指诗文。王本引《集注》:"退之有取于李、杜,如《荐士》、联句、《留东野》、《望秋》、《石鼓》等诗,每致意焉,然未若此诗之专美也。"

③ 光焰万丈长:焰,方《举正》订,云:"洪校。《选·西京赋》:'光焰烛天庭。'诸本作'艳',非。"朱《考异》作"焰"。(下引方语)南宋监本原文作"艳"。文本、潮本、浙本、祝本、魏本作"艳"。宋白文本、廖本作"焰",是。

光焰:光辉、光芒,或谓气势。《左传》庄公十四年:"人之所忌,其气焰以取之。"宋梅尧臣《喜谢师厚及第》:"南方朱鸟目,光焰令人惊。"唐苏颋《奉和圣制春台望应制》:"圆阙朱光焰,横山翠微积。"光焰万丈,形容极光辉灿烂,《汉语大词典》引韩诗为例,鲁迅《书信集·致韦素园》:"这些人大抵便是所谓'文学家'……以为将我除去,他们的文章便光焰万丈了。"

魏本引《集注》云:"临川删取四家诗则以老杜为第一,文忠第二,退之第三,李白第四。其说云:'欧公文章不及退之,至诗则各有所长。太白十首,九说酒与妇人,其才豪俊亦可取也。然文忠于退之、退之于太白,皆自谓不可企及,何耶?'"按:五言起句之妙,最为警策者,此古文散行语势者也。

④ 不知:无知。群儿,幼稚的小儿辈。此句诗谓杜优于李论者,乃无知小辈。

⑤ 那用:哪里用得着。谤伤,毁谤中伤。魏泰《临汉隐居诗话》:"元稹作李杜优劣论,先杜而后李,韩退之不以为然,诗曰'李杜文章在,光焰万丈长。不知群儿愚,何用故谤伤?蚍蜉撼大树,可笑不自量',为微之发也。"宋周紫芝《竹坡诗话》:"元微之作李杜优劣论,谓太白不能窥杜甫之藩篱,况堂奥乎?唐人未尝有此论,而稹始为之。至退之云:'李杜文章在,光焰万丈长。不知群儿愚,那用故谤伤。'则不复为优劣矣。洪庆善作《韩文辨证》,著魏道辅之言,谓退之此诗为微之作也。微之虽不当自作优劣,然指稹为'愚儿',岂退之之意乎?"陈师道《后山诗话》:"余评李白诗,如张乐于洞庭之野,无首无尾,不主故常,非墨工椠人所可拟议。我友黄介读李杜优劣论曰:'论文正不当如此。'余以为知言。"魏本引《集注》:"元稹李杜优劣论云:'诗人以来未有如子美者。'李阳冰序李太白诗云:'风骚之后,千载独步,唯公一人。'退之论李杜无优劣,如《荐士》诗云:'勃兴得李杜。'《城南联句》云:'蜀雄李杜拔。'《感春》诗云:'近怜李杜无检束。'《醉留东野》云:'昔年因读李白、杜甫诗。'《酬司门卢四兄望秋作》云:'远追甫白感至诚。'《石鼓歌》云:'少陵无人谪仙死。'及此云云,公于李杜未尝分优劣也。东坡谓公'追逐李杜参翱翔',亦可以见公之意。魏道辅云:'公作此诗为微之发,盖稹作李杜优劣论先杜后李故尔。'黄鲁直云:'吾友黄介读李

白(当作杜)优劣论曰:'论文正不当如此。'予以为知言。临川删取四家诗,则以老杜为第一,文忠第二,退之第三,李白第四。其说云:欧公文章不及退之,至诗则各有所长,太白十首九说酒与妇人,其才豪俊,亦可取也,然文忠于退之、退之于太白,皆自谓不可企及,何耶?"方成珪《笺正》:"鲍以文云:此是《工部墓志》,非论也。愚按:微之《墓志》亦是文家借宾定主常法耳,况并未谤伤供奉也。谓此诗为微之发,当不其然。"

⑥ "蚍蜉"二句:魏本注:"蚍蜉,大蚁也。蚍,音毗。蜉,音浮。"顾嗣立《集注》:"《尔雅》:'蚍蜉,大蚁。'郭璞曰:'俗呼马蚍蜉。'"方世举《笺注》同顾而简。蚍蜉,大蚂蚁。《尔雅·释虫》:"蚍蜉,大蚁。"郭璞注:"俗呼为马蚍蜉。"撼,动摇。贾思勰《齐民要术·种枣》:"收法:日日撼而落之为上。"此二句谓:像蚂蚁一样的小虫想撼动大树,岂不令人可笑其太不自量力了。朱彝尊《批韩诗》:"后生妄议者多,不必专指元。"

⑦ 伊:发语词,表示敬慕的语气。《诗·邶风·谷风》:"伊余来塈。"《诗·郑风·溱洧》:"伊其相谑。"杨树达《词诠》谓语首助词,无义。《尔雅·释诂》:"伊,维也。"郭璞注:"发语辞。"《诗·周颂·我将》:"伊嘏文王,既右飨之。"其,代词,指李杜。

⑧ 举颈:引颈,即伸长脖子。遥相望,远望。文《详注》:"鲍明远乐府(《出自蓟北门行》)诗:'[天子按剑怒,]使者遥相望。'"魏本注:"望,音忘。"承上二句谓:他对李杜非常仰慕。

⑨ 微茫:形象模糊不清而又隐约可见。陈子昂《感遇诗》之二十七:"巫山彩云没,高丘正微茫。"李白《惜余春赋》:"试登高而望远,极云海之微茫。"韩公《赠侯喜》:"尽日行行荆棘里,温水微茫绝又流。"

⑩ "徒观"二句:现在虽能看到李杜的诗歌创作,但无法看到他们的创作过程;犹如现在能看到夏禹开山凿渠的痕迹,却看不到他治水的航道一样。斧凿痕,用斧开山凿渠的痕迹。魏本:"韩曰:郭璞《江赋》:'巴东之峡,夏禹疏凿,绝岸万丈,壁立霞驳。'诗意谓

李杜文章如禹疏凿江峡,虽有迹可寻,而当时运量之巧,则今不可得而睹矣。"文《详注》:"自唐兴,承江左余风,文尚雕靡。至天宝之间,惟二公独以雄雅倡之,障堤末流,如大禹治水,其功万世永赖也。《水经》(《河水》四)云:'龙门未辟,吕梁未凿,河出孟门之上,大溢逆流,名曰洪水。禹疏通谓之孟门,即龙门之上口也。实谓黄河之巨流,此石始经禹凿,河中漱广,夹岸崇深,悬流千丈。'故此云'巨刃摩石(当为天)扬'也。航,舟也。《史记》(《河渠书》):'大禹水行乘舟。'"沈钦韩《补注》:"《寰宇记》:'《郡国志》云:杭州余杭县,夏禹东去,舍舟船登陆于此。'案:以禹治水为况,谦未能穷源竟委也。"

⑪"想当"二句:以大禹施展本领挥舞大斧开山凿渠,比喻李杜创作之宏阔深邃,不可企及。施手,挥舞,动手。巨刃,开山的大斧。磨天,触着天。扬,高高举起。

⑫垠崖:方《举正》"垠"作"根",云:"杭作'根崖',蜀作'垠崖',吕谢从'根'。"朱《考异》:"垠,方作'根'。"南宋监本原文作"垠"。宋白文本、文本、祝本、魏本、廖本、王本均作"垠"。文、魏本注:"一作'根'。"作"垠",是。

垠崖:文《详注》:"垠,岸也。划,开也。崩豁,坏落也。言高岸坏落,其声震动天地,如雷霆也。以喻唐室中乱。《小雅·十月之交》刺幽王'烨烨震电,不宁不令。百川沸腾,山冢崒崩。高岸为谷,深谷为陵'是也。"魏本注:"垠,岸也。"垠崖,高大的渠壁石崖。划,辟开。崩豁,崩裂后形成的大豁口。

⑬乾坤:天地。摆,宋白文本、文本、廖本等作"摆"。魏本(文渊阁四库本)作"罢",当为笔误,当从宋刻本作"摆"。摆,震荡。雷硠(láng),山崩的声音。文《详注》:"左太冲《吴都赋》云:'菈擸雷硠。'注云:'硠,音郎,山崩之声。'"魏本注:"硠,山崩声也。孙曰:左思曰:'拉擸雷硠。'韩曰:'硠,磕石声。郭璞《江赋》:'巴东之峡,夏禹疏凿,绝岸万丈,壁立霞驳。'又云:'瀓如地裂,豁若天开。触曲崖以萦绕,骇崩浪而相礧。'诗意谓:李杜文章如禹疏凿江峡,虽

有迹可寻,而当时运量之巧,则今不可得而睹矣。"童《校诠》:"第德案:拉,当依文选吴都赋作菈,廖本作菈不误,刘注:菈擸雷硍,崩弛之声。说文:拉,摧也,无菈字(玉篇草部菈引方言东鲁人呼芦菔为菈蘧子,非此义),吴都赋下文有拉捭摧藏语,刘注:拉,顿折也;捭,两手击绝也(说文无绝字),则当以作拉为正。摆同捭,为捭之后出字,公此诗乾坤摆雷硍之摆当兼用吴都赋。一曰礼记礼运:燔黍捭豚,段曰:假捭为擘,薛注,张平子西京赋云:华山,古语云:此本一山,当河水过之而曲行,河之神以手擘开其上,足踏离其下,中分为二,以通河流,摆雷硍谓擘裂之声雷硍然也,亦备一说。首当作音。"按:以上四句用想象中大禹劈山治水的场景,形容李杜作品的巨大艺术力量。故朱彝尊《批韩诗》云:"运思好,若造语则全是有意为高秀。"施补华《岘佣说诗》谓四句为"奇杰之语,戛戛独造。"韩愈嗜古而善学,学古者当如汪琬《批韩诗》所云:"学古当如此。"菈,《唐韵》:卢合切,音拉。《玉篇》:"《方言》云:东鲁人呼芦菔为菈蘧子。"又左思《吴都赋》:"菈擸雷硍。"注:"崩弛之声。"蘧,《唐韵》:"徒合切,音沓。"《康熙字典》:"菈蘧,详菈字注(见上)。"

⑭ 两夫子:指李白、杜甫。

⑮ 家居率荒凉:谓李杜不得志,生活穷困潦倒。家居,指家庭生活。率,大抵。荒凉,荒废孤寂,困窘贫寒。《文选》卷四三南齐孔德璋《北山移文》:"涧石摧绝无与归,石径荒凉徒延伫。"《艺文类聚》卷七七后魏温子升《寒陵山寺碑序》:"寂寞销沉,荒凉磨灭。"高步瀛《唐宋诗举要》卷一:"此写运穷,语极沉痛。"

⑯ 帝:天帝。长吟哦,即长吟诗,古人讲吟诗,即进行诗歌创作。

⑰ 遣:指使,吩咐。起,奋起,振作。僵,跌倒,困顿失意。此二句谓:天帝想让他们长久作诗,就故意使他们过着苦乐不安定的生活。文《详注》:"言天生二子,欲使长以吟咏遗后世,故当时虽少见用,俄而摈斥以激发其意。盖诗者有感而后作,惟穷人然后工之尔。故东坡《和王巩》诗曰:'谪仙窜夜郎,子美耕东屯。造物岂不

惜,要令工语言。'又《次韵张安道》云:'谁知杜陵杰,名与谪仙高。扫地收千轨,争标看两艘。诗人例穷苦,天意遣奔逃。'可以发明公之诗意。"

⑱ 剪翎送笼中:文《详注》:"左太冲(思)《咏史诗》云:'习习笼中鸟,举翮触四隅。落落穷巷士,抱影守空庐。'"魏本:"韩曰:弥衡《鹦鹉赋》:'闲以雕笼,剪其翅羽。'"按:翎,翎毛,鸟翅和尾巴上的长羽毛。翔,飞。此句写天帝把他们的翎毛剪去,因在笼里,只能看百鸟自由飞翔,激发他们的创作。实惜李杜运穷困居,语极亲切沉痛。

⑲ 金薤(xiè)垂琳琅:文《详注》:"《酉阳杂俎》(前集卷一六《广动植之一》)曰:'山上有葱,下必有银;有薤,下必有金。'琳琅:玉名,似珠。言二子之诗,如金玉之铿锵也。薤,音下介切。"魏本:"韩曰:'金薤,书也。古有薤叶书。琳琅,石也。言李杜文章播于金石云尔。'祝曰:《书》(《禹贡》):'厥贡惟球琳琅玕。'注:'球琳:皆玉名。琅玕:石而似珠。'"廖本注:"萧子良《古今篆隶书体》:有金错书,倒薤书。"金,金错书。薤,倒薤书。皆古代书体名。《辞源》引韩诗为例。明都穆撰《金薤琳琅》二十卷搜集金石文字,编次而加以辩证,上始周秦,下迄隋唐,其名即取于韩诗。两说均通。

⑳ 仙官:道家指有爵位的神仙。《太平广记》卷三:"比及百年,阿母必能致汝于玄都之墟,迎汝于昆阆之中,位以仙官,游于十方。"此为管仙人之官,即天帝。敕,命令。六丁,六丁神甲,道教神名。《后汉书·梁节王畅传》:"从官卞忌自言能使六丁,善占梦。"李贤注:"六丁,谓六甲中丁神也。若甲子旬中,则丁卯为神,甲寅旬中,则丁巳为神之类也。役使之法,先斋戒,然后其神至,可使致远方物及知吉凶也。"钱仲联《集释》:"《黄庭内景经》:'神华执巾六丁谒。'梁丘子注:'六丁者,谓六丁阴神玉女也。'《老君六甲符图》云:'丁卯神司马卿,玉女足日之。丁丑神赵子玉,玉女顺气。丁亥神张文通,玉女曹漂之。丁酉神臧文公,玉女得喜。丁未神石叔通,玉女寄防。丁巳神崔巨卿,玉女开心之。言服炼飞根,存漱五

牙之道，成则役使六丁之神也。'"文《详注》："《仙传拾遗》云：道士姜元辩授张殖以太上役使六丁之术，凡有所求，无不立应。"魏本："《补注》：《异人记》云：'上元中，台州道士王远知善《易》，知人死生福祸，作《易总》十五卷。一日，雷雨云雾中一老人语远知曰：所泄者书何在？上帝命吾摄六丁雷电追取。远知惶惧据地。旁有六人，青衣，已捧书立矣。老人责曰：上方禁文，自有飞文保卫，金科秘藏玄都，汝何者，辄藏缃帙？远知曰：青丘元老传授也。'"高步瀛《唐宋诗举要》卷一："案：此唐代事，决非退之所用，此诗盖意造此言，或后人反据以傅会耳。"

㉑ 雷电：天神也。取将，二字同义，即拿去。

㉒ 流落人间者：流落，方《举正》作"流落"，云："蜀本作'留落'，孔毅父尝曰：《汉·霍去病传》：'诸将留落不偶。'今世俗皆作'流落'。按：江总诗（《关山月》）有'流落今如此'，少陵诗（《寄岳州贾司马六丈巴州严八使君两阁老五十韵》）'流落剑三千'，（《敬简王明府》）'流落意无穷'，皆只作'流落'字。盖留谓迟留，流谓飘流，自不可拘一义。公此诗与《南山诗》皆只当以'流落'为正。"朱《考异》："流，或作'留'。（下引方语）"宋白文本、文本、魏本、廖本作"流落"。宋白文本注："流，一作'留'。"当作"流"。方世举《笺注》："流落人间，盖言流传散布于世者也。"按：方说是。此谓李杜作多留少。与下句"太山一豪芒"合。

㉓ 太山一豪芒：方世举《笺注》："诗意言李杜之文，今虽盛传于世，然不过存什一于千百耳。世人方且不见其全，又安敢轻议乎？"太山，即泰山。豪芒，比喻很少，俗谓"一丝一毫"。方《举正》作"毫芒"，云："李本校'毫'作'豪'。按《庄子》（《齐物论》）'秋豪之末'，《孟子》（《公孙丑上》）'一豪挫于人'，班固《答宾戏》'锐思豪芒之内'，皆作'豪'字。然《楚辞》（东方朔《七谏·沈江》）'秋毫微而见容'，王逸曰'锐毛为毫'，是'毫'字自通。"朱《考异》："豪，方作'毫'……今按：毫，俗字。当作'豪'为正。"文本、祝本、魏本作"毫"。宋白文本、廖本、王本作"豪"。则作"豪"、作"毫"均可。《说

文·毛部》无"毫"字。《豕部》有豪字,本义为豕之鬣,如笔管者。高声,篆文从豕。按段注:凡言豪俊,豪毛皆引伸之义。豪俊字从豕,毫字从毛。则知本作豪,毫为后出字。《庄子·知北游》:"秋豪为小。"又云:"大马之捶钩者,年八十矣,而不失豪芒。"《史记·张耳陈馀列传》:"秋豪皆高祖力也。"《汉书·叙传·答宾戏》:"独摅意摩宇宙之外,锐思于豪芒之内。"《韩非子·喻老》:"宋人有为其君以象为楮叶者,三年而成,丰杀茎柯,毫芒繁泽,乱之楮叶之中,而不可别也。"《文选》晋陆机《文赋》:"考殿最于锱铢,定去留于毫芒。"则二语通用。豪本字,毫字后出。按:二句诗说李杜留传下来的诗不过像泰山的一根毫毛一样少。

㉔"我愿"二句:方《举正》据唐本增"翎"字,作"愿生两翅翎",云:"蔡、谢校。"按现存宋白文本、文本、祝本、魏本、廖本、王本诸《韩集》均作"我愿生两翅"五字。方氏增"翎"字后为五字,疑方所见南宋监本原文为四字,以全诗为五言,而原文有误。当增。捕逐,跟踪。八荒,指四海之外很远的地方。《史记·秦始皇本纪》:"(秦孝公有)并吞八荒之心。"《后汉书·冯衍传》注:"八荒,八方荒远之地。"刘向《说苑·辨物》:"八荒之内有四海,四海之内有九州。"

㉕精神忽交通:精神:文本、魏本作"精神"。宋白文本、祝本、廖本、王本作"精诚"。二语均通,按诗意与韩公用语特点,当作"精神"。

此句谓:自己的精神与李杜的精神相互交流。通,沟通。我努力向李杜学习,精神忽然沟通了;或精诚所至,忽然沟通了。然作"精神",善。

㉖百怪入我肠:此句谓各种奇异的艺术构想都涌现出来了。以上两句出语奇特。故文《详注》云:"言欲追逐二子出于幽眇,精神忽与之交通,百端奇怪遂生于中,形而为文也。《庄子》曰:'精者,诚之至也。'曹大家《东征赋》云:'精神通于神明。'东坡诗云'追逐李杜参翱翔,汗流籍湜走且僵'是也。"

㉗剌(là)手拔鲸牙：宋白文本、魏本、廖本等作"刺"(cì)，非。文本、祝本等作"剌"，是。

剌：违反，反手。按：《汉书·杜钦传》："外戚亲属无乖剌之心。"剌手，反手。姚范《援鹑堂笔记》卷四一："'剌手拔鲸牙'注：剌，刃之也。按：剌，疑'棘'，卢达切，戾也，盖如掖手耳。"陈景云《点勘》："按：剌手，当与《送穷文》'掖手覆羹'同义。注误。"方成珪《笺正》："剌，《临汉隐居诗话》作'引'。按：剌，当作'棘'，剌手犹反手转手。《说文》(束部)：'棘，戾也。'卢达切，从束。与从束音次者不同。"方世举《笺注》："剌手：剌，七亦切。按：犹赤手也。"方注非。

鲸牙：举弩牙，"鲸"通"擎"(qíng)。《文选》晋潘岳《射雉赋》："鲸牙低镞，心平望审。"徐爰注："鲸当作擎，举也。"童《校诠》："第德案：姚、陈、方雪斋均以为应作剌手，方扶南以为剌手犹赤手，义得两通。孙可之与王霖秀才书云：玉川子月蚀诗、杨司城华山赋、韩吏部进学解、冯常侍清河壁记莫不倚天拔地，句句欲活，读之如赤手捕长蛇。剌为赤之借字，足备一解。方疑鲸牙无考，按：吴氏筠檄江神文：按骊龙取其颔下之珠，搦鲸鱼拔其眼中之宝；廖书黑水靺鞨传：开元天宝间，献鲸睛，鲸牙疑当作鲸眼或鲸睛。一曰文选潘安射雉赋有鲸牙字，公盖用其字而不用其义，共详之。"韩诗"鲸牙"义与此不同，当径直作海洋猛兽鲸鱼之牙解为善。按：此句从杜甫《戏为六绝句》"未掣鲸鱼碧海中"化出。《全唐诗》卷六一九陆龟蒙《记事》诗"凤尾与鲸牙，纷披落杂唱"用此法。

㉘天浆：魏本引魏道辅云："高至于酌天浆，幽至于拔鲸牙，其思颐深远如此，讵止于曹、刘、沈、宋之间耶？"文《详注》："以喻得二子之奇怪。剌，戾也，音郎达切。《说文》(束部)曰：'从束从刀者剌之也。'徐锴以为剌乖违者莫若刀。一云裹也。《西京赋》云'贲育之俦祖裼戟手'与此同义。道辅又云：'元稹自谓知老杜矣。其论曰：上该曹刘，下薄沈宋。观退之诗，高至于酌天浆，幽至于拔鲸牙，其思颐深远宜如何？而讵止于曹、刘、沈、宋之间乎？'"方世举《笺注》："天浆岂即《中山经》(《山海经》)所谓'帝台之浆'耶？'酌

'天浆'以喻高洁,'拔鲸牙'以喻沈雄。"按:天浆,甘美的汁液,即琼浆,上帝饮用的玉液称天浆。《辞源》以韩诗为例。唐段成式《酉阳杂俎》续集卷九:"石榴甜者谓之天浆。"此二句谓:自己与李杜精神交通后,下海可拔鲸牙,上天可舀天浆。指诗歌创作的灵感可纵横驰骋,左右逢源。如何焯《批韩诗》:"此公自得处,所谓'不名一体,怪怪奇奇'。"

㉙ 汗漫:无边无际的太空。《淮南子·俶真训》:"至德之世,甘暝于溷澜之域,而徒倚于汗漫之宇。"渺茫不可知。又《道应训》:"卢敖游乎北海……至于蒙谷之上,见一士焉……卢敖与之语……若士者龁然而笑曰:'嘻,子中州之民,宁肯而远至此……吾与汗漫期于九垓之外,吾不可以久驻。'若士举臂而竦身,遂入云中。"此谓驰思如即世外之游。杜甫《奉送王信州崟北归》:"复见陶唐理,甘为汗漫游。"

㉚ 不著织女襄:方《举正》据唐本作"襄",云:"《诗》(《小雅·大东》):'跂彼织女,终日七襄。'襄,驾也。三本皆讹作'相'。"朱《考异》:"襄,或作'相',非是。"南宋监本原文作"相"。潮本、祝本、浙本作"相"。宋白文本、文本、廖本、王本均作"襄"。文本、魏本注:"一作'箱',一作'相'。"祝本作"相"。当作"襄"。

织女襄:织女织成的丝绸,比喻李杜文章无拘无束、飞驰腾越、潇洒自若的意境之美。《说文·衣部》:"襄,汉令,解衣而耕谓之襄。"段注:"襄,驾也,此骧之假借字。凡云襄上也,襄举也,皆同。"魏本:"孙曰:《诗》(《小雅·大东》):'跂彼织女,终日七襄。'襄,驾也。从旦至暮七辰,辰一移,因谓之七襄。"文《详注》:"言其文之美,视织女之云锦,不足以比之也。《淮南子》(《俶真训》)曰:'徒倚于汗漫之宇。'许氏云:'汗漫,不可知之也,谓九域之外。'《晋志》(《晋书·天文志》)云:'织女星,天女也,主果蓏丝布。'《辨证》云:相,旧本作襄。《诗》(《小雅·大东》)云:'企[跂]彼织女,终日七襄。'襄,驾也。天之运一日一夜周十二次,自卯至酉为终日,则七次天左旋。故织女终日进七次也。织之用纬,一往一来,反报成章。织女之行,一去而已,无报章之实。"童《校诠》:"第德案:诗大东:跂彼织女,终日七襄,毛传:跂,隅貌,襄,反也。正义:说文:吱,顷也,字从匕,孙毓云:织女三星,跂然如隅,然则三星鼎足而成三角,望之跂然,故曰隅貌。马瑞辰曰:说文盖从三家诗(说文引作吱彼织女)。孙注:跂为跂之讹。孙、方二氏释襄为驾,皆从郑笺。胡承珙曰:反即更也,吕览知度篇:其患又将反以自多,高注以反为更(其余二例从略),此诗言反者,亦谓从旦至暮,七更其次,孙、方不引毛传,不悟反有更义,郑笺仍申毛传也。作箱者亦非。"

㉛ 顾:回顾。语,告诉。地上友,世俗之人,拟指张籍等。

㉜ 经营无太忙:蒋抱玄《评注》:"《诗·大雅》(《灵台》):'经之营之。'"按:经营,建筑,营造。《诗·大雅·灵台》:"经始灵台,经之营之。"《书·召诰》:"卜宅,厥既得卜,则经营。"此指构思诗文。杜甫《丹青引赠曹将军霸》:"诏谓将军拂绢素,意匠惨澹经营中。"无太忙者,无乃太忙也。此乃韩公告诫地上友的话,亦当包括群儿。即无乃太急,指对李杜的评价结论下得太匆忙、草率。

㉝ 乞(qì):给予。魏本:"祝曰:乞,与人物也。《后汉》:'乞杨生师。'音气。"方成珪《笺正》:"见《后汉书·儒林·杨政传》,扬,当作'杨'。"按:《汉书·朱买臣传》:"上计吏卒更乞匄之。"师古注:"乞音气,匄音工大反。"《全唐诗》卷二四李白《少年行》三首之二:"好鞍好马乞与人,十千五千旋沽酒。"君,指张籍。飞霞佩,以飞舞的云霞作佩饰,即神仙的佩饰。元蒲绍简《登瀛州赋》:"参霞佩于群仙,溢埃风于万里。"清袁枚《续子不语·麒麟喊冤》:"又见空中云鬟霞佩,率领数妇人珊珊来者,跪奏曰:'妾姜氏,周王妃也。'"此乃《离骚》屈原之构想也。

㉞ 颉颃:文《详注》:"飞而上曰颉,飞而下曰颃。上音奚结切,下音塞刚切。"魏本:"韩曰:《诗》(《邶风·燕燕》):'颉之颃之。'"按:此为"颉之颃之"的缩语。乃飞上飞下,即飞翔。《诗·邶风·燕燕》:"燕燕于飞,颉之颃之。"传:"飞而上曰颉,飞而下曰颃。"《后汉书·史弼传论》:"史弼颉颃严吏,终全平原之党。"注:"颉颃,犹

上下也。"此句抱题,结出调字。如高步瀛《唐宋诗举要》卷一:"结出调意。吴曰:'雄奇岸伟,亦有光焰万丈之观。'"

【汇评】

宋周紫芝:元微之作李杜优劣论,谓太白不能窥杜甫之藩篱,况堂奥乎?唐人未尝有此论,而稹始为之。至退之云:"李杜文章在,光焰万丈长。不知群儿愚,那用故谤伤。"则不复为优劣矣。洪庆善作《韩文辨证》,著魏道辅之言,谓退之此诗为微之作也。微之虽不当自作优劣,然指稹为"愚儿",岂退之之意乎?(《竹坡诗话》)

宋张戒:元微之尝谓自诗人以来,未有如子美者;而复以太白为不及。故退之云:"不知群儿愚,那用故谤伤。"退之于李杜,但极口推尊,而未尝优劣,此乃公论也。子美诗奄有古今,学者能识国风骚人之旨,然后知子美用意处,识汉魏诗,然后知子美遣词处。至于掩颜、谢之孤高,杂徐、庾之流丽,在子美不足道耳。欧阳公诗学退之,又学李太白;王介甫诗,山谷以为学三谢;苏子瞻学刘梦得,学白乐天、太白,晚而学渊明;鲁直自言学子美。人才高下,固有分限,然亦在所习,不可不谨。其始也学之,其终也岂能过之?屋下架屋,愈见其小。后有作者出,必欲与李杜争衡,当复从汉魏诗中出尔。(《岁寒堂诗话》卷上)

宋胡仔:《隐居诗话》云:"元稹作李杜优劣论,先杜而后李,韩愈不以为然,作诗曰:'李杜文章在,光焰万丈长。不知群儿愚,何用故谤伤?蚍蜉撼大树,可笑不自量。'为微之发也。元稹自谓知老杜矣,其论曰:'上该曹、刘,下薄沈、宋。'至退之则曰:'引手拔鲸牙,举瓢酌天浆。'夫高至于酌天浆,幽至于拔鲸牙,其思臆深远宜如何,而讵止于曹、刘、沈、宋之间邪?"(《苕溪渔隐丛话》前集卷一四杜少陵九)

宋胡仔:《雪浪斋日记》云:"退之参李、杜,透机关,于《调张籍》诗见之,自'我愿生两翅,捕逐出八荒'以下,至'乞君飞霞佩,与我高颉颃',此领会语也。从退之言诗者多,而独许籍者,以有见处可

以传衣耳。"(同上卷一六韩吏部上)

宋葛立方：韩退之《调张籍》诗曰："刺手拔鲸牙，举瓢酌天浆。"魏道辅谓高至"酌天浆"，幽至于"拔鲸牙"，其用思深远如此，彼独未读《送无本诗》尔。其曰："吾尝示之难，勇往无不敢。蛟龙弄牙角，造次欲手揽。众鬼囚大幽，下觑袭元窨。"言手揽蛟龙之角，下觑众鬼之窨，皆难事，而无本勇往无不敢。盖作文以气为主也。则《调张籍》之句，无乃亦是意乎！(《韵语阳秋》卷二)

宋洪迈：汉太尉李固、杜乔，皆以为相守正，为梁冀所杀。故掾杨生上书乞李、杜二公骸骨，使得归葬。梁冀之诛，权势专归宦官，倾动中外。白马令李云露布上书，有"帝欲不谛"之语。桓帝得奏震怒，逮云下北寺狱。弘农五官掾杜众，伤云以忠谏获罪，上书愿与云同日死。帝愈怒，下廷尉，皆死狱中。其后襄楷上言，亦称为李、杜。灵帝再治钩党，范滂受诛，母就与之诀，曰："汝今与李、杜齐名，死亦何恨。"谓李膺、杜密也。李太白、杜子美同时著名，故韩退之诗云："李杜文章在，光焰万丈长。"凡四李、杜云。(《容斋四笔》卷一五)

宋陆九渊：有客论诗。先生诵昌黎《调张籍》一篇。……且曰："读书不到此，不必言诗。"(《象山语录》卷上)

宋黄震：《调张籍》形容李、杜文章，尤极奇妙。(《黄氏日抄》卷五九)

清朱彝尊：议论诗，是又别一调，以苍老胜。他人无此胆。后生妄议者多，不必专指元。运思好若造语，则全是有意为高秀。出语奇特。(顾嗣立《昌黎先生诗集注》卷五)

清沈德潜：《重订唐诗别裁集序》：新城王阮亭尚书选《唐贤三昧集》，取司空表圣"不著一字，尽得风流"，严沧浪"羚羊挂角，无迹可求"之意，盖味在盐酸外也。而于杜少陵所云"鲸鱼碧海"，韩昌黎所云"巨刃摩天"者，或未之及。余因取杜、韩语意定《唐诗别裁》，而新城所取，亦兼及焉。(《唐诗别裁集》卷首)

清沈德潜：《调张籍》：言生平欲学者，惟在李、杜，故梦寐见之，更冀生羽翼以追逐之。见籍有志于古,亦当以此为正宗,无用歧趋也。元微之尊杜而抑李,昌黎则李、杜并尊,各有见地。至谓"群儿愚"指微之,魏道辅之言,未可援引。(《唐诗别裁集》卷四)

清姚范:《调张籍》"刺手拔鲸牙"注:刺,刃之也。按:刺,疑"掜",卢达切,戾也,盖如掜手耳。(《援鹑堂笔记》卷四一)

清爱新觉罗·弘历:此示籍以诗派正宗,言己所手追心慕,惟有李杜,虽不可几及,亦必升天入地以求之。籍有志于此,当相与为后先也。其景仰之诚,直欲上通孔孟,其运量之大,不减远绩禹功,所以推崇李杜者至矣。(《唐宋诗醇》卷三〇)

清包世臣:《乐山堂文钞序》:吾闻欧阳子为文,脱稿即糊墙壁间,出入涂乙,至不存原文一字。夫欧阳之初稿,其超越寻常,岂顾问哉!而必涂乙至不存一字乃自慊。则知韩、柳、王、苏、曾之造诣,亦必尔也。昌黎之颂李、杜曰:"流落人间者,泰山一毫芒。"则知古人,皆作之多而存之寡也。李、杜集有两三稿并存者,则知古人虽再三改窜,而犹有未定也。(《艺舟双楫·论文》)

清许印芳:五言起句之妙……最警策者,如汉人拟苏李诗:"红尘蔽天地,白日何冥冥。"……李白:"朝披梦泽云,笠钓青茫茫。"杜甫:"孤云亦群游,神物有所归。"韩愈:"李杜文章在,光焰万丈长。"柳宗元:"生死悠悠尔,一气聚散之。"此散行者也。(《诗法萃编》卷九)

清施补华:《岳阳楼别窦司直》一首,最雄放。《泷吏》一首,最质古。《调张籍》诗:"想当施手时,巨刃摩天扬。垠崖划崩豁,乾坤摆雷硠。"奇杰之语,戛戛独造。"一喷一醒然,再接再厉乃"。虚字强押,退之所创,然不可轻学,学之往往不稳。(《岘佣说诗》)

清施山:元相谓李未尝历杜藩翰,是专言排律一体,未为无见。昌黎"群儿""蚍蜉"之讥,特指当时之薄李、杜者,岂为微之发耶?魏道辅《诗话》谓为微之发,若然,不应兼言杜,且不当云"群儿"。(《姜露庵诗话》)

程学恂:此诗李杜并重,然其意旨却著李一边多,细玩当自知之。见得确,故信得真,语语著实,非第好为炎炎也。调意于末四句见之,当时论诗意见,或有不合处,故公借此点化他。(《韩诗臆说》卷二)

吴闿生:雄奇岸伟,亦有光焰万丈之观。(高步瀛《唐宋诗举要》卷一)

卢郎中云夫寄示送盘谷子诗两章歌以和之①
元和六年

从诗里"十年蠢蠢随朝行"和张籍《祭退之》诗"特状为博士,始获升朝行"所写,韩愈始为博士做朝官的贞元十七年(801)后十年,恰为元和六年(811)。又与"方冬独入崔嵬藏"诗句参之,诗写于是年冬,公任长安尚书省职方员外郎时。反映了这时期"闭门长安三日雪"的苦闷,借和卢汀诗,回忆起昔日游盘谷时,看到"高崖巨壁争开张"的山景,感受到"穷探极览颇恣横,物外日月本不忙"的山情野趣,便产生了"归来辛苦欲谁为"的疑问。这疑问是对"十年蠢蠢随朝行"的回忆,也是对十年辛苦而历尽坎坷的怨诉,便产生了"行抽手版付丞相,不待弹劾还耕桑"的思想。其实,韩愈一生的主导思想是用世,正如诗里写的"家请官供不报答,何异雀鼠偷太仓"。这种思想正是他内心矛盾与思想苦闷的写照。虽如此,他却能怨而不怒,含而不露,表现了他那奇思壮采、高朗雄阔的性格。诗里"字向纸上皆轩昂"之语,正道出这首诗的风格特点。诗绘景炼意不凡,既以旧出新,又不事雕琢,在平稳畅适中显出淬炼功夫。如写飞流瀑布"是时新晴天井溢,谁把长剑倚太行?冲风吹破落天外,飞雨白日洒洛阳"的写景佳句,不减杜甫,可追李白。

昔寻李愿向盘谷②,正见高崖巨壁争开张③。是时新晴天井溢④,谁把长剑倚太行⑤?冲风吹破落天外⑥,飞雨白日洒洛阳⑦。东蹈燕川食旷野⑧,有馈木蕨芽满筐⑨。

马头溪深不可厉⑩,借车载过水入箱⑪。平沙绿浪榜方口,雁鸭飞起穿垂杨⑫。穷探极览颇恣横⑬,物外日月本不忙⑭。

归来辛苦欲谁为?坐令再往之计堕眇芒⑮。闭门长安三日雪⑯,推书扑笔歌慨慷⑰。旁无壮士遣属和⑱,远忆卢老诗颠狂⑲。开缄忽睹送归作⑳,字向纸上皆轩昂㉑。又知李侯竟不顾㉒,方冬独入崔嵬藏㉓。

我今进退几时决㉔?十年蠢蠢随朝行㉕。家请官供不报答㉖,何异雀鼠偷太仓㉗?行抽手版付丞相㉘,不待弹劾还耕桑㉙。

【校注】

① 题:方《举正》题无"歌以和之",订"两"字,云:"三本同。"朱《考异》:"两,或作'二'。"诸本作"两",文本、祝本、魏本作"二"。两、二均可,此从诸本作"两"。

魏本注:"卢郎中,卢汀也。孙曰:'盘谷在孟州齐(当作济)源县,太行山之南,李愿居之,因号盘谷子。'韩曰:贞元十七年(801),公送李愿归盘谷,有序。此时(当作诗)元和七年(812)冬,长安作,详诗意可见。又云'十年蠢蠢随朝行',盖自贞元十九年(803)癸未为御史,登朝,至元和七年壬辰为十年矣。东坡云:退之寻常诗自谓不逮老杜,此诗独不减子美云。"文《详注》:"太行之阳有盘谷,李愿隐居其间。事具(见)《送盘谷序》。《补注》:和云夫诗言送愿在贞元十九年,此云'十年蠢蠢随朝行',公十九年始为监察御史,至是,当元和八年,盖十年矣。东坡尝云:'退之寻常自谓不逮李杜,此诗独不减子美。'"钱仲联《集释》:"宋刻魏本《文集》此序后附刻高从《跋盘谷序后》曰:'陇西李愿,隐者也。不干誉以求达,每韬光而自晦。迹寄人世,心游太清,乐仁智于山水之间,信古今一时也。

昌黎韩愈，知名之士，高愿之贤，故叙而送之。于□县大夫博陵崔侠（《集古录》作浃）披其文，稽其实，是用命功勒石于谷之西偏，以旌不朽云。唐贞元辛□（巳）岁建丑月渤海高从。'欧阳修《集古录跋尾》曰：'盘谷在孟州济源县，贞元中县令石刻于其侧。令姓崔，其名浃，今已磨灭。其后书云：昌黎韩愈，知名士也。当时退之官尚未显，其道未为当时所宗师，故但云知名士也。然当时送愿者不为少，而独刻此序，盖其文章已重于时也。'于此可知，高从之跋，为退之作文时之石刻，其言自为实录，章士钊《柳文指要》力辨此李愿即西平王李晟之子，虽文累千言，要为辞费。《困学记闻》翁元圻注：'阎若璩按：《昌黎年谱》：贞元十七年辛巳，在京师，有《送李愿归盘谷序》。《旧唐书·李愿传》：父晟，立大勋，即拜太子宾客上柱国，为兴元元年甲子。此岂终身官不挂朝籍者。《新唐书·李晟传》：贞元七年以临洮未复，请附贯万年，诏可。是愿又当为长安人，于盘谷不得曰归。盖送者乃别一人耳。'何焯云：'按《元和御览诗》中有李愿二首，疑即其人。'"

按：陈景云《点勘》："同时有两李愿，一隐盘谷，一为西平王晟子。南宋庆元中建安魏本序后附刊高从一记，以证所送之非西平子。按：高跋即汪季路《与朱子书》中所称'家藏《盘谷碑》本有后语'是也。然但以韩序及《和卢郎中送盘谷子》岁月考之，则两李愿事迹自明，无俟引高记也。序作于贞元十七年，西平子时为宿卫将。至和卢诗，则元和七年也，西平子方官节度使，皆见唐史，无栖隐事。"卢郎中，名汀，字云夫。贞元元年（785）中进士，历任虞部、库部郎中，迁中书舍人、给事中。韩公有《酬司门卢四兄云夫院长望秋作》《和虞部卢四汀酬翰林钱七徽宗赤藤杖歌》《奉和库部卢四兄曹长元日朝回》《早赴街西行香赠卢李二中舍人》《奉酬卢给事云夫四兄曲江荷花行见寄并呈上钱七兄阁老张十八助教》等。盘谷子：李愿，终生不仕，因隐居河南济源太行山之盘谷，故号盘谷子。与贞元名将西平王李晟之子，贞元中为太子宾客，元和中为检校刑部、礼部尚书、尚书左仆射、节度使，长庆中为检校司空、宣武军节度之李愿为两人。贞元十七年(801),韩愈在洛阳有《送李愿归盘谷序》可参。王鸣盛《蛾术编》卷七六:"此云'昔寻李愿向盘谷',下云'穷探极览颇恣横,物外日月本不忙',必是追叙彼时之事。下云'闭门长安三日雪',则是从洛已归京。下云'十年蠢蠢随朝行',盖自江陵还朝数之,则此诗元和十年作。"王元启《记疑》:"先是公佐汴、徐,仅为陪贰。自贞元十八年得官博士后,始为王官。至元和六年为职方郎,凡十年矣。前和《望秋》诗,六年秋作。此诗即是年冬作。韩(醇)注谓十九年为御史,始登朝,至元和七年为十年。必以登朝官为朝行则七年,自职方复为博士,又非朝行矣。"王元启谓元和六年(811)是,然谓韩公贞元十八年(802)得官博士,未谛。韩公得博士在贞元十七年(801)冬,至此元和六年冬,为十年。

② 昔寻:王鸣盛《蛾术编》卷七六:"公于贞元十六年(800)去徐居洛,十八年(802)亦尝游焉,然皆暂居。惟元和二年(807),以博士分司东都,此下四五年皆在洛。此云'昔寻李愿向盘谷',下云'穷探极览颇恣横,物外日月本不忙',必是追叙彼时之事。"钱仲联《集释》:"县先属洛州,故公居洛时就近往游。"按:昔寻谓韩公过去曾到盘谷寻访过李愿。济源县,唐时属河南府管辖,为河阳西北临县,故曰地近可游。

③ 高崖、巨壁:均指山崖峭峻。盘谷北东西三面环山,中为峡谷,至此弯曲成盘环之状。争开张,写高崖、峭壁的气势。方世举《笺注》:"开张:《汉书·扬雄传》:'嶔岩岩其龙鳞。'师古曰:'嶔,开张貌。'"《全唐诗》卷二一《相和歌辞》李白《上云乐》:"举足蹋紫微,天关自开张。"又卷一七一李白《自梁园至敬亭山见会公谈陵阳山水兼期同游因有此赠》:"黄山望石柱,突兀谁开张。"杜甫《天育骠骑歌》:"卓立天骨森开张。"韩公《南山诗》:"厥出孰开张?俛俯谁劝侑?"此句以下写望中之景,乃想象之境。

④ 天井溢:文《详注》:"《通典》云:'今泽州晋城县南有天井关,在太行山上,关南有天井泉三所。'"方世举《笺注》:"天井:《水经注》《沁水》):'白水东南流,历天井关。故刘歆《遂初赋》曰:驰

太行之崄峻,入天井之高关。白水又东,天井溪水会焉。水出天井关,北流注白水,世谓之北流泉。'《新唐书·地理志》:'泽州晋城县有天井关,一名太行关。'"按:此谓天井里的水向外流泻;谓天井者非寻常之水也。天井乃溪水名,太行山上有天井关,又名太行关,在山西晋城东南的晋豫界上。《元和郡县图志》卷一五河东道四:"泽州晋城县,天井故关,一名太行关,在县南四十五里太行山上。"

⑤ 长剑:文《详注》:"此谓太行瀑布也。宋玉《大言赋》曰:'弯弓挂扶桑,长剑倚天外。'苏黄门《庐山瀑布》诗云:'定知云外波澜阔,飞到峰前本末齐。入海明河惊照曜,倚天长剑失提携。'即此意也。"魏本:"孙曰:天井,关名,在太行山上。《水经》(《沁水注》)曰:'天井溪出天井关,此流注白水,世谓之北流泉。'水自天井倾泻而下,如长剑之倚山。"按:指天井水从太行山泻下的瀑布。语又见阮籍《咏怀诗》其三十八:"弯弓挂扶桑,长剑倚天外。"

⑥ 冲风:魏本:"孙曰:《楚辞》(屈原《九歌·河伯》):'冲风起兮水扬波。'冲风,飘风也。吹破,谓吹此长剑之水。"按:冲风谓冲天而起的猛烈之风。《楚辞》屈原《九歌·河伯》:"与女游兮九河,冲风起兮横波。"《史记·韩长孺列传》:"且强弩之极,矢不能穿鲁缟;冲风之末,力不能漂鸿毛。"《北齐书·慕容俨传》:"须臾,冲风欻起,惊涛涌激,漂断荻洪。"

破:方《举正》作"破",云:"范、李本皆校'破'作'波',然阁本、蜀本只同上。"朱《考异》:"破,或作'波',非是。"宋白文本、文本、祝本、魏本、廖本、王本作"破"。按:当作"破"。"破"字有形态、有力度,好。吹破,谓吹起此长剑一样之水,飘散如雨。《全唐诗》卷四三二白居易《早朝贺雪寄陈山人》:"十里向北行,寒风吹破耳。"又卷五七五温庭筠《觱篥歌》:"不尽长圆叠翠愁,柳风吹破澄潭月。"

⑦ 洒洛阳:魏本:"孙曰:'水漂散如雨。'"蒋之翘《辑注》:"诗言大风吹此长剑之水,漂散作雨,而洒洛阳也。"按:此谓大风吹散瀑布之水,飘洒似雨,飞向洛阳。李白《望庐山瀑布水二首》:"挂流三百丈,喷壑数十里……初惊河汉落,半洒云天里。"此景境界奇伟

开张,写景极工。苏轼《有美堂暴雨》:"天外黑风吹海立,浙东飞雨过江来。"即学此二句。朱彝尊《批韩诗》:"写景工。"又云:"别是一炼法,全不落寻常畦径,亦是难及。大抵炼意为多,若此首即谓炼景亦得。"何焯《批韩诗》:"奇伟。"查慎行《查初白诗评十二种》:"诗境亦复开张。"

⑧ 东蹈:向东走去,即东行。以今《送李愿归盘谷序》碑及庙所在,拟当年李愿之居在盘西山脚下,故有东蹈燕川之说。燕川,魏本注:"燕川,地名。"按:盘谷东北的溪水。食,读如饲(sì),动词,食旷野,食于旷野。文《详注》:"此以下数联皆道物外之意。"

⑨ 有:有人。馈(kuì),赠送。

木蕨(jué):方世举《笺注》:"木蕨:《尔雅翼》云:'野人今岁焚山,则来岁蕨菜繁生。其旧生蕨之处,蕨叶老硬敷披,谓之蕨萁。'《本草》称为'木蕨',或以此耶?"按:木蕨即蕨菜,生长于山野,初生似蒜,茎紫黑色,根块茎,含淀粉,人可食,也可入药。《诗·召南·草虫》:"陟彼南山,言采其蕨。"郑笺:"蕨,居月反。《草木疏》云:周秦曰蕨,齐鲁曰蘩。蘩,卑灭反,本又作'蘩'。俗云其初生似鳖脚,故名焉。"贾思勰《齐民要术》卷九:"《诗义疏》曰:'蕨,山菜也。初生似蒜,茎紫黑色,二月中高八九寸,老有叶,瀹为茹,滑美如葵……周秦曰蕨,齐鲁曰蘩,亦谓蕨。'"

筥:竹编的用具,可盛饭、菜等食物。童《校诠》:"第德案:说文:匡,饭器,筥也。筥,匡或从竹。诗采蘋:维筐笼,毛传:方曰筐,圆曰筥。陈奂曰:筐、筥同类,而有圆方之异,本为饭器,乃以盛蘋藻也。箱,说文:大车牝服也。汉书周仓传:吕后侧耳于东箱听,颜注:正寝之东西室皆曰箱,言如箱筥之形。朱骏声曰:箱字汉以前无医筒之称,当云如车箱之形。注以箱释筥,乃后起之义。"

⑩ 马头溪:溪水名。沈钦韩《补注》:"《名胜志》:'马头溪在济源县治南五里,西有千功堰,六十余泉,俱入此溪。'故韩愈诗云云。"厉,魏本:"孙曰:《诗》:'深则厉,浅则揭。'由膝以下为揭,由膝以上为涉,由带以上为厉。马头,溪名。"按:不脱衣服涉水曰厉。

《诗·邶风·匏有苦叶》:"深则厉,浅则揭。"郑笺:"以衣涉水为厉,谓由带以上也。揭,褰衣也。如遇水深则厉,浅则揭矣。"孔疏:"若过深水则厉,浅水则褰衣过水。"涉水时视水之深浅,由带以上涉水为厉,膝以上为涉,膝以下为揭。

⑪箱:车箱。《诗·小雅·甫田》:"乃求千斯仓,乃求万斯箱。"毛传:"箱,大车之箱也。"郑笺:"成王见禾谷之税委积之多,于是求千仓以处之,万车以载之,是言年丰也。"杜甫《望岳》:"车箱入谷无归路,箭栝通天有一门。"

⑫"平沙"二句:榜(bàng北孟切,去,映韵),划船的工具,即船桨。《楚辞》屈原《九章·涉江》:"乘舲船余上沅兮,齐吴榜以击汰。"借指船。王逸注:"榜,进船也。"则按文义作动词。唐李贺《马诗》其十:"催榜渡乌江,神骓泣向风。"则用"榜"本义,作名词。榜方口,船到方口,或船靠方口。

方口:魏本:"孙曰:方口,地名。"廖本注:"公《盆池诗》'恰如方口钓鱼时',亦其地也。"文《详注》:"《通典》(卷一七八《州郡》八《古冀州上》)云:'卫州卫县,淇水出共山东,至今县界入河,谓之淇水口。汉建安中,曹公于水口下大枋以成堰,遏淇水东入白沟,以通漕运,故时人号其处为枋头。一曰枋口。'枋,音方。榜,剌舟也,音彭,又音甫孟切。"方世举《笺注》:"方口:□云:公《盆池》诗'恰如方口钓鱼时',即其地也。按:方崧卿《盆池》诗注云:'方或作枋,唐属卫州,桓温败枋头,乃其地也。'公此诗及《盘谷子》诗只作'方口'。朱子曰:'按公《盘谷》诗,因及方口、燕川,则二处皆盘谷旁近之小地名耳。'盘谷在孟州济源县,孟州东过怀州,乃至卫州,而济源又在孟州西北四十里,则游盘谷者安得至卫州之枋头乎?方说非是。'余窃谓朱子之辨有未核者。按《水经注》(《沁水》):'沁水南径石门,晋安平献王孚兴河内水利,因太行以西,王屋以东,众谷走水,小口漂进,木门朽败,于去堰五里以外取方石为门,用代木枋,故石门旧有枋口之称。'又云:'于沁水县[西]北,自方口东南流,奉沟水右出焉。'考之《晋书·桓温传》:'温至枋头,使开石门以通运.'正与此合。岂非即其地乎？又按《新唐书·地理志》：'孟州济源县有坊口堰。'则方口、盘谷同在济源矣。《孟郊集》有《游枋口》（二首之一）诗云：'一步复一步，出行千里幽。为取山水意，故作寂寞游。太行青巅高，枋口碧照浮。明明无底镜，泛泛妄机鸥。'又《与王(二十一员外)涯游枋口柳溪》诗云：'万株古柳根，拏此磷磷溪。野榜多屈曲，仙浔无端倪。'则非盘谷旁近小地明矣。要之，枋、方、坊三字不同，其地则一。崧卿误以为属卫州，朱子亦未深考耳。"方说是。

雁鸭：文本作"鹜雁"，注："一作'雁鸭'。"宋白文本、祝本、魏本、廖本、王本均作"雁鸭"，即雁和野鸭。或作惊雁、燕雁、鹜雁，均非。按：以上叙事、设景俱佳。汪琬《批韩诗》："叙得参差入妙。"高步瀛《唐宋诗举要》卷二："吴北江曰：'设景闲雅。'"

⑬穷探：尽情探访。极览，任意游览。恣横，纵情游乐。"穷探""极览"谓行为的程度，"恣横"则是畅游的态势。

⑭物外：世俗之外。《文选》张衡《归田赋》："苟纵心于域外，安知荣辱之所如。"《晋书·单道开传》："后至南海，入罗浮山，独处茅茨，萧然物外，年百余岁，卒于山舍。"日月，光阴，指生活。《楚辞》屈原《离骚》："日月忽其不淹兮，春与秋其代序。"韩公《与崔群书》："日月不为不久。"《秋怀诗》十一首之一："羲和驱日月，疾急不可恃。"《秋怀诗》十一首之九："忧愁费晷景，日月如跳丸。"

高步瀛《唐宋诗举要》卷二："吴先生曰：'以上叙昔至盘谷访李愿事。'"

⑮坐令：致使。柳宗元《杨白花》："杨白花，风吹渡江水，坐令宫树无颜色。"陆游《寒夜歌》："坐令此地没胡虏，两京宫阙悲荆榛。"

眇芒：朱《考异》："或作'渺茫'。"祝本作"眇芒"，注："一作'渺茫'。""眇芒"同"渺茫"。前景辽远模糊，难以预料。汉王充《论衡·知实》："神者，眇茫恍惚无形之实。"韩公《感春三首》之三："死者长眇芒，生者困乖隔。"诗意谓畅游尽意，不再往也。高步瀛《唐宋诗举要》卷二:"吴北江曰:'再缴回一笔,以取姿态。'"朱彝尊《批韩诗》:"两九字句,正见坐令若相应,然佳处不在此。"

⑯闭门长安:韩公是冬在长安,任职方员外郎。是冬,长安大雪,连三日不停。

⑰推书:朱《考异》:"推,或作'堆'。"作'堆',误。

推书扑笔歌慨慷:魏本:"祝曰:扑,掷也。《蜀志》:'未尝不扑之于池。'慷慨,叹也。《选》:'中矫厉而慨慷。'注:'抑扬意气也。'"又魏本注:"推,他面切。扑,弼角切。慷音康。韩曰:魏武帝曰:'慨当以慷,忧思难忘。'"推书,放下书本。扑笔,搁笔。慨慷,激昂慷慨,情绪高涨。《文选》成公子安《啸赋》:"中矫厉而慨慷。"注:"慨慷,抑扬意气也。"张籍《祭退之》:"公为游溪诗,唱咏多慨慷。"

⑱旁无壮士遣属和:文《详注》:"属和:《文选》:燕太子丹使荆轲刺秦王。丹祖送于易水上,高渐离击筑,荆轲歌,宋如意和。歌曰:'风萧萧兮易水寒,壮士一去兮不复还!'又《汉书》:'项羽悲歌,慷慨叹也。'上音口溉切,下音虚朗切。《啸赋》注云:'慷慨,意气抑扬也。'从,平声读。"按:谓身边没有志同道合的有志之士让他和诗。壮士,抱负远大的才智之士。《史记·刺客列传》:"至易水之上,既祖,取道,高渐离击筑,荆轲和而歌,为变徵之声,士皆垂泪涕泣。又前而为歌曰:'风萧萧兮易水寒,壮士一去兮不复还!'复为羽声慷慨。"属和,宋玉《对楚王问》:"客有歌于郢中者,其始曰《下里巴人》,国中属而和者数千人。"唐权德舆《唐尚书度支郎中赠尚书左仆射正平节公裴公神道碑铭》:"著文集十卷,《滏城集》五卷,比兴属和,声律铿然。"

⑲卢老:卢汀。诗颠狂,诗风狂放不羁,然诗今不传。杜甫《绝句漫兴》九首之五:"颠狂柳絮随风舞,轻薄桃花逐水流。"又《戏题寄上汉中王》三首之三:"尚怜诗警策,犹记酒颠狂。"何焯《批韩诗》:"过接妙。"高步瀛《唐宋诗举要》卷二:"吴北江曰:'逆折,为下句作势。'"

⑳开缄:蒋抱玄《评注》:"李白诗:'况有锦字书,开缄使人

嗟。'"按：开缄，打开书信。《全唐诗》卷二六《杂曲歌辞》李白《久别离》："况有锦字书，开缄使人嗟。"送归作，指卢汀《送盘谷子》诗。高步瀛《唐宋诗举要》卷二："吴北江曰：'此句跳跃而入。'"

㉑ 轩昂：格调高亢，气度不凡。韩公《听颖师弹琴》："划然变轩昂，勇士赴敌场。"洪亮吉《北江诗话》："李青莲之诗，佳处在不著纸。杜浣花之诗，佳处在力透纸背。韩昌黎之诗，佳处在'字向纸上皆轩昂'。"

㉒ 李侯：李愿。竟不顾，指李愿竟不顾别人独自隐居盘谷。

㉓ 方冬：正在冬天。崔嵬（wéi），魏本："孙曰：《诗》（《周南·卷耳》）：'陟彼崔嵬。'崔，高山貌，谓盘谷也。"童《校诠》："第德案：诗卷耳：陟彼崔嵬，毛传：崔嵬，土山之戴石者，与尔雅释山石戴土为崔嵬相反，正义谓或传写误。马瑞辰曰：此尔雅误，宜从毛传。又曰：说文：兀，高而上平也，阢，石山戴土也，是高而上平者为石山戴土，则知高而不平者为土山戴石矣。孙注：崔下当有嵬字，说文：崔，大高也，嵬，高不平也，为孙所本。"按：崔嵬，高大貌。此指李愿隐居地盘谷之山。藏，此作潜匿、隐蔽解。《易·乾》："阳气潜藏。"《礼记·檀弓上》："藏也者，欲人之弗得见也。"以上叙卢汀寄诗，知李愿已归山矣，引出下文之进退也。题面虽了了，咀嚼则觉奇绝有味。何焯《批韩诗》："题面只此了之，奇绝高绝。"高步瀛《唐宋诗举要》卷二："吴先生曰：'以上叙卢寄示诗篇，知李已入山矣。'"

㉔ 进退：追求仕进还是退居山林。决，决择。韩公《答侯继书》："冀足下知吾之退未始不为进，而众人之进未始不为退也。"结上两段，转入自己，乃有情味。何焯《批韩诗》："结上两段。"

㉕ 十年蠢蠢随朝行（háng）：魏本："孙曰：'蠢蠢：无知之貌。'"文《详注》："视李侯而自愧。"沈钦韩《补注》："《会要》二十五：'仪制令：诸在京文武官职事九品以上，朔、望日朝。其文武官五品以上及监察御史、员外郎、太常博士，每日朝参。文武官五品以上，仍每月五日、十一日、二十一日、二十五日参。三品以上，九日、十九日、二十九日又参。其弘文馆、崇文馆、国子监学生，每季参。若雨沾

失容及泥潦,并停。'"韩愈自贞元十七年(801)冬,为四门博士(详见《韩学研究》下册《韩愈年谱汇证》贞元十七年),至元和六年(811)秋冬,在长安,为职方员外郎,整整十年。朝行,《唐会要》卷二五《文武百官朝谒班序·仪制令》:"诸在京文武职事九品以上朔、望日朝。其文武官五品以上及监察御史、员外郎、太常博士,每日朝参。文武官五品以上,仍每月五日、十一日、二十一日、二十五日参。三品以上,九日、十九日、二十九日又参。当上日不在此例。……其宏文馆、崇文馆及国子监学生,每季参。若雨沾失容及泥潦,并停。"则韩公自四门博士至职方员外郎均在朝行之内。

㉖家请官供:沈钦韩《补注》:"家请谓职田月俸,官供谓餐钱役食。"家请,月薪年俸及职田收获供其生活之用。官供,官方供给其行役食宿。参阅《唐会要》卷九一、九二《内外官料钱》上下及《内外官职田》。

㉗何异雀鼠偷太仓:何异,文本、祝本、魏本、廖本作"无异",屈《校注》、钱仲联《集释》从之。宋白文本、王本作"何异",方成珪《笺正》:"作'何'语势尤健。"今从方《笺正》。

此承上句,作无疑而问句式,当作"何",作"无"则非问句,不合韩诗上下文诗义。雀鼠,麻雀与耗子(即老鼠)。《南史·张率传》:"在新安,遣家僮载米三千石还宅,及至遂耗太半。率问其故,答曰:'雀鼠耗。'率笑而言曰:'壮哉雀鼠!'"太仓,古代京师储谷的大仓,即官仓。《庄子·秋水》:"计中国之在海内,不似稊米之在大仓乎?"《史记·平准书》:"太仓之粟,陈陈相因。"唐王建《水运行》:"坏舟畏鼠复畏漏,恐向太仓折升斗。"《隋书·食货志》:"魏天平元年:于诸州缘河津济,皆官仓贮积,以拟漕运。"唐曹邺《官仓鼠》:"官仓老鼠大如斗,见人开仓亦不走。"

㉘行抽手版付丞相:行,将要。手版,俗称朝笏,即朝臣上朝手中拿的记事版,按官职等级以竹、木、玉、象牙、金属(多用铜)制成。韩公《赠张籍》:"昨因有缘事,上马插手版。"《隋书·礼仪志六》:"百官朝服公服,皆执手板。"方世举《笺注》:"《唐舆服杂事》:

古者贵贱皆执笏,有事搢之于腰带中。后代惟八座尚书执笏,白笔缀手版头。余但执手版,不执笔,示非记事官也。"按:方氏所引,似为《隋书·礼仪志七》:"白笔,案徐氏《杂注》云:古者贵贱皆执笏,有事则书之,故常簪笔。今之白笔,是遗象也。"丞相,秦汉置丞相,为百官之首。《汉书·百官公卿表》:"相国、丞相,皆秦官,金印紫绶。掌丞天子,助理万机。秦有左右,高帝即位,置一丞相。"唐称宰相,以中书令、侍中、尚书令、仆射等为之。若非以上长官为之,则称中书门下平章事。

㉙ 弹劾:魏本注:"劾,胡概切,又胡得切。"顾嗣立《集注》:"《后汉列传四十三序》:'闵仲叔世称节士,应侯霸之辟。霸不及政事,遂投劾而去。'注:'按罪曰劾。'"《北齐书·魏收传》:"又收父老,合解官归侍。南台将加弹劾,赖尚书辛雄为言于中尉綦俊,乃解。"童《校诠》:"第德案:说文:弹,行丸也,弓乁,弹或从弓持丸。朱骏声曰:仲长统昌言云:绳墨为拼弹,后人纠弹、讥弹,亦此义也。广韵十九代:劾,推劾,胡概切,二十五德:劾,推穷罪人也,俗作刻,胡得切。是劾字读去、入二声都通。书吕刑正义云:汉世,问罪谓之鞫,断狱谓之劾。"按:向皇上揭发检举官吏的过失、罪行。

结二句谓:即将向宰相提出辞职,不等别人指谪,自动回家务农。以上叙己将归家农耕,诗言志,如此收束亦得。朱彝尊《批韩诗》:"诗言志,如此收束亦得。"虽言志,内怀深情亦见矣!何焯《批韩诗》:"退。"又云:"和送盘谷子诗,却全就自家出处作感慨,正尔味长。"高步瀛《唐宋诗举要》卷二:"吴先生曰:已上叙己将归耕。"虽言之,不过兴之所致,非真退隐也。

【汇评】

宋王直方:《蔡天启诗》:蔡天启尝和秦少游诗云:"愿同籍、湜辈,终老韩公门。"(《王直方诗话》)

又:《闭门十日雨》:有人云,陈无己"闭门十日雨"即是退之"长安闭门三日雪"。余以为作诗者容有意思相犯,亦不必为病,但不

可太甚耳。(《王直方诗话》)

宋黄彻:灵澈有"相逢尽道休官去,林下何曾见一人。"世传为口实。凡语有及抽簪,即以此讥之。余谓矫饰罔人,固不足论。若出于至诚,时对知己,一吐心胸何害?尝观昌黎《送盘谷》云:"行抽手版付丞相,不待弹劾归农桑。"《赠侯喜》云:"便当提携妻与子,南入箕颍无还时。""如今便当去,咄咄无自痴。""如今更谁恨,可便耕灞浐。"此类凡数十,岂苟以饰口哉?其刚劲之操不少屈,所素守定故也。(《䂬溪诗话》卷二)

宋胡仔:东坡云:退之寻常诗自谓不逮李、杜,至于"昔寻李愿向盘谷"一篇,独不减子美。(《苕溪渔隐丛话》前集卷一八韩吏部下)

元李冶:退之诗《和卢云夫》云:"闭门长安三日雪,推书扑笔歌慷慨。"王昌龄诗《秋山寄陈谠言》云:"感激不能寐,中宵时慨慷。"慨,口盖切;慷,音康,二字见《文选》(卷一八成子安《啸赋》),云:"中矫厉而慨慷。"(《敬斋古今黈》卷一一)

元祝尧:《盘谷歌》,此篇虽歌也,实赋也。起一段如诗,中至末一段如骚。(《古赋辨体》卷一○)

清朱彝尊:平稳中加意淬炼。又曰:别是一炼法,全不落寻常畦径,亦是难及。大抵炼意为多,若此首即谓炼景亦得。(顾嗣立《昌黎先生诗集注》卷五)

清何焯:《卢郎中云夫寄示送盘谷子诗两章歌以和之》题注载:东坡谓此诗不减子美。按:此诗颇近太白。(《义门读书记》卷三○)

清姚范:《卢郎中云夫寄示送盘谷子诗两章歌以和之》注引东坡云"退之寻常诗自谓不逮老杜,此诗独不减子美"云。余谓此诗风格高朗,然云似杜,亦所未解。(方东树按:此非坡语,妄人讹托耳。)(《援鹑堂笔记》卷四一)

清爱新觉罗·弘历:"字向纸上皆轩昂",正是此篇评语。高咏数番,令人增长意气。(《唐宋诗醇》卷三○)

清王鸣盛:《卢郎中云夫寄示送盘谷子诗两章歌以和之》,公于贞元十六年去徐居洛,十八年亦尝游焉,然皆暂居。惟元和二年,以博士分司东都,此下四五年皆在洛。此云"昔寻李愿向盘谷",下云"穷探极览颇恣横,物外日月本不忙",必是追叙彼时之事。下云"闭门长安三日雪",则是从洛已归京。下云"十年蠢蠢随朝行",盖自江陵还朝数之,则此诗元和十年作。(《蛾术编》卷七六)

清曾国藩:《卢郎中云夫寄示送盘谷子诗两章歌以和之》:首十四句,叙昔至盘谷访李愿事。天井关之水,被风吹洒洛阳。语则诞而情则奇。"归来辛苦"以下十句,叙卢寄示诗篇,知李已入山矣。末六句,叙已将归耕。(《求阙斋读书录》卷八)

高步瀛:奇思壮采,以闲逸出之。或云似杜,或云似李,仍非杜非李,而为韩公之诗也。(《唐宋诗举要》卷二)

程学恂:东坡独取此诗,以为学杜之最似者。(《韩诗臆说》卷二)

寄皇甫湜①

元和三年

此诗写作年代,大抵在《陆浑山火一首和皇甫湜用其韵》诗后,即元和三年(808)冬,韩公在洛阳,为博士。皇甫湜重散文,他的散文"句奇语重,不离师法而雕琢艰深"。(缪荃孙《跋皇甫持正集》)皇甫湜是韩公的学生、朋友,二人相处融洽,感情深厚,一旦离却,伤离思归,忽接书信,悲喜交集。特别是涕泪交流、梦中相值、肋生双翅的叙述,表现了二人离情悲切和深情厚谊。诗为古体短章,叶支、齐二韵,去声。声短而促,如泣如诉。语言明白流畅似俚语,而诗味醇真,表现了韩公"以文为诗"的特点。

敲门惊昼睡②,问报睦州吏③。手把一封书,上有皇甫字④。拆书放床头⑤,涕与泪垂四⑥。昏昏还就枕⑦,惘惘梦相值⑧。悲哉无奇术,安得生两翅⑨?

【校注】

① 题：文《详注》："湜，字持正，睦州新安人。"魏本："孙曰：湜，字持正，睦州新安人。诗故云'睦州吏'。"此诗方世举系元和八年(813)。陈克明《韩愈年谱及诗文系年》从方系八年。屈《校注》谓疑年。《韩学研究·韩愈年谱汇证》云："钱仲联《集释》曰：'此诗未详年月。方世举编于元和八年，亦无确据。姑附系于此(元和三年)。'按：从诗中'涕与泪垂泗''悲哉无奇术'句看，韩愈悲湜之遭遇当在皇甫湜遭贬出为陆浑尉之时。"系元和三年(808)。柯万成《韩愈古文新论·韩愈诗系年四家异同比较研究》："按：此诗大方无系年，小方系元和二年，且与《陆浑山火和皇甫湜用其韵》连在一起。小方注云：'据樊氏说系于是年冬；韩仲韶则谓三年冬作。'又按沈钦韩《韩集补注》卷四，引《册府元龟》：'元和三年，诏举贤良方正，有皇甫湜对策，其言激切。牛僧孺、李宗闵亦苦谏时政，为贵幸泣诉于帝，帝不得已，出考官杨於陵、韦贯之于外。'沈按云：'牛僧孺补伊阙尉，湜陆浑尉。'如此说，则诗作于元和三年。"皇甫湜事参阅《陆浑山火》诗及注。又见《韩愈大传》第四卷《皇甫湜传》。

② 昼睡：白天睡觉，疑指午睡。韩公喜睡，时在东都任博士，又无生可教，其生活聊赖散淡可见。

③ 睦州吏：睦，朱《考异》："睦，或作'乃'。"宋白文本、文本、魏本、廖本作"睦"，注："一作'乃'。"按：作"睦"，作"乃"均通。睦州或乃州派来的差人(府吏)。然陆浑未见其称州者，作"睦"字较善。

皇甫湜，睦州新安人，故称"睦州吏"。此睦州指皇甫湜。钱仲联《集释》："此以睦州称皇甫。吏，谓其所遣之吏也。"童《校诠》："第德案：凡以州名称其人之官位者，率以其所任之地冠之，以本州称其官者殊少见，应从注一本作乃字者为是。"按：以里籍称者为常见，如以庐陵称欧阳修，眉山称苏轼。《元和郡县图志》卷二五江南道一："睦州，新安。晋武帝太康元年，改新都为新安郡，新定县为遂安县。隋平陈，废新安郡，析新安县置睦州，后又改为遂安郡……(武后)万岁通天二年(697)，又自新安东移一百六十五里，理建德,即今州理是。"今属浙江省建德市。皇甫湜本官陆浑,而不称陆浑者,当因直谏贬出,不愿称之。

④ 把:拿着。王充《论衡·顺鼓》:"操刀把杖以击之。"苏轼《饮湖上初晴后雨》:"若把西湖比西子。"

一封书:魏本:"韩曰:老杜《述怀》诗:'自寄一封书,今已十月后。'"何孟春《馀冬诗话》卷下:"韩昌黎诗:'敲门惊昼睡,问报睦州吏。手把一封书,上有皇甫字。'卢玉川诗曰:'日高丈五睡正浓,将军[军将]扣[打]门惊周公。口传[云]谏议送书信,白绢斜封三道印。'(《全唐诗》卷三八八《走笔谢孟谏议寄新茶》)句法意匠如此,岂真相袭者哉?"

⑤ 拆书:宋白文本、文本、祝本、魏本、王本作"拆"。廖本作"坼"。坼,作分裂、裂开讲,拆、坼音意同。《战国策·赵三》:"天崩地坼。"《诗·大雅·生民》:"不坼不副,无菑无害。"作打开解,只用拆。此诗当作"拆"。《辞源》引韩诗为例。元方回《桐江续集》卷三《废宅叹》诗:"窗户半拆卸,髹漆留余光。"童《校诠》:"第德案:说文:墢,裂也,诗(《大雅·生民》)曰:不墢不副,隶变作坼,从手者为坼之后出字。""拆"字虽后出,唐时已普遍运用。

⑥ 洟与泪垂四:方《举正》据唐本作"四",云:"范、谢校。董令升编《严陵集》亦定作'四'。公此诗全体用俚语,洪庆善虽尝疑之,而不知以字考也。垂四,以洟与泪分言之,与《石鼓歌》所谓'对此洟泪双滂沱',其义一也。"朱《考异》:"四,或作'泗'。"南宋监本原文作"泗",文本、潮本、浙本、祝本、魏本作"泗"。宋白文本、廖本、王本作"四",注:"一作'泗'。"

文《详注》:"按:《诗传》:洟,鼻液也。泪,目液也。'至车为四',一云'至口为泗'。故'四'之字,从口从八。《泽陂》(《诗·陈风》)诗所谓'涕泗滂沱'是也。今公诗云:'洟与泪垂泗'义所当。然而《辨证》以为如泗水之泗,误矣。"毛传:"自目曰洟,自鼻曰泗。"疏:"目涕鼻泗,一时俱下,滂沱然也。"魏本:"孙曰:'自鼻为洟,自目为泪。泗,水名。'洪(《辨证》)曰:'洟、泗一也,退之此语,似乎率尔。'余曰不然。《诗》曰:'涕泗滂沱。'滂沱,横流貌。《易》曰:'出涕沱若。'言涕出如沱。沱,水名也。今曰'涕与泪垂泗',言涕泪之出,如泗水耳。"童《校诠》:"第德案:易离九五:出涕沱若,即诗泽陂之涕泗滂沱,正义:目涕鼻泗,一时俱下,滂沱然也。滂沱之沱非水名,诗渐渐之石:月离于毕,俾滂沱矣,郑笺:今又雨使之滂沱,公读东方朔杂事诗有濯手大雨沱之语,可证。泗当从方说作四,孙以泗为水名,非是。"童说是。

⑦昏昏:神思不清的样子。《孟子·尽心下》:"贤者以其昭昭使人昭昭,今以其昏昏使人昭昭。"韩公《题临泷寺》:"潮阳未到吾能说,海气昏昏水拍天。"《全唐诗》卷二二五杜甫《因许八奉寄江宁旻上人》:"闻君话我为官在,头白昏昏只醉眠。"此引出一"梦"字。

⑧惘(wǎng 文两切,上,养韵)惘:迷惘,若有所思的样子。《庄子·庚桑楚》:"若规规然,若丧父母,揭竿而求诸海也,汝亡人哉!惘惘乎。"《楚辞》屈原《九章·悲回风》:"抚佩衽以案志兮,超惘惘而遂行。"值,相遇,值遇。《史记·义纵传》:"宁见乳虎,无值宁成之怒。"韩公《秋怀》诗之十一:"运穷两值遇,婉娈死相保。"

⑨"悲哉"二句:魏本:"韩曰:安得:北齐邢子才《游仙诗》:'安得金仙术,两腋生羽翼。'"

悲哉:悲伤。无奇术,没有超凡的本领。安得,怎能。两翅,两只翅膀。

【汇评】

宋黄震:《书皇甫湜》诗,议留意园池,犹《尔雅》注虫鱼""枉思绮撼",当"业孔颜"。愚谓此可针世俗之失。盖园池之失,无非玩物。仲舒潜心大业,三年不窥园。知汲汲于所当务者,外诱不期而绝也。(《黄氏日抄》卷五九)

清朱彝尊:只赋离情悲切,未道所以。(顾嗣立《昌黎先生诗集注》卷五)

病中赠张十八①

贞元十四年

中虚得暴下,避冷卧北窗②,不踏晓鼓朝,安眠听逄逄③。籍也处闾里,抱能未施邦④,文章自娱戏,金石日击撞⑤,龙文百斛鼎,笔力可独扛⑥。谈舌久不掉⑦,非君亮谁双⑧?扶几导之言⑨,屈节初㧖㧖⑩,半涂喜开凿,派别失大江⑪。吾欲盈其气,不令见麾幢⑫,牛羊满田野,解筛束空杠⑬。倾樽与斟酌,四壁堆罌缸⑭,玄帷隔雪风,照炉钉明釭⑮。夜阑纵捭阖⑯,哆口疏眉厖⑰。势侔高阳翁,坐约齐横降⑱。连日挟所有,形躯顿胮肛⑲。归将乃徐谓,子言得无哤⑳?回军与角逐,斫树收穷庞㉑。雌声吐款要,酒壶缀羊腔㉒,君乃昆仑渠,籍乃岭头泷㉓,譬如蚁垤微,讵可陵崆㟏㉔,幸愿终赠之,斩拔栟与桩㉕,从此识归处,东流水淙淙㉖。

【校注】

①题:魏本:"韩曰:张十八,籍也。贞元十四年(798),公佐汴州,籍为公所荐送,明年登第。又明年居丧,服除,补太常寺太祝。此诗谓'抱能未施邦',岂籍未登第时作,或既第而未仕时乎?欧阳尝评此诗,见《此日足可惜》注。"文《详注》:"《补注》:贞元十四年,公佐汴州荐籍。明年登第。又明年居丧,在和州。服除,补太常寺太祝。病眼。久之,转四门助教,历广文博士,校书郎,国子博士,水部员外郎,主客郎中,国子司业。此诗言'抱能未施邦',则公仕于朝而籍犹未仕也。公仕于朝,而籍为太祝。则此诗其贞元十九年(803)冬作乎?诗中有'避冷卧北窗',冬候也。又有'掉谈舌'及

'捭阖'之句,《旧史》称籍性诡激,岂谓此欤？昔欧公爱公工于用韵,尝曰:'其得韵宽,则波澜横溢,泛入旁韵,乍去[还]乍还[离],出入回合,殆不可拘以常格,如《此日足可惜》之类是也。得窄韵,则不复旁出,而因难见巧,愈险愈奇,如《病中赠张十八》之类是也。余尝与圣俞论此,以谓譬夫善驭良马者,通衢广陌,纵横驰逐,惟意所之。至于水曲蚁封,疾徐中节而不少蹉跌,乃天下之至工也。圣俞戏曰:前史言退之为人木强,若宽韵可自足而辄旁出,窄韵难独用而反不出,岂非拗强而然欤？坐客皆为之笑。'愈木强见《旧史·李逢吉传》。"按:《旧唐书·张籍传》:"贞元中,登进士第。性诡激,能为古体诗,有警策之句,传于时。调补太常寺太祝,转国子助教、秘书郎。以诗名当代。公卿裴度、令狐楚,才名如白居易、元稹,皆与之游,而韩愈尤重之。累授国子博士、水部员外郎,转水部郎中,卒。世谓之张水部云。"《新唐书·张籍传》:"张籍者,字文昌,和州乌江人……仕终国子司业。"《旧书》云卒于水部,非也。按唐中书舍人张洎《张司业集序》云:"和州乌江人也。贞元十五年,丞相渤海公下及第。"张籍原家居吴,后徙和州,世代居之。宋张孝祥乃其后人,故有二说;籍实卒于司业,非水部。详见《韩愈大传》卷四《张籍传》。

此诗作年,有贞元十四年(798)、贞元十九年(803)、长庆四年(824)之说。考之以贞元十四年(798)为妥。郑珍《巢经巢文集》卷五跋云:"方扶南笺谓为长庆四年(824)为吏部侍郎以病在告作。余考之,误也。此诗决非作于长庆四年。是年秋,籍转国子司业。公疾自中秋后日浸以加,至十二月而卒。中间籍每来省,迫于公事,不能久留。祭公诗(张籍《祭退之》诗)云'来候不得宿,出门每徊徨'是也。公既病至危重,必不能于风雪中与人纵谈数日,门人辈亦必不能如平时辩论。则诗中'籍也处闾里,抱能未施邦'及'连日挟所有''将归乃徐谓,子言得无哤'等句,并不合事情矣。余细审之,当是贞元十四年(798)孟冬,公在汴州时作。是年十月初,籍至汴,始见公,公馆之城西。十一月,汴州举进士,公为考官,籍膺首荐,旋入京。其见公后,必至公所,上下议论,连朝累夕可知。籍未见公之前,已为东野辈特识,犹云'学诗为众体,久乃溢笈囊。略无相知人,黯如雾中行',则其傲睨一世,于公必负才盛气,久乃心服者。此诗'处闾里'联与人合;'隔雪风'联与时合,'半途喜开凿''子言得无唲'诸联,与《此日足可惜》首所谓'开怀听其说,往往副所望''少知诚难得,纯粹古已亡'意正同。其'徐谓''言唲'二语,即籍《祭公诗》'观我性朴直,乃言及平生'也。'从此识归处'联,亦即'岁时未云几,浩浩观湖江'意。是知此诗皆实叙,非谈谐求胜于门人也。若在公卒时,籍学之纯正,已几于公,世号为'韩张'久矣,大言欺人何为哉?'晓鼓朝',指董晋之衙,非公朝。'将归乃徐谓',是连日宿公处,至是归城西馆,不得以归家疑之。"诗写于贞元十四年(798),韩公在汴州,为观察推官。

②"中虚"二句:魏本:"韩曰:晋陶潜:'高卧北窗之下。'"文《详注》:"枚乘《七发》(《文选》卷三四)云:'虚中重听。'又曰:'中虚烦而益怠。'注(李善注引《素问》曰:'何谓虚?'答曰:'精气夺则虚。')云:'暴下,餐泄也。谓食不化而泄出也。'晋陶潜(《与子俨等疏》):'常(《宋书》作"尝")言夏[五六]月[中],[虚闲高卧]北窗之下(北窗下卧),清风飒至(遇凉风暂至),自谓[是]羲皇上人。"方世举《笺注》:"《史记·仓公传》:'病者即泄注腹中虚。'"钱仲联《集释》:"暴下,犹暴注。《素问·至真要大论》:'诸呕吐酸,暴注下迫,皆属于热。'"按:此指韩公得腹泻之病。何焯《义门读书记》卷三〇:"以此为发端,自是累句。"正应题"病中"之赠也,何谓累句?

③"不踏"二句:方世举《笺注》:"踏鼓:顾嗣立曰:《魏志·杨阜传》:曹洪置酒大会,令女倡著罗縠之衣踏鼓。按:《魏志》'踏鼓'当与此不同,此乃乘晓鼓而入朝,如踏月踏星之类耳。"按:以比韩愈踏着朝鼓到汴州刺史府上班。

逢逢:方《举正》订,云:"蜀音部江切,字当作'逢'。"南宋监本原文作"逢逢"。朱《考异》:"逢逢,诸本作'逢逢'。(下引方语)今按:潮本作'逢'。盖逢从夆,逢从夆,音义各异。然古书如逢蒙、逢丑父、关龙逢,字皆只作'逢',而音蒲江反。疑逢有蒲红一音,而音蒲江者,由蒲红而孳也。当考。"文本、祝本、魏本作"逄逄"。宋白文本、廖本作"逢逢"。屈《校注》:"按:逄、逢实一字,逄乃逢之俗字耳。"按:当以"逢"字为正。

魏本注:"逢逢,鼓声也。祝曰:《诗》(《大雅·灵台》):'鼍鼓逢逢。'薄红切。《淮南子》《吕氏春秋》皆作韸。韸,薄江切,今协窗字韵,宜从韸之音。"文《详注》:"朝,谓辨色入朝。逢逢,鼓声,披江切。《春明录》云:'京师街置鼓楼以警昏晓。'刘禹锡云'鸡人一唱鼓冬冬'是也。"童《校诠》:"第德案:夆声,夆声古音同部,如说文:隆从降声,䴢从赣声,栙读若鸿,皆其例。说文有逢无逄,逄为逢之后出字,亦无韸字,自以作逢为正。逢从夆声(说文作峰省声,王筠云:说文无峰字,当从夆声),应以蒲红切为正,而音蒲江者乃其转音。又按:诗灵台:鼍鼓逢逢,高氏诱吕氏春秋季夏纪注引作韸韸,淮南子时则训注引作洋洋,祝所见淮南子注,与今本不同。"按:逄(páng 薄江切,平,江韵)逄,象声词,鼓声。《辞源》引韩诗为例。逢(féng 符容切,平,钟韵)逢,鼓声。《诗·大雅·灵台》:"鼍鼓逢逢,矇瞍奏公。"《全唐诗》卷三八二张籍《塞下曲》:"将军阅兵青塞下,鸣鼓逢逢促猎围。"卷三九三李贺《上之回》:"蚩尤死,鼓逢逢。"查《全唐诗》韩愈之前无用之者;后只有籍、贺二弟子用之。宋梅尧臣《和腊日》:"猎鼓逢逢奏,寒冰瑿瑿消。"清黄景仁《春雨望新安江》:"明当放溜趁新涨,卧听船鼓催逢逢。"皆受韩诗影响,亦可证"逢逢"与"逄逄"用法同。"逄"字后出,唐宋后已被运用,故从"逄逄"。

④"籍也"二句:此二句谓张籍尚处民间,身怀才艺,未入仕途,而施于邦桢。《战国策·齐四》:"下则鄙野,监门闾里。"鲍彪注:"闾在乡,里在野,并五百家,皆有门。"

⑤金石:谓金石之声,即雅乐发出的声音,形容文章内涵丰实气壮,如金石掷地有声。魏本:"孙曰:'八音也。金谓钟,石谓磬。'"文《详注》:"金石,钟磬也。皆雅乐器,言籍文章之美,如二者之铿锵也。《书》(《益稷》)曰:'夔:[予]击石拊石[,百兽率舞]。'

《礼记》(《学记》)云:'善待问者如撞钟,叩之则鸣。'"方世举《笺注》:"《世说》(《世说新语·文学》):'君[卿]试掷地,应[要]作金石声。'按:《晋书·孙绰传》:'卿试掷地,当作金石声也。'方引《世说》即《孙绰传》语。原以形容语言文字之美,后也以"掷地有声"称才华之高。宋王禹偁《小畜集》卷一六《重修北岳庙碑》:"惭非掷地之才,有玷他山之石。"

⑥ "龙文"二句:文《详注》:"扛,横关对举也,音江。《史记》(《赵世家》):'秦武王与孟说扛龙文之鼎。'谓鼎上镂为龙也。王立之言:'近见东坡居士云:凡人作文字须是笔头挽得数万斤起。余曰:欧公岂不云乎?兴来笔下千钧重。亦扛鼎之意也。'"魏本:"《说文》(手部):'扛,横关对举也。'孙曰:《扬子》:'秦掉武乌获任鄙扛鼎抃牛。'《史记》:'秦武王与孟说举龙文之鼎。'扛,举也。樊曰:项羽力扛鼎。"按:爱新觉罗·弘历《唐宋诗醇》卷三〇:"顾嗣立谓,诸家旧注不无舛错,如《病中赠张十八》云'龙文百斛鼎',孙汝听不知出自班孟坚《宝鼎诗》,而漫引《史记》'秦武王与孟说举龙文之鼎'。此其讹缪更甚。嗣立但见《史记·秦本纪》有王与孟说举鼎事,而无龙文字面,遂疑其讹谬而改注之。不知秦武王与孟说举龙文赤鼎,自在《赵世家》中,诗本用此。孙注或欠详晰,而于义未为失也。若不引举鼎而泛引宝鼎,于下句力扛何涉?"按:上诸注引文皆不全,详见班固《宝鼎诗》:"岳修贡兮川效珍,吐金景兮歊浮云。宝鼎见兮色纷缊,焕其炳兮被龙文。登祖庙兮享圣神,昭灵德兮弥亿年。"《史记·赵世家》:"武灵王十八年,秦武王与孟说举龙文赤鼎,绝膑而死。"《史记·项羽本纪》:"籍长八尺余,力能扛鼎,才气过人。"后以形容力大。《文选》南齐王元长(融)《三月三日曲水诗序》:"褰帷断裳,危冠空履之吏;影摇武猛,扛鼎揭旗之士。"后又用以形容笔力之劲。清薛雪《一瓢诗话》:"若七古则一韵为难,苟非笔力扛鼎,无不失之板腐。"正应上欧、苏之言。

⑦ 谈舌久不掉:掉(diào 徒吊切,去,啸韵),摇摆。《国语·楚上》:"譬之如牛马,处暑之既至。虻䗽之既多,而不能掉其尾。"掉

舌,鼓动其舌。《汉书·蒯通传》:"郦生一士,伏轼掉三寸舌,下齐七十余城。"师古注:"掉,摇也。"《新唐书·柏耆传》:"(耆)且言愿得天子一节驰入镇,可掉舌下之。"宋苏舜钦《蜀士》诗:"掉舌灭西寇,画地收幽燕。"此谈久不掉舌,谓善谈辩也。

⑧亮谁双:朱《考异》:"亮,或作'谅'。"文本作"谅"。宋白文本、祝本、魏本、廖本、王本作"亮"。宋白文本注:"亮,一作'谅'。"按:作诚信解,亮与谅通。《三国志·魏书·卢毓传》:"亮直清方,则司隶校尉崔林。"《楚辞》屈原《离骚》:"惟此党人之不谅兮。"今从"亮"。

文《详注》:"籍祭公诗(《祭退之》)曰:'公文为时师,我亦有微声。'而后之学者,或号为韩张,此其为双也。"韩愈谓:张籍真可与己并肩也。

⑨扶几导之言:朱《考异》:"几,或作'机'。"文本、魏本作"机"。宋白文本、祝本、廖本、王本作"几"。童《校诠》:"第德案:说文:机,木也;几;踞几也,象形,周礼五几:玉几、雕几、彤几、髹几、素几。此本作机,为几之借字。"按:当作"几"。

文《详注》:"机,木名,可以为杖导引也,公以病故以杖自扶。引籍而与之言也。"按:几,古代设于座侧的小桌子,以便凭倚。《书·顾命》:"凭玉几。"后称小桌子为几,大桌子为案。韩公诗义指小桌子。此句谓韩公因病扶几,指导张籍为文。何焯《义门读书记》卷三〇:"'扶几导之言'以下,此篇波澜起伏,分明从管公明与诸葛景春往复变化来,但不师其辞耳。"

⑩㧾㧾:方《举正》订,云:"㧾,《博雅》曰:撞也。字见《子虚赋》。从木者非。王建、杜牧之诗,皆尝用'㧾㧾'字。"朱《考异》:"此字从手,或作'枞枞',从木。"南宋监本原文作"樧(枞)",宋白文本、廖本、王本作"摠(㧾)"。今从"㧾"。

按:㧾(chuāng楚江切,平,江韵)㧾,纷错,景物众多。文《详注》:"旌节、麾幢,皆古者相见之仪。籍以公为师,故其节曲柄㧾㧾然小也。㧾,音葱。机,音己。"顾嗣立《集注》:"《博雅》:'㧾,撞也。

《选•子虚赋》：'扟金鼓。'韦昭曰：'扟，击也。'"童《校诠》："第德案：广雅释言：扟，撞也。王念孙曰：文选子虚赋：扟金鼓，李善注引韦昭曰：扟，击也，字亦作釫（鏦）：史记吴王濞传：即使人釫杀吴王。南越传：欲釫嘉以矛，索隐引韦昭曰：釫，撞也。撞谓之釫，故矛亦谓之釫，方言云：矛，吴扬江淮南楚之间或谓之釫。按：说文：釫，矛也，从金，从声，七恭切，鏾，釫或从象。臣铉等曰：今音楚江切。说文无摐字，樅为木名。其本字应作釫，玉篇：釫，楚江切，矛也，撞也，广韵三钟：釫，短矛，又音窻，四江：釫，短矛也，鏾上同，楚江切，钟江两收之可证。王谓撞谓之釫，故矛亦谓之釫，引方言作证，按：说文正本方言。至云摐字亦作釫，则以釫为摐之本字。云吴王濞传、南越传索隐引韦注釫，撞也，按：南越传，乃集解所引，非索隐，吴王濞传索隐：釫音七江反，又音春，未引韦注。"按：然"扟"字已为当世普遍应用。《全唐诗》卷二二元稹《舞曲歌辞•冬白纻歌》："朝佩扟扟王晏寝，酒醒阍报门无事。"又卷二二王建《舞曲歌辞•霓裳辞十首》之六："弦索扟扟隔彩云，五更初发一山闻。"卷五二四杜牧《寄唐州李玭尚书》："先揖耿弇声寂寂，今看黄霸事扟扟。"又卷六二三陆龟蒙《忆袭美洞庭观步奉和次韵》："闻君游静境，雅具更扟扟。"可证。

⑪ "半涂"二句：文《详注》："言籍之谈论，如夏禹之开凿江河，浩然东注。然时或支离曼衍，自失其本源，无所归止也。派，水别流也。"

⑫ "吾欲"二句：魏本注："麾，旌。麾幢，幡幢。"文《详注》："公欲纵籍之论以观其学，故先自伏匿，不见麾幢也。牛羊以自喻文学之富。麾，旗属。《周礼》（《春官•巾车》）：'建大麾以田。'幢，幡也。《释名》（《释兵》）曰：'以其貌童童然也。'《后汉•西羌（传）赞》曰：'降俘载路，牛羊满山。'旌，旗干也。"宋葛立方《韵语阳秋》卷二云："《病中赠张籍》一篇有'半涂喜开凿，派别失大江。吾欲盈其气，不令见麾幢'之句，《醉赠张彻》（'彻'字误，当为秘书张署）有'张籍学古淡，轩鹤避鸡群'之句，则知籍有意于慕大，而实无可取者也。"

⑬ 解旆束空杠：文《详注》："解旆束杠，亦伏匿之意。旆，旌旗饰也。《春秋》(《左传》昭公十三年)：'平丘之会，建而不旆，壬申，复旆之，诸侯畏之。'注云：'将战则曳旆以恐敌。'"魏本："孙曰：汉武帝元光二年(《汉书·匈奴传》)：'匈奴将十万骑入武州塞，见畜布野，而无人收者，怪之，乃引还去。'所谓'牛羊满田野，解旆束空杠'，盖此类也。"顾嗣立《集注》："《汉·匈奴传》：'汉使人阳为卖马邑城以诱单于，单于乃以十万骑入武州塞，未至马邑城百余里，见畜布野，而无人牧者，怪之，乃引兵还。'"魏本："杠，旗竿。祝曰：《尔雅》：'素练绸杠。'"钱仲联《集释》："《左传》僖公二十六（当为'八'）年：'狐毛设二旆而退之。'杜预注：'旆，大旗也。'按：旆，同斾。"按钱注引《左传》僖公二十六年，误。乃二十八年事也。引杜预注"旆，大旗"亦误。旆，《左传》多处用之，均作前军解。张衡《东京赋》："殿未出乎城阙，旆已回乎郊畛。"亦用《左传》意。杨伯峻《春秋左传注》引刘书年《刘贵阳经说》曰："设二旆，设前军之两队也……所以名旆者，以其载旆也。"故杨伯峻"狐毛设二旆而退之"下注云："旆本旌旗之旒，旌旗之有旒（飘带）者曰旆。互详昭十三年《传》'建而不旆'注。刘说是。杜注以旆为大旗，误。"韩诗正用《左传》以旆为军意，而出之于张衡《东京赋》。

⑭ 罂缸：文《详注》："罂缸，盛酒器。罂，瓶之大腹小口者也。缸，亦罂类，长颈受十胜。上音于茎切。下音胡降切。"魏本注："罂，缶也。缸，瓶也，酒器。上音莺，下胡江切。"

⑮ 照炉钉明釭：文《详注》："炉，酒卢也，累土为卢以居酒。瓮，四面隆起，其一面高，形如锻卢焉，故名卢尔。釭，音江，灯也。"方成珪《笺正》："《广韵》：釭，训灯，古双切。晋夏侯湛有《金釭灯赋》。谢朓《奉和随王殿下》诗：'釭华兰殿明。'皆可援以为证。"钱仲联《集释》："《广韵》：'炉，酒盆，落胡切。'……此云'钉明釭'犹后世云'张灯'。"按：行文起伏顿挫，乃平中见奇。如何焯《义门读书记》卷三〇："'倾樽与斟酌'四句，夹此乃顿挫。"

⑯ 夜阑纵捭阖：阑，祝本、魏本、何溪汶《竹庄诗话》俱注云：

"阛,一作'话'。"文本作"话",注:"一作'阛'。"宋白文本、祝本、魏本、廖本、王本作"阛",注:"一作'话'。"今从之作"阛"。作"话"亦通。

夜阑:夜将尽也。杜甫《羌村三首》:"夜阑更秉烛,相对如梦寐。"宋陆游《十一月四日风雨大作》之二:"夜阑卧听风吹雨,铁马冰河入梦来。"

捭:文本注:"捭字,通作'摆'。"宋白文本、祝本、魏本、廖本、王本作"捭",从之。

文《详注》:"言籍乘酣逞论,容貌轩然也。捭字通作摆,音比买切。《鬼谷子》有《摆阖篇》云:'捭之者,料其情也。阖之者,结其诚也。'注云:'摆,拨动也。阖,闭藏也。'"魏本:"捭,开也。韩曰:《鬼谷子》有《捭阖篇》。《旧史》言籍性诡激,而公诗言其'捭阖',有(信)矣。捭,音摆。"按:捭,同摆。捭阖,开合。此形容其纵论左右逢源,纵横开阖。《鬼谷子·捭阖第一》:"观阴阳之开阖以命物,知存亡之门户……而捭反之以求其实,贵得其指。阖而捭之,以求其利。或开而示之,或阖而闭之。开而示之者,同其情也;阖而闭之者,异其诚也。"

⑰ 哆口疏眉厖:厖,魏本作"疣"。诸本作"厖",从之。

文《详注》:"哆,开口也,音昌者切。厖,大也,音莫江切。《方言》(卷二)云:'秦晋之间,凡大貌者谓之厖。'"魏本:"哆,唇下垂。厖,多毛貌。洪曰:公称张籍'哆口疏眉厖',魏灏称李太白'眸子炯然,哆如饿虎',二公状貌,可想见也。"王元启《记疑》:"眉厖:《思玄赋》:'尉厖眉而郎潜。'此公'眉厖'二字所本。"方世举《笺注》:"《诗》:'哆兮侈兮。'"又曰:"《汉书·刘宠传》:'有五六老叟,厖眉皓发。'"钱仲联《集释》:"《文选》王褒《四子讲德论》:'厖眉耆耇之老。'李善注:'厖,杂也。'此在张衡《思玄赋》之前。又《思玄赋》旧注:'厖,苍也。'"童《校诠》:"第德案:诗巷伯:哆兮侈兮,毛传:哆,大貌。说文:哆,张口也,鱼部:鮘,哆口鱼也,韩诗外传:鱼之哆口垂腴者,鱼畏之,为公哆口字所本。厖眉字钱引王褒四子讲德作证,早于方、王二氏。汉书霍光传:疏眉目,美须髯,公此语盖兼用霍子孟传。疎为疏之后出字。瘫字讹,应作厐,其本字应作尨,说文:尨,犬之多毛者,诗曰:无使尨也吠。段曰:引申为杂乱之称,小戎笺曰:蒙尨是也,牛白黑杂毛曰犹,杂语曰哤。"疎,疏之俗字,后出。

⑱ "势侔"二句:侔,相当。《三国志·蜀书·诸葛亮传》:"众寡不侔。"高阳翁,郦食其。郦,高阳人,汉刘邦兵过高阳,郦入谒,自称高阳酒徒。此比张籍。文《详注》:"前汉郦食其,陈留高阳人也。汉高祖三年(公元前204年),往说齐王广及相横,横然之,乃罢历下守备,纵酒高会,且遣使与汉平。食其凭轼下齐七十余城。"魏本:"孙曰:'郦食其,高阳人。田横立田广为齐王,身相之,以距汉。高帝使食其说横,与连和,横然之,罢历下军。凭轼下齐七十余城。'"顾嗣立《集注》:"《史记·田儋传》:'田横复收齐城邑,立田荣子广为齐王而相之。汉王使郦生往说,下齐王广及其相国横。横以为然,解其历下军。'又《郦生传》:'郦生食其者,陈留高阳人也。'"按:高阳及横事见《史记》、《汉书》中《郦食其》《田儋》传及《高祖纪》。黄钺《增注证讹》:"使事仍映上'谈舌久不掉。'"魏本音注:"降,胡江切。"

⑲ 形躯顿胮肛:魏本:"胮肛,胀大之貌。"文《详注》:"言籍自负其学,意气扬扬,譬如人体之胀大也。《埤苍》曰:'胮肛,胀大貌。'上音被江切。下音虚江切,又音庞。"钱仲联《集释》:"《广雅》:'胮肛,肿也。'《集韵》引《埤苍》曰:'胮肛,腹胀也。'"按:不知比,难知韩公用意。朱彝尊《批韩诗》云:"皆以比意,妙。"

⑳ "归将"二句:归将,方《举正》作"归将",云:"蜀本作'将归'。谢校同。《诗》(《邶风·燕燕》):'之子于归。''远于将之。'毛传:'将,行也。'故古人以送、将、归为三事焉。朱《考异》:"方作'归将'。(下引方语)今按:《楚辞》(宋玉《九辩》)言秋之可悲,如在远行之处,而登山临水以送欲归之人,愈觉羁旅之牢落,故其意象惨戚而无聊耳。将字与《诗》文同义异,安得强为一说,而谓送、将、归

为三事乎？必为三事而可颠倒言之，则《楚辞》之与此诗，皆不复成文理矣。"按：方校刊韩集本作"将归"。文本、祝本、魏本作"归将"。宋白文本、廖本、王本作"将归"。按：作"将归""归将"均可。按韩公文意，似作"归将"，善。归，动词；将，副词，即将要。《左传》僖公十四年："皮之不存，毛将安傅。"

此二句：文《详注》："公罄籍之论，俟其将归，乃徐救其失也。哤音莫江切。《说文》曰：'言语杂乱曰哤。'"魏本："樊曰：《管子》（《小匡》）：'四民杂处，则其言哤。'注：'哤，乱也。'孙曰：哤，杂也。得无哤，谓籍所言其间得无杂乎？"哤（máng 莫江切，平，江韵），言语杂乱。《国语·齐语》："四民者，勿使杂处，杂处则其言哤，其事易。"意谓：张籍将归，我得指出他言语的杂乱。此写韩公指导张籍作文。

㉑ "回军"二句：回军，方《举正》据蜀本订"军"字，云："荆公、谢本校同。"朱《考异》："军，或作'君'，非是。"南宋监本原文作"君"。祝本作"君"。宋白文本、文本、魏本、廖本作"军"。文、魏本注："军，一作'君'。"按：此用孙膑与庞涓率军斗智事，作"军"是。

文《详注》："言公自晦之久，一旦回籍与角胜负，籍大愧服，譬如孙子之败庞涓也。"魏本："孙曰：'《史记》（《孙子列传》）：孙膑为庞涓所刖，会齐使如魏，窃载与归。其后魏攻韩，韩告急于齐，使田忌将而往，直走大梁。庞涓闻之，去韩而归。膑度其行，暮当至马陵，乃斫大树，白而书之曰：庞涓死于此树之下。而令善射者万弩夹道而伏。涓果夜至斫树下，见白书，钻火烛之。读未毕，齐军万弩俱发，涓兵败，乃自刭曰：遂成竖子之名。'韩曰：'公始也，扶机导籍使之言，且匿其麾幢，解施束杠而示之弱。籍乃纵其掉阖，如郦生之下齐，既连日挟其所有，躯病语哤，乃为公所败，是犹孙膑之收庞涓也。'"

㉒ "雌声"二句：款，文本、魏本作"欵"。宋白文本、祝本、廖本作"款"。按：款、欵同，诚恳、缓慢。《荀子·修身》："愚款端悫。"唐魏征《十渐不克终疏》："莫能申其忠款。"宋梅尧臣《送胥裴二子回

马上作》:"岂惟游子倦,疲马行亦欸。"今从"款"。

文《详注》:"欸,要降辞也。后汉边让《章华赋》云:'孤雌感声而求雄。'腔音枯江切。骨体曰腔。"魏本:"韩曰:'腔,肫羊。一云羊脂。'祝曰:张鹭《朝野佥载》:'案后一腔东猪肉。'"方世举《笺注》:"雌声:《世说》:'桓温得刘琨妓,曰:公甚似刘司空。温大悦,询之。婢云:声甚似,恨雌。'"沈钦韩《补注》:"以下言籍之雄气无复存,乃雌声输情也。"王元启《记疑》:"'羊腔'二字未解。考《司业集》后附录此诗,'腔'作'腟',似承上雌声言之。今吴伶讥歌声不雄壮者,谓之'眠羊腟'。'羊腟'二字,至今俗用为笑谑。然未知所本。又张鹭《朝野佥载》:'选人嘲侍郎姜晦云:案后一腔冻猪肉,所以名为姜侍郎。'诸注'冻'字或作'陈',或作'东',皆非是。"屈《校注》:"羊腔,羊之肋肉也。陆游《丰岁》诗:'羊腔酒担争迎妇,鼍鼓龙船共宴神。'宋孙奕《履斋示儿编》卷一五《人物通称》:羊谓之腔。韩愈《病中赠张十八》云'酒壶缀羊腔'是也。猪亦谓之腔,张鹭《朝野佥载》云'案后一腔东猪肉'是也。"按:羊腔作雌声,作羊肋(肉)亦通。然上句说声势,下句说酒肴,上下句意各别,如此下句"羊腔"作"羊肋"解较合诗意。

㉓"君乃"二句:文《详注》:"《山海经》云:'昆仑山在西北墟,河水出其东北。'李巡云:'墟,山下地也。'韩诗曰:'河水九折注海而流不绝者,有昆仑之轮也。'泷,水名,《水经》云:'出岭南,在郴州界。'音间江切,又音双。"魏本:"樊曰:'泷,音双,水名,在岭南。又间江切,奔湍也。南人谓湍为泷。'"顾嗣立《集注》:"《尔雅》(《释水》):'河出昆仑墟,色白,所渠并千七百一川,色黄。'"按:此乃张籍语。君指韩公。昆仑渠指大河,岭头泷,张籍自指,谓小河:此乃大小、高下之分也。

㉔"譬如"二句:坯,文本作"蛭",误。诸本均作"坯"。崆峒,方《举正》订,云:"字见《南都赋》。蜀本苦江、五江二切。今本作'岘'。字书无此字。"朱《考异》:"峒,或作'岘'。"文本、祝本、魏本作"岘"。宋白文本、廖本、王本作"峒"。按:作"崆峒"善。

垤(dié 徒结切,入,屑韵):蚁冢。蚁洞口的小土堆。《诗·豳风·东山》:"鹳鸣于垤。"注:"垤,蚁冢也。"宋黄庭坚《次韵子瞻赠王定国》:"百年炊未熟,一垤蚁追奔。"文《详注》:"垤,蚁封也。郑氏注:'《礼记》云:蚍蜉之子微虫尔,其功亦能成大垤。'崆峣,山貌。上音苦江切,下音五江切。《南都赋》(张衡撰)云:'其山则崆峣。'李善云:'高峻貌。'"按:峣(yáng 五江切,平,江韵),山高峻貌。《辞源》"崆峣"条下引韩诗为例。王元启《记疑》:"按《司业集》后附录此诗,'峣'字实书作'岘'。《司业集》寿春魏峻刊之淳祐间者,是宋时《韩集》诸本多误作'岘'。方氏始据《南都赋》定从蜀本作'峣'字也。"按:崆(kōng,苦江切,音空,平,东韵)峣,联绵词,形容山高峻貌。《文选》卷四《南都赋》:"其山则崆峣巇嵑。"文注所引不全。

㉕ 斩拔枿与桩:宋白文本、文本、祝本、廖本、王本均如此。魏本上句作"愿终赐之教",两说均通。下句作"斩拔枿与桩"。今从诸本。文《详注》:"枿,伐木余也,音五葛切。桩,杙也,音都江切,以喻斥其茅塞。"魏本注:"枿,芽也。桩,橛也。枿,牙葛切,桩,株江切。"顾嗣立《集注》:"薛综《东京赋》注:'斩而复生曰枿。'《广韵》:'桩,橛也。'"

㉖ "从此"二句:处,文本作"路"。诸本作"处",是。

文《详注》:"淙淙,水之流声也,音士江切。"魏本:"韩曰:'籍既为公所败,乃自以为岭头之泷不足以方昆仑之渠,蚁垤之微不足以陵岘峣之山,愿终受教于公,而公所以导其所归也。'"何焯《义门读书记》卷三〇:"应'派别失大江'。"

【汇评】

宋孙奕:《人物通称》:羊谓之腔。韩愈《病中赠张十八》云"酒壶缀羊腔"是也。猪亦谓之腔。张鹜《朝野佥载》云"案后一腔东猪肉"是也。(《履斋示儿编》卷一五)

宋吴子良:《山谷诗意与退之同》:韩退之《病中赠张十八》诗,意奇语雄,序其与籍谈辨,有云"吾欲盈其气,不令见麾幢。牛羊满田野,解旆束空杠"云云,"回军与角逐,斫树收穷庞"。后山谷《次韵答薛乐道》云:"薛侯笔如椽,峥嵘来索敌。出门决一战,不见旗鼓迹。令严初不动,帐下闻吹笛。乍奔水上军,拔帜入赵壁。长驱剧崩摧,百万俱辟易。"正与退之诗意同,才力殆不相下也。(《荆溪林下偶谈》卷一)

清朱彝尊:读此,知公善诱,亦善谑。亦是排硬格,但有转折顿挫,遂觉意态圆活。(顾嗣立《昌黎先生诗集注》卷五)

清查慎行:游戏为文,具纵横开合之势。(《查初白诗评十二种》)

清何焯:《病中赠张十八》:"中虚得暴下",以此为发端,自是累句。"扶几导之言"以下,此篇波澜起伏,分明从管公明与诸葛景春往复变化来,但不师其辞耳。"倾樽与斟酌"四句,夹此乃顿挫。"东流水淙淙",应"派别失大江"。(《义门读书记》卷三〇)

又:此篇多用喻语,与《荐士》一律。(顾嗣立《昌黎先生诗集注》卷五)

清方世举:按:《管辂别传》:"诸葛原迁新兴太守,辂往饯之,大有高谈之客。原先与辂共论,辂遂开张战地,示以不同,藏匿孤虚,以待来攻。原军师摧衄,自言睹卿旌旗,城池已坏也。其欲战之士,于此鸣鼓角,举云梯,弓弩大起,牙旗雨集,然后登城曜威,开门受敌。言者收声,莫不心服,皆欲面缚衔璧,求束手于军鼓之下。"诗意实本于此。然公以师道自任,而谈谐求胜于门下士,殊不得其意所在。得毋张籍以公好游戏博塞,尝有书规箴,公性倔强,有所不受耶?《石鼎联句》以轩辕弥明自寓,而求胜于刘、侯二子,亦可为此诗证也。(《韩昌黎诗集编年笺注》卷一二)

清爱新觉罗·弘历:此篇当就用韵处玩其苦心巧思,大略以军事进退为比,皆就韵之所近,而词义乃各得其侪。如前有"高阳"一喻,而后之"穷庞"乃以类从,不为强押。凡解旆回军,约降吐款,前后俱一线穿成。于此见长篇险韵,定须惨淡经营,不可恃才卤莽也。(《唐宋诗醇》卷三〇)

清方东树:《病中赠张十八》创造奇险,山谷所模。《醉赠张秘书》句法精造,亦山谷所常模。(《昭昧詹言》卷九韩公)

清陈衍:昌黎《病中赠张十八》诗,后半言籍终败而降服,已如黄河,籍如岭头陇,已导之识归处,未免过于扬己卑人。(《石遗室诗话》卷二三)

程学恂:公初赠籍诗,即云"开怀听其说,往往副所望",后又代其自称云:"籍能辨别是非。"宜乎意见无不合矣。而此诗乃云云,可知古人交契虽到极深处,不尽有依顺而无违拒也。观籍两奉公书,亦可见矣。(《韩诗臆说》卷二)

杂 诗①
贞元十一年

这首诗与韩公《答崔立之书》有同指,书写于贞元十一年(795),这首诗当亦写于贞元十一年。这首诗的主题历来有争论,原因是作者采用了浪漫主义手法,利用飞驰的想象,以寓言为假托来表现他对世俗的看法,以喻他站在时代知识的巅峰,继承发扬圣人之道的精髓。读起来很像一篇小《离骚》。从艺术手法上看,这首诗的突出特点是继承屈原诗歌的浪漫主义传统,又直接渊源李白,利用腾飞的想象、泼辣的语言,写博大胸怀,表深刻意义。如世无知音,假托无言子与之遨嬉太空;愤世嫉俗,假托夸夺子以痛斥。二十六句诗押六韵。这种用法古诗里不多见,而韩愈运用自如,使诗在流走中起无数波澜。苏轼《岐亭》学公诗法。

古史散左右,诗书置后前②。岂殊书蠹虫,生死文字间③。古道自愚戆④,古言自包缠⑤;当今固殊古,谁与为欣欢⑥?独携无言子⑦,共升昆仑巅⑧,长风飘襟裾,遂起飞高圆⑨。下视禹九州⑩,一尘集毫端⑪。遨嬉未云几,下已亿万年⑫。向者夸夺子,万坟压其颠⑬。惜哉抱所见,白黑未及分⑭。慷慨为悲咤,泪如九河翻⑮。指摘相告语,虽还今谁亲⑯? 翩然下大荒⑰,被发骑骐驎⑱。

【校注】

①题:魏本:"杂诗,一作'杂言'。韩曰:诗意盖有所讽,观'向者夸夺子'与'白黑未及分'之句,似不徒作也。"廖本注:"《文选》(卷二九)王粲、曹植皆有《杂诗》,李善谓'遇物即言,不拘流例'是也。或作'杂言',非。此诗乃《离骚经》所谓'离心远逝,道夫昆仑。'已而临睨旧乡曰:'国无人莫我知兮,又何怀乎故都。'盖此意云。"方世举《笺注》引□云乃廖本注,又按:"此诗为李实、伾、文辈而作。'古史散左右'云云,时方为博士也。"又云:"或疑公不好神仙,而此诗多作神仙之语,不知其寄托盖有深意也。当李实、伾、文用事之时,所为夸夺,贤奸倒置,公被挤而出,未及三年,而世故纷纭,大非前时景象。向者诸人,复安在哉? 故欲超然于尘之外。俯仰人世,夸夺者何如也?"王元启《记疑》:"此诗与《嘲鲁连》同指,亦为后进争名者发。或云'为李实、伾、文辈作',非是。"钱仲联《集释》:"徐震曰:王说近是而未尽也。观此诗首六句,显为文章而发。意盖讥时流不识文章本原,只以猎取科第,终归身名俱灭;自慨独抱真识,世莫可与言者。此与《答崔立之书》同指,疑亦作于其时也。"按:徐说是。当系贞元十一年(795)。诸谱无系。

②"古史"二句:古史、诗书,指古代典籍。后前,即前后,韩公惯用倒置的构词方法。与上句"左右"意同,且可叶韵。方世举《笺注》:"梁元帝《玄览赋》:'聊右书而左琴。'"按:《诗·大雅·常武》:"左右陈行,戒我师旅。"笺:"使其士众,左右陈列而敕戒之。"《孟子·离娄下》:"资之深,则取之左右逢其原。"即左右逢源。

③"岂殊"二句:方《举正》出南宋监本"书蠹虫",据杭、蜀本乙作"蠹书虫"。朱《考异》:"蠹书,或作'书蠹'。"文本、祝本、魏本作"书蠹"。文、魏本注:"一作'蠹书'。"宋白文本、廖本、王本作"蠹书虫"。按:两说均可。今从"书蠹虫"。文《详注》:"《酉阳杂俎》云:

一名脉望,蠹鱼三食'神仙'字,则化为拳发。夜时当天从规中望星,则星使立降,可求丹度世。东坡《六虫篇》云:'蠹鱼著文字,槁死犹遭卷。'即此意也。"顾嗣立《集注》:"《穆天子传》(卷五):'暴蠹书于羽陵。'注云:'暴书中蠹虫。'"按:《汉书·五行志》中之下:"昭帝时,上林苑中大柳树断仆地,一朝起立,生枝叶,有虫食其叶,成文字。"后因用书虫形容虫啮食树叶。宋苏轼《宿余杭法喜寺寺后绿野堂望吴兴诸山怀孙莘老学士》诗云:"稻凉初吠蛤,柳老半书虫。"本指蚌蚀书籍的蠹虫,此喻埋头苦读的人。暗含食古不化,不合时宜之意。《辞源》引韩诗为例。岂殊,难道有别于。此二句谓:只知埋头读书而不知时务的人,难道与书蠹虫有什么两样吗?"书蠹虫"谓名词,即嗜书虫,合韩公文意。

④ 愚惷(chǔn 尺尹切,上,准韵):朱《考异》:"惷,或作'戆',或作'蠢'。"宋白文本、文本、祝本、魏本、廖本、王本均作"惷"。注:"一作'戆',一作'蠢'。"蠢与惷同,今从"惷"。

愚惷:愚笨貌。《礼记·哀公问》:"寡人惷愚、冥烦。"《淮南子·氾论训》:"存亡之迹,若此其易知也,愚夫惷妇皆能论之。"愚惷,痴呆。《后汉书·张酺传》上疏:"臣实愚惷,不及大体。"《战国策·魏一》:"寡人惷愚,前计失之。"元吴师道注:"惷,愚也。书容、抽江、丑用、陟降四反,义并同。"

⑤ 古言自包缠:此句承上"生死文字间",谓一些人为古人言论所束缚。包缠,封缠起来难以打开,比喻古人言语深奥。韩公《施先生墓铭》:"古圣人言,其旨密微。"即此义。

⑥ "当今"二句:欣欢,即欢欣。其构词法同"后前"。笔指当今世俗。文《详注》:"李陵《与苏武书》云:'举目言笑,谁与为欢?'"此二句谓:韩公志复古道,而今人不古,故云无人同欢欣。

⑦ 独携无言子:文《详注》:"犹司马相如赋(《子虚赋》《上林赋》)凭虚子、亡是翁之类。"按:无言子,假托的人名。此承上,因当世无可与言者,故托无言子。无言,指上"生死文字间",不著书立说。以下八句俱假托,意思是:韩公自谓虽志复古道,然亦认为读

"古史""诗书"不能当书蠹虫,要跳出"古道""古言"的圈子,去另找"欣欢","遨嬉"于九州太空。

⑧昆仑巅:文《详注》:"颠,当作'巅',山顶也。《诗》(《唐风·采苓》)曰:'采苓采苓,首阳之巅。'昆仑最高,以喻道之所在。《淮南子》(《地形训》)云:'昆仑中有增城九重,其高万一千里。或上倍之,是谓阆风之山,登之不死。或上倍之,是谓悬圃,登之乃灵,能使风雨。或上倍之,乃神,是谓天帝之居。'"魏本:"樊曰:王逸《离骚经》注:'昆仑山在西北,其高一万一千里。'孙曰:昆仑,仙人所居处。一曰'阆风'。韩曰:《列子》(《周穆王》):'周穆王驾八骏之乘,升昆仑之丘。'"文《详注》:"《补注》:此屈原去世离俗,道夫昆仑而临睨旧乡,则曰:'国无人兮莫我知也。'王逸注:'昆仑在西北,其高一万一千里。'"按:昆仑山,在新疆与西藏之间,西接帕米尔高原,东延入青海省境内。层峦叠嶂,突兀高峻。毛泽东《念奴娇·昆仑》词:"横空出世,莽昆仑。"古代神话传说中,乃我国神话中的圣地,神仙所居,西王母瑶池所在。屈原《离骚》"国无人莫我知兮",乃韩诗之机杼。

⑨"长风"二句:方世举《笺注》:"《诗·正月》(《小雅》):'谓天盖高?〔不敢不局。谓地盖厚?不敢不蹐。〕'《大戴礼·天圆篇》:'天道曰圆,地道曰方。'"按:此二句谓:长风吹拂着衣衫,遂起飞而遨游太空也。襟裾,衣襟。襟指衣裳前胸部分,裾指衣裳大襟。高圆,指天。

⑩禹九州:禹,朱《考异》出"禹",云:"方作'寓'。"方《举正》未出此条。文本、祝本、魏本作"寓"。文、魏本注:"一作'禹'。"宋白文本、廖本、王本作"禹"。廖本注:"禹,或作'寓'。"作"禹"善。

按:禹九州,《书·禹贡》记载:古之禹有天下,分疆土为冀、兖、青、徐、扬、荆、豫、梁、雍九州。韩诗据此,故作"禹"字是。《史记·孟子荀卿列传》:"(驺衍)以为儒者所谓中国者,于天下乃八十一分居其一分耳。中国名曰赤县神州,赤县神州内自有九州,禹之序九州是也。"亦可证。童《校诠》:"第德案:方校语今本举正失收,正文及注两寓字当依朱子校作寓。说文：宇，屋边也，从宀，于声。寓，籀文字从禹，按：于声、禹声古同部。段曰：引申之义为大，文子及三苍云：上下四方谓之宇，往古来今谓之宙。史记邹衍传有禹九州语，应从一本及考异为长。"今通作"禹"。

⑪ 一尘集毫端：毫，宋白文本、廖本作"豪"。文本、祝本、魏本作"毫"。按：豪，从高，从豕，谓猪之鬣毛，乃毫毛之本字。毫，后出字，唐宋时通用。

文《详注》："东坡《赠月长老》云：'天形倚一笠，地水转两轮。五霸之所运，毫端栖一尘。'虽引用此事，而栖与集其义则异，此作诗用事之法也。"钱仲联《集释》："《妙法莲华经》：'佛告诸比丘：乃往过去无量无边不可思议阿僧祇劫，尔时有佛，名大通智胜如来。彼佛灭度已来，甚大久远，譬如三千大千世界所有地种，假使有人磨以为墨，过于东方千国土，乃下一点，大如微尘，又过千国土，复下一点，如是展转，尽地种墨，是人所经国土，若点不点，尽抹为尘，一尘一劫，彼佛灭度已来，复过是数。无量无边百千万亿阿僧祇劫，我以如来知见力故，观彼久远，犹若今日。'《大方广佛华严经》：'于一尘中，普示一切世间境界。'何孟春曰：退之'下视禹九州，一尘集毫端'，长吉'遥望齐州九点烟，一泓海水杯中泻'，与老杜所谓'荡胸生层云，决眦入飞鸟'，是诗家何等眼界？汪琬曰：见地极高，有举头天外之想。"身居高圆之天，下瞰九州，如一尘耳；韩公心胸之大，眼界之阔如此。

⑫ 遨嬉：文《详注》："后汉吴苍骑龙弄凤，翔嬉云间。见《娇真传》。"方世举《笺注》："《神仙传》：'阴长生著诗三篇，以示将来，曰：遨戏仙都，顾愍群愚。年命之逝，如彼川流。奄忽未几，泥土为俦。奔驰索死，不肯暂休。'"按：遨嬉，嬉游。《后汉书•梁鸿传》："聊逍遥兮遨嬉，缵仲尼兮周流。"下，下界，即人间。亿万年，谓时间跨度之大。

⑬ "向者"二句：夸夺子，亦假托，指世俗贪多、夸耀之人。

压其颠：方《举正》据唐本作"压其坟"，云："杭同。李、谢校。

蜀本作'颠'。朱《考异》:"今按:方所从本,盖后人以重韵而误改之。说见《石鼓歌》。"宋白文本、文本、祝本、魏本、廖本、王本均作"压其巅"。按:方《举正》所用南宋监本原文即作"巅"。韩诗前作"巅",后作"颠",字有别,如《考异》所说"盖后人以重韵而误改之"。况古诗不避重韵,韩诗亦然。巅、颠二字作顶,古通用。《诗·唐风·采苓》:"采苓采苓,首阳之巅。"唐李白《蜀道难》:"可以横绝峨眉巅。"谓山顶。《诗·秦风·车邻》:"有车邻邻,有马白颠。"谓头顶。《说文·页部》:"颠,顶也。从页,真声。"段注:"见《释言》。《国语》班序:颠,毛注同。引伸为凡物之顶,如《秦风》'有马白颠'。传曰:'白颠,旳颡也,马以颡为顶也。'《唐风》'首阳之颠',山顶亦曰颠也。"则段注引《唐风》作"颠"。而《说文》无"巅"字,疑《诗·唐风·采苓》所用"巅"乃后人所改。颠、巅同源,而巅字后出,字顶加山字,以意造字,而后以"巅"形容山顶。然唐宋人往往混用。由此看来,此诗之"昆仑颠",当用"巅","压其颠",当用"颠"。韩诗原文疑均用"颠",崇古也。文《详注》:"此言身之颠也,当作颠。《说文》曰:'颠,顶也。'《切韵》《集韵》巅、颠并同音而异义。"方成珪《笺正》:"朱子说甚是……又《举正》'坟'蜀作'颠',疑上'昆仑颠'之'颠'或作'巅'。此从蜀本作'巅',亦通。"童《校诠》:"第德案:朱说是,如作万坟压其坟,公无此拙句,颇疑第一坟字不作坟,方但云压其坟,朱云其巅,不引全句,究为何字,无从知晓,方雪斋谓昆仑颠之颠作巅,此作颠亦通。按:说文无巅字,巅为颠之后出字,玉篇页部:颠,都坚切,顶也,山顶谓之颠,山部:巅,多田切,山顶也,可证。压,廖,王本作厌,为压字之省借,祝本作压。"朱、方说善。唐时巅、颠二字已并行,其用法有的已分别;因二字音近义同,或有通用者。为别其义而不重字,前作巅,从山;后作颠,从页。

⑭"惜哉"二句:抱所见,固执己见。

白黑:即黑白。指"古道""古言"里的是非。此指世俗黑白不分,是非不明。文《详注》:"言道之难明也。《淮南子》(《主术训》)云:'或问瞽师曰:白素何如?曰缟然。曰黑何如?曰黮然。援白黑而视之,则不处焉。人之视白黑以目,言白黑于口。瞽师有以言白黑,无以知白黑,故言白黑与人同,其别白黑与人异。'后汉朱浮《疏》曰:'粲然黑白分明。'"方世举《笺注》:"《韩诗外传》:'有王之法,若别黑白。'"按:《荀子·君道》:"知国之安危、臧否,若别白黑。"白黑未及分者,当指战国时公孙龙与惠施"坚白同异",各持偏见,不分白黑是非而言。对"坚白石"这一命题,公孙龙认为坚、白是脱离石而独立存在的实体,夸大了事物的差别性而抹杀了事物的统一性;惠施看到事物间的差异和区别(小异),但以"合同异"的同一(大同),否定差别的客观存在。即韩诗所批评的抱黑白不分之所见也。

⑮"慷慨"二句:悲咤、九河,文《详注》:"悲咤,叹声,音陟驾切。九河,见《陆浑火》。"魏本:"韩曰:郭璞《游仙诗》:'抚心独悲咤。'"魏本音注:"咤,陟驾切。"魏本:"孙曰:《书》:'九河既道。'九河谓徒骇马颊之类。韩曰:晋顾恺之哭桓宣武,泪如硕(宋本作硕,四库本作倾,作倾较善)河注水。"方世举《笺注》:"《晋书·顾恺之传》:恺之拜桓温墓,或问之曰:'卿凭重桓公,哭状其可见乎?'答曰:'声如震雷破山,泪如倾河注海。'"童《校诠》:"第德案:硕当作倾,水当作海。"按:韩诗似从此翻出。《楚辞》屈原《九歌·少司命》:"与女游兮九河。"《文选》五臣注:"九河,天河也。"亦指黄河的九条支流。古代黄河自孟津而北分为九道,故名。《书·禹贡》:"九河既道。"注引《尔雅》:"徒骇一,太史二,马颊三,覆釜四,胡苏五,简六,絜七,钩盘八,鬲津九。"

⑯"指摘"二句:魏本:"樊曰:此屈原所以去世离俗,道夫昆仑,已而临睨旧乡,则曰'国无人兮莫我知也'。"韩公为己之道、己之文不能为世所用感慨叹息如此也。可与韩公《答崔立之书》"夫所谓宏辞者,岂今之所谓者乎?诚使古之豪杰之士若屈原、孟轲、司马迁、相如、扬雄之徒进于是选,必知其怀惭乃不自进而已耳;设使与夫今之善进取者竞于蒙昧之中,仆必知其辱焉。然彼五子者,且使生于今之世,其道虽不显于天下,其自负何如哉!肯与夫斗筲

者决得失于一夫之目而为之忧乐哉"并读。此正揭橥了韩公三试宏辞不中,三上《宰相书》不报时的思想情感。

⑰ 大荒:文《详注》云:"大荒,日月所出入处是也。"按:《山海经·大荒西经》:"大荒之中,有山名曰大荒之山,日月所入,有人焉三面,是颛顼之子,三面一臂,三面之人不死,是谓大荒之野。"《抱朴子外篇·博喻》:"逸麟逍遥大荒之表,故无机阱之祸。"

⑱ 被发:方世举《笺注》:"被发:《记·王制》:'被发文身,被发衣皮。'《神仙传》:'孙登被发自覆身,发长丈余。'"被,同"披"。按:相传孙登长啸苏门山(在河南省辉县),被发自覆其身,发长丈余。

骐驎:方《举正》订,云:"蜀本只作'麒麟'。古书如《战国策》多用'骐驎'字,义实一也。"朱《考异》:"骐驎,或作'麒麟'。方云:古书如《战国策》多用'骐驎'字,其义一也(当作'义实一也')。"

魏本:"孙曰:谓公贬(宋本作'复仙',疑误,据四库本作'公贬')去。樊曰:'东坡为公《潮州庙诗》,终篇多取此意。'"文《详注》:"《山海经》:骐驎皆马青骊文。《说文》曰:'骐,如博棋。'《尔雅》曰:'驎者,斑驳隐邻如今之连钱骢也。'昔周穆王左骖盗骊,西游昆仑。《武帝内传》:'西王母,上元夫人降于内殿,皆驾班[斑]麟,散发至腰。'《补注》:东坡《潮州庙(碑)》诗曰:'公昔骑龙白云乡,手决云汉分天章。天孙为织云锦裳,飘然乘风来帝旁。下与浊世扫秕糠,西游咸池略扶桑,草木衣被昭回光,追逐李杜参翱翔。汉流湜籍走且僵,灭没倒景不可望。作书诋佛讥君王,要观南海窥衡湘。历舜九疑吊英皇,祝融先驱海若藏。约束鳄鱼如驱羊,钧天无人帝悲伤。讴吟下招遣巫阳,爎牲鸡卜羞我觞。于粲荔丹与蕉黄。公不少留我涕滂,翩然被发下大荒。'(按:文引错字已校改)苏东坡所云出此也。"童《校诠》:"第德案:说文:骐,马青骊文如博棋也,无驎字。麟,大牡鹿也。麒,仁兽、麋身,牛尾,一角,麔,牝麒也。麒麔本字如此。"

按:《神仙传》卷三《王远》:王远过吴蔡经家,"经父母私问经曰:'王君是何神人?复居何处?'经答曰:'常治昆仑山,往来罗浮山、括苍山,此三山上皆有宫殿,宫殿一如王宫,王君常任天曹事,一日之中,与天上相反覆者数遍,地上五岳生死之事,悉关王君。王君出时,或不尽将百官,惟乘一黄麟,将士数十人侍。'"

【汇评】

宋周煇:坡《岐亭》诗凡二十六句而押六韵,或云无此格;韩退之有《杂诗》一篇,二十六句押六韵。(《清波杂志》卷二)

明何孟春:退之"下视禹九川,一尘集毫端",长吉"遥望齐州九点烟,一泓海水杯中泻"之句,与老杜所谓"摩胸荡层云,决眦入飞鸟",是诗家何等眼界!(《馀冬诗话》卷下)

清朱彝尊:是寓意,不是古意。然未为工。(顾嗣立《昌黎先生诗集注》卷五)

清何焯:《杂诗》:体源太白,要自有公之胸次,介甫多学此也。(《义门读书记》卷三〇)

清方世举:或疑公不好神仙,而此诗多作神仙之语,不知其寄托盖有深意也。当李实、伾、文用事之时,所为夸夺,贤奸倒置,公被挤而出。未及三年,而世故纷纭,大非前时景象。向者诸人,复安在哉!故欲超然于尘埃之外。俯仰人世,夸夺者何如也?(《韩昌黎诗集编年笺注》卷四)

清陈沆:厌语言文字而思大道也。为举世所不好之文,既非逢世之具,又非大道之要。且烈士殉名,与夸者死权,同争一时胜负耳。自至人知道者观之,则万世一瞬,得失毫末,曾白黑未分,已化为尘土矣。与造物不朽者何人乎?(《诗比兴笺》卷四)

清沈曾植:韩愈《杂诗》:"古史散左右"首,"升昆仑"一段雄恢。末段黯然孤进之伤。言语不通,奈何乎公!(《海日楼札丛》卷七)

程学恂:此公寓言中所得者,即《原道》之旨。当世无可与言者,故托之无言子也。夸夺子,即指世俗之人,惟知以世利相竞,而于道懵然无所知识,倏忽之间,已澌灭无存,诚为可怜也。此自明闻道之旨,以悟世人,绝非好神仙之词。所谓亿万年,正指后世,言

此辈混混然而生，混混然而死，与草木同腐，不闻于后也。若认作当时盛衰，则浅甚矣。非此篇之旨。(《韩诗臆说》卷一)

寄崔二十六立之①
元和七年

西城员外丞②，心迹两屈奇③。往岁战词赋，不将势力随④。下驴入省门⑤，左右惊纷披⑥，傲兀坐试席，深丛见孤罴⑦。文如翻水成，初不用意为⑧。四座各低面，不敢捩眼窥⑨。升阶揖侍郎，归舍日未欹⑩。佳句喧众口，考官敢瑕疵⑪？连年收科第，若摘颔底髭⑫。回首卿相位，通途无佗岐⑬。岂论校书郎，袍笏光参差⑭。童稚见称说，祝身得如斯⑮。侪辈妒且热，喘如竹筒吹⑯。老妇愿嫁女，约不论财贿⑰。老翁不量分，累月笞其儿⑱。搅搅争附托，无人角雄雌⑲。

由来人间事，翻覆不可知⑳。安有巢中縠，插翅飞天陲㉑？驹䮭著爪牙，猛虎借与皮㉒。汝头有缰系，汝脚有索縻㉓，陷身泥沟间，谁复禀指㧑㉔？不脱吏部选，可见偶与奇㉕。又作朝士贬，得非命所施㉖？客居京城中，十日营一炊㉗。逼迫走巴蛮，恩爱座上离㉘。昨来汉水头，始得完孤羁㉙。桁挂新衣裳，盆弃食残糜㉚。苟无饥寒苦，那用分高卑㉛？

怜我还好古，宦途同险巇㉜。每旬遗我书，竟岁无差池㉝。新篇奚其思？风幡肆逶迤㉞；又论诸毛功㉟，劈水看蛟螭㊱,雷电生睒睗㊲,角鬣相撑披㊳。属我感穷景㊴,抱华不能摘㊵。唱来和相报㊶,愧叹俾我疵。又寄百尺采,绯红相盛衰㊸。巧能喻其诚,深浅抽肝脾㊹。开展放我侧,方餐涕垂匙㊺。朋交日凋谢,存者逐利移㊻。子宁独迷误?缀缀意益弥㊼。举颈庭树豁,狂飙卷寒曦㊽。迢递山水隔,何由应埙篪㊾?别来就十年,君马记骅骊㊿。长女当及事,谁助出帨缡㊿?诸男皆秀朗,几能守家规㊿。文字锐气在,辉辉见旌麾㊿。摧肠与戚容㊿,能复持酒卮?我虽未鲞老,发秃骨力羸㊿。所余十九齿,飘飘尽浮危㊿。玄花著两眼㊿,视物隔褋褵㊿。燕席谢不诣,游鞍悬莫骑㊿,孜孜凭书案,譬彼鸟黏黐㊿。

且吾闻之师,不以物自隳㊿。孤豚眠粪壤,不慕太庙牺㊿。君看一时人,几辈先腾驰㊿?过半黑头死,阴虫食枯骴㊿,欢华不满眼,咎责塞两仪㊿。观名计之利,讵足相陪裨㊿?仁者耻贪冒,受禄量所宜㊿。无能食国惠,岂异哀癃罢㊿。久欲辞谢去,休令众睢睢㊿。况又婴疹疾,宁保躯不赀㊿?不能前死罢,内实惭神祇㊿。旧籍在东都,茅屋枳棘篱㊿。还归非无指,灞渭扬春漪㊿。生兮耕我疆,死也埋吾陂㊿。文书自传道,不仗史笔垂㊿。夫子固吾党,新恩释衔羁㊿。去来伊洛上,相待按罝罦㊿。

我有双饮盏,其银得朱提㊿。黄金涂物象,雕镂妙工倕㊿。乃令千里鲸,么麽微蟁斯㊿。犹能争明月,摆掉出渺弥㊿。野草花叶细,不辨莕荄葹㊿,绵绵相纠结,状似环城陴㊿。四隅芙蓉树,擢艳皆猗猗㊿。鲸以兴君身,失所逢百瞿㊉。月以喻夫道,俛俛励莫亏㊏。草木明覆载,妍丑齐荣萎㊐。愿君恒御之,行止杂㸂䚤㊑。异日期对举,当如合分支㊒。

【校注】

① 题:魏本:"孙曰:'贞元四年(788),侍郎刘太真知举放进士三十六人,立之中第。'韩曰:公尝为立之作《蓝田县丞[厅]壁记》,元和十年(815)也。记所载立之战艺出人及言事黜官,皆与诗意合。又有《赠立之》诗,乃在元和元年(806),而此云'别来就十年',盖自元年后方相别,至是作诗为寄,亦当在元和十年(815)也。"文《详注》:"《补注》:公元和十年为立之作《蓝田县丞厅壁记》:'贞元初,挟其能,战艺于京师,[再进]再出[屈]于人;元和初,以前大理评事言得失黜官,再传(转)而为丞兹邑。'《登科记》:'立之,贞元四年进士。'其曰:'又作朝士贬。'《记》所谓'言得失黜官'也。'别来就十年',公元和改元,召自江陵,有《赠崔评事》诗,至是十年矣。"王元启《记疑》:"公元和十年尝为立之作《蓝田丞厅壁记》,注家遂以此诗及卷七《雪后》一诗皆为十年作。《雪后》一诗非十年作,其说具见本篇。至此诗复有'宦途同险巇'句,当在职方下迁之后,未改比部以前。若十年则现掌帝制,不应尚作此语。且公更欲以来春归籍,至有文书传道等云,皆非得意之语,当系七年冬作。韩醇以卷四'崔侯文章苦捷敏'一诗,系元年作,此诗有'别来就十年'句,谓当在十年。不知就十年者,约略之辞,不必定足十年也。"钱仲联《集释》:"沈钦韩注,谓立之为西城员外丞在蓝田丞之前。考公于元和十年为立之作《蓝田县丞厅壁记》,而八年冬已有《酬蓝田崔丞立之咏雪见寄》诗,则立之为西城丞,当更在八年冬以前。此诗首称立之为西城员外丞,明非作于蓝田丞时也。又诗有'我虽未耋老,发秃骨力羸。所余十九齿,飘飘尽浮危'等语,与七年《赠刘师服》诗'我今呀豁落者多,所存十余皆兀䫸'者合。《记疑》谓七年冬作,是也。"高步瀛《唐宋诗举要》卷一:"案《韩子年谱》:元和六年

行尚书职方员外郎,七年春复为国子博士,八年春守尚书比部郎中史馆修撰,九年冬为考功郎中知制诰……王说亦有理,但古人牢骚语不必以胨仕遂无。且韩公知制诰时未必无不如意事,似不能以诗中有不得意之语遂断其非元和十年作也。"

《韩学研究·韩愈年谱汇证》系元和七年,曰:"按:从诗里所写'逼迫走巴蛮,恩爱座上离。昨来汉水头,始得完孤羁'诗句,指立之贬巴蛮后从汉水旁的西城来。《太平寰宇记》:'《水经》云:汉水经月川口,又东经西城故城南。其故城即汉之西城。今益州西北四里,汉江之北,西城山之东,魏兴郡故城是也。'又诗'旧籍在东都,茅屋枳棘篱。还归非无指,灞渭扬春澌。生兮耕吾疆,死也埋吾陂。文书自传道,不仗史笔垂'句,则韩愈自指他从东都来,因'宦途同险巇',欲归田著书传道,还归之期当在明春。则此诗之作,当在韩愈迁国子博士后。而诗云:'我虽未耋老,发秃骨力羸。所余十九齿,飘飘尽浮危。玄花著两眼,视物隔褷褵。'与是年所写《赠刘师服》诗中所云'我今呀豁落者多,所存十余皆兀硊'正合。"陶敏等《唐五代文学编年史·中唐卷》以刘禹锡《寄杨八拾遗》诗自注:"时出为国子主簿,分司东都。韩十八员外亦转国子博士,同在洛阳。"云:"韩十八员外,韩愈,由诗注知愈时亦在洛阳。"说韩愈时为国子博士,是。谓韩愈在洛阳,误。时刘禹锡远在朗州,必难知具体详情,只据杨下迁分司而一并言之。元和七年二月六日,韩愈下迁为国子博士,并未去东都。韩公《河南少尹李公墓志铭》云:"其子道敏哭再拜授使者公行状,以币走京师,乞铭于博士韩愈。"可证。是年六月八日,石洪卒长安,韩愈作《墓志铭》。七月二十七日,韩愈与右补阙宋景同祭,并有《祭文》。后有《和崔舍人咏月二十韵》《赠刘师服》《答刘正夫》《石鼎联句》与本诗均作于长安。故才有下年春作《进学解》闻于时宰,三月迁比部郎中、史馆修撰事。何焯《批韩诗》:"《诗》《骚》之裔。"

② 西城:魏本:"孙曰:'西城谓蓝田。元和初,立之以前大理评事言事黜官,再转为蓝田县丞。'"沈钦韩《补注》:"蓝田在京城

南,不得云西城。《地理志》:金州有西城县,附郭。唐别驾司马,有员外置,同正。《季少良传》:'殿中侍(御)史杨护贬连州桂阳县丞,员外置。'《金石萃编》:'天宝元年《兖公碑》末,两尉之下,复有守尉员外置,同正员许瑾。'是丞尉皆有员外置矣。公作《蓝田丞厅壁记》中云'斯立以大理评事黜官,再转而为丞兹邑',是则作西城丞正在蓝田丞前,黜官后初转耳。旧注谓西丞即蓝田,非是。"高步瀛《唐宋诗举要》卷一:"步瀛案:唐山南道金州西城县,今陕西安康县治。"陈景云《点勘》:"首句注:按西城,谓寓都城西耳,诗中明言客居京城也。蓝田在都城东南,不当言西。《雪后寄崔丞》诗云:'蓝田十月雪塞关,我兴南望愁群山。'尤可证也,注非。"王元启《记疑》:"'客居'二句,乃追叙前事。至既丞蓝田后,官守有职,岂得复居京城,果居京城,则公为博士,正可朝夕相从,何得有'别来就十年'及此下种种问询之辞?窃意西系南字误文。卷七《寄崔诗》云'蓝田十月雪塞关,我兴南望愁群山'是也。又员外丞盖即员外司马、员外尉之类,非谓以员外郎为丞也。崔先以大理评事斥官,非由员外郎贬,或以诗有'新恩'句,意为新授员外,非是。"按:西城,西汉置,治所在今陕西省安康县,西北临汉水。西魏移治,北周天和四年废,隋义宁二年改金川县为西城县,治所仍在今安康县。按:诗为叙体,如立之小传。朱彝尊《批韩诗》云:"叙崔如小传,自叙如尺牍。局面亦开阔,第以夸多角胜则可,颇乏惊人处。"

③ 心迹两屈奇:方《举正》据阁本作"屈奇",云:"《淮南子》(《诠言训》):'圣人无屈奇之服。'高诱曰:'屈,短;奇,长也。言服之不中。'《汉·广川王传》《扬雄传》、《选·西征赋》皆只用'屈奇'字,杭、蜀本作'崛奇'。"朱《考异》:"屈,或作'掘',或作'崛',或作'倔'。(下引方语)今按:《汉书》注:'屈,奇异也,其勿反。'"南宋监本原文作"倔"。潮本、文本作"崛"。文本注:"一作'掘'。"祝本、魏本作"倔"。浙本作"掘"。魏本注:"一本作'崛',一作'掘'。"宋白文本、廖本、王本作"屈"。按:三字均通,今从"屈"。

心迹:廖本:"谢灵运诗(《斋中读书》):'心迹双寂寞。'"按:心迹即心思,心中所想。《全唐诗》卷三李隆基《南出雀鼠谷答张说》:"求音思欲报,心迹竟难陈。"卷七七骆宾王《晚憩田家》:"心迹一朝舛,关山万里赊。"

屈奇:文《详注》:"屈奇,奇异也。屈音其勿切。见《前汉·广川王传》。"魏本:"祝曰:《选》云:'创阿房之倔奇。'倔,高起貌。"高步瀛《唐宋诗举要》卷一:"屈,崛之通借字。《汉书·景十三王广川王越传》曰:'谋屈奇起自绝。'颜注曰:'屈奇,奇异也。屈音其勿反。'"童《校诠》:"第德案:屈奇,双声形况词,无专字,故借屈奇为之。说文有崛字,云:短高也,与高注《淮南》义合,大徐音衢勿切。手部有掘字,作崛奇、掘奇都通,无倔字。祝引选语,见潘安仁西征赋,今本创作构,倔作屈,与方所见本同。"按:作"屈奇"不误。屈(jué 衢物切,入,物韵),同崛,短小。屈奇,怪异。《淮南子·诠言训》:"圣人无屈奇之服,无瑰异之行。"注:"屈,短;奇,长也。"见上《王越传》高注。

按:谓两人心迹不同,乃全诗关键。程学恂《韩诗臆说》卷二云:"'倔奇'二字,是立之真赞,即此一篇骨子。"

④ 往岁战词赋:文《详注》:"唐制:进士科先采乡曲之誉,率多荐举,然后就试。"方世举《笺注》:"《蓝田县丞厅壁记》:'贞元初,挟其能战艺京师,再进再屈千人。'"按:谓立之应进士考试,凭才艺,不屈从权要的势力。何焯《义门读书记》卷三〇:"'不将势力随',暗伏'巢中觳'。"

⑤ 下驴入省门:廖本:"唐进士皆骑驴。少陵诗(《奉赠韦左丞丈二十二韵》)有:'骑驴三十载,旅食京华春。'公与孟东野诗(《孟生诗》)亦曰:'骑驴到京国,欲和熏风琴。'"

⑥ 纷披:纷,方《举正》订,云:"三本同。字见《选·箫赋》。"朱《考异》:"纷,或作'分'。"南宋监本原文作"分",潮本、文本、祝本、浙本、魏本作"分"。宋白文本、廖本、王本作"纷"。

文《详注》:"江文通《杂体诗》(《魏文帝曹丕游宴》)曰:'神飙自远至,左右芙蓉披。'"按:作"纷"字善。《文选》王子渊《洞箫赋》:

"其仁声,则若飘风纷披,容与而施惠。"作和缓解。此作盛多或散乱貌。《文选》南朝梁沈约《宋书·谢灵运传论》:"六义所因,四始攸系;升降讴谣,纷披风什。"北周庾信《庾子山集》卷一《枯树赋》:"重重碎锦,片片真花,纷披草树,散乱烟霞。"杜甫《九日寄岑参》:"是节东篱菊,纷披为谁秀。"《辞源》亦引韩诗为例。故作"纷披"善。如钱仲联《集释》:"纷披字虽本《洞箫赋》,此处则用《宋书·谢灵运传》'纷披风什'意。"

⑦傲兀:即兀傲。意气锋锐凌厉,不随流俗。廖本:"陶靖节(《饮酒》)诗:'兀傲差若颖。'王维(《偶然作》)诗:'兀傲迷东西。'惟公与李义山诗(《怀求古翁》)'傲兀逐戎旃',皆作'傲兀'字用。"高步瀛《唐宋诗举要》卷一:"案:支遁《咏怀诗》曰:'傲兀乘尸素。'已用傲兀矣。"钱仲联《集释》:"傲兀,即兀傲,言其文词雄奇。梅曾亮《耻躬堂文集序》:'先生之诗,兀傲有似山谷者。'"此句描写立之的形象。

羆(pí 彼为切,平,支韵):文《详注》:"言可畏也。羆,兽名。《说文》(熊部)曰:'如熊,黄白文。'《援神契》曰:'赤羆见则奸宄远。'"方世举《笺注》:"《尔雅·释兽》:'羆如熊,黄白文。'"黄彻《䂬溪诗话》卷九:"昌黎《寄崔立之》云:'傲兀坐试席,深丛见孤羆。……'可谓善言场屋事。若平日所养不厚,诚难傲兀也。"

按:兽名,也称马熊或人熊。《诗·大雅·韩奕》:"献其貔皮,赤豹黄羆。"《文选》卷二七曹操《苦寒行》:"熊羆对我蹲,虎豹夹路啼。"

⑧"文如"二句:谓立之文虽不经意,却随手捻来,水到渠成。屈《校注》:"苏轼《袁公济和刘景文〈登介亭〉诗复次韵答之》:'文如翻水成,赋作叉手速。'"朱彝尊《批韩诗》:"此节稍为姿态。"

⑨"四座"二句:座,文本作"坐"。宋白文本、祝本、魏本、廖本、王本均作"座"。"座"为"坐"之后起字。坐具,坐位。《韩非子·外储说左上》:"郑人有且置履者,先自度其足而置之其坐。"席地而坐。《书·太甲上》:"坐以待旦。"《文选》卷四二,三国魏吴质《答

东阿王书》:"灵鼓动于座左。"

面:诸本同。文本、魏本、廖本注:"面,一作'回'。"作"面",是。低面,羞而不敢看立之也。挼眼,文《详注》:"挼眼,衺视也,音力结切。《苕溪渔隐》(前集卷一八《韩吏部》下)曰:'音丽,琵琶拨也。谓左右窥。'"方成珪《笺正》:"'不敢挼眼窥',则不敢正目视可知。是加一倍写法。"

⑩ "升阶"二句:魏本:"孙曰:'侍郎谓知举者。'"据杜佑《通典》,唐武德年间,以吏部考功郎中监试贡举;贞观时起,改由考功员外郎知贡举;开元后,由礼部侍郎知贡举。贞元四年知贡举者为礼部侍郎刘太真。《唐语林》云:"贞元四年,刘太真侍郎入贡院,寄前主司萧昕尚书诗曰:'独坐贡闱里,愁心芳草生。山公昨夜事,应见此时情。'"文《详注》:"欹,日仄,音丘奇切。"谓立之既尊考场规矩,又能较早较好地作完考卷。其落落大方如此。

⑪ 瑕疵:方《举正》作"瑕疵",云:"蜀本作'瑕玼',以重韵避也。"朱《考异》:"疵,或作'玼'。"文本作"玼"。宋白文本、祝本、魏本、廖本、王本作"疵"。文《详注》:"瑕玼,玉病也。与'疵'字异,言考官爱其文,不复指摘之也。玼,音才支切。"童《校诠》:"第德案:后汉书黄宪传:去玼吝,章怀注:玼音疵,说文曰:玼,鲜色也。(按:说文:玼,玉色鲜也,诗曰:新台有玼。)据此文当作疵(说文:疵,病也),作玼者,古字通也,吕强传:不欲明镜之见玼,章怀注:玼与疵同。王建求友诗:不求立名声,所贵去瑕玼,是蜀本作玼自通。"疵,泛指小毛病、残点。《韩非子・大体》:"不吹毛而求小疵。"玼,专指玉石上的毛病。二字均通。

⑫ "连年"二句:收科第,魏本:"孙曰:'贞元中,立之试京师,再进再屈,四年登第。'"沈钦韩《补注》:"《登科记》:'贞元四年(788),侍郎刘太真知举,放进士三十六人(徐松《登科记考》:按太真连放两榜。五百家韩注引孙注:贞元四年,侍郎刘太真知举,放进士三十六人,崔立之中第。按:此年三十一人,云三十六人,未知孰是。或误以五年人数当之也。)崔立之中第。七年(791),崔立之

中宏词科。'案:进士登榜谓之及第,宏词中选谓之登科。"颔底髭,方世举《笺注》:"《释名》(《释形体》):'口上曰髭,颐下曰须,在颊耳旁曰髯。'则颔底不应曰髭。盖语用摘髭,言易也。"高步瀛《唐宋诗举要》卷一:"案:此云颔底髭,则通称耳。"按:贞元四年中进士者三十一人,贞元五年中进士者三十六人。

⑬ 途:朱《考异》:"途,或作'逵',或作'达'。"宋白文本、魏本、廖本作"途"。宋白文本注:"一作'逵'。"文本作"涂",注:"一作'达'。"作"达"、作"逵"均形似致误。涂、途古通用。佗,文本作"它"。钱仲联《集释》:"佗,同'他'。"岐,或作"歧",岔道。《释名·释道》:"(道)二达曰岐旁,物两为岐,在边曰旁。此道并通出似之也。"文《详注》:"左太冲《咏史诗》:'出门无通路,枳棘塞中途。'谢玄晖《朝雨诗》云:'岐路多徘徊。'"此谓立之才艺出众,为世推重,可达卿相之位,不会有岔道。《列子·说符》:"歧路之中又有歧焉。"何焯《义门读书记》卷三〇:"反呼'不脱吏部选'。"

⑭ 校书郎:文《详注》:"时进士高第者,即授校书美官。立之才气凌迈,故欲超登公卿,不复论此卑官。"魏本:"孙曰:'立之登第后,除秘书省校书郎。'"沈钦韩《补注》:"《六典》:'秘书省校书郎,正九品上。'"案:唐为进士释褐之官。《会要》七十六:'元和八年(813),吏部奏:应开元礼及学究一经登科人等旧例,据等第高下,量人才授官。近日缘校书、正字等名望稍优,但沾科第,皆求注拟,坚待员阙,或至逾年。'则初时注官,不尽补校书郎也。"按:《旧唐书·职官二》:"秘书省,校书郎八人(《新唐书》谓十人),正九品上。"掌校雠典籍。官阶虽不算高,然地近枢要,升迁亦快,故将新进之士视为美职。何焯《批韩诗》:"点法凌驾。"笏,手版。

⑮ 童稚:儿童、小孩。《后汉书·邓禹传》:"父老童稚,垂发戴白,满其车下。"北齐颜之推《颜氏家训·勉学》:"帝子之尊,童稚之逸,尚能如此,况其庶士,冀以自达者哉?"此指儿童见了都称赞、祝贺。何焯《义门读书记》卷三〇:"'童稚见称说'十句,波澜顿挫处。"

⑯"侪辈"二句：侪辈，同辈。《三国志·蜀·许靖传》注引《魏略》王朗与文休(靖)书："侪辈略尽，幸得老与足下并为遗种之叟。"竹筒吹，文《详注》："马季良《长笛赋》曰：'截竹吹之。'"方世举《笺注》："《广韵》：筒，竹筒。按：竹筒吹，极形喘息之声也。"童《校诠》："第德案：汉书律历志：黄帝使泠纶，自大夏之西，昆仑之阴，取竹之解谷生，其窍厚均者，断两节间而吹之，以为黄钟之宫。晋灼曰：取谷中之竹，生而肉孔内外厚薄自然均者，截以为筒，不复加削刮也。按：说文：筒，断竹也，筒通箫也，二字古通用，一切经音义二十二引三苍：筒，竹管也，是其例，方说是，以未引例证，故为证成之，何说欠审谛。"按：此二句与上句句法、意思同，谓同辈见立之高第亦嫉妒，咬口嚼舌，如竹筒吹一样喘息不定。何焯《批韩诗》："累句。"

⑰约不论财贷：方《举正》据唐本乙"不约"，作"约不论财贷"，云："蔡校。杭、蜀本皆作'财资'。公此诗用二'疵'字，二'斯'字，不独此也。'约不'，杭、蜀本并同。"朱《考异》："约不，或作'不约'。贷，或作'资'。方云：亦避重韵之误。（下引方语）"南宋监本原文作"资"。文本、潮本、祝本作"不约"，作"资"。魏本亦作"不约"。宋白文本、廖本、王本作"约不"。宋白文本、魏本、廖本、王本作"贷"。文本作"资"。按：作财货讲贷、资二字音义均同。

童《校诠》："第德案：说文：资，货也，桂氏馥曰：易旅卦，旅即次，怀其资，注云：怀来资货，诗板：丧乱篾资，传云：资，财也。贷，说文：小罚以财自赎也。汉律：民不繇，贷钱二十二（段校二作三）。段曰：贷字本义如是，引申为凡财货之称。汉书张释之传：以贷为骑郎，苏林曰：雇钱若出谷也，如淳曰：汉注：贷五百万得为常侍郎，师古曰：如说是也。是货财字应作资，作贷者乃引申假借之义，杭、蜀本作资为本字。诗螽斯：螽斯羽。毛传：螽斯，松蝻也。释文：一名斯螽，七月诗云斯螽动股是也，扬雄、许慎皆云舂黍。尔雅释虫：蜤螽、松蝻、蜤斯，一声之转。螽斯为虫名，与上文得如斯斯字异义。公它诗或有重韵者，此诗疵（上节已详）、资、斯皆有所本，未必为后人避重韵所改，方说可商。约不、不约两通。"高步瀛《唐宋诗举要》卷一:"《颜氏家训·治家篇》:'近世嫁娶,遂有卖女纳财,买妇输绢,比量父祖,计较锱铢,责多还少,市井无异。'"按:《说文·贝部》:"赀,从贝,此声。"《诗·大雅·板》:"丧乱蔑资,曾莫惠我师。"《战国策·楚一》:"地方五千里,带甲百万,车千乘,骑万匹,粟支十年,此霸王之资也。"《史记·仲尼弟子列传》:"子贡好废举,与时转货赀。"谓老妇见其才高,不计聘礼之赀,也愿意把女儿嫁给他。

⑱量分(fèn):思量自己的本分。唐元稹《有鸟》诗:"当时何不早量分,莫遣辉光深照泥。"《汉语大词典》亦引韩诗为例。

顾嗣立《集注》:"语调亦本古歌词,但置此处,颇觉无甚深味。"何焯《批韩诗》曰:"四段波澜,极力铺张,与下反对。文法亦自汉魏出。"张鸿《批韩诗》:"此处皆从古乐府出。如《木兰》《罗敷》诸诗,其排比处皆有音律。公务去陈言,而实则皆有所本,不可不知。"

⑲"搅搅"二句:搅搅,方《举正》:"谢本作'扰扰'。"朱《考异》:"搅搅,或作'扰扰'。"文本作"扰扰",注:"一作'搅搅'。"宋白文本、魏本、廖本作"搅搅",注:"一作'扰扰'。"按:作"搅搅"善。魏本注:"搅搅,乱也。音绞。"

以上为一段。高步瀛《唐宋诗举要》卷一云:"以上叙崔技能之高,科名之震。"

⑳"由来"二句:由来,历来,从来。《易·坤》:"臣弑其君,子弑其父,非一朝一夕之故,其所由来者渐矣。"杜甫《上韦左相二十韵》:"岂是池中物,由来席上珍。"从"由来人间事",何焯《批韩诗》:"转。"

翻覆,文《详注》:"翻覆:陆士衡乐府诗(《君子行》)云:'人道险而难……翻覆若波澜。'"按:谓世间人情变化,难以预料。翻覆,反复无常,变化难测。《文选》卷四三孔稚珪《北山移文》:"岂期终始参差,苍黄翻覆。"吕延济注:"翻覆,不定也。"

㉑"安有"二句:鷇(kòu苦候切,去,候韵),文《详注》:"皆以喻立之进锐而退速。鷇,鸟子,须母哺之者,音苦豆切。"魏本引补注:"鸟生子须母哺曰鷇。鷇,音寇。"方世举《笺注》:"《列子·汤问

篇》:'黑卵负其才力,视来丹犹雏鷇也。'"按:待母哺食的幼鸟。《尔雅·释鸟》:"生哺鷇。"《国语·鲁上》:"鸟翼鷇卵。"注:"生哺曰鷇,未孚曰卵。"《方言》:"爵子及鸡雏,皆谓之鷇。"陲,魏本:"祝曰:陲,边也。《左氏》:'虔刘戎边陲。'陲,音垂。"陲,边际、边疆,如边陲。《史记·律书》:"连兵于边陲。"王维《从军行》:"日暮沙漠陲,战声烟尘里。"二句曲折有致。何焯《批韩诗》:"反衬相形,更曲折。"

㉒ "驹麛"二句:文《详注》:"皆以喻立之进锐而退速。马二岁曰驹,音恭于切。麛,鹿子也,音莫兮切。"魏本:"孙曰:言二物之小,乃著以爪牙,借以虎皮,而立之独不然也。"方世举《笺注》:"驹麛:《说文》(马部):'马二岁曰驹。'(亦见《周礼·夏官·廋人》郑注)《尔雅·释兽》:'鹿,其子麛。'"按:麛(mí莫兮切,平,齐韵),幼鹿。《尔雅·释兽》:"鹿,牡麚,牝麀,其子麛。"亦泛指幼兽。《淮南子·主术训》:"故先王之法,畋不掩群,不取麛夭。"注:"鹿子曰麛,麋子曰夭。"谓立之负才使气、不入世俗的骨鲠性格。

㉓ "汝头"二句:文《详注》:"缰、索,皆以喻官守。立之为大理评事,以言事被黜。汉班嗣谓桓生曰(《汉书·叙传上》):'今吾子系名声之缰锁,贯仁义之羁绊。'见《班彪传》。"按:谓立之为世俗所羁绊,而"陷身泥沟间"也。

㉔ "陷身"二句:陷,魏本作"蹈"。宋白文本、文本、廖本、王本作"陷"字,是。

按:陷身与泥沟间正相配搭。陷者,沉没也。扐(huī许为切,平,支韵),指扐。扐、麾、挥通。《公羊传》宣公十二年:"左右扐军,退舍七里。"《文选》卷四八班固《典引》:"有于德不台渊穆之让,麋号师矢敦奋扐之容。"注:"扐与麾音义同。"《淮南子·兵略训》:"修政庙堂之上,而折冲千里之外;拱揖指扐,而天下响应;此用兵之上也。"《后汉书·皇甫嵩传》:"指扐足以振风云,叱咤可以兴雷电。"李贤注:"扐即麾字,古通用。"此引申为拯救也。

㉕ 偶与奇:奇(jī居宜切,平,支韵),单数。偶,双数,偶与奇

对。《易·系辞下》:"阳卦奇,阴卦耦。"魏本:"孙曰:'奇,只,不偶也,居宜切。'"沈钦韩《补注》:"吏部选始于孟冬,终于季春。《五代会要》二十三有云'出选门'者,所谓脱吏部选也。《玉海》(卷一一七):'唐选院故事,岁揭板南院为选式,选者自通一辞,不如式,辄不得调。有十年不官者。'其难如此。(《唐·世系表》及碑志中,叙其人资级,但称吏部常选,殆是勋荫,及此色人法应得官,而未经三铨进甲者也。虽明经进士出身,亦同此称。三铨谓凡选始集而试,观其书判;已试而铨,察其身言。已铨而注,询其利便而拟其官。已注而唱示之,以类相从,攒之为甲,故谓之入甲。)案崔立之已登宏辞科,便合超资授官。然中叶所重藩府辟荐,崔既无举,又经贬黜,故不脱吏部常调也。如昌黎虽试宏词不中,经辟汴、徐二府还朝,及补博士,选授御史,是其证矣。"廖本:"古人以遇合为耦,不遇为奇。偶与耦通用。《霍去病传》:'诸将常留落不耦。'《李广传》:'卫青阴受上指,以为李广数奇。'颜曰:'言广命只不耦合也。'"

㉖ 施:廖本作"旅"。宋白文本、文本、祝本、魏本、王本作"施",当作"施"。

文《详注》:"奇偶者,数之始。言立之以罪去朝廷,上以吏部常格待之,不复超迁,盖天数之已定,可以前知也。"按:施,定也,给予也。《国语·吴语》:"施民所欲,去民所恶。"谓立之黜官,乃命里所定。何焯《批韩诗》:"评事黜官。"

㉗ 十日营一炊:文《详注》:"(《后汉书·第五伦传》附颉传颜注引《三辅决录注》)后汉第五颉为谏议大夫。'洛阳无主人,乡里无田宅,客止灵台中,或十日不炊。'又前汉枚叔书(《汉书·枚乘传·上书谏吴王》)曰:'一人炊之。'"

㉘ 逼迫走巴蛮:蛮,文本、祝本、魏本、廖本作"蛮",宋白文本、王本作"峦",作"峦"字误,当作"蛮"。巴蛮,谓巴蜀蛮乡之地。文《详注》:"言为郡县逼迫,催促上道也。见蜀李密《表》。"《文选》卷三七李密《陈情表》:"郡县逼迫,催臣上道。"恩爱,苏武《古诗》之三:"结发为夫妻,恩爱两不疑。"

㉙ "昨来"二句:文《详注》:"言立之逢恩赦还也。潘安仁《月

赋》云：'亲懿莫从，羁孤递进。'"沈钦韩《补注》："详诗意，崔初贬巴、阆间官，后移在西城县，故上云'逼迫走巴蛮'，此云'昨来汉水头'。《寰宇记》：'《水经》云：汉水经月川口，又东经西城故城南。其故城即汉之西城。今益州西北四里，汉江之北，西城山之东，魏兴郡故城是也。'"此言：昨日从汉水源头来到西城，才得与妻儿团聚，而不为孤羁也。何焯《批韩诗》："起蓝田。"

㉚ "桁挂"二句：桁（hàng《集韵》下浪切，去，宕韵），衣架。《宋书·乐志三·古词东门行》："盎中无斗储，还视桁上无县衣。"糜，文本作"麋"。宋白文本、祝本、魏本、廖本、王本作"糜"。糜，粥。《世说新语·夙惠》："炊忘箸箄，饭今成糜。"麋，兽名，鹿属，麋鹿。《楚辞》屈原《九歌·湘夫人》："麋何食兮庭中，蛟何为兮水裔？""盎弃食残糜"，指食，残糜即剩粥，与上句"桁挂新衣裳"对。不当作麋鹿。故作"糜"，是。

按：《辞源》亦引韩诗为例。此联承上联谓：穿有衣，食不糜，即食不喝粥也。

㉛ 高卑：高下。何焯《批韩诗》："点叙剪裁，亦凌驾法。"《义门读书记》卷三〇："'由来人间事'至'那用分高卑'。《九辩》：'愿自往而径游兮，路壅绝而不通。欲循途而平驱兮，又未知其所从。然中路而迷惑兮，自压鞍而学诵。性愚陋以褊浅兮，信未达乎从容。'篇中意本于此，而硕大宽平过之。"

高步瀛《唐宋诗举要》卷一："以上叙崔登科后仕宦不遂，所如不偶。"

㉜ 好古：好古道，嗜古文。何焯《义门读书记》卷三〇："'好古'二字，文书传道之源。"又《批韩诗》："接无痕。纽合一笔。"

嶮（xiǎn 虚捡切，上，琰韵）巇（xī 许羁切，平，支韵）：嶮要高峻貌。《文选》三国魏嵇康《琴赋》："丹崖嶮巇，青壁万寻。"也比喻人事的艰险。李白《古风》之五十九："世途多翻覆，交道方嶮巇。"文《详注》："刘孝标《绝交论》：'世路嶮巇，一至于此。太行孟门岂曰崭绝。'"魏本注："巇，山险也。巇，虚宜切。"

㉝ 遗(wèi 以醉切,去,至韵):廖本:"遗,以醉切。"方世举《笺注》:"差池:《诗》:'差池其羽。'《韵语阳秋》:'退之《赠崔立之》前后各一篇,皆讥其诗文易得。前诗曰:才豪气猛易语言,往往蛟螭杂蝼蚓。后诗曰:文如翻水成,初不用意为。二诗皆数十韵,岂非欲炫博于易语言之人乎?前诗曰:深藏箧笥时一发,戢戢已多如束笋。后诗曰:每旬遗我书,竟岁无差池。有以知崔于韩情义之笃如此也。'按:此论未确。'易语言'所以讥之,'翻水成'所以誉之,'多如束笋'乃责望推引之词,'每旬遗书'乃来往殷勤之语。二诗旨各不同,未可一概而论也。"按:遗,给也。《书·大诰》:"宁王遗我大宝龟,绍天明。"《释文》:"遗,唯季反。"《左传》隐公元年:"小人有母,皆尝小人之食矣,未尝君之羹,请以遗之。"差池,参差不齐。《诗·邶风·燕燕》:"燕燕于飞,差池其羽。"《释文》:"差,楚佳切,又楚宜反。"引申为差错。宋宋慈《宋提刑洗冤集录》:"获正贼,召到尸亲,至日画字给付,庶不差池。"《左传》襄公二十二年:"何敢差池。"杜预注:"差池,不齐一。"韩愈一生为人处事之品格,可以用直、率、傲、忠、信、义六字概括。故他对立之之友情,真挚感人,连立之也感动,不然立之亦不会旬旬来书,二人更不会成为终其一生的好友。

㉞ 风幡:朱《考异》:"幡,或作'旛'。"宋白文本、文本、祝本、魏本、廖本、王本作"幡"。宋白文本注:"幡,一作'旛'。"二字皆可作旗子解,故通用。今作"幡"。

文《详注》:"旛,旗属。言文字之委曲,有若风幡之举也。逶迤,委貌。"方世举《笺注》:"按:'风幡'二字乃禅家公案,此以喻崔诗之逶迤,犹曰风旗,风中蘦耳。又按:《北堂书钞》载《风俗通》云:'赵祐酒后见一人,乘竹马持风幡,云:我行云使者。'"高步瀛《唐宋诗举要》卷一:"《离骚》曰:'载云旗之委蛇。'王逸注曰:'又载云旗委蛇而长也。'旧校曰:'一作逶迤。'"上句谓:新诗篇其何思,下句正回答思的内容,即立之诗思如风吹旗幡一样在空中荡漾。这难道是讥是贬吗?不是吧?

㉟ 又论诸毛功：文《详注》："曹子建《表》(《求自试表》)云：'庶立毛发之功，以报所受之恩。'"朱《考异》："论诸毛功，必是为《毛颖传》而发。"李光地《榕村诗选》卷六："崔诗盖及笔墨之事耳。"何焯《义门读书记》卷三〇："《蜀志·张裕传》：'诸毛绕涿居。'"方成珪《笺正》："《毛颖传》乃公文，论诸毛功，诗意指崔所作，不得牵混为一。"程学恂《韩诗臆说》："论诸毛功，当是论作文字也。朱子谓专为《毛颖传》而发，尚不甚安。"

㊱ 劈水看蛟螭：方《举正》作"劈水"，云："蜀作'擘水'。然李、谢诸校本多作'劈'。"朱《考异》："劈，或作'擘'。"魏本注："劈，博厄切。一作'擘'。"文本、浙本作"擘"。宋白文本、祝本、魏本、廖本、王本作"劈"。童《校诠》："第德案：说文：劈，分也，擘，扐也。劈本字，作擘者借字。文选西京赋：擘肌分理、李注引郑玄周礼注曰：擘，破裂也。按：今周礼考工记作薜，与李氏所见本不同。"

按：此句谓劈开能看水中蛟龙也。文《详注》："言文字之奇怪也。蛟螭，龙属。鬣，项上毛也。言蛟螭被雷电之光，其角鬣愈生奇怪。"

㊲ 雷电生睒(shǎn 失冉切，上，琰韵)睗(shì 施只切，入，昔韵)：朱《考异》："'睒睗'二字，或从日。"文本从日。宋白文本、祝本、魏本、廖本、王本从目，作"睒"。

按：睒睗，《辞源》："光闪烁。"引韩诗为例。《说文·目部》："睒，暂视貌。从目，炎声。"段注："失冉切。"又"睗，目疾视也。从目，易声。"段注："施只切。古睒睗联用，双声字也。"谓其诗光采闪烁如雷电之亮之疾，亦寓稍纵即逝也。从日者误。晱，《篇海》："晱，失冉切，音闪。晱，电也。"又"弋照切，音曜，义同。"暘，《广韵》："羊益切。"《集韵》《韵会》："夷益切，音亦。"《说文·日部》："日覆云暂见也。"《广韵》："日无光。"与韩诗义不合。

㊳ 角鬣相撑披：方《举正》据唐本订"披"字，云："谢校。今本作'枝'。以重韵避也。"朱《考异》："披，或作'枝'。方云：亦以重韵而误改也。"文本、祝本、魏本作"枝"。宋白文本、廖本、王本作

"披"。魏本注:"鬣,发长貌,音猎。"文《详注》:"此'枝'字当作'支',支持也。前辈多作'枝'字,公从出处押也。《灵光殿赋》云:'枝掌权枒而斜据。'"王元启《记疑》:"披,或作'枝'。方云:'以重韵误改。'按:作'枝'则于义俭矣,故曰误改。"童《校诠》:"第德案:文选王文考鲁灵光殿赋:枝掌权枒而斜据,李注:说文曰:掌,柱也,(按:今说文橕,衺柱也)汉书匈奴传下:遵与相掌距,颜注:掌谓支柱也。作撑枝有所本,自通,似非避重韵改(撑披字少见)。撑、撑、掌皆橕之后出字。王谓方以重韵误改,按:此为朱子语,疑王未检举正原本,以致有误。"撑披、撑枝,均非固定之词。有撑支,一作撑支,即支撑。宋苏轼《次韵孔文仲推官见赠》:"空斋卧积雨,病骨烦撑支。"按:此句"撑披"形容角鬣,谓其相互支撑而纷披之貌。非但形容支撑也。"撑披"本非固定之词,而是韩公将二动词组合而成后用于说明角、鬣二物的状态的,故当作"撑披"。撑、撑同。

㊴属我感穷景:文《详注》:"穷景,岁暮也。"钱仲联《集释》:"《礼记》(《月令》):'季冬之月,日穷于次。'"犹尽日也。按:属(zhǔ之欲切,入,烛韵),同"嘱",托付、嘱咐。《左传》隐公三年:"宋穆公疾,召大司马孔父而属殇公焉。"《释文》:"属,音烛。"景(yǐng《集韵》:于境切,上,梗韵),"影"本字。《诗·邶风·二子乘舟》:"二子乘舟,泛泛其景。"《释文》:"景,如字,或音影。"《墨子·经说下》:"首敝上光,故成景于下。"晋葛洪《字苑》始于景字加彡为影字。见北齐颜之推《颜氏家训·书证》。汉魏人书今本作"影"者,皆后人所改。"影"为"景"后出字。元吴师道《吴礼部诗话》:"时乘舆幸宝津有日,督课胜负,穷景不休。"查《全唐诗》无如韩诗用法者,无可、郑谷虽用之,然不作"影"解。

㊵抱华不能摘(chī《集韵》:抽知切,平,支韵):方《举正》据杭本订,云:"班固《答宾戏》:'摘藻如春华。'公寄崔诗正当冬月,故曰'感穷景',于春华为有义,摘韵实由抱华而生也。蜀本作'把笔不能摘'。今本复作'能不摘',其讹益甚。况'诸毛功'乃谓笔也,上隐其辞,而此直言之,亦非类。"朱《考异》:"蜀本作'把笔不能摘'。

而'不能'或作'能不'。方从杭本如此。(下引方语)今按：方本及说皆是。但其词有未足者，故今略为补之。'论诸毛功'必是为《毛颖传》而发，但蜀本之误，不待以此为辨而自明耳。"南宋监本原文作"把笔能不"，宋白文本、廖本、王本作"抱华不能摘"。文本、潮本、浙本、祝本、魏本作"把笔能不摘"。文《详注》："摘，舒也。扬子云作'摘文'。"魏本注同文。按：扬雄《太玄经·玄摘》："玄者，幽摘万类而不见形者也。"注："摘，张也，言张舒其大目也。"

㊶ 唱来和相报：宋白文本、文本、祝本、魏本、廖本、王本作"唱"。钟仲联《集释》作"倡"。

按：作唱歌、唱和二字同。《楚辞》屈原《九歌·东皇太一》："陈竽瑟兮浩倡。"唐王勃《滕王阁序》："渔舟唱晚。"此谓二人唱和。

㊷ 疵：魏本注："疵，黑病，疾移切。"祝本作"疵"，误。宋白文本、文本、魏本、廖本、王本作"疵"。按：此句谓立之帮助他纠正毛病。何焯《批韩诗》："率句。"

㊸ 绯（fēi 甫微切，平，微韵）：红色。《说文·糸部》："绯，帛赤色也。"韩公《送区弘南归》诗："腾踢众骏事鞍鞯，佩服上色紫与绯。"《玉篇·糸部》："绯，甫韦切，绛练也。"此谓：立之远寄百尺绯红彩绸给他。绯，绛也，深红色。在唐代红、绯是两种颜色，讲究分明。如唐制：文武官三品以上服紫，金玉带；四品服深绯，五品服浅绯，并金带。盛衰，兴盛与衰败，此指绯红之彩相互映照。

㊹ "巧能"二句：方《举正》据唐本订"巧能"，云："蜀同，谢校。《列子》(《天瑞》)：'矜巧能，修名誉。'巧能，以'百尺彩'而言也。阁本作'功'。朱《考异》："巧，或作'功'。(下引方语)今按：'巧能''喻其诚'，言崔遗我书并新篇彩帛。巧于能达其意，犹言工于某事云尔。非以'巧能'为二字相连，如《列子》之意也。方说误矣。"南宋监本原文作"功"，宋白文本、文本、廖本、王本作"巧"。文本注："一作'功'。"潮本、浙本、祝本、魏本作"功"，注："一作'巧'。"按：作"巧"字是。

文《详注》："喻说也。陆士衡《文赋》：'或言拙而喻巧。'脾主思,肝为语,故曰'抽肝脾。'繁钦笺(《与魏文帝笺》)云:'哀吟[思凄]入肝脾。'"方世举《笺注》:"'巧能喻其诚',或者崔诗亦就绯红之盛衰,工于托兴,故于饮盏细细模拟,以酬其意耳。"何焯《义门读书记》卷三〇:"'巧能喻其诚'正与'鲸以兴君身'八句相对。"廖本:"鲍明远诗(《松柏篇》):'肝心尽崩抽。'"按:二句上下工对,而为因果关系:即立之寄书、诗及彩帛之诚心,才能感动退之之肝脾。

㊺"开展"二句:飡,文本作"湌"。宋白文本、祝本、魏本、廖本、王本均作"飡"。按:湌,俗写,与餐字同。

文《详注》:"后汉蔡琰诗(《悲愤诗》)曰:'饥当食兮不能湌,常流涕兮眦不干。'"按:此二句为"深浅抽肝脾"的注脚。

㊻"朋交"二句:方世举《笺注》:"凋谢:按:于时东野已没。逐利移:按:公《与崔群书》云云。然则其中固有逐利移者矣。"按:东野卒于元和九年。韩公《与崔群书》云:"仆自少至今,从事于往还朋友间一十七年矣!日月不为不久,所以交往相识者千百人,非不多;其相与如骨肉兄弟者亦且不少。或以事同;或以艺取;或慕其一善;或以其久故;或初不甚知而与之已密,其后无大恶因不复决舍;或其人虽不皆入于善,而于己已厚,虽欲悔之不可;凡诸浅者固不足道,深者止如此。"何焯《义门读书记》卷三〇:"此二句即为'几辈先腾驰'起本。"

㊼子宁独迷误:文《详注》:"迷误,事见《秋怀》诗。缀缀,不乖离之貌。弥,甚也。《荀子》(《非十二子》)曰:'缀缀然。[瞀瞀然,是弟子之容也。]'"方世举《笺注》:"迷误:鲍照诗:'南国有儒生,迷方独沦误。'"

缀缀:《荀子》杨倞注:"缀缀然,不乖离之貌,谓相连缀也。"

何焯《批韩诗》:"顿挫郁勃,文势潆洄,长篇正须有此。"

㊽"举颈"二句:方《举正》据杭、蜀本订"头"字。朱《考异》:"头,或作'颈'。"南宋监本原文作"颈",文本、祝本、魏本作"颈"。宋白文本、廖本、王本作"头"。宋白文本注:"头,一作'颈'。"作"颈"是。

此二句描写秋冬气象：树凋风劲，日冷天寒也。此见念友之情。

㊾何由应埙篪：文《详注》："言不得唱和如埙篪也。事见《(赤)藤杖歌》。"魏本："樊曰：《诗·何人斯》(《小雅》)：'伯氏吹埙，仲氏吹篪。'注(即毛传)：'土曰埙，竹曰篪。'相应和如此。"何焯《批韩诗》："对下相待伊、洛意。"

㊿骍骊：文《详注》："《秦·小戎》诗曰：'骍骊是骖。'注云：'黄马黑喙曰骍，深黑曰骊。'上音瓜，下音吕支切。"魏本注："骍骊，马名。孙曰：《诗》：'骍骊是骖。'注云：'黄马黑喙曰骍。'《说文》云：'骊马，深黑色。'骍音瓜，骊音离。"沈钦韩《补注》："言及易马也。"此联以下回忆分别十年的变化(推测之词)。

㉛"长女"二句：事，沈钦韩《补注》："事，当为'字'。"按：字，女子许嫁曰字。《周易·屯》："十年乃字。"《礼记·曲礼》："女子许嫁，笄而字。"字，表字。古代女子成年许嫁始命字，未许嫁称待字。按诗意作"字"是。作事情之事，即到了该办事的时候了，也通。今中原人往往称男女到结婚年龄，称该办事了；事者，终身大事也。作"长女当及事"，语拙。然诸本均作"事"，不妄改。

帨缡(lí 吕支切，平、支韵)：文《详注》："《仪礼》云：'母戒女施矜设帨。'帨，巾也。《东山》诗云：'亲结其缡，九十其仪。'注云：'缡，妇人之袆。'即今之香缨也。古者妇始见舅姑持香缨以拜。五色采为之。缡，音离，离知切。"按：以丝画履间曰缡。《说文·系部》："缡，以丝介履也。"或作妇女的佩巾，同"褵"。《诗·豳风·东山》："亲结其缡，九十其仪。"此与帨，同指女子出门的嫁妆。《仪礼·士昏礼》："父送女……母施衿结帨。"

㉜诸男皆秀朗：男，文本作"郎"，注："一作'男'。"诸本作"男"。按：诸男与长女对，作"男"是。

秀朗：蒋抱玄《评注》："陆机《汉高祖功臣颂》：'袁生秀朗，沈心善照。'"按：秀朗谓秀美俊朗、秀美清朗。宋朱弁《曲洧旧闻》卷五："少游下笔精悍，心所默识而口不能传者，能以笔传之。然而气韵雄拔,疏通秀朗,当推文潜。"明胡应麟《诗薮》卷一:"建安诸子,雄赡高华;六朝俳偶,靡曼精工;唐人律调,清圆秀朗,此声歌之各擅也。"

㊽"文字"二句:何焯《义门读书记》卷三○:"'文字锐气在'二句,回顾战艺。"按:上句谓立之文章内含旺盛的势气,下句形容立之战艺词场累累得胜的表现,如旌旗照耀,凯旋而来。锐气,旺盛的气势。《孙子·军争》:"故善用兵者,避其锐气,击其惰归,此治气者也。"司马迁《史记·淮阴侯列传》:"夫锐气挫于险塞,而粮食竭于内府。"

㊾摧肠与戚容:戚容,方《举正》订"容"字,云:"杭、蜀本皆作'戚居'。居字由'容'而讹也。公《元和圣德诗》'戚见容色',乃此义也。校本如荆公、洪、谢本皆作'蹙(四库全书本《举正》作戚,今从𫍯宋楼钞本)眉',未免意定也。戚,一作'蹙',亦通。'舜见瞽叟,其容有蹙。'(《孟子·万章上》)"朱《考异》:"容,或作'居',或作'眉'。方云:居当为容字之讹也。眉特以意定耳。戚作蹙亦通,《孟子》:'其容有蹙。'"南宋监本原文作"戚居"。浙本作"戚眉"。潮本、文本、祝本、魏本作"蹙眉"。魏本注:"洪曰:一作'戚居',非是。"宋白文本、廖本、王本作"戚容"。童《校诠》:"第德案:居与容不相近,无从致讹。作容者,方以公元和圣德诗参定。其实此诗应作眉,眉居形近,故杭、蜀本讹作居。蹙眉犹频(通颦,又作嚬,为后出字)眉,古频、蹙字多连用,说文:频,水崖,人所宾附,频蹙不前而止,孟子滕文公篇:已频顣,是其例。蹙、频义同,故唐宋人多用蹙眉字,史记蔡泽传:蹙齃,索隐:齃音乌曷反,蹙齃谓鼻蹙眉,广韵十七真:颦,眉蹙也,可证。荆公与洪、谢本作眉字不讹。至舜见瞽叟,其容有蹙,语见孟子万章篇,赵注:其容有蹙踏,不自安也,焦氏循正义:赵氏连用云蹙踏,盖读蹙如曾蹙然之蹙,即踧踏也。论语乡党篇疏:踧踏,恭敬也,赵注曾西蹙然云:敬畏之。公元和圣德诗作慽容,此诗蹙眉,自可两存。如作蹙容,于圣德诗可用,本篇则无所取义。说文:慽,忧也,此为忧慽本字,作戚者借字,颦后出字,足部新附:蹙,迫也,臣铉等案:李善文选注通蹴(蹴,说文:蹵也)。"童

说善,作"蹙眉"乃古诗常见;戚容,与诗义合,二者均可。

蹙(cù《广韵》:子六切,入,屋韵)眉:即攒眉。《史记·蔡泽传》"蹙齃",即眉、鼻攒集也。蹙眉,乃民间口语,《西厢记·长亭》:"蹙愁眉死临侵地。"酒卮,即酒杯。何焯《义门读书记》卷三〇:"其下二句,即为后赠盏以益其诚引脉,亦且含思其盛,见其衰意。"戚容,忧伤的面色。《左传》昭公十一年:"君无戚容,不顾亲也。"晋陆机《吊魏武帝文》:"矫戚容以赴节,掩零泪而荐觞。"

㊺ 我虽未耋老:耋(dié 徒结切,入,屑韵),老,寿。《诗·秦风·车邻》:"今者不乐,逝者其耋。"《左传》僖公九年:"以伯舅耋老,加劳,赐一级,无下拜。"杜预注:"七十曰耋。"骨力羸,身体衰弱也。时韩公四十五岁。何焯《批韩诗》:"'我虽'以下数句,皆从盛衰意生出。又借崔衬出自己,上下联络终有情。"

㊻ "所余"二句:谓牙齿脱落,余者也动摇不稳也。韩公《与崔群书》:"近者尤衰惫,左车第二牙无故动摇脱去。"《赠刘师服》:"我今呀豁落者多,所存十余皆兀臲。"《落齿》:"去年落一牙,今年落一齿。俄然落六七,落势殊未已。余存皆动摇,尽落应始止。"

㊼ 著:同"着"。生也,发也。张相《诗词曲语辞汇释》卷三:"着,犹发也,生也。王维《杂诗》:'来日绮窗前,寒梅着花未?'着花,犹云生花或发花也。韩愈《寄崔立之时》诗云云。此用着花义引申之,言两眼发花,视物不明也。"

㊽ 褷(shī 所宜切,平,支韵)褵(lí 吕支切,平,支韵):方《举正》:"褷褵:毛羽初生貌,字本《海赋》。然'离'字书无从衣者,惟唐王维《鸬鹚堰》诗有'独立何褵褷,衔鱼古查立'。不知《集韵》何以不收入?褵褷,嵇康《琴赋》作'离缅',古乐府作'离簁',陆羽《茶经》作'篱簁',义皆通。古连绵字或可颠倒用,不然,'褷'字自入韵,岂传者误倒之邪?姚令威云唐令狐本作'视物剧隔褷',不知谢本何以不出?"朱《考异》引方说,云:"今按:所见谢本实校作'剧隔褷',下注'澄'字,然义亦未通。恐当作'视剧隔褷褵','物'字乃'剧'字之讹而又重出,遂去'褵'字以就五言耳。然亦无据,不如且

从方说,徐更参考。”

文《详注》:“褷褵,禅衣也。上音子蒙切,下音邻知切。《补注》:褵,音山宜切,毛羽衣貌。褵本篱藩也。”魏本:“祝曰:《选》:‘凫篱褵褷。’注:毛羽初生貌。襹,未详,或作‘褵’,衣带也。樊、韩本作‘襹’,云:‘与篱同。’《太玄经》:‘玄者幽襹万物而不见其形。’褷,所宜切。襹,吕支切。”童《校诠》:“第德案:离褷为叠韵形况词,无专字,嵇叔夜(康)作离缅,古乐府作离簁都通。广韵五支:襹,羽毛衣貌,褷上同,所宜切,方谓离字字书无从衣者,盖偶失检。连绵字有可颠倒用者,如玲珑作珑玲,卤莽作莽卤是。祝注凫篱,篱字当作雏,初生,文选李注作始生。公秋雨联句:篱簁不能翙,两字皆从竹,与此从衣不同。说文无褷字、篱字。有缡无褵,广韵褵,丑知切,与褷音异。”

(59) 诣(yì):到……去。《史记·孝文本纪》:“乘传(zhuàn 音篆,驿车)诣长安。”《三国志·蜀书·诸葛亮传》:“由是先主遂诣亮,凡三往,乃见。”鞍悬,把马鞍悬置起来。文《详注》:“赵景真书(《文选》卷四三《与嵇茂齐书》)云:‘悬鞍陋宇。’”此谓不赴宴席之请,不乘骑游玩,推出下句“孜孜凭书案”。

(60) 孜孜:方《举正》据阁本作“敦敦”,云:“荆公、范、谢校同。敦,都回切。《诗》(《豳风·东山》):‘敦彼独宿。’郑笺曰:‘敦敦然独宿于车下。’《行苇》(《诗·大雅》)诗注亦见。‘敦’讹为‘孜’,自蜀本也。”朱《考异》:“敦敦,或作‘孜孜’。方从阁、杭本作‘敦’,音都回切。”南宋监本原文作“孜孜”,宋白文本、廖本、王本作“敦敦”。注:“一作‘孜孜’。”文本、潮本、浙本、祝本、魏本作“孜孜”。魏本注:“一作‘敦敦’。”

按:敦敦,不是约定俗成的连绵词,且不成意。当作“孜孜”,古已约定俗成的连绵词,即勤勉不殆。《书·益稷》:“予思日孜孜。”《史记·夏本纪》作“孳孳”。《三国志·蜀书·向朗传》:“乃更潜心典籍,孜孜不倦。”

黏:祝本、魏本作“粘”。宋白文本、文本、廖本、王本作“黏”。

粘、黏，作黏合解，音义同，古通用。《说文》无“粘”字。《说文·黍部》有“黏”字，则“粘”字后出。在现行汉字里，读 zhān，作粘，用作动词，如粘贴；读 nián，作黏，用于形容词，如黏米。韩公《苦寒》诗：“雪霜顿销释，土脉膏且黏。”作可以黏合的性质的胶性解，乃后起义。《淮南子·说山训》：“孔子之见黏蝉者。”唐杜甫《独酌》诗：“仰蜂黏落絮，行蚁上枯梨。”

魏本：“祝曰：《广韵》：‘凭，依几也，皮孕切，又皮陵切。’孜孜，一作‘敦敦’。《笔墨闲录》曰：敦字出《诗》‘敦彼独宿’注。唐曰：黐用以粘鸟。宋《幽明录》：‘多买黐以涂壁。’黐，田知切。”文《详注》：“凭，依也，音皮冰切。黐，所以粘鸟，音邻知切。《补注》：鸟黏。黐，音摛。《博雅》：‘粘也。’”顾嗣立《集注》：“《六书故》：‘黐，黏之甚者。苦木皮捣取胶液，可黏羽物，今人谓之黐。’”钱仲联《集释》：“敦煌唐写本《波斯教残经》：‘其五类魔，黏五明身，如蝇著蜜，如鸟被黐，如鱼吞钩。’”何焯《义门读书记》卷三〇：“四句极自状其衰，却又已为传道起本。”此谓：孜孜不倦地伏案读书，就像粘鸟一样黏贴着趴在书案上。

以上叙韩公与立之交谊之厚。

(61)“且吾”二句：且吾闻之师，文《详注》：“汉阴丈人曰：‘吾闻之吾师。’见《庄子·天地篇》。”按：又弄波澜。高步瀛《唐宋诗举要》卷一：“吴曰：‘横亘而来，据一篇之胜。’”

不以物自隳：自，宋白文本、祝本、魏本、廖本作“自”，注：“一作‘相’。”文本作“相”。当作“自”。隳（huī 许规切，平，支韵），毁坏。《老子》：“或挫或隳。”《文选》贾谊《过秦论》：“一夫作难而七庙隳，身死人手，为天下笑者，何也？”以上诸解均从表面字意理解，实则韩公此二句诗乃用《庄子·天地篇》“子贡南游于楚，反于晋，过汉阴，见一丈人”灌圃畦与之辩论一段，汉阴丈人“非不知”机槔汲水省力，而是羞为机心之人，以讥讽“几辈先腾驰”的世人。何焯《义门读书记》卷三〇：“‘且吾闻之师’以下，此则摆掉而出于盛衰之外，观名以计，则向之逐利者固未必利，何摧戚之有哉？从吾所好而已。"何焯《批韩诗》:"此段议论,承上险巇衰谢,起下归隐,用意深长。"按:何说精彩有致。

㉒"孤豚"二句:眠,方《举正》作"服",云:"服,一作'眠'。晁本作'伏'。"朱《考异》:"眠,方作'服',或作'伏'。"文本、祝本、魏本作"服"。宋白文本、廖本、王本作"眠"。作服、伏、眠均通,然"眠"字更合句意,而"服"字解之甚勉强,疑乃"眠"字形相似致误。

文《详注》:"《史记》(《老庄申韩列传》):'庄周,蒙人也。楚庄(威)王闻其贤,以厚币迎之,许以为相。周笑谓使者曰:千金,重利;卿相,尊位也,子独不见郊祭之牺牛乎?养食之数岁,衣以文绣,以入太庙。当是时,虽欲为孤豚,岂可得乎?子亟去,无污我。我宁游戏污渎之中以自快,无为有国者所羁。终身不仕,以快吾志焉。'牺,音虚宜切,色纯曰牺。"魏本引孙注同而简,不录。《庄子·列御寇》亦云:"或聘于庄子,庄子应其使曰:'子见夫牺牛乎?衣以文绣,食以刍叔,及其牵而入于太庙,虽欲为孤犊,其可得乎?'"

㉓"君看"二句:笔指时人,而劝立之。妙笔写入,以惊世俗。何焯《批韩诗》云:"揽入更好。"

㉔黑头:即黑头公。钱仲联《集释》:"《世说新语》(《识鉴》):'诸葛道明(恢)初过江左,自名道明,名亚王、庚之下。先为临沂令,丞相谓曰:明府当为黑头公。'《北堂书钞》:'《晋中兴书》云:王珣弱冠,与谢玄俱辟大司马桓公掾。温语人曰:谢掾年三十,必拥旄杖节,王掾当作黑头公,皆未易才也。'"按:此指少年而居高位者。又《世说新语·雅量》"王东亭(珣)为桓宣武主簿",注引《续晋阳秋》曰:"珣初辟大司马掾,桓温至重之,常称王掾必为黑头公,未易才也。"《晋书·王珣传》:"弱冠与陈郡谢玄为桓温掾,俱为温所敬重。尝谓之曰:'谢掾年四十,必拥旄杖节。王掾当作黑头公,皆未易才也。'"杜甫《晚行口号》:"远愧梁江总,还家尚黑头。"李颀《欲之新乡答崔颢綦毋潜》:"数年作吏家屡空,谁道黑头成老翁。"

枯骴:文《详注》:"言或被罪,尸骸弃道,不复收敛也。《周礼·秋官·蜡氏》'除骴',郑司农云:即《月令》(《礼记》)所谓'掩骼埋骴。'骴,谓残骨之有肉者,音才支切。"二句以黑头公与耄耋困对比,皆言其老而穷困也。

㉕"欢华"二句:方《举正》订"欢华",云:"阁本作'权华'。"朱《考异》:"欢,或作'权'。"诸本作"欢华",是。

咎责:罪责也。两仪,天和地也。钱仲联《集释》:"《易·系辞(上)》:'易有太极,是生两仪。'《文选》李善注:'王肃曰:两仪,天地也。'魏泰《临汉隐居诗话》:诗恶蹈袭古人之意,亦有袭而愈工,若出于己者,盖思之愈精,则造语愈深也。魏人章疏云:'福不盈眦,祸将溢世。'韩愈则曰'欢华不满眼,咎责塞两仪',盖愈工于前也。"文《详注》亦引魏泰《诗话》以为注。陈景云《点勘》:"'福不盈眦,祸溢于世',此班固《宾戏》之文,又魏人章疏所本。道辅语犹未详也。"查慎行《查初白诗评十二种》:"骂倒一世。"程学恂《韩诗臆说》卷二:"'过半……'(至'咎责'四句),说得竦然,真觉死有余恨。热场中读此数语,能无冰冷雪淡?"

㉖"观名"二句:利,朱《考异》:"利,或作'实'。今按:此句难晓。窃意计犹校也。言观其所得之虚名,而校之以实利,不足相补也。"文《详注》:"观之名,计之利。事出《庄子·盗跖篇》。陪裨,犹补助也。"何焯《义门读书记》卷三〇:"'观名计之利',《庄子·盗跖篇》:'子张问于满苟得曰:观之名,计之利,而义真是也。'"钱仲联《集释》:"《广雅·释诂》:'陪,益也。'《国语》韦昭注:'裨,补也。'"

㉗贪冒:《左传》文公十八年:"缙云氏有不才子,贪于饮食,冒于货贿。"杜预注:"冒,亦贪也。"受禄,《文选》卷三七曹植《求自试表》:"量能而受爵者,毕命之臣也。"李善注:"《尸子》曰:'君子量才而受爵,量功而受禄。'"方世举《笺注》:"受禄:《记·表记》:'其受禄不诬,其受罪益寡。'"

㉘哀癃罢:文《详注》:"癃罢,病弱也。上音良中切,下音蒲縻切。汉光武三年水旱,诏恤罢癃无家属者。"《史记·平原君列传》:"臣不幸有罢癃之病。"《集解》引徐广云:"罢,音隆。癃,病也。"索隐:"罢,音皮。癃音吕宫反。罢癃谓背疾,言腰曲而背隆高也。"

《后汉书·光武纪》:"建武三十一年(55)夏五月大水,戊辰(28日),赐天下男子爵,人二级;鳏、寡、孤、独、笃癃、贫不能自存者粟,人六斛。"按:此二句谓:没有能力为国尽力而享受国家恩惠,与国家体恤病弱者而赐食物有什么不同呢? 此语深含讽刺之意:亦反话正说也。

⑥⑨ 睢睢:魏本:"睢睢,视上逆也。孙曰:'众目所视也。'韩曰:《列子》:'而睢睢,而盱盱,而谁与居。'睢,音鐫。"按:睢(huī许规切,平,支韵),仰目视貌。《汉书·五行志中之下》:"(雊)飞集于庭,历阶登堂,万众睢睢,惊怪连日。"《说文·目部》:"睢,仰目也。"揭出不得志而欲归隐意。

⑦⑩ "况又"二句:又,方《举正》据唐本订"况又婴疹疾",云:"范、谢校。"朱《考异》:"又,或作'自'。"南宋监本原文作"自"。文本、潮本、浙本、祝本、魏本作"自"。宋白文本、廖本、王本作"又"。按上下文意,作"又"字是。

文《详注》:"《前汉·盖宽饶传》云:'用不訾(訾)之驱[,临不测之险]。'注云:'(訾与赀同。)不赀者,言无赀量可以比之,贵重之极。'疹,疡也,音之忍切。"按:《文选》卷一五张衡《思玄赋》:"思百忧以自疹。"李善注:"疹,疾也。"赀、訾、资,作财货解音义同。《新唐书·员半千传》:"上书自陈:'臣家赀不满千钱。'"《汉书·杜周传》:"家訾累巨万矣。"

⑦① "不能"二句:魏本:"祝曰:罢,止也,休也。《论语》(《子罕》):'欲罢不能。'薄蟹切。"钱仲联《集释》:"《礼记》:'故君子内省不疚。'《吕氏春秋》:'天地之神祇。'高诱注:'天曰神,地曰祇。'"按:《史记·秦始皇本纪》:"秦出兵,五国兵罢。"神祇,天地也。《书·微子》:"乃攘窃神祇之牺牷牲。"《释文》:"天曰神,地曰祇。"

⑦② "旧籍"二句:魏本:"樊曰:'公旧家河南,后居于长安。'"《洪谱》:"'旧籍在东都'云云,它诗言伊、洛、嵩、颍者甚众,盖公屋庐坟墓在东都河阳。"文《详注》:"公之旧居也,事见《县斋有怀》。潘安仁《闲居赋》云:'[长杨映沼,]芳枳树篱。'"

按:韩公《会合联句》:"我家本瀍谷,有地介皋巩。"高步瀛《唐宋诗举要》卷一:"案:《韩子年谱》曰:'大历九年(774)甲寅。洪庆善曰:《祭嫂》云:未龀一年,兄宦王官,提携负任,去洛居秦。未龀一年,七岁也。公诗云,旧籍在东都云云,他诗言伊、洛、嵩、颍者甚众,盖公屋庐坟墓在东都河阳,今年始从其兄去洛居秦也。'潘安仁《闲居赋》云:'长杨映水,芳枳树篱。'"河阳,今河南孟州市。

⑬ 指:王元启《记疑》:"指,犹期也……即是指冰泮为期也。"

澌:方《举正》订,云:"流冰为'澌'。作'澌'者非。"朱《考异》:"方云流冰为澌,从水非。"南宋监本原文作"澌"。宋白文本、文本、潮本、浙本、祝本、魏本作"澌"。廖本、王本作"澌"。

文《详注》:"灞渭,二水名。澌,冰流也,音相支切。"钱仲联《集释》:"《三辅黄图》:'渭水出陇西首阳县鸟鼠同穴山,东北至华阴入河。'"高步瀛《唐宋诗举要》卷一:"《元和郡县志》曰:'关内道京兆府万年县:渭水在县北五十里,灞水在县南二十里。'"按:澌、澌作流冰解音义同。《后汉书·王霸传》:"河水流澌,无船,不可济。"《楚辞》屈原《九歌·河伯》:"与女游兮河之渚,流澌纷兮将来下。"此谓:归期不是没有日期,灞渭解冻的春天就可以回京了。此语双关:既明时令,又指政治形势。

⑭ 死也埋吾陂:也,魏本作"兮"。宋白文本、文本、廖本、王本作"也",廖本注:"一作'兮'。"今从诸本作"也"。生者耕于宽闲之野,种地;死后埋葬在故里坡上。"疆"与"陂"同指。

⑮ "文书"二句:不,方《举正》据唐本订。朱《考异》:"不,或作'奚'。"南宋监本原文作"奚"。潮本、祝本、文本、魏本作"奚",注:"一作'不'。"宋白文本、廖本、王本作"不",注:"不,或作'奚'。"作"不"、作"奚"均通。此从"不"。

李详《证选》:"魏文帝《典论·论文》:'古之作者,寄身于翰墨,假意于篇籍,不假良史之辞,不托飞驰之势,而声名自传于后。'"明何孟春《馀冬诗话》卷上:"杜子美诗(《贻华阳柳少府》):'文章一小技,于道未为尊。'甫之所谓文章,只是就诗言耳。韩退之诗:'文章

[书]自传道,奚仗史笔为[垂]?'韩退之所谓文乃有见于孔孟,知圣人之所以传道者。先儒谓退之因学文而见道,所见虽粗,而大纲则正矣。后世之士,诗要学杜,文要学韩,而未有决然能并之者。彼乌知子美之所不自满,与退之所以自励者耶?"查慎行《查初白诗评十二种》:"言有大而非夸,先生之谓欤?"陈衍《石遗室诗话》卷二三:"是丈夫语,足见此老倔强处。夫一部廿四史中人,不知凡几,其虽有名而不称者众矣。人至专靠史传中传名,恐多不在知名之列。否虽史传无名,而可传者自在也。"程学恂《韩诗臆说》卷二:"'文书'二句,自负得真确,语亦倚天拔地。"

⑯ 夫子固吾党:《左传》昭公十二年:"已乎已乎,非吾党之士乎!"韩公《山石》:"嗟哉吾党二三子,安得至老不更归!"按:此转笔。何焯《批韩诗》:"打转前半。"

⑰ "去来"二句:文《详注》:"伊洛,二水名。公旧居所在,故公诗(《忆昨行和张十一》)云:'嵩山东头伊洛上(岸),胜事不假须穿栽。'罛䍜,捕鱼器也。罛䍜,音孤卑。《考槃诗》《《卫风·硕人》》云:'施罛𣵡𣵡。'"《元和郡县图志》卷五:"河南道河南府洛阳县:洛水,在县西南三里。西自苑内上阳之南弥漫东流,宇文恺筑斜堤束令东北流。当水冲,捺堰九折,形如偃月,谓之月陂,今虽渐坏,尚有存者。河南县:洛水在县北四里。伊水,在县东南十八里。"罛(gū古胡切,平,模韵)䍜(bēi府移切,平,支韵),罛,大鱼网。《硕人》笺:"马云:大鱼网,目大豁豁。"《国语·鲁上》:"水虞于是乎讲罛罶,取名鱼。"《尔雅·释器》:"鱼罟谓之罛。"郭璞注:"最大罟也,今江东云。"䍜,捕鱼的小竹篓。《方言》卷一三:"篧小者,南楚谓之篓,自关而西秦晋之间谓之䍜。"郭璞注:"今江南亦名笼为䍜。"《广韵》五支:"䍜,取鱼竹器。"二者总称谓鱼具。

高步瀛《唐宋诗举要》卷一:"以上言名位不足恋,当以文章传后,约崔同归偕隐。"何焯《批韩诗》:"结得住。"

⑱ "我有"二句:盏,文本、祝本、魏本作"醆"。宋白文本、廖本、王本作"㔶"。按:醆、㔶同,今通作"盏"。

文《详注》:"醆与盏同。《汉•地理志》云:'犍为郡,朱提县朱提山出银。'应劭曰:'山在县西南。'朱音铢,提音时。"魏本引孙《全解》同。魏本:"祝曰:'汉朱提银,八两为一流,直一千五百八十。他银一流,直一千,是为银货二品。朱音殊,提音时。'"按:详见《汉书•食货志》。《元和郡县图志》卷三二《剑南道中》:"曲州,治朱提县。本汉夜郎国地,武帝于此置朱提县,属犍为郡。后立为郡,在犍为郡南一千八百里,后汉省郡。诸葛亮南征,复置朱提郡。自梁、陈以来,不复宾服。隋开皇四年(584)开置南中,立为恭州,武德元年改为曲州。朱提,山名,出善银,《食货志》曰'朱提银重八两名为一流',因山名郡县也。"汉、唐朱提县治,在今云南省昭通县。此谓酒器之贵重者。

⑲"黄金"二句:文《详注》:"黄金涂,见《前汉•赵皇后传》。倕,音垂,黄帝时巧人名。下文皆赋雕镂之象。"按:《汉书•孝成赵皇后(飞燕)传》:"皇后既立,后宠少衰,而弟绝幸,为昭仪。居昭阳舍,其中庭彤朱,而殿上髹漆,切皆铜沓黄金涂,白玉阶,壁带往往为黄金釭,函蓝田璧,明珠、翠羽饰之,自后宫未尝有焉。"倕,魏本:"祝曰:倕,《广韵》云:'黄帝时巧人。'"高步瀛《唐宋诗举要》卷一:"(《庄子•胠箧篇》)《释文》曰:'倕,音垂,尧时巧者也。'案:字亦作垂,《礼记•明堂位》:'垂之和钟。'郑注曰:'垂,尧时之共工也。'《书•顾命》:伪孔传曰:'垂,舜共工。'"按:刀雕笔画。何焯《批韩诗》云:"刻画精妙。"

⑳"乃令"二句:文《详注》:"千里鲸,见《送惠师》诗('鹏騫堕长翮,鲸戏侧休鳞')。么麼,小貌。么,音伊尧切。《列子》曰:'么麼之虫,群飞而集于蚊睫。'螽斯,虫名,蚣蝑也,一母百子。"魏本:"祝曰:'么麼,小貌。螽斯,蝗类,以股鸣者。'韩曰:班彪曰:'么麼不及数子。《诗•螽斯》注:'蚣蝑也。'孙曰:'螽斯,幽州人谓之春箕。言工人之巧,能使千里鲸鱼小如螽斯也。'"童《校诠》:"第德案:汉书叙传:又况幺麽尚不及数子,郑氏曰:麽音麽,小也。晋灼曰:此骨偏麽之麽也。师古曰:郑音是也,幺麽皆微小之物也,幺音

一尧反,麽音莫可反,䏨偏髍自音麻,与此义不相合,晋说失之。是班文原作髍,郑、颜音麽。文选作么麽,李注:通俗文曰:不长曰么,细小曰麽。"

按:《古今注·鱼虫》:"鲸鱼者,海鱼也。大者长千里,小者数十丈,一生数万子,常以五月六月就岸边生子,至七八月导从其子还大海中。鼓浪成雷,喷沫成雨,水族惊畏,皆逃匿莫敢当者。其雌曰鲵,大者亦长千里,眼为明月珠。"《汉书·叙传上》班彪《王命论》:"又况么麽,尚不及数子,而欲暗奸天位者乎!"颜注:"么麽,皆微小之称也。"《诗·周南·螽斯》毛传:"螽斯,蚣蝑也。"陆玑疏:"蝗类也,长而青,长角,长股,股鸣者也。"

㉛渺弥:文《详注》:"渺弥,水广大貌。音弭沼切,下音民卑切。"魏本:"祝曰:渺弥,大水貌。《选》:'渺弥漭漫。'上亡诏切,下音眉。"《文选》木玄虚《海赋》:"沖瀜沉瀁,渺弥漭漫。"李善注:"渺弥漭漫,旷远之貌。"

㉜不辨蔶菉葹:蔶(cí 疾资切,平,脂韵),草多貌,引申为积聚。《楚辞》屈原《离骚》:"蔶菉葹以盈室兮,判独离而不服。"王逸注以蔶为草名,即蒺藜。菉(lù 力玉切,入,烛韵),草名。《尔雅·释草》作"王刍"。《本草》作"荩草"。可制黄色染料。《辞源》:"葹(shī 式支切,平,支韵):卷葹草名,即枲耳。《楚辞》屈原《离骚》:'蔶菉葹以盈室兮,判独离而不服。'宋洪兴祖《补注》:'形似鼠耳,诗人谓之卷耳,《尔雅》谓之苓耳,《广雅》谓之枲耳,皆以实得名。'"魏本:"樊曰:《离骚经》:'蔶菉葹以盈室。'王逸注:'蔶,音咨,蒺藜也。'菉,音绿,玉刍也。葹,音施,枲耳也。三者皆恶草,以喻谗佞盈侧。孙曰:'蔶与茨同。或曰:菉,荩草。葹,卷施草,拔心不死。'"

按:蔶菉葹:皆小而恶的草,用以与上"黄金涂物象,雕镂妙工倕。乃令千里鲸,么麽微螽斯"四句意对。宋朱翌《猗觉寮杂记》卷上:"用《楚辞》'蔶菉葹以盈室兮,判独离而不服'。叹立之不用于世,不为人所知。"何焯《批韩诗》:"蔶菉,恶草,自谓欢华之徒也。"

㉝陴:城上女墙。文《详注》:"陴,城上女垣,音频弥切。"魏本:"陴,城上垣。孙曰:《左氏》(宣公十二年):'郑人大哭,守陴者皆哭。'陴,一名堞,堞音脾。"方世举《笺注》:"按:刻草于饮盏之上,如环城陴而生也。"高步瀛《唐宋诗举要》卷一:"《说文》曰:'陴,城上女墙,俾倪也。'"按:即连环文饰,如城上女墙,俗谓富贵不断头也。

㉞"四隅"二句:魏本:"樊曰:《离骚》:'集芙蓉以为裳。'注:'芙蓉,莲华也。'"文《详注》:"《补注》:《离骚经》:'制芰荷以为衣兮,集芙蓉以为裳。'芙蓉,莲花也。言进不见纳,犹制芰荷、集芙蓉以为衣裳被服,愈洁修善愈明。"按:樊、王《补注》注未详诗句,谓荷花者误;此乃木芙蓉。童《校诠》:"第德案:此为木芙蓉,非莲华,公有木芙蓉诗,见第九卷。"韩公《木芙蓉》:"新开寒露丛,远比水间红。"正以水芙蓉对比。魏本:"孙曰(卷九《木芙蓉》诗注):水生者为水芙蓉,木生者为木芙蓉。《尔雅》曰:'菡萏,芙蓉也。'此所谓水芙蓉也。"木芙蓉,又称地芙蓉、木莲。其花八九月始开,耐寒不落,故亦名拒霜。南朝陈江总《南越木槿赋》:"千叶芙蓉讵相似,百枝灯花复羞燃。"宋苏轼《和陈述古拒霜花》:"千林扫作一番黄,只有芙蓉独自芳。"均咏木芙蓉。猗(yī于离切,平,支韵)猗,美盛貌。《诗·卫风·淇奥》:"瞻彼淇奥,绿竹猗猗。"毛传:"猗猗,美盛貌。"韩愈《琴操十首·猗兰操》:"兰之猗猗,扬扬其香。"《全唐诗》卷二四〇元结《至慈》:"至化之深兮,猗猗娭娭。"又卷七四六陈陶《泉州刺桐花咏兼呈赵使君》:"猗猗小艳夹通衢,晴日熏风笑越姝。"文《详注》:"猗猗,美貌,音于宜切。"魏本注:"猗猗,长也。"

㉟鲸以兴君身:方《举正》据唐本订,云:"范、谢校。兴,比兴也。君,指崔立之而言也。荆公本亦作'鲸以状君身',蜀本作'兴居状',字小讹也。崔立之'才豪气猛,易于语言',故公此诗凡八十一韵,未免以效其体也。细考此诗,盖崔以彩与笔寄公,而公以双饮盏之一报之,长鲸、明月、野草、芙蓉,皆杯刻之像也,而因以取喻。读者不详考之,而转易其字,比诸篇特甚,故索言之。"朱《考

异》:"兴君身,或作'兴居状',或作'状兴居',皆非是。荆公本作'状君身',近之。方从唐本作'兴君身',乃得其正。盖兴犹比也。君指崔立之而言。"南宋监本原文作"兴居状",潮本、浙本、祝本、文本、魏本作"兴居状"。宋白文本、廖本、王本同方,作"兴君身"。今从方。

《文选》李陵《与苏武诗》:"风波一失所。"《诗·王风·兔爰》:"逢此百罹。"毛传:"罹,忧。"文《详注》:"兴,象也,许应切。诗有六义,四曰兴。《兔爰》诗云:'我生之后,逢此百罹。'"魏本:"《补注》:诗之六义,四曰兴。兴者,比物而赋也,许应切。一本作'状兴居',又一作'兴君身'。孙曰:《诗》:'逢此百罹。'百忧也。"方世举《笺注》:"《西京杂记》:'公孙弘为贤良,国人邹长倩赠以生刍一束,素丝一繸,扑满一枚,书题遗之曰:生刍之贱也,不能脱落君子,故赠君生刍一束。五丝为镊,倍緵为繸,此自少之多,自微至著也。士之立功勋,效名节,亦复如之,故赠君素丝一繸。扑满者,以土为器以蓄钱,满则扑之,积而不散,可不诫欤?故赠君扑满一枚。'此诗比体,昉自长倩。"查慎行《查初白诗评十二种》:"《诗》'百罹'入歌韵,《广韵》收入支韵离纽下,今从之。"

㊻"月以"二句:夫,文本作"失"。文《详注》:"失道,谓失所行之道。《大衍历》云:'月行九道,黄道、黑道之类。'"宋白文本、祝本、魏本、廖本、王本均作"夫",从之。

莫:方《举正》作"莫",云:"蜀本'莫'作'其'。"朱《考异》:"莫,或作'其'。"宋白文本、文本、祝本、魏本、廖本、王本作"莫",注:"一作'其'。"今从"莫"。

按:《诗·邶风·谷风》:"黾勉同心。"《释文》:"黾勉,本亦作僶,莫尹反。黾勉,犹勉勉也。"此以月之运行比道,而勉励立之莫亏其道。

㊼"草木"二句:覆载,蒋抱玄《评注》:"《礼记》(《中庸》):'天之所覆,地之所载。'"按:覆载者,天覆地载,谓庇养包容。《文选》三国魏陈琳《檄吴将校部曲文》:"圣朝宽仁覆载,允信允文。"

妍丑：方《举正》作"妍醜"，云："李、谢校同。阁本、蜀本只作'臭'。"朱《考异》："醜，或作'臭'。"宋白文本、文本、廖本、王本作"醜"，注："一作'臭'。"祝本、魏本作"臭"，注："一作'醜'。"按：妍与醜对，乃反义词，正合韩公诗义；臭字不对，亦不合韩公诗义。故尊韩意作"醜"是。"醜"字今简化作"丑"。文《详注》："萎，枯死也，音邕危切。"魏本："孙曰：萎，衰也。《诗》（《小雅·谷风》）：'无草不死，无木不萎。'"按：此二句收，与前畅论"命"与"道"收摄。何焯《义门读书记》卷三〇："数句将前半命与道意收摄，照应不遗。"

⑧⑧"愿君"二句：杂，方《举正》据唐本作"亲"，云："蜀同。李、谢校。杭作'新'。荆公本作'杂'。"朱《考异》："杂，方作'亲'，或作'新'，皆非是。但洪本云：澄作'杂'，'燧觹'见《内则》。言当常御此盏，杂于所佩燧觹之间也。此乃得之。"南宋监本原文作"新"。宋白文本、文本、廖本、王本作"杂"，是。潮本、浙本、祝本、魏本作"新"。魏本注："新，一作'亲'，又一作'杂'。"文《详注》："《礼记·内则》云：'左佩小觹金燧，右佩大觹木燧。'郑氏云：'觹，结也，貌如锥，以豕骨为之。金燧，火镜也。可取火于日，木燧钻火也。燧，音遂。觹（xī支韵），音许规切。'"魏本："韩曰：《诗·大东》（《小雅》）：'鞙鞙佩璲。'注：'璲，瑞也。'《芄兰》：'童子佩觹。'注：'觹所以解结，成人之佩也。'"魏本引孙《全解》同文《详注》。童《校诠》："第德案：韩本燧作璲，故引诗'鞙鞙佩璲'作注，毛传：璲，瑞也，郑笺：佩璲者以瑞玉为佩。释璲为瑞，以声训。按：说文无璲字，当借遂为之，诗芄兰：容兮遂兮，郑笺：遂，瑞也，是其证。新、亲、杂三字，朱子定作杂是也。"

⑧⑨"异日"二句：期，文本作"朝"，注："一作'期'。"宋白文本作"相"。魏本、廖本作"期"，注："一作'朝'。"按：此为结语，表期望来日相对举杯，作"期"字是。作"朝"乃形似误，作"相"乃揣测之意妄改也。文《详注》："此支字当作枝。《前汉书》'一作支公'，从出处押也。按：《终军传》：'武帝时得奇木，其枝旁出，复合于上，军对曰：众支内附示无外也。'"朱《考异》："《通鉴》：元魏熙平元年（516）

立法,在军有功者,行台给券,当中竖裂,一支给勋人,一支送门下,以防伪巧。今人亦谓析产符契为分支帐,即此义也。公以双盏之一赠崔,故末句如此。"沈钦韩《补注》:"分支,见《魏书·卢同传》。《后汉·张衡传》注:'质剂犹今分支契。'"则作"支",是。文注非。何焯《义门读书记》卷三〇:"结句只从酒盏直收,使人不能寻其起伏之迹。"此诗一百六十二句八十一韵,叶支韵,一韵到底。

　　按:以上叙以双盏之一遗崔,所以报百尺采也。高步瀛《唐宋诗举要》卷一:"吴曰:'长篇气势浑灏流转,而时有螭龙光怪出没其间,最是韩公胜境。'"

【汇评】

　　宋魏泰:诗恶蹈袭古人之意,亦有袭而愈工若出于己者。盖思之愈精,则造语愈深也。魏人章疏云:"福不盈身,祸将溢世。"韩愈则曰:"欢华不满眼,咎责塞两仪。"李华《吊古战场文》曰:"其存其没,家莫闻知。人或有言,将信将疑。娟娟心目,梦寐见之。"陈陶则云:"可怜无定河边骨,犹是春闺梦里人。"盖愈工于前也。(《临汉隐居诗话》)

　　宋黄彻:昌黎《寄崔立之》云:"傲兀坐试席,深丛见孤羆……四座各低回,不敢捩眼窥。"可谓善言场屋事。若平日所养不厚,诚难傲兀也。(《䂬溪诗话》卷九)

　　宋葛立方:退之《赠崔立之》前后各一篇,皆讥其诗文易得。前诗曰:"才豪气猛易语言,往往蛟螭杂蝼蚓。"后诗曰:"文如翻水成,初不用意为。"二诗皆数十韵,岂非欲炫博于易语言之人乎?前诗曰:"深藏箧笥时一发,戢戢已多如束笋。"后诗曰:"每旬遗我书,竟岁无差池。"有以知崔于韩情义之笃如此也。(《韵语阳秋》卷一)

　　宋孙奕:《集字二》:退之《与崔立之》诗云:"四坐各低面,不敢捩眼窥。"捩,音丽,琵琶拨也,谓左右窥。又《荷池》云:"未谙鸣摵摵,那似卷翻翻。"又有"摵摵井梧疏更殒"。(《履斋示儿编》卷二二)

明张萱:《朱提银》:今人多称白金为朱提,非是。蜀之叙州府有朱提山出银。诸葛孔明有言:"汉嘉金,朱提银,采之不足以自食。"若以银为朱提,亦可以金为汉嘉乎?唐韩愈《赠崔立之》诗:"我有双饮盏,其银得朱提。"亦非以银即为朱提也。(《疑耀》卷六)

清朱彝尊:叙崔如小传,自叙如尺牍,局面亦开阔。第以夸多角胜则可,颇乏惊人处。(顾嗣立《昌黎先生诗集注》卷五)

清李光地:前叙崔之登第谪官,中道与崔唱酬之事,而因讯其安候。后乃自述其志,而欲与崔偕隐。末方及其所以报崔之诒者,与前巧喻其诚相应。(《榕村诗选》卷六)

清何焯:《寄崔二十六立之》:《诗》《骚》之裔。"西城员外丞",员外置之丞,立之虽为蓝田丞,"西城"则非谓"蓝田"也。注误。"不将势力随",暗伏"巢中鷇"。"回首卿相位"二句,反呼"不脱吏部选"。"童稚见称说"十句,波澜顿挫处。"由来人间事"至"那用分高卑",《九辩》:"愿自往而径游兮,路壅绝而不通。欲循途而平驱兮,又未知其所从。然中路而迷惑兮,自压鞍而学诵。性愚陋以褊浅兮,信未达乎从容。"篇中意本于此,而硕大宽平过之。"怜我还好古","好古"二字,文书传道之源。"又论诸毛功",《蜀志·张裕传》:"诸毛绕涿居。""巧能喻其诚",正与"鲸以兴君身"八句相对。"朋交日凋谢"一连,此二句即为"几辈先腾驰"起本。"文字锐气在"二句,回顾战艺,其下二句,即为后赠盏以益其诚引脉,亦且含思其盛,见其衰意。"我虽未耋老"以下数句,皆从盛衰意生出。"燕席谢不诣"四句,极自状其衰,却又已为传道起本。"且吾闻之师"以下,此则摆掉而出于盛衰之外,观名以计,则向之逐利者固未必利,何摧戚之有哉?从吾所好而已。"观名计之利",《庄子·盗跖篇》:"子张问于满苟得曰:'观之名,计之利,而义真是也。'""不辨赘莽葹",赘莽,恶草,自谓欢华之徒也。"鲸以兴君身"以下数句,将前半命与道意收摄,照应不遗。结句只从酒盏直收,使人不能寻其起伏之迹。(《义门读书记》卷三〇)

清爱新觉罗·弘历:叙崔如小传,叙自如尺牍。杂沓靓缕,似

破碎而实浑成。其词意恳款，下笔不能自休，可想见交谊之厚。（《唐宋诗醇》卷三〇）

清方东树：《客从远方来》此亦与前篇（按：指《孟冬寒气至》）相似，即彤管之贻。韩公《寄崔立之》后言"双盏"，亦此意。（《昭昧詹言》卷二汉魏）

清曾国藩：《寄崔二十六立之》：自"往岁战词赋"至"无人角雄雌"三十二句，叙崔技能之高，科名之震。自"由来人间事"至"那用分高卑"二十四句，叙崔登科后仕宦不遂，所如不偶，"觳"，鸟子。"驹"，马子。"麛"，鹿子。皆喻新进少年不得自由，处处为世法所束缚。自"怜我还好古"至"譬彼鸟黏黐"四十八句，叙与崔交谊之厚。"诸毛"方氏以为笔也。朱子以为必是为《毛颖传》而发。国藩按：韩公《毛颖传》，柳州曾赞叹之。崔之来书及诗，当亦赞《毛颖传》之奇伟。"蛟螭""雷电"等，或即来诗中语邪！"敦敦凭书案"，"敦敦"即"敦彼独宿"之"敦"，谓痴坐不动也。《贾捐之传》中有所谓"颛颛"者，义亦略同。自"且吾闻之师"至"相待安罘罳"三十四句，言名位不足恋，当以文章传后，约崔同归偕隐。自"我有双饮盏"至末二十四句，叙公以双盏之一遗崔，亦所以报"百尺彩"也。鲸、月、草花、芙蓉，皆盏上所画者。（《求阙斋读书录》卷八）

清陈衍：昌黎《寄崔立之》云："生当耕吾疆，死也埋吾陂。文章自传道，不仗史笔垂。"是丈夫语，足见此老倔强处。夫一部廿四史中人，不知凡几，其虽有名而不称者众矣。人至专靠史传中传名，恐多不在知名之列。否虽史传无名，而可传者自在也。（《石遗室诗话》卷二三）

程学恂：起云："西城员外丞，心迹两佹奇。""佹奇"二字，是立之真赞，即此一篇骨子。论诸毛功，当是论作文字也。朱子谓专为《毛颖传》而发，尚不甚安。"过半黑头死，阴虫食骨髓。欢华不满眼，咎责塞两仪。"说得竦然，真觉死有余恨。热场中读此数语，能无冰冷雪淡。"文书自传道，奚仗史笔垂。"自负得真确，语亦倚天拔地。按：立之学虽不醇，然亦崛奇磊落之士。又与公同所感，故公实深契之。其中若赠彩绯、酬银盏,皆常琐事也;女助帨缡,男守家规,皆常琐情也。正欲使千载下见之,知与崔亲切如此,慨然增友谊之重,则常琐处皆不朽也。后人非公之交,无公之感,泛然投赠,动撦常琐情事,堆填满纸,但觉人为时人,语为时语而已,其朽也可立而待也。如此而犹曰吾宗老杜也,吾法昌黎也,不值识者一唾矣。杜诗如《北征》中"娇儿胜雪""垢腻不袜""小女补缀""颠倒紫凤""粉黛衾裯""学母画眉""问事挽须"等,常琐极矣,然前则云:"恐君有遗失。""臣甫愤所切。"结则云:"煌煌太宗业,树立甚宏达。"可知忧国忠忱与室家恩爱,都是一样真挚,一腔热血流出,所以能上追《风》《雅》。试看《七月》《东山》诗中,何尝不曲尽俗情,余可类推也。(《韩诗臆说》卷二)

月蚀诗效玉川子作①
元和五年

元和庚寅斗插子,月十四日三更中②。临临万木夜僵立③,寒气凛飙顽无风④。月形如白盘⑤,完完上天东⑥。忽然有物来啖之,不知是何虫⑦?如何至神物,遭此狼狈凶⑧?星如撏沙出,攒集争强雄⑨。油灯不照席,是夕吐焰如长虹⑩。玉川子涕泗,下中庭独行⑪。念此日月者,为天之眼睛⑫。此犹不自保,吾道何由行⑬?

尝闻古老言,疑是虾蟆精⑭。径圆千里纳女腹,何处养女百丑形⑮?杷沙脚手钝,谁使女解缘青冥⑯?黄帝有四目,帝舜重其明⑰。今天只两目,何故许食使偏盲⑱?尧呼大水浸十日,不惜万国赤子鱼头生⑲。女于此时若食日,虽食八九无馋名⑳。赤龙黑鸟烧口热,翎鬣倒侧相搪撑㉑。婪酣大肚遭一饱,饥肠彻死无由鸣㉒。后时食月罪当死,天罗磕匝何处逃女刑㉓?

玉川子立于庭而言曰:地行贱臣仝㉔,再拜敢告上天公㉕。臣有一寸刃,可刳凶蟆肠㉖。无梯可上天,天阶无由有臣踪㉗。寄笺东南风,天门西北祈风通㉘。丁宁附耳莫漏泄,薄命正值飞廉慵㉙。东方青色龙,牙角何呀呀㉚?从官百余座,嚼啜烦官家㉛。月蚀女不知,安用为龙窟天河㉜?赤鸟司南方㉝,尾秃翅觰沙㉞。月蚀于女头,女口开呀呀㉟。虾蟆掠女两吻过,忍学省事不以女觜啄虾蟆㊱?於菟蹲于西,旗旄卫䚢䚢㊲。既从白帝祠,又食于蜡礼有加㊳。忍令月被恶物食,柱于女口插齿牙㊴?乌龟怯奸怕寒,缩颈以壳自遮㊵。终令夸蛾抉女出,卜师烧锥钻灼满板如星罗㊶。此外内外官,琐细不足科㊷。臣请悉扫除,慎勿许语令啾哗㊸。并光全耀归我月㊹,盲眼镜净无纤瑕㊺。弊蛙拘送主府官,帝箸下腹尝其膰㊻。依前使兔操杵臼,玉阶桂树闲婆娑㊼。恒娥还宫室,太阳有室家㊽。

天虽高,耳属地㊾。感臣赤心,使臣知意㊿。虽无明言,潜喻厥旨㉛,有气有形,皆吾赤子㉜。虽忿大伤,忍杀孩稚㉝?还女月明,安行于次㉞。尽释众罪,以蛙磔死㉟。

【校注】

① 题:方《举正》:"李本删'诗'字,然三本并存之。洪庆善曰:或谓馆中本作'删玉川子作'。汪内翰彦章本作'删'。元和五年(810),岁在庚寅。卢诗、《新史》以为讥元和逆党,然稽之岁月不可合。盖元和初宦官已横恣,故卢诗谓'可从海窟来,便解缘青冥',

而此云'忍杀孩稚',似皆有谓也。"又方崧卿《增考》:"江子我云:元和五年,时杜佑、裴垍、李藩、权德舆为平章事,其他在朝,类多贤俊。独假宦官权太盛,又往往出于闽岭。玉川诗云:'才从海窟来,便解缘青冥。'盖专讥刺宦官也。按:玉川此诗固不为无意,史臣只合以讥刺宦官者言之,必预指之为元和逆党,所以不免后世之讥。"朱《考异》:"方云:李本无'诗'字。洪曰:或谓馆中本'效'作'刪',汪彦章本同。"宋白文本、文本、祝本、魏本等均作"月蚀诗效玉川子作",从之。

《新唐书·卢仝传》:"卢仝居东都,愈为河南令,爱其诗,厚礼之。仝自号玉川子,尝为《月蚀诗》以讥切元和逆党,愈称其工。"文《详注》:"卢仝居东都,自号玉川子。尝为《月蚀诗》以讥切元和逆党,时元和五年也。诗见《玉川集》。《学林新编》云:'韩退之《月蚀诗》一篇,太半用玉川子句,或者谓玉川子《月蚀诗》豪怪奇挺,退之深所叹伏,故所作尽摘玉川子佳句而补成之。'说切以为不然。退之诗题《效玉川子作》,而诗中有效玉川子为言者'玉川子涕泗,下中庭独自行',又曰'玉川子立于庭而言曰:地行贱臣,今再拜敢告上天公',则退之几于代玉川子作。玉川子诗虽豪放,然太险怪而不循诗家法度,退之乃摘其句而约之以礼,故退之诗中两言玉川子,其意若曰:玉川子《月蚀诗》如此足矣。故退之诗题曰'效玉川子作',此退之深意也。不然,退之岂不能自为《月蚀诗》,而必用玉川子句然后而成诗耶?以谓退之自为《月蚀诗》,则诗中用'玉川子涕泗告天公',又非其类矣。《补注》:《新史》:'卢仝居东都,愈为河南令,爱其诗,厚礼之。仝自号玉川子。尝为《月蚀诗》以讥切元和逆党,愈称其工。''新天子即位五年,岁次庚寅,斗柄插子,律调黄钟。森森万木夜僵立'云云,见《玉川集》。公诗实笔削玉川子之作,而云效者,盖贬己以成其善也。宦者陈洪志弑逆在元和十五年,而仝诗作于元和五年十一月,而史氏以为讥切元和逆党,误矣。"魏本:"孙曰(卢仝《月蚀诗》注):'史谓仝诗以讥切元和逆党。按:仝诗作于元和五年,而宦官陈洪志之乱,乃在于十五年,安得预知而刺之？盖《唐史》误也。'"洪迈《容斋续笔》卷一四《玉川月蚀诗》："卢仝《月蚀诗》，《唐史》以谓讥切元和逆党。考韩文公效仝所作，云元和庚寅岁十一月。是年为元和五年，去宪宗遇害时尚十载。仝云：'岁星主福德，官爵奉董秦。'说者谓'董秦'即李忠臣，尝为将相而臣朱泚，至于亡身，故仝鄙之。东坡以为：'当秦之镇淮西日，代宗避吐蕃之难出狩，追诸道兵，莫有至者。秦方在鞫场，趣命治行，诸将请择日，秦曰：父母有急难，而欲择日乎？即倍道以进。虽末节不终，似非无功而食禄者。'近世有严有翼者，著《艺苑雌黄》，谓：'坡之言非也。秦守节不终，受泚伪官，为贼居守，何功之足云？诗讥刺当时，故言及此。坡乃谓非无功而食禄，谬矣！'有翼之论，一何轻发，至诋坡公为非为谬哉？予案：是时秦之死二十七年矣，何为而追刺之？使仝欲讥逆党，则应首及禄山与泚矣。窃意元和之世，吐突承璀用事，仝以为嬖幸擅位，故用董贤、秦宫辈喻之，本无预李忠臣事也。记前人似亦有此说。而不能省忆其详。"胡震亨《唐音癸签》卷二三《诂笺八》："卢仝《月蚀诗》，《新书》言其讥切元和逆党，考之不合。按此诗叙有年月，云'元和庚寅'，则吐突承璀讨王承宗无功而归之岁也。初，宪宗信用承璀，令典神策，拜大帅，专征。及败衄，仍不加罪，宠任如故。有太阴养蟾蜍为所食之象，故取以比讽。'恒州阵斩郦定进，项骨脆甚春蔓菁'。定进者，承璀骁将，初交战即被杀，师因气折无功，详见《承宗传》，此正实纪其事处。其云'官爵奉董秦'者，秦，史思明降将，归正赐属籍封王，后竟附朱泚为逆。是时承宗蒙赦复官爵，正与秦同。仝以其反复必叛，故又借秦为比。通阅前后，为承璀而作甚明。若云逆党，则构逆时去此尚远，安得预为讥切乎？韩集亦载此诗，删改过半，题云'效玉川子作'，谦不敢当改也。然此诗粗纵，至竟不可名诗。或如《送穷》《乞巧》等制入文类，于体为惬。惜韩公更少此一改耳。"顾嗣立《集注》："陈齐之曰：退之效玉川子《月蚀诗》，乃删卢仝冗语耳，非效玉川也。韩虽法度甚严，便无卢仝豪放之气。"何焯《义门读书记》卷三〇："题注引陈齐之云云。按：卢诗过于流宕，但亦有删节太多近于暗者。"方世举《笺注》："《新唐书·卢仝传》：'仝居东都，愈为河南令，爱其诗，厚礼之。仝自号玉川子，尝为《月蚀诗》以讥切元和逆党，愈称其工。'"又云："按：《新书》：'卢仝作《月蚀诗》以讥元和逆党，韩愈称其工。'方崧卿以为稽之岁月不合，盖讥元和初宦官横恣。朱文公以为宦官之说为未必然，而亦以《新书》为谬。洪容斋则祖崧卿而详说之，谓庚寅去宪宗遇害之时尚十年，卢仝诗当为吐突承璀用事而作。以愚观之，崧卿之驳《新书》，容斋之祖崧卿，皆误认'元和逆党'四字为庚子陈弘志弑逆之党。而不考庚寅王承宗叛逆之党，故未知《新书》之是，并朱文公亦未及详考也。韩诗删卢原本甚多，以致其旨隐约。按卢诗：'恒州阵斩郦定进。'郦定进者，讨王承宗之神策将。承宗拒命，帝遣中人吐突承璀左右神策帅讨之。承璀无威略，师不振。神策将郦定进及战北驰而偾，赵人害之。是则承宗抗师杀将，逆莫大矣。史书郦定进死在元和五年，韩诗'元和庚寅'，卢诗'新天子即位五年'，时事正合。是诗自为承宗叛逆而发。《新书》以为讥元和逆党，特浑其词耳，未为失也。卢诗又云：'岁星主福德，官爵奉董秦。'旧说董秦即李忠臣。洪容斋以为是时秦死二十七年，何为而追刺之，当是用董贤、秦宫嬖幸擅位，以喻吐突承璀。以愚观之，旧说是而洪说又非。董秦者，史思明将，归正封王，赐名李忠臣，后复附朱泚为逆。时承宗上书谢罪，上遂下诏浣雪，尽以故地界之，罢诸道兵。是则今日之承宗，与昔日之董秦，朝廷处分，正自相同。董秦可以复叛，安知承宗不然？反侧之臣，明有前鉴，故以董秦比之。左右参考，是诗确为承宗作。借端于月蚀者，日君象，月臣象。郦定进以天子近臣而为叛逆所杀，犹月被蚀也。又天官家言，日为德，月为刑。月被蚀，是刑政不修也。至东西南北龙虎鸟龟诸天星，无不仿《大东》之诗刺及者，指征讨诸镇也。当时命恒州四面藩镇各进兵招讨，军久无功。白居易上言，以为'刘济引全军攻围乐寿，久不能下。师道、季安元不可保，察其情状，似相计会，各收一县，遂不进军'，此明证也。卢诗凡一千六百余字，昌黎芟汰其半，而于郦定进、董秦诸语明涉事迹者又皆削去,诗语较为浑然。而考核事实,卢诗为据。"沈钦韩《补注》:"诗为吐突承璀而作也。以寺貂之漏师,兆竖牛之乱室,履霜戒于坚冰,有识者为之危心矣。曰:何以示意于月蚀也?盖月者阴德,又主兵事。今使宦者为统帅,举朝争之,曾不少动,非所谓月蚀修刑矣。"王元启《记疑》:"卢诗恃其绝足,恣意奔放,必如公作,乃可云'范我驰驱'。论者猥欲伸卢抑韩,未免取舍两乖。"程学恂《韩诗臆说》卷二:"看'此犹不自保'句,似此诗指天子近臣为叛逆所杀,亦近有理。此诗前云'日月为天之眼睛,此犹不自保,吾道何由行',后云'还汝月明,安行于次'等语,知所谓指宪宗遇害者非也。玉川本旨,毕竟不知所在。诸说皆有难安,若认定作郦定进、王承宗,亦不似。"钱仲联《集释》:"诸说皆有所见。此诗为恒州兵事而发,盖无疑义。讥刺之处,谈言微中,当浑括其大体,若枝节求之,转有难安。取象于月蚀者,《观象玩占》曰:'月蚀而赤,有反臣。月初生蚀,将败于野。月春蚀东方,夏蚀南方,秋蚀西方,冬蚀北方,皆为其方兵起。'则方、沈说为得之。"童《校诠》:"第德案:作'删'固通,作'效'乃公自谦之词,故篇中仍用玉川子及贱臣仝字。"按:卢仝诗及公效作,题旨一也。其旨正可与《旧唐书》卷一四五史臣赞"圣哲之君,慎名与器。不轨之臣,得宠则戾。董怨而族,吴悖而菹。好乱乐祸,可监前车"对析。

② "元和"句:十四,方《举正》订"四"字,云:"杭、蜀同,李、谢校。"朱《考异》:"四,或作'五'。"文本注:"一作'十五'。"诸本作"四",从之。

文《详注》:"谓十一月也。《史记》(《天官书》):斗为帝车,分阴阳,建四时。"魏本:"孙曰:'元和五年十一月十四日也。'"按:招摇,星名。在北斗杓端,即北斗第七星。《礼记·曲礼上》:"招摇在上,急缮其怒。"《释文》:"北斗第七星。"《淮南子·时则训》:"仲冬之月,招摇指子。"注:"招摇,北斗第七星。"后因以斗车指北斗星。插子即指子也。

③ 临临万木夜僵立:方《举正》:"卢诗曰:'森森万木夜僵立。'

公易'森森'为'临临'。"朱《考异》:"方作'临临',殊无义理。按:卢诗乃作'森森',盖自'森'转而为'林',自'林'转而为'临'也。今改作'森'。"文本、祝本、魏本作"临临"。宋白文本、廖本、王本作"森森"。作"森森""临临"均可,今从"临临",此乃显示韩公改诗之个性。临临,如守卫的戍卒森森站立。

文《详注》:"僵,仆也,音居良切。"魏本:"孙曰:'(卢仝《月蚀诗》注)僵,死不朽。谓寒甚,木皆若立死也。'"童《校诠》:"第德案:作临临不讹,临为林之借字,左氏定八年传:林楚御桓子,公羊传作林南,郑康成弟子临孝存,亦作林孝存,是林、临通用之证。史记律书:林钟者言万物就死,气林林然。公言临临万木夜僵立,亦谓冬时木叶黄落,自夜望之死气临临然也。朱子谓林转为临是也。至谓临临无义理,盖偶忘临为林之借,公盖用史记律书,而以假借字易之耳。"方世举《笺注》:"《汉书·五行志》:'哀帝建平三年(公元前4年),零陵有树僵地,三月,树卒自立故处。'"按:森森,高耸貌。《世说新语·赏誉》:"庾子嵩目和峤,森森如千丈松。"临临,通林林,如戍卒之肃立。

④ 屃赑:方《举正》订作"屃奰",云:"卢诗曰:'森森万木夜僵立,寒气赑屃顽无风。'公易'森森'为'临临','赑屃'为'屃奰',公诗多不用卢诗全语,阁本、蜀本作'屃奰',吕校同。赑屃,用力貌。屃奰,壮大貌。《诗》(《大雅·荡》)传:'不醉而怒,谓之奰。'其义尤长。"奰(bì 平秘切,去,至韵),同赑。屃(xì 虚器切,去,至韵),朱《考异》:"诸本作'赑屃',或作'屃奰'。(下引方语)今按:诸本不同,未知孰是,姑两存之。"文本作"屃赑"。祝本作"奰屃"。魏本作"赑屭"。宋白文本、廖本、王本作"屃奰"。韩诗用"奰屃"。奰屃,强劲有力貌。《辞源》尸部"屃奰"引唐韩愈《月蚀诗效玉川子作》"寒气屃奰顽无风"为例,谓此指寒气刚劲有力。亦作"屃赑"。《唐诗纪事》卷六二郑嵎《津阳门》诗:"绣裪衣褾日屃赑,甘言狡计愈娇痴。"此指安禄山日益骄悍。又作"赑屃"。《文选》张衡《西京赋》:"缀以二华,巨灵赑屃,高掌远跖,以流河曲,厥迹犹存。"薛综注:

"赑屃,作力之貌也。"亦作"赑屭"。《元诗选》柳贯《待制集·浦阳十咏·龙峰孤塔》:"朱鸟前头森赑屭,苍龙左角见嵯峨。"

魏本:"韩曰:赑屭,状大貌。《玉篇》云:'有力也。'上平秘切,下虚器切。一本作'奰屃'。一作'屃奰',字异音同。"文《详注》:"赑,平秘切。屃,虚器切。奰,音备,壮大貌。《玉篇》云:'有力也。'"王元启《记疑》:"方喜倒字,故误从或本。至以赑为奰,则恐二字本自相通。又以用力、壮大为分,亦恐未然。如《西京赋》(巨灵赑屭)、杜诗(韩蔡同赑屭),亦皆兼壮大之意也。"钱仲联《集释》:"段玉裁曰:'《西京赋》《吴都赋》皆用奰眉字,作力之貌也。奰,俗讹赑,又讹屭。学者罕知其本矣。'今考《文选》两赋,皆作'赑屃',不作'奰眉'。《诗·大雅·荡》:'内奰于中国。'《正义》曰:'《西京赋》云巨灵奰屭,以流河曲。奰者,怒而目作气之貌。'依《说文》当作奰,云:'壮大也,从三大三目。'奰从一大,省耳。眉,《说文》云:'卧息也。'段云:'眉之本义为卧息,鼻部所谓鼾也。用力者必鼓其息,故引伸之,为作力之貌。'兹定从祝本,依段说正字。"按:钱仲联说多据高步瀛《唐宋诗举要》,不赘。

童《校诠》:"第德案:方云:阁蜀作屃奰,吕校同,韩亦云一作屃奰。祝本同。是亦有作屃奰者,郑氏崛津阳门诗:绣裲衣袿日屃屭,甘言狡计愈娇痴,苏氏轼桃椰庵铭:百柱屃赑,万瓦披敷,皆用屃屭字。前此如西京赋巨灵赑屭,薛注:赑屭,作力之貌,吴都赋巨鳌赑屃,刘注:赑屃用力壮貌,无作屃赑者,作力与壮大义相成,方说不知何本,王谓以用力、壮大为分未必然是也。说文:奰,壮大也,从三大、三目,二目为䀠(段校作奰),三目为𡅮,益大也,一曰迫也。读若虙羲氏,诗曰:不醉而怒谓之𡅮。段曰:虙古音读如密,今音平秘切。大雅荡曰:内奰于中国,传曰:不醉而怒谓之奰,于壮迫义近。桂氏馥以诗内奰字为㞋之借。亦有单用奰者,诗内奰字见上,淮南子地形训:食木者多力而奰,高注:熊羆之属是也。奰读内奰于中国之奰,近鼻也,魏都赋:奸回内奰,刘注:不饮酒而怒曰𡅮,是其例。韩注状当作壮。"

⑤ 月形如白盘：此为月至十四日而初圆如银盘也。魏本："韩曰：李白《古朗月行》：'少时不识月，唤作白玉盘。'"

⑥ 完完：方《举正》据杭本订，云："荆公本、范本所校并同。公他诗亦有讹'完'为'皃'者。"朱《考异》："诸本作'貌貌'，或作'皃皃'。方从杭、范、荆公本作'完'。今按：完字说见《酬卢云夫望秋诗》。（完完，言月圆也。）洪本亦云：'古书完多误作皃。'此又转写为貌耳。"文本、祝本、魏本作"貌貌"。宋白文本、廖本、王本作"完完"。何焯《义门读书记》卷三〇："《黄庭经》《孔子庙堂碑》，'完'皆作'皃'。"童《校诠》："貌貌、皃皃皆古邈字，貌又作䫉，荀子礼论：疏房檖䫉，杨注：䫉读为邈是也。亦假藐为之，诗崧高：既成藐藐，即邈也。完乃皃之形近而讹，貌貌上天东，与文选谢希逸月赋：升轻质之悠悠义同，邈邈犹悠悠也，若作完完，与上句如白盘意复，古籍之称望月者，或曰盈，礼记礼运：三五而盈是也，或曰满，古诗：三五明月满是也，或曰团，班婕妤怨歌行：团团似明月是也；或曰圆，曹子建赠徐幹诗：圆景光未满是也。完完字不经见，举正定作完，乃好奇之过。本卷公酬卢云夫诗见月，见一作完，亦形近致讹，一作皎，以皎月为长，说见前。"按：作"貌貌"虽通，不如作"完完"善。貌，或通"邈"，或通"藐"。藐藐，盛美貌。《诗·大雅·崧高》："有俶其城，寝庙既成；既成藐藐，王锡申伯。"毛传："藐藐，美貌。"《诗·大雅·瞻卬》："藐藐昊天，无不克巩。"藐藐，高远貌，太美，不合韩公阳刚之气；高远，仰望，不合月徐徐东升之貌。完完，圆圆也。韩诗用字脱俗，故作"完完"，实写十四日之月，既形象又生动。则作"完完"，善。上句写月色与形状，死板；此句写圆月动态，悠悠上升也。

⑦ 啖（dàn 徒敢切，音淡，上，敢韵）：食也，同噉、啗。《北堂书钞》卷一四三晋束皙《发蒙记》："廉颇啖肉百斤。"《北史·贺若弼传》："上谓曰：'我以高颎、杨素为宰相，汝每昌言此二人唯堪啖饭耳，是何意也？'"《世说新语·排调》："顾长康啖甘蔗，先食尾。"

"不知"句：起下。何焯《批韩诗》："'不知是何虫？'虚一笔。"

⑧ 神物：神奇灵异之物。蒋抱玄《评注》："《易》(《系辞上》)：'非天下之至神，孰能与于此？'"按：《易·系辞上》："是故天生神物，圣人则之。"疏："谓天生蓍龟，圣人法则之。"《淮南子·览冥训》："昔者，师旷奏《白雪》之音，而神物为之下降，风雨暴至。"注："神物，即神化之物，谓玄鹤之属来至，无头鬼类操戈以舞也。"此指国之神器，即帝位。《汉书·叙传》班彪《王命论》："游说之士至比天下于逐鹿，幸捷而得之，不知神器有命，不可以智力求也。"韩公《永贞行》："君不见太皇谅阴未出令，小人乘时偷国柄。"可参酌。

狼狈凶：文《详注》："《酉阳杂俎》(前集卷一六《毛篇》)云：'狈(亦狼之类也)前足颇[绝]短，每行必[常]驾两狼，失狼则不能行。故世言事乖者谓之狼狈。'一云：狈，狼属也。生子，或欠一足，二足相附而行，离则颠，故猝遽谓狼狈。音博盖切。"魏本："唐曰：狼狈，犹乖舛也。《神异经》：'狈无前足，附狼而行。'《选》：'亦狼狈而可憋。'狈，音贝。"按：因狼狈同属而并行且凶恶，故俗谓互相勾结为非作歹，如成语"狼狈为奸"。此指蚀月之虫凶狠恶劣的行为。

钱仲联《集释》："《西征赋》李善注：'《文字集略》曰：狼狈，犹狼跋也。'《诗·豳风》(《狼跋》)：'狼跋其胡，载疐其尾。'毛传：'跋，躐。疐，跲也。老狼有胡，进则躐其胡，退则跲其尾。进退有难，然而不失其猛。'《说文》(足部)：'䟫(跟)，步行猎跋也。'䟫即跋字，亦通作狈，盖动词也。祝注引《神异经》，顾注引《酉阳杂俎》，以狼狈为两物者，恐非雅诂。"童《校诠》："第德案：钱引西征赋李注文字集略曰：狼狈犹狼跋也，是。李又引孔丛子曰：吾于狼狈，见圣人之志，即是例证。说文：䟫，步行猎跋也。说文无躐，故以猎为之。猎跋即剌址、剌犮。䟫与跋异字，故说文以跋释䟫，跋，蹎也；蹎，跋也，蹎跋即颠沛，与狼狈义近。狈为䟫之后出字，西征赋憋作憊，说文无憋字。玉篇：憋眉陨切，悲也，说文云：痛也，憋同上。"

⑨ 搩沙：方《举正》订"搩"字，云："侧手击为'搩'。蜀本作'搩'，谢校同。卢诗作'撒'，今本从之，非也。"方校刊《韩集》作"撒"。朱《考异》："撒沙，诸本同。方作'搩'。(引方语)今按：侧手

击沙,于义不通。公于卢语固有损益,然改此字却无文理,当只作'撒'。"宋白文本、廖本、王本作"撒"。文本、祝本、魏本作"挼"。屈《校注》:"按:侧手击沙而沙飞散,较撒沙尤有意味。"钱仲联《集释》亦作"挼",从之。挼(sà 桑割切,入,曷韵),侧手以击。《公羊传》庄公十二年:"(宋)万臂挼仇牧,碎其首。"钱仲联《集释》:"挼为桼之借字,《说文·米部》:'桼,糕桼散之也。'亦省作殺。《齐民要术》凡言殺米者,皆桼米也。作'撒',盖后起俗字。"

攒集争强雄:指散开的星星闪闪发光,或明或暗,或强或弱,或疏或密的状态。程学恂《韩诗臆说》卷二:"'星如撒沙出,攒集争强雄。'原句'星如撒沙出,争头事光大'更觉状得极致。"高步瀛《唐宋诗举要》卷二:"伏下。"

⑩"油灯"二句:方世举《笺注》:"古乐府《读曲歌》:'燃灯不下炷,有油那得明。'"高步瀛《唐宋诗举要》卷二:"反跌一句。"

如长虹:方《举正》订,云:"阁本作'长如虹',恐非。此卢语也。"朱《考异》:"或作'长如虹'。"诸本作"如长虹",是。

魏本:"祝曰:'焰,火光也。'"文《详注》:"虹,蝃蝀也。言月蚀无光,反不若星灯之微。"按:此指月蚀后周围射出的橘红色弱光,其圆环状如雨后之虹。二句写月被蚀也。高步瀛《唐宋诗举要》卷二:"吴北江曰:'写小人得志令人气索。'"

⑪"玉川"二句:朱《考异》:"'独'下或有'自'字。"按:朱臆测无理,二句均上三下二的五字句,诸本均无"自"字。

涕泗:蒋抱玄《评注》:"《诗》:'涕泗滂沱。'"按:涕泗,鼻涕、眼泪横流貌。《诗·陈风·泽陂》:"寤寐无为,涕泗滂沱。"毛传:"自目曰涕,自鼻曰泗。"写玉川子见月被蚀,躞步中庭,涕泗交流,心神不安。

⑫"念此"二句:钱仲联《集释》:"《文选》陆机《演连珠》李善注:《任子》云:'日月,天之眼目,而人不知德。'眼睛,见卷五《城南联句》注。"按:古人有日、月乃天的眼睛之说,诗文中常用以指月亮。卢仝《月蚀诗》云:"皇天要识物,日月乃化生。走天汲汲劳四

体,与天作眼行光明……再得见天眼,感荷天地力。"韩公诗出此。唐王维《夏日过青龙寺谒操禅师》:"山河天眼里,世界法身中。"明刘基《次韵和石末公七月十五夜月蚀诗》:"不知妖怪从何来,惝恍初惊天眼眹。"《太平御览》卷三《天部》三《日》:"任子曰:日月为天下眼目,人不知德。"

⑬"此犹"二句:此二句由卢诗"此眼不自保,天公行道何由行"化出。"天公之道"变成"吾道",表达了韩公的主体意识:叹传道兴国之难。以上写月蚀之状。高步瀛《唐宋诗举要》卷二:"以上月蚀时形状。"

⑭"尝闻"二句:文《详注》:"东坡云:玉川子作《月蚀诗》,以为蚀月者,月中之虾蟆也。梅圣俞作《日蚀诗》,曰:食日者,三足乌也。此固因俚说以寓其意。故《战国策》(《赵四》)曰:'日月晖于外,其贼在内。'则俚说亦当矣。虾,音何加切。蟆,莫加切。"《史记·龟策列传》:"日为德而君于天下,辱于三足之乌。月为刑而相佐,见食于虾蟆。"何焯《批韩诗》:"方入。"

⑮"径圆"二句:两"女"字,同汝。文本、祝本、魏本作"汝"。宋白文本、廖本、王本作"女"。二字均通。下同。径圆千里,文《详注》:"《白虎通》(《日月篇》)曰:'日月径千里。'又《晋[书]·天文志》云:'日径千里,周围三千里,中足以当小星之数十也。'"廖本注同而简。方世举《笺注》:"徐整《长历》:'月径千里,周围三千里。'"见《北堂书钞·天部二·月四》。

⑯杷沙:朱《考异》:"杷,或作'爬',音义同。"祝本、魏本作"爬"。宋白文本、文本、王本作"杷"。文本注:"一作'爬'。"廖本、方世举《笺注》作"杷",是。

文《详注》:"杷沙,音巴查。"魏本注:"爬沙,行貌。一作'杷'。"钱仲联《集释》:"《释名》:'引手却曰杷。'《汉书·贡禹传》:'捽屮杷土,手足胼胝。'注:'杷,手掊之也。'按:公诗正用此。杷沙,犹言杷土。连下句意言之,谓行地犹钝,况登天乎?语乃一贯。魏怀忠注:爬沙,行貌。是以二字平列,作形容词解,非是。"童《校诠》:"第德案:说文无爬字,玉篇亦未收。古籍或借杷(杷,收麦器,段曰:引申之为引取,与掊、抙同)钱引汉书贡禹传捽屮杷土是也,颜注:杷,手掊之也,其字从木,郊祀志:掊视得鼎,颜云:掊谓手杷土也,其字从木。亦假把为之,说文:掊,把也,今盐官入水取盐曰掊,刮下云:掊,把也,撅下云:以手有所把也。通俗文:手把曰掊,广韵九麻:爬,搔也,或作把,王本亦作把,是其例。颜注谓字应从木,泥。旧注训爬沙,行貌是也,爬沙犹言匍匐,钱以行地释之,未谛。"按:杷沙,匍匐缓行貌。苏轼《虎儿》:"蟾蜍爬沙不肯行,坐令青衫垂白须。"用韩公诗意。

解缘青冥:文《详注》:"解字去声读。青冥,高貌。"按:解(xiè胡买切,去,蟹韵),缓也。《易·解》:"解,利西南。"《释文》:"音蟹。《序卦》云:'缓也。'"魏本:"孙曰:'青冥,天也。'"按:文、孙注意同,即高高的天。上望天呈青色,故云青天。《楚辞》屈原《九章·悲回风》:"据青冥而摅虹兮,遂倏忽而扪天。"冥,亦作"溟"。唐杜甫《奉先刘少府新画山水障歌》:"沧浪水深青溟阔,欹岸侧岛秋毫末。"

⑰ 黄帝:黄,方《举正》订,云:"杭本作'黄',蜀本作'皇'。四目事见《帝王世纪》,谓黄帝用力牧、常先等分掌四方,各如己视,故号黄帝四目。杭本为正。一曰:李贤《后汉》注,汉人书'黄'多作'皇','皇'字亦通。洪庆善以'皇帝'为尧,则误也。"朱《考异》:"诸本'黄'作'皇'。方从杭本。"南宋监本原文作"皇"。浙本、祝本作"皇"。宋白文本、文本、魏本、廖本、王本作"黄",从之。

文《详注》:"黄帝,谓帝尧也。《书》曰:'皇帝亲问下民。'又曰:'明四目。'注云:'言广视听于四方。'又曰:'重华协于帝。'注云:'言舜德重合于尧,俱圣明也。'《帝王世记(纪)》曰:'帝舜有虞氏,姚姓也,目重瞳,故名重华。'《尸子》曰:'舜两眸子,是谓重瞳。'"魏本:"韩曰贾谊《过秦论》:'舜重瞳子。'"方世举《笺注》:"黄帝四目,盖如《虞书·舜典》所云'明四目,达四聪'也。"按:《史记·项羽本纪》:"吾闻之周生曰:'舜目盖重瞳子。'"《淮南子·修务训》:"舜二瞳子,是谓重明。"传说舜二瞳子者,谓其眼睛明亮,见物清澈,非为真有两个瞳子也。

⑱ 偏盲:一只眼失明。文《详注》:"《说文》云:'盲目,无眸子也。'"方世举《笺注》:"《吕览·明理篇》:'其日有薄蚀,有偏盲。'"按:寓指帝祚被侵。

⑲ "尧呼"二句:文《详注》:"言尧时十日并出,草木焦枯,故尧命洪水浸之,以去其害,不复顾下民之昏垫也。十日,见《游青龙寺》诗。《左传》:'刘定公观洛汭曰:微禹,吾其为鱼乎?'"何焯《义门读书记》卷三〇:"'尧呼大水浸十日'以下,'日''月'二字较卢诗脱卸清。"按:《书·尧典》:"汤汤洪水方割,荡荡怀山襄陵,浩浩滔天,下民其咨,有能俾乂。"十日,古代神话传说天有十日,至热灼人害稼,尧命后羿射落九日,百姓乃安。《山海经》中的《海外东经》和《大荒南经》、《庄子·齐物论》、《楚辞·天问》、《淮南子·本经训》均有记载。此谓大水浸,十日晒,不吝惜天下百姓变成了水中之鱼也。

赤子鱼头生:钱仲联《集释》:"《书·康诰》:'若保赤子。'"方世举《笺注》:"鱼头生:李膺《益州记》云:'邛都县有一老姥,每食,辄有小蛇头上戴角在床间。姥怜之,饴之,后长丈余,吸杀县令骏马。令掘地求蛇,无所见,迁怒杀姥。此后雷风四十五日,百姓相见,咸惊语:'汝头那忽戴鱼?'是夜俱陷为河。"按:此谓:大水浸袭,百姓戴鱼头而得生。

⑳ 若食日:文本作"若十日"。诸本作"若食日",是。

无馋名:方《举正》订,云:"李本校作'馋',义为是。"宋白文本作"噈舌"。祝本、魏本、廖本、王本作"噈名"。按:噈或作馋,音义均同,通用。舌、名,形近易误,今从诸本作"名"。

文《详注》:"噈,贪食也,音锄咸切,本作'馋'。"魏本:"祝曰:《说文》:'噈,小啑也。'音锄衔切。"钱仲联《集释》:"《说文》(口部):'噈,小啑也。一曰:喙也。'又:'啑,小饮也。'《广雅》:'啑,尝也。'《广韵》:'噈不廉。'噈字于义无取,当从或本作'馋'。"童《校诠》:"第德案:说文无馋字,玉篇噈、馋兼收,噈字义与说文同,馋下云:士咸切,不嫌也。广韵二十七衔:噈,噈气,与二十六咸:馋,不廉义同,集韵、韵会并引广雅:嚵,尝也。馋为后出字,应以作嚵为正。"按:童说是。唐时流行的字书为《说文》《广雅》,亦为时人常用,均未收"馋"字。"馋"字后出,故多用"嚵"字。此谓若十日烧天时,虾蟆食日不算贪食。言外之意,今天食月者就是贪食了。

㉑ 赤龙黑乌:朱《考异》:"黑乌,未详。或云谓日中三足乌也。"宋白文本、文本、魏本、廖本均作"黑乌"。

文《详注》:"此言食之状。赤龙,日御。黑乌,火乌也。翎,谓鸟羽。鬣,谓龙项上毛也。搪撑,支柱貌,上音达郎切,下音抽庚切。"王元启《记疑》:"或谓日中三足乌,其说是也。刊本误'乌'作'鸟',非是。"日乌,见《苦寒》诗。方世举《笺注》:"赤龙,日驭也。《九歌·东君》章:'驾龙辀兮乘雷。'李贺诗:'啾啾赤帝骑龙来。'"高步瀛《唐宋诗举要》卷二:"《淮南子·天文篇》:'爰止羲和,爰止六螭,是谓悬车。'高注曰:'日乘车驾以六龙,羲和御之。'又《精神篇》曰:'日中有踆乌。'高注曰:'踆,蹲也,谓三足乌。'案:赤龙黑乌即指此。乌,一作'鸟'。"按:当作"黑乌",与"赤龙"对,黑乌即乌,指三足乌。文谓火鸟者非。

搪撑:魏本:"祝曰:搪,搪揆也。《世说》:'何乃刻画无盐,以搪揆西施也?'搪,音唐。"

㉒ 婪酣大肚遭一饱:婪,贪食,贪心。常"贪婪"连用。《左传》昭公二十八年:"贪婪无餍。"魏本:"祝曰:《楚辞》(屈原《离骚》):'众皆竞进以贪婪。'注:'爱财曰贪,爱食曰婪。'"按:极尽狂态之描绘,深含讽刺之嘲笑。故高步瀛《唐宋诗举要》卷二:"吴曰:'趣语。'"

㉓ 天罗磕匝何处逃女刑:方《举正》作"女"字,云:"蜀本无'女'字。"宋白文本、文本、祝本、魏本、王本作"汝"。廖本作"女"。女,亦汝也。古以女行之,汝字后出。朱《考异》:"磕匝,或作'匼匝'。磕,或作'匌',或作'厧'。"诸本作"磕匝",从之。魏本:"孙曰:天罗,天网。磕匝,周密貌。磕音榼,一作'匌'。一本无'汝'字。"朱《考异》:"女刑,或无'女'字。"刑,祝本作"形",误。

文《详注》:"言彼日当食而不食,此月不当食而食,罪不可赦。

罗,网也。硠,音古阖切。天网恢然,疏而不漏也。"王元启《记疑》:"后时,谓不于尧时食日,偏于此时食月,是谓不及时。"钱仲联《集释》:"《宋书·乐志》:'天罗解贯。'《说文》(石部):'硠,石声訇匋也。'于义当从或本作'訇'。但唐初阎立本《巫山高》诗,已有'君不见巫山硠匋翠屏开'句。则借硠为訇,公亦有所本。"

高步瀛《唐宋诗举要》卷二:"以上正蚀月之罪。"

㉔ 贱臣仝: 方《举正》据唐本订"仝"字,云:"范、谢校。汪本曰:'仝字当句断。'亦与卢诗合。"朱《考异》:"仝,或作'今'。"南宋监原文作"今"。潮本、浙本、祝本作"今"。宋白文本、文本、魏本、廖本、王本作"仝",注:"仝,一作'今'。"按:作"今"乃形似致误。卢诗即作"仝",韩诗用仝语,作"仝"是。

㉕ 上天公: 方《举正》订,云:"李谢本皆乙作'天上公'。"朱《考异》:"上天,或作'天上'。"按:卢诗作"天皇"。上告天公,即上告天皇。此寓当今皇上。钱仲联《集释》:"《初学记》:刘谧之《与天公笺》。又乔道元《与天公笺》。"

㉖ "臣有"二句:此从卢诗"臣心有铁一寸,可刳妖蟆痴肠"句来,比原句尤佳。刳(kū 苦胡切,平,模韵),剖开,挖空。《易·系辞下》:"刳木为舟。"汉刘向《说苑·奉使》:"刳羊而约曰:'自后子孙敢有相攻者,令其罪若此刳羊矣!'"《庄子·天地》:"夫道,覆载万物者也。洋洋乎大哉,君子不可以不刳心焉。"唐成玄英疏:"刳,去也,洗也。法道之无为,洗去有心之累。"此乃表示其除害的决心。

㉗ "无梯"二句:《楚辞》王逸《九思·伤时》:"缘天梯兮北上,登太一兮玉台。"又《九思·遭厄》:"攀天阶兮下视,见鄢郢兮旧宇。"天梯,登天之梯。李白《蜀道难》:"地崩山摧壮士死,然后天梯石栈方(一作'相')钩连。"上天,作名词为上帝、天空,作动宾词组为登天。《史记·封禅书》:"而后世皆曰秦穆公上天。"宋悟明集《联灯会要》卷二八《体柔禅师》:"直得上天无路,入地无门。"也可以说上天无梯。无梯可上天,即无上天的梯子可以上天。若有上

天梯,可以让臣横行于天,非把食月之蛙除掉不可。

㉘ 祈风通:祈,祝本作"期"。诸本作"祈",是。

文《详注》:"《阴阳书》曰:'东南曰巽,西北曰乾。乾为天门,巽为地户。'故寄笺于东南,而乞通于西北也。《淮南子》(《地形训》)曰:'东南曰景风。'许氏云:'巽气所生,一曰清明。'《楚辞·天问》曰:'西北启辟,何气通焉?'王逸云:'言西北之门,常独开启,元气之所通。'一见《龊龊》诗。"按:作"期"者,以期有希望之意臆改,然与诗作祈意不合。祈(qí 渠希切,平,微韵),古谓对天或向鬼神祷告恳求谓之祈。《书·召诰》:"王其德之用,祈天永命。"《礼记·礼器》:"君子曰:祭祀不祈。"注:"祈,求也。"《诗·大雅·行苇》:"酌以大斗,以祈黄耇。"

㉙ "丁宁"句:丁宁,顾嗣立《集注》:"《汉·谷永传》:'以丁宁陛下。'师古曰:'谓再三告示也。'"附耳,方世举《笺注》:"《汉书·韩信传》:'张良、陈平蹑汉王足,因附耳语。'"钱仲联《集释》:"《史记·天官书》:'附耳摇动,有谗乱臣在侧。'漏泄,见卷三《赴江陵途中寄赠三学士》注。"按:一作以口近耳窃语也。《淮南子·说林训》:"附耳之言,闻于千里也。"一作星名解,即毕宿旁之小星名。何焯《义门读书记》卷三〇:"附耳,星名。"《史记·天官书》:"毕曰罕车,为边兵,主弋猎,其大星旁小星为附耳。"正义曰:"附耳一星,属毕大星之下,次天高东南隅,主为人主听得失。"韩诗虽用第一意,然深究之,亦见韩公用意不俗,语揭双关也。

飞廉:风伯。慵,懒惰。文《详注》:"飞廉,风伯名。见《别窦司直》诗。慵,懒也。"魏本:"孙曰:《吕氏春秋》云:'风师曰飞廉。'《汉书音义》云:'飞廉,神禽,能致风气,身似鹿,头如雀,有角而蛇尾,文如豹文。'"高步瀛《唐宋诗举要》卷二:"吴曰:'感慨无穷。'"

㉚ "东方"二句:青色龙;魏本:"孙曰:'此言苍龙。'"方世举《笺注》:"《淮南·天文训》:'东方,木也,其兽苍龙。南方,火也,其兽朱鸟。西方,金也,其兽白虎。北方,水也,其兽玄武。'"钱仲联《集释》:"《史记·天官书》:'东宫苍龙。'"按:《礼记·曲礼上》:"前

— 1355 —

朱鸟而后玄武,左青龙而右白虎。"疏:"前南后北,左东右西。朱鸟玄武,青龙白虎,四方宿名也。"高步瀛《唐宋诗举要》卷二:"吴曰:'以下笺。'"

呀呀:象声词。魏本注:"呀呀,小儿忿争声。呀,音牙。"牙角,方世举《笺注》:"薛综《麒麟颂》:'德以卫身,不布牙角。'呀呀:《说文》(口部):'张口貌。'"钱仲联《集释》:"《史记·天官书》:'左角李,右角将。'呀呀,见下'女口开呀呀'注。"童《校诠》:"呀呀,小儿忿争声。呀音牙。第德案:释名:牙,摣(樝)牙也,此言角牙呀呀,言其摣牙,呀呀即牙牙也。广韵九麻:呀,吧呀,吧,吧呀,小儿忿争,为此注所本。"

㉛"从官"二句:文《详注》:"从,去声。"按:与义不合。朱《考异》:"'余座'此下或有'从应'二字,荆公删去。"文本有"从应"二字,注:"一无此二字。"宋白文本、祝本、魏本、廖本、王本无"从应"二字,注:"一有'从应'二字。"廖本:"此下或有'从应'二字,荆公删去。"

从官:侍从之官。方世举《笺注》:"杨恽《报孙会宗书》:'总领从官,与闻政事。'"钱仲联《集释》:"《史记·天官书》索隐:'官者,星官也。星座有尊卑,若人之官曹列位,故曰天官。'"按:从官,《晋书·天文志上》:"五帝坐北一星曰太子,帝储也。太子北一星曰从官,侍臣也。"

嚼啜:嚼也,食也。方世举《笺注》:"《说文》:'嚼,啮也。啜,尝也。'"官家,天子之家。《晋书·载记·石季龙上》:"官家难称。"《通鉴》卷九五晋成帝咸康三年(337)转载其语,胡三省注:"称天子为官家,始见于此。西汉谓天子为县官,东汉谓天子为国家,故兼而称之。或曰:五帝官天下,三王家天下,故兼称之。"宋洪迈《容斋四笔》卷二《五帝官天下》:"汉盖宽饶奏封事,引《韩氏易传》言:'五帝官天下,三王家天下,家以传子,官以传贤,若四时之运,成功者去。'坐指意欲求禅而死。故或云自后称天下为官家,盖出于此。"钱仲联《集释》:"《晋书·五行志》:'义熙初,童谣曰:官家养芦化成荻。'"

㉜ 安用为龙窟天河：魏本："孙曰：'天河，即天汉。窟，穴也。谓穴居天河之中。'"文《详注》："《书传》曰：'四方皆有七宿，各成一形，所谓在天成象也。东方成龙形，西方成虎形。皆南首而北尾。南方成鸟形，北方成龟形。皆西首而东尾。'《曲礼》(《礼记》)说军阵象天之形，前朱雀后玄武，左青龙右白虎。雀，即鸟也。武谓龟甲捍御，故变文玄武焉。是天星有龙虎鸟龟之形也。房心为火，故火为苍龙。房心在巳尾，箕在辰，是东方七宿皆可得见也。呀呀，张口貌，音虚牙切。'啜嚼烦官家'，谓食君禄也。上音株劣切，下音疾爵切。"

㉝ 赤鸟司南方：魏本："孙曰：'此言朱鸟也。'"《淮南子·天文篇》："南方火也……其兽朱鸟。"钱仲联《集释》："《史记·天官书》：'南宫朱鸟。'"杜甫《望岳》："南岳配朱鸟，秩礼自百王。"

㉞ 尾秃翅舺（zhā 陟加切，平，麻韵）沙：舺，方《举正》订，云："舺，陟加切。角上张也，字亦作'觰'。东坡诗所谓'觰沙鬓发丝穿柠。'阁本、蜀本皆作'觛'，字小讹也。"朱《考异》："舺，或作'觛'。（下引方语）"南宋监本原文作"觛"。文本、潮本作"觛"。诸本作"舺"，是。按：《说文·角部》："舺，舺挐，兽也。从角，者声。一曰下大者。"无"觛"字。《康熙字典》亦无"觛"字。又："舺，舺挐，兽也。"段注："舺挐，逗，叠韵。"

舺：兽角向上张开。《广韵》："角上广也。"引申为张开。《辞源》《汉语大词典》《王力古汉语字典》引韩诗为例。宋苏轼《于潜女》："觰沙鬓发丝穿柠，蓬沓障前走风雨。"文《详注》："《补注》：舺，音陟加切。《说文》：'挐兽也。'"方世举《笺注》："《说文》（角部）：'舺挐，兽也。一曰：下大者也。'《广韵》：'舺，角上广也。'"钱仲联《集释》："《诗·閟宫》(《鲁颂》)毛传：'牺尊，有沙饰也。'正义：'郑司农云：牺尊，饰以翡翠。此传言牺尊者，沙羽饰，与司农饰以翡翠意同。则皆读为娑，传言沙即娑之字也。'《礼记·礼器》正义：'郑云：画尊作凤羽婆娑然，故谓娑尊也。'按：此公沙字之所本。"童《校诠》："第德案：说文，舺，舺挐，兽也，一曰下大者也。桂氏馥曰：俗谓根据为艏挐,开张为艏沙。广韵九麻:艏,角上广也,三十五马:艏,牛角横,都贾切,又竹加切,觿、艏觿、牛角开。艏觿与艏沙义同。"按:诸字书与《康熙字典》未收"觿"字。故自当作"艏"。

㉟ 呀呀:方《举正》:"李、谢本皆校作'齖齖',然阁本、蜀本只作'呀','牙角'之'呀',实用牙音。《唐韵》:'吧牙,小儿忿争貌。'呀呷之'呀',实陟加切。《唐韵》:'唅呀,张口貌。'音义皆异。祝季宾亦以此考,缘《集韵》不收牙字一音,故学者疑之。齖齵,齿不正也,亦与开口义不合。朱《考异》:"呀呀,或作'齖齖'。(下引方语)今详:或改此字,亦避重韵而误也。"魏本注:"呀呀,张口貌,许加切。"童《校诠》:"第德案:说文口部新附:呀,张口也,许加切。郑珍曰:按御览三百六十八引通俗文:唇不覆齿谓之齖,韩昌黎月蚀诗用之曰:汝口开齖齖,(依注称古本,俗本作呀。)又太玄争上九云:两虎相牙,皆是呀字。齖即说文牙之古文䨷,古文于牙下加自,自者,古文齿字,隶书之则作齖矣。然则呀古本作牙,䨷,后易口作呀,又别从谷作谺,而齖乃转为龃龉之龉。按:郑说可释方、朱、祝之所疑,故备录之。方、祝疑呀无牙音,后人览之,可以释然。玉篇齿部:齖,五加切,龃龉、齿不平,方云:齖,齵齿不正也,盖本玉篇。"

㊱ "虾蟆"二句:文《详注》:"《书传》曰:'南方之宿象鸟,故谓朱鸟也。计仲春日在奎娄而入于酉,北则初昏之时,井鬼在午,柳星张,在巳,轸翼在辰。是朱鸟七宿皆得见也。'《前汉·天文志》:'南方朱鸟,柳为鸟喙,主木草。七星,颈,为员宫,主急事。张,嗉,为厨,主觞客。翼为羽翮,主远客,轸为车,主风。'"钱仲联《集释》:"《说文》(口部):'吻,口边也。'按:此即卢仝诗'月食鸟宫十二度'之意,谓食柳也。《尔雅·释天》:'咮谓之柳。'《汉书·天文志》:'柳为鸟喙。'盖柳为朱鸟七宿之第三宿,正在南方鹑火之次。"按:此谓虾蟆掠赤鸟两唇边过,而赤鸟忍学省事,没有用嘴去啄虾蟆。

㊲ "於菟"句:魏本:"於,音乌。菟,音徒。蹲,音存。'菟'字一本作'兔'。孙曰:此言白虎也。《左氏》:'楚人谓虎为於菟。'"文《详注》:"《书传》曰:'冬之日,昴白虎之中星,亦以七星并见。'《前

汉·天文志》曰：参为白虎，三星直者，是为衡石。其外四星，左右眉股也。小三星隅置，曰觜觿，为虎首，主葆旅事。其西有勾曲九星，三处罗列，一曰天旗，二曰天苑，三曰九斿。氋氃，多貌。上音所咸切，下音沙。於菟，音乌徒。《左传》云：'楚人谓虎於菟。'"童《校诠》："第德案：孙引左氏，见宣四年传。方言：虎，江淮、南楚之间谓之李耳，或谓之於兔，其字正作兔，菟为兔之后出字，汉书叙传：作於檡，颜注：檡字或作菟，并音涂。"按：见《左传》宣公四年："楚人谓乳谷，谓虎於菟。"注："焦循《补疏》据《史记·义纵传》乳虎，证谷於菟为小虎之义。"《淮南子·天文训》："西方，金也……其兽白虎。"《史记·天官书》："西宫咸池……参为白虎……其西有句曲九星，三处罗，一曰天旗。"又："昴曰髦头，胡星也。"

旗斿：旗帜也。氋，长毛也。祝本："《广韵》（下平声二十二覃与九麻）：'氋，长毛貌。氃，毛衣也（与今俗谓毛衣不同）。'"

㊳"既从"二句：又，祝本作"文"，乃形似致误。诸本作"又"，是，与上句"既"字构成连动转换。蜡，魏本作"蠟"。文本、祝本、廖本、王本作"禡"。古时作年终之祭解二字音义均同，后世通作蜡（zhà 锄驾切，去，祃韵，亦作"腊"。）《广雅·释天》："腊，索也。夏曰清祀，殷曰嘉平，周曰大蜡，秦曰腊。"文《详注》："《史记》：秦襄公既霸西戎，作时祠白帝，西方七宿从焉。禡，岁终祭名，通作蜡。《礼记》(《郊特牲》)云：'蜡祭，迎虎，为其食田豕也，迎而祭之。'"魏本："孙曰：《礼记》：'立秋之月，天子率公卿迎秋于西郊，祭白帝白招拒。'则白虎当预祭。韩曰：《礼记》：'天子大蜡八，迎虎，谓其食田豕。'蜡，助驾切，亦作禡。"原文见《礼记·月令》："立秋之日，天子亲率三公、九卿、诸侯、大夫，以迎秋于西郊。"郑氏注："迎秋者，祭白帝白招拒于西郊之兆也。"又《郊特牲》："天子大蜡八，伊耆氏始为蜡。蜡也者，索也，岁十二月，合聚万物而索飨之也。蜡之祭也，主先啬而祭司啬也，祭百种，以报啬也。"又曰："古之君子，使之必报之。迎猫，为其食田鼠也。迎虎，为其食田豕也。迎而祭之也。"《周礼·天官冢宰·大宰》："祀五帝。"疏："释曰：五帝者，东方

青帝灵威仰，南方赤帝赤熛怒，中央黄帝含枢纽，西方白帝白招拒，北方黑帝汁光。"《唐六典》卷四《祠部郎中》："立秋之日，祀白帝于西郊，以少昊配焉，其蓐收氏、太白星，西方三辰七宿并从祀。"《汉书·郊祀志》："（宣帝）时，南郡获白虎，献其皮牙爪，上为立祠。"童《校诠》："第德案：说文：蜡，蝇蛆也，周礼：蜡氏掌除骴。段云：八蜡字本当作昔，昔，老也，息老物也。朱氏骏声云：蜡借为索，礼记郊特牲：伊耆氏始为蜡，蜡也者，索也。是蜡为借字，其本字当为昔或索。广雅释天：褚，祭也。玉篇虫部：蜡子亦切，虫名，又与褚同，祭名也。广韵四十祃：褚，年终祭名，或作蜡，蜡上同。"按：昔，终了。《吕氏春秋·任地》："孟夏之昔，杀三叶而获大麦。"注："昔，终也。"故年终之祭称"昔祭"。此乃"昔"为"蜡"之本字的原因。

㊴ 插齿牙：文《详注》："《书传》曰：'冬之日，昴，白虎之中星，亦以七星并见。'《前汉·天文志》曰：'参为白虎，三星直者，是为衡石，其外四星，左右肩股也。小三星隅置，曰觜觿，为虎首，主葆旅事。其西有勾曲九星，三处罗列，一曰天旗，二曰天苑，三曰九斿。'"方世举《笺注》："《汉书·东方朔传》：'臣观其插齿牙，树颊胲。'"此乃借怨虎之词以告当政。

㊵ "乌龟"二句：魏本："孙曰：此言玄武。"方世举《笺注》："缩颈：《史记·龟策传》：'龟望见宋元王，延颈而前，三步而止，缩颈而却，复其故处。'"钱仲联《集释》："《史记·天官书》：'北宫玄武。'按《礼记·曲礼》：'前朱雀而后玄武。'正义：'玄武，龟也。龟有甲，能御侮用也。'《楚辞·九怀》：'玄武步兮水母。'王逸注：'天龟水神侍送余也。'此以玄武为龟。洪兴祖《远游》补注：'说者曰：玄武谓龟蛇。位在北方，故曰玄；身有鳞甲，故曰武。'《后汉书·王梁传》注：'玄武，北方之神，龟蛇合体。'此二物合一之说也。公诗但举龟，盖用前说。"按：《淮南子·天文训》："北方，水也……其兽玄武。"《文选》卷一五张衡《思玄赋》："玄武缩于壳中兮，腾蛇蜿而自纠。"

㊶ 夸娥抉女出：方《举正》订"蛾"字，云："娥，当作'蛾'。扶，一作'抉'。"朱《考异》："蛾，或作'娥'。方从《列子》(《汤问》)校。

抉,方作'扶',非是。"南宋监本原文作"娥"。潮本、浙本、祝本、魏本作"娥",作"扶"。文本作"娥",作"扶",注:"扶,一作'抉'。"宋白文本、廖本、王本作"蛾",作"抉",从之。

魏本:"韩曰:《列子》(《汤问》):'帝命夸娥氏二子负二山。'注:'夸娥,盖有神力者也。'"卜师,魏本:"孙曰:卜师,卜人也。《周礼》(《春官》)有'卜师掌开龟之四兆','菙氏掌共燋契以待卜事'。注:'燋如樵薪之樵,谓所爇灼龟之木。契谓契龟之凿。'即公所谓锥也。板,龟甲也。韩曰:《庄子》(《外物》):'神龟智能七十[二]钻而无遗策,不能避剖肠之患。'"高步瀛《唐宋诗举要》卷二:"《史记·龟策传》曰:'灼龟观兆,变化无穷。'扬子云《羽猎赋》曰:'涣若天星之罗。'"文《详注》:"《书传》曰:'北方七宿,虚为玄武之中星,计仲秋日在角亢而入于西地。初昏之时,斗牛在午,女虚危在巳,室壁在辰,举中星则七星皆见也。'《列子》(《汤问》)云:'夸娥逐日。'张湛注云:'夸娥氏,传记所未闻,盖有神力者也。'《周礼》(《春官》):'卜师掌开龟之四兆。'郑氏云:'以阳燧取火于日,烧锥以灼之。春灼后左,夏灼前左,秋灼前右,冬灼后右。'"童《校诠》:"第德案:方、朱及方雪斋依列子校娥作蛾是。方、朱皆不言一作抉,按:作抉亦通,说文:抉,笞击也。"按:抉(jué 古穴切,入,屑韵),一作挖,挑出解。《庄子·盗跖》:"比干剖心,子胥抉眼。"二作戳,穿解。《左传》襄公十七年:"(臧坚)以杙抉其伤而死。"童作击解,乃为第二解,详诗义当为第一解,作挖讲善。方世举《笺注》:"星罗:班固《西都赋》:'星罗云布。'"

㊷ 内外官:魏本:"孙曰:《汉·天文志》:'经星常宿中外官百一十八名,[积数]七百八十三星。'"方世举《笺注》同。钱仲联《集释》:"《释名》:'科,课也,课其不如法者罪责之也。'"何焯《批韩诗》:"二句括多少。"又《义门读书记》卷三〇:"'此外内外官'以下,此处极裁剪省净。但列经星不及五纬者,五纬非月所行也。"

㊸ "臣请"二句:臣请把所有影响天子的邪恶势力全部扫除,千万不要允许他们叫嚷。啾,象声词。《文选》班固《答宾戏》:"夫

啾发投曲,感耳之声。"按:指口吟声。《文选》马季长(融)《长笛赋》:"啾咋嘈啐似华羽兮,绞灼激以转切。"指众声嘈杂。或谓小儿声。啾哗,《辞源》:"喧闹。"举韩诗为例。哗,喧哗。

㊹ 全耀:方《举正》:"阁本'全'作'金',误。"朱《考异》:"全,或作'金',非是。"

按:此句承上谓把阴霾(邪恶势力)扫除干净,还我并光全耀的明月。

㊺ 瑕:方《举正》订,云:"杭本作'霞'。"朱《考异》:"瑕,或作'霞',非是。"诸本作"瑕",从之。

瑕谓月的盲眼像镜子一样洁净,无一点瑕疵。童《校诠》:"第德案:文选扬子云甘泉赋:吸青云之流瑕,李注:霞与瑕古字通。是作霞亦通,霞为瑕之借字。"如童说作"霞"亦通,然韩诗原作"瑕",是。

㊻ "弊蛙"二句:朱《考异》:"弊,或作'毙'。今按:弊蛙,犹卓茂言敝人也。不然,则当改从'毙'字。盖此时蛙虽未毙,而其罪已当死矣。其皤:皤,或作'蹯'。皤,腹下白处也。蹯,足蹯也。当作皤。"诸本作"弊",作"皤",是。

文《详注》:"蛙,虾蟆别名。府官,水府之长。帝者,天帝也。下腹,谓腹下白肉。尝,食也。皤,白也,音蒲禾切。《左传》:'宋人讴曰:睅其目,皤其腹。'"魏本:"皤,腹下白貌。祝曰:宣公二年《左氏》:'宋华元为植,巡功。城者讴曰:睅其目,皤其腹。'皤腹,大腹也。皤,音婆。"方世举《笺注》:"《后汉书·卓茂传》:人常有言,部亭长受其米肉遗者。茂曰:'遗之而受,何故言邪?'……'汝为敝人矣。'盖言其无人道也。"按《后汉书·百官志》:"少府卿,掌中服御诸物,衣服宝货珍膳之属,其属有太官令,掌御饮食。"主府官当为此也。蒋抱玄《评注》:"弊者,败类之义。"童《校诠》:"第德案:说文:獘,顿仆也,从犬敝声,春秋传曰:与犬,犬獘,毙,獘或从死。周礼大司寇:以邦成獘之,郑司农曰:獘之,断其狱也,汉书刑法志:桎以待獘,颜注:獘,断罪也。獘蛙拘送主府官,言送蛙于主府官断罪也。古籍或假蔽为之,左氏昭十四年传:叔鱼蔽罪刑侯,杜注:蔽,断也,国语晋语:及蔽狱之日,韦注:蔽,决也是也。獘、斃异体同字,此诗獘或作斃,义同。朱子二说皆未审谛,盖偶忘獘有断狱之义耳。"按:谓逮住赖虾蟆送给主府官断罪,然后烹制,让天帝食其白腹之肉。箸,筷子。

㊼ "依前"二句:文《详注》:"傅玄《拟天问》曰:'月中有白兔捣药,兴福降祉。'"魏本:"韩曰:《酉阳杂俎》:'月中有桂,高五百丈。'"按:《艺文类聚》卷一《天部》一《月》引傅咸(疑误,当作玄)《拟天问》曰:"月中何有?白兔捣药,兴福降祉。"唐段成式《酉阳杂俎》前集卷一《天咫》:"旧言月中有桂、有蟾蜍,故异书言月桂高五百丈,下有一人常斫之,树创随合。人姓吴名刚,西河人,学仙有过,谪令伐树。释氏书言,须弥山南面有阎扶树,月过,树影入月中。或言月中蟾桂,地影也;空处,水影也;此语差近。"《尔雅·释木》:"如松柏曰茂。"注:"枝叶婆娑。"

㊽ "恒娥"二句:方《举正》据唐本"室"作"堂",云:"范、谢校。"朱《考异》:"室,方作'堂'。"南宋监本原文作"室"。宋白文本、文本、祝本、魏本、廖本、王本作"室"。魏本注:"室,一作'堂'。"作"室"、作"堂"均通。然不如作"室"字善,合韩公诗意。

文《详注》:"恒娥窃药以奔月宫。已见《苦寒》诗。"魏本:"韩曰:日为太阳之精。《礼记》(《昏义》):'君之与后,犹日之与月。'盖室家之义也。"按:《淮南子·览冥训》:"羿请不死之药于西王母,姮娥窃以奔月。"《太平御览》卷四《天部》四《月》引张衡《灵宪》,"恒"字作"姮"。《礼记·礼器》:"大明生于东,月生于西,此阴阳之分,夫妇之位也。"何焯《批韩诗》:"卢诗历数众星,但倚豪横,却未收到蟆月。看此段语法度森严处。"

高步瀛《唐宋诗举要》卷二:"以上请毙蛙还月。"

㊾ 天虽高,耳属地:文《详注》:"《法言》曰:'天高其目,下其耳。'"方世举《笺注》:"耳属地:《蜀志·秦宓传》(《三国志》):'张温曰:天有耳乎?宓曰:天高处而听卑。《诗》云:鹤鸣于九皋,声闻于

天。若其无耳,何以听之?'"高步瀛《唐宋诗举要》卷二:"《吕氏春秋·制药篇》:'子韦曰:天之处高而听卑。'"钱仲联《集释》:"《诗·小弁》:'耳属于垣。'"

㊾ 感臣赤心:《荀子·王制》:"必将于愉殷赤心之所。"注:"赤者,心色也。赤心者,本心不杂贰。"《后汉·光武纪》:"萧王推赤心置人腹中。"

使臣知意:朱《考异》:"臣知,方作'知臣'。今按:下文言'虽无明言,潜喻厥旨',则此句乃谓天感悟臣心,使臣默知天意耳。诸本多作'使知臣意',非是。其下所云'有气有形'以下即天意也。"文本、祝本、魏本作"使知臣意",非。宋白文本、廖本、王本作"使臣知意",是。朱说有理。

㊿ 虽无明言:方《举正》据阁本作"明",云:"谢校。"朱《考异》:"明,或作'口'。"南宋监本原文作"口"。文本、潮本、浙本、祝本、魏本作"口"。宋白文本作"名"。廖本、王本作"明"。按下句"潜喻厥旨"意,此作"明"字是。此指上天虽无明言,但已暗中告诉他上天的意旨。查慎行《查初白诗评十二种》:"聊以自快。"

㊷ 有气有形:钱仲联《集释》:"《论衡》:'人禀气于天,气成而形立。'"

皆吾赤子:此谓有气有形的东西,都是吾"天子"的赤子。有气有形者,人也。韩公《原鬼》:"有声与形者,物有之矣,人兽是也。"赤子,本指婴儿。《书·康诰》:"若保赤子,惟民其康乂。"疏:"子生赤色,故言赤子。"引申为子民百姓。《汉书·龚遂传》:"其民困于饥寒而吏不恤,故使陛下赤子盗弄陛下之兵于潢池中耳。"

㊸ 大伤:方《举正》订,云:"阁本作'夭伤'。蜀本作'大伤'。荆公本从'太'。古'太''大'一也。大伤,指言伤于月也。今只从蜀本。卢诗,《新史》以为讥元和逆党,然稽之岁月不可合。盖元和初宦官已横恣,故卢诗谓'可从海窟来,便解缘青冥',而此云'忍杀孩稚',似皆有谓也。"朱《考异》:"大,或作'夭'。"南宋监本原文作"夭"。文本、潮本、浙本、祝本、魏本作"夭"。宋白文本、廖本、王本

作“大”，是。按：大伤者，伤之惨重者。

㊹“还女”二句：女，同“汝”，你也，指月。次，文《详注》：“次，躔次也。”按：即日月运行五星的度次，指其行经的轨迹。扬雄《方言》十二：“日运为躔，月运为逡。”又星辰运行亦称“躔”。韩公《和崔舍人咏月二十韵》：“赫奕当躔次，虚徐度杳冥。”宋沈括《梦溪笔谈》卷七《象数》一：“若不用太阳躔次，则当日当时日月、五星、支干、二十八宿，皆不应天行。”钱仲联《集释》：“《史记・天官书》：‘月行中道，安宁和平。’《汉书・天文志》：‘月有九行者，黑道二，出黄道北。赤道二，出黄道南。白道二，出黄道西。青道二，出黄道东。立春春分，月东从青道。立秋秋分，西从白道。立冬冬至，北从黑道。立夏夏至，南从赤道。然用之一决房中道，青赤出阳道，白黑出阴道。’《礼记・月令》：‘日穷于次。’郑玄注：‘次，舍也。’”

㊺尽释众罪，以蛙磔死：魏本注：“磔，裂也，竹客切。”《荀子・宥坐》杨倞注：“磔，车裂也。”文《详注》：“《周礼・秋官》：‘诸死刑皆磔于市。’至汉孝景二年改曰弃市。颜师古云：‘磔：谓张其尸于市。取刑人于市与众弃之之义。’磔，音竹客切。”钱仲联《集释》：“《说文》：‘磔，辜也。’《史记・李斯传》索隐：‘磔谓裂其肢体而杀之。’”

何焯《批韩诗》：“结严密。”高步瀛《唐宋诗举要》卷二：“以上帝许所请，还月㲦蛙。”

【汇评】

宋何薳：《玉川昌黎月蚀诗》：施彦质言玉川子诗才极高，使稍入法度，岂在诸公之下。但韩以诗人见称，故时出狂语，聊一惊世耳。韩退之有《效玉川子月蚀诗》，读之有不可晓者。既谓之效，乃皆是玉川子诗何也？亦常闻叶天经云：玉川子既作此诗，退之深爱之，但恨其太狂，因削其不合法度处，而取其合者附于篇，其实改之也。退之尊敬玉川子，不敢谓之改，故但言效之耳。（《春渚纪闻》卷五）

宋胡仔：《学林新编》云：“韩退之《月蚀诗》一篇，大半用玉川子句。或者谓玉川子《月蚀诗》豪怪奇挺,退之深所叹伏,故所作尽摘玉川子佳句而补成之。某切以为不然。退之《月蚀诗》题曰《效玉川子作》,而诗中有以玉川子为言者:'玉川子,涕泗下,中庭独自行。'又曰:'玉川子立于庭而言曰,地行贱臣今再拜,敢告上天公。'然则退之几于代玉川子作也。玉川子诗虽豪放,然太险怪,而不循诗家法度。退之乃摘其句而约之以礼,故退之诗中两言玉川子,其意若曰玉川子《月蚀诗》如此足矣。故退之诗题曰《效玉川子作》,此退之之深意也。不然,退之岂不能自为《月蚀诗》,而必用玉川子句然后而成诗邪?以谓退之自为《月蚀诗》,则诗中用'玉川子涕泗告天公',又非其类矣。"(《苕溪渔隐丛话》前集卷一九玉川子)

宋王观国:韩退之《月食诗》一篇,大半用玉川子句。或者谓玉川子《月食诗》豪怪奇挺,退之所深叹伏,故退之所作尽摘玉川子佳句而补成之。观国窃以为不然也。按退之《月食诗》题曰"效玉川子作",而诗中有以玉川子为言者曰:"玉川子涕泗,下中庭独行。"又曰:"玉川子立于庭而言曰:地下贱臣全,再拜敢告上天公。"然则退之几于代玉川子作也。玉川子诗虽豪放,然太怪险,而不循诗家法度。退之乃摘其句而约之以礼,故退之诗中两言玉川子,其意若曰:玉川子《月食诗》如此足矣。故退之诗题曰"效玉川子作",此退之之深意也。不然,则退之岂不能自为《月食诗》,而必用玉川子句然后能成诗耶?若谓退之自为《月食诗》,则诗中用玉川子涕泗告天公,又非其类矣。(《学林》卷八)

宋李涂:卢仝《月蚀诗》,韩退之删改耳,谓之效玉川子作,何邪?(《文章精义》)

宋陈齐之:退之《效玉川子月蚀诗》,乃删卢仝冗语耳,非效玉川也。韩虽法度森严,便无卢仝豪放之气。(魏仲举《新刊五百家注音辩昌黎先生文集》)

宋王正德:退之《效玉川子月蚀诗》,乃删卢仝冗语耳,非效玉川也。韩虽法度森严,便无卢仝豪放之气。(《馀师录》卷二《陈长文》)

宋刘克庄:《两曜二首》之二:不甘蟆蚀月,泣献磔蟆诗。却效玉川子,仍曾是退之。(《刘克庄集笺校》卷四五)

宋刘克庄:《杂咏六言八首》之一:退之效玉川体,子美和《春陵行》。古训后生可畏,俗语文人相轻。(《刘克庄集笺校》卷四六)

宋黄震:《月蚀诗》律玉川子之豪,归之雅正,尤切讽谏。结句仁厚有味。(《黄氏日抄》卷五九)

明李东阳:李长吉诗有奇句,卢仝诗有怪句,好处自别。若刘叉《冰柱》《雪车》诗,殆不成语,不足言奇怪也。如韩退之《效玉川子》之作,斫去疵类,摘其精华,亦何尝不奇不怪,而无一字一句不佳者,乃为难耳。(《麓堂诗话》)

明胡震亨:卢仝《月蚀诗》,《新书》言其讥切元和逆党,考之不合。按此诗叙有年月,云"元和庚寅",则吐突承璀讨王承宗无功而归之岁也。初,宪宗信用承璀,令典神策,拜大帅,专征。及败衄,仍不加罪,宠任如故。有太阴养蟾蜍为所食之象,故取以比讽。"恒州阵斩郦定进,项骨脆甚春蔓菁。"定进者,承璀骁将,初交战即被杀,师因气折无功,详见《承宗传》,此正实纪其事处。其云"官爵奉董秦"者,秦,史思明降将,归正赐属籍封王,后竟附朱泚为逆。是时承宗蒙赦复官爵,正与秦同。仝以其反复必叛,故又借秦为比。通阅前后,为承璀而作甚明。若云逆党,则构逆时去此尚远,安得预为讥切乎? 韩集亦载此诗,删改过半,题云"效玉川子作",谦不敢当改也。然此诗粗纵,至竟不可名诗。或如《送穷》《乞巧》等制入文类,于体为惬。惜韩公更少此一改耳。(《唐音癸签》卷二三《诂笺八》)

清朱彝尊:惊世骇俗,大势亦本《天问》《招魂》等脱胎来。学力才气,自不易及。然但可偶一为之,不可有二。今云"效",则二矣。还从馆本作"删"为是。(顾嗣立《昌黎先生诗集注》卷五)

清何焯:《月蚀诗效玉川子作》题注引陈齐之云云。按:卢诗过于流宕,但亦有删节太多近于暗者。"完完上天东",注:古书"完"多误作"兒",此又转写为"貌"耳。按:《黄庭经》《孔子庙堂碑》皆为

"皃"。此下体"貌""蚀"字,似应稍存卢语一二连。"尧呼大水浸十日"以下,"日""月"二字,较卢诗脱卸清。"丁宁附耳莫漏泄",附耳,星名。"此外内外官"以下,此处极裁剪省净。但列经星不及五纬者,五纬非月所行也。"尽释众罪,以蛙磔死",注:方以为讥宦官,而《考异》谓方说恐亦未必然。按:方说未为不然。是年吐突承璀讨成德,无功而还,宪宗不加诛窜。此诗盖嫉宦官之蔽明耳。(《义门读书记》卷三〇)

又:前半删仝冗语,入后乃韩公自运,非止法严,更以理胜也。(顾嗣立《昌黎先生诗集注》卷五)

清方世举:宋人诗话往往好左右袒,而不知其失言。如山谷较量《北征》《南山》得矣。其于人问韩、孟联句,疑为韩改孟者。山谷言:"孟或改韩,韩何能改孟?"是则过论。孟诗云:"诗骨耸东野,诗涛涌退之。"其自论盖与相当。《学林新录》于此诗言卢险怪而不循诗家法度,退之乃摘其句而约之以礼。是则腐谈。题不曰"删"而曰"效",韩之重卢甚矣,何必以尺蠖之见绳墨蛟龙哉?(《韩昌黎诗集编年笺注》卷七)

清王元启:卢诗恃其绝足,恣意奔放。必如公作乃可云范我驰驱。论者猥欲伸卢抑韩,未免取舍两乖……卢诗云:"官爵奉董秦。"又云:"恒州阵斩郫定进。"……愚谓《月蚀诗》刺时之作,只应借虾蟆寄讽,不宜径述时事,致失比兴之体。韩诗"此外内外官,琐细不足科",不特将五曜三台二十八宿及蚩尤旬始以下妖异诸星,概行抹杀,如董秦、定进,并无一语及之,尤见笔削谨严,不愧卓然典则之文。评者犹以乏卢仝豪放之气少,公岂非瞽说。(《读韩记疑》卷二)

清李调元:"揰犁",《汉书》作"撑犁"。则"揰""撑"本相通。《礼韵》无从"扌"撑字。《集韵》复云:"撑"或作"揰"。是"揰""撑"二字皆后人之讹,本字应从"掌"或作"堂"俗字。按"揰"与"搪"同。韩愈《月食诗》"赤龙黑乌烧口热,翎鬣倒侧相搪撑"是也。(《卍斋琐录》卷一)

清翁方纲：韩公效玉川《月蚀》之作，删之也。对读之，最见古人心手相调之理。然玉川原作雄快，不可逾矣。（《石洲诗话》卷二）

程学恂："星如撒沙出，攒集争强雄。"原句"星如撒沙出，争头事光大。"更觉状得极致。看"此犹不自保"句，似此诗指天子近臣为叛逆所杀，亦近有理。此诗前云："日月为天之眼睛，此犹不自保，吾道何由行。"后云"还汝月明，安行于次"等语，知所谓指宪宗遇害者非也。玉川本旨，毕竟不知所在。诸说皆有难安，若认定作郦定进、王承宗，亦不似。（《韩诗臆说》卷二）

附：

月蚀诗

卢　仝

新天子即位五年，岁次庚寅①，斗柄插子②，律调黄钟③。森森万木夜僵立④，寒气颙颥顽无风⑤。烂银盘从海底出，出来照我草屋东⑥。天色绀滑凝不流⑦，冰光交贯寒朣胧⑧。初疑白莲花，浮出龙王宫。八月十五夜，比并不可双。此时怪事发，有物吞食来轮中⑨。轮如壮士斧斫坏⑩，桂似雪山风拉摧⑪。百炼镜，照见胆，平地埋寒灰。火龙珠，飞出脑，却入蚌蛤胎。摧环破璧眼看尽⑫，当天一搭如煤炲⑬。磨踪灭迹须臾间，便以万古不可开。不料至神物⑭，有此大狼狈。星如撒沙出，争头事光大。奴婢炷灯看⑮，掩焱如玳瑁⑯。今夜吐焰长如虹⑰，孔隙千道射户外⑱。玉川子，涕泗下，中庭独自行。念此日月者，太阴太阳精。皇天要识物，日月乃化生。走天汲汲劳四体，与天作眼行光明。此眼不自保,天公行道何由行?吾见阴阳家有说,望日蚀月月光灭,朔月掩日日光缺⑲。两眼不相攻,此说吾不容。又孔子师老子云:五色令人目盲。吾恐天似人,好色则丧明⑳。幸且非春时,万物不娇荣。青山破瓦色㉑,渌水冰峥嵘。花枯无女艳,鸟死沈歌声。顽冬何所好?偏使一目盲㉒。又闻古老说㉓,蚀月虾蟆精㉔。径圆千里入汝腹㉕,如此痴骏阿谁生㉖?可从海窟来,便解缘青冥㉗。恐是眶睫间㉘,揞塞所化成㉙。黄帝有二目,帝舜重瞳明㉚。二帝悬四目,四海生光辉。吾不遇二帝㉛,溷漭不可知㉜。何故瞳子上,坐使虫豸欺㉝?长嗟白兔捣灵药,恰是有意防奸非。药成满臼不中度㉞,委任白兔夫何为㉟?忆昔尧为天,十日烧九州㊱。金烁水银流,玉炒丹砂燋㊲。六合烘为窑㊳,尧心增百忧。天见尧心忧,勃然发怒决洪流㊴,立拟沃杀九日妖。天高日走沃不及,但见万国赤子戢戢生鱼头㊵。此时九御导九日㊶,争持节幡挥幢旄㊷。驾车六九五十四头蛟螭虬㊸,掣电九火辀。汝若蚀开龃龉轮㊹,衔辔执索相爬钩,推荡轰喝入汝喉㊺。红鳞焰鸟烧口快㊻,翎鬣倒侧声盭邹㊼。撑肠拄肚礧礧如山丘㊽,自可饱死更不偷。不独填饥坑,亦解尧心忧。恨汝时当食,埋头抆脑不肯食㊾,不当食㊿,张唇哆嘴食不休○51。食天之眼养逆命,安得上帝请汝刘○52?呜呼!人养虎,被虎啮,天媚蟆,被蟆瞎。乃知恩非类○53,一一自作孽○54。吾见患眼人,必索良工诀○55。想天不异人,爱眼固应一。安得常娥氏○56,来习扁鹊术?手操春喉戈○57,去此睛上物。初既犹朦胧○58,

既久如抹漆(59)。但恐功业成，便此不吐出。玉川子又涕泗下，心祷再拜额拓沙土中(60)。地上虮虱臣仝，告诉天皇。臣心有铁一寸，可刳妖蟆痴肠。皇天不为臣立梯磴(61)，臣血肉身无由飞上天，扬天光。封词付与赤心风(62)，越排阊阖入紫宫(63)。密迩玉几前，劈拆奏上臣仝顽愚胸。敢死横干天，代天谋其长(64)。东方苍龙，角插戟，尾捭风。当心开明堂(65)，统领三百六十鳞虫(66)，坐理东方宫(67)。月蚀不救援，安用东方龙？南方火鸟赤泼血，项长尾短飞跋刺(68)，头戴弁冠高达枿(69)。月蚀鸟宫十二度，鸟为居停主人不觉察。贪向何人家？行赤口毒舌。毒虫头上吃却月，不啄杀。虚眨鬼眼赤窴窸(70)，鸟罪不可雪。西方攫虎立踦踦(71)，斧为牙，凿为齿。偷牺牲，食封豕(72)。大蟆一脔，固当软美。见似不见，是何道理？爪牙根天不念天，天若准拟错准拟。北方寒龟被蛇缚，藏头入壳如入狱，蛇筋束紧束破壳。寒龟夏鳖一种味，且当以其肉充臛(73)。死壳没信处(74)，唯堪支床脚(75)，不堪钻灼与天卜(76)。岁星主福德(77)，官爵奉董秦(78)，忍使黔娄生，覆尸无衣巾(79)？天失眼不吊，岁星胡其仁？荧惑矍铄翁(80)，执法大不中(81)。月明无罪过，不纠蚀月虫(82)。年年十月朝太微(83)，支卢谪罚何灾凶(84)？土星与土性相背(85)，反养福德生祸害。到人头上死破败，今夜月蚀安可会？太白真将军，怒激锋铓生。恒州阵斩郦定进(86)，项骨脆甚春蔓菁(87)。天唯两眼失一眼，将军何处行天兵？辰星任廷尉(88)，天律自主持(89)。人命在盆底，固应乐见天盲时。天若不肯信，试唤皋陶鬼一问。如今宜，三台文章宫⁹⁰,作上天纪纲,环天二十八宿⁹¹。磊落尚书郎⁹²,整顿排班行。剑握他人将,一四太阳侧,一四天市旁⁹³。操斧代大匠,两手不怕伤。弧矢引满反射人⁹⁴,天狼呀啄明煌煌⁹⁵。痴牛与骏女⁹⁶,不肯勤农桑。徒劳含淫思,旦夕遥相望⁹⁷。蚩尤簸旗弄旬朔⁹⁸,始锤天鼓鸣珰琅⁹⁹。枉矢龙蛇行⁽¹⁰⁰⁾,眉目森森张⁽¹⁰¹⁾。天狗下舐地⁽¹⁰²⁾,血流何滂滂?谲险万万觉,构架何可当?昧目曟成就⁽¹⁰³⁾,害我光明王。请留北斗一星相北极⁽¹⁰⁴⁾,指挥万国悬中央⁽¹⁰⁵⁾。此外尽拂除⁽¹⁰⁶⁾,沙磔如山冈⁽¹⁰⁷⁾,赎我父母光。当时恒星没,殒雨如捊浆⁽¹⁰⁸⁾。似天会事发,叱喝诛奸狂⁽¹⁰⁹⁾。何故中道废,自遗今日殃?善善又恶恶,郭公所以亡⁽¹¹⁰⁾。愿天神圣心,无信他人忠。玉川子词讫,风色紧格格。近月黑暗边,有似动剑戟。须臾痴蟆精,两吻自决坼。初露半个璧,渐吐满轮魄。众星尽原赦,一蟆独诛磔⁽¹¹¹⁾。腹肚忽脱落,依旧挂穹碧。光采未苏来,惨淡一片白。奈何万里光,受此吞吐厄。再得见天眼,感荷天地力。或问玉川子,孔子修《春秋》,二百四十年,月蚀尽不收。今子咄咄词,颇合孔意不⁽¹¹²⁾?玉川子笑答:或请听逗遛。孔子父母鲁,讳鲁不讳周。书外书大恶⁽¹¹³⁾,故月蚀不见收。余命唐天,口食唐土,唐礼过三,唐乐过五。小犹不说,大不可数。灾沴无有小大愈,安引衰周⁽¹¹⁴⁾,研核可否⁽¹¹⁵⁾?日分昼,月分夜,辨寒暑。一主刑,一主德,政乃举。孰谓人面上,一目偏可去?愿天完两目,照下万方土。更不瞽,万万古。(原载魏本,录自钱仲联《韩昌黎诗系年集释》并参校注)

【校注】

① 岁次庚寅：魏本：“孙曰：'宪宗元和五年，岁次庚寅。'”

② 斗柄插子：魏本：“孙曰：'斗随月转，故十一月插子。'”

③ 律调黄钟：魏本：“孙曰：'黄钟，十一月律。'”

④ 僵立：魏本：“孙曰：'僵死不朽谓寒甚，木皆若立死也。'”

⑤ 歕屃：魏本注：“歕屃，作力貌。上平秘切，下许气切。”

⑥ 照我草屋东：魏本作"照我家草屋东"，注："一无'家'字。"按：无"家"字善。

⑦ 绀滑凝不流：绀，魏本作"泔"，注："泔，米潘也。古三切。"

⑧ 朣胧：一作"曈晓"。魏本："孙曰：'曈胧，不明貌。'"

⑨ 有物吞食来轮中：钱仲联《集释》："一本无'轮中'二字。"按：有"轮中"二字是。魏本："孙曰：物谓蟆也。隐三年《公羊传》曰：'有食之何也？吐者外坏，食者内坏，阙然不见其坏，有食之者也。'"童《校诠》："第德案：公羊当作穀梁，坏（壞）当作壤，杨疏：壤字为穀梁音者皆为伤，徐邈亦音伤。糜信云：齐鲁之间谓凿地出土鼠作穴出土皆曰壤，或当字作壤，如糜信之言也。"

⑩ 轮如壮士斧斫坏：魏本注："轮，月轮也。"

⑪ 桂似雪山风拉摧：魏本注："桂，月中桂树也。"

⑫ 摧环：魏本作"摧轮"，注："摧轮，一作'搥环'。"或云一作"摧环"。

⑬ 煤炲：魏本作"炲煤"。魏本："孙曰：'炲煤，灰集屋也。'炲，堂来切。煤，莫杯切。"

⑭ 神物：魏本："孙曰：'物，谓月也。'"

⑮ 炷灯看：魏本作"炷暗灯"，注："一作'炷灯看'。"钱仲联《集释》作"炷灯"，曰："一作'暗灯'。"作"炷灯看"善。

⑯ 掩荧如玳瑁：魏本："孙曰：'掩荧，黑暗貌。玳瑁，如龟形，生南方海中。掩，乌感切。荧，吐感切。'"

⑰ 长如虹：钱仲联《集释》作"长如"，曰："一作'如长'。"魏本作"长如"。是。此指炷灯吐焰长如虹。

⑱ 孔隙:魏本注:"隙,窍也。"
⑲ 日光:魏本作"日亏",钱仲联《集释》作"日光"。作"日亏"亦通。魏本:"孙曰:'月食望,日食朔。'"
⑳ 好色则丧明:则,钱仲联《集释》校:"一作'即'。"魏本作"即"。则,即也,就也。
㉑ 青山破瓦色:魏本作"死瓦色",注:"一作'死灰色',一作'破瓦色'。"钱仲联《集释》作"破瓦色",从之。
㉒ 偏使一目盲:魏本:"孙曰:'言冬时无色,可好而盲也。'"
㉓ 又闻古老说:钱仲联《集释》作"又",曰:"一作'传'。"魏本作"传"。当作"又"。
㉔ 蚀月虾蟆精:魏本作"月蚀",注:"孙曰:张衡《灵宪》曰:'恒娥奔月,是为蟾蜍。'"
㉕ 入汝:钱仲联《集释》作"汝",曰:"一作'如'。"魏本亦作"汝"。是。
㉖ 痴駼阿谁生:魏本作"駼",作"阿谁"。钱仲联《集释》同,校:"駼,一作'骸';阿谁,一作'何从'。"今从魏本。
㉗ 青冥:魏本:"孙曰:'青冥,云霄。'"
㉘ 眶䁯:魏本:"眶,目眶,音匡。"
㉙ 揞塞所化成:钱仲联《集释》作"揞",校:"一作'揜'。"
㉚ 重瞳:魏本:"孙曰:《春秋·孔演图》曰:'仓颉四目,是谓并明。'舜重瞳子,是谓重明,今云黄帝四目,未详。"
㉛ 二帝:魏本注:"二帝:黄帝,帝舜。"
㉜ 滉漭:魏本注:"滉,湖广切。漭,谟朗切。"
㉝ 坐使虫豸欺:钱仲联《集释》作"使",校:"一作'受'。"魏本作"受"。
㉞ 不中度:魏本:"孙曰:'度,方也。'"
㉟ 何为:魏本:"孙曰:傅玄《拟天问》曰:'月中何有?白兔捣药,兴福降祉。'"
㊱ 忆昔尧为天,十日烧九州:魏本:"孙曰:《淮南子》:'尧时十

日并出,草木焦枯。尧命羿射十日,中其九乌皆死。'"童《校诠》:"案:顾本天作人,畿辅丛书本与本书同(作天),疑天下脱一子字。"童说虽有理,然无版本依据,仍之。

㊲ 玉炒丹砂燋:炒,钱仲联《集释》作"爍",校:"一作'熠'。"魏本"爍"作"焰",注:"孙曰:《楚辞》:'十日并出,流金烁石。'焰,一作'熠'。"爍,同炒。

㊳ 六合烘为窑:钱仲联《集释》作"窑",校:"一作'窯'。"魏本亦作"窑"。

㊴ "天见"二句:天,魏本作"帝",钱仲联《集释》校作"天",曰:"一作'帝'。"魏本作"帝",注:"孙曰:《孟子》:'当尧之时,洪水横流。'"

㊵ 赤子戢戢生鱼头:钱仲联《集释》作"戢戢"。魏本作"鱤鱤",云:"鱤鱤,鱼多貌。鱤,侧立切。"童《校诠》:"鱤,顾侠君本作戢,畿辅丛书本作鱤。诗无羊:其角濈濈,毛传:聚其角而息,濈濈然,释文:濈本又作戢,亦作戢。按:说文:濈,和也,和与聚义相成。戢,借字。鱤、鰐皆说文所无,广韵二十六缉:鰐,角多貌,鱤上同,阻立切。无鱤字。"

㊶ 九御导九日:魏本:"孙曰:'九御,九日之御。'"

㊷ 节幡挥幢旍:魏本:"孙曰:'节幡麾幢旍,皆旌旗也。'"钱仲联《集释》"麾"作"挥"。麾,同挥、扬。

㊸ "驾车"句:魏本:"孙曰:'海(一作每,当作每)日驾六车,故九日驾五十四头。蛟螭虬,三者皆龙属。'"

㊹ 龃龉:钱仲联《集释》作"龃龉",曰:"一作'齟齬'。"魏本作"齟齬",注:"齟,侧留切,一作'龃'。今作"龃龉"。

㊺ 轰喝入汝喉:钱仲联《集释》"喝"作"渴",曰:"一作'匃'。"魏本作"喝",注:"喝,呼合切。"当作"喝"。童《校诠》:"顾本喝作渴,畿辅丛书本作匃,云:一作渴。按:素问生气通天论:烦则喘喝,王注:喝谓大呵出声也,应以作喝为长。"

㊻ 乌烧口快:魏本"鸟"作"乌",注:"乌,一作'鸟'。"钱仲联

《集释》校作"鸟"。

㊼ 倒侧声盏邹：魏本："孙曰：盏邹，即翎騷声。倒，低潦切。盏，一作'酸'。"作"盏"，是。

㊽ 礌礌：魏本作"礌傀"，注："礌傀，高貌，上洛罪切，下口罪切。"钱仲联《集释》作"礌礌"。

㊾ 埋头掀脑不肯食：埋，钱仲联《集释》："一作'藏'。"魏本注："藏，一作'埋'。"掀，魏本作"压"，注："压，一作'掀'。"

㊿ 不当食：魏本："孙曰：'谓月也。'"按：即不当食月。

㉕ 张唇哆嘴食不休：魏本注："哆，张也，昌者切。"

㉖ 上帝请汝刘：上，钱仲联《集释》："一作'天'。"魏本："孙曰：'刘，杀也。'"按：刘，杀也，戮也。《左传》成公十三年："虔刘我边陲。"即杀戮我边疆人民。

㉗ 非类：魏本："孙曰：'非类，异物。'"

㉘ 自作孽：魏本："孙曰：《书》：'自作孽，不可活。'孽，灾也。"

㉙ 良工诀：诀，钱仲联《集释》："一作'抉'。"魏本："孙曰：'诀，方诀也。'"

㉚ 常娥氏：魏本："孙曰：《淮南子》：'羿请不死之药于西王母，常娥窃之，奔月宫。'"按：常娥氏，即嫦娥。

㉛ 手操春喉戈：魏本："孙曰：文九年（当为十一年）《左氏》（当为《春秋》）：'叔孙得臣败狄于咸。'（《左传》'获长狄侨如。富父终甥摏其喉，以戈杀之。'"按：咸，春秋鲁地。

㉜ 初既犹朦胧：初既，钱仲联《集释》校："一作'其初'。"按：朦胧，不清貌。

㉝ 如抹漆：如，钱仲联《集释》："一作'似'。"按：像抹漆一样黑。

㉞ 拓沙土中：魏本注："拓，叩也。"

㉟ 皇：钱仲联《集释》："一作'上'。"立梯磴，魏本作"橙"，注："橙，低邓切。"童《校诠》："第德案：橙，顾本、畿辅丛书本皆作磴。晋书王献之传：魏时凌云殿榜未题，匠人误钉，不可下，使韦仲将悬

橙书之，比讫，须发尽白。说文：登，上车也，从癶，豆象登车形，䒨，籀文登，从廾。橙，橘属。梯橙字其本字应作登，作橙者假借字，世说新语巧艺篇作登梯，晋书为唐人所修，以橙为梯橙字，盖始于唐人。亦作墱，后汉书班彪传：陵墱道而超西墉，章怀注：墱，陛级也。说文：隥，仰也，无磴字，磴、墱皆隥之后出字。”

(62) 赤心风：魏本作“赤心风”，注：“赤，一作‘小’。”作“赤”善。

(63) 越排阊阖入紫宫：魏本：“孙曰：‘阊阖，天门。紫宫，天座。’”

(64) 代天谋其长：钱仲联《集释》校：“一作‘敢死横干天甚长’。”魏本作“代天谋其长”，从之。

(65) 当心开明堂：魏本：“孙曰：‘东方角亢氐，房，心，尾，箕。房居其中，凡四星为明堂。’”按：《史记·天官书》：“东宫苍龙，房、心。心为明堂。”

(66) 统领三百六十鳞虫：魏本：“孙曰：《大戴礼》曰：‘介虫三百六十龟为长，鳞虫三百六十龙为长。’”

(67) 坐理：理，钱仲联《集释》：“一作‘治’。”按：作“治”乃卢诗原文，因讳高宗李治名，作“理”。

(68) 项长尾短飞跋刺：魏本作“跋躠”，注：“跋躠，飞貌。躠，音薛。”

(69) 头戴弁：弁，钱仲联《集释》校：“一作‘丹’。”达枿，魏本注：“达枿，高貌。枿，五葛切。”童《校诠》：“第德案：达枿，叠韵形况词，公南山诗：旋归道回睨，达枿壮复奏，亦用达枿字。井，顾本作弁，畿辅丛书本亦作井，注云：一作丹。作弁是，井为弁之形讹，作丹亦通。”当作“弁”。

(70) 眼赤宊窡：魏本作“眼明宊窡”。赤，钱仲联《集释》：“一作‘明’。”宊窡，魏本注：“宊窡，深貌。上于八切，下呼穴切。明，一作‘赤’。‘眨’字疑误。”童《校诠》：“眨字疑谋。第德案：顾本亦作眨，眨当依畿辅丛书本作眨，说文目部新附：眨，动目也，钮氏树玉以为其本字应作睞，目毛也，引集韵眨或从夹作睞作证。谋为误之形讹。”

⑦ 踦踦:魏本:"孙曰:'踦踦,虎立貌,居奇切。'"
⑦ 食封豕:魏本:"孙曰:《左氏》'吴为封豕',长蛇封豕者,大豕也。"
⑦ 以其肉充臛:臛,钱仲联《集释》校:"一作'膗'。"臛(huò),肉羹。《楚辞》宋玉《招魂》:"露鸡臛蠵,厉而不爽些。"
⑦ 死壳没信处:钱仲联《集释》:"一作'且当臛其肉,底板没信处。'"魏本作"且当以其肉充臛,死壳没信处",注:"一本作'且当臛其肉,一底板没信处。'"
⑦ 唯堪支床脚:魏本:"孙曰:《史记·龟策传》:'南方老人用龟支床足,行二十余岁。老人老,移床,龟尚生不死。'"
⑦ 不堪钻灼与天卜:魏本作"不堪",钱仲联《集释》作"不中",注:"一作'堪'。"魏本作"与天卜"。钱仲联《集释》校:"与天,一本有'下'字。"魏本:"孙曰:《庄子》:'宋元君得白龟,七十二钻而无遗策。'《三礼图》曰:'龟以上春灼后左,夏灼前左,秋灼前右,冬灼后右。'"按:无"下"字语洁,是。
⑦ 岁星主福德:魏本:"孙曰:'岁星所居久,其国有德厚,五谷丰昌,不可伐。'"
⑦ 官爵奉董秦:魏本:"孙曰:'董秦,李忠臣也,朱泚反,以为司空兼侍中。泚逼奉天,以为京城留守。'"按:《新唐书·叛臣下·李忠臣传》:"李忠臣,本董秦也……以功封西平郡王……朱泚反,伪署司空兼侍中。"
⑦ "忍使"二句:魏本:"孙曰:黔娄,鲁人皇甫谧。《高士传》:'黔娄先生死,曾参与门人来吊。曾参曰:何以为谥?妻曰:以康为谥。曾子曰:先生存时食不充虚,衣不盖形,死则手足不敛,傍无酒食,何乐于此,而谥为康哉?'"
⑧ 荧惑矍铄翁:魏本:"孙曰:'后汉马援年六十二,据鞍顾眄,以示可用。帝曰:矍铄哉,是翁也!矍铄,勇健貌。'"
⑧ 执法大不中:魏本:"孙曰:'荧惑为理[字],外则理兵,内则理政。'(见《史记·天官书》)为天子之理。'中'字,一本作'平'。"

㉘ 不纠蚀月虫：魏本："孙曰：'纠，劾也。虫，蟆也。'"

㉚ 太微：魏本："孙曰：'太微，天子庭，五帝之座。'"

㉛ 支：魏本作"支"，注："支，一作'有'。"

㉜ 土星：魏本："孙曰：'土星，填星也。'"

㉝ 郦定进：魏本："孙曰：'元和五年，讨恒州王承宗，神策大将郦定进战死。'"

㉞ 春蔓菁：魏本注："蔓菁，菜名。"

㉟ 辰星任廷尉：魏本："孙曰：'辰星，主廷尉。'"

㊱ 天律自主持：魏本："孙曰：'天律，天之法律。'"

㊲ 皋陶：魏本："孙曰：'皋陶，主刑。'"

三台文章宫：章，魏本作"昌"，钱仲联《集释》作"章"。魏本："孙曰：'文昌六星在北斗魁前，西近文昌二星曰上台，次二星曰中台，东二星曰下台。'"钱仲联《集释》校："宜，一作'日'。如今宜，一作'而今'。"魏本作"如今时"，注："一'如今宜'。"童《校诠》："第德案：顾本如作而，今下无时字，畿辅丛书时作日，云：孙本（之骒）作一问而今，按：四库提要云：试唤皋陶鬼一问，而今三台文昌宫，之骒乃以而今为句，殊为割裂。按：孙本、顾本脱时字，疑为上文有固应乐见天盲时句复时字而删之，畿辅丛书本改时作日，时、日皆不如一本作宜为长。提要以为应以问字为句，可商。一如今宜，一字应删。"

㊳ 环天二十八宿：魏本："孙曰：'袭绕二十八宿，谓角亢之属也。'"

㊴ 磊落尚书郎：落，钱仲联《集释》校："一作'磊'。"

㊵ 天市旁：市，钱仲联《集释》校："一作'帝'。"魏本："孙曰：'市垣二十二星，在旁星东北。'"按：作"市"字是。

㊶ 弧矢引满反射人：魏本"反"字下缺"射人"二字。钱仲联《集释》有"射人"二字。魏本："孙曰：'天弧九星，在狼星东南。'"

㊷ 天狼：魏本："孙曰：'天狼一星在东井东南。'"

㊸ 痴牛与骏女：魏本："孙曰：'牵牛六星，须女四星。'"

㊉"徒劳"二句:魏本注:"'劳'下一有'含'字。"钱仲联《集释》校有"含"字。

㊀蚩尤籤旗弄旬朔:魏本:"孙曰:'蚩尤旗,妖星也,类彗而后曲。旬朔亦作旬始,亦妖星名。旬始,北斗旁如雄鸡。'"

㊀天鼓:魏本:"孙曰:'天鼓,亦星名也。'"

⑩⑩枉矢龙蛇行:魏本作"枉矢能蛇行",注:"孙曰:枉矢,类流星,色苍黑,蛇行,望之如有毛,白长数匹著。'能'字,一本作'龙'。"

⑩①眉目:魏本作"眊",注:"眊,一作'眉'。"钱仲联《集释》作"眉"。

⑩②天狗下舐地:魏本:"孙曰:'天狗,状如犬,奔星,色黄,有声,其止地,类狗。所坠见则四方相射千里,破军杀将。'"

⑩③昧目亶成就:魏本作"就",注:"一作'耽'。"

⑩④请留北斗一星相北极:钱仲联《集释》注:"一本无'一星'。"

⑩⑤指挥万国悬中央:挥,钱仲联《集释》注:"一作'麾'。"

⑩⑥拂除:拂,钱仲联《集释》注:"一作'扫'。"

⑩⑦沙碛:沙,钱仲联《集释》注:"一作'堆'。"

⑩⑧殒雨如抨浆:钱仲联《集释》注:"殒,一作'星'。抨,一作'迸'。"魏本"殒"作"星","抨"作"折"。魏本:"孙曰:庄七年四月辛卯夜,恒星不见;夜中,星陨如雨。《左氏》曰'星陨如雨',与雨偕也。折浆者,言如酒浆之坠。折,一作'平'。"童《校诠》:"第德案:折,顾本作抨,畿辅丛书本作迸,注云:一作抨。注平当依畿辅丛书本作抨。按:以作抨、作迸为长。"

⑩⑨叱喝诛奸狂:狂,魏本作"僵",注:"僵,一作'狂'。"钱仲联《集释》:"一作'强'。"僵、强古通。

⑩⑩郭公所以亡:亡,钱仲联《集释》校作"亡"。魏本作"忘",注:"孙曰:《新序》:'齐桓公出游见郭氏之墟,问野人曰:郭氏盍为墟?野人曰:善善而恶恶。桓公曰:善善而恶恶,人之善行也,其墟何也?野人曰:善善而不能用,恶恶而不能去,是以为墟。'"

⑪ 一蟆独诛磔：魏本："孙曰：'磔，烈也，陟格切。'"
⑫ 颇合孔意不：颇，钱仲联《集释》："一作'固'。"
⑬ 书外书大恶：魏本："孙曰：《春秋传》曰：'外大恶书，内大恶不书。'"按：《春秋公羊传》隐公十年："春秋录内而略外。于外大恶书，小恶不书；于内大恶讳，小恶书。"
⑭ 安引衰周：钱仲联《集释》："'安'下，一本有'得'。"按：魏本有"得"字。
⑮ 研核：钱仲联《集释》："'核'下，一本有'其'。"魏本有"其"字。

孟生诗①

贞元八年

孟生江海士②，古貌又古心③。尝读古人书，谓言古犹今④。作诗三百首，窅默咸池音⑤。骑驴到京国，欲和薰风琴⑥。岂识天子居，九重郁沈沈⑦。一门百夫守，无籍不可寻⑧。晶光荡相射，旗戟翙以森⑨。迁延乍却走，惊怪靡自任⑩。举头看白日，泣涕下沾襟⑪。谒来游公卿，莫肯低华簪⑫。谅非轩冕族，应对多差参⑬，萍蓬风波急，桑榆日月侵⑭。奈何从进士，此路转岖嵚⑮。异质忌处群，孤芳难寄林⑯。谁怜松桂性，竞爱桃李阴⑰。朝悲辞树叶，夕感归巢禽⑱。顾我多慷慨，穷阎时见临⑲。清宵静相对，发白聆苦吟⑳。采兰起幽念，眇然望东南㉑。秦吴修且阻，两地无数金㉒。我论徐方牧，好古天下钦㉓。竹实凤所食，德馨神所歆㉔。求观众丘小，必上泰山岑㉕；求观众流细，必泛沧溟深㉖。子其听我言，可以当所箴㉗。既获则思返，无为久滞淫㉘。卞和试三献，期子在秋碪㉙。

【校注】

① 题：方《举正》据阁本删"先"字，云："范、李删，此诗以首二字为题，蜀本、潮本目录亦只作'孟生诗'，足知今本讹也。樊本作'送孟郊诗'。东野时往谒张建封于徐，贞元八年也。"朱《考异》："诸本'孟'下有'先'字。方云：此诗以篇首二字为题，今本误也。"文本、祝本、魏本、《唐文粹》（卷一五收此诗）有"先"字。宋白文本、廖本、王本无"先"字。今从方说，作"孟生诗"。

魏本："樊曰：《东野志》云：'年几五十，始以尊夫人命来京师，从进士试。'而《登科记》，东野及第在贞元十二年。此诗未第前作。以其下第，送之谒张建封于徐也。贞元四年，建封镇徐州，李习之常以书荐东野，有曰：'郊将为他人所得，而大有立于世，与其短命而死，皆不可知。二者将有一于郊，它日为执事惜之。'其后韦庄请追赠不及第人，郊在其中。而《摭言》谓庄以郊为不第者为误，且曰：'郊贞元十二年及第。佐徐州幕卒。'则东野果为建封所用矣。今考新旧史及公所志东野墓，尝佐郑馀庆于东都，馀庆镇兴元，奏为从事，辟书下而卒，未尝佐徐也。《摭言》误耶？将用之未及，而为馀庆所得耶？卒如习之所料耶？按史（《旧唐书·张建封传》）建封卒以贞元十六年，而东野后建封十四年卒，或者建封将用之未及而已卒，亦未可知也。时东野亦有《答韩愈李观因献张徐州》之作。"文《详注》："按：此诗当是郊与公同在京师应进士举，贞元八年（792）公得之后，郊尚失志，是以忧悲感愤，日热于中，故公此诗先叙其情曰：'朝悲辞树叶，夕感归巢禽。顾我多慷慨，穷阎时见临。'而劝之使往谒徐帅张建封，复干荐举也。盖建封当贞元初为寿州刺史，公常泛淮至寿，托其门下。及贞元四年，自寿移徐，为泗州节度使，治徐十有余年。好贤乐士，游其门者必与钧礼，故公诗卒章劝郊往焉。其后贞元十二年，郊始登第，则知此诗之作在于八年、九年之间乎？李翱亦尝以书荐郊于建封，事见翱集。《补注》：《东野志》：'年几五十，始以尊夫人之命来集京师，以进士试。'而《登科记》，东野及第在贞元十二年，此诗未第前作也。其大意云：九重不可径入，未免从试有司，而进士路转岖嵚，至是下第，送其谒张建封于徐，徐牧张也。时东野亦有《答韩愈（误作'东野'）李观别因献张建封（徐州）》之作。诗见本集。李习之常以书荐东野，其略曰云云。兹有平昌孟东野，正士也，伏闻执事应知之。郊为五言诗，自前汉苏李及建安诸子，南朝二谢，郊能兼其体而有之。李观荐郊于梁肃曰：'郊五言诗高处在古无上，平处下顾两谢。'愈送郊诗又云云。其后韦庄请追赠所及第人，郊在其中，而按《摭言》谓郊为不及第，误矣。"王元启《记疑》："《郊集》有《答韩愈李观别因献张徐州》诗，观与公以诗荐郊于张建封，当在贞元九年（793）春夏之交，故曰'期子在秋砧'。明年观死，公亦东归，无缘与郊共聚京师，交口向徐州延誉也。"夏敬观《孟东野先生年谱》："贞元四年戊辰，张建封镇徐州。韩愈有《孟生诗》，劝先生谒张建封于徐。诗末云：'求观众丘小，必上泰山岑；求观众流细，泌泛沧溟深。子其听我言，可以当所箴。既获则思返，无为久滞淫。卞和试三献，期子在秋砧。'韩愈诗意在劝先生出仕，毋以未得第，遂终于隐，故上言'奈何从进士，此路转岖嵚'，而末言张建封为今之英杰，比以泰山沧海，冀先生得建封之举而出仕也……《昌黎集》旧注泥于'奈何从进士'二句，谓为下第后荐往徐州之诗，不知先生居嵩后，固久不赴举，《墓志》云：'年几五十，始以尊夫人之命来集京师，从进士试。'韩愈下一始字，颇着重。知居嵩以后，未尝屡屡赴试。其屡试不第，乃少年时事耳。先生有《答韩愈李观别因献张徐州》诗，盖是年曾至长安，与韩、李相晤。诗云：'富别愁在颜，贫别愁销骨。'又云：'哀我摧折归，赠词纵横设。'诗意'摧折归'三字，顶'贫别'而言，非谓试而落第也。果为试后下第者，则他题如《落第》《再下第》《下第东归》《失意归吴》《下第东南行》，皆直书之，此何以不云落第后耶？"钱仲联《集释》："公识李观在贞元八年，至十年而观卒。夏敬观《孟东野年谱》系此诗于贞元四年,时韩、李尚未聚首京师,东野答诗,何得以二人连称?方成珪《昌黎先生诗文年谱》系此诗于贞元十一年,时观已卒,系年亦误也。兹从王说。"

按:是年的具体情事,孟、韩、李同在京。韩、李同登第,李又中宏辞科,而孟下第。先是李观有《上梁补阙(肃)荐孟郊崔宏礼书》,时梁官补阙,助是年陆贽知贡举。为此孟郊有《赠李观诗》,贺李观初及第。孟下第后韩愈作《孟生诗》,孟东野归前有《答韩愈李观别因献张徐州》诗。俱合。故系贞元八年(792)。童《校诠》:"第德案:孟生即孟先生,史记儒林传:言礼自高堂生,索隐:生者,自汉以来,儒者皆号生,亦先生者省字呼之耳。汉书贡禹传:朕以生有伯夷之廉,颜注:生谓先生也,是生即先生之证。此本作先生与他本作生,其义一也。方氏好古,故依阁本及范、李校删去先字。樊注:第作弟,第为后出字,常应作尝。"童说虽有理有据:生即先生之省。然韩公诗原本作生,作某生者韩诗惯用,如《刘生》诗可证。况亦是尊重,或首句首二字作题亦是古诗常例。朱彝尊《批韩诗》:"平稳,好诗。"

② 孟生江海士:魏本作"郊"。宋白文本、文本、廖本、王本作"生"。按:韩、孟始交,孟诗名高于韩,韩极敬重郊,故不直呼其名,诗作"生"是。

魏本:"韩曰:老杜《洗兵马》诗:'张公一生江海客。'"方世举《笺注》:"《庄子·刻意篇》:'就薮泽,处闲旷……此江海之士,避世之人,闲暇者之所好也。'"按:韩公《县斋有怀》诗云"濯缨起江湖,缀佩杂兰麝"即此意。谓孟郊是崛起于江湖的天下名士。

③ 古貌又古心:方世举《笺注》:"按:郊诗有云'诗老失古心,至今寒皑皑',即用其字也。"按:只五字道出了孟郊的形貌与内涵。如朱彝尊《批韩诗》:"'古'字是诗骨。"

④ "尝读"二句:方《举正》订"尝"字,云:"阁本、蜀本同上。校本多作'常'。"宋白文本、文本、魏本、廖本作"尝",是。按:尝、常二字,古籍常通用。

方世举《笺注》:"《列子·杨朱篇》:'五情好恶,古犹今也。四体安危,古犹今也。世事苦乐,古犹今也。变易治乱,古犹今也。'《韩诗外传》:'圣人以己度人者也,以情度情,以类度类,古今一也。'"按:意谓古今一样。《庄子·知北游》:"冉求问于仲尼曰:'未有天地可知邪?'仲尼曰:'可,古犹今也。'"韩公《幽怀》云:"但悲时易失,四序迭相侵。我歌君子行,视古犹视今。"意同。

⑤ 窅默咸池音:方《举正》据唐本订"窅"字,云:"谢校。杭、蜀皆作'冥默'。李习之《与张建封书》尝引公此语,亦用'窅'字,则知杭、蜀本果讹也。"朱《考异》:"诸本'窅'作'冥'。(下引方语)"文本、祝本、魏本作"冥"。文本注:"冥,一作'杳'。"宋白文本、廖本、王本作"窅"。作"窅"是。按:李翱《与张建封书》尝引公此语,亦用"窅"。

魏本:"孙曰:《庄子》:'黄帝之乐曰咸池。'冥,一作'杳'。"文《详注》:"《礼·纬》曰:'黄帝乐曰《咸池》。'《汉志》云:'咸,皆也;池,包容浸润也。'中山先生《诗话》云:'今世传郊集五卷,诗百余篇,又有集号《咸池》者,仅三百篇,其间语句尤多寒涩。疑向五卷,是名士所删取者。'"方世举《笺注》:"《记·乐记》:'大章章之也,咸池备矣。'屈原《远游》:'张乐《咸池》,奏承云兮。'注:'《咸池》,尧乐。'"陈景云《点勘》:"苏子容诗'孟郊篇什况咸池',自注云:'唐人题孟郊诗三百篇为《咸池集》,取退之诗义。'又刘贡父《诗话》亦云:'孟有集,号《咸池》,仅三百篇。'至宋次道跋东野诗,却云:'蜀人蹇济用退之赠郊句,纂成《咸池》二卷,一百八十篇。'与苏、刘之说不同,未详孰是。"

⑥ 骑驴到京国:文《详注》:"此言郊初至京师时也,下文皆是。按《摭言》云:'咸通末,执政病举人车马太盛,奏请进士止,许乘驴。'以此诗考之,并《赠崔立之》诗云:'下驴入省门。'则进士乘驴,非自咸通,唐初以来有之矣。"魏本:"孙曰:《家语》(《辩乐篇》):'舜弹五弦之琴曰:南方之薰兮,可以解吾民之愠兮。'又《礼记》:'舜作五弦之琴,以歌《南风》。'"方世举《笺注》:"《后汉书·向栩传》:'少为诸生,卓诡不伦,或骑驴入市。'"钱仲联《集释》:"伪《家语》本《尸

子》,见《礼记正义》、《文选•琴赋》李善注、《群书治要》所引。"按:《孔子家语•辩乐篇》:"昔者,舜弹五弦之琴,造《南风》之诗,其诗曰:'南风之薰兮,可以解吾民之愠兮。南风之时兮,可以阜吾民之财兮。'"宋苏轼《张安道见示近诗》:"少年有奇志,欲和南风琴。"盛赞孟郊诗之惊世脱俗。程学恂《韩诗臆说》卷一:"'一起乃生辟乾坤'语,看他赞东野诗如此,可知李习之语非侈也。"

⑦ 九重郁沈沈:魏本:"韩曰:《楚辞》宋玉《九辩》:'岂不郁陶而思君兮,君之门以九重。猛犬狺狺而迎吠兮,关梁闭而不通。'"文《详注》:"沉沉,宫室深邃貌。音长含切。见《汉•陈胜传》。唐人押韵,侵、覃通用。"顾嗣立《集注》:"《史记•陈涉世家》:'涉之为王沈沈者。'应劭曰:'沈沈,宫室深邃之貌。'"方世举《笺注》同。按:此诗仍是一韵到底。"沈沈"同"沉沉"。

⑧ 百夫:方世举《笺注》:"《书•牧誓》:'千夫长,百夫长。'"籍,魏本:"孙曰:'籍者,为二尺竹牒,记其年纪、名字、物色,悬之宫门,案省相应,乃得入也。'"按:《三辅黄图》:"宫中门阁有禁,非侍卫通籍之臣,不得妄入。"《新唐书•百官志一•刑部》:"司门郎中、员外郎各一人,掌门关出入之籍及阑遗之物……凡有召者,降墨敕,勘铜鱼、木契,然后入。"此谓:宫阁门关均有专人守卫,人不得任意进入,凡进者必验其身份证明。其证明文件谓之籍。此句突出守卫之严。

⑨ 晶光:文《详注》:"《说文》云:'晶,精光也。'音咨盈切。"魏本:"孙曰:《前汉》:'太阳之晶。'晶,亦光也。《世本》:'逢蒙作射。'《易》:'水火不相射。'晶,音精。"方世举《笺注》:"《玉篇》:'晶,精光也。'《广韵》:'晶,光也。'"按:晶光即精光。《说文•晶部》:"晶,精光也。从三日,凡晶之属皆从晶。"段注:"凡言物之盛,皆三其文,日可三者,所谓累日也。子盈切,十一部。"此谓宫阁门关设施之威仪,突出一"森"字。以上六句均言天子所居,九重沉沉,难以径入也。

⑩ "迁延"二句:迁延,顾嗣立《集注》:"《汉•王商传》:'单于

仰视商貌,大畏之,迁延却退。'"按:二句意谓:踯躅良久,不得不退,惊怪得自己难以承受。迁延,退却貌。《左传》襄公十四年:"乃命大还,晋人谓之迁延之役。"注:"迁延,却退。"或作拖延解。《晋书·愍怀太子传》孙秀说赵王伦:"不若迁延却期,贾后必害太子,然后废贾后,为太子报仇。"

自任:文《详注》:"任,保也,如林切。"魏本注:"任,堪也。"方世举《笺注》:"蔡邕《九惟文》:'居处浮漂,无以自任。'"自任,自堪,自保。

⑪"举头"二句:文《详注》:"白日喻君。《庄子》曰:'列子入,泣涕沾襟。'刘公幹云:仰视白日,光皦皦高且悬,乖人易感动泪下与襟连。"魏本:"韩曰:《庄子》:'丽之姬,晋国之始得之也,涕泣沾襟。'"按:此二句写孟郊仰天长叹,悲不自胜也。即仰望君门,有不遇之悲。韩公真能体察孟郊心情。朱彝尊《批韩诗》云:"写不遇意悲切。"

⑫"朅来"二句:朅(qiè 丘竭切,入,薛韵),离去。《楚辞》宋玉《九辩》:"车既驾兮朅而归,不得见兮心伤悲。"朅来,即去来。常偏意使用。唐张九龄《岁初巡属县登高安南楼言怀》诗:"朅来彭蠡泽,载经敷浅原。"此偏在来义。李白《送王屋山人魏万还王屋》:"朅来游嵩峰,羽客何双双。"《说文·去部》:"朅,去也。"段注:"古人文章多云朅来,犹往来也。"华簪,钱仲联《集释》:"华簪,用以固冠也。'低华簪',犹'低头'。"韩诗校诠华簪即华贵的帽簪。晋陶渊明《和郭主簿二首》诗之一:"此事真复乐,聊用忘华簪。"唐白居易《中书寓直》诗:"病对词头惭彩笔,老看镜面愧华簪。"此指头。低华簪,即垂头,低头。

⑬"谅非"二句:轩冕族,方世举《笺注》:"轩冕:《庄子·缮性篇》:'不为轩冕肆志。'"钱仲联《集释》:"《晋书·应贞传》:'轩冕相袭,为郡盛族。'"按:此指高官显贵之家。古时卿大夫乘轩车服冕服,故云。

差参:即参差,不齐貌。魏本:"《补注》:《艺苑雌黄》云:古诗押韵或有语颠倒而理无害者,如退之以'参差'为'差参',以'玲珑'为'珑玲'是也。《汉皋诗话》云:'韩愈、孟郊辈才豪,故有湖江白、红慨慷之句,后人亦难仿效。'"方世举《笺注》从顾嗣立《集注》转引魏本《补注》后云:"顾嗣立引胡谓云:《汉书·扬雄传》'和氏珑玲',与清、倾、嚶、婴、成为韵。《文选》左思《杂诗》'岁莫常慨慷'与霜、明、光、翔、堂为韵,是玲珑、慷慨,前古已有颠倒押韵者,非创自公也。按:地天、坤乾,古已然矣。元和诗人皆好颠倒,如卢仝有'揄挪',白居易有'摩揣',大抵两字两义者可,两字一义者不可。"钱仲联《集释》:"差参,即参差,颠倒以押韵。此差参只取差义。《荀子·大略》:'列官职,差爵禄。'义为分别等级。"

⑭"萍蓬"二句:此言:年纪愈来愈老,而仍如萍、蓬,飘泊不定。文《详注》:"言羁旅无定,又年及衰暮也。萍逐于水,蓬转于风,二者皆无所止。古诗云'泛泛江汉萍,飘荡水无根。'曹子建诗(《杂诗》)云'转蓬离本根,飘飘随长风'是也。《淮南子》曰:'日西垂,景在桑,谓之桑榆。'《汉·冯兴传》:'失之东隅,收之桑榆。'注云:'桑榆,谓晚也。'"魏本:"韩曰:《淮南子》:'日垂西,景在于树。'祝曰:桑榆,谓晚景也。"顾嗣立《集注》:"《文选·西征赋》:'飘浮萍而蓬转。'"方世举《笺注》:"萍蓬,潘岳《西征赋》:'飘萍浮而蓬转。'桑榆,《淮南·天文训》:'日西垂,景在树端,谓之桑榆。'曹植诗:'年在桑榆间,影响不能追。'"钱仲联《集释》:"《文选》曹植诗李善注:'日在桑榆,以喻人之将老。'黄节补注:'《典术》云:桑,箕星之精。古乐府曰:天上何所有?历历种白榆。榆亦星名。皆出西方,喻日之薄西将晚也。'"童《校诠》:"第德案:韩注曰当作日,韩、方所引,今淮南天文训无此语。文选张茂先答何劭诗:从容养余日,取乐于桑榆;世说言语篇:谢太傅谓王右军曰:中年伤于哀乐,与亲友别,辄作数日恶,王曰:年在桑榆,自然至此,皆谓晚暮也。"童谓韩注"曰"当作"日",是未看清魏本引韩醇引文。见上文。《太平御览》卷三引《淮南子》:"日西垂,景在树端,谓之桑榆。"

⑮"奈何"二句:从进士,方世举《笺注》:"李肇《国史补》:'进

士为时所尚久矣，俊乂实集其中。由此出者，终身为闻人。故争名常切，而为俗亦弊。'"

岖嵚：文《详注》："郊尝再下第，故也。岖、嵚，皆山势险峻貌，音区、钦。见《洞箫赋》。"魏本注："岖嵚，山不平貌。祝曰：《选》（谢灵运《登池上楼》）：'举目眺岖嵚。'"按：此以山高低不平喻东野仕途坎坷不平。韩公《贞曜先生墓志铭》："年几五十，始以尊夫人之命来集京师，从进士试，既得，即去。"《文选》卷一七王子渊《洞箫赋》："徒观其旁山侧兮，则岖嵚岿崎。"李善注："岖嵚岿崎，皆山险峻之貌。"作山险峻之貌解，乃词之本义，不若魏本注为"山不平貌"解合韩公诗意人情。

⑯ "异质"二句：文《详注》："言郊不与俗合，如虎豹之质，不与犬羊同群；芝兰之芳，不与草木并林也。李萧远《运命论》云：'木秀于林，风必摧之。'"廖本注："颜延年《吊屈原文》：'物忌坚芳，人讳明洁。'太白诗（《古风》）：'群沙秽明珠，众草凌孤芳。'"按：此谓东野特异骨鲠之性。《艺文类聚》卷三七《人部》二十一《隐逸》引沈约《谢齐竟陵王教撰高士传启》："贞操与日月俱悬，孤芳随山壑共远。"此指人。宋朱熹《赋水仙花》诗："隆冬凋百卉，江梅厉孤芳。"此指梅花，亦比也。

⑰ "谁怜"二句：文《详注》："《汉书·李广传》云：'桃李不言，下自成蹊。'"按：此以松、桂二树比东野，以桃、李二树比世俗。张九龄《感遇诗》："徒言桃李树，此木岂无阴。"

⑱ "朝悲"二句：悲、感二字写出东野从早到晚没完没了的悲慨。文《详注》："陆士衡《文赋》：'悲落叶于劲秋。'"《全唐诗》卷五一宋之问《洞庭湖》："楚臣悲落叶，尧女泣苍梧。"卷二一一高适《别王彻》："浮云暗长路，落日有归禽。"

⑲ 穷阎时见临：方《举正》出"穷檐"，云："曾本校'檐'作'阎'。考《荀子》及《史记·子贡传》，'阎'字为正。"朱《考异》："檐，或作'阎'。（下引方语）"文《详注》作"阎"，云："此公自谓阎里门也。"宋白文本、祝本、魏本、廖本、王本作"檐"。作"檐"，当屋檐讲，谓居住

连檐,也通。按:然不若作"阎"不俗,合韩公之意;韩公诗虽说东野,亦表己虽穷而道存人贵。今从"阎"。《荀子·儒效》:"虽隐于穷阎漏屋,人莫不贵之,道诚存也。"杨倞注:"穷阎,穷僻之处。阎,里门也。漏屋,敝屋漏雨者也。"韩诗之意从此化出。故文本作"阎"者据此也。方世举《笺注》:"方说非。其所引皆闾阎之穷檐,此但谓穷居之屋檐耳。"魏本:"韩曰:原宪在草泽中,子贡相卫,排藜藿入穷阎,过谢原宪也。"童《校诠》:"说文:檐,槐也,臣铉等曰:今俗作簷,非是。阎,里中门也。王箓友曰:今巷口栅栏,即其遗制。陆鲁望幽居赋:思任诞于穷檐,何辞井臼,不求容于侧径,何患荆榛;陆务观诗:老境何尝忘一笑,春风也解到穷檐。前此如史记越世家:庄生虽居穷阎;原宪传:入穷阎;荀子儒效篇:虽隐居穷阎陋屋,皆用穷阎字,穷阎犹言穷巷穷里,谓在穷僻处,人迹车马所罕到,非贫穷之穷,应以作穷阎为长。"

⑳发白聆苦吟:方《举正》:"旧本'聆'一作'怜'。李、谢本皆出。"朱《考异》:"聆,或作'耻',或作'怜'。"宋白文本、文本、祝本、魏本、廖本、王本均作"聆",是。《文粹》作"恥",乃形似致误。文《详注》:"《南史》《范云传》:'范云从父(兄)缜年二十九,白发皤然,乃作伤暮诗《白发咏》以自嗟。'"按:"苦吟"二字道出东野吟诗之苦涩,为后世称东野"苦吟诗人"之据。

㉑"采兰"二句:起,方《举正》订,云:"三馆本,谢校。"朱《考异》:"起,或作'赴'。望,或作'思'。"祝本作"赴",乃形似致误。宋白文本、文本、魏本、廖本、王本均作"起"。注:"起,一作'赴'。"按:起幽念,动宾合。赴幽念,动宾不合。文《详注》:"言欲往游东南也,孔子伤不逢时,作《猗兰操》。"

魏本:"韩曰:《骚》:'予既滋兰之九畹兮,又树蕙之百亩。冀枝叶之峻茂兮,愿俟时乎吾将刈。'诗意若取此。孙曰:束晳《南陔》诗:'言采其兰。'采兰,言念亲思归也。"童《校诠》:"第德案:下句云:眇然望东南,秦吴修且阻,孙曰:秦,长安,吴,东野所居。东野湖州武康人,故曰东南,曰吴。公为东野墓志铭:一则曰始以尊夫人之命,来集京师,从进士试既得即去。再则日间四年,又命来,选为溧阳尉,迎侍溧上。又曰:故相郑公……亲拜其母于门内。东野事其母至孝,故公一再称之,此诗用采兰事,可与墓志互证。韩注未得公意。"

按:李黼平《读杜韩笔记》:"《毛诗》《楚辞》用南字多入侵,非关协韵。陆士衡《赠顾彦先》云:'大火贞朱光,积阳熙自南。望舒离金虎,屏翳吐重阴。'余俱侵韵。又《赠冯文熊》云:'昔与二三子,游息承华南。附翼同枝条,翻飞各异寻。'余侵韵。朱子于《诗·燕燕》章,上用'音'字,下用'心'字,中用'南'字,不注协音,以其本可入侵韵也。他章注之者,以'南'字用在上,故须注以就之。"

㉒"秦吴"二句:魏本:"孙曰:'秦,长安。吴,东野所居。'"方世举《笺注》:"梁昭明太子启(《锦带书》):'暂乖语默,顿隔秦吴。'江淹《别赋》:'况秦吴兮绝国。'王云(按:实为孙注):'秦,长安。吴,东野所居。'修阻:蔡琰《胡笳十八拍》:'关山阻修兮行路难。'"钱仲联《集释》:"诗意谓东野穷困,今离吴远客长安,无论在何地,俱无若干钱以解决生活也。"按:二句谓东野穷窘,不当返吴耗资也。

㉓"我论"二句:王本曰:"方,一作'州'。"诸本作"方",是。

魏本注:"徐州牧,张建封。孙曰:'建封为徐州,有喜士之称,许孟容、李博等皆在幕中。'"文《详注》:"言自秦至吴,重镇相望,其屈己下士者率无几人,惟徐州牧天下所钦,可以依归,喻之以金美其贤也。《晋书》云:'顾纪贺薛并南金东箭,望重搢绅'是也。范云《赠张谡》诗云:'疑是徐方牧。'"钱仲联《集释》:"方,同邦、地。"又云:"好古,应篇首古貌古心。"按:此谓张建封好古,而东野古貌古心,主客正合。

㉔"竹实"二句:文《详注》:"《庄子》曰:'凤凰非梧桐不栖,非竹实不食。'《书》(《君陈》)曰:'黍稷非馨,明德惟馨。'"魏本引孙《全解》亦引《书·君陈》为解。又曰:"歆,享也。"按:歆(xīn许金切,平,侵韵),用食物祭祀鬼神或招待客人,犹言食、享。《诗·大

雅·生民》:"其香始升,上帝居歆。"郑笺:"其馨香始上行,上帝则安而歆享之。"《左传》僖公三十一年:"鬼神非其族类,不歆其祀。"杜注:"歆,犹飨也。"《积古斋钟鼎彝器款识》卷七周《张仲簠》:"用盛术稷糕粱,用飨大正,歆王宾。"

㉕ "求观"二句:魏本:"韩曰:《孟子》(《尽心上》):'孔子登太山而小天下。'扬子:'升东岳而知众山之迤逦也。'祝曰:岑,小而高,音鉏簪切。"文《详注》:"言建封之度量如山海之崇深。岑,山峰也,音鱼吟切。谢灵运诗(《登临海峤初发疆中作与从弟惠连可见羊何共之》):'[暝投剡中宿,]明登天姥岑。'"按:以泰山比建封,谓东野有高目标。

㉖ 沧溟深:溟,朱《考异》:"溟,或作'海'。"文本作"海",注:"一作'溟'。"祝本作"冥"。宋白文本、魏本、廖本、王本作"溟"。作"溟"字是。

沧溟深:魏本:"韩曰:《孟子》(《尽心上》):'观水有术,必观其澜。'孙曰:'竹实''德馨''泰山''沧溟',皆言建封也。溟,一作'海'。"方世举《笺注》:"李斯《谏逐客书》:'泰山不让黄壤,故能成其大。河海不择细流,故能就其深。王者不却众庶,故能明其德。'此为建封喻,言容纳贤豪也。"朱彝尊《批韩诗》:"此段稍觉繁。"

㉗ 可以当所箴:文《详注》:"箴,音诸深切,箴其不肯低华簪之失。"按:箴,规劝,劝告。《左传》宣公十二年:"箴之曰。"

㉘ 滞淫:文《详注》:"王仲宣《七哀诗》(之二)曰:'[荆蛮非我乡,]何为久滞淫?'注云:'留也。'"陈景云《点勘》:"《国语》(《晋四》):'底著滞淫。'贾逵注:'淫,久也。'"童《校诠》:"第德案:文选王仲宣七哀诗:荆蛮非我乡,故(何)为久滞淫。是古人已先公用之矣。"

㉙ "卞和"二句:文《详注》:"郊尝《下第》诗云:'弃置复弃置,情如刀剑伤。'《再下第》云:'一夕九起嗟,梦短不到家。两度长安陌,羞将泪对(见)花。'迨年五十,始得进士第。诗(《登科后》)云:'龌龊当年(昔日龌龊)不足夸,今朝放荡思无涯。乘春(春风)得意

马蹄疾,一日看尽长安花。'以此知其果三献,如所期也。《琴操》曰:'卞和者,楚野民,得玉,献怀王。怀王使玉人占之,言玉(石)。王以为欺谩,斩其一足。怀王死,子平王立,和复献之平王,又以为欺,斩其一足。平王死,子立为荆王,和复欲献之,恐复见害,乃抱其玉而哭,昼夜不止,涕尽续之以血。荆王遣使问之,于是和随使献玉,王使剖之,果有玉,乃封和为陵阳侯。卞和辞不就而去。'砆,捣缯石也,音之林切。"魏本引孙《全解》同。钱仲联《集释》:"《韩非子》(《和氏》):'楚人和氏得玉璞楚山中,奉而献之厉王。厉王使玉人相之,玉人曰:石也。王以和为诳,而刖其左足。及厉王薨,武王即位,和又奉其璞而献之武王。武王使玉人相之,又曰:石也。王又以和为诳,则(而)刖其右足。武王薨,文王即位,和乃抱其璞而哭于楚山之下,三日三夜,泣(泪)尽而继之以血。王闻之,使人问其故曰:天下之刖者多矣,子奚哭之悲也?和曰:吾非悲刖也,悲夫宝玉而题之以石,贞士而名之以诳,此吾所以悲也。王乃使玉人理其璞而得宝焉,遂命曰和氏之璧。'"

秋砆:方世举《笺注》:"李贺诗(《送沈亚之歌》):'[请君待旦试长鞭,]他日还辕及秋律。'谓秋为试期也。'律'字与此'砆'字,皆便文。"

【汇评】

清朱彝尊:平稳,好诗。(顾嗣立《昌黎先生诗集注》卷五)

清何焯:《孟生诗》"应对多差参",注引《艺苑雌黄》云:"古诗押韵,或有语颠倒而理无害者。"按:山谷谓:后人读书少,谓韩、杜自作此语者,善论也。《雌黄》之说非。(《义门读书记》卷三〇)

程学恂:此荐孟生于张建封也,然及建封处,只末段数语,仍是归重孟生。古人立言之体,严重如此。若出后人手,谀词满纸矣。(《韩诗臆说》卷一)

蒋抱玄:颇不以险硬见能,亦集中有数之作。(《注释评点韩昌黎诗全集》)

附：

答韩愈李观别因献张徐州
孟　郊

富别愁在颜，贫别愁销骨。懒磨青铜鉴，畏见新发白。古树春无花，子规啼有血。离弦不堪听，一听四五绝。世途非一险，俗虑有千结。有客步大方，驱车独迷辙。故人韩与李，逸轮双皎洁，哀哉摧折归，赠词从横设。徐方国东枢，元戎天下杰。祢衡投刺游，王粲吟诗谒。高情无遗照，明抱开晓月，在士不埋冤，有仇皆为雪。愿为奇草木，永向君地列，愿为古琴瑟，永向君前发。欲识丈夫心，曾将孤剑说。（录自钱仲联《韩昌黎诗系年集释》魏本附，文同）

射训狐①
贞元二十一年

有鸟夜飞名训狐②，矜凶挟狡夸自呼③。乘时阴黑止我屋，声势慷慨非常粗④。安然大唤谁畏忌，造作百怪非无须⑤。聚鬼征妖自朋扇，摆掉栱桷颓墍涂⑥。慈母抱儿怕入席，那暇更护鸡窠雏⑦。我念乾坤德泰大，卵此恶物常勤劬⑧。纵之岂即遽有害，斗柄行挂西南隅⑨。谁谓停奸计尤剧⑩，意欲唐突羲和乌⑪，侵更历漏气弥厉，何由侥幸休须臾⑫，咨余往射岂得已，候女两眼张睢盱⑬，枭惊堕梁蛇走窦⑭，一矢斩颈群雏枯⑮。

【校注】

① 题：屈《校注》云："文本此篇前半残佚。"非也，查文本不缺。文《详注》："陆农师云：'《释鸟》所云：怪鸱是也。其鸣即雨，为圖可以聚诸鸟，一名只狐，昼无所见，夜即飞啄蚊虫。鸮鹏、鬼车之类。'《庄子》《秋水》所谓鸱鵂，夜撮蚤，察毫末，昼出瞋目而不见丘山者，一名鸺鹠。《补注》：《唐·五行志》：'鸺鹠，一名训狐。'此诗贞元间所作。是时韦渠牟、裴延龄、李齐运、王伾、李实、韦执谊等用事，权侵人主，德宗既偏于听任。士之浮躁甘进者，皆出其门。此公诗所以讽也。梅圣俞亦有《拟此行》，见本集。"魏本引《集注》："《唐·五行志》：'鸺鹠，一名训狐。'或曰：'训狐其声，因以名之。'此诗贞元中作。时德宗以强明自任，倚裴延龄、韦渠牟等商天下事。自谓明，而卒陷不明。士之浮躁甘进者，争出其门，诗意端有所讽也。《梅圣俞集》有《拟韩吏部射训狐》诗，亦各有所寓意云耳。"方世举《笺注》："《新唐书·五行志》：'绛州翼城县有鸺鹠鸟，群飞集县署，众鸟噪而逐之。鸺鹠，一名训狐。'按：狐比伾、文。'聚鬼征妖'，言其朋党相扇，訤然（即咆哮）中国也。'纵之岂即遽有害'，言其本无能为。'斗柄行拄西南隅'，即《东方半明》之意也。'意欲唐突羲和乌'，则诛之不可复缓，故欲往而射之。身在江湖而乃心王室，见无礼于其君者，去之义不容已也。"方《诗文年谱》、钱仲联《集释》、屈《校注》皆同方世举说，然系年稍不同。《韩愈年谱汇证》云："按：'有鸟夜飞名训狐，矜凶挟狡夸自呼。'《顺宗实录》云：'叔文自言读书知道理，即夸自呼也。'王元启（《记疑》）曰：'是年四月，册广陵王为太子，天下皆喜，叔文独有忧色。六月，韦皋、裴均、严绶表继至，皆请皇太子监国，是为东方半明之候。至七月，叔文以母丧去位，伾犹日诣中人请起叔文，是欲唐突羲和之乌也。至八月内禅，伾、叔文始俱贬。''意欲唐突羲和乌'，盖指伾、叔文诸人侵陵君上。当写于是年（贞元二十一年）夏秋。"

朱彝尊《批韩诗》："前半述声势宛然，虽语涉粗厉，然恰得其似。"

② 名训狐：方《举正》："蜀本'名'作'呼'。"朱《考异》："名，或作'呼'。"宋白文本、文本、祝本、魏本、廖本、王本均作"名"，从之。

祝本："训狐，声也，因以名之。"黄钺《增注证讹》："今庐、凤间人呼为恨虎，音之转耳。"方世举《笺注》："《庄子·秋水篇》：'鸱鸺夜撮蚤，察毫末，昼出瞋目而不见丘山。'《博物志》：'鸺鹠，一名鸱鸺，昼目无所见，夜则目至明，人截爪甲弃路地，此鸟夜至人家，拾取爪视之，则知吉凶，辄便鸣，其家有殃。'"按：中州人呼为"猫头鹰"者，昼伏夜出，眼明爪利，善于黑夜捕小动物。相传夜间有人听其叫如笑声者，必有近殃。

③ 矜凶挟狡夸自呼：狡，文本狡作"巧"，云："巧，一作'狡'。"诸本作"狡"，从之。钱仲联《集释》："诸本'䜝'作'夸'。俞樾谓'夸'当作'䜝'。今据改。说见卷一《汴州乱》注。"按：今简化通作"夸"。韩公所撰《顺宗实录》卷五："叔文，越州人，以棋入东宫。颇自言读书知道理，乘间常言人间疾苦……而叔文颇任事自许，微知文义，好言事。"即"䜝自呼"也。䜝，同"嘩"，今简作"哗"。《说文·言部》：嘩、䜝通，作譁解。《玉篇·言部》："嘩，呼瓜切，喧哗。䜝，同上。"作喧哗，可简；常作人名，不简。作"夸"、作"哗"均通。方世举《笺注》："王云：或曰：训狐，其声也，因以名之。按：《顺宗实录》叔文自言读书知理道，即夸自呼也。"

④ "乘时"二句：为唐时人口语，借拟人手法写训狐，乘天阴黑时猖獗活动，声势汹汹且粗鲁。声势与慷慨，慷慨与粗，搭配并不协调，用来写训狐之粗狂，何其肖似。真有讽意。麤，音义均同"粗"，今通作"粗"。

文《详注》："《禽经》曰：'独鸟曰止，众鸟曰集。'《岭表录异》云：'鸺鹠夜飞昼伏，能拾人爪甲，以知吉凶。凶则鸣其屋上，故人除指甲必藏之，谓此也。又名夜妳女，好与婴儿为祟。又名鬼车，遇阴晦则飞鸣。或曰鬼车九首，常为犬断其一，故闻其声则击犬，使鸣以厌之。'"

⑤ "安然"二句：大唤，方《举正》据阁本作"大唤"，云："杭同。

今讹自蜀本也。曹子建《鹞雀赋》：'不肯首服，烈颈大唤。'"文本、祝本、魏本"唤"作"唳"。宋白文本、廖本、王本作"唤"。作"唤"字善。

文《详注》："唳，鸣也，音郎计切。须，待也。"魏本："祝曰：唳，鹤鸣。《晋史》（《陆机传》）：'华亭鹤唳。'音戾。"按：此二句谓：训狐叫嚣无畏忌，造作百怪任己为。《世说新语·尤悔》："陆平原（机）河桥败，为卢志所谮，被诛。临刑叹曰：'欲闻华亭鹤唳，可复得乎！'"此非用"华亭鹤唳"义，单用其声怪唳也。

⑥ "聚鬼"二句：征，魏本注："征，召也。"《史记·吕太后本纪》："赵相征至长安，乃使人复召赵王。"

扇：方世举《笺注》："《广雅·释诂》：'扇，助也。'《淮南子·人间训》：'武王荫暍人于樾下，左拥而右扇之，而天下怀其德。'"

桷：朱《考异》："桷，方作'角'。"文本、祝本、魏本作"角"。宋白文本、廖本、王本作"桷"。按：韩公《进学解》"细木为桷"亦用"桷"，与此用法同。文《详注》："郭璞注《尔雅》云：'鸺鹠兔头有角，毛脚夜飞，好食鸡。'栱角，谓其头角拱起也。《书》（《梓材》）曰：'惟其涂墍茨。'孔云：'仰涂也。'墍，音其冀切。"魏本："祝曰：栱，大杙。《选》：'栾栱夭矫，而交结墍（仰）涂。'《书》（《梓材》）：'惟其涂墍茨。'"童《校诠》："第德案：说文无栱字，尔雅释宫：榱谓之杙，大者谓之栱，郝懿行曰：御览三百卅七引埤苍云：栱，大弋也，文选景福殿赋云：栾栱夭蟜而交结，李善注：栱，栾类而曲也，夭蟜，栾栱长壮之貌，然则栱之言拱柱上斗栱，所以拱持梁栋，故广韵云：枓，柱上方木也。"按：《方言》十二："扇，助也。"栱，枓栱也。《穀梁传》庄公二十四年《释文》："桷，榱也。方曰桷，圆曰椽。"墍(jì其冀切，去，至韵，或许既切，去，未韵)，以泥涂屋，或曰：涂屋顶。《书·梓材》："若作室家，既勤垣墉，惟其涂墍茨。"注："马融曰：'墍，垩色。'"

⑦ 护鸡窠雏：窠(kē苦禾切，平，戈韵)，《文选》左思《蜀都赋》："穴宅奇兽，窠宿异禽。"文《详注》："《尔雅》（《小尔雅·广兽》）曰：'鸟之所乳，谓之巢，鸡雉所乳，谓之窠。'《说文》（隹部）曰：'雏，鸡

子也。'一曰:生嚼雏,谓生而能自啄者也。"方世举《笺注》:"抱儿:曹植《鹞雀赋》:'欺恐舍长,令儿大怖。'"按:昆虫鸟兽栖息之所。《三国志·魏·管辂传》:"家室倒县,门户众多,藏精育毒,得秋乃化,此蜂窠也。"

⑧"我念"二句:念,念头,想法。班固《西都赋》:"摅怀旧之蓄念,发思古之幽情。"泰,过分。《老子》:"是以圣人去甚,去奢,去泰。"引申为最、极。《淮南子·原道训》:"泰古二皇。"又作大解。《汉书·礼乐志》:"横泰河。"乾坤德泰大,天地之德至大谓之泰。《礼记·曲礼上》疏:"泰,大中之大也。"

劬(qú 其俱切,平,虞韵):辛勤,劳苦。《礼记·内则》:"食子者三年而出,见于公宫,则劬。"此谓慰劳也。韩公诗则作辛劳解。如《诗·小雅·鸿雁》:"之子于征,劬劳于野。"又《蓼莪》:"哀哀父母,生我劬劳。"

⑨斗柄行拄西南隅:钱仲联《集释》:"《淮南子》高诱注:'杓,北斗柄第七星。'韦应物诗(《拟古诗十二首》之六):'天河横未落,斗柄当西南。'按:谓天将明也。"文《详注》:"言阴气用事,则此鸟益为害。"魏本:"孙曰:'天明将去。'"按:拄者,指也,动词。此指北斗杓星的柄指向西南角。北斗七星,四星像斗,三星似杓把。《国语·周语下》:"日在析木之津,辰在斗柄。"注:"斗柄,斗前也。"此指训狐。

⑩谁谓停奸计尤剧:谓,文本作"为",非。诸本作"谓",是。朱《考异》:"尤,或作'犹'。"诸本作"尤"字,善。

钱仲联《集释》:"此句谓谁说彼将停止奸谋,相反奸计更加剧,即指下句所云。"

⑪意欲唐突羲和乌:魏本:"孙曰:羲和,日御。《五经通义》:'日中有三足乌。'"文《详注》:"羲和,日母。乌,日中乌也。唐突,犹抵触也,见任彦升笺(《到大司马记室笺》)。"王元启《记疑》:"是年四月,册广陵王为太子,天下皆喜……叔文以母丧去位,伾犹日诣中人请起叔文,是欲唐突羲和之乌也。至八月内禅,伾、叔文始

俱贬。"方世举《笺注》:"唐突:《广雅·释诂》:'触冒,搪揆也。'《世说》:'何乃刻画无盐,唐突西子。'"钱仲联《集释》:"此句愈盖指伾、文诸人侵陵君上也。"按:"搪揆"同"唐突"。

⑫"侵更"二句:气,祝本作"更"。诸本作"气",是。

魏本:"孙曰:'漏所以候夜,谓挈壶也。厉,猛恶也。'"蒋抱玄《评注》:"《礼记》(《中庸》):'小人行险以徼倖。'徼,与儌同。又:'不可须臾离也。'"按:须臾,短时间。《荀子·劝学》:"吾尝终日而思之,不如须臾之所学也。"

⑬候女两眼张睢盱:女,文本、魏本作"汝"。宋白文本、廖本、王本作"女"。韩诗原文当作"女",古作"汝"解,即你也。

文《详注》:"睢盱,张目貌。上音翾规切,下音凶于切。"魏本:"睢盱,视不正也。韩曰:'列子而睢睢,而盱盱。上音虽,下香于切。'"方世举《笺注》:"两眼:《搜神记》:董元范母染患,范见李楚宾持弓箭游猎,乃屈楚宾于东房宿。此夜月明如昼,宾至三更以来,忽见大鸟,浑身朱色,两眼如金,飞向堂中,将嘴便啄。忽闻堂中楚痛难忍,宾思此鸟莫是妖魅,乃取弓箭射之,痛声即止。"睢盱,张衡《西京赋》:"[迺卒请候,武士赫怒。缇衣韎韐,]睢盱跋扈。'"《说文》(目部):"睢,仰目也。盱,张目也。"《唐大诏令集》卷一二五中和四年《平杨师立诏》:"据蛙井以睢盱,固牛涔而旅拒。"

⑭枭惊堕梁蛇走窦:惊,宋白文本、王本作"敬",非是。走,文本作"入",注:"一作'走'。"宋白文本、祝本、魏本、廖本、王本作"走",是。

方世举《笺注》:"枭蛇:《尔雅·释鸟》:'怪鸱,枭鸱。'注:'即鸱鸺。今江东通呼此属为怪鸟。'按:蛇虺阴物,穴处而怀毒螫,即谓其党。"按:《说文·木部》:"枭,不孝鸟也,故日至捕枭磔之。从鸟,在木上。"《楚辞》东方朔《七谏·初放》王逸注:"枭,一作'鸮'。鸱枭,恶鸟。"

⑮一矢斩颈群雏枯:方《举正》:"三馆本作'一矢'。《周礼·庭氏》:'掌射国中之夭鸟。'《易》(《旅》):'射雉一矢亡。'或曰:'矢

何以能斩颈也?'鲍明远诗(《乐府·雉朝飞操》):'黄间潜彀卢矢直,刎绣颈,碎锦翼。'诗人之语,顾随所用耳。'一夫'意不可通。"朱《考异》:"夫,馆本作'矢'。(下引方语)今按:方说虽有理,然以诗考之,似只是公亲往射,而枭惊堕梁,故佐之者得以刀斩其颈耳。不必改字强说也。"文本、祝本、廖本作"夫"。宋白文本、魏本作"矢"。王元启《记疑》:"一矢,承上往射言之。'斩颈',方引鲍昭诗(见上)为解,极当。《考异》'矢'作'夫'。谓'公亲往射而佐之者,复以刀斩其颈',添设旁义,语涉支离。且枭死而群雏失怙,是雏枯由于一矢,不由于一夫。'一夫'之与'群雏',语对而义不相蒙,裁句亦嫌微拙。今仍从方本作'矢'。"方世举《笺注》:"群雏枯:按:言其党与既散,身死而种类尽歼,直一夫之力耳。时伾、文气焰方盛,必有谓其难去者,故遂决言之。是年,伾、文之党果败。"

此诗用虞、模韵,二韵古通用。

【汇评】

清朱彝尊:以比意佳。(顾嗣立《昌黎先生诗集注》卷五)

清曾国藩:《射训狐》:"斗柄行拄西南隅",谓天将明也。"意欲唐突羲和乌",谓侵陵主上也。(《求阙斋读书录》卷八)

程学恂:"矜凶挟狡""聚鬼征妖",语皆独造,不相沿袭,而无害为"无一字无来历"者,其义则本之古也。"谁谓停奸计尤剧"数语,写小人病国,真是非常警动。此陈戒之旨也。(《韩诗臆说》卷一)

将归赠孟东野房蜀客①

贞元十七年

君门不可入,势利互相推②。借问读书客,胡为在京师③?举头未能对,闭眼聊自思④。倏忽十六年⑤,终朝苦寒饥。宦途竟寥落,鬓发坐差池⑥。颍水清且寂,箕山坦而夷⑦。如今便当去,咄咄无自疑⑧。

【校注】

① 题:魏本:"樊曰:《讳行录》云:'房次卿,字蜀客。'《登科记》:'蜀客,贞元七年(791)登第。'《房武墓志》:'男次卿,有大才。'公《祭房君文》云:'五官蜀客。'《东野集》有《吊房十五次卿少府》篇,即其人也。"《洪谱》:"公今年在京师,有《将归赠孟东野房蜀客》诗云:'倏忽十六年,终朝苦寒饥。'公自贞元二年至京师,今来从调选,前后十六年……蜀客,即次卿也。"文《详注》:"房次卿,字蜀客,房武之子。见武墓志。《补注》:房次卿,贞元七年登第,郊十二年(796)登第,公贞元二年(786)始来京师,至十七年倏忽十六年矣。去年,脱汴州之乱来京师求官,至是浩然思归,此诗所以作也。公志房武墓云:'子与吾兄次卿游。'又有《祭房君文》。东野诗有《吊房十五次卿少府》篇,即此人也。"方世举《笺注》:"按:蜀客,房武之子。公为房武墓志云:'生男六人,其长曰次卿。次卿有大才,不能俯仰顺时,年四十余,尚守京兆兴平尉。然其友皆曰:房氏有子也。'外集又有《祭房蜀客文》。但是年东野为溧阳尉,不当在京师。此又不可解也。"王元启《记疑》:"贞元十七年春,公在京谒选无成,三月东归。自贞元二年初入京,至此十六年矣。或以是年东野为溧阳尉,不当在京师为疑。此为墓志'间四年'一语所惑。不知东野以十二年登第,中隔十三至十六,四年不入京,故曰'间四年'。实则奉其母命来选在十七年春,非十六年也。"按:韩愈、孟郊皆与房次卿为好友。韩愈《祭房君文》:"吾未死,无以妻子为念。"可知二人过从甚好,其恤孤之意厚矣。孟郊《吊房十五次卿少府》:"昔年此气味,还走曲江滨。逢著韩退之,结交方殷勤。"疑即指此。

② 君门:宫门,亦指京城。《楚辞》宋玉《九辩》:"岂不郁陶而思君兮?君之门以九重。"曹植《当墙欲高行》:"愿欲披心自说陈,君门以九重,道远河无津。"《新唐书·刘蕡传》:"君门万重,不得告诉,士人无所归化,百姓无所归命。"势利,权势与财利。《汉书·刑

法志》:"上势利而贵变诈。"《淮南子·俶真训》:"势利不能诱也。"《乐府诗集》卷二七曹操《蒿里行》:"势利使人争,嗣还自相戕。"

③"借问"二句:此乃汉乐府民歌句式。借问,请问,向人询问。曹植《七哀》:"借问叹者谁?言是客子妻。"或假设问语。陶潜《悲从弟仲德》:"借问为谁悲?怀人在九冥。"胡为,何为,为什么。《诗·邶风·式微》:"微君之故,胡为乎中露?"《礼记·檀弓上》:"夫古之人,胡为而死其亲乎?"《汉书·黥布传》:"胡为废上计而出下计?"颜师古注:"胡,何也。"李白《蜀道难》:"嗟尔远道之人胡为乎来哉!"

④"举头"二句:举头即举首。李白《静夜思》:"举头望明月,低头思故乡。"《管子·形势解》:"殷民举首而望文王,愿为文王臣。"宋苏轼《登云龙山》诗:"路人举首东南望,拍手大笑使君狂。"闭眼,思念。方世举《笺注》:"《水经注》:'吴猛手牵弟子,令闭眼相引而过。'"

⑤倏忽十六年:倏(shū 式竹切,入,屋韵)忽,疾速,指时间短暂。《战国策·楚四》:"(黄雀)昼游乎茂树,夕调乎酸咸。倏忽之间,坠于公子之手。"《淮南子·修务训》:"倏忽变化,与物推移。"谓时间迅速消逝。杜甫《百忧集行》:"即今倏忽已五十,坐卧只多少行立。"十六年,韩愈于贞元二年进京应试,至今贞元十七年,十六年间,过着饥寒交苦的生活;实际亦指房次卿。

⑥"宦途"二句:寥落,寂寞。陶潜《和胡西曹示顾贼曹》:"悠悠待秋稼,寥落将赊迟。"高适《苦雪》四首之一:"寥落一室中,怅然惭百龄。"

坐:诸本同,魏本、廖本注:"一作'生'。廖本注:"晋陶侃曰:'老子婆娑,正坐君辈。'坐字原此也。"钱仲联《集释》:"《文选》张茂先《杂诗》:'兰膏坐自凝。'李善注:'无故自凝曰坐。'陆士衡《长歌行》:'体泽坐自捐。'李注:'无故自捐曰坐也。'张景阳《杂诗》:'百籁坐自吟。'李注:'无故自吟曰坐也。'此公'坐'字所本。"

按:"生"乃"坐"字形似致误。张相《诗词曲语辞汇释》卷四:

"坐,犹自也。《文选》鲍明远《芜城赋》:'孤蓬自振,惊沙坐飞。'善注:'无故而飞曰坐。'无故而飞,犹云自然飞也,坐亦自也,坐与自为互文。"差池,魏本:"孙曰:差池,不齐貌。"按:差池同参差,不齐貌。《诗·邶风·燕燕》:"燕燕于飞,差池其羽。"《释文》:"差,楚佳切,又楚宜反。"

⑦ "颍水"二句:文《详注》:"颍水、箕山,许由、巢父隐处。见《赠侯喜》诗。"魏本:"孙曰:嵇康《高士传》曰:'许由,字武仲,尧、舜欲让以天下,由乃遁耕于中岳颍水之阳,箕山之下。'韩曰:此即公祭老成文(《祭十二郎文》)云'当求数顷之田于箕、颍之上'之意也。"按:《元和郡县图志》卷一三河东道二仪州辽山县箕山:"按《司马迁传》曰:'余登箕山,上有许由冢。'则在今洛州阳城县。"即今河南登封嵩岳之北。又卷七河南道三:颍州,即汝阴。汝阴县,"颍水,西北自陈州项城县界流入,伏于城下"。《水经注》卷二二:"颍水出颍川阳城县西北少室山,东南过其县南,又东南过阳翟县北。又东南过颍阳县西,又东南过颍阴县西南。又东南过临颍县南,又东南过汝南㶏强县北,洧水从河南密县东流注之。"夷(yí 以脂切,平、脂韵),平坦,平易。《老子》五十三章:"大道甚夷,而民好径。"《诗·周颂·天作》:"彼徂矣,岐有夷之行。"

⑧ 无自疑(yí 语其切,平,支韵):方《举正》据唐本作"女无痴",云:"杭、蜀本作'无自痴'。"朱《考异》:"疑,或作'痴',亦通。方作'女无痴',则误矣。"宋白文本、文本、祝本、魏本、廖本、王本均作"无自疑",注:"疑,一作'痴'。"作"疑",是。

咄咄:文《详注》:"《博物志》(卷三《异鸟》):'越地深山,有鸟青色,名治鸟。穿树作巢,人伐木,见此树即避之去。或夜冥人不见鸟,鸟亦知人不见己也,鸣曰:咄咄去。若有犯其止者,即虎来害人也。'"魏本:"咄咄,呵也。祝曰:《后汉》(《严光传》):'(帝曰)咄咄子陵。[不可相助为理邪!]'"按:《世说新语·黜免》:"殷中军(浩)被(桓温)废,在信安,终日恒书空作字。扬州吏民寻义逐之,窃视,唯作'咄咄怪事'四字而已。"《晋书·殷浩传》《晋阳秋》俱载此事。

韩公诗用《博物志》义。

全诗押支韵。

【汇评】

宋黄彻：灵澈有"相逢尽道休官去,林下何曾见一人"。世传为口实。凡语有及抽簪,即以此讥之。余谓矫饰罔人,固不足论。若出于至诚时,对知己一吐心胸何害？尝观昌黎《送盘谷》云："行抽手版付丞相,不待弹劾归农桑。"《赠侯喜》云："便当提携妻与子,南入箕颍无还时。""如今便当去,咄咄无自痴。""如今更谁恨,可便耕灞浐。"(《赠张籍》)此类凡数十,岂苟以饰口哉？其刚劲之操不少屈,所素守定故也。(《䂬溪诗话》卷二)

蒋抱玄：意境虽淡,风韵极微。(《注释评点韩昌黎诗全集》)

答孟郊①

贞元十四年

规模背时利②,文字觑天巧③。人皆余酒肉,子独不得饱④。才春思已乱,始秋悲又搅⑤。朝餐动及午,夜讽恒至卯⑥。名声暂膻腥⑦,肠肚镇煎炒⑧。古心虽自鞭,世路终难拗⑨。弱拒喜张臂,猛拏闲缩爪⑩。见倒谁肯扶,从嗔我须咬⑪。

【校注】

① 题：文《详注》："《辨证》云：'此诗以戏其苦吟,且效其体也。'《补注》：《东野集》有《汴州别韩愈》云云。公此诗,疑公所以答也。落句云：'见倒谁肯扶,从嗔我须咬。'公志子厚所谓'落陷阱不引手救,反挤之又下石焉'者也。公贞元十二年七月,佐董晋于汴。

洪兴祖云:'孟郊思苦则曰:肠肚镇煎炒。'"魏本:"樊曰:《东野集》有别公诗,此篇疑公所以答也。公贞元十二年(796)七月佐董晋于汴州。"方世举《笺注》:"此诗未见赠答之旨,但'名声暂膻腥'句,似指郊得第以后。按:郊擢第即东归,此在汴所答也。"王元启《记疑》:"公诗有'始秋'一语,樊故臆定为十二年七月。然郊于是年登第,有'春风得意'之句。别公诗乃久困汴河,别思他适,且有'春英'之句,亦非秋作。公《重答张籍书》言孟君将有所适,则郊之别公,必在十四年(798)。公答诗云云,盖为来诗'憔悴'句助其悲叹也。"方成珪《笺正》:"郊于贞元十二年登第,自夸春风得意,公答诗不应有'才春思已乱'之句。又郊诗云:'远客独憔悴,春英各婆娑。'而此诗云:'始秋悲又搅。'若至秋方答则已迟,若当春言秋则无谓,恐此诗非答郊汴州别公之作也。"钱仲联《集释》:"王说是也。东野登第在贞元十二年,至是十四年,久困汴州,故公诗有思乱悲搅之语,与东野登第时赋春风得意语,情景已殊。况东野诗中亦明言远客憔悴乎?方说太固。"《韩学研究·韩愈年谱汇证》贞元十四年:"按:韩愈诗中'人皆余酒肉,子独不得饱。才春思已乱,始秋悲又搅。''古心虽自鞭,世路终难拗'句内容,与孟郊诗'四时不在家,弊服断线(绵)多,远客独憔悴,春英各婆娑'句所抒发他久在汴州而无正经职事的苦闷情绪正合。贞元十二年八月前孟郊随陆长源在汝州,陆为一州之长,孟是其好友,地位自然与在汴州不一样,陆为董晋部下,不能由自己决定给孟郊任职。况那时孟郊正集中注意力于进士考试,而刚考中后心情也很兴奋。满以为跟陆来汴,可以任职,不料二年过去,仍为幕僚手下清客,事与愿违,心情憔悴。难于解释而被诸家回避的是韩诗中'始秋悲又搅'句与'才春思已乱'的矛盾。其实,二句中'才春'与'始秋'是律句对仗的倒装句式,非既说春又说秋,确指季节,而是加重对孟郊思、悲之情的色彩:即从春到秋一年到头愁悲憔悴。这也正与孟诗'四时'句指一年的时间之长相对契合。故此诗写于十四年春,且是对孟来诗的回答,内容正合。"朱彝尊《批韩诗》:"东野诗大峭快。"

② 规模：方《举正》作"模",云："杭、蜀同,阁本作'谋',今本作'谟'。"朱《考异》："模,或作'谟',或作'谋'。"诸本作"模",是。规模,本作规制、格局解。唐白居易《题周皓大夫新亭子二十二韵》诗："规模何日创,景致一时新。"韩诗虽有此意,然偏重于气概、气象之意。《三国志·魏·胡质传》："(质)规模大略不及于父,至于精良综事过之。"唐王勃《寻道观》诗："芝廛光分野,蓬阙盛规模。"钱仲联《集释》："《续传灯录·德洪》：'其造端命意,大抵规模东坡而借润山谷。'"按：一句五字反转,突出孟郊气度不凡,但时运不佳之矛盾。

③ 文字觑天巧：觑(qù 七虑切,去,御韵),"覰"之俗字,今通作"觑",窥伺。魏本："洪曰：此效东野《酬樊宗师》云'梁惟西南屏,山厉水刻屈',此效宗师。鲁直云：'子瞻诗妙一世,乃云：效庭坚体。'盖退之戏效孟郊、樊宗师之比,以文滑稽尔。"方世举《笺注》："觑,七虑切。《广雅·释诂》：'觑,视也。'"唐张鷟《朝野佥载》四："黄门侍郎卢怀慎好视地,目为觑鼠猫儿。"

按：《新唐书·张说传》："今北有胡寇觑边。"韩公《秋怀诗》十一首之七："不如觑文字,丹铅事点勘。"《广雅·释诂一》："觑,视也。"潘德舆《养一斋诗话》卷九："此巧字讲得最精,盖作人之道,贵拙不贵巧,作文亦然,然至于'天巧',则大巧若拙,非后世之所谓巧也。《孟子》(《尽心下》)曰：'能与人规矩,不能使人巧。'巧从心悟,非洞澈天机者不足语此。若以安排而得,则昌黎(《河南令舍池台》)所云'规模虽巧何足夸,景趣不远真可惜'也。"钱仲联《集释》："此谓作家观察自然,师法自然,择取其尤美者而写之。"

④ "人皆"二句：顾嗣立秀野堂本"馀"作"饮"。宋白文本、文本、祝本、魏本、廖本、王本等均作"余"。按：作"余"甚善。饮酒肉,动宾词配搭不当,更不如"馀"字合世情,今简作"余",作"饮"字非。

方世举《笺注》："《史记·霍去病传》：'重车余弃梁肉,而士有饥者。'"按：清马位《秋窗随笔》："老杜《梦李白》云：'冠盖满京华,斯人独憔悴。'昌黎《答孟郊》诗：'人皆余酒肉,子独不得饱。'同一慨然。而古人交情,于此可见。"甚是。

⑤ "才春"二句:春思已乱,方世举《笺注》:"鲍照诗(《采菱歌》):'秋心不可荡,春思乱如麻。'"搅(jiǎo 古巧切,上,巧韵),文《详注》:"《淮南子》(《缪称训》)曰:'春女思,秋士悲。'许氏云:'感阳则思,见阴而悲也。'"方世举《笺注》:"《诗·何人斯》:'只搅我心。'"按:扰乱。《诗·小雅·何人斯》:"胡逝我梁,只搅我心。"注:"搅,乱也。"按:写东野悲秋思春之情,形态逼真。程学恂《韩诗臆说》卷一云:"二语写尽东野致功之苦。凡公赞东野处,皆到至处,真实不虚。是真巨眼,是真相知。"

⑥ "朝餐"二句:餐,文本作"飡",二字异体通用,"飡"乃俗字。诸本作"餐",是。

魏本:"韩曰:乐府《从军行》:'朝餐不免胄。'洪曰:'此又以戏其苦吟,且效其体也。'"方世举《笺注》:"夜讽:《吴越春秋》:'越王朝书不倦,晦诵竟夜。'"按:二句谓孟郊中午才吃早饭,夜里作诗,苦吟到天亮。既写东野生活之苦,亦戏东野吟诗之苦。

⑦ 膻腥:魏本:"孙曰:'膻腥,为人所慕向也。'"方世举《笺注》:"《庄子·徐无鬼篇》:'蚁慕羊肉,羊肉膻也。舜有膻行,百姓悦之。'"按:膻腥,牛羊肉之类。

⑧ 肠肚镇煎炒:方《举正》作"煼",云:"杭本作'焰',俗作也(即煼之俗字)。"文本亦作"煼",云:"音初爪切。"魏本作"焰",云:"焰,熬也,初爪切,一作'煼'。"按:作火焰解,与诗义不合。屈《校注》作"齔",同"炒"。误。齔,《说文·齿部》:"毁齿也。男八月生齿,八岁而齔;女七月生齿,七岁而齔。"宋白文本、文本、廖本作"煼"。朱《考异》同方。作"煼"字是。"煼"音义同"炒"。《广韵》:"煼,熬也。"

方世举《笺注》:"肠肚:《释名》:'肠,畅也,通畅胃气,去滓秽也。'"又:"煎炒:《广雅·释诂》:'煎炒,曝也。'"按:宋陆游《老学庵笔记》卷二:"故都李和炒栗,名闻四方。"童《校诠》:"第德案:说文:鬻,熬也,臣铉等曰:今俗作煼,别作炒,非是。按:方言作聚,云火干也。焰为煼之后出字。"煎炒,即煎熬,形容心情焦灼愁苦。《楚辞》王逸《九思·怨上》:"我心兮煎熬,惟是兮用忧。"犹言折磨。李白《古风》二十:"名利徒煎熬,安得闲余步。"镇,常、久也。计有功《唐诗纪事》卷四褚亮《烛花诗》:"莫言春稍晚,自有镇开花。"李商隐《独居有怀》:"蜡花长递泪,筝柱镇移心。"

⑨"古心"二句:古心,不同凡俗的古人思想。韩公《孟生诗》:"孟生江海士,古貌又古心。"经韩公一用,后世沿用。宋王安石《寄题郢州白雪楼》:"古心以此分冥冥,俚耳至今徒扰扰。"清魏源《别陈筠心》诗之一:"安得古心人,高举出尘壒。"

鞭:策也。魏本:"韩曰:'鞭字,盖《庄子》皆不从其后而鞭之者也。'"嵇康《答难养生论》:"下以嗜欲为鞭策,欲罢不能。"

世路:世间人事的经历。《后汉书·张衡传·应闲》:"吾子性德体道,笃信安仁,约己博艺,无坚不钻,以思世路,斯何远矣。"拗(ǎo于绞切,上,巧韵),不顺。魏本:"祝曰:拗,手拉也。张衡(《后汉书·律历下》):'《浑仪》拗去其半。'"方世举《笺注》同。童《校诠》:"第德案:文选西都赋:乃拗怒而少息,李注:拗犹抑也,于六切。说文手部无拗字,新附有之,云:手拉也。郑珍云:拗当即隶书抑字之变体,后人别而为二,于六切亦抑字之转音。厥后又读上声,音于绞切,直依幼字之偏旁作音,盖出自宋人传闻。纽氏疑为夭屈之夭俗字,又疑拚拂之撟,皆无据。"按:拗,不顺。唐元稹《哭女樊四十韵》:"和蛮歌字拗,学妓舞腰轻。"

⑩猛挐闲缩爪:挐,宋白文本、文本、廖本作"挚"。魏本作"挐"。《说文·手部》云:"挐,牵引也,从手如声。"段注:"按各本篆作挐,解作奴声。别有挐篆,解云:持也,从手如声,女加切,二篆形体互讹,今正。挐字见于经者,僖元年:'获莒挐。'三传之经所同也。其义则宋玉《九辩》曰:'枝烦挐而交横。'王注:'柯条纠错而崩巍。'《招魂》:'稻粢穱麦,挐黄粱些。'王注:'挐,糅也。'王逸《九思》:'殽乱兮纷挐。'注:'君任佞巧,竞疾忠信,交乱纷挐也。'左思《吴都赋》:'攒柯挐茎。'李注曰:'许慎注《淮南子》云:挐,乱也。'凡若此等皆于牵引义为近。而《汉·霍去病传》:'昏汉匈奴相纷挐。'"

此与《九思》'纷挐'同。谓汉与虏相乱也。而师古注乃云：'纷挐，乱相持搏也。'以乱释纷，以相持搏释挐，大非语意，窃意其时《说文》已同今本。故颜从而傅会耳，盖其字本如声，读女居切，其义为牵引。《广韵》九鱼挐注牵引，未尝作挐，《说文》挐训持，即今所用'攫挐'字也。其字奴声，读女加切。《广韵》麻韵挐、拏两收，淆乱其义。《玉篇》有挐无拏，训为持也，乃同今本《说文》，孙强辈所改耳。"

文《详注》："臂，一作'拳'。司马迁书云：'张空拳。'"方世举《笺注》："缩爪：《古谚》：'将奋者足踞，将噬者爪缩。'"

⑪ 从嗔我须咬：文《详注》："咬，啮也，音五巧切。《七命》云：'口咬霜刀。'"魏本："咬，啮也。祝曰：《选》(《七命》)：'口咬霜刃。'樊曰：此联公志子厚墓所谓'落陷阱不一引手救，反挤之又下石焉'者是也。"方世举《笺注》："谁扶：《论语》：'颠而不扶。'咬：贾谊《论积贮疏》：'易子而咬其骨。'《说文》：'咬，啮骨也。'"按：咬、齩二字音义同，今通作"咬"。清赵翼《瓯北诗话》卷三："则竟写挥拳相打矣，未免太俗。"

全诗用巧韵。

【汇评】

清朱彝尊：句句响快，虽不无生割，意却不硬涩。（顾嗣立《昌黎先生诗集注》卷五）

蒋抱玄：光坚响切，自是本色，然不逮孟诗之耐人咀嚼也。(《注释评点韩昌黎诗全集》)

附：

汴州别韩愈诗

孟 郊

不饮浊水澜，空滞此汴河，坐见绕岸水，尽为还海波。四时不在家，弊服断绵多，远客独憔悴，春英各婆娑。汴水

饶曲流,野桑无直柯,但为君子念,叹息终匪佗。(魏本附,录自钱仲联《韩昌黎诗系年集释》并对核)

从　仕①

贞元十五年

居闲食不足,从仕力难任②。两事皆害性,一生恒苦心③。黄昏归私室④,惆怅起叹音⑤。弃置人间世,古来非独今⑥。

【校注】

① 题:文《详注》:"公贞元十七年(801)方从调京师,此诗其年作。"魏本:"韩曰:'贞元十七年,公始从调京师,此诗其时作。'"王元启《记疑》:"按:此诗贞元十五年(799),为徐州节度推官作。公历宦二十九年,最不得志于徐州。又自九月至明年二月之终,诸幕僚皆晨入夜归,公上建封书,至有'抑而行之,必发狂疾'之语。建封终不听,坐是郁郁。此诗叹从仕之难,且有黄昏归私室之语,足知其为晨入夜归发也。韩注谓十七年公始从调京师作,非是。"按:王说是。诗谓"闲居食不足,从仕力难任""黄昏归私室,惆怅起叹音",即可证王说。从仕难,乃从仕中的体验,非为求仕之谓也,文、韩之说把求仕当从仕,误矣。若写求仕之难,则《驽骥赠欧阳詹》诗已尽说之。方世举《笺注》:"《晋书·王沉传》:'人薄位尊,积罚难任。'"

② "居闲"二句:方成珪《笺正》:"盖追溯未授幕职,居符离睢上时也。"方说非。此乃徐幕任职时不堪建封节度府制度森严,承受不起难言之苦时的情况。二句虽是顺口溜出的大白话,却道出了封建社会读书人的苦闷。黄钺《增注证讹》:"'居闲'二语似从谢灵运《登池上楼》'进德智所拙,退耕力不任'化出。"

③"两事"二句:方世举《笺注》:"陆机诗(《猛虎行》):'[恶木岂无枝,]志士多苦心。'"又《庄子·骈拇篇》:"其于残生,伤性均也。"按:两事指首联所云"居闲""从仕"。性,性情。恒,常也。

④黄昏归私室:屈《校注》:"沈钦韩云:《杜集·剑南节度使严武辟为参谋作诗二十韵》有云:'束缚酬知己,蹉跎效小忠。周防期稍稍,太简遂匆匆。晓入朱扉启,昏归画角终。不成寻别业,未敢息微躬。'是晨入夜归,故事已久。"

⑤惆怅起叹音:惆,文本作"怊"。宋白文本、祝本、魏本、廖本、王本均作"惆"。文本作"怊"。魏本注:"一作'怊'。"

按:二字古通用。《楚辞》宋玉《九辩》:"惆怅兮而私自怜。"又:"然怊怅而无冀。"《后汉书·冯衍传·显志赋》:"情惆怅而增伤。"又宋玉《高唐赋》:"悠悠忽忽,怊怅自失。"

⑥人间世:世,宋白文本、魏本、廖本作"世",注:"一作'事'。"文本作"事"。当作"世"。

魏本:"韩曰:'汉张子房愿弃人间事,从赤松子游尔。'"按:人间世,即俗谓"人世间"。韩醇所说仅从字面上理解,韩诗诗义非。此二句谓:志士被弃人世间,为古今常事。

清王鸣盛:"五言律。"(钱仲联《韩昌黎诗系年集释》)诸家旧注《昌黎先生集》卷五古诗中。究之诗律用韵不合,仍当为古诗。

【汇评】

明陈继儒:韩退之诗云:"居闲食不足,从仕力难任。两事皆害性,一生常苦心。"子瞻诗云:"家居妻儿号,出仕猿鹤怨。未能逐什一,安敢抟九万。"二公犹不免徘徊于进退之间。其后退之迷雪于衡山,子瞻望日于儋海,回视阛户拥衾,箪瓢藜藿,不在天上乎!故《考槃》诗云:"独寐寤言,永矢弗谖。"(《佘山诗话》)

清朱彝尊:起四句贫士通患,后四句尚觉应不醒。(顾嗣立《昌黎先生诗集注》卷五)

短灯檠歌①
元和元年

元和元年(806),韩愈在国子监博士任上作。《丰陵行》以染翰之箭直射最高当权者时政之的;《短灯檠歌》则是以细毫绣针,直刺俗儒为猎取功名富贵忘却贫贱之心。目的歌颂短檠,首句却先写长檠,以宾写主,以长檠无用托短檠有用。"黄帘"四句逐步深入,写短檠可以近床裁衣,寄远怀人;按"太学"六句,写短檠可以提置案前,攻书习文,射策取第。通篇以长短檠取喻对比。用短檠喻裁衣之妇;以长檠喻珠翠之女。最后以长檠高张,短檠被弃为慨,惊叹世态炎凉,讽刺"一朝富贵还自恣"的俗儒。诗全用比兴,构思巧妙,结制缜密。首二句借客定主,含下二段:裁衣、夜读。"一朝"二句回应"裁衣""夜读"。结二句与首二句照应,亮出写作目的。以小见大,广昌其言,横扫世间邪事俗夫。活灵活现,跃然纸上。是立意好、兴趣深、写法奇、一脉贯通的好诗。

　　长檠八尺空自长②,短檠二尺便且光③。黄帘绿幕朱户闭,风露气入秋堂凉④。裁衣寄远泪眼暗⑤,搔头频挑移近床⑥。太学儒生东鲁客⑦,二十辞家来射策⑧。夜书细字缀语言⑨,两目眵昏头雪白⑩。此时提携当案前⑪,看书到晓那能眠?一朝富贵还自恣⑫,长檠高张照珠翠⑬。吁嗟世事无不然⑭,墙角君看短檠弃⑮。

【校注】

　　① 题:方《举正》谓:"贞元十七八年间京都作。"非是。《韩愈年谱汇证》系元和元年,云:"方成珪《诗文年谱》曰:方扶南云:'东鲁客未知何人? 因其为太学儒生作,知为官国子博士时秋。'按诗有'风露夜入秋堂凉'句,乃是年秋作。按:从诗句'太学儒生东鲁

客,二十辞家来射策'看,指二十岁来长安应考,韩愈时为太学博士。又'黄帘绿幕朱户闭,风露气入秋堂凉'。秋凉,当指中秋后。"又方《举正》:"姚令威曰:'古诗:灯檠昏鱼目。读檠为去声。《集韵》(去声四十三映):檠,渠映切,有足所以几物。又檠,音平声,榜也。非灯檠字。韩诗:墙角君看短檠弃,亦误也。'按:'灯檠昏鱼目'乃唐彦谦诗(《春雨》)。李商隐诗(《行至金牛驿寄兴元渤海尚书》)亦有'九枝灯檠夜珠圆',是唐人固以去声读也。然白乐天诗(《青毡帐二十韵》)有'铁檠移灯背',自注曰:'檠,去声读。'则知唐人本二(按:《举正》原文缺'二',今据《考异》补。刘真伦《韩集举正汇校》:'按:二字,原本阙下笔。'误。原本缺'二'字,不是阙下笔)声通用。古檠只用擎字,晋宋诸人集尚可考。方世举《笺注》:"《西溪丛话》:'古云:灯檠昏鱼目,读檠为去声。《集韵》:檠,渠映切,有足,所以几物。又:檠,音平声,榜也,非灯檠字。韩退之云:墙角君看短檠弃,亦误也。'按:王筠有《灯檠》诗。庾信《对烛赋》:'还却灯檠下烛盘。'又:'莲帐寒檠窗拂曙。'皆宜作平声读,未可云误也。此诗意在结句,所云东鲁客,未知何人?因其为太学儒生作,知为官国子博士时。何焯《批韩诗》:"韩公此句何尝不可作去声读。惟东坡'白头(还对短灯檠)'句,乃平声耳。放翁'二尺檠前正读书''一生低首短檠前',俱从坡公作平声。"姚范《援鹑堂笔记》卷四一曰:"东坡读'檠'为平,亦未知韩公读平、读去也。《城南联句》:'妆烛已销檠。'孟郊句亦作平音。"文《详注》:"《补注》:'黄帘至近床',所以咏幽闺之思者。如此裴说作寄边衣诗云云。裴诗笔力健倔,最为黄鲁直所赏,大概祖公此意而为之。一朝富贵兮短檠弃,苏东坡有云:'免使韩公悲世事,白头还对短灯檠。'苏时谪于黄,其侄安节下第,故云尔。"

② 空自长:白白那么长,即长而无用。此诗骨节俱灵,字无虚设。首句以宾托主,乃倒插之法。"空自长"反对下文"照珠翠"。《事物纪原》卷八:"《黄帝内传》曰:'王母授帝洞霄盘云九华灯檠二。此灯有檠之始也。'"

③ 短檠:方世举《笺注》:"张敞《东宫旧事》:'太子纳妃,有银

涂二尺连盘灯。'"按：短檠乃贫家妇女所用之灯。黄庭坚《次韵几复和答所寄》："地褊未堪长袖舞，夜寒空对短檠灯。"便且光，既方便又明亮。黄彻《䂬溪诗话》卷三："杜《夜宴左氏庄》云：'检书烧烛短。'烛正不宜观书，检阅时暂可也。退之'短檠二尺便且光'，可谓灯窗中人语。犹有未便，灯不笼则损目，不宜勤且久。山谷'夜堂朱墨小灯笼'，可谓善矣，而虚堂非夜久所宜。子瞻云：'推门入室书纵横，蜡纸灯笼晃云母。'惯亲灯火，儒生酸态尽矣。"亦见陈辅《陈辅之诗话》。

④ "黄帘"二句：黄帘，黄色的竹帘。绿幕，绿色帷帐。朱户，红色的门窗。三色搭配，极写秋堂色调鲜艳和谐。下句写秋日深夜之景，肤可触及，体察细矣。由此联"帘幕户堂"始，逐层衬入写人。

方世举《笺注》："风露：江淹《灯赋》：'露冷帏幔，风结罗纨，萤光别桂，蛾命辞兰。'秋堂：鲍照诗：'寒机思孀妇，秋堂泣征客。'"按：此句出仲秋后节令气候。

⑤ 裁衣寄远泪眼暗：方世举《笺注》："谢惠连诗（《捣衣诗》）：'裁用笥中刀，缝为万里衣。'"按：谢诗虽也写思妇夜为征夫缝衣情景，却不如韩诗真切感人。此谓思妇在灯光下剪裁做衣服寄给远出的家人，思念征夫，眼含泪水，觉得灯光也昏暗了。

⑥ 搔头：犹搔首，也是簪的别称。《西京杂记》卷二："武帝过李夫人，就取玉簪搔头。自此后宫人搔头皆用玉，玉价倍贵焉。"《玉台新咏》卷一汉繁钦《定情诗》："何以结相于？金薄画搔头。"刘禹锡《和乐天春词》："行到中庭数花朵，蜻蜓飞上玉搔头。"

频挑：宋白文本、文本、祝本、魏本、廖本、王本作"频挑"，文本等注："一作'挑灯'。"当作"频挑"。

按：挑，挑灯，即剔去灯花，使其明亮。魏本："樊曰：公所以咏幽闺之思者如此。频挑，一作'挑灯'。"频者，多也。

⑦ 太学儒生东鲁客：方世举《笺注》："太学：《三辅黄图》：'汉太学在长安西北七里。'董仲舒《策》：'太学，贤士之关，教化之本原也。'儒生：《汉书·霍光传》：'诸儒生多窭人子，远客饥寒。'傅咸

《皇太子释奠颂》：'济济儒生，侁侁胄子。'"按：唐代中央设国子、太学、四门、律、书、算六学，太学列为二。《新唐书·百官三》："博士六人，正六品上；助教六人，从七品上。掌教五品以上及郡县公子孙、从三品曾孙为生者，五分其经以为业，每经百人。"东鲁，春秋鲁国，在今山东西南曲阜等地。客，指儒生，古以鲁为儒学之乡，故以"东鲁客"喻儒生。

⑧ 二十辞家来射策：指一般青年的应试年龄。韩愈十九岁离宣城，二十岁到京城参加进士考试。射策，古代开科考试的一种方法。《汉书·萧望之传》："望之以射策甲科为郎。"颜师古注："射策者，谓为难问疑义书之于策，量其大小署为甲乙之科。列而置之，不使彰显。"刘勰《文心雕龙·议对》："射策者，探事而献说也。言中理准，譬射侯中的。"又"射策者以甲科入仕，斯固选贤要术也"。何焯《批韩诗》："映'寄远'。"

⑨ 夜书细字缀语言：夜书，夜间书写。细字，小字。北齐颜之推《颜氏家训·养生篇》："庾肩吾常服槐实，年七十余，目看细字，须发犹黑。"钱仲联《集释》："《汉书·刘向传》：'自孔子后，缀文之士众矣。'"《汉语大词典》引韩诗为例。缀语言，联缀文字，写成文章。

⑩ 两目眵昏头雪白：方世举《笺注》："《说文》（目部）：'眵，目伤眥也。一曰瞢兜。'"钱仲联《集释》："慧琳《一切经音义》：'眵，叱之反。《韵诠》云：目中眵也。《集训》云：'目汁凝结也。'"按：眵（chī），眼睑分泌出来的黄色液体，俗称眼眵，或眼屎。眵多则目昏，老眼昏花即人老的表现。头雪白，用脑过度头发变白。何焯《批韩诗》："映'眼暗'。"

⑪ 提携：朱《考异》："携，方作'挈'。"方《举正》未出此条，当是方校刊《韩集》。文本、祝本、魏本作"挈"。宋白文本、廖本、王本作"携"。按：挈（qiè 苦结切，入，屑韵）、携（xié，户圭切，平，齐韵），二字不同声韵，作提携、率领解，通用。此字在这句诗里当作平声读为善，故当作"携"。

提携：拿过来。当案前，放在书案前边，因眼昏而近灯。何焯

《批韩诗》:"映'近床'。"

⑫ 自恣:自我放纵。韩愈《秋怀诗》十一首之二:"寒蝉暂寂寞,蟋蟀鸣自恣。"

⑬ 高张照珠翠:方《举正》据蜀本作"高张照珠翠",云:"曾校同。"朱《考异》:"高张,或作'焰高'。珠,或作'朱'。"文本作"艳高",注:"一作'高张'。"文本"珠"作"朱"。宋白文本作"高张",作"珠"。魏本作"高张",注:"一作'焰高'。珠作'朱'。"廖本同方。南宋监本原文作"朱",文本、魏本、潮本、祝本同作"朱"。今从宋白文本、方《举正》作"高张",作"珠"。

高张:高高挑起。司马相如《美人赋》:"芳香芬烈,黼帐高张。"王建《北邙行》:"高张素幕绕铭旌,夜唱挽歌山下宿。"珠翠,妇女的首饰,代指妇女。《文选》卷一七傅武仲(毅)《舞赋》:"珠翠的砾而照耀兮,华袿飞髾而杂纤罗。"唐王维《寓言》诗:"曲陌车骑盛,高堂珠翠繁。"

⑭ 吁嗟:慨叹。骆宾王《咏怀》:"太息关山险,吁嗟岁月阑。"韩公《南山诗》:"吁嗟信奇怪,峙质能化贸。"何焯《批韩诗》:"推开妙。"

⑮ 墙角君看短檠弃:此句谓:把短檠灯扔在墙角不管。何焯《批韩诗》:"'近床'正为结句'墙角'一喟。以'裁衣'衬起读书,其间关照亦甚密。'照珠翠'与'裁衣'、'看书'两层对射,亦若长短檠之相待然。'吁嗟世事'一语,可慨者深矣!"爱新觉罗·弘历《唐宋诗醇》卷三一曰:"贫贱糟糠,讽喻深切。"查慎行《查初白诗评十二种》:"词浅而喻深。"何焯《批韩诗》:"一笔收转。"

诗前六句光、凉、床叶唐韵,平声。中四句策、白为陌韵,入声。接二句眠字为先韵,平声。结四句翠、弃至韵,去声。全诗十六句四韵,可谓转换自由。

【汇评】

宋黄彻:杜(子美)《夜宴左氏庄》云:"检书烧烛短。"烛正不宜观书,检阅时暂可也。退之"短檠二尺便且光",可谓灯窗中人语。犹有未便,灯不笼则损目,不宜勤且久。山谷"夜堂朱墨小灯笼",

可谓善矣,而虚堂非夜久所宜。子瞻云:"推门入室书纵横,蜡纸灯笼晃云母。"惯亲灯火,儒生酸态尽矣。(《碧溪诗话》卷三)

宋王十朋:《和短灯檠歌寄刘长方序》:戊辰仲冬二十有三,夜坐六行堂,对短灯檠诵昌黎诗,三复兴叹。既而思友人刘长方昔作《灯铭》,有"空洞其腹,直方其形,窒焉斯通,晦焉斯明"之句,良有味也。仆自念与刘君游二十载矣。平日偃蹇之迹大略相似。去秋同与上庠荐刘,遂登乙科。仆拜赐而还,困踬如旧,遂和韩公《短檠歌》以寄之。(《梅溪王先生文集》前集卷九)

宋黄震:《短檠歌》有感慨意。(《黄氏日抄》卷五九)

清朱彝尊:立意好,兴趣亦不乏。第"裁衣"二句是女子事,于前后语意不伦,删之为净。(顾嗣立《昌黎先生诗集注》卷五)

清何焯:此诗骨节俱灵,字无虚设。首句以宾形主,却是倒插法,"空自长"即反对"照珠翠"也。帘幕户堂,逐层衬入。"近床"正为结句"墙角"一唱。以"裁衣"衬起读书,其间关照亦甚密。"照珠翠"与"裁衣""看书"两层对射,亦若长短檠之相待然。"吁嗟世事"一语,可慨者深矣!(同上)

清姚范:《短灯檠歌》注:"檠"平、去二声。按:东坡读"檠"为平,亦未知韩公读平、读去也。《城南联句》:"妆烛已销檠。"孟郊句亦作平音。(《援鹑堂笔记》卷四一)

清爱新觉罗·弘历:贫贱糟糠,讽喻深切。(《唐宋诗醇》卷三一)

汪佑南:首二句借宾定主,含下二段。"黄帘"四句,写短檠之便于裁衣。"太学"六句,写短檠之便于看书。"一朝"二句,词意紧炼,回映上二段。"吁嗟"句推广言之,即小见大,包扫一切。末句收到本题,悬崖勒马,不再添一句,笔力高绝。读此诗,觉世态炎凉,活现纸上。顾氏本注云:"裁衣二句是女子事,于前后语意不伦,删之为净。"鄙意删此二句,"太学"句接上"凉"字韵,少融洽,下"照珠翠"句亦觉无根。盖富贵自恣,即看书之人。"照珠翠"即裁衣之人。韩诗用意极精细,血脉贯通,乌可妄删去哉?(《山泾草堂诗话》卷一)

送刘师服①

元和八年

夏半阴气始②,淅然云景秋③。蝉声入客耳④,惊起不可留。草草具盘馔⑤,不待酒献酬⑥。士生为名累,有似鱼中钩⑦。赍财入市卖,贵者恒难售⑧。岂不畏颠顿⑨,为功忌中休。勉哉耘其业,以待岁晚收⑩。

【校注】

① 题:魏本:"樊曰:公诗有《赠刘师服》,至是又有《送刘师服》。按《石鼎联句》:'元和七年(812)十二月,道士轩辕弥明自衡山来。旧与刘师服进士衡湘中相识,将过太白,知师服在京,夜抵其居宿。'则此诗与前《送进士刘师服东归》,其八年夏作欤?前诗云'夏槐作云屯',此云'夏半阴气始',以是知之。前云'勉来取金紫',此云'勉哉耘其业',则师服其年下第而归,公所以勉之者如此。然考《登科记》,无有刘师服者,其姓名唯见公集,又有刘师命,疑其为兄弟云。"文《详注》:"《补注》:公诗有《赠刘师服》、有《送进士刘师服东归》,至是又有《送刘师服》。按《石鼎联句》'元和七年(812)十二月四日,弥明自衡山来',则此诗与《送进士刘[师服]东归》,其八年(813)夏所作欤?诗之大意则师服其年下第归,公所以勉之者如此。然考之《登科记》,无师服名,其姓名惟见于公集。又有刘师命,疑其兄弟云。"按:《韩学研究·韩愈年谱汇证》:"《送进士刘师服东归》《送刘师服》,方崧卿《增考》:盖师服以七年来京师,十二月有《石鼎联句》,而二送诗则皆来年夏也。故曰'夏槐作云屯',又曰'夏半阴气始'是也……按:方说是。考诗内容俱是下第后归里韩愈安慰之,并鼓励再来战艺。"

② 夏半:魏本:"孙曰:'夏至一阴生,故云阴气始也。'"按:夏半即夏季过半。《辞源》《汉语大词典》皆引韩诗为例。

③ 淅:方《举正》据蜀本作"晳",云:"晳,之世切,明也。《高唐赋》:

'晰兮若姣姬,扬袂鄣日,而望所思。'晰与晢同,故今本讹作'浙',以此也。"朱《考异》:"浙,或作'晰',亦作'晢',方作'晢'。(下引方语)今按:浙为淅沥、凄凉之义,晢为明义。此诗上云'阴气始',下云'云景秋',则与'晢'义不相应,而宜为淅沥之意矣。盖由'浙'而误为'晰',又因'晰'而转为'晢'也。"宋白文本、文本、潮本、浙本、祝本、魏本作"浙"。从之。

魏本:"孙曰:'浙,风声。云景,云气景物也。'"此句写夏秋间的阴云气象:风淅沥而云气遮也。

④ 蝉声入客耳:魏本:"孙曰:'客谓师服。'"按:秋蝉鸣声凄切,有摧归之意。此句意在此。

⑤ 草草:方世举《笺注》:"范云(《赠张徐州谡》)诗:'恨不具鸡黍,得与故人挥。怀情徒草草,泪下空霏霏。'"童《校诠》:"第德案:史记范睢传:使舍,食草具,索隐:草具谓粗食草菜之馔具也。陈丞相世家:更以恶草具进楚使,集解引汉书音义:草,粗也。草草具盘馔,言粗具盘馔,不能精也,乃公自谦之辞。与诗巷伯劳人草草异义,彼文毛传云:劳心也,为慅慅借字,尔雅释训:慅慅,劳也是也。范诗怀情徒草草,用毛传义,方引以作证未谛。又说文:懆,愁不安也,诗曰:念子懆懆,广韵三十二皓:懆,忧心,慅上同。"按:匆促、苟简。杜甫《送长孙九侍御赴武威判官》:"问君适万里,取别何草草。"《阙史•崔相国请立太子》:"今边戍衣赐未充,臣不敢草草商议。"

⑥ 待:方《举正》作"持",云:"曾本作'待'。李、谢本皆一作'待'。"朱《考异》:"待,方作'持'。"文本、祝本、魏本作"持"。宋白文本、廖本、王本作"待"。按上句"草草",此为急切归去,等不及也,故此句承之,作"待"字是。

酒献酬:蒋抱玄《评注》:"《诗》笺:'始主人酌宾为献;宾既酌主人,主人又自饮酌宾曰酬。'"朱彝尊《批韩诗》:"起六句兴趣甚逸。"

⑦ 士生为名累:魏本:"孙曰:'为名所累。'"

鱼中钩:廖本注:"中,陟仲切。"按:中(zhòng 陟仲切,去,送韵),中的,即射中目标。《左传》桓公五年:"祝聃射王,中肩。"鱼中钩,即鱼被钩所中。谓师服求仕心切。

⑧ 赍财入市卖:卖,文本作"买"。诸本作"卖",是。赍(jī即夷切,平,脂韵),《说文·贝部》:"赍,持遗也,从贝齐声。"财,财物。《韩非子·说难》:"暮而果大亡其财。"赍财,持拿财物。魏本:"祝曰:赍,持遗也。《前汉》:'后赍五日粮。'笺西切。"

贵者恒难售:魏本注:"唐曰:'售,卖物出手。乐府:功多信不售。汉宣帝(见《汉书·宣帝纪》):每买饼,所从买家辄大雠。雠与售同。'售,音雠。"文《详注》:"售,音时流切。协韵。"

按:二句乃比喻,即以物比人。谓拿着财物到市场上卖,贵的就难销售。深含之意:即无人识货。韩公为师服才高而不为世用而惋惜。

⑨ 畏颠顶:方《举正》据蜀本订,云:"李、谢本皆一作'畏'。"朱《考异》从方,云:"或作'久憔悴'。"文本、祝本、魏本作"久颠顶"。魏本注:"一作'憔悴'。"宋白文本、廖本、王本作"畏颠顶"。按:"憔悴"与"颠顶"音义均同。

童《校诠》:"一作樵悴。第德案:樵当作憔。说文:颜,颠顶也,段曰:许书无颠篆,大徐增之非也。钱大昕曰:面部之面颠(面焦枯小也),当是正字。楚辞渔父篇:颜色憔悴,玉篇引作顦顶,左氏成九年传作蕉萃,汉书叙传作焦瘁。"按:《淮南子·主术训》:"人主急兹无用之功,百姓黎民颠顶于天下。"杜甫《梦李白》:"冠盖满京华,斯人独颠顶。"乃唐人用"颠顶"之例。童求之过深,反不殆韩公诗意。

⑩ "勉哉"二句:文《详注》:"曹子建《赠徐韩(当作'幹')》诗云:'良田无晚收。'"魏本:"孙曰:'耨,锄耨也。劝之益自修饰也。至元和八年,师服竟坐交通于季友致死。'"方世举《笺注》:"耨其业:《记·礼运》:'修礼以耕之,陈义以种之,讲学以耨之。'所谓耨其业也。"

诗以秋、留、酬、钩、售、休、收为韵,即尤、宥韵。

【汇评】

宋刘辰翁:清空一气如话。(蒋之翘《韩昌黎集辑注》卷五)

清朱彝尊:是古调,以质意胜。

又:每两句一意,更无闲语。(顾嗣立《昌黎先生诗集注》卷五)

国家出版基金项目

汇校汇注汇评

昌黎先生诗集

张弘韬　张清华　编著

第三册

北京师范大学出版集团
安徽大学出版社

卷六 古诗

符读书城南①
元和十一年

木之就规矩,在梓匠轮舆②。人之能为人,由腹有《诗》《书》③。《诗》《书》勤乃有,不勤腹空虚。欲知学之力,贤愚同一初④,由其不能学,所入遂异闾⑤。两家各生子,提孩巧相如⑥,少长聚嬉戏,不殊同队鱼⑦。年至十二三,头角稍相疏⑧。二十渐乖张,清沟映污渠⑨。三十骨骼成,乃一龙一猪⑩,飞黄腾踏去,不能顾蟾蜍⑪。一为马前卒,鞭背生虫蛆⑫。一为公与相,潭潭府中居⑬。问之何因尔,学与不学欤⑭!金璧虽重宝,费用难贮储⑮;学问藏之身,身在则有余⑯。君子与小人,不系父母且⑰。不见公与相,起身自犁锄⑱。不见三公后,寒饥出无驴⑲。文章岂不贵,经训乃菑畬⑳。潢潦无根源,朝满夕已除㉑。人不通古今,马牛而襟裾㉒。行身陷不义,况望多名誉㉓。时秋积雨霁㉔,新凉入郊墟㉕。灯火稍可亲,简编可卷舒㉖。岂不旦夕念,为尔惜居诸㉗。恩义有相夺㉘,作诗劝踌躇㉙。

【校注】

① 题：魏本："樊曰：符，公之子；城南，公别墅所在。孟东野诗有《喜符郎诗有天纵》、有《游城南韩氏庄》之作。张籍诗有'子符奉其言'、有'养疾城南庄'之语。按公《墓志》及《登科记》，公子曰昶，登进士第在长庆四年，此云符，则疑为昶之小字也。元和十一年秋作。"文《详注》："按张籍《祭公诗》：符，公之子也。《补注》：黄鲁直尝为眉山石守道书此诗，跋其后曰：'或谓韩公当开后生以性命之学，不当诱之以富贵荣显。'涪翁曰：'此熙宁元丰间大儒之过也，又何学焉？黄口小儿得食未知饥饱，而使之谈天人之际，此何异孺子学步，遂责之佩玉中和鸾采茨哉？'符，公之子；城南，公别墅所在。孟东野有《喜符》诗、有《游城南韩氏庄》之作。按公《墓志》及《登科记》，公之子曰昶，登进士第在长庆四年。此云符，则疑为昶之小字也。"方世举《笺注》："《祭十二郎文》云：'汝之子始十岁，吾之子始五岁。'计贞元十九年至元和十一年，符年十八矣。"沈钦韩《补注》："韩昶自为《墓志》云云：'生徐之符离，小名曰符。取京兆韦放女。有男五人：曰纬，复州参军；次曰绾；曰绲；曰绮；曰纳，举进士。'张舜民《画墁录》：'长安启夏门里东南亭子今杨六郎园，即退之所谓符读书城南处也。'"钱仲联《集释》："唐长安近郊之樊川，为庄园所集中之胜地。退之在樊川有庄园，城南庄至宋代犹在，宋人张礼《游城南记》云：'韩店即韩昌黎城南杂题及送子符读书之地，今为里人杨氏所有，凿洞架阁，引泉为池。'"方成珪《诗文年谱》："诗有'时秋积雨霁，新凉入郊墟'之句，乃是年七月作。"

② 梓匠轮舆：文《详注》："《周礼·考工记》：攻木之工，梓人为笋虡、为饮器，匠人建国营室，轮人为轮、为盖，舆人为车。"魏本："孙曰：'梓匠轮舆，皆木工也。'韩曰：'《孟子·尽心》：梓匠轮舆，能与人规矩，不能使人巧。'"钱仲联《集释》："《孟子》赵岐注：'梓匠，木工也。轮人、舆人，作车者也。'"按：以比起兴，谓人如木工，必以规矩才能成方圆。此韩公训示子昶的旨意。朱彝尊《批韩诗》："示幼稚不厌俚，且全是浅语。然古色渊然，骨力正尔浓厚。"

③ "人之"二句:何焯《义门读书记》卷三〇:"《诗》《书》乃文章根本,人之所以不陷于不义者,莫不由之也。"按:此乃封建社会使人成才的根本。

④ 学之力:指学习《诗》《书》的能力。下即具体讲"学之力"。

贤愚同一初:方《举正》订"同一初",云:"阁本作'一同初'。"朱《考异》:"同一,或作'一同'。非是。"诸本作"同一初"。按:此谓后之贤者、愚者最初都是一样的。故作"同一初"是。作"一同初",费解。

文《详注》:"《书》(《召诰》)曰'若生子,罔不在厥初生'是也。"《书·召诰》传云:"言王新即政始服行教化,当如子之初生,习为善则善矣。自遗智命无不在其初生,为政之道亦犹是也。"按:此乃韩公所本。后世学者以此批评韩愈诱子以富贵,却不知韩愈所据乃封建儒学教化之根本。

⑤ 异间:魏本注:"间,门也。"此谓读书与不读书结果所处的门第不一样。

⑥ 提孩巧相如:朱《考异》:"提,或作'啼',非是。巧,或作'两'。"宋白文本、文本、魏本、廖本作"提"、作"巧"。从之。魏本注:"巧,一作'两'。"按:作"啼"太俗,非韩公语,乃同音致误。作"两"虽通,缺乏词采,非韩公讲究用字者所为。

提孩:孩提。文《详注》:"《孟子》(《尽心上》)曰:'孩提之童〔无不知爱其亲者〕。'赵岐云:'二三岁之间,在襁褓知孩笑,可提抱者也。'孩字或作'咳',音户才切。《内则》云:'父执子之右手,咳而名之。'"按:指初知发笑、尚在襁褓中的幼儿。后世亦作"孩提"。《辞源》引韩诗为例。以下十句写人从生到而立之年的不同情况,于对比中启迪子符积极学习。

⑦ "少长"二句:方《举正》:"少,读如'多少'之'少'。《汉·贾谊传》《匈奴传》《东平王传》三见。公此诗与《刘统军》《李少虚志》亦三用。"朱《考异》同方。文《详注》:"太史公《律书》曰:'游敖嬉戏如小儿状。'《漫叟诗话》云:人读多为长少之字,及阅《汉史·匈奴

传》云'儿能骑羊,引弓射鸟鼠,少长即能射狐兔',乃知少为多少之字。"按:魏本:"李公彦云:'少,多少之少。'祝曰:《前汉》:'及太子少长,知妃色。'又《东夷传》(当作《匈奴传》):'儿能骑牛(当为"羊"),引弓射鸟鼠,少长则射狐兔。'注:'少长,言渐大也。'少,书沼切。长,展两切。"按:《匈奴传》曰:"儿能骑羊,引弓射鸟鼠,少长则射狐菟,肉食。"师古曰:"少长言渐大。"

同队鱼:魏本:"《补注》:山谷《次韵高子勉》有云:'忽作飞黄去,顿超同队鱼。'皆用公语也。"方世举《笺注》:"曹植诗(《种葛篇》):'昔为同池鱼,今为商与参。'"按:同队鱼,即水里游鱼,乃结队同游,一样也。

⑧ 头角稍相疏:谓渐露头角,开始有了不同表现。疏(shū 所葅切,平,鱼韵),分开。《史记·黥布传》:"上裂地而王之,疏爵而贵之。"索隐:"按,裂地是对文,故知疏即分也。"《淮南子·道应训》:"襄子疏队而击之。"桓宽《盐铁论·毁学》:"疏爵分禄以褒贤。"

⑨ "二十"二句:文《详注》:"'二十曰弱冠'(《礼记·曲礼上》),言趋向自异也。"乖张,背离,不一样。《左传》昭公三十年:"楚执政众而乖。"汉王充《论衡·薄葬》:"今墨家非儒,儒家非墨,各有所持,故乖不合。"谓年长成人,就如清水与污泥一样,大不相同了。

⑩ "三十"二句:文《详注》:"'三十曰壮,有室'(《礼记·曲礼上》),言贤愚相远。"魏本:"《集注》:《说文》:'禽兽骨曰骼。'此云骨骼为一龙一猪而言也。杜工部《瘦马行》:'骨骼硉兀如堵墙。'《礼记》(《月令》):'掩骼埋胔。'骼,音格。"方世举《笺注》:"骨骼:《淮南·原道训》:'角骼生。'注:'角骼,犹言骨骼。'龙猪:《世说》:孙绰作《列仙商丘子赞》曰:'所牧何物?殆非真猪。傥遇风云,为我龙摅。'王蓝田语人云:'见孙家儿作文,道何物真猪也。'"按:一龙一猪,谓贤愚悬殊也。

⑪ "飞黄"二句:飞黄,魏本:"孙曰:《淮南子》(《览冥训》):'黄帝时飞黄服皂。'飞黄,神马也。韩曰:《诗》:'乘彼乘黄。'《选》张景

阳《七命》：'整顿云辂骖飞黄。'"文《详注》："飞黄，马名。腾踏，奔驰也。《淮南子》（《览冥训》）曰：'天下有道，飞黄服皂。'又曰：'黄帝时飞黄服皂也。'许氏云：'飞黄，乘黄也，出西方，状如狐，背上有角，寿千岁。'陆农师云：'俗说蟾蜍，虾蟆也。然本二物，盖蟾蜍，吐生，腹大背黑，皮上多痱，磊跳，行舒迟。《本草》所谓其肪能合玉石是也。'虾蟆，背有黑点，身小能跳，善鸣，与蟾蜍不类，故《淮南子》以谓释大道而任小数，无异于使蟹捕鼠，蟾蜍捕蚤。蜍，音余。"按：《诗·郑风·大叔于田》："叔于田，乘乘黄，两服上襄，两骖雁行。"蟾蜍，俗称虾蟆。《尔雅·释鱼》作"蟾诸"，注："似虾蟆，居陆地。"《淮南子·原道训》："夫释大道而任小数，无以异于使蟹捕鼠，蟾蜍捕蚤。"

⑫ 鞭背生虫蛆：方《举正》作"鞭背"，云："鞭背，阁本作'背上'。"朱《考异》："鞭背，或作'背上'，非是。"宋白文本、文本、祝本、魏本、廖本、王本均作"鞭背"，是。

虫蛆：魏本："祝曰：蛆虫在肉中。《后汉》：'至乃体生虫蛆。'蛆，七余切。一作'背上生虫蛆'。"方世举《笺注》："虫蛆：《后汉书·蓟子训传》：'道过荥阳，止主人舍，所驾之驴忽然卒僵，蛆虫流出。'"按：虫蛆，即蛆虫。此谓不读书的后果。何焯《义门读书记》卷三〇："'一为马前卒'六句，非过卑也。子之才质既不高，而为学亦有序。姑先以情之最切近者为之劝诫，使其子先讲求经训根源，则所知日以明道之远者、大者，庶不至有凌节苦难之患耳。唐人尤重门第，能保其禄位，守其祭祀，则立身行道，扬名后世基之矣。"童《校诠》："桂馥曰：东观汉纪：杜根诈死三月，目中生蛆……第德案：桂氏所引，与后汉书杜根传同，惟月作日，为少异耳。说文：胆，蝇乳肉中也，臣错曰：今俗作蛆。三苍云：蝇乳肉中曰胆，盖说文所本。亦假蜡为之，周礼秋官：蜡氏掌除髊，郑注：蜡骨肉臭，蝇虫所蜡也，月令曰：掩骨埋髊，此官之职也。蜡读如狙司之狙。案：今字作覷同。"

⑬ "一为公与相"二句：魏本："《补注》：上舍陆唐老曰：退之不

绝吟六艺之文,不停披百家之编,招诸生立馆舍,勉励其行业之未至,而深戒其责望于有司,此岂有利心于吾道者?《佛骨》一疏,议论奋激,曾不以去就祸福回其操。《原道》一书,累千百言,攘斥异端,用力殆与孟轲氏等,退之所学所行亦无愧矣。惟《符读书城南》一诗,乃微见其有戾(按:宋本作"灰",四库本作"戾"。作"戾"较善)于向之所得者,骇目潭潭之居,掩鼻虫蛆之背,切切然饵其幼子以富贵利达之美。此其故韩愈哉?"

潭潭:深邃貌。何焯《义门读书记》卷三〇:"潭潭府中居,《汉书·陈胜传》:沉沉者,沉音长含反,与潭潭义同,宫室深邃貌也。"童《校诠》:"第德案:沈沈(原文如此,即今'沉沉',下同),字亦作耽耽、淡淡,文选张平子西京赋:大夏耽耽,薛注:耽耽,深邃之貌也,左太冲魏都赋:耽耽帝宇,李注:汉书:客谓陈涉曰:夥涉之为王沈沈者,应劭曰:沈沈,宫室深邃之貌,沈,长含切,与耽音义同。史记陈涉世家索隐:刘伯庄以沈沈犹淡淡,谓故呼为沈沈,犹俗曰淡深也。沈沈、潭潭、耽耽、淡淡义皆同。补注灰当作'戾'。"

⑭"问之"二句:方《举正》据杭、蜀本作"何因尔"。朱《考异》:"尔,或作'耳'。"南宋监本原文作"耳"。宋白文本、文本、祝本、魏本、廖本、王本均作"尔"。宋白文本注:"一作'耳'。"廖本、王本注:"或作'耳'。"按:作语气词"耳"与"尔"字通用。《荀子·非相》:"诛白公,定楚国,如反手尔。"《史记·刺客列传》:"且吾所为者极难耳。"又《陆贾传》:"如反覆手耳。"尔字用在此处作指示代词,当"这样""如此"解。陶潜《饮酒》诗:"问君何能尔。"《晋书·阮咸传》:"未能免俗,聊复尔耳。"则作"尔"是。童《校诠》:"第德案:段若膺说文解字耳下注云:凡语云而已者,急言之曰耳。凡云如此者急言之曰尔。如世说聊复尔耳,谓且如此而已也。二字义绝不容相混。按:何因尔言因何如此,应以作尔为是。"

⑮贮储:文《详注》:"贮,通作'褚'。褚,囊也,音展吕切。"贮储,积存。

⑯则有余:朱《考异》:"则,或作'即'。"宋白文本、文本、魏本、

廖本作"则"。宋白文本、魏本注:"则,一作'即'。"童《校诠》:"第德案:则、即古通用,诗终风:愿言则嚏。一切经音义十五引作愿言即嚏。礼记王制:必即天论,郑注:即或为则,是其证。"按:则作副词,可当"即"解。《汉书·娄敬传》:"周王数百年,秦二世则亡,不如都周。"又《项籍传》:"于是至则围王离。"《三国志·蜀书·诸葛亮传》:"即遣兵三万人以助备。"范缜《神灭论》:"神即形也,形即神也。"何焯《义门读书记》卷三〇:"'金璧虽重宝'四句,此即暗用'黄金满籝,不如一经'之意。"

⑰父母且:且,语尾助词。文《详注》:"且,诗人助语之辞,音子余切。《小雅·巧言》诗云:'曰父母且。'"魏本:"韩曰:《诗·巧言》:'悠悠昊天,曰父母且。'且,语助也。且,子鱼切。"且(qiě七也切,上,马韵),此当读古音苴(zǔ侧吕切,上,语韵),又程俊英《诗经注析》谓且音 jū,语气词。清阮元《揅经室一集》卷一有《释且》。

⑱"不见"二句:方《举正》:"阁本作'不见公与汝,幸免自犁锄'。"朱《考异》:"阁本作'不见公与汝,幸免自犁锄'。今按:阁本之谬有如此者,它可尽信耶?"何焯《义门读书记》卷三〇:"'不见公与相'二句,注:'阁本作不见公与汝,幸免自犁锄。《考异》谓其谬。按:阁本语自佳。但与上'不系父母'之义不属。"

按:公、相,本指公卿与宰相,此乃泛指达官显贵,与下文"三公"相应。刘禹锡《和牛相公题姑苏所寄太湖石兼寄李苏州》:"发自江湖国,来荣卿相庭。"犁锄,本为从事农业生产的工具,此指从事农耕的百姓。白居易《归田三首》之二:"更待明年后,自拟执犁锄。"贾岛《寄令狐绹相公》五律:"官高频敕授,老免把犁锄。"此二句谓:你没有看见出身卑贱的人,经过自己的努力,亦可成为高官显贵吗?此乃激励之语。

⑲"不见三公后"二句:魏本:"樊曰:《荀子》(《王制》):'虽王公大夫之子孙也,不能属于礼义,则归之庶人之子孙也,积文学,正身行,能属于礼义,则归之卿相士大夫。'"正顶上二句意。三公,辅助国君掌握国家军政大权的最高官员。《书·周官》:"立太师、太

傅、太保,兹惟三公,论道经邦,燮理阴阳。"出无驴,谓穷得出门连驴也骑不上。二句谓:即使三公的子孙,自己不努力仕进,也难免陷入穷困。

⑳ 菑畲:魏本:"祝曰:《易》(《无妄》):'不菑畲。'《尔雅》(《释地》):'田一岁曰菑,三岁曰畲。'孙曰:菑畲,耕也,言文章当以经训为本。韩曰:以经训为菑畲,则班超所谓笔耕也。《补注》:吕原明《杂纪》云:'杜子美诗云:文章一小技,于道未为尊。文章者,载道之器,安得谓之小技? 顾所用如何耳。韩退之诗曰:文章岂不贵,经训乃菑畲。'此说有可取焉。菑畲,音淄予。"文《详注》:"《易·无妄》云:'不菑畲,则利有攸往。'《说文》曰:'田一岁曰菑,二岁曰新田,三岁曰畲。'菑,谓耕地反草也。上音侧其切,畲音羊诸切。"畲(yú 以诸切,平,鱼韵),垦种三年的熟田。何焯《义门读书记》卷三〇:"'文章岂不贵'八句,唐人重进士而薄明经,所学者诗赋文章,独韩氏为此学尔。曰'通古今',则读书并该史学及当代《六典》《开元礼》之属,'行身'一连已略及躬行矣。"

㉑ 潢潦:无源的积水。魏本:"祝曰:《左氏》(隐公三年):'潢污行潦之水。'"文《详注》:"杜预云:'潢,停水。潦,流潦也。音黄老。'除,竭也。《左传正义》引服虔曰:"畜小水谓之潢,水不流谓之污。行潦,道路之水是也。"按:故杨伯峻云:潢、污"皆积水之义。大者曰潢,小者曰污……行潦乃大雨水之积于道路者"。魏本:"韩曰:《孟子》(《离娄下》)曰:'苟为(按:宋本作"惟",四库本作"为"。作"为"较善)无本,七八月之间雨集,沟浍皆盈。其涸也,可立而待也。'"韩诗谓"潢潦无根源,朝满夕已除"(去也),谓此也。

㉒ "人不"二句:古今,朱《考异》:"古今,或作'今古'。"宋白文本、文本、祝本、魏本、廖本、王本作"古今"。魏本注:"一作'今古'。"今古、古今意同。文《详注》:"言但饮水求刍而已。《尔雅》(《释器》)云:'衣眥谓之襟,衱谓之裾。'"魏本:"襟裾,衣也。樊曰:《孟子》(《滕文公上》):'饱食暖衣,逸居而无教,则近于禽兽。'《前汉》(《项籍传》)韩生曰:'人谓楚人沐猴而冠。'公此联义则《孟子》

句法,则韩生也。"何焯《义门读书记》卷三〇:"'人不通古今'二句,应'人之能为人'。腹既空虚,则所有者襟裾而已。"

㉓ "行身"二句:何焯《义门读书记》卷三〇:"'身不陷于不义''身不离于令名',皆《孝经》(《谏诤》)语。"

㉔ 霁:方《举正》据阁本作"阕",云:"李、谢校。"朱《考异》:"霁,方作'阕'。"南宋监本原文作"霁"。按:阕,作"停止"解,与"霁"通。然"雨霁"二字连用,约定俗成为词,当作"霁"。宋白文本、文本、潮本、浙本、祝本、魏本作"霁"。谓雨霁秋凉之季正好读书。童《校诠》:"第德案:释道潜春日杂兴诗:雨阕中庭暖日浮,春禽百种聚喧啾。"童引潜诗证"阕"字,虽通,不若作"霁"字善。

㉕ 郊墟:魏本:"郊墟,郊野也。祝曰:《说文》(丘部):'墟,大丘也。'"此句扣韩公城南庄别业。

㉖ "灯火"二句:灯火可亲,即亲灯火,谓夜读也。韩公《短灯檠歌》:"黄帘绿幕朱户闭,风露气入秋堂凉。裁衣寄远泪眼暗,搔头频挑移近床。"简编,即编简。韩公《上兵部李侍郎书》:"凡自唐虞已来,编简所存……奇辞奥旨,靡不通达。"即韩公《进学解》:"口不绝吟于六艺之文,手不停披于百家之编。"卷,把东西(书简)弯曲卷成圆筒形。《诗·邶风·柏舟》:"我心非席,不可卷也。"舒,展开。《韩非子·十过》:"延颈而鸣,舒翼而舞。"

㉗ "岂不"二句:文《详注》:"《卫风》诗(当为《邶风·日月》)云:'日居月诸,照临下土。'"即叫声太阳叫月亮,光辉普照大地上。居诸,乃"日居月诸"之省,谓日月也。文引"日居月诸"亦见《诗·邶风·柏舟》句。即嘱符儿珍惜时间。何焯《义门读书记》卷三〇:"'岂不旦夕念',下文'恩'字;'为尔惜居诸',下文'义'字。"金王若虚《滹南诗话》:"退之诗云:'岂不旦夕念,为尔惜居诸。''居诸',语辞耳,遂以为日月之名,既已无谓,而乐天复云:'废兴相催逼,日月互居诸。''恩光未报答,日月空居诸。'老杜又有'童卯联居诸'之句,何也?"王说误。惜,动词,与"居诸"(日月)合成动宾词组作谓语。

㉘ 恩义:魏本:"孙曰:'恩以爱之,义以教之,两者不并立,故

曰相夺也。'"

㉙ 作诗劝踌躇：魏本："孙曰：踌躇，犹豫不决貌。"何焯《义门读书记》卷三〇："踌躇，不前也，应前'诗书勤乃有'。"劝子努力上进也。

【汇评】

宋陈善：《符读书城南》诗有"少长"语，本出《前汉·匈奴传》云："儿能引弓射鸟雀，少长则射狐兔用为食。"少长，犹言稍长也。（《扪虱新话》下集卷二）

宋袁文：韩退之《符读书城南》诗云："少长聚嬉戏。"少，音始绍切。盖谓稍长时也。亦犹《汉书·戾太子传》云："少壮，诏受《公羊春秋》。"注："少壮，言渐长大也。"故其上句云："两家各生子，孩提巧相如。"（韩诗原文作"提孩"。）人多读作去声者，非是。又《匈奴传》云："少长则射狐兔。"而其上文亦云："儿能骑羊，引弓射鸟鼠。"则知"少长"正是稍长时也。若《左氏传》所谓"少长有礼"，与夫"少长于君"，此"少"字却当音失照切。（《瓮牖闲评》卷二）

宋洪迈：《符读书城南》一章，韩文公以训其子，使之腹有《诗》《书》，致力于学，其意美矣。然所谓"一为公与相，潭潭府中居""不见公与相，起身自犁锄"等语，乃是觊觎富贵，为可议也。杜牧之《寄小侄阿宜》诗亦云："朝廷用文治，大开官职场。愿尔出门去，取官如驱羊。"其意与韩类也。予向为陈铸作《城南堂记》，亦及此意云。（《容斋三笔》卷一一"符读书城南"）

宋陆九渊：韩退之是倒做，盖欲因学文而学道。欧公极似韩，其聪明皆过人，然不合初头俗了。或问如何俗了？曰："《符读书城南》《三上宰相书》是已。"（《象山语录》卷上）

宋陆唐老：退之不绝吟六艺之文，不停披百家之编，招诸生立馆舍，勉励其行业之未至，而深戒其责望于有司，此岂有利心于吾道者。《佛骨》一疏，议论奋激，曾不以去就祸福回其操。《原道》一书累千百言，攘斥异端。用力殆与孟轲氏等，退之所学所行亦无愧矣。惟《符读书城南》一诗,乃微见其有戾于向之所得者,骇目潭潭之居,掩鼻虫蛆之背,切切然饵其幼子以富贵利达之美。此岂故韩愈哉?(魏仲举《新刊五百家注音辩昌黎先生文集》卷六)

宋文谠:《诗话》:山谷云:眉山石守道请余书《符读书城南》,将镌诸家学,以为后生击蒙之器。其意甚美,故为之书。或云韩公当开后生以性命之学,不当诱之以富贵荣显。涪翁曰:此熙宁、元丰大儒之过,又何学焉?孔子曰:齐景公有马千驷,死之日,民无得而称焉。伯夷、叔齐饿于首阳之下,民到于今称之。韩公之言,其于劝奖之功,盖殊趋而同归也。黄口小儿得食未知饥饱,而使之谈天人之际,此何异孺子学步,遂责之佩玉中和鸾采茨哉!守道归刻之,勿疑空腹让食之论可也。(《新刊经进详注昌黎先生文集》卷六)

宋阙名:韩愈诗解:《符读书城南》诗云:"少长聚嬉戏,不殊同队鱼。"世人多读为长少之少。及阅《汉史·匈奴传》云:"儿能骑羊引弓射鸟鼠,少长,即能射狐兔。"乃知少为多少之少。(《漫叟诗话》)

宋黄震:《符读书城南》世多议其以富贵诱子,是固然矣。然亦人情诱小儿读书之常,愈于后世之饰伪者。(《黄氏日抄》卷五九)

宋罗烨:错认古人诗句:昔有弟子读韩文公《符读书城南》,至"潢潦无根源"之句,不晓其义,乃质疑于先生。先生曰:"文公素不喜黄老之学,正谓其无根源。岂不闻文公因论佛骨贬潮阳之事?"闻者大笑。(《醉翁谈录》丁集卷二)

元李治:韩退之为其侄符作《读书城南》诗云:"金璧虽重宝,费用难贮储;学问藏之身,身在即有余。"则今世俗所谓一字直千金者也。古今劝学者多矣,是二说者最得其要。为人父兄者,盖不可以不知也。(《敬斋古今黈》卷四)

明何孟春:罗豫章仲素集前人诗句,如杜牧辈"愿如出门去,取官如驱羊"等语以教子弟。或谓豫章一代道学,所以诲后人者,不当乃尔。韩退之《符读书城南》诗,教子以取富贵,不免为世所议。杜牧辈诗,比之韩公,陋亦甚矣,而不训耶?黄东发谓韩云:"此人情诱小儿读书之常,愈于后世之饰伪者。"然则豫章于此,其亦缘人

情之常，而姑以示小儿耳。(《馀冬诗话》卷下)

明蒋之翘：此诗实可作村塾训言。(《韩昌黎集辑注》卷六)

清吴景旭：训子：《冷斋夜话》曰：予尝熟味退之诗，真出自然。其用事深密，高出老杜之上。如《符读书城南》诗"少长聚嬉戏，不殊同队鱼"，又"脑脂盖眼卧壮士，大弨挂壁何由弯"，皆自然也。

吴旦生曰：《符读书城南》一章，洪景卢谓"一为公与相，潭潭府中居""不见公与相，起身自犁锄"此等语乃是觊觎富贵，为可议也。王荆公集四家诗，亦不取此章。王彦辅云：是诗教子以取富贵，宜荆公之不取也。惠洪不识作诗头脑，称其高出老杜之上，非知诗矣。胡不观东坡之论云，退之有《示儿》诗："开门问谁来，无非卿大夫。不知官高卑，玉带悬金鱼。"又云："凡此座中人，十九持钩枢。"所示者皆利禄事耳。老杜则不然，《示宗武》云："曾参与游夏，达者得升堂。"所示者圣贤事也。余故特标数子，以折惠洪之妄。

按：退之子昶为集贤校理。史传有金根车。昶以为误，悉改"根"为"银"，士林嗤之。岂亦贻谋之过耶！然昶子绾、衮皆擢第，衮为状元，此则惬公意矣。(《历代诗话》卷四九庚集四)

清李光地：此诗勉符为学，后则由文章而归之于穷经观史，修饬行义也。(《榕村诗选》卷六)

清何焯：《符读书城南》"人之能为人"二句，《诗》《书》乃文章根本，人之所以不陷于不义者，莫不由之也。"一为马前卒"六句，非过卑也。子之才质既不高，而为学亦有序，姑先以情之最切近者为之劝诫，使其子先讲求经训根源。则所知日以明道之远者大者，庶不至有凌节苦难之患耳。唐人尤重门第，能保其禄位，守其祭祀，则立身行道，扬名后世基之矣。"潭潭府中居"，《汉书·陈胜传》："沉沉者。""沉"音长含反，与"潭潭"义同，宫室深邃貌也。"金壁（当作'璧'）虽重宝"四句，此即暗用"黄金满籝，不如一经"之意。"不见公与相"二句，注：阁本作"不见公与汝，幸免自犁锄"。《考异》谓其谬。按：阁本语自佳，但与上"不系父母"之义不属。"文章岂不贵"八句,唐人重进士而薄明经,所学者诗赋文章,独韩氏为此学尔。曰"通古今",则读书并该史学及当代《六典》《开元礼》之属,"行身"一连已略及躬行矣。"人不通古今"二句,应"人之能为人"。腹既空虚,则所有者襟裾而已。"行身陷不义"二句,"身不陷于不义""身不离于令名"皆《孝经》语。"岂不旦夕念",下文"恩"字;"为尔惜居诸",下文"义"字。"作诗劝踌躇",踌躇,不前也,应前"诗书勤乃有"。(《义门读书记》卷三〇)

清方世举:按:此诗之旨诚不能不为富贵利达所诱,宜为君子所讥。黄鲁直以为劝奖之功与孔子同归。毋乃称之过当,然其警戒惰学者至为恳切。蒋之翘以为但可作村塾训言,亦兼切利病。(《韩昌黎诗集编年笺注》卷九)

清方婺如:《礼·学记》云:"宵雅肄三,官其始也。"郑注:"为始学者习之,所以劝之以官。"此正韩子《符读书城南》之义。(翁元圻注《困学纪闻》卷一八)

清翁元圻:邓志宏《文集》十九《跋陈了翁书邵尧夫诫子文》曰:"昔韩愈氏示符古风,用玉带金鱼之说以激之,爱子之情则至矣,而导子之志则陋也。方以陈、邵过庭之训,毋乃相万乎!"黄山谷尝书退之《符读书城南》诗,跋其后曰:"或谓韩公当开后生以性命之学,不当诱之以富贵荣显。涪翁曰:熙宁、元丰之间,大儒之过也,又何学焉?孔子曰:齐景公有马千驷,死之日,民无得而称焉。伯夷、叔齐饿于首阳之下,民到于今称之。韩公之言,其于奖劝之功,异趋而同归也。"王令,广陵人,初字钦美,后王萃字之曰逢原,王荆公以其妻吴氏之妹妻之。著《广陵集》。(宋王应璘著,翁元圻注《困学纪闻》卷一八)

清郑珍:黄鲁直尝以此诗劝奖之功与孔子同归,正论也。陆唐老短之,谓退之切切然饵其幼子以富贵利达之美,若有戾于向之所得者,非也。读书通古今,行身戒不义,学行并进,文质相宣,达则富贵若固有,穷亦名誉不去身,为圣为贤,止是如此。论古今通理,有"潭潭府中趋"之俗子,必无"鞭背生虫蛆"之哲人,子孙苟贤,藏身有术,即不为卿相,亦免人仆人奴。必欲饿不任声,寒而见肘,是其时命所极,决非父母之心。若伏猎侍郎、弄獐宰相,固韩公所不屑计较,于符岂有虑焉?如唐老者,吾知其必教子孙作木石矣。(《巢经巢文集》卷五《跋韩诗〈符读书城南〉首》)

程学恂:谓此是塾训体,不是诗体,却是。看他说公说相,到底却归到行义上,是岂仅以富贵利达饵其子者乎?唐老殆读之未竟也。(《韩诗臆说》卷二)

示爽①

长庆三年

宣城去京国,里数逾三千②。念汝欲别我,解装具盘筵③。日昏不能散,起坐相引牵④。冬夜岂不长?达旦灯烛然⑤。座中悉亲故,谁恳舍汝眠?念汝将一身,西来曾几年⑥?名科掩众俊,州考居吏前⑦。今从府公召,府公又时贤⑧。时辈千百人⑨,孰不谓汝妍⑩?汝来江南近⑪,里间故依然⑫。昔日同戏儿,看汝立路边⑬。人生但如此,其实亦可怜⑭。吾老世味薄,因循致留连⑮。强颜班行内,何实非罪愆⑯。才短难自力⑰,惧终莫洗湔⑱。临分不汝诳,有路即归田⑲。

【校注】

① 题:方《举正》:"当为元和十一二年间作。"文《详注》:"爽,韩氏之族子。时崔衍为宣歙池饶观察使,辟爽为从事。公《送杨仪之序》云'当今藩翰之宾客,惟宣州为多贤'是也。"《补注》:宣城在江之南,公别业所在。诗云则是爽及第后,佐官于宣城也。然公之诸子侄无有名爽者。以《登科记》考之,韩湘长庆三年(823)王起下

及第。爽,岂湘小字邪?湘字北渚,仕终大理丞。盖老成长子,而公之侄孙也。"魏本韩曰同而简。沈钦韩《补注》:"案诗'名科掩众俊',则爽已登第。'州考居吏前',则又服官得上考也。湘之登第在长庆三年,疑非湘也。《沈亚之集·送韩北渚赴江西序》云:'北渚,公之诸孙也,今年春进士登第,冬则宾仕于江南府。'疑即爽也。"王元启《记疑》:"据此则此诗公为吏部侍郎时作。韩于'强颜班行'句注云:'公时知制诰。'与此注自相矛盾。"钱仲联《集释》:"洪兴祖《韩子年谱》:'湘,《唐史》云字北渚。'沈疑爽非湘,又疑北渚即爽,是以湘与北渚为两人矣,非是。《姚合集》有《送韩湘赴江西从事》诗。"《韩学研究·韩愈年谱汇证》:"按:从该诗'名科掩众俊,州考居吏前',知爽已经吏部考试中选。'今从府公召,府公又时贤。'指此送行诗,即送爽中进士后应召赴府。'吾老世味薄,因循致留连。强颜班行内,何实非罪愆?'叹世嗟老,疑时在复为兵部侍郎时所作(按:三年十月韩愈本为京兆尹,后为兵部侍郎,中经李绅上诉李逢吉阴谋及周折转换,以兵部侍郎韩愈为吏部侍郎)。爽,指谁?有争议,徐松《登科记考》云:'《唐才子传》:湘字清夫,愈之侄孙也。长庆三年,礼部侍郎王起下进士。《昌黎集·宿曾江口示侄孙湘诗》,《考异》引孙注:湘字北渚,老成之子,公兄弇之孙。昌黎又有《示爽诗》,《考异》谓爽亦湘之字。'湘字北渚,良是。如姚合、贾岛、马戴、朱庆馀、无可诸人送别诗皆用上平声十一真韵,而称呼或为'湘',或为'北渚'……韩之门人沈亚之《送韩北渚赴江南序》云:'昔者,余尝得诸吏部昌黎公,凡游门下十有余年……今年春,(湘)进士得第,冬则宾仕于江南府。且有行日,其友追诗以为别。'(《沈下贤集》卷九)独韩愈送行诗称'爽';疑'爽',非湘字,而是乳名,爷爷称孙乳名者为世俗常见,朱熹谓'小字'者,亦含此义。然《唐才子传》谓湘字'清夫'者,则出于小说家言的《青琐高议》(卷九)'韩湘子'条。不足信。爽即湘,从姚合等人诗中所写内容与韩诗类比,即可坐实。如姚合《答韩湘》诗云:'昨闻过春关,名系吏部籍。三十登高科,前途浩难测。'(《全唐诗》卷五〇一)与韩诗'名科掩众俊，州考居吏前。今从府公召，府公又时贤。'意甚契合。诗写于是年（823）十月。"可参《韩愈大传》卷二《侄孙韩湘考》。文说注刺宣歙时贤为崔衍，张清华《侄孙韩湘考》定为韩公同年好友崔群。二人唐史均有传。《新唐书·崔衍传》："崔衍字著，深州安平人……天宝末擢明经，调富平尉……调清源令，劝民力田，怀附流亡，观察使马燧表其能，徙美原……故官刺史，妻子仅免饥寒。历苏、虢二州……裴延龄领度支，方聚敛，私谓衍：'前刺史无发明，公当止。'衍不听，复奏：'州部多岩田，又邮传剧道，属岁无秋，民举流亡，不蠲减租额，人无生理。臣见长吏之患，在因循不以闻，不患陛下不忧恤也；患申请不实，不患朝廷不矜贷也。陛下拔臣大州，宁欲视民困而顾望不言哉？'德宗公其言，为诏度支减赋。迁宣歙池观察使，简静为百姓所怀。幕府奏聘皆有名士，后多显于时。卒，年六十九……居十年，啬用度，府库充衍。"《新唐书》卷一六四史臣《赞》引韩愈语而后云："方是时，公卿无韩愈之贤，无有折其非是者。"当亦是赞崔衍。崔衍简静勤政，礼贤爱才，为世称道。但他是德宗朝名宦，为宣歙池观察使十年，约于贞元末已卒。时距长庆三年尚有约二十年。试想崔衍于天宝末举明经，调富平尉，设若已二十岁；天宝十四年（755），至长庆三年（823）为六十八年，加二十为八十八年。崔衍卒时为六十九岁，间二十年，尸骨已朽，怎么还能为宣歙池观察使呢？《新唐书·崔群传》："穆宗立，以吏部侍郎召之……俄拜御史大夫。未几，检校兵部尚书，充武宁节度使。群以其副王智兴得士心，不若假以节度，不报。智兴讨幽、镇还，借兵逐群，群失守，左迁秘书监，分司东都。改华州刺史，历宣歙池观察使，进兵部尚书。"《旧唐书·崔群传》同，都未说他在宣州的时间。以《旧唐书·穆宗纪》云：元和十五年（820）九月己酉（10日），以吏部侍郎崔群为御史大夫。丙寅（27日），以御史大夫崔群检校兵部尚书、徐州刺史，充武宁军节度、徐泗宿濠观察等使。长庆二年（822）三月癸丑（22日），徐州节度使崔群为其副王智兴所逐。四月癸未（23日），以武宁军节度使崔群为秘书监，分司东都。宝历三年(827)正月戊寅(16日),以前户部侍郎于敖为宣歙观察使,代崔群。疑崔群于长庆二三年间到宣城,任宣歙观察使,至宝历三年正月,约四年。

② 逾:祝本作"余",非。诸本作"逾",是。

《旧唐书·地理志三》:"江南西道:宣州,隋宣城郡。武德三年(620)……分宣城置怀安、宁国二县……天宝元年(741),改为宣城郡……在京师东南三千五百五十一里。"宣城,唐时为宣歙池观察使治所,在今安徽省宣城市。

③ 解装:魏本:"孙曰:解装,典衣。"童《校诠》:"第德案:易杂卦传:解,缓也,解装谓弛缓行装留止也,孙释解为典,未知何本。"按:解装,俗谓解囊,本义谓卸下行装。《文选》卷一四颜延之《赭白马赋》:"天子乃辍驾回虑,息徒解装。"李周翰注:"解息徒御装具。"解装一词唐诗仅韩公与郑嵎用,郑《津阳门诗》云:"酒家顾客催解装,案前罗列樽与卮。"盘筵,同盘馔,即盘中饭菜。韩公《送刘师服》诗:"草草具盘馔,不待酒献酬。"此句谓:韩公解囊设宴为侄孙湘送行。

④ 坐:祝本作"座"。诸本作"坐"。按:坐、座二字古虽可通假,然后世用意分明,则作"坐"字是。

《史记·魏公子列传》:"公子引侯生坐上坐。"座位这个意义后世作"座"。此处起坐谓站起坐下,当用"坐"。引牵,魏本:"孙曰:'相牵挽也。'"引牵即牵引,互相牵挽也。《汉语大词典》:"牵引扶持。"引韩诗为例。此作牵制解较善,即互相拉扯着不想散席。《左传》襄公十三年:"使归而废其使,怨其君以疾其大夫,而相牵引也,不犹愈乎?"

⑤ 然:文本作"燃"。诸本作"然"。"然"乃"燃"的本字,"燃"后出。然,即燃烧。《孟子·公孙丑上》:"若火之始然,泉之始达。"《说文·火部》:"然,烧也。从火,肰声。"段注:"如延切,十四部,俗作'燃',非是。"宋徐铉谓"然"俗别作"燃",盖后人增加。此谓:冬夜绵长,通宵达旦,挑灯燃火,饮酒赋诗为韩湘饯行。然,本已从火而明"然火""点灯"之义,后世再加火字,实有蛇足之嫌。

⑥ 西来：魏本："孙曰：西来，来京师也。"按：韩湘住宣城韩氏庄园，来京师攻读求仕，长安在西，故云。几年，乃概说也，不定词。按韩湘行年与韩公行年对析，元和十四年，韩湘已随乃祖韩公赴潮州，此后未见离去，当是在京随韩公攻读。由此推之，韩湘西来当在元和末年。

⑦ 名科：方《举正》据蜀本订。朱《考异》："或作'科名'。"文本、祝本、魏本作"科名"。宋白文本、廖本、王本作"名科"。作"名科"合诗意，善。

名科掩众俊：魏本："韩曰：'言爽来京师登第也。'孙曰：'考，谓考课。居吏前，最课也。'"按：名科者谓进士科，乃当时最为文士敬重的科考名目，为众之最，故谓"名科"。掩众俊，谓盖压众士子也。唐因古制：考课分殿最，即以上等为最，下等为殿。汉董仲舒《春秋繁露·考功名》："考试之法……九分三三列之，亦有上中下，以一为最，五为中，九为殿。"韩公《顺宗实录》卷四："上考功第，城自署第曰：'抚字心劳，征科政拙，考下下。'"此上句指科举的进士考试；下句谓宣州选拔贡士之尤佳者也。

⑧ "今从"二句：魏本："韩曰：'疑爽第后从宣歙观察使辟为府从事。'"时崔群为宣歙池观察使，宣州刺史。见本诗注①。韩公《与崔群书》："仆自少至今，从事于往还朋友间一十七年矣！日月不为不久，所与交往相识者千百人，非不多；其相与如骨肉兄弟者亦且不少……至于心所仰服，考之言行而无瑕尤，窥之阃奥而不见畛域，明白淳粹，辉光日新者，惟吾崔君一人。"《新唐书》卷一六五史臣《赞》云："崔群以为相李林甫则治乱已分，其言信哉！是扁鹊所以消桓侯也。"时贤，当时的贤达之人。《世说新语·文学》："桓宣武（温）命袁彦伯作《北征赋》，既成，公与时贤共看，咸嗟叹之。"崔群为元和名臣。蒋抱玄《评注》："《后汉书·韦彪传》：'欲借宠时贤以为名。'"亦可见韩湘为宣府从事的机缘。时贤，从《新唐书·崔群传》："累迁右补阙、翰林学士、中书舍人。数陈说言，宪宗嘉纳，因诏学士：'凡奏议，待群署乃得上。'群以'禁密之言，人人当自

陈，一为故事，后或有恶直丑正，则它学士不得上言矣'，固让，见听。惠昭太子薨，是时，遂王嫡，而澧王长，多内助。帝将建东宫，诏群为澧王作让。群奏：'大凡己当得则让，不当得之，乌用让？今遂王嫡，宜为太子。'帝从其议。"又："穆宗立，以吏部侍郎召之，劳曰：'我为太子，卿力也。'群曰：此先帝意，臣何力焉？且陛下向为淮西节度使，臣起制草，其言有'能辨南阳之赝，允符东海之贵'，先帝然之，则传付久矣。"

⑨ 百人："百"，祝本作"余"。作"余"，殊失诗味。诸本作"百"，从之。

时辈：当时的有名人物。《后汉书·窦融传附窦章》："章谦虚下士，收进时辈，甚得名誉。"《三国志·魏·孙礼传》："礼与卢毓同郡时辈，而情好不睦。"

⑩ 孰不谓汝妍：魏本注："妍，美也。"方世举《笺注》："曹植诗（《名都篇》）：'观者咸称善，众工归我妍。'"《关尹子·三极》："日无不照，有妍有丑，而日无厚薄。"

⑪ 汝：方《举正》作"汝"，云："范、谢校同。"朱《考异》："汝，或作'此'。"南宋监本原文作"此"。文本、潮本、浙本、祝本、魏本作"此"。文《详注》、魏本注："此，一作'汝'。"宋白文本、廖本、王本作"汝"。当作"汝"。

魏本："孙曰：'宣城在江之南，公有别业在宣城。'"清曾国藩《十八家诗钞》卷九："'汝来江南近'二句不可解。韩公本贯在河内之修武，又曾迁居洛阳。爽自江南赴长安，二处皆其经过之地。或谓其过河内、洛阳，与里间相近，二句作一句读耶？不然，则上句有讹误耶？公作《女挐铭》云：'归骨于河南之河阳韩氏墓。'是河阳亦可以河南称之。洛阳则自古久称河南，妄意此句当作'河南近'，笺以俟博闻君子。"钱仲联《集释》："洪兴祖《韩子年谱》称'建中、兴元中，公以中原多故，避地江左。《祭嫂》云：既克返葬，遭时艰难，百口偕行，避地江渍。《欧阳詹哀辞》云：建中、贞元间，就食江南。韩氏有别业在宣城，见《示爽》诗'云云。考其后贞元二年，公始来长安,而公侄老成则仍留江南,《祭十二郎文》云'吾年十九,始来京城,其后四年而归视汝'可以为证。老成以贞元十九年殁,葬南方,祭文所云'汝之子始十岁'即谓湘也。是湘生长江南,无可疑者。故下句有'昔日同戏儿'之语。孙、洪二家皆谓韩氏别有别业在宣城者,其说可信。上句'汝来'之来,《诗·采薇》郑笺云:'来,犹反也。'汝来江南,犹云汝反江南。"童《校诠》:"第德案:公与崔群书:宣城虽称清凉高爽,然皆大江之南,风土不并以北,复志赋:值中原之有事兮,就食于大江之南,祭老成文:与汝就食江南,又云:是疾也,江南之人常常有之,与此诗称宣城为江南同,可以互证。公尝居宣城,老成父子久居之,老成殁又葬焉,足为江南二字不误之据。曾氏以公本贯在河内修武,泥于本贯,不悟江南即指韩氏侨居之宣城,钱氏正其误是也,意有未尽,故复补之。钱释来为返亦是。按:来又有还也、归也之训,释还、归二义亦通。汝来江南近,沈亚之有送韩湘赴江西序,谓江西幕府与宣城近也。"按:谓韩愈"本贯在河内之修武"者,误。

⑫ 里间故依然:方《举正》作"故",云:"阁本作'固',蜀本作'故'。"朱《考异》:"故,或作'固'。"宋白文本、文本、祝本、魏本、廖本、王本作"故"。按:故、固作副词,当"本来"解音义同,故二字俱通。今从诸本。此谓其江南别业本依然。

⑬ "昔日"二句:文《详注》:"公自韶还,就食江南,时爽亦从。公作《复志赋》云'值中原之有事兮,将就食于江之南'是也。言宣州距江南不远,旧识之人依依瞻望也。"按:此韩公设想之词,谓韩湘回到宣城时,当年与他一同游戏的儿童会站在路旁看他。

⑭ 人生但如此:朱《考异》:"但,或作'得'。"宋白文本、文本、祝本、魏本、廖本、王本均作"但"。作"但"字是。

按:但当"仅仅"解,与下句连,乃韩公叹息人生之意。即人生不过如此,其实也可怜。可怜,若细味二句之意:其一,以湘与路旁瞻望的戏儿相比,戏儿可哀,可怜作哀怜解。《汉书·杨恽传》:"为言大臣废退,当阖门惶惧,为可怜之意。"其二,指韩湘说,则有可爱之意。《乐府诗集》卷七三《焦仲卿妻》:"东家有贤女,自名秦罗敷。可怜体无比,阿母为汝求。"李白《清平调词三首》其二:"借问汉宫谁得似?可怜飞燕倚新妆。"其三,或叹惜同是当年之戏儿,却流落路旁。唐李商隐《贾生》:"可怜夜半虚前席,不问苍生问鬼神!"查慎行《查初白诗评十二种》:"亦只就世俗人情说,先生之于子侄间,往往如此。"

⑮ 世味:人情滋味,犹言世情。《辞源》引韩诗为例。《文选》卷一七晋陆士衡《文赋》:"练世情之常尤,识前修之所淑。"杜甫《佳人》:"世情恶衰歇,万事随转烛。"经韩公一用,后世沿用。如宋陆游《临安春雨初霁》:"世味年来薄似纱,谁令骑马客京华。"宋唐珏《摸鱼儿》词:"悠然世味浑如水,千里旧怀谁省。"

⑯ "强颜"二句:强颜,勉强表示欢欣。时韩愈为兵部侍郎,因争台参事,官职变迁;又年老体衰,心情郁郁,故云"强颜班行内"。班行内,文《详注》:"司马迁(《报任安书》)云:'所谓强颜尔,曷足贵乎?'强,音其丈切。"魏本:"韩曰:'公时知制诰,故云行伍也。行,胡郎切。'"按:韩醇说韩公时知制诰,非是。陈景云《点勘》:"凡列朝班者,皆可云在班行内。"强,勉强。《孟子·滕文公下》:"强而后可。"何,为什么。《论语·先进》:"夫子何哂由也?"罪愆,罪过,过失。唐顾况《归阳萧寺有丁行者能修无生忍担水施僧况归命稽首作诗》:"尽力答明主,犹自招罪愆。"此句深含韩愈对时局的怨气。

⑰ 才短难自力:"自力"之"力"字,魏本作"立",钱仲联《集释》从之,非也。此乃韩公怀郁郁怨气时的自谓。诸本作"力",与文与情俱合。

⑱ 洗涚:《汉语大词典》:"洗涚:洗涤,清除。"引韩诗为例。韩公一用,后世沿用。如苏轼《仆囊于长安陈汉卿家见吴道子画佛碎烂可惜其后十余年复见之于鲜于子骏家则已装背完好子骏以见遗作诗谢之》:"问君乞得良有意,欲将俗眼为洗涚。"

⑲ 不汝斑:即不斑汝(你),谓不骗你。与下句合。文《详注》:"《后汉》《张衡传》:'张衡游京师,四十不仕,顺帝时阉官用事,欲

归田里,作《归田赋》。'"魏本:"孙曰:'归谓归宣城也。'韩曰:'陶渊明《归去来词》:田园将芜,胡不归!'"按:此乃爷爷告诉孙子的话,真有情趣。

全诗叶先韵,一韵到底。

【汇评】

清朱彝尊:纯是真率意,是示侄诗。(顾嗣立《昌黎先生诗集注》卷六)

清曾国藩:《示爽》:"汝来江南近"二句不可解。韩公本贯在河内之修武,又曾迁居洛阳。爽自江南赴长安,二处皆其经过之地。或谓其过河内、洛阳,与里间相近,二句作一句读耶?不然,则上句有讹误邪?公作《女挐铭》云:"归骨于河南之河阳韩氏墓。"是河阳亦可以河南称之。洛阳则自古久称河南,妄意此句当作"河南近",笺以俟博闻君子。(《十八家诗钞》卷九)

人日城南登高①

元和十一年

初正候才兆,涉七气已弄②。霭霭野浮阳,晖晖水披冻③。圣朝身不废,佳节古所用④。亲交既许来,子侄亦可从⑤。盘蔬冬春杂,樽酒清浊共⑥。令征前事为⑦,觞咏新诗送⑧。扶杖陵圮址⑨,刺船犯枯葑⑩。恋池群鸭回⑪,释峤孤云纵⑫。人生本坦荡,谁使妄倥偬⑬?直指桃李阑⑭,幽寻宁止重⑮?

【校注】

①题:方《举正》:"人日登高,见《荆楚岁时记》。"又:"当为元

和十一二年间作。"文《详注》:"董勋《问礼俗》,曰:'正月一日为鸡,二日为狗,三日为猪,四日为羊,五日为牛,六日为马,七日为人。则正旦画鸡于门,镂人于上,良为此也。'《荆楚岁时记》云:'正月七日为人日,以七种菜为羹,剪彩为人,或镂金薄(即金箔)帖屏风上,或戴之象人。'新年,形容改新也。"魏本:"孙曰:'东方朔《占书》:岁正月一日占鸡,二日占狗,三日占猪,四日占羊,五日占牛,六日占马,七日占人。'樊曰:'《荆楚岁时记》:正月七日为人日。董勋《问礼俗》:正月一日为鸡,二日为狗,三日为猪,四日为羊,五日为牛,六日为马,七日为人。'韩曰:'城南,公别墅所在,以故亲交子侄来为人日之集也。'"方世举《笺注》:"《荆楚岁时记》:'正月七日为人日,以七种菜为羹,镂金箔为人。戴之头鬓,登高赋诗。'按:以下诸诗,元和十一年作,是年正月丙戌拜中书舍人,知制诰。丙申赐绯衣银鱼。五月癸未降右庶子。"诸家说略同。方成珪《笺正》:"《太平御览》卷三〇:魏东平王是日《登寿张安仁山铭》曰:'正月七日,厥日惟人。策我良驷,陟彼安仁。'晋桓温参军张望亦有《正月七日登高诗》。"王元启《记疑》:"此诗长庆末年作,于'圣朝身不废''人生本坦荡'二句见之。"方成珪《昌黎先生诗文年谱》:"以是年(元和十一年)有《符读书城南》诗,此篇云'子侄亦可从',当系是年。"钱仲联《集释》、屈《校注》从方说。按:《韩学研究·韩愈年谱汇证》:"王元启系此诗为长庆末年,不妥。长庆纪年仅四,韩长庆四年八月病休满百日仍不能坚持上朝,乃罢官。前推百日,当在四五月间。由此推测他因病,身体已'足弱不能步'(《南溪始泛》之三),'余年懔无几'(《南溪始泛》之一),与此诗'圣朝'云云不类。方说可信。"

②"初正"二句:兆,魏本:"兆,萌也。孙曰:七谓七日,气为阳气。"钱仲联《集释》:"《白虎通义》(卷八《三正》):《尚书大传》(卷五)曰:夏以孟春月为正。'《素问》(卷三《六节藏象论》):'五日谓之候,三候谓之气。'《孟子》赵岐注:'兆,始也。'"按:正月刚刚开始,初七阳气已经上升了。是否人日已经立春?立春阳气始升。

③"霭霭"二句:文《详注》:"霭霭,云布貌,音于盖切。晖晖,

日光也。披冻,谓冰泮(融解)也。"魏本:"孙曰:霭霭,阳气貌。"又注:"披,散也。"蒋抱玄《注评》:"霭霭,盛貌。陶潜《停云》诗:'霭霭停云。'江总诗(《咏燕燕于飞应诏》):'二月春晖晖。'"钱仲联《集释》:"《淮南子》高诱注:'披,解也。'"程学恂《韩诗臆说》卷二:"'霭霭野浮阳,晖晖水披冻',乃参夺造化语。"按:上句说,太阳清新像漂浮在霭霭轻云里一样;下句谓,阳光照射在逐渐解冻漂浮在水面的冰块上。

④"圣朝"二句:郑珍《巢经巢文集》卷五《跋韩诗》:"或问此诗中'佳节古所用',古用人日登高,注家未详于何征之?曰:晋桓温参军张望有《正月七日登高诗》(载《太平御览》卷三〇),李充有《人日登安仁峰铭》(《艺文类聚》卷四)。《寿阳记》(一卷,南朝刘宋王元谟撰,佚,叶昌炽有辑本,载《觳淡庐丛稿》):'宋王正月七日登望仙楼会群臣,父老集城下,皆令饮一爵。'北齐杨休之有《人日登高侍宴》诗(《太平御览》卷三〇),乔侃亦有《人日登高》诗(《文苑英华》卷一五七)。《景龙文馆记》(唐武平一撰):'中宗景龙三年正月七日,上御清晖阁登高遇雪,令学士赋诗。'李文、李峤、刘宪、赵彦昭、宗楚客、苏颋六人皆有作。是知人日登高,自晋至唐,皆为故事,故公诗云然。"按:此日乃全家登高会宴的喜庆日子,预祝人丁兴旺的好年景。

⑤ 子侄:"侄"或作"姪"。方《举正》作"妷"。朱《考异》:"妷,或作'姪'。"宋白文本、廖本、王本作"妷"。文本、祝本、魏本作"姪"。姪,今作"侄"。妷、侄、姪三字皆同义。

童《校诠》:"第德案:尔雅释亲:女子谓晜弟之子为姪,郭注:左传曰:姪从其姑。说文:姪,兄之女也,从本义解。郝懿行曰:郭引僖十五年传:姪从其姑,姪谓子圉,则义得兼男子而言,故丧服大功章云:姪丈夫妇人报,郑注为姪男女服同,是于晜弟之子,男女均称为姪也。按:郝说是。周语:则我皇妣大姜之姪,韦注:女子谓昆弟之子,男女皆曰姪,亦其一证。说文无妷字,玉篇:妷弋质切,淫妷也,亦音帙,与姪同,方作妷,是弃本字而用后出字。亦有作侄者,玉篇：侄之栗切，牢也，坚也。"按：二句工对。亲交，亲戚，故交。子侄，或泛指子侄及侄孙。

⑥"盘蔬"二句：方世举《笺注》："《荆楚岁时记》：'旧以正旦至七日讳食鸡，故岁首唯食新菜。'清浊，邹阳《酒赋》：'清者为酒，浊者为醴。'"按：人日登高，酒肴杂陈，阖家欢聚，庆贺新春。唐高适《人日寄杜二拾遗》诗："人日题诗寄草堂，遥怜故人思故乡。"杜甫有《追酬故高蜀州人日见寄》诗。《全唐诗》卷八八二苏颋《人日兼立春小园宴》："白日最灵朝，登攀尽原隰。"

⑦"令征"句：文《详注》引《中山诗话》："中山先生云：唐人饮酒，喜以令为罚。退之云：'令征前事为。'白傅云：'醉翻襴衫抛小令。'今人以丝管歌讴为咏，即白傅所谓'其举故事物色'，则韩公诗所谓'令征前事为'也。"大意解之。魏本："韩曰：'征，举也。'"廖本注："东汉贾景伯有《酒令》九篇，今不传。"方世举《笺注》："《国史补》（卷下）：'古之饮酒，有杯盘狼藉、扬觯绝缨之说，甚则甚矣，然未有言其法者。国朝麟德中，壁州刺史邓弘庆始创平、索、看、精四字令，至李梢云而大备。[自上及下，以为宜然。]大抵有律令，有头盘，有抛打，盖工于举场，而盛于使幕也。'刘贡父《诗话》：唐人饮酒，以令为罚，韩吏部诗云'令征前事为'，白傅诗云'醉翻襴衫抛小令'。今人以丝管歌讴为令者，即白傅所谓'其举故事物色'，则韩诗所谓耳。按：宋赵与时《宾退录》载唐酒令甚多。"按：刘攽《中山诗话》："唐人饮酒，以令为罚，韩吏部诗云'令征前事为'，白傅诗（《就花枝》）云'醉翻襴衫（袖）抛小令[，笑掷股盘呼大采]'。今人以丝管歌讴为令者，即白傅所谓。大都欲以酒劝，故始言送，而继承者辞之，摇首捰舞之属，皆却之也。至八遍而穷，斯可受矣。其举故事物色，则韩诗所谓耳。"

⑧觞咏新诗送：方世举《笺注》："王羲之《兰亭序》：'一觞一咏，亦足以畅叙幽情。'"即一边饮酒，一边讴歌。

⑨陵：宋白文本、廖本、王本作"凌"。文本、祝本、魏本作"陵"。按：陵、凌作升、登解音义同。《左传》成公二年："齐侯亲鼓，

士陵城。"《管子·兵法》:"凌山坑,不待钩梯。"

朱《考异》:"阯,或作'址'。"宋白文本、祝本、魏本作"址"。文本、廖本作"阯"。文《详注》:"阯,或作'址'。陵,陟也。圮,毁也。阯,阶也。圮,音部鄙切。"魏本:"《集注》:扶,挟也。圮,毁也,覆也。址,基址。《史记》:'石闾在太山下址。'《太玄经》:'丰墙峭址。'址,之市切,或作阯者非。阯,交阯也。"方世举《笺注》:"《说文》:圮,毁也。址,基也。"童《校诠》:"第德案:说文:阯,基也,从𨸏,止声,址,阯或从土,是阯、址异体同字。礼记王制:雕题交趾,郑注:交趾,足相向然。尔雅释木:刘,刘杙,郭注:刘子生山中,实如梨,酢甘,核坚,出交阯。《释文》:阯本作趾。按:交趾本以足为义,应作止,趾为止之后出字,作阯者乃假借字,集注以阯为交趾本字,未谛。"今从址。

⑩ 刺(cì七赐切,去,寘韵):撑,撑船也叫刺船。魏本:"韩曰:《庄子》:渔父言:'吾去子矣。'乃刺船而去。"《史记·陈丞相世家》:"(陈)平恐,乃解衣裸而佐刺船。"

枯菇:文《详注》:"枯,一作'孤'。菇,菰根也,音芳用切。"魏本:"祝曰:'菇,菰根。江东有菇田。'"蒋之翘《辑注》:"菇,《诗韵》:方用切,读为去声,云菰根也。又《诗·谷风》(《邶风》):'采菇采菲。'菇,音封。《尔雅》音捧,云蔓青也。翘按:其字本同,但异物,故异音耳……杨慎云:'菰菇根相结而生,岁久浮于水上,根最繁而善纠结,以土泥著上,刈去其蔓,枯时以火燎,便可耕种。'"方世举《笺注》:"《淮南·天文训》:'大旱,苽菇燀。'注:'苽,蒋草也。生水上,相连,名曰封,旱燥故燀也。'"童《校诠》:"第德案:说文:蒋,苽蒋也;苽,雕胡(依段校),一名蒋,段曰:其叶曰苽、曰蒋,俗曰茭,其中台如小儿臂可食,其根曰菇,菇,去声。吴其濬曰:二浙下泽处菰草最多,其根相结而生,浮于水上,彼人谓之菰菇。说文:菇,须从也,段曰:陆佃、严粲、罗愿皆言在南为菘,在北为蔓菁、芜菁,皆是一物,菰菇读去声,别是一物。按:段、吴说是。此文枯菇字即茭根,淮南天文训作封,假封为之,菰为苽之后出字。"《辞源》:"草名,同菰,一名蒋。俗称茭白。诗文中多指其果实。《淮南子·原道》:'浸潭苽蒋。'"

按:诸本均作枯,从之。葑(fēng 府容切,平,钟韵),菜名,一谓蔓菁。《诗·唐风·采苓》:"采葑采葑,首阳之东。"又(fèng 方用切,去,用韵),菰根,即茭白。《晋书·毛璩传》:"海陵县界地名青蒲,四面湖泽,皆是菰葑。"因该诗平、仄韵通叶,作平作去均可。谓枯葑即茭白,在北方冬天叶枯,所说是。谓茭白与蔓菁为一物则非,蔓菁,北方多有,秋种,冬春收,叶、根均可食。

⑪ 池:祝本作"地",非是。诸本作"池",是。

按:鸭喜水,故恋池。回,回旋也。

⑫ 释峤孤云纵:魏本:"祝曰:'释,离也。峤,山锐而高也。'"文《详注》:"峤,山锐而高也,音渠庙切。"王元启《记疑》:"以'纵'字写释峤之云,非亲历其境不知此语之工。"朱彝尊《批韩诗》:"琐事浅景,一一可喜。"

⑬ "人生"二句:魏本:"韩曰:'《论语》(《述而》):君子坦荡荡。'"妄,胡乱。《荀子·天论》:"倍道而妄行。"倥偬,魏本:"困貌。祝曰:《楚辞》(刘向《九叹·思古》):'愁倥偬于山陆。'注:倥偬,犹困苦也。控椶二音。"文《详注》:"《北山移文》曰:'倥偬装怀。'注云:'繁福(当作偪)貌。'上音苦贡切,下音作弄切。"钱仲联《集释》:"《广韵》:'倥,倥偬,事多。康董切。'又:'偬,作孔切。'孔稚珪《北山移文》:'牒诉倥偬装其怀。'韩盖兼用事多义。"按:此二句谓:人生本来是坦坦荡荡的,谁能使它胡乱匆忙而过。岁首登高,慨叹人生也。

⑭ 桃李阑:宋白文本、文本、魏本、廖本、王本作"阑"。祝本作"蘭"。魏本:"孙曰:阑,榭也。"童《校诠》:"第德案:文选谢永乐永初三年诗:述职期阑暑。李注:阑,犹尽也。榭当作谢。祝本作蘭,为阑之借字。史记·屈原传:令尹子兰。新序作阑,是其例。"

⑮ 幽寻宁止重:方《举正》据蜀本作"幽寻"。朱《考异》:"幽寻,或作'寻幽'。"文本、祝本、魏本作"寻幽"。文本、魏本注:"一作'屡游'。"

文《详注》:"重,再也,储用切。"结在盛春再来。

【汇评】

明蒋之翘：诗极清健朴野，退之能自去本色，故佳。(《韩昌黎集辑注》)

清朱彝尊：绝似摩诘，但笔比摩诘较重耳。(顾嗣立《昌黎先生诗集注》卷六)

程学恂：押韵处陡健快妙，后惟子瞻得之。鲁直以下，终是勉强处多。(《韩诗臆说》卷二)

病鸱①

元和十一年

屋东恶水沟②，有鸱堕鸣悲③。青泥撑两翅④，拍拍不得离⑤。群童叫相召，瓦砾争先之⑥。计校生平事，杀却理亦宜⑦。夺攘不愧耻，饱满盘天嬉。晴日占光景，高风送追随⑧。遂凌紫凤群⑨，肯顾鸿鹄卑⑩？今者运命穷，遭逢巧丸儿⑪，中汝要害处，汝能不得施⑫。于吾乃何有？不忍乘其危⑬。丐汝将死命，浴以清水池⑭。朝餐辍鱼肉，暝宿防狐狸⑮。自知无以致，蒙德久犹疑⑯。饱入深竹丛，饥来傍阶基。亮无责报心，固以听所为⑰。昨日有气力，飞跳弄藩篱⑱。今晨忽径去，曾不报我知⑲。侥幸非汝福，天衢汝休窥⑳。京城事弹射，竖子岂易欺㉑。勿讳泥坑辱，泥坑乃良规㉒。

【校注】

① 题：文《详注》：《补注》：鸱鸟贪恶好攫而善飞。公意盖有讥也。杨宝黄雀事见《续齐谐记》及杨震传注。"魏本："唐曰：《说

文》：'鸱，鸢也。鸟之贪恶者，其性好攫而善飞。'公意盖有所讥也。韩曰：必有人焉如鸱鸟之恶，忽堕水沟，公既救其死命，复作诗诫之云耳。"方成珪《笺正》："《说文》（鸟部）：'鸱，䲹也。'唐氏所引未见。"童《校诠》："第德案：说文：鸱，籀文䲹，从鸟。玉篇：鸱，充尸切，鸢属，鵄同上。鸢，以专切，鸱类也，鳶同上。䲹，尺之切，恶鸣之鸟，亦作鸱。鸟之贪恶者云云，乃唐氏自作解释，与说文、玉篇无涉。"按：方氏所引非许慎《说文》原文，乃段玉裁注；唐庚所引确不见经韵楼藏版《说文》。按段注："鸱当作䲹，䲹，䲹也……不得举一䲹字谓为同物……䲹旧不可单言䲹，䲹鸮不可单言鸮。凡物以两字为名者，不可因一字与他物同谓为一物。"《诗·豳风·鸱鸮》："鸱鸮鸱鸮。"此为一鸟，即鸱鸺，俗称"猫头鹰"。亦可单用，即鸢，鹞鹰。《诗·大雅·瞻卬》："懿厥哲妇，为枭为鸱。"鸢，亦鹰也。《诗·小雅·四月》："匪鹑匪鸢，翰飞戾天。"韩诗亦单用鸱，作"鸢"，当鹰解为善。

关于该诗写作的时地：方《举正》："当为元和十一二年间作。"方世举《笺注》："此诗所指，盖亦非无名位者。大抵始遭困辱，公实拯之，而其后负恩不顾也。然是在京师作，不得其事，遂不得其时。以诗类从，附编于此。"《韩学研究·韩愈年谱汇证》："王元启（《记疑》）曰：'此诗似为刘叉而发。叉素无行，游公门，至攫其瓮金而去。公诗虽意不为此，然泥坑之戒，实叉所当深佩也。叉事见李商隐所述《齐鲁二生》文。言叉大躯有声力，常出入市井，杀牛击犬豕，罗网鸟雀。亦时或因酒杀人，变姓名遁去，会赦得出。公诗夺攘数语，与商隐所言悉合。又玩丐汝死命等云，意叉罹罗网时，公实有活命之恩，后乃窃金而去也。其曰：此谀墓所得，不若与刘君为寿。盖故为妄语以自掩其夺攘之丑，亦退后之狂言也。'按：王说有理。如诗里又云：'丐汝将死命，浴以清水池。朝餐辍鱼肉，暝宿防狐狸。自知无以致，蒙德久犹疑。饱入深竹丛，饥来傍阶基。亮无责报心，固以听所为。昨日有气力，飞跳弄藩篱。今晨忽径去，曾不报我知。'又云：'勿讳泥坑辱，泥坑乃良规。'从韩愈施恩病鸱，病鸥得以恢复气力,又不辞而去,韩愈还谆谆告诫它要吸取泥坑之辱的教训的情况看,颇似刘叉。又从'时愈碑铭独唱,润笔之资盈缶'的情况看,颇似韩愈在京任中书舍人以后碑版名噪京师的情况,故系此诗于此(元和十一年)。"全诗为寓体。

②恶水沟:魏本:"孙曰:恶水,浊水也。《左氏传》(成公六年):'有汾浍以流其恶。'"方世举《笺注》:"恶水:《左传》(成公六年):'韩献子曰:郇瑕氏土薄水浅,其恶易觏,不如新田,土厚水深,有汾浍以流其恶。'"按:恶水沟,臭水沟。全诗用比,首启信手拈来,似不经眼,实含运思锤炼之工。

③有鸥堕鸣悲:方世举《笺注》:"鸣悲:《楚国策》(《战国策》):'更赢引弓虚发而下鸟。魏王曰:然则射可至此乎?更赢曰:此孽也,其飞徐而鸣悲。飞徐者,故疮痛也;鸣悲者,久失群也。'"按:鸣悲,即悲鸣,叫声凄凉也。《全唐诗》卷一九白居易《相和歌辞·挽歌》:"丹旐何飞扬,素骖亦悲鸣。"又卷三七四孟郊《饥雪吟》:"饥乌夜相啄,疮声互悲鸣。"

④青泥揯两翅:朱《考异》:"揯,或作'淹',又作'渹'。"宋白文本、文本、祝本、廖本、王本作"揯"。魏本作"淹"。王元启《记疑》:"渹,溃也。作'渹'与下'不得离'句呼应尤亲。"钱仲联《集释》:"作揯,与泥字较切。"按:渹同淹,淹没。俞文豹《吹剑四录》:"一水淹没,颗粒不收。"与"青泥"不配。揯,困迫。《礼记·表记》:"君子慎以辟祸,笃以不揯,恭以远耻。"注:"揯,犹困迫也。"鸥鸟困于青泥,不得脱身,悲鸣凄凉,待人救助。作"揯"字合公诗义。疑韩公即用《礼记》义。青泥,魏本:"韩曰:周庾信《游仙诗》:'青泥美熟芝。'淹,溃也。"按:本指古时封记器物的青色泥。旧题晋王嘉《拾遗记》二《夏禹》:"禹尽力沟洫,导川夷岳,黄龙曳尾于前,玄龟负青泥于后⋯⋯禹所穿凿之处,皆以青泥封记其所。"

⑤拍拍不得离:魏本:"孙曰:拍拍,欲飞貌。"按:拍拍,象声词。谓鸟欲起飞先展两翅,两翅开合,如两手拍打之貌而有声。《汉语大词典》引韩诗为例。而后人沿用。宋梅尧臣《次韵和永叔

雨中寄原甫舍人》:"锦鞍切莫九衢去,拍拍一如鹅鸭池。"

⑥ 瓦砾争先之:魏本:"祝曰:《释名》(《释山》):'小石曰砾。'《楚辞》(王褒《九怀·株昭》):'瓦砾进宝兮,捐弃随和。'砾,音历。"按:此二句写群童见鸥鸟落青泥中,争相用瓦砾掷之。形容鸥落难困窘之态,惟妙惟肖。

⑦ "计校"二句:校,文本作"较"。诸本作"校"。计较、计校二词作算计、校量音义同。北齐颜之推《颜氏家训·治家》:"计较锱铢,责多还少。"《汉书·贾谊传》:"妇姑不相说,则反唇而相稽。"应劭曰:"稽,计也,相与计较也。"《三国志·吴·孙坚传》:"坚夜驰见(袁)术,画地计校。"今从诸本作"计校"。杀却:杀掉。张相《诗词曲语词汇释》卷一:"却,语助辞,用于动辞之后。杜甫《一百五日夜对月》诗:'斫却月中桂,清光应更多。'韩愈《病鸱》诗:'计较生平事,杀却理亦宜。'斫却、杀却,犹云斫掉、杀掉也。"

⑧ 高风送追随:送追随:方《举正》订,云:"杭、蜀、《文苑》同。"朱《考异》:"或作'恣追飞'。"文本作"恣追随",注:"恣,一作'送'。随,一作'飞'。"宋白文本、魏本、廖本作"送追随",宋白文本注:"一作'恣追飞'。"魏本作"送",云:"送,一作'恣'。随,一作'飞'。"廖本注:"或作'恣追飞'。"王元启《记疑》:"'恣'字与上'占'字为偶,皆指鸥言。曰送,则此句独指风言,与上句不伦,随字语更落空,不若作飞为稳。"钱仲联《集释》:"通首押支韵,不应独阑入微韵。王说非是。"按:钱说是。二句诗义语非讲对应。"夺攘"以下六句均写鸥的"生平事"。按鸥平生所作所为杀掉也应该,然韩公却同情而救助,且不与计较,不图回报。

⑨ 遂凌紫凤群:方《举正》据阁本作"遂凌紫凤群",云:"《文粹》同,李、谢校。"朱《考异》:"遂,或作'拟'。紫,或作'鸾'。"南宋监本原文作"拟凌鸾凤群"。宋白文本、文本、廖本、王本同方,作"遂",注:"一作'拟'。"作"紫",注:"一作'鸾'。"祝本、魏本作"拟",作"鸾"。今从方。

紫凤:传说中的神鸟。南朝齐谢朓《钧天曲》:"紫凤来参差,玄鹄至凌乱。"方世举《笺注》:"师旷《禽经》:'紫凤谓之鹭。'"

⑩ 肯顾鸿鹄卑:方《举正》据阁本作"鹄雁",云:"《文粹》同。李、谢校。"朱《考异》:"鸿鹄,方作'鹄雁'。今按'紫''鸿'是假对。"南宋监本原文作"鸿鹄"。宋白文本、祝本、魏本、廖本、王本作"鸿鹄"。文本作"鹄雁"。按:今从诸本作"鸿鹄"。"鸿鹄"与"紫凤"对。

魏本:"孙曰:自'夺攘不愧耻'以下,皆前所云'计校平生事'者也。此以讥小人之得位凌侮(按:侮,宋本作'悔',四库本作'悔',作'侮'较善)君子者。童《校诠》:"第德案:战国策:韩卒之剑戟,皆出于冥山、棠溪、墨阳、合伯、邓师、冯宛、龙渊、太阿,皆陆断牛马,水击鹄雁;东方曼倩答骠骑问:干将、莫邪天下之利剑也,水断鹄雁,陆断马牛,将以补履,不如一钱之锥。是鹄雁字有所本(论衡奇怪篇有雁鹄字),朱子谓紫、鸿假对,亦通,应两存之。孙注悔当作侮。"

⑪ "今者"二句:运命:宋白文本作"命运"。文本、祝本、魏本、廖本、王本作"运命"。按:作"运命"合韩公用语习惯。

按:丸,祝本作"九",乃笔误。此二句以五坊小儿作比,写鸥昔日遭弹伤,与今日离去之嘱咐"京城事弹射,竖子岂易欺"合。

⑫ 要害:顾嗣立《集注》引吴兆宜曰:"《后汉书·来歙传》:'歙自书表曰:臣夜人定后,为何人所贼伤,中臣要害。'"按:要害指关系全局的重要地点或关系决策的机要。《史记·秦始皇本纪》贾谊《论》:"良将劲弩守要害之处。"《汉书·晁错传》上书:"要害之处,通川之道,调立城邑,毋下千家。"此指弹中鸥的致命处。下句说鸥有能力也不能施展。

⑬ "于吾"二句:我不忍群儿乘其危而再害它。查慎行《查初白诗评十二种》:"世之乘危下石者,皆群童类耳。"此下石者指"群童叫相召,瓦砾争先之"的群儿,亦比也,有世情味。韩公《柳子厚墓志铭》:今人有"握手出肺肝相示,指天日涕泣,誓生死不相背负,真若可信;一旦临小利害,仅如毛发比,反眼若不相识;落陷阱,不

一引手救,反挤之,又下石焉者,皆是也"。

⑭ 丐汝将死命:方《举正》:"'丐兄弟死命',《汉·寇恂传》语。《文录》《文苑》作'丐',谢校同。阁本、杭本作'与',蜀本作'救'。"朱《考异》:"丐,或作'救',又作'与'。"(下引方语)南宋监本原文作"救"。文本、潮本、魏本"丐"作"救",注:"一作'丐',又作'与'。"宋白文本"死命"作"命死"。

按:今从方等作"丐汝将死命"。丐可作"救"解,故蜀本作"救"。此谓:以清水洗其污,以鱼肉养其体,以文道育其神。

⑮ 肉:文本作"食"。诸本作"肉",是。按:此真呵护有加。

⑯ 犹疑:《唐诗归》卷二九钟惺曰:"骂得毒。"按:犹疑,犹,兽名,猴属。也叫犹猢,似猴而足短,好登高攀缘,性犹豫,故名之。《楚辞》屈原《离骚》:"心犹豫而狐疑兮,欲自适而不可。"韩公诗借鉴此也。

⑰ 亮无责报心:朱《考异》:"亮,或作'谅'。"文本、祝本作"谅"。以,文本作"已"。宋白文本、廖本、王本作"亮",作"以",注:"一作'谅'。"今从之,作"亮",作"以"。按:作"诚信"解,"亮""谅"二字通用。《论语·季氏》:"友直,友谅,友多闻。"《孟子·告子下》:"君子不亮,恶乎执?"屈原《离骚》:"惟此党人之不谅兮,恐嫉妒而折之。"《三国志·魏书·卢毓传》:"亮直清方,则司隶校尉崔林。"则作"亮"不误。二句谓:信它没有报答的诚心,因此听其所为。

⑱ "昨日"二句:方世举《笺注》:"有气力:《史记·酷吏传》:'郅都为人勇有气力。'藩篱,宋玉《对楚王问》:'夫藩篱之鷃,岂能与之料天地之高哉?'"

⑲ 今晨忽径去:朱《考异》:"径,或作'劲'。"诸本作"径",从之。魏本:"樊曰:《后汉》(《后汉书·杨震传》注):杨宝[年九岁时]尝至华阴山,见一黄雀为鸱鸮所博(搏),坠于木下,为蝼蚁所困。宝取归食之,百余日毛羽成,放去。一夕,读书未卧,有黄衣童再拜曰:'我西王母使者,荷君仁爱拯救,今来拜谢。'因以白环四枚与宝,曰:'令君子孙洁白,位登三事,当如此环。'其后震、秉、赐、彪四

世三公。病鸥其亦异夫黄雀之报矣。"文《详注》:"《补注》:杨宝黄雀事,见《续齐谐记》及《杨震传》注(引《续齐谐记》)。"《唐诗归》卷二九谭元春曰:"语有身分,有原委。"

⑳ 天衢:魏本:"孙曰:'天衢,天路也。'以喻高显之位。韩曰:《易》(《大畜》):'何天之衢,亨。'"按自此以下六句乃韩公谆谆嘱咐之语。

㉑ 竖子岂易欺:岂,文本作"不",注:"一作'岂'。"宋白文本、祝本、魏本、廖本、王本作"岂",从之。

按:竖子:《史记·项羽本纪》:"亚父受玉斗,置之地,拔剑撞而破之,曰:'唉!竖子不足与谋。'"欺,压倒、超过。唐杜牧《张好好》诗:"飘然集仙客,讽赋欺相如。"此谓:竖子之势难以抑制。

㉒ 泥坑乃良规:方《举正》作"良规",云:"唐本、《文苑》同上。蜀本作'汝规'。《三国志》多用'良规'字。"朱《考异》:"良,或作'汝',非是。"《唐诗归》卷二九钟惺曰:"待负心人复作厚道丁宁语,只是自处甚高。"清黄钺《增注证讹》:"结语忠厚之至。"按:嘱语正见韩公待人宽厚,如对刘叉。

全诗叶支韵,一韵到底。

【汇评】

宋袁文:"鸿鹄"二字,若据《史记》音解,"燕雀安知鸿鹄之志",并"鸿鹄高飞,一举千里"云云,自是一种鸟名,鸾凤之属,非鸿雁与鹄也。而韩退之《病鸱》诗乃云"拟凌鸾凤群,肯顾鸿鹄卑"。又何耶?(《瓮牖闲评》卷七)

宋黄震:《病鸱》诗,有不绝小人戒诱使善之意。(《黄氏日抄》卷五九)

明钟惺:与乐天《大觜乌》同一痛快尽情,而规调稍严。然读朱穆《与刘伯宗绝交诗》,此二君不得不有世代升降之分矣。(《唐诗归》卷二九)

清朱彝尊:必有所指,不知为谁,大约受恩而背去者耳。(顾嗣

立《昌黎先生诗集注》卷六)

清顾嗣立:此诗每虚顿一二语,用深一步法。如"计校生平事,杀却理亦宜""亮无责报心,固以听所为"是也。通首是比,分明为负心人写照,与老杜《义鹘行》正是相反。(同上)

清何焯:《病鸱》,朱公叔与刘伯宗绝交,作诗曰:"北山有鸱,不洁其翼。飞不定向,寝不定息。饥则木揽,饱则泥伏。饕餮贪污,臭腐是食。填肠满嗉,嗜欲无极。长鸣呼凤,谓凤无德。凤之所趣,与子异域。永从此决,各自努力。"公此诗所刺,则又加以负恩反覆者也。(《义门读书记》卷三〇)

清陈沆:此君子待小人之道,始以宽厚,终以忠告也。宁人负我,毋我负人。与少陵《义鹘行》正相反。皆渊源乐府而不及者,则气格古近间辨之矣。又有《初南食贻元协律》云:"惟蛇旧所识,实惮口眼狞。开笼听其去,郁屈尚不平。卖尔非我罪,不屠岂非情。不祈灵珠报,幸无嫌怨并。"又《和柳州食虾蟆》诗讽刺并同。(《诗比兴笺》卷四)

华山女①
元和十四年

元和十四年正月作。李唐王朝以李耳为始祖,把《道德经》奉为重要经典,盛唐又张行佛教。宪宗晚年既好神仙又笃信佛老。元和十三年十月颁布求方士的诏书,得柳泌。因柳泌说要到天台山采灵芝炼长生之药,十一月就任柳为台州刺史,谏官谏不听,反而兴师动众,破费大量物力财力迎佛骨。韩愈既反佛又辟道。这首诗正反映了当时的社会现实。诗对荒谬的迷信活动与淫秽行为予以讽刺,笔锋直扫统治集团。虽与《谢自然诗》《谁氏子》思想一致,但表现手法不同,不是直言规劝,而是把主题寓于艺术形象之中,是一首艺术感染力极强的古体诗。

街东街西讲佛经②,撞钟吹螺闹宫庭③。广张罪福资诱胁④,听众狎恰排浮萍⑤。黄衣道士亦讲说,座上寥落如明星⑥。华山女儿家奉道,欲驱异教归仙灵⑦。洗妆拭面着冠帔⑧,白咽红颊长眉青⑨。遂来升座演真诀⑩,观门不许人开扃⑪。不知谁人暗相报,訇然振动如雷霆⑫。扫除众寺人迹绝⑬,骅骝塞路连辎軿⑭。观中人满坐观外,后至无地无由听。抽钗脱钏解环佩⑮,堆金叠玉光青荧⑯。天门贵人传诏召⑰,六宫愿识师颜形⑱。玉皇颔首许归去⑲,乘龙驾鹤来青冥⑳。豪家少年岂知道,来绕百匝脚不停㉑。云窗雾阁事恍惚,重重翠幔深金屏㉒。仙梯难攀俗缘重㉓,浪凭青鸟通丁宁㉔。

【校注】

　　① 题:方《举正》:"当为元和十一二年间作。"魏本:"洪曰:《记梦》云'安能从汝巢神仙(山)',《谢自然》云'童騃无所识',《谁氏子》云'不从而诛未晚耳',《桃源》云'神仙有无何茫茫'。退之倔强如此,然此诗颇假借,不知何故。如'洗妆拭面着冠帔,白咽红颊长眉青',即知女道士也。韩曰:诗虽记当时所见,然意盖指一时佛老之盛,排斥之意寓于诗云。文《详注》:"许颛《诗话》云:退之见神仙亦不伏,云'我宁屈曲自世间,安能从汝巢神仙',赋《谢自然》诗曰'童騃无所知',作《谁氏子》曰'不从而诛未晚耳'。惟《华山女》诗颇假借,不知何以得此?'"方世举《笺注》:"此诗事无可考,姑以类附。"钱仲联《集释》:"方说无的据。诗中所云'撞钟吹螺闹宫庭'者,正十四年正月宪宗迎佛骨时事。《谏佛骨表》云:'今闻陛下令群僧迎佛骨于凤翔,御楼以观,异入大内。'《旧史》云:'是年正月丁亥(八日),上令中使押宫人持香花迎佛骨,留禁中三日。'与诗语合。兹系本年。"钱说有理。《韩学研究·韩愈年谱汇证》:"(元和

十四年)正月上中旬有《华山女》诗。据诗'撞钟吹螺闹宫廷(当作庭)','天门贵人传诏召,六宫愿识师颜形。玉皇颔首许归去,乘龙驾鹤来青冥'和《论佛骨表》'今闻陛下令群僧迎佛骨于凤翔,御楼以观,舁入大内,又令诸寺递迎供养……伤风败俗,传笑四方,非细事也'所写事看,诗当写于八日迎佛骨后,上表前。"

② 讲佛经:即讲说佛经。方世举《笺注》:"《魏书·释老志》:刘歆著《七略》,班固志《艺文》,释氏之学,所未曾纪。哀帝元寿元年,博士弟子秦景宪受大月氏王使伊存口授浮屠经,中土闻之,未之信了也。后汉明帝遣郎中蔡愔、博士弟子秦景等使于天竺,写浮屠遗范。愔仍与沙门摄摩腾、竺法兰东还洛阳,得佛经《四十二章》。《隋书·经籍志》:'佛经者,西域天竺、迦维、卫国、净饭王太子释迦牟尼所说。'"

③ 撞钟吹螺:魏本:"孙曰:'钟、螺,佛家乐器。'螺,落戈切。"方世举《笺注》:"撞钟:《左传》:'撞钟舞女。'吹螺:《南史·婆利国传》:'其导从吹螺击鼓。'法显《佛国记》:'那竭国有精舍,每日出,则登高楼,击大鼓,吹螺敲铜钹。'"按:撞钟,即鸣钟。佛寺有大钟,以杵鸣之,故曰鸣钟。吹螺,即吹螺号。

④ 资诱胁:方《举正》订,云:"李本校'资'作'恣',然阁本、蜀本只同上。"朱《考异》:"资,或作'恣'。"宋白文本、文本、祝本、魏本、廖本、王本均作"资"。魏本注:"资,助也。"廖本从方,注:"资,或作'恣'。"按:作"资"是。

方世举《笺注》:"何承天《答宗居士书》:'有道含沙门,相为说罪福起灭之验。'《洛阳伽蓝记》:'人死有罪福。'李邕《普光寺碑》:'构之者罪花雕落,信之者福种萌生。'"按:此谓华山女夸大张扬人的罪孽、福祉,帮助引诱、胁迫人们信佛。

⑤ 狎恰:文《详注》:"狎恰,一作'恰似'。"按:作"听众狎恰"善。方《举正》:"狎恰,唐人语也。白乐天《樱桃诗》:'洽恰举头千万颗。'一作'恰似',非。"方世举《笺注》注同《举正》。钱仲联《集释》:"狎恰,为密集义。"童《校诠》:"第德案:作恰恰亦通,杜工部黄

师塔诗:自在娇莺恰恰啼,是其例。祝本作恰似两通。"

按:《辞源》:"狎恰,重叠,密接。"亦引韩诗为例。韩公一用,后世沿用。宋苏舜钦《苏学士集》卷二《检书》:"鱼子或破碎,蚕儿尚狎恰。"翁方纲《石洲诗话》卷一:"狎恰,即洽恰。"郭在贻《训诂学的作用》:"'狎恰'在这里是多而密集的样子,狎恰音转为戢戢,亦有密集义。"

⑥ 座上:文本作"上",注:"一作'下'。"宋白文本、祝本、魏本、廖本、王本作"下"。按:作"上""下"均可,细品词义和体味韩公用语习惯,疑作"上"善。

黄衣道士:魏本:"韩曰:《论语》:'黄衣狐裘。'《礼记》:'黄冠、黄衣而祭,息田夫也。野夫黄冠。黄冠,草服也。'"按《礼记·郊特牲》:"黄衣、黄冠而祭……"方世举《笺注》:"《唐六典》(卷四):'凡道士、女道士衣服,皆以木兰青碧皂荆黄缁之色。'"按唐代道士穿黄色法衣,此与唐皇帝尊老子李耳为始祖有关。《汉语大词典》云:"黄衣,道士穿的衣服。"下引晋王嘉《拾遗记·后汉》:"刘向于成帝之末,校录天禄阁,专精覃思。夜有老人,着黄衣,植青藜杖,登阁而进……向请问姓名。云:'我是太乙之精,天帝闻金卯之子有博学者,下而观焉。'"又下引韩诗为例。五代王定保《唐摭言·四凶》:"咸通中降圣之辰,二教论议,而黄衣屡奔。上小不怿,宣下令后辈新入内道场,有能折冲浮图者,许以自荐。"《通鉴》后周世宗显德四年"冬十月戊午,设贤良方正直言极谏、经学优深可为师法、详闲吏理达于教化等科"元胡三省注:"此所谓制举也。时诏应天下诸色人中,不限前资、见任职官,黄衣草泽,并许应诏。"此指道教教徒。此二句谓道教讲说听的人寥寥无几。何焯《批韩诗》:"'座上寥落如明星',两层衬入。"

⑦ 仙灵:文《详注》:"《神仙太真夫人传》云:'得仙者有九品。第一上仙,号九天真王。第二次仙,号三天真皇。第三号太上真人,第四号飞天真人,第五号灵仙,第六号真人,第七号灵人,第八号飞仙,第九号仙人。'"(参阅明王世贞所辑《列仙全传·太真王夫

人》)方世举《笺注》:"鲍照诗:'结友事仙灵。'"按:此指第一回合道教黄衣道士讲说失败后采取的花招:让华山女道士艳妆出场。

⑧ 洗妆:犹言梳洗扮妆,即先把脸洗净再扑粉开脸上头饰。唐冯贽《云仙杂记》一《为梨花洗妆》引《唐余录》:"洛阳梨花时,人多携酒其下,曰:为梨花洗妆。"《辞源》引韩诗为例。拭面,把脸洗净。帔,俗谓帔肩。方世举《笺注》:"刘熙《释名》:'帔,披也,披之肩背,不及下也。'"

⑨ 白咽红颊长眉青:文《详注》:"许颛云(《彦周诗话》):诗人写人物态度,至不可移易。元微之《李娃行》云:'髽鬟峨峨高一尺,门前立地看春风。'此定是娼妇。退之《华山女》诗云:'洗妆拭面着冠帔,白咽红颊长眉青。'此定是女道士。东坡作《芙蓉城》诗,亦用'长眉青'三字,云:'中有一人长眉青,炯如微云淡疏星。'此语便有神仙风度。"朱《考异》:"此正讥其炫姿首,假仙灵以惑众,又讥时君不察,使失行妇人得入宫禁耳。"方世举《笺注》:"白咽:《易林》:'青牛白咽,呼我俱田。'长眉:司马相如《上林赋》:'长眉连娟。'"钱仲联《集释》:"《汉书·扬雄传》颜师古注:'咽,颈也,音一千反。'"按:白咽,咽即咽喉,代指华山女道士的白脖子。红颊,红脸庞。长眉青,眉毛又长又黑。此写华山女涂脂抹粉着意打扮。王元启《记疑》:"朱子所谓炫姿色。"朱彝尊《批韩诗》:"画出女道士形状。"

⑩ 遂来升座演真诀:升,祝本、魏本作"陞"。宋白文本、文本、廖本、王本作"昇"。按:陞、昇二字音义同,通用。韩诗当作"昇",今规范简化字作"升"。

演真诀:魏本:"祝曰:《史记》:'文王居羑里,演《周易》。'演,敷演也。真诀,仙经。演,以浅切。"方世举《笺注》:"升座,《梁书·武帝纪》:'高祖升法座,为四部众说《大涅盘经》义。'《北史·刘焯传》:'每升座,论难锋起,皆不能屈。'真诀,《隋书·经籍志》:'陶宏景撰《登真隐诀》,以证古有神仙之事。'"童《校诠》:"案:其本字当为登,说文:登,上车也,从癶豆,像登车形,䇼,籀文登,从廾。升为升斗字。朱骏声曰:经传多以升为之。按:仪礼丧服云:冠六升,郑注:升字当为登,是其例。"按:升座:登座。登车:俗谓上车。则升、登、上,作动词,如升座、登车可互解。座:法座,讲坛。演真诀:宣讲道家的教义,即讲道经。韩公不作"讲道经",而用"演真诀"者,疑韩公选词炼意含讥讽意。王元启《记疑》:"朱子所谓假仙灵惑众。"

⑪观门不许人开扃:观:道观。方世举《笺注》:"《楼观本记》:周穆王尚神仙,因尹真人草制楼观,遂召幽逸之人置为道士。《唐六典》:凡天下观总一千六百八十七所。一千一百三十七所道士,五百五十所女道士。每观观主一人,上座一人,监斋一人。"按:观,道观,道士、道姑居处。康骈《剧谈录》卷下:"至于佛宇道观,游览者罕不经历。"

扃(jiōng古萤切,平,青韵):门栓。方世举《笺注》:"扃,蔡琰诗:'夜悠长兮禁门扃。'左思《魏都赋》:'肃肃阶向,重门再扃。'"按:《礼记·曲礼上》:"将入户,视必下,入户奉扃,视瞻毋回。"此代指门户。《文选》卷四三南齐孔稚珪《北山移文》:"虽情投于魏阙,或假步于山扃。"《庄子·胠箧》:"将为胠箧探囊发匮之盗而为守备,则必摄缄縢,固扃鐍。"何焯《批韩诗》:"反跌妙。"

⑫訇然振动如雷霆:振,文本作"震",诸本作"振"。作振动解,"振""震"通用。《史记·蒙恬列传》:"是时蒙恬威振匈奴。始皇甚尊宠蒙氏,信任贤之。"《后汉书·隗嚣传》:"由此名震西州,闻于山东。"《三国志·吴书·吴主传第二》:"是岁地连震。"

文《详注》:"訇,大声也,音呼宏切。"魏本:"张曰:'訇,大声。'"方世举《笺注》:"訇,张衡《东京赋》:'旁震八鄙,砰磕隐訇。'如雷霆,《诗·常武》:'如雷如霆,徐方震惊。'"按:訇(hōng),象声词,形容声音大。李白《梦游天姥吟留别》:"洞天石扇,訇然中开。"

⑬扫除众寺人迹绝:魏本:"孙曰:'此言听佛经者皆辐凑至观,争听华山女之讲。'"按:意谓把"狎恰排浮萍"的佛教听众,都吸引到道观来听华山女讲"真诀",佛寺禅院像雷声轰然振响,一扫而空。何焯《批韩诗》:"应'听众狎恰'。"

⑭ 骈骝塞路连辎軿：文《详注》："《字林》曰：'軿，车有衣蔽，妇人之车，无后辕者谓之辎。'上音庄持切，下音蒲丁切。"方世举《笺注》："骈骝，《穆天子传》（卷四）：'天子命驾八骏之乘，右服骈骝而左绿耳。'辎軿，刘熙《释名》：'有邸曰辎，无邸曰軿。'《后汉书·袁绍传》：'辎軿柴毂，填接街陌。'《神仙传》：'采女少得道，殷王奉事之于掖庭，为立华星紫阁，饰以金石，乃令采女乘辎軿，往问道于彭祖。'"按：骈骝：骏马。辎：车的前帷。軿（píng 薄经切，平，青韵）：车的后帷。辎軿代指軿车。軿车为妇女所乘有幛帷的车。《后汉书·舆服志上》："太皇太后、皇太后法驾……非法驾，则乘紫罽軿车。"朱彝尊《批韩诗》："闭门人愈来，亦是奇境。"

⑮ 抽钗脱钏解环佩：佩，文本、祝本、魏本作"珮"。宋白文本、廖本、王本作"佩"。按：作"佩饰"讲二字同。

方世举《笺注》："释宝月诗：'拔侬头上钗（《乐府诗集》卷四八《清商曲辞·西曲歌中·估客乐》）。'梁简文帝诗（《拟落日窗中坐》）：'开函脱宝钏。'《南史·扶南国传》：'简文帝设无碍大会，王后妃主百姓富室所舍金银环钏等珠宝充积。'解环佩，《列女传》（卷二）：'卫姬脱簪珥，解环佩。'"按：抽钗，拔掉金钗。脱钏，退下镯子。解环佩，解下身上的佩饰。指听讲的贵人们当场解下饰物馈赠。

⑯ 堆金叠玉光青荧：方《举正》据阁本作"青荧"，云："字本《西都赋》（见《文选》卷一：琳珉青荧），公联句亦用'青荧'字（按：《纳凉联句》有'青荧文簟施'句）。"朱《考异》："诸本'青'作'晶'。"文本、祝本、魏本作"晶"。宋白文本、廖本、王本作"青"。

魏本："祝曰：荧，光也。《选》：'煌煌荧荧。'晶，亦光也。荧，音萤。晶，音精。"

方世举《笺注》："青荧，扬雄《羽猎赋》：'玉石嶜崟，眩曜青荧。'善注：'青荧，光明貌。'"按：形容皇宫里人赠的珠宝金银很多。光青荧，珠宝金银光彩照眼。《文选》扬雄《羽猎赋》："眩燿青荧。"李善注："青荧，光明貌。"此指玉光。杜甫《骢马行》："隅目青荧夹镜

— 1461 —

悬,肉鬃碨礧连钱动。"此指目光。

⑰ 天门贵人:魏本:"孙曰:'天门,谓宫掖。贵人,谓黄门也。'"方世举《笺注》:"屈原《九歌》(《大司命》):'广开兮天门。'"朱《考异》:"讥时君不察,使失行妇人得入宫禁耳。"按:天门贵人,宫廷内侍。诏,圣旨,皇帝的命令。召,召见,邀请。

⑱ 六宫愿识师颜形:魏本:"孙曰:《礼记》(《昏义》):'天子后立六宫。'注:'天子六寝六宫在后。'"王元启《记疑》:"朱子所谓使失行妇人入禁。"

六宫,古代皇帝、后妃的寝宫。《周礼·天官》:"以阴礼教六宫。"郑注:寝宫有六,正寝一,燕寝五。后泛指后妃的住处。此指六宫宫人。白居易《长恨歌》:"六宫粉黛无颜色。"师,对道士的尊称,指华山女。此句谓:皇帝和后妃都愿结识华山女道士。

⑲ 玉皇颔首许归去:魏本:"孙曰:'玉皇,天帝。'"钱仲联《集释》:"《云笈七签》(卷三《道教三教宗元》):'三代天尊者:过去元始天尊,见在太上玉皇天尊,未来金阙玉晨天尊。'"方世举《笺注》:"《左传》(襄公二十六年):'逆于门者,颔之而已。'"

按:玉皇,传说中的上天玉皇大帝,暗指宪宗皇帝。颔首,点头,表示同意。《辞源》引韩诗为例。宋张世南《游宦纪闻》卷九:"上笑而颔首。"归去:回到天宫去,此指回到唐朝的宫廷。

⑳ 乘龙驾鹤来青冥:魏本:"孙曰:'青冥,云霄。'"方世举《笺注》:"《庄子·逍遥游》:'藐姑射之山,有神人居焉。乘云气,驭飞龙。'青冥,屈原《九章》:'据青冥而摅虹。'"钱仲联:"江淹《别赋》:'驾鹤上汉。'"按:龙、鹤,神仙乘坐之物,此比宫廷车马。青冥,天,比喻宫廷。此句谓:华山女道像仙人乘龙驾鹤一样进入宫廷。沈德潜《唐诗别裁集》卷七:"此与迎佛骨,同见人主之不察也。"

㉑ "豪家"二句:豪家,谓豪门之家。匝,周、圈。曹操《短歌行》:"月明星稀,乌鹊南飞。绕树三匝,何枝可依。"杜甫《陪郑广文游何将军山林》:"滋蔓匝清池。"谓豪门家的少年哪里晓得学什么道,却一天到晚围绕着华山女所在的地方转个不停。

㉒"云窗"二句：云窗雾阁，《文选》卷七扬雄《甘泉赋》："乘云阁而上下兮。"《后汉书·梁冀传》："窗牖皆有绮疏青琐，图以云气仙灵。"云窗雾阁，指华山女的住处，用云锁雾罩写其神秘诡怪。事慌惚，用《老子》二十一章"道之为物，惟恍惟惚；惚兮恍兮，其中有象；恍兮惚兮，其中有物"意。恍惚者模糊不清。幔，帷幕，床帐。金屏，华贵的屏风。此暗指华山女道士私生活的诡秘。如王元启《记疑》："下皆亵慢语。"

㉓仙梯：上天的路。俗缘，世俗缘分。文《详注》："《仙传拾遗》云：'上界有梯仙国，皆是金银珉玉为宫室城楼。得仙者关送此国修行，及七十万日然后得至诸天仙官职位。'"

㉔浪凭：任凭。青鸟，传信之鸟也。方《举正》据唐本作"三鸟"，云："杭同。三鸟，王母使也，见《山海经》。《楚辞·九叹》、《选》、江文通《杂诗》皆用'三鸟'字。洪庆善《楚辞补注》亦引公此语为证，则知旧本固同也。"朱《考异》："青，方作'三'。（下引方语）今按：陶诗云'三青鸟'，则'青'字亦未为无据也。或怪公排斥佛老不遗余力，而于《华山女》独假借如此，非也。此正讥其炫姿首，假仙灵以惑众，又讥时君不察，使失行妇人得入宫禁耳。观其卒章'豪家少年''云窗雾阁''翠幔金屏''青鸟丁宁'等语，亵慢甚矣，岂真以神仙处之哉！"宋白文本、文本、祝本、魏本、廖本、王本均作"青"，从之。

青鸟：信使，传说为西王母传信的使者。《汉武故事》（《艺文类聚》卷九一）："七月七日，上（指汉武帝）于承华殿斋。（夜）正中，忽有一青鸟从西方来集殿前。上问东方朔，朔曰：'此西王母欲来也。'有顷，王母至，有二青鸟如乌，侠侍王母旁。"文《详注》："《山海经》曰：'三危之山，有青鸟居之。''主为西王母取食。'又《汉武故事》云云。沈约诗（《华阳先生登楼不复下赠呈诗》）云：'衔书必青鸟[，佳客信龙镳]。'"魏本："樊曰：'《汉武故事》（略）。诗意盖取此青鸟。'"方世举《笺注》："《西山经》（《山海经》）：'三危之山，三青鸟居之。'郭璞曰：'三青鸟主为西王母取食者。'"《汉书·谷永传》：

"以丁宁陛下。"师古注:"谓再三告示也。"丁宁,亦私语也。

按:此诗可与唐康骈《剧谈录》卷下《玉蕊院真人降》同读。

【汇评】

宋胡仔:《类苑》云:"退之见神仙亦不伏,云:'我宁屈曲自世间,安能从汝巢神山。'赋《谢自然》则曰'童騃无所识',作《谁氏子》则曰'不从而诛未晚耳',惟《华山女》诗颇假借,不知何以得此?"(《苕溪渔隐丛话》前集卷一七韩吏部中)

宋许顗:诗人写人物态度,至不可移易。元微之《李娃行》云"髻鬟峨峨高一尺,门前立地看春风",此定是娼妇;退之《华山女》诗云"洗妆拭面着冠帔,白咽红颊长眉青",此定是女道士;东坡作《芙蓉城》诗亦用"长眉青"三字,云"中有一人长眉青,炯如微云淡疏星",便有神仙风度。(《彦周诗话》)

宋葛立方:老杜《丽人行》专言秦虢宴游之乐,末章有"当轩下马入锦茵""慎莫近前丞相嗔"之句,当是谓杨国忠也。韩退之《华山女》末章亦言"云窗雾阁事慌惚,重重翠幔深金屏。仙梯难攀俗缘重,浪凭青鸟通丁宁"。此言不知为何人发也。(《韵语阳秋》卷一九)

宋黄震:《华山》诗,形容女冠之易动俗。(《黄氏日抄》卷五九)

元方回:昌黎"白咽红颊长眉青"一诗,已尽女冠奇邪之态。适人者,理之常也;出家者,俗之衰也。召文人才士之侮,何为乎!(《瀛奎律髓》卷四八仙逸类)

清沈德潜:《谢自然》诗显斥之,《华山女》诗微刺之,总见神仙之说之惑人也。《渔隐丛话》谓退之此诗颇用假借,岂其然乎?(《唐诗别裁集》卷七)

清方世举:按《扪虱新话》:退之尝有诗云:"我能屈曲自世间,安能从汝巢神山。"故作《谢自然》《谁氏子》等诗,尤为切齿。然于《华山女》诗乃独假借,末句云:"仙梯难攀俗缘重,浪凭青鸟通丁宁。"与《记梦》诗语便不同,不知何以得此也?此说甚非。所谓以词害意也。朱子曰："或怪公排斥佛老不遗余力，而于《华山女》独假借如此，非也。此正讥其炫姿色，假仙灵以惑众，又讥时君不察，使失行妇人得入宫禁耳。观其卒章'豪家少年''云窗雾阁''翠幔金屏''青鸟丁宁'等语，亵慢甚矣。岂真以神仙处之哉？"是为得之。（《韩昌黎诗集编年笺注》卷一）

清翁方纲：杜诗"自在娇莺恰恰啼"，今解"恰恰"为鸣声矣。然王绩诗"年光恰恰来"，白公《悟真寺》诗"恰恰金碧繁"，疑唐人类如此用之。又韩文公《华山女》诗"听众狎恰排浮萍"，白乐天《樱桃诗》"洽恰举头千万颗"，"狎恰"，即"洽恰"。（《石洲诗话》卷一）

程学恂：此便胜《谢自然》篇，其中讽刺，都在隐约。"观中人满坐观外，后至无地无由听"二语，乃石徂徕、苏沧浪诗法之鼻祖。结处不关仙教之失，而云登仙之难，正是妙于讽兴处。（《韩诗臆说》卷一）

读皇甫湜公安园池诗书其后二首①
元和十三年

其　一

晋人目二子，其犹吹一呎②。区区自其下③，顾肯挂牙舌？《春秋》书王法④，不诛其人身⑤。《尔雅》注虫鱼，定非磊落人⑥。湜也困公安，不自闲其闲。穷年枉智思⑦，掎摭粪壤间⑧。粪壤多污秽，岂有臧不臧⑨？诚不如两忘⑩，但以一概量⑪。

【校注】

①题：王本题有"二首"字，诸本无。诗实为二首，"二首"字乃

题下注。方《举正》:"元和十三年作。湜十二年从李愬于襄阳。"胡仔《苕溪渔隐丛话》前集卷一七引《三山老人语录》:"《读皇甫湜公安园池诗作诗题其后》,其中有数句不可晓,盖本脱误也。尝得一善本,乃二诗,仍多八字。"王元启《记疑》:"胡说是。前诗每四句为一章,章各二韵,篇末独用六韵为一章,章法不称甚矣。"又:"魏、廖本皆无'二首'字,今从南剑新安本(下引樊说)。愚按:司空图论文人之诗,自公而外,其次皇甫祠部,亦为遒逸。是其所作必不止于一二,但今集不载尔。今皇甫诗可见者,惟《题浯溪石》五言一首。又韩注谓湜尝为陆浑尉,仕至工部郎中,分司东都,留守裴度辟为判官。按司空图以祠部相称,则湜官不终于工部。"魏本:"樊曰:公《集》有《和湜陆浑山火》及《书公安园池诗后》,今考《持正集》,二诗皆亡,其它诗亦未尝有一传世者。偶然逸耶,抑皆不足以传世也?刘贡父云:持正不能诗,'掎摭粪壤间',公所以讥之,岂或然欤?韩曰:'湜尝为陆浑尉,仕至工部郎中。分司东都,留守裴度辟为判官。此诗当在陆浑尉后,为郎中前作。'"文《详注》:"按《皇甫集》,《园池诗》亡矣。公安,县名,属荆州。《江表传》曰:'刘备为荆州牧,立营于油口,改曰公安。'《补注》:孙樵尝言,得为文真诀于来无择,无择得之皇甫持正,持正得之于韩吏部退之。其后东坡《上欧公书》云:'唐之古文,自韩愈始,学韩而为不至者为皇甫湜,学湜而不至者为孙樵,自樵以降,无足观矣。'语盖出此。惟来无择无闻,是以略之。公有《和湜陆浑山火》及《公安园池诗后》,考《持正集》,二诗皆亡。传书其为裴度作《福先寺记》,今亦亡。其死也,乐天哭之曰《涉江文》一首。'自可敌公卿',《涉江文》亦无有。惟《云溪友议》载其《鹤处鸡群赋》一联云'若李陵之在胡但见异类,如屈原之相楚惟我独醒',最为梦得所称赏。樵,可之,大中九年(855)登第,广明初(880,广明年号虽有两年,实际只一年)为职方郎,有《经纬集》十卷。"按:孙樵登第之年,韩公之子昶卒。公安,今湖北省公安县。《韩学研究·韩愈年谱汇证》:"王元启(《记疑》)曰:'司空图论文人之诗,自公而外,其次皇甫祠部,亦为遒逸……以祠部相称,则湜官不终于工部。'按：从韩愈对皇甫此诗的印象看，其诗好征引典籍，喜用古字，乃文人诗特点，正合司空图之论。又云：'湜也困公安，不自闲其闲。''百年能几时，君子不可闲。'乃韩愈劝慰之词。湜十二年从李愬于襄，李愬移凤翔尹后，湜闲居无事乎？如是，诗写于十三年'蒲苇'丛生的夏秋间。此二诗因无具体资料可据，暂系于此。"关于皇甫湜生平事迹请参阅《韩愈大传》卷四《皇甫湜传》。

②"晋人"二句：文《详注》："《庄子·则阳》篇云：公孙衍请伐齐，季子欲勿伐，华子闻而丑之。惠子闻而见戴晋人，晋人曰：莫若求道，游心无穷而反在通达之国。惠子归而见魏王曰：夫吹剑首者，吷而已矣。尧舜，人之所誉也，道尧舜于戴晋人之前，譬犹一吷也。注（乃成玄英疏）云：戴晋人，梁之贤者也，姓戴字晋人。吷，小声也，唐尧，俗中所誉。若于晋人之前盛谈斯道，亦何异乎吹剑吷声，曾无足闻。二子谓季子、华子也。盖晋人守道清虚，物我兼忘，视二子之是非，譬犹剑环之声，自下而言，彼区区者又何足道乎！"文说引《则阳》篇乃摘要。魏本引樊《谱注》引《则阳》同文而简，不录。魏本无注。按：吷（音 xuè，《集韵》翾劣切，入，薛韵），细小之声，比喻微不足道。《庄子·则阳》"吹剑首者，吷而已矣"郭庆藩集释："吷，小声也……吹剑环，声则微小。"清张尚瑗《谒韩文公祠》诗："半世味公道，无能剑一吷。"晋人，戴晋人，姓戴，字晋人，春秋后期梁国得道之贤者。惠子归梁，把戴晋人引见给惠王。二子，善言无伐者季子与丑之者华子二人。

③区区：小、少貌。《左传》襄公十七年："宋国区区。"《孔丛子·论势》："以区区之众，居二敌之间，非良策也。"自下，魏本："樊曰：'谓自尧舜而下者。'"

④《春秋》书王法：魏本："孙曰：《春秋》书王法以存天下之至公，不独诛其人之身而已。王法，谓诛赏之法。"文《详注》："《春秋》之作要在于尊王，假行事以寄褒贬而已，岂人人而诛责之乎？"蒋抱玄《评注》："《史记·儒林传》：'故因史记作《春秋》，以当王法，其辞

微而指。'"童《校诠》:"案:史记叔孙通传:何足置之齿牙间。"按:诛者罚也,非专指杀也。韩公《原道》:"君不出令,则失其所以为君;臣不行君之令而致之民,则失其所以为臣;民不出粟米麻丝,作器皿,通货财,以事其上,则诛。"

⑤ 不诛其人身:此句承上,谓《春秋》定王法,不独为杀,而是为警诫后人。何焯《义门读书记》卷三○:"'《春秋》书王法'二句,安溪先生取二句为读《春秋》法。先生云:《春秋》如书弑君者,有称国、称人者矣,而不虞乱臣贼子之遁于讨。盖柄国权奸,必不以实赴告,而有所委罪。《春秋》欲书其实,则非仍旧阙疑之义;欲从赴告,则其漏大恶也深矣。故宁不诛其身而存其法。如今律严杀人,未得真犯而立虚案,犹足令抵扞者终身亡魄也。此类是《春秋》大义,忽自韩公发之。殷员外及陕氏三家岂得以其专门骄公哉?又按:《孔丛》载孔子之言曰:'古之听讼者,恶其意不恶其人。'所谓不诛其人身者,似本此意。如先生说,则与下二句尤贯穿尔。"

⑥ "《尔雅》"二句:文《详注》:"《尔雅》有《释虫》《释鱼》部,其书兴于中古,隆于汉氏。注者十余家,惟郭璞为辩当。"方世举《笺注》:"《尔雅》有《释虫》《释鱼》部,其书兴于中古,隆于汉氏。注者十余家,惟郭璞为辩当。"又:"按《尔雅》有《释虫》《释鱼》。郭璞《尔雅序》:'《尔雅》者,所以通训诂之指归,可以博物不惑,多识于鸟兽草木之名。'"磊落,蒋抱玄《注评》:"《文心雕龙》:'磊落以使才。'"童《校诠》:"案:古乐府:磊磊落落向曙星,亦作礧落、礌落、礧落,汉朱龟碑:礫落焕炳,鲁峻碑:礌落彰骏,晋书石勒载记:大丈夫行事,当礌礌落落,如日月皎然。说文:磊,众石也,礫、礌、礧皆说文所无。"按:磊落,物之高大、人之俊伟者。《文选》卷一二郭璞《江赋》:"衡霍磊落以连镇,巫卢嵬崛而比峤。"《世说新语·豪爽》:"桓(温)既素有雄情爽气,加尔日音调英发,叙古今成败由人,存亡系才。其状磊落,一坐叹赏。"

⑦ 穷年枉智思:自"不自闲"下,方世举《笺注》作"不自闲穷年。枉智思掎摭,粪壤污秽岂有臧?"殊无理。方世举《笺注》:"王

云：一本作'不自闲其闲。穷年柱智思，掎摭粪壤间，污秽岂有臧'。方云蜀本作'粪壤多污秽，岂必有否臧'。又一本作'岂有臧不臧'。穷年：《荀子·解蔽篇》：'知物之理，没世穷年，不能遍也。'智思：《尔雅·释训》：'条条秩秩，智也。'注：'皆智思深长。'《后汉书·东平王苍传》：'少好经书，雅有智思。'"按：穷年，一谓终其天年，一谓全年。此指前者。《荀子·解蔽》："以可以知人之性，求可以知物之理，而无所疑止之，则没世穷年，不能遍也。"《庄子·齐物论》："和之以天倪，因之以曼衍，所以穷年也。"智思，即智慧。思考问题有条有理谓之智思。与"智识"意同，智，形容词；思与识为动词。《后汉书·贾逵传》："性恺悌，多智思，俶傥有大节。"

⑧掎(jǐ居绮切，上，纸韵)摭(zhí之石切，入，昔韵)粪壤：文《详注》："言浞注意于园池之末也。掎摭，犹摘拾也。《南史》：简文帝曰：'吾既拙于为文，不敢轻于掎摭。'见《庾肩吾传》。刘贡父《中山诗话》云：'今言掎摭粪壤，讥之也。盖持正不以诗名。'掎，音举倚切。摭，之石切。"魏本："孙曰：粪壤，谓园池。掎摭，谓拾掇也。"掎摭，指摘，摘取。方世举《笺注》："曹植《与杨修书》：'刘季绪才不能逮于作者，而好诋诃文章，掎摭利病。'"按：韩公《石鼓歌》："孔子西行不到秦，掎摭星宿遗羲娥。"粪壤，秽土，肥土。此指园田。《楚辞》屈原《离骚》："苏粪壤以充帏兮，谓申椒其不芳。"汉王充《论衡·率性》："深耕细锄，厚加粪壤，勉致人功，以助地力。"

⑨自"浞也"至"但以一概量"：方《举正》据阁本订"浞也困公安"以下八句，删去"其闲""间""粪壤多""不臧"，云："杭同。蜀本增作'粪壤多污秽，岂必有否臧'，上下文皆如旧。谢本以'穷年'为'至闲'，余亦同。不知谢校果唐本否也。校本一云：'近本增足八字，语浅俗，非韩文。'按公和浞《陆浑山火》诗，奇涩甚矣，近本不知所校之自，未敢以为正，姑存古本以俟识者参考。胡元任云'我有一池水'已下当为别篇，恐或然也。"朱《考异》："'浞也困公安，不自闲穷年。柱智思掎摭，粪壤污秽岂有臧。'古本只如此。一本'不自闲'下有'其闲'字，'粪壤'下有'间'字。方云：蜀本'间'字下有'粪

壤多'字,'岂'字下有'必'字,'有'字下有'否'字。又一本无'必'字、'否'字,而'臧'字下有'不臧'字。谢本'穷年'作'至闲',而注云:'近本增足八字,不知所校之字语浅俗,非韩文。'胡元任云:'我有一池'已下当为别篇,恐或然也。今按:此诗多不可晓,当阙。或云世有石本,与今本同,知旧本脱误明矣,谓有所增八字也。然诸公校本皆不言,不知果然否也。"魏本:"洪曰:此数句今本脱'其闲间粪壤多不臧'八字。盖谓今本但作'不自闲穷年枉智思掎摭粪壤污秽岂有臧'也,脱误甚矣。当以此本为正。"何焯《义门读书记》卷三〇:"'不自闲'至'污秽岂有臧'。'不自闲其闲。穷年枉智思,掎摭粪壤间。粪壤多污秽,岂有臧不臧?'按:增八字。出《麈史》谢说,是。"按《麈史》卷中云:"退之有《读皇甫湜公安园池诗书其后》,此篇常病难读,盖多脱漏。予亲家季勉之收永叔、王原叔、宋子京三公所传韩文,最为全本,悉多是正,于是知此篇乃脱八字,自'湜也困公安不自闲',盖'闲'字下脱'其闲'二字,又'掎摭粪壤'下脱一'间'字,'间'字下又脱'粪壤多'三字,其后'岂有臧'字下脱'不臧'二字。读之者可以考焉。"宋白文本、廖本、王本同古本,作"湜也困公安不自闲穷年枉智思掎摭粪壤间污秽岂有臧"。文本、祝本、魏本作"湜也困公安,不自闲其闲。穷年枉智思,掎摭粪壤间。粪壤多污秽,岂有臧不臧",从之。魏本:"韩曰:《诗》(《小雅·小旻》):'谋臧不从,不臧覆用。'"《诗·邶风·雄雉》:"不忮不求,何用不臧。"《史记·孟尝君列传》:"乃夜为狗,以入秦宫臧中,取所献狐白裘至,以献秦王幸姬。"

⑩ 两忘:即物我两忘。魏本:"韩曰:《庄子》:'与其誉尧而非桀也,不如两忘而化于道。'"文《详注》:"言物我兼忘,然后合于道也。《庄子·外物篇》曰:'与其誉尧而非桀,不如两忘而闭其所誉,反无所(或作非)伤也[,动无非邪也]。'"

⑪ 一概量:魏本:"孙曰:'一概,一等也。平斗斛者曰概。'"文《详注》:"宋玉《怀沙赋》云:'同糅玉石,一概而相量。'概,平斗斛也,音居代切。"按:谓宋玉《怀沙赋》误,当为屈原。方世举《笺注》:

"一概量:屈原《怀沙赋》:'同糅玉石兮,一概而相量。'"按:一概,一斛。概,原为平斗斛的木棍,即俗谓赶棍,把超出斛面的谷物赶平,引申为齐平一切的意思。

【汇评】

宋叶梦得:人之材力信自有限,李翱、皇甫湜皆韩退之高弟,而二人独不传其诗,不应散亡无一篇存者,计是非其所长,故不多作耳。退之集中有《题湜公安园池诗后》云:"《尔雅》注虫鱼,定非磊落人。"又有"用将济诸人,舍得业孔颜"。意若讥其徒为无益,而劝之使不作者。翱见于《远游联句》,惟"前之讵灼灼,此去信悠悠"。一出之后,遂不复见,亦可知矣。然二人以非所工而不作,愈于不能而强为之,亦可谓善用其短矣。(《石林诗话》卷下)

清何焯:《读皇甫湜公安园池诗书其后》"《春秋》书王法"二句,安溪先生取二句为读《春秋》法。先生云:《春秋》如书弑君者,有称国、称人者矣,而不虞乱臣贼子之遁于讨。盖柄国权奸,必不以实赴告,而有所委罪。《春秋》欲书其实,则非仍旧阙疑之义;欲从赴告,则其漏大恶也深矣。故宁不诛其身而存其法。如今律严杀人,未得真犯而立虚案,犹足令抵扞者终身亡魄也。此类是《春秋》大义,忽自韩公发之。殷员外及唊氏三家岂得以其专门骄公哉?又按:《孔丛》载孔子之言曰:"古之听讼者,恶其意不恶其人。"所谓不诛其人身者,似本此意。如先生说,则与下二句尤贯穿尔。"不自闲"至"污秽岂有臧"。"不自闲其闲。穷年枉智思,掎撖粪壤间。粪壤多污秽,岂有臧不臧。"按:增八字。出《麈史》谢说,是。(《义门读书记》卷三〇)

清陈沆:皇甫湜《公安园池》诗今不存,谅必刻画虫鱼以刺小人,词琐义碎,剌剌不休,故公诗规之。言君子学务其大,则不屑其细,苟诚知道,则衡盱古今,况自郐以下,么麽又曷足讥乎?孔子《春秋》褒贬,非以诛其本人一身,盖借以明王法于万世,而岂虫鱼琐屑之比哉?铢铢而称之,至石必差;寸寸而度之,至丈必谬。丈

度石量,径而寡失,"诚不如两忘,但以一概量"之谓也。(《诗比兴笺》卷四)

其 二

我有一池水,蒲苇生其间。虫鱼沸相嚼①,日夜不得安②。我初往观之,其后益不观。观之乱我意,不如不观完③。用将济诸人,舍得业孔颜④。百年讵几时⑤,君子不可闲⑥。

【校注】

① 虫鱼沸相嚼:魏本注:"嚼,啮也。嚼,才雀切。"方世举《笺注》:"《诗·荡》(《大雅》):'如蜩如螗,如沸如羹。'"按:沸(fú《集韵》敷勿切,入,物韵),象声词,水声。《文选》卷八司马相如《上林赋》:"触穹石,激堆埼,沸乎暴怒,汹涌彭湃。"郭璞曰:"沸,水声也,音拂。"形容鱼虫相嚼吐水的声音。

② 日夜不得安:安,文本作"安"。诸本作"闲"。作"安"、作"闲"均通。然此诗结句用闲字,短短十二句诗即重韵字,似非韩公意,或谓韩诗不忌之,亦非尽然。姑从文本作"安"。此乃写人心态,本已心烦不定,又以"虫鱼沸相嚼",使人心难安也。虫鱼双关互文。此诗既写园池,又喻为文史演真经外的琐屑之事。

③ 不如不观完:方世举《笺注》:"《秦国策》:'此臣所谓危,不如伐蜀之完也。'"按:完者,完整、美好也。《孟子·离娄上》:"故曰城郭不完,兵甲不多。"成语"完璧归赵"。古代"完"字无完了、完毕之义。二句谓:观赏它使我心烦意乱,不如不看的好。

④ "用将"二句:钱仲联《集释》:"公《答李翊书》云:'用则施诸人,舍则传诸其徒,垂诸文而为后世法。'与此意同。"按:此二句含义深刻,谓如孔子与颜回那样用则施之于人、舍则传之于人之事业。叶梦得《石林诗话》卷下:"(李翱、皇甫湜不传其诗,)计是非其

所长，故不多作耳。退之集中有《题湜公安园池诗后》云'《尔雅》注虫鱼，定非磊落人'，又有'用将济诸人，舍得业孔颜'，意若讥其徒为无益，而劝之使不作者。翱见于《远游联句》，惟'前之讵灼灼，此去信悠悠'。一出之后，遂不复见，亦可知矣。然二人以非所工而遂不作，愈于不能而强为之，亦可谓善用其短也。"郑珍《巢经巢文集》卷五《跋韩诗读皇甫湜公安园池诗书其后首》："余玩此诗，大意谓人生百年内，当留心于大者远者。孔颜事业，终身为之不尽，区区园池中景物，自然不及关怀。正犹晋人且一咉尧舜，《春秋》且不诛其人，况肯以虫鱼花鸟累其笔墨乎？皇甫之《园池》诗，何异掎摭粪壤？用心既误，臧否更不必论也。公盖勉之及时进业，无复流连光景，费无益之心思耳。刘贡父、叶石林谓讥持正不能诗，劝使不作，并是臆谈。持正诗今存三篇(《题浯溪石》《石佛谷》《出世篇》)，何尝非诗人吐属，特全集失传耳。"韩公读湜诗，知其闲居公安，去职闲居，无所事事，而留意于园池虫鱼。故劝他往大处远处想，做于世有益的事。此乃以师友之情，激发湜上进，非讥笑湜不能诗也。

⑤ 百年讵几时：讵，魏本作"能"。诸本作"讵"。讵(jù，其吕切，去，语韵)，副词，表示反问，相当于现代汉语里的难道、哪里。《庄子·齐物论》："庸讵知吾所谓不知之非不知邪？"《公孙龙子·迹府》："讵士也？见侮而不斗，辱也。"

⑥ 君子不可闲：文《详注》："曹子建《赠徐幹诗》云：'志士营世业，小人亦不闲。'注云：'志士，君子也。'《石林诗话》云：'人之材力信自有限，李翱、皇甫湜皆韩退之高弟，而二人独不传其诗，不应散亡无一篇存者。计亦非其所长，故多不作耳。退之有《题湜公安园池诗后》云：《尔雅》注虫鱼，定非磊落人。又云：用将济诸人，舍得业孔颜。若讥其徒为无益而劝之使不作者。翱诗一见于《远游联句》，后遂不复见，亦可知矣。然二人以非所工而遂不作，愈于不能而不使强为之，亦可谓善用其短也。'"魏本："孙曰：'得用将以济人为心，不得用将以孔颜为业。百年能几时，安可自废也。'《补注》：

公《双鸟》诗押二'州'字,二'秋'字,二'头'字,《此日足可惜》押二'光'字,二'更'字,《李花》押二'花'字,《示爽》押二'然'字,《猛虎行》押二'为'字,《泷吏》押二'浓'字,《书皇甫湜公安园诗池》诗押二'闲'字,《和卢郎中送盘谷子》押二'行'字,故孔毅夫《诗话》云:'退之好押狭韵,累句以示工,而不知重叠用韵之为病。'然苕溪渔隐则曰:'退之好重叠用韵以尽己意,不恤其为病也(均见《苕溪渔隐丛话》前集卷一七)。'"王元启《记疑》:"读第二诗结语,知公一生所汲汲者盖在乎此。其他道不足以济时,业不足以继孔颜者,皆其不挂牙舌,直斥为闲过百年者也。"按:用两"闲"虽可通,要非韩公故意,说见上校语。所举诸诗用重韵者皆古体长诗,与此不类。

【汇评】

清李光地:此诗相传有缺字,又或作两首。今寻其文义似可读,且破分之则首尾不具。爱其义奥辞古,故合令完成。其用韵重叠,则《那颂》之体也。湜盖为撏拾猎涉之学者,故公以此规之。《尔雅》虫鱼,非磊落人所宜措心,故后喻言己之不观。虫鱼亦是指书史丛杂,非真语池水也。先嘲湜之不自闲,而后又言君子不可闲,盖湜之掎摭污秽,为柱用其智思,而用行舍藏之业,则不可一日而不汲汲,此其首尾相应处也。(《榕村诗选》卷六)

清陈沆:此章乃进之于道也。《荀子》云:"其为人也多暇日者,其出人不远矣。"公《赠崔立之诗》云:"可怜无补费精神,有似黄金掷虚牝。"合而论之,则臧谷忘羊,皆无当孔颜之用舍。(《诗比兴笺》卷四)

清郑珍:余玩此诗,大意谓人生百年内,当留心于大者远者。孔颜事业,终身为之不尽,区区园池中景物,自然不及关怀。正犹晋人且一映尧舜,《春秋》且不诛其人,况肯以虫鱼花鸟累其笔墨乎?皇甫之《园池》诗,何异掎摭粪壤?用心既误,臧否更不必论也。公盖勉之及时进业,无复流连光景,费无益之心思耳。刘贡父、叶石林谓讥持正不能诗,劝使不作,并是臆谈。持正诗今存三篇(《题浯溪石》《石佛谷》《出世篇》),何尝非诗人吐属,特全集失传耳。"(《巢经巢文集》卷五《跋韩诗读皇甫湜公安园池诗书其后首》)

程学恂:此诗因朱子有"多不可晓"之语,遂置不观二十年矣。后读之恍然。盖持正以不合于时人,发而为诗。昌黎言此辈如虫鱼粪壤,何足与较劳我心志?千载之业,固将有在。勉而进之,则眼前勃溪不值一唾矣。(《韩诗臆说》卷一)

路旁堠①

元和十四年

堆堆路旁堠②,一双复一只。迎我出秦关③,送我入楚泽④。千以高山遮,万以远水隔⑤。吾君勤听治,照与日月敌⑥。臣愚幸可哀,臣罪庶可释⑦。何当迎送归,缘路高历历⑧。

【校注】

① 题:堠,魏本:"封堠也。樊曰:元和十四年春,出为潮州作,诗中(按:宋本作"示",四库本作"中"。作"中"较善)可见。子厚元和十年自永州召赴阙,其《寄零陵亲故》诗亦有'岸旁古堠应无数,次第行看别路遥'之句。""堠,音后。"方世举《笺注》:"曹植《诗》:'周流二六堠,间置十二亭。'《北史·韦孝宽传》:'先是路侧一里置一土堠,经雨颓毁,每须修之。孝宽敕部内,当堠处植槐树代之。'"按:从诗里"臣愚幸可哀,臣罪庶可释"看,指他上《论佛骨表》获罪幸释后;"迎我出秦关,送我入楚泽",则指被贬出京过蓝田武关等事,时在元和十四年正月下旬。

② 堆堆路旁堠:堆堆,方《举正》据唐本订作"堠堠",云:"李、谢校。杭作'拆拆'。蜀作'堆堆'。"朱《考异》作"堆堆",云:"堆堆,

或作'拆拆',方从唐本作'㙙㙙',皆非是。"南宋监本原文作"堆堆"。宋白文本、文本、潮本、祝本、魏本、廖本、王本均作"堆堆",从之。

堆堆:一堆又一堆。此二句正形容韩公途中所见及贬途中的情绪。途中可看可记之物不少,单记路旁㙙者当有寓意。㙙乃有用之物,历历站在路旁而少为行人关心的处境,不亦可与己相比吗?

③秦关:武关。魏本:"孙曰:谓蓝田关。"钱仲联《集释》:"秦关,谓武关。"按:二关非一,一在商洛县,一在蓝田县。谓秦关者乃实指,非泛云。《左迁至蓝关示侄孙湘》已过蓝田关,再向前走才见商洛之武关。《史记·秦始皇本纪》:"上自南郡由武关归。"应劭注:"武关,秦南关,通南阳。"《元和郡县图志》阙卷逸文卷一"关内道":"商州商洛县:武关,在县东九十里,即少习也。楚怀王三十年,秦昭王遗怀王书,愿会武关,诈令一将军伏兵武关,号为秦王,至则闭执之以归。八月,沛公攻武关入秦。又七国反,周亚夫击之,赵涉说曰:'从此右走蓝田,出武关,抵洛阳,不过差三日,直走武库击鸣鼓,诸侯闻之,以为将军从天而下。'"

④楚泽:文《详注》:"秦关,谓长安。楚泽,云梦也。事见《归彭城》《古意》二诗。"魏本:"孙曰:谓潮州。"亦误。按:此当指楚地之泽,或谓"云梦泽"亦可。蒋抱玄《评注》:"《子虚赋》(《文选》卷七司马相如撰):'臣闻楚有七泽。'"钱仲联《集释》:"出武关而南,则楚地也。"此用法与王维《汉江临眺》"楚塞三湘接"同。孟浩然《望洞庭湖赠张丞相》:"气蒸云梦泽。"

⑤万以远水隔:远,方《举正》据阁、蜀本作"大"。朱《考异》:"远,方作'大'。"南宋监本原文作"远"。宋白文本、文本、潮本、祝本、魏本、廖本、王本作"远",是。

魏本:"孙曰:'千、万皆言㙙也。'"赵翼《瓯北诗话》卷三:"昌黎不但创格,又创句法。《路旁㙙》云:'千以高山遮,万以远水隔。'此创句之佳者。"实谓八千里路之千山万水。

⑥"吾君"二句:方世举《笺注》:"《记·经解》:'天子者,德配天地,兼利万物,与日月并明,明照四海而不遗微小。'"按:韩愈心

在廊庙,总不忘宪宗这位中兴之主。

⑦ 可哀、可释:方世举《笺注》:"《潮州上表》云:'臣以狂妄戆愚,不识礼度,上表陈佛骨事,言涉不敬,正名定罪,万死犹轻。陛下哀臣愚忠,怒臣狂直,谓臣言虽可罪,心亦无他,特屈刑章,以为刺史。'盖谢恩也。此时方之潮州,乃望恩或免也。"按:可哀者,可怜也,即怜悯、同情。《国语·晋四》:"晋公子之亡,不可不怜也。"可释者即解除,此为减罪也。《战国策·赵三》:"为人排患、释难、解纷乱而无所取也。"引申为解释,《左传》襄公二十九年:"公在楚,释不朝正于庙也。"

⑧ 何当:张相《诗词曲语辞汇释》卷三:"何当,犹云何日也。古绝句:'何当大刀头,破镜飞上天。'……犹言何日还也。杜甫《秦州杂诗》:'何当一茅屋,送老白云边。'堂一作'时',何当即'何时'。"历历,分明貌,《晋书·刘寔传》:"历历相次,不可得而乱也。"

【汇评】

宋黄震:《路傍堠》以下皆公南迁时诗。乍食鲎鱼、章举,叹惊面汗。"惟蛇旧所识",开笼纵之。蛤,即虾蟆,亦初不下喉也。(《黄氏日抄》卷五九)

蒋抱玄:气势甚壮郁。(《注释评点韩昌黎诗全集》)。

程学恂:《路旁堠》《食曲河驿》二诗语浅感深。(《韩诗臆说》卷二)

食曲河驿①

元和十四年

晨及曲河驿,凄然自伤情②。群乌巢庭树③,乳雀飞檐楹④。而我抱重罪,孑孑万里程⑤。亲戚顿乖角⑥,图史弃纵横⑦。下负朋义重⑧,上孤朝命荣⑨。杀身谅无补⑩,何用答生成①?

【校注】

①题：方《举正》："曲河驿：商州。"文《详注》："按《九域志》在邓州穰县。《补注》：此诗在元和十四年春，贬潮州，自蓝田关入商洛，将过邓而作也。按《河南志》，驿在偃师县东二百三十步。《十道志》云：'以洛水之曲为名。'公过南阳，其去偃师远矣。殆商邓之间别有河曲欤？"魏本："韩曰：驿在商邓之间，公之潮州，自蓝田关入商陵，将过邓州而作，故其下有《过南阳》之什。樊曰：按《河南志》：'驿在偃师县东。'《十道志》云：'以洛水之曲为名。'此诗公将过邓而作，偃师去邓远，殆商邓间别有曲河驿欤？"按：《新唐书》以公为邓州南阳人，非也。南阳，今河内。此诗在元和十四年春贬潮州，自蓝田关入商洛，将过邓而作也。沈钦韩《补注》："《九域志》：'邓州穰县有曲河镇。'"按韩愈被贬潮州，不经洛阳偃师，谓偃师东曲河驿者误。韩愈出长安，先过蓝田关有《左迁至蓝关示侄孙湘》诗，时在正月中旬末；过商洛有《路旁堠》，过武关有《武关西逢配流吐蕃》诗，时在下旬初；稍后在商州与邓州界，有《次邓州界》诗；再经邓州穰县北的新城附近，疑曲河驿在这里湍水的曲弯处，有《食曲河驿》诗；后东过南阳，有《过南阳》诗，时约在正月下旬中；二月二日到襄州的宜城。若是至邓州穰县后再经南阳，得向东北返回再向南折回，非三二日不可。方世举《笺注》编次于第十卷元和十四年春赴潮州作，时间大体合韩愈的行程。

②凄然：朱《考异》："悽，或作'凄'。"文本作"凄"。宋白文本、祝本、魏本、廖本、王本作"悽"，注："一作'凄'。"按：作"凄"、作"悽"均可。诗写韩公伤怀抱不惜残年，忠心为国除弊政而遭贬，不得不离亲戚而赴蛮荒潮州的凄怆之情。今标准简化字统一作"凄"。

③群乌：朱《考异》："乌，或作'鸟'。"文本作"鸟"，注："一作'乌'。"宋白文本、祝本、魏本、廖本、王本作"乌"，注："一作'鸟'。"当作"乌"。乌鸦群集寓凄凉之遭遇，应上句。

④ 乳雀飞檐楹：文《详注》："乌生子曰乳，兽曰产。《寡妇赋》（《文选》卷一六潘安仁撰）云：'雀群飞而赴楹。'"魏本："孙曰：'言乌雀皆得其所，而我独远行不如也。'"

⑤ 孑孑：文《详注》："江文通《杂体诗》曰：'而我在万里，结友不相见。'"方世举《笺注》："孑孑：《诗》（《鄘风·干旄》）：'孑孑干旄。'"钱仲联《集释》："《汉书·高惠高后文功臣表》注：'孑然，独立貌。'此处'孑孑'亦作孤独解，至《诗经》之'孑孑'，毛传训为干旄之貌，字虽出彼，而意则殊。"钱说未谛。孑孑（jié 音结）：形容干旄独立貌，与韩诗义同。韩公《原道》："彼以煦煦为仁，孑孑为义，其小之也则宜。"为特出之貌。此诗"孑孑"作孤单解。特出、孤立、孤单，本义内涵亦近。孤单貌，《辞源》《汉语大词典》均引韩诗为例。宋洪迈《夷坚丙志·小溪县令妾》："妾穷独难久处，四顾孑孑，更无亲戚可依。晓夕思之，惟有一死。"

⑥ 亲戚顿乖角：角，朱《考异》："角，或作'榷'。"诸本作"角"，是；角，虽借作"榷"，而韩诗非借字也。

乖角：分离也。魏本："孙曰：'乖角，谓离别也。'"钱仲联《集释》："李冶《敬斋古今黈》：'乖角，犹言乖张，盖俗语也。然唐人诗有之。独孤及《酬于逖毕曜阳病》云：救物智所昧，学仙类未从。行藏两乖角，蹭蹬风波中。'"童《校诠》："筹德案：乖角双声，乖从丫，丫为羊角，乖角义同，引申为乖违、乖张，孙说是，钱引广雅角字之义亦通。庾子山诗：葛巾久乖角，菊经（当作"径"）简经过；独孤至之酬于逖，毕曜问病诗：人藏两乖角，蹭蹬风波中，皆用乖角字。朱子云：角或作榷，榷当为角之借字。"按：童引庾信诗为《示封中录》之二"菊径简经过"，经为"径"字之误。

⑦ 图史：书史。谓抛却书籍，不能研读也。

⑧ 下负朋义重：朋义，方《举正》作"明义"，云："晁本作'明义'。"朱《考异》："明，或作'朋'。按杜诗：'于公负明义。'作'朋'非是。"王元启《记疑》："沈曰：《考异》引杜甫诗《两当县吴侍御宅》诗定作'明义'。窃意杜诗上有'于公'字，自应作'明'。此句与下句

'朝命'为偶,恐当作'朋'。若作'明义',不又着一'重'字,未免复沓。而'下负'下字尤觉无着。"宋白文本、廖本、王本作"明义"。廖本注:"明,或作'朋'。"文本、祝本、魏本作"朋义",注:"朋,一作'明'。"

按二句"朋义"与"朝命"上下意思相对的情况,作"朋义"是。朋义,即朋友之义。此谓对下有负朋友之义,与下句"上孤朝命荣"对。童《校诠》:"第德案:下负句承亲戚顿乖角来,负字、重字,皆有着落。朋义字少见。至为偶与否,本可不拘。朱子说是。曹子建禹妻赞:矫达明义,晋书皇甫谧传:束帛戋戋,易之明义,颜延年秋胡诗:君子失明义,谁与偕没齿,皆用明义字。"童说非。韩公为诗文,别人用者他也用,别人不常用者他也敢用。"下负""上孤"的主语均为诗人自己,与之构成主谓词组,乃完整的主谓句式,与下文"重""荣"二形容词,构成两个加强形容的完美句子。"重""荣"乃修饰"朋义""朝命"的词。若作"明义",则是无定指,与文意不合。

⑨ 上孤朝命荣:孤,即辜负,或作"孤负"。韩公《感春》诗:"孤负平生心,已矣知何奈!"《文选》卷四一汉李陵《答苏武书》:"功大罪小,不蒙明察,孤负陵心。"《后汉书·张俊传》:"臣孤恩负义。"《后汉书·朱俊传》:"国家西迁,必孤天下之望,以成山东之衅,臣不见其可也。"

⑩ 杀身谅无补:魏本:"韩曰:《论语》(《卫灵公》):'有杀身以成仁。'"按:此句意谓:诚信杀身成仁也无补于事。谅,诚信。《论语·季氏》:"友直,友谅,友多闻。"屈原《离骚》:"惟此党人之不谅兮,恐嫉妒而折之。"用意同。

⑪ 何用答生成:方《举正》订"用"字,云:"李、谢本一作'由'。"朱《考异》:"用,一作'由'。"宋白文本、文本、廖本作"用",注:"一作'由'。"魏本作"以"。当作"用"。作"用此"解合诗义,谓:杀身既无补,生者何用再说?

【汇评】

程学恂:《路旁堠》《食曲河驿》二诗语浅感深。(《韩诗臆说》卷二)

蒋抱玄：下语甚有分寸。(《注释评点韩昌黎诗全集》)

过南阳[①]

元和十四年

南阳郭门外，桑下麦青青。行子去未已[②]，春鸠鸣不停。秦商邈既远[③]，湖海浩将经[④]。孰忍生以戚？吾岂寄余龄[⑤]。

【校注】

① 题：文《详注》："邓州为南阳郡。《补注》：'亦赴潮州作。南阳，邓州也。《新史》以公为邓州南阳人，非也。南阳，今河内。'"魏本："韩曰：'南阳，邓州。公赴潮州日作。'"按：《元和郡县图志》卷二一"山南道二"："邓州，《禹贡》豫州之域。周为申国。战国时属韩，苏秦说韩宣惠王曰'韩西有宜阳，东有穰清'是也。秦昭襄王取韩地，置南阳郡，以在中国之南，而有阳地，故曰南阳，三十六郡，南阳居其一焉。汉因之，领县三十六，理宛城。后汉于郡理置(南都)……太和中置荆州，理穰县，今邓州所理是也。隋开皇七年(582)，梁王归入隋，自穰县移荆州还江陵，于穰县置邓州。大业三年，改为南阳郡。武德二年(619)，复为邓州。"又："南阳县，本周之申国也，平王母申后之家。汉置宛县，属南阳郡。更始即帝位，世祖纳阴后，并于宛城。"

② 行子：魏本："孙曰：'行子，公自谓也。'"按：行子一般指在外行役之人。《文选》卷二八南朝宋鲍照《东门行》："居人掩闺卧，行子夜中饭。野风吹秋木，行子心肠断。"

③ 秦、商：魏本："孙曰：'秦、商，谓秦山、商山。'"按：亦可解为秦地、商地。

④ 湖海浩将经：魏本："孙曰：'浩，大也，言湖海之大，将经行

也。'"按:此泛指南国的大湖大海。

⑤ 孰忍生以戚:戚,朱《考异》:"戚(原刻作"感"),或作'蹙'。"宋白文本、文本、魏本、廖本作"感",注:"一作'蹙'。"作"感"字是。按:感同"慽""戚",今通作"戚"。结在对人生的慨叹上。

【汇评】

蒋抱玄:淡而有致。(《注释评点韩昌黎诗全集》)

泷吏①

元和十四年

从诗首句"南行逾六旬"观之,这首诗应作于元和十四年三月中旬。韩愈正月十四日离长安,六旬为六十天,当在三月十四日许。诗借泷吏之口,抒发被贬谪的委屈之情,并自我规劝。其写法最突出的是:其一,全诗用对话,在一问一答中道出潮州位置偏远,环境险恶,使读者如亲历其境。在泷吏一系列责问与诗人半推半就的回答中,把韩愈"欲为圣明除弊事",反遭"夕贬潮州路八千"的怨愤发泄出来。使读者觉得泷吏愈是责问,愈觉得韩公委屈;韩公愈自责,愈使人感到圣主并不圣明。其二,反话正说,于"正言若反"中倾诉他所受的委屈,对"仁义饰其躬,巧奸败群伦"之辈痛骂得真妙。形似责己,实则骂人。其三,多用吴地俗语,吏云用十一个"官"字,四个"侬"字,亲切朴实,如闻其声。虽似朴拙,用笔却妙,无一处平笔、顺笔,音节、气味全得于古乐府。

南行逾六旬②,始下昌乐泷③。险恶不可状④,船石相舂撞⑤。往问泷头吏⑥,潮州尚几里?行当何时到?土风复何似⑦?泷吏垂手笑:官何问之愚⑧!譬官居京邑⑨,何由知东吴⑩?东吴游宦乡⑪,官知自有由⑫。潮州底处所⑬?有罪乃窜流⑭。侬幸无负犯⑮,何由到而知⑯?官今行自到,那遽妄问为⑰?不虞卒见困⑱,汗出愧且骇⑲。吏曰聊戏官,侬尝使往罢⑳,岭南大抵同,官去道苦辽㉑。下此三千里,有州始名潮㉒。恶溪瘴毒聚㉓,雷电常汹汹㉔。鳄鱼大于船㉕,牙眼怖杀侬。州南数十里㉗,有海无天地㉘。飓风有时作㉙,掀簸真差事㉚。圣人于天下,于物无不容㉛。比闻此州囚,亦有生还侬㉜。官无嫌此州,固罪人所徙㉝。官当明时来㉞,事不待说委㉟。官不自谨慎,宜即引分往㊱。胡为此水边㊲,神色久怅慌㊳?瓴大瓶罂小㊴,所任自有宜㊵。官何不自量,满溢以取斯㊶?工农虽小人,事业各有守。不知官在朝,有益国家不㊷?得无虱其间㊸,不武亦不文,仁义饰其躬,巧奸败群伦㊹。叩头谢吏言,始惭今更羞。历官二十余,国恩并未酬㊺。凡吏之所诃,嗟实颇有之㊻。不即金木诛,敢不识恩私㊼。潮州虽云远,虽恶不可过㊽。于身实已多,敢不持自贺㊾。

【校注】

① 题:魏本:"樊曰:元和十四年赴潮州作。"文《详注》:"盖南方谓奔水曰泷,盖即滩也,音间江切,又音双。东坡《次韵韶倅李通直》云:'一篇《泷吏》可书绅,莫向长沮更问津。'南迁事迹与文公略同,故也。"方世举《笺注》:"《广韵》:'泷,吕江切。南人名湍,亦州名。又音双,水名。'"按《水经注》卷三八"溱水":"武溪水出临武县西北桐柏山,东南流,右合溱水,乱流,东南径临武县西,谓之武溪。县侧临溪东,因曰临武县……溪又东南流,左会黄岑溪水,水出郴县黄岑山,西南流,右合武溪水。武溪水又南入重山,山名蓝豪,广圆五百里,悉曲江县界。崖峻险岨,岩岭干天,交柯云蔚,霾天晦景,谓之泷中。悬湍回注,崩浪震山,名之泷水……泷水又南

出峡,谓之泷口。西岸有任将军城,南海都尉任嚣所筑也。嚣死,尉佗自龙川始居之。东岸有任将军庙。泷水又南合泠水,泠水东出泠君山。山,群峰之孤秀也。"文《详注》、魏本孙汝听《全解》引《水经注》多缺讹,故改从《水经注》原文。泷水在广东省北部今乐昌市,而水名昌乐泷。

②南行逾六旬:逾,超过。六旬,一旬十日,六旬乃六十日,时已三月中旬也。六旬,或谓四旬,误。朱《考异》(《新书本传》):"方考乃云:《谢表》及《祭神文》皆止云今月,而《逐鳄鱼文》正本皆但云年月日,则公之到郡,实不知何月日也。况自韶至广,虽为顺流,而自广之惠、自惠之潮,水陆相半,要非旬日可到,故公表亦云:'自潮至广,来往动皆经月。'则公到郡,决非三月。而逐鳄鱼,亦未必在四月二十四日也。今按道里行程,则方说为是。但《与大颠第一书》石本乃云'四月七日',则又似实以三月二十五日到郡也。未详其说,阙之可也。"王元启《记疑》:"'六旬'盖'四旬'之误。公以正月十四日贬潮州,即日上道,至三月二十五日至治所,八千里地,以七旬余赴之,殊为不过。方疑自京至韶,已逾六旬,则自韶至潮三千里,不应以八九日赴之,因欲尽删《谢表》《祭神文》三月二十五日至治下之语。不知自京之韶,不及五千里,不须行至六旬,改作'逾四旬',即集中《宜城驿记》《潮州谢上表》《祭神文》《鳄鱼文》《与大颠师书》石本所载月日,悉无可疑……又考别本《临泷寺》诗注引《旧史·地理志》:韶州至京四千九百三十二里。余谓正使足五千里,公为严程所迫,必无行过六旬之理。'六'当作'四',盖无疑也。"钱仲联《集释》:"郑珍《书韩集与大颠三书后》曰:韩文公元和十四年《潮州谢表》云:'以今月二十五日到州。'今月无实证,洪兴祖沿韩集或本《鳄鱼文》'维年月日'作'维元和四年四月二十四日'之说,定为三月,方崧卿辨其决非三月,朱子深然之,而又云:'《与大颠第一书》石本云四月七日,似实为三月二十五日到郡。'复以洪氏为是。苏文忠公谓此书凡鄙,虽退之家奴仆亦不作。韩子由刑部侍郎贬潮,三书石刻后俱衔吏部侍郎潮州刺史上颠师,此书之

伪，但观其词鄙衔谬，已可断为庸妄人所假托。考公《泷吏》诗云：'南行逾六旬，始下昌乐泷。'泷在韶州乐昌县，公以正月十四日启行，行逾六旬，始下此泷，则公之过乐昌，已是三月望后，去月之二十五，计多不过七八日。由此而韶而广而始至潮。《泷吏》诗云：'下此三千里，有州始名潮。'三千里岂七八日可到？《谢表》云：'臣所领州去广州虽云才二千里，然来往动皆经月。'此公初到郡据所新历以上告天子者，程期明白可据。由广至潮，已须经月方到，韶之距广，又一千里，其至亦必经旬日。公之到潮为四月二十五日，确无可疑。四月七日何由书召大颠也？'郑氏此考甚谛。据此，则此诗'六旬'字原无可疑，王氏欲改'六'为'四'，其说未安。考公于正月十四日离长安，商颜风雪，行程必稽缓，故抵宜城已为二月二日。此段路程甚短，已占去二旬。自宜城至韶，其途遥远。中间湘水一段，逆水南行，必不能速，亦必不能以二旬时间达之也。王氏'四旬'之说，出于臆测，未可从。"钱说可信。然非专文，未更详之。《韩学研究·韩愈年谱汇证》《韩愈大传》及《韩愈谪潮争议考辨》一文对韩公由长安出发，所经路程及所需时间，均有详考，可参。

③ 始下：刚刚到达。昌乐泷，方《举正》订，云："蜀同。欧公尝以刘仲章言考归旧本。蒋颖叔云：李君谓乐昌五里有昌山，有乐石，尤高大，当时乐昌以县名，昌乐以山名，泷在县上五里。"朱《考异》："昌乐，诸本作'乐昌'，方从杭、蜀本（下引方语）。今按：欧云县名乐昌，泷名昌乐也。"魏本："昌乐泷，溪名。孙曰：'后汉桂阳太守周昕，字君光，开此溪，合其水，桂阳人便之，为立庙刻石，今犹存焉。'樊曰欧阳文忠公云：'韶州乐昌县西武溪，惊湍激石，流数百里，其俗谓水湍浚为泷，退之诗云云即此也。刘仲章前为乐昌令，余初以韩集云昌乐泷，误改从乐昌。仲章曰：不然，县名乐昌而泷名昌乐，韩集不误也。'乃知古人传疑而惮于更改者以此。"文《详注》："《集古目录》(《韶州图经》跋尾)云：'按武水源出郴州武县鸬鹚石，南流三百里入桂阳，而桂水、真水、卢溪、曹溪诸水皆与武水合。其俗谓水湍峻为泷，韩退之诗云：南下昌乐泷，即此水也。'王

子思诗话云:'欧阳文忠公读此诗至始下昌乐泷,疑其为误,欲改从乐昌,以有乐昌县故也。时国子直讲刘仲章曰:不然,某,南人也,故知之。县名乐昌,而泷名昌乐,其旧俗所传如此,韩集不误。文忠甚悔之,曰:乃知古人传疑正为是尔。'乐昌县属韶州。《九域志》云:'在州北二百四十里。昌山乐石在焉,最为佳处,士庶游往,故县以此得名也。'"按:《元和郡县图志》卷三四"岭南道一":"韶州乐昌县,本汉曲江县地也,梁武帝分曲江置梁化县,属始兴郡。隋开皇十年(590)改属广州,十八年(598)改为乐昌县。武德中改属韶州。蓝豪山,在县西北一百九十里。广五百里,崖岭峻阻,所谓泷中,即此也。"今广东乐昌市。

④ 险恶不可状:方《举正》作"险恶不可状",云:"谢云:唐本作'乐昌险恶状'。"朱《考异》:"唐本作'乐昌险恶状',非是。"宋白文本、文本、祝本、魏本、廖本、王本均作"险恶不可状"。祝本注:"一云'乐昌泷险恶'。"魏本注:"一本作'昌乐泷险恶'。"今从诸本。

不可状:即不可名状,难以用语言形容也。洪适《隶释》卷四《桂阳太守周憬功勋铭》云:"兹水发源王禽山,千渠万浍,下凑六泷,舟楫过之,若奔车失辔,狂牛无縻,丧宝玩,流象犀,积有日矣……韩退之诗云'南下昌乐泷,险恶不可状'者,即谓此也。"

⑤ 舂撞:文《详注》:"东坡《江西》诗云'舟行千(当为"十")里磨九泷,篙师(当为"声")荦确相舂撞'即此意也。"钱仲联《集释》:"刘熙《释名》:'舂,撞也。'"按:舂撞,即冲撞,物相碰击,谓船石相撞也。舂同冲,今多作"冲"。

⑥ 泷头吏:负责泷口执事的官吏。

⑦ 土风:方世举《笺注》:"《左传》(成公九年):'乐操土风,不忘旧也。'"按:土风,本指乡土的歌谣乐曲。《隋书·音乐志中》:"魏氏来自云朔,肇有诸华,乐操土风,未移其俗。"此指当地的风俗习惯。《宋书·文帝纪》:"元嘉二十六年:城邑高明,土风淳壹。"李白《古风》六:"情性有所习,土风故其然。"

⑧ "泷吏垂手笑:官何问之愚"二句:魏本:"《补注》:东坡诗

云：'泷吏无言只笑侬。'"方世举《笺注》："垂手笑：□云：东坡诗'泷吏无言只笑侬'用此也。官：按《南史》，六朝率如此称。"按：官，指韩愈。一"愚"字回溯韩公上表的行为，而开以下一段泷吏之语，翻波叫起而转折奇诡。

⑨ 譬官居京邑：朱《考异》："或作'譬如官居北'。"宋白文本、文本、祝本、魏本、廖本、王本同作"譬官居京邑"。文本、祝本等注："'居京，一作'牧郡'。一本'譬如官居北'。"魏本注："一作'譬官牧郡邑'，一作'譬如官岳此'。"按：均不如诸本作"譬官居京邑"。譬，譬喻，比喻。《论语·为政》："为政以德，譬如北辰，居其所而众星共之。"

⑩ 东吴：祝本、魏本注："一作'京都'。"诸本作"东吴"，是。

何焯《义门读书记》卷三〇："'东吴'语无谓，当如注中'或作'。"方成珪《笺正》："韶州乃三国孙吴始兴郡，故曰'东吴'。惟韶为东吴地，故《泷吏》亦用吴音称侬也，何云'无谓'乎？"按：韶州故可称东吴，从上文韩公问潮州情况看，当指潮州或粤东，春秋战国时吴越之地，三国时属孙吴。

⑪ 东吴：文本作"京都"，注："一作'东吴'。"诸本作"东吴"，是。

游宦乡，在外做官的地方。游宦，异乡为官，迁转不定。《韩非子·和氏》："禁游宦之民，而显耕战之士。"《文选》卷二六晋陆机《赴洛》诗："羁旅远游宦，托身承华侧。"

⑫ 自有由：本来有原因。由，原因，理由。唐时东南海角的吴地，偏远险恶，多为贬官的处置之所，如以前的常衮、而今的韩愈。泷吏所谓"有由"者指此。

⑬ 潮州底处所：底，疑问词，何也。方世举《笺注》："底，何也。古乐府《子夜歌》：'郎唤侬底为？'又《欢闻变歌》：'底为守空池？'《懊侬歌》：'约誓底言者？'《西乌夜飞》：'持底唤欢来？'唐诗家多用'底事'，犹云'何事'也。盖俗谓'何等'为'甚底'，而吴音急速，故转语如此。此诗如'侬'字、'罢'字皆吴语也。"童《校诠》："第德案：

后汉书祢衡传:死公云等道,章怀注:死公骂言也,等道,犹今言何勿语也。刘攽曰:勿当作物,又少云字,何物者犹言何物老妪,古语如此者多。段玉裁曰:等,古音在止韵,音变入海韵,音转入等韵。苗夔曰:唐颜师古匡谬正俗谓俗以等物为底物,等音底,韩非、孟子可证。按:韩非子爱臣篇:主妾无等,必危嫡子;孟子滕文公:爱无差等,施由亲始,等与子始韵,苗氏未举例证,故为补之。又管子侈靡篇:视其不可使,因以为民等,贾子胎教篇:两者不等,各有其母,亦其例。"按:底处所,什么地方。张相《诗词曲语辞汇释》卷一:"底,犹何也;甚也……王维《慕容承携素馔见过》诗:'空劳酒食馔,持底解人颐?'……陈与义《腊梅绝句》:'来从底处所?黄露满衣湿。'陆游《秋兴》诗:'中原日月用胡历,幽州老酋着柘黄。荥河温洛底处所?可使长作毡裘乡。'凡云'底处所',均言'何处'也。"底处所,韩愈以前诗中虽不经见,陈、陆等后人多学韩公。

⑭ 有罪乃窜流:钱仲联《集释》:"《书》(《舜典》):'流共工于幽州,放骧兜于崇山,窜三苗于三危,殛鲧于羽山。'孔颖达《正义》:'流者移其居处,若水流然,罪之正名。窜者,投弃之名。'"按:此句正应上句"底处所",有罪的人被流窜到这个地方。

⑮ 侬幸无负犯:魏本:"韩曰:'吴人称我曰侬,音农。'"文《详注》:"侬,我也,音奴冬切。今作侧声,读从南音。太白《横江诗》云:'人道横江好,侬道横江恶。'与此同意。"方世举《笺注》:"侬字不止称我。如《子夜歌》(《乐府诗集·清商曲辞》)'郎来就侬嬉''负侬非一事''许侬红粉妆',皆所谓我侬也。如《寻阳乐》(《乐府诗集·清商曲辞》)'鸡亭故侬去,九里新侬还',《读曲歌》(《乐府诗集·清商曲辞》)'冥就他侬宿',皆所谓渠侬也。此诗'侬幸无负犯''侬尝使往罢',皆自称也。'亦有生还侬',则指他人也。"钱仲联《集释》:"《玉篇·人部》:'侬,奴冬切,吴人称我曰侬。'"《史记·五帝纪》正义:"负,违也。"侬,吴地方言。在本诗"侬幸无负犯""侬尝使往罢"句中,作第一人称代词,当"我"讲;在"牙眼怖杀侬"句中,作名词,当"人"讲。在"亦有生还侬"中兼作名词"人"和第三人

称代词"他们"讲。无负犯,没有违背朝廷正事,即无犯罪。如其《左迁至蓝关示侄孙湘》云"欲为圣明除弊事"可证。

⑯ 何由到而知:你怎么知道为什么到那里呢?

⑰ 那邃妄问为:方《举正》作"妄问",云:"杭作'妾问'。"朱《考异》:"妄,或作'妾',非是。"文本、魏本等诸本作"妄问",是。此句谓:哪用匆忙地乱打听呢? 邃,匆忙,紧迫。何焯《义门读书记》卷三〇:"'潮州底处所'六句,顿挫处。"何焯《批韩诗》亦云:"奇波涌起。'东吴'语无谓,当如注中或作。"又云:"六句顿挫处。"何云"注中或作"指顾《集注》:"□云:东坡诗'泷吏无言只笑侬'用此也。"

⑱ 不虞卒见困:谓没有想到被小吏问得无言答对。不虞,想不到,出乎意料。卒,同猝,突然,猝不及防。见困,被难住了。《诗·大雅·抑》:"用戒不虞。"笺:"用备不臆度而至之事。"

⑲ 愧且骇:既惭愧又震惊。朱彝尊《批韩诗》:"故作戏答,以发骇愕,正是长篇转折。"

⑳ 吏曰聊戏官,侬尝使往罢:文《详注》:"泷吏自言:曾为使监有罪往潮州,略知其风土也。罢,音部买切。"方成珪《笺正》:"《说文·网部》:'罢,遣有罪也,从网能,言有贤能而入网,即贳遣之。'《周礼·秋官·小司寇》:'四曰议能之辟。'"王懋竑《读书记疑》卷一六:"罢,同摆,案《广韵》:'罢,支韵,与疲同。蟹韵,音镥,止也,休也。'《正韵》同摆,纸韵,音彼,遣有罪也。则罢免之罢,宜从摆音或彼音,无音杷者。《韵会》依毛氏增入祸韵,《正韵》同,今皆读如杷矣。然古韵所无,不可不知也。纸韵罢,《正韵》同陛。"按:罢当免职、放遣解,音皮彼切,上声,纸韵。《史记·齐悼惠王世家》:"乃罢魏勃。"索隐:"罢谓不罪而放遣之。"或同呗,语词,中原方言仍有此语,如"去罢!"罢即读"呗"。如说潮州为罢谪之地,上已有说明。可供参考。

㉑ 岭南:五岭(大庾、骑田、都庞、萌渚、越城)以南之地。《世说新语·德行》:"小吴遂大贵达。"注引《晋书·安帝纪》:"桓玄欲革岭南之敝,以为广州刺史。"

官去:文本注:"一作'去官'。"诸本作"官去",从之。苦,狠也。辽,远也。《左传》襄公八年:"楚师辽远,粮食将尽,必将速归,何患焉?"

㉒ 下此:距离这个地方。三千里,非实指,谓道路遥远,应上"苦辽"。潮即潮州。

㉓ 恶溪瘴毒聚:魏本:"孙曰:'恶溪,潮州水名。'"文《详注》:"柳子厚《愚溪对》云:'闽有水生毒雾厉气,中者温屯沤泄,藏石走濑,连舻縻解。有鱼焉,锯齿锋尾而兽蹄,食人,必断而跃之,乃仰噬焉,故名恶溪。'鱼谓鳄鱼也。"方世举《笺注》:"公《祭鳄鱼文》:'以羊一猪一,投恶溪之潭水,以与鳄鱼食。'"按:可参阅韩公《鳄鱼文》。

㉔ 汹汹:声音宏大。魏本:"汹汹,水鸣声。祝曰:《楚辞》(《九章·悲回风》):'听波声之汹汹。'"文《详注》:"汹,音许容切,今作侧声。"按:形容电闪雷鸣,声音巨大。潮州地方之凶险,水有鳄鱼,天有雷电。

㉕ 鳄鱼:魏本:"孙曰:'鳄,鱼名,大者凡数丈,玄黄苍白,厥类惟错。似龙无角,似蛇有足。卵生山谷间,其卵无数,大率为鳄鱼者十止二三焉,余即为鼋为龟也。鳄鱼善食人,狎于水者,每每罹害。居民畜产,亦辄尾去。'"按:鳄鱼,爬行动物。善游水,大者长三至六米,四肢短,尾长,灰褐色,皮硬,性凶恶,捕食鱼虾、禽兽,或伤人畜。

㉖ 怖杀:吓坏。文《详注》:"《笔谈》曰:'《岭表异物志》记鳄鱼甚详。予少时到闽中,时王举直知潮州,钓得一鳄,其大如船,画以为图而自序其下。其形如鼍,但(当作短)喙长身,牙如锯齿,有苍黄二色,尾有三钩,极铦利,遇鹿豕即以尾戟之。卵甚多,或为鱼,或为龟鼋,其为鳄者不过一二,土人设钩于大豕之身,筏而流之水中,鳄尾而食之,则为所毙。'一见《祭鳄鱼文》。"何焯《批韩诗》:"恶。"朱彝尊《批韩诗》:"此等质语,绝不易及,学之无可下手。"

㉗ 数十里:方《举正》据阁本作"斗数里",云:"杭作'斜',义

同。《史记·〈封禅〉书》:'盛山斗入海。'斗,绝也。"朱《考异》:"诸本作'十数',谢本作'数十',方从阁本作'斗数'。(下引方语)今以地里考之,谢本为是。此句与'斗入海'文意绝不同,方说误矣。"文本、祝本、魏本作"十数"。宋白文本、廖本、王本作"数十"与谢本同,从之。文《详注》:"《通典》(卷一八二)云:'潮州南至大海八十五里。'"方成珪《笺正》:"《元和郡县志》:'潮州潮阳郡,南至大海八十五里。'则作'十数里'及'斗数里'皆不谙地理者也。"按:实地考察,今潮州南距海百里之遥,故作"数十里",是。

㉘ 有海无天地:有海,方《举正》作"有海",云:"范、谢本作'有水'。"朱《考异》:"海,或作'水'。"宋白文本、文本、祝本、魏本、廖本、王本均作"有海",从之。方世举《笺注》:"《潮州谢上表》:'臣所领州,在广府极东界上,去广府虽云才二千里,然来往动皆经月。过海口,下恶水,涛泷壮猛,难计程期。飓风鳄鱼,患病(《表》作祸)不测。州南近界,涨海连天;毒雾瘴氛,日夕发作。(据韩文校)'"按:只见无边无际的大海,看不见天地。即天水相接,一望泱漭,分不清是天、是水、是地也。

㉙ 飓风:台风。作,起。魏本:"孙曰:'飓,风名。海南有之。'"钱仲联《集释》:"见卷二《县斋有怀》注(《太平御览》卷九:《南越志》曰:熙安间多飓风。飓者,具四方之风也。一曰惧风,言怖惧也。常以六七月兴)。《辞源》引韩诗为例。"

㉚ 差事:唐时口语,即怪事。差,同"诧"。文《详注》:"差,异也。音楚懈切,字本从言。飓音惧。见《赴江陵诗》。"魏本:"孙曰:'差事,奇怪也。'掀音轩,差,昌化切。"童《校诠》:"第德案:廖本差音诧,以差为诧之借字。按:说文:吒,喷也;叱,怒也,从口,乇声,喷与叱怒皆有不平之义。其实作差自通,差,说文:貣(段校作贰,即忒)也,左不相值也,㞢,籀文㞢,从二,臣锴曰:左于事是不当值也。左不相值即差池不平矣。或曰:差为嗟之借,谓兹事可惊叹也。诧为吒之后出字,亦有作咤者,说文未收。"

㉛ "圣人"二句谓:当今皇帝对天下各种人才没有不能收用

的。圣人,指皇帝。

㉜"比闻"二句谓:近来听说流放到潮州的罪犯,也有活着回来的。比闻,听说。生还,活着回来。其实二句亦含对能不能生还的质疑。

㉝官无嫌此州,固罪人所徙:方《举正》据蜀本作"官无嫌此州,固罪人所徙",云:"李、谢校同。阁本作'官嫌此州恶,固人之所徙'。"朱《考异》同方。宋白文本、祝本、魏本、廖本、王本亦同方。文本作"官嫌此州恶,固人之所徙",注:"一云'官无嫌此州,固罪人所徙'。"今从方及诸本。固,本来。所徙,所流放的地方。

㉞官当明时来:方《举正》据阁本作"明时来",云:"蜀同。李本校作'官当来时事'。"文本作"此时来"。宋白文本作"明时来"。朱《考异》从方,云:"李本作'官当来时事'。"

文《详注》:"言当明盛时来。"官,指韩愈。明时,圣明之时,指当今皇朝。故作"明时来",是。

㉟事不待委:方《举正》据阁本作"事不待说委",云:"蜀同。李本校作'不待说而委'。"宋白文本、文本、祝本、魏本、廖本、王本均作"事不待说委",从之。

文《详注》:"其不待委曲而详说也。"沈钦韩《补注》:"《隋书·太子勇传》:'高祖既数闻谗谮,疑朝臣皆具委。'《通鉴》改作'悉知之'。盖其时以委为知。任渊《山谷内集注》:'委,谓谙识也。'"按:此句谓:你去潮州的事不需要说了。委,委曲、详细、原委。以上二句谓:正当圣明皇帝当政的时候来潮州,一定是犯了罪的人,就不必详细讲了。

㊱"官不"二句谓:你自己做事不谨慎,犯了罪,应当到潮州那个流放罪犯的地方。引分,引咎,即悔过自责。《汉语大词典》:"引分:引决;自杀。《三国志·吴志·孙晧传》'甘露元年三月,晧遣使随绍、彧报书'裴松之注引晋张勃《吴录》:'孙峻使诘南阳王和,令其引分。'……犹引咎(引韩诗为例)。"何焯《批韩诗》:"接妙。"

㊲胡为:何为,为什么。

㊳ 惝慌（tǎng 他朗切，上，荡韵；huǎng，呼晃切，上，荡韵）：恍惚失意貌。《楚辞》汉刘向《九叹・逢纷》："心惝慌其不我与兮，躬速速其不吾亲。"文《详注》："《楚辞》（刘向《九叹・远逝》）云：'横舟航而济湘兮，耳聊啾而惝慌。'王逸注云：'无所依归貌。'"朱彝尊《批韩诗》："宛不相识猜度语，大妙。"

㊴ 瓬大瓶罂小：朱《考异》："瓬，音冈，见《方言》（卷五）。或作'瓬'，音仿。《周礼》（《考工记》）有'瓬人'，义不相近。"宋白文本、廖本、王本作"瓬"。文本、祝本、魏本均作"瓬"。按：瓬（fǎng 分网切，上，养韵），瓬（gāng 居郎切，平，唐韵）的本字。《方言》五："瓬，罂。"郭璞注："今江东通名大瓮为瓬。"《玉篇・瓦部》："瓬，大瓮也。"《辞源》引韩诗为例。又《周礼・考工记・瓬人》："瓬人为簋，实一觳，崇尺，厚半寸，唇寸。"马永卿《懒真子》卷二："《泷吏》诗云：'瓬大瓶罂小，所任自有宜。'《考工记》：'塼（抟）埴之工陶瓬。'注云：'瓬，读为甫始之甫。'郑玄谓瓬读如放。《音义》：'甫冈切。'《韵略》：'甫两切，与昉同音，注云：塼（抟）埴工。'以此考之，则瓬者，乃塼（抟）埴之工耳，非器也。而退之乃言'瓬大瓶瓮小'者，何也？《考工记》：'瓬人为簋，实一觳，崇尺，厚半寸，唇寸，豆实三而成觳，崇尺。'注：'觳受斗二升，豆实四升，故云豆实三而成觳。'然则瓬人所作器，大者不过能容斗二升，小者不过能容四升耳。"童《校诠》："第德案：说文：瓬，周家搏埴之工也，从瓦方声……朱子谓作瓬义不相近，故从祝本作瓬，马氏谓瓬为搏埴之工非器，是也。瓬为瓨之形讹，说文：瓨，似罂长颈，受十升，从瓦，工声，读若洪，小徐作读若翁，大徐古双切，小徐侯降切。段玉裁曰：史、汉货殖传：醯酱千瓨，按：醯酱者今之醋也，别于下文之酱，升当作斗，汉书注古本有作斗者。缸，瓨也，从缶，工声，段曰：瓦部曰：瓨似罂，长颈，受十斗，缸与瓨音义皆同也。（玉篇瓨户江切，长颈瓶，缸胡江切，与瓨同）如是则瓨能容十斗，为大器，非小器，朱马之疑可以尽释，不必改从方言作瓬，瓬字说文所无，当为灵桂之郊因方音如此造作者。今甬越之间及沪渎谓醃菜菹之瓦器曰咸菜缸，酿酒者曰酒缸，制酱

者曰酱缸,盛水者曰水缸,与郭注江东通名大瓮瓺义合,读如冈,亦与方言音同。大口、大腹、底稍小,能容七石,与说文所云长颈,形制稍异,量亦较大耳。瓾当作瓶,孙韩注同,周礼作瓶,为瓶之后出字,余本、嘉靖本、监本作瓶,不误。缾,祝本作缾,为后出字,广雅释器:缾,釜也。瓺,说文:瓮,似缾也,又假作瓺、甏,瓺适(今作墒)字,本部:甏,瓺甏也,土部:墼,瓺适也。"按:瓶、缾、罂,三种形状、大小不同的容器,亦各有自己不同的用处。瓺、瓶,音义同,与缸通。《王力古汉语字典》:"瓺,同'缸'。大瓮。"

㊵ 宜:适宜,确当。文《详注》:"言人之材器各有限也。"《礼记·月令》:"贡职之数,以远近土地所宜为度。"正应上句,以物比人。即:量器大小各有用处,比喻人应量力而行。

㊶ 满溢:方世举《笺注》:"《孝经》(《诸侯章》):'满而不溢,所以长守富也。'"按:用瓺、瓶、罂作比喻,装得过满就会溢出来,比喻人要求过高就会出问题。斯,代词,作此解。指韩以罪贬潮州。

㊷ 有益国家不:不,同"否"。《史记·廉颇蔺相如列传》:"秦王以十五城请易寡人之璧,可予不?"

㊸ 得无虱其间:虱,方《举正》据唐本订,云:"杭同。荆公、谢皆从'虱'。蜀本作'风(風)',讹自此也。《商君书》二十六篇,大抵以仁义礼乐为虱官,曰:'六虱成俗,兵必大败。'洪引阮籍语,亦非也。"朱《考异》:"诸本'虱'作'风',方从唐、杭、荆公、洪、谢本。(下引方语)"南宋监本原文作"风"。潮本、祝本作"风"。诸本作"虱",是。得无,莫非,是不是。虱其间:像虱官一样在那里滥竽充数。魏本:"樊曰:此句世多引阮籍《大人先生论》所谓'君子之处域内,何以异虱之处裈中'为解,非也。按《商君书》二十六篇,大抵以仁义礼乐为虱官,如曰:'农商官三者天下之常官也。农辟地,商致物,官法民。三官者生虱官者六,曰岁、曰食、曰玩、曰好、曰志、曰行。六者有必削。'是也。杜牧之常[尝]书其语于《处州孔子庙碑阴》曰:'彼商鞅者,能耕能战,能行其法,基秦之强。曰彼仁义,虱官也,可以置之。'公之所谓'虱其间',盖出此。然牧之所引,不见

于《商子》。盖《汉(书)·艺文志》,《商子》有二十九篇,今所传才二十六篇。牧之语,其出于亡篇矣。洪曰:今本作'风其间',误。"文《详注》:"《商君书·靳令篇》云:'亡国之俗六虱,谓礼乐、诗书、孝悌、诚信、贞廉、仁义也。'(按:《商君书》原文六者前均冠一'曰'字)《韩子·说林》亦云:'商太宰曰:吾见孔子,视之犹蚤虱之细。'盖讥当时尚刑名,黜仁义也。而说者多引《晋书》'若虱之处裈',非。《补注》:得无虱其间,旧本'风'乃'虱'字,世多引阮籍'谓君子之处域中,何异虱之处裈中'为解,非也。按《商君书》大抵务农战,而以仁义、礼乐为虱官,故其书曰:农商官三者国之常官。三官者虱官者六:曰岁、曰食、曰玩、曰好、曰志、曰行,六者必有削。又曰:三官无虱,国久强,而无虱者必王。又曰:好用六虱者亡。故牧之亦书此语于《处州孔子庙碑》云云。退之语盖取此。牧之所书语不见于《商君书》,盖《商子》在《汉(书)·艺文志》有二十九篇,今所传才二十二篇。牧之其出于亡篇语邪?"按:语多与樊重。虱者,虱官之称,非虱虮之虱。虱与繁体"风"(風)形似之误。

㊹ 仁义饰其躬,巧奸败群伦:方《举正》作"饬其躬",云:"三本同。"方《举正》作"伦群",云:"阁本作'败伦群'。谓败其伦,败其群也。群伦为无义。杭、蜀本皆作'巧奸'。"朱《考异》:"饰,方作'饬'。躬,或作'奸'。'巧奸败群伦',杭、蜀本如此。奸,或作'躬'。群,或作'其'。方从阁本作'伦群'。(下引方语)今按:'伦群'不词,而'冠乎群伦',乃扬子云语,又正与'其躬'为对,不可谓之无义。"南宋监本原文"奸"作"躬"。文本、潮本、魏本作"饰"。文本、潮本、祝本作"奸",注:"一本作'仁义饰其躬,巧奸败群伦'。"宋白文本、魏本、廖本作"仁义饰其躬,巧奸败群伦"。从之。按:躬,身。巧奸,狡猾奸诈。伦,类、辈。

㊺ 历官二十余:方世举《笺注》:"二十余:按公行状及本传,自贞元十二年受董晋辟,得试秘书省校书郎,为观察推官,又为张建封节度推官,试协律郎,选四门博士,拜监察御史,贬阳山令,迁江陵府法曹参军,入朝权知国子博士,分司东都,改真博士,改都官员

外郎(判祠部,改河南令,入朝为职方),守东都省。授河南县令,行尚书职方员外郎,复为国子博士,改比部郎中,考功郎中,史馆修撰、知制诰,迁中书舍人,降为太子右庶子,以裴度请兼御史中丞、为行军司马,迁刑部侍郎,贬潮州刺史,凡历官二十余。而自贞元十二年至此,亦二十四年矣。"按:二十余,乃约数。国恩未酬,乃谦词,即未报答国家所赐官禄的恩德。

㊻ 诃:斥责。《韩非子·内储说下》:"明日,王出而诃之,曰:'谁溺于是?'"谓泷吏的指责是事实。

㊼ 不即金木诛:文《详注》:"《庄子·列御寇》云:'宵人之罹外刑者,金木讯之。'注云:'暗惑之人罗于宪网,身遭枷杻斧钺之间也。'吏诃,见《后汉·祢衡传》。"按:即,就,受。金木,指用金属与木材制造的刑具。诛,惩罚,处刑。恩私,上对下的偏爱与恩惠,此指宪宗对他的恩惠。

㊽ 虽恶不可过:虽恶,方《举正》作"惟恶",曰:"《文录》与唐本同。"朱《考异》:"虽,方作'惟',今据洪、谢本皆作'虽',下注'澄'字,其义差长。盖再叠上句'虽远',又接下文而言也。或作'惟思',虽亦可通,然与下文不相应。"南宋监本原文作"惟思"。宋白文本、廖本、王本作"虽恶"。文本、祝本、魏本作"惟思"。注:"一云'虽恶'。"按:以上下文义考之,作"虽恶"善。由此亦可得到一个信息,《文录》所收乃韩愈初稿原文,李汉编辑《韩集》时有的文章可能经过韩公修改。此谓:潮州地方偏远,这样的处分虽重,也不算过分。恶本作丑解,可引申为坏,此指重罚。可,算也。

㊾ 持自贺:方《举正》订,云:"杭本'持'作'特'。"朱《考异》:"持,或作'特'。"诸本作"持",从之。

文《详注》:"前辈云:韩文公自潮州还后文章,不烦绳削而自合。今读《泷吏》诗,谠以谓不待过岭即此篇格律便变去也。盖公倔强之气,出于天与?非再摧折,其文安能如此雅颂。"何焯《批韩诗》:"收得足。"

卷六 古诗

【汇评】

明高启:《读史二十二首·韩子》:自古南荒窜逐过,佞臣元少直臣多。官来泷吏休相诮,天要潮人识孟轲。(《高青丘集》卷一七)

明吴宽:《读韩文公泷吏诗》:自古东吴游宦乡,愁听泷吏比潮阳。苏公亦是南迁者,长作岭南人不妨。(《匏翁家藏集》卷二八)

明胡震亨:差:韩愈《咏海》诗:"飓风有时作,掀簸真差事。"韩偓诗:"而今若有逃名者,应被品流呼差人。"差,异化切,怪也。(《唐音癸签》卷二四《诂笺九》)

清吴景旭:虱:韩退之《泷吏》诗:"不知官在朝,有益国家否?得无风(虱)其间,不武亦不文,仁义饰其躬,巧奸败群伦。"

吴旦生曰:古本"风"作"虱"字解者,误引步兵裈虱事。姚令威言:公孙鞅《靳命(当作"令")篇》云:"国以功授官予爵,则治省言寡;以六虱授官予爵,则治烦言生。""六虱:曰礼乐,曰诗书,曰修善,曰孝悌,曰诚信,曰贞廉,曰仁义,曰非兵,曰羞战。国有十二者,上无使农、战,必贫至削。十二者成群,此谓君之治不胜其臣,官之治不胜其民,此谓六虱胜其政也。"杜牧之云:"彼商鞅者,能耕能战,能行其法,基秦为强,曰彼仁义虱官也,可以置之。"余因观刘勰云:"韩魏力政,燕赵任权,五蠹六虱,严于秦令。惟齐、楚两国,颇有文学。"退之诗定指此而言。(《历代诗话》卷四九庚集四)

清吴景旭:泷:韩退之《泷吏》诗:"南行逾六旬,始下昌乐泷。"

吴旦生曰:泷音双,奔湍也。《韩子年谱》载此诗。又云:"下此三千里,有州始名潮。"公以正月十四日去国,行逾六旬,三月几望矣,遂以二十五日至潮,则是十许日行三千里,盖泷水湍急故也。欧阳文忠云:"《韶州图经》:乐昌县西一百八十里武溪,惊湍急石,流数百里。"按,武水源出郴州武县,其俗谓水湍峻为泷。刘仲章者,前为乐昌令,予初以韩诗云昌乐,疑其误,乃改从"乐昌"。仲章云不然,县名乐昌,而泷名昌乐,其旧俗所传如此,韩诗不误也。陆放翁诗:"四方行役男儿事,常笑韩公赋下泷。"(《历代诗话》卷四九庚集四)

清朱彝尊:欲道贬地远恶,却设为问答,又借吴音野谚以致其真切之意,语调全祖古乐府来。大抵作此等诗,专以才力运,一毫雕琢藻绘俱使不得。(顾嗣立《昌黎先生诗集注》卷六)

清王士禛:《南来志》:曲江城西南武溪,水自乐昌来,注于浈水,即马文渊所谓"武溪毒淫"者也。武溪中有三泷,韩退之《泷吏》诗"南行逾六旬,始下昌乐泷",今曰韩泷。

《皇华纪闻》:三泷水出韶州府乐昌县监豪山,旧曰新泷、曰腰泷、曰垂泷,皆汉周府君所开,后以韩文公过此赋《泷吏》诗,易名韩泷,上流西岸有周府君祠,以文公配食。泷水即马伏波武溪水也。(《带经堂诗话》卷一三遗迹类上)

清查慎行:通篇以文滑稽,亦《解嘲》《宾戏》之变调耳。特失职之望少,而负匿之意多,遂成儒者气象。(《查初白诗评十二种》)

清何焯:《泷吏》最古。自讼兼望后命,亦得体。"譬官居京邑"三句,东吴语无谓,当如注中或作。"潮州底处所"六句,顿挫处。(《义门读书记》卷三〇)

又:此篇虽似朴拙,然用笔极精妙,无一平笔顺笔。(顾嗣立《昌黎先生诗集注》卷六)

清沈德潜:《泷吏》:借吏言以规讽,自嘲亦自宽解也。从古乐府得来,韩诗中之别调。(《唐诗别裁集》卷四)

清爱新觉罗·弘历:欲写贬地远恶,却设为问答,又借吴音俚语以致真切之意,助荒陋之态,格调全祖古乐府来。君子以恐惧修省,《泷吏》篇之谓也。莫道英雄气短。(《唐宋诗醇》卷三一)

清黄钺:凡用十一"官"字,如闻其声。(《韩诗增注证讹》)

清方东树:《送程公辟守洪州》与退之《泷吏》局同意异。公不便自谦自诿,皆托之人言。一宾一主,《解嘲》《客难》之局,而用之于赠人,皆避浅俗平直也,足以为式。(《昭昧詹言》卷一二王半山)

清施补华:《泷吏》一首,最质古。(《岘佣说诗》)

程学恂:此诗变屈、贾之语,而得屈贾之意,最为超古。入后痛骂得妙。(《韩诗臆说》卷二)

赠别元十八协律六首①

元和十四年

元和十四年(819)三月作。元协律秉裴行立之命,受柳宗元之托,前来看望韩愈。韩愈坐罪孤贬南荒,在凄苦无告之际,见老友致书来问,并带药来,大为感动,写了这六首诗。六首诗二、四颂裴与元,三、六说子厚及抱题言别,一写与元邂逅相逢而聚有日,感时慨己,不愿离也。五褒勉裴。语言朴实自然,发于天然,词义和婉,出自肺腑,虽不求工而自工者也,要在以情感人,也是韩诗后期走向平淡的代表。第三首直叙如话,既表他怀念子厚的深情,也写出他与元生相处之谊,诚见至情。第六首寄子厚,犹如手足,抱题叙别。自处恶劣环境,倍觉友情珍贵,景如亲躬,情出于心。故诗之好处就在于写真景,表真意,抒真情,全在真字上见之。

其 一

知识久去眼,吾行其既远②。瞢瞢莫訾省,默默但寝饭③。子兮何为者④,冠佩立宪宪⑤。何氏之从学,兰蕙已满畹⑥。于何玩其光,以至岁向晚⑦?治惟尚和同⑧,无俟于謇謇⑨。或师绝学贤,不以艺自挽⑩。子兮独如何,能自媚婉娩⑪?金石出声音⑫,宫室发关楗⑬。何人识章甫⑭,而知骏蹄踠⑮?惜乎吾无居,不得留息偃⑯。临当背面时⑰,裁诗示缱绻⑱。

【校注】

① 题：元十八：名集虚，字克己，排行十八，河南人，做过协律郎。协律郎，掌校正乐律之事。方《举正》增"别"字，云："杭、蜀同。樊泽之谓考《白乐天集》，元十八，元集虚也。裴行立以元和十二年(817)观察桂管，诗所谓桂林伯，乃裴也。"朱《考异》："或无'别'字。樊泽之谓：元十八集虚，见《乐天集》。桂林伯，裴行立也。"祝本、魏本无"别"字。宋白文本、文本、廖本、王本有"别"字。按诗意"胡为不忍别"，则是别时所赠，有"别"字是。

魏本："韩曰：'元十八，于诗不见其名。《柳子厚集》有《送元十八山人南游序》，亦不著其名。惟白乐天《游大林寺序》有河南元集虚者，疑即其人。'"文《详注》："柳宗元《序》云：'河南元生者，其人闲[闶]旷而质直……其为学恢博而贯统，数无以踬其道……及至是邦，以余道穷而多好[忧]……留三旬有六日……余始得其为人。今将去余而南，历营道，观九疑，下漓水，穷南越，以临大海，则吾未知其还也。'按子厚作此序，时当在永州。其后，元和十四年，公贬于潮，道遇元生，始识之。此数诗之所以作也。诗言'峡山''扶胥'等事，则知相会遇于广州也。时子厚已刺柳州。"陈景云《点勘》："题注，按樊说是，特语犹未详。白序作于元和十二年，正裴行立帅桂时。大林寺在江州庐山，元十八尝构溪亭于山之东南，见乐天诗。又乐天有《送元十八出庐山从事南海》诗，盖同游大林后，寻赴岭外使幕矣。本从事桂林，而云南海者，殆以桂林亦岭南五管之一，故可通称耶。"沈钦韩《补注》："《柳州集·钴鉧潭西小丘记》：'元克己同游。'白乐天集《草堂记》：'与河南元集虚落之。'盖名集虚，字克己也。"

② 知识久去眼，吾行其既远：朱《考异》："去，或作'绝'。"诸本作"去"是。

去：离也，绝也。《诗·魏风·硕鼠》："适将去女，逝彼乐土。"《韩非子·外储说左下》："阳虎去齐走赵。"知识，方世举《笺注》："《南史·虞悰传》：'悰性敦实，与之知识，必相存访。'"按：相识见知的人为知识。《庄子·至乐》："吾使司命复生子形，为子骨肉肌肤，反子父母、妻子、闾里、知识，子欲之乎？"《文选》卷四一后汉孔融《论盛孝章书》："岁月不居，时节如流……海内知识，零落殆尽，惟有会稽盛孝章尚存。"亦指人对事物的认识。韩公《谢自然诗》："知识最为贤。"此为前者，作与人相知解。又《管子·入国》："不能自生者，属之其乡党知识故人。"

③瞢(méng)瞢：魏本："祝曰：瞢，目不明也。《左氏》（襄公十四年）：'亦无憯（当作瞢）焉。'孙曰：莫瞢省者，无所省录也。《汉书》（《胶西于王端传》）胶西子王端'遂为无瞢省'是也。瞢，莫东、眉登、母亘三切。訾，音紫。省，一作'毁'。"童《校诠》："第德案：子（指胶西子之子）当作'于'。文《详注》'省'作'毁'，云：'一作'省'。瞢瞢，不明貌，音母豆切。'"按：瞢瞢，眼睛不明貌。王懋竑《读书记疑》卷一六："瞢，音蒙，又音儚，登韵。又音懵，灯韵。"扬雄《太玄经·六瞢》："物失明贞，莫不瞢瞢。"

莫訾省：方《举正》订，云："杭本同。阁与蜀本皆作'訾毁'，误也。《史记·胶西王传》：'遂为无訾省。'苏林谓：'无所訾录，无所省录也。'"朱《考异》校从方，云："阁、蜀本省作'毁'。（下引方语）今按：苏注不可晓，而颜注又以为不省訾财，亦非是。《礼记》（《少仪》）'不訾重器''毋訾金玉成器'，注皆云'思也'。详此，盖以訾为思虑、计度之意云。"按：朱引《礼记》"毋訾金玉成器"，"金玉"实作"衣服"。莫訾省者，不要思量南贬相呼之事也。俞樾《俞楼杂纂》卷二六《读昌黎先生集》云："《国语·齐语》：'訾相其质。'韦注曰：'訾，量也。'《吕氏春秋·知度篇》：'量小大而知材木矣，訾功丈而知人数矣。'高注曰：'訾，相也。'然则訾与量同，自有计度之意。朱子引《礼记》注，其义转迂。"

默默：不语，无声无息貌。《韩诗外传》七："昔者商纣默默而亡，武王谔谔而昌。"

④子兮何为者：子，魏本："孙曰：谓元十八。"朱彝尊《批韩诗》："用何字，历历为问，前此未见。"按：子乃对元的尊称。此句意

谓:你是谁呀?

⑤冠珮立宪宪:文《详注》:"《尔雅》曰:'宪宪,制法则也.'此篇称何皆疑怪之辞."魏本:"洪曰:《诗》(《大雅·假乐》)云:'显显令德.'《礼记》(《中庸》)引《诗》作'宪宪',退之亦岂以宪为显耶?"又注:"宪,音显."方《举正》:"《诗》:'显显令德.'《礼》作'宪宪',校本多读宪为显.按《毛传》'无然宪宪',谓'宪宪'犹'欣欣'也.义自明.柳文亦屡用'宪宪'字."宪宪,一作欢乐貌.《诗·大雅·板》:"天之方难,无然宪宪."二曰光盛貌,高尚貌.《礼记·中庸》:"《诗》曰:'嘉乐君子,宪宪令德.'"《诗·大雅·假乐》作"显显",显、宪乃同音通假.柳宗元《箕子碑》:"宪宪大人,显晦不渝."按文、洪、方三人注均不明晰,此处"宪宪"作高尚貌解较善,形容元十八的形貌.下句谓:从学何氏.

⑥兰蕙已满畹:已,方《举正》订,云:"蜀本已作'以'."朱《考异》:"已,或作'以'."按:作时间副词,以同"已".《史记·高祖本纪》:"老父已去,高祖适从旁舍来."《史记·陈涉世家》:"固以怪之矣."

兰蕙:兰和蕙均香草名.按:畹,田园,苑圃.《说文·田部》:"田三十亩也."韩公诗用屈原《离骚》:"余既滋兰之九畹兮,又树蕙之百亩."王逸注:"十二亩曰畹."《文选》卷六左思《魏都赋》:"右则疏圃曲池,下畹高堂."刘逵引班固云:"畹,三十亩也."《玉篇》谓"三十步为畹"则误.王云"十二亩"亦不确.养兰树蕙谓学业与品格修养.此乃比喻元十八从学大成.

⑦"于何"二句:魏本:"孙曰:'玩,习也.玩其光者,犹言韬光也.岁向晚,言将老也.于何韬光以至于老乎?'"按:玩,琢磨.《易·系辞上》:"居则观其象而玩其辞,动则观其变而玩其占."曹植诗《赠徐幹》云:"良田无晚岁,膏泽多丰年."何焯《义门读书记》卷三〇:"'何氏之从学'四句,惊心动魄,少年当日诵以自儆.四句乃思其向晚之由或缘此也."见人念己,叹时之不我遇也.

⑧治惟尚和同:方《举正》据阁本作"治惟",云:"蜀同李、谢

校。杭本作'时治'。"朱《考异》:"治惟,或作'时治'。"南宋监本原文作"时治",文本、潮本、祝本、魏本作"时治"。文、魏注:"一作'治惟'。"宋白文本、廖本、王本作"治惟"。从之。

和同:和睦同心。魏本:"孙曰:《老子》:'和其光,同其尘。'"按:《左传》成公十六年:"民生敦厖,和同以听。"《管子·五辅》:"上下交引而不和同,故处不安而动不威。"治惟作时治者,则此注家认为诗意谓:当今治策只重和同,不喜欢直言也。治惟、时治均通;然治惟更合韩公诗意:谓上之治世,只有崇尚和同。

⑨謇謇:魏本:"孙曰:謇,谔也。《易》(《蹇》):'王臣謇謇。'韩曰:《楚辞》(屈原《离骚》):'余固知謇謇之为患。'注:'忠正貌,音蹇。'"洪兴祖补注:"今《易》作'蹇蹇',先儒引经多如此,盖古今本或不同耳。"文《详注》:"《易》曰:'王臣謇謇。'直言也。"

⑩"或师"二句:文《详注》:"或,亦疑辞。挽,引也,言不自荐达。"魏本:"祝曰:《周礼》(《春官·巾车》):'辇车组挽。'注:'人挽之以行。'《荀子》:'礼者,政之挽。'孙曰:绝学,谓《老子》也。《扬子》:'《老子》之言道德,吾有取焉尔。及搥提仁义,绝灭礼学,吾无取焉尔。'挽,牵引也。言师老子之贤,务为隐约,不以才艺自推挽也。"童《校诠》:"第德案:老子第二十章:绝学无忧,王注:下篇:为学者日益,为道者日损,然则学求益所能而进其智者也,若将无欲而足,何求于益,不知而中,何求于进云云,此即绝学之义。孙引扬子法言问道篇绝灭礼学为解,似非。"按:绝学,弃绝学问学业。《老子》:"绝学无忧。"唐李德裕《积薪赋》:"邈岩居之幽远,有楚泽之放臣。方绝学以自爨,诚未暇于披榛。"或谓中断的学术。《汉书·韦贤传论》:"汉承亡秦绝学之后,祖宗之制因时施宜。"以上诸说似均未合韩公诗意;愚以为似指元十八以师老子为上,而不以经艺相推重。韩愈亦有以"绝学弃智"譬老子之谓者。

⑪婉(wǎn于阮切,上,阮韵)娩(wǎn无远切,上,阮韵,又狝韵):祝本作"婉婉"。宋白文本、文本、魏本、廖本、王本作"婉娩"。文、魏本等注:"一作'婉婉'。"今从诸本。

魏本:"孙曰:'媚好貌。'"文《详注》:"陆士衡《乐府诗》云:婉婉,巧笑貌。"顾嗣立《集注》:"《礼记·内则》:'婉娩听从。'郑氏曰:'婉,谓言语也。娩之言媚也,谓容貌也。'"按:顾引郑氏注是。婉娩,柔顺貌。《礼记·内则》:"女子十年不出,姆教婉娩听从。"韩公谓世道如此,你自己能怎么样呢?意谓自己不能屈从于世俗。

⑫金石出声音:颂元十八之语言文字也。文《详注》:"《庄子·天地篇》云:'金石有声,不考不鸣。'"魏本:"孙曰:《庄子》(《让王》):'曾子居卫,缊袍无表……继曳继而歌《商颂》,声满天地,若出金石。'"按:金石声,比喻铿锵有力的声音。《世说新语·言语》:"祢衡被魏武(曹操)谪为鼓吏,正月半试鼓。衡扬枹为《渔阳掺挝》,渊渊有金石声,四坐为之改容。"

⑬关楗:文《详注》:"楗,拒门木也,音巨偃切。《老子》曰:'善闭无关楗。'皆以喻感而后应。"魏本:"祝曰:楗,拒门木。《老子》:'善闭者无关楗而不可开。'孙曰:'陈楚间谓钥为楗,发关楗者言能造入阃域也。'"何焯《义门读书记》卷三〇:"'子兮独如何'四句,上二语言协律初非过于謇謇,下二语言协律亦非深于闭匿。"

⑭章甫:魏本:"章甫,商冠名。韩曰:《儒行》(《礼记》):'丘少居鲁,衣逢掖之衣,长居宋,冠章甫之冠。'"文《详注》:"岭表本南越之地,其俗断发文身,惟利舟楫,故不'识章甫''知骏蹄'也。张景阳《杂诗》(《文选》卷二九)云:'昔我资章甫,聊以适诸越。穷年无所用,此货将安设。'事出《庄子》(《逍遥游》)。章甫,冠名,夏后以收以追;商制章甫,或以冔;周制六冕(见《仪礼·士冠礼》)。"

⑮而知骏蹄跦:文《详注》:"《西京赋》(当为班固《东都赋》)云:'马踠余足。'注云:'踠,屈也。'"魏本:"祝曰:踠,马足蹉跌。《选》:'踠足郁怒。'孙曰:言无人识章甫,并知此骏蹄也。章甫、骏蹄,皆以喻元十八。"按:朱彝尊《批韩诗》:"兼文武意。"曾国藩《十八家诗钞》卷九:"章甫适越,不为时用;骏蹄历险,或致蹉跌:二端皆公以自喻者。识、知二字,即谓元能知之亮之也。"

⑯不得留息偃:魏本:"孙曰:《诗》(《小雅·北山》):'或息偃

在床。'公言吾无居室,不得留元与之同息偃也。"按:偃,本为仰卧,此为居住。杜甫《寄题江外草堂》:"干戈未偃息,安得酣歌眠。"

⑰ 临当背面时:魏本:"孙曰:公《祭张署文》亦云:'解手背面。'面,一作'南',非。"谓两人分手离别也。

⑱ 裁诗:作诗。裁本为剪裁衣服,后亦用来修饰文章。古诗《为焦仲卿妻作》:"十三能织素,十四学裁衣。"刘勰《文心雕龙·镕裁》:"剪截浮词谓之裁。"缱(qiǎn 去演切,上,猕韵;又去战切,去,线韵)绻(quǎn 去阮切,上,阮韵;又去愿切,愿韵),牢结不离散之意。《诗·大雅·民劳》:"无纵诡随,以谨缱绻。"《左传》昭公二十五年:"缱绻从公,无通外内。"此句诗除有不愿分离之意外,亦含情意深厚、缠绵不舍意。唐白居易《寄元九》诗:"岂是贪衣食,感君心缱绻!"

此诗通叶阮(寒)韵。

【汇评】

清朱彝尊:第一首是空谷足音意,观起二句可见。(顾嗣立《昌黎先生诗集注》卷六)

其 二

英英桂林伯①,实维文武特②。远劳从事贤③,来吊逐臣色④。南裔多山海⑤,道里屡纡直⑥。风波无程期,所忧动不测。子行诚艰难,我去未穷极⑦。临别且何言?有泪不可拭⑧。

【校注】

① 桂林伯:文《详注》:"谓当时桂管观察使裴行立也。英英:鲜明貌。《三国名臣赞》云:'英英文若。'《补注》:桂林伯,裴行立也。裴元和十二年(817)督桂州,公与之素不相识,将赴贬,行立乃

使从事问劳,且遗以书药,诚有节概矣。"魏本:"樊曰:裴行立元和十二年,以御史中丞为桂管观察使。伯,侯伯也。"曾国藩《十八家诗钞》注同樊。方世举《笺注》:"樊云:'裴行立也。'《新唐书·裴行立传》:'行立,裴守真曾孙,重然诺。学兵有法,以军劳累授安南经略使,威声风行,徙桂管观察使。'"方成珪《笺正》:"《新史·裴行立传》:'行立学兵有法,口陈愿治民,试一县自效。除河东令,由蕲州刺史迁安南经略使,徙桂管观察使。'《方镇表》:'行立由安南徙桂管,在元和十一年。'"按:裴之任命在十一年,而到任则十二年矣。陈景云《点勘》:"伯谓九州之伯,《左传》云'五侯九伯'是也。"

② 实维文武特:维,系也。特,特立杰出。廖本《注》:"《诗》(《秦风·黄鸟》):'百夫之特。'"按:郑笺:"百夫之中最雄俊也。"此句谓:行立文武兼长,杰出特立。

③ 从事:魏本:"孙曰:'从事,幕僚。'韩曰:'即谓元协律也。'"

④ 逐臣:魏本:"孙曰:'公自谓也。'"按:逐臣,被贬谪迁逐之臣,此指韩愈。吊,慰问。《左传》庄公十一年:"秋,宋大水,公使吊焉。"

⑤ 裔:钱仲联《集释》:"《国语》韦昭注:'裔,荒裔也。'《广雅》:'裔,边也。'"

按:裔,本指衣服的边缘,或曰某某边。屈原《九歌·湘夫人》:"蛟何为兮水裔。"或指边远的地方。《左传》文公十八年:"投诸四裔。"注:"远也。"

⑥ 道里:路途。蒋抱玄《评注》:"《汉书·司马相如传》:'道里远远。'"

纡直:魏本:"孙曰:'纡,曲也。屡纡直:谓或曲或直者,非。'"按:曲直。《周礼·冬官考工记·矢人》:"中弱则纡。"郑玄注:"纡,曲也。"南朝宋鲍照《观漏赋》:"从江河之纡直,委天地之圆方。"唐王勃《春思赋》:"感大运之盈虚,见长河之纡直。"高适《自淇涉黄河途中作》诗:"东入黄河水,茫茫泛纡直。"

⑦ 子行诚艰难:朱《考异》:"行,方作'往'。"文本、祝本、魏本

作"往"。宋白文本、廖本、王本作"行"。诸本"难"字下注:"一作'险'。"当作"行"。魏本:"孙曰:'元十八时亦迁谪。'"童《校诠》:"朱氏考异作子行,云:行方作往。案:今本举正漏收。难一作险,举正、考异皆未载。孙注迁当作遷,俗遷作迁,故讹作迁。"上句指元,谓行程艰难,但非谓迁谪。下句韩公自指,突出一个"远"字。

⑧ 临别且何言:祝、魏本注:"临,一作'远'。"诸本作"临",是。方《举正》据蜀本作"何言",云:"荆公校同。"南宋监本原文作"无"。宋白文本、文本、廖本、王本作"何言"。宋白文本注:"何,一作'无'。"当作"何言"。

极言惜别时难堪。文《详注》:"苏武诗云:'泪下不可挥。'"

【汇评】

清朱彝尊:指事。正意。(顾嗣立《昌黎先生诗集注》卷六)

其　三

吾友柳子厚①,其人艺且贤②。吾未识子时③,已览赠子篇④。寤寐想风采⑤,于今已十年⑥。不意流窜路⑦,兼旬同食眠⑧。所闻昔已多,所得今过前⑨。如何又须别,使我抱悁悁⑩?

【校注】

① 柳子厚:柳宗元(773－819),字子厚。永贞革新的主要人物,失败后贬永州司马,迁柳州刺史,韩愈的好友。元十八,子厚之友,受装行立差遣,看望韩愈,宗元也捎书问候。

② 艺且贤:既有文才又有节操。如韩文所谓"战艺于京师"(《蓝田县丞厅壁记》)之"艺"。

③ 识:认识,相识。子,指元十八集虚。

④ 赠子篇:指子厚赠元十八的文章。魏本:"樊曰:《子厚集》

有《送元十八山人南游序》，其后在南方《送僧浩初序》又云'退之寓书罪予，且曰见《送元先生序》'云云。则知子厚此篇，果尝为公言所览，至此始识其人也。"陈景云《点勘》："'已览赠子篇'注，按注说是也。柳序称'元生之为学，恢博而贯统'。韩赠诗第五篇，即申言序意耳。"文《详注》："《补注》：小说云：《好事集》：柳宗元得韩愈所寄诗，先以蔷薇露盥手，熏玉蕤香，然后发读，曰：'大雅之文，正当如是。'观此作，二人相与盖可见矣。"

⑤寤寐：寤指醒时，寐谓梦中。犹言白天黑夜。风采，童《校诠》："第德案：祝本亦作彩，彩当依廖本、王本作采，霍光传正作采。说文无彩字，新附有之，云：文章也，从彡，采声。钮树玉曰：张氏复古篇云：俗作彩、綵。"按：彩为"采"后出字，而"采"乃假借。后世形容文采者，亦用"彩"字形容人的举止涵养，如说人潇洒大度。《汉书·霍光传》："天下想闻其风采。"李白《白马篇》："酒后竞风采，三杯弄宝刀。"刘禹锡《送僧方及南谒柳员外》："愿言挹风采，邈若窥华嵩。"

⑥十年：或作"三年"。陈景云《点勘》："考子厚《送僧浩初序》云'近李生础自东都至，退之寓书曰：见送元生序'云云。退之在东都，送李生还湖南，乃元和四年事，则见柳送元序，必更在其前。见序与贬潮，相去已逾十载，不当止云想风采三年。疑'三年'二字，传录有误。柳《序》作于永州，方送元生为湖岭之游，其栖止庐山，盖南游回棹后事也。"王元启《记疑》引陈说后云："愚谓'三年'当改作'十年'。"按：则十年前韩已见到柳《序》。钱仲联《集释》："三为多数之称，见汪中《释三九》，不必改字。"童《校诠》："第德案：十，数之具也，三虽为多数，然已逾十年，自不应称三。此诗为公面赠元协律，尤不应虚说，公送湖南李正字序，离十三年，幸而集处；祭河南张员外文，解手背面，遂十一年，皆言实数。钱引汪氏释三九作解，有失公意。陈谓三年字有误是也，王云：三当作十，近是。"按：童说有理。若按音律协调作三（平声），亦不如作十（入声）。今从王、陈、童说，改作"十"。作"十年"者，或以时间推算，子厚于元和

十年召入京师,三月调柳州刺史,此间韩愈在京任考功郎中、知制诰,两人当有交往,韩览柳赠元序若在此时,由十年至此次岭南相遇,已整四年,不当为三年。而柳之《送元十八山人南游序》写于元和四年,至今十年。元和四年柳在永州,韩愈什么时间读到此序,难有准定。

⑦ 不意:没料想到。流窜路,贬谪流放途中。此意详见韩公《泷吏》。

⑧ 兼旬同食眠:方《举正》据阁本作"旬日同食眠"。朱《考异》:"旬日,或作'兼旬'。"祝本、文本、魏本作"兼旬"。廖本、王本作"旬日"。宋白文本抄补作"旬日",注:"一作'兼旬'。"按:作"兼旬""旬日"均通,疑韩公原文即作"兼旬"。兼旬,总共的时间为一旬。此句谓:韩愈与元集虚在途中相处十日。此承上句说他们不期而遇的融洽生活。

⑨ "所闻"二句谓:过去听到赞扬你的话很多,今天见到你,觉得比过去说的还好。方世举《笺注》:"所闻:《吴志·朱异传》(《三国志》):'异,字季文。孙权与论议,辞对称意,谓异从父朱据曰:本知季文恔定,见之复过所闻。'"

⑩ 悁悁:难舍难分的忧思心情。《诗·陈风·泽陂》:"寤寐无为,中心悁悁。"传云:"悁悁:犹悒悒也。悁,乌玄反。"

全诗写子厚之贤、之艺、之义、之勇、之仁。因韩柳最终成为挚友,才有子厚临终托孤。而由韩愈为子厚连发《墓志》《祭文》《庙碑》及信四文,可见其对子厚的推重。

【汇评】

清朱彝尊:傍及子厚。真率意宛然,固是难到。颂裴志感。(顾嗣立《昌黎先生诗集注》卷六)

其 四

势要情所重,排斥则尘埃①。骨肉未免然,又况四海人②?巍巍桂林伯③,矫矫义勇身④。生平所未识,待我逾交亲⑤。遗我数幅书,继以药物珍⑥;药物防瘴疠,书劝养形神⑦。不知四罪地⑧,岂有再起辰⑨?穷途致感激⑩,肝胆还轮囷⑪。

【校注】

① "势要"二句:魏本:"孙曰:'居势要者俗情所重,及一旦排斥,则视如尘埃矣。'"按:势要谓有权势、居要职的人。埃尘比喻卑微。《北齐书·路去病传》:"势要之徒,虽厮养小人莫不惮其风格。"二句诗意谓:世态炎凉,人情淡薄。

② 又况四海人:方《举正》据蜀本订"又况"。朱《考异》:"又况,或作'况又'。"文本、祝本、魏本作"况又"。宋白文本、廖本、王本作"又况",从之。

魏本:"孙曰:'荣辱之际,骨肉尚如此,而况它人乎?言此者,推桂林伯独不然也。'"按:以上四句写尽世态炎凉情味。此韩公体会良深。韩公《柳子厚墓志铭》:"一旦临小利害,仅如毛发比,反眼若不相识;落陷阱,不一引手救,反挤之又下石焉者,皆是也。"按:此赞裴行立。

③ 巍巍:魏本:"孙曰:'巍巍,独立貌。'祝曰:《诗》(《大雅·生民》):'克岐克嶷。'注:'其貌嶷嶷然。'(按:此乃郑笺)《史记》:'其德嶷嶷。'"陈景云《点勘》:"按:《欧阳生哀辞》云'容貌嶷嶷然',此句盖亦称其容貌之庄。至《史记》(《五帝本纪》):'其德嶷嶷。'乃《五帝本纪》中称帝喾语,若引以颂美臣下,不伦甚矣。"童《校诠》:"第德案:说文:嶷、九嶷山,舜所葬,在零陵营道县,引申为高大字。史记五帝本纪:其德嶷嶷。索隐:嶷嶷,德高也,大戴记嶷作俟。按:今本大戴记仍作嶷,不作俟,说文:俟,大也,诗曰:伾伾俟俟,今诗去日作儦儦俟俟,毛传:行则俟俟,以俟状群兽之行,是颂美帝王者,亦得用之于兽类,古人原不拘拘于此。杜子美水宿遣兴奉呈群

公诗:巍巍珊瑚器,荫荫桃李蹊,以巍巍颂李之芳等群公之德,非状其容貌,公用此称颂裴行立,与子美同。陈氏以为不宜用以颂美臣下,固矣。本篇下云,平生所未识,公与裴未尝相见,何由知其状貌,陈以为盖称其容貌,亦非。孙氏释巍巍为独立貌,未谛。又按:岐嶷字应作嶷,说文:嶷,小儿有知也,诗曰:克岐克嶷,与毛传嶷,识也义同,今诗作嶷,为嶷之借字。"按:巍巍,本指高大貌。《大戴礼记·五帝德》:"其色郁郁,其德巍巍。"指品德高尚。韩公《欧阳生哀辞》:"气醇以方,容貌巍巍然。"形容身材魁梧。

④ 矫矫:方世举《笺注》:"《诗》(《鲁颂·泮水》):'矫矫虎臣。'"按:郑笺:"矫矫,武貌。"矫矫除谓武勇外,还表出众之貌。《汉书·叙传》:"贾生矫矫,弱冠登朝。"二解合之,正好形容行立体貌、气度非凡。文《详注》:"此一篇虽云赠元生,然终始专道桂林伯之美。"文说是。此诗承上"吾友柳子厚,其人艺且贤"来。上诗谓贤人荐人(元集虚)之贤;此乃说桂林伯之义勇也。

⑤ 逾交亲:方《举正》作"踰",云:"监本作如。"朱《考异》:"踰,或作'如'。"文本、祝本、魏本作"踰"。宋白文本、廖本、王本作"逾"。踰、逾通用,今通作"逾"。逾者,超越也。交亲,互相亲近。《荀子·不苟》:"交亲而不比。"注:"亲谓仁恩,比谓暱狎。"唐陈子昂《送东莱王学士无兢》诗:"怀君万里别,持赠结交亲。"

⑥ "遗我"二句:顾嗣立《集注》引吴兆宜曰:"《左传》(昭公十九年):'尽心力以事君,舍药物可也。'"按:二句写裴行立来书、送药。

⑦ 书劝养形神:魏本"形"作"精"。宋白文本、文本、祝本、廖本、王本均作"形",从之。形神,身体与精神也。《史记·太史公自序》:"凡人所生者神也,所托者形也。神大用则竭,形大劳者敝,形神离则死。"

⑧ 四罪地:《书·舜典》:"流共工于幽洲,放驩兜于崇山,窜三苗于三危,殛鲧于羽山。四罪而天下咸服。"四罪,共工、驩兜、三苗、鲧。四罪地指以上四人被放逐治罪之地。魏本:"孙曰:'尧放

—— 1511 ——

驩兜于崇山,今公亦谪南方,故云。'"

⑨ 辰:文本作"晨",误。诸本作"辰",是。魏本:"韩曰:公言贬斥无再起之望。"

按:辰,时候、日子。《仪礼·士冠礼》:"吉月令辰,乃申尔服。"《礼·月令》:"择元辰。"

⑩ 穷途致感激:途,文本作"涂"。诸本作"途"。途、涂古通用。

文《详注》:"晋阮籍不拘礼教,常意独驾,不由径路,车迹所穷,辄恸哭而返。故《五君咏》云:'涂穷谁能恸。'"按:《文选》卷二一颜延年《五君咏·阮步兵》:"途穷能无恸。"魏本:"韩曰:公于《子厚志》中,言'行立有节概,重[立]然诺'。公与之素不识,将赴贬所,而行立乃俾其从事来问劳,且复遗以书药,诚有节概矣。此公所以穷途致感激也。"

⑪ 轮囷:文《详注》:"轮囷,忧思屈曲也。囷,音区轮切。"魏本:"韩曰:《前汉·邹阳传》:'蟠木根柢,轮囷离奇。'轮囷,屈曲貌。孙曰:踊跃貌。"按:此句极言感激之情。

其　五

读书患不多,思义患不明。患足己不学①,既学患不行。子今四美具②,实大华亦荣③。王官不可阙,未宜后诸生④。嗟我摈南海⑤,无由助飞鸣⑥。

【校注】

① 患足己不学:方《举正》据唐本作"已",云:"谢校。'足已而不学',《史记·周亚夫赞》语。蜀本作'以',非。"朱《考异》:"已,或作'以'。"南宋监本原文作"以"。文本、潮本、祝本、魏本作"以"。宋白文本、廖本、王本作"已"。

魏本:"孙曰:'足以不学谓可以不学也;自谓可以不学,君子以为患。'"按:《史记•绛侯周勃世家》:"太史公曰:'足己而不学,守节不逊,终以穷困。'"索隐云:"亚夫自以己之智谋足,而[不]虚己(不)学古人,所以不体权变,而动有违忤。"韩公诗用《史记》语,此句意谓:患自己满足而不学也。

② 四美具:方世举《笺注》:"刘琨《答卢谌》诗:'音以赏奏,味以殊珍,文以明言,言以畅神。之子之往,四美不臻。'王勃《滕王阁序》:'四美具,二难并。'乃用刘诗。此但承本诗起四句。"四美者,读书多,思义明,己足学,学能行。子,指元十八。

③ 实大华亦荣:魏本注:"亦,一作'不'。"诸本作"亦荣",是。此承上赞语而总之,谓元是内外完好的人才,王官不可缺也。

④ 王官:魏本注:"官,一作'宫',非。"方世举《笺注》:"王官:《晋书•邓攸传》:'攸祖父殷,有赐官,敕攸受之。后太守劝攸去王官,欲举为孝廉。攸曰:先人所赐,不可改也。'诸生:《史记•孔子世家赞》:'诸生以时习礼其家。'"

⑤ 嗟我摈南海:方《举正》乙"南海",订作"海南",云:"范、谢校。"朱《考异》:"方作'海南'。"宋白文本、文本、祝本、魏本、廖本、王本均作"南海"。据诗文义作"南海",是。按:此句谓:叹惜自己被摈弃在南海。

⑥ 无由助飞鸣:方世举《笺注》:"《史记•滑稽传》:'此鸟不飞则已,一飞冲天;不鸣则已,一鸣惊人。'按《礼记•杂记》云:'君子有三患:未之闻,患弗得闻也;既闻之,患弗得学也;既学之,患弗能行也。'此诗本此。"按:此句指自己被贬谪南海,没有力量帮助元十八。朱彝尊《批韩诗》:"赞元愧助。"

其 六

寄书龙城守①,君骥何时秣②?峡山逢飓风③,雷电助撞捽④。乘潮簸扶胥⑤,近岸指一发⑥。两岩虽云牢,木石互飞发⑦。屯门虽云高⑧,亦映波浪没⑨。余罪不足惜,子生未宜忽⑩。胡为不忍别⑪?感谢情至骨⑫。

【校注】

① 龙城守:守,指柳州刺史,柳州原为龙城郡,贞观八年(634),以其地当柳星,更名柳州。《新唐书·地理志七上》:"柳州龙城郡,下。本昆州,武德四年(621)以始安郡之马平置,是年,更名南昆州,贞观八年又以地当柳星更名。"守:指刺史子厚,汉以郡首长为太守,唐州相当于郡,故云。文《详注》:"柳州为龙城郡,时柳子厚为太守。《补注》:龙城守,柳州也,子厚元和十年刺柳州,公以十四年正月刺潮州,故云云。"

② 君骥何时秣:骥,良马。秣,喂。此以秣马喻启程,希望子厚早日被召还朝。文《详注》:"秣骥,言归也。"《文选》卷二四嵇康《赠秀才入军》:"息徒兰圃,秣马华山。"魏本:"樊曰:一种小说曰:《好事集》载:柳宗元得韩愈所寄诗,先以蔷薇露盥手,熏王[玉]蕤香,然后发读,曰:'大雅之文,正当如是。'观公此作,其二人相与盖可见矣。"钱仲联《集释》:"王懋竑曰:秣,音抹,末韵。此首没韵月韵,独此字末韵,疑古通也。"按古韵通,诗仍一韵到底。朱彝尊《批韩诗》:"秣骥是问内召意。"

③ 峡山:方世举《笺注》:"蒋(之翘)云:'峡山,一名中宿峡,在今广东广州清远县,崇山峻立,中贯江流。'《水经注》:'溱水又西南……曰浈阳峡,两岸杰秀,壁立亏天……出峡,左则浈水注之……溱水又西南径中宿县……连山交枕,绝岸壁竦。'应即其处也。溱水盖泷水,曲江之总名。自浈水东南,历贞女峡,即至阳山县之路也。自中宿县而南,则至潮之路也。"按:苏轼《峡山寺》:"天开清远峡,地转凝碧湾。"中宿县,西汉置,治所在今广东清远县西北河洞堡。隋开皇十年(590)废。中宿峡,又称"飞来峡",在今广东清远县东。则峡山在今广东清远市东北。中宿峡,今称"飞来峡",查《中国历史地图集》、今《广东地图》与《水经注》对析可证。

飓风:台风。文《详注》:"飓,音具。《南越志》云:风起令人心恐惧。《国史补》云：南人谓海风四面而至，曰飓风。"

④ 撞捽：碰击。文《详注》："东坡昔南迁，《题峡山寺》云：传奇所记孙恪袁氏事即此寺，至今有人见猿者诗云：'天开清远峡，地转凝碧湾。我行无迟速，摄衣步屡颜。'清远县属广州，在州西北二百四十里。捽，击也，音昨没切。"魏本："祝曰：手捽也。《庄子》（《列御寇》）：'齐人之井，饮者相捽也。'"

⑤ 乘潮：乘着涨潮的水。簸，颠簸，撼动。扶胥，地名，在今广州东南黄埔区扶胥镇，海神庙在焉。唐代时扶胥临海，珠江入海口水面广阔，波罗庙（即海神庙）建在北岸。"扶胥浴日"乃羊城八景之一。魏本："孙曰：'簸，簸荡也。扶胥，地名，在广州东南。'"文《详注》："扶胥，山名，在海口。公作《南海神庙碑》云'扶胥之口，黄木之湾'是也。"

⑥ 近岸指一发：有两解：其一说江面广阔，指着天边那一根头发似的黑痕就是对岸了。文《详注》："东坡《通潮阁》诗云'杳杳天低鹘没处，青山一发是中原'即此意也。"其二说由于潮浪汹涌，颠簸剧烈，有时与岸相近只有一发那样短的距离，船仍然无法靠岸。朱彝尊《批韩诗》："本是地近不得会，却作图相会意，以作其态。"两说虽均通，以上下文析之，后说近是。宋苏轼曾谒南海神庙，有《浴日亭》诗，题下注："在南海庙前。"

⑦ "两岩"二句：两岩，江两岸的岩石。牢，坚固。下句谓：木材、石头被暴风恶浪吹打纷纷飞落。

⑧ 屯门：文《详注》："《唐书·地理志》：'广州东南行三百里，至屯门山。'"方世举《笺注》："《新唐书·地理志》：'广州中都督府有屯门镇兵。'"今香港青山有屯门。

⑨ 亦映波浪没：没即吞没。连上此二句谓：屯门山虽然很高，却被巨浪吞没了。朱彝尊《批韩诗》："岩申山，波申潮。"

⑩ 子生未宜忽：承上句，对元嘱语：我是带罪之人，死不足惜，你不能疏忽大意，要保重。此乃同遇险境的知心话。

⑪ 胡为：为何。相处这么多天，为什么还不忍分别呢？喻情

深也。元不忍别,相恋之情深;韩劝别,关怀之情笃也。

⑫"感谢情至骨"承上句问话,答曰:情深难舍。至骨,真正的骨肉之亲。魏本:"韩曰:老杜诗(《又呈吴郎》):'已诉征求贫到骨。'"

【六诗总评】

清朱彝尊:六诗俱是唐调,然立格稍新。(顾嗣立《昌黎先生诗集注》卷六)

清李光地:元生盖将桂林之命,而从龙城柳氏来者。六诗两颂桂林,两及子厚,首章、五章褒勉元生。贬窜之际,辞义和婉,公初年诗所不及。(《榕村诗选》卷六)

清何焯:《赠别元十八协律六首》颇有陈思、老杜之风。六诗胜处在多发天然,自流肺腑。有意于奇者,转无其工耳。"何氏之从学"四句,惊心动魄,少年当日,诵以自儆。四句乃思其向晚之由,或缘此也。"子兮独如何"四句,上二语言协律初非过于蹇蹇,下二语言协律亦非深于闭匿。(《义门读书记》卷三〇)

清曾国藩:《赠别元十八协律六首》元十八,盖将裴行立之命,以书及药物劳公于途次者。

第一首"何人识章甫,而知骏蹄踠":章甫适越,不为时用;骏蹄历险,或致蹉跌;二端皆公以自喻者。识、知二字,即谓元能知之亮之也。(《十八家诗钞》卷九)

程学恂:其神黯然,其音悄然,真意阔然,真得《天问》《九章》遗意。然以语句求之,则无一相肖者。(《韩诗臆说》卷二)

陈祖美:在韩愈题作《赠别元十八协律六首》的古体组诗其四中有云:"遗我数幅书,继以药物珍。药物防瘴毒,书劝养形神。"言简意赅地道出了这一长篇组诗之"本事"。原来排行十八的元集虚相继受韩愈的两位朋友裴行立和柳宗元之托前来赠书、送药。这种雪中送炭般的慰问和救助,比那种锦上添花的厚赠美意,更加难能可贵。(《"天要潮人识孟轲"——简论韩文公贬潮之因果及有关人文背景》,《韩愈与潮州文化》)

初南食贻元十八协律①
元和十四年

鲎实如惠文②,骨眼相负行③。蚝相黏为山④,百十各自生。蒲鱼尾如蛇⑤,口眼不相营⑥。蛤即是虾蟆⑦,同实浪异名。章举马甲柱⑧,斗以怪自呈⑨。其余数十种,莫不可叹惊。我来御魑魅,自宜味南烹⑩。调以咸与酸⑪,芼以椒与橙⑫。腥臊始发越⑬,咀吞面汗骍⑭。惟蛇旧所识⑮,实惮口眼狞⑯。开笼听其去,郁屈尚不平⑰。卖尔非我罪,不屠岂非情。不祈灵珠报⑱,幸无嫌怨并⑲。聊歌以记之,又以告同行⑳。

【校注】

① 题:方、朱只作"初南食"。今从诸本作"初南食贻元十八协律"。

魏本:"樊曰:'元和十四年,抵潮州后作。'"钱仲联《集释》:"前《赠别元十八诗》,寻其叙述,盖途次相别。则此诗不应为抵潮州后作。"按:从结联"聊歌以记之,又以告同行"看,当是与元十日同行之作。与六首同时。

② 鲎实如惠文:惠,朱《考异》:"惠,或作'车'。《山海经》云:'鲎,形如车。'文见《玉篇》(卷二四《鱼部》)。"鲎(hòu 胡遘切,去,侯韵),介类。《北堂书钞》卷一四六晋刘欣期《交州记》:"如惠文冠玉,其形如龟,子如麻,子可为酱,色黑。十二足,似蟹,在腹下。雌负雄而行。南方用以作酱,可炙啖之。"魏本:"樊曰:鲎,鱼类。按《山海经》:'鲎形如惠文,十二足,似蟹,雌负雄而行,渔必两得。'又《酉阳杂俎》(《前集》卷一七《广动植》之二):'鲎过海辄相负于背,

高尺余，如帆，俗呼鲎帆，其壳可为冠。'又《吴录地理志》云：'交趾有鲎，形如惠文冠，青黑色，十二足，似蟹，长五寸，腹中有子如麻，取以作酱，尤美。'又《岭表录异》云：'鲎眼在背上，口（宋本为日，四库本为口，作口较善）在腹下。'惠文，冠也。《汉·张敞传》：'秦时狱法吏冠柱后惠文。'又注：'法冠也。'洪曰：惠文，冠名。一本作'车文'。今《广韵》（去声，侯韵）引《山海经》注亦作'车文'。又《释音》云：'郭璞云：鲎形如车文。'未详。祝曰：《选》：'乘鲎鼋鼍。'注：'鲎形如惠文。'《广韵》所引《山海经》注非是。鲎，音候。"方世举《笺注》："左思《吴都赋》：'乘鲎鼋鼍，同渔共罗。'刘渊林注：'鲎形如惠文冠，青黑色，十二足，似蟹。足悉在腹下，长五六寸，雌常负雄行。罟者取之，必得其双，故曰乘鲎。南海、朱崖、合浦诸郡皆有之。《玉篇》：'《山海经》：鲎形如车，子如麻子，南人为酱。'按：'鲎形如车'仅见《玉篇》，今《山海经》无此语。宜作'惠文'为是。"按：方说是。当作"惠文"。

③ 骨眼相负行：方《举正》作"骨眼"，云："李本云：疑合作'背眼'。《岭表录异》（卷下）：'鲎眼在背上，雌负雄而行。'"朱《考异》："李本云：骨，疑当作'背'。《岭表录异》（卷下）：'鲎，眼在背上，雌负雄而行。'"按：诸本均作"骨眼"，从之。

蒋之翘《辑注》："《尔雅翼》云：'鲎背上自有骨，高七八寸，如石珊瑚者，俗呼为鲎帆。'则韩公之用骨字，亦无可疑，更不必妄为改也。"王元启《记疑》："按：鲎鱼十二足，行必南向，虽移令北向，旋改而南。此物性之异，注家俱未之及，辄漫补之。"童《校诠》："第德案：鲎为介虫，甲在外，眼在背上，甲即骨也，作骨眼相负行自通。至蒋氏所云鲎帆，乃鲎之尾，用以自卫及击害己者。鲎帆虽是骨，与骨眼相负之骨异。"按：如童说：骨，即骨眼，在鲎背上；如帆者，在鲎尾，俗谓尾，似帆，导水与御敌用。

④ 蠔（háo《音韵阐微》何敖切，平，豪韵）相黏为山：蠔，方《举正》："字书无'蠔'字。董彦远［逌］云：五代潘崇彻败王逴（方成珪谓当作'王进逵'）兵于蠔石，亦地名，不应不见字书，盖阙误。"朱

《考异》同方。按：诸本作“蠔”，是。蠔，俗名牡蛎。《辞源》引韩诗为例。黏，文本、祝本、魏本作“粘”。宋白文本、廖本、王本作“黏”。黏，胶附，贴合，同“粘”，俗作“粘”。

《古文苑》卷一七汉王褒《僮约》：“黏雀张乌，结网捕鱼。”韩公《苦寒》诗：“雪霜顿销释，土脉膏且黏。”又《祭河南张员外文》：“洞庭漫汗，粘天无壁。”蠔山，蠔初生海旁，止如拳石，四面聚结成堆，有高至丈如山者，俗呼蠔山。牡蛎附石而生，块礌相连，一名蠔山。魏本：“韩曰：蠔，鱼属。《岭表录异》（卷下）云：‘蠔，即牡蛎也。初生海边，如拳石，四面渐长，高一二丈者，巉岩如山。每一房内蠔肉一片，随其所生，前后小大不等。每潮来诸蠔皆开房，伺虫蚁入，即合之。’”文《详注》：“《山海经》曰：‘渠猪之山多豪鱼，赤尾赤喙，有羽。’后山居士云：‘蠔，牡蛎也。’”童《校诠》：“第德案：蠔字至元黄公绍始收入于韵会。韩注郎当作即。粘，祝本与本书同，廖本、王本依举正作黏。说文：黏，相着也。广韵二十四盐：黏，黏麹，女廉切，粘，俗。”朱彝尊《批韩诗》：“实记异物，亦自成一体，下句亦多工。”

⑤ 蒲鱼尾如蛇：魏本：“孙曰：‘蒲鱼，未详，其状或曰魶鱼也。今广州曰蒲鱼。’”沈钦韩《补注》：“《御览》九百四十：‘魏武《四时食制》曰：蒲鱼，其鳞如粥，出郫县。’《一统志》：‘潮州土产蒲鱼。’”按：蒲鱼，鱼名，口在腹，目在背，尾长如鞭，可击敌。《广州府志》：“蒲鱼，形如命字，身扁无鳞，有数种，俗作鯆，非。鯆，音逋，江豚也。”《潜确居类书》：“蒲鱼，或曰魶鱼也。今广州曰蒲鱼，尾如蛇，口眼不相营。”《博物图画》：“蒲鱼，口在腹，目在背，尾细长如蛇，西人取为车上马鞭，长者可五六尺，柔劲不断。”《汉语大词典》《辞源》引韩诗为例。

⑥ 口眼不相营：方《举正》据阁本作“不相萦”。朱《考异》：“营，方作‘萦’。”南宋监本原文作“营”。宋白文本、文本、祝本、魏本、廖本、王本均作“营”。从之。

营：照应。口眼不相营者谓口眼不相照应也。蒲鱼，口在腹下,眼在背上,与一般鱼不同。文《详注》:"《青箱杂记》:'海有鱼,蛇尾似鸱,用以喷浪则降雨,即今世之屋脊鸱吻是也。'"

⑦蛤即是虾蟆:文《详注》:"《礼记》(《月令》):'季秋之月,雀入大水为蛤。'许氏云:'雀谓老雀,大水谓海也。'蛤音古合切。《补注》(《岭表异录》卷下):蚧蛤,首如虾蟆,背有鳞,如蚕子,吐[土]黄色,身短,尾长,多巢于榕木上,或城楼间,旦暮自呼蛤蚧。里人采为药,治肺疾,药力在尾,尾不具,无效。又《杂俎》云:'介虫中惟牡蛎是咸水结成。'"魏本:"祝曰:《本草》注云:'青蛙、蛙、蛉、长脚、蝼子,皆虾蟆之类。"顾嗣立《集注》:"《本草图经》:'虾蟆有一种大而黄色,多在山石中藏蛰,能吞气,饮风露,不食杂虫,谓之山蛤。'"

⑧章举马甲柱:魏本:"章举:鱼名。孙曰:《释音》云:'章举有八脚,身上有肉如曰,亦曰章鱼。'《酉阳杂俎》云:'每月三、八日则多马夹柱,亦鱼名。'洪曰:'即今之江瑶柱。'"文《详注》:"《补注》:赵德鳞(令畤)《侯鲭集[录]》云:'江珧柱,厥甲美,如珧玉可以饰物。'即此诗所谓。"方世举《笺注》:"章举,王云:章举有八脚,身上有肉如曰,亦曰章鱼。《岭表录异》:'章举形如乌贼,以姜醋食。'(今本无此条)马甲柱,赵德鳞《侯鲭录》名云:'玉珧柱,厥甲美如珧玉,肉柱肤寸,曰江珧柱。'"按:江瑶柱,又名江柱。苏轼《和蒋夔寄茶》:"金齑玉脍饭炊雪,海螯江柱初脱泉。"赵德鳞(令畤)《侯鲭录》卷三:"《海物异名》云:江珧柱,厥甲美如瑶玉,肉柱肤寸,曰江珧柱。郭景纯《江赋》云:'玉珧海月,吐纳石华。'退之谓'马柱甲'是此也。世人不用此'珧'字,是未知耳。"宋高似孙《纬略》卷七:"郭璞《江赋》曰:'玉珧海月,吐内石华。'《晋安海物异名记》曰:'肉柱肤寸,美如珧玉。'《临海异物志》曰:'玉珧柱,厥甲美如珧玉。'赵德鳞《侯鲭集》:'韩退之诗所云马甲柱,正谓此。'《字书》曰:珧,唇甲可饰物。《尔雅·释弓》曰:弓有缘,以金为之谓之铣,以玉为之谓之珧。今人但用'瑶'字,固自有'珧'字也。"王元启《记疑》:"按江瑶柱,即蚌内肉丁。味既绝美,色复莹白可嘉。今与八脚之章举并称为怪,必另有一物。洪以江瑶训马甲,窃恐丑好异伦。"童《校

诠》：" 第德案：江瑶亦作江珧，珧，本字，瑶，借字。又名玉珧、马甲、马颊。李时珍曰：马甲、玉珧，皆以形色名，万震赞云：厥甲美如瑶玉是矣。按：马为大之义，尔雅释虫，蚅，马蜩，郭注：蜩中最大者为马蝉，方言：马蚿，北燕谓之蚭渠，其大者谓之马蚰是也。其称马甲柱者，江瑶为甲虫中较大者，其柱尤大，异于其他蚌蛤之类。其称马夹柱者，状其柱如楗之夹立。其称马颊者，颊辅司口之启闭，江瑶则以肉柱司启闭也。王谓江瑶柱即蚌肉丁、言肉丁是，言蚌则非，蚌与江瑶异物，宛委录云：江瑶如蚌稍大是也。蚌蛤之类，皆食其肉，江瑶肉腥韧，不堪食，独食其柱，味绝美，岂非怪事，王谓章举八脚可怪，江瑶弃肉食柱，亦可怪也。章鱼为海错之一，以宴嘉宾，非丑物。其疑马甲为另一物，非江瑶，盖未目验，亦未深考之故耳。"

⑨ 斗以怪自呈：斗，张相《诗词曲语辞汇释》卷二："斗，犹纷也；乱也。韩愈《初南食贻元十八》诗：'章举马甲柱，斗以怪自呈。'章举即章鱼，马甲柱即江珧柱，言纷纷以怪自呈也。《阳春白雪》一，潘元质《孟家蝉》词，咏《蝶》：'正暖日温风里，斗采遍香心。'言纷纷遍采花心也。"

⑩ 魑魅：魏本："孙曰：魑魅，鬼物。《左氏传》（文公十八年）云：'流四凶族，投诸四裔，以御魑魅。'公言其贬斥也。"文《详注》同而缺字。此"四凶"与舜惩治的共工、驩兜、三苗、鲧不同，乃指帝鸿氏掩义隐德、顽嚚不友的不才子浑敦，少皞氏毁信废忠、以诬盛德的不才子穷奇，颛顼氏傲很明德、以乱天常的不才子梼杌，缙云氏侵欲崇侈、不恤穷匮的不才子饕餮，而《尚书·舜典》称为"四罪"。故孙曰"公言其贬斥也"，而韩公诗云"斗以怪自呈"。

⑪ 调以咸与酸：朱《考异》："以，或作'之'。"宋白文本、文本、祝本、魏本、廖本、王本均作"以"。祝本、魏本注："以，一作'之'。"

按：此句承上句，自然是应该以岭南的口味烹调，以咸、酸调之。

⑫ 芼（mào 莫报切，去，号韵）以椒与橙：芼，魏本："韩曰：芼，

择也。《诗》:'左右芼之。'孙曰:芼,亦调也。《补注》:张协曰:'燀以秋橙。'"芼一作名词,当菜解。《说文·艸部》:"芼,从艸毛声。"一作动词,选取。《诗·周南·关雎》:"参差荇菜,左右芼之。"毛传:"芼,择也。"芼,作动词,作拔、择解,引申为调和。段玉裁曰:"芼,菜之烹于肉湆者也。《礼》(《内则》):'羹芼菹醢凡四物。'肉谓之羹,菜谓之芼;肉谓之醢,菜谓之菹。芼,牛藿、羊苦。《尔雅》曰:'搴也。'毛公曰:'择也。'皆于从毛得解,搴之而择之。"文《详注》:"张景阳《七命》(《文选》卷三五)云:'燀以秋橙,酢以春梅。'(吕向)注云:'其味酸,可以煮和诸味也。'橙,橘属,音除耕切。"方世举《笺注》:"《诗》(《周颂·载芟》):'有椒有[其]馨。'张协《七命》:'燀以秋橙,酢以春梅。'"椒,与淑、俶通,香气浓厚。韩诗恐不作此解。若下语橘属果类,则椒当为有香味的椒类,花椒。钱仲联《集释》亦引《礼记》郑注、孔疏,而云芼作菜解,恐亦不合韩诗义。则芼作调和,作动词用。

⑬腥臊始发越:方世举《笺注》:"《周礼·天官·内饔》:'辨腥臊膻香之不可食也。'"蒋抱玄《评注》:"《上林赋》(《文选》卷八司马长卿):'众香发越。'"按:郭璞注:"香气射散也。"《后汉书·冯衍传下》:"冯衍《显志》:'华芳晔其发越兮,时恍忽而莫贵。'又如"文采发越"。

⑭咀(jǔ 慈吕切,上,语韵)吞面汗骍:咀,品味。《管子·水地》:"三月如咀,咀者何?曰五味。"又咀嚼,司马相如《上林赋》:"咀嚼菱藕。"刘勰《文心雕龙·序志·赞》:"傲岸泉石,咀嚼文义。"

骍(xīng 息营切,平,清韵):魏本:"祝曰:咀,谓咀嚼。骍,牲赤色。《礼记》(《檀弓》上):'牲用骍。'"文《详注》:"《博物志》(卷一)云:'东南之人食水产。水产者,龟蛤螺蚌以为珍味,不觉其腥臊也。司马《子虚赋》云:众香发越。'骍,赤色也,音许营切。"魏本:"孙曰:'此谓初南食时,其腥臊之气发越于外,咀吞之则面汗且骍也。'"方世举《笺注》:"《世说》:'何平叔面至白,魏明帝疑其傅粉,正夏月,与热汤饼试之。既噉,大汗出,而面更白。'此言骍则面赤也。"按：骍，赤色马，《诗·鲁颂·駉》："有骍有骐。"毛传："赤黄曰骍。"疏："骍为纯赤色，言赤黄者，谓赤而微黄，其色鲜明者也。"泛指赤色。《楚辞》汉王褒《九怀·通路》："红采兮骍衣，翠缥兮为裳。"此指人的面部表现。

⑮ 惟蛇旧所识：方世举《笺注》："《淮南·精神训》：'越人得髯蛇以为上肴，中国得而弃之无用。'"按：除鲎、蠔、蒲鱼、虾蟆、章举等数十种外，只有蛇是原来知道的，即旧相识。

⑯ 实惮口眼狞：魏本注："狞，恶也。"王懋竑《读书记疑》卷一六："狞同'宁'，《正韵》同'能'。《广韵》，狞庚韵，能登韵，音微别，当用'宁'。"按：谓蛇口眼狰狞吓人。

⑰ "开笼"二句：文《详注》："东坡《迎程正辅》（《闻正辅表兄将至以诗迎之》）诗云：'朝盘见密唧，夜枕闻鸺鹠。几欲烹郁屈，固常馈钩辀。舌音渐獠变，面汗常骍羞。'数联皆以韩诗为对。郁屈，蛇形。钩辀，鹧鸪声也。"

⑱ 不祈灵珠报：文《详注》："《搜神记》（卷二〇《隋侯珠》）曰：'隋侯[出]行，见大蛇[被]伤[中断]，救而治之。其后[岁余]，蛇衔[明]珠以报[之]。'《天元主物簿》云：'怀珠之蛇，多喜暗投，见人张口，向人吐气，如烬即是蛇珠也。'"魏本孙《全解》亦引《搜神记》，后曰："《淮南子》所谓隋侯之珠者是也。"顾嗣立《集注》："《淮南子》（《览冥训》）：'隋侯之珠。'高诱曰：'隋侯见大蛇伤断，以药傅而涂之。后蛇于大江中衔珠以报之，因曰隋侯之珠。'"又曰："《文选》（卷四二）曹子建《与杨德祖书》：'人人自谓握灵蛇之珠。'"

⑲ 幸无嫌怨并：方《举正》据杭本、蜀本作"幸不"。朱《考异》："无，方作'不'。"南宋监本原文作"幸无"。宋白文本、文本、祝本、魏本、廖本、王本作"幸无"，从之。

查慎行《查初白诗评十二种》："'惟蛇旧所识'八句亦似有寓讽，与《病鸱》一首同情。"

⑳ 聊歌以记之：方《举正》据蜀本作"记"，云："谢校。"朱《考异》："记，或作'寄'。"宋白文本、文本、祝本、魏本、廖本、王本作

"记"。宋白文本注:"一作'寄'。"按:作"记"字是。因元十八与公同行,故记之以赠。

【汇评】

宋陈师道:韩退之《南食》诗云:"鲎实如惠文。"《山海经》云:"鲎如惠文。"惠文,秦冠也。蠔相黏为山。蠔,牡蛎也。(《后山诗话》)

宋吴曾:《辨鲎》:韩退之《南食》诗:"鲎实如惠文,骨眼相负行。"洪庆善辨之曰:"鲎,雌常负雄。惠文,冠名。一本作'车文'。今《广韵》引《山海经》注,亦作'车文',未详。"以上洪说。予按,《文选》左太冲《吴都赋》曰:"乘鲎鼋鼍,同罛共罗。"刘渊林注云:"鲎,形如惠文冠,青黑色。十二足,似蟹。足悉在腹下,长五六寸。雌常负雄行。渔者取之,必得其双,故曰'乘鲎'。南海朱崖、合浦诸郡皆有之。"五臣注亦同。鲎音胡豆切,李善音猴。然则鲎形如惠文冠,无可疑者。退之盖本《文选》,而洪氏不援以为证,岂偶忘之耶?《集韵》引《山海经》,以"惠"为"车","惠""车(車)"字相类,岂传写失其真欤?其曰"骨眼相负行"者,按《物类相感志》云:"牝牡相随,牡者无目,得牝才行。牝去牡死,故江东取一,必获偶。"予又以陈无己《诗话》考之云:"韩退之《南食》诗:'鲎实如惠文。'《山海经》曰:'鲎如惠文。'惠文,秦冠也。"乃知《山海经》亦以为"惠文",《广韵》本误耳。(《能改斋漫录》卷一五)

又吴曾:《子鱼通印蠔破山》:《番禺记》云:"蠔之壳,即药中之牡蛎也。有高四五尺者,水底见之,如崖岸然,故呼为山。"今山谷谓之"蠔破山",岂取蠔肉之谓耶?然韩退之亦云:"蠔相黏如山。"(《能改斋漫录》卷一五)

宋陈叔方:韩昌黎《初南食》诗云:"鲎实如惠文,骨眼相负行。""章举马甲柱,斗以怪自呈。"马甲柱,即江瑶也;章举,今呼为石拒,以其有力能附石拒人;取而脯之,火炙之则动,或谓之九尾鱼。(《颍川语小》卷下)

明杨慎：蠔山：韩文公诗："蠔相粘为山，十百各自生。"按《本草衍义》云：牡蛎附石而生，磈磊相连如房，故名蛎房，读如阿房之房。一名蠔山，初生海畔，才如拳石，四面渐长，有一二丈者。一房内有蠔肉一块，肉之大小，随房所生。每潮来则诸房皆开，有小虫入，则合之以充腹。宋翟忠惠《焦山诗》："僧居蠔山迷向背，佛宇蜃气成吹嘘。"(《升庵全集》卷八一)

清朱彝尊：实记异物，亦自成一体，下句亦多工。(顾嗣立《昌黎先生诗集注》卷六)

宿曾江口示侄孙湘二首①
元和十四年

元和十四年(819)作，第一首诗真实形象地描写了广州一带风巨水大，淹没村庄，祸及生灵，百姓生活于水深火热中的现实。诗人还以亲历此患、与民同感的心绪，倾诉了这一苦状，表现了他对百姓的同情。他被困水乡，仰视北斗，皇帝不察民情，自己苦谏被祸，百感交集，苦不堪言。所以说这首诗写难状之景，雄阔细腻，惟妙惟肖，兼太白、少陵之长；写百姓之苦，真实感人，不下《三吏》《三别》。

其 一

云昏水奔流，天水漭相围②。三江灭无口③，其谁识涯圻④？暮宿投民村，高处水半扉⑤。犬鸡俱上屋，不复走与飞⑥。篙舟入其家⑦，暝闻屋中唏⑧。问知岁常然⑨，哀此为生微。海风吹寒晴，波扬众星辉⑩。仰视北斗高⑪，不知路所归⑫。

【校注】

① 曾江：方《举正》："广东增城县之东境。"魏本："孙曰：湘，字北渚，老成之子，公兄弇（当作"介"）之孙。元和十四年，公赴潮州作。樊曰：《水经》及注无有所谓曾江口者，而公其年有《过始兴江口感怀》之什。始兴，韶州也。《水经》：始兴水、利水南注东江。东江又西注于北江，谓之东江口，此岂非公所宿地耶？故其诗曰：'三江灭无口，其谁识涯圻。暮宿投民村，高处水半扉。'其后苏（轼）诗有云：'我行都是退之诗，真有人家水半扉。'正谓此也。"方世举《笺注》："《广州府志》：'增江，源于陈峒山，历龙门，自北而东，绕增城县而南，百花林水自西合之。经豸岭南流，溯波罗水入于南海。'即此曾江也，古曾字不用土傍。"沈钦韩《补注》："《寰宇记》：'广州增城县，因增江为名。'"钱仲联《集释》："增江水分流入东江，此所谓增江口者，即增江入东江之口也。"按：经到广东增城实地考察，实情与《广州府志》合。曾江，即增江，"曾"为"增"的假借字。《说文·八部》有曾字，作绕字解，曾江水流曲折，绕增城而过，当是曾江之名的本意。《说文·土部》："增，益也，从土曾声。"段注："益者，饶也，是可假曾为之。"后之人用增益之意，虽通，疑非原意。韩诗用"曾"不用"增"，可见其用字之慎。曾江，乃东江支流，在广州东今增城市境内。曾江口，乃曾江入东江的水口，今增城市有增江口镇。湘，韩愈二兄介子老成子，于愈为侄孙。因愈长兄会无子，老成为继。贞元十年（794）生于宣城。老成卒后，随愈读书，然性不羁，不安于学，曾外出游历。元和十四年（819），愈贬潮，湘随行至曾江，有此诗。长庆三年（823），中进士，崔群辟为宣州刺史府从事，奏授校书郎。官至大理丞。详见《韩愈大传》卷二《侄孙韩湘考》。

② 天水溁相围：文《详注》："溁沆，水广大貌，音母朗切。"魏本："溁，广也，平也。祝曰：溁，大水貌。相围，谓天水之相接也。"按：溁，形容水大浩瀚无际。相围，形容水天相接，四面环绕。《文选》卷一九宋玉《高唐赋》："涉溁溁溁，驰苹苹。"《文选》卷二张衡《西

京赋》:"顾临太液,沧池漭沆。"

③ 三江口:文《详注》:"江、湘、沆(沅)三水,皆会巴陵,至洞庭陂,号曰三江。事见《水经》。"魏本:"孙曰:'谓曾江有三江合流,今混为一,不见江口。'"按:文、孙注均误。曾江、九曲水(当地俗称"县江")汇合入东江,为三江。实地考察,正如三江汇集。因水势大,三江口都被淹没,看不清了。钱仲联《集释》:"《清史稿·地理志》云:'增江上流为龙门水,南与派潭水合,又南至三江口,右纳澄溪水,左纳九曲水,过增城县治东南,分流入东江。'公诗之三江,即指此。古今地理不殊也。"

④ 涯圻:江岸边沿。文《详注》:"圻,岸也,与'垠'同。"

⑤ 高处水半扉:谓投宿到高冈地方的人家,水还淹没了半截门窗。扉,门扇。杜甫《草阁》:"柴扉永不关。"文《详注》:"东坡南迁至《慈湖夹阻风》诗(《慈湖夹阻风五首》之三《苏轼集》卷二二)云:'我行都是退之诗,真有人家水半扉。千顷桑麻在船底,空余石发挂渔衣。'慈湖夹在洞庭湖中。"按:东坡诗可坐实韩公所说农家水半扉。文谓洞庭湖,非是。然诗写大水可助读韩诗。

⑥ 犬鸡俱上屋:祝本"犬"作"大",非。诸本作"犬",是。文《详注》:"东坡《连雨江涨诗》(二首之一《苏轼集》卷二三)云:'龙卷鱼虾并雨落,人随鸡犬上墙垣。'即此意也。"按:因处处洪水,鸡犬都上了房。

⑦ 篙舟入其家:文《详注》:"篙,以竹刺船行也,音古劳切。"魏本:"祝曰:篙,进船竿。《淮南子》:'以篙测江。'"按:篙舟,撑船。篙本是撑船的工具,此处用作动词。

⑧ 暝闻屋中唏:方世举《笺注》:"唏:《淮南·说山训》:'纣为象箸,而箕子唏。'《方言》(卷一):'哀而不泣曰唏,楚言哀曰唏。'"按:夜里听到唏吁伤叹之声。唏同"欷"。王懋竑《读书记疑》卷一六:"唏,《广韵》无此字,当与'欷'同。"

⑨ 问知岁常然:知,朱《考异》:"知,或作'之'。"

岁常然,廖本注:"《选》陆机《叹逝赋》:'经终古而常然。'"按:

问后才知道这里年年岁岁都是这样,极言水患之苦。下句"哀"字顶上句"唏"字。

⑩"海风"二句:韩公真能从身临其境的实际体验中,写出当时当地的实境。真可与杜甫《旅夜抒怀》"星垂平野阔,月涌大江流"比美。

⑪北斗:北斗星。即在北半球天上排列的七颗明星,夜望北斗而想前程也。今人谓之大熊星座七颗较亮的星。《楚辞》屈原《九歌·东君》:"操余弧兮反沦降,援北斗兮酌桂浆。"《诗·小雅·大东》:"维北有斗,不可以挹酒浆。"疏:"箕、斗并在南方之时,箕在南而斗在北,故言南箕北斗也。"

⑫不知路所归:即不知去路。方世举《笺注》:"此即屈原《九章》(《抽思》)'曾不知路之曲直兮,南指月与列星'之意。又《淮南·齐俗训》:'乘舟而惑者,不知东西,见斗极则寤矣。'诗更从此翻出。"钱仲联《集释》:"《唐·天文志》云:'开元十二年,诏太史,交州测景(即影)以八月,自海中南望老人星殊高。老人星下,众星粲然,其明大者甚众,图所不载,莫辨其名。'公诗所叙,同此光景。惟南方视北斗低,公诗转言高耳。"

【汇评】

清朱彝尊:岭南不时泛溢,或平夜溢没公署,此所赋宛然画出。(顾嗣立《昌黎先生诗集注》卷六)

程学恂:此诗写穷民之苦,逐客之感,怆恍渺茫,语语沉痛,起兴无端,结意无极,惟少陵可以媲之。(《韩诗臆说》卷二)

其 二

舟行亡故道①,屈曲高林间。林间无所有,奔流但潺潺②。嗟我亦拙谋,致身落南蛮③。茫然失所诣④,无路何能还⑤?

【校注】

① 舟行亡故道：方《举正》订"亡"字，云："阁本'亡'作'止'，恐非。"诸本作"亡"，是。

方世举《笺注》："曹植诗：'欲归忘故道，顾愿但怀愁。'"按：亡读去声，通"忘"，即忘记旧道也。作失去旧道解，读阳平，亦通。《列子·说符》："人有亡铁者，意其邻之子。"此诗当作"亡"，读阳平，作失去旧路解。因洪水泛滥，道路时被淹没，故曰亡。意与曹植诗作忘记解不同。故道，旧道。《史记·项羽本纪》："长史欣恐，还走其军，不敢出故道。"

② 奔流但潺潺：但，宋白文本、文本、祝本、魏本、廖本、王本均同。祝、魏本注："但，一作'且'。"当从诸本作"但"。但，作只、仅仅解。曹操《败军抵罪令》："但赏功而不罚罪，非国典也。"曹丕《与吴质书》："公幹有逸气，但未遒耳。"但作徒然解。《汉书·匈奴传上》："何但远走，亡匿于幕北寒苦无水草之地为？"两解均通，然承上句意当作仅仅解为佳。潺潺，水流貌，或水声。魏明帝《步出夏门行》："弱水潺潺，落叶翩翩。"宋欧阳修《欧阳修全集》卷三九《醉翁亭记》："山行六七里，渐闻水声潺潺。"

③ "嗟我"二句：何焯《批韩诗》："东坡'谋生看拙否，送老此蛮村'语意本此。"南蛮，此指岭南的蛮荒之地。《孟子·滕文公上》："今也南蛮鴃舌之人，非先王之道。"

④ 茫然：迷濛不明，模糊不清。李白《蜀道难》："蚕丛及鱼凫，开国何茫然。"诣(yì五计切，去，霁韵)，到……去。失所诣，即迷失方向。《史记·孝文本纪》："乘传诣长安。"

⑤ 无路何能还：语双关，既指道路，也寓前程。此乃韩愈被贬而又身处困境的慨叹。

【汇评】

清朱彝尊：岭南不时泛滥，或平夜溢没公署，此所赋宛然画出。（顾嗣立《昌黎先生诗集注》卷六）

清王鸣盛：二诗写所历境地，难状之景，如在目前。（钱仲联《韩昌黎诗系年集释》卷一一）

蒋抱玄：两诗音节，逼真老杜。雄阔细腻，兼而有之。（《注释评点韩昌黎诗全集》）

程学恂：两诗浅深判然，非太白《白头吟》二诗之比也。（《韩诗臆说》卷二）

答柳柳州食虾蟆①

元和十四年

虾蟆虽水居，未特变形貌②。强号为蛙蛤③，于实无所校④。虽然两股长⑤，其奈脊皴皰⑥。跳掷虽云高⑦，意不离汻浔⑧。鸣声相呼和，无理只取闹⑨。周公所不堪，洒灰垂典教⑩。我弃愁海滨，恒愿眠不觉⑪。叵堪明类多⑫，沸耳作惊爆⑬。端能败笙磬⑭，仍工乱学校⑮。虽蒙勾践礼，竟不闻报效⑯。大战元鼎年⑰，孰强孰败桡⑱？居然当鼎味，岂不辱钓罩⑲？余初不下喉⑳，近亦能稍稍㉑。常惧染蛮夷，失平生好乐㉒。而君复何为，甘食比豢豹㉓？猎较务同俗㉔，全身斯为孝㉕。哀哉思虑深，未见许回棹㉖。

【校注】

① 题：魏本："樊曰：公为潮州，子厚为柳州，元和十四年也。梅圣俞诗（《范饶州坐中客语食河豚鱼》）有曰：'子厚谪（当作居）柳州，而犹（当作甘）食虾蟆。'"文《详注》："柳宗元元和十年出为柳州刺史，南方进士走数千里从宗元游，经指授者为文辞皆有法，世号柳柳州。《补注》：此诗元和十四年，潮州作。又梅圣俞云：'子厚谪

永州，而犹食虾蟆。'"顾嗣立《集注》："《唐书•柳宗元传》：'元和十年，徙柳州刺史，南方为进士者走数千里从宗元游，世号柳柳州。《本草图经》：'虾蟆腹大形小，皮上多黑斑点，能跳，时作呷呷声，在陂泽间。'"方世举《笺注》引顾嗣立注后云："十四年卒。《汉书•东方朔传》：'水多蛙鱼。'师古曰：'蛙似虾蟆而小，长脚，盖人亦取食之。'"

② 虾蟆虽水居，未特变形貌：方《举正》据杭本作"水特"，云："荆公校。言于水族之中特异其形貌也。蜀本水作'未'。"朱《考异》："水，或作'未'。方作'水'，云：言于水族之中特异其形貌也。今按：此字此说，皆不成文理，阙之可也。"文本作"未"，注："一作'水'。"宋白文本、魏本、廖本、王本作"水"。钱仲联《集释》："从事理推测，'水特'二字，窃疑为'以时'或'不时'二字之讹。'以''不'二字形与'水'字相近，'时'与'特'字相近，传写时易致误。"童《校诠》："第德案：作未是也。公诗云：虾蟆虽水居，未特变形貌。强号为蛙蛤，于实无所校。言虾蟆之名蛤者，虽居水中，未尝特改形貌，今强以蛙蛤名之，校之于实，与非水居者无异，即初南食诗所云蛤即是虾蟆，同实浪异名也。若如方所说，于水族之中，特异其形貌，形貌既异，自宜异名，与强名二句，意义不相连属矣。本自易解，方从杭本荆公校有意立异，失之。此句为上一字略顿，下四字连读，与下文失平生好乐句法正同。末为未之讹，蜀本、祝本可证。"按：童说是。然文本即作"未"，不必改字。若作"水"，与上句"水"字重复，韩公亦会避之。

③ 强号为蛙蛤：文本号作"呼"。诸本作"号"，是。

魏本注："凡蛙蛤皆似虾蟆，其背青绿色者，俗谓之青蛙，黄文者谓之金线蛙，黑色者号为蛤，亦名水鸡。"按：号，别号，称号。如魏本注云，蛙的异名很多，在水田者叫田鸡，肉白细嫩，人称美食。

④ 所校：方《举正》订，云："荆公、范、谢本所校并同，蜀本作'较'义近。"朱《考异》："校，或作'较'，或作'劲'。"文本作"劲"，注："一作'较'。"宋白文本作"校"，注："一作'交'。"魏本作"校"，注：

"一作'效',一作'较'。""効"同"效"。廖本作"校"。作"校"字是。按:作"较",因音义相同而致也。校(jiào 古孝切,去,效韵),作计较或考订解均可。《荀子·王霸》:"暗君必将急逐乐而缓治国,故忧患不可胜校也。"《国语·鲁语下》:"昔正考父校商之名《颂》十二篇于周太师。"

⑤虽然两股长:魏本注:"然,一作'云'。"诸本作"然"字,是。

方世举《笺注》:"《埤雅·释鱼》:'一种似虾蟆而长踦,瞋目如怒,谓之蛙。'"

按:两股长:虾蟆两条后腿长,故跳得远。

⑥脊皴皰:方《举正》作"背脊皰",云:"蜀本、诸校本多同。"朱《考异》:"脊皴,方作'背脊'。"文本、祝本、魏本作"背脊"。宋白文本、廖本、王本作"脊皴"。按:脊者背也,背者脊也,俗称脊背。作"背脊",语序不顺,且意思重复。况"脊"字下"皴""皰",说明蛙脊背的两种形态。皴(cūn 七伦切,平,谆韵),皮肤受冻而皴裂。《梁书·武帝纪下》:"执笔触寒,手为皴裂。"皰(pào 皮貌切,去,效韵),魏本:"祝曰:皰,《玉篇》云:'面皮生气也。'"按:人或动物表皮所起的水泡或脓泡,此指蛙脊背的长相。

⑦跳踯:方世举《笺注》:"跳掷:《埤雅》:'蟾蜍皮上多痱磊,跳行舒迟。虾蟆背有黑点,身小能跳,接百虫,善鸣。'"

⑧意不离泞淖:方《举正》据谢校"意不"作"竟不"。朱《考异》:"意,方作'竟'。今按文义作'意'为是,下文又有'竟不'字,不应复出。"南宋监本原文作"意"。宋白文本、文本、祝本、魏本、廖本、王本作"意不",是。文《详注》:"淖,亦泥也,音女教切。"魏本:"祝曰:《左氏》(僖公十五年):'晋戎马还泞而已。'又(成公十六年):'有淖于前[乃皆左右相违于淖]。'泞淖,泥也。"泞(nìng 乃挺切,去,迥韵)淖(nào 奴教切,去,效韵),泥沼。《辞源》引韩诗为例。

⑨"鸣声"二句:意谓虾蟆声大而嘈杂,闹得人心烦躁。用拟人手法。

⑩ "周公"二句：文《详注》："《周礼》(《秋官·蝈氏》)：'蝈氏掌去蛙黾，焚牡菊，以灰洒之则死。'郑氏云：'牡菊，菊不华者，齐鲁之间谓蛙为蝈。黾，耿黾也。蝈与耿黾尤怒鸣，为聒人耳，遂去之。'"魏本引樊《谱注》同而简。蒋之翘《辑注》："王十朋曰：'虾蟆水虫，不为人害，与螟蝗之类不同。然《周官》云云，谓蝈与耿黾，尤怒鸣聒人耳，故去之。'予窃谓此非周公之用心，必后世传习之讹，而附益其说也。退之述其事于诗，未免有劝矣。"按：可应上二句。

⑪ "我弃"二句：海滨，方《举正》作"海渚"，云："三本同。"朱《考异》："滨，方作'渚'。"南宋监本原文作"滨"，文本、潮本、祝本、魏本作"滨"，从之。此谓弃我海滨愁，但愿长眠永不醒。长眠永不醒者，就听不见蛙黾的鸣声呼和，无理取闹了。

⑫ 叵堪朋类多：方《举正》据阁本订，云："杭同。曾、谢校。蜀本作'颇'。叵，不可也。鲍明远诗：'叵吝节荣衰。'"朱《考异》："叵，或作'颇'。"朋，祝本作"明"。当作"叵"，作"朋"。宋白文本、文本、魏本、廖本、王本均作"叵"，作"朋"。

魏本："《集注》：朋类，其俦侣也。"方世举《笺注》："谢灵运诗：'怀故颇新欢。'《广韵》：'叵，不可也。'"按：叵(pǒ 普火切，上，果韵)，不可。《说文叙》："虽叵复见远流，其详可得略说也。"

⑬ 沸耳作惊爆：惊人的爆炸声沸沸聒耳。惊爆，亦用来形容蛙噪。文《详注》："《荆楚岁时记》曰：'岁旦爆竹于庭，世传庭燎之礼，非也。西方山中有人长丈余，人见之即病寒热，名曰山臊。以竹着火中，烨烨有声，则惊遁去。'爆，音巴校切，谓火裂也。"

⑭ 端能败笙磬：败，蒋之翘《辑注》作"坐"。诸本作"败"，是。笙磬，文本作"磬钟"，注："一作'笙磬'。"宋白文本、魏本、廖本、王本作"笙磬"。魏本、廖本注："一作'磬钟'。"当作"笙磬"。

童《校诠》："第德案：诗鼓钟：笙磬同音，毛传：笙磬东方之乐也。陈奂曰：言磬不言钟，省文。注云：一作磬钟(祝本作钟磬)，则兼言钟矣。汉书王莽传：紫色㗨声，应劭曰：㗨，邪声也，叙传：淫㗨而不可听者，非韶夏之乐也。李奇曰：淫㗨，不正之声也；文选：张平子东京赋:咸池不能齐度于蛙咬,薛综曰:蛙咬,淫声也,是皆公端能败笙磬之所本。按:蛙为哇之借字,说文:哇,谄声也,法言吾子篇:多哇则郑,李轨曰:多哇者,淫声繁越也。文选:傅武仲舞赋:吐哇咬则发皓齿,李氏引说文哇,谄声作注,皆用哇之本字。颜师古王莽传注曰:蛙者,乐之淫声,非正曲,近之学者便谓蛙之鸣,失其义。注叙传曰:淫蛙非正之声也,不谓蛙黾之鸣也。公亦知蛙之本字应作哇,所以复用之者,故为诽谐以资笑乐耳。或曰:南史孔珪传:王晏尝鸣鼓吹候之,闻群蛙鸣,曰:此殊聒人耳。珪曰:我敢鼓吹,殆不及此。公盖兼用孔珪事。"按:笙,乐器名。有多种簧管,一般用竹制。《诗·小雅·鹿鸣》:"我有嘉宾,鼓瑟吹笙。"磬,古代一种石制的敲击乐器,形似曲尺。《诗·小雅·蓼莪》:"瓶之罄矣,维罍之耻。"韩公诗以淫声戏蛙噪,以孔珪事形容之,殊有谐谑趣味。

⑮仍工乱学校:文本"工"作"又",注:"一作'工'。"诸本作"工",是。

魏本:"孙曰:言其声烦多,能聒笙磬乱学校也。工,一作'又'。方世举《笺注》"败笙磬,乱学校:此二语:一谓乱乐音,一谓败书声,仍承上文'无理''取闹''沸耳作惊'而申言之,无所为事实。"沈钦韩《补注》:"'乱学校'事未详。"童《校诠》:"第德案:南齐书孔稚珪(南史作孔珪)传:风韵清疏,好文咏,又曰:门庭之内,草莱不剪,中有蛙鸣,或问之曰:欲学陈蕃乎?稚珪笑曰:我以此当两部鼓吹,何必期效仲举!曰好文咏,曰中有蛙鸣,似可作败书声之事实。姑列此以待博雅君子共详之。乱乐声已见上文,非无事实,方说未谛。沈云未详,盖守不知盖阙之义。"按:古之学校晨课,童生朗读之声响亮悦耳,此蛙噪淫声干扰之,故谓之乱也。

⑯勾践礼:魏本:"孙曰:《韩[非]子》(《内储说上七术》):'越王伐吴,欲人之轻死,出见怒蛙,乃为之轼。从者曰:奚敬于此?王曰:为其有气故也。'"文《详注》:"《韩[非]子》(《内储说上七术》)曰:'越王勾践见怒蛙而式之。御者曰:王何为式?王曰:蛙有气,

王犹为式,况士人之有勇者乎!是岁人有自到以其头献者。'"按:方世举《笺注》亦引此语为注。此乃借勾践事嘲讥蛙类,疑内含寓意。

⑰ 元鼎年:魏本:"孙曰:《汉·武帝纪》(当为《汉书·五行志》):'元鼎五年秋,蛙兴虾蟆[群]斗。'"文《详注》:"汉元鼎五年秋,蛙虾蟆斗。即其事也。"按:文注虽简,然免于孙注讹误。方世举《笺注》同。大战即指蛙、虾蟆也。

⑱ 败桡:方《举正》作"败桡",曰:"(桡)字从木,犹木曲也。《左传》(成公二年):'畏君之震,师徒桡败。'杜曰:'桡,曲也。'"朱《考异》:"桡,或作'挠'。"南宋监本原文作"挠"。文本、潮本、祝本、魏本作"挠"。宋白文本、廖本、王本作"桡",注:"一作'挠'。"

魏本:"孙曰:'挠,亦败也。'祝曰:'木曲易拣。挠,本末弱也。'挠音闹。"挠(náo)、桡,作弯曲、曲服解音义均同。按:挠,搅扰。《周礼·冬官考工记·辀人》:"唯辕直且无桡也。"《左传》成公二年:"畏君之震,师徒桡败。"又《左传》成公十三年:"挠乱我同盟,倾覆我国家。"《墨子·经下》:"贞而不挠。"又《墨子·经说下》:"加重焉而不挠。"《荀子·议兵》:"以指挠沸。"童《校诠》:"第德案:说文:桡,曲木,从木,尧声。臣锴按周易曰:大过栋桡也(也字衍),栋桡,栋曲也。左氏成二年传杜注:桡,曲也,本诸说文。挠,扰也,从手,尧声,一曰捄也。段曰:此与女部娆音义同。按:挠之本义为扰乱,经典有假挠为桡者,晋语:抑挠志以从君,注:屈也,吕览知度:枉辟邪挠之人退矣,注:曲也,高义:则荆国终为天下挠,注:弱也,考工记轮人注:其弓菑则挠之,疏:亦减也(说本朱骏声氏)。又按孟子公孙丑篇:不肤挠,亦用挠字。祝本作挠,廖本、王本从举正、考异作桡。阮刊宋本周易大过从手作栋挠,云:诸本作桡。"按:童说详而审,然作"桡"、作"挠"均可。

⑲ 鼎味:方世举《笺注》:"《南史·虞悰传》:'悰献䊚及杂肴数十舆,太官鼎味不及也。'"钓罩,文《详注》:"《南海新闻》云:'百越人以虾蟆为上味,先于釜中置一小芋,俟汤沸投虾蟆,皆抱芋而熟,

谓之抱芋羹。'又云:'疥皮者最佳,切不可脱去锦袄子。'钓罩,谓鱼也。罩,捕鱼器。"魏本:"祝曰:罩,竹笼取鱼也。《诗》(《小雅·南有嘉鱼》):'烝然罩罩。'"按:此乃说虾蟆充当太官鼎味,而辱鱼肴也。

⑳ 余初不下喉:方世举《笺注》:"不下喉:《淮南·说林训》:'嚼而无味者,弗能纳于喉。'"按:韩公谓他始吃虾蟆时,不敢下口。

㉑ 稍稍:魏本:"祝曰:稍,《说文》(禾部)云:'出物有渐也。'稍,所教切。"文《详注》:"东坡《至儋耳与子由》诗云:'旧闻蜜唧尝呕吐,稍近虾蟆缘习俗。'即用此意也。"方世举《笺注》:"《史记·张仪传》:'稍稍近就之。'"按:初不敢下口,现在已能稍稍吃一点了。故有下句:怕染上蛮夷之习,而失去平生的习好。

㉒ 失平生好乐:方《举正》据唐本作"失平生好乐",云:"蔡校。《记》(《礼记·大学》)曰:'有所好乐。'阁本作'平生性不好',杭、蜀作'平生性不乐',皆非。若曰'性不乐此味',不当以'平生'言之。"朱《考异》:"方从唐本如此,诸本或作'平生性不乐',阁本作'不好'。今按:此句未详,当阙。"文本作"平生性不好",注:"好,一作'乐'。"祝本、魏本作"平生性不乐"。

文《详注》:"乐,欲也,音鱼教切。"魏本:"祝曰:乐,欲也。《礼记》(《大学》):'有所好乐。'《补注》:张牧为猘犬所伤,医云:'宜食虾蟆。'牧甚难之。"童《校诠》:"第德案:失平生好乐,与本篇上文未特变形貌句法正同。赠元十八协律:患足己不学,谢自然诗:在纺织耕耘,符读书城南:乃一龙一猪皆是。"按:作"失平生好乐",善。

㉓ 甘食比豢豹:魏本注:"豢,养也。"文《详注》:"圈养曰豢。枚乘《七发》云:'豢豹之胎。'注(《文选》李注)云:'言豢养之豹,取其胎也。'"豹胎之食为佳肴,故云蛙食鼎味为"甘(好)食比豢豹"。

㉔ 猎较务同俗:此为韩与柳交言,谓:身来南方,应入乡随俗,如孔子随鲁人之猎较也。文《详注》:"《孟子》(《万章下》):'孔子之仕于鲁也,鲁人猎较,孔子亦猎较。'赵岐云:'田猎相较夺禽兽,得之以祭,时俗所尚,以为吉祥。孔子不违而从之,所以下同于世

也。'"魏本引祝《全解》同。魏本:"孙曰:鲁俗如此,孔子亦为之,故云同俗。"按:猎较,古代风俗打猎争夺猎物。较,同"校",即较量,比高下。《老子》二章:"长短相较,高下相倾。"这个意义又写作"校"。

㉕ 全身斯为孝:魏本:"孙曰:《礼》(《礼记·祭义》)曰:'父母全而生之,子全而归之,可谓孝矣。[不亏其体,不辱其身,可谓全矣。]'诗意谓甘食虾蟆以全其生也。"

㉖ 棹(原刻作"櫂"):文《详注》:"音直教切,亦音作'棹'。"魏本:"祝曰:《楚辞》(《九歌·湘君》):'桂櫂兮兰枻。'櫂,楫也,与'棹'同。"童《校诠》:"第德案:说文无櫂字,新附有之,云:所以进船也,从木翟声,或从卓,史记通用濯。按:史记司马相如传:濯鹢牛首,汉书相如传颜注:濯者,所以刺船也。史佞幸传:邓通以濯船为黄头郎,索隐:濯音棹,迟教反。汉书百官公卿表:水衡官属有辑濯令,颜注:辑读与楫同,音集,濯音直孝反,皆所以行船也。是古只用濯字。又假擢为之,列女传:赵津女娟歌曰:呼来擢兮行勿疑(钮氏树玉说)是也。说文:掉,摇也,从手,卓声,春秋传曰:尾大不掉。棹为掉之后出字。祝注今当作兮,语见楚辞九歌湘君篇。"魏本:"樊曰:子厚以其年十月梦奠,柳州卒不生还矣。"文《详注》引王《补注》同樊。

【汇评】

宋刘克庄:退之有《答柳柳州食虾蟆》诗,是柳倡而韩和矣,今《柳集》乃无此作。唐家数诗往往一集可采者止一二首,余皆不必传。而传子厚诗□□妙□□□□不入集者,可惜也。周六、周七辈能登科而不能收拾父诗,必是其时尚幼。(《后村诗话》后集卷一)

宋陈叔方:韩昌黎《答柳州》诗,以食虾蟆为怪,今海族怪者莫若鲍鱼,其实非鱼也。张华《博物志》云:东海有鱼,状如凝血,其名曰鲍。佛书曰:鲍目虾,盖其形如笠覆缨络,而系以四繂,无目,得鰕则行,故曰鰕鲍。红白明莹,色如朕子,故曰海朕。海人脍之如

丝,固之以矾,其色尤莹,故曰水母线。沃之汤,则卷缩如活。若昌黎公见之,深叹惊矣。(《颖川语小》卷下)

明郎瑛:虾蟆类毛颖:韩昌黎《答柳柳州食虾蟆》诗大类《毛颖传》。其曰:"虽蒙勾践礼,竟不闻报效。大战元鼎年,孰强孰败挠。"此尤其似者也。(《七修类稿》卷一九辩证类)

清朱彝尊:只是戏笔,下句则故为俚以取快,亦俳谐之类。(顾嗣立《昌黎先生诗集注》卷六)

清姜宸英:"蜮",郑司农读为"蛾"。蛾,虾蟆也。《月令》曰:蝼蛄鸣,故曰掌其蛙黾。蛙黾,虾蟆属。据司农,则蛾也,虾蟆也,蝼蛄也,一物异名。康成谓蜮,今御所食蛙也,蛾乃短狐。据此则蜮与蝼蛄另是一物,御所食,则汉重此物。韩退之《食虾蟆》诗"虽(当作'强')号为蛙蛤",又云"周公所不堪,洒灰垂典教",是以虾蟆与蛙为一也。又云"大战元鼎年",元鼎五年,蛙虾蟆斗,则蛙与虾蟆为二物。(《湛园札记》卷一)

清方世举:柳州原唱,今不载集中,他亦无寄韩者。柳诗无体不工,无篇不妙,惜乎其少,大抵逸者多矣。(《韩昌黎诗集编年笺注》卷一一)

程学恂:梅圣俞《食河豚鱼》诗,结意与此略同,而此所感独深,盖所以警子厚者,不仅在食物也。(《韩诗臆说》卷二)

别赵子①

元和十四年

我迁于揭阳②,君先揭阳居。揭阳去京华,其里万有余。不谓小郭中,有子可与娱③。心平而行高,两通《诗》与《书》。婆娑海水南④,簸弄明月珠⑤。及我迁宜春,意欲携以俱⑥。摆头笑且言,我岂不足欤⑦?又奚为于北,往来以纷如⑧？海中诸山中，幽子颇不无⑨。相期风涛观，已久不可渝⑩。又尝疑龙虾，果谁雄牙须⑪？蚌蠃鱼鳖虫⑫，瞿瞿以狙狙⑬。识一已忘十⑭，大同细自殊。欲一穷究之，时岁屡谢除⑮。今子南且北，岂非亦有图⑯？人心未尝同⑰，不可一理区⑱。宜各从所务⑲，未用相贤愚⑳。

【校注】

① 题：《洪谱》："《潮州请置乡校牒》云'赵德秀才'，即叙退之文章七十二篇为《文录》者。公有《别赵子》诗。德自谓行道学文，庶几乎古，不肯从公于袁。而区弘自连山从公于荆，又从公于京师，各从其志也。"魏本："赵子名德。韩曰：公为潮州刺史时，摄海阳尉，督州学生徒者。东坡所谓'潮人初未知学，公命赵德为之师'（《潮州韩文公庙碑》），即其人也。公自潮移袁，诗以别之。德，潮人，公欲与俱而不可耳。"文《详注》："《补注》：'赵德也，潮州人，公为刺史时，摄海阳尉，督州学生徒者。公移袁州，此诗所以别也。《摭言》载郡人黄颇师愈为文，亦大振名。尝观卢肇碑则唾去，然名不如赵德，故不见于公集，会昌三年登第。'徐松《登科记考》："《唐语林》：'卢肇、黄颇同游李卫公（德裕）门下。王起再知贡举，访二人之能，或曰卢有文学，黄能诗。起遂以卢为状头，黄第三人。'《永乐大典》引《宜春志》：'黄颇字无颇，宜春人，与卢肇相上下。每见肇所为文辄不取。会昌三年（843），擢进士科。颇自升等第后十三年，始中选。"试进士有《风不鸣条诗》。公移袁，颇从之学。《唐诗大辞典》云："颇曾师韩愈为文，以此文名大振。同年姚鹄称为'文章声价从来重'。"按：《韩学研究·韩愈年谱汇证》系元和十四年（819），云："韩愈移袁州，想携赵同往，赵不允而留潮，公以诗相别。在冬十二月，离潮州前。"据考顾嗣立《集注》题下注"某云"者，乃魏本题下韩醇《全解》，方世举《笺注》转录顾注。不录。

② 揭阳：魏本引《集注》："揭阳，汉县，属南海郡，至唐为潮州

治。《广州记》云:'大庾、始安、临贺、桂阳、揭阳为五岭。'韦昭:'音曰揭,其逝切。'师古曰:'揭音竭。"方世举《笺注》:"《汉书·地理志》:'揭阳县属南海郡。'按公集《黄陵庙碑》云:'元和十四年,余以言事得罪,黜为潮州刺史,其地于汉南海之揭阳。'"《元和郡县图志》卷三四"岭南道一":"潮州,今州,即汉南海郡之揭阳县也,晋安帝义熙九年,于此立安郡及海阳县。隋开皇十年罢郡省海阳县,仍于郡廨置义安县,以属循州。十一年,于义安县立潮州,以潮流往复,因以为名。大业三年罢州为义安郡,武德四年(621)复为潮州。海阳县,郭下(即州治所在)。"即今广东潮州市。

③"不谓"二句:元和中潮州才一千九百五十五户,是为小州。子,即赵德。娱,廖本注:"《诗·郑风》(《出其东门》):'聊可与娱。'"按:娱,欢娱。此诗义同《诗经·郑风·出其东门》。《文选》卷四张衡《南都赋》:"斯乃游观之好,耳目之娱。"

④婆(pó,薄波切,平,戈韵)娑(suō 素何切,平,歌韵):盘旋,停留。《文选》卷一九楚宋玉《神女赋》:"既姽婳于幽静兮,又婆娑乎人间。"李善注:"婆娑,犹盘姗也。"《汉书·叙传上》班固《答宾戏》:"婆娑乎术艺之场,休息乎篇籍之囿。"文《详注》:"婆娑,游放貌。"魏本:"孙曰:《诗》(《陈风·东门之枌》):'市也婆娑。'婆娑,嬉游貌。韩曰:晋陶侃为荆州刺史,将归,顾谓王衍曰:'老子婆娑,正坐诸君辈。'"

⑤簸弄明月珠:文《详注》:"明月珠以喻道。《神异经》云:'明月之珠,光照千里。'"魏本:"孙曰:《广记》云:'鲸鲵目即明月珠。'诗意谓其怀宝自乐也。"顾嗣立《集注》:"《史记·李斯传》:'垂明月之珠。'"

⑥及我迁宜春:魏本:"孙曰:元和十四年七月己丑,宪宗上尊号,大赦天下。十二('二'为衍文)月二十四日,公自潮州量移袁州郡,即宜春郡也。"文《详注》:"袁州为宜春郡,公自潮州改刺袁州。"按:韩愈量移宜春诏书之下在十月二十四日,接到诏书在十一二月间。

⑦且言,魏本作"不可"。宋白文本、文本、廖本、王本作"且言",是。作"不可"与上下文意不合。

汪琬《批韩诗》:"以下述赵语。"赵德听到韩公邀请后,笑着摇头谢绝,并且说不能随去宜春而留潮州的缘故。形象逼真,和乐有味。

⑧"又奚"二句:方《举正》据阁本订"北"字、"如"字,云:"范、李校。以纷如,蜀本以作'各'。"朱《考异》:"北,或作'此',非是。以,或作'各'。"南宋监本原文作"此"。文本、潮本、祝本、魏本作"此"。宋白文本、廖本、王本作"北",魏本等注:"此,一作'北'。"当作"北"。宋白文本、魏本、廖本作"以"。按:二句中三字,作"北"、作"以"、作"如"合诗意。文《详注》:"言不欲从公而行也。"童《校诠》:"第德案:孟子告子篇:奚有于是,公句法与之同,有,为也(见经传释词),此,是义同,作此则北行之意已包涵其中,文义自通,宜两存之。"

⑨幽子颇不无:魏本:"孙曰:'幽子,隐士。'"王本:"隐士也。"方世举《笺注》:"王云:隐士也。"

⑩"相期"二句:文《详注》:"枚乘《七发》(《文选》卷三四)云:'交游兄弟,并往观涛乎广陵。'"魏本:"孙曰:相期者,德自言与幽子相期往观风涛也。此言已久,不可中变从公而往。渝,变也。韩曰:丹青初则炳,久则渝。"

⑪"又尝"二句:龙虾,宋白文本、文本、祝本、魏本、王本作"蝦"。廖本作"鰕"。鰕同"蝦",今简化字作"虾"。

龙虾,亦作"龙鰕",节肢动物,身长一尺左右,生活在海底,肉味鲜美。我国南海和东海南部都有出产。《汉语大词典》引韩诗为例。宋黄庭坚《代书》诗:"譬如观沧海,细大极龙虾。"文《详注》:"《交广记》曰:'虾须有长四丈四尺者。'"顾嗣立《集注》:"王隐《交广记》:'或语广州刺史滕修,鰕须长一丈,修不信。其人后至东海,取鰕须长四丈四尺,封以示修,修乃服。"清赵翼《题岭南物产图六十二韵》:"虎蟹壳杯深,龙虾须杖矗。"方世举《笺注》:"《汉书·息夫躬传》:'抚神龙兮揽其须。'《尔雅·释鱼》:'鰝,大鰕。'注:'大者出海中,长二三丈,须长数尺。'"蒋抱玄《评注》:"龙虾即俗称明虾,非二物也。"钱仲联《集释》:"此处仍当作二物解,否则下句谁字无谓矣。"又云:"杜甫诗:'阴壑虎豹雄牙须。'"

⑫蚌蠃鱼鳖虫:魏本:"祝曰:《易》(《说卦传》):'为蠃,为蚌。'蠃蚌,蜃蛤属。"文《详注》:"螺,音卢戈切,与'蠃'同。"按:蠃(luó落戈切,平,戈韵):蚌属,通"螺"。《易·说卦》):"离为蠃,为蚌。"《尔雅·释鱼》:'蠃,小者蜬。"注:"螺大者如斗,出日南涨海中,可以为酒杯。"翁方纲《石洲诗话》卷一:"渔洋云:韩、苏七言诗学《急就篇》句法,如'鸦鸱鹰雕雉鹄鹍''骓䮄骊骆骊騥駼'等句。近又得五言数语,韩诗'蚌螺鱼鳖虫',卢仝'鳗鱓鲇鲤鳝'云云。然此种句法,间作七言可耳,五言即非所宜。解人当自知之。"

⑬瞿(qú其俱切,平,虞韵)瞿以狙狙:文《详注》:"瞿瞿、狙狙,惊视貌。瞿,音俱遇切。"按:瞿瞿,惊视,神情不安貌。《诗·齐风·东方未明》:"折柳樊圃,狂夫瞿瞿。"毛传:"瞿瞿,无守之貌。"《礼记·檀弓上》:"既殡,瞿瞿如有求而弗得。"狙(jū七余切,平,鱼韵)狙,伺察貌。《汉语大词典》引韩诗为例。

⑭识一已忘十:方《举正》作"以",云:"山谷本、谢本皆校'以'作'已'。"朱《考异》:"已,方作'以',又云山谷、谢本以皆作'已',今从黄、谢。"文本、祝本、魏本作"以"。宋白文本、廖本、王本作"已"。按:古文献"已""以",作已经解通用。今作"已"。

⑮时岁屡谢除:文《详注》:"龙虾鱼鳖,皆以喻南方之士不可穷识,未有如赵子之贤也……除,尽也。《蟋蟀》(《诗·唐风》)诗云:'日月其除。'"魏本:"孙曰:'德又言尝闻龙虾蚌蠃鱼鳖虫大小不同,欲一往而穷究之。岁时屡谢,终未能往。言今当往也。'"方世举《笺注》:"《楚辞·大招》:'青春受谢,白日昭只。'《诗·蟋蟀》:'今我不乐,日月其除。'"

⑯今子南且北:子,指韩愈。魏本:"孙曰:'子谓公也。'"且,本也,自也。南且北,即自南而北归。此赵德对韩公说:你自南北

归岂不是也有打算。此乃与赵留南欲有所作为相对而言。

⑰ 人心未尝同:魏本:"韩曰:《左传》(襄公三十一年):'人心之不同,如其面焉。'"按:此谓人各有志,想法未必一样。

⑱ 不可一理区:区,方《举正》据杭、蜀本作"区"。朱《考异》:"区,或作'驱'。"南宋监本原文作"驱"。宋白文本、廖本、王本作"区"。文本、祝本、魏本作"驱",注:"一作'区'。"按:诗义不可以理区别、判断,作"区"较善。若作"驱",当驱使解,虽亦可通,实觉勉强。

⑲ 务:方《举正》作"务",云:"山谷本、范本所校同。"朱《考异》:"务,或作'好',或作'胜'。"南宋监本原文作"胜"。宋白文本、廖本、王本作"务",注:"一作'好'。"文本、潮本、祝本、魏本作"胜",注:"一作'务'。"按:胜,长也;务,好也,去声。二者均可。然细玩诗意作"胜"不合两人心理,作"务"为善。即:应各从所好。

⑳ 相:魏本作"分"。宋白文本、文本、祝本、廖本、王本均作"相"。"相""分"皆可,今从"相"。按:作互相推重孰贤孰愚也。如魏本:"孙曰:'德言公去己留,未可分别贤否也。'"

【汇评】

清朱彝尊:述不肯俱北之,洒洒可喜。(顾嗣立《昌黎先生诗集注》卷六)

清何焯:《别赵子》"心平而行高"二句,兼此者,我思其人。(《义门读书记》卷三〇)

清方世举:按此诗首叙迁谪潮州,喜于得赵。及移袁州,欲与偕而不可,有不得不别者矣。乃复述赵之言,以为海南有以乐,且物理细大,不可究诘,人生去住,亦岂可强同,此所以不相从也。截然便住,彼此之意各尽,不作一惜别语。于此叹格之奇,而亦可相见赵立品之高,不烦语及俗情也。(《韩昌黎诗集编年笺注》卷一一)

清金浬生:昌黎诗云:"婆娑海水南,簸弄明月珠。"故余游粤后题斋额曰"弄珠吟馆"。会城之南有海珠石,相传贾胡持摩尼珠至

此，珠飞入水，夜辄有光怪，故海曰珠海，江曰珠江，浦曰沉珠，其石则曰海珠云。(《粟香随笔》卷三)

程学恂：赵德亦落落可喜，宜乎其能风率潮士也。(《韩诗臆说》卷二)

蒋抱玄：此诗风致情绪，都无可取，殆亦口占而不经追琢者。(《注释评点韩昌黎诗全集》)

章士钊：观介甫《送潮州吕使君》一诗云："韩君揭阳居，戚嗟与死邻。吕使揭阳去，笑谈面生春。曾复进赵子，诗书相讨论。不必移鳄鱼，诡怪以疑民。"赵子者，赵德也。退之有《别赵子》诗云云。介甫意谓：与赵子讨论诗书则可，若移鳄，则巫道也，殊诡怪，非儒者所有事。词虽极简，义却严正。(《柳文指要》下《通要之部》卷六"韩退之潮州事迹")

除官赴阙至江州寄鄂岳李大夫①

元和十五年

盆城去鄂渚②，风便一日耳③。不枉故人书，无因帆江水④。故人辞礼闱⑤，旌节镇江圻⑥。而我窜逐者，龙钟初得归⑦。别来已三岁⑧，望望长迢递⑨。咫尺不相闻⑩，平生那可计？我齿落且尽，君鬓白几何⑪？年皆过半百，来日苦无多⑫。少年乐新知⑬，衰暮思故友⑭。譬如亲骨肉，宁免相可否⑮？我昔实愚惷⑯，不能降色辞⑰。子犯亦有言，臣犹自知之⑱。公其务贳过⑲，我亦请改事⑳。桑榆倘可收㉑，愿寄相思字㉒。

【校注】

① 题：方《举正》："程。十五年作。"朱《考异》："谓李程也。"文《详注》："《旧史》(《旧唐书·李程传》)：'李程，字表臣，元和十四年礼部侍郎。六月，御史大夫、鄂岳观察使。'元和十五年九月，公自袁州召拜国子祭酒，行次盆城而作。"魏本："李大夫，程也，字表臣。樊曰：公元和十五年九月，公自袁州召拜国子祭酒。行次盆城，作此诗寄之。公尝与表臣同为御史，及郑馀庆为详定使，公又与表臣俱为之副。反覆诗语，疑若与表臣尝有隙，至是因诗谢之。故旧无大故则不弃，此公所以思之，且请改事也。"顾嗣立《集注》："□云：'元和十五年九月，公自袁州召拜国子祭酒，行次盆城作。'嗣立补注：颜师古《汉书注》：'凡言除者，除去故官就新官。'《旧唐书》：'李程，字表臣，陇西人，贞元十二年进士擢第。元和十三年四月拜礼部侍郎，六月出为鄂州刺史鄂岳观察使。《唐·地理志》：'江州浔阳郡、鄂州江夏郡、岳州巴陵郡，属江南道。'"方世举《笺注》抄录顾嗣立注后曰："《新唐书·地理志》：'江州浔阳郡、鄂州江夏郡、岳州巴陵郡，皆属江南西道。'按以下皆袁州赴京途次之作。"按：江州，在今江西九江市。鄂岳治所在江夏，在今湖北武汉市。

② 盆城去鄂渚：魏本："孙曰：《浔阳记》：'盆水出青盆山，因以为名。带山双流而右灌浔阳，北流入江，今在江州。'《离骚经》曰：'乘鄂渚而久顾。'鄂渚，今鄂州。"文《详注》："《浔阳记》云：'湓口城汉高帝六年灌婴所筑。'《水经》云：'鄂渚，武昌渚名也。'谢玄晖诗(《和伏武昌登孙权故城》)曰：'鄂渚同游衍。'"王元启《记疑》："一说当作'鄂渚去湓城'。"方世举《笺注》："盆城：《庐山记》：江州有青盆山，故其城曰盆城。《新唐书·地理志》：浔阳，本湓城。鄂渚：屈原《九章》：'乘鄂渚而反顾兮，欸秋冬之绪风。'□云：鄂渚，今鄂州。"钱仲联《集释》："《元和郡县志》(卷二八江州)：'隋文帝平陈，置江州总管，移理湓城，古之湓口城也。汉高帝六年灌婴所筑。'郦道元《水经注》：'《九州记》曰：鄂，今武昌也。'"

③ 风便一日耳：文《详注》："《通典》云：盆城，江州也，西到鄂

州六百里。二州皆滨江,溯流而上,一日可至。"陈景云《点勘》:"陆游《入蜀记》(卷四)云:自江州至鄂州七百里,溯流虽日得便风,亦须三四日。韩诗云'溢城去鄂渚,风便一日耳'过矣。按《通典》:寻阳西南到江夏六百里。江夏,鄂州理所。"王元启《记疑》:"此二句为下'故人书'作引。盖公与李有故,公至江州,李宜有书见及。自鄂至江,顺流而下,风便一日可至。而竟寂然,公故作此遗之。此说与旧注异,未知是否?"方成珪《笺正》:"公诗特极言其速,与李太白《早发白帝城》诗'千里江陵一日还'同意。若改作'风便三日耳'便不成话,陆说似失之泥。"按:王、方二说合之而解是也。陈引陆说证其言过拘矣。

④ 无因帆江水:帆,方《举正》据蜀本订,云:"洪、谢校同。帆,去声读。少陵诗'浦帆晨初发'是也。"朱《考异》:"帆,诸本作'泛'。(下引方语)"南宋监本原文作"泛"。魏本:"洪曰:帆,去声,船使风也,今本作'泛',非是。"宋白文本、文本、魏本、廖本作"帆"。文本注:"去声,一作'泛'。"廖本注:"帆,诸本作'泛',今从蜀本,云:'帆,去声。'"

按:韩诗作"帆",指鼓帆使船也;此意二字通用,《辞源》引韩诗为例。则作动词,读去声,名词读平声。二句内含怨气。杨慎《升庵诗话》卷四:"帆字,符咸切,舟上幔也。又扶泛切,使风也。舟幔则平声,使风则去声,盖动静之异也。刘熙《释名》曰:'随风张幔曰帆。'注:去声。《广韵》曰:'张布障风曰帆,音与梵同。'《左传》宣十三年注:'拔斾投衡上,使不帆风。'谓车斾之受风,若舟帆之帆风也。舟帆之帆平声,帆风之帆去声。疏云:'帆是扇风之名。'孙绰子曰:'动不中理,若帆风而无柂。'《南史》:'因风帆上,前后连烟。'《荆州记》云:'宫亭湖庙神能使湖中分风而帆南北。'(以下历引晋以下至唐诗人用帆字之例,从略)"姜宸英《湛园札记》卷四:"《左传》:拔斾投衡。注:使不帆风差轻。帆,凡剑反。"方成珪《笺正》:"广韵六十梵,帆,船使风,扶泛切,洪注引之极是。方引少陵诗,似与此异义。"童《校诠》:"第德案:说文无帆字,颿,马疾步也,从马,风声,臣铉等曰:舟帆之帆,本用此字,今别作帆,非是,符严切。按:文选左太冲吴都赋:楼船举䑦而过肆,刘注:䑦者,船帐也,是其例。或假汎为之,说文:汎,浮貌,诗二子乘舟:汎汎其景,毛传:汎汎然迅疾而不碍也,释名:随风张幔曰帆,帆,汎也,使舟疾汎汎然也。洪以作汎为非,不悟释名即以汎释帆,自可通用。姜、方二氏之说,与杨氏所释义同。作泛亦通(说文:泛,浮也),诗采菽:泛泛杨舟,白帖十一作汎汎杨舟,汎、泛古通用。"按:童说证明䑦、帆、泛、汎古通用,䑦字早出,汉魏以前多用之;帆字后出。泛、汎、帆又往往通假。今查《全唐诗》则已普遍用"帆",不用"䑦"。如刘长卿诗用"帆"字约五十次,李白四十次,杜甫四十三次。校勘是为了厘定符合作者的原文。故韩诗当作"帆"。

⑤ 故人辞礼闱:魏本注:"辞,一作'辟'。"诸本作"辞",是。辞,告别也。陶潜《桃花源记》:"停数日,辞去。"方世举《笺注》:"任昉《王文宪集序》(《文选》卷四六):'出入礼闱,朝夕旧馆。'《旧唐书·李程传》:'程,字表臣。元和十三年四月,拜礼部侍郎。六月,出为鄂州刺史、鄂岳观察使。'"

⑥ 旌节镇江圻:即出京镇守鄂岳也。魏本:"樊曰:'《旧史》:程元和十三年四月拜礼部侍郎,六月出为鄂州刺史、鄂岳观察使。程自礼闱出镇明矣。而《新传》独言历御史中丞、鄂岳观察使,盖逸之也。'"按:所说是,京朝高官出为大镇,往往带中丞衔。方世举《笺注》:"江圻:《水经》:'江之右岸有鄂县故城。'注:'鄂,今武昌也。江中有节度石,是西阳武昌界,分江于斯石。江浦,东径五矶,北有五山,庾仲雍谓之五圻。'"

⑦ 龙钟:衰老之态。韩公《醉留东野》:"东野不得官,白首夸龙钟。"王维《夏日过青龙寺谒操禅师》诗:"龙钟一老翁,徐步谒禅宫。"杜甫《寄彭州高三十五使君适虢州岑二十七长史参三十韵》:"何太龙钟极,于今出处妨。"

⑧ 别来已三岁:《洪谱》:"'别来已三岁',盖程十三年出镇,与公别于京师,今三岁矣。"文《详注》:"公己亥岁贬潮,长庆元年辛丑

还朝。"按:三年是他与李程分别时间的约数。韩公于元和十四年正月离京,今十五年冬,才二年矣。

⑨望望:仰望,或看了又看,表示依恋。《礼记·问丧》:"其往送也,望望然,汲汲然,如有追而弗及也。"郑注:"望望,瞻望之貌也。"亦作失意、惭愧解。《孟子·公孙丑上》:"推恶恶之心,思与乡人立,其冠不正,望望然去之,若将浼焉。"注:"望望然,惭愧之貌也。"迢递,远貌。《文选》卷一八嵇康《琴赋》:"指苍梧之迢递,临回江之威夷。"

⑩ 不,魏本注:"一作'何'。"诸本作"不"是。此谓他所在的袁州与鄂岳相去不远,却不能交往,未通音问。

⑪ 君鬚白几何:君,魏本注:"一作'公'。"诸本作"君",从之。鬚,方《举正》据蜀本订。朱《考异》:"鬚,或作'须'。"南宋监本原文作"须"。文本、潮本、祝本作"须"。魏本作"发",不作"须"。宋白文本、廖本作"鬚",注:"一作'须'。"当作"鬚"。"须"字繁体作"鬚",当为形近致误。

⑫ 年皆过半百:魏本:"孙曰:'公是岁年五十三。'"方世举《笺注》:"杜甫诗:'年过半百不称意。'"按:谓年老矣。曹操《短歌行》:"譬如朝露,去日苦多。"

⑬ 新知:文《详注》:"《楚辞》(《九歌·少司命》)云:'乐莫乐兮新相知。'"顾嗣立《集注》同。按:新知,新交之友,谓年轻人喜欢新的朋友。《诗·小雅·伐木序》:"燕朋友故旧也。"唐孔颖达疏:"旧则不可更释,新交则非贤不友。"韩诗似用此意。

⑭ 衰:朱《考异》:"衰,或作'岁'。"

李详《证选》:"沈约《别范安成》诗:'生平少年日,分手易前期。及尔同衰暮,非复别离时。'鲍照《拟古诗》(八首之四):'幼壮重寸阴,衰暮反轻年。'程学恂《韩诗臆说》卷二:'从《楚辞》('乐莫乐兮新相知')翻出,更有深情。'"

⑮ 否:宋白文本、廖本、王本作"不"。文本、魏本作"否"。按:不、否同义。此处当读否(fǒu 方久切,上,有韵),不也,绝也。

《诗·小雅·甫田》:"尝其旨否。"《公羊传》隐公四年:"隐曰:'吾否。'"作"否"与上下文合韵。

文《详注》:"《礼记·文王世子》曰:'骨肉之亲无绝也。'"魏本:"樊曰:'骨肉犹不免可否,况公刚直,其率能合乎!譬如,假如也。'"

⑯ 惷(chōng 书容切,平,钟韵;丑江切,平,江韵):蜀本、文本作"戆"。注:"一作'惷'。"方《举正》:"蜀本作'戆'。愚惷,见《礼记》。《汉书》多用'愚戆'字。"朱《考异》:"惷,或作'戆'。(下引方语)今按:《说文》(心部):惷,丑江切。戆,陟绛切。"魏本:"祝曰:'惷,愚也。'"诸本作"惷",从之。

按:惷,愚笨。愚惷,即惷愚。方成珪《笺正》:"愚惷,当作'惷愚',见《礼记·哀公问》。《汉高帝纪下》:'王陵可,然少戆。'《张陈王周传赞》:'王陵少戆。'师古注皆云:'戆,愚也。'"《礼记·哀公问》:"寡人惷愚、冥烦,子志之心也。"《战国策·魏策一》:"魏王曰:'寡人惷愚,前计失之。'"

⑰ 不能降色辞:黄彻《䂬溪诗话》卷七云:"张籍尝移书责退之与人商论不能下气,愈亦有云:'我昔实愚惷,不能降色辞。'余谓此乃书生常态。"方世举《笺注》:"元和十三年,郑馀庆为详定礼乐使,公与李程为副,或议论有所不合也。"韩公自谓"愚惷",既表示他憨直,亦看出他谦恭。

⑱ 子犯亦有言:文《详注》:"秦穆公率师纳晋文公,及河,子犯以璧授公子曰:'臣负羁绁,从君巡于天下。臣之罪甚多矣,臣犹知之,而况君乎?请由此亡。'公子曰:'所不与舅氏同心者,有如白水。'投其璧于河。狐偃,字子犯,狐突之子,重耳舅也。见《左传》僖二十四年。"方世举《笺注》同而简。

⑲ 公其务贳过:文《详注》:"贳,贷也,音始制切。《苏武传》曰:'陵虽驽怯,今汉且贳陵罪。'注云:'贳,宽也。'"魏本:"祝曰:贳,赊也,贷也。《前汉》:'数蒙圣恩,得见贳赦(罪)。'"方世举《笺注》:"《汉书·尹赏传》:'愿自改者,皆贳其罪。'"按:此乃请李程原

谅他过去因愚惷所犯的过失。

⑳ 改事：改正过去所做的错事。魏本："《补注》《左氏》宣公十二年传：[楚子围郑，]郑伯[肉袒牵羊以]逆楚之辞曰：'使改事君，夷于九县，君之惠也，孤之愿也。'"顾嗣立《集注》："《左传》宣公十二年：'楚子围郑，郑伯肉袒牵羊以逆曰：使改事君，夷于九县，君之惠也，孤之愿也。'"

㉑ 桑榆：文《详注》："桑榆，谓晚也。事见《荐士诗》。"魏本："韩曰：汉光武帝劳冯异曰：'始虽垂翅回溪，终能奋翼黾池。可谓失之东隅，收之桑榆。（见《后汉书·冯异传》）'"方世举《笺注》："《淮南·天文训》：'日西垂，景在树端，谓之桑榆。'"钱仲联《集释》："《文选》曹植诗（《赠白马王彪》：'年在桑榆间，影响不能追。'）李善注：'日在桑榆，以喻人之将老。'黄节补注：《典术》云：桑，箕星之精。古乐府曰：'天上何所有？历历种白榆。'榆亦星名，皆出西方，喻日之薄西将晚也。"（见《孟生诗》注）

㉒ 相思字：文《详注》："'相思'字见《卢仝》诗。"魏本："孙曰：《古诗》（《文选·古诗十九首》）：'客从远方来，遗我一书札。上言长相思，下言久离别。[置书怀袖中，三岁字不灭。]'"

【汇评】

宋胡仔：苕溪渔隐曰："人之得失生死，自有定数，岂容前逃，乌得以谶言之，何不达理如此，乃庸俗之论也。如东坡自黄移汝，别雪堂邻里，有词云：'百年强半少，来日苦无多。'盖用退之诗'年皆过半百，来日苦无多'之语。然东坡自此脱谪籍，登禁从，累帅方面，晚虽南迁，亦几二十年乃薨。则'来日苦无多'之语，何为不成谶邪？"（《苕溪渔隐丛话》前集卷四〇东坡三）

宋黄震：《寄李大夫》以年过半百，来日无多，有"少年乐新知，衰暮思故友"之句。（《黄氏日抄》卷五九）

清朱彝尊：眼前意写得活泼，即如口说一般，正以浅显佳。（顾嗣立《昌黎先生诗集注》卷六）

清爱新觉罗·弘历：情致缠绵，词气逊顺，使人之意也消。（《唐宋诗醇》卷三一）

南山有高树行赠李宗闵①
长庆元年

南山有高树，花叶何衰衰②！上有凤凰巢，凤凰乳且栖③。四旁多长枝，群鸟所托依。黄鹄据其高，众鸟接其卑④。不知何山鸟，羽毛有光辉⑤。飞飞择所处，正得众所希⑥。上承凤凰恩，自期永不衰。中与黄鹄群，不自隐其私⑦。下视众鸟群⑧，汝徒竟何为⑨？不知挟丸子⑩，心默有所规⑪。弹汝枝叶间，汝翅不觉摧⑫。或言由黄鹄，黄鹄岂有之⑬？慎勿猜众鸟，众鸟不足猜⑭。无人语凤凰，汝屈安得知⑮？黄鹄得汝去，婆娑弄毛衣⑯。前汝下视鸟，各议汝瑕疵⑰。汝岂无朋匹？有口莫肯开⑱。汝落蒿艾间，几时复能飞⑲？哀哀故山友，中夜思汝悲⑳。路远翅翎短，不得持汝归㉑。

【校注】

① 题：方《举正》："元（长）庆元年作。"魏本："孙曰：宗闵，字损之，郑王元懿之后。韩曰：据诗意，凤凰谓裴度，挟丸子谓李德裕、李绅、元稹也。据《宗闵传》：裴度伐蔡，引为彰义观察判官。蔡平，知制诰。长庆初，钱徽典贡举，宗闵托所亲于徽，李德裕、李绅、元稹共白徽取士不以实，坐贬剑州刺史，俄复为中书舍人。由是嫌怨显结，缙绅之祸四十余年不解。此诗及下篇，盖长庆初作也。此诗当是宗闵初贬，公为祭酒时作。后篇当是宗闵复入后作也，详诗意

可见。《新史》云：'宗闵初为裴度引用，及度荐李德裕可为宰相，宗闵遂与为怨，韩愈作《南山》《猛虎行》。'据度荐德裕在公殁后五年，史误矣。"文《详注》："《唐史》：李宗闵，字损之，郑王元懿四世孙，擢进士第。太和初相文宗，引牛僧孺同辅政，时号'牛李'。后为李训、郑注所劾，贬潮州。宗闵性机急，始有当世令名，既寖贵，喜权势。初宪宗时为裴度拔引，后度荐李德裕可为相，宗闵遂以为怨，愈为作《南山》《猛虎》二行示之。而宗闵崇植私党，薰炙中外，卒以是败。《辨证》云：'《德裕传》云：太和三年，裴度荐德裕才堪宰相。《旧史》宗闵、德裕传皆云大和三年，度荐德裕，是时退之已下世矣。'初宗闵与牛僧孺应制科，讥切时政，宰相李吉甫恶之。长庆初，钱徽典贡举，宗闵荐为中书舍人，托子婿于徽，而吉甫、德裕与李绅、元稹在翰林，共白徽请托不公，宗闵坐贬剑州刺史，由是嫌怨显结，树党相磨轧凡四十年，缙绅之祸不能解。二诗之作其在长庆中乎？《补注》：始度平淮西，公与宗闵俱在幕中。及度荐德裕，盖在文宗太和三年，去公之亡五年矣。公卒以穆宗长庆四年。自长庆四年至庆历二年，至文宗太和三年，实五年矣。"

方世举《笺注》："按此为宗闵贬剑州刺史作也。长庆元年，礼部侍郎钱徽知贡举，宗闵婿苏巢及第，宰相段文昌言礼部不公，元微之、李绅、李德裕相继和之。宗闵遂坐贬剑州。诗中'凤皇'喻君上也。'黄鹄'比宰相，喻段文昌。'众鸟'比散官，喻元微之、李绅、李德裕。'不知何山鸟，羽毛有光辉'，谓宗闵也。'上承凤凰恩'六语，谓其为中书舍人，自信得君俯视一切。'不知挟丸子'四语，言为诸人所中伤也。'或言由黄鹄，黄鹄岂有之'，谓中伤之言本段文昌。'岂有'者，犹言将无有之也。'无人语凤凰，汝屈安得知'，惜当时无人为之申理也。'前汝下视鸟，各议汝瑕疵'，谓李绅、德裕、微之辈继文昌而言者也。'汝岂无朋匹，有口莫肯开'，谓钱徽不奏文昌、李绅，私书也。'汝落蒿艾间，几时复能飞？'正伤其贬剑州也。'哀哀故山友，中夜思汝悲'四语，公自叙其友朋之情也。详玩诗语，一则曰汝屈，再则曰思汝。公于宗闵大有不平之鸣，绝无规讽之意。《新书》谓裴度荐李德裕（可为相），宗闵遂与为怨，公作此诗规之，不知何所据而云然。大抵后人以宗闵太和间树党修怨，晚节谬悠，遂并其初服诬之。又以韩公正人，赠诗自应规讽，无稽臆度，附会曲成。不知宗闵早年对策，甚有峭直之声。即与公同为裴度幕官，以及长庆初年立朝，皆未尝有倾险败行。逮至太和以后，党迹始张，而韩公殁已久矣，何从而预知其非，先为规讽之诗乎？《苕溪渔隐诗[丛]话》明知党事在后，而以为何其明验，此疑鬼疑神之逆诈，亿不信者，甚可笑也。韩醇说诗，不知理会通章文气，而以'凤凰'为指裴，未知'黄鹄'又作何解？此韩诗历来晦昧之篇，故详论之。"

王元启《记疑》："按《通鉴》：长庆元年，钱徽与杨汝士同知贡举，段文昌、李绅各以书属所善进士于徽。榜出，皆不预，而宗闵之婿、汝士之弟获第。文昌、绅及李德裕、元稹共言其不公。徽贬江州刺史，宗闵剑州刺史，汝士开江令。或劝奏文昌、绅属书，上必悟。徽曰：'奏人私书，非士君子所为。'取而焚之。《新史·徽传》亦同。据此，则以书属徽者，文昌、绅，非宗闵也。宗闵憸险小人，贬不足惜。然为文昌、绅等排陷，实为负屈。故公诗亦有'汝屈安得知'之语。韩注据《宗闵传》，谓宗闵托所亲于徽，则此贬为不屈矣。且宗闵以婿苏巢在选致贬，本传但云托所亲于徽，其语更恐不实。韩注又云：'此诗宗闵初贬时作，后篇宗闵复入后作。'愚谓后诗初贬时作，此篇既至剑州后作。读篇末'路远翅翎短'二句可见。先作《猛虎行》以诲之，继作《高树行》以悲之，不嫌重复，盖出故旧之情。至宗闵复入，乃在公卒之后，以后诗为复入后作，其说尤非。"

陈沆《诗比兴笺》卷四："'凤皇'谓裴度，'挟丸子'谓李德裕，'黄鹄'谓元稹、李绅也。史言自钱徽贬后，牛、李之怨始结，缙绅之祸四十余年不解。故知与宗闵为难者德裕，而不尽由元稹、李绅，故云'或言由黄鹄，黄鹄岂有之'也。'故山友'，公自谓也。裴度伐蔡，公与宗闵皆被引为判官司马。宗闵此时，官尚未显，而后此朋党之祸，公若预见之者，必其平日专以门户声气为事也。"

程学恂《韩诗臆说》卷二："此诗亦未定何时。公既与宗闵同为裴度幕官，则以'凤皇'比度，而'黄鹄''众鸟''挟丸子'皆同幕之人，亦未可知。意当时或有相倾轧之事，而其事其人，今皆不可考矣。独以'何山鸟'比宗闵，以'故山友'为公自比，不可易耳。存此以待博古之士，或有确证也。史言裴荐德裕，宗闵遂与裴有怨，公作此诗相规，固为失之。然注言为宗闵贬剑州时作，亦未为得也。盖以'黄鹄'谓段文昌，则纠钱徽并及宗闵者，即文昌也。而'挟丸子'又指谁耶？以'众鸟'为元、李辈，则从劾之者，即诸人也。又何言'众鸟不足猜'，待其去后始各议瑕疵耶？注又以'岂有之'为'将无有之'，绝不合语气。以'有口莫肯开'为钱徽不奏段、李私书，不知即奏出此情，亦只以劾段、李之罪，不能以减宗闵之罪也。种种不合，正是臆度附会，以乌有先生而笑子虚，相距几何哉？注者不知何故，力袒宗闵，岂震其对策时有直声耶？则牛僧孺亦同之矣。"

按：长庆元年，钱徽、杨汝士知贡举，录进士二十五人，其中有裴度子裴譔、杨汝士季弟殷士、李宗闵子婿苏巢、郑覃弟朗。段文昌尽受杨凭家藏钟、王、张、郑书画手迹荐凭子浑，李绅荐周汉宾于徽，且段又以私书致徽，榜出皆不中。段出镇西川、剑南节度使前上言："今岁礼部殊不公，所取进士皆子弟无艺，以关节得之。"上以问诸学士，德裕、稹、绅皆曰："诚如文昌言。"上乃命王起、白居易复试。诏"孔温业、赵存约、窦洵直所试粗通，与及第。裴譔特赐及第。"郑朗、杨殷士、苏巢等十人落第。贬徽江州刺史，宗闵（因苏巢）剑州刺史，汝士开江令。自是德裕、宗闵各分朋党，相斗四十年。故事：元和三年，李宗闵、牛僧孺、皇甫湜试直言极谏科，直陈时弊，得罪时相李吉甫（德裕父），肇始牛李党争，至是更加结怨。元稹、李绅亦正结内排裴争相，故有这场斗争。裴度乃元和名臣，平淮西后时望甚高，然为主和派、新进、宦官排挤，宪宗又为胜利冲昏头脑，迷信佛道术士求长生，致使朝中斗争复杂激烈。韩诗当是在这一背景下产生的。详见《通鉴》穆宗长庆元年（821）二至四月、徐松《登科记考》。李、牛、皇甫皆韩愈提携的后进、学生。韩愈及李、牛又皆裴度幕下士，为裴度提携。如此关系明确、阵容清楚，寓意比赋自各有所指了。

② 衰（shuāi 所追切，平，脂韵，又支韵）衰：瘦瘠貌。方《举正》："考张衡《南都赋》，当作'蓑蓑'。"魏本："孙曰：字合作'蓑蓑'，蓑蓑，盛貌。"魏本音注："蓑，素回切。"顾嗣立《集注》："《选·南都赋》：'敷华蕊之蓑蓑。'善曰：'下垂貌。'"方世举《笺注》："《说文》（衣部）：'衰，艸雨衣，象形。'公从古字，不必加草也。其义则如方说。"汉扬雄《太玄经》三《众》："兵衰衰，见其病，不见舆尸。"注："衰衰，瘦瘠之貌也。"亦可证。童《校诠》："方说是，管子地员篇：高注：衰谓草上下相重次也，编草雨衣亦上下长短有次序，花叶随树高下之次纷披相垂，故曰衰衰……祝本注云：衰，微也，所追切，又初危切，次第减也，左氏：皆有等衰，注：衰，杀。按：第一义非是，第二、第三义稍近之。"

③ 凤凰：方世举《笺注》："凤凰喻君上也。"韩醇谓喻裴度（见注①魏本）。凤凰喻君上，朝廷谓巢，诸派、诸公皆在巢中。恐不指裴度，喻君上近是。

④ 众鸟接其卑：方《举正》据阁本作"接"，云："曹子建《鹤赋》：'承解后之侥幸，得接翼于鸾凰。'"朱《考异》："接，或作'栖'。"南宋监本原文作"栖"。文本、潮本、祝本、魏本作"栖"。宋白文本、廖本、王本作"接"。作"栖"与上重，当作"接"。按："栖"的繁体（棲）与"接"形近致误。

按：黄鹄在上，众鸟在下。黄鹄疑喻文昌，时为穆宗相，后出为大镇。众鸟疑指李绅等。方世举《笺注》："群鸟：《汉书·宣帝纪》：'（地节三年）夏四月，凤皇集鲁郡，群鸟从之。'"

⑤ 何山鸟：方世举《笺注》："谓宗闵也。"宗闵实为受害者，其子婿虽在内，是否请托，无史料记载；而文昌受贿请托，且有私书及李绅请托均见文献记载，未见受到处分。韩公同情宗闵而抱不平之鸣当有道理。

⑥ 正得众所希：方世举《笺注》："按：中书舍人为唐美地，众所

希望，而宗闵以驾部郎中得之，宜其为众所侧目也。"按：承上联，谓宗闵得美官，众人侧目。此句里"众"字与上所说"众鸟"，乃泛指。宗闵得中书舍人乃皇上之恩，亦可证凤凰喻君上。

⑦不自隐其私：魏本注："自，一作'日'。"当作"自"，诸本作"自"是。

方世举《笺注》："谓钱徽不奏文昌、李绅私书也。"按：自，指李宗闵。"不自"与上"自期"之"自"同指。非谓黄鹄群也。

⑧众鸟群：众，方《举正》据蜀本作"群"，云："李、谢校同。"朱《考异》："众，方作'群'。今按：下有'群'字，不当复出。"南宋监本原文作"众"。宋白文本、文本、潮本、祝本、魏本、廖本均作"众"，是。

⑨汝徒竟何为：方世举《笺注》："'上承凤凰恩'六语，谓其为中书舍人，自信得君，俯视一切。"

⑩不知挟丸子：文《详注》："《韩诗外传》（卷一〇）：'黄鸟方欲食螳螂，不知童子挟丸弹在榆下。'"方世举《笺注》："《楚国策》（《战国策》）：'黄雀不知夫公子王孙，左挟弹，右摄丸，将加己乎十仞之上。'"按：此亦告诫宗闵。

⑪心默有所规：方《举正》据唐本订"规"字，云："谢校。规，图也。东坡《五禽言》'去年麦不熟，挟弹规我肉'，本公语也。"朱《考异》："规，或作'窥'。"南宋监本原文作"窥"。文本作"窥"。宋白文本、祝本、魏本、廖本作"规"，魏本等注："规，一作'窥'。"

方世举《笺注》："有所规：方云：规，图也。东坡《五禽言》'去年麦不熟，挟弹规我肉'，本公语也。"童《校诠》："第德案：规即窥之借字，说文：窥，小视也，荀子非十二子篇杨注云：规规，小见之貌，是规、窥通用之证，心默有所规，即心默有所窥也，东坡诗义同。举正释规为度，则从其本义解。"按："心默有所规"者主语为宗闵；若作"窥"，主语就变成"挟丸子"者了，非是。童说虽详，就字析义不错，然与韩公诗义不合。

⑫汝翅不觉摧：方世举《笺注》："'不知挟丸子'四语，言为诸

人所中伤也。"按：四句中一、三句指挟丸者，二、四句指宗闵。

⑬ 黄鹄岂有之：方世举《笺注》："岂有之，按：'岂有'者，言得毋有之也。文昌之意本不在宗闵，特因怒徽而并及之耳。然云'黄鹄得汝去，婆娑弄毛衣'，则固喜其去矣。故此言非为黄鹄解也。"又云："谓中伤之言本段文昌。'岂有'者，犹言将无有之也。"按：方世举之说当据段文昌上穆宗言。见注①。

⑭ 慎勿猜众鸟，众鸟不足猜：方《举正》作"猜"，云："蜀作'疑'，非。"朱《考异》："猜，或作'疑'。"诸本作"猜"，是。

按：王懋竑《读书记疑》卷一六："猜叶栖。"猜（cāi 仓才切，平，哈韵），怀疑。《左传》昭公七年："夫子从君，而守臣丧邑，虽吾子亦有猜焉。"栖（qī）先稽切，平，齐韵。挟弹射丸者当指一个人，故"众鸟不足猜"。廖本注："蜀本以'猜'不入韵，校作'疑'。按公此二诗，皆视古用韵，古音'齐'与'灰'皆通支用，如《诗》'维叶萋萋，黄鸟于飞'（《周南·葛覃》），又'则不我遗''先祖于摧'（《大雅·云汉》），又'天子是毗，俾民不迷'（《小雅·节南山》）是也。"

⑮ 汝屈安得知：得，文本作"能"。诸本作"得"，从之。即无人向君上申诉，君上怎么能知道你的冤屈呢？方世举《笺注》："'无人语凤凰，汝屈安得知'，惜当时无人为之申理也。"

⑯ 婆娑：方《举正》订，云："阁作'婆婆'。"阁本非，今从诸本作"婆娑"。朱《考异》："方云：阁本作'婆婆'。今按：阁本之谬乃有如此之甚者，方虽不从，而亦不敢明言其谬也。旧闻傅安道说，亲戚间尝有校此书者，他本元作'婆娑'，先校者灭去其上一'婆'字，而别定作'婆'，此人不详己本已作'婆娑'，而遽亦灭去'婆'字，别定为'婆'，则遂无复'娑'字，而直为'婆婆弄毛衣'矣。当时疑其戏语，今见方氏所据阁本乃如此，而云出于李左丞家，则知傅公之言为不妄矣。"

按：婆娑，高兴得跳起舞来。《诗·陈风·东门之枌》："子仲之子，婆娑其下。"指黄鹄见他被贬高兴得抖毛刷羽。魏本："孙曰：得汝去，犹言因汝去也。黄鹄因汝去，乃敢自喜婆娑然弄其毛衣。以譬小人既逐君子,乃相庆也。"方世举《笺注》:"毛衣:《汉书·五行志》:'雌鸡化为雄,毛衣变化而不鸣。'"钱仲联《集释》:"《礼记·礼器》郑玄注:'画尊若凤羽婆娑然。'"

⑰ 各议汝瑕疵:魏本:"《补注》:《左传》:'不汝瑕疵。'"方世举《笺注》:"谓李绅、德裕、微之辈继文昌而言者也。"朱彝尊《批韩诗》:"既云'岂有之''不足猜',却又'弄毛衣''议瑕疵',曲尽人情。"

⑱ 汝岂无朋匹,有口莫肯开:方世举《笺注》:"莫肯开:谓钱徽不奏文昌、李绅私书也。"王懋竑《读书记疑》卷一六:"开叶欺。"王元启《记疑》:"裴度征淮,宗闵与冯宿、李正封同备幕府。还朝后,宿、宗闵皆迁官,正封不迁,反至分司东出,意必有中伤之者。公《送李员外》诗,极致怜惜。时宗闵正掌制诰,不为一言,所谓有口莫开,疑指此事。"钱仲联《集释》:"王说非是。有口莫开,指朋匹一面言。若如王说,则成他山鸟自谓,与上下文义不贯。"按:方、钱之说近之。魏本:"孙曰:'朋党,小人之党。'"说不确。此诗'朋匹',指朋友辈,即一般朋党亦有君子之党,不只指小人也。读欧阳修《朋党论》可知其详。

⑲ "汝落"二句:方世举《笺注》:"正伤其贬剑州也。"

⑳ 哀哀:文本作"哀哉",非是。诸本作"哀哀",从之。

哀哀,悲伤不已。《诗·小雅·蓼莪》:"哀哀父母,生我劬劳。"此指故山友韩愈。中夜,即中宵,半夜也。《书·冏命》:"怵惕惟厉,中夜以兴,思免厥愆。"

㉑ 不得持汝归:方《举正》据阁本作"得",云:"李、谢校。蜀本作'能'。"朱《考异》:"得,或作'能'。"南宋监本原文作"能"。文本、潮本、祝本、魏本作"能"。魏本注:"一作'得'。"宋白文本、廖本、王本作"得",注:"一作'能'。"按:作"得"作"能"均通,然用"得"字符合韩公心理。晁错《论贵粟疏》:"春不得避风尘,夏不得避暑热。"方世举《笺注》:"此犹古乐府《飞来双白鹄》篇所云'吾欲衔汝去,口噤不能开。吾欲负汝去,毛羽何摧颓'也。"按:此韩公自叙其友情也。

全诗用韵:支、微、齐、灰四韵通押。

【汇评】

宋黄震：《南山有高树行》《猛虎行》皆赠李宗闵，巧喻而力诋。文之铺叙顿挫，甚佳。（《黄氏日抄》卷五九）

宋廖莹中：公此二诗，皆视古用韵。古音齐与灰皆通支用。如《诗》"维叶萋萋，黄鸟于飞"，又"则不我遗，先祖于摧"，又"天子是毗，俾民不迷"是也。（《昌黎先生集》卷六）

明蒋之翘：其体本古乐府《飞来双白鹄》，而畅意为之。（《韩昌黎集辑注》卷六）

清朱彝尊：借鸟为喻，一一比得亲切，最委曲有致。古歌谣有所讽喻，必且杂乱其辞，此却帖得太明白了。（顾嗣立《昌黎先生诗集注》卷六）

清李黼平：支、微、齐、灰四韵通押。（《读杜韩笔记》）

猛虎行①

长庆元年

猛虎虽云恶，亦各有匹俦②。群行深谷间，百兽望风低③。身食黄熊父④，子食赤豹麛⑤。择肉于熊豹⑥，肯视兔与狸⑦？正昼当谷眠，眼有百尺威⑧。自矜无当对，气性纵以乖。朝怒杀其子，暮还食其妃⑨。匹俦四散走，猛虎还孤栖⑩。狐鸣门两旁⑪，乌鹊从噪之。出逐猴入居⑫，虎不知所归。谁云猛虎恶？中路正悲啼。豹来衔其尾，熊来攫其颐⑬。猛虎死不辞，但惭前所为。虎坐无助死，况如汝细微⑭。故当结以信，亲当结以私⑮。亲故且不保，人谁信汝为⑯？

【校注】

① 题：方《举正》据唐、阁本删"赠李宗闵"四字，作"猛虎行"，云："蔡、李删。蜀本总题误以上题'赠李宗闵'四字缀'猛虎行'之上，后人因之。其实后诗不为李宗闵作也。《猛虎行》，乐府旧题，非前诗类也。编者以为赠宗闵，则过矣。宗闵晚节虽可议，然公在日，才为中书舍人。剑川之行，曲不在宗闵。又公与宗闵尝同为淮西幕客，不应讥议如此之深也。况事亦不类。《新史》又谓裴度荐李德裕，宗闵怨之，为作此诗。荐事在太和三年，公死久矣，不可据。"文本、魏本作"猛虎行赠李宗闵"。宋白文本、廖本作"猛虎行"，从之。

文《详注》："陆士衡乐府诗《猛虎行》（《乐府诗集》卷三一《相和歌辞》六）注云：'古《猛虎行》云：饥不从猛虎食，但取发首为名，不必篇中意义。'观其大体，是劝人抗其志节，义不苟容也。《蔡宽夫诗话》云：'退之与李宗闵俱裴晋公征淮西时幕客也。退之作《南山有高木》及《猛虎行》赠宗闵，皆略尽其终身所为。然退之亡岁时，宗闵才为中书舍人，其所为尚未暴。自钱徽贬后，牛李之憾始结，至其为相，则退之死久矣，遂有封川之行，所谓'前汝下视鸟，各议汝瑕疵''乌鹊从噪之，虎不知所归'者，何其明验也。"

魏本："孙曰：《猛虎行》云：'饥不从猛虎食，暮不从野雀栖。野雀（按：宋本无此"野雀"二字，四库本有。有"野雀"较善）安无巢，游子为谁骄？'此诗且取古《猛虎行》名篇，不必以篇中意义也。余见前诗题注。"蒋之翘《辑注》："按此诗意，则公必非无为之作。旧题而托以新意，亦何不可为？虽《新史》失考，本不足信，然史因诗谬，非诗因史而傅会也。其赠宗闵之作无疑。"

方世举《笺注》："按《新书》亦谓此诗规李宗闵，方崧卿已辨其非，然不知为何人作？又作于何时？以诗推之，大抵为残忍暴虐不恤将士诸节度作，其人非一人，其文非一事也。历考《唐书》，如贞元间宣武刘士宁、横海程怀直，元和间魏博田季安、振武李进贤，或淫虐游败，或杀戮无度，后皆为将士所逐，夺其兵柄，故诗以猛虎比之。'群行山谷间'以下,写其残忍暴虐之状也。'出逐猴入居,虎不知所归'以下,写其为将士所逐,或奔京师,或奔他军,或死于将士之手也。故当结以私,为大众说法也。此诗无时可考,姑依旧编列《高树行》后,俟有识者详订。"沈钦韩《补注》:"此篇似指李绅辈作,大约为争台参事也。"

王元启《记疑》:"方本无'赠李宗闵'四字。愚谓无此四字,则篇中两'汝'字不知何指。《新史》附会失实,固不足凭;然此诗以气性纵乖为戒,而谓无助足以致死,此则以理决之,知有必然,不必定有事迹可据也。方谓此为乐府旧题,尤与耳食无异。凡拟古之作,其大意必有与之相类者,如《效阮步兵一日复一夕》之类是也。《猛虎行》乐府古辞云:'饥不从猛虎食,暮不从野雀栖。'篇中所言,岂有一句与之相类者?不得其意而徒泥其题,此孟子所谓害辞害志之说诗也。又方世举谓此诗为诸节镇不恤将士者发……然与'故当结以信,亲当结以私'二句诲语不亲。故今止从诸本,特存'赠李宗闵'四字。"程学恂《韩诗臆说》卷二:"前所刺不可知,末六句却是为宗闵说。不然则'汝'字何属?(方)注言为大众说法,与诗语意不相似。"

钱仲联《集释》:"《南山有高树行》,通篇皆比体,篇中汝字指何山鸟,亦即指宗闵,故大体可以人物比附。此诗则借虎为兴,至'虎坐无助死,况如汝细微',方转入所刺之人。两'汝'字皆指人而非虎。其上叙猛虎事,固不必全以人事附合坐实也。谓刺宗闵或李绅皆可通,惟谓为刺宗闵则可,谓为赠宗闵则不可。《猛虎行》虽古题,但诗中既著以'恶'字,纵非以之为比,而公然赠友,亦未免孟浪唐突,今从《举正》删'赠李宗闵'字。"童《校诠》:"第德案:孙注安无巢上当补野雀二字。此诗有况如汝细微及人谁信汝为语,定有所指。或谓为残忍暴疟不恤诸将士度而作,或谓指李绅辈作,或谓仍指刺李宗闵,诸说纷纭,莫衷一是,不妨阙疑。窃谓方删赠李宗闵四字是也。"

按:诗虽由李宗闵、李绅乃至藩镇枭帅引发,现实所感,却不必坐实某人某事。当如叶寘《爱日斋丛钞》卷三所说:"韩诗详著寡助之祸,杜诗直寓夫失势之戒,当互观以为世劝。"则具有更深广的涵义。细玩此诗用古韵,支、微、齐、佳通叶,与《高树行》同,疑为同时作。故系于长庆元年(821)。

② 匹:双、对,或配偶。《楚辞》屈原《九章·怀思》:"怀质抱情,独无匹兮。"《文选》卷二四曹植《赠王粲》诗:"中有孤鸳鸯,哀鸣求匹俦。"侪,同辈、同类的人。《左传》僖公二十三年:"晋郑同侪。"注:"侪,等也。"仲长统《昌言·理乱》:"或曾与我为等侪矣。"

③ 百兽:《战国策·楚一》:"虎求百兽而食之,得狐。狐曰:'子无敢食我也!天帝使我长百兽……吾为子先行,子随我后,观百兽之见我而敢不走乎。'虎以为然……虎不知兽畏己而走也。"低,动词,低头。《庄子·盗跖》:"据轼低头,不能出气。"《楚辞》屈原《远游》:"服偃蹇以低昂兮。"

④ 身食黄熊父:方《举正》:"昆本'熊'作'能',奴来切,下同。"朱《考异》:"熊,或作'能',奴来切,非是,下同。"诸本作"熊"。从之。

文《详注》:"熊,兽名。解见《送侯参谋》诗。如字读,或作奴来切,非即三趾鳖也。"魏本:"韩曰:黄熊,瑞兽也。文王囚羑里,散宜生得黄熊以献纣,免西伯之难。"方世举《笺注》:"黄熊:张衡《南都赋》:'虎豹黄熊游其下。'善曰:'《六韬》云:散宜生得黄熊而献之纣。'按:今《六韬》无此语,唯《淮南·道应训》云:'散宜生求黄熊(按当作"罴"),青犴、白虎文皮以献于纣。'非黄熊也。"按:《左传》昭公七年:"昔尧殛鲧于羽山,其神化为黄熊,以入于羽渊。"《国语·晋语八》作"黄能"。《说文·能部》:"能,熊属,足似鹿。"《淮南子·道应训》:"屈商乃拘文王于羑里,于是散宜生乃以千金求天下之珍怪,得驺虞、鸡斯之乘。玄玉百工,大贝百朋,玄豹、黄罴、青犴、白虎文皮千合,以献于纣……文王归。"

⑤ 子食赤豹麛(mí 莫兮切,平,齐韵):麛,文《详注》:"绵迷切,鹿子也。"魏本:"孙曰:'上言黄熊父,则赤豹麛盖豹子也。'"方世举

《笺注》:"《诗》(《大雅·韩奕》):'赤豹黄黑。'"钱仲联《集释》:"《礼记·曲礼》:'士不取麛卵。'孔颖达《正义》:'麛乃鹿子之称,而凡兽子亦得通名也。'"按:麛为幼鹿,同"麑"。《尔雅·释兽》:"麋,牡麕,牝麎,其子麇。"亦泛指幼兽。《淮南子·主术训》:"故先王之法,畋不掩群,不取麛夭。"注:"鹿子曰麛,麋子曰夭。"

⑥ 择肉于熊豹:朱《考异》:"豹,方作'罴'。"文本、祝本、魏本作"罴"。宋白文本、廖本、王本作"豹"。今从"豹"。

⑦ 肯视兔与狸:宋白文本、文本、魏本、廖本、王本作"貍"。祝本作"狸"。二字通用,今通作"狸"。

狸,野猫。《说文·豸部》:"貍,伏兽,似貙。"段玉裁注:"谓善伏之兽,即俗所谓野猫。"《庄子·秋水》:"骐骥骅骝,一日而驰千里,捕鼠不如狸狌,言殊技也。"

⑧ 眼有百尺威:文《详注》:"陈藏器云:虎威,人有威,带之临佳,无官为人所憎。威有骨,如乙字,长一寸,在两旁,破肉取之,尾端亦有,不如胁者。又云:凡夜视以一目,放光一目看物。猎人候而射之,箭才及目,光即随堕地,得之者如白石是也。"按:如叶寘《爱日斋丛抄》卷三云:"此言虎恃其威力以毒侪类,至于孤危。"

⑨ 暮还食其妃:魏本注:"食,一作'餐'。"诸本作"食",是。食,吃,动词。

叶寘《爱日斋丛抄》卷三云:"先食熊豹之父子,而终自食其妃与子。"按:是无故无亲也。

⑩ 匹侪四散走,猛虎还孤栖:钱仲联《集释》:"此与《南山有高树行》'汝岂无朋匹,有口莫肯开'同一意。宗闵前时朋侪,必有不足其所为而莫为之助者。"

⑪ 狐鸣门两旁:方《举正》:"上语'门四旁',山谷本亦作'两旁'。"朱《考异》:"两,方作'四',注云:山谷本'四'作'两'。今按:门只有两旁,作'两'为是。山谷盖以唐本定也。"文本、祝本、魏本作"四",注:"一作'两'。"宋白文本、廖本、王本作"两"。作"两"字是。

按：门一般为两扇，重门者才四扇。韩公《次潼关先寄张十二阁老使君》："日照潼关四扇开。"不管重门不重门，门左右只有两旁，故作"两"为是。

⑫ 乌鹊从噪之，出逐猴入居：方《举正》乙二句，作"出逐雅入居，乌鹊从噪之"，云："居，音姬。古'何居''谁居'，皆姬音也。《列子》：'姬，吾语汝。'束晳诗：'彼居之子。'音与，字本相近。传本不考古音，多以'乌鹊从噪之'一语易置于其上，质之旧本，非也。旧监本、潮本尚同。唐本、杭、蜀本皆作'雅'。雅，音坌，似猴而大。"魏本同方，注："一本以下句为先，上句为后。""雅"作"猴"。宋白文本、祝本、廖本、王本作"乌鹊从噪之，出逐猴入居"。文本、魏本作"出逐猴入居，乌鹊从噪之"。

朱《考异》作"乌鹊从噪之，出逐猴入居"，云："诸本皆如此。方从旧监本、潮本倒此两句，又从杭、蜀本以'猴'为'雅'。（下引方语）今按：诗意盖谓狐鸣、鹊噪于外，虎出逐之，猴乃入居其穴，而虎不知所归耳。狐鸣鹊噪能使虎出，而不能使之失其归，猴既入穴，则又不待鹊噪而后虎失所归也。方以旧本古韵之故，必欲倒此二句，而不顾其文理之不顺，不若诸本之为当也。又'雅'字本作'雌'字，虽见于《礼经》，然非常有之物，亦不若作'猴'之为明白而易知也。方意务为艰涩，大抵如此，今皆不取。"陈景云《点勘》："猴，方本作'雅'，朱子辨之。然'猴'字亦窃疑未安。盖猴非虎敌明甚，若入居其穴，乃劙虎牙而餧之肉耳，虎何惮而不敢归穴乎？'猴''雅'二字，俱传录有误。"王元启《记疑》："陈说太拘。虎为熊豹死，其故穴遂为他物所据，虽其非己敌者，虎亦无如之何耳。如宗闵以中书舍人贬刺远州，继其后者岂必才望远过宗闵，乃始不敢相夺乎？特用'猴入居'三字，正自有义，不宜改用熊豹同类之字。"按：狐鸣、乌鹊，其义一也。下二句"出逐猴入居，虎不知所归"，当为"虎出逐狐、乌鹊，不知所归，猴入居之"。王说有理。"猴入居"者，颇含安然义，无与虎争斗之嫌。"虎不知所归"者，似含迷其宅义。雅（yá），《唐韵》："五佳切，音涯。"《说文》："鸟也，从佳，犬声。"《集韵》:"鲁水切,音垒。"《玉篇》:"似猕猴。"或鸟或似猕猴,皆不足代猴而强于虎。故改作"雅"实无道理。

⑬ 攫(jué 居缚切,入,药韵。又铎韵):文《详注》:"攫,搏也,音居缚切。"魏本:"攫,持也,音矍。"钱仲联《集释》:"《礼记·儒行》:'鸷虫攫搏。'孔颖达《正义》:'以脚取之谓之攫,以翼击之谓之搏。'"按:颐(yí 与之切,平,之韵),腮,下颔。《易·噬嗑》:"颐中有物,曰噬嗑。"《庄子·渔父》:"左手据膝,右手持颐以听。"

⑭ 虎坐无助死,况如汝细微:方《举正》出"虎坐无助死,况如汝细微",云:"谢校。荆公本亦作'如'。蜀本坐作'咒',如作'知'。今本多从之。"朱《考异》:"坐,或作'咒',非是。如,或作'知',非是。"文本、祝本、魏本坐作"咒"。祝本如作"知"。文本注:"如,一作'知'。"宋白文本、廖本、王本作"坐",注:"一作'咒'。"作"如",注:"一作'知'。"按:当作"坐"、作"如"。查慎行《查初白诗评十二种》:"'汝'字当有所指,观结处自明。"二句意谓:虎虽猛因为无有帮助而死,何况像你这样细微的人呢?

⑮ "故当"二句:故,旧交、朋友;亲,父母亲属。朋友指外交,讲诚信;亲属谓内好,故谓私。《论语·学而》:"贤贤易色,事父母能竭其力,事君能致其身,与朋友交言而有信。"韩诗用此义。

⑯ 结语:朱彝尊《批韩诗》:"正意嫌指得太实。"

此诗用韵如李黼平说,支、微、齐、佳四韵通押。

【汇评】

宋叶寘:退之:"猛虎虽云恶,亦皆有匹俦。群行深谷间,百兽望风低。身食黄熊父,子食赤豹麛。择肉于熊豹,肯视狐与狸?"此言虎恃俦类之盛,百兽畏服。因得逞其大毒,微细不足充吞噬。"正昼当谷眠,眼有百步威。自矜无当对,气性纵以乖。朝怒杀其子,暮还食其妃。匹俦四散走,猛虎还孤栖。"此言虎恃其威力以毒俦类,至于孤危。先食熊豹之父子,而终自食其妃与子,凶祸之应也。"狐鸣门四旁,乌鹊从噪之。出逐猴入居,虎不知所归。谁云猛虎恶？中路正悲啼。豹来衔其尾，熊来攫其颐。"此言虎已失俦类，狐鸣鹊噪，而猴入穴，可食熊豹亦得搏噬之，但能悲啼而已，向之暴恶安在哉？以"猛虎虽云恶"起，至此云"谁云猛虎恶"，威力不足恃如是。"猛虎死不辞，但惭前所为。虎坐无助死，况如汝细微。"此终言虎之恶极矣！失其俦类，取死宜也。当其纵暴，何有于物；一旦索然，求免无所。彼恶之不及虎也，可以孤立自肆哉！"故当结以信，亲当结以私。亲故且不保，人谁信汝为？"此又言人于所厚者薄，无所不薄，实致祸之道。虎坐失其俦类，遂以杀身；人苟弃其亲故，乌能自存？始云"亦皆有匹俦"，中云"匹俦四散走"，末云"虎坐无助死"，一篇照应处，义主风刺。谓为李宗闵作，或辨其非是。胡邦衡有诗云："夜读文公《猛虎》诗，云何虎死忽悲啼。人生未省向来事，虎死方羞前所为。昨日犹能食熊豹，今朝无计奈狐狸。我曾道汝不了事，唤作痴儿果是痴？"必有为而述此。如少陵诗："猛虎凭其威，往往遭急缚。雷吼徒咆哮，枝撑已在脚。忽看皮寝处，无复睛闪烁。人有甚于斯，足以劝元恶。"韩诗详著寡助之祸，杜诗直寓夫失势之戒，当互观以为世劝。(《爱日斋丛钞》卷三)

清朱彝尊：声色太厉，语太直，不若前篇(《南山有高树行》)婉雅有蕴藉。(顾嗣立《昌黎先生诗集注》卷六)

清爱新觉罗·弘历：二诗皆哀矜涕泣而道，《宵雅》之遗则也。(《唐宋诗醇》卷三一)

清李黼平：支、微、齐、佳四韵通押。(《读杜韩笔记》)

卷七　古诗

雪后寄崔二十六丞公①
元和八年

蓝田十月雪塞关②,我兴南望愁群山。攒天嵬嵬冻相映③,君乃寄命于其间④。秩卑俸薄食口众⑤,岂有酒食开容颜?殿前群公赐食罢,骅骝蹋路骄且闲⑥。称多量少鉴裁密⑦,岂念幽桂遗榛菅⑧?几欲犯严出荐口⑨,气象硉兀未可攀⑩。归来殒涕掙关卧⑪,心之纷乱谁能删⑫?诗翁憔悴剧荒棘⑬,清玉刻佩联玦环⑭。脑脂遮眼卧壮士⑮,大弨挂壁无由弯⑯。乾坤惠施万物遂⑰,独于数子怀偏悭⑱。朝歇暮喑不可解⑲,我心安得如石顽⑳?

【校注】

① 题:方《举正》:"元和八年冬作。"祝本题下注:"斯立。"魏本有"一首"二字。按:"斯立"二字乃题下小注,后人误入题中。"一首"字亦非原题所有。今从诸本题作"雪后寄崔二十六丞公"。

文《详注》:"立之时为蓝田县丞,按愈作记称考功郎中,即元和九年也。孟郊以是年八月卒矣,而此诗云'诗翁憔悴'及'蓝田十月雪',则知此篇与前《寄崔二十六立之》二诗在八年作也。"沈钦韩《补注》:"唐时呼丞为丞公,犹汉时呼丞为丞卿,桓帝时童谣'梁下有悬鼓,我欲击之丞卿怒',左延年《秦女休行》'丞卿罗东向坐'是也。丞公亦作赞公,又案《刘禹锡集》有《酬国子博士崔立之见寄》诗,则崔自蓝田丞复升于朝也。"按:瞿蜕园《刘禹锡集笺证》外集卷五云:"诗有'天南一逐臣'之语,似是元和末在连州时作。立之官已迁至国子博士矣。"王元启《记疑》:"'副荒棘'旧注:'时元和十年十月,孟郊已死。'愚谓副荒棘犹言耕草莱,特悲其不遇而已。观下'清玉刻佩'句,正谓其工于为诗,岂复死者所能?又郊死时张籍眼疾已愈,见公第九卷《赠籍》诗。又籍自为诗有云:'三年病眼今年校。'此云'脑脂遮眼',正籍初患眼疾之时,尤可以决其为七年所作。盖与第五卷'西城员外'诗,同在职方下迁之后。"钱仲联《集释》:"七年冬,崔尚为西城丞,未到蓝田,王说非是。至九年冬,则孟郊已死。诗既作于郊未死前,必为八年冬矣。十月大雪,正与《旧史·宪宗纪》合。"按《旧唐书·宪宗纪》:"元和八年冬十月丙申,以大雪放朝,人有冻踣者,雀鼠多死。"可证此诗写于元和八年(813)冬,时韩愈在京为比部郎中、史馆修撰。

②蓝田:廖本注:"蓝田关,汉时峣关也。斯立为丞于此。"方世举《笺注》:"蓝田关:《汉书·地理志》:'蓝田县山出美玉,秦孝公置,属京兆尹。'《新唐书·地理志》:'蓝田,畿县,有蓝田关,故峣关。有库谷,谷有关。'"按:《元和郡县图志》卷一"关内道一":"京兆府蓝田县,畿。东北至府八十里。蓝田关,在县南九十里,即峣关也。"

③嵬嵬:方《举正》据蜀本作"嵬嵬"。朱《考异》:"诸本作'崔嵬'。"南宋监本原文作"崔嵬"。文本、潮本、祝本作"崔嵬"。宋白文本、魏本、廖本、王本作"嵬嵬"。崔嵬、嵬嵬,义同,均可,今从方等作"嵬嵬"。攒(cuán),聚集。《文选》卷八司马相如《上林赋》:"攒立丛倚,连卷欐佹。"攒天,谓聚集到天上了,言其高也。嵬嵬,高大貌。《广雅·释训》:"嵬嵬,高也。"《南齐书·张融传·海赋》:"重彰岌岌,攒岭聚立……嵬嵬磊磊,若相追而下及。"《辞源》引韩

诗为例。钱仲联《集释》卷四《杏花》注："《文选·西都赋》（'列刃攒镞'句）李善注：'《仓颉》曰：攒，聚也。'"

④ 君乃寄命于其间：《唐宋诗醇》卷三一："起调激越，极似《同谷歌》。"

⑤ 秩卑俸薄食口众：《新唐书·百官志四下》："畿县，丞一人，正八品下。"《唐会要》卷九〇："内外官禄：正八品六十石。"又卷九一："内外官料钱上：八品二千四百七十五文；月俸一千三百，食料三百，庶仆六百二十五文，杂用二百五十文。"

⑥ 骅骝：良马。廖本注："郭璞云：骅骝，色如华而赤。骝，赤也。"顾嗣立《集注》："《穆天子传》（卷四）：'左服骅骝而右绿耳。'郭璞曰：'骅骝，色如华而赤。'"方世举《笺注》："骄且闲：《诗·硕人》（《卫风》）：'四牡有骄。'又《驷驖》（《秦风》）：'四马既闲。'"按：此以众朝官生活与立之对比，乃杜甫《自京赴奉先县咏怀五百字》"中堂舞神仙，烟雾蒙玉质。暖客貂鼠裘，悲管逐清瑟。劝客驼蹄羹，霜橙压香橘。朱门酒肉臭，路有冻死骨"写法。

⑦ 鉴裁：审察、识别人和物优劣的才能。《晋书·王羲之传》："征西将军庾亮请为参军，累迁长史。亮临薨，上疏称羲之清贵有鉴裁。"南朝梁钟嵘《诗品》卷中谓嵇康："然托喻清远，良有鉴裁，亦未失高流矣。"唐刘知己《史通·浮词》："斯皆鉴裁非远，智识不周。"《汉语大词典》引韩诗为例。赵执信《声调后谱》："拗律句。"此诗句多拗律。

⑧ 岂念幽桂遗榛菅：朱《考异》："榛，或作'蓁'。"祝本、文本作"蓁"。宋白文本、魏本、廖本、王本作"榛"。此比立之，作"榛"善。若与下之"菅"字连解，似当作"蓁"。

榛（zhēn）：落叶乔木。《诗·小雅·青蝇》："营营青蝇，止于榛。"《邶风·简兮》："山有榛，隰有苓。"毛传："榛，木名。"《说文·木部》："榛，木也。"丛生的荆棘。《庄子·徐无鬼》："众狙见之，恂然弃而走，逃于深蓁。"成玄英疏："蓁，棘丛也。"

菅（jiān 古颜切，平，删韵）：文《详注》："幽桂以喻英俊之士。"

蓁、菅：草茅也。上音緇诜切，下音居颜切。东坡《谢二鲜于君》云：'遥知三日雪，积玉埋崧山。谁念此幽桂，坐蒙榛与菅。'即此意也。"按：苏诗取此诗诗意与写法。钱仲联《集释》："《楚辞·招隐士》：'桂树丛生兮山之幽。'《淮南子》（《原道训》'木处榛巢，水居窟穴'句）高诱注：'蓁木曰榛。'《说文》：'菅，茅也。'"按：菅，草名。菅茅，又称"苞子草"。茎可作绳织履，茎叶可覆盖屋顶。《诗·陈风·东门之池》："东门之池，可以沤菅。"《广雅·释木》："木丛生曰榛。"《说文·草部》："菅，茅也。"

⑨ 犯严：方世举《笺注》："犯严，犹云干冒尊严也。"按：此句谓几次欲干冒权要的威严举荐立之也。下句揭出未敢犯严的原因。赵执信《声调谱》："第四字平，近律而拗。"

⑩ 碑（lù 勒没切，入，没韵）兀：高耸，突出。朱《考异》："兀，或作'矹'。"按：矹、兀通用。

文《详注》："碑兀，尊严貌。上音力骨切，下音五骨切。"方世举《笺注》："碑兀：王云：'高亢貌。'按：此云群公之崖岸，未可与言也。"《文选》卷一二晋郭璞《江赋》："巨石硉矹以前却。"杜甫《瘦马行》："东郊瘦马使我伤，骨骼碑兀如堵墙。"葛立方《韵语阳秋》卷一八："韩退之于崔立之厚矣，立之所望于退之者宜如何？然集中所答三诗，皆未有慰荐之意，何邪？其曰'几欲犯颜［严］出荐口，气象碑兀未可攀'，又云'东马严徐已奋飞，枚皋即召穷且忍'，知识当要路，正赖汲引，隐情惜己，殆同寒蝉，古人之所恶也。"何文焕《历代诗话考索》："夫韩公岂不敢犯严荐人者，想是人或性行不谐于世故尔。葛公遂斥其'隐情惜己，殆同寒蝉'，过矣。"赵执信《声调谱》云："六仄。"即此句之中前六字全用仄声字也。

⑪ 归来殒涕撑关卧：文《详注》："沈休文《学省诗》：'愁人撑轩卧。'"按：撑（yǎn 衣俭切，上，琰韵），通掩，遮蔽，掩盖。此作关解。《礼记·聘义》："瑕不撑瑜，瑜不撑瑕，忠也。"《荀子·解蔽》："掩耳而听者，听漠漠而以为哅哅，埶乱其官也。"可见韩公欲荐而不能的心情及当时现实。赵执信《声调谱》："拗律句。"

⑫ 删：文《详注》："删，剟也，音师奸切。"按：删，削除。《汉书·律历志上》："故删其伪辞，取正义，著于篇。"此句极写韩公虽同情好友而不能荐之沮丧心情，真烦乱之极也。其书写形象生动，惟妙惟肖，如朱彝尊《批韩诗》云："锻语之妙，几入神。"赵执信《声调谱》："六平。"即一句用六平一仄字。

⑬ 诗翁憔悴劚（zhú 陟玉切，入，烛韵）荒棘：祝本引洪兴祖曰："谓孟郊也。"廖本注："劚，陟玉切。"方世举《笺注》："诗翁，洪云：指孟郊也。劚荒棘：按：孟郊《寒溪》诗云：'洛阳岸边道，孟氏庄前溪。岸童劚棘劳，语言多悲凄。'又云：'幽幽棘针村，冻死难耕犁。'然则'劚荒棘'乃孟郊之实事也。"按：劚，斫，锄断根株。《全唐诗》卷六〇九皮日休《公斋四咏·小桂》："欻从山之幽，劚断云根移。"赵执信《声调谱》："拗律句。"此句谓：孟郊家居荒僻也，以孟比崔。

⑭ 清玉刻佩联玦环：宋白文本、魏本、廖本、王本作"佩"。文本、祝本作"珮"。按：佩、珮二字，作系在衣带上装饰用的玉时通用。

文《详注》："佩玉以喻诗文。杜预云：'玦，如环缺而不连。'玦环，佩玉之名，音古穴切。"方世举《笺注》："云'清玉刻佩联玦环'，其意难晓。孙汝听云'佩、玦、环三者喻孟诗之工'，殊为附会，且与'大韶挂壁无由弯，独于数子怀偏惬'无谓。按：郊《寒溪》诗又有'劚玉掩骼胔，吊琼哀阑干'之句，清玉亦谓冰雪，故取其语以悲之，言其劚棘荒村，满身风雪，如'玉佩''玦环'云尔。"王元启《记疑》："孙注谓'佩、玦、环三者，喻孟诗之工'，其解极当。近注引郊《寒溪》诗'岸童劚棘劳'及'劚玉掩骼胔'等句，直指清玉为冰雪，言其劚棘荒村，满身风雪，如清玉云云。满身风雪，用清玉字尚不足喻，必足以'刻佩联玦环'五字，公诗亦可云拙甚矣。"朱彝尊《批韩诗》："珮玦环俱本'劚荒棘'来，即'埋玉树著土'中意。"童《校诠》："第德案：洪注诗翁谓孟郊是也。钱谓此诗作于元和八年十月，纠廖王之非亦是。清玉刻佩联玦环，孙云喻孟诗之工，谓其足以歌咏太平，与大韶挂壁无由弯，不能展其才，意义正同。方谓其意难晓，以满身风雪解之，王宋贤纠之，亦是。"按：此句谓：孟郊作诗注重雕琢。

⑮脑脂遮眼卧壮士：祝本引洪兴祖曰："谓张籍也。""脑脂"二句，葛立方《韵语阳秋》卷一七："谓张籍也。杜牧之《乞湖启》云：'弟颛久病眼。医者石公集云：是状也，脑积毒热，脂融流下，盖塞瞳子，名为内障。'则籍之所苦，乃内障也。"

⑯大弨（chāo 尺招切，平，宵韵）挂壁无由弯：弨，弓也。《辞源》引韩诗为例。邵长蘅《古今韵略》曰："弨，弓弛貌。"

挂壁，方《举正》作"擐壁"，云："三本同。擐，贯也。言贯于壁而不用也。"朱《考异》："或作'擐壁'。"南宋监本原文作"挂壁"。文本作"擐臂"，注："一作'挂壁'。"宋白文本、潮本、祝本、魏本、廖本作"挂壁"，从之。

文《详注》："《辨证》云'诗翁憔悴剧荒棘'，谓孟郊。'脑脂遮眼卧壮士'，谓张籍。以籍常失明故也。弨，弓弛貌。《诗》（《小雅·彤弓》）：'彤弓弨兮。'（毛传：弨，驰貌。）弯，待弓关矢也，音乌关切。"祝本："弨，蚩招切，弓弛也。《诗》：'彤弓弨兮。'挂壁，一作'擐臂'。擐音患。"方世举《笺注》："挂壁：《风俗通》：'应彬为汲令，请主簿杜宣赐酒，壁上有悬赤弩。'无由弯：《北史·崔浩传》：'手不能弯弓持矛。'孟郊诗：'剑刃冻不割，弓弦强难弹。'按：此谓籍病目不能入官，犹良弓而无由用也。"童《校诠》："第德案：作挂壁自通，三国魏志陈泰传有挂之于壁语，晋书陶侃传：侃少时，渔于雷泽，网得一织梭，以挂于壁，有顷雷雨，自化为龙而去，是其例。王制郑注：擐衣，出其臂胫，擐臂字亦有本，故朱子兼存之。"

⑰遂：钱仲联《集释》："《周礼》（《地官·旅师》）：'施其惠。'《吕氏春秋》：'行其德而万物得遂长焉。'高诱注：'遂，成也。'"按：《礼记·月令》："上无乏用，百事乃遂。"

⑱悭（qiān 苦闲切，平，山韵）：俭省、吝啬。《南史·王玄谟传》："刘秀之俭吝，常呼为老悭。"闻人倓《古诗笺》注："《广韵》：'悭，吝也。'"

⑲朝欷暮唶不可解：文《详注》："欷、唶，叹声也。欷音虚宜切。唶音侧格切。"钱仲联《集释》："《说文》（欠部）：'欷，歔也。'《后

汉书・光武帝纪》注：'嗜，叹也。音子夜反。'"

欷（xī 香衣切，平，微韵，或许既切，去，未韵）：抽咽声。《文选》卷一九宋玉《高唐赋》："令人惏悷憯凄，胁息增欷。"

⑳ 安得如石顽：钱仲联《集释》："《诗》（《邶风・柏舟》）：'我心匪石[，]不可转也。'"按：安得，怎能。杜甫《茅屋为秋风所破歌》："安得广厦千万间。"石顽，像石头一样顽固。《焦仲卿妻》："磐石方且厚，可以卒千年。"

【汇评】

宋葛立方：退之云："脑脂遮眼卧壮士，大弨挂壁谁能弯。"谓张籍也。杜牧之《乞湖启》云："弟颛久病眼。医者石公集云：是状也，脑积毒热，脂融流下，盖塞瞳子，名为内障。"则籍之所苦，乃内障也。（《韵语阳秋》卷一七）

清朱彝尊：苍劲有余，但乏婉润之致，然却炼得入细。大约亦本杜诗来，第中间着力不得处稍逊杜。可见诗与文固是天分就两派。（顾嗣立《昌黎先生诗集注》卷七）

清赵执信：《雪后寄崔二十六丞公》押韵强稳，开宋人法门。（《声调谱》）

清翁方纲：韩诗如此者甚多，宋人自学此耳，岂必云开其门乎？（《赵秋谷所传声调谱评》）

清何文焕：韩昌黎《答崔立之》诗云："几欲犯严出荐口，气象嶪兀未可攀。"夫韩公岂不敢犯严荐人者，想是人或性行不谐于世故尔。葛公遂斥其"隐情惜己，殆同寒蝉"，过矣。（《历代诗话考索》）

清方东树：《雪后寄崔二十六丞公》正起耳，而笔势雄迈，中后感叹，乃所以为"寄"也。笔势紧则精神振，然此非公上乘。（《昭昧詹言》卷一二韩公）

程学恂：此因崔而连及孟郊、张籍二子。"清玉"句，言孟郊诗如玉之可刻为玦环而佩之也。（《韩诗臆说》卷二）

送僧澄观①

贞元十六年

浮屠西来何施为？扰扰四海争奔驰②。构楼架阁切星汉，夸雄斗丽止者谁③？僧伽后出淮泗上④，势到众佛尤恢奇⑤。越商胡贾脱身献，珪璧满船宁计资⑥。清淮无波平如席，栏柱倾扶半天赤⑦。火烧水转扫地空⑧，突兀便高三百尺⑨。影沉潭底龙惊遁⑩，当昼无云跨虚碧⑪。借问经营本何人？道人澄观名籍籍⑫。愈昔从军大梁下⑬，往来满屋贤豪者⑭。皆言澄观虽僧徒，公才吏用当今无⑮。后从徐州辟书至⑯，纷纷过客何由记？又言澄观乃诗人，一座竞吟诗句新⑰。向风长叹不可见，我欲收敛加冠巾⑱。洛阳穷秋厌穷独⑲，丁丁啄门疑啄木⑳。有僧来访呼使前，伏犀插脑高颊权㉑。惜哉已老无所及，坐睨神骨空潸然㉒。临淮太守初到郡㉓，远遣州民送音问㉔。好奇赏俊直难逢㉕，去去为致思从容㉖。

【校注】

① 题：魏本题下有"一首"二字。诸本无，从之。

方《举正》："贞元十六年秋，居于洛所作。"文《详注》："按《李翱文集》，澄观本住泗州开元寺。《补注》：公贞元十二年佐汴，十五年佐徐。'洛阳穷秋'，十六年也。"方世举《笺注》："□云：澄观建僧伽塔于泗州，以诗语详之，公贞元十六年秋，在洛阳作。"

按：李翱《李文公集》卷一七有《泗州开元寺钟铭序》，云："维泗州开元寺，遭罹水火漂焚之余，僧澄观与其徒僧若干复旧室居，作大钟。贞元十五年，厥功成，于是陇西李翱书辞以纪之。"又有《答泗州开元寺僧澄观书》（载《全唐文》卷六三六、《文苑英华》卷六八八及《唐文粹》卷八五）即韩诗所谓释者澄观也。

关于澄观为何人，说法不一。释契嵩《镡津文集》卷一九《非韩下》第二十七："又其（韩子）作诗送澄观而名之，词意忽慢，如规诲俗子小生。然澄观者，似是乎清凉国师观公。谓诗词有云：'皆言澄观虽僧徒，公才吏用当今无。'又云：'借问经营本何人，道人澄观名籍籍。'或云别自一澄观者……若观法师者，自唐之代宗延礼问道，至乎文宗，乃为其七朝帝者之师。其道德尊妙，学识该通内外，寿百有余岁。当其盛化之时，料韩氏方后生小官，岂敢以此诗赠之，是必韩子以观公道望尊大，当佛教之徒冠首，假之为诗，示其轻慢卑抑佛法之意气，而惑学者趋尚之志耳。非真赠观者也。"晁公武《郡斋读书志》："《华严经清凉疏》一百五十卷，右唐僧澄观撰。澄观居清凉山，号清凉国师，即韩愈赠之诗者。"阮阅《诗话总龟》后集卷四五《释氏门》引葛胜仲《丹阳集》："有唐中叶，浮屠中有四澄观。架支提以舍僧伽者，洛中之澄观也。故退之元和五年为洛阳令，与之诗云'火烧水转扫地空，突兀便高三百尺''洛阳穷秋厌穷独，丁丁啄门疑啄木。有僧来访呼使前，伏犀插脑高颊权'者也。参元（无）名大师为《华严疏》主译经润文者，会稽之澄观者。故裴休为其塔铭云'元和五年，授僧统印，历九宗圣世，为七帝门师，俗寿一百二'者也。《传灯录》有镇国大师澄观《答皇太子问心要》，有'心心作佛，无一心而非佛心；处处成道，无一尘而非佛国'之句。所造超诣，岂若前二澄观，布金植福，算沙穷海者之比哉！又有曹溪别出第二世五台山华严澄观大师，既有'华严'二字，又有无名禅师法嗣之言，似即会稽之澄观，然续录云'无机缘语句可录'，则又非也。"王鸣盛《蛾术编》卷七六："追叙从军大梁、徐州，而继以'洛阳穷秋'云云，其为去徐居洛甚明。末有'临淮'云云，则澄观赴临淮太守招，公送之也。《华严经疏》，唐僧澄观撰。明天启七年嘉兴三塔寺刻，前有《叙》引述澄观行迹。言其生于开元二十六年戊寅，计至此时贞元十六年庚辰，已六十三，故云'已老'。彼又言澄观死于文宗开成三年,年一百有一。公所送即此僧。向来注家从未引及《华严疏叙》。"钱仲联《集释》:"葛氏谓澄观有四,未为确说。考念常《佛祖历代通载》:贞元十五年,清凉受镇国大师号。赞宁《宋高僧传》:顺宗在春宫,尝垂教令澄观述《了义》一卷,《心要》一卷。则葛氏所谓第三澄观,即第二之会稽澄观也。第四澄观,亦非别有一人。《传灯录》云'无机缘语句'者,就禅门方面言耳,非谓澄观无著述也。至公赠诗之澄观与会稽澄观,则似非一人。考赞宁《宋高僧传》、志磐《佛祖统记》诸书,澄观少于山阴出家,后润州、金陵、剡溪、苏州、东京、峨眉、五台,皆有踪迹,却与淮、泗无缘。自在五台造《华严新疏》毕功,于贞元八年应诏入京,译经讲道。后此久居京师,尊为国师,亦无至洛阳之踪迹。且澄观一生,宏经阐教,为当时大师。而公诗述时人推许为'公才吏用'为'诗人',亦不相合。契嵩及晁、王二说,皆未可信。至葛氏以此诗为元和五年公作洛阳令时所作,则与'厌穷独'语欠合。仍当以《举正》、王说为长。"按:历来注家都未注意到李翱的上述两篇文章,从文章披露的情况看,翱与泗州住持澄观有交情,时在贞元十四五年,时翱与韩公交游密切,又于十六年五月在符离与韩公侄女结婚同游,西归后居洛阳。泗州正是韩公、李翱活动的地方,疑由于李翱介绍,澄观来洛阳访韩,才有此送诗。故此澄观当是泗州的澄观。童《校诠》:"按:此诗自首至道人澄观名籍籍止无注,有阙文。"童所据是魏本。文本等有注,且较详。

② 浮屠西来何施为:袁宏《后汉记》卷一〇"永平十三年":"浮屠者,佛也。"此为最早记录浮屠西来的文献。钱仲联《集释》:"《魏志·乌丸鲜卑东夷传》裴松之注引《魏略》曰:'临儿国,《浮屠经》云其国王生浮屠。浮屠,太子也。父曰屑头邪,母云莫邪。浮屠身服色黄,发青如青丝,乳青毛,蛉赤如铜。始莫邪梦白象而孕。及生,从母左肋出。生而有结,堕地能行七步。此国在天竺城中。天竺又有神人名沙律,昔汉哀帝元寿元年,博士弟子景卢受大月氏王使伊存口授《浮屠经》,云复立者,其人也。'……佛法西来,见于信史者,以鱼豢所记为最。"

扰扰：纷乱貌。《列子·周穆王》："存亡得失，哀乐好恶，扰扰万绪起矣。"此用语对浮屠乃贬意。

③ "构楼"二句：文《详注》："言佛自西域而来，与中国异教，人莫敢排斥之也。高僧《释摩腾传》云：汉永平中，明帝夜梦金人飞空而至，乃大集群臣以占所梦。通人傅毅奏曰：臣闻西域有神，其名曰佛，陛下所梦将必是乎？帝以为然，即遣郎中蔡愔博士，弟子秦景等，使往天竺寻访佛法。愔等于彼遇见摩腾要还汉地，明帝甚加优接，于城西门外立精舍以处之，汉地有沙门之始也。方欲夸澄观造塔事，故本其始而言之。"钱仲联《集释》："《吴志·刘繇传》：'笮融督广陵彭城，大起浮屠祠，以铜为人，黄金涂身，衣以锦采，垂铜槃九重，下为重楼阁道，可容三千余人。'杨衒之《洛阳伽蓝记》：'自顶日感梦，满月流光，阳门饰毫眉之像，夜台图绀发之形。迩来奔竞，其风遂广。至晋永嘉，惟有寺四十二所。逮皇魏受图，光宅嵩、洛，笃信弥繁，法教逾盛。王侯贵臣，弃象马如脱履；庶士豪家，舍资财若遗迹。于是招提栉比，宝塔骈罗，争写天上之姿，竞模山中之影。金刹与灵台比高，宫殿共阿房等壮。岂直木衣绨绣，土被朱紫而已哉！'"按：前四句概写浮屠西来的一般情况，言其建寺夸雄斗丽乃扰扰然。

④ 僧伽后出淮泗上：淮泗，方《举正》据唐本作"雄泗"，云："旧本亦同。范、谢本皆校从'雄'。雄，言特出也，郑康成以布衣雄世。"朱《考异》："今按：上句已有'夸雄'字，下句又云'尤恢奇'，则此作'雄'，非是。"朱说是，祝本、文本、魏本等诸本均作"淮泗"。

文《详注》："《景德传灯录》（卷二七）云：泗州僧伽大师者，俗姓何氏，世谓观音大士应化也。推本过去，则阿僧祇殑伽沙劫，值观音如来以三慧门而入道，以音声为佛事。但以此土有缘之众，乃谓大师自西国来。唐高宗时，至长安、洛阳行化，手执杨枝，混于缁流，寻住泗上普光寺。景龙二年三月三日灭。敕令就荐福寺漆身起塔，忽臭气满城，帝祝送归临淮，言讫，异香腾馥。乾符中，谥证圣大师。太平兴国中，重创浮屠，壮丽超绝。"方世举《笺注》："僧伽，伽，音笳。僧伽：李邕《泗州普光王寺碑》：'僧伽者，龙朔中西来,尝纵观临淮,发念置寺。既成,中宗赐名普光王。以景龙四年三月二日,示灭于京。'洪云:李太白《僧伽歌》云:'此僧本是南天竺,为法头陀来此国。'又云:'嗟余落魄江淮久,罕遇真心说空有。'盖相遇于江淮也。顾嗣立曰:按《纪闻录》:'僧伽大师,西域人,姓何氏,唐龙朔初,隶名于楚州龙兴寺,后于泗州临淮县信义坊乞地施标,掘得金像一躯,上有普照王佛字,遂建寺。中宗闻名,遣使迎入荐福寺。景龙四年,端坐而终。中宗令于寺建塔。俄而大风飙起,臭气满长安。近臣奏僧伽化缘在临淮,恐欲归。中宗心许,其臭顿息,奇香馥烈。五日送至临淮,起塔供养。'即今塔也。"钱仲联《集释》:"《太平广记》:'僧伽大师,西域人也。俗姓何氏。唐龙朔初,来游北土,隶名于楚州龙兴寺。后于泗州临淮县信义坊乞地施标,将建伽蓝。于其标下,掘得古《香积寺铭记》,并金像一躯,上有普照王佛字,遂建寺焉。唐景龙二年,中宗皇帝遣使迎师入内道场,尊为国师。寻出居荐福寺。诏赐所修寺额,以临淮寺为名,师请以普照王字为名,盖欲依金像上字也。中宗以照字是天后庙讳,乃改为普光王寺,仍御笔亲书其额以赐焉。至景龙四年三月二日,于长安荐福寺端坐而终。即以其年五月,送至临淮,起塔供养,即今塔是也。出本传及《纪闻录》。'"按:所记稍有出入。由此句始转入写澄观建淮泗之寺及塔也,亦可证此僧乃李翱所说泗州开元寺之澄观。

⑤ 势到众佛尤恢奇:方《举正》据唐本作"尤恢奇",云:"旧本亦同。恢奇,字见《史记·公孙洪[弘]传》('弘为人恢奇多闻'),言众佛之势,至此而恢张奇伟也。传本以'恢'为'魁',又恐上语意同,遂易'雄'为'淮',非也。"朱《考异》:"恢,或作'魁'。(下引方语)今按:作'魁'亦不免与上句相犯,况'淮'之不可为'雄',自避上句'夸雄'字,初不专为此邪。"童《校诠》:"第德案:作魁奇字亦通,公送廖道士序:必有魁奇忠信材德之士生其间,用魁奇字,可证。说文:魁,羹斗也,段曰:魁,头大而柄长,引申之凡物大皆曰魁。其本字应作傀,文选郭景纯江赋:傀奇之所窟宅,李注引说文:傀,伟也。按:说文:傀,伟也,周礼曰:大傀异灾(灾字依小徐本补),瑰、傀或玉、褭

声。通作瑰,后汉书班固传:因瑰材而究奇(文选西都赋瑰作瓌)。"文本、祝本作"魁"。宋白文本、魏本、廖本、王本作"尤恢奇",是。

按:虽说作"魁"亦通,然不若作"尤恢奇"善。如方世举《笺注》:"《隋书·经籍志》:'天地一成一败,谓之一劫,自此天地以前,则有无量劫矣。每劫必有诸佛得道,出世教化,其数不同。今此劫中,当有千佛。自初至于释迦,已七佛矣。'恢奇,《史记·公孙弘传》:'弘为人恢奇多闻。'"

⑥ 越商胡贾脱身献:献,方《举正》作"献",云:"谢本校'献'作'罪'。"祝本作"献"。朱《考异》:"罪,方作'献',今从谢校本。"宋白文本、文本、魏本、廖本、王本作"罪",注:"一作'献'。"按:当作"献",即脱身献宝也。

文《详注》:"按苏黄门诗云:'清淮浊汴争强雄,龟山下阚支祁宫。高秋水来无远近,荡灭洲渚乘城墉。千艘衔尾谁复惜,万人雨泣哀将穷。城中古塔高百尺,下有蜕骨黄金容。蛟龙百怪不敢近,回飙倒浪归无踪。越商胡贾岂知道,脱身献宝酬元功。至人已立万物表,劫火仅置毛孔中。区区淮汴亦何有?一抷可注沧溟东。胡为尚与水族较,时出变怪惊愚聋。于乎此意不可诘,仰视飞拱凌晴空。'按此诗则知淮汴之水俱会泗州城下。秋水暴涨,则城中常有沉溺之忧。赖僧伽圣力得以幸免,故胡越商贾有是献也。"苏诗正学韩诗,说越商胡贾在泗州城下脱汴、泗之险,愿献满船金珪玉璧,万千之资。则知韩诗早期版本原作"献"字也。方世举《笺注》:"脱身罪:王筠诗:'习恶归礼忏,有过称能改。热心荡十恶,邈诚销五罪。'"与此不合。

⑦ 栏柱倾扶半天赤:柱,文本作"槛",注:"一作'柱'。"宋白文本、祝本、魏本、廖本、王本作"柱"。祝本、廖本注:"一作'槛'。"按:此语谓栏槛、支柱二物什。栏槛谓栏栅,或栏杆,与诗意不合。作"柱"字善。如方世举《笺注》:"《汉书·扬雄传》:'炕浮柱之飞榱兮,神莫莫而扶倾。'师古曰:'言举立浮柱而驾飞榱,其形危竦,有神于冥冥之中扶持,故不倾也。'"

⑧ 火烧水转扫地空：方世举《笺注》："李翱《泗州开元寺钟铭序》云：'维泗州开元寺，遭罹水火漂焚之余，僧澄观与其徒僧若干复旧室居，作大钟。贞元十五年，厥功成，于是陇西李翱书辞以纪之。'刘贡父《诗话》（《中山诗话》）：'泗州塔，人传下藏真身。后阁上碑道兴国中塑僧迦像事甚详。退之诗曰：火烧水转扫地空。则真身焚矣。'"

⑨ 突兀便高三百尺：突兀，高貌，形容塔。《艺文类聚》卷八晋曹毗《涉江赋》："狂飙萧瑟以洞骇，洪涛突兀而横峙。"查慎行《查初白诗评十二种》："他人于兴废之际，定着铺排，看先生省笔处。"李黼平《读杜韩笔记》卷下："叙僧伽塔事，盖僧伽建于前，而澄观修于后也。'清淮……'四语，写塔之忽废忽兴，如有神助。"

⑩ 影沉潭底龙惊遁：此句写水中塔影，活灵活现，奇妙绝伦。朱彝尊《批韩诗》："状塔影妙绝。"

⑪ 当昼无云跨虚碧：只有晴空无云，碧天如镜，塔影才会这样清晰惊奇。故李黼平《读杜韩笔记》才会称之为："赋塔名句也。"以上四句以塔写寺忽毁忽建，突出澄观主持建筑之恢奇。物之奇也，人之奇也！

⑫ 道人澄观名籍籍：文《详注》："此言澄观本僧伽之门人，故首为造塔如此雄桀也。火烧陶瓦也，水转运材也。而《诗话》中山先生以为真身之焚，误矣。按《传灯录》所载及《寺碑记》等，则真身未曾焚也。塔本喻皓所建，工巧近世莫及。世谓塔顶为天门，然自唐至宋改作不一，已非其旧。故坡公《泗州诗》云：'退之旧云三百尺，澄观所营今已换。'籍籍，喧聒之意。见《汉书·鲁恭王传》。"蒋抱玄《评注》："《智度论》：'得道者名道人。余出家未得道者，亦名道人。'"方世举《笺注》："《说文》（竹部）：'籍籍，语声。'"钱仲联《集释》："《汉书·江都易王非传》：'国中口语籍籍。'颜师古注：'籍籍，喧聒之意。'"按：借发问转入写澄观。籍（jí 秦昔切，入，昔韵）籍，纵横交错。《史记·司马相如传·上林赋》："佗佗籍籍，填坑满谷，掩平弥泽。"《汉书》卷六三《武五子传》："发纷纷兮寘渠，骨籍籍兮亡居。"注："籍籍，从横貌也。"引申形容人名声甚著。《文选》南朝

梁袁阳源(淑)《仿白马篇》诗:"籍籍关外来,车徒倾国鄽。"《辞源》引韩诗为例。朱彝尊《批韩诗》:"直将塔说完,方出僧名,倒插法。遂紧顶,分吏才、诗才二节。"

⑬ 愈昔从军大梁下:魏本:"孙曰:贞元十二年,公佐宣武军幕。"蒋抱玄《评注》:"大梁,即汴州开封县,战国时魏都。后因称曰大梁,亦曰汴梁。"

⑭ 往来满屋贤豪者:方《举正》:"满屋,蜀本作'满目'。满屋字见《世说》。"祝本作"满目"。宋白文本、文本、魏本、廖本、王本作"满屋"。按:作"满屋"善。谓汴州府也,非为眼里所见也。

文《详注》:"谓事董晋时也。"按:此指董晋汴州幕府人才济济。

⑮ 公才吏用当今无:顾嗣立《集注》:"嗣立按:吴兆宜云:《晋·虞骙传》王导常谓骙曰:'孔愉有公才而无公望,丁潭有公望而无公才,兼之者其在卿乎!'《汉·酷吏传》:'为纵爪牙之吏任用。'"方世举《笺注》:"公才:《晋书·虞骙传》王导常谓骙曰:'孔愉有公才而无公望,丁潭有公望而无公才,兼之者其在卿乎!'吏用,按顾注引《汉书·酷吏传》'为纵爪牙之吏任用',非也。吏用,言有为吏之用耳。"按:此指澄观有从政为官大才,故诗有"我欲收敛加冠巾"之想。是欲其归正而用其才能,不以僧徒异视,故用"虽"字见意。上句"虽"字乃转关处,炼字也。

⑯ 后从徐州辟书至:徐州,文《详注》:"谓事张建封时也。"魏本:"孙曰:'(贞元)十五年,公从事徐州节度张建封幕。'"钱仲联《集释》:"阮籍《奏记诣蒋公》:'辟书始下,下走为首。'李善注:'辟,犹召也。'"按:辟(bì),征召。《晋书·谢安传》:"初辟司徒府,除佐著作郎。"即当初受司徒府的征召,拜官为著作郎。

⑰ 又言澄观乃诗人,一座竞吟诗句新:朱《考异》:"人,或作'又'。"文本、祝本、魏本作"又"。宋白文本、廖本、王本作"人"。王元启《记疑》:"又言,方作'人言'。按上有'过客'字,则复出'人'字为赘。对上'大梁''贤豪''皆言'读之,作'过客''又言'为是。"按:王说有理。此承上"借问"之答、"皆言"而来,并可避免与本句"人"

字重复,作"又"字善。

一座:全体在座的人。方世举《笺注》:"《史记·司马相如传》:'相如不得已强往,一座尽倾。'"

⑱ 向风:文《详注》:"魏文帝《杂诗》(《文选》卷二九)云:'向风长叹息。'"向风者,闻风仰慕也。《文选》卷五六南朝梁陆佐公(倕)《石阙铭》:"天下学士,靡然向风。"上句是慕,下句是想,即《原道》中所谓"人其人"也。

加冠巾:文《详注》:"加冠巾:王子思《诗话》云:'韩文公初不喜僧,而岛、可之徒一言一咏有可称者,则教训成就之,循循然惟恐不尽。至澄观、灵师辈,直欲冠颠加巾,盖其心必将挽而纳诸士君子之域,然后已也。可谓不以人废言矣。"顾嗣立《集注》:"公集《送灵师》诗:'方将敛之道,且欲冠其颠。'语与此同。"按:冠巾,即儒家之冠戴也。黄钺《增注证讹》:"《十六国春秋·后秦录·道恒道标传》:'陛下天纵之圣,议论每欲远辈尧、舜,今乃冠巾两道人,反在光武、魏文之上。''冠巾'二字,当是本此。"

⑲ 洛阳穷秋厌穷独:魏本:"孙曰:'十六年,建封卒,公西归洛。'樊曰:公贞元十六年五月十四日《题李生壁》云:'是行也,予黜于徐州,将西居洛阳。'故此云'洛阳穷秋厌孤(穷)独'也。"王元启《记疑》:"公于十六年四月去徐居洛,至是几半年矣。"按:王说不确。公《题李生壁》明曰五月十四日尚在下邳,中间边游边走,之洛当在六月初也。

⑳ 丁丁啄门疑啄木:朱《考异》:"啄,或作'打'。疑,或作'如'。"诸本作"啄",作"打"与形容词"丁丁"不配,非是。疑,文本作"如"字,注:"一作'疑'。"诸本作"疑",是。

文《详注》:"丁丁,啄木声也,音中茎切。《棠棣》(当是《诗·小雅·伐木》)诗云:'伐木丁丁。'《尔雅》(《释鸟》郑注):'啄木䳚也。口如锥,长数寸,常啄食虫,因名。"魏本:"祝曰:《诗》:'伐木丁丁。'啄木鸟名丁丁,中茎切。"方世举《笺注》:"丁丁:《诗·兔罝》(《周南》):'椓之丁丁。'啄木:《尔雅翼》(《释鸟》):'斫木,口如锥,长数寸,常啄枯木,取其蠹,头上有红毛,如鹤顶红,人呼为山啄木。'"按:即以鸟啄木之声而谓来人敲门也。因未见人,只听声音,故疑之像鸟啄木一样。

㉑ 伏犀插脑高颊权:方《举正》:"权(権),颧也。杭、蜀本只作'权'。《选·洛神赋》、张敏《俳文》(《世说新语·排调篇》注引《头责子羽文》)'高欢长头高权',古字只作'权',刊本不深考也。"朱《考异》:"权,或作'颧',方从杭、蜀本。(下引方语)"

魏本:"孙曰:'伏犀,谓骨当额上入发际也。'韩曰:'伏犀,贵相。后汉李固顶角匿犀,后为太尉,即此。'祝曰:'权,一作颧,辅骨也。《选》:靥辅承颧。颊,面颊也。'"童《校诠》:"第德案:说文无颧字,注解亦用权字。颊,说文:权也,从页,矛声,渠追切,韵会引小徐本权上有面字。易夬:壮于頄,王注:頄,面权也,释文:頄,求龟反,颧也,郑作頯,夹面也。徐颢曰:颊、頄、权一声之转。承培元曰:作頄者,如虺从九声,音亦同颊,古尤、支合韵。"顾嗣立《集注》:"权,颧古字。《后汉·李固传》:'貌状有奇表,顶角匿犀。'注:'伏犀也,谓骨当额上入发际隐起也。'《文选·洛神赋》:'靥辅承权。'善曰:'权,两颊。'"方世举《笺注》引顾注《李固传》后注曰:"《中山国策》:'司马喜曰:若其眉目,准颐权衡,犀角偃月。'曹植《洛阳赋》:'靥辅承权。'善曰:'权,两颊。'"按:谓澄观额有犀骨贯于头顶,而两颊颧骨隆起,富贵相也。高颊权,俗称高颧骨。

㉒ 睨:魏本注:"睨,斜视也。睨,五计切。潸,删。"文《详注》:"潸,涕流貌。《诗》(《小雅·大东》)云:'潸焉出涕。'"方世举《笺注》:"《诗·大东》:'睠焉顾之,潸焉出涕。'"神骨,指澄观。此句谓韩公见澄观已老,无法收敛加冠巾而伤叹流涕。

㉓ 临淮太守初到郡:文《详注》:"泗州为临淮郡。"魏本:"孙曰:临淮太守谓泗州刺史。"《通鉴》卷二三五:"(贞元十六年六月)徐州乱兵为张愔表求旄节,朝廷不许;加淮南节度使杜佑同平章事,兼徐、濠、泗节度使,使讨之。佑大具舟舰,遣牙将孟准为前锋;济淮而败,佑不敢进。泗州刺史张伾出兵攻埇桥,大败而还。朝廷

不得已除愔徐州团练使,以伾为泗州留后。"王元启《记疑》:"考《新史》,伾先守临洺,兵拒田悦有功,迁泗州刺史,居州十年,擢金吾卫大将军,未拜卒。据此则初到郡者,正属张伾。诗为十六年作。若十七年,则伾履任已二年矣。"

㉔ 州民:蒋抱玄《评注》:"州民指澄观。"送音问者,当是张伾托澄观问候韩公。

㉕ 好奇赏俊直难逢:方《举正》据杭、蜀本订"直难逢"。朱《考异》:"直,或作'实'。"文本作"实",注:"一作'直'。"宋白文本、祝本、魏本、廖本、王本作"直",注:"一作'实'。"

此句谓与澄观相聚实难得也。直,面对、遇到。在这个意义上与"值"通。《史记·义纵传》:"宁见乳虎,无值宁成之怒。"《汉书·刑法志》:"魏之武卒不可以直秦之锐士。"亦引申为相当、真正。《史记·魏其武安侯列传》:"生平毁程不识不值一钱。"此诗作"直",当真解。直难逢,即真难逢也。

㉖ 去去为致思从容:魏本:"孙曰:'为致思从容'者,公令澄观致其意于泗守,思欲与之从容也。"方世举《笺注》:"陶潜诗:'去去欲何之?'从容:《楚辞·惜誓》:'乐穷极而不厌兮,愿从容乎明神。'"朱彝尊《批韩诗》:"此是叹其归儒无由,无奈且适泗州。"钱仲联《集释》:"澄观奉泗守之命来洛,致音问于公。既见而归,公令其致意于泗守。朱说未得解。"童《校诠》:"第德案:诗都人士(《小雅·都人士序》):从容有常。郑笺:从容谓休燕也。楚辞怀沙:孰知余之从容,文选嵇叔夜(康)琴赋:从容秘玩,王、李二氏注皆云:从容,举动也。去去为致思从容,言汝去为余致相忆念之意,并候其兴居于泗州守也。"按:从容在这里不能作形容人之仪态解,当作意念和举动解,即致以思念之意。

全诗用韵自由,故语虽古拙,读之却顺畅流走。

【汇评】

宋葛立方:有唐中叶,浮屠中有四澄观。架支提以舍僧伽者,洛中之澄观也。故退之元和五年为洛阳令，与之诗云"火烧水转扫地空，突兀便高三百尺。洛阳穷秋厌穷独，丁丁啄门疑啄木。有僧来访呼使前，伏犀插脑高颊颧"者也。参无名大师为《华严疏》主译经润文者，会稽之澄观也。故裴休为其塔铭云"元和五年，授僧统印，历九宗圣世，为七帝门师，俗寿一百二者"也。《传灯录》有镇国大师澄观《答皇太子问心要》，有"心心作佛，无一心而非佛心；处处成道，无一尘而非佛国"之句。所造超诣，岂若前二澄观，布金植福，算沙穷海者之比哉！又有曹溪别出第二世五台山华严澄观大师，既有"华严"二字，又有无名禅师法嗣之言，似即会稽之澄观。然续云"无机缘语句可录"，则又非也。（《韵语阳秋》卷一二）

宋黄震：《送澄观》诗"我欲收敛加冠巾"，其于《送灵师》亦尝云"方将敛之道，且欲冠其颠"，"人其人"之心，在在不放，独惜其论大颠语少斟酌耳。（《黄氏日抄》卷五九）

清朱彝尊：稍有波澜步骤，大约分四节意。笔下操纵自如不枯刻，读之觉意趣有余。（顾嗣立《昌黎先生诗集注》卷七）

清王鸣盛：《送僧澄观》诗，追叙从军大梁、徐州，而继以"洛阳穷秋"云云，其为去徐居洛甚明。末有"临淮"云云，则澄观赴临淮太守招，公送之也。《华严经疏》，唐僧澄观撰。明天启七年嘉兴三塔寺刻，前有《叙》引述澄观行迹，言其生于开元二十六年戊寅，计至此时贞元十六年庚辰，已六十三，故云"已老"。彼又言澄观死于文宗开成三年，年一百有一。公所送即此僧。向来注家从未引及《华严疏叙》，但樊汝霖引李邕《泗州普光寺碑》云云，洪兴祖引李太白《僧伽歌》云云。僧伽，即澄观也。考僧伽塔成于景龙四年。《广川书跋》：《僧伽歌》非太白作。太白死代宗元年，上距大足二年壬寅六十年；而白当景龙四年方九岁，固不与僧伽接。（《蛾术编》卷七六）

清潘德舆：李冶仁卿……讥弹退之"业已觝排异端，不应与浮屠之徒相亲，又作为歌诗语言以光大之……"此盖未审退之之心者。夫退之之心，所憎者，佛也，非僧也。佛，立教者也，故可憎。僧，或无生理而为之，或无知识而为之，可悯而不可憎也。观退之

《送惠师》云："惠师浮屠者，乃是不羁人。"言其虽为浮屠，而人则不为彼教所束，故用"乃"字见意。《送澄观》云："皆言澄观虽僧徒，公才吏用当今无。"是欲其归正而用其才能，不以僧徒异视，故用"虽"字见意。《送灵师》云："饮酒尽百钱，嘲谐思愈鲜。""饮酒""嘲谐"，皆戒律所禁，灵师能尔，转用以誉之，亦爱僧辟佛之意也。退之曷尝光大其教哉？（《养一斋诗话》卷八）

山南郑相公樊员外酬答为诗其末咸有见及语樊封以示愈依赋十四韵以献①

元和九年

梁维西南屏②，山厉水刻屈③。禀生肖勤刚④，难谐在民物⑤。荥公鼎轴老⑥，烹斡力健倔⑦。帝咨女予往⑧，牙纛前坒垟⑨。威风挟惠气，盖壤两劙拂⑩，茫漫笔墨间⑪，指画变悦欻⑫。诚既富而美，章汇霍炳蔚⑬。日延讲大训⑭，龟判错衮黻⑮。樊子坐宾署，演孔刮老佛⑯。金春撼玉应，厥臭剧蕙郁⑰。遗我一言重，跽受惕斋栗⑱。辞悭义卓阔⑲，呀豁疾掊掘⑳。如新去酊酊㉑，雷霆逼飓飓㉒。缀此岂为训㉓，俚言绍庄屈㉔。

【校注】

①题：文本、魏本"公"字下有"与"字，别本无，有无皆可。方《举正》："郑馀庆、樊宗师也。"朱《考异》同方。文《详注》："郑馀庆，字居业，郑州荥阳人也。宪宗立，拜为相，以事出为山南西道节度使。时樊宗师在幕府。馀庆，《唐史》有传。鲁直云：'此诗退之戏效孟郊、樊宗师以文滑稽耳。'《补注》：梁州在唐为山南西道治所，

德宗兴元元年改为兴元府。馀庆以元和九年为节度使。绍述志传不见,而见于公《荐状》及此诗。李肇《国史补》曰:'元和以后,为文奇诡则学于韩愈,苦涩则学于樊宗师,歌行流荡则学于张籍,诗章矫激则学于孟郊,浅近则学于白居易,淫丽则学于元稹,俱名元和体。大抵天宝之风尚党,大历之风尚浮,贞元之风尚荡,元和之风尚怪。'(按:与原文稍有出入)此诗乃绍述墓铭,语奇而涩,皆所以效其体也。"魏本:"樊曰:梁州在唐为山南西道治所,德宗兴元元年改为兴元府。郑相公名馀庆,字居业,以元和九年为山南西道节度使。樊绍述为副,绍述志传不书,而见于公《荐状》及此诗。《荐状》云'摄山南西道节度副使、朝议郎、前检校水部员外郎兼殿中侍御史赐绯鱼袋樊宗师'云云。绍述,其字也。惜乎二公之诗不得而见矣……公此诗及绍述墓铭(宋本作'语',四库本作'铭'),语奇而涩,皆所以效其体也。"方世举《笺注》:"《旧唐书·宪宗纪》:'九年三月,以太子少傅郑馀庆为山南西道节度使。'《新唐书·樊宗师传》:'宗师,字绍述,始为国子主簿,历绛州刺史,进谏议大夫,未拜卒。韩愈称宗师议论平正有经据,尝荐其材云。'公集《荐樊宗师状》:'摄山南西道节度副使前检校水部员外郎樊宗师。'"屈《校注》:"《旧唐书·宪宗纪》载:元和九年三月至十一年十月,郑馀庆为山南西道节度使。韩愈《贞曜先生墓志》载元和九年十月,樊宗师尚在洛阳经营孟郊葬事,其为郑辟为副使当在十年。则韩愈此诗当作在十年或十一年也。今姑系在十年。"按公好奇好强,故此诗戏模绍述体也。方说不确,《韩愈年谱汇证》系该诗于九年。从诗题称樊员外和韩公《荐樊宗师状》称"摄山南西道节度副使朝议郎前检校水部员外郎兼殿中侍御史"分析,一"前"字把樊在馀庆府正式任职前后分开,入府正式任职为以正六品上的朝议郎身份任节度副使的;之前为检校水部员外郎,乃从六品上,所兼殿中侍御史乃从七品下,均入府后正式任官。而该诗题仅称樊员外者,疑其虽入府,而尚未下上之辟命。诗疑在樊于孟郊丧事后刚入府时所作。郑、樊二公诗虽不及见,大约有向韩公这位好友回报入府情况之意，当不会入府太久，久则不当再用前官称。故谓此诗当写于九年孟郊葬后。

② 梁维西南屏：朱《考异》："维，或作'惟'。"祝本作"惟"。按：作不完全内动词时，惟、维通用，即是也，为也，乃也。《书·禹贡》："厥草惟夭，厥木惟乔，厥土惟涂泥，厥田惟下下。"《诗·大雅·文王》："周虽旧邦，其命维新。"

屏：屏障。魏本："孙曰：屏，蔽也。《诗》(《大雅·板》)：'大邦维屏。'"按：此谓梁州是长安西南的屏障。文《详注》："屏，翰也，音必郢切。言梁州为西南国家之屏翰……《禹贡》(《尚书》)：'华阳黑水惟梁州。'孔安国以谓'东据华山之南，西距黑水'。《通典》(卷一七五)云：舜置十二州，梁州其一也。以西方金刚，其气强梁，故曰梁州。大唐分置十五部，以为山南西道。今之梁州理南郑县。"方世举《笺注》："《新唐书·地理志》：'兴元府汉中郡，本梁州汉川郡。天宝元年更郡名，兴元元年更为府，山南西道采访使，治梁州。'"按：梁治所在今陕西汉中市南郊。

③ 山厉水刻屈：宋白文本、魏本、廖本作"屈"，注："一作'窟'。"文本作"窟"，注："一作'屈'。"按：当作"屈"，即山水崎岖也。魏本："孙曰：'厉，峭拔也。刻屈，谓刻削屈曲也。"钱仲联《集释》："厉，巁之借字。《说文》：'巁，巍高也，读若厉。'"钱说是，厉为"巁"之借字，则二字通用。巁，形容山崖高峻刻削也，与下"刻"字义正对。

④ 禀生肖勤刚：方《举正》订"勤刚"，云："三本同。荆公、山谷本皆校'勤'作'劲'，非。"朱《考异》："勤，音巢，轻捷也。方云荆公、山谷本作'劲'。"文《详注》："肖，类也。魏本："孙曰：'勤刚，刚劲也。言人生其间，皆肖似山水，有勤刚之性。'祝曰：'勤，轻捷也。《吴录》：闻卿能坐跃，勤捷不常。'勤，音巢，一作'劲'者，非。"钱仲联《集释》："勤刚，并列复词，在此义近。慧琳《一切经音义》卷五六：'勤，捷健也。谓劲速勤健也。中国多言勤，勤，音姜权反。'"童《校诠》："第德案：书甘誓：天用勤绝其命，其本字当以说文作剿。剿，绝也，周(当为夏之讹)书曰：天用剿绝其命。作勤者，勤训劳，

假借字。马本作剿,剿为剿之异体,犹藻之作薻矣。亦假巢为之,广雅释诂:巢,健也是也。祝训勦为轻捷,朱子同,本诸广雅广韵(广韵五肴:勦,轻捷也),惟强健乃能轻捷,履山谷如行平地然。祝引吴录,见吴志孙策传注。书伪孔传:用其失道,故勦截也,截绝,谓灭之,正义:勦是斩断之义,故为截也。曰灭,曰斩断,钱引以作解殊乖公意。荆公、山谷本作劲刚,与孙注刚劲义同,古今注:貂蝉胡服也,貂者,取其有文采而不炳焕,外柔易而内刚劲(后汉书舆服志作劲捍)也。蝉取其清虚识变也。刚劲同义,故可颠倒用之。"

⑤ 难谐在民物:魏本:"孙曰:'人性勦刚,难谐和也。'"文《详注》:"言梁州为西南国家之屏翰,山川险峻,民生于其间,亦类其气,最难谐附也。"

⑥ 荥公鼎轴老:方《举正》订"荥"字,云:"馀庆封荥阳郡公,作'荣'者非。"朱《考异》同方。祝、魏本作"荣",乃形近而误。按:荥从水,荣从木,字书中"荥"字只作地名荥阳时用。

魏本:"孙曰:'馀庆,荥阳人,贞元中再为相。鼎为鼎鼐,轴谓当轴。'"文《详注》:"鼎,取其烹饪;轴,取其斡旋。以喻宰相之职,言以郑公居之才力有余也。"方世举《笺注》:"按《新唐书·馀庆传》:'为山南节度,后入拜太子少师,迁尚书左仆射,拜凤翔节度,复为太子少师,封荥阳郡公。'则此时尚未封也。殆以馀庆本郑州荥阳人,故称之耶。按《新唐书·馀庆传》,贞元十四年,拜中书侍郎、同中书门下平章事,坐事贬郴州司马。宪宗立,复拜同中书门下平章事,故曰'鼎轴老'。"

⑦ 烹斡力健倔:朱《考异》:"斡,或作'鲜'。非是。"文本作"鲜",注:"一作'斡'。"宋白文本作"韩",乃"斡"字形似书写之误。祝本、魏本、廖本、王本作"斡",是。

魏本:"孙曰:'烹谓烹击,斡谓斡旋,犹言宰制也。'韩曰:'取老氏治大国若烹小鲜之义。倔,壮貌。'祝曰:'强也。《选》:假倔强以攘臂。注:倔强,夷狄恶性梗戾。'"文《详注》:"倔,强也,音衢勿切。"顾嗣立《集注》:"按'烹'字顶上'鼎'字,'斡'字顶上'轴'字来,旧注太泥。《汉·陆贾传》:以新造未集之赵(按《汉书》作'越',顾嗣立注引作'赵'),倔强于此。"

⑧ 帝咨女予往:文本"予"作"俞"。宋白文本、祝本、魏本、廖本、王本作"予",俞、予音义同。今作"予"。文《详注》:"言命公往帅梁也。"魏本:"孙曰:帝咨者,谓帝咨询于人而得馀庆也。汝予往者,言汝为予往也。取《书》(《舜典》)云'帝曰:俞,汝往哉'之义。"

⑨ 牙纛前坲坲(fú 符弗切,入,物韵):坲坲,谓尘埃扬起。《辞源》引韩诗为例。方《举正》据唐本订"坲"字,云:"李、谢校。坲埻,尘起貌,字见《楚辞·九叹》。"朱《考异》:"坲,或作'拂'。"诸本作"坲"。魏本音注:"纛,音导。坋,蒲闷切。坲,音拂,一作'拂'者,误。"按:作"坲"字是。

文《详注》:"牙纛,节度府仪。牙,大旗也。纛,毛羽幢也,音徒到切。坲坲,飞扬貌。坋,尘也,音父吻切。鲁直又云:'坲坲音佛,尘起貌。'今本作'拂',误也。"魏本:"坲,尘起也。祝曰:《楚辞》:'埃坲坲兮。'孙曰:牙纛,皆谓旌旗。坋,尘也。前坲坲者,言旌旗之多,皆飞起尘土也。"方成珪《笺正》:"刘向《九叹·怨思章》:'埃坲坲兮。'今本只作'拂'。"钱仲联《集释》:"张衡《东京赋》:'牙旗缤纷。'薛综注:'《兵书》曰:牙旗者,将军之旌,谓古者天子出,建大牙旗,竿上以象牙饰之,故云牙旗。'《后汉书·东夷传注》:'坋,尘也。'《楚辞·九叹》:'埃坲坲兮。'王逸注:'坲坲,尘埃貌。'"童《校诠》:"第德案:方雪斋所云怨思当作远逝,汲古阁本及四部丛刊景印明覆宋本皆作坲坲,王注:坲坲,尘埃貌,坲一作浡,洪补曰:坲音佛,尘起也,浡音同。按:玉篇:坲,扶物切,尘起貌,拂,敷勿切,广韵八物:坲,尘起,符弗切,拂,敷勿切,皆拂与佛同音,与拂音不同,注:坲音拂,拂当作佛。"

⑩ 盖壤两劙拂:方《举正》订"两劙拂",云:"劙,音摩。相如《子虚赋》:'上摩兰蕙,下坲羽盖。'《文选》(卷七)作'靡'。《贾山传赞》(《汉书》):'自下劙上。'《序传》只作'摩'。古摩、靡、劙字通用。《扬子》:'劙虎牙。'《庄子》(《马蹄》):'喜则交颈相靡。'《汉·衡山

王赞》：'臣下渐靡使然。'今《集韵》'摩'下不出'靡'字，非也。"朱《考异》引方说，云："拂，诸本作'刜'。"南宋监本原文作"刜"。文本作"刜"。诸本同方作"劘拂"，从之。

劘（mó 莫婆切，平，戈韵）：磨砺、切磋。汉王充《论衡·明雩》："砥石劘厉，欲求铦也。"《汉书》卷五一《贾山传赞》："贾山自下劘上。"注："孟康曰：劘谓剀切之也。"魏本："祝曰：劘，削也。《前汉》：贾生自下劘上。劘，古磨字。拂，一作'刜'，斫也，断也。《左氏》：'苑子刜林雍断其足。'"文《详注》："盖、壤，天地也。言威惠并行，充溢天地。劘刜，击切貌。劘音磨，刜音佛。"魏本："孙曰：言荥公之治梁，威风惠气，二者相须，劘拂于天壤之间。盖，谓天也。"

⑪茫漫笔墨间：方《举正》"笔墨"作"华黑"，云："'华阳黑水惟梁州'（《尚书·禹贡》），谓山南所领也。唐本、蜀本皆作'华黑'，虽谢本尚作'笔墨'，校本之乱具多矣。"朱《考异》："或作'笔墨'，非是。（下引方语）"南宋监本原文作"墨"。祝本作"华墨"。宋白文本、文本、魏本、廖本作"华黑"，作"笔墨"善。

魏本："樊曰：华黑，今作'华墨'，或作'笔墨'，误矣。《禹贡》：'华阳黑水惟梁州。'孔注云：'梁州东据华山之东，西距黑水。'茫漫，谓其疆界广大也。"文《详注》："茫漫，优游貌。华，笔也，言荥公政事之外又能优游笔墨之间。指画，古今变化无穷也。'"又引王俦《补注》同樊。王元启《记疑》："此说鄙意独不谓然。是诗因郑、樊唱和而作，非专颂郑公德政。篇首借端引入，'威风''惠气'二语，业已结尽，此下正当接入宾主唱和之事。且云'摩拂'及于'盖壤'，则华阳、黑水有不足言者矣。况不言'笔墨'，则下文'富美''炳蔚'二语，空无所指，反为突出无端。窃谓此二字正通体枢纽转轴处，专用'笔墨'指挥，已足使风气立变，见其威惠所敷，一皆文教所被也。'指画'句回应前文，不伤重复，而且有间见层出之奇。引入'富美'二句，节拍尤紧。改作'华黑'，即首尾涣散，不相统摄矣。今辄定从或本，而复详著其说，如此俾读者考焉。"钱仲联《集释》："今辄定从或本。"作"笔墨"。"华黑""笔墨"均可作挥洒作诗解。

今从或本作"笔墨"。谓:挥洒于悠游之间。

⑫ 指画变怳(huǎng 许昉切,上,养韵)欻(xū 许勿切,入,物韵):文《详注》:"欻,音许物切。《说文》:'吹起也。'"魏本:"孙曰:言荥公治梁指画之间,便能变化如神鬼。怳欻,言甚也。"顾嗣立《集注》:"《文选·思玄赋》:'欻神化而蝉蜕。'善曰:'欻,轻举貌。'"按:指画,指点规划。《礼记·玉藻》:"凡有指画于君前,用笏。"怳欻,忽然间,即变化快也。此句谓梁州在馀庆指画间变化。

⑬ "诚既"二句:文《详注》:"言学既富美,文类挥霍,粲然可观。扬雄《法言》:'圣人虎变,其文炳也;君子豹变,其文蔚也。'注云:'炳,焕。蔚,盛也。'"魏本:"韩曰:《易》(《革》):'大人虎变,其文炳也;君子豹变,其文蔚也。'孙曰:'章汇,文采也。言荥公治梁既富庶,文章之工皆炳蔚而至也。'《扬子》:'圣人虎别,其文炳也;君子豹别,其文蔚也。'炳蔚,文采之貌。"祝本:"汇,音胄。蔚,音郁。"

⑭ 日延讲大训:文《详注》:"言日延通儒以讲经术。其论义分别如龟文之判,与衮黻之文错杂也。《书序》:'虞夏商周之书,历代宝之,以为大训。'"魏本:"孙曰:日延者,谓日日延此炳蔚之人,使讲大训。大训,古训也。《书》曰'赤刀大训'是也。"方世举《笺注》:"《书·顾命》:'大训弘璧。'按《新唐书·馀庆传》:'馀庆在兴元创学庐,其子潾为山南西道节度使,嗣完之,养生徒,风化大行。'则知'日延讲大训',当时有是事也。"

⑮ 龟判错衮黻:文《详注》:"衮,天子服也。黼黻,衮服之饰。黼如斧,黻谓两己相背。"魏本:"孙曰:定八年《公羊传》:'宝者何?璋判白,弓绣质,龟青纯。'何休注:'判,半也。半圭曰璋,白藏天子,青藏诸侯。(魏本此何休注宋刻本有误,今依四库本,并以《十三经·公羊传》校正)'故曰判龟谓龟玉也。《诗》(《豳风·九罭》):'衮衣绣裳。'衮,谓画龙于衣上也。《尔雅》:'黑与青谓之黻。'黻者,刺绣为两己相背,谓刺之于裳上也。判言其所执,衮黻言其所服也。言日延讲大训,者之多,错杂如此。"方世举《笺注》:"《春秋》:'盗窃宝玉大弓。'《公羊传》(定公八年):'宝者何?璋判白,龟

青纯。'《诗·九罭》(《豳风》):'衮衣绣裳。'又《终南》(《诗·秦风》):'黻衣绣裳。'……按:璋判可执,《诗·棫朴》(《大雅》)'奉璋峨峨'是也。执玉龟袭,虽见于《玉藻》,然大抵是卜时执之,讲大训无所事此。《新唐书·车服志》:'天授二年,改佩鱼为龟。'贺知章以金龟换酒。然则判言所执,龟言所佩,衮黻言所服耳。"童《校诠》:"第德案:方说足补孙氏所未备。又按:讲大训讲易龟卜,取龟用之,臧文仲居蔡,是其例。讲礼时,习仪执圭,亦事所常有,足备一解。孙注半圭也章,也章当作曰璋,龟谓龟王也,上龟字下当补判字,王当作玉。两已,已当作己。言曰讲,曰当作日。"

⑯ 演孔刮老佛:方《举正》据唐本订"刮老佛",云:"李、谢校。字见《剧秦文》。"朱《考异》:"刮,或作'乱'。方云:字见《剧秦文》。"南宋监本原文作"乱"。宋白文本、文本、潮本、祝本作"乱"。魏本、廖本、王本作"刮"。

文《详注》:"言陈孔子之正道,以治异端也。治乱谓之乱。"钱仲联《集释》:"《后汉书·樊英传》注:《春秋纬·演孔图》。"顾嗣立《集注》:"《选·剧秦美新文》:'刮语烧书。'"按:刮,摩也,剔除也。《礼记·明堂位》:"山节、藻棁、复庙、重檐、刮楹。"《史记·太史公自序》:"茅茨不剪,采椽不刮。"韩公《进学解》:"爬罗剔抉,刮垢磨光。"乱,以治乱作乱,虽通,不常用。韩诗疑出《剧秦美序文》,作"刮"善。此二句谓:樊绍述客居馀庆宾署之馆讲孔氏儒学,批驳老、佛也。童《校诠》:"第德案:孙下有缺文,廖、王、祝三本皆不引孙注,无从校补。其演孔乱老佛,呀豁疚掊掘,雷霆逼飓飑下,不知何人取考异补之。"

⑰ "金春"二句:文《详注》:"金玉言声,蕙郁言香,皆以喻二公酬答之美。臭,香也。剧,甚也。《礼记》(《学记》)曰:'善待问者如撞钟,待其舂容然后尽其声。'注云:'舂容,重撞击也。'司马《长门赋》(《文选》卷一六):'挤玉户以撼金铺(当作'铺')兮,声噌吰而似[钟]音。'《易》(《系辞上》)曰:'其臭如兰。'《庄子·天地篇》('五臭熏鼻'句成玄英疏)云:'膻、熏、香、腥、腐,同谓之五臭。'《楚辞》

(《离骚》'岂维纫夫蕙茝')王逸云:'蕙,香草。'《说文》曰:'郁金,芳草也。'十叶为贯,百二十贯采以煮之为鬯。一曰郁鬯,百草之华,远方郁人所贡。芳草合酿之以降神。"顾嗣立《集注》:"《尔雅翼》:'郁,郁金也,其根芳香而色黄。'"

⑱ 跽受㥄斋栗:祝本:"跽,长跪也。《庄子》:'擎跽曲拳。'"廖本注:"《书》(《大禹谟》):'夔夔斋栗。'"按:斋栗,敬慎恐惧貌。《孟子·万章上》:"夔夔斋栗。"《史记·项羽本纪》:"项羽按剑而跽曰:'客何为者?'"索隐:"跽,其纪反,谓长跪。"栗,害怕得发抖。《论语·八佾》:"夏后氏以松,殷人以柏,周人以栗,曰使民战栗。"《庄子·大宗师》:"登高不栗。"又《人间世》:"吾甚栗之。"

⑲ 辞悭(qiān 苦闲切,平,山韵)义卓阔:王本引孙汝听语:"言词约而义富。"悭,省俭,吝啬。《宋书·王玄谟传》:"刘秀之俭吝,呼为老悭。"卓阔,即阔绰,谓高雅富赡也。本义谓排场大,生活奢侈。

⑳ 呀豁疾掊掘:疾,方《举正》据唐本订作"疢",云:"谢本一作'疢'。疢,劳也,义为长。"朱《考异》:"疢,或作'疾'。"南宋监本原文作"疾"。文本、潮本、祝本作"疢"。宋白文本、魏本、廖本、王本作"疢"。按:作内心痛苦解,二字义同。《诗·小雅·采薇》:"忧心孔疚,我行不来。"《论语·颜渊》:"内省不疚,夫何忧何惧?"《管子·小问》:"凡牧民者,必知其疾。"

祝本:"掊,彼垢切,击也。掘,渠物切,掘地也。《庄子》(《胠箧》):'掊斗折衡。'《易》(《系辞下》):'掘地为臼。'"文《详注》:"言诗辞尚简严而意义高远,如山谷之天成,不假人力也。司马《子虚赋》(应为《上林赋》):'熔呀豁閜。'注云:'熔呀,大貌。豁閜,虚空貌。言众溪皆大而虚空也。'掊音蒲枚切。掘音纡勿切。郭景纯《江赋》:'豁若天开。'"呀豁,空旷之貌。唐高适《东征赋》:"眺淮源之呀豁,伟楚关之雄壮。"掊(póu 薄侯切,平,侯韵;又尤韵;又上声,厚韵),击破,打击。《庄子·逍遥游》:"吾为其无用而掊之。"又《胠箧》:"掊击圣人,纵舍盗贼,而天下始治矣。""掊斗折衡,而民不争。"

㉑ 如新去耵聍:方《举正》订,云:"杭同。蜀作'初去'。耵聍,耳

垢也,从目非。"朱《考异》从方,引方语,云:"新,或作'初'。"宋白文本、文本、祝本、廖本、王本同方。潮本、魏本作"盯眝"。今从方说。

文《详注》:"盯眝,耳垢。上音都挺切,下音乃挺切。"按:此云:如同刚去掉耳垢。开启下句。

㉒ 雷霆逼飓飓:方《举正》据唐本作"飓",云:"阁本、蜀本皆作'飚',字书不载。"宋白文本、文本、廖本、王本作"飓"。廖本注:"飓,或作'飚',或作'飚'。飚,字书未见。或与驳同。"祝本作"飚"。当作"飓"。王本引孙云:"言读此诗,如新去耳中垢,却闻雷霆飓飓,言惊恐不定也。"文《详注》:"飓飓,疾风也。上音芳遇切,下音越笔切。"方世举《笺注》:"《说文》(风部):'飓,大风也。(从风曰声。段注:曰各本作日月之日,非声也。于笔切,十五部。)'"

㉓ 缀此岂为训:此,朱《考异》:"此,或作'作'。"祝本作"作"。宋白文本、文本、魏本、廖本、王本作"此",从之。此,代词,韩愈自指。训,范式。《诗·大雅·烝民》:"古训是式。"

㉔ 俚言绍庄屈:文《详注》:"俚言,公自谓。庄屈,谓庄周、屈原也。以况郑、樊二公。"方世举《笺注》:"孙云:'言我缀此答诗,岂以为训乎?俚言之下,聊以绍庄周、屈原而已。'按:庄、屈分指郑、樊,言以俚言继和两奇才也。"

诗用古韵,以物韵通叶。

【汇评】

宋樊汝霖:公此诗及《绍述墓铭》,语奇而涩,皆所以效其体也。(魏仲举《新刊五百家注音辩昌黎先生文集》卷七)

宋黄震:《山南郑相公酬答》诗"烹斡力健倔","斡"当作"鲜";"茫漫华墨间","华"当作"笔"。《音释序》李少卿云:"盯眝,耳垢也。上都挺切,下乃挺切。"(《黄氏日抄》卷五九)

明方以智:韩退之《和山南郑相公诗》"指画变悦剡"。"剡"或为"欻"字,亦"忽"之轻音也。焦氏《刊误》言"曶怳"出《法言》,作"惚恍",非。智按:"曶"即"忽"字,而不许人用"惚恍",拘矣。(《通

雅》卷六释诂)

清朱彝尊:艰涩,无甚意味。(顾嗣立《昌黎先生诗集注》卷七)

清王懋竑:通首物韵。慄殟二字质韵,古质、物通,或当有叶音也。(《读书记疑》卷一六)

程学恂:公称绍述之著作为最富,而其诗之传于世者寥寥。毕竟佶屈聱牙,有意逞奇,非取安也。此诗即全模其格,辞诚悭而义则常也,殊不见精奥处。(《韩诗臆说》卷二)

和武相公镇蜀时咏使宅韦太尉所养孔雀①
元和八年

穆穆鸾凤友②,何年来止兹?飘零失故态③,隔绝抱长思④。翠角高独耸,金华焕相差⑤。坐蒙恩顾重,毕命守阶墀⑥。

【校注】

① 题:方《举正》增"奉"字,云:"杭、蜀本皆有'奉'字。武元衡、韦皋也。"朱《考异》:"诸本无'奉'字。"宋白文本、魏本、廖本、王本有"奉"字。文本、祝本无"奉"字。按:韩愈另有一首七言绝句《和武相公早春闻莺》诗,无"奉"字,二诗同时皆和元衡也,无"奉"字是。魏本"孔雀"下有"一首"字。诸本无,从之。

文《详注》:"宪宗时,武元衡为剑南西川节度使,元和八年三月己巳(16日),至自西川拜为相。前使韦皋所养孔雀尚在蜀,故元衡咏之。元衡《唐史》有传。《补注》:武相有诗(《四川使宅有韦令公时孔雀存焉暇日与诸公同玩座中兼故府宾妓兴嗟久之因赋此诗》,载明铜活字本《唐五十家诗集》卷中)曰:'荀令昔居此,故棄留越禽。动摇金色翠,飞舞碧梧阴。上客撒瑶瑟,美人伤蕙心。会因南国使,归放海云深。'白乐天亦和(《和武相公感韦令公旧池孔雀〉》曰:'索寞少颜色,池边无主禽。难收带泥翅,易结着人心。项毳落残碧,尾花销暗金。放归飞不得,云海故巢深。'又云:元衡诗镇蜀日作,公和篇则召还后作也。召还在元和八年三月。"廖本注:"元衡以八年三月召还秉政,其诗镇蜀时作,公诗则召还后追和也。"方世举《笺注》:"《新唐书·武元衡传》:'元衡,字伯苍,元和二年拜门下侍郎同中书门下平章事,为剑南西川节度使。八年召还秉政。'《韦皋传》:'皋,字城武,贞元初,为剑南西川节度使。顺宗立,诏检校太尉,治蜀二十一年。'《尔雅翼》:'孔雀,南人收其雏养之,使极驯扰,置山间,以物绊足,旁施罗网,伺野孔雀至,则倒网掩之。'"按:《旧唐书·宪宗纪上》:"(元和二年)八月辛酉(6日),宰相武元衡兼判户部事。十月丁卯(13日),以门下侍郎、平章事武元衡检校吏部尚书、兼门下侍郎、平章事、成都尹,充剑南西川节度使,仍封临淮郡公。将行,上御安福门慰劳之。"又《宪宗纪下》:"(元和八年)三月甲子(11日),以剑南西川节度使、银青光禄大夫、检校吏部尚书、兼门下侍郎、同平章事、上柱国、临淮郡开国公、食邑二千户武元衡复入中书知政事,兼崇玄馆大学士、太清宫使。"因武元衡主战平淮西吴元济,御史中丞裴度自淮西行营宣慰还,谓淮西可平,合宪宗意。藩镇忌之。又《宪宗纪下》:"(元和十年)六月癸卯(3日),镇州节度使王承宗遣盗夜伏于靖安坊,刺宰相武元衡,死之;又遣盗于通化坊刺御史中丞裴度,伤首而免。"二人皆元和名臣。元衡还京后,其诗为韩愈、乐天等所见,因以和之。时当在元和八年三月还京不久。

② 穆穆:端庄盛美貌。《诗·大雅·文王》:"穆穆文王,于缉熙敬止。"又《商颂·那》:"于赫汤孙,穆穆厥声。"郑笺:"穆穆,美也。"《礼记·曲礼下》:"天子穆穆。"疏:"威仪多貌也。"《尔雅翼》卷一三:"孔雀生南海,盖鸾凤之亚。"鸾凤友,形容孔雀仪态端庄美丽。鸾凤,鸾鸟与凤凰,美贤者比称。

③ 飘零:飘泊,流落。杜甫《寄柏学士林居》:"乱代飘零余到此,古人成败子如何?"写孔雀失去原来主人后的失落孤独情态。

故态,原来端庄美丽的仪态。

④ 隔绝抱长思:谓隔绝故山,长思念故人也。此借物思人也。

⑤ "翠角"二句:魏本:"孙曰:钟会《孔雀赋》(载《艺文类聚》卷九一引文)云:'戴翠髦以表弁。'即此云翠角也。下云'垂缘蕤之森缅。五色点注,华羽参差。鳞交倚错,文采陆离。'即此云'金华焕相差'也。"方世举《笺注》:"翠角、金华:曹植《鹖赋》(《艺文类聚》卷九一、《初学记》卷三〇引):'戴毛角之双立。'《埤雅》(卷七):'《博物志》云:孔雀尾多变色,或红或黄,喻如云霞。尾有金翠,五年而后成。始生三年,金翠尚小,初春乃生,三四月后复凋,与花萼俱衰荣(按:今本《博物志》佚此条)。'"按:此虽为古体,二句工对。翠角为孔雀头上高高耸起的翠绿羽毛之缨;金华谓其体态的参差之美。

⑥ "坐蒙"二句:魏本:"孙曰:恩顾:谓为太尉恩顾,故毕命守此阶墀而不去也。"钱仲联《集释》:"曹植《求自试表》:'量能而受爵者,毕命之臣也。'鲍照《野鹅赋》:'苟全躯而毕命,庶魂报以自申。'"按:谓原来的主人待它恩情重,故它至死立阶俟守也。禽兽尚知恩顾之情,况人乎?味之有深意。

【汇评】

清朱彝尊:以比意佳。(顾嗣立《昌黎先生诗集注》卷七)

程学恂:前六尚常语耳,结二句便佳。(《韩诗臆说》卷二)

感春三首①
元和十一年

其 一

偶坐藤树下,暮春下旬间。藤阴已可庇,落蕊还漫漫②。亹亹新叶大③,珑珑晚花干④。青天高寥寥,两蝶飞翻翻⑤。时节适当尔,怀悲自无端⑥。

【校注】

① 题:魏本:"韩曰:诗作于元和十一年三月,为中书舍人时也。"文《详注》:"《补注》:公时为中书舍人,元和十一年三月尾也。"钱仲联《集释》引王鸣盛曰:"亦未有切据。诗云老大,元和十一年四十九岁,亦可云老。"王元启《记疑》:"韩曰诗作于十一年为中书舍人时,以后篇《示儿》诗考之,其说良是。然是时公方向用,而三诗所言拂郁如是者,公先以论淮西事失宰相意,议者又追论公在江陵时为裴均所厚,谤议纷然,五月(18日)即降官庶子。是诗正谤议嚣暴时作,故其词旨愀恻,与卷一《秋怀诗》相类,盖皆忧谗畏讥之诗也。"按:《旧唐书·韩愈传》:"俄有不悦愈者(当是主和专政宰相李逢吉),摭其旧事,言'愈前左降为江陵掾曹,荆南节度使裴均馆之颇厚,均子锷凡鄙,近者锷还省父,愈为序饯锷,仍呼其字'。此论喧于朝列,坐是改太子右庶子。"诗正写于韩公被降官之前谤议嚣喧之时。《韩学研究·韩愈年谱汇证》:"按:三诗当作于元和十一年暮春。如第一首有'暮春下旬间',第二首'桃李事已退''春序已如此'。第三首'晨游百花林''柳枝弱而细'等皆写暮春节令。王说颇有道理:如诗中所云'怀悲自无端'(其一),'狂风簸枯榆'(其二),'娇童为我歌,哀响跨筝笛。艳姬蹋筵舞,清眸刺剑戟''少年真可喜,老大百无益'(其三)皆可窥韩愈此时之心绪。"

② 落蕊还漫漫:魏本:"祝曰:蕊,藤花也。漫漫,多貌。"按:三月葛藤花盛开,下旬花蕊衰落也。漫漫,遍布貌。《太平御览》八引《尚书大传·虞夏传·卿云歌》:"卿云烂兮,纠漫漫。"今本《尚书大传》作"缦缦"。

③ 亹亹新叶大:魏本音注:"亹,音尾。"文《详注》:"斐亹:文色貌,音武斐切。"魏本:"孙曰:'亹亹,翠色貌。'"方世举《笺注》:"王云:'亹亹,翠色貌。'"钱仲联《集释》:"亹亹,与娓娓同义,美盛貌。"

《广韵》:'亹,美也。无匪切。'"童《校诠》:"第德案:楚辞九辨:时亹亹而过中分,王注:亹亹,进貌。亹亹新叶大,言新叶渐渐进而大也。亹为斖之异体。说文:娓,顺也,读若媚。徐铉曰:易:定天下之亹亹,当作娓。段曰:诗易用亹亹字,毛郑释诗皆云勉勉,康成注易亦言没没,斖之古音读如门,勉、没皆叠韵字,然则亹为斖之讹体,斖为勉之假借。按:段说是,斖字应作斖。"亹(wěi 无匪切,上,尾声),表行进状态。《楚辞》宋玉《九辩》:"时亹亹而过中分,塞淹留而无成。"《文选》晋陆机《赴洛诗》:"亹亹孤兽骋,嘤嘤思鸟吟。"此谓暮春藤叶正在生长的状态。形象有味。

④珑珑:魏本:"孙曰:'珑珑,花落声。'"黄钺《增注证讹》:"《秋怀诗》:'霜风侵梧桐,众叶著树干。空阶一片下,琤若摧琅玕。'此又云:'珑珑晚花干。'是花是叶,移易不得。"李黼平《读杜韩笔记》:"注家以珑珑作花落声,恐误。按今韵注云:'《说文》:珑,祷旱玉,龙文。一曰风声,一曰明貌。'诗言'花干',则'珑珑'是风声。"按:李说是。此乃小风拂干花发出的声音。《汉语大词典》:"象声词。南朝梁孔翁归《相和歌辞·长门怨》:'雷声听隐隐,车响绝珑珑。'(引韩诗为例)宋梅尧臣《高车再过谢永叔》诗:'复闻传呼公又至,黄金络马声珑珑。'"《辞源》:"干燥貌。(引韩诗为例)明美貌。宋梅尧臣《宛陵集》一七《杨公蕴之华亭宰》诗:'宫旁种玉树,柯叶垂珑珑。'"形象地描绘干花散落的声形。

⑤"青天"二句:寥寥,钱仲联《集释》:"左思(《咏史八首》之四《文选》卷二一)诗:'寥寥空宇中。'李善注:'《广雅》曰:寥,深也。'《楚辞·九章》(《悲回风》):'漂翻翻其上下兮。'《广雅》(《释训》):'翻翻,飞也。'"按:寥寥,空虚,空阔貌。《吕氏春秋·情欲》:"九窍寥寥,曲失其宜。"

翻翻:方《举正》据阁本作"翻翻",云:"蜀同。李、谢校。荆公本作'翩翩。'朱《考异》:"翻翻,或作'翩翩',或作'翩翩'。"南宋监本原文作"翩翩"。文本、潮本、祝本、魏本作"翩翩"。宋白文本、廖本、王本作"翻翻"。作"翻翻""翩翩"均可,义亦同。如童《校诠》:

"作翻翻、翩翩、翩翩皆通,如与上句寥寥作对言,则以作翻翻、翩翩较长。蝴当依廖、王、祝三本作'蝶'。"

⑥ 怀悲自无端:人皆悲秋,公则悲春。无端者无由也;非无由也,乃一些无聊之徒无端拨弄是非,挑起对他的诽谤,引出他的悲怀来。三首诗乃有为之作。

其 二

黄黄芜菁花①,桃李事已退。狂风簸枯榆②,狼藉九衢内③。春序一如此,汝颜安足赖④?谁能驾飞车,相从观海外⑤?

【校注】

① 黄黄:蔓菁花色黄,故云。蒋抱玄《评注》:"《诗》(《小雅·都人士》):'狐裘黄黄。'"文《详注》:"菜名,一名蔓菁,音亲盈切。"魏本:"孙曰:《方言》(卷三)云:葑苁,芜菁也。陈、楚词[间]谓之苁,关西谓之芜菁,赵、魏之间谓之大芥。芜菁即蔓菁也。"

② 狂风簸枯榆:狂,魏本作"强",非是。诸本作"狂",是。文《详注》:"榆,木名。《说文》(木部)曰:'白枌也。'音容朱切。"魏本:"孙曰:《释木》(《尔雅》)云:'白枌也。'郭璞云:'先生叶,却著荚,圆如钱,故曰榆钱也。'"按:榆树仲春著花,中籽裙边,形似铜钱,暮春干枯而飞落满地。韩公《晚春》诗云:"榆荚只能随柳絮,等闲撩乱走空园。"《游城南十六首》之二《题于宾客庄》:"榆荚车前盖地皮,蔷薇蘸水笋穿篱。"之三《晚春》:"杨花榆荚无才思,惟解漫天作雪飞。"

③ 狼藉:散乱不整貌。《史记·滑稽列传》:"履舄交错,杯盘狼藉。"《文选》卷三五晋张景阳《七命》:"澜漫狼藉,倾榛倒壑。"

九衢:钱仲联《集释》:"《天问》王逸注:'九交道曰衢。'"按:九衢,乃京城四通八达的道路。《玉台新咏》卷九南朝梁沈约《岁暮愍衰草》:"凋芳卉之九衢,賨(一作'宝')灵茅之三脊。"按:宝,繁体"寶"字,与"賨"形近。

④"春序"二句:如此,文本作"如颜",注:"颜,一作'此'。"诸本作"此",是。汝颜,朱《考异》:"汝,或作'去'。"文本作"去去",注:"一作'汝颜'。"

按:此韩公因春哀叹自己年华衰老也。谓春盛春衰的时令变化总是这样,你过去盛年容貌又有什么值得凭借的呢?

⑤"谁能"二句:文《详注》:"《括地图(志)》云:'奇肱氏能为飞车,从风远行。汤时西风吹奇肱车至于豫州,汤破其车,不以示民。十年,西风至,乃复使作车遣归,去玉门关四万里。'(按:此说亦见张华《博物志·外国》、《山海经·海外西经》注)《淮南子》曰:'凡海外有三十六国,有奇肱民、一臂民。'注云:'奇,只也,言其人一臂一脚。'"魏本:"孙曰:'飞车仙驾。'韩曰:《山海经》:'奇肱之国,其为人一臂。'注云:'其人善机巧,以取百兽禽,能作飞车,从风远行。汤时得之于豫州界中。'"按:以不能驾飞车到海外,而感叹自己处于困境。

其 三

晨游百花林,朱朱兼白白。柳枝弱而细,悬树垂百尺①。左右同来人,金紫贵显剧②。娇童为我歌③,哀响跨筝笛④。艳姬蹋筵舞,清眸刺剑戟⑤。心怀平生友,莫一在燕席⑥。死者长眇芒⑦,生者困乖隔⑧。少年真可喜,老大百无益。

【校注】

①悬树垂百尺:方《举正》订"树"字,云:"谢校。"朱《考异》:"树,或作'对'。"南宋监本原文作"对"。文本、潮本、祝本、魏本作"对",注:"对,一作'树'。"宋白文本、廖本、王本作"树",从之。按:

"对"字无着落,谓"悬树"者正喻其高也,与"垂百尺"合。

② 贵显剧:方《举正》订"剧"字,云:"三本同,曾、谢校。"朱《考异》:"剧,或作'极'。"南宋监本原文作"极"。文本、潮本、祝本、魏本作"极",注:"极,一作'剧'。"宋白文本、廖本、王本作"剧",注:"剧,一作'极'。"

钱仲联《集释》:"《史记·蔡泽传》:'怀黄金之印,结紫绶之要。'"按:极(jí渠力切,入,职韵),至也,达到最高限度。《诗·大雅·崧高》:"崧高维岳,骏极于天。"剧(jù奇逆切,入,陌韵),极也,甚也,形容程度深。《荀子·非十二子》:"犹然而材剧志大,闻见杂博。"二字古音义均通,可两存。金紫,一作金印紫绶解,黄金印章和系印的紫色绶带,古代相国、丞相、太尉、大司空、太傅、太师、太保、前后左右将军及六宫后妃所掌。亦为表示品级的服饰。《汉书·百官公卿表》上:"相国、丞相皆秦官,金印紫绶。"一作金鱼袋及紫衣解,为唐宋的官服及佩饰,因亦代指贵官。唐元稹《故金紫光禄大夫检校司徒兼太子少傅赠太保郑国公食邑三千户严公行状》:"仕五十年,一为尚书,三历仆射,六兼大夫,五任司空,再践司徒,三居保傅,阶崇金紫,爵极国公。"亦指权贵显要的服饰和印鉴,以此代指权贵显官。

③ 娇童为我歌:魏本:"孙曰:'娇童,妓女。'"童《校诠》:"娇童,歌童,非妓女,下文艳姬乃妓女耳。"按:童说是。

④ 跨筝笛:方《举正》订"跨"字,云:"三本同,曾、谢校。"朱《考异》:"跨,或作'夸(㛦)',非是。"南宋监本原文作"夸"。文本、潮本、祝本、魏本皆作"夸(㛦)"。宋白文本、廖本、王本作"跨"。童《校诠》:"第德案:说文:跨,渡也;夸,谩也,二字古通借,列子杨朱篇:尊礼义以跨人,借跨为夸;管子白心篇:万物均既夸众矣,房注:夸,大也,借夸为跨。此本(魏本)及祝本皆作夸,为跨之借。列子释文:一作夸,说文:夸,奢也,奢有大义,过义。"按:二字虽可借,然韩诗用"跨",不用"夸"。哀响,指乐曲的情调。跨筝笛,谓比较看谁的筝笛弹吹得好。

⑤ "艳姬"二句：上句夸女姬之舞，下句写女姬眼神。魏本："孙曰：言眸子清朗如剑戟之刺，甚称其俊快也！"文《详注》："张文潜云：东山专言退之诗'长安众富儿，盘馔罗膻荤。不解文字饮，惟能醉红裙'，疑若清苦自饬者，至云'艳姬蹋筵舞，清眸刺剑戟'，则知此老子个中兴复不浅。文潜戏言曰：'爱文字饮者，与俗人沽酒同科。'"按：所言非也。韩公是与金紫贵显同游筵也，虽赞却不欣赏陶醉。以剑戟比艳姬之眸，有新意，正表现他以阴柔之物出阳刚之风。

⑥ "心怀"二句：心里所怀念的平生好友无一在宴席者，寓其孤独之感也。上云"哀响"与"清眸刺剑戟"者，隐含哀伤与威胁之感，非如长安众富儿醉红裙的玩乐之趣。

⑦ 死者长眇芒：芒，文本、祝本作"茫"。宋白文本、魏本、廖本、王本作"芒"。方成珪《笺正》："眇芒，当作'渺茫'。"童《校诠》："第德案：古渺字只作眇，楚辞哀郢：眇不知其所蹠；汉书王褒传：眇然离世绝俗，皆即今之渺字。茫字亦只作芒。魏书崔宏传：宅殿土茫茫，即诗：玄鸟之宅，殷土芒芒；御览五百二十八：洪水茫茫，即长发之洪水芒芒。渺茫为眇芒之后出字，方氏以为当作渺茫，未谛。"按：眇芒，辽阔迷茫看不清楚也。汉王充《论衡·知实》："神者，眇茫恍惚无形之实。"《辞源》云："眇茫，即渺茫。"举韩诗为例。程学恂《韩诗臆说》卷二："死者指东野。"

⑧ 生者困乖隔：方《举正》作"生者"，云："蜀同。谢作'生存'。"朱《考异》："者，一作'存'。"宋白文本、文本、魏本、廖本、王本作"生者"。祝本作"生在"，注："一作'者'。"按："生者"与上句"死者"对，作"生者"是。程学恂《韩诗臆说》卷二："生者谓（皇甫）湜、（张）籍辈。时籍亦在都，则当指（李）翱与（张）彻也。"

【汇评】

清朱彝尊：言外别有一种闲寂味，然亦若有意故为枯淡之调。（顾嗣立《昌黎先生诗集注》卷七）

程学恂：读第三首公之富贵不能淫，久要不忘，于此等处可见。看他将同来"金紫""娇儿""艳姬"只一例看。"死者长眇芒，生者困乖隔"，死者指东野，生者谓湜、籍辈。时籍亦在都，则当指翱与彻也。(《韩诗臆说》卷二)

早赴街西行香赠卢李二中舍人①
元和九年

天街东西异②，祗命遂成游③。月明御沟晓④，蝉吟堤树秋⑤。老僧情不薄，僻寺境还幽。寂寥二三子⑥，归骑得相收⑦。

【校注】

① 题：祝本注："赴，一作'起'，一无'人'字。"魏本"人"字下有"一首"字。诸本均如题。

方《举正》："卢李，卢汀、李逢吉。"朱《考异》："卢汀、李逢吉。"文《详注》："《补注》：公元和十一年正(当为'五')月十八日，自中舍坐廷议伐蔡事，降太子右庶子。此诗其年秋作。卢李，即云夫、逢吉也。"顾嗣立《集注》："《隋三礼图》：'长安领街西五十四坊及西市，多王公贵戚之家。'"王鸣盛《蛾术编》卷四〇《说地四》："此言街东西寺观之盛也。昌黎又有《题张十八所居》诗云：'君居泥沟上，沟浊萍青青。'东雅堂《韩集》某氏注云：'张籍居长安西街，孟东野所谓西明寺后穷瞎张太祝也。'张籍酬昌黎诗云：'西街幽僻处，正与懒相宜。'……可知羁孤者参错其间，非尽烜赫者也。"方世举《笺注》："原注：'卢汀、李逢吉。'《新唐书·李逢吉传》：'逢吉，字虚舟。擢进士第，元和时，迁中书舍人。'程大昌《演繁露》(卷七《行香》)：'国忌行香，起于后魏、江左齐梁间。何尚之设八关斋，集朝士自行香。东魏静帝尝设法会，乘辇行香。凡云行香者，步进前而周匝道场，仍自炷香为礼也。'按《唐六典》（卷四）：'凡国忌行香，京文武五品以上，与清官七品以上。'"沈钦韩《补注》："中书舍人无称中舍人者。《六典》有太子中舍人，正五品以上，虽系高班，只是冗员，故诗云'寂寥二三子'也，非卢汀、李逢吉矣。"钱仲联《集释》："当是公降官太子右庶子时作。"屈《校注》："按：《旧唐书·宪宗纪》及《李逢吉传》载，逢吉以元和九年改中书舍人，十一年二月为相。则方、朱皆释'中舍人'为中书舍人也，故以元和十年作。《新唐书·百官志四上》云：'东宫右春坊：右庶子二人，正四品下；中舍人二人，正五品下。'韩愈以元和十一年五月十八日坐廷议伐蔡，由中书舍人降为右庶子，则'卢、李二中舍人'乃右春坊韩愈之同寮，故诗云'寂寥二三子'，非中书舍人之卢汀、李逢吉也，方、朱说误。元和十一年秋作。《长安志》卷九二'万年县领朱雀街东五十四坊，长安县领朱雀街西五十四坊'。街西，即朱雀街西也。"按：李逢吉元和十一年二月迁平章事，此李非逢吉明矣。《韩学研究·韩愈年谱汇证》系此诗于元和九年秋，云："方崧卿《举正》谓'卢汀、李逢吉'。方成珪《诗文年谱》曰：'方扶南谓是年秋作。'据此亦系九年。钱仲联《补释》曰：'当是公降官太子右庶子时作。'而系元和十一年。按：卢汀，字云夫，贞元元年进士，两《唐书》无传。以其与人交往文献考查，其官历虞部司门、库部郎曹，迁中书舍人，为给事中，后莫知所终，时正任中书舍人。李逢吉，九年改中书舍人，权知礼部贡举，赐绯鱼袋。李逢吉为门下侍郎，同中书门下平章事，赐紫金鱼袋。又诗云：'月明御沟晓，蝉吟堤树秋。'诗当写于秋天，而十一年二月李已为平章事，不当再称中舍。钱说非是，当写于九年，李迁中书舍人后。"

② 天街：方世举《笺注》："天街乃长安街，即公诗所谓'天街小雨润如酥'者也。东西异者，即《华山女》诗所谓'街东街西'也。旧注引《史记·天官书》'毕、昴间为天街'，是'天街'二字所由来，不是此处事实。"钱仲联《集释》："唐时长安城朱雀门大街，亦名天门街，简称天街，盖与宫城之南门承天门有关。"按：方说是。钱说拘。

天街者，京城中的街道，如天都然，因是天子所居之地。高适《酬裴员外以诗代书》诗："自从拜郎官，列宿焕天街。"与韩公诗皆然。

③ 祗命遂成游：祗命，王本引孙《全解》："谓承诏也。"《文选》卷二四晋陆机《答贾长渊》诗："祗承皇命，出纳无违。"此谓非己兴致所之，乃是因有上命"凡国忌行香，京文武五品以上，与清官七品以上"。故韩公在京而有此一游。韩公用"祗命"，既出于事实，又含自己的意愿。

④ 御沟晓：方《举正》据杭本订，云："谢校同。蜀本作'沟水晓'。"朱《考异》："御沟，或作'沟水'。"祝本作"沟水"。宋白文本、文本、魏本、廖本、王本作"御沟"，注："一作'沟水'。"作"御沟"是。贞元八年进士考试诗题为"御沟新柳诗"，贾稜、陈羽、欧阳詹、李观、冯宿等诗均传世；惜韩公诗不传，可见韩公诗文亦有遗失者。

⑤ 蝉吟堤树秋：吟，文本作"鸣"。宋白文本、诸本作"吟"，是，合秋蝉悲鸣之意。

蒋之翘《辑注》："三、四语极凄丽，晓行景色如画。"朱彝尊《批韩诗》："颔联有冲淡趣。"何焯《义门读书记》卷三〇："次连似柳恽、何逊语。"按：上句有实事：诏命须早行；"月明御沟"意境已出，着一"晓"字，则突出特定时刻的境界，有味。蝉吟，已觉凄凉，下着一"秋"字，则吟声又含悲意。可见诗写于七月秋后，炼字。由此铺垫，则可自然推出下文的僻寺幽景与寂寥之情来。

⑥ 寂寥二三子：朱《考异》："寥，或作'寞'。"祝本作"寞"。按："寞"与"寂"是合成的固定词，虽可拆开用，意则重复。而"寥"，意中有境，"寂"是感觉，与"寥"构成一浑然幽寂空阔的意境。韩公用字讲究，当用"寥"字为是。

⑦ 归骑得相收：蒋抱玄《注评》："收，聚也。"方世举《笺注》："相收：《庄子·山木》篇：'夫相收之与相弃亦远矣。'"按：收可作回、复解。李白《代别情人》："覆水不可收。"杜甫《送樊二十三侍御赴汉中判官》："二京陷未收。"亦可作收拢、聚集解。《史记·秦始皇本纪》："收天下兵，聚之咸阳。"此处"收"字作后者解善。

【汇评】

清朱彝尊：颔联有冲淡气。（顾嗣立《昌黎先生诗集注》卷七）

清何焯：《早赴街西行香赠卢李二中舍人》次连似柳恽、何逊语。（《义门读书记》卷三〇）

清王鸣盛：《街西行香赠卢李二舍人》李逢吉，元和九年改中书舍人，至十一年二月同平章事。（《蛾术编》卷七六）

晚寄张十八助教周郎博士①

元和十一年

日薄风景旷②，出归偃前檐③。晴云如擘絮，新月似磨镰④。田野兴偶动，衣冠情久厌⑤。吾生可携手⑥，叹息岁将淹⑦。

【校注】

① 题：方《举正》："张籍、周况也。况，公侄婿也。蜀本无'郎'字。元和十年（815）作。"朱《考异》："或无'郎'字。张籍、周况也。"魏本"博士"下有"一首"字，注："或无'郎'字。"诸本有"郎"字，从之。

文《详注》："张，籍也。周郎名况，其妻俞之女，有铭在集。《补注》：况，公之从子婿，四门博士。公右庶子，元和十一年（816）也。"顾嗣立《集注》："《旧唐书·张籍传》：'调补太常寺太祝，转国子助教。'按公集《周况妻韩氏墓志》云：'四门博士周况妻韩氏，礼部郎中云卿之孙，开封尉俞之女。'盖公之从婿也。"沈钦韩《补注》："魏、晋以来，呼门婿为郎。《北史·杨愔传》：'尚神武女。太皇太后问杨郎何在？'《通鉴》：'泾原节度使田希鉴妻李氏，以叔父事李晟，晟谓之田郎。'宣宗呼驸马都尉郑颢为郑郎。况妻，公堂侄女也。"王元启《记疑》:"公以元和十一年正月迁中书舍人,是年为周况妻作志,云'况官四门博士',知此诗为中书舍人时作。"钱仲联《集释》:"诗有'岁将淹'语,是十一年冬所作,公时已为太子右庶子矣。"按:张籍十一二年间任国子助教,诗云:"晴云如擘絮,新月似磨镰。""吾生可携手,叹息岁将淹。"诗写于元和十一年十二月初。下年末韩愈随裴度平淮,不可能有此一游。谓十二年者误。

② 日薄风景旷:方《举正》据杭本作"薄",云:"校本亦出。薄,迫也。《国语》:'今会日薄矣,恐事之不集。'朱《考异》:"薄,或作'落'。(下引方语)今详语势,但如白乐天所谓'旌旗无光日色薄'耳,方说非是。"南宋监本原文作"落"。文本、潮本、祝本作"落",宋白文本、魏本、廖本、王本作"薄"。魏本注引朱语。

方世举《笺注》:"薄,作迫解,说亦可通。但当引李密《陈情表》(《文选》卷三七)'日薄西山',不当引《国语》。《国语》'会日薄矣',乃言日期已近,与此无涉。一本作'日落','落'字正与'日薄西山'意合,即题中'晚'字之义。"童《校诠》:"第德案:汉书扬雄传:恐日薄于西山,为陈情表所本,应引汉书乃得其朔。白诗:旌旗无光日色薄,言明皇伤贵妃,天地万物皆黯然无色,故云尔,日色原无厚薄也,义与此异。"按:风景旷者,乃日将没之意境,非日落后天暗景晦之情也。作"薄"字善。

③ 出归偃前檐:蒋抱玄《评注》:"偃,息也。《诗经》(《小雅·北山》):'或偃息在床。'"按:偃(yǎn),本指仰卧休息,此诗谓韩公回家后躺在屋檐前的坐床上休息。

④ "晴云"二句:擘(bò 博厄切,入,麦韵)絮(xù 息据切,去,御韵):擘者,分开也。《礼记·内则》:"炮之,涂皆干,擘之。"《史记·刺客列传》:"既至王前,专诸擘鱼,因以匕首刺王僚。"絮者丝绵之絮也。《急就篇》卷二:"绛缇绠䌷丝絮绵。"注:"抽引精茧出绪者曰丝,渍茧擘之,精者为绵,粗者为絮。今则谓新者为绵,故者为絮。"此谓清朗的天空上挂着丝丝白云。新月,俗谓"初二三,月牙尖"。南朝梁江总《秋日登广州城南楼》:"野火初烟细,新月半轮空。"似

— 1609 —

磨镰者,新月弯弯明亮像新磨的镰刀一样。按:此联写景形态肖似,比赋生动,属对工稳。如程学恂《韩诗臆说》卷二:"'新月似磨镰'句俚甚矣,然不可谓之俗。"钱仲联《集释》引张鸿《批韩诗》:"独创新喻,公之擅场。"

⑤衣冠情久厌:童《校诠》:"案:猒,廖本、祝本作厌,王本与本书(指魏本)同。说文:猒,饱也,从甘,从肰,猒,猒或从目。此为猒足本字,作厌者假借字。古籍亦有用猒字者,国语周语:翟封豕豺狼也,不可猒也,岂敢猒纵其耳目心腹以乱百度,韦注:猒,足也,荀子王霸篇:愈猒而好新,列子杨朱篇:而美厚复不可常猒足,是其例。"宋白文本、文本亦作"厌"。如童说:猒、厌均可。

按:此句倒置,当作"久厌衣冠情"。为与上句对,故倒置。此谓:偶然动了到田野一游的兴趣,厌烦了长时间官衣官帽。从首联所写出游归,当如是想,不得作欲归田解。此正表现出他被黜为闲官太子右庶子的情绪。

⑥吾生可携手:生,指周况。蒋抱玄《评注》:"《诗经》(《邶风·北风》):'携手同行。'"

⑦岁将淹:岁末也。方《举正》:"淹,当作'殗'。殗,残也,没也。淹延之义不可通。今人书'殁'作'没',书'殂'作'徂',多互用。李白诗'东溪卜筑岁将淹',又'远行岁已淹',字皆讹。"朱《考异》:"古字通用者多,不知方何以知此独不可通用也?"宋白文本、文本、魏本、廖本、王本均用"淹"。魏本注引方、朱二说。童《校诠》:"第德案:说文:淹水,出越巂徼外,东入若水。无殗字。尔雅释诂:淹,久也,郝懿行曰:淹者,方言云:败也,水敝为淹。水敝谓渐渍之。淹训渍,渍有久义,故又训久(举例从略)。按:郝说是,就其渐渍而言,故训久,就其敝败而言,故有残没之义,二者义实相成。公此诗檐、镰、猒、淹四字,见广韵二十四盐,不旁出,盐韵有淹无殗,淹,渍也,滞也,久留也,败也,央炎切。殗在三十三业,殗殜,不动貌,于业切。《集韵》收殗字,云:衣廉切,音淹,义同,一曰殁也。方云:淹当作殗。以后出之义当之,不免率尔。至殁没、徂

徂,经籍通用已久,无烦举例。《说文》:殁,终也;没,沈也,音同义近;殂,往死也;徂,往也。《左氏》僖九年传:送往事居。杜注:往,死者,不唯音同,义亦相同。朱子云:不知方何以知此独不可通用。未正其误,故为补之。"按:童说是。则诸本作"淹"不误。

【汇评】

清朱彝尊:昌黎诗大抵意真,又不掇凑,所以境自别。(顾嗣立《昌黎先生诗集注》卷七)

清何焯:《晚寄张十八助教周郎博士》:"擘絮""磨镰",皆田野事也。(《义门读书记》卷三〇)

题张十八所居①
元和十一年

君居泥沟上,沟浊萍青青②。蛙欢桥未扫③,蝉噪门长扃④。名秩后千品⑤,诗文齐《六经》。端来问奇字⑥,为我讲声形⑦。

【校注】

① 题:魏本"居"字下有"一首"字。诸本无,从之。

张十八所居,文《详注》:"《补注》:在长安西街,孟郊(《寄张籍》)所谓'西明寺后穷瞎张太祝',谓张籍也。"廖本注同。黄钺《增注证讹》:"香山《寄张十八》诗:'同病者张生,贫僻住延康。慵中每相忆,此意未能忘。迢迢青槐街,相去八九坊。'即此居邪?"钱仲联《集释》:"徐松《唐两京城坊考》卷二:'朱雀门东第二街,街东……次南靖安坊,水部郎中张籍宅。'张穆校补:'籍先居延康里,见白居易诗,后寓居寺中,又移居靖安也。'又卷四:'次南延康坊,西南隅西明寺,水部郎中张籍宅。'(张穆校补:'本隋尚书令越国公杨素宅,显庆元年立寺。白居易《酬张十八访留宿见赠》诗:远从延康里,来访曲江滨。')按张籍酬愈此诗,有'西街幽僻处'句。考韦述《两京新记》,延康坊属皇城西之十三坊之一,故言西街。知二公作诗时,籍尚居延康坊。"方世举《笺注》:"□云:张籍居长安西街,孟东野诗所谓'西明寺后穷瞎张太祝'也。按:张籍答诗可以知此诗为庶子时作。"王元启《记疑》:"籍有《酬韩庶子》诗(《张司业诗集》卷二),正答此诗之意。公诗又有'蛙欢''蝉嘒'之句,知为十一年五月以后之作。"

② 泥沟、沟浊:朱《考异》:"诸本上句作'浊沟',下句作'泥浊'。"祝本、文本下句作"泥浊",注:"上句一作'浊沟',下句一作'沟浊'。"宋白文本、魏本、廖本、王本上句作"泥沟",下句作"沟浊",是。按:沟浊萍青青,沟浊谓沟水之浊,而水上漂着青青的浮萍。

③ 蛙欢:方《举正》:"欢,蜀作'喧',义通。"朱《考异》:"欢,或作'喧'。"童《校诠》:"说文:欢,哗也,呼官切。吅,惊嘑也,从二口,读若欢,臣铉等曰:或通用欢,今俗别作喧,非是,况袁切。二字音义各别,凡说文言读若者,例得通借,欢为欢哗本字,作吅者借字,经籍作吅者少见,大都皆用喧字,或者作咺,又作谖。"按:写桥上无人扫,谓家穷无仆,籍又患眼疾,来人也稀;只有桥下之蛙欢,谓冷落萧条也。

④ 蝉嘒门长扃:蒋抱玄《评注》:"《诗经》(《小雅·小弁》):'鸣蜩嘒嘒。'"毛传:"蜩,蝉也。嘒嘒,声也。"朱彝尊《批韩诗》:"蛙蝉是村野音乐,本'蝉噪林逾静'二句换骨来,添作两层。"童《校诠》:"案:此诗自蝉嘒门长扃以上,原注阙,或取考异语补之。祝本沟浊句沟作泥,注云:一作沟,蝉嘒句嘒下注云:呼惠切,小声也,应据补。"按:桥未扫、门长扃,谓静寂萧条,衬托张籍贫居少交也。不但赋形,且亦见情。扃,上闩,关闭。《文选》卷六〇任昉《齐竟陵文宣王行状》:"玉关靖柝,北门寝扃。"

⑤ 千品:方世举《笺注》:"《楚语》(《国语》):'观射父曰:百姓

千品,万官亿丑。'韦昭曰:'一官之职,其寮属有十品,百官故有千品也。'"按:此句"名秩后千品"与下句"诗文齐《六经》"反对,谓张籍官职品阶之低而诗文绝佳。下句"诗文齐《六经》",则盛赞张籍诗文。

⑥端来问奇字:蒋抱玄《评注》:"端来,犹言定来也。端者有着落之义,如无端、端的是。"魏本:"孙曰:《汉书》《扬雄传》):'刘歆子棻尝从扬雄学作奇字。'注云:'奇字,古文之异者。王莽使甄丰刊定六体,一曰古文,二曰奇字,三曰篆书,四曰隶书,五曰缪书,六曰虫书。'"文《详注》:"《书苑》曰:'汉时书有六体:一曰古文,二曰奇字,三曰篆书,四曰佐书,五曰缪篆,六曰鸟虫书。'"按:说稍异而实同。魏本(张籍《酬韩庶子诗》注)引樊《谱注》:"王莽投刘棻四裔,辞所连及,便收不请。时扬雄校书天禄阁,狱使来欲收雄,雄恐,从阁上投下,几死。盖棻尝从雄学奇字,雄不知情,有诏勿问。时人曰:'惟寂寞,自投阁,爱清净,作符命。'(见《汉书·扬雄传》)公诗落句用'奇字',籍诗落句用'寂寞',皆扬子云事。唐人酬答,和意而已。"

⑦讲声形:讲解字的声符和形符也。魏本:"孙曰:《周礼》:'保氏(按:宋本作'保章氏',四库本作'保氏',当作'保氏')掌教国子六书。'注云:'一曰指事,二曰象形,三曰形声,四曰会意,五曰转注,六曰假借。形声如江河之类。'"钱仲联《集释》:"《说文解字叙》:'保氏教国子,先以六书:一曰指事:指事者,视而可识,察而见意,上、下是也。二曰象形:象形者,画成其物,随体诘诎,日、月是也。三曰形声:形声者,以事为名,取譬相成,江、河是也。四曰会意:会意者,比类合谊,以见指㧑,武、信是也。五曰转注:转注者,建类一首,同意相受,考、老是也。六曰假借:假借者,本无其字,依声托事,令、长是也。'"方成珪《笺正》:"此地官保氏,非春官保章氏也。郑注:六书:象形、会意、转注、处事、假借、谐声。此注次序不合,盖参用徐鼎臣《说文解字序》文也。三曰象声,徐序作形声,余皆同。但公诗所谓声形,自指谐声、象形二体而言,此以徐序形声

释公声形,非是,当云声形如江、河、日、月之类。"童《校诠》:"第德案:说文序所言六书次第,乃许君自序语,方氏以为鼎臣序,当属误记。鼎臣有奉诏校定说文奏,不言六书次序。孙注六书次序本诸说文,注云二字疑当作许云。形声,廖本作象声,徐本同(按:汉书艺文志作象声),方所校为徐本,故曰象声,徐序作形声。"按:作"声形",当可泛指今之文字学。

【汇评】

宋赵与时:《汉书·扬雄传》云:"刘棻尝从雄学作奇字。"韩文公《题张十六(应作"八")所居》诗云:"端来问奇字,为我讲声形。"然《传》但云"学作奇字",不言"问奇字"。后来相承而用,盖又以韩诗为本。《传》又云:"家素贫,嗜酒,人希至其门。时有好事者,载酒肴从游学。"与前"学作奇字",凡隔数十字,了不相涉。而近世文人多云"载酒问字""载酒问奇字"之类,不知何所本也。(《宾退录》卷五)

清李光地:(《晚寄张十八助教周郎博士》《过张十八所居》)二诗在古与律之间,悠然绝调。(《榕村诗选》卷六)

清朱彝尊:文昌此诗写出闲散真趣。蛙蝉是村居,音乐本"蝉噪""林逾静"二句换骨,"来"添作两层。(顾嗣立《昌黎先生诗集注》卷七)

清黄叔灿:上半首总言张所居之贫,应门无使,却扫无人,惟有蛙欢蝉喧而已。下半言其官虽卑,而诗文却可重,故特来如扬雄之问字耳。盖字之形声,《六经》为难也,公故特举言之。(钱仲联《韩昌黎诗系年集释》)

程学恂:此诗不如张作之工。然文昌之诗,至为浅淡,以杨升庵所诋为俗语十字者,公乃媲之于《六经》,似此识力,岂千年前后所有?李元宾称东野诗高处在古无上,退之称张籍诗文齐《六经》,皆非过量之褒,只是见得真切。(《韩诗臆说》卷二)

蒋抱玄:公诗工于凝炼,写十八地位,尤不溢一丝。然吾以为不若文昌之幽闲有真味也。(《注释评点韩昌黎诗全集》)

附：

酬韩庶子

张　籍

西街幽僻处,正与懒相宜。寻寺独行远,借书常送迟。家贫无易事,身病是闲时。寂寞谁相问?只应君自知。

奉酬卢给事云夫四兄曲江荷花行见寄并呈上钱七兄阁老张十八助教①
元和十一年

从诗里"我今官闲得婆娑"句,知此诗写于元和十一年(816)五月,韩愈由中书舍人赐绯鱼袋降为闲散的东宫属官太子右庶子后。写景流于一般便俗,出新意犹难,大手笔均能出新意。如王维《终南山》、李白《梦游天姥吟留别》、杜甫《望岳》、白居易《钱塘湖春行》等,皆以创新为人赞誉。韩公这首诗借酬答而写景,风韵尤佳。诗先写曲江之荷,仅二句:"曲江千顷秋波净,平铺红云盖明镜。"把艳丽高雅的荷花玉立在澄碧千顷明净若镜的曲江之上的神态写了出来。写景离不开情,写情离不开人,不然便会把景写死。卢汀在繁忙的公务中脱身出官即奔曲江观荷,仅以"走马来看立不正",就说明曲江荷花盛开之景吸引力大:公务再忙也非看不可,以应酬卢寄《曲江荷花行》。后写昆明池风景之奇,仅用"负雪崔嵬插花里"七字便情态毕肖。写昆明池广大,用"玉山前却不复来,曲江汀滢水平杯"的玉山、曲江作衬托。因其景色怡人,才有其情不自禁的"脚敲两舷叫吴歌"的狂歌叫喊,便把情融入景中了。由于诗人笔底情真意笃,更使人感受到昆明池景色之美。这就是诗人把自己的美感体验付之于笔端,给读者以美的享受。因他是由要职下降为闲官,故有"官闲得婆娑","岂如散仙鞭答鸾凤终日相追陪"的抒怀,曲折地反映出他对权臣压制异己的不满,风韵极佳。

曲江千顷秋波净②,平铺红云盖明镜③。大明宫中给事归④,走马来看立不正⑤。遗我明珠九十六⑥,寒光映骨睡骊目⑦。我今官闲得婆娑⑧,问言何处芙蓉多？撑舟昆明度云锦⑨,脚敲两舷叫吴歌⑩。太白山高三百里⑪,负雪崔嵬插花里⑫。玉山前却不复来⑬,曲江汀滢水平杯⑭。我时相思不觉一回首,天门九扇相当开⑮。上界真人足官府⑯,岂如散仙鞭笞鸾凤终日相追陪⑰。

【校注】

① 题：魏本："孙曰：卢四，名汀，字云夫。钱七，名徽，字蔚章。张十八，即籍也。"文《详注》："《补注》：卢四，汀也。钱七，徽也。张，籍也。此诗亦元和十一年秋作。钱徽，元和初为翰林学士，九年为中书舍人，十一年罢为右庶子。诗云'岂如散仙鞭笞鸾凤终日相追陪'，时公与徽同为庶子也。"沈钦韩《补注》："公为右庶子时作。"方成珪《年谱》："诗有'我今官闲得婆娑'句，知为是年五月后所作。"方世举《笺注》："《雍录》（卷四）：'开元二十年（732）筑夹城，自大明宫以达曲江芙蓉园。'刘悚《小说》：'园本古曲江，隋文帝恶其名曲，改名芙蓉，为其水盛而芙蓉富也。'王云：'在长安城升道坊。'"按：卢云夫：卢汀，时官给事中。详见本书卷五《卢郎中云夫寄示送盘谷子诗两章歌以和之》诗注①。给事，给事中。《新唐书·百官志二》："门下省，给事中四员，正五品上。掌侍左右，分判省事，察弘文馆缮写雠校之课。"曲江，曲江池，在长安东南升道坊，唐时的游览胜地。《曲江荷花行》乃卢汀赠韩愈的诗题。钱七，名徽，字蔚章，吴都（今江苏苏州）人。贞元元年（785）中进士，历任祠部员外郎、翰林学士、中书舍人，终吏部尚书。盛唐著名诗人钱起子，排行第七。阁老，唐人对久任中书舍人者的称呼。张十八助教，张籍。张籍自去年眼疾愈后的年末任国子助教。国子监助教二人，从六品上，佐博士，分经教授。

② 曲江千顷秋波净：方《举正》云："蜀本作'秋波净'，误。"朱《考异》："秋波，方作'波秋'。"文本、祝本作"波秋"，注："一作'秋波'。"宋白文本、魏本、廖本、王本作"秋波"。魏本等注："一作'波秋'。"作"秋波"，善。

按：依旧制百亩为顷，千顷为十万亩，极言曲江面积广阔。秋波，指曲江池水。

③ 平铺红云盖明镜：方《举正》据唐本作"红云"，云："山谷、范、谢本校同。'红云''明镜'皆喻也。公《三堂诗》(即《和虢州刘给事使君三堂新题二十一咏并序·花岛》)有'欲知花岛处，水上觅红云'，与此同义。蜀本此作'红蕖'，误。"朱《考异》："云，或作'蕖'。"南宋监本原文作"蕖"。文本、潮本、祝本、魏本作"蕖"，非。宋白文本、廖本、王本作"云"，是。

按：红云，荷花。与公《和虢州刘给事使君三堂新题二十一咏并序·花岛》"欲知花岛处，水上觅红云"同义。明镜，水面。红云、明镜，比喻新颖活现。二句谓：曲江池上荡起千顷秋波，鲜艳的荷花像红云一样平铺在明镜似的水面上。

④ 大明宫：文《详注》："《两京杂记》云：'大明宫在禁苑东南丹凤门内，当中正殿曰含元殿，初曰大殿，殿址即龙首东麓高敞，为京城之最。每元正至日于此听朝。'"方世举《笺注》："《新唐书·地理志》：'龙朔后皇帝尝居大明宫。宫在禁苑东南，曰东内，本永安宫，贞观八年置，九年曰大明宫，以备太上皇清暑。高宗厌西内湫湿，龙朔三年，始大兴葺，曰蓬莱宫。咸亨元年曰含元宫。长安元年复曰大明宫，在关内道。'"按：大明宫，宫殿名，在禁苑东南，称东内，本名永安宫，太宗贞观八年(634)建，九年命名大明宫。高宗龙朔三年(663)改名蓬莱宫，咸亨元年(670)改名含元殿，武后长安元年(701)复名大明宫。给事，卢汀。

⑤ 走马来看立不正：走马来看，后省略"看"字的宾语"荷花"，意谓快马赶到曲江来看花。孟郊《登科后》："春风得意马蹄疾，一日看尽长安花。"出孟郊神情正同此诗。立不正，站立未稳之态。

— 1617 —

用语甚妙,正写出卢汀走马看花的神态。与韩公"我今官闲得婆娑"对比。

⑥ 遗我明珠九十六:遗(wèi),赠也。明珠,魏本:"孙曰:汀诗九十六字。"顾嗣立《集注》:"□云:汀诗九十六字。"实录孙语,而方世举又照录顾注。明珠乃对卢汀赠诗的美称。古人称诗文为珠玑美玉。九十六:卢诗九十六字。

⑦ 寒光映骨睡骊目:形容卢诗清丽高雅,光彩照人,富有神骨。睡骊目,方《举正》作"睡离目",云:"杭、蜀同。光映骨而睡离目,言读卢诗之快也。"宋白文本、文本、魏本、廖本作"睡骊目"。睡骊目,盛赞卢诗珍奇如骊龙之珠。朱《考异》:"骊,方从杭、蜀本作'离'。(下引方语)今按:诸本盖用《庄子》(《列御寇》)'取骊龙之珠者必遭其睡'之语。以目言之,则又不止其颔下之珠矣。方说不成文理,况上文初无欲睡之意邪!"诸本作"睡骊目",是。

文《详注》:"言卢诗九十六字,如骊龙之珠也。《庄子·列御寇》篇云:'千金之珠,必在九重之渊而骊龙颔下,子能得珠者,必遭其睡也。'东坡谢御赐诗(《九月十五日迩英讲〈论语〉,终篇,赐执政讲读史官燕于东宫,又遣中使就赐御书诗各一首,臣轼得紫薇花绝句,其词云:丝纶阁下文书静,钟鼓楼中刻漏长。独坐黄昏谁是伴?紫薇花对紫薇郎。翌日,各以表谢,又进诗一篇,臣轼诗云》)云:'苍颜白发便生光,袖有骊珠三十四。'即此意也。"陈景云《点勘》:"按东坡谢赐御书诗云'袖有骊珠三十四',盖化公此诗二语为一也。证以坡诗,方说之误益明。"方世举《笺注》:"目字属睡不属珠。"所说是。

⑧ 我今官闲得婆娑:魏本:"樊曰:公时自中书舍人降太子右庶子。婆娑,优闲之貌。"按:官闲,指公自中书舍人兼知制诰的中书省要职,改为东宫右春坊的太子右庶子时,右庶子是闲官,闲散无事。婆娑:悠闲之貌。唐姚合《游阳河岸》:"醉时眠石上,肢体自婆娑。"韩诗《月蚀诗效玉川子》:"依前使兔操杵臼,玉阶桂树闲婆娑。"又《别赵子》:"婆娑海水南,簸弄明月珠。"

⑨"问言"二句：芙蓉，文《详注》："芙蓉：荷花别名。"魏本："韩曰：'芙蓉，即荷花也。《骚》：搴芙蓉兮木末。'孙曰：'《广雅》：菡萏，芙蓉。'"

昆明：昆明池。度，同渡，即穿过。云锦：形容池中荷花盛开，花繁似锦。魏本："孙曰：'汉武帝元符（当作狩）三年穿昆明池，在长安西南，周回四十里。云锦，言芙蓉之盛，如云与锦也。'"文《详注》："昆明，池名，见《南山诗》。《海赋》云：'若乃云锦散文于沙汭之际。'（《文选》木玄虚）注云：'云锦，朝霞也。沙汭之际，散其文章如此色也。'"宋葛立方《韵语阳秋》卷一六云："《文选·海赋》云：'云锦散文于沙汭之际。'故《谢灵运》诗（江淹《杂体诗三十首》之《谢临川灵运》诗，载《文选》卷三一）有'赤玉隐瑶溪，云锦被沙汭'之句。观其语意，止言沙石五色，如云锦被于岸尔。世见韩退之作《曲江荷花行》云'撑舟昆明度云锦'，遂谓退之以'云锦'二字状荷花，其实非也。谓之度云锦，言舟行于五色沙石之际，岂谓荷花哉？"方世举《笺注》："昆明：《汉书·武帝纪》：'元狩三年，穿昆明池。'臣瓒曰：'在长安西南，周回四十里。'按杜甫《秋兴》诗'昆明池水汉时功'一首云：'露冷莲房坠粉红。'则知此处固多荷花也。度云锦：《韵语阳秋》木华《海赋》云：'云锦散文于沙汭之际。'故江淹拟《谢灵运》诗有'赤玉隐瑶溪，云锦被沙汭'之句。言沙石五色如云锦被于岸耳。世见韩退之《曲江荷花行》云'撑舟昆明度云锦'，遂谓（退之）以'云锦'二字状荷花，其实非也。'度云锦'，谓舟行于五色沙石之际，岂谓荷花哉？顾嗣立曰：按《河南记》有云、锦二溪。溪多荷花，异于常者，见王维之记。公或借用未可知也。按披吟诗意，竟当喻花。言舟入芙蓉深处，云锦烂然，徘徊四顾，山川映发，不觉狂歌叫绝也。何必赘陈沙石，旁引《河南》耶！"童《校诠》："第德案：公用字都有来历，木玄虚海赋之云锦，乃指蚌蛤出沙汭之际，展舒其体，远而望之，光采如锦，曹子建齐瑟行云：蚌蛤被滨崖，光采如锦红是也。非谓沙石五色（江文通诗言赤石隐瑶溪，光彩发越，亦非言岸上五色石），见前送无本师归范阳诗注，与此篇作状芙蓉灿烂,意义不同。顾谓公借用河南记故实,不能谓事所必无,方以何必旁引河南斥之,未免少过。孙注符当作狩。"按:葛说非,方说是。如唐刘兼《郡斋寓兴》"秋庭碧藓铺云锦,晚阁红蕖簇水仙"是也。

⑩ 脚敲两舷叫吴歌:舷:船两侧的边沿。叫,高唱。吴歌,吴地声歌。文《详注》:"晋逸士夏统善作吴歌,以足叩船,引声慷慨。《江赋》云:'咏《采菱》以叩舷。'注云:《采菱》,歌名。舷,船之唇也,音胡田切。一云吴歌,吴人歌其土风也。东坡《放鱼诗》(《复次放鱼前韵答赵承议陈教授》)云:'为君更唤木肠儿,脚扣两舷歌小海。'即此意也。"按:《晋书》卷九四《夏统传》:"统时在船中,贾充问曰:'卿颇能作卿土地间曲乎?'……统于是以足叩船,引声喉啭,清激慷慨,大风应至,含水嗽天,云雨响集,叱咤欢呼,雷电昼冥,集气长啸,沙尘烟起。王公已下皆恐,止之乃已。"此句对上"走马",叩舷咏莲,推出波澜,反客为主,与《卢郎中云夫寄示送盘谷子诗两章歌以和之》同一机杼,而结构大别。以上四句写昆明池畅游之乐。

⑪ 太白山高三百里:三百,方《举正》据阁本作"三百",云:"李、谢校。蜀作'三十'。"朱《考异》:"百,或作'十'。"南宋监本原文作"十"。文本、潮本、祝本、魏本作"十",魏本注:"它本作'百'。"宋白文本、廖本、王本作"百",注:"一作'十'。"作"百",善。

太白山:秦岭主峰太白峰。《史记·夏本纪》正义引《括地志》:"终南山,一名中南山,一名太一山。"主峰太白,亦名太白山,极言太白峰之高。《水经注·渭水》:"太一山,亦曰太白山,在武功县南,去长安二百里,不知其高几何?俗云:武功太白,去天三百。"亦韩诗"三百"字所本也。

⑫ 崔嵬:高貌。《诗·小雅·谷风》:"习习谷风,维山崔嵬。"《楚辞》屈原《九章·涉江》:"带长铗之陆离兮,冠切云之崔嵬。"魏本:"孙曰:'此谓太白影见曲江荷花里也。'"蒋之翘《辑注》引《一统志》曰:"太白山,关中诸山莫高于此,积雪六月不消。"方世举《笺注》:"此乃影见昆明池中,孙误也。"按:方说是。此二句谓:太白山

峰高积雪,倒映在昆明池里,好像插入荷花丛里一样。故翁方纲云:"作水景,偏说山。作夏景,偏说雪。此大手笔,古今寡二。"故魏本注:"雪,一作'云'。"非。

⑬ 玉山前却不复来:魏本:"孙曰:'玉山,亦山名也。却,退也。'"文《详注》:"玉山前却,谓积雪消也。"魏本引任渊云:"前'却'字出处本《蔡邕传》(《后汉书》)云:'螳螂一前一却。'至郭景纯《江赋》(《文选》卷一二)始合用之,而云'巨石硻矶以前却'。"方世举《笺注》:"郭缘生《述征记》(《太平寰宇记》卷二六《雍州·蓝田县》引):'蓝田山,山形如覆车之象。亦名玉山。'杜甫诗:'蓝水远从千涧落,玉山高并两峰寒。'"按:玉山,蓝田山,在长安东南百里的蓝田县。前却,才欲向前,因畏惧太白山高而又退却。不复来,不敢再来。此谓蓝田山矮,不能倒映于昆明池的花丛中。既写实景,又可衬托。《全唐诗》卷九五沈佺期《自昌乐郡溯流至白石岭下行入郴州》:"碍林阻往来,遇堰每前却。"又卷三九八元稹《松鹤》:"台下三四松,低昂势前却。"朱彝尊《批韩诗》:"'前却'奇。"

⑭ 曲江汀滢水平杯:方《举正》据杭本增"不"字,云:"诸本多无'不'字。"朱《考异》:"'水'下方有'不'字,非是。"魏本:"孙曰:'汀滢,水平定貌。'"文《详注》:"汀滢,水不流貌。本作'瀖滢',扬子云《甘泉赋》曰:'梁弱水之瀖滢。'上音士挺切,下音乌挺切。"魏本:"韩曰:'绝小水也。'"钱仲联《集释》:"《抱朴子》(《极言》):'不测之渊,起于汀滢[,陶朱之资,必积百千]。'慧琳《一切经音义》'汀滢'下云:'上音听,平声。下音荣迥反,去声。并小水貌。'"童《校诠》:"说文:汀,平也;荥,绝小水也;泞,荥泞也。段云:甘泉赋:梁弱水之瀖滢,服虔曰:昆仑之东有弱水,渡之若瀖滢耳。善曰:瀖滢,小水貌也,引字林:滢,绝小水也。按:甘泉赋之瀖滢,七命之汀泞,皆谓小水也,滢泞义同,滢即许之荥字,一为荥省,一不省也。今按:段说是。字又作渟濴,后汉书杜笃传:洛色之渟濴,章怀注:扬雄甘泉赋曰:梁弱水之瀖濴,瀖濴,小貌是也。又作汀滢,见钱氏所引抱朴子。依说文应作汀荥,或汀泞,钱乃以汀荥为误,失之,又

谓甘泉赋作瀅,瀅当作潎。孙本作汀瀅,廖本、王本同,祝本作汀莹,与本书同,注引广韵四十六径:汀莹不遂志,有乖诗义。莹、瀅通用。又按:水平杯(繁体作'盃')当作水一杯,作不者涉杯字之上体而讹,平又不、一二字合而为一之讹,杭本不平二字并存,犹可借此考见致误之由。朱子以不字为衍,朱竹垞疑水平杯字拙,皆不悟平当作一,盖偶未审耳。公嘲鲁连子诗:若辍一杯水,与水一杯皆言其小也。"按:童说细矣,亦颇在理,谓"平"当作"一",虽善,而诸本均无作"一"者,今仍依其旧作"平"。按:此句谓:曲江池与昆明池相比,曲江池不过是杯中之水。汀瀅,小流。或作清澈解。《辞源》《汉语大词典》均引韩诗为例,作清澈解。作平定不流解,与下文不配。作小水解,与上文形容昆明池水大相对,合诗义。四句中有收有放,虽打转千顷曲江,却说昆明之大,妙矣;又从昆明挽合曲江,尤妙。恰好接下"相思回首"也。何焯《批韩诗》:"揭过曲江,却说昆明,妙矣。又从昆明挽合曲江,尤妙。恰好接'相思回首'句。"

⑮ "我时"二句:魏本:"孙曰:'谓君门九重也。言云夫给事宫中,如在天上耳。'"文《详注》:"《南史》:宋鲁爽梦见天门开,叹曰:'乃中兴之象耶!'"按:相思回首,韩公思卢汀也。天门九扇,天门九重,比喻君门。相当开,天门开。《北史·齐文宣帝高洋本纪》:高洋"后从文襄行过辽阳山,独见天门开"。韩诗用此典,意深也。回抱"大明宫"也。

⑯ 上界:天上,指君门。真人,仙人。上界真人指朝堂中的显官,卢汀、钱徽当在其中。

⑰ 散仙:方《举正》出"散仙",云:"曾本此下有'无'字,分两句读。"朱《考异》:"方云此下或有'无'字,分两句读,至'笞'字句绝,又本或无'鸾凤'二字,皆非是。"按:作"散仙",是。句首有"岂如",则表明韩愈的闲官生活,自由自在如神仙也。虽含反话正说的不满之意,可从文字表达看,则当如是解。

散仙:不入仙班的仙人。指韩愈、张籍等未列朝官的人。鞭笞,鞭策、鞭挞。鸾凤,为仙人驾车的鸟。魏本:"孙曰:上界真人谓仙人也。仙人犹有官府之事，不如云夫为地上散仙，终日嬉游也。相追陪，谓与钱张同游。一本'散仙'下有'无'字，读为七言，疑非。"王元启《记疑》："愚谓此承前文'我今官闲'言之，'上界真人'正指云夫，下文'散仙'乃公自谓。给事，要职，故以'上界真人'相目。公时降官庶子，故自命为'散仙'，孙注谬。"《洪谱》："《酬卢给事云夫曲江荷花呈钱七兄阁老》，钱徽元和初为翰林学士，九年为中书舍人，十一年罢为右庶子。诗云'岂如散仙鞭笞鸾凤终日相追陪'，时公与徽同为庶子也。"文《详注》："散仙，公等自谓也。钱徽元和十一年春自翰林学士、中书舍人降右庶子，公亦左迁，故有'官闲''散仙'之句。《楚辞》曰：'鸾凤为余前戒。'王逸云：'鸾凤，俊鸟，以喻仁智之士。'首句曲江事见《望秋作》。红蕖，荷花也。明镜，水面也。"方世举《笺注》："上界真人：《神仙传》：'白石先生者，中黄丈人弟子也，不肯修升天之道。彭祖问之，答曰：天上复能乐比人间乎？但莫使老死耳。天上多至尊，相奉事，更苦于人间。故人呼为隐遁仙人，以其不汲汲于升天为仙官，亦犹不求闻达者也。'散仙：按：上界真人比云夫，亦兼比钱徽。散仙乃公自比，亦兼比张籍。言云夫给事宫中，走马看花，未极其趣，不如我等闲官纵游无禁也。钱知制诰，亦有拘限，张为助教，庶几能从我游乎？此并呈二子之意也。是诗首六句，叙卢曲江之游，并赞其诗。自'我今官闲得婆娑'以下，乃自叙昆明之游，以傲其所不足。孙盖以通首皆言曲江荷花，故此有误耳。"钱仲联《集释》："题称钱为阁老，则为此诗时，钱尚未罢为庶子。如洪说，则是仍同官中书舍人时之称也。"按：据《新唐书·钱徽传》，钱以论淮西事忤旨，降右庶子。是时韩愈与钱徽同为右庶子，仍尊以阁老称之。汪琬《批韩诗》："上句收卢给事，下句收官闲。"

【汇评】

宋许𫖮：《李夫人赋序》云："帝悲感为作诗曰：'是耶？非耶？立而望之偏。'"仆曰，因此，则退之"走马来看立不正"之所祖述也。

(《彦周诗话》)

宋葛立方:《文选·海赋》云:"云锦散文于沙汭之际。"故谢灵运诗有"赤玉隐瑶溪,云锦被沙汭"之句。观其语意,止言沙石五色如云锦被于岸尔。世见韩退之作《曲江荷花行》云:"撑舟昆明度云锦。"遂谓退之以"云锦"二字状荷花,其实非也。谓之"度云锦",言舟行于五色沙石之际,岂谓荷花哉!(《韵语阳秋》卷一六)

明何孟春:汉武帝诗(《李夫人歌》):"是邪?非邪?立而望之。偏何姗姗其来迟。""之""迟"为韵,"偏"字属下句,明甚。而许彦周《诗话》作"立而望之偏",云此退之"走马来看立不定"之所祖述也。可笑!(《馀冬诗话》卷上)

清朱彝尊:"前却"奇。"水平杯"字拙。(顾嗣立《昌黎先生诗集注》卷七)

清何焯:开出波澜,翻客作主,此与《盘谷篇》同一机缄而结构大别。揭过曲江却说昆明,妙矣!又从昆明挽合曲江,尤妙!恰好接"相思回首"句。(同上)

清何焯:《奉酬卢给事云夫四兄曲江荷花行见寄并呈上钱七兄阁老张十八助教》风韵佳。"走马来看立不正",与"婆娑"反。(《义门读书记》卷三〇)

清何文焕:《李夫人序》:"是邪?非邪?立而望之,翩何姗姗其来迟。"非、之、迟叶韵。彦周引之,"翩"作"偏",连上作一句,并谓"退之'走马来看立不正'即祖其意"。岂古人句读不同,抑别有据邪?(《历代诗话考索》)

清爱新觉罗·弘历:红云明镜中,特有雪山倒影,便写得异样精采。结似洒脱,正恐不能忘情。(《唐宋诗醇》卷三一)

清翁方纲:此结与《记梦》结句,皆有不能随人俯仰之义。(钱仲联《韩昌黎诗系年集释》卷九)

清方东树:《奉酬卢给事云夫四兄曲江荷花行见寄》从原人起,而以写为叙。中插入己,夹写。此叙体而无一笔呆平,夹写议也。(《昭昧詹言》卷一二韩公)

清李黼平：此篇于荷花不着意，而重在曲江之游。"走马来看立不正"一句，开出后半文字。"我今官闲得婆娑"，言非宫中给事之比。"撑舟昆明渡云锦"，以昆明压倒曲江，公游昆明，卢游曲江也。"我时相思不觉一回首，天门九扇相当开。上界真人足官府，岂如散仙鞭笞鸾凤终日相追陪。""上界真人"喻云夫给事宫中，多官府之事，故走马看荷，立且不正，如此其忙也。"散仙"公自喻，昆明之游，鞭笞鸾凤，非走马可比，官闲故也。注家以"上界真人"犹有官府之事，不如云夫作"地上散仙"，终日嬉游，殊失诗意。题是"曲江荷花"，从题直起。中间"芙蓉""云锦"及"太白山高三百里，负雪崔巍插花里"，略作映带，最超。（《读杜韩笔记》）

奉和钱七兄曹长盆池所植①
元和十一年

翻翻江浦荷②，尔今生在此③。擢擢菰叶长④，芳根复谁徙？露濡两鲜翠⑤，风荡相磨倚⑥。但取主人知，谁言盆盎是⑦？

【校注】

① 题：方《举正》："钱徽也。唐本具钱诗于前。"按：今附于后。魏本："钱七，名徽。樊曰：唐本有右庶子钱徽《小庭水植率尔成诗》，在此和篇前，今存之。"文《详注》引王《补注》同。王元启《记疑》："公时与钱同官，故称为'曹长'。此诗亦十一年（816）降官以后作。"按：唐人好以他名标榜官称，尚书丞郎、郎中相呼为曹长。见《唐国史补》、《容斋四笔》卷一五。

② 翻翻：同翩翩，飞貌，此指荷叶翻动的样子。《楚辞·九章·悲回风》："漂翻翻其上下兮。"《广雅·释训》："翻翻，飞也。"

③ 今生：方《举正》据阁本乙之作"生今"，云："李、谢校。"朱

《考异》:"方作'生今',非是。"南宋监本作"尔今生在此"。按:尔今,乃一表时间的复合词,"今"属下且与"生"字颠倒,不成义理。诸本作"尔今生在此",是。

按:此句谓原生长在江边的荷,今天却生长在这里的盆池里。

④"擢擢"二句:文《详注》:"《图经》云:'菰,蒋草也,叶似荻蔗,芳根盘厚,夏月生,菌细堪啖,名菰叶。三年已上,心中生台如藕白软,中有黑脉,堪啖,名菰首。'方世举《笺注》:"《尔雅·释木》:'梢,梢擢。'注:'谓木无枝柯,梢擢长而杀者。'"

按:擢擢:《汉语大词典》:"挺拔貌。唐吕太一《咏院中丛竹》:'擢擢当轩竹,青青重岁寒。'唐韩愈《奉和钱七兄曹长盆池所植》:'擢擢菰叶长,芳根复谁徙。'"菰(gū 古胡切,平,模韵),多年生草本植物,俗称茭白。生长在水边、陂泽,可作蔬菜。其实如米,称雕胡米。菰米可以做饭。古为六谷之一。《史记·司马相如列传》:"莲藕菰芦。"《说文·草部》:"苽(同菰),雕胡,一名蒋,从艸,瓜声。"段注:"郑云:'苽,雕胡也。'《广雅》曰:'菰,蒋也,其米谓之雕胡。'雕胡,枚乘《七发》谓之安胡,其叶曰苽,曰蒋,俗曰茭。其中台如小儿臂,可食,曰苽手,其根曰菭。"

⑤露濡两鲜翠:濡,文本、祝本、廖本作"涵",注:"一作'濡'。"宋白文本、魏本、王本作"濡"。按:涵,包容也。《诗·小雅·巧言》:"乱之初生,僭始既涵。"传:"涵,容也。"濡,浸渍,湿润。《易·夬》:"君子夬夬,独行遇雨,若濡有愠,无咎。"又作光泽解。《诗·小雅·皇皇者华》:"我马维驹,六辔如濡。"笺:"如濡,言鲜泽也。"无论作湿润,还是作光泽解,都比"涵"作包容解合诗义。联系上下文,荷、菰鲜翠者当以光泽解之为善,故作"濡"。

⑥风荡相磨倚:指荷与菰在风中相互摇摆倚靠的态势。魏本:"孙曰:'两,相,谓荷与菰也。'"磨,摇摆晃动,如磨旗即摇旗。细味之,也觉韩公体物惟妙惟肖。

⑦谁言盆盎是:朱《考异》:"谁,或作'讵'。"诸本作"谁",是。

方世举《笺注》:"《淮南·兵略训》:'使陶人化而为埴,则不能成盆盎。'"钱仲联《集释》:"通首是比,时公与钱俱自中书舍人降官太子右庶子也。"

【汇评】

清方世举:言本种盆荷,而菰根适随之以来,容色相鲜,枝叶披拂,有相得益彰之美。虽为耳目近玩,胜于零落江皋也。(《韩昌黎诗集编年笺注》卷九)

蒋抱玄:无甚风致,不如钱诗可读。(《注释评点韩昌黎诗全集》)

附:

小庭水植率尔成诗
钱　徽

泓然一缶水,下与坳堂接。青菰八九枝,圆荷四五叶。动摇香风至,顾盼野心惬。行可采芙蓉,长江讵云涉。

记梦①
元和二年

夜梦神官与我言②,罗缕道妙角与根③。挈携陬维口澜翻④,百二十刻须臾间⑤。我听其言未云足,舍我先度横山腹⑥。我徒三人共追之,一人前度安不危。我亦平行踏䰨魊⑦,神完骨蹻脚不掉⑧,侧身上视溪谷盲⑨,杖撞玉版声彭䑀⑩。神官见我开颜笑,前对一人壮非少。石坛坡陀可坐卧⑪,我手承颏肘拄座⑫。隆楼杰阁磊嵬高⑬,天风飘飘吹我过。壮非少者哦七言⑭,六字常语一字难⑮。我以指撮白玉丹⑯,行且咀噍行诘盘⑰。口前截断第二句⑱,绰虐顾我颜不欢⑲。乃知仙人未贤圣,护短凭愚邀我敬⑳。我宁屈曲自世间㉑,安能从女巢神山㉒。

【校注】

① 题:文《详注》:"梦游仙也。"魏本:"韩曰:此诗盖有托讽,意公忤执政,左迁为右庶子时作。前《酬卢公荷花诗》末云:'岂如散仙鞭笞鸾凤终日相追陪。'而此诗末亦云:'我宁屈曲自世间,安能随汝(从女)巢神仙(山)。'皆有不能俯仰随人之意,可知其为左迁之时也。"方世举《笺注》:"此诗谓不服神仙,仅得形貌。即谓因忤执政降右庶子有所托讽而作,亦于诗意辽隔。大抵为郑絪耳。公自江陵归,见相国郑絪,絪与之坐语,索其诗书,将以文学职处之。有争先谗愈于絪,又谗之于翰林舍人李吉甫、裴垍。或以告公,公曰:'愈非病风而妄骂,不当如谗者之言。'因作《释言》以自解。终恐及难,遂求分司东都。诗中'神官与言',谓郑絪也。'三人共追',谓争先者也。'护短凭愚',谓其信谗。'安能从女巢神山',言不媚絪以求文学之职也。诗意显然而悠谬其词,亦忧谗畏讥之心耳。"王元启《记疑》:"此诗特偶尔叙述梦境,并无托讽。末言不服神仙,东坡称其倔强。朱子以'柳下''枉道'二语相比,其说皆是。或谓降官庶子日作,已与诗意不符。近更逐句附会,指为元和初作,'神官'谓宰相郑絪。'三人共追',谓与公争先者。'护短凭愚',言其信谗。'安能从女',言不媚絪求进。如此则但直斥神官可矣,又别设一壮非少者,于当时之人何指耶?近解穿凿难通,往往类此。"陈沆《诗比兴笺》卷四:"刺权贵好阿谀,恶鲠直也。或谓讥神仙者,仅见其表,未见其里……今案《行状》云:'元和二年,公权知国子博士,宰相有爱公文者,将以文学职处公,会有构公飞语者,公恐及难,遂求分司东都。又元和十一年知制诰,以忤执政,降

为太子右庶子。其此两时所作欤？"钱仲联《集释》："元和二年作为近，特不必如方注之穿凿比附耳。"按：此诗颇寓韩公情绪，绝非无意为之。元和元年，公为飞语所构，不得不为避语阱于下年分司东都，真可谓憋了一肚子愤懑之气，特借此一发也。韩公必有所指，所指者何？大者指社会积弊，小者指权要与卑劣之人。

② 神官：文《详注》："神官，仙人也。"方世举《笺注》："《黄庭内景经》：'清静神见与我言。'"

③ 角与根：文《详注》："角根，上下之极。老子《西升经》云：'罗缕妙言，内出不意。'罗缕，列述也。《易》（《姤》）曰：'遇（当作'姤'）其角，上穷吝也。'《混元经》云：'自然者，道之根。'"魏本："孙曰：'罗缕，谓详言之。角与根，谓穷极其根本也。'"廖本注："束晳《贫家赋》：'且罗缕而自陈。'"王本注："曹丕云：'罗缕岂阙辞。'"（当为《文选》卷三〇谢灵运《拟魏太子邺中集诗八首》之一《魏太子》诗）闻人倓《古诗笺》卷六："魏文帝诗：'罗缕岂阙辞。'"闻人倓说误，此乃谢灵运《拟魏太子邺中集诗八首》之一《魏太子》："罗缕岂阙辞，窈窕究天人。"黄钺《增注证讹》："罗缕即覶缕。"马永卿《懒真子》（卷四）："此乃言二十八宿之分野也。《尔雅》（《释天》）曰：'寿星，角亢也。'注云：'数起角亢，列宿之长。'又曰：'天根，氐也。'注云：'下系于氐，若木之有根。'"童《校诠》："第德案：说文：觬，好视也，从见，禼声，洛戈切，段曰：女部曰：孎，顺也，觬与孎义近。玉篇：觬缕，委曲也，古书亦作觬缕。罗，以丝罟鸟也，从网，从维，古者芒氏初作罗。孙释罗缕为详言之，本诸玉篇。其释角根为根本，失之，应从方说。罗缕、觬缕通用，晋书傅咸传：臣所以不罗缕者，冀因结奏，得从私愿也，廖引束赋，王引曹诗，皆作罗缕。又按：曹诗为谢康乐拟邺中集诗，非丕原作，当为一时误记。文选：左太冲吴都赋：嗟难得而覶缕，李注：王延寿王孙赋曰：嗟难得而覶缕。覶为觬之异体，类篇云：觬，俗从尔，非是。"按《说文·见部》不收覶字。《广韵》作"覶"，乃异体字，今传世典籍多作"覶"。覶（luó 落戈切，平，戈韵）缕，双声联绵字。诸条详细陈述。《古文苑》卷六汉王

延寿《王孙赋》：" 忽踊逸而轻迅, 羌难得而觊缕。"唐刘知己《史通·叙事》："夫叙事之体, 其流甚多, 非复片言所能觊缕。"

④ 挈携陬维口澜翻：文《详注》："《灵光殿赋》云：'八维九隅。'注云：'八维, 四方四角也。中央兼八维, 是为九隅。'陬, 亦隅也。"朱《考异》："陬维, 今按：上句言角、根, 即辰、卯二位, 二十八宿所起也。此句言陬维, 通谓寅、申、巳、亥之四隅也。挈此四隅, 则周乎十二辰二十八宿之位矣。《淮南子·天文训》云：'西南为背阳之维, 东南为常羊之维, 西北为蹄通之维, 东北为报德之维。'又《地形训》云：'河水出昆仑东北陬', '赤水出其东南陬', '洋水出其西北陬'。亦边隅之名也。"魏本："孙曰：'陬隅, 维纲也, 犹言举其纲领也。'"马永卿《懒真子》卷四："《尔雅》：'娵訾之口, 营室, 东壁也。'注云：'营室东壁星, 四方似口, 故以名之。'"陬（zōu 侧鸠切, 平, 尤韵）, 正月。《楚辞》屈原《离骚》："摄提贞于孟陬兮, 惟庚寅吾以降。"《尔雅·释天》："正月为陬。"陬维, 即四隅。亦作维纲解。陬、维, 均可作隅, 即角落解。《素问·气交变大论》："土不及, 四维有埃云润泽之化。"注："维, 隅也。"《淮南子·天文训》："东北为报德之维也。"注："四角为维也。"口澜翻, 指首句"与我言"。

⑤ 百二十刻须臾间：此谓人世间时间虽长, 天上不过一瞬, 言其短也。文《详注》："《神仙传》云：'人间七日即天上一日也。'"魏本："韩曰：漏昼夜共百刻, 本汉武帝时齐人甘忠可所造, 至哀帝时夏贺良等重言, 以建平二年改元太初, 漏刻用百二十为度, 寻下诏蠲除。事见《哀纪》并《寻传》。"方《举正》："董彦远云：'世间只百刻, 百二十刻以星纪言也。'按《国语》：'辰角见而雨毕, 天根见而水涸。'注：'辰角, 大辰苍龙之角。天根, 亢氐之间。'是所谓角与根亦以星纪言也。"朱《考异》："今按：星纪之说, 未详其旨, 但汉哀帝尝用夏贺良说, 漏刻百二十为度矣。"马永卿《懒真子》卷四："所谓'百二十刻'者, 盖浑天仪之法。二十八宿从右逆行, 经十二辰之舍次, 每辰十二刻, 故云'百二十刻'。"宋赵与时《宾退录》卷一："余谓董说固妄, 夏贺良之说, 行之不两月而改, 且衰世不典之事, 韩公必不

引用。按古之漏刻，昼有朝、禺、中、晡、夕，夜有甲、乙、丙、丁、戊。至梁武帝天监六年，始以昼夜百刻布之十二辰，每时得八刻，仍有余分。故今世历家百刻，举成数尔，实九十六刻也。每时余分别为初，初正初刻。一日合二十有四，每刻居六分刻之一，总而计之，为四刻，始合百刻之数。刻虽有大小，其名则百有二十。韩诗恐只取此，正不须求之远也。"顾嗣立《集注》："《汉哀帝纪》：'诏曰：漏刻以百二十为度。'师古曰：'旧漏昼夜共百刻，今增其二十，此本齐人甘忠可所造，今贺良等重言，遂施行之。'嗣立按：长洲金居敬谷似云：'上三句意皆本《参同契》。角根陬维，谓青龙处房六，白虎在昂七，朱雀在张二，皆朝于玄武虚危之位也。迎一阳之气以进火，妙用始于虚危。在一日言，正当子半，故曰须臾间。'又云：'百二十刻须臾间。'如《参同契》以十二卦十二律配十二时，阳火阴符之候，然一日之间有之，一刻之间亦有之也。公盖深得金丹之旨，乃倔强世间邪！"钱仲联《集释》引严虞惇曰："此寓言也，而必以深得金丹之旨诬之，我决其必堕拔舌地狱。况其末章，词严义正，与圣人乘桴浮海之义相合。金丹之说，何自来耶？"方世举《笺注》："金丹之旨不可晓，意亦非公平日所讲究者。诗意不过言捷疾尔。"王元启《记疑》："按：上文并不言漏刻，当从董彦远说，以星刻言。盖星分十二宫，每宫各分十刻，则成百二十刻矣。如此作解，乃与上角根陬维等一意相承。"按：王说合韩公意，即以星之运行时间之速言之。

⑥ 舍我先度横山腹：先，魏本作"去"。宋白文本、文本、祝本、廖本、王本作"先"，是。

⑦ 我亦平行踏欹（qiáo）鼽（yáo）：文《详注》："欹鼽：不安处。上音丘召切，下音牛召切。"魏本注同文。姚范《援鹑堂笔记》卷四〇："欹，《广韵》《集韵》，丘召切。今《阐微》，器要切。鼽，旧并牛召切，今义照切。"黄钺《增注证讹》："欹鼽，《说文》无，《篇韵》有。欹从乔声，为丘召切。鼽从虚声，似不当牛召切，俟考。"童《校诠》："第德案：鼽，牛召切，当亦如诗清人：右抽，说文引作右揂；生民：或揄，说文引作或舀之例，古萧、尤音近。本书释义音切，自祝本来，

而祝则本诸玉篇。"

⑧ 神完骨跻脚不掉：文《详注》："跻，举足行高也，音丘娇切。"魏本引《集注》："《列子》《黄帝》：'醉者之坠车，虽疾不死，其神全。'跻，举足高貌。《诗》《大雅·板》：'小子跻跻。'掉，惊掉也。跻，其虐切，又音矫。掉，徒吊切。"方世举《笺注》："骨跻：跻，居勺切。《说文》：跻，举足行高也。《诗》《大雅·板》曰：'小子跻跻。'脚不掉：《左传》：尾大不掉。《说文》：掉，摇也。"钱仲联《集释》："跻，训举足高，与骨义无涉，当是壮健之义。《广雅·释诂》：'跻，健也。'韩当本此。又'掉'为战掉，唐时有此俗语。《说文系传》卷一七'颤'字下注：'俗言颤掉不正。'颤掉与战掉义同。今语谓之发抖。"按：钱说是。跻虽可作举足高貌解，在此当作壮武、骄纵解，合之则谓矫健也。《诗·周颂·酌》："跻跻王之造，载用有嗣，实维尔公允师。"《诗·鲁颂·泮水》："鲁侯戾止，其马跻跻。"《诗·大雅·板》："老夫灌灌，小子跻跻。"此句谓：神气完足，骨力矫健，脚不颤抖。

⑨ 侧身上视溪谷盲：魏本："孙曰：盲，谓黑暗。"钱仲联《集释》："《吕氏春秋》《明理》：'有昼盲。'高注：'盲，冥也。'"按：盲本义为瞽，即目看不清貌，此作昏暗解。《荀子·赋》："列星殒坠，旦暮晦盲。"此句谓：侧身上看溪谷暗也。

⑩ 杖撞玉版声彭觥：文本、祝本、魏本作"觥"。宋白文本、廖本、王本作"觥"。今作"觥"。

觥（gōng 古横切，平，庚韵）：饮酒及盛酒之器，本作"觵"，古以兽角制成，后也有以木制或铜制。《诗·周南·卷耳》："我姑酌彼兕觥，维以不永伤。"传："觥，角爵也。"《释文》："《韩诗》云：'容五升。'《礼图》云：'容七升。'"亦作容量大解。觥，《说文》无此字。《康熙字典》亦无。疑为后人传抄时俗写。寻此句诗义，彭、觥均形容声者，故造字者以舟为形，以光为声。由此推测"觥""觥"，均可作形容杖撞玉版的声音。因"觥"字不常见，此作"觥"为善。

魏本注："彭觥，撞玉版声。"祝本："彭觥，鼓声。"方世举《笺注》:"玉版:《汉书·晁错传》:'刻于玉版,藏于金匮。'盖方策之版,此诗玉版,即'门以两版'之'版',犹云玉门也。"钱仲联《集释》:"《说文》:'彭,鼓声也。'《国语》(《越语下》:'觥饭不及壶飧。')韦昭注:'觥,大也。'此以叠韵字状打门大声。"亦备一说。童《校诠》:"第德案:说文䚩字下云:觥,俗䚩从光,段云:觥觥,壮貌,犹㐫㐫也,后汉书:关东觥觥郭子横。按:公用觥字,言其声之壮大也。玉版为神官所执简策以纪事者,即公赠张籍诗所谓上马插手版之版也。李太白庐山谣:手持绿玉版,可证。方以玉门释之,此时正在山行,未至宫殿,何来玉门,下文隆楼杰阁磊嵬高,天风吹我飘飘过,亦未入宫,尤为确证。祝释彭觥为鼓声,王释为撞玉钟声,字典因之,既未入宫,山行无钟鼓,亦欠审谛。彭觥叠韵。觥,廖王本从舟作觥,当为隶变。"按:此句谓:拄杖敲击如杖撞玉版一样彭彭响。

⑪ 石坛坡陀可坐卧:此句谓平坦的磐石宽大可坐可卧。方《举正》:"坡陀,与《送惠师》诗'陂陀'字同,语见《楚辞·招魂》。然唐人通用坡陀字,少陵诗'坡陀因厚地'(《桥陵诗三十韵因呈县内诸官》)、'坡陀金虾蟆'(《奉同郭给事汤东灵湫作》)是也。又郭璞《子虚赋》('罢池陂陀'句)注:'陂陀,音婆驼。'故蜀本只作'婆陀'字。"文《详注》:"坡陀,宽广貌。"魏本注:"坡陀:大貌。"方世举《笺注》:"王云:坡陀,不平貌。(下引方语)"坛,本指平坦的土台,此指大磐石。

⑫ 我手承颏(kē 户来切,平,咍韵。又古亥切,上,海韵)肘拄座:颏,下巴。《辞源》引韩诗为例。文《详注》:"颏,颐下也,音胡来切。"魏本:"孙曰:'以手承颏,以肘拄座。颏,颐下也。'"方世举《笺注》:"承颏肘拄:《汉书·东方朔传》:'臣观其舌齿牙,树颊颏。'《广韵》(上平声,咍韵):'颏,颐下。'《释名》(卷二《释形体》):'肘,注也,可隐注也。'按:以一手支颐,一手拄地而坐,傲慢箕踞之状,犹《庄子·渔父篇》云:'孔子休坐乎杏坛之上,弦歌鼓琴。渔父左手据膝,右手持颐以听也。'"

⑬ 隆楼杰阁磊嵬高:魏本:"孙曰:隆,杰,皆雄大貌。磊嵬,高貌。祝曰:磊,众石貌。嵬,山貌。《选》(郭璞《江赋》):'衡霍磊落

以连镇,丕(巫)卢嵬崛而北峤。"按:此句形容楼阁之高大宏伟。

⑭ 壮非少者哦七言:《唐诗归》卷二九钟惺曰:"'壮非少者'四字,极是述梦口语。"

⑮ 六字常语一字难:文《详注》:"哦,吟也。《诗话》:'山谷云:前句哦字便是所难,此乃为诗之法也。'"魏本:"樊曰:鲁直云:'只前句中哦字,便是所难,此乃为诗之法也。'"方成珪《笺正》:"难,谓艰涩也。山谷所云,殊失诗意。"王应麟《困学纪闻》卷一八《评诗》:"《文心雕龙》谓'善为文者,富于万篇,贫于一字'。"按:山谷所云乃韩公讲的炼字之法也,即诗句之关键字,要想得一好字撑起好句,非下苦功不行,此所谓"吟安一个字,捻断数茎须"也。方世举《笺注》:"哦七言:《黄庭内景经》:'闲居蕊珠作七言。'樊云:黄鲁直云:只'哦'字便是所难,此乃为诗之法也。"

⑯ 白玉丹:文《详注》:"白玉丹,仙药也。"魏本引孙《全解》同。方世举《笺注》:"白玉丹:《西山经》:'有玉膏。'注:'《河图玉版》曰:少石山上有白玉膏,一服即仙矣。'"按:此为比喻,即应上联。

⑰ 行且咀噍行诘盘:噍,方《举正》据杭本作"噍",云:"字见《大人赋》(《汉书·司马相如传》'咀噍芝英兮叽琼华'),与'嚼'音义通。"朱《考异》:"噍,或作'嚼'。"南宋监本原文作"嚼"。文本、潮本、祝本、魏本作"嚼"。宋白文本、廖本、王本作"噍"。如方说,二字通用。

文《详注》:"咀嚼,食貌。上音才茹切,下音才削切。诘盘,山屈曲之貌。"魏本:"孙曰:行且咀嚼,谓咀嚼玉丹。行诘盘,谓诘盘诗句也。诘盘,反复也。"顾嗣立《集注》:"汉《司马相如传》:《大人赋》云:'咀噍芝英兮叽琼华。'"童《校诠》:"第德案:说文:噍,啮也,从口焦声,嚼,噍或从爵,是嚼为噍之或体,宋保云:焦、爵同部,声相近,古通用,犹谯读若嚼,焦声,古文作消,肖声。方云:噍与嚼音义通,则以噍、嚼为两字而通用者。按:玄应一切经音义一引苍颉篇:噍,咀嚼也。玉篇:噍,才笑切,嚼也,嚼,疾略切,噬嚼也,㗱同上。广韵三十五笑:噍,嚼也,才笑切;十八药:嚼,噬嚼,在爵切。

方氏以噍、嚼为二字，当本诸苍颉及玉篇、广韵。又按：咀噍，史记司马相如传，作噍咀，诘一作诰，又作结，举正、考异皆未录。"

⑱ 口前截断第二句：魏本："孙曰：此谓仙人以已诘盘之故，遂不复吟第二句也。"方东树《昭昧詹言》卷一："古人文法之妙，一言以蔽之曰：语不接而意接，血脉贯续，词语高简，六经之文皆是也。俗人接则平顺骏蹇，不接则直是不通。韩公曰：'口前截断第二句。'太白云：'云台阁道连窈冥。'须于此会之。"

⑲ 绰虐顾我颜不欢：文《详注》："绰虐，变色也。《东坡集·丹元子示诗飘飘然有谪仙风〔气〕吴传正继作复次其韵》：'飞仙亦偶然，脱命瞬息中。惟诗不可拟，如写天日容。梦中哦七言，玉丹已入怀。一语遭绰虐，失身堕蓬莱。蓬莱至今空，护短不养才。上界足官府，谪仙应退休。可怜吴与苏，肮脏□□□（雪满头）。雪满头，终当却与丹元子，笑指东海乘桴浮。'此诗皆摘取韩公《记梦》及《曲江荷花》以铺陈之。言丹元子是谪仙人也。读之可以发明公之诗意。"钱仲联《集释》："'绰虐'一词，各家多无说。二字为叠韵诳语，当为形容词无疑，盖是形容面部表情者。"

按：韩公听神官之言一段二十句，驰骋大笔于文字之间，生动活脱，趣味澄澹富赡，饶有风致。如朱彝尊《批韩诗》："自此（'我听其言'）至'颜不欢'叙得都有风致。好笔力。"

⑳ 护短凭愚邀我敬：魏本："孙曰：仙人以公诘盘之故，颜遂不欢，故云护短凭愚也。"《唐诗归》卷二九钟惺曰："骂世人冥悍好谀人入骨。"按：上句直斥神仙并非贤圣，挽结语二句。下句借神仙刺世人信神护短，表韩公骨鲠之性。正可推出"我宁屈曲自世间，安能从女巢神山"，挽结。

㉑ 我宁屈曲自世间：方《举正》订"我能屈曲"，云："三本同。"朱《考异》："诸本'能'多作'宁'，方从阁、杭、蜀本。今按：此言我若能屈曲从人，则自居世间徇流俗矣，安能从女居山间，而又不免于屈曲乎？犹柳下惠所云'枉道而事人，何必去父母之邦'（《论语·微子》）云尔，方本为是。"南宋监本原文作"宁"。文本、潮本、祝本、

魏本作"宁"。宋白文本、廖本、王本作"能"。作"宁"作"能"均通，然为免与下句重，当作"宁"，作副词岂、难道解。《易·系辞下》："介如石焉，宁用终日？断可识矣。"《史记·陆贾列传》："居马上得之，宁可以马上治之乎？"又《陈涉世家》："王侯将相，宁有种乎？"

㉒安能从女巢神山：宋白文本、文本、祝本、廖本、王本作"从"。魏本作"随"。作"从"善。女，宋白文本、王本、廖本作"女"，文本、祝本、魏本作"汝"，今从"女"。山，方《举正》据唐本订，云："荆公、洪、谢本所校同。《史记》《秦始皇本纪》：'海上（中）有三神山。'杭、蜀本作'仙'，非。"朱《考异》："山，或作'仙'，非是。"朱说是。南宋监本原文作"仙"。潮本亦作"仙"。宋白文本、文本、祝本、魏本、廖本、王本均作"山"，从之。

魏本："洪曰：'海上有三神山，谓蓬莱、方丈、瀛州，今本作仙，误。'樊曰：苏内翰尝曰：太白诗云'遗我鸟迹书''读之了不闲'。太白尚气，乃自招不识字。不如退之掘强云'我宁屈曲自世间，安能随汝巢神山'。又尝曰退之有言'我宁屈曲自世间'云云。退之性气虽出世间，人亦不能容也。"文《详注》："海山（上）有三神山：蓬莱、瀛洲、方丈也。一作'神仙'，误矣。东坡云：此韩文公屈强之句。王子思《诗话》云：公平生不信仙佛，《记梦》云：'我宁屈曲自世间，安得从汝巢神山。'虽梦境颠倒，而公精爽不错如此。《补注》：东坡尝曰太白诗云：'遗我鸟迹书，飘然落岩间。其字乃上古，读之了不闲。'太白尚气，乃自招不识字，可一大笑。不如退之此句倔强也。又曰：王烈山中得石髓，怀以饷。嵇叔夜视之，则顽为石矣。当时若杵碎，或错磨食之，岂不贤于云母、钟乳哉？然神仙有定分，不可力求。如退之性气，虽世间不能容。况叔夜倖直又甚于退之也。"朱彝尊《批韩诗》："收局仍是辟仙意。"程学恂《韩诗臆说》卷一："只有结出本意。前言神仙处，都是寓言。"刘熙载《艺概》："太白诗多有羡于神仙者，或以喻超世之志，或以喻死而不亡，俱不可知。若昌黎云'安能从汝（原文为女）巢神山'，此固鄙夷不屑之意，然亦何必非寓言耶？"

【汇评】

宋马永卿："夜梦神官与我言，罗缕道妙角与根。挈携陬维澜口翻，百二十刻须臾间。"右退之《记梦》诗，殊为难解。仆尝考之：此乃言二十八宿之分野也。《尔雅》曰："寿星，角亢也。"注云："数起角亢，列宿之长。"又曰："天根，氐也。"注云："下系于氐，若木之有根。""娵觜之口，营室东壁也。"注云："营室、东壁星，四方似口，故以名之。"所谓"百二十刻"者，盖浑天仪之法。二十八宿从右逆行，经十二辰之舍次，每辰十二刻，故云"百二十刻"。所谓"壮非少者哦七言，六字常语一字难"者，只上所谓"哦"字也。退之欲神其事，故隐其语。（《懒真子》卷四）

宋赵与时：韩文公《记梦诗》："百二十刻须臾间。"方氏《举正》载董彦远云："世间只百刻，百二十刻，以星纪言也。"朱文公《考异》云："星纪之说，未详其旨，但汉哀帝尝用夏贺良说，漏刻以百二十为度矣。"余谓董说固妄，夏贺良之说，行之不两月而改。且衰世不典之事，韩公必不引用。按：古之漏刻，昼有朝、禺、中、晡、夕，夜有甲、乙、丙、丁、戊。至梁武帝天监六年，始以昼夜百刻布之十二辰，每时得八刻，仍有余分。故今世历家百刻，举成数尔，实九十六刻也。每时余分别为初，初正初刻。一日合二十有四，每刻居六分刻之一，总而计之，为四刻，始合百刻之数。刻虽有大小，其名则百有二十。韩诗恐只取此，正不须求之远也。（《宾退录》卷一）

宋罗大经：昌黎《记梦》诗末句云："我宁屈曲自世间，安能从汝（原诗作'女'）巢神山。"朱文公定"宁"字作"能"字，谓"神仙亦且护短凭愚，则与凡人意态不殊矣。我若能屈曲谄媚，自在世间可也，安用巢神山以从汝哉！正柳下惠'枉道而事人，何必去父母之邦'之意"。只一字之差，意味天渊夐别。（《鹤林玉露》甲编卷三）

宋黄震：《记梦》结句"安能从汝（原诗作'女'）巢神仙"，李少卿谓"仙"当作"山"。此韵与"间"字连押，当作"山"，尤分明。（《黄氏日抄》卷五九）

明何孟春：日昼夜百刻为正，百二十刻出后汉厌胜夏贺良说，哀帝行仅两月而废。而韩退之《记梦》,乃用百二十刻作句,何也?百刻布十二时,每时得八刻三分刻之一。今历家初一二三四刻,上立初初刻,正一二三四刻,上立正初刻,各得六分刻之一。总而计之,一时八刻外,有二小刻,二十四小刻,共为四刻,始合百刻。拆而数之,二十四小刻,合九十六刻,以成百二十刻。如此然后余分平尔。(《馀冬录》卷一)

　　清汪琬:意当时有权贵不学,自诩能诗,欲得公之称誉者,故作此以托讽欤?(钱仲联《韩昌黎诗系年集释》卷六)

　　清宋长白:《觙缕》:昌黎《记梦》诗:"夜梦神官与我言,觙缕道妙角与根。"此二字见王延寿《王孙赋》及吴筠《食移文》。此乃方寸之恒轨,羌难得而觙缕也。又作"罗缕"。束皙《贫家赋》:"且罗缕而自陈。"(《柳亭诗话》卷一)

　　清姚范:《记梦》"杖撞玉版声彭魟",按:"魟"无从"舟"者。然诸本并从此作"舟",未详。《说文》本作"觵",兕牛角可以饮者也。其状觵觵,故谓之"觵"。(《援鹑堂笔记》卷四一)

　　又:评韩公《记梦》诗曰:"以崚嶒健倔之笔,叙状情事,亦诗家所未有。"(方东树《昭昧詹言》卷一通论五古)

　　清爱新觉罗·弘历:只是寓言,勿真谓与鬼争义。(《唐宋诗醇》卷三一)

　　清汪缙:《跋朱子宫使帖三首》:昌黎先生《记梦》诗,呵叱神仙为非圣贤。有"护短凭愚"语,因自言其意曰:"我能屈曲自世间,安能从汝(原诗作'女')巢神山。"今观朱子三札,所谓"屈曲世间"者也。然神仙中人无不为之颊首。(《汪子文录》卷四)

　　清方东树:诗文第一笔力要强,姜坞先生评韩公《记梦》诗曰:"以崚嶒健倔之笔,叙状情事,亦诗家所未有。"愚谓韩公笔力无非崚嶒健倔,学者姑即此一篇求之,如真有解悟,定自得力。此诗颇难解,不得其真诠,则引人入蘵薢假象。(《昭昧詹言》卷一通论五古)

　　清方东树:《记梦》无论议论之倘恍,句法之老,只看得断续章法,乃一大宗门。解此,自无平序顺接,令人易尽之病。"壮非少"下,插四句,乃接。"一字难"下,又插二句,乃接。此杜公托势不常之法,体态不拘。(同上卷一二韩公)

清方东树:《梦游天姥吟留别》:因梦游推开,见世事皆成虚幻也,不如此则作诗之旨无归宿。"留别"意,只末后一点,韩《记梦》之本。(同上卷一二李太白)

清刘熙载:太白诗多有羡于神仙者,或以喻超世之志,或以喻死而不亡,俱不可知。若昌黎云"安能从女巢神山",此固鄙夷不屑之意,然亦何必非寓言耶?(《艺概》卷二《诗概》)

南内朝贺归呈同官①

长庆元年

薄云蔽秋曦②,清雨不成泥③。罢贺南内衙④,归凉晓凄凄⑤。绿槐十二街⑥,涣散驰轮蹄⑦。余惟戆书生⑧,孤身无所赍⑨。三黜竟不去⑩,致官九列齐⑪。岂为一身荣,佩玉冠簪犀⑫。滉荡天门高⑬,著籍朝厥妻⑭。文才不如人,行又无町畦⑮。问之朝廷事,略不知东西⑯。况于经籍深,岂究端与倪⑰。君恩太山重,不见酬稗稊⑱。所职事无多,又不自提撕⑲。明庭集孔鸾,曷取于鸟鹭⑳?树以松与柏,不宜问蒿藜㉑。婉娈自媚好,几时不见挤㉒?贪食以忘躯,勘不调盐醯㉓。法吏多少年,磨淬出角圭㉔。将举汝愆尤㉕,以为己阶梯㉖。收身归关东,期不到死迷㉗。

【校注】

① 题:从诗句"三黜","所职事无多"分析,当在韩公任国子祭

酒的元和十五年冬至长庆元年七月二十六日转兵部侍郎期间。以诗"薄云蔽秋曦""归凉晓凄凄"推断，当在秋七月。韩公任祭酒值秋者，只有长庆元年。文《详注》："《补注》：前为右庶子日所作，元和十一年秋也。"误。魏本："洪曰：长安有三内：皇城在西北隅，谓西内。东内曰大明宫，在西内之东。南内曰兴庆宫，在东内之南。此诗云'罢贺南内衙'，即南内也。《奉酬卢给事》诗云'大明宫中给事归'，即东内也。"文《详注》同。魏本："孙曰：南内本玄宗在藩时故宅，高宗龙朔二年置。"沈钦韩《补注》："《雍录》（卷三）：'唐诸帝多居大明宫，或遇大礼大事，复在太极，知太极尊于大明也。太极在西，故曰西内。大明在东，曰东内。兴庆宫在都城东南角，人主亦于此出政，故又号称南内。'案《穆宗纪》：'元和十五年六月，皇太后移居兴庆宫，皇帝与六宫侍从，大合乐于南内。'《后妃传》：'懿安皇后郭氏，穆宗嗣位，册为皇太后，居兴庆宫。帝每月朔望参拜。三朝庆贺，帝自率百官诣门上寿。'此诗盖其时作。卢本编年置此诗于元和十三年，谬甚。"陈景云《点勘》："此诗疑公在穆宗朝除京兆尹与中丞李绅争台参后作。唐人以中丞居风宪，多呼为法吏。诗云：'法吏多少年，磨淬出圭角。'法吏自指中丞也。又皇甫湜作公墓志，其中叙争台参事，斥绅为佞臣，有锄其铓之语，诗所谓圭角，殆犹志之言铓，均指绅之得君势盛也。据《实录》，京尹之除在长庆二年六月，其复除兵部侍郎，则是冬十月，观篇首'秋曦'句，则诗以秋日作。正台府不协，移牒纷然时也。"方成珪《笺正》："（陈少章）谓诗作于除京尹后，则非也。元和十五年，穆宗即位。九月辛酉（22日），公拜国子祭酒，冬暮至京师。明年为长庆元年，七月庚申（26日），转兵部侍郎。是月乙未朔，庚申二十六日，此诗当是方官祭酒未转兵侍时作。《唐·百官志》'国子祭酒从三品'于'致官九列齐'句正合。《前汉·韦玄成传》：'恤我九列。'师古注：'九列，卿之位。'唐初太常、光禄、卫尉、宗正、太仆、大理、鸿胪、司农、太府，皆从三品。天宝初，升太常、宗正为正三品，余如故。国子祭酒，官秩正与之齐也。诗中'况于经籍深，岂究端与倪'及'所职事无多'句,尤为官祭酒之明证。若官京尹,则纲纪众务职事多矣,安得作此语?陈以法吏指李绅,亦凿。"按:方说是。

②薄云蔽秋曦:方《举正》:"蜀本蔽作'庇',谢校同。"朱《考异》:"蔽,或作'庇'。"宋白文本作"蔽",注:"一作'户'。"文本、魏本、廖本作"蔽",注:"一作'庇'。"则作"蔽"是。

魏本:"孙曰:'蔽,拥也。秋曦,秋日。'"童《校诠》:"第德案:淮南子修务训:景以蔽日,高注:蔽,拥也,为孙注所本。说文:蔽,蔽蔽,小艸也,庇,荫也,本诸尔雅释言,舍人曰:庇,蔽也。庇荫字应作庇,作蔽者为借字。"按:蔽(bì必袂切,去,祭韵):遮盖,遮挡。《楚辞》屈原《九歌·国殇》:"旌蔽日兮敌若云,矢交坠兮士争先。"《史记·项羽本纪》:"项伯亦拔剑起舞,常以身翼蔽沛公。"

③清雨不成泥:谓轻风细雨也,故曰:只压尘,不成泥。朱彝尊《批韩诗》:"退之点景,每得闲淡趣。"程学恂《韩诗臆说》卷二:"起兴已是郁郁。"

④罢贺南内衙:方《举正》乙作"内衙",云:"三本同,题语亦可考。"朱《考异》:"或作'衙内',非是。"文本作"衙内"。宋白文本、祝本、魏本、廖本、王本作"内衙",魏本等注:"一作'衙内'。"按:当作"内衙"。

文《详注》:"唐制:天子所居曰衙。"(见《新唐书·仪卫志上》)沈钦韩《补注》:"《六典》(卷七):'兴庆门内曰兴庆殿,即正衙殿。'《玉海》七十:'《会要》:故事:朔望日御宣政殿见群臣,谓之大朝,立仗正衙。或御紫宸殿,则唤仗自宣政两门入,所谓东西上阁门也。'《五代史·李琪传》:'宣政,前殿也,谓之衙,衙有仗。紫宸,便殿也,谓之阁。'案:此参贺皇太后,自放正殿,故曰衙也。"按:唐代衙内有特定概念,即禁卫官。《新唐书·仪卫志上》:"凡朝会之仗,三卫番上,分为五仗,号衙内五卫。"此诗"内衙",乃指大内里的衙署,即皇帝议事的地方,非指禁卫官,作"衙内"非。疑这次朝贺的时间,即长庆元年七月十五日。

⑤归凉晓凄凄:晓凄凄,方《举正》据唐本订,云:"谢校。"朱

《考异》:"晓,或作'晚'。"南宋监本原文作"晚"。文本、潮本、祝本、魏本亦作"晚",注:"一作'晓'。"宋白文本、廖本、王本作"晓"。按:朝贺只是一个仪式,时间不会长得拖到晚上,故作"晓"字是。

凄凄:文《详注》:"凄凄,风雨起也。《诗》云:'有渰凄凄。'"按:凄凄,乃云起貌。《说文》引《诗·小雅·大田》:"有渰凄凄。"亦作"萋萋"。首联已写雨,此不当重。故当作寒凉解。《诗·郑风·风雨》:"风雨凄凄,鸡鸣喈喈。"韩诗用"凄凄"本比。正可承上句顶"罢"字。

⑥绿槐十二街:魏本:"樊曰:《中朝事迹》云:'天街两畔槐树,俗号为槐街。'白乐天《游园诗》云'下视十二街,绿槐间红尘。'即此也。"文《详注》:"《中朝事迹》云:'天街两畔槐树,俗号为槐街。'班固《西都赋》(《文选》卷一)云:'披三条之广路,立十二之通门。'(张铣)注云:'三条,三达之路。面三门,四面十二门也。'鲍明远诗(《咏史》载《文选》卷二一)云:'京城十二衢,飞甍各鳞次。'"按:绿槐适于绿化街道,而今仍沿用作行道木。

⑦涣散驰轮蹄:魏本:"孙曰:'涣散,分散。轮蹄,车马也。'"按:此句正写朝归,官员乘车骑马归来之状。

⑧余惟戆(zhuàng 陟降切,去,绛韵;又呼贡切 gàng,去,送韵)书生:魏本注:"戆,愚也。陟降切。"方世举《笺注》:"《史记·汲黯传》:'上曰:吾欲云云。黯对曰:陛下内多欲而外施仁义。上默然怒,退谓左右曰:甚矣,汲黯之戆也。'"按:《荀子·大略》:"悍戆好斗,似勇而非。"谓刚直不阿。

⑨孤身无所赍:文《详注》:"赍,持也。"蒋抱玄《评注》:"《易》(《萃》):'赍咨涕洟。'按:此犹言无所懔丧也。"钱仲联《集释》:"《广雅》:'赍,持也。'此处训持,义似较长。"童《校诠》:"第德案:周礼巾车:入赍于职币,杜子春读赍为资,孤身无所赍,孤身无所资也。公释言云:愈之族亲鲜少,无扳联之势于今,不善交人,无相生相死之友于朝,无宿资蓄货以钓声势,弱于才而腐于力,不能奔走,乘机抵巇以要权利。潮州谢上表云:单立一身,朝无亲党,与此义同。蒋

说失之,钱说可备一解。"按:赍(jī祖稽切,平,齐韵):持物赠人。《周礼·春官·小宗伯》:"大宾客,受其将币之赍。"汉王充《论衡·纪妖》:"妖气象人之形,则其所赍持之物,非真物也。"赍通资,《史记·陈丞相世家》:"赍用益饶。"则作持,当凭借解。此韩公自谓:自己只是一憨愚书生,孤身无援,无资可持。

⑩ 三黜:魏本:"孙曰:《论语》(《微子》):'柳下惠为士师,三黜。人曰:子未可以去乎?'"文《详注》:"《论语》(《微子》)曰:'柳下惠为士师,三黜。人曰:子未可以去乎?曰:直道而事人,焉往而不三黜?'公以论宫市(当为上《天旱人饥状》)贬阳山令,以论讨淮西左迁庶子,论佛骨贬潮阳。故张籍《祭公诗》云:'三以论诤退,其志益刚强。'"魏本引孙《全解》同。魏本:"樊曰:皇甫持正志公墓云:'公为御史尚书郎中书舍人,前后三贬。及为刑部侍郎,言宪宗迎佛骨非是,上怒,就贬三千里海上。'盖公为御史,以论天旱人饥贬阳山;为尚书郎,以论柳涧下迁博士;为中书舍人,以论淮西下迁右庶子。此诗所谓三黜,则未贬潮州前为右庶子日作。"陈景云《点勘》:"旧注以此诗为公官庶子日作,非也。官庶子在元和中,朝南内乃长庆间事,前后了不相涉。又自舍人改庶子,乃自要职徙闲官,非贬也。此诗盖作于贬潮还朝后。三黜,谓为御史、郎官及刑部侍郎时,凡三黜官耳。况明言'致官九列齐',庶子之官不得齐于九列,则注说之误益明矣。"王元启《记疑》:"张籍祭公诗云:'三以论诤贬。'籍诗总叙一生,不应潮州之贬,反列诸三黜之外。则谓为御史、郎官及刑部侍郎时三贬官为三黜,无可疑者。中间自舍人改庶子不过置诸散地,不得与前后诸贬例论。"屈《校注》:"三黜,言多次遭贬也,非实指,陈、王说殊泥。"按:所说非。韩公自己被贬几次,不会含混,必有定数。如《奉使镇州行次承天行营奉酬裴司空相公》云"窜逐三年海上归",《镇州路上奉酬裴司空相公重见寄》诗云"日驰三百自嫌迟"。陈、王说是。

⑪ 九列:魏本:"孙曰:'九列,九卿。'"文《详注》:"九列,九卿之列也。汉以太常、光禄勋、太仆、廷尉、大鸿胪、宗正、大司农、少

府谓之九寺大卿。"按:文《详注》九卿未列卫尉。详见注①。

⑫佩玉冠簪犀:文本作"佩"。魏本:"孙曰:以玉为珮,以犀为冠簪。言荣显也。"文《详注》:"犀牛似豕,角生鼻上,可以为冠簪也。"方世举《笺注》:"冠簪犀:《新唐书·车服志》:'天子五冕,皆玉簪导,通天冠,玉犀簪导。皇太子犀簪导。群臣自一品以下,皆角簪导。文官九品,公事弁服牙簪导。'则犀簪为太子之服。然九品用牙簪,而角在牙之上,则角亦犀也。"按:珮、佩二字通用,即佩带的饰物。《文选》卷三一南朝梁江淹《杂体诗·谢法曹赠别惠连》:"杂珮虽可赠,疏华竟无陈。"《楚辞》屈原《离骚》:"纫秋兰以为佩。"《韩非子·观行》:"西门豹之性急,故佩韦以自缓。"《旧唐书·舆服志》:"二品以下、五品以上,佩水苍玉。"

⑬滉荡天门高:魏本:"祝曰:滉漾,水貌。《选》(卷一二郭璞《江赋》):'潢滉困玄。'孙曰:滉荡:高貌。天门,宫门。"钱仲联《集释》:"《汉书·礼乐志》:'天门开,诶荡荡。'"滉荡,中原人口语,意即摇晃动荡。

⑭著籍朝厥妻:朝厥妻,文《详注》:"公妻卢氏,封高平县君。《前汉·元帝纪》:'(初元五年)令从官给事宫司马中者,得为大父母父母兄弟通籍。'注(引应劭)云:'籍者为二尺竹牒,记其年纪、名字、物色,悬之宫门,案省相应,乃得入也。'《集》云:'在京诸司入官殿者,皆著门籍。'"魏本:"孙曰:籍,二尺竹牒,记其年纪、名字、物色,悬之宫门,案省相应,乃得入也。公妻卢氏,封高平县君,岁时入朝宫中,故云朝厥妻。"方世举《笺注》:"著籍:《汉书·魏相传》:'霍光夫人显及诸女,皆通籍长信宫。'师古曰:'谓禁门之中,皆有名籍。'朝厥妻,顾嗣立曰:公《示儿》诗云'恩封高平君,子孙从朝裾'即此谓也。"陈景云《点勘》:"命妇亦入朝太后,注未明悉。"按:命妇亦朝拜太后,卢氏为三品官之命妇,故曰"著籍朝厥妻"。韩诗本意当为"厥妻著朝籍"。

⑮"文才"二句:不如人,不及人。《左传》僖公三十年:"(烛之武)曰:'臣之壮也,犹不如人;今老矣,无能为也已。'"

町畦：文《详注》："《庄子·人间世》云：'彼且为无町畦。'注云：'町畔，畦埒也。'上音他兴切，下户圭切。"魏本："祝曰：《庄子》(《人间世》)：'彼且为无町畦，吾亦与之为无町畦。'注：'町，畔也。畦，径也(按：注引《释文》：李云：町畦，畔埒也。无畔埒，无威仪也)。'町，徒顶切。畦，户圭切。"町畦，本指田界，田塍，田埂。引申为界限，规矩，约束。《辞源》亦引韩诗为例。

⑯ 不知东西：即不知详情。文《详注》："《淮南子》(《齐俗》)云：'古者民童蒙，不知东西。'"

⑰ "况于"二句：经籍，儒家典籍。《后汉书·张楷传》："楷坐系廷尉诏狱，积二年，恒讽诵经籍，作《尚书注》。"南朝梁刘勰《文心雕龙·事类》："然则明理引乎成辞，征义举乎人事，乃圣贤之鸿谟，经籍之通矩也。"宋梅尧臣《书斋》："圣贤有事业，皆在经籍中。"端与倪即端倪，魏本："孙曰：'倪，分际也。'"顾嗣立《集注》："《庄子·大宗师》篇：'反复终始，不知端倪。'"本指边际，此谓头绪。《文选》卷二二南朝宋谢灵运《游赤石进帆海》诗："溟涨无端倪，虚舟有超越。"

⑱ "君恩"二句：稗(bài 傍卦切，去，卦韵)稊(tí 杜奚切，平，齐韵)：魏本："祝曰：'稗稊，草如禾，可食。《庄子》(《知北游》)：在稊稗。'孙曰：'小米也。言君恩如太山之重，未有颗粒之报。"文《详注》："稗稊，皆草名，以喻至微，言君恩至重，十分未报一尔。"按：太山即泰山。《汉书·司马迁传·报任安书》："人固有一死，死重于泰山，或轻于鸿毛，用之所趋异也。"按：稗，稻田杂草，似禾。《左传》定公十年："若其不具，用秕稗也。"稗实细小，又非真谷物，故以稗形容卑微。《汉书·艺文志》："小说家者流，盖出于稗官。街谈巷语，道听途说者之所造也。"注："稗官，小官。"稊，草名，结实如小米。《庄子·秋水》："计中国之在海内，不似稊米之在太仓乎？"上句写君恩，下句写见酬，谓自己。

⑲ 又不自提撕：朱《考异》："自，或作'相'。"宋白文本、祝本、魏本、廖本、王本作"自"，注："一作'相'。"文本作"相"。今从诸本

作"自"。

提撕:文《详注》:"撕,音先齐切。"魏本音注:"撕,音西。"又:"祝曰:'提撕,挈也。《诗》(《大雅·抑》):言提其耳。注(当为笺):亲提撕其耳。'孙曰:'公言其职事既简,又不能自提撕振起也。'"方世举《笺注》:"撕,音西。《颜氏家训》:'整齐门内,提撕子孙。'"

⑳"明庭"二句:魏本:"孙曰:明庭,帝庭也。孔,孔雀。鸾,鸾鸟。以喻贤者在位也。言明庭方集孔鸾,安用此凫鹥乎?凫鹥,凡鸟,公以自喻也。《诗》(《大雅·凫鹥》):'凫鹥在沙。'凫、鹥,皆水鸟。凫似鸭而小,江东亦呼为鸭。鹥,鸥也,一名水鹗。"

㉑ 不宜问蒿藜:问,方《举正》订,云:"蜀本间作'问'。"朱《考异》:"间,或作'问',非是。"祝本、魏本作"问",间、问,繁体为間、問,乃形似之误。宋白文本作"闲(繁体为閑)",乃"间(繁体为間)"字俗作"閒",閒与閑,古为异体字,故误作"闲(繁体为閑)"。文本、廖本、王本作"间",注:"一作'问'。"

魏本:"孙曰:蒿藜,皆菜名,亦以自喻。"谓菜名,非是。文《详注》:"孔鸾、松柏,以喻朝贤;凫鹥、蒿藜,公自谓也。鹥,凫属。蒿藜,皆草名。"方世举《笺注》:"蒿藜:《史记·封禅书》:'管仲曰:今嘉谷不生,而蓬蒿藜莠并兴。'"童《校诠》:"第德案:此以松柏与蒿藜相对,蒿藜非菜名,左氏昭十六年传:斩之蓬蒿藜藋,礼记月令:孟春行秋令,则藜莠蓬蒿并兴,庄子徐无鬼:藜藋柱乎鼪鼬之径,皆谓草也。方说是。又按:作问亦通,既树松柏,自不应更问蒿藜,举重则舍其轻,与论语:伤人乎不问马,丙吉问牛喘,不问群斗者死伤横道之例正同,宜两存之。"按:"间"字义浅显;"问"字意味较深,按韩公用字之讲究,则作"问"善。"间"字为众所常用,亦合上下文义。童说有理,故两存。问,中原人口语,至今人常用,如请(找)人帮忙,谓"问人",或谓"问帮忙的"。找(借)牲口,谓"问牲口"。韩诗"不宜问蒿藜",即不应要蒿藜。"间蒿藜"即"蒿"与"藜",正和"松与柏"对言,故两存之。

㉒"婉娈"二句:文《详注》:"婉娈,柔弱貌。挤,排也。"魏本:

"孙曰:《诗》(《齐风·甫田》):'婉兮娈兮,总角丱兮。'婉,少貌。娈,好貌。媚,妩媚也。言婉娈者自相媚好,而我以直道独立其间,几时不见挤斥乎?挤,推斥也。祝曰:'《楚辞》:魁垒挤摧兮常困辱。'挤,将西切。"方世举《笺注》:"挤:《庄子·人间世》:'因其修而挤之。'"王元启《记疑》:"谓虽婉娈媚好,不自露其悻直之气,终不免为人排挤也。旧注'婉娈指他人',非是。"钱仲联《集释》:"王说添语解诗,不如孙注为安。公《祭河南张员外文》云:'彼婉娈者,实惮吾曹。'亦以婉娈斥他人。按:诗自"明庭集孔鸾"句以下指朝廷官吏,非韩公自指也。此处"婉娈"指一般官吏中卑弱者,否则与下句"几时不见挤"义不合。

㉓ 尠不调盐醯:魏本:"祝曰:'尠,少也。《楚辞》(王逸《九思·疾世》):居廊寥兮尠畴。'孙曰:'贪食忘躯,以禽畜自喻也。言贪食而忘躯,鲜不为人所烹。醯盐,所以调食。'尠,音鲜。"方世举《笺注》:"尠,与'鲜'同。调盐醯:《楚国策》:黄雀'俯噣白粒,仰栖茂树,[鼓翅奋翼,]自以为无患,与人无争也。不知夫公子王孙,左挟弹,右摄丸,将己加(当为加己)乎十仞之上[,以其颈为招]。昼游乎茂树,夕调乎酸咸。'"按:尠,音义同鲜。醯(xī呼鸡切,平,齐韵),醋。《论语·公冶长》:"子曰:孰谓微生高直?或乞醯焉,乞诸其邻而与之。"疏:"醯,醋也。"

㉔ "法吏"二句:法吏,狱吏。《汉书·司马迁传》:"身非木石,独与法吏为伍,深幽囹圄之中,谁可告诉者!"魏本:"孙曰:'磨,淬厉。'祝曰:'淬,染也,犯也。《前汉》(卷六四下《王褒传》):清水淬其锋。'"按《文选》卷四七王褒《圣主得贤臣颂》:"清水淬其锋,越砥敛其锷。"刘良注:"淬,谓烧刃令热,渍于水中也。"方世举《笺注》:"角圭:按角圭,即圭角也。唐人好倒用字,如鲜新、莽卤、角圭之类甚多。他如香山之'摩揣',卢仝之'揄揶',不可胜数,然两字两义者可,一义者不可。"钱仲联《集释》:"《礼记·儒行》('毁方而瓦合'句)郑玄注:'去己之大圭角,下与众人小合也。'孔颖达正义:'圭角谓圭之锋铓有棱角。'"

㉕愆尤：过失。《文选》卷三汉张衡《东京赋》："卒无补于风规，只以昭其愆尤。"薛综注："愆，短也。尤，过也。"李白《古风》十八："功成身不退，自古多愆尤。"韩公《赴江陵途中寄赠王二十补阙李十一拾遗李二十六员外翰林三学士》："孤臣昔放逐，泣血追愆尤。"

㉖以为己阶梯：魏本："孙曰：以为进身之梯。"黄钺《增注证讹》："十字仕路崄巇，古今一辙。"蒋抱玄《评注》："至此一拓，妙有波澜。"

㉗结二句谓：不致迷到死，如今就乞骸骨回家。魏本："孙曰：公家于关东。"文《详注》："关东，谓洛阳也，公有宅在此。以其在潼关之东，故曰关东。已见《复志赋》《感二鸟赋》。"韩公《县斋有怀》："如今便可尔，何用毕婚嫁。"与此同义。亦可参韩公《送杨少尹序》与注。关东，史称函谷关、潼关以东地区。《史记·李斯列传》："自秦孝公以来，周室卑微，诸侯相兼，关东为六国。"《史记·高祖纪》："悉发关内兵。"韩公故里在河阳（今河南省孟州市），后又居洛阳。河阳、洛阳均在函谷关之东。

【汇评】

清朱彝尊：退之点景每得闲淡趣。（顾嗣立《昌黎先生诗集注》卷七）

清爱新觉罗·弘历：戒心法吏，始拟收身，则已有为而为矣。中间省躬引分，乃足为朝士座右铭。（《唐宋诗醇》卷三一）

清方世举：此诗元和十三年秋作，时为刑部侍郎，副郑馀庆详定礼乐。诗中"文才不如人""不知朝廷事""不深究经籍""不提撕职事"云云，盖当时必有以此排之者，故云然耳。《新唐书·郑馀庆传》："馀庆引韩愈、李程为副，崔儇、陈佩、杨嗣复、庚敬休为判官。"诗云"孔鸾""凫鹭""松柏""蒿藜"诸人，必有不相合者。观后寄《鄂岳李大夫》诗，则知与李程旧有违言，其余可推已。故恐得罪而有引身自退之思也。（《韩昌黎诗集编年笺注》卷一〇）

程学恂:起兴已是郁郁。此诗似庆幸处全是自责自贬,责贬处又是忧谗畏讥,要皆不得志之词也。(《韩诗臆说》卷二)

蒋抱玄:虽不坐粗硬之病,而实尠淡远之致。(《注释评点韩昌黎诗全集》)

朝归①

长庆元年

峨峨进贤冠②,耿耿水苍珮③。服章岂不好,不与德相对④。顾影听其声⑤,赪颜汗渐背⑥。进乏犬鸡效⑦,又不勇自退⑧。坐食取其肥⑨,无堪等聋聩⑩。长风吹天墟,秋日万里晒⑪。抵暮但昏眠,不成歌慷慨⑫。

【校注】

① 题:廖本注:"与前诗(《南内朝贺归呈同官》)同时作。"文《详注》:"《补注》:此诗与前诗大率相类,时自中舍降为右庶子所作,亦元和十一年秋也。"按:所说非。廖本注是。

② 峨峨进贤冠:峨峨,钱仲联《集释》:"《楚辞·惜贤》(刘向《九叹》):'冠浮云之峨峨。'王逸章句:'峨峨,高貌也。'"进贤冠,贤者儒冠。文《详注》:"《后汉·志》(《后汉书·舆服志下》):'进贤冠:古缁布(冠)文,儒者之服也。前高七寸,后高三寸,长八寸。'"方世举《笺注》:"进贤冠:《古今注》:'文官冠进贤冠,古委貌之遗象也。'《新唐书·车服志》:'进贤冠者,文武朝参之服也。二品以上三梁,五品以上两梁,九品以上及国官一梁。'"方成珪《笺正》:"《旧史·舆服志》:'进贤冠,三品以上三梁,五品以上两梁,九品以上一梁。'"峨峨,崇峻、高耸貌。《楚辞》宋玉《招魂》:"增冰峨峨,飞雪千里些。"《文选》卷一九曹植《洛神赋》:"云髻峨峨,修眉联娟。"李善

注:"峨峨,高如云也。"

③ 耿耿水苍珮:耿耿,明貌。《文选》卷二六谢玄晖《暂使下都夜发新林至京邑赠西府同僚》:"秋河曙耿耿,寒渚夜苍苍。"李善注:"耿耿,光也。"

水苍珮:即水苍玉珮,乃玉的一种。《礼记·玉藻》:"大夫佩水苍玉而纯组绶。"注:"玉有山玄水苍者,视之文色所似也。"《晋书·职官志》:"特进品秩第二,位次诸公,在开府骠骑上,冠进贤两梁,黑介帻,五时朝服,佩水苍玉。"《通典·职官十五》:"(汉时京兆尹)银章青绶,进贤两梁冠,绛朝服,佩水苍玉。"魏本:"孙曰:'水苍者,言似水之苍色而杂有文也。'"文《详注》:"《礼记》:'公侯珮山玄玉,而朱组绶。大夫珮水苍玉,而朱组绶。'注云:'山玄,水苍玉之文也。'"《旧唐书·舆服志》:"二品以下,五品以上,佩水苍玉。"

④ 服章:魏本作"章服"。诸本作"服章",从之。

文《详注》:"《左氏传》(襄公二十七年):叔孙豹曰:'服美不称,必以恶终。'"魏本:"孙曰:服章即谓上冠珮,言此章服岂不好乎,但己无德,不能与相称也。"按:服章者古代表示官阶身份的服饰。《书·皋陶谟》:"天命有德,五服五章哉!天讨有罪,五刑五用哉!"《左传》宣公十二年:"君子小人,物有服章。"杜注:"尊卑别也。"北魏杨衒之《洛阳伽蓝记》卷五《城北》:"观其贵贱,亦有服章。"宋周煇《清波别志》卷中:"政和间,议者谓朝廷制为服章,所以异高卑,别上下,则服之与章,其制相须。"

⑤ 顾影听其声:魏本:"孙曰:'影,冠影。声,珮声也。'"

⑥ 赪颜汗渐背:渐,文本作"惭",误。

魏本:"孙曰:'赪,赤色。渐,渍也。'韩曰:'汉文帝问周勃决狱钱谷。勃谢不知,汗出洽背。'"按:赪(chēng 丑贞切,平,清韵),《尔雅·释器》:"再染谓之赪。"疏"赪,即浅赤也。"谢朓《望三湖》诗云:"积水照赪霞,高台望归翼。"渐(jiān 子廉切,平,盐韵),流入,浸润。《书·禹贡》:"东渐于海,西被于流沙。"《荀子·大略》:"兰茝、槀本,渐于密醴,一佩易之。"注:"渐,浸也。"《诗·卫风·

氓》:"淇水汤汤,渐车帷裳。"此谓面红背湿也。

⑦ 进乏犬鸡效:犬,祝本作"火",误。

文《详注》:"《南史》:沈庆之曰:'犬司御,鸡司晨。'"魏本:"《补注》:'犬鸡事取孟尝君客鸡鸣狗盗之意(《史记·孟尝君列传》)。'"方成珪《笺正》:"诗意以犬鸡有司夜司晨之效,谦言己不能如也。注蔓引孟尝事,非是。"童《校诠》:"第德案:方说是,孟尝君客事,公所不屑道,四公子以信陵为最贤,公答吕郢山人书云:惠书责以不能如信陵执辔者,夫信陵战国公子,欲以取士,声势倾天下而然耳。如仆者,自度若世无孔子,不当在弟子之列云云。于信陵且然,况孟尝与其客乎?"

⑧ 又不勇自退:蒋抱玄《评注》:"梁武帝《申饬选人表》:'其有勇退忘进,怀质抱真者。'"按:《文选》卷二五谢宣远《于安城答灵运》:"量己畏友朋,勇退不敢进。"

⑨ 坐食取其肥:魏本:"孙曰:'言无补于国,但坐食取肥耳。'"

⑩ 无堪等聋瞽:宋白文本、文本、祝本、廖本作"瞶"。魏本、王本作"瞶",非。

魏本:"孙曰:《国语》:'瞽瞍使之司声,聋聩使之司火。'言己无堪,徒与聋聩等耳。"方世举《笺注》:"《晋语》:'文公问于胥臣曰:吾欲使阳处父傅欢也而教诲之,其能善之乎?对曰:聋聩不可使听,僮昏不可使谋。'"按:堪,忍受。《左传》隐公元年:"今京不度,非制也,君将不堪。"无堪,即无可忍受。以上六句是韩公谦词。

⑪ "长风"二句:长风吹天墟,蒋抱玄《评注》:"《海赋》(《文选》卷一二木玄虚撰):'北洒天墟。'"按:李善注:"墟,音虚。《尔雅》(《释天》):'北陆,虚也。'"虚乃二十八宿的星名。天墟即天地。此二句写秋天天地广阔、晴日朗照、长风劲吹的境界,可谓体察准确,书写得体。

⑫ 歌慷慨:魏本:"孙曰:魏武帝《短歌行》曰:'慨当以慷,忧思难忘。'慷慨,愁叹也。"由结语"抵暮但昏眠,不成歌慷慨"分析,知韩公对官高职闲颇有怨怼。

— 1651 —

【汇评】

宋葛立方:欧阳永叔诗文中好说金带……杜子美、白乐天皆诗豪,器识皆不凡,得一绯衫何足道,而诗句及之不一,何邪?……盖命服章身,人情所甚喜,故心声所发如是。退之云:"峨峨进贤冠,耿耿水苍珮。服章非不好,不与德相对。"其必有以称之哉!(《韵语阳秋》卷一一)

程学恂:诗与前首(《南内朝贺归呈同官》)同意。(《韩诗臆说》卷二)

蒋抱玄:较前首爽直。(《注释评点韩昌黎诗全集》)

杂诗四首①
永贞元年

诗写于顺宗永贞元年(805)秋,俟命郴州时。蚊蝇处处,无法尽驱,可憎可恶,只好寄予秋凉自扫;鹊鸟争斗,遂成仇雠,而黄鹄无奈自忍;截橼为欂栌,斫楹以为椽,束蒿以代之,小大不伦,何不覆颠;蝉喑蛙黾乱人等,当有寓意,细味可得。

其 一

朝蝇不须驱,暮蚊不可拍②;蝇蚊满八区③,可尽与相格④?得时能几何⑤,与汝恣啖咋⑥?凉风九月到,扫不见踪迹⑦。

【校注】

① 题:宋白文本、文本、廖本、王本有"四首"二字。祝本作"三首"。方《举正》:"樊本作'四首',以义考之,'鹊鸣声楂楂'以下当为别篇。"朱《考异》同方。魏本注:"'三首'或作'四首',以第一首

'扫不见踪迹'下文别为一首。"姚范《援鹑堂笔记》卷四一:"既与樊本同作四首矣,何又考之云云耶? 或樊汝霖以'鹊鸣'与前'朝蝇'同为一首,注中'四'字讹耳。"

魏本:"韩曰:'数诗皆讽也。朝蝇暮蚊,以讥小人;乌噪鹊鸣,以讥竞进;鹄鹤则公自喻。截橑斫楹,弃骥鞭驴,则以见一时所用,贤否失当也。公时为右庶子,而皇甫镈、程异之徒乃用事,元和十一年也。故此诗及《读东方朔杂事》《遣疟鬼》,皆指事托物而有作也。'"文《详注》引王《补注》同韩而文字稍异,云:"四诗皆有所讽也。朝蝇暮蚊,皆以讥小人;乌噪鹊鸣,又以讥一时之竞进者;鹄鹤则公以自喻也。截橑斫楹、弃骥鞭驴,则又以见一时所用贤否失当,不足以任大事。是时公为右庶子,在元和十一年。皇甫镈、程异之徒正用事,而小人竞进矣。故公此诗有谓而作也。"二者比较,因王后于韩,是录而稍变还是偶合,俟后详考。王元启《记疑》:"韩曰公时为右庶子,而皇甫镈、程异之徒用事,元和十一年也。故此诗及《东方朔杂事》《遣疟鬼》,皆指事托物而作。愚谓《东方朔杂事》《遣疟鬼》二诗,则不敢定为何年所作。此诗似为顺宗时群小依附叔文而作。蝇蚊雀鸠,皆指一时欲速侥幸之徒。黄鹄忍饥,则公自谓。又考《顺宗实录》,叔文与韦相同餐阁中,杜佑、高郢心知不可,畏不敢言;郑珣瑜取马归卧不起。卒章'喑蝉'二语,盖指佑、郢、珣瑜;蛙黾之鸣,则指当时内外怨毒、远近疑惧之人。以此推之,疑贞元二十年公令阳山及俟命衡阳时作,因编次在后,故韩氏误指为元和中作。然诗所刺讥,与元和时事不类。"方世举《笺注》:"按:此诗永贞元年夏秋之间,为当时朝士而作。谓之'杂诗'者,所指非一事,所刺非一人,所托非一物也。"《韩学研究·韩愈年谱汇证》:"按:范晞文、方世举、陈沆皆言讥伾、文及群小专权用事。小人得志,汲汲如狂,然韩愈视之如蚊蝇耳! 王说是,韩说非。"诸本多作四首,仍之。

② "朝蝇"二句:魏本:"韩曰:苻坚作赦文有'大蝇入室,驱之复来'。"朝蝇,即早晨的蝇子乱飞而扰人。不须驱,不必驱赶。暮

蚊,晚上蚊子成阵而肆虐。不可拍,不可以拍打。拍,魏本注:"匹格切。"二句义相对,引出下文。

③ 八区:魏本:"孙曰:'八区,八方。'"按:八区,四面八方,即处处。徐震《诠订》:"扬雄《解嘲》:'天下之士,雷动云合,鱼鳞杂袭,咸营于八区。'左思《咏史》诗:'悠悠百世后,英名擅八区。'"则后人多用之。

④ 相格:互相斗争。方世举《笺注》:"相格:《广韵》(入声陌韵):'格,击也,斗也。'"朱彝尊《批韩诗》:"此喻谗佞者,言不可尽去。"

以上四句谓:蝇蚊很多,到处都是,怎能与他们终日相斗呢?

⑤ 得时能几何:几何,魏本作"几时",注:"一作'何'。"诸本作"时",文本注:"一作'何'。"童《校诠》:"第德案:作何为长,如作几时,与上时字复。举正、考异皆未收。"按:作"几时""几何"均通。童说有理,今从之。谓依时得势,不能长久也。

⑥ 与汝恣啖咋:文本、魏本注:"与,一作'丐'。"诸本作"与",是。

方世举《笺注》:"恣啖咋:咋,锄陌切,又侧革切。《晋书·吴猛传》:'少有孝行,夏月手不驱蚊,惧其去己而噬亲也。'《玉篇》(口部):'啖,食也。''咋,声大也。'"钱仲联《集释》:"啖咋,并列复词,在此同义。'咋'借为齰。《说文·齿部》:'齰,啮也。'谓啮而食之。《汉书·东方朔传》:'犹孤豚之咋虎。'亦谓啖虎。《淮南子·修务训》:'龁咋足以嚼肌碎骨。'亦借咋为之。"按:恣,肆意,放纵。啖(dàn 徒滥切,去,阚韵),给吃。汉王充《论衡·自纪》:"夫不得心意所欲,虽尽尧舜之言,犹饮牛以酒,啖马以哺也。"咋(zé 侧革切,入,麦韵),大声,或咬、啮。《周礼·考工记·凫氏》:"侈则柞。"注:"柞,读为咋,咋然之咋,声大外也。"啖咋,作咬、啮解或作声大解均通,作声大似更合诗意,蚊咬人,蝇扰人,且都伴随着吵闹之声,而公所指现实也含此内容,故啖作咬,咋作大声解善。

⑦ 凉风九月到:魏本:"韩曰:《诗》(《邶风·北风》)谓:'北风

其凉。'《尔雅》(《释天》):'北风谓之凉风。'"按:九月乃深秋,故天冷风凉。贞元二十一年八月改为永贞元年,诗谓"九月",当为永贞元年,时宪宗李纯已即位,故有下句"扫不见踪迹"。

以上四句谓:他们得势的时间不会长,他们咬人吸血闹腾,一到九月秋凉,就会被一扫而光。中原人俗语:蚊子七月张嘴(肆虐),八月伸腿(死)。

【汇评】

宋黄彻:退之《咏蚊蝇》云:"凉风九月到,扫不见踪迹。"梦得《聚蚊》云:"清商一来秋日晓,羞尔微形饲丹鸟。"圣俞云:"薨薨勿久恃,会有东方白。"王逢原《昼睡》云:"蚊虫交纷始谁造?一一口吻如针锥。嘬人肌肤得腹饱,不解默去犹鸣飞。虽然今尚尔无奈,当有猎猎秋风时。"小人稔恶,岂漏恢网,但可侥幸目前耳。左氏曰:"天之假助不善,非右之也,将厚其恶而降之罚也。"其是之谓乎?(《碧溪诗话》卷七)

宋王楙:《韩杜诗意》:子美《萤》诗曰:"幸因腐草出,敢近太阳飞。未足临书卷,时能点客衣。随风隔幔小,带雨傍林微。十月清霜重,飘零何处归?"退之诗曰:"朝蝇不须驱,暮蚊不须拍。蝇蚊满八区,可尽与相格。得时能几时,与汝恣唼咋。凉风九月到,扫不见踪迹。"二诗皆一意,所以讽当世小人妄作威福者尔。(《野客丛书》卷二三)

宋俞文豹:史传中格扞、格杀之"格",皆如字读。惟《战国策》"形格势禁"及《汉书》"格五"字注"音各"。然《广韵》注:"格,古伯反,至也,亦博属。"格五但行箭以格杀。退之诗:"胡(朝)蝇不须驱,暮蚊不可拍。蝇蚊满八区,可尽与相格。"则如字读分明。如《礼记》扞格字,亦当如字读。陆德明硬作户隔反。《韵略》以经书中字特收入。《广韵》则无。(《吹剑录全编·吹剑录》)

宋范晞文:老杜《萤火》诗:"幸因腐草出,敢近太阳飞。未足书卷,时能点客衣。随风隔幔小,带雨傍林微。十月清霜重,飘零何处归?"韩退之云"朝蝇不须驱……",疾恶之意一也。然杜微婉而韩急迫,岂亦目击伾、文辈专恣而恶之耶?(《对床夜话》卷四)

清方世举:蝇蚊自古以喻小人,此则指伾、文辈也。内而牛昭容、李忠言,外而韦执谊、二韩、刘、柳、陆质、吕温、李景俭、陈谏、房启、凌准、程异等,莫非其党。诸人汲汲如狂,所谓"蝇蚊满八区"者也。然小人得志,其与能几何?旋即贬斥,无能免者,固已早见其必然矣。(《韩昌黎诗集编年笺注》卷二)

其　二

鹊鸣声楂楂①,乌噪声擭擭②,争斗庭宇间③,持身博弹射④。黄鹄能忍饥⑤,两翅久不擘⑥,苍苍云海路,岁晚将无获⑦。

【校注】

① 鹊鸣声楂楂:宋白文本、文本、祝本、廖本、王本作"楂"。魏本作揸,云:"音查。"文《详注》:"楂,音助加切。"方世举《笺注》:"楂楂:《广韵》(下平声,麻韵):查,大口貌。查字本无木旁,系后人所加。又或作喳,亦俗字也。此种本无取义,特状其声耳。"按:揸,后出俗字,读 zhā,同攙,以指取物,即抓,例见《水浒传》;读 chá,同搽,当涂抹解,例见《儒林外史》;读 zhá,见"揸挣",方言,当挣扎解,见明张四维《双烈记·归省》。其字宋以前文献未见。则作"楂",是。楂(zhā 茴鸦切,平、麻韵),乃果树名,同柤、樝。《管子·地员》:"五沃之土……其阴则生之楂梨。"楂楂,假借,用作"喳喳",鹊叫声。

② 擭(wò 一虢切,入,陌韵):捕取。《文选》卷二张衡《西京赋》:"杪木末,擭猱猢。"文《详注》:"擭,音屋虢切。"方世举《笺注》:"《广韵》(又入声,陌韵):擭,手取也。此种本无取义,特状其声耳。"方说是,此指乌鸦的叫声。

③ 间：朱《考异》："间，或作'闻'，非是。"宋白文本、文本、祝本、魏本、廖本、王本作"间"。魏本注："间，一作'闻'。"按：庭宇乃房舍、庭院，作"间"字是。此句谓鹊、乌在庭宇聒噪争斗。

④ 持：朱《考异》："持，或作'将'。"宋白文本、文本、祝本、廖本、王本作"持"。文本注："持，一作'将'。"魏本作"特"。当作"持"。

朱彝尊《批韩诗》："此喻立党者，言空相弹射。"

⑤ 能忍：朱《考异》："方作'忍长'，非是。"方《举正》无出此条，当为方校刊《韩集》。宋白文本、文本、廖本、王本作"能忍"。文本注："一作'忍长'。"祝本、魏本作"忍长"。魏本注："一作'能忍饥'。""忍长"义不明，作"能忍"善。

⑥ 擘：文《详注》："擘，开也。"魏本："孙曰：'不擘，谓不飞也。'"方世举《笺注》："《广韵》：'分擘也。'"按：擘，剖开。《礼记·内则》："炮之，涂皆干，擘之。"《史记·刺客列传》："既至王前，专诸擘鱼，因以匕首刺王僚，王僚立死。"

⑦ 苍苍，深青色。形容天空。《庄子·逍遥游》："天之苍苍，其正色邪？"岁晚，方《举正》据杭、蜀本乙作"晚岁"。朱《考异》："或作'晚岁'。"宋白文本、文本、廖本作"岁晚"。祝本、魏本作"晚岁"。作"晚岁"善。魏本："孙曰蝇蚊乌鹊以喻小人，黄鹄以喻君子。难进易退，故岁晚无获也。"文《详注》："《战国策》曰：'黄鹄游于江海，自以为无患。'一说云小鸟一举千里，射之难中。古者画于射质以中之为隽。"

【汇评】

清方世举：乌鹊争斗，谓韦执谊本为王叔文所引用，初不敢相负，既而迫公议，时有异同。叔文大恶之，遂成仇怨。是自开嫌衅之端也。黄鹄盖指贾耽，以先朝重望，称疾归第，犹冀其桑榆之收也。（《韩昌黎诗集编年笺注》卷二）

清陈沆：首四语犹前章之旨，末四语乃为黄鹄冀幸之词。将无获者，虽晚而庶几或可必获也。（《诗比兴笺》卷四）

其 三

截橑为欂栌①,斫楹以为椽②,束蒿以代之③,小大不相权④。虽无风雨灾,得不覆且颠⑤?解骖弃骐骥,蹇驴鞭使前⑥,昆仑高万里⑦,岁尽道苦邅⑧,停车卧轮下,绝意于神仙⑨。

【校注】

① 截橑(lǎo 卢皓切,上,皓韵)为欂栌:橑,魏本:"祝曰:《说文》(木部):'橑,椽也。'"按:橑者,屋椽也。《楚辞》屈原《九歌·湘夫人》:"桂栋兮兰橑,辛夷楣兮药房。"注:"以木兰为椽也。"

欂(bó 蒲革切,入,麦韵)栌(lú 落胡切,平,模韵):文《详注》:"橑,椽也,音老。班固《西都赋》云:'列棼橑以布翼。'欂,柱头也,音步碧切。栌,斗也,见《灵光殿赋》。此以况人君用人不得其宜。"按:斫(zhuó 竹角切,入,觉韵),砍、削。《孟子·梁惠王下》:"匠人斫而小之。"顾嗣立《集注》:"《说文》:'欂栌,柱上枅也。'"按:欂栌,准叠韵联绵字。欂,柱首承大梁的方木。栌,木名,一名黄栌。欂栌,柱上承大梁的方形短木,即斗拱。《淮南子·本经训》:"标枺欂栌,以相支持。"《文选》卷一六汉司马相如《长门赋》:"施瑰木之欂栌兮,委参差以槺梁。"字亦作薄栌。《文选》卷七汉扬雄《甘泉赋》:"香芬茀以穹隆兮,击薄栌而将荣。"薄,本字,欂后出。此句谓把大木材截成小器物,大材小用也。

② 斫楹以为椽:魏本:"樊曰:'楹,柱也。椽,桷也。斫,盖《孟子》所谓匠人斫而小之者也。'"楹(yíng 以成切,平,清韵),厅堂的前柱,乃建筑物的主要支柱,非大而坚之木不可。《春秋》庄公二十三年:"秋,丹桓宫楹。"注:"楹,柱也。"椽(chuán 直挛切,平,仙韵),椽子,放在檩子上架屋瓦的细木条,一般用细长小木材。把大而坚的木材制成细长的小木条,亦谓大材小用也。

③ 束蒿以代之：方《举正》作"蒿"、作"之"，云："山谷本校'之'作'茨'。"朱《考异》："之，或作'茨'。"宋白文本、文本、魏本、廖本作"蒿"、作"之"，魏本注："蒿，一作'茨'。"童《校诠》："第德案：廖本、王本、祝本与举正、考异同，独此本（指魏本）作蒿一作茨，与诸本异。束蒿以代之，谓束蒿代橑楹也。说文：蒿，䔆也，蒿荏弱不胜橑楹之任，故曰大小不相权。茨，盖屋艸也，同为草类，一本作茨，义同。若云之一作茨，束蒿代茨，即韩诗外传所谓原宪居环堵之室，茨以蒿莱，贫士有道者之所居，公何讥焉！山谷校失之。"按：童说是。然有可疑者，山谷校"之"作"茨"，"之"字当"的"字解，或谓"山谷校之蒿作茨"，后之校者未细究，故一错再错；试想山谷乃大学问家，岂能不解诗义而乱校也？算是亦备一想吧。

　　④ 小大不相权：魏本："孙曰：'橑大而榼栌小，楹大而榱小，今截橑为榼栌，斫楹为榱，失其宜矣。是犹君子而居下位也。橑楹既为榼栌为榱，乃束蒿以代橑楹焉，是以小人而居君子之位也。'"徐震《诠订》："《周礼·考工记·弓人》：'角与干权。'注：'权，平也。'平则相称矣。小大不相权，犹云小大不相称也。"按：权，秤，衡量。《论语·尧曰》："谨权量，审法度。"《孟子·梁惠王上》："权，然后知轻重；度，然后知长短。"

　　⑤ 得不覆且颠：朱彝尊《批韩诗》："此喻力小任重者，言恐颠覆。"钱仲联《集释》："义本于《易林》：'蒿蓬代柱，大屋颠仆。'"按：此以建筑作比，讥以小代大，以弱代强，能不崩溃吗？

　　⑥ "解辔"二句：文《详注》："以况去君子而用小人，不可以致治；弃良马而任蹇驴，不可以升昆仑。《楚辞》云：'却骐骥而不御，驾蹇驴而无策。'《补注》：'骖蹇驴兮骥垂两耳。'此以况人才贤不肖不得其所也。"魏本："韩曰：《楚辞》（王褒《九怀·株昭》）：'骥垂两耳，中坂蹉跎。蹇驴服驾，无用日多。'孙曰：《吊屈原赋》（见《史记·屈原贾生列传》）曰：'腾驾罢牛骖蹇驴兮，骥垂两耳服盐车兮。'"此句当出于东方朔《七谏·谬谏》"却骐骥而不乘兮""驾蹇驴而无策兮"。

⑦昆仑:方世举《笺注》:"《西山经》:'昆仑之丘,是实惟帝之下都。'《淮南·地形训》:'昆仑虚中有增城九重,其高万一千里百一十四步二尺六寸。或上倍之,是谓凉风之山,登之而不死。或上倍之,是谓悬圃,登之乃灵。或上倍之,乃维上天,登之乃神,是谓太帝之居。'"

⑧邅(zhān):转。文《详注》:"邅,远也。《楚辞》云:'邅吾道昆仑兮,路修远以周流。'《神异经》云:'昆仑有柱焉,其高入天,所谓天柱也。围三千里,周回如削,上有仙人九府治,与天地同休息。'"魏本:"孙曰:'邅,回远也。'祝曰:'行不进。《易》:屯如邅如。'"钱仲联《集释》:"《楚辞·离骚》:'邅吾道夫昆仑兮。'王逸注:'邅,转也,楚人名转曰邅。'"按:《楚辞》屈原《九歌·湘君》:"驾飞龙兮北征,邅吾道兮洞庭。"又刘向《九叹·怨思》:"下江湘以邅回。"

⑨停车卧轮下:方世举《笺注》:"《诗·东山》(《豳风》):'敦彼独宿,亦在车下。'"按:结句似与《记梦》"我宁屈曲自世间,安能从女巢神山"意同,实则比也,即不肯与之同也。

【汇评】

清方世举:《易·系辞》曰:"德薄而位尊,知小而谋大,力小而任重,鲜不及矣。故曰:鼎折足,覆公𫗧,其形渥,凶。"言不胜其任也。执谊以轻材而窃高位,当平时且不可,况危疑之际,能无颠覆乎?然此乃用之者过也。世岂无骐骥,顾舍之而不用。君门万里,日暮途远,何由自致乎?(《韩昌黎诗集编年笺注》卷二)

清陈沆:智小谋大,力小任重,以小人乘君子之器,在被用者不足道,惜国家将绝太平之望耳。(《诗比兴笺》卷四)

其　四

雀鸣朝营食,鸠鸣暮觅群①。独有知时鹤,虽鸣不缘身②。喑蝉终不鸣③,有抱不列陈④。蛙黾鸣无谓⑤,阁阁只乱人⑥。

【校注】

① 鸠鸣暮觅群:方《举正》作"觅",曰:"山谷本、谢本所校同。"朱《考异》:"觅,或作'求'。"文本、祝本、魏本作"求"。魏本注:"求,一作'觅'。"宋白文本、廖本、王本作"觅"。宋白文本注:"一作'求'。"按:觅、求意同,声调亦同,均可,今作"觅"。

② 独有知时鹤:魏本:"孙曰:'《淮南子》:鸡知将旦,鹤知夜半也。'韩曰:'《抱朴子》:千岁之鹤,随时而鸣。'"文《详注》:"《淮南子》曰:'鸡知将旦,鹤知夜半。'其鸣高亮,闻八九里,雌者差下。一见《秋怀》诗。"方世举《笺注》:"《淮南·说山训》:'鸡知将旦,鹤知夜半。'《风土记》:'白鹤性警,八月白露降流于草叶上,滴滴有声,即鸣。'"按:汉王充《论衡·变动》:"夜及半而鹤唳,晨将旦而鸡鸣。"《易·中孚》:"鹤鸣在阴,其子和之;我有好爵,吾与尔靡之。"后人截取其义,称修身洁行而有时誉的人为鹤鸣之士。《后汉书·杨赐传》:"惟陛下……斥远佞巧之臣,速征鹤鸣之士……冀上天还威,众变可弭。"当为韩诗所本。

③ 喑蝉:方《举正》:"李本校作'瘖'。《本草》(《政和证类本草·蚱蝉》),陶隐居曰:'哑蝉不能鸣者,雌蝉也。'然三本皆同上。"朱《考异》:"喑,或作'瘖'。"魏本:"祝曰:《广韵》:'喑,极啼无声。'"童《校诠》:"说文瘖,不能言也,喑,宋齐谓儿泣不止曰喑,段曰:喑之言瘖也,谓啼极无声。按:说苑正谏篇:下无言则谓之喑,后汉书童恢传:翊阳喑不仕,章怀注:喑,疾不能言也,是喑、瘖通用之证。"按:童说是。一般辞书解喑、瘖,音(yīn)义(不能说话)均同。《后汉书·袁闳列传》:"遂称风疾,喑不能言。"《后汉书·尹敏列传》:"瘖聋之徒。"

④ 有抱不列陈:魏本:"孙曰:'抱,怀抱也。'"钱仲联《集释》:"《后汉书·杜密传》:'刘胜位为大夫,见礼上宾,而知善不荐,闻恶

无言,隐情惜己,自同寒蝉,此罪人也。'"

⑤ 蛙黾鸣:文《详注》:"《墨子》曰:'禽子问曰:多言有益乎? 对曰:虾蟆(蛙黾)日夜鸣,口干而人不听之。鹤、鸡时夜而鸣,天下振动。多言何益乎?'蛙黾,虾蟆属。黾,音母耿切。"方世举《笺注》:"《说文》(黾部):'蛙,黾也。'《埤雅·释鱼》:'似虾蟆而长踦,瞋目如怒,谓之蛙,盖其声哇淫,故曰蛙。'《汉书·王莽传》曰:'紫色蛙声,余分闰位。'《字说》云:'黾善怒,故音猛,而谓怒力为黾。'"钱仲联《集释》:"《太平御览》:'《墨子》曰:禽子问曰:多言有益乎?墨子曰:虾蟆蛙黾,日夜而鸣,口干擗,然而人不听之。今鹤鸡时夜而鸣,天下振动。多言何益?唯其言之时也。'"

⑥ 结句:朱彝尊《批韩诗》:"此喻言词烦杂者徒使人厌。"

【汇评】

清方世举:此评诸朝士或默或语,无救于事。唯韦皋笺表,为知时而言也。郑珣瑜以会食中书,叔文索饭与执谊同餐,因叹息去位,所争甚细。至高郢、杜佑,则心知不可而畏避不言,非鸣雀喑蝉乎?补阙张正买因论他事召见,其友王仲舒、刘伯刍等相与贺之,王、韦疑其论己,因坐朋宴聚游,皆致谴斥,非觅群之鸠乎?羊士谔性本倾躁,以宣州巡官至京,公言朋党之非,徒触凶焰。至如中官刘光奇、俱文珍、薛盈珍、尚解玉等,同心怨猜,屡以启上,则又以势逼而言,非出于公,皆无谓也。此四诗当与《顺宗实录》参看。(《韩昌黎诗集编年笺注》卷二)

清黄钺:与不得其平则鸣又一意。(《韩诗增注证讹》卷七)

清陈沆:此喻四等人也。营食觅群者,但知身谋之小人;有抱不陈者,畏祸自全之庸人;无谓只乱人者,辩言乱政之小人。惟鸣不缘身则君子。(《诗比兴笺》卷四)

【四诗总评】

明黄瑜:《夏二子》:宋宣和中,进士永福吴元美作《夏二子传略》云:"天命商以伐夏,是以伊尹相汤伐桀而声其刻剥之罪。当是时,清商飙起,义气播扬,劲风四扫,宇宙清廓,夏告终于鸣条。二子之族,无大小长少,皆望风殒灭,殆无遗类。天下之民,始得安食酣饮而鼓舞于清世矣。"夏二子,谓蚊、蝇也。其乡人郑玮得之,往诉秦桧,谓其讥毁大臣,编管容州,寻谪死于南雄。按韩昌黎《杂诗》曰:"朝蝇不可(须)驱,暮蚊不可拍;蝇蚊满八区,可尽与相格?得时能几时(何),与汝恣唊咋?凉风九月到,扫不见踪迹。"意正如元美所云。偶阅郑文宝《江表志》杨鸾诗曰:"白日苍蝇满饭盘,夜间蚊子又成团。每到更深人静后,定来头上咬杨鸾。"鸾即南唐汤悦,校文时举子问"欲用尧舜字,不知是几事"者也。适友人枣阳王进士良璧琰至,相与质之,良璧谓曰:"子谓元美本昌黎,安知鸾不本昌黎邪?二十八字,真非苟作者。元美致祸,而鸾则幸免耳。"余曰:"子可谓善为鸾解嘲矣。"相与大笑,因书之。(《双槐岁钞》卷六)

清姚范:《杂诗》四首注:樊本作四首,以义考之,"鹊鸣声楂楂"以下当为别篇。按:既与樊本同作"四首"矣,何又考之云云耶?或樊汝霖以"鹊鸣"与前"朝蝇"同为一首,注中"四"字讹耳!(《援鹑堂笔记》卷四一)

读东方朔杂事^①
元和十一年

严严王母宫②,下维万仙家③。噫欠为飘风④,濯手大雨沱⑤。方朔乃竖子⑥,骄不加禁诃⑦,偷入雷电室,辀轹掉狂车⑧。王母闻以笑,卫官助呀呀⑨。不知万万人,生身埋泥沙⑩,簸顿五山踣⑪,流漂八维蹉⑫。曰吾儿可憎,奈此狡狯何⑬?方朔闻不喜,襫身络蛟蛇⑭。瞻相北斗柄⑮,

两手自相捼⑯。群仙急乃言,百犯庸不科⑰?向观睥睨处,事在不可赦⑱,欲不布露言,外口实喧哗⑲。王母不得已,颜嚬口赍嗟⑳。颔头可其奏㉑,送以紫玉珂㉒。方朔不惩创,挟恩更矜夸㉓。诋欺刘天子㉔,正昼溺殿衙㉕。一旦不辞诀㉖,摄身凌苍霞㉗。

【校注】

① 题:文《详注》:"《朔别传》云:'朔,小名曼倩。父张氏,名夷,字少平。母田氏。夷年二百,颜若童子。朔生三日而田氏死。死时,汉景帝三年也。邻母拾朔养之,时东方始明,因以姓焉。既长,仕汉武帝为太中大夫,尝见西王母于昆仑。武帝暮年好神仙,与朔狎昵。后朔亡,武帝召善星太公而问之。对曰:诸星皆见,独不见岁星十八年,今复见尔。帝叹曰:东方生在朕傍十八年,而不知是岁星,惨然不乐。'按:《史记·滑稽列传·东方朔》:"武帝时,齐人有东方生名朔,以好古传书,爱经术,多所博观外家之语……诏拜以为郎,常在侧侍中。数召至前谈语,人主未尝不说也。时诏赐之食于前。饭已,尽怀其余肉持去,衣尽污。数赐缣帛,担揭而去。徒用所赐钱帛,取少妇于长安中好女。率取妇一岁所者即弃去,更取妇。所赐钱财尽索之于女子。人主左右诸郎半呼之'狂人'。"

魏本:"洪曰:退之不喜神仙,此诗讥弄权挟恩者耳。"《杂诗》题注:"韩曰:公时为右庶子,而皇甫镈、程异之徒乃用事,元和十一年也。故《杂诗》及《读东方朔杂事》《谴疟鬼》,皆指事托物而有所作也。"又:"樊曰:《汉武帝内传》:'帝好长生,七夕,西王母降其宫。有顷,索桃七枚,以四枚与帝,自食三枚,曰:此桃三千年一实。时东方朔从殿东厢朱鸟牖中窥母,母谓帝曰:此窥牖儿尝三来偷吾此桃。昔为太山上仙官令,到方丈,擅弄雷电,激波扬风,风雨失时,阴阳错迕,致令蛟鲸陆行,崩山坏境,海水暴竭,黄马宿渊。于是九源丈人乃言于太上,遂谪人间。其后,朔一旦乘云龙飞去,不知所在。'"顾嗣立《集注》:"《汉书·东方朔传》班固赞曰:'朔之诙谐,逢占射覆,其事浮浅。行于众庶,童儿牧竖莫不眩耀。而后世好事者因取奇言怪语附着之。'公诗皆本经史,而此作独专取内传,亦偶然戏笔,故题之曰'杂事'也。"又云:"俞㻛云:此诗兴祖以为讥弄权者,观结语云云,殊不然也。意亦指文人播弄造化,如《双鸟诗》云尔。不然何独取方朔而拟之权倖邪?"方世举《笺注》:"按:韩醇又指此诗为皇甫镈诸人,亦不合。洪兴祖以为讥挟恩弄权者,其论与指皇甫镈、程异之论较切。然亦未见为何事何人,则于《唐书》殊失深考。愚见刺张宿也。《旧书》本传:'宿,布衣诸生也。宪宗为广陵王时,即出入邸第。及在东宫,宿时入谒。监抚之际,骤承顾擢,授左拾遗,以旧恩数召对禁中。机事不密,贬郴州郴县丞十余年。征入,历赞善大夫、左补阙、比部员外郎。李逢吉言其狡谲,上欲以为谏议大夫,逢吉奏其细人不足污贤者位。崔群、王涯亦奏不可。上不悦,乃用权知谏议大夫。俄而内使宣授。'诗云'严严王母宫',指宫禁也。'骄不加禁诃',宪宗念旧恩也。'偷入雷电室',数入禁中也。'輷輘掉狂车',机事不密也。'群仙急乃言'六语,指李逢吉、崔群、王涯辈论奏之人。'王母不得已'四语,谓宪宗不悦诸人之奏,乃先用权知谏议大夫也。'方朔不惩创'至'正昼溺殿衙'四语,即论奏所云污贤者位也。此皆一时事迹之明著者也。至于中间'瞻相北斗柄,两手自相授',乃诛心之论,谓时虽未有其事,而心目中则瞻相国柄也。传又云:'十三年正月,充淄青宣慰使,至东都,暴病卒。'故结句云'一旦不辞诀,摄身凌苍霞',正谓其暴死也。顾注有以结语不似讽刺,至疑通篇非讥弄权者,独不见《谢自然诗》写其死者,亦曰'须臾自轻举,飘若风中烟',岂亦予之之词耶?"王元启《记疑》:"考宿本传,方说良是。但其依比事实,颇多牵强缪戾之失……《新史》:宿自布衣授左拾遗,交通权倖,四方赂遗满门。诗言'络蛟蛇',即谓其交通权倖。'瞻相北斗柄',谓盗弄国柄。史言宿以旧恩数召对禁中,机事不能慎密是也……'群仙',宿漏禁中语坐贬,当时必有论奏之人,公所谓'群仙急乃言'也。方世举以宿召还后,宪宗欲用为谏议大夫,李逢吉、崔群、王涯等皆不可当之,非是。'紫玉珂',宿出为郴县丞,虽以罪贬,仍得怀印曳绂为吏,故云'送以紫玉珂'。方以宪宗不悦李逢吉诸人之奏,先用权知谏议大夫,为'王母不得已'四句作注。愚谓逢吉等奏请,上不悦,卒使中人宣授,是未尝可其奏也,与诗旨庚矣。'溺殿衙'此四句,见宿贬谪后骄恣如故。'凌苍霞'谓仍入王母之宫,得与群仙为伍耳。宿贬郴县丞十余年,寻复征入,历赞善大夫、左补阙、比部员外郎,此诗自郴初召还朝时作。论构局则回应前文,兜裹最密。论命意则虑小人进用,善类被伤,语亦特有关系。方以宿元和十三年奉命宣慰淄青道卒当之,是叙其死也。死一小人,何足累我笔墨。且使此时通体涣散无收,亦非文法,此则方氏之谬也。"陈沆《诗比兴笺》卷四:"专用《汉武内传》成文。洪兴祖谓讥弄权挟恩者。孙汝听谓元和十一年公为右庶子时,皇甫镈、程异之徒用事而作。沆案:此为宪宗用中官吐突承璀而作也。承璀讨王承宗,丧师失将,故有'不知万万人,生死埋泥沙'之语。元和八年,李绛极言承璀专横,宪宗初怒,既而从之,出承璀为淮南监军,谓李绛曰:此家奴耳,向以其驱使之久,故假以恩私云云,故有'王母不得已,颜嚬口赍嗟,领头可其奏'之语。章末特故幻词以掩其讥刺之迹耳。俞玚乃谓公不当取方朔而拟之权倖,当是指文人播弄造化者云云。固哉高叟之言诗乎! 诗云'骄不加禁诃',又云'挟恩更矜夸',岂非刺诗明证。况此乃全取小说游戏成文,盖《毛颖传》之流,故题曰《杂事》,曾于方朔何伤?"钱仲联《集释》:"以'不知万万人,生身埋泥沙'及'领头可其奏'诸语寻之,陈说较核,兹据以系年。"方世举《笺注》:"'太山上仙官令'云云,今《汉武内传》中竟无此语,想《东方朔杂事》别有其书,即班固为《朔传赞》所云'后世好事者,取奇言怪语附着之朔',不足多辨也。"

按:关于该诗所指及系年,诸家之说纷纷。较之,以陈、钱所说讥讽宪宗及承璀事为近。讥讽之意甚合诗意及公性格,从之。方谓《东方朔杂事》别有其书，当备一说。惜不见《隋书·经籍志》著录，后世亦无传。

② 严严王母宫：方《举正》作"严严"，云："古'岩'通作'严'，音同。《诗》(《小雅·节南山》)'惟石岩岩'，陆曰'本亦作严'是也。此云'下维万仙家'，似当以'岩岩'为义。"朱《考异》从方，引方语。祝本、文本、魏本等诸本均作"严严"，从之。

魏本："孙曰：'严严，尊严也。'"童《校诠》："第德案：诗节南山：维石岩岩，其本字应作礹（礦），说文：礹（礦），石山也，毛传：岩岩，积石貌是也。郑笺以尊严释之，释文：岩本或作严，郑释岩为尊严，是以岩为严之假借，与汉书董仲舒传晋灼释岩廊为严峻之廊义同。此诗严严，其义为尊严，或严峻，无庸假岩为严，方氏谓当以岩岩为义，可商。"按：童说是，独未举实例。严严，尊严，整肃。《荀子·儒效》："严严兮其能敬己也。"（杨倞）注："严严，有威重之貌。"严与岩虽能假借，然岩岩，山高貌，与严严义不同。又宋王安石《寄曾子固二首》之一："严严中天阁，蔼蔼层云树。"钱仲联《集释》："《山海经·大荒西经》：'西海之南，流沙之滨，赤水之后，黑水之前，有大山，名曰昆仑之丘。有人，戴胜，虎齿，有豹尾，穴处，名曰西王母。'郭璞注：《河图玉版》亦曰：'西王母居昆仑之山。'《西山经》曰：'西王母居玉山。'《穆天子传》曰：'乃纪名迹于弇山之石，曰西王母之山也。'然则西王母虽以昆仑为宫，亦自有离宫别窟游息之处，不专住一山也。"

③ 下维万仙家：魏本："孙曰：'言仙家环绕其宫也。'"文《详注》："《集仙录》云：'西王母者，九灵太妙龟山金母也，一号太虚九光龟台金母，乃西华之至妙、洞阴之极尊。在昔道气凝寂，湛体无为，将欲启迪玄功，生化万物。先以东华至真之气，化而生木公焉。木公生于碧海之上，苍灵之墟，以主阳和之气，理于东方，亦号曰东王公焉。又以西华至妙之气，化而生金母焉。金母生于神州伊川，厥姓缑氏。生而飞翔，以主元，毓神玄奥，于眇莽之中，分大道醇精之气。结气成形，与东王木公共理二气，而育养天地，陶钧万物。

体柔顺之本,为极阴之元,位配西方,母养群品。天上天下,三界十方,女子之登仙得道者,咸所隶焉。所居宫阙,在龟山春西那之都,昆仑之圃,阆风之苑。有城千里,玉楼十二,琼华之阙,光碧之堂,九屋玄室,紫翠丹房。左带瑶池,右环翠水。其山之下,弱水九重,洪涛万丈,非飙车羽轮不可到也。所谓玉阙暨天,绿台承霄,青琳之宇,朱紫之房,连琳彩帐,明月四朗。戴华胜,佩虎章,左侍仙女,右侍羽童,宝盖沓映,羽旍荫庭。轩砌之下,植以白环之树,丹刚之林,空青万条,瑶干千寻,无风而神籁自韵,悢然皆九奏八会之音也。神州在昆仑之东南,故《尔雅》云王母曰下是矣。云王母蓬发戴胜、虎齿善啸者,此乃王母之使,金方白虎之神,非王母之真形也。元始真王授以方天玄统龟山九光之箓,使制召万灵,统括真圣,监盟莅信,总诸天之羽仪。天尊上圣,朝晏之会,考校之所,王母皆临决焉。上清宝经,三洞玉书,凡有授受,咸所关预。昔茅盈王褒,洎九圣七真,凡得道受书者,皆朝王母于昆仑之阙。'"钱仲联《集释》:"《十洲记》:'积石圃南头,是西王母居。真宫仙灵之所宗,天人济济,不可具记。'又:'生洲上有仙家数万。'"

④噫欠为飘风:方《举正》出"噫欠",云:"聚气为噫,张口为欠。《说文》曰:'欠,张口气牾也。'宋孟颉以亢声大欠被劾。蜀本作'欠',校本多同。旧本一作'噫歆'。噫歆,警神声也,见郑氏《礼注》。噫,当于其切,恐非。"朱《考异》:"噫,乌界切。欠,或作'吹'。(下引方语)"文本作"歆",注:"一作'欠'。"宋白文本、祝本、魏本、廖本、王本作"欠"。魏本注:"噫,乌介切。欠,一作'吹'。"今从诸本作"欠"。

文《详注》:"噫欠,气牾也。《庄子》《齐物论》曰:'大块噫气,其名为风。'噫,音乙介切。欠,音去剑切。"魏本:"韩曰:飘风,旋风也。《诗》《小雅·何人斯》:'其为飘风。'《尔雅》《释天》:'回风为飘。'"按:此句谓:西王母打呵欠、呼气即成大风。

⑤濯手大雨沱:魏本:"孙曰:沱,大雨貌。《诗》《小雅·渐渐之石》:'月离于毕,俾滂沱矣。'言仙人噫欠则为飘风,濯手则为大

雨,谓其众多也。"按:沱,文本作"洍"。诸本作"沱",从之。此句承上句,谓:仙人洗手甩下的水点就如滂沱大雨。

⑥ 竖子:童子、小子。《庄子·山木》:"故人喜,命竖子杀雁而烹之。"《战国策·燕三》:"荆轲怒,叱太子曰:'今日往而不反者,竖子也。'"方世举《笺注》:"《史记·平原君传》:'白起,小竖子耳。'"按:竖子,即童子。竖,同"豎"。

⑦ 骄不加禁诃:不加,魏本作"不自",宋白文本、文本、祝本、廖本、王本作"不加"。按:当作"加"。

魏本:"孙曰:'诃,斥也。'"方世举《笺注》:"禁诃:《说文》(言部):'诃,大言而怒也。'"按:此句谓西王母未放任东方朔这样调皮的童子。《说文·言部》:"诃,大言而怒也。"《韩非子·内储说下》:"明日,王出而诃之曰:'谁溺于是?'"《晋书·愍怀太子传》:"成都王颖见而诃谧,谧意愈不平。"

⑧ 輷輘掉狂车:方《举正》据唐本作"輷",云:"旧监本同,字见王褒《箫赋》。又晋李颙《雷赋》:'鼓訇輘之逸韵。'蜀本作'较',非。"朱《考异》:"輘,或作'较'。(下引方语)"宋白文本、文本、魏本、廖本、王本作"輘"。南宋监本原文作"较",潮本作"輘"。文本注:"輘,今本多作'较',非。"按:輷輘,形容车行大声。輷较,不能合成词,亦无解。作"輘"是。

魏本注:"輷,于宏切,与轰同。輘,鲁登切,一作'较',音角,非是。"又:"樊曰:《汉武帝内传》:'帝好长生,七夕,西王母降其宫。有顷,索桃七枚,以四枚与帝,自食三枚,曰:此桃三千年一实。时东方朔从殿东厢朱鸟牖中窥母,母谓帝曰:此窥牖儿尝三来偷吾此桃,昔为太山上仙官令,到方丈,擅弄雷电,激波扬风,风雨失时,阴阳错连,致令蛟鲸陆行,崩山坏境,海水暴竭,黄马宿渊。于是,九源丈人乃言于太上,遂谪人间。其后,朔一旦乘云龙飞去,不知所在。'孙曰:《内传》又云:'武帝与西王母坐南窗下,有一人窥看,帝惊问:何人?王母曰:是汝侍郎东方朔,我邻家小儿,性多滑稽,三来偷桃。此子昔为太上仙官令,到方丈山,但务游戏,擅弄雷电,激波扬风,致令蛟鼍陆行,山崩海竭。太上谪斥,使在人间。近金华山二仙人及九疑君陈乞原之,帝乃知朔非世俗之徒也。'"按:此段记载均出自《汉武帝内传》,文字略有出入。魏本:"祝曰:掉,转也。辀轹,车声。《选》:'其武声则若雷电辀轹。'"文《详注》:"《武帝内传》云:武帝之见王母也。须臾,殿南朱鸟窗中忽有一人来窥仙官者,帝惊问:'何人?'王母曰:'是汝侍郎东方朔也。昔为太上仙官令,使到方丈助二司,司命收录仙家。朔到方丈,务山水游戏,不共营和气。擅弄雷电,激波扬风。风雨失时,阴阳错迕。致令鲛鲸陆行,崩山环海(当为崩山坏境)。海水暴竭,黄马宿所。妨农芸田,沉湎玉酒,失部御之神,亏奉命之科。于是,九元丈人乃言于太上,遂谪斥在人间。去太清之朝,处浊秽之伦。金华二仙人及九疑君比为陈乞,故特原之。于是,帝始知朔非人之徒',《淮南子》(《原道训》)曰:'电以为鞭策,雷以为车轮。'注云:'电激气,雷转气故也。'辀轹,大声也。王子渊《洞箫赋》(《文选》卷一七)云:'其武声则若雷霆轹辀,佚豫以沸渭。'(李善注:轹辀,大声也。)轹,音力耕切。辀,音呼萌切。张平子《思玄赋》云:'凌惊雷之砊磕兮,弄狂电之淫裔。'"按:以上诸家之注的引文不尽相同,甚至有错讹不全者,读之令人费解。掉,《广雅·释诂一下》:"掉,动也。"按:掉作转动解为最恰当。

⑨卫官:侍卫之人。魏本:"孙曰:'卫官,王母侍卫之人。呀呀,笑声。'"钱仲联《集释》:"《说文·新附》:'呀,张口貌。'"按:钱说只为口形,未谛。此当为张口发出的声音。见上注④。

⑩"不知"二句:万万人,文本、魏本作"万万",注:"一作'万古人'。"宋白文本、廖本、王本亦作"万万"。从之。

泥沙:方世举《笺注》:"郭璞《江赋》(《文选》卷一二):'或泛潋于潮波,或浑沦乎泥沙。'"按:此谓人死埋入泥土中。俗谓人死葬埋为入土。宋陆游《十二月二日夜梦游沈氏园亭》诗云"玉骨久成泉下土"是也。黄钺《增注证讹》:"小人献媚弄权,不顾殃民,往往如此。"如将帅无能而贪权,致使数万官兵及百姓死亡。

⑪ 簸顿五山踣：顿五，祝本作"愿三"，误。诸本作"顿五"，从之。

文《详注》："五山，五岳也。见《陆浑山火》。踣，音蒲北切。"魏本："孙曰：簸顿，簸荡也。五山，五岳。踣（bó），僵也。踣，音匐（按：宋刻本作'匐'，四库本作'匐'）。"方世举《笺注》："《列子·汤问篇》：'渤海之东，其中有五山也。一曰岱舆，二曰员峤，三曰方壶，四曰瀛洲，五曰蓬莱。'"童《校诠》："第德案：五山应以方扶南引列子岱舆、员峤等五山为长。踣音匐，匐当作匐。祝本顿作愿，讹。五山作三山。"按：《左传》襄公十四年："譬如捕鹿，晋人角之，诸戎掎之，与晋踣之。"《国语·周下》："踣毙不振。"

⑫ 流漂八纮蹉：方《举正》据蜀本作"流漂八维蹉"，云："谢校同。"朱《考异》："流漂，或作'飘流'。维，或作'纮.'"文本、祝本、魏本作"飘流八纮"。宋白文本、廖本、王本作"流漂八维"。按：漂、飘，古互借。八纮、八维，义得两通。

文《详注》："八纮，四维也，见《谢自然诗》。蹉，音才何切。"魏本："孙曰：'《淮南子》：天有九部八纪，地有九州八柱，九州之外有八埏，八埏之外有八纮。八纮者，东北之纮曰荒土，东方之纮曰桑野，东南之纮曰众安，南方之纮曰反户，西南之纮曰火正，西方之纮曰沃野，西北之纮曰沙所，北方之纮曰委羽。蹉，谓跌也。'蹉，徒何切。"钱仲联《集释》："《淮南子·地形训》：'八殥之外，而有八纮，亦方千里。自东北方曰和丘，曰荒土；东方曰棘林，曰桑野；东南方曰大穷，曰众女；南方曰都广，曰反户；西南方曰焦侥，曰炎土；西方曰金丘，曰沃野；西北方曰一目，曰沙所；北方曰积冰，曰委羽。'高诱注：'纮，维也，维落天地而为之表，故曰纮也。'"又《原道训》注："八纮，天之八维也。"又云："纮，纲也。若小车盖四维谓之纮，绳之类也。四方上下曰宇，古往今来曰宙，以喻天地章明也。"《广韵》："蹉，跌也。"童《校诠》："第德案：流漂、飘流，八维、八纮（高注纮维也），义得两通。孙引淮南子所云九部八纪当作九野八风，八柱当作八极，凡州凡当作九，埏当作殥，高注：殥，远也，殥读亂嗣之亂，众安,安当作女,火正当作炎土。孙于淮南有删节,有增字,于例,删取其要则可,增则失真不可为训。"按:童说是。旧注如孙、文都有此病。

⑬"曰吾儿"二句:文《详注》:"吾儿,指言方朔也。狡狯,儿戏也。"方世举《笺注》:"《汉书·金日䃅传》:'日䃅子或自后拥上项,日䃅见而目之。上谓日䃅:何怒吾儿为?'"

狡狯:魏本:"樊曰:'葛洪《神仙传》(卷三):王方平过吴,与麻姑相会于蔡经家。经弟妇新产,麻姑望见已知,曰:噫!且止勿前,即求少许米掷之地,即成丹砂。方平笑曰:姑故年少,吾了不喜复作此曹狡狯变化也。狡狯事其出此欤?或者别有杂事而莫之见也。狡狯,小儿戏。'"顾嗣立《集注》:"《汉·高帝纪》:'大人常以臣无赖。'晋灼曰:'江淮之间谓小儿多诈狡狯为无赖。'"童《校诠》:"第德案:狡狯亦作吵狯,说文:吵,吵扰也,一曰吵狯是也。又作狡狭,诗芣苢笺:狡狭淫戏,释文:狭本又作狯是也。狡又作獡,方言:央亡、嚜㾎、婚、狯也,江湘之间,或谓之无赖,或谓之獡,凡小儿多诈而狯谓之央亡。或谓之嚜㾎,或谓之婚是也。晋注盖本之方言,淮当作湘。是狡狯字汉时已有之。樊引葛洪神仙传作证,未得其朔。曹字衍,獡当作狯,以当作或。"按:狡狯,嬉戏也。《宋书·明恭王皇后传》:"(废帝)因此欲加鸩害,已令太医煮药。左右人止之曰:'若行此事,官便应作孝子,岂复得出入狡狯。'"《说文·犬部》:"狯,狡狯也。"

⑭褫身络蛟蛇:文《详注》:"《淮南子》曰:'黄云络,前白螭,后奔蛇,消摇登天,朝帝于灵门。'许氏云:'络,读道路之路,谓车之垂络也。黄云之气络其车,白螭导在于前。奔蛇,腾蛇也,从在于后。'褫,夺也,音丑豸切。"魏本:"祝曰:褫,彻衣,又夺衣。《易》:'终朝三褫之。'络,绕也。蛟蛇,龙类。《选》:'惊魍魉,惮蛟蛇。'"方世举《笺注》:"褫身:犹脱身也。《易·讼卦》:'或锡之鞶带,终朝三褫之。'络蛟蛇:按扬雄《蜀都赋》:'其深则有水豹蛟蛇。'张衡《西京赋》:'惊魍魉,惮蛟蛇。'蛟蛇二字连用本此。络,谓以蛟蛇自缠。

络,喻固结于权幸也。"按:褫(chǐ 池尔切,上,纸韵):剥夺。《易·讼》:"上九,或锡之鞶带,终朝三褫之。"张衡《东京赋》:"罔然若醒,朝疲夕倦,夺气褫魄之为者也。"

⑮瞻(zhān 职廉切,平,盐韵)相北斗柄:方世举《笺注》:"北斗柄:《星经》:'北斗星谓之七政,为人君号令之主。出号施令,布政天中,临制四方。'又:'三公三星,在斗柄东,和阴阳,齐七政。'按:'瞻相北斗柄'言其觊觎大用也。"

瞻,向上或向前看。《诗·邶风·雄雉》:"瞻彼日月,悠悠我思。"《论语·子罕》:"瞻之在前,忽焉在后。"屈原《离骚》:"瞻前而顾后兮。"后为成语,如瞻仰、仰望。《诗·小雅·小弁》:"靡瞻匪父,靡依匪母。"

相(xiàng 息亮切,去,漾韵):魏本:"孙曰:'相,视也。'"文《详注》:"相,去声。"王元启《记疑》:"相字平声读,《说文》:'省视也。'白居易《寄元稹诗》:'百吏瞻相面,千夫捧拥身。'沈曰:盖本雅诗(《诗·大雅·桑柔》)'[维此惠君,]民人所瞻。[秉心宣犹,]考慎其相'而兼用之。"按:相,视,观察。《诗·鄘风·相鼠》:"相鼠有皮,人而无仪。"《书·召诰》:"成王在丰,欲宅洛邑,使召公先相宅。"传:"相所居而卜之。"《诗经》里此相字,注音"息亮反",读去声。韩公诗里"相"字按诗意读去声,按律句读平声,读平声意不合。此为古体,对平仄无严格要求。王说仅备一说。王元启《读韩记疑》卷二引沈德毂曰:"盖本《雅诗》'民人所瞻''考慎其相'而兼用之。"

⑯两手自相挼:魏本:"韩曰:'挼,两手相切摩也。'祝曰:'挼,奴禾切,与捼同。'"文《详注》:"挼,相切摩也,音奴禾切。"方世举《笺注》:"《说文》(手部):'捼,推也,从手,委声。一曰:两手相切摩也。'徐铉曰:'今俗作挼,非是。'"钱仲联《集释》:"诸本作'挼'。按:当作'捼'。陆德明《经典释文》:'捼,音奴禾反。'"按:挼(ruó 奴禾切,平,戈韵),揉搓。《晋书·刘毅传》:"(刘裕)因挼五木久之……既而四子俱黑,其一子转跃未定,裕厉声喝之,即成卢焉。"

捼(ruó乃回切，平，灰韵；又奴禾切，平，戈韵)，揉搓，同挼。二字通用。元王恽《秋涧集》卷一二《番禺杖》诗："灵寿轻无赖，梅条皱可捼。"

⑰"百犯庸不科"：当是"群仙急乃言"的内容。魏本："孙曰：'庸不科者，谓方朔所犯多矣，安可不科其罪也？'"庸，副词，难道。《管子·大匡》："虽得贤，庸必能用之乎？"科，法律。《三国·蜀·诸葛亮传》："科教严明，赏罚必信。"百犯庸不科，谓东方朔犯那么多罪，难道不能绳之以法吗？

⑱睥(pì 匹诣切，去，霁韵)睨(nì 五计切，去，霁韵)：文《详注》："睥睨，衺视也。谓偷入雷电室事。上音匹计切，下音研计切。赦，平声，协韵。"魏本："祝曰：《庄子》：'虽羿、逢蒙不能睥睨。'注：'犹斜视也。'孙曰：'即谓瞻相北斗也。'"方成珪《笺正》："《庄子·山木篇》：'虽羿、逢蒙不能眄睨也。'李云：邪视也。"按：斜视、窥伺。《后汉书·仲长统传》："消摇一世之上，睥睨天地之间。"北齐颜之推《颜氏家训·诫兵》："睥睨宫闱，幸灾乐祸。"文说是。若北斗者，乃瞻相，即仰望也，与诗意不合。

赦(shè 始夜切，去，祃韵)：有罪而得到放免。魏本："祝曰：《玉篇》：'赦，置也，放也。'赦，音奢，与去声同。"《易·解》："君子以赦过宥罪。"《周礼·秋官司刺》："三赦之法……壹赦曰幼弱，再赦曰老旄，三赦曰蠢愚。"

⑲"欲不"二句：方《举正》据阁本订作"欲不布露言，外口实喧哗"，云："蜀同。吕、谢校。"朱《考异》："或作'欲不布露之，言外口实哗'。言，或作'宫'。"祝本作"欲不布露之，言外口实哗"。文本作"欲不布露言，外口实喧哗"，注："言，一作'之'。"南宋监本原文作"之言外口实"，参见潮本。今从方。

⑳颜㤃口赍嗟：赍，方《举正》据蜀本订，云："旧监本同。荆公从'咨'，《易》(《萃》)'赍咨涕洟'，二字义通也。"朱《考异》："赍，或作'咨'。嗟，或作'咨'。"南宋监本原文作"咨"。文本、祝本作"咨嗟"。宋白文本、魏本、廖本、王本作"赍嗟"，从之。

文《详注》:"赍,笑貌,音毗宾切。赍嗟,叹声也,音将支切。《易》曰'赍咨涕洟'也。"魏本:"祝曰:《选》:'执姬女以嚬瘁。'《易》'赍咨涕洟'注:'赍咨,嗟叹之辞也。'"钱仲联《集释》:"陆德明《经典释文》:'嚬,嚬眉也。马云:忧频也。赍,徐将池反,王肃将啼反。赍咨,嗟叹之辞也。郑同马云:悲声,怨声。'"童《校诠》:"第德案:说文:嗞,嗟也;䜣,咨也,一曰痛惜也。段曰:古言䜣嗞,今人作嗟咨。作赍(说文:持遗也)作咨(说文:谋事曰咨),为嗞之借字,嗟为䜣之隶变。祝引文选,见陆士衡吊魏武帝文,引易见萃上六爻辞。赍嗟作赍咨,作上当补一字,赍当作赍。"

㉑颔头可其奏:钱仲联《集释》:"诸本作颔,按当作'颔'。"见《送无本师归范阳》"注视首不颔"及注。

颔:音义同颔,摇头。颔头,即颔首,摇头也。方世举《笺注》:"《史记·汲黯传》:'避帷中可其奏。'"可,许可,允许。《论语·先进》:"小子鸣鼓而攻之可也。"《书·尧典》:"吁,嚚讼,可乎!"

㉒送以紫玉珂:文《详注》:"珂,石,次玉也,音丘何切,言谪斥之也。"魏本:"祝曰:'珂,石,次玉,亦玛瑙,洁白如雪者。'韩曰:梁简文帝诗:'桃花紫玉珂。'"钱仲联《集释》:"《初学记》:'《通俗文》曰:勒饰曰珂。'"王元启《记疑》:"紫玉珂:宿出为郴县丞,虽以罪贬,仍得怀印曳绂为吏,故云:'送以紫玉珂。'方以宪宗不悦李逢吉诸人之奏,先用权知谏议大夫为'王母不得已'四句作注。愚谓逢吉等奏请,上不悦,卒使中人宣授,是未尝可其奏也,与诗旨戾矣。"按:此指东方朔,以比吐突承璀之流也。

㉓"方朔"二句:钱仲联《集释》:"《诗·周颂》正义:'我其惩创于往时。'"按:此为《诗·周颂·小毖》"予其惩而毖后患"的郑笺。惩创,惩戒,警惕。《书·吕刑》:"罚惩非死,人极于病。"孔疏:"言圣人之制刑罚,所以惩创罪过,非要使人死也。"矜夸,骄傲自大,自恃放纵。北齐颜之推《颜氏家训·文章》:"孙楚矜夸凌上,陆机犯顺履险。"

㉔诋欺刘天子:文《详注》:"《汉书》(《东方朔传》):'武帝令倡

监榜舍人,舍人不胜痛呼謈。朔笑之曰:口无毛,声謷謷,尻益高。舍人[恚]曰:朔擅诋欺天子从官,当弃市。上问朔:何故诋之?对曰:臣非敢诋之,乃与为隐尔。[上曰:隐云何?朔曰:夫]口无毛者,狗窦也。声謷謷者,乌哺鷇也。尻益高者,鹤俯啄也。'"方世举《笺注》:"诋欺:《汉书·东方朔传》:'郭舍人恚曰:朔擅诋欺天子从官。'刘天子:《蜀志·秦宓传》:'天子姓刘,是以知之。'"

㉕ 正昼溺殿衙:文《详注》:"《汉书》(《东方朔传》):'朔常(当作尝)醉入殿中,小遗殿上。劾不恭,有诏免为庶人。'溺,读曰尿,音乃钓反。汉高祖见儒者,辄解其冠溺其中。出《郦食其传》。"方世举《笺注》:"溺,徒吊切。《汉书·东方朔传》:'朔尝醉入殿中,小遗殿上。劾不敬,有诏免为庶人。'"王元启《记疑》:"此四句,见宿贬谪后骄恣如故。"

㉖ 一旦不辞诀:一旦,诸本同。魏本注:"一旦,或作'一旦',或作'且一'。"按:作"一旦""且一"均非。

魏本:"韩曰:《前汉》:'从者车数百辆辞诀去。'诀,绝也。"即一旦不辞而别也。方世举《笺注》:"辞诀:《列仙传》:'陶安公骑赤龙上南山,城邑数万人送之,皆辞诀。'"

㉗ 摄身凌苍霞:朱《考异》:"凌,或作'入'。今按:此诗必有为而作。"祝本作"陵"。诸本作"凌"。文本注:"一作'入'。"按:作"入"非。凌、陵二字通用,今从诸本。

魏本:"樊曰:朔本传不书所终,而《内传》云:'一旦乘云龙飞去。'又晋夏侯湛为《朔画相赞》(《文选》卷四七)亦有'弃俗登仙'之语,'摄身凌苍霞'殆谓此也。"文《详注》:"《内传》云:'方朔一旦乘龙飞去。同时众人见从西北上冉冉,仰望良久,大雾覆之,不知所适。《补注》:晋夏侯湛《方朔画赞》有'弃俗登仙'之语,'摄身凌苍霞'殆谓此也。"王安石集句诗《金山寺》直接用此句。

【汇评】

宋洪兴祖:退之不喜神仙,此诗讥弄权挟恩者耳。(魏仲举《新

刊五百家注音辩昌黎先生文集》卷七）

宋朱熹：此诗亦必有为而作。（《昌黎先生集考异》卷三）

清顾嗣立：按俞玚云：此诗兴祖以为讥弄权者，观结语云云，殊不然也。意亦指文人播弄造化如《双鸟诗》云尔，不然何独取方朔而拟之权倖邪？

清顾嗣立：公诗皆本经史，而此作独专取《内传》，亦偶然戏笔，故题之曰"杂事"也。（《昌黎先生诗集注》卷七）

清方世举：按：韩醇又指此诗为皇甫镈诸人，亦不合。洪兴祖以为讥挟恩弄权者，其论与指皇甫镈、程异之论较切。然亦未见为何事何人，则于唐书殊失深考。愚见剌张宿也。《旧书》本传："宿，布衣诸生也。宪宗为广陵王时，即出入邸第。及在东宫，宿时入谒。监抚之际，骤承顾擢，授左拾遗，以旧恩数召对禁中。机事不密，贬郴州郴县丞十余年。征入，历赞善大夫、左补阙、比部员外郎。李逢吉言其狡谲，上欲以为谏议大夫，逢吉奏其细人不足污贤者位。崔群、王涯亦奏不可。上不悦，乃用权知谏议大夫。俄而，内使宣授。"诗云"严严王母宫"，指宫禁也。"骄不加禁诃"，宪宗念旧恩也。"偷入雷电室"，数入禁中也。"輷輘掉狂车"，机事不密也。"群仙急乃言"六语，指李逢吉、崔群、王涯辈论奏之人。"王母不得已"四语，谓宪宗不悦诸人之奏，乃先用权知谏议大夫也。"方朔不惩创"至"正昼溺殿衙"四语，即论奏所云污贤者位也。此皆一时事迹之明著者也。至于中间"瞻相北斗柄，两手自相授"，乃诛心之论，谓时虽未有其事，而心目中则瞻相国柄也。传又云："十三年正月，充淄青宣慰使，至东都，暴病卒。"故结句云"一旦不辞诀，摄身凌苍霞"，正谓其暴死也。顾注有以结语不似讽刺，至疑通篇非讥弄权者，独不见《谢自然诗》写其死者，亦曰"须臾自轻举，飘若风中烟"，岂亦予之之词耶？（《韩昌黎诗集编年笺注》卷一〇）

程学恂：此诗本事点染，以刺当时权倖，且讽时君之纵容以酿为祸害也。"骄不加禁诃"五字，乃一篇之旨。"不知万万人，生身埋泥沙"数语，见嬖倖怙恩无赖，流毒生民，其害可胜言哉？"王母不得已"云云,曲尽昏庸姑息情态。前云"入雷室""弄雷车",后云"乘云飞去",仍是就本事衍叙以迷离之耳,不必句句粘煞。(《韩诗臆说》卷二)

遣疟鬼①
贞元二十一年

韩愈于永贞元年仲秋节前授江陵法曹,淹留至九月离郴州,在郴三月余。此间为疟疾折磨,故有此作。时当在八月间。旧时南方水乡多流行疟疾,古时尤甚。韩愈亲历其害,故以此病之害为题材,缀成长诗。诗颇似寓言,游戏之中寓庄于谐,既生动活泼,趣味横生,又庄重严肃,含意深邃,表现了诗人对南方人民历受此害的同情。韩愈在宦途多受小人谗害,诗里疟鬼或有意讥刺那些虽出身名门,然不修品行、行迹恶劣、玷辱祖上光辉的人们。

屑屑水帝魂②,谢谢无余辉③。如何不肖子④,尚奋疟鬼威?乘秋作寒热⑤,翁姁所骂讥⑥。求食欧泄间⑦,不知臭秽非。医师加百毒⑧,薰灌无停机⑨;灸师施艾炷⑩,酷若猎火围⑪;诅师毒口牙⑫,舌作霹雳飞⑬;符师弄刀笔⑭,丹墨交横挥⑮。咨汝之胄出⑯,门户何巍巍⑰?祖轩而父顼⑱,未沫于前徽⑲。不修其操行,贱薄似汝稀⑳。岂不悆厥祖㉑,靦然不知归㉒。湛湛江水清㉓,归居安汝妃㉔。清波为裳衣,白石为门畿㉕。呼吸明月光,手掉芙蓉旂㉖。降集随《九歌》㉗,饮芳而食菲㉘。赠汝以好辞㉙,咄汝去莫违㉚。

【校注】

① 题：魏本："樊曰：谴，谪问也。《后汉·礼仪[志]》：'季冬之月，先腊一日大傩，谓之逐疫。'注云：'《汉旧仪》：颛顼氏有三子，生而亡，去为疫鬼。一居江水，是为疟鬼。'此诗首云'屑屑水帝魂，谢谢无余辉'，末云'湛湛江水清，归居安汝妃'者此也。疟，痁疾。孙樵有《逐痁鬼文》（《孙樵集》卷九），其事出此诗，而其辞则步骤公《送穷文》而为之。"文《详注》引王侹《补注》同樊而简。方《举正》："元和十年任庶子日作。"魏本："韩曰：'与前诗皆有所讽也。'"方世举《笺注》："按：此为宰相李逢吉出为剑南东川节度而作也。《旧唐书·逢吉本传》，为贞观中学士李立道之曾孙。《新唐书·宗室世系表》载其出姑臧房，为兴圣皇帝之后，盖其人名家子也。然本传言其天性奸回，妒贤伤善，则名家败类矣。故诗借疟鬼为颛顼不肖子以刺之。篇中'咨汝之冑出'至'岂不悉厥祖'一段，正谓其有玷家风。传又云：宪宗以兵机委裴度，逢吉忌其成功，密沮之，上因罢其政事，出之东川。篇中后段'湛湛江水清'至'降集随《九歌》'正谓其遣出剑南。结句'饮芳而食菲'，言主恩宽大，犹享厚禄。终云'赠汝以好辞'，言不忍明斥，善戏谑兮也。《郾城联句》有'天殃鬼行疟'语，即此诗之缘起。"王元启《记疑》："此讥世家败类之子，如宋时韩魏公之后有侂胄、朱文公之后有松寿是也。公所讥不知的指何人，然考《通鉴》，宰相李逢吉私人有八关十六子之目，而张又新实为之首。当日裴度之逐，李绅之贬，又新皆有力焉。又新，故工部侍郎荐之子。荐尝三使异国，公为《顺宗实录》亦称之。此诗'咨汝之冑出'及'不修其操行'二联当指又新言之。逐裴度在长庆三年八月，贬李绅在四年二月，旧注谓此诗元和十三年为刑部侍郎日作，恐由臆说。近解专讥逢吉。逢吉身为国相，乃用求食欧泄等语为讥？似于辞义未协。仆指趋炎附势之徒，窃谓较合情理。又按卷一○《和侯协律咏笋》，亦刺八关十六子之徒，但彼诗泛指群党，此诗'咨汝冑出'以下，乃切指一人言之，故知为张又新作。"郑珍《巢经巢文集》卷五《跋韩诗》："此诗公实因病疟而作，其时当在

永贞元年八九月,公由郴至衡、潭中间。观《纳凉联句》公自叙云:'与子昔睽离,嗟余苦屯剥……炎湖渡氛氲,热石行荦确。痟饥夏尤甚,疟渴秋更数。'皆明是实事。曰度炎湖、行热石,则暑中行况也。公贬阳山,在贞元十九年十二月,度湖经岭,皆极寒之时。而二十年在阳山,又无缘至湖岭。惟二十一年由阳山俟命于郴,则越岭有热石之行,又由郴下潭州,则自衡以下皆湖地,其时又正当夏秋,与度炎湖、行热石合。而夏痟秋疟,即叙在度炎湖、行热石之下,又与此乘秋作寒热合。知公偶尔病疟,必在出郴口泊潭州中间,故病中作此消遣。其曰江水清,曰《九歌》,曰清波、白石、芙蓉旐,并就眼前景附合楚《骚》,以为娱戏,非凭空拟撰也。韩醇谓此诗为皇甫镈、程异诸人作,诚无所取。方氏又以移之李逢吉,究是臆度。要之名门子孙,不修操行,以忝厥祖父者,比比而是。公自嬉骂疟鬼,而使不肖子读之,自知汗背,此即有关世道也,何必定指斥某人耶?至方氏以'天殃鬼行疟'句为此诗缘起,因编此系《郾城联句》后,则小儿之见矣。"钱仲联《集释》:"郑说得之。惟谓在出郴口泊潭州中间所作,则非是。公离郴已在九月初旬,不得曰炎湖矣。愚谓此湖字不必泥作湖地解。郴州有北湖,公于夏秋间到郴,炎湖指北湖而言。在郴三见月觳,中秋前已受江陵掾之命,而淹留至九月始离郴者,固由李使君相款之雅,或其间正因病疟稽留之故耳。"按:谴,责问,贬谪。疟鬼,指疟疾虫病。干宝《搜神记》卷一六《三疫鬼》:"昔颛顼氏有三子,死而为疫鬼。一居江水,为疟鬼;一居若水,为魍魉鬼;一居人宫室,善惊人小儿,为小鬼。于是正岁命方相氏,帅肆傩以驱疫鬼。"《纳凉联句》乃韩孟联吟:"炎湖度氛氲,热石行荦确。痟饥夏尤甚,疟渴秋更数。"明说他渡炎湖,行热石,为痟疟折磨在夏秋,而从阳山到郴州这段经历,正在炎热之时越五岭之骑田岭到达郴州;郴州有郴水,有北湖,唐时郴州积水成湖是实景。从诗中所写种种治疟疾之情事看,绝非偶染小疾,旧时患疟疾者亦非三五日可愈,动辄旬月,怎么可能在韩公谒衡岳庙而畅游衡山、游湘西两寺的途中患此恶疾而治之呢?故钱说有理,韩公病在郴州,诗亦写在郴州,时在八九月间病稍可后才离郴。

② 屑(xiè 先结切,入,屑韵)屑:劳碌不安貌。方世举《笺注》:"《史记·封禅书》:'屑屑如有闻。'《淮南·天文训》:'北方,水也,其帝颛顼。'"钱仲联《集释》:"《方言》:'屑屑,不安也,秦晋谓之屑屑。'郭璞注:'往来之貌也。'"按:《汉书·王莽传》:"晨夜屑屑,寒暑勤勤。"

水帝:文《详注》:"水帝:颛顼,黄帝之孙也,以水德王天下,号高阳氏,死为北方水德之神。"按:颛顼,上古五帝之一。《吕氏春秋·孟冬》:"其帝颛顼,其神玄冥。"高诱注:"颛顼,黄帝之孙,昌意之子,以水德王天下,号高阳氏,死祀为北方水德之帝。玄冥,官也,少皞氏之子曰循为玄冥师,死祀为死神。"

③ 谢谢:魏本:"孙曰:谢,衰也。"方世举《笺注》:"《说文》(言部):'谢,辞去也。'重言之者,言其去之久远也。"按:辞世久远。《汉语大词典》例引韩诗及注。无余辉,光辉照不到后世。此句谓:水帝神颛顼,去世久远,已经失去了照耀后世的光辉。

以上二句意谓:水帝虽有德于民,然辞世久远,道德辉光已经很难影响当今的子孙。

④ 不肖子:子不似父,即孽子。《孟子·万章上》:"丹朱之不肖,舜之子亦不肖。"《说文·肉部》:"肖,骨肉相似,从肉,小声。不似其先,故曰不肖也。"相传颛顼三子,一为疟鬼,故称疟鬼为不肖子。见注①,谓:疟疾肆虐之盛。

⑤ 乘秋作寒热:魏本:"韩曰:《周礼·天官》(《疾医》):'秋时有疟寒疾。'"文《详注》:"《内经》(《黄帝内经·素问》)云:'夏伤于暑,秋为痎疟。'注云:'夏热已甚,秋阳复收,阳热相攻,则为痎疟。'"方世举《笺注》:"乘秋:《黄帝·素问》:'夏伤于暑,秋必病疟。'寒热:《素问》:'夫疟气者,阴胜则寒,阳胜则热。'"按:疟疾为秋季流行疾病,病发时时热时冷,俗称寒热症。《黄帝内经·素问·疟论》:"夏伤于暑,秋必病疟。"又:"夫疟气者,并于阳则阳胜,并于阴则阴胜。阴胜则寒,阳胜则热。疟者,风寒之气不常也。"

又:"疟者,阴阳更胜也。"又《至真要大论》:"发而为疟,恶寒鼓栗,寒极反热。"

⑥ 翁姁(yù)所骂讥:魏本:"祝曰:姁,老妇。《说文》〈女部〉:'母也。'《后汉》:'众巫遂取百姓男女以为翁姁。'"方世举《笺注》:"《古乐府·捉搦歌》:'愿得两个成翁姁。'"按:疟鬼害人,成为老翁老妇唾骂的对象。

⑦ 求食欧泄间:方《举正》据蜀本作"欧",云:"《汉·严助传》:'夏时欧泄霍乱之病相属。'字正作'欧'。"朱《考异》:"欧,或作'呕'。泄,或作'洩'。"南宋监本原文作"呕"。文本、潮本、祝本、魏本作"呕洩"。宋白文本、廖本、王本作"欧泄"。童《校诠》:"说文:欧,吐也,此为欧吐本字,亦有作呕者,左氏哀二年传:吾伏弢呕血,方所引汉书欧泄,素问六元正纪大论:为胁痛呕泄,字作呕,呕为欧之隶变。泄,说文:水受九江博安洵波,北入氐。余制切,为水名,无洩字。玉篇:泄,弋逝切,水名,在九江,又思列切,漏也,洩同上。诗民劳:俾民忧泄,毛传:泄,去也,郑笺:泄犹出也,发也,释文:泄以世反,又息列反。疏云:一云泄,漏也,然则泄者闭物漏去之名,故以为去,笺以为忧气在腹而发出,故云出也、发也,意亦与毛同。其本字应作渫,说文:渫,除去也,段曰:井九三曰:井渫不食,荀爽曰:渫去秽浊,清洁之意也,按:凡言渫漏者,即此义之引申,变其字为泄耳。郝懿行尔雅释诂歇,竭也,义疏云:泄,说文作渫,除去也,除去即竭尽之义。第德案:段、郝说是,其义正与诗毛郑民劳传笺合。字又作淶,文选班孟坚东都赋:士怒未淶,淶即渫,王棻友以为唐人避讳改之。"按:欧泄间,病人呕吐腹泄的秽物。此句谓:疟鬼吃的都是病人呕泄的秽物。

⑧ 医师加百毒:祝本注:"医,一作'毉'。"文本、祝本、魏本注:"毒,一作'药'。"诸本作"医",作"毒",是。

医师:魏本:"韩曰:《周礼·医师》:'掌医之政令,聚毒[药]以供医事。'"方世举《笺注》:"医师:《周礼·天官·医师》:'掌医之政令,聚毒药以供医事。'《新唐书·百官志》:'太医署,令二人,掌医疗之法。其属有四：一曰医师，二曰针师，三曰按摩师，四曰咒禁师。'"百毒，魏本："孙曰：'百毒，谓百药之有毒者。'"百毒，因药中多含有毒，即俗谓是药三分毒。故云百药为百毒。按：医师治病，有以毒攻毒者。

⑨ 薰灌：用药的两种方法，即薰灸和煎服。无停机，谓用药之勤，没有停息的时间。

⑩ 灸师施艾炷：灸，祝本、魏本作"炙"。宋白文本、文本、廖本作"灸"，是。

灸师：以针灸之治病的医师，即针灸师。《辞源》引韩诗为例。施艾炷，一种治病的方法，将艾叶卷成圆柱形或以艾绒搓成圆柱，然后灸所针的穴位。钱仲联《集释》："《素问》：'其治宜灸焫。'注：'火艾烧灼，谓之灸焫。'"《北史·麦铁杖传》："（铁杖）顾谓医者吴景贤曰：'大丈夫性命自有所在，岂能艾炷灸颇，瓜蒂喷鼻，疗黄不差，而卧死儿女手中乎！'"《北史·李洪之传》："疹病灸疗，艾炷围将二寸，首足十余处，一时俱下，言笑自若，接宾不辍。"

⑪ 酷若猎火围：文《详注》："《周礼》（《夏官·大司马》）：'蒐田，誓民鼓，遂围禁，火弊，献禽……'郑氏云：'既誓，令鼓而围之，遂蒐田也……春田主用火，因焚莱除陈草，皆杀而火止。'"按：此句谓：针灸产生的痛苦就像打猎时野兽受到火攻一样难受。

⑫ 诅师毒口牙：魏本："孙曰：诅师，巫觋也。"方世举《笺注》："《南史·荀伯玉传》：'伯玉梦中自谓是咒师，凡六睡咒之，有六龙出两腋下。'《新唐书·百官志》：'咒禁博士，掌教咒禁，祓除为厉者，斋戒以受焉。'"按：此句谓：巫师用符咒驱疟鬼。诅师，咒师，即咒禁师，俗谓巫师。觋同巫，《说文·巫部》以巫、觋有男女之别，但古代男女皆可称"巫"。《周礼》有男巫、女巫，后代男女均可称觋。毒口牙，口齿厉害。

⑬ 霹雳飞：文《详注》："霹雳：诅咒语也。音壮所切。公羊注云：雷之疾者为震震，与霆皆霹雳也。"按：指符咒像霹雳一样厉害。霹雳，雷之急击者为霹雳。《文选》卷三四汉枚乘《七发》："其根半

死半生,冬则烈风漂霰飞雪之所激也,夏则雷霆霹雳之所感也。"

⑭ 符师弄刀笔:方世举《笺注》:"符师:《后汉书·方术传》:'麹圣卿善为丹书符劾,厌杀鬼神。'《南史·羊欣传》:'欣尝手自书章,有病不服药,饮符水而已。'刀笔:《汉书·萧曹传赞》:'皆起秦刀笔吏。'"顾嗣立《集注》:"《汉·萧何曹参传赞》:'皆起秦刀笔吏。'师古曰:'刀所以削书也。古者用简牒,故吏皆以刀笔自随也。'"按:以写符驱疟鬼的术师。刀笔,即笔,古时以刀为笔刻字。

⑮ 丹墨交横挥:谓用红(朱砂)黑(墨)两种笔交换着画符。张鸿《批韩诗》:"四师实写谴字。"

⑯ 咨(zī):查询。胄(zhòu),魏本:"孙曰:'胄,世系也。'"按:古代对帝王或权贵子弟世系的称呼。

⑰ 门户巍巍:门第显赫。因疟鬼是水帝颛顼的后裔,故云。巍巍,高大貌。《论语·泰伯》:"子曰:'巍巍乎!禹舜之有天下也,而不与焉。'"

⑱ 祖轩、父顼:方世举《笺注》:"轩、顼:《史记·五帝本纪》:'帝颛顼高阳者,黄帝之孙,而昌意之子也。'"按:祖轩,祖父是轩辕黄帝。父顼,父亲是颛顼。《史记·五帝本纪》:"帝颛顼高阳者,黄帝之孙,而昌意之子也。"应上句"门第巍巍"。

⑲ 未沬于前徽:方《举正》据杭本作"沬",《书》云:"沬,已也。《离骚经》:'芬至今犹未沬。'又《选》(卷四三)刘孝标《书》(《重答刘秣陵沼书》):'悲其音徽未沬,(而)其人已亡。'蜀本作'未法',今作'昧'。皆非。"朱《考异》:"沬,或作'昧',或作'法'。(下引方语)"南宋监本原文作"昧"。潮本作"昧"。文本作"法",注:"一作'昧'。"宋白文本、祝本、魏本、廖本、王本均作"沬",是。

前徽:祖上的美德。魏本:祝曰:"《易》曰:'[日]中见沬。'注谓微昧。《释文》:'沬,已也。'《楚辞》云:'身服义而未沬。'徽,美也。《书》(《无逸》)曰:'徽柔懿恭。'孙曰:前徽,谓前人之美也。"文《详注》:"徽,美也。宋沈约《弹》文(《奏弹王源》)曰:'栾郤之家,前徽未远。'"童《校诠》:"第德案:易丰:日中见沬,释文:郑作昧,服虔云:日中而昏也。离骚:芬至今犹未沫,洪氏补注:沫音昧,微晦也。昧、沫古字通,未沫字自应作昧,说文:昧爽,旦明也,一曰阍也,沬,洒面也,颒,古文沫从页,昧正字,作沫者借字,此注及举正反以作昧者为非,似欠审谛。"童说虽有理,唐朝时"未沫"字已流行,则韩诗当作"沫"。

⑳ 修:修养。操行,节操品行。贱薄,浅薄恶劣。汝,你,指疟鬼。此二句谓:像你这样浅薄恶劣、不修德行的人太少了。

㉑ 忝(tiǎn)厥祖:魏本:"孙曰:忝,辱也。《诗》:'无忝尔祖。'"按:忝厥祖,辱没祖上。忝,辱没,有亏。《书·尧典》:"否德忝帝位。"又《太甲上》:"辟不辟,忝厥祖。"《诗·大雅·瞻卬》:"无忝皇祖。"魏本引孙曰"尔"当作"皇"。《汉书·叙传下》:"陵不引决,忝世灭姓。"

㉒ 此句谓:疟鬼迷失方向,不知归处。觍然,惭愧,此为厚颜无耻的样子。《诗·小雅·何人斯》:"有觍面目,视人罔极。"《宋书·自序·上宋书表》:"臣远愧南、董,近谢迁、固,以间阎小才,述一代盛典,属辞比事,望古惭良,鞠躬跼蹐,觍汗亡厝。"《文选》卷四三南朝梁丘希范(迟)《与陈伯之书》:"将军独觍颜借命,驱驰毡裘之长,宁不哀哉!"

㉓ 湛(zhàn)湛:形容江水清澈。文《详注》:"《楚辞·招魂》(宋玉)云:'湛湛江水兮上有枫。'"

㉔ 安汝妃:安,安居,和乐。妃,妻子。魏本:"孙曰:'妃,其妻也。'"

以上二句谓:你这个水神之子快回清澈的江水里,和妻子过安逸日子吧!

㉕ 门畿:门槛。畿,门限。《诗·邶风·谷风》:"不远伊迩,薄送我畿。"毛曰:"畿,门内也。"文《详注》:"畿,限也,音渠希切。"魏本:"孙曰:'畿,封畿也。'"方世举《笺注》:"《诗》:'薄送我畿。'注:'畿,门内也。'"童《校诠》:"第德案:马瑞辰曰:畿者机之假借,周礼郑注:畿犹限也,王畿之限曰畿,门内之限为机,义正相近。吕氏春

秋本生篇高注:机橜、门内之位也,广雅:橜机阑,柣也,柣或作梱,又作闑,说文:梱,门橜也,蔡邕司徒夫人灵表曰:不出其机,言不出于梱也。薄送我畿,即送不过梱之谓,梱设于门中,不过机则为门内矣。第德案:此诗白石为门畿,犹言白石为门橜门梱,孙释畿为封畿,似未达假借之义。方引诗谷风:薄送我畿作证是也,未释畿为门内之谊,故引马说补之。"

㉖ 手掉芙蓉旂:魏本:"孙曰:掉,举也。芙蓉旂,以芙蓉为旌旗。"文《详注》:"芙蓉,荷花也。《楚辞》(《九歌·湘君》):'搴芙蓉兮木末。'"方世举《笺注》:"《离骚》只云:'集芙蓉以为裳。'《九歌》(《湘君》)有云:'荪桡兮兰旌。'王逸曰:'以荪为楫棹,兰为旌旂。'芙蓉旂盖仿而言之。"按:手掉,用手摇动。芙蓉旂,以荷花为旗帜。

㉗ 降集随《九歌》:文《详注》:"王逸《楚辞序》云:'《楚辞·九歌》者,屈原之所作也。昔楚南郢之邑,其俗信鬼而好祠,必作乐鼓舞以乐诸神。屈原放逐,窜伏其域,怀忧苦毒,愁思沸郁。出见俗人祭祀之礼,歌舞之乐,其辞鄙陋,因作《九歌》之曲。'"按:集,活动。《九歌》:屈原所作,取材于古代湘江一带祭祀鬼神之歌而成。这句诗:疟归回到水府可以安享祭礼。

㉘ 饮芳而食菲:魏本:"韩曰:屈原《离骚》:'朝饮木兰之坠露兮,夕餐秋菊之落英。'诗所云'芙蓉旂''饮芳食菲'取诸此。"文《详注》:"芳菲,香药也。《楚辞》:'芳菲[菲]兮满堂。'"童《校诠》:"第德案:离骚:芳菲菲其弥章,王注:菲菲犹勃勃,芬香貌也。饮芳食菲,谓歆其芳香之气,神灵但食气而已,不飨其味。说文:歆,神食气也,诗生民:其香始升,上帝居歆,郑笺:馨香上行,上帝则安而歆飨之是也。与论语泰伯篇:菲饮食而致孝乎鬼神,马云:菲薄也,异义。"按:芳,香花,花草发出的香味。《荀子·宥坐》:"芷兰生于深林,非以无人而不芳。"菲,一种蔬菜或香草。《诗·邶风·谷风》:"采葑采菲,无以下体。"花美貌。《文选》卷五左思《吴都赋》:"郁兮茂茂,晔兮菲菲。"芳菲连用形容花草芳香。屈原《九歌·东皇太一》:"芳菲菲兮满堂。"

㉙ 赠汝以好辞：方世举《笺注》："按'好辞'字本解释蔡邕'黄绢幼妇，外孙齑臼'，以为绝妙好辞也。"童《校诠》："第德案：蔡邕之绝妙好辞，乃言文章之美，公不能自称其美，此好辞应作善言或话言解，说文：话，合会善言也，传曰：告之话言（按：传当作诗），诖，籀文话从会。赠汝以好辞，即告之话言之意。荀子非相篇：凡人莫不好言其所善，君子为甚，赠人以言，重于金石珠玉。亦此义。"按：童说善。

㉚ 咄汝去莫违：咄，宋白文本、廖本、王本作"出"。文本、祝本、魏本作"咄"。文《详注》："咄，斥出之辞。"魏本注："咄，呵也。"违，祝本作"迟"。宋白文本、文本、魏本、廖本、王本作"违"。童《校诠》："第德案：举正、考异皆无校语。说文：咄，相谓也，公羊哀十四年传：子曰：噫，何注：噫，咄嗟貌，徐疏：咄嗟犹叹息，即里语云咄嗟之间也。此诗咄当训相谓或叹息，不当训呵，上云赠以好辞，无呵斥之意。作出者正与题遣字之义合，出，往也，去也，犹言往乎去乎！作迟亦通，应两存。钱以作出、作迟为误，未谛。"童说有理。

【汇评】

宋黄震：《读东方朔杂事》《遣疟鬼》二诗，皆滑稽以讽。疟云颛项子也。（《黄氏日抄》卷五九）

清朱彝尊：格调亦本《楚骚》来，笔非不苍，但恨语味寡。（顾嗣立《昌黎先生诗集注》卷七）

清赵翼：自沈宋创为律诗后，诗格已无不备。至昌黎又斩新开辟，务为前人所未有。如《南山》诗内铺列春夏秋冬四时之景，《月蚀诗》内铺列东西南北四方之神，《遣疟鬼》诗内历数医师、炙师、诅师、符师是也。（《瓯北诗话》卷三）

清包世臣：《讼风伯》《月蚀》《射训狐》《读东方〔朔〕杂事》《遣疟鬼》诸作，讥刺当路，不留余地，于言为不慎，于文为伤雅。子瞻斥其性气难容，良非过论。（《艺舟双楫》论文《书韩文后上篇》）

程学恂：大概是写小人情状，其为皇甫镈、程异、李逢吉亦难确指。读此诗，见君子待小人之道。（《韩诗臆说》卷二）

示儿①
元和十三年

　　始我来京师，止携一束书。辛勤三十年，以有此屋庐②。此屋岂为华③，于我自有余。中堂高且新，四时登牢蔬④。前荣馔宾亲⑤，冠婚之所于⑥。庭内无所有，高树八九株。有藤娄络之⑦，春华夏阴敷。东堂坐见山，云风相吹嘘。松果连南亭，外有瓜芋区⑧。西偏屋不多，槐榆翳空虚⑨。山鸟旦夕鸣，有类涧谷居⑩。主妇治北堂⑪，膳服适戚疏，恩封高平君⑫，子孙从朝裾⑬。开门问谁来，无非卿大夫⑭。不知官高卑，玉带悬金鱼⑮。问客之所为，峨冠讲唐虞⑯。酒食罢无为，棋槊以相娱⑰。凡此座中人，十九持钧枢⑱。又问谁与频，莫与张樊如⑲，来过亦无事，考评道精粗。跂跂媚学子⑳，墙屏日有徒㉑，以能问不能，其蔽岂可祛㉒。嗟我不修饰㉓，事与庸人俱㉔，安能坐如此，比肩于朝儒㉕。诗以示儿曹㉖，其无迷厥初㉗。

【校注】

　　① 题：方《举正》："《示儿》《庭楸》二诗，元和十三年。"魏本："樊曰：公自贞元二年始来京师，至元和十一年三十年矣，公时为中书舍人。十二年十二月为刑部侍郎，此诗为刑部时作，而言三十年者，举其凡也。"文《详注》："按张籍《祭公诗》云'子符'，而皇甫湜志公墓云'其孤昶'，公止一子而名异，庸有改易尔？而《乳母墓志》云'公有二男'，抑前死而独昶存欤？《补注》：公第在长安靖安里。公

贞元二年始来京师,至元和十一年三十年矣,时为中舍,十二年十二月为刑部侍郎,疑明年作。"魏本:"《补注》:东坡云:退之《示儿》诗云:'主妇治北堂,膳服适戚疏。恩封高平君,子孙从朝裾。开门问谁来,无非卿大夫。不知官高卑,玉带悬金鱼。'又云:'凡此坐中人,十九持钧枢。'所示皆利禄事也。至老杜则不然,其示宗武云:'试吟青玉案,莫羡紫香囊。应须饱经术,已自爱文章。十五男儿志,三千弟子行。曾参与游夏,达者得升堂。'所示皆圣贤事也。"沈钦韩《补注》:"韩昶自为《墓志》(《全唐文》卷七四一)云云:'生徐之符离,小名曰符。'"王鸣盛《蛾术编》卷七六:"《新唐书·百官志》:'刑部侍郎一人,正四品。《车服志》:'三品,金玉带銙十三。景云中,诏衣紫者鱼袋以金饰之。'诗云'玉带悬金鱼',想必为侍郎时作。"王元启《记疑》:"诗言'辛勤三十年,以有此屋庐',按公自贞元二年丙寅入京,至元和十一年丙申为中书舍人,适三十年。此诗欲令儿辈无忘往日辛勤,必系初得此屋时作。樊谓十二年为刑部侍郎日作,恐系妄说。"方成珪《诗文年谱》:"十年冬作。公自贞元二年入京,至是适三十年,故曰'辛勤三十年,以有此屋庐'也。"钱仲联《集释》:"元和十一年、十二年、十三年诸说,皆逾三十年之数。'玉带悬金鱼'句,指来客言,王鸣盛说亦非是。兹从方谱。"按:《韩学研究·韩愈年谱汇证》云:"按:钱虽驳了十一、十二、十三年之说,而从方十年之说,然对诗中'主妇治北堂,膳服适戚疏,恩封高平君,子孙从朝裾'一段诗意未细味。韩愈夫人封高平郡夫人,皇甫湜《韩公墓志铭》曰:'夫人高平郡范阳卢氏。'凡母及夫人赐封郡君者,其官四品,时韩愈官正四品下阶。《旧唐书·职官二》:'四品母妻,为郡君。'正合唐制。故诗当写于十三年韩愈任刑部侍郎时。"又"韩愈元和十二年十二月二十一日诏授刑部侍郎",不会即授就写此诗。谓十年、十一年说,则泥于"三十年"之数。中书舍人,按《旧唐书·职官二》为正五品,其妻不当封"郡君";而五品官者母、妻封县君。

何焯《批韩诗》:"自然古峭。"顾嗣立《集注》题下朱彝尊《批韩诗》:"率意自述,语语皆实,亦淋漓可喜,只是偶然作耳。"

② 以有此屋庐:魏本:"樊曰:公第在长安靖安里。"文《详注》:"公有第在靖安里,后终老于此。东坡在颍州《过欧阳叔弼新治小斋》云:'江湖渺故国,风雨倾旧庐。东来三十年,愧此一束书。大椽亦何有,而我常客居。'亦此意也。"沈钦韩《补注》:"王建集《上韩愈侍郎》云:'清俸探将还酒债,黄金旋得起书楼。'则辛勤所有,非虚也。"钱仲联《集释》:"徐松《唐两京城坊考》卷二曰:'朱雀门东第二街,街东……次南靖安坊……尚书吏部侍郎韩愈宅。'"

③ 此屋岂为华:方《举正》作"岂无华",云:"吕本作'岂为华',其义是。"朱《考异》:"为,方作'无',非是。"文本、祝本、魏本作"无"。宋白文本、廖本、王本作"为",从之。岂为华,即不算华美。正合下句"于我自有余",意即对于我来说这就足够了。

④ 登牢蔬:方《举正》据蜀本作"祭牢蔬",云:"盖中堂以供时祀,而前荣以馔宾亲,义为是。今本多作'登',字小讹也。"朱《考异》引方语,云:"今按:公作《袁氏先庙碑》,有'亲登边铏'之语,与'登牢蔬'语意正同。不必须作'祭'字,乃为时祀也。"南宋监本原文作"登"。

魏本:"孙曰:牢蔬所以享祖考。"文《详注》:"中堂,宗庙也。凡祭牛羊之曰牢,草菜之可食者曰蔬。"童《校诠》:"周礼:羊人,割羊牲,登其首,左氏隐五年传:鸟兽之肉,不登于俎,皆公登字之所本。朱子说是。"按:作"登"字,合公诗意。

⑤ 前荣馔宾亲:胡仔《苕溪渔隐丛话》后集卷一〇引《艺苑雌黄》云:"《笔谈》言:'士人文章中多言前荣。屋翼谓之荣,东西注屋则有之,未知前荣安在?'予尝观韩退之《示儿》诗:'前荣馔宾亲,冠婚之所于。'果如存中之言,则退之亦误矣。又考王元长《曲水诗序》(《文选》卷四六)云:'负朝阳而抗殿,跨灵沼以浮荣。'五臣注则以'荣'为屋。檐,一名'楣',一名'宇',即屋之四垂也。又谓之'楣',又谓之'枅'。《集韵》(《庚韵》)云:'屋梠之两头起者为荣。'其谓之翼,则言檐宇之翼张如翚斯飞耳。故《礼记》(《乡饮酒义》)

言：'洗当东荣。'又(《丧大记》)言：'升自东荣……降自西北荣。'《上林赋》(《文选》卷八)云：'偓佺之徒，暴于南荣。'则所谓荣者，东西南北皆有之矣。故李华《含元殿赋》(《文苑英华》卷四八)又有'风交四荣'之说。由是而言，则沈氏《笔谈》未为确论。"文《详注》："《礼记·丧大记》云：'降自西北荣。'郑氏云：'屋檐也。'《笔谈》云：'予见人为文章多言前荣。'荣者，夏屋之东西序之外屋翼也，谓之东荣西荣。四注屋则谓之东霤西霤，未知前荣安在？谠：今以公诗考之，则宗庙之门外屋檐之下廊庑之类也。卢谌诗序云(《文选》卷二五《赠刘琨并序》)云：'不免馈宾。'"按《文选》李善注："《广雅》曰：'馈，进食也。'"馈：陈设食物，招待宾客。魏本引《补注》同。魏本："孙曰：前荣者，扬雄《甘泉赋》云'列宿施于上荣'是也。"姚范《援鹑堂笔记》卷四一："《丧大记》(《礼记·丧大礼》)：降自西北荣。此诸侯之礼，盖有四荣。疑所云四阿，亦可云四荣。盖以注水言之，则曰霤。以为檐宇之饰像鸟之翚言之，则曰荣。而士两下之屋，则但有东西荣。其南北之檐，则与荣异制矣。公所云前荣者，或堂之前别有堂，而借荣名之，不则堂栋之前亦泛名之曰荣。"荣指屋檐两端上翘的部分，今通称飞檐。《仪礼·士冠礼》："夙兴，设洗直于东荣。"注："荣，屋翼也。"《文选》卷六《魏都赋》："夏屋一揆，华屏齐荣。"则韩公以之代屋，此谓之前厅也，官宦之家待客之处。此乃夸耀之辞。

⑥冠婚之所于：方《举正》订"于"字，云："之所于，于，杭本作'依'。于，阁与蜀本只同上。"朱《考异》："所，或作'依'；于，或作'依'，皆非是。"宋白文本、文本、廖本、王本作"所于"，注："一作所'依'。"祝本、魏本作"所依于"。注："一作'之所于'。一作'之依于'。"钱仲联《集释》："于，唐人习用语，谓款待也。"童《校诠》："第德案：所依于，于，语词。一曰广雅释诂：于，居也。"于，介词，表处所。《诗·大雅·旱麓》："鱼跃于渊。"此句谓冠礼、婚礼都在这里举行。朱彝尊《批韩诗》："布置乃绝似《两都赋》。"

⑦有藤娄络之：方《举正》据阁本作"娄络之"，云："蜀同。娄，

音缕。《庄子》(《徐无鬼》)'有卷娄者'注:'卷娄,犹拘挛也。'"朱《考异》:"娄,或作'缕'。"南宋监本原文作"缕",宋白文本、廖本、王本作"娄"。文本、潮本、祝本、魏本作"缕"。魏本:"孙曰:藤,蔓草。缕络,绕也。缕,一作'娄'。"童《校诠》:"第德案:娄为缕之省借,公羊昭二十五年传:且夫牛马维娄,何注:系马曰维,系牛曰娄,诗山有枢:子有衣裳,弗曳弗娄,毛传:娄犹曳也,皆其证。按:娄,音缕(lǚ两举切,音吕。见《字汇》)。见上童引《诗经》语。

⑧ 外有瓜芋区:文《详注》:"左太冲《蜀都赋》(《文选》卷四)云:'瓜畴芋区。'"魏本:"孙曰:'区,畦垄也。'"按:即庭外有种瓜种芋的地方。

⑨ 偏屋:厢房。文《详注》:"偏屋,东西厢。"翳,遮蔽。刘向《九叹·远逝》:"石嶔嵯以翳日。"空虚,天空。《全唐诗》卷五四二赵璜《曲江上巳》诗:"欲问神仙在何处,紫云楼阁向空虚。"

⑩ 有类涧谷居:方《举正》作"涧",云:"蜀本作'䃎',䃎,当作'䃫'。郭璞《江赋》(《文选》卷一二):'幽䃫积阻。'李善曰:'山夹水曰涧。䃫与涧同。'今《集韵》不收,失也。"朱《考异》:"涧,或作'䃎'。"宋白文本、文本、祝本、魏本、廖本、王本均作"涧"。注:"涧,一作'䃎'。"童《校诠》:"第德案:说文:涧,山夹水也,广韵卅谏:涧下云:亦作䃎、峒。䃫、䃎、峒皆涧之后出字,䃎字既为广韵所收,自可通用,不必定依江赋作䃫。"按:此谓树木高大荫浓,庭院深邃,类似山中涧谷。朱彝尊《批韩诗》:"随便插入景,有天然之趣。"

⑪ 主妇治北堂:文《详注》:"《礼》:'主妇北堂。'《卫风·伯兮》诗云'焉得谖草,言树之背'是也。背,北也。面以南为正,故背言北。"魏本:"孙曰:主妇,谓主母也。《礼记》(《曾子问》):'宗子虽七十,无[无]主妇。'北堂,后堂也。"方世举《笺注》:"《仪礼·特牲·馈食》:'宗妇北堂东面北上,主妇及内宾宗妇亦旅西面。'"

⑫ 高平君:指韩愈夫人卢氏。皇甫湜《韩文公神道碑》:"夫人高平郡君。"《唐会要》卷八一《阶》云:"内外官母、妻,各视其夫及子散官品令……文武五品阶为县君,四品阶为郡君。"韩愈为刑部侍

郎时，其妻即可赠郡君夫人。文《详注》："公妻卢氏封高平县君。"此说误。韩愈为国子博士、洛阳令、比部考功郎中等均五品阶，可赠县君，然时韩愈尚无此屋庐。故其赠当从皇甫湜说为郡君，而在为刑部侍郎时。韩公任太子右庶子虽为正四品下，然为宰相所恶下迁，未必有赠，况韩公未必有此心情写这样情调的诗。

⑬ 子孙从朝裾：朱《考异》："裾，或作'车'。"朝裾，朝服，借指朝廷官员。此谓韩愈的子孙得随朝廷官员而居也。《汉语大词典》亦引韩诗为例。宋梅尧臣《寄谢开封宰薛赞善》："虽曰预朝裾，左右无粉黛。"何焯《批韩诗》："叙次错综变化。"

⑭ 无非：方《举正》作"非无"，云："校本一作'无非'。"宋白文本、文本、魏本、廖本作"无非"，注："一作'非无'。"祝本作"非无"。朱《考异》："无非，方作'非无'，非是。"按：无非，唐时口语，至今中原人犹常用。无非者，没有不是卿大夫之类。

⑮ "不知"二句：卑，祝本作"早"，乃形似致误。诸本作"卑"字，是。文《详注》："《辨证》云：'谓李绛、崔群之徒。'"方世举《笺注》："玉带金鱼：《新唐书·车服志》：'腰带，一品二品铐以金，六品以上以犀，九品以上以银，庶人以铁。其后以紫为三品之服，金玉带铐十三；绯为四品之服，金带铐十一。'又'高宗给五品以上随身鱼银袋，以防召命之诈，出内必合之。三品以上金饰袋，天授二年，改佩鱼为龟。中宗初，罢龟袋，复给以鱼。郡王、嗣王亦佩金鱼袋。景龙中，令特进佩鱼。散官佩鱼，自此始也。景云中，诏衣紫者鱼袋以金饰之，衣绯者以银饰之。开元后，百官赏绯紫必兼鱼袋，谓之章服。'当时服朱紫佩鱼者众矣。按：玉带金鱼虽指往来卿大夫，然是年（元和十一年）正月，愈亦赐绯衣银鱼矣。"

⑯ 峨冠讲唐虞：方《举正》据蜀本订"峨冠"。朱《考异》："峨，或作'巍'。"宋白文本、廖本、王本作"峨"，注："一作'巍'。"文本、祝本、魏本作"巍"，注："一作'峨'。"按：巍、峨皆言高也。然古文献称高冠者常用'峨'，而罕见用"巍"者。《辞源》《汉语大词典》皆以韩诗为例，作"峨冠"。后常以"峨冠博带"称儒生装束。唐虞，即讲唐

虞时候的事情。

⑰棋槊以相娱：文《详注》："《通俗文》曰：'矛丈八者谓之稍。'与'槊'同字，色角切。《辨证》引唐诗云：'星宿天围棋，豕子地握槊。'棋，弈也。槊，博也。"魏本："洪曰：唐人诗云：'星宿天围棋，豕子地握槊。'棋，弈也；槊，博也。《释音》云：'槊音朔，与稍同。齐尔朱世隆与元世俊（四库本作'儁'，宋本作'攜'）握槊，忽闻笑声，一局（四库本作'局'，宋本作'局'）尽倒。祝曰：《通俗文》曰：'矛丈八者名槊。《南史》：曹操、曹丕上马横槊。'孙曰：'棋槊，相娱之具。'"魏本此注中四库本唐人诗与《释音》中均作"握槊"，宋本均作"掘槊"。方成珪《笺正》："此（指'星宿天围'二语）北齐高昂《杂诗》，非唐人诗也，二语当乙，见《启颜录》。"按：《先秦汉魏晋南北朝诗》未收高昂此诗。童《校诠》："携当作儁，掘当作握，忽闻笑声，北史尔朱世隆传作忽闻局上诙然有声，局当作局，一局尽倒，局下当补子字，倒下应补立字。不当作丕。洪孙说是，祝注及释音释槊为稍，未得公意。祝引南史曹操曹丕语，见桓荣祖传。方雪斋纠洪之误记，是。碁，廖本王本作棊，祝本作碁，与本书同，碁为棊之后出字。"即用碁槊相乐也。棊、棋、碁通用，今通作棋。

⑱凡此座中人，十九持钧枢：魏本："孙曰：'言坐客半为宰辅也。'韩曰：'时裴度、王涯、崔群，皆公故人，为宰辅，故云。'"文《详注》："言座客十人九居显要也。《邹阳传》（《汉书》）颜师古云：'陶家名转者为钧，盖取周回调钧尔。言制御天下亦犹陶人转钧。'枢，门枢也。《补注》：此诗，盖是时李绛罢相久矣，而裴度、王涯、崔群以故人为宰相。故云'凡此坐中人，十九持钧枢'。"童《校诠》："第德案：诗节南山：秉国之均，毛传：均，平也，郑笺：持国之平。汉书律历志引作秉国之钧，云：钧者，均也，阳施其气，阴化其物，皆得其成就平均也。"按：此二句谓当时往来韩府者多为高官显贵，乃炫耀自豪语。

⑲莫与张樊如：方《举正》出"莫与张樊如"，云："李、谢校同。蜀本作'莫若'。曾作'莫先'。"宋白文本、祝本、魏本、廖本、王本作

"莫与张樊如"，注："与，一作'若'。"文本与作"先"，注："一作'与'。"朱《考异》："与，或作'若'，曾本作'先'。"今从诸本作"莫与张樊如"，作"如"，上下韵合。

文《详注》："张籍、樊宗师、弟宗懿也。宗懿，公之婿。"魏本："孙曰：'张籍、樊宗师，公尤与亲善。'"王元启《记疑》："二人虽不持钧枢，然尝从公考道。"按：下即谓公与二人"考评道精粗"也。作"如""老"均可，时张籍、樊宗师皆年及花甲，可称老矣。如者，同也，即来人论道的朋友不只是张、樊。

⑳ 跧跧媚学子：魏本："孙曰：'跧跧，趋走貌。'祝曰：旋行貌。《选》：'蹩躠蹁跹。'媚（宋刻本作'蹈'），好也。跧，音仙。"文《详注》："媚，好也。公自谓。跧，音先，旋行貌。老聃曰：孔丘宾宾以学子为事。见《庄子·德充符》篇。"童《校诠》："第德案：祝引文选，见张平子南都赋，蹩当作蹩，傞当作傞。傞跧今本文选作翩跹（蹁躚），蹈当作媚。说文有蹁无跧，新附有之，云：跧蹁跹，旋行，为祝注所本。钮树玉曰：诗宾之初筵：屡舞仙仙，传云：迁徙屡败也，据传以迁（遷）释仙（僊），是仙、迁并通。按：说文：仙，长生仙去，从人罨，罨亦声，迁，登也，从辵，䙴声，拪，古文迁从手西，䙴，升高也，从舁，囟聲，䙴䙶或从卪，䙶，古文䙴，经典少用，是跧其本字应作罨，作迁亦通，作仙者假借字，跧跧媚学子，言好学之士，不断求进升高也。"

㉑ 墙屏日有徒：魏本："樊曰：《旧史》云：'公颇能诱厉后进，馆之者十六七。'即此可见。屏，门墙也。"屏，原作照壁或屏风解，即照门之墙，屏风则正房堂屋之迎壁也。引申为门墙，即师之门也。

㉒ "以能"二句：文《详注》："谓群弟子也。'以能问不能'，《论语》曾子之言（见《泰伯》篇，邢昺疏云：言其好学持谦）。袪，去也，丘于切。《郭有道碑》（《文选》卷五八）：'童蒙赖焉，用袪其蔽。'"魏本："祝曰：袪，攘却也。《诗》（《鲁颂·駉》）：'以车袪袪。'袪，兵鱼切。"方世举《笺注》："岂可袪，王云：袪：攘却。按：岂可袪，言岂不可袪也。"蒋抱玄《评注》："《论语》：'以能问于不能。'"童《校诠》：

"第德案:诗驷:以车祛祛,唐石经作袪,文选:殷仲文南州桓公九井诗:惑祛吝亦泯,李注引薛君韩诗章句曰:祛,去也,岂可祛即岂可去,乃公自谦之辞,方氏解作岂不可祛,增字作解未得公意。祛为袪之后出字。"按:岂可祛,即难道可去,即岂可去。祛(qū),《集韵》丘于切,平,鱼韵。童说是。祛,通"袪";袪,后出。汉蔡邕《郭有道碑文》:"用祛其蔽。"李善注:"祛,犹去也。"韩愈崇古,原文作"袪"。

㉓ 嗟我不修饰:朱《考异》:"嗟我,或作'我如'。今按:作'我如',即与下文'安能如此'及卒章'无迷厥初'者相应,但作'嗟我'则语势差健,而义亦自通。盖'我'不修饰'者',非谦词,乃谓向使'我不修饰',则不能致此爵位、居室、交游之盛耳。然则'我如'者,乃'嗟我'之注脚,故今虽只从方本,而'我如'二字亦读者所当知也。但此篇所夸,乃《感二鸟》《符读书》之成效极致,而《上宰相书》所谓'行道忧世'者,则已不复言矣,其本心何如哉!"宋白文本、文本、魏本、廖本作"嗟我",注:"一作'我如不修饰'。"作"嗟我"善。嗟我不修饰,即如果我不修饰。

㉔ 事与庸人俱:方《举正》作"庸人",云:"蜀本作'佣人',谢校同。"宋白文本、文本、祝本、魏本、廖本、王本均作"庸人",从之。按:庸人,平常之人。《韩非子·内储说上》:"故今有于此,曰:'予汝天下而杀汝身。'庸人不为也。"《史记·廉颇蔺相如列传》:"且庸人尚羞之,况于将相乎?"也指见识浅陋之人。宋苏轼《代李琮论京东盗贼状》:"宰相崔植、杜元颖,皆庸人无远虑。"《新唐书·陆象先传》:"天下本无事,庸人扰之为烦耳。"

㉕ 比肩:并肩。《淮南子·说山训》:"三人比肩,不能外出户。"《战国策·齐策》:"千里而一士,是比肩而立。"

㉖ 儿曹:孩子们。《史记·外戚世家》:"是非儿曹愚人所知也。"《后汉书·耿弇传》:"光武笑曰:'小儿曹乃有大意哉!'"

㉗ 厥初:当初。《书·蔡仲之命》:"慎厥初,惟厥终。"文《详注》:"按:《尚书故实》(唐李绰撰)曰:韩愈之子昶,虽教有义方,而性颇暗劣,常[尝]为集贤校理,史传有金根车,昶以为误,悉改为金

银车，后除拾遗，坐此罢。说谓：文公，大儒也，门下之士如李翱、张籍、皇甫湜、樊宗师、贾岛之徒，亲被薰沐者，皆以文名于时，而昶若是，抑亦尧舜不能化朱象之比欤！观文公之诗《符读书城南》《赠张籍》及此《示儿》等，亦可谓谆谆矣。愚智之不移，惜哉！"迷，迷乱，分不清。屈原《九章·涉江》："迷不知吾所如。"初（chū 楚居切），平，鱼韵。

全诗用鱼韵，一韵到底。

【汇评】

宋苏轼：退之《示儿》云："主妇治北堂，膳服适戚疏。恩封高平君，子孙从朝裾。开门问谁来，无非卿大夫。不知官高卑，玉带悬金鱼。"又云："凡此坐中人，十九持钧枢。"所示皆利禄事也。至老杜则不然，《示宗武》云："试吟青玉案，莫羡紫香囊。应须饱经术，已似爱文章。十五男儿志，三千弟子行。曾参与游夏，达者得升堂。"所示皆圣贤事也。（《苕溪渔隐丛话》前集卷一六韩吏部上）

宋邓肃：《跋陈了翁书谏议书邵尧夫诫子文》：昔韩愈氏《示符》古风，用玉带金鱼之说以激之，爱子之情则至矣，而导子之志则陋也。方以邵陈过庭之训，毋乃相万乎？惟识者察之。（《栟榈集》卷一九）

宋严有翼：《笔谈》言："士人文章中多言前荣。屋翼谓之荣，东西注屋则有之，未知'前荣'安在？"予尝观韩退之《示儿》诗："前荣馔宾亲，冠婚之所于。"果如存中之言，则退之亦误矣。又考王元长《曲水诗序》云："负朝阳而抗殿，跨灵沼以浮荣。"五臣注则以"荣"为屋。檐，一名"楣"，一名"宇"，即屋之四垂也。又谓之"楣"，又谓之"梠"。《集韵》云："屋梠之两头起者为荣。"其谓之翼，则言檐宇之翼张如翚斯飞耳。故《礼记》言："洗当东荣。"又言："升自东荣……降自西北荣。"《上林赋》云："偓佺之徒，暴于南荣。"则所谓荣者，东西南北皆有之矣。故李华《含元殿赋》又有"风交四荣"之说。由是而言，则沈氏《笔谈》未为确论。（《艺苑雌黄》）

宋黄震：《示儿》诗以有屋自慰，与《符读书》诗正相终始。（《黄

氏日抄》卷五九）

宋王应麟：王逢原诗（《采莲示王圣美葛子明》）："退之昔裁诗，颇以豪横恃。暮年意气得，金玉多自慰。买居纪厢荣，顾影乐冠佩。喜将闾巷好，持与妻子议。彼哉何足道，进退兹焉系？安知九列荣，顾是德所累。"谓《南内朝贺归》及《示儿》诗也。（《困学纪闻》卷一八《诗评》）

元袁桷：《书仇按察父训子诗后》：渊明、退之诸贤，惓惓训子，形于歌诗。听之藐藐，迄不能继父业。手泽存焉之戒，良可悲也。（《清容居士集》卷四九）

明瞿佑：《示儿诗》：昌黎《示儿》诗云："始我来京师，止携一束书。辛勤三十年，以有此屋庐。此屋岂为华，于我自有余。中堂高且新，四时登牢蔬。前荣馔宾亲，冠婚之所于。庭内无所有，高树八九株……松果连南亭，外有瓜芋区。西偏屋不多，槐榆翳空虚……主妇治北堂，膳服适戚疏。恩封高平君，子孙从朝裾。开门问谁来，无非卿大夫。不知官高卑，玉带悬金鱼。问客之所为，峨冠讲唐虞。酒食罢无为，棋槊以相娱……跄跄媚学子，墙屏日有徒……嗟我不修饰……比肩于朝儒。诗以示儿曹，其无迷厥初。"朱文公云："韩公之学，见于《原道》。其所以自任者，不为不重。而其平生用力深处，终不离乎文字言语之工。其好乐之私，日用之间，不过饮博过从之乐。所与游者，不过一时之文士，未能卓然有以自拔于流俗者。"观此诗所夸，乃《感二鸟》《符读书》之成效极致。而《上宰相书》所谓"行道忧世"者，则已不复言矣，其本心何如哉？按朱子所以责备者如是，乃向上第一等议论。俯而就之，使为子弟者读此，亦能感发志意，知所羡慕趋向；而有以成立，不陷于卑污苟贱，而玷辱其门户矣！韩公之子昶，登长庆四年第。昶生绾、衮，绾咸通四年、衮七年进士。其所成立如是，亦可谓有成效矣。"诗可以兴"，此诗有焉！（《归田诗话》卷上）

清吴景旭：前荣：韩退之《示儿》诗"前荣馔宾亲，冠婚之所集"。

　　吴旦生曰：士冠礼，设洗直于东荣。退之取此而为言也。

《汉制考》云:"荣,屋翼也,即今之抟风。言荣者,与屋为荣饰;言翼者,与屋为翅翼。"《梦溪笔谈》云:"见人为文章,多言前荣。荣者,夏屋东、西序之外屋翼也,谓之东荣、西荣。四注屋则谓之东霤、西霤,未知'前荣'安在?"《艺苑雌黄》云:"如存中之言,则退之亦误矣。考王元长《曲水诗序》云:'负朝阳而抚殿,跨灵沼而浮荣。'五臣注则以'荣'为屋檐。檐一名'楣',一名'宇',即屋之四垂也。又谓之'榍',又谓之'梠'。《集韵》云:屋梠之两头起者为荣。其谓之翼,则言檐宇之张,如翚斯飞耳。故《礼记》'升自东荣,降自北西荣',《上林赋》'偓佺之伦,暴于南荣',则所谓荣者,东西南北皆有之。故李华《含元殿赋》有'风交四荣'之说。由是而言,则沈存中《笔谈》未为确论。"(《历代诗话》卷四九庚集四)

清朱彝尊:率意自述,语语皆实,亦淋漓可喜,只是偶然作耳。(顾嗣立《昌黎先生诗集注》卷七)

清何焯:《示儿》"诗以示儿曹"二句,注载《考异》云云。按:"峨冠讲唐虞""考评道精粗",则犹行道忧世之为也。姑以其外焉者诱进小儿曹耳。(《义门读书记》卷三〇)

清全祖望:昌黎固不以此贬其大概,然此等责备之语,亦不可不存,何氏只知偏袒韩公耳。(翁元圻等注《困学纪闻》卷一八)

清姚范:《示儿》"前荣馔宾亲"注:沈氏《笔谈》云:"屋翼谓之荣,东西则有之。未知'前荣'安在?"《艺苑雌黄》以为不然,其说云:"王元长《曲水诗序》云:'跨灵沼而浮荣。'五臣注则以'荣'为屋檐。檐,一名'楣',一名'宇',即屋之四垂也。又谓之'榍',又谓之'梠'。"《集韵》云:"屋梠之两头起者为'荣',故《记》言洗当东荣,又升自东荣,降自西北荣。"《上林赋》:"偓佺之徒暴于南荣。"则所谓荣者,东西南北皆有之矣。故李华《含元殿赋》又有"风雨交四荣"之说。《笔谈》未为确论。前"荣"者,扬雄《甘泉赋》云"列宿施于上荣"是也。余按:《丧大记》:"降自西北荣。"此诸侯之礼,盖有四荣,疑所云"四阿",亦可云"四荣"。盖以注水言之,则曰"霤"。以为檐宇之饰,象鸟之翚言之,则曰"荣"。而士两下之屋,则但有东、西荣。其南北之檐,则与荣异制矣。公所云"前荣"者,或屋之前别有堂,而借荣名之,不则堂栋之前亦泛名之曰"荣"。(《援鹑堂笔记》卷四一)

清王元启:《考异》云:"《上宰相书》所谓行道忧世者,此诗则已不复言矣,其本心何如哉?"愚谓"峨冠讲唐虞"及"考评道精粗"等句,皆行道忧世之心所寓也。孔子曰:"视其所以,观其所由,察其所安。"公守道不屈之操,至老弥坚。尚论者,即其行事以窥其心。盖所谓安而乐之者,此正孔子所欲察也。至于歌诗,特等戏剧,聊取讽口悦耳而已,具行道忧世之心者,不必时形齿颊也。如以辞而已矣。则如持筹钻核之徒,但使口不言利,即当以廉士推之乎?以此论人,徒使巧于言者务为矫辞欺世,而坦衷之士反至无地自容。人言宋儒刻于论人,愚观朱子贬斥前辈龟山杨氏之语,往往执辞以害意,其论韩子亦然。窃谓观人者,第取法于孔子可已。其他言语小疵不足以累其素行,况可因此而并没其本心乎?又按孔子论士以行己,有耻不辱君命为品之上者。公早年不与刘柳为群,晚岁一使淮西,一使河北,皆能树功名以自见。使遇孔子,必不肯以第二等人相目,吾人尚友古人,虽其不及公者,尚宜舍短取长以资其益!况如公等间世之英,顾可尽没其长,徒尔索瑕于语言之末乎?因论朱子本心,何如一语及此弥叹?孔子之言乃万世论人之极则也。(《读韩记疑》卷二)

清王鸣盛:《示儿》此诗当是元和十二年从裴度平淮西归京迁刑部侍郎后作。《新唐书·百官志》:"刑部侍郎一人,正四品。"《车服志》:"三品,金玉带銙十三。景云中,诏衣紫者鱼袋以金饰之。"诗云"玉带悬金鱼",想必是为侍郎时作。从贞元初至京,至是三十余年,言"三十"举成数。《符读书城南》,亦俱在此一二年所作。(鹤寿案:诗中明言"始我来京师,辛勤三十年",故方世举云:"公以贞元二年始来京师,至元和十一年,盖三十年矣。"先生谓"作于元和十二年",亦据此也。《新唐书·车服志》,方注已引之。苏子瞻曰:退之《示儿》诗,所示皆利禄事也。老杜《示宗武》云:"试吟青玉案,莫羡紫香囊。""应须饱经术,已自爱文章。十五男儿志,三千弟子行。曾参与游夏,达者得升堂。"所示皆圣贤事也。《符读书城南》:符者,公之子昶。长庆四年,登进士第。元和十二年,符已十九岁矣。陆唐老曰:"退之口不绝吟于六艺之文,手不停披于百家之编,招诸生而勉励之,此岂有利心于吾道者?《佛骨》一疏,议论奋激,曾不以去就祸福回其操。《原道》一书,累千百言,攘斥异端,用力与孟子等,其所学所行无愧矣。惟《符读书城南》一诗,乃骇目潭潭之居,掩鼻虫蛆之背,切切然饵其幼子以富贵利达之美,若有戾于向之所得者。"今案:《示儿》诗云:"峨冠讲唐虞,考评道精粗。"又云:"以能问不能,其蔽岂可祛?"《符读书城南》诗云:"文章岂不贵,经训乃菑畬。潢潦无根源,朝满夕已除。人不通古今,马牛而襟裾。行身陷不义,况望多名誉。"此其训子弟以勤学好问,稽古敦行,可不谓至哉!)(《蛾术编》卷七六)

清赵翼:《示儿》诗自言辛勤三十年,始有此屋,而备述屋宇之垲爽,妻受诰封,所往还无非公卿大夫,其诱其勤学:此属小见。《符读书城南》一首,亦以两家生子,提孩时朝夕相同,无甚差等;及长而一龙一猪,或为公相,势位赫奕,或为马卒,日受鞭笞,皆由学与不学之故:此亦徒以利禄诱子,宜宋人之议其后也。不知舍利禄而专言品行,此宋以后道学诸儒之论,宋以前固无此说也。观《颜氏家训》《柳氏家训》,亦何尝不以荣辱为劝诫耶?(《瓯北诗话》卷三)

清郑珍:东坡论此诗所示皆利禄事,浅视诗旨也。读开门一段,是所指为利禄者,深玩之,诗言身为卿相,持国钧轴,与同官往来,止以酒食相征逐,博槊相娱乐,所为何如乎?则玉其带、金其鱼、峨其冠者,皆行尸走肉耳。其所讲之唐虞,亦止口中仁义,即公所云"周行俊异,未去皮毛"者也。酒食联下接云:"凡此座中人,十九持钧枢。"郑重作一指点,语似热眼,齿实冷极,重言其官职,正轻哂其所为,所谓赞扬甚于怒骂也。不然,上言"无非卿大夫"足矣,又著此二语,津津不置,不重复无谓耶?观"又问"四句,言过从讲道者,唯有张、樊,则自两人而外,皆无一可与言者。愈见上文所云并非艳于利禄、夸诱符郎也。坡公特未细思耳。(《巢经巢文集》卷五《跋韩诗》)

清陈伟勋:《瞿存斋诗话》云:"昌黎《示儿》诗云:'始我来京师,只携一束书。辛勤三十年,以有此屋庐。此屋岂为华,于我自有余。中堂高且新,四时登牢蔬。前荣馔宾亲,冠婚之所于。庭内无所有,高树八九株。西偏屋不多,槐榆翳空虚。松果连南亭,外有瓜芋区。主妇治北堂,膳服适戚疏。恩封高平君,子孙从朝裾。开门问谁来,无非卿大夫。不知官高卑,玉带悬金鱼。问客之所为,峨冠讲唐虞。酒食罢无为,棋槊以相娱……跧跧媚学子,墙屏日有徒。嗟我不修饰……比肩于朝儒。诗以示儿曹,其无迷厥初。'朱文公云:'韩公之学见于《原道》,其所以自任者不为不重,而其生平用力深处,终不离文字言语之工。其好乐之私,日用之间,不过饮博过从之乐。所与游者,不过一时之文士,未能卓然有以自拔于流俗者。观此诗所夸,乃《感二鸟》《符读书》之成效极至,而《上宰相书》所谓行道忧世者,则已不复言矣,其本心何如哉?'按:朱子所以责备者如是,乃向上第一等议论。俯而就之,使为子弟者,读此亦能感发志意,知所羡慕趋向,而有以成立,不陷于卑污苟贱而玷辱其门户矣。韩公之子昶,登长庆四年第。昶生琯、衮,琯咸通四年、衮七年进士。其所成立如是,亦可谓有成效矣。诗可以兴,此诗有焉。"余谓朱子所言,固向上第一等议论;存斋所言,亦俯就感发子弟之意。韩公虽官至侍郎,其初携束书来京,历三十年辛勤,方有此日。中间艰难空乏,已经屡屡,此意亦不能不令子孙知之。诗所言本道家常话,俾后人知所省惕,知所羡慕,以无忘稽古之力,亦皆人情所有。惟夸张处似有落时趋者,娱乐处似未免俗气者。此等处未能检点,诚由于道德心性未底纯粹之故。今且不论学问之纯疵,而论创垂之不易。为子孙者,其尚知稼穑艰难,而自勉于为善,以保其祖宗缔造之基,庶不至玷辱其门户,而堂构可期矣。(《酌雅诗话》卷一)

清邓绎：杜陵《示宗武》诗云："十五男儿志，三千弟子行。曾参与游夏，达者得升堂。"殊有道气。盖深于六艺，其言有物。视渊明《责子》、退之训子诸诗，独为醇雅。故知不道问学，不可以为诗人；不通经术，不可以成韵语也。（《藻川堂谭艺·唐虞篇》）

程学恂：教幼子止用浅说，即如古人肄雅加冠，亦不过期以服官尊贵而已，何尝如熙宁、元丰诸大儒，必开以性命之学，始为善教哉？此只作一通家常话看，绝不有意自见，而自有以见其为公处。"不知官高卑，玉带悬金鱼"云云，其真称羡语。少陵《七歌》云"长安卿相多少年，富贵应须致身早"当与此参看。"又问谁与颇，莫与张樊如"谓张籍、樊宗师也。若但以利禄期之，则无事专及二人矣。东坡语亦不得执煞看。且即以实学而论，子美之饱经术，与退之之评道精粗，正未知孰得失也。（《韩诗臆说》卷二）

庭楸①

元和十一年

庭楸止五株②，共生十步间③。各有藤绕之，上各相钩联④。下叶各垂地，树颠各云连⑤。朝日出其东，我常坐西偏⑥；夕日在其西，我常坐东边⑦。当昼日在上，我在中央焉⑧，仰视何青青，上不见纤穿；朝暮无日时，我且八九旋，濯濯晨露香⑨，明珠何联联⑩。夜月来照之，蔼蔼自生烟⑪。我已自顽钝⑫，重遭五楸牵。客来尚不见，肯到权门前⑬？权门众所趋，有客动百千，九牛亡一毛，未在多少间⑭。往既无可顾⑮，不往自可怜。

【校注】

① 题：方《举正》："二诗（《示儿》《庭楸》）元和十三年（818）作。"文《详注》："《补注》：此诗大略与《南溪始泛》相似，盖长庆四年告病于居之所为也。"魏本："韩曰：诗意与前《示儿》诗所云'庭内何所有，高树八九株'者相应。又次其后，盖同时作。樊曰：此诗长庆四年（824）告病于其居之所为也。故其终云：'我已自顽惰，重遭五楸牵。'"王元启《记疑》："前诗（《示儿》）为中书舍人时作，此诗降官庶子日作，于卒章'客来尚不见'等句知之。若中书舍人、刑部侍郎皆要职，不但非杜门谢客时，亦何能任公不到权门？"方成珪《笺正》："此诗当是元和十一年（816）五月降太子右庶子后作。《酬卢云夫曲江荷花行》所谓'官闲得婆娑'也。结以不往权门自怜，意尤可见矣。"钱仲联《集释》系元和十一年。屈《校注》："按：王、方之说近是。"方世举《笺注》："□云：诗意与《示儿》诗所云'庭内无所有，高树八九株'者相应，盖同时作。"按：方引□云，乃魏本引韩醇注。《韩学研究·韩愈年谱汇证》："《庭楸》与《示儿》诗非一时作。《庭楸》诗'朝日出其东'以下一段描写当是闲官百无聊赖景象。'我已自顽钝，重遭五楸牵。客来尚不见，肯到权门前''往既无可顾，不往自可怜'等诗句正反映了他不满于现实、自谨自怜的心情。当是闲居右庶子官时写照。时在十一年夏秋。"方成珪《笺正》："《杂五行书》：舍西种楸梓各五根，子孙孝顺，口舌消灭也。"楸，树名。屈原《九章·哀郢》："望长楸而太息兮，涕淫淫其若霰。"

朱彝尊《批韩诗》："申前篇（《示儿》）未尽意。"按：朱说非。

② 庭楸止五株：方《举正》据蜀本订"楸"字，云："谢校同。以题语考之是。"朱《考异》："楸，或作'树'。"南宋监本原文作"树"。宋白文本、魏本、廖本、王本作"楸"，注："楸，一作'树'。"文本、潮本、祝本作"树"。今从诸本作"楸"。

方世举《笺注》："《尔雅·释木》：'槐，小叶曰榎，大而皵楸。'注：'槐当为楸。楸细叶者为榎，老乃皮粗皵者为楸。'"又云："五株：《齐民要术》（卷五）：'西方种楸九根，延年百病除。'《杂五行书》：'舍西种楸梓各五根，子孙孝顺，口舌消灭也。'"

③ 共生十步间：方世举《笺注》："《齐民要术》（卷五）：'种楸梓法：宜割地一方种之，两步一树。此树须大，不得概栽。'按今五株，宜十步也。"

④ 上各相钩联：宋白文本、王本作"钩连"。文本、祝本、魏本、廖本作"钩联"。文本注："联，一作'缠'。"钱仲联《集释》校作"缠"。屈《校注》作"联"。王元启《记疑》："钩缠，方作'钩连'。愚按上句'绕'字是绕于本树，下句'缠'字是缠及他树。别本'缠'字正有义，不得斥为误改。公诗虽不忌重韵，然亦何苦两联逼迫相承，绝无避让之方，必至重出乎？今辄定从别本。至下文改'间'为'焉'，以避重复，则诚如方氏所讥。"按：作"缠"与上句"绕"字重复，且与"钩"字不配。作"联"字善。又联、连二字义音均同，然形异。

⑤ 树颠各云连：此句用"连"，正可避与上句"联"字重复。何焯《批韩诗》："笔势参差入妙。"

⑥ 我常坐西偏：方《举正》出"西偏""东边"，云："蜀本作'西边''东偏'。"朱《考异》："西偏，偏或作'边'。"宋白文本、文本、祝本、魏本、廖本作"西偏"。按：西偏，即坐在偏西的地方，下句作"东边"，语序与时序正合。

⑦ 我常坐东边：方《举正》作"东边"，云："蜀本作'东偏'。"朱《考异》："边，或作'偏'。"宋白文本、文本、祝本、魏本、廖本作"边"，从之。

⑧ 我在中央焉：方《举正》作"中央间"，云："杭、蜀同。此诗用二'连'字，三'间'字，曾本刊'钩联'作'钩缠'，'中央间'作'中央焉'，以求避重韵而非也。"朱《考异》："间，或作'焉'。"宋白文本、廖本作"间"。文本、祝本、魏本作"焉"。钱仲联、屈本校作"间"。童《校诠》："第德案：公楸树诗：一朝缠绕困长藤，亦用缠字，作缠为胜。……作焉，焉于此也，较间为胜。说文无从日之间，间为閒之后出字。"按：童说是。"中央"二字已定方位处所。"间字"亦方位处所词，意重复。况韩诗亦多用虚词。作"焉"字善。宋陈善《扪虱

— 1705 —

新话》上集卷一:"文章以气韵为主,气韵不足,虽有辞藻,要非佳作也……韩退之诗,世谓押韵之文尔,然自有一种风韵。如《庭楸》诗:'朝日出其东,我常坐西偏。夕日在其西,我常坐东边。当昼日在上,我坐中央焉。'不知者便谓语无工夫,盖是未窥见古人妙处尔。"

⑨濯濯:光明貌。《诗·大雅·崧高》:"四牡跷跷,钩膺濯濯。"毛传:"濯濯,光明也。"又《商颂·殷武》:"赫赫厥声,濯濯厥灵。"《世说新语·容止》:"有人叹王公形茂者,云:'濯濯如春月柳。'"魏本:"祝曰:'濯濯:湿貌。'"按:不如作光明貌解善。

⑩明珠何联联:明珠,即珍珠。汉班固《白虎通·封禅》:"江出大贝,海出明珠。"韩愈《奉酬卢给事云夫四兄曲江荷花行见寄并呈上钱七兄阁老张十八助教》:"遗我明珠九十六,寒光映骨睡骊目。"《文选》卷一六江淹《别赋》:"秋露如珠。"联联,联接不断。《辞源》引韩诗为例。五代后蜀韦庄《登咸阳县楼望雨》:"尽日空濛无所见,雁行斜去字联联。"

⑪蒨蒨:文《详注》:"蒨蒨,茂盛貌,音仓甸切。"魏本:"蒨蒨,青葱貌。祝曰:'蒨蒨,草盛貌。晋湛方生《稻苗赞》:蒨蒨嘉苗。'蒨,此见切。"钱仲联《集释》:"束皙《补亡诗》:'蒨蒨士子。'李善注:'蒨蒨,鲜明貌。'"按:此形容夜间月光照在楸树上发出如光一样的轻烟,故作鲜明貌解合实际情景。此数语咏物赋形真绝妙也,细味可知。

朱彝尊《批韩诗》:"东西中日夕等分叙,亦古乐府余调,然略觉琐絮。"何焯《批韩诗》:"愈朴愈妙,绝似古乐府,秀绝。"《唐宋诗醇》卷三一:"历叙东西朝暮,繁而不杀,弥有古意。"按:朱说呆滞,而何说善。

⑫我已自顽钝:朱《考异》:"钝,或作'滞'。"宋白文本、廖本、王本作"钝",文本作"滞",注:"一作'堕'。"祝本、魏本作"惰",注:"一作'滞'。"廖本注:"钝,或作'滞',又作'惰'。"当作"钝"。

顽钝:本指器不锋利。汉刘向《说苑·杂言》:"子贡曰:'夫隐括之旁多枉木,良医之门多疾人,砥砺之旁多顽钝。'"引申为愚呆。汉班固《白虎通·辟雍》:"顽钝之民,亦足以别于禽兽而知人伦。"《后汉书·窦融传》上疏:"臣融年五十三。有子年十五,质性顽钝。"童《校诠》:"第德案:说苑子贡曰:砥砺之旁多顽钝,顽钝字本此。史记陈丞相世家:士之顽钝嗜利无耻者,汉书陈平传作顽顿,颜注:顿读曰钝,贾谊传:顽顿无耻,顽顿字往往与无耻字连用,似非公用以自称,应以作顽惰或顽滞为长。"按:这也正是文本作"滞",祝、魏本作"惰"的原因。其实,"顽钝"一词作愚呆解,唐人诗多用之,韩愈用之不疑,亦可见韩愈之性格。

⑬肯到权门前:魏本:"樊曰:《旧史》(《韩愈传》)云:'公少与孟郊、张籍友善,而观诸权门豪士如仆隶焉,瞪然不顾。'即此诗所谓也。"文《详注》引王《补注》同而简。方世举《笺注》:"《后汉书·黄琼传论》:'权门贵仕,请谒繁兴。'"程学恂《韩诗臆说》卷二:"'客来尚不见,肯到权门前。'说不到权门,却以客来不见陪出,妙。"

⑭"九牛"二句:魏本:"孙曰:司马迁《答(报)任安书》曰:'假令仆伏法受诛,若九牛亡一毛,与蝼蚁何以异。'"文《详注》:"九牛一毛,司马迁《报任安书》。"方世举《笺注》:"多少。按《新序》:'晋平公曰:吾门下食客三千余人,可谓不好士乎?固桑对曰:今夫鸿鹄高飞冲天,其所恃者六翮耳。夫腹下之毳,背上之毛,增去一把,飞不为高下。不知君之食客六翮耶?将腹背之毳也。'此诗虽'九牛亡一毛'语,然兼取此意。"

⑮往既无可顾:方《举正》"无可顾"之"顾"字,据阁本作"领"。朱《考异》:"顾,方作'领'。或作'得'。皆非是。"童《校诠》:"第德案:往既无可顾,方崧卿氏举正依阁本顾作领。朱氏考异作顾,云:顾,方作领,或作得,皆非是。按:朱子说是,旧史之瞪然不顾,即本此诗往既无可顾,作领无义,疑为顾之形讹。"作"顾",是。

【汇评】

清朱彝尊:东西中日夕等分叙,亦古乐府余调,然略觉琐絮。

（顾嗣立《昌黎先生诗集注》卷七）

清何焯：笔势参差入妙。愈朴愈妙，绝似古乐府，秀绝。（同上）

清马位：杜诗："西川有杜鹃，东川无杜鹃。涪万无杜鹃，云安有杜鹃。"是古辞"江南可采莲"调。昌黎《庭楸》诗："朝日出其东，我常坐西偏。夕日在其西，我常坐东边。当昼日在上，我在中央焉。"亦类此。古人拙处正自不可及。（《秋窗随笔》）

清陈沆：此赋而兼比也。虽借庭楸以起兴，实则以朝日、昼日、夕日喻世态之炎热。树荫不见纤穿，喻先王之道可以庇身而乐志也。故下言"权门众所趋"，以见炙手可热之状。"我已自愚（顽）钝，重遭五楸牵"，则所谓"古道自愚蠢，古言自包缠"也。（《诗比兴笺》卷四）

玩月喜张十八员外以王六秘书至①

长庆四年

前夕虽十五，月长未满规②。君来晤我时③，风露渺无涯。浮云散白石，天宇开青池。孤质不自惮④，中天为君施⑤。玩玩夜遂久，亭亭曙将披⑥。况当今夕圆，又以嘉客随⑦。惜无酒食乐，但用歌嘲为。

【校注】

①题：方《举正》订"以"字，云："三本同。'以''与'义通，已见前。王六，王建也。后四诗皆长庆二三年间作。"朱《考异》："以，或作'与'。今按：以字或取能左右之义。"南宋监本原文作"与"。宋白文本、廖本、王本作"以"。文本、潮本、祝本、魏本作"与"。方世举《笺注》："以，或作'与'。方云：'以、与义通。'朱子曰：'以字或取

能左右之义。'原注：'王六，王建也。'"按："以""与"二字均通。"以"作"和"字解，同"与"。若诗题含有韩、张先已在韩家玩月，而后王建至，则"以"可作"因"字解。如《喜侯喜至赠张籍张彻》是也。而作"和"字解，二人名字间不加字，如《晚寄张十八助教周郎博士》《雨中寄张博士籍侯主簿喜》是也。

文《详注》："按：张籍诗（《祭退之》）云：'籍受新官诏，拜恩当入城。公因同归还，居处隔一坊。中秋十六夜，魄圆天差晴。公既相邀留，坐语于阶楹。乃出二侍女，合弹琵琶筝。临风听繁丝，忽遽闻再更。顾我数来过，是夜凉难忘。'可以发明公之诗意。《补注》：'籍诗有《喜王六同宿》，岂其人耶？公长庆四年夏以病告（休），至八月满百日，免吏部侍郎，十六夜作此诗矣。'"魏本："樊曰：公长庆四年夏，以病在告。至八月满百日，免吏部侍郎。张籍祭诗云'中秋十六夜，魄圆天差晴。公既相邀留，坐语于阶楹。'此诗首言'前夕虽十五，月长未满规'，则十六夜作此明矣。此正与籍诗合。"又："韩曰：张十八，籍也，尝为水部员外郎。王六，集无可考。据张籍有《酬秘书王丞》诗（《张司业诗集》卷四）云：'芸阁水曹虽最冷，与君长喜得身闲。'又贾岛《酬张籍王建》（《长江集》卷九）诗亦有'水曹芸阁'之句（原句为'水曹云阁柱来篇'），疑此王六秘书即建也。"《全唐诗》卷四九六姚合有《送王建秘书往渭南庄》诗。程学恂《韩诗臆说》卷二："秘书有《上公诗》云：'不以雄名疏野贱，敢将直气折王侯。'当即在此时，而公已成绝笔矣。悲哉！嫉恶之怀，有生已然；好士之心，垂死不倦。呜呼！公乎！如之何勿思？"亦可证王秘书即建。方世举《笺注》："旧人皆以《南溪始泛》为绝笔。然张籍《祭退之》诗云：'去夏公请告，养疾城南庄。籍时官罢休，两月同游翔。'后云'中秋十六夜……是夜凉难忘'下便接云：'公疾浸日加，孺人视药汤。来候不得宿，出门每回遑。'则与籍泛南溪乃在夏时，病尚未笃。自此玩月之后，病始浸加，足知此作为绝笔矣。"童《校诠》："第德案：左氏僖二十六年传：凡师能左右曰以，为朱子说所本，诗中有又以嘉客随语，亦用以字，可证。方说自通，此应以朱说为长。""绝笔"者,寻绎可见。

②月长未满规:文《详注》:"规者,正圆之器。长字上声读。"魏本:"孙曰:规,圆也。"未满规,月未圆。因月圆中规,故称月谓"月规"。《酉阳杂俎·壶史》:"(翟天师)曾于江岸与弟子数十玩月,或曰:'此中竟何有?'翟笑曰:'可随吾指观。'弟子中两人见月规半天,琼楼金阙满焉,数息间不复见。"《荀子·赋篇》:"圆者中规,方者中矩。"引申为圆形。沈括《梦溪笔谈》卷七:"图为一圆规。"方世举《笺注》:"梁简文帝诗:'绿潭倒云气,青山衔月规。'"《全唐诗》卷七八骆宾王《秋晨同淄川毛司马秋九咏·秋月》:"云披玉绳净,月满镜轮圆。"此以规之圆喻月之圆也。俗话说:"十五的月亮十六圆。"

③君来晤我时:方《举正》据唐本订,云:"山谷、范、谢校同。晤,对也。"文本、祝本、魏本来皆作"未",祝本晤作"语"。宋白文本、廖本、王本作"来",注:"一作'未'。"今从方。

晤:见面。《诗·陈风·东门之池》:"彼美淑姬,可与晤语。"宋王安石《答司马谏议书》:"无由会晤。"

④孤质不自惮:魏本:"孙曰:'孤质,谓月。'"按:孤质,本指孤独的性格,此喻夜月之孤清。《汉语大词典》引韩诗为例。惮,害怕。此拟人化,谓圆月孤零零在清泠的高空却不害怕,原来是为君设的。

⑤中天为君施:钱仲联《集释》:"常建诗'松际露微月,清光犹为君'(见《常建集》卷上《宿王昌龄隐居》诗)为此诗'为君'二字所本。"

⑥亭亭曙将披:文《详注》:"谢惠连《玩月诗》(《文选》卷二二《泛湖归出楼中玩月》)云:'亭亭映江月。'注云:'亭亭,月明貌。'(按:此为吕向注,李善注云:'亭亭,迥貌。')曙,晓也。披,开也。"亭亭,形容月孤峻高洁貌。《后汉书·蔡邕传》:"和液畅兮神气宁,情志泊兮心亭亭。"

⑦又以嘉客随:方《举正》据蜀本订"嘉"字。文本、祝本、魏本

作"佳"注:"佳,一作'嘉'。"宋白文本、廖本、王本作"嘉",注:"一作'佳'。"方世举《笺注》:"《诗》(《小雅·白驹》):'所谓伊人,于焉嘉客。'"则公诗当作"嘉"。作"佳"意亦通。随,南宋监本原文作"顾"。文本、祝本、魏本作"随"。

何焯《批韩诗》:"入题只二句,奇甚。"

【汇评】

明蒋之翘:写得澹宕,"浮云""天宇"二句尤佳。(《韩昌黎集辑注》卷七)

清朱彝尊:清空写意。不拘拘在题上藻饰,但说自己意思。诗虽未工,却得"诗言志"之意旨,胸次自超。当夜月不说,却追念说前夕月,格亦新。(顾嗣立《昌黎先生诗集注》卷七)

清何焯:短章之奇。入题只二句,奇甚。(同上)

程学恂:秘书有《上公诗》云:"不以雄名疏野贱,敢将直气折王侯。"当即在此时,而公已成绝笔矣。悲哉!嫉恶之怀,有生已然;好士之心,垂死不倦。呜呼!公乎!如之何勿思?(《韩诗臆说》卷二)

奉和李相公摄事南郊览物兴怀呈一二知旧①
长庆三年

灿灿辰角曙②,亭亭寒露朝③。川原共澄映,云日还浮飘④。上宰严祀事⑤,清途振华镳⑥。圆丘峻且坦⑦,前对南山标⑧。村树黄复绿,中田稼何饶?顾瞻想岩谷⑨,兴叹倦尘嚣⑩。惟彼颠瞑者⑪,去公岂不辽⑫?为仁朝自治,用静兵以销⑬。勿惮吐捉勤⑭,可歌风雨调⑮。圣贤相遇少,功德今宜昭⑯。

【校注】

① 题：方《举正》"和"上增"奉"字，云："考：李相公，逢吉也。杭、蜀本并后诗皆有'奉'字。"按：韩公与李逢吉的关系不融洽，故为奉命而和也，非己主动和之也。

魏本："韩曰：李相公，逢吉也。据逢吉前作相在元和十一年十二月，明年九月罢，不经郊祀，而题云'摄事南郊'，当是长庆二年再相后作。新旧《志》：唐初《贞观礼》，冬至祀昊天上帝于圆丘。正月辛日，祈谷于南郊。孟夏雩于南郊。明皇定《开元礼》，天宝初，遂合祭天地于南郊。其后遂摄祭南郊，故曰摄事南郊也。"文《详注》："李逢吉，字虚舟，长庆二年六月拜为相。唐史有传。《补注》：此诗和其摄事南郊。'村树黄复绿'，岂逢吉三年春，摄事于南郊邪？"王鸣盛《蛾术编》卷七六："此非长庆二年冬即三年冬作。方世举辨此与《和杜相公太清宫》二首皆赝诗，亦未见的确。"方成珪《笺正》："此南郊之祭，当是季秋大享帝。《新史·礼乐志》云：'迄唐之世，季秋大享，皆寓圆丘。'诗'亭亭寒露朝'，寒露正九月节，'川原''村树'二联皆秋景，而'中田稼饶'，尤季秋之明证也。"《韩学研究·韩愈年谱汇证》："按：方成珪所说九月寒露之季节，是，然系二年则误。二年穆宗尚未惊恐风眩，可率群臣摄事，此诗与《奉和杜相公太清宫纪事陈诚上李相公十六韵》诗，皆托李、杜代为主祭，当在三年。"寒露节一般在八月下旬、九月上旬，不全在九月也。《开元礼》云：冬至祀昊天上帝于圆丘。诗里所写景色绝非冰天雪地之隆冬节令。方成珪谓秋景，虽勉强说得过去，然无大祭之礼。细玩诗意，"亭亭寒露朝"，非指寒露节，而是指早春和晚秋之朝露。按"村树黄复绿"，写自然景物变化的趋势，即冬景渐去，春景尤现也。"中田稼何饶"，写农田稼禾生长的态势，绝非寒露至冬至之树木凋零、田地荒凉之景象。故此诗当写于长庆三年（823）早春，祈谷于南郊也。

② 灿灿：文《详注》："灿灿，明貌。角星位于辰，故曰辰角。一曰东方角二星为天关，其间天门也，为始明之所，故《诗》（《齐风·

鸡鸣》)曰:'东方明矣。'《楚辞》(屈原《天问》)云:'角宿未旦,曜灵安藏?'"按:灿灿,闪闪发光貌。《汉语大词典》引韩诗为例。元朱凯《刘玄德醉走黄鹤楼》头折:"当三军不刺刺乌骓骑,敌万夫光灿灿丈八点钢枪。"晨角曙,魏本:"孙曰:《楚辞·天问》曰:'角宿未没(旦),曜灵安藏?'角,东方宿名。辰角曙,谓东方欲晓时。"按:角,星宿名,即角宿。二十八宿之一,东方苍龙七宿的第一宿。有星两颗,属室女座。《国语·周中》:"夫辰角见而雨毕。"《楚辞》屈原《天问》:"角宿未旦,曜灵安藏?"

③亭亭:钱仲联《集释》:"《文选》(卷一六)司马相如《长门赋》:'荒亭亭而复明。'李善注:'亭亭,远貌。'"按:亭亭,耸立、旷远貌。《文选》卷二张衡《西京赋》:"状亭亭以苕苕。"三国魏文帝《杂诗》(《文选》卷二九):"西北有浮云,亭亭如车盖。"善曰:"亭亭:回远无依之貌也。"或谓孤峻高洁解。《后汉书·蔡邕传》:"和液畅兮神气宁,情志泊兮心亭亭。"

④云日还浮飘:顾嗣立《集注》:"《文选》谢灵运诗(卷二六《登江中孤屿》):'云日相辉映,空水共澄鲜。'"按:此句谓川原旷远澄清,相互辉映;云和日在空中浮动。

⑤上宰严祀事:魏本注:"上宰,即李逢吉也。"蒋抱玄《评注》:"《诗》(《小雅·楚茨》):'祀事孔明。'"按:此句谓宰相敬重祭祀之事。上宰,宰相。《文选》卷二九晋枣道彦《杂诗》:"天子命上宰,作蕃于汉阳。"严,敬重。《史记·游侠列传》:"诸公以故严重之,争为用。"或作整饬、戒备解。刘义庆《世说新语·雅量》:"可潜稍严,以备不虞。"

⑥清途振华镳:魏本:"孙曰:'镳,辔也。'祝曰:'镳,马衔也。《诗》(《秦风·驷骥》):辎车弯镳。'镳,悲骄切。"文《详注》:"镳,马衔也,音悲娇切。"童《校诠》:"第德案:说文:镳,马衔也,尔雅释器:镳谓之锹,郭注:马勒旁铁,诗硕人释文:镳,马衔外铁也,一名扇汗,又曰排沫。诸书无释镳为辔者,当依颜注急就篇镳即马辔之衔也,其义始明。说文:镳,马衔也,从金,麃声。"按:实则为马嚼子,

以铁制成,衔在马口中。刘向《九叹·离世》:"断镳衔以驰骛。"即马挣断了嚼子狂奔起来。成语"分道扬镳",出此。

⑦ 圆丘峻且坦:坦,魏本作"垣"。宋白文本、文本、廖本、王本作"坦"。作"垣"乃形似致误,作"坦"是。

坦:开阔、平整。刘义庆《世说新语·言语》:"其地坦而平,其水淡而清。"《文选》卷二张衡《西京赋》:"虽斯宇之既坦。"圆丘:祭祀之坛也。顾嗣立《集注》:"《广雅》(《释天》):'圆丘,大坛,祭天也。'"

⑧ 前对南山标:魏本:"孙曰:'南山,长安南山,谓终南之属。标,山峰也。'"钱仲联《集释》:"《文选》(卷一一)孙绰《游天台山赋》:'赤城霞起而建标。'此公诗标字所本。"童《校诠》:"第德案:李注文选曰:建标,立物为之表识也。说文:标,木杪,末也,臣错曰:今人多言标置,言若树杪之高置也,标之言表也,春秋左传谓路旁树为道表,谓远望其标以知其道也。亦假表、剽为之,周礼肆师:表盉盛告洁,郑注:古书表为剽,表、剽皆谓徽识也。按:标识字应作嫖,说文:嫖,帜也,作标者借字。文选张平子西京赋:凤骞翥于甍标,用标字先于天台山赋,郭景纯江赋:玉垒作东别之标,李注:战国策曰:举标甚高。又:梢云冠其嶂,李注:嶂,山巅也,其字作嫖。"

⑨ 顾瞻想岩谷:魏本:"孙曰:'想岩谷,谓思谢事也。'"按:岩谷,又作喦谷,喦同岩,犹山谷。《素问·六元正纪大论》:"土郁之发,岩谷震惊。"《南齐书·杜京产传》:"谓宜释巾幽谷,结组登朝,则喦谷含欢,薜萝起抃矣。"《全唐诗》卷六三八张乔《题玄哲禅师影堂》:"岩谷藏虚塔,江湖散学人。"谓顾瞻之间想到岩谷之事。

⑩ 兴叹倦尘嚣:方《举正》据杭、蜀本作"倦"。宋白文本、文本、魏本、廖本同方作"倦"。朱《考异》:"倦,或作'卷'。"

魏本:"祝曰:《左传》(昭公三年):'湫隘嚣尘,不可以居。'注:'嚣,声也。尘,土也。'"童《校诠》:"说文:券,劳也,从力、卷省声,臣铉等曰:今俗作倦,义同。按:人部倦,罢也,不得谓之俗,二字古声同,通用。卷,膝曲也。郑注考工记辀人左不楗,云:书楗或作券,玄谓券今倦字也,则汉时已倦行而券废矣。朱骏声曰:卷借为券,汉书贾捐之传:敢昧死竭卷卷,按:犹劳劳勤勤也,注读为拳,失之。又为倦,魏元丕碑:施舍不卷。按:如朱说:则此诗一作卷,乃借卷为倦也。"尘嚣,世间的纷扰、喧嚣。晋陶潜《桃花源记》诗:"借问游方士,焉测尘嚣外。"《辞源》亦引韩诗为例。上句想岩谷,此句叹尘嚣,正可见韩愈在此祭祀大典时,与李逢吉等世人所想不同。他触景生情,厌烦尘嚣而想岩谷也。朱彝尊《批韩诗》:"前十二句是《文选》调。"

⑪惟彼颠瞑者:方《举正》出"颠瞑",云:"瞑,从目,古'眠'字也。徐锴曰:今俗别作'眠',非也。《庄子》(《则阳》)曰:'颠冥于富贵之地。'司马彪云(《释文》引):冥,音眠。颠冥,犹迷惑也,言其交结人主,情驰富贵也。《庄子》他语'眠'多作'瞑'。"魏本:"孙曰:'颠瞑,眩惑也,言颠瞑不富贵之人去公岂不远乎!'"方成珪《笺正》:"'徐锴曰……'(《举正》)《说文》作'臣铉等'。检《说文·系传》,亦未见楚金有此语,当是方氏误记。"童《校诠》:"第德案:方引庄子语,见则阳篇,释文:冥音眠,乃陆氏作音,非司马音,司马但释颠冥之义,即方氏所引三语,庄子既作冥,应存其真,似不应便校作瞑。说文:瞑,翕目也,从目、冥,冥亦声,臣铉等曰:今别作眠,非是。庄子德充符:据槁梧而瞑,释文:瞑音眠,文选陆士衡答张士然诗:薄莫不遑瞑,李注:瞑古眠字,嵇叔夜养生论:达旦不瞑,注同,此皆以瞑为古眠字。……朱子、方雪斋纠方之误是也。孙注颠瞑不富贵之不当作于。"

⑫去公岂不辽:方《举正》据蜀本"去"作"云",云:"谢校同。"朱《考异》:"去,方作'云',非是。"魏本:"孙曰:去,一作'云'。"诸本作"去"。文本注:"去,一作'云'。"作"云"误。

何焯《义门读书记》卷三〇:"'惟彼颠瞑者'二句,上即其所明而进之,下乃窥其所短而讽之也。"

⑬"为仁"二句:魏本:"孙曰:《书》(《洪范》):'用静吉。'"按:上句乃儒家以仁治世的思想,下句乃老庄以静治动的观念。

⑭ 勿惮吐捉勤：方《举正》据阁本作"吐捉"，云："蜀同，谢校字本《史记》(《鲁周公世家》云：周公戒伯禽曰：我一沐三捉发，一饭三吐哺，起以待士，犹恐失天下之贤人)。今人用'吐握'，本《韩诗外传》也。"文《详注》："《韩诗外传》曰：'周公摄天子之位七年，成王封伯禽于鲁。周公戒之曰：无以鲁国骄士。余以文王之子，武王之弟，成王之叔父，又相天下位，亦不轻矣。然一沐三握发，一饭三吐哺，犹恐失天下之士。'"朱《考异》："捉，或作'握'。"文本、祝本、魏本作"握"。宋白文本、廖本、王本作"捉"。

钱仲联《集释》："今本《史记·鲁世家》作'握发'。惟《淮南子·氾论训》称'禹一沐而三捉发'，或为公诗'捉'字所本。"按：今人用"吐握"，本《韩诗外传》。此谓思贤士而想国治。作"捉"、作"握"均可。何焯《义门读书记》卷三○："'勿惮吐捉勤'二句：宰相能为人主得人，斯可以对越上帝。"

⑮ 可歌风雨调：魏本："孙曰：《论衡》(《是应篇》)曰：'儒老论太平瑞应，皆言五日一风，十日一雨，风不鸣条，雨不破块。'韩曰：《礼记》(《礼器》)：'飨帝于郊，风雨节，寒暑时。'"

⑯ 功德今宣昭：顾嗣立《集注》："《诗》(《大雅·文王》)：'宣昭义问。'"诗用周公三握三吐事，而结在《诗·文王》上，寓有以周公、文王事迹讽谏时宰应效法文王、周公重士用贤，这是以仁治国的根本。故何焯《义门读书记》卷三○云："暗收摄事南郊，意极深厚。"

【汇评】

清何焯：《和李相公摄事南郊览物兴怀呈一二知旧》"惟彼颠瞑者"二句，上即其所明而进之，下乃窥其所短而讽之也。"勿惮吐捉勤"二句，宰相能为人主得人，斯可以对越上帝。暗收摄事南郊，意极深厚。(《义门读书记》卷三○)

清王元启：近时方世举摘"颠眠"以下四句为讥。余谓李时托兴岩谷，虽系诳语，然而借颂寓规，谓其去颠眠远，亦无不可。惟是逢吉为相，无一事近仁，且其妒害裴度，阴阻讨蔡之谋，与公意趣迥殊。反以用静兵销相目,似属违心献媚之谈。然玩终篇"吐捉"四语,仍望其兼收群策,兴致太平,大昭功德,勿专执己意,峻拒忠言,偷为姑息养痈之计。则所以讽之者至矣。方氏直斥为非公所作,尚与鄙意未符。(《读韩记疑》卷二)

清王鸣盛:《和李相公摄事南郊览物兴怀呈一二知旧》,李逢吉也。长庆二年,入为门下侍郎、平章事。此非长庆二年冬即三年冬作。方世举辨此与《和杜相公太清宫》二首皆赝诗,亦未见的确。(《蛾术编》卷七六)

清郑珍:方扶南辨两诗为赝作,附在编末,大意谓和李首言"为仁朝自治,用静兵以销""惟彼颠瞑者,去公岂不辽",吉甫不足当此。和杜(《奉和杜相公太清宫纪事陈诚上李相公十六韵》)首言:"末耜兴姬国,辒辌建夏家。在功诚可尚,于道讵为华。"不宜贬禹稷之功反不及玄元皇帝,因断非公作,乃二相属和,不得已而假手代之。余以理揆之,二诗原无可议。凡和人诗,必就彼题目装入己意,大抵赞人者多,或寓规于赞。体例自是如此。公和李作,题是"摄事南郊览物兴怀"。逢吉元[原]诗,必见倦于枢务,思息山林之意,所谓"顾瞻想岩谷,兴欲倦尘嚣"也。即此一念,视世之颠瞑富贵,恬不知止者,讵不远甚? 公既和其诗,可得曰"汝倾险小人,实愧宰辅,既思引退,理宜速去"乎? 故即就诗意慰勉之,谓相臣总斡中外,尽职诚劳,然以仁待臣民,则朝廷自治,以静镇邦国,则兵革自销,只勿惮吐握之勤,举贤自辅,各任其职,己总其成,而阴阳燮理,风雨调和矣,又何倦尘嚣之有? 且圣君贤相遇合甚难,以相公为上所倚任,郊天首重,尤且代行,诚能如我所言,则明良共济,功德昭宣于今日矣,又何想岩谷之有? 逢吉嫉功妒能,妨贤树党,实不仁不静,不能吐握者。公诗力砭其病,而浑无痕迹。言者无罪,闻之足戒。正温柔敦厚之旨,如方氏意,则此诗若出公乎,必痛加斥詈始合,然则"浊水汙泥清路尘""应许闲官寄病身"(韩愈《酒中留上襄阳李相公》)之言,何自贬损乃尔耶? (《巢经巢文集》卷五《跋韩诗》)

蒋抱玄:此诗寓有规讽,读之意味深厚。(《注释评点韩昌黎诗全集》)

和裴仆射相公假山十一韵①
长庆二年

公乎真爱山,看山旦连夕②。犹嫌山在眼,不得著脚历③。往语山中人,匄我涧侧石④。有来应公须,归必载金帛⑤。当轩乍骈罗,随势忽开坼⑥。有洞若神剜⑦,有岩类天划⑧。终朝岩洞间,歌鼓燕宾戚⑨。孰谓衡霍奇⑩,近在王侯宅。傅氏筑已卑⑪,磻溪钓何激⑫?逍遥功德下,不与事相摭。乐我盛明时⑬,于焉傲今昔⑭。

【校注】

① 题:方《举正》和字上增"奉"字,云:"唐本、杭、蜀、《文苑》并同。裴,谓裴度。"

魏本:"《集注》:'裴度为李逢吉所间,以长庆二年六月罢相,为尚书左仆射。'公有此和篇及《感恩言志》与《朝回见寄》之作。假山,一作'假为山'。"作"假山",是。宋白文本、文本、魏本、廖本等均无"奉"字,从之。

文《详注》:"《补注》:裴度时为李逢吉所间,以长庆二年(822)六月罢相为左仆射。公遂有和此,裴之诗不见于世,以公诗观之,盖可见矣。按《长安志》:晋公宅在永乐坊(卷七),池亭在兴化坊(卷九),绿野堂则大和八年(834)留守东都为之,在集贤里。此诗及《感恩言志》与《朝回见寄》所咏长安二坊也。"《韩学研究·韩愈年谱汇证》系长庆二年,云:"按:诗有'公乎真爱山,看山旦连夕。''终朝岩洞间,歌鼓燕宾戚。'逍遥功德下,不与事相摭。乐我盛明朝,于焉傲今昔。'其情调与《言志》诗同,当一时作。"

②"公乎"二句:公,裴度。顾嗣立《集注》:"《旧唐书·裴度传》:元和十年,诏以度为门下侍郎、同中书门下平章事。十四年,为奸臣皇甫镈所构罢相,检校左仆射、河东节度使。"

旦,祝本作"且",误。诸本作"旦",是。

旦连夕:从早到晚,以见裴度被排挤后的闲散之状。诗虽平淡,却有言外之意。

③"犹嫌"二句:著,魏本、廖本作"著",文本作"着"。《吕氏春秋·贵直》:"出若言非平论也,将以救败也,固嫌于危。"著,用也。著,同着。张相《诗词曲语辞汇释》卷三:"着,犹落也,下也。"引韩诗为例。释云:"着脚,落脚也。"著、着均可,故张相引文作"着"。

④"往语"二句:方《举正》据唐本作"枉语山中人,匄我涧侧石",云:"《文苑》同。李、谢本皆'一作匄'。枉犹'枉临''枉教'之'枉',作'往'非义。"朱《考异》:"枉,或作'往'。匄或作'与'。"宋白文本、廖本、王本作"枉",作"匄"。文本、祝本、魏本"枉"作"往",祝本、魏本"匄"作"与"。文本作"丐",注:"一作'与'。"钱仲联《集释》、屈《校注》亦校作"枉",作"匄"。童《校诠》:"第德案:枉临、枉教,为尊称他人之词,此诗叙裴公语山中人匄石,故曰往语,裴公不宜妄自尊大,自称曰枉,方氏不顾文义,反以作枉为是,好奇之过也。"今从童说作"往"。匄、丐、匄音义均同。匄:与也。《汉书·西域传下》:"秦人,我匄若马。"按:《王力古汉语字典》:"匄,亦作'匃'。《说文》在亡部,今字作丐。"

⑤"有来"二句:谓来者应裴度的邀请,其归必带裴公所赠金帛,即必有酬谢也。

⑥"当轩"二句:骈罗,魏本:"韩曰:《选》(卷一六潘岳《闲居赋》):'丝竹骈罗(吕向注:骈,并。罗,列也。)。'"魏本音注:"骈,蒲眠切。"坼,裂,分开也。《易·解》:"雷雨作而百果草木皆甲坼。"《战国策·赵策三》:"天崩地坼,天子下席。"此二句谓假山山势。

⑦剜(wān 一丸切,平,桓韵):文《详注》:"剜,刻也,音一丸

切。"魏本:"祝曰:《说文》(刀部)云:'剡,削也。'"按:剡,刻、挖。剡乃一种雕刻手法,即常用于阴刻或透雕。《尚书大传·西伯戡耆》:"望钓得玉璜,剡曰:'姬受命,吕佐检,德合于今昌来提。'"

⑧ 有岩类天划:方世举《笺注》:"神剡、天划:言其制作之奇,若神功鬼斧也。"按:此句谓有的岩石形状像天造的一样。划(huà 胡麦切,入,麦韵),筹谋。《广韵》:"划作事。"谓山势形态之奇,像天筹划的一样。

⑨ "终朝"二句:谓一天到晚,在假山旁接待宾客、亲友,酒宴和笙歌不断。方世举《笺注》:"《尔雅·释乐》:"徒歌谓之谣,徒击鼓谓之咢。""

⑩ 孰谓衡霍奇:方《举正》作"衡霍期",云:"杭、蜀、《文苑》并同。《选》(卷二六)谢灵运诗(《初发石首城》):'游当罗浮行,息必庐霍期。'"朱《考异》:"期,或作'奇'。"文本、祝本、魏本作"奇"。宋白文本、廖本、王本作"期"。钱仲联、屈校均同方作"期"。虽有可能受谢诗影响,然韩公必非亦步亦趋地学也,作"奇"字善。

按:"孰谓衡霍奇",即谁说衡霍奇异特出,晋公之山尤胜于衡霍也。钱仲联《集释》:"《尔雅》(《释山》):'霍山为南岳。'《书·正义》:引《风俗通》云:'王者受命,恒封禅之。衡山一名霍山,言万物霍然大也。'"文《详注》:"衡、霍,二名山。《江赋》:'衡霍磊落以连镇。'"一曰在山西霍县东南,即《禹贡》之太岳山,亦曰霍太山。主峰高百丈,蜿蜒二百里。《尔雅·释地》:"西方之美者,有霍山之多珠玉焉。"一曰天柱山。《尔雅》云:"霍山为南岳。"郭注即天柱山。邢昺以为经所谓霍,乃指衡山。汉武帝移岳神于天柱,始名天柱为霍。汉以后衡、霍始别。童《校诠》:"第德案:上文当轩六句,皆言岩洞之奇,神剡天画,若鬼斧神工,衡霍之胜,即近在王侯宅中,无烦远寻,孰谓二句,承上奇字来,作一总结,神完气足。谢诗息必庐霍期,乃期而尚未得者,与此异义,方校未可从。"衡,指衡山。霍,指霍山。

⑪ "王侯"二句:王侯宅,即王侯的宅第。方世举《笺注》:"《古

诗十九首》：'王侯多第宅。'"傅岩，傅说所筑也。魏本："孙曰：《史记》(《殷本纪》)：'傅说为胥靡，筑于傅岩。'韩曰：《书》(《说命上》)：'说筑傅岩之野。'"文《详注》："傅氏，已见《感二鸟赋》。"

⑫磻溪：魏本："孙曰：《尚书候》曰：'周文王至磻溪，见吕尚钓，文王拜之。'祝曰：磻溪，太公钓处。《越绝书》：'太公，磻溪之饿也。'磻，音盘。文《详注》："《尚书中候》曰：'周太公即磻溪之水，钓其涯，得璜玉，口姬受之，吕佐之报，在齐。及佐周克商，遂封于齐。'磻音波，又音补左切。东坡诗云：'闻道磻溪石，犹存渭水头。苍崖虽有石，大钓本无钩。'注云：'自宝鸡行至陕，闻太公磻溪石在县东南八十里，犹有投竿跪饵两膝所着之处。'"顾嗣立《集注》："《选》：阮嗣宗《劝晋王笺》：'吕尚，磻溪之渔者。'《尚书中候》：'王即回驾水畔，至磻溪之水，吕尚钓于崖。'"方世举《笺注》："《水经注》：'磻溪中有泉，即太公钓处，今谓之凡谷泉。南隅有石室，盖太公所居。水次磐石钓处，即太公垂钓之所。其投竿跪饵两膝遗迹犹存，是磻溪之称也。'"何焯《义门读书记》卷三〇："傅岩、磻溪之时，其功德尚未昭宣，此裴公山池所以尤当其盛也。衬语仍不失分寸。"

⑬乐我盛明时：方《举正》据《文苑》作"盛明朝"，云："《文苑》、谢校同。"朱《考异》："朝，或作'时'。"文本、祝本、魏本作"时"，注："一作'朝'。"宋白文本、廖本、王本作"朝"，注："一作'时'。"按：作"朝"、作"时"均通，今从"时"。作"盛明时"似较合韩公诗意，因为韩诗所指非仅止穆宗一朝。

盛明，即盛大昭著。作圣明者，通常指皇帝，然当朝皇帝穆宗并不圣明，尤其在用人上，偏听偏信，时唯一平藩贤臣裴度尚不能用，致使刚刚出现的统一振兴的大好形势，遂成昙花一现。为此，亲身致力于中兴的裴、韩都有一肚子气。

⑭于焉傲今昔：魏本："《补注》：《诗》(《小雅•白驹》)：'于焉逍遥。'焉，何也。"童《校诠》："第德案：语见诗白驹篇，郑笺：所谓是乘白驹而去之贤人，今于何游息乎！陈奂疏云：玉篇：焉，是也，言

于是消摇也,今字作逍遥。应以陈释为是。"按:结语虽是叹息,却有深义。韩愈晚年官虽显而心不顺,这也可能是他身体每况愈下、不久即病逝的原因吧!

【汇评】

清朱彝尊:若不经意,然意态却流便可喜。此诗是踊跃作者,前诗(《奉和李相公摄事南郊览物兴怀呈一二知旧》)是勉强作者。(顾嗣立《昌黎先生诗集注》卷七)

清何焯:《和裴仆射相公假山十一韵》晋会稽王道子嬖人赵牙为道子开东第,筑山穿池,功用巨万。孝武帝常幸其第,谓道子曰:"府内有山,甚善,然修饰太过。"帝去,道子谓牙曰:"上知山是人力所为,尔必死矣。"道子帝弟相王,当时筑一假山,尚以为异事。至齐而武陵王自怨贫薄,名后堂山曰"首阳",山池由此遂盛。国用人力尽费于园囿。自唐至今,视为常事矣。虽贤如裴、韩,赋诗相夸,曾不致疑也。"傅氏筑已卑"二句,傅岩、磻溪之时,其功德尚未昭宣,此裴公山池所以尤当其盛也。衬语仍不失分寸。(《义门读书记》卷三〇)

与张十八同效阮步兵一日复一夕^①

长庆四年

一日复一日,一朝复一朝。只见有不如^②,不见有所超^③。食作前日味,事作前日调。不知久不死,悯悯尚谁要^④?富贵自縶拘,贫贱亦煎焦。俯仰未得所^⑤,一世已解镳^⑥。譬如笼中鹤,六翮无所摇^⑦。譬如兔得蹄^⑧,安用东西跳^⑨?还看古人书,复举前人瓢^⑩。未知所究竟^⑪,且作新诗谣^⑫。

【校注】

① 题：方《举正》据阁本订"夕"字，云："阮嗣宗《咏怀诗》近百篇，其一六韵一首，云：'一日复一夕，一朝复一朝。颜色改平常，精神自损消。[胸中怀汤火，变化故相招。万事无穷极，知谋苦不饶。但恐须臾间，魂气随风飘。终身履薄冰，谁知我心焦。]'其一七韵一首，云：'一日复一朝，一昏复一晨。容色改平常，精魂自飘沦。'公诗效其体，而又绎之曰：'一日复一日，一朝复一朝。'然其题实自效'一日复一夕'始也。后人以诗语与题不相应，并易作'一日'字，实非也。"朱《考异》："夕，或作'日'。"（下引方语）南宋监本原文作"日"。文本、潮本、祝本、魏本作"日"。宋白文本、廖本、王本作"夕"。当依阮籍原题作"夕"。

文《详注》："晋阮籍，为步兵校尉。《补注》：阮嗣宗有诗'一日复一夕，一夕复一朝'。此诗效其体也。'富贵'至'解镳'，此可以勉夫为善者，其汲汲焉。"魏本："孙曰：'阮籍，字嗣宗，累迁步兵校尉。有陈留诗八十余篇，其一云云，公与张籍效其体。'"顾嗣立《集注》："《晋书·阮籍传》：'字嗣宗，陈留尉氏人，为步兵校尉，能属文，作《咏怀》诗八十余篇。'"方世举《笺注》引《晋书·阮籍传》及方《举正》后按："此自病中满百日假时所作。张籍所作，其集中不载。"《韩愈研究·韩愈年谱汇证》系长庆四年（824），云："方成珪《诗文年谱》系是年。按：方世举《笺注》：'此自病中满百日假时所作。'程学恂《韩诗臆说》（卷二）：'其为请告时作无疑。'从诗中'未知所究竟，且作新诗谣'句看，当与《南溪始泛》诗同时，或刚满假时作。"

② 只见有不如：魏本注："秖，一作'只'。"诸本作"秖"。今通作"只"。

文《详注》："晋羊祜谋举吴，贾充、荀勖沮之。祜叹曰：'天下事不如意十常八九。'以二人不同，终不大举（见《晋书·羊祜传》）。"

③ 不见有所超：魏本："孙曰：'超，胜也。'"按：超，超出、胜过。唐魏征《十渐不克终疏》："听言则远超于上圣。"此指效阮籍而言。

④不知久不死：久，魏本作"人"，非。诸本作"久"，是。

要（yāo）：于宵切，平声，宵韵，求、取也。《孟子·告子上》："今之人修其天爵，以要人爵。"注："要，求也。"李详《证选》："潘岳《河阳县作》：'人生天地间，百岁孰能要？'"

⑤俯仰未得所：俯仰，即升降。《庄子·天运》："且子独不见夫桔槔者乎？引之则俯，舍之则仰。彼人之所引非引人也，故俯仰而不得罪于人。"《淮南子·原道训》："是故圣人将养其神，和弱其气，平夷其形，而与道沉浮俯仰。"注："俯仰，犹升降。"《晋书·王羲之传·兰亭集序》："夫人之相与，俯仰一世。或取诸怀抱，悟言一室之内；或因寄所托，放浪形骸之外。"

⑥一世已解镳：文《详注》："时公已致仕，《行状》云：'长庆四年八月以疾免。'"魏本："孙曰：'解镳，犹言老也。'樊曰：屈子（《离骚》）曰：'老冉冉其将至兮，恐修名之不立。'其斯之谓欤？"解镳，方世举《笺注》："犹言脱去辔衔也。"按：此句谓他为官一生已经解脱了。镳，见韩公《和李相公摄事南郊览物兴怀呈一二知旧》诗注⑥"振华镳"。

⑦"譬如"二句：魏本："孙曰：《新序》：'鸿鹄高飞，所恃者六翮。'"按：韩诗用"鹤"不用"鸟"，因鹤与鸿鹄同，喻有大志之人。"鸟"虽亦可释为鸿鹄之类，却无"鹤"字率直。摇：摇动翅膀，待势而飞也。李详《证选》："左思《咏史》诗（《文选》卷二一）：'习习笼中鸟，举翮触四隅。'"

⑧兔得蹄：方《举正》据杭、蜀本订"蹄"字。朱《考异》："蹄，或作'迹'。"祝本作"迹"，注："一作'蹄'。"诸本作"蹄"，注："蹄，一作'迹'。"

魏本："孙曰：《庄子》（《外物》）：'蹄者所以在兔，得兔而忘蹄。'蹄，兔网。"廖本云："蹄，或作'迹'。《系辞》（《易》）曰：'得兔而忘蹄。'"陈景云《点勘》："本《庄子》语，王弼《周易略例》引之，《系辞》无此文。"方成珪《笺正》："魏本孙注《庄子》'蹄者所以在兔'……廖氏多采魏本注语，不知何以遗此。"童《校诠》："第德案：孙注及方氏所校是。陈少章方雪斋纠廖氏之非亦合。作迹无义,考异及诸本两存之,未为审谛。"

按:童说是。蹄(tí 杜奚切,平,齐韵):可作兽足解,此为捕兔的工具,用以系兔足,故称蹄。蹄,兔罝,捕兔的工具。《庄子·外物》:"筌者所以在鱼,得鱼而忘筌(捕鱼之具);蹄者所以在兔,得兔而忘蹄;言者所以在意,得意而忘言。"均谓达到目的就不再关注所依凭之工具。

⑨ 安用东西跳:文《详注》:"《尔雅》曰:'兔迹逴。'陆氏云:'兔性跳踯,故其迹逴。今兔将伏,必跳踯摆迹。'人反以此得之。韩子曰'譬如兔得迹,安用东西跳'是也。《庄子·逍遥游》曰:'子独不见狸狌乎?东西跳梁,不避高下。'"

⑩ "还看"二句:前人瓢,方《举正》据杭、蜀本订"人"字。朱《考异》:"人,或作'日'。"宋白文本、廖本、王本作"人"。廖本注:"前人,或作'前日'。"文本、祝本、魏本作"日"。按:当作"人"。魏本:"孙曰:《语》(《论语·雍也》):'颜子一瓢饮。'"按:此谓去官守穷,如古人颜回。《论语·雍也》:"子曰:'贤哉,回也!一箪食,一瓢饮,在陋巷。人不堪其忧,回也不改其乐。'"

⑪ 究竟:犹穷极也。《易·说卦》:"其究为躁卦。"注:"究,极也。"《汉书·淮阳宪王传》:"承间进问五帝三王究竟要道。"又《食货志》:"害气将究矣。"注:"究,竟尽也。"

⑫ 新诗谣:文《详注》:"《说文》(言部)曰:'徒歌曰谣。'"按:《诗·魏风·园有桃》:"心之忧矣,我歌且谣。"毛传:"曲合乐曰歌,徒歌曰谣。"

【汇评】

清朱彝尊:不甚似阮,阮天然自肆,此稍有安排,然气格亦古淡。(顾嗣立《昌黎先生诗集注》卷七)

程学恂:起八句警妙极矣,然此岂久人世者?其为请告时作无疑。(《韩诗臆说》卷二)

送诸葛觉往随州读书①

长庆三年

邺侯家多书②,插架三万轴。一一悬牙签③,新若手未触④。为人强记览,过眼不再读⑤。伟哉群圣文,磊落载其腹⑥。行年余五十,出守数已六⑦。京邑有旧庐⑧,不容久食宿。台阁多官员,无地寄一足⑨。我虽官在朝,气势日局缩⑩。屡为丞相言,虽恳不见录⑪。送行过浐水,东望不转目⑫。今子从之游⑬,学问得所欲⑭。入海观龙鱼⑮,矫翮逐黄鹄⑯。勉为新诗章,月寄三四幅⑰。

【校注】

① 题:方《举正》:"李繁时知随州。与后诗皆长庆四年作。"钱仲联《集释》系长庆三年(823)。屈《校注》谓疑年。方世举《笺注》:"《旧唐书·李泌传》:'泌,字长源,贞元三年拜中书侍郎、同中书门下平章事。子繁,少聪警,有才名,无行义,积年委弃,后为太常博士、太常卿,权德舆奏斥之,除河南府士曹参军。泌之故人为宰相,左右援拯,后得累居郡守。而力学不倦。罢随州刺史归京师,久不承恩。敬宗诞日,诏入殿中抗浮图道士讲论。除大理少卿,出为亳州刺史,以滥杀无辜赐死。时人冤之。'案:繁为随州,年月无所考。然元和十五年,公为国子祭酒时,曾为处州刺史李繁作《孔子庙碑》。是诗云'出守数已六',应又在处州之后。史第云'累居郡守',盖略之也。繁罢随州之后,即接敬宗之事,其为随州,大抵在穆宗时。又云'我虽官在朝,气势日局缩',疑自京兆尹罢为兵部侍郎作。"

钱仲联《集释》:"《怀珏》诗非贯休作,见卷六《嘲鼾睡》题注。

又公罢京兆尹在长庆三年冬,兹从方世举说系年。"按:系穆宗长庆三年是。魏本:"韩曰:'诸葛觉,或云即澹师,后去僧为儒。公逸诗有《澹师鼾睡》二首,为此人作。'"何焯《义门读书记》卷三〇:"诸葛觉,《贯休集》中作'珏'。其《怀珏》诗(《全唐诗》卷八三〇)有'出山因觅孟,踏雪去寻韩',注云:'遇孟郊、韩愈于洛下。'又注云:'诸葛曾为僧,名然。'公诗盖送其人也。厚斋云:'李泌父承休聚书二万余卷。诫子孙不许出门。有求读者,别院供馔。'见《邺侯家传》,'多书'有自来矣。"

② 邺侯家多书:文《详注》:"邺侯谓李繁也,父泌。累迁随州刺史,有《家传》十篇。"方世举《笺注》:"泌封邺侯,而公《孔子庙碑》云:'处州刺史邺侯李繁。'盖或繁袭封也。"

③ "插架"二句:插架,古至唐写抄之书,多以轴卷之,以不同书分类插入架上,故云。三万轴,言其书多也。

悬牙签:文《详注》:"《西京杂记》云:'秘阁图书皆表以牙签,覆以锦帕。'签,音七帘切。"魏本:"韩曰:《唐·经籍志》:'甲乙丙丁四部书各为一库,御书经库红牙签,史库绿牙签,子库碧牙签,集库白牙签以别之。'"方世举《笺注》:"《唐六典》(卷九注):'集贤所写书有四部。'《旧唐书·经籍志》:'甲为经,乙为史,丙为子,丁为集,分四库。经库钿白牙轴红牙签,史库钿青牙轴绿牙签,子库雕紫檀轴碧牙签,集库绿牙轴白牙签,已为分别。'"

按:二句顶首句"多书"。谓邺侯非一般人家,乃书香门第,揭示"读书",引起下文,乃一篇之轴。

④ 新若手未触:方世举《笺注》:"手未触:《庄子》:'手之所触。'案此非美其书之新,正言其性之敏,不俟再读耳。"何焯《义门读书记》卷三〇:"'新若手未触',倒装不再读意。"按:此谓邺侯强记,一读成诵。

⑤ 过眼不再读:文《详注》:"《晋书》(《王接传》):'王接歧嶷隽异,十三而孤,居丧尽礼,过目而知义。'"按:过眼后能记其文,不必再读,故其书能新。此句顶上句"强记览",亦可作上句的注脚。

"强记览"语见《礼记·曲礼》:"博闻强识而让,敦善行而不怠,谓之君子。"

⑥ 磊落:方世举《笺注》:"崔瑗《张平子碑》:'磊落焕炳,与神合契。'"钱仲联《集释》:"磊落,众多也。成公绥《天地赋》:'川渎浩汗而分流,山岳磊落而罗崎。'"按:磊落,本形容石累积貌,此形容读书之多。韩公《上于襄阳书》:"世之龊龊者既不足以语之,磊落奇伟之人又不能听焉。"亦用磊落,与此意不同。

⑦ "行年"二句:魏本:"洪曰:公《处州孔子庙碑》为繁作也。而传不言其为处州,所载特随、亳二州,而亳又在公亡后为之。此诗言'出守数已六',而白乐天有《繁刺吉州及遂州制》(《白居易集》卷五三《中书制诰》六),则知史氏所遗略多矣。"文《详注》引王俦《补注》同。按:王俦后于洪兴祖,此语全同洪,疑其见洪《谱注》而录之。韩公时年五十六岁。李繁行年亦同乎?

⑧ 京邑有旧庐:《新唐书·李泌传》:"李泌字长源,魏八柱国弼六世孙,徙居京兆……两京复,泌谋居多,其功乃大于鲁连、范蠡云。子繁。"《旧唐书·李泌传》:"李泌字长源,其先辽东襄平人,西魏太保、八柱国司徒徒何弼之六代孙。今居京兆,吴房令承休之子。"泌子繁,生、卒均在京兆。

⑨ 台阁:尚书省的别称。以上十四句写李繁:一为李繁抱屈,二则点出李爱书、书多,且喜人研读,引出"送诸葛觉往随州读书"题旨。所写历史事实见新旧《唐书·李泌传附繁传》。

⑩ 气势:气概声势。《淮南子·兵略训》:"三军之众,百万之师,志厉青云,气如飘风,声如雷霆,诚积逾而威加敌人,此谓气势。"局缩,狭小,此谓小。《释名·释姿容》:"窭数,犹局缩,皆小意也。"《辞源》引韩诗为例。

⑪ 丞相:疑指妒贤忌能的时宰李逢吉。虽为之恳请终不见用。由此引出下文送行。

⑫ "送行"二句:浐水,魏本:"韩曰:'浐水出京兆蓝田谷,北至灞陵入灞。'浐,音产。"按:灞,原作霸,灞后出字。《元和郡县图志》

卷一:"京兆万年县:灞水,在县东二十里。灞桥,隋开皇三年(583)造,唐隆二年(即景云元年:710)仍在旧所创制为南北二桥。"乃唐时送行之所,韩公送李于灞桥,故云:"东望不转目。"按:《志》云"唐隆二年",误,景龙四年六月少帝改元唐隆,七月睿宗即位,改元景云。

⑬ 今子从之游:魏本:"孙曰:谓觉从繁往随州也。"按:觉非不顾送行者韩愈,而是虽被荐举不得任用,愤愤"不转目"离去也。疑"不转目"乃双关语。

⑭ 学问得所欲:魏本:"韩曰:《选》(卷二二)沈休文诗(《钟山诗应西阳王教》):'所愿从之游,寸心于此足。'"

⑮ 入海观龙鱼:文《详注》:"谓如龙之鱼也。木玄虚《海赋》(《文选》卷一二)云:'含龙鱼。'"方世举《笺注》:"《海外西经》:'龙鱼陵居,状如狸,神圣乘此以行九野。'"按:此比也,乃学问之海,暗用"学海无涯苦作舟"。

⑯ 矫翮逐黄鹄:文《详注》:"《韩诗外传》云:'黄鹄一举千里,所恃者六翮耳。'《天台山赋》(《文选》卷一一)云:'整轻翮而思矫。'矫,举也。"魏本:"《补注》:'龙鱼、黄鹄,以喻繁于学问志其大者。'"方世举《笺注》:"《吴越春秋》(卷七):《乌鸢歌》:'矫翮兮云间,任厥性兮往还。'屈原《卜居》:'宁与黄鹄比翼乎?将与鸡鹜争食乎?'"

⑰ 结在嘱咐上,应题。嘱语之殷,见情感之深。

【汇评】

宋朱翌:近世讥有书不读者,多引退之《送诸葛觉》诗云:"邺侯家多书,插架三万轴。一一排[悬]牙签,新若手未触。"以言手未尝把书,故如此新耳,是未尝考其全篇也。其下云:"为人强记览,过眼不再读。伟哉群圣文,磊落载其腹。"则是未尝不读书也。邺侯,李繁也。史云:"阳城论裴延龄,使繁书已封,尽能诵忆,乃录以示延龄。延龄白帝:城以疏示于朝,摘其条目自诉。城奏入,帝怒不省。"以是观之,"为人强记览",不诬也。"新若手未触",恐是言爱护之至,尘埃不及,或是一读即记,不假再阅,故书皆如新。送诸葛往从读书,且谓"学问得所欲",决非有书不读者。近世不考本末,小儿辈雷同以"手未触"之句讥人,故为辨之。退之又为繁作《处州孔子庙碑》云:"邺侯尚文,其于古记无不贯达。"益知非不读书者。史书为随州刺史,不书为处州。观碑所称道,与史所记其人甚不相类,当以退之言为正。(《猗觉寮杂记》卷上)

清朱彝尊:亦是快调。(顾嗣立《昌黎先生诗集注》卷七)

清何焯:《送诸葛觉往随州读书》诸葛觉,《贯休集》中作"珏"。其《怀珏》诗有"出山因觅孟,踏雪去寻韩",注云:"遇孟郊、韩愈于洛下。"又注云:"诸葛曾为僧,名然。"公诗盖送其人也。厚斋云:"李泌父承休聚书二万余卷。诫子孙不许出门。有求读者,别院供馔。"见《邺侯家传》,"多书"有自来矣。"新若手未触",倒装不再读意。(《义门读书记》卷三〇)

程学恂:送诸葛而前半全说李繁,此古格法。杜与公每用之,世俗多不知也。按:李繁比裴延龄陷阳城,为长源不肖子,而公反称述之,何也?曰:公止许其能读书,节取之义也。再按:诗中屡荐于丞相,则似并取其人矣,此不可解。(《韩诗臆说》卷二)

蒋抱玄:不必转折顿挫,而风韵自妍,是集中上乘之快调也。(《注释评点韩昌黎诗全集》)

章士钊:凡退之所誉,其中不少淫秽无行及贪污不堪之败类。如李繁,退之美其"邺侯家多书,插架三万轴……为人强记览,过眼不再读。伟哉群圣文,磊落载其腹"……顾新旧《史》本传,称繁无行,为阳城书《劾裴延龄疏》,而漏言以误之。师事梁肃,"及卒,烝其室,士议欢丑"。事为史官所记,刺随又远在烝其室后,退之宁得透为不知?复次,淫师遗孽,较之腹载群圣人,其人度量相越,殆不知几千万里,而退之悍然谬奖尔尔。(《柳文指要》下《通要之部》卷六)

南溪始泛三首①

长庆四年

张籍《祭退之》诗云："去夏公请告，养疾城南庄。籍时官休罢，两月同游翔……移船入南溪，东西纵篙撑……公为游溪诗，唱咏多慨慷。"韩愈长庆四年(824)十二月卒，五年正月归葬河阳(今河南孟州市)。公作此诗在病休南庄期间，休假百日，八月期满，而瓜熟时，则在七月，知诗当写于七月上中旬。张籍还写了一首《同韩侍御南溪夜赏》诗云"南溪两月逐君行"，亦可证诗写于二人同休期间。这三首诗是他卒前最后的代表作，几当绝笔，从思想到艺术都反映了他晚年的特点。就内容讲，反映了他虽身衰力竭，却不甘心随波逐流的倔犟性格；反映了他向往畅适自由、安静恬淡的生活，对朝廷政事已感漠然。就艺术风格讲，不再追求奇崛，而表现出一种近似陶渊明的田园诗那样闲雅恬淡的风格。

其　一

榜舟南山下②，上上不得返③。幽事随去多④，孰能量近远⑤？阴沉过连树，藏昂抵横坂⑥。石粗肆磨砺⑦，波恶厌牵挽⑧。或倚偏岸渔，竟就平洲饭⑨。点点暮雨飘，梢梢新月偃⑩。余年懔无几，休日怆已晚⑪。自是病使然，非由取高蹇⑫。

【校注】

① 题：南溪：长安城南终南山下的一条小河。魏本："樊曰：公长庆四年八月，病满百日假既罢，十二月薨于靖安里第。明年正月，葬河阳。张籍祭以诗，略云……则知公此诗其年以病在告日所作。故云'足弱不能步''余年懔无几'，殆绝笔于此矣。籍又有《同韩侍郎南溪夜赏》篇(《张司业集》卷六)亦云'南溪两月逐君行'，盖谓此也。鲁直最爱公此诗，以为有诗人句律之深意。"文《详注》：

"《诗话》:洪驹父云:'山谷于退之诗少所许可,最爱《南溪始泛》,以为有诗人句律之深意。'蔡宽夫云:'退之诗豪健奔放,自成一家,特恨其深婉不足。《南溪始泛》三篇,乃末年所作,独为闲远,有渊明风气。'"钱仲联《集释》:"张籍祭公诗,于'移船入南溪'句上,有'会有贾秀士,来兹亦间并'二句,洪兴祖《韩子年谱》云:'贾秀士即岛,岛有《韩侍郎夜泛南溪》(见《长江集》卷九)诗。'"按:姚合亦有《和前吏部韩侍郎夜泛南溪》诗,载《全唐诗》卷五〇一,皆可证《南溪始泛》三诗写于韩公病休城南庄,七月上旬。

② 榜舟南山下:方《举正》作"南山下",云:"杭、蜀同,曾、谢校。"宋白文本、文本、廖本、王本作"南山下"。文本注:"山下,一作'溪上'。"朱《考异》:"山下,或作'溪上'。"祝本、魏本作"南溪上",魏本注:"溪上,它本一作'山下',一作'溪下'。"今从方作"南山下"。

榜舟:文《详注》:"榜,进舟也。"魏本:"孙曰:榜,剌也。《月令》:'命榜人。'榜人,船长。"魏本音注:"榜,音谤,又北孟切。"钱仲联《集释》:"《楚辞》(《九章·涉江》):'齐吴榜以击汰。'洪兴祖《补注》:'榜,北孟切,又音谤,进船也。'《文选》(卷一二郭景纯)《江赋》:'涉人于是舣榜。'李善注:'榜,并船也。'"按:榜,原为船桨,此处用作动词。榜舟即撑船。南山下,方世举《笺注》:"案:城南庄盖即在南山之下。此溪即山下之小溪也。"按:南山,即终南山,在京城长安之南。韩愈有五古长篇《南山》诗。王维有《终南山》诗。

③ 上上:魏本《音注》:"'上上'二字,前音上声,后音去声。"祝本:"上,时掌切,登也。《书》(《洪范》):'火曰炎上。'下时亮切,凡在物上之上。《书》(《文侯之命》):'昭升于上。'"方世举《笺注》:"上上者,逆流而上,屡上而不已也。"上,作动词,如《庄子·说剑》:"宰人上食。"《战国策·秦策二》:"三鼓之而卒不上。"《诗·周颂·敬之》:"命不易哉。无曰高高在上。"《易·涣》:"风行水上,涣。"指船逆水沿南溪不停地驶向上游。前一"上"字读上声,作动词,登上、向上;后一"上"字,读去声,作名词,即上方、前方,位置的最

高处。

④ 幽事随去多：方《举正》据唐本订，云："蔡本、山谷本校同。"朱《考异》："或作'幽寻事随去'。"祝本、文本、魏本作"幽寻事随去"。按：作"幽寻事随去"，费解，不妥；若欲通，除非语序颠倒为"随去寻幽事"，亦不如宋白文本、廖本、王本作"幽事随去多"合实情与公意。幽事，幽雅美好之事。随去多，随着溪水前进，幽雅之事愈来愈多。

⑤ 孰能量近远：文《详注》："《海赋》(《文选》卷一二木玄虚)云：'不悟所历之近远。'"按：量，即衡量、忖度。二句述事语朴而意深，妙绝。朱彝尊《批韩诗》："两语妙绝。"

⑥ 藏昂抵横坂：魏本："孙曰：'藏昂，屈曲貌。坂，坡也。'"文《详注》："《说文》（土部）曰：'坡者曰坂。'一曰泽障也。音甫远切。"钱仲联《集释》："藏昂犹言昂藏，孙解作屈曲，未安。"童《校诠》："第德案：钱谓藏昂犹昂藏，是。昂藏叠韵，昂藏之为藏昂，犹骈填之作填骈，卤莽之作莽卤也。北史：高昂自敖曹，幼有壮气，及长俶傥，胆略过人，其父以其昂藏敖曹，故以名字之。水经注：沾水出壶关县东玷（沾）台下石壁崇高，昂藏隐天，是昂藏其义为壮大。崇高，孙释为屈曲，失之。说文：坂，坡者曰阪，一曰泽障，一曰山胁也。坂为阪之后出字。"按：诸本均作"藏昂"，方《举正》无出此条，盖其校刊《韩集》作"昂藏"。作"藏昂""昂藏"均通，韩公好颠倒用词，诸本作"藏昂"，必有所据。况"昂藏抵横坂"为"平仄仄平仄"，不如"藏昂抵横坂"为"仄平仄平仄"乐感好。藏昂，即昂藏，高峻，轩昂貌。《水经注》卷九《淇水》："又东北，沾水注之。水出壶关县东沾台下，石壁崇高，昂藏隐天。"晋陆机《陆士衡集》卷一〇《晋平西将军孝侯周处碑》："汪洋庭阙之傍，昂藏寮寀之上。"此指人。唐张彦远《法书要录》卷五唐窦臮《述书赋》："观乎吐纳僧虔，挤排子敬，昂藏郁拔，胜草负正，犹力稽牛刀，水展龙性。"此指书法遒劲。

此二句写船沿溪向上行驶，一会儿向下，一会儿向上，直到高处的横坡。

⑦ "石粗"二句:谓石头粗大经得住恶波的肆意冲刷磨砺。石粗,石头粗大。

⑧ 厌牵挽:厌,同压,即堵塞、压制。《荀子·修身》:"厌其源,开其渎,江河可竭。"《汉书·翼奉传》:"东厌诸侯之权。"牵挽,谓拉船。此句谓:水波凶恶,影响了驶船。

⑨ "或倚"二句:钱仲联《集释》:"张籍《祭退之》诗云:'盘回入潭濑,下网截鲤鲂。蹈沙掇小蔬,树下烝新粳。'即此二句事。"按:此二句《张司业集》四库本作"回入潭濑下,网截鲤与鲂"。李冬生《张籍集注》本同。谓:时而靠岸捕鱼,而后到平坦的洲渚上吃饭。

⑩ 梢梢:方《举正》据唐本订,云:"山谷本、谢本校同。《广雅》:区区,梢梢,小也。"朱《考异》:"梢梢,或作'稍稍'。(下引方语)"南宋监本原文作"稍稍",文本、祝本、魏本作"稍稍"。宋白文本、廖本、王本作"梢梢",从之。朱彝尊《批韩诗》:"属对工而自然。"

梢梢,魏本:"《补注》:'《渔隐丛话》云:稍稍,俗本作梢梢,荆公所引作稍稍,令狐澄本作稍稍,荆公用此改定。稍稍者,细也,见《方言》。"童《校诠》:"第德案:稍,说文:出物有渐也,段曰:稍之小也,少也,凡言稍皆言渐进之谓。梢,说文训木,是稍稍字自当从禾作稍,作梢者乃假借字。举正校稍作梢,渔隐丛话以为俗本作梢稍,不考诸说文,殊欠审谛。补注俗本作稍稍,其字从禾,其余稍字皆当从木,正文同。"按:稍稍,小也。《广雅·释训》:"区区、梢梢,小也。"公《和虢州刘给事使君三堂新题二十一咏并序·竹溪》:"蔼蔼溪流漫,梢梢岸篠长。"《全唐诗》卷三一三罗让《梢云》:"梢梢含树彩,郁郁动霞文。"韩诗当作"梢梢"。二句双声叠韵,属对工稳。

⑪ "余年"二句:文《详注》:"晋隐士张忠曰:'吾余年无几(见《晋书·张忠传》)。'懔,惧也。休事,谓告休也。怆,悲也。"魏本:"孙曰:公时病满百日,因致仕。"按:此二句谓:剩余的残年不多了,叹惜辞官回家已经晚了。懔(lǐn),惧怕。怆(chuàng),悲叹。

⑫ "自是"二句:朱《考异》:"蹇,或作'謇'。"诸本作"蹇",是

结承上句,谓因病告休,不是为了退隐傲世。高蹇(jiǎn九辇切,上,狝韵),孤傲貌,洁身自好貌。钱仲联《集释》:"《楚辞》(屈原)《离骚》王逸《章句》:'偃蹇,高貌。'《左传》杜预注:'偃蹇,骄傲。'刘熙《释名》:'偃蹇,偃息而卧,不执事也。蹇,跛蹇也。'病不能作事,今托病似此也。"童《校诠》:"第德案:非由取高骞,言因病休告,非高尚其志以傲世,故上文云:实由病使然。钱引释名蹇,跛蹇也,病不能作事今托病似此也云云,与公意抵牾,当删。说文蹇,跛也,从足寒省声,臣铉等案:易:王臣蹇蹇,今俗作謇,非。案:此当从一本作蹇为正。"

【汇评】

明蒋之翘:写得真率,不用雕琢。(《韩昌黎集辑注》卷七)

其 二

南溪亦清驶,而无楫与舟①。山农惊见之,随我观不休。不惟儿童辈,或有杖白头②。馈我笼中瓜,劝我此淹留③。我云以病归,此已颇自由。幸有用余俸,置居在西畴④。囷仓米谷满,未有旦夕忧⑤。上去无得得,下来亦悠悠⑥。但恐烦里闾,时有缓急投⑦。愿为同社人,鸡豚燕春秋⑧。

【校注】

① 南溪亦清驶:朱《考异》:"驶,或作'駛'。洪云作'駃'误。姑两存之。"宋白文本、廖本作"駛"。文本、祝本、魏本作"駃"。今从朱作"驶"。

文《详注》:"駛,疾也,音史。谢灵运诗(《文选》卷二二《登石门最高顶》)云:'活活夕流駛。'"魏本:"祝曰:《广韵》:'駃,马日行千里。駃,疾也。'《选》:'活活夕流駛。'駛,疏吏切。"童《校诠》:"第德案:作駃是也。诗二子乘舟,泛泛其景,毛传:泛泛然駃疾而不碍也,释文:一本作迅疾,晨风,駃彼晨风,传先君招贤人,贤人往之駃疾,释文:駃所吏反,及祝氏所引谢康乐登石门最高顶诗活活夕流駃,皆为公駃字所本……駛,疏吏切,駛当作駃。祝注駛疾、流駛二駛字亦当作駃。祝既引广韵駛,又引谢诗駃字,盖两存之,疑而未决也。"按:駛(shǐ 疏士切,上,止韵)原义为马行疾速貌。《尉缭子·制谈》:"天下诸国助我战,犹良骥驽耳之駛。"一作"駃",则此字两用之,今从诸本作"駛"。韩公诗作行駛,疾速解均通。诸家虽引《文选》谢诗"活活夕流駃",却未注意吕延济注:"駃,疾也。"作"駃"。駃(kuài 若夬切,去,夬韵),音义同"快"。晋崔豹《古今注》卷下:"曹真有駃马,名为惊帆。"北魏贾思勰《齐民要术·养牛马驴骡》:"眼去角近,行駃……眼中有白脉贯瞳子,最快。"则作"駛""駃"均可。此二句谓:南溪水清流急,没有行过船。清駛,水清流急。楫,船桨。而无楫与舟,文《详注》:"言南溪迂回,无人泛游也。"

② "山农"四句:承上溪无舟船,故山农见韩公撑船而来惊奇,小孩老人都跟着看稀罕。写山村实景,生动活脱,如在目前。

③ 笼中瓜:方《举正》据阁本作"篱中瓜",云:"谢校。"朱《考异》:"笼,方作'篱'。"诸本作"笼",是。

按:此句谓老农送瓜挽留,表现了农民的淳朴热情。淹留,滞留、停留。《楚辞》屈原《离骚》:"时缤纷其变易兮,又何可以淹留?"又宋玉《九辩》:"事亹亹而觊进兮,蹇淹留而踌躇。"

④ "我云以病归"四句:魏本作"或云以病归"。诸本"或"作"我"。童《校诠》:"案:或当依廖、王、祝三本作我。"按:不止三本,宋白文本、文本等亦作"我"。

四句谓:我告诉他们:我是告病假归来的,这已经很自由了。况且还有剩余的俸禄,在西畴买了一座房子居住。西畴,西边那个地方,指城南庄韩公别墅。陶潜《归去来辞》:"农人告余以春及,将有事于西畴。"

⑤ 囷仓：文本仓作"苍"，误。囷仓。《诗·魏风·伐檀》："胡取禾三百囷兮。"囷仓，粮仓。《礼记·月令》："是月也，可以筑城郭，建都邑，穿窦窖，修囷仓。"《韩非子·初见秦》："囷仓空虚。"旦夕，早晚。

⑥ "上去"二句：童《校诠》："说文：德，升也，段曰：升当作登，公羊传：曷为远而观鱼，登来之也，何曰：登读言得，得来之者，齐人语，齐人名，求得为得来，作登者言大而急，由口授也。唐人诗：千山万水得得来，得即德也，登得双声，今俗谓用力徙前曰德，古语也。案：段说是，而意有未备，说文彳部：得，行有所得也……何注亦作得，作得自通，不必定以德字为之。上去无得得与下句来亦悠悠义同，言往来皆优游自适，无拘碍也。"按：此二句互文见意。谓上下都悠然自得，居官时没什么特殊的，去职归来也心安。陈迩冬《韩愈诗选》："上去、下来，指居官、退职。"得得，特地，特特。或作得意解，与下句"悠悠"重复，今从张相《诗词曲语辞汇释》卷四："得得：犹特特也。"《全唐诗》卷六二一陆龟蒙《丁隐君歌序》："别业在深山中，非得得行不可适。"又卷八三五释贯休《陈情献蜀皇帝》："一瓶一钵垂垂老，千水千山得得来。"又卷三〇〇王建《洛中张籍新居》："亲故应须得得来。"

⑦ "但恐"二句：烦，麻烦。里间，乡里。缓急，偏意，即有危机、急需的时候。投，求助。

⑧ 社：中国古代有祭祀社稷之礼。社，土神；稷，谷神。《左传》昭公二十九年："后土为社。"又二十五年"自莒疆以西，请致千社"。杜预注："二十五家为社。"《史记·陈丞相世家》："里中社，平为宰，分肉食甚均。"此二句乃祝福之语：愿乡亲们年年春秋以鸡豚宴祭祀土地神，岁岁年丰人乐。

【汇评】

明蒋之翘：即物写心，愈朴而愈切。柳柳州于此派尤近。(《韩

昌黎集辑注》卷七)

清朱彝尊:不古不唐,昌黎本色。(顾嗣立《昌黎先生诗集注》卷七)

其 三

足弱不能步,自宜收朝迹①。羸形可舆致②,佳观安可掷③?即此南坂下,久闻有水石④。拖舟入其间⑤,溪流正清激。随波吾未能,峻濑乍可刺⑥。鹭起若导吾,前飞数十尺⑦。亭亭柳带沙,团团松冠壁⑧。归时还尽夜,谁谓非事役⑨?

【校注】

①"足弱"二句:不能,祝本、魏本注:"能,一作'宜'。"宋白文本、文本、廖本、王本作"能",是。

方世举《笺注》:"足弱:《左传》(昭公七年):'孟縶之足不良行。史朝曰:弱足者居。'收朝迹:梁简文帝《答湘东王庆州牧书》:'必欲卷绥避贤,辞病收迹。'"按:足弱,亦是一种老年病,即两脚软弱无力。步,走路,用作动词。自宜,本应当。收朝迹,结束在朝廷上做官的生活。南朝梁简文帝萧纲《答湘东王庆州牧书》:"必欲卷绥避贤,辞病收迹。"与此意合。

②羸形可舆致:方《举正》据唐本作"舆",云:"蜀同。《苏武传》所谓'舆归营'是也。"朱《考异》:"舆,或作'与'。"文本、祝本作"与",注:"与,一作'舆'。"宋白文本、魏本、廖本、王本作"舆",是。

羸,瘦弱。《文选》卷二张平子《西京赋》:"始徐进而羸形,似不任乎罗绮。"舆致,乘舆而行。舆,车、轿一类的代步工具。《晋书·陶潜传》:"(刺史王)弘要之还州,问其所乘,答云:'素有脚疾,向乘篮舆,亦足自反。'"汉王符《潜夫论·相列》:"材木……曲者宜为轮,直者宜为舆。"此为名词动用,用车运粮。

③ 佳观安可掷：方《举正》据蜀本作"安事掷"，云："谢校同。"朱《考异》："可，方作'事'，非是。"祝本、魏本作"事"，注："事，一作'可'。"宋白文本、文本、廖本、王本作"可"，从之。文本注："可，一作'事'。"

佳观：魏本："祝曰：《释名》：'观，于上观望也。'《老子》：'虽有荣观。'"廖本注："《史记·秦泰山刻石文》：从臣嘉观云云。观，去声。"方成珪《笺正》："此始皇纪二十九年登之罘刻石文，非泰山也。"方说是。《史记·秦始皇本纪》："登之罘，刻石。其辞曰：维二十九年，时在中春，阳和方起。皇帝东游，巡登之罘，临照于海。从臣嘉观，原念休烈，追诵本始……"文《详注》："掷，弃也，音直灸切。"童《校诠》："佳观与嘉观同，公玩月诗嘉客作佳客，与此正同。说文：擿，搔也，从手適声，一曰投也。段曰：今字作掷，凡古书用投掷皆作擿，许书无掷。"按：佳观，可供观赏的美景。王羲之《十七帖》："吾前东，粗足作佳观。吾为逸民之怀久矣。"掷，弃置、舍去。

④ "即此"二句：坂，山坡。李白《北上行》："采薪陇坂长。"水石，一指流水与水中之石。《水经注·溱水》："水石惊湍，传响不绝，商舟淹留，聆玩不已。"一作泉石解，多借指清丽胜境。李白《经乱后将避地剡中留赠崔宣城》："忽思剡溪去，水石远清妙。"似作后者解为善。

⑤ 拖舟入其间：拖，或作"拕"。朱《考异》："拕，方作'拖'。今按：《汉书》'拕舟而入水'注云：'曳也，音它。'"文本、祝本、魏本作"拖"。宋白文本、廖本、王本作"拕"，注："拕，一作'拖'。"童《校诠》："第德案：说文：拕，曳也，拖为拕之隶变，朱子所引汉书见严助传。释名：柂，拕也，在后见拕曳也，且弼正船使顺流不使他戾也。"拖舟，用绳拉船。其间，即指上句的水石胜境。

⑥ "随波"二句：文《详注》："左太冲《吴都赋》云：'随波参差。'濑，湍流也，音落盖切。《淮南子》曰：'短枻攘卷，以便剌舟。'剌，音七迹切。"按：此二句诗虽写实景，当有寓意，即谓：随波逐流我做不到，我宁可迎着险峻的急流撑船而上。表现了韩公的刚直倔犟，年

老体弱而本性不改。方《举正》据阁本乙"峻濑"作"濑峻"。濑,急湍的流水。刺(cì),一作"刾"。旧读"矶",刺船,即撑船。乍可,宁可。是说他不肯随波逐流,宁可刺船而进。张相《诗词曲语辞汇释》卷一:"乍可,犹宁可也。……'随波我未能,峻濑乍可刺。'言不甘随波浮沉,宁可刺船以进也。"方世举《笺注》:"'随波吾未能,峻濑乍可刺',是倔犟人到老气概。世间脂韦人,加之衰迈,定无此千秋生气,著作等身,狐貉亦唊尽矣。"

⑦ "鹭起"二句:钱仲联《集释》:"清人钱仪吉《闵游集》中诗云:'决起舆前双白鹭,冲烟先我入斜阳。'祖此意。"文《详注》:"《楚辞》云:'来吾导失(夫)先路。'"按:此二句谓:鹭鸟好像在前面领着我向前走。鹭,古人常以鸥鹭鸟比喻在野。

⑧ "亭亭"二句:方《举正》作"带柳沙""松冠壁",云:"杭、蜀本作'冠松壁'。一曰:此吉日辰良体也。"朱《考异》:"'柳带''松冠',或作'带柳''冠松',方从阁本作'带柳''松冠',云此吉日辰良体也。今按:'亭亭带柳沙'无义,且此两句用对偶亦何害?方信阁本,故曲为之说如此,或本亦无义,皆非是。"钱仲联《集释》引黄钺注:"谢宣城《新治北窗》诗:'泱泱日照溪,团团云去岭。'公诗本此。"又引李详《证选》:"谢惠连《泛湖归出楼中玩月》诗:'斐斐气幂岫,泫泫露盈条。'公此二语用小谢句法,朱子正之是也。"作"柳带沙""松冠壁"善。

按:方世举《笺注》:"《释名》:亭亭然孤立,傍无所依也。"亭亭,亭亭玉立,或高竦貌。柳带沙,指沙岸上的柳树。此句谓:亭亭玉立的柳树排列在沙岸上。

⑨ 还尽夜:钱仲联《集释》:"张籍《祭退之》诗云:'月中登高滩,星汉交垂芒。钓车掷长线,有获齐欢惊。夜阑乘马归,衣上草露光。'云云,与公诗此语合。"按:尽夜,即夜将尽,天快亮了。非役,不是正事。事役作政务或公务解,此引申为正经的事务。韩公一用,后世沿用。宋欧阳修《六一诗话》:"京师辇毂之下,风物繁富,而士大夫牵于事役,良辰美景,罕获宴游之乐。"杨万里《宿度

息》:"我行以事役,云行亦忙为?"

【汇评】

清陈沆:随波未能,峻濑可刺,刚倔之性,触感而宣。张籍《祭公诗》云:"去夏公请告,养疾城南庄。公为游溪诗,唱咏多慨慷。"乃因病在告时作。故集末以此为绝笔,而随波不能,劲志不衰若此。(《诗比兴笺》卷四)

程学恂:第三首云:"随波吾未能,峻濑乍可刺。"看此老崛强到底。(《韩诗臆说》卷二)

【三诗总评】

宋王直方:"山谷惟爱退之《南溪始泛》诗":洪龟父言山谷于退之诗少所许可,最爱《南溪始泛》,以为有诗人句律之深意。(《王直方诗话》)

宋胡仔:《隐居诗话》云:"《南溪始泛》诗,将死病中作也,句有'足弱不能步,自宜收朝迹',又云:'余年憽无几,休日怆已晚。'张籍《哭退之》诗略曰:'去夏公请告,养病城南庄。籍时休官罢,两月同游翔。移船入南溪,东西纵篙撑。公作游溪诗,咏唱多慨慷。'又曰:'偶有贾秀才,来兹亦同并。'秀才谓贾岛也,岛有《携文谒张籍韩愈诗》曰'袖有新成诗,欲见张与韩'也。"(《苕溪渔隐丛话》前集卷一八韩吏部下)

宋胡仔:《蔡宽夫诗话》云:"退之诗豪健雄放,自成一家,世特恨其深婉不足。《南溪始泛》三篇,乃末年所作,独为闲远,有渊明风气。而《诗选》亦无有,皆不可解。公宜自有旨也。"苕溪渔隐曰:"退之诗如'何人有酒身无事,谁家多竹门可款'之句,尤闲远有味。"(同上)

宋赵彦卫:韩退之《南溪》诗,据张籍《祭文》,盖绝笔于此。当时同集者,《贾岛集》中有《同韩侍郎泛南溪》诗。籍诗云"坐有贾秀才",盖岛也。二公实同为此游,二集可互见。(《云麓漫钞》卷七)

宋曾季狸：韩退之诗"梢梢新月偃"，俗本作"稍稍"，荆公改作"梢梢"。盖令狐澄本作"梢梢"，澄本最善，荆公用此改定。梢梢者，细也。见《方言》。白乐天诗亦用"梢梢笋成竹"。（《艇斋诗话》）

宋吴曾：《梢云》：《吴都赋》："梢云无以逾，嵱谷弗能连。"谓竹也。故五臣注曰："言虽梢云之高，亦不能逾也。"李善引《汉书·天文志》曰："见梢云。"其说梢如树也。予读韩退之诗"梢梢新月偃"，尝疑"梢"字。乃知梢月亦如梢云也。更俟识者订之。（《能改斋漫录》卷七）

宋刘克庄：《三月二十一日泛舟十绝》之二："退之岁晚南溪上，把钓联诗得几回。便与乌衣群从约，及身强健更频来。"（《后村先生大全集》卷一三）

明蒋之翘：全诗玄澹，能除自家本色，不特"带沙""冠壁"句清丽而已。（《韩昌黎集辑注》卷七）

清朱彝尊：炼得已无痕，但不免微有着力处。此等在陶亦有之，此则又隔陶一间耳。又曰：兴趣似陶，音节却不似。（顾嗣立《昌黎先生诗集注》卷七）

清查慎行：韦、柳家法，公亦优为之。（《查初白诗评十二种》）

清爱新觉罗·弘历：三首神似陶公，所谓"奸穷变怪得，往往造平淡"者。（《唐宋诗醇》卷三一）

程学恂：张籍祭公诗云云，则文昌固与公同游也。按此题长江亦有和作，不知同游否？数诗清兴尚依然，而气韵潇飒，神情黯惨，夫子之病殆转深矣。（《韩诗臆说》卷二）

卷八 联句

城南联句①

元和元年

竹影金琐碎_郊②,泉音玉淙琤③。瑠璃翦木叶_愈④,翡翠开园英⑤。流滑随仄步_郊⑥,搜寻得深行。遥岑出寸碧_愈⑦,远目增双明⑧。干穟纷挂地_郊⑨,化虫枯挶茎⑩。木腐或垂耳_愈⑪,草珠竞骈睛⑫。浮虚有新剧_郊⑬,摧扤饶孤橕⑭。囚飞黏网动_愈⑮,盗啅接弹惊⑯。脱实自开坼_郊⑰,牵柔谁绕萦⑱?礼鼠拱而立_愈⑲,骇牛蹢且鸣⑳。蔬甲喜临社_郊㉑,田毛乐宽征㉒。露萤不自暖_愈,冻蝶尚思轻㉓。宿羽有先晓_郊㉔,食鳞时半横㉕。菱翻觜角利_愈㉖,荷折碧圆倾㉗。楚腻鳝鲔乱_郊㉘,獠羞螺蟹并㉙。桑蠖见虚指_愈㉚,穴狸闻斗狞㉛。逗翳翅相筑_郊㉜,摆幽尾交搒㉝。蔓涎角出缩_愈㉞,树啄头敲铿㉟。修箭袅金饵_郊㊱,群鲜沸池羹㊲。岸坼玄兆_愈㊳,野莽渐丰萌㊴。窑烟冪疏岛_郊㊵,沙篆印回平㊶。痒肌遭蚝刺_愈㊷,啾耳闻鸡生㊸。奇虑恣回转_郊㊹,遐睎纵逢迎㊺。巅林戢远睫_愈㊻,缥气夷空情㊼。归迹归不得_郊㊽,舍心舍还争㊾。

灵麻撮狗虱[50]愈，村稚啼禽猩[51]。红皱晒檐瓦[52]郊，黄团系门衡[53]。得隽蝇虎健[54]愈，相残雀豹趟[55]。束枯槎指秃[56]郊，刈熟担肩赪[57]。涩旋皮卷脔[58]愈，苦开腹膨脖[59]。机舂潺湲力[60]郊，吹籁飘飖精[61]。赛馔木盘簇[62]愈，妖靰藤索絣[63]。荒学五六卷[64]郊，古藏四三茎[65]。里儒拳足拜[66]愈，土怪闪眸侦[67]。

蹄道补复破[68]郊，丝窠埽还成[69]。暮堂蝙蝠沸[70]愈，破灶伊威盈[71]。追此讯前主[72]郊，答云皆冢卿[73]。败壁剥寒月[74]愈，折篁啸遗笙[75]。桂熏霏霏在[76]郊，綦迹微微呈[77]。剑石犹竦槛[78]愈，兽材尚挛楹[79]。宝唾拾未尽[80]郊，玉啼堕犹铿[80]。窗绡疑闷艳[81]愈，妆烛已销檠[82]。绿发抽珉甃[83]郊，青肤耸瑶桢[84]。白蛾飞舞地[85]愈，幽蠹落书棚[86]。

惟昔集嘉咏[87]郊，吐芳类鸣嘤[88]。窥奇摘海异[89]愈，恣韵激天鲸[90]。肠胃绕万象[91]郊，精神驱五兵[92]。蜀雄李杜拔[93]愈，岳力雷车轰[94]。大句斡玄造[95]郊，高言轧霄峥[96]，芒端转寒燠[97]愈，神助溢杯觥[98]。巨细各乘运[99]，湍溜亦腾声[100]。凌花咀粉蕊[101]愈，削缕穿朱樱[102]。绮语洗晴雪[103]郊，娇辞弄雏莺[104]。酣欢杂弁珥[105]，繁价流金琼[106]。菡萏写红调[107]郊，萎蕤缀蓝瑛[108]。庖霜脍玄鲫[109]，渐玉炊香粳[110]。朝馔已百态[111]郊，春醪又千名。哀匏蹙驶景[113]愈，洌唱凝余晶[114]。解魄不自主[115]郊，痹肌坐空瞠[116]。扳援贱蹊绝[117]愈，炫曜仙选更[118]。丛巧竞采笑[119]郊，骈鲜互探婴[120]。桑变忽芜蔓[121]愈，樟裁浪登丁[122]。霞斗讵能极[123]郊，风期谁复赓[124]？皋区扶帝壤_愈⑫,瑰蕴郁天京_郊⑫。祥色被文彦_郊⑫,良才插杉桯_愈⑫。

隐伏饶气象_愈⑫,兴潜示堆坑_郊⑬。擘华露神物_郊⑬,拥终储地祯_愈⑬。讦谟壮缔始_愈⑬,辅弼登阶清_郊⑬。坌秀恣填塞_郊⑬,呀灵滀渟澄_愈。益大联汉魏_愈⑬,肇初迈周嬴_郊⑬。积照涵德镜_郊⑬,传经俪金籯_愈⑭。食家行鼎鼐_愈⑭,宠族饫弓旌_郊⑭。奕制尽从赐_郊⑭,殊私得逾程_愈⑭。飞桥上架汉_愈⑭,缭岸俯规瀛_郊⑭。潇碧远输委_郊⑭,湖嵌费携擎_愈⑭。萏苜从大漠_愈⑭,枫楮至南荆_郊。嘉植鲜危朽_郊⑮,膏理易滋荣_愈⑮。悬长巧纽翠_愈,象曲善攒珩_郊⑮。鱼口星浮没_郊⑮,马毛锦斑骍_愈⑮。五方乱风土_愈⑮,百种分钼耕_郊⑮。葩蘗相妒出_郊⑮,菲茸共舒晴_愈⑮。类招臻倜诡_愈⑯,翼萃伏衿缨_郊⑯。危望跨飞动_郊⑯,冥升蹑登闳_愈⑯。春游轹霾靡_愈⑯,彩伴飒妖嫇_郊⑯。遗灿飘的皪_郊⑯,淑颜洞精诚_愈⑯。娇应如在寤_愈⑯,颓意若含酲_郊⑯。鹓毳翔衣带_郊⑰,鹅肪截珮璜_愈⑰。文升相照灼_愈⑰,武胜屡搀抢_愈⑰。割锦不酬价_郊⑰,构云有高营_愈⑰。通波牣鳞介_愈⑰,疏畹富萧蘅_郊⑰。买养驯孔翠_郊⑰,远苞树蕉栟_愈。鸿头排刺芡_愈⑱,鹄鹬攒瑰橙_郊⑱。骛广杂良牧_郊⑱,蒙休赖先盟_愈⑱。罢旄奉环卫_愈⑱,守封践忠贞_郊⑱。战服脱明介_郊⑱,朝冠飘彩紘_愈⑱。爵勋逮僮隶_愈⑱,簪笏自怀绷_郊⑱。乳下秀嶷嶷_郊⑲,椒蕃泣喤喤_愈⑲。貌鉴清溢匣_愈⑲,眸光寒发硎_郊。馆儒养经史_郊⑲,缀戚舫孙甥_愈⑲。考钟馈肴核_愈⑲,夏鼓侑牢牲_郊⑲。飞膳自北下_郊⑲,函珍极东烹_愈⑲。如瓜煮大卵_愈⑳,比

线茹芳菁㉚。海岳错口腹㉛,燕赵锡媌姈㉛。一笑释仇恨愈,百金交弟兄㉞。货至貂戎市㉟,呼传鹳鹆令㊱。顺居无鬼瞰愈,抑横免官评㊳。

杀候肆陵翦㊴,笼原匝置纮⑩。羽空颠雊鷁愈,血路逬狐麏⑪。折足去蹢躅⑬,蹙䇷怒髬髵⑭。跃犬疾騺鸟愈,呀鹰甚饥虻⑯。算蹄记功赏⑰,裂眦相樘柣⑱。猛毙牛马乐愈,妖残枭鸱荦⑳。窘穷尚瞋视㉑,箭出方惊抨㉒。连箱载已实愈,碍辙弃仍赢㉔。喘觑锋刃点㉕,困冲株枿盲㉖。扫净豁旷旷愈,骋遥略苹苹㉗。馋抉饱活脔㉘,恶嚼嘑腥鲭㉙。

岁律及郊至愈,古音命韶韹㉛。旗旆流日月㉜,帐庐扶栋甍㉝。磊落奠鸿璧愈,参差席香蘩㉟。玄祇祉兆姓㊱,黑秬馌丰盛㊲。庆流镯瘥疠㊳,威畅捐䩦䩞。灵燔望高冏㊵,龙驾闻敲瞂㊶。是惟礼之盛愈,永用表其宏㊷。德孕厚生植㊸,恩熙完刖刵。宅土尽华族愈,运田间强町㊻。荫庚森岭桧㊼,啄场翙祥鹏㊽。畦肥蒴韭薤愈,陶固收盆罂㊿。利养积余健㊿,孝思事严礽。掘云破崒嵤愈,采月滩坳泓㊿。寺砌上明镜㊿,僧盂敲晓钲㊿。泥像对骈怪愈,铁钟孤春锽㊿。瘿颈闹鸠鸧㊿,蜿垣乱蛱蝶㊿。葚黑老蚕蠋㊿,麦黄韵鹂鹒㊿。韶曙迟胜赏㊿,贤朋戒先庚㊿。驰门填偪仄愈,竞墅辗砯砰㊿。碎缬红满杏㊿,稠凝碧浮饧㊿。蹙绳觐娥婺愈,斗草撷玑珵㊿。粉汗泽广额㊿,金星堕连璎㊿。鼻偷困淑郁愈,眼剽强盯眮[郊274]。是节饱颜色[郊275],兹疆称都城[郊276]。书饶罄鱼茧[愈277],纪盛播琴筝[愈]。

奚必事远觏[郊278],无端逐羁伶[郊279]。将身亲魍魅[愈280],浮迹侣鸥䴖[愈282]。腥味空奠屈[郊283],天年徒羡彭[郊284]。惊魂见蛇蚓[愈285],触嗅值虾蟛[愈286]。幸得履中气[郊287],忝从拂天枨[愈288],归私暂休暇[愈289],驱柅出庠黉[愈290]。鲜意竦轻畅[郊291],连辉照琼莹[愈]。陶暄逐风乙[愈292],跃视舞晴蜻[愈293]。足胜自多诣[郊],心贪敌无勍[郊295]。始知乐名教[愈296],何用苦拘儜[愈297]。毕景任诗趣[郊298],焉能守罃罌[愈299]?

【校注】

①题:方《举正》题作"城南联句",注:"蜀本作'一百五十韵',今本因之,然此诗实多三韵,不可以为据。"朱《考异》同方,引方语。宋白文本、文本、祝本、魏本均作"城南联句一百五十韵"。廖本、王本题同方,从之。因诸联句题下均无多少韵字样,而体例当一致。此题下一百五十韵者乃注文。

文《详注》:"长安之南,终南太一在焉,当世衣冠多宅于此。公与孟郊穷游极览,历历吟咏也。王立之《诗话》云:'东野与退之联句诸诗,宏壮博辩,似不出一手。'王深甫云:'退之容有润色,或曰皆退之所作也。退之为樊宗师作《墓志》,便作樊宗师;与孟郊联句,便作孟郊语言。'《辨证》云:'余尝见《东野集》中亦载二公联句三首,其语皆类东野。而《城南联句》诸诗皆类退之,盖李汉编集时容有去取也。韩文至高,孟长于五言,时号孟诗韩笔。润色则可,谓皆退之作则非也。'《谈苑》曰:'唱和联句之起,其源远矣。自舜作歌,皋陶赓载,及柏梁联句,至唐始盛。元稹作《春秋》题二十篇,并用家、花、车、斜四字为韵。刘、白和之亦同。令狐楚所和诗多次韵,则次韵始于此。'凡联句两句或四句,有对一句出一句者,谓之辘轳体。《补注》：如《石鼎联句》，吴安中以为皆退之所作，如《毛颖传》以文滑稽耳。所谓弥明即愈也，侯喜、师服皆其弟子，故云。欧阳公云：'修见韩愈与孟郊联句，便似孟郊诗。'刘贡父云：'东野与退之联句，宏博壮丽，似若一手。'王深甫云：'退之容有润色，或云皆退之作也。'按李汉《序》，联句十一，今考其集所与东野联句者十，东野所不预者《郾城夜会》一尔。而《东野集》又有与公联句者三：《有所思》《遣兴》《赠剑客李园》。汉自谓收拾遗文无所遗失。三篇疑汉所不取，或坠失而未得者。文忠公尝有诗云：'韩孟于文辞，两雄力相当。'盖公之诗敌，在当时东野足以当之。惟东野思苦语奇涩，而公无施不可，故其联句往往多效其体。而或者遂以为皆公所作，则非也。"魏本注："城南，长安城南。或曰：'联句古无，此法自退之始。'洪曰：'上则唐虞《赓歌》，下则汉武《柏梁》，皆联句之所起。'樊曰：'刘贡父云：东野与退之联句宏壮辩博，似若不出一手。'王深父云：'退之容有润色。'《补注》：吕氏《童蒙训》：'徐师川问山谷曰：人言东野联句即非平日所作，恐是退之有所润色。山谷云：退之安能润色东野？若东野润色退之，却有此理。'"王元启《记疑》："联句：旧注：联句古无，此法自退之始。按：《柴桑集》中便有联句。汉武《柏梁诗》又在其前，不特此也。《三百篇》中已备此体，《邶风·式微》诗，每章首二句黎侯问辞，末二句黎臣答语。《豳风·九罭》诗，首末二章皆东人语，中二章复间以西人告晓东人之辞。此皆后人联句之祖，旧注非是。"又曰："详卒章'兴得履中气''驱明出庠廥'等句，此诗元和元年秋，公自江陵召还官国子博士日作。"方成珪《诗文年谱》系元和元年，曰："是年秋作。以诗中'干穟''化虫''露萤''冻蝶''菱翻''荷折'等语见之。"方世举《笺注》："按城南之游，当在九、十月间，木叶始脱，园英犹开，干穟化虫，露萤冻蝶，其时物可想而知也。"钱仲联《集释》："方成珪以诗中有'露萤''冻蝶''菱翻''荷折'等语，断为秋天所作，然诗中亦有非秋季景物，如'菱葓缀蓝瑛''葚黑老蚕蠋，麦黄韵鹂鹠''碎缬红满杏'等，盖诗有一千五六百字，二人竞为奇语，不免杂凑耳。"按：从诗开头四句所写之景看,当写于元和元年秋九月。钱仲联虽指摘方说,亦系元和元年。元和元年六月韩公回京,未遇春天。况诗开头所写乃用比兴之传统手法,见眼前实景而起,非杂凑。全诗一千五百三十字,一百五十三韵,押庚青一韵到底,唐诗仅见。

② 金琐碎:方《举正》据杭、蜀本订"琐"字。朱《考异》:"琐,或作'镙',非是。"南宋监本原文作"镙"。宋白文本、文本、祝本、魏本均作"镙"。廖本、王本从方作"琐",从之。按:镙,锁之俗字,音义均同,作锁链解,与诗义不合;琐,琐碎、细小也,虽与锁音同而义不同,况唐时习用分明。故作"琐"是。

文《详注》:"《笔谈》(卷一四《艺文》)云:'所谓金镙碎者,乃日光尔,非竹影也。若题中有日字,则曰竹影金镙碎可也。'《辨证》云:'虽云日光,实系于竹,曰日影金镙碎可乎?'自此至'舍心舍还争'皆触目杂咏也。《补注》:荆公云:'风泉隔屋撞衮玉,竹月缘阶贴碎金。'语盖出此。"魏本:"孙曰:'金镙碎'者,言日映竹间,其影满地,如金之镙碎。洪曰:谓日光在其中,不必道破。若曰'日影金镙碎',则不可也。余见注下。"按:沈括《梦溪笔谈》卷一四:"退之《城南联句》首句曰:'竹影金锁碎',所谓'金锁碎'者,乃日光耳,非竹影也。若题中有'日'字,则曰'竹影金锁碎'可也。"《道山清话》:"刘贡父一日问苏子瞻:'老身倦马河堤永,踏尽黄榆绿槐影',非阁下之诗乎?子瞻曰:'然。'贡父曰:'是日影耶?月影耶?'子瞻曰:'竹影金锁碎,又何尝说日月也。'二公大笑。"童《校诠》:"第德案:说文:琐,玉声也。段曰:谓玉之小声也,周易:旅琐琐,郑君、陆绩皆云:琐琐,小也。说文新附:锁,铁锁,门键也。徐灏曰:以玉制成小连环,其声细碎,谓之连琐,系人琅珰,以铁为连环,其形相似,故亦谓之琐,其后因易金旁作锁,说文无此字。汉书西域传:阴末赴琐琅当德,颜注:琅当,长琐也,若今之禁人琐矣,又云:因收和意昌系琐,琐即古锁也。按:徐说是,说文锒,锒铛,琐也,锴,大琐也,皆用琐字。文选左太冲吴都赋:青琐丹楹,徐爰注:琐,户两边以青画为琐文,亦取连环之义。或假璅(说文:璅石之次玉者)为之,墨子备蛾傅篇:以铁瑣敷县二脾上衡;文选班孟坚东都赋:既瑣瑣焉,李注瑣瑣,小也,是其例。广韵卅四果:锁,铁锁也,俗作镙。又按:说文:肖贝声,从小贝,瑣碎字应作肖,今经典通用瑣。"童说是。虽作镙、作锁均可,然韩公必据古籍通例作"瑣"。金瑣碎者,乃阳光光线透过竹子洒在地上的影子,故上冠一金字,给人一种光影带有色泽之感,亦见孟郊作诗之琢字处。《辞源》:"瑣碎,瑣屑,零碎。南朝宋鲍照《鲍参军集》卷二《飞白书势铭》:'虫虎瑣碎,又安能匹。'"又引韩诗为例。

③泉音玉淙琤:音,魏本作"声"。宋白文本、文本、祝本、廖本、王本均作"音"。作音、作声均通,今从诸本作"音"。

文《详注》:"淙琤,玉声。上音士钅工切,下音士耕切。陆士衡《招隐诗》(《文选》卷二二)云:'山溜何泠泠,飞泉漱鸣玉。'"魏本引韩《全解》同文《详注》。魏本:"樊曰:荆公诗(《次韵张子野竹林寺》)云:'风泉隔屋撞哀玉,竹月绿阶贴碎金。'语本出此。孙曰:'碎玉淙琤'者,亦言泉声如玉声耳。淙,水声。琤,玉声。淙,方宗、士江二切。琤,楚更反。"按:淙(cóng 藏宗切,平,冬韵),水流声。琤(chēng 楚耕切,平,耕韵),玉的一种。淙琤,形容水声,似玉相碰击。《辞源》引韩诗为例。此句谓泉水之声如玉相撞,发出淙琤的声响。

④瑠璃:文《详注》:"《博雅》(《释器》)云:'琉璃,珠也。'《魏略》曰:'大秦国出白、黑、赤、黄、青、绿、绀、缥、红、紫十种琉璃(见《汉书·西域传》注引。又引孟康云:流离,青色如玉)。'《仙传拾遗》云:'许小真升天,见宫阙崇丽,花木如琉璃宝玉之形,风动有声。'"魏本:"孙曰:言木叶之碧,如剪瑠璃为之。"按:琉璃,梵文,出《汉书·西域传》,为泊来语。瑠璃,出《盐铁论·力耕》:"而璧玉珊瑚瑠璃,咸为国之宝。"亦见《世说新语》,此为韩诗所据,韩反佛,故不用琉而用瑠。此句意谓:树叶翠绿,如琉璃剪成一样。

⑤翡翠:文《详注》:"《异物志》曰:'翠鸟形如燕,赤而雄曰翡,青而雌曰翠,其羽可以饰帏幛。'《尔雅》(《释草》)曰:'草荣而不实

者谓之英。'"魏本:"孙曰:园花之开如翡翠也。《说文》(羽部)云:'翡,赤鸟。翠,青鸟。出交州兴古县。'"方世举《笺注》:"翡翠:司马相如《子虚赋》:'错翡翠之葳蕤。'张揖曰:'翡翠大小一如雀,雄赤曰翡,雌青曰翠。'"童《校诠》:"第德案:说文:翡赤羽雀也,出郁林,翠青羽雀也,出郁林。艺文类聚引无羽字,字林有,无作鸟字者,当为孙氏误记。出交州兴古县六字,见广志,孙氏亦未说明来历。"按:童谓翡翠无作鸟字者,不确。翡翠也叫翡翠鸟。羽有蓝、绿、赤、棕等色,可为饰品,雄赤曰翡,雌青曰翠。《楚辞》宋玉《招魂》:"翡翠珠被,烂齐光些。"《文选》卷七司马相如《子虚赋》:"掩翡翠,射鵔鸃。"此句谓:园中遍开如翡如翠一样的花。

⑥ 流滑随仄步:文《详注》:"谢灵运《石门作》(《石门新营所住四面高山回溪石濑茂林修竹》,载《文选》卷三〇)云:'苔滑谁能步。'"按:流滑,即滑流、滑溜。唐时口语,今中原人仍用,形容冰滑、地滑。仄步,侧身慢行,防止路滑跌跤。《周礼·考工记·车人》:"行泽者反輮,行山者仄輮。"《全唐诗》卷三七六孟郊《寒溪》诗"仄步下危曲,攀枯闻孀啼"正可作此句注脚。此句谓:园中小径滑溜,于是侧身慢行。

⑦ 遥岑出寸碧:文《详注》:"《尔雅》(《释山》)曰:'山小而高曰岑。'王仲宣《登楼赋》云:'平原远而极目兮,蔽荆山之高岑。'"魏本:"孙曰:遥岑,远山也。寸碧者,言远望之,其碧才寸许耳。"以上写园中之景与感受,由此始写进山眺望之景。寸碧,乃眺望云端之山尖也。

⑧ 文《详注》:"言所视者阔而远,则目愈明。"方世举《笺注》:"寸碧、双明:《庚溪诗话》:'韩退之联句云云,固为佳句,后见谢无逸:忽逢隔水一山碧,不觉举头双眼明。若敷衍退之语,然句意清快,亦自可喜也。'"此谓:远远望去,视野开阔,好像眼睛增加了双倍的视力。

⑨ 方《举正》作"纷拄地",云:"蜀本同。《文录》'纷'作'丝',杭本作'红'。"朱《考异》亦作"纷拄",云:"纷,或作'丝',或作

'红'。"南宋监本原本作"柱",宋白文本、文本、潮本、祝本、魏本、廖本等均作"纷挂地"。宋白文本、祝本、魏本注:"纷,一作'粉'。"作"粉"乃形似致误。作"红"与诗意不配。魏本又注:"赵本作'丝'。"《文录》作"丝"虽通,不若作"纷"善。疑原作"丝"字,后经李汉编辑时曾经韩公审阅修改。故中晚唐所传《韩集》当以李汉编订为准。则作"纷挂地",是。原监本作"柱",误。

文《详注》:"穟,禾秀之貌。《诗》(《大雅·生民》):'禾颖穟穟。'音徐醉切。"魏本:"孙曰:穟,与穗同。《说文》(禾部)曰:'禾成秀,人所取者。'干穟,滞穗也。纷挂地者,言纷纭满地也。"王元启《记疑》:"干穟:曰干则纷,《诗》所谓'黄茂'是也。此指未刈之禾,故曰挂地。孙以滞穟满地为解,非是。"童《校诠》:"第德案:文选潘安仁射雉赋:瞻挺穟之倾掉,徐爱注:挺穟,草茎也。挺穟为草茎,则干穟应为枯茎。庄子徐无鬼:藜藿柱乎鼪鼬之径,释文引司马注:柱,塞也,挂为柱之后出字(考异作柱),干穟纷挂地,言枯茎充塞满地也。与下句化虫枯掮茎相应。孙氏释干为滞,不知何本。王以黄茂释之亦未安,黄茂则子粒坚好丰满,禾秸挺直,不致伏倒挂地,与干字、纷字、挂字之义不合。孙注遂当作穟,人所取者,大徐本说文作人所以收,小徐本无人所以收四字,而以重文作穗为俗。冢当作冢。"童说近是。下句"枯茎"与此句"干穟"对,干穟不当作茎明甚。文、孙、王诸家皆将穟解作五谷之穟,故所解未合韩公诗义。时至深秋,冬天将至,当地所种小麦、谷子皆已收获;况农民所种庄稼,辛苦一季,不可能让成熟的五谷满地倒伏。其实蒿草有的也有穟,如山地白茅,故此诗上下句互文,均写干枯的蒿草遍地也。此乃秋冬山地写真也。若是七八月间,谷麦成熟时,谷穗实重下垂着地也是实景。农谚云:"谷钻圈,麦露齿,好收豌豆八个籽。"说谷子成熟穗干下垂之状。

⑩魏本:"孙曰:'化虫,虫之变化者,如蝉、蚁之类。枯掮茎者,言化虫已枯,尚掮持于草木之茎也。'"文《详注》:"《说文》曰:草曰茎。掮,持也,音居玉切。"魏本:"祝曰:《说文》云:'掮,戟也。'韩

曰:持也。或作'梮',木名,非是。"方世举《笺注》:"化虫:按化虫如今蚰蠑,附木而枯,其子着枝上,至明年复化生。《尔雅》谓之蜾蛸,《本草》谓之螵蛸。化虫当指此类。蝉蜕或能捐茎,蚁又穴居,想顺及之耳。捐茎:崔瑗《草书势》:'旁点邪附,如蜩螗捐枝。'"童《校诠》:"第德案:说文:捐,戴持也。祝注戟下应补持字。说文无梮字。广雅释器:曲道柣梮也,王念孙曰:梮通作局,局博所以行棋也。玉篇:梮,居录切,舆食器,又土舆也,广韵三烛:梮,舆食器也,无以梮为木名者,韩说不知何本。汉书沟洫志:山行则梮,如淳曰:梮谓以铁为椎头,长半寸,施之履下,以上山,不蹉跌。韦昭曰:梮,木器,如今舆床,人举以行也。师古曰:如说是也,梮音居足切。史记平准书作桥,集解:徐广曰:桥,近遥反,一作欙,欙,直辕车也,音已足反。尸子曰:山行乘欙,音力追反。亦非木名。"捐(jū居玉切,入,烛韵),执、持。《汉书·扬雄传下·解难》:"则不能撅胶葛。"师古注:"撅,捐也。"此句仍承上衰草枯蒿,顺写入腐木。

⑪ 文《详注》:"《朝野佥载》(卷一)俚谚云:'春雨甲子,赤地千里;夏雨甲子,乘船入市;秋雨甲子,禾(木)头生耳。'"魏本:"韩曰:言木腐柟生也。《朝野佥载》(卷一)唐俚语云:'秋雨甲子,木头垂耳。'孙曰:耳,木上芝菌也,其状如耳,故名之。"蒋抱玄《评注》:"《本草》:'木耳生于朽木之上,无枝叶,乃温热余气所生。'"即韩诗所写《答道士寄树鸡》:"直割乖龙左耳来。"

⑫ 文《详注》:"草珠,垂露。睛,目也。"魏本:"韩曰:《选》:'露垂于草,其状如珠。'言草实如珠也。骈,并也。睛,目睛。"方世举《笺注》:"草珠:《古今注》:苦藏(当作蒇,草名)有实,正圆如珠,长安儿童谓为洛神珠,一曰王母珠。"黄钺《增注证讹》:"草珠竞骈睛,如枸杞之类。"钱仲联《集释》:"方、黄二解皆非是。苦蒇子虽圆,然为红色,且外有苞包之。形如苦蒇而小,为苦蘵,子为黄绿色,亦包于苞中不能见。枸杞是木而非草,其子生绿熟红,并不圆。详诗句中之草,其实应是圆黑而多数排列,如此似以龙葵为最当,即俗名老鸦眼睛草也。乌蔹莓、川谷、黄精、薏苡之类,其实亦颇似睛,然

终不及龙葵恰当。慧琳《一切经音义》：'睛，积盈反，假借字也。本无此字。案睛者，珠子也。'《纂韵》云：'眼黑精也，古人呼为眸子，俗谓之目瞳子，亦曰目瞳人也。'"钱说有理，此指草结之实，以龙葵较似；非如文、韩所说草上垂露。草上垂露，春秋俱多，深秋及冬天则为霜冻，无垂露之珠也。

⑬ 文《详注》："劚，斫也。劚，陟玉反。"魏本引韩《全解》同。劚（zhú 陟玉切，入，烛韵），砍也，即斫断根株。《全唐诗》卷六〇九皮日休《公斋四咏·小桂》："欻从山之幽，劚断云根移。"方世举《笺注》："浮虚：《释名》（卷四《释语言》）：'浮，孚也，孚甲在上称也。'意所谓浮虚者，或指草木之新劚而浮动者与？劚：《尔雅·释器》：'斫谓之定。'注：'锄属。'《碧溪诗话》：'旧观《临川集》'肯顾北山如旧约，与公西崦劚苍苔'，常爱其'劚'字最有力。后读《杜集》'当为劚青冥''药许邻人劚'，退之'憔悴劚荒棘''寥豁劚株楘'，子厚'戒徒劚云根'，虽一字法，不无所本。"王元启《记疑》："'浮虚'句，疑指山木新为斤斧所戕，故下有'摧扤饶孤撑'之句。或云：劚当作筑，则与后文'构云有高营'句复。"童《校诠》："第德案：方说是，而未释虚字之义，吕氏春秋辨土篇：虚稼先死，高注：虚，根不实也，此言草木之孚甲者及根之不实者，有新加锄耘者矣。王氏疑浮虚为山木新戕，山木新戕，与浮虚义不相涉，至疑劚当作筑，易字作释，已亦疑其未安矣。"浮虚：空虚。清刘大櫆《祭左和中文》："亲交欻以消尽兮，夫乃知人世之浮虚。"此指空旷的山间有新砍伐的树木痕迹。

⑭ 摧扤：方《举正》订"扤"字，云："扤，动也，字不当从木。古乐府（《箜篌谣》）：'不见山巅树，摧扤下为薪。'"南宋监本原文作"杌"。潮本、祝本作"杌"。宋白文本、文本、魏本、廖本、王本作"扤"。沈钦韩《补注》："'浮虚'一联承'木腐''草珠'二语。"钱仲联《集释》："注者多不得其解，窃意不过谓掘出山药鞭笋之类，而土呈浮虚情状，斫去树枝，树干成孤秃而已。"摧杌，当作摧兀，高耸貌。唐陈子昂《感遇》诗之三："苍苍丁零塞，今古缅荒途。亭堠何摧兀，暴骨无全躯。"此谓枯树之干高高孤立。杌、扤二字均可作动

摇解。《尚书·秦誓》:"邦之扤陧,曰由一人。"《史记·司马相如列传》:"扬翠叶,杌(又作扤)紫茎。"《说文·手部》:"扤,动也。"《诗·小雅·正月》:"天之扤我,如不我克。"毛传:"扤,动也。"然二字均不合诗意。钱仲联所说有理,然无版本为据,疑为韩公同音假借。故文《详注》:"杌,树无枝。"作突兀解。

⑮ 方《举正》作"囚飞",云:"潮本作'虫飞'"。朱《考异》同方。宋白文本、魏本、廖本作"囚飞"。注:"一作'虫飞'。"文本作"虫飞"。作"囚飞""虫飞"均通。即飞虫被蜘蛛网粘住,而网被触动也。文《详注》:"《论衡》曰:'蜘蛛结丝,以网飞虫。人之用计,安能过之。'"魏本:"孙曰:囚飞者,为蛛网所囚,又欲飞去,故网动也。"方世举《笺注》:"黏网:《金楼子》:'龚舍仕楚,见飞虫触蜘蛛网,叹曰:仕宦亦人之网罗也。'"

⑯ 盗啅:方《举正》作"盗啅",云:"潮本作'雀啅'。此诗一体六语,皆赋物而不言其名。旧本并同上。"朱《考异》同方。文本作"雀啅"。宋白文本、魏本、廖本作"盗啅",注:"盗,一作'雀'。"文《详注》:"啅,众声也,音仕角切。杜甫亦以'啅雀'对'飞虫'。见《落日》诗。"杜甫《落日》诗:"啅雀争枝坠,飞虫满院游。"魏本:"孙曰:啅,鸟食也。接弹惊者,言弹丸相接,故惊也。"方世举《笺注》:"盗啅:《尔雅·释鸟》:'桑鳸窃脂。'注:'俗谓之青雀,好盗脂膏。'杜甫诗:'啾啾黄鸟啅。'又:'啅雀惊枝坠。'"

⑰ 文《详注》:"脱,落也。"魏本:"孙曰:实,果也。"此谓带荚的野果,干枯后其荚自动开裂。引出下句藤蔓。

⑱ 文《详注》:"木曲直曰柔,谓萝蔓之属。萦,亦绕也,音娟营切。《江赋》(《文选》卷一二):'触曲涯以萦绕。'"魏本:"孙曰:柔,蔓草。"因诗谓木曲直之柔,当指藤萝之类,非谓草也。

⑲ 文《详注》:"拱,音古勇切。《说文》(手部)云:'敛手也。'"魏本:"韩曰:《诗》(《鄘风·相鼠》):'相鼠有体,人而无礼,胡不遄死。'孙曰:鼠拱而立,若有礼者。拱,敛手也。《补注》:陆玑(《毛诗草木鸟兽虫鱼疏》卷下"硕鼠")云:'河东有大鼠,能人立,交前二足

于颈上,跳舞善鸣。'"王应麟《困学纪闻》卷一八《评诗》曰:"出《关尹子》(《三极》)'圣人师拱鼠制礼'。"翁元圻《困学纪闻注》卷一八曰:"阎按陈第季立曰:'相鼠似鼠,颇大,能人立,见人则立,举其前两足若拱揖然。'曾于蓟门山寺见之,僧曰:'此相鼠也。'及检《埤雅》,已有载矣。盖见人若拱,似有礼仪,《诗》之所以起兴也……元圻按:《埤雅》(《释虫》):'今一种鼠,见人则交其前足而拱,谓之礼鼠。'"方世举《笺注》:"礼鼠:《异苑》:'拱鼠形如常鼠,行田野中,见人即拱手而立,秦川有之。"童《校诠》:"第德案:马瑞辰曰:诗相鼠,传:相,视也。明陈耀文天中记:诗相鼠,陆玑云:河东有大鼠,人立,交前两脚于颈上,跳舞善鸣。孙奕示儿编云:相,地名,按:地理志,相州与河东相邻,则知相州有此鼠,诗人盖取譬焉。今按:相州以河亶甲迁于相得名,则地名相已久,相鼠或以此得名。相鼠一名礼鼠,韩昌黎城南联句诗所云礼鼠拱而立也,又名雀鼠,见尔雅翼,又名拱鼠,关尹子所云师拱鼠制礼也。第德按:毛传:相训视,后人有以相为地名者,故列之,以见可与毛说并存。"

⑳ 骇牛:方《举正》作"骏牛",云:"杭本作'骏',蜀本作'骇'。骏,音俟。《说文》(马部):'马行仡仡也。'《诗》(《小雅·吉日》):'儦儦俟俟。'《韩诗》作'駓駓骏骏。'注:'趋曰駓,行曰骏。'故《选·西京赋》(《文选》卷二张衡撰)用'群兽駓骏'。(李善注:薛君《韩诗章句》曰:'趋曰駓,行曰骏。駓音鄙,骏音俟。')此当从俟音,则于'躅且鸣'义为合也。"朱《考异》:"方说骏、躅二字于牛义无取,疑当从蜀本作骇,而躅当作触,乃于牛有意,又有上字相偶,然无所据,姑附于此。"宋白文本、文本、祝本、魏本作"骏"。廖本、王本作"骇"。魏本:"孙曰:骇,狂也。躅,踯躅也。"文《详注》:"躅,踯躅也。躅,音厨玉切。"孙解"骇,狂也。"如马受惊则狂,牛亦然;狂则跳跃奔跑,此状与躅且鸣意合。若作骏,当勇行状貌;或愚呆解,与"躅且鸣"意不合。故作"骇"字善。

㉑ 喜:文本作"嘉",注:"一作'喜'。"诸本作"喜",从之。文《详注》:"蔬,菜之总名。《易》(《解》)曰:'雷雨作,解;而百果草木

皆甲坼。(疏云:雷雨既作,百果草木皆孚甲开坼,莫不解散也。)'《月令》(《礼记》)郑氏注云:'孟春之月,万物皆解孚甲。自抽而出。'言可荐之于社也。"魏本:"孙曰:蔬甲,菜甲也。时乃八月,故云:'喜临社。'喜,一作'嘉'。"顾嗣立《集注》:"《易》(《解》):'百果草木皆甲坼。'郑玄曰:'呼皮曰甲。'"此谓:熟菜成而实荚开,可以社祭矣,故曰喜。作"嘉"当好字解,即蔬甲好临社,亦通。

㉒ 魏本:"孙曰:'田所生者谓之毛。宽征,薄赋也。'"方世举《笺注》:"田毛:《周礼·地官·载师》:'凡宅不毛者有里布。'郑注:'谓不树桑麻也。'"此喻农民种地喜欢少征赋税。

㉓ 魏本:"孙曰:'蝶已冻矣,尚欲飞也。'"蝶翼冻僵故谓重,尚思轻者,谓还想翼轻而欲飞也。方世举《笺注》:"思轻:孙云:'尚欲飞也。'"此与上句"露萤不自暖"对。

㉔ 文《详注》:"谓林鸟也。"魏本:"孙曰:宿羽,宿鸟也。先晓者,未晓而飞也。"

㉕ 文《详注》:"谓游鱼也。《辨证》云'食鳞时半横''楚腻鳣鲔乱''群鲜沸池羹''包霜鲶玄鲫''鱼口星浮没''通波牣鳞介',虽皆说鱼,意不相犯也。"魏本:"孙曰:食鳞,鱼之食者,半横水中。洪曰:又曰此句及下句云'楚腻鳣鲔乱''群鲜沸池羹''庖霜脍玄鲫''鱼口星浮没''通波牣鳞介',是皆说鱼,意不相犯。鳞,一作'鲜'。"此句写鱼吃食时横着身子的状态。食鳞,吃食之鱼。本为动宾词组,此构成名词。

㉖ 翻:方《举正》订,云:"蜀本作'繁'。"宋白文本作"繁"。诸本作"翻"。文《详注》:"一作'蘩'。"茈,文本作"茈",宋白文本、魏本、廖本作"紫"。紫,指菱的颜色;茈,指菱的形态。此从"茈"。作"茈"乃与下"利"字意合。作"紫"亦可,两存之。魏本:"孙曰:'紫角,菱角之紫也。利,铦利也。'"文《详注》:"《本草图经》云:'菱生水中,叶浮水上,其花黄白色。实有二种,一四角,一两角。仙家蒸作粉,蜜和食之,可休粮。'《酉阳杂俎》云:'两角曰菱,三角四角曰芰。'通谓之水栗。"此谓:翻身之菱,露出尖尖的利角。茈(zī 即移

切,平,支韵),猫头鹰头上的毛角。《说文·角部》:"觜,鸱旧头上角觜也。一曰觜觿也。从角,此声。"

㉗文《详注》:"碧圆,谓荷叶也。《补注》:荆公云:'紫角递出没,碧荷时卷舒。'则此诗所谓'菱繁紫角利,荷折碧圆倾'也。"魏本:"樊曰:荆公又放此对作句云:'紫角递出没,碧荷时卷舒。'"

㉘文《详注》:"腻,肥也。鳣鲔,二大鱼名。多出于江,故'楚腻',言城南亦多有之。《古今注》(卷中《鱼虫》)云:'鲤之大者曰鳣,鳣之大者曰鲔。'"魏本:"孙曰:水有鳣鲔,如楚人之食也。《诗》(《卫风·硕人》):'鳣鲔发发。'祝曰:鳣,江东所谓黄鱼。鲔,鮥也。"顾嗣立《集注》:"《尔雅翼》(卷二八《释鱼》):鳣口在颔下,长鼻软骨,淮水亦有之。鳣盖鲔之类,鳣肉黄,鲔肉白,今江东呼鳣为黄鱼。"鳣(zhān 张连切,平,仙韵):即鲤鱼。《说文·鱼部》:"鳣,鲤也。"《诗·卫风·硕人》:"鳣鲔发发。"毛传:"鳣,鲤也。"鲔(wěi 荣美切,上,脂韵),鲟、鳇之类。《说文·鱼部》:"鲔,鮥也。《周礼》:'春献王鲔。'"毛传:"鲔,鮥也。"《吕氏春秋·季春》:"荐鲔于寝庙,乃为麦祈实。"高诱注:"鲔鱼似鳣而小。"鮥(luò 卢各切,音洛,入,铎韵),小鲟鱼。《说文·鱼部》:"鮥,叔鲔也。"《尔雅·释鱼》:"鮥,鮛鲔。"郭璞注:"鲔,鳣属也,大者名王鲔,小者名鮛鲔。今宜都郡自京门以上江中通出鲔鳣之鱼,有一鱼状似鲟而小,建平人呼鮥子,即此鱼也。"

㉙文《详注》:"獠,南夷也。羞,膳也。多出螺蟹,言城南亦兼有之。"魏本:"孙曰:'水有螺蟹,若獠羞然。羞,食也。'祝曰:'獠,西南夷别名。'"方世举《笺注》:"螺蟹:《易·说卦》:'离为蟹为蠃。'"童《校诠》:"第德案:此二语言鳣鲔为楚人所嗜,螺蟹乃獠人所羞,曰乱曰并,言其多也,孙氏增如字、若字作解未谛。汉书地理志:楚地民食鱼稻,为楚人嗜鱼之证。鳣鲔字诗凡三见,一见卫风,即孙氏所引,一见小雅四月篇,一见周颂潜篇,序云:季冬荐鱼,春献鲔也,郑笺:冬鱼之性定,春鲔新来,荐献之者,谓于宗庙也,是鳣鲔为卫人周人所喜食,且用以荐宗庙,特楚地多鱼,以为常膳耳。

周礼醢人有蠃醢,郑注:蠃,蝓蝓,尔雅释鱼:附蠃蝓蝓,蠃小者蜬,郝懿行曰:此蠃谓水蠃也,小者曰蜬,与贝同名,大者即名蠃,与螺同。庖人:共祭祀之好羞,郑注:若今青州之蟹胥,亦用以供御及祭祀,且以为好羞。又按:獠为西南夷,在丛山,虽间有湖江,产螺蟹,不及滨海诸州之众多,禹贡青州:海物维错,徐州:淮夷蠙珠(蠙与螺蟹同属介类)暨鱼,吴语:其民必移就蒲蠃于东海之滨,越语:滨于东海之陂,鼋龟鱼鳖之与处(鼋龟鳖介类),而鼃(蛙)黾之与同渚,郑言青州贡蟹胥,则螺蟹应为夷蛮之羞,非獠羞。公初南食诗云:咀吞面汗骍,答柳柳州食虾蟆诗云:常惧染蛮夷,失平生好乐,又云:猎较务同俗,全身斯为孝,以南食非颐性养寿之道。粤地有獦獠,此诗之獠或指獦獠邪?公南阳人,不嗜海错,东野湖州人,客河南久,目鳣鲔为楚腻,腻上肥也。皆轻水族,故有此二语,非通论也。"并与上句乱,均谓其多也。唐时长安气候与地貌与今不同,温暖而水多,故长安之南亦多有鳣鲔螺蟹也。

㉚ 文《详注》:"蠖,屈伸虫也。唐本注云:'此虫有在粪聚,或在腐木中,内外洁白,当以桑木中者为胜。'按《尔雅》曰:'一名蝎,音曷,一名蛣蜣,一名蝎蟜,亦名蛴螬。'陶隐居云:'大者如足大指,以背行乃驶于脚。'蠖,音郁缚切。"魏本:"孙曰:'蠖,桑上虫名。虚指,言空有迹耳。'祝曰:蠖,屈伸虫也。《易》(《系辞下》):'尺蠖之屈,以求信也。'蠖,乌郭反。"顾嗣立《集注》:"《尔雅》(《释虫》):'蠖,尺蠖。'《尔雅翼·释虫》:'尺蠖,屈伸虫也。如人以指度物,移后指就前指之状,古所谓布指知尺者,故谓之尺蠖。'"虚指,遗迹。此句谓:尺蠖爬过的痕迹。

㉛ 魏本:"孙曰:'狸斗于穴中,其声狩恶也。'"文《详注》:"《说文》曰:'狸(貍),豸在里者。里,人所居也。貍穴而居焉,故狸通于薶字。'狩,猛也,音乃庚切。"方世举《笺注》:"《尔雅·释兽》:'狸子,隶。'注:'今谓之豾狸。'"狸,也叫野猫、山猫。《庄子·秋水》:"捕鼠不如狸狌。"

㉜ 文《详注》:"逗,止也。翳,茂树也,谓林鸟。张景阳《七命》

（《文选》卷三五）云：'短羽之栖翳荟。'"魏本："孙曰：'逗翳者，言鸟止于林阴，翼翅相触也。'"

㉝文《详注》："幽，深也，谓潜鱼。搒，击也，音蒲庚切。"魏本："孙曰：'摆幽谓摆于幽僻，如蛇之类。'"王元启《记疑》："摆幽指兽属，孙谓蛇类，非是。"文说近是。孙谓蛇类，蛇一般独行，两尾碰击的机会殊无。王说兽属，也罕见两尾相碰击者。而鱼游水中，其群游时往往有尾相互交击者；或指鸟类。搒（péng 蒲庚切，平，庚韵），碰击。《后汉书·朱晖传附朱穆》："各言官无见财，皆当出民，搒掠割剥，强令充足。"韩诗《叉鱼》："深窥沙可数，静搒水无摇。"作撑船解。此为前者。

㉞魏本："洪曰：'谓蜗牛也。'孙曰：'蔓涎，言蜗牛延于蔓上。'"文《详注》："《博雅》云：'蜗背负壳，状如小螺，惊则缩入壳中，头有小角，故又名曰蜗牛。'南方积雨，蜗涎书屋壁，悉成银迹，今言蔓涎，以其迹缭绕如蔓草。"顾嗣立《集注》："《尔雅翼》（卷三〇《释鱼》）：'蜗牛似蠃，头有两角，行则出，惊则缩，首尾藏于壳中。盛夏日中，悬树叶上，涎沫既尽，随即槁死。'"方世举《笺注》录顾注文。孙说未谛，洪、文、顾说是。

㉟文《详注》："谓啄木鸟也。《尔雅》（《释鸟》）云：'鴷，啄木。'（郭注：）'口如锥，长数寸，常斫树食虫，因名云。'本雷公采药吏化为此鸟。铿，金声也，音丘耕切。"魏本："韩曰：'谓啄木鸟。'孙曰：'敲铿，啄木声。'"《尔雅翼·释鸟》："斫木，口如锥，长数寸，常斫枯木，取其蠹……头上有红毛如鹤顶，生山中，土人呼为山啄木。"花羽毛，益鸟，中原人呼为啄木鸟。

㊱魏本："孙曰：'修箭，修竹也，言修竹之垂如长竿垂饵。'"文《详注》："修，长也。箭，矢竹也。《笔谈》云：'东南之美者，有会稽之竹箭（亦见《尔雅·释地》）。'竹为竹，箭为箭，盖异物也。今采箭以为矢，而通谓矢为箭者，因其箭名之。今以为钓竿，故曰衮金饵。"此赞美可作箭竿之竹，长而美（修竹）可作钓竿。衮，同褒，乃俗写。《汉书·百官公卿表上》："簪衮。"注："以组带马曰衮。"蒋之

翘《辑注》："修箭,指钓竿也。"童《校诠》："第德案:蒋以修箭为钓竿,足纠孙说之非。袤,廖本、王本作衺,祝本与本书同。说文:衺、以组带马也,汉书百官公卿表:三、簪袤,颜注:以组带马曰袤,簪袤者,言饰此马也,则以衺、袤为同字。按:袤为衺之隶变。"

㊲ 魏本:"孙曰:鲜,小鱼也。小鱼在池若沸羹然。"文《详注》:"鲜,鱼也。《老子》曰:'治大国若烹小鲜。'沸羹,谓萍动也。"谓群鲜为小鱼,是。谓沸羹为萍动则非。此谓:群鱼浮动跳跃,池水沸腾,若烧沸的羹汤。

㊳ 文《详注》:"谓龟鳖也。玄兆,背文。《周礼》(《春官》):'卜师掌开龟之兆。'郑氏云:'开,坼也。'"魏本:"孙曰:岸壳,言岸有虫壳如坼玄兆。兆,象也。"黄钺《增注证讹》:"'岸壳坼玄兆',当是取池中蚌蛤而弃其壳,如杯珓之兆也。"此谓:水池岸上的蚌壳,错综杂陈若杯珓占卜一样。

㊴ 文《详注》:"麰,麦也。《诗·颂》(《周颂·思文》)曰:'贻我来牟。'《月令》曰:'萌者毕达。'郑氏云:'芒而直曰萌。'"魏本音注:"麰,麦,音牟。"《广雅·释草》:"大麦,麰也,小麦,𪍿也。"渐,渐渐,即逐步发展。《易·坤》:"非一朝一夕之故,其所由来者渐矣。"王元启《记疑》:"谢灵运诗'野蕨渐紫苞',渐字本此。"童《校诠》:"第德案:书禹贡:草木渐包,马注:渐包,相包裹也,释文:渐本作蕲。说文:蕲,草相蕲包也,从艸,斩声,书曰:草木蕲包……公用渐字本诸禹贡,谢同。"萌(méng 莫耕切,平,耕韵),植物的芽。

㊵ 窑烟:方《举正》据旧本订"窑"字。朱《考异》:"窑,或作'瑶'。"南宋监本原文作"瑶"。宋白文本、文本、潮本、祝本、魏本作"瑶"。廖本、王本作"窑"。文《详注》:"瑶,一作'窑'。《说文》(穴部)云:'烧瓦灶也。'幂,覆也。疏,远也。水中可居曰岛。幂,音莫狄切。"魏本:"祝曰:幂,以巾覆物。《周礼》(《天官》):'幂人,掌供巾幂。'孙曰:'瑶烟,白烟。幂,覆也。'"魏本音注:"幂,莫狄反。瑶,音由。"方世举《笺注》:"疏岛:《释名》:'海中可居者曰岛。岛,到也,人所奔到也。亦言鸟也,物所赴如鸟之下也。'"窑(yáo 余昭

切,平,宵韵),烧制砖瓦和陶瓷器皿的灶。《说文·穴部》:"窑,烧瓦窑灶也。"汉服虔《通俗文》下:"陶灶曰窑。"窑为窰之后出字,二者通用,今通作窑。瑶(yáo 余昭切,平,宵韵),美石。《诗·大雅·公刘》:"何以舟之?维玉及瑶,鞞琫容刀。"陈奂疏:"维玉及瑶,言有玉与石也。《正义》谓瑶是玉之别名,误。"《毛诗正义》云:"瑶是玉之别名,举瑶可以兼玉,故不言玉也。"屈原《九歌·东皇太一》:"瑶席兮玉瑱,盍将把兮琼芳。"王逸注:"瑶,石之次玉者。"此指窑点火后冒出的烟,覆盖水中之岛。故当作"窑"。

㊶ 文《详注》:"言虫鸟之迹如篆印于沙中,回曲而平也。"魏本:"孙曰:'沙篆,鸟迹之在沙者如篆。回平,言回曲之平处。'洪曰:'华山有青柯平种药,平,张道陵二十四化有平阳化、北平化,因地平处以为名也。'"方世举《笺注》:"回平:《尔雅·释地》:'大野曰平。'洪云:华山有青柯平种药。平,因地之平处以为名也。"此谓:如篆文一样的鸟迹弯弯曲曲印在平坦的沙地上。平,庚韵。

㊷ 痒肌:方校刊《韩集》据三馆本作"瘁"字。朱《考异》:"痒,或作'瘁'。"宋白文本、文本、祝本、魏本作"瘁"。廖本、王本作"痒"。痒(shēn),平声,或作上声,寒病,见《说文·疒部》:"痒,寒病也。从疒辛声。"段注:"寒之甚矣。"泛称寒貌。《辞源》引韩诗为例。瘁,去声,辛苦、劳累、累病。作"痒"、作"瘁"均可,此从方作"痒"。文《详注》:"蚝、刺二字并七刺切(cì)。《说文》(虫部)曰:'蚝,毛虫也,有毒。'"魏本:"祝曰:痒,病也。《诗》:'仆夫况瘁。'蚝,《玉篇》(虫部):'毛虫也。'"方世举《笺注》:"痒肌:方云:'痒,寒病也。'皮日休诗:'枕下闻澎湃,肌上生痒痱。'蚝:《尔雅·释虫》:'蛒,毛蠹。'"《辞源》亦引韩诗为例。《辞源》两处均引韩愈此诗句为例,均依廖本。此谓:寒冷饥饿像遭毛虫刺击一样。

㊸ 文《详注》:"《颜氏家训》云:'闻啾啾数千鸡雏声。'啾,小声也,音子由切。"魏本:"孙曰:啾耳,言聒耳也。"魏本音注:"啾,即由反。"蒋之翘《辑注》:"言初生之鸡,其声啾啾然也。"鸡生,刚生出的雏鸡。此谓:听见啾啾的聒耳声,如雏鸡刚生也。

㊹ 此谓:新奇的思想在脑海里回旋。

㊺ 魏本音注:"睎,音希。"顾嗣立《集注》:"《说文》(目部):'睎,望也。'"睎(xī香衣切,平,微韵),望也。《淮南子·氾论训》:"夫绳之为度也,可卷而伸也,引而伸之,可直而睎。"《文选》卷一班固《西都赋》:"于是睎秦岭,睋北阜。"此谓:远远望去,许多景物都迎面而来。

㊻ 文《详注》:"巅,山顶也。戢,敛也,音侧立切,言山木之高蔽目。"魏本:"祝曰:睫,目毛也。《列子》:'察其眉睫之间。'孙曰:'巅林,言山上有林木,故其先见也。'"王元启《记疑》:"戢,谓目光至此而敛,不能更及林外也。承上'遐睎'言之。孙、祝旧注皆非。"顾嗣立《集注》:"《释名》(目部):'睫,插接也,插于眼眶而相接也。'"此以睫代眼,谓山巅的树木远远地敛入眼中。

㊼ 文《详注》:"缥,青白色也,音匹妙切。"谓青白色者指丝织品。《楚辞》王褒《九怀·通路》:"翠缥兮为裳。"或谓淡青色,今所谓月白。《急就篇》卷二:"缥绤绿纨皂紫硾。"《艺文类聚》卷八二晋夏侯湛《浮萍赋》:"散圆叶以舒形,发翠彩以含缥。"魏本:"祝曰:缥,青黄色。孙曰:夷,乐也。"魏本音注:"缥,夫沼反。"夷,悦也。《诗·郑风·风雨》:"既见君子,云胡不夷?"笺:"夷,说(悦)也。"钱仲联《集释》:"《文选·蜀都赋》(郁菶菶以翠微)刘逵注:'翠微,山气之轻缥也。'《初学记》(卷五《总载山第二》)引《尔雅》注:'一说山气青缥色曰翠微。'《尔雅·释言》:'夷,悦也。'"此表现见天朗气清的喜游之情也。由下联可证。

㊽ 文《详注》:"言游观无斁(厌)也。"想归,又为山景吸引,不愿归去。

㊾ 舍心舍:即心想舍此而归,可心里还想游览。

㊿ 文《详注》:"自此至'土怪闪眸侦',皆咏城南郊野之民。按东坡赋,脂麻一名胡麻,服之可致神仙,则灵麻是也。以其形类狗虱,故《本草》及《博雅》云:'一名狗虱。'撮,谓聚也。"魏本:"洪曰:《博雅》(《释草》)云:'狗虱,胡麻也。'孙曰:灵麻,今胡麻,状如狗

虿。《本草》云：'一名狗虿。'"

㉛魏本："孙曰：村稚，村野稚子，其声如猩猩之啼。《山海经》云：'猩猩似小儿。'樊曰：《尔雅》(《释兽》)：'猩猩，小而好啼。'注云：'人面豕身能言语，声似小儿啼。'此曰'禽猩'者，《礼记》(《曲礼上》)所云'猩猩能言，不离禽兽'也。"文《详注》："稚，幼子也，言其啼如猩猩兽。《礼记》(《曲礼上》)曰：'猩猩能言，不离禽兽。'《尔雅》(《释兽》)曰：'猩猩小而好啼。出交阯封溪县，人面豕身能言，声小似小儿啼。'"此谓：村里的小孩啼哭的声音像猩猩啼，声小而尖。

㉜方《举正》据蜀本订"檐"字。朱《考异》："檐，或作'簷'。"宋白文本、文本、祝本、魏本作"簷"。廖本、王本作"檐"。今通作"檐"。魏本："洪曰：'红皱，说者曰干枣。'樊曰：'或云荔子也。'孙曰：'果实红而皱者。'"童《校诠》："第德案：干荔子非红色，应以洪说干枣为长。《说文》：檐，㮰也，从木，詹声。臣铉等曰：今俗作簷，非是。"此句"红皱"、下句"黄团"皆指北方秋冬之物。红枣，七八月熟，色紫红，晒干后皮皱；黄团，瓜蒌，生青熟黄，大小如拳，形似瓜，亦称黄瓜，秋冬农家习挂房屋前檐下，入药。荔子、橘柚皆江南之物，季节、颜色与储存方式均异。上解为红枣与瓜蒌为是。

㉝魏本："洪曰：'黄团，瓜蒌也。一曰匏瓜。'樊曰：或云栝楼。《尔雅》(《释草》)：'果蓏之实曰栝楼。'注云：'今齐人号曰天瓜。'孙曰：黄团，橘柚之物。衡，门上木。《诗》(《陈风·衡门》)：'衡门之下，可以栖迟。'注：'衡门，横木为门。'"钱仲联《集释》："《尔雅·释文》引《本草》：'栝楼，一名黄瓜。'郝懿行《义疏》云：'其实黄色，大如拳。'"周紫芝《竹坡诗话》："'黄团'当是瓜蒌，'红皱'当是枣。退之状二物而不名，使人瞑目思之，如秋晚经行，身在村落间。杜少陵《北征》诗云：'或红如丹砂，或黑如点漆。'此亦是说秋冬间篱落所见，然比退之，颇是省力。"童《校诠》："第德案：孙以黄团为橘柚，橘柚无系诸门衡者，应以洪樊之说为长。樊引尔雅，今本释草无曰字，括作栝，郭注号曰作呼之为。"方世举《笺注》："许彦周《诗话》：《城南联句》'红皱'云云，是说干枣与瓜蒌。读之犹想见西北村落

㊴ 文《详注》:"《古今注》(卷中《鱼虫》)云:'蝇虎,狐也,形如蜘蛛而灰色白,善捕蝇。一名蝇蝗,一名蝇豹子。'"魏本:"隽与俊同,言豪俊。祝曰:'智过千人曰隽。'孙曰:《左氏》(庄公十一年):'得隽曰克。'韩曰:崔豹《古今注》:'蝇豹,即蝇虎。'隽,一作'携',非是。"此谓:蝇虎乃捕蝇之强壮隽杰也。

㊵ 魏本:"孙曰:'雀豹,雀之鸷者,以其勇健故云雀豹。'"方世举《笺注》:"此(孙)说杜撰难信。篇中造语固有之,必上句亦造。未有蝇虎自然,对以矫强者。按:杜宇一名谢豹,春则飞鸣,秋则不见,大抵如燕子之入处窟穴。相残者,谓方秋鹰击而避之。故韵押'趟'。趟者,走之急也。后世又有如鹞而不猛鸷者曰雀松,或一物而古今异名,姑设两疑以俟多识鸟兽之名者。"钱仲联《集释》:"按:谢豹即杜鹃,杜鹃性怯,恒隐身丛薄中,春夏间偶闻其鸣,实难见其形,更绝未见其斗,且秋深已南迁暖地,必非联句中之雀豹也。"文《详注》:"趟,跳跃也,音中庚切。"魏本:"祝曰:趟,跳跃貌。《玉篇》:'趟趟跟党也。'趟,音根。"童《校诠》:"第德案:方纠孙说是。诗采芑:䬃彼飞隼,郑笺:隼急疾之鸟也,陆玑疏云:隼,鹞属也,齐人谓之击征,或谓之题肩,或谓之雀鹰,春化为布谷者是也。九家易注解射隼云:隼,鸷鸟也,今捕食雀者。按:隼捕食雀,故名雀鹰,亦不云雀豹。东野用雀豹字当有所本,共详之。祝注党当作堂。"趟(zhēng 竹盲切,平,庚韵):跳跃。《辞源》引韩诗为例。为叶韵用趟,不用跳。

㊶ 文《详注》:"樵,采薪也。"方世举《笺注》:"束枯、刈熟:鲍照诗:'束薪幽篁里,刈黍寒涧阴。'指秃:《晋书·王沈传》:'指秃腐骨。'"

㊷ 文《详注》:"赪,赤色也,音痴贞切。"魏本注:"赪,赤,音柽。"上句说砍柴积薪,此句谓谷熟刈而肩担。童《校诠》:"第德案:檐,廖本、王本、祝本皆作担(擔)。说文:儋,何也,此为担荷本字,担为儋之后出字。古籍或假檐为之,楚辞哀时命:负檐荷以丈尺

兮,王注:荷曰檐,是也。此假檐为儋,与楚辞同。"童谓檐肩为儋荷,是。

㊽ 朱《考异》:"孙伯野谓此语与上三语意属。一曰:涩旋,乃旋果实之涩者;苦开,乃破瓜瓠之苦者也。方言谓环而镌之为旋。卷脔,见《庄子》。"魏本:"祝曰:旋,《广韵》:'绕也。'卷脔,皮皱貌。《庄子》(《在宥》):'乃始脔卷伧囊。'注:'不舒放之容。'"方世举《笺注》:"卷脔:《庄子·在宥篇》:'乃始脔卷伧囊。'司马彪曰:'脔卷,不申舒之貌也。'"钱仲联《集释》:"注家于此句均不得其正解,窃以为乃削柿皮以便制柿干耳。柿秋深熟,唐时长安极多,近世仍为柿饼之著名产地。"童《校诠》:"第德案:今庄子在宥篇伧作㑴。释文:崔本作戕,司马注:脔卷,不申舒之状也。祝所引乃成玄英疏。澁当作涩。"

㊾ 苦开腹膨脝:方《举正》:"古字只作'彭亨',毛公《诗传》:'炰烋,犹彭亨是也。'孙伯野谓此语当与上三语意属。一曰:苦开,破瓜瓠之苦者。涩旋,乃旋果实也,《方言》谓'镌'为'旋'。盖'束枯'以薪言也,'刈熟'以稻言也,'涩旋'谓果实也,'苦开'谓瓜瓠也。其义是。"朱《考异》同方。宋白文本、文本、祝本、魏本作"膨脝"。廖本、王本作"彭亨"。文《详注》:"膨脝,大腹貌。上虚庚,下蒲庚切。"魏本注:"膨脝,腹胀貌。孙伯野云:此二句与上二句意思相属。涩旋,转肩也,苦开,力苦作气也。"方世举《笺注》:"彭亨:《诗·荡》(《大雅》):'女炰烋于中国。'传:'炰烋,犹彭亨也。'"钱仲联《集释》:"陈景云曰:'《易·大有》九四爻辞:匪其彭。干宝注:彭亨,骄满貌。见《经典释文》。'补释:'此句乃指剖葫芦之类。'"钱说近是。葫芦,柄细小而肚大,圆形。可做葫芦舟,可盛水。剖开可做瓢,同勺,可舀水。乃秦中与中原农村常用之物。膨(péng薄庚切,平,庚韵)脝(hēng许庚切,平,庚韵),膨大也。宋陆游《剑南诗稿》卷三六《朝饥食齑面甚美戏作》:"一杯齑馎饦,老子腹膨脝。"引申为饱食。又卷四四《新晴出门闲步》:"穷人旋画膨脝计,自买蹲鸱煮糁羹。"曾沿用。

㊻春：宋白文本、祝本作"舂"，乃形似致误。文本、魏本、廖本、王本作"春"，是。文《详注》："谓水碓也。潺湲，上音仕连切，下音为权切。东坡公《游香积[寺]》诗云：'山僧类有道，辛苦常谷汲。我惭作机舂，凿破混沌穴。'盖前有诗劝县令林抃作陂塘以置碓硙，故云'惭作机舂'也。机舂字则《传》曰'杵臼之智不及机舂'是也。凿破混沌事出《庄子》'喻知巧之胜于道也。'"潺湲指水，此句谓利用水力作机械动力舂米也。魏本："韩曰：'机舂，杵臼也。杜预作连机水碓，由此洛下谷米丰贱。潺湲，水声。'祝曰：《楚辞》：'川谷径复流潺湲。'"韩说"杵臼"，不确。此乃利用机械而省人力也，如《洛阳伽蓝记》云"碾硙舂簸，皆用水功"也。

㊼魏本："韩曰：吹簸，盖'簸之扬之，糠秕在前'之谓也。《庄子》（《人间世》）云：'鼓筴播精。'精，米也。"魏本音注："簸，音播。"文《详注》："飘飖，飞扬貌，言簸扬糠秕，择取精细，将为祭馔也。"此指舂掉稻壳后，用簸箕或风车簸去或扬弃稻壳，使之成为纯净之米。

㊽盘：方《举正》及宋白文本、文本作"槃"。祝本、魏本、廖本、王本作"盘"。作"盘""槃"均可。蔟，宋白文本、文本、祝本、魏本作"蔟"。廖本、王本作"簇"。作"蔟"作"簇"均可。今作"簇"。文《详注》："一作'倚阁峰峦蔟'。赛，报也，祭名，音先代切。蔟，聚也。言是岁丰稔，各来祭社，以报其功。"魏本："孙曰：'赛馔，祭食。蔟，聚也。'一本作'倚阁峰峦蔟'。"钱仲联《集释》："《史记·封禅书》：'冬赛祷祠。'《索隐》：'赛，谓报神福也。'"童《校诠》："第德案：方崧卿氏举正盘作槃，蔟作簇，不出倚阁峰峦蔟异文。朱氏考异无校语。廖本、王本作簇，不出异文，祝本有之，从艸作蔟，与本书同，说文：蔟，行蚕蓐，徐灏云：蔟之言聚也。公有赛神诗，云：白布长衫紫领巾，差科未动是闲人，麦苗含穟桑生葚，共向田头乐社神（韩公《游城南十六首》之《赛神》），与此诗可互证。郑珍云：汉以前例作塞，从贝者盖出六朝俗制。盘，举正作槃，为篆文，从金者古文，从皿者籀文。"

㊾绊：方《举正》作"鞁妖藤索绊"，云："今绊字不入庚韵，故学

者疑之。曾本作'妖鞍藤索绗',李、谢本从之。"朱《考异》作"鞍妖藤索绗",云:"鞍妖,或作'妖鞍'。绗,或作'绀',或作'拼'。方作'併'。(引方语)今按:鞍,《广韵》(入声二十七合)云:'苏合切,小儿履也。'今犹以为浅面疏屦之名,但用之于此句似无意义。疑当作扱,楚洽切,收也,取也,获也。妖谓狐狸之属,能为妖媚者也。绗当从系,狱中以绳索急缚罪人之名也,言捕取妖狐而以藤索缚之也。"南宋监本原文作"绗"。宋白文本作"绀",祝本作"併"。魏本:"孙曰:'鞍,小儿履。藤索绗者,以藤索为之。'祝曰:绗,振绳墨也。《前汉》:'绗之以象类。'樊曰:此句与其下'蹙绳觑娥婺',疑为今之秋千。"文《详注》:"一作'绗'。《通典》云:萨宝符妖者,西域国天神佛经所谓'摩醯首罗'也。武德四年置妖祠及官。常有群胡承事取火祝诅。贞观二年,置波斯寺。至天宝四年(当为'载')三月,敕:'波斯经[景]教出自大秦,传习而来,久行中国,爰初建寺,因以为名。将欲示人,必修其本。其两京波斯寺,宜改为大秦寺,天下诸州郡有者,亦准此。'开元二十年八月,敕:'首摩尼法本是邪见,妄称佛教,诳惑黎庶,宜加禁断。'鞍当作萨,妖当作祆,音呼烟切。藤索绗者,以其寺废故也。绗,杂也,音卑盈切。《补注》:'鞍妖藤索绗'与下'蹙绳觑娥婺',疑为今之秋千。鞍,《说文》(革部)云:'小儿履也。'"顾嗣立《集注》:"《文选》(卷三张衡)《东京赋》云:'对操索苇,司执遗鬼。'语意本此。"王元启《记疑》:"妖鞍,方作'鞍妖'。按:妖鞍谓鞋履怪异,如《送文畅》诗所谓'诡制怛巾袜'是也。村中祭赛之馔,竞用木盘。农民妖异之鞋,多缠藤索,若今世织草为屦,即其遗制,解作捕取妖狐,殊无意义。"钱仲联《集释》:"如《考异》说,不特需改字,且'扱'是动词,与上句亦对不过也。今从王说为定。惟王谓'今世织草为履,即其遗制'则非是。草履在唐时早有之矣。'绗'字,《汉书·扬雄传》('绗之以象类'句)注:'併也,杂也。'又朱彝尊评此二句云:'似咏墟墓间事,宜截属下节。'亦非是。祠庙祭赛,村氓异鞍,与墟墓无关也。"魏本:"韩曰:已上泛言城南景物之盛。"又魏本注:"鞍,悉合切。绗,北萌切。鞍妖,一作'妖鞭'。绊,一作'拼',又一作'併'。"童《校诠》:"第德案:应以朱子说为长,汉书司马相如传注:鞭然,轻举意也,举犹获也,言获妖狐以藤索缚之,似不必校鞭作扳。王宋贤谓农民妖异之鞋,多缠藤索,未举例证,使人难以置信,又谓今世草履即其遗制,亦臆逞无据。其引诡制怛巾袜作证亦非,诡制言冠履与中国异制,非妖异。果有多缠藤索之鞋,乃农民质朴之表现,非服妖。服妖如申生衣偏衣,子臧聚鹬冠,昌邑王贺遣中大夫至长安治仄注冠,成帝以帝王之尊,好微行,白衣袒帻之类,见汉书五行志。钱定从王说,未为审谛。又谓草履唐时已有,未得其朔,按:左氏僖四年传:共其资粮屝屦,杜注:屝,草履也,仪礼丧服传有菅屦,传曰:菅菲(菲为屝之借字),疏屦,传曰:荐蒯之菲,绳屦,传曰:绳菲,曲礼苞屦,郑注:荐蒯之菲,皆为草履。慎子:有虞之诛,以屝屦当刖,字书:草曰菲,麻曰屦,皮曰履,黄帝臣于则所造,则草履黄帝时已有之。钱复云:祠庙祭赛亦误,公诗云:共向田头乐社神,此赛馔为祭社神之馔,亡国之社屋之,其余但树其土所宜之木而已!说文:社,地主也,从示土,春秋传曰:共工之子勾龙为社神,周礼:二十五家为社,各树其土所宜之木,祉,古文社。论语八佾篇:哀公问社于宰我,宰我对曰:夏后氏以松,殷人以柏,周人以栗。邢疏:夏都安邑,宜松,殷都亳,宜柏,周都丰镐,宜栗。庄子人间世:齐有栎社,汉高祖祷丰枌榆社,张华有朽(槐)社赋,皆以木名社,扫地而祭,非庙祭。孙说为王宋贤所本,而易其义为农民之鞋。樊解作秋千,未谛。祝引汉书,见扬雄传下,晋灼曰:绊,杂也。师古曰:绊,併也,音并。其释绊为振绳墨,本广韵十三耕,于此未切。"童说详慎,当遵之。

⑭ 文《详注》:"谓乡校也。"蒋之翘《辑注》:"荒学,荒诞之学,如道、释二氏书也。"方世举《笺注》:"'里儒'句承荒学,'土怪'句承古藏,则荒学当为荒村学舍,不应指二氏书。"方说是。五六卷,指经典书籍。

⑮ 方《举正》作"四三茎",云:"蜀本作'三四茎'。"朱《考异》:"四三,或作'三四'。"宋白文本、文本、祝本作"三四"。魏本、廖本、

王本作"四三"。按平仄音律与韩公用字之讲究,作"四三"是。文《详注》:"堃,墓也,音维倾切。"魏本:"孙曰:堃,墓域也。韩曰:公逸诗有《饮城南道边古墓上》,即谓此类。"藏,埋也,葬也。

⑥ 文《详注》:"谓乡校生徒也。"钱仲联《集释》:"《庄子》:'擎跽曲拳。'"童《校诠》:"第德案:拳为卷之借字,说文:卷,膝曲也,卷足拜,曲膝而拜也。拳、卷古字通,例证见卷四崔十六少府摄[伊]阳以诗及书见投篇谋拙日焦拳下,不重出。钱引庄子,见人间世篇,成玄英疏:擎手跽足,磬折曲躬,俯仰拜伏,则拳亦卷之借字。"此句承上"荒学"句。

⑥ 文《详注》:"《家语》:'土之怪坟羊。'又《博物志》(卷一):'和气相感,则阜生土怪。'侦,伺也,音丑贞切。"魏本:"孙曰:'闪睁,瞬目也。侦,候也。'韩曰:《家语》:'季桓子穿井得土缶,问孔子。孔子曰:土之怪者,羵羊缶也。'"方世举《笺注》:"土怪:《鲁语》:'季桓子穿井获如土缶,其中有羊焉。使问之仲尼,对曰:土之怪曰坟羊。'"此句承上"古藏"。

⑥ 文《详注》:"城南有于頔旧宅、韦庶人、太平公主等山庄,自此至'风期谁复赓',皆感念追咏之也。"魏本:"孙曰:蹄道,谓牛马所蹴处。《补注》:《孟子》(《滕文公上》):'兽蹄鸟迹之道。'"方世举《笺注》:"蹄道:按此句当用《孟子》'兽蹄鸟迹之道'。蒋云:'蹄道,墓域之路以通人迹者。'未审何据。"蹄道,当是城南别业的常行之路,此指蹄道修修坏坏。韩公有《游城南十六首》诗,其中有《赛神》《题于宾客庄》《题韦氏庄》等。

⑥ 文《详注》:"谓蛛网也。"魏本:"孙曰:丝寘,蛛网之类。"明蒋之翘《辑注》:"如《诗》(《豳风·东山》)所谓'蠨蛸在户',户无人出入则结网,当之。"

⑦ 文《详注》:"《说文》(虫部):'蝙蝠,伏翼也。'以其昼伏有翼。上音布田切,下音方六切。"韩公《山石》云:"山石荦确行径微,黄昏到寺蝙蝠飞。"沸,蝙蝠昼伏夜出,成群乱飞,喻其多也。

⑦ 伊威盈:方《举正》据蜀本订"伊威"二字,云:"陆《释文》曰:

'或旁加虫,后人增也。'"朱《考异》:"或作'蛜蝛'。"南宋监本原文作"蛜蝛"。宋白文本、文本、潮本、祝本、魏本皆作"蛜蝛"。廖本、王本作"伊威"。二者均可。韩公《送区弘南归》:"幽房无人感伊威,人生此难余可祈。"文《详注》:"《小雅·东山》诗:'蛜蝛在室。'郑氏云:'家无人则然。'《尔雅》(《释虫》)云:'委鼠也。'鼠妇别名音伊威。"钱仲联《集释》:"《诗·东山》(《豳风》):'伊威在室。'毛传:'伊威,委黍也。'陆德明《释文》:'委黍,鼠妇也。'"伊威,虫名。《诗·豳风·东山》:"伊威在室,蟏蛸在户。"陆玑疏:"伊威,一名委黍,一名鼠妇,在壁根下瓮底土中生,似白鱼者是也。"明高启《送林谟秀才东归谒松江守》:"长年旅舍破毡冷,坐厌蟋蟀愁伊威。"《汉语大词典》引韩诗为例。

⑫ 魏本注:"主,作'生'。"非是。文《详注》:"讯,问也。"向当地人追问以前在此居住的主人。韩公《圬者王承福传》:"嘻!我操镘以入富贵之家有年矣,有一至者焉,又往过之,则为墟矣;有再至三至者焉,而往过之,则为墟矣。问之其邻,或曰:噫!刑戮也。或曰:身既死,而其子孙不能有也。或曰:死而归之官也。"

⑬ 上句是问,此句是答。文《详注》:"山顶曰冢,言皆卿相之旧居也。《补注》:言盛衰兴替之不常如此,如'败壁''折篁'以下至'白蛾飞舞地',皆此意也。"方世举《笺注》:"冢卿:《左传》(襄公十四年):'先君有冢卿。'"韩公《圬者王承福传》:"抑丰悴有时,一去一来而不可常者邪!"

⑭ 文《详注》:"剥,落也。"魏本:"孙曰:月自败壁而入,如剥破之状。"此即谓寒月自败壁照进来也。

⑮ 文《详注》:"篁,竹名。言折篁过风有昔日笙竽之声。谢庄《月赋》(《文选》卷一三)云:'风篁成韵。'"魏本:"孙曰:风吹折竹,其声如笙。《补注》:《笔墨闲录》云:徐师川喜诵《岳阳楼别窦司直》诗'时当冬之孟,隙窍缩寒涨''犹疑帝轩辕,张乐就空旷',复喜诵《南山》诗'挂一念万漏',《联句》'败壁剥寒月,折篁啸遗笙'。师川伟人,好尚可记。"此韩公见今之破败,想昔日公卿之家声乐之盛也。

⑯ 方《举正》订"袿"字,云:"袿,音圭,妇人上服也。古乐府所谓'衣上芳犹在,握里书未灭'是也。李本以唐本定作'袿',今本作'桂'字,小讹也。曾本亦'在',一作'炷'。"朱《考异》:"袿或作'桂';在或作'炷',皆非是。"宋白文本、文本、祝本、魏本作"桂",作"在"。廖本、王本作"袿",作"在"。今从方作"袿",作"在"。文《详注》:"熏,烟也,音许云切。霏霏,气升貌。言贵侈之家吹爨以桂其烟,霏然犹在目前也。《战国策》:'苏秦谓楚王曰:楚国食贵于玉,薪贵于桂。'"魏本:"孙曰:桂熏,桂,香也。霏霏,香气。在,一作'烟'。"钱仲联《集释》:"'霏霏'本为烟雾起貌,引申为香气郁盛。谢朓《咏落梅》:'新叶初冉冉,初蕊新霏霏。'周弘正《学中早起听讲》诗:'初雾上霏霏。'韩盖用此。"袿(guī),妇女上衣。《文选》卷一九宋玉《神女赋序》:"振秀衣,被袿裳。"亦指普通衣袖、衣裙解。按下句写履,此当作"袿",当衣裳解为善。熏霏霏,当作"香气纷飞郁盛"解,不当作"烟雾升起貌"解。《诗·小雅·采薇》:"今我来思,雨雪霏霏。"《楚辞》屈原《九章·涉江》:"霰雪纷其无垠兮,云霏霏而承宇。"

⑰ 方《举正》作"綦",云:"杭本作'綦'作'棋',班婕妤赋(《自悼赋》载《汉书·外戚传》):'俯视兮丹墀,思君兮履綦。'綦,履下饰也。杭本非,然二语实皆缘班赋以起义。阁本'呈'又作'星',曾本亦'呈',一作'星'。"朱《考异》:"綦,或作'棋'。非是。(下引方语)呈,或作'星',非是。"文《详注》:"綦,青黑文履饰也,音其。扬雄《反骚》云:'履掾抢以为綦。'晋灼曰:'履,足迹也。'颜师古云:'履下饰。'(见《汉书·扬雄传》)"魏本:"祝曰:《礼记》(《内则》):'偪、屦,着綦。'屦,系也。孙曰:'綦迹,履文,盖直刺其文以为饰。'"此句谓:显贵之家的鞋印还依稀可见。

⑱ 魏本:"孙曰:剑石者,石刻削如剑。竦,高貌。槛,栏槛。《说文》(木部)云:'栊也。'"此谓:用剑石竖起的栏杆高高竦立在那里。

⑲ 文《详注》:"刻饰兽形于柱,言屋宇宏丽。挐,牵引貌,音女

居切。”魏本：“孙曰：‘兽材谓柱上刻为兽形。挐，牵引也。楹，柱也。’”魏本音注：“挐，女书切，一作女加切。”方成珪《笺正》：“汲古阁《说文》：‘拏，牵引也，从手，奴声，女加切。挐，持也，从手，如声，亦女加切。’段懋堂本校正曰：‘挐，牵引也，从手，如声，女居切。拏，持也，从手，奴声，女加切。’如此分析，则两字音义判然矣。”李详《证选》：“王延寿《鲁灵光殿赋》：‘飞禽走兽，因木生姿，奔虎攫拏以梁倚。’”楹（yíng 以成切，平，清韵），厅堂前的柱子。《春秋》庄公二十三年：“秋，丹桓宫楹。”注：“楹，柱也。”清古通庚韵。

⑳ 唾：唾余，谓遗失也。玉啼，方《举正》据三馆旧本订“啼”作“题”，云：“《选·蜀都赋》：‘玉题相辉。’题，椽上饰也。故曰‘堕犹鎗’。鎗，堕之声也。本一作‘琤’，然阁本、蜀本只作‘鎗’（鎗，简化作‘枪’）。宝唾，陈齐之本‘一作宝碢’，然诸本皆作‘唾’。王子年《拾遗记》：‘吴主每与潘夫人游昭宣之台，酣醉，唾于玉壶中，使侍婢泻于台下，约火齐指环，即挂石榴枝上，因其处起台，名曰环榴台。’公岂用此事耶？”朱《考异》：“唾，一作‘碢’。啼，方作‘题’。（下引方语）或云：碢，柱碽也。与玉题意相类。洪云：‘此以咳唾喻珠玑，以啼泣喻玉箸也。’唾，又作‘硾’。啼，又作‘揥’。今按：上下文意皆妇女事，洪说为是。若作‘题’，即上句当作‘碢’，然非文意。又碽乃柱础，亦非可拾之物也。”拾，文本作“食”，非是。王元启《记疑》：“愚按：若依洪说作‘玉啼’，则‘堕’指陨涕。句末‘枪’字，不应作如此巨响。又上有‘剑石’‘兽财’二语，则‘宝硾’‘玉题’，义正相属，不得以上下文意皆妇女事为疑。今硾字从洪氏所载，或本既与‘玉题’相类，又韵书但云‘石貌’，不指定柱础，更不必疑其难拾。‘题’字则从方本。洪以啼泣喻玉筋，盖曲说也。”方成珪《笺正》：“当从陈、方本，此与上联‘剑石’‘兽材’正一类。朱子谓上下文意皆言妇女事，窃疑其说未当。”钱仲联《集释》：“如王元启、方成珪说，则二语钝拙已甚，了无意味。愚谓仍当从诸本作‘宝唾’‘玉啼’，特洪解未尽耳。诗意若曰：‘见碎宝之委地，疑佳人咳唾之未尽，闻饰玉之堕空，恍佳人涕泪之如陨。’宝与玉就宝物说，紧承上

联。唾与啼出于想像,开出下联。倘以宝玉为形容唾泪解则非矣。"

㉛文《详注》:"绡,绮属,音思邀切。古诗(《文选》卷三〇陆机《拟古诗十二首》之《拟西北有高楼》)云:'绮窗出尘冥。'铣曰:'结绮为窗网也。'闷,闭也。艳,美色也。"魏本:"孙曰:'窗绡,窗纱。闷,藏也。艳,美色也。言窗绡中所疑闷藏佳人也。'"

㉜文《详注》:"檠,灯架也,音渠京切。"魏本:"孙曰:'檠,烛台也。'"檠(qíng渠京切,平,庚韵),灯架,也借指灯。北周庾信《对烛赋》:"刺取灯花持桂烛,还却灯檠下烛盘。"程学恂《韩诗臆说》卷一:"('宝唾'四句)数语写来荒惨,不减《芜城赋》。"韩公有《短灯檠歌》。

㉝廖本、王本此句下无"郊"字。宋白文本、文本、魏本均有"郊",祝本注:"一有'郊'字。"按上下文序当有"郊"字,补之。文《详注》:"绿发,水苔也,生于井甃之间,一名石发。甃,井壁也,音侧救切。珉,石似玉,言珉者美之。"魏本:"韩曰:'绿发,细草。'孙曰:'绿发,绿苔也。抽珉甃,言生于珉甃之上也。甃,井甃。珉,石之次玉者。珉甃,美言之也。'"方世举《笺注》:"绿发:韩云:绿发言细草。按:周处《风土记》:'石发,水苔也,青绿色,生于石。'则绿发不当是草。《风俗通》:'甃,聚砖修井也。'《水经注》:'疏圃中有古玉井,井悉以珉玉为之。'"韩谓绿发为细草,非是。文、孙、方说是。绿发,指生于井甃石上的青苔。青苔不只生于石上,井亦有以砖甃者。而苔多生在阴凉潮湿的地方。唐王维《书事》诗云:"轻阴阁小雨,深院昼慵开。坐看苍苔色,欲上人衣来。"绿发乃绿苔,生井甃的砖石上,乃苔藓也,绝非草。甃(zhòu):井壁。《庄子·秋水》:"出跳梁乎井干之上,入休乎缺甃之崖。"陆德明《释文》:"李(颐)云:'甃,如阑,以砖为之,著井底也。'"

㉞魏本:"孙曰:'青肤,青皮也。耸,高也。瑶桢,美干也。'"文《详注》:"桢,刚木也,音征。《西京杂记》云:'终南有树直上百丈无枝,结聚条如盖,长安谓之丹青树。'嵇叔夜《琴赋》(《文选》卷一八):'清露润其肤。'(张铣)注云:'肤,木之皮也。'"方世举《笺注》:

"瑶桢:《说文》(木部):'桢,木也。'按:瑶桢,玉树也。言青苔依玉树之上也。"钱仲联《集释》:"青肤当如孙解,如解作苔藓,与上句犯复。"此指桢树之皮。

⑧⑤ 魏本:"孙曰:'蛾,飞虫也。飞于向来歌舞之地也。'"文《详注》:"《尔雅》曰:'蚕化飞虫也。'《汉书》曰:'白蛾群飞。'"方世举《笺注》:"白蛾:《尔雅·释虫》:蛾,罗。注:蚕蛾。《三辅黄图》:'《汉书》曰:成帝建始元年,有白蛾群飞蔽日,从东都门至枳道。'"此谓:昔日贵显之家的歌舞之地,今日已萧条无人,白蛾乱飞。

⑧⑥ 魏本:"樊曰:棚,《博雅》云:'阁也。'祝曰:《说文》(木部):'栈也。'"文《详注》:"棚,架也,音彭。"魏本:"孙曰:'蠹,书虫。棚,书架。'"方世举《笺注》:"幽蠹:《尔雅·释虫》:'蟫,白鱼。'注:'衣书中虫。'书棚:《广雅·释室》:'棚,阁也。'"钱仲联《集释》:"《穆天子传》(卷五):'蠹书于羽陵。'郭注:'曝书蠹虫,因曰蠹书也。'"魏本:"韩曰:已上言郊墟宅墅之古废。"

⑧⑦ 文《详注》:"惟,思也。思昔冢卿之家,善于吟咏者。"魏本:"孙曰:'言昔之人于此酬唱也。'"文《详注》:"《补注》:此句至'抑横免官评',言富贵奢华之盛如此。"

⑧⑧ 文《详注》:"宋玉《神女赋》(《文选》卷一九)云:'陈嘉辞而云对兮,吐芬芳其若兰。'嘤,声也,音于茎切。《伐木》诗(《诗·小雅》)云:'鸟鸣嘤嘤。'注云:'百鸟声也。'"魏本:"孙曰:吐芳,谓吐出佳句。《诗》(《小雅·伐木》):'伐木丁丁,鸟鸣嘤嘤。'鸣嘤者,言如鸟声相和也。"此承上句吟咏之声。

⑧⑨ 文《详注》:"谓吟咏之间,搜摘奇异以为佳句也。"魏本:"孙曰:'海异,海中异物。'"此谓:酬唱吟咏之间,广搜奇异,以为佳句。

⑨⑩ 文《详注》:"鲸,大鱼也。雄曰鲸,雌曰鲵。"魏本:"孙曰:'恣韵,纵韵也。激天鲸,激天上鲸鲵也。鲸鲵腾跃,故云天鲸也。'"方世举《笺注》:"激天鲸:班固《东都赋》(《文选》卷一):'发鲸鱼,铿华钟。'《尔雅翼》(卷三〇《释鱼》):'蒲牢大声如钟,而性畏鲸鱼。鲸鱼跃,蒲牢辄鸣。故铸钟作蒲牢形,斫撞为鲸形,天子出则

击之。'"此谓：诗韵纵情激越如天鲸跳跃。

㉛ 文《详注》："《金楼子》(《立言》)云：'扬雄作赋，有梦肠之谈；曹植为诗，有胃反之论。'言劳神也。"魏本："孙曰：'绕万象，谓思虑之广。'"屈《校注》："《文心雕龙·物色》：'诗人感物，联类不穷。流连万象之际，沉吟视听之区。'《文选》扬雄《甘泉赋》题注引桓谭《新论》(《祛蔽》)云：'雄作《甘泉赋》一首，始成，梦肠出，因收而内之。明日遂卒。'《太平御览》三七六引《魏略》云：'陈思王精意著作，食饮损灭，得反胃病也。'"此谓诗思之广，包罗万象。

㉜ 文《详注》："晋裴頠少知名，周弼见之，叹曰：'頠若武库，五兵纵横，一时之杰(见《晋书·裴秀传附裴頠传》)。'按《周礼·夏官》(《司兵》掌五兵句)注(引郑司农)云：'五兵：戈、殳、戟、酋矛、夷矛也。'又《广古今五行记》云：'北齐御史李广勤学博物，夜梦见一人，出于其身中，谓广曰：君用心过苦，非精神所堪，今辞君去。因遇疾而终。'"魏本："孙曰：'驱五兵，言精神之俊杰也。'"方世举《笺注》："五兵：《周礼·夏官·司右》：'凡国之勇力之士，能用五兵者属焉。'注：'司马法曰：弓矢围、殳矛守、戈戟助，凡五兵。'"程学恂《韩诗臆说》卷一："观此知以文章名世，非公本志也。"钱仲联《集释》："寻绎前后文意，此语仍就文章言，程说似错会诗意。"此谓诗思之锐且有力。

㉝ 朱《考异》："李杜，下对'雷车'，未详其说。"魏本："韩曰：'李白有《杜陵》等诗，杜甫有《赠韦赞善》，皆城南诗也。'"文《详注》："《新传》谓白生于巴蜀，而杜甫亦流落剑南久之，故曰'蜀雄'。"魏本："孙曰：'谓杜甫、李白拔起也。'"方世举《笺注》："蜀雄：按李白隐居岷山，杜甫流落剑南，故曰蜀雄。"此谓蜀之雄才李白、杜甫拔出卓立。

㉞ 文《详注》："《淮南子》(《原道训》)云：'以雷为车轮。'轰，众声也。言二公诗名如此之盛。疑雷'车'作'电'，按：傅玄《杂言诗》曰：'童女掣电策，童男挽雷车。'则雷、电亦二人也，故以对李、杜。"魏本："韩曰：'《庄子》：恶闻雷车之声。'"钱仲联《集释》引张鸿曰：

"李杜、雷车,非对而对。李、杜二姓,雷、车二物,形容轰字之意,即形容李、杜之文字耳。"方世举《笺注》:"雷车:《庄子·达生篇》:'委蛇紫衣而朱冠,恶闻雷车之声,则捧其首而立。'按'蜀雄'二句本流水对,王伯大疑'雷车''李杜'不可作对,亦太拘矣。"童《校诠》:"第德案:诗采芑:戎车啴啴,啴啴焞焞,如霆如雷,言车声如雷声也。文选司马相如长门赋:雷殷殷而响起兮,声象君之车音。傅武仲雷歌:雷殷殷感妾心,倾耳听,非车音,谓雷声似车声也。韩氏所引庄子外物篇:恶闻雷车之声,谓恶闻雷声与车声也。雷车二物,故可与李杜对,方、张说皆是,方谓此为流水对,可释朱氏之疑。至以朱子说为王伯大,当为一时误记。"谓李杜之诗有撼动山岳之力,震荡之力如雷车在空中轰鸣一样。雷车,车如雷声,如上解。又雷神之车。旧题晋陶潜《搜神后记》卷五有女鬼阿香推雷车故事。唐白居易《酬郑侍御多雨春空过诗三十韵》诗:"鬼转雷车响,蛇腾电策光。"宋苏轼《无锡道中赋水车》诗:"天公不见老翁泣,唤取阿香推雷车。"与上引傅玄《杂言诗》同。韩公博学,必会想起此说,故混用其意。二物也罢,二人也罢,皆可以对。

㊉ 斡玄造:方《举正》据杭本订"玄"字。朱《考异》:"玄,或作'元'。"南宋监本作"元"。宋白文本、文本、潮本、祝本、魏本作"元"。廖本、王本作"玄"。作"元"作"玄"均可,意亦同。作元者当是唐旧本之遗,时因避玄宗李隆基之讳作"元"。宋以后出本作"玄"。李汉所编其旧作"元"。文《详注》:"斡,旋也。"魏本:"孙曰:'斡,转也。元造,元化。'祝曰:《选》:'大仪斡运。'"魏本音注:"斡,乌括切,又音管。"钱仲联《集释》:"玄造,犹言造化。《广雅·释言》:'玄,天也。'"斡(wò),旋转。谢惠连《七月七日咏牛女》:"倾河易回斡。"引申为事物的运转、往复。贾谊《鵩鸟赋》:"万物变化兮,固无休息。斡流而迁兮,或推而还。"玄造,天意。北周庾信《代人乞致仕表》:"明宪不敢以纤负,玄造竟微于滴助。"此言作诗之力大,可以旋转天意。

㊏ 魏本音注:"峥,初耕切。一作'琤'者非。"宋白文本作

"峥",注:"一作'狰'。"廖本、王本同。诸本作"峥"者是。文《详注》:"霄,云也。峥嵘,山高貌。扬雄《解嘲》(《文选》卷四五)云:'独说[数]十余[万]言……高者出仓天。'"魏本:"孙曰:'霄峥,山之切云者。'祝曰:'轧,轹也。'"方世举《笺注》:"高言:《庄子·天地篇》:'高言不止于众人之心。'霄峥:孙云:'山之切云者为霄峥。'"此句言高,对上句大。上句谓诗的力度大,此句则说诗的境界高。

⑨⑦ 文《详注》:"芒端,笔端也。《文赋》(《文选》卷一七陆机):'挫万物于笔端。'"魏本:"孙曰:'芒端,笔端也。转寒燠,言笔端有神,能变寒暑也。'"寒燠,即冷热,也即寒暑。谓笔力之大可以转动寒暑。

⑨⑧ 此句谓:其诗之所以产生那样大的力量、那样高的境界,乃得神力之助也。魏本:"韩曰:谢灵运得'池塘生春草'之句(载《文选》卷二二《登池上楼》诗),曰:'此语神助,非吾语也。'"文《详注》:"东坡云:'徐陵醉中作《白云出远峤》篇,明日酒醒,读之自惊,以谓神助。陈统见而心降。觥,罚爵也,受七升。'《说文》(角部)曰:'兕牛角可以饮者,其状觥觥然,故谓之觥。'觥,音姑横切。"方世举《笺注》:"神助:钟嵘《诗品》:'此语有神助。'"

⑨⑨ 魏本:"孙曰:'巨细,百物也。言皆乘运而奋起。'"方世举《笺注》:"巨细:按:言城南题咏甚多,自李杜出,虽才之大小不同,亦各有佳句也。"钱仲联《集释》:"诸本原注'愈'字。按此诗自首末二句外,中间人赋十字,此处若注'愈'字,则公竟连赋二十字矣。又稍下'珥'字下、'调'字下连注'郊'字,亦非。当于此句下及下文'雪'字下之'愈'字均改作'郊',下文'蕊'字下及'珥'字下之'郊'字,均改作'愈',方合。"所说是,从之。

⑩⑩ 朱《考异》:"潏,或作'沛'。"文本、祝本、魏本作"沛"。宋白文本、廖本、王本作"潏",作"潏"合句意,从之。文《详注》:"沛,音围,水流浊貌。乘运,腾声,言皆入吟咏也。"魏本:"孙曰:'湍,急水。沛,不流水。言皆有声也。'韩曰:'已上言昔人吟咏之工。'"方世举《笺注》:"湍潏:《说文》(水部):'湍,疾濑也。潏,不流浊也。'"

涠(wéi)，不流的浊水。湍涠，激流的浊水。童《校诠》："第德案：说文：沸，回也，段曰：本部：渊，回水也。淀，回泉也。按：此云湍沸亦腾声，涠为不流浊水，不流者无声，应以作沸为是。孙本作涠故以不流水释之，其字应作涠，作沸者涉正文而误。"

⑩ 魏本："孙曰：'粉蕊，蕊之粉者。咀，咀嚼也。'"文《详注》："咀，嚼也，音才茹切。郭景纯《游仙诗》（《文选》卷二一）云：'放情凌霄外，嚼蕊挹飞泉。'"方世举《笺注》："粉蕊：魏文帝《典论》（《文选》卷二一郭景纯《游仙诗》'嚼蕊挹飞泉'句注引）：'饥餐琼蕊。'"朱彝尊《批韩诗》："（此下）赞嘉味，却微插入景物，如此风度乃饶，不然便恐涉枯寂。"

⑩ 朱樱：宋白文本、文本作"朱樱"。樱，文《详注》云："樱桃也。"祝本、魏本、廖本、王本作"珠樱"。魏本："孙曰：珠樱，樱桃如珠。"方世举《笺注》："珠樱：左思《蜀都赋》（《文选》卷四）：'朱樱春熟。'《埤雅·释木》：'南人语其小者谓之樱珠。'"则作"珠"、作"朱"均可。"凌花""朱樱"，非如文、孙、方所说写春景而咏花咏樱。"凌""咀""削""穿"均动词，与下词构成动宾词组。上句当是写侵凌（造作）鲜花而吐出粉蕊（佳句）。下句依然，缕者线也，线岂能削，当是以樱桃枝比之，此句则写樱桃枝上的串串红樱桃，好像削成线穿起来一样。都是以人工雕琢自然景物比喻写诗。即韩公《进学解》之谓"含英咀华"也。由上下文义可证。

⑩ 魏本："孙曰：'绮语，美言也。语言温美，足以洗晴雪也。'"钱仲联《集释》："《瑜伽师地论》：'云何绮语？谓起绮语，欲乐起染污心，若即于彼起不相应语方便，及于不相应语究竟中所有语业。'"此谓绮语的作用。

⑩ 魏本："孙曰：'辞，曲辞。弄，鸣也。哢雏莺者，言如雏莺之鸣。'"文《详注》："鸟子曰雏。梁简文帝《春诗》曰：'娇莺弄不稀。'"二句仍指歌诗。

⑩ 酣欢杂弁珥：方《举正》据阁本作"劝杂"，云："蜀本亦作'杂'，李、谢本皆校'一作杂'。此乃淳于髡所谓'前有堕珥，后有遗

簪'是也。"朱《考异》云："欢,方作'劝'。杂,或作'新'。方从阁本。(引方语)今按:方意劝为劝酒之意,然此皆形容诗语之工,不当作'劝',而作'欢'字,则对'价'字为尤切。"南宋监本原文"劝"作"欢"。宋白文本、文本、潮本、祝本作"欢"。魏本"欢"作"歌"。宋白文本、文本、祝本"杂"作"新"。廖本、王本作"欢杂"。今从朱、廖、王本作"欢杂"。文《详注》:"酣,酒乐也,音胡甘切。《后汉·志》(《后汉书·舆服志下》):'武弁大冠,诸武官冠之,侍中插貂尾为饰。'曹子建诗曰:'七叶珥汉貂。'珥,音二,插也。"魏本:"祝曰:弁,冕也。珥,瑱也。《列子》:'设笄珥。'"文谓酣酒者非。朱说是。珥(ěr),用珠玉做的耳饰。《史记·外戚世家》:"帝遣责钩弋夫人,夫人脱簪珥叩头。"此句与下句仍是比喻,指作诗。

⑩⑥ 文《详注》:"琼,赤玉也,音葵营切。"方世举《笺注》:"金琼:曹植《文帝诔》:'其刚如金,其贞如琼。'范静妻沈氏诗:'宝叶间金琼。'"此句与上句对,"流金琼"与"杂弁珥"者皆指矫揉造作的文字。

⑩⑦ 菡萏写红调:方《举正》据唐本订"江"字,云:"谢校。《选》刘休玄诗(卷三一《拟行行重行行》):'悲发江南调。'又谢灵运诗(《道路忆山中》):'采菱调易急,江南歌不缓。'李善皆引古《江南词》'江南可采莲'以释之。盖菡萏,荷花也。蓝与江,皆以地言也。东野本集喜用'江调'字。"朱《考异》:"江,或作'红'。(下引方语)"宋白文本、文本、潮本、祝本、魏本作"红"。廖本、王本作"江"。魏本:"韩曰:《尔雅》(《释草》):'荷,芙蕖,其花菡萏,其实莲。'"文《详注》:"《尔雅》(《释草》)曰:'菡萏,荷华也。'上音户感切,下音胡感切。盖当时有此华为曲调者。王子年《拾遗》:师涓作四时乐,'夏有明晨焦泉朱华流金之调。'"童《校诠》:"第德案:方说是,作红亦通,红为江之假借字,汉周憬功勋铭:自瀑亭至乎曲红;绥民校尉熊君碑:诏书除补桂阳曲红长,曲红即曲江。此借红作江,与下蓝字皆以采色作对也。"童说有理。作"江"作"红"均可,然以上下文"菡萏写红调"与"葳蕤缀蓝瑛"句,红与蓝字表示色彩相对,作"红"字

为善;况孟郊、韩愈皆十分讲究炼字。

⑩ 方《举正》:"萎蕤:青花圆实,亦名玉竹。"朱《考异》:"蓝瑛:蓝田之玉也。"魏本:"韩曰:'萎蕤,草垂实也。瑛,玉光。'孙曰:'萎蕤,繁盛貌。蓝瑛,谓蓝田玉。'"文《详注》:"《瑞应图》曰:'萎蕤,瑞草也。王者礼备则生于殿前。'上音邕危切,下音儒佳切。瑛,音英,《说文》(玉部)云:'玉光也。'"此句对上句,"莲花"对"瑞草","写"对"缀",均作动词。红色对蓝光,正是荷花对美玉也。

⑩ 文《详注》:"庖,厨也。鲫,鱼名,音资昔切。蜀本云:'形似赤鲤,色黑而体促,肚大而脊隆。"魏本:"孙曰:'鲫,鱼名。庖霜者,以鲫为脍,其白如霜也。'"方世举《笺注》:"庖霜:张协《七命》:'命支离,飞雪锷。红肌绮散,素肤雪落。'《本草》:'鲫鱼,一名鲋鱼,色黑而体促,所在池泽皆有之。'杜甫诗:'网聚黏玄鲫。'"霜,指庖师之刀刃明亮也。非孙说鲫鱼之肉。玄,黑也,脍玄鲫即杀黑鲫鱼也。此句以下写显贵之家的生活。

⑩ 浙玉:方《举正》作"淅玉",云:"淅,字从折,之列切。魏文[武]帝嘲王朗曰:'不能效君昔在会稽折杭米。'古字只作折。从析,星历切,《孟子》(《万章下》)所谓'接淅而行'是也。诸本多作'浙'。"文《详注》:"浙,音折,渍米也。粳,稻也。言玉,美之。"陈景云《点勘》:"注说是。'折稌'见《内则》,尤古'淅'作'折'之明证。盖'浙'与'淅'亦音异而义同耳。又魏文之'文'当作'武'。"王元启《记疑》:"《诗》(《大雅·生民》):'释之叟叟。'传云:'释,汰米也。'《孟子》:'接淅而行。'字皆从析作淅。方本改'淅'为'浙',音之舌反。且谓古'淅'作'折'。愚按:《广韵》'浙'字下虽亦有浙米之训,然恐实系'淅'字之讹。方氏好奇,正使别有他据,总不如从《孟子》《毛传》音星历反之现成而稳当也。"方成珪《笺正》:"见《魏略》,'文帝'当作'武帝'。折杭米,今本仍作'析'。"钱仲联《集释》:"按:浙、淅二字,音义不同。《说文》(水部):'浙,江水,从水,折声。''淅,汰米也,从水,析声。'《仪礼》(《士丧礼》):'祝淅米于堂。'郑玄注:'淅,汰也。'《淮南子》(《兵略训》):'淅米而储之。'高诱注:'淅,渍

也。'俱作'淅',不作'浙'。《内则》'折稌'。宋本、明嘉靖本《礼记》俱作'析稌'。阮元《校勘记》曰：闵、监、毛本'析'作'折'，《石经》同，岳本同，卫氏《集说》同，《释文》同。段玉裁校本云：'折当析之误。析，同淅，汰米也。陆云：之列反。非。'据此，则《举正》与《点勘》之说皆误。今定从'淅'。"童《校诠》："第德案：说文：淅，汰米也。仪礼士丧礼：祝淅米于堂，孟子万章篇：接淅而行，淮南兵略训：淅米而储之，字皆作淅。又作釋，说文：釋，渍米也。诗假释为之，生民：释之叟叟，毛传：释，淅米也，尔雅释训释文引作淅之溞溞。淅、釋正字，释、浙、折皆假借字，非讹字。孙本作浙，故引孟子及毛传作证，其两浙字皆当作淅。说文：秔稻属，从禾，亢声，粳秔或从更声，杭粳为秔稉之隶变。"童说是，虽说如此，以作"淅"为善。此句谓汰米做饭。

⑪魏本："孙曰：'百态，百种也。'"此指贵显之家奢侈豪华，仅朝餐就有百种。

⑫春醪：醪，俗谓醪糟。春醪，好酒，即《史记·袁盎传》所谓"醇醪"。魏本："孙曰：《诗》（《豳风·七月》）：'为此春酒。'后人因以春为酒名，唐有抛青春之类是也。"文《详注》："《南都赋》（《文选》卷四张衡撰）云：'酸甜滋味，百种千名。'"此谓酒类之多。韩公《感春四首》之四："百年未满不得死，且可勤买抛青春。"抛青春乃酒名。李肇《唐国史补》卷下："酒则有郢州之富水，乌程之若下，荥阳之土窟春，富平之石冻春，剑南之烧春。"杜诗所谓"云安曲米春"，裴铏《传奇》之谓"松醪春"等，可知名酒之多。

⑬哀匏蹙驶景：方《举正》据唐本订"蹙驶"，云："杭同。曾、李校，阁本、蜀本'驶'讹作'缺'，监本又倒其字为'缺蹙景'，愈不通也。"朱《考异》："蹙驶，或作'缺蹙'，或作'蹙缺'。"南宋监本原文作"缺蹙"。宋白文本作"蹙缺"。文本、潮本、祝本、魏本作"缺蹙"，注："一作'蹙缺'。"今从方。魏本："孙曰：'哀匏，谓匏声哀苦。匏，瓠也，以为笙竽。缺，犹减也。'"文《详注》："《前汉·律历志》：'八音匏曰笙。'匏，瓠也，列管匏中，施簧管端。"蹙（cù），窘迫。形容哀

鲍之声。

⑭ 文《详注》:"洌,清也。晶,光也。"魏本:"孙曰:'洌唱,清唱。凝,犹遏也。余晶,日之光也。'"魏本音注:"洌,音列。晶,音旌。"黄钺《增注证讹》:"凝余晶,当是凝白日之余光。亦响遏浮云之意,但不知所本耳。"钱仲联《集释》:"此何必有所本。同时李贺《李凭箜篌引》亦有'空白凝云颓不流'之句,用凝字,构思正同。"童《校诠》:"曾居武曰:谓其声能遏日光使不动也。第德案:黄、曾之说皆本之孙氏。文选左太冲吴都赋:酣醧半,八音并,欢情留,良辰征,鲁阳挥戈而高麾,回曜灵于太清,将转西日于再中,齐既往之精诚,刘渊林注:此言酣饮与音乐,盖是其中半并会之际,欢情之所以留连,良辰之所以觉也。故追述鲁阳回日之意,而将转西日于中盛之时,以适己之盛观也。东野此语,盖本诸左赋。"此谓:清唱声音嘹亮可以遏止日光。按:童《校诠》引《吴都赋》原文,"酣"作"湑","於"作"而"。

⑮ 魏本:"孙曰:'解魄,谓魂魄解散。'"此承上句,谓清唱可以解魂魄。

⑯ 朱《考异》:"瞠,或作'蹬'。今按:《庄子》(《田子方》):'瞠若乎其后。'瞠,丑庚切,直视也。言坐久而无所见也。"诸本作"瞠",是。痹,文《详注》:"《说文》(疒部)曰:'足气不至曰痹。'音毗至切。瞠,直视也,音抽庚切。嵇康《绝交论》(《文选》卷四三《与山巨源绝交书》):'危坐一时,痹不得摇。'"魏本:"《集注》:痹,脚冷湿病。《素问》:'冬善病痹,气不至也。'"方成珪《笺正》:"诗意谓坐而直视诸伶奏技。"痹(bì 必至切,去,至韵),痺为痹的俗体,风湿病。《说文·疒部》:"痹,湿病也。"《素问·痹论》:"所谓痹者,各以其时,重感于风、寒、湿之气也。"瞠(chēng 丑庚切,平,庚韵),瞠着眼睛直视。《管子·小问》:"阒然止,瞠然视。"《庄子·田子方》:"夫子言道,(颜)回亦言道也;及奔逸绝尘而回瞠若乎后者。"《说文》无"瞠"字。此谓久坐发呆,似痹病也。

⑰ 文《详注》:"扳,引也,音披班切,与'攀'同。贱蹊,小径也。

谢朓《北山诗》云：'林密蹊绝踪。'贱，当作'践'。"魏本："祝曰：《楚辞》(《哀时命》)：'往者不可扳援。'注：'不可扳引而及。'孙曰：'贱蹊绝，谓贱者不得扳援而至也。'"此句谓：攀缘小路绝(尽也)。谓"贱，当作践"，非是。孙说亦非。

⑱曜：文本、魏本作"燿"。宋白文本、祝本、廖本、王本作"曜"，从之。文《详注》："仙选，谓图画之所。更，历而观之。"蒋之翘《辑注》："言神仙之中而复选择更易，则其人美之至也。"沈钦韩《补注》："选客如仙也，道家有选仙格。"此承上句意，谓山间小道绝险难扳，既扳之，故谓炫耀也。

⑲丛巧：方《举正》作"藂巧"，云："杭、蜀同。唐人多书'丛'作'藂'，《楚辞》及旧本韩、柳集皆然。今本尚间见一二，姑存之。"朱《考异》："藂，或作'叢'（今作简体'丛'）。（下引方语）"南宋监本原文作"丛"。宋白文本、文本、祝本、魏本作"丛"。廖本、王本作"藂"。藂，古字；叢，后出字，义音均同。今通作"丛"。《楚辞》宋玉《招魂》："藂菅是食些。"注："柴棘为藂……藂，一作'丛'。"魏本："孙曰：'丛，集也。'"方成珪《笺正》："藂，俗字，当作'丛'。"方世举《笺注》："采笑：按：言集众巧于此，又取其善笑者。"钱仲联《集释》："《后汉书·冯衍传》'恶丛巧之乱世兮'注：'丛，细也。'按：竞采笑，谓竞取其善笑者。"童《校诠》："孙释丛为集，说文：丛，聚也，聚、集义同。方扶南云集众巧，义本孙氏。此言聚集众巧，竞奇尚异，以取笑乐，采与取义同，故一本作取。钱引冯衍传作解，有失诗意。方谓采笑，取其善笑者，钱氏从之，增一善字作解，亦非。广韵一东以藂为丛之俗，为方雪斋所本。"

⑳魏本："孙曰：'骈，聚也。鲜，新也。探，他南切。'"文《详注》："骈鲜，谓如斗百草之类，见下文。《补注》云：婴，颈饰也。"方世举《笺注》："探婴：聚众美于此，又取其最少者。"沈钦韩《补注》："骈鲜，与《庄子·大宗师》'跰𰦻'义同。此言婴儿窥客之状也。"钱仲联《集释》："《庄子》：'跰𰦻而鉴于井。'陆德明《释文》：崔本作'边鲜'。司马云：'病不能行，故跰𰦻也。'成玄英《疏》：'跰𰦻，曳疾

貌.'《六书故》:'跰躚,行步欹危之貌.'"童《校诠》:"说文:婴,颈饰也,从女贝贝,贝其连也。荀子富国篇:是犹使处女婴宝珠,杨倞注:系于颈也。此言贵家妇女,互探珠贝之为颈饰者,骈列而媲其美好(鲜,善也、好也),以夸耀其富有也。沈氏谓骈鲜即跰躚,按:跰躚释文云:崔本作边鲜,司马云:病不能行,故跰躚。贵家婴儿有保姆左右扶持,何至行步跹危,无人提挈,出而窥客乎! 又庄子跰躚字,意义相同,此以骈鲜对丛巧,如沈所释亦与上句不偶矣。方说究何所指,众美是否指官伎,意义不明。"王《补注》与童说有理。此句正与上孟郊发句对。

⑫ 文《详注》:"仙人麻姑语王远云:'接待已来,已见东海三为桑田。向到蓬莱,水又浅于往日,会时略半尔,岂复将为陵陆乎。'远曰:'圣人皆言海中将复扬尘也。'事见《神仙传》(《王远》)云。"魏本:"孙曰:'桑树变化,却生芜蔓也。芜蔓,茑萝之属。'"王元启《记疑》:"旧注言桑树变化却生芜蔓。吾谓变生芜蔓,何必独举桑树?恐此特借桑田变沧海之句而改用之。"钱仲联《集释》:"以'芜蔓'对'登丁',芜蔓乃形容之词,非草名也。桑田变沧海,乃田变而非桑变,桑变,并非用桑田典。陶潜《拟古》第九首云:'种桑长江边,三年望当采。枝条始欲茂,忽值山河改。柯叶自摧折,根株浮沧海。'韩义所自出也,第不是言改朝换代耳。"此疑写城南的人、事、物之变化。

⑫ 魏本:"孙曰:'樟,木名。樟栽者,言栽斫木,其声登丁然。'"文《详注》:"言浮世生死无常也。后汉王符《浮侈篇》(《潜夫论》)曰:'今京师贵戚必欲江南豫章之木以为棺椁,栽用胶漆使其坚足恃。'注云:'樟,即木也。'"沈钦韩《补注》:"'桑变'二句,言华屋变为桑田,盖棺空闻琢钉也。盛衰倏忽如此。《续汉·礼仪志》:'诸侯王公主贵人,皆樟棺。'"方世举《笺注》:"樟栽:《玉篇》:'樟木,名豫章也。'王褒《僮约》:'持斧入山,断椠栽辕。'"钱仲联《集释》:"窃意乃斫樟木为棺,非樟棺钉盖也。《诗》(《大雅·绵》):'筑之登登。'又(《小雅·伐木》):'伐木丁丁。'《毛传》:'登登,用力

也。'"丁丁,伐木声也。'富贵之家,以樟为棺,亦复何益,故诗用'浪'字以致慨。浪,徒也。"此谓富贵之家成败无常,以贵重樟木为棺,又有何用?浪,徒然地、白白地。《通鉴》卷一八一:"邹平民王薄拥众据长白山……又作《无向辽东浪死歌》以相感劝。"注:"浪死,犹言徒死也。"

⑫㉓ 宋白文本、文本"极"作"拯"。祝本、魏本、廖本、王本作"极"。方《举正》、朱《考异》未出校语。作"拯"、作"极"均通,此二句对,若作"拯"为流水对,不若作"极"属对工稳。文《详注》:"霞斗、风期,皆言人生聚散无定也。"魏本:"孙曰:'霞斗者,谓云霞相合也。'"

⑫㉔ 谁复赓:方《举正》据蜀本作"谁复"。宋白文本、文本、魏本、廖本、王本均作"谁复"。祝本先作"复谁",上加对调符号。南宋监本作"复谁赓"。朱《考异》:"谁复,或作'复谁'。"当作"谁复",与上句"讵能"对。魏本:"孙曰:'赓,续也。'"廖本注:"《晋·习凿齿传》:'风期超迈。'风期,犹风标也。"方成珪《笺正》:"此四句,言沧海桑田忽焉变易,浪伐木以为宫室台榭,高兴未极而风流不可再矣。大有生存华屋、零落山丘之感。"钱仲联《集释》:"《笺正》此解,与沈钦韩说异。"王元启《记疑》:"此诗韩注于'妖鞁藤索绅'下则曰'已上泛言城南景物之盛','幽蠹落书棚'下则曰'已上言郊墟宅野之古废'。其语皆是。惟'湍潚亦腾声'下云'此已上言在昔诗人吟咏之工'凡十二字,似当属'萎蕤缀蓝瑛'下。诸本皆误置于前。然吾谓'惟昔集佳咏'至'风期谁复赓',当统为一节。言昔人吟咏之工,并及酒食声伎之美。'风期'句正与'惟昔'句俯仰相应。韩于'风期'句下别注'已上言京师人士繁华之习,分为二节,使前后呼应不灵',亦为非是。"风期,风度、品格,指人而言。如廖本注举《习凿齿传》:"(桓温)出(习)凿齿为荥阳太守。温弟祕亦有才气,素与凿齿相亲善。凿齿既罢郡归,与祕书曰:'……彼一时也,此一时也,焉知今日之才不如畴辰,百年之后,吾与足下不并为景升乎?'其风期俊迈如此。"《全唐诗》卷三二褚亮《伤始平李少府正己》:"风

期嵇吕好,存殁范张亲。"卷四二卢照邻《还赴蜀中贻示京邑游好》:"怅别风期阻,将乖云会稀。"李白《梁甫吟》:"广张三千六百钓,风期暗与文王亲。"

⑫㊄ 魏本:"孙曰:皋,神皋也。"文《详注》:"自此至'抑横免官评',皆咏京城之美。张平子《西京赋》(《文选》卷二):'尔乃广衍沃野,厥田上上,实为地之奥区神皋焉。'注:'奥,美也。泽畔曰皋。'"屈《校注》:"按:此乃张铣注。李善云:'《汉书》(《郊祀志》)曰:自古以雍州积高神明之奥,故立畤郊上帝,诸神祠皆聚之。'《广雅》(《释言》)曰:'皋,局也。'谓神明之界局也。"

⑫㊅ 文《详注》:"瑰,玉名,音姑回切。一曰琼瑰,石次玉也。长安蓝田山出玉,见《南山诗》。陆士衡《赋》(《文赋》,载《文选》卷一七)曰:'石蕴玉而山辉。'郁,文彩之貌。"魏本:"孙曰:'天京,京师。'"蒋抱玄《评注》:"李白诗(《自梁园至敬亭山见会公谈陵阳山水兼期同游因有此赠》):'衣冠耀天京。'"

⑫㊆ 钱仲联《集释》:"《说文》(彡部):'彦,美士有文人所言也。'"文彦:有文才德行的人。除此诗,《全唐诗》无用"文彦"者。经韩一用,后世沿之。明刘基《送骆起源之新城知县任》诗:"西江富文彦,其俗淳以良。"

⑫㊇ 才:宋白文本、文本、祝本、魏本均作"材"。文《详注》:"杉、柽,二木名。《尔雅》(《释木》)曰:杉似松,音师衔切。柽,河柳也,音痴贞切。郭云:'今河旁赤茎小杨也。'"魏本:"祝曰:《诗》(《大雅·皇矣》):'其柽其椐。'"杉:木名,俗称沙木,有赤、白二种。杉木纹理细密而美者称杉锦。唐杜牧《题池州弄水亭》诗:"杉树碧为幢,花骈红作堵。"柽,即河柳,又名观音柳、山川柳、西河柳、湖柳、红柳、三春柳。落叶小乔木,红花细叶,常用以制树桩盆景,供观赏,枝叶可入药。

⑫㊈ 文《详注》:"《易·系》(当是《说卦》)云:'坎为水,为沟渎、为隐伏。'"魏本:"孙曰:饶,多也。"

⑬㊀ 文《详注》:"言贤人之出处,若龙德之兴潜。坑堆,喻兴潜

之形也。《运命论》曰:'堆出于岸,流必湍之。行高于众,人必非之。'"

㉛魏本:"孙曰:华谓华山也。薛综《西京赋》('缀以二华,巨灵赑屃,高掌远蹠,以流河曲,厥迹犹存'句)注云:'华山、首阳本一山,河水过之西行,河神巨灵以手擘开其上,以足蹋离其下,中分为两,河因通流。'神物,巨灵也。"魏本音注:"擘,薄厄切。华,胡化切。"文《详注》:"《述征记》曰:'华山与首阳本一山,河神巨灵擘开以通河流,故掌迹存焉。'"李详《证选》:"张衡《西京赋》:'缀以二华,巨灵赑屃,高掌远蹠,以流河曲,厥迹犹存。'"王元启《记疑》:"神物即指华山,注谓巨灵非是。"

㉜魏本:"韩曰:终,终南山。"文《详注》:"《三秦记》:'终南太一左右三十里内名福地。'祯,福也,音知盈切。"魏本:"孙曰:储,蓄也。祯,祥也。"谓长安位居福地。

㉝文《详注》:"訏,大也,音凶于切。《魏都赋》(《文选》卷六)云:'有魏开国之日,缔构之初。'注云:'缔,结也。'"魏本:"韩曰:《诗》(《大雅·抑》):'訏谟定命。'注:'訏,大也。'孙曰:'訏谟,谋议。缔,结也。'"訏谟:大的谋划。又《世说新语·栖逸》:"南阳刘驎之,高率,善史传,隐于阳岐。于是苻坚临江,荆州刺史桓冲将尽訏谟之益,征为长史。"

㉞弼:魏本注:"一作'拂'。"非。诸本作"弼",是。辅弼,佐助,常指宰相等大臣。《尚书大传·虞夏传·皋陶谟》:"古者天子必有四邻:前曰疑,后曰丞,左曰辅,右曰弼。"《国语·吴语》:"昔吾先王世有辅弼之臣,以能遂疑计恶,以不陷于大难。"蒋抱玄《评注》:"《汉书》:'自古帝王之兴,曷尝不建辅弼之臣。'"魏本:"孙曰:'阶,泰阶。'"文《详注》:"《前汉书》(《东方朔传》'愿陈《泰阶六符》'句)应劭引《黄帝泰阶六符经》曰:'泰阶,天之三阶也。上阶为天子,中阶为诸侯公卿大夫,下阶为士、庶人。三阶平则阴阳和、风雨时、天下大安,是为太平。'孟康曰:'泰阶,三台也。'"此指圣朝有贤相也。元和元年,郑馀庆、郑絪为宰相。

⑬ 坌:尘埃。同"坋"。《汉书·货殖传》:"浊氏以胃脯而连骑。"注:"晋灼曰:'今太官常以十月作沸汤煠羊胃,以末椒姜坋之,暴使燥是也。'"引申为聚集。唐元稹《说剑》诗:"君今困泥滓,我亦坌尘垢。"文《详注》:"言俊秀之士坌集京师也。坌,尘也,音蒲闷切。"钱仲联《集释》:"《文选·荐祢衡表》('溢气坌涌'句)李善注:'坌,涌貌也。'"文说是。程学恂《韩诗臆说》卷一:"(以上五联)写皇都雄概,全以神举,觉班、左犹多词费。"

⑬ 魏本:"祝曰:渟,水止也。《史记》(《李斯列传》):'决渟水致之海。'孙曰:'渟澄,水清定也。'"文《详注》:"渟澄,积水也。澄音直庚切。班固《西都赋》(《文选》卷一):'建金城之万雉,呀周池而成渊。'注云:'谓京城下池也。'方世举《笺注》:'善注:呀,大空貌。'"沈钦韩《补注》:"'坌秀'二句,言山川之灵秀。"二句言山川之博大灵秀,为帝都之辅佐。

⑬ 联:朱《考异》:"联,或作'连'。"宋白文本作"联"。文本、祝本、魏本作"连"。连、联,作连接解,二字音义同,故作"连"作"联"均可。魏本:"孙曰:'益,愈也。'"此句说唐都城南轩冕望族,上接汉魏。

⑬ 魏本:"孙曰:'肇,始也。嬴,秦也。'"文《详注》:"言轩冕之族,自周秦以至汉魏,益盛大也。嬴,秦之姓。"沈钦韩《补注》:"此下言城南韦、杜之族,始于周秦,大于汉魏。"此句谓长安城南轩冕望族,肇始周秦。

⑬ 文《详注》:"言世有明德也。"沈钦韩《补注》:"此句当亦韦、杜故事,注不详。"童《校诠》:"第德案:新唐书宰相世系表:杜氏出自汉杜陵杜延年。汉书本传称:延年子佗与宣帝微时相友善,霍光废昌邑王,延年劝霍光立宣帝,知宣帝于微时,是为积照涵镜,照,明也。启汉家中兴之业,是为涵德,夏侯胜谓丙吉保养宣帝于掖庭狱,有阴德,义同。霍光持刑罚严,延年辅之以宽,光治廷尉王平少府徐仁狱,而不连及丞相车千秋,延年实调护之。延年劝霍光以俭约宽和,顺天心,说民意,举贤良,议罢酒榷盐铁,亦自延年发之。

此皆有德之实。积照句乃指杜氏,愿共详之。"童说可参。

⑩ 魏本:"祝曰:俪,偶也。《扬子》:'天下鲜俪焉。'"文《详注》:"俪,伉也。籯,音盈。《前汉》(《韦贤传》):'韦贤,字元成,复以明经历位至丞相,故邹鲁谚曰:遗子黄金满籯,不如一经。'师古曰:'许氏《说文》(竹部):籯,笭也。扬雄《方言》(卷五)云:陈楚宋魏之间,谓筲为籯。然则筐笼之属是也。'今书本'籯'字,或作'盈',又是满盈之义,亦两通。"魏本:"孙曰:籯,竹器受三四升者。"

⑪ 文《详注》:"《易·大畜》:'利贞,不家食,吉。'《鼎卦》云:'圣人大亨以养圣贤。'鼐,鼎之绝大者,音乃代切。"魏本:"孙曰:食家,谓食其家也。鼎鼐,贵者所用。《诗》(《周颂·丝衣》):'鼐鼎及鼒。'"钱仲联《集释》:"张衡《西京赋》(《文选》卷二):'击钟鼎食。'《家语》(《致思》):'列鼎而食。'"鼎鼐,烹饪器具。鼎用以和五味,大鼎为鼐。《战国策·楚策四》:"故昼游乎江河,夕调乎鼎鼐。"亦比喻宰相之位。《文苑英华》卷八九三唐苏颋《唐紫微侍郎赠黄门监李乂神道碑》:"鼎鼐递袭,簪缨相望。"

⑫ 魏本:"孙曰:宠族,宠其一族也。饫,饱也。宠,一作'龙'。"诸本作"宠"。童《校诠》:"龙为宠之借字,诗长发:荷天之龙,郑笺:龙当作宠,荣名之谓。大戴记卫将军文子引作荷天之宠,是其证。"童说虽有理,然韩诗作于"宠"字已普遍运用的情况下,不会转此大弯,而用"龙"字。作"龙"者,不是猎奇,就是笔误。方世举《笺注》:"司马迁《报任安书》:'以为宗族交游光宠。'邯郸淳《鸿胪陈君碑》:'四府并辟,弓旌交至。'"弓旌,古代征聘之礼,用弓招士,用旌招大夫。《左传》昭公二十年:"昔我先君之田也,旃以招大夫,弓以招士,皮冠以招虞人。"《孟子·万章下》:"敢问招虞人何以?曰:'以皮冠,庶人以旃,士以旂,大夫以旌。'"《古文苑》卷一九邯郸淳《后汉鸿胪陈君碑》:"初平之元,禁罔蠲除,四府并辟,弓旌交至。"章樵注:"弓旌,所以招聘贤者。"此谓鼎食宠族,贤者云聚。

⑬ 朱《考异》作"尽",云:"尽,或作'书'。此句未详。"方《举正》未出校语。诸本作"尽",是。魏本:"孙曰:制,制度也。"蒋之翘

《辑注》："奕，大也。'奕制'指上二句事言，此皆从君所赐也。"王元启《记疑》："谓赫奕之制，悉由上赐，非他族所得概用也。"俞樾《俞楼杂纂》："愚按：奕乃'异'字之误，古或以'异'为'異'，《列子·杨朱篇》：'重囚累梏，何以异哉！'张湛注曰：'异，異也，古字。'异制，犹言異数，此承上文'食家行鼎鼐，宠族饫弓旌'而言，谓非常之異制，皆由朝廷所赐。下文云'殊私得逾程'，殊私、异制，文正相对，殊亦異也。因以'异'为'異'，又误作'奕'，遂不可解也。"沈钦韩《补注》："此下言其第墅之盛，皆出君恩。"童《校诠》："蒋、王二氏所释是也。俞校奕作异，云：古或作异为異，原文奕字自通，而云奕字不可解，以欲立异，故云尔。俞校韩集，往往喜改字，如校羌永作羑永，纯愚作钝愚，丛芮作蕞芮，友人李愿作有人，麻列作森列，皆非是，详见诸条下，校书而好改字，亦通人之一蔽也。又按：礼记王制：广川大谷异制，又云：器械异制，郑注周礼春官司服素端云：变素服言素端者，明异制，汉书魏相传：以为古今异制，异制谓制度不同，无作殊异解者，俞校失之。"上文已说明杜氏汉宣帝时受宠，被赏赐异制。而韦氏盛唐时依然。《旧唐书·韦嗣立传》："嗣立与韦庶人宗属疏远，中宗特令编入属籍，由是顾赏尤重。尝于骊山构营别业，中宗亲往幸焉，自制诗序，令从官赋诗，赐绢二千匹。因封嗣立为逍遥公，名其所居为清虚原幽栖谷。"开元二十四年（736），王维曾以右拾遗与太子太师徐国公萧嵩、右丞相始兴公张九龄、少师宜阳公韩休、吏部尚书杜暹、宾客王邱、左丞相稷山公裴耀卿等聚会逍遥谷韦氏别业。王维有《暮春太师左右丞相诸公于韦氏逍遥谷宴集序》，亦见韦氏之盛，韩诗所写城南之盛不虚。

⑭ 逾：文本作"愈"。诸本作"逾"，是。文《详注》："程，度也。言宠私过度也。"魏本："孙曰：'逾，过。程，法也。'"蒋抱玄《评注》："梁简文帝启：'特降殊私。'"

⑮ 魏本："孙曰：汉，天河。"文《详注》："言桥临空如飞，上之若架天汉也。周王褒《和治渭桥诗》云：'东流仰天汉，南渡似牵牛。长堤通甬道，飞梁跨造舟。'"方世举《笺注》："飞桥：《后汉书·西域

传》：'大秦国有飞桥数百里，可度海北。'架汉：《三辅黄图》：'始皇引渭水灌都，以象天汉。横桥南渡，以法牵牛。'"钱仲联《集释》："此特虚拟，非如《三辅黄图》之实指也。"如钱所说，此乃形容之辞：谓一桥飞架，凌空而起，如在天河上一样。

⑭⑥俯规瀛：方《举正》据唐本订"规"字，云："蜀同，谢校。规，度也。《东方朔传》'规以为苑'是也。"朱《考异》："规，或作'窥'。（下引方语）"南宋监本原文作"窥"。宋白文本、文本、潮本、祝本、魏本作"窥"。廖本、王本作"规"，从之。文《详注》："缭，绕也，音了。瀛，海也。言池岸缭绕，俯视如海也。扬子云《羽猎赋》(《文选》卷八)：'武帝广开上林……太液象海，水周流。'"方世举《笺注》："班固《西都赋》(《文选》卷一)：'缭以周墙，四百余里。'"钱仲联《集释》："《楚辞·招魂》：'倚沼畦瀛兮遥望博。'王逸注：'瀛，池中也。楚人名池泽中曰瀛。'"长安城南有大池曰昆明。

⑭⑦方《举正》作"潇碧"，云："说者谓：'潇碧，竹也。'一曰潇碧当是水。"朱《考异》同方，云："潇碧，竹也。"宋白文本、文本、祝本、魏本、廖本、王本均作"潇碧"。文《详注》："潇，水名。木玄虚《海赋》(《文选》卷一二)：'于廓灵海，长为委输。'(刘良)注云：'众水皆输送入于海也。'"魏本："韩曰：潇碧，竹也。"钱仲联《集释》："下有输委字，水义为长。木华《海赋》：'于廓灵海，长为委输。'李善注：'《礼记》曰：三王之祭川也，或源或委。郑玄曰：委，流所聚。《淮南子》曰：河水九折注海而流不绝者，昆仑之输也。'此句承上联汉、瀛二义来。"童《校诠》："第德案：说文：输，委输也，从车，俞声，臣锴等曰：以车委输也。按：汉三辅有委输官，尚书郎主钱帛贡献委输，后汉书张纯传：部督委输，章怀注：委输，转运也。郑注周礼遗人云：少曰委，多曰积。潇碧，产自九疑，今俗称湘妃竹，南人亦珍之，尤为秦人所珍，故云远输委，与下湖嵌费携擎对文，皆言贵家经营山林之事。如钱说作水归海解，黄河浊流，泾以渭浊，不能称为潇碧。总之潇碧二句，上承飞桥一联，皆属园林，与水入海之义不相涉也。"童说有理，潇碧不指水，而指潇湘竹，均从南方运来，栽植于池

边,园林一片碧绿。泾、渭并入黄河,泥沙混浊,世称黄水,如韩公《条山苍》诗云:"条山苍,河水黄。浪波沄沄去,松柏在高冈。"不会称潇碧。

⑭ 湖嵌费携擎:方《举正》作"湖嵌",云:"杭、蜀同。洪、谢校。说者谓湖嵌,石也。"朱《考异》:"湖,本作'胡'。方云:'湖嵌,石也。'"南宋监本原文作"胡"。宋白文本、文本、潮本作"胡"。祝本、魏本、廖本、王本作"湖"。文本作"檠"。宋白文本、祝本、魏本、廖本、王本作"擎"。今从方、朱等说作"湖"、作"擎"。文《详注》:"嵌,瓶属,胡人所献,故曰胡嵌,音口衔切。"魏本:"韩曰:'湖嵌,石也。'"文说不类。韩说未谛。湖嵌,《汉语大词典》《中文大辞典》均云:"假山石。"引韩诗为例,并举方《举正》说。此指用太湖石堆起的假山。湖嵌指石,多产于太湖,多孔穴,易于堆砌假山。魏本音注:"嵌,口衔切。携,户圭切。"钱仲联《集释》:"《说文》(手部):'携,提也。'《广雅》:'擎,举也。'此句承上联桥、岸二义来。"

⑭ 蒲萄从大漠:方《举正》据唐本订"漠"字,云:"谢校。李陵书(《文选》卷四一《答苏武书》):帅徒步之师,出大漠之外。"朱《考异》:"苜,或作'首'。漠,或作'汉',非是。"南宋监本原文作"汉"字。宋白文本、文本、潮本、祝本、魏本作"汉"。廖本、王本作"漠"。作"苜"、作"漠"是。苜即苜蓿,与葡萄皆从西域来。句中"从"字,即说明葡萄、苜蓿来的方向,即从大漠来。若作"来"字,用"汉"字还勉强说得通,即来到大汉。文《详注》:"言蒲萄、苜蓿种之已从汉代也。《前汉书》(《西域传》):大宛国左右以蒲萄为酒,富人藏酒至万余石,久者至数十年不败。俗嗜酒,马嗜苜蓿。后贰师伐宛,取天马,因采蒲萄、苜蓿种归。天子以天马多,又外国使来众,益种蒲萄、苜蓿离宫馆旁,极望焉。今北道诸州,旧安定北地之境,往往有苜蓿者,皆汉时所种。苜音目。"魏本:"孙曰:'萄,蒲萄。苜,苜蓿。汉武帝遣李广利伐大宛,采蒲萄、苜蓿种归种于离宫馆旁。'韩曰:'萄,音陶。苜,音目。汉,一作漠。苜,一作首,非是。'"大漠,西域沙漠多,地域广,故称大漠。唐王维《使至塞上》:"大漠孤烟直,长

河落日圆。"

⑩朱《考异》:"楮,或作'储'。"魏本:"韩曰:楮,音诸,一作'储',非是。"诸本作"楮",是。文《详注》:"枫、楮,二木。荆楚多有之,来自此地也。见《上林赋》。王瑾《广轩辕本纪》云:'黄帝杀蚩尤于九黎之丘,掷其械于大荒之中宋山之上,其械化为枫木之林。'楮,似苓,叶多不落,音诸。"魏本:"孙曰:枫、楮,南方二木名。枫脂可为香,楮叶冬不枯。祝曰:《选》(《文选》卷八《上林赋》):'沙棠栎楮,华枫枰栌。'"顾嗣立《集注》:"《选·上林赋》:'沙棠栎楮,华枫枰栌。'郭璞曰:'楮似采柔。'师古曰:'枫树脂可为香。'"钱仲联《集释》:"《周礼·职方氏》:'正南曰荆州。'"枫、楮,乃从南方荆州移植来的风景树,亦城南园林所植。由下句义可证。

⑮文《详注》:"谓果木之属。"魏本:"孙曰:鲜,少也。"此指名贵树种,珍果亦在其中,故谓脂鲜。鲜者,罕见也,或作美好解亦通。《诗·郑风·扬之水》:"终鲜兄弟,维予与女。"谓稀少也。《诗·邶风·新台》:"燕婉之求,籧篨不鲜。"此谓美好也。危,高也。朽,衰也。此谓珍贵的好树美而不衰。

⑫膏理:方《举正》据蜀本订"理"字,云:"此以嘉植言也。《周礼》(《地官·大司徒》):'其植物宜膏物。'郑注曰:'膏物,谓杨柳之属,理致白如膏。'"朱《考异》:"理,或作'埋'。(下引方语)"南宋监本原文作"埋"。宋白文本、文本、潮本、魏本作"埋"。祝本、廖本、王本作"理",从之。文《详注》:"膏,润也,谓花卉之属。《琴赋》(《文选》卷一八嵇康撰):'百卉滋荣。'"方世举《笺注》:"张衡《归田赋》:'原隰郁茂,百草滋荣。'"

⑬巧纽翠,善攒珩:方《举正》:"阁本'纽'作'细','善'作'盖',讹也。阁本此诗如以'尽从赐'为'书从赐','掘云'为'掘灵',比他诗其讹特甚。"朱《考异》:"纽,或作'细'。善,或作'盖'。"魏本:"孙曰:'纽,结也。攒,聚。珩,玉也。攒,音赞。'"文《详注》:"珩,佩玉也,音何庚切。"方世举《笺注》:"此联喻草树之状。翠,翠羽也。《诗·采芑》(《小雅》):'有玱葱珩。'疏:'苍玉之珩。'"黄钺

《增注证讹》:"此联不知所指。上句似状垂柳。按下句似状葡萄,其藤蟠曲,果则如苍玉之珩,攒聚在一处累累然。"钱仲联《集释》:"从上文之'萄苜''枫楮''嘉植''滋荣'等字,知所指者必是植物。黄钺以前句为垂柳,后句为葡萄。按:垂柳近是,然亦或指丝瓜。葡萄盛夏熟,至深秋早已腐落,非是。详思之,其枳椇乎?枳椇之实拳曲,苍黄色,攒聚于一处,又成熟于秋,于'曲''攒珩'等字均无不合也。"上句指柳丝,时深秋,柳叶已落,垂下青黄色的枝条,如早春,柳丝虽软,尚未发芽、长叶之状态。下句谓枳或枳椇。枳(zhǐ诸氏切,上,纸韵),果树名,果实似桔而酸,《说文·木部》:"枳木,似橘。"《周礼·考工记》:"橘逾淮而北为枳。"椇(jǔ《广韵》俱雨切,上,麌韵),木名,即枳椇,又名拐枣。《礼记·内则》:"芝、栭、菱、椇。"郑玄注:"椇,枳椇也。"又《曲礼下》:"妇人之挚,椇、榛、脯、修、枣、栗。"郑玄注:"椇,枳也,有实。"孔颖达疏:"椇即今之白石李也,形如珊瑚,味甜美。"疑指后者,如北方冬枣。

⑭魏本:"孙曰:'星浮没,言鱼吐沫,其状如此。'"

⑮斑:宋白文本、文本作"班"。祝本、魏本、廖本、王本作"斑"。当作"斑"。郭璞《江赋》"焕烂锦斑"即作"斑"。斑即斑点。魏本:"孙曰:'驿,赤色。'"文《详注》:"驿,赤色也。郭景纯《江赋》(《文选》卷一二):'〔鳞甲锥错,〕焕烂锦班(斑)。'"按李善注:"锥错,间杂之貌。"此句状毛色斑点错杂之貌。上句谓鱼,此句写马。

⑯魏本:"韩曰:《礼记》(《王制》):'五方之民,各(皆)有性也〔不可推移〕。'"方世举《笺注》:"五方:《记·王制》:'五方之民,言语不通,嗜欲不同。'"文《详注》:"《前汉志》(《汉书·地理志下》):'汉兴,立都长安,徙齐诸田、楚昭屈景及诸功臣家于长陵,世世徙吏二千石、高訾富人及豪杰并兼之家于诸陵,盖所以强干弱支,非独为举奉山园也。是故五方错杂,风俗不纯。其世家则好礼文,富人商贾则为利,豪杰则游侠通奸。'班固《西都赋》(《文选》卷一)云'都人士女,殊异乎五方'是也。又枚乘《七发》(《文选》卷三四)云:'乱于五方。'左太冲《魏都赋》(《文选》卷六):'音异楚夏者,土风之

乖也。'"

⑮⑦ 宋白文本、祝本、魏本作"锄"。廖本、王本作"钅且"。钅且(chú士鱼切,平,鱼韵),农具名,同锄。《史记·秦始皇本纪》引贾谊《过秦论》:"钅且櫌棘矜,非铦于句戟长铩也。"《文选》卷五一贾谊《过秦论》钅且作"锄"可证。钅且乃"锄"之本字,又作"耡",鉏、锄皆后出字。

⑮⑧ 葩蘖:方《举正》据阁本订"蘖"字,云:"蜀同,李本校从'蘖'。"朱《考异》:"蘖,方作'蘖'。非是。"宋白文本、祝本、魏本作"蘖"。文本、廖本、王本作"蘖"。文《详注》:"葩,花也。蘖,牙也。"魏本引孙《全解》同文。钱仲联《集释》:"《说文》(草部):'葩,华也。'《书·盘庚》:'若颠木之有由蘖。'陆德明《释文》:'蘖,本又作枿。马云:颠木而肆生曰枿。'《汉书·货殖传》王先谦《补注》:'刘奉世曰:蘖读如牙蘖之蘖,旁出嫩枝也。'"当作"蘖(niè)",树木再生或旁出的枝芽。《诗·商颂·长发》:"苞有三蘖,莫遂莫达。"《汉书·货殖传》:"然犹山不茬蘖。"引申为植物的芽。王观国《学林》卷八:"茶之佳品,芽蘖微细,不可多得。"孽,虽与"蘖"同音,然义不同。孽,宗法制度下指家庭的旁支。《吕氏春秋·慎势》:"适(dí)孽无别则宗族乱。"《史记·韩信传》:"韩王信者,故韩襄王孽孙也。"

⑮⑨ 宋白文本、文本、魏本、廖本作"睛"。祝本作"睛"。王本作"情"。三字皆可通,然以作"睛"为善,即花开吐蕊如睁开眼睛一样。此与上句对:上句说葩蘖如人之嫉妒争生,下句谓花开像人睁开眼睛。文《详注》:"菲,香也。茸,色也,音如容切。班固《西都赋》(《文选》卷一)所谓'灵草冬荣,神木丛生'之类。"魏本注:"舒,开也。"钱仲联《集释》:"《文选·吴都赋》('晔兮菲菲'句)刘逵注:'菲菲,花美貌也。'《说文》(草部):'茸,草茸茸貌。'"

⑯⓪ 魏本:"祝曰:相如《封禅书》(载《史记·司马相如列传》)云:'奇物谲诡,俶傥穷变。'"文《详注》:"言京师以类而聚者皆俶傥奇怪之士。"方世举《笺注》:"《楚国策》:'以其类为招。'"方成珪《笺正》:"俶,《汉书》《文选》皆作'俶',与'倜'音义通。"

⑯ 文《详注》:"司马《长门赋》(《文选》卷一六):'翡翠翼胁而来萃。'衿,衣衿。缨,冠缨也。"枚乘《七发》:"鹓雏鵁鶄,翠鬣紫缨。"李善注:"缨,颈毛也。"钱仲联《集释》:"《诗·东山》正义:'衿,谓缨也。'"

⑯ 魏本:"孙曰:'危望,登高而望也。'"文《详注》:"《淮南子·天文》曰:'鸟飞而高,鱼动而下。'"方世举《笺注》:"飞动:《文心雕龙》(《诠赋》):'延寿《灵光》,含飞动之势。'"

⑯ 方《举正》作"登闳",云:"登闳,字见扬雄《校[羽]猎赋》(《文选》卷八),蜀本'登'作'窭',竹盲切。窭闳,屋响也。"朱《考异》作"登闳",下引方语。宋白文本、文本作"窭"。文《详注》:"窭闳,楼阁阔大貌。上音竹盲切,一作'登闳',亦通。《羽猎赋》(《文选》卷八扬雄撰):'涉三皇之登闳。'(吕向)注云:'高大也。'"祝本、魏本、廖本、王本作"登闳",从之。方世举《笺注》:"冥升:《易·升卦》:'上六,冥升,利于不息之贞。'登闳:扬雄《羽猎赋》:'涉三皇之登闳。'韦昭曰:'登,高也。闳,大也。'"方成珪《笺正》:"窭字不见字书,方氏屋响之说,未详何本。"钱仲联《集释》:"《广韵》(下平声十三耕):'窭闳,阔貌。'窭字从穴不从宀,方氏屋响之说,未详何本。"童《校诠》:"说文无窭字。宏,屋深响也,臣锴案:灵光殿赋曰:宏寥窅以峥嵘,宖,屋响也,臣锴曰:释如上字也。是徐楚金谓宏、宖古通用。玉篇穴部:窭,窭窙,阔大貌;宖,宖窗,大屋也,又屋深响也,宖,屋声。宀部:宖,安也,说文曰:屋响也。则六朝时,从穴从宀之字得通借。蜀本作窭,即玉篇之窭,方雪斋谓窭字不见字书,不悟窭即窭之隶省,窭、窭皆登之后出字,古人但借登字用之。方氏屋响之说,本诸说文、玉篇。钱引广韵,窭下应补窭字,阔下应补大字,此用玉篇义,不应删。灵光殿赋云:动滴沥而成响,殷雷应而若惊,李注:言檐垂滴沥,才成小响,室内应之,如雷之惊也。其释屋深宏易成响之义甚精。"蹑,登上高位。

⑯ 魏本:"孙曰:'春游,谓春时出游。轹,践也。霏靡,草木敷华貌。'祝曰:霏靡,草木弱貌。《楚辞》(《招隐士》):'蘋草霏靡。'韩

曰:'靡,草随风貌。'"文《详注》:"霏靡,草木弱貌。石崇《赞》曰:'春游霏靡,列于凝泫之晨。'霏,音髓。"顾嗣立《集注》:"《楚辞》淮南王《招隐士》:'薠草靡靡。'王逸曰:'随风披敷也。'"钱仲联《集释》:"《说文》(车部):'轹,车所践也。'"轹(lì郎击切,音砾,入,锡韵),车轮碾轧。《说文·车部》:"轹,车所践也。"《文选》卷二张衡《西京赋》:"当足见蹑,值轮被轹。"薛综注:"足所蹈为碾,车所加为轹。"靃(suǐ息委切,音髓,上,纸韵),霏靡,叠韵联绵词,草木随风披散貌。此谓:草被践踏仆倒貌。

⑯ 文《详注》:"娃嫇,幼妇也。上音乌茎切,下音莫耕切。"魏本:"祝曰:《广韵》(下平声十三耕):'娃嫇,新妇貌。'"方世举《笺注》:"娃嫇:《广雅·释诂》:'娃,好也。'《广韵》:'娃嫇,新妇貌。'"钱仲联《集释》:"《文选·西京赋》('奋长袖之飒缅'句)薛综注:'飒缅,长袖貌也。'玄应《一切经音义》(卷九):'娃嫇,乙茎、莫茎反。'《字林》:'小心态也,亦细视也。'"娃(yīng乌茎切,平,耕韵)嫇(míng莫经切,平、青韵):羞怯貌。《辞源》引韩诗为例,以玄应《一切经音义》作注。

⑯ 文《详注》:"《上林赋》(《文选》卷八):'皓齿粲烂,宜笑的皪。'(李周翰)注云:'的皪,鲜白貌,言笑则其齿白。'皪,音历。"方世举《笺注》:"司马相如《上林赋》:'的皪江靡。'善曰:'《说文》(玉部)云:玓皪,明珠光也。玓皪与的皪音义同。'"此句形容妇女皓齿如玉,明光粲然。以下二联,写少妇容貌仪态。

⑯ 文《详注》:"曹子建《洛神赋》(《文选》卷一九)云:'转盼流精,光润玉颜。'陆士衡乐府诗(《君子有所思行》,载《文选》卷二八)云:'淑貌色斯升,哀音承颜作。'"方世举《笺注》:"精诚:《文子》(卷二《精诚》):'精诚通于形,动气通于天。'"

⑯ 魏本:"孙曰:'瘠,谓瘠寐。应,平声。'"文《详注》:"应,当作'膺'(同应)。"此句与下句对,律句,故孙、文注音均平声。应(yīng于陵切,平,蒸声),应当。《诗·周颂·赉》:"文王既勤止,我应受之。"毛传:"应,当。"即娇颜当像在瘠寐一样。

⑯⑨ 文《详注》:"酲,酒病也,音驰呈切。《东京赋》(《文选》卷三张衡撰):'惘然若酲。'"魏本:"孙曰:'酲,酒病也。'"酲(chéng 直贞切,平,青韵),病酒。《诗·小雅·节南山》:"忧心如酲,谁秉国成?"《急就篇》卷三:"侍酒行觞宿昔酲。"注:"病酒曰酲,谓经宿饮酒故致酲也。"此句谓新妇仪态柔美。

⑰⓪ 文《详注》:"鹓,凤属,音于元切。《三辅决录》云:'五色赤者凤,多黄者鹓雏。'毳,细毛也,音充芮切(cuì)。《韩诗外传》曰:'背上之毛,腹下之毳。'"鹓(yuān 于袁切,平,元韵),传说为凤一类的鸟。《庄子·秋水》:"南方有鸟,其名鹓雏,子知之乎?夫鹓雏,发于南海而飞于北海,非梧桐不止,非练实不食,非醴泉不饮。"魏本:"孙曰:'鹓毳者,鸳鹭之羽,以饰其衣带。毳,细毛也。'韩曰:《诗》(《王风·大车》):'大车槛槛,毳衣如菼。'"此指衣裳穿戴的装饰。

⑰① 珮:宋白文本、文本、祝本、魏本作"珮"。廖本、王本作"佩"。珮、佩在作佩戴解时通用。此句中"珮璜"连用,均指玉属,况"珮璜"上"截"字为动词。作"珮",义两得。魏本:"祝曰:肪,脂也。王逸少《玉部论》:'白如截肪。'"文《详注》:"魏文帝曰(《文选》卷四二魏文帝《与钟大理书》):'《玉书》称玉白如截肪。'注云:'截,割也。肪,脂也,音方。'璜,亦玉名,旧音胡盲切。"魏本:"韩曰:《选》魏文帝《与钟大理书》(《文选》卷四二):'玉白如截肪。'孙曰:《玉书》云:'白如截肪,黑如纯漆,赤如鸡冠,黄如蒸栗。'璜,半璧也。《周礼》(《春官·大宗伯》)'以玄璜礼北方'是也。"

⑰② 魏本:"孙曰:'文谓文士也。'"照灼,光彩照映。方世举《笺注》:"照灼:鲍照诗(《文选》卷二二《行药至城东桥》):'尊贤永照灼,孤贱长隐沦。'"此指文者互相照耀。

⑰③ 宋白文本、文本、祝本、魏本、廖本、王本作"搀抢",从手。文《详注》:"《贾谊传》:'国制抢攘。'晋灼曰:'抢,音伧。吴人骂楚人曰伧伧,攘乱貌也。'师古曰:'抢,音仕庚反。攘,音女庚反。'按《汉·天文志》:'搀抢,妖星也。'谢宣远《咏子房》诗云:'鸿门销簿

蚀,垓下陨搀抢。'韦昭曰:'搀音参差之参,与攙同。"魏本:"祝曰:《尔雅》《释天》:'彗星为搀抢。'注:'亦谓之孛,言其形孛孛似扫彗。'孙曰:屠,戮也。搀抢以喻寇乱。搀音谗。抢,楚庚切。"钱仲联《集释》:"《尔雅》《释天》'欃枪'字从木。《淮南子·俶真训》《文选》《东京赋》《吴都赋》)并从手。"从木从手古通。童《校诠》:"第德案:方氏举正、朱氏考异皆无校语。尔雅释天:彗星为欃枪,史记天官书云:岁星生天棓、彗星、天搀、天枪,汉书天文志云:枪、欃、棓、彗异状,其殃一也,天文之学,后胜于前,搀枪非彗星,应从史汉作四星为是。欃依说文应作镵,镵,锐也,新附:搀,刺也,枪字以从木为正,枪,距也,一曰枪,櫎也,从手者为后出字。"

⑭ 文《详注》:"《南史》《江淹传》):'江淹少以文章显,晚节才思微退,云:为宣城太守时罢归,始泊禅灵寺渚,夜梦一人自称张景阳,谓曰:前以一匹锦相寄,今可见还?淹探怀中得数尺与之。此人太息曰:那得割截都尽?顾见丘迟谓曰:余此数尺既无用,以遗君。自尔文章蹶矣。'"方世举《笺注》:"割锦:《吴志·甘宁传》(即'知是宁'句)注:'宁住止常以缯锦维舟,去或割弃,以示奢者。'"

⑮ 文《详注》:"陆士衡《招隐诗》云:'轻条象云构。'注云:'云构:大厦也。'"魏本:"孙曰:'构云,谓结屋于高处。'"方世举《笺注》:"构云:《世说》《巧艺》):'凌云台楼观精巧,先称平众木轻重,然后造构,乃无锱铢相负。台虽高峻,常随风摇动,而终无倾倒之理。'"

⑯ 牣鳞介:方《举正》作"仞",曰:"杭、蜀皆作仞,校本一作'牣',非。相如赋(《文选》卷七《子虚赋》):'充仞其中。'(按:《史记·司马相如列传·子虚赋》作'仞'。《文选》作'牣'。)又《文选》卷八《上林赋》):'虚公馆而无仞。'仞,满也。古字只作'仞'。"朱《考异》:"牣,方'仞'。(下引方语)今按:《诗》《大雅·灵台》)及《孟子》皆作'牣',方说非是。"宋白文本作"认",注:"一作'牣'。"文本、潮本、祝本、魏本、廖本、王本作"牣"。魏本:"孙曰:'通波,大波也;牣,满也;鳞,鱼;介,龟鳖也。'韩曰:《诗》《大雅·灵台》):'于

牣鱼跃。'"魏本音注:"牣,音刃。"文《详注》:"《西都赋》(《文选》卷一班固撰)云:'东郊则通沟大漕,控引淮湖,与海通波。'牣,满也,音仞。《孟子》曰:'于牣鱼跃。'鳞,鱼类;介,龟鳖也。"童《校诠》:"第德案:说文:牣,满也,从牛,刃声,诗曰:于牣鱼跃,臣锴曰:牛,大物也,故为满。此为牣满本字。史汉司马相如传充仞,勿仞,后汉书张让传仞积字作仞者,为假借字。文选子虚赋作牣,用本字,不作仞。方云古字只作仞,以牣为非,舍本字而以假借字为正,未稽考许书之故,与竹竿万箇,不用箇,而以个为正(个为介之隶变),萌芽字不用芽,而以牙为正,皆欠审谛。班孟坚西都赋:控引淮湖,与海通波,为公通波字所本。又按:说文:认,顿也,从言刃声,论语曰:其言也认。借为识认字,作认(認)者隶增,古籍无借认为牣者,未详。"

⑰ 文《详注》:"《楚辞》(屈原《离骚》):'余既滋兰之九畹兮……杂杜蘅与芳芷。'王逸云:'十二亩曰畹。'音于阮切。萧,香草也。《尔雅》(《释草》'杜、土卤'句注):蘅似葵而香。"魏本:"孙曰:疏,宽也。三十亩为畹。《楚辞》(屈原《离骚》)曰:'予〔余〕既滋兰之九畹兮。'萧、蘅,皆香草。诗》(《小雅·小明》):'采萧及菽。'萧蒿,类兰。杜蘅,其大者曰杜若。"畹(wǎn 于阮切,上,阮韵),《楚辞·离骚》王逸注:"十二亩曰畹。"《说文》以三十亩为一畹。诸辞书均两解,征引亦同,不知孰是。

⑱ 文《详注》:"孔雀、翡翠二类,生广南。《穆天子传》云:'孔雀驯者能应节鼓舞。'"魏本:"孙曰:驯,习熟也。孔,孔雀。翠,翡翠。《尔雅》(《释鸟》)曰:'翠,鹬也。'"方世举《笺注》:"左思《蜀都赋》(《文选》卷四):'孔翠群翔。'"

⑲ 魏本:"孙曰:苞,裹也。《书》(《禹贡》)曰'厥包橘柚锡贡'是也。树,种也。蕉、栟,皆果名。《广志》(《艺文类聚》卷八七)曰:'芭蕉,一名芭苴,出交趾。'(又卷八九《并闾》引)'棕,一名栟榈,其子可食。'祝曰:《选》:栟榈,枸榔。"文《详注》:"蕉,芭蕉也。栟,榈也,一名棕。栟,音并。"顾嗣立《集注》:"《选·南都赋》:'楈枒栟

桐。'注：'栟榈，棕也，皮可以为索。'"

⑱ 文《详注》："《古今注》云：'芡，鸡头也。一名鸿头，一名葰菜，似荷而大，叶上蹙创[皱]如沸，实有芒刺，其中似米，可以度饥。'芡，音俭。"魏本："《补注》：芡，《说文》（草部）云：'鸡头也。'《方言》（卷三）曰：'南楚谓之鸡头，北燕谓之葰，青、徐、淮、泗之间谓之芡。'又云：'鸡头或谓之雁头。'今公云鸿头，鸿即雁也。"

⑱ 鷇：方《举正》据唐本订，云："鷇，卵也。洪、谢皆从'鷇'。"朱《考异》："诸本'鷇'作'壳（殻）'。（下引方语）《纳凉联句》：'盘肴馈禽鷇。'今本亦误。"南宋监本原文作"殻"。魏本、祝本作"毂"。廖本、王本作"鷇"，是。宋白文本、文本作"殻"，误。魏本："洪曰：毂，卵也。《纳凉联句》亦云：'盘肴馈禽毂'。今皆作'殻'，误矣。孙曰：'环橙，香橙也。其大如鹄鷇。攒，聚也。'"文《详注》："《辨证》云：鹄鷇，鹄卵也。今本作'鹜'，误矣。鷇，音克角切，与'鹜'同音。橙，橘属，音除耕切，喻以鹄鷇美之。"魏本音注："毂，苦角切，又口木切。橙，除庚切。"魏本："韩曰：'已上言土地、人物富华之盛。'"鷇，鸟卵也，音苦角切，洪盖本诸《玉篇》《广韵》。按：当作"鷇"，即鹄卵。谓作幼鸟"毂"、卵壳"殻"者皆非。毂、鷇音义同。《王力古汉语字典》引此句为例，作"毂"。

⑱ 骛：祝本作"鹜"，宋白文本、文本、魏本、廖本、王本作"骛"。魏本："孙曰：骛，驰骛也。"作"骛"善。文《详注》："良牧，谓当时有为郡守者也。谢宣远《别王庚二太守》诗（即《文选》卷二〇《王抚军庚西阳集别时为豫章太守庚被征还东一首》）云：'方舟析旧知，对筵旷明牧。'旷，远也。杂良牧，谓非一人。"

⑱ 文《详注》："休，美也。《左传》云：'昔我先王，勋在盟府。'注云：'司盟之府。'"《左传》僖公二十六年："昔周公、大公股肱周室，夹辅成王。成王劳之，而赐之盟，曰：'世世子孙，无相害也。'载在盟府，大师职之。"诗义本此。魏本："孙曰：先盟，先世之盟。"

⑱ 文《详注》："旄，节也，使者所持。环卫，禁卫也。陆贽（《论叙迁幸之由状》）云：'环卫无谁何之人。'"魏本："孙曰：环卫，天子

守卫也。"方世举《笺注》:"奉环卫,罢节镇而入宿卫也。"王元启《记疑》:"谓先奉旄钺出征,兵罢后又得归奉环卫也。"

⑱ 魏本:"孙曰:守封,守其封疆。"文《详注》:"封,疆也。践,履也。《左传》(僖公九年):'荀息曰:公家之利,知无不为,忠也。送往事居,耦俱无猜,贞也。'"方世举《笺注》:"忠贞:《书·君牙》:'世笃忠贞。'"

⑱ 魏本:"孙曰:介,甲也。"文《详注》:"介,甲也。《礼记》(《曲礼上》)曰:'介者不拜。'"疏:"介,甲铠也。"战服,战袍。明,显也。介,通甲,披甲。《左传》成公二年:"不介马而驰之。"

⑱ 魏本:"祝曰:纮,冠卷也。《周礼》(《夏官·弁师》):'玉笄朱纮。'注:'以朱组为纮也。'"文《详注》:"《说文》(系部)曰:'冠卷也。'(《左传》桓公二年'衡紞纮綖'句注)杜预曰:'缨从下而上者。'《南史》(《张充传》)张充书曰:'鬈缨天阁,曰:[既]谢廊庙之华。'"此谓:朝中高官戴的官帽。

⑱ 魏本:"韩曰:公集中《游城南诗》有《题于宾客[庄]》,注:盖于頔为太子宾客,亦居于此,故此篇言及'勋爵逮僮隶'等语,皆取诸此也。"文《详注》:"颜延年《应诏诗》(《文选》卷二二《应诏观北湖田收》)曰:'温渥浃舆隶。'"此谓:封爵赐勋亦及僮仆,言其贵显也。

⑱ 文《详注》:"绷,束小儿衣也,音女萌切。《论语》(《阳货》):孔子曰:'子生三年,然后免于父母之怀。'"魏本:"孙曰:怀,抱也。绷,束也。谓今襁褓中。祝曰:绷,束儿衣也。《墨子》:'禹葬会稽,桐棺三寸,葛以绷束。'(今本《墨子·节葬》'绷'作'缄')"谓皇恩施及襁褓之婴也。绷(bēng北萌切,平,耕韵),束缚,捆绑。《说文·系部》:"绷,束也。从系,崩声。《墨子》曰:'禹葬会稽,桐棺三寸,葛以绷束。'"又束负小儿用的布幅。《汉书·宣帝纪》:"曾孙虽在襁褓。"颜师古注:"緥,即今之小儿绷也。"

⑲ 秀:魏本作"笑"。宋白文本、文本、廖本、王本作"秀",从之。魏本:"孙曰:笑,美也。嶷嶷,有所识别貌。"文《详注》:"《大雅·生民》诗:'克岐克嶷。'郑云:'其目[貌]嶷嶷,知有所别识也。'

音鄂力切。"钱仲联《集释》同文注而简。

⑲ 魏本:"孙曰:《诗》(《唐风·椒聊》):'椒聊之食,蕃衍盈升。'椒蕃者,言子孙之多,如椒之蕃茂。韩曰:'喤喤,小儿啼声。'"文《详注》:"《椒聊》诗曰:'椒聊之实,蕃衍盈掬[匊]。'言子孙之多也。又《蜀都赋》(《文选》卷四左思撰)云:'或蕃丹椒。'《小雅·斯干》诗:'乃生男子,其泣喤喤。'毛云:'泣声也。喤,音横。'"喤(huáng 户盲切,平,庚韵)喤,象声词。小儿啼哭声。《诗·小雅·斯干》"其泣喤喤"是也。

⑲ 魏本:"孙曰:貌鉴者,其貌有光可以鉴也。"其清秀之光像要从匣里溢出似的。鉴,镜子。此作动词,即照见。

⑬ 魏本:"孙曰:眸光,目光。硎,砥石也。"文《详注》:"硎,砥也,音刑。《庄子》(《养生主》):'庖丁解牛,刀刃若新发于硎。'"谓其眼眸之亮像新磨砺的刀刃。

⑭ 接养儒生于己舍,教读经史于馆下。童《校诠》:"案:礼记文王世子:立太傅、少傅以养之,郑注:养犹教也,言养者积浸成之。"

⑮ 收拾亲戚子孙,供其酒食。钱仲联《集释》:"此二句谓接待儒生于馆,供给以典籍;联络亲戚,与孙甥辈饮宴也。"《旧唐书·韩愈传》:"而颇能诱厉后进,馆之者十六七,虽晨炊不给,怡然不介意。大抵以兴起名教弘奖仁义为事。凡嫁内外及友朋孤女仅十人。"张籍《祭退之》诗云:"荐待皆寒羸,但取其才良。亲朋有孤稚,婚姻有办营。"皇甫湜《韩文公神道碑》:"又曰:其贤善耳,必心跃色扬,钩而游之,内外荧弱悉抚之,一亲以仁。使男有官,女有从,而不啻于己生。交于人,已而我负终不计,死则庀其家,均食剖资与人,故虽微弱,待之如贤戚,人诟笑之,愈笃。"可参酌。

⑯ 魏本:"孙曰:'考,击也。肴,何交切。'"文《详注》:"考,击也。张平子《西京赋》(《文选》卷二):'翁伯浊质,张里之家,击钟鼎食。'又陆士衡乐府诗云:'击钟陈鼎食。'注云:'贵者鼎食,食必击钟,骨有肉曰肴,果有实曰核,宾之初筵。'诗曰:'肴核维旅。'"

《诗·唐风·山有枢》:"子有钟鼓,弗鼓弗考。"

⑲ 文《详注》:"戛,击也。侑,助也。古者飨宴必陈钟鼓。张平子《西京赋》(应为《文选》卷一班固《东都赋》)云:'食举雍彻……钟鼓铿锽。'"方世举《笺注》:"戛鼓:《书·益稷》:'戛击鸣球。'牢牲:《周礼·地官·充人》:'掌系祭祀之牲牷,祀五帝则系于牢,刍之三月。'注:'牢,闲也。'"又《周礼·天官·膳夫》:"以乐侑食。"

⑱ 文《详注》:"如《法苑珠林》(唐释道世撰)云:'护世城雨。'美膳之类。"钱仲联《集释》:"飞膳,当指以飞禽烹调之肴膳。"

⑲ 钱仲联《集释》:"函,通颔,下颔内肉。《诗》(《大雅·行苇》'嘉肴脾臄'句)孔疏:'口上曰臄,口下曰函。'"

⑳ 文《详注》:"《前汉·张骞传》:'大宛诸国来观汉广大,以鸟大卵及犁轩[犛靬]眩人,献于汉。'应劭曰:'卵大如一二石瓮也。'师古曰:'卵如汲水之瓮,无一二石也。'眩读与幻同,即今吞刀、吐火、植瓜、种树之类是也。本从西域,今言大卵如瓜,疑亦是幻术所作也。"屈《校注》:"《史记·封禅书》:'安期生食巨枣,大如瓜。'《汉书·西域传》:'条支国有大鸟,卵如瓮。'"

㉑ 魏本:"孙曰:'茹,食也。菁,蔓菁。'"文《详注》:"芳,香气也。菁,音精,蔓精[菁],菜也。一名芜菁。"顾嗣立《集注》:"《选·南都赋》(《文选》卷四张衡撰):'春卵夏笋,秋韭冬菁。'《广韵》:'韭,其华谓之菁。'"《广韵》所释非蔓菁之菁。《南都赋》所谓"秋韭冬菁"之菁乃韭之花。又宋玉《高唐赋》云:"江离载菁。"为韩诗所本,即韭之花。此谓贵显之家所食。芜菁:一种植物,块根可食,乃一般民间常用菜蔬。《吕氏春秋·本味》:"云梦之芹,具区之菁。"贾思勰《齐民要术·蔓菁》:"七月可种芜菁。"以上四句:飞禽之食自北边来,东边海上多海鲜珍品,卵大如瓜,芳菁精细如线。

㉒ 文《详注》:"错,杂也。言山海之物错杂陈于前,皆可以供口腹也。《禹贡》:'海岱惟青州,其贡海物惟错。'孔安国云:'错杂,非一种。'《孟子》(《告子上》)曰:'口腹岂无尺寸之肤哉!'"魏本:"孙曰:错,交错也。《书》(《禹贡》)曰:'海物惟错。'"

㉓ 宋白文本、廖本、王本作"赵燕"。文本、魏本作"燕赵"。作"赵燕""燕赵"均可,然古籍惯作"燕赵",从之。

媌姪,方《举正》:"蜀本作'媜姪'。"朱《考异》:"媌,或作'媜'。"宋白文本、文本作"媜"。祝本、魏本、廖本、王本作"媌"。古籍多用"媌",从之。魏本:"孙曰:《选》(《文选》卷二九《古诗十九首》):'燕赵多佳人,美者颜如玉。'媌姪,美妇人也。祝曰:《说文》(女部):'媌,目里好也。'《方言》(卷一):'自关而东,河、济之间谓好为媌。'《列子》(《周穆王》):'简郑、卫之处子娥媌靡曼者。'姪,身长好貌。秦晋谓好曰姪娥。帝尧之女舜妻娥皇字娥姪。"文《详注》:"《古诗》:'燕赵多佳人,美者颜如玉。被服罗衣裳,当户理清曲。'媌姪,女人美称。上音于惊切,下音鱼茎切。《汉书》:'姪娥,妇官。'武帝邢夫人号姪娥。"

㉔ 上句谓一笑,仇恨就消失了,所谓"一笑了之";而交友则有百金一诺之重,即"百金诺"。《史记·季布栾布列传》:"楚人谚曰:'得黄金百斤,不如得季布一诺。'"后以"百金诺"指信实可靠的诺言。唐高适《和崔二少府登楚丘城作》:"何意千里心,仍求百金诺。"

㉕ 魏本:"洪曰:'貊,北方国。戎,西夷。'孙曰:'貊、戎,皆蛮夷名。'《周礼·职方氏》(《夏官》):'掌四夷九貊(字本作'貉',貉,通'貊',莫百切,音默)。'貊者,东夷之种,即九夷也。言货自戎狄而至。"文《详注》:"《晋书》(《夫馀国传》):'东夷夫馀国出善马、美珠,珠大如酸枣。国中有古泝城,本《汉书》涉貊之地也。在唐为高丽国。"

㉖ 鹪鸹令:方《举正》据三馆本订"鹦"字,云:"戎、貊、鹦鹉、鹪鸹,四也。"朱《考异》:"鹦,或作'鹪'。(下引方语)或本非是。"南宋监本原文作"鹪"。宋白文本、文本、潮本、祝本、魏本作"鹪"。廖本、王本作"鹦"。魏本:"孙曰:'鹪鸹,鸟名。出夷狄中,穴居。令,使也。鹪鸹令者,令鹪鸹传呼也。'韩曰:'鹦鹉、鹪鸹皆能言鸟。'"文《详注》:"《汉[书]·萧望之传》:'传呼甚宠。'注云:'传声而呼侍

从者,言甚尊宠也。'《幽明录》曰:'晋司空桓豁在荆州,有参军剪五月五日鸲鹆舌,教令学语,无所不名。'鹦与鸲同。《辨证》乃引《唐旧志》(《旧唐书·音乐志》)云:'武太后时,宫中养鸟似鹦而稍大,南人谓之吉了,亦云料。开元初广州献之,言音雄重如丈夫,委曲识人情意。'于鹦鹆远矣,疑即此鸟也。《汉武本纪》:'南越献能言鸟。'注《汉书》者皆为鸟为鹦鹉。若是鹦鹉,不得不举其名。鹦鹉,秦陇尤多,亦不足重,所谓能言鸟即吉了也。北方常言鹦鹉逾岭乃能言,传者误矣。岭南甚多鹦鹉能言者,非鹦鹆也。退之所指岂非似鹦鹆而能言者耶?以说观之,是《辨证》未见真鹦鹆语也。"方世举《笺注》:"鹦鹆:《禽经》:'鹦鹉,摩背而喑,鹦鹆剔舌而语。'张华注:'鹦鹉出陇西,能言鸟也。鹦鹆,今人育其雏,以竹刀剔舌本,教之言语。'"钱仲联《集释》:"《说文》(鸟部):'鹦,鹦鹉,能言鸟也。'按谓令鹦鹉传呼也。"《尔雅翼·鸟部》:"荆楚之俗,五月鹦鹆子毛羽新成,取养之以教其语。"文说是。鹦鹆乃一种鸟,非如钱说为鹦鹉。方据三馆本改鹦为鹦,是把鹦鹆当成两种鸟,实无必要。鹦鹆名贵,非一般鹦鹉可比。

⑳⑦ 魏本:"孙曰:'顺居,平居也。瞰,视也。'韩曰:《前汉·扬雄传》:'高明之家,鬼瞰其室。'"文《详注》:"扬雄云:'高明之家,鬼瞰其室。'(《汉书·扬雄传》及《文选》卷四五《解嘲》)李奇曰(《文选》注引):'鬼神害盈而福谦也。'师古曰:'瞰,视也,音口滥切。'"

⑳⑧ 魏本:"孙曰:'官评,官谤也。'韩曰:'已上言门地簪缨之家。'"

⑳⑨ 魏本:"孙曰:'杀候,肃杀之候,谓秋时也。'"文《详注》:"自此至'恶噍哱腥鯖',言阴气用事,将顺时而田猎也。《周礼·夏官》(《大司马》注):'秋田曰狝(读显 xiǎn,秋猎曰狝)。杀也。'又《月令》(《礼记》):'仲秋之月,杀气浸盛。'"《周礼·夏官·大司马》:"中秋,教治兵……遂以狝田。"注:"秋田为狝。"又《文选》卷二张衡《西京赋》:"白日未及移晷,已狝其十七八。"狝,杀戮也。此谓:秋之阴气凌侵草木也。

⑳ 原：祝本作"言"。纮，文本作"纮"。宋白文本、魏本、廖本、王本作"原"、作"纮"。原为郊原，则作"原"字是。纮与纮音义同，今通作"纮"。魏本："樊曰：按《集韵》（平声十三耕）：纮，一作'纮'。前既押'朝冠彩纮'矣，此云纮，疑其字误。《辞源》："纮（hóng 户萌切，平，耕韵），同纮。""纮（hóng 户萌切，平，耕韵），编磬成组的绳子。《仪礼·大射》：'鼗倚于颂磬西纮。'"又："维，包举。《淮南子·原道》：'横四维而含阴阳，纮宇宙而章三光。'"故作"纮"、作"纮"均可。此作网纲解，作网者非。然前已用"纮"，此为避免用字重复，韩公用"纮"，樊说非是。魏本："孙曰：'笼，包笼。原，郊原。罝，周匝。罝、纮，皆网也。'祝曰：纮，网纲。《选》：'狠跋乎纮中。'"文《详注》："纮，一作'纮'。罝，兔网也。《西都赋》（《文选》卷一班固撰）：'罘网连纮，笼山络野，列卒周匝，星罗云布。'（吕延济）注云：'纮，网纲。'"方世举《笺注》："罝纮：《诗·兔罝》（《周南》）：'肃肃兔罝。'《汉书·扬雄传》：'摇噱乎纮中。'师古曰：'纮，古纮字。'"童《校诠》："第德案：说文：纮，冠卷也，从糸，厷声，纮、纮或从弘。文选班孟坚西都赋：罘网连纮，李注：纮罘之网也，祝氏所引见左太冲吴都赋，纮，网纲，为刘渊林注。罝纮乃冠卷之引申义，义既不同，自可重押。如抟为枨之后出字，此诗撑抟、天枨两用之。郾城联句：五鼎调勺药，勺药、调和五味也，又云：仍祈却老药，两药字，义不同，故两用之。"韩诗原文当作"纮"，避与前"朝冠飘彩纮"重韵。

㉑ 羽：魏本："一作'雨'。孙曰：羽空，谓禽鸟被箭，羽毛空满。颠，坠也。雉鷃，鸟名。鷃，即《庄子》（《逍遥游》）所云'斥鷃'也。"文《详注》："鷃，雀也。《庄子》（《逍遥游》）：'斥鷃笑之。'音居晏切。"方世举《笺注》："雉鷃：《禽经》：'鷃雀啁啁。'张华注：'鷃，篱鷃也，雀属。'"鷃，生活在小泽，腾跃在篱笆蓬蒿之间的小雀。《庄子·逍遥游》："斥鷃笑之曰：'……我腾跃而上，不过数仞而下，翱翔蓬蒿之间，此亦飞之至也。'"雉，野鸡。

㉒ 魏本："孙曰：血路，血盈路也。麐，兽名，一角，牛尾，其状

似麋。祝曰：麐，大鹿也。《选》（卷四左思《蜀都赋》）：'屠麐麖。'"文《详注》："《说文》云：'麐，大鹿也，牛尾，一角。'"按：《说文》（鹿部）未收此字。麚字下云："麚，大麐也，牛尾，一角。从鹿置声。麐，或从京。"段注："《释兽》云：麚，大麐，牛尾，一角。许所本也。《史·武帝纪》《汉·郊祀志》皆曰：郊雍，获一角兽，若麃然。武帝所获正是麚。盖麃似麚无角。大麐有一角则谓之麚。"又《说文》："麃，麐属。"方世举《笺注》："羽空、血路：班固《西都赋》：'风毛雨血，洒野蔽天。'狐麖：《汉书·地理志》：'山多麖麐。'师古曰：'麐似鹿而小。'迸：潘岳《射雉赋》（《文选》卷九）：'倒禽纷以迸落。'"方成珪《笺正》："《尔雅·释兽》：'麚，大麐，牛尾，一角。'"钱仲联《集释》："《说文》（鹿部）麚下云：'麐，或从京。'"盖麐同麚，《山海经·中山经·尸山》："其兽多麐。"郭璞注："似鹿而小，黑色。"麚，《唐韵》："举卿切。"《集韵》《韵会》《正韵》："居卿切，音京（jīng）。"

㉑㉓ 魏本："孙曰：蹶踔，行不正貌。鸟兽折足，故行不正也。《庄子》（《秋水》）：'夔谓蚿曰：吾以一足趻踔而行。'趻踔，与'蹶踔'同。韩曰：《庄子》注：'蹶踔，跳掷也。'"文《详注》："蹶踔，前却腾跃貌，上音救甚切，下音救觉切。《庄子·秋水篇》云：夔以一足趻踔。"童《校诠》："第德案：说文：踔，踶也。蹶为新附字。庄子秋水篇作趻，玉篇足部：蹴，丑甚切，蹶踔，趻同上。其本字应作，尣（说文钮氏树玉、郑氏珍）。说文：尣，淫淫行貌。蹴、趻、趻皆后出字。韩引庄子注为成疏，其字作蹶，文选陆士衡文赋：故蹶踔于短垣，李注引庄子蹶踔作证，则庄子书有作蹶者，韩与李所见本同。"蹶（chěn 丑甚切，上，寝韵）踔（chuò 丑教切，去，效韵），跛行貌。引申为迟滞，支绌。晋陆士衡《文赋》："患挈瓶之屡空，病昌言之难属，故蹶踔于短垣，放庸音以足曲。"尣（yín 余针切，平，侵韵）：行貌。《文选》卷八扬雄《羽猎赋》："三军芒然，穷尣阏与。"按：尣，《文选》作"冘"，《汉书》作"尣"。《汉书》注："孟康曰：'尣，行也。阏，止也。言三军之盛，穷阏禽兽，使不得逸漏也。'"趻（chěn《集韵》丑甚切，上，寝韵）同蹶、趻，行动无定貌。《文选》卷一二晋木玄虚（华）《海

赋》:"趹踔湛灇,沸溃渝溢。"注:"波前却之貌。"则沇、趻、踂、趹同,沇为本字。

㉑④ 文《详注》:"髻,项鬣也,音渠伊切。髬髵,发乱貌。上音薄庚切,下音乃庚切。"魏本:"孙曰:髻,鬣也。髬髵,髻张貌。言鱼中钩其怒如此。祝曰:髵,《广韵》(下平声十二庚)云:'乱发貌。'"王元启《记疑》:"髻谓兽之鬃鬣,此节言射猎之盛,不应此句独指叉鱼。注谓鱼中钩其怒如此,非是。"顾嗣立《集注》:"《说文》(彡部):'髭,鬃也。'《楚辞·大招》:'被发鬤只。'王逸曰:'鬤,乱貌。'"王懋竑《读书记疑》卷一六:"鬤,音狞。《广韵》无此字,疑同髻。"童《校诠》:"第德案:说文无髻字,新附有之,云马鬣也。王宋贤纠孙氏之失是也。文选鲁灵光殿赋:奔虎攫挐以梁倚,仡奋髻而轩髻,李注引郭璞曰:髻,背上鬣也。亦假者为之,汉书扬雄传:兖蜒瘢者,孟康曰:瘢者,马脊创瘢处也。服虔曰:耆鬣伤者,皆髻为兽鬣之证。广韵十二庚:鬤,髯鬤,乱发貌,乃庚切,髯,髯髯,女庚切,鬤髯兼收。王谓广韵无鬤字,当为一时失检之故。"髻(qí 渠脂切,平,脂韵),马鬃。《尉缭子·制谈》:"犹良骥騄耳之驶,彼弩马髻与角逐,何能绍吾气哉?"通鳍,鱼脊鳍。《庄子·外物》:"已而大鱼食之,牵巨钩,䫻没而下骛,扬而奋髻,白波若山,海水震荡。"䫻髻,紧缩鬃毛。髬(péng 薄庚切,平,庚韵)鬤(níng 乃庚切,平,庚韵),怒貌。《楚辞·大招》:"豕首纵目,被发鬤只。"旧注指鱼,按此四句,前二句写射禽鸟,后二句写马。无由插入一句写鱼。王元启说有理。

㉑⑤ 犬:文《详注》:"田犬也。矞,飞也,章恕切。"魏本:"韩曰:矞,飞举貌。孙曰:疾矞鸟,谓疾于飞鸟也。"此句谓:猎犬腾跃着追赶被射中落地但尚未飞走之鸟。童《校诠》:"第德案:说文:趯,迅也,诗巧言:跃跃毚兔,史记春申君传引作趯趯,集解引韩诗章句:趯趯,往来貌。"

㉑⑥ 魏本音注:"虻,音盲。"钱仲联《集释》:"《说文·虫部》:'蝱,啮人飞虫,从虫,亡声。'虻为省字。"

㉑⑦ 魏本:"孙曰:'算蹄,谓数其所获也。'樊曰:《子虚》《上林

赋》(《文选》卷八司马相如撰)云:'射麋脚麟。'(《汉书·司马相如传》)颜师古云:'持引其脚也。'所谓算蹄者如此。"文《详注》:"谓收禽会众,视其所获多少而赏之。《西京赋》(《文选》卷二张衡撰)云'割鲜野食,犒勤赏功'也。"兽有蹄,故所猎之物可以蹄之多少计数,论数多少赏赐。

㉑⑧ 方《举正》据蜀本作"裂脑擒荡抶",云:"阁作'裂臁擒汤抶'。臁,'脑'之或体也;抶,挨也。荡抶,踢挨之义也。监本作'撑抶',撑,距也,义亦通。而'擒'作'相',则非也。"朱《考异》作"裂脑擒撑抶",云:"诸本'脑'作'臁','擒'作'相','撑'作'盪',又作'汤'。方从蜀本(下引方语)。今按:臁,别本作'胁',疑传写之误。盪,当作'撑'。"南宋监本原文作"裂臁相撑抶"。文本、潮本作"裂臁相樘枨",文《详注》:"一作'擒汤抶'。遍检字书无此'臁'字,疑作'胁'。"宋白文本作"裂臁擒汤抶",注:"一作'相撑枨'。"祝本作"裂臁相撑抶",注:"一作'胁'。"魏本作"裂眦相撑抶",注:"撑,音抶。裂眦,一作'裂臁',又作'裂胁'。相撑,一作'擒盪',又一作'擒盪'。"文《详注》:"《补注》:樘,拒也。抶,挨也。"魏本:"樊曰:《上林赋》云:'弓不虚发,中必决眦。'撑,距也。抶,挨也。孙曰:'撑抶,相撑拄也。'"方世举《笺注》:"《广韵》(下平声十二庚):'撑,同撑,掌柱也。抶,触也。'"按《说文》及《广韵》"撑"当作"樘"。王元启《记疑》:"胁,建本作'眦',注云:'一作臁,又一作胁。'按作'胁'与下文'擒'字相关。其作'臁'者即'胁'之误文,方本作'脑',非是。"童《校诠》:"第德案:作眦、臁、胁义皆通,以作眦为长,孙引上林赋(当作子虚赋)决眦,文选李注引李奇曰:射之巧妙,决于目眦,善曰:说文:眦,目匡也。无眦则目无所见,何能与敌相撑。裂脑,脑为思虑之官,脑裂则神志昏迷,亦难应敌。裂胁,伤势比前二者为轻,眼与脑无恙,尚可与敌相周旋。王谓作胁与下擒字相关,作眦、作脑何尝不与擒有联,遽定作胁似欠审谛。撑抶依说文应作樘枨,樘,衺拄也,臣铉曰:今俗别作撑,非是。枨,杖也,一曰法也。作荡者借字,汤为荡之省。挨为突之后出字。"通观上述缕析,此句

作"裂眦相撑抶"为善。眦(zì 疾智切,去,寘韵),眼眶。见上引《子虚赋》。又《列子·汤问》:"离朱子羽,方昼拭眦扬眉而望之,弗见其形。"樘(chēng 丑庚切,平,庚韵),一谓支撑的斜柱;一曰门框窗框。枨(chéng 丑庚切,平,庚韵),门两旁的木柱。《辞源》引韩诗为例。作"樘枨"善。樘枨,在此当作眼眶解。

㉙ 魏本:"孙曰:'猛毙,谓猛兽毙也。'"文《详注》:"言猛兽既毙,则放牛马于山野以牧之,故乐也。"射杀猛兽,为放牧创造安全环境,故有牛马之乐。

㉚ 枭鸧䲸:方《举正》据杭、蜀本作"鸹",云:"鸹,音格,今鸺鹠也。"朱《考异》:"鸹,或作鸹。方云:'鸹,音格,今鸺鹠也。'今按:鸹音柯额切,《尔雅》(《释鸟》):'鸹,鸹鹞。'今鸺鹠也。其音各者,乌鸦,水鸟也。"宋白文本、文本、潮本作"枭鸹"。祝本、魏本、廖本、王本作"枭鸹",魏本注:"一本作'鸹'。鸹,非妖鸟。"魏本注有理。当作"枭鸹"。文《详注》:"言妖禽既杀,则枭鸹孤处,故忧也。枭,恶鸟,音公尧切。鸹音万合切。䲸,忧也,音葵营切。"魏本:"孙曰:'妖残,谓妖鸟残灭,故枭鸹䲸独也。'韩曰:'枭音坚尧切。鸹音格,鸹者乌鸦,妖鸟也。'"方世举《笺注》:"枭鸹:《尔雅·释鸟》:'枭鸱。'注:'土枭。'"鸹(gé 古伯切,入,陌韵):鸟名,一种猫头鹰。《尔雅·释鸟》:"鸹,鸹鹞。"注:"今江东呼鸺鹠为鸹鹞,亦谓之鸺鸹,音格。"惸(qióng 渠营切,平,清韵),同䲸。指无兄无弟的人,或谓孤苦无靠者。《周礼·秋官·大司寇》:"凡远近惸、独、老、幼之欲有复于上,而其长弗达者,立于肺石,三日。"引申为忧愁,《辞源》引韩诗为例。又《诗·小雅·正月》:"忧心惸惸,念我无禄。"

㉑ 魏本:"孙曰:'窟穷,穷其窟穴也。'"方世举《笺注》:"窟穷:左思《吴都赋》:'颠覆巢居,剖破窟宅。'"嗔视,怒目而视。嗔者,怒也。《世说新语·德行》:"丞相(王导)见长豫(悦)辄喜,见敬豫(恬)辄嗔。"

㉒ 文《详注》:"抨,弹也,音普耕切。崔绩为黔江太守,官署后多鼯鼠,抨弦即惊坠焉。"顾嗣立《集注》:"《说文》(手部):'抨,弹

也。'"抨(pēng 披耕切,平,耕韵),弹。杜甫《自阆州领妻子却赴蜀山行》之三:"转石惊魑魅,抨弓落狖鼯。"

㉓ 文《详注》:"箱,牛车也。《高唐赋》(《文选》卷一九宋玉撰):'获车已实。'(吕向)注云:'获车,载兽车也。举其先得者,其车已满。'"魏本:"孙曰:连箱,连车也。"即多辆牛车。韩公《卢郎中云夫寄示盘谷子诗两章歌以和之》:"马头溪深不可厉,借车载过水入箱。"箱即车箱,连箱者,以箱代车也。

㉔ 魏本:"孙曰:'弃,掷也。辙,车辙。'"文《详注》:"赢,余也。"此谓:车遇着不好走(碍辙:北方俗话把坏路挡车叫当车)的路,就把多余的猎物丢掉。

㉕ 魏本:"孙曰:'枿,树枝。'"文《详注》:"枿,伐木余也,音五葛切。"方世举《笺注》:"此二句言田猎既倦,喘者因视刀刃而余血点污,困者偶触株橛而目精矇眛也。"

㉖ 旷旷:广大貌。魏本:"孙曰:旷旷,广大也。"《史记·日者传》:"天地旷旷,物之熙熙。"《淮南子·缪称训》:"不言之用者,旷旷乎大哉!"此指狩猎扫尽广大的山谷。

㉗ 文《详注》:"《高唐赋》(《文选》卷一九宋玉撰)'驰苹苹'注云:草聚貌。"魏本引韩《全解》同。上谓田猎。

㉘ 魏本:"祝曰:扠,《玉篇》(手部):'横扠也。'孙曰:'扠,取也。活栾,生肉。'"文《详注》:"言田猎既罢,复相与为水嬉也。《西京赋》(《文选》卷二张衡撰):'义䍡之所扠。'《补注》云:扠所以刺鱼。音初加切。"此下说水嬉。

㉙ 文《详注》作"恶噍嚊腥鲭",云:"噍,噬也。嚊,音博。《说文》(口部)曰:'噍,坚也。'鲭,鱼名,青色,有枕角,音子丁切。"魏本:"祝曰:嚊,《说文》(口部)云:'噍貌。'(按《说文·口部》云:'噍,啮也。')鲭,《广韵》(下平声十四清)云:'煮鱼煎食曰五侯鲭。'"按:文、魏注皆引《说文》,可证文作"嚊"者误,况《说文》无"嚊"字,《康熙字典》亦无。《西京杂记》卷二:"娄护丰辩,传食五侯间,各得其欢心,竞致奇膳,护乃合以为鲭。"魏本:"韩曰:'已上言射猎之

盛。'"程学恂《韩诗臆说》卷一:"言田猎,直用《上林》《子虚》笔法。"

㉚ 魏本:"孙曰:'律,十二月律,谓黄钟大吕之属。及郊至,十一月也。'"文《详注》:"自此至'永用表其宏',言岁十二月律中黄钟则祭天南郊也。《礼·郊特牲》曰:'周之始郊日以至。'城南,圆丘所在,故云然。"方世举《笺注》:"郊至:《三辅黄图》(毕沅本卷五《南北郊》):'天郊在长安城南。'想至其处而遂咏郊祀之事也。"王元启《记疑》:"郊祀必于城南,故于《城南联句》及之。"

㉛ 文《详注》:"《前汉·礼乐志》:'先王作乐以崇德,昔帝喾作《五英》,舜作《韶》。'《韶》,继尧也。五英,英华茂也。韺,音英。"魏本:"孙曰:《乐纬》云:'帝喾乐曰《六英》,舜曰《箫韶》。'"方世举《笺注》:"韶韺:《广雅·释乐》:'五韺箫韶。'曹宪注:'英帝佸乐。韶,舜乐。'"韺(yīng 于惊切,平,庚韵),帝喾所作的音乐名,亦作英。喾同佸。《玉篇·音部》:"韺,帝喾乐名六韺。亦作英。"晋张华《正德舞歌》:"轶武超濩,取节六韺。"

㉜ 文《详注》:"《礼·夏官·司常》(当是《春官》):'掌九旗之物名,日月为常,熊虎为旗。'斾,旗旒。"魏本:"孙曰:流日月,谓画日月于旗上,若流行也。"方世举《笺注》:"日月:《记·郊特牲》(《礼记》):'旗十有二旒,龙章而设日月,以象天也。'"

㉝ 扶栋甍:方《举正》作"甍",云:"曾本作'薨'(乃缺笔),字书不出。甍,屋檐也。见《选》'飞甍夹长道'注。"诸本作"甍",是。文《详注》:"拂庐,蕃帐名。唐吐蕃有城郭庐舍不肯处,联毳帐以居,号大拂庐,容数百人。部人处小拂庐。中国时亦效之,故杜诗(《送杨六判官使西蕃》)云:'雪重拂庐干。'甍,屋栋也,音谟耕切。"魏本:"孙曰:'帐庐,以帐为庐。甍,亦栋也。祝曰:《左氏》(襄公二十八年):'犹援庙桷,动于甍。'(注曰:甍,屋栋。疏曰:此是屋上之长材,椽所以凭依者也。今俗谓之屋脊。)"魏本音注:"甍,莫耕切。"方世举《笺注》:"栋甍:《释名》:'栋,中也,居屋之中也。屋脊曰甍。甍,蒙也。在上覆蒙屋也。'"栋甍,房屋正中的大梁。

㉞ 鸿:祝本作"雁",非是。作"鸿"合音律诗义,今从诸本作

"鸿"。文《详注》:"《礼·春官》(《大宗伯》):'以玉作六器,以礼天地四方,以苍璧礼天,以黄琮礼地。'郑玄谓:始至荐于神坐,《书》(《金縢》)曰植璧秉珪是也。奠,犹植也。"魏本:"孙曰:'磊落,大貌。鸿璧,大璧也。'"

㉟魏本:"祝曰:《尔雅》(《释草》):'菅,蔓茅。'注:'蔓菅一种,花有赤者为蔓。'《楚辞》(《离骚》):'索蔓茅以筳篿。'注:'灵草也。'孙曰:香蔓,香矛。席,铺也。"文《详注》:"《说文》(艸部)曰:'蔓,茅草也。'以为席,取其香絜,音渠营切。"蔓(qióng 渠营切,平,清韵),草名。《尔雅·释草》:"菅,蔓茅。"疏:"菅与蔓茅一草也。华白者即名菅,华赤者别名蔓茅。"或谓灵草。《楚辞》屈原《离骚》:"索蔓茅以筳篿兮,命灵氛为余占之。"王逸注:"蔓茅,灵草也。"

㊱文《详注》:"祇,神。祉,福也。"魏本:"孙曰:玄祇,地示也。祉,福也。"谓神为百姓谋福祉。

㊲魏本:"秬,音巨。饛,音蒙。祝曰:黑秬:黑黍。《诗》(《鲁颂·閟宫》):'有稻有秬。'饛,盛食满貌。《诗》(《小雅·大东》):'有饛簋飧。'孙曰:黑秬,黑黍也,可以为酒。《书》(《洛诰》)曰:'秬鬯二卣。'即谓以黑黍为酒也。饛,满貌。盛,粢盛。"文《详注》:"秬,黑黍也,一稃二米以酿酒。《书·洛诰》曰:'秬鬯二卣。'秬,音巨。饛,满也,音莫红切。《大东》(《诗经·小雅·大东》)诗曰:'有饛簋飧。'盛黍之器。盛,音成。"秬(jù 其吕切,去,语韵),黑黍。《诗·大雅·生民》:"诞降嘉种,维秬维秠,维穈维芑。"古人祭祀时浇地所用的郁金草合黍酿造的酒,色黄而芬香。《书·洛诰》:"予以秬鬯二卣,曰明禋,拜手稽首,休享。"疏:"《释草》云:'秬,黑黍。'《释器》云:'卣,中樽也。以黑黍为酒,煮郁金之草,筑而和之,使芬香调畅,谓之秬鬯。'"

㊳文《详注》:"庆,福也。瘥疠,疫疾也。瘥,音才何切。"魏本:"祝曰:瘥疠,病也。《诗》(《小雅·节南山》):'天方荐瘥。'孙曰:'庆流,赦也。元和二年正月辛卯(3日)祀圆丘,大赦天下。瘥、疠皆病也。蠲,谓免其徭役。'"此诗作于元和元年秋冬,非指二

年祀圆丘大赦,乃见景生情泛而论之也。

㉙ 魏本:"孙曰:捐,去也。轒辒,兵车。《诗》(《大雅·皇矣》):'临冲闲闲。'冲,即谓轒辒也。"文《详注》:"轒,音冲,橦车也。《诗》曰:'临冲闲闲。'许氏曰:'棚,楼车也。'音步耕切。《后汉·(光武帝)纪》曰:'冲棚橦城。'"魏本:"韩曰:《后汉》'轒辒撞城'注:轒,楼车也。"方世举《笺注》:"威畅:《史记·秦始皇纪》:'武威旁畅,振动四极。'曹植《颛顼赞》:'威畅八极,靡不祗[祗]虔。'轒辒:《后汉书·光武帝纪》:'或为地道,冲辒撞城。'注:'冲,撞车也。'《诗》曰:临冲闲闲。许慎曰:辒,楼车也。(按《说文·车部》云:辒,楼车也。)'"诸本注引《说文》均不全,给人以抵牾之感。今将其全文录出。"辒,楼车也。从车,朋声。"段注:"楼,各本作兵,今正。《光武纪》:'冲辒撞城。'李贤引许慎云:'辒,楼车也。'李注《文选》亦曰楼车。《前书·叙传》注邓展作'兵车'。乃或用以改许书耳。"此谓辒作楼车解。《辞源》作两解:一曰楼车,亦如上例;二曰兵车,《史记·衡山王传》云:"王乃使(子)孝客江都人救赫、陈喜作辒车镞矢。"此解还可引申为望楼战车。《史记·衡山王传》"辒车镞矢"裴骃集解引徐广曰:"辒车,战车也。"则辒可作两解。轒(chōng《广韵》尺容切,平,钟韵),古代冲城陷阵的战车。《说文·车部》:"轒,陷阵车也,从车,童声。"《诗·大雅·皇矣》"与尔临冲"唐陆德明《释文》:"冲,昌容反,《说文》作轒,'轒,陷阵车也'。"《旧五代史·唐书·庄宗纪二》:"壬戌,梯轒并进,军士毕登,帝登燕丹冢以观之。"杨树达《积微居小学述林·释轒》:"按轒之为言撞也。《后汉书·光武纪》云:'冲辒撞城。'是轒有撞之用也。"

㉚ 魏本:"孙曰:'灵燔,燔柴也。高冋,虚空也。'"魏本音注:"冋,户鼎切。"文《详注》:"《尔雅》(《释天》)曰:'祭天曰燔柴。'郭璞注云:'积薪烧之。'取其烟气达天。高冋,天也。"钱仲联《集释》:"《文选》江淹《杂体诗》(《张廷卫·杂述》'冋冋秋月明'句)李善注:'《苍颉篇》曰:冋,大明也。俱永切。'"此句结构为"望灵燔高冋"。"灵燔望",倒装动宾词组作谓语。谓望见祭天烧柴,火光冲天。

㉑ 敲訇:方《举正》订"訇"字,云:"阁本、蜀本同。訇,暴风也。旧监本作飕,非。"朱《考异》:"訇,或作飕。"诸本作"訇",从之。文《详注》:"谓郊祀事毕,帝车之回也。《楚辞·九章》云:'龙驾兮帝服。'敲訇,暴风也。敲音虚娇切。訇音横。"魏本:"孙曰:'敲訇,驾相击声。訇,暴风也。'"魏本音注:"訇,音'横'。一本作'飕'。"魏本:"樊曰:《集韵》无'訇'字。疑为'敲飕'。"此句与上句结构同,即"闻龙驾敲訇"。谓听龙驾敲击的声音。訇(hóng 户盲切,平,庚韵),一谓暴风,一谓车驾相碰声。此句为后者。《辞源》引韩诗为例。

㉒ 惟:宋白文本、文本作"为"。祝本、魏本、廖本、王本作"惟"。为、惟均可作句中语气词,按文义与平仄律以作"为"善。文《详注》:"潘安仁《闲居赋》(《文选》卷一六):天子有事乎燔[于柴]燎……煌煌乎,隐隐乎,兹礼容之壮观[而王制之巨丽]也。(刘良)注云:'煌[煌]隐[隐],皆盛貌。'"《文选·闲居赋》"天子有事于柴燎,以郊祖而展义。"李善注:"杜预曰:有祭事也。《尔雅》曰:祭天曰燔柴。郭璞曰:既祭,积薪烧之。《周礼》郑司农注曰:燎而生烟以报阳也。"是为,此为,代指上述祭祀事。其宏,则指烧柴祭祀的盛大之貌。谓这样的盛大祭祀当永久保持下去。

㉓ 魏本:"孙曰:'孕,育也。生植,动植。'"文《详注》:"孕,育也。"

㉔ 文《详注》:"自此至'孝思事严祊',言因郊肆赦,恩德广被也。熙,广也。刖、剠,刑余之人。刖,断趾也。剠,墨面也。"魏本:"孙曰:'熙,畅也。刖、剠,皆刑名。刖,谓刖足。剠,谓黥面。'"钱仲联《集释》:"完,谓完其形体,不加刑戮也。《汉书·刑法志》:'完者使守积。'颜师古注:'完,谓不亏其体,但居作也。'"剠(音 qíng 渠京切,平,庚韵;又 luè《集韵》力灼切,入,药韵),此诗通篇用庚、清韵,当读 qíng,同黥,古代的一种刑法,用刀刺刻犯人面额,再涂上墨,也叫墨刑。魏本:"韩曰:已上言行郊祀之礼。"程学恂《韩诗臆说》卷一:"言郊祀极典重。"

㊽ 魏本:"孙曰:宅,居也。《书》(《禹贡》):'降丘宅土。'华,夏也。"孙谓"华"为"夏",非。华指华族名门。蒋抱玄《评注》:"《晋书·王逞传》:'少以华族,仕至光禄勋。'"文《详注》:"《补注》:此句以至'纪盛播琴筝',言时节风物之盛如此。"

㊻ 甿:宋白文本、祝本、魏本作"甿"。文本、廖本、王本作"闲",钱仲联《集释》亦作"闲",从之。文《详注》:"强,壮也。甿,民也。"魏本:"祝曰:甿,《说文》(田部)云:'田民也。'《周礼》(《地官·遂人》):'以强予任甿。'注:'变民言甿,异外内也。甿犹懵,无知貌。'又注:'强予,谓民有余力复予之田,若余夫然。'"魏本音注:"甿,谟耕切。"甿(méng 莫耕切,平,耕韵),农民。《周礼·地官·遂大夫》:"三岁大比,则帅其吏而兴甿。"《史记·陈涉世家》:"陈涉,瓮牖绳枢之子,甿隶之人,而迁徙之徒也。"

㊼ 文《详注》:"大庾岭,五岭之一也。《水经》云:'向东第一岭。'《尔雅》曰:'桧,木名,柏叶松身。'"《诗·小雅·楚茨》:"我仓既盈,我庾维亿。"毛传:"露积曰庾。"此谓仓储之丰,非谓大庾岭也。

㊽ 翙:宋白文本、文本、廖本、王本等作"翙"。祝本、魏本作"刿"。翙(huì 呼会切,去,泰韵),飞羽之声。《诗·大雅·卷阿》:"凤凰于飞,翙翙其羽。"笺:"翙翙,羽声。"刿(guì 居卫切,去,祭韵),割,刺伤。《老子》:"是以圣人方而不割,廉而不刿。"当作"翙",作鸟飞之声解;作"刿",不合诗义。

方《举正》作"祥鹓",云:"鹓鹏,凤也。诸本多讹作'鹏'。"朱《考异》同方。南宋监本原文作"鹏",宋白文本作"鹏",注:"音明。"则显系"鹏"字之误。诸本作"鹏"字是。魏本:"韩曰:鹏,《博雅》云:'凤也。'"文《详注》:"鹏,音明,鹓鹏也,似凤,南方神鸟。《上林赋》(《文选》卷八司马相如撰)曰:'掩焦鹏。'翙,羽声也,音呼外切。《卷阿》诗曰:'凤凰于飞,翙翙其羽。'毛云:'翙翙,众多。'"魏本:"孙曰:'场,场圃也。'祝曰:鹓鹏,似凤,南方神鸟。《楚辞》(王褒《九怀·株昭》):'鹓明[鹏]开路兮。'注:'智鸟也。'"方世举《笺注》：" 《小宛》（《诗·小雅》）：'交交桑扈，率场啄粟。' 翱祥鹏：《上林赋》：'捎凤皇，掩焦鹏。' 张揖曰：'焦明，似凤，西方之鸟也。' "魏本音注："鹏，音明。今本作'鹏'字误。"

㉔⁹ 文《详注》："《博雅》曰：'薤之美在白，韭之美在黄。故《齐民要术》（卷三《种韭》）曰：韭，高三寸便剪。其此之谓乎？又曰：剪如葱法，一岁之中不过五剪。凡剪不用日中，韭性内生根，喜上跳，故种畦，欲极深。' "魏本注："畦，垄也。"方世举《笺注》："《说文》：田五十亩曰畦。"此诗畦字种韭菜的畦垄也，谓五十亩者非此诗义。

㉕⁰ 魏本："孙曰：陶，坯。陶固，牢固。"文《详注》："陶，陶人也。罂，长颈瓶也，音于耕切。"方世举《笺注》："陶：《记·月令》（《礼记》）：'仲冬之月，陶器必良。' "孙曰陶固，文曰陶人，方曰陶器：三解不同。此句对上句，而陶固对畦肥，均为名词与形容词构成的词组。则陶固，当作陶器坚固解。

㉕¹ 方世举《笺注》："利养：《仪礼·特牲·馈食》：'祝东面，告利成。'注：'利，犹养也，供养之礼成。' "利，犹养，谓告祭时的供养。《仪礼·特牲·馈食礼》："主人出，立于户外西南，祝东面，告利成。"郑玄注："利，犹养也，供养之礼成。"《礼记·曾子问》："祭殇不举，无肵俎，无玄酒，不告利成。"孔颖达疏："利，犹养也。"利养，犹养育。《管子·度地》："以其天材，地之所生，利养其人，以育六畜。"此谓饲养牲畜，使其健壮，以供祭祀。

㉕² 文《详注》："《礼·郊特牲》：'索祀（当作"祭祝"）于祊……尚曰：求诸远者欤？'郑氏云：'庙门曰祊。'尚，庶几也，音补彭切。"魏本："孙曰：《诗》（《大雅·下武》）：'永言孝思，孝思惟则。'又（《小雅·楚茨》）：'祝祭于祊。'祊，庙门傍也。"顾嗣立《集注》："《礼记·礼器》：'设祭于堂，为祊乎外。'郑氏云：'祊，明日绎祭也。庙门之傍，因名祊。' "

㉕³ 朱《考异》："云，或作'灵'。"宋白文本、文本、魏本、廖本、王本作"云"，从之。魏本："韩曰：嶙嶒，山小而不安貌。孙曰：山高貌。"魏本音注："嶙嶒，音迭啮。"文《详注》："自此至'纪盛播琴筝'，

皆咏游寺之胜。云,谓云母也。嵽嵲,山高貌。"嵽(dié 徒结切,入,屑韵)嵲(niè 五结切,入,屑韵),高峻之山。杜甫《自京赴奉先县咏怀五百字》:"凌晨过骊山,御榻在嵽嵲。"此句谓山高破云。

㉕㊃ 魏本:"祝曰:坳,地不平处。《庄子》(《逍遥游》):'覆杯水于坳堂之上。'樊曰:'坳,地窊下也。泓,下深貌。'"文《详注》:"谢灵运《游赤石山进帆海》诗(《文选》卷二二)云:'扬帆采石华,挂席拾海月。'(注引)《临海志》云:'石华附石而生,肉可啖。海月大如镜,白色。'皆中食,故采拾之。坳泓,深貌。坳,音于交切。"方世举《笺注》:"漉坳泓:《记·月令》:'无漉陂池。'《庄子·逍遥游》:'覆杯水于坳堂之上。'"漉(lù 卢谷切,入,屋韵),使……干涸。《吕氏春秋·仲春》:"是月也,无竭川泽,无漉陂池。"此句谓:把湖水漉干,捞出明月。

㉕㊄ 文《详注》:"谓砖甓明净如镜也。"魏本:"孙曰:砌,石也。石光明如镜。"

㉕㊅ 文《详注》:"钲,铙也,音征。"魏本:"祝曰:钲,铙也,似铃而无舌。《诗》(《小雅·采芑》):'征人伐鼓。'孙曰:'僧盂如晓钲也。'"钲(zhēng 诸盈切,平,清韵),古乐器名,亦名丁宁。形似钟而狭长,有长柄,用时口朝上,以槌敲击。行军时以节止步法。《诗·小雅·采芑》:"方叔率止,钲人伐鼓。"传:"钲以静之,鼓以动之。"或称锣。镕铜形如盘,边穿孔,缀于木框,框左右施铜环,系绳悬项以击之。《旧唐书·音乐志二》:"《大定乐》加金钲。"此为比喻僧盂似钲而敲以作晓课。

㉕㊆ 文《详注》:"谓金刚二象也。"魏本:"孙曰:'泥像,塑像也。骋怪,谓鬼神奇怪之状。'"

㉕㊇ 文《详注》:"锽,钟声也,音胡横切。"魏本:"孙曰:舂,撞也。《记》(《学记》)曰:'待其舂容,然后尽其声。'锽,钟声。祝曰:《后汉》(《马融传·广成颂》):'锽锽鏐鏐。'注:'钟鼓之声。'"方世举《笺注》:"舂锽:《释名》:'舂,撞也。'《尔雅·释训》:'锽,锽乐也。'"《广雅·释诂四》:"锽,声也。"童《校诠》:"案:锺、廖本、王本作镗,

祝本作锺，与本书同，锺为镗之借字。"今通作"钟"。刘勰《文心雕龙·原道》："至于林籁结响，调如竽瑟；泉石激韵，和若球锽。"

㉕㊈魏本："祝曰：瘿，颈瘤也。《庄子》（《德充符》）：'瓮㼜大瘿。'孙曰：瘿颈，大颈。其颈如瘿也。鸠、鸽，二鸟名。"文《详注》："（《说文·疒部》：'颈瘤也。'）许氏云：'瘿，喉结气也。'音于郢切，又音伊盈切。《博雅》曰：'鸽颈如瘿。'"魏本："樊曰：瘿，颈疾。鸠鸽颈羽如绣，乃其病耳。"方世举《笺注》："瘿颈：《释名》：'瘿，婴也，在颈婴喉也。'《晋书·杜预传》：'吴人知预病瘿，以瓠系狗颈示之。每大树似瘿，辄斫使白，题曰：杜预颈。'"钱仲联《集释》："樊以为鸠鸽病瘿，实误。鸠与鸽是相似之鸟，鸣时颈常鼓起如瘿，如此解则'闹'字亦有着落。闹，谓其鸣也。别有一种大颈鸽，其颈特大，乃近代外国输入，恐非唐时所有。"所说是。此乃以瘿颈比喻形容鸠鸽叫时的脖颈毛炸起而粗丰貌。如童《校诠》："第德案：此为鸠鸽争闹，颈羽怒起如瘿，与斗鸡联句磔毛各嗪瘁，怒瘿争碨磊义同。樊说失之。"

㉖⓪蜿垣：方《举正》据杭本订"垣"字，曰："校本一曰谓'蜿蜒于墙垣之间'。"朱《考异》："垣，或作'桓'。（下引方语）作'桓'非。"南宋监本原文作"桓"。宋白文本、潮本作"桓"。文本、祝本、魏本、廖本、王本作"垣"，是。魏本："樊曰：'蜿，龙貌。垣，墙也。'洪曰：'蜿垣，谓蜿蜒于墙垣之间，杂蚨蝾也。蚨，多足虫。蝾，蜥蜴。'"魏本音注："蜿，于丸切。蚨，音求。蝾，音荣。"文《详注》："蜿，屈曲虫名，音居阮切。桓，疑作'盘桓'之'桓'。桓，旋也。蚨，音巨牛切，多足虫也。蝾，音荣。《尔雅》（《释鱼》）云：蝾螈，蜥蜴、蝘蜓、守宫是一类。此诗言二虫盘屈相似也。《补注》：蜿，龙貌。垣，墙也。此句言其见于墙者如此。垣，今作'桓'，误矣。"方世举《笺注》："蚨蝾：王云：蚨，多足虫。《尔雅·释鱼》：'蝾螈，蜥蜴。'"上句说鸟，此句谓虫，即行于蜿蜒的墙垣之间，多见蚨蝾也。

㉖①文《详注》："葚，桑实也，音食荏切，或从木。蠋，虫名。韩子曰：'蚕似蠋，音烛。'《说文》（虫部，蠋作蜀）曰：'（蜀）葵中蚕也。'

— 1821 —

一云豆叶中大青虫。"魏本:"韩曰:蠋,桑虫,似蚕。《诗》(《豳风·东山》):'蜎蜎者蠋。'"方世举《笺注》:"葚黑:《诗·氓》(《卫风》):'于嗟鸠兮,无食桑葚。'傅休奕《桑葚赋》:'翠朱三变,或玄或白。'蚕蠋:《尔雅·释虫》:'蚅,乌蠋。'注:'大虫如指似蚕。'"此乃桑树所生之虫,中原人俗称桑虫,幼小而白,长稍大而苍青,老大而紫红。大如小指,以桑葚为食,儿时亦捉而烧食之,味亦美。

㉖㊁ 文《详注》:"《说文》(隹部)曰:'离黄,仓庚也,鸣即蚕生。'《诗》(《周南·葛覃》'黄鸟于飞'句)义疏曰:'黄鸟,鹂鹠也,常以椹熟时来。在桑树间,皆应节趁时之鸟。'鹂,音离。鹠,音庚。"魏本:"孙曰:韵,鸣也。鹂、鹠,二鸟名。鹂,黄鹂。鹠,仓庚。《诗》(《豳风·七月》):'有鸣仓庚。'"方世举《笺注》:"鹂鹠:《尔雅·释鸟》:'鸳黄,楚雀;仓庚,鸳黄也。'"钱仲联《集释》:"庚即仓庚。《楚辞·悼乱》:'鸧鹒兮喈喈。'王逸注:'鸧鹒,鹂黄也。'"童《校诠》:"第德案:说文:离,离(依段校)黄,仓庚也,鸣则蚕生。雜,雜黄也,一曰楚雀也,其色黎黑而黄。段曰:按说文离、雜不类厕,不谓一物。又按:毛传:黄鸟,抟黍也,不云即仓庚,仓庚下亦不云即黄鸟,然则黄鸟非仓庚。焦氏循云:郑笺称黄鸟宜食粟,又云:绵蛮,小貌,显非仓庚。玉裁谓盖即今之黄雀也。方言云:鹂黄或谓之黄鸟,此方俗语言偶同耳,陆玑乃误以仓庚释黄鸟。按:段说是。东野以鹂鹠为二物,即本诸毛传说文。方引尔雅仓庚、鸳黄,按:尔雅仓庚、商庚,郭注:即鸳黄也,误以注为正文,当为一时误记。钱引王叔师楚辞注,有失诗意。孙注引诗仓庚,见七月篇,今诗作仓,不从草。鹂鹠从鸟为隶变。又按:释鸟最后一条,仓庚黧黄也,郝云:释仓庚一鸟,凡三四见,必叔孙通梁文所附益者。按:郝说是,故不取。"诸说均有理亦有据,可参酌。若按诗意,则是麦熟时的两种候鸟。北方麦熟时有候鸟来且叫,叫声为"黄鹭北处,大麦先熟(拟音)"。此被称"黄鹭",乃黄鸟。还有一种"布谷鸟",叫声"谷谷(拟音)",俗谓此鸟来时较早,而喝了立夏露水才开始叫。韩愈,北方人,孟郊常居北方,当熟悉此情。以蚕熟为据释之,北方蚕少,江南习见。大

体说来，麦熟、蚕熟时令较接近。但不如以麦熟之候鸟释解合此诗意也。亦备参酌。魏本:"韩曰:已上言民居寺宇之美。"

㉓ 韶曙:方《举正》据杭、蜀本作"曙"字。朱《考异》:"曙,或作'署'。"南宋监本原文、潮本作"署",宋白文本、文本作"暑"。祝本、魏本、廖本、王本作"曙"。钱仲联《集释》、屈《校注》均从方作"曙"。署,作官署解,与诗意遥隔,非。作暑,当炎热的暑天,即夏解,如文《详注》:"韶暑,谓春夏也。迟,待也,音直利切。"主此说。《周易·系辞上》:"日月运行,一寒一暑。"即天气炎热。《左传》襄公二十一年:"方暑,阙地,下冰而床焉。"指夏。曙,天刚亮。魏本:"洪曰:'曙,晓也。迟,待也。'"主此说。屈原《九章·悲回风》:"涕泣交而凄凄兮,思不眠以至曙。"即此意。韶,美好。魏本:"孙曰:'韶,妍也。'"黄钺《增注证讹》:"韶曙,疑即美景良辰之意。"若与"韶"字结合,并参酌诗意,韶曙作美好良辰解,好。黄钺说近是。故字当作"曙"为是。

㉔ 贤朋:方《举正》作"明",云:"别本一作'朋'。"宋白文本、文本、魏本作"明"。廖本、王本作"朋"。文《详注》:"言将出也。《易·巽卦·九五》曰:'先庚三日,后庚三日。'故王弼云:'申命令谓之庚。'"魏本:"孙曰:'先庚三日谓丁,后庚三日谓癸也。'"钱仲联《集释》:"朱骏声《说文通训定声》:'庚为托名幖识字,古以纪旬。'"徐震《诠订》:"此言三日前肃宾也。"此当作"朋",即徐震所谓"宾"者。与诗"贤朋戒三庚"义正合。

㉕ 文《详注》:"《西京赋》(《文选》卷二张衡撰)曰:'骈田偪侧。'侧与仄同。"薛综注云:"骈田偪仄,聚会之意。"今存诸本作"仄"。偪仄,"偪"同"逼"。仄,同"侧"。偪仄谓聚集貌。如《西京赋》及薛注。又杜甫《偪仄行》:"偪仄何偪仄,我居巷南子巷北。"此与上句合谓:朋友聚会驰骛填门。

㉖ 砾:宋白文本、文本作"砾"。祝本、魏本、廖本、王本作"砾"。文《详注》:"墅,田庐也,音上与切。砾砰,车声。上披冰切,下音普耕切。"魏本:"祝曰:辗,水辗也。《选》(卷三五张景阳《七

命》):'辗流霜。'砯,水击石声。《选》(卷一二郭璞《江赋》):'砯岩鼓作。'砰,声如雷。《列子》(《汤问》):'砰然若闻雷霆之声。'"顾嗣立《集注》:"《选·江赋》:'砯厓鼓作。'善曰:'砯,水激岩之声。'《上林赋》(《文选》卷八司马相如撰):'砰磅訇磕。'"砯(冯力制切,去,祭韵),履渡水。《说文·石部》引《诗》"深则砯"。今《诗·邶风·匏有苦叶》"砯"作"厉"。则砯、厉二字音义同。砯不与砰组词,亦不作声音解。故作"砯"字非是。当如祝、魏本等当车声解,作"砅"字。从诗句意看则形容车辗山石之声。《辞源》:"砅砰,车声。"引韩诗为例。

㉗ 碎缬红满杏:方《举正》据三馆旧本作"碎缬",云:"曾本亦作'碎'。唐小说:'裴晋公午桥有文杏百株,立碎锦坊。'少陵(《寄岳州贾司马六丈巴州严八使君两阁老五十韵》)诗:'内蕊繁于缬。'杜牧之(《池州送孟迟先辈》)诗:'花坞团宫锦。'唐人多以'缬'喻。"朱《考异》:"碎缬,或作'醉结'。(下引方语)或云当作'醉缬',李长吉(《恼公》)诗:'醉缬抛红网。'"南宋监本原文作"醉结"。宋白文本、文本、潮本、祝本作"醉结"。宋白文本注:"醉,一作'碎'。"魏本作"醉结",注:"一本作'碎缩'。"廖本、王本作"碎缬"。作"醉结",当红花结于杏;"碎缬",当碎红如锦的花解,均通。然唐人喜用"缬"形容花色,而李世民《秋日》诗亦用"碎缬"。今从方《举正》。此句谓:碎如锦绣的红花结满杏枝。

㉘ 魏本:"孙曰:饧,饴也。韩曰:《方言》(卷一三)云:'干傭也。'祝曰:《说文》(食部)云:'饴,和馓者。'"魏本音注:"饧,徐盈切。"文《详注》:"王粥《宝典》云:'寒食煮大麦粥,研杏仁为酪,别造饧沃之。'故东坡诗云:'火冷饧稀杏粥稠。'刘梦得《嘉话》云:'为诗用僻字,须有来处。宋考功诗云:马上逢寒食,春来不见饧。尝疑此字,因读毛诗郑笺,说吹箫处即今卖饧人家物,六经惟此注中有饧字。后辈业诗,即须有据,不可学常人率尔而道也。'"

㉙ 觐娥婺:方《举正》:"曾本觐作'观'。"朱《考异》:"蹙或作'蹴',觐或作'观'。作'观'误。魏本:"孙曰:'蹙,蹴也。娥婺,美

女。'"文《详注》:"蹴,踏也。言掷绳于空,蹴之而行,可以觏娥婺之女。此神仙之术。娥,月娥。婺,婺女星也。"顾嗣立《集注》:"《古今艺术图》:北方山戎寒食用秋千为戏。蹙绳,谓秋千也。《文选》谢希逸《宣贵妃诔》:'望月方娥,瞻星比婺。'"沈钦韩《补注》:"此言女伴蹙绳之高,如娥婺下觏也。"钱仲联《集释》:"《广雅》(《释诂》):'蹙,踏也。'《文选·羽猎赋》('浸淫蹙部')李善注:'蹙、蹴,古字通。'又('蹙竦詟'句)注:'蹴与蹙同。'"

⑳ 朱《考异》:"撷,或作拮。"魏本:"孙曰:撷,采也。玑,珠。珵,玉。"祝本:"撷,胡结切。一作'拮'。珵,音呈,玉名。《楚辞》(《离骚》):'岂珵美之能当。'注:'美玉也。'"文《详注》:"《国史纂异》云:'中宗时,乐安公主五日一斗百草,广其物色,遣人于南海祇洹寺,取维摩诘须,盖本晋人谢灵运之须也。玑,音几,珠也。珵,音呈,玉名。"顾嗣立《集注》:"《荆楚岁时记》:'五月五日,四人并蹋百草,今人又有斗百草之戏。'《说文》(玉部):'玑,珠不员(圆)者。'"方世举《笺注》:"蹴绳、斗草:《荆楚岁时记》:'寒食打球、秋千之戏。《古今艺术图》云:'秋千,北方山戎之戏,以习轻趫者。五月五日,四民并踏百草,又有斗百草之戏。'按:申培《诗说》:'《芣苢》(《诗·周南》),童儿斗草,嬉戏歌谣之词。'则斗草其来甚古。"

㉑ 魏本:"孙曰:泽,渍也。"文《详注》:"《后汉·马廖传》:童谣曰:'宫中好高髻,四方高一尺。宫中好广眉,四方且半额。'"方世举《笺注》:"粉汗:《世说》(《容止》):'何平叔面至白,魏明帝疑其傅粉。正夏月,与热汤饼。既啖,大汗出,以朱衣自拭,色转皎然。'广额:《诗·硕人》:'螓首蛾眉。'疏:'螓如蝉而小,此虫额广而方。'"蒋抱玄《评注》:"卢思道《采莲曲》:'妆消粉汗滋。'泽,润也。"此谓:妇人面肤细白红润也。

㉒ 文《详注》:"谓妇人璎珞也。金星,璎之上饰。"魏本:"孙曰:'金星,宝靥也。璎,璎珞,妇人项饰。'"顾嗣立《集注》引吴兆宜云:"顾野王诗:'妆罢金星出。'"沈钦韩《补注》:"'粉汗'二句,承'蹙绳''斗草'言之。"以上四句写妇人蹙绳、斗草,故出粉汗而佩饰

坠也。

㉓ 文《详注》:"淑郁,香气盛也。见《子虚赋》(按《子虚赋》无此语及注,当是《上林赋》之误)"魏本:"孙曰:'淑郁:香气。'"顾嗣立《集注》:"《文选·上林赋》(《文选》卷八):'酷烈淑郁。'"淑郁,郭璞注:"香气盛也。"此谓:香气浓郁,鼻不暇嗅也。

㉔ 魏本:"祝曰:《前汉》(《文三王传》):'数十人行剽。'注:'劫也。'眳,《玉篇》(目部):'视貌。'"文《详注》:"盯眳,直视貌。上音直庚切,下音武庚切。强,音其两切。"此句与上句句式同,即"鼻(主)偷(谓)淑郁困(宾)""眼(主)剽(谓)强盯眳(宾)"。盯(chéng)眳(měng 莫幸切,又武庚切,莫耕切),亦作眳盯。后起词,叠韵联绵字,直视貌。《王力古汉语字典》引此诗句为例。强(qiǎng《集韵》巨两切,上,养韵),勉强。《孟子·滕文公下》:"强而后可。"又《梁惠王下》:"强为善而已矣。"

㉕ 魏本:"孙曰:'是节,是时也。'"是节,时节。饱颜色,指长安城南之景色风貌繁盛。

㉖ 魏本:"孙曰:'兹疆,谓城南土疆也。都城,京城。'"蒋抱玄《评注》:"兹疆,谓城南地界。"称当读趁(chèn),即配得上。因此疆景饱颜色,所以配得上京城长安。

㉗ 魏本:"孙曰:'饶,富饶也。书富饶罄尽鱼茧。鱼茧,纸以鱼网茧丝为之,故云。'韩曰:鱼、茧,皆纸也。《国史补》云:'纸之好者,有鱼子纸。'晋王羲之用蚕茧纸。"王元启《记疑》:"谓欲书所有之饶,虽罄鱼茧之纸,不足尽之。"此谓:用尽鱼网、蚕茧之纸,也难写尽长安城南之景。

㉘ 文《详注》:"言播为雅颂,歌之乐府。"魏本:"孙曰:'播琴筝,谓播之乐府。'韩曰:'已上言里人游行之乐。'"方世举《笺注》:"琴筝:《风俗通》:《世本》:神农作琴。舜弹五弦之琴,歌《南风》之诗而天下治。筝,五弦筑声也。今并、凉二州,筝形如瑟,或曰秦蒙恬所造。"此谓:纪大唐都城之盛已流行在音乐里了。

㉙ 文《详注》:"自此至终篇,皆相与述怀。"屈《校注》:"按:觏,

徒历切,音迪。《国语·周语中》:'武不可觌,文不可匿。'注:'觌,见也。'"

㉘⓪ 魏本:"孙曰:'伧人,楚人别名。谓谪阳山江陵时也。'祝曰:《晋史》(《周玘传》):'吴人谓中州人曰伧。'伧,助庚切。"文《详注》:"吴人骂楚人曰伧,音锄庚切。此追念南迁时也。《补注》:此以下言其出为阳山令也。公贞元十九年冬,自御史出为阳山令,至元和改元,六月召为国子博士。"伧(chéng《音韵阐微》岑衡切,平,庚韵;cāng《广韵》助庚切,平,庚韵),粗野,鄙陋。魏晋时江东讥楚人的话。南北朝对立,南人骂北人为伧。《晋书·周玘传》:"将卒,谓子勰曰:'杀我者诸伧子,能复之,乃吾子也。'吴人谓中州人曰'伧',故云耳。"伧子,指当时北人过江的王导、刁协、周顗等。此为韩公自指为北人。

㉘① 文《详注》:"魑魅,山神也。"魏本:"孙曰:魑,魑魅。魅,魑魅。宣三年《左氏》:'螭魅罔两,莫能逢之。'魅,怪物。罔两,水神。《说文》云:'罔两,山川之精物也。'"

㉘② 文《详注》:"鸥、鹡,二鸟也。《列子》(《黄帝》):'海上之人有好鸥鸟者,每旦之海上,从鸥鸟游。'鹡,音精,鸡鹡也。"魏本:"孙曰:鸥,鸥鸟。鹡,交鹡。二物皆水鸟,故云'浮迹侣鸥鹡'也。侣,徒侣也。祝曰:《尔雅》(《释鸟》):'鸡,鸡鹡。'注:'似凫,脚高,毛冠,江东人养之以压水灾。'"鹡(jīng 子盈切,平,清韵),一云鹡鹤。产于我国南方,《文选》卷五左思《吴都赋》:"鹡鹤、鹜鸰、鸜鸥、鹧鸹,泛滥乎其上。"晋刘渊林注:"鹡鹤,出南海、桂阳诸郡。"一谓水鸟名,鸡之别称。《文选》卷八司马相如《上林赋》:"交精旋目。"《汉书》同。《史记》本传作"鸡鹡"。

㉘③ 魏本:"孙曰:'腥味,犹言薄祭也。屈,屈原也。'"文《详注》:"屈原,楚大夫,被谗放逐,自投汨罗。贾谊为长沙王太傅,乃渡湘水,为赋以吊之(载《史记·屈原贾生列传》)。"此指韩愈贞元十九年末被贬阳山,二十年早春过汨罗而祭屈原。有《湘中》诗云:"猿愁鱼踊水翻波,自古流传是汨罗。蘋藻满盘无处奠,空闻渔父

叩舷歌。"

㉘㊃ 方《举正》作"天年",云:"蜀本作'夭年'。"朱《考异》:"天,或作夭。"宋白文本、文本、潮本、祝本、魏本作"夭年"。廖本、王本作"天年"。二者均通,今从方作"天年"。文《详注》:"《神仙传》(卷一):'彭祖姓篯,讳铿,帝颛顼之玄孙也。至商末已七百六十八岁而不衰老。商王传彭祖之术,屡欲秘之,乃欲害祖。祖知之,乃去,不知所终。'蒋抱玄《评注》:"《庄子》(《逍遥游》):'彭祖乃今以久特闻。'"

㉘㊄ 魏本:"孙曰:蛇虺南方最多,故惊魂也。"文《详注》:"《国语》:楚大夫孙叔敖曰:见两头蛇者死(亦见贾谊《新书·春秋》)。《尔雅》(《释虫》'蝮虺'注)曰:'虺,蝁蟺也。江东呼为寒虺。'"

㉘㊅ 魏本:"孙曰:'虾,虾蟆。蟛,蟛蜞也。蟛蜞似蟹而小。'"文《详注》:"晋蔡谟初渡江,见彭蜞,大喜曰:'蟹有八足,加以二螯。'令烹之,既食吐下,委顿,方知非蟹。后诣谢尚而说之,尚曰:'卿读《尔雅》不熟,几为勤学死。'(载《晋书·蔡谟传》)彭蜞乃蟹属也。"韩愈有《初南食贻元十八协律》《答柳柳州食虾蟆》诗可参。

㉘㊆ 文《详注》:"言京师居天地之中也。《淮南子》(《地形训》)曰:'中央四达,风气之所通。'"魏本:"孙曰:'中气,中和之气。'"方世举《笺注》:"中气:《左传》(文公元年):'举正于中。'注:'谓中气,一年二十四节,一半为节气,一半为中气。'又:'刘康公曰:民受天地之中以生。'"

㉘㊇ 魏本:"孙曰:'天枨,天门也。枨,门两旁木。言自迁责得归朝廷也。'"文《详注》:"《礼记·玉藻》云:'君入门,介拂闑,大夫中枨与闑之间,士介拂枨。'郑氏云:'此谓两君相见也。枨,门楔也,君入必中门,士介夹闑,大夫介、士介雁行于后,示不相沿也。君若迎聘客,揩者亦然。'《尔雅》(《释宫》'枨谓之楔'句)郭璞注云:'枨,门两旁木。'"魏本:"韩曰:《礼记》(《玉藻》):'士介拂枨。'"郑注:"枨,门楔也。君入必中门,上介夹闑,大夫介、士介雁行于后,示不相沿也。"枨(chéng 直庚切,平,庚韵):门两旁所竖的木柱。

卷八　联句

《礼·玉藻》:"士介拂枨。"疏:"枨谓门之两旁长木,所谓门楔也。"《辞源》亦引《城南联句》此诗为例。此谓他上朝忝从大夫之后,亦为京朝官也。

⑱ 文《详注》:"言赐告归私第也。"韩公《县斋有怀》云:"如今便可尔,何用毕婚嫁。"

⑲ 驱柅:方《举正》作"驱明",云:"蜀本作'驱昵',樊本作'驱柅'。曰:'柅,女履切,止轮木也。'时景元又校作'驱朋'。"朱《考异》:"明,或作'昵'。(下引方语)今按:驱驰迟明而出太学也,盖作此时,公方为博士。"宋白文本作"昵"。文本、潮本、祝本、魏本作"昵"。廖本、王本作"明"。魏本:"樊曰:昵,当作'柅',止轮木也。今作'昵'字,误。柅,少履切。"文《详注》:"昵,爱也,谓其所爱子弟也。庠,学名。夏曰校,商曰序,周曰庠。黉,学舍也,音胡盲切。"魏本:"祝曰:黉,学舍也。《晋史》:'乡有庠序黉校之仪。'孙曰:'昵,亲昵也。元和元年六月,公自江陵法曹召为国子博士,故云。'韩曰:'已上言其出为阳山令,召为国子博士也。'"钱仲联《集释》:"《礼记》郑玄注:'庠序,亦学也。'《后汉书·儒林传》注:'黉,学也。'"童《校诠》:"第德案:公进学解云:国子先生晨入太学,晨方入学,何能迟明便驱驰而出太学,当从樊本作柅为是,樊注少履切,少当作女。"作"明"、作"柅"虽各有道理,然作"柅"较善。驱,动词,驱使。柅,作"驱"的宾语。柅(nǐ女履切,上,旨韵),止车的木块。《易·姤》:"系于金柅。"王弼注:"柅者,制动之主。"孔颖达疏引马融曰:"柅者,在车之下,所以止轮令不动者也。"驱除制车轮之物,车即动也。故此句意谓:驱车出学宫也。朱彝尊《批韩诗》:"收转游城南。"

⑳ 魏本:"孙曰:'鲜,新也。'"竦(sǒng息拱切,上,肿韵),竦立。《文选》卷一五张衡《思玄赋》:"竦余身而顺止兮,遵绳墨而不跌。"李周翰注:"竦,立。"此乃孟郊谓韩愈在讲学中轻轻松松屡出高新之意。

㉒ 文《详注》:"琼莹,佩玉也。上音葵营切,下音营。"魏本:

— 1829 —

"孙曰:连辉照琼莹,犹言连璧也。琼、莹,皆玉名。《诗》(《齐风·著》):'尚之以琼莹乎而!'"此连上句谓韩愈谈吐辉映如琼玉。

㉓ 风乙:朱《考异》:"或作'乙乙',非是。"诸本作"风乙",是。文《详注》:"《说文》(乙部):'玄鸟也。齐鲁谓之乞,取其鸣自呼,(象)形。'徐锴曰:'此与甲乙之乙相类,其形声举首下曲,与甲乙字少异。'或从鸟。《礼记·月令》:'仲春之月,玄鸟至。'郑氏云:'燕也。'按《诗》(《商颂·玄鸟》)义曰:以其天命,降曰玄鸟。玄,天色也,以其知时往来,巢人宇下以自安,则曰燕。燕,安也。"魏本:"樊曰:《尔雅》(《释鸟》):'燕燕,鳦也。'《诗·商颂·玄鸟》毛传:"玄鸟,燕也,一名鳦(yǐ),音乙。"

㉔ 晴蜻:朱《考异》:"或作'蜻蜻',非是。"魏本:"孙曰:蜻,蜻蜓也。樊曰:蜻,蜻如蝉而小。风乙、晴蜻,或作乙乙、蜻蜻,以《尔雅》考之亦通。"文《详注》:"蜻,音精。《说文》(虫部)曰:'蚓蜻也。'《尔雅》(《释虫》'蜻蜻')郭璞注云:'似蝉而小。'"魏本引《补注》云:"《笔墨闲录》云:以《方言》考之,蜻蜻为是(按《方言》卷一一:有文者谓之蜻蜻)。"王元启《记疑》:"上句'陶暄'乃指暄风,此句'跃'下一字当切晴日言之,'视'字恐误,改作'暖'字何如?"童《校诠》:"第德案:作暖则与晴义复,亦与上句暄字相袭,视字不误。孙注以蜻为蜻蜓,与樊注异,作乙乙蜻蜻亦通。应两存之。"钱仲联《集释》:"《吕氏春秋》(《精喻》):'海上之人,有好蜻者(每居海上从蜻游。蜻之至者百数而不止,前后左右尽蜻也)。'高诱注:'蜻,蜻蜓,小虫,细腰四翅,一名白宿。'"高诱注是。小时遇雨晴后,蜻蜓群飞,常以扫帚拍之玩耍。大头色绿有光,细腰长身有青红色者,两侧双翼。喜水,捕食蚊蝇。晋张华《博物志》卷四:"五月五日埋蜻蜓头于西向户下,埋至三日不食,则化成青真珠。"杜甫《重过何氏五首》之三:"翡翠鸣衣桁,蜻蜓立钓丝。"蜻蜻,则另一种昆虫,北方少见,非长安城南所有之景。

㉕ 文《详注》:"勍,强也。《左传》(僖公二十二年):'勍敌之人。'"《左传》僖公二十二年又云:"且今之勍者,皆吾敌也。"魏本

"孙曰:胜,奇胜。勍,强力也。"魏本音注:"勍,渠京切。"方世举《笺注》:"按王云'言胜游处'非也。此二句收拾全篇,最为着力。《世说》(《栖逸》)云:'许掾好游山水,而体便登陟。时人云:许非徒有胜情,实有济胜之具。'兹游因足力不疲,故多所诣,又贪共吟诗,故不畏强敌也。"又云:"敌无勍:《左传》:'今之勍者,皆吾敌也。'"此二句诗实隐括晋许掾事而说自己也。

㊱ 文《详注》:"任彦升笺(《百辟劝进今上笺》,载《文选》卷四〇)云:'明公本自诸生,取乐名教。'"魏本:"孙曰:《晋书》(《乐广传》):'王澄、胡毋辅之等任放为达,或至裸体。乐广闻而笑曰:名教内自有乐地,何必乃尔。'(按:亦见《世说新语·德行》)"

㊲ 文《详注》:"儜,弱也,音尼耕切。"魏本:"孙曰:拘儜,拘束也。儜,困弱貌。祝曰:儜,固也。《晋史》(《晋书·王沈传》):'[指秃腐骨,]不简虫儜。'"魏本音注:"儜,尼耕切。儜(níng 女耕切,平,耕韵)。弱劣。《宋书·王微传》:"吾本儜人,加疹意惛。"

㊳ 魏本:"孙曰:'毕景,尽日。'韩曰:以公之语,参以前贤之言,其吟咏纪载城南之景,可谓尽矣。孟郊终之曰'毕景任诗趣',即此意云。"李详《证选》:"鲍照《还都道中作》(《文选》卷二七):'毕景逐前俦。'"景,影之本字,喻日。韩说是。

㊴ 魏本:"祝曰:《论语》(《子张》):'焉能为有。'"祝本:"硁(硜),未详。恐当作'䃁',丘庚切。《说文》(石部):'余坚也。'或谓当作'硁'。《论语》(《子路》):'硁硁然(小人哉)。'"魏本:"孙曰:《论语》(《子路》):'硁硁焉,小人哉。'"

方《举正》:"字书无'硁'字。祝季宾曰:'恐当作䃁。'按:《盐铁论》:'器多坚硁。'又皇甫谧《释劝篇》:'龙潜九渊,硁然执高。'何令升《晋书音义》曰:'硁,口萌切。'不知字书何以逸之也。"魏本:"孙曰:硁与硜同。硁硁,小谨之貌。"童《校诠》:"第德案:祝说是。说文:䃁,余坚也,从石坚省声(大徐无声字,小徐有之),玉篇石部:䃁,口耕切,坚也,广韵十三耕:䃁,说文云:余坚也,口莖切,与晋书音义音同。盐铁论及释劝之硁,即䃁之从坚不省者,古籍或以硁(磬之古文)为之,论语子路篇:硁硁然小人哉! 郑注:硁硁小人之貌,宪问篇:鄙哉硁硁乎! 皇疏硁硁、坚正难移之貌是也。或假磬为之,礼记乐记:石声磬磬,史记乐书作硁硁是也。或假胫为之,汉书杨恽传:胫胫者,未必全也,颜注:胫胫,直貌是也。庄子书作䡥,至乐篇:䡥䡥乎如不得已,释文:䡥䡥本作胫胫是也。太玄作碏,碏,阳气微动,动而碏,碏物生之难也是也。孙注硁硁焉,焉当作然,小谨当作小人。"王元启《记疑》:"卒章叙今贬谪初归,追随吟咏之乐。"按:硁(kēng渴耕切,平,庚韵),磬的俗体,石声。《说文》:"磬,余坚也。"段注:"当云'余坚声'。"《正字通·石部》:"硁、磬、硁同。"

【汇评】

宋沈括:退之《城南联句》首句曰:"竹影金锁碎",所谓"金锁碎"者乃日光耳,非竹影也。若题中有"日"字,则曰"竹影金锁碎"可也。(《梦溪笔谈》卷一四)

宋胡仔:《苕溪闲览》云:"沈内翰讥'黛色参天二千尺'之句,以谓四十围配二千尺为大细长。不知子美之意但言其色而已,犹言其翠色苍然,仰视高远,有至于二千尺而几于参天也。若如此求疵,则二千尺固未足以参天,而诗人谓'峻极于天'者,更为妄语。又破退之《城南联句》'竹影金锁碎',云金锁碎者乃日光,题中无日字,不当言竹影。凡物因日而有影,苟无日,影从何生,言竹影即日光在其中矣。如荆公《金山寺》诗云'江月入松金破碎',亦须借松影,方见月光之破碎,却怪题中无影字可乎? 善论诗者,正不应尔。"(《苕溪渔隐丛话》前集卷八杜少陵三)

宋许𫖮:联句之盛,退之、东野、李正封也。《城南联句》云:"红皱晒檐瓦,黄团挂(系)门衡。"是说干枣与瓜蒌,读之犹想见西北村落间气象。《征蜀联句》云:"刑神咤鳌掷,阴焰颭犀札。"尽雕刻之功,而语仍壮。李正封善押韵,如《从军联句》"押水沙囊涸",皆不可及。(《历代诗话》上《彦周诗话》)

宋李颀:《韩诗竹影》退之《城南联句》云"竹影金锁碎"乃日光,

非竹影也。(《古今诗话》)

宋周紫芝：韩退之《城南联句》云："红皱晒檐瓦，黄团系门衡。""黄团"当是瓜蒌；"红皱"当是枣。退之状二物而不名，使人瞑目思之，如秋晚经行，身在村落间。杜少陵《北征》诗云："或红如丹砂，或黑如点漆。"此亦是说秋冬间篱落所见，然比退之颇省力。(《历代诗话》上《竹坡诗话》)

宋周紫芝：韩退之《城南联句》云："庖霜脍玄鲫，淅玉炊香粳。"语固奇甚。鲁直云："庖霜刀落鲙，执玉酒明船。"虽依退之，而骎骎直与少陵分路而扬镳矣。若明眼人见之，自当作两等看，不可与退之同调也。(同上)

宋张戒：论诗文当以文体为先，警策为后。若但取其警策而已，则"枫落吴江冷"，岂足以定优劣？孟浩然"微云淡河汉，疏雨滴梧桐"之句，东野集中未必有也。然使浩然当退之大敌，如《城南联句》，亦必困矣。子瞻云：浩然诗如内库法酒，却是上尊之规模，但欠酒才尔。此论尽之。(《历代诗话续编》上《岁寒堂诗话》卷上)

宋葛立方：沈存中云："退之《城南联句》云：'竹影金琐碎。'金琐碎者，日光也。恨句中无'日'字尔。"余谓不然。杜子美云："老身倦马河堤永，踏尽黄榆绿槐影。"亦何必用"日"字？作诗正欲如此。(《历代诗话》下《韵语阳秋》卷二)

宋孙奕：《相鼠》："相鼠有体，人而无礼，胡不遄死。"相，州名。陆玑云：河东有大鼠，能人立，交前两脚于头上，跳舞善鸣。故退之《城南联句》云："礼鼠拱而立。"按《地志》：相州属河北，与河东相邻。则知相州有此鼠，能拱而人立，其有礼之体如此，诗人盖取譬焉。(《履斋示儿编》卷三)

宋孙奕：《淅米》：《生民》曰："释之叟叟，烝之浮浮。"毛曰："释，淅米也。"孔曰："淅米，谓洮米也。叟叟，声也；浮浮，气也。"……孟子曰："接淅而行。"赵曰："淅，渍米也。不及炊。淅，先历反。"考是二说，皆读曰"析"。今之好事者，凡称士大夫之家淅米饭多作"折"声呼之，良可怪笑。然退之《城南联句》云"淅玉炊香粳"，"淅"亦作

"浙",又何耶?(《履斋示儿编》卷一二)

宋王应麟:韩文公《城南联句》"礼鼠拱而立",出《关尹子》"圣人师拱鼠制礼"。《远游联句》:"开弓射鹀殹。"《古文尚书》"驩兜"字也。《管子》云:"鹀然若谪之静",即"驩"字。又《雨中联句》:"高居限参拜。"《战国策》:"顿弱曰:臣之义不参拜。"二字本此。(《困学纪闻》卷一八《评诗》)

明谢榛:《辍耕录》曰:"樊宗师《绛守居园池记》,艰深奇涩,人莫能诵。宋王晟、刘忱为之注释,赵仁举为之句读,诚可怪也。韩退之作《宗师墓志铭》曰:'文从字顺各识职。'盖讥之也。"退之《城南联句》,意深语晦,相去几何。(《历代诗话续编》下《四溟诗话》卷一)

明杨慎:《桂熏綦迹》:韩、孟《城南联句》:"桂熏霏霏在,綦迹微微呈。""宝唾拾未尽,玉啼坠犹枪。窗绡疑闷艳,妆烛已销檠。"桂熏、綦迹、宝唾、玉啼,语精字选,惜周美成、姜尧章辈,未拈出为花间兰畹助也。(《艺林伐山》卷一四)

明蒋之翘:《城南联句》,盖二公竞自务为奇语,故错陈碎缬乃尔。然琐琐瑟瑟,靡非至宝,宇宙间亦何可无此一种文字耶?(《韩昌黎集辑注》卷八)

清朱彝尊:一味排空生造,不无牵强凑泊之失。然僻搜巧炼,惊人句层出不竭,非学富五车,才兼八斗,安能几此?此诗铺叙结构,全模《子虚》《两都》等赋,当是商量定篇法,然后递联句耳。

柏梁人各赋一句,道己事,姑无论。他联句亦只人各一联。若夫一人唱句,一人对句,更唱迭对者,则自韩、孟始。

草木虫鱼鸟兽,杂见错出,全无伦次,此与赋体稍异,却正用此见奇。(顾嗣立《昌黎先生诗集注》卷八)

清严虞惇:诗中用狞、趯、绨、澄、娱、硎、姪、纵、鬘、帐、飔、蝶、蟒、眭凡十四韵,今韵不载。(钱仲联《韩昌黎诗系年集释》卷五)

清何焯:《城南联句》"碎缬红满杏",注中方引唐小说及小杜、李贺诗,皆出公后与同时,不足据。(《义门读书记》卷三○)

清方世举:此诗凡一百五十韵,历叙城南景物,巨细兼收,虚实互用。自古联句之盛，无如此者。始从郊行叙起，若无意于游。既而欲归不舍，则纵览郊墟，信足所至，入故宅而询其主人，吟其嘉咏，固昔时公卿之第，名贤游集之所也。今则破瓦颓垣，荒榛蔓草，零落如彼。望皇都而览其山川，纪其民物，固九州之上腴，万国之所辐凑也。其间高门鼎贵，富盛骄侈，煊赫如此。抚今追昔，映射有情。于是入林麓则思纵猎之娱，至郊坛则思严祀之盛，闾阎丰乐，僧舍幽奇，无不尽历，兹游洵足述矣。更念阳春烟景，都人士女，联袂嬉遨，尤有佳于此者。惜乎身逐羁伧，未睹其盛。然归私休暇，得共今日之游，耳目所经，皆供诗料，亦足以畅幽怀矣，何徒自苦为哉？其铺叙之法，仿佛《三都》《两京》，而又丝联绳牵，断而不断，如韩信将兵，多多益善，非其才大，安能如此？诗云："肠胃绕万象，精神驱五兵。"又《送灵师》云："纵横杂谣俗，琐屑咸罗穿。"可移评此诗也。又按：韩愈、孟郊才力不相上下，而诗趣各不同，观其平生所作，皆与联句小异。惟二人相合，乃争奇至此，则其交济之美，有互相追逐者。王（深父）、黄（山谷）各左袒一家，未为至论也。（《韩昌黎诗集编年笺注》卷五）

清赵翼：至《城南》一首，则一千五六百字，自古联句，未有如此之冗者。以"城南"为题，景物繁富，本易填写，则必逐段勾勒清楚，方醒眉目。乃游览郊墟，凭吊园宅，侈都会之壮丽，写人物之殷阜，入林麓而思游猎之娱，过郊坛而述禋祀之肃，层叠铺叙，段落不分。则虽更增千百字，亦非难事，何必以多为贵哉？近时朱竹垞、查初白有《水碓》及《观造竹纸》联句，层次清澈，而体物之工，抒词之雅，丝丝入扣，几无一字虚设。恐韩、孟复生，亦叹以为不及也。（《瓯北诗话》卷三）

程学恂：二人联句，较其自作，又各纵横怪变，相得之兴，却有此理。观后《郾城联句》，李正封诗语虽亦老重，然与韩、孟家法迥别。可知韩门诸子，都是本色，无烦点窜。"宝唾……"（二联）数语，写来荒惨不减《芜城赋》。韩云"精神驱五兵"，观此知以文章名世，非公本志也。"隐伏……"（五联），写皇都雄概，全以神举，觉班、左犹多词费。"娇应……"（一联），飞卿致尧，摹写不尽者，不谓于二公见之，大奇。"顺居……"二语，写尽豪横。"杀候肆凌薨^郊，笼原匝罝纮^愈"一段，言田猎，直用《上林》《子虚》笔法。"岁律及郊至^愈，古音命韶䩱^郊"一段，言郊祀极典重。"掘云破嵽嵲^愈，采月漉坳泓^郊"，向以"掘云"二句属上，今按当属下。盖至"孝思"句，郊祀事已完。"掘云采月"乃游山以及寺也。或谓此联句似"三都"《两京》，予谓并学《离骚》。观"腥味……"（三联）数语，知所感者深矣。岂徒事夸靡者哉？故词虽奥衍，中有清绝。吕氏《童蒙训》：徐师川问山谷曰："人言东野联句，大非平日所作，恐是退之有所润色。"山谷曰："退之安能润色东野，若东野润色退之，却有此理。"余谓凡如师川此等论者，都是眼中原不识得东野诗，至山谷亦矫枉过正之言，退之亦自具锤炉，岂能为东野所变？（《韩诗臆说》卷一）

【联句总评】

宋刘攽：东野与退之联句诗，宏壮博辩，若不出一手。王深父云："退之容有润色也。"（《历代诗话》上《中山诗话》）

宋吕本中：《韩孟联句》徐师川问山谷云："人言退之、东野联句，大胜东野平日所作，恐是退之有所润色。"山谷云："退之安能润色东野，若东野润色退之，即有此理也。"（《童蒙诗训》）

宋王俦：如《石鼎联句》，吴安中以为皆退之所作，如《毛颖传》以文滑稽耳。所谓弥明即愈也，侯喜、师服皆其弟子，故云。欧阳公云："修见韩愈与孟郊联句，便似孟郊诗。"刘贡父云："东野与退之联句，宏博壮丽，似若一手。"王深甫云："退之容有润色。"或云皆退之作也。按李汉《序》，联句十一，今考其集所与东野联句者十，东野所不预者《郾城夜会》一尔。而《东野集》又有与公联句者三：《有所思》《遣兴》《赠剑客李园》。汉自谓收拾遗文无所遗失。三篇疑汉所不取，或坠失而未得者。文忠公尝有诗云："韩孟于文辞，两雄力相当。"盖公之诗敌，在当时东野足以当之。惟东野思苦语奇涩，而公无施不可，故其联句往往多效其体。而或者遂以为皆公所

作,则非也。(《新刊经进详注昌黎先生文集》卷八)

宋文谠:联句十一篇,雕刻物象,众制锋出,篇篇精确,诗工笔法尽在于是矣。学者以意详之。(同上)

又:长安之南,终南太一在焉,当世衣冠多宅于此。公与孟郊穷游极览,历历吟咏也。王立之《诗话》云:"东野与退之联句诸诗,宏壮博辩,似不出一手。"王深甫云:"退之容有润色,或曰皆退之所作也。退之为樊宗师作《墓志》,便作樊宗师;与孟郊联句,便作孟郊语言。"《辨证》云:"余尝见《东野集》中亦载二公联句三首,其语皆类东野,而《城南联句》诸诗皆类退之,盖李汉编集时容有去取也。韩文至高,孟长于五言,时号孟诗韩笔。润色则可,谓皆退之作则非也。"《谈苑》曰:"唱和联句之起,其源远矣。自舜作歌,皋陶赓载,及柏梁联句,至唐始盛。元稹作《春秋》题二十篇,并用家、花、车斜四字为韵。刘、白和之亦同。令狐楚所和诗多次韵,则次韵始于此。"凡联句两句或四句,有对一句出一句者,谓之辘轳体。(同上)

宋胡仔:苕溪渔隐曰:"《雪浪斋日记》云'退之联句,古无此法,自退之斩新开辟'则非也。"(《苕溪渔隐丛话》后集卷一〇韩退之)

宋陈善:或者曰:前世有拟古之诗,未闻有拟古之文者。予谓韩退之为樊宗师作《墓志》,便似宗师;与孟东野联句,便似东野。而欧公集中拟韩作者多矣,但恨世人未能读书,眼如月隙,罅靡不照耳。不然此非吾君也,何其声之似我君也?(《扪虱新话》下集卷三)

宋张淏:《联句所始》:《苕溪渔隐丛话》曰:"《雪浪斋日记》云:'退之联句,古无此法,自退之斩新开辟。'予观《谢宣城集》有联句七篇,陶靖节有联句一篇,《杜工部集》有联句一篇。则诸公已先为之,至退之亦是沿袭其旧。'自退之斩新开辟'则非也。"今考之渔隐所言,亦未为得。联句实起于汉柏梁台,非始于靖节诸人也。又何逊、李白、颜真卿皆有是作,亦不特谢宣城、杜工部而止耳。(《云谷杂记补编》卷二)

明吴讷:按联句始著于《陶靖节集》,而盛于退之、东野。考其体,有人作四句,相合成篇,若《靖节集》中所载是也。又有人作一联,若子美与李尚书之芳及其甥宇文彧联句是也。复有先出一句、次者对之,就出一句、前人复对之,相继成章,则昌黎、东野《城南》之作是也。其要在于对偶精切,辞意均敌,若出一手,乃为相称。山谷尝云:"退之与孟郊意气相入,故能杂然成篇。后人少联句者,盖由笔力难相追尔。"(《文章辨体序说》)

明李东阳:联句诗,昔人谓才力相当者乃能作,韩、孟不可尚已。予少日联句颇多,当对垒时,各出己意,不相管摄,宁得一一当意。惟二三名笔,间为商推一二字,辄相照应。(《历代诗话续编》下《麓堂诗话》)

明谢榛:韩昌黎、柳子厚长篇联句,字难韵险,然夸多斗靡,或不可解。拘于险韵,无乃庾、沈启之邪?(《历代诗话续编》下《四溟诗话》卷四)

明徐师曾:按联句诗起自《柏梁》,人各一句,集以成篇。其后宋孝武《华林曲水》,梁武帝《清暑殿》,唐中宗《内殿》诸诗皆与汉同。唯魏《悬瓠方丈竹堂宴飨》则人各二句,稍变前体。自兹以还,体遂不一:有人各四句者,如《陶靖节集》所载是也。有人各一联者,如杜甫与李之芳及其甥宇文彧所作是也。有先出一句,次者对之,就出一句,前人复对之者,如《韩昌黎集》所载《城南》诗是也。然必其人意气相投,笔力相称,然后能为之,否则狗尾续貂,难乎免于后世之议矣。今取数首,以类列之,故不叙其世次云。(《文体明辨序说》)

明胡震亨:联句诗,唐惟颜真卿、韩退之为多。颜杂恢谐,韩与孟郊为敌手,各极才思,语多奇崛,尤可喜。(《唐音癸签》卷一〇《评汇》六)

明陈恂:诗家联句,《渔隐丛话》引《雪浪斋日记》谓始韩退之。因谓谢宣城有联句七篇,陶靖节有联句一篇,则已有先退之而为者。然亦有先陶、谢而为之,如汉《柏梁台》,亦岂非联句?(《馀庵杂录》卷上)

会合联句①

元和元年

离别言无期,会合意弥重籍②。病添儿女恋,老丧丈夫勇愈③。剑心知未死④,诗思犹孤耸郊⑤。愁去剧箭飞,欢来若泉涌彻⑥。析言多新贯⑦,摅抱无昔壅籍⑧。念难须勤追,悔易勿轻踵愈⑨。吟巴山荦嵍⑩,说楚波堆垄郊⑪。马辞虎豹怒,舟出蛟鼍恐彻⑫。狂鲸时孤轩⑬,幽狖杂百种愈⑭。瘴衣常腥腻,蛮器多疏冗籍⑮。剥苔吊斑林⑯,角饭饵沉冢愈⑰。

忽尔衔远命,归欤舞新宠郊⑱。鬼窟脱幽妖⑲,天居觌清栱愈⑳。京游步方振㉑,谪梦意犹恟籍㉒。诗书夸旧知,酒食接新奉愈㉓。嘉言写清越㉔,瘦病失肮脏郊㉕。夏阴偶高庇,宵魄接虚拥愈㉖。雪弦寂寂听㉗,茗碗纤纤捧郊㉘。驰辉烛浮萤㉙,幽响泄潜蛬愈㉚。诗老独何心㉛?江疾有余 㾕郊㉜。我家本瀍谷㉝,有地介皋巩㉞。休迹忆沉冥㉟,峨冠惭阘㝈愈㊱。

升朝高崿逸㊲,振物群听悚㊳。徒言濯幽泌㊴,谁与薙荒茸籍㊵?朝绅郁青绿㊶,马饰曜珪珙㊷。国雠未销铄㊸,我志荡邛陇郊㊹。君才诚倜傥㊺,时论方汹溶㊻。格言多彪蔚㊼,悬解无梏拲㊽。张生得渊源㊾,寒色拔山冢㊿。坚如撞群金㉛,眇若抽独蛹愈㉒。伊余何所拟?跛鳖讵能踊㉝。块然堕岳石㉞,飘尔冒巢氄郊㉟。龙旆垂天卫㊱,《云》《韶》

凝禁甬(57)，君胡眠安然(58)？朝鼓声汹汹愈(59)。

【校注】

① 魏本："樊曰：公召为国子博士，与张籍、张彻、孟郊会京师，而有此诗。故郊（当作籍）有'京游步方振，谪梦意犹恂'等语，彻有'马辞虎豹怒，舟出蛟鼍恐'之句，皆叙公南还意。而公诗则云：'念难须勤追，悔易勿轻踵。'其义一也。"文《详注》："与张籍、张彻、孟郊四人同述。山谷云：'四君子皆佳士，故意气相入，杂然成文。世之文章之士少联句，常病笔力不能相追，或成四公子棋耳。'"魏本引韩《全解》同。文《详注》："《补注》：贞元十九年（803）冬，公自御史出为阳山令。已而徙掾江陵。元和六（当作元）年六月，召为国博。张籍、张彻、孟郊相会京师而联句，故郊有'吟巴、说楚、衔命、归欤'之句，彻有'马辞、舟出'之语，此所以叙公自南方入为京官。而公诗则云云。其语虽异，其义一也。"

方世举《笺注》："方云：'联句多元和初作。'其说良是。然李汉取《城南联句》冠于首，以其大篇耳。论其次序，此篇在前，应编前卷《入关咏马》之后。因联句别为一体，故取元和初作萃为一卷，而《远游》《莎栅》《石鼎》《郾城》仍各编年。按：王伯大以为'联句古无，此体自退之始'殊为孟浪。沈括谓虞廷《赓歌》、汉武《柏梁》是唱和联句之所起，可谓究其源流矣。自晋贾充与妻李氏始为联句。其后陶、谢诸人亦偶一为之。何逊集中最多，然文义断续，笔力悬殊，仍为各人之制。又皆寥寥短篇，不及数韵。唐时如颜真卿等亦有联句，而无足采，故皆不甚传于世。要其体创之久矣，唯韩、孟天才杰出，旗鼓相当，联句之诗，固当独有千古。此诗四人所作，二张固韩门弟子，鲜有败句，亦奇观也。至如《石鼎联句》，语指时事，因托之弥明，大抵弥明在坐，而诗句出公也。"方说此诗之作在《城南联句》前，甚是。然谓当排在《入关咏马》诗后，则把《入关咏马》之作时搞错了。

② 张籍先发，碰题即扣离合，引出以下事情。弥重，益重。

弥,副词。《老子》:"其出弥远,其知弥少。"《论语·子罕》:"仰之弥高,钻之弥坚。"文《详注》:"谢惠连《七日诗》(《文选》卷三〇《七月七日夜咏牛女》)云:'情深意弥重。'"蒋抱玄《评注》:"曹植诗:'会合何时谐。'"

③ 魏本:"孙曰:儿女恋,有儿女之悲也。"儿女恋,爱恋儿女之情;非指男女恋爱或家人之间的感情。此诗"儿女"指子女,《后汉书·冯衍传》:"儿女常自操井臼。"杜甫《赠卫八处士》:"昔别君未婚,儿女忽成行。"下对"丈夫勇",即失去了男人的仪态,而具儿女之情。

④ 死:南宋监本作"谢",方《举正》订作"死",云:"三本同。"朱《考异》:"死,或作'谢'。"宋白文本、文本、祝本、魏本作"谢"。魏本注:"谢,一作'死'。"廖本、王本作"死",注:"或作'谢'。"魏本:"孙曰:'剑心,猛气也。'"方世举《笺注》:"剑心:王云:'猛气也。'按:孟郊诗(《百忧》)有云:'壮士心是剑,为君射斗牛。'与此同意。"朱彝尊《批韩诗》:"奇句。"

⑤ 魏本注:"耸,高也。"孤耸,孤高特出。陈延杰《张籍诗注》:"《西征记》:'古木苍瘦,怪石孤耸。'"韩愈《高君仙砚铭序》:"外棱孤耸,内发墨色。"

⑥ 剧:魏本:"孙曰:'剧,甚也。'"方世举《笺注》:"《释名》:'矢,谓之箭,其旁曰:羽,鸟须羽而飞,矢须羽而前也。'泉涌:刘孝仪诗:'谈空匹泉涌。'"此指昔日贬谪之愁,于今日如剑扫残云,似箭飞一样一扫而空也。剧,极,甚也,形容程度的副词。《荀子·非十二子》:"犹然而材剧志大,闻见杂博。"指材多。《汉书·鲍宣传》:"今奈何反覆剧于前乎?"指甚于过去。上句指愁情,下句谓诗思。泉涌,泉水喷溢。也比喻诗思源源不断,说话滔滔不绝。晋陆云《南征赋》:"雄声泉涌,逸气风亮。"萧统《文选序》:"若贤人之美辞,忠臣之抗直,谋夫之话,辩士之端,冰释泉涌,金相玉振。"犹如苏轼《自评文》谓其文章思如泉涌,不择地而出。

⑦ 析:南宋监本作"折",方《举正》据蜀本订作"析"。朱《考

异》:"析,或作'折'。"宋白文本作"折"。文本、祝本、魏本、廖本、王本作"析"。魏本注:"析,一作'折'。"又魏本:"孙曰:'析,开析也。贯,事也。'"方世举《笺注》:"析言:按《记·王制》:'析言破律。'此句盖断章取义,谓诸人各言其意,如分析而言耳。新贯:按贯,事也。从《论语》(《先进》)'仍旧贯'化出。"童《校诠》:"第德案:楚辞惜诵:令五帝以析中兮,王注:析犹分也,一本作折中,洪补注:史记索隐解折中于夫子,引此作证,云:折中,正也,宋均云:折,断也。析,史记作折,是折、析古通用,析言即折言,义同,不必引王制作解。汉书武帝纪:诗云:九变复贯,知言之选,应劭曰:逸诗也,孟康曰:贯,道也;师古曰:贯,事也。张文昌此句贯字承言字来,盖本诸汉书。"则作"析"作"折"均可。此谓各人所言多是新事。

⑧ 昔:祝本作"音",乃笔误,诸本作"昔",是。魏本:"孙曰:摅,发露也。"顾嗣立《集注》:"《广雅》(《释诂》):'摅,舒也。'《文选·西都赋》:'摅怀旧之蓄念。'"壅,本作堵塞,引申为阻塞。《左传》宣公十二年:"川壅为泽。"《管子·立政九败解》:"且奸人在上,则壅遏贤者而不进也。"方世举《笺注》:"摅抱:班固《西都赋》:'摅怀旧之蓄念。'《广雅·释诂》:'摅,舒也。'"

以上叙会合之状。

⑨ 文《详注》:"此指言南迁[阳]山时也。"魏本:"孙曰:踵,践也。"朱彝尊《批韩诗》:"道肝胆恳至。"

⑩ 嶜:南宋监本原作"岑",方《举正》据蜀本订"嶜",云:"音学,山多大石也。"朱《考异》:"嶜,或作'岑'。(下引方语)"宋白文本、文本、祝本、魏本作"岑"。廖本、王本作"嶜"。文《详注》:"《通典》(卷一八三《州郡十三》)云:'峡州巴山县北有山曲折似巴字,因以为名。'《华阳志》(卷一《巴志》)曰:'武王克商,封其子宗姚为巴,爵之以子。益州刘璋以垫江已上为巴郡,江州至临江为永宁郡,朐䏰至鱼腹为固陵郡。是为三巴。'莘嶜,多大石也。嶜,音学。"魏本注:"巴,巴蜀也。祝曰:嶜,《广韵》云:'山峻貌。'孙曰:嶜,即嵺字。莘,吕角切。莘嶜,一本作'卓嶜'。嶜,《说文》(山部)云:'山多大

石也。'音学。"方世举《笺注》:"荦峃:《释名》:山多大石曰峃,峃,学也,大石之形礐礐也。《广韵》:礐、峃同。"童《校诠》:"第德案:说文:峃,山多大石也,尔雅释山:山多大石礐,假礐(说文:礐石声)为之,释文:礐字又作确(说文:确,磬石也……)公山石诗:山石荦确行径微,及纳凉联句:热石行荦硞(说文:硞,石声),与此吟巴山荦礐,音义皆同。玉篇广韵皆云嵤为嵘之异体,孙说本之,祝同。此文嵤当依举正作峃为是。"今从童说。然"峃"与"礐"通。《说文·石部》:"礐,石声也。"音确(què),苦角切,入声。"荦礐"即"荦确"。

⑪ 文《详注》:"荆楚之地,江汉以为池,故曰波堆垄。木玄虚《海赋》:(《文选》卷一二):'余波独涌,碨磊山垄。'(吕向)注云:'垄,小堆也。'"方世举《笺注》:"《广韵》:'堆,聚土(上平声十五灰韵)。垄,丘垄也(上声二肿)。'按:楚波堆垄,犹云'屹立高峨岷'也。"钱仲联《集释》:"以堆垄状波,本于郭璞《江赋》'乍涓乍堆'、木华《海赋》'碨磊山垄'二语。"

⑫ 文《详注》:"言陆防虎豹,水避蛟鼍也。"魏本:"孙曰:'辞、出,皆言得脱也。蛟鼍,水兽。'"此二句谓韩公谪阳山环境之艰险。韩公《送区册序》:"阳山,天下之穷处也。陆有丘陵之险,虎豹之虞;江流悍急,横波之石,廉利侔剑戟。舟上下失势,破碎沦溺者往往有之。"

⑬ 魏本:"孙曰:'鲸,鲲鲸,大鱼也。轩,起也。'"文《详注》:"鲸,大鱼也。《海赋》:'横海之鲸,朷突孤游。'"

⑭ 魏本:"孙曰:狖,兽名,状如猿。"文《详注》:"狖,鼠属,善旋。一曰禺属,音余救切。"魏本音注:"狖,音柚。"狖(yòu,余救切,去,宥韵),长尾猿。《楚辞》屈原《九章·涉江》:"深林杳以冥冥兮,猿狖之所居。"《淮南子·览冥训》:"猿狖颠蹶而失木枝。"注:"狖,猿属。长尾而印鼻。"

⑮ 上句谓岭南蛮乡瘴气污衣,身多腥臭;下句说蛮乡用具粗疏。魏本:"孙曰:'疏冗,不堪也。'"方世举《笺注》:"《记·月令》:'其器疏以达。'"钱仲联《集释》:"《说文》:'冗,散也。'"程学恂《韩

诗臆说》卷一：" 张籍云：'瘴衣常腥腻，蛮器多疏冗。'文昌句较本集似少变，然细味却是一路。犹之本集《祭韩吏部》长篇，亦变体也。"

⑯斑：宋白文本、文本、祝本、魏本作"班"，廖本、王本作"斑"，当作"斑"。文《详注》："班林，谓舜之二妃娥皇、女英也。《博物志》：'洞庭之山，帝之二女啼，以涕挥竹，竹尽班，今巴陵有班竹皮是也。'魏道辅（即魏泰《临汉隐居诗话》）云：'湘中班竹[方]生时，每点上[有]苔钱封之甚固，用草壤[穰]洗去（苔钱），则紫晕斓斑可爱。'退之称是矣。竹有黑点谓之班竹，非也。以说考之，疑作'苔'。按《说文》：'笞，一名苔也。'"祝本："洪曰：魏道辅云：'湘中班竹方生时，每点上有苔钱封之甚固。土人斫竹以草穰洗去之，则紫晕班阑可爱。'李德裕《班竹管赋》云'忧瑶瑟兮苔更侵'（载《李文饶别集》卷二）亦谓此也。"魏本："孙曰：苔，竹上青衣也。班林，班竹林也。《博物志》（卷八有记载）曰：'洞庭之山，帝之二女居之，涕下挥竹，竹尽班。"方世举《笺注》："斑林：《临汉隐居诗话》：'竹有黑点，谓之斑竹，非也。湘中斑竹，方生时每点上苔钱封之甚固。土人斫竹浸水中，用草穰洗去苔钱，则紫晕斓斑可爱，此真斑竹也。'（以上为魏泰原文）退之曰'剥苔吊斑林'是也。"童《校诠》："案：班，廖本、王本作斑，祝本与本书同，举正考异无校语。说文：辬，驳文也，段云：辬之字多或体，易卦之贲字，上林赋之㸵，史记璸㸵，汉书文选玢豳，俗用之斑字皆是。斑者辬之俗，今乃斑行而辬废矣。又或假班为之，如孟坚之得氏，以楚人谓虎文曰班，即虍部彪字也，作辬、斑近是，而汉书作班，头黑白半曰颁（按：说文：翼须发半白也，颁为翼之借），亦辬之假借字。按：段列辬之异文特详，可供学者参考，故备录之。又按：亦假般为之，周礼内饔：马黑质而般臂蝼，郑注：般臂，臂毛有文，是其例。"童说甚详，斑字异体颇繁，且往往杂冗，今通作"斑"。此句谓洗去斑竹上青苔，慰祭二妃。韩公有《湘中》诗和《祭湘君夫人文》皆可证。

⑰文《详注》："谓楚大夫屈原也。《风土记》曰：'五日以菰叶包粘米谓之角黍饭。'《续齐谐记》曰：屈原五月五日投汨罗而死，楚

人哀之，[每]至此日，竹筒贮米投水祭之。汉建武中，长沙欧回白日忽见一人，自称三闾大夫。谓曰：君常见祭，甚善，但常所遗为蛟龙所窃。今若有惠，可以楝树叶塞其上，以五彩丝缚，此二物蛟龙所惮也。回依其言。世人作粽并带五色丝及楝叶，皆汨罗之遗风也。"魏本："孙曰：角饭，角黍也。《续齐谐记》曰：'屈原五月五日投汨罗而死，楚人哀之，[每]至此日，以竹筒贮米投水祭之。'屈原沉于江中，故云沉冢。"顾嗣立《集注》："《风土记》：'仲夏端五，以菰叶裹黏米为角黍。"朱彝尊《批韩诗》："说景物工丽。造出'沉冢'二字，奇。"

以上叙韩愈谪阳山征途苦况。

⑱ 忽尔衔远命：方《举正》作"忽尔"。归欤舞新宠，方《举正》作"归欤"，云："阁本'尔'作'示'，'欤'作'还'。"朱《考异》："尔，或作'示'，非是。欤，或作'还'。"宋白文本作"还"，注："一作'与'。"魏本作"欤"。文《详注》："言遇赦还京师。"当作"尔""与"，上下相对。作语气词"与"同"欤"。魏本："孙曰：'谓公归为国子博士。'"蒋抱玄《评注》："《左传》：'衔天子之命以监临诸侯。'"陈延杰《张籍诗注》："《论语》(《公冶长》)：'归与！归与！'岑参诗：'舞袖垂新宠。'"《礼记·檀弓上》："衔君命而使。"上句谓韩愈以君命而黜为阳山令，下句说遇朝廷大赦归京也。新宠，新任之国子博士。

⑲ 文《详注》："鬼窟，即鬼方也。高宗所伐，今南越是。"《易·既济》云："高宗伐鬼方，三年克之。"方世举《笺注》："张天复《皇舆考》：'香柏城其山曰鬼窟，极险隘。'"陈延杰《张籍诗注》："鬼窟，谓阳山也。"韩愈所说应上孟郊二句，谓自己脱离鬼窟，而居京朝官也。

⑳ 朱《考异》："栱，或作'拱'。"宋白文本、文本、祝本、魏本作"拱"。廖本、王本作"栱"。魏本："孙曰：'天居，帝居也。清拱，垂拱也。'拱，一作'栱'。"方世举《笺注》："天居：蔡邕《述行赋》(《文选》卷一四《舞鹤赋》'仰天居之崇绝'注)：'皇家赫赫而天居。'"拱(gǒng 居悚切，上，肿韵)，抱拳，敛手。《论语·微子》："子路拱而

立。"《汉书·英布传》:"今抚万人之众,无一人渡淮者,阴拱而观其孰胜。"童《校诠》:"陈延杰曰:清栱,殿栱也。钱仲联曰:尔雅:欂大者谓之栱。第德案:尔雅释宫:欂大者谓之栱,郝懿行曰:御览三百三十七引埤苍云:拱,大弋也。文选景福殿赋云:栾栱夭蟜而交结,李善注:栱,栾类而曲也,夭蟜、栾栱长壮之貌。然则栱之言拱,柱上斗栱,所以拱持梁栋,故广韵云:枓,柱上方木也。按:说文无栱字,即以拱为之,郝云:栱之言拱是也。考异作栱,即为枓栱,陈、钱说是,孙氏以垂拱释之,似未审谛。"童说是。拱、栱虽通用,然唐时已同音韵而义别也。此当作"栱",即宫殿,指朝堂。栱(gǒng 居悚切,上,肿韵),立柱和横梁之间呈弓形的承重结构。《尔雅·释宫》:"大者谓之栱。"《文选》卷一一何晏《景福殿赋》:"欂栌各落以相承,栾栱夭蟜而交结。"则作"栱"字善。

㉑ 魏本:"振,起也。"振,奋起,振作。《吕氏春秋·孟春纪》:"东风解冻,蛰虫始振。"《旧唐书·韩愈传》:"愈从其徒游,锐意钻仰,欲自振于一代。"

㉒ 文《详注》:"恟,惧也。"魏本:"祝曰:恟,《说文》云:'恐也。'"《辞源》:"恟,忧恐。"引《会合联句》张籍"谪梦意犹恟"句为例。

㉓ 魏本:"孙曰:'新奉,谓初奉其酒食也。'"蒋抱玄《评注》:"《论语》(《为政》):'有酒食,先生馔,弟子服其劳。'是时公召入为国子博士,故云云。"按《论语》原文为:"有事,弟子服其劳;有酒食,先生馔,曾是以为孝乎?"上句疑指张署,见韩公《醉赠张秘书》诗。下句指联句诸公。

㉔ 文《详注》:"《礼记》曰:'扣之,其声清越(当为"扬")而远闻。'"按:"扣之,其声清越而远闻"当出于《荀子·法行》,又《周礼·冬官·梓人》:"其声清阳而远闻。"魏本:"孙曰:《礼记》(《聘义》):'君子比德于玉……扣之,其声清越以长。'盖以嘉言比玉也。"蒋抱玄《评注》:"《书》(《伊训》):'嘉言孔彰。'"此句则以玉之清脆激越之声比《诗》《书》之嘉言也。

㉕ 文《详注》："瘉，瘵也，音勇主切。肬，赘也，音羽流切。瘇，痛也，音主勇切。《博物志》（卷一）云：'山居之人多疣肿疾，由于饮泉之不流也。'"魏本："祝曰：瘉，病瘵也。肬，赘疣。《荀子》（《宥坐》）：'今学曾未如肬赘。'注：'肬赘，结病也。'肿，大也。"方世举《笺注》："瘉病：《诗·正月》（《小雅》）：'胡俾我瘉。'肬肿：《释名》：'肬，丘也。出皮上聚高如地之有丘也。肿，钟也，寒热气所钟聚也。'"《尔雅·释训》："既微且尰，骭疡为微，肿足为尰。"瘇、尰、肿同。

㉖ 方《举正》作"魂"，云："蜀本作'魄'。"朱《考异》："魄，方作'魂'。今按：'宵魄'谓月，方本非。"宋白文本、廖本、王本作"魄"。文本、魏本作"魂"。祝本作"霄魂"。作"霄魂""宵魂"均误。朱谓月，是。"宵魄接虚拥"，即明月高悬于太空也。方世举《笺注》："虚拥，按犹陆机诗（《文选》卷三〇《拟明月何皎皎》）所云'照之有余辉，揽之不盈手'也。"《书·康诰》："惟三月哉生魄。"孔传："马云：'魄，朏也，谓月三日始生兆朏，名曰魄。'"

㉗ 文《详注》："雪弦，谓琴也。《琴赋》（《文选》卷一八嵇叔夜撰）云：'白雪清角。'并琴弄名。"魏本："孙曰：'雪弦，谓琴，有阳春白雪之歌。'雪，一作'云'。"作"云"非。王元启《记疑》："雪弦，犹冰弦。注以《阳春白雪》歌曲名，当之殊谬。"按《琴赋》曰："尔乃理正声，奏妙曲，扬白雪，发清角。"善曰："宋玉对问曰：'其为阳春白雪？'韩子师旷曰：'清徵之声，不如清角。'"向曰："正声，雅声也，白雪清角并弄名。"孙注"阳春白雪之歌"出此。而此说有何不可？

㉘ 文《详注》："《茶经》（《一之源》引《尔雅·释木》'苦荼'句）郭璞注曰：'早取为荼，晚取为茗。'盌、椀同（今通作'碗'）。纤纤，谓女手也。"魏本："孙曰：'纤纤，谓美妇之手。'"此谓：白雪之弦，玉碗烹茶，非灵素之手不能行也。仍是比喻韩公之诗。

㉙ 文《详注》："《古今注》（卷中《鱼虫》）：'萤火，一名夜光，一名宵烛。'"魏本："孙曰：'烛浮萤，言萤飞如烛也。'"驰辉，飞驰流走的光辉，因写飞动的萤火，故云驰辉。南朝齐谢朓《暂使下都夜发

新林至京邑赠西府同僚》诗:"驰晖不可接,何况隔两乡。"又《玉阶怨》:"夕殿下珠帘,流萤飞复息。"钱仲联《集释》:"此借以指萤。"

㉚ 幽响:暗响。南朝梁江淹《许征君询自叙》诗云:"曲棂激鲜飙,石室有幽响。"文《详注》:"《尔雅》(《释虫》):'蛬,蟋蟀也。'音拱。"魏本:"孙曰:蛬,虫名。《尔雅》:'蟋蟀曰蛬。'注云:'今之促织。'"魏本音注:"蛬,音拱。"蛬(gǒng 居悚切,上,肿韵),蟋蟀别名。《诗·唐风·蟋蟀》:"蟋蟀在堂。"毛传:"蟋蟀,蛬也。"南朝宋鲍照《拟古》诗之七:"秋蛬扶户吟,寒妇成夜织。"

㉛ 魏本:"孙曰:诗老,谓公也。"方世举《笺注》:"郊诗中屡用'诗老'字,如(《全唐诗》卷三七六《看花》)'惟应待诗老,日夕殷勤开',又(《全唐诗》卷三八〇《邀人赏蔷薇》)'诗老强相呼'是也。"又《全唐诗》卷三七八《至孝义渡寄郑军事唐二十五》:"岸亭当四迥,诗老独一家。"

㉜ 魏本:"祝曰:尰,足病。《诗》(《小雅·巧言》):'既微且尰。'"魏本音注:"尰,音肿。"文《详注》:"《说文》:'尰,胫气足肿也。'音坚勇切。《淮南子》曰:'岸下气多尰。'"尰(zhǒng 时冗切,上,肿韵),足肿。《诗·小雅·巧言》毛传:"骭疡为微,肿足为尰。"朱彝尊《批韩诗》:"既云'失胠肿',又云'有余尰',同出东野,胡乃尔?"方成珪《笺正》:"《说文·尣部》:'胫气足肿。本作瘇,从尣,童声。籀文从允。'按:小徐《系传》云:'湿地则生此疾。'此诗所谓江疾也。"童《校诠》:"第德案:祝、方二氏之说是也。陈奂云:尰,古亦作重,成八年《左传》:于是有沉溺重膇之疾。杜注:重膇,足肿。重即尰之假借是也。尰为足疾,即公祭十二郎文所云软脚病,江南之人,常常有之,与上文之胠肿非一病,故得两用,朱氏不悟胠为胕之误,又未细辨二疾之异,遽肆讥弹未谛。尰当从童作瘇。"查字典,尰,同瘇,亦作"瘇"。籀文从"允"。今作"尰"。

㉝ 文《详注》:"《旧史》云:'孟郊,洛阳人。'《新史》以为湖州武康人,少隐于嵩山。"谓指孟郊,非是。此乃韩愈自述。魏本:"樊曰:《书·禹贡》:'伊洛瀍涧,入于河。'伊出陆浑山,洛出冢领山,瀍

出谷城山，涧出黾池山，四水皆入河。瀍，水名，在河南谷城也。"方世举《笺注》："《书·禹贡》：'导洛自熊耳，东北会于涧瀍。'《水经》（《瀍水》）：'瀍水出河南谷城县北山，东入于洛。'（《谷水》）'谷水出宏农黾池县南谷阳谷，东南入于洛。'"童《校诠》："第德案：樊注瀍水名九字，与上文复，疑有误，兹依方所引水经，校作谷水名，出黾池谷阳谷。"瀍、谷，二水名。《水经注》卷一五《瀍水》："瀍水出河南谷城县北山，东与千金渠合，又东过洛阳县南，又东过偃师县，又入于洛。"《水经注》卷一六《谷水》："谷水出宏农黾池县南墦冢林谷阳谷，东北过谷城县北，又东过河南县北，东南入于洛。"《元和郡县图志》卷五河南道一："河南府洛阳县瀍水，在县西北六十里。《禹贡》曰：'伊、洛、瀍、涧，既入于河。'孔安国注曰：'出河南北山。'《水经》云：'源出河南谷城县北。'今验水西从新安县东入县界。"又："渑池县谷水，南去县二百步。新安县，谷水，在县南二里。《国语》曰'谷、洛斗，坏王宫'是也。"

㉞ 皋、巩：二地名，即成皋与巩县。魏本："祝曰：《史记》（《秦本纪》）：'[秦使蒙骜伐韩，]韩献成皋、巩。'韩曰：皋、巩皆河南地名，今河南有巩县，有成皋。"《史记·韩世家》："二十四年，秦拔我城皋、荥阳。"方世举《笺注》："《史记·秦本纪》：'庄襄王元年，韩献成皋、巩。'正义曰：'《括地志》云：洛州氾水县，古之虢国，亦郑之制邑。又名虎牢，汉之成皋。'巩，今洛州巩县。"钱仲联《集释》："《左传》（襄公九年）：'介居二大国之间。'杜预注：'介，犹间也。'《穀梁传》陆德明《释文》：'介，音界，近也。'"此二句诗乃韩愈自谓其家的地理位置，在瀍水、谷水之间，而地近成皋、巩县。按：韩愈家今河南孟州（唐称河阳），地处今荥阳、巩义（即巩县）之北，黄河之阳。

㉟ 文《详注》："扬雄《法言》云：'蜀庄沉冥。'注云：'蜀人，姓庄字群沉。冥，犹泯然无迹之貌。'"魏本："孙曰：沉冥，犹言隐沦也。"按：古籍"沉"多作"沈"。《广雅·侵韵》："沈，没也。""沉，俗。"

㊱ 方《举正》校订"惭阘扅"下增"愈"字，云："唐本、蜀本皆注愈字，洪、樊本亦校从上。"南宋监本原文作"郊"。魏本："洪曰：此

四句下今本注曰'郊',唐本注曰'愈'。按:退之家在洛阳,则唐本为是。"朱《考异》作"阘㸌",云:"诸本此四句下无愈字,方从唐、蜀本校增。洪云:退之家在洛阳,尝谪阳山,今为博士,则唐本为是。"魏本:"樊曰:公《赠崔立之》诗云:'旧籍在东都。'《志女挐(挚)墓》云:'归骨河阳韩氏墓。'则公河南人。故云'我家本瀍谷,有地介皋巩'。今诸本作郊句,非是。郊,湖州武康人也。"宋白文本、文本、魏本作"阘㸌"。祝本、廖本作"阘㟺"。王本作"阘㸌"。文《详注》:"阘㸌,不肖也。㸌,一作'茸'。贾谊《吊屈原赋》云:'阘茸尊显。'颜师古:'阘,下也。茸,细毛也。言非豪杰也。'上音徒盍切,下音乳勇切。"魏本:"祝曰:阘㸌,不肖也,劣也。《楚辞》(刘向·《九叹·忧苦》):'杂斑驳与阘茸。'《前汉》(《司马迁传》):'司马迁曰:在阘茸之中。'皆以㸌为茸。按《集韵》茸通作'㸌'。"王元启亦从"㟺"。钱仲联《集释》引章炳麟《新方言》云:"阘为小户,茸为小草,故并举以状微贱也。"则作"阘㟺",是。㟺虽同茸,然下有"谁与薙荒茸"句用"茸",避重韵。童《校诠》:"第德案:祝说是,阘茸之茸其本字当作宨,说文:宨,散也,从宀,人在屋下,无田事,周书曰:宫中之宨食,引申为不肖无用之人。作茸者借字。……说文:茸,艸茸茸貌,从艸、聪省声,卤为恖之省,取其声。从穴无义,当作从宨,从宨、从辱,言不肖无用之人,为人所僇辱也。"阘(tà 徒盍切,入,盍韵)茸(同㸌 róng 而容切,平,肿韵):卑贱。《史记·贾谊传·吊屈原赋》:"阘茸尊显兮,谄谀得志。"《汉书·司马迁传·报任安书》:"今已亏形为扫除之隶,在阘茸之中。"

㊲ 魏本:"孙曰:高骞逸者,以马为喻。"此二句乃韩公自谓:虽升朝官,然职卑官闲,惭惧不足道也。

㊳ 悚:方《举正》订,云:"别本一作'竦'。嵇康《琴赋》(《文选》卷一八):'竦众听而骇神。'"朱《考异》从方引方语。宋白文本、文本、祝本、魏本、廖本、王本均同方。钱仲联、屈校同。从之。文《详注》:"《墨子》曰:'鸡鹤时夜而鸣,天下振动。'"悚(sǒng 息拱切,上,肿韵),恐惧,同竦。汉王符《潜夫论·慎微》:"人君闻此,可以

悚思。"注:"思,古文惧。"南朝宋鲍照《谢随恩被原疏》:"鱼愕鸡睨,且悚且惭。"

㊴ 文《详注》:"幽泌,侠(同夹 jiá,从两边夹住)流也。泌,音兵媚切。"《淮南子·道应训》:"两蛟侠绕其船。"魏本:"孙曰:《诗》(《陈风·衡门》):'泌之洋洋,可以乐饥。'注:'泌,泉水也。'"幽泌,清幽之泉也。

㊵ 方《举正》订作"薙荒茸",云:"阁本荒作'芒'。此乃《汉·叙传》所谓'夷险芟荒'是也,'芒'字非。朱《考异》:"荒,或作'芒'。(下引方语)"诸本作"荒",芒,古字,荒,后出,通用。今作"荒",是。文《详注》:"荒茸,喻群小也。《周礼》(《秋官》):'薙氏掌杀草。'注云:'谓以钩镰迫地芟之。'茸,草生貌,音冗。薙,音托计切。"魏本:"韩曰:《周礼》(《秋官》):'薙人掌杀草。''以钩镰迫地芟之。'薙,除草也。祝曰:荒茸,草秽貌。《选》:'翳荟茏茸。'"魏本音注:"薙,音替,又音雉。茸,音冗。"方世举《笺注》:"《记·月令》:'烧薙行水。'《周礼·秋官》:'薙氏掌杀草。'《说文》(草部):'茸,草茸茸貌。'"王懋竑《读书记疑》卷一六:"《广韵》有冗无茸。"童《校诠》:"第德案:荒、芒古字通,史记三代世表:帝芒,索隐:芒一作荒,作芒自通。韩注:薙人,人当作氏。按:此诗全首用上声肿韵,无出韵者,广韵茸在平声三钟,肿韵不收。玉篇:茸,而容切,尨茸,乱貌,又草生也。又而勇切,不肖也。是茸字有平上两读,当为广韵失收。"此谓:韩愈当升朝振物,不易高蹈也。

㊶ 魏本:"孙曰:绅,绶也。青绿,谓青绶绿绶。"方世举《笺注》:"《新唐书·车服志》:深绿为六品之服,浅绿为七品之服,深青为八品之服,浅青为九品之服。又职事官服绿青碧。公时为国子博士,正五品,而犹服青绿,不可解。意者上可兼下,下不可兼上也。"《旧唐书·舆服志》:"三品已上服紫,五品已下服绯,六品、七品服绿,八品、九品服以青。"绅,官服所系之带。此句指韩愈所穿官服。韩愈由江陵召回京任权知国子博士,故未穿正五品之国子博士服,而穿六品之青绿之服。方未细察,而生"不可解"之疑。

㊷ 魏本:"孙曰:马饰,马上文饰,谓衔辔之属珪珖以为饰也。珖,璧也。"方世举《笺注》:"马饰:《西京杂记》:'武帝时身毒国献连环羁,皆以白玉作之,玛瑙石为勒。自是长安始盛饰鞍马,或一马之饰直百金。'按《新唐书·车服志》:'五品以上有珂伞。珂即马饰也。时公始得有珂,故东野夸美之。'《说文》(土部):'古文圭从玉。'(玉部)'珖,玉也。'"

㊸ 钱仲联《集释》:"枚乘《七发》(《文选》卷三四):'虽有金石之坚,犹将销铄而挺解也。'"此指西蜀刘辟等叛乱尚未被解除。

㊹ 邛:宋白文本、文本、祝本作"印",非。魏本、廖本、王本作"邛",是。魏本:"孙曰:时刘辟乱蜀,王师出征,故云'荡邛陇'也。"邛,蜀古有邛国,其都在今四川西昌市东南;又有邛来水、邛来山,在四川荥经、雅安。此称蜀地。陇,甘肃有陇山,故称陇。《舆地广记》:邛,唐剑南道。陇,唐关内道。时有夏州杨惠琳叛乱。

㊺ 才:文本作"材",诸本作"才"。二字古虽通用,此处作"才"字,善。文《详注》:"君谓郊也。"魏本:"祝曰:倜傥,卓异也。《选》(卷四八扬雄《剧秦美新》):'奇伟倜傥。'"方世举《笺注》:"《广雅·释训》:倜傥,卓异也。"

㊻ 朱《考异》:"洶或作'汹',音凶。"今通作"汹"。文《详注》:"汹溶,言声誉沸腾。溶,音勇。"魏本:"孙曰:汹溶:不定貌。祝曰:魏王粲《浮淮赋》:'滂沛汹溶。'(载《艺文类聚》卷八)"魏本音注:"汹,许拱切,又音凶。溶,音勇。"

㊼ 魏本:"孙曰:'格言,至言也。彪蔚,文彩貌。'"《三国志·魏·崔琰传》:"盖闻盘于游田,《书》之所戒,鲁隐观鱼,《春秋》讥之,此周、孔之格言,二经之明义。"《晋书·夏侯湛传》:"尔其专乃心,一乃听,砥砺乃性,以听我之格言。"文《详注》:"彪蔚,虎豹之文。"方世举《笺注》:"《说文》(虍部):'彪,虎文。'《易·革》卦:'君子豹变,其文蔚也。'"

㊽ 文《详注》:"梏拲,两手共械也。《周礼》(《秋官·掌囚》):'上罪梏拲而桎。'《庄子》(《德充符》)曰:'解其桎梏。'"魏本:"孙

曰:《庄子》《养生主》:'古者谓帝之悬解。'韩曰:《周礼》:'上罪梏拲而桎。'注:'拲者,两手共一木。桎梏者,两手各一木。'又云:'在手曰梏,在足曰桎。'以荆公《周礼解义》考之,谓梏在胫,桎在足,拲在手。《左氏传》(襄公六年):'子荡以弓梏华弱于朝。'则梏在胫明矣。明梏者著其罪于梏,犹明刑也。当以荆公之说为是。"魏本音注:"梏(gù,入,沃韵),古沃切。拲,音拱。"童《校诠》:"第德案:韩引周礼,见秋官司寇掌囚。拲者,两手共一木二语为郑司农注,在手曰梏二语为郑康成注,疏云:以桎与梏同在手则不可,故后郑不从。按:掌囚郑注,礼记月令去桎梏郑注,吕氏春秋仲春纪去桎梏,淮南时则训去桎梏高注,皆云在手曰梏。庄子德充符:解其桎梏,释文:梏,木在手也,说文:梏,手械也,诸家皆言梏在手,不在胫。荆公引左氏襄六年传以弓梏华弱于朝,证梏在胫,按:杜注云:张弓以贯其头,若械之在手,故曰梏。释梏字之义明白,梏华弱,犹言械华弱,荆公之说,似不足据。韩注则胫,则当作在。"童说是。又《易·蒙》:"利用刑人,用说桎梏。"疏:"在足曰桎,在手曰梏。"引申为束缚人的事物。《庄子·德充符》:"彼且蕲以諔诡幻怪之名闻,不知至人之以是为已桎梏邪?"此句"梏拲"当作束缚解。此则韩愈赞孟郊发言典重而丰茂;悬解无窒碍也。悬解,道家语。意指对哀乐、得失无动于衷。《庄子·大宗师》:"且夫得者,时也;失者,顺也。安时而处顺,哀乐不能入也,此古之所谓县解也。"《文选》卷五晋左思《吴都赋》:"否泰之相背也,亦犹帝之悬解,而与夫桎梏疏属也。"引申为解倒悬,即在困境中得救。

㊾ 文《详注》:"张生,谓籍也。"朱彝尊《批韩诗》:"张生应指文昌,何又独遗给事君?"方世举《笺注》:"《汉书·董仲舒传赞》:'考其师友渊源所渐。'"

㊿ 文《详注》:"《尔雅》(《释山》):'山顶曰冢。'"方世举《笺注》:"《诗·十月之交》(《小雅》):'山冢崒崩。'《释名》(《释山》):'山顶曰冢。冢,肿也,言肿起也。"

㈤ 魏本:"孙曰:'群金,群钟也。'"钟乃金属铸成,故云。《周礼·春官·大师》:"皆播之以八音:金、石、土、革、丝、木、匏、竹。"注:"金,钟镈也。"

㉜魏本:"祝曰:'蛹,蚕化为之。'孙曰:'蛹,言微而不绝也。'"顾嗣立《集注》:"《说文》(虫部):'蛹,茧虫也。'蚕化为蛹,蛹化为蛾。"方世举《笺注》:"独蛹:《尔雅·释虫》:'螝,蛹,注:蚕蛹。'《列子·汤问篇》:'詹何以独茧丝为纶。'"以上为韩愈赞张籍的话。谓其议论者学有渊源,见识至高,质若金石,言微而不绝。

㉝文《详注》:"《楚辞》(庄忌《哀时命》):'驷跛鳖而上山,吾固知其不能陟。'"魏本:"韩曰:《荀子》(《修身》):'跬步不休,跛鳖千里。'踊,跃也。"钱仲联《集释》:"蛹踊同纽连用。"

㉞块然:钱仲联《集释》:"《列子·黄帝篇》:'壶子曰:向吾示之以地文。'张湛注:'向秀曰:块然若土也。'"

㉟罦,氂:文《详注》:"二者以自喻。罦,挂也,音火犬切。氂,细毛也,音冗,《书》(《尧典》):'鸟兽氄毛。'"魏本:"韩曰:罦,网也。氂,鸟兽细毛也。《书》:'鸟兽氄毛。'孙曰:此联甚言其危也。"魏本音注:"罦,音畎。氂,音冗。"

钱仲联《集释》:"此联用意本于《庄子·天下篇》'不师知虑,不知前后,块然而已矣。推而后行,曳而后往,若飘风之还,若羽之旋,若磨石之隧'。此二句以山石坠地、鸟兽挂网比喻处境危险。

㊱文《详注》:"《伽蓝记》(卷四):'后魏河间王琛,窗户之间以玉凤衔铃,金龙吐旆。'"魏本:"孙曰:龙旆,谓画龙于旆。天卫,羽卫也。"钱仲联《集释》:"《周礼》(《春官·司常》):'交龙为旂。'《尔雅》(《释天》):'继旐曰旆。'《文选》沈约《钟山诗》(《钟山诗应西阳王教》'羽旆临崇基"句)李善注:'旆,旌旗之垂者。'"此句谓龙旗垂天。

㊲文《详注》:"《周礼》(《考工记·凫氏》):'(凫氏为钟……)舞上谓之甬。'甬,钟柄也,音勇。"魏本:"孙曰:《云》《韶》,《韶》乐。禁甬,甬道,天子之起居也。韩曰:甬,道也。《前汉》:'筑甬道而输粟。'"廖本注:"甬,钟系也。《周礼》:'钟舞上谓之甬。'祝充、韩醇

注皆以为甬道,恐非。"童《校诠》:"举正、考异无校语。韩曰云云,与祝本注同,疑当为祝注。廖说是。或曰:云韶为两乐,云谓云门,黄帝乐,韶,虞舜乐,与上句龙旆对。周礼司常:交龙为旂,尔雅释天:有铃曰旂,郭注:悬铃于竿头,画交龙于旒。诗长发:武王载旆,毛传:旆,旗也,尔雅:继旐曰旆,郭注:帛续旐末为燕尾者。亦备一解。共详之。"龙旆与云韶均作二物,可对。然而,龙指饰龙之旗,旆谓旗上所垂之条饰,合指旗,为一物;云韶,黄帝《云门》乐和虞舜《大韶》乐的并称,后泛指宫廷音乐。《乐府诗集》卷八郊庙歌辞晋曹毗《江左宗庙歌·歌哀皇帝》:"愔愔《云》《韶》,尽美尽善。"为一指。云韶亦可与龙旆对。垂天卫,指龙旆垂天;凝禁甬,谓《云》《韶》在皇宫(禁甬)缭绕,也相对,不惟之讲得通,且较合诗意。甬虽可作钟上之柄解,然谓《云》《韶》之乐凝聚于钟柄之上,或钟柄奏出云韶之曲,虽亦可通,总觉勉强。不若上解好。俟方家纠谬。

㊽ 胡:方《举正》订,云:"三本同。"朱《考异》:"胡,或作'乎',非是。"祝本、魏本作"乎",与南宋监本同。宋白文本、文本、廖本、王本作"胡",作疑问词,合诗意,从之。"胡"字在句中为疑问词,与主语"君"字、谓语"眠安"构成疑问句式,然字形容安眠的状态。若为乎,不当在句中,而应在句末,为"君眠安然乎?"本句虽通,与下句意不合。

㊾ 洶洶,汹汹,音义同,今通作"汹汹"。文《详注》:"汹汹,大声,音翊拱切。"魏本:"孙曰:'汹汹,鼓声。'"方世举《笺注》:"朝鼓:梁元帝诗:'金门练朝鼓。'扬雄《羽猎赋》:'汹汹旭旭。'善曰:'鼓动之声也。'"以上各言其志。

【汇评】

宋洪迈:若韩、孟、籍、彻《会合联句》三十四韵,除"冢""蛹"二字《韵略》不收外,余皆不出二肿中。雄奇激越,如大川洪河,不见涯涘,非琐琐潢污行潦之水所可同语也。……其间或有纇句,然众手立成,理如是也。(《容斋四笔》卷四《会合联句》)

清朱彝尊：此仍是各一联或数联，下语多新，句句醒眼，道昔离今合，昔谪今还，意宏肆，词奇峭，虽略嫌生硬，然联句正以此角采，正是合作。（顾嗣立《昌黎先生诗集注》卷八）

清方世举：冢、蛹二字，《唐韵》所收，此诗未尝出韵，洪亦失考。此诗四人所作，二张固韩门弟子，鲜有败句。亦奇观也。（《韩昌黎诗集编年笺注》卷五）

斗鸡联句①

元和元年

大鸡昂然来，小鸡竦而待愈②。峥嵘颠盛气③，洗刷凝鲜彩郊④。高行若矜豪⑤，侧睨如伺殆愈⑥。精光目相射⑦，剑戟心独在郊⑧。既取冠为胄⑨，复以距为镝⑩。天时得清寒，地利挟爽塏愈⑪。磔毛各噤痒⑫，怒瘿争碨磊⑬。俄膺忽尔低⑭，植立瞥而改郊⑮。膈膊战声喧⑯，缤翻落羽䙰⑰。中休事未决，小挫势益倍愈⑱。妒肠务生敌⑲，贼性专相醢⑳。裂血失鸣声，啄殷甚饥馁愈㉑。对起何急惊㉒？随旋诚巧绐㉓。毒手饱李阳㉔，神槌困朱亥愈㉕。

恻心我以仁㉖，碎首尔何罪㉗？独胜事有然，旁惊汗流浼郊㉘。知雄欣动颜㉙，怯负愁看赌㉚。争观云填道㉛，助叫波翻海愈㉜。事爪深难解㉝，嗔睛时未怠㉞。一喷一醒然㉟，再砺再锻乃郊㊱。头垂碎丹砂㊲，翼搨拖锦采㊳。连轩尚贾余㊴，清厉比归凯愈㊵。选俊感收毛㊶，受恩惭始隗㊷。英心甘斗死，义肉耻庖宰㊸。君看《斗鸡篇》㊹，短韵有可采郊㊺。

【校注】

① 方崧卿《韩文年表》,联句《斗鸡》《纳凉》《秋雨》《征蜀》《同宿》《寄孟刑部》均系元和元年。《韩愈年谱汇证》系元和元年,云:"方崧卿《年谱》、《顾谱》、方成珪《诗文年谱》系是年,成珪云:是年秋冬间作,以'天时得清寒'句见之。"魏本:"韩曰:公与东野联句,词意雄浑,极其情态,间以人才为喻,两皆杰作,真欧阳文忠所谓'韩孟于文词,两雄力相当'者也。樊曰:至若'争观云填道,助叫波翻海',则公诗之豪。而'一喷一醒然,再接再厉乃',则东野工处。"方世举《笺注》:"按:斗鸡见于《左传》,其来已久,战国时齐俗斗鸡走犬。汉太上皇、鲁共王皆好之。至建安诸子,形于篇咏。唐世明皇好之,故杜甫有'斗鸡初赐锦'之句。俗尚相沿,盛行此戏。诗家赋咏亦多。然摹写精工,无逾斯作矣。观'天时得清寒'句,亦似秋冬之交所作。"

② 魏本注:"昂,轩昂也。"朱彝尊《批韩诗》:"'昂''竦'二字,已尽大概。"昂,抬头挺胸,志满气傲。《楚辞》屈原《远游》:"服偃蹇以低昂兮,骖连蜷以骄骜。"又屈原《卜居》:"宁昂昂若千里之驹乎?"竦,直立高扬,肃穆严姿。张衡《思玄赋》:"竦余身而顺止兮,遵绳墨而不跌。"《汉书·礼乐志》:"听者无不虚己竦神。"以大鸡昂然之姿态,出大鸡骄然之心理。而小鸡亦不示弱,肃穆严阵以待。因是斗,则首联即出二鸡列阵,可谓碰头彩也。

③ 颠盛气:方《举正》:"颠,读为瞋,见《礼记》。"魏本音注:"颠,音田。"魏本:"孙曰:《礼记·玉藻》曰:'盛气颠实扬休。'注云:'颠,读为瞋。扬,读为阳。盛,身中之气使之瞋满,如阳气之休物也。'"文《详注》:"《礼记》《玉藻》曰:'盛气颠实阳休。'郑玄曰:'颠读为瞋,声之误也。盛,身中之气使之瞋满,其息若阳之休物也。'纪渻子为周宣养斗鸡,十日而问之:'鸡可斗乎?'曰:'未也,方虚骄而恃气。'十日又问之,曰:'未也,犹疾视而盛气。'十日又问之,曰:'几矣,望之似木鸡,其德全矣。'异鸡无敢应者。事见《庄子》(《达生篇》)。峥嵘,奋迅貌。"方世举《笺注》同而简。钱仲联

《集释》:"《文选·舞鹤赋》(卷一四鲍明远撰云'岁峥嵘而愁暮')李善注:'《广雅》曰:峥嵘,高貌。'"

④文《详注》:"彩,文色也。"魏本:"孙曰:'彩,光彩。'"方世举《笺注》:"洗刷:左思《吴都赋》:'理翮整翰,刷荡漪澜。'"三四句既可互文,写二鸡斗前蓄势;亦可谓单表,二鸡对阵神采。

⑤文《详注》:"能胜千人曰豪。"指卓越的人物。《鹖冠子·博选》:"德千人者谓之豪。"《管子·七法》:"收天下之豪杰。"何焯《义门读书记》卷三〇:"'高行若矜豪',顶上昂字。"

⑥文《详注》:"眄,衺视也。殆,危也。王褒《箫赋》(《文选》卷一七《洞箫赋》)曰:'鱼瞑鸡眄。'李善以谓鱼不瞑,鸡好衺视。"魏本:"孙曰:侧眄,邪视。伺殆,伺其危殆也。"二句均写斗鸡之姿态。何焯《义门读书记》卷三〇:"'侧眄如伺殆',顶上'竦'字。"

⑦何焯《义门读书记》卷三〇:"'精光目相射',欲斗之神。"精光,鸡眼睛射出的光。魏本音注:"射,食亦切。"射(shè 神夜切,去,祃韵),用弓发箭。《左传》成公二年:"射其左,越于车下。射其右,毙于车中。""射"字用于二斗鸡目光相视,有神有力,切合时态。故何焯谓:"欲斗之神。"

⑧文《详注》:"《庄子》(《说剑》)曰:'庶人之剑,无异于斗鸡。'"朱彝尊《批韩诗》:"曲描细写,不惟得其形,兼得其神。"东野二句:上句写神,下句写心。意、词、句均对,真见东野五言属对工精。

⑨文《详注》:"谓兜鍪也。"魏本:"孙曰:鸡有冠,如人戴胄。《说文》(肉部)云:'胄,兜鍪。'"

⑩朱《考异》:"镦,或作'铩'。《汉书》:'钩戟长铩。'今按:铩,《广韵》(去声十六怪)'所拜切',于四声不协。然镦乃刃下之平底者,与距不相似,亦未详其说也。"宋白文本作"铩",注:"一作'镦'。"文《详注》:"镦,矛戟下铜镦。《礼记》(《曲礼下》)曰:'进矛戟者,前其镦。'《前汉·五行志》:'鸡有冠距,文武之象也。'"魏本:"孙曰:镦,鏊柄下镦。"顾嗣立《集注》:"《左传》昭公二十五年:

'季、郈之鸡斗（顾注原作'斗鸡'，误），季氏介其鸡，郈氏为之金距。'"王元启《记疑》："比距于镦，取其卓然不仆而已。"童《校诠》："第德案：《说文》：镎，矛戟柲下铜镦也，诗曰：叴矛沃镎。诗小戎：叴矛鋈錞，毛传：錞，镦也，礼记曲礼：进矛戟者前其镦，释文：本又作錞，郑注：锐底曰镈，平底曰镦，淮南原道训：犹錞之与刃，高注：錞，矛戟之錞也，读若顿。以上皆錞字，曲礼作镦，假镦为之。说文：镦，下垂也，一曰千斤锥。段曰：若今众举以筑地者是也。又曰：朱亥袖四十斤铁椎，张良为铁椎重百二十斤，乃其细也。公所用乃千斤椎之义，故曰以距为镦。距、鸡距也，颜师古注汉书五行志云：距，鸡附之骨，斗时所用刺之。凡兵器有刃谓之刺，无刃者亦可谓刺，史记留侯世家：求刺客刺秦皇，得力士，为铁椎重百二十斤是也。朱子疑镦为刃下之平底者，与距不相似，不悟刃下平底之镦，其字本作錞，而镦乃有千斤椎之一义，偶未检说文，又为曲礼作镦本所惑，故有是疑耳。孙注鉴当作矛，依说文矛下当补戟字，柄当作柲，镈上当补铜字。钜当作距。"镦（duì 徒对切，去，队韵），矛戟柄末端的铜套，底锐者曰镈，平底者曰镦。此指套在鸡距上的金属套。则作"镦"字善。镦，本作"錞"。

⑪ 挟：宋白文本、文本作"狭"，注："一作'挟'。"祝本、魏本作"挟"，注："一作'狭'，又作'扶'。"廖本、王本作"挟"。当作"挟"，方合上下文义，与"得"字对应。魏本："孙曰：《孟子》（《公孙丑下》）：'天时不如地利，地利不如人和。'言天时则得清寒，地利则挟爽垲也。昭三年《左氏》：'齐景公欲更晏子之宅，曰：子之宅近市，湫隘嚣尘，请更诸爽垲。'文《详注》："爽垲，高地。爽，明。垲，燥也，音恺。"

⑫ 方《举正》据杭本作"痒"，云："痒，所锦切，寒病也。《义训》：'寒谓之痒瘶。皮日休《太湖诗》：'枕下闻澎湃，肌上生痒瘶。'又《香奁集》（韩偓）有'噤痒余寒酒半醒'（见《日高诗》）。阁本'痒'作'瘆'，蜀本作'痒'，皆误也。"朱《考异》："痒，或作'瘆'，或作'瘆'，或作'痒'。方从杭本。（下引方语）"南宋监本原文作"痒"。

宋白文本、潮本作"瘆"。文本作"痒"。祝本、魏本、廖本、王本同方作"痒",从之。魏本:"孙曰:磔,裂也,噤,忍也。《说文》(口部)云:'噤,口闭。'(疒部)'痒,寒病。'"文《详注》:"磔,裂也,音侧格切。噤,肤痒欲搔也。上音巨禁切,下音以两切。《埤雅》(《释鸟》)曰:'善相雕者以为项后磔毛主劲疾。'潘安仁《射雉赋》(《文选》卷九)云:'徒心烦而伎痒。'李善以谓有伎艺欲逞曰伎痒。又《颜氏家训》云:'怀其伎而复痒。'《广雅·释诂》:'磔,张也。'张相《诗词曲语辞汇释》卷六:"噤痒,发噤之义。此言毛羽竖起如发噤也。"磔(zhé陟格切,入,陌韵),细味诗意当作张开解。《晋书·桓温传》:"少与沛国刘惔善,惔尝称之曰:'温眼如紫石棱,须作蝟毛磔。'"痒(shēn所臻切,平,臻韵),寒病,泛称寒貌。《辞源》引《城南联句》为例。

⑬文《详注》:"瘿,喉结气也。碨磊,不平貌。碨,音猥。磊,音鲁猥切。"魏本:"祝曰:碨,石貌。《选》:'砾碨磥而相摩。'韩曰:'碨磊,不平貌。'"魏本音注:"碨,乌罪切。磊,鲁猥切。"方世举《笺注》:"木华《海赋》(《文选》卷一二):'碨磊山垄。'"瘿(yǐng于郢切,上,静韵):囊状瘤子,或生于人颈,或生于树身,或谓人咽喉之病。碨(wěi乌贿切,上,贿韵)磊,不平貌。《辞源》引《海赋》《城南联句》为例。又杜甫《骢马行》:"隅目青荧夹镜悬,肉鬃碨礧连钱动。"礧同"磊"。此谓斗鸡怒斗而颈脖鼓起泡囊状,羽毛似瘿也。

⑭方世举《笺注》:"扬雄《羽猎赋》(《文选》卷八):'俄轩冕。'师古曰:'俄俄,陈举之貌。'韦昭曰:'卬也。'按:此处'俄'字亦当作'卬'字解,方与'植立'相对,而又与'忽尔低'相应也。"文《详注》:"膺,胸也。"魏本:"孙曰:膺,当也。《诗》(《鲁颂·閟宫》):'戎狄是膺。'"

⑮魏本:"孙曰:瞥,亦忽也。"文《详注》:"瞥然速也,音匹别切。"魏本音注:"瞥,匹蔑切。"何焯《义门读书记》卷三○:"'磔毛各噤痒'四句,是两鸡空斗未相搏时,俗所谓打碰脚。"

⑯魏本:"孙曰:'膈膊,相击声。'"文《详注》:"古乐府诗:'膈膈膊膊鸡初鸣。'(见《古文苑》卷九《古两头纤纤诗》)膈,音弼力

切。"腷(bì 符逼切,入,职韵)膊,象声词,鸡声。《辞源》引此诗为例。宋陆游《美睡》:"天高斗柄阑干晓,露下鸡埘腷膊声。"腷膊,鸡鸣鼓翅声。《古文苑》卷九《古两头纤纤诗》:"腷腷膊膊鸡初鸣,磊磊落落向曙星。"

⑰ 文《详注》:"皠,白色也,音取猥切。"魏本:"孙曰:'缤翻,羽飞貌。皠,白色。'祝曰:《广韵》(上声十四贿)云:'皠,霜雪白状。'"魏本音注:"缤,匹宾切。皠,取猥切。"方世举《笺注》:"缤翻:王粲诗:'百鸟何缤翻。'落羽皠:曹植诗:'嘴落轻毛散。'《广韵》:'皠霜:雪白状。'"皠(cuǐ 七罪切,上,贿韵),洁白。后起字。《王力古汉语字典》引此诗为例。缤翻,《文选》卷五《吴都赋》:"大鹏缤翻,翼若垂天。"此谓二鸡相斗,鸡羽毛纷落貌。

⑱ 中休:二鸡相斗,中稍停顿,有节奏感;虽一鸡小败,而势气犹增也。魏本:"孙曰:小挫,小败也。"方世举《笺注》:"韦曜《博弈论》:'临局交争,雄雌未决。'"此写斗鸡的第一回合,诗写鸡斗节奏鲜明。

⑲ 妒肠:方《举正》作"妒腹",云:"蜀、三馆本同。"朱《考异》:"敌,或作'欺。'"南宋监本原文作"肠"。宋白文本、文本、潮本、祝本、魏本、廖本、王本作"妒肠"。廖本注:"肠,或作'腹'。"今从诸本作"肠"。妒、妬通用。敌,宋白文本、文本作"欺",注:"一作'敌'。"祝本、魏本、廖本、王本作"敌"。魏本注:"敌,一本作'欺',一作'敲'。"作"敌"字合诗情意。魏本:"孙曰:'务生敌,谓常有敌人之心也。'"方世举《笺注》:"妒肠:王褒《斗鸡》诗:'妒敌金芒起。'生敌:《小尔雅·广诂》:'生,进也。'"此谓:二鸡酣斗之中,心生嫉妒,更生敌意。此拟人手法,且指双方。

⑳ 魏本:"孙曰:'醢,肉羹,音海。'"蒋抱玄《评注》:"肉羹曰醢,谓自相残杀也。"醢(hǎi 呼改切,上,海韵),肉酱。《诗·大雅·行苇》:"醓醢以荐,或燔或炙。"又见《周礼·天官·醢人》郑玄注。此指以肉细切作羹。

㉑ 魏本:"韩曰:'殷,赤黑色。'"魏本音注:"殷,乌闲切。"文

《详注》:"殷,赤黑色也,音乌闲切。《左传》(成公二年)曰:'左轮朱殷。'"殷,多音多义字,此处当读烟(yān 乌闲切,平,山韵),赤黑色。《左传》成公二年:"左轮朱殷。"注:"朱,血色,血色久则殷。殷,音近烟。今人谓赤黑为殷色。"方世举《笺注》:"啄殷:《左传》:'左轮朱殷,岂敢言病。'杜预曰:'今人谓赤黑为殷色。'"何焯《义门读书记》卷三〇:"'裂血失鸣声'二句,顶冠来。"上句写失利者被啄情状,下句写胜者的狠毒。

㉒ 急惊:方世举《笺注》:"荀悦《申鉴》(卷一《政体》):'孺子驱鸡者,急则惊,缓则滞。'"此写对啄之状。

㉓ 魏本:"孙曰:随旋,谓随其旋转。绐,诈也。"文《详注》:"绐,欺也,音汤亥切。"魏本:"祝曰:绐,欺也。《穀梁》(僖公元年):'恶公子之绐。'《列子》:'予昔给若。'"何焯《义门读书记》卷三〇:"巧绐,是俗所谓游斗。"又《批韩诗》:"写斗凡三层,看他用笔变化处,写斗之妙,全在将斗处写得飞动。"绐(dài 徒亥切,去,海韵):欺骗。《史记·高祖本纪》:"乃绐为谒曰'贺钱万',实不持一钱。"

㉔ 毒手饱李阳:方《举正》:"谢本云:贞元本'毒手'作'尊拳'。尊拳,刘伶语也(见《晋书·刘伶传》)。"魏本:"樊曰:晋石勒与李阳邻居,岁常争麻池,相欧击。勒既即伪位,召阳酣谑,引阳臂笑曰:'孤昔日厌卿老拳,卿亦饱孤毒手。'(见《晋书·石勒载纪下》)杜子美《义鹘行》所谓'巨颡折老拳',亦此事也。"文《详注》同。

㉕ 神槌困朱亥:方《举正》:"邵公济云'神槌',善本作'袖槌',袖四十斤铁槌,于《史记》本文为合(见《邵氏闻见后录》)。然晋祖纳曰:'假有神锥,必有神槌。''神槌''尊拳',岂皆借用字耶?诸联句多元和初年作。谢只当云唐本可也。"朱《考异》:"槌,或作'椎',或作'锤(鎚)'。(下引方语)今按:'毒手'是李阳本事中语,而'神槌'字则朱亥事中无之。故邵欲改'神'作'袖'以从本事,然又属对不亲切,故方又欲从谢本,借刘伶之'尊拳'以附李阳,借祖纳之'神槌'以附朱亥,则两句皆为兼用两事而不偏枯耳。然亦未敢遽改也。今以其说未明,复为详说如此,以俟考焉。"文本"神"作"袖"。

卷八 联句

魏本:"樊曰:魏朱亥为侯嬴荐于魏公子,公子亲数存之。及公子行至邺,矫魏王令代晋鄙。晋鄙合符,疑之。亥袖四十斤铁椎椎杀晋鄙(见《史记·魏公子列传》)。椎即槌字。此云神槌者,晋祖纳谓梅钟雅曰:'假有神锥,必有神槌(见《晋书·祖逖传附祖纳传》)。'槌,一作'锤'。则作"神槌"善。文《详注》同樊。何焯《义门读书记》卷三〇:"'毒手饱李阳'二句,顶距来。"清马位《秋窗随笔》:"《闻见后录》:韩退之与孟东野《斗鸡联句》有云:'神槌困朱亥。'古本云'袖槌',用《史记》朱亥袖四十斤铁槌槌杀晋鄙事也。余谓不必如此附会。此诗原作对偶语,上句'毒手饱李阳','毒'字虚用,故以'神'字对。若用'袖'字,则'毒'字亦岂误耶? 盖二字相类,或古本'神'字缺其垂脚,故疑'袖'字而为是说也?"

㉖ 魏本:"孙曰:'恻心,恻隐之心,谓不忍也。'"蒋抱玄《评注》:"《孟子》(《告子上》):'恻隐之心,仁也。'"此表孟郊之恻隐心态。

㉗ 文《详注》:"《论衡》(《儒增》)曰:'传言禽息荐百里奚,缪公出,当门仆斗碎首,以达其友。'"蒋抱玄《评注》:"《汉书·杜邺传》:'禽息忧国,碎首不恨。'"方世举《笺注》:"碎首:《北史·魏宗室·元谌传》:'正使今日碎首,流肠亦无所惧。'"二句均表孟郊的心态,然上句说诗人,下句念斗鸡。朱彝尊《批韩诗》:"此下乃酣战后叹息,造语尤多奇。"

㉘ 魏本:"孙曰:'浼,汗污也。'"浼(měi 武罪切,上,贿韵):污染,玷污。《说文·水部》:"浼,污也。"《孟子·公孙丑上》:"尔为尔,我为我,虽袒裼裸裎于我侧,尔焉能浼我哉?"何焯《义门读书记》卷三〇:"'恻心我以仁'四句,韩、孟徒一面。"

㉙ 魏本:"孙曰:《老子》(二八章):'知其雄,守其雌。'雄者,谓胜也。"文《详注》同而简。雄:勇武、有力。《左传》襄公二十一年:"齐庄公朝,指殖绰、郭最曰:'是寡人之雄也。'州绰曰:'君以为雄,谁敢不雄?'"又谓雄壮。唐刘禹锡《奉送裴司徒令公自东都留守再命太原》诗:"行色旌旗动,军声鼓角雄。"二者相斗,各自争雄,此谓

暂时胜者。《荀子·议兵》:"若夫招近募选,隆埶诈,尚功利之兵,则胜不胜无常,代翕代张,代存代亡,相为雌雄耳矣。"由一"知",托出胜鸡之主心态。

㉚ 魏本:"孙曰:负,败也。赌,谓其所博之财也。看,一作'肩'。"由一"怯"字托出负鸡之主心态。何焯《义门读书记》卷三〇:"'知雄欣动颜'二句,斗鸡主一面。"看似写鸡,实则写人;既写人又写鸡。鸡、主形态全出。

㉛ 方世举《笺注》:"云填道:邯郸淳《曹娥碑》:'观者填道,云集路衢。'"方说诚是。形容围观者云集而堵塞道路。

㉜ 文《详注》:"《补注》:言公诗之豪也。"何焯《义门读书记》卷三〇:"豪甚,众人在场一面。"助威者叫声之大可翻江倒海。

㉝ 事爪深难解:方《举正》据唐本订"事"字,云:"三馆本作'倳',李本校同。樊本作'剚'。倳,侧吏切。《汉·陈馀传》(当为《汉书》卷四五《蒯通传》'慈父孝子所以不敢事刃于公之腹者'):'事刃公之腹中。'李奇曰:'东方人以物插地中为事。字本作倳也。'《周官·考工记》曰:'菑蚤不龃,则轮虽敝不匡。'菑,剚也。蚤,爪也,古字通。公全用此二字。郑注亦曰:'泰山、平原人所树立物为菑。'此字盖《汉书》作'事',《史记》作'倳'。《管子》(《轻重甲》):'倳戟十万。'又:'春有以剚耕。'倳、事、剚、菑,古音义同也。三本皆作争,其讹久矣。"朱《考异》:"事,或作'争'。方从唐本。"南宋监本原文作"争"。宋白文本、文本、潮本、祝本、魏本作"争"。作"争"与上句首字"争"字重复,误。廖本、王本从方,是。文《详注》:"《考工记》:'凡攫杀援簭之类,必深其爪,出其目。'《补注》:争爪为剚爪。剚,侧吏反。插,刃也。"魏本注:"剚,插刃也。"方世举《笺注》:"事爪:樊云:《汉书·蒯通传》:'事刃公之腹者。'《考工记》:'菑蚤不龃则轮虽敝不匡。'郑氏读蚤为爪,谓辐入牙中者,菑声如载。泰山平原人谓树立物为菑孟。盖全用此二字也。"童《校诠》:"第德案:争为事之形讹,一作剚,剚事通用,亦作倳,见管子,又作菑,见周礼考工记,详方崧卿氏举正。说文:敤,刺也,钱氏坫云:史

记:莫敢剚刃公之腹中,即此字。按:剚、倳皆说文所无。"何焯《义门读书记》卷三〇:"顶'距'来。《汉书》注李奇云:'东方人以物插地中为事。'"

㉞ 钱仲联《集释》:"刘桢《斗鸡诗》:'瞋目含火光。'"童《校诠》:"案:说文:嗔,盛气也。此当为瞋之借字,瞋,恚也,瞋睛犹云怒目,一云当为瞋之借,瞋,张目也,庄子秋水篇,昼出瞋目。"瞋睛,即瞋目,犹张目。《庄子·秋水》:"鸱鸺夜撮蚤,察毫末,昼出瞋目而不见丘山。"又犹怒目。《史记·荆轲传》:"复为羽声慷慨,士皆瞋目,发尽上指冠。"

㉟ 魏本:"樊曰:此东野妙处。今斗鸡以水喷之,神气如醒。"文《详注》:"《禽经》曰:'鸡以嗔睨,喷以水噀之也。'音普闷切。"

㊱ 再砺再锻乃:方《举正》:"阁本作'再励乃锻乃'。樊曰:'接,犹接战也。''争观云填道,助叫波翻海',则公诗之豪;'一喷一醒然,再接再砺乃',则东野工处。鸡以水喷,神气如醒。"朱《考异》:"或作'再砺乃锻乃'。砺,又或作'励',皆非是。"

魏本:"樊曰:再接,所谓接战也。《庄子》(《大宗师》)曰:'是其所以乃。'公用乃字出此。"文《详注》:"《书·费誓》曰:'砺,乃戈矛。'《补注》:言东野工处。《庄子》曰:'是其所以乃。'所用'乃'字出此。"魏本:"孙曰:《书》(《费誓》):'砺乃锋刃。'砺,磨也。一本作'再砺再锻乃'。"宋白文本注:"一本作'再砺再锻乃'。"则作"再砺再锻乃",善。沈钦韩《补注》:"《大宗师》(《庄子》):'是自其所以乃。'郭注:'正自是其所宜也。'《音义》:'乃,崔本作恶。'与诗义不同。此直断《柴誓》文句耳。《文苑英华》王起《谏鼓赋》:'志惟砺乃,仁则依于。'唐人押韵多如此。"徐震《诠订》:"樊引《庄子》是也。乃犹尔也。《庄子》之'是其所以乃',乃之义亦当解作尔,郭注非也。上句言'一喷一醒然',此句言'再接再砺乃',两句相对,皆比拟形容之词,故曰然曰乃。乃与然,其义正同。若沈说则砺乃本于《柴誓》,醒然又何所本乎?故知昌黎此句与王起之用'砺乃''依于',其意各别,不当以彼例此。"何焯《批韩诗》:"第三层虚写。"

钱仲联《集释》："徐说(《枈誓》)是也。乃字统上下四字，与上句为偶。章炳麟《庄子解故》云：'乃以双声借为然，犹言如此。'"施补华《岘佣说诗》：："虚字强押，退之所创，然不可轻学，学之往往不稳。"

童《校诠》："沈文起是孙说，云大宗师郭注：正是自其所宜也，音义：乃，崔本作恶，与诗义不同。此直断枈誓文句耳。引王起谏鼓赋：志惟砺乃，仁则依于为证。徐氏震驳沈说，云：乃犹尔也，乃与然义正同，醒然与砺乃相对，砺乃本于枈誓，醒然又何所本。钱氏仲联附和徐说。按：庄子之乃，郭、崔二氏皆不作尔字解，显非用庄子。如谓砺乃本于枈誓，醒然又何所本。其意以歇后语不能对非歇后语，亦不尽然，秋雨联句：庶几谐我愿，遂止无已太，雨中寄孟几道联句：惟当骑款段，岂望觊珪珹。陶靖节诗：一欣侍温颜，再喜见友于，皆其例。如作砺乃，语意未完，自应以孙引诗砺乃锋刃为是，沈说可从。说文无砺字，砺为厉之后出字，无励字，劢，勉也，周书曰：用劢相我国家，读若万，小徐本读若厉，励为劢之隶变。阁本作再励乃锻乃，当为再砺再锻乃(祝本同)之误。诗公刘：取厉取锻，毛传：锻，石也，郑笺：锻石所以为锻质也，取锻厉斧斤之石，可以利器用。释文：厉本又作砺，锻本又作碫，丁乱反，说文云：碫，厉石。如从一本作再砺再锻乃，则语气已完，乃自可语词解，与上句然字相对，愚见如是，共详之。"童说较善。这样解二句工对。见孟郊用字之锤炼，虚字押韵之妙。喷对砺，醒对锻，若为接与喷对则不工。

㊲蒋抱玄《评注》："鸡有冠，红如丹砂。今为敌鸡所啄而裂血，故曰碎。"何焯《义门读书记》卷三〇："'头垂碎丹砂'二句，负一面。'碎丹砂'，顶冠来。"

㊳翼搨拖锦采：方《举正》据蜀本作"搨"，云："字当从手。《选》陈琳《檄》(卷四四《为袁绍檄豫州》)：'垂头拓翼，莫所凭恃。'五臣(张铣)注：'搨，敛也，土猎切。'少陵诗(《毒热寄崔评事十六弟》)：'林下有搨翼。'柳子厚文：'叠足搨翼。'义同上。此当以'搉

搨'为义。古'擔'通作'搨'。《玉篇》(手部):'搨,擸也,他蜡切。'"朱《考异》:"搨,或作'榻'。(下引方语)"南宋监本原文作"搨"。宋白文本、文本、潮本、祝本作"榻"。魏本、廖本、王本从方作"搨",从之。文《详注》:"《射雉赋》(《文选》卷九)云:'毛体摧落,霍若碎锦。'"魏本:"孙曰:搨,折也。采,缯采。"翼搨(tà《集韵》托合切,入,合韵),即搨翼。谓鸟垂翅,表现沮丧失意的神态。《文选》卷四四陈琳《为袁绍檄豫州》:"方畿之内,简练之臣,皆垂头搨翼,莫所凭恃。"

㊴ 文《详注》:"《海赋》(《文选》卷一二木玄虚撰)云:'翔雾连轩。'注云:'飞貌。'《射雉赋》(《文选》卷九)云:'郁轩鬐以余怒。'"魏本:"孙曰:连轩,犹轩昂也。成二年《左氏》:'齐高固桀石以投人,曰:欲勇者,贾予余馀勇!'韩曰:'贾,买也。'"方世举《笺注》:"连轩:鲍照《舞鹤赋》:'始连轩以凤跄,终宛转而龙跃。'"黄钺《增注证讹》:"连轩当是鼓翼。"何焯《义门读书记》:"'连轩尚贾余'二句,胜一面。"

㊵ 魏本:"孙曰:清厉,鸣声也。《周礼·乐师》(《春官》):'凡军大献奏凯歌。'凯,战胜之乐。"文《详注》:"《啸赋》(《文选》卷一八成公子安撰)云:'声激曜而清厉。'凯,军乐也。《韩诗章句》:'振旅而歌曰凯。'"蒋抱玄《评注》:"两鸡相斗,胜者必鸣,故云。"方世举《笺注》:"清厉:《汉书·王莽传》:'清厉而哀。'归凯:《周礼·春官·大司乐》:'王师大献,则令奏恺乐。'"钱仲联《集释》:"曹植《斗鸡诗》后段云:'觜落轻毛散,严距往往伤。长鸣入青云,扇翼独翱翔。'退之此四句,全本其意,而变其辞。"此二句写胜鸡昂头鼓胸,两翅轩轩扇风欲飞,叫声清脆似奏凯歌也。

㊶ 文《详注》:"《史记》(《平原君列传》):'秦围邯郸,赵使平原君求救,合从于楚,约与食客门下有勇力文武备具者二十人偕,得十九人,余无可取者,门下有毛遂者,前自赞于平原君,愿以备员,平原[君竟]与[毛遂]偕,定从而归。'"魏本引樊《谱注》同而稍简。此所谓选俊士而收毛遂也,也是比喻。可见此联句有惜才之喻。

㊷文《详注》:"燕昭王即位,卑身厚币以招贤者。郭隗曰:'王必欲致士,必自隗始。'于是,昭王筑宫而师事之,士争趋燕。"(《见《史记·燕召公世家》)魏本:"樊曰:《史记》(《燕召公世家》):'郭隗谓燕昭王曰:王欲致士,先从隗始,况贤于隗者,岂远千里。于是,昭王为隗筑宫而师事之。'"顾嗣立《集注》引《战国策》为注,内容同。魏本:"洪曰:熙宁间,东府成车驾临幸。介甫诗云:'功谢萧规惭汉第,恩从隗始诧燕台。'或疑萧何功第一,郭隗事无恩字。介甫以退之联句为对。"魏本音注:"隗,五罪切。"隗(wěi,五罪切),上声,贿韵。

㊸耻:祝本作"取",误。诸本作"耻"。以上二联乃议论。朱彝尊《批韩诗》:"亦奇语。"

㊹方世举《笺注》云:"曹植有《斗鸡篇》。"按:即上所引曹植《斗鸡诗》。钱仲联《集释》:"刘桢、应场俱有《斗鸡诗》,见《艺文类聚》(卷九一《鸟部中·鸡》)。"

㊺有:方《举正》据蜀本订"有"字,云:"李校。"朱《考异》:"有,或作'亦',或作'言'者,非是。"南宋监本原文作"亦"。潮本、祝本、浙本、魏本作"亦"字,魏本云:"亦字,一本作'言',又一作'有'。"宋白文本、文本、廖本、王本作"有"。作"有"合诗意,从之。朱彝尊《批韩诗》:"结太聊且。"结联既铎声一响,结得干脆利落;又说明此联句受曹植《斗鸡诗》启发而成满意之制。诗用"贿"韵。

如陈沆所云,诗虽写斗鸡,亦有寓意,于末章可见。

【汇评】

宋邵博:韩退之与孟东野《斗鸡联句》有云:"神槌困朱亥。"古本云"袖槌",用《史记》朱亥袖四十斤铁槌杀晋鄙事也。(《邵氏闻见后录》卷一八)

宋蔡絛:"功谢萧规恩从隗始":熙宁初,张揆(侍郎)以二府初成,作诗贺荆公。公和曰:"功谢萧规惭汉第,恩从隗始诧燕台。"以示陆农师。农师曰:"萧规曹随,高帝论功,萧何第一,皆摭故实;而请从隗始,初无恩字。"公笑曰:"子善问也。韩退之《斗鸡联句》'感恩惭隗始',若无据,岂当对功字也。"乃知前人以用事一字偏枯,为倒置眉目,返易巾裳,盖谨之如此。(《西清诗话》)

宋胡仔:《西清诗话》云:"熙宁初,张揆以二府初成,作诗贺荆公,公和曰:'功谢萧规惭汉第,恩从隗始诧燕台。'以示陆农师。农师曰:'萧规曹随,高帝论功,萧何第一,皆摭故实;而请从隗始,初无恩字。'公笑曰:'子善问也。韩退之《斗鸡联句》:感恩惭隗始。若无据,岂当对功字也。'乃知前人以用事一字偏枯,为倒置眉目,返易巾裳,盖谨之如此。"苕溪渔隐曰:"荆公《春日绝句》云:'春风过柳绿如缲,晴日蒸红出小桃。'余尝疑蒸红必所有据,后读退之《桃源图》诗云:'种桃处处惟开花,川原远近蒸红霞。'盖出此也。"(《苕溪渔隐丛话》前集卷三五半山老人三)

宋朱翌:退之与孟郊联句,前辈谓皆退之粉饰。恐皆出退之,不特粉饰也。以《答孟郊》诗观之,如"弱拒喜张臂,猛拏闲缩爪。见倒谁肯扶,从嗔我须咬",则联句皆退之作无疑也。

又:退之诗:"鸡三号,更五点。"《晋·律历志》有"鸡始三号"。(《猗觉寮杂记》卷上)

宋韩醇:词意雄浑,极其情态。间以人才为喻。两皆杰作,真欧阳文忠所谓"韩孟于文词,两雄力相当"者也。(魏仲举《新刊五百家注音辩昌黎先生文集》卷八)

宋朱熹:人不可无戒谨恐惧底心。庄子说"庖丁解牛"神妙,然才到那族,必心怵然为之一动,然后解之。心动便是惧处。韩文《斗鸡联句》云"一喷一醒然,再接再砺乃",谓虽困了,一以水喷之便醒。"一喷一醒",即所谓惧也。此是孟郊语,也说得好。又曰"争观云填道,助叫波翻海",此乃退之之豪;"一喷一醒然,再接再砺乃",此是东野之工。(《朱子语类》卷一四〇,《朱子全书》第一八册)

清朱彝尊:咏物小题,题外不增一字。而豪快动人,古今罕埒。起一段精神踊跃,使读者即如赴鸡场亲观角伎,陡尔醒眼。(顾嗣立《昌黎先生诗集注》卷八)

清陈沆：又《斗鸡联句》一篇，亦刺当时朋党恩怨争势死利之徒，为权门之鹰犬，快报复于睚眦者。(《诗比兴笺》卷四)

纳凉联句①

元和元年

递啸取遥风②，微微近秋朔郊③。金柔气尚低④，火老候愈浊愈⑤。熙熙炎光流⑥，竦竦高云擢郊⑦。闪红惊蚴虬⑧，凝赤耸山岳愈⑨。目林恐焚烧⑩，耳井忆瀺灂⑪。仰惧失交泰⑫，非时结冰雹⑬。化邓渴且多，奔河诚已愬⑭。喝道者谁子⑮？叩商者何乐⑯？洗矣得滂沱⑰，感然鸣鹙鸧⑱。嘉愿苟未从⑲，前心空缅邈⑳。清砌千回坐㉑，冷环再三握㉒。烦怀却星星㉓，高意还卓卓郊㉔。龙沉剧煮鳞㉕，牛喘甚焚角㉖。蝉烦鸣转喝㉗，乌噪饥不啄。昼蝇食案繁，宵蚋肌血渥㉘。单绨厌已褫㉙，长箑倦还捉㉚。幸兹得佳朋，于此荫华榱㉛。青荧文簟施㉜，淡澈甘瓜濯㉝。大壁旷凝净㉞，古画奇驳荦㉟。凄如豣寒门㊱，皓若攒玉璞㊲。扫宽延鲜飙㊳，汲冷渍香稻㊴。筐实摘林珍㊵，盘肴馈禽觳㊶。空堂喜淹留，贫馔羞䴷䴗愈㊷。

殷勤相劝勉㊸，左右加砻斫㊹。贾勇发霜硎㊺，争前曜冰槊㊻。微然草根响㊼，先被诗情觉㊽。感衰悲旧改㊾，工异逞新貌㊿。谁言摈朋老㊄？犹自将心学。危檐不敢凭，朽机惧倾扑㊅。青云路难近，黄鹤足仍锃㊇。未能饮渊泉(54)，立滞叫芳药郊(55)。

与子昔睽离，嗟余苦屯剥(56)。直道败邪径(57)，拙谋伤巧诼(58)。炎湖度氛氲(59)，热石行荦硞(60)。痟饥夏尤甚(61)，疟渴秋更数(62)。君颜不可觌，君手无由搦(63)。今来沐新恩(64)，庶见返鸿朴(65)。儒庠恣游息(66)，圣籍饱商榷(67)。危行无低回(68)，正言免咿喔(69)。车马获同驱，酒醪欣共敹(70)。惟忧弃菅蒯(71)，敢望侍帷幄(72)。此志且何如？希君为追琢愈(73)。

【校注】

① 魏本："韩曰：'此篇叙久谪新召还为学官，本末甚详。'"文《详注》："《补注》：此诗首东野与公各联，而公终之曰'与子昔睽离'。以下至落句，盖公自御史出为阳山令，复自江陵掾召为国博。至是七月，与东野相会京师而联此句，故其言云云。"方成珪《诗文年谱》："是年闰六月作。'儒庠恣游息，圣籍饱商榷'，则官国博之明证也。"按诗首联孟郊云"微微近秋朔"，时当在闰六月末。秋朔为孟秋(7 月)初一，是年闰六月。故方成珪云此联句"是年闰六月作"。当在《会合联句》后，《纳凉联句》前。方《举正》、朱《考异》题只作"纳凉"，诸本作"纳凉联句"，从之。

② 魏本："孙曰：递啸，所以呼风也。"文《详注》："《炙谷子》曰：'孙广著《啸旨》一篇云：啸有十五章。'成安公《啸赋》(《文选》卷一八)云：'集长风于万里。'(吕延济)注云：'言之清远，集于长风，如通万里也。'《淮南子》：'虎啸而风至。'许氏云：'虎，土也。风，木也。木生于土，故虎啸而风生也。'"廖本注："魏刘桢《大暑赋》：'披襟领而长啸，冀微风之来思。'"方世举《笺注》同廖。朱彝尊《批韩诗》："欲说热却从啸取风起，固自奇。"

③ 文《详注》："秋朔，孟秋之月也，故月旦谓之朔。"魏本："孙曰：秋朔，七月旦。"方世举《笺注》："蒋云：'按此句意，联句当在季夏。□(孙汝听)云在七月，则秋朔已过，不必微微近矣。'按：蒋之

辩当矣,但公六月离江陵赴京,安得即与孟郊联句,恐蒋无以辩也。考《旧唐书·宪宗纪》,元年盖闰六月,则此疑尽释矣。"钱仲联《集释》:"孙汝听但释'秋朔'为七月旦,并未云联句作于七月也。蒋驳失当。"秋旦为七月初一,微微之近也,微小也。故此联句当作于闰六月末。

④ 尚:宋白文本、文本、祝本、魏本、廖本等诸本均作"尚",王本作"相"。当作"尚"。魏本:"孙曰:秋属金,初秋,故金尚柔。"方世举《笺注》:"《记·月令》:'某月立秋,盛德在金。'《史记·天官书》:'察日行以处位太白,其庳近日曰柔,高远日曰刚。'正义曰:《天官占》云:'太白者,西方金之精。'"

⑤ 文《详注》:"七月,二运相交之际,故金气柔而火候老。"魏本:"孙曰:夏属火,季夏,故火已老。"方世举《笺注》:"《左传》(昭公三年):'譬如火焉。火中,寒暑乃退。'《淮南·地形训》:'火老金生。'"

⑥ 魏本:"孙曰:熙熙,日盛貌。炎光,日光也。"方世举《笺注》:"熙熙:《老子·异俗章》:'众人熙熙。'"钱仲联《集释》:"《尔雅》(《释诂下》):'熙,光也。'《说文》(火部):'炎,火光上也。'"熙字单用作光明解。《诗·大雅·文王》:"穆穆文王!于缉熙敬止。"传:"缉熙,光明也。"《诗集传》:"缉,续。熙,明,亦不已之意。"或作曝晒解。《说文·火部》:"熙,燥也。"熙熙叠用,则作温和欢乐貌解。《老子》:"众人熙熙,如享太牢,如春登台。"或作和乐声解。《左传》襄公二十九年:"为之歌《大雅》,曰:'广哉,熙熙乎!'"一说广大貌。孙谓日盛貌,虽讲得通,细味恐不如温和解较合"递啸取遥风,微微近秋朔"诗意。

⑦ 宋白文本、魏本等"竦竦高云擢"句下原注"愈"字,误;此为郊诗也。王元启《记疑》:"篇首'竦竦高云擢'下复注一'愈'字,当改作'郊'。'凝赤耸山岳'下当添注一'愈'字。"钱仲联《集释》:"王改是也。如此则全诗四十二韵,孟一韵,韩一韵;孟又一韵,韩又一韵;孟八韵,韩十一韵;孟又八韵,韩又十一韵。甚为匀称,不特

'浊''擢'二韵下之'愈'字免复也。兹据改。竦竦,见《答张籍》注。"魏本:"孙曰:竦竦,高貌也。高云,火云也。"擢,方世举《笺注》:"《广韵》(入声四觉):拔也,抽也,出也。"竦竦,高耸貌。南朝宋鲍照《绍古辞》:"瑟瑟凉海风,竦竦寒山木。"韩公《答张彻》:"缘云竹竦竦,失路麻冥冥。"高云,本为高空之云。孙谓"火云",当为云之形态。夏天日丽,高空白色云团,日光从上往下照,云团周边红光透亮,光彩耀眼,煞是好看。俗谓金边白云,或火烧云。

⑧朱《考异》:"虬,或作'蚪'。"诸本作"虬",是。魏本:"孙曰:'闪红,电光也。电光之闪,有若蚴虬。蚴虬,龙类。'"文《详注》:"闪红,谓电。《楚辞·惜誓》曰:'苍龙蚴虬于左骖。'王逸云:'蚴虬,有威容也。'上音于蚪切,下音力幽切。一作'蚴蚪',并上声读。"魏本音注:"蚴,音忧,又于纠切。虬,音求。"蚴(yǒu 于纠切,上,黝韵)虬(qiú 渠幽切,平,幽韵):屈曲行动貌。虬为无角之龙。蚴虬:《楚辞》汉贾谊《惜誓》:"苍龙蚴虬于左骖兮,白虎骋而为右骓。"

⑨文《详注》:"凝赤,谓炽日也。"魏本:"孙曰:'凝,聚也。赤气之聚如山岳也。'"钱仲联《集释》:"据王元启说,增'愈'字。此句谓赤云凝聚如耸山岳。此联盖分顶前一联而来。"

⑩魏本:"孙曰:'目林,谓目望林木,恐其为日所焚烧也。'"文《详注》:"《吴都赋》(《文选》卷六,当作《魏都赋》)云:'师门使火以验术,故将去而林燔。'师门为火仙,行火不烧为孔甲龙师。孔甲杀而埋之于野外,山林皆燔也。"

⑪魏本:"孙曰:'耳井,听井也。瀺灂,水声。'"文《详注》:"瀺灂,水声。上音仕咸切,下音仕角切。张平子《东京赋》:'汰瀺灂兮,舡容裔。'魏本:"樊曰:水落貌。《前汉》(《司马相如传·上林赋》):'[临坻注壑,]瀺灂霣坠。'"瀺(chán 士减切,上,豏韵)灂(zhuó 土角切,入,觉韵):水流声。《文选》楚宋玉《高唐赋》:"巨石溺溺之瀺灂兮,沫潼潼而高厉。"李善注:"瀺灂,石在水中出没之貌。'"《文选·上林赋》:"临坻注壑,瀺灂霣坠。"李善注:"瀺灂,小水声也。"

此诗因写耳听井里之声,"忆瀺灂"亦当作水小声解。文《详注》:"《补注》:瀺,水落貌。"瀺灂,水落之声。

⑫ 文《详注》:"天气下降,地气上腾,故曰交泰。《易》《泰》曰'天地交泰'是也。"魏本:"孙曰:'失交泰,谓阴阳之失度也。'"

⑬ 文《详注》:"阳侵于阴,则阴气结而不散,故惧将为冰雹也。"魏本:"孙曰:'阴阳失度,则有冰雹之灾。今热甚,恐致冰雹,故云。'"方世举《笺注》:"冰雹:《左传》(昭公四年):大雨雹,季武子问于申丰曰:'雹可御乎?'对曰:'古者无灾霜雹。'"《十三经》载《左传》原文为:"圣人在上,无雹。虽有,不为灾。"

⑭ 文《详注》:"《山海经》(《海外北经》)云:'夸父不量力,欲追日影。逐之于禺谷之际,渴欲得饮,赴河渭。河渭不足,将北饮大泽。未至,道渴而死。弃其尸,杖膏肉所浸,生邓林,邓林弥广数千里。'夸,音口花切。父,音甫。"悫(què 苦角切,入,觉韵),朴实,谨慎。《荀子·非十二子》:"其容悫。"注:"谨敬。"《礼记·礼器》:"不然则已悫。"郑玄注:"悫,愿貌。"则写出夸父渴而赴河之心态,比喻天热干渴。

⑮ 魏本:"祝曰:《字林》:'喝,伤暑也。'《庄子》(《则阳》):'喝者反冰(当作冬)乎冷风。'孙曰:《帝王世纪》曰:'禹扇喝。'喝,伤暑也。韩曰:《淮南子》(《人间训》):'武王荫喝人于樾下,左拥而右扇之。'文《详注》:"京房《易·飞候》曰:'有云如大车盖十余,此阳水之气,必暑有喝者。'喝,热喝也,音许葛切。"顾嗣立《集注》:"《帝王世纪》:'武王自孟津还,及于周,见喝人,王自左拥而右扇之。'杜子美诗(《多病执热怀李尚书》):'思沾道喝黄梅雨。'"

⑯ 魏本:"祝曰:'叩,击也。'"文《详注》:"《列子》(《汤问》):'郑师文善鼓琴,当春而叩商弦以召南吕。秋风忽至,草木成实。'注:'商,金音,属秋。南吕,八月律也。'"此二句谓:天虽热而人喝道,然八月凉风将至也。

⑰ 方《举正》作"洗矣",云:"杭、蜀同。古洗与洒通。《史记》(《范雎传》):'观范雎之见者,群臣莫不洒然变色易容。'徐广:'洗,

先典切。'《选•夏侯常侍诔》'洗然变色',实用《史记》语也。少陵诗(《别李义》)有:'洗然遇知己。'洗矣,犹洗然也。"朱《考异》:"洗,或作'浩'。(下引方语)"南宋监本原文作"浩"。宋白文本、文本、祝本、魏本作"浩"。廖本、王本作"洗矣"。文《详注》:"《诗•渐渐之石》(《小雅》)曰:'月离于毕,俾滂沱矣。'毛云:'毕星好雨。'"魏本:"孙曰:'滂沱,大雨也。言若得滂沱之雨,则瑞应当至。鹫鹫,应鸣也。'"方世举《笺注》:"洗矣:《史记•范雎传》:'观范雎之见者,群臣莫不洗(《史记》原为"洒")然变色易容者。'滂沱:《诗•渐渐之石》:'月离于毕,俾滂沱矣。'……按:孙云'得滂沱则瑞应至'虽语焉不详,然亦暗合。据《韩诗外传》(卷八):'天老对黄帝曰:凤皇举动八风,气应时雨。'则感滂沱而鸣,其说实有所本。"作"洗"是。洗,洒也,即洗涤。

⑱ 文《详注》:"魏明帝将东巡,恐夏热,故于许昌作殿,命何晏赋之,其末章云:'故能翔岐阳之鸣凤。'(《文选》卷一一《景福殿赋》)按《国语》(《周语上》):'周室将兴,有鹫鹫鸣于岐山之阳。'即其事也。《决录》注曰:'凡凤多紫色者曰鹫鹫。'"魏本:"孙曰:鹫鹫,凤属。(下引《周语》)"魏本音注:"鹫,音岳。鹫,士角切。"鹫(yuè 五角切,入,觉韵)鹫(zhuó 士角切,入,觉韵),鸟名,一曰凤属。《国语•周语上》:"周之兴也,鹫鹫鸣于岐山。"注:"鹫鹫,鸾凤之别名也。"李白《大猎赋》:"解凤凰与鹫鹫兮,旋驺虞与麒麟。"二曰水鸟,似鸭而大,长项赤目,斑嘴。其名鹔鹚,鹔鹚亦凤属。《史记•司马相如传•上林赋》:"鸿鹄鹔鸨,鴐鹅鹔鹚。"正义:"鹔鹚,烛玉二音。郭云:'似鸭而大,长颈赤目,紫绀色……江东呼为烛玉。'"文引《决录》云凡凤多紫色者曰鹫鹫,疑即指此,义亦与上下句诗义合,诗当用此。王元启《记疑》:"此与'滂沱'句俱承'叩商'言之,作虚拟之辞。"

⑲ 嘉愿:方《举正》作"佳愿",云:"阁本、蜀本皆作'喜愿'。公后诗有'嘉愿还中州',此或字讹也。"朱《考异》:"嘉,或作'佳',或作'喜'。(下引方语)佳、喜皆字讹也。"宋白文本、文本、祝本、魏本

作"佳"。廖本、王本作"嘉"。作"喜"非是。佳、嘉音义同,古籍常通用。按韩公与孟郊等《远游联句》孟郊有"嘉愿还中州",此作"嘉"字是。此嘉愿,正指孟郊所云"嘉愿还中州"。孟远游而居溧阳,韩游宦而居阳山,长时间未得在一起,故而还中州之愿未遂也。

⑳ 魏本:"孙曰:缅邈,远也。"廖本注:"潘岳《寡妇赋》(《文选》卷一六)曰:'缅邈兮长乖。'"此云两人未会合前因怀远而不能长聚的空虚心情。

㉑ 清砌:清凉的石阶。千回坐,言久也。

㉒ 冷环:铁环,手握之觉凉,故云冷环。以二句所表达之心情,生出下句"烦怀"。

㉓ 方《举正》作"星星",云:"蜀本作'醒醒'。刘梦得诗:'自羞不是高阳侣,一夜星星骑马回。'(《刘禹锡集》卷二四《扬州春夜李端公益张侍御登段侍御平仲……以志其事》诗)唐人星、醒通用。"朱《考异》:"星星,或作'醒醒'。(下引方语)"宋白文本、文本作"醒醒"。祝本、魏本、廖本、王本作"星星"。魏本:"孙曰:烦怀,烦促之怀。星星,一作'醒醒'。"文《详注》:"《景福殿赋》……又云:'纳虞氏之白环。'《世本》云:'舜时西王母献白环。'"方成珪《笺正》:"星星,今《(刘)集》作'惺惺'。"钱仲联《集释》:"星星,疑作'惺惺'为长。二字可通用。刘禹锡诗'一夜星星骑马回',苏轼诗正作'不肯惺惺骑马回'。此谓烦怀因坐砌握环而得惺惺,诗意乃足。惺惺字,唐宋释儒皆常用。"刘诗星星,崇本作"醒醒",《全唐诗》注:"一作惺惺。"则星星、惺惺、醒醒三者可通用。按上下句诗意与平仄律,作"惺惺""星星"善。然各本无作"惺惺"者,今作"星星"。星星,坐久见清宵星星,觉清凉去烦怀而清醒也。

㉔ 文《详注》:"《楚辞·哀时命》(严忌撰):'处卓卓而日高(,志浩荡而伤怀)。'"王逸注:"卓卓,高貌。"蒋抱玄《评注》:"《文心雕龙》《风骨》:孔氏卓卓,信含异气。"此谓特立卓异。《世说新语·容止》:"嵇延祖(绍)卓卓如野鹤之在鸡群。"

㉕ 朱《考异》:"剧,方作'极'。"方《举正》未出此条,当是方校

刊《韩集》。宋白文本、文本、祝本、魏本作"极"。廖本、王本作"剧"。剧(jù 奇逆切,入,陌韵),极、甚。形容程度的副词,含义随文而异。《荀子·非十二子》:"犹然而材剧志大,闻见杂博。"指材多。《汉书·鲍宣传》:"今奈何反覆剧于前乎!"指甚于过去。则作"剧""极"均可,按诗句平仄声韵谐调,作"剧"善。魏本:"洪曰:用《左氏》醢龙事。"屈《校注》:"按:《左传》昭公二十九年云:'龙一雌死,潜醢以食夏后。'此句以龙深沉水底极状天热也。"

㉖ 文《详注》:"《前汉》(《丙吉传》):丙吉为相,出逢牛喘,曰:'方春少阳用事,未可大热,恐牛近行用暑故喘,此时气失节。'"魏本:"《补注》:用田单火牛意。"顾嗣立《集注》:"《世说》(《言语》):'满奋曰:臣犹吴牛,见月而喘。'《史记·田单传》:'收城中得千余牛,束兵刃于其角,而灌脂束苇于尾,烧其端。牛尾热,怒而奔燕军,所触尽死。'"《太平御览》卷四引《风俗通》云:"吴牛望见月则喘,使之苦于日,见月怖喘矣。"引惧热之典事,喻天之热也。

㉗ 喝:文《详注》:"于介切。"魏本音注:"喝,于迈切。"魏本:"祝曰:喝,声嘶。《前汉》(《司马相如传·子虚赋》):'声流喝。'陈张正见《秋蝉喝柳诗》:'长杨流喝尽。'"顾嗣立《集注》:"《选·子虚赋》:'声流喝。'郭璞曰:'言悲嘶也。'"此谓蝉声烦噪,喻热闷也。喝(yè 于犗切,去,夬韵):声悲咽、噎塞。《汉书·司马相如传·子虚赋》:"榜人歌,声流喝。"喝,嘶。《庄子·庚桑楚》:"儿子终日嗥而嗌不嗄。"崔本"嗄"作"喝"。一作恐吓解。《战国策·赵策二》:"是故横人日夜务以秦权恐喝诸侯,以求割地。"

㉘ 蚋:祝本作"蜹"。宋白文本、文本、魏本、廖本、王本作"蚋"。蚋为"蜹"之省文,今通作"蚋"。文《详注》:"蚋,蚊也,音儒税切。《说文》(虫部)曰:'秦晋谓之蚋,楚谓之蚊。'渥,厚也。"蚋(ruì 而锐切,去,祭韵;又如劣切,入,薛韵),蚊子。《国语·晋语九》:"蚋蚁蜂虿,皆能害人。"《集韵》:"蚋,虫名。"此句谓蚊子夜间咬人,肌肤出血。俗语云:"蚊子七月张嘴,八月伸腿。"夏秋之交蚊最凶,八月立秋之后就死了。此正写夏秋之交情状。

㉙ 魏本:"韩曰:'当暑袗绤绤。'(《论语·乡党》)孙曰:《诗》(《邶风·绿衣》):'绤兮绤兮,凄其以风。'绤,葛也。精曰绤,粗曰绤。襡,撤衣也。《易》(《讼》)'或锡之鞶带,终朝三襡之'是也。"文《详注》:"绤,细葛也,音抽迟切。襡,夺也。"魏本音注:"襡,敕里切,又池耳切。"绤(chī 丑饥切,平,脂韵),细葛布。《诗·周南·葛覃》:"为绤为绤,服之无斁。"毛传:"精曰绤,粗曰绤。"也指细葛布衣服。《礼记·月令·孟夏之月》:"是月也,天子始绤。"注:"初服暑服。"襡(chǐ 池尔切,上,纸韵),剥夺。《易·讼》:"上九,或锡之鞶带,终朝三襡之。"或作解除讲。《荀子·非相》:"守法数之有司,极礼而襡。"此句谓将至秋天,细葛布的夏衣该换掉了。

㉚ 长箑:朱《考异》:"箑,或作'篓'。"宋白文本、文本作"篓"。祝本、魏本、廖本、王本作"箑"。文《详注》:"箑,扇之别名,音山洽切。捉,音侧角切。"魏本:"孙曰:《方言》:'扇自关而东谓之箑,自关而西谓之扇。'祝曰:箑,扇也。《选》云:'屏轻箑。'字一作'篓'。"魏本音注:"箑,音霎。一本作'篓',音捷。"方成珪《笺正》:"箑,《方言》作'篓'。《广韵》(人声三十一洽):箑与篓同。"钱仲联《集释》:"《方言》(卷五):'扇自关而东谓之箑。'《广雅》(《释诂》):'捉,持也。'《晋书·乐志》:'王珉好捉白团扇。'"《康熙字典》:"《广韵》:山洽切,音霎,与篓同。(引此诗句为例)则箑与篓同。《辞源·竹部》不收"箑"字,字或从草,作萐(jiē 即叶切,入,叶韵)、萐(shà 所洽切,入,洽韵),作草名,萐为荇菜。萐为萐蒲,瑞草。《说文·草部》:"萐,萐莆,瑞草也。尧时生于庖厨,扇暑而凉。"为扇之别名。汉王充《论衡·是应》:"人夏月操萐,须手摇之,然后生风。"又《淮南子·精神训》:"知冬日之篓,夏日之裘,无用于己,则万物之变为尘埃矣。"作扇字解,箑、篓音义均同,通用。

㉛ 楅:祝本作"桶",乃形似致误。宋白文本、文本、魏本、廖本、王本作"楅",是。魏本:"孙曰:华楅,巨室也。"文《详注》:"谢灵运《邺中集》(《文选》卷三〇《拟魏太子邺中集诗·应玚》):'列坐荫华楅。'"方世举《笺注》:"《左传》(庄公二十三年):'秋丹桓宫之

楶.'（二十四年）'春刻其桷.'"桷（jué 古岳切，入，觉韵）：方形的椽子。《说文·木部》："桷，榱也。椽方曰桷。"《诗·鲁颂·閟宫》："松桷有舄，路寝孔硕。"《榖梁传》庄公二十四年："刻桓宫桷。"《释文》："桷，榱也。方曰桷，圆曰椽。"荫华桷，可以遮荫的大房子。

㉜ 方《举正》据蜀本作"青荧"，云："此诗与《华山女》诗皆误。"南宋监本原文作"清"。朱《考异》："青，或作'清'。"宋白文本、文本、祝本、潮本、魏本作"清荧"。廖本、王本作"青荧"。韩公《华山女》有"堆金叠玉光青荧"句可证作"青荧"是。文《详注》："清荧，光滑貌。"魏本："孙曰：'清荧，莹净也。'"青荧，泛指青光或白光。此指簟席光泽耀人。《文选》卷八扬雄《羽猎赋》："玉石嶜崟，眩耀青荧。"注："青荧，光明貌。"韩公《郑群赠簟》写蕲州箁竹之席，云"光彩照耀惊童儿"与此同，指簟席之光。若作"清"，作清凉解，合之作清凉光亮的簟席解也通。如《吕氏春秋·有度》："冬不用箑，非爱箑也，清有余也。"与上"长簟倦还捉"句正合。簟（diàn 徒玷切，上，忝韵），簟竹制的竹席。《诗·小雅·斯干》："下莞上簟，乃安斯寝。"《礼记·内则》："凡内外，鸡初鸣，咸盥漱，衣服，敛枕簟。"簟本为竹名。《初学记》卷二八沈怀远《南越志》："博罗县东苍州足簟竹，铭曰：'簟竹既大，薄且空中，节长一丈，其直如松。'"钱仲联《集释》："《艺文类聚》：'《东宫旧事》曰：太子纳妃，有乌韬赤花双文簟。'"

㉝ 魏本："孙曰：'淡澉，薄味。濯，浸也。'韩曰：《选》（卷三四枚乘《七发》）：'淡[澹]澉手足。'注：'澹澉，犹洗涤也。'"文《详注》："淡澉，薄味也。魏文帝《与吴质书》（《文选》卷四二当为《与朝歌令吴质书》）曰：'浮甘瓜于清泉，沉朱李于寒水。'扬雄《甘泉赋》（《文选》卷七）云：'柜㭨沕潏。'注云：'满也。'澉，音徒敢切。"淡、澹音义同，今作"淡"。此谓：用清凉的水浸泡过的甜瓜，又凉又甜。

㉞ 方《举正》据蜀本订"壁"字，云："李、谢校同。以旷言之，'壁'为是。"朱《考异》："壁，或作'璧'。"南宋监本原文作"璧"，潮本作"壁"。宋白文本、文本、祝本、魏本、廖本、王本作"壁"，指墙壁为

是。魏本:"孙曰:大壁,华屋中大壁也。"此正与下句合。

㉟ 画:方《举正》云:"唐本作书。"朱《考异》:"画,或作'书'。"作"书",误。诸本作"画",是。此指大墙上的壁画。魏本:"孙曰:'古画,即前所云壁上古画。驳荦,奇怪貌。'"文《详注》:"驳荦,杂色也。荦,音吕角切。梁刘孝威《纳凉诗》(即《奉和逐凉诗》,见《玉台新咏》卷八)曰:'丹(月)纤张敞画,窃(荷)妖韩寿香。对此游清夜,何劳娱洞房。'"方世举《笺注》:"驳荦:司马相如《上林赋》(《文选》卷八):'赤瑕驳荦,杂函(㕚)其间。'郭璞曰:'驳荦,采点也。'"韩公《山石》诗曰:"僧言古壁佛画好,以火来照所见稀。"意同。驳荦,文采间杂,斑驳。《文选》卷八司马相如《上林赋》:"赤瑕驳荦,杂㕚其间。"注:"驳荦,采点也。"北魏郦道元《水经注·淹水》(卷三七):"故杨氏《南裔异物志》曰:'髯惟大蛇,既洪且长,采色驳荦,其文锦章。'"《汉语大词典》引韩孟《纳凉联句》为例。

㊱ 玒:方《举正》作"溯",云:"杭本作'溯',蜀本作'玔'。溯,今'冯'(凭也)字,徒涉曰溯。《史记·武纪》:'所谓寒门者,谷口也。'颜曰:'今冶谷去甘泉八十里,盛夏凛然。'此纳凉诗也,'溯'字自当。《甘泉赋》(《文选》卷七):'登椽栾而玒天门。'玒音贡,至也。诸校本多用此定。柳文(《吊苌弘文》)'玒'亦作'玔'。又《淮南子》(《地形训》):'北方北极之山曰寒门。'故《离骚》(《远游》):'邅绝垠乎寒门。'若以'玒'言,则寒门当用此义,然前义为优。"朱《考异》作"玔",云:"(引方语)今按:方后说是。盖谷口既非绝境,未为极寒之地,又不言有水,则徒涉字亦无理,当改作'玒'。"宋白文本、文本作"玔",魏本、廖本、王本作"玒"。祝本作"溯"。魏本:"孙曰:凄,冷也。玒,至也。屈原《远游》赋曰:'邅绝恨(垠)乎寒门。'王逸注云:'寒门,北极之门。'"方世举《笺注》:"此不过极言其寒,不必实指其处。"童《校诠》:"(魏本注)玒音贡,它本一作羽,又一作溯。第德案:恨当作垠,见楚词远游篇。作羽无义,当从方氏举正作玔。"方《举正》作"溯",童说方氏《举正》作"玔",误也。玒或作"溯",乃异体。溯(píng 扶冰切,平,蒸韵),涉水过河。《说文·水部》:

"洄,无舟渡河也。"段注:"徒涉曰冯河。……洄,正字。冯,假借字。"矼(gòng古送切,去,送韵),至、到也。扬雄《甘泉赋》:"登椽栾而矼天门兮,驰闾阖而入凌竞。"矼寒门,即到寒门。此谓:见壁画上雪景,浑身凄凉,如到北极寒门。故作"矼"字善。

㊲ 魏本注:"攒,聚也。"黄钺《增注证讹》:"'凄如'一联,似状壁画雪景。玩'皓若攒玉璞'句,言积雪在山,如攒玉璞,令人凄然如至寒门之山也。"王元启《记疑》:"矼寒门,承上文'簟''甘瓜'言之。攒玉璞,承上'大壁''古画'言之。又上云'驳荦',下云'玉璞',壁画盖系雪景。"钱仲联《集释》:"黄解为胜。"此句谓壁画上雪景,白雪皑皑如玉璞聚积。

㊳ 文《详注》:"宽谓宽闲之处。飙,疾风也,音卑遥切。"魏本:"孙曰:扫宽延鲜飑,扫宽闲之处以延清风也。"钱仲联《集释》:"江淹《杂体诗·许征君询自叙》:'曲櫺激鲜飙。'谢朓《夏始和刘潺陵》:'洞幌鲜飙入。'王勃《梓州郪县兜率寺浮图碑》:'阴室中开,鲜飙自激。'皆谓凉风也。盖鲜飙即西䬃,犹《尚书大传》'鲜方'之为西方,《汉书·王莽传》'鲜海'之为西海也。诗题纳凉,故取西风为义。"鲜飙,清新之风。《文选》卷三一江淹《杂体诗·许征君询自叙》:"曲櫺激鲜飙,石室有幽响。"吕向注:"鲜飙,鲜洁之风。"亦指凉风、西风。西面吹来的风,多指秋风,而秋风凉爽。唐皎然《宿道士观》诗:"古观秋木秀,冷然属鲜飙。"宋贺铸《南乡子》词:"无限鲜飙吹芷若,汀洲。生羡鸳鸯得自由。"《剪灯余话·连理树记》:"梧桐凝露鲜飙起,五色琅玕夜新洗。"李白《长干行》:"八月西风起,想君发扬子。"

㊴ 穋:祝本作"穊",非是。诸本作"穋",是。文《详注》:"穋,稻处种麦也,音侧角切。张平子《南都赋》(《文选》卷四):'冬稌夏穋。'"魏本:"韩曰:'穋,稻田种麦。'孙曰:'穋,麦饭。'"方世举《笺注》:"宋玉《招魂》:'稻粢穋麦。'(王逸)注:'穋,择也。择麦中先熟者。'"《说文》(米部)作糕,云:"早取谷也,从米焦声。"段注:"《内则》(《礼记》):'稻穧'注云:'孰获曰穧,生获曰穧。《正义》曰:穧是

敛缩之名。按穛即糕字,亦作稰。古爵与焦同音通用也。《大招》《七发》皆云稰麦。王逸云:择麦中先熟者也。《大招》以为饭。《七发》以饲马。《吴都赋》云:稰秀苽穗。《广韵》云:稰者,稻处种麦。皆与早取之义合,凡早取谷者皆得名稰,不独麦也。'"此句谓:汲清水渍米煮饭。由此以下三联均说备饭肴而留餐也。

㊵ 魏本:"孙曰:筐,箱也。《诗》(《小雅·鹿鸣序》):'又实币帛筐篚,以将其厚意。'林珍,珍果也。"钱仲联《集释》:"《汉书·地理志》注:'筐,竹器,筐属也。'《周礼》(《地官·场人》):'而树之果蓏珍异之物。'注:'珍异,蒲萄、枇杷之属。'"

㊶ 毈:方《举正》订,云:"诸本多误,已见《城南》诗。"南宋监本原文作"殼"。朱《考异》:"毈,或作'殼',说已见上。"宋白文本、文本、潮本、浙本作"殼",魏本、廖本、王本作"毈"。魏本注:"毈,今本作殼,非是。已辨于《城南联句》。"钱仲联《集释》:"《一切经音义》引《字书》:'毈,卵也,外坚也。'"见《城南联句》注⑱。

㊷ 魏本:"孙曰:龌龊,菲薄也。"文《详注》:"张平子《西京赋》(《文选》卷二):'独俭啬以龌龊。'"魏本音注:"龌,音渥。龊,侧角切。"钱仲联《集释》:"《文选·吴都赋》('龌龊而算'句)刘逵注(当为张铣注):'龌龊,好苛局小之貌。'"童《校诠》:"第德案:说文无龌龊字,楚词刘向忧苦篇:偓促谈于廊庙兮,作偓促。史记郦食其传:皆握齪好苛礼,作握齪,汉书同。文选:张衡西京赋:独俭啬以龌龊,左思吴都赋:龌龊而算,作龌龊。公盖用西京赋义。"韩公《龊龊》诗"龊龊当世士,所忧在饥寒"近是。

㊸ 文《详注》:"《诗·二南》:'劝以义'(《召南·殷其雷序》),'勉以正'(《周南·汝坟序》)。"方世举《笺注》:"李陵《答苏武书》:'不入耳之欢,来相劝勉。'"

㊹ 加:方《举正》订,云:"校旧本。"南宋监本原文作"皆"。朱《考异》:"加,或作'皆'。"宋白文本、文本、祝本、潮本、魏本作"皆"。今作"加"。文《详注》:"治石曰磨,治玉曰斫。"方世举《笺注》:"《晋语》:'斫其首而眷之。'"

㊺ 硎：祝本作“铏”。诸本作“硎”，从之。文《详注》：“贾勇、霜硎皆见上篇。”韩公《斗鸡联句》有“再砺再锻乃”“连轩尚贾余”句注可参。魏本：“孙曰：《左氏》（成公二年）：‘齐高固入晋师，桀石以投人，曰：欲勇者，贾余余勇。’贾，买也。《庄子》（《养生主》）：‘庖丁屠牛，十九年而刀刃若新发于硎。’”魏本注：“硎，砥石，音刑。”贾（gǔ），买也。《左传》昭公二十九年：“平子每岁贾马。”意谓：买来的勇气如新磨的霜刃一样。铏，音同硎（xíng），然义不同。铏乃盛羹的工具，形如小鼎。《周礼·天官·亨人》：“祭祀，共大羹、铏羹。”引申为肉菜羹，与诗义不合。则作“硎”是。

㊻ 文《详注》：“槊，丈八矛也，音色角切。”魏本：“孙曰：《风俗通》云：‘矛长丈八者谓之槊。’发霜硎，曜冰槊，皆以御热。”魏本音注：“槊，音朔。”方世举《笺注》：“按：霜硎、冰槊，非有其事，特赋诗相敌耳。冰、霜字用于《纳凉》诗中，亦有意。”

㊼ 顾嗣立《集注》：“杜子美诗（《促织》）：‘草根吟不稳。’”

㊽ 朱彝尊《批韩诗》：“‘诗情觉’妙。不露‘风’字，只说‘草根响’。正遥应首句。”写诗人感觉细微。

㊾ 魏本：“孙曰：旧改，谓容貌改前也。”

㊿ 貌：廖本作“皃”。宋白文本、文本、祝本、魏本、王本作“貌”。二字为异体。文《详注》：“貌，容也，音墨角切。”孙注同。杜甫《丹青引赠曹将军霸》：“先帝天马玉花骢，画工如山貌不同。”

(51) 魏本：“孙曰：摈朋，谓摈弃于朋友，而又加之以老也。”

(52) 机：方《举正》：“机，一作‘瓦’。李、谢本皆出。”诸本作“机”，是。顾嗣立《集注》：“《左传》昭公五年：‘设机而不倚。’”方世举《笺注》：“《易·涣卦》：‘涣奔其机。’”此乃孟郊对当时人事、政坛的体察，也是对好友的衷诫：要注意危檐、朽机之不可靠也。

(53) 青云路：喻高位或谋取高位的途径。《全唐诗》卷六三八张乔《别李参军》诗：“静想青云路，还应寄此身。”文《详注》：“黄鹤飞鸣，一举千里。今足仍锭者，畏热也。《补注》：锭，钤也。”魏本：“韩曰：《西京杂记》：‘黄鹤下太一池，金为衣兮菊为裳。’锭，《玉篇》（金部)云:'锁足也。'"魏本音注:"锃,士角切。"锃(zhuó 士角切,入,觉韵):文注畏热,与上下诗句义不合;韩注锁足,王注钤者是。钤,锁也。郭璞《尔雅注序》:"夫《尔雅》者……诚九流之津涉,六艺之钤键,学览者之潭奥,摛翰者之华苑也。"又钤作车辖讲,引申为管束。均谓足被钤束,难得登青云之路也。亦正合孟郊离溧阳任后,游宦京师而不得其志时的心态。《辞源》:"锃,锁足。"引《纳凉联句》为例。

㊾魏本:"孙曰:渊泉,深泉。"《庄子·田子方》:"其神经乎大山而无介,入乎渊泉而不濡。"《礼记·郊特牲》:"周人尚臭,灌用鬯臭。郁合鬯,臭阴达于渊泉。灌以圭璋,用玉气也。"《礼记·中庸》:"溥博渊泉,而时出之。"

㊿文《详注》:"药,白芷也,音渥。屈平《九歌》曰:'筑室兮水中,辛夷楣兮药芳。'"魏本:"韩曰:《本草》:'楚人谓白芷为药。'祝曰:《楚辞》(《九歌·湘夫人》):'辛夷楣兮药房。'"王元启《记疑》:"'饮渊泉''叫芳药',但指'黄鹄'言之。'立滞'字虽蒙'锃足'取义,然其语太生,又与上句'未能'不对,未详其说。"钱仲联《集释》:"李匡乂《资暇集》:'今园庭中药栏,栏即药,药即栏,犹言围援。汉宣帝诏曰:池药未御幸者,假与贫民。苏林注曰:以竹绳连绵为禁药,使人不得往来尔。'按:公诗言芳药,犹言花栏,方与锃足立滞意贯,祝注恐非。"童《校诠》:"第德案:楚辞湘夫人:辛夷楣兮药房,王逸曰:药,白芷也。下文又注,云:屈原生遭浊世……然犹积聚众芳,以为殿堂,修饰弥盛,行善弥高也。东方朔七谏怨世篇:弃捐药芷与杜衡,王逸曰:言弃捐芳草忠正之士,王褒九怀匡机篇:兰芷兮药房,王逸曰:居仁履义,守忠贞也。是药为芳草,以喻忠正之士,此诗立滞叫芳药言忠正之士立滞者,躬逢盛世(即下文今来沐新恩,庶见返鸿朴),可以叫帝阍,正谏无忌(即下文危行无低回,正言免咿喔),芳药与上黄鹄同为自喻,意义明白,立滞谓尚未登青云,王氏以为未详其说,殆偶未审耳。至资暇录以芳药为花栏,则喻君子盈庭,盈庭君子之立滞者,自可正言,义亦通。"

�56 余：文本作"予"。诸本作"余"。予、余音义同，即我也。文《详注》："睽，违。离，别也。屯、蹇、剥、落，皆《易》卦名。"魏本："孙曰：睽、离、屯、剥，四卦名。睽、离，离别。屯、剥，险难也。"

�57 邪：祝本作"斜"，非。诸本作"邪"，是。文《详注》："言直道不容，反为邪径所败也。"魏本："韩曰：《语》(《论语·微子》)：'直道而事人，焉往而不三黜？'孙曰：《汉书·五行志》(中)：'邪径败良田，谗口乱善人。'"

�58 魏本："韩曰：《书》(《盘庚上》)：'予亦拙谋作乃逸。'《楚辞》(《离骚》)：'谣诼谓余以善淫。'注：'诼，犹谮也。'"文《详注》："《楚辞》(《离骚》)：'众女疾予之娥(蛾)眉兮，谣诼谓予之善淫。'王逸注云：'诼，犹谮也，音斫。谓南迁时也。'"方世举《笺注》："孙万寿诗：'粤余非巧宦，少小拙谋身。'"钱仲联《集释》："谓贞元十九年官监察御史时，因被谗而有阳山之谪。"

�59 文《详注》："南方阳气所聚，故为炎热之所。"魏本："孙曰：'此谓贞元十九年迁谪时也。炎湖，洞庭。氛氲，湖上热气也。'"魏本音注："氛，敷文切。氲，于云切。"

�60 魏本："孙曰：荦硞，石多貌。祝曰：硞，《说文》(石部)：'石声。'"文《详注》："硞，石声也，音克角切。"硞(kù 苦沃切，入，沃韵)：水石相激状。《文选》卷一二晋郭璞《江赋》："幽涧积岨，岩硞荦确。"注："岩硞荦确，皆水激石崄峻不平之貌。"硞同确，则荦硞同荦确，此句与韩公《山石》诗"山石荦确行径微"同，形容山石之貌。

�61 文《详注》："《周礼·天官》：'春有痟首疾，秋有疟疾。'注云：'痟，酸削也，音消。'"魏本："祝曰：痟，渴病也。《前汉》(《司马相如传》)：司马相如病痟。然亦有食痟。"方世举《笺注》："痟肌、疟渴：《周礼·天官·疾医》：'掌养万民之疾病，春时有痟首疾，秋时有疟寒疾。'"痟(xiāo 相邀切，平，宵韵)：头痛病。《管子·地员》："其泉白青，其人坚劲，寡有疥骚，终无痟酲。"注："痟，首疾也。"

�62 魏本："祝曰：疟，寒热病也。《素问》(《疟论》)：'夏伤于暑，秋必痎疟。'"钱仲联《集释》："《史记·游侠传》('数过，吏弗求'句)

索隐：‘数，频也。’此句谓永贞元年在湘(按：在郴州)病疟事。”

(63) 文《详注》：“搦，持也，女角切。”魏本：“韩曰：《后汉》(《臧洪传·答陈琳书》)：‘抚弦搦矢。’”王鸣盛《蛾术编》卷七六：“《说苑》(卷一一《善说》)：‘襄城君衣翠衣，带玉剑，履缟舄，立于游水之上。楚大夫庄辛过而说之，遂拜谒曰：臣愿把君之手，其可乎？襄城君忿而不言。庄辛曰：君独不闻鄂君子晳感于越人之歌乎？襄城君乃奉手而进之。’诗似用此。”钱仲联《集释》：“《文选·答宾戏》(‘搦朽摩钝’句)李善注：‘韦昭曰：搦，摩也。’”搦，作握作摩解均可。此韩公谓他南迁北归病在郴州，无缘与孟郊见面握手。

(64) 魏本：“孙曰：‘元和元年六月召为国子博士。’”

(65) 文《详注》：“太平之世。”魏本：“孙曰：‘鸿朴，谓鸿荒之世，伏羲、神农时也。’”钱仲联《集释》：“《文选》王延寿《鲁灵光殿赋》：‘鸿荒朴略。’张载注：‘鸿，大也。朴，质也。’李善注：‘《法言》(《问道》)曰：鸿荒之世，圣人恶之。《尚书璇玑钤》曰：帝喾以上朴略，有象难传。’”鸿朴，本指鸿荒世界，此句诗乃返朴归真之意，即被贬蛮荒后又返回朝廷。

(66) 文《详注》：“公时为国子博士。吴质《与魏太子笺》云：‘优游典籍之场，休息篇章之圃。’”魏本：“韩曰：《礼·学记》：‘君子之于学也，藏焉修焉，游焉息焉。’孙曰：‘游息者，优游于庠序也。’”韩公时为国子监国子博士。儒庠，学校。恣游息，随意游处。此乃韩公刚回京任职时的得意心态。

(67) 文《详注》：“榷，音丘岳切。《博雅》云：‘榷，都凡也。’”魏本：“韩曰：《选》(卷五左思《吴都赋》)：‘商榷万俗。’”方世举《笺注》：“圣籍：束皙《玄居赋》：‘薙圣籍之荒芜，总群言之一至。’”谓饱览、研究儒学典籍。

(68) 危：文本作“免”，诸本作“无”。文《详注》：“《论语》(《宪问》)：‘孔子曰：邦有道，危言危行。邦无道，危行言逊。’”魏本《补注》引《论语·宪问》曰：“危行，谓直道而行也。”廖本注：“《楚辞·九歌》(《东君》)：‘心低徊兮顾怀。’”谓直行无忌也。

⑥⑨ 文《详注》:"音伊渥。《楚辞·卜居》曰:'将喔咿[嚅唲]以事妇人乎?'《补注》:咿喔,鸡声。一曰强笑也。"魏本:"孙曰:《楚辞》屈原《卜居》曰:'将喔咿嚅唲以事妇人乎?'注:'强笑噱也。'"此句与上句对,谓正言无需强笑也。

⑦⑩ 欶:文本作"嗽",云:"嗽,噙也,音色角切。《论语撰考谶》曰:'水名盗泉,仲尼不嗽。'"魏本:"祝曰:《广韵》(入声四觉):'欶,口噙。'樊曰:《说文》(欠部):'欶,吮也。'"魏本音注:"欶,音朔。"欶(shuò《广韵》所角切,入,觉韵):吮吸。《说文·欠部》:"欶,吮也。口部曰:吮,欶也。二篆为转注。《通俗文》:'含吸曰欶。'从欠,束声。"又口部:"吮,欶也。欠部:欶,吮也。从口,允声。"《辞源·欠部》未收"欶"字。《汉语大词典》"吮吸"从《说文》解,并引《纳凉联句》为例。

⑦① 文《详注》:"菅、蒯,并草名。上音居颜切,下音苦怪切。《左传》(成公九年)曰:'虽有丝麻,无弃菅蒯。'"魏本引韩《全解》同。魏本:"樊曰:菅,茅也。蒯,草也。又《雨中联句》(即《雨中寄孟刑部几道联句》)云:'穿空细丘垤,照日陋菅蒯。'亦公语也。孙曰:菅、蒯,公以自喻。"魏本音注:"菅,音奸。蒯,苦怪切。"

⑦② 魏本:"樊曰:《前汉·冯奉世传》:'冯参以严见惮,终不得亲近侍帷幄。'"连上句,韩公谓自己微小如草介,不敢有很高的愿望。

⑦③ 志:文本作"意"。诸本作"志",合上文"望"字意,是。魏本注:"《诗》'追琢其章'注云:追,雕也。金曰雕,玉曰琢。追,音堆。"文《详注》:"《诗·棫朴》(《大雅》):'追琢其章,金玉其相。'毛云:'金曰追,玉曰琢。'追,雕也,音都回切。"追(duī 都回切,平,灰韵),雕刻。《辞源》引《诗·棫朴》为例。又宋欧阳修《欧阳修全集》卷二《送杨辟秀才》诗:"天姿朴且茂,美不待追琢。"琢(zhuó 竹角切,入,觉韵),雕刻玉石。《诗·卫风·淇奥》:"有匪君子,如切如磋,如琢如磨。"全诗用觉韵,一韵到底。

【汇评】

清朱彝尊：是《苦热行》意。著力雕镂，尽有精巧语，总驱运有余。（顾嗣立《昌黎先生诗集注》卷八）

程学恂：此诗自起句下，每人或广之数韵、十余韵，随兴所至，无复拘限，皆见古人真处。（《韩诗臆说》卷一）

秋雨联句①

元和元年

万木声号呼②，百川气交会郊③。庭翻树离合④，牖变景明霭愈⑤。潆泻殊未终⑥，飞浮亦云泰郊⑦。牵怀到空山，属听迩惊濑愈⑧。檐垂白练直⑨，渠涨清湘大郊⑩。甘津泽祥禾⑪，伏润肥荒艾愈⑫。主人吟有欢，客子歌无奈郊⑬。侵阳日沉玄⑭，剥节风搜兑愈⑮。圠圠游峡喧⑯，飕飗卧江汰郊⑰。微飘来枕前，高洒自天外愈。螱穴何迫迮⑱？蝉枝扫鸣哕郊。援菊茂新芳⑳，径兰销晚馤愈㉑。地镜时昏晓㉒，池星竞漂沛郊㉓。欢呴寻一声㉔，灌注咽群籁愈㉕。儒宫烟火湿㉖，市舍煎熬忲郊㉗。卧冷空避门㉘，衣寒屡循带愈㉙。水怒已倒流，阴繁恐凝害郊㉚。忧鱼思舟楫，感禹勤畎浍愈。怀襄信可畏㉝，疏决须有赖郊㉞。筮命或冯蓍，卜晴将问蔡愈㉟。庭商忽惊舞㊱，埔礉亦亲酹郊㊲。氛醺稍疏映㊳，雰乱还拥荟㊴。阴旌时摎流㊵，帝鼓镇訇磕㊶。枣圃落青玑㊷，瓜畦烂文贝㊸。贫薪不烛灶㊹，富粟空填廥愈㊺。秦俗动言利㊻，鲁儒欲何丐㊼？深路倒赢骖，弱途拥行轵[48]。毛羽皆遭冻[49],离篱不能翔[50]。翻浪洗虚空,倾涛败藏盖郊[51]。吾人犹在陈[52],僮仆诚自郤[53]。因思征蜀士,未免湿戎旆[54],安得发商飙[55]?廓然吹宿霭,白日悬大野[56],幽泥化轻壒[57],战场暂一乾,贼肉行可脍愈[58]。搜心思有效,抽策期称最[59]。岂惟虑收获,亦以救颠沛郊[60]。禽情初啸俦[61],础色微收霈[62]。庶几谐我愿[63],遂止无已太愈[64]。

【校注】

① 魏本:"樊曰:按诗云'儒宫烟火湿',此公为学官在京师时也。又云'因思征蜀士',盖宪宗元和初命高崇文讨刘辟时故也。"文《详注》:"《补注》:此诗有'因思征蜀士'以至'贼肉行可脍',按《宪纪》(《旧唐书·宪纪》):元和元年(806)正月,高崇文讨刘辟,九月克成都。是诗其作于七、八月之间欤?"按从诗云"卧冷空避门,衣寒屡循带"看,诗当写于八月,仲秋天凉的时间。此联句由孟郊首发,每人一联。孟郊十一联,韩愈十联。韩接四联,孟四联。韩五联,孟二联,韩二联结。全诗用会泰韵,一韵到底。孟有一"沛"字重韵。

② 文《详注》:"《庄子·齐物论》曰:'大块噫气,其名为风,作则万窍怒号。'又云:'大木百围之窍穴。'"方世举《笺注》同。

③ 方世举《笺注》:"百川:《庄子》(《秋水》):'秋水时至,百川贯河。'交会:左思《蜀都赋》:'兼六合而交会。'"魏本:"孙曰:'交会,谓百川会合为一。'"朱彝尊《批韩诗》:"起壮甚,下五联亦接得紧密。"

④ 离:朱《考异》:"离,或作'杂'。"作"杂",非。诸本作"离",是。钱仲联《集释》:"杂合,形容众多历乱之状,亦作'合杂',昌黎《嘲鼾睡》诗'鸿蒙总合杂'是其义。"按钱校从"离",而解为"杂"。不知其从"杂"从"离"。若循此句诗义,为庭院中景,非鸿蒙大地众物杂沓之景。作离合者则形象地描绘出风大树摇,与房屋离离合

— 1889 —

合的景色。如文《详注》："《洞冥记》：'汉武帝所幸宫人名丽涓，每歌，李延年和之于芝生殿旁，唱《回风》之曲，庭中树为之翻落。'"

⑤ 文《详注》："蔼，音于盖切。"汪琬《批韩诗》："情景画所不到。"蔼作云雾解同霭。《文选》卷二八陆机《挽歌诗》之二："悲风徽行轨，倾云结流蔼。"注："蔼与霭古字同。"陶潜《停云》诗："霭霭停云，濛濛时雨。"引申为暗。魏本："孙曰：'牖，窗也。蔼，暗也。'"如方世举《笺注》："鲍照诗：'江郊霭微明。'"

⑥ 文《详注》："潨，小水入大水也，音藏宗切。"魏本："韩曰：潨，水会也。《说文》（水部）：'小水入大水。'"魏本音注："潨，职戎切，又在冬切。"潨（cóng 徂红切，平，冬韵）：同潀，小水流入大水。《诗·大雅·凫鹥》："凫鹥在潨。"传："潨，水会也。"亦指众水相会处。《梁书·张缅传》："铲千寻之峭岸，潨万流之大壑。"

⑦ 文《详注》："飞浮，谓云也。泰，通也。"魏本："孙曰：'飞浮，雨势。泰，甚也。'"廖本："颜延年《驾幸京口》诗（《文选》卷二二《车驾幸京口三月三日侍游曲阿后湖作》）：'千翼泛飞浮。'"李周翰注："飞浮，舟行貌。"又上升貌。宋王安石《祥云》："冰入春风涨御沟，上林花气欲飞浮。"旧注两解：一曰云飞，一曰雨势。两解均有文献可征。然以上下文义味之则作雨势更恰当，与上句众流流泻之盛势没完没了义合。

⑧ 迩：文本作"耳"。诸本作"迩"，是。迩，作近解。《书·太甲下》："若升高，必自下；若陟遐，必自迩。"《史记·屈原传》："其称文小而其指极大，举类迩而见义远。"与上句合。文《详注》："属，倾也。张茂先《答何劭诗》（《文选》卷二四）云：'属耳听流莺。'瀙，湍流也，音赖。"魏本："孙曰：'牵怀，谓怀念空山，欲避水也。属，近也。瀙，湍也。'"魏本音注："属，之欲切。瀙，音赖。"钱仲联《集释》："《楚辞·九歌》（《湘君》）：'石瀬兮浅浅。'王逸注：'瀨，湍也。'按：此二句，谓闻急雨之声，如近在空山听石上惊湍。孙汝听谓'怀念空山，欲避水也'，非是。"属（zhǔ 之欲切，入，烛韵）：专注。

⑨ 垂：文本作"流"。诸本作"垂"，是。白练直，方《举正》云：

"蜀同。馆本、谢本作'白龙'。"朱《考异》:"练,或作'龙'。"诸本作"白练",是。魏本作"练",注:"一作'茧',又一作'龙'。"文《详注》:"练,绢也。"此句谓:房檐水流一泻直下如白练瀑布一样。

⑩ 魏本:"孙曰:渠水忽涨,如潇湘之大也。"文《详注》:"湘,水名,最为清激。《湘中记》曰:'湘川清照五六丈,下见底石如樗蒲。'"

⑪ 禾:方《举正》据阁本作"木",云:"蜀同,李校。"南宋监本原文作"禾"。朱《考异》:"禾,方作'木',非是。"宋白文本、文本、潮本、祝本、魏本等诸本作"禾",是。文《详注》:"《论衡》曰:'雨霁而阴曀者谓之甘雨。'"魏本:"孙曰:泽,润泽。祥禾,嘉禾也。"甘津,甘雨或甘露。长物之雨曰甘雨,俗谓及时雨也。《诗·小雅·甫田》:"以祈甘雨,以介我稷黍。"疏:"云甘雨者,以长物则为甘,害物则为苦。"《尔雅·释天》:"甘雨时降,万物以嘉,谓之醴泉。"疏:"甘,即时雨也。"《淮南子·原道训》:"春风至则甘雨降,生育万物。"甘露:甘美的雨露,天下太平之瑞征。《老子》三二章:"天地相合,以降甘露。"《管子·小匡》:"时雨甘露不降,飘风暴雨数臻,五谷不蕃,六畜不育。"《吕氏春秋·贵公》:"甘露时雨,不私一物。"《太平御览》卷一二引《论衡》:"甘露味如饴,王者太平之应则降。"祥禾,嘉禾。方世举《笺注》:"祥禾:《尚书序》(按:《尚书·微子之命后附亡书序》):'唐叔得禾,异亩同颖。'"

⑫ 伏润:方《举正》据蜀本订"伏"字,云:"三馆本同。"南宋监本原文作"服"。朱《考异》:"伏,或作'服'。"宋白文本、潮本、祝本、魏本作"服"。文本、廖本、王本作"伏",从之。作信服解二字同。韩公《与崔群书》:"伏其为人。"《三国志·蜀·诸葛亮传》:"权既宿服仰备。"在这个意义上又写作"伏"。文《详注》:"艾,蒿也,音牛盖切。"魏本:"孙曰:荒艾,荒草也。"方世举《笺注》:"《易·说卦传》:'雨以润之。'"钱仲联《集释》:"《尔雅·释草》:艾,冰台。"艾,草名,又名艾蒿、蕲艾、冰台。茎叶有香气,干后制成艾绒,可作灸用。《诗·王风·采葛》:"彼采艾兮,一日不见,如三岁兮。"传:"艾所以

疗疾。"

⑬魏本:"孙曰:客子,羁旅。"文《详注》:"《楚辞·九辩》云:'去乡离家兮来远客,超逍遥兮君(今)焉薄?专思君兮不可化,君不知兮可奈何?'"钱仲联《集释》:"主人谓公,客子郊自谓。"钱说是。

⑭魏本:"孙曰:侵阳,谓侵害阳气也。玄,幽也。"文《详注》:"沉玄,谓昼晦也。《前汉·李寻传》:'日月数沉于极阳之色。'注云:'众阳之宗故为极阳也,色宜明而无光。'"

⑮文《详注》:"《埤雅》曰:'西风谓之泰风。泰风言其交。'《易》曰:'巽为风。'巽,东南也,今风更生于西,则与兑之气交。"魏本:"孙曰:兑,泽也。"王元启《记疑》:"兑,正西方之卦也。"方世举《笺注》:"《易·说卦传》:'兑为泽,为少女。'《管辂别传》:'辂与倪清河相见,既刻雨期,言树上已有少女微风,其应至矣。'"钱仲联《集释》:"《吕氏春秋》(《有始》):'西方曰飂风。'高诱注:'兑气所生。一曰阊阖风。'"泰风,亦作太风,即西风。《尔雅·释天》:"西风谓之泰风。"疏引三国魏孙炎云:"西风成物,物丰泰也。《诗·大雅·桑柔》云'泰风有隧'是也。"今本《诗经》作"太"。

⑯魏本:"祝曰:前汉贾谊《鵩(鸟)赋》:'大钧播物,坱圠无垠。'注(引应劭曰):'其气坱圠,非有限齐也。'"文《详注》:"贾谊《鵩鸟赋》:'云蒸雨降兮,坱圠无垠。'注云:'无涯际也。'上音乌朗切,下音乌八切。许氏注:'《淮南子》曰:两山之间为之峡。'"坱(yǎng 乌朗切,上,荡韵)圠(yà 乌黠切,入,黠韵):广大无边。

⑰魏本:"祝曰:飕飗,谓高风也。隋卢思道《纳凉赋》:'动飕飗于翠帐。'"魏本音注:"飕飗,音蒐流,汰音太。"文《详注》:"飕飗,高风也。上音所流切,下音力求切。汰,涛汰也。《楚辞·九章》(《涉江》)曰:'齐吴榜以击汰。'音徒盖切。"顾嗣立《集注》:"《选·吴都赋》:'飓浏飕飗。'《楚辞·九章》(《涉江》):'齐吴榜以击汰。'王逸曰:'汰,水波也。'"飕(sōu《玉篇》所流切)飗(liú 力求切,平,尤韵),微风吹拂貌。汰,汏之俗字(音 dài 徒盖切,去,泰韵),水

波。《楚辞》屈原《九章·涉江》:"乘舲船余上沅兮,齐吴榜以击汰。"王逸注:"汰,水波也。"作淘汰解(音tài)他盖切,去,泰韵。此诗"飕飗"作微风解,"汰"作水波解合东野诗意。朱彝尊《批韩诗》:"游峡、卧江,字奇。"

⑱ 迫迮:方《举正》据蜀本订"迮"字,云:"《义训》:迫迮,急也。字见《鸨羽》诗笺。"朱《考异》:"迮,或作'窄'。(下引方语)"南宋监本原文作"窄"。宋白文本、文本、潮本、祝本、魏本作"窄"。廖本、王本作"迮"。文《详注》:"蜇,蟋蟀也,音巨容切。魏本引韩《全解》同。方世举《笺注》:"《诗·鸨羽》郑笺:'积者,根相迫迮梱致也。'《释名》:笮,迮也,编竹相连。迫,迮也。"钱仲联《集释》:"'迮'与'窄'通。《三国志·蜀志·张飞传》:'[飞率精卒万余人,从他道邀郃军交战,]山道迮狭,前后不得相救[,飞遂破郃]。'迮狭,即窄狭,与迫迮义近。韩盖用借字。"虽说作狭窄解二字通,按上下句平仄协调,则作"迮",善。《楚辞》汉王逸《九思·伤时》:"迫中国兮迮狭,吾欲之兮九夷。"

⑲ 枝:魏本作"林",注:"一作'枝'。"宋白文本、文本、廖本、王本作"枝",是。此处有树而无林也。魏本:"《补注》:哗,车銮声。《诗》(《鲁颂·泮水》):'銮声哕哕。'孙曰:'扫鸣哕,谓无声也。'"钱仲联《集释》:"《文选·东京赋》薛综注:'哕哕,和鸣声。'"扫、埽同。东野知韩愈爱借字,与之联句,多使气,故原文当用"埽",况埽本字,扫后出字。今通简作"扫"。哕(huì呼会切,去,泰韵):象声词。哕哕,有节奏的车铃声。此二句谓:蝉蛹在地内孵化,成则破土而出,爬于树枝,蝉蜕而成,午时欢叫。时为秋末,蝉蛹难以从地内孵化出土,树枝上无蝉鸣叫而哕哕声销,故云树枝上无蝉叫的声音。

⑳ 楥菊:方《举正》据阁本作"楥"。朱《考异》:"楥,或作'园'。"南宋监本作"园"。宋白文本、文本、潮本、祝本、魏本均作"园"。方《举正》、朱《考异》、廖本作"楥",从木。王本作"援"。王元启《记疑》:"楥,篱也,字从木。公文有'高其柴楥'之语,与此楥字正同,刻本从手作'援',非是。"李详《证选》:"谢灵运有《田南树

园激流植楥》诗,楥即今之篱也。六朝人文,多用此字。而今本皆误作'援'。"钱仲联《集释》:"胡绍煐《文选笺证》曰:'善援字无注。铣曰:引流水种木为援,如墙院也。援,卫也。姜氏皋曰:《晋书·桑虞传》:园援多荆刺。《梁书·何允传》:即林成援。皆作援,不作楥。按:《释名》:垣,援也,人所依阻以为援卫也。刘以援释垣,铣注以院解援,垣院义同。《御览》四七二引《幽明录》:散钱飞至触篱援。皆从手。至《集韵》《类篇》误从木傍作楥,云篱也。据此,当从王本作援。'王元启《读韩记疑》谓'从手作援者非是',是以不误为误也。"屈《校注》:"按:钱氏所谓王本即王伯大本,王本从朱熹校本,朱校实从方氏作'楥'。今传王本乃元、明翻刻者,作'援'当是翻刻之误。"童《校诠》:"第德案:援篱字应作援,公守戒:高其柴援,亦本作援,方氏举正校本从木,未谛。说文:楥,履法也,与此异义,王氏以举正说为是,似未深考。说详文选谢灵运田南树园激流植楥,胡氏绍瑛笺,姜氏皋,李氏详说同。"则作"援"字是。茂,盛也。新芳:新开之花也。楥、援皆可读作园(yuán),而义不同。楥,木名,见《说文》《尔雅》。援,垣、园也。《说文·木部》:"楥,履法也。从木爰声。"段注:"今鞋店之楦也。楥、楦,正俗字。"《说文·手部》:"援,引也。从手,爰声,雨元切。"皆无作垣卫、篱笆解者。李详谓六朝及以后人多用之,而义由援引引申而来作垣作篱。则为援字之转而为人习用之。楥字无此义。凡证"楥"作栏、篱笆解者均引韩公《守戒》语。今将《守戒》"高其柴援"诸校比较之。方《举正》作"柴楥",云:"篱也、栏也,字从木。"朱《考异》:"方云:楥,篱也,栏也,字当从木。"宋白文本、文本、魏本作"援"。童《校诠》(卷一二《守戒》):"第德案:谢灵运田南树园激流植援诗:插槿当列墉,即指植援,谓以列槿为篱也。考工记冶人:援四之,郑司农云:援,直刃也。植木为篱,形似列直刃,援之义盖自直刃引申,无专字。至从木之楥,说文训履法读若指拚,俗作楦。集韵乃始训楥为栏,为后起义,方氏顾从之,殆未深考邪!俞曲园(樾)谓楥当作橺,案:今说文无橺字。"童说有理。《辞源》作栏、篱笆解,本《集韵》《六书故》,而例引韩文《守戒》"高其柴楥"语为证。查近世所编字书,凡作栏、篱笆解者均无引唐宋以前之文献。而韩愈《守戒》宋白文本、文本、魏本均作"楥",并非如屈校所云王本出自朱熹本,而朱熹则从方《举正》就能确证其对。时方并未参校宋白文本包括的几个残本,亦未参校文本、魏本等,可见并不能因钱氏所引王本未及深考,证明"楥菊"定作"楥"。韩公好古,用字讲究渊源,不会从后出之字义。还是作"楥"合韩公诗义。

㉑ 文《详注》:"《上林赋》(《文选》卷八司马相如撰)云'众香发越''馣馤吡萧'。《说文》曰:'香气盛也。'馤,音霭。"魏本:"祝曰:《玉篇》(香部):'馤,香也。'"顾嗣立《集注》:"《楚辞》宋玉《招魂》:'皋兰被径兮斯路渐。'"馤(ài 于盖切,去,泰韵):香气。《辞源》引韩诗为例。此句谓:路旁的兰花散发着馨香的气味。

㉒ 魏本:"孙曰:地镜,地之积水。"文《详注》:"《南史》(《宋文帝纪》):'宋文帝元嘉二十五年冬,青州城南远望,见地中如水,有影,谓之地镜。'"《初学记》卷八南朝陈顾野王《舆述志》:"宋文帝时,青州城南地,远望倒影如水,谓之地镜。"方世举《笺注》:"庾信诗(《庾子山集》卷五《道士步虚词》):'地镜阶基远,天窗影迹深。'"庾信诗非指水,而指传说中的地下所藏宝镜。《地镜图》云:"欲知宝所在地,以大镜夜照,见影若光在镜中者,物在地下也。"此句谓:地面反映出的水光忽明忽暗。

㉓ 魏本:"孙曰:池星,池中蘋藻之属。漂沛,漂流也。"文《详注》:"《礼记·释音》何胤云:"草所生曰菜,水所生曰沛。"沛(pèi 普盖切,去,泰韵):杂草生于湖泊。《管子·揆度》:"焚沛泽,逐禽兽。"此句谓池中的蘋藻漂来漂去。

㉔ 文《详注》:"呶,欢声也,音尼交切。"魏本:"祝曰:欢呶,喧号也。《诗》(《小雅·宾之初筵》):'载号载呶。'"呶(náo):喧闹声。唐卢仝《苦雪寄退之》诗:"饥婴哭乳声呶呶。"

㉕ 文《详注》:"班固《西都赋》(《文选》卷一)云:'原泉灌注。'籁,音赖。《庄子》(《齐物论》)曰:'地籁则众窍是已。'"魏本:"孙

曰:'籁,众窍也。咽,塞也。'韩曰:《庄子》:'有天籁、地籁、人籁。'"此乃《庄子·齐物论》中语,云:"女闻人籁而未闻地籁;女闻地籁,而未闻天籁夫?"籁(lài 落盖切,去,泰韵):从孔穴里发出的声音。《庄子·齐物论》:"地籁则众窍是已,人籁则比竹是已,敢问天籁。"

㉖ 蒋抱玄《评注》:"儒宫,谓国子监。《礼记》(《儒行》):'儒有一亩之宫。'"

㉗ 文《详注》:"《楚辞》:'我心煎熬兮惟是用忧。'忲字音泰。枚乘《七发》云:'伊尹煎熬。'"魏本:"祝曰:忲,奢也。《选》云:'心侈体忲。'孙曰:忲,甚也。"魏本音注:"忲,音太。"方世举《笺注》:"煎熬忲:《魏国策》:'易牙乃煎熬燔炙,和调五味而进之。'张衡《西京赋》(《文选》卷二):'心侈体忲。'按:以市舍煎熬之奢,形儒宫烟火之冷,犹下文云'贫薪不烛灶,富粟空填廥'也。"上下对比:以市舍煎熬之盛,比学宫烟火之冷。忲(tài 他盖切,去,泰韵):奢侈。《文选》卷二张衡《西京赋》:"有凭虚公子者,心侈体忲,雅好博古。"薛综注:"侈、忲,言公子生于贵戚,心志侈溢,体安骄泰也。"《晋书·何曾传》:"刘毅等数劾奏曾侈忲无度,帝以其重臣,一无所问。"

㉘ 此句谓:因穷窘而无柴炭取暖,只好避开门风而睡。空(kòng 控):贫穷。《诗·小雅·节南山》:"不宜空我师。"朱彝尊《批韩诗》:"'避门'字新,盖不敢当门卧也。"

㉙ 屡循带:方《举正》据蜀本订"循"字,云:"洪、谢校。《汉·李陵传》:'数数自循其刀环。'又:'自循其发。'颜曰:'循,谓摩顺也。'梁范静妻诗(《晨风行》,见《玉台新咏》卷九,'静'作'靖'):'循带易缓愁难却,心之忧兮叵销铄。'"朱《考异》:"循,或作'修'。(下引方语)"南宋监本原文作"修"。宋白文本、文本、潮本作"修"。魏本、祝本、廖本、王本作"循"。魏本:"洪曰:'循,今本作修,误也。'当作'循'。循者,顺也,顺带即俗语整理腰带以御寒也。

㉚ 文《详注》:"郭景纯《江赋》(《文选》卷一二):'激逸势以前驱,乃鼓怒而作涛。'木玄虚《海赋》(《文选》卷一二):'吹涝则百川倒流。'《易·坤卦》曰:'履霜,坚冰,阴始凝也。'"方世举注同。钱

仲联《集释》：" 凝，凝滞。害，妨碍。"此二句谓：阴雨连绵，水大势猛，泄阻倒流，恐遭灾害。

㉛ 忧鱼：方《举正》据唐本订"鱼"字，云："杭、蜀同，李、谢校。"朱《考异》："鱼，或作'虞'，非是。"南宋监本原文作"虞"。宋白文本、文本、潮本、祝本、魏本作"虞"。廖本、王本作"鱼"。魏本："孙曰：思舟楫欲免为鱼也。韩曰：《易》（《系辞下》）：'尧舜氏作刳木为舟，剡木为楫，以济不通。'"廖本注："忧鱼乃《左传》（昭公元年）所谓'微禹，吾其鱼乎'是也。"方世举《笺注》："《书·说命》：'若济巨川，用汝作舟楫。'"韩诗语出《左传》。毛泽东《念奴娇·昆仑》词"人或为鱼鳖"语亦出此。此句谓：惧怕成为鱼而想舟楫也。

㉜ 勤：祝本作"动"，乃笔误。魏本："孙曰：《书》（《益稷》）：禹浚畎浍，距川。'孔安国云：'一亩之间，广尺深尺曰畎；百亩（当为里）之间，广二寻深二仞曰浍。'"方世举《笺注》："畎浍：《书·益稷》：'禹决九川，距四海，浚畎浍，距川。'孔注：'一亩之间，广尺深尺曰畎；百里之间，广二寻深二仞曰浍。'"畎（quǎn 姑泫切，上，铣韵）：田间的小沟。《书·益稷》："浚畎浍，距川。"疏："一耦之伐，广尺深尺谓之畎……通水之道也。"浍（kuài 古外切，去，泰韵）：田间排水之渠。《孟子·离娄下》："苟为无本，七八月之间雨集，沟浍皆盈；其涸也，可立而待也。"

㉝ 可畏：方《举正》据蜀本订"不思"，云："诸本皆作'可畏'。"宋白文本、文本、祝本、魏本、廖本、王本均作"可畏"。朱《考异》："可畏，方作'不思'，非是。"南宋监本原文作"可畏"。朱说是。魏本："韩曰：《书》（《尧典》）：'汤汤洪水方割，荡荡怀山襄陵。'注云：'怀，包。襄，上也。'"

㉞ 朱《考异》："疏决，谓禹决江疏河。疏，方作'疎'，盖俗体也。"宋白文本、文本、祝本、魏本作"疎"。廖本、王本作"疏"，二字古通用，今通作"疏"。文《详注》："《书》（《虞书·益稷》）：'禹曰：洪水滔天，浩浩怀山襄陵……予决九川，距四海；浚畎浍，距川。'孔云：'怀，包也。襄，上也。一亩之间，广尺深尺曰畎；方百里之间，

广二寻深二仞曰浍。'又舜谓禹(《书·大禹谟》)曰:'万世永赖,时乃功。'"魏本:"韩曰:《孟子》(《滕文公上》):'禹疏九河,决汝汉。'"方世举《笺注》:"司马相如《难蜀父老》:'堙洪塞源,决江疏河。'"魏本:"孙曰:'赖,借也。'"赖(lài 落盖切,去,泰韵):依靠,凭借。《书·大禹谟》:"六府三事允治,万世永赖。"又《吕刑》:"一人有庆,兆民赖之。"

㉟ 方《举正》作"卜晴",云:"杭、蜀、三馆本同。谢校。"朱《考异》:"晴,或作'情'。"南宋监本原文作"情"。宋白文本、文本、潮本、祝本、魏本作"情"。廖本、王本作"晴"。因秋雨连绵,积涝成灾,故卜天晴。则作"卜晴"是。魏本:"孙曰:蓍为筮,龟为卜,《语》(《论语·公冶长》)曰:'臧文仲居蔡。'蔡,大龟也,长尺有二寸,本出蔡地,因以为名。韩曰:古者谓龟为蔡。《家语》(《好生》):'臧文仲有守龟焉,名曰蔡。'"蔡州,今淮阳,有大龟、蓍草,可卜蓍,甚灵。此二句谓:筮(算)命凭借蓍草,卜占则用蔡州之龟。钱仲联《集释》:"《国语》:'决之以卜筮。'韦昭注:'龟曰卜,蓍曰筮。'《周礼》郑玄注:'问龟曰卜。'《楚辞》王逸注:'蔡,大龟也。'"

㊱ 文《详注》:"《家语》(《辨政》)曰:'齐有一足之鸟,飞公朝下,于殿前舒翼而跳。齐侯遣使访孔子,孔子曰:此鸟名商羊,昔童儿有屈其上一脚,振迅两臂而跳,且谣曰:天将大雨,商羊鼓舞。今齐有之,其应至将必有水为灾。'晋张协《苦雨》诗曰:'商羊舞野庭。'(载《文选》卷二九张景阳《杂诗》十首之十)"魏本原文作"庭商"。魏本引孙《全解》、方世举《笺注》同,唯商作"商"。商羊,魏本引《补注》:"正作鹝鹢。"钱仲联《集释》:"《论衡》(《变动》):'故天且雨,商羊起舞,使天雨也。商羊者,知雨之物也,天且雨,屈其一足起舞矣。'"《康熙字典》亥集中鸟部:"鹝,《广韵》式羊切。《集韵》尸羊切,并音商。《广韵》鹝鹢,又鹝鹢也。《家语》作商羊,舞则天大雨。"《说文·鸟部》收"鹝"不收鹝、鹢,云:"鹝,雉属,鸑鸟也,从鸟啻声。"段注:"都历切,十六部。"商羊:商,姓。见《元和姓纂》卷五《十阳》。商羊,传说中的鸟名。大雨前,此鸟常屈一足起舞。汉刘

向《说苑·辨物》:"其后齐有飞鸟,一足,来下,止于殿前,舒翅而跳。齐侯大怪之,又使聘问孔子。孔子曰:'此名商羊,急告民,趣治沟渠,天将大雨。'于是如之,天果大雨。"王充《论衡·变动》:"商羊者,知雨之物也;天且雨,其一足起舞矣。"则古籍多作"商",也有作"商"者,当两存之。商,平声。商,入声。若按平仄律,当作"商"。即平仄平平仄,若作"商",则为平平平平仄,唐诗里虽有此种句式,实不多见。

㊲ 文《详注》:"墉禜,谓祭社也。《郊特牲》曰:'社祭阴土而主阴气也。君南向于北墉下,答阴之义也。'正义曰:'北墉,社内北墙也。社既主阴,阴宜在北,故祭社时,以社在南,设主坛上北面,而君来墙下,而南向祭之,是对阴之义也。'或疑墉作坛,按《礼记·祭法》云:'雩禜,祭水旱也。'郑氏云:'雩禜,谓水旱坛也。禜之言营也。'音咏。《左传》昭公元年曰:'日月星辰之神,则雪霜风雨之不时,于是乎禜之。''山川之神,则水旱疠疫之不时,于是乎禜之。'"魏本:"孙曰:墉,城墉也。禜,祭名。"方世举《笺注》:"《周礼·春官·太祝》:'掌六祈以同鬼神示。四曰禜。'《三礼义宗》:'禜,止雨之祭。每禜于城门,故蜡祭七曰水墉。'《广韵》(去声十四泰):'酹,以酒沃地也。'"禜(yíng 永兵切,平,庚韵;yǒng 为命切,去,映韵):祭名。聚草木而束之,围成祭祀场所,以禳风雨雪霜水旱疠疫于日月星辰山川。《说文·示部》:"禜,设绵蕝为营,以禳风雨雪霜水旱疠疫于日月星辰山川也。"《康熙字典》:《唐韵》《集韵》《韵会》《正韵》并为命切,音咏,祭名;又《广韵》永兵切,音荣;又《集韵》维倾切,音营。义并同。《左传》昭公元年:"山川之神,则水旱疠疫之灾,于是乎禜之;日月星辰之神,则雪霜风雨之不时,于是乎禜之。"

㊳ 氛醽:方《举正》据三馆本订"氛"字,云:"谢校。"朱《考异》:"氛,或作气。"南宋监本原文作"气"。宋白文本、文本、潮本、祝本、魏本作"气"。文、魏本注:"一作'氛'。"廖本、王本作"氛"。文《详注》:"醽,薄也。"魏本:"孙曰:'气醽,谓云气稍薄也。'"方世举《笺注》:"《释名》《释天》):'氛,粉也。润气著草木,因寒冻凝,色白若

粉也。'《说文》(酉部):'醨,薄酒也。'按公《讼风伯》文:'云屏屏兮,吹使醨之。'正与此同义。"张相《诗词曲语辞汇释》卷二:"稍,犹已也,既也。此与还字相应,言已疏映也。"何焯《义门读书记》卷三〇:"'氛醨稍疏映'四句,余勇。"醨(lí 吕支切,平,支韵):薄酒。《楚辞》屈原《渔父》:"众人皆醉,何不铺其糟而啜其醨。"引申为淡薄。

㊴ 文《详注》:"《尔雅》(《释天》)曰:'天气下,地气不应曰雺。'音莫红切,又莫侯、莫综二切。荟,翳也,音乌外切。《曹风·候人》诗曰:'荟兮蔚兮,南山朝隮。'毛云:'荟,蔚,云兴貌。隮,升也。'"魏本引《集注》:"《尔雅》(《释天》):'天气下,地不应曰雺。'注:'言蒙昧也。'"雺(wù 亡遇切,去,遇韵;莫候切,去,候韵;莫浮切,平,尤韵):即今雾字,籀文作"雺"。近地之水蒸气冷凝结成微细水点,如云烟状,弥漫于空中,为雾。《礼记·月令》:"仲冬之月:仲冬行夏令,则其国乃旱,氛雾冥冥,雷乃发声。"荟(huì 乌外切,去,泰韵):草木茂盛貌。《文选》卷一二郭璞《江赋》:"涯灌芊萰,潜荟葱茏。"《文选》卷九潘岳《射雉赋》:"秭菽丛糅,翳荟菶茸。"朱彝尊《批韩诗》:"此下铺叙雨景,更细巧。"

㊵ 魏本:"孙曰:'阴㫃,亦谓云气如旌旗之状。摎流,飘转貌。'祝曰:《前汉》(《扬雄传·反骚》):'望昆仑以摎流。'颜师古曰:'摎流,犹周流也。'"魏本音注:"摎,音流。"摎,文本作"樛",从木,云:"樛流,犹缭绕也。"见班叔皮《北征赋》:樛,音居幽切。摎(jiū《集韵》居尤切,平,尤韵):缠绕,纠结。《汉书·五行志》中之下:"元帝永光二年八月,天雨草,而叶相摎结,大如弹丸。"注:"摎,绕也。"作纠结解,二字音义同。《仪礼·丧服》:"故殇之绖不樛垂,盖未成人也。"樛,石本原刻作"摎"可证。

㊶ 文《详注》:"谓雷也。《东京赋》(《文选》卷三):'伐灵鼓旁震八方,軯磕隐訇。'注云:'皆大声也。'訇,音呼横切。磕,音苦盖切。"魏本:"孙曰:帝鼓,天帝之鼓,谓雷霆也。訇磕,雷声。祝曰:大声也。《选》(成公绥《啸赋》):'訇磕唧嘈。'"方世举《笺注》:"司

马相如《上林赋》:'硡磅訇礚。'"镇:常也,整也。张相《诗词曲语辞汇释》卷二:"镇,犹常也,长也,尽也。唐太宗《咏烛诗》:'镇下千行泪,非是为思人。'言常下泪也。韩愈《题炭谷湫祠堂》诗:'林丛镇冥冥,穷年无由删。'言常冥冥也。《花草粹编》二,无名氏《卜算子》词:'镇日相看未足时,忍便使,鸳鸯只。'镇日,犹云尽一日或长日也。"

㊷ 魏本:"孙曰:枣未熟而落,如青玑也。玑,珠之不圆者。"文注同。朱彝尊《批韩诗》:"妙句。"

㊸ 魏本:"孙曰:瓜烂于畦,其色青黄,如文贝也。《说文》(贝部)云:'贝,海中介虫。'"文《详注》:"贝,海介虫,音博盖切。"方世举《笺注》:"文贝:喻瓜实也。"

㊹ 文《详注》:"陶潜《咏贫士》诗云:'窥灶不见烟。'"方世举《笺注》:"薪粟:张协《苦雨诗》:'尺烬重寻桂,红粒贵瑶琼。'卢照邻《秋霖赋》:'玉为粒兮桂为薪。'不烛灶:《淮南·齐俗训》:'贫人短褐不掩形而炀灶口。'"若按"贫薪"与"枣圃"相对,则贫薪当因淫雨柴少解,不专指贫家。

㊺ 文《详注》:"言不以振救也。窌,藏也,音古外切。"魏本:"祝曰:窌,乌槁藏也。《史记》(《平准书》):'天子遣使者虚郡国仓窌。'"方世举《笺注》:"《管子·度地篇》:'正权衡,实窌仓。'《史记·天官书》:'胃为天仓,其南众星曰窌积。'"空:徒然,白白地,枉自也。《汉书·匈奴传》:"兵不空出。"李白《醉后赠从甥高镇》诗:"丈夫何事空啸傲。"李颀《古从军行》:"年年战骨埋荒外,空见蒲萄入汉家。"窌(kuài古外切,去,泰韵):堆积秫草的房舍,故云库房。《韩非子·内储说下》:"昭奚恤之用荆也,有烧仓窌窌者,而不知其人。"《史记·赵世家》(孝成王十二年):"邯郸窌烧。"

㊻ 魏本:"孙曰:'秦俗,谓长安也。'"方世举《笺注》:"贾谊《过秦论》:'行之二岁,秦俗日败。'"钱仲联《集释》:"《淮南子》(《要略训》):'秦国之俗,贪狼强力,寡义而趋利。'《汉书·贾谊传》:'上疏陈政事曰:秦人家富子壮则出分,家贫子壮则出赘,其慈子耆利,不

同禽兽者亡几耳。'"

㊼ 魏本:"孙曰:'鲁儒,郊自谓也。时郊与公俱在长安,故云。'"方世举《笺注》:"《庄子·田子方》篇:'鲁多儒士。'"钱仲联《集释》:"《史记·叔孙通传》:'于是叔孙通使征鲁儒生三十余人,鲁有两生不肯行。'"屈《校注》:"《左传》昭公六年云:'不强匄。'注云:'匄,本或作丐,音盖,乞也。'"童《校诠》:"曾居武曰:鲁儒,二公以鲁两生自比也,以秦好利,故鲁儒无可丐贷。第德案:墨子非儒篇:贪于饮食,惰于作务,陷于饥寒,危于冻馁,是苦乞人(依孙仲容本校改)。鼸鼠藏而羝羊视,贲彘起君子笑之,怒曰:散人焉知良儒。又曰:夏乞麦禾,五谷既收,大丧是随,子姓皆从,得厌饮食,毕治数丧,足以至矣。因人之家翠以为(有缺文),恃人之野以为尊,富人有丧,乃大悦喜曰:此衣食之端也。此为鲁儒丐食之证。曾氏引史记叔孙通传鲁两生作证,两生无乞食事,未谛。此文泛指鲁儒,非两公引以自比也。丐俗字,当作匄。"匄、丐,音义同,今通作丐。

㊽ 魏本:"孙曰:'深路、弱涂,皆谓泞淖也。軑,车辖。拥,碍也。'"文《详注》:"軑,车辖也,音徒盖切。"魏本:"祝曰:《楚辞》(《离骚》):'齐玉軑而并驰。'梁简文帝《赛神》诗'玉軑朝行动'也。"軑(dài 特计切,去,齐韵):车毂端的金属器件,即辖。方世举《笺注》:"行軑:屈原《离骚》:'齐玉軑而并驰。'注:'軑,锢也。车辖也。'"

㊾ 文《详注》:"《淮南子》(《天文训》)曰:'毛羽者,飞行之类。'"毛羽:鸟兽之毛。鸟翼长毛谓之羽。《左传》隐公五年:"皮革、齿牙、骨角、毛羽,不登于器。"《史记·苏秦列传》:"毛羽未成,不可以高蜚。"指鸟类。《淮南子·天文训》:"毛羽者,飞行之类也,故属于阳。"又《兵略训》:"下至介鳞,上及毛羽。"此诗句指飞禽一类。

㊿ 离筵不能翔:方《举正》订"离"字,云:"离,今本从竹,非。古乐府(《白头吟》):'竹竿何嫋嫋,鱼尾何离筵。'字本见《海赋》,谓

毛羽初生貌。"南宋监本原文作"篱",朱《考异》同方《举正》引其语。宋白文本、文本、潮本、祝本、魏本作"篱筵"。廖本、王本作"离蓰"。魏本:"孙曰:'篱筵,薄羽,翙谓飞声也。《诗》(《大雅·卷阿》):翙翙其羽。'韩曰:'篱,篱藩;筵,竹器。翙,飞声也。篱筵安能飞哉?'樊曰:篱筵不能翙,字当作衸褷。张衡《西都赋》云:'被毛羽之衸褷。'则可云不能翙矣。"文《详注》:"《海赋》:'凫鸟离褷。'注云:'离褷,淋渗貌。褷与筵同。《补注》:篱筵,当作衸褷。张平子《西都赋》:'被毛羽之衸褷。'上所炎切,下所宜切。"方世举《笺注》:"古乐府《白头吟》:'竹竿何嫋嫋,鱼尾何筵筵。'晋时乐曲作'离筵'。"李详《证选》:"木华《海赋》:'凫雏离褷。'善注:'离褷,毛羽始生之貌。'蓰与褷义同字异,旧注引古乐府'鱼尾何离蓰',非是。"钱仲联《集释》:"李说非是。褷、筵、蓰皆取其音,不取其义。《海赋》之'离筵',即乐府之'离筵'也。乐府从竹不从艸,则自当依《举正》本为是。又引李善注,乃张铣注之误。"童《校诠》:"第德案:考异、廖本、王本作离筵,祝本与本书同。孙氏谓篱筵薄羽,义本海赋(海赋作离褷)与举正说同,是也。韩氏释篱谓藩篱,筵为竹器,不免望文生义,殊乖诗意。至樊氏据张衡西京赋谓当作衸衸,亦嫌专辄,然则木玄虚海赋有被羽翩之褴褴,亦可改作褴褴乎!都当作京,衸褷,西京赋作褷褵。"褷褵,或作衸褷、衸褵:古代妇人的衣服名,或作羽衣轻扬貌解,与诗意不合。作褵褷,当毛羽始生貌解。《中兴间气集》上张众甫《咏鹤上兴元刘相公》诗:"驯狎经时久,褵褷短翮存。"与《举正》同。虽通,但细味二句诗意乃顺承。上句说了羽毛,下句不应重复。若作"篱筵",当篱笆(羁绊)解,倒合诗意。篱筵同筵。故暂存异。翙,《王力古汉语字典》作飞解,引此诗为例。

㊶ 文《详注》:"《海赋》云:'北洗天墟。'《淮南子》曰:'葬埋足以收敛,盖藏而已。'又《前汉·食货志》云:'天下既空,民亡盖藏。'注云:'无物可盖藏。'"魏本:"孙曰:藏盖,谓屋宇也。《汉书》(《食货志》)'民无盖藏'是也。"方世举《笺注》:"藏盖:《记·月令》:'命百官谨盖藏。'"童《校诠》:"第德案:方说是,孙说未得其朔。郑注

月令云:谓府库仓囷有藏物,吕氏春秋高氏未注。孙以屋宇释藏盖,不如郑说为得其实。"上句说洪水洗刷了大地,下句说狂涛冲坏了仓库。

㉜文《详注》:"《论语》:孔子在陈绝粮。"魏本:"韩曰:'《论语》(《卫灵公》):卫灵公问陈于孔子,明日遂行,在陈绝粮。'《补注》:'以郊旅人,故云。'"方世举《笺注》:"卢照邻《秋霖赋》:'借如尼父去鲁,围陈畏匡,将饥不爨,欲济无梁。'"何焯《义门读书记》卷三〇:"此盖用《庄子》子桑事。"何焯所指为鲁大夫子桑伯子。《庄子·大宗师》:"子舆与子桑友,而霖雨十日,子舆曰:'子桑殆病矣!'裹饭而往食之。至子桑之门,则若歌若哭,鼓琴曰:'父邪!母邪!天乎!人乎!'有不任其声趋举其诗焉。"韩公《赠崔二十六立之》诗:"昔者十日雨,子桑苦寒饥。"

㉝魏本:"孙曰:襄二十九年《左氏》:'吴季札来聘,请观周乐,自郐以下无讥焉。'杜预曰:'以其微也。'洪曰:言吾人犹绝粮,僮仆无足言者。"宋洪迈《容斋四笔》卷四《杜韩用歇后语》云:"杜、韩二公作诗,或用歇后语,如'凄其望吕葛'(杜甫《晚登瀼上堂》)……'再接再砺乃'(《斗鸡联句》),'僮仆诚自刭','为尔惜居诸'(《符读书城南》),'谁(岂)谓贻厥无基趾(址)'(《寄卢仝》)之类是已。"童《校诠》:"第德案:洪说是,本篇吾人犹在陈,遂止无已太,亦其例。诗及骈文原不避歇后语,与古文不同。斗鸡联句再接再砺乃,孙良臣引书砺乃锋刃作解,与洪说同,沈文起亦同洪说。樊泽之云:庄子是其所以乃,公用乃字出此。按:郭子玄释乃为宜,王益吾、章太炎释乃为如此,皆与此诗义不合。果用庄子,则所砺者为何?语意未足,应以洪、孙、沈三家之说为长。"

㉞魏本:"孙曰:'时蜀寇刘辟犹未授首。'"文《详注》:"征蜀,谓讨刘辟。《说文》(方部)曰:'旆,继旐之旗沛然而垂者。'音蒲盖切。"王元启《记疑》:"此转不特文势开拓,举念不忘君国,读之尤足使人神悚。"程学恂《韩诗臆说》卷一:"此等处与杜同心,非仅效其语也。宋太祖解裘帽赐王全斌,盖本诸此。"钱仲联《集释》:"杜甫

《对雨诗》云：'不愁巴道路，恐湿汉旌旗。'"

(55) 魏本："孙曰：商飙，谓秋风也。飙，毕遥切。宿霭，停云也。"文《详注》："霭，阴云也，音于盖切。"钱仲联《集释》："陆机《演连珠》：'商飙漂山。'"商飙，秋风。《文选》卷二九陆机《园葵诗》："时逝柔风戢，岁暮商猋（同飙）飞。"《梁书·沈约传·郊居赋》："望商飙而永叹，每乐恺于斯观。"

(56) 文《详注》："大野，日所出处。《尔雅》曰：'鲁有大野。'注云：'今高平钜野东北大泽是（也）。'"方世举《笺注》："《尔雅·释地》：'大野曰平。'"

(57) 魏本："樊曰：'壒，尘也。'祝曰：《后汉》：'轶埃壒之混浊。'"文《详注》："壒，尘也，音蔼。"壒（ài 于盖切，去，泰韵）：灰尘。《后汉书·班彪传附班固西都赋》："轶埃壒之混浊，鲜颢气之清英。"

(58) 贼：刘辟。脍：细切的肉。方世举《笺注》："贼肉脍：《南史·侯景传》：'景死暴之于市，百姓争取屠脍，羹食皆尽。'"《论语·乡党》："食不厌精，脍不厌细。"《孟子·尽心下》："公孙丑问曰：'脍炙与羊枣孰美？'孟子曰：'脍炙哉！'"《诗·小雅·六月》："饮御诸友，炰鳖脍鲤。"

(59) 文《详注》："最，第一也，音祖外切。"魏本："孙曰：策，谋策。最，第一。"顾嗣立《集注》："《汉书音义》：'功上曰最，下曰殿。'"殿最：古代考核军功或政绩时，以上等为最，下等为殿。《史记·绛侯周勃世家》："击章邯车骑，殿……攻槐里、好畤，最。"有以首要为最，末尾为殿者。《汉书·宣帝纪》地节四年诏："其令郡国岁上系囚以掠笞若瘐死者所坐名、县、爵、里，丞相御史课殿最以闻。"也用以指考试录取的首名与末名。汉董仲舒《春秋繁露》七："考试之法……九分三三列之，亦有上中下，以一为最，五为中，九为殿。"

(60) 王本作"以"。方《举正》、朱《考异》无校文，宋白文本、文本、祝本、魏本、廖本作"已"。屈《校注》作"已"。钱仲联《集释》校曰："当从'以'。"按诗意作"以"善。魏本："祝曰：颠沛，仆也。《论语》（《里仁》）：'颠沛必于是。'孙曰：颠沛，犹狼狈也。"查慎行《查初白诗评十二种》:“沛韵,重叶。”指前文“池星竞漂沛”,皆郊诗句。此为韩孟关心国事民瘼,愿有好收成,使百姓不至于饥饿而颠沛流离。

(61) 文《详注》:“啸,聚也。陆韩卿云:‘凫鹤啸俦侣。’”魏本:“孙曰:啸俦,谓啸呼其俦侣也。”方世举《笺注》:“曹植《洛神赋》(《文选》卷一九):‘命俦啸侣。’”

(62) 文《详注》:“江文通《杂体诗》(《文选》卷三一《张黄门协》)曰:‘山云润柱础。’础:磌石。云起则石润,亦阴气相感也。事见《淮南子》。础,音楚。霈,多泽也,音普盖切。”魏本:“祝曰:‘础,负楹石。’孙曰:‘霈,础石上润湿之气。’韩曰:《淮南子》(《说林训》):‘山云蒸,柱础润。’”

(63) 庶几:也许可以。表示希望或推测之词。《庄子·人间世》:“医门多疾,愿以所闻思其则,庶几其国有瘳乎!”《孟子·公孙丑下》:“王庶几改之,予日望之!”

(64) 魏本:“孙曰:已太,太甚也。《诗》(《唐风·蟋蟀》):‘无已太康,职思其忧。’”

【汇评】

清朱彝尊:摹写雨势正与前道热同,亦可谓极状境之妙。(顾嗣立《昌黎先生诗集注》卷八)

清何焯:安溪云:东野虽有捷疾响报之才,终不如退之愈出不窘也。(《义门读书记》卷三〇)

征蜀联句①

元和元年

日王忿违傲②,有命事诛拔③。蜀险豁关防④,秦师纵横猾愈⑤。风旗匝地扬⑥,雷鼓轰天杀⑦。竹兵彼皴脆⑧,铁刃我枪韱郊⑨。刑神咤聱旌⑩,阴焰飙犀札⑪。翻霓纷偃蹇⑫,塞野㷀块圠愈⑬。生狞竞掣跌⑭,痴突争填轧⑮。渴斗信庬呀⑯,唊奸何噢唶郊⑰。

更呼相簸荡⑱,交研双缺觳⑲。火发激铓腥⑳,血漂腾足滑愈㉑。飞猱无整阵㉒,翩鹘有邪戛㉓。江倒沸鲸鲲㉔,山摇溃豹貀郊㉕。中离分二三,外变迷七八⑯。逆颈尽徽索㉗,仇头恣髡鬝㉘。怒须犹搴髶,断臂仍鞍靸愈㉚。石潜设奇伏㉛,穴觑骋精察㉜。中矢类妖螯㉝,跳锋状惊犺㉞。蹋翻聚林岭㉟,斗起成埃圠郊㊱。旆亡多空杠㊲,轴折鲜联辖㊳。剁肤浃疮痍㊴,败面碎剖刮㊵。浑奔肆狂勷㊶,捷窜脱趆黠㊷。岩钩踔狙猿㊸,水潞杂鳣蝎㊹。投奇闹碻譬㊺,填隍碱儓僋愈㊻。强睛死不闭,犷眼困逾眨㊼,爇堞熇歇熻㊽,抉门呀㘈阖㊾。天刀封未坼㊿,酋胆慑前揠。跧梁排郁缩,闻窦搜窟窦。迫胁闻杂驱,咿呦叫冤鈯郊。穷区指清夷,凶部坐雕铩。邛文裁斐亹,巴艳收媚妠。椎肥牛呼牟,载实驼鸣圂。

圣灵闵顽嚚,焘养均草薐。下书遏雄唬,解罪吊挛瞎愈。战血时销洗,剑霜夜清刮。汉栈罢嚣嚻,獠江息澎汃。戍寒绝朝乘,刁暗歇宵䇿。始去杏飞蜂,及归柳嘶蚻。庙献繁鹹级,乐声洞栓榓郊。台图焕丹玄,郊告俨匏秸。念齿慰徽黱,视伤悼瘢疤。休输任讹寑,报力厚敩秸。公欢钟晨撞,室宴丝晓扴,杯盂酬酒醪,箱箧馈巾帓。小臣昧戎经,维用赞勋劼愈。

【校注】

① 魏本:"樊曰:《宪宗纪》:永贞元年(805)八月,剑南西川节度使韦皋卒,行军司马刘辟自称留后。元和元年(806)正月,长城使高崇文为左神策行营节度使讨辟。九月,崇文克成都,擒辟以献。此《征蜀联句》所由作也。韩曰:篇末献馘郊告等语,与《元和圣德诗》所叙言异而意同,其相先后作欤?"文《详注》引王《补注》同樊引《唐书·宪宗纪》后云:"此诗《征蜀联句》也,而东野有'飞蜂嘶蚕'之句,盖取时也。崇文以正月十七日出征,故云尔。"方世举《笺注》同樊,引《旧唐书·宪宗纪》。又云:"诗在王师屡捷,蜀寇将平时作。"方成珪《诗文年谱》:"元和元年十月作。"近是。《旧唐书·宪宗纪上》:"元和元年九月辛卯朔。辛亥,高崇文奏收成都,擒刘辟以献。"辛亥为二十一日,献馘郊告距此当有一段时日,以十月较合实际。

② 日王忿违慠:方《举正》作"日",云:"李本校'日'作'曰',然唐本、阁本皆作'日'。此语《左传》《汉》《史》屡见,入诗则自庾信始也。'日余滥推毂,民愿始天从'(《任洛州酬薛文学见赠别》)是也。"朱《考异》:"日,或作'曰'。(下引方语)"宋白文本、文本、祝本、魏本、廖本、王本等均作"日"。魏本注:"慠,与'傲'同。日,一作'曰',非。"当作"日"。魏本:"洪曰:日,往日也。《左氏》(文公七年):'日卫不睦,故取其地。'"顾嗣立《集注》:"杜预曰:'日,往日也。'"洪说本此。文《详注》:"日,谓迩日。"日,指明时间。钱仲联《集释》:"《逸周书》:'左右臣妾乃违。'孔晁注:'违,戾也。'《国语》:'小国敖。'韦昭注:'傲,慢也。'敖、傲、慠同,见《荐士》注。"慠(ào《集韵》鱼到切,去,号韵):骄慠。同傲。《吕氏春秋·侈乐》:"勇者凌怯,壮者慠幼,从此生矣。"《后汉书·河间孝王开传》:"政慠很,不奉法宪。"傲:骄傲。《书·尧典》:"象傲。"《书·益稷》:"无若丹朱傲。"则傲本字,慠后出字,汉晋后人多用之。二字音义同,今通作"傲"。

③ 魏本:"孙曰:诛拔,即谓遣崇文之师。"钱仲联《集释》:"《吕

氏春秋》高诱注:'覆取之曰拔。'"此指宪宗皇帝诏命高崇文率师伐刘辟。

④ 文《详注》:"蜀人以剑阁为险。《蜀都赋》(《文选》卷四左思撰)曰:'至于临谷为塞,因山为障,长城豁险,呑若巨防。一人守隘,万夫难向。'"魏本:"孙曰:'豁,开也。蜀险豁关防者,言关防皆失其险也。'"方世举《笺注》:"蜀险:《秦国策》:'今夫蜀,险僻之国也。'关防:《水经注》:峡左有城,盖古关防也。"唐李白《蜀道难》云:"危乎高哉!蜀道之难,难于上青天!"

⑤ 文《详注》:"谓王师也。唐都长安,故曰秦师。一谓秦国之师,勇于攻战,六国莫当。"魏本:"孙曰:'秦师,王旅,谓关中之兵也。崇文将步骑五千,皆长安禁旅,故云秦师。横猎,纵横桀猎也。'"童《校诠》:"第德案:史记李将军列传:中贵将骑数十纵,集解徐广曰:放纵驰骋。骠骑列传:纵五千骑往当匈奴,匈奴亦纵可万骑,又汉纵左右翼绕单于,皆为公纵字之所本,秦师纵横猎,言秦师驰逐横猎之叛徒也。古纵、从字通,史记李将军列传:中贵人将骑数十纵,汉书纵作从,左氏成十六年传:晋韩厥从郑伯,杜预曰:从,逐也是也。孙氏未释纵字之义,故为补之。"

⑥ 魏本:"孙曰:'风旗,旗飘扬也。'"文《详注》:"吊民罚罪者,恭行天罚而已,故夸出师之盛,以风雷况之。下两韵亦同。《景福殿赋》(《文选》卷一一何晏撰)云:'参旗九斿,从风飘扬。'"方世举《笺注》:"梁简文帝诗:'风旗争曳影。'"钱仲联《集释》:"《史记·高祖本纪》:'围宛城三匝。'匝,本作周、圈,环绕解。又曹操《短歌行》:'月明星稀,乌鹊南飞。绕树三匝,何枝可依。'杜甫《陪郑广文游何将军山林十首》之三:'滋蔓匝清池。'引申为满、遍,匝地即遍地也。柳宗元《钴鉧潭西小丘记》:'不匝旬而得异地者二。'韩公《去岁自刑部侍郎以罪贬潮州刺史乘驿赴任其后家亦谴逐小女道死殡之层峰驿旁山下蒙恩还朝过其墓留题驿梁》诗:'绕坟不暇号三匝,设祭惟闻饭一盘。'"

⑦ 魏本:"孙曰:'雷鼓,鼓声如雷。轰天,震动也。'"文《详注》:

"大鼓声如雷者。《山海经》云：'东海中有流波山，其上有兽状如牛，苍身无角一足，出入有风雷，其音如雷，名曰夔。黄帝得之，以其皮漫鼓，击以雷兽骨，即雷神也，人面兽身。取其骨击之，声闻五百里，以威于天下。'《西京赋》（《文选》卷二张衡撰）注云：'雷鼓，八面鼓也。'"方世举《笺注》："雷鼓：扬雄《甘泉赋》（《文选》卷七）：'登长平兮雷鼓磕，天声起兮勇士厉。'"

⑧ 魏本："孙曰：'蜀人以竹为弓矢，故云竹兵。皴脆，不牢貌。'樊曰：皴：《说文》（皮部）：'细皮起也。'"文《详注》："彼，谓蜀人也。晋杜预将伐吴，时众军议或俟来冬。预曰：今兵威已振，譬如破竹，数节之后，皆迎刃而解，无复着手处也。遂指授群帅，径造秣陵。（见《晋书·杜预传》）皴，裂也，音七伦切。"皴（cūn）脆：原指皮肤冻皴而易烂，此谓蜀军破败脆弱也。

⑨ 铁刃：方《举正》订"力"字，云："杭作'力'，蜀作'刀'。孟诗于炼诗最不苟。"朱《考异》："刃，或作'刀'，方作'力'。"宋白文本作"刀"，注："一作'刃'。"南宋监本原文作"刃"，文本、潮本、祝本、魏本、廖本、王本作"刃"，是。魏本："祝曰：枪，利刃貌。齼，齿利也。"文《详注》："齼，音察，齿利也。许顗《诗话》云：'此两句尽雕刻之功，而语仍壮。'"齼（chá 初八切，入，黠韵）：齿利也。《辞源》引此诗为例。

⑩ 文《详注》："刑神、阴焰，皆谓司杀之神。刑神，蓐收也，出《晋语》。咤，嗔也，音阳嫁切。"魏本："孙曰：'犛旄者，以犛牛尾为旄，旄亦旌旗之属。咤，惊咤。'祝曰：犛牛尾可为旄。《史记》：'杀一犛牛以为俎豆牢具。'"魏本音注："咤，陟驾切。犛，音茅，又音厘。"顾嗣立《集注》："《国语》（《晋语二》）：'虢公梦有神人立于西阿，觉，召史嚚占之。对曰：蓐收也，天之刑神也。'蔡邕《独断》：'纛以犛牛尾为之，如斗，或在骖头，或在衡。'"犛（máo 莫交切，平，肴韵）：长毛牛，见《说文》。《国语·楚语上》："不然，巴浦之犀、犛、兕、象，其可尽乎？"《山海经·中山经》："荆山……其中多犛牛。"注："旄牛属也，黑色，出西南徼外也。"犛旄，用犛牛尾长毛装饰的

旗帜。

⑪ 魏本:"韩曰:'飐,风吹也。'孙曰:'犀札者,以犀为札。札,甲也。'"文《详注》:"飐,磨也,音古玲切。旄幢以犛牛尾饰之。札,檄书也,以犀牛角为之。"顾嗣立《集注》:"《国语》(《越语上》):'夫差衣水犀之甲者三千人。'嗣立按刘石龄云:'《左传》成公十六年:蹲甲而射之,彻七札焉。'洪云:'说者谓此联尽雕刻之工而语仍壮(见许𫖮《彦周诗话》)。'"钱仲联《集释》:"《说文》(火部):'焰,火行微焰焰也。'"

⑫ 魏本:"孙曰:'翻霓,谓旌旗动如虹霓也。偃蹇,卷舒貌。'"方世举《笺注》:"傅毅《东巡颂》:'升九龙之华旗,建扫霓之旌旄。'"魏本:"樊曰:司马《大人赋》(《汉书·司马相如传》):'掉指桥以偃蹇。'注:'偃蹇,委曲貌。'"文《详注》:"《楚辞·骚》云:'扬云霓之晻蔼。'注云:'云霓,虹也,画之于旌旗。'偃蹇,高貌。扬子云《羽猎赋》(《文选》卷八)云:'青霓[云]为纷,虹蜺为缳。'注云:'纷、缳,皆旗饰也。'"又韦昭注:"纷,旗旒也。缳,旗上系也。偃蹇(jiǎn 九辇切,上,狝韵):高耸。《楚辞》屈原《离骚》:"望瑶台之偃蹇兮,见有娀之佚女。"

⑬ 㵱圿圠:方《举正》据唐本订"㵱"字,云:"阁同。李、谢校。"南宋监本原文作"倾"。朱《考异》:"㵱,或作'倾'。"宋白文本、文本、潮本、祝本、魏本作"倾"。廖本、王本作"㵱"。魏本:"孙曰:'谓兵众塞野,势欲倾侧也。圿圠,动摇类。'樊曰:贾谊《鹏(鸟)赋》'圿圠无垠'注:'非有限齐。'"此谓旌旗飘舞,军兵遍野也。详见《秋雨联句》注⑯。作"㵱"当连成一片解,作"倾"当遍解,均通,然按平仄律作"㵱"字善。

⑭ 魏本:"韩曰:'掣,牵也。跌,荡也。'孙曰:'狞,恶也。生而恶者竞相掣跌。掣,谓牵掣。跌,谓跌堕也。'祝曰:掣,牵也。《易》'其牛掣'是也。"魏本音注:"狞,尼耕切。掣,昌列、充世二切。跌,徒结切。"王元启《记疑》:"李贺《猛虎行》:'乳孙哺子,教得生狞。'公《寄三学士诗》亦云'生狞多忿狠',生亦狞也。旧注以生而狞为

生狞,非。"王谓生亦狞也,非是。生乃口语,生者,很也。生狞,即很恶,如云"生生把人气死"。脆生生,即脆得很。

⑮魏本:"孙曰:'痴突,谓痴弱者突出争相填轧也。轧,轹也。'"王元启《记疑》:"痴突,谓赴敌不顾死,如狂夫之前突也。旧注以痴弱而突出为痴突,非。"文《详注》:"皆言六师之锐不同狞恶也。"

⑯魏本:"孙曰:渴斗,谓渴于战斗,言其勇也。豗呶,相击声。韩曰:豗,击也。呶,喧呶也。"文《详注》:"豗,击也,音灰。呶,喧也,音女交切。"豗(huī 呼灰切,平,灰韵):水相击声。《文选》卷一二木玄虚《海赋》:"汹泊柏而迆飏,礌䃔匌而相豗。"李白《蜀道难》:"飞湍瀑流争喧豗,砯崖转石万壑雷。"

⑰文《详注》:"啖,食也,音徒敢切。噢咿,饮声,上音乌六切,下音乌八切。"魏本:"祝曰:《广韵》:'噢咿,悲也。'噢,饮声。孙曰:奸,贼党。噢咿,啖啗声。"钱仲联《集释》:"噢,当借为懊,《广韵》入声一屋:'懊,贪也,于六切。'噢咿,谓贪于饮啖。"啖(dàn 徒敢切,上,敢韵),食(动词)。《北堂书钞》一四三晋束晳《发蒙记》:"廉颇啖肉百斤。"噢(yǔ 于六切,入,屋韵),一作抚慰病者的声音。唐陆贽《奉天请罢琼林大盈二库状》:"疮痛呻吟之声,噢咻未息,忠勤战守之效,赏赉未行。"二作噢咿解,内心悲伤,同懊咿。《文选》卷一八嵇康《琴赋》:"含哀懊咿,不能自禁。"注引《字林》:"懊咿,内悲也。"咿(wā 乌八切,入,黠韵),吞饮声。《辞源》引韩愈、孟郊《征蜀联句》孟郊此句为例。此句谓:吞奸者之肉、饮贼人之血不必有怜悯之心。

⑱魏本:"《补注》:呼叫声籓扬也。"钱仲联《集释》:"张衡《西京赋》(《文选》卷二):'荡川渎,籓林薄。'薛综注:'籓,扬也。'李周翰注:'荡籓,谓摇动。'"

⑲文《详注》:"齾,齿缺也,音五辖切。"魏本:"樊曰:'齾,缺齿也。'"魏本音注:"齾,牛辖切。"齾(yà 五辖切,入,辖韵;又五割切,入,曷韵),缺齿。《说文·齿部》:"齾,缺齿也。"段注:"引申凡缺皆

曰鏒。"即器物缺损。唐皇甫湜《韩文公墓志铭》："还拜京兆尹,敛禁军,帖旱籴,鏒悻臣之铓。"此句谓:兵刃交砑而缺也。

⑳ 魏本："孙曰:'火发,谓火攻。铓腥,铓刃腥臭。'"王元启《记疑》："火发,即指血漂。谓血之喷发如火,故曰'激铓腥'。孙训火攻,神理全失。"钱仲联《集释》只引王说上语,而遗下语"孙训火攻,神理全失。"失却要义也。屈《校注》："按:火发,谓兵刃相击而迸出火星也。"细味诗意当是:两兵器相击,从兵刃上激起火花。腥,兵刃沾满血迹,发出血腥之味。

㉑ 血漂:方《举正》据蜀本订"漂"字。朱《考异》："漂,或作'飘'。"南宋监本原作"飘"。宋白文本、文本、潮本、祝本、魏本作"飘"。廖本、王本作"漂"。按诗意当作"漂",血,液体,从水;飘,从风,乃气体流动也。方世举《笺注》："血漂:《书·武成》:'血流漂杵。'腾足:曹植《七启》(《文选》卷三〇):'足不及腾。'"

㉒ 文《详注》："猱,猿属,音奴刀切。"魏本："孙曰:'猱以喻军士之壮。无整阵,言敌不得自整其阵也。'"王元启《记疑》："与下'有邪戛'为一类,皆指我军言之。无整阵者,谓龙虎鸟蛇,其变不一,敌不能测。孙谓敌不得自整其阵,非是。"先谓军士之壮,当之王师;又说敌军,前后抵牾。王说善。

㉓ 文《详注》："鹖,鸷鸟也,音户八切。戛,击也。"魏本："孙曰:'翩,飞貌。鹖,鸷鸟。邪戛,邪击也。鹖亦以喻军士。'"蒋之翘《辑注》："此二句言我师之神变。"戛(jiá 古黠切,入,黠韵),打击,敲打。《书·益稷》:"戛击鸣球,搏拊琴瑟以咏。"

㉔ 文《详注》："言兵威震动,江汉为之倒流。鲸、鲵,大鱼也。"钱仲联《集释》:"《左传》(宣公十二年):'古者明王伐不敬,取其鲸鲵而封之。'杜预注:'鲸鲵,大鱼名,以喻不义之人吞食小国。'"鲸,属哺乳类,种类甚多,生活在海洋中。《文选》卷六〇贾谊《吊屈原文》:"横江湖之鳣鲸兮,固将制于蝼蚁。"鲵,大鱼名。《庄子·逍遥游》:"北冥有鱼,其名为鲲。"乃想象中的大鱼。

㉕ 文《详注》："豻,音椿俱切。《说文》(豸部)曰:'似狸。'貗,

音乙黠切。《尔雅》(《释兽》)曰:'貙类,虎爪,食人,迅走。"獂(yà乌黠切,入,黠韵):獑獂,传说中的兽名。《尔雅·释兽》:"獑獂,类貙。虎爪,食人,迅走。"貙(chū 敕俱切,平,虞韵):兽名。《尔雅·释兽》:"貙獌似狸。"注:"今貙虎也,大如狗,文如狸。"魏本:"孙曰:江倒山摇以喻蜀兵之败。鲸、鲲、貙、獂,喻蜀兵溃散也。"方世举《笺注》:"江倒、山摇:王粲《羽猎赋》:'山川于是乎摇荡。'貙獂:《尔雅·释兽》:'貙獌似狸。'又:獂,獑类。貙,虎爪,食人,迅走。"王元启《记疑》:"此二句乃指敌军之奔溃。语极豪横,读之快足人意。"

㉖ 文《详注》:"中离、外变,皆谓阵势也。班固《西都赋》(《文选》卷一)云:'躏躏其十二三。'(张铣)注云:'践踏禽兽,[十分]杀其二三。'张平子《西京赋》(《文选》卷二)云:'白日未及移晷,已狝其十七八。'(薛综)注云:'狝,杀也。言日[景]未移,[禽兽什]已杀其七八[矣]。'"魏本:"孙曰:'言蜀师败,其或分为二三,或散为七八,不可禁也。'"此二句实写蜀叛军溃败的形势:内部叛变者十有二三,外边被击溃的十有七八。

㉗ 魏本:"孙曰:'逆颈,逆人之颈。徽,亦索也。'"廖本注:"扬雄《解嘲》(《文选》卷四五):'亡命免于徽索。'"应上"迷七八"也。逆颈,叛逆官兵之脖颈。徽索,绳索,引申为捆绑。

㉘ 文《详注》:"《史记》(《魏公子列传》):'魏公子无忌使客斩仇头,以进如姬。'髯,秃也,音丘八切。"魏本:"孙曰:'仇头,亦谓仇人之首。髡髯,谓秃去其发。'"方世举《笺注》:"髡髯:《说文》(《彡部》):'髡,剃发也。''髯,鬓秃也。'"髡(kūn 苦昆切,平,魂韵)髯(qiān 苦闲切,平,山韵),髡,谓古之剃发之刑,有罪之人剃其发,此后成习,沿续至今。《周礼·秋官·掌戮》:"髡者使守积。"注:"郑司农云:'髡当为完,谓但居作三年,不亏体者也。'"《汉书·刑法志》引《周礼》作"完者使守积"。《左传》哀公十七年:"公自城上见己氏之妻发美,使髡之,以为吕姜髢。"髯,《周礼·考工记·梓人》:"数目顑脰。"郑玄注:"故书顑或作'𦗐'。郑司农(众)云:'𦗐,读为为髯头无发之髯。'"韩公《南山》诗云:"或赤若秃髯,或熏若柴

槚。"髡髯合之则当作剃发之刑解。

㉙ 文《详注》："鬔鬇,乱貌。上音之耕切,下音女耕切。"魏本："祝曰:鬔鬇,《玉篇》(髟部)云:'发乱。'樊曰:《城南联句》云:'蹙鬐怒鬣鬖。'亦公语也。髡通作鬖。"

㉚ 毃瓠:方《举正》据唐本订"毃"字,云:"毃,苦果切,击也。字书无'瓠'字。"朱《考异》:"瓠,方作'毃'。"(引方语)今按:诸公所校本,'瓠'皆音蒲八切,瓠,格八切,与'鬔鬇'皆叠韵。"南宋监本原文作"瓠",宋白文本、文本、潮本、祝本、廖本、王本作"瓠瓠"。魏本作"瓠黏"。王元启《记疑》:"按字书'毃'字无蒲八一音,叠韵之说恐未确。鄙意二字皆当从'支'作'毃敁'。毃音颗,又音课,击也,见《博雅》。敁音劼,《玉篇》亦训击,于断臂义为近。"钱仲联《集释》:"胡文英《吴下方言考》卷十一:'案瓠瓠二字俱从爪,旧从瓜,误也。瓠,指大动也;瓠,爪微动也。吴谚谓广攎为瓠,重摇为瓠,音祼摆。'此盖俗体字,细审文义,从爪之说可从。今据证。"钱说虽有理,所据不足。韩愈未必懂吴语。况字书,即收字多的《康熙字典》所收二字从瓜,不从爪,云:"瓠,《广韵》:'恪八切。'《集韵》:'丘八切。'""瓠,《字汇》:'胡果切。'"又:"支部,毃,《广韵》《集韵》并苦果切。《说文》:'研治也。舜女弟名毃首。'《博雅》:'击也。'又《广韵》《集韵》并苦卧切,音课,义同。"当作"毃瓠"。《辞源》引《征蜀联句》诗为例,引方《举正》作解,云:"击动。"二句写伤者虽残犹劲击状。

㉛ 魏本:"孙曰:'石潜,谓蜀兵虽败尚有潜于石间者。'韩曰:'兵法有奇道伏道。'"

㉜ 精:朱《考异》:"精,或作'幽'。"诸本作"精",是。魏本:"孙曰:'亦谓蜀师觑于穴隙,欲乘王师之衅。精,一作幽。'"蒋之翘《辑注》:"二句正言我师察贼之动静,如下文云云。"

㉝ 文《详注》:"猣,音师衔切,犬容头进也。"魏本:"孙曰:'妖猣,狂犬,言中矢者奔走状如狂犬也。'韩曰:猣,犬容头进也。"猣(sāo《集韵》苏遭切,平,豪韵),传说似人猿的兽名。魏本音注:

"猰,所监切,又音森。"韩公《刘生》诗:"怪魅炫耀推蛟虬,山猰欢噪猩猩避。"

㉞惊狪:方《举正》作"貀",云:"蜀音女滑切,字当作'貀',猴属。阁本、今本多作'狪',从简也。"朱《考异》:"方云:蜀本音女滑切,字当从豸,猴属。今本多从犭,从简也。"南宋监本原文作"狪"。宋白文本、潮本、祝本、魏本均作"狪"。文本、廖本、王本作"貀"。文《详注》:"貀,音女滑切。《说文》曰:'似狸,苍色,无前足,善捕鼠。'一作'狪'。"魏本:"孙曰:'跳,避也。状似貀,兽名。'祝曰:狪,似狸,苍黑,无前足,善捕鼠。《后汉》(《乌桓鲜卑列传》):'有貂、貀、鼱子。'注:'貀,猴属。'"方世举《笺注》:"跳锋:《释名》(《尔雅》):'跳,务上行也。张协《七命》:'足拨飞锋。'惊狪:《尔雅·释兽》:'貀(同貀)无前足。'注:'晋太康七年,召陵扶夷县槛得一兽,似狗豹文,有角,两脚,即此种类也。或说貀似虎而黑,无前两足。'"方成珪《笺正》:"貀,《尔雅》作'貀',所谓无前足者也。《广韵》始收'貀'字。今本作'狪',尤非。"童《校诠》:"第德案:方崧卿氏以貀为正字,非。方成珪氏所校是。貀、狪皆貀之后出字。说文:貀,兽无前足,从豸,出声,汉律有捕豺貀购百钱。祝本云:跳一作飞。"貀(nà女滑切,入,黠韵),兽名,同貀。今作"狪"。

㉟魏本:"孙曰:'聚于林岭之中,蹴踏欲翻也。'"踏破林岭,歼灭内藏之叛军也。

㊱魏本:"孙曰:'斗起,忽起。坅,尘埃。'祝曰:《玉篇》(土部):'垢,坅也。'坅,音夏。"文《详注》:"坅,尘也,音吉黠切。《博物志》:'吴人谓尘土为埃坅。'"此亦写叛军。

㊲文《详注》:"斾,旗旒。杠,旗竿也,音江。"魏本:"韩曰:'杠,旌旗干也。'孙曰:'旗斾亡失,上有空竿也。'"魏本音注:"杠,音江。"钱仲联《集释》:"《左传》(僖公二十八年):'城濮之战,晋中军风于泽,亡大斾之左旃。'杜预注:'大斾,旗名。系旃曰斾。'"

㊳魏本:"孙曰:'軎,车轴。辖,轴头铁。'樊曰:'键也。'"文《详注》:"軎,持轮。辖,车轴头铁也,音下瞎切。"軎,车轴,两端各

穿车轮。辖,固定车轴上车轮的铁器,插入车轮外轴两端孔里。顾嗣立《集注》:"《汉景十三王传》:'上征荣,荣行,祖于江陵北门。既上车,轴折车废。'"韩公《送文畅师北游》:"挛拘屈吾身,戒辖思远发。"

㊴ 魏本:"孙曰:'劙,刺也。浃,满也。'祝曰:劙,削也。《说文》(刀部):'刊也。'"文《详注》:"《汉·贾谊传》:'劙,谓割取之也。'音丁劣切。"廖本注:"《史记·张敖传》(《张耳陈馀列传》):'贯高刺劙,身无可击者。'"劙(duó 丁括切,入,末韵):删削。《商君书·定分》:"有敢劙定法令,损益一字以上,罪死不赦。"又刺也,如《陈馀传》云。

㊵ 文《详注》:"剠,墨刑在面也,音渠京切。刮,剥也,丘八切。"魏本:"韩曰:'剠,墨刑也。刮,剥也。'"魏本音注:"剠,与黥同。刮,音劫。"剠(qíng 渠京切,平,庚韵):同黥。刮(qià 恪八切,入,黠韵):剥。《辞源》引韩孟《征蜀联句》诗为例。

㊶ 狂勷 方《举正》云:"狂,字当作'㹿',音匡,本亦一作'劻'。劻勷,遽也。故劻躟为行遽,崔鬠为发乱,皆以匡音为正。"朱《考异》引方语后云:"今按:本或作'狂獷'。《楚辞》作'伥攘'。"宋白文本、文本作"㹿勷"。祝本、魏本、廖本、王本作"狂勷"。㹿、劻、伥、㹿、狂均通。獷、鬠、躟、勷均通。今从钱校作"狂勷"。魏本:"孙曰:浑奔,全奔也。狂勷,遽走貌。"文《详注》:"狂勷,惶遽貌。上音曲王切,下音如阳切。一走貌。《楚辞·九辩》云:'逢此世之狂勷。'"又作"劻勷",急迫不安的样子。韩公《刘统军碑》:"新师不牢,劻勷将逋。"

㊷ 捷趉 方《举正》据唐本订"捷"字,云:"李校。《西都赋》(《文选》卷二张衡撰):'僄狡趉捷之徒。'"朱《考异》:"捷,或作'健'。"南宋监本原文作"健"。宋白文本作"捷"。文本作"健"。潮本、魏本作"健"。廖本作"捷"。方校作"捷",是。魏本:"韩曰:趉,善走也,又举足也。祝曰:捷也。《选》(卷一四颜延年《赭白马赋》):'捷趉夫之敏手。'"方世举《笺注》:"趉黠:张衡《西京赋》(《文

选》卷二）：‘轻锐僄狡趫捷之徒。’《说文》（走部）：‘趫，善缘木走。’”钱仲联《集释》：“《广雅·释诂》：‘黠，慧也。’”趫（qiáo 起嚣切，平，宵韵），便捷。《文选》张衡《西京赋》：“非都卢之轻趫，孰能超而究升。”注：“都卢国，其人善缘高。”又同“蹻”，善走。《文选》卷三四曹植《七启》：“趫捷若飞，蹈虚远蹠。”注：“《广雅》曰：‘趫，趋行也。’今为蹻。”黠（xiá 胡八切，入，黠韵），一作聪慧、机敏解。《世说新语·文学》“或问顾长康（恺之）”注引宋明帝《文章志》曰：“桓温云：‘顾长康体中痴黠各半。’”按诗意，当作狡猾解。《战国策·楚三》：“今山泽之兽，无黠于麋。”

㊸ 狙猿：文本作“猿狙”。诸本作“狙猿”，从之。方世举《笺注》：“狙猿：《庄子·应帝王》篇：‘猨狙之便。’”魏本：“祝曰：踔，《广韵》（去声三十六效）云：‘猿跳。’”文《详注》：“踔，行不常也，音敕教、敕角二切。”朱《考异》：“钩字当读如钩致之钩。”踔（chuō 丑教切，去，效韵），踢，腾跃。《文选》卷八司马相如《上林赋》：“捷垂条，踔希间。”《后汉书·马融传·广成颂》：“踔㛹枝，杪标端。”

㊹ 水漉：方《举正》作“漉”，云：“晁、李本皆作‘罷’。罷，小网也。”朱《考异》：“漉，或作‘罷’。”魏本：“祝曰：鳣，大鱼。螖，蟛螖也。《玉篇》（虫部）云：‘似蟹而小。’”文《详注》：“螖，音户八切。《尔雅》（《释鱼》）曰：‘彭螖，小蟹。’”魏本：“孙曰：‘蜀兵败，皆投于山岩水石之间，故或钩之于岩，则踔狙猿；漉之于水，则杂鳣螖也。’”方世举《笺注》：“鳣螖：《尔雅·释鱼》‘鳣’注：‘鳣，大鱼。’又：‘螖蠌小者蟧。’注：‘螺属。’”鳣（zhān 张连切，平，咸韵），鱼名。《诗·卫风·硕人》：“鳣鲔发发。”即鲟鳇鱼。《史记·贾生传·吊屈原赋》：“横江湖之鳣鱏兮，固将制于蝼蚁。”《集解》：“如淳曰：‘大鱼也。’”螖（huá 户八切，入，黠韵），小蟹名。《尔雅·释鱼》：“螖蠌，小者蟧。”注：“螺属，见《埤苍》。或曰即蟛螖也，似蟹而小。”

㊺ 文《详注》：“奅，窖也，音枝教切。硿礲，石落声。上音户冬切，下音力宗切。”魏本：“祝曰：奅，与驳同。《广韵》（去声三十六效）：‘军战石也。’硿礲，奅石声。”魏本音注：“奅音炮，硿音穹，礲音

隆。"方成珪《笺正》："㕦，《广韵》《集韵》只训大，无与炮同及军战石之说。"方世举《笺注》："投㕦：同炮。《广韵》：'炮，军战石也。'硠礚：《元包经》：'庐硠礚。'注：'山崩声。'《玉篇》：'礚硠，石声。'"㕦（pào 匹貌切，去，效韵），一曰作大解，《正字通》："《方言》以大言冒人曰㕦。"钱仲联《集释》："《史记·建元以来侯者年表》索隐引张揖曰：'㕦，空也。'《说文》（大部）：'㕦，窖也，从穴，卯声。'《汉书·卫青传》注：'窌㕦亦同字。'此诗㕦字当作山岩间空穴解，谓败窜之蜀兵争投山崖而死，因其人多声喧，故曰闹硠礚也。"或谓同'窌'，当窖解，均不合诗意。当作炮石即滚石解合诗意。《辞源》作炮石解，引韩诗为例。硠（hóng 户冬切，平，冬韵）礚（lóng 隆），《汉语大词典》："象声词。形容石落声、雷声、叩击声等。泛指巨大的响声。北周卫元嵩《元包经·孟阴》：'庐硠礚。'苏源明传：'庐硠礚，山之崩也。'唐皮日休《太湖诗·缥缈峰》：'翠壁内有室，叩之虚硠礚。'"亦引此诗为例，谓落石声。谓叛军投崖如落石之声，轰隆作响。

㊻ 方《举正》作"填隍㵄偺"，云："樊本作'隍'，义为是。㵄，蜀本乌皆切，字当作'㟴'。'㵄'字不见字书，《埤苍》：'㟴巤，不平也。'《吴都赋》（《文选》卷五）：'隐赈㟴巤。'五臣曰：'排积也。'于'填隍'之义亦合。"朱《考异》："隍，或作'湟'。今按：隍、湟通用。《易》（《泰》）：'城复于隍。'一作'湟'。㵄偺，㵄音乌归切，又作'㵄'。（下引方语）"南宋监本原文作"湟"，宋白文本、文本、潮本、祝本、魏本"隍"作"湟"。廖本、王本作"隍"。今从方。文《详注》："湟音胡光切。《说文》（水部）曰：'水名，出金城临羌塞外，东入河。'今《征蜀》当作'隍'。《说文》（阜部）曰：'隍城下池有水曰池，无水曰隍。'㵄偺，健也。上音莫八切，下音呼八切。㵄，当作'濊'，音乌怀切，水回旋貌。按字说无从威者，见《海赋》。"魏本："㵄，乌皆切，亦作挨。㵄，莫八切。偺，呼八切。湟字一作'隍'，㵄字一作'㵄'。㵄，宗禄切。"魏本引《集注》："隍城池水。㵄偺，无惮也。又《玉篇》（人部）：'健也。'"方世举《笺注》："《古今注》（卷上《都邑》）：'隍者，城池之无水者也。'"陈景云《点勘》："《玉篇》：'㵄偺，健也。'

盖言填隍士之奋力。"王元启《记疑》:"僦偘僖:僦字遍检各字书无之,恐系'礘'字之误。因'偘僖'字从'人',缮写者遂并误'石'为'人'。方引《吴都赋》作'嵼',窃谓从'石'从'山',于义两通。但考《玉篇》云:'偘僖,健也。'隍不可以言建,当就填隍军士言之,盖是奋勇争先之义。礘,训石不平,嵼,训排积,虽切填隍,然于偘僖意不相联贯,此字尚当别考。"钱仲联《集释》:"王元启说与陈说同,皆非是。填隍,指败寇之填隍而死者。偘僖训健,引申作悍不惮死之意解,下联即顶此而来。"隍(huáng 胡光切,平,唐韵),无水的城壕。《易·泰》:"城复于隍,其命乱也。"《列子·周穆王》:"郑人有薪于野者,遇骇鹿,御而击之,毙之,恐人见之也,遽而藏诸隍中,覆之以蕉,不胜其喜。"僦(wēi 吴归切),填进城壕里的死者堆积排压貌。偘(xiā《广韵》呼八切,入,黠韵),偘僖,《康熙字典·人部》:"《广韵》《集韵》《韵会》并莫八切,麻入声。偘僖,健貌。"与钱解意同。又作健壮解。

㊼魏本:"祝曰:犷,犬也。《说文》(犬部):'犬不可附也。'《选》(卷四八扬雄《剧秦美新论》):'狙犷而不臻。'犷,古猛切。眻,莫八切。"《玉篇》(目部):"眻,直视也。"魏本:"孙曰:犷,眼毒。眻,恶视也。"文《详注》同。犷(guǎng 居往切,上,养韵),猛悍。《文选》卷五九沈约《齐故安陆昭王碑文》:"强民犷俗。"眻(miè 莫八切,入声,黠韵),恶视貌。《辞源》引此诗为例。二句写死者的狰狞貌。

㊽文《详注》:"爇,烧也,音儒劣切。堞,城上女垣也,音达协切。熇,热气也,音诃各切。歊熺,气上出貌。歊,音枵。"魏本:"祝曰:堞,城上垣。《左氏》(襄公十年):'及堞而绝之。'熇,热也。《前汉》:'阳风吸习而熇熇。'孙曰:'爇堞,烧城也。熇,火炽貌。歊,气出貌。熺,亦热也。'"爇(ruò 如劣切,入,薛韵),烧。《左传》僖公二十八年:"爇僖负羁氏。"熇:同烤,用火烘熇。《集韵》:"熇,熺也,或从告。"歊(xiāo 许娇切,平,宵韵),气上升貌。《后汉书·班彪传》附班固《宝鼎诗》:"岳修贡兮川效珍,吐金景兮歊浮云。"熺,烹

煮。《淮南子·时则训》：""湛熺必洁。""注：""湛，渍也；熺，炊；必令圭洁也。""《文选》卷一二木玄虚《海赋》：""熺炭重蟠。""李善注：""《广雅》曰：'熺，炽也。'""

㊾ 文《详注》：""抉，挑也，音娟悦切。拗闼，门扇声。闉，音乙辖切。《前汉·薛宣传》云：'抉其门杀之。'""魏本：""孙曰：抉，挑也。《左氏传》（襄公十年）'县门发，䣙人纥抉之以出门者'是也。韩曰：拗闼，门声。""魏本音注：""抉，于决切；呀，虚加切；拗，于绞切；闉，乙辖切。""顾嗣立《集注》：""《说文》：'闉，门声。'""闉（yà《广韵》乙镒切，入，镒韵）：门开关声。《敦煌变文集·汉将王陵变》：""合惧马门闉地开来，放出大军。""《汉语大词典》引此诗为例。

㊿ 魏本：""孙曰：天刀，天子所封之剑。""坼，文本作""拆""。坼（chè 丑格切，入，陌韵）、拆（chāi《集韵》耻格切，入，陌韵），作分裂、裂开解，通用。《易·解》：""雷雨作而百果草木皆甲坼。""《淮南子·本经训》：""天旱地坼。""《诗·大雅·生民》：""不坼不副，无菑无害。""韩公《寄皇甫湜》诗：""拆书放床头，涕与泪垂四。""则作拆开解，亦近是。

㈤ 魏本：""祝曰：揠，拔草心也。《孟子》（《公孙丑上》）：'助苗之长者揠苗者也。'孙曰：'前揠，前时败北为王师所揠。'""顾嗣立《集注》：""《方言》（卷三）：'东齐海岱之间，谓拔为揠。'""方世举《笺注》：""前揠：言早已丧胆也。""此句谓：叛军头目早已为王师所压而丧胆也。

㉒ 排郁缩：方《举正》订""排""字，云：""蜀本作'排'。校本多同。杭本作'非'，恐讹。""朱《考异》：""排，或作非。""宋白文本、文本、祝本、魏本、廖本、王本均作""排""，是。文《详注》：""跧，伏也，音庄缘切。梁，栋也。《鲁灵光殿》（《文选》卷一一王文考《鲁灵光殿赋》）云：'狡兔跧伏。'郁缩，跧梁貌也。""魏本：""祝曰：跧，屈伏貌。《选》：'狡兔跧伏于柎侧。'孙曰：'跧梁，谓跧伏于梁上。排，逐捕也。郁缩，恐惧敛缩貌。'""王元启《记疑》：""排都[郁]缩：跧梁者非一人，故曰排。排，推也，挤也，击也。""跧，踹。《说文·足部》：""蹴也。""蜷

伏。《文选》卷一一王文考《鲁灵光殿赋》:"狡兔跧伏于柎侧,猨狖攀椽而相追。"唐柳子厚《为裴中丞伐黄贼转牒》:"恃狡兔之穴,跧伏偷安;凭孽狐之丘,跳踉见怪。"

㊵ 窋:宋白文本、文本、祝本、魏本、王本作"窑"。廖本作"窟"。文《详注》:"闯,从门出也,音丑禁切。窦,穴也。《左传》:'毕门圭窦。'揳,击也,音戛。窑窡,闯窦貌。上音知律切,下音丁刮切。言搜摘之甚,跧梁闯窦者悉被排击。"魏本引《集注》:"闯,马出门貌,又窥也。窦,穴也。揳,击搏也。窑,《说文》(穴部):'物在穴中。''窡,穴中见也。'"魏本音注:"闯,丑禁切。揳,音戛,又音屑。窑,竹律切。窡,丁刮切,又丁滑切。"王元启《记疑》:"揳,旧注云:'不方正也。'按:不方正之楔,字书音屑,谓之攟揳,与此义别。《后汉·申屠刚传》:'尚书近臣至,乃捶揳牵曳于前。'楔,与击通,此当从捶揳之义。窑窡,闯窦之状,与上郁缩为跧梁之状同义。排之揳之,言搜逐无遗也。"窑(zhú 竹律切,入,术韵),《康熙字典·穴部》:"《广韵》《集韵》《韵会》《正韵》:并竹律切,音绌,将出穴貌。一曰空也。又《集韵》:张滑切,音窡,物在穴中貌。又与'窟'同。窟,《广韵》《集韵》《韵会》《正韵》并苦骨切,音巏。《篇海》:窟,室也,孔穴也。《礼·礼运》:昔者先王未有宫室,冬则居营窟。《左传》襄三十年:郑伯有为窟室而夜饮酒。"窑,《说文·穴部》:"物在穴中貌。"则窑、窟音义俱通。此谓击拿洞穴里的叛军。

㊶ 魏本:"孙曰:'杂驱,谓牛马同驱逐也。'"此指捕获的贼群。

㊷ 冤軮:方《举正》作"冤朒",云:"蜀本五刮切。朒与'趉'同。樊本只作'趉'。今'朒'字不入刮音,非。"宋白文本、文本作"朒"。宋白文本注"五刮反"。廖本、王本作"朒"。祝本、魏本作"軮"。文《详注》:"咿呦,叹声也,音伊忧。朒,断足也,音五刮切。"魏本:"孙曰:'咿呦,哭声。'祝曰:'軮,屈也。'"魏本注:"呦,音幽。軮,五滑切。軮,一作'趉',又作'朒'。朒,五刮切,与'刖'同,谓断足也。"朱《考异》同方《举正》,引方语。王懋竑《读书记疑》卷一六:"注以'朒'不入刮音为非,则本无'朒'字也。樊本只作'趉',是当有'趉'

字。今《广韵》五剐切,有刖无跀,则亦与《唐韵》异矣。"王元启《记疑》:"按:俘获之囚,但闻馘耳,不闻刖足。作'刖'似未稳。连上'冤'字为义,恐当从魏本作'魶',训屈为长。诸本作'跀',盖因声近而讹。"钱仲联《集释》:"王说是也。方成珪《笺正》与王说同。"跀,《广韵》《集韵》并鱼厥切,音月。跀或从兀,作"阢"。阢,《康熙字典·足部》:"《唐韵》《集韵》并鱼厥切,音月。跀或从兀作'阢'。"《说文》:"跀,断足也。"或作刖。则阢、跀、刖三字音义均同,作"阢"字者少。魶,《集韵》:"与跪同。"祝解作屈字,解本《广韵》。

㊶ 魏本:"孙曰:'穷区,穷困之区域,以谓贼境也。指,颐指。夷,平夷也。'"蒋抱玄《评注》:"指清夷,犹言指日清平也。"钱仲联《集释》:"傅咸(长虞)诗(《文选》卷二五傅长虞《赠何劭王济》):'[但愿隆弘美,]王度日清夷。'"

㊷ 文《详注》:"铩,长矛也,音杀。"魏本:"祝曰:铩,长刃矛也。《前汉》(《陈胜项籍传》):'锄櫌棘矜,不敌于钩戟长铩。'孙曰:'凶部,凶贼之部党。雕铩,剪除也。'"钱仲联《集释》:"诸葛亮《后出师表》:'使孙策坐大。'鲍照《芜城赋》:'孤蓬自振,惊沙坐飞。'李善注:'无故而飞曰坐。'《国语》韦昭注:'雕,伤也。'《文选·蜀都赋》李善注:'许慎曰:铩,残也。'"雕铩,残败,凋谢也。雕通凋,当衰败解。曹操《为徐宣议刘矫下令》:"丧乱以来,风教凋薄。"铩,伤残。颜延年《五君咏·嵇康》:"鸾翮有时铩,龙性谁能驯?"此谓叛军之党被追杀而残败也。

㊸ 邛:宋白文本、文本作"印"。祝本、魏本作"印"。廖本、王本作"邛"。魏本:"孙曰:'邛,蜀地名。文,织之有文者,盖锦绮之类。斐亹,文章貌。'"方世举《笺注》:"邛文:《书·禹贡》:'厥篚织文。'按《华阳国志》:'成都锦江,织锦濯其中则鲜明。'故《唐六典》:'剑南道土贡罗绫锦紬。'皆所谓邛文也。"《汉书·西南夷传》:"自滇以北,君长以十数,邛都最大。"《文选》卷一一孙绰《游天台山赋》:"彤云斐亹以翼棂。"则作"邛"字是,与下句"巴"字对,皆蜀之地名。

㉙魏本:"孙曰:'巴亦蜀地。巴艳,蜀之美女。婠妠,小儿肥貌。'"文《详注》:"巴人善舞,故曰巴艳。婠妠,体德好也。上音乌八切,下音女刮切。《三巴记》曰:'阆中有渝水,賨民锐意喜舞,高祖乐其猛锐,数观其舞,使乐人习之,故名巴渝舞。'"魏本音注:"婠,于八切。妠,女刮切。"方世举《笺注》:"巴艳:左思《蜀都赋》(《文选》卷四):'巴姬弹弦,汉女击节。'善注:'《左传》:楚共王有巴姬。'"钱仲联《集释》:"《太平御览》(卷三八一)引《通俗文》曰:'容美曰婠,乌活反。'《说文》(女部):'婠,体德好也,从女,官声,读若楚郤宛。'《广韵》(入声十五鎋):'妠,女刮切。婠妠,小儿肥貌。'此处盖兼用肥美之意。"婠(wān—丸切,平,桓韵)又乌八切,入,黠韵):体态美好。妠(nàn 奴绀切,去,勘韵)又 nà 女刮切,入,鎋韵),前者同纳,娶也;后者谓姿态美好貌。婠妠,姿态美好貌。作姿态美好貌解合诗意。

㉚椎:宋白文本、文本、祝本、魏本均作"推",非是。文《详注》:"推,音徒回切。《汉书》:'推牛纵酒。'实谓军捷也。牟,音莫浮切。《义训》曰:'牛之声曰牟。'"魏本:"韩曰:'《古乐府》:烹羊宰肥牛。《后汉》:征苏茂,推(《后汉书》作椎)牛飨士,士气自倍。'孙曰:'推肥,推择其肥者。牟,《说文》(牛部)曰:牛鸣也。'《补注》:'《笔墨闲录》云:子厚《牛赋》曰:牟然而鸣,黄钟满胫。'"魏本音注:"牟,音侔。"方世举《笺注》:"椎肥:《后汉书·吴汉传》:'椎牛飨士。'"童《校诠》:"第德案:后汉书吴汉传:椎牛享士,于是军士激怒,人倍其气。字作椎,不作推。韩诗外传:是故椎牛而祭不如鸡豚之逮亲存也。史记冯唐传:五日一椎牛,享宾客军吏舍人。索隐:椎,直追反,击也。皆作椎牛,不作推牛。孙氏释推为推择,不免望文生义,不可从。推当依廖本、王本作椎,祝本亦讹作推,与本书同。"童说是。

㉛魏本:"祝曰:圀,《广韵》(入声十五鎋)云:'骆驼鸣也。'"文《详注》:"《山海经》云:'骆驼日行三百里,负重千斤。圀,音乙鎋切。驼之声曰圀也。'"魏本:"孙曰:'实,重也。圀,驼声。'《补注》:

'《笔墨闲录》云:荆公云:橐垂铃栈驼鸣圔,节拥棠郊虎视眈。用此事也。'"钱仲联《集释》:"《文选·吴都赋》('数军实乎桂林之苑'句)刘逵注:'郑氏曰:军实所获也。'"圔(yà 乙锗切,入,锗韵),骆驼鸣叫声。《辞源》引《征蜀联句》韩诗为例。

⑥ 文《详注》:"圣灵谓宪宗也。"魏本:"孙曰:'顽嚚,不悛貌。《书》(《尧典》)曰:瞽子,父顽,母嚚。'韩曰:'僖公二十四年《左氏》:心不则德义之经为顽,口不道忠信之言为嚚。'"顽,愚妄。《书》(《尧典》):"瞽子,父顽,母嚚。"传:"心不则德义之经为顽。"嚚(yín 语巾切,平,真韵),愚蠢。嚚顽:愚顽之人。汉王充《论衡·书解》:"嚚顽之人,有幽室之思,虽无忧,不能著一字。"

⑥ 文《详注》:"言蜀既平定,大赦天下,如天之无不覆焘也。蔡,音察,草名。"魏本:"祝曰:'《玉篇》(草部):蔡,草有毒,用杀鱼。'"魏本注:"焘,覆也。蔡,音察。"方世举《笺注》:"焘养:梁简文帝《南郊颂》:'等乾覆之焘养,合坤载之灵长。'"俞樾《俞楼杂纂》卷二六:"毒草亦多矣,何独举一'蔡'而言?即云以协韵也,然上句'圣灵闵顽嚚''顽嚚'二字平列,'草蔡'则不平列矣。何妨更举一毒草以俪之,而必云'草蔡'乎?今按:《说文·丰部》:'丰,艸蔡也,象草生之散乱也。'是古有草蔡之语。草蔡,即草丰也。唐人犹知用古语,宋以后无知者矣。"童《校诠》:"俞说是也。兹复为证明之。广韵十四黠:蔡,草蔡,蔡为蔡之后出字。古只用蔡字,文选左氏思魏都赋:蔡莽螫刺,李氏善引王逸楚辞注曰:蔡,草莽也。说文:蔡,草也。丰,草蔡也。草蔡即草丰,经典或假芥为之,孟子离娄:君之视臣如土芥,赵氏岐曰:芥,草芥也,庄子逍遥游:则芥为之舟,释文引李注:芥,小草也是也。"蔡(chá 初八切,入,黠韵),野草。《增韵》:"蔡,草芥也。"《中文大辞典》《汉语大词典》均举《征蜀联句》韩诗为例。

⑥ 魏本:"孙曰:'下书,降诏也。遏,止也。雄唬,将帅。唬,虎声。遏雄唬,无令多杀也。'"魏本音注:"唬,呼交切。"王懋竑《读书记疑》卷一六:"唬,音哮,《广韵》作'虓'。"方世举《笺注》:"雄唬:

《诗·常武》：'阚如虓虎。'班固《答宾戏》(《文选》卷四五)：'七雄虓阚，分裂诸夏。'"虓(xià 呼讶切,去,祃韵;古伯切,入,陌韵)：虎啸。

㊻ 魏本："孙曰：'挛,释也。挛,手足病。瞎,目病。'"魏本音注："挛,力全切。瞎,许辖切。"方世举《笺注》："挛瞎：按：挛,拘挛；又手病挛曲也。《释名》(卷八《释疾病》)：'瞎,迄也。肤幕迄迫也。'《广韵》(入声十五辖)：'瞎,一目盲。'此言闵无告之穷民也。"瞎：或作一目闭合解。《十六国春秋·前秦苻生》："吾闻瞎儿一泪,信乎？"或作目盲解。唐孟郊《寄张籍》："西明寺后穷瞎张太祝,纵尔有眼谁尔珍？"按张籍时患眼病,未瞎(失明)。而此联句中诗意以作疾病解为善。

㊺ 血：廖本、王本作"恤"。宋白文本、文本、祝本、魏本作"血"。按诗意当作"血"。此句谓洗去战场上的血迹。

㊼ 魏本："孙曰：'剑霜,言剑刃白如霜也。'"钱仲联《集释》："《礼记·明堂位》郑玄注：'刮,刮摩也。'"夜清刮,夜里发出寒霜之光。

㊽ 文《详注》："《汉·高纪》云：'汉王烧绝栈道。'颜师古曰：'栈即阁也。'今谓之阁道。"魏本："孙曰：'汉栈,汉中栈道也。往时用兵,喧嚣圚塞,今则罢也。'"钱仲联《集释》："《战国策》(《秦策三》)：'秦栈道千里,通于蜀。'《汉书·张良传》('良因说汉王烧绝栈道'句)注：'栈道,阁道也。'《左传》(成公十六年)：'在陈而嚣。'杜预注：'嚣,喧哗也。'《尔雅》(《释天》)：'振旅阗阗。'郭璞注：'阗阗,群行声。'孙解阗塞,非是。"嚣,喧闹之声。阗：大声。嚣阗,形容战场的喧闹之声。

㊾ 文《详注》："獠,蜀夷别名。澎汃,波激声。上音彭,下音普八切。"魏本："孙曰：獠江,蜀江。澎汃,湍声。祝曰：獠江,西极之水。《选》(张衡《南都赋》)：'砯汃镗轧。'"上句写栈道的喧闹,下句写蜀水的湍泻。

㊿ 戍寒绝朝乘：方《举正》："乘,犹'乘塞''乘障'之'乘'。乘,守也。阁本作'来',非。"朱《考异》从方引《举正》语。钱仲联《集

释》:"《北史·齐神武纪》:'请于险要修立城戍。'又《齐武成帝纪》:'筑戍于轵关。'《史记·黥布传》:'守徼乘塞。'索隐:'乘者,登也。'"魏本注:"乘,备也。戍,一作'戎'。"作"戎"非。

⑦ 文《详注》:"此二句一本在'蔌鞣'句下。"魏本此二句即在"蔌鞣(鞣作'鞣')"句下,非是。刁暗歇宵誓,方《举正》订"刁"字,云:"刁,刁斗也,昼炊夜击。诸本多误。此二语古本缀于'息澎汎'之下,今从之,盖此诗自'筛多亡空杠'以下,每人皆五韵,不应东野于此阙一韵也,义亦可考。"朱《考异》:"方云:刁,刁斗也。昼炊夜击,诸本多误。又此二语诸本多缀于'厚蔌秸'之下,古本乃缀于'息澎汎'之下,今从古本。盖此诗自'筛亡多空杠'以下,每人皆五韵,亦可考也。今按:刁斗之刁与刀剑之刀,古书盖一字,但以音别之耳。"宋白文本、文本作"刀"。魏本作"刁"。方成珪《笺正》:"刀字《举正》改作'刁',按:《汉书·李广传》:'不击刀斗以自卫。'《方言》十三注:'刀斗,谓小铃也。'又《庄子·齐物论》:'而独不见之调调乎?之刀刀乎?'《后汉书·宦者传序》:'竖刀乱齐。'读皆若貂,而字正作'刀'。方氏改作'刁',谓诸本多误,是以不狂者为狂也。朱子《考异》已辨之矣。"查慎行《查初白诗评十二种》:"誓,与'察'同,似重叶。"童《校诠》:"说文:镳,镳斗也,段氏玉裁以为即刀斗,此为刀斗本字,刀借字,刁为刀之后出字。"镳,与刁同音同义而字形异,金形焦声。"刁"为"镳"之后出字,因刀与金字义合,故后以刀、刁混用之。实则"刀"与"刁"为两字。古籍或假借,或形似而混,形成以刀为刁之习。此处作"刀"、作"刁"均可。

⑦ 文《详注》:"言征蜀之士春去秋归,久劳于外也。按《唐纪》:元和元年正月讨刘辟,九月贼平。蚍,小蝉也,音侧八切。《雪浪斋日记》云:诗(《小雅·采薇》)曰:'昔我往矣,杨柳依依。今我来思,雨雪霏霏。'亦记时也。今联句云云,语新意妙。山谷亦有'去时鱼上冰,归来燕哺儿'之句。"魏本:"孙曰:正月出师,故云'杏飞蜂'。十月息师,故云'柳嘶蚍'。祝曰:《尔雅》(《释虫》):'蚍,蜻蜻。'似蝉而小。洪曰:'记时之语工矣。'"钱仲联《集释》:"《尔雅·

释虫》:'蚉,蜻蜻。'郭璞注:'如蝉而小。'《方言》云:'有文者谓之蟆。'《夏小正》曰:'鸣蚳虎悬。'邢昺疏:'某氏解此云鸣蚉蚉者也。'洪兴祖《韩子年谱》:'伐刘辟在今春,平蜀在今秋,故《征蜀联句》曰:始去杏飞蜂,及来柳嘶蚉。'"

⑬ 文《详注》:"级,等也。秦法:获敌人一首者赐爵一级,因谓之首级云。"魏本:"孙曰:'庙献,献于庙社。繁,多。馘,截耳级首也。级本等级,秦法,斩首一赐爵一级,后世因谓斩首为级。是岁十二月戊子,辟至长安,献太庙郊社,故云。'"魏本音注:"馘(guó 入,麦韵),古获切。"顾嗣立《集注》:"《诗》(《鲁颂·泮水》):'在泮献馘。'郑氏云:'馘,所格者之左耳。'《汉·卫青传》:'三千一十七级。'师古曰:'本以斩敌一首拜爵一级,故谓一首为一级,因复名生获一人为一级也。'"馘,同聝,《说文·耳部》:"军战断耳也。"《诗·大雅·皇矣》:"执讯连连,攸馘安安。"毛传:"馘,获也。不服者杀而献其左耳曰馘。"此谓献馘斩首之多也。

⑭ 椌楬:宋白文本、文本作"控揭"。祝本、魏本、廖本、王本作"椌楬"。魏本:"祝曰:'洞,达也。《礼记》(《乐记》):圣人作为鞉、鼓、椌、楬、埙、箎也。'椌,苦江切。楬,苦瞎切。"文《详注》:"控、揭、枳、敔也。上音苦江切,下音苦瞎。"按《礼记·乐记》当作"椌、楬"。椌(qiāng 苦江切,平,江韵),古代乐器。楬(qià 枯镈切,入,镈韵),用以止乐的虎状木制乐器。《礼记·乐记》云:"然后圣人作为鞉、鼓、椌、楬、埙、箎。此六者,德音之音也。"郑玄注:"椌、楬,谓柷、敔也。"又《释文》:"椌,敔也。"此谓乐声响彻云天。

⑮ 文《详注》:"后汉图画二十八将于南宫云台,唐自贞观以来图于凌烟阁。"魏本:"孙曰:'台图,谓图画于灵台。焕,明。玄,黑也。言画将帅之相于台上也。'"顾嗣立《集注》:"范晔《后汉书·二十八将论》:'显宗追感前世功臣,并图画二十八将于南宫云台。'"魏本:"樊曰:'谓如后汉二十八将图形于灵台也。'"

⑯ 文《详注》:"谓祭天南郊以告成也。匏,乐器。稭,祭席。《说文》(禾部)曰:'禾藁去皮,祭天以为席。'《禹贡》'三百里纳秸

服'是也。秸音讫黠切,稭同。"魏本引《集注》:"郊告,告天于南郊。俨,祗肃貌。匏以为器,稭以为席,皆事天之物,贵质素也。《礼记》(《礼器》):'莞簟之安,而藁鞂之设。'稭、鞂字同。《说文》:'禾藁去其皮,祭天以为席。'"方世举《笺注》:"匏秸:《记·郊特牲》:'郊之祭也。迎长日之至也。器用陶匏以象天地之性也。莞簟之安而蒲越藁鞂之尚,明之也。'《汉书·郊祀志》:'席有苴稭。'"钱仲联《集释》:"《尔雅·释诂》:'俨,敬也。'《汉书·郊祀志》注:'如淳曰:稭,读如戛。'"鞂、稭、秸音义均同,今简作"秸"。

⑦ 文《详注》:"谓因郊肆赦。黴音眉。黧,音力兮切。《楚辞·尊嘉篇》(王褒《九怀》)云:'芬蕰兮黴黧。'王逸注云:'老人面垢黑也。'"魏本:"孙曰:'齿,岁也。黴黧,面黑也。念其岁老有黴黧者则慰安之。'"黧(lí 郎奚切,平,齐韵),色黑而黄。《韩非子·外储说左上》:"文公反国……手足胼胝面目黧黑者后之。"

⑧ 文《详注》:"谓战伤之士。瘢疿,疮也。上音蒲官切,下音女黠切。"魏本:"祝曰:'疿,《广韵》(入声十四黠)云:疮痛。'孙曰:'悼,闵也。瘢疿,疮痕。'"钱仲联《集释》:"《汉书·朱博传》:'视其面,果有瘢。'注:'瘢,创痕也。'"瘢(bān 薄官切,平,桓韵),伤痕。《后汉书·马廖传》:"吴王好剑客,百姓多创瘢。"唐贾岛《赠王将军》诗:"马曾金镞中,身有宝刀瘢。"

⑨ 魏本:"孙曰:休,罢。输,转输也。《诗》(《小雅·无羊》):'或降于阿,或饮于池,或寝或讹。'讹,动也。言转输已罢,归马放牛,任其讹寝而已。"文《详注》:"言转输休止,牛马得以或寝或讹也。见《无羊》诗。注云:讹,动也。"讹,通吪,行动。又《诗·王风·兔爰》:"逢此百罹,尚寐无吪。"

⑩ 厚麰鞂:方《举正》据唐本订"秸"字,云:"谢校。秸,户括切。《说文》(禾部)曰:'春桑,不溃也。'诸本多作'鞂'。鞂与秸一物也,不当再出。"朱《考异》:"秸或作'鞂',一作'秣'。(下引方语)"南宋监本原文作"鞂",宋白文本、文本、潮本、祝本、魏本作"鞂"。廖本、王本作"秸"。魏本:"孙曰:报力,报其转输之力,厚之

以麩秣。樊曰：麩，《说文》（麦部）云：'小麦屑皮也。'"文《详注》："秣，草也，音讫黠切。麩秣以饲马。"厚，优待，厚赐。麩(fū 芳无切，平，虞韵)，小麦皮屑。北齐贾思勰《齐民要术》卷二《大小麦》："青稞麦……石八九斗面。堪作饭及饼饦，甚美。磨，总尽无麩。"秣(mò)，喂马的饲料。《周礼·天官·大宰》："以九式均节财用，一曰祭祀之式……七曰刍秣之式。"秸(jiē 古黠切，入，黠韵)，同稭。禾蒿去皮，编以为席，古人祭天所用之物。上文已经作了解释。查慎行《查初白诗评十二种》："'秸'字《广韵》不收，或当作'秸'。俟再考。"钱仲联《集释》："此诗押十四黠十五鎋韵，秸字收十三末，不同用，故查说云然。但'秸'字仍即是稭，则查说亦未安。此处'秸'字不从本义为说，古音与稯音近，故借为稯字。《说文·禾部》：'稯，糠也。'朱骏声《说文通训定声》：'裹米之皮曰稯，既脱于米曰糠。'慧琳《一切经音义》引《仓颉篇》：'稯，粗糠也。'此诗麩秸连言，正取糠覈之义。"童《校诠》："第德案：说文：稭，禾蒿去皮祭天以为席也。段玉裁云：稭、秸、秸三形同，又或作蘜亦同。按：稭本字，秸、秸、蘜皆后出字。书禹贡：二百里纳铚，三百里纳秸服。郑注：铚，断去蒿也，秸，又去颖也。段云：下截为蒿，近穗为颖，秸者不惟去蒿，又去颖而留穗。公此诗郊告俨鲍稭，盖用许去皮之义，报力厚麩秣，盖用郑义谓穗也，一字而义不同，不妨两用。诗中用十四黠、十五鎋两韵，无旁出者，秸、秣在十三末，非公所用；查说是，惟谓秸字广韵不收，盖偶失检耳。"钱、童说是。

㉛魏本："孙曰：'公欢，公宴也。'"文《详注》："贵者鼎食必击钟。"此乃庆祝伐叛胜利的公众宴，故撞钟以壮声威也。

㉜室宴：方《举正》据蜀本订"宴"字，云："李、谢校同。"朱《考异》："宴，或作'晏'。"南宋监本原文作"晏"。宋白文本、潮本、祝本作"晏"。文本、魏本、廖本、王本作"宴"。作安逸、和乐解，宴与晏音义均同。作用酒食招待客人即宴席，则作"宴"；作"晏"则非。此处谓室里宴乐，当作"宴"。魏本："孙曰：'扴，击也。'"文《详注》："丝谓琴瑟之属。扴，乱也，音讫黠切。"魏本："扴，音戛。"扴(jiá 古

黜切,入,黜韵),击物动作。揩、刮,乃为拨丝弦的两种指法。

㊃ 魏本:"孙曰:酧,报。醁,浊酒也。"

㊄ 帓(mò《广韵》莫鎋切,入,鎋韵):巾,用以包扎头的织物。韩公《送幽州李端公序》:"司徒公红帓首,靴袴、握刀。"原注:"帓,或作'帕'。"

㊅ 魏本:"孙曰:'小臣,公自谓。戎经,兵略也。'"方世举《笺注》:"《左传》(宣公十二年):'兼弱攻昧,武之善经也。'"

㊆ 魏本:"孙曰:'劼,功也。劼,勤也。'祝曰:劼,用力。又固也,慎也,勤也。《书》(《酒诰》):'女劼毖商献臣。'劼,桔八切。"文《详注》:"劼,力也,音丘八切。"劼(jié 恪八切,入,黜韵),谨慎。

此联句用黜、鎋韵,二韵通,故不出韵。虽有如云黰、觚、偺、眣、阎、趷、氿、疦、秸凡九韵,今韵未收,然古韵书皆可查,而入黜、鎋韵。

【汇评】

宋胡仔:《苕溪渔隐丛话》云:"退之《征蜀联句》云:'始去杏飞蜂,及归柳嘶蚻。'语新意妙。《诗》曰'昔我往矣,杨柳依依,今我来思,雨雪霏霏',亦记时也。"苕溪渔隐曰:"山谷亦有'去时鱼上冰,归来燕哺儿'之句。"(《苕溪渔隐丛话》前集卷一七韩吏部中)

宋许顗:《诗话》云:"联句之盛,退之、东野、李正封也。《城南联句》云:'红皱晒檐瓦,黄团系门衡。'是说甘枣与瓜萎,读之想见西北村落间气象。《征蜀联句》云:'刑神咤蟒龙,阴焰飑犀札。'尽雕刻之工,而语仍壮。李正封善押韵,如《从军联句》押'大水沙囊涸',皆不可及。"苕溪渔隐曰:"东坡《游蜀冈次苏伯固韵》诗,造语全效退之《城南联句》。其诗云:'新苗未没雀,老叶初翳蝉。绿渠浸麻水,白板烧松烟。笑窥有红颊,醉卧皆华巅。家家机杼鸣,树树梨枣悬。'虽退之笔力,殆无以过之。"(《苕溪渔隐丛话》后集卷一〇韩退之)

清朱彝尊:只形容破贼声势,语多瑰奇。亦多用险怪字,微似

赋体。(顾嗣立《昌黎先生诗集注》卷八)

清严虞惇:诗中用巇、觚、僧、眽、阆、趴、汃、疟、秸凡九韵,今韵不载。(钱仲联《韩昌黎诗系年集释》卷五)

同宿联句①

元和元年

自从别君来,远出遭巧谮_愈②。斑斑落春泪,浩浩浮秋浸_郊③。毛奇睹象犀④,羽怪见鹏鸠_愈⑤。朝行多危栈⑥,夜卧饶惊枕_郊⑦。生荣今分逾⑧,死弃昔情任_愈⑨。鹓行参绮陌⑩,鸡唱闻清禁_郊⑪。山晴指高标⑫,槐密弩长荫_愈⑬。直辞一以荐⑭,巧舌千皆耹_郊⑮。匡鼎惟说《诗》⑯,桓谭不读谶_愈⑰。逸韵何啾嗽⑱?高名俟沽赁_郊⑲。纷葩欢屡填⑳,旷朗忧早渗_愈㉑。为君开酒肠,颠倒舞相饮_郊㉒。曦光霁曙物,景曜铄宵祲_愈㉓。儒门虽大启,奸首不敢闯㉔。义泉虽至近,盗索不敢沁_郊㉕。清琴试一挥,白鹤叫相喑㉖。欲知心同乐,双茧抽作纴_郊㉗。

【校注】

① 方《举正》:"七联句皆元和改元还朝后作。"魏本:"韩曰:'此诗召为国子博士后与东野同宿而作,故叙南迁召还始末甚详。'"文《详注》:"《补注》:元和元年自江陵掾召为国博,与孟郊同宿而作此诗。其间有'槐密'之句,其夏秋间所作。"此联句作于元和元年夏秋间。此七诗之成时间顺序为:会合、纳凉、同宿、寄孟几道、秋雨、征蜀、斗鸡。

② 文《详注》:"谓南贬阳山也。"魏本:"孙曰:'远出,谓得罪谪

阳山令。'"《洪谱》:"(贞元)十九年癸未(803),拜监察御史。冬,贬连州阳山令……是时有诏以旱饥蠲租之半,有司征愈急,公与张署、李方叔上疏,言关中天下根本,民急如是,请宽民徭而免田租之弊。天子恻然,卒为幸臣所谗,贬连州阳山令。"韩公《县斋有怀》:"捐躯辰在丁,铩翮时方蜡。"蜡祭,十二月也。则韩愈被贬阳山令在年末。辰在丁,即丁巳十日也。所上疏为《御史台上论天旱人饥状》。来,句尾语气词,相当于现代汉语里的"咧"。《庄子·人间世》:"尝以语我来。"

③ 文《详注》:"谓道出湖湘。"魏本:"孙曰:斑斑,泪落貌。谓感春而堕泪。浩浩,大水貌。秋浸,秋潦。《庄子》(《逍遥游》):'大浸稽天而不溺。'"方世举《笺注》:"公徙江陵,过洞庭湘水,时当秋也。"钱仲联《集释》:"王勃诗:'春泪倍成行。'"朱彝尊《批韩诗》:"奇。"韩愈于贞元十九年十二月中离长安,二十年二月中至阳山,即《同冠峡》诗云:"南方二月半,春物亦已少。"则二十年(804)春过湖湘。永贞元年(805)十月,遇赦北上江陵也。此句孟郊以时令寓感春、悲秋也。

④ 魏本:"孙曰:毛虫之奇则睹象犀。睹,一作'观'。"文《详注》:"《尔雅》(《释地》):'南方之美者,有梁山之犀象。'郭璞注云:'犀牛角,象牙骨。'"犀:犀牛。象:大象。

⑤ 魏本:"孙曰:羽族之怪者则见鹏鸩。鹏,一名鸮,不祥鸟也。鸩,大如鸮,紫绿色,颈长七八尺(当作寸),食蝮蛇,以其毛沥饮食中则杀人。祝曰:前汉贾谊为长沙王傅,有鹏飞入谊舍。《楚辞》(《离骚》):'吾令鸩为媒。'注:'鸩,运日也,羽可杀人。'"魏本音注:"鹏音服。鸩,直禁切。"文《详注》:"汉贾谊为长沙王傅,有鹏飞入谊舍,止于坐隅。鹏似鸮,不祥鸟也。谊自伤以为寿不得长,为赋以自广。晋灼曰:《异物志》云:有鸟似鸡,体有文色,土俗因名之鹏。不能远飞,行不出域也。'(见《文选》卷一三《鹏鸟赋》序及注)鸩,音直禁切。《广志》云:'其鸟大如鸮,紫绿色,有毒,颈长七八寸,食蝮蛇,雄名运日,雌名阴皆,以其毛历饮食则杀人。'"

⑥方《举正》订作"危桅",云:"杭、蜀诸旧本并同。"朱《考异》作"栈",云:"栈,方作'桅',本又作'轭'。今按:上言'朝行',即'桅'字无理,当作'栈'。"潮本、祝本、魏本、廖本、王本作"栈"。注:"一作'轭'。"南宋监本原作"栈"。宋白文本、文本作"轭",注:"一作'栈'。作"栈",是。魏本:"孙曰:'危栈,阁道。'"

⑦魏本:"孙曰:惊枕,怪恶夜鸣也。"文《详注》:"枕,音职任切。"此谓环境恶劣,夜睡难以安枕。

⑧魏本:"孙曰:生荣,谓生还而荣,已逾分矣。"何焯《批韩诗》:"先转下。"上句指在阳山,此句谓还朝而幸荣也。

⑨魏本:"孙曰:'往者弃之于死,情未尝不安。任,谓安也。'"方世举《笺注》:"死弃:《诗·陟岵》(《魏风》):'上慎旃哉!由来无死。'又:'上慎旃哉,由来无弃。'"任,作安字解,字面虽顺,然诸辞书无作安解者。可作听凭,即顺其自然解。情任即任情。《书·禹贡序》:"禹别九州,随山浚川,任土作贡。"杜甫《留别贾严二阁老两院补阙》:"去远留诗别,愁多任酒醺。"韩公《请复国子监生徒状》:"缘今年举期已近,伏请去上都五百里内,特许非时收补,其五百里外,且任乡贡,至来年春一时收补。"与此用法同。何焯《批韩诗》:"次结上。"

⑩文《详注》:"鹓,凤属,引以自喻,取其威仪。绮陌,谓朝列之所,谓其入为国子博士时也。"魏本:"孙曰:'鹓鹭之行,谓周行也。参,间厕也。绮陌,言阡陌相错如绮绣然。阡陌,道涂也。南北曰阡,东西曰陌。'"魏本音注:"鹓音冤。"方世举《笺注》:"北齐《燕射歌辞》(《乐府诗集》卷一四《北齐元会大飨歌·食举乐》):'怀黄绾白,鹓鹭成行。'"蒋抱玄《评注》:"《三辅故事》:'长安有八街九陌。'梁简文帝诗(《登烽火楼》):'三条绮陌平。'(载《艺文类聚》卷六三)"鹓(yuān于袁切,平,元韵)行(háng胡郎切,平,唐韵),指朝班。杜甫《至日遣兴奉寄北省旧阁老两院故人二首》之一:"去岁兹辰捧御床,五更三点入鹓行。"则鹓行指朝臣之列,绮陌比喻朝廷。

⑪ 魏本:"孙曰:鸡唱,鸡人之唱。《周礼·鸡人》(《春官》):'大祭祀,夜呼旦以叫百官。凡国之大宾客,会同军旅、丧记亦如之。'呼旦则此鸡唱是也。'项羽夜闻汉军四面皆楚歌。'应邵曰:'楚歌,鸡鸣歌也,则古今已来皆然。'清禁,清切之禁,谓省中也。"文《详注》:"蔡邕曰:'天子所居曰禁。'"孙谓清禁为省中,未谛。清禁,谓皇宫。汉应劭《风俗通·十反·司徒九江朱伥》:"臣愿陛下思周旦之言,详左右清禁之内,谨供养之官,严宿卫之身。"唐权德舆《昭文馆大学士壁记》:"公署书府,静深华敞,清禁之内,辅臣攸居。"唐杜牧《洛阳秋夕》:"清禁漏闲烟树寂,月轮移在上阳宫。"《明史·杨爵传》:"陛下诚与公卿贤士日论治道,则心正身修,天地鬼神莫不祐享,安用此妖诞邪妄之术,列诸清禁,为圣躬累耶!"鹓行鸡唱,方世举《笺注》:"北齐《燕射歌辞》:'怀黄绾白,鹓鹭成行。'《周礼·春官·鸡人》:'夜呼旦以叫百官。'"

⑫ 标:宋白文本、文本作"摽"。祝本、魏本、廖本、王本作"标"。文《详注》:"山谓南山。摽,木末也。"魏本:"高标,绝顶。"蒋抱玄《评注》:"《蜀都赋》(《文选》卷四左思撰):'阳乌回翼乎高标。'"标(biāo 甫遥切,平,宵韵),梢,或作"摽"。《管子·霸言》:"大本而小标。"注:"标,末也。"摽(biāo 甫遥切,平,宵韵),作摽榜或高举解同标。《管子·侈靡》:"若夫教者,摽然若秋云之远。"高标,木梢曰标,故凡高耸的物体如峰、塔等皆称为高标。《文选》卷四左思《蜀都赋》:"羲和假道于峻岐,阳乌回翼乎高标。"李白《蜀道难》:"上有六龙回日之高标,下有冲波逆折之回川。"杜甫《同诸公登慈恩寺塔》:"高标跨苍穹,烈风无时休。"作"标"、作"摽"均可,今从"标"。

⑬ 文《详注》:"京城十二衢夹道皆植槐柳。骛,驰也。"魏本:"孙曰:骛谓驰逐。"魏本音注:"骛,音务。"骛,祝本作"鹜",非是。

⑭ 魏本注:"荐,进也。"荐,推荐。《孟子·万章上》:"诸侯能荐人于天子。"

⑮ 文《详注》:"龁,舌病也,音巨禁切。《荀子·正论》云:'龁

舌,蔽口也。'"魏本:"祝曰:《广韵》(去声五十二沁):'龄,牛舌下病也。'孙曰:龄,闭口也。"魏本音注:"龄,巨禁切。"童《校诠》:"第德案:龄,为噤之后出字,说文:噤,口闭也,史记淮阴侯列传:虽有舜禹之知,吟而不言,假吟为之。祝释非此所施。"文、孙、童说是。

⑯魏本:"樊曰:前汉匡衡好学,诸儒为之语曰:'无说诗,匡鼎来。匡说诗,解人颐。'注云:'鼎,当也,方也。'"文《详注》:"《西京杂记》:'匡衡,字稚圭,勤学,能说诗,时人为之语曰:无说诗,匡鼎来。匡说诗,解人颐。时人畏服之如此,闻之皆解颐笑之。"魏本:"孙曰:张晏云:'衡少时字鼎,长乃易字稚圭。'"匡衡事亦见《汉书·匡衡传》。

⑰魏本:"樊曰:后汉桓谭为给事中,光武有诏会议灵台所处。谓谭曰:'吾欲谶决之,何如?'谭默然良久,曰:'臣不读谶。'帝问其故,谭极言谶非经,帝怒曰:'谭非圣无法,将下斩之。'叩头良久,得解(载《后汉书·桓谭传》)。"文《详注》:"后汉桓谭字君山,光武时为给事中。后诏会议灵台所处,帝欲以谶决之。谭默然曰:'臣不读谶。'帝问其故。谭复言:'谶之非经。'帝大怒,出谭为六安郡丞。《释名》(卷六《释典艺》):'谶,纤也。谓其义纤悉。'音楚潛切。"

⑱魏本:"孙曰:'韵,声韵。嘈嗷,大声貌。'"方世举《笺注》:"中山王胜《文木赋》(《西京杂记》卷六):'[纷纭翔集,]嘈嗷鸣啼。'"

⑲魏本:"孙曰:沽赁,卖也。《论语》(《子罕》):'有美玉于斯,求善价而沽诸。'赁,佣赁。"文《详注》:"以财雇物谓之赁。"方世举《笺注》:"沽赁:《淮南·俶真训》:'缘饰《诗》《书》,以买名誉于天下。'《广雅·释诂》:'赁,借也。'"朱彝尊《批韩诗》:"俟沽从待贾来,赁字下得尤妙。"

⑳魏本:"孙曰:'纷葩,纷纭也。'"方世举《笺注》:"纷葩:裴秀诗:'纷葩相追。'"纷葩,盛多貌。《文选》卷一八马融《长笛赋》:"纷葩烂漫,诚可喜也。"比喻议论纷纷。《世说新语·轻诋》"简文与许玄度共语"注引《邴原别传》谓:"魏五官中郎将尝与群贤共论曰:

'今有一丸药,得济一人疾,而君父俱病,与君邪?与父邪?'诸人纷葩。"

㉑ 方《举正》订"朗"字,云:"张协《七命》(《文选》卷三五):'野旷朗而无尘。'潘岳《寡妇赋》(《文选》卷一六):'恝空宇兮旷朗。'唐本作'朗',今本多避之。朱《考异》:"朗,或作'亮'。(下引方语)"宋白文本、文本、祝本、潮本、魏本作"亮"。廖本、王本作"朗"。文《详注》:"渗,音所禁切。《说文》(水部)曰:'下漉也。'犹云'以写我忧'。"魏本:"孙曰:'旷亮,开豁也。早渗,言忘其忧,如物渗漏也。'"方世举《笺注》:"《广雅·释诂》:'渗,尽也。'作"亮"作"朗"均通。今作"朗",作"渗"。

㉒ 此谓为朋友回朝任职,极尽欢饮。颠倒,反复。《南齐书·文学传·陆厥》:"十字之文,颠倒相配,字不过十,巧历已不能尽。"又形容因爱慕、敬佩而入迷。

㉓ 曙:文本作"署",误。魏本:"孙曰:'曦光,日光。曙,朝时也。曜,光。铄,销也。祲,祥气。'"文《详注》:"铄,销也。祲,妖气也,音子鸩切。扬雄《剧新》(《文选》卷四八《剧秦美新》)曰:'景曜浸溢。'"方世举《笺注》:"《周礼·春官·眡祲》:'掌十辉之法,以观妖祥。一曰祲。'郑注:'祲谓阴阳气相侵渐以成灾也。'《释名》:'祲,侵也,赤黑之气相侵也。'"祲(jīn子心切,平,侵韵),盛也。

㉔ 闯:魏本:"韩曰:闯,马出门貌。孙曰:窥也。"文《详注》:"闯,从门窥头也,音丑禁反。"钱仲联《集释》:"张衡《西京赋》(《文选》卷二):'流景曜之铧晔。'李善注:'景,光景也。'薛综注:'曜,光也。'"

㉕ 文《详注》:"《唐文粹》(卷七五《义井记》)云:'河间公穿井于京城垣之次,阳门通庄之右偏,名曰义泉。邵真为之记,时大历六年(771)三月一日也。'《说苑》曰:'水名盗泉,仲尼不饮。'沁音七鸩切。"魏本:"孙曰:不敢汲也。"钱仲联《集释》:"《旧唐书·地理志》:'置夷州于黔州都上县,天宝元年(742),改为义泉郡。'按:诗但虚用。《说文》(糸部):'索,草有茎叶可作绳索。'按:此指汲绠

也。朱骏声《说文通训定声》：'沁假借为浸。'"程学恂《韩诗臆说》卷一："孟郊云：'儒门虽大启，奸首不敢闯。义泉虽至近，盗索不敢沁。'必心知如此，气感如此，乃可言同音之乐。东野诗中所谓乃可论胶漆，不虚也。"

㉖ 喑：方《举正》作"喑"，云："蜀同。阁本'喑'作'音'。"朱《考异》："喑，或作'音'，本或作'相叫吟'。吟，去声读。赵德麟本同。"宋白文本、文本作"相叫吟"。宋白文本"吟"字下注："去声。"文本注："一作'喑'。"祝本、魏本、廖本、王本作"叫相喑"，从之。文《详注》："《韩子》（《十过第十》）：'师涓（旷）为晋平公援琴而鼓，一奏有玄鹤二八来集于郭门，再奏而列，三奏延颈而鸣，舒翼而舞。'（《史记·乐书》亦有记载）今言白鹤，未详。曹植《鹤赋》（《曹子建集》卷四《白鹤赋》）曰：'聆雅琴之清均，托六翮之末光（流）。'司马《长门赋》（《文选》卷一六）云：'白鹤噭而哀号。'喑，应声也，音于禁切。"魏本："孙曰：'挥，弹也。喑，鸣相应也。'"钱仲联《集释》："《广韵》（去声五十二沁）：'喑，声也。'"

㉗ 魏本："孙曰：'言二人同心相乐，如双茧作纴丝也。'祝曰：'纴，织也。《后汉》：女得织纴。'"魏本音注："袵，汝鸩切。"文《详注》："言无穷也。纴，当作'纴'。《说文》（糸部）曰：'机缕也。'音如鸩切。东坡《数珠》诗云'细绠合两茧'，即此意也。"纴（rèn 汝鸩切，去，沁韵），织布帛的丝缕。《礼记·内则》："执麻枲，治丝茧，织纴纽组，学女事，以共衣服。"疏："纴为缯帛。"《墨子·非攻下》："妇人不暇纺绩织纴。"注："纴，机缕也。"朱彝尊《批韩诗》："新。"

此联句用沁韵。

【汇评】

清朱彝尊：造句多峭。以篇短，更觉意紧切。（顾嗣立《昌黎先生诗集注》卷八）

莎栅联句①

元和三年

冰溪时咽绝②,风枥方轩举愈③。此处不断肠,定知无断处郊④。

【校注】

① 方《举正》:"莎栅,河南谷名。元和二三年间,东都作。"魏本:"韩曰:按:《河南志》:'莎栅谷水,在永宁县西三十里,出莎岭,东流入昌谷。'莎栅盖在东都也。公与东野各一联,遂及断肠之意。必二公有所深感,不得而详矣。"文《详注》同引《河南志》。钱仲联《集释》:"此当是东野失子时所为,故有断肠之语。"元和三年(808),孟郊在东都为郑馀庆水陆转运从事,春产幼子,辄殇。此联句韩、孟各一联,从韩"冰溪时咽绝,风枥方轩举"句看,当在早春;从孟"此处不断肠,定知无断处",按《历史地图集》"都畿道",谷水经渑池、新安流向洛阳西南入洛水,莎栅在洛阳西。此联句如五言小绝句,在联句里仅见。韩孟每联必使气称才,此则由韩叫起,孟一接戛然而止,使韩无法再续,可见孟失子伤痛之深。亦证诗成于孟东野连连失子之后,即元和三年。

② 魏本:"孙曰:'冰溪,言水溪如冰。咽绝,断续声也。'"早春天寒,溪水尚有冰,流之不畅,故有咽阻之声。

③ 魏本:"孙曰:'枥,木名。亦作栎。风枥,言为风所吹。轩举,飘扬也。'"轩举,高高飞扬。北周庾信《周上柱国齐王宪神道碑》:"仪范清泠,风神轩举。"清蒋景祁《伏波庙》诗:"回翔竟不归,风云会轩举。"

④ 魏本:"韩曰:蔡琰《胡笳曲》(载《乐府诗集》卷五九《琴曲歌辞》三《胡笳十八拍》第十六拍):'日东月西兮徒相望,不得相随兮空断肠。'《选》魏文帝《燕歌行》:'念君客游思断肠。'"钱仲联《集

释》:"乐府《陇头歌》(《乐府诗集》卷二五《横吹曲辞》五《陇头歌辞》):'陇头流水,鸣声幽咽。遥望秦川,心肝断绝。'此联句所本。"

【汇评】

清朱彝尊:好绝句,前二句是比。(顾嗣立《昌黎先生诗集注》卷八)

雨中寄孟刑部几道联句①
元和元年

秋潦淹辙迹②,高居限参拜愈③。耿耿蓄良思④,遥遥仰嘉话郊⑤。一晨长隔岁,百步远殊界愈⑥。商听饶清耸⑦,闷怀空抑噫郊⑧。美君知道腴⑨,逸步谢天械愈⑩。吟馨铄纷杂⑪,抱照莹疑怪郊⑫。撞宏声不掉⑬,输邈澜逾杀愈⑭。檐泻碎江喧⑮,街流浅溪迈郊⑯。

念初相遭逢,幸免因媒介⑰。祛烦类决痈⑱,惬兴剧爬疥⑲。研文较幽玄⑳,呼博骋雄快㉑。今君韬方驰㉒,伊我羽已铩㉓。温存感深惠,琢切奉明诫愈㉔。追兹更凝情,暂阻若婴瘵㉕。欲知相从尽㉖,灵珀拾纤芥㉗;欲知相益多㉘,神药销宿痎㉙。德符仙山岸㉚,永立难欹坏㉛;气涵秋天河㉜,有朗无惊湃郊㉝。

祥凤遗蒿鹦㉞,《云》《韶》掩夷《秣》㉟。争名求鹄徒㊱,腾口甚蝉喝㊲。未来声已赫㊳,始鼓敌前败㊴。斗场再鸣先㊵,遐路一飞届㊶。东野继奇躅㊷,修纶悬众犗㊸。穿空细丘垤㊹,照日陋营蒯愈㊺。小生何足道㊻,积慎如触虿愈㊼。

惸惸抱所诺⑱,翼翼自申戒⑲。圣书空勘读⑳,盗食敢求嚃㉑。惟当骑款段㉒,岂望觊珪玠㉓。弱操愧筠杉㉔,微芳比萧薤㉕。何以验高明㉖? 柔中有刚夬㉗郊。

【校注】

① 方《举正》:"孟简。元和改元作。"文《详注》:"孟简,字几道,德州平昌人。应进士,宏辞连中。元和中拜刑部侍郎。《补注》:孟简,以新旧《史》考之,未尝为刑部,《史》岂佚之邪? 此诗公自江陵掾召为国博时所作,元和元年秋也。"魏本引《集注》:"孟简,字几道,德州平昌人。以新旧《传》考之,未尝为刑部,史岂逸之耶?《新传》言其为仓部员外,以不附王叔文徙它曹。或者它曹即刑部也。"陈景云《点勘》:"按《旧史》(《孟简传》):简自仓部员外郎迁司封郎中。《新史》(《孟简传》)所谓他曹,乃司封非刑部。盖自户曹迁吏曹,故曰他曹也。又韩子志李干墓文中称简为工部尚书,简历此官,亦未见于史,盖与不著其除刑部同,则史之所略多矣。"方世举《笺注》:"按:简为刑部无所考。但以'圣书空勘读'推之,是元年为博士时作。孟郊有《寄从叔先辈简》诗,郊与简同族也。"王元启《记疑》:"此诗首二章缮写错乱,与卷五《炭谷湫》诗正同,今为考次如后。"钱仲联《集释》:"王元启所定次序,移'撞宏声不掉'四句于'商听饶清筝'句后,以无版本可据,今不从,而存其说于'抱照莹疑怪'句下注。"钱说审慎。

② 朱《考异》:"淹,或作'无'。"宋白文本、文本作"无",注:"一作'淹'。"祝本、魏本、廖本、王本作"淹"。作"淹"、作"无"均通,今从"淹"。魏本:"孙曰:'潦,雨水也,音老。'"钱仲联《集释》:"《礼记》(《曲礼》):'水潦降。'陆德明《释文》:'雨水谓之潦。'"

③ 魏本:"孙曰:'高居,避水高处。限,隔也。'"方世举《笺注》:"高居:曹植《七启》:'眇天际而高居。'参拜:《秦国策》:'秦王欲见顿弱。顿弱曰:臣之义不参拜,王能使臣无拜可矣。'"王元启《记疑》:"高居指孟刑部。因辙迹为秋潦所淹,道路不通,故无由参

拜高居。孙注谓避水高处,则似公自谓,其说非是。"王说是,诗劈头即说寄诗原因:因秋潦淹辙,车不能通,不便躬身前去参拜高居,故以诗寄也。限,阻隔,限制。《韩非子·初见秦》:"齐之清济浊河,足以为限。"拜(bài 博怪切,去,怪韵),拜访。《论语·阳货》:"孔子时其亡也,而往拜之。"

④ 魏本:"韩曰:耿耿,不安貌。《诗》(《邶风·柏舟》):'耿耿不寐。'良思,深思也。"耿耿者谓思念之甚,夜不能寐也。《楚辞》屈原《远游》:"夜耿耿而不寐兮,魂茕茕而至曙。"

⑤ 魏本:"遥遥,远也。话,下快切。"遥遥,或谓所处距离远,或谓时间距离远。《左传》昭公二十五年:"鹳鹆之巢,远哉遥遥。"《南史·何尚之传》附何昌寓:"昌寓后为吏部尚书,尝有一客姓闵求官。昌寓谓曰:'君是谁后?'答曰:'子骞后。'昌寓团扇掩口而笑,谓坐客曰:'遥遥华胄。'"嘉话(huà 下快切,去,夬韵):当指"研文较幽玄"之论也。

⑥ 远殊界:方《举正》据杭本订"远"字,云:"旧本多同。"朱《考异》:"远,或作'还'。"南宋监本原文作"还"。宋白文本、文本、潮本、祝本、魏本作"还"。魏本:"孙曰:言与孟相去百步,尚若殊疆界也。还,一作'远'。"上句说时间,谓一晨(天)像隔一年一样。《诗·王风·采葛》:"彼采葛兮,一日不见,如三月兮。彼采萧兮,一日不见,如三秋兮。彼采艾兮,一日不见,如三岁兮。"下句说距离,虽仅百步,却如阻隔在两个世界。

⑦ 商听:朱《考异》:"商,或作'高'。非是。"宋白文本作"高",注:"一作'商'。"诸本作"商",注:"一作'高'。"文本作"商",乃笔误。文《详注》:"商[商],秋声也。"正以商指秋。魏本:"孙曰:'秋于五行为商。商听,谓秋声也。饶,多也。'"此正与商合,故作"商"是。清笙,清亮高亢。《汉语大词典》引此诗为例。

⑧ 闵怀:方《举正》据蜀本订"闵"字,云:"李、谢校同。"朱《考异》:"闵,或作'阅',非是。"南宋监本原文作"阅"。宋白文本、文本、潮本、祝本、魏本作"阅"。廖本、王本作"闵"。阅作闭门、止息

与谨慎解，均与此句诗意不合。作"闷"字是。闷，烦忧或沉默。《易·乾》："遁世无闷，不见是而无闷。"《庄子·德充符》："闷然而后应。"文《详注》："噫，息也，音乙界切。"魏本："孙曰：'闶，闭也。抑噫：叹息貌。'"魏本音注："噫，乌界切。闶，一作'闷'。"方世举《笺注》："司马相如《长门赋》(《文选》卷一六)：'心凭噫而不舒。'"童《校诠》："第德案：廖本、王本作闶，祝本与本书同。按：诗载驰：我思不闶，毛亨曰：闶，闭也。闶怀即闶思，说文：怀，念思也。作闶自通，与下句逸步谢天械，天械即庄子所谓天刑，以训诂字易之正同。"《说文·口部》："饱出息也。"朱熹《集传》："闶，闭也，止也。言思之不止也。"亦合此诗之意。则作闷、作闶均通。噫（乌界切，去，怪韵）：因郁闷而叹息。

⑨ 文《详注》："君，谓刑部也。班固《宾戏》(《文选》卷四五《答宾戏》)：'味道之腴。'"魏本："韩曰：《选》班固《答宾戏》：'委命供己，味道之腴。'注：'腴，膏也。'"廖本注："桓谭《答扬雄书》曰：'子云勤，味道腴。'"黄彻《䂮溪诗话》卷五："愈《寄孟刑部联句》云：'美君知道腴，逸步谢天械。'或问：'道果有味乎？'余曰：如介甫'午鸡声不到禅林，柏子烟中静拥衾''竹鸡呼我出华胥，起灭篝灯拥燎炉''各据槁梧同不寐，偶然闻雨落阶除'，皆淡泊中味，非造此境，不能形容也。"钱仲联《集释》："诸本皆作'知道腴'。疑宋时刊本中或有作'味'者，故黄氏云尔。"

⑩ 魏本："孙曰：'逸步，高逸也。天械，爵位冠冕之属。'"逸步，犹快步。《晋书·文苑传·庾阐》："方驾逸步，不以曲路期通。"南朝梁刘勰《文心雕龙·辨骚》："自《九怀》以下，遽蹑其迹，而屈宋逸步，莫之能追。"天械（xiè 胡介切，去，怪韵），名位利禄之束缚人，犹如枷锁，因比喻称其为天械。《辞源》引此联句诗句为例。宋王安石《再用前韵寄蔡天启》："爵禄实天械，功名为接折。"

⑪ 馨：宋白文本、文本作"声"，注："一作'馨'。"祝本、魏本、廖本、王本作"馨"。按上句出"逸步"，此作"吟馨"正对。魏本："孙曰：'吟馨，吟味馨香也。铄，消也。纷杂，杂乱也。'"

⑫文《详注》:"言胸中蕴藉,如抱照乘之珠,其光莹疑怪于人也。莹,音乌迥切。"魏本注:"莹,亦照也。"廖本注:"江淹《杂体诗》(《谢法曹惠连赠别》载《文选》卷三一):'开衮莹所疑。'"王元启《记疑》:"此诗首言秋潦,就雨中设想。'商听''闷怀'以下,直接'撞宏''输邈'二联,语从其类。次章'美君'二字,乃就孟刑部着想。'吟馨''抱照'以下,接入'念初'云云,亦复一气相贯。旧本错乱无序,今改。"

⑬魏本:"孙曰:撞宏,击钟也。宏,大也。不掉,不振也。"文《详注》:"宏,大也。"

⑭魏本:"孙曰:输邈,谓输泻远邈也。杀,猛疾也。言雨声乱川涨如此也。"文《详注》:"邈,远也。言待问如撞钟,叩之愈鸣;有本如源泉,流注不竭也。杀,疾也,音所界切。"杀(shài 所拜切,去,怪韵),凋落、衰败。《诗·豳风·鸱鸮》:"予羽谯谯,予尾翛翛。"毛传:"谯谯,杀也。翛翛,敝也。"郑玄笺:"手口既病,羽尾又杀敝,言己劳苦甚。"

⑮魏本:"孙曰:'檐泻,谓檐间雨泻如碎江。喧,噪也。碎江,众流也。'"自"撞宏"以下两联均写雨下洪泻之势;声形并茂。如方世举《笺注》:"檐泻:魏收诗:'泻溜高齐响。'"

⑯魏本:"孙曰:'街流如浅溪之行。迈,行也。'"文《详注》:"迈,远也。"因秋雨连绵,街道水流成河,到处流淌。迈(mài 莫话切,去,夬韵),行,前进。《诗·王风·黍离》:"行迈靡靡,中心摇摇。"又《周颂·时迈》:"时迈其邦,昊天其子之。"

⑰文《详注》:"《楚辞》王逸云:'女当须媒,士当须介。'"廖本注:"《孔丛子》:'士无介不见,女无媒不嫁。'介,魏本注:"介绍也。"媒,中介。《文选》卷三四枚乘《七发》:"洞房清宫,命曰寒热之媒。"或曰媒人,《诗·卫风·氓》:"匪我愆期,子无良媒。"介(jiè 古拜切,去,怪韵),介绍。《礼记·聘义》:"介绍而传命。"《文选》卷五一汉王褒《四子讲德论》:"夫子曰:'无介绍之道,安从行乎公卿。'文学曰:'……苟有至道,何必介绍。'"朱彝尊《批韩诗》:"韩追叙。"此

谓韩孟当初不期而遇,而成好友。

⑱ 魏本:"孙曰:'祛,除也。决痈,溃疮。'"方世举《笺注》:"决痈爬疥:《庄子·大宗师》篇:'彼以为附赘悬疣,以死为决疣溃痈。'嵇康《与山涛绝交书》:'性复多虱,把搔无已。'把与爬同。"

⑲ 爬疥:方《举正》作"爬",云:"阁本作'爬',今字书:爬,匏也。爬无匏音,然《文选》(卷四三嵇康《与山巨源绝交书》)'把搔无已'。把,蒲庖切。则知唐字今不出者多。"朱《考异》:"爬,或作'爬'。(下引方语)"宋白文本作"爬"。文本、祝本、魏本、廖本、王本作"爬"。魏本:"孙曰:'㥯,快也。爬,搔也。'"魏本音注:"爬,音把。"祝本:"爬,音琶,搔也。把字同。疥,音介,疮疥。《周礼》(《天官·疾医》):'夏时有痒疥疾。'"文《详注》:"㥯,快也,音诘叶切。爬,搔也,音蒲巴切。"邈:就。《淮南子·人间训》:"唐有万穴,塞其一,鱼何邈无由出?"童《校诠》:"第德案:考异、廖本、王本与举正同。祝本云:爬、杷字同。按:说文无爬(应从爪作爬)字。杷,收麦器,引申为杷捨、杷搔,汉书贡禹传:捽屮杷土,颜师古曰:杷,手榙之也。或用把字,文选:嵇叔夜与山巨源绝交书:把搔无已是也。把,李氏善音蒲巴切,不作蒲庖切,举正所见本与今本不同。爬疥字应作杷或把,爬为杷、把(说文握也)后出字,作爬者非。"童说虽有理,然诸本无作"把""杷"者。而爬亦作"搔",同把。疥(jiè古拜切,去,怪韵),疥疮,皮肤病名。《文选》卷一九楚宋玉《登徒子好色赋》:"其妻……旁行踽偻,又疥且痔。"

⑳ 魏本:"孙曰:'研,研穷,谓论文也。幽玄,幽深也。'"研,本作磨碾,把物磨碎解,引申为研究、探讨。《易·系辞上》:"夫《易》,圣人之所以极深而研几也。"较,明也,音校(jiào)。《史记·伯夷传》:"此其尤大彰明较著者也。"王充《论衡·艺增》:"经增非一,略举较著,令恍惑之人,观览采择,得以开心通意,晓解觉悟。"幽玄:幽深玄妙。《周书·武帝纪上》:"至道弘深,混成无际,体包空有,理极幽玄。"

㉑ 魏本:"孙曰:博,博塞。骋,恣也。"廖本注:"博,博塞之

戏。'"韩公《送灵师》:"六博在一掷,枭卢叱回旋。"《答张籍书》:"博塞之讥,敢不承教。"博塞,古时六博和五格等游戏。《庄子·骈拇》:"问谷奚事,则博塞以游。"《论语·阳货》:"不有博弈者乎?为之,犹贤乎已。"博,六博,局戏也。弈,围棋。弈但行棋,博以掷采而后行棋。后人不行棋而专掷采,遂称掷采为博。快(kuài 苦夬切,去,夬):畅快。《孟子·梁惠王上》:"抑王兴甲兵,危士臣,构怨于诸侯,然后快于心与?"《文选》卷一三楚宋玉《风赋》:"有风飒然而至,王乃披襟而当之,曰:'快哉此风。'"

㉒ 今君轺方驰:方《举正》出"君"字,云:"阁本、杭本君皆作'春'。"朱《考异》:"君,或作'春'。"宋白文本、文本、祝本、魏本、廖本、王本作"君"。从之。方、宋白文本、文本作"车",注:"一作'方'。"祝本、魏本、廖本、王本作"方",从之。魏本:"祝曰:《说文》(车部)'轺,小车也。'《广韵》(下平声四宵):'使车也。'《史记》(《季布传》):'乃乘轺车之洛阳。'"文《详注》:"《晋志》(《晋书·舆服志》):'轺车,古之时军车也。一马曰轺车,二马曰轺传。'《补注》:轺,音遥,小车也。"轺(yáo 余昭切,平,宵韵),轻便小车。《国语·齐语》:"负任担荷,服牛轺马。"注:"轺,马车也。"《汉书·平帝纪》:"(元始三年,)亲迎,立轺并马。"注引服虔:"轺,立乘小车也。并马,骊驾也。"

㉓ 铩:宋白文本、文本作"毛",误。祝本、魏本、廖本、王本作"铩",是。魏本:"孙曰:'伊,惟也。铩,剪翮也。'樊曰:《集韵》(入声十四黠):'长矛曰铩。'一曰羽伤也。公阳山《县斋有怀》云:'铩羽时方蜡。'盖谓贞元十九年冬自御史出为阳山,至是召入,故云。韩曰:《选》(卷二一)颜延之咏嵇康(《五君咏·嵇中散》云:'鸾翮有时铩。'"文《详注》:"铩,剪也。解见《县斋有怀》。《补注》:铩,去、入二声。长矛曰铩。一曰羽伤也。"此处"铩"字作"伤"字解合韩诗意。上句说孟简,下句说自己。

㉔ 明诫:方《举正》订"诫"字,云:"唐、蜀同。谢校。《说文》(言部)曰:'诫,敕也。'(又卄部)'戒,警也。'此语当用'诫'字,后语

'伸戒'则当用'戒'字。《汉·谷永传》:'犹严父之明诫。'《后汉·西域传》:'蹙国减土经有明诫。'所用同也。"朱《考异》:"诫,或作'戒'。"南宋监本原文作"戒"。宋白文本、文本、潮本、祝本、魏本作"戒"。廖本、王本作"诫"。魏本:"韩曰:《诗》(《卫风·淇奥》):'如切如磋,如琢如磨。'琢切,规戒也。"文《详注》:"班固《幽通赋》(《文选》卷一四)云:'申之以炯戒。'注云:'明也。'"诫、戒当警诫、警告讲二字通。此用"诫"当教令解善。《荀子·强国》:"发诫布令而敌退,是主威也。"引申为嘱咐。《史记·项羽本纪》:"(项)梁乃出,诫籍持剑居外待。"

㉕ 文《详注》:"瘵,病也,音侧界切。"魏本:"孙曰:'婴,被。瘵,疾也。'祝曰:瘵病:《诗》(《小雅·菀柳》):'无自瘵焉。'"瘵(zhài 侧界切,去,怪韵),病。《诗·大雅·瞻卬》:"邦靡有定,士民其瘵。"

㉖ 方成珪《笺正》:"相从尽,不可解。恐当从下句,谢校作'相从益'。或以下'相益多'句重复为疑,不知蝉联而下,意义尤妙也。然无本可校,故存其说于此。"

㉗ 拾纤芥:方《举正》据阁、蜀本订"拾"字。朱《考异》:"拾,或作'舍',非是。"南宋监本原文作"舍"。潮本、祝本作"舍"。宋白文本、文本、魏本、廖本、王本作"拾"。文《详注》:"《本草》陶隐居云:松脂沦入地,千岁化为琥珀。今烧之亦作松气。俗有煮雏鸡子及青鱼枕,作者并非真惟以拾芥为验。今本多作'舍',误尔。"魏本:"韩曰:'灵珀,琥珀也。虞翻曰:琥珀拾芥。'樊曰:'灵珀拾纤芥,谓无所遗也。今本拾作舍,非是。'"廖本注:"《吴书》:'虞翻曰:虎珀不取腐芥。'"方成珪《笺正》:"虎珀,今《吴志》作'虎魄'。音义同。"方世举《笺注》:"《吴志·虞翻传》注:'吴书曰:翻年十二,客有候其兄者不过翻,翻追与书曰:仆闻虎珀不取腐芥,磁石不受曲针,过而不存不亦宜乎?客得书奇之。'"

㉘ 欲知相益多:方《举正》作"相益多",云:"谢本作'相从益'。"朱《考异》:"益多,或作'从益'。"宋白文本、文本、祝本、魏本、

廖本、王本作"相益多",从之。

㉙ 文《详注》:"《东方朔记》曰:'神药,天上药也,能使人不死。'惫,病也,音步拜切。"魏本:"孙曰:'宿惫,久疾。'祝曰:《易》(《遁》):'有疾惫也。'"方世举《笺注》:"神药:古乐府《董逃行》(《乐府诗集》卷三四《相和歌辞》九):'服尔神药,莫不欢喜。'宿惫:《易·遁卦》:'系遁之厉,有疾惫也。'"惫(bèi 蒲拜切,去,怪韵),疲乏、困顿。《易·既济》:"三年克之,惫也。"《庄子·让王》:"七日不火食,藜羹不糁,颜色甚惫。"引申为疾病。

㉚ 魏本注:"符,同也。"钱仲联《集释》:"'德符'二字,本《庄子·德充符》篇来。"孟简信道嗜丹,故孟郊说他德与神仙契合。

㉛ 屈《校注》:"攲,丘奇切,音欺。倾斜也。《荀子·宥坐》云:'吾闻宥坐之器者,虚则攲,中则正,满则覆。'庾信《庾子山集》卷一(当为卷二)《哀江南赋》云:'入攲斜之小径,掩蓬藋之荒扉。'"坏(huài 胡怪切,去,怪韵),伤病、衰败。《诗·小雅·小弁》:"譬彼坏木,疾用无枝。"毛传:"坏,瘣也,谓伤病也。"《商君书·修权》:"蠹众而木折,隙大而墙坏。"

㉜ 魏本:"孙曰:'涵,泳也。天河,天汉也。'"

㉝ 魏本:"孙曰:'朗,明。湃,澎湃,大水声也。'"文《详注》:"澎湃,水相戾声,音步拜切。"朱彝尊《批韩诗》:"两层扇对取喻,亦磊落有概。"按以上八句四联均隔句相对,谓之扇面对。全在颂孟简作为与德行、气质。

㉞ 魏本:"孙曰:蒿鹦,鹦之在蓬蒿者。郭璞云:今鹦雀。"文《详注》:"《庄子》(《逍遥游》)云:'斥鹦翱翔蓬蒿之间。'注:'斥鹦,小雀也。'音晏。"

㉟ 魏本:"韩曰:《云门》,黄帝之乐。《韶》,舜乐。《靺》,东夷乐。"文《详注》:"《韶》,舜乐也。唐有《云》《韶》雅乐,见《李固言传》。《周礼·鞮鞻氏》:'掌四夷之乐。'郑氏注云:'东方曰靺,南方曰任,西方曰朱离,北方曰禁。'靺音暮。《拜初鼓钟》诗注云:'舞四夷之乐者,大德所及。'童《校诠》:"第德案:靺同之靺当从韦作韎。

东夷之乐，古无专字，经典所用袜、韎、佅、昧皆借字也，以昧字为近，义取暗昧（说文昧一曰暗也）。韎、昧皆说文所无，袜下云：茅蒐染韦也，一入曰袜，从韦，末声。诗：瞻彼洛矣，疏引郑驳异义，袜，草名，齐鲁之间言袜韐声如茅蒐，字当作袜。周礼春官：袜师，郑注：杜子春读为菋荎著之菋，郑司农说以明堂位曰：袜，东夷之乐，读如味饮食之味，玄谓读如袜韐之袜。是袜字许从末声，郑从未声，又不同也。公此诗则从郑说。”童说作“袜”，是。韎不作夷乐解，而袜（mèi 莫拜切，去，怪韵），古东方民族乐名。《周礼·春官·袜师》：“袜师，掌教袜乐，祭祀，则帅其属而舞之。”与诗用韵亦合。今传诸本作‘韎’，当是形似传写之误。

㊱ 魏本：“孙曰：‘求鹄，如射之志鹄也。’”文《详注》：“求群之鹄以喻两科进士。”方世举《笺注》：“争名：《秦国策》：‘臣闻争名者于朝，争利者于市。’《记·射义》：‘射者各射己之鹄。’”孟简“擢进士第，登宏辞科”，孟郊亦进士及第，故文云“两科进士”。

㊲ 魏本：“韩曰：《易》：‘腾口说也。’喝，蝉嘶声。”滕口，张口放言，或众口嚣嚣。《易·咸》：“象曰：咸其辅颊舌，滕口说也。”腾当作“滕”。孔颖达云：“滕，竞与也。所竞者口，无复心实，故云滕口说也。”郑玄云：“徒送口舌，言语相感而已，不复有志于其间。”《唐文粹》卷七五韦瓘《宣州南陵县大农陂记》：“范君独判于心，不畏滕口。”文《详注》：“蝉喝，言多也。喝，嘶也，音乙界切。”朱彝尊《批韩诗》：“借他人相形。斯时几道已为郎，何犹作科甲时较量耶？”朱说未谛，谓两进士者，指孟简、孟郊，即赞孟氏两榜均中进士也。

㊳ 魏本：“孙曰：‘赫赫，名盛貌。’”谓人未来，而声已振。

㊴ 魏本：“孙曰：鼓，击鼓。《左氏传》（庄公十年）曰：‘一鼓作气，再而衰。’始鼓，初鼓也。前，先也。”鼓，作动词用。谓鼓刚敲响敌人已经先败了。比喻孟氏声赫势雄。

㊵ 文《详注》：“谓简第进士时也。”魏本：“孙曰：襄（公）二十一年《左氏》：‘齐庄公朝，指殖绰、郭最曰：是寡人之雄也。州绰曰：君以为雄，谁敢不雄？然臣不敏，平阴之役，先二子鸣。’杜预注云：

'比于鸡斗,胜而先鸣。'今言'再鸣先'者,盖取此事。"陈景云《点勘》:"再鸣者,谓几道登第后又擢词科也。《郑群墓铭》中有'再鸣以文'句,与此语意正同。"《旧唐书·孟简传》:"孟简字几道,平昌人。天后时同州刺史诜之孙。工诗有名。擢进士第,登宏辞科。"按此联句孟简中进士,再登宏辞当在元和前的贞元间,《唐诗纪事》谓简登上第在元和中,非是。

㊶ 遐路:方《举正》订"遐"字,云:"杭本作'霞'。"朱《考异》:"遐,或作'霞'。"诸本作"遐",是。遐,远也。《书·太甲下》:"若升高,必自下;若陟遐,必自迩。"遐路,远路。汉王粲《赠蔡子笃诗》:"瞻望遐路,允企伊伫。"唐皎然《奉送袁高使君诏征赴行在效曹刘体》:"遐路渺天末,繁笳思河边。"比喻孟一举登第。文《详注》:"《海赋》(《文选》卷一二木玄虚撰):'倏如六龙之所掣,一越三千,不终朝而济所届。'注云:'六龙,日车。届,至也。'"蒋抱玄《评注》:"《史记》(《滑稽列传》):'不飞则已,一飞冲天。'"届(jiè古拜切,去,怪韵),至,到达。《诗·小雅·小弁》:"譬彼舟流,不知所届。"《三国志·魏书·武帝纪》:"致届官渡。"此谓孟简才艺高,虽天路遥远,一飞即到。言取功名之轻而易举也。

㊷ 上说孟简,再说孟郊。文《详注》:"孟郊字东野,少与简俱学于世,次简叔父执。躅,迹也。"魏本:"孙曰:'继奇躅,谓继几道之迹也。'祝曰:'躅,轨也。《前汉》(《叙传》班嗣《报桓谭书》):伏周、孔之轨躅。'"按:躅,直录切,音竹。此谓孟郊直追族叔。

㊸ 纶:文本作"轮"。魏本:"孙曰:'修,长。纶,钓缗。众犗,众牛也。'"文《详注》:"《庄子·外物》篇云:'任公子为大钩巨缁,五十犗以为饵。'注云:'缁,黑绳。犗,犍牛。饵,钩上肉。为大绳悬五十牛以为饵也。'犗,音界。"魏本:"樊曰:《庄子》:'任公子为大钩巨缁,五十犗以为饵,投竿东海,旦旦而钓。'犗,骟牛也。"犗(jiè古喝切,去,夬韵),阉过的牛。

㊹ 文《详注》:"《孟子》(《公孙丑上》)曰:'泰山之于丘垤。'穿空,言高也。"魏本:"孙曰:'垤,蚁冢也。'"垤(dié),蚂蚁做窝时堆

在穴口的小土堆。《诗·豳风·东山》:"鹳鸣于垤。"或谓小土墩。《韩非子·六反》:"山者大,故人顺之;垤微小,故人易之也。"

㊺ 文《详注》:"菅蒯,草名。"魏本:"孙曰:《左氏》(成公九年):'虽有丝麻,无弃菅蒯。'菅蒯,茅属,可以为布。丘垤、菅蒯,公以自喻也。"蒯(kuǎi,又读 kuài 苦怪切,去,怪韵),草名,茎供编织。《左传》成公九年:"《诗》曰:'虽有丝麻,无弃菅蒯。'"此二句以"穿空""照日"之高标颂孟郊;以"丘垤""菅蒯"喻自己之微小。韩公《醉留东野》诗云:"韩子稍奸黠,自惭青蒿倚长松。低头拜东野,愿得始终如驵蛩。东野不回头,有如寸莛撞巨钟。"

㊻ 魏本注:"小生,郊自谓也。"文《详注》:"小生,公自谓。"文谓小生指公,误;小生乃孟郊自谓。此正承上联韩公颂郊而言也。方世举《笺注》:"小生:《汉书·朱云传》:'薛宣谓云曰:在田野无事,且留我东阁,可以观四方奇士。云曰:小生乃欲相吏耶?'师古曰:'小生,谓其新学后进。'"

㊼ 文《详注》:"虿,毒虫也。《左氏传》曰:'蜂虿有毒。'"魏本:"祝曰:《诗》(《小雅·都人士》):'卷发如虿。'注:'螫,虫也。'《左氏》:'蜂虿有毒。'"虿(chài 丑犗切,去,夬韵):昆虫名,蝎子、蜜蜂一类有毒之虫。《左传》僖公二十二年:"君其无谓邾小,蜂虿有毒,而况国乎?"疏:"蜂虿,有毒。"

㊽ 文《详注》:"愔愔,安静貌。《左传》(昭公十二年)逸诗云:'祈招之愔愔。'"魏本:"左思曰:'靡靡愔愔。'安静也。"诺,许诺。《老子》:"夫轻诺必寡信,多易必多难。"《史记·季布传》:"楚人谚曰:'得黄金百(斤),不如得季布一诺。'"

㊾ 文《详注》:"翼翼,恭顺貌。《大明》诗(《诗·大雅》)曰:'惟此文王,小心翼翼。'"魏本:"孙曰:'翼翼,恭敬貌也。'"申戒,朱《考异》:"申,方作'伸'。戒,说见上(即本篇注㉔)。"方《举正》未出此条,当是方校刊《韩集》。宋白文本、文本、祝本、魏本作"伸诫"。南宋监本亦作"诫"。廖本、王本从方作"申戒"。作警戒解"戒""诫"二字通。

(50) 勘：方《举正》作“甚”，云：“杭、蜀同。”宋白文本、文本、祝本、魏本作“甚”。廖本、王本作“勘”。朱《考异》：“勘，方作‘甚’。”文《详注》：“汉扬雄不读非圣人之书。”钱仲联《集释》：“《说文新附》：‘勘，校也，从力，甚声。’按方世举注谓以此句推之，是元年为博士时作，殆不考此为孟句，非韩句也。”则作“勘”字善。勘读，校读也。

(51) 文《详注》：“盗食谓窃禄也。嘬，一举尽脔，音楚快切。《曲礼》(《礼记·曲礼上》)曰：‘无嘬炙。’”魏本：“韩曰：《列子》(《说符》)：‘爰旌目饿于道，狐父之盗[曰丘，见而]下壶餐而[以]餔之……爰旌目既能视，曰：汝非盗耶[邪]？[胡为而食我？]吾义不食子[盗者]之食也。’”嘬(楚夬切，去，夬韵)，咬、叮。《孟子·滕文公上》：“狐狸食之，蝇蚋姑嘬之。”

(52) 文《详注》：“后汉马援[从弟少游](《后汉书·马援传》)曰：‘士生一世，但取衣食裁足，乘下泽车，骑(御)款段马。’注云：‘款犹缓也，言行段迟缓。’”款段，马行迟缓貌，喻驽马。李白《江夏赠韦南陵冰》：“昔骑天子大宛马，今乘款段诸侯门。”

(53) 文《详注》：“玠，大圭也，音介。《书·顾命》曰：‘大保承介圭。’”魏本：“孙曰：玠，大珪也。《诗》(《大雅·韩奕》)：‘以其介圭，入觐于王。’介与玠通。”顾嗣立《集注》：“《诗》(《大雅·崧高》)：‘锡尔玠珪。’《尔雅》(《释器》)：‘珪大尺二寸，谓之玠。’”

(54) 文《详注》：“筠，竹青皮也。音子伦切。杉，似松，音师衔切。”此谓小小的节操，愧与松筠相比。

(55) 文《详注》：“萧，艾蒿也。薤，叶似韭，音下介切。”魏本：“孙曰：《诗》(《小雅·小明》)：‘采萧及菽。’萧，蒿也。”钱仲联《集释》：“《山海经》郭璞注：‘韭薤皆山菜。’”

(56) 方世举《笺注》：“《书·洪范》：‘高明柔克。’”高明，谓性格高朗明爽。《后汉书·王龚传》：“蕃性气高明，初到，龚不即召见之，乃留记谢病去。”

(57) 文《详注》：“《易·夬卦》：‘彖曰：夬，决也，刚决柔也。’此颂简之德。"魏本引韩《全解》同文。魏本:"孙曰:'夬卦,五阳而决一阴。'"夬(kuài 古迈切,去,夬韵),本为卦名,而义则同决。决(jué 古穴切),入声,屑韵。

全诗用夬、怪二韵。此联句除颂长辈孟简外,重在叙三人的交谊,而在各人的诗中标显二人不同性格与相互尊重。

【汇评】

宋陈辅:《道味》:[韩]愈《寄孟刑部联句》云:"美君知道腴,逸步谢天械。"或问:"道果有味乎?"余曰:"如介甫'午鸡声不到禅林,柏子烟中静拥衾'.'竹鸡呼我出华胥,起灭篝灯拥燎炉''各据槁梧同不寐,偶然闻雨落阶除',皆淡中意味,非造此景不能形容也。"(《陈辅之诗话》)

宋黄彻:愈《寄孟刑部联句》云:"美君知道腴,逸步谢天械。"或问:"道果有味乎?"余曰:如介甫"午鸡声不到禅林,柏子烟中静拥衾""竹鸡呼我出华胥,起灭篝灯拥燎炉。""各据槁梧同不寐,偶然闻雨落阶除"皆淡泊中味,非造此境,不能形容也。(《碧溪诗话》卷五)

清朱彝尊:大约叙交情,借雨起兴。诗亦跌荡有姿态,但奇陘不若诸篇。(顾嗣立《昌黎先生诗集注》卷八)

远游联句①

贞元十四年

别肠车轮转②,一日一万周_郊③。离思春冰泮④,澜漫不可收_愈⑤。驰光忽以迫⑥,飞辔谁能留_郊⑦?前之讵灼灼⑧,此去信悠悠_翱⑨。楚客宿江上,夜魂栖浪头⑩。晓日生远岸,水芳缀孤舟⑪。村饮泊好木⑫,野蔬拾新柔⑬。独含凄凄别⑭,中结郁郁愁⑮。人忆旧行乐⑯,鸟吟新得俦⑰_郑。灵瑟时宵宵⑱,露猿夜啾啾⑲。愤涛气尚盛⑳,恨竹泪空幽㉑。长怀绝无已㉒,多感良自尤㉓。即路涉献岁㉔,归期眇凉秋㉕。两欢日牢落㉖,孤悲坐绸缪㉗_愈。观怪忽荡漾㉘,叩奇独冥搜。海鲸吞明月㉚,浪岛没大沤㉛。我有一寸钩,欲钓千丈流㉜,良知忽然远㉝,壮志郁无抽㉞_郑。魍魉暂出没㉟,蛟螭互蟠蟉㊱。昌言拜舜禹㊲,举驷凌斗牛㊳。怀糈馈贤屈㊴,乘桴追圣丘㊵,飘然天外步,岂肯区中囚㊶_愈。楚些待谁吊㊷?贾辞缄恨投㊸,翳明弗可晓㊹,秘魂安所求㊺?气毒放逐域㊻,蓁杂芳菲畴㊼,当春忽凄凉,不枯亦飕飗㊽。貊谣众猥欸㊾,巴语相咿嚘㊿,默誓去外俗,嘉愿还中州㊽,江生行既乐㊼,躬辇自相戮㊻。饮醇趣明代㊺,味腥谢荒陬㊹_郑。驰深鼓利楫㊸,趋险惊蚩辀㊷。系石沉靳尚㊶,开弓射䲭枭㊵。路暗执屏翳㊴,波惊戮阳侯㊳。广泛信缥眇㊲,高行恣浮游。外患萧萧去㉞,中恬稍稍瘳㉟。振衣造云阙㊱,跪坐陈清猷㊲。德风变谗巧㊳,仁气销戈矛㊴。名声照四海㊵,淑问无时休㊶。归哉孟夫子,君去无夷犹㊷_愈。

【校注】

① 文《详注》:"《楚辞》云:'远游章句者,屈原之所作也。'屈原履方正之行,不容于世,上为逸佞所谮,下为俗人所困,极章皇山泽无所告诉,乃深推元一,修执恬漠,思济世则意中愤然。文彩秀发,遂叙妙思,托配仙人与俱游戏,周历天地无所不到。然犹怀念楚国,思慕旧故,忠信之笃,仁义之厚也。是以君子珍重其志而玮其

辞焉。公亦南迁阳山，《联句》之义，盖取诸此。"魏本："樊曰：《远游》，送东野之江南也。公有《送东野序》云：'东野之役于江南。'此所谓远游者，亦其时欤？《联句》凡四十韵，东野二十，公十九，李习之一。习之之诗，见于世者此而已，大率诗非其所长也。《补注》：刘贡父云：唐时文人李习之不能为诗，《联句》云云，殊无可取。"文《详注》："《补注》：《远游》，送郊之江南也。公有序送郊之江南，而吕汲公以为贞元十九年作。则所谓远游者，亦其年欤？《远游联句》凡四十韵，东野二十，公十九，李习之一云：'前之讵灼灼，此去信悠悠。'习之诗见于世，此两句而已。其集有《戏赠》云：'县君好搏渠，绕水恣行游。鄙性乐疏野，凿池便成沟。两岸填芳草，中央漾清流。所尚既不同，砖凿各自修。从他后人见，境趣谁为幽。'诗乃郑州掘地得之，云刺史李翱。或曰：同时有李翱者，非习之诗也。按《新唐书》虽不书其为郑州，然《旧史》书两李翱而坐累为郑州刺史，会昌中卒则习之也，特《新书》略之尔。然诗非习之所长也。据《传灯录》书其谒僧惟俨问道，俨以手指上下，习之不领。俨曰：'云在天，水在瓶。'习之乃述偈曰：'练得目形使鹤形，千株松下两函经，我来问道无余说，云在青天水在瓶。'俨一夜登山忽见云开，大笑一声，闻澧阳东九十里。翱又赠诗曰：'选得幽居惬野情，终年无送亦无迎。有时直上孤峰顶，月下披云笑一声。'二诗与《戏赠》不相远，而出于所谓'前之讵灼灼，此去信悠悠'远矣。"方《举正》："此诗送东野之江南也，元和三年东都作。"陈景云《点勘》："题注。按注谓远游，即东野役于江南时，其说似是而非。盖役于江南，乃赴溧阳尉任。役，谓吏役也。远游在初春，而归期订晚秋，岂有赴官而春去秋还者。又诗中历叙吴、楚诸地，盖时将为湖岭之游，故云尔。观《东野集》中，有过彭泽，次沅、湘及连州吟诸诗，殆皆此游作，亦可略见游迹之远矣。"王元启《记疑》引樊、陈二说后，曰："旧注云：'元和三年作。'按：三年春，郊为水陆运从事，时郑馀庆正尹河南，不应无故罢免，乃令作此浪游。四年正月，李翱吊郊于洛东，时郊初丁母艰，未必遽有此远役。此诗恐贞元中作。当考郊远游诸诗,再为核定,旧注恐非。"

夏敬观《孟东野先生年谱》:"贞元十二年丙子(796),陆长源为宣武行军司马,佐董晋。宣武军即汴州也。韩愈为汴州观察推官。先生有《送韩愈从军》诗、《新卜清罗幽居奉献陆大夫》诗……《汴州留别韩愈》诗、《夷门雪赠主人》诗。陆长源答诗自注云:'郊客于汴将归,赋《夷门雪》赠别,长源答此。'则先生在贞元十二、三、四年中,曾至汴州。与韩愈、李翱《远游联句》诗,疑在汴作。诗中有'楚些待谁吊?贾辞缄恨投。'又云:'貉谣众猥款,巴语相咿嗢。'似先生将往楚,或自商行谒复州卢虔时也。"钱仲联《集释》:"翱于贞元十二年始来汴州,与公相识,有翱祭公文可证。后一二年当尚在汴。此诗作于初春,东野《汴州别韩愈》诗,有'春英婆娑'之句,《夷门雪》诗有'春风动江柳'之句,可知与《远游》皆同时作。据公《重答张籍书》,言孟君将有所适。《答张书》,方成珪《笺正》考定为贞元十三年秋作,则《远游》诸篇,作于十四年春初无疑矣。"

《韩学研究·韩愈年谱汇证》系贞元十四年,云:"钱说近是。从孟郊诗云'楚客宿江上''楚些待谁吊?贾辞缄恨投'、韩愈诗云'灵瑟时窅窅''恨竹泪空幽''昌言拜舜禹,举驷凌斗牛。怀糈馈贤屈,乘桴追圣丘'内容看,这次远游是去楚地。从韩愈诗云'离思春冰泮,澜漫不可收',孟郊诗句'气毒放逐域,蓼杂芳菲畴,当春忽凄凉,不枯亦飕飗'。时间是春中。孟郊、韩愈、李翱春中同在汴州,而孟郊又有楚地远游之举的只有这一个仲春。说元和三年不对,说春初者也不确,因是年李翱中进士,举考当在正月之春初,此乃他中进士后东归汴州的事。孟郊远游情势与时令,除以上夏敬观、钱仲联所举与陆长源唱和诗证外,还可引孟郊《夷门雪赠主人(陆长源)》诗句:'夷门贫士空吟雪,夷门豪士皆饮酒。酒声欢闲入雪销,雪声激切悲枯朽。悲欢不同归去来,万里春风动江柳。'长源《答东野夷门雪》诗云:'东邻少年乐未央,南客思归肠欲绝。千里长河冰复冰,云鸿冥冥楚山雪。'(《孟东野集》卷二)孟郊思归之情,早春唱和时间,与《远游联句》也合。再与孟郊《汴州别韩愈》诗'不饮浊水澜，空滞此汴河'；'远客独憔悴，春英落婆娑'（同上，卷八）及韩愈《答孟郊》诗也合。说《远游联句》不当写于元和元年，还有此诗中孟郊诗句'良知忽然远，壮志郁无抽'作证。元和三年以后郊已届晚年而又连失三子，不会再言壮志。况当时他已任过溧阳尉，并在郑馀庆幕下，无此情绪。"廖本注云："《远游》名篇，祖屈原也。相如《大人赋》，由《远游》发也。自后刘向《九叹》、曹子建乐府皆有《远游》篇。然屈原、相如则兼四方上下而言之。公联此诗，以送东野于南，所序只江南事。其间大抵事意与《大人赋》《九叹》相同。读者宜详味之。"魏庆之《诗人玉屑》卷一五曰："《雪浪斋日记》云：'退之联句，古无此法，自退之斩新开辟。'余观《谢宣城集》有联句七篇，《陶靖节集》有联句一篇，《杜工部集》有联句一篇，则诸公已先为之。至退之亦是沿习其旧。若言联句自退之斩新开辟，则非也。"方世举《笺注》卷五《会合联句》注曰："王伯大以为'联句古无，此体自退之始'殊为孟浪。沈括谓'虞廷赓歌，汉武《柏梁》，是唱和联句之所起'，可谓究其源流矣。自晋贾充与妻李氏始为联句，其后陶、谢诸人，亦偶一为之。《何逊集》中最多。然文义断续，笔力悬殊，仍为各人之制。又皆寥寥短篇，不及数韵。唐时如颜真卿等，亦有联句，而无足采，故皆不甚传于世，要其体创之久矣。唯韩、孟天才杰出，旗鼓相当，联句之诗，固当独有千古。"王元启《记疑》："旧注：联句古无此法，自退之始。按：《柴桑集》中便有联句，汉武《柏梁诗》又在其前。不特此也，《三百篇》中已备此体。《邶风·式微》诗，每章首二句，黎侯问辞，末二句黎臣答语。《豳风·九罭》诗，首末二章皆东人语，中二章复间以西人告晓东人之辞。此皆后人联句之祖。旧注非是。"

② 文《详注》："古乐府（《古歌》）云：'心思不能言，肠中车轮转。'"

③ 文《详注》："《礼记·檀弓》注曰：'车轮转一周为一规。一规为鄽。'音惠圭反，一周一丈九尺。"蒋抱玄《评注》："司马迁《报任安书》：'是以肠一日而九回。'本文取义于此。"何焯《批韩诗》："发

端警。"

④魏本:"孙曰:《诗》(《邶风·匏有苦叶》):'士如归妻,迨冰未泮。'(毛传:)'泮,散也。'"文《详注》:"《淮南子》曰:'水向冬则凝而为冰,冰迎春则泮而为水。'泮,释也。"魏本:"韩曰:思念也。杜诗(《醉歌行》):'[风吹客衣日杲杲,]树搅离思花冥冥。'《左传》:'泮然冰释。'"

⑤澜漫:文本作"烂熳"。诸本作"澜漫"。澜漫,也作烂漫、烂曼、烂熳。魏本注:"澜漫,涣散貌。"方世举《笺注》:"江淹《去故乡赋》:'愁澜漫而方滋。'"分散杂乱貌。《淮南子·览冥训》:"主暗晦而不明,道澜漫而不修。"《文选》卷一七王褒《洞箫赋》:"惮恈澜漫,亡耦失畴。"注:"澜漫,分散也。"《上林赋》:"澜漫远迁。"《文选》作"烂熳",《史记·司马相如传》作"烂曼"。何焯《批韩诗》:"强对。"

⑥魏本:"孙曰:'驰光,光景飞驰也。迫,晚暮也。'"

⑦此句下王本"郊"字作"愈",误。当从宋诸本作"郊"。魏本:"孙曰:'飞辔,日御也。'"文《详注》同。车也,即孟郊欲去远游之车不能留也。

⑧前之:方《举正》据阁本作"取之"。朱《考异》:"取,或作'前'。"南宋监本原文作"前"。宋白文本、廖本、王本作"取",注:"一作'前'。"文本、潮本、祝本、魏本作"前"。魏本注:"前,一作'取'。"刘攽《中山诗话》:"韩吏部集有李习之两句云:'前之诋灼灼,此去信悠悠。'若无可取。郑州掘一石,刻刺史李翱诗曰:'县君爱砖渠,绕水恣行游……'王深父编次入习之集。此别一李翱尔,而习之不能诗也。"则作"前之"是。王元启《记疑》:"前知,方作'取之'。《考异》云:'取,或作前。'今考建安魏本实作'前之'。孙云:'前之,谓前时所适。'独刘贡父《诗话》引此乃作'前知',盖谓前途通塞,非可预知,此行亦不过纵意所如而已,不能必其有遇也。据此,则'知'以声近误'之','前'以形近误'取'。今特据刘说改正。"钱仲联《集释》:"余所见《历代诗话》本刘贡父《中山诗话》作'前之',未知王何所据。"钱说是。况王氏推断亦未确,古籍以声近误

刻者少,"之"亦不可能误作"知"。而"前"与"取"其形差距甚大。文本"讵"作"距",非。诸本作"讵",是。魏本:"孙曰:'之,适也。前之,谓前时所适。讵,岂也。'"讵(jù 其吕切,上,语韵),讵作副词当"岂"解,不合诗意;此处作"曾经"解,谓前次曾游。《庄子·齐物论》:"庸讵知吾所谓知之非不知邪?"《列子·黄帝》:"(商丘开)遂先投下,形若飞鸟,扬于地,骪骨无砢。范氏之党以为偶然,未讵怪也。"韩公《送侯参谋赴河中幕》诗:"一别讵几何,忽如隔晨兴。"灼灼,鲜明貌。《诗·周南·桃夭》:"桃之夭夭,灼灼其华。"汉贾谊《新书·匈奴》:"其信陛下已诺,若日出之灼灼。"

⑨ 悠悠:遥远,无穷尽也。《诗·唐风·鸨羽》:"悠悠苍天,曷其有极?"《楚辞》宋玉《九辩》:"去白日之昭昭兮,袭长夜之悠悠。"蒋抱玄《评注》:"《诗》(《邶风·雄雉》):'瞻彼日月,悠悠我思。'"钱仲联《集释》引严虞惇曰:"习之一联,饶有别致。"

⑩ 栖(棲):方《举正》据蜀本订,云:"洪、谢校同。"朱《考异》:"栖,或作'楗'。"南宋监本原文作"捷"。宋白文本作"悽"。文本、祝本、魏本、廖本、王本作"栖"。魏本等注:"一作'捷',非。"作"捷""悽"均形似致误。楚客,谓楚地之客。文《详注》"谓公南贬阳山时",误。时韩愈还未贬阳山。蒋抱玄《评注》:"《左传》(襄公二十六年):'楚客聘于晋,过宋。'"童《校诠》:"第德案:捷、接古字通,左氏庄十二年传;宋万弑其君捷,公羊作接;汉书古今人表捷子,庄子则阳作接子,史记孟荀列传,索隐亦作接子,是其证。尔雅释诂接,捷也,郭璞曰:捷谓相接续也。夜魂捷浪头,夜魂接浪头也,作捷自通。"亦备一说。

⑪ 魏本:"孙曰:'水芳,水上芳草,莲芰之属。缀,结也。'"

⑫ 方《举正》据晁校作"饮",云:"东野《幽居》诗有'嘉木偶良酌,芳荫庇清弹'。'馆'字非也。"朱《考异》:"饮,或作'馆'。(下引方语)"南宋监本原文作"馆"。宋白文本、文本、潮本、祝本、魏本作"馆"。廖本、王本作"饮"。何焯《义门读书记》卷三〇:"'村饮泊好木',饮或作'馆'。按:'饮'字胜。蒙上'宿江岸'来。亦不必引《幽

居》诗为例。"所说是。就本句味之,村饮船只能泊嘉树之下,哪来的馆呢?此乃写诗人想象野村江岸树荫之下泊船而饮酒。

⑬ 魏本:"孙曰:《诗》有'柔桑''柔荑'(《诗·豳风·七月》:'爰求柔桑。'《卫风·硕人》:'手如柔荑。'),谓初生柔弱也。蔬,菜也。"方世举《笺注》:"新柔:《诗·采薇》:'薇亦柔止。'按郊诗又有'芳物竞畹晚,绿梢挂新柔'之句。钱仲联《集释》:"《诗·采薇》毛传:'柔,始生也。'郑笺:'柔谓脆脘之时。'"即摘新生的嫩野菜。

⑭ 文《详注》:"谢灵运别惠连诗(《文选》卷二五《登临海峤初发疆中作与从弟惠连见羊何共和之》):'戚戚新别心,凄凄久念攒。'凄凄,悲恋貌。"又《文选》卷二六谢灵运《道路忆山中》:"凄凄明月吹,恻恻《广陵散》。"《关尹子·三极篇》:"人之善琴者,有悲心则声凄凄然。"

⑮ 文《详注》:"《楚辞》:'愁郁郁之无快。'"魏本:"韩曰:《楚辞》(刘向)《九叹》:'忧心展转,愁郁郁兮。'"《史记·淮阴侯列传》:"吾亦欲东耳,安能郁郁久居此乎!"

⑯ 忆旧:方《举正》作"意忆",云:"杭、蜀诸旧本并同。"朱《考异》:"忆旧,方作'意忆',非是。"南宋监本原文作"忆旧"。宋白文本、文本、潮本、祝本、魏本、廖本、王本均作"忆旧",从之。宋白文本、魏本等注:"忆旧,一作'意忆'。"文《详注》:"汉杨恽曰(《文选》卷四一《报孙会宗书》):'人生行乐,须富贵何时。'"朱彝尊《批韩诗》:"行客飘泊。"

⑰ 新:方《举正》作"忻",云:"杭、蜀诸旧本并同。"朱《考异》:"新,方作'忻',非是。"文本作"忻",注:"忻,一作'新'。"宋白文本、祝本、魏本、廖本、王本作"新"。注:"新,一作'忻'。"当作"新"。魏本:"孙曰:'俦,俦侣。'"

⑱ 魏本:"孙曰:《楚辞·远游》云:'使湘灵鼓瑟兮,令海若舞冯夷。'灵瑟,谓湘灵之瑟。"文《详注》:"《楚辞·远游》章句曰:'使湘灵鼓瑟。'窅窅,深貌。音于交、乌了二切。"方世举《笺注》同。灵瑟,湘灵之瑟。窅(yǎo)窅,深远貌。韩公《剥啄行》诗:"窅窅深

堊,其墉甚完。"

⑲ 魏本:"孙曰:'霒,云覆日也。霒猿,谓猿在云间也。'"文《详注》:"《楚辞·九章》(按:乃《九歌·山鬼》)曰:'猿啾啾兮狖夜鸣。'王逸注云:'啾啾,弄口貌。霒,音阴,云貌。'"按:魏本樊汝霖注引《楚辞》即作《山鬼》。霒(yīn《广韵》于金切,平,侵韵):同阴。《楚辞》宋玉《九辩》:"忠昭昭而愿见兮,然霒曀而莫达。"王逸注:"邪伪推排而隐蔽也。补曰:霒,音阴,云覆日也。曀,阴风也。"方成珪《笺正》:"霒,《说文》作'靆',入云部。此旁从立,或传录之误。"方世举《笺注》:"霒猿:《玉篇》:'霒,沈云貌。'《水经注》:'风泉传响于青林之下,岩猿流声于白云之上。'"啾(jiū 即由切,平,尤韵)啾:象声词。所指随文而异。《楚辞》屈原《离骚》:"鸣玉鸾之啾啾。"指玉鸾响声。韩诗指猿啼声。

⑳ 文《详注》:"愤涛,文种、子胥之神。"魏本:"孙曰:《吴越春秋》(《夫差内传》):'子胥伏剑而死,吴王取其尸投之江中,尸乃随流扬波,成涛激岸,随潮来往。"文种,楚国郢人。越大夫,字少禽,称子禽。事越王勾践,出计帮助灭吴,功成,为勾践赐剑自杀。见《吴越春秋·勾践伐吴外传》。按字面看,"愤涛"似用伍子胥弄钱塘江潮事,若与下句连起来看,当指屈原,因皆用湖南湘江地域典事。况韩公《晚泊江口》:"二女竹上泪,孤臣水底魂。"即用二妃与屈原典事,可证。魏本:"韩曰:谓屈原投汨罗而死。"

㉑ 文《详注》:"泪竹,舜二妃也。"魏本:"孙曰:《博物志》(卷八)云:'舜死苍梧,二妃从之不及,泪下染竹,竹为之斑。'幽,幽深也。"

㉒ 李详《证选》云:"江淹《恨赋》(《文选》卷一六):'长怀无已。'"谓心里想念,没完没了。

㉓ 魏本:"孙曰:'良,诚也。尤,咎也。'"尤(yóu 羽求切,平,尤韵),罪过、过失。《易·贲》:"匪寇婚媾,终无尤也。"《诗·小雅·四月》:"废为残贼,莫知其尤。"笺:"尤,过也。"此句谓多想自己心里更难受。

㉔ 献岁:文《详注》:"《淮南子·主术篇》曰:'岁终献功,以时尝谷。'许氏云:'荐之明堂也。'公以贞元十九年冬南贬阳山。"魏本注:"即,就也。韩曰:《楚辞·招魂传》:'献岁发春兮,汨吾南征。'注云:'献岁,岁始来进也。'"童《校诠》:"孙曰:楚辞招魂传:献岁发春兮。第德案:传字衍。"童说"传字衍",是。但谓此为孙曰则是未看清原文,此乃韩醇之解。古代俗制,岁末献功,岁首献礼。此是韩愈对孟郊旅途时间的估计:归路就到年底了。按文说:贞元十九年末,韩愈被贬阳山令,春到阳山,正值岁末岁首的献岁之时。不确。

㉕ 魏本注:"眇,远也。"顾嗣立《集注》:"《文选》(卷四一)李少卿(陵)《答苏武书》:'凉秋九月。'"此句对上句首途之事乃岁末;此句说归途的时间就到秋天了。寓分别时间之长。

㉖ 魏本:"孙曰:'两欢,两人之欢。谓韩、孟也。'"文《详注》:"陆士衡《文赋》(《文选》卷一七):'心牢落而无偶。'(吕向)注云:'心失次之貌。'"方世举《笺注》:"蔡邕《瞽师赋》:'时牢落以失次。'"牢落:孤寂,无所寄托。唐李贺《京城》:"驱马出门意,牢落长安心。"

㉗ 魏本:"孙曰:绸缪,犹缠绵。《诗》(《唐风·绸缪》)云'绸缪束薪'是也。"绸缪原指情意殷勤深奥,此句诗之绸缪表示情绪纷扰。《三国志·蜀·先主传》:"先主至京见(孙)权,绸缪恩纪。"《文选》卷四二魏吴质《答东阿王书》:"发函伸纸,是何文采之巨丽,而慰喻之绸缪乎?"朱彝尊《批韩诗》:"居人寂寥。"

㉘ 观怪:文《详注》:"《海赋》(《文选》卷一二木玄虚撰):'徒观怪之多骇。'"魏本:"孙曰:怪,蛟龙之属。荡漾,大水貌。"荡漾:飘荡起伏貌。三国魏阮籍《咏怀诗》其三十七:"人情有感慨,荡漾焉能排!"此指思潮起伏。李白《梦游天姥山吟留别》:"谢公宿处今尚在,渌水荡漾清猿啼。"此指水波微动。何焯《批韩诗》:"接得兀突,又换一境。"

㉙ 冥搜:文《详注》:"言搜谪奇异以入吟咏也。《天台山赋》

(《文选》卷一一孙兴公撰):'远寄冥搜。'"孙《赋》云:"非夫远寄冥搜,笃信通神者,何肯遥想而存之。"魏本:"孙曰:'冥搜,谓搜求于冥莫也。'"冥搜,穷搜,即搜求至于幽远深处。《辞源》引《天台山赋》为例。唐高适《陪窦侍御灵云南亭宴诗得雷字》诗:"连唱波澜动,冥搜物象开。"

㉚ 文《详注》:"鲸,巨鱼,岛水中可居也。"魏本:"孙曰:裴氏《广州记》:'鲸鲵目即明月珠,故鲸鲵死不见有目睛。'吞明月,即谓鲸鲵目也。"

㉛ 大沤:方《举正》云:"阁本作'大浮'。"朱《考异》:"沤,或作'浮'。"诸本作"大沤",是。文《详注》:"沤,水泡也,乌侯切。"魏本:"孙曰:浪岛,谓浪凌岛上,如大沤之没也。"朱彝尊《批韩诗》:"远游景物。"

㉜ 一寸:谓其小也。钱仲联《集释》:"只有一寸之钩,而欲钓千丈流,言己志大而才小也。"《韩非子·说林上》:"蚁冬居山之阳,夏居山之阴,蚁壤一寸而仞有水。"此乃孟郊语,谓其人虽微小,而志却大。揭出他远游的大旨所在。钱说非孟郊本意。

㉝ 良知:魏本:"良知,亲知也。"方世举《笺注》:"谢灵运诗(《文选》卷二二《游南亭》):'赏心惟良知。'"良知,本义谓天赋的分辨是非善恶的智能。《孟子·尽心上》:"人之所不学而能者,其良能也;所不虑而知者,其良知也。"疏:"不待思虑而自然知者,是谓良知者也。"后引申为知心、亲朋。如上谢灵运诗云。唐罗隐《秋日寄狄补阙》:"不为良知在,驱车已出关。"此指韩愈等。

㉞ 壮志:承上联"我有一寸钩,欲钓千丈流"。魏本:"孙曰:郁,结也。抽,展也。"谓其壮志难酬也。贞元十二年孟郊五十四岁虽中进士,尚未授官。如韩愈《贞曜先生墓志铭》云:"先生讳郊,字东野……年几五十,始以尊夫人之命来集京师,从进士试。既得即去。间四年,又以命来选,为溧阳尉。"

㉟ 朱《考异》:"魍魅,魅或作'魑'。"诸本作"魅",从之。文《详注》:"魍魅,山神。"魏本:"孙曰:魍,魍魉。《说文》(虫部)云:'山川

之精物。'魅,魑魅,老物精也。"暂出没:忽然出现也。张相《诗词曲语辞汇释》卷二:"韩愈《叉鱼》诗:'迷火逃翻近,惊人去暂遥。'暂遥,犹云忽远也。又《远游联句》:'魍魉暂出没,蛟螭互蟠蟉。'暂出没,犹云倏出没,亦忽字义。"魍魅对蛟螭,均为两物相对。

㊱ 文《详注》:"蛟螭,龙属。蟠蟉,诘曲貌,音樛。"魏本:"祝曰:'蛟螭,龙属。蟠蟉,蟠结之状。'"魏本音注:"蟉,力幽切。"蟉(liú 力幽切,平,幽韵),盘曲貌。何焯《批韩诗》:"又变。"此韩愈慰孟郊:此时鬼怪暂时出没,而蛟龙互相蟠结也。蛟螭比孟郊等。

㊲ 文《详注》:"南方有舜禹庙。《书》(《大禹谟》)曰:'禹拜昌言。'"魏本:"韩曰:'舜葬于苍梧之野,禹崩于会稽,皆在江南,故得拜其昌言也。'"昌,正也,当也。昌言即正言。《书·大禹谟》:"禹拜昌言曰:'俞。'"传:"昌,当也。以益言为当,故拜受而然之。"《文苑英华》卷八唐杨炯《老人星赋》:"献仙寿兮祝尧,奏昌言兮拜禹。"

㊳ 凌:祝本作"陵"。凌、陵作登、升、乘、凌驾、压倒、侵犯解音义均同。文《详注》:"飓,与帆同,音扶咸切。按《天文志》:牵牛、婺女,越之分野。即岭南也。"魏本:"祝曰:《选》(左思《吴都赋》):'楼船举飓而过肆。'(吕向)注:'举飓者,挂席用风力也。'《补注》:'斗牛,吴、楚分野也。'"斗牛,星宿名。二十八宿中的斗宿和牛宿。汉刘向《说苑·辨物》:"所谓二十八星者……北方曰斗、牛、须女、虚、危、营室、东壁。"北周庾信《哀江南赋》:"路已分于湘汉,星犹看于斗牛。"南方亦有斗星,即韩公《三星行》诗:"我生之辰,月宿南斗。"

㊴ 方《举正》:"怀糈,语见《离骚》,祭神米也。蜀本作'精',非。"朱《考异》同方作"怀糈"。宋白文本、文本、祝本、魏本、廖本、王本均作"糈",注:"一作'精'。"糈乃祭神之米,此为祭屈原者的祭品,作"糈"字是。屈,文《详注》:"楚大夫屈原也。《楚辞》(《离骚》)曰:'巫咸将下(当作夕)降兮,怀椒糈而要之。'注云:'糈,精米也,所以享神,音所。'"魏本:"樊曰:《续齐谐记》:'屈原五月五日自没汨罗而死,楚人哀之,每至此日,以竹筒贮米,投水祭之。'馈贤,屈原也。"廖本注:"糈,音所,又新于切。"童《校诠》:"第德案:说文:

精，择也，朱骏声曰：谓蘖米使纯洁也。庄子人间世：鼓荚播精，释文引司马注：简采曰精。又云：播精如字一音所字，则当作数。按：数为糈之讹，文选夏侯孝若东方朔画像赞李注引庄子作糈，与释文所称一本同。王注离骚释糈为精米，则精与糈义同，公诗作精，盖以训诂字易之，作糈作精，义得两通。方谓作精，非，未谛。祝注引离骚少当作夕，精当作糈。"童说甚细，糈作精，乃古字通假。按字义词性，精，作选择解，乃动词；糈，祭神用的精米，是名词，与祭品义合，此作"糈"字善。童指祝引《离骚》误，查魏本此处宋本原刻作"巫咸将少降兮，怀椒精而要之"，误。查文渊阁四库本作"巫咸将夕降兮，怀椒糈而要之"，不误。查国家图书馆藏宋刻祝充《音注韩文公文集》，作："《楚辞》：'怀椒糈而要之.'注：'糈米所以飨神.'"

㊵ 文《详注》："《论语》(《公冶长》)：'孔子曰：道不行，乘桴浮于海。从我者其由欤？'注云：'桴，编竹木也，音芳符切.'"此谓乘船追圣人孔丘。

㊶ 肯：方《举正》据杭、蜀本作"有"。朱《考异》："肯，方作'有'."南宋监本原文作"肯"。宋白文本、文本、潮本、祝本、魏本、廖本、王本作"肯"，从之。魏本："孙曰：'天外步，谓游于天外，自适之貌。区中，区域之中也.'"文《详注》："《史记》(《孟荀列传》附《驺衍传》)：驺衍书云：'中国外如赤县神[州]者有九，乃所谓九州也。有裨海环之……如一区，中以为州.'张平子《思玄赋》(《文选》卷一五)：'偪区中之隘狭，将北度而宣游.'又云：'廓荡荡其无涯兮，乃今窥乎天外.'"按：文《详注》引文有错漏，稍疏改之。

㊷ 文《详注》："《楚辞》(王逸《章句》)：'楚人宋玉，怜哀屈原忠而斥弃，愁懑山泽，魂魄放佚，厥命将落，故作《招魂》.'尾句皆曰'些'。欲以复其精神。些，辞也，音苏贺切。《笔谈》(卷三《辩证一》)曰：'今夔峡湖湘南北江獠人，凡禁咒句尾皆称些，此乃楚人旧俗，即梵语萨缚诃也.'"魏本："孙曰：'楚些，宋玉《招魂》也。些，语助。待谁吊，谓谁人吊我也.'祝曰：《楚辞》(宋玉《招魂》)：'何为四方些？'"顾嗣立《集注》："《说文》：'些，语辞也.'沈存中《笔谈》：'湖

湘人凡禁咒句尾皆称些,乃楚人旧俗。'《楚辞》宋玉《招魂》:'何为四方些?'"童《校诠》:"第德案:些为说文新附字,说文:訾,苛也,尔雅释诂:訾,此也,郝懿行曰:一切经音义二及六并云:訾,古文些、欨二形。尔雅释文:訾,郭音些,引广雅云:辞也,是郭以些为訾,盖本楚辞,或读些为苏个切,非矣。"因宋玉吊屈原辞《招魂》每句尾均带助词"些"字,故以"楚些"代指宋玉。意思是:宋玉吊屈原,而谁吊宋玉呢?

㊸ 文《详注》:"贾谊为长沙王太傅,以谪去,意不自得,及渡湘水,为《赋》以吊屈原。原,贤臣也,被谗放逐,作《离骚》赋。谊追伤之,因以自喻。"魏本:"孙曰:贾谊谪为长沙王太傅,意不自得,及渡湘水,为《赋》以吊屈原。贾辞谓此《赋》也。缄恨,谓缄封其恨以投湘水也。"方世举《笺注》:"贾辞:《史记·屈原传》:'自屈原沉汨罗后百有余年,汉有贾生为长沙王太傅,过湘水投书以吊屈原。'"

㊹ 弗可晓:方《举正》订"弗"字,云:"三本同。"朱《考异》:"弗,或作'不'。"南宋监本原文作"不",宋白文本、文本、潮本、祝本、魏本作"不"。廖本、王本作"弗"。魏本:"孙曰:'翳明,谓掩翳其明也。'"方世举《笺注》:"孙云:翳明,谓掩翳其明也。按:'翳明'句承'楚些'。宋玉《招魂》本以讽王,然王既壅蔽其明,岂可觉悟也?"

㊺ 魏本:"孙曰:'秘,隐秘。秘魂,即谓屈原魂也。'"文《详注》:"谢灵运《入彭蠡湖》(《文选》卷二六)云:'灵物吝珍怪,异人秘精魂。'(张铣)注云:'此中多灵怪神异之人,然秘其精魂,不可见也。'"方世举《笺注》:"'秘魂'句承'贾辞'。言贾谊投书本以吊原,然原已杳冥重泉,岂可复求也。"

㊻ 魏本:"孙曰:'放逐域,谓斥逐之处。'"方世举《笺注》:"放逐域:孙万寿诗:'江南瘴疠地,从来多逐臣。'"韩公《泷吏》诗:"官无嫌此州,固罪人所徙。"

㊼ 魏本:"孙曰:《诗》(《周颂·良耜》):'荼蓼朽止。'蓼,辛菜也。芳菲,花开貌。畴,田畴。"文《详注》:"《离骚》云:'佩缤纷其繁饰兮,芳菲菲其弥章。'注云:'芳菲,香气也。蓼,辛菜也。'音乌助

切。"方世举《笺注》:"蓼:《诗·良耜》(《周颂》):'以薅荼蓼。'《埤雅·释草》:'蓼,茎赤味辛。'"蓼,野草名。

㊽ 文《详注》:"言岭南气俗异也。枯谓秋也。飕飀,高风。上音所流切,下音流。"魏本注:"飕飀,风声。飕,所鸠切,飀,力鸠切。"

㊾ 貊谣众猥欸:方《举正》订"欸"字,云:"杭、蜀本同。蜀音乌来切。《楚词·九章》曰:'欸秋冬之绪风。'又《扬子》:'始皇方猎六国而蔿牙欸。'王逸曰:'欸,叹也。'(见《九章·涉江》'欸秋冬之绪风句'注)《方言》(卷一〇)曰:'欸,然也。南楚凡言然者曰欸。'元次山有《欸乃曲》(《元次山集》卷三),上音霭。阁本作'貉谣'。"朱《考异》:"貊,或作'貉',欸,或作'誶'。(下引方语)今按:方说是也。欸,《说文》(欠部):亚改切,又乌来切,詹也。《史记·项羽纪》作'唉',亦音乌来反,《说文》同。黄鲁直读欸乃为袄霭,误矣。今或写作款字,亦误。乃却当音袄也。"南宋监本原文作"貊",作"誶"。宋白文本、文本、潮本、祝本、魏本"貊"作"貊",廖本、王本作"貉"。宋白文本、文本、祝本、魏本、廖本、王本作"谣"。魏本:"孙曰:貊谣,夷歌。《诗》云:'其追其貊。'貊,北方国名。猥誶,歌声。祝曰:誶,告也,言也,骂也。《国语》:'誶申胥。'《前汉》:'母取箕帚,立而誶语。'"文《详注》同。魏本音注:"貊,莫白切。誶,音碎。誶,一作'欸'。"童《校诠》:"第德案:廖本、王本与举正考异同,祝本正文与本书同,无注。按:本注欸及考异欸或誶、欸,说文:亚改切,三欸皆当作欸。说文欸,訾也;唉,詹也,读若尘埃。方言之欸及元次山之欸曲,其字皆应作唉,作欸者乃借字,项羽纪之唉乃欸之借字。欸乃又作霭乃、暧迺(项氏家训刘蜕文集有湖中霭迺曲,史潇湘诗有闲歌暧迺深峡里。)柳河东诗:欸乃一声山水绿,注云:一本作袄霭,言别本有作袄霭者,非谓欸乃当读袄霭,考异谓鲁直误读是也。却当音袄,袄为霭音之误。"貊、貉二字称边地少数民族时音义同,古称居于东北地区的民族为貊。《礼记·中庸》:"是以声名洋溢乎中国,施及蛮貊。"《周礼·夏官·职方氏》:"掌天下之图,以

掌天下之地。辨其邦国、都、鄙、四夷、八蛮、七闽、九貉、五戎、六狄之人民。"注引郑司农曰:"北方曰貉。"此处作"貉""貊"均可。因孟郊远游江南,作'貊'字善,因俗对江南居住的民族称"蛮貊"。貊谣,楚地歌谣。谇(suì苏内切,去,队韵)作问讯、告知、进谏、责让解,均不合此句诗意。欸(āi乌开切,平,哈韵)作语尾感叹辞,或船歌解,合此句诗意。唉亦语气词,当是欸本字,霭为同音借字。欵乃欸之异体字,祆为错字。"貊谣"对下句"巴语"。

㊿ 方《举正》作"咿嚘",云:"咿嚘,字书无'嚘'字,公《寄三学士》字用'咿嚘'字,《征蜀联句》用'咿呦'字,考之字书,'咿嚘'为正。"朱《考异》作"咿嚘"。文《详注》:"咿嚘,即《孟子》所谓鴂舌之人。"魏本:"孙曰:'巴语,巴人之语。咿嚘,不明貌。'"童《校诠》:"第德案:依说文当作欧嚘。说文:欧,嚘也;嚘,语未定貌。经典又作噎忧,诗黍离:中心如噎,毛亨曰:噎谓噎忧,不能息也,噎忧即欧嚘之借字。土字,字当作诗。"《辞源》:"咿嚘,象声词。唐韩愈《昌黎集》一《赴江陵途中寄翰林三学士》诗:'亲逢道边死,伫立久咿嚘。'(又举本诗)"

㉛ 州:宋白文本、文本作"洲",误。祝本、魏本、廖本、王本等作"州"。洲者水中小岛也,而中州乃中国大陆之腹地,绝无作"中洲"者。魏本:"外俗,远俗。孙曰:'中州,谓中原也。《尔雅》:水中可居曰洲。'"方世举《笺注》:"中州:苏武诗(《文选》卷二九《诗四首》之四):'山海隔中州,相去悠且长。'"

㊷ 魏本:"孙曰:'江生,水微涨也。'韩曰:'江生,犹言生于水之意。'"文《详注》:"《南史》(《江总传》):'江总,字总持,笃学有文辞,事梁为始兴内史,流寓岭南积岁,后事陈后主,历尚书令,尤工五言、七言,然溺于浮靡,有文集三十卷。'"魏本:"樊曰:水生行可乐。"此言生于水乡之乐如江总然。

㊼ 躬辇:魏本:"樊曰:'则躬辇为劳矣。'孙曰:'躬辇,自推车。勚,并力也。'祝曰:'《选》(陆机《文赋》):非余力之所勚。'"王元启《记疑》:"玩上文'去外俗''还中州',下文'趣明代''谢荒陬'诸语,

则所谓'行既乐'者,盖以北归为乐,故虽躬辇而不以为劳也。"勤(lù),勤力,即尽力也。

㊴ 文《详注》:"《神仙传》(卷二《王远》):'仙人王远降蔡经家,赐以美酒,曰:此酒乃出天厨,其味醇酽,非俗人所饮。'又《江表传》:'(《三国志·吴书·周瑜传》注引)程普曰:吾与周公瑾交,若饮醇醪,不觉自醉。'"魏本:"孙曰:'醇谓醇德,以酒为喻,故云饮醇。明代,盛世也。'"

㊶ 腥:祝本作"醒"。诸本作"腥",合诗点明味觉之意,作"腥",是。魏本:"孙曰:腥,楚越之食。陬,隅也。"文《详注》:"《博物志》(卷一)云:'东南之人食水产,水产者,龟、蛤、螺、蚌以为珍味,不觉其腥臊。'李详《证选》:"左思《吴都赋》(《文选》卷五):'荒陬谲诡。'"

㊷ 魏本:"孙曰:驰深,谓涉深水。鼓,鸣也。枻,所以刺舟。"王元启《记疑》:"枻、楫同。《易》(《系辞下》)曰:'剡木为楫。'木剡利于划波,故曰'利楫'。"方世举《笺注》:"利楫:《易》(卷二《需》):'利涉大川。'《书》(《说命上》)):'用女[汝]作舟楫。'《释名》:'楫,捷也。拨水使舟捷疾也。'"

㊸ 方《举正》据阁本订"蜚"字。朱《考异》:"蜚,或作'飞'。"南宋监本原文作"飞"。宋白文本、文本、潮本、祝本、魏本作"飞"。廖本、王本作"蜚"。魏本注:"飞輶,飞车也。輶,音由。"文《详注》:"輶,轻车也,音由。颜延年《赭白马赋》(《文选》卷一四)云:'飞輶轩以戒道。'"輶(yóu 以周切,平,尤韵),轻车,即輶轩。《诗·秦风·驷驖》:"輶车鸾镳,载猃歇骄。"《文选》卷五左思《吴都赋》:"輶轩蓼扰,毂骑煟煌。"或作轻解。《诗·大雅·烝民》:"德輶如毛,民鲜克举之。"飞,蜚作鸟飞。屈原《天问》:"苍鸟群飞。"《韩非子·外储说左上》:"墨子为木鸢,三年而成,蜚一日而败。"则蜚、飞音义同。

㊹ 魏本:"樊曰:按《楚辞》(《离骚序》):上官大夫、靳尚,楚之谗臣,谮屈原于怀王者。"文《详注》:"后汉梁竦济沅、湘,感悼子胥、屈原,以非辜沉身,乃作《悼骚赋》,系玄石而沉之。"见《后汉书·梁统

传》附《梁竦传》。

(59) 鹏:宋白文本、文本、祝本作“鵃”,魏本、廖本、王本作“鴅”。文《详注》:“鵃,音嘲。《尔雅》云:‘鶻鵃似山鹊而小,短尾,至春多声。’《东京赋》(《文选》卷三张衡撰)云‘鶻鵃春鸣’是也。吺,多言貌,音当侯切。而刘贡父云:‘鵃吺,即驩兜。’字未详。《补注》:鵃吺,《集韵》以为四凶之一。”魏本:“孙曰:《史记》(《五帝本纪》)‘鴅吺’即‘驩兜’字。古文《尚书》(《舜典》)亦作‘驩兜’为‘鴅吺’,尧放之于崇山。靳尚、鴅吺皆在南方,恐其为鬼为祟,故欲沈射之也。韩曰:《集韵》(平韵二十六桓)云:‘鴅吺,四凶之一,今通作驩兜。’”屈《校注》:“按:《史记·五帝本纪》云:‘放驩兜于崇山。’《正义》引《神异经》(《南荒经》)云:‘南方荒中有人焉,人面鸟喙而有翼,两手足扶翼而行,食海中鱼,为人很恶,不畏风雨禽兽,犯死乃休,名曰驩兜也。’”鴅(huān 呼官切,平,桓韵):鸟名,人面鸟喙。吺同兜。鴅吺即驩兜。鵃(diǎo),船名。故作“鵃”字误。何焯《批韩诗》:“怪怪奇奇。”朱彝尊《批韩诗》:“此盖借喻刺时,谓诛奸除谗险耳。”

(60) 魏本:“樊曰:司马长卿《大人赋》(《汉书·司马相如传》):‘时若暧将混浊兮。召屏翳,诛风伯,刑雨师。’应劭曰:‘屏翳,天神使也。’”文《详注》:“《山海经》(《海外东经》)曰:‘屏翳在海东之北,其人两手各操一蛇。左手青蛇,右手赤蛇。黑身黑面,时人谓之雨师。’”魏本:“孙曰:《楚辞》(《天问》):‘屏(蓱)号起雨,何以兴之?’王逸注曰:‘屏,屏翳,雨师也。’将雨路暗,故欲执屏翳戮之。”按:欲远游者,天晴才好,路暗乃阴雨所致,如欲天晴,必除雨师,故云“路暗执(缚也)屏翳(雨师)”。

(61) 文《详注》:“《淮南子·览冥篇》曰:‘武王伐纣,渡孟津,阳侯之波逆流而击,疾风晦冥,人马不相见。于是武王左操黄钺,右秉白旄而挥之曰:余任天下,而谁敢害吾意者。于是风济而波罢。’(高诱)注云:‘陵阳,国侯也,其国近水,溺水而死,其神能为大波,有所伤害,因谓之阳侯之波。’”魏本:“樊曰:扬雄《反离骚》云:‘陵阳侯之素波兮,岂吾累之独见许。’应劭曰:‘阳侯,古之诸侯,有罪自投江,其神为大波。'又《博物志》:'阳关侯溺水因为海神。'"文《详注》引《补注》、方世举《笺注》、钱仲联《集释》同。

㉖ 眇:宋白文本、魏本、廖本、王本作"眇"。文本、祝本作"缈"。眇、缈作高远解音义同,然常用来构成词组者为"缥眇""缥缈"。故此作"眇""缈"均可。魏本:"孙曰:'广泛,泛舟。'"文《详注》:"木玄虚《海赋》(《文选》卷一二):'神(群)仙缥缈,餐玉清涯。'(吕向)注云:'缥缈,高远貌,言食玉浆于清水之岸。'缥,音匹妙切。"

㉖ 魏本:"孙曰:'高行,山行。'"蒋抱玄《评注》:"《史记·屈原传》:'以浮游尘埃之外。'"童《校诠》:"第德案:广雅释诂:高,远也;高行,远行也。孙注泥。"浮游,漫游。《庄子·在宥》:"浮游不知所求,猖狂不知所往。"《楚辞》屈原《离骚》:"欲远集而无所止兮,聊浮游以逍遥。"何焯《批韩诗》:"收远游。"

㉔ 患:忧虑。《论语·学而》:"不患人之不己知,患不知人也。"萧萧,摇动貌。《楚辞》屈原《九歌·山鬼》:"风飒飒兮木萧萧,思公子兮徒离忧。"

㉕ 悒:文《详注》:"悒,忧也。"忧者,愁闷不安也。《三国志·魏书·高柔传》:"群下之心,莫不悒戚。"瘳(chōu 丑鸠切,平,尤韵),病愈。《书·金縢》:"王翼日乃瘳。"《诗·郑风·风雨》:"既见君子,云胡不瘳。"何焯《批韩诗》:"应前离思。"

㉖ 魏本:"孙曰:《史记》(《屈原贾生列传》):'[新沐者必弹冠,]新浴者必振衣。'振,举也。阙,魏阙。甚言其高,故曰云阙。"文《详注》:"谓两观之门也。乐府诗云:'双阙似云浮。'"

㉗ 魏本注:"猷,谋猷也。"蒋抱玄《评注》:"沈约《齐安陆王碑》(《齐故安陆昭王碑》载《文选》卷五九):'清猷浚发。'"童《校诠》:"按:诗四牡:不遑启处,毛亨曰:启跪,处居也。段玉裁曰:古谓跪为启,谓坐谓居为处。"陈,献也。猷(yóu),计谋,谋划。《尚书·君陈》:"尔有嘉谋嘉猷。"《诗·小雅·巧言》:"秩秩大猷,圣人莫之。"

㉘ 蒋抱玄《评注》:"《论语》(《颜渊》):'君子之德,风也。'"谓

德风使谖巧之风变。

⑥⑨ 方《举正》居唐本订"仁气"二字,云:"字见《礼记》。"朱《考异》:"仁,或作'和'。(下引方语)"南宋监本原文作"和"。潮本、祝本、魏本作"和",注:"一作'仁'。"宋白文本、文本、廖本、王本作"仁",注:"一作'和'。"仁者乃儒家治国之道,以民为本,以和为贵,故能销干戈也。当作"仁"。

⑦⑩ 四:王本作"西",诸本作"四",语出《大招》。文《详注》:"《楚辞·大招》云:'名声若日,照四海(下有"只"字,语气词)。'"当作"四"。即名声远播。

⑦① 方《举正》订"旹"字,云:"旹,古'时'字也。范、谢以唐本校。"朱《考异》:"旹,或作'肯'。(下引方语)作'肯',误也。"南宋监本原文作"肯"。宋白文本、祝本作"肯",注:"一作'时'。"文本、魏本作"时"。廖本作"旹"。旹同"时"。魏本:"孙曰:《诗》(《鲁颂·泮水》):'淑问如皋陶。'淑问,美誉也。时,一作'肯'。"文《详注》:"《鲁颂》(《诗·泮水》):'淑问如皋陶。'淑,善也。问,望也。"

⑦② 方《举正》作"君归",云:"阁作'归',蜀作'兴'。"朱《考异》:"方作'君归',或作'君兴'。"南宋监本原文作"兴"。祝本作"若兴"。文本作"君兴",魏本作"君去"。廖本、王本作"归去"。诸本较之,作"君去"善。若作"君归""归去",归字与上句"归"字重复。作"兴",上下语义不谐。君,指孟郊。文《详注》:"《楚辞·九章》(当是《九歌·湘君》)云:'君不行兮夷犹。'王逸注云:'夷犹,犹豫也。'"此乃韩愈的盼归希望之词:孟先生去吧,莫犹豫;可要早些归来呀!何焯《批韩诗》:"此以功名期孟而冀其归也。"

全诗用平声尤韵,一韵到底。

【汇评】

宋刘攽:东野与退之联句诗,宏壮博辩,若不出一手。王深父云:"退之容有润色也。"(《中山诗话》)

宋胡仔:《吕氏童蒙训》:徐师川问山谷云:"人言退之、东野联句,大胜东野平日所作,恐是退之有所润色。"山谷云:"退之安能润色东野,若东野润色退之,即有此理也。"(《苕溪渔隐丛话》前集卷一八韩吏部下)

宋朱翌:退之与孟郊联句,前辈谓皆退之粉饰,恐皆出退之,不特粉饰也。以《答孟郊》诗观之,如"弱拒喜张臂,猛拏闲缩爪。见倒谁肯扶?从嗔我须咬",则联句皆退之作无疑也。(《猗觉寮杂记》卷上)

宋朱熹:韩诗平易,孟郊吃了饱饭,思量到人不到处。联句中被他牵得,亦著如此做。(《朱子语类》卷一四〇)

清俞玚:联句诗如国手对弈,著著相当。又如知音合曲,声声相应。故知非孟、韩相遇,不能得此奇观也。韩、孟两人意气相合,于中仍有缓急均调之妙。盖东野之思沉郁,故时见危苦之音。昌黎之兴激昂,故时见雄豪之气。此同心之言,所以相济而相成者也。(钱仲联《韩昌黎诗系年集释》卷一)

清何焯:此篇联句,另为一格,逐段起止。大概言江南景物典故,而以离别意收住。末二段则结到归思上。(顾嗣立《昌黎先生诗集注》卷八)

清沈德潜:韩孟联句体,可偶一为之。连篇累牍,有伤诗品。(《说诗晬语》卷上)

清赵翼:今观诸联句诗,凡昌黎与东野联句,必字字争胜,不肯稍让。与他人联句,则平易近人。可知昌黎之于东野,实有资其相长之功。宋人疑联句诗多系韩改孟,黄山谷则谓韩何能改孟,乃孟改韩耳。此语虽未免过当,要之二人工力悉敌,实未易优劣。昌黎作《双鸟诗》,喻己与东野一鸣,而万物皆不敢出声。东野诗亦云:"诗骨耸东野,诗涛涌退之。"居然旗鼓相当,不复谦让。至今果韩、孟并称。盖二人各自忖其才分所至,而预定声价矣。……然即二人联句中,亦自有利钝。惟《斗鸡》一首,通篇警策。《远游》一首,亦尚不至散漫。《征蜀》一首,至一千余字,已觉太冗,而段落尚觉分明。至《城南》一首,则一千五六百字,自古联句,未有如此之冗

者。(《瓯北诗话》卷三)

清施补华：韩、孟联句，字字生造，为古来所未有。学者不可不穷其变。(《岘佣说诗》)

程学恂：凡如师川等论者，都是眼中原不识得东野诗。至山谷亦矫枉过正之言。退之亦自具锤炉，岂能为东野所变？(《韩诗臆说》卷一)

晚秋郾城夜会联句①
元和十二年

从军古云乐②，谈笑青油幕③。灯明夜观棋④，月暗秋城柝_{正封上中丞}⑤。羁客方寂历⑥，惊乌时落泊⑦。语阑壮气衰⑧，酒醒寒砧作_{愈奉院长}⑨。

遇主贵陈力⑩，夷凶匪兼弱⑪。百牢犒舆师⑫，千户购首恶_{正封}⑬。平生耻论兵，末暮不轻诺⑭。徒然感恩义⑮，谁复论勋爵_愈⑯？多士被沾污⑰，小夷施毒蠚⑱。何当铸剑戟⑲，相与归台阁_{正封}⑳？室妇叹鸣鹳㉑，家人祝喜鹊㉒。终朝考蓍龟㉓，何日亲烝礿_愈㉔？

间使断津梁㉕，潜军索林薄㉖。红尘羽书靖㉗，大水沙囊涸_{正封}㉘。铭山子所工㉙，插羽余何怍㉚？未足烦刀俎㉛，只应输管钥_愈㉜。雨矢逐天狼㉝，电矛驱海若㉞。灵诛固无踪㉟，力战谁敢却_{正封}㊱？峨峨云梯翔，赫赫火箭著㊲。连空隳雉堞㊳，照夜焚城郭_愈㊴。军门宣一令㊵，庙算建三略㊶。雷鼓揭千枪㊷，浮桥交万笮_{正封}㊸。蹂野马云腾㊹，映原旗火烁㊺。疲氓坠将拯，残虏狂可缚_愈㊻。摧锋若姐兕㊼，超乘如猱玃[48]。逢掖服翻惭[49],漫胡缨可愕正封[50]。星殒闻雊雉[51],师兴随唳鹤[52]。虎豹贪犬羊,鹰鹯憎鸟雀愈[53]。烧陂除积聚[54],灌垒失依托[55],凭轼谕昏迷[56],执殳征暴疟正封[57]。仓空战卒饥,月黑探兵错。凶徒更蹋藉[59],逆族相啖嚼愈[60]。舳舻亘淮泗[61],旆旌连夏鄂[62]。大野纵氐羌[63],长河浴骝骆正封[64]。东西竞角逐[65],远近施矰缴[66]。人怨童聚谣[67],天殃鬼行疟愈[68]。汉刑支郡黜[69],周制闲田削[70]。侯社退无功[71],鬼薪惩不恪正封[72]。余虽司斧锧[73],情本尚丘壑[74]。

且待献俘囚[75],终当返耕获愈[76]。藁街陈铁钺[77],桃塞兴钱镈[78]。地理画封疆,天文扫寥廓正封[79]。天子悯疮痍[80],将军禁卤掠[81]。策勋封龙颔[82],归兽获麟脚愈[83]。诘诛敬王怒[84],给复哀人瘼[85],泽发解兜牟[86],酡颜倾凿落正封[87]。存安惟恐晚[88],洗雪不论昨[89],暮鸟已安巢,春蚕看满箔愈[90]。声明动朝阙[91],光宠耀京洛[92]。旁午降丝纶[93],中坚拥鼓铎正封[94]。密坐列珠翠[95],高门涂粉臒[96]。跋朝贺书飞[97],塞路归鞍跃愈。魏阙横云汉[98],秦关束岩崿[99]。拜迎罗櫜鞬[100],问遗结囊橐正封[101]。江淮永清晏,宇宙重开拓[102]。是日号升平[103],此年名作噩愈[104]。洪赦方下究,武飙亦旁魄[105]。南据定蛮陬[106],北攫空朔漠正封[107]。儒生惬教化[108],武士猛刺斫[109],吾相两优游[110],他人双落莫愈[111]。印从负鼎佩[112],门为登坛凿[113]。再入更显严[114],九迁弥謇谔正封[115]。宾筵尽狐赵[116],导骑多卫霍[117]。国史擅芬芳[118],宫娃分绰约愈[119]。丹掖列鹓鹭[120],洪炉衣狐貉。摘文挥月毫[121],讲剑淬霜锷正封[122]。

命衣备藻火⑫,赐乐兼拊搏⑮。两厢铺氍毹⑯,五鼎调匀药愈⑰。带垂苍玉佩⑱,辔蹙黄金络⑲。诱接谓登龙,趋驰状倾藿正封⑬。青娥翳长袖⑬,红颊吹鸣籥⑬。儵不忍辛勤,何由恣欢谑愈⑭?惟当早贵富,岂得暂寂寞⑬。但掷雇笑金⑬,仍祈却老药正封⑰。殁庙配樽罍⑱,生堂合鐯鏄⑲。安行庇松篁⑭,高卧枕菅蒻愈⑭。洗沐恣兰芷⑭,割烹厌脾臄⑭。喜颜非忸怩⑭,达志无陨获正封⑭。诙谐酒席展⑭,慷慨戎装著⑭。斩马祭旄纛⑭,炰羔礼芒屩愈⑭。山多离隐豹⑮,野有求伸蠖⑮。推选阅群材,荐延搜一鹗正封⑮。左右供诒誉⑬,亲交献谀噱⑭。名声载揄扬⑮,权势实熏灼愈⑮。道旧生感激⑬,当歌发酬酢⑬。群孙轻绮纨⑬,下客丰醴酪正封⑯。穷天贡赆异⑯,匝海赐酺醵⑯。作乐鼓还挝⑬,从禽弓始弙愈⑯。取欢移日饮⑯,求胜通宵博。五白气争呼⑯,六奇心运度正封⑰。恩泽诚布濩⑯,嚚顽已箫勺⑲。告成上云亭⑰,考古垂矩矱愈⑰。前堂清夜吹⑰,东第良晨酌⑰。池莲折秋房⑰,院竹翻夏箨正封⑮。五狩朝恒岱⑯,三旼宿杨柞⑰。农书乍讨论,《马法》长悬格愈。

雪下收新息⑱,阳生过京索⑱。尔牛时寝讹⑱,我仆或歌咢正封⑯。帝载弥天地⑱,臣辞劣萤爝⑱。为诗安能详,庶用存糟粕愈⑯。

【校注】

① 方《举正》题作"晚秋郾城夜会联句",云:"杭、蜀本题只此。洪曰今本有'上王中丞、卢院长'者非。元和十二年(817)从征蔡

作。"朱《考异》从方氏,引方语。《洪谱》:"旧本'从军古云乐'四句下注云:'正封上中丞',退之时兼御史中丞也。'羁客方寂历'下四句,注云'愈奉院长',院长即正封也。其称王、卢谬矣。"宋白文本、文本、祝本、魏本题作"晚秋郾城夜会李正封联句上王中丞卢院长"。廖本、王本只作"晚秋郾城夜会联句",从之。魏本引《集注》云:"郾城始隶溵州,长庆元年(821)州废,以郾城属许州。元和十二年(817)七月,以裴度守门下侍郎同平章事,使持节蔡州诸军事,蔡州刺史,充彰义军节度、申光蔡观察处置等使,仍充淮西宣慰处置使。以韩愈兼御史中丞、充彰义军行军司马,以李正封兼侍御史为判官,从度出征。诏以郾城为行蔡州治所。此篇公与正封作于郾城,凡百韵。东野死后,公所与联句者,惟此可见耳……"文《详注》:"《补注》:郾城县治隶殷州,长寿(庆)元年州废,以郾城属许州。元和十二年七月,裴公受命平淮右,以郾城为行蔡州治所。公时为行军司马,正封为判官。八月二十七日至郾城,劳诸军士奋于勇。十月十五日,李愬擒元济以报,十月二十八日起蔡州,十二月七日壬戌至自蔡州。此诗则其年九月,公与正封作于郾城。诗百韵。东野死后,公所与联句者此而已。"顾嗣立《集注》:"刘石龄云:题是郾城晚秋,而中间所叙,多平贼归朝策勋赐酬等事。末又云:'雪下收新息,阳生过京索。'或此诗之始在郾城,而诗之成在公归朝之后,未可知也。若如魏云作于平蔡之时,则岂如《酉阳杂俎》所载,太白闻禄山反,作《胡无人》诗云:'太白入月敌可摧。'禄山死时,果见太白入月,而公此诗'雪下'之语,遂为入蔡之先兆邪?'"钱仲联《集释》引严虞惇曰:"明是郾城夜会联句,何得云作于归朝之后乎?雪下收新息,偶然约略之词。盖时已及秋,计破贼当在冬月耳,无足异也。"方世举《笺注》引方、洪、蒋、魏、顾等说后,云:"按:郾城联句待归朝而成,决无此理。吉凶先见,多有偶中者,况此时元济有必败之势耶?此诗前半实写,后半虚写。自'且待献囚'以下,皆未然之事,诗后长笺甚详。"平蔡前,韩公《论淮西事宜状》对平淮西必胜析之甚详。进平淮西又运筹帷幄,成竹在胸。至此晚秋胜局已定,故他才能与正封于郾城夜会潇洒论兵。诗论归朝后策勋赐酺,乃凯旋后的必然之举;"雪下收新息,阳生过京索",虽是推断,亦为必然之词。如果说李白说禄山之反与败,是敏锐观察之推断;那韩公对平淮西必胜之事的推断,则建立在他对淮西之役的全面把握上。形是虚,事则实。平淮西、使镇州最能显示韩愈军事家的才干,而平淮西比较全面地发挥了他的军事思想和才能,使镇州则显示了他的勇气胆略。皆是他忠君爱民,统一安定,欲振兴一代等思想的体现。故谓宪宗李纯是振兴唐代的明君,宰相裴度为唐代振兴名臣,中丞韩愈则是唐代的中兴之师。平淮西事详可参阅两《唐书·宪宗纪》、《裴度传》、韩愈《平淮西碑》。

② 文《详注》:"《文选》(卷二七)王仲宣《从军诗》五篇,首云:'从军有苦乐。'注云:'汉相曹操出师征张鲁及孙权时,粲作此诗以美其事。'又陆士衡《乐府诗》(《文选》卷二八)亦有《从军行》。"魏本引樊《谱注》同而简。

③ 魏本:"孙曰:《广雅》(《释器》):'帷、幕,帐也。'沈约《宋书》(《刘穆之传》)云:'刘瑀与颜峻书曰:朱修之三代(世)叛兵,一朝(旦)居[荆州,]青油幕下,作谢宣明面[见]向。'青油幕,谓将幕也,以青油缯为之。"文《详注》:"《南史》(《刘穆之传》):'刘瑀与颜峻书曰:朱修之一日居荆州青油幕下,便作谢宣明面[目]见向瑀者,穆之子。'"方成珪《笺正》:"沈约《宋书·刘穆之传》:'穆之孙瑀与颜竣书曰:朱修之三世叛兵,一旦居荆州青油幕下,作谢宣明面见向。'"诸家引文详略稍异,虽文字错讹,然意同。朱彝尊《批韩诗》:"指事起。"

④ 文《详注》:"《晋书》(《谢安传》):'谢安之出师也,与其侄元命驾往山墅围棋,至夜乃还,指授将帅,各当其任,遂破苻坚。'"诗用谢安事。魏本注:"观,寺观。观,音贯。"

⑤ 方《举正》订"月暗秋城柝",句下注"正封上中丞"。朱《考异》:"方从古本如此,诸本无'上中丞'三字。"南宋监本原文作"正封",无"上中丞"三字。宋白文本、文本、祝本无"上中丞"三字。文

本"正封"二字上有"李"字。魏本、廖本、王本有"上中丞"三字。有无均可。按当时情事当有"上中丞"三字。文《详注》:"柝,行夜所击木也。《左传》(哀公七年):'鲁击柝闻于邾。'"魏本:"孙曰:柝者,击木以警众。《易》(《系辞下》)曰'重门击柝,以待暴客'是也。此二句即上言从军之乐也。"岑仲勉《唐人行第录》云:"《新·世系表》:'陇西李氏丹阳房,正封字中护,监察御史。'盖《新表》所据,乃《姓纂》元和七年正封之现官。《纪事》(《唐诗纪事》)四〇不知底蕴,遂谓正封终监察御史,盖由《新表》未提出本据,后之史家都误认为各姓谱牒,相率沿用,遂致贻累千年而莫知是正也。"然岑氏亦详正封此后仕历。正封,生卒年不详,字中护,排行二十八。郡望陇西,属丹阳李氏一房。元和二年(807)登进士第,翌年中贤良方正、能直言极谏科。历监察御史。十二年秋以司勋员外郎从宰相裴度出征淮西,后为司勋郎中、知制诰、中书舍人。诗名颇高。大和中文宗赏牡丹,谓程修己曰:"今京邑人传牡丹诗,谁为首出?"对曰:"中书舍人李正封诗:'天香夜染衣,国色朝酣酒。'"童《校诠》:"按:说文:橐,夜行所击者,易曰:重门击橐。又檗,判也,易曰:重门击檗。橐正字,檗借字,柝为檗之隶变。"实则橐为囊(即口袋),为借字,而早出,后又添木,木形橐声而成橐,则橐为后出字。柝为俗字,然汉唐后通用。檗,为别体。柝(tuò),古时巡夜打更用的木梆。《易·系辞下》:"重门击柝,以待暴客。"唐柳宗元《段太尉逸事状》:"戒候卒击柝卫太尉。"

⑥ 魏本注:"羁客,旅客。寂历,愁寂。"文《详注》:"羁客,公等自谓也。"钱仲联《集释》:"江淹诗(《杂体诗·王征君微》,载《文选》卷三一):'寂历百草晦。'李善注:'寂历,凋疏貌。'"按:吕向注:"寂历,闲旷貌。"又《灯赋》:"涓连冬心,寂历冬暮。"北周庾信《邛竹杖赋》:"寂历无心。"此谓:行旅之人刚要静默下来。

⑦ 魏本:"孙曰:'落泊,失水也。'"文《详注》:"《左传》:'晋师旷曰:城上有乌,齐师其遁。'"文引谓师旷曰,误。此乃《左传》襄公十八年:"齐师夜遁。师旷告晋侯曰:'鸟乌之声乐,齐师其遁。'刑

伯告中行伯曰：'有班马之声，齐师其遁。'叔向告晋侯曰：'城上有乌，齐师其遁。'"按：城上有乌，皆古人以乌测敌营之法。钱仲联《集释》："《北史·卢思道传》：'因而落泊不调。'"此指他们在前敌的战火之中。因处兵乱之境，鸟乌受惊时落时起。

⑧魏本注："阑，希也。"文《详注》："《前汉·高（帝）纪》（'酒阑，吕公因目固留高祖'句注引）文颖曰：'阑言希也，谓饮酒者半罢半在，谓之阑。'"按诸辞书"阑"多作尽、残解，且均以《高帝纪》"酒阑"句为例。此诗"语阑"与"酒阑"义同。朱彝尊《批韩诗》："从军须言益壮，何遽言衰？"

⑨方《举正》"酒醒寒砧作"下，据古本订"愈奉院长"四字注，云："二处注文，古本皆同。"朱《考异》："方从古本如此，诸本无'奉院长'三字。"南宋监本原文"韩"，无"奉院长"三字。宋白文本、文本、潮本、祝本无"奉院长"三字。魏本、廖本、王本有"奉院长"三字。有无均可，按当时情事当有"奉院长"三字。砧，捣衣石，此为砧上捣衣声。南朝宋谢惠连《捣衣诗》："檐高砧响发，楹长杵声哀。"唐李贺《龙夜吟》："寒砧能捣百尺练，粉泪凝珠滴红线。"寒砧，寒秋时的砧声。诗词中常用以描写秋景的冷落、萧条。《全唐诗》卷二六沈佺期《独不见》："九月寒砧催下叶，十年征戍忆辽阳。"五代南唐李煜《捣练子令》："深院静，小庭空，断续寒砧断续风。"正合韩诗意。朱彝尊《批韩诗》："语佳。"

⑩文《详注》："《论语》(《季氏》)孔子之言：'陈力就列，不能者止。'"魏本："韩曰：《论语》：'陈力就列。'谓陈其才力也。"

⑪文《详注》："《书·仲虺之诰》曰：'兼弱攻昧，取乱侮亡。'"传："弱则兼之，暗则攻之，乱则取之，有亡形则侮之。"魏本："孙曰：'夷，平也。兼，包也。'"余解同文而简。此谓平淮西吴元济之乱。方世举《笺注》："自'夷凶匪兼弱'领前半截，是实写，有事可据。"

⑫文《详注》："犒，饷也。舆，众也。《左传》哀七年：[夏]公会吴于鄫，吴来征百牢。子服景伯对曰：'先王之未有(按：当作"未之有")。'吴人曰：'宋百牢我……乃与之。'"魏本："孙曰：牢，牛羊。

犒，饷也。成二年：'韩厥谓齐侯：无令舆师陷入君地。'舆师，众卒也。"方成珪《笺正》："陷入，当作'淹于'。"按：方说非，《左传》即作"陷入"。

⑬ 魏本："孙曰：千户，谓千户侯也。以财求物曰购。首恶，元恶。"文《详注》："《汉书·项籍传》曰：'吾闻汉购我头千金，邑万户。'注云：'以财设赏曰购。'工豆切。司马《封禅文》（载《汉书·司马相如传》）：'首恶郁没。'注云：'首，大也。'"廖本注："穀梁子曰：'诸侯不首恶。'"方世举《笺注》："谓上命梁守谦宣慰诸军，授空名告身五百通及金帛，以劝死事也。"

⑭ 末：方《举正》订，云："颜延年诗（《拜陵庙作》，载《文选》卷二三）：'幼壮困孤介，末暮谢幽贞。'今本小讹。"朱《考异》："末，或作'未'。（下引方语）"南宋监本原文作"未"。宋白文本、祝本作"未"。文本作"未尝"。魏本、廖本、王本作"末暮"。"末暮"对"平生"，是，从之。魏本："孙曰：末暮，晚年。轻诺，轻许。《老子》曰：'轻诺必寡信。'"方世举《笺注》："即公上言淮蔡破败，可立而待也。"

⑮ 魏本："孙曰：'感恩义，谓为度所辟也。'"徒然，仅此，只是如此。《史记·春申君传》："非徒然也，君贵用事久，多失礼于王兄弟，兄弟诚立，祸且及身，何以保相印江东之封乎？"谓只是为了感恩义。

⑯ 魏本："孙曰：勋，谓官，如柱国、轻车都尉之类是也。隋、唐以为勋。"谓谁又争竞官勋爵衔呢？此二句承上正封"遇主""犒师"四句而来，谓只是感激主上的恩义，不为勋爵奖赏也。孙谓感激裴度不全面。

⑰ 沾：文本、魏本作"霑"。廖本、王本作"沾"。作沾湿解，二字音义同。屈原《离骚》："霑余襟之浪浪。"《韩非子·诡使》："今战胜攻取之士劳而赏不霑，而卜筮、视手理、狐虫为顺辞于前者日赐。"《史记·陈丞相世家》："勃又谢不知，汗流沾背，愧不能对。"魏本："孙曰：多士，贼中将士。"方世举《笺注》："《书》（《多士》）：'则惟

尔多士、多逊。'按：元济之党，如丁士良、陈光洽、吴秀琳、李祐、董重质、董昌龄、邓怀金等，皆可用之材，故曰'多士被沾污'也。"童《校诠》："按：霑，廖本、王本作沾，祝本与本书同。霑污字应作刮，说文：刮，缺也，诗曰：白圭之刮，今诗作玷，玷为刮之后出字，霑、沾皆借字。古籍又假点为之，尔雅释器：灭谓之点，释文：李本作沾，孙本作玷，楚辞七谏：唐虞点灼而毁议，王逸曰：点，污也是也。汚，当依廖本、王本、祝本作污。"

⑱ 魏本："孙曰：'小夷，元济。'祝曰：'蠱，螫也，痛也。《前汉》：不若蠭虿之致蠱。'蠱，丑略切，又音瘱。"文《详注》："《前汉·严助传》：'蝮蛇蠱生。'注云：'蠱，毒也。'音瘱。"方世举《笺注》："《汉书·刑法志》：'百姓新免毒蠱。'按：杀武元衡，伤裴度，皆毒蠱之尤大者，百姓更不必言。"又云："谓李师道上表请赦吴元济，王承宗遣将奏事为元济游说，师道又遣盗焚献陵，杀武相，焚襄州军储，断建陵门戟诸事也。"

⑲ 方《举正》据杭、蜀本订"剑戟"。朱《考异》："剑戟，或作'钜铻'。"南宋监本原文作"钜铻"。宋白文本、文本、潮本、祝本、魏本作"钜铻"。廖本、王本作"剑戟"。文《详注》："钜铻，刃戈也，上音曰杵切，下音正眉切。铸以为农器。"魏本："韩曰：'钜，大也，刚也。铻，戈刃也。'孙曰：'钜铻，兵器，铸钜铻，谓销为农器也。'钜，音巨，铻，音丕。一本作'剑戟'。"童《校诠》："第德案：说文：钜，大刚也，段玉裁曰：孙卿议兵篇曰：宛钜铁䤮，惨如蜂虿。史记礼书本之曰：宛宛钜铁，施钻如蜂虿。徐广曰：大刚曰钜。引申为钜大字。按：杨倞荀子注云：宛地出此刚铁，为矛惨如蜂虿，是钜为刚铁用以铸矛者，韩氏以引申义释之，似偏而不全。一曰：荀子性恶篇：繁弱钜黍，古之良弓也，广雅释器：钜阙，剑也，钜铻之钜，当为钜黍或钜阙之省，亦备一解。汉书高惠高后文功臣表：隆虑克侯周灶，以长铻都尉击项籍，颜师古曰：长铻长刃兵也，为刀而剑形。说文：鈹，大针也，一曰剑而刀装者。韩释铻为戈刃，亦非。鈹本字，铻为鈹之后出字。"钜铻、剑戟均为兵器，此作"剑戟"善。何当，合当，应该。

张相《诗词曲语辞汇释》卷三:"何当,犹云合当也;何合声近,故以何当为合当。杜甫《画鹰》诗:'绦镟光堪摘,轩楹势可呼。何当击凡鸟,毛血洒平芜。'此'何当'字紧承上二句之'堪'字'可'字,一气相生,言合当击凡鸟也。又《徐九少尹见过》诗:'赏静怜云竹,望归步月台。何当看花蕊,欲发照江梅。'下二句倒装,意言江边梅欲发花,合当看梅花也。"此顶上句,应当打造剑戟杀施毒蠚的吴元济党也。

⑳ 台阁:尚书省的别称。《后汉书·仲长统传·昌言·法诫》:"光武皇帝愠数世之失权,忿强臣之窃命,矫枉过直,政不任下,虽置三公,事归台阁。"注:"台阁谓尚书也。"此指回朝也。

㉑ 文《详注》:"《小雅·东山》诗:'鹳鸣于垤,妇叹于室。'笺云:'鹳鸟,水鸟也,将阴雨则鸣。行者于阴雨尤苦,妇念之则叹于室。'仲宣《从军诗》(《文选》卷二七)曰:'哀彼《东山》诗,喟然感鹳鸣。'《本草》:'陶隐居云:鹳有两种,似鹄而巢树上为白鹳,黑色曲颈为乌鹳。人探巢取鹳子,六十里旱,能群飞激云,云散雨歇。其巢中以泥为池舍,水满池中,养鱼及蛇以哺其子。'"文注引《诗经》非《小雅》,实为《豳风》,《小雅》无《东山》。

㉒ 文《详注》:"《西京杂记》(卷三)云:'乾鹊噪而行人至。'乾,音干。皆言室家之望女也。《开元天宝遗事》(卷下)云:'时人之家闻鹊声,皆为喜兆,故谓之灵鹊报喜。'"魏本:"孙曰:'祝喜鹊者,望其归也。'"

㉓ 文《详注》:"卜师之吉凶也。"魏本:"孙曰:'考蓍龟者,以卜归期也。'"蒋抱玄《评注》:"《诗》(《卫风·河广》):'曾不终朝。'"方世举《笺注》:"考蓍龟:《诗》(《小雅·杕杜》):'卜筮偕止,会言近止,征夫迩止。'"

㉔ 烝:宋白文本作"蒸"。文本、祝本、魏本、廖本、王本作"烝"。文《详注》:"《礼》(《周礼·春官·司尊彝》):'春祠夏禴,秋尝冬烝。'礿与禴同,音药。"魏本:"《补注》:《诗》:'礿祠烝尝。'《周礼》:'春祠夏礿,秋烝冬尝。'四者皆祭名。孙曰:'此二句亦室妇家

人望夫之意。'"作冬祭蒸、烝音义同。《国语·鲁语下》:"社而赋事,蒸而献功。"顾嗣立《集注》:"《周礼·大宗伯》:'以祠春享,以禴夏享,以尝秋享,以烝冬享。'《礼记·王制》:'天子诸侯宗庙之祭,春曰礿,夏曰禘,秋曰尝,冬曰烝。'《诗·大雅·烝民》:"天生烝民。"《礼记·王制》:"尝则不烝。"朱彝尊《批韩诗》:"(以上)自叙,首从军,次仗义,次贼情,次归思。分四节意。"

㉕ 间使:方《举正》作"间使",与诸本同,云:"阁本作'问使',非。《汉书·蒯通》《张骞传》'间使'屡见。"朱《考异》:"间,或作'问'。(下引方语)"宋白文本、文本、祝本、魏本、廖本、王本均作"间使",从之。文《详注》:"间,谍也,以候敌人之虚实。梁,桥度也。"魏本:"孙曰:间使,谍也。津梁,桥度也。"顾嗣立《集注》:"《汉〔书〕·蒯通传》:'汉独发间使下齐。'师古曰:'间使,谓使人伺间隙而单行。'"

㉖ 文《详注》:"《尔雅》:'木丛生曰薄。'"魏本引《补注》:"潜军,伏兵也。林薄,山林草野也。《西京赋》(《文选》卷二):'尔乃荡川,渎簾林薄。'"廖本注:"《左传》(隐公五年)曰:郑人侵卫,'潜军军其后。'曹子建《七启》(《文选》卷三四):'搜林索险,探薄穷阻。''索林薄'句意本此。"方世举《笺注》:"潜军:《左传》(隐公五年):'使曼伯与子元潜军军其后。'林薄:《淮南·齐俗训》:'高山险阻,深林丛薄。'"又:"谓是时官军与淮西兵夹溵水而阵,东都留后吕元膺捕获山棚贼众,及中岳僧圆净,诸为师道谋逆救蔡者也。"

㉗ 魏本:"孙曰:羽书,羽檄也。檄者,以木简为书,有急事则插鸡羽其上,谓之羽檄。'红尘羽书靖'者,谓羽书稀少,红尘不起也。韩曰:谓无边警也。《选》(卷一班固《西都赋》):'红尘四合,烟云相连。'"文《详注》:"班固《西都赋》'红尘四合'注云:'言人众尘合也。'虞义《咏北伐诗》云:'羽书时断绝。'注云:'征兵檄也。'"顾嗣立《集注》:"李陵诗:'红尘塞天地。'魏武奏事(载《封氏闻见记·露布》),有急以鸡羽插木檄,谓之羽檄。《说文》:'檄以木简为书,长尺二寸。'"

㉘ 文《详注》:"沙囊以壅水上流,见《汉·淮阴传》。涸,绝也。许𫖮《诗话》云:联句之盛,退之、东野、李正封也。正封善押韵,如《从军联句》押'大水沙囊涸',皆不可及。"魏本:"樊曰:楚龙且与韩信夹潍水阵,信乃夜令人为万余囊盛沙以壅水。(载《史记·淮阴侯列传》,下同文《详注》引《彦周诗话》)"方世举《笺注》:"沙囊涸:《史记·淮阴侯传》:'龙且与信夹潍水阵。信乃夜令人为万余囊,满盛沙,壅水上流。引军半渡击龙且,佯不胜还去,且遂追信渡水。信使人决壅囊,水大至,即急击杀龙且。'"又云:"谓官军与淮西兵夹溵水相顾望,陈许兵马使王沛先引兵五千度溵水,于是河阳、宣武、河东、魏博等军相继皆度,进逼郾城也。"魏本:"祝曰:涸,水竭也。《孟子》(《离娄下》):'其涸也,可立而待也。'"查慎行《查初白诗评十二种》:"院长用事典赡切确,正复不减中丞。"

㉙ 魏本:"孙曰:'东汉永元中,车骑将军窦宪大破匈奴,登燕然山刻石勒功,纪汉盛德,令班固作铭。(载《后汉书·窦宪传》)铭山即谓此意,以正封比班固也。'"文《详注》:"后汉和帝即位,窦宪请兵北伐,遂登燕然山,去塞三千里,刻石勒功,纪汉盛德。时班固从军,遂令作铭。"

㉚ 文《详注》:"檄书插鸟羽以示疾速也。"廖本注:"李太白诗(《塞下曲》)云:'插羽破天骄。'"屈《校注》:"按:怍,在各切,音坐,愧也。《论语·宪问》云:'其言之不怍,则为之也难。'《庄子·让王》云:'行修于内者,无位而不怍。'"插羽,南朝梁刘勰《文心雕龙·檄移》:"植义飏辞,务在刚健。插羽以示迅,不可使辞缓;露板以宣众,不可使义隐。"怍(zuò 在各切,入,铎韵),惭愧。

㉛ 魏本:"樊曰:《史记》(《项羽本纪》):'沛公军灞上,来见项王,至鸿门,樊哙曰:人方为刀俎,我为鱼肉。'"文《详注》:"《项籍传》(《汉书》):'乃为高俎,置太公其上。'颜师古云:'俎者,所以荐肉,示欲烹之也。'"俎乃剁肉的砧板,刀俎即宰割。

㉜ 文《详注》:"言敌降也。《史记·鲁仲连传》:夷维子曰:'天子巡狩,诸侯避舍,纳管钥。'《礼记·檀弓》正义云:'管钥搏键器。

键谓锁之入内者,俗谓之锁须是也。管谓夹取键,今谓之钥匙者是。'"魏本:"樊曰:《国语·越》(《越语下》):越王勾践使大夫种行成于吴曰:'请委管钥属国家,以身随之。'孙曰:'言贼不足以烦刀俎诛夷,但当输送其管钥而已。输,送也。'"管钥,家门的锁钥,国家之权力。方世举《笺注》:"管钥:《越语》:令大夫种行成于吴,曰:请委管钥属国家,以身随之。"又云:"即公条陈用兵所言'蔡州士卒,皆国家百姓,若势穷不能为恶者,不须过有杀戮'也。"

㉝ 魏本:"韩曰:《汉·李广》:'广为圆阵外向,矢下如雨。'《楚辞》(《九歌·东君》):'举长矢兮射天狼。'天狼,星名,以喻贪残。孙曰:'天狼星在东井东南,为野将主侵掠。'"方世举《笺注》:"雨矢:《新序》:'尘气冲天,矢下如雨。'天狼:屈原《九歌》:'举长矢兮射天狼。'《史记·天官书》:'西宫有大星曰狼,狼角变色,多盗贼。'"

㉞ 电矛:方《举正》云:"阁本作'刀'。"诸本作"矛",是。朱《考异》:"矛,或作'刀'。"魏本:"孙曰:电矛者为谓矛戟如电。'"文《详注》:"电矛,其光如电也。《楚辞·远游》章句云:'令海若舞冯夷。'注云:'海若,海神也。冯夷,水仙也。'"魏本:"韩曰:《老子》:'海神曰海若。'"

㉟ 魏本:"孙曰:'灵诛,天诛。'"廖本注:"《选》陈琳《檄》(《文选》卷四四《檄吴将校部曲文》)云:'江湖可以逃灵诛。'"踪,音宗,即踪迹。此句谓:天灵诛夷本无踪迹也。

㊱ 力战:奋力厮杀。方世举《笺注》:"《汉书·霍去病传》:'力战一日,余士不敢有二心。'"云梯翔:文《详注》:"《史记》:'公输般为云梯之械,以攻宋。'输般,战国巧人,《孟子》(《离娄上》)曰'公输子之巧'是也。"魏本:"孙曰:'峨峨,高貌。云梯,言高于云。翔,飞翔。'"顾嗣立《集注》:"《墨子》:'公输为云梯垂成,大山四起,所谓善攻具也。'"

㊲ 魏本:"韩曰:'诸葛亮攻郝照于陈仓,以云梯冲车临城中。照以火箭射之,乃烧之。'(见《三国志·魏明帝纪》'诸葛亮围陈仓'

句注引《魏略》)"照当作"昭"。方世举《笺注》:"《魏略》:'诸葛亮攻郝昭于陈仓,以云梯冲车临城中。昭以火箭射之,云梯尽然。'"文《详注》:"《太白阴经》(卷四《战具类》)云:'火箭,以小瓢盛油冠矢端,射城楼、橹板木上,瓢败油散,因烧箭镞及竿,中射油散处火立燃,复以油瓢续之,则楼橹尽焚。'著,音直略切。"魏本:"孙曰:'火箭,箭上施火。著,及也。'"查慎行《查初白诗评十二种》:"此'著'字与俗'着'字同义。"

㊳ 文《详注》:"堞,城上女垣也,音牒。三丈曰堵,五堵曰雉。"魏本:"孙曰:隐(公)元年《左传》:'都城不过百雉。'注云:'方丈曰堵,三堵曰雉。'一雉之墙,长三丈,高一丈也。堞,城上女墙。隳,坏也。韩曰:《选·芜城赋》:'扳筑雉堞之殷。'"童《校诠》:"第德案:孙注不过,不字衍,韩注扳当作板。说文:陖,败城阜曰陖,从𨸏,㕦声,隓,篆文。段玉裁曰:小篆陖作隓,隶变作堕,俗作隳,用堕为崩落之义,用隳为倾坏之义。"隳(huī 许规切,平,支韵),毁坏。《老子》:"或载或隳。"《文选》卷五一汉贾谊《过秦论》:"一夫作难而七庙隳,身死人手为天下笑者,何也?"

㊴ 魏本:"洪曰:此四句旧注曰'愈',今本脱之。"祝本、文本脱"愈"字。宋白文本、魏本、廖本、王本有"愈"字。此联句以正封发,韩愈接,每人两韵,一气到底,不应此处韩缺而李连发也,况口气内容均不似李而与韩合。王元启《记疑》:"读前数行,正封努力致师,公却如不欲战。至'云梯''火箭'以下,乃始一股作气,岂兵家所谓'以下驷敌彼上驷,而后乃以上驷敌彼中驷,中驷敌彼下驷'乎?"

㊵ 顾嗣立《集注》:"《汉·周亚夫传》:'军门都尉曰:军中闻将军之令,不闻天子之诏。'"方世举《笺注》:"军门:《左传》(文公十二年):'胥甲、赵穿当军门呼曰:[死伤未收而弃之,不惠也;]不待期而薄人于险,无勇也。[乃止。]'"此谓将军将令也。

㊶ 魏本:"孙曰:兵法有《黄石公三略》。三略者,谓上中下三略也。韩曰:《选·石仲容与孙皓书》:'庙胜之算,应变无穷。'《三国名臣序赞》(《文选》卷四七):'三略既陈,霸业已基。'注:'先主与

— 1987 —

庞统谋袭刘璋，统言上中下三计，先主用之，果执二将，定成都。'"文《详注》："算，谋也。《兵法·太公三略》：'上略设礼赏，别奸雄，著成败；中略差德行，审权变；下略陈道德，察安危，明贼贤之咎。'"

㊷ 方《举正》据蜀本订"枪"字，云："《苍颉篇》曰：'刈木两头锐者是也。''枪'字为正。"朱《考异》："枪，或作'铛'。"南宋监本原文作"铛"。宋白文本、文本、潮本、祝本、魏本作"铛"。魏本："孙曰：'铛，鼎属，军中所击之器也。揭，举也。'"魏本音注："铛，楚庚切，一作'枪'。"王元启《记疑》："枪，当作'枹'。作'枪'，与鼓义无涉。"童《校诠》："廖本、王本作枪，祝本作铛，与本书同，铛为枪之后出字。按：王氏疑枪当作枹，则以枪为刈木两头锐者，不可以击鼓，韦昭国语齐语注：枪，椿也，椿为舂之后出字，舂从午，午，杵也，则其形如杵，军中削木为椿，自可用以击鼓。孙氏以铛为鼎属，军中所击之器，似即史记李广传之刀斗，孟康曰：以铜作镶，器受一斗，昼炊饭，夜击持行，名曰斗。荀悦曰：刀斗小铃，如宫中传夜铃也。苏林曰：形如锅，无缘。诸家不言刀斗为铛。六朝人谓酒铛为酒铛，无称饭铛为饭铛者，刀斗亦未有饭铛之名，不知何本，俟考。"在铜铁出现的时代前，已有用石斧之类的锐器将木棍两端或一端削尖即为猎斗的武器，是为枪，故从木；从金的铛字则后出。王元启、童第德解均不合诗义。刀斗，即刁斗。

㊸ 方《举正》："筰，当从'竹'，音昨。《说文》（竹部）曰：'筊也。'西南夷以竹索为桥，寻以渡水是也。少陵诗（《桔柏渡》）有'连筰动嫋娜'，字亦作'筰'。"朱《考异》："筰，或作'莋'。（下引方语）"宋白文本、文本作"莋"。文《详注》："莋，竹索也，音昨，西南夷多寻之以渡水。"魏本："韩曰：《魏志》：邓艾伐蜀，先作浮桥。"魏本注："筰，音昨，一作'莋'，误。"方世举《笺注》："《后汉书·岑彭传》：'公孙述横江水起浮桥斗楼，立攒柱，绝水道，以拒汉兵。'"顾嗣立《集注》："《元和郡国志》：'翼州卫山县有筰桥，以竹箴为索，架北江水。'"方成珪《笺正》："筰，《说文》作'笮'。"

㊹ 魏本："孙曰：'蹂，践也。云腾者，言马奔骤如云飞腾也。'"

方世举《笺注》:"《后汉书·刘表传赞》:'云腾冀马。'"

㊺ 铄:方《举正》:"校本一曰:字当作'烁'。"朱《考异》同方。宋白文本、文本、祝本、魏本、廖本、王本作"铄"。铄、烁音义均同,今作"烁"。魏本:"孙曰:'原,亦野也。旗火铄者,言旌旗飘扬如火闪烁也。'"方世举《笺注》:"旗火铄:铄,当作'烁'。《吴语》(《国语》):'左军皆赤常、赤旂、丹甲、朱羽之矰,望之如火。'刘孝仪诗(《先秦汉魏晋南北朝诗·梁诗》卷一九《和昭明太子钟山解讲诗》):'晓阵烁郊原。'"

㊻ 屈《校注》:"祝本岷作'珉',魏本房作'肤',非是。"宋白文本、文本、廖本、王本作"岷"、作"房",是。魏本亦作"岷"。此联上下句对,而"疲岷"对"残房"又锤炼工整。韩公思想明确:平淮西的目的是为了拯救疲惫的百姓,缚获残败的狂房。

㊼ 文《详注》:"摧,破也,言破敌锋。貙兕,猛兽名。"魏本:"孙曰:'摧锋者,摧折敌人之锋。貙兕,猛兽。貙状似狸,兕似水牛。'貙,敕居切。"方世举《笺注》:"《尔雅·释兽》:'貙似狸,兕似牛。'"貙(chū 敕具切,平,虞韵):《尔雅·释兽》注:"貙,今貙虎也,大如狗,文如狸(猫)。"唐柳宗元《罴说》:"鹿畏貙,貙畏虎,虎畏罴。"兕(sì 徐姊切,上,旨韵),古书中常拿兕和犀对举。《尔雅·释兽》认为兕似牛,犀似猪。《山海经·南山经》也将兕犀分为两种动物。或说兕就是雌犀。《诗·小雅·何草不黄》:"匪兕匪虎,率彼旷野。"

㊽ 文《详注》:"超升车乘以示轻捷。猱、玃,皆猿别名。玃,居缚切。"魏本:"韩曰:《左氏》(僖公三十三年):'秦师过周北门,超乘者三百乘。'孙曰:超乘者,所以示勇。玃,《说文》(犬部)云:'大母猿也。'祝曰:《前汉》:'捕熊罴豪猪虎豹狖玃。'"猱(náo 奴刀切,平,豪韵):兽名,猿类。同獿。《尔雅·释兽》:"猱蝯善援。"《文选》卷八司马相如《上林赋》:"蛭蜩蠼猱。"注:"蠼猱,猕猴也。"玃(jué 居缚切,入,药韵),大猴。《吕氏春秋·慎行论·察传》:"数传而白为黑,黑为白,故狗似玃,玃似母猴,母猴似人。"《古文苑》汉扬雄

《蜀都赋》:"猨蝙獑猢,犹谷毕方。"注:"獑猢,《上林赋》作'蠷猢'。"方世举《笺注》:"猱猱:《诗》(《小雅·角弓》):'无[毋]教猱升木。'《尔雅·释兽》:'獶父善顾。'"《诗·角弓》毛传:"猱,猨属。"郑笺:"猱之性善登木。"三国魏曹植《白马篇》:"仰手接飞猱,俯身散马蹄。"

㊾ 掖,祝本作"腋"。各本作"掖",是。逢掖服,文《详注》:"儒衣也。《礼记·儒行》曰:'孔子衣逢掖。'郑云:'逢,大也。'大袂,禅衣也,有道艺者所服。"魏本:"孙曰:《礼记》(《儒行》):'孔子曰:丘居鲁,衣逢掖之衣。'逢,大也。逢掖,儒者之服。"韩公诗出此。逢(féng 符容切,平,钟韵),大。《楚辞》屈原《天问》:"眩弟并淫,危害厥兄,何变化以作诈,后嗣而逢长?"逢衣:儒者之衣,掖袖宽大。《荀子·儒效》:"逢衣浅带,解果其冠,略法先王而足乱世术。"

㊿ 漫胡缨:文《详注》:"武服也。《庄子·说剑》曰:'垂冠,曼胡之缨。'司马注云:'谓旌缨无文理。'曼,音莫干切。"魏本:"韩曰:《魏都赋》(《文选》卷六):'三属之甲,漫胡之缨。'(张铣)注:'武士缨名也。'"李详《证选》:"张协《杂诗》(《文选》卷二九):'舍我衡门衣,更被缦胡缨。'公诗用此意,非专隶《庄子·说剑篇》也。漫,一本作'曼'。"朱彝尊《批韩诗》:"讨贼中有文谕、力战、攻城、渡水四种意。忽插'逢掖'二语,似觉不伦。"二句对偶,上句"逢掖服"(儒臣衣)对下句"曼胡缨"(武将衣)。上句"翻惭"与"可愕"亦对。诗用"逢掖"一联收上一段,乃转折。

㊾ 魏本:"孙曰:'星殒者,贼败亡之兆,星殒于地,雉皆鸣。雊,雉鸣也。'樊曰:《封禅书》(《史记》):秦文公作鄜畤后,获若石云,于陈仓北阪城祠之。其神来常以夜,光辉若流星,从东南来集于祠城,则若雉夜鸣。"魏本音注:"雊,古豆切。"方世举《笺注》:"雊雉:字本《商书》(《尚书》)。《史记·封禅书》:'[秦]文公获若石[云],于陈仓北阪城[祠之……]光辉若流星,[从东南来集于祠城,则若雄鸡,]其声殷云,野鸡夜雊。'(按:据《史记》原文校订)按《新唐书·天文志》:'[元和]六年(811)三月[戊戌]日晡,天阴寒,有流

星大如一斛器,坠于兖、郓间,声震数百里,野鸡皆雊。[占者曰:]不及十年,其野主杀而地分。十二年(817)九月己亥甲夜,有流星起中天,首如瓮,尾如二百斛船,长十余丈,声如群鸭飞,明若火炬,过月下西流,须臾,有声耷耷,坠地,有大声如坏屋者三,在陈、蔡间。'(据《新唐书》校订)按十二年九月,正当联句之时,盖纪其实也。十月遂擒元济。至十四年灭李师道,则兖、郓之应也。"

㊺ 文《详注》:"晋苻坚败于淝水,闻风声鹤唳,以为晋师之至。"(载《晋书·苻坚传》)魏本引韩《全解》同文《详注》。

㊻ 憎:方《举正》据阁本订,云:"蜀本作'慑'。三馆本从之。"朱《考异》云:"憎,或作'慑'。"南宋监本原文作"慑"。宋白文本、文本、潮本、祝本、魏本作"慑"。宋白文本注:"一作'避'。"祝本、魏本注:"一作'逐'。"廖本、王本作"憎"。注:"憎,或作'慑'。"文《详注》:"慑,惧也,音质涉切。《左传》(文公十八年):'季文子曰:见不善如鹰鹯之逐鸟雀也。'"魏本:"孙曰:'鹰、鹯皆鸷鸟。鹯,诗人所谓晨风者也。慑,怖。'韩曰:鹯,鹞属。《左氏》:'如鹰鹯之逐鸟雀。'"魏本音注:"鹯,诸延切。慑,之涉切。"王元启《记疑》:"'贪''憎'二字特佳。"慑(zhé),作慑服解。虽亦可讲得通,但不如"憎"字意切,则作"憎"字善。鹯(zhān诸延切,平,仙韵),猛禽。《孟子·离娄上》:"为丛驱爵者,鹯也。"《诗·秦风·晨风》:"鴥彼晨风。"传:"晨风,鹯也。"鹰(yīng 于陵切,平,蒸韵):猛禽,亦称苍鹰,一名鹚鸠。嘴钩而锐,脚上有长毛,四趾具钩爪,翼大善飞。性凶猛,肉食。《诗·大雅·大明》:"维师尚父,时维鹰扬。"均为比喻:虎豹、鹰鹯比官军之英武;犬羊、鸟雀比淮西军之羸弱。

㊼ 文《详注》:"陂,泽障也。汉三年,高祖使卢绾入楚地,佐彭越烧楚积聚。(载《汉书·高帝纪》)注云:'所蓄军粮刍蒿之属。'"方世举《笺注》:"《孙子·火攻》篇:'一曰火人,二曰火积。'注:'烧其蓄积。'"

㊽ 朱《考异》:"失,或作'去'。"诸本作"失",是。方世举《笺注》:"灌垒:《赵国策》:'三国之兵乘晋阳,决晋水而灌之,城中巢居

而处,悬釜而炊。'"又按:"谓李光颜、乌重胤败淮西兵于小溵水,高霞寓败淮西兵于朗山,焚二栅也。"

㊱ 魏本:"孙曰:《左氏》僖二十八年传:'楚子玉请战于晋曰:君凭轼而观之。'轼,车前木也。"文《详注》:"汉郦食其凭轼下齐七十余城。(载《汉书·郦食其传》)注云:'凭,据也。轼,车前横板隆起者,言安坐乘车而游说,不用兵众。'"方世举《笺注》:"昏迷:《书》(《大禹谟》):'蠢兹有苗,昏迷不共。'"即坐车凭轼顺说叛军群氓。

㊲ 文《详注》:"《卫风·伯兮》(《诗经》)诗曰:'伯也执殳,为王前驱。'毛云:'殳,长丈二而无刃。'《古今注》(卷上《舆服》)云:'殳,前驱之器也,以木为[之]。后世浇伪而无复典刑,以赤油韬之,亦谓之棨戟,殳之遗象也,公王以下通用之,以为前驱。'"廖本注:"正封诗颇缉类事实,然亦有取用未精处。执殳乃卫人刺行役过时而不反,不知正封何以用此。"钱仲联《集释》:"此用执殳,不过用其词语,何必定用《卫风》原意。前人活用故实者亦多矣,廖说不免于固。"

㊳ 方《举正》据蜀本订"月黑"二字,云:"谢校。"朱《考异》:"黑,或作'暗'。"南宋监本原文作"暗"。宋白文本、文本、祝本、魏本、廖本、王本均作"黑"。此乃下半月,当作"黑"。因夜天黑,侦探之兵活动才频繁交错。蒋抱玄《评注》:"探兵,间谍也,犹今之军事侦探。"

㊴ 藉:文本、祝本作"籍"。宋白文本、魏本、廖本、王本作"藉"。文《详注》:"《上林赋》(《文选》卷八司马相如撰):'人臣之所蹈籍。'(刘良)注云:'籍,谓死者布于地也。'"魏本:"孙曰:'蹈谓兵败而退相凌践也。'"魏本音注:"藉,慈夜切。"方世举《笺注》:"凶徒:《北史·裴延俊传》:'贼复鸠集,凶徒转盛。'蹈藉:司马相如《上林赋》:'步骑之所蹂若,人臣之所蹈藉。'"藉,读借(jiè),作用草编的垫子、凭借、假使解;读戟(jí),当践踏、欺凌解。籍,读借(jiè),通藉,当凭借解;读戟(jí),通藉,当践踏、欺凌解。故二字通用。音注读借(jiè)者,一则二字均有此读音,二则按上下句音律此处当作

仄,故标慈夜切,去声读。《史记·滑稽列传》:"杯盘狼藉。"《三国志·魏书·董卓传》:"死者狼籍。"

⑥⓪ 方世举《笺注》:"啖噬:按逆族即'逆党'。时李愬得贼将辄不杀,更与之谋,因献灭蔡之策,故曰'相啖噬'也。"此指吴元济党相互倾轧。啖(dàn 徒敢切,上,敢韵)噬(jué 在爵切,入,药韵),吞食,比喻互相倾轧。《辞源》引韩愈《晚秋联句》诗句为例。又方世举《笺注》:"谓贼党丁士良、陈光洽、吴秀琳、李佑降于李愬,董昌龄、邓怀金降于光颜,即为官军画策讨贼者也。"

⑥① 文《详注》:"《汉武纪》:'李斐曰:舳,舡后持舡处。舻,舡前刺棹处也。舳音轴,舻音卢。"魏本:"韩曰:'汉武帝南巡自浔阳浮江,舳舻千里。'(《汉书·武帝纪》)孙曰:'舳者,舡后持柁(舵)处。舻者,舡前刺棹处。亘,连也。淮、泗,二水名。'"顾嗣立《集注》:"《汉·武帝纪》:'舳舻千里。'李斐曰:'舳,船后持柁处也。舻,船前头刺棹处也。'"方世举《笺注》:"《旧唐书·宪宗纪》:'十一年(816)十二月,初置淮颍水运使,运扬子院米,自淮阴溯流至寿州,入颍口,至于项城,又溯流入溵河,输于郾城,得米五十万石,芻一千五百万束,省汴运七万六千贯。''舳舻亘淮泗',谓此事也。"

⑥② 魏本:"孙曰:'夏,夏口。鄂,鄂渚。二句皆言征兵之多也。'"文《详注》:"鄂,今武昌也。孙权以魏黄初元年自公安徙此,改曰武昌县,鄂县徙治于袁山东,又以其年立为江夏郡。"方世举《笺注》:"旆旌:《诗》(《小雅·车攻》):'悠悠旆旌。'夏鄂:《新唐书·地理志》:'鄂州江夏郡,属江南道。'按《平淮西碑》:是时,讨蔡之兵四集,宣武节度使韩弘为都统,忠武节度使李光颜将河东魏博郃阳三军,河阳节度乌重裔(胤)将朔方义成陕益凤翔延庆七军,寿州团练使李文通将宣武淮南宣歙浙西四军,鄂岳观察使李道古、唐邓随节度使李愬各以其兵进战,凡十六道。故旆旌连于夏鄂,军容之盛如此也。"又云:"'舳舻亘淮泗,旆旌连夏鄂',谓宣武十六道之军实军容也。"沈钦韩《补注》:"李道古为岳鄂观察使。"沈谓"岳鄂"者误。《平淮西碑》实为"鄂岳"。

㊶ 魏本:"韩曰:'氐羌,天水夷名。'孙曰:纵氐羌者,言有夷狄之助。《诗》(《商颂·殷武》)曰:'自彼氐羌,莫敢不来王。'氐,西羌名也。"方世举《笺注》:"氐羌:按《新唐书·吴元济传》'帝命诏起沙陀枭骑济师',盖谓此也。"

㊷ 文《详注》:"《鲁颂·駉》诗:'有骃有骆。'毛(传)云:'赤身黑鬣曰骃。白马黑鬣曰骆。'"魏本:"孙曰:骃、骆,马名。《诗》:'有骃有骆。'赤身黑鬣曰骃。"顾嗣立《集注》:"《说文》(马部):'赤马黑鬣尾曰骃。马黄白色黑鬣尾曰骆。'"童《校诠》:"第德案:诗駉:有骅有骆,有骃有雒,毛亨曰:青骊驎曰骅,白马黑鬣曰骆,赤身黑鬣曰骃,黑色白鬣曰雒。孙注有脱讹,应依此补正。"骃,黑鬃黑尾的红马。《礼记·月令》:"仲夏之月,驾赤骃。"骆,黑鬃的白马。《诗·小雅·皇皇者华》:"我马维骆,六辔沃若。"

㊸ 文《详注》:"《左传》(襄公十四年):'戎人曰:譬如捕鹿,晋人角之,诸戎掎之。'注云:'掎其足。'"魏本:"孙曰:角者,与之相角。《左氏》(襄公十四年)'晋人角之,戎人(按:当作"诸戎")掎之'是也。"

㊹ 文《详注》:"《司马相如传》(《汉书》)曰:'矰,短矢也。缴,生丝缕也。以缴系矰仰射高鸟谓之弋射。音增灼。'"魏本:"孙曰:'矰缴者,谓结丝于矢。缴,生丝缕也。'"顾嗣立《集注》:"《汉·张良传》:'虽有矰缴,尚安所施?'师古曰:'缴,弋射也,其矢为矰。'"

㊺ 文《详注》:"《五行传》曰:'好攻战,轻百姓,饰城郭,侵边境,则金不从革,时则有诗妖童谣是也。'汉唐三志具有其事。"

㊻ 魏本:"樊曰:《后汉·仪礼》:'季冬之月,先腊一日大傩。谓之逐疫。'注云:'《汉旧仪》:颛顼氏有三子,生而亡去,为疫鬼。一居江水,是为疟鬼。'"(见卷七《谴疟鬼》题注)

㊼ 文《详注》:"前汉晁错,景帝时为御史大夫,请诸侯之罪过,削其支郡。支郡,在国之四边者。"顾嗣立《集注》:"《汉·晁错传》:'请诸侯之罪过,削其支郡。'师古曰:'支郡,在国之四边者也。'"

㊽ 文《详注》:"《礼记·王制》云:'[名山大泽不以封,其余以

为附庸间田。]诸侯之有功者,取于间田以禄之。其有削地者归之间田。'间,音闲。"魏本:"孙曰:《礼记》:'名山大泽,不以封其余,以为附庸间田。《孟子》(《告子下》):'一不朝则贬其爵,再不朝则削其地。'"顾嗣立《集注》:"《礼记·王制》:'诸侯之有功者,取于闲田以禄之。其有削地者,归之闲田。'"方世举《笺注》:"闲田削:《记·王制》:'诸侯之有功者,取于闲田以禄之,其有削地者归之闲田。'"又曰:"'汉刑支郡黜,周制闲田削',谓高霞寓败于铁城,李逊应接不至,上贬霞寓归州刺史,左迁逊恩王傅;严绶经年无功,以为太子太保;袁滋去斥堠,止兵马,贬为抚州刺史也。以上是实写,皆未平淮蔡之事。"

⑦ 文《详注》:"《礼记》(《祭法》)曰:'诸侯为百姓立社曰国社,诸侯自为立社曰侯社。'言不用命奔北者,则戮之于社主之前,故曰退无功。"魏本:"孙曰:'诸侯自为立社曰侯社,侯社谓诸侯之社也。'樊曰:《孟子》(《尽心下》):'诸侯危社稷则变置。'"

⑫ 文《详注》:"《前汉·惠帝》:'上造以上[及内外公孙耳孙]有罪当刑者,皆耐为鬼薪白粲。'注云:'取薪给宗庙为鬼薪,坐择米使正为白粲。'"魏本:"孙曰:《汉·惠帝纪》曰:'上造以上及内外公孙耳孙有罪当刑,皆论为鬼薪。'鬼薪者,主取薪以给宗庙。不恪,不敬也。樊曰:'前汉刘辅为谏大夫,以上书下狱,减死罪一等,论为鬼薪,终于家。'"文《详注》引王《补注》"汉刘辅论为鬼薪"指此。魏本:"韩曰:《晋书·傅玄传》:'退虚鄙以惩不恪。'"方世举《笺注》:"退无功:按:淮、蔡用兵时,严绶经年无功,罢为太子少保。李逊应接不至,贬为恩王傅。高霞寓败于铁城,贬归州刺史。袁滋懦不能军,贬抚州刺史。'汉刑'四句,盖指其事也。"沈钦韩《补注》:"谓贬令狐通、高霞寓、袁滋、严绶等,事在元和十年、十一年,俱见《通鉴》。"

⑬ 文《详注》:"锧,铁锧也。凡欲斩人,皆伏于锧上,谓居将帅者。见《前汉·王䜣传》。"魏本:"孙曰:'公为行军司马,主刑罚,故云司斧锧。锧,亦斧类。'"方世举《笺注》:"《公羊传》:'执斧锧从君

东西南北。'"

㉔ 文《详注》："谢安石寓居会稽，虽放情丘壑，然游赏必以妓女从。谢灵运《斋中读书诗》(《文选》卷三〇)曰：'未尝废丘壑。'(吕向)注云：'丘，山。壑，水也。'"

㉕ 文《详注》："《鲁颂·泮宫[水]》诗曰：'在泮献囚。''在泮献馘。'俘也。"魏本："俘，军所获也。韩曰：《左传》(僖公二十八年)：'献俘授馘。'《诗》(《鲁颂·泮水》)：'在泮献囚。'"

㉖ 文《详注》："获，刈也，音黄郭切。"魏本："孙曰：《易》(《无妄》)：'不耕获，不菑畬。'获，刈也。"此四句意谓：我虽然掌握刑罚，然性情本自崇尚山野，等到战斗胜利凯旋献俘后，当返里种田。

㉗ 文《详注》："《前汉·陈汤传》：'斩郅支首悬头藁街。'颜师古曰：'藁街，(汉时长安)街名，蛮夷邸在此街也。'邸，若今鸿胪客馆。崔浩以为藁当作'槀'，非。铗，音夫。《说文》(金部)曰：'䤹，折也。'"魏本："孙曰：藁街，汉时长安街名，蛮夷邸在其中，诛罪人于此。铗，䤹斫刀也。韩曰：《魏都赋》：'藁街之邸不能及。'又丘希范《与陈伯之书》(《文选》卷四三)：'系头蛮邸，悬首藁街。'"铗钺，祝本："刀斧也。《礼记》(《中庸》)：'不怒而民威于铗钺。'"

㉘ 魏本："樊曰：《书·武成》：'放牛于桃林之野。'桃塞谓此。《诗》(《周颂·臣工》)：'庤乃钱镈。'注：'钱，铫；镈，鎒也。'"文《详注》："《书》(《武成》)：'武王放牛于桃林之野。'在今阌乡县东南。《诗·颂·臣工》曰：'峙(庤)乃钱镈。'钱，音子践切。许氏云：铫也，古田器所以抉土。镈，音博，锄类，毛以为鎒。"方世举《笺注》："桃塞：张衡《西京赋》(《文选》卷二)：'左有崤函重险，桃林之塞。'《括地志》：'今陕州桃林县以西至潼关，皆是桃林塞。'"

㉙ 蒋抱玄《评注》："《易》(《贲》)：'观乎天文，以察时变。'《史记·司马相如传》：'上寥廓而无天。'"寥廓：旷远，广阔。《楚辞》屈原《远游》："下峥嵘而无地兮，上寥廓而无天。"

㉚ 魏本："韩曰：《汉书》(《季布传》)：季布曰：'今疮痍未瘳。'"疮痍，创伤。也比喻人民疾苦。《汉书·季布传》："今疮痍未瘳，

(樊)哙又面谀,欲摇动天下。"《史记》作"创痍"。杜甫《雷》:"故老仰面啼,疮痍向谁数。"谓天子体恤百姓。

㉛ 卤:文本作"虏"。宋白文本、祝本、魏本、廖本、王本作"卤"。文《详注》:"汉光武敕:冯异曰:'诸将非不健斗,然好虏掠。'"魏本:"韩曰:《后汉》(《冯异列传》):'冯异谓父城长曰:诸将多暴横,独刘将军所到不虏掠。'刘将军,世祖也。世祖为破虏大将军,贼数挑战,坚营自守。有出卤掠者,辄击取之。"顾嗣立《集注》:"《汉·高帝纪》:'所过无得卤掠。'应劭曰:'卤与虏同。'"童《校诠》:"第德案:说文:虏,获也,此为卤掠本字,作卤者假借字。"卤、虏、掳三字均通,掳亦后出字。《汉书·赵充国传》:"卤马牛羊十万余头,车四千余两。"《战国策·赵策三》:"权使其士,虏使其民。"宋司马光《涑水记闻》卷一三:"掳妇女小弱者七八万口。"

㉜ 龙额:方《举正》云:"龙额,平原县名,汉韩说所封,刘氏音额,崔浩音洛。此诗用魏阙、秦关、龙额、麟脚,皆借对也。"朱《考异》同方引方语。祝本"额"作"颔"。魏本作"颜额"。宋白文本、廖本、王本作"龙额"。文《详注》:"前汉宣帝时,封韩增为龙额侯。师古曰:'龙额,地名。'"魏本:"孙曰:前汉韩说以校尉击匈奴,封龙额侯,史或作'龙颔'。"方世举《笺注》:"策勋:《左传》(桓公二年):'饮至、舍爵、策勋焉,礼也。'"方成珪《笺正》:"《史记·建元以来侯者年表》:'元朔五年四月丁未,封韩说为龙额侯。'《汉书·卫青传》同。师古曰:'额字或作颔。'则正文当作'额'也,注误。"童《校诠》:"第德案:颜,当依举正、考异、廖本、王本、祝本及孙注作龙。说文:额,颡也,臣铉等曰:今俗作额。"则作"龙额",是。

㉝ 方《举正》作"归骑猎麟脚",云:"蜀本一作'归猎获麟脚',山谷本从之。谢本一作'归兽'。《史记·子虚赋》(载《司马相如传》):'射麋脚麟。'韦昭曰:'持引其脚也。'《家语》(卷四《辨物》)谓'鲁西狩子钼商获麟,折其前足,载以归。'岂用此耶?"朱《考异》:"'归兽'用《书序》语,对'策勋'为切,但当解作狩义耳。龙额,平原县名。刘氏音额,崔浩音洛。此诗用魏阙、秦关、龙额、麟脚,皆借

对也。"宋白文本、文本、祝本、魏本作"骑猎"。廖本、王本作"兽获"。文《详注》："《子虚赋》云：'选徒万骑，射麋格麟。'师古云：'格或作脚,言持引其脚,故也。"洪《辨证》同文。方世举《笺注》："《书序》：'武王伐殷,往伐归兽,识其政事,作《武成》。'按：《书序》'归兽',大抵即归马放牛之义。左思《魏都赋》(《文选》卷六)：'丧乱既弭而能宴,武人归兽而去战。'亦用《书序》,而与此诗更切。"

㉘ 魏本："孙曰：《诗》(《大雅·皇矣》)：'王赫斯怒,爰整其旅。'"廖本注："《月令》(《礼记》)：'诘诛暴慢。'"诘本为责问。《老子》一四章："视之不见名曰夷,听之不闻名曰希,博之不得名曰微,此三者不可致诘,故混而为一。"当审讯解。《礼记·月令》："孟秋之月……诘诛暴慢,以明好恶。"注："诘,谓问其罪穷治之也。"作整治解。《书·立政》："其克诘尔戎兵,以陟禹之迹。"此谓讨伐吴元济叛军,以诛其罪也。

㉙ 给复：免除徭役。文《详注》："汉有给复之令,谓复其徭役也。"魏本："祝曰：《前汉》：'民产子复。'注云：'不役使也。'孙曰：'给复,谓免其徭役。瘵,病也。'"顾嗣立《集注》："《汉·高帝纪》：'非七大夫以下,皆复其身。'应劭曰：'不输户赋也。'"《北史·魏孝文帝纪》太和二十二年："诏以穰人首归大顺始终若一者,给复三十年,标其所居曰归义乡。次降者,给复十五年。"《周书·武帝纪下》：建德四年"六月,诏东南道四总管内,自去年从来新附之户,给复三年"。方世举《笺注》："给复：《新唐书·宪宗纪》：'十一年七月,免淮西邻贼州夏税。'及十二年十月,元济擒后,'给复淮西二年,免旁州来岁夏税'。盖事之必然者,可逆料也。"

㉚ 牟：方《举正》据蜀本订,云："古通用,'牟'字见陶侃《答温峤书》。"朱《考异》："牟,或作'鍪'。方云：'古通用。'"南宋监本原文作"鍪"。宋白文本、文本、祝本、魏本作"鍪"。廖本、王本作"牟"。魏本："孙曰：'兵罢,因解兜鍪,故泽发,泽洗也。兜鍪,胄也。'"方世举《笺注》："《释名》(《释首饰》)：'香泽者,人发恒枯悴,以此濡泽之也。'"此谓：脱去甲胄洗发也。

(87) 酡颜：面赤。文《详注》："《楚辞·招魂》云：'美人既醉朱颜酡。'注云：'酡，醉色也。'音佗。"魏本："孙曰：因倾凿落故酡颜。凿落，酒盏。酡，面赤也。"白居易《送春》："银花凿落从君劝，金屑琵琶为我弹。"此谓倾杯而面赤也。

(88) 存安：方《举正》乙"存安"，云："三本同。"朱《考异》："或作'存安'。"宋白文本、文本、祝本、魏本作"存安"。廖本、王本作"安存"。廖本注："《后汉·马融赞》：'生厚故安存之念深。'"方成珪《笺正》："念，当作'虑'。"安存、存安均可。按韩公用字喜颠倒词序，原文疑作"存安"是。

(89) 廖本注："《后汉·段颎传》：'洗雪百年之逋负。'"方世举《笺注》："洗雪：按蔡平后，帝使梁守谦悉诛贼将。裴度腾奏申解，全宥者甚众。盖洗雪之议，已早定也。"

(90) 方世举《笺注》："春蚕：陶潜诗（《桃花源记诗》）：'春蚕收长丝。'箔：王云：'以竹为箔，所以盛蚕。'按：箔，《说文》本薄。盖《豳风》（《七月》）'八月萑苇'，正所以为曲薄，故字从艸也。《方言》（卷五）：'薄，宋、魏、陈、楚、江、淮之间谓之苗。'《广韵》（入声十九铎）：'箔，帘箔也。薄，蚕具也。'总之，古字只作'薄'，以后则薄箔亦通用耳。王肃妻谢氏诗（《赠王肃》，载《洛阳伽蓝记》卷三）：'本为薄上蚕，今作机上丝。'"薄，帘子。《庄子·达生》："有张毅者，高门悬薄，无不走也。"箔，帘。《文选》卷四〇南朝梁任昉《奏弹刘整》："（刘整）忽至户前，隔箔攘拳大骂。"白居易《长恨歌》："揽衣推枕起徘徊，珠箔银屏迤逦开。"则箔可作门、窗帘解，又可作蚕帘解。《世说新语·言语》"南郡庞士元"注引《司马徽别传》："有人临蚕求簇箔者，徽自弃其蚕而与之。"北魏贾思勰《齐民要术》卷五《种桑柘》："薄布薪于箔上，散蚕讫，又薄以薪覆之。"童《校诠》："案：说文：薄，林薄也，一曰蚕薄；苗，蚕薄也；曲，象器曲受物之形，或说蚕薄也。史记绛侯周勃世家：勃以织薄曲为生，索隐：谓勃本以织蚕薄为生业也，韦昭云：北方谓薄为曲，许慎注淮南云：曲，苇薄也。是蚕薄字古只作薄，箔为薄之后出字。"

㉛ 蒋抱玄《评注》:"《左传》桓二年:'文物以纪之,声明以发之。'"凯旋班师,声动朝野。

㉜ 顾嗣立《集注》:"《汉·司马迁传》:'以为宗族交游光宠。'"童《校诠》:"第德案:诗蓼萧:为龙为光,毛亨曰:龙,宠也,陈奂曰:龙,古宠字,左氏昭十二年传:宋华定来聘,公赋蓼萧,昭子曰:宠光之不宣。按:诗龙光,左氏作宠光,是龙即宠之证,当引诗乃得其朔。"谓平淮西将帅凯旋后得到皇上的恩宠,震动京(长安)洛(洛阳)。

㉝ 魏本:"韩曰:旁午,纵横至也。史有冠盖旁午吏卒。旁午、丝纶,诏令也。《礼记》(《缁衣》):'王言如丝,其出如纶。'"文《详注》:"《汉·霍光传》师古曰:'一纵一横为旁午。'犹言交横。丝纶,谓王言也。"顾嗣立《集注》:"《汉·霍光传》:'昌邑王受玺以来二十七日,使者旁午。'师古曰:'一纵一横为旁午。'"

㉞ 文《详注》:"《汉·光武纪》:'冲其中坚。'注云:'凡军事中军将最尊,居中以坚锐自辅,故曰中坚。'仲宣《从军诗》(《文选》卷二七)曰:'鞠躬中坚内,微画无所陈。'《周礼·夏官》(《大司马》):'仲春,教振旅,军将执晋鼓,两司马执铎。'《说文》(金部)曰:'大铃也。'《军法》:'五人为伍,伍伍为两,两有司马执铎。'《吴都赋》云:'命官师而拥铎。'(李周翰)注云:'执铎铃以宣令也。'"魏本:"孙曰:此言裴度凯旋拥鼓铎而归也。"方世举《笺注》:"鼓铎:《吴语》:'王乃秉枹,亲就鸣钟鼓、丁宁、镈于、振铎。'傅休奕(玄)诗:'鸣镯振鼓铎,旌旗象虹霓。'"

㉟ 文《详注》:"何晏《景福殿赋》(《文选》卷一一)云:'落带金釭,此焉二等,明珠翠羽往往而在。'注云:'金釭,金盏也,兼以明月珠、翡翠饰焉。'密坐,环坐也。见曹子建《与吴季重书》(《文选》卷四二)。"徐震《诠订》:"傅毅《舞赋》:'郑卫之乐,所以娱密坐,接欢欣也。'"

㊱ 粉腻:文《详注》:"《书·梓材》曰:'惟其涂丹腰。'腰,丹也。"方世举《笺注》:"高门:《史记·邹奭传》:'为开第康庄之衢,高门大屋尊宠之。'粉腻:按:粉,白色。腰,赤色。"魏本:"孙曰:《书》:

'惟其涂丹艧。'艧,赤也。"艧(huò 乌郭切,入,铎韵):赤石脂之类。可作颜料,以饰宫室。《山海经·南山经》:"鸡山其上多金,其下多丹艧。"注:"艧,赤色者,或曰艧,美丹也。"

⑨⑦ 魏本:"孙曰:'跋朝,犹言举朝也。'"钱仲联《集释》:"跋,唐人俗语,同拔。《尔雅·释诂》:'拔,尽也。'郝懿行《义疏》:'陈根悉拔,故为尽。'"童《校诠》:"第德案:跋读如礼记少仪毋拔来毋赴往之拔,郑玄曰:拔、赴皆疾也。跋朝贺书飞,谓贺书如鸟之迅疾飞至朝也。拔与跋古通用,诗皇矣笺:畔援犹拔扈也,释文:拔字或作跋,是其证。"上解虽通,是否还可理解为跋,跋山涉水,谓行为取向?此句谓:贺书跋山涉水飞向朝堂也。

⑨⑧ 魏本:"韩曰:《周礼》(《天官·大宰》):'乃县治象之法于象魏。'郑司农云:'象魏,阙也。'孙曰:《庄子》(《让王》):'身在江海之上,心居魏阙之下。'魏阙者,谓雉门之外两观阙,高魏魏然,故云魏阙。横云汉,以言其高也。"文《详注》:"许氏注《淮南子》(《俶真训》'魏阙'句)云:'王者门外阙也。所以悬教象之书。以其巍巍高大,故曰魏阙。'"

⑨⑨ 魏本:"孙曰:'秦关,谓关中。崿,山峰也。'"文《详注》:"《前汉书》:'秦据关中得百二之势。'岩崿,险状。音逆各切。江文通《杂体诗》(《文选》卷三一谢临川《游山》)曰:'岩崿转奇秀。'"方世举《笺注》:"秦关:《雍录》(卷六):'古尝立关塞者凡三所,由长安东一百八十里出华州华阴县外,则唐潼关也。自潼关东二百里至陕州灵宝县,则秦函谷关也。自灵宝县[东]三百余里至河南府新安县,则汉函谷关也。'岩崿:郭璞《江赋》(《文选》卷一二):'埼岭为之岩崿。'"

⑩⑩ 文《详注》:"櫜以受箭,鞬以受弓。《左传》(僖公二十三年):晋文公曰:'左执鞭弭,右属櫜鞬。'鞬,音居言切。《南部新书》云:'裴度带相印入蔡,李愬具军容,度避之。愬曰:此方不识上下,今具戎服拜相国于堂下,使民吏畏,度然之。自后带宰相(印)出镇,凡经州郡,皆具櫜鞬迎于道左,自此始也。'"《左传》杨伯峻注:

"属音烛,著也。櫜音高,盛箭矢之器。鞬音犍,盛弓之物。"魏本:"孙曰:櫜,弓服。鞬,矢服。"孙注同而简。童《校诠》:"第德案:古志之释櫜鞬者往往互异,杜元凯左氏僖二十三年传注:櫜以受箭,鞬以受弓,后汉书马融传谢该传章怀注则云櫜以藏弓。章怀注匈奴传、董卓传以鞬为藏弓之器,注马融传、西羌传又以鞬为受矢之器。其实櫜鞬皆藏弓矢器之通称,诗肜弓:肜弓弨兮,受言櫜之,以櫜为藏弓之器,时迈:载櫜弓矢,则櫜兼受弓矢矣。鞬,说文所以受弓矢,释名:鞬,建也,言弓矢并建其中,皆以鞬为受弓矢之器。"按:鞬(jiān 居言切,平,元韵)为盛弓之器,櫜为盛箭之器。盛弓之器无底,盛箭之器必有底,否则漏遗矣。以上诸解不详其功能,绕解不清。

⑩ 文《详注》:"《大雅·公刘》诗曰:'于橐于囊。'毛云:'有底曰橐,无底曰囊。'《前汉·陆贾传》:'赐贾橐中装直千金。'师古曰:'言其宝物质轻而价重,可入囊橐以赍行,故曰橐中装也。'"顾嗣立《集注》:"《汉·娄敬传》:'以岁时数问遗。'师古曰:'谓饷馈也。'"童《校诠》:"廖本櫜鞬上有说文曰三字,按:说文:橐,囊也;囊,橐也,无此语。诗公刘:于橐于囊,毛亨曰:小曰橐,大曰囊,释文:说文云:无底曰囊,有底曰橐,其义与孙注适相反,亦与今本说文异。一切经音义一引仓颉篇曰:橐,囊之无底者,为孙注所本。"橐(tuó 他各切,入,铎韵):盛物的小袋子。

⑩ 清晏:清静安宁。《宋书·乐志四》晋傅咸《晋鼓吹歌曲·大晋承运期》:"时清晏,白日垂光。"方世举《笺注》:"《陈书·高祖纪》:'一朝指拗,六合清宴。'"蒋抱玄《评注》:"《三国·魏志·钟会传》:'拓平西夏,方隅清晏。'"开拓,开辟,扩展。《后汉书·虞诩传》:"说李修曰:'先帝开拓土宇,劬劳后定,而今惮小费,举而弃之。凉州既弃,即以三辅为塞;三辅为塞,则园陵单外。此不可之甚者也。'"魏本:"韩曰:苗泰《交广记》:'汉武帝元鼎中,开拓土境。'"

⑩ 升平:太平之世。方世举《笺注》:"张衡《东京赋》(《文选》

卷三):'治致升平之德。'善曰:'升平,谓国太平也。'"

⑭ 文《详注》:"《尔雅》(《释天》)曰:'太岁在酉曰噩。'音咢。宪宗元和十二年(817)岁在丁酉,即伐蔡之年。"孙注同而简。方世举《笺注》:"《淮南·天文训》:'作鄂之岁,岁有大兵。'"

⑮ 究:方《举正》据蜀本订,云:"范、李校。《鹖冠子》:'上情不下究。'《淮南子》:'号令能下究。'《汉·燕王旦传》:'主恩不得下究。'作'究'为是。"朱《考异》:"究,或作'救'。(下引方语)"南宋监本原文作"救",宋白文本、文本、祝本、魏本作"救"。廖本、王本作"究",从之。

旁魄:魏本:"《补注》:广被也。"文《详注》:"司马相如《封禅文》(《汉书·司马相如传》):'协气横流,武节猋逝,旁魄四塞,云布雾散。'注云:'威武之节如疾风之逝也。旁魄,广被貌。'下音蒲莫切。"方世举、顾嗣立注同文。童《校诠》:"第德案:荀子性恶:杂能旁魄而无用,杨倞曰:旁魄,广博也。文选左太冲吴都赋:旁魄而论都,刘渊林曰:旁魄取宽大之意;李善曰:庄子曰:将旁礴万物而为一;司马彪曰:旁礴犹混同也,礴与魄同。按:旁魄亦作旁薄、彭魄,太玄中:昆仑旁薄幽,范望曰:旁薄,彭魄也。"

⑯ 魏本注:"蛮陬,蛮方。"廖本注:"《魏都赋》(《文选》卷六):'蛮陬夷落,译道而通。'"

⑰ 魏本注:"攫,攘也。韩曰:'西汉卫(青)、霍(去病)渡漠征匈奴,匈奴远遁,汉漠南无王庭也。又后汉窦宪一举空朔庭。'"廖本注:"班孟坚《叙传》:'龙荒朔幕,莫不来庭。'《汉书》漠皆作'幕'。"《后汉书·袁安传》:"今朔漠既定,宜令南单于反其北庭,并领降众。"朱彝尊《批韩诗》:"(以上)论功,中有锡封、哀瘝、贺捷、行赦、耀武五种意。"

⑱ 惬:方《举正》从校本作"怯",云:"校本'怯'一作'惬'。"朱《考异》:"方作'怯'。"宋白文本、文本、祝本、魏本作"怯"。廖本、王本作"惬"。怯作胆小、畏惧解,与诗意不合。惬,心意满足。《汉书·文帝纪》:"天下人民,未有惬志。"则作"惬",善。钱仲联《集

释》:"作'怯'系误文。'愜'亦作'悏',字借为'浃'。《广韵》:'浃,洽也。子协切。'诗谓和洽教化。"所说是。

⑩⑨ 魏本:"韩曰:孙登呼杨骏曰:'刺刺斫斫。'刺,七亦切。"方世举《笺注》:"《晋书·杨骏传》:骏遗孙登布被,登截被于门,大呼曰:'斫斫刺刺。'《北史·安德王延宗传》:'齐人后斫刺死者三千余人。'"

⑩⑩ 魏本:"孙曰:'吾相,度也。'"方世举《笺注》:"吾相:按:相谓裴度,然曰'两优游',兼指韩弘而言也。裴、韩和衷,公所说也,故诗中犹致意焉。《旧唐书·弘传》:'累授检校左右仆射、司空。宪宗即位,加同平章事。'"方成珪《笺正》:"《唐书·宰相表》:元和十二年七月,裴度守门下侍郎同平章事,户部侍郎崔群为中书侍郎同门下平章事。故曰'吾相两优游'。"钱仲联《集释》:"《笺正》说为长。"指裴度、崔群。此句承上儒生、武士来,钱说善。

⑪⑪ 落莫:冷落寂寞。文《详注》:"谢灵运《斋中诗》曰:'心迹双寂寞。'注云:'言心及所为事迹皆归于闲静也。"方成珪《笺正》:"前年八月,韦贯之与度争论上前,罢知政事。是年九月,李逢吉先免相,出领剑南。所谓'他人双落寞'者,殆指此也。"正与上言两相优游对。《通鉴·唐文宗大和九年》胡三省注:"落,冷落也;莫,薄也。落寞,唐人常语。"韩公《送杨少尹序》:"予忝在公卿后,遇病不能出,不知杨侯去时,城门外送者几人?车几两?马几匹?……不落莫否?"落寞同"落莫"。

⑪⑫ 负鼎:鼎乃烹具。传说伊尹善烹调,尝背着鼎求见商汤王。魏本:"孙曰:《史记》《殷本纪》:'伊尹欲干汤而无由,乃为有辛氏媵臣,负鼎俎,以滋味说汤。'"文《详注》:"《史记》:伊尹负鼎以干汤。《从军诗》云:'窃慕负鼎翁,愿厉朽钝姿。'"又《史记·孟荀列传》:"伊尹负鼎而勉汤以王。"后世因以负鼎比喻干时以求进用。《后汉书·马援传论》:"马援腾声三辅,遨游二帝,及定节立谋,以干时主,将怀负鼎之愿,盖为千载之遇焉。"

⑪⑬ 文《详注》:"兵,凶器。故将帅必凿凶门而出,谓北出之门

也,以示必死义。事见《淮南子》。"魏本:"孙曰:《淮南子》(《兵略训》):'凡国有难,君自宫中召将诏之……凿凶门而出。'樊曰:高祖设坛场,具礼拜韩信为大将(载《汉书·高帝纪》)。"此指《旧唐书·宪宗纪》"元和十二年七月丙辰(29日),制以中书侍郎、平章事裴度守门下侍郎、同平章事、使持节蔡州诸军事、蔡州刺史,充彰义军节度、申光蔡观察处置等使,仍充淮西宣慰处置使""八月庚申(3日),裴度发赴行营,敕神策军三百人卫从,上御通化门劳遣之。度望门再拜,衔涕而辞,上赐之犀带"事。

⑭ 显:方《举正》据阁本订,云:"字本《吕氏春秋》。"朱《考异》:"显,或作'深'。(下引方语)"南宋监本原文作"深"。潮本、祝本、魏本作"深"。宋白文本、文本、廖本、王本作"显",是。文《详注》:"后汉魏朗字仲英,入为尚书郎,再升紫微()省,为百僚所服。"方世举《笺注》:"《庄子·庚桑楚》篇:'贵富显严名利六者,勃志也。'"指裴度凯旋回朝,再入禁省秉政,地位更加显得威严。

⑮ 文《详注》:"《文选》(卷三八)范云表(任彦升《为范尚书让吏部封侯第一表》)曰:'千秋之一日九迁。[荀爽之十旬远至,方之微臣,未为速答。]'注云:'前汉车千秋自园寝郎论戾太子事,一日[月]超九级至大鸿胪卿。'"魏本引韩、孙《全解》同文。孙又云:"謇谔者,谓鲠正也。《易》(《蹇》)曰'王臣蹇蹇'是也。"謇(jiǎn 九辇切,上,狝韵),正直。《楚辞》屈原《离骚》:"汝何博謇而好修兮,纷独有此姱节。"谔(è 五各切,入,铎韵),直言。《后汉书·戴凭传》:"臣无謇谔之节,而有狂瞽之言,不能以尸伏谏,偷生苟活,诚惭圣朝。"謇谔,正直。《后汉书·陈忠传》上疏:"臣闻仁君广山薮之大,纳切直之谋;忠臣尽謇谔之节,不畏逆耳之害。"顾嗣立《集注》:"《文选》任彦升《为范尚书表》:'千秋之一日九迁。'善曰:'《东观汉纪》马援《与杨广书》曰:车丞相,高祖园寝郎,一月九迁为丞相者,知武帝恨诛卫太子,上书讼之。'然日当为'月'字之误也。"

⑯ 文《详注》:"狐偃、赵衰,晋文公谋臣。"魏本:"孙曰:昭十七年《左氏》曰:'晋文公有士五人,谓狐偃、赵衰、颠颉、魏武、司空季

子也。'《诗》(《小雅·宾之初筵》):'宾之初筵,左右秩秩。'宾筵,谓幕僚。"顾嗣立《集注》:"《左传》昭公二十三年:'晋公子重耳奔狄,从者狐偃、赵衰。'"

⑪⑦ 文《详注》:"卫青、霍去病,汉武帝名将。"魏本引韩《全解》同。

⑪⑧ 魏本:"孙曰:'擅芬芳,谓专有美名于国史也。'"

⑪⑨ 方《举正》据蜀本订"宫娃",云:"李、谢校。"朱《考异》:"宫,或作'官',非是。"南宋监本原文作"官"。文本、潮本、祝本作"官"。宋白文本、魏本、廖本、王本作"宫",是。绰约,文《详注》:"《说文》(女部)曰:'娃,目閨深貌。一曰吴楚之间谓好曰娃。'音于佳切。《庄子》(《逍遥游》)云:'藐姑射之山,有神人居焉,肌肤若冰雪,绰约若处子。'注云:'绰约,柔弱貌。'"魏本引《集注》云:"宫娃,宫女也。服虔《风俗通》曰:'楚人谓美色为娃。'《选》:'幸于馆之宫娃。'分,赐也。"方世举《笺注》:"《方言》(卷二):'娃,美也。吴、楚、衡、淮之间曰娃,故吴有馆娃之宫。'"

⑫⑩ 鹓:宋白文本、魏本作"鸳"。文本、祝本、廖本、王本作"鹓"。鹓(yuān 于袁切,平,元韵),传说为凤一类的鸟。鸳音同鹓,鸳鸯或省称鸳。鸳鹭,皆水鸟,止有班,立有序,因以喻朝官班列。鹓鹭,二鸟群飞有序,因以喻朝官班行,则作鹓、作鸳均通。若喻贤俊,作"鹓"善。《北齐书·文苑传序》:"于是辞人才子,波骇云属,振鹓鹭之羽仪,纵雕龙之符采。"魏本:"孙曰:'丹掖,谓以丹而涂门也。正门之旁小门,号为掖门。'"文《详注》:"鹓鹭,容止可观,以喻贤俊。丹掖,谓宫殿之间,以丹饰之。"

⑫① 狐貉:文本、魏本、王本作"狐狢"。宋白文本、祝本、廖本作"狐貉",从之。文《详注》:"善裘也。《论语》(《乡党》)曰:'狐貉之厚以居。'貉,音鹤。"魏本引孙《全解》同,又云:"其皮为衣也。"童《校诠》:"第德案:说文:貈,似狐善睡,论语曰:狐貈之厚以居,此为狐貈本字。今论语乡党篇作貉(貉北方豸种也),假借字。孙氏引作狢,为貉之后出字。"

⑫ 魏本:"孙曰:'摛,舒也。月毫,月中兔毫也。'"文《详注》:"兔居月窟,故笔之善者谓之月毫。"摛(chī 丑知切,平,支韵),传布,舒展。《文选》卷四八扬雄《剧秦美新》:"宜命贤哲,作《帝典》一篇,旧三为一,袭以示来人,摛之罔极。"《文选》卷一班固《西都赋》:"若摛锦与布绣,烛耀乎其陂。"摛文:铺陈文采。南朝梁刘勰《文心雕龙·乐府》:"八音摛文,树辞为体。"谓挥动兔毫之笔书写文章也。

⑬ 文《详注》:"汉王褒《颂》(《圣主得贤臣颂》载《文选》卷四七)曰:'巧冶铸干将之璞,清水淬其锋,越砥敛其锷。'(刘良)注云:'淬谓烧而纳水中以坚之。锷,刃旁也。'"魏本引《补注》同。魏本:"孙曰:'淬者,灭火之器。锷,锋也。'"方世举《笺注》:"张协《七命》:'霜锷水凝,冰刃露结。'"锷,刀剑之刃,后作"锷"。

⑭ 魏本:"孙曰:命衣,天子所命之衣。《书》(《益稷》):'予欲观古人之象,日、月、星、辰、山、龙、华、虫作绘,宗彝、藻、火、粉、米、黼、黻、缔、绣。'藻,水草。备藻火,谓画于衣上也。"文《详注》:"《周礼·春官》(《大宗伯》):'一命受职,再命受服。'《书》(《益稷》)'藻火、粉米'句)孔安国注曰:'藻,水草有文者,火为火字。'士服藻火。"方世举《笺注》:"《周礼·春官·典命》:'上公九命,其车旗衣服礼仪,皆以九为节。'《书》(《益稷》):'宗彝、藻火、粉、米、黼、黻、缔、绣,以五采彰施于五色作服。'按《新唐书·车服志》:'一品青衣纁裳,九章:龙、山、华、虫、火、宗彝在衣,藻、粉米、黼、黻在裳。''二品七章:华虫、火、宗彝在衣;藻、粉米、黼、黻在裳。''三品五章:宗彝、藻、粉米在衣;黼、黻在裳。'自四品以下,不用藻米矣。"

⑮ 魏本:"孙曰:《书》(《益稷》):'戛击鸣球,搏拊琴瑟。'注:'搏拊,形如鼓,以韦为之,实之以糠,击以节乐。'"文《详注》同孙,又:"《礼记·明堂位》郑氏又云:'形如小鼓。'"顾嗣立《集注》:"《左传》襄公十一年:'晋悼公赐魏绛女乐二八。'"方世举《笺注》:"《记·王制》:'天子赐诸侯乐,则以柷将之。赐伯子男乐,则以鼗将之。'《书》(《益稷》):'搏拊琴瑟以咏。'"

⑫⑥ 氍毹：文《详注》："《魏志》(《三国志•魏书•乌丸鲜卑东夷传》裴注引《魏略•西戎传》)：'海西国用木皮或野茧丝作，织成氍毹、毼之属皆好，其色又鲜于海东诸国所作。'又云：'大秦国出十种氍毹。'上音权俱切，下音春朱切。"魏本注："厢，庑也。氍毹，《声类》曰：'毛席也。'《风俗通》云：'织毛褥谓之氍毹。'《广韵》(上平声十虞)作'氍毹'。音注："氍音衢，毹山于切。"顾嗣立《集注》："《史记•周昌传》'吕后侧耳于东厢听'索隐曰：'正寝之东西堂，皆号曰厢，言似厢箧之形也。'《三辅黄图》(《未央宫》)：'武帝建温室殿，规地以罽宾氍毹。'"

⑫⑦ 方《举正》："勺药，五味之和也。《子虚赋》作'勺药'，《文选》四见，皆音酌略。姚令威曰：后语有'难(当作仍)祈却老药'。此当异读。"朱《考异》引方语。宋白文本、文本、潮本、祝本、魏本作"芍药"。廖本、王本作"勺药"。文《详注》："芍，《汉书》作'勺'。主父偃曰：'丈夫五鼎食。'(载《汉书•主父偃传》)张晏曰：'牛、羊、豕、鱼、麋也，诸侯、五卿、大夫三。'司马《子虚赋》(载《汉书•司马相如传》)云：'勺药之和具而后御之。'注云：'勺音知略切。药音略。'伏俨曰：'勺药以兰桂调食。'文颖曰：'五味和也。'晋灼曰：'《南都赋》(《文选》卷四张衡)曰：归雁鸣鵽，香稻鲜鱼，以为勺药，酸甜滋味，百种千名。文说是也。'师古曰：'诸家之说未为当。勺药，草药名。其根主和五脏，又辟毒气，故合之于兰桂五味以助诸食，因呼五味之和为勺药耳。读赋之士不得其意，妄为音训，以误后学。今人食马肠马肝者，犹合勺药而煮之，岂非古人遗意乎？'"魏本："孙曰：主父偃曰：'生不五鼎食，死即五鼎烹。'五鼎者，谓列五鼎而食。祝曰：《前汉》'芍药之和具而后御之'注，诸家之说皆未当。芍药，草名。其根主和藏，又辟毒气，故合之于兰桂以助诸食，因呼五味之和为芍药。"(按：文字有讹漏)芍药、勺药同，草药名，四月着花，可观赏；根入药，亦可调味。

⑫⑧ 文《详注》："《礼记》(《玉藻》)：'大夫佩水苍玉而朱组绶。'注云：'水苍，玉之文。'"魏本引韩《全解》同。魏本："孙曰：'《晋公

卿礼秩》曰：尚书令、仆射、中书监令皆佩水苍玉。水苍玉者，玉名，其色如水苍也。'"方世举《笺注》："苍玉佩：《记·玉藻》：'大夫佩水苍玉而纯组绶。'《唐六典》：'凡百僚佩，五品以上水苍玉。'"《新唐书·车服志》云：一品，山玄玉佩。二品、三品、四品、五品，水苍玉佩。

㉙魏本："韩曰：《选》（卷二八）鲍明远诗（《乐府诗八首》之三《结客少年场行》）：'骢马金络头，锦带佩吴钩。'"文《详注》同而简。方世举《笺注》："黄金络：古乐府《相逢行》（《乐府诗集》卷三四《相和歌辞九》）：'黄金络马头，观者盈道傍。'"辔，马缰绳。蹩，系也。

㉚朱《考异》："谓，或作'谕'。"宋白文本作"谕"。诸本作"谓"，从之。方成珪《笺正》："谓，当作'谕'。谕犹譬也。古谕字训譬者，如《前汉·贾谊传》'谊追伤屈原，因以自谕'是也。《玉篇》《广韵》始出'喻'之字。"方谓当作"谕"，谕与譬通，谕登龙，即如鱼登龙门一样。不如作"谓"，直接顺当。文《详注》："《后汉》（《李膺传》）：'李膺字元礼，桓帝时为司隶校尉。时朝廷日乱，纲纪颓弛。膺独持风裁，以声名自高。士有被其容接者，名为登龙门。'注云：'以鱼为喻。龙门，河水所下之口，在今绛州龙门县。辛氏《三秦记》（《艺文类聚》卷九六）曰：河津，一名龙门，水险不通，鱼鳖之属莫能上。江海大鱼薄集龙门下数千，不得上，上则为龙也。'刘孝标《绝交论》（《文选》卷五五）云：'入其隩隅，谓登龙门之阪。'"魏本引孙《全解》、顾嗣立《集注》同而简。

㉛藿：葵藿。魏本："樊曰：《淮南子》：'葵藿倾心向日。'"文《详注》："曹植（《文选》卷三七《求通亲亲表》）云：'若葵藿之倾叶，太阳虽不为之回光，然向之者诚也。'注云：'葵藿，草。'"魏本引孙《全解》、方世举《笺注》同。葵、藿：两种野菜名。葵，又名冬葵子，入药。《诗·豳风·七月》："七月亨葵及菽。"又菊科植物，有锦葵、蜀葵、秋葵、向日葵等。藿，豆叶，嫩时可食。《广雅·释草》："豆角谓之荚，其叶谓之藿。"或谓香草，即藿香。《文选》卷五左思《吴都赋》："草则藿蒳豆蔻，姜汇非一。"此句单出一个"藿"，则是为押韵，

当是"葵藿"复合词之省,义则为向日。若谓藿谓藿香,则当以香之声与向同而转用,不如前解顺。

㉜ 魏本:"韩曰:青娥,言眉也。宋南平王《白纻舞曲》:'佳人举袖曜青娥。'翳,蔽也。"文《详注》:"《方言》曰:'美貌为娥,言娥娥然也。'曹子建《洛神赋》(《文选》卷一九):'翳修袖以延伫。'"廖本注:"江淹《神女赋》(《水上神女赋》):'青娥盖[琴羞]艳。'"方世举《笺注》:"宋玉《神女赋》:'奋长袖以正衽兮,立踯躅而不安。'"《文选》卷一六司马相如《长门赋》:"揄长袂以自翳兮。"此谓:美貌的少女舞着长袖。

㉝ 魏本:"孙曰:籥,乐器。郭璞云:'籥,如笛,三孔而短小。'"文《详注》:"《尔雅》(《释乐》'大籥谓之产'注)云:'籥,如笛,三孔而短小。'《广雅》(《释乐》)云:'七孔。'籥,音药。"方世举《笺注》:"鸣籥:《周礼·春官·籥师》:'掌教舞羽龡籥。'"廖本注:"李太白《昭君词》:'昭君拂玉鞍,上马啼红颊。'"红颊对上句"青娥",皆指女子。籥(yuè 以灼切,去,药韵),本作"龠",古管乐器。有吹龠、舞龠二种:吹龠似笛而短小,三孔;舞龠长而六孔,可执作舞具。《诗·邶风·简兮》:"左手执籥,右手秉翟。"传:"籥,六孔。"《经典释文》:"以竹为之,长三尺,执之以舞。"疏:"籥虽吹器,舞时与羽并执,故得舞名。"二句对:上句写青娥之舞;下句写乐工奏乐。

㉞ 倘:倘若,或者。《史记·伯夷列传》:"倘所谓天道,是邪?非邪?"谑(xuè 虚约切,入,药韵):戏言,开玩笑。《诗·卫风·淇奥》:"善戏谑兮,不为虐兮。"

㉟ 贵富:文本作"富贵",意同。蹔,宋白文本、文本、祝本、魏本作"惭",误。当作"蹔",同"暂",暂时也。《列子·杨朱》:"以若之治外,其法可蹔行于一国,未合于人心。"韩公《县斋有怀》:"身将老寂寞,志欲死闲暇。"

㊱ 魏本注:"雇笑,买笑。"廖本注:"鲍明远《白纻曲》(《代白纻歌辞》,载《玉台新咏》卷九):'千金雇笑买芳年。'"童《校诠》:"第德案:说文:雇,九雇,农桑候鸟,扈氏不淫者也,借为雇僦字。后汉书

光武纪:女徒雇山归家,章怀太子曰:令甲:女子犯徒,遣归家,每月出钱雇人于山伐木,名曰雇山。桓帝纪:以见钱雇直,章怀曰:雇犹酬也。或假顾字为之,汉书晁错传:敛民财以顾其功,颜师古曰:顾,酬也,若今言雇赁也。按:今字又作僱。"雇笑金:买笑钱。韩公《刘生》诗:"倒心回肠为青眸,千金邀顾不可酬,乃独遇之尽绸缪。"

⑬ 文《详注》:"《汉武帝内传》曰:'太上之药乃有太真红芝九色凤脑,有得食之,后天而老,此太上之所作,非众仙之所宝。'"廖本注:"《汉·郊祀志》:'李少君以祠灶谷道。'"又《史记·封禅书》:"是时李少君亦以祠灶、谷道、却老方见上,上尊之。少君者,故深泽侯舍人,主方……能使物,却老。"黄钺《增注证讹》:"《瓮牖闲评》云:'五鼎调芍药''仍祈却老药',前'药'字,盖本《子虚赋》,勺音酌,药音略。后'药'字乃如字,退之所用一字其实是二字。"李黼平《读杜韩笔记》:"'五鼎调勺药'之药与'仍祈却老药',字同而音义别,自可两押。"连上句,谓以千金之资求长生不老之药。却者,去也,多用在特别的动词之后。唐聂夷中《咏田家》诗:"医得眼前疮,剜却心头肉。"

⑬ 魏本:"樊曰:'殁庙,谓配食庙庭。'"方世举《笺注》:"《孔丛子》(《论书第二》):'《书·盘庚》曰:兹予大享于先王,尔祖其从与享之。季桓子问曰:何谓也?孔子曰:古之王者,臣有大功,死则必祀之于庙,所以殊有绩,劝忠勤也。'"樽,酒器。斝(jiǎ),酒器。

⑬ 蒋抱玄《评注》:"生堂,谓生者会饮之堂。"文《详注》:"瘗音枵,大磬也。《尔雅》(《释乐》'大磬谓之瘗'注)云:'形如犁锴,以玉为之。'又音乔;镈音薄,似钟而大。司马(相如)《上林赋》云:'鼓严镈。'"魏本:"祝曰:《尔雅》(《释乐》):'大磬谓之瘗,大钟谓之镈。'注:'亦名镈。'瘗,音乔。镈,音博。"

⑭ 蒋抱玄《评注》:"《诗》(《小雅·何人斯》):'尔之安行,亦不遑舍。'"谓行军则头顶松竹,即以松竹为庇护。

⑭ 高卧:高枕而卧。蒋抱玄《评注》:"《晋书·谢安传》:'累违朝旨,高卧东山。'"方《举正》据蜀本作"莞",云:"李、谢校同。"朱

《考异》:"莞,或作'菅'。"南宋监本原文作"菅"。宋白文本、文本、潮本作"菅"。魏本、廖本、王本作"莞"。顾嗣立《集注》引吴兆宜曰:"张平子《同声歌》:'思为菅蒯席,在下蔽匡床。'"韩诗当从张衡《歌》里化出,故作"菅"字合韩公意。菅、莞均草名,都能讲通。魏本:"孙曰:'莞蒯,所以为席。莞,草。蒯,蒲也。'"魏本音注:"莞,音官,又贾颜切。蒯,如灼切。"文《详注》:"潘安仁《秋兴赋》(《文选》卷一三):'藉菅蒯。'注云:'蒲席也。'"

⑫文《详注》:"《楚辞·九章》(当是《九歌·云中君》)云:'浴兰汤兮沐芳。'注云:'沐,香芷也。'"魏本:"孙曰:《楚辞》(《九歌·云中君》):'浴兰汤兮沐芳,华采衣兮若英。'兰芷,取其芳也。"

⑬脾臄:脾为内脏,臄为舌头。文《详注》:"《行苇诗》(《诗·大雅》):'嘉肴脾臄。'取肾置肠炙之曰臄,音乞约切。"魏本:"祝曰:《诗》:'嘉肴脾臄。'《说文》(肉部):'臄,口上也。'韩曰:'取脾肾置肠炙之曰臄。'"方成珪《笺正》:"《说文》三篇(谷部):'谷,口上阿也。从口,上象其理。或作唂㖞。或从肉从虐作臄。'"臄(jué 其虐切,入,药韵),牛舌。一说口次肉。《诗·大雅·行苇》:'〔嘉肴脾臄,〕或歌或咢。'传:'臄,函也。'《释文》:《说文》云:'函,舌也。'又云:'口次肉也。'"谓取脾肾切细置肠内炙之叫臄。童《校诠》:"第德案:祝引诗语见诗行苇篇。说文:谷,口上阿也,从口,上象其理。"

⑭忸怩:羞愧貌。文《详注》:"诗(《五子之歌》)云:'〔郁陶乎予心,〕颜厚有忸怩。'注云:'惭貌,上音女六切,下音尼。'"魏本:"孙曰:《孟子》(《万章上》):'郁陶思君尔,忸怩。'忸怩,愧貌。韩曰:《书》(《五子之歌》):'颜厚有忸怩。'"

⑮陨获:方《举正》作"陨获",云:"杭、蜀本同。考《儒行》为是。"朱《考异》:"陨,或作'殒'。(引方语)"南宋监本原文作"殒",文本、潮本作"殒濩",不重韵。祝本作"殒获"。宋白文本、魏本、廖本、王本作"陨获",则重韵。陨、殒二字音义同,通用。作"濩"义与诗义不合。按正封作诗长于用韵,此为避重或借"濩"为之。魏本:

"孙曰:《礼记》(《儒行》):'不陨获于贫贱。'殒获,失志貌。"顾嗣立《集注》:"郑氏曰:'陨获,困迫失志之貌。'"文《详注》:"《说文》曰:雨流雷下貌。音黄郭切。"蒋抱玄《评注》:"《礼记》(《王制》):'达其志,通其欲。'"查慎行《查初白诗评十二种》:"获字重叶。"若以文本等作"濩"字,则可避重韵。

⑭ 诙谐:戏谑,有风趣。《汉书·叙传下》:"东方赡辞,诙谐倡优。"《文选》卷四七晋夏侯孝若(湛)《东方朔画赞》:"明节不可以久安也,故诙谐以取容。"文《详注》:"《前汉书》(《东方朔传》):'东方之诙谐。'注云:'诙,音恢,嘲也。谐,和韵之言。'"方世举《笺注》:"《汉书·东方朔传》:'朔之诙谐,逢占射覆。'"

⑭ 著:文《详注》:"《太白阴经》(卷四《军装》)云:'出师万里,士卒以军中为家,戎装不可不备。'"魏本音注:"著,陟略切。"查慎行《查初白诗评十二种》:"此'著'字叶'酌'。"

⑭ 旄纛:魏本:"孙曰:旄纛者,以旄牛尾大如斗,系马轭上,谓之旄纛,师行则用之。"文《详注》:"纛羽,旌幢也。《太白阴经》(卷七《祭蚩尤文》)云:昔蚩尤氏之时,铄金为兵,割甲为甲,始制五兵,建旗帜以佐军威。纛,六口,大将军中营建,出引六军。古者天子六军,诸侯三军。今天子十二卫,诸侯六军,故纛有六以主之,临敌境则祭之,名曰祭纛。《柳子厚集》有《祭纛文》,音大到切,又音毒。"

⑭ 文《详注》:"后汉杨恽书(《报孙会宗书》,载《文选》卷四一)曰:'烹羊炰羔,斗酒自劳。'芒屩,隐士屦也,音讫约切。"魏本:"祝曰:芒屩,草履也。《史记》(《虞卿传》):'虞卿蹑屩担簦。'"

⑮ 离隐豹:比喻隐居之士将出也。文《详注》:"谢玄晖诗(《之宣城出新林浦向版桥》,载《文选》卷二七)云:'虽无玄豹姿,终隐南山雾。'注云:'陶答子始不修德,家富三倍。其妻泣曰:南山有玄豹,雾雨七日不下食,将欲以泽其毛衣而成其文章也。犬豕不择食,故肥而死。无几被诛。'事出《列女传》(卷二《陶答子妻》)。"魏本引韩《全解》同而简。方世举《笺注》引《列女传》,云:"离隐豹,喻

处士将出也。"

⒂ 文《详注》:"《易》(《系辞下》)曰:'尺蠖之屈,以求伸也。'蠖,屈伸虫,音郁缚切。"魏本引孙《全解》同。蠖:虫名。尺蠖,蛾类的幼虫,行动时身体前屈后伸。《晋书·庾阐传》:"是以道隐则蠖屈,数感则凤睹。"

⒂ 文《详注》:"后汉孔融《荐弥衡表》(《文选》卷三七)云:'鸷鸟累百,不如一鹗。'"魏本引韩《全解》同。蒋抱玄《评注》:"《汉书·陈汤传》:'又无武帝荐延枭俊禽敌之臣。'"《文选》卷三九邹阳《上书吴王》:"臣闻鸷鸟累百,不如一鹗。"李善注:"孟康曰:'鹗,大鹏也。'如淳曰:'鸷鸟比诸侯,鹗比天子。'"以鹗比大才。

⒂ 文《详注》:"《左传》(昭公六年):'晏子曰:吾君赂,左右谄谀。'前汉邹阳书(《文选》卷三九《狱中上书自明》)曰:'借誉于左右。'"

⒂ 谀:廖本作"谀"。宋白文本、文本、祝本、魏本作"谀"。陈景云《点勘》:"谀,《广韵》:'苏奏切,怒言也。'与下'噱'字义相反,不应连用。宋、杭、蜀本皆作'谀',又与上句'谄'字意复,亦恐非是。疑'庾'字之讹。谀,辞见《国语》。又《唐书·李藩传》:'王仲舒与同舍郎置酒邀宾,为俳说庾语相狎。'献庾噱者,殆亦同此耳。"钱仲联《集释》:"'谀噱'与'谄誉'为对,疑当为'谀'之误字。从祝本、魏本、王本为是。二句意相足,非重复。"文《详注》:"《说文》(口部)曰:'噱,大笑也。'其虐切。"魏本:"祝曰:笑不止。《说文》:'大笑也。'"蒋抱玄《评注》:"《汉书·翟方进传》:'亲交赂遗以求荐举。'噱(jué其虐切,入,药韵):大笑。《汉书·叙传》:'谈笑大噱。'又《扬雄传》(《校猎赋》):"沈沈容容,遥噱虖纮中。"注:"口内之上下名为噱,言禽兽奔走倦极,皆遥张噱吐舌于纮罔之中也。"

⒂ 揄扬:文本作"榆杨",误。诸本作"揄扬"。顾嗣立《集注》:"《文选》班孟坚《两都赋序》:'雍容揄扬。'善曰:'揄,引也。扬,举也。'"揄扬:高举,宣扬。《楚辞》刘向《九叹·逢纷》:"揄扬涤荡,漂流陨往,触蛩石兮。"《文选》卷四二曹植《与杨德祖书》:"辞赋小道,

固未足以揄扬大义,彰示来世也。"

⑯ 方《举正》据唐本作"熏",云:"李、谢校。《诗》(《大雅·云汉》):'忧心如熏。'毛传:'熏,灼也。'《汉·谷永传》、潘岳《西征赋》皆用,无从'薰'者。朱《考异》:"熏,或作'薰'。(下引方语)"南宋监本原文作"薰"。宋白文本、文本、潮本、祝本、魏本作"薰"。廖本、王本作"熏"。作"火焰""烧烤"解,二字通用。《诗·豳风·七月》:"穹室熏鼠,塞向墐户。"陶弘景《许长史旧馆坛碑》:"金炉扬熏。"《文选》卷一一鲍照《芜城赋》:"皆薰歇烬灭,光沉响绝。"卷五七潘岳《马汧督诔》:"因焚矿火薰之。"熏本字,作"熏"字善。文《详注》:"言其炽如火也。潘安仁《西征赋》(《文选》卷一〇):'当王凤恭显之任势也,乃薰灼四方。'"顾嗣立《集注》:"《汉·谷永传》:'许、班之贵,熏灼四方。'"童《校诠》:"第德案:考异、廖本、王本皆作熏,祝本作薰,与本书同。按:熏灼字自应作熏,然古籍亦有借薰为之者,尔雅释训:烛烛炎炎,薰也,释文作熏,云本亦作燻,或作薰。汉书叙传:薰胥以刑,颜师古曰:薰者谓相薰烝。方氏谓熏灼字无作薰者,殆考之未审欤!"

⑰ 魏本:"樊曰:《汉·高纪》:'道故旧为笑乐。'"文《详注》:"汉高祖既得天下,还过沛,与诸父老道故旧为笑乐。"

⑱ 文《详注》:"《苍颉篇》曰:'主答客曰酬,客劝主人曰酢。'酢,音昨。"顾嗣立《集注》:"《选》魏文帝《短歌行》:'对酒当歌。'"

⑲ 顾嗣立《集注》:"《汉》班固《叙传》:'出与王、许子弟为群,在于绮襦纨绔之间,非其好也。'师古曰:'纨,素也。绮,今细绫也。'"

⑳ 下客:方世举《笺注》:"《南史·谢灵运传》:'何长瑜当今仲宣,而饴以下客之食。'"文《详注》:"《释名》曰:'酪,泽也。乳汁所作,使人肥泽也。'《古史考》曰:'古有醴酪,至禹时狄仪作酒。'"《礼记·礼运》:"以炮以燔,以亨以炙,以为醴酪。"醴(lǐ 卢启切,上,荠韵):甜酒。《诗·小雅·吉日》:"以御宾客,且以酌醴。"又《周颂·丰年》:"为酒为醴,烝畀祖妣。"酪(lào 卢各切,入,铎韵):酢酱,乳

酪。晁错《言守边备塞书》:"食肉而饮酪。"

⑯ 文《详注》:"琛,宝也,音痴林切。"魏本:"韩曰:琛,宝也。《诗》(《鲁颂·泮水》):'憬彼淮夷,来献其琛(琛)。'"又:"琛与琛同,丑林切。"谓季冬时节。颜延之《北使洛》诗:"阴风振凉野,飞雪瞀穷天。"高入天际。鲍照《凌烟楼铭》:"重树穷天。"琛(chēn 丑林切,平,侵韵):珍宝。《宋书·夷蛮传·百济国》:"浮桴骊水,献琛执贽。"唐元稹《桐花》诗:"中有皋财语,勿受来献琛。"

⑯ 文《详注》:"《前汉》(《文帝纪》):'文帝即位,赐酺五日。'服虔曰:'酺,音蒲。'文颖曰:'音步。汉律,三人已上无故群饮酒,罚金四两,今诏横赐得令会聚饮食五日也。'师古曰:'酺之言布也。王德布于天下而合聚饮食为酺。服音是也。'字或作'脯',音义同。醵,音极虐切。《说文》(酉部)曰:'会饮酒也。'"魏本引孙《全解》同文。方世举《笺注》同文。又云:"《记·礼器》'周礼其犹醵与'注:'合钱饮酒为醵。'《史记·货殖传》:'进醵,饮食。'《说文》:'醵,会饮酒也。'"魏本:"祝曰:酺,祭名。醵,会饮。《周礼》:'春秋祭酺,亦如之。'《礼记》:'周礼其犹醵与。'"

⑯ 掂:文本、祝本、王本作"槌"。宋白文本、魏本、廖本作"掂"。按文义,此为动词,当作"掂",从手。槌,名词,从木。二字或因形而误。蒋抱玄《评注》:"《易》(《豫》):'先王以作乐崇德。'"方世举《笺注》:"《世说》(《世说新语·豪爽》):'王大将军自言知打鼓吹,于坐振袖而起,扬槌奋击,音节谐捷。'"《三国志·蜀·马超传》"密书请降"注引《典略》:"正旦,(小妇弟)种上寿于超,超掂胸吐血曰:'阖门百口,一旦从命,今二人相贺邪!'"

⑯ 文《详注》:"彉,张也,音霍。又郭、廓二音。"魏本:"祝曰:'彉,《说文》(弓部)云:弩满也。《淮南子》(《兵略》):疾如彉弩。'彉,音郭。从,一作'纵'。"方世举《笺注》:"从禽:《易·屯卦》:'即鹿无虞,以从禽也。'弓始彉:《孙子·兵势篇》(当为《势篇》):'势如彉弩。'"

⑯ 廖本注:"《汉·夏侯婴传》:'与高祖语,未尝不移日。'又

《田蚡传》(语移日)。"文《详注》:"汉光武与李通相见,共语移日,握手极欢。"

⑯ 文《详注》:"五白,博齿也。"魏本引孙《全解》同。韩公《送灵师》:"围棋斗白黑,生死随机权。六博在一掷,枭卢叱回旋。"魏本:"韩曰:《楚辞·招魂》有'成枭而牟,呼五白住'。五白,五木也。刘裕与刘毅蒲蒱,裕厉声叱五木,即成卢(见《晋书·刘毅传》)。杜诗(《今夕行》):'冯陵大叫呼五白。'"五白:古代赌博的五木之戏,五子全白,又称枭。《楚辞》宋玉《招魂》:"成枭而牟,呼五白些。"《太平御览》卷七五四引《江蕤别传》:"蕤年十一,始学挎蒱(也作'樗蒱'),祖母为说往事,有以博弈破业废身者,于是即弃五木,终身不为戏。"宋程大昌《演繁露》卷六《投》:"古惟斫木为子,一具凡五子,故名五木。后世转而用石、用玉、用象、用骨。"

⑯ 文《详注》:"汉陈平自初从高祖至天下平定,后常以护军中尉从,凡六出奇计。"魏本注:"汉陈平六出奇计。《晋史》云:汉高舍陈平之污,行而取六奇之妙算。"顾嗣立《集注》:"《汉·陈平传》:'凡六出奇计。'"萧统《文选序》:"曲逆之吐六奇。"此以陈平作比,心出奇计。

⑯ 文《详注》:"司马《封禅文》(《汉书·司马相如传》):'非[匪]惟[唯]偏之[我],氾布护之。'注云:谓润泽下沾也。布护,分散貌。护,一作'濩'。"魏本:"祝曰:布濩,布露也。《前汉》(《司马相如传》):'布濩闵泽。'樊曰:《封禅颂》:'非[匪]惟[唯]濡之[偏我],我(氾)布濩之。'"按:以上所引《封禅书》均据《汉书》校正。

⑯ 方《举正》作"箫勺",云:"字见汉《房中歌》。晋灼曰:'箫,舜乐。勺,周乐。言以乐征伐也。'刘梦得《山南节度厅记》'箫勺之音洽于巴汉',亦用'箫'字。"朱《考异》:"诸本'箫'作'萧'。(下引方语)南宋监本原文作"萧"。宋白文本、魏本作"萧",祝本、文本、廖本、王本作"箫"。非方朱所说诸本作"萧"。文《详注》:"《左传》(僖公二十四年):季文子曰:'心不则德义之经为顽,口不道忠信之言为嚚。'箫勺字见《前汉·礼乐志》(《安氏房中歌》)云:'箫勺群

懸。'晋灼曰：'箫，舜乐也。勺，周乐也。言以乐征伐也。'师古曰：'言制定新乐，教化流行，则逆乱之徒尽交欢也。'勺，读曰酌。《补注》：箫勺，左氏分鲁公以商六族，箫氏、勺氏在焉。"魏本："樊曰：'武王克商，分鲁公以商民六族，中有箫氏、长勺氏、短勺氏。'孙曰：'萧勺，即销铄也。'"童《校诠》："第德案：廖本、王本、祝本皆作箫。萧勺字本汉书礼乐志，其义当从孙氏销铄之说，晋氏、颜氏皆就字义解释，未谛。樊氏以萧氏、长勺氏、短勺氏当之，亦非。短当作尾。"童、孙之说是。然未作深解。嚚顽，愚悍而顽固。汉王充《论衡·书解》："嚚顽之人，有幽室之思，虽无忧不能著一字。"此句谓：愚蠢顽固之徒已被教化。韩公诗依《汉书·礼乐志·安氏房中歌》原文，而引申其义。故作"箫"字是。

⑰ 魏本："韩曰：《封禅书》（《史记》）：管仲曰：'无怀、宓羲、神农、炎帝、颛顼、帝喾、尧、舜、汤封泰山，禅云云；黄帝封泰山，禅亭亭。'云、亭，二山名也。"文《详注》："《史记》：'管仲对齐桓公曰：古者封泰山，禅梁父者七十二家，而夷吾所记者十有二焉。昔伏羲、神农封泰山禅云云，黄帝封泰山上亭亭。'李奇曰：云云山在梁父东，亭亭山在平阴。"方世举《笺注》："告成：《书》（《武成》）：'大告武城［成］。'云亭：《史记·封禅书》：'昔无怀氏封泰山，禅云云。黄帝封泰山，禅亭亭。'"诸家注引文稍异，今录原文于下。《史记·封禅书》："齐桓公既霸，会诸侯于葵丘，而欲封禅。管仲曰：'古者封泰山禅梁父者七十二家，而夷吾所记者十有二焉。昔无怀氏封泰山，禅云云；虙羲氏封泰山，禅云云；神农封泰山，禅云云；炎帝封泰山，禅云云；黄帝封泰山，禅亭亭；颛顼封泰山，禅云云；帝喾封泰山，禅云云；尧封泰山，禅云云；舜封泰山，禅云云；禹封泰山，禅会稽；汤封泰山，禅云云；周成王封泰山，禅社首；皆受命然后得封禅。'"此句谓：事业告成功而封泰山也。可见，韩愈看到淮西平叛胜利大局已定，平定后将会出现天下一统、唐朝中兴的大好形势，为巩固这一成果，震慑叛逆，庆告成功，已经想到封禅之事。缕析《潮州刺史谢上表》，可知韩愈这一心态是符合他的思想实际的。

⑰ 矩矱:文《详注》:"《离骚》云:'勉升降以上下兮,求矩矱之所同。'王逸云:'矩,法。矱,度也。'音屋郭切。"矱(huò 胡麦切,入,麦韵),尺度,用以度量长短。《说文》蒦之或体,同㔱。《文选》卷一八马融(季长)《长笛赋》:"挑截本末,规模矱矩。"注:"矱,亦㔱字。"谓考诸古代典籍,先王留下的礼制法度。魏本:"韩曰:矱,度也。《淮南子》(《氾论训》):'[而以]知矩矱之所周[者也]。'"

⑰ 文《详注》:"前汉相田蚡,前堂罗钟鼓,立曲旃;后……"此谓鼓吹声色之盛。《汉书·田蚡传》:蚡为相,"由此滋骄,治宅甲诸第,田园极膏腴,市买郡县器物相属于道。前堂罗钟鼓,立曲旃;后房妇女以百数。诸奏珍物狗马玩好,不可胜数"。盖用此事。方世举《笺注》:"清夜:曹植诗(《公宴诗》):'清夜游西园。'"

⑰ 方世举《笺注》:"东第:司马相如《喻巴蜀檄》(《文选》卷四四):'居列东第。'良辰:魏文帝诗(《孟津诗》):'良辰启初节,高会拘欢娱。'"按《喻巴蜀檄》李善注:"东第,甲宅也,居帝城之东,故曰东第。"张揖曰:"列东第在天子下方。"

⑭ 折:宋白文本作"坼"。祝本、魏本作"拆"。文本、廖本、王本作"折",是。坼、折细分音义不同,不相混也。顾嗣立《集注》:"杜子美诗(《秋兴八首》之七):'露冷莲房坠粉红。'"房即莲蕾。

⑰ 顾嗣立《集注》:"谢灵运诗(《文选》卷二二谢灵运《于南山往北山经湖中瞻眺》):'初篁苞绿箨[,新蒲含紫茸]。'善曰:'箨,竹皮也。'"箨(tuò 他各切,入,铎韵):竹皮,笋壳。唐李贺《昌谷北园新笋》诗:"箨落长竿削玉开。"朱彝尊《批韩诗》:"(以上)颂师,中有还朝、开筵、礼士、赐脯、告成五种意。"

⑰ 文《详注》:"《书》(《舜典》):'五载一巡狩。'恒,北岳。岱,东岳。恒,胡登切。"顾嗣立《集注》:"《书》(《舜典》):'岁二月东巡守至于岱宗。'"陈景云《点勘》:"五岳独言朝恒、岱者,因二岳在恒、郓二州境,时王承宗、李师道皆未纳土故也。"再提封禅,又见他想以封禅庆功,震慑诸藩也。

⑰ 三畋:文《详注》:"《礼记》(《王制》):'天子无事,则岁三畋,

一为乾豆,二为宾客,三为充君之庖。'长杨、五柞,汉二宫名,在盩厔县。柞,音昨。"方世举《笺注》:"《三辅黄图》(孙星衍本):'长杨宫,在今盩厔县东南三十里,宫中有垂杨数亩。五柞宫,在扶风盩厔,宫中有五柞树,因以为名。'"

⑱ 农书:农事之书,也指农事。文《详注》:"《汉·艺文志》有农家书九百一十四篇。"方世举《笺注》:"《新唐书·李泌传》:'中和节,百家进农书,以示务本。'"唐柳宗元有《进农书状》。南朝宋鲍照《临川王服竟还田里》诗:"道经盈竹笥,农书满尘阁。"

⑲ 悬:方《举正》据唐本订,云:"蜀同。格,音阁。废格沮事,《汉·义纵传》语,然古本实作'悬格'。马法,谓司马穰苴兵法也。字见扬雄《美新》。"朱《考异》:"马法,谓《司马法》,字见扬雄《美新》。悬,或作'废'。"南宋监本原文作"废"。宋白文本、潮本、祝本、魏本作"废"。文本、廖本、王本作"悬",是。格或作"恪",非。文《详注》:"马法,谓《司马法》,字见扬雄《美新》。悬或作废。格音各。"方世举《笺注》:"扬雄《剧秦美新》(载《文选》卷四八):'方《甫刑》,匡《马法》。'善曰:'《马法》,司马穰苴之法也。'悬格:陆贾《新语》:'师旅不设刑格法悬。'"童《校诠》:"孙曰:汉武帝时,有善相马者东门京献(当作'铸')作铜马法献之。格一作挌。第德案:挌当作格,说文:格也,枝格也,从丰,各声。段玉裁曰:枝挌者,遮御之意,格行而挌废矣。祝本格一作恪,恪为格之讹。献作之献当作铸,见后汉书马援传。"以上四句谓大功告成,可封禅庆贺,狩猎耕田,收金铸马矣。

⑳ 收:方《举正》据蜀本作"牧",云:"诸本牧作'收',非。"朱《考异》:"收,或作'牧'。"南宋监本原文作"收"。宋白文本、文本、潮本、祝本、魏本、廖本、王本作"收",是。文《详注》:"收,或作'牧'。新息,蔡州县名。是岁十月李愬克蔡,擒吴元济,时夜半大雪。"方世举《笺注》:"《汉书·地理志》:'汝南郡新息。'孟康曰:'故息国,其后徙东,故加新云。'《新唐书·地理志》:'蔡州汝南郡新息,上县,属河南道。'"《元和郡县图志》卷九《河南道五》:"蔡州,管

县十二。有新息。新息县,上。本息侯国,为楚所灭。汉以为新息县,属汝南郡。周武帝于此置息州,领此县。隋大业二年州废,改属豫州。武德四年,于此重置息州,贞观元年废,以县属豫州。"

⑱ 文《详注》:"京,县名。有大索、小索亭,在今郑州界。汉高帝与楚战荥阳京、索间。《汉书》索皆音山客切,惟《文选·功臣赞》有桑各[切]一音。阳生,谓冬至。"廖本注同。阳生,王本:"十月也。"方世举《笺注》:"二说皆通,然十月谓之阳月,纯阴无阳也。今云阳生,则冬至之说为长。况此乃逆料之词,则雪下可以收新息,阳生可以过京索,从晚秋后递推之耳。其后十月壬申,李愬因天大雪,夜半取蔡州,至十一月班师,其言盖不爽也。"《汉书·高帝纪》:"与楚战荥阳南京、索间,破之。"应劭曰:"京,县名。今有大索、小索亭。"方《举正》:"索,《汉》《史》诸音皆山客切。惟《文选·功臣赞》有桑各一音。"

⑱ 文《详注》:"《诗·无羊》(《小雅》):'尔牛来思,或寝或讹。'讹,动也。"

⑱ 文《详注》:"《诗·行苇》(《大雅》):'[嘉殽脾臄,]或歌或咢。'《尔雅》(《释乐》):'徒击鼓曰咢。'五洛切。"魏本:"洪曰:新息以下四句,旧注曰'正封'。今本亡之。孙曰:《诗》(《大雅·行苇》):'或歌或咢。'比于琴瑟曰歌,徒击鼓曰咢。"

⑱ 文本此句与下句颠倒。诸本均"帝载"句在"臣辞"句上。文《详注》:"《书》(《舜典》):'熙帝之载。'"帝载,帝王的事业,即帝功也。《书·舜典》:"咨,四岳,有能奋庸熙帝之载。"《文选》卷五六班固《封燕山铭》:"熙帝载兮振万世。"谓帝有万世之功。方世举《笺注》:"弥天地:《易·系辞》:'易与天地准,故能弥纶天地之道。'"

⑱ 劣:方《举正》据唐本订,云:"杭、蜀同。曾、谢校。"朱《考异》:"劣,或作'勿'。"文《详注》:"劣,或作'勿',爝、爵、醮二音。"宋白文本作"勿",注:"一作'劣'。"此乃韩公自谓,说与帝功相比,乃像萤火一样微小。萤,祝本作"荧"。作"劣"、作"萤"是。顾嗣立《集注》:"曹子建《求自试表》:'萤烛末光,增辉日月。'"蒋抱玄《评

注》:"《庄子》《逍遥游》:'日月出矣,而爝火不息。'萤爝(jué 即略切,入,药韵),萤,萤火。爝,炬光,比喻微弱的光。常作能力微弱的谦词。《南齐书·王俭传·求解尚书表》:"秋叶辞条,不假风飙之力;太阳跻景,无俟萤爝之光。"

⑱ 方《举正》据杭本作"等糟粕"。南宋监本原文作"存糟粕"。宋白文本、文本、祝本、魏本、廖本、王本作"存糟粕"。朱《考异》:"存,方作'等'。"文本注同。文《详注》:"《庄子·天道篇》:'桓公读书于堂上,轮扁斲轮于堂下⋯⋯(轮扁)曰:君之所读[者],古人之糟粕已夫!《庄子》'粕'作'魄'。"朱彝尊《批韩诗》:"作诗结此是效周《雅》。"程学恂《韩诗臆说》卷二:"前《斗鸡》篇东野结云:'短豹有可采。'此诗公结云:'庶用存糟粕。'意可知矣。"

诗用药、铎韵。

【汇评】

宋吴曾:《京索》:王观国《学林新编》云:"《前汉·高祖纪》曰:'韩信亦收兵,与汉王会,兵复大振。与楚战荥阳南京索间,破之。'应劭注曰:'京,县名。今有大索、小索亭。'晋灼注曰:'索音册。'颜师古注曰:'索音求索之索。'《前汉·萧何传》曰:'汉三年,与项羽相拒京索间。'《韩信传》曰:'复击破楚京索间。'颜师古注曰:'索音山客反。'观国按,《后汉·郡国志》:'河南有京县,有索亭。'《北征记》:'有索水,其字或作溹。'则索音山客反,是已。《文选》陆士衡撰《汉高祖功臣颂》曰:'京索既振,引师北讨。'五臣注曰:'索,桑各反。'乃以索为'宵尔索绹'之索,误矣。韩退之《郾城夜会》联句,'雪下收新息,阳生过京索',与尊字韵同押,则知亦以索为'宵尔索绹'之索,亦误矣。"以上皆王说。予按,《左氏春秋传》:"昭公五年,晋韩宣子如楚送女,叔向为介,郑子皮子太叔劳诸索氏。"杜预注云:"河南城皋县东有大索城。"陆德明《音义》曰:"索音悉落反。"以左氏证之,五臣、退之以索为"宵尔索绹"之索为是,而王说非矣。(《能改斋漫录》卷五)

宋葛立方：李正封与韩退之《郾城联句》诗云："从军古云乐，谈笑青油幕。灯明夜观棋，月暗秋城柝。"言乐而不及苦。陆士衡《从军行》云："朝食不免胄，夕息常负戈。苦哉远征人，抚心悲奈何。"言苦而不及乐。至于王仲宣作《从军诗》，则曰："从军有苦乐，但闻所从谁。所从神且武，焉得久劳思？"谓从曹操也。其诗有"昔人从公旦，一徂辄三龄。今我神武师，暂往必速平。"似非拟人必于其伦之义。盖仲宣时为曹操军谋祭酒，则亦无所不至矣。（《韵语阳秋》卷四）

宋朱翌：韩增封龙额侯。师古注：字或作"雒"。退之《晚秋联句》云："策勋封龙额，归骑猎麟脚。"以"麟脚"对"龙额"，则不为雒。（《猗觉寮杂记》卷上）

宋袁文：杜子美字学不明，其作诗多用重字而不之悟。如《寄刘峡州》诗云："家声同令闻，时论以儒称。"又曰："姹女萦新裹，丹砂乏旧秤。"不知"称"字即古之"秤"字。其"秤"字乃后人误改"称"字之偏旁耳。《奉汉中王手札》诗云："国有乾坤大，王今叔父尊。"又云："从容草奏罢，宿昔奉清罇。"不知"尊"字即古之"罇"字，乃后人误增"尊"字之偏旁耳。子美作此二诗，却不如韩退之《郾城联句》云："两厢铺氍毹，五鼎调勺药。"又云："但掷雇笑金，仍祈却老药。"前"药"字盖本《子虚赋》中"勺药之和具而后御之"。勺，音酌；药，音略。后"药"字乃如字。退之所用一字，其实是二字。子美所用二字，其实是一字。（《瓮牖闲评》卷四）

宋计有功：退之、正封从军，有《晚秋郾城联句》诗。正封云："从军古云乐，谈笑青油幕。灯明夜观棋，月暗秋城柝。"遂为警策。正封字中护，终监察御史。（《唐诗纪事》卷四〇李正封）

明蒋之翘：激昂慷慨，有中夜起舞之意。正封亦颇揣摩，其典雅处自是敌手。（《韩昌黎集辑注》卷八）

清俞汤：昌黎与东野联句，多以奇峻争高，而此篇独典赡和平，诚各因人而应之也，亦可见公才大之处矣。（顾嗣立《昌黎先生诗集注》卷八）

清朱彝尊：铺张宏丽，炼句亦精巧，才力自是有余。但以系两

人作，篇法微有参错处。（同上）

清方世举：按：此诗分两截看，开手八句是引子，自"夷凶匪兼弱"领前半截，是实写，有事可据。如"百牢犒舆师，千户购首恶"，谓上命梁守谦宣慰诸军，授空名告身五百通及金帛，以劝死事也。"平生耻论兵，末暮不轻诺"，即公上言淮蔡破败，可立而待也。"多士被玷污，小夷施毒蠚"，谓李师道上表请赦吴元济，王承宗遣将奏事为元济游说，师道又遣盗焚献陵，杀武相，焚襄州军储，断建陵门戟诸事也。"间使断津梁，潜军索林薄"，谓是时官军与淮西兵夹㶟水而阵，东都留后吕元膺捕获山棚贼众，及中岳僧圆净，诸为师道谋逆救蔡者也。"红尘羽书靖，大水沙囊涸"，谓官军与淮西兵夹㶟水相顾望，陈许兵马使王沛先引兵五千度㶟水，于是河阳、宣武、河东、魏博等军相继皆度，进逼郾城也。"未足烦刀俎，只应输管钥"，即公条陈用兵所言"蔡州士卒，皆国家百姓，若势穷不能为恶者，不须过有杀戮"也。"烧陂除积聚，灌垒失依托"，谓李光颜、乌重胤败淮西兵于小㶟水，高霞寓败淮西兵于朗山，焚二栅也。"凶徒更蹈藉，逆旅相唉嚼"，谓贼党丁士良、陈光洽、吴秀琳、李祐降于李愬，董昌龄、邓怀金降于光颜，即为官军画策讨贼者也。"轴轳亘淮泗，旆旌连夏鄂"，谓宣武等十六道之军实军容也。"汉刑支郡黜，周制闲田削"，谓高霞寓败于铁城，李逊应接不至，上贬霞寓归州刺史，左迁逊恩王傅；严绶经年无功，以为太子太保；袁滋去斥堠，止兵马，贬为抚州刺史也。以上是实写，皆未平淮蔡之事。其下自"且待献浮囚"领后半截，是虚写。皆悬拟歼贼、奏凯、振旅、饮至诸事。其曰"雪下收新息，阳生过京索"，乃谓贼势日促，行且就擒，官军成功，计日可待。此夸张其词，以壮军声耳。淮、蔡之平，事在十月。此诗题曰"晚秋"，灼然可知。宋人说韩诗多有不当。惟魏仲举以此为未平时作，甚是。顾嗣立注本以为多序归朝策勋赐酺等事，或为归朝后作，是则诗在十月，题不当曰"晚秋"，又在京师，尤不当曰"郾城"矣。此未详后半领语"且待"二字文义也。（《韩昌黎诗集编年笺注》卷一〇）

国家出版基金项目
NATIONAL PUBLICATION FOUNDATION

汇校汇注汇评

昌黎先生诗集

张弘韬 张清华 编著

第四册

北京师范大学出版集团
安徽大学出版社

卷九 律诗

题楚昭王庙①
元和十四年春

韩公《外集》中《记宜城驿》云："此驿置在宜城内,驿东北有井,传是昭王井,有灵异,至今人莫汲。……井东北数十步有楚昭王庙,有旧时高木万株,多不得其始,历代莫敢翦伐,尤多古松大竹。"记后有"元和十四年二月二日题"。知此诗亦写于南迁途经宜城,与《记》同时。诗意苍莽,风骨凛然,是韩诗七绝中之佳制。刘辰翁云:"人评公《曲江寄乐天》绝句胜白全集,此独谓倡酬可尔。若公绝句,正在《昭王庙》一首,尽压晚唐。"一二句,均以眼前景忆昔日之盛,句中相对比衬,起雄阔。三句陡转而自然,真大手笔,叫得起,撑得住,开得妙。妙处全在"一间茅屋祭昭王"之结句,观似草草,却有风致,意味深长,慨叹极深,非此而压不住。韩公远谪,不伤己而忧国,借古叹今,念国民之生息。作为封建社会的士大夫,这种思想是可贵的。

丘坟满目衣冠尽②,城阙连云草树荒③。犹有国人怀旧德④,一间茅屋祭昭王⑤。

【校注】

① 题楚昭王庙:文《详注》:"《史记》《楚世家》:楚昭王名珍,

平王子。即位十年,吴伐越(当为'楚'),昭王出奔。十一年九月,归郢,二十七年薨。楚人嘉其有复国之功,为立庙。按《唐书·甄济传》:宜城县东北楚昭王庙,壖地广九十亩,济立墅其左。《通典》(卷一七七《襄阳郡》)云:'宜城县属襄州,即楚之鄢都,谓之郢。'"廖本注:"公元和十四年有《襄州宜城县驿记》,盖公赴潮日也。《记》云:'东北有井,传是昭王井。东北数十步有昭王庙,今唯草屋一区。每岁十月,民相率祭其前。'与此诗意合,诗亦是时作欤?"方世举《笺注》:"《史记·楚世家》:'楚平王卒,乃立太子珍,是为昭王。立二十七年卒。'公《外集·记宜城驿》云:'此驿置在古宜城内,驿东北有井,传是昭王井,有灵异。……井东北数十步有楚昭王庙,有旧时高木万株,……历代莫敢剪伐,尤多古松大竹。旧庙屋极宏盛,今惟草屋一区;然问左侧人,尚云:每岁十月,民相率聚祭其前。庙后小城,盖王居也。其内处偏高,广员八九十亩,号殿城。当是王朝内之所也。元和十四年二月二十日(当为二日)题。'"魏本引孙、樊注同而简。按:楚昭王:姓熊氏,名珍,平王子。通大道,有惠政。吴伐楚,昭王十二年楚由郢迁都鄀(ruò),即宜城(今湖北宜城市)。《水经注·沔水》:"(宜城)县有太山,山下有庙。"《元和郡县图志》卷二一:"(山南道襄州宜城县)故宜城,在县南九里。本楚鄢县,秦昭王使白起伐楚,引蛮水灌鄢城,拔之,遂取鄢,即此城也。至汉惠帝三年,改名宜城。"

② 丘坟:方《举正》同,云:"三本同。"朱《考异》:"坟,或作'园'。"南宋监本原文作"园"。宋白文本、文本、潮本、祝本、魏本作"丘园"。廖本、王本作"丘坟"。作"坟"、作"园"均通,今从"丘坟"。

方世举《笺注》:"丘坟:班昭《东征赋》(《文选》卷九):'蓬氏在城之东南兮,民亦尚其邱坟。'衣冠:《水经注》:'宜城县有大山,山下有庙。汉末多士,朱轩华盖,同会于庙下,刺史行部见之,号为冠盖里。'"钱仲联《集释》:"《汉书·杜钦传》:'故衣冠谓钦为盲杜子夏以相别。'师古曰:'衣冠谓士大夫也。'"王维《和贾舍人早朝大明宫之作》诗:"万国衣冠拜冕旒。"按:韩公过此仅见一间草屋和一片荒园,故有此叹。衣冠,以衣帽穿戴代指历代世家、历史人物。此句谓:楚世家早已灭亡,楚人已身死骨朽,只留下一片荒丘。

③ 城阙连云:方世举《笺注》:"城阙:陆机《叹逝赋》:'慜城阙之邱荒。'"何焯《批韩诗》:"二语颠倒得妙,亦回鸾舞凤格。"李黼平《读杜韩笔记》:"楚昭王自郢徙都于鄀,鄀故地在今宜城县。以公《宜城县驿记》参之,诗当作于宜城,是昭王故都,故有'城阙连云'之语。"钱仲联《集释》:"楚王城遗址位于今宜城县南偏东约十五里之岗陵地上。城址南北长约四里,东西广约三里,城周围共十二点七里。现在城垣,似大型土堤一圈,均为土筑,高低不一。此遗址于一九七七年发现。"按:此为想象楚国盛世,城楼、宫殿高耸入云。草树荒,楚国城阙早已荡然无存,只剩下一片杂草丛生荒垣。

④ 国人:指楚国人。旧德,《易·讼》卦:"六三,食旧德。贞厉,终吉,或从王事,无成。象曰:食旧德,从上吉也。"

⑤ 结句承上句,谓当地百姓每年十月还来祭祀昭王。公《记宜城驿》:"旧庙屋极宏盛,今惟草屋一区;然问左侧人,尚云:'每岁十月,民相率聚祭其前。'"

【汇评】

宋叶寘:昌黎《题楚昭王庙》:"邱园满目衣冠尽,城阙连云草木荒。犹有国人怀旧德,一间茅屋祭昭王。"感慨深矣!苏泠然洞《金陵》诗:"龙光寺里只孤僧,玄武湖如掌样平。更上鸡笼山上望,一间茅屋晋诸陵。"末语惨然类韩公。(《爱日斋丛钞》卷三)

宋刘辰翁:人评公《曲江寄乐天》绝句胜白全集,此独谓倡酬可尔。若公绝句,正在《昭王庙》一首,尽压晚唐。(蒋之翘《韩昌黎集辑注》卷九)

明杨慎:韩退之《别盈上人》:"山人爱山出无期,俗士牵俗来何迟。祝融峰下一回首,便是此生长别离。"宋人诗话取韩退之"一间茅屋祭昭王"一首,以为唐人万首之冠。今观其诗只平平,岂能冠唐人万首?而高棅《唐诗品汇》取其说,甚矣。世人之有耳而无目

也。(《升庵诗话》卷一四)

明蒋之翘:吊古诗只是伤今,不更及古,而思古之意,自是凄绝。(《韩昌黎集辑注》卷九)

清朱彝尊:若草草然,却有风致,全在"一间茅屋"四字上。(顾嗣立《昌黎先生诗集注》卷九)

清何焯:《题楚昭王庙》近体即非公得意处,要之自是雅音。昭王欲用孔子,而为子西所沮。公之托意,或在于此与?(《义门读书记》卷三〇)

又:意味深长,昌黎绝句中第一。(顾嗣立《昌黎先生诗集注》卷九)

清陈衍:韩退之之"日照潼关四扇开",不如其"一间茅屋祀昭王"。(《石遗室诗话》卷一八)

程学恂:自是唐绝,然亦没甚意思。(《韩诗臆说》卷二)

蒋抱玄:未是快调,却能以气势为风致,愈读则意愈绵,愈嚼则字愈香,此是绝句中杰作。(《注释评点韩昌黎诗全集》)

宿龙宫滩①

贞元二十一年春

贞元二十一年正月癸巳(23日),德宗崩。丙申(26日),顺宗即位。二月甲子(24日),顺宗御丹凤楼,大赦天下。三月下旬或稍晚,韩愈接到大赦消息离阳山北归,途经龙宫滩作此诗。前半首写龙宫滩涛声,后半首写归途思乡。遇赦兴奋,涛声欢快;归去情切,彻夜难寐。愈说话愈多,愈睡不着;愈睡不着,愈觉得涛声清晰。如蔡絛《西清诗话·听水诗》云:"所谓浩浩汤汤抑更扬者,非谪客里夜卧,饱闻此声,安能周旋妙处如此?"

浩浩复汤汤②,滩声抑更扬③。奔流疑激电④,惊浪似浮霜⑤。梦觉灯生晕⑥，宵残雨送凉⑦。如何连晓语⑧，一半是思乡⑨。

【校注】

① 题：魏本："樊曰：滩不详所在。诗意则公自阳山徙掾江陵，与张功曹俟命于郴而作。"文《详注》："黄鲁直云：'退之吟（按《诗话》作裁，或才）听水句尤见工，所谓浩浩汤汤抑更扬者，非谙客里夜卧，饱闻此声，安能周旋妙处如此邪！'见《西清诗话》。《补注》：滩不详所在。然有说家乡之句，意其自阳山徙江陵，与张曹俟命郴州作。"沈钦韩《补注》："《阳山县志》：'同官峡在县西北七十里，峡水东流，注于湟水；又流过城南，为阳溪水，又南十里，曰龙坂滩；又南十五里，为龙宫滩。'"方世举《笺注》："《阳山县志》：'龙宫滩在县西十五里。'"阳山，邓翠萍等主编《贤令芳踪——韩愈阳山资料汇编》习之补释："贞元二十一年韩愈遇赦北上途经龙宫滩，曾宿于斯。龙宫滩在连州与阳山交界处，是连江一百零八滩之一，在今连州市辖区内。沈引《阳山县志》之说有误。"龙宫滩在连州龙滩镇西约里许江上，江水漫潨，而礁石为多。西岸山崖壁立，后人刻公诗于壁上。韩愈遇赦北上，正经此处；不会如沈说南下绕道而归，名虽同而地实异，不当因其名不细考而定。习之说是。方成珪《年谱》："是年（贞元二十一年）夏秋离阳山后作，于'宵残雨送凉'句见之。"方说非，是年二月二十四日大赦，赦书最迟三四月之交到阳山，韩愈离阳山经连州龙宫滩，最迟在四月初；时夏初，岭南天已热，韩愈体胖怕热，雨凉有感，因有此句。不必以秋雨送凉臆解也。

② 浩浩汤（shāng 式羊切，音伤，平，阳韵）汤：大水流激之声。《书·尧典》："汤汤洪水方割，荡荡怀山襄陵，浩浩滔天。"《诗·大雅·江汉》："江汉汤汤，武夫洸洸。"《释文》："汤，书羊反。"范仲淹《范文正公集》卷三《岳阳楼记》："浩浩汤汤，横无际涯。"正用此语意。

③ 滩声抑更扬：扬，宋白文本作"杨"，诸本作"扬"。扬、杨二

字古虽可通假,然此处作"扬"字善。蔡絛《西清诗话·听水诗》:"韩退之《宿龙宫滩》诗:'浩浩复汤汤,滩声抑更扬。'黄鲁直曰:'退之裁听水句尤工切,所谓浩浩汤汤抑更扬者,非谪客里夜卧,饱闻此声,安能周旋妙处如此?'"抑,压抑。更,更加。扬,声高。首二句写龙宫滩流水之声时低时高。

④ 激电:滩水如电闪雷鸣之流急声宏。着一"疑"字,乃夜里想象之词。

⑤ 惊浪:惊涛骇浪的缩语。此句意谓狂浪击起的水花洁白如霜。夜不观色而白色可见,即"炫昼缟夜"。如公《李花赠张十一署》:"白花倒烛天夜明,群鸡惊鸣官吏起。"

⑥ 晕(yùn 于郡切):魏本:"孙曰:'晕,日月旁气,灯晕亦然。'"方世举《笺注》:"晕,音运。王褒诗:'灰寒色转白,风多晕欲生。'"日月周围形成的光环。《韩非子·备内》:"日月晕围于外。"引申为光影模糊的部分。

⑦ 宵残:夜幕消失,天色发亮。此写黎明前的一阵小雨送来一丝凉意。

⑧ 连晓语:彻夜交谈,直到天亮。

⑨ 一半是思乡:方《举正》据唐本作"一半是思乡",云:"蔡、谢校。"朱《考异》:"或作'只是说家乡'。"作"一半是思乡"既合律,亦合公意,内涵亦好。无怪朱彝尊《批韩诗》云:"幽意胜。"杨万里《诚斋诗话》:"退之云:'如何连晓语,只是说家乡。'吕居仁云:'如何今夜雨,只是滴芭蕉。'此皆用古人句律而不用其句意,以故为新,夺胎换骨。"

【汇评】

宋蔡絛:韩退之《宿龙宫滩》诗云:"浩浩复汤汤,滩声抑更扬。"黄鲁直曰:"退之裁听水句尤工切。所谓浩浩汤汤抑更扬者,非谪客里夜卧,饱闻此声,安能周旋妙处如此?"(《西清诗话》卷中)

清何焯:下半首竟与上半首不照应,然以思乡语,正为意到而

笔不到也。(顾嗣立《昌黎先生诗集注》卷九)

蒋抱玄:写滩固妙,"宿"字亦不抛荒。何义门谓上下两半不相照应,真是目论。(《注释评点韩昌黎诗全集》)

叉鱼①
贞元二十一年

叉鱼春岸阔,此兴在中宵②。大炬然如昼,长船缚似桥③。深窥沙可数④,静搒水无摇⑤。刃下那能脱⑥,波间或自跳⑦。中鳞怜锦碎⑧,当目讶珠销⑨。迷火逃翻近,惊人去暂遥⑩。竞多心转细,得隽语时嚣⑪。潭罄知存寡,舷平觉获饶⑫。交头疑凑饵⑬,骈首类同条⑭。濡沫情虽密⑮,登门事已辽⑯。盈车欺故事⑰,饲犬验今朝⑱。血浪凝犹沸⑲,腥风远更飘⑳。盖江烟羃羃㉑,回棹影寥寥㉒。獭去愁无食㉓,龙移惧见烧㉔。如棠名既误㉕,钓渭日徒消㉖。文客惊先赋㉗,篙工喜尽谣㉘。脍成思我友㉙,观乐忆吾僚㉚。自可捐忧累,何须强问鸮㉛。

【校注】

① 题:此为五言排律。今存诸本多作"叉鱼招张功曹"。方《举正》:"阁本无下四字。杭、蜀本有之。"朱《考异》:"或无下四字。"宋白文本、文本、祝本、魏本、廖本、王本作"叉鱼招张功曹"。

文《详注》:"潘安仁《西征赋》云:'挺叉来往。'注云:'叉可以刺鱼。'功曹,张署也。按公《祭郴州李使君》文云:'投《叉鱼》之短韵。'即知此诗兼呈李使君也。"《文选》卷一〇潘岳《西征赋》李善注:"挺,拔也。叉,取鱼叉也。《西京赋》曰:'叉簇之所攙捔。'"魏本引《集注》："《周官》(《周礼·天官》)：'以时籍鱼。'郑玄云：'以权刺泥中取之。'张功曹，署也。公与署俱自御史出为南方县，公连州阳山，署郴州临武。以顺宗即位赦俱徙掾江陵，公法曹，署功曹。公于是出岭至郴，与署俱俟新命于郴而作。其后公在江陵《祭李郴州》有云：'投《叉鱼》之短韵，愧韬瑕而举秀。俟新命于衡阳，费薪刍于馆候。'此其证也。"文《详注》："《补注》：公与张贞元二十一年春，以顺宗赦俱徙江陵掾，公法曹，张则功曹也。俟命于郴而作此诗。"陈景云《点勘》："诗作于贞元二十年春，至阳山后，乃俟新命于衡阳前一年也。《祭李郴州文》中叙投《叉鱼》诗，事在俟新命之先。而《谢郴州寄纸笔》诗，又在投《叉鱼》诗之前。谢诗有'虞卿正著书'句，盖方在谪居，故云尔。益可证是诗为阳山时作。公以是冬与张署会宿界上，而叉鱼在春，故有'思我友''忆同僚'之语，而招之来邑也。旧注非。"王鸣盛《蛾术编》卷七六："据年谱云：'永贞元年夏秋之间，离阳山俟命于郴州。'即以《叉鱼》与《八月十五夜》同编于此年。但此云'叉鱼春岸阔'，则是春日事。是年春当在阳山令任，何缘与张署叉鱼？疑是去年贞元二十年春，赴阳山道中，与张署同行客邸以此相娱耳。'濡沫'二句，比已与张也。末云'自可捐忧累'，情词显然。《年谱》编次稍误。"王元启《记疑》："此诗旧注谓贞元二十一年，公与署俱俟命衡阳而作。近东吴陈景云力争为二十年春初至阳山日作。余谓二十年署为郴之临武令，令有官守，又隔隶他州，公乃率尔往招，其不达事理亦甚矣。况题称招张功曹，不应现为县令，乃预称其后日之官。诗云'吾僚'，必在同掾江陵之日，与张寓邸相近，一召可以即来，故有'鲙成思友'之句，盖是元和元年首春作。李郴州得诗，犹有答诗之及，阅月而讣音至。如旧注谓俟命衡阳日，则在二十一年之秋，与篇首'春岸'字不合。陈说又与本题功曹之称不合。两皆非是。余详《李郴州祭文》。"

钱仲联《集释》："诸说皆有未安。考订此诗岁月，当着眼于本诗'叉鱼春岸阔''鲙成思我友，观乐忆吾僚'数语，及《祭李郴州文》'苞黄柑而致贻，获纸笔之双贶。投《叉鱼》之短韵，愧韬瑕而举秀。

俟新命于衡阳,费薪刍于馆候'数语所叙事实之次序。曰春岸,则叉鱼在春日。曰思曰忆,则二人不在一地。公二十年春到阳山,黄柑乃秋冬之物,则贻黄柑事已在二十年冬。叉鱼事叙在后,自当为二十一年春尚未至郴州以前,故俟命衡阳句叙次又在后。如集注作于郴州之说,则为夏秋而非春日,时令不合也。如《点勘》之说,作于二十年春在阳山时,则事在贻黄柑之前矣,与祭文所叙序次不合也。如《蛾术编》之说,作于二十年春赴阳山道中与张署同行时,则次序既不合,且二人同行,与诗中'思''忆'二字不合也。如《记疑》元和元年春之说,与题中功曹之称合矣,然据权德舆《李伯康墓志铭》,伯康于永贞元年十月卒,公岂能于元和元年春再投以诗。且祭文中明明叙叉鱼在俟命衡阳之前,《记疑》以其与作于江陵之时间不合也,乃强为之说,谓以事类相从,不诠时日。不知司马、欧阳叙述之文虽多此例,然公此文却是顺叙而下,如《祭张员外文》一例也。方成珪《昌黎先生诗文年谱》系此诗于元和元年春,即承《记疑》之说,要皆非是。今考定为二十一年春在阳山作,庶无凿枘。然是春张尚为县令,功曹之称,或系后来所题,或原作张十一,而为编者所加,故《举正》所见阁本,无下四字也。至《记疑》谓张为县令,令有官守,不宜率尔往招,不知临武荒僻小邑,官务本闲,故在二十年冬张曾与公会宿界上,何谓不达事理乎?又《蛾术编》所据年谱,乃顾嗣立诗注本所载者,非洪兴祖谱也。"按:《韩学研究·韩愈年谱汇证》系于贞元二十一年,云:"按:钱说是。诗题当从阁本,因其早,较可信。""招张功曹"一语,不合时情,此诗写于阳山,时张署尚未任"功曹"之职。或谓诗写于郴州,亦不对。韩公俟命郴州不遇春天,而在阳山则两遇春天,故诗落笔即云"叉鱼春岸"也。其实,众说不一,多是因题下所加"招张功曹"四字惹的麻烦。全诗除结四句写"思""忆"外,均写叉鱼之乐;而叉鱼情境,历历在目,活灵活现。并无招,而只有思、忆的意思。

②"叉鱼"二句:首句破题,明叉鱼在春令,亦明地点。兴,兴致,即叉鱼之乐也。中宵,中夜,半夜。晋陶潜《辛丑岁七月赴假还

— 2033 —

江陵夜行涂中一首》诗:"怀役不遑寐,中宵尚孤征。"

③ 大炬:大火炬。方世举《笺注》:"大炬:《晋书·苻坚载记》:'人持十炬火,系炬于树枝,光照数十里。'"文《详注》:"炬,音曰许切。《说文》曰:'束苇烧也,或从火从行。'"长船,文本、魏本作"舡"。舡(许江切,平,江韵),船。《商君书·弱民》:"背法而治,此任重道远而无舡楫也。"今作"船"。

④ 深窥沙可数:谓水清可一眼透底也。

⑤ 静搒水无摇:搒,宋白文本、文本作"榜"。祝本、魏本、廖本、王本作"搒"。文《详注》:"搒,音甫孟切。榜人舡长也,主倡声。"魏本注:"搒,进舡也。本音谤,又北孟切。"方世举《笺注》:"屈原《九章》《涉江》):'齐吴搒而击汰。'注:'搒,进船也。'"

按:搒(bàng 补旷切,去,宕韵),撑船。《宋书·朱百年传》:"或遇寒雪,樵箬不售,无以自资,辄自搒船送妻还孔氏,天晴复迎之。"《辞源》引韩诗为例。榜作划船的工具及划船解,音义均同"搒"。

⑥ 刃下那能脱:方《举正》据杭、蜀本作"刃下"。朱《考异》:"刃,或作'手'。"宋白文本、文本、祝本、魏本、廖本、王本均作"刃下",注:"刃,一作'手'。"作"刃"字善。

按:此句谓用叉叉鱼,叉叉不空也。

⑦ 波间或自跳:跳,文《详注》:"平声,协韵。"方世举《笺注》:"刘孝威诗(《奉和六月壬午应令》):'游鱼或自跳。'"

⑧ 中鳞怜锦碎:朱《考异》:"怜,或作'疑'。"诸本作"怜",从之。

怜:怜悯。《国语·晋语四》:"晋公子之亡,不可不怜也。"文《详注》:"中,去声。郭景纯《江赋》(《文选》卷一二):'鳞甲雕错,焕烂锦班。'"方世举《笺注》同文《详注》,又云:"潘岳《射雉赋》:'霍如碎锦。'"

⑨ 当目讶珠销:方世举《笺注》:"《北史·倭国传》:'有如意宝珠,其色青,大如鸡卵,夜则有光,云鱼眼睛也。'裴氏《广州记》:'鲸

鲵目即明月珠,故死不见有目睛。'"按:讶(yà 吾驾切,去,祃韵),惊讶。《吕氏春秋·必已》:"若夫道德则不然,无讶无訾。"《乐府诗集》卷二八梁简文帝《采桑》:"寄语采桑伴,讶今春日短。"

⑩惊人去暂遥:宋白文本、魏本注:"暂,一作'不'。"诸本作"暂",是。

按:张相《诗词曲语辞汇释》卷二:"暂,犹忽也;顿也;便也。李白《东海有勇妇》诗:'金石忽暂开,都由激深情。'忽暂为同义之重言。独孤及《贾员外处见中书贾舍人巴陵诗集》诗:'暂若窥武库,森然矛戟寒。'暂若,犹云忽若也。韩愈《叉鱼》诗:'迷火逃翻近,惊人去暂遥。'暂遥,犹云忽远也。又《远游联句》:'魍魉暂出没,蛟螭互蟠蟉。'暂出没,犹云倏出没,亦忽字义。又《谢自然》诗:'檐楹蹔明灭,五色光属联。'蹔同暂。蹔明灭,犹云乍明灭,亦忽字义。"此句谓:鱼为人所惊,忽然远远散去。

⑪"竞多"二句:魏本:"孙曰:《左传》(庄公十一年):'得隽曰克。'隽谓豪俊。嚣,喧也。隽与俊同。"文《详注》:"隽,谓巨鱼。东坡《江西》诗云:'何人得隽窥鱼矼,举叉绝叫尺鲤双。'即此意也。"按:竞多,比谁叉的鱼多。得隽,得到大鱼。此二句写叉鱼者的心态:为比叉鱼多少,心愈来愈细,得到大鱼时有高声喧叫者。非亲身参与难得这样真切语。何焯《批韩诗》:"二语入神。"

⑫"潭馨"二句:方《举正》据杭、蜀本作"船平"。朱《考异》:"舷,方作'船'。"宋白文本、文本、祝本、魏本、廖本、王本作"舷"。文《详注》:"舷,舡唇也,音胡田切。"魏本:"孙曰:'舷,舡边。饶,多也。'"按:作"船"、作"舷"均可。作"舷"义合且避俗。今作"舷"。

馨:空。《诗·小雅·蓼莪》:"瓶之馨矣,维罍之耻。"或作尽解。范缜《神灭论》:"粟馨于惰游,货殚于土木。"舷,船边。《文选》卷一二郭璞《江赋》:"忽忘夕而宵归,咏采菱以叩舷。""潭馨"二句上下属对工整。上句说潭空知道鱼少了,下句谓船边平(满)了,感觉到收获丰富。

⑬交头疑凑饵:文《详注》:"凑,聚也。饵,钩上肉。"魏本:"孙

曰:'凑,奔凑也。'"按:写鱼头和头交错在一起,就像往鱼饵处凑一样。

⑭骈首类同条:魏本:"孙曰:'同条,同罪也。'"文《详注》:"《易·剥》卦云:'贯鱼以宫人宠。'王弼注云:'骈头相次,似贯鱼也。'"王元启《记疑》:"捕鱼者多以条贯其腮。公《独钓》诗云:'榆条系从鞍。'此条字盖即榆条之类。孙曰:'同条,同罪也。'其解非是。"方世举《笺注》:"同条:《汉书·扬雄传》:'奚必同条而共贯。'"按:旧时钓鱼,或在市上买鱼往往用柳条、榆条或绳串腮提着。此二句言所得鱼之多。写鱼如见,若无亲历其事,不会写得如此真切。

⑮濡沫情虽密:魏本:"樊曰:《庄子》(《天运》):'泉涸,鱼相与处于陆,相呴以湿,相濡以沫。'"文《详注》:"《庄子·天运篇》:'泉涸,鱼相与处于陆,相煦以湿,相濡以沫。'沫,飞波也。"按:煦同呴。濡沫,即相濡沫,相濡以沫,或相煦以沫。如《庄子·天运》云。宋苏轼《和王晋卿》:"欲书加餐字,远托西飞鹄。谓言相濡沫,未足救沟渎。"晋葛洪《抱朴子外篇·诘鲍》:"陆处之鱼,相煦以沫也。"成语"相濡以沫"。

⑯事:方《举正》据唐本作"事已辽",云:"柳、谢校。杭、蜀作'志'。"朱《考异》:"事,或作'志'。"祝本、魏本作"志"。宋白文本、文本、廖本、王本作"事",宋白文本注:"事,一作'士'。"作"事"字善。

魏本:"孙曰:辛氏《三秦记》(载《艺文类聚》卷九六)曰:'河津一名龙门。水险不通,鱼鳖不能上,上则为龙,故云龙门。'登门,谓登此龙门也。"文《详注》:"《后汉》(《郡国志五·交趾》)注:'《交州记》:有堤防龙门,水深百寻,大鱼得登此门者化为(成)龙;不得过[者],曝鳃点额,血流于水,其色如丹(恒如丹池)。'《通典》云:'又同州韩城县有龙门山,即禹导河至于龙门是也。'"按:《后汉书·李膺传》:"士有被其容接者,名为登龙门。"注:"以鱼为喻也。龙门,河水所下之口,在今绛州龙门县。辛氏《三秦记》曰:'河津一名龙

卷九　律诗

门,水险不通,鱼鳖之属莫能上,江海大鱼薄集龙门下数千,不得上,上则为龙也。'"此句谓:这些鱼离登龙门已经遥远无期了。此乃韩公所谓趣话耳。

⑰ 盈车欺故事:文《详注》:"《家语》云:'鲲车,其大盈车。'又《列子·汤问篇》云:'詹何以独茧丝为纶,芒针为钩,荆条为竿,剖粒为饵,而引盈车之鱼[于百仞之渊]。'"魏本:"孙曰:《孔丛子》(卷上《抗志第十》):'卫人钓鱼于河,得鱼焉,其大盈车。'"

⑱ 饲犬验今朝:魏本:"孙曰:《盐铁论》曰:'彭蠡之滨,以鱼饲犬。'樊曰:杜子美《黄鱼》诗:'脂膏兼饲犬。'"文《详注》:"刘子云:昆山之下,以玉抵乌;彭蠡之滨,以鱼饲犬。杜甫《黄鱼》诗云:'脂膏黄(兼)饲犬,长大不容身。'"

⑲ 血浪凝犹沸:王本"凝"作"疑",非。诸本作"凝"。方世举《笺注》:"血浪:《三齐记》:'始皇祭青城山,入海三十里,射鱼,水变色如血者数里。'"

⑳ 腥风远更飘:含有鱼血腥味的风谓之腥风。《辞源》引韩诗为例。韩愈一用,后人沿之。宋陆游《龙洞》:"想当蟠蛰未奋时,腥风逼人云触石。"俗谓"血雨腥风"。

㉑ 盖江烟幂幂:文《详注》:"幂,覆也,音莫狄切。"魏本:"幂幂,深貌。"童《校诠》:"案:说文:幎,幔也,段玉裁曰:谓冡其上也,周礼注曰:以巾覆物曰幎,礼经鼎有鼏,尊彝有幎,其字亦作幂,俗作幂。第德案:幎、鼏音义同,郑注仪礼士冠礼设扃鼏云:古文鼏为密,此文幂幂犹言密密。"按:幂(mì 莫狄切,入,锡韵),覆盖貌。亦作"幎幎""鼏鼏"。唐李华《吊古战场文》:"魂魄结兮天沉沉,鬼神聚兮云幂幂。"

㉒ 回棹影寥寥:回,方《举正》据杭、蜀本订作"拂"。朱《考异》:"拂,或作'回'。"文本、祝本、魏本作"回"。宋白文本、廖本、王本作"拂"。作"拂"、作"回"均通,然作"回"字善。潭馨船丰,正谓回归之情境,若作"拂"字,意不合,词不雅。王元启《记疑》:"此与'长船缚似桥'句相应。回棹则诸船各散,故曰'影寥寥',且与'盖

江'句俯仰有情。盖至船影俱无,故盖江者徒有幂幂之烟。方作'拂棹',则不知拂此棹者又属何物?"此二句谓:船回影消,唯见江上轻烟幂幂也。

㉓獭去愁无食:文《详注》:"《月令》(《礼记》):'孟春之月,獭祭鱼。'郑氏云:'此月鱼肥美,獭将食之,先以祭也。'许氏云:'是月之时,鲤鱼应阳而动。'獭,猨也。祭鲤鱼于水边,四面陈之,谓之祭鱼。獭,音他达切、他瞎切。《说文》(犬部)云:'形如小狗,水居之物。'"

㉔龙移惧见烧:方世举《笺注》:"张正见诗:'飓水似龙移。'"按:韩公《龙移》诗:"天昏地黑蛟龙移,雷惊电激雄雌随。"《全唐诗》卷五三九李商隐《桂林》:"神护青枫岸,龙移白石湫。"谓龙见烧而惧则移也。

㉕如棠名既误:文《详注》:"《春秋》(隐公五年):'隐公矢鱼于棠。'《左传》曰:'[五年春,]公如棠观鱼。遂往,陈鱼而观之,(《书》曰:公矢鱼于棠。)非礼也。'注云:'棠,鱼地。'"魏本引韩《全解》同文《详注》,云:"棠,鲁地名。"按:此谓观叉鱼于阳山江水,非鲁隐公观鱼于鲁棠地也。

㉖钓渭日徒消:魏本:"樊曰:《史记》(《齐太公世家》):'吕尚年老,以鱼钓奸周西伯。西伯出猎,果遇[太公]于渭之阳,载与[俱]归,立为师。'"顾嗣立《集注》同樊而简。文《详注》:"《说苑》曰:'吕望年七十,钓于渭渚,三日三夜,鱼无食者。与农人言。农人者,古之老贤人也,谓望曰:子将复钓,必细其纶,芳其饵,徐徐而投之,无令鱼骇。望如其言,初下得鲋,次得鲤,刳腹得书。文曰:吕望封于齐。望知当贵。'《高僧传》(卷四):'谢安在吴兴,与遁书曰:触事惘怅,惟迟君来,以晤言销之,一日当千载耳。'"按:谓在渭水钓鱼,日日徒消遣。

㉗文客惊先赋:文《详注》:"张平子《西都赋》(《文选》卷二《西京赋》):'叉簇之所搀挏。'一见题注。"按:文客,客居此地的文人,当为公自指。

㉘ 篙工喜尽讴：魏本注："篙工，舟师也。"文《详注》："篙，音古劳切。《吴都赋》（《文选》卷五左思撰）云：'篙工楫师，选自闽禺。'注云：'篙，所以刺舡而行也。工谓所善。'"按：此谓篙工们因喜获丰收，都一边刺船一边讴歌。

㉙ 脍成思我友：文《详注》："《小雅·六月》诗曰：'吉甫燕喜，既多受祉。饮御诸友，炰鳖脍鲤。'"韩公《燕喜亭记》也用此诗典。钱仲联《集释》："《说文》（肉部）：'脍，细切肉也。'"按：友，疑指李伯康等。方世举《笺注》："脍成：《世说》：张玄使至江陵，见一人持半笼生鱼，径来造舡，云：有鱼欲寄作脍。张乃维舟而纳之。问其姓氏，自称刘遗民。张素闻其名，大相忻待，既进脍，便去。"

㉚ 观乐忆吾僚：忆，或作"亿"，非。

魏本："孙曰：'吾僚，即谓张功曹。'"顾嗣立《集注》："杜子美《观打鱼》诗：'吾徒胡为纵此乐？'"方世举《笺注》："观乐：《庄子·秋水篇》：'庄子与惠子游于濠梁之上，庄子曰：鯈鱼出游从容，是鱼乐也。'吾僚：《左传》：'荀伯曰：同官为僚，吾尝同僚。'"钱仲联《集释》："公《祭张员外文》云：'贞元十九，君为御史。余以无能，同诏并峙。'故曰吾僚也。"

㉛ 何须强问鹏：魏本："孙曰：贾谊《鵩〔鸟〕赋》（《文选》卷一三）曰：'问于子鵩，余去何之。'楚人命鸮曰鵩，不祥鸟也。"又音注："鸮音枭。"方世举《笺注》："贾谊《鵩鸟赋序》：'鵩似鸮，不祥鸟也。'《赋》曰：'野鸟入室，主人将去。请问于鵩，余去何之？'"

【汇评】

宋黄彻：老杜《观打鱼》云："设网万鱼急。"盖指聚敛之臣苛法侵渔，使民不聊生，乃"万鱼急"也。又云："能者操舟疾若风，撑突波涛挺叉入。"小人舞智趋时，巧宦数迁，所谓"疾若风"也；残民以逞，不顾倾覆，所谓"挺叉入"也。"日暮蛟龙改窟穴，山根鳣鲔随云雷。"鱼不得其所，龙岂能安居？君与民，犹是也。此与六义比兴何异？"吾徒何为纵此乐，暴殄天物圣所哀。"此乐而能戒，又有仁厚意,亦如"前王作网罟,设法害生成",不专为取鱼也。退之《叉鱼》曰:"观乐忆吾僚。"异此意矣!亦如《蕲簟》云:"但愿天日常炎曦。"故后人攻之云:"岂比法曹空自私,却愿天日常炎赫。"(《碧溪诗话》卷三)

清朱彝尊:尽有色态,但稍未入雅。(顾嗣立《昌黎先生诗集注》卷九)

清方世举:按论人当观其大节,论诗当观其大段,不可摘其一事一句而议优劣也。且杜作于前,韩继于后,固自不肯相袭。诗甚工细,有何可议?至于《蕲簟》之愿天炎,乃反衬簟之凉也。(《韩昌黎诗集编年笺注》卷三)

清王鸣盛:《叉鱼招张功曹》,案:《年谱》以《叉鱼》为从阳山令徙掾江陵,待命郴州,与张署同寓而作。据《年谱》云:"永贞元年夏秋之间,离阳山俟命于郴州。"即以《叉鱼》与《八月十五夜》同编于此年。但此云"叉鱼春岸阔",则是春日事。是年春当在阳山令任,何缘与张署叉鱼?疑是去年贞元二十年春,赴阳山道中,与张署同行客邸以此相娱耳。"濡沫"二句,比己与张也。末云"自可捐忧累",情词显然。《年谱》编次稍误。(《蛾术编》卷七六)

李员外寄纸笔①

贞元二十年

按律诗之制,以四句一绝,八句一律为常式,此诗句句合平仄,句句援用典事。第一二联典事、语词、含义照应,属对工稳,只是无破题首联,突兀而奇峭,律中创格。查慎行说:"五言半律,唐人集中仅见。"查唐人诗,不唯李白、乐天集屡见。《杜牧之集》有七言半律,《许丁卯集》有五言小律,皆止六句。均后韩公而出,疑受韩诗影响。诗虽为一时应酬之作,却是难自因知己雪中送炭而以满怀感激之情写成的。如朱彝尊所说:"语不多,道来却好,自觉亲切有味。"更珍贵的是诗还提供了研究韩愈一生思想历程转折的第一手材料,即他以虞卿困而著书,与他以确立"道统"思想的《原道》《原性》《原毁》《原人》《原鬼》的经典著述自比。可谓诗艺、文献价值双佳。

题是临池后②,分从起草余③。兔尖针莫并④,茧净雪难如⑤。莫怪殷勤谢,虞卿正著书⑥。

【校注】

① 题:方世举在此卷首注曰:自《李员外寄纸笔》以下至《忆昨行和张十一》,"卷三凡三十七首,永贞元年自阳山俟命郴州,授江陵府法曹,及元和元年春在江陵作。"此诗当作于贞元二十年秋贻李黄柑之后。

方《举正》:"李伯康也。伯康以贞元十九年守郴州,权德舆集有《墓志》。"朱《考异》:"今按:后卷祭文'获纸笔之双贶'即谓此事,'投叉鱼之短韵',亦指前篇也。"方世举《笺注》引方、朱说为注。权德舆《使持节郴州诸军事权知郴州刺史赐绯鱼袋李公墓志铭并序》:"君讳伯康,字士丰,陇西成纪人。……清方入官,始为知己者所荐,……拜监察御史,转殿中丞,赐以章绂,寻迁侍御史、加检校工部员外郎。……(贞元)十九年秋七月,拜郴州刺史。精力惠养,蠲除烦苦。……奄忽凋落,时永贞元年十月某日甲子,春秋六十三。"魏本:"韩曰:公贬阳山,过郴州,谒李使君。明年以黄柑遗李,李寄以纸笔,公作此诗以谢。其后《祭郴州李使君文》云:'包黄柑而敢辞(当作致贻),获纸笔之双贶。'谓此也。樊曰:柳子厚在永州亦有《杨尚书寄郴笔》之作,郴岂出笔耶?"文《详注》:"按公《祭郴州李使君文》云:'苞黄甘而致词(当作致贻),获纸笔之双贶。'今李员外当是郴州使君也。"方成珪《昌黎先生诗文年谱》:"是年(永贞元年)冬作。《祭李郴州文》'苞黄甘而致贻,获纸笔之双贶',谓此也。《洪谱》系二十年,非是。今从《举正》校定。"钱仲联《集释》:"按:公于二十年春过郴州,黄柑之贻,当在是年冬。若待明年之冬,则李已卒而公已在湘北矣。《祭李郴州文》,叙此事于'俟新命于衡阳'句前,则公当在阳山而非湘北,韩明年之说有误。或韩误以公过郴州在十九年冬,所谓明年仍指二十年也。方《谱》系永贞元年冬,非是。又《洪谱》中未述及此事,方谓系二十年者无所据。至《举正》亦无二十一年之说,不知方何从依之校定也。"按:《新唐书·百官志》,六部员外郎各一人,从六品上。时二十年(804)秋,公为阳山令。从《祭郴州李使君文》云"接雄词于章句,窥逸迹于篆籀"看,伯康亦善书。

② 题是临池后:此句用东汉末张芝临池而书事。《后汉书·张奂传》:"长子芝,字伯英,最知名。芝及弟昶,字文舒,并善草书。"注引王愔《文志》曰:"芝少持高操,以名臣子勤学,文为儒宗,武为将表。太尉辟公车有道征,皆不至,号张有道。尤好草书,学崔、杜之法,家之衣帛,必书而后练。临池学书,水为之黑。下笔则为楷则,号匆匆不暇草书,为世所宝,寸纸不遗,韦仲将谓之'草圣'也。"又见《晋书·卫恒传》。文《详注》、魏本引韩《全解》、方世举《笺注》均引《张奂传》《卫恒传》,惜不全且有误,补之为宜。

③ 分从起草余:魏本:"孙曰:'汉制:尚书郎掌天子制诏,起草禁中。'"方世举《笺注》:"《续汉志》:'尚书郎主作文书起草。'"按:上句说伯康善书,下句喻伯康能文。伯康曾任尚书省郎官,故云。

④ 兔尖针莫并:谓兔毫的尖比金针的锋还锐利。兔尖指以兔毫制成的笔而尖锐。顾嗣立《集注》:"《西京杂记》(卷一):'天子笔以错宝为跗,毛皆以秋兔之毫。'"柳宗元《杨尚书寄郴笔知是小生本样令更商榷使尽其功辄献长句》:"桂阳卿月光辉遍,毫末应传顾兔灵。"即指郴州兔毫之笔。

⑤ 茧净雪难如:魏本:"韩曰:'茧净,茧纸也。羲之制《兰亭》,乘兴而书,用蚕茧纸。'"文《详注》:"王羲之《兰亭记》用鼠须笔书茧纸,凡二十八行三百二十四字,传于世。"按:文曰"记",乃"序"字之误。世称《兰亭帖》。此与上句说笔对。谓蚕茧制成的纸洁白柔

净,难与伯康所寄纸相比。

⑥ 虞卿正著书:文《详注》:"公自喻也。《史记》(《平原君虞卿列传》):虞卿游说之士也。去赵,困于梁,不得意,乃著书,上采《春秋》,下观近世,著《节义》《称号》《揣摩》……凡八篇。以讥刺国家得失,世传之曰《虞氏春秋》。太史公曰:虞卿非穷愁,亦不能著书以自见于后世云。"魏本:"樊曰:虞卿著《虞氏春秋》。太史公曰:'虞卿非穷愁亦不能著书以自见于世。'此公所以自比也。"韩公《柳子厚墓志铭》即用此意。顾嗣立《集注》:"著书句应上有力,味乃长。"钱仲联《集释》引王鸣盛曰:"结句自表。"

【汇评】

清朱彝尊:语不多,道来却好,自觉亲切有味。(顾嗣立《昌黎先生诗集注》卷九)

清查慎行:五言半律,唐人集中仅见。(《查初白诗评十二种》)

清许昂霄:案《杜牧之集》有七言半律,《许丁卯集》中亦有五言小律,皆止六句。(同上)

清方世举:按元和以来,好为小律五言者多,杜牧之又有七言小律,其五言又或放而十句。元、白、孟郊又有通首不对五律,皆趣。人谓孟无律诗,非也。(《韩昌黎诗集编年笺注》卷三)

清赵翼:《六句律诗》:律诗有六句便成一首者。李太白《送羽林陶将军》……此为六句律诗之首,以后惟白香山最多。……《昌黎集》中亦间有之,如《谢李员外寄纸笔》一首云:"题是临池后,分从起草余。兔尖针莫并,茧净雪难如。莫怪殷勤谢,虞卿正著书。"此又五言之六句律诗体也。(《陔余丛考》卷二三)

程学恂:此亦随时应酬之作。(《韩诗臆说》卷一)

次同冠峡①

贞元二十年

今日是何朝②?天晴物色饶③。落英千尺堕④,游丝百丈飘⑤。泄乳交岩脉⑥,悬流揭浪摽⑦。无心思岭北,猿鸟莫相撩⑧。

【校注】

① 题:方《举正》:"阁本、蜀本、《文苑》皆作'弄冠'。"朱《考异》:"同,或作'弄',或作'巫'。"宋白文本、祝本作"巫",注:"一作'同'。"文本、魏本、廖本、王本作"同"。按:考韩公南下阳山所经地名,作"同"是。

魏本:"樊曰:公有《同冠峡》诗,与此诗凡二章,皆赴阳山时作,故一云'因囚(一作囚拘)念轻矫',一云'无心思岭北'也。《次同冠峡》,它本作《次巫冠峡》。"文《详注》:"湘水之险处。注见上第五卷,彼一篇是初谪徙时作,此篇是自连州还时作也。《补注》:公时方且为阳山,故有'无心思岭北'之句。"方世举《笺注》:"顾嗣立曰:'按胡渭云:今广州府阳山县西北七十里,有同冠峡。接连州界,疑即此同冠峡也。'"《韩学研究·韩愈年谱汇证》系于贞元二十年,云:"《同冠峡》《次同冠峡》 韩愈乘船过贞女峡,再向东南行四十七公里,到同冠峡,作此二诗。……二诗同写于二月半的春日早晨。由诗同写春景与贬官之情可见。"当作于贞元二十年春。

② 今日是何朝:日,祝本作"夕"。作"夕"与诗句不合。宋白文本、文本、魏本、廖本、王本、《文苑》均作"日"字,是。钱仲联《集释》引汪琬《批韩诗》:"只起句声与泪俱,当与风诗'今夕何夕'对看。"《诗·唐风·绸缪》:"今夕何夕,见此良人。"是一首喜庆新婚的诗,与韩诗无心思乡而更思的情绪构成鲜明对比。

③ 天晴物色饶:方《举正》订"天晴",云:"蜀本作'天清'。"朱《考异》:"晴,或作'清'。"宋白文本、文本、祝本、魏本、廖本、王本作"天晴"。作"晴",作"清"均通,按诗意作"晴"字善。

按:"饶"字本作富足解,此谓天气晴朗,而物色更显得鲜活茂盛。"饶"字用得好,意味深长,难以言表,只可意会也。

④ 落英千尺堕:魏本:"孙曰:'落英,落花。'"文《详注》:"《蜀

都赋》(《文选》卷四左思撰):'落英飘飖。'《尔雅》云:'草木荣而不实者谓之英。'"方世举《笺注》:"《离骚》:'餐秋菊之落英。'"俗谓"落英缤纷"是也。

⑤游丝百丈飘:文《详注》:"此谓之背律体,他皆仿此。梁沈约《风咏》(即《玉台新咏》卷九《会圃临春风》诗):'春树、游丝。'"魏本:"孙曰:'游丝,蛛丝。'"方世举《笺注》:"庾信诗(《燕歌行》,载《玉台新咏》卷九):'洛阳游丝百丈连。'"按:游丝,蜘蛛或其他虫类所吐之丝,飞荡于空者,称"游丝",因晴天明亮可多见,亦叫"晴丝"。《玉台新咏》卷九南朝梁沈约《会圃临春风》诗:"临春风,春风起春树。游丝暧如网,落花雰似雾。"《魏书·袁翻传·思归赋》:"错翻花而似绣,网游丝其如织。"明汤显祖《牡丹亭·惊梦·步步娇》:"袅晴丝吹来闲庭院,摇漾春如线。"游丝即晴丝也。

⑥泄乳交岩脉:乳,祝本作"乱",非是。诸本作"乳",是。

魏本:"孙曰:'泄乳,泉水。'"文《详注》:"钟乳也,多生岭南山谷。《本草》注云:'以其山洞纯石,以石津相滋,阴阳交备,蝉文成谓之石乳,多生山谷阴处,流如乳汁。'"方世举《笺注》:"《水经注》(《易水》):'孔山下有钟乳穴,穴出佳乳。'"按:孙说非,文、方说是。此正与下句写悬流句对。岩脉,方世举《笺注》:"《水经注》:'枝经脉散。'"按:此句谓流下的白色悬流与山石裂纹相交,此因观察山间奇景之细,而描写形象惟妙惟肖。

⑦悬流揭浪摽:摽,祝本、魏本作"标"。宋白文本、文本、廖本、王本作"摽"。按:摽(biào),落。《诗·召南·摽有梅》:"摽有梅,其实七兮。"为韩诗所本,作"摽"是。

文《详注》:"郭景纯《江赋》(《文选》卷一二):'鲛人构馆于悬流。'"悬流,飞流,瀑布。李白《望庐山瀑布》:"飞流直下三千尺,疑是银河落九天。"揭,高举也。《诗·小雅·大东》:"维北有斗,西柄之揭。"贾谊《过秦论》:"斩木为兵,揭竿为旗。"方世举《笺注》:"揭摽:《说文》(手部):'揭,高举也。摽,击也。'"

⑧猿鸟莫相撩:文《详注》:"撩,乱也,音邻宵切。"按:撩(liáo

落萧切,平,萧韵),挑拨,逗引。《北齐书·陆法和传》:"凡人取果,宜待熟时,不撩自落。"北周庾信《结客少年场行》:"歌撩李都尉,果掷潘河阳。"唐韦应物《答重阳》诗:"坐使惊霜鬓,撩乱已如蓬。"唐张九龄《咏燕》:"无心与物竞,鹰隼莫相猜。"

钱仲联《集释》引汪琬曰:"语妙可思。"朱彝尊《批韩诗》:"结句从张曲江咏诗化出。"钱仲联《集释》引王鸣盛曰:"心在岭北,反言无心,聊以自解。"

【汇评】

清黄叔灿:中四句总写峡之奇异。落句言如此物色,不复思岭北矣。(钱仲联《韩昌黎诗系年集释》卷二)

蒋抱玄:尽有色态,结句尤隽永有味。(《注释评点韩昌黎诗全集》)

答张十一功曹①
贞元二十年

韩愈《河南令张君墓志铭》云:张署"为幸臣所谮,与同辈韩愈、李方叔三人俱为县令南方。二年,逢恩俱徙掾江陵。"又从公《祭河南张员外文》"泪踪染林,山哀浦思"与公此诗"哀猿"句,及三四联所表现出的思想情绪,《游青龙寺赠崔大补阙》之"前年"句,张署《赠韩退之》诗"九疑峰畔二江前,恋阙思乡日抵年。白简趋朝曾并命,苍梧左宦一联翩。鲛人远泛渔舟水,鹏鸟闲飞露里天。涣汗几时流率土,扁舟西下共归田"和韩愈诗"筼筜竞长纤纤笋"句看,这首诗当写于贞元二十年春,贬阳山过九疑山分手各赴贬所时。清人方成珪《年谱》、屈《校注》据诗题"功曹"二字定为元和元年江陵时作,与诗内容不合。"功曹"二字疑为后人所加。从韩愈《杏花》诗"山榴踯躅少意思,照耀黄紫徒为丛",《游青龙寺赠崔大补阙》

"前年岭隅乡思发,踯躅成山开不算"所用词语的意境看,这首诗前四句写五岭一带山水荒僻净美的景色,如展山水画图。后四句抒情言志,托以岭南恶劣瘴气,突出韩、张遭贬于蛮荒的难堪心情。以比兴寄悲愤,有老杜律诗沉郁雄肆之风。程学恂《韩诗臆说》卷一云:"退之七律只十首,吾独取此篇,为能真得杜意。"

山净江空水见沙②,哀猿啼处两三家③。筼筜竞长纤纤笋④,踯躅闲开艳艳花⑤。未报恩波知死所⑥,莫令炎瘴送生涯⑦。吟君诗罢看双鬓⑧,斗觉霜毛一半加⑨。

【校注】

① 题:方《举正》:"上六题(按:《题楚昭王庙》《宿龙宫滩》《叉鱼》《李员外寄纸笔》《次同冠峡》《答张十一功曹》)皆贞元十九年贬阳山道中及逾年在阳山所作。"朱《考异》:"唐本有张署寄公诗。"文《详注》:"《补注》:唐本张署诗云'九疑峰畔二江前,恋阙思归日抵年'云云,公此诗所答也。"魏本附张署诗题下《补注》云:"唐本有此诗。按公集赠张十一功曹署诗颇多,而署诗绝不可见。可见者惟此篇,故录之。"按:《洪谱》系此诗于贞元二十年南迁时。方成珪《昌黎诗文年谱》系此诗于元和元年春,二人偕掾江陵时。《韩学研究·韩愈年谱汇证》系于贞元二十年。张十一,即张署。十一,张氏一族同辈大排行序次。署,河间(今河北省河间市)人。贞元二年进士,举博学宏辞,拜校书郎,迁京兆武功尉,拜监察御史,贬临武令,徙江陵功曹参军,累为虔州、澧州刺史,终河南令。元和十二年卒,年六十。功曹,各州司长官。《新唐书·百官四下》:"功曹、仓曹、户曹、田曹、兵曹、法曹、士曹参军事各二人,皆正七品下。功曹司功参军事,掌考课、假使、祭祀、礼乐、学校、表疏、书启、禄食、祥异、医药、卜筮、陈设、丧葬。"《唐六典》功曹注:"隋诸州有功曹、户曹、兵曹等参军事,……及罢郡置州,以曹为名者,改曰司。炀帝罢州置郡,改司功、司仓、司户、司兵、司法、司士为书佐。皇朝因其

六司,而改书佐为参军事。"当系于贞元二十年。

② 山净:春山明媚秀丽。江空,江水清澈见底,好似无水的空江,则江底的沙依稀可见。方世举《笺注》:"水见沙:《水经注》:'《湘中记》曰:湘川清照五六丈,下见底石如樗蒲五色鲜明,白沙如霜雪,赤岩若朝霞,是纳潇湘之名矣。'"

③ 哀猿啼:喻环境凄凉。详见《湘中》注② 。蒋之翘《辑注》:"起二句,荒寒如画。"

④ 篔筜(yún dāng):生长在水边的大竹子。魏本:"孙曰:篔筜,竹名。《异物志》曰:'篔筜生水边,长数丈,围一尺五六寸,一节相去六七寸,或相去一尺,卢陵界中有之。'"文《详注》:"篔筜,竹名。上音于分切,下音郁当切。《吴都赋》(《文选》卷五)云'其竹篔筜林簶,苞笋抽于'也。"魏本:"韩曰:郭璞《江赋》(《文选》卷一二):'桃枝篔筜,实繁有丛。'"又音注:"篔音云,筜音当。"按:竞长,比着长,指竹笋生得多、长得快。纤纤,修长。

⑤ 踯躅闲开艳艳花:魏本:"孙曰:'羊踯躅,花名。'"文《详注》:"踯躅,似山石榴。"方成珪《年谱》:"白香山《送春归》诗云:'杜鹃花落子规啼。'杜鹃即踯躅也。"方世举《笺注》:"踯躅:《古今注》:'羊踯躅,花黄,羊见之则踯躅分散,故名羊踯躅。'《本草注》:'踯躅树生高三四尺,花似山石榴。'"按:踯躅(zhí zhú),植物名,俗名"羊踯躅",也叫"闹羊花"。色红而鲜,可供观赏。多生长于岭南山中。"闲开"对上句"竞长",皆形容词与动词构成的词组,二词之用,使二句意趣全出。文本、魏本"闲"作"初",殊无诗味。

⑥ 未报恩波知死所:方世举《笺注》:"谢朓诗:'恩波不可越。'"廖本注:"《左传》(文公二年):'狼瞫云:吾未获死所。'"按:恩波,皇帝厚恩绵绵,即皇恩浩荡。谢朓《冬绪羁怀示萧谘议虞田曹刘江二常侍》诗:"恩波不可越,谁慕临淄鼎。"死所,死地,指贬所阳山。《左传》文公二年:"狼瞫怒。其友曰:'盍死之?'瞫曰:'吾未获死所。'"

⑦ 莫令炎瘴送生涯:方世举《笺注》:"生涯:《庄子·养生主》

篇:'吾生也有涯。'"按:莫令,不要使。炎瘴,南方深山天热潮湿,腐朽之物产生的一种气体,能危害人身生命。生涯,本指人的生活,此指生命。少陵《江畔独步寻花七绝句》之三:"报答春光知有处,应须美酒送生涯。"

⑧ 吟君诗罢看双鬓:指张署的诗。一路之上张署诗不少,现存仅上引洪兴祖《韩子年谱》所载此诗。从现存此诗看,张署亦能诗。

⑨ 斗觉:忽然发现。魏本引《补注》:"任子渊云:斗觉,诗中健语也。前辈多使,退之诗有此句。东坡诗(《四时词》):'黄昏斗觉罗裳薄。'少游诗:'斗觉西南壮。'后山诗(《题明发高轩过图》):'斗觉文字生清新。'"按:斗觉,同陡觉,即忽然发现。张相《诗词曲语辞汇释》卷二:"斗,与陡同,犹顿也。杜甫《义鹘行》:'斗上捩孤影,噭哮来九天。'韩愈《答张十一功曹》诗:'吟君诗罢看双鬓,斗觉霜毛一倍(半)加。'又《郴口又赠》诗:'山作剑攒江写镜,扁舟斗转疾于飞。'又《陪杜侍御游湘西两寺》诗:'况当江阔处,斗起势匪渐。'"

【汇评】

清王夫之:寄悲正在兴比处。(《唐诗评选》卷四)

清何焯:《答张十一功曹》题注:唐本有张署寄公诗。按:不载张诗,并失古人编次之体。五六既不如屈子之狷忿,结仍借答诗以见其憔悴,可谓怨而不乱矣。(《义门读书记》卷三〇)

程学恂:退之七律只十首,吾独取此篇,为能真得杜意。(《韩诗臆说》卷一)

郴州祈雨①
贞元二十一年

乞雨女郎魂②,炰羞洁且繁③。庙开鼯鼠叫④,神降越巫言⑤。旱气期销荡⑥,阴官想骏奔⑦。行看五马入⑧,萧飒已随轩⑨。

【校注】

① 题:魏本:"祝曰:桂阳郡即今之郴州,盖古之郴县。《史记》(《项羽本纪》)'乃使徙义帝长沙郴县'是也。公时在州作此。郴,音琛。"文《详注》:"《补注》:五马谓郴州李使君,公时过郴而作。雨随轩,后汉郑巨君为淮阴太守,政不烦苛,天旱行春,随车致雨。事见本传注(《后汉书·郑弘传》'太守第五伦行春'句注)。"方世举《笺注》:"《新唐书·地理志》:郴州桂阳郡,属江南道。自《叉鱼》以下皆俟命郴州时作。"沈钦韩《补注》:"李伯康为郴州刺史,公时于郴州待命作。"方成珪《诗文年谱》系于贞元二十一年,云:"是年夏秋间作。"方说是。

② 乞雨女郎魂:魏本:"孙曰:'女郎,神名。'"方世举《笺注》:"女郎:《水经注》:'汉水南有女郎山,山上有女郎冢,直路下出,世人谓之女郎道。下有女郎庙及捣衣石,言张鲁女也。有小水,北流入汉,谓之女郎水。'"南方淫祀,神像多作女形,故云"女郎魂"。

③ 炰羞洁且繁:文本作"包"。宋白文本、祝本、魏本、廖本、王本作"炰"。按:炰同炮,石经《毛诗》体。

魏本:"孙曰:炰,炙也。《诗》:'炰炙芬芬。'"按:炰,带毛炙肉也,即今所谓燌也。《汉书·杨恽传·报孙会宗书》:"亨(烹)羊炰羔,斗酒自劳。"炰羞,精美的佳肴。《汉语大词典》引韩诗为例。洁且繁,又洁净又丰富。繁,多也。《诗·小雅·正月》:"正月繁霜,我心忧伤。"

④ 庙开鼯鼠叫:文《详注》:"鼯鼠,飞鼠也,解见《南山诗》。《史记》:越俗信鬼,而其祠皆见鬼,数有效。"魏本:"孙曰:《尔雅》(《释鸟》):鼯鼠,状如蝙蝠,飞而且乳,亦名飞生。"方世举《笺注》:"《尔雅·释鸟》:'鼯鼠,夷由。'注:'状如小狐,似蝙蝠,肉翅,翅尾项胁毛紫赤色,背上苍艾色,腹下黄,喙颔杂白,脚短爪长,尾三尺

许,飞且乳,亦谓之飞生。声如人呼。食火烟,能从高赴下,不能从下上高。'"按疏曰:"释曰:鼯鼠,一名夷由。"

⑤ 神降越巫言:魏本:"孙曰:《史记》《封禅书》:'汉武帝令越巫立越祠祝。'越巫者,越国之巫也。韩曰:'越巫立祠,天神上帝,百鬼以鸡卜。事亦见《史记》。'"方回《瀛奎律髓》卷一七云:"三、四高古。"

⑥ 旱气期销荡:方世举《笺注》:"销荡:梁简文帝诗:'万累若销荡。'"此句谓:希望旱气如期消除。

⑦ 阴官想骏奔:魏本:"孙曰:阴官,冥官。骏,疾也。《书》《武成》:'骏奔走,执豆笾。'"方世举《笺注》:"骏奔:《书·武成》:'骏奔走,执豆笾。'"钱仲联《集释》:"题为祈雨,此句又与上旱气相对,阴官似当作雨师、水神之类解。"纪昀《瀛奎律髓》批语:"六句对法活变,亦烘染有神。"

⑧ 行看五马入:魏本:"洪曰:古乐府《玉台新咏》卷一《日出东南隅行》云:'五马立踟蹰。'《礼》:天子六马,左右骖,三公九卿驷马,右骓(骖)。汉制:九卿则中二千石,亦右骓(骖)。太守有功德者亦秩中二千石,王成乃有右骓,故以五马为太守美称。《东[方]朔外传》:'郡守驷马,驾车一马,行春。'卫宏《舆服志》:'诸侯驷马,附以一马。'《南史》:柳景元兄弟五人并为太守,时人语曰:'柳氏门庭,五马逶迤。'谢灵运为永嘉太守,常以五马自随,立五马坊、五马亭。载于《图记》。"顾嗣立《集注》同而简。文《详注》:"《古今风流(俗)通》曰:'王逸少出守永嘉,庭列五马,绣鞍金勒,出即鞚之,故永嘉有五马坊。'"童《校诠》:"案:程大昌演繁露云:五马未详所出,疑始于毛诗良马五之,郑注周礼州长建旐,汉太守比州长,御五马故云。按:诗干旄:良马五之,毛亨曰:骖马五辔,下章良马六之,毛曰:四马六辔。五六皆言辔,非言马也。程说未谛。"

⑨ 萧飒已随轩:文《详注》:"萧飒,祥风也。飒,音悉合切。《楚辞·九歌》《山鬼》曰:'风飒飒兮木萧萧。'"方世举《笺注》:"随轩:谢承《[续]后汉书》:'郑宏为淮阴太守,政不烦苛,行春大

旱,随车致雨。'又:'百里嵩字景山,为徐州刺史,境遭旱,嵩出巡处甘雨辄澍。东海祝其、合乡等二县父老诉曰:人等是公百姓,独不迁降?乃回赴之,雨随车而下。'"按:萧飒本形容风声。《说文·风部》:"飒,翔风也。"桂馥《义证》卷四三:"翔风也者,李善注《风赋》引作'风声'。《广韵》:'飒,风声。'"《楚辞》屈原《九歌·山鬼》:"风飒飒兮木萧萧,思公子兮徒离忧。"韩诗意谓风雨吹打草木发出的声音。唐陈羽《湘妃怨》:"商人酒滴庙前草,萧飒风声斑竹林。"清纳兰性德《唐多令·雨夜》词:"萧飒不堪闻,残妆拥夜分。"则可导源于韩诗。

【汇评】

清纪昀:《郴州祈雨》不见昌黎本领,大抵高才须一泻千里,乃见所长,小诗多窘缩不尽意。六句对法活变,亦烘染有神。(《瀛奎律髓刊误》卷一七晴雨类)

蒋抱玄:此咏刺史祈雨也,非公自祈之也。写目前景物,无一语不亲而切。(《注释评点韩昌黎诗全集》)

程学恂:公于此等,实不能工,索性还他不工,正见高处。(《韩诗臆说》卷一)

湘中酬张十一功曹①

永贞元年

韩愈和张署同为监察御史,同被贬官,遇赦后又同俟命滞留郴州。这首诗当写于永贞元年秋,同离郴州,赴江陵过湘水时作。二人志趣相投,友谊笃厚,遇赦授官后同舟北上,心情是愉快的,诗正反映了这种情感。公反用岭猿、越鸟意,结得好。不仅可回应、振起首联,也使结联含不尽之意。今日乐以忘愁,不为无愁,"可怜"二字,既否定了今日之乐,又暗示了前日之愁与日后之愁。正如朱彝尊《批韩诗》云:"退之胸襟阔,自别有一种兴趣。此反用猿鸟意,亦唐人所未有。"

休垂绝徼千行泪②,共泛清湘一叶舟③。今日岭猿兼越鸟④,可怜同听不知愁⑤。

【校注】

① 题:方《举正》"酬"作"詶"。宋白文本、文本、朱《考异》、祝本、廖本、王本作"酬"。魏本作"醻"。童《校诠》:"醻,举正作詶,考异、廖本、王本、祝本作酬。说文酬为醻之或体,詶,诅也(依段本),举正作詶,乃假借字。"

文《详注》:"时逢恩与署同徙江陵掾。"又《补注》:"公时自连出岭,与张(署)会于郴,故有岭猿越鸟之语。郴于古为越地。"魏本引《集注》:"湘,水名。湘中即谓郴州。郴在江南西道,于古为越地。公《祭张十一文》云:'予出岭中,君俟州下。'州下即谓郴也。公时自连州来,张俟公于郴,与之共离郴也。故诗意及焉。"何焯《义门读书记》卷三〇:"此召还志喜也。"方成珪《诗文年谱》:"永贞元年秋暮作。"

② 绝徼(jiào):边塞。魏本:"祝曰:'徼,谓边徼。《前汉》(《司马相如传》):南至牂柯为徼。注谓:以木石水为界。'徼,音叫。绝字,一本作'越'。"文《详注》:"《汉书》(《司马相如传》注)张揖曰:'徼,谓以木石水为界也。'如淳曰:'徼,塞也。'"方世举《笺注》:"徼:《汉书·邓通传》颜师古曰:'徼,犹塞也。东北谓之塞,西南谓之徼。'《古今注》:'丹徼,南方徼色赤,故称丹徼,为南方之极也。'"按:《汉书·佞幸传·邓通传》:"人有告通盗出徼外铸钱。"颜师古注:"徼犹塞也。东北谓之塞,西南谓之徼。塞者,以障塞为名。徼者,取徼遮之义也。徼音工钓反。"

③ 清湘一叶舟:方世举《笺注》:"一叶舟:《轩后本纪》:'见浮叶乃为舟。'黄冈《武陵沅记》:'武陵鼎口望沅川中,舟如树一叶。'"

钱仲联《集释》:"《北堂书钞》(卷一三七):'《湘州记》云:绕川行舟,遥望若一树叶。'"按:一说指湘江的清流;一说为湘江的上游耒水。一叶舟,舟船轻小如一树叶。

④岭猿兼越鸟:方世举《笺注》:"越鸟:《古诗十九首》(之一《文选》卷二九):'胡马依北风,越鸟巢南枝。'"岭,指五岭,即大庾、骑田、都庞、萌渚、越城为五岭。越,湘中古称越地。岭猿、越鸟:是南方具有代表性的事物,古诗中常用猿啼鸟叫比托人的凄愁。

⑤可怜同听不知愁:可怜,可爱。《乐府诗集》卷七三《焦仲卿妻》:"自名秦罗敷,可怜体无比。"李白《清平调》:"借问汉宫谁得似?可怜飞燕倚新妆。"蒋之翘《辑注》:"此谓同听不同情也。须如此结,首二句方振得起。"钱仲联《集释》引汪琬曰:"今日同听不知愁,则他日之愁可知矣。可怜二字,无限低徊。"王鸣盛曰:"同听不愁,以其将归也。"

【汇评】

清朱彝尊:退之胸襟阔,自别有一种兴趣。此反用猿鸟意,亦唐人所未有。(顾嗣立《昌黎先生诗集注》卷九)

清何焯:《湘中酬张十一功曹》此召还志喜也。(《义门读书记》卷三〇)

郴口又赠二首①

永贞元年

其一

山作剑攒江写镜②,扁舟斗转疾于飞③。回头笑向张公子④,终日思归此日归。

【校注】

① 题：文《详注》："《水经》曰：'黄水出桂州郴县西黄岑山，山则骑田之峤，五岭之第二岭也。北流注于耒水，谓之郴口。'《补注》：张芸叟尝谪郴，及去，有诗云：'客居久负主人恩，客去深惭意转勤。一纸元和天子诏，千年湘水大夫魂。归舟已属张公子，别酒空烦李使君。只恐此生无复至，更留一夕倒家樽。'"魏本："樊曰：张芸叟尝谪于郴，及离郡，有诗略云：'归舟已属张公子，别酒空烦李使君。'正引用此意。张公子见公此作。李使君则见公《祭郴州李使君文》。"黄叔灿《唐诗笺注》："郴口，在湖南郴州。《水经注》：'黄水又北流，注于耒水，谓之郴口。'"方成珪《诗文年谱》："与前诗（《湘中酬张十一功曹》）同时作。"

② 山作剑攒江写镜：写，宋白文本、文本、祝本、魏本、王本作"泻"。廖本作"写"。屈《校注》："写镜，状流疾而清。"写、泻，古通用。写本字，泻后出字。旧本当作"写"。

魏本注："攒，聚也。攒，音巑。"按：攒（cuán 在玩切，去声，换韵），以手团物。《文选》卷八司马相如《上林赋》："攒立丛倚，连卷櫹槮。"写，倾注，倾泄，倾泻。《周礼·地官·稻人》："以浍写水。"这个意义亦写作"泻"。杜甫《野人送朱樱》："数回细写愁仍破。"《文选》卷二六谢灵运《入华子冈是麻源第三谷》诗："铜陵映碧涧，石磴泻红泉。"

③ 扁舟斗转疾于飞：魏本："孙曰：'斗转，如星斗之转。'"蒋抱玄《评注》："斗，与'陡'同。作斗柄解者非。"童《校诠》："第德案：汉书郊祀志：盛山斗入海，颜师古曰：斗，绝也；后汉书窦融传：河西斗绝在羌胡中。章怀太子曰：斗，峻绝也。按：今字又作陡，斗转谓斗然而转，故云疾于飞，与前答张十一功曹斗觉霜毛一半加斗字义同。蒋氏之说是而未详，故为补之。"按：斗转，作合成词，本指北斗星转移。这里"斗"作副词，说明动词转的状态，当作"陡"字解。陡，突然。唐段成式《酉阳杂俎》前集卷八《雷》："有顷雷电入室中，黑气陡暗。"与童说同。此句谓：江流水疾弯多，小船顺流急转之快

如飞。

④ 回头笑向张公子：张公子，魏本注："张署。"文《详注》："《补注》：芸叟谓：张公子也。其曰元和天子诏，误之矣。盖永贞元年也。"

【汇评】

清朱彝尊：真味天然，非假雕饰。（顾嗣立《昌黎先生诗集注》卷九）

其二

雪颭霜翻看不分①，雷惊电激语难闻②。沿涯宛转到深处③，何限青天无片云④。

【校注】

① 雪颭霜翻看不分：方《举正》据杭、蜀本作"雪"。朱《考异》："雪，或作'云'。"宋白文本、文本作"云"，注："一作'雪'。"祝本、魏本、廖本、王本作"雪"，注："一作'云'。"当作"雪"。

文《详注》："颭，两相磨也，音占琰切。"魏本音注："颭，职琰切。"蒋抱玄《评注》："颭，读如占，上声。凡风之动物与物之受风摇曳者，皆谓之颭。"按：如雪如霜的水花与江水分辨不清。刘歆《遂初赋》："回风育其飘忽兮，回颭颭之泠泠。"柳宗元《登柳州城楼寄漳汀封连四州刺史》诗："惊风乱颭芙蓉水，密雨斜侵薜荔墙。"杜牧《题池州弄水亭》："弄水亭前溪，颭艳翠绡舞。"

② 雷惊电激：文《详注》："《西都赋》（《文选》卷一）曰：'震震爚爚，雷奔电激。'"形容瀑流湍水声音之大，如雷轰电激。

③ 沿涯：方《举正》据杭、蜀本作"沿涯"。朱《考异》："涯，或作'崖'。"宋白文本、文本、魏本作"崖"。祝本、廖本、王本作"涯"。

按：此当作水边解，作"涯"，从水厓声善。

《荀子·劝学》："渊生珠而崖不枯。"《尚书·微子》："若涉大水，其无津涯。"

④ 青天：魏本注："青，一作'清'。"诸本作"青"字善。

黄钺《增注证讹》："李白诗：'牛渚西江夜，青天无片云。'"韩诗意同李白诗。

【汇评】

乐耕：赋声模形，惟妙惟肖。笔走龙蛇，了无滞碍。

题木居士二首①
永贞元年

木居士庙在衡州的耒阳县，韩愈自郴州北上衡州，过此留题二首。故诗当写于永贞元年（805）秋末。这两首诗是韩愈有感而发。本为一株不胜刀锯的朽木，却被人当作神礼拜求福。韩愈通过这一事实，深刻揭露了宗教迷信的愚蠢害人；讽刺了那些窃居高位的酒囊饭袋和趋炎附势之人。诗具体生动，形神肖然；语言平实铿锵，顺口流走。在看似不经意的诗句里，却有耐人咀嚼的意趣。可谓道破世情、造意玄妙的醒世痛快之作。

其一

火透波穿不计春②，根如头面干如身③。偶然题作木居士④，便有无穷求福人⑤。

【校注】

① 题：方《举正》："庙在衡州耒阳县北，沿流二十里鳌口寺。

永贞元年移江陵道中作。"魏本:"樊曰:张芸叟《木居士诗序》云'耒阳县北沿流二三十里鳌口寺,即退之所题木居士在焉。元丰初,县令祷旱无雨,析而薪之。今所存者,乃寺僧刻而更为之,予过而感焉'云云。"郑景望《蒙斋笔谈》卷上曰:"韩退之有《木居士》诗,在衡州耒阳县鳌口寺。退之作此诗,疑自有意。其谓'便有无穷求福人',盖当时固已尸祝之矣!至元丰初犹存,远近祈祷祭祀未尝辍一日。邑中旱,久不雨,县令力祷不验,怒伐而焚之。一邑争救,不听。苏子瞻在黄州闻而喜曰:'木居士之诛,固已晚矣!世间乃有此明眼人乎?过丹霞远矣!'然邑人念之终不已,后有主是寺者复以木仿其像再刻之,岁仍以祀。或曰:'寺规其祭享之余,自不能废。'张芸叟谪郴州过见之,以诗题于壁曰:'波穿水透本无奇,初见潮州刺史诗。当日老翁终不免,后来居士欲奚为?山中雷雨谁宜主,水底蛟龙自不知。若使天年俱自遂,如今已复有孙枝。'相传以为口实。余闻蜀人言陈子昂,阆州人祠子昂有陈拾遗庙,语讹为十姨,不知何时,遂更庙貌为妇人,装饰甚严,有祷亦或验。利之所在,苟仅得豚肩卮酒。子昂且屈为妇人,勉应之不辞,新木居士亦何为不可乎?闻者皆绝倒。"陈景云《点勘》:"按《题木居士》诗,《洪谱》不系某年。然《谱》以《郴州祈雨》及《郴口》诸诗,并系之乙酉(永贞元年)。而木居士庙在衡州属邑,公自郴赴衡,尝憩其地,故留题云尔。是时群邪之势犹盛,正公他诗所谓'伾、文未揃'诗也。二诗盖专指伾、文言之。"方世举《笺注》亦引张云叟序注之,又云:"《新唐书·地理志》:'衡州耒阳县属江南西道。'"

② 火透波穿:火烧水浸。不计春,不计年,即以朽木为神已无年代可考。

③ 根如头面:树根长得像人的头脸。干如身,树干像人身。关于木居士的传说很多。方世举《笺注》:"《汉书·五行志》:'建平三年,遂阳乡柱仆地,生支如人形,身青黄色,面白,头有髭须。'《南方草木状》(卷中):'五岭之间多枫木,岁久则生瘤瘿,一夕遇暴雷骤雨,其树赘暗长三五尺,谓之枫人。越巫取之作术,有通神

之验。'"

④ 居士:一指未作官的士人(读书人)。《礼·玉藻》:"居士锦带,弟子缟带,并纽约用组。"《韩非子·外储说左上》:"齐有居士田仲者。"后来文人士大夫多用于别号,如白居易称"香山居士",欧阳修称"六一居士"。梵语"迦罗越"的义译。《维摩诘经》上《方便品》:"若在居士,居士中尊,断其贪著。"隋慧远《维摩义记》:"居士有二:一、广积资产,居财之士,名为居士;二、在家修道,居家道士,名为居士。"后专称在家奉佛的人。韩诗此语当有寓意,或谓专指王伾、王叔文,则缩小了诗直斥时弊的内涵。从上居士二说看,韩诗取不干实事、于世无用的人。这于世无用之物,偶然之机,有人一题,却成了神。

⑤ 无穷:无数。此承上,说偶然经人一题,便有无数人趋从信奉。陈景云《点勘》:"柳子厚既坐伾、文党谴逐后,与人书追叙伾、文始末云:'素卑贱,暴起领事,射利求进者,填门排户。'诵公诗而论其世,正可引柳以注韩也。"黄彻《碧溪诗话》卷二:"退之云:'偶然题作木居士,便有无穷求福人。'可谓切中时病。凡世之趋附权势以图身利者,岂问其人贤否果能为国为民哉?及其败也,相推入祸门而已。聋俗无知,谄祭非鬼,无异也。"

【汇评】

宋黄彻:退之云:"偶然题作木居士,便有无穷求福人。"可谓切中时病。凡世之趋附权势以图身利者,岂问其人贤否果能为国为民哉?及其败也,相推入祸门而已。聋俗无知,谄祭非鬼,无异也。(《碧溪诗话》卷二)

清朱彝尊:醒快。(顾嗣立《昌黎先生诗集注》卷九)

清爱新觉罗·弘历:道破世情。(《唐宋诗醇》卷三一)

其二

为神讵比沟中断①,遇赏还同爨下余②。朽蠹不胜刀锯力③,匠人虽巧欲何如④?

【校注】

① 为神讵比沟中断:神,祝本作"人",非。诸本作"神",从之。讵(jù):岂,怎能。沟中断,烂坏在水沟中。魏本:"孙曰:为神,谓祀以为神。《庄子》(《天地篇》):'百年之木,破为牺尊,青黄而文之。其断在沟中,比牺尊于沟中之断,则美恶有间矣,其于失性一也。'"文《详注》:"《淮南子》曰:'百围之木,斩而为牺尊,镂之以剞劂,杂之以青黄,然而断在沟中,则丑美有间矣。'"

② 遇赏还同爨下余:赏,赏识。爨(cuàn),烧火。爨下余,相传东汉蔡邕精通音乐,一天在吴地闻人烧桐木,有火烈之声,知为良木,取出制琴,果有好音,因桐木一端烧焦,称焦尾琴。此为借喻,是说原为朽木,却被人敬为神。陈景云《点勘》:"次篇前二句,申言伾、文寒微暴贵,出自粪土,而骤升云霄也。当二人势盛时,其党互相推奖,有伊、傅、管、葛之目。伊、傅,殆指伾、文,而管、葛则刘、柳辈标榜之词也。"文《详注》:"《搜神记》曰:'吴人有烧桐以爨者,蔡邕闻其爆声,曰:此良桐也。因请之削以为琴,而烧不尽,因名焦尾琴。有殊声焉。'一见《后汉书》(《蔡邕传》)。"

③ 朽蠹不胜刀锯力:方世举《笺注》:"不胜刀锯:《南方草木状》:'抱香履生水松之旁,极柔弱不胜刀锯。'"按:朽,腐朽。魏本:"韩曰:《论语》(《公冶长》):'朽木不可雕也。'"蠹(dù),蛀虫。朽蠹,即腐朽虫蛀之物,经不起刀砍锯解。

④ 欲如何:想怎么样,即没办法。陈景云《点勘》:"后二句,殆深斥当时之大言夸饰,谓二人可伯仲伊、吕之流欤? 伾、文既揃后三十余年,而梦得作《子刘子自传》,犹盛称其才,谓有远祖景略风。是直取烬余之木,复雕画之也。"按:韩愈焉知三十年后事? 诗虽含刺伾、文事,然不当过于坐实;若此,则缩小了韩公诗的社会意义。

【汇评】

蒋抱玄：造意玄眇，不特以音节劲爽见长。（《注释评点韩昌黎诗全集》）

【二诗总评】

宋郑景望：韩退之有《木居士》诗，在衡州耒阳县鳌口寺。退之作此诗，疑自有意。其谓"便有无穷求福人"，盖当时固已尸祝之矣！至元丰初犹存。远近祈祷祭祀未尝辍一日。邑中旱，久不雨，县令力祷不验，怒伐而焚之。一邑争救，不听。苏子瞻在黄州闻而喜曰："木居士之诛，固已晚矣！世间乃有此明眼人乎？过丹霞远矣！"然邑人念之终不已，后有主是寺者复以木仿其像再刻之，岁仍以祀。或曰："寺规其祭享之余，自不能废。"张芸叟谪郴州过见之，以诗题于壁曰："波穿水透本无奇，初见潮州刺史诗。当日老翁终不免，后来居士欲奚为？山中雷雨谁宜主，水底蛟龙自不知。若使天年俱自遂，如今已复有孙枝。"相传以为口实。余闻蜀人言陈子昂，阆州人祠子昂有陈拾遗庙，语讹为十姨，不知何时，遂更庙貌为妇人，装饰甚严，有祷亦或验。利之所在，苟仅得豚肩卮酒。子昂且屈为妇人，勉应之不辞，新木居士亦何为不可乎？闻者皆绝倒。（《蒙斋笔谈》卷上）

宋张邦基：韩退之《木居士》："偶然题作木居士，便有无穷祈福人。"盖当时以枯木类人形，因以乞灵也。在今衡州之耒阳县北沿流三十里鳌口寺，至今人祀之。元丰初年旱暵，县令祷之不应，为令折而焚之。主僧道符乃更刻木为形而事之。张芸叟南迁郴州，过而见之，题诗于壁云："波穿火透本无奇，初见潮州刺史诗。当日老翁终不免，后来居士欲奚为。山中雷雨谁宜主，水底蛟龙睡不知。若使天年俱自遂，如今已复长新枝。"（《墨庄漫录》卷八）

清陈伟勋：韩文公有诗云："偶然题作木居士，便有无穷求福人。"寓意清刻矣。然谓之"木居士"，尚有题名，尚称为士。近世且有无名可题者，如一顽石、一荆棘丛之类，竟有无知人惑诣而祭之，

— 2061 —

而彼亦遂若真有灵焉者,大可怪矣。(《酌雅诗话》卷一)

晚泊江口①
永贞元年

郡城朝解缆,江岸暮依村②。二女竹上泪③,孤臣水底魂④。双双归蛰燕⑤,一一叫群猿。回首那能语⑥,空看别袖翻。

【校注】

① 题:文《详注》:"此自潭州北归,湘江中与送者相别也。"魏本注:"自阳山还,过湘中作。"沈钦韩《补注》:"《一统志》:'荆江口,在岳州府巴陵县北,洞庭水入江处也。亦名西江口,又名三江口。'"王元启《记疑》:"此与《别盈上人》诗,洪谱皆不载。按此诗贞元二十一年秋末自郴赴衡时作。郡城即指郴州。'回首那闻语',即前郴口诗所谓'雷惊电激语难闻'是也。结句则谓与李郴州相别。"钱仲联《集释》:"《水经注》:'巴陵西对长洲,其洲南分湘浦,北届大江,故曰三江,三水所会,亦或谓之三江口。'与沈注合。王说虽亦可通,然郴口乃在耒水,与诗中三四两句境地不合。未若三江口为湘水自湖入江之处,三四两句尚相合也。末二句当指与窦司直相别,行舟已远,故曰'回首那闻语',与《郴口》诗因滩水喧豗似雷惊电激而语难闻者,不能混为一解。"按:诗有"二女""孤臣魂"句,推测地当在汨罗以北,不会在郴州。钱说近是。以"双双归蛰燕"句推断诗写于十月初冬。

② 郡城朝解缆:钱仲联《集释》:"郡城,巴陵郡也。"魏本注:"缆,维舟索。缆音滥。"又:"樊曰:解缆,即前郴口诗所谓'扁舟斗转疾于飞'者也。"方世举《笺注》:"谢灵运诗(《邻里相送至方山》):'解缆及流潮,怀旧不能发。'"按:此句谓早晨船解去缆绳,离开郡

城也。

江岸暮依村：与上句对。即朝起行而暮宿江边村庄也，已行一日矣。亦可证由郡城岳阳行一日而到湘江入长江之口也。

③ 二女竹上泪：魏本："韩曰：张华《博物志》（卷八）：'舜死，二妃泪下染竹，竹即斑。妃死为湘水神，故曰湘妃竹。'"文《详注》："二女，谓舜之二妃娥皇、女英也。"按：二女，即舜之二妃。

④ 孤臣水底魂：魏本："樊曰：《史记》（《屈原列传》）：'屈原仕楚怀王，为上官大夫所谗，王终不悟，于是怀石自投汨罗以死。'"文《详注》："孤臣谓屈原也，二事皆在湘水上。浮休《南迁录》云：'甲午自岳州顺风放洞庭湖。丙申出青草湖，东岸始有人烟，曰龙溠，水色极渌，乃湘水也。有水自东出，曰归义江口，入江十许里即汨罗也。一水中分，南曰汨，北曰罗。洲上有忠洁侯庙，即三闾大夫也。又十里过白沙故驿，又十里许过黄陵庙，即舜二妃，榜曰懿节庙，庭宇湫隘，竹木蓊然。'"参阅韩公《黄陵庙碑》。

⑤ 双双归蛰燕：蒋之翘《辑注》："翘少读此诗，深以退之用蛰燕为疑。谓燕本飞鸟，不宜下虫蛇字也。及从家大人游湘中，见飞燕累累，俱投土岸小穴。问居人言，知冬蛰事，方于此释然。"屈《校注》："按：燕为候鸟，秋徙南方过冬。蛰谓其穴居，非谓其如虫蛇冬眠也。庾信《哀江南赋》：'饥随蛰燕，暗逐流萤。'"方世举《笺注》："《晋书·郗鉴传》：'或掘野鼠蛰燕而食之。'《尔雅翼》：'燕之去也，或藏深山大空木中，无毛羽，或蛰藏坻岸中。'"李黼平《读杜韩笔记》："何法盛《晋中兴书》：'中原丧乱，乡人共推郗鉴为主，与千余家避难于鲁国峄山。山有重险，百姓饥馑，野无生草，掘野鼠、蛰燕食之。'庾子山《哀江南赋》：'饥随蛰燕，暗逐流萤。''蛰燕'二字本此。"

⑥ 回首那能语：方《举正》据唐本作"闻"。朱《考异》："闻，或作'能'。"宋白文本、文本、祝本、魏本作"能"。廖本、王本作"闻"。作"闻"、作"能"均通。按文意作"能"字善。惜别难离，凄然掩泪，欲语不能也。

【汇评】

清朱彝尊:格净,气味自不同。(顾嗣立《昌黎先生诗集注》卷九)

蒋抱玄:此亦商声。(《注释评点韩昌黎诗全集》)

湘中①
贞元二十年

作于贞元二十年(804)春,韩愈南谪阳山(今广东阳山县)途经湘中作。作为文学家的韩愈言事遭贬,与屈原身事相同。途经屈原殉难的汨罗,感慨身事,情聚笔端,写下了这首掷地有声的诗篇,倾诉了对现实的愤慨,抒发了对屈原的哀悼之情。正如他在《祭河南张员外文》所说:"南上湘水,屈氏所沉;二妃行迷,泪踪染林。山哀浦思,鸟兽叫音。余唱君和,百篇在吟。"正说出他写这首诗的缘由。虽是脱口流出,却是气劲势足、至诚情深的佳制。

猿愁鱼踊水翻波②,自古流传是汨罗③。蘋藻满盘无处奠④,空闻渔父叩舷歌⑤。

【校注】

① 湘中:指湘江流域一带,即今湖南中部。按《中国历史地图集》五,岭南道东部:湘江源于广西灵川阳朔山,东流入湖南境,至湘阴入洞庭湖。《水经注》卷三八:"湘水出零陵始安县阳海山,即阳朔山也。应劭曰:湘出零山,盖山之殊名也。山在始安县北,县故零陵之南部也。……湘、漓同源,分为二水。南为漓水,北则湘川,东北流。罗君章《湘中记》曰:湘水之出于阳朔,则觞为之舟;至洞庭,日月若出入于其中也。"魏本:"樊曰:'公此诗谓屈原也。'"方世举《笺注》:"公《祭张署文》叙迁谪阳山时事云:'南上湘水,屈氏

所沉;二妃行迷,泪踪染林。山哀浦思,鸟兽叫音;余唱君和,百篇在吟。'今此诗语气,自是初过湘中而作。所谓唱和百篇,或一时兴至之谈,未必有之,亦或率尔不存,不可见矣。"钱仲联《集释》:"公于贞元十九年十二月谪阳山令,《寄三学士》诗云:'商山季冬月,冰冻绝行辀。春风洞庭浪,出没惊孤舟。'则到湘中已在二十年春矣。"

② 猿愁鱼踊水翻波:朱《考异》:"踊,或作'跃'。"祝本作"跃"。宋白文本、文本、魏本、廖本、王本作"踊",从之。

猿愁:蒋抱玄《评注》:"陈子昂诗(《宿襄河驿浦》):'[卧闻塞鸿断,]坐听峡猿愁。'"按:猿愁,猿叫之声凄楚,引人哀愁。《水经注》卷三四江水:"每至晴初霜旦,林寒涧肃,常有高猿长啸,属引凄异,空谷传响,哀转久绝。故渔者歌曰:'巴东三峡巫峡长,猿鸣三声泪沾裳。'"鱼踊,方世举《笺注》:"鱼踊:马融《长笛赋》:'鱼鳖禽兽,闻之者莫不张耳鹿骇,[熊经鸟申,鸱视狼顾,]拊噪踊跃。'"按:鱼在水里游荡跳跃。《诗·大雅·旱麓》:"鸢飞戾天,鱼跃于渊。"

③ 汨(mì)罗:江水名,湘江支流,发源于江西,经湖南入湘江。屈原被逸流此,投江而死。魏本:"樊曰:贾谊《吊屈原赋》云:'侧闻屈原兮,自湛汨罗。'颜师古注:'汨,水名。在长沙罗县,故曰汨罗。'孙曰:'罗,县名,属长沙郡,北带汨水。沿汨西北,去县三十里有屈潭,即屈原自沉处。'祝曰:《说文》(水部):"长沙汨罗渊,屈原所沉之水。"方世举《笺注》:"汨罗:《水经注》:'汨水又西为屈潭,即罗渊也。屈原怀沙,自沉于此。'"

④ 蘋藻:浮萍和水藻。生长水中,古人用作祭品。《诗·召南·采蘋》:"于以采蘋?南涧之滨。于以采藻?于彼行潦。……于以奠之,宗室牖下。"

⑤ 空闻渔父叩舷歌:方《举正》作"叩舷",云:"蜀本作'叩船'。考《楚辞》注:'叩舷'义为胜。"朱《考异》:"舷,或作'船'。"宋白文本、文本作"舡"。祝本、魏本、廖本、王本作"舷",从之。

文《详注》:"《楚辞》:屈原既放,游于江潭,行吟泽畔,渔父见而问之,鼓枻而去,歌曰:'沧浪之水清兮,可以濯吾缨;沧浪之水浊兮,可以濯吾足。'遂去不复言。王逸注:'鼓枻,叩舷鸣也。'"魏本引韩《全解》同而简。方世举《笺注》:"渔父:屈原《渔父》篇:'渔父莞尔而笑,鼓枻而去。'王逸注:'鼓枻,叩船舷也。'"按:楚辞中有屈原《渔父》,写屈原流放在沧浪江边,遇一渔父劝他随流扬波;屈原表示:我宁肯沉江鱼腹,也不能与混浊的世俗同流合污。于是渔父敲着船舷,一边唱着歌:"沧浪之水清兮,可以濯我缨;沧浪之水浊兮,可以濯我足。"一边走开了。

【汇评】

清朱彝尊:气劲有势。(顾嗣立《昌黎先生诗集注》卷九)
蒋抱玄:一往情深。(《注释评点韩昌黎诗全集》)

别盈上人①

永贞元年

山僧爱山出无期②,俗士牵俗来何时③?祝融峰下一回首④,即是此生长别离。

【校注】

① 题:文《详注》:"衡山寺僧也。"魏本:"韩曰:'盈即诚盈也,居衡山中院。见《柳集》。公自阳山回,至衡湘与盈别去。祝融,乃衡山五峰之一也。'"方《举正》:"柳文有'诚盈,住衡山中院'。永贞元年移江陵道中作。"钱仲联《集释》:"柳宗元《衡山中院大律师塔铭》:'诚盈,盖衡山中院大律师希操之弟子也。'《摩诃般若波罗密经》:'一心行阿耨菩提,心不散乱,是名上人。'吴曾《能改斋漫录》:'唐人多以僧为上人。'"王元启《记疑》:"据此,则此诗亦贞元二十一年谒衡岳庙后所作。"按:贞元二十一年即永贞元年,是年八月由

贞元改元永贞。诗写于秋九月。

② 山僧爱山出无期：蒋抱玄《评注》："庾信诗：'山僧或见寻。'"方世举《笺注》："沈佺期诗（《红楼院应制》）：'支遁爱山情漫切［，昙摩泛海路空长］。'"

③ 俗士牵俗来何时：蒋抱玄《评注》："《蜀志·诸葛亮传》（《三国志》）注：'儒生俗士，岂识时务？'"方世举《笺注》："俗士：孔稚珪《北山移文》：'请回俗士驾，为君谢通客。'牵俗：宋玉《招魂》：'牵于俗而芜秽。'"

④ 祝融峰下一回首：文《详注》："王子思《诗话》云：此为背律体，谓第三句合用侧（仄）头反用平头者，与律诗背也，下晚雨诗同此。祝融峰，衡山最高之峰也。"屈《校注》："顾嗣立云：《长沙记》：'衡山七十二峰，最大者五，芙蓉、紫盖、石廪、天柱、祝融为最高。'"

【汇评】

清朱彝尊：古质可喜。（顾嗣立《昌黎先生诗集注》卷九）

程学恂：竟不似辟佛人语，此公之广大也。（《韩诗臆说》卷一）

喜雪献裴尚书①

永贞元年

宿云寒不卷，春雪堕如簁②。骋巧先投隙，潜光乱入池③。喜深将策试④，惊密仰檐窥。自下何曾污⑤，增高未见危⑥。比心明可烛，拂面爱还吹。妒舞时飘袖⑦，欺梅并压枝⑧。地空迷界限，砌满接高卑⑨。浩荡乾坤合，霏微物象移⑩。为祥矜大熟⑪，布泽荷平施⑫。已分年华晚，犹怜曙色随。气严当酒换⑬，洒急听窗知⑭。照耀临初日，玲珑滴晚澌⑮。聚庭看岳耸⑯，扫路见云披。阵势鱼丽远⑰，书文鸟篆奇⑱。纵欢罗艳點⑲,列贺拥熊螭⑳。履弊行偏冷㉑,门扃卧更羸㉒。悲嘶闻病马㉓,浪走信娇儿㉔。灶静愁烟绝㉕,丝繁念鬓衰。拟盐吟旧句㉖,授简慕前规㉗。捧赠同燕石㉘,多惭失所宜。

【校注】

① 题:方《举正》作"喜雪献裴尚书",云:"三本皆无下四字,《文苑》有之。裴均时知江陵,末章义亦明。"朱《考异》:"或无下四字。"宋白文本、文本、祝本、魏本、廖本、王本有之。今从《举正》及诸本。

文《详注》:"《补注》:裴均时以吏部尚书为荆南节度使。"魏本:"孙曰:'尚书名均,字君齐。贞元十九年五月自荆南行军司马为本镇节度使,以功加吏部尚书。公时为其府法曹参军,作此诗献之。'"方成珪《诗文年谱》:"永贞元年十二月立春后作。篇中有'已分年华晚'句,亦见岁暮之证也。明年作《春雪间早梅》诗云'先期迎献岁',殆即谓此喜雪耳。"按:所说是。方世举《笺注》:"《新唐书·裴均传》:'均,字君齐,光庭之曾孙,拜荆南节度使。刘辟叛,先骚黔、巫,胁荆、楚,均逆击之,贼望风奔却,加检校吏部尚书。'按:以下元和元年春夏,在江陵作。"

② 春雪堕如篩:篩,方《举正》:"篩,《文苑》作'筛',唐人通用。李嘉祐《雪诗》有'筛寒洒白乱冥濛'。"朱《考异》:"篩,或作'筛'。"诸本作"篩",从之。

文《详注》:"篩,下物竹器,音所宜切。"魏本引孙《全解》同。方世举《笺注》:"篩,卓文君《白头吟》:'鱼尾何篩篩。'《释名》:'缃,篩也,粗,可以篩物也。'"按:篩(shāi 山皆切,平,皆韵),竹器,同"筛"。《急就篇》卷三:"篩箅箕帚筐篋篓。"注:"篩所以箩去粗细者也,今谓之筛。大者曰篩,小者曰箅。"《辞源》引韩诗为例。《说文·竹部》:"篩,篩箅,竹器也。"朱骏声《说文通训定声》:"今俗谓之筛。"此联谓：天气寒冷云不卷，春雪纷纷如筛箆，即雪下得如箆子下物一样又密又匀。

③"骋巧"二句：乱，方《举正》作"半"，云："三本、《文苑》并同。"朱《考异》："半，或作'乱'。"宋白文本、文本、祝本、魏本作"乱"。廖本、王本作"半"。作"乱"，作"半"均通。此从"乱"，即纷纷入池也。

方世举《笺注》："投隙：谢惠连《雪赋》：'终开帘而入隙。'入池：梁简文帝《春雪诗》：'入池消不积，因风坠复来。'"

④ 喜深将策试：文《详注》："策，杖也。"方世举《笺注》："《说文》：策，马棰也。"方说非是，今从文说。按：策，竹杖、手杖。《淮南子·地形训》："夸父弃其策。"曹植《苦思行》："策杖从我游。"策虽可作马棰解，但不合韩公诗意。此句用策杖试探积雪的深度；下句写仰头惊看房檐外大雪飘洒的密度。

⑤ 自下何曾污：文《详注》："《扬子》曰：'自下者人高之。'公取此意也。《西京杂记》曰：'自上而下曰雨雪。'"魏本引孙《全解》同而简。污，宋白文本、文本、祝本、魏本作"污"，廖本、王本作"汙"。汙今简化作"污"。

汙（wū 哀都切，平，模韵；wù 乌路切，去，暮韵）：亦作"污"，此作玷污解，去声读。《史记·绛侯周勃世家》："庸知其盗买县官器，怒而上变告子，事连汙条侯。"《史记·滑稽列传》："尽怀其余肉持去，衣尽污。"

⑥ 增高未见危：方《举正》作"觉"，云："三本、《文苑》并同。"宋白文本、文本、祝本、魏本作"见"。廖本、王本作"觉"。按：作"觉"，当省悟解，乃感觉；作"见"字，雪愈下愈多愈增高，乃视觉，非感觉。故作"见"字善。危作危险、高解均通。

魏本："孙曰：子曰：'高而不危。'（载《孝经·诸侯》）"方世举《笺注》："《记·月令》：'继长增高，无有坏隳。'"

⑦ 妒舞时飘袖：魏本："韩曰：张衡《舞赋》：'裾似飞燕，袖如回雪。'"文《详注》："《洛神赋》（《文选》卷一九）云：'飘飘兮若流风之

回雪。'"按:妒,嫉妒。把雪拟人化了。《左传》襄公二十一年:"叔向之母妒叔虎之母美而不使。"《楚辞》屈原《离骚》:"各兴心而嫉妒。"王逸注:"害贤为嫉,害色为妒。"

⑧欺梅并压枝:魏本:"韩曰:陈子良《春雪诗》:'欲妒梅将柳,故落早春中。'"按:谓雪压梅枝像欺负人一样。

⑨砌满接高卑:砌,台阶也。《文选》卷一班固《西都赋》:"于是玄墀扣砌,玉阶彤庭。"承上二句形容雪之大,空中地上,雪漫飞舞,铺天盖地,迷失了阶限,而分不清天地;台阶上铺满了雪,不管是高处低处,都增高了。朱彝尊《批韩诗》:"退之状物,每欲极似,以此反稍粘滞。拙句。"

⑩霏微物象移:文《详注》:"《蜀都赋》(《文选》卷四左思撰):'日往霏微,月来扶疏。'(张铣)注云:'果木茂密貌。'"何焯《批韩诗》:"壮丽。"

⑪为祥矜大熟:方《举正》作"为祥",云:"三馆本与《文苑》同上。《文苑》'为'亦作'验'。"

文《详注》:"谢惠连《雪赋》(《文选》卷一三)曰:'盈尺则呈瑞于丰年。'注云:'鲁隐公时,大雪平地一尺,是岁大熟。'"方世举《笺注》:"《诗·信南山》(《小雅》):'[上天同云,]雨雪雰雰。'传:'丰年之冬,必有积雪。'"何焯《批韩诗》:"喜意。"

⑫布泽苟平施:方《举正》作"布泽",云:"三馆本与《文苑》同上。以'为祥'言之,'布泽'为当。杭、蜀本并作'币'。"朱《考异》:"布,或作'币'。"宋白文本、魏本作"匝",注:"一作'布'。"祝本作"币",注:"作答切。"文本、廖本、王本作"布",注:"一作'匝'。"匝同"币"。当作"布","币"乃"布"形似致误。布者,谓雪大布满大泽。

文《详注》:"《坤雅》(《释天》)曰:'《夏小正》云:农及雪泽,言雪泽之无高下也。'"方世举《笺注》:"《易·谦卦》:'君子以裒多益寡,称物平施。'"朱彝尊《批韩诗》:"'平施'字借得好。"

⑬气严当酒换:方《举正》据蜀本作"换",云:"《文苑》同,李、谢校。"朱《考异》:"换,或作'援'。"宋白文本、文本、祝本、魏本作

"暖",注:"一作'换'。"廖本、王本作"换",注:"或作'暖'。"何焯《义门读书记》卷三〇:"'换'字绝妙。略停杯冷,已不禁也。"作"暖"亦通,然作"换"更善。

⑭ 洒急听窗知:魏本引《补注》:"《邵氏闻见录》(《后录》卷一八)云:荆公尝以'力去陈言夸末俗,可怜无补费精神'薄退之(见王安石《韩子》诗),然其《咏雪》则云:'借问火城将策试,何如云屋听窗知。'皆用退之句也。去古人陈言以为非,用古人陈言乃为是耶?"方世举《笺注》同。按:《补注》所说有理。李黼平《读杜韩笔记》:"与少陵'烛斜初近见,重听竟无闻'皆咏雪名句也。东坡'半夜寒声落画檐',似从退之此联脱胎,而各极神妙。"

⑮ "照耀"二句:临初日:方世举《笺注》:"谢惠连《雪赋》:'若乃积素未亏,白日朝鲜,烂兮若烛龙,衔曜照昆山。'"

玲珑:祝本"玲"作"珍"。宋白文本、文本、魏本、廖本、王本均作"玲",是。

晚澌,方《举正》:"《文苑》作'晓澌'。"朱《考异》:"晚,或作'晓'。"宋白文本、祝本、魏本、王本作"晚澌"。文本、廖本均作"晚澌"。

文《详注》:"《雪赋》(《文选》卷一三谢惠连撰):'若乃积雪(或作素)未亏,白日朝鲜。烂兮若烛龙,衔曜照昆山。尔其流滴垂冰,缘霤承隅。粲兮若冯夷,剖蚌列明珠。'玲珑,玉声也。澌,流冰也,音斯。"魏本注:"澌,流水也。澌音斯。"方世举《笺注》:"《风俗通》(《初学记》卷七《冰》):积冰曰凌,冰流曰澌。"童《校诠》:"第德案:说文:澌,水索也;澌,流冰也,此当从仌作澌,举正、考异、廖本作澌,王本、祝本亦讹作澌。注流水,水当作冰。"按:澌、澌音同,并音斯(sī息移切,音斯,平,支韵)。澌,流动的冰块。《楚辞》屈原《九歌·河伯》:"与女游兮河之渚,流澌纷兮将来下。"《后汉书·王霸传》:"河水流澌,无船,不可济。"或作细小的流水解。曹松《信州闻通寺题僧砌下泉》诗:"净罅吐微澌。"此句写的是房檐结成的冰条,经初日照射而滴水,即小流也。如此,则作"澌""澌"均可,无作流水解者。"澌"字后出,如"澌"之作流动的冰块,或作小水解,均后出,而唐人亦通用。故作"澌""澌"均可。现代汉语则二字分解明确:"澌"作尽解,亦作流动的冰块解,又作细小的水流解;澌,作流水解,或同"澌"。故作"澌"。参阅谢惠连《雪赋》"尔其流滴垂冰,缘霤承隅"可证。实则韩公此诗多从《雪赋》之句化出。

⑯ 聚庭看岳耸:魏本:"孙曰:'岳,山岳。耸,高也。'"按:此乃在庭中观远山雪景也。

⑰ 阵势鱼丽远:文《详注》:"《左传》(桓公五年):'[郑人为]鱼丽之阵,先偏后伍,伍承弥缝。'杜氏云:'《司马法》:车战二十五乘为偏,以车居前,以伍次之,承偏之隙而弥缝阙漏,五人为伍,此盖鱼丽阵法。'"魏本:"孙曰:'鱼丽者,如鱼贯之状。'"按:此句顶上"云披",写初日照耀天边云霞之景象如鱼丽之阵也。

⑱ 书文鸟篆奇:文《详注》:"晋卫恒《书势》曰:'昔黄帝创制造物,有沮诵、仓颉者始作书契,盖观鸟迹以兴思也。后汉灵帝时诸为尺牍,工书鸟篆,皆加引召。'"魏本:"孙曰:'书有八体,五曰虫书,为虫鸟之形,施于幡信,为之鸟篆。'"廖本注:"索靖《书状》:'苍颉既生,书契是为,科斗鸟篆。'"按:如《书势》所云"盖观鸟迹以兴思也",此乃远见鸟迹而起兴也。

⑲ 艳點:魏本:"孙曰:'艳點,美妇。'"

⑳ 列贺拥熊螭:文《详注》:"熊螭,殿陛也。"魏本:"孙曰:'熊螭,将士。'"文说非,孙说是。以上六句写裴均与部下赏雪欢庆的场景。方世举《笺注》:"艳點、熊螭:蒋云:'艳點指美女,熊螭指卫士。'"所说是。

㉑ 履弊行偏冷:此句写感觉,以偏冷衬履弊。文《详注》:"《史记》(《滑稽列传》):'汉武帝时,东郭先生以方士待诏公车,贫困,衣弊,履不完,行雪中,履有上无下,足尽践地,道中人笑之。'"魏本引孙《全解》、方世举《笺注》均引《史记》同而简。

㉒ 门扃卧更羸:以袁安闭门卧雪喻天寒也。文《详注》:"《录异传》曰:汉时大雪积地丈余,洛阳令出按行,见民(人)家皆除雪出

[有乞食者]。至袁安门,无[有行]路,谓安已死。令人除雪入户,见安僵卧。问:'何以不出?'安曰:'大雪人皆卧(饿),不宜干人。'令以为贤,举为孝廉。"亦见《后汉书·袁安传》引《汝南先贤传》。朱彝尊《批韩诗》:"数语亦工,但于喜意稍背。"

㉓ 悲嘶闻病马:方《举正》作"病马",云:"杭本、《文苑》同上。阁与蜀本作'病鸟'。"朱《考异》:"马,或作'鸟'。"宋白文本、文本、祝本、魏本、廖本、王本作"马",注:"一作'鸟'。"当作"马"。按:嘶乃形容马的叫声,非喻鸟也。以听觉而想病马,以想病马而见天寒,亦见悲物怜人之心。

㉔ 浪走信娇儿:童《校诠》:"案:诗终风:谑浪笑傲,释文引韩诗:浪,起也。文选江文通杂体张廷尉诗:浪迹无蚩妍。李善曰:浪犹放也。"按:此句写娇儿之乐,乃雪中之趣也。

㉕ 灶静愁烟绝:文《详注》:"陶潜《咏贫士》诗云:'窥灶不见烟。'"方世举《笺注》同。按:此二句悯人悲己。

㉖ 拟盐吟旧句:文《详注》:"《世说》(《言语》)曰:'谢太傅(安)寒雪日内集,与儿女讲论文义。俄而雪骤,公欣然曰:白雪纷纷何所似?兄子胡儿(谢朗)曰:撒盐空中差可拟。兄女(谢道韫)曰:未若柳絮因风起。'女即王凝之妻也。"按:此谓韩公谦词。

㉗ 授简慕前规:文《详注》:"谢惠连《雪赋》(《文选》卷一三):梁王受简于司马大夫曰:'为寡人赋之。'"魏本:"樊曰:谢灵运(当是谢惠连)《雪赋》曰:'梁孝王游于兔园,密雪下,授简于司马大夫曰:抽子秘思,骋子妍词,为我赋之。'"李详《证选》:"谢惠连《雪赋》:'梁王游于菟园,相如末至,居客之右。俄而,急霰零,密雪下,授简于司马大夫,曰:为寡人赋之。'旧注引作谢灵运,误。"按:诸家所引均有缺讹,今引原文。《文选》卷一三谢惠连《雪赋》:"岁将暮,时既昏,寒风积,愁云繁,梁王不悦,游于兔园。乃置旨酒,命宾友,召邹生,延枚叟,相如末至,居客之右。俄而,微霰零,密雪下。王乃歌《北风》于卫诗,咏《南山》于周雅。授简于司马大夫,曰:抽子秘思,骋子妍辞,侔色揣称,为寡人赋之。"

㉘ 捧赠同燕石：燕，祝本作"然"。文《详注》："《阙子》曰：'宋之愚人，得燕石梧台之东，归而藏之，以为大宝。周客闻而观之，主人父斋戒七日，端冕之衣，峥之以特牲，革匮十重，缇巾十袭。客见之，俯而掩口卢胡而笑曰：此燕石也，与瓦甓不殊。主人怒，曰：商贾之言。藏之愈固，守之弥谨。'（载《后汉书·应劭传》'宋愚夫亦宝燕石'句注引）"魏本引孙《全解》同，又云："公言此者，以自喻其诗。"钱仲联《集释》注引《太平御览》内容同。

【汇评】

宋邵博：王荆公以"力去陈言夸末俗，可怜无补费精神"（见王安石《韩子》诗），薄韩退之矣。然"喜深将策试，惊密仰檐窥"，又"气严当酒暖，洒急听窗知"，皆退之《雪》诗也。荆公《咏雪》则云"借问火城将策试，何如云屋听窗知"，全用退之句也。去古人陈言以为非，用古人陈言乃为是邪？（《邵氏闻见后录》卷一八）

宋胡仔：《复斋漫录》云："退之《喜雪献裴尚书》诗：'喜深将策试，惊密仰檐窥。'又云：'气严当酒暖，洒密听窗知。'荆公全用以为一联云：'借问火城将策试，何如云屋听窗知。'"（《苕溪渔隐丛话》后集卷二三"六一居士"）

元方回："宿云寒不卷，春雪堕如簁""喜深将策试，惊密仰檐窥""妒舞时飘袖，欺梅并压枝""气严当酒换，洒急听窗知""履弊行偏冷，门扃卧更羸""拟盐吟旧句，授简慕前规"，此"簁"字韵警句也。（《瀛奎律髓汇评》卷二一）

清何焯：《喜雪献裴尚书》气严当酒换，"换"字绝妙，略停杯冷，已不禁也。（《义门读书记》卷三〇）

清纪昀：此种皆非正声，勿为盛名所慑。（《瀛奎律髓刊误》卷二一）

蒋抱玄：酷于描摹，转致生动气少，此乃咏物之通弊，不独公为然也。（《注释评点韩昌黎诗全集》）

程学恂：白战之令，虽出于欧，盛于苏，不知公已先发之，咏雪

诸诗可按也。(《韩诗臆说》卷一)

春雪①
元和元年

看雪乘清旦②,无人坐独谣③。拂花轻尚起,落地暖初销。已讶陵歌扇④,还来伴舞腰⑤。洒篁留半节⑥,著柳送长条⑦。入镜鸾窥沼,行天马度桥⑧。遍阶怜可掬⑨,满树戏成摇。江浪迎涛日⑩,风毛纵猎朝⑪。弄闲时细转,争急忽惊飘⑫。城险疑悬布⑬,砧寒未捣绡⑭。莫愁阴景促,夜色自相饶⑮。

【校注】

① 题:魏本:"樊曰:沈存中云:杜子美诗(《秋兴八首》)'红稻啄余鹦鹉粒,碧梧栖老凤凰枝',语相反而意新。退之《雪》诗'舞镜鸾窥沼,行天马度桥',盖效此体。"文《详注》:"《补注》:元和元年春,江陵所作也。"方成珪《诗文年谱》:"是年春作。"

② 看雪乘清旦:方《举正》作"看雪",云:"杭、蜀诸旧本同。"朱《考异》:"看,或作'观'。"宋白文本作"观雪",注:"一作'看'、作'密'、作'半'。"文本、祝本、魏本同作"观"。魏本注:"观,一作'看'。"廖本、王本同方作"看"。

按:作"看"、作"观"均可。然作"看",读去声,更合平仄。今从方作"看"。此乃晨起看雪也。何焯《义门读书记》卷三○:"发端深妙,非春雪不称。"

③ 无人坐独谣:朱《考异》:"坐独,或作'独坐'。"宋白文本作"独坐"。文本、祝本、魏本、廖本、王本作"坐独"。作"坐独"善。

魏本:"孙曰:《尔雅》:'徒歌曰谣。'"文《详注》:"《说文》曰:'独歌谓之谣。'谢惠连《雪赋》曰:'楚谣以幽兰俪曲。'"方世举《笺注》:"《诗·园有桃》(《魏风》):'心之忧矣,我歌且谣。'《尔雅·释乐》:'徒歌谓之谣。'"按:谓一个人坐在那儿看雪吟诗。句子十分拗峭。何焯《批韩诗》:"二句领起通篇,俱以所见言。"

④ 已讶陵歌扇:陵,宋白文本、文本、魏本作"凌"。祝本、廖本、王本作"陵"。童《校诠》:"第德案:凌,廖本、王本、祝本皆作陵,祝本注云:一作凌。按:凌越字当作夌,其作凌、作陵者皆借字。韩注所当作新。"韩诗当作"陵"。

文《详注》:"汉班婕妤《怨歌行》(《文选》卷二七):'新制齐纨素,皎洁如霜雪。'梁刘孝绰《对雪诗》曰:'耻均班女扇。'"魏本:"韩曰:晋中书令王珉好捉白团扇,其侍人谢芳歌之,因以为名(载《古今乐录》)。班婕妤咏扇(即《怨歌行》)云'所(新)制齐纨素,皎洁如霜雪'云云。又见陈子良《咏雪》(载《初学记》卷二)云:'光映妆楼月,花承歌扇风。'"

⑤ 还来伴舞腰:文《详注》:"汉赵飞燕舞'宛转如流风之回雪'。"蒋抱玄《评注》:"梁简文帝诗(《听夜妓》载《玉台新咏》卷七):'流风拂舞腰。'"朱彝尊《批韩诗》:"歌舞联稍率易。"

⑥ 洒篁留半节:朱《考异》:"密,或作'半'。诸本作'密'。文《详注》:"篁,竹名。"魏本:"孙曰:丛竹曰篁。密,一作'半'。"王元启《记疑》:"半,旧作'密'。按当从或本作'半'。篁有节,经雪则为之掩。雪所未到,及间有摧堕处,时留半节耳。若密节俱留,则是未雪矣。"按:王说是,况此句与下句工对,"半"字对"长"字亦佳,是雪洒在篁竹上的景象。

⑦ 著柳送长条:程学恂《韩诗臆说》卷一:"如'洒篁留密节,著柳送长条','留'字'送'字绝妙。"

⑧ "入镜"二句:度,文本、魏本作"渡"。宋白文本、祝本、廖本、王本作"度"。渡、度二字通用,此处作"度"字善。

按:文《详注》:"《异苑》(卷三)曰:'罽宾王获一鸾,悬镜以照之,鸾睹影乃翻然而舞。'"又:"(沈括)《[梦溪]笔谈》(卷一四)云:

杜子美诗(《秋兴八首》):'红稻啄余鹦鹉粒,碧梧栖老凤凰枝。'此亦语反而意同。若韩退之《雪》诗'入镜鸾窥沼,行天马度桥',亦效此体,然稍牵强,不若前人之语浑成也。"魏本:"孙曰:'鸾窥沼则如入镜,马度桥则如行天。'"方回《瀛奎律髓》:"'行天马度桥'一句绝唱。"纪昀《瀛奎律髓刊误》:"律体非韩公当行。'入镜'一联,向来推为名句,然亦小有思致,巧于妆点耳,非咏雪之绝唱也。"程学恂《韩诗臆说》卷一:"'入镜鸾窥沼,行天马度桥',状景奇确。"方世举《笺注》:"窥沼、度桥:梁简文帝诗:'望檐悲双翼,窥沼泣前鱼。'《魏志·钟繇传》:'行未十里度桥,马惊。'沈括云:杜甫诗'香稻啄余鹦鹉粒,碧梧栖老凤皇枝。'意相反而语新,退之此联盖仿其体。"

⑨ 遍阶怜可掬:方世举《笺注》:"可掬:《左传》(宣公十二年):'舟中之指可掬也。'"按:掬(jū居六切,入,屋韵),《左传》注:"掬,两手曰掬。"唐白居易《和梦游春诗一百韵》:"秀色似堪餐,秾华如可掬。"

⑩ 江浪迎涛日:文《详注》:"涛,大波也。枚乘《七发》(《文选》卷三四)曰:'将以八月之望,相与[诸侯远方交游兄弟,并往]观涛乎广陵之曲江。……当其江水逆流,海水上潮,……波涌而涛起,[其始起也,洪]淋淋焉,如[若]白鹭之[下]翔,[其少进也,浩浩]皑皑焉,如素车白马帷盖之张。'"

⑪ 风毛纵猎朝:魏本:"孙曰:'江浪、风毛,皆以喻雪。'"方世举《笺注》:"班固《西都赋》:风毛雨血,洒野蔽天。"朱彝尊《批韩诗》:"以下不见春意。"文《详注》:"班固《西都赋》(《文选》卷一):'尔乃期门佽飞,风毛雨血,洒野蔽天。'(张铣)注云:'言毛血杂下,如风雨也。'"

⑫ "弄闲"二句:用拟人化手法写雪势:下得小时,雪花悠悠飘转;下得大时,雪粒急急飘洒。

⑬ 城险疑悬布:魏本:"孙曰:襄十年《左氏》:'偪阳人县布,秦堇父登之。'雪在城上,其势如此。"顾嗣立《集注》:"《左传》襄公十年:'晋荀偃、士匄伐偪阳。……主人县(悬)布,堇父登之,及堞而绝之。'"

⑭ 砧寒未捣绢：文《详注》："绢，生丝也。一曰绮属。"方世举《笺注》："捣绢：班婕妤《捣素赋》：'投香杵，扣玫砧。'"纪昀《瀛奎律髓》批语："'砧寒'句滞。"朱彝尊《批韩诗》："城险一联语颇工，然不必春雪也。"

⑮ 夜色自相饶：朱《考异》："色，或作'月'。"文本作"色"，注："一作'月'。"魏本作"夜色"，注："夜，一作'月'。"

按：何焯《义门读书记》卷三〇："'夜''旦'二字相对作关锁，'色'字仍与'看'字呼应。"张相《诗词曲语辞汇释》卷一："饶，犹添也，连也；不足而求增益也。即今所云讨饶头之饶。"并引韩愈诗此联释之，云："意言夜间雪光，不啻为阴景之饶头也。"

【汇评】

元方回：昌黎雪诗三大篇，《赠张籍》"来"字四十韵。《献裴尚书》"篋"字二十韵。"坳中初盖底，垤处遂成堆""片片匀如剪，纷纷碎若挼（奴回切）""随车翻缟带，逐马散银杯""隐匿瑕疵尽，包罗委琐该。误鸡宵呃喔，惊鹊暗徘徊""鲸鲵陆死骨，玉石火炎灰""日轮埋欲侧，坤轴压将颓""龙鱼冷蛰苦，虎豹饿号哀。巧借奢华便，专绳困约灾"，此"来"字韵警句也。"宿云寒不卷，春雪堕如篋""喜深将策试，惊密仰檐窥""妒舞时飘袖，欺梅并压枝""气严当酒换，洒急听窗知""履弊行偏冷，门扃卧更羸""拟盐吟旧句，授简慕前规"，此"篋"字韵警句也。此一首十韵，"行天马度桥"一句绝唱。（《瀛奎律髓》卷二一雪类）

清何焯：《春雪》发端深妙，非春雪不称。"城险疑悬布"一联，语颇工，然不必春雪也。夜色自相饶，"夜""旦"二字相对作关锁，"色"字仍与"看"字呼应。（《义门读书记》卷三〇）

清纪昀：此种皆非正声，勿为盛名所慑。

又：律体非韩公当行。"入镜"一联，向来推为名句，然亦小有思致，巧于妆点耳，非咏雪之绝唱也。"砧寒"句滞。（《瀛奎律髓刊误》卷二一雪类）

程学恂:如"洒篁留密节,著柳送长条","留"字、"送"字绝妙。如"入镜鸾窥沼,行天马度桥",状景奇确。(《韩诗臆说》卷一)

闻梨花发赠刘师命①
贞元二十一年

从韩愈《刘生》诗"阳山穷邑惟猿猴,手持钓竿远相投"和《梨花下赠刘师命》诗"今日相逢瘴海头,共惊烂漫开正月"句推断:师命与韩愈于贞元二十一年早春相会阳山,诗写于此时。诗先写惜花,后叙友情,以惜花托友情。闻知城西梨花盛开,欲相偕前往花下同醉。桃落梨开,以第三句梨花盛开,转出结句,笃情全出。桃红梨白,争奇斗艳;朋友远来,千载难逢,怎能不一醉方休呢?小诗景美情真,飘逸洒脱,是韩诗短章中佳制。

桃蹊惆怅不能过②,红艳纷纷落地多③。闻道郭西千树雪④,欲将君去醉如何⑤?

【校注】

① 刘师命:未详,据《刘生》诗,知他少年磊落不羁,长则长期漫游梁宋、江淮、吴越等地,投韩愈,为韩门弟子,二十一年春来阳山。文《详注》:"公自南迁,始见律诗,前此未有。抑以时未知名,或有遗佚,而赵德、李汉收拾未尽邪?不可得而考也。按公《上贾滑州书》时,年二十三,未登进士第,已有所著一十五首为赞,今于集中求之,所谓一十五首,不知何文?而未第所作,不闻律诗,则尚有遗佚可知矣。此《梨花》二篇乃是贞元二十二年(按:二当作一)春阳山令时作。师命,韩门弟子。《刘生》诗云'生名师命其姓刘'是也。"按:据现存《韩集》,韩愈中进士前无律诗,然唐时举进士者,必会作律诗,因是必试科目,韩愈必作律诗,只是未传下来。

关于此诗的写作时间:魏本:"韩曰:公集有《刘生》诗云:'阳山穷邑惟猿猱,手持钓竿远相投。'师命,盖阳山时客也。樊曰:此《闻梨花发赠师命》云:'欲将君去醉如何?'已而《梨花下赠师命》云:'今日相逢瘴海头。'则与刘醉于花下矣。皆阳山诗也。"王元启《记疑》:"此与后篇《梨花下》二诗,洪谱不载,盖皆二十一年春在阳山作,时尚未奉顺宗登极之诏。"方成珪《诗文年谱》:"是年正月作,以《梨花下赠》诗见之。或疑春初桃何以落?然梨又何以开也?南方地暖,得气独先,固不可以常理论耳。"

　　② 桃蹊惆怅不能过:朱《考异》:"蹊,或作'溪'。"宋白文本、文本、祝本、魏本、廖本、王本均作"蹊"。魏本注:"蹊,一作'溪'。惆,一作'悯'。"蹊为小路,溪为山间流水道,音同意不同,古虽可借用,后世用法分明,此当作"蹊"。悯与惆通用。

　　桃蹊(xī):桃树下踩成的路。方世举《笺注》:"《史记·李广传赞》:'桃李不言,下自成蹊。'师古曰:'蹊,谓径道也。'"惆怅,忧郁不前,花落遍地,不忍践踏,所以惆怅。《楚辞》宋玉《九辩》:"廓落兮羁旅而无友生,惆怅兮而私自怜。"《后汉书·冯衍传·显志赋》:"风波飘其并兴兮,情惆怅而增伤。"

　　③ 红艳:以花色代花瓣,构想奇妙。

　　④ 闻道:听说。郭,城垣。千树雪,梨花色洁白似雪,此指梨花盛开貌。岑参《白雪歌送武判官归京》:"忽然一夜春风来,千树万树梨花开。"以梨花洁白纷纷飘落比雪花飘洒也。韩诗以雪比花,岑以花比雪,真奇。

　　⑤ 将:请也,偕也。童《校诠》:"案:诗氓:将子无怒,郑玄曰:将,请也。"

　　《左传》庄公二十一年:"郑伯将王,自圉门入。"李白《鲁郡尧祠送窦明府薄华还西京》:"遂将三五少年辈,登高远望形神开。"

【汇评】

　　清朱彝尊:逸兴飘然。(顾嗣立《昌黎先生诗集注》卷九)

春雪间早梅①

元和元年

方回与纪昀对此诗的评价是：方多肯定，纪多否定。仔细考察，亦因二人所处时代的文学观与学术思想不同所致。方宋元间人，受宋影响，重古朴而喜白战；纪则受清影响，重神韵，喜文雅的阴柔美，少唐宋人之开阔放言的阳刚美。此诗属赋体，以白战见称，随物赋形，形真意切。且见韩公炼意、炼句、炼字之工。然稍嫌雕琢。

梅将雪共春②，彩艳不相因③。逐吹能争密④，排枝巧妒新⑤。谁令香满座，独使净无尘⑥。芳意饶呈瑞⑦，寒光助照人⑧。玲珑开已遍，点缀坐来频⑨。那是俱疑似，须知两逼真⑩。荧煌初乱眼⑪，浩荡忽迷神⑫。未许琼华比⑬，从将玉树亲⑭。先期迎献岁⑮，更伴占兹辰⑯。愿得长辉映，轻微敢自珍⑰。

【校注】

① 题：朱《考异》："间，或作'映'。"宋白文本、文本、祝本、魏本、廖本、王本作"间"，注："一作'映'。"当作"间"。文《详注》："《补注》：元和元年春，为江陵掾作。"王元启《记疑》："读此诗末二句，亦为府主裴均而作。盖元和元年春，公时犹在江陵幕。"方成珪《诗文年谱》："前《喜雪》诗，去年十二月作。此云'先期迎献岁，更伴占兹辰'，盖谓去腊雪而今春又雪。玩结二句，亦当是献府主裴均之诗。"方世举《笺注》："按：《春雪》诸首，谅非一时所作，无可编年，皆附于此。"

② 梅将雪共春：将，与也。张相《诗词曲语辞汇释》："将，犹与也。……李白《月下独酌》诗：'月既不解饮，影徒随我身。暂伴月

将影,行乐须及春。'此云月与影也。卢照邻《春时慨然思江湖》诗:'倘遇鸾将鹤,谁论貂与蝉。'……将字与字互文。"此句谓:梅开雪舞,同在早春也;或曰梅、雪同与早春为伴。

③ 彩艳不相因:方回《瀛奎律髓》卷二〇梅花类:"春雪早梅,中着一'间'字。只'彩艳不相因'一句五字已佳矣。'彩'言雪,'艳'言梅,本不相资,而成此美句,是非相为得之意。"说得真好。因,依靠、凭藉。《左传》僖公三十年:"因人之力而敝之。"《孟子·离娄上》:"为高必因丘陵,为下必因川泽。"按:本不相偕而偕之,真巧思而杰构也。

④ 逐吹能争密:文《详注》:"吹,去声。"纪昀《瀛奎律髓刊误》:"三句是韩本色,而非律诗当行。"密,亲密。

⑤ 排枝巧妒新:方世举《笺注》:"梁简文帝诗(《伤离新体》):'[带堞凌城云乱聚,]排枝度叶鸟争归。'"诗句当从此化出。方世举《笺注》:"妒新:陈子良《咏春雪》诗:'欲妒梅将柳,故落早春中。'"按:排枝巧妒者,雪也;新者,初开的梅花。

⑥ "谁令"二句:座,文本作"坐"。宋白文本、祝本、魏本、廖本、王本作"座"。坐、座作座位解古同。《史记·魏公子列传》:"公子引侯生坐上坐。"这个意义后来写作"座"。坐本字,座后出。此为免与下"坐"字重复,用"座",即座位,此用座字合诗意。何焯《批韩诗》云:"分。"

⑦ 芳意饶呈瑞:方回《瀛奎律髓》卷二〇梅花类:"'芳意饶呈瑞',以言梅之芳,又饶以雪之祥瑞。"纪昀《瀛奎律髓刊误》:"'芳意'句太俗。"

⑧ 寒光助照人:方回《瀛奎律髓》卷二〇梅花类:"'寒光助照人',以言雪之光足助乎梅之映照,错综用工,亦云密矣。"朱彝尊《批韩诗》:"凿空撰出,清意袭人,可谓写生神手。"按:寒光谓雪发出的光清洁袭人,本难以看得见、触不着的事物,却被赋予鲜活的形象、可触的感觉,妙哉!

⑨ 点缀:方世举《笺注》:"《世说》(《言语》):'司马太傅(即司

马道子)斋中夜坐,于时天月明净,太傅叹以为佳。谢景重答曰:意谓乃不如微云点缀。'"张相《诗词曲语辞汇释》卷四:"坐来,犹云移时也;少顷也。韩愈《春雪间早梅》诗:'玲珑开已遍,点缀坐来频。'意言移时之间,频频点缀也。上句指梅,下句指雪,诗题之间字为间杂义。柳宗元《戏题石门长老东轩》诗:'石门长老身如梦,旃檀成林手所种。坐来念念非昔人,万遍莲花为谁用?'此作佛家语,念犹云刹那,意云移时之间,一刹那一刹那相续,今吾非故吾,亦即今人非昔人也。苏轼《次韵王晋卿惠花栽,栽所寓张退傅第中》诗:'坐来念念失前人,共向空中寓一尘。若问此花谁是主,天教闲客管青春。'义同上。"

⑩ 须知两逼真:方世举《笺注》:"逼真:《水经注》:'山石似马,望之逼真。'"何焯《批韩诗》:"合。"按:谓雪与梅逼真肖似,故谓之合也。

⑪ 荧煌初乱眼:方世举《笺注》:"乱眼:司马相如《上林赋》(《文选》卷八):'芒芒恍忽。'郭璞曰:'言眼乱也。'"纪昀《瀛奎律髓刊误》:"'荧煌'二字不似雪。"按:荧煌写雪白照眼,眼受光线刺激,恍惚迷乱,俗谓雪里迷。若非亲身体察,怎能如此逼真,何谓不似雪?

⑫ 浩荡忽迷神:纪昀《瀛奎律髓刊误》:"'浩荡'二字更不似(雪)。'忽迷神'三字不雅。"按:此句写风飘雪花,乱飞迷眼。此韩公身历雪境的实际感受,身不到此,何能出此逼真之语。

⑬ 未许琼华比:华,祝本作"花"。宋白文本、文本、魏本、廖本、王本均作"华",华、花形容雪花、植物之花通用,然古籍常作"华",从之。

魏本:"孙曰:《诗》(《齐风·著》):'尚之以琼华乎而。'琼者,美玉,其色光华,故曰琼华。"文《详注》:"梁裴子野雪诗(《玉台新咏》卷八《咏雪》)曰:'若赠离居者,折以代瑶华。'"纪昀《瀛奎律髓刊误》:"'未许'二句亦俗。"按:虽俗却切。

⑭ 从将玉树亲:方《举正》作"从将",云:"李校。"朱《考异》:

"从将,或作'将从'。"宋白文本、廖本、王本作"从将"。文本、祝本、魏本作"将从"。韩诗当作"从将"。

魏本:"孙曰:扬雄《甘泉赋》(《文选》卷七):'翠玉树之青葱兮,璧马犀之瞵目。'《汉武帝故事》曰:'上起神屋前庭植玉树,珊瑚为枝,碧玉为叶。'"文《详注》:"《淮南子》《地形训》)曰:'昆仑山上有玉树。'梁丘迟《望雪》诗曰:'俄顷玉树生。'"方世举《笺注》:"玉树:扬雄《甘泉赋》:'翠玉树之青葱。'张正见《雪诗》:'睢阳升玉树。'"

⑮ 先期迎献岁:方世举《笺注》:"献岁:宋玉《招魂》:'献岁发春兮。'注:'献岁,言岁始来进也。'"纪昀《瀛奎律髓刊误》:"'先期'句指冬雪。"按:先期,指去冬韩愈《喜雪献裴尚书》诗。献岁,指今年始春而韩愈又献也。

⑯ 更伴占兹辰:辰,朱《考异》:"辰,或作'晨'。"宋白文本、文本作"晨"。祝本、魏本、廖本、王本作"辰",当作"辰",指时刻也,非指早晨。方回《瀛奎律髓》卷二〇:"'更伴占兹辰'一句恐有误。"纪昀《瀛奎律髓刊误》:"'更伴'句,清出春雪。语意本明,何言有误?"纪说是。方世举《笺注》:"辉映:傅亮《芙蓉赋》:'既辉映于丹墀。'"

⑰ 轻微敢自珍:微,方《举正》作"微",云:"阁本作'严'。"朱《考异》:"微,或作'严'。"诸本作"微",从之。

方世举《笺注》:"轻微:董仲舒《雨雹对》:'寒月则雨凝于上,体尚轻微,而因风相袭,故成雪焉。'"

【汇评】

元方回:汗血千里马,必能折旋蚁封。昌黎,大才也,文与六经相表里,《史》《汉》并肩而驱者。其为大篇诗,险韵长句,一笔百千字,而所赋一小着题诗,如雪、如笋、如牡丹、樱桃、榴花、蒲萄,一句一字不轻下。此题必当时有同赋者。春雪早梅,中着一"间"字,只"彩艳不相因"一句五字已佳矣。"彩"言雪,"艳"言梅,本不相资,而成此美句,是非相为得之意。"芳意饶呈瑞",以言梅之芳,又饶以雪之祥瑞。"寒光助照人",以言雪之光,足助乎梅之映照,错综用工,亦云密矣。

学者作诗,谓不思而得,喝咄叫怒即可成章,吾不信也。

惟"更伴占兹辰"一句,恐有误。束大才于小诗之间,惟五言律为最难。昌黎此诗,赋之十韵,较元微之《春雪映早梅》多四韵。题既甚难,非少放春容不可也。

柳子厚有《早梅》诗,古体仄韵。"早梅发高树,迥映楚天碧。朔吹飘夜香,繁霜滋晓日。欲为万里赠,杳杳山水隔。寒英坐销落,何用慰远客。"单赋早梅,不为律,易锻炼也。譬如《雪》诗:"千山鸟飞绝,万径人踪灭。孤舟蓑笠翁,独钓寒江雪。"为古体则可极天下之奇,为律体则不可矣。昌黎"将策试""听窗知"六字,为荆公引用,亦是费若干思索。律体尤难,古体差易故也。(《瀛奎律髓》卷二〇梅花类)

清纪昀:《春雪间早梅》昌黎古体横绝一代,律诗则非所长,试帖刻画更非所长矣。此诗刻意敛才就法,反成浅俗,不为佳作。

"先期"句指冬雪,"更伴"句清出春雪,语意本明,何言有误?

("排枝")三句是韩本色,而非律诗当行。"芳意"句太俗。"荧煌"二字不似雪,"浩荡"二字更不似,"忽迷神"三字不雅,"未许"二句亦俗。(《瀛奎律髓刊误》卷二〇梅花类)

梨花下赠刘师命①
贞元二十一年

洛阳城下清明节②,百花寥落梨花发③。今日相逢瘴海头④,共惊烂熳开正月⑤。

【校注】

① 题:方《举正》:"苏魏公云:'当录于古诗中。'二梨花诗阳山作。"文《详注》:"《补注》:亦在阳山时作。"按:诗云"正月",韩公在

阳山只有贞元二十一年遇正月，诗当写于是年，在阳山。钱仲联《集释》引王鸣盛曰："《刘生》诗言其尝为梁、宋之游，则或亦曾至洛阳，与公相识，故其后公令阳山而刘来访之。"方世举《笺注》："《逸周书·时训解》：'清明之日桐始华。'"

② 洛阳城下清明节：下，宋白文本、文本、祝本、魏本、廖本、王本作"外"。钱仲联《集释》作"下"，必有所据。按情理洛阳遇春，当不分城里城外，诸本作"外"似不合情理，或古人重城外游春乎？今从钱校。意谓：曾于清明节时我们相遇于洛阳城下。如"城下之盟"。

③ 寥落：稀疏。《文选》卷二七谢玄晖《京路夜发》："晓星正寥落，晨光复泱漭。"

④ 瘴海：文《详注》："阳山非近海之地而曰'瘴海'者，言瘴毒之所聚也。海，疑作'岭'。公作《永贞行》云：'蛮俗生梗瘴疠蒸，江氛岭祲昏若凝'是也。"作"岭"，坐实句死；作"海"，虚而有意境，如"云海"者。

⑤ 共惊烂熳开正月：熳，宋白文本、文本、祝本、魏本、王本作"熳"。廖本作"漫"。澜漫、烂漫、烂熳、烂曼均通，分散杂乱貌。《淮南子·览冥训》："主暗晦而不明，道澜漫而不修。"《文选》卷一七王子渊《洞箫赋》："惮恅澜漫，亡耦失畴。"《文选》卷八司马相如《上林赋》作"烂熳"，《史记》作"烂曼"。《文选》卷一一王文考《鲁灵光殿赋》："滀滀泹泹，流离烂漫。"

【汇评】

清朱彝尊：粗豪自肆。（顾嗣立《昌黎先生诗集注》卷九）

和归工部送僧约①
元和元年

元和元年（806）春，作于江陵。时韩愈三十八岁，为江陵法曹参军。韩愈辟佛,至死不更其志。诗借和归登送僧约诗,揶揄和尚,说他们信佛是假,为名与利是真。对归工部也不无嘲讥。诗仅四句,却痛快淋漓地表现了韩愈落落大方的风度。所以,朱彝尊《批韩诗》说这首诗"以豪气驱遣,磊落痛快"。《唐宋诗醇》称其"振威一喝,三日耳聋"。韩诗往往多非正言,此亦如此。这也是这首诗的手法特点。

早知皆是自拘囚②,不学因循到白头③。汝既出家还扰扰④,何人更得死前休⑤?

【校注】

① 题:方《举正》:"工部,归登也。约,荆州人。"按:归工部,归登,字冲之,曾任工部侍郎、工部尚书等。深懂佛学,与孟简同受诏翻译《大乘本生心地观经》。僧约,名文约,荆州人,和尚。广交游,与归登、刘禹锡、柳子厚都有交往。文《详注》:"《补注》:归登,字冲之,顺宗为皇太子,登侍读。及即位,超拜给事中,迁工侍。此诗贞元二十一年作。"方成珪《笺正》:"《旧史》:归登,字冲之,崇敬子。顺宗初,以东朝旧恩,超拜给事中,迁工部侍郎,累迁工部尚书,与孟简等受诏,同翻译《大乘本生心地观经》,盖深于禅悦者。公诗揶揄僧约,亦隐以讽归也。"方世举《笺注》:"《旧唐书·归登传》:登,字冲之,崇敬之子。顺宗初,以东朝旧恩,超拜给事中,迁工部侍郎,与孟简、刘伯刍、萧俛受诏,同翻译《大乘本生心地观经》。"钱仲联《集释》:"刘禹锡《赠别约师引》云:'荆州人文约,市井生而云鹤性,故去荤为浮图,生瘖而证。入兴南,抵六祖始生之墟,得遗教甚悉。今年访余于连州,且曰:贫道昔浮湘川,会柳仪曹谪零陵,宅于佛寺,幸联栋而居者有年。'云云。方崧卿《韩文年表》列此诗于元和元年《春雪》诸诗后,公赠诗后,约当即浮湘南游矣。"系于元年,是。

② "早知"二句:归登、文约二人虽信佛倡佛,但内心里另有所

想。自拘囚,自己束缚自己。

③ 不学:不学习。因循,因循守旧,沿守老一套。方世举《笺注》:"《南史·张融传》:'丈夫当删《诗》《书》,制礼乐,何至因循寄人篱下。'"

④ 汝既出家还扰扰:方世举《笺注》:"《庄子·天道篇》:'胶胶扰扰乎?'"方成珪《笺正》:"《香祖笔记》尝载广州僧大汕向吴园次绮自述酬应之苦,吴笑应之曰:汝既苦之,何不出了家。座客皆大噱。又引杨诚斋诗云:'袈裟未著言多事,著了袈裟事更多。'古今淄流,正如一丘之貉耳。"钱仲联《集释》引王鸣盛曰:"妙绝。偏出家人比在家人更忙,其所以忙者,无非为名为利而已。"

按:汝,代词,你,指文约。出家,弃家削发为僧尼。《晋书·佛图澄传》:"百姓因澄故多奉佛,皆营造寺庙,相竞出家,真伪混淆,多生愆过。"扰扰,纷乱貌。《国语·晋语六》:"唯有诸侯,故扰扰焉。凡诸侯,难之本也。"公诗"扰扰"同挠扰,骚扰,即为追名逐利奔波不休,扰乱别人。汉荀悦《申鉴·政体》:"私使则民挠扰而无节,是谓伤义。"

⑤ 何人更得死前休:朱《考异》:"得,或作'向'。"祝本、魏本、廖本、王本作"得"。宋白文本、文本作"向",注:"一作'得'。"作"得"字善。按:得(dé 多则切,入,德韵),得者,能也。平仄律亦合。《韩诗外传》二:"不能勤苦,焉得行此。"《汉书·昭帝纪·元凤二年诏》:"三辅、太常郡得以叔粟当赋。"《荀子·大略篇》:"子贡曰:大哉死乎!君子息焉,小人休焉。"宋袁文《瓮牖闲评》卷五:"(黄)太史又尝谓人云:杜荀鹤诗(《秋宿临江驿》)'举世尽从愁里老',可对韩退之诗'何人肯向死前休'。此一联尤奇绝。虽未成全篇,知太史真能集句,第恨所见者不多耳。然其譬集句为'百家衣'者,亦其所优为故也。"查慎行《查初白诗评十二种》:"王半山全用此句入律诗。"

【汇评】

宋曾慥：“举世尽从愁里老”山谷尝云：杜荀鹤诗"举世尽从愁里老"，正好对退之诗"谁人肯向死前休"。（《高斋诗话》）

宋袁文：黄太史《西江月》词云："断送一生惟有，破除万事无过。"此皆韩退之之诗也。太史集之，乃天成一联。陈无己以为切对而语益峻，盖其服膺如此。太史又尝谓人云："杜荀鹤诗'举世尽从愁里老'，可对韩退之诗'何人肯向死前休'。"此一联尤奇绝。虽未成全篇，知太史真能集句，第恨所见者不多耳。然其譬集句为"百家衣"者，亦其所优为故也。（《瓮牖闲评》卷五）

宋王楙：《杜荀鹤句》：《高斋诗话》曰：山谷尝云杜荀鹤诗"举世尽从愁里老"，正好对韩退之诗"谁人肯向死前休"。仆考荀鹤诗元有是对，其诗曰："南来北去二三年，年去年来两鬓斑。举世尽从愁里老，谁人肯向死前闲。"退之"闲"字为"休"字耳。退之在前，荀用其语。仆谓"谁人肯向死前休"与"谁人肯向死前闲"二句皆当理，然岂可诬举世之人"尽从愁里老"邪？盖有春风和气中过一生者，但不多耳。不若曰："浮世多从忙里老。"（《野客丛书》卷七）

明叶子奇：古人得意句，如王荆公"青山扪虱坐，黄鸟挟书眠"，黄山谷"人得交游是风月，天开图画即江山"，皆警语也。又山谷尝云："'举世尽从愁里过'，正好对韩退之诗'谁人肯向死前休'。"（《草木子》卷四）

清朱彝尊：以豪气驱遣，磊落痛快。（顾嗣立《昌黎先生诗集注》卷九）

清爱新觉罗·弘历：振威一喝，三日耳聋。（《唐宋诗醇》卷三一）

程学恂：公岂从其教者，而所言乃如此。吾故谓公诗多非正言之也。（《韩诗臆说》卷一）

入关咏马[①]

元和六年

由河南县令迁职方员外郎，召回京师，对韩愈来说无疑是人生仕途的新起点。故见险关而有感于往事；因为百姓请命而遭贬，后累受挫，故有"慎前程"的思考。此人之情也，也是他此时的心态。诗以"慎"字为眼，以马为喻，以前程为线贯穿，浑然一体。字显意邃，语畅气杰，见马意态尤知韩公的气度神情。慎于行是他的愿望，为国计民生不惜牺牲前程，乃韩公本性。孰大孰小，其心中有杆秤。

岁老岂能充上驷②，力微当自慎前程③。不知何故翻骧首④，牵过关门妄一鸣⑤。

【校注】

①题：元和六年（811）夏，韩愈由河南令迁朝议郎、职方员外郎、上骑都尉，奉诏赴京师长安，过潼关而作。关，指陕西潼关。《元和郡县图志》卷二关内道二："京兆府华州华阴县，潼关在县东北三十九里，古桃林塞也，春秋时晋侯使詹嘉处瑕以守桃林之塞是也。"唐人诗文里凡单称一"关"字者，均指潼关；若称别关者，必冠名字，如蓝田武关、太行娘子关。

关于此诗作年：魏本："韩曰：'公自江陵召拜国子博士入蓝关作。'"方《举正》："此诗（《峡石西泉》）与《咏马诗》皆当为元和改元西归日作。"方世举《笺注》同韩说。陈景云《点勘》："旧注（元和元年夏自江陵召拜国子博士入蓝关作）误。方氏《举正》亦以此诗为元和改元西归日作，亦误也。公元和中自河南令入为职方员外郎，因前过华州时，见华阴令柳涧事，上疏论之，坐是下迁博士。公诗疑缘此而作。华州乃入潼关孔道也。公先以言事远谪回翔，久之，方有省郎之召，乃复以抗直左官，宜不能无慨于中，故以马之一鸣辄斥自比耶？若从江陵还朝时，公年未逾强仕，不应有岁晚力微之慨矣。……唐人诗文中，凡止称关者，皆谓潼关。至蓝田武关，则必系关名以别之。即公集中亦然，可参考也。"王元启《记疑》："公过华州因论柳涧事，自职方下迁博士，时在元和七年，公年四十有五矣。此诗'岁老''力微'二语自下迁后追感此事而作。一鸣即斥,借立仗之马自嘲也。"钱仲联《集释》:"公左迁在七年二月,去自洛入关时,已阅七八月矣。即有左迁之感,亦何必以《入关咏马》为题也。此只是六年秋自河南令入为职方员外郎过关时所作。首句即壮不如人老无能为之意。公居洛四载,至是方内召,故有'慎前程'之言。鉴于阳山之覆辙,故有'妄一鸣'之戒也。"按:"慎前程""妄一鸣"乃开启此诗之钥匙。远贬阳山因言事,又因毁谤避语阱于东都,近因尽职行事,下汰河南令。此次升迁还京,虽喜犹忧而怨,故见关咏马寄慨也。当以元和六年,由洛阳入为职方而作。

② 上驷:最好的马。《史记·孙武传》孙膑谓田忌曰:"今以君之下驷与彼上驷,取君上驷与彼中驷,取君中驷与彼下驷。"黄丕烈《士礼居藏书题跋记续》卷下《孙可之文集》:"余友顾抱冲(之逵)得宋刻本于华阳桥顾听玉家,楮墨精良,首尾完好,真宋刻中上驷。"此以上驷马比。

③ 自慎前程:此乃见自然之关而感叹自己的人生之关。因为言民事而遭贬,有才见用而遭嫉妒,不可不慎对前程也。前程,未来的道路或境况。

④ 骧首:马仰头也。《晋书·孝武帝纪论》:"迈油云而骧首,济沈川而能跃。"《文选》卷三九邹阳《上书吴王》:"臣闻蛟龙骧首奋翼,则浮云出流,雾雨咸集。"注:"骧,举也。"又《文选》卷四七袁宏《三国名臣序赞》:"整辔高衢,骧首天路。"又《文选》卷一四颜延年《赭白马赋》:"眷西极而骧首,望朔云而蹀足。"不知何故者,实知之也:此以上驷好马比己良才之振起也。韩公一则慎,一则喜。慎则畏重蹈以往之覆辙,喜则迁官回京。可韩公本性难改,遇事不能不言,言则危及前程。下年因言柳涧事下迁,后因言淮西事,触怒主和权臣下迁,元和十四年又因上《论佛骨表》,远贬潮州。这些均可使我们认识韩公的政治品格也。

⑤ 妄一鸣:方《举正》据蜀本作"妄",云:"晁、洪校。樊曰:'岁老力微,不应鸣也。'"朱《考异》:"妄,或作'忘'。"宋白文本、魏本作

"忘",注:"一作'妄'。"文本、廖本、王本作"妄",是。

按:妄,胡乱、反常之举。《荀子·天论》:"倍道而妄行。"《左传》哀公二十五年:"彼好专利而妄。"此公之谦词。《新唐书·奸臣传上·李林甫传》:"补阙杜琎再上书言政事,斥为下邽令。因以语动其余曰:'明主在上,群臣将顺不暇,亦何所论?君等独不见立仗马乎,终日无声,而饫三品刍豆;一鸣,则黜之矣。后虽欲不鸣,得乎?'"此反用"一鸣惊人"。

【汇评】

清王鸣盛:《入关咏马》云:"岁老岂能充上驷,力微当自慎前程。不知何故翻骧首,牵过关门妄一鸣。"观此作,似有鉴于阳山之覆辙,欲以缄默取容矣。乃其后谏迎佛骨,面折王廷凑,强项自如,不少贬也,君子哉!(《蛾术编》卷七六)

早春雪中闻莺^①

元和元年

朝莺雪里新^②,雪树眼前春。带涩先迎气^③,侵寒已报人^④。共矜初听早,谁贵后闻频。暂啭那成曲,孤鸣岂及辰^⑤。风霜徒自保,桃李讵相亲^⑥。寄谢幽栖友^⑦,辛勤不为身^⑧。

【校注】

① 题:魏本:"洪曰:'北地春晚方闻莺,此诗盖南迁时作也。'"文《详注》:"《补注》:此诗旧次如此,元和元年春江陵作。"方《举正》:"三本诗次皆同。三雪诗与此诗皆元和改元江陵作。"方世举《笺注》:"按:明人蒋之翘以此为南迁时作,谓北地无早莺,此似是实非。诗词暇豫,绝无悲伤,诗体是排律,诗格是试帖,必应试之作

也。若以非时之物而言,则当如丙吉问牛之论气候,邵康节天津闻杜鹃之惊风移,公立言仅尔尔耶！惟其试题不敢高论,且安见当时不偶有此事耶？岭南无雁而徐浩尝以雁至广州为奏。杜子美又有五律诗,可以类推。"王元启《记疑》："此诗诸本编次《入关咏马》之后,疑亦为疏论柳涧而作。时公贬斥初复,当时必有赏其敢言者,故有'共矜初听早'之句。结句则公自言发于公愤而言之,初不为一身私计,至于涧实有罪,公卒以此贬官,则公意所不料也。"钱仲联《集释》："王说过凿,方注亦固。兹从《举正》。"

② 朝莺:方世举《笺注》："何逊《咏春雪寄族人诗》：'朝莺日弄响,暮条行可结。'"新:初闻莺鸣,故谓新也。

③ 文《详注》："《月令》(《礼记》)：'立春之日,天子亲帅三公、九卿、诸侯、大夫以迎春于东郊。'注云：'迎春祭仓帝威灵(灵威),仰于东郊之兆[也]。'盖商礼。"方世举《笺注》："江总诗(《杂曲三首》之三)：新人未语言如涩。"谓早春黄莺初鸣,声尚不流畅。《宋书·南郡王义宣传》："生而舌短,涩于言论。"

④ 侵寒已报人:何焯《批韩诗》："清切。"即向人报春寒也。虽春寒料峭,然阳气已来。

⑤ 暂啭那成曲,孤鸣岂及辰:谓莺孤鸣因时令不到,啭不成曲调也。文《详注》："《月令》：'仲春之月,仓庚鸣。'《说文》曰：'鸣即蚕生。'黄鸟,一名仓庚。"方世举《笺注》："孤鸣:刘孝绰诗(《咏百舌》)：'孤鸣若无对,百啭似群吟。'"

⑥ 桃李讵相亲:讵,副词,表反问,相当于现代汉语里的难道、哪里。李白《行路难》："华亭鹤唳讵可闻。"谓天尚寒,桃李不能开花也。

⑦ 寄谢幽栖友:何焯《批韩诗》："收转报春意。"按:借早春莺孤鸣,而思幽栖之友,故以诗寄之。

⑧ 方世举《笺注》："《汉书·扬雄传》：'动不为身。'"按:不为身者,不为自己也。

【汇评】

清朱彝尊:稍逊前首(《春雪间早梅》)。然句句是早闻,亦流快动人。(顾嗣立《昌黎先生诗集注》卷九)

木芙蓉①

永贞元年

新开寒露丛②,远比水间红③。艳色宁相妒,嘉名偶自同。采江官渡晚,搴木古祠空④。愿得勤来看⑤,无令便逐风⑥。

【校注】

① 题:方《举正》:"移江陵日道间作。"魏本:"孙曰:水生者为水芙蓉,木生者为木芙蓉。《尔雅》(《释草》)曰:'菡萏,芙蓉也。'此所谓木芙蓉也。"芙蓉,荷花之别名。《楚辞》屈原《离骚》:"制芰荷以为衣兮,集芙蓉以为裳。"白居易《长恨歌》:"归来池苑皆依旧,太液芙蓉未央柳。"木芙蓉也称木莲。白居易《木芙蓉花下招客饮》诗:"莫怕秋无伴醉物,水莲花尽木莲开。"

② 露:方《举正》据蜀本作"路"。朱《考异》:"露,方作'路',非是。"宋白文本、文本、祝本、魏本、廖本、王本作"露",从之。寒露,表节令,故作"露"字是;亦可形容秋寒木芙蓉滴露之貌。季节到寒露,天更凉,空中水汽凝结而成寒冷的露珠,故有寒露节之称。

③ 水间红:方《举正》据阁本作"水间红。"朱《考异》:"间,或作'边',非是。"宋白文本、文本、祝本作"边"。魏本、廖本、王本作"间",注:"一作'边'。"按:当作"间",水间红,即水中的芙蓉花。

魏本:"孙曰:'水间红,即菡萏。'"按:水间红,荷花,亦名菡萏。《诗·陈风·泽陂》:"彼泽之陂,有蒲菡萏。"《文选》卷一一魏何晏《景福殿赋》:"菡萏艳霭,纤缛纷敷。"荷花生长在水间,故作"间"

字,是。此承上句木芙蓉,因木芙蓉生长在陆地,荷花生长在水里,二者相比,故云远比。

④ 采江官渡晚,搴木古祠空:方《举正》作"采江秋节晚,搴木古辞空",云:"杭、蜀、三馆本同上。阁本作'秋江官渡晚,寒木古祠空'。洪本校从'采江官渡晓,搴木古祠空'。按:《古诗》(《文选》卷二九《古诗十九首》之六)有'涉江采芙蓉'。又屈原《九歌》(《湘君》):'搴芙蓉兮木末。'谓搴之非其地也。公此诗专以二花对喻,谓将采之江,则秋节已晚,将搴之木,则古辞所喻为无益。盖诗人强彼弱此意也。梅圣俞亦有《木芙蓉》诗,谓'事与《离骚》异,吾将搴以夸'。诗人多以意用事,旧本所无者,不可意定。"朱《考异》:"(引方语)今按:方说非是。盖此诗言荷花与木芙蓉生不同处,而色皆美,名又同,故以采江、搴木二事相对言其生处。而《九歌》者祭神之辞,故曰古祠也。如此,则此诗从头至此六句意皆联属,然嘉祐杭本已如此,非洪意定也。"宋白文本作"秋江官渡晚,寒木古祠空"。文本作"采江秋节晚,搴木古辞空"。魏本、廖本、王本作"采江官渡晚,搴木古祠空",从之。

祝本、魏本注:"搴,或作'褰',非。"作取、作拿二字音(qiān)义均同。屈原《九歌·湘君》:"采薜荔兮水中,搴芙蓉兮木末。"谢灵运《初去郡》诗:"攀林摘落英。"李商隐《行次西郊作一百韵》:"珠帘亦高褰。"朱彝尊《批韩诗》:"工而新。"按,此联工对:采与搴,动词对;江与木,名词对,一水一陆;官渡与古祠,承上构成二花生长的不同地方;晚与空对,承上显意境。

⑤ 愿得勤来看:方《举正》据杭、蜀本作"愿得"。朱《考异》:"愿得,或作'须劝'。"宋白文本、文本、祝本、魏本作"须劝"。廖本、王本同《举正》,作"愿得",从之。

按:此乃韩公以水芙蓉比木芙蓉,而颂木芙蓉之美。因其美,故自己对自己说"愿得勤来看"也。故作"愿得"是。

⑥ 便:宋白文本作"使",诸本作"便"字,作"便"字善。逐,随也。《史记·匈奴列传》:"逐水草移徙。"

【汇评】

宋俞文豹：芙蓉有两种：曰水芙蓉者，荷花也；曰木芙蓉者，拒霜也。《楚辞》曰："芙蓉始发，杂芰荷些。"注：荷者，芙蓉之茎。汉昭帝游柳池，有芙蓉，香气闻十里外。萧缅曰：庚杲之泛绿水，依芙蓉，何其丽也。时以王俭府为莲花池，此水芙蓉也。韩文公《木芙蓉》诗："新开寒露丛，远比水边红。丽色宁相妒，佳名偶自同。"柳子厚《木芙蓉》诗："丽景别寒水，秾芳委前轩。芰荷谅难比，反此生高原。"此木芙蓉也。（《吹剑录全编·吹剑三录》）

清何焯：《木芙蓉》第二以"水"破"木"，似太拘于法。（《义门读书记》卷三〇）

程学恂：确是公诗，然俗处亦不能为讳。东坡集中有《红梅》七律三首亦然。（《韩诗臆说》卷一）

蒋抱玄：剔清"木"字，不作一混同语，古人严于咏物盖如此。（《注释评点韩昌黎诗全集》）

题张十一旅舍三咏[①]

元和元年

以第一首"五月榴花照眼明"看，诗当写于他与张署同掾江陵时的五月。这三首借咏物以寄托的小诗虽短，却包含着深刻的哲理。《榴花》咏石榴不喜繁华，不图温养，在僻地冷落处，自开自落，自结籽实，表现了他洁身自好的品格：既颂人又寓己。《井》言井水虽在，不能济人，比喻在位者尸位素餐，不能荐才济政。骨子里表现了韩愈虽遭贬遇赦，仍不得还朝复官的怨愤。《蒲萄》本是从西域引进的佳果，因无人扶持，架倒半枯；若想让它结出好果实，当爱心扶持。此亦寓用人才也。

榴花②

五月榴花照眼明,枝间时见子初成③。可怜此地无车马④,颠倒青苔落绛英⑤。

【校注】

① 题:方《举正》:"元和元年五月江陵作,张时从辟邕管也。"魏本:"樊曰:公自阳山与张十一徙掾江陵,道潭州而作,以其咏《井》云'贾谊宅中今始见'知之。"文《详注》:"《补注》:三咏,公永贞元年自阳山与张徙掾江陵,道潭州而作也。"方世举《笺注》:"□云:公自阳山与张十一徙掾江陵,道潭州而作,以其咏《井》云'贾谊宅中今始见'知之。愚按:永贞元年夏,公与署俟命郴州,其过潭在八九月,非五月也。此诗大抵在江陵作。以署迁谪南方,而宅中亦有井,故比贾谊云尔。且在潭不过旅泊,安得种蒲萄耶?"王元启《记疑》:"樊以次章咏井有'贾谊宅中'一句,定为徙掾江陵道潭州而作。或云'在潭不过旅泊,安得种蒲萄?'余谓旅舍所有不必皆由手种。但石榴、蒲萄,皆非十月过潭时所有,且首章明云五月,其为元和元年江陵寓舍所咏无疑。樊说非是。"钱仲联《集释》引王鸣盛曰:"此张署旅舍,必在郴州,盖公于夏初已去阳山,到郴州,与署同客于郴,此诗五月作,故曰'五月榴花照眼明',又曰'正是行人喝死时'。而蒲萄诗中之意,亦言蒲萄未熟也。"钱仲联《集释》:"公于永贞元年六七月间到郴州,九月离郴,故《祭李郴州文》云:'俟新命于衡阳,见秋月之三毂'也。五月公尚未到郴州,王鸣盛说非是。仍当以二方之说为长。"按:钱说诗写于五月在江陵时,是;然谓六七月间到郴州则非,实为五月下旬。旅舍,即旅馆,指张署住处。

② 榴花:石榴花,五月开放。原生西域,张骞出使西域带回中原。《西京杂记》卷一:"初修上林苑,群臣远方各献名果异树,……[有]安石榴十株。"《尔雅翼·释木》:"石榴,或云本生西域,张骞使

外国得之。"

③"五月"二句：文本作"枝间初见子先成"，云："一本作'时见子初成'。"诸本均作"枝间时见子初成"，善，从之。

时见：时时可见，非只一日也。初，表花落后始果。子，指整个石榴果，非单指籽粒。

④ 可怜：不作可惜解，当作可爱解。陈迩冬《韩愈诗选》："可怜，这里仍应作可爱解。张相《诗词曲语辞汇释》作可惜解，以为这两句'言可惜无游人来赏，任其谢落也'。此解倘用于一般唐人的诗，大致无甚差失。惟韩诗多盘空硬语，有时虽文从字顺，而意却拗。这两首诗，朱彝尊说是'意调俱新，俱偏锋'，可谓知言。末二句正是爱其无游人来赏，爱其满地'青苔''绛英'；倘有人来赏，则车辙马蹄践踏得不堪了。此正是意调新而笔锋偏出处。"

⑤ 绛英，方《举正》作"绛英"，云："阁本作'细英'。"朱《考异》："绛，或作'细'。"作"绛"字是。

魏本注："绛，赤色。英，花也。"颠倒，乱貌。绛英，绛，红色；英，花也。此句是说青苔上落满了红艳艳的石榴花。

井

贾谊宅中今始见①，葛洪山下昔曾窥②。寒泉百尺空看影③，正是行人渴死时④。

【校注】

① 贾谊：魏本："孙曰：《括地志》云：'贾谊宅在长沙县南三十步。'《湘水记》云：'贾谊宅中有一井，谊所穿之，极小而深，上敛下大，其状如壶。'樊曰：《水经注》(《湘水》)云：'长沙县西陶侃庙，传是贾谊宅。地中有一井，是谊所穿。'杜诗（《清明二首》之一）：'长怀贾傅井依然。'"文《详注》："《水经》：晋怀帝以永嘉三年，分荆州

湘中诸郡,立湘州治此。城之内郡廨西陶侃庙云是贾谊宅,地中有一井,是贾谊所凿。极小而深,上敛而下阔,其状似壶。傍有一石床,才容一人坐,流制相承云:谊昔所坐床。《通典》云:今潭州长沙县有湘水,贾谊宅犹存。长沙即汉之湘州临湘县也。《补注》:杜甫(《清明二首》之一)亦云:'不见定王诚旧宅,长怀贾谊(傅)井依然。'"按:贾谊,河南洛阳人,西汉杰出的政治家、辞赋家,曾出任长沙王太傅,世谓贾长沙。

② 葛洪:魏本:"孙曰:'葛洪,字稚川,其井在今郴州。'"文《详注》:"《晋书》(《葛洪传》):葛洪,字稚川,丹容人也。从祖玄吴时学道得仙,号曰葛仙公。以其炼丹秘术授弟子郑隐。洪就隐学,悉得其术焉。事元帝至司徒,卒年八十一。《名山略记》曰:'天台山在剡,即是众圣所降葛仙公山也。'"顾嗣立《集注》:"《罗浮山记》:'葛稚川入罗浮炼丹,弟子从之者五百余人,置观四所,今井存焉。'"蒋之翘《辑注》:"葛洪字稚川,丹井所在有之。公所指者疑在郴州。"方世举《笺注》:"葛洪山下:《水经注》云:'兰风山,山有三岭,下临大川,丹阳葛洪遁世居之,基井存焉。'蒋云:'葛洪丹井,所在有之,公所指者,疑在郴州。'"按:葛洪,晋句容人,字稚川,自号抱朴子。从祖传炼丹术于郑隐,洪就隐学,炼丹于罗浮山。该山称葛洪山,山有丹井。

③ 寒泉:极言水深,只宜看影,不宜汲饮。按:诗所说,韩公似曾见之。

④ 暍死时:方《举正》:"诸本多作'暍',惟此本作'渴'。"宋白文本、文本、祝本、魏本作"暍"。廖本、王本作"渴"。当作"暍"。

按:暍(yē):古读入声。一作"渴",非是。一种因天热中暑而患的热症。魏本:"祝曰:《前汉》:夏大旱,民多暍死。注云:中暑而死。""暍"字韩公《纳凉联句》亦用。详见《纳凉联句》注⑮。

【汇评】

宋王楙:《韩用杜格》:杜子美《逢李龟年》诗曰:"岐王宅里寻常

见,崔九堂前几度闻。正是江南好风景,落花时节又逢君。"韩退之《井》诗曰:"贾谊宅中今始见,葛洪山下昔曾窥。寒泉百尺空看影,正是行人渴死时。"杜诗:"老妻画纸为棋局,稚子敲针作钓钩。"韩诗:"已呼孺人戛鸣瑟,更遣稚子传清杯。"因知韩诗亦自杜诗中来。(《野客丛书》卷七)

蒲萄①

新茎未遍半犹枯②,高架支离倒复扶③。若欲满盘堆马乳④,莫辞添竹引龙须⑤。

【校注】

① 蒲萄:方世举《笺注》:"《史记·大宛传》:'左右以蒲萄为酒,马嗜苜蓿。汉使取其马来,于是天子始种苜蓿、蒲萄。离宫别观傍,蒲萄、苜蓿极望。'"按:《汉书·西域传赞》:"感枸酱、竹杖则开牂柯、越巂,闻天马、蒲萄则通大宛、安息。"蒲萄亦作蒲陶、葡萄。

② 新茎:方世举《笺注》:"潘岳《安石榴赋》:'新茎擢润,膏叶垂腴。'"

③ 高架支离倒复扶:方《举正》作"倒复扶",云:"唐、谢校。"朱《考异》:"复,或作'后'。"祝本、魏本作"到后"。宋白文本、文本作"倒后扶"。廖本、王本作"倒复扶"。从之。

方世举《笺注》:"高架:《齐民要术》(卷四):'葡萄蔓延,性缘不能自举,作架以成之,叶密阴厚,可以避热。'"童《校诠》:"第德案:古倒字只作到。唐石经士丧礼:祭服不到;大戴记虞戴德:反天到行;庄子外物:草木之到植者过半;吕氏春秋开春:何其到也;淮南原道:到生挃伤;说文:悬注到首,匕注到人,尾注到毛,云注到子,皆作到,不作倒。倒字说文新附有之,此本作到,乃古字也。"童说虽有理,然唐时人已习用"倒"字,韩公亦然。如《李花赠张十一署》:"白花倒烛天夜明,群鸡惊鸣官吏起。"《刘生诗》:"倒心回肠为青眸,千金邀顾不可酬。"均可证韩诗用"倒",不用"到"。此作"倒",是。

④ 若欲满盘堆马乳:朱《考异》:"若,或作'君'。"宋白文本、文本、魏本、廖本、王本作"若",文本、魏本注:"一作'君'。"当作"若",作如果、假使解。

文《详注》:"《本草图经》云:'蒲萄蔓生,苗叶作蘡薁而大,子有紫白二色。又有似马乳者,又有圆者,皆以其形为名。又有无核者。七月八月熟。子酿为酒及浆,别有法。蘡薁是山葡萄,亦堪为酒。'"魏本:"韩曰:蜀本《图经本草》'蒲萄'注:'子有似马乳者。'"方世举《笺注》:"马乳:《太平御览》:'唐平高昌,得马乳蒲萄造酒。'"按:《史记·大宛传》:"其俗土著,耕田,田稻麦。有蒲陶酒。"唐封演《封氏闻见记》卷七《蜀无兔鸽》:"太宗朝,远方咸贡珍异草木,今有马乳蒲萄一房,长二丈余,叶余国所献也。"唐刘禹锡《和令狐相公谢太原李侍中寄蒲桃》:"鱼鳞含宿润,马乳带残霜。"

⑤ 莫辞添竹引龙须:文《详注》:"《酉阳杂俎》云:'蒲萄有黄白黑三种,成熟之时,子实逼侧龙须,即蔓英也。'"方世举《笺注》:"蒲萄藤蔓颇似龙须。龙须,亦草名也。郭璞《尔雅·释草注》:'草纤细似龙须。'《古今注》:'孙兴公曰:世称黄帝骑龙上天,群臣援龙须,须坠而生草,曰龙须。'"钱仲联《集释》:"龙须,方注以为龙须草。龙须草即《本草经》之石龙刍,生深山岩隙中,细直达数尺,蒙茸下垂,可取以织席。葡萄茎与卷须并不与之相似,故诗中之龙须,径作龙之须解可已。"按:文、方所说未谛,钱说近之。此诗之龙须,指葡萄蔓上生得细长而卷曲的须状之物,可以勾缠他物使葡萄蔓附着蔓延。

【汇评】

清朱彝尊:此是常调耳。(顾嗣立《昌黎先生诗集注》卷九)

【三诗总评】

清朱彝尊:《榴花》《井》两诗意调俱新、俱偏锋。(顾嗣立《昌黎先生诗集注》卷九)

清方世举:三咏虽写物,颇有寄托。首章即潘岳赋河阳庭前安石榴之意,所谓"岂伊仄陋,用渝厥贞"者也。次章即《史记·屈原传》"井渫不食"之意,言可汲而不汲,未足以济人也。末章以新茎半枯、高架复扶喻谪而复起,若欲大食其报,尚须加意栽培也。(《韩昌黎诗集编年笺注》卷四)

峡石西泉①

元和六年

诗看似不经心,实则以锐思寓深意。峡州西泉是眼前实景,公居然从连鳞介都不能容的一钟石眼,以所听传说折转,推出小石眼居然能应百姓所祈,得雨解旱,再由此而拟出科斗化蛟龙的奇想。这由水与水中之物,引发联想,虽奇异,却自然。至于科斗化龙之想,可谓奇中尤奇;若是想到韩公在《应科目时与人书》里,自比为怪物龙,就会豁然开朗。原来韩公此次迁官回京,遇水,过关,会不会有跃龙门而化龙之想呢?请细思之。看来他是想回京后在慎行中干一番事业的。诗虽小而涵义深远,思新语奇,嚼之有味。

居然鳞介不能容②,石眼环环水一钟③。闻说旱时求得雨,只疑科斗是蛟龙④。

【校注】

① 峡石西泉:西,王本注:"一作'寒'。"诸本作"西",是。

方《举正》:"此诗与《咏马》诗,皆当为元和改元西归日作。"文《详注》:"《补注》:道衡、潭之荆而作也。"魏本:"孙曰:'此诗旧本以次《张十一旅舍三咏》后,盖永贞元年道衡、潭之荆而行。'"方成珪《年谱》:"公元和十二年有《次硖石》诗,题注:'硖,一本作峡。'然此诗语意,当有讽刺,必非从晋公平蔡时作。以泉在河南陕州西门外,姑附于公为河南令之时。"钱仲联《集释》:"公在河南令任时,无因至陕州。《举正》谓元和改元西归日,似指元和元年自江陵入为博士时,则道不经陕州,亦非也。此当是元和六年秋,自河南令入为职方员外郎,道经陕州时所作。"沈钦韩《补注》:"《明统志》(卷二九):虾蟆泉在陕州城西门外。水自石眼流出,内生科斗,祷雨即应,韩愈诗云云。"按:钱说是。然说是秋则非,当为夏。元和六年(811)夏,韩愈由河南令,迁朝议郎、职方员外郎、上骑都尉,奉诏赴京师长安,过陕州峡石县而作。《元和郡县图志》卷六河南道二陕州:"峡石县,本汉陕县地,属弘农郡,自汉至宋不改。后魏孝文帝分陕县东界置崤县。周明帝二年,分陕、崤二县置崤郡,隋文帝罢郡,以崤县属陕州,大业二年废入陕县。义宁元年重置,理峡石坞,贞观中改名峡石县。"方世举《笺注》:"峡石本县名,属河南道陕州。县有峡石坞,因名。"

② 居然:副词,出人意料。公《喜侯喜至赠张籍张彻》诗有"居然忘推让"。鳞介,泛指有鳞与介甲的水生动物。《周礼·地官·大司徒第二》:"二曰川泽,其动物宜鳞物。……四曰坟衍,其动物宜介物。"郑注:"鳞物,鱼龙之属。介物,龟鳖之属。"后汉蔡邕《郭有道太原郭林宗碑》:"望形表而影附,聆嘉声而响和者,犹百川之归巨海,鳞介之宗龟龙也。"

③ 石眼:《列子·汤问》:"滨北海之北,……其国名曰终北。……当国之中有山,山名壶领,状若甔甀,顶有口,状若员环,名曰滋穴,有水涌出,名曰神瀵。"俗谓之石眼。环环,形容石眼为圆形。《乐府诗集》卷四七《石城乐》:"环环在江津。"公《题炭谷湫祠堂》诗有"石盂仰环环"。钟为古代容量单位,可容六斛四斗,十釜为一钟。《左传》昭公三年:"釜十则钟。"《孟子·滕文公下》:"(陈仲子)兄戴,盖禄万钟。"

④ 科斗:《尔雅·释鱼》:"科斗,活东。"注:"虾蟆子。"蛙或蟾蜍的幼仔。《庄子·秋水》:"(坎井之蛙)谓东海之鳖曰:'……还虷蟹与科斗,莫吾能若也。'"

梁国惠康公主挽歌二首①

元和八年后作

其一

定谥芳声远,移封大国新②。巽宫尊长女③,台室属良人④。河汉重泉夜⑤,梧桐半树春⑥。龙輀非厌翟⑦,还辗禁城尘⑧。

【校注】

① 题:方《举正》作"梁",云:"樊校。考之史,当作'梁'。"朱《考异》作"梁",云:"梁,或作'凉'。方云:'考之史,当作梁。'今按:本或有'词'字,羊士谔集有《梁国惠康公主挽歌词》二首,注云:'时诏令百官进诗。'"南宋监本原文作"凉"。宋白文本、文本、祝本作"凉"。魏本、廖本、王本作"梁"。

魏本:"孙曰:'公主,宪宗长女。始封普宁,徙封永昌。元和二年下嫁于季友,及卒追封梁国公主,谥曰惠康。今作凉国,误。'"文《详注》:"《春秋公羊传》(庄公元年)云:'天子嫁女于诸侯,必用诸侯同姓者主之。'故曰公主。《汉书》(当为《通典》卷八六):高帝时齐王田横自杀,其故吏不敢哭泣,但随柩叙哀,而后代相承以为挽歌,盖因于古也。"方世举《笺注》:"《旧唐书·于頔传》:'頔自襄阳入觐,册拜司空、平章,故云台室。至八年正月,頔贬恩王傅,季友以诳罔公主,藏隐内人,削夺所任官。'是公主犹未薨也。"按:《全唐诗》卷二七一有窦常《凉国惠康公主挽歌》，卷三二七有权德舆《赠梁国惠康公主挽歌词二首》，梁、凉二字虽可通用。然查《新唐书·诸帝公主传》："宪宗十八女。梁国惠康公主，始封普宁。帝特爱之。下嫁于季友。元和中，徙永昌。薨，诏追封及谥。"《新唐书·于𬱟传附季友传》："季友尚宪宗永昌公主，拜驸马都尉。"《旧唐书·宪宗纪》："(元和十二年四月)于季友居嫡母丧，与进士刘师服欢宴夜饮。季友削官爵，笞四十，忠州安置。"则作"梁国"，是。梁国惠康公主薨当在元和十二年前。诗当写于元和八年后，十二年前。

②"定谥"二句：魏本注："谥即惠康，封即梁国。"陈景云《点勘》："公主始封普宁[郡]，元和中徙永昌。及薨，追封梁国，自郡封进国封，故云尔。"

③巽宫尊长女：文《详注》："《周易》：巽为长女。"魏本引孙《全解》同。按：《易·说卦》："巽一索而得女，故谓之长女。"又云："巽为木、为风、为长女……"

④台室属良人：文《详注》："于𬱟相宪宗。谢庄《月赋》：'增华台室。'《晋志》：'三台六星，公之位。'"魏本："孙曰：'季友之父𬱟为相，故云台室。良人，季友也。'"钱仲联《集释》："良人，指丈夫也。《孟子》(《离娄下》)：'齐人有一妻一妾而处室者，其良人出，则必餍酒肉而后反。'"谓嫁台阁之子为丈夫。

⑤河汉重泉夜：魏本："孙曰：《史记》(《秦始皇本纪》)：秦始皇葬，'以水银为百川江河大海'，皆墓中为之。重泉，九泉也。"方世举《笺注》："河汉，用织女渡河会牵牛事。公主既没，河汉为重泉矣。"谓死葬也。

⑥梧桐半树春：魏本："孙曰：'梧桐半生半死。半树春者，以言公主死，独季友存尔。'"方世举《笺注》："梧桐，用弄玉乘凤凰栖梧桐事。季友犹在，梧桐但半树矣。"

⑦龙𫐐非厌翟：文《详注》："𫐐，丧车也，音人之切。画辕为龙象，潘安仁(岳)《寡妇赋》(《文选》卷一六)云：'龙𫐐俨以星驾兮，飞

旋翻以启路。'《周礼》:'王后五路,重翟为上,厌翟次之。'《唐志》(《新唐书·车服志》):外命妇、公主、王妃乘厌翟,车盖、车旗、衣服下王后一等。"廖本注:"《选》潘岳《寡妇赋》:'龙辀俨以星驾兮。'注:'丧车也。'"方世举《笺注》:"厌翟:《周礼·春官·巾车》:'掌王后之五辂,厌翟,勒面缋总。'注:'雉羽饰车,次其羽使迫也。'《新唐书·舆(车)服志》:'厌翟车,赤质,紫油缥,朱里通幰,红锦络带及帷。公主乘厌翟。'"陈景云《点勘》:"周王姬下嫁,车服下王后一等,乘厌翟车,见《诗》郑笺。历代因之,唐制亦尔,观《新史·赵国公主传》可见。"按:辆(ér 如之切,平,之韵):载运棺柩的车。《释名·释丧制》:"舆棺之车曰辆。辆,耳也,悬于左右前后铜鱼摇绞之属。"《文选·寡妇赋》李善注:"辆,丧车也。"何焯《义门读书记》卷三〇:"龙辀非厌翟,《诗·小序》:'王妃下嫁于诸侯,车服不系,其夫下王后一等。'郑笺谓:'车乘厌翟,勒面缋总。'"

⑧ 还辇(niǎn《集韵》尼展切,上,狝韵)禁城尘:辇同碾,轧也。《玉台新咏》卷八南朝梁王训《奉和率尔有咏》:"简钗新辇翠,试履逆填墙。"魏本注:"辇,转也。"音注:"辇,之辇切。"禁城尘,即皇城之地也。

其二

秦地吹箫女①,湘波鼓瑟妃②。佩兰初应梦③,奔月竟沦辉④。夫族迎魂去,宫官会葬归⑤。从今沁园草⑥,无复更芳菲⑦。

【校注】

① 秦地吹箫女:魏本:"樊曰:《列仙传》(卷上《萧史》):'秦穆公[有]女,字弄玉,时有萧史善吹箫,弄玉好之,公以妻焉。遂教弄玉作凤鸣。居数年,凤凰来止其屋。一旦,夫妻皆随凤凰飞去。'"

韩公《谁氏子》:"或云欲学吹凤笙,所慕灵妃媲萧史。"《大行皇太后挽歌词三首》之二:"凤飞终不返。"韩门弟子沈亚之《秦梦记》即写萧史与弄玉的故事。

② 湘波鼓瑟妃:魏本:"樊曰:屈原《远游》云:二女御《九韶》歌'使湘灵鼓瑟兮,令海若舞冯夷。'二女,舜二妃,尧之女也。"文《详注》:"东坡公有《赋清汶老所传秦湘二女图诗》,则知二女者,因文公联为一对,后人遂传以为画也。"按:韩公《远游联句》云:"灵瑟时宧宧。"

③ 佩兰初应梦:文《详注》:"《左传》宣公三年:郑文公有贱妾曰燕姞,梦天使以己兰,曰:'余为伯儵。余,而祖也。以是为而子,以兰有国香,人服(媚)之如是。既而文公见之,与之兰而御之。'辞曰:'妾不才,幸而有子。将不信,敢征兰乎?'公曰:'诺。'生穆公,名之曰兰。"魏本引韩《全解》同而简。按:《诗·大雅·韩奕》:"蹶父孔武,靡国不到,为韩姞相攸,莫如韩乐。"笺云:"蹶父为其女韩侯夫人姞氏视其所居,韩国最乐。"韩姞,姞其姓也,嫁韩侯,为韩侯妻,故称韩姞。

④ 奔月竟沦辉:朱《考异》:"竟,或作'竞',非是。"宋白文本、文本、祝本、魏本作"竟"。廖本、王本作"竞"。当作"竟"。

魏本:"孙曰:《淮南子》(《览冥训》):'羿请不死之药于西王母,羿妻常娥窃而奔月,是为蟾蜍。'竟字,合作'竟'。"何焯《义门读书记》卷三〇:"第二首,观三四,公主似以乳子死。"何说善。上句借《左传》燕姞有子生穆公事喻惠康;下句以嫦娥奔走月宫喻惠康死。

⑤ "夫族"二句:蒋抱玄《评注》:"《左传》隐元年:'改葬惠公,卫侯来会葬。'"按:此联谓:迎归安葬惠康公主。

⑥ 从今沁园草:文《详注》:"沁水公主,后汉明帝女,其园田为窦宪所夺。"魏本:"孙曰:'沁水公主,汉光武皇帝(当为明帝)女,窦宪女弟为皇后,宪恃宫掖势以贱直夺公主园(载《后汉书·窦宪传》)。沁园者,沁水公主园也。'"喻公主死后之荒凉。

⑦ 无复更芳菲:再也没有昔日花草的繁盛与芳香了。芳菲,花草。

【汇评】

宋彭叔夏：宪宗之女永昌公主，下嫁于顗之子季友，元和间卒，追封梁国，谥惠康。韩退之有《挽歌》，时季友尚存，故有"梧桐半树春"之句，谓半死半生也。（《文苑英华辨证》卷九）

清朱彝尊：两结俱脱洒有致。（顾嗣立《昌黎先生诗集注》卷九）

清何焯：《梁国惠康公主挽歌》第一首"龙𬴂非厌翟"，《诗·小序》："王姬下嫁于诸侯，车服不系，其夫下王后一等。"郑笺谓："车乘厌翟，勒面缋总。"第二首，观三四，公主似以乳子死。（《义门读书记》卷三〇）

和崔舍人咏月二十韵①

元和七年

三秋端正月②，今夜出东溟③。对日犹分势④，腾天渐吐灵⑤。未高烝远气，半上霁孤形⑥。赫奕当躔次⑦，虚徐度杳冥⑧。长河晴散雾，列宿曙分萤⑨。浩荡英华溢⑩，萧疏物象泠⑪。池边临倒照⑫，檐际送横经。花树参差见，皋禽断续聆⑬。牖光窥寂寞⑭，砧影伴娉婷⑮。幽坐看侵户⑯，闲吟爱满庭⑰。辉斜通壁练，彩碎射沙星⑱。清洁云间路，空凉水上亭⑲。净堪分顾兔⑳，细得数飘萍㉑。山翠相凝绿，林烟共幂青㉒。过隅惊桂侧㉓，当午觉轮停㉔。属思摘霞锦㉕，追欢罄缥瓶㉖。郡楼何处望㉗？陇笛此时听㉘。右掖连台座㉙，重门限禁扃㉚。风台观滉瀁㉛，冰砌步青荧㉜。独有虞庠客㉝，无由拾落蓂㉞。

【校注】

① 题：方《举正》："崔群。阁本无此篇。"朱《考异》："崔群也。"魏本注："崔群，字敦诗，元和间为中书舍人。樊曰：韦绚《刘公嘉话》载梦得语云：'韩十八愈谓李二十六程曰：崔大群往还二十余年，不曾说著文章。'然公集有《与崔群书》《赠崔大补阙》诗，至是又有和篇，未尝不说及文章也。《嘉话》非误耶？韩曰：公时以职方员外郎下迁国子博士，故其落句云：'独有虞庠客，无由拾落蕟。'意谓职在虞庠，去尧阶远矣。"文《详注》："《补注》：刘梦得亦有《和中书崔舍人玩月二十韵》，而公落句有'虞庠客'之句，盖元和七年，以柳涧事下迁国博，则公此诗其年八月作，故有'虞庠客'之句。敦时直西掖，而公横经国子，去帝阶远矣，故云'无由拾落蕟'。韦绚《刘公嘉话》载梦得语曰：'韩十八愈直是太轻薄，谓李二十六程曰：某与崔大群同年往还，直是聪明过人。李曰：何是过人？曰：共愈往还二十余年，不曾共愈说著文章，此岂不是敏惠过人。'敦诗在元和间为贤宰相，文章固其余事，不足道也。然公于欧阳生《哀词》则以书遗。于《送杨仪之支使序》则称其为宣州幕之贤，又有《与崔群书》。元和初为补阙，则有《游青龙寺赠崔大补阙》诗，至是又有和篇，未尝不说及文章也。而《嘉话》云尔，岂韦绚得之误耶？"屈《校注》："今从韩、王说，系此诗于元和七年八月。《旧唐书·崔群传》：'元和初，召为翰林学士，历中书舍人。'《新唐书·百官志二》：'中书省：舍人六员，正五品上。掌侍进奏，参议表章。'"

按：瞿蜕园《刘禹锡集笺证》卷二二《奉和中书崔舍人八月十五夜玩月二十韵》笺证云："按：丁居晦《承旨学士院壁记》：崔群，元和二年（807）十一月六日自左补阙充。七年（812）四月二十九日迁中书舍人。九年（814）六月二十六日出院。在此前后未见其他崔姓之中书舍人。疑此诗即是和崔群者。"《韩学研究·韩愈年谱汇证》："今人陶敏《唐诗杂考二则》（《常州师专学报》1993 年 2 期）谓崔舍人为崔邠。非也，时邠为礼部侍郎。据诗云：'三秋端正月，今夜出东溟。''端正月'谓中秋之月，此诗当写于是年仲秋。又云：

'独有虞庠客,无由拾落蕚。'虞庠指太学,虞庠客指韩愈,时为国子博士。"《唐五代文学编年史·中唐卷》:"唐宪宗元和七年,二月,韩愈在长安,以论柳涧事,由职方员外郎贬国子博士分司东都。十二月,刘禹锡有诗寄杨归厚,时归厚自右拾遗出为国子主簿分司东都;韩愈时亦在洛阳,刘诗兼及之。"并引《刘禹锡集》卷三五《寄杨八拾遗》自注:"时出为国子主簿,分司东都。韩十八员外亦转国子博士,同在洛阳。诗云:'闻君前日独廷争,汉帝偏知白马生。忽领簿书游太学,宁劳侍从厌承明?洛阳本自宜才子,海内而今有直声。为谢同寮老博士,范云来岁即公卿。'……韩十八员外,韩愈,由诗注知愈时亦在洛阳。"此诗寄友杨归厚,然杨、韩身事、品格有相似之处,其中一些诗句真可双关;且有明白说韩者,不令人不信,故始以为信实。然多年来总觉归厚元和七年十二月丙辰(1日),贬国子主簿分司。而韩愈于元和八年三月乙亥(22日),即由国子博士迁比部郎中、史馆修撰。且是因为他写《进学解》,"愈自以才高,累被摈黜,作《进学解》以自喻。……执政览其文而怜之,以其有史才,改比部郎中、史馆修撰。"(《旧唐书·韩愈传》)中间时间不长,消息传递,书信来往必费时日;又无有文献证明韩愈下迁博士后到东都去,相反,以其诗文所及,其活动均在长安。反复推敲,实未见韩愈随归厚去东都的证明。那么,禹锡远在朗州司马之任,虽知韩愈下迁为国子博士,出处详情不一定清楚,故有是云。

②端正月:八月十五夜月。文《详注》:"谓仲秋之月也。"魏本引孙《全解》同。《事物异名录·乾象·月》:"《事文类聚》:'前辈名中秋月为端正月。'"按:《汉语大词典》:"指农历八月十五夜的月亮。是夜月最圆,故称。"亦引韩诗为例。又秋季七、八、九三个月,八月居中,故云"三秋端正月"。

③今夜出东溟:文《详注》:"溟,海也。"方世举《笺注》:"出东溟:颜延之诗(《文选》卷二二《车驾幸京口侍游蒜山作》):'元天高北列,日观临东溟。'"按:东溟者,东海也。李白《相和歌辞·上云乐》:"西海栽若木,东溟植扶桑。"孙逖《和登会稽山》:"稽山碧湖

上,势入东溟尽。"王维《华岳》:"天地忽开坼,大河注东溟。"

④ 对日犹分势:魏本:"孙曰:'谓月初出时。'"文《详注》:"《释名》(《释天》)曰:'日望,月满之名。言日月遥相望也。'"方世举《笺注》:"《释名》(《释天》):'望,月满之名也。月在东,日在西,遥相望也。'"按:月出则日落,月在东,日在西,故谓月日相对分势而相望也。

⑤ 腾天渐吐灵:文《详注》:"月,一名曜灵。晋谢庄《月赋》(《文选》卷一三):'月以阴灵。'(李周翰)注云:'日月,阴阳之精。'"蒋抱玄《评注》:"皇甫谧《说劝》:'地以含通吐灵。'"按:渐吐灵者,指月渐升渐亮也。

⑥ "未高"二句:烝,宋白文本、文本、魏本作"蒸"。

按:烝、蒸二字古通用,烝本字,蒸后出。作热气上升意时,二字通用。《诗·大雅·生民》:"烝之浮浮。"疏:"炊之于甑,爨而烝之。"高亨注:"烝,蒸也。"作气体上升,用"蒸"。《后汉书·冯衍传》:"风兴云蒸,一龙一蛇。"此形容气体上升,后世多用"蒸",然韩公惯用古字,今从"烝"。

真层次分明,故汪琬《批韩诗》云:"看他次第。"

⑦ 赫奕当躔次:赫奕,文《详注》:"赫奕,光明貌。《景福殿赋》(《文选》卷一一何晏撰)云:'赫奕章灼,若日月之丽天也。'躔次,道也。《汉书·天文志》:'月有九行,春从青道,秋从白道,冬从黑道,南(夏)从赤道。'"魏本:"孙曰:'躔次,日月所行之次。'"蒋抱玄《评注》:"蔡邕《独断》:'日月躔次千里。'"方世举《笺注》:"《吕氏春秋》:'月躔二十八宿。'"钱仲联《集释》:"《文选·月赋》李善注:《汉书音义》:'韦昭曰:躔,处也,亦次也。'《方言》:'日运为躔。躔,历行也。'"

⑧ "虚徐"句:文《详注》:"虚徐,缓貌。《卫·北风》(当为《诗经·邶风》)诗曰:'其虚其徐。'杳冥,天际也。"童《校诠》:"第德按:诗作其虚其邪,郑玄曰:邪读如徐,尔雅释训:其虚其徐,威仪容止也。文选班孟坚幽通赋:承灵训其虚徐兮,曹大家注引诗其虚其

徐,班传齐诗,齐诗作虚徐,毛作虚邪,方氏当依尔雅或用毛诗兼引郑氏笺或引齐诗方合。"按:虚徐,即舒舒徐徐,缓慢犹豫不决的样子。

⑨"长河"二句:文《详注》:"《月赋》(《文选》卷一三谢庄撰):'长河韬映,列宿掩缛。'《淮南子》曰:'百里之明,不如一月之光。'"按:长河,银河也,俗称天河。列宿,星宿也,谓众星。莹,形容微弱的光,《王力古汉语字典》引韩诗为例。

⑩英华:文《详注》:"英华,桂华也。"蒋抱玄《评注》:"《礼记》(《乐记》):'和顺积中,而英华发外。'"按:此顶上句,谓:列星星光微弱,而月光四溢如英华之光亮。韩公《明水赋》:"桂华吐耀,兔影腾精。"

⑪萧疏:宋白文本、文本、祝本、魏本作"萧"。廖本、王本作"潇"。钱仲联《集释》校作"萧",屈《校注》作"潇"。按:潇作风雨声或潇洒解,此处谓物象萧疏,即萧然冷静的样子,当用"萧"。李白《同族侄评事黯游昌禅师山池》:"萧然松石下,何异清凉山。"杜甫《除架》诗:"束薪已零落,瓠叶转萧疏。"韦应物《淮上喜会梁川故人》诗:"欢笑情如旧,萧疏鬓已斑。"

物象泠,方《举正》订,云:"泠,晁、李皆校从'零'。"朱《考异》:"泠,或作'零'。"文《详注》:"物象,山川草木也。泠,清也。左太冲(思)《蜀都赋》:'月来扶疏。'注云:'果木茂盛貌。'"陆机《文赋》:"音泠泠而盈耳。"东方朔《七谏·初放》:"下泠泠而来风。"则作"泠"字是。

⑫"池边"句:文《详注》:"《前汉》(《郊祀志》)谷永上书曰:'登遐倒景。'《音义》曰:'谓日月反从下照,故其景倒也。'"何焯《批韩诗》:"以物象言之。"

⑬皋禽:魏本:"孙曰:《诗》(《小雅·鹤鸣》):'鹤鸣于九皋。'皋,泽也。皋禽,谓鹤也。"文《详注》:"皋禽,鹤也。《月赋》:'聆皋禽之夕闻。'"按:聆,听也。

⑭牖光:透窗之光。方世举《笺注》:"陆机诗(《文选》卷三

○《拟明月何皎皎》：'明月入我牖。'寂寞，幽静也。

⑮ 娉婷：魏本："祝曰：'娉婷，和色也。杜诗（《奉酬薛十二丈判官见赠》）：赤节引娉婷。'娉，普丁切。婷，徒宁切。"文《详注》："娉婷，容色也，上音傍丁切，下音唐丁切。"钱仲联《集释》："《玉台新咏·近代西曲歌》（《乌夜啼》）：'娉婷无种迹。'杜甫《秦州见敕目》诗：'不嫁惜娉婷。'韩诗本此。婷由亭亭生义。"屈《校注》："按：此娉婷指思妇，二句即张若虚《春江花月夜》中'玉户帘中卷不去，捣衣砧上拂还来'之意。"

⑯ 幽坐：黑夜闲坐。侵户，指斜月照入门户。

⑰ 满庭：谓月当中天而朗照也。钱仲联《集释》："婷庭连用，似同纽。但《广韵》不收婷字。"按：婷、庭二字双声同韵，皆特丁切，平，青韵。

⑱ "辉斜"二句：辉斜通壁练，方世举《笺注》："梁简文帝《序愁赋》：'玩飞花之入户，看斜辉之度寮。'"文《详注》："梁沈约诗（《八咏·登台望秋月》载《玉台新咏》卷九）曰：'秋月明如练。'"彩碎涉沙星，指月光照射到沙滩上的情境。方世举《笺注》："诗意谓壁流光而似练，沙散彩而如星也。琢句精工，能状难状之景。"

⑲ "清洁"二句：黄钺《增注证讹》："十字无月而有月，具有画境。"

⑳ 净堪分顾兔：魏本："韩曰：《楚辞》（《天问》）：'厥利维何，而顾兔在腹。'顾兔，月中兔也。"文《详注》："张衡曰：月者，阴之宗积而成兽象。兔，《楚辞·天问》云：'顾兔在腹。'注云：'言月中有兔，何所贪利，居月之腹而顾望乎。'"按：净堪分顾兔，谓玉兔在月中的情境。韩诗《昼月》："兔入白藏蛙缩肚。"

㉑ "分顾兔"承上"云间路"句，"数飘萍"承上"水上亭"句。何焯《批韩诗》："承上启下：分顶。"

㉒ "山翠"二句：凝，聚结。绿聚结而山翠也。幂（mì），覆盖物品的布。《仪礼·公食大夫礼》："簋有盖幂。"引申作覆盖。《周礼·天官·幂人》："祭祀，以疏布巾幂八尊。"

㉓过隅惊桂侧：文《详注》："隅，东隅也。侧，倾也。《月赋》（《文选》卷一三谢希逸撰）：'擅扶桑于东沼。'（李周翰）注云：'扶桑，日出处。月盛于东，可代日之明。'《尚书大传》曰：'月见东方谓之侧，西方谓之眺。'"按：《太平御览》卷四："虞喜《安天论》曰：'俗传月中仙人桂树，今视其初生，见仙人之足渐以成形，桂树后生焉。'"

㉔当午觉轮停：魏本："孙曰：'午，夜半。'"按：轮者，月也。觉轮停者，因午夜月处于中天，似感觉其停止之状。以上咏月。如何焯《批韩诗》云："咏月已足。"

㉕属思摛（chī 丑知切，平，支韵）霞锦：摛，传布，舒展。《文选》卷四八扬雄《剧秦美新》："宜命贤哲，作《帝典》一篇，旧三为一袭，以示来人，摛之罔极。"魏本："孙曰：'摛，舒也。'"文《详注》："思，去声。锦文如霞，以喻所属之文。"按：此指崔诗如文锦。何焯《批韩诗》："诗。"

㉖追欢罄缥瓶：魏本："孙曰：'缥，青白色。'"文《详注》："缥，赤色也，音匹沼切。《诗》（《小雅·蓼莪》）曰：'瓶之罄矣。'潘安仁《笙赋》（《文选》卷一八）云：'倾缥瓷以酌酃。'（张铣）注云：'缥，浅碧色也。'"俞樾《俞楼杂纂》卷二六《读昌黎先生集》云："此但言酒瓶而已，何问其色乎？缥，疑'醥'字之误。《文选·蜀都赋》：'觞以清醥。'《玉篇·酉部》：'醥醥，酒清也。'《广韵》（上声）三十小：'缥，青黄色。醥，清酒。'二字并敷沼切，音近形似而误。醥瓶犹言酒瓶，变酒言醥，古人修词之法也。"屈《校注》："按：此联'霞''缥'字对，正取其色也，又前人已用'缥瓷'谓酒器，俞说非是。"按：缥字虽可作颜色解，如淡青色，青白色。此处当如何焯《批韩诗》谓："酒。"汉王粲《七释》："冻缥玄酎，醴白腐清。"宋林逋《秋怀》诗："霏霏烟露拂西窗，缃帙披残卧缥缸。"缥瓶，谓浅青色酒瓶。《文选》卷一八潘岳《笙赋》："披黄苞以授甘，倾缥瓷以酌醽。"李善注："邹阳《酒赋》曰：'醪醴既成，绿瓷既启。'"缥醪，也是酒名。

㉗郡楼：文《详注》："《晋书》（《刘琨传》）：'刘琨在晋阳，尝为

胡骑所围数重，城中窘迫无计，琨乃乘月登台清啸，贼闻之皆凄然长啸。'"魏本："孙曰：'谢朓有《宣城郡楼中望月》诗。郡楼，即谓宣城郡楼也。'"按：此借用古人咏楼典故，非指宣城郡楼。方世举《笺注》："《世说》：'庾太尉在武昌，秋夜气佳景清，使吏殷浩、王胡之之徒，登南楼理咏。庾公俄率左右步来，诸贤欲起避之。公徐云：诸君少住，老子于此处兴复不浅。'"

㉘ "陇笛"句：文《详注》："《月赋》（《文选》卷一三谢希逸撰）：'听朔管之秋引。'（吕向）注云：'谓北胡之笛也。'虞羲（子阳）《咏北伐》（《文选》卷二一《咏霍将军北伐》）诗曰：'胡笳关下思，羌笛陇头鸣。'"方世举《笺注》："蒋云：'笛曲有《关山月》，故云。'"

㉙ "右掖"句：文《详注》："右掖，中书省也。以其在君之左右，如肘腋然。群时为中书舍人。"魏本："韩曰：应劭《汉官仪》曰：'左右曹受尚书事，前世文士以中书在右，因谓中书为右曹，又称西掖。'"王元启《记疑》："故事：门下省居左，中书省居右，故谓中书省为右曹，又称西掖。台座谓宰相所居之政事堂。先是政事堂设门下省，其后裴炎自侍中迁中书令，乃徙政事堂于中书省，故台座与西掖相连。"方世举《笺注》："应劭《汉官仪》：'中书为右曹，又称西掖。'《洛阳故宫铭》：'洛阳宫有东掖门、西掖门。'《汉书》注：'掖门在两旁，若人之臂掖。'"

㉚ "重门"句：文《详注》："《魏都赋》（《文选》卷六左思撰）：'重门载启。'"魏本："孙曰：《易》（《系辞下》）：'重门击柝，以待暴客。'"陈景云《点勘》："按崔时以翰林学士兼舍人，方供奉禁闼，故有'重门'句。然舍人内直亦在禁中。公掌制日，尝有'仙郎宿禁中'语。"

㉛ 滉瀁：祝本云："滉，一作'晃'，户广切。"宋白文本作"洸漾"。文本作"滉漾"。祝本、魏本、廖本、王本作"滉瀁"。魏本音注："滉，一作'洸'，音晃。"文《详注》："《汉成帝内传》：'以赵飞燕身轻，置七宝避风台。'《西都赋》：'玄墀扣砌，琳珉青荧。'滉漾、青荧，皆月光也。"方世举《笺注》："曹植《节游赋》：'望洪池之滉瀁。'"童《校诠》："第德案：廖本、王本与本书同，祝本云：滉一作晃。按说

文:洸,水涌光也,滉为洸之后出字。作晃亦通,说文:晃,明也,段玉裁曰:晃者汃之明也,凡光必动。"按:虽说三字可假借通用,然当世滉瀁、滉漾已成约定词组而普遍运用,故从"滉瀁"。滉漾,浮动貌。《抱朴子内篇·畅玄》:"或滉漾于渊澄,或雰霏而云浮。"亦指浮动之水。唐裴迪《临湖亭》诗:"当轩弥滉漾,孤月正裴回。"而滉瀁为深广貌,《三国志·吴·薛综传》上疏:"加又洪流滉瀁,有成山之难,海行无常,风波难免。"意为:"水深广貌。"北齐刘昼《刘子》卷九《观量》:"是以达者之怀,则滉瀁而无涯;褊人之情,必刻核而烦细。"此句以风台作比,当形容其深广,故作"滉瀁"善。

㉜ "冰砌"句:文《详注》:"《西都赋》:'玄墀扣砌,琳珉青荧。'青荧,月光也。"魏本:"祝曰:《选》(扬雄《羽猎赋》):'眩耀青荧。'"方世举《笺注》:"冰砌:谢庄《月赋》:'连观霜缟,周除冰净。'《说文》(石部):砌,阶甃也。"何焯《批韩诗》:"崔舍人。""属思"以下八句写崔舍人。

㉝ 虞庠客:魏本:"韩曰:《礼记》(《王制》):'有虞氏养国老于上庠,养庶老于下庠。'"文《详注》:"《礼记·王制》:'周人养庶老于虞庠,在国之西郊。'注云:'庠之言养也。周之小学为有虞氏之庠,制是以名庠云。'公时为国子博士,在告故也。"魏本:"孙曰:'庠者,虞时学名,公为国子博士,故云虞庠客也。'"

㉞ 蓂(míng):文《详注》:"蓂荚,瑞草。"魏本:"孙曰:《白虎通》(卷六《封禅》)曰:'日磨(当作历)得其分,则蓂荚生于阶间。蓂荚者,树名,月一日一荚生,十五日毕,十六日一荚去,三十日毕。'亦见《帝王世纪》。"方世举《笺注》:"张协《七命》:'悲蓂荚之朝落,悼望舒之夕缺。'"钱仲联《集释》:"《文选·东京赋》('盖蓂荚为难莳也'句)李善注:'田俅子曰:尧为天子,蓂荚生于庭,为帝成历。'"何焯《批韩诗》:"收到自己。"

【汇评】

清朱彝尊:著意雕刻,稍有痕迹,且语多拙滞,不为佳。(顾嗣立《昌黎先生诗集注》卷九)

咏雪赠张籍①
约于贞元十九年作

如此长篇五律,唐诗罕见,古诗亦少有,虽无惊人之语,却属对工稳。韩公善于咏雪,此乃白战素描,体物毕肖,世称"白战体",却是独到。如蒋抱玄《评注》云:"写景纯用白描,看似场面热闹耳。此种工夫,须从涵泳经史,烹割子集而来,确为韩公一家法,他人莫能语也。"然繁复生造,非韩诗佳制。

只见纵横落②,宁知远近来。飘飖还自弄③,历乱竟谁催④?座暖销那怪,池清失可猜⑤。坳中初盖底⑥,垤处遂成堆⑦。慢有先居后⑧,轻多去却回。度前铺瓦陇⑨,奔发积墙隈⑩。穿细时双透,乘危忽半摧⑪。舞深逢坎井⑫,集早值层台⑬。砧练终宜捣⑭,阶纨未暇裁⑮。城寒装睥睨⑯,树冻裹莓苔⑰。片片匀如剪,纷纷碎若挼⑱。定非燖鹄鹭⑲,真是屑琼瑰⑳。纬繣观朝萼㉑,冥茫瞩晚埃㉒。当窗恒凛凛㉓,出户即皑皑㉔。润野荣芝菌㉕,倾都委货财㉖,娥嬉华荡漾㉗,胥怒浪崔嵬㉘。磧迥疑浮地㉙,云平想辗雷㉚。随车翻缟带㉛,逐马散银杯㉜。万屋漫汗合㉝,千株照耀开。松篁遭挫抑㉞,粪壤获饶培㉟。隔绝门庭遽,挤排陛级才㊱。岂堪神岳镇㊲,强欲效盐梅㊳。隐匿瑕疵尽㊴,包罗委琐该㊵。误鸡宵呃喔㊶,惊雀暗徘徊㊷。浩浩过三暮㊸,悠悠匝九垓㊹。鲸鲵陆死骨㊺,玉石火炎灰㊻。厚虑填溟壑㊼,高愁挃斗魁㊽。日轮埋欲侧,坤轴压将颓㊾。岸类长蛇搅㊿,陵犹巨象豗㉛。水官夸杰黠㉜,木气怯胚胎㉝。

著地无由卷,连天不易推。龙鱼冷蜇苦㊿,虎豹饿号哀㊺。
巧借奢豪便,专绳困约灾,威贪陵布被㊻,光肯离金罍㊼。
赏玩损他事,歌谣放我才。狂教诗砰砄㊽,兴与酒陪鳃㊾。
惟子能谙耳,诸人得语哉。助留风作党,劝坐火为媒。雕刻文刀利,搜求智网恢㊿。莫烦相属和㊱,传示及提孩㊲。

【校注】

① 题:方《举正》题只作"咏雪",云:"公时以柳涧事下迁,疑寄意于时宰也。"朱《考异》:"此诗无岁月(可考),方说恐未必然。"魏本:"樊曰:此诗或云自'松篁遭挫抑'以下等语,专以讥时相。故终以其意谓张籍曰:'惟子能谙尔,诸人得语哉?'又曰:'莫烦相属和,传示及提孩。'其有所讥也,审矣。"方世举《笺注》:"按:公以柳涧事下迁,在元和初年,时宰相为郑馀庆、武元衡,与诗所讥者不类。此乃为皇甫镈、程异、王播诸人入相而作。镈、异之相,在元和十三年九月,播之相在长庆元年十月,三人皆以聚敛之臣,骤登宰执,故因咏雪以刺之。诗中所云,皆镈之罪案。然三人一体,故睹镈之已往,而深惧播之将来也。观'慢有先居后,轻多去却回',则知其为播而发矣。"王元启《记疑》:"按篇中'水官夸杰黠,木气怯胚胎'二语,意与《苦寒》诗相类,故有'专绳困约,威陵布被'等语。至于'隐匿瑕疵,包罗委琐',则又与《炭谷湫》诗同指。盖德宗末年,任用京兆尹李实,专事剥民奉上,而王叔文、韦执谊等朋党比周,密结当时欲速侥幸之徒,定为死交,此诗皆有所指,疑亦贞元十九年春作。方以'松篁遭挫抑'一语,妄意为元和七年因柳涧事下迁而作,窃谓'松篁'一语,指张正买、王仲舒、刘伯刍等之被逐,非自谓也。如'岂堪神岳镇,强欲效盐梅'二语,若专为一己,不应痛斥时宰至是。或指为长庆初元时作,亦非。辨见篇末。"钱仲联《集释》:"王说较长,今据以系此。"屈《校注》作"疑年诗",曰:"朱熹说为当。诸家说诗意及系年皆臆度也。"

②只见纵横落:方《举正》据阁、蜀本订"只见"二字。朱《考异》:"只,或作'秖'。"南宋监本原文作"秖"。宋白文本、潮本、祝本、魏本作"秖"。文本作"秖"。廖本、王本作"只"。按:秖、祗音义同,今规范简化字通作"只"。纵横,交错貌。三国魏曹植《侍太子坐》诗:"清醴盈金觞,肴馔纵横陈。"

③飘飘还自弄:文《详注》:"飘飘,飞扬貌。梁裴子野《咏雪诗》曰:'飘飘千里雪。'"按:还自弄,谓雪势之大,乱飞有加也。

④历乱:凌乱。南朝宋鲍照《绍古辞》之七:"忧来无行伍,历乱如覃葛。"按:深含有味,当仔细咀嚼。朱彝尊《批韩诗》:"全是隐刺时相,起四句已见大意。以此意看去,方有味。只凿空形容,更不用套语,真是妙手。"

⑤池清失可猜:文《详注》:"梁简文帝《咏雪诗》:'入池消不积。'"按:此句谓雪落入水里即化而不见。着一"猜"字,有趣。犹似猜谜一样,让读者自己揭出谜底。

⑥坳:低洼的地方。文《详注》:"坳,地窊也,音于交切。《庄子》(《逍遥游》)曰:'覆杯水于坳堂之上。'"

⑦垤:文《详注》:"垤,蚁冢也,音徒结切。《诗话》范文正公云:欧阳永叔、江邻几论韩《雪》诗以'随车翻缟带,逐马散银杯'为不工,而'坳中初盖底,垤处遂成堆'为胜,未知真得韩意否?"钱仲联《集释》:"陈奂《诗毛氏传疏》:'垤,蚁冢。'《说文》云:'蚁封。'赵注《孟子·公孙丑》、高注《吕览·慎小》并云'蚁封'。封、冢声相近。封者,聚土之义,冢其坟然者也。刘攽《中山诗话》:'欧阳永叔、江邻几论韩《雪》诗云(见上)。'王若虚曰:退之《雪》诗有云:'随车翻缟带,逐马散银杯。'世皆以为工。予谓雪者其先所有,缟带银杯因车马而见耳,随逐二字甚不安。欧阳永叔、江邻几以'坳中初盖底,垤处遂成堆'之句,当胜此联。而或者曰:未知退之真得意否?以予观之,二公之评论实当,不必问退之之意也。潘德舆曰:退之《雪》诗'随车翻缟带,逐马散银杯',诚不佳。然欧阳永叔、江邻几以'坳中初盖底,垤处遂成堆'为胜,亦琐细而无味也。"

⑧ 慢有先居后：方《举正》订"慢"字，云："阁同。李本校作'漫'。"朱《考异》："慢，或作'漫'。"宋白文本作"漫"。文本、祝本、魏本、廖本、王本作"慢"。魏本注："慢，恃也。"按：魏本以"恃"解"慢"，当从直接体味此诗意而来，亦通。只是诸辞书无作此解者。慢作傲慢解，《易·系辞上》："上慢下暴，盗思伐之矣。"孔疏："小人居上位必骄慢，而在下必暴虐。"作任意解，韦庄《途中望雨怀归》："满空寒雨漫霏霏，去路云深锁翠微。"若谓诗含讥刺，则与上意合；若谓雪下先后次第的自然状态，则与后意合。

⑨ 瓦陇：魏本注："瓦陇，瓦沟。"童《校诠》："第德案：说文：陇，天水大阪也，引申之凡大处高处皆曰陇，瓦陇，瓦脊，其高如陇者，非瓦沟也。"按字意，陇作丘垄、田埂解，与童说同。若按此句诗意，则当瓦沟解善。屋顶若用瓦覆盖，则有脊有沟，雪飘洒屋顶必然平铺瓦沟，故魏本注为瓦沟。

⑩ 奔发积墙隈：方《举正》据杭、蜀本作"发本"。朱《考异》："发本，或作'奔发'。"南宋监本原文作"奔发"。宋白文本、文本、潮本、祝本、魏本均作"奔发"。

文《详注》："隈，曲也，音乌回切。"魏本注："隈，墙曲也。"作"奔发"，善，当飞到解。此句谓雪都堆积到墙根了。

⑪ 忽半摧：忽，文本作"或"。诸本作"忽"，善。

按：二句喻雪飞，有力度，而语语相对工稳。"忽"字对"时"字，若为"或"字，则词性不对。李东阳《麓堂诗话》："韩退之《雪》诗，冠绝古今。其取譬曰'随风飘缟带，逐马散银杯'，未为奇特。其模写曰'穿细时双透，乘危忽半摧'，则意象超脱，直到人不能道处耳。"故何焯《批韩诗》云："工细。"

⑫ 舞深逢坎井：魏本注："坎，陷也。"文《详注》："坎，陷也。本作埳，见《庄子·秋水篇》。"《庄子·秋水》云："子独不闻乎埳井之蛙乎？"方世举《笺注》："坎井：《玉篇》（土部）：'埳，陷也，亦与坎同。'"童《校诠》："第德案：荀子正论：坎井之蛙，不可与语东海之乐，杨注引司马彪曰：坎井，坏井也；蛙，虾蟆类也，事出庄子。按：

庄子秋水篇:子独不闻埳井之蛙乎,字作埳,据杨注司马本作坎,今庄子释文引司马注乃作埳。注:坎,陷也,本说文。"按:坎井为古井、坏井。也可理解为坎、井,谓雪飞向深处则到井坎里边。井、坎,均谓深陷之处。

⑬集早值层台:值,文本作"堕"。诸本作"值"。按:作"堕"、作"值"意思均通。然不如作值(zhì 直吏切,去,志韵),当碰到,遭遇解好。《史记·酷吏列传·义纵传》:"宁见乳虎,无值宁成之怒。"《尔雅·释言》:"遇,偶也。"郭璞注:"偶尔相值遇。"韩公《秋怀》诗之十一:"运穷两值遇,婉娈死相保。"层,叠也,形容高貌。台,阶也。文《详注》:"层,高也。乐府诗(谢灵运《会吟行》,载《文选》卷二八):'层台指中天。'宋鲍照《咏雪》诗曰:'集君瑶台里。'"

⑭砧练终宜捣:文《详注》:"砧,音之林切。《说文》曰:'砧,捣缯石也。'"按:练,把丝麻或织品煮得柔软而洁白,引申为使之洁白。此句正为捣练于砧上,使之洁白,形容白雪飘铺在砧上之貌。《周礼·染人》:"凡染,春暴练。"《汉书·王吉传》:"吸新吐故以练臧。"

⑮阶纨未暇裁:文《详注》:"谢惠连《捣衣》诗(《文选》卷三〇)曰:'纨素既已成,君子行未归(文误作"成")。裁用笥中刀,缝为万里衣。'"钱仲联《集释》:"阶,官阶也。《旧唐书·职官志》:'流内九品三十阶。'"按:此句似含寓意。

⑯城寒装睥睨:方《举正》据杭、蜀本订"装"字。朱《考异》:"装,或作'粧'。"南宋监本原文作"粧"。宋白文本、文本、魏本作"粧"。祝本、廖本、王本作"装"。作"装"字,当装点解,善。

睥睨:文《详注》:"睥睨,衺视也,谓箭窗也。上音匹计切,下音研计切。"魏本:"孙曰:'睥睨,城上女墙。'"又音注:"睥,匹诣切。睨,妍计切。二字合从土作'埤堄'。"童《校诠》:"第德案:妆饰字依说文应作妆,粧者俗字,装者假借字。(说本段玉裁氏)说文:陴,城上女墙,陴倪也,从阜、卑声。……孙注本说文。睥睨、埤堄、陴倪皆同,应以作陴睨为正,释名:城上垣曰睥睨,言于其空中睥睨非常也。"按:作"睥睨"当窥视解,即从城上女墙看雪,装点城垣;作城上女墙解,则谓雪给城垣穿上一身银装素裹。故用"粧(简作'妆')"或"装"字均可。两解均通。况作装饰、打扮解,二字通用。《木兰辞》:"阿姊闻妹来,当户理红妆。"宋玉《登徒子好色赋》:"不待饰妆。"杜甫《蕃剑》诗:"又非珠玉装。"秦韬玉《贫女》:"共怜时世俭梳妆。"

⑰ 树冻裹莓苔:朱《考异》:"裹,或作'覆'。"诸本作"裹",是。

文《详注》:"莓苔,上音谟杯切,下音堂来切。《天台山赋》(《文选》卷一一孙兴公撰)云:'践莓苔之滑石。'"

⑱ 纷纷碎若挼:文《详注》:"挼,两手相切磨也,音奴禾切。《楚辞·招魂》曰:'雪纷纷而薄木。'"魏本注:"挼,以手摩物。挼,乃禾切,又奴禾切。"方世举《笺注》:"挼,素回切。《南史·王志传》:'志取庭树叶挼服之。'按:此字在歌韵,则乃禾切,摩也。在灰韵,则素回切,击也。音异而义亦不同。旧本于《读东方朔杂事》及此诗,概音乃禾切,误也。"方说非是。挼(ruó《集韵》奴禾切,平,戈韵),揉搓也。《晋书·刘毅传》:"(刘裕)因挼五木久之,……四子俱黑,其一子转跃未定,裕厉声喝之,即成卢焉。"此处正作揉搓解,与上句"剪"字对。

⑲ 定非燖鹄鹭:文《详注》:"燖,音徐林切。"魏本注:"燖,汤中瀹肉。燖,徐廉切。"按:燖(xún《集韵》徐心切,平,侵韵),煮肉时,以热水脱毛,再于汤中煮熟。《水经注·若水》:"又有温水,冬夏常热,其源可燖鸡豚。"《魏书·苻生传》:"或生剥牛羊驴马,活燖鸡豚鹅鸭,数十为群,放之殿下。"鹄、鹭,皆禽鸟也。

⑳ 真是屑琼瑰:王元启《记疑》:"真是,徽本作'其是',非是。"诸本作"真是",是。

文《详注》:"琼瑰,石,次玉也。下音胡回切。"魏本:"祝曰:琼瑰,石,次玉。《诗》(《秦风·渭阳》):'琼瑰玉佩。'孙曰:鹄鹭、琼瑰,皆取其白色。《补注》:王氏《麈史》(卷中《诗话》)云:'《说文》(玉部):以琼为赤玉,比见人咏白物多用之。韩愈《雪》诗'真是屑琼瑰'，又'今朝踏作琼瑰迹'，别有所稽耶？岂用之不审也。"方成珪《笺正》："《唐音癸签》：'琼为赤玉，见《说文》。但《毛诗》传言琼非一，惟云玉之美者，非以为玉色名。《诗》传在《说文》前，尤可据。陈张正见《应衡阳王教咏雪》诗：睢阳生玉树，云梦起琼田。隋王衡《玩雪》诗：璧台如始构，琼树似新栽。并作白用，不独谢惠连《雪赋》林挺琼树句也。'按《左传》僖二十八年：'楚子自为琼弁。'注：'玉之别名。'成十七年：'或与己琼瑰。'注训玉，疏训玉之美。《汉书·扬雄传上》：'精琼靡与秋菊兮。'应劭注：'玉之华也。'皆不作赤玉解。今段氏《说文》改赤为亦，谓倘是赤玉，当厕璊瑕二篆间，其说甚辩，可以正从来沿习之误矣。"童《校诠》："第德案：文选鲍明远舞鹤赋：振玉羽而临霞，李善曰：江逌扇赋曰：琼泽冰鳞，琼亦玉也，亦可为段氏改赤玉为亦玉之一证。诗木瓜：报之以琼琚，毛亨曰：琼，玉之美者，渭阳：琼瑰玉佩，毛云：石而次玉。盖谓石之美者亦曰琼，说文之亦玉用此。左氏成十七年传杜注：琼玉，瑰珠也，按：说文：玫，火齐，玫瑰也，一曰玉之美者。瑰，玫瑰，一曰圜好。许以瑰列珠类，为杜注所本。广韵十五灰：瓌同瑰，按：瓌为瑰之后出字。"

㉑ 纷缅观朝蕚：文《详注》："《离骚》曰：'纷总总其离合兮，忽纷缅其难迁。'注云：'纷缅，乖戾也。'缅，音呼麦切。蕚，华附也，音五各切。"魏本引孙《全解》同。魏本音注："纷，音烨。缅，音画。"按：纷（wěi 于贵切，去，未韵）缅（huà 胡卦切，去，卦韵），乖戾，固执。

㉒ 冥茫瞩晚埃：钱仲联《集释》："郭璞《游仙诗》：'遐邈冥茫中。'"按：冥茫，苍茫无际。南朝宋宗炳《明佛论》："况过此弥往，浑瀚冥茫，岂复议其边陲哉。"魏本注："瞩，视也，音烛。"

晚埃：与上句"朝蕚"对。埃，尘埃。埃，文《详注》："《博物志》曰：'吴人谓尘为埃。'"

㉓ 当窗恒凛凛：宋白文本、魏本注："窗，一作'炉'。"作"窗"字是。与下"出户"句对。

凛凛,文本作"懔懔"。当作"凛凛",寒冷貌。恒者,常也。恒凛凛即常觉寒冷也。潘岳《悼亡诗》:"凛凛凉风升。"

㉔ 出户即皓皓:文《详注》:"皓皓,白貌,音牛哀切。《北征赋》(《文选》卷九班彪撰):'涉雪积之皓皓。'"魏本:"祝曰:'皓皓,霜雪白貌。'"

㉕ 润野荣芝菌:诸本均作"压野"。朱《考异》:"压,或作'润'。"文本、魏本注:"压字,一作'润'。"王元启《记疑》:"按'润'字与下'荣'字相应,旧作'压野',殊无意义。"作"压"、作"润"均通,俗谚曰:"麦盖(压)三层被(雪),庄稼佬搂着馒头睡。"然此与下句为想象之词,作"润"字善。魏本注:"芝菌,粪土上英。菌,巨陨切。"

㉖ 倾都委货财:方世举《笺注》:"倾都:魏文帝《曹仓舒诔》:'倾都荡邑,爰迄尔居。'"魏本注:"委,弃也。"芝菌之荣,货财之委均非好事。此乃大雪造成的恶果。

㉗ 娥嬉华荡漾:朱《考异》:"瀁,或作'漾'。"宋白文本、文本作"漾"。祝本、魏本、廖本、王本作"瀁"。作水波荡漾解,瀁、漾通用。

文《详注》:"娥,月娥也。嬉,戏也。谢希逸《月赋》(《文选》卷一三):'集素娥于后庭。'"魏本:"孙曰:娥,姮娥。嬉,游也。《淮南子》(《览冥训》):'羿请不死之药于西王母,其妻姮娥窃之奔月宫。'华,月色。"王元启《记疑》:"按:娥谓夸娥,即指'擘华事',故云'华荡漾',与下'胥浪'同义。旧注以娥为姮娥,华为月华,非是。"方世举《笺注》:"娥嬉:姮娥,亦谓之素娥,故雪诗用之。"按:嫦娥,因月色白,又称素娥,又作月的代称。谢希逸《月赋》:"引玄兔于帝台,集素娥于后庭。"宋范成大《石湖集》卷四《枕上》诗:"素娥脉脉翻愁寂,付与风铃语夜长。"此备一说。若以韩诗重奇险,喜夸张的特点,王元启之说实可玩味。

㉘ 胥怒浪崔嵬:魏本:"孙曰:胥,伍子胥。《吴越春秋》(《夫差内传》)曰:'吴王赐子胥剑,子胥遂伏剑而死。王乃取其尸盛以鸱夷,投之江。子胥因随波扬流,成涛激岸,随潮来往。'崔嵬,浪高貌。"胥怒,方世举《笺注》:"'胥怒浪崔嵬',即《春雪》诗所谓'江浪

迎涛日'也。浪崔嵬:郭璞《江赋》(《文选》卷一二):'长波浃渫,峻湍崔嵬。'"何焯《批韩诗》:"造句。""胥怒"正对"娥嬉"。

㉙ 碛迴疑浮地:文《详注》:"碛,水渚有石者,音七迹切。迴,远也。"魏本:"祝曰:碛,水渚之有石。《前汉》:'下碛历之坻。'注:'碛历,沙石之貌也。'"张衡《西京赋》(《文选》卷二):"僵禽毙兽,烂若碛砾。"顾嗣立《集注》:"《说文》(石部):'沙漠曰碛。'"方世举《笺注》:"碛:《新唐书·地理志》:'西州交河郡中都督,有天山军、磧石碛、银山碛。又:北庭大都护府,有瀚海军,大漠小碛,属陇右道。'"此指水中石上积雪之高,像漂浮在水上一样。

㉚ 云平想辗雷:文《详注》:"言雪既平覆,若雷雨之将施。许氏注《淮南子》云:'雷转气也。'"

㉛ 随车翻缟带:文《详注》:"缟,鲜色也,音古老切。"魏本:"孙曰:襄二十九年《左氏》:'吴公子札(扎)聘于郑,见子产,如旧相识,与之缟带。'缟,白色。"方世举《笺注》:"缟带:《左传》:'与之缟带。'"按:缟(gǎo古老切,上声,皓韵),细白的生绢。《诗·郑风·出其东门》:"缟衣綦巾,聊乐我员。"《文选》卷一三谢惠连《雪赋》:"眄隰则万顷同缟,瞻山则千岩俱白。"缟带,白色的丝带。

㉜ 逐马散银杯:方世举《笺注》:"银杯:梁简文帝《七励》:'酌玉斗之英丽,照银杯之轻蚁。'《石林诗话》:'诗禁体物语,此学诗者类能言。欧阳公守汝阴,尝与客赋诗于聚星堂,举此令,往往皆阁笔。然此亦是定法,若能者,则出入纵横,何可拘碍。退之两篇,力欲去此弊,虽冥搜奇谲,亦未免有'缟带''银杯'之句。杜子美'暗度南楼月,寒生北渚云',初不避'云''月'字,若'随风且开叶,带雨不成花'。则退之两篇,工殆无以逾也。按:此自是宋人论诗之语,唐贤何尝有'白战体'也。"

㉝ 万屋漫汗合:魏本:"孙曰:漫汗,混合貌。《补注》:《选》(卷四《南都赋》张衡撰):'布濩漫汗。'言广大也。"文《详注》:"漫汗,字本去声,今并从平声读。黄苏门《赠王雄州》诗云'城里都无一寸闲,城头野水四汗漫',是亦便从平声读。"按:"千株照耀开"句下,

何焯《批韩诗》:"大概前半言雪之飘,后半言雪之积。"

㉞ 松篁遭挫抑:方《举正》据阁本订"抑"字,云:"蜀同,荆公校。公时以柳涧事下迁,疑寄意于时宰也。"朱《考异》:"抑,或作'折'。"南宋监本原文作"折"。祝本、魏本作"折"。魏本注:"抑,一作'折'。"宋白文本、文本、廖本、王本作"抑"。即松树、篁竹等遭到挫折、压抑。

㉟ 粪壤获饶培:文《详注》:"培,拥也,音蒲枚切。"朱彝尊《批韩诗》:"以下益纵横自肆,比前更浑脱。"查慎行《查初白诗评十二种》:"二句有寓意,便佳。"按:二句寓贤能被摧残压抑,迂腐被宠用也。

㊱ 挤排陛级才:魏本:"祝曰:《史纪》:'挤排庄助、买臣。'孙曰:'才,仅也,言仅有陛级存尔。'"按:才,副词,仅仅,只有。陶潜《桃花源记》:"初极狭,才通人。"

㊲ 岂堪裨岳镇:魏本:"孙曰:'岳,五岳。镇,大山也。《周礼》(《夏官·职方氏》)其山镇曰云云是也。裨,益也。'"方世举《笺注》:"岳镇:《周礼·夏官·职方氏》:'正西曰雍州,其山镇曰岳山。'"钱仲联《集释》:"江淹《陆东海谯山集》:'轻气暧长岳,雄虹赫远峰。'喻四方诸侯。"

㊳ 盐梅:方世举《笺注》:"盐梅:《书》:'若作和羹,尔惟盐梅。'梁简文帝《南郊颂》:'曲蘖王风,盐梅帝载。'按:盐梅本系梅诸,此乃借用,取其花之白耳。"按:《书·说命下》:"[高宗命傅说曰:]若作和羹,尔惟盐梅。"言进傅说之徒于左右也,亦比喻国家所需要的贤才。盐梅,白梅的异名。见明李时珍《本草纲目·果一·梅》。盐味咸,梅味酸,均为调味所需,亦喻指国家所需的人才。韩诗当指贤才。

㊴ 隐匿瑕疵尽:屈《校注》:"疵,魏本作'玼'。"魏本:"孙曰:《左氏》(宣公十五年):'瑾瑜匿瑕。'"童《校诠》:"按:玼,廖本、王本、祝本作疵是也,此文作玼乃假借字。后汉书吕强传:明镜无见玼之尤。章怀太子曰:玼与疵同;黄宪传:去玼吝。章怀云:玼音

此,说文曰:鲜色也。据此文当作疵,作玼者古字通也。按:说文:疵,病也。玼玉鲜色也。章怀注引作鲜色,无玉字,与今本不同。"

㊵ 委琐该:魏本注:"委琐,细也。"文《详注》:"该,偏也。"廖本注:"《汉·相如传》:'岂特委琐握龊。'"方世举《笺注》:"委琐:《史记·司马相如传》:'岂特委琐握龊。'"按:该,文谓偏,未谛。当作具备解,引申为完备、包括。《管子·小问》:"昔者天子中立,地方千里,四言者该焉。"《庄子·天下》:"不该不遍,一曲之士也。"曹植《与杨德祖书》:"吾王于是设天网以该之。"

㊶ 鸡宵呝喔:方《举正》"呝喔"作"误鸡",云:"蜀作'悟鸡'。"朱《考异》:"误,或作'悟'。"魏本:"孙曰:'呝喔,鸡声。鸡误以为明,故呝喔也。'祝曰:《选》(卷九潘岳《射雉赋》):'良游呝喔。'"魏本音注:"呝音厄,喔音渥。"按:作"呝喔",是。鸡宵呝喔,即鸡夜里叫。因雪白,鸡以为是白天,故呝呝喔喔地叫。

㊷ 徘徊:左右不定。文《详注》:"《晋书·载记》:'吕光迁,西海人,于诸郡谣曰:朔马心何悲,念旧中心劳。燕雀何徘徊,意欲寻故巢。'"按:雀因雪夜如白昼,故起而徘徊也。

㊸ 三暮:顾嗣立《集注》:"《史记·天官书》:'白帝行德,毕昴为之围,围三暮,德乃成。'"

㊹ 九垓:魏本:"孙曰:'垓,极也,九州之极处曰垓。'"文《详注》:"垓,古台切。《国语》(《郑语》)曰:'天子之田九垓(畡),以食兆民。'"魏本:"祝曰:《风俗通》:'十兆曰经,十经曰垓。'(载《太平御览》卷七五〇)《国语》:'天子之田九垓,以食兆民。'"方成珪《笺正》:"《郑语》:'王者居九垓(畡)之田,收经入以食兆民。'韦昭注:'万万为垓。'注当引此。"按:九垓,一云天空极高远处,犹言九重天。《史记·司马相如传·封禅书》:"上畅九垓,下溯八埏。"犹谓九州,同九畡。《文苑英华》卷七七二南朝梁简文帝《南郊颂》:"九垓同轨,四海无波。"匝九垓者,即遍九垓也。

㊺ 鲸鲵陆死骨:文《详注》:"木玄虚《海赋》(《文选》卷一二):'其鱼则横海之鲸,突兀孤游……或[乃]蹭蹬穷波,陆死盐田[……

颅骨成岳,流膏为渊]。'注云:此谓大鱼失浪,死于岸上海畔,故曰盐田也。"方世举《笺注》同。按:海边之民引海水晒盐,有盐场(田),色白,故云。

㊻ 玉石火炎灰:文《详注》:"皆言白色相类也。《书》(《胤征》)曰:'火炎昆岗,玉石俱焚。'"魏本引孙《全解》亦引《书》语,又云:"陆死骨,火炎灰,皆以喻雪之状如此。"

㊼ 厚虑填溟壑:文《详注》:"此皆言诗人用意。《礼记》曰:'天地之道,高也,厚也。'曹子建《与吴季重书》曰:'食若填巨壑。'"此语引自《中庸》:"天地之道,博也,厚也,高也,明也,悠也,久也。"

㊽ 高愁桎斗魁:文《详注》:"《甘泉赋》(《文选》卷七扬雄撰)曰:'洪台崛其独出兮,桎北极之嶟嶟。'桎,至也,音陟里切。魁,北斗第一星也。"桎(zhì 陟栗切,入,质韵),至,到也。《方言》卷一三:"桎,到也。"方世举《笺注》:"《史记·天官书》:'北斗七星,魁枕参首。'《正义》曰:'魁,斗第一星也。'"魏本:"孙曰:'北斗第一至四为魁,第五第七为摽。'"

㊾ 日轮、坤轴:魏本:"孙曰:《博物志》(卷一):'地有三千六百轴。'"文《详注》:"《春秋·括地象》曰:'地有三千六百轴。'"汪琬《批韩诗》:"杜诗(《青阳峡》):'仰看日车侧,俯恐坤轴弱。'"按:韩诗似从杜诗化出。

㊿ 岸类长蛇搅:方《举正》订"岸类",云:"三馆本作'堰似'。"朱《考异》:"岸类,或作'堰似'。搅,或作'扰'。"宋白文本、文本、祝本、魏本、廖本、王本作"岸类"。魏本注:"岸类,一作'堰似'。搅,一作'扰'。扰,驯也。"按:谓大雪落到岸里水中随之消失,像被长蛇搅乱。

㊼ 陵犹巨象豗:文《详注》:"言陵岸崩折,有若蛇象暴之。豗,击也,音呼灰切。"魏本注:"豗,斗也。豗,音灰。"方世举《笺注》:"巨象豗:《南山经》(《山海经》):'祷过之山多象。'木华《海赋》(《文选》卷一二):'磊匒匌而相豗。'善曰:'相豗,相击也。'"钱仲联《集释》:"豗,通作'豥'。《广韵》(上平声十五灰):'豥,豕掘地也。甈

同。呼灰切。'《敦煌掇琐》所载《字宝碎金》:'猪䝐地,音灰。'唐人盖有'豕掘地'之语,故韩用之。"何焯《批韩诗》:"似拙。"

(52) 水官夸杰黠:文《详注》:"《礼记·月令》('其神玄冥'句)注云:'玄冥,少皞氏之子,曰修曰熙者为水官。'按:昭公二十九年《左传》云:'修及熙为玄冥。'是相代为水官也。"蒋抱玄《评注》:"《礼·月令》:'孟冬之月,其帝颛顼,其神玄冥。'郑玄曰:'此黑精之君,水官之臣。颛顼,高阳氏也。玄冥,少昊氏之子,曰修曰熙,为水官。'"方世举《笺注》:"水官:《左传》:'蔡墨曰:五行之官是为五官,水官弃矣,故龙不生得。'桀黠:《史记·货殖传》:'桀黠奴,人之所患也。'"童《校诠》:"第德案:汉书赵充国传:以尤桀黠者斩之。颜师古曰:桀,坚也,言不顺从也。黠,恶也,为恶坚也。按:桀与杰古字通,诗伯兮:邦之桀兮,郑玄曰:桀,英桀,言贤也,郑以桀为杰,此诗则以杰为桀。方氏未释杰、黠之义,故为补之。"按:杰黠,特出、聪慧。《诗·卫风·伯兮》:"伯兮朅兮,邦之桀兮。"《汉书·薛宣传》:"桀黠无所畏忌。"《三国志·蜀·诸葛亮》:"雄姿杰出。"《北史·后妃列传下》:"慧黠,能弹琵琶,工歌舞。"

(53) 木气怯胚胎:文《详注》:"胚胎,气之始也。上音蒲枚切。"魏本:"孙曰:木气,春气。胚胎,初兆貌。《说文》(肉部):'孕妇至一月曰胚胎。'"顾嗣立《集注》:"《淮南子》:'孕妇三月而胚胎。'"方世举《笺注》:"木气:《记·月令》:'某日立春,盛德在木。'《淮南子·天文训》:'甲乙寅卯,木也。壬癸亥子,水也。水生木。'胚胎:胚,音丕。《尔雅·释诂》:'胎,始也。'注:'胚胎,未成物之始。'按:怯胚胎,言积雪凝寒,木气无以发生也。"童《校诠》:"第德案:淮南子精神训:一月而膏,二月而肤,三月而胎,文选郭景纯江赋:类肧浑之未凝。李善曰:淮南子曰:孕妇三月而肧胎,与今本淮南子不同,疑顾氏所引本之李注,未及检阅原书。说文:肧,妇孕一月也。胎,妇孕三月也,孙氏所引,亦与今本说文异。胚为肧之后出字,廖本、王本、祝本皆作肧。"

(54) "龙鱼"句:方世举《笺注》:"《韩诗外传》:'水渊深广,则龙鱼生之。'"按:因雪大天冷,鱼龙亦受尽了寒冷之苦而蛰伏水底。

㉟"虎豹"句:文《详注》:"魏武帝《苦寒行》:'虎豹夹路啼。'"按:谓雪大连虎豹也无处觅食,故饿而哀号也。

㊱陵布被:陵,宋白文本、文本作"凌"。祝本、魏本、廖本、王本作"陵"。作侵犯、欺侮解,二字通用。

按:《战国策·秦策一》:"今欲并天下,凌万乘,诎敌国,制海内,子元元,臣诸侯,非兵不可。"《史记·酷吏列传》:"宁成者……好气,为人小吏,必陵其长吏。"布被,方世举《笺注》:"《史记·公孙弘传》:弘位在三公,然为布被。"按:棉布做的被子,可保暖的被卧也;亦喻生活俭朴。雪大天冷,致使棉被亦不暖了。

㊲光肯离金罍:朱《考异》:"离,或作'杂'。"宋白文本、文本、祝本、魏本、廖本、王本作"离",注:"一作'杂'。"

魏本:"孙曰:《诗》(《周南·卷耳》):'我姑酌彼金罍。'罍,酒器,以金为之,有云雷之象,因名罍。"童《校诠》:"第德案:诗卷耳:我姑酌彼金罍,毛亨曰:人君黄金罍。正义:异义:韩诗说:金罍大夫器也,天子以玉,诸侯大夫以金,士以梓。古毛诗说:金罍酒器也,诸臣之所酢,人君以黄金饰,尊大一硕,金饰龟目,盖刻为云雷之象。谨案:韩诗说:天子以玉,经无明文。谓之罍者,取象云雷博施,故从人君下及诸臣。第德案:许氏慎异义从古毛诗说,说文同,云櫑,龟目酒樽,刻木作云雷象,象施不穷也,从木,畾声。罍,櫑或从缶;罍,櫑或从皿;𦉩,籀文櫑。陈奂曰:释文引韩诗说,天子以玉饰,诸侯大夫皆黄金饰,是韩亦为木质而加饰矣。异义不从韩诗说天子以玉者,毛诗说人君统天子诸侯,言天子亦饰黄金,不闻饰玉也。按:罍,盖以匋或木为之,故其字从缶或木。孙氏谓以金为之,与韩、毛说皆不同,盖谓以青铜为之也。"按:金罍光泽鲜亮,被雪遮了。

㊳狂教诗碑砚:狂,宋白文本作"任"。诸本作"狂",是。方《举正》作"碑砚",云:"阁本'碑砚'作'碑杌',非。"朱《考异》:"砚,或作'机'。"祝本作"砚",是。

文《详注》:"碨砐,险怪也。上音勒没切,下音五忽切。砐本从石。"魏本注:"碨砐,豪放貌。"顾嗣立《集注》:"《选》(卷一二)《江赋》:'巨石碨砐以前却。'善曰:'沙石随水之貌。'"按:碨(lù 勒没切,入,没韵)砐(wù 五忽切,入,没韵),亦作"碨兀",高耸突出貌。《文选》卷一二郭璞《江赋》:"碧沙潢瀁而往来,巨石碨砐以前却。"杜甫《瘦马行》:"东郊瘦马使我伤,骨骼碨兀如堵墙。"韩愈《送进士刘师服东归》:"低头受侮笑,隐忍碨兀冤。"

⑤⑨ 兴与酒陪鳃:方《举正》:"陪鳃,怒张貌。字见潘岳《射雉赋》。樊、李校作'毰毸',非。"朱《考异》作"陪鳃",引方语。宋白文本作"毰毸"。文本、祝本、魏本、廖本、王本作"陪鳃",从之。文《详注》:"潘安仁《射雉赋》(《文选》卷九):'敷藻翰之陪鳃。'(徐爰)注云:'陪鳃,怒貌。'"

⑥⑩ "雕刻"二句:文刀利,文《详注》:"韩子曰:'臣刀之利,风靡骨断。'网恢:《老子》:'天网恢恢,疏而不漏。'"方世举《笺注》:"文刀利:按:《文心雕龙》(《奏启》)云:'笔锐干将,墨含淳酖。'盖极言文人笔锋不可犯也。公诗云'雕刻文刀利,搜求智网恢',盖亦自诩其形容刻入,抉摘无遗矣。智网恢:《老子》:'天网恢恢,疏而不失。'"

⑥① 属和:方世举《笺注》:"宋玉《对楚王问》(《文选》卷四五):'国中属而和者,不过数人而已。'"按:属和,属,音义同嘱,属和者,请人和诗。

⑥② 提孩:钱仲联《集释》:"提孩,即孩提也。《孟子·尽心》:'孩提之童。'注:'孩提,二三岁之间,在襁褓知孩笑,可提抱者也。'"文《详注》:"《补注》:或云:自'松篁'至'委琐该',又自'日轮'至'将颓',又自'巧借'至'金罍',皆以讥时相。又曰:'诸人得语哉','莫烦相属和',有所讥也,审矣。"

此诗用"来"(lái)字韵。

【汇评】

宋叶梦得：诗禁体物语，此学诗者类能言之也。欧阳文忠公守汝阴，尝与客赋雪于聚星堂，举此令，往往皆阁笔不能下。然此亦定法，若能者，则出入纵横，何可拘碍。郑谷"乱飘僧舍茶烟湿，密洒歌楼酒力微"，非不去体物语，而气格如此其卑。苏子瞻"冻合玉楼寒起粟，光摇银海眩生花"，超然飞动，何害其言"玉楼""银海"？韩退之两篇，力欲去此弊，虽冥搜奇谲，亦不免有"缟带""银杯"之句，杜子美"暗度南楼月，寒生北渚云"，初不避"云""月"字，若"随风且开叶，带雨不成花"，则退之两篇，工殆无以愈也。（《石林诗话》卷下）

宋胡仔：刘贡甫《诗话》云："永叔与江邻几论韩《雪》诗，以'随车翻缟带，逐马散银杯'为不工，而谓'坳中初盖底，凸处遂成堆'为胜，未知真得韩意否也。永叔云：'知圣俞诗者莫如修，尝问圣俞平生所得最好句，圣俞所自负者，皆修所不好，圣俞所卑下者，皆修所称赏。'盖知心赏音之难如是，其评古人诗，得无似此乎？"（《苕溪渔隐丛话》后集卷二三"六一居士"）

宋李颀：《欧江论韩诗》：凡诗以意义为主，文词次之。或意深义高，虽文词平易，自是奇作。世人见古人语句平易，仿效之而不得其意义，便入鄙野可笑。卢仝有云："不唧溜钝汉。"非其篇前后意义可取，自可掩口矣，宁可效之耶！退之古诗高卓，至律诗虽可称善，要之未有工者。而好韩之人，句句称述，未可尽谓然也。有云"老翁真个似童儿，汲井埋盆作小池"，此直谐语耳。永叔、江邻几评退之"随车翻缟带，逐马散银杯"为[不]工，而谓"凹中初盖底，凸处遂成堆"为胜，未知真得韩意否？永叔云："知圣俞者无如修，尝问圣俞平生最好句，圣俞所自负者，皆修所不好；圣俞所卑下者，皆修所称赏。"盖知音之难如是！其评古人诗，得无似之乎？（《古今诗话》）

宋袁文：韩退之《雪》诗云："今朝踏作琼瑶迹。"又《雪》诗云："疑是屑琼瑰。"皆比雪为琼者，以其白也。许慎《说文》则云：琼，赤玉也。石曼卿《红梅花》诗云："繁萼香琼乱,残英绛雪遗。"谓此耳。若以余观之,琼未必是赤玉,恐叔重言之误也。(《瓮牖闲评》卷三)

宋黄震:《喜雪》《春雪》《咏雪》等作,皆曲尽形容之妙,层出无穷。(《黄氏日抄》卷五九)

金王若虚:退之《雪》诗有云:"随车翻缟带,逐马散银杯。"世皆以为工。予谓雪者,其先所有,"缟带""银杯",因车马而见耳。"随""逐"二字,甚不安。欧阳永叔、江邻几以"坳中初盖底,坯处遂成堆"之句,当胜此联。而或者曰:未知退之真得意否?以予观之,二公之评论实当,不必问退之之意也。(《滹南诗话》卷上)

元方回:《春雪》,昌黎雪诗三大篇,《赠张籍》"来"字四十韵,《献裴尚书》"筵"字二十韵。"坳中初盖底,坯处遂成堆""片片匀如剪,纷纷碎若挼(奴回切)""随车翻缟带,逐马散银杯""隐匿瑕疵尽,包罗委琐该。误鸡宵呃喔,惊鹊暗徘徊""鲸鲵陆死骨,玉石火炎灰""日轮埋欲侧,坤轴压将颓""龙鱼冷蛰苦,虎豹饿号哀。巧借奢华便,专绳困约灾",此"来"字韵警句也。"宿云寒不卷,春雪堕如筵""喜深将策试,惊密仰檐窥""妒舞时飘袖,欺梅并压枝""气严当酒换,洒急听窗知""履弊行偏冷,门扃卧更羸""拟盐吟旧句,授简慕前规",此"筵"字韵警句也。此一首十韵,"行天马度桥"一句绝唱。(《瀛奎律髓》卷二一赋雪)

元张雨:《画雪》:蔡天启诗云:"收得三茅风雨样,高堂六月是冰壶。"盖其善画自称道如此。辛未十二月廿八日大雪戏作画雪一章:"……古名画史天为徒,安得诸贤折简呼。昌黎杂记政如画,点缀雪山还老夫。……"(《句曲外史贞居先生诗集》卷三)

明李东阳:韩退之《雪》诗,冠绝今古。其取譬曰:"随风翻缟带,逐马散银杯。"未为奇特。其模写曰:"穿细时双透,乘危忽半摧。"则意象超脱,直到人不能道处耳。(《历代诗话续编·麓堂诗话》)

清施闰章:《雪诗》:韩昌黎:"随车翻缟带,逐马散银杯。"而欧阳公与江邻几更取"坳中初盖底,凸处已成堆"为胜,殆不可解。

(《蠖斋诗话》)

清何焯:《咏雪赠张籍》开宝近体初不以多为贵,观此益信。(《义门读书记》卷三〇)

清王士禛:往读退之《雪诗》"龙凤交横飞"及"银杯""缟带"之句,不觉失笑。(《带经堂诗话》卷二)

清方世举:按此为王播入相而作也。元和、长庆间宰相之言利者,皇甫镈、程异、王播,三人入相虽有后先,其实相为终始。方宪宗六年,播为诸道盐铁转运使,引异自副。异先坐王叔文党贬黜,李巽荐之,弃瑕录用,至是播令异治赋江淮,讽有土者以饶羡入贡,经费颇赢。播又荐皇甫镈。及镈用事,更排播而进异,播出为西川节度使。而镈与异遂同平章事。诏下之日,物情骇异,裴度、崔群力谏不从,以致罢相。异未几而卒,镈遂引用奸邪,中伤善类。穆宗即位,镈始败。而播遂求还,贿赂权倖以取相位。朝政不纲,复失河北,宪宗中兴之业一旦隳坏。然则三人之进退,有唐中叶兴衰治乱之关也。公不敢显言,故托之《咏雪》。篇首数句,言其位望之轻,而出入后先之异。"当窗恒凛凛"以下,言其渐有气势,而进羡余,行贿赂,狼藉之甚也。"松篁遭挫抑"以下,言小人道长,君子道消,不惟节钺可邀,抑且台阶可跻。包藏隐慝,扰乱蒸民,刑戮横加,贤愚莫辨,祸已烈矣,然犹未已。彼其溪壑难填,崇高莫极,必将使乾坤震动,陵谷贸迁,善气无以导迎,阴邪为之锢蔽,含生皆失其所,困约尤受其灾,而后极焉。为害至此,不可胜言矣。然其词甚刻,而其意甚显,传之人口,谁不知?此所以戒其属和也。(《韩昌黎诗集编年笺注》卷一一)

清姚范:《咏雪赠张籍》刘贡父云:"欧阳永叔与江邻几论此诗,以'随车翻缟带,逐马散银杯'为不工;而以'坳中初盖底,垤处遂成堆'为胜。且谓'未知得韩意否?'"余谓:公此等诗无一语佳者,"盖底""成堆",凡陋可笑!"纷纷碎若挼"注:乃禾切。按:挼,《广韵》:素回切。(《援鹑堂笔记》卷四一)

清汪师韩:《韩文公咏雪》:自谢惠连作《雪赋》,后来咏雪者多骋妍词,独韩文公不然。其集中《辛卯年雪》一诗("翕翕"四句),《咏雪赠张籍》一章,("松篁"六句,"日轮"二句,"鱼龙"二句)所以讥贬者甚至。又《酬崔立之咏雪》一章("泯泯"六句),亦含讽刺,岂直为翻案变调耶?尝考雪之咏于《三百篇》者凡六:若《采薇》,遣戍役也。曰:"今我来思,雨雪霏霏。"《出车》,劳还率也。曰:"今我来思,雨雪载涂。"俱不过纪时语耳。《信南山》一诗,刺幽王不能修成王之业,而因追思成王之时,曰:"上天同云,雨雪雰雰。"言丰年之冬,必有积雪,以明其泽之普遍焉。此犹于比兴之义无与也。其他若《邶》之《北风》,刺虐也。曰:"北风其凉,雨雪其雱。"则以喻政教之酷暴矣。《頍弁》,诸公刺幽王也。曰:"如彼雨雪,先集维霰。"则以比政教之暴虐,自微而甚矣。《角弓》,父兄刺幽王也。曰:"雨雪瀌瀌,见晛曰消。"则又以雪比小人多,而以日能消雪,喻王之诛小人矣。其后张衡《四愁诗》,效屈原以美人为君子,以珍宝为仁义,以水深雪雰为小人;韩公之放才歌谣,正是《诗》《骚》苦语。(又韩和侯喜《咏笋》诗,亦全作讽刺语。)(《诗学纂闻》)

清王元启:此诗自"千株照耀"以上皆止咏雪,并无刺讥。或据"慢有先居后"二句,谓讥皇甫镈、程异、王播三人入相。播之相后于镈、异三年,不应于长庆初并刺元和之相。至"松篁"以下,虽有刺讥,然与元和时事不类。如"填溟渤""挃斗魁""日轮欲侧""坤轴将颓"等句,镈等弄权窃柄,使远近人情骇惧,尚恐不至如此。窃谓此与元和七年之说并属武断,仆窃未敢谓然。(《读韩记疑》卷三)

清王鸣盛:《咏雪赠张籍》:"飘飘还自弄,历乱竟谁催?""误鸡宵呃喔,惊雀暗徘徊。""飘飘""徘徊",皆叠韵,"历乱""呃喔",皆双声。"城寒装睥睨,树冻裹莓苔""娥嬉华荡漾,胥怒浪崔嵬""万屋漫汗合,千株照曜开""水官夸杰黠,木气怯胚胎""狂教诗硉矹,兴与酒陪鳃",皆叠韵。"纬缅观朝萼,冥茫瞩晚埃",皆双声。举此以为例,馀不及。(《蛾术编》卷七六)

清马星翼:韩吏部古诗高卓,至律诗虽称善,要有不工者。而好韩之人,句句称述,未可谓然也。欧阳永叔、江邻几论韩《雪》诗,以"随车翻缟带,逐马散银杯"为不工;谓"坳中初盖底,凸处遂成堆"为胜,未知真得韩意否也?永叔尝云:"知圣俞者莫如某,然圣俞平生所自负者,皆某所不好;所卑下者,皆某所称赏。知心赏音之难如是!"其评古人之诗得勿似之乎?此刘公非语,最足解颐,余每称道之。"缟带""银杯"之句,欧公所以不赏者,盖亦贵白战之意。(《东泉诗话》卷一)

蒋抱玄:写景纯用白描,看似场面热闹耳。此种工夫,须从涵泳经史,烹割子集而来,确为韩公一家法,他人莫能语也。(《注释评点韩昌黎诗全集》)

程学恂:方、樊两注皆失之。若果为讥讽,正当公言之,何以独籍知之?至谓以柳涧事,公必不如此小器。此自咏雪耳,不与《石鼎》一例为刺时事而作。即谓"松篁"以下语句有似讥贬。然合通首观之,逐句求之,多有不可通者矣。此与前诸雪诗,皆以开欧、苏白战之派者。其形容刻绘,神奇震耀,可谓尽雪之性。将永叔、子瞻所作取来对校,尚觉减色小样也。独鲁直《丁卯年雪》一篇,岳岳有韩意,胜其他作。硿砑陪鳃,雕刻搜求,正是此诗妙赞。时东野已死,故知之者惟籍也。注者数家,因不识得此诗妙处,故节外生枝,强撼事实以搪塞耳。

按:此诗"松篁"以下,比意显然,程说非是。且程既不以此诗为讽刺,则本集初不注岁月,何以知作此诗时东野已死乎?特方、樊二说过凿,未若王说之安耳。(《韩诗臆说》卷二,按语出自钱仲联《韩昌黎诗系年集释》卷二)

程千帆、张宏生《火与雪:从体物到禁体物——论白战体及杜、韩对它的先导作用》:《咏雪赠张籍》是一首长达四十韵的五言排律。……过分注意排比铺张,脉络也不够清晰,构成了这首诗的缺陷,因此不能算是成功之作。但却可以认为,它是韩愈在探索这种新的表现方法时的一个阶段性的成果。它比杜甫的《火》更靠近"白战体"一步。在全篇八十句诗中,诗人虽然使用了白色的丝织物:练、纨、缟,白色的鸟类:鹄、鹭,白色的矿物:琼瑰、银、盐、玉,白色的花:梅,以及专门形容白色的词:皑皑,形容动作的词:舞,似乎还在极力刻画雪的外部特色,意图获得巧似的结果;但当我们反复诵读之后就会感到,这些直接描摹雪色和雪态的句子在全诗中并不占有重要地位。如果将这些句子删去或改写,将完全无损于通篇的布局、效果和达到的水平。这就是说,它们事实上是可有可无的。这就促进了禁体物诗作为一个有独立性质的客体而存在。(《被开拓的诗世界》)

江辛眉:《银杯》:今案:雪花随车而翻舞,车行甚疾,视之犹若缟带之相连,此句状物虽细琐而实工,"随"字"翻"字尤具流动之致。而"银杯"之喻,则谓马蹄蹴踏雪地,一路凹印,宛如无数银杯散置于地,设喻奇妙而"散"字尤为警策。视李白之"遥看汉水鸭头绿,恰似蒲桃新泼醅",……黄庭坚之"高丘复杯水如带",实为同一家数,皆以譬喻胜也。此句向来解者,均未措意。然六一为诗家高手,浸淫韩诗尤深,岂有不谙诗意而以不工目之乎?从知刘贡父之说,未必可信,而王若虚又从而和之,解人之难,于兹可见矣。(《读韩蠡解》)

酬王二十舍人雪中见寄①
元和九年

诗虽是酬答之作,首二句却把冬日雪景突现出来,阶平庭满一片洁白,描绘出长安城为雪覆盖的雪世界;首句明时间,这场大雪已非一日也,是时间,也是感觉。三句作比,美化了如玉装点的雪世界,自是诗境界的升华。接句落在王涯寄诗来,与题照应。真可谓盛唐遗响,故程学恂《韩诗臆说》卷二云:"此却是唐格。"

三日柴门拥不开,阶平庭满白皑皑②。今朝蹋作琼瑶迹③,为有诗从凤沼来④。

【校注】

① 题：魏本："樊曰：王二十舍人，王涯也。公赴江陵途中寄王二十补阙即其人。涯，公之同年友，至是为中书舍人，以诗来寄。或云王仲舒，非也。仲舒召为中书舍人时，公正在袁州，未几即观察江西，公尚在袁，为作《新修滕王阁记》，则此非仲舒明矣。"方《举正》："二十舍人，王涯也。涯为舍人，见《王适墓志》，本传略之。今作'仲舒'，非。"朱《考异》引方语，曰："今按：王二十涯，亦见《讳行录》。"陈景云《点勘》："韩子赴江陵途中有《寄赠王二十补阙》诗，即涯也。又有《次石头驿寄王十中丞》诗，则仲舒也。二王姓同行异，即见本集。至王璠呼涯为二十兄，又别见《唐史》。"文《详注》："《唐史》：王涯，字广津。宪宗时再为翰林学士。训诰温丽，多所稿定，不载舍人事。按公永贞元年《赴江陵途中寄王二十补阙》即其人也，至是涯为中书舍人。公作《王适墓志》云：'适弃官中南山，中书舍人王涯、独孤郁，比部郎中韩愈日发书问讯。'涯，公同年友也。公为比部在元和八年三月，涯为中书舍人，本传略之，于此见焉。或以为王仲舒，非也。穆宗立，仲舒自苏州召为中书舍人，公时正在袁州。仲舒至京未几，即观察江西，公时尚在袁州，为作《滕王阁》是也。"按：《旧唐书·王涯传》："王涯，字广津，太原人。父晁。涯，贞元八年进士擢第，登宏辞科。……（元和）九年八月，正拜舍人。十年，转工部侍郎、知制诰。"则诗写于九年冬。

② 阶平庭满白皑皑：方《举正》据蜀本作"阶平庭满"，云："谢校。"文本、祝本、魏本作"阶庭平满"。宋白文本、廖本、王本作"阶平庭满"，是。

按："阶庭平满"，细味语实不通。阶平，写台阶被大雪覆盖，失阶而平。庭满，即雪下得大，堆满了庭院。而阶不当用满，庭不当用平。皑皑，方世举《笺注》："刘歆《遂初赋》：'漂积雪之皑皑。'"按：《文选》卷九班彪《北征赋》："飞云雾之杳杳，涉积雪之皑皑。"

③ 琼瑶：美玉或美石。《诗·卫风·木瓜》："投我以木桃，报之以琼瑶。"传："琼瑶，美玉。"《释文》："瑶，音遥。《说文》云美石。"

比喻似白玉之物。白居易《西楼喜雪命宴》："四郊铺缟素，万宝甃琼瑶。"

④ 为有诗从凤沼来：从，或作"仙"，非是。方《举正》作"从"，云："樊、谢校。胡元任云：若作诗仙，殊失见寄之意。"（胡说见《苕溪渔隐丛话》前集卷一八）宋白文本、文本、祝本作"仙"，注："一作'从'。"魏本、廖本、王本作"从"，是。

凤沼：文《详注》："《通典》（卷二一《中书省》）云：'中书省为凤凰池。'王为中书舍人，以诗来寄，故曰诗从凤沼来。一作'凤侣'，非。漫叟云：'作仙字则失诗题见寄之意。'"魏本注："凤沼，凤凰池。韩曰：卞伯玉《中书郎》诗云：'跃鳞龙凤池，挥翰紫宸里。'"又引《补注》："'从'字一本作'仙'，非是。《苕溪渔隐》曰：'改从作仙，则失诗题见寄之意。'沼，一作'侣'，亦非。"按：凤沼，即凤凰池，凤池，禁苑中池沼。魏晋南北朝设中书省于禁苑，掌管机要，接近皇帝，称中书省为凤凰池。故晋荀勖由中书监迁尚书令，人有贺之者，勖曰："夺我凤凰池，诸君何贺我邪？"王涯时为中书舍人，自中书省寄诗来，故云诗来凤沼。

【汇评】

宋胡仔：《漫叟诗话》云："诗中有一字，人以私意窜易，遂失古人一篇之意，若'相公亲破蔡州来'，今'亲'字改作'新'字是也。"苕溪渔隐曰："《酬王二十舍人雪中见寄》云：'三日柴门拥不开，阶庭平满白皑皑。今朝蹋作琼瑶迹，为有诗从凤沼来。'今'从'字改作'仙'字，则失诗题见寄之意也。"（《苕溪渔隐丛话》前集卷一八韩吏部下）

程学恂：此却是唐格。（《韩诗臆说》卷二）

送侯喜①

元和十五年

已作龙钟后时者②，懒于街里踏尘埃。如今便别长官去③,直到新年衙日来④。

【校注】

① 题:魏本:"韩曰:公长庆元年有《雨中寄张博士籍侯主簿喜》之什,此诗岂同时作欤?喜时为国子主簿,公为祭酒,故云长官也。"文《详注》:"《补注》:公为国子祭酒,喜其主簿,故曰长官也。长庆元年作。"方世举《笺注》:"按诗云'直到新年衙日来',乃犹十五年冬作,不得与《雨中》作概谓长庆元年。"钱《集释》、屈《校注》均从方说。按:《韩学研究·韩愈年谱汇证》同。诗写于元和十五年十二月。侯喜字叔起,行十一。早年躬耕自食,农闲读书习文。与韩愈为师友。贞元十九年(803)中进士,元和七年(812)官校书郎,十一年官协律郎,十五年为国子主簿。

② 已作龙钟后时者:魏本:"韩曰:《广韵》(上平声三钟):'龙钟(笼镈),竹名。'世言龙钟盖取此谓年老如竹之枝叶摇曳,有不能自持也。"按:韩公《醉留东野》:"东野不得官,白首夸龙钟。"唐王维《夏日过青龙寺谒操禅师》诗:"龙钟一老翁,徐步谒禅宫。"此言老状,如"老态龙钟"。

③ 长官:方《举正》据蜀本作"官长",云:"三馆本同。"朱《考异》:"方作'官长',非是。"宋白文本、文本作"官长"。祝本、魏本、廖本、王本作"长官"。陈景云《点勘》:"按:一官之长曰长官。汉孔氏《书传》及郑氏《诗笺》中皆有此称,其来久矣。"

④ 衙日:魏本:"孙曰:'衙,谓请谒上官。'"方世举《笺注》:"按此盖岁秒时休假而归,故至新年坐衙之日复来谒也。《容斋三笔》(卷一四《衙参之礼》):'今监司、郡守初上事,既受官吏参谒,至晡时,僚属复同于客次胥吏列立廷下通刺曰衙,以听进退之命。如是者三日。如主人免此礼,则翌日又通谢刺。'韩诗曰:'如今便别长官去,直到新年衙日来。'疑是谓月二日也。"沈钦韩《补注》:"《欧阳詹集·上郑相公书》云:'某冗官也,政令裁制,一月两衙之。'谓詹为四门助教,与其等伍皆须衙参祭酒、司业也。"

【汇评】

清宋长白：《龙钟》：裴晋公未遇时，过天津桥，有二老倚柱而立，愕然曰："蔡州未平，须得此人为相。"仆人以告。公曰："见我龙钟，故相戏耳。"昌黎诗："东野不得官，白首夸龙钟。"又《送侯喜》诗："已作龙钟后时者，懒于街里踏尘埃。"退之与晋公同时，未必便用其语。《南越志》：罗浮有笼葱竹，一名龙钟。张曲江《答陈拾遗赠竹簪》诗："遗我龙钟节，非无玳瑁簪。"是昔人原以名竹，而晋公引之耳。(《柳亭诗话》卷九)

清朱彝尊：质朴可喜，微近戏。(顾嗣立《昌黎先生诗集注》卷九)

程学恂：衙日即谓新年坐衙之日，自称长官，并是戏言。(《韩诗臆说》卷二)

学诸进士作精卫衔石填海①
元和五年

鸟有偿冤者②，终年抱寸诚③。口衔山石细，心望海波平④。渺渺功难见，区区命已轻⑤。人皆讥造次⑥，我独赏专精⑦。岂计休无日，惟应尽此生。何惭《刺客传》⑧，不著报仇名。

【校注】

① 题：文《详注》："《山海经》《北山经》曰：'轩辕山有鸟，状如乌，而文白首赤喙，名曰精卫，其鸣自呼。是炎帝之女也，名女娃。游于东海，溺而不返，化为精卫。常取西山之木石以填东海。'"魏本引孙《全解》同而简。魏本："樊曰：任昉《述异记》(卷下)：'炎帝女溺死东海，化为精卫，自呼其名，每衔西山木石填东

海。一名誓鸟,一名冤禽,一名志鸟,一名帝女雀。'"方世举《笺注》:"《北山经》:'发鸠之山有鸟焉,其状如乌,文首白喙赤足,名曰精卫,其鸣自詨。是炎帝之少女,名曰女娃,游于东海,溺而不返,故为精卫。常衔西山之木石以堙于东海。'按:《诗类》载此题为省试诗,盖河南试士,而公为河南令主燕礼时效之也。"钱仲联《集释》:"顾炎武《日知录》:'进士乃诸科目中之一科,而传中有言举进士者,有言举进士不第者。但云举进士,则第不第未可知之辞,不若今人已登科而后谓之进士也。'又:'唐人未第称进士,已及第则称前进士。'"此题中所谓"进士"者,为尚未中而选出参加礼部省试者。

② 鸟有偿冤者:文《详注》:"《魏都赋》(《文选》卷六左思撰):'孤狐精卫,衔木偿怨。'注云:'怨音冤。'"方世举《笺注》:"崔融《嵩山碑》:'精卫衔木而偿冤。'"

③ 寸诚:魏本:"孙曰:'寸诚,微诚也。'"按:心为寸心,寸诚者谓寸心之诚也;寸者微小也,微诚也。南朝梁萧统《锦带书十二月启·夹钟二月》:"谨伸数字,用写寸诚。"《汉语大词典》引韩诗为例。

④ "口衔"二句:以精卫衔西山之木石填浩瀚之大海,寓嘱诸考生树进士考试之志。望者,愿也。海波平,海被填平,再无使人溺水而死也。所谓偿冤者指此。

⑤ 渺渺:旷远貌。《管子·内业》:"缈缈乎如穷无极。"注:"言心之微远,如欲穷之,则无其极。"苏轼《赤壁赋》:"渺渺兮予怀,望美人兮天一方。"区区,小、少。《左传》襄公十七年:"宋国区区。"《孔丛子·论势》:"以区区之众,居二敌之间,非良策也。"

⑥ 人皆讥造次:造次,魏本:"孙曰:《语》(《里仁》)曰:'造次必于是。'注云:'急遽貌。'"钱仲联《集释》:"造次,犹鲁莽、轻率也。"按:此指考生应进士试而言。

⑦ 我独赏专精:此乃韩公对考生的鼓励:不要怕人讥笑,而要学精卫填海一样专心精进。诚如方世举《笺注》:"《淮南·览冥

训》:'专精厉意,上通九天。'"

⑧ 何惭《刺客传》:文《详注》:"太史公作《刺客传》,自曹沫至荆轲五人。"方世举《笺注》:"《太史公自序》(《史记》):'曹子匕首,鲁获其田,齐明其信,豫让义不为二心,作《刺客列传》。'"

【汇评】

清朱彝尊:不拘拘贴事,只以空语挑意,最有味。(顾嗣立《昌黎先生诗集注》卷九)

清沈德潜:《学诸进士作精卫衔石填海》清空挥洒,本非试场中作,自然脱去卑靡。(《唐诗别裁集》卷一八)

程学恂:此亦公所谓可无学而能者。然是写意,不与工帖括者相角胜也。(《韩诗臆说》卷二)

酬振武胡十二丈大夫①

元和九年

元和八年,振武军(在今内蒙古自治区和林格尔县西北)守将杨尊宪反,赶走节度使李进贤。九年,党项又侵扰该地,朝廷派胡证为单于大都护、振武麟胜等军节度使。韩愈酬诗送行,诗当写于九年,在长安,为考功郎中兼史馆修撰时,年四十七。诗虽是平常应酬之作,却一气流转,以磅礴的气势塑造了胡证文武兼备、体恤百姓的礼仪之士形象,预示他一定能为国立功,靖安边塞。且自嘲虽有胆气,不过是舞文弄墨而已,以此烘托胡证;同时,也寄托了诗人的无限感慨。清马位《秋窗随笔》说得好:"昌黎古诗胜近体,而近体中惟《湘中酬张十一功曹》《奉酬振武胡十二丈大夫》及《西林寺题萧二兄郎中旧堂》《次潼关先寄张十二阁老使君》诸作,矫矫不群,可以颉颃老杜。他如'春风红树惊眠处,似妒歌童作艳声''暖风抽宿麦,清雨卷归旗''鸣箛急吹争落日,清歌缓送款行人',唐诸人莫及也。近体中得此,所谓已探骊龙珠,余皆长物矣。"

倾朝共羡宠光频②,半岁迁腾作虎臣③。戎旆暂停辞社树④,里门先下敬乡人⑤。横飞玉盏家山晓⑥,远蹀金珂塞草春⑦。自笑平生夸胆气,不离文字鬓毛新⑧。

【校注】

① 题:朱《考异》:"诸本无'奉'字。"方《举正》有"奉"字,云:"元和九年作。"廖本、王本有"奉"字。宋白文本、文本、祝本、魏本无"奉"字。樊本有"人"字,注:"一本题中无'丈'字。"诸本无"人"字,从之。又宋白文本无"丈"字,非。

胡十二:魏本:"樊曰:胡十二,胡证也。《传》云:河东人,元和九年,党项屡扰边,证以儒而勇由谏议大夫选拜振武军节度使。道河中,时赵宗儒为帅,证以州民入谒。《因话录》(卷三)亦云:宗儒镇河中,证建节赴振武过河中,持制称百姓,献诗云:'诗书入京国,旄节过乡关。'州里荣之。此公诗所以有'烦县令''敬乡人'之句。"文《详注》同樊,又云:"道河中,时赵宗儒为帅,以州民入谒,里人荣之。证膂力绝人,时称其侠。"按:胡证,字启中,河东人,贞元五年刘太真榜进士及第,累迁谏议大夫。元和九年,选拜振武军节度使。曾任御史中丞、工部侍郎、京兆尹、左散骑常侍。宝历初,以户部尚书判度支,固辞,拜岭南节度使,卒,年七十一。新旧《唐书》有传。十二,为胡证族中同辈大排行。丈,对长者尊称,时胡六十岁,韩四十七岁。《元和郡县图志》卷四:"单于大都护府,今为振武节度使理所。管府一,城一,州二:单于大都护府,东受降城,麟州、胜州。县六。"沈钦韩《韩集补注》引《一统志》:"东受降城,在归化城西,黄河东岸,大同府西北五百里。"

② 倾朝:整个朝廷上的臣僚。宠光,皇帝的恩泽荣耀。《左传》昭公十二年:"宴语之不怀,宠光之不宣,令德之不知,同福之不受,将何以在?"《诗·小雅·蓼萧》:"既见君子,为龙为光。"传:

"龙,宠也。"频,频繁,盛多。

③ 迁腾:升迁之快。谓胡证由左谏议大夫迁振武军节度使,中间相隔仅半年时间。虎臣,文《详注》:"为国爪牙,故曰虎臣。"魏本:"孙曰:'言如虎之猛毅。'"虎臣谓掌握兵权的大臣,此指节度使。《诗·鲁颂·泮水》:"矫矫虎臣,在泮献馘。"

④ 戎斾暂停辞社树:方《举正》据阁本、李校作"戎斾暂停辞社树",云:"赵璘《因话录》曰:胡证建节赴振武,过河中,时赵宗儒为帅(在元和九年七月),证持刺称百姓入谒,献诗曰:'诗书入京国,旌节过乡关。'若用今语,亦与敬乡人之义不合。阁本多出于公晚岁所定。"朱《考异》:"诸本作'弩矢前驱烦县令'。方从阁本。……今按:方意甚善,但其言阁本为晚年所定者为无据耳。"文《详注》:"前汉司马相如字长卿,蜀郡成都人也,武帝拜相如为中郎将,建节往使西南夷。至蜀,太守以下郊迎,县令负弩前驱导路,蜀人以为宠。"按:南宋监本原文作"弩矢前驱烦县令"。宋白文本、文本、祝本、魏本均作"弩矢前驱烦县令",不若方校"戎斾暂停辞社树"合韩公意。

按:戎斾(pèi),军旗。辞社树,辞别乡里,这里以社树代乡里。胡为河东人,宗儒为其地方长官,证过此,因敬重,故以本地百姓身份谒见献诗也,方校是。若以诸本作"弩矢前驱烦县令",则与情事不合。

⑤ 里门先下敬乡人:文《详注》:"《礼记》(《曲礼上》)曰:'君子入里必式。'《正义》曰:'二十五家为里,里巷首有门,十室不诬,故入里则必式而礼之为敬也。里必式,故入门必步。'《后汉》(《张湛传》):'张湛,字子孝,为冯翊,告归平陵,望里门而步。主簿曰:明府位尊,不宜自轻。湛曰:礼下公门,孔子于乡党,恂恂如也。父母之国,所宜尽礼,何轻之有?'"魏本:"韩曰:万石君徙居陵里,内史庆醉归,入外门不下车。万石君责曰:'内史贵人,入闾里,里中长老皆走匿,而内史坐车自如,固当。'乃谢罢庆。庆及诸子弟入里门,趋至家。"(见《史记·万石张叔列传》)蒋抱玄《评注》:"《孟子》

（《告子上》）：'斯须之敬在乡人。'"按：里门，故乡之门。敬乡人，敬重乡里长者，指胡证过家门对乡里人很讲礼貌。

⑥横飞玉盏：方世举《笺注》："《记·明堂位》：'爵用玉盏。'"文《详注》："《蜀都赋》云：'里宴巷饮，飞觞举白。'"按：横飞玉盏，指宴席上传盏交杯的欢乐气氛。家山晓，家乡的山已经亮了，即天将明，指与乡人欢饮通宵达旦。

⑦蹀（dié）：行走。魏本："孙曰：'蹑蹀，行貌，谓行春也。'祝曰：《楚辞》：'众踺蹀而日进。'"

金珂：文《详注》："《本草》云：'珂，贝类，大如鳆，皮黄黑而骨白，以为马饰，生南海。'《通典》又云：'老鹳入海为玳，可截作马勒，谓之珂。'《西京杂记》云云（略）。"按：金珂，马饰。《西京杂记》卷二："（武帝时）长安始盛饰鞍马，竞加雕镂。或一马之饰直百金，皆以南海白蜃为珂，紫金为华，以饰其上。"《新唐书·车服志》："三品以上珂九子，四品七子，五品五子，六品以下去通幰及珂。"塞草春，振武在塞北，胡十一月受命，到塞北大约已是第二年的春天了。以上二句，朱彝尊《批韩诗》称"工丽"。

⑧"自笑"二句：魏本："孙曰：'此公自谓也。'"方世举《笺注》："胆气：《后汉书·光武纪》：'胆气益壮，无不一当百。'按《新唐书·证传》：'证旅力绝人，曾脱晋公裴度于厄，时人称其侠。'今以儒而勇，受任节钺，而公亦自负胆气，乃老于文字之职，故结句云云。"朱彝尊《批韩诗》："文人不甘无武每如此。"程学恂《韩诗臆说》卷二："结云'自笑平生夸胆气，不离文字鬓毛新'。观此可知潮州表中语，非公本志也。"按：文字，文章诗篇。鬓毛新，鬓上又新添白发。结语说到己，既谦比于胡证，又表现他平生豪气。

【汇评】

清朱彝尊：壮伟有劲气。（顾嗣立《昌黎先生诗集注》卷九）

清何焯：《奉酬振武胡十二丈大夫》证本儒生，故有落句。（《义门读书记》卷三〇）

程学恂:虽亦寻常酬应之作,然中有自见处,言外无限感慨。(《韩诗臆说》卷二)

奉和库部卢四兄曹长元日朝回①
元和十年

  此诗所以不切"朝回""奉和"等意者,在于韩公写诗的主观随意性。因身列朝班,参加元日早朝,故盛赞形式宏壮气魄,以抒自己之豪情;想到自己身为郎官,则感到职微,故借颜驷老于郎署发不遇之慨。诗重在写己,意不在人(卢汀)也。然虽为应酬之什,却也写得气势磅礴,古雅典重,直追盛唐。如明蒋之翘云:"诗故雍容雅丽,其可以杜、韩并称者,庶几此作。"朱彝尊云:"苍古宏壮,仿佛子美、摩诘,微欠浑化耳。"

天仗宵严建羽旄②,春云送色晓鸡号③。金炉香动螭头暗④,玉佩声来雉尾高⑤。戎服上趋承北极⑥,儒冠列侍映东曹⑦。太平时节身难遇⑧,郎署何须叹二毛⑨。

【校注】

  ① 题:方《举正》增"奉"字,云:"卢四兄,卢汀也。蜀本与《文苑》二诗皆有'奉'字。"朱《考异》有"奉"字,云:"卢四兄,卢汀也。"宋白文本、文本、魏本、祝本均无"奉"字。按:当有"奉"字。即奉邀而和也。

  文《详注》:"正月,元也。库部郎中属兵部,掌军器、仪仗、卤簿、法式。《补注》:卢汀也。元日,元和十年正月一日。"魏本注:"卢四,名汀,字云夫。公时为考功郎中作。"《洪谱》云:"《和库部卢四兄曹长元日朝回》及《寒食直归遇雨》二诗。唐本云:'元和十年公知制诰,寓直禁掖。'"魏本:"洪曰:《国史谱(补)》(卷下)云:'两省相呼为阁老。尚书丞即相呼为曹长,郎中、员外、御史、遗补相呼为院长。上可兼下,下不可兼上。惟御史相呼为端公。'然退之呼卢库部为曹长,张功曹为院长,则上下亦通称也。"按:韩公有《和虞部卢四汀酬翰林钱七徽蔚宗赤藤杖歌》,可证。《新唐书·百官志一》:尚书省:吏部、户部、礼部、兵部、刑部、工部。兵部"其属有四:一曰兵部,二曰职方,三曰驾部,四曰库部"。"库部郎中、员外郎各一人,掌戎器、卤簿、仪仗"。

② 天仗宵严建羽旄:方《举正》作"建",云:"《文苑》'建'作'树'。"朱《考异》:"建,或作'树'。"作"树"、作"建"字均通,今从诸本作"建"。

魏本:"孙曰:仗,器也。天仗,谓天子仪卫。宵严,夙设也。羽旄,以鸟羽为旌旗也。《周礼》《春官·司常》'全羽为旞,析羽为旌'是也。"方世举《笺注》:"天仗:《新唐书·仪卫志》:'凡朝会之仗,三卫番上,分为五仗。一曰供奉仗,二曰亲仗,三曰勋仗,四曰翊仗,五曰散手仗。每朝,内外队仗立于阶下。元日大朝会,则供奉仗、散手仗立于殿上。朝罢,皇帝步入东序门,然后放仗。'宵严:班固《西都赋》(《文选》卷一):'周以钩陈之位,卫以严更之署。'善曰:'薛综《西京赋》注:严更,督行夜鼓也。'《仪卫志》:'天子将出,前发七刻击一鼓,为一严。前五刻击二鼓,为再严。前二刻击三鼓,为三严。诸卫以次入陈殿庭。'"羽旄,文《详注》:"旌旗之属。"顾嗣立《集注》:"《诗》(《小雅·出车》):'建彼旄矣。'"

③ 春云送色晓鸡号:晓鸡号,魏本注:"谓黎明也。"文《详注》:"《晋书·律历志》:'董巴议曰:凡有七历,颛顼以今之孟春正月为元。其时正月朔旦立春,五星会于天历,冰冻始泮,蛰虫始发,鸡始三号。'"韩公《东方半明》:"鸡三号,更五点。"亦指天明。

④ 金炉香动螭头暗:魏本:"孙曰:《唐会要》曰:'汉柏梁殿灾,越巫言海中有鱼虬尾似鸱,激浪则降雨,遂作像于屋以厌火灾。'亦作'螭'字,言香烟之盛,至螭头昏暗也。"文《详注》:"《唐志》:起居舍人秉笔随宰相入殿,若仗在紫宸内阁,则夹香案立,分立殿下,直

第二螭头,和笔濡墨,即坳处,时号螭头。"魏本:"韩曰:'唐制:起居郎、舍人分侍左右,夹香案立,直第二螭首,和墨濡笔,即坳处,时号螭头。见《百官志》(《新唐书·百官志二·门下省》)。'"按:文、韩注均不全。《新唐书·百官二》:起居郎、舍人各二人,从六品上。"贞观初,以给事中、谏议大夫兼知起居注,或知起居事。每仗下,议政事,起居郎一人执笔记录于前,史官随之。其后,复置起居舍人,分侍左右,秉笔随宰相入殿;若仗在紫宸内阁,则夹香案分立殿下,直第二螭首,和墨濡笔,皆即坳处,时号螭头。"方世举《笺注》:"金炉:《仪卫志》:'朝日殿上设熏炉香案。'螭头:《国史补》(卷下):'两省谑起居郎为螭头,以其立近石螭也。'《雍录》(卷三《含元螭头》):'殿前螭头,盖玉阶扶栏上压顶横石,刻为螭头之状也。以横石突兀不雅驯,故刻螭以文之。'"朱彝尊《批韩诗》:"暗,朝廷贵明光,'暗'字不宜用。"

⑤ 玉佩声来雉尾高:佩,宋白文本、文本作"珮"。祝本、魏本、廖本、王本作"佩"。按:作系在腰带上的装饰品解,佩、珮二字通用。屈原《离骚》:"纫秋兰以为佩。"《墨子·辞过》:"铸金以为钩,珠玉以为珮。"文《详注》:"《礼记·玉藻》:'古之君子必佩玉,左徵角,右宫羽。进揖退扬,然后玉锵鸣也。'《后汉志》(《后汉书·舆服志》):'武冠,俗谓之大冠,环缨无蕤,以青丝为绲,加双鹖尾竖左右,为鹖冠。'又云:'鹖者,勇雉也。其斗对一死乃止,故赵武灵王以表武士,秦施之。'"魏本:"孙曰:'雉尾,扇名,天子出则御者持之引于庭上。殷高宗有雉雊之祥,后章服多用翟羽,故有雉尾。汉乘舆服之高举也。'"方世举《笺注》:"《古今注》(《舆服》):'雉尾扇起于殷高宗时,缉雉羽为扇翣,以障翳尘也。'《仪卫志》(《新唐书》):'人君举动必以扇,雉尾障扇四,小团雉尾扇四,方雉尾扇十二。'"按:《新唐书·仪卫志上》:"人君举动必以扇。……次雉尾障扇四,执者骑,夹伞。次腰舆,舆士八人。次小团雉尾扇四,方雉尾扇十二。……次大伞二,雉尾扇八,夹伞左右横行。次小雉尾扇、朱画团扇,皆十二,左右横行。"写元日皇帝升殿的仪仗,表气势。以上

均为胡证出使造势。

⑥戎服上趋承北极:文《详注》:"北辰居所,众星环拱。"魏本:"孙曰:'北极,帝庭。'"按:此以北极喻皇帝。何焯《义门读书记》卷三〇:"《唐书·礼乐志》:'元正朝贺,上公一人诣西阶席,脱舄解剑,升,当御座前,北面跪贺,乃降阶诣席,佩剑,纳舄,复位。'非戎服也。岂艰难以后,遂与开元礼殊制乎?然则结句乃言当以太平未复为叹,若一身之向老,何足计也。"方成珪《笺正》:"《仪卫志》:'皇帝步出西序门,索扇,扇合。皇帝升御座,扇开。左右留扇各三。左右金吾将军一人奏左右内外平安。'所谓戎服上趋也。"按:此写武官。

⑦儒冠列侍映东曹:魏本:"韩曰:'谓文武两班也。'"文《详注》:"《魏都赋》(《文选》卷六左思撰):'蔼蔼列侍,金蜩齐光。'注云:汉侍中常侍官冠皆饰金蝉,故曰齐光。"方世举《笺注》:"东曹:《仪卫志》:'入宣政门,文班自东门而入,武班自西门而入。宰相两省官对班于香案前,百官班于殿庭。'"蒋抱玄《评注》:"《史记·郦食其传》:'诸客冠儒冠来者,辄解其冠。'《后汉书·百官志》:'东曹主二千石长吏迁除及军吏。'"按:此写文官。

⑧太平时节身难遇:方《举正》据阁本乙"身难",作"难身",云:"李校。"朱《考异》:"或作'身难'。"宋白文本、文本、祝本、魏本作"身难"。廖本、王本作"难身"。钱仲联《集释》、屈《校注》从方亦作"难身"。

按:二词意同。若以诗句声情音响和谐看,作"身难"善。"身"字阴平,"难"字作困难,与"易"字对,读阳平。二字声势平而上扬,接下"遇"字去声,读之亦顺。此乃发自身难遇之感慨。

⑨郎署何须叹二毛:文《详注》:"《汉武帝故事》曰:'帝乘辇至郎署,见一郎老发皓白,帝问姓名:"何时为郎?"曰:"姓颜名驷,文帝时为郎。"帝问:"何久不遇?"曰:"文帝好文,臣好武;景帝好美,臣貌丑;陛下好年少,臣已老,是以三朝不遇。"帝感之,用为会稽太守。汉中郎将分掌三署,郎有议郎、中郎、侍郎、郎中凡四等,皆秦

官,无员,多至千人。二毛,头白有二色也。"魏本引孙《全解》亦引《汉武故事》,说同。又云:"《左氏》(僖公二十二年):'不擒二毛。'二毛,黑白相半。樊曰:潘安仁《秋兴赋》(《文选》卷一三):'余春秋三十有二,始见二毛。以太尉掾兼虎贲中郎将,寓直于散骑之省。'"按:不怨,身难遇。不叹,人老发白。

【汇评】

明唐汝询:此美朝廷之清平也。帝将早朝,其仗夜而严肃,鸡鸣即临朝矣。当金炉香动之时,而螭头天色未明,闻玉珮之声,而睹雉尾之扇高举也。于是护卫之士,戎服趋迎;文墨之臣,儒冠森列。此太平之时人所难遇,虽头白为郎,亦不当叹其官薄也。按昌黎仕于献(当为"宪")宗中兴之时,故其辞如此,非虚誉也。(《唐诗解》卷四四)

明蒋之翘:诗故雍容雅丽,其可以杜、韩并称者,庶几此作。(《韩昌黎集辑注》卷九)

清朱彝尊:苍古宏壮,仿佛子美、摩诘,微欠浑化耳。(顾嗣立《昌黎先生诗集注》卷九)

清吴吴山:题是"朝回",而诗但言早朝,无"回"字意。又只有"春云"二字,不切"元日",并"奉和"意亦未见。若盛唐人为之,必不如是矣。(钱仲联《韩昌黎诗系年集释》卷九)

清何焯:《奉和库部卢四兄曹长元日朝回》"玉佩声来雉尾高",注:唐制,人君举动必以扇,雉尾障扇四云云。按:今呼掌扇者,"障"之讹也。"戎服上趋承北极",按:《唐书·礼乐志》:"元正朝贺,上公一人诣西阶席,脱舄解剑,升,当御座前,北面跪贺,乃降阶诣席,佩剑,纳舄,复位。"非戎服也。岂艰难以后,遂与开元礼殊制乎?然则结句乃言当以太平未复为叹,若一身之向老,何足计也!(《义门读书记》卷三〇)

清黄叔灿:建羽旄,言兵卫之严。春云送色,言天欲渐明。盖从宵分说到早朝,以及武臣之设卫,文职之分曹,末言如此太平景象,

人所难遇,身为郎署,不必以二毛为叹矣。美之亦羡之也。(同上)

程学恂:"春云送色晓鸡号","号"字色相不配。作此等诗,须让他贾舍人、王右丞也。(《韩诗臆说》卷二)

寒食直归遇雨①

元和十年

寒食时看度②,春游事已违。风光连日直③,阴雨半朝归④。不见红球上⑤,那论彩索飞⑥。惟将新赐火⑦,向曙著朝衣⑧。

【校注】

① 题:廖本注:"归,作'宿'。"作"宿"字非。此乃归途遇雨也。

魏本注:"唐本笺云:元和十年,公时以考功郎中知制诰。归,作'宿'(按:宋本原刻作宿,四库本作此)。"文《详注》:"寒食,解见上《病中忆花诗》。公时为中书舍人。《补注》:唐本传云:'元和十年,公时以考功郎中知制诰。'又云:公往在江陵寒食出游,有'宋玉亭边不见人'之句,盖宋玉宅在荆故也。"

② 寒食时看度:魏本:"孙曰:《荆楚岁时记》:'去冬至一百五日,即有疾风甚雨,谓之寒食。'"

度:刻度。漏刻计时之刻度也。寒食日在三月上旬,春将尽也,故有下句"春游事已违"之叹。

③ 风光:雨后日出时风中草木的闪光。《文选》卷三〇南朝齐谢朓《和徐都曹》诗:"日华川上动,风光草际浮。"唐李周翰注:"风本无光,草上有光色,风吹动之,如风之有光也。"李善注:"《楚辞》曰:'光风转蕙泛崇兰。'王逸注曰:'光风,谓日出而风,草木有光色也。'"或谓风景、景象。唐卢照邻《元日抒怀》:"草色迷三径,风光动四邻。"

④阴雨半朝归：方《举正》作"半朝归"，云："三馆本作'半晴归'。"朱《考异》："朝，或作'晴'。"诸本作"半朝归"。方世举《笺注》："《新唐书·仪卫志》：'泥雨则延三刻传点。'故至半朝而始归也。"故作"半朝归"是。

⑤红球上：文《详注》："蹴鞠也。刘向《别录》曰：'蹴鞠，黄帝所造，本兵势，今人以为戏。'"魏本："孙曰：刘向《别录》曰：'踏鞠，黄帝所造，本兵势也。'或云起于战国。鞠与球同，红球者以红帛为之。"沈钦韩《补注》："寒食会球，德宗以来故事也。"蒋抱玄《评注》："红球，谓日也。旧注多作蹴鞠解，实误。"钱仲联《集释》："红球与下句彩索为类，蒋说非是。"按：钱说是。此联对仗，红球正对彩索，若日则意不类也。蹴鞠本是用于练兵布阵，后成为游戏，唐时盛行。《后汉书·梁冀传》："性嗜酒，能挽满、弹棋、格五、六博、蹴鞠、意钱之戏。"注引汉刘向《别录》云："蹴鞠者，传言黄帝所作，或曰起战国之时。蹋鞠，兵势也，所以讲武知有材也。"唐韦应物《寒食后北楼作》诗："遥闻击鼓声，蹴鞠军中乐。"鞠同鞠，与球同，古今蹋蹴以为戏。

⑥彩索飞：文《详注》："秋千也。《岁时记》曰：每春节悬长绳于高木上，士女咸集，袨服靓妆，坐立其上，共推引之，以为戏，名曰秋千。《涅槃经》谓之罥索。《开元天宝遗事》（卷下《半仙之戏》）云：'天宝宫中至寒食节竞竖秋千，令宫嫔辈以为燕乐，帝呼为半仙之戏，都下士民因而呼之。'"魏本："孙曰：《古今艺术图》曰：'北方山戎，寒食日用秋千为戏，以习轻趫者。'（载《艺文类聚》卷四引）彩索，即谓此秋千之戏也。"

⑦赐火：魏本："樊曰：《周官·司烜氏》（《周礼·秋官》）：'仲春以木铎巡火，禁于国中。'为季春将出火也。后此乃以介子推焚死，人至时一月寒食，不敢烟爨，东汉周举为太原，始变其俗，三日而止。孙曰：《周礼》（《夏官·司爟》）'季春出火'即赐火也。"文《详注》："《周礼·司烜氏》：'季春出火，民咸从之。'郑氏云：'春取榆柞之火，夏取枣杏之火，季夏取桑柘之火，秋取柞楢之火，冬取槐檀之

火。'范文正公诗云：'唐时惟清明取榆柳之火以赐近臣，本朝因之。'"顾嗣立《集注》："《唐会要》：'清明取榆柳之火以赐近臣，顺阳气。'"

⑧ 曙：文本作"晓"。诸本作"曙"，从之。著，宋白文本注："著，直略反。"蒋之翘《辑注》："禁火意用事亦脱。"

【汇评】

清何焯：《寒食直归遇雨》唯内直者知此诗之悲，然第四亦非有所望也。(《义门读书记》卷三〇)

送李六协律归荆南①
元和十一年

早日羁游所②，春风送客归。柳花还漠漠③，江燕正飞飞④。歌舞知谁在？宾僚逐使非⑤。宋亭池水绿⑥，莫忘蹋芳菲。

【校注】

① 题：魏本："孙曰：'李协律，翱也。公尝量移为江陵法曹参军，此诗首言羁游处云。'"方《举正》："旧本皆不著其人，今注'翱'字者非。"祝本题下注"翱"字。陈景云《点勘》："宋诸本题下皆注'翱'字，殆因韩子《代张籍上李浙东书》中有'李协律翱'故耳。然翱之行七，非六也。即见本集《与杨子书》。此误正与以王舍人为仲舒同。"沈钦韩《补注》："此乃李础。"方世举《笺注》："□云：'李协律，翱也。'《新唐书·地理志》：'江陵府，本荆州南郡，属山南道。'按：李协律翱见公《代张籍与李浙东书》，此明据也。《新书·翱传》云：'中进士第，始调校书郎，累迁。元和初，为国子博士，史馆修撰。'不载其为协律，然韩愈为张建封节度推官，得试协律郎，选授

四门博士,史亦略之,则略翱不足为异。考翱生平履历,见于其文者,盖初寓汴州,中第后曾佐滑州。元和初,分司洛中。三年冬,岭南节度杨於陵辟为掌书记。四年春,赴广州,公作诗送之。五年,於陵罢镇,翱自江南归,佐卢坦于宣州。数月,坦迁侍郎入朝,时李逊为浙东观察使,辟翱为从事。六年,曾至京师。八月,自京还东,张籍寓书当于是时。八年,《与皇甫湜书》云:'仆到越中,得一官三年矣,累求罢去,尚未得。'九年正月,乞假归葬其叔,自署云'浙东道观察判官将仕郎试大理评事摄监察御史'。是年,李逊入为给事中,翱官罢在家,卧病,食贫,则其归荆南,当在是时。而协律之称,则仍其旧也。及十二年,复应东川卢坦之辟;十四年间削平淄青,翱已为史官。再迁考功郎中,下除朗州刺史。长庆元年,改舒州。三年,召为礼部郎中。四年,复出为庐州。终昌黎之世,其历官如此。九年以前,不得归荆南;十四年以后,不得称协律。观'早日羁游所'一句,又决非元和以前之作,而十年、十二年间,公诗有'亲交乖隔'之叹,则翱又似不在京师。然则系之九年,庶为近理。但翱系出陇西,史与集俱不详其居址,或家在京南,故曰归。唐时陇西李散处四方,如李白居蜀,李逊客居荆州是也。"王元启《记疑》:"陈曰诸本题下皆注'翱'字。然翱之行七,非六也。此与前以王二十为仲舒同误。按:此则李协律另有其人。近人详考翱之履历,定此诗为元和九年作者,真所谓无事自扰。又归荆南谓还归使府,与公归彭城,李正字归湖南同义。或云陇西之李散处四方,翱或家在荆南,故曰归。其解尤非。"岑仲勉《唐人行第录》:"协律乃初入仕者之官阶。"按:李础,仁钧子。韩愈从军汴州与仁钧为同事,础"尚与其弟学读书,习文辞,以举进士为业"。(韩愈《送湖南李正字序》)与韩愈为友。贞元十九年中进士。元和五年在洛阳为都官郎,送李础归湖南,础官正字,为正九品下阶(《旧唐书·职官志》)。此诗写于元和十一年,李为协律,乃正八品上阶,比正字高五阶,符合升迁之序。故谓李础也。岑仲勉云"协律乃初入仕者之官阶",则非。

② 早日羁游所:魏本:"孙曰:'公尝量移为江陵法曹参军,故

此诗首言羁游处云。'"方世举《笺注》:"《水经注》:羁游宦子,莫不寻梁契集。□云:公尝为江陵法曹,故此诗言羁游处。"

③柳花还漠漠:此句写长安景象。漠漠,弥漫貌。《楚辞》汉王逸《九思·疾世》:"时昢昢兮旦旦,尘莫莫兮未晞。"韩公《同水部张员外曲江春游寄白二十二舍人》诗:"漠漠轻阴晚自开,青天白日映楼台。"

④江燕正飞飞:文《详注》:"《高斋诗话》云:退之盖取老杜(《秋兴八首》之三)'清秋燕子正飞飞'之句,老杜又取古乐府《悲哉行》云'飞飞燕弄声'。(载《乐府诗集·杂曲歌辞二》谢灵运撰)"魏本引《补注》同而简。

⑤宾僚逐使非:魏本:"孙曰:'宾僚谓故时同僚,使谓荆南节度。'"方世举《笺注》:"宾僚:《北史·裴延俊传》广平王赞:'盛选宾僚。'逐使非:按李翱前后两为李逊辟,其僚友或非故知矣。考是时荆南节度为严绶,至十年十月,绶讨吴元济无功,以李逊代之。逊即翱旧时府主。公又有诗送之,故知合在九年也。"王元启《记疑》:"此联承首句'早日羁游'言之。公在江陵时,裴均为府主,今节使既易,同幕俱更,故有此句。方世举以李逊为翱旧时府主,至十年十月始代严绶为节度。此诗九年所作,故曰'使非',其说穿凿难通。又逊代绶为襄阳府,襄隶山南东道。"

⑥宋亭池水绿:文《详注》:"宋亭,见《寒食出游》诗'宋玉庭边不见人'注。"魏本:"韩曰:杜子美诗(《送李功曹之荆州充郑侍御判官重赠》):'曾闻宋玉宅,每欲到荆州。'荆州,即江陵也。公往在江陵《寒食出游》有'宋玉庭边不见人'之句。"屈《校注》:"顾嗣立云:'唐余知古《渚宫故事》:庾信归江陵,居宋玉故宅。宅在城北三里。故《哀江南赋》云:诛茅宋玉之宅,穿径临江之府。'按:《舆地纪胜》云:'荆湖北路江陵府:宋玉宅即庾信所居。'《清一统志》云:'湖北荆州府:宋玉宅在江陵县城西五里。'"

【汇评】

清朱彝尊:前四句兴趣飘然,俱根羁游来,"还"字、"正"字甚有味。颈联草率,亦不宜道及歌舞。(顾嗣立《昌黎先生诗集注》卷九)

清何焯:《送李六协律归荆南》淡而有味。"柳花还漠漠"二句,承"羁游"来。(《义门读书记》卷三〇)

程学恂:此亦寻常泛应之作,不似与习之之语,然亦他无考证。(《韩诗臆说》卷二)

题百叶桃花①
元和十年

诗写于元和十年,公在长安任考功郎中、知制诰时。韩公独自值宿禁中,窗外桃花鲜艳怡人,心情格外惬意,写下这首小诗。抒发他迁吏部考功郎中知制诰,职近枢要,得与朝事的愉快心情。巧妙的是,他用拟人化手法,以碧桃自述,更觉百叶桃花鲜红明媚,体态玲珑,活灵活现,犹如桃仙美女玉立窗前。写景抒情,不弱右丞小诗。清何焯《义门读书记》卷三〇:"首句'晚'字即呼起下连(联),第二愈淡愈艳,透出'晚更红'。"程学恂《韩诗臆说》卷二云:"公于此等亦自风情不减,故如'朱颜皓发讶莫亲''金钗半醉座添春',皆不足为公回护。"

百叶双桃晚更红②,窥窗映竹见玲珑③。应知侍史归天上④,故伴仙郎宿禁中⑤。

【校注】

① 题:魏本:"韩曰:'知制诰时作。'"文《详注》引《补注》同。何焯《义门读书记》卷三〇:"张裕《江南杂题》亦有'红鲜百叶桃'之句。"按:《全唐诗》卷二八《杂曲歌辞·宫中调笑》王建"百叶桃花树

红"。百叶桃,碧桃,花重瓣,又称千叶桃。方崧卿《年表》:"元和十年作。"《韩学研究·韩愈年谱汇证》:"《题百叶桃花》,《洪谱》:'唐本云,元和十年公知制诰,寓直禁掖。故诗云:风光连日直,阴雨半朝归。'方崧卿《年谱》曰:'律诗自第九卷《元日朝回》至《芍药》十二诗,皆当为今年春诗。'方成珪《诗文年谱》曰:'此与下《牡丹》《芍药》二诗,皆是年寓直禁中作。'按:十二诗中《盆池》不全写春景,而其余七首诗的时序也不妥。按时序《题百叶桃花》在前。诗云'百叶双桃晚更红',乃桃花盛开时节,双桃盛开在仲春,寒食节前。故应在《寒食直归遇雨》前。诗又云'应知侍史归天上,故伴仙郎宿禁中'。应劭《汉官仪》曰:'尚书入直台廨中,给侍史一人,女侍史二人,皆选端正者侍内,从至止车门还。女侍史洁被服,执香炉,烧熏以从入台中,给使护衣服也。'天上指内庭,韩愈以考功郎中知制诰寓直禁掖,故云。"系于元和十年。

② 叶:祝本作"花",非。诸本作"叶",是。双桃,魏本作"桃花",非。诸本作"双桃"。

双桃:一树两色花也。《中文大辞典》"双桃"、《辞源》"百叶"辞条均引韩愈此诗为证。何焯《义门读书记》卷三〇:"首句'晚'字,即呼起下连。"

③ 窥窗:方《举正》:"阁本作'归',蜀本作'临'。"魏本作"临",注:"一作'窥'。"宋白文本、文本、廖本、王本作"窥"字,善,从之。

按:指诗人凭窗向窗外偷偷看去,在翠竹间那鲜灵活现的桃花好像仙女一样可意。见(xiàn),同现。玲珑,本指玉声,此指空明貌。文《详注》:"深暗貌。"《文选》卷五左思《吴都赋》:"琼枝抗茎而敷蕊,珊瑚幽茂而玲珑。"唐李白《玉阶怨》:"却下水晶帘,玲珑望秋月。"韦应物《横塘行》:"玉盘的历双白鱼,宝簟玲珑透象床。"

④ 侍史:古制,尚书进内庭值班时由侍史护从,此代指尚书。魏本引《集注》:"应劭《汉官仪》曰:'尚书入直台廨中,给伯史一人,女侍史二人,皆选端正者。伯史从至止车门还。女侍史洁被服,执香炉,烧熏,以从入台中,给使护衣服也。'天上谓内庭。公以考功

⑤ 仙郎:文《详注》:"《补注》:《汉官仪》:'尚书郎入直,给女侍史二人,执香炉、烧薰、护衣,从入台,奏事明光殿。'唐时无复此,公诗故云。"方世举《笺注》:"仙郎:《白帖》:'诸曹郎称为仙郎。'禁中:蔡邕《独断》:'禁中者,门户有禁,非侍御者不得入,故曰禁中。'"古称尚书省诸曹郎官为仙郎。韩愈官吏部考功郎中知制诰,属尚书省,故自称"仙郎"。此指内庭空静,只有这碧桃花陪伴仙郎了。

【汇评】

宋朱翌:退之《百叶绯桃》云:"应知侍史归天上,故伴仙郎宿禁中。"《周礼·天官》注:"奚三百人,若今之侍史官婢。后汉尚书郎给女侍史二人,皆选端正婉丽。执香炉,护衣服。"(《猗觉寮杂记》卷上)

清何焯:《题百叶桃花》:张裕《江南杂题》亦有"红鲜百叶桃"之句。首句"晚"字即呼起下连。第二愈淡愈艳,透出"晚更红"。(《义门读书记》卷三〇)

程学恂:公于此等亦自风情不减,故如"朱颜皓发讶莫亲""金钗半醉座添春",皆不足为公回护。(《韩诗臆说》卷二)

春雪①

元和十年

元和十年二月作,与《题百叶桃花》同时。时至初春,草木发芽,春意渐浓,天却下了一场春雪。诗人因心里畅快,虽见寒雪袭春,也不觉得冷,反将春雪当作春花,寒冷变阳春。写得白雪似芳花怡人,情调轻快,构思新巧,使旧题翻新。三句"却嫌",四句"故穿",对举成文,把景写活了。

新年都未有芳华②,二月初惊见草芽③。白雪却嫌春色晚,故穿庭树作飞花④。

【校注】

①题:方《举正》:"元和十年作。"方成珪《诗文年谱》:"此诗未详何年。以篇次《百叶桃花》之后,《戏题牡丹》之前,当是一时作。"方世举《笺注》系于元和元年,编次于《春雪》(看雪乘清旦)后,《春雪》(片片驱鸿急)前。钱仲联《集释》系于元和十年。不似元和元年在江陵情调,当如方《举正》、钱《集释》。

②新年都未有芳华:年,祝本作"来"。宋白文本、文本、魏本、廖本、王本均作"年",是。

新年,即新的一年。都未有,都没有。芳华,芳草、香花。春花尚未绽放。

③二月初惊:指时令已到二月初的"惊蛰"。时到惊蛰,草木发芽,春意渐来。

④故穿:故意穿过,把雪写成有意识的活物,拟人也。庭树,庭院里的树。公《示儿》:"庭内无所有,高树八九株。"又《庭楸》:"庭楸止五株,共生十步间。"飞花,方世举《笺注》:"飞花:《韩诗外传》:'凡草木花多五出,雪花独六出。'裴子野《咏雪诗》:'落树似飞花。'"

【汇评】

清朱彝尊:常套语,然调却流快。(顾嗣立《昌黎先生诗集注》卷九)

戏题牡丹①
元和十年

诗与《题百叶桃花》及《春雪》(新年都未有芳华)同时,按花开季节,当写于十年初夏。诗咏物,不在牡丹仪态的工笔描摹,而是从写人中让读者看到她"陵晨并作新妆面,对客偏含不语情"的仪态靓丽的含蓄美,极妙;感受到她"长年是事皆抛尽,今日栏边暂眼明"的品格的高雅绝特,使人愿抛尽长年所有事情,依偎在栏边观看体味。可谓"观之不足由她缱"。若此诗人还嫌对牡丹美的描摹不足,又以物拟人写双燕无机也来,游蜂经营不去作进深一层写,喻人之争来玩赏。这一切正是对首联诗人依稀看到牡丹"何须相倚斗轻盈"的铺写。物也,人也! 物我合一,正是以物喻人,首联的比意在此。咏牡丹者,无一字言及牡丹,亦不工于对牡丹富丽华贵刻绘,却极见韩诗锤炼功夫。这也是韩诗不著色体格的独到处。如文《详注》曰:"王子思《诗话》云:'议者谓此是画美人图子也。'罗隐《牡丹》云:'若教解语应倾国,任是无情也动人。'时复以比韩句。说谓唐人李白、刘禹锡、元稹、白居易辈皆赋牡丹,不过咏其香色富艳而已,至退之则不体之以物,而体之以人,有比兴之义,使读之者如入深闺观处女,其'窈窕淑女,君子好逑'者乎! 与'金钗半醉坐添春''明眸刺剑戟''艳姬蹋筵舞'者异矣。"亦如汪佑南《山泾草堂诗话》卷一云:"唐人咏牡丹夥矣,即如《才调集》中薛能、温飞卿、李山甫、唐彦谦、罗隐、罗邺,均有此诗。尽态极妍,……总不如昌黎一首。前六句轻清流丽,无意求工。结联云'长年是事都[皆]抛尽,今日栏边暂眼明'不泥,然牡丹非此不足以当之,此诗家上乘也。"七言长句,难得有此风情。

幸自同开俱隐约②,何须相倚斗轻盈。陵晨并作新妆面③,对客偏含不语情④。双燕无机还拂掠,游蜂多思正经营⑤。长年是事皆抛尽⑥,今日栏边暂眼明⑦。

【校注】

① 题:魏本:"樊曰:段成式《酉阳杂俎》(前集卷一九《广动植之四·草篇》)云:'前史无说牡丹者,惟《谢康乐集》言竹间水际多

牡丹。成式检隋朝《种植法》，初不说牡丹，则知隋朝花药中所无也。开元末，裴士淹奉使回至汾州，得白牡丹一窠，植于长兴私第。至德中，马仆射领太原，各得红紫二色者，移于城中。元和初犹少，今与戎葵角多少矣。'"文《详注》："《补注》：段成式《酉阳杂俎》云：'前史中无说牡丹者，惟《谢康乐集》中言竹间水际多牡丹。成式检隋朝《种植法》七十卷，初不说牡丹，则知隋朝花药中所无有也。开元末，裴士淹为郎官，奏事幽冀回，至汴州众香寺得见牡丹一窠，植于长乐私第。天宝中，为都下奇赏，当时诸公有《裴给事宅看牡丹》诗。至德中，马仆射领太原，各得红紫二色者，移于城中。元和初尤少。'此诗元和十年，为郎时作也。"按：樊、王所引均不全且有错讹。段成式《酉阳杂俎》前集卷一九《广动植之四·草篇》云："牡丹，前史中无说处，惟《谢康乐集》中，言竹间水际多牡丹。成式检隋朝《种植法》七十卷中，初不记说牡丹，则知隋朝花药中所无也。开元末，裴士淹为郎官，奉使幽冀回，至汾州众香寺，得白牡丹一窠，植于长安私第。天宝中，为都下奇赏，当时名公，有《裴给事宅看牡丹》诗，诗寻访未获。一本有诗云：'长安年少惜春残，争认慈恩紫牡丹。别有玉盘乘露冷，无人起就月中看。'太常博士张乘尝见裴通祭酒说。又房相有言牡丹之会，璔不预焉。至德中，马仆射镇太原，又得红紫二色者，移于城中。元和初犹少，今与戎葵角多少矣。"文《详注》："《开元花木记》：唐开元盛时，禁中最重木芍药，兴庆池东沉香亭前止有红、紫、浅红、通白者数本。明皇已尝目之为花王，后遂名之为牡丹。"方世举《笺注》："《国史补》（卷中）：'京城贵游，尚牡丹三十余年矣。每春暮车马若狂，一本有直数万者。'《酉阳杂俎》云云。李绰《尚书故实》：'世言牡丹花近有，盖以国朝文士集中无牡丹歌诗。张公尝言：见杨子华有画牡丹。子华，北齐人，则知牡丹花亦已久矣。'按题曰'戏题'，诗语又若含讽，不知所谓'同开俱隐约''相倚斗轻盈'者，果何所指邪？旧编在《桃花》《芍药》二首之间，因仍之。"

②隐约：深藏，依稀不明貌。《庄子·山木》："夫丰狐文豹，

……虽饥渴隐约,犹且胥疏于江湖之上而求食焉。"南朝梁何逊《初发新林》:"帝城犹隐约,家园无处所。"

③ 陵晨:宋白文本、文本、祝本、魏本"陵"作"凌"。黄钺《增注证讹》:"陵晨,今皆作'凌晨',非。夌、陵、凌、淩,字各有属,今人多混。"按:夌,本义作越、高解。陵,本义是大土山。凌,本义是冰。淩同凌。作登、乘、侵犯解,通用。韩诗作"陵",不误。

④ 不语情:朱彝尊《批韩诗》:"中唐佳调。罗隐诗似由此描出。此不语盖用桃李不言意,大胜罗。"按:所说是。韩公《次石头驿寄江西王十中丞阁老》:"默然都不语,应识此时情。"即不言情已笃矣。

⑤ 正经营:方《举正》据阁本作"近经营",云:"李校。"朱《考异》:"正,方作'近'。"南宋监本原文作"正经营"。宋白文本、文本、潮本、祝本、魏本亦作"正经营",从之。

按:经营,规划营造,周旋往来。《书·召诰》:"卜宅,厥既得卜,则经营。"《诗·小雅·北山》:"旅力方刚,经营四方。"《文选》卷八司马相如《上林赋》:"酆镐潦潏,纡余委蛇,经营乎其内。"何焯《义门读书记》卷三〇:"'双燕无机还拂掠'二句,衬出结句。"

⑥ 是事:张相《诗词曲语辞汇释》卷一:"是事,犹云事事或凡事也。"《全唐诗》卷三八三张籍《祭退之》:"是事赖拯扶,如屋有栋梁。"又:"搜穷古今书,事事相酌量。"

⑦ 暂眼明:文本、魏本、廖本、方世举本、钱仲联本作"暂"。暂,且也。何焯《义门读书记》卷三〇:"结句非牡丹不称。飞卿(《夜看牡丹》)'希逸近来成懒病,不能容易向春风',巧于偷意者也。"

【汇评】

明张萱:《咏花不语》:牡丹有名醉西施者。韩昌黎诗"对客偏含不语情",罗隐诗曰"若教解语应倾国",苏东坡诗"不如此花不解语,世间言语原非真"。三公皆咏不语,而一解转深一解矣。(《疑

耀》卷三)

明蒋之翘:如此题特难。诗虽不甚工,却亦大雅。李献吉谓咏物诗愈工愈下,则是作正宜尔尔。(《韩昌黎集辑注》卷九)

清何焯:《戏题牡丹》结句非牡丹不称。飞卿"希逸近来成懒病,不能容易向春风",巧于偷意者也。"双燕无机还拂掠"二句,衬出结句。(《义门读书记》卷三〇)

清黄叔灿:起二句似有比意。"陵晨"一联写牡丹,风致极妙。"双燕"一联似指人之争来赏玩说。公七言长句,难得如此风情。(钱仲联《韩昌黎诗系年集释》卷九)

张鸿:昌黎以不著色为体格,此等诗皆其独到处也。然其于空际烹炼,别具工力,如乐天之老妪都解,其功夫尤为人所不知,非真如今人之白话诗也。(同上)

汪佑南:唐人咏牡丹夥矣,即如《才调集》中薛能、温飞卿、李山甫、唐彦谦、罗隐、罗邺,均有此诗。尽态极妍,……总不如昌黎一首。前六句轻清流丽,无意求工。结联云"长年是事都(皆)抛尽,今日栏边暂眼明"不泥,然牡丹非此不足以当之,此诗家上乘也。(《山泾草堂诗话》卷一)

盆池五首[①]

元和十年

盆景本是形体微小,精巧玲珑,供人观赏的摆设。韩愈这组诗却能通过丰富的联想,把小盆景翻成大世界,以小见大,妙趣横生。老翁一首天然成趣,听蛙之声真切。种荷一首,诗人看到齐齐长出的荷芽,兴奋异常。咏种荷不写看荷而写听雨,想到不久荷叶齐展,碧水绿叶,亭亭玉立,耳听雨打荷叶之声,天然成趣,写法新鲜别致。观鱼一首,写诗人清晨喂鱼。在澄清的池水里,水虫聚散,小鱼结队游耍。不仅看出诗人体物写景精妙入微,也从诗人对小生命的兴致里看出他对生活的热爱。泥盆一首似有寓意。池水一首,写盆池虽小,水却拥涛拍岸,似江海狂澜。写乘月观池,却可在这小盆池中看到布满星斗的一碧天光。表现出诗人胸襟开阔,涵蕴天地。这组诗真实地反映了韩愈这一时期志遂意满、轻松愉快的心境,当与《题百叶桃花》《春雪》同时,写于元和十年夏。

其一

老翁真个似童儿②,汲水埋盆作小池③,一夜青蛙鸣到晓,恰如方口钓鱼时④。

【校注】

① 题:魏本:"洪曰:刘贡父(效《中山诗话》)云:退之古诗高卓,至律诗虽可称善,要有不工者,'老翁真个似童儿',此真谐语为戏耳。或云:《盆池》诗有天工,如'拍岸才添水数瓶''一夜青蛙鸣到晓',非意到不能作也。"方世举《笺注》:"刘与或两说,一言正,一言变也。大历以上皆正宗,元和以下多变调。然变不自元和,杜工部早已开之,至韩、孟好异专宗,如北调曲子,拗峭中见姿制,亦避熟取生之趣也。元、白、刘中山、杜牧之辈,不得其拗峭,而惟取其姿制,又成一格。"盆池,以盆作池,种花养鱼,以供观赏。

方《举正》:"当为元和十年作。"《韩学研究·韩愈年谱汇证》:"按:诗里有'一夜青蛙鸣到晓','藕梢初种已齐生'等写夏日景色。诗当写于初夏。"

② 老翁真个似童儿:文《详注》:"老翁,公自谓也。魏文帝《与吴季重书》(《文选》卷四二《与吴质书》)曰:'志意不类昔日,已成老翁。'"出返老还童之姿,天真有趣。

③ 汲水埋盆作小池:水,文本、祝本作"井"。宋白文本、魏本、廖本、王本作"水",从之。

文《详注》:"《诗话》:范文正公云:韩吏部古诗高卓,至其律诗惟(当作'虽')可称善,要之有不工者。而好韩之人,句句称述,未可谓然也。'老翁真个似童儿''汲井埋盆作小池',此直谐语为戏耳。王子思《诗话》云:韩退之严重如此,一语稍近,便为人指点。东坡在扬州《双石》诗云:'梦时良是觉时非,汲水埋盆故自痴。'盖借用此事。"

④ 恰如方口钓鱼时:方《举正》:"方口,一作'枋口'。唐属卫州,玄温败枋头,乃其地也。公此诗与送李愿诗只作'方口'。"朱《考异》引方说,云:"今按:公盘谷诗因及方口、燕川,则二处皆盘谷旁近之小地名耳。盘谷在孟州济原县,孟州东过怀州乃至卫州,而济原又在孟州西北四十里,则游盘谷者安得至卫州之枋头乎?方说非是。"魏本注:"方口,地名。一作'枋'。"文《详注》:"方口,淇水入河口也。见《送盘谷子诗》。"韩公《卢郎中云夫寄示送盘谷子诗两章歌以和之》"东蹈燕川食旷野""平沙绿浪榜方口"是也。则方口为济源盘谷附近地名,非淇水入河处也,亦不属卫州。

【汇评】

宋刘攽:韩吏部古诗高卓,至律诗虽称善,要有不工者。而好韩之人,句句称述,未可谓然也。韩云:"老翁真个似童儿,汲水埋盆作小池。"直谐戏语耳。(《中山诗话》)

宋洪兴祖:或云《盆池》诗有天工,如"拍岸才添水数瓶""一夜青蛙鸣到晓",非意到不能作也。(魏仲举《新刊五百家注音辩昌黎先生文集》卷九)

清朱彝尊:俚语俚调,直写胸臆,颇似少陵《漫兴》《寻花》诸绝。(顾嗣立《昌黎先生诗集注》卷九)

其二

莫道盆池作不成,藕梢初种已齐生①。从今有雨君须记②,来听萧萧打叶声③。

【校注】

① 藕梢:藕芽。齐生,一齐长出来。

② 有雨,方《举正》:"阁本作'雨洒'。"文本作"雨洒",注:"一作'有雨'。"诸本作"有雨",从之。

有雨:下雨的时候。此乃韩公下句嘱语。君指谁,未明说,或指亲属,或指友人。

③ 萧萧:象声词,雨打荷叶的声音。《诗·小雅·车攻》:"萧萧马鸣,悠悠旆旌。"柳永《八声甘州》:"对萧萧暮雨洒江天,一番洗清秋。"

【汇评】

清朱彝尊:卤卤莽莽,亦有风致,然浓腴尚不及杜。（顾嗣立《昌黎先生诗集注》卷九）

汪佑南:此首咏种藕,不曰看荷而曰听雨,盖荷叶齐放,亭亭净植,雨来作清脆之声,胜于芭蕉。可见昌黎别有天趣。（钱仲联《韩昌黎诗系年集释》卷九）

其三

瓦沼晨朝水自清①,小虫无数不知名②。忽然分散无踪影③,惟有鱼儿作队行④。

【校注】

① 瓦沼:即盆池,瓦盆做的池子。

② 小虫:小红虫,可做鱼食。

③ 分:文本、魏本作"飞",非是,小虫有的会飞,有的不会飞。

宋白文本、祝本、廖本、王本作"分"字,是。

忽然:表示时间迅速。古时饲养金鱼用红线虫。红线虫离水成团,入水散开,虫被鱼吃尽,唯剩游鱼成队。

④ 惟有:方《举正》据阁、蜀本作"为有"。朱《考异》:"惟,方作'为'。"宋白文本、文本、廖本、王本作"惟有"。魏本、祝本作"唯有"。

按:惟有,只有。作只有解,惟、唯、维三字通用。《史记·鲁仲连邹阳列传》:"方今唯秦雄天下。"《商君书·修权》:"惟明主爱权重信,而不以私害法。"《诗·郑风·狡童》:"维子之故,使我不能餐兮。"

【汇评】

清朱彝尊:此调法却新。此诗体物入微。(顾嗣立《昌黎先生诗集注》卷九)

其四

泥盆浅小讵成池①,夜半青蛙圣得知②。一听暗来将伴侣,不烦鸣唤斗雄雌③。

【校注】

① 讵成池:讵,副词,表反问,相当于现代汉语的"难道""哪里"。《庄子·齐物论》:"庸讵知吾所谓知之非不知邪?"《公孙龙子·迹府》:"讵士也?见侮而不斗,辱也。"

② 圣得知:方《举正》作"圣得知",云:"阁本作'听',蜀本作'圣',李、谢皆校从'圣'。山谷诗(《次韵中玉早梅》)有'已被游蜂圣得知',是山谷亦以'圣'字为优。"朱《考异》:"圣,或作'听'。"宋白文本作"听"。文本、祝本、廖本、王本作"圣"。当作"圣"。

按：魏本："孙曰：'盆池初成，青蛙已至，故如圣也。'"文《详注》："《晋书》《惠帝纪》：惠帝尝在华林园，闻虾蟆声，谓左右曰：'此鸣者为官乎？为私乎？'或对曰：'在官地为官，在私地为私。'"金王若虚《滹南诗话》："言初不成池，而蛙已知之，速如圣耳。"方世举《笺注》："《说文》（耳部）：'圣，通也。'按：'圣得'难解，或唐方言，大抵如杜'遮莫'、白'格是'之类颇多。《新书》中又有实录人语，不能改文者，皆方言也。扬雄《方言》一书甚有功，惜后世无为之者，遂致《世说新语》中多不可晓，而梁人刘峻之善注者，亦惟有置之不论矣。"方成珪《笺正》："'圣得知'本此作'听'，即意味索然矣。且上句不言声音，'听'字亦突出无根也。"钱仲联《集释》："《艺文类聚》（卷二〇《人部·圣》）引《风俗通》曰：'圣者，声也，通也，言其闻声知情，通于天地，条畅万物也。'公诗正用此。"童《校诠》："第德案：方扶南说是，圣得，盖唐人方言，圣与听古通用，书无逸：此厥不听，汉石经作圣，是其例。方雪斋谓上句不言声音，听字突出无根，不悟下句有听字，未为突出，公避重复，故用方言作圣字耳。"

③ 魏本："韩曰：(《汉书·武帝纪》)汉武帝元鼎五年秋，虾蟆斗。"文《详注》同。魏本："孙曰：'言不烦雌雄，鸣唤相和也。'"

【汇评】

金王若虚：退之诗云："泥盆浅小讵成池，夜半青蛙圣得知。"言初不成池，而蛙已知之，速如圣耳。山谷诗云："罗帏翠幕深调护，已被游蜂圣得知。"此"知"字何所属邪？若以属蜂，则"被"字不可用矣。（《滹南诗话》卷上）

其五

池光天影共青青，拍岸才添水数瓶①。且待夜深乘月去②，试看涵泳几多星③。

【校注】

①拍岸：水满盆池，似波击岸，谓盆容量小。实为想象之意境。

②乘月：方《举正》据杭、蜀本作"明月"。朱《考异》："明，或作'乘'。"南宋监本原文作"乘"。廖本、王本作"明"。宋白文本、文本、潮本、祝本、魏本均作"乘"。

按：作"明"、作"乘"均通。玩诗意作"乘月"善。乘，趁着，凭借。《三国志·吴书·吕蒙传》："将士乘胜，进攻其城。"

③涵泳：魏本注："涵泳，游泳也。樊曰：此联妙语也。苏内翰有'涵星妍'，取此意云。"文《详注》引《补注》同。《文选》卷五晋左思《吴都赋》："鼋鼍鲭鳄，涵泳乎其中。"按：星光映在水中，如星在水中潜行之貌。韩公《岳阳楼别窦司直》："星河尽涵泳，俯仰迷下上。"也作沉浸解，又《禘祫议》："臣生遭圣明，涵泳恩泽，虽贱不及议，而志切效忠。"

【汇评】

清黄钺：谐语为戏，不独退之，少陵亦间有之。至或所赏"拍岸才添水数瓶""一夜青蛙鸣到晓"，以为有天工，殊未道着。"且待夜深明月去，试看涵泳几多星"，小中见大，有于人何所不容景象，说诗者却未拈出。（《韩诗增注证讹》卷九）

【五首总评】

清严虞惇：此等语杜诗中最多，何不工之有？（钱仲联《韩昌黎诗系年集释》卷九）

清方世举：刘与或两说，一言正，一言变也。大历以上皆正宗，元和以下多变调。然变不自元和，杜工部早已开之，至韩、孟好异专宗，如北调曲子，拗峭中见姿制，亦避熟取生之趣也。元、白、刘中山、杜牧之辈，不得其拗峭，而惟取其姿制，又成一格。（《韩昌黎诗集编年笺注》卷七）

程学恂：韩律诗诚多不工，然此五首却有致，贡父以"老翁童儿"句少之，鄙矣。若独取"拍岸""青蛙"二句，亦无解处。予谓"忽然分散无踪影，惟有鱼儿作队行""且待夜深明月去，试看涵泳几多星"乃好句也。（《韩诗臆说》卷二）

芍药①
元和十年

诗写于元和十年，韩公任考功郎中、知制诰，寓值禁中作。也是他处于顺境，心情畅适的时候。故用"浩态"形容芍药的英姿，用"狂香"形容花的芬芳，虽生造，却活灵活现，使人看得见，闻得着。若将首句与结句"身在仙宫"联系起来看，诗不但有寓意，亦传情，故第三句的"情"字是通贯全诗的关键词。二句以红灯比花，以绿盘龙比叶，亦有形有色，十分鲜明。若读诗闭目，韩公的情态，就会浮现在眼前。

浩态狂香昔未逢②，红灯烁烁绿盘龙③。觉来独对情惊恐④，身在仙宫第几重？

【校注】

① 芍药：一名勺药，植物名，花大而美，木本，名色繁多，供观赏，根入药。晚于牡丹，在初夏开。《诗·郑风·溱洧》："维士与女，伊其相谑，赠之以勺药。"此指芍药，亦名江蓠，古代情人在"将离"时互赠此草，表示彼此即将离别。王先谦《诗三家义集疏》："韩说：勺药，离草也；言将别赠此草也。"又古代勺与约同声，情人借此表恩情、结良约的意思。晋崔豹《古今注》下《问答释义》："芍药，一名可离。"《文选》卷三〇南朝齐谢朓《直中书省》："红药当阶翻。"韩公《芍药歌》："翠茎红蕊天力与，此恩不属黄钟家。温馨熟美鲜

香起,似笑无言习君子。"均指观赏之芍药。诗不显年月,按公《和席八十二韵》:"傍砌看红药,巡池咏白蘋。"时公为知制诰,直禁中。方《举正》谓当为元和十年作,与事合。系于十年是。

② 浩态狂香:程学恂《韩诗臆说》:"首句'浩态狂香'四字,生造得妙。"昔未逢,过去没有见过。

③ 红灯烁烁绿盘龙:魏本:"孙曰:'红灯烁烁,以喻其花。绿盘龙,以喻其叶。'"文《详注》:"《西京杂记》(卷三)曰:'秦咸阳宫有青玉九枝灯,下有蟠龙。灯燃则鲜(应为鳞)甲皆动,粲若列星。项羽入关取灯去也。'"又方世举《笺注》:"王云:红灯喻花,盘龙喻叶。盘龙:《西京杂记》:'董偃设紫琉璃帐火齐屏风,列灵麻之烛,以紫玉为盘如屈龙,皆用杂宝饰之。'"

④ 情惊恐:方《举正》据唐本订"情"字,云:"蔡校。"宋白文本、文本、魏本作"忽",注:"一作'情惊恐'。"廖本、王本作"情"。作"忽"、作"情"均可。此从方作"情"。

按:结二句谓:省悟之后独自对花,情思恍惚,如在仙宫之中。

【汇评】

宋周密:《芍药》:韩昌黎诗:"两厢铺氍毹,五鼎烹芍药。"注引《上林赋》注云:芍药根主和五脏,辟毒气,故合之于兰桂五味,以助诸食,因呼五味之和为芍药。《七发》亦曰:"芍药之酱。"《子虚赋》曰:"芍药之和具,而后御之。"《南都赋》曰:"归雁鸣鵽,香稻鲜鱼,以为芍药。"服虔、文颖、文俨等解芍药,或亦不过称其美,而《本草》亦止言辟邪气而已。独韦昭曰:今人食马肝者,合芍药而煮之。马肝至毒,或误食之至死。则制食之毒者,宜莫良于芍药,故独得药之名耳。此说极有理。《古今注》载牛亨问曰:"将离将别,赠以芍药,何耶?"答曰:"芍药,一名将离。故以此赠之。"此又别一说也。江淹《别赋》云:"下有芍药之诗。"正用此义。而注之中仅引"赠之以芍药"之语。张景阳《七命》:"和兼芍药。"乃音酌略。《广韵》中亦有二音。(《癸辛杂识》前集)

明蒋之翘：诗无足取，但"狂香"字特奇。（《韩昌黎诗集辑注》卷九）

蒋抱玄：此诗地位虽称，而风致欠妍。（《注释评点韩昌黎诗全集》）

和虢州刘给事使君三堂新题二十一咏并序①
元和八年

根据此诗《序》，刘伯刍因与宰相李吉甫不和，元和七年以给事中为虢州刺史，次年修三堂，作诗二十一首，传入京师，公有是作。后世论者认为这二十一首是效法王维《辋川集》，首首清新，以小见大。正如朱彝尊《批韩诗》所说："首首出新意，与王、裴《辋川》诸绝颇相似，音调却不及彼之高雅。"诗虽不逮王、裴，却代表了韩公清新平淡之风格，读来清新可餐。

虢州刺史宅连水池竹林，往往为亭台岛渚，目其处为三堂。刘兄自给事中出刺此州，在任逾岁②，职修人治，州中称无事。颇复增饰，从子弟而游其间；又作二十一诗以咏其事，流行京师，文士争和之。余与刘善，故亦同作。

【校注】

① 题：方《举正》增"奉""新题"字，云："杭、蜀同。"朱《考异》："或无'奉''新题'三字。"宋白文本、文本、祝本、魏本无"奉"字。又宋白文本无"新题"二字。廖本、王本有"奉、新题"三字。今从诸本去"奉"字。

和：用别人的题材、诗韵写诗叫和。奉是尊称。使君，汉称太守为使君，唐刺史的官阶职任相当于太守，常作借称。刘给事，名伯刍，字素芝，洺州广平（今河北广平县）人，中进士，迁考功郎中，集贤院学士,给事中。新旧《唐书》有传。出为虢州刺史。文《详注》:"谨按:《唐史》:刘伯刍,字素芝,兵部侍郎迺之子,擢累给事中。李吉甫当国,而裴垍卒不加赠,伯刍为申理,乃赠太子太傅。按《宰相年表》及裴垍传,即元和六年也。或言其妻垍从母也,吉甫欲按之,求补虢州刺史。三堂者,开元中,五王(即睿宗李旦五子:玄宗隆基、让皇帝宪、申王扐、岐王范、薛王业)迭为刺史所作。后刺史周锡改作,遂有名,吕温作记,言三者明臣子在三之节。东坡《送王伯扬守虢州》诗云:'惟有使君千里来,欲饮三堂无事酒。三堂本来一事无,日长睡起闻投壶。'"吕温《虢州三堂记》:"开元初,天子思二南之风,并选宗英,共持理柄。虢大而近,匪亲不居。时惟五王,出入相授,承平易理,逸政多暇,考卜佳胜,作为三堂。三者,明臣子在三之节。堂者,励宗室克构之义。"三节,韩非主张君约束和控制大臣的三种手段。《韩非子·八经》:"其位至而任大者,以三节持之:曰质、曰镇、曰固。亲戚妻子,质也;爵禄厚而必,镇也;参伍贵怒,固也。"给事中,唐制,给事中四员,正五品上。方《举正》:"刘伯刍以元和八年出知虢州,白乐天有制词可考。"沈钦韩《补注》:"《册府元龟》四十八:'元和七年六月癸丑(27日),以给事中刘伯刍为虢州刺史,以疾求出故也。'"虢州,《元和郡县图志》卷六河南道二:"虢州治弘农,西北至上都四百三十里。"钱仲联《集释》:"序言在任逾岁,依《举正》说,则诗为元和九年作。依《册府元龟》则当为八年作。兹从后说。"

② 兄:何溪汶《竹庄诗话》作"君"。逾岁,超过一岁。《旧唐书·宪宗纪上》:"(元和六年丙申)敕谏议大夫孟简、给事中刘伯刍、工部侍郎归登、右补阙萧俛等于丰泉寺翻译《大乘本生心地观音经》。"宋秦观《曹虢州诗序》:"自唐迄今,守虢者多矣,而刘使君独传于世者,非以昌黎文公故耶?"

新亭

湖上新亭好,公来日出初①。水文浮枕簟②,瓦影荫龟鱼③。

【校注】

① "湖上"二句：因亭新修葺，自觉甚好，故晨起登亭也。

② 水文浮枕簟：文本、祝本、魏本"文"字作"纹"。宋白文本、廖本、王本作"文"。形容丝绵织品上的花纹，用"纹"。形容水文，常用"文"，故韩诗当为"文"。

簟(diàn)：竹席。《诗·小雅·斯干》："下莞上簟，乃安斯寝。"又竹名，产于蕲州，为名产。名簟竹，一名笛竹。节长色美，可作席、笛。《初学记》卷二八沈怀远《南越志》："博罗县东苍州足簟竹，《铭》曰：'簟竹既大，薄且空中，节长一丈，其直如松。'"此当指竹，即水边之竹。韩公有《郑群赠簟》。

③ 瓦影：指亭盖之影（即荫处）。《周礼·鳖人》："春献鳖蜃，秋献龟鱼。"疏云："以时至龟鱼。"此诗所谓龟鱼，乃水里之物也。

流水

汩汩几时休①？从春复到秋。只言池未满②，池满强交流。

【校注】

① 汩汩：魏本："孙曰：《说文》（水部）：'汩，水流也。'"汩汩，水流之貌，或水流之声。魏本："祝曰《淮南子》（《原道》）：'混混汩汩。'"魏本音注："汩，于笔切，又音骨。"童《校诠》："第德案：说文，汩，水流也，从川，曰声。段玉裁曰：此与水部汩(mì)义异，汩，治水也，上林赋曰：汩乎混流，又曰：汩㵒漂疾，方言：汩，疾行也，注云：汩汩，急貌，于笔切，此用汩为汩也。广韵合为一，非。按：说文：汩，治水也，大徐用孙愐音于笔切，段云：俗音古忽切。汩、汩皆从

曰声,隶变从川者,亦从水,故二字相混。孙注汩,水流即㫐字,注又音骨,即段所谓汩之俗音。屈原自沉汨罗之汨,从冥省声,莫狄切,与汩音义别。"韩公《答李翊书》:"当其取于心而注于手也,汩汩然来矣。"

②只言池未满:方《举正》据阁、蜀本订"只"字。朱《考异》:"只,或作'秖'。"南宋监本原文作"秖"。文本、祝本、魏本作"秖"。宋白文本、廖本、王本作"只"。祇、秖、只及衹古通用,今作"只"。

竹洞

竹洞何年有?公初斫竹开①。洞门无锁钥②,俗客不曾来③。

【校注】

①"竹洞"二句:起自问自答。竹本无洞,因生长茂密,伯刍始开斫为洞也。土洞、水洞、石洞为常见,此开竹洞,真别趣也。实则为茂密的竹丛,上枝叶交错复沓在一起,而下可行人进出也。

②洞门无锁钥:洞有门无锁钥者,谓敞开洞口,可自由出入也。正应首联。

③俗客:一般世俗的人。蒋抱玄《评注》:"杜甫诗(《将赴成都草堂途中有作先寄严郑公五首》):'休怪儿童延俗客。'"此乃杜甫自谓,韩公则反用之,突出主人的高雅情趣。

【汇评】

元方回:《寓宅十咏序》:韩昌黎《和虢州刺史刘给事州宅三堂二十一咏》,《竹洞》其一也。昌黎谓"流行京师,文士争和之"。而"洞门无锁钥,俗客不曾来",惟昌黎之句传焉。予于竹下为书房,甃房之门为洞。将求能言之士和予诗以发予之心,庶或寓今之昌

黎云。是为《竹洞十咏》。(《桐江集》卷一)

月台

南馆城阴阔①,东湖水气多②。直须台上看,始奈月明何③。

【校注】

① 南馆城阴阔:方世举《笺注》:"魏文帝《与吴质书》:'驰骋北场,旅食南馆。'"

按:此馆在虢州南城,一"阔"字,拓展了读者对虢州城宏壮的想象。

② 东湖:方世举《笺注》:"《水经注》:东湖西浦,渊潭相接,水至清深。"按:东湖在州衙之东。此写东湖水盛而气蒸腾之貌。

③ "直须"二句:突出月光清晰明亮,谁也奈何不得。奈何,对付。张相《诗词曲语辞汇释》卷二:"奈何,犹云对付也,处分也。与通常作'无办法'解者异。杜甫《江梅》诗:'绝知春意好,最奈客愁何。'意言惟有春意好,最足以对付客愁也。韩愈《月台》诗:'……始奈月明何。'言始能对付月明也。换言之,即始能看月而不为城阴水气所阻碍也。"此诗似有寓意。亦为张相所引作奈何、对付解。

渚亭①

自有人知处,那无步往踪②?莫教安四壁③,面面看芙蓉④。

【校注】

① 渚(zhǔ)亭：水里小岛上的亭子。

②"自有"二句：向来为人们知道的好地方，那能没有人来往呢？暗指渚亭好。

③ 安四壁：方世举《笺注》："《史记·司马相如传》：'家徒四壁立。'"童《校诠》："案：尔雅释诂：安，止也，郝懿行曰：今人施物于器曰安，取其止而不动矣。"按：安装亭子四周的墙壁，谓：不安四壁，即可面面观景。

④ 面面：每一个方面，如"方方面面"。小诗天然成趣，与王维《临湖亭》"轻舸迎上客，悠悠湖上来。当轩对尊酒，四面芙蓉开"颇相类。如与清金农《岁暮复寓吴兴姚大世钰莲花庄之寒鉴楼杂书五首》"消受白莲花世界，风来四面卧当中"同读，更知其趣。

竹溪①

小诗写新竹亭亭玉立的姿态，表现出勃勃生机；紫苞剥落飘来阵阵香气，透出竹的韵味。看得见，嗅得着，形态逼真，活泼生动。

蔼蔼溪流慢②，梢梢岸篠长③。穿沙碧簳净④，落水紫苞香⑤。

【校注】

① 竹溪：魏本注："唐本作'渚前亭'。"非。

② 蔼蔼：原指草木茂盛的样子，如《文选》卷一九晋束晳《补亡诗》："瞻彼崇丘，其林蔼蔼。"此指水缓缓而流的样子。朱《考异》："慢，或作'漫'。"祝本、魏本作"漫"，注："一作'慢'。"宋白文本、文本、廖本、王本作"慢"。当作"慢"字，形容小溪水流势缓慢。

③ 梢梢：方世举《笺注》："《尔雅·释木》：'梢，梢棹。'注：谓木无枝柯，梢棹长而杀者。"按：竹条长长下垂的样子。唐李贺《唐儿

歌》:"竹马梢梢摇绿尾。"

筱,方《举正》订,云:"阁本作'竹'。"宋白文本作"竹"。文本、祝本、魏本、廖本、王本作"筱",是。筱(xiǎo),《说文·竹部》作"筱"。《书·禹贡》:"筱簜既敷。"晋戴凯之《竹谱》:"海中之山曰岛山,有此筱。大者如箸,内实外坚,拔之不曲。生既危垧,海又多风,枝叶稀少,状若枯箸。"文《详注》:"郭璞注《尔雅》云:'梢:茂,谓无枝柯,椊长而秀者。'筱,小竹也,音先了切。"钱仲联《集释》:"《说文》:'筱,箭属,小竹也。'"屈《校注》:"按:此'筱'但指竹,非必谓小竹也。蔼蔼,昏暗貌。溪流慢而岸土润,岸土润而竹茂梢长,竹茂梢长而溪中光线暗淡也。二句颇富理致。"屈说合诗情。

④ 簳(gǎn):小竹。钱仲联《集释》:"《文选》(卷四张衡撰)《南都赋》李善注:'簳,小竹也。'"屈《校注》:"按:'簳'当与上'梢'相对而言,谓竹干也。"

⑤ 紫苞:竹笋的壳。南朝宋谢灵运《于南山往北山经湖中瞻眺》诗:"初篁苞绿箨,新蒲含紫茸。"廖本注:"少陵竹诗(《严郑公宅同咏竹》)有'雨洗娟娟净,风吹细细香'。前辈尝云:竹未尝有香,而少陵以香言之。岂知公亦有'落水紫苞香'之语乎!"方世举《笺注》:"左思《吴都赋》(《文选》卷五):'苞笋抽节。'谢灵运诗:'初篁苞绿箨。'(《文选》卷二二《于南山往北山经湖中瞻眺》)又'野蕨渐紫苞'。(《文选》卷二五《酬从弟惠连》)"方成珪《笺正》:"晋江逌《竹赋》已有'振葳蕤,扇芬芳'之语,但未明见'香'字耳。"朱彝尊《批韩诗》:"工句。"

"穿沙"二句:嫩绿的竹笋刚从沙地上钻出来,还没有长出叶子,亭亭翠绿;落在水中的紫竹苞,散发出微微清香。

北湖

闻说游湖棹,寻常到此回^①。应留醒心处^②,准拟醉时来③。

【校注】

① 寻常:廖本"常"作"当"。宋白文本、文本、祝本、魏本、王本作"常"。屈《校注》作"当"。钱仲联《集释》校作"常",作"常"字是。

寻常,唐时口语,至今中原人仍用,即平常也。唐刘禹锡《乌衣巷》诗:"旧时王谢堂前燕,飞入寻常百姓家。"元康进之《李逵负荆》杂剧第一折【油葫芦】:"往常时酒债寻常行处有,十欠着九。"

② 醒心:神志清醒。唐韩偓《天鉴》诗:"猛虎十年摇尾立,苍鹰一旦醒心飞。"宋朱熹《次韵刘秀野闲居十五咏·春谷》:"饮罢醒心何处所? 远山重叠翠成堆。"

③ 准拟:方《举正》作"准拟",云:"阁本'准'作'唯'。"朱《考异》:"準,或作'准',俗字。"今简作"准"。

准,童《校诠》:"第德案:说文:準,平也,从水,隼声。段玉裁曰:五经文字云:字林作准,按:古书多用准,盖魏晋时恐与淮字乱而别之耳。"按:准拟,即准定,确当。俗话说"到时准来"。刘勰《文心雕龙·史传》:"若司马彪之详实,华峤之准当,则其冠也。"

花岛

小诗写看到蜂蝶飞舞,闻见岛上花香,寻找水上花岛,远远望去,岛上花开嫣红,蜂飞蝶舞,像水上飘着一片红云一样。此乃远望之景。这样的诗境真前所未有,妙于彩绘也。

蜂蝶去纷纷①,香风隔岸闻②。欲知花岛处,水上觅红云③。

【校注】

① 纷纷:盛多貌。《史记·天官书》:"若烟非烟,若云非云,郁

郁纷纷,萧索轮囷,是谓卿云。"

② 闻:本从耳,作听见、听说解。此作用鼻子嗅解。唐李商隐《和张秀才落花有感》诗:"扫后更闻香。"

③ 觅:寻找。《三国志·魏书·管辂传》:"招呼妇人,觅索余光。"赵至《与嵇茂齐书》:"披榛觅路。"红云,指花岛。以物比物,妙。朱彝尊《批韩诗》:"是远望景。"

柳溪

柳树谁人种？行行夹岸高①。莫将条系缆②,著处有蝉号③。

【校注】

① "柳树"二句:柳溪乃两岸栽植垂柳的小河。行(háng)行,行列也。汉乐府《相逢行》:"鸳鸯七十二,罗列自成行。"

② 莫将条系缆:条,垂柳的条。柳条系缆,谓以柳丝缆船也。魏本注:"缆,挽船索。缆,力憨切。"《西厢记·长亭·正宫·滚绣球》:"柳丝长玉骢难系,恨不得倩疏林挂住斜晖。"

③ 蝉号:本是形容大声喊叫。屈原《天问》:"妖夫曳衒,何号于市。"唐柳宗元《童区寄传》:"因大号,一墟皆惊。"而蝉之声多用鸣、叫来形容,诗用"号"字,在拗折中表现韩愈主观意识的阳刚之气。

西山

新月迎宵挂①,晴云到晚留。为遮西望眼②,终是懒回头③。

【校注】

① 新月：初升之月。《艺文类聚》卷二八南朝陈江总《秋日登广州城南楼》诗："野火初烟细，新月半轮空。"宵，夜。此句形象鲜明，想象新奇，一"挂"字把月写活，把夜境写新，正应句首"新"字。

② 西望：西望长安。何焯《义门读书记》卷三〇："《西山》下二句的的是虢州诗。"想长安而不愿见长安也，个中透露出伯刍原诗的难言之隐。

③ 终是懒回头：此顶上句。"终"字道出时间的极限，"懒"字道出伯刍的心态。

【汇评】

清何焯：《奉和虢州刘给事使君三堂新题二十一咏·西山》下二句的的是虢州诗。（《义门读书记》卷三〇）

竹径

无尘从不扫①，有鸟莫令弹②。若要添风月③，应除数百竿④。

【校注】

① 无尘从不扫：杜甫《客至》："花径不曾缘客扫。"突出静、洁二字。

② 有鸟莫令弹：方世举《笺注》："扫、弹，按：此二字，皆从竹说。言竹之低垂者，不必有尘而待其扫除；竹之高挺者，不必有鸟而从其弹击。皆状竹茂密，以启下义也。"

③ 风月：清风明月，指美好的景色。《宋书·始平孝敬王子鸾传》拟汉武《李夫人赋》："徙倚云日，裴回风月。"《梁书·徐勉传》："常与门人夜集，客有虞暠求詹事五官，勉正色答云：'今夕止可谈

风月,不宜及公事。'"

④ 应除数百竿:程学恂《韩诗臆说》卷二:"用意与老杜(《一百五日夜对月》诗)'斫却月中桂,清光应更多'略同。然彼警此平;彼新此熟;彼高兴,此扫兴;彼曲折,此直致。慧心人参看,当自知之。"钱仲联《集释》:"兼用杜诗(《将赴成都草堂途中有作先寄严郑公五首》)'恶竹应须斩万竿'意。"

荷池

风雨秋池上,高荷盖水繁①。未谙鸣摵摵②,那似卷翻翻③。

【校注】

① 高荷盖水繁:此乃深秋之景。树叶虽开始掉落,而荷叶尚盛,故言荷干高立于水池而叶繁遮盖水面也。

② 谙(ān):熟悉,知道。《晋书·刑法志》:"故谙事识体者,善权轻重,不以小害大,不以近妨远。"

摵摵:文《详注》:"摵,音侧革切,落也。"魏本:"祝曰:摵摵,陨落声。《选》(卷三〇《时兴诗》)卢子谅云:'摵摵芳叶零。'潘岳《秋兴赋》(《文选》卷一三):'庭树摵以洒落。'公诗又有'摵摵井梧疏更殒(《赠崔立之评事》)'之句。"按:宋胡仔《苕溪渔隐丛话》前集卷一八韩吏部下:"又《荷池》诗云:'未谙鸣摵摵,那似卷翻翻。'又有:'摵摵井梧疏更殒(《赠崔立之评事》)'之句,摵音缩,又音蹙,并到也。又音索,乃殒落也。"李详《证选》:"潘岳《秋兴赋》善注:'摵,枝空之貌。'其字当从'木',不从'扌'。然古多易混。"按:摵(sè 山责切,入,麦韵),象声词,落叶声。《文选》卢子谅《时兴诗》吕延济注云:"摵摵,叶落声也。"

③ 那似:何似,那像也。卷翻翻,风吹荷叶翻卷貌。此承上句

谓不知道风吹叶落的声音,那晓得风吹荷叶翻卷之情韵美。

稻畦

罫布畦堪数①,枝分水莫寻②。鱼肥知已秀③,鹤没觉初深④。

【校注】

① 罫布畦堪数:方《举正》据蜀本作"罫布",云:"罫,博局上方目也,字见《选·博弈论》。山谷诗亦有'稻田棋局方'。"朱《考异》:"罫,或作'卦'。布,或作'圃'。(下引方语)今按:博局,当云棋局。桓谭《新论》:'守边隅,趋作罫,以自生于小地。'"南宋监本原文作"卦"。宋白文本、文本、祝本、魏本作"卦"。廖本、王本同方作"罫"。今从方。

罫布,文《详注》:"一作'罫圃'。《文选》《博弈论》'所务不过方罫之间'句,张铣)注曰:'棋局曰枰,道间方目曰罫。'罫音古买反。"方成珪《笺正》:"《选》韦昭《博弈论》:'所务不过方罫之间。'善注:'桓谭《新论》:俗有围棋,下者守边隅,趋作罫,目生于小地。'与朱子所引小异。"罫(guǎi《集韵》古买切,上,蟹韵),方格,或指围棋上的方格。《辞源》引韩诗为例。布,棋盘之上的界线。以棋盘罫布解,罫、卦二字通用。此指畦埂分格的方田。故可数也。何焯《义门读书记》卷三○:"是园亭中稻畦。"

② 枝分:方世举《笺注》:"《水经注》:'江沔枝分,东入大江。'"按:谓渠水分流灌田,水消失在田间,故云"水莫寻"也。

③ 鱼肥知已秀:秋季稻谷秀籽而鱼肥。鱼肥表季节,秀指稻谷秀穗将成熟也。中原俗语谓"谷秀穗"是也。

④ 鹤:指水鸟,非单指鹤。觉,感觉、知道。深亦指季节。

【汇评】

清何焯:《稻畦》是园亭中稻畦。(《义门读书记》卷三〇)

柳巷

小诗写伯刍惜春与恋春的心情,情韵高雅。如黄叔灿《唐诗笺注》云:"伤春心事,黯然入妙。下二句并觉风韵入俗。"元方回《桐江集》卷四:"《跋无名子诗》:昌黎为刘给事赋《二十一咏》,乃刺史州宅也。然专道林泉间兴趣,于外务不毛发沾。'洞门无锁钥,俗客不曾来。'(《竹洞》)此以见自无俗客,故自不必有锁钥。风致甚高,与夫用意以拒俗客者异矣。既曰:'朝游孤屿南,暮游孤屿北。所以孤屿鸟,与人(公)尽相识。'(《孤屿》)又曰:'郡楼乘晓上,尽日不能回。'(《北楼》)又曰:'吏人休报事,公作送春诗。'苟如此,则郡事全废,簿书期会,一切不问可也。然必具道眼识诗法者,始知昌黎为善立言,譬之曾点舍瑟,异乎三子者之撰也。"

柳巷还飞絮,春余几许时?吏人休报事①,公作送春诗②。

【校注】

① 吏人:衙门里的公人。报事,报告公事。意思是不要以俗事相烦。作者在《蓝田县丞厅壁记》里云:"日哦其间。有问者,辄对曰:'余方有公事,子姑去。'"是曲说,比这诗的直说更有味。

② 送春诗:春将尽而写惜春、恋春的诗。

【汇评】

宋黄彻:唐令狐相进李远为杭州,宣宗曰:"闻李远云'长日惟消一局棋',岂可使治郡哉?"对曰:"诗人之言,不足为实也。"乃荐远廉察可任。此正说诗者不以辞害志也。退之《和刘使君》云:"吏人休报事,公作送春诗。"梦得《送王司马之陕州》云:"案牍来时惟署字,风烟入兴便成章。"自俗吏观之,皆可坐"不了事"之目也。(《碧溪诗话》卷七)

元方回:《跋无名子诗》:昌黎为刘给事赋《二十一咏》,乃刺史州宅也。然专道林泉间兴趣,于外务不毛发沾。"洞门无锁钥,俗客不曾来。"此以见自无俗客,则自不必有锁钥。风致甚高,与夫用意以拒俗客者异矣。既曰:"朝游孤屿南,暮游孤屿北。所以孤屿鸟,与人(公)尽相识。"又曰:"郡楼乘晓上,尽日不能回。"又曰:"吏人休报事,公作送春诗。"苟如此,则郡事全废,簿书期会,一切不问可也。然必具道眼识诗法者,始知昌黎为善立言,譬之曾点舍瑟,异乎三子者之撰也。(《桐江集》卷四)

花源①

源上花初发,公应日日来②。丁宁红与紫③,慎莫一时开④。

【校注】

① 题:朱《考异》:"源,或作'原'。"祝本、魏本作"原",注:"一作'源'。"宋白文本、文本、廖本、王本作"源"。此与下"源"字,作水源解。

按:作水源解,源、原二字通用。《左传》昭公九年:"犹衣服之有冠冕,木水之有本原。"《荀子·法行》:"涓涓源水,不雍不塞。"

② 日日:天天。谓渠水源头的花开宜人,故当天天来赏花悦心也。

③ 丁宁:同叮咛,即叮嘱,告诫。《诗·小雅·采薇》:"曰归曰归,岁亦莫止。"郑笺:"丁宁归期,定其心也。"此言叮嘱。红紫,谓花开色好也。

④ 慎莫一时开：方《举正》订"慎莫"，云："三本同。"朱《考异》："莫，或作'勿'。"南宋监本原文作"勿"。宋白文本、文本、潮本、祝本、魏本均作"勿"。廖本、王本作"莫"。莫、勿二字义同。此二句乃嘱花之语：含不尽意。

北楼

郡楼乘晓上①，尽日不能回②。晚色将秋至③，长风送月来④。

【校注】

① 郡楼：郡城北楼。

② 尽日：承上句谓从早到晚也。不能回，看似被动，实则以不愿回喻晚景、秋色惬意也。

③ 晚色将秋至：谓秋天晚景，正可谓"秋色日夕佳"也。这大约是他尽日不能回的原因。

④ 长风：远风。楚宋玉《高唐赋》："长风至而波起兮，若丽山之孤亩。"月上东山还未归，真够尽日了。

镜潭

非铸复非镕①，泓澄忽此逢②。鱼虾不用避，只是照蛟龙③。

【校注】

① 非铸复非镕：此以镜比水。与今玻璃涂抹水银制成的镜子不同，古时以铜铸镜，故曰镕。镕者镕铜成汁也。"非铸复非镕"者

谓潭水,因静而净故如镜也。会稽之鉴湖,亦以镜来形容也。因以水为镜,自然既不能镕,也不能铸也。

②泓澄:谓潭深而清。泓字本以形容水深而清澈貌。如《文选》卷一二郭璞《江赋》:"极泓量而海运,状滔天以森茫。"《世说新语·赏誉下》:"王长史(濛)是庾子躬(琮)外孙。丞相(王导)目子躬云:'入理泓然,我已上人。'"

③只:宋白文本作"秖",文本、祝本、魏本作"秖"。廖本、王本作"只"。秖与秖、只音义均同,今通用"只"。照蛟龙用唐王度《古镜记》以宝镜照杀蛟龙事。照杀蛟龙不使其兴风作浪,而保鱼虾无虞也。以宝镜照凶邪,当有寓意。

【汇评】

程学恂:中惟《镜潭》一首,非公莫能为也。(《韩诗臆说》卷二)

孤屿

朝游孤屿南①,暮戏孤屿北。所以孤屿鸟②,与公尽相识③。

【校注】

① 孤屿:魏本:"祝曰:'屿,水中洲也。'"文《详注》:"江中之山也,音象吕切。谢灵运诗(《文选》卷二六《登江中孤屿》):'乱流趋孤屿,孤屿媚中川。'"浙江省温州瓯江中有江心孤屿,谢灵运等常游此屿,有诗多首。

② 暮戏孤屿北:钱仲联《集释》:"句法本《古诗》(《江南》载《乐府诗集·相和歌辞一》):'鱼戏莲叶南,鱼戏莲叶北。'"按:韩公《庭楸》诗:"朝日出其东,我常坐西偏;夕日在其西,我常坐东边。""所以"入诗,自然巧妙,诗家罕见也。

③ 与公尽相识：何溪汶《竹庄诗话》"公"作"君"。韩公称伯刍为兄，作"公"善。此暗用鸥鸟事，说明伯刍所在虢州人禽和谐，州人安定。

【汇评】

明蒋之翘：此诗出崔颢《长干行》："家临九江水，来去九江侧。同是长干人，生小不相识。"意致皆已近古，但崔诗只写相问语，而其情自见。韩诗则自下注脚，大近认真。（《韩昌黎集辑注》卷九）

方桥^①

非阁复非船，可居兼可过^②。君欲问方桥，方桥如此作^③。

【校注】

① 方桥：魏本题无"方"字，非。文《详注》："徒杠是也，见《孟子释音》（《离娄下》）云：'谓可通徒行人过者。'"按：此桥乃木制，建于河水之上，有顶方形。如轩，四面敞开，可徒步行人，亦可游赏。今扬州瘦西湖、桂州红枫湖似有此景。

② 非阁复非船：两"非"字，加下句"兼"字，说明此桥建造的别致而实用。既是桥，行人可过，又可游处休闲。其用法句式与《镜潭》"非铸复非镕"类似。

③ 方桥如此作：方《举正》："唐人诗多用'作'为'佐'音。白乐天诗：'不知杨九（《全唐诗》作六）逢寒食，作底欢娱过此辰？'（《寒食日寄杨东川》）皮日休六言诗（《胥口即事六言二首》）：'会把酒船限荻，共君作个生涯。'皆自注曰：'作，音佐。'"朱《考异》："今按：《广韵》（去声三十八个）：作，造也，将祚切。而《荀子》（《劝学》）'肉腐出虫，鱼枯生蠹。贪利（怠慢）忘身，祸灾乃作'及廉范《五袴》之

谣(见《华阳国志·蜀志》及《后汉书·廉范传》),皆已为此音矣。然读如佐者,又将祚切之讹,而世俗所用从人从故而切为将祚者,又字之俗体也。"黄钺《增注证讹》:"《瓮牖闲评》云:'作字与过字同押。'音做明矣。"方成珪《笺正》:"《广韵》三十八个原有则个切一音,则音佐亦非讹也。"按:过、作皆去声,韵母同,自为同押。作(zuò 则个切,去,个韵。又则落切,入,铎韵),为,创作。《书·洪范》:"恭作肃,从作乂,明作晢,聪作谋,睿作圣。"《书·益稷》:"帝庸作歌。"《论语·述而》:"述而不作。"过(guò 古卧切,去,过韵),二韵古可通押。

【汇评】

宋吴曾:《作音佐》:张文潜《明道杂志》:"韩退之作《方桥》诗云,'可居兼可过',后乃云,'方桥如此作',是读'作'作'佐'也。"余考唐文,不止退之。皮日休《松陵集》有《胥口即事》六言诗:"鸳鸯一处两处,舴艋三家五家。会把酒船隈荻,共君作个生涯。"注:"作,去音。"乃知唐以"作"音"佐",旧矣。《广韵》"佐"字下有"作"字,并子贺切,造也。(《能改斋漫录》卷六)

宋袁文:韩退之诗:"君欲问方桥,方桥如此作。""作"字与"过"字同押,音做,明矣。苕溪渔隐云:"老杜诗'主人送客无所作','作'字当音'做'也。"余谓黄太史诗云"敛手还他能作者",此"作"字岂不当音"做"乎?盖与前二"作"字义同也。(《瓮牖闲评》卷四)

宋王楙:《作字》:《蔡宽夫诗话》曰,诗人用事,有乘语意到辄从其方言为之者,亦自一体,但不可为常耳。吴人以"作"为"佐"音。退之诗:"非阁复非船,可居兼可过。君欲问方桥,方桥如此作。"乃用"佐"音。不知当时所呼通尔,或是戏语也。仆按《广韵》"作"字有三音:一则洛切,二臧路切,三则逻切。退之诗韵正叶则逻切,音"佐"耳。又《后汉·廉范传》云:"廉叔度,来何暮。不禁火,民安作。昔无襦,今五绔。"此"作"字,臧路切,音"措"耳。又苕溪渔隐引老杜"主人送客何所作",以谓此语已先于退之用矣。仆谓何止老杜,与杜同时,如岑参诗:"归梦秋能作,乡书醉懒题。"在杜之先。如《安东平》古调:"微物虽轻,拙手所作。余有三丈,为郎别厝。"此类甚多,在退之前,不但杜用此语也。古词所叶,正与廉歌一同。《明道杂志》引皮日休诗"共君作个生涯"之语,谓"作"读为"佐",不止退之一诗,仆谓张右史亦失记杜、岑之作尔。权德舆诗"小妇无所作",自注"音佐"。仆考"小妇无所作"乃古乐府中语,以"作"为"佐",知自古已然矣。《毛诗》"侯祝侯作",字作"诅"字读。(《野客丛书》卷六)

清朱彝尊:创调,似古乐府。(顾嗣立《昌黎先生诗集注》卷九)

梯桥①

乍似上青冥②,初疑蹑菡萏③。自无飞仙骨④,欲度何由敢?

【校注】

① 梯桥:魏本:"孙曰:'桥如梯状,故云。'"按:即园中,或南方有台阶的罗锅型桥。

② 青冥:青天。魏本注:"青冥:青霄。"《楚辞》屈原《九章·悲回风》:"据青冥而攄虹兮,遂倏忽而扪天。"也作"青溟"。杜甫《奉先刘少府新画山水障歌》:"沧浪水深青溟阔,欹岸侧岛秋毫末。"韩公《荐士》诗:"青冥送吹嘘,强箭射鲁缟。"

③ 菡萏:魏本注:"菡萏,荷花。"何焯《义门读书记》卷三〇:"菡萏,似指莲华峰。"方成珪《笺正》:"非也。此诗上句'上青冥',言飘飘如腾空。而桥下植荷花,梯桥有级中虚,故疑'蹑菡萏'也。"蹑,踩也。《战国策·秦四》:"康子履魏桓子,蹑其踵。"引申为踏。左思《咏史诗》:"世胄蹑高位,英俊沉下僚。"

④ 自无飞仙骨:飞,文本作"非",非是。诸本作"飞",从之。

钱仲联《集释》:"《十洲记》:'惟飞仙能到其处耳。'杜甫诗(《送孔巢父谢病归江东兼呈李白》):'自是君身有仙骨。'"

月池

寒池月下明①,新月池边曲②。若不妒清妍③,却成相映烛④。

【校注】

① 寒池月下明:夜游月池也。因是夜里,又是秋景,故曰"寒"。《全唐诗》卷八三陈子昂《鸳鸯篇》:"蘋萍戏春渚,霜霰绕寒池。"又卷一九三韦应物《题石桥》:"方愁暮云滑,始照寒池碧。"

② 新月池边曲:因池为月牙形,而新月映入池中,好像弯曲了一样。新月,初升之月。《艺文类聚》卷二八南朝陈江总《秋日登广州城南楼》诗:"野火初烟细,新月半轮空。"

③ 妍:祝本作"研",非。诸本作"妍",形容月色美,是。

④ 相映烛:月入池而池水明亮,似水中之月与天上之月相互映照的明烛一样。

【总评】

宋秦观:《曹虢州诗序》:虢为州,在关陕之间。其地不当孔道,无称使过客之劳。刺史之宅,有水池竹林,其乐可以忘老。故自唐以来,号为佳郡,朝之士大夫乐静退者,多愿往焉。元和中,刘使君作《三堂新题》二十一章,昌黎韩文公为属和。于是亭台岛渚之胜,天下称之。谯国曹子方比自尚书郎出守兹郡,左丞相汲郡吕公引昌黎故事送之以诗。子方至陕右,以书抵余曰:"待罪司勋,初无裨补,疾病求去,丞相不加谴,假以一州,幸矣!又赐词诗以宠其行,幸孰甚焉！且其卒章之意,欲因某以警来者,将摹刻于三堂之上,其为我序之。"余曰:木不能飞空,托泰山则干青云;人不能蹈水,附楼航则绝大海。自唐迄今,守虢者多矣,而刘使君独传于世者,非以昌黎文公故耶?（《秦观集编年校注》卷二四）

宋王正德:退之诗,惟《虢园二十一咏》为最工。语不过二十字,而意思含蓄过于数千百言者。至为《石鼓歌》,极其致思,凡累数百言,曾不得鼓之仿佛。岂其注意造作求以过人与！夫不假琢磨得之自然者,遂有间邪?由是观之,凡人为文,言约而事该,文省而旨远者为佳。（《馀师录》卷二《张芸叟》）

宋何溪汶:《笔墨闲录》云:"《三堂二十一咏》取韵精切,非复纵肆而作,随其题观之,其工可知也。"（《竹庄诗话》卷八）

明蒋之翘:王元美尝云:绝句固自难,五言尤难。离首即尾,离尾即首,而要腹亦自不可少。妙在愈小而大,愈促而婉。得此法者,仅太白一人。王摩诘亦具体而微。此退之《三堂二十一咏》,盖亦步武摩诘《辋川杂诗》而未逮者,已不免落宋人口吻矣。（《韩昌黎集辑注》卷九）

清朱彝尊:首首出新意,与王、裴《辋川》诸绝颇相似,音调却不及彼之高雅。（顾嗣立《昌黎先生诗集注》卷九）

清查慎行:二十一章,校王、裴《辋川唱和》,古意渐远。（《查初白诗评十二种》）

清方世举:唐人五绝分派,王、李正宗之外,杜甫一派,钱起一派,裴、王一派,李贺一派,昌黎一派,昌黎派遂为东坡所宗,而陆放翁承之。（《韩昌黎诗集编年笺注》卷八）

程学恂:五绝王、李之外,端推裴、王,老杜已非擅长。至昌黎诸作,多率意为之,实不足以见公本领。读者当学孔门弟子,污不至阿其所好也。即求其好处,亦只平实说去,不矜张作意。后来文湖州与苏颖滨倡和诗,似祖此种。（《韩诗臆说》卷二）

游城南十六首①

多作于元和十一年

这组诗是韩愈多次游长安城南的见闻写照。十六首诗非一时所作,按诗的内容与所写事件,或写乡村风情,或叙友情,或以景寄情,或写人情事态,无不形象鲜明,感情真切。

【校注】

① 题:方《举正》:"十六诗非一日作,编者类而次之。于宾客,于顿也。顿死于元和十二年。《赠张十八》诗作于孟郊死后。盖皆元和十年以后作也。"魏本引樊《谱注》,文《详注》引王《补注》说同。方世举《笺注》:"此诗无年月可考。今以《于宾客》《张助教》两诗参考,当在元和十年。"又云:"此诗盖十年春所作。九年则孟郊未死,不应后诗有孟生题竹之句。十一年则顿已为户部尚书,不应称宾客。至顿没已后,则孟生宿草,而张籍病愈久矣。"王元启《记疑》:"沈(德毓)曰:《白集》元和十年春有《赠籍》诗,是秋又有《与元九书》,皆称籍为太祝,是十年春籍实未迁助教。又顿改官户部虽在十年冬,至十三年致仕,仍复赐衔宾客。樊因诗有'马蹄无入朱门'一语,云作此诗时顿已死,则亦未敢必其为十年春作也。世举说皆未足凭。"钱仲联《集释》:"如沈说,十年春籍尚未为助教,而十一年公有《晚寄张十八助教周郎博士》诗,则十一年籍已为助教矣。兹姑以《赠张十八》诗为系年之准。至《题于宾客庄》,自是作于宾客殁后,今亦不复析出。"屈《校注》从王说,系于元和十一年。《韩学研究·韩愈年谱汇证》系于元和十一年,云:"《旧唐书·于顿传》:'元和八年春,于顿贬为恩王傅,其年十月,改授太子宾客。十三年,顿表求致仕,宰臣拟授太子少保,御笔改为太子宾客。其年八月卒,赠太保。'如以《题于宾客庄》诗为据,不当系十一年。则九年春、十三年春为太子宾客。又诗句'马蹄无入朱门迹',则是卒后的衰落景象,当是顿卒后所写,且不当为十三年,或后一点的春天。

钱仲联《集释》引徐松《唐两京城坊考》卷二曰:'万年县所领朱雀门之东,次南安仁坊,……太子宾客燕国公于頔宅。'意庄即指此。安仁坊在朱雀门南大街东第三坊,近皇城,在小雁塔旁。此庄当不指于頔安仁坊里第,而指城南郊别墅,韩愈有游而赋诗,故被编者误以为游城南郊所作而羼入,诗不是一时作。把《赠张十八助教》放在十一年是对的,因有诗句'喜君眸子重清朗',说明他的眼疾痊愈不久,与孟郊卒不久而籍眼复明正合。其中大部分诗显晚春节令,而未显节令的诗皆被编辑在一起,除《题于宾客庄》外,皆十一年晚春作。"

赛神①

白布长衫紫领巾,差科未动是闲人②。麦苗含穗桑生葚③,共向田头乐社神④。

【校注】

① 赛神:文《详注》:"赛,报也,祭名,音先代切。《城南联句》云'赛馔木盘簇'是也。"魏本:"孙曰:赛谓祷。赛字本作'塞',《汉书·郊祀志》云'冬塞祷祀,广陵厉王杀牛塞祷'是也,今作'赛'。"方世举《笺注》:"《史记·封禅书》:'冬赛祷祠。'索隐曰:'谓报神福也。'"钱仲联《集释》:"郑珍《说文新附考》:'自汉以前,例作塞字,祀神字从贝,于义为远,盖出六朝俗制。'"按:赛神谓还愿酬神。不只是在冬天,春天亦有,如白居易《春村》诗:"黄昏林下路,鼓笛赛神归。"赛神之说,导源甚早,而唐时已被普遍运用,故此当作"赛",从贝。

② "白布"二句:紫领巾,魏本注:"巾,巾帨。"方世举《笺注》:"紫领巾:杜工部曰:'紫领宽袍漉酒巾。'"按:首句写祀社神之人的形态。

差科:文《详注》:"《刑统》:'凡差科赋役,先富强后贫弱,先多丁后少丁。'"方世举《笺注》:"差科,赋役之总名也。"钱仲联《集释》:"科差,犹言科役。颜师古《匡谬正俗》卷七:'今官曹文书科发士马谓之为差。今云差科,亦言拣择取应行役者尔。'"按:差科指封建王朝对民户征劳役和收赋税。杜甫《遭田父泥饮美严中丞》诗:"差科死则已,誓不举家走。"《金史·食货志一》:"加赋数倍,豫借数年,或欲得钞则豫卖下年差科。"二句写农民闲时祀神。诗谓"闲人"是因为"差科未动",推知差科若动则不闲矣,似有讽意。

③ 麦苗含穗桑生葚:魏本:"孙曰:穗,秀也。葚,桑实。《诗》(《鲁颂·泮水》):'食我桑黮,怀我好音。'黮即葚字。"葚,宋白文本、文本、祝本、魏本、王本作"葚",廖本作"椹"。方世举《笺注》:"《齐民要术》(卷三《杂说》):'三月冬谷或尽,椹麦未熟,蚕农尚闲。'"

按:葚,作桑树果实解,椹、葚通用。《诗·卫风·氓》:"于嗟鸠兮,无食桑葚。"《释文》:"葚,本又作'椹'。"唐柳宗元《闻黄鹂》诗:"闭声回翅归务速,西林紫椹行当熟。"麦含穗在谷雨节期间,一般在农历三月中下旬,则晚春也。中原农谚云:"谷雨麦扛旗。"

④ 社神:文《详注》:"五土之神曰社,此谓乡社也。杜预曰:'二十五家为社。'(载《左传》昭公二十五年'请致千社'句注)谓二十五家合为一社以祭之也。《甫田》(《诗·小雅》)诗曰:'以我齐明,与我牺羊,以社以方。'毛公云:'谓五谷成熟,报其功也。'"方世举《笺注》:"田头:《东观汉记》(卷一五):'王丹每岁农时,辄载酒肴,便于田头大树下饮食劝勉之。'见《后汉书·王丹传》注。社神:《记·月令》:'仲春之月,择元日,命民社。'又《郊特牲》:'社所以神,地之道也。'"按:社神,土地之神,亦称社公。

【汇评】

清朱彝尊:得村野意。(顾嗣立《昌黎先生诗集注》卷九)

题于宾客庄①
长庆元年

榆荚车前盖地皮②,蔷薇蘸水笋穿篱③。马蹄无入朱门迹④,纵使春归可得知⑤?

【校注】

① 题:文《详注》:"于顾,相德宗,以罪责授太子宾客,卒。家属徙岭表。"魏本:"孙曰:'于顾,字允元,元和八年为太子宾客。'樊曰:'公作此诗时,顾死矣,故其落句云云。'"方世举《笺注》:"《旧唐书·宪宗纪》:'元和八年二月,宰相于顾贬恩王傅。九月,以为太子宾客。十年十月,以太子宾客于顾为户部尚书。'又《于顾传》:'顾,字允元。贞元十四年,为山南东道节度。宪宗即位,归朝入觐,册拜司空、平章事。贬恩王傅,改授太子宾客。十三年,表求致仕,宰臣拟授太子少保,御笔改为宾客。其年八月卒。'"方成珪《笺正》:"此诗写景荒凉,当是十三年后作。"按:此诗虽编入"游城南十六首",然非一时之作。观诗意与所写之景,当是元和十三年于顾卒后之作。又写暮春之景,十四年正月,韩愈已被贬潮州矣,至十五年冬应诏归京为国子祭酒,则此诗之写拟在长庆元年春。

② 榆荚:魏本:"《集注》:《释木》云:'榆荚,榆钱。'《尔雅》云:'白枌。'车前,草名。《释草》云:'一名芣苢,一名马舄。'郭璞云:'大叶,长穗,好生道边,江东呼为虾蟆衣。'又陆机云:'马舄,一名车前,一名当道,喜在牛迹中生。'"文《详注》:"《本草》陶隐居士云:'榆树剥取皮,性至滑利。初生荚,人以为糜羹,令人多睡。'嵇公所谓'榆令人瞑'是也。断谷削皮服之,令人不饥。《尔雅》:'芣苢,马舄。'马舄,车前,大叶长穗,好生道边,江东呼为虾蟆衣。陆机云:喜在牛蹄中生,故曰车前也。幽州人谓之牛舌草。"顾嗣立《集注》:"《尔雅·释木》:'榆,白枌。'郭璞曰:'枌榆先生叶,却著荚,皮色

白。'《释草》:'芣苢,马舄,车前。'郭璞曰:'今车前草大叶长穗,好生道边,江东呼为虾蟆衣。'"按:榆树花果,俗谓榆钱。车前,草名,即车前草,叶似牛耳,中原人俗称牛耳朵棵,长穗,入药,利水,治不育症。《诗·周南·芣苢》:"采采芣苢,薄言采之。"传:"车前也,宜怀任。"钱仲联《集释》:"地皮,俚语,本于释典,《俱舍论》云:'由渐耽味,地味便隐,从斯复有地皮饼生。'卢仝诗(《客谢井》)亦有'疑我卷地皮'句。"钱说非。一则疑韩愈未读过《俱舍论》;二则"盖地皮"与下句"笋穿篱"对,皆动宾词组。故地皮当作地面解,即车前草覆盖着地皮。

③ 蔷薇蘸水笋穿篱:魏本:"孙曰:'蔷薇,花名。蘸水,谓垂在水中。'"文《详注》:"《图经》云:'蔷薇,茎间多刺,蔓生,子若杜棠。其花有百叶,八出六出,或赤或白者。'今所在有之。蔷音墙。晋顾荣苦志读书,村居疏陋,笋穿壁生,草可没人。"篱为篱笆,与土墙不同。笋穿篱者,竹笋芽穿过篱笆钻出地面来。

④ 马蹄:以马蹄迹代指交往的人。朱门,谓于𬸚的旧府第。

⑤ 纵使春归可得知:春季万物复苏,百花盛开,是交游的大好时光,宾客来往必多。而于𬸚府第即使到春尽也无人去,既是实境,又含深意。地下有知的于𬸚怎能知道现在正是大好春光呢?

【汇评】

清方世举:文集中有《上于襄阳书》,即𬸚也。𬸚以豪奢败,此诗伤之。(《韩昌黎诗集编年笺注》卷九)

晚春

此诗用拟人化的手法,把情感注入草树、杨榆,把晚春的景物写活了。诗人好像故意嘲弄杨花、榆荚,没有姹紫嫣红的花,正如人没有才情文思。似极无理,又极有情趣,正如朱彝尊《批韩诗》所说:"此意作何解?然情景却是如此。"王闿运《湘绮楼说诗》卷一:

"盖刺当时执政之臣叔文、伾、谊之属,其红紫芳菲则刘、柳之俦也。"所说非是,因时间不合。

草树知春不久归①,百般红紫斗芳菲②。杨花榆荚无才思③,惟解漫天作雪飞。

【校注】

① 草树:祝本、魏本、王本注:"一本作'草木'。"魏本注:"草树,草木也。"树、木虽可通解,然诸本作"草树"善。

归:去也。也作终、尽解。《易·系辞下》:"天下同归而殊途。"

② 百般:许许多多。红紫,指千红万紫的花。斗芳菲,争奇斗艳。芳菲连用,形容花草芳香。唐陆龟蒙《阖闾城北有卖花翁讨春之士往往造焉因招袭美》:"十亩芳菲为旧业。"芳,花香。菲,谓花香、花美。

③ 杨花:即柳絮。榆荚,榆树结的果实,形似铜钱,俗称榆钱。无才思(旧读 sì),没有才情文思。朱彝尊《批韩诗》:"此意作何解?然情景却是如此。"

【汇评】

清王闿运:韩退之诗云:"草树知春不久归,百般红紫斗芳菲。杨花榆荚无才思,惟解漫天作雪飞。"盖刺当时执政之臣叔文、伾、谊之属,其红紫芳菲则刘、柳之俦也。(《湘绮楼说诗》卷一)

华按:叔文、伾、谊十余年前已死,韩公怎会在此时刺他们呢?虽有刺,亦非刺叔文等。

落花

已分将身著地飞①,那羞践踏损光辉。无端又被春风误②,吹落西家不得归③。

【校注】

① 魏本注:"分,扶问切。"分(fèn),料想。《汉书·苏武传》:"自分已死久矣。"

② 无端:没有原因。《楚辞》宋玉《九辩》:"蹇充倔而无端兮,泊莽莽而无垠。"注:"媒理断绝,无因缘也。"引申为无缘无故。《宋书·谢晦传》上表:"血诚如此,未知所愧,而凶狡无端,妄生衅祸。"韩公《感春四首》之四:"今者无端读书史,智慧只足劳精神。"

③ 吹落西家不得归:方世举《笺注》:"西家:《淮南·齐俗训》:'犹室宅之居也,东家谓之西家,西家谓之东家,不能定其处。'鲍照诗(《玉台新咏》卷九《行路难》):'中庭五株桃,一株先作花。阳春妖冶二三月,从风簸荡落西家。'"钱仲联《集释》:"公于十一年因言淮西事为执政所不喜,俄有不悦公者,摭其旧事,五月由中书舍人降为太子右庶子,诗意似有感于此。当作于五月后,或十二年春,兹不复析出。"按:此诗前三句的句首连用"已分""那羞""无端"及结句"吹落西家不得归",已见其满肚子愤怨之气,然其"光辉"无损也。

【汇评】

清朱彝尊:婉曲有致,纯是比意。(顾嗣立《昌黎先生诗集注》卷九)

清汪琬:公自江陵还,两为博士,才高数黜,以诗寄托凄惋。(钱仲联《韩昌黎诗系年集释》卷九)

楸树二首

其一

几岁生成为大树,一朝缠绕困长藤。谁人与脱青罗陂①？看吐高花万万层②。

【校注】

① 青罗陂：方世举《笺注》："按：状藤也，比象创语。"

② 看吐高花万万层：钱仲联《集释》："《昌黎集》中有咏楸数首。楸花黄绿色，极细小。花时几不可觉。与楸相似之梓，花大，黄白色，有紫色纹，与韩诗之'青幢紫盖立童童，细雨浮烟作彩笼''看吐高花万万层'颇相称，是韩所谓楸实是梓耳。"按：梓树生南方，北方少栽植。韩公诗写楸树者多首，除此尚有《楸树》即钱所举者。五言古诗《庭楸》写楸树，且为紫藤缠绕，而所写高花、紫盖、彩笼均指缠绕楸树至其顶的紫藤花。色紫，长穗、味香、可食。

【汇评】

清朱彝尊：用意亦佳，但遣句稍费力。（顾嗣立《昌黎先生诗集注》卷九）

其二

幸自枝条能树立①，何烦萝蔓作交加②。傍人不解寻根本③，却道新花胜旧花。

【校注】

① 幸自：祝本、魏本注："幸自，一作'自幸'。"张相《诗词曲语辞汇释》卷二："幸自，本自也。温庭筠《杨柳》诗：'春来幸自长如线，可惜牵缠荡子心。'杨万里《晚风寒林》诗：'幸自寒林俱淡笔，却将浓墨点栖乌。'"

② 何烦：方《举正》据蜀本"何"作"可"，云："谢校。"朱《考异》："可，或作'何'。"南宋监本原文作"何"。宋白文本、文本、潮本、祝

本、魏本作"何",从之。廖本、王本作"可"。

魏本:"孙曰:萝,女萝,蔓草名。《诗》(《小雅·頍弁》):'鸟与女萝。'《尔雅》(《释草》)云:'一名兔丝。'"

③ 朱《考异》:"傍,或作'游'。"四库魏本作"旁",宋本作"傍",宋本较善。

【汇评】

清朱彝尊:比前首稍醒快。(顾嗣立《昌黎先生诗集注》卷九)

风折花枝

写长安城南一片花海,清香扑地而至;春风多情多意,折下鲜艳的花枝赠给我。前二句写花出新意,后二句写情则真醇。由首句唤出,后句回抱,自然新颖。人之情感形象从写景里出,而又与景之形象交织融和,人物一也。

浮艳侵天难就看①,清香扑地可遥闻②。春风也是多情思③,故拣繁枝折赠君④。

【校注】

① 浮艳:指花怒放时的耀眼光彩。侵天,指远处繁花似海,映入天空。就:近。

② 可:方《举正》据唐、阁本作"只"。朱《考异》:"只,或作'可'。"南宋监本原文作"可"。宋白文本、文本、潮本、祝本、魏本作"可"。廖本、王本作"只"。细味诗意,当作"可",即可以。童《校诠》:"案:文选鲍明远芜城赋:廛闬扑地。李善曰:方言:扑,尽也,郭璞曰:今种物皆生云扑地生也。"按:此谓清香遍地可远闻也。

③ 多情思:多情多意。

④ 折赠君:方《举正》作"折",云:"李本校'折'作'将'。"宋白

文本、文本、祝本、魏本、廖本、王本均作"折",从之。

繁枝,花儿盛开的枝,即枝茂花繁。折,折断。君,诗人自谓,亦可泛指。

【汇评】

清朱彝尊:出意新。上二句唤下意亦佳。(顾嗣立《昌黎先生诗集注》卷九)

赠同游①

这首小诗,以"游"字为轴,则从同游者说起。于作者的心理感受中,表明他与同游者的不同态度:于己则欲尽兴,于同游者则全曙未起,日未西又催归,故不能尽兴,而有留连不舍之意。如明蒋之翘《韩昌黎集辑注》云:"此诗题赠同游,唤起、催归,俱就同游者说,盖言晏出早归,游不几时。而枝头小鸟本无心出游者,尚欲留连尽情,我与若正未可归也。"此诗正可与公《山石》等对读。此体前后罕有,果是精巧而值得寻味的小诗。

唤起窗全曙,催归日未西②。无心花里鸟,更与尽情啼③。

【校注】

① 题:方《举正》:"杭、蜀本皆阙此篇,唐令狐本次于《风折花枝》之后,樊、谢本皆添入。"朱《考异》:"诸本无此篇。"下引方语。朱说不确。南宋监本原文亦无此篇。廖本、王本编次在此。文本、祝本、魏本附十六章之末。宋白文本列《遣兴》前。祝本:"诸本此篇亡其辞,《外集》有之。今载于此。"文《详注》:"旧本载在《外集》。"魏本:"《补注》:此篇今诸本亡其辞,而见于《外集》。按:旧本次《风折花枝》后,或谓当在《把酒》下,未详。姑载于此,以备十六

章之诗。"钱仲联《集释》、屈《校注》均系此,从之。

②催归日未西:这首诗素有争论。文《详注》亦附《游城南十六首》诗后,云:"按东坡《游张山人园》诗云:'杜鹃催归声更速。'知催归即杜鹃也。韩诗又云:'朝曦入牖来,鸟唤昏不醒。'而东坡亦《和子由》诗云:'中间罹旱暵,欲作唤雨鸠。'疑唤起亦鸠类。山谷曰:吾为儿时,每读此诗而不解其义,自谪峡川,吾年五十八矣,时春晚,忆此诗方悟之。唤起、催归,二鸟名。若虚设,故人不觉耳。古人于小诗用意精深如此,况其大者乎!催归,子规鸟也。唤起,声如络纬,圆转清亮,偏于春晓,亦谓之春唤、杜鹃,一名子规。事见《冷斋夜话》。"胡仔《苕溪渔隐丛话》后集卷一〇引《复斋漫录》云:"《冷斋夜话》谓:山谷言退之诗:'唤起窗全曙,催归日未西。无心花里鸟,更与尽情啼。'为儿时不能解其意。后年五十八,出峡时春晓,方悟'唤起''催归',二禽名也。唤起声如络纬,圆转清亮,偏于春晓鸣,江南谓之春唤。凡此,皆《夜话》所载山谷语也。予尝读唐《顾渚茶山记》曰:'顾渚山中,有鸟如鸜鹆而色苍,每至正月二月,作声曰春起也。至三月四月,曰春去也。采茶人呼为唤春鸟。'然则'唤起'之名,唐人已说矣,豫章不举以为证,何邪?"朱彝尊《批韩诗》:"暗藏二鸟名在内,只若泛说唤催者。然下句乃透出'鸟'字相应,甚有奥味。此体前后罕有,果是精深。"蒋之翘《辑注》云:"大意不过尔尔。宋人强入二鸟名,而下又云'花里鸟',遂使韩诗几不成理,可恨。"程学恂《韩诗臆说》卷二:"黄说非也。以二禽名隐约为诗,乃山谷派,退之断不如此。亦犹以抛青春为酒名,乃似东坡诗,非退之诗矣。是必山谷闻有唤起鸟名,遂以催归为子规,复斋又从而附和之,皆无当也。且使即用此二禽名,亦不见用意精深处。坡、谷游戏,往往有此狡狯。后来学诗者,或且奉为蓍蔡,钉铛小巧,多入纤俗,受误实坐此。故不得不为辨之。"

③"无心"二句:借鸟喻人,有不欲归之意。黄叔灿《唐诗笺注》:"有流连不舍之意。"

【汇评】

宋胡仔:《复斋漫录》云:"《冷斋夜话》谓:山谷言退之诗:'唤起窗全曙,催归日未西。无心花里鸟,更与尽情啼。'为儿时不能解其意。后年五十八,出峡时春晓,方悟'唤起''催归',二禽名也。唤起声如络纬,圆转清亮,偏于春晓鸣,江南谓之春唤。凡此,皆《夜话》所载山谷语也。予尝读唐《顾渚茶山记》曰:'顾渚山中,有鸟如鹧鸪而色苍,每至正月二月,作声曰春起也。至三月四月,曰春去也。采茶人呼为唤春鸟。'然则'唤起'之名,唐人已说矣;豫章不举以为证,何邪?"(《苕溪渔隐丛话》后集卷一〇韩退之)

宋计有功:"唤起窗前曙,催归日未西。无心花里鸟,更与尽情啼。"乃二禽名也。唤起,声如络纬,圆转清亮,偏鸣于春晓,江南谓之春唤。催归,子规也。(《唐诗纪事》卷三四)

宋王楙:《鸟名诗》:叶天经谓退之"唤起窗全曙,催归日未西","唤起""催归"二鸟名,鸟名诗起此。仆考之,其体亦自六朝。观梁元帝尝有是作,退之非祖此乎?当时为杂体诗,至不一也。梁元帝所作为多,不但鸟名也,如兽名、歌曲名……率皆有作。鸟名诗如云"晨凫移去舸,飞燕动归桡",兽名诗如云"水涉黄牛浦,山过白马津",……此类甚多。(《野客丛书》卷一七)

宋黄升:《唤起催归》:韩退之《赠同游》诗:"唤起窗全曙,催归日未西。无心花里鸟,更与尽情啼。"此诗"唤起""催归",固是二鸟名,然题曰《赠同游》者,实有微意。盖窗已全曙,鸟方唤起,何其迟也。日犹未西,鸟已催归,何其早也!岂二鸟无心,不如同游者之意乎?更与我尽情而啼,早唤起而迟催归可也。(《玉林诗话》)

明胡震亨:唤起催归:韩退之诗:"唤起窗全曙,催归日未西。无心花里鸟,更与尽情啼。"山谷曰:吾每哦此诗,而了不解其意。自谪峡川,时春晚,忆此诗方悟之。唤起、催归二鸟名。若虚设,故人不觉耳。唤起声如络纬,圆转清亮,偏于春晓鸣,亦谓之春唤。催归,子规鸟也。(《唐音癸签》卷二〇《诂笺五》)

明唐汝询:此因闻鸟而起客况也。"唤起"当将晓而鸣,"催归"

值庭午而急。是"无心"之鸟,若为我而有情矣。(《唐诗解》卷二三)

清吴景旭:《鸟名》:黄玉林曰:韩退之诗:"唤起窗全曙,催归日未西。"唤起、催归,固是二鸟名,然题曰赠同游者,实有微意。盖窗已全曙,鸟方唤起,何其迟也?日犹未西,鸟已催归,何其早也?岂二鸟无心,不知同游者之意乎?更与我尽情而啼,早唤起而迟催归可也。

吴旦生曰:黄鲁直谓,唤起声如络纬,圆转清亮,偏于春晓鸣,江南谓之春唤。杨廉夫乐府云:"唤起唤起东方明。"隋炀帝诗:"笑劝上林中,除却司晨鸟。""司晨鸟"即"唤起"也。

《史记·历书》:"百草奋兴,秭鴂先滜。"索隐云:一名催归。师旷《禽经》:瓯越间曰怨鸟,夜啼达旦,血渍草木。《华阳风俗》名杜鹃,《玉篇》布谷也。关西曰"巧妇",关东曰"鸤鸠"。《金台集》云:石谊未娶,闻子规声,叹曰"此物催人使归",故曰"催归"。

叶天经谓:鸟名诗起此。王勉夫谓:其体自六朝。观梁元帝尝有是作,退之非祖此乎?黄鲁直谓之禽言诗,梅圣俞亦有"泥滑滑""婆饼焦""提葫芦""不如归去"之类是也。(《历代诗话》卷四九庚集四)

赠张十八助教①

诗写他与张籍同游同忆。前二句写同游之乐;后二句写同忆凄楚。触景生情,真情直诉,动人心魄,以见他与孟郊感情至深。

喜君眸子重清明②,携手城南历旧游③。忽见孟生题竹处④,相看泪落不能收。

【校注】

① 张十八助教：魏本："孙曰：'张十八，籍也。时为四门国子助教。'"方世举《笺注》："张洎编次《张司业集序》云：'贞元十五年，丞相渤海公下及第，历官太祝、秘书郎、国子博士、水部员外郎、国子司业。'不言其为助教。《新唐书·籍传》亦然。惟《旧唐书·张籍传》云：'补调太常寺太祝，转国子助教。'在为秘书之前，盖病后居此官也。《唐六典》（卷二一）：'国子监助教二人，从六品上，掌佐博士，分经以教授焉。'"按：张籍，大排行十八，贞元十五年（799）中进士，历官太祝、秘书郎、国子助教、国子司业、水部员外郎。国子助教，从六品上，帮助博士，分经授生。详见《韩愈大传》第四卷《韩愈弟子传·张籍传》。

② "喜君"句：张籍患眼病约在元和六年，长三年有余，后而重光，约在元和九、十年间，也可证此诗约写于元和十年后。孟郊《寄张籍》诗云"西明寺后穷瞎张太祝"、韩愈诗云"脑脂遮眼卧壮士"，都说明张籍眼疾很重。张籍《患眼》也有诗句云："三年患眼今年校，免（按：《张司业集》卷七'校''免'倒置，今改）与风光便隔生。昨日韩家后园里，看花犹似未分明。"说明籍患眼疾三年渐好，此诗云"重清朗"，说明痊愈。

眸（móu）子：眼睛。文《详注》："籍尝有眼疾。按籍本集诗云：'三年患眼今年校，免与风光便隔生。昨日韩家后园里，看花犹自未分明。'"方世举《笺注》："清朗：宋玉《神女赋》（《文选》卷一九）：'眸子炯其精朗兮。'"又"按：籍之患眼久矣，《与李浙东书》当在元和六年间，时其盲未甚。至孟郊诗，公诗云云（见上），则其盲殆甚矣。籍又自有诗云云（见上），则时方渐愈，至是乃重清朗矣。"

③ 携手城南历旧游：魏本："孙曰：'公与孟郊尝游此，有《城南联句》在集中。至是郊死矣，郊以元和九年八月卒。'"

④ "忽见"二句：见孟郊题咏竹诗的地方而忆友落泪。文《详注》："孟郊《题竹》今已亡。"方世举《笺注》："《郊集》（《孟东野诗集》卷四）有《游城南韩氏庄》云：'初疑潇湘水，锁在朱门中。时见水底

月,动摇池上风。清气润竹木,白光连虚空。浪簇霄汉羽,岸芳金碧丛。何言数亩间,环泛路不穷?愿逐神仙侣,飘然汗漫通。'又《陪侍御(叔)游城南山墅》云:'夜坐拥肿亭,昼登崔巍岑。日窥万峰首,月见双泉心。松气清耳目,竹氛碧衣襟。伫想琅玕字,数听枯槁吟。'此诗题竹处,二诗可证。"

【汇评】

清朱彝尊:真情直吐。前二句何等乐,后二句何等痛!(顾嗣立《昌黎先生诗集注》卷九)

清方世举:按籍之患眼久矣。《与李浙东书》当在元和六年间,时其盲未甚,至孟郊诗有"西明寺后穷瞎张太祝"之句,公诗有"脑脂遮眼卧壮士"之句,则其盲殆甚矣。籍又自有诗云:"三年患眼今年较,免与风光便隔生。昨日韩家后园里,看花犹似未分明。"则时方渐愈,至此乃重清朗矣。(《韩昌黎诗集编年笺注》卷九)

程学恂:悲孟也,而题曰赠张,此唐人体例如此,可以类推。(《韩诗臆说》卷二)

题韦氏庄①

昔者谁能比?今来事不同②。寂寥青草曲③,散漫白榆风④。架倒藤全落,篱崩竹半空⑤。宁须惆怅立⑥,翻覆本无穷⑦。

【校注】

① 题:文《详注》:"韦氏,中宗后韦庶人也。临淄王平内难,为乱兵所杀。"魏本:"樊曰:城南韦曲,在唐最盛,名与杜陵相埒。当时语曰:'城南韦杜,去天尺五。'杜子美《赠韦赞善》诗所谓'时论同归尺五天'是也。时庄已衰矣,故公所题诗语如此。"文《详注》引王

《补注》同。顾嗣立《集注》:"《雍录》(卷七):'吕图韦曲在明德门外,韦后家在此。盖皇子陂之西。所谓城南韦、杜。'郑樵《通志》:'韦曲在樊川,唐韦安石之别业。'"按:韦氏庄,韦曲也,在陕西长安县(今西安),东北倚龙首原,南面神禾原,潏水绕其前,为樊川第一名胜。唐时以诸韦世居于此而名。唐杜甫《奉陪郑驸马韦曲》之一:"韦曲花无赖,家家恼杀人。"王维有《暮春太师左右丞相诸公于韦氏逍遥谷宴集序》。

② 不同:昔日之盛,今日之衰也。

③ "寂寥"句:以下四句写今日之衰。寂寥,静寂或空虚,而韦曲只剩下青草了。《西京杂记》卷四汉枚乘《柳赋》:"枪锽啾唧,萧条寂寥。"《文选》卷三〇谢灵运《拟魏太子邺中集八首·王粲》:"绸缪清宴娱,寂寥梁栋响。"《老子》:"寂兮寥兮。"晋王弼注:"寂寥,无形体也。"《楚辞》汉刘向《九叹·惜贤》:"声嗷嗷以寂寥兮,顾仆夫之憔悴。"注:"寂寥,空无人民之貌。"

④ 散漫:四散弥漫。《文选》卷一三谢惠连《雪赋》:"其为状也,散漫交错,氛氲萧索。"又卷三〇谢朓《观朝雨》:"空濛如薄雾,散漫似轻埃。"榆钱落时色白,故云白榆。白榆风者,风吹飘落榆钱也。

⑤ "架倒"二句:上句写藤架倒而葛藤扑地,下句谓竹篱崩塌而院半空也。

⑥ 宁须惆怅立:文《详注》:"须,一作'知'。"诸本作"须",是。

按:见惨境惆怅而伫立思考,引出结句议论。

⑦ 翻覆本无穷:文《详注》:"陆士衡《乐府诗》(《文选》卷二八《君子行》)曰:'天道夷且简,人道险而难。休咎相乘蹑,翻覆若波澜。'"《全唐诗》卷一二八王维《酌酒与裴迪》:"酌酒与君君自宽,人情翻覆似波澜。"

【汇评】

程学恂:都是闲迹,与《城南联句》诗中所感,正是一般意兴。(《韩诗臆说》卷二)

晚雨

诗写暮雨晚景,有意境,有兴象,很贴切。前二句写闲情,突出虽雨犹游,情不欲归也。后二句写天晚速归。因有"不欲归"才引出"速归"之情;反之才托出滞留城南不欲归之情。诗需细细体味,才能会实境,出真意,味深情。

廉纤晚雨不能晴①,池岸草间蚯蚓鸣②。投竿跨马蹋归路③,才到城闻打鼓声④。

【校注】

① 廉纤晚雨:方《举正》据蜀本作"晚雨廉纤"。朱《考异》:"廉纤晚雨,方从蜀本作'晚雨廉纤',于律不谐,当从诸本。"宋白文本作"纤纤晚雨"。何焯《义门读书记》卷三〇:"首句当如蜀本。第二句亦不谐也。"文本、祝本、魏本、廖本、王本作"廉纤晚雨",是。

廉纤:毛毛细雨。以此形容连阴小雨始于韩愈。钱仲联《集释》:"廉纤:叠韵谜语,微雨淹久貌。《说文》段玉裁注:'今人谓小雨曰廉纤。'吴可曰:师川云:作诗要当无首无尾。山谷亦云。子苍不然此说。东湖云:'春灯无复上,暮雨不能晴。'昌黎云:'廉纤晚雨不能晴。'子苍云:'暮不如晚。'"

② 蚯蚓鸣:蚯蚓叫声细小,韩公能听见者,体察入微也。

③ 投竿跨马蹋归路:此句七字由三个动宾词组组成,组织和谐,形象鲜明,犹有张力,乃练句者也。三个动词连用,层次分明,"蹋"字字熟而意新,有力度,有阳刚之气,美。

④ 城闻:一作"城门",祝本、魏本注:"门,一作'闻'。"童《校诠》:"第德案:校语举正、考异、廖本、王本皆未录,祝本与本书(魏本)同。案:作闻与下声字意义相贯,较门字为长。"按:作"门"、作"闻",于诗句意均通。"才到"句:古人从黄昏到次日晨,以更鼓报时,每一个时辰打一次更鼓。更鼓多设于城楼,也有专设鼓楼的。

早晚开关城门以定更打鼓为号。此谓:韩愈从南郊回城已快到打鼓关城门的时候了。则作"闻"字是。方世举《笺注》:"《水经注》(《漯水》):'置大鼓于其上,晨昏伐以千椎,为城里诸门启闭之候,谓之戒晨鼓也。'《晋书·邓攸传》:'纮如打五鼓,鸡鸣天欲曙。'《唐六典》(卷八《门下省》):'城门郎晨昏击鼓。'此诗昏鼓也。"

【汇评】

清何焯:《晚雨》首句当如蜀本,第二句亦不谐也。(《义门读书记》卷三〇)

出城

暂出城门蹋青草①,远于林下见春山。应须韦杜家家到②,只有今朝一日闲③。

【校注】

① 暂:偶也。张相《诗词曲语辞汇释》卷二:"暂,犹偶也;适也。暂出,偶出也。韩愈《出城》诗:'暂出城门蹋青草,远于林下见春山。'张籍《送令狐尚书赴东都留守》诗:'行香暂出天桥上,巡礼常过禁殿中。'又《闲游》诗:'今朝暂共游僧语,更恨趋时别旧山。'暂共,犹云偶共或适共也。"蹋,魏本作"踏"。蹋、踏、蹹、蹹均通用。蹋,踩也。贾思勰《齐民要术·种葵》:"足踏使坚平。"

② 韦杜:文《详注》:"王子韶《鸡跖集》云:'韦曲杜鄠近长安。谚云:城南韦杜,去天尺五。言近君也。一云:韦、杜,城南望族。'按《唐书》(《新唐书·杜正伦传》):杜正伦,相州洹水人,相高宗,与城南诸杜昭穆素远,求同谱,不许,衔之。诸杜所居号杜固,世传其地有旺气,故世衣冠。正伦既执政,遂凿杜固,通水以利人。既凿,川流如血,阅十日止。自是南杜稍不振尔。"

③ 只有今朝一日闲:沈钦韩《补注》:"《六典》:'假宁之节,寒食通清明四日。'此诗云'踏青草',则是清明,应得四日。盖最后一日始出城,故云'只有今朝一日闲'也。"

【汇评】

清朱彝尊:有脱洒趣,后两句亦是逆调,"一日闲"是诗骨。(顾嗣立《昌黎先生诗集注》卷九)

把酒

扰扰驰名者①,谁能一日闲②?我来无伴侣③,把酒对南山④。

【校注】

① 扰扰:纷乱貌。《国语·晋六》:"唯有诸侯,故扰扰焉,凡诸侯,难之本也。"《列子·周穆王》:"存亡得失,哀乐好恶,扰扰万绪起矣。"韩公《广宣上人频见过》:"三百六旬长扰扰,不冲风雨即尘埃。"《送僧澄观》:"浮屠西来何施为?扰扰四海争奔驰。"

② 一日闲:以此诗"一日闲"和《出城》诗"一日闲"对看,当是同一日。

③ 无伴侣:别人都忙,唯己是闲官,故无伴乃独游也。韩公《李花赠张十一署》:"力携一樽独就醉,不忍虚掷委黄埃。"同样怀胸中积郁。方世举《笺注》:"前诗云'赠同游',此又云'无伴侣',前谓闲人,此谓不闲者也。"岂知此诗与《赠同游》非一日作也?如《赠张十八助教》,乃与张籍同游也。

④ 把酒对南山:方《举正》作"把酒对南山",云:"蜀同。李本刊'对'作'谢'。"朱《考异》:"对,或作'谢'。"文本、祝本、魏本、廖本、王本作"对",魏本等注:"对,一作'谢'。"宋白文本作"问",注:

"一作'对'。"作"对"字是。因无伴同游同饮,故只好对南山同饮了。如李白《月下独酌》四首之一:"花间一壶酒,独酌无相亲。举杯邀明月,对影成三人。"之三:"谁能春独愁,对此径须饮。"与此同意。

【汇评】

清朱彝尊:后两句正是"闲"。(顾嗣立《昌黎先生诗集注》卷九)

清何焯:他人未尝不闲,公意中自无对尔。(《义门读书记》卷三〇)

嘲少年[①]

直把春偿酒,都将命乞花[②]。只知闲信马[③],不觉误随车[④]。

【校注】

① 嘲少年:文《详注》:"《开元天宝遗事》(《天宝上》)云:'长安侠少春日结友赏花,并乘矮马行花下,杯盘从之,遇名花即驻马立饮。'"王维《少年行》四首之一:"新丰美酒斗十千,咸阳游侠多少年。相逢意气为君饮,系马高楼垂柳边。"亦可证长安侠少之况。韩公《醉赠张秘书》:"长安众富儿,盘馔罗膻荤。不解文字饮,惟能醉红裙。"亦嘲长安侠少也。

② 乞花:魏本注:"乞,与人物也。乞,音气。"前二句极写长安少年奢侈、放纵的纨绔情态。

③ 信马:蒋抱玄《评注》:"信者,放任之义,如信口信手之类,谓任马之所之,不加以控勒也。"按:信马,信马由缰,任意而行。

④ 误随车:文《详注》:"《魏志》(《三国志》卷三〇《濊》注引):

濊国出果下马,汉威帝(按:汉代无威帝,疑误)时献之。马高三尺,乘之可以于果树下行,故谓之果下马。"

【汇评】

清朱彝尊:曲尽少年情,大有腴味。(顾嗣立《昌黎先生诗集注》卷九)

张鸿:高格古意。(钱仲联《韩昌黎诗系年集释》卷九)

程学恂:写出游侠。(《韩诗臆说》卷二)

楸树①

韩愈一生爱楸树,常借楸树以寄情,如《楸树二首》《庭楸》等。这首小诗也是见物写情。前二句曲尽摹物之妙,景意全出;后二句应前,寄意深含,转意亦新。知韩公对物喻人的思想感情与众不同也。

青幢紫盖立童童②,细雨浮烟作彩笼③。不得画师来貌取④,定知难见一生中。

【校注】

① 楸树:宋白文本、文本作"秋",非。古虽借秋为"楸","楸"字后出,然汉唐以来已通用"楸",从木。按:楸树,树木名也,落叶乔木,质坚细耐湿,适宜做家具,造木船。

② 青幢(chuáng):文《详注》:"《释名》《释床帐》曰:'幢,童也,其貌童童然。'《蜀志》《先主传第二》:'刘备舍东角篱上有桑树,[生]高五丈余,遥望见童童如小车盖,往来者皆怪此树非凡,或谓当出贵人。'"魏本:"孙曰:幢,幡幢也。《蜀·先主传》:'舍东南角有桑树,童童如小车盖。'童童:茂盛貌。"按:幢,古时张挂在车船上的帷幕。《隋书·礼仪志》五:"四望车,制同轺车,黄金饰,青油

幢朱里,紫通幰,紫丝网,驾一牛。"此指楸树的树冠如车盖然。

③"细雨"句:楸树被蒙蒙细雨和雾气笼罩,阳光一照,像一个彩色的笼子。彩笼,作彩虹解亦可。形容细腻而有文采,不似韩公风格。亦见大家手笔不凡也。

④ 貌取:摹画外形实景,如画师写生。方《举正》:"此犹少陵诗所谓'貌得山僧及童子'之'貌'。李、谢本皆从'貌'。"朱《考异》:"貌,或作'邈'。今按:貌,音邈。"宋白文本、文本、祝本、魏本作"邈"。魏本注:"邈,摹也。邈,莫角切。一本作'貌取'。"廖本、王本作"貌"。童《校诠》:"第德案:说文:兒,颂仪也,从人,白象人面形。貊,兒或从页,豹省声;貌,籀文兒,从豹省。荀子礼论:其貊以生饰死者也,杨倞曰:貊,象也,言其象以生之所设器用饰死者;又貊而不功,杨云:貊,形也,言但有形貌,而不加功精;或曰:貊读如邈,像也,今谓画物为邈。按:考异貌音邈,与杨氏同,故此本作邈。说文无邈字,新附有之,今字又别作描。"则作邈、貌均可,今作"貌"。

【汇评】

清朱彝尊:前两句描写曲至,即画师貌取何能过。不得难见,转意亦新,画取则常套耳。(顾嗣立《昌黎先生诗集注》卷九)

程学恂:后公庭植五楸及此所说,知公性爱此树也。(《韩诗臆说》卷二)

遣兴①

此诗所写内容大抵与《庭楸》所写"我已自顽钝,重遭五楸牵。客来尚不见,肯到权门前?权门众所趋,有客动百千。九牛亡一毛,未在多少间。往既无可顾,不往自可怜"同,因不得志闲居而百无聊赖的心情。朱彝尊《批韩诗》谓:诗"是阅世语。理虽未然,而道来意快,遂为口实"。黄叔灿谓:"禅悟后语。乃知公之辟佛,只是为朝廷大局起见,正本塞流,维持风教,惟恐陷溺者多。"说诗乃公阅世后的感悟,有理;若谓公辟佛而悟禅,则非也。诗颇耐人寻味。

　　断送一生惟有酒②,寻思百计不如闲③。莫忧世事兼身事,须着人间比梦间④。

【校注】

　　① 遣兴,方《举正》订,云:"阁本、蜀本皆作'远兴'。"朱《考异》:"遣,或作'远'。"文本作"远兴",注:"一作'遣兴'。"按诗意,当作"遣兴"。

　　② 断送:结束。张相《诗词曲语辞汇释》卷五:"断送,犹云葬送也。断有了结义,此殆从了结义引申而来。《侯鲭录》,杨朴妻诗:'今日捉将官里去,这回断送老头皮。'言将头颅送掉,意言生命了结也。辛弃疾《山花子》词:'蓦地捉将来断送,老头皮。'"宋元词曲里常用,如关汉卿《窦娥冤》第三折:"断送出古陌荒阡。"

　　③ 寻思:思来想去,下语"百计"应此。不如闲,是"寻思百计"的结果。闲,清闲。韩公真想清闲吗?实则相反,这不过是深埋他内心里的牢骚话罢了。

　　④ 世事、身事:公把世事、身事的人间比作梦,可见他对世情的感悟。着,一作"著",著乃着之本字。张相《诗词曲语辞汇释》卷三:"着,犹将也,把也,用也。须着,犹云须将或须把也。"按:此诗所写韩公情状与他元和十一年下迁太子右庶子同。

【汇评】

　　宋陈师道:黄词云:"断送一生惟有,破除万事无过。"盖韩诗有云:"断送一生惟有酒""破除万事无过酒",才去一字,遂为切对,而语益峻。(《后山诗话》)

　　宋黄震:《遣兴》诗"断送一生惟有酒",《赠郑兵曹》诗"破除万

事无过酒"。山谷词各于其下去一"酒"字,天然妙对。(《黄氏日抄》卷五九)

清朱彝尊:是阅世语。理虽未然,而道来意快,遂为口实。(顾嗣立《昌黎先生诗集注》卷九)

清徐钒:韩文公《遣兴》诗"断送一生惟有酒",又《赠郑兵曹》诗"破除万事无过酒"。山谷各去其一字,作《劝酒词》云:"断送一生惟有,破除万事无过。远山横黛蘸秋波,不饮傍人笑我。 花病等闲瘦弱,春愁没处遮拦。杯行到手莫留残,不道月斜人散。"王阮亭曰:黄鲁直竟作"歇后郑五"何哉!(《词苑丛谈》卷一)

清黄叔灿:禅悟后语,乃知公之辟佛,只是为朝廷大局起见,正本塞流,维持风教,惟恐陷溺者多。(《唐诗笺注》)

清何文焕:山谷词云:"断送一生惟有,破除万事无过。"盖用韩诗"断送一生惟有酒""破除万事无过酒"。后山以为才去一字,对切而语益峻。余谓此真歇后,非"弯六钧""捐三尺"比也。(《历代诗话考索》)

清马星翼:"此日足可惜,此酒不足尝",正言也。"人皆劝我饮,我若耳不闻",刺时也。退之必不嗜酒,然又有句,"破除万事无过酒""断送一生惟有酒",亦不免伯伦之颂。盖酒,原诗中习用字。"微我无酒,以敖以游",自《国风》已然,不独"何以解忧,惟有杜康",在陶诗《饮酒》之前也。陶诗"酒能消百虑",杜诗"一酌散千忧"皆得趣之句。后人用之,只恒语耳。(《东泉诗话》卷一)

程学恂:"莫忧世事兼身事,须著人间比梦间",是极无聊赖语。按:此等情怀意兴,即与老杜《曲江》诸篇一般,特让其笔妙耳。(《韩诗臆说》卷二)

卷十　律诗

送李尚书赴襄阳八韵①
元和十年

　　帝忧南国切②,改命付忠良③。壤画星摇动④,旗分兽簾扬⑤。五营兵转肃⑥,千里地还方⑦。控带荆门远⑧,飘浮汉水长⑨。赐书宽属郡⑩,战马隔邻疆⑪。纵猎雷霆迅,观棋玉石忙⑫。风流岘首客⑬,花艳大堤倡⑭。富贵由身致⑮,谁教不自强⑯。

【校注】

　　① 题：宋白文本、祝本题下注"得长字"。此乃分韵赋诗。方《举正》："李逊出镇襄阳,元和十年十月也。"朱《考异》："李尚书,李逊。"文《详注》："《通典》(卷一七七)云:'襄阳,《禹贡》荆州之南境,去江陵步道五百,势同唇齿,无襄阳则江陵受敌。自东晋庾翼为荆州刺史,将谋北伐,遂镇襄阳。土田肥良,桑梓遍野,常为大镇。北接宛洛,跨对楚沔,为鄢郢北门,部领蛮左,齐梁并因之,西魏改曰襄州,隋复为襄阳郡,大唐因之。领县七,有汉水及岘山。'《唐书·表》(《新唐书·方镇表四》):'至德七(当作二)年(当作载),置(当为升襄阳防御使为)山南东道节度使,领襄、邓、隋、唐、均、房七州(缺复州。加金、商实为九州),治襄阳。''元和十年庚子(冬十月),

析山南东道为两节度。命检校工部尚书(《通鉴》作户部侍郎)李逊节度襄、复、郢、均、房。羽林将军高霞寓节度唐、隋、邓。'(参见《通鉴》卷二三九'宪宗元和十年'及《新唐书·方镇表四》'元和十年')"魏本引孙曰同文,又云:"李逊,字友道,荆州石首人。……逊赴襄阳,廷臣送者三十余人,分韵赋诗。太常卿许孟容为之序。"魏本:"韩曰:按逊本传,迁户部侍郎,为山南东道节度使。又按:襄州,石本题名衔云检校工部尚书李逊,时逊盖自尚书而出,史略之。"方成珪《笺正》:"工部尚书乃节使加衔,所谓检校也。逊实自工侍出,非自工尚出。检校之衔不备书,亦史传之常例,非略之也。《旧传》逊后于元和十四年以国子祭酒拜许州刺史,而《新传》云检校礼部尚书,可证矣。"按:《旧唐书·李逊传》:"元和九年,入为给事中。……宪宗嘉之,乃许不择时奏对。俄迁户部侍郎。元和十年,拜襄州刺史,充山南东道节度、观察等使。"李逊在长庆间曾为检校吏部尚书,改刑部尚书。诗写于元和十年十月庚子(3日)。

② 帝忧南国切:文《详注》:"《小雅·江汉》(当为《四月》)诗曰:'滔滔江汉,南国之纪。'"魏本:"孙曰:《诗》(《召南·甘棠序》):'召伯之教,明于南国。'南国,谓南方之国。"按:此谓:皇上忧国心切也,具体当指淮西战事。

③ 改命付忠良:方世举《笺注》:"《易·革卦》:'九四,有孚改命,吉。'"魏本:"孙曰:'先是山南东道节度使严绶讨吴元济无功,罢为太子少保,乃以逊为节度,故云。改命忠良,谓逊也。'"按:《旧唐书·宪宗纪下》:"元和十年冬十月庚子(3日),以户部侍郎李逊为襄州刺史,充襄、复、郢、均、房节度使。……乙亥(8日),以山南东道节度使严绶为太子少保。"《旧唐书·李逊传》:"时逊代严绶镇襄阳,绶以八州兵讨贼在唐州。既而绶以无功罢兵柄,命高霞寓代绶将兵于唐州,其襄阳军隶于霞寓。"

④ 壤画星摇动:文《详注》:"在天文翼轸,楚之分野。"魏本:"孙曰:'壤画,谓分画其土壤为两节度也。九州之地,皆有分星,因壤画,故分星摇动也。'"顾嗣立《集注》:"杜子美诗(《阁夜》):'三峡

星河影动摇。'"方世举《笺注》:"壤画:《书·毕命》:'申画郊圻,慎固封守。'《古今注》:'画界者,于二封之间,又为壔埒,以画分界域也。'陶宏景《许长史旧馆坛碑》:'紫峦巴曲,画壤肺浮。'星摇动:按:顾嗣立引'三峡星河影动摇'为注,虽字面切合,然诗意盖谓九野星分,旧制已定,今复植置两节度,其复、郢、襄、房为鹑尾分,均为鹑火分,因画壤而动摇也。"按:《旧唐书·宪宗纪下》:"元和十年冬十月庚子,始析山南东道为两节度。"《旧唐书·李逊传》:"襄阳前领八郡,唐、邓、隋在焉。是时方讨吴元济,朝议以唐、蔡邻接,遂以邓隶唐州,三郡别为节制,命高霞寓领之,专俟攻讨。"

⑤ 旗分兽簸扬:文《详注》:"《周礼》(《春官·司常》):'熊虎为旗。'"魏本:"孙曰:《周礼》(《春官·司常》):'熊虎为旗。'分,赐也。旗分,谓分赐之以旌旗。兽即熊虎之属。"魏本音注:"簸,音播。"方世举《笺注》:"《新唐书·百官志》:'旗画蹲兽立禽。'"

⑥ 五营兵转肃:文《详注》:"《赭白马赋》(《文选》卷一四颜延年撰)云:'勒五营使按部[,声八鸾以节步]。'"魏本:"孙曰:'后汉张奂率五营士围窦武,武自杀(载《后汉书·窦武传》)。五营士,谓禁旅。'韩曰:'五营,谓逊所部五州。'"王元启《记疑》引孙、韩说后,曰:"韩说是。此诗但就赴襄阳言之,与禁旅无涉。"所说是,此诗为韩公送李逊,故专就李逊说也。

⑦ 千里地还方:文《详注》:"《汉书》(《司马相如传》)《上林赋》:'楚地方千里。'"魏本:"韩曰:《孟子》(《梁惠王上》):'海内之地,方千里者九。'"按:此指襄阳所领地域之广,而李逊之职高任重也。

⑧ 控带荆门远:文《详注》:"控,引也。带,绕也。范云表(《文选》卷三八任彦升《为范尚书让吏部封侯第一表》)曰:'控带朝夕。'"蒋抱玄《评注》:"《晋书·张华传》:'善政者必审官方控带之宜。'"方世举《笺注》:"荆门:郭璞《江赋》:'荆门阙竦而磐礴。'《水经》(《江水》):'江水又东历荆门。'注:'荆门上合下开,楚之西塞也。'"按:荆门山在今湖北宜都县西北五十里大江南岸,此指荆地。

王维《汉江临眺》:"楚塞三湘接,荆门九派通。"

⑨飘浮汉水长:顾嗣立《集注》:"杜预曰:'汉水出武都,至江夏南入江。'"按:汉水流经整个荆襄地区。"飘浮"一词把汉水写活,一"长"字把地域写大。王维《汉江临眺》:"江流天地外,山色有无中。郡邑浮前浦,波浪动远空。"

⑩赐书宽属郡:朱《考异》:"郡,或作'部'。"作"部"非。诸本作"郡"。按:此指宪宗诏赐李逊襄阳大郡也。

⑪战马隔邻疆:文《详注》:"时淮蔡未服。"方世举《笺注》:"谓淮蔡。"按:时淮蔡战事尚在进行,淮蔡与襄州为邻,故云。

⑫"纵猎"二句:方世举《笺注》:"雷霆:扬雄《羽猎赋》:'上下砰磕,声若雷霆。'观棋:《蜀志·费祎传》:'魏军次于兴势,祎往御之。光禄大夫来敏求共围棋。于时严驾,祎留意对戏。敏曰:君必能辨贼。'玉石:《西山经》:'长留之山,是多文玉石。'又《中山经》:'休与之山,其上有石焉,名曰帝台之棋。'"

⑬风流岘首客:文《详注》:"晋羊祜镇襄阳,乐山水,每风景,必造岘山,置酒言咏,终日不倦(见《晋书·羊祜传》)。"魏本:"岘,山名,在襄阳。樊曰:'晋羊叔子(祜)登岘山,从事邹湛曰:公名当与此山俱岘首。客,谓湛也。'"按:此以羊祜比李逊,当偕傥岘山之美地也。王维《汉江临眺》:"襄阳好风日,留醉与山翁。"

⑭花艳大堤倡:魏本:"大堤,地名,在襄阳。韩曰:宋隋王诞为襄阳郡,闻诸女歌,因为词曰:'朝发襄阳城,暮至大堤曲(当作宿)。大堤诸女儿,花艳惊郎目。'"文《详注》:"宋隋王诞,元嘉二十六年,为襄阳郡太守,仍为雍州,夜闻诸女歌谣,因为之词曰:'朝发襄阳城,暮至大堤宿。大堤诸女儿,花艳惊郎目。'"词载《乐府诗集》卷九四《堤上行》引《古今乐录》)。

⑮富贵由身致:钱仲联《集释》:"杜甫诗(《乾元中寓居同谷县作歌七首》之七):'富贵应须致身早。'"按:此句指李逊。

⑯谁教不自强:蒋抱玄《评注》:"《易》(《乾》):'君子以自强不息。'"此句暗说严绶。

结联抱题,应送行。意虽在颂李逊而指严绶,虽"只是寻常应酬",却亦有教育意义。

【汇评】

清朱彝尊:只是寻常应酬诗。(顾嗣立《昌黎先生诗集注》卷一〇)

清何焯:后半与"改命付忠良"一破无照应。(《义门读书记》卷三〇)

和席八十二韵①
元和十一年

绛阙银河曙②,东风右掖春③。官随名共美④,花与思俱新⑤。绮陌朝游间⑥,绫衾夜直频⑦。横门开日月⑧,高阁切星辰⑨。庭变寒前草⑩,天销霁后尘⑪。沟声通苑急⑫,柳色压城匀⑬。纶绋谋猷盛⑭,丹青步武亲⑮。芳菲含斧藻⑯,光景畅形神⑰。傍砌看红药⑱,巡池咏白蘋⑲。多情怀酒伴⑳,余事作诗人㉑。倚玉难藏拙㉒,吹竽久混真㉓。坐惭空自老㉔,江海未还身㉕。

【校注】

① 题:方《举正》:"席夔,行第八,以《元微之集》考之,夔死于元和十二年,此诗先一年(作)。"朱《考异》:"席八,席夔。"魏本:"樊曰:席八,或以为席谦,非也,当是席夔。按《讳行录》:'席夔行八,贞元十年进士。'《刘公嘉话》云:'韩十八初贬,席十八舍人为词。'《嘉话》以席八为十八。唯元微之《和乐天诗》有云'寻伤掌诰殂',其下笺云'去年闻席八殁'。而范摅《云溪友议》记刘梦得语云:'与

吕化光论制诰，而鄙席舍人夔。'是以知席八为席夔也，明矣。公以元和十一年与之同掌诰，故有'倚市''吹竽'之句，十二年夔卒。"陈景云《点勘》："按：席谦与杜子美同时，名见《杜集》（《存殁口号》及《章梓州水亭》诗自注），与韩子相去殊远，又谦本道士。注家之谬，有如此者，直当削去，何必存而辨之。武（当作'公'）时与夔同掌外制，故有'倚玉'一联。或作'市'，误也。及贬潮，而夔犹在右掖，公之谪词，即夔所草。"文《详注》："《补注》：席夔也，公与之同掌诰。欧公云：退之以诗为文章末事，故其诗云：'多情怀酒伴，余事作诗人。'予观此两句，本为席八，非以诗为文章末事也。以诗为文章末事，乃欧公意，非退之意也。"方世举《笺注》："题下原注：席夔，《讳行录》：'席夔行八，贞元十年进士。'席八，见《长庆集》中。此诗未定为何年所作，然以落句观之，盖元和十五年春在袁州遥和之诗也。曰'江海'，则宜在南方，而阳山时不得云'老'。曰'未还身'，则自在量移之后。而在潮州未尝遇春，且曰'吹竽久混真'，盖指十一年为中书舍人时，则其为袁州时无疑矣。席八是时想亦以中书舍人知制诰，旧与之周旋，因其诗来而和之。"王元启《记疑》："刘禹锡《嘉话》，公贬潮州谪辞，即夔所作。似夔十四年首春犹存。沈曰：元微之《和白乐天东南行》诗，元和十三年作，中有'寻伤掌诰殂'句，注云：'去年闻席八殁。'知樊说不谬，刘说殆非事实。"郑珍《巢经巢文集》卷五《跋韩诗和席八诗》："诗中云'纶绋谋猷盛''傍砌看红药'，席八之为中书舍人知制诰无疑。云'倚玉难藏拙，吹竽久混真'，明是与席八同知制诰语。末韵盖言此身老而无用，理合退休，与席久混，惟有自惭。'江海未还身'，犹云未还江海之身，对朝廷言，江海、江湖、山林一也，不必定在大江大海。此诗应编次《人日登高》后。扶南误解末句，遂多生穿凿。编年既误，明白之诗反晦矣。"屈《校注》："按：席夔诗今存二首，见《全唐诗》六函第四册。韩愈所和原作，已不可见。樊、方又据元稹元和十三年《酬乐天东南行一百韵诗注》，以席夔卒于十二年。然元诗注云：'今日得乐天书六年闻席八殁。'其语实有不可解处。樊氏所见《元集》'六年'作'去年';方氏推定夔卒于十二年,则其见者亦与樊同。《白氏长庆集》卷一六载元和十二年所作《东南行一百韵寄通州元九侍御》原诗云:'去年微之疟,今春席八殁。'龙(尤)足证明今本《元集》作'六年'者,是'去年'误字无疑也。樊引《讳行录》乃唐人所撰,其书一卷,著录于《新唐书》《宋史》《艺文志》史部。席夔为贞元十年进士,徐松《登科记考》卷一三即据此载入;徐《考》卷一四并据《文苑英华》(卷一一八)载夔举贞元十二年宏词科。樊所引《刘公嘉话》,与今本《刘宾客嘉话录》之文略同。其以席八为席十八者,岑仲勉以为'席十八'之'十',当因涉上文韩十八而衍(《唐人行第录》第九二页)。今检《太平广记》卷四九七引《嘉话录》云:'韩愈初贬之制,舍人席夔为之。'韩、席之下皆无'十八'二字(下文席下亦无十八二字),足证席十八之称实为讹谬。所引《云溪友议》,在卷中《中山诲》条,此条盖取之《嘉话录》(今《嘉话录》非全书,佚文甚多)。吕化光者,梦得挚友吕温也。至所谓'初贬',当指元和十一年夏降为太子右庶子。据洪兴祖《韩子年谱》载,愈于元和九年十二月以比部考功郎中知制诰;十一年春,迁中书舍人,夏为太子右庶子。关于此次迁降之事,《洪谱》有较详记述,云:'《实录》云:十一年正月丙戌(二十日),考功郎中知制诰韩愈中书舍人;寅(丙字之误)申(三十日)赐服绯鱼。'《实录》又云:五月癸未(十八日),降为太子右庶子。'《本传》云:'初,宪宗将平蔡,命裴度视贼。及还,言贼可灭,与宰相议不合。'时宰相李逢吉、韦贯之也。'愈亦奏言'云云,'执政不喜。俄有不悦愈者,摭其旧事,坐是改右庶子。'李翱云:'唯公以盗杀宰相而遽息兵,其为懦甚大,兵不可以息,故兵遂用。而宰相有不便之者,月满迁中书舍人,(《韩集考异》卷十朱熹注《新史·本传》云:盖唐制,台郎满岁则迁。公以去年冬知制诰,至今春,竟一岁矣。)后竟以他事改右庶子。'初贬云者,当指此事。愈和夔诗,盖在元和十一年春,时与夔同知制诰,本无隙也。及五月改右庶子,其制诰即出夔乎。《刘宾客嘉话录》记其词云:'早登科第,亦有声名。'又云:'席既物故,友人多言曰:席无令子第,岂有病阴伤寒,而与不洁吃耶? 韩曰:席不吃不洁太迟。人曰:何也? 曰:出语不当。盖忿其责辞云:亦有声名耳。'(用《太平广记》卷四九七引参校)是夔为责辞后不久即死,此次初贬,与潮州之谪无关。潮州之谪,在元和十四年,夔已早卒。而王元启但知愈有潮州之谪。方世举亦未详究初贬之义,但知愈有阳山、潮州之贬,且因诗之落句,而误疑此诗为袁州之作。郑珍驳方氏之说,特辩落句之义,尤为精确。《巢经巢文集》卷五《跋韩诗和席八首》云:'江海未还身',犹云未还江海之身。对朝廷言,江海、江湖、山林,一也;不必定在大江、大海。此诗应编次《人日登高》后(《人日登高》即《人日城南登高》,方成珪《诗文年谱》系在元和十一年)。郑氏此说,堪为定论,兹从樊汝霖、方崧卿、方成珪诸家编次此诗在元和十一年春。"按:诗写于元和十一年春,与夔唱和,并无讥讽意。谓韩愈不满夔之制词云云,乃编造,不足信。

② 绛阙银河曙:文《详注》:"绛,赤色。阙,宫阙也。《释名》(《释宫室》)曰:'阙者,在门两旁中央阙然为道也。'谢玄晖《赠西府同僚》诗(《文选》卷二六)曰:'秋河曙耿耿。'"魏本注:"绛阙,丹阙。"方世举《笺注》:"傅休奕《北都赋》(当作《正都赋》,载《全晋文》卷四五):'巍巍绛阙。'"钱仲联《集释》:"绛阙,皇宫前的门阙。"

银河,本指天河,此比皇宫旁的御沟。曙乃旭日之光。此谓:春天旭日照亮了宫阙和御河。

③ 东风右掖春:文《详注》:"中书省为右掖。"魏本:"韩曰:应劭《汉官仪》(《初学记》卷一一、《太平御览》卷二二○引):'中书为右曹,称西掖。'孙曰:'正门之两旁曰掖。'"沈钦韩《补注》:"唐以门下省为左掖,中书省为右掖。"按:从字面上看,诗写东风吹开了右掖的春色,实则说中书省舍人院是地近宫阙的清要之处。

④ 官随名共美:文《详注》:"《通典》(卷二一《职官三》)曰:'中书舍人专掌诏诰,侍从,分判省事。唐自永淳以来,天下文章道盛,台阁髦彦,无不以文章达。故中书舍人为文士之极任,朝廷之盛选,诸官莫比焉。'"方世举《笺注》:"名共美:虞廷有夔、龙(《书・舜

典》),后世往往以美在朝之官。席八名(夔)与之同,而又在中书,故云。"

⑤花与思俱新:方世举《笺注》:"思俱新:班固《答宾戏》(《文选》卷四五):'摛藻如春华。'今当新年花发之时,而览席赠篇,其诗思与花俱新也。"

⑥绮陌朝游间:文《详注》:"绮陌,谓朝列之所。"魏本:"孙曰:'绮,谓阡陌如绮绣也。南北曰阡,东西曰陌。阡陌谓径路也。间,碍也。'"蒋抱玄《评注》:"梁简文帝诗(《文苑英华》卷三一〇《登烽火楼》):'万邑王畿旷(辅),三条绮陌平。'又《三辅遗事》:'长安城八街九陌。'"王元启《记疑》:"言虽常直禁廷,间亦出游绮陌。间读如物相间(《仪礼·聘礼》:皮马相间可也)之间,对下频字言之,言不数也。孙注训间为碍,恐非。"王力《古汉语常用字典》:"【辨】閒、间、闲。上古没有'间'字,后代写作'间'的,上古都写作'閒'。后代把读 jiān(艰)和 jiàn(见)的写作'间',把读 xián(闲)的写作'閒'。'闲'的本义是栅栏,在一般情况下,'閒'和'闲'是不相通的;只有在'空閒'的意义上有时写作'闲'。汉字简化后,'空閒'的意义写作'闲'。"

⑦绫衾夜直频:魏本:"孙曰:《汉官典·职仪》(《艺文类聚》卷八五引)曰:'尚书郎入直,供青缣白绫被。'直,宿直也。"方成珪《笺正》:"青绫,当作青缣。"文《详注》:"蔡质《汉官仪》曰:'尚书郎八,座受成事史于郎,下笔为诏策,出言为诏命。其入直,官供青缣白绫被,或以锦缛为之。给帷帐茵褥,通中枕。大官供食物、汤,官供饵饼及五果实之属。五日一美食,下天子一等。给尚书郎伯使一人,女侍史二人,皆选端正妖丽,执香炉,护衣服,奏事明元殿省。省中皆胡粉涂壁,画古贤、列女。以丹朱漆地,故谓之丹墀。尚书郎口含鸡舌香,以其奏事答对,欲使气息芬芳也。《通典》(卷二一)云:'后汉尚书郎,乃今中书舍人也。'"

⑧横门开日月:文《详注》:"长安城北西头第一门,本名横门,王莽更名霸(朔)都门,在(左)幽亭。如淳曰:'音光,故曰光门。'一

音胡光切。"方世举《笺注》:"《三辅黄图》:'长安北出西头第一门曰横门。'《汉书》'虒上小女陈持弓走入光门',即此门也。"屈《校注》:"按:文注盖据《三辅黄图》及《汉书·成帝纪》。霸都门,当是'朔都门'之误。在幽亭,当作'左幽亭'(见《平津馆丛书》本《三辅黄图》)。此借用横门指中书省舍人院门户高大光明。"

⑨高阁切星辰:魏本注:"切,近也。"屈《校注》:"开日月,切星辰,盖其居在宫城之颂词也。"按:切,贴近,接近。《荀子·劝学》:"诗书故而不切。"

⑩庭变寒前草:天由寒变暖,庭前的草也变了。即韩诗《早春呈水部张十八员外二首》之一"天街小雨润如酥,草色遥看近却无"之情景。

⑪天销雾后尘:雨霁天晴,尘土被压,万物一片清新之景象。唐王维《送元二使安西》:"渭城朝雨浥轻尘,客舍青青柳色春(新)。"

⑫沟声通苑急:文《详注》:"《古今注》(卷上《都邑》)云:'长安御沟谓之杨沟,以其植杨于上。'"按:杨乃杨柳,非指杨树也。谓御沟通禁苑。程大昌《雍录》卷三所载阁本唐《大明宫图》,太液池在东,西内苑在北,含凉(元)殿后,有御沟与禁苑相通。

⑬柳色压城匀:文《详注》:"《南部新书》(甲)曰:'中书省柳树久枯死,德宗兴元二年(785),驾还而柳树再荣,谓之瑞柳。'"按:匀,匀称,好看。杜甫《丽人行》:"态浓意远淑且真,肌理细腻骨肉匀。"唐罗隐《秋霁后》诗:"净碧山光冷,圆明露点匀。"唐王维《田园乐七首》其六:"桃红复含宿雨,柳绿更带朝(春)烟。"又《春日上方即事》:"柳色春山映,梨花夕鸟藏。"

⑭纶绋谋猷盛:谋,方《举正》作"谋",云:"李本校'谋'作'谟',然阁本只作'谋'。考之《周书》,作'谋'为是。但'谟'古字作'惎',李涪《刊误》曰:'旧作嘉谟,今作嘉谋,犹沉浮二音通也。'故扬子只曰:'谟合皋陶谓之嘉。'校本盖当不妄也。"朱《考异》:"谋,或作'谟'。(下引方语)"屈《校注》:"按:《礼记·坊记》引君陈云:

'尔有嘉谋嘉猷。'伪孔本《尚书》即取之入《周书·君陈》。所谓谟古字作慕,见《集韵·平声·二十一模》。《尔雅·释诂》:'谟,谋也。'谟、谋二字古通用,《后汉书·光武十王传》:'思惟嘉谋。'字便作谟。《诗·小雅·皇皇者华》:'周爱咨谋。'《淮南子·修务篇》引谋作谟。至所引李涪《刊误》,删节太甚。今据《百川学海》本补录其文。《刊误》卷下《切韵》条云旧《书》曰:'嘉谋嘉猷。'法言曰:'嘉予嘉猷。'《诗》曰:'载沉载浮。'(《小雅·菁菁者莪》)法言曰:'载沉载浮(原注伏予反)。'按:李涪见陆法言《切韵》,盖其'谟'(谋)、'浮'二字之音皆有异读,古韵模部与侯部通,故'谋''谟'可假用也。杨子所云'谟合皋陶谓之嘉',见《法言·至孝篇》。上文云:'或问忠言嘉谟。'是其字亦作谟。方意盖校谋为谟者非妄,然其定本仍作'谋'。"按:所说是。宋白文本作"谟",注:"一作'谋'。"文本、祝本、魏本、廖本、王本作"谋"。文《详注》:"《礼记·缁衣》曰:'王言如丝,其出如纶。王言如纶,其出如綍。'注云:'出,弥大也。纶,今有秩啬夫所佩。綍,引棺索也。'綍,音弗。"孙注同。纶(lún 力迍切,平,谆韵)綍(fú 分勿切,入,物韵),制令。唐柳宗元《代广南节度使谢出镇表》:"鸿霈曲临,惶骇交集,捧对纶綍,不知所图。"綍为帝王诏书。唐刘禹锡《谢贷钱物表》:"特遂诚请,远承如綍之旨。"纶,纶诰,古代帝王的诏书。韩公《论淮西事宜状》:"臣谬承恩宠,获掌纶诰,地亲职重,不同庶僚。"正合他与席夔为中书舍人,掌纶诰的身份。唐时制诰诏命,中书舍人为之,谓之内制;其百官诰词,则学士为之,谓之外制。故诸家《文集》中制分内外。

⑮ 丹青步武亲:文《详注》:"步武:《周语》《国语》'不过步武尺寸之间'句下注}曰:'六尺为步,半步为武。'"方世举《笺注》:"丹青,张衡《西京赋》(《文选》卷二):'青琐丹墀。'善曰:'以青画户边镂中,以丹漆地。'夔掌纶诰,翱翔禁中,故曰'丹青步武亲'也。"沈钦韩《补注》:"《盐铁论·相刺篇》:'公卿者,神化之丹青。'《翰林志》:'翰林学士凡内宴,坐次宰相,居一品班之上。'案:席夔为中书舍人,杜甫《紫宸殿退朝口号》云:'宫中每出归东省,会送夔龙集凤

卷十　律诗

池。'盖两省官属,例送宰相至政事堂,而舍人之官,尤为职亲地近也。"

⑯ 芳菲含斧藻:文《详注》:"斧,黼也,画为斧形。藻,水草之有文者,画之于衣,谓舍人之服。"魏本:"孙曰:《扬子》(《法言·学行》):'吾未见斧藻其德,若斧藻其楶者。'斧藻,文饰也。"

⑰ 形神:形骸与精神。司马迁《史记·太史公自序》:"凡人所生者神也,所托者形也。神大用则竭,形大劳则敝,形神离则死。"陶潜《形影神诗序》:"贵贱贤愚,莫不营营以惜生,斯甚惑焉。故极陈形影之苦,言神辨自然以释之。好事君子,共取其心焉。"此句借形神之畅适光景,赞席夔在中书舍人任上的潇洒畅适。

⑱ 红药:即芍药。魏本:"樊曰:谢朓《中书省》诗(《文选》卷三〇)云:'红药当阶翻。'红药,芍药也。席八为舍人,故公有此句。"文《详注》:"谢玄晖(朓)《直中书省》诗曰:'红药当阶翻,苍苔依砌上。'注云:'红药谓所植草色红者。'以愚考之,红药:红芍药也,东坡在扬州《和晁无咎相迎》云:'老人饮酒无人佐,独看红药亲自堕。'扬州素出此花,有名于世。"按:魏本引樊《谱注》注韩公《秋怀》诗谓《秋怀》为《文选》体。并谓唐人最重《文选》,曾举此句诗,谓即出《文选》。其实唐代诗人无人不学《文选》,若注韩诗自然明白。杜甫即"熟精《文选》理"者。

⑲ 白蘋:文《详注》:"《楚辞·九章》(当为《九歌·湘夫人》)曰:'登白蘋(薠)兮骋望。'注曰:'白蘋,州名,以蘋草得名。'"魏本:"孙曰:柳恽为吴兴太守,有《江南曲》(《乐府诗集》卷二六《相和歌辞》)云:'汀洲采白蘋,日落江南春。'诗意以席比柳恽也。"按:胡仔《苕溪渔隐丛话》前集卷一六引《蔡宽夫诗话》云:"前史称王筠善押强韵,固是诗家要处。然人贪于捉对用事者,往往多有趁韵之失。退之笔力雄赡,务以词采凭陵一时,故间亦不免此患。如《和席八》'绛阙银河晓(当作曙),东风右掖春'诗,终篇皆叙西垣事。然其一联云:'傍砌看红药,巡池咏白蘋。'事除柳浑(恽)外,别无出处。若是用此,则于前后诗意无相干,且趁蘋字韵而已。'"何焯《批韩诗》:

"'红药'句指席,'白蘋'句自谓,是承上起下。"按:如文、何所说,以柳比席,不为无涉而趁韵也。

⑳ 多情怀酒伴:朱《考异》:"怀,或作'怯'。"诸本作"怀",是。

方世举《笺注》:"此句谓平日同游宴也。"按:此句与下句,写他与席平时常同游宴,工余作诗也。

㉑ 余事作诗人:文《详注》:"《诗话》:'王立之曰:退之于诗其实大用功,所以云然,谓不能望李杜者,非也。'"按:王立之即直方,此语《宋诗话辑佚·王直方诗话》中未见,想佚矣。欧阳修《六一诗话》云:"退之笔力,无施不可。而尝以诗为文章末事,故其诗曰'多情怀酒伴,余事作诗人'也。然其资谈笑,助谐谑,叙人情,状物态,一寓于诗,而曲尽其妙。此在雄文大手,故不足论。"方世举《笺注》:"余事:按:杜甫诗(《贻华阳刘少府》):'文章一小技,于道未为尊。'即此余事之谓也。"何焯《义门读书记》卷三〇:"班固《宾戏》(《文选》卷四五《答宾戏》):'著作者,前烈之余事也。'"何孟春《馀冬诗话》:"或谓其以'酒伴'对'诗人',是轻诗人也。春曰:'士夫家酒伴,非诗人固不可。'"

㉒ 倚玉难藏拙:方《举正》据蜀本作"玉"。朱《考异》:"玉,或作'市'。"南宋监本原文作"市"。宋白文本、文本、祝本、魏本作"市"。魏本注:"'市'字,一本作'玉'。"廖本、王本作"玉"。文《详注》:"《前汉·食货志》曰:'刺绣文不如倚市门。'注云:'此言末业,贫者之资。'"陈景云《点勘》:"武(当作'公')时与夔同掌外制,故有'倚玉'一联。或作'市',误也。"方世举《笺注》:"《世说》:'魏明帝使后弟毛曾与夏侯太初共坐,时人谓蒹葭倚玉树。'"王元启《记疑》:"盖公自比蒹葭,下句吹竽,又以南郭先生自喻。"蒋抱玄《评注》:"刘悚《暇记》:'徐陵聘齐,魏收录其文遗陵,陵过江沉之曰:吾为魏公藏拙。'"童《校诠》:"案:市,当依举正、考异、廖本、王本作玉,谓蒹葭依玉树也,详陈少章、王宋贤、方扶南诸家注。"按:作"玉"字是。

㉓ 吹竽久混真:文《详注》:"《韩子·内储说(上)》曰:'齐王使

人吹竽,必三百人,南郭处士请为王吹竽。宣王说之,廪食以数百人。宣王死,湣王立,好一一听之,处士逃。'一曰:韩昭侯曰:'吹竽者众,吾无以知其善者。'田严对曰:'一一听之。'注云:'混商吹竽,是不责下也,故令得参杂。'"魏本:"樊曰:《韩子》:'齐宣王使人吹竽,必三百人。南郭先生不知竽者,而滥于三百人中,以吹竽食禄。后王即位,曰:寡人之好竽,欲一一吹之,南郭先生乃逃。'"按:此韩公以南郭先生自比:谦也。

㉔ 坐惭空自老:张相《诗词曲语辞汇释》卷四:"坐,甚辞,犹深也;殊也。韩愈《和席八十二韵》诗:'坐惭空自老,江海未还身。'坐惭,犹云深惭或殊惭也。"童《校诠》:"第德案:文选陆士衡乐府长歌行:体泽坐自捐。李善曰:无故自捐曰坐也。此文坐字之义,应从李说,张氏以意定,无据。"按:童说似指席,与上下诗句意不合,张说较合诗意,是。

㉕ 江海未还身:魏本:"孙曰:自'倚市'以下,公自喻也。"文《详注》:"谢玄晖《直学省愁卧》云:'江海事多违。'注云:'谓隐逸不仕。'"屈《校注》:"案此乃沈休文(约)《学省愁卧》诗,见《文选》卷三〇。注乃五臣刘良注。文虽误引,然以江海为隐逸,意与郑珍之说(见题下注,郑珍说)合。"

【汇评】

清朱彝尊:起二韵拈大意,次四韵叙景,又四韵赞席,末二韵道和意,格最平稳。(顾嗣立《昌黎先生诗集注》卷一〇)

清汪琬:通体秀色可餐。(钱仲联《韩昌黎诗系年集释》卷九)

和武相公早春闻莺①

元和八年

早晚飞来入锦城②,谁人教解百般鸣③?春风红树惊眠处④,似妒歌童作艳声。

【校注】

① 题:文《详注》:"武元衡以元和八年正月己巳(15日)至自西川,甲子(10日)拜相。公常追和其镇蜀时《孔雀》,此诗亦同追和也,故曰'早晚飞来入锦城'。"按:文说月日有误。按《新唐书·宰相表中》:"八年三月甲子(11日)武元衡为门下侍郎、平章事;己巳(16日),至自西川。"魏本:"孙曰:'相公名元衡,元和二年十月,自门下平章事出为西川节度使。'樊曰:'元衡以元和八年三月自西川节度使拜相,公此篇与所和《孔雀》,皆元衡拜相后追和其镇蜀时作。'"

② 文《详注》:"益州号锦城,又号锦里。见《益州记》。"魏本注:"锦城,成都。"顾嗣立《集注》:"《益州记》:'锦城在益州南,笮桥东流江南岸,昔蜀时故锦官也。今号锦城,墉尚在。'"按:锦官谓主治锦之官,因以为城名,在今四川成都市南。成都旧有大城、少城,少城在大城西,即锦官城。见晋常璩《华阳国志·蜀志》。简称锦城,又称锦里。《水经注》卷三三《江水》:"文翁为蜀守,立讲堂,作石室于南城。永初后,学堂遇火,后守更置二石室,后州夺郡学,移夷星桥南岸道东。道西城,故锦官也。言锦工织锦,则濯之江流,而锦至鲜明,濯以他江,则锦色弱矣,遂命之为锦里也。"后人泛称成都城为锦官城。杜甫《春夜喜雨》:"晓看红湿处,花重锦官城。"宋陆游《怀成都十韵》:"放翁五十犹豪纵,锦城一觉繁华梦。"

③ 教解:屈《校注》:"张相《诗词曲语辞汇释》卷一:'教,犹使也。'又'解,犹会也;得也;能也。'"按:此句诗的教字,作使解义虽通,然不合诗义。按其格律,教字当作去声读,作教育、教导解,即教人(或禽兽)学会某一本领。《荀子·劝学》:"生而同声,长而异俗,教使之然也。"解,会,懂得。韩公《月蚀诗》:"杷沙脚手钝,谁使女解缘青冥。"教解百般鸣,即教导鹦鹉学会百种叫法:即很多也,并非实计一百。鹦鹉嘴巧,教使之然也。

④ 红树:花树。《全唐诗》李涉《杂曲歌辞·竹枝词》:"巫峡云开神女祠,绿潭红树影参差。"又王建《杂曲歌辞·宫中调笑一》:"君前对舞春风,百叶桃花树红。红树,红树,燕语莺啼日暮。"

【汇评】

程学恂:稚俗不成语,然不妨存之者,如大海之有泥滓也,读杜诗亦然。(《韩诗臆说》卷二)

蒋抱玄:直写而已,无甚风致。(《注释评点韩昌黎诗全集》)

大安池①

疑年诗

【校注】

① 大安池:大,廖、王本作"太",宋白文本、文本、祝本、魏本作"大"。方《举正》云:"阙。"朱《考异》:"阙。"廖本注:"阙。"文《详注》:"太平公主山庄也。高宗之女,则天皇后所生。豫立睿宗,由此权震天下,田园遍近甸,皆上腴。后败,亡入南山,三日乃出,赐死。《唐史》有传。"按:把《大安池》作为太平公主山庄的题。又:"《补注》:疑为中宗女,安乐公主所凿定昆池也。"魏本:"韩曰:唐长安有大安宫,有大安亭,而大安池未尝载见,岂安乐公主所凿定昆池耶?安乐公主,中宗女,景龙中请昆明为私沼,中宗不予,主怒,自凿定昆池,延袤数里。诗所谓'当年欲占春'者,以此耳。"则把大安池当作定昆池,而以《太平公主山庄》为《大安池》。今存疑俟考。何焯《义门读书记》卷三〇:"太安池是郭暧家,羊士谔有诗。注误。"《全唐诗》卷三三二羊士谔《游郭驸马大安山池》诗云:"马嘶芳草自淹留,别馆何人属细侯。仙杏破颜逢醉客,彩鸳飞去避行舟。

洞箫日暖移宾榻,垂柳风多掩妓楼。坐阅清晖不知暮,烟横北渚水悠悠。"

游太平公主山庄①
元和八年

诗写于元和八年春,韩愈三为博士时。虽是写景,却在慨叹昔日公主山庄。此庄极广极盛,为盛唐显赫庄园,无与匹比。诗中揭露了唐代统治集团的腐化享乐。韩愈尊儒,崇尚礼制,从首联"欲占春""压城闉"可见韩愈对这位公主擅权欺世、超越礼制的不满。钱仲联《集释》云:"不属人指当年言,感慨已在言外。"首句"占"字,乃诗眼,结句回应,透出"占"字。"欲"是因,"占"是果。二句抱前,以点总束,突出其贵重权势,连皇帝京城都压住了;三、四句铺张,以苑广花盛展开写这位公主的权势贵重。全诗一气流走,痛快。

公主当年欲占春②,故将台榭压城闉③。欲知前面花多少④,直到南山不属人⑤。

【校注】

① 诗题"游太平公主山庄",方《举正》增,云:"唐本前诗(《大安池》)阙,别出此题。晁本、李、谢本所校并同。然阁本已讹矣。元和十年、十一年作。"朱《考异》:"诸本无此题,方从唐本,'大安池'下增'阙'字,而别出此题,云:晁本、李、谢本所校并同。"宋白文本注:"一作'大安'。"文本、祝本、魏本无此题,而列入《大安池》题下。魏本:"韩曰:唐长安有大安宫,有大安亭,而大安池未尝载见,岂安乐公主所凿定昆池耶?安乐公主,中宗女,景龙中请昆明为私沼,中宗不予,主怒,自凿定昆池,延袤数里,诗所谓'当年欲占春'者,以此耳。"按:透露出此诗乃《大安池》文的消息,公主乃中宗

女安乐也。亦备一说。太平公主,唐高宗李治第三女,武则天所生,是武后时期专权跋扈的风云人物。先嫁薛绍,绍死,再嫁武承嗣,三嫁武攸暨。协助玄宗李隆基诛韦后有功,权势益重,时宰相七人,五出其门。睿宗先天元年(712),因参与谋废立太子事失败,赐死。《新唐书·诸帝公主传》说她权倾天下,封万户侯。"田园遍近甸,皆上腴(最肥沃的土地)。吴、蜀、岭峤,市作器用,州县护送,道相望也。天下珍滋谲怪充于家,供帐声伎与天子等。侍儿曳纨縠者数百,奴伯妪监千人,陇右牧马至万匹。"方成珪《笺正》:"《长安志》十一:'终南山在京兆万年县南五十里。乐游庙(或作原)在县南八里。'据此则山庄之延袤可见矣。"钱仲联《集释》:"《新唐书·公主传》称主作观池乐游原,据徐松《唐两京城坊考》卷三云:'次南升平坊,东北隅汉乐游庙。'张穆校补云:'汉宣帝所立,因乐游苑为名,在高原上,余址尚存。长安中,太平公主于原上置亭游赏。(按:此本于《太平寰宇记》)'此乐游原在长安城内。元李好文《城南名胜古迹图》,在今小雁塔南列有乐游原,疑韩公所咏太平公主之庄,是在城南之乐游原。"

② 当年:或作"年当""年常",皆非。占春,强占春光,指公主建造花园争称己盛。史称其家珍宝如山,山庄占地数十里,于公主死后赐宁、申、岐、薛四王。

③ 方《举正》据阁、蜀本"压"作"押"。朱《考异》:"押,或作'压'。"廖本、王本从方作"押"。宋白文本、文本、祝本、魏本作"压"。

按:压、押二字通用。《左传》昭公四年:"梦天压己,弗胜。"《公羊传》文公十四年:"子以大国压之。"《晋书·东夷辰韩传》:"以石押其头使扁。"今从"压"。韩诗常用,此诗句"压城闉"之压字,即《和席八十二韵》"沟声通苑急,柳色压城匀",《和李二十八司勋过连昌宫》"夹道疏槐出老根,高甍巨桷压山原"之"压"字意同。台榭,盖指其中亭台楼阁等建筑。城闉(yīn),曲城上的城门楼,或谓城内重门,此以门代皇城,说公主山庄比皇城还高大。《说文·门部》:"闉,城内重门也。"

④ 欲知前面花多少:方《举正》据唐本作"少",云:"谢校。"朱《考异》:"少,或作'处'。"宋白文本、文本、祝本、魏本、廖本、王本均作"少"。魏本引《补注》:"'少'字,一本作'处'。"《笔墨闲录》云:令狐澄本作'多少'字,胜'处'字十倍也。"

⑤ 南山:钱仲联《集释》:"《新唐书》卷八三《诸公主传》载太平公主田园遍近甸,皆上腴,故此云'直到南山不属人'。沈佺期诗(《陪幸太平公主南庄诗》):'主第山门起灞川。'灞川出蓝田南山,可为太平公主山庄直到南山之证。"又:"不属人指当年言,感慨已在言外。"何焯《义门读书记》卷三〇:"末句透古字。"按:指终南山。此句以花多少寓占地多少。多少,偏义词,即多。问得有力,知多少,即不知多少,把太平山庄推广扩大。

晚春①
元和十一年

谁收春色将归去②?慢绿妖红半不存③。榆荚只能随柳絮④,等闲撩乱走空园⑤。

【校注】

① 题:屈《校注》:"残宋乙本题下注云:'以上三诗皆十年、十一年作。'今姑系于元和十年。"钱仲联《集释》系于八年。按:韩公《游城南十六首》有《晚春》一首云"杨花榆荚无才思"意近,当同写于元和十一年暮春。

② 谁收春色将归去:方《举正》作"归将去",云:"蜀本作'将归去'。"朱《考异》:"将归,方作'归将',非是。"祝本作"归将"。宋白文本、文本、魏本、廖本等诸本作"将归",是。按:春色将归去即春暮也。

③ 慢绿妖红：慢，朱《考异》："慢，或作'漫'。"宋白文本、文本、魏本、廖本、王本作"慢"。作"漫""慢"均通，然细味诗意作"慢"字善。按：慢者，渐渐也，晚春草树由发芽到嫩绿，再到翠绿，有一个渐变过程。而在西北方的秦中，大地漫天皆绿则到初夏。一"慢"字写出了草木变化的态势，好。

妖：祝本、魏本、廖本、王本作"妖"，注："妖，一作'夭'。"宋白文本、文本作"夭"。《全唐诗》卷二三九钱起《梨花》诗："桃花徒照地，终被笑妖红。"又卷四六八刘言史《七夕歌》："玉幌相逢夜将极，妖红惨黛生愁色。"夭一般作夭折、摧折解，而此当作艳丽、美好解，作"夭"与诗意不合。当作"妖"字，晋陆机《拟青青河畔草》诗云："粲粲妖容姿。"司马相如《上林赋》（《文选》卷八）："妖冶娴都。"作"妖"字是。

④ 榆荚：即榆钱。钱仲联《集释》："《尔雅》（《释木》）：'榆，白枌。'郭璞注：'枌榆先生叶，却著荚，皮白色。'"

⑤ 等闲撩乱走空园：蒋抱玄《评注》："等闲，犹言一般也。作不经意解者误。"按：下语写"撩乱"的"走空园"景象看，则等闲当作无端、随便解也。唐张谓《湖上对酒行》："眼前一尊又长满，心中万事如等闲。"白居易《重答刘和州》诗："随分笙歌聊自乐，等闲篇咏被人知。"此平常义。白居易《新昌新居》诗："等闲栽树木，随分占风烟。"皮日休《襄州春游》诗："等闲遇事成歌咏，取次冲筵隐姓名。"宋朱熹《春日》诗："等闲识得东风面，万紫千红总是春。"此作随便解。刘禹锡《竹枝词》："长恨人心不如水，等闲平地起波澜。"宋欧阳修《南歌子》词："等闲妨了绣功夫，笑问双鸳鸯字，怎生书。"此作无端解。

撩乱：纷乱、杂乱。唐韦应物《答重阳》："坐使惊霜鬓，撩乱已如蓬。"金董解元《西厢记诸宫调》："仔细把莺莺偷看，早教措大心撩乱。"

【汇评】

张鸿:有寄讽意。(钱仲联《韩昌黎诗系年集释》卷八)

大行皇太后挽歌词三首①
元和十一年

其一

一纪尊名正②,三时孝养荣③。高居朝圣主④,厚德载群生⑤。武帐虚中禁⑥,玄堂掩太平⑦。秋天笳鼓歇⑧,松柏遍山鸣⑨。

【校注】

① 题:方《举正》补"太"字,"歌"字下无"词三首"三字,云:"此宪宗母庄宪皇后也。后以元和十一年(816)八月葬。樊云:诸本脱'太'字,非。上三诗皆十年、十一年作。"朱《考异》从方。祝本无"太"字。宋白文本、文本、魏本、廖本、王本有"太"字,均作"皇太";且有"词三首"三字。今从钱仲联《集释》、屈《校注》作《大行皇太后挽歌词三首》。

魏本:"孙曰:韦昭云:'大行者,不反之辞。'天子、皇后崩,未有谥,故称大行。皇太后姓王氏,宪宗之母,顺宗之后。"文《详注》:"顺宗庄宪皇后王氏,琅琊人,顺宗在藩,为王孺人,是生宪宗,及即位,将立为后,会帝疾棘而止。宪宗内禅,尊为太上皇后,元年乃上尊号曰'皇太后',十一年三月崩,八月葬于丰陵。唐史有传。《补注》:凤飞剑化事,雷焕云:'灵异之物,终当化去。'华曰:'乃干将也。莫邪何不至?虽然天生神物,终当合尔。'及剑跃于水,焕子乃曰:先君化去之言,张公终合之语,必其验也。庄宪后,顺宗崩,公诗故云。而或者云：'近乎嚜。'非也。"方世举《笺注》："《风俗通》：'新崩未有谥号，故总其名曰大行也。'《汉书·霍光传》：'行玺大行前。'韦昭曰：'大行，不反之词也。'《新唐书·宪宗纪》：'十一年三月庚午，皇太后崩。八月庚申，葬于丰陵。'又《后妃纪》：'顺宗庄宪皇后王氏，琅琊人。祖难得，有功名于世。以良家选入宫为才人，生宪宗。顺宗即位，将立后，会病瘖而止。宪宗内禅，尊为太上皇后。元和元年，乃上尊号曰皇太后。后谨畏，深抑外家。训属内职，有古后妃风。十一年崩，年五十四。'"

按：韩愈一生经代、德、顺、宪、穆五朝，其最尊者宪宗；宪宗朝实现了他自振一代的理想。大行皇太后乃宪宗亲母，为韩公尊重，不会亵渎。王《补注》说是。钱仲联《集释》："《世说新语》刘峻注：'《谯子法训》云：有丧而歌者，或曰：彼为乐丧也，有不可乎？谯子曰：《书》云：四海遏密八音。何乐丧之有？曰：今丧有挽歌者，何以哉？谯子曰：周闻之，盖高帝召齐田横至于尸乡亭，自刎奉首，从者挽至于宫，不敢哭而不胜哀，故为歌以寄哀音。彼则一时之为也。邻有丧，春不相引，挽人衔枚，孰乐丧者邪？'按《庄子》曰：'绋讴所生，必于斥苦。'司马彪注曰：'绋，引柩索也。斥，疏缓也。苦，用力也。引绋所以有讴歌者，为人有用力不齐，故促急之也。'《春秋左氏传》(哀公十一年)曰：'鲁哀公会吴伐齐，其将公孙夏命歌《虞殡》。'杜预曰：'《虞殡》，送葬歌，示必死也。'《史记·绛侯世家》曰：'周勃以吹箫乐丧。'然则挽歌之来久矣，非始起于田横也。然谯氏引礼之文，颇有明据，非因陋者所能详。闻疑以传疑，以俟通博。"

② 一纪尊名正：文《详注》："一纪，十二年也。"魏本："樊曰：顺宗在东宫，册王氏为良娣。及即位，将立为后，会病瘖而止。宪宗永贞元年(805)八月受禅，立为太上皇后。元和元年(806)五月，尊为皇太后。十一年(816)三月崩。永贞元年，岁在丁酉，至是丙申，十二年矣，故云'一纪尊名正'也。"

③ 三时孝养荣：谓孝之至也。魏本："孙曰：《礼记》(《文王世子》)：'文王之为世子，朝于王季日三。'鸡初鸣、日中及暮，此谓三

时也。"按:或谓春、夏、秋三个务农季节。此指晨、午、晚,一日之三时也。文王一日三朝于至尊王季,故谓之至孝也,此颂宪宗之孝。

④ 高居朝圣主:魏本:"孙曰:'朝圣主,谓为圣主所朝也。'"蒋抱玄《评注》:"指宪宗。"此谓圣主宪宗,每日三朝拜其母皇太后。

⑤ 厚德载群生:文《详注》:"《易·坤卦》曰:'君子以厚德载物。'"魏本:"孙曰:《易》(《坤》):'坤厚载物。'群生,物也。"按:《易·坤》:"彖曰:'至哉坤元,万物资生,乃顺承天,坤厚载物,德合无疆,含弘光大,品物咸亨。'象曰:'地势坤,君子以厚德载物。'"后来谓有德能多受福,曰厚德载福。《国语·晋六》:"吾闻之,唯厚德者能受多福,无德而服者众,必自伤也。"只有厚德君子,才能给万物(众人)以福,故能承载众生也。故朱彝尊《批韩诗》曰:"按经据礼,举其大者为颂,最得体。"

⑥ 武帐虚中禁:朱《考异》:"虚,或作'空'。"宋白文本、文本、祝本、魏本、廖本、王本均作"虚"。作"空"、作"虚"均可。按韩公用语习尚,当作"虚"。

文《详注》:"谓天子十二卫,俱出送葬也。"廖本注:"《汉·霍光传》:'太后被珠襦盛服,坐武帐中。'"蒋抱玄《评注》:"中禁,即禁中。沈佺期诗(《全唐诗》卷九七《自考功员外授给事中》):'中禁动光辉。'"按:《全唐诗》卷一○五王景《奉和九月九日登慈恩寺浮图应制》:"玉辇移中禁,珠梯览四禅。"武帐,指大行皇太后制灵。因宪宗为皇太后送葬,禁中所有人等倾巢出动,以见其隆重。

⑦ 玄堂掩太平:魏本:"韩曰:齐谢朓《敬皇后哀册文》(《文选》卷五八)曰:'翠帟舒阜,玄堂启扉。'玄堂,山陵。"按:此句形容陵墓宏伟高大,掩盖广袤大地。太平,本谓东方极远之地。《尔雅·释地》:"东至日所出为太平。"此谓地域广大也。

⑧ 秋天笳鼓歇:魏本:"孙曰:'(元和)十一年(816)八月葬丰陵,谥庄宪。秋天,谓此八月也。'"按:此乃写安葬之后的情景。笳鼓歇,谓一切祭奠仪式结束。

⑨ 松柏遍山鸣:声乐既无,唯有风吹遍山松柏的声音了。故

蒋之翘《辑注》谓:"结凄冷。"

按:此诗既颂,颂宪宗至孝至敬;又讽,讽其送者奢侈耗费,结局如此凄凉。读者可于对比中求诗之含义。

其二

威仪备吉凶①,文物杂军容②。配地行新祭③,因山托故封④。凤飞终不返⑤,剑化会相从⑥。无复临长乐⑦,空闻报晓钟⑧。

【校注】

① 威仪备吉凶:蒋抱玄《评注》:"《礼记》《中庸》:'礼仪三百,威仪三千。'"沈钦韩《补注》:"《通典》:'元陵仪注,有吉凶二驾,有押吉凶卤簿官。'"

② 文物杂军容:蒋抱玄《评注》:"《左传》(桓公二年):'文物以纪之。'《礼记》:'军容不入国。'"按:文物,杨伯峻注:文,"承火、龙、黼、黻言"。物,"承五色比象"。又云:火、龙、黼、黻,"四者皆衣裳上之花纹"。五色比象,"指服章言"。军容,军队的仪容。《司马法·天子之义》:"古者国容不入军,军容不入国。"《新唐书·柳公绰传》:"牛僧孺罢政事,为武昌节度使,公绰具军容伏谒,左右谏止之,答曰:'奇章始去台宰,方镇重宰相,所以尊朝廷也。'"方世举《笺注》:"文物:《左传》(桓公二年):'文物以纪之,声明以发之。'军容:《司马法》:'古者,国容不入军,军容不入国。'"按:此指仪仗旗帜、军容服式的各种图形、花纹。

③ "配地"句:文《详注》:"谓郊祀地祇,以后配享也。"魏本:"孙曰:'汉光武中元元年,上文帝母薄太后曰高皇后,配食地。'"(载《后汉书·光武帝纪下》)方世举《笺注》:"《汉书·郊祀志》:'先祖配天,先妣配地。'"按:此指宪宗祭其母太皇太后王氏。

④因山托故封：文《详注》："(《汉书·文帝纪》)汉文帝治霸陵，因其山不起坟。"魏本引孙《全解》引《武帝纪》后又云："皇后合葬丰陵，故云故封。"方世举《笺注》："《汉书·文帝纪》：'霸陵山川因其故，无有所改。'应劭曰：'因山为藏，不复起坟。'"按：故封，古制封土为坟丘，先封而后合葬者，必开旧坟，故云故封。朱彝尊《批韩诗》："摘字工。"

⑤凤飞终不返：返，魏本作"反"。诸本作"返"。按：作返回解，返、反通用。《孟子·公孙丑下》："孟子自齐葬于鲁，反于齐，止于嬴。"引申为归还。《左传》僖公二十三年："公子受飱反璧。"返为后出字。然后世此意通作"返"，故韩公用"返"字。

文《详注》："凤飞谓秦穆公女也。见《谁氏子》诗。"魏本："孙曰：《列仙传》(卷上)：'萧史教秦穆公女弄玉吹箫作凤声，凤凰来止其屋，一旦皆随凤凰飞去。'"按：此指大行皇太后，乃以秦穆公女弄玉比。

⑥剑化会相从：文《详注》："剑化，为雷焕所掘也。见《赠三学士》诗。《诗话》：'王荆公云：此非君臣间所当言，近于黩也。'"魏本："樊曰：'庄宪后顺宗崩，公故云。谓近乎黩，非也。'"又："孙曰：晋雷焕为鄷城令，掘狱得双剑，送一与张华，自留其一。华曰：'此干将也，莫邪安在？天生神物，终当合耳。'华诛，失剑所在。焕死，其子华持剑经延平津，忽于腰间跃出堕水，化为两龙，各长数丈。华曰：'张公终合之论，此其验乎！'(载《晋书·张华传》)"顾嗣立《集注》同上。沈钦韩《补注》："《云笈七签·魏夫人传》：'凡住世八十三年，以晋成帝咸和九年，太乙元仙遣飙车来迎，夫人乃托剑化形而去。'旧注所云，致为浅陋。"郑珍《巢经巢文集》卷五："后与顺宗同葬丰陵，顺宗元和元年葬，先于后十一年，故诗云'因山托故封'。'凤飞终不返'句，即承'故封'，接下'剑化会相从'句，言今日祔葬之得礼。王介甫不了诗意，讥剑化句为黩，失旨已甚。"朱彝尊《批韩诗》："圆和有态，正是诗人风韵。"按：故封谓合祔，凤飞谓仙逝，韩诗二典合用甚得体。

⑦ 长乐：魏本：“孙曰：《叔孙通传》：'惠帝东朝长乐宫。'长乐，汉时皇太后所居宫名。”方世举《笺注》：“《汉书·叔孙通传》：'惠帝为东朝长乐宫。'师古曰：'朝太后于长乐宫。'”文《详注》：“前汉成帝母太皇太后王氏，王莽姑也。哀帝即位，王后自居长乐宫。”

⑧ 报晓钟：方《举正》据阁本作"报晓钟"，云："以'临长乐'言之，'报晓'为是。"朱《考异》："报晓，或作'晓暮'。"南宋监本原文作"晓暮"。宋白文本、文本、祝本、魏本作"晓暮"。廖本、王本作"报晓"，从之。按：意在说只能听到钟声，别的声息皆无，谓之空也。顾嗣立《集注》引吴兆宜曰："《三辅黄图》：'钟室在长乐中。'"此结联亦与上首结联对，添一倍凄凉也。按：此义作"晓暮"合诗意。两存之，俟有知者。

其三

追攀万国来①，警卫百神陪②。画翣登秋殿③，容衣入夜台④。云随仙驭远⑤，风助圣情哀⑥。只有朝陵日，妆奁一暂开⑦。

【校注】

① 方世举《笺注》："何承天乐府(《乐府诗集》卷一九《鼓吹曲辞四·上陵者篇》)：'上陵者，相追攀。'"按：此指万国使者亦来送葬。王维《和贾舍人早朝大明宫之作》："九天阊阖开宫殿，万国衣冠拜冕旒。"

② 警卫百神陪：廖本作"倍"。宋白文本、文本、祝本、魏本、王本作"陪"。按诗意与格律，当作"陪"。

文《详注》："《宋袁皇后哀策文》(《文选》卷五八)曰：'八神警引。'(刘良)注云：'八方神也，执警策而引哀车。'《甘泉赋》(《文选》卷七扬雄撰)云：'八神奔而警跸兮，振隐(殷)辚而军装。'"按：陪

(péi 薄回切,平,灰韵),陪同。《文选》卷二四晋陆机《赠冯文熊迁斥丘令》诗:"居陪华幄,出从朱轮。"上句曰"追",下句曰"陪",意正合。

③ 画翣登秋殿:魏本:"韩曰:《世本》云:'周制,以王后夫人车服辇车有翣。'即集雉羽为扇,以障风尘也。孙曰:《礼·丧服·大记》:'黼翣二,黻翣二,画翣二。'注云:'汉制:以木为筐,广三尺,高二尺四(寸),方,两角,高衣以布。画者,画云气,其余各如其象;柄长五尺。车行使人持之而从,既窆,树于圹中。'"文《详注》:"《周礼》:'大丧葬,巾车执盖,从车持旌,御仆持翣。天子八翣,皆戴璧垂羽。诸侯六翣,皆戴圭。大夫四翣,士二翣,皆戴绥。'郑云:'翣,所以御风尘。'《三礼图》曰:翣,以竹为之,高二尺四寸,广三尺,衣以白布,柄长五尺。葬时令人执之于柩车傍也。"按:翣(shà 所甲切,入,狎韵),棺饰。形似扇,在路以障车,入椁以障柩。《礼记·檀弓上》:"饰棺墙,置翣。"唐王维《故西河郡杜太守挽歌》之二:"卷衣悲画翟,持翣待鸣鸡。"

④ 容衣入夜台:文《详注》:"陆士衡诗(《文选》卷二八《挽歌》三首之一)曰:'送子长夜台。'注云:'谓亡者坟墓,一闭无复见明。'"魏本引韩《全解》同。魏本:"孙曰:容衣,葬服。《丧·大记》:'饰棺、君龙帷、三池、振容。'注云:'青质五色画之于绞缯而垂之,以为振容。'容衣,盖谓此也。"沈钦韩《补注》:"《续汉·礼仪志》:'容根车游载容衣。'案:《说文》(衣部):'褮,鬼衣也。'荣乃褮之借,鬼为魂之误。《周礼·司服》注:'今坐上魂衣。'与容衣同。"按:容衣,魂衣。夜台,坟墓。阮瑀《七哀诗》(《先秦汉魏晋南北朝诗·魏诗》卷三):"冥冥九泉室,漫漫长夜台。"

⑤ 仙驭:灵车。蒋抱玄《评注》:"唐太宗诗(《全唐诗》卷一《赋秋日悬清光赐房玄龄》):'仙驭随轮转。'"

⑥ 风助圣情哀:方《举正》据阁本作"风动"。朱《考异》:"助,方作'动',非是。"南宋监本原文作"助"。宋白文本、文本、祝本、魏本、廖本、王本均作"风助",从之。

按:此指宪宗。童《校诠》:"第德案:朱说是,史记外戚世家:左右皆伏地泣,助皇后悲哀。为公助字所本。"

⑦ 朝陵日:指祭日。文《详注》:"奁,镜敛也,音离盐切。"魏本:"孙曰:'汉明帝谒原陵,见太后镜奁中物,感动悲涕,令易脂泽装具,左右皆泣(载《后汉书·阴皇后纪》)。奁与匲同,音廉。'"方世举《笺注》:"《后汉书·阴皇后纪》:'明帝谒原陵,从席前伏御床,视太后镜奁中物,感动悲涕,令易脂泽装具。左右皆泣,莫能仰视焉。'注:'奁,镜匣也。'"

【汇评】

清朱彝尊:典雅有风致。(顾嗣立《昌黎先生诗集注》卷一○)

广宣上人频见过①

元和九年

元和六年夏,韩公迁朝官职方员外郎;七年二月,下迁为国子博士;八年三月,迁比部郎中史馆修撰;九年十月,转考功郎中,史馆修撰如故;十二月,以考功知制诰。可谓朝士已久,虽惭于朝政无补,心里是自豪的。无补者,说己喻人,指无所事事的浮屠于世无补,正与一年到头常来叨扰的广宣作比。"扰扰"叠用已作了强调,一年三百六十日旬旬长来,真够麻烦人的。"长"不作"常",亦有意趣。在扰扰心烦中,又见广宣来扰,才于心烦中字斟句酌地想出这句突兀而起的破题诗句。题着一"频"字,乃诗之眼。二句看似与上无涉,实是要么冒着风雨,要么踏着尘埃,即风雨无阻地长来扰扰。三、四句对,似无对数,仍是强调广宣来扰之频。五、六句意转,说广宣穷年学道无成,吟诗竟日不回,惜无好诗。此中含一潜台词:于人无补,只会扰人。结联落在广宣住处的冷清孤凄上。言外之意:广宣长扰别人,别人却很少到他的古寺红楼。对整日无所事事,到处乱跑的浮屠数落到家了。元方回《瀛奎律髓》卷四七云:"昌黎大手笔也,此诗中四句,却只如此枯槁平易。不用事,不状景,不泥物,是可以非诗訾之乎?此体惟后山有之,惟赵昌父有之,学者不可不知也。"约写于元和九年秋。

三百六旬长扰扰②,不冲风雨即尘埃。久惭朝士无裨补③,空愧高僧数往来④。学道穷年何所得?吟诗竟日未能回。天寒古寺游人少,红叶窗前有几堆⑤?

【校注】

① 题:魏本《集注》:"广宣,蜀僧,有诗名。元和中住长安安国寺,白乐天所云'广宣上人,诏许居安国寺红楼院,以诗供奉'是也。宣有诗号《红楼集》。《唐·艺文志》又有宣与令狐楚《唱和》一卷。《刘梦得集》中亦有《因呈广宣上人》二诗。其在中都,与公数往来,无足怪也。"方世举《笺注》云:"□云:'广宣,蜀僧。元和中住长安安国寺,寺有红楼。宣有诗名,号《红楼集》。'按:《国史补》(卷中):'韦相贯之为尚书右丞入内,僧广宣赞门曰:窃闻阁下不久拜相。贯之叱曰:安得此不轨之言。命纸草奏,僧恐惧走出。'则广宣乃奔走于公卿之门者,题曰'频见过',甚厌之也。此诗未能定其年月,但贯之为尚书右丞入相事在九年,而公在朝已久。是年十月,以考功郎中掌制诰。广宣以诗为名,意实在于趋炎,则奔走长安街,时时见过,或即在此时也。"则系于九年,是。文《详注》:"《补注》:广宣此时尝住长安安国寺,寺有红楼,因号《红楼集》。亦与令狐楚、刘梦得、韦令公唱和。元和十一年秋作。"《韩学研究·韩愈年谱汇证》:"以《国史补》所记与《旧唐书·宪宗纪下》:'元和九年十二月戊辰,制以中大夫、守尚书右丞、上骑都尉、赐紫金鱼袋韦贯之本官同中书门下平章事。'此诗写于贯之入相前不久,尚任尚书右丞。又诗里有'天寒古寺游人少,红叶窗前有几堆',知诗写于元和九年深秋。"

② 三百六旬：方《举正》作"三百六旬"，云："《文苑》作'三十六旬'。"朱《考异》："百，或作'十'。"按：作"十"误。魏本："韩曰：《书》(《尧典》)：三百有六旬有六日，以闰月定四时成岁。"郑注："匝四时曰期，一岁十二月，月三十日，正三百六十日，除小月六，为六日，是为一岁有余十二日；未盈三岁足得一月，则置闰焉，以定四时之气节，成一岁之历象。"则韩公语出此。

③ 久惭朝士无裨补：朱《考异》："惭，方作'为'。"方《举正》无出此条，当是方校刊韩集。宋白文本、文本、祝本、魏本作"为"。廖本、王本作"惭"。按：作"惭"字语善。无裨补是因，惭是果。

④ 数往来：文《详注》："应休琏《与苗君胄书》(《文选》四二)曰：'刘、杜二生，想数往来。'"按：言来往频繁，含不耐烦义。魏本音注："数，音朔。"王元启《记疑》曰："此诗首四句自惭无补。"

⑤ "天寒"二句：结二句以古寺寥落，讥广宣所在凄凉。若此正可闭门学道也。王元启《记疑》："后四句即用自惭意规讽广宣。……结语所云，正见其可以闭门学道也。"

【汇评】

元方回：《广宣上人频见过》：老杜诗无人敢议。"穿花蛱蝶深深见，点水蜻蜓款款飞"，程夫子以为不然。自齐、梁、陈、隋以来，专于风花雪月、草木禽鱼，组织绘画，无一句雅淡，至唐犹未尽革。而晚唐诗料于琴棋僧鹤茶酒竹石等物，无一篇不犯。昌黎大手笔也，此诗中四句，却只如此枯槁平易。不用事，不状景，不泥物，是可以非诗訾之乎？此体惟后山有之，惟赵昌父有之，学者不可不知也。观题意，似恶此僧往来太频，即红楼院应制诗僧也。(《瀛奎律髓》卷四七释梵类)

清宋长白：《红楼》：红楼院在长乐坊安国寺，本睿宗藩邸之舞榭，开元八年始改为寺。长庆初，释广宣奉诏居此，故以红楼名其集。(《柳亭诗话》卷六)

清何焯：《广宣上人频见过》，穷年扰扰，竟未立功立事；稍偷闲暇,又费之一谈一咏,能不增叶落长年之悲乎?此诗即公所谓"聪明日减于前时,道德有负于初心"者。结句妙,借广宣点出,更不说尽。宣既为僧,亦有本分当行之事,奈何持末艺与朝士征逐,不惧春秋迅速耶!言外亦以警觉之也。(《义门读书记》卷三〇)

清王元启:此诗首四句自惭无补,后四句即用自惭意规讽广宣。宣既为僧,即有僧所当为之事,岂得逐逐朝士之门,但以吟诗遣日。结语所云,正见其可以闭门学道也。题中特著一"频"字,盖厌之也。(《读韩记疑》卷三)

清纪昀:《广宣上人频过》:昌黎不尽如是也,大手笔亦不尽如是也。此种议论,似高而谬。循此以往,上者以枯淡空疏,下者方言俚语,插科打诨,无不入诗。才高者轶为野调,才弱者流为空腔。万弊丛生,皆"江西派"为之作俑。学者不可不辨之。末二句是讥其终日不归,此评甚确。(《瀛奎律髓刊误》卷四七释梵类)

章士钊:夫韩之于佛也,自始直截厌儒而易其趋,此观《广宣上人频见过》诗:"久惭朝士无裨补,空愧高僧数往来。学道穷年何所事(得)?吟诗竟日莫能回。"治儒自忏,侃侃而谈,可以概见,于是此新兴息壤,非从入中国六百年之佛法而末由得也。(《柳文指要》下《通要之部》卷四)

闲游二首①

元和十二年

从独坐未厌,孤斟不醒和"子云只自守,奚事九衢尘"的三问表现出的心态看,当是下迁太子右庶子的闲官时,作于元和十二年春夏。韩愈因支持平淮西,遭主和权臣打击,自去年五月十八日降为右庶子,至今年七月二十九日兼御史中丞,充彰义军行军司马,只此春夏为然。诗突出因闲官而产生远尘嚣的孤独幽情,也是他对九衢尘的否定。方回云:"此二诗一唱三叹,有余味。以工论之,只前诗第一句已极佳。后诗第六句着题,诗亦体贴不尽。"查慎行云:"老树有藤笼之,则老而能新。污池有萍盖之,则污而能净。下字有血脉。"

其一

雨后来更好,绕池遍青青②。柳花闲度竹,菱叶故穿萍③。独坐殊未厌,孤斟讵能醒④?持竿至日暮,幽咏欲谁听⑤?

【校注】

① 题:魏本:"樊曰:'公时自中书舍人降右庶子。'"文《详注》:"《补注》:汉丁(傅)、董(贤)用事,人多附之,而子云方草《太玄》,元有以自守(见《汉书·扬雄传》)。公时自中舍降右庶子,故云元和十二年春作也。"方世举《笺注》:"按:二诗,一云'雨后来更好',一云'再到遂经旬',盖尚有前游,而其时不可考矣。按'子云只自守'语,似是为右庶子时。以下皆元和十二年作。"郑珍《巢经巢文集》卷五《跋韩诗》:"二首殆前后两游之作,编者类之。柳花句是春暮景,次首竹长遮邻,谓笋放梢,则是夏初景。且同时作两律,亦决无止向萍竹写状之理。可见春晚初钓此池作一诗,经句再游,作后一诗也。《长庆集》十一卷有《陪韩侍郎游郑家池吟诗小饮》五言一篇,公必有作,今不传。此《闲游二诗》及《独钓》四首,皆是孤游,其地未知即郑家池否?"

② 绕池遍青青:朱彝尊《批韩诗》:"突然起,奇。青青定是草,不点出,更妙。"按:春雨和润,大地复苏,而池边草已泛青,真好春光也,雨洗草树新,故云"雨后来更好"。

③ 菱叶故穿萍:故,方《举正》订,云:"杭、蜀同。李、谢校。少陵诗有'潜龙故起云'(《戏寄崔评事表侄苏五表弟韦大少府诸侄》)、'江上燕子故来频'(《绝句漫兴九首》),义沿此。"朱《考异》:

故,或作'乱'。方云:少陵诗'潜龙故起云''江上燕子故来频',皆用此字。"南宋监本原文作"乱"。魏本作"乱",注:"菱字,一作'荾'。乱字,一作'故'。"祝本亦作"乱",非是。纪昀《瀛奎律髓刊误》:"'故'字恰对'闲'字。'乱'字无味。"冯班云:"次联句佳。"朱彝尊《批韩诗》:"柳度竹,菱穿萍,新。"

④ "独坐"二句:厌,厌烦。讵,副词,表示反问,即难道、哪里。李白《行路难》:"华亭鹤唳讵可闻。"

⑤ "持竿"二句:持竿垂钓,整日幽独。欲谁听,即谁欲听。言外之意无人听也。公《与孟东野书》:"吾言之而听者谁欤?吾唱之而和者谁欤?言无听也,唱无和也,独行而无徒也,是非无所与同也,足下知吾心乐否也!"

【汇评】

清朱彝尊:风致最胜。(顾嗣立《昌黎先生诗集注》卷一〇)

清黄叔灿:幽情幽意,自遣自酌,但觉其趣,不见其苦。(《唐诗笺注》卷三)

其二

兹游苦不数①,再到遂经旬②。萍盖污池净,藤笼老树新③。林乌鸣讶客④,岸竹长遮邻⑤。子云只自守⑥,奚事九衢尘⑦?

【校注】

① 不数:谓没有多少次也。从字面上看,似在怨来游不数少;细想在纸背后蕴含着韩公被迁闲官的怨气与烦闷。

② 再到遂经旬:朱《考异》:"到,或作'至'。经,或作'兼'。"宋白文本、文本、祝本、魏本、廖本、王本作"到",作"经"。魏本注:

"到,一作'至'。经,一作'兼'。"今从诸本作"到",作"经"。

按:重游已相隔十来天了。遂,表时间递进。经句,过去一句,一句十日。

③"萍盖"二句:纪昀《瀛奎律髓刊误》:"'污''净''老''树'四字刻意反对,转纤。"查慎行《瀛奎律髓汇评》引云:"老树有藤笼之,则老而能新。污池有萍盖之,则污而能净。下字有血脉。"

④林乌鸣讶客:方《举正》据阁、蜀本作"乌"。宋白文本、廖本、王本作"乌"。朱《考异》:"乌,或作'鸎'。"南宋监本原文作"鹥"。文本、祝本、魏本作"鹥"。鹥、鸎音义同。童《校诠》:"说文:莺,鸟也,诗曰:有莺其羽。鹥为莺之后出字,盖莺为鸟之有文章者,诗以莺状鸟羽之文,为引申义。广韵十三耕:莺,鸟羽文也;鹥,黄鹥,则分为二字二义。"作"乌"是。讶,惊讶。《乐府诗集》二八梁简文帝《采桑》:"寄语采桑伴,讶今春日短。"

⑤岸竹长遮邻:方世举《笺注》:"杜甫《重游何将军山林》诗云'犬迎曾宿客,鸦护落巢儿',言相熟也。此云'林乌鸣讶客,岸竹长遮邻',言游之不数也。各有意致。"按:韩公此二句当从李杜诗化出。故校作"乌",不作"鹥"。朱彝尊《批韩诗》:"中四句俱是再到意,语亦工。"

⑥子云只自守:魏本:"樊曰:《扬子云传》(《汉书》):'安(当作哀)帝时,丁、傅、董贤用事,诸附丽(或作离)之者皆为三公(按:《汉书》无此四字),或起家至二千石。[时]雄方草《太玄》,有以自守,泊如也。'"按:韩愈以子云喻之,谓清闲自守也。

⑦九衢尘:喻指长安官场。魏本:"韩曰:《三辅旧事》:'长安城中,八街九陌。'"衢,四通八达的街道。柳宗元《国子司业阳城遗爱碣》:"填街盈衢。"钱仲联《集释》:"《楚辞·天问》:'靡萍九衢。'王逸《章句》:'九交道曰衢。'"纪昀《瀛奎律髓刊误》:"结亦直遂。"

【汇评】

元方回:此二诗一唱三叹,有余味。以工论之,只前诗第一句

已极佳。后诗第六句着题,诗亦体贴不尽。(《瀛奎律髓》卷二三闲适类)

清纪昀:二诗体近"江西",故虚谷取之,实无佳处。(《瀛奎律髓刊误》卷二三闲适类)

清黄叔灿:通首言其地远绝嚣,来必经句。中四句形其地之幽僻,于此如子云之自守足矣,奚必再到九衢之陌乎?(《唐诗笺注》卷三)

酬马侍郎寄酒①

元和十一年

一壶情所寄②,四句意能多③。秋到无诗酒,其如月色何④!

【校注】

① 题:方《举正》:"马总,时为刑部。"魏本:"孙曰:'马侍郎,名总,字会元,扶风人。'樊曰:'以子厚《曹溪大鉴碑》考之,总以元和八年廉问岭南,十年冬尚留镇。其召入为刑部侍郎,则十一年也。明年兼御史大夫,副裴度宣慰淮西。'"文《详注》引王《补注》与樊同。沈钦韩《补注》:"《白氏集·久不见韩侍郎戏题四韵[以寄之]》云:'户大嫌甜酒,才高笑小诗。'则公之豪于饮可知矣。"

② 一壶情所寄:首句隐一"酒"字,妙。所寄一壶不说酒,而说情,更妙。

③ 四句意能多:"四句"二字下隐一"诗"字。意能多,乃无疑而问;看似说不能多,实则意多多。四句二十字,以诗看不能再少了,却含不尽意,如所寄酒然。诚以少总多也。

④ "秋到"二句:此二句含时到仲秋而月圆,内含盼聚首也。让人体会到千里共明月,对酒敲诗韵之意。李白有《月下独酌》。

苏轼《水调歌头·明月几时有》:"但愿人长久,千里共婵娟。"均可参味。细味可见真情。

【汇评】

蒋抱玄:淡而雅。(《注释评点韩昌黎诗全集》)

和侯协律咏笋①

元和十一年

竹亭人不到,新笋满前轩。乍出真堪赏,初多未觉烦②。成行齐婢仆,环立比儿孙③。验长常携尺,愁干屡侧盆。对吟忘膳饮,偶坐变朝昏。滞雨膏腴湿④,骄阳气候温。得时方张王⑤,挟势欲腾骞⑥。见角牛羊没,看皮虎豹存⑦。攒生犹有隙,散布忽无垠⑧。讵可持筹算⑨?谁能以理言⑩?纵横公占地⑪,罗列暗连根⑫。狂剧时穿壁⑬,群强几触藩⑭。深潜如避逐⑮,远去若追奔。始讶妨人路⑯,还惊入药园⑰,萌牙防浸大⑱,覆载莫偏恩⑲。已复侵危砌⑳,非徒出短垣。身宁虞瓦砾㉑,计拟掩兰荪㉒。且叹高无数,庸知上几番㉓?短长终不校㉔,先后竟谁论?外恨苞藏密㉕,中仍节目繁㉖。暂须回步履,要取助盘飧㉗。穰穰疑翻地㉘,森森竞塞门。戈矛头戢戢㉙,蛇虺首掀掀㉚。妇懦咨料拣㉛,儿痴谒尽髡㉜。侯生来慰我㉝,诗句读惊魂㉞。属和才将竭㉟,呻吟至日暾㊱。

【校注】

①题：文《详注》："《尔雅》曰：'笋，竹萌也。'《补注》：'侯协律，侯喜也。元和十二年春所作。'"方《举正》："侯喜也。四诗次前诗，盖十二年作。"魏本："樊曰：侯协律，喜也。或云公意专以讥时相，自'得时方张王'至'蛇虺首掀掀'，大抵言其挟势植党，苞藏奸慝之状。如此岂李逢吉之谓耶？是时裴度欲讨蔡，逢吉引其党令狐楚、萧俛等沮之。公亦坐忤宰相意，自中书舍人降右庶子。"王元启《记疑》："此诗编次《马侍郎寄酒》之后，盖皆元和十一年作，时公以论事失宰相意，正遭谤语。自'得时方张王'以下，疑刺八关十六子之徒，为公广播流言者。"方世举《笺注》："原注：'侯喜。'案：此与李绅争台参罢官时作。贞元十八年，权德舆知贡举，公荐士于陆祠部，称李绅文行出群，则绅早年本受知于公，故曰'乍出真堪赏'也。'得时方张王'以下，谓其初为御史中丞，已咄咄逼人也。'纵横公占地'，谓其肆行；'罗列暗连根'，谓其树党也。'身宁虞瓦砾'，谓堕逢吉之术而不知；'计拟掩兰荪'，谓遂欲驾乎公之上也。'短长终不较，先后竟谁论'，谓朝廷不论曲直而两罢之也。玩'侯生来慰我'句，可知是慰失官，不然咏笋无所谓慰。"钱仲联《集释》："樊、王说与方说皆通。"按：兹姑从樊、王，系于十一年。诗当作于韩公由中书舍人降太子右庶子时。韩降官在元和十一年五月十八日，按诗云"侯生来慰我"句分析，当作于他降官后不久，不可能到十二年才来慰也。或云为与李绅争台参而写，争台参在穆宗长庆三年六月六日至十月十二日间。被李逢吉罢为兵部侍郎在十月十二日至二十日。二十日则升迁为吏部侍郎。被罢之时日仅八天，甚短，侯喜怎能来慰？况是冬侯喜为主簿已卒，韩公有《祭侯主簿文》。再者，自长庆元年侯喜为国子主簿后，韩公诗文均称喜为主簿，无称协律者。长庆三年说大误。黄河流域，竹生笋在春夏之交，元和十一年尚有可能，然已非观笋节令，况冬季乎？疑此诗借物讽时喻事明矣。韩愈本传云"会有人诋愈在江陵时"云云。按：公在江陵，越今十载有余，何以向日寂然，今忽作诋谤？此必李逢吉恶公论淮西

事异己,遣其党八关十六子之徒,广播流言,以摇上听,得因是挤诸散地耳。窃疑《和侯协律咏笋》诗,即是年春作,盖其时谤语早已嚣暴矣。自"得势方张王"以下,疑刺八关十六子之徒,为公广播流言者。以"新笋满前轩",或谓十二年春夏作。此诗"和侯协律咏笋",非韩公"咏笋"的"咏物"诗,故不必以此定季节。窃疑侯喜"咏笋"诗写于春夏,竹生笋时,韩得而和之当在此后也。

② 初多未觉烦:方《举正》作"烦",云:"阁本作'繁',然公律诗不重用韵。"宋白文本、文本、祝本、魏本、廖本、王本作"烦"。按诗意当作多解,作多解,烦、繁二字通用。《商君书·农战》:"烦言饰辞,而无实用。"《诗·小雅·正月》:"正月繁霜,我心忧伤。"若按意则二字均可,如方《举正》云,韩公律诗避"中乃节目繁"的"繁"字重韵,故用"烦"。此句言竹笋之多,正应"新笋满前轩"句。

③ "成行"二句:方世举《笺注》:"成行:《古乐府·艳歌何尝行》:'十十五五,罗列成行。'比儿孙:杜甫诗:'诸峰罗列似儿孙。'"按:成行(háng 胡郎切,音航,平,唐韵),成行列。环立、环列、罗列、摆列。《左传》文公元年:"穆王立,以其为太子之室与潘崇,使为太师,且掌环列之尹。"杜预注:"环列之尹,宫卫之官,列兵而环王宫。"比儿孙,竹笋高低竞长,像儿孙一样排列在那里。

④ 滞雨膏腴湿:《文选》卷四左太冲(思)《蜀都赋》:"内函要害于膏腴。"李善注:"膏腴,土地肥沃也。"

⑤ 得时方张王:方《举正》:"张王,《庄子》(《山木》)所谓'王长其间'是也,并去声读。公与刘梦得《蒲萄》诗皆用'张王'字。"魏本:"祝曰:张王,兴盛貌。《左氏》:'隋张必弃小国,太元经用事者王。'"魏本音注:"张音帐,王音旺。"文《详注》:"张王,并去声读。《庄子·山木篇》:'揽蔓其枝,而王长其间。'《补注》:或云自此句至'蛇虺首掀掀',以讥时相李逢吉,盖是时裴度欲讨蔡,逢吉引其党令狐楚、萧俛等沮之。公坐误[忤]宰相意,自中书舍[人]降右庶子。"按:张(zhàng)王(wàng),张,通长,即长物,多余也。王,通旺,盛也。张王,盛壮貌。《辞源》引韩诗为例,并旧注。刘禹锡《葡

萄歌》:"移来碧墀下,张王日日高。"

⑥ 挟势欲腾骞:魏本作"鶱",注:"鶱,一作'骞'。"宋白文本、文本、祝本、魏本作"鶱",廖本、王本均作"骞"。方世举《笺注》:"《容斋五笔》(卷七《骞、鶱二字义训》):骞、鶱二字,音义训释不同,以字书正之。骞,去乾切,注云:'马腹絷,又亏也。'今列于《礼部韵略》下平声二仙中。鶱,虚言切,注云:'飞貌。'今列于上平声二十二元中。文人相承,以骞腾之骞为轩昂掀举之义,非也。其字之下从马,马岂能掀举哉?……其下从鸟,则于掀飞之训为得。……东坡、山谷亦皆押鶱字入元韵。……唯韩公《和侯协律咏笋》诗'得时方张王,挟势欲腾鶱',乃为得之。此固小学琐琐,尤可以见公之不苟于下笔也。'"按:洪迈《容斋五笔》说是。鶱(xiān 虚言切,平,元韵),鸟飞,飞举貌。《艺文类聚》卷九〇南朝梁沈约《天渊水鸟应诏赋》:"将鶱复敛翮,回首望惊雌。"《辞源》引韩诗为例,鶱作"骞"。作飞举解,鶱为本字。骞(qiān 去乾切,平,仙韵),作飞解通"鶱"。杜甫《寄岳州贾司马六丈巴州严八使君两阁老五十韵》:"如公尽雄俊,志在必腾骞。"又骞举貌,唐张彦远《法书要录》卷八《妙品》:"(梁萧子云)创造小篆、飞白,意趣飘然,点画之际,若有骞举。"飞升,杜甫《赠崔十三评事公辅》:"骞腾坐可致,九万起于斯。"骞作飞举义,例多用于唐宋之后,亦如洪迈所说。

⑦ "见角"二句:黄钺《增注证讹》:"'见角'十字,虽徐、黄设色,不过如是。"韩公真能赋物形肖也。"看皮"与"见角"二句佳对。

⑧ "攒生"二句:魏本音注:"攒,音欑。"屈《校注》:"攒,聚也。"攒可作聚解,读欑(cuán 在玩切)。细味之,当读钻(zuān 祖官切),当钻孔解,即从地隙中钻出来解。《礼记·内则》:"柤梨曰攒之。"《释文》:"本又作钻。"此二句谓竹荪从地缝里钻出来,散布开后,忽然又不见边迹。

⑨ 讵可持筹算:文《详注》:"枚乘《七发》(《文选》卷三四)曰:'孟子持筹而算之。'"以筹板计算数目。

⑩ 谁能以理言:祝本、魏本注:"以,一作'无'者非。"说明竹笋

漫生,不讲规律,故不能以常人之理衡量它。

⑪ 公:共同的。《韩非子·孤愤》:"此人主之所公患也。"此谓竹笋纵横交错,共同在地上乱生乱长。

⑫ 罗列:同上文"环立"。虽然在地上罗列而立,地下的根却暗暗地连着。比喻其盘根错节。

⑬ 狂剧:狂放剧烈。写出了笋的生长力之强,可以穿透墙壁门户。讽刺此种势力上干天庭。

⑭ 群强几触藩:文《详注》:"藩,篱也。《易·卦》(《大壮》卦三四):'(九三,小人用壮,君子用罔,贞厉)羝羊触藩。'"魏本引孙《全解》同。汪琬《批韩诗》:"《淮南子》:'以党群,以群强。'"狂剧、群强对。

⑮ 避逐:方《举正》据阁本作"避世。"朱《考异》:"逐,方作'世。'"宋白文本、文本、祝本、魏本、廖本、王本作"避逐",从之。

按:避逐与避世义不同,通观全诗无避世义,作避逐既合笋之生存状态,亦合韩公处境。

⑯ 始讶妨人路:方世举《笺注》:"《列女传》:'樊姬曰:虞丘相楚十余年,蔽君而妨贤路。'"

⑰ 还惊入药园:方世举《笺注》:"药园,芍药圃也。"按:上句"讶",此句"惊"均表语气。是说刚长时出在路上,渐又侵入药园。

⑱ 萌牙防浸大:方《举正》据蜀本作"牙"。朱《考异》:"牙,或作'芽'。"宋白文本、廖本、王本作"牙"。文本、祝本、魏本作"芽"。

按:牙通芽,发芽,植物之萌也。沈括《梦溪笔谈》卷二六:"一亩之稼,则粪溉者先牙。"即先发芽。《说文·草部》:"芽,萌芽也。"白居易《种桃歌》:"食桃种其核,一年核生芽。"比喻事物的起始,《初学记》卷七晋江统《函谷关赋》:"遏奸宄于未芽,殿邪伪于萌渐。"则"芽"为后出常用字。韩公好古,疑自用"牙"字。浸(jìn),读去声者作渗透解。《汉书·谷永传》上对:"无用比周之虚誉,毋听浸润之谮愬。"注:"浸润,积渐之深也。"读阴平作逐渐解。《汉书·礼乐志》:"恩爱浸薄。"按诗义作逐渐解是,而音则去声,否则不合平仄。蒋抱玄《评注》:"浸,渐也。"

⑲ 覆载莫偏恩:蒋抱玄《评注》:"《礼记》(《中庸》):'譬如天地之无不持载,无不覆帱。'"谓天地无私宠。

⑳ 危砌:高砌。即笋钻上高台阶也。危,高。《庄子·盗跖》:"使子路去其危冠,解其长剑。"李白《蜀道难》:"危乎高哉! 蜀道之难,难于上青天。"说明笋长得快,长得高。

㉑ 身宁虞瓦砾:宁,安定,安宁。《诗·小雅·常棣》:"丧乱既平,既安且宁。"虞,忧患,惧怕。杜甫《北征》诗:"维时遭艰虞。"谓笋难能在瓦砾中生长,故遇瓦砾惧怕而停止不前。

㉒ 掩兰荪:掩,或作"揜",宋白文本、文本、魏本作"掩"。二字通用。然揜本字,古多用"揜",掩字后出,后通用掩。
文《详注》:"《[梦溪]笔谈》(卷三《辨证》)曰:'香草之类,大率多异名,所谓兰荪者,荪,即今之菖蒲。'"顾嗣立《集注》:"《文选》(卷三〇《和谢宣城》)沈休文诗:'今守馥兰荪。'王逸《楚辞》(《九歌·湘君》'荪桡兮兰旌'句)注:'荪,香草名也。'"

㉓ 庸知上几番:沈钦韩《补注》:"《杜集》(《三绝句》):'会须上番看成竹。'"方成珪《笺正》:"《广韵》:'番,孚万切,音贩。'上番,谓逐节而长也。此作平声用,义同。"王应奎《柳南随笔》曰:"古人诗中用'番'字,往往平仄互见。"童《校诠》:"猗觉寮杂记:杜诗:会须上番看成竹,元日诗:飞舞先春雪,因依上番梅,俱用上番字,则上番不独谓竹也。韩退之笋诗:且叹高无数,庸知上几番,又作平声押。第德案:上番为唐人方言,元日诗当作元微之诗。"按:庸知,岂知。番(fān 孚袁切,平,元韵),量词,次。《世说新语·文学》:"于是[王]弼自为客主数番,皆一坐所不及。"此句谓:那里知道笋长了多少节呢?

㉔ 不校:蒋抱玄《评注》:"《论语》(《泰伯》):'犯而不校。'校与较同。"校(jiào),同较。比较,计较。《通鉴》卷一〇四:"校其强弱之势。"《老子》:"长短相较,高下相倾。"

㉕ 苞藏密:魏本:"孙曰:'包藏,箨也。'"方世举《笺注》:"苞

藏:《宋书·颜竣传》:'庾徽之奏曰:怀挟奸数,苞藏隐匿。'"童《校诠》:"第德案:孙注作包,疑正文当作包字,或孙本自作包,廖本、王本、祝本皆作苞。包、苞古字通,易泰:包荒,释文:包本作苞,书禹贡:草木渐包,说文草部蘜下引作艸木蘜苞,是其证。"宋白文本、文本、魏本亦作"苞"。

㉖ 中仍节目繁:顾嗣立《集注》引吴兆宜曰:"《礼记》(《学记》):'先其易者,后其节目。'"按:此二句谓:笋外包壳皮,内藏节。恨其藏密者,因壳皮包裹太严;繁者,谓其节多也。

㉗ 助盘飧:方《举正》据蜀本作"飧",云:"谢校。盘飧置璧,《左氏》(僖公二十三年)语。陆音孙。"朱《考异》:"飧,或作'餐'。"宋白文本作"飧"。文本、祝本、魏本作"餐"。餐、飧、湌、飡义均同,异体也。

㉘ 穰穰:魏本音注:"穰,如两切。"蒋抱玄《评注》:"穰穰,多也。《史记》(《滑稽列传》):'穰穰满家。'"

㉙ 戈矛头戢戢:魏本注:"戢戢,多貌。"文《详注》:"戢,音侧立切。"按:本用于形容鱼头多貌,此用来说竹笋。戢(jí 阻立切,入,缉韵)戢,密集貌。杜甫《又观打鱼》:"小鱼脱漏不可记,半死半生犹戢戢。"

㉚ 蛇虺首掀掀:文《详注》:"掀,举也,音虚言切。"蒋抱玄《评注》:"《诗经》(《小雅·斯干》):'维虺维蛇。'掀掀,高举貌。"按:蛇、虺均蛇类,比喻凶残狠毒之人。北齐颜之推《颜氏家训·文章》:"陈孔璋[琳]居袁[绍]裁书,则呼[曹]操为豺狼;在魏制檄,则目绍为蛇虺。"虺,毒蛇或小蛇。此以蛇比笋。

㉛ 妇懦咨料拣:方《举正》据阁本作"料",云:"李、谢校。料,音聊,量也。张湛《列子序》:'且将料简世所希有者。'"朱《考异》:"料,或作'聊'。"宋白文本、文本、祝本、魏本作"聊"。童《校诠》:"第德案:依说文应作料柬,料,量也;柬,分别柬之也,从束、从八,八,分别也。柬为柬之后出字,作聊作简皆假借字。"

㉜ 儿痴谒尽髡:文《详注》:"言如剃发然。欲尽取无遗也。

谒,白也。髡,音枯昆切。"按:髡(kūn 枯昆切,平,魂韵),古有剃发之刑。《周礼·秋官·掌戮》:"髡者使守积。"郑注:"髡,当为完,谓但居作三年,不亏体者也。"

㉝ 侯生来慰我:方《举正》作"我"。祝本、魏本作"意",注:"一作'我'。"宋白文本、文本、廖本、王本作"我"。宋白文本"慰"作"尉"。今作"慰我"。按:即以诗安慰也。

㉞ 赞侯喜诗句之令人惊叹也。惜侯诗不存。

㉟ 属和才将竭:谓侯喜请韩公和。才将竭,乃韩公自谦。此句与上句对说:一赞人,二谓己。

㊱ 呻吟至日暾:方《举正》作"至日暾",云:"并蜀本。《楚辞·九叹》(《远游》):'日暾暾其西舍。'亦可以日入言也。"朱《考异》:"日,或作'欲'。"宋白文本、文本、祝本、魏本作"欲"。廖本、王本作"日"。文《详注》:"暾,日出貌,音他昆切。"魏本:"孙曰:'呻吟,诵咏也。暾,日出貌。'"暾(tūn 他昆切,平,魂韵),初升的太阳。《楚辞》屈原《九歌·东君》:"暾将出兮东方,照吾槛兮扶桑。"暾暾,明亮貌。唐岑参《春寻河阳陶处士别业》:"风暖日暾暾,黄鹂飞近村。"

此诗用"寒""痕"韵。

【汇评】

宋朱翌:杜:"会须上番看成竹。"元:"飞舞先春雪,因依上番梅。"俱用"上番"字,则"上番"不专为竹也。退之《笋诗》云:"庸知上几番。"又作平声押。(《猗觉寮杂记》卷上)

宋曾季貍:韩退之《雪》诗、《笋》诗,皆讥时相。《雪》诗云:"未能裨岳镇,强欲效盐梅。松篁遭挫折,粪壤获饶培。巧借奢豪便,专绳困约灾。威贪凌布被,光肯离金罍。"《笋》诗云:"得时方张王,挟势欲腾骞。纵横公占地,罗列暗连根。始讶妨人路,还惊入药园。萌芽防浸大,覆载莫偏恩。外恨包藏密,中仍节目繁。戈矛头戢戢,蛇虺首掀掀。身宁虞瓦砾,计欲掩兰荪。"其言皆有讥诮,非

徒作也。(《艇斋诗话》)

宋黄震:《咏笋》与《咏雪》诗相类,形容层出。(《黄氏日抄》卷五九)

宋叶寘:昌黎《咏笋》:"成行齐婢仆,环立比儿孙。"栾城:"凌霜自得良朋友,过雨时添好子孙。"亦谓笋也。《周礼·大司乐》:"孙竹之管。"注云:"竹枝根之未生者疏,言若子孙。"然荆公"篱落生孙竹"正用此。东坡"槟榔生子竹生孙",自注:"海南勒竹每节生枝,如竹竿大,盖竹孙也。"则别一种竹。《题竹阁》:"苍然犹是种时孙。"是以竹之后出者为孙。又谓"儿子森森如立竹",此因子孙之盛比竹也。(《爱日斋丛钞》卷三)

清朱彝尊:此是讥时相门下人,细味自见。描写情状,尽有深致,但稍费力,不若《咏雪》之驰骋自如。(顾嗣立《昌黎先生诗集注》卷一〇)

清何焯:《和侯协律咏笋》讽刺苦于太露,亦不自然。(《义门读书记》卷三〇)

程学恂:此诗中含讥讽无疑。注谓为短李而作,核其情事,亦甚比肖,其或然耶?(《韩诗臆说》卷二)

张鸿:此诗尽以白描出之,然炼意用字,陈言务去,此公诗之所以独成一格也。(钱仲联《韩昌黎诗系年集释》卷九)

过鸿沟①

元和十二年

元和九年淮西吴元济叛乱,宪宗派兵进讨,久攻不下。或主战或主和,朝中大臣争论不休。宰相裴度力排众议,主张进讨,宪宗从其计,于元和十二年七月,命裴度亲自督战进讨。韩愈作为主战者以太子右庶子被命为行军司马同往。八月初,军出长安后,韩愈单骑前往汴州(今开封),说服韩弘积极参战,经鸿沟,睹古喻今,写下了这首有名的七绝,歌颂宪宗与裴度平蔡。这在藩镇割据、苍生涂炭的情况下颇有积极意义。小诗能在二十八个字里,将力主讨蔡的隐衷曲曲说出,真乃绝妙文字。

龙疲虎困割川原②,亿万苍生性命存③。谁劝君王回马首④,真成一掷赌乾坤⑤。

【校注】

① 鸿沟:方《举正》:"郑州荥阳县。自此至《桃林夜贺》十五诗,皆元和十二年从征蔡日所作。"魏本:"韩曰:'汉高帝四年,项羽与汉中分天下,割鸿沟以西为汉,东为楚。羽解而东归,汉王欲西归,张良、陈平谏乃止。'(见《史记·高祖本纪》)樊曰:应劭注:'鸿沟,在荥阳东二十里。'此诗公从裴晋公平蔡入汴过鸿沟作也,此下皆随晋公伐蔡诗。"文《详注》:"前汉高祖四年,与项羽相拒军广武。关中兵益出,而彭越、田横居梁地,往来苦楚兵。秋七月,立黥布为淮南王,羽自知少助食尽,韩信又进兵击楚,羽患之。汉使侯公说羽,羽乃与汉约中分天下:割鸿沟以西为汉,以东为楚。九月,归太公、吕后。应劭曰:'在荥阳东南二十里。'文颖曰:'于荥阳下引河东南为鸿沟,以通宋郑陈蔡曹卫与济汝淮泗会于楚,即今官渡水也。'《通典》曰:'郑州为荥阳郡,中牟县北十二里有中牟台,是为官渡城,即曹袁相持之所。'"按:鸿沟,古渠名。在今郑州荥阳市东北广武镇。秦末项羽、刘邦争战于此,后以鸿沟为界中分天下,西为汉,东为楚。

② 龙疲虎困:魏本:"孙曰:'龙、虎以喻刘、项。川原,即谓鸿沟也。'"文《详注》:"班孟坚《宾戏》(《文选》卷四五《答宾戏》)曰:'七雄虓阚,分裂诸夏,龙战虎争。'"按:龙疲虎困,比喻刘邦、项羽双方争斗困苦不堪的情景。割川原,分割天下。意谓:楚项羽和汉刘邦数年争斗,在民困兵疲的情况下,在荥阳之东的鸿沟约定:以鸿沟为界,划分楚汉势力疆界,罢兵休息。刘邦背信,接受张良、陈

平之计,趁项羽不备,回师追杀楚兵,楚败项死,刘汉统一天下。此即成语"楚河汉界"之谓也。

③ 苍生:语出《书·益稷》:"帝光天之下,至于海隅苍生。"疏:"旁至四海之隅苍苍然生草木之处,皆是帝德所及。"此指百姓。《晋书·王衍传》:"总角尝造山涛,涛嗟叹良久,既去,目而送之,曰:'何物老妪,生宁馨儿! 然误天下苍生者,未必非此人也。'"又《谢安传》:"中丞高崧戏之曰:'卿累违朝旨,高卧东山,诸人每相与言,安石不肯出,将如苍生何? 苍生今亦将如卿何?'"

④ 谁劝君王回马首:王元启《记疑》:"此下皆从征淮西时作。公言淮西破败可立待,所未可知者,在陛下断与不断耳。故此诗特以回马首为戒,以示此行决进无退之义。当日楚、汉相距荥阳,彼此不越尺寸地,自受平国君之说,项羽解而东归,遂为汉兵追、败。元和中议者皆言宜罢度以安反侧,此真劝回马首之论也。"方成珪《笺正》:"《汉书·高帝纪》:四年九月,汉王欲西归,以张良、陈平谏。五年冬十月,复追项羽至阳夏南,遂灭楚。诗所谓'劝回马首'者,正指良、平之言。时平淮之功,裴晋国实赞之,公亦与有谋焉。盖借以美裴,且自喻也。"按:王说恐非韩公诗意,当以方说为上。《史记》卷八《高祖本纪》载:刘、项中分天下,刘应西归。途中从张良、陈平计,趁项不备,与韩信、彭越合军击之,大败楚而建汉。劝者乃张、陈,此以比裴度。宪宗比刘邦。

⑤ 乾坤:本指天地,此指江山社稷。此句谓:刘邦用张、陈计,关系到国家命运。李白《经乱离后天恩流夜郎忆旧游书怀赠江夏韦太守良宰》:"天地赌一掷,未能忘战争。"

【汇评】

宋吴曾:《一掷赌乾坤》:韩退之《鸿沟》诗云:"真成一掷赌乾坤。"盖用李太白诗:"天地赌一掷,未能忘战争。"(《能改斋漫录》卷八)

清宋长白:《乾坤一寸金》:昌黎《过鸿沟》诗:"谁劝君王回马

首,真成一掷赌乾坤。"辛企弓说金主曰:"君王莫听捐燕计,一寸山河一寸金。"诵前二句,觉光武得陇望蜀之语,艺祖玉斧画大渡河,俱为孟浪。诵后二句,觉六国割地赂秦,石晋以山前山后界契丹,总昧剥床之戒。(《柳亭诗话》卷五)

清朱彝尊:亦是大论,然未入雅。(顾嗣立《昌黎先生诗集注》卷一〇)

清方世举:此诗虽咏楚汉事,实为伐蔡之举。时宰有谏阻者,几败公事也。视为咏古则非。(《韩昌黎诗集编年笺注》卷一〇)

蒋抱玄:能将力主讨蔡隐衷曲曲道出,是借古规今,绝妙文字。(《注释评点韩昌黎诗全集》)

程学恂:笺云此诗虽咏楚汉事,实为伐蔡之举,时宰有谏阻者,几败公事也。视为咏古则非。予谓淮蔡一隅耳,那得便云"一掷赌乾坤",毕竟是咏古也。(《韩诗臆说》卷二)

华按:平淮西乃中唐之壮举,此战之胜,震慑了河南北诸藩镇,使中唐暂趋一统,而出现了一度中兴局面。故虽一隅而关全体。程学恂实未读懂中唐历史也。

送张侍郎[①]

元和十二年

司徒东镇驰书谒[②],丞相西来走马迎[③]。两府元臣今转密[④],一方逋寇不难平[⑤]。

【校注】

[①] 题:方《举正》订"侍郎"二字,云:"张贾时自兵侍出守华州。阁本作'侍御',非。"朱《考异》从方。宋白文本作"侍御",云:"彻。此下随裴度伐蔡诗。"文本、祝本、魏本、廖本作"侍郎"。文《详注》:"张侍郎,当是下篇张十二阁老,盖伐蔡时始出为华州刺史,故公此

诗送之。已为侍郎而犹称阁老者，当时以词掖为重。《国史补》云：'两省相呼为阁老也。'"魏本："孙曰：元和十二年，张贾初自兵部侍郎出为华州刺史。侍郎，又一本作'侍御'。"沈钦韩《补注》："后诗称张贾为阁老使君，则侍郎非贾也。此盖张正甫。《摭言》：张正甫为河南尹，裴度衔命伐淮西，置宴府西亭云云。新旧《书》：正甫自户部郎中改河南尹。郎中、侍郎，未知孰误？"王元启《记疑》："司徒谓宣武节度韩宏，丞相谓宰相裴度，为淮西宣慰处置等使。'驰书''走马'，皆就张侍郎言之。旧注谓公自指，非是。"钱仲联《集释》："张东谒韩弘于汴，闻丞相西来，又归洛往迎，公在汴送之。"按：宋白文本、屈《校注》认为侍御为张彻，误。按《旧唐书·宪宗纪下》先是郗士美为河南尹，辛秘接之；辛秘为潞州长史、昭义军节度使；八月戊辰（11日），以同州刺史张正甫为河南尹。史实清楚，此张侍郎为张正甫，非张彻，亦非华州刺史守潼关的张贾也。以《旧唐书·张正甫传》："由邠府征拜殿中侍御史，迁户部员外郎，转司封员外兼侍御史知杂事。迁户部郎中，改河南尹。"则"侍郎"当作"侍御"。《旧唐书·职官一》诸司侍郎为正四品下阶，尚书左右诸司郎中为从五品上阶，相差甚远。况正甫先任侍郎，而后改河南尹。故作"侍郎"，是。况殿中侍御史乃从七品上阶，而侍御史乃从六品下阶，不可能一下迁升为从三品的河南尹。

② 司徒东镇驰书谒：文《详注》："司徒，韩洪（弘）也。皇甫湜为公《墓志》云：'吴元济反，吏兵久屯无功，国洇将疑，众惧恟恟。先生以右庶子兼御史中丞行军司马。宰相军出潼关，请先乘遽至汴，感说都统，师乘遂和。'按：《唐史》，弘之镇汴也，宪宗方用兵淮西，籍其重，更检校司徒。王师败，乃拜弘淮西诸军行营都统，使扞两河。弘不亲屯，遣子公武领兵三千属李光颜，然阴为逗挠，计以危国邀功。诸将告捷，辄累不怡。及元济平，以功封许国。公集有《墓志》。"魏本："孙曰：'元和十年正月，加宣武节度使韩弘为司徒。九月，以为淮西行营兵马都统。东镇，谓弘也。持书，谓己持书往谒弘也。'"方世举《笺注》引《新唐书·宪宗纪》注，内容与上同。

③丞相西来走马迎：文《详注》："丞相，谓裴度也。"魏本："孙曰：'元和十二年七月，以宰相裴度为淮西宣慰处置等使。走马迎，谓己走马迎度也。'"方世举《笺注》："《新唐书·裴度传》：'度请身督战，即拜门下侍郎、平章事、彰义军节度、淮西宣慰招讨处置使。度以韩弘领都统，乃上还招讨以避，然实行都统事。'"王元启《记疑》："'驰书''走马'，皆就张侍郎言之。"按：王说是，文说非。驰书谒，走马迎均为张正甫也。

④两府元臣：魏本："孙曰：'元，大也。两府，即谓弘、度。'"

⑤逋寇不难平：钱仲联《集释》："逋，亡也。《左传》哀十六年：'逋窜于晋。'"按：此指蔡州吴元济。

【汇评】

宋黄震：《送张侍郎》以下诸诗，皆随裴相公东征时作。(《黄氏日抄》卷五九)

清朱彝尊：此下诸绝，皆在裴公幕府一时感事而作。虽未尽工，然能道得出。想见彼时光景，宛然贼破在旦夕意。读之使人意快，亦自磊落有概。(顾嗣立《昌黎先生诗集注》卷一〇)

程学恂：将相和则士豫附，此诗本此意。(《韩诗臆说》卷二)

赠刑部马侍郎①
元和十二年

这首七绝气势之雄，鲸吞淮西之寇，扫平割据战乱，以致时康，表现了韩愈扫灭叛乱的决心、一统天下的期望。涵盖之广，从马总旄节安南、桂管、岭南，势压南荒的照海红旗，到从裴平蔡的淮西大战，尽皆在内。诗虽是应时之作，却于平常语里造出不平常的诗境，表现出不平常的心态。脱口而出，一气流走，十分得体。当写于元和十二年(817)七月，受命平淮西出发前。诗人的心情是欢快的！

红旗照海压南荒②,征入中台作侍郎③。暂从相公平小寇④,便归天阙致时康⑤。

【校注】

① 题:魏本:"韩曰:《总本传》:'元和四年为安南都护,八年徙桂管观察使,入为刑部侍郎。十二年,裴晋公平蔡,奏总为副。'诗故及之。"文《详注》:"《唐史》:马总字会元,系出扶风。元和中,以虔州刺史迁安南都护。政事嘉美,夷獠安之,徙桂管经略观察使,入为刑部侍郎。十二年,兼御史大夫,副裴度宣慰淮西。元济平,为彰义节度留后,设教令,明赏罚,其俗一变。"按:《旧唐书·宪宗纪下》:"元和十二年七月丙辰(29日),制以中书侍郎、平章事裴度守门下侍郎、同平章事、使持节蔡州诸军事、蔡州刺史,充彰义节度、申光蔡观察处置等使。……以刑部侍郎马总兼御史大夫,充淮西行营诸军宣慰副使;以太子右庶子韩愈兼御史中丞,充彰义军行军司马。"马总,新旧《唐书》有传。刑部侍郎一员,正四品下。掌天下刑法及徒隶、勾覆、关禁之政令。

② 红旗照海压南荒:魏本:"孙曰:总为岭南节度,寻召为刑部侍郎,故云'压南荒'也。"沈钦韩《补注》:"《文苑英华·李公家庙碑》云:'以国子祭酒观察于桂,以御史大夫帅于百越,拜尚书刑部侍郎。'新旧《书》俱失载其节度南海耳。"按:此见马总传。而《旧唐书·宪宗纪下》:"元和八年十二月丙戌(7日),以桂管观察使马总为广州刺史、岭南节度使。"诸说均未搞清马总历官之序。总元和初刺虔州,由虔州刺史迁安南都护,召还京,任国子监祭酒,再迁桂管经略使,由桂管迁岭南节度使、广州刺史,总岭南五管。回京,任刑部侍郎。安南都护,属五管的镇南经略使,管兵四千二百人,不得与岭南节度使混淆。

③ 中台:方《举正》作"中台",云:"尚书为中台,三本同。"朱《考异》:"或作'台中',非是。"宋白文本、文本作"台中",注:"一作'中台'。"祝本、魏本、廖本、王本作"中台"。

魏本:"韩曰:汉官,尚书为中台,御史为宪台,谒者为外台。中台,一作'台中',非也。"方世举《笺注》:"《唐六典》(卷一《尚书省》):后汉尚书称台,魏晋以来为省。龙朔二年(662),改为中台。"按:刑部属中书省。作"中台"是。

④ 暂从相公平小寇:魏本:"樊曰:晋公微时游洛,一日策蹇上天津桥,有二老人语曰:'蔡州何时得平?'忽见公,愕然曰:'须待此人为将。'仆闻其语以告。公曰:'见我龙钟,故相戏耳。'事见唐康骈《剧谈录》。蔡州终待公后平。天津老人亦异矣。"

⑤ 天阙:朝廷。致时康,使时天下太平。

【汇评】

蒋抱玄:应时得体。(《注释评点韩昌黎诗全集》)

和裴相公东征途经女几山下作①

元和十二年

旗穿晓日云霞杂②,山倚秋空剑戟明③。敢请相公平贼后,暂携诸吏上峥嵘④。

【校注】

① 题:方《举正》题上增"奉"字。朱《考异》:"或无'奉'字。"宋白文本、文本、祝本、魏本无"奉"字。廖本、王本有"奉"字。按:无"奉"字合韩公诗意。

魏本:"樊曰:女几山在河南府福昌县三十四里。白乐天(《白香山诗后集》卷四《题裴晋公女几山刻石诗后》序)云:晋公出讨淮西,过女几山下题诗云:'待平贼垒报天子,莫指仙山示武夫。'而公此诗和云:'敢请相公平贼后,暂携诸吏上峥嵘。'其年果如所言。"文《详注》:"《女仙录》云:女几者,陈市上酒妇也,作酒常美。仙人过其家，饮酒，即以素书五卷质酒钱。几开视之，乃仙方养性长生之术也。凡私写其要诀，依而修之，三年，颜色更少，如二十许人。数岁，质酒仙人复来，笑谓之曰：盗道无师，有翅不飞。女几随仙人去，居山历年，人常见之，其后不知所适。今所居女几山是也。"按：《元和郡县图志》卷五："河南府福昌县：女几山，在县西南三十四里。"女几山俗称石鸡山，在今河南宜阳县西五十公里。

② 旗穿晓日云霞杂：方《举正》据阁本作"红霞集"。朱《考异》："方'云'作'红'，'杂'作'集'。"南宋监本原文作"云"，作"杂"。宋白文本、文本、魏本作"云"，作"集"。祝本、廖本、王本均作"杂"。童《校诠》："第德案：孟子离娄下：是集义所生者，赵岐曰：集，杂也。方以集为是，朱以杂为是，不悟二字义本同也。"按：集，平声。杂，入声。按诗格律七绝上句为"平平仄仄平平仄"，作"集"不合；作"杂"合，故当作"杂"。此乃早晨军队向东南迎日出而行，从后向前看旌旗蔽日之景。作"穿"者，更形象地描绘出太阳被旗时蔽时显之势。真切。

③ 山倚秋空剑戟明：魏本："洪曰：'一士人云：以我之旗，况彼云霞；以彼之山，况我剑戟。诗家谓之回鸾舞凤格。'"朱彝尊《批韩诗》："句法新，亦锻得工。"何焯《批韩诗》："壮丽精工。"张鸿《批韩诗》："以下三字形容上四字，其锻炼可法。"

④ 暂携诸吏上峥嵘：暂，张相《诗词曲语辞汇释》卷二："暂，犹一也。杜甫《人日》诗：'佩剑冲星聊暂拔，匣琴流水自须弹。'暂拔，犹云一拔也。……又《曲江对雨》诗：'何时诏此金钱会，暂醉佳人锦瑟旁。'暂醉，犹云一醉也。韩愈《奉和裴相公东征途经女几山下》诗……暂携，犹云一携也。"峥嵘，文《详注》："峥嵘，高貌。张协《七命》(《文选》卷三五)云：'构云梯，陟峥嵘。'"王元启《记疑》："此诗落句云云，正所以答其(晋公)意也。"童《校诠》："第德案：说文：暂，不久也，段玉裁曰：左传：妇人暂而免诸国，今俗语霎时间，即此字也。按：此诗上句云：敢请相公平贼后，谓平贼回来，请晋公经此稍留，与诸吏共登此山也。张释暂为一，以意定，无据。"按：童说有理。

【汇评】

宋蔡启:《裴度诗》:退之《和裴晋公征淮西时过女几山》诗云:"旗穿晓日云霞杂,山倚秋空剑戟明。敢请相公平贼后,暂携诸吏上峥嵘。"而晋公之诗无见。惟白乐天《集》载其一联云:"待平贼垒报天子,莫指仙山示老夫。"方(其)时意气自信不疑如此,岂容令狐楚辈沮挠乎?晋公文字世不传,晚年与刘、白放浪绿野桥,多为唱和,间见人文集,语多质直浑厚,计应似其为人,如"灰心缘忍事,霜鬓为论兵"之句,可谓深婉。李文定公迪在中书,尝讽诵此二句,亲书于壁。(《蔡宽夫诗话》)

程学恂:同心破贼,故尔十分高兴。(《韩诗臆说》卷二)

郾城晚饮赠副使马侍郎及冯李二员外①
元和十二年

城上赤云呈胜气②,眉间黄色见归期③。幕中无事惟须饮④,即是连镳向阙时⑤。

【校注】

① 题:方《举正》:"题校阁本。冯宿时以都官、李宗闵时以礼部并从征,蜀本二诗皆有'奉'字。"朱《考异》:"或无'奉'字。又作冯宿、李宗闵。"宋白文本作"郾城晚饮赠马侍郎副使冯宿李宗闵二员外",文本、祝本、魏本作"郾城晚饮赠副使马侍郎冯宿李宗闵二员外",廖本、王本作"郾城晚饮奉赠副使马侍郎及冯李二员外"。今从宋白文本。魏本:"孙曰:'元和十二年(817)四月,吴元济郾城守将邓怀金以城来降,七月以宰相裴度为淮西宣慰使,以刑部侍郎马总兼御史大夫充副使,以郾城为行蔡州。公以右庶子兼御史大夫充彰义军行军司马,司勋员外郎李正封,都官员外郎冯宿,礼部员外郎李宗闵,皆兼侍御史,为判官书记。'"文《详注》:"《唐史》:元

和十二年,拜裴度为门下侍郎同中书门下平章事,彰义军节度使,淮西宣慰招讨处置使。度以韩弘领都统,乃上还招讨,以避弘,然实行都统事。于是表马总为宣慰副使,愈为行军司马,李正封、冯宿、李宗闵备两使幕府。度屯郾城劳诸军士奋于勇。未几,李愬缚吴元济以报。既而申光平定。以马总为留后,度入朝策勋,进晋国公,复知政事。郾城县属蔡州。《补注》:'公至郾尝请捣蔡人之虚,未及行而李愬入蔡。'"

② 城上赤云呈胜气:文《详注》:"太公曰:凡军兴陈兵,天必见云气,以示安危,故察气者,军之大要也。凡军营有云如日月,而赤气绕之如晕状者为胜气。"魏本:"韩曰:蔡未平数月前,吴武陵自峡石望东南,气如旗鼓矛盾,皆颠倒横斜,少选,黄白气出西北,盘蜿相交。武陵告公曰:'今西北王师所在,气黄白,喜象也。败气为贼,日直木,举其盈数,不阅六十日,贼必亡矣。'见《新传》(《新唐书·吴武陵传》)。"

③ 眉间黄色见归期:顾嗣立《集注》:"《玉管照神书》:'黄色喜征。'《相书》:喜色红黄。"钱仲联《集释》:"《太平御览》:'《相书占气杂要》曰:黄气如带当额横,卿之相也。有卒喜,皆发于色,额上面中年上,是其候也。黄色最佳。'"程学恂《韩诗臆说》卷二:"得兴在起二句。"

④ 幕中无事:韩公《醉赠张秘书》:"方今向泰平,元凯承华勋。吾徒幸无事,庶以穷朝曛。"真为无事醉饮也。由此以见平淮西之胜已成定局,故有此闲情而能有畅饮之趣。诗似写于破蔡而尚未入蔡之时。

⑤ 连镳:魏本:"韩曰:《说文》(金部)云:'镳,马衔也。'"谓连辔并马凯旋也。

【汇评】

蒋抱玄:从征诸诗皆不离平贼二字,独此用暗写,而语气尤断。(《注释评点韩昌黎诗全集》)

酬别留后马侍郎①

元和十二年

为文无出相如右②,谋帅难居郤縠先③。归去雪销溱洧动④,西来旌旆拂晴天⑤。

【校注】

① 题:方《举正》据唐本增"酬"字,云:"谢校增,蔡平,命马总为留后。"朱《考异》:"或无'酬'字。"宋白文本、文本、祝本、魏本无"酬"字。有无"酬"字均可。按韩公与马总的关系,有"酬"字善。宋白文本、魏本"侍郎"前有"马"字,从之。

魏本:"韩曰:'蔡平,裴度留总蔡州,知彰义军节度使留后,公此诗所以别也。'"文《详注》:"《补注》:《裴度传》云:'度自蔡入朝,留马总为留后。'此诗所以别也。"方世举《笺注》:"原注:'蔡平,命马总为留后。'《新唐书·马总传》:'吴元济擒,总为彰义节度留后。'"

② 为文无出相如右:文《详注》:"《前汉赞》:'为文则司马相如。'"(《汉书·司马相如传赞》)魏本:"樊曰:'相如,司马相如也,汉武帝擢居左右,时淮南王安善为文词,帝甚尊重,每为报书及赐,常召相如等视草乃遣。'"方世举《笺注》:"相如右:谢惠连《雪赋》(《文选》卷一三):'相如末至,居客之右。'按:《新唐书·马总传》:'总笃学,虽吏事倥偬,书不去前,论著颇多。'"按:此句以马总比司马相如,赞总之文才。

③ 谋帅难居郤縠先:文《详注》:"《左传》僖公二十七年:'晋文公搜于被庐,作三军,谋元帅,赵衰曰:郤縠可。臣亟闻其言矣,阅礼、乐而敦《诗》《书》。……君其试之!乃使郤縠将中军。'"按:文谓"僖公二十八年",误。魏本引孙《全解》同。按:郤縠,晋人,晋文公时上将。谓总之武略堪比郤縠。

④ 溱洧:文《详注》:"溱洧,二水名,出郑国。《诗》(《国风·溱洧》)曰:'溱与洧,方涣涣兮。'"魏本引《补注》:"溱洧,二水名。溱在河南,洧在郑。动,流也。"

⑤ 西来旌旆拂晴天:魏本:"孙曰:言总行,亦召归,故云:'其西来。'"后二句谓:到冰化雪消时,总亦当西归京城长安。

【汇评】

蒋抱玄:前联工,后联未能道出所以。(《注释评点韩昌黎诗全集》)

程学恂:数诗(《酬别留后侍郎》《宿神龟招李二十八冯十七》《同李二十八夜次襄城》《同李二十八员外从裴相公野宿西界》)皆可作凯歌。(《韩诗臆说》卷二)

同李二十八夜次襄城①
元和十二年

周楚仍连接②,川原乍屈盘。云垂天不暖,尘涨雪犹干。印绶归台室③,旌旗别将坛④。欲知迎候盛,骑火万星攒⑤。

【校注】

① 题:方《举正》:"襄城,汝州。李二十八,正封也。"祝本题下注:"宗闵。"魏本:"孙曰:'李二十八,名正封。次,舍也。襄城,汝州县名。'"文《详注》:"汝州襄城县也。《通典》(卷一七七《临汝郡》)云:'汉旧县,楚灵王所筑,又有古不羹城在县南。'北接河南府登封县。"

② 周楚仍连接:方世举《笺注》:"周楚:按河南本周地,而襄城则近楚。《汉书·地理志》:'襄城属颍州(川)郡,有西不羹。'盖即

春秋时楚灵王所城也。"

③ 印绶归台室:魏本:"樊曰:'印绶归台室',谓裴度复入为宰相。"按:印绶,印玺。

④ 旌旗别将坛:魏本:"樊曰:'旌旗别将坛',谓马总留蔡为留后。"王元启《记疑》:"此句亦指晋公,犹言戢戈橐矢云尔。樊谓指马总留蔡,与下迎候句意脉不贯。"按:王说是。裴度领兵平蔡,乃将帅也;回朝执政相府,故谓别将坛也。

⑤ 骑火万星攒:方世举《笺注》:"《后汉书·廉范传》:'会日暮,令军士各交缚两炬,三头爇火,营中星列。'"

【汇评】

蒋抱玄:写地写人,赋景赋物,面面俱到。(《注释评点韩昌黎诗全集》)

程学恂:数诗(《酬别留后侍郎》《宿神龟招李二十八冯十七》《同李二十八夜次襄城》《同李二十八员外从裴相公野宿西界》)皆可作凯歌。(《韩诗臆说》卷二)

同李二十八员外从裴相公野宿西界①
元和十二年

四面星辰著地明②,散烧烟火宿天兵③。不关破贼须归奏,自趁新年贺太平④。

【校注】

① 题:魏本:"樊曰:'公与李正封从晋公十一月二十八日自蔡入朝,十二月十六日至自蔡,则知残年过襄城矣。落句可见。'"文《详注》引王《补注》同。

② 四面星辰著地明:著,宋白文本、文本作"着"。作接触解,

二字通用。按:首句写出星辰满天的夜景,真切。

③ 散烧:到处燃火,谓将士夜宿烧饭、照明、向火也。亦是凯旋景象。

④ "不关"二句:裴度、韩愈、李正封等回到长安已经是十二月十六日。庆胜利、贺新年连到一块了。以淮西之平作为贺岁之礼,最为光彩。一派太平景象。自此揭开了唐朝中兴的历史。

【汇评】

程学恂:数诗(《酬别留后侍郎》《宿神龟招李二十八冯十七》《同李二十八夜次襄城》《同李二十八员外从裴相公野宿西界》)皆可作凯歌。(《韩诗臆说》卷二)

蒋抱玄:此特别饶意境,不以叙事见长。(《注释评点韩昌黎诗全集》)

过襄城①

元和十二年

郾城辞罢过襄城②,颍水嵩山刮眼明③。已去蔡州三百里④,家人不用远来迎⑤。

【校注】

① 题:文《详注》:"《补注》:'襄城,汝州也。'"此诗与《同李二十八夜次襄城》同时作。

② 郾城辞罢过襄城:魏本:"樊曰:'郾城属许州,晋公行蔡州治所。襄城则汝州也。'"按:《元和郡县图志》卷六:"河南道二:汝州,襄城县,本秦旧县,汉因之,属颍川郡。"卷八:"许州:鄢陵县,本汉旧县,属颍川郡。……高齐文宣帝废鄢陵,以其地入许昌县。隋开皇三年复置,属许州。"襄、鄢本为二地。裴度率军从蔡州出发,

先过鄢城,行约百里到襄城,经汝州、伊川、宜阳,西归长安。

③颍水嵩山刮眼明:魏本:"孙曰:'颍水、嵩山,皆在洛阳界。'"文《详注》:"公之故居在焉。"王元启《记疑》:"襄城属汝州,过襄城则入洛阳界,故有颍水、嵩山之句。"方世举《笺注》:"《江表传》(《三国志》注引):'吕蒙曰:士别三日,即更刮目相待。'"按:犹言另眼相看,此谓颍水、嵩山与以往不同了。

④已去蔡州三百里:按《元和郡县图志》,蔡州距长安一千一百三十里,汝州距长安九百八十里,襄城至州一百四十里。襄城距长安一千一百二十里,则蔡州距襄城三百一十里。故云"已去蔡州三百里"也。

⑤家人:宋白文本、文本、魏本、廖本作"家人"。钱仲联《集释》作"家山",未出校文。作"人"、作"山"均通。作"山",似更有诗味,然与第二句"山"字重。小律诗仅四句,重字不好。况上有嵩山,此又出山,意亦重,又不知指何山。今从"人"。

【汇评】

清朱彝尊:用俚意道来好,甚得情。(顾嗣立《昌黎先生诗集注》卷一〇)

蒋抱玄:快事快调,此公一生最得意时。(《注释评点韩昌黎诗全集》)

宿神龟招李二十八冯十七①
元和十二年

荒山野水照斜晖②,啄雪寒鸦趁始飞③。夜宿驿亭愁不睡④,幸来相就盖征衣⑤。

【校注】

① 题：朱《考异》："'龟'下或有'驿'字。"诸本无"驿"字。祝本有"正封""宿"字。凡此种情况者，疑原题下有小字注，后人抄刊误入正题。魏本："樊曰：汝州有神龟驿台，按《九域志》，开皇初建。李谓正封，冯谓宿也。一本'冯十七'作'冯八'。"文《详注》："前诗二员外也。《九域志》曰：'神龟驿在汝州，隋开皇获龟之所。'"汝州治所在梁县，今河南临汝县。

② 荒山野水照斜晖：此乃倒装句，有味。若顺置作"斜晖照荒山野水"，则不成诗矣。此种句子在韩诗里屡见，正学老杜"香稻啄余鹦鹉粒"句也。

③ 啄雪寒鸦：炼字炼意成句，具象鲜明，感觉敏锐。趁始飞，亦巧于用语也。首二句真韩诗家风，他人未见也。"香稻"句代表老杜，仍为阴柔美；"荒山""啄雪"乃退之代表，学老杜而趋阳刚也。

④ 睡：文本作"瞑"。作"瞑"，太雅，不响，与"荒山野水"不配。"愁"字乍看与韩公平蔡凯旋的得意之快事快调不协，若与首二句对析，知为因冻雪寒冷，而有此一时之感也。故有下句"幸来相就盖征衣"。则作"幸"字见景见情，佳。

⑤ 幸来相就盖征衣：蒋抱玄《评注》："写出'招'字。"就，靠近。《荀子·劝学》："金就砺则利。"《商君书·定分》："避祸就福。"来相就者韩、李、冯三人也。

【汇评】

蒋抱玄：写当日情景颇切。（《注释评点韩昌黎诗全集》）

程学恂：数诗（《酬别留后侍郎》《宿神龟招李二十八冯十七》《同李二十八夜次襄城》《同李二十八员外从裴相公野宿西界》）皆可作凯歌。（《韩诗臆说》卷二）

次硖石①

元和十二年

数日方离雪,今朝又出山②。试凭高处望,隐约见潼关③。

【校注】

① 题:方《举正》订"硖"字,云:"杭、蜀、《文苑》同。今陕县也。《地理志》可考。"朱《考异》:"诸本'硖'作'峡'。"南宋监本原文作"峡"。宋白文本、文本、祝本作"峡"。廖本、王本作"硖"。按:《中国历史地图集》作"峡"。《元和郡县图志》卷六"陕州硖石县"作"硖",则二字均可。县东北有砥柱山,俗名三门山。文《详注》:"《通典》:'峡石山在颍川下蔡县,梁大同中,于峡石山筑城,拒西魏在此。'"方成珪《笺正》:"《唐·地理志》:'硖石县属河南道陕州陕郡。'硖,《新史》作'峡'。"方世举《笺注》:"《水经注》(卷一六《谷水》):'谷水出崤东马头山,西接崤黾。又东迳于雍谷溪,回岫紫纡,石路阻峡,故亦有硖石之称矣。'《新唐书·地理志》:陕州陕郡大都督府,本弘农郡,领县六。硖石,上,本崤。武德元年(618)置,贞观十四年(640)移治陕石坞,因更名。有底柱山,山有三门,河所经。太宗勒铭,属河南道。"按:唐陕州硖石县治在今河南三门峡市东南。此诗经硖石作,约在十二月十日。

② 今朝又出山:出,屈《校注》云:"'出',文本作'见'。"按:作"见"字非。出字入声,合律。出山,谓走出熊耳之三崤山也。以下二句意,作出山合诗之构想脉络。

③ 隐约见潼关:魏本:"韩曰:'峡石,峡州县名,去潼关为近,故可隐约见之。'"方世举《笺注》:"《水经注》(卷四《河水》):'河在关内,南流潼激关山,因谓之潼关。北流迳潼谷水,或说因水以名地也。'杜佑《通典》(卷一七三《古雍州·华阴县》):'潼关本名衝

关,言河流所衡也。'《雍录》(卷六):潼关在华州华阴县东北三十九里。《新唐书·地理志》:'虢州弘农郡阌乡,有潼关,属河南道。'"衡,同冲。

【汇评】

蒋抱玄:直述亦有委曲。(《注释评点韩昌黎诗全集》)

和李二十八司勋过连昌宫①
元和十二年

这首诗为平淮西凯旋回师途经连昌宫所作,时在元和十二年冬。诗人借玄宗曾多次住过连昌宫为题,追昔论今,希望当今圣上能吸取前朝的经验教训,中兴唐朝。诗以写连昌宫盛大雄伟起笔,以遗老相问作结,前后照应。思精语洁,质直如话,含味自深,在磅礴的气势笼罩下,使人黯然,耐人寻味。元稹依题悬拟韩公绝句之《连昌宫词》,旨同韩诗,且可作注脚。

夹道疏槐出老根②,高薨巨桷压山原③。宫前遗老来相问④:"今是开元几叶孙。"⑤

【校注】

① 题:方《举正》据唐本删"二十八",增"过"字,作"和李司勋过连昌宫",云:"谢校。李本亦出'过'字。"朱《考异》:"或作'李二十八司勋',无'过'字。"文本、魏本题有"二十八"。文本、祝本、魏本无"过"字。宋白文本无"二十八"。今作"和李二十八司勋过连昌宫"。

魏本:"樊曰:'李正封也。连昌宫在河南寿安县之[西]二十九里,按《志》(《新唐书·地理志·河南府寿安县》),高宗显庆三年(658)置。然诗落句云云,疑为明皇所作,而元微之《连昌宫辞》大概亦咏明皇帝。或云开元中曾葺之耳。公从晋公平淮西回,过寿安而作。'"文《详注》:"《补注》:按《志》,宫成于高宗显庆三年(658)。宪宗于明皇[为]五世孙。公从晋公平淮过寿安而作。此诗故有'宫前相问'之句,则此宫疑为明皇所作。而元稹作《连昌宫》诗,大概亦咏明皇。夫岂作于显庆,而游幸甚于明皇耶?或曰开元增葺之尔,宫在河南寿安县。"按:李司勋,名正封,从裴度平淮西为彰义军节度判官书记。原任京官吏部司勋员外郎,故称李司勋。连昌宫,高宗显庆三年(658)建,玄宗曾加修葺,是唐代皇帝由长安去洛阳的行宫,在今河南宜阳县。《新唐书·地理志二》:"河南府寿安,西二十九里有连昌宫,显庆三年置"。《元和郡县图志》卷五:"河南府福昌县,古宜阳地,汉以为县,属弘农郡。"又"寿安县,本汉宜阳县地。仁寿四年,改名寿安县。贞观七年改属河南府。"唐诗人多有以此为题材,借连昌宫的兴废,揭示唐由盛到衰的历史,追念昔日之盛,期望唐朝再兴。元稹的《连昌宫词》即是。正封在《全唐诗》中存诗五首,与《郾城夜会联句》。连昌宫诗,李先作,惜诗不存,韩和之。

② 夹道:道路两侧。槐,树名,此指国槐。出,露出。此句乃眼前所见实景,不写树形,只写老根,突出年代之久,以应下之"遗老"。绝句虽忌重字,此句"老"字与第三句"老"字未觉重,乃韩公炼意炼字处。

③ 高甍巨桷压山原:甍(méng),屋脊。桷(jué),构架屋顶的方形椽子。《诗·鲁颂·閟宫》:"松桷有舄,路寝孔硕。"《穀梁传》庄公二十四年:"刻桓宫桷。"《释文》:"桷,榱也。方曰桷,圆曰椽。"《文选》卷一一魏何平叔《景福殿赋》:"高甍崔嵬,飞宇承霓。"句意为:连昌宫高大雄伟像巨人一样俯瞰着山原。一"压"字,顿增气势。

④ 遗老:前朝旧臣。此指久经风霜、饱尝事故的老人。借遗老之问,发人深思。方世举《笺注》:"遗老:《诗》:'不慭遗一老。'李白诗:'六帝余古邱,樵苏泣遗老。'"

⑤ 今是开元几叶孙：今，今上，即当今皇上，指宪宗李纯。开元，玄宗李隆基年号，公元713至741年，此为史家称为"开元之治"的盛世。史谓"是时，海内富实，米斗之价钱十三"，"道路列肆，具酒食以待行人；店有驿驴，行千里不持尺兵"。叶，代，犹世，即时期。《诗·商颂·长发》："昔在中叶，有震且业。"即从前中期国兴旺，威力强大震四方。孙，子孙。陈景云《点勘》："遗老，即谓开元遗老，时上距开元六十年，当日遗民，宜尚有存者。如元微之《连昌宫词》，亦借宫边老人立言是也。诗意盖谓昔年父老幸值元和中兴，皆欣欣复见太平之盛。惟安乐而思终，庶克绍开元之治，免蹈天宝之覆辙耳。宫虽置于显庆，而开、宝间车驾幸东都，屡驻此宫，故公诗云尔。"

【汇评】

清朱彝尊："白头宫女在，闲坐说玄宗。"昔人已谓妙矣，此乃因今帝致问，尤有婉致。（顾嗣立《昌黎先生诗集注》卷一〇）

清查慎行：含味自深。（《查初白诗评十二种》）

清陈景云：遗老，即谓开元遗老，时上距开元六十年，当日遗民，宜尚有存者。如元微之《连昌宫词》，亦借宫边老人立言是也。诗意盖谓昔年父老幸值元和中兴，皆欣欣复见太平之盛。惟安乐而思终，庶克绍开元之治，免蹈天宝之覆辙耳。宫虽置于显庆，而开、宝间车驾幸东都，屡驻此宫，故公诗云尔。（《韩集点勘》卷二）

清黄叔灿：质直如话，读之自尔黯然。（《唐诗笺注》卷九）

陈寅恪：连昌宫词既为依题悬拟之作，然则作于何时何地乎？考《元氏长庆集》壹贰《见人咏韩舍人新律诗因有戏赠》略云："喜闻韩古调，兼爱近诗篇。""好去老通川。"（原注云："自谓。"）是微之在通州司马任内曾有机缘得见韩退之诗之证也。又考《韩昌黎文集》拾《和李司勋过连昌宫》七绝云云，此为退之和李正封之诗，李氏原作，今不可得见。退之作诗之时，为元和十二年冬淮西适平之后。颇疑李氏原诗或韩公和作，远道流传，至次年即十三年春间为微之所见,因依题悬拟,亦赋一篇。其时微之尚在通州司马任内,未出山南西道之境。观其托诸宫边遗老问对之言,以抒开元、元和今昔盛衰之感,与退之绝句用意遣词尤相符会。否则微之既在通州司马任内,其居距连昌宫绝远,若非见他人作品,有所暗示,决无无端忽以连昌宫为题,而赋此长诗之理也。……李正封之作,其艺术高下未审如何。若微之此篇之波澜壮阔,决非昌黎短句所可并论,又不待言也。(《元白诗笺证稿》第三章)

次潼关先寄张十二阁老使君①
元和十二年

  此诗乃平淮西回师过潼关所作,比《和李司勋》诗稍后数日。言为心声,在满朝主和一派声势汹汹的情况下,随裴度平淮西,活捉吴元济,取得了空前胜利,使中原得以安定,公心情自豪而喜悦。这首七绝正表现了诗人希望统一的思想和胜利的心情。诗打破七绝忌用刚笔的禁戒,刚而能韵,创为新体,是以刚笔写七绝的最佳者。故清施补华《岘佣说诗》谓:"然退之亦不能为第二首,他人亦不能效退之再作一首。"小诗而能卷波叠浪,大开大合,从容自若,笔畅意随,使其既有波浪壮阔的雄伟气势,又有风骨韵味,是历代传诵的佳制。

  荆山已去华山来②,日照潼关四扇开②。刺史莫辞迎候远③,相公亲破蔡州回④。

【校注】

  ①题:次,到达驻宿。潼关,秦豫交界的一道险关,长安的门户,在今陕西华阴市东。张十二,张贾,大排行第十二。阁老,唐人对中书、门下两省官里中书舍人、给事中里年长资深者的尊称。张

贾曾任门下省给事中。使君,张贾时任华州刺史,唐刺史与汉太守官阶同,汉呼太守为使君,此借称。方《举正》:"张贾。"魏本:"孙曰:'潼关在华州华阴县界,张阁老即谓华州刺史也。公尝有送张为华州诗。'"孙谓韩公送张为华州刺史诗,误。见上《送张侍御》诗辨析。魏本引《补注》:"《国史补》云:'两省相呼为阁老。'"文《详注》:"潼关在华州华阴县。《剧谈录》曰:裴晋公出征淮西……愈有诗云'荆山已去'作'荆山行','尽日出'作'日照','莫辞'作'莫嫌','新破'作'亲破'。《漫叟诗话》云:诗中有一字人以私意窜易,遂失古人一篇之意。若'相公亲破蔡州回',改作'新'字是也。《补注》:'张知华州,与荆相近。荆山为河南。'"

② 荆山:在今河南省灵宝市,唐置虢州湖城县,县南三十里有覆釜山,又名荆山。华山,又名太华山,在今华阴市南,中国五岳之西岳也。魏本:"孙曰:《史记》(《孝武本纪》):'黄帝铸鼎荆山下。'荆山在冯翊怀德县。华山,太华也,在华阴县东。樊曰:'荆山,在襄之南漳,此云与华山相次,则河南之荆山也。按《志》在寿安县南三十五里。'"方世举《笺注》:"荆山:《书·禹贡》:'导岍及岐,至于荆山。《新唐书·地理志》:'虢州湖城县,有覆釜山,一名荆山。'"

③ 日照潼关四扇开:方《举正》作"出"、作"扇",云:"杭、蜀同,樊、李校。"朱《考异》:"出,或作'照'。扇,或作'面'。"宋白文本、文本作"照",作"扇",注:"一作'出'。一作'面'。"祝本、魏本作"照",作"面"。廖本、王本作"出",作"扇"。按诗意与格律,当作"照",因日在东,关在西,韩公东来,放眼即见日照潼关。日出潼关,不合自然逻辑。潼关东西各有门,门有门扇,共为四,故谓"潼关四扇开"。过了潼关就是八百里秦川的关中平原,故云。面指什么?甚费解。

④ 刺史:指张贾。方成珪《笺正》:"《元和郡县志》:湖城县东北至虢州七十里,荆山在县南,虢州西北至潼关一百三十里,自关至华州一百二十里。故曰'迎候远'也。"

⑤ 相公:指裴度,唐称宰相为相公。亲,既实际又亲切,用得极妙。蜀本作"新",乃形近之误。蔡州,在今河南汝南,吴元济巢

穴所在。胡仔《苕溪渔隐丛话》前集卷一八韩吏部下引《漫叟诗话》云："诗中有一字，人以私意窜易，遂失古人一篇之意。若'相公亲破蔡州来（回）'，今'亲'字改作'新'字是也。"

【汇评】

宋尤袤：元和十二年，裴度宣慰淮西，奏公行军司马，有从军洎途中诸篇。其间《次潼关寄张十二使君》诗云："荆山已去华山来，日照潼关四扇开。刺史莫辞迎候远，相公亲破蔡州回。"又《次潼关上都统相公》云："暂辞堂印执兵权，尽管诸军破贼年。冠盖相望催入相，待将功德格皇天。"又《桃林夜贺晋公》云："西来骑火照山红，夜宿桃林腊月中。手把命珪兼相印，一时重叠赏元功。"数篇皆有奥旨。元济平，迁刑部侍郎。（《全唐诗话》卷二）

清汪琬：气度自别。（钱仲联《韩昌黎诗系年集释》卷一〇）

清查慎行：气象开阔，所谓卷波澜入小诗者。（《查初白诗评十二种》）

清查晚晴：阔壮处真应酬之祖。（《查初白诗评十二种》）

清沈德潜：《次潼关先寄张十二阁老》：没石饮羽之技，不必以寻常绝句法求之。（《唐诗别裁集》卷二〇）

清马位：昌黎古诗胜近体，而近体中惟《湘中酬张十一功曹》《奉酬振武胡十二丈大夫》及《西林寺题萧二兄郎中旧堂》《次潼关先寄张十二阁老使君》诸作，矫矫不群，可以颉颃老杜。他如"春风红树惊眠处，似妒歌童作艳声""暖风抽宿麦，清雨卷归旗""鸣篆急吹争落日，清歌缓送款行人"，唐诸人莫及也。近体中得此，所谓已探骊龙珠，余皆长物矣。（《秋窗随笔》）

清施补华：七绝亦切忌用刚笔，刚则不韵。……退之"荆山已去华山来"一绝，是刚笔之最佳者。然退之亦不能为第二首，他人亦不能效退之再作一首，可见此非善道。（《岘佣说诗》）

清施补华：《望岳》一题，若入他人手，不知作多少语，少陵只以四韵了之，弥见简劲。"齐鲁青未了"五字，囊括数千里，可谓雄阔。

后来唯退之"荆山已去华山来"七字足以敌之。(同上)

清陈衍:昌黎诗云:"荆山已去华山来,日照潼关四扇开。"渔洋本之,以对"高秋华岳三峰出,晓日潼关四扇开"。益都孙宝侗议之曰:"毕竟是两扇。"或曰:"此本昌黎,非杜撰。"孙愤然曰:"昌黎便如何?"渔洋不服,谓孙持论好与之左。余谓渔洋"潼关"句,于韩诗止易一字。而"函关月落听鸡度,华岳云开立马看",又高青邱之句,华岳自是三峰,亏渔洋苦凑"高秋""出"三字,无甚高妙,亦何必哉!且分明是"两扇",必说"四扇",似不得藉口于古人。昌黎时关门不敢知其如何,总以不说谎为妥。(《石遗室诗话》卷一七)

清陈衍:黄山谷谓"疏影横斜"一联,不如"雪后园林"一联云云。余为广其例曰:韩退之"日照潼关四扇开",不如其"一间茅屋祀昭王";柳子厚之"独钓寒江雪",不如其"欸乃一声山水绿";"柳州柳刺史,种柳柳江边",不如白乐天之"开元一株柳,长庆四年春"。(《石遗室诗话》卷一八)

蒋抱玄:言为心声,故从容若此。(《注释评点韩昌黎诗全集》)

程学恂:写歌舞入关,不着一字,尽于言外传之,所以为妙。(《韩诗臆说》卷二)

次潼关上都统相公①
元和十二年

暂辞堂印执兵权②,尽管诸军破贼年③。冠盖相望催入相④,待将功德格皇天⑤。

【校注】

① 题:方《举正》:"三馆本阙。"朱《考异》:"馆本无此篇。'关'下或有'头'字。一本在《雨中寄张籍侯喜》诗后。"魏本:"孙曰:'元和十年正月,加宣武军节度使韩弘守司徒,九月以弘为淮西行营兵

马都统。'"文《详注》:"《补注》:'潼关,在华阴县。都统,谓韩洪也。'"陈景云《点勘》:"按:淮西之平,裴度以宰相督战,李商隐《韩碑》诗所谓'腰悬相印作都统'是也。旧注以韩弘当之,误。"沈钦韩《补注》:"此诗为裴晋公作。本传云:度名虽宣慰,其实行元帅事,故诗称为都统。李涪刊误:'李愬以裴度宰相专征,不异都统之重,故具戎服以申拜敬。旧注以为韩弘,非。'宋除文臣为宣抚制置等使,其部下都统制亦单称都统,而都统之号卑矣。"按:此诗都统为裴度,诗乃上裴度也;韩弘远在汴州,次至潼关,无由作上韩弘诗。时在元和十二年十二月十一二日。

② 暂辞堂印执兵权:谓裴度暂辞相印而为淮西宣慰处置使,都统淮西诸军事也。魏本:"孙曰:'执兵权,即谓为都统也。'"方世举《笺注》:"堂印:《新唐书·百官志》:'初,三省长官议事于门下省之政事堂,其后裴炎徙政事堂于中书省。张说为相,又改政事堂为中书门下。'《程异传》:'异为宰相,自以非人望,久不敢当印秉笔。'是宰相之印为堂印也。韩弘以宣武节度使累授检校司徒、同中书门下平章事,拜淮西行营都统,故曰'暂辞堂印执兵权'也。"何焯《义门读书记》卷三〇:"题注:都统谓韩弘也。按:'暂辞堂印'句,则都统即谓晋公。李商隐诗亦云:'腰悬相印作都统。'"

③ 尽管诸军破贼年:军,诸本作"军"。钱仲联《集释》作"公",非是。屈《校注》亦作"军"。按:诸公指谁,不清楚;军,即裴度统领下的军队。作"军"字善。

④ 冠盖相望摧入相:蒋抱玄《评注》:"《史记·平准书》:'使者分部护之,冠盖相望。'"按:谓众朝官相迎也。《左传》昭公三年:"道殣相望,而女富溢尤。"冠盖,朝冠。

⑤ 格皇天:文《详注》:"《书·君奭》曰:'昔在成汤既受命,时则有若伊尹,格于皇天。'注云:'伊挚佐汤,功大至天,谓致太平也。'"方世举《笺注》:"《书》(《说命下》):'佑我烈祖,格于皇天。'"程学恂《韩诗臆说》卷二:"此'格'字即'格君心之非'之'格'字,言破贼后尚有许多事须匡正,非仅为颂词也。"按:程说中的。传云:

"言以此道左右成汤,功至大,无能及者。"公语出此。汉许慎《五经异义》引《尚书命》:"天有五号各用所宜称之。尊而君之,则曰皇天;元气广大,则称昊天;仁覆愍下,则称旻天;自上监下,则称上天;据远视之苍苍然,则称苍天。"格,到也。格皇天,即到皇天也。皇天,尊言也。《书·大禹谟》:"皇天眷命,奄有四海。"

【汇评】

清何焯:《次潼关上都统相公》题注:都统谓韩弘也。按:"暂辞堂印"句,则都统即谓晋公。李商隐诗亦云:"腰悬相印作都统。"(《义门读书记》卷三〇)

桃林夜贺晋公①
元和十二年

西来骑火照山红,夜宿桃林腊月中②。手把命珪兼相印③,一时重叠赏元功④。

【校注】

① 题:魏本:"樊曰:'桃林,《书·武成》所谓放牛于桃林之野。旧为陕州县名,天宝初改为灵宝县。'韩曰:'除命,在(元和十二年)十二月壬戌,其年十二月丙辰朔,则壬戌其月七日也,度以其月十六日,方至自蔡,则前所除命,盖在公未入朝之前,故公此诗夜贺晋公于桃林也。'"文《详注》:"《前汉·张良传》(注)晋灼曰:'桃林之野在弘农关(阌)乡南谷中。'颜师古曰:'《山海经》云:夸父之山北有林焉,名曰桃林,广周三百里,即谓此也。其山谷在今阌乡县东南,湖城县西南,去湖城三十五里。'《补注》:桃林,今陕之灵宝县,《书》所谓桃林之野。《旧纪》元和十二年十二月壬戌以晋公守本官,赐上柱国、晋国公。故诗云。"陈景云《点勘》:"桃林在潼关东,

诗盖作于次潼关前。《上都统》诗中'冠盖相望'句,即谓在桃林遇衔诏西来者。"按:《元和郡县图志》卷六:"河南府虢州阌乡县,本汉湖县地,属京兆尹。按:阌乡,本湖县乡名。阌,古文'闻'字也,《说文》:'从门,昬声。'隋开皇十六年移湖城县于今所,改名阌乡县,属陕州。贞观八年,改属虢州。"此诗当写于《次硤石》后,两"次潼关"诗之前。约在十二月十日许。

②腊月中:腊,文本作"臘"。诸本作"腊"。方世举《笺注》:"《广雅·释天》:'腊,索也。夏曰清祀,殷曰嘉平,周曰大蜡,秦曰腊。'"腊同臘。腊月,旧历十二月。

③手把命珪兼相印:文《详注》:"谓进封晋国公复召知政事也。"方世举《笺注》:"《周礼·春官·大宗伯》:以九仪之命,正邦国之位:壹命受职,再命受服,三命受位,四命受器,五命赐则,六命赐官,七命赐国,八命作牧,九命作伯。以玉作六瑞,以等邦国。王执镇圭,公执桓圭,侯执信圭,伯执躬圭,子执谷璧,男执蒲璧。相印:《汉书·百官公卿表》:'相国丞相,金印紫绶。'"

④一时重叠赏元功:方世举《笺注》:"元功:《后汉书·冯衍传》:'将定国家之大业,成天地之元功也。'"谓官爵叠加,以赏裴度。元功,亦指裴度。魏本:"孙曰:'元和十二年十二月以彰义军节度、淮西宣慰处置使,门下侍郎平章事裴度,可本官,赐上柱国、晋国公,食邑三百户。'"元、头、首。《左传》僖公三十三年:"(先轸)免胄入狄师,死焉。狄人归其元,面如生。"元功,大功绩。《汉书·景武昭宣元成哀功臣表》:"辑而序之,续元功次云。"注:"元功,谓佐兴其帝业者也。"

【汇评】

宋葛立方:元和中,讨蔡数不利,群臣争请罢兵。钱徽、萧俛力请于前,逢吉、王涯力请于后。惟裴度以一病在腹心,不时去且为大患。又自请以身督战,誓不与贼俱存。王建所谓"桐柏水西贼星落,枭雏夜飞林木恶。相国刻日波涛清,当朝自请东西征"是也。

宪宗御通化门，临遣赐度通天御带，发神策骑三百为卫。王建诗所谓"同时赐马并赐衣，御楼看带弓刀发。马前猛士三百人，金书左右红旗新"是也。未几，李愬夜入悬瓠城，缚吴元济。度遣马总先入蔡，明日，统洄曲降卒万人，徐进抚定。则韩愈《平淮西碑》言之详矣。桃林夜捷，愈贺度诗云："手把命珪兼相印，一时重叠赏元功。"度自蔡入觐，途中重拜台司，愈作诗云："鹓鹭欲归仙仗里，熊罴还入禁营中。"观度隽功如此，宪宗倘能终始用之，诸藩当股栗不暇，而敢桀骜乎？乃信用程异、皇甫镈之徒，乘衅镌诋，使度卒不能安于相位。故度尝有诗云："有意效承平，无功答圣明。灰心缘忍事，霜鬓为论兵。道直身还在，恩深命转轻。盐梅非拟议，葵藿是平生。白日长悬照，苍蝇慢发声。嵩阳旧田里，终始谢归耕。"观此，则已无经世之意也。（《韵语阳秋》卷一一）

蒋抱玄：直叙法。（《注释评点韩昌黎诗全集》）

程学恂：与《潼关》诗同法。观此则《平淮西碑》自是铁案，何以尚听李愬之争？（《韩诗臆说》卷二）

送李员外院长分司东都①
元和十三年

去年秋露下，羁旅逐东征②。今岁春光动，驱驰别上京③。饮中相顾色，送后独归情④。两地无千里⑤，因风数寄声⑥。

【校注】

①题：方《举正》："李员外，正封。元和十三年春作。"魏本注："李员外，正封。樊曰：'从裴相出征凡三员外，李正封、冯宿、李宗闵。及还，宿迁比部郎中，宗闵迁驾部郎中知制诰，独正封至是犹曰李员外。正封无传，不能详也。'"文《详注》引王《补注》同。陈景

云《点勘》:"韩子从晋公还都后,擢刑部侍郎,叙平蔡功也。同时幕僚如冯宿、李宗闵皆迁官,独正封不得例迁,且反奉分司之命,是必有扼其进者,故腹联云尔。正封后历中书舍人,有诗名,《牡丹》一篇,尤为时传诵,见《松窗杂录》。"王元启《记疑》:"公《赠宗闵》诗有'下视众鸟,有口莫开,性气纵乖,亲故不保'等语,窃疑正封分司东出,陈氏所谓扼其进者,宗闵殆有力焉。又按:此诗疑十三年作,当编次《晋公破贼回》之后。"

②"去年"二句:羁旅,魏本:"祝曰:羁旅,旅寓也。《周礼》(《地官·委人》):'以甸聚待羁旅。'孙曰:'谓十二年八月征吴元济时。'"按:即元和十二年。元和十二年八月裴度率军赴淮西平吴元济也。

③"今岁"二句:魏本:"孙曰:'谓十三年春,李分司东都。上京,京师也。'"文《详注》:"王子思《诗话》云:'此为隔句对。下《奉使常山》诗同。'"蒋之翘《辑注》:"此隔句对也。古诗:'昨夜越溪难,含悲赴上兰。今朝逾岭易,抱笑入长安。'退之特效其体。"方回《瀛奎律髓》卷二四:"前四句谓之扇对,唐诗多有之。"方世举《笺注》:"元和尚此格,元、白比比有之。然不足学,气促而力薄也。"按:潘尼诗(《文选》卷二四)《赠陆机出为吴王郎中令》:"乃渐上京。"此在韩诗,乃至唐诗里为又一格也。句为扇面对,见《文镜秘府论》。何焯《批韩诗》:"格别,《太白集》中有之。"

④"饮中":二句:先饮后送,饮者二人相顾以表深情;送后独归,情怅然也。见二人真情。方回《瀛奎律髓》卷二四:"五、六曲尽离别之状,甚妙。李员外乃李正封也。元和十二年秋,退之、正封从裴晋公讨蔡,在郾城有联句。"冯舒批语:"'色'字不能易,但亦未洒落。"陈贻典批语:"'色'字下得生,他人不敢。"纪昀批语:"亦无深致。"

⑤两地无千里:魏本:"孙曰:'两地,谓东京。'"方世举《笺注》:"《后汉书·郡国志》:'京尹长安,高帝所都,洛阳西九百五十里。'《旧唐书·地理志》:'京兆府去东京八百里。''河南府在西

之东八百五十里。'里数虽不同,总不及千里也。"按:《元和郡县图志》卷五:"河南府,西至上都八百五十里。"韩诗为约数。

⑥ 数寄:文本作"寄数",非是。

方世举《笺注》:"李陵《答苏武书》(《文选》卷四一):'时因北风,复惠好音。'"按:韩公诗意出此。数寄乃频频寄书也,非谓一次寄数书也。

【汇评】

元方回:《送李员外院长分司东都》:前四句谓之扇对,唐诗多有之。五、六曲尽离别之状,甚妙。李员外乃李正封也。元和十二年秋,退之、正封从裴晋公讨蔡,在郾城有联句。(《瀛奎律髓》卷二四送别)

清朱彝尊:甚流快可喜。(顾嗣立《昌黎先生诗集注》卷一〇)

晋公破贼回重拜台司以诗示幕中宾客愈奉和①
元和十二年

南伐旋师太华东②,天书夜到册元功③。将军旧压三司贵④,相国新兼五等崇⑤。鸳鹭欲归仙仗里⑥,熊罴还入禁营中⑦。长惭典午非材识⑧,得就闲官即至公⑨。

【校注】

① 题:方《举正》据阁本作"晋公破贼回重拜司台以诗示幕中宾客愈奉和",云:"蜀本上文作'晋公自蔡州入觐途中重拜',下同。"朱《考异》作"晋公破贼回重拜台司以诗示幕中宾客愈奉和",云:"或作'晋公自蔡州入觐途中重拜'云云'愈因和之'。"南宋监本原文作"晋公自蔡州入觐途中重拜司台以诗示幕中宾客愈因和之"。宋白文本、文本、祝本、魏本"破贼回"均作"自蔡州入觐涂

中"。文本、祝本、魏本"愈奉和"均作"愈因和之"。今从朱说,"司台"作"台司"。方世举《笺注》:"《旧唐书·裴度传》:'八月三日,度赴淮西。二十七日,至郾城,巡抚诸军,宣达上旨,士皆贾勇,出战皆捷。十月十一日,唐邓节度使李愬袭破悬瓠城,擒吴元济。十一月二十八日,度自蔡州入朝。十二月,诏加度金紫光禄大夫、弘文馆大学士,赐勋上柱国,封晋国公,食邑三千户,复知政事。'"按:途中,即在夜得诏命时的桃林。

② 南伐旋师太华东:魏本:"樊曰:'桃林在太华之东,谓桃林也。'"即平蔡州凯旋归至桃林也。

③ 天书:帝王诏敕文书。唐王维《酬郭给事》诗:"晨摇玉佩趋金殿,夕奉天书拜琐闱。"元功,大功绩。《汉书·景武昭宣元成哀功臣表》:"辑而序之,续元功次云。"事见《桃林夜贺晋公》诗及注。

④ 将军旧压三司贵:魏本:"孙曰:'将军,谓淮西宣慰使(裴度)。三司,所谓三公也。'"方世举《笺注》:"三司:按《汉书·百官公卿表》:'以司马主天,司徒主人,司空主土,为三公。司马初名太尉,武帝元狩四年,初置大司马,冠以将军之号,位在司徒上。'《后汉书·百官志》云:'以卫青数征伐有功,以为大将军,置大司马官号以尊宠之。其后霍光、王凤等皆然。是大将军之贵压三司也。至车骑将军,则仪同三司,此始自邓骘。'见《骘传》。"

⑤ 相国:裴度为首相。五等,魏本:"韩曰:《书》(《武成》):'列爵惟五。'注:'五等之爵,公侯伯子男也。'度封晋国公,故云。"方世举《笺注》:"《周礼·春官·典命》:'掌诸臣五等之命。'《史记·高祖功臣侯年表》:'古者人臣功有五品,以德立宗庙定社稷曰勋,以言曰劳,用力曰功,明其等曰伐,积日曰阅。'按:五等之爵,公侯伯子男。度以宰相封晋国公,爵最崇也。"

⑥ 鹓鹭欲归仙仗里:鹓,魏本作"鸳"。二字音(yuān 于袁切,平,元韵)同,意不同。鸳,鸳鸯的省称,以结对出;鹓,传说凤一类鸟。鹭,水鸟名,白鹭。鹓鹭,二鸟群飞有序,因以喻朝官班行。则作"鹓"字是。仗,文本、祝本作"杖",非是。魏本:"孙曰:'鸳鹭,谓

幕中诸僚。'"方世举《笺注》："梁简文帝《南郊颂》：'尘清世晏，苍兕无所用其武功；运谧时雍，鹓鹭咸并修其文德。'按此指文臣为幕职者仍归班列也。"按：《北齐书·文苑传序》："于是辞人才子，波骇云属，振鹓鹭之羽仪，纵雕龙之符采。"仗，作仪卫解。杖则指拐杖，或泛称木棍，故二字音同义异。仗，皇帝的仪仗。唐岑参《奉和中书贾至舍人早朝大明宫》："金阙晓钟开万户，玉阶仙仗拥千官。"

⑦ 熊罴：熊和罴。皆为猛兽。《诗·小雅·斯干》："吉梦维何，维熊维罴……大人占之，维熊维罴，男子之祥。"比喻勇士。《书·牧誓》："勖哉夫子，尚桓桓，如虎如貔，如熊如罴。"又《康王之诰》："则亦有熊罴之士，不二心之臣，保乂王家。"

营中，魏本作"中营"，非是。

方世举《笺注》："《旧唐书·裴度传》：'诏以神策军三百骑卫从。'今还入禁营也。"魏本："孙曰：度东征，以神策军三百人卫从。(见《旧唐书·宪宗纪》)熊罴，谓此禁旅也。'"

⑧ 长惭典午非材识：识，方《举正》作"非材职"，云："李校。"朱《考异》："职，或作'识'。"南宋监本原文作"识"。宋白文本、文本、祝本、魏本均作"识"。文、魏本注"一作'职'"。廖本、王本作"职"，云："一作'识'。"当作"识"。

典午：魏本："孙曰：典，司。午，马也。公为行军司马，故云'典午'。谯周以蜀降时，晋文王为魏相，下书辟周，周曰：'典午忽兮，月酉没兮。'典午谓司马。月酉，八月也。八月文王果崩。(载《三国志·蜀·谯周传》)"文《详注》："典午，司马之别称，公自谓也。"廖本注："白乐天自江州司马还朝再出，亦曰：'昔征从典午。'"方世举《笺注》："庾信《哀江南赋》(《庾子山集》卷一)：'居笠毂而掌兵，出兰池而典午。'盖自叙其为东宫领直节度兵马之事。韩、白皆祖此也。"按：韩公自谓材识高远，故有下句之语。材识，才能与见识。韩公《论佛骨表》："高祖始受隋禅，则议除之。当时群臣材识不远，不能深知先王之道，古今之宜，推阐圣明，以救斯弊，其事遂止。"

⑨ 得就闲官即至公：文《详注》："(洪)《辨证》云：裴晋公东征

过华岳金天王祠石阙，《题名》曰：'门下侍郎平章事裴度、副使刑部侍郎兼御史大夫马总、行军司马太子右庶子兼御史中丞韩愈、判官司勋员外郎兼侍御史李正封、都官员外郎兼侍御史冯宿、掌书记礼部员外郎兼侍御史李宗闵、都知兵马左骁卫将军威远军使兼御史大夫李文悦、左箱都押衙嘉王傅兼御史中丞密国公高承简，元年十二月八日，丞相奉诏平淮右，八日，东过淮阴，礼于岳庙，总等八人，实备将佐以从。'典午，司马之别称，公自谓也。典谓司典氏，午，马也。"方世举《笺注》："闲官：按：重拜台司，即十二月壬戌之命，越十四日丙子，公之除书始下，故此诗有'得就闲官'之语。"

【汇评】

宋叶梦得：七言难于气象雄浑，句中有力，而纡徐不失言外之意。自老杜"锦江春色来天地，玉垒浮云变古今"，与"五更鼓角声悲壮，三峡星河影动摇"等句之后，尝恨无复继者。韩退之笔力最为杰出，然每苦意与语俱尽。《和裴晋公破蔡州回》诗所谓"将军旧压三司贵，相国新兼五等崇"，非不壮也，然意亦尽于此矣。不若刘禹锡《贺晋公留守东都》云"天子旌旗分一半，八方风雨会中州"，语远而体大也。(《石林诗话》卷下)

明胡震亨：七言难于气象雄浑，句中有力，而纡徐不失言外之意。自老杜后，韩退之笔力最为杰出，然每苦意与语俱尽。《贺裴晋公破蔡州回》所谓"将军旧压三司贵，相国新兼五等崇"，非不壮也，然意亦尽于此矣。不若刘禹锡《贺裴晋公留守东都》云"天子旌旗分一半，八方风雨会中州"，远而得大体也。(《唐音癸签》卷一〇评汇六)

清朱彝尊：庄雅有体，颔联叙官精妥。(顾嗣立《昌黎先生诗集注》卷一〇)

清何焯：《晋公破贼回重拜台司以诗示幕中宾客愈奉和》后四句只直叙幕中宾客。"即至公"三字，便已带转晋公相业。上下俱有关锁，笔力最高。(《义门读书记》卷三〇)

清沈德潜:《晋公破贼回重拜台司以诗示幕中宾客愈奉和》:司马隐语,公自谓。(《唐诗别裁集》卷一五)

清方世举:此诗气度高华,情事详尽,杂之盛唐,无复可辨。《石林诗话》乃犹有所不足,非公论也。(《韩昌黎诗集编年笺注》卷一○)

清爱新觉罗·弘历:严重苍浑,直逼杜陵。(《唐宋诗醇》卷三一)

清黄钺:随晋公伐蔡州诸诗,雄秀称题。(《韩诗增注证讹》卷一○)

清方东树:诗语固忌用巧太过,然原情体物,自有天然工妙,虽巧而不见刻削之痕。……韩退之笔力最为杰出,然每苦意与语俱尽。《和裴晋公破蔡州回》诗所谓"将军旧压三司贵,相国新兼五等崇",非不壮也,然意亦尽于此矣;不若刘禹锡《贺晋公留守东都》云"天子旌旗分一半,八方风雨会中州",语远而体大也。愚谓梦得此句亦粗,不足法。(《昭昧詹言》卷二一附论诸家诗话)

独钓四首①

元和十三年

元和十二年十二月二十一日至十四年正月十四日,韩愈任刑部侍郎。此四诗其二有"坐厌亲刑柄"句,知四诗写于他任职刑部时。其三有"秋晨景气醒",其四有"秋半百物变"句,知诗写于元和十三年八月。时社会暂时太平,《平淮西碑》风波也已过去,韩公之心得以稍稍平静,刑部主管刑法,相对具体事少,又无友应召,故有独钓之闲心。诗正反映了他此时的平静生活与幽兴心态。诗虽有闲适气,却也反映出韩诗诗艺的多样性。故何焯《批韩诗》云:"四首多新致。"

其一

侯家林馆胜②,偶入得垂竿。曲树行藤角③,平池散茭盘④。羽沉知食骏⑤,缗细觉牵难⑥。聊取夸儿女⑦,榆条系从鞍。

【校注】

① 题:方《举正》据杭、蜀本作"钓"。朱《考异》:"钓,或作'酌'。"南宋监本原文作"酌"。诸本作"钓"是。

按:诗其一即谓林馆垂竿,四诗内容又无独酌之意,故当作"独钓"。魏本:"樊曰:二章云'坐厌亲刑柄',为刑部侍郎时作。'钓'字一本作'酌'。"文《详注》:"退之五言诗,惟《秋怀》十一首与此《独钓》诗最为精绝,其间体物惬当,属对亲切,穷尽物理,三者备矣。五言之尤工者也。《补注》:'元和十三年秋所作。'"王元启《记疑》:"公于元和十二年腊月自蔡还朝,以功迁刑部侍郎。十四年正月,贬刺潮州。此诗有'厌亲刑柄'及'秋晨''秋半'等语,知为十三年作。"方成珪《年谱》:"第四诗有'秋半百物变'句,知为元和十三年八月作。"

② 侯家林馆胜:文《详注》:"侯喜。"蒋之翘《辑注》:"侯家,疑即侯喜也。"按:所说误。魏本:"孙曰:'侯家,谓公侯之家。'"方世举《笺注》:"按:侯家自是常语,即如韦氏庄、太平公主庄等,皆可谓之侯家也。蒋之翘乃云:'侯家,疑即侯喜。'不应于侯喜无片语及之。后二首所嗟所期,皆似相迟主人之语也。"侯喜家贫,官卑禄薄,家务又重,不会有这样的林馆之胜。韩公《与祠部陆员外书》:"文章之尤者,有侯喜者……喜之家,在开元中衣冠而朝者兄弟五六人,及喜之父仕不达,弃官而归。喜率兄弟操耒耜而耕于野,地薄而赋多,不足以养其亲,则以其耕之暇,读书而为文,以干于有位者而取足焉。"

③行藤角：方世举《笺注》："行，犹引也。藤角，即藤子，犹云槐角、皂角也。《广雅·释草》：'豆角，谓之荚。'"按：曲树，指藤傍之树。行，绕也。藤依物蔓生，春花夏结荚（即角形），秋果实成熟荚裂，子如豆粒。

④芡盘：魏本音注："芡，音俭。"方世举《笺注》："散芡盘：按：散者，言四散敷布也。芡叶似荷而大，其形如盘，故谓之芡盘。"按：芡（qiàn巨俭切，去，琰韵），水生植物名，又名鸡头。种子名芡实，供食用和入药。《吕氏春秋·恃君》："夏日则食菱、芡。"《方言》三："葰、芡，鸡头也。北燕谓之葰，青徐淮泗之间谓之芡，南楚江湘之间谓之鸡头，或谓之雁头，或谓之乌头。"朱彝尊《批韩诗》："工巧。"

⑤羽沉知食駃：駃，方《举正》据杭、蜀本作"駛"。朱《考异》："駛，或作'快'，或作'駃'。"南宋监本原文作"快"，宋白文本、文本、祝本、魏本作"快"。魏本注："快，一作'駃'。"廖本、王本作"駃"。廖本注："駃，或作'快'，或作'駛'。"

方世举《笺注》："羽沉：按：钓丝系之以羽，以验鱼之吞钩。"按：钱仲联《集释》："从駃为是。《唐律》释文：'迟駃，音诀，速也。'"駃（jué古穴切，入，屑韵），良马，即駃騠。亦含快意。此当读kuài（苦夬切，去，夬韵），同快。且駃本字，快，后出字。

⑥缗：魏本注："缗，钓丝。"钱仲联《集释》："《说文》（系部）：'缗，钓鱼系也，从系，昏声。'"方世举《笺注》："《六韬》（卷一《文韬·文师》）：'食饵牵缗。'"朱彝尊《批韩诗》："羽沉缗细，稳切。"

⑦夸：夸赞也。夸儿女，即夸赞于儿女，即儿女夸，非韩公自夸也。此为韩公钓得鱼回家，受到儿女的夸奖。插得有趣，贴近生活。正如下句所说：用榆树枝条穿鱼系在马鞍上。

其二

一径向池斜，池塘野草花①。雨多添柳耳②，水长减蒲芽③。坐厌亲刑柄④,偷来傍钓车⑤。太平公事少,吏隐讵相赊⑥。

【校注】

①"一径"二句:二句虽直叙,然有兴象,"一""斜"二字逼真,是个性语言。野字双关,即野草、野花。自然和谐,有谢灵运《登池上楼》"池塘生春草"意韵。

②柳耳:寄生在老柳树上的菌类,色黄黑,形如耳,可食用。韩公《答道士寄树鸡》诗所谓"树鸡"者。喜温热潮湿,故诗云"雨多添"也。

③长(zhǎng):水位升高,义同涨;水位涨高而蒲芽未增高,故云减,即少。此写水涨蒲没景象。首二联体物入微,妙出新境也。如王维《书事》:"坐看苍苔色,欲上人衣来。"

④坐厌:方《举正》据杭、蜀本乙"坐厌"二字,作"厌坐",云:"'厌'与'偷'为一义,'坐亲刑柄''来弄钓车'为一义。韩诗多此体。"朱《考异》:"坐厌,方作'厌坐'。(下引方语)今按:'坐厌'与'偷来'为对,亦自亲切。又况坐厌乃常用之语,韦苏州(《登楼》)云:'坐厌淮南守。'此类极多。方从误本,更为曲说,不知语意之拙涩也。"诸本作"坐厌"。朱说是。

按:坐,受此职位,义同坐罪之坐。《汉书·龚遂传》:"昌邑群臣坐陷王于恶不道,皆诛,死者二百余人。"刑柄,刑法权柄,时公为刑部侍郎。《全唐诗》卷二四五韩翃《家兄自山南罢归献诗叙事》:"坐厌牵丝倦,因从解绶旋。"张相《诗词曲语辞汇释》卷四:"坐,犹正也;适也。"

⑤钓车:钓鱼之具,有轮以缠绕钓丝者。唐陆龟蒙《渔具》诗有《钓车》篇,又有《桐江得一钓车……复抒酬答》诗。"偷"字语显而意深,锤炼极工、极佳。

⑥吏隐讵相赊:魏本:"韩曰:《选》(卷二二)王康琚《反招魂》(当为《反招隐》)诗:'小隐隐林薮,大隐隐朝市。伯夷窜首阳,老聃

伏柱史。'皆言吏隐也。诳,岂也。赊,放也。"顾嗣立《集注》:"杜子美诗(《院中晚晴怀西郭茅舍》):'肯信吾兼吏隐名?'"童《校诠》:"第德案:招魂当作招隐。汉书东方朔传:柱下为工,应劭曰:老子为周柱下史,朝隐,故终身无患。"

其三

独往南塘上,秋晨景气醒①。露排四岸草②,风约半池萍③。鸟下见人寂,鱼来闻饵馨④。所嗟无可召,不得倒吾瓶⑤。

【校注】

① 景气:景象、景致。《文选》卷二二殷仲文《南州桓公九井作》:"景气多明远,风物自凄紧。"又卷四六王元长(融)《三月三日曲水诗序》李善注:"景,日也。"《辞源》引韩诗为例。醒,以酒醉解除比喻黑夜解除。《左传》僖公二十三年:"姜与子犯谋,醉而遣之。醒,以戈逐子犯。"

② 露排四岸草:翟翚《声调谱拾遗》:"三字(四岸草)宜平而仄,同杜诗'世人共卤莽'句。"

③ 风约半池萍:魏本注:"约,偃也。"蒋之翘《辑注》:"下'约'字极新。"王元启《记疑》:"旧注:'约,偃也。'按:约取束缚之义,不止训偃。唐人句云:'风约溪声静又回。'与此'约'字同义。"徐震《诠订》:"《说文》(糸部):'约,缠束也。'引申之,则有聚合之义。此句言风吹聚半池萍也。"按:徐说是。宋无名氏《道山清话》云:"馆中一日会茶,有一新进曰:'退之诗太孟浪。'时贡父偶在座,厉声问曰:'风约半池萍,谁诗也?'其人无语。"

④ "鸟下"二句:何焯《批韩诗》:"鱼鸟一联,极似老杜。入微。"

⑤ "所嗟"二句：应题"独"字，当有寓意。

其四

秋半百物变①，溪鱼去不来②。风能坼芡觜③，露亦染梨腮④。远岫重叠出⑤，寒花散乱开⑥。所期终莫至，日暮与谁回⑦？

【校注】

① 秋半百物变：翟翚《声调谱拾遗》作"秋半百物晦"，云："四仄。"按：秋半，八月十五也。正是白露至秋分节令，秋收秋种，果熟叶黄之时，故云"百物变"。

② 溪鱼去不来：翟翚《声调谱拾遗》："不救上句，可与杜甫《夜雨》诗参看。"杜甫《夜雨》："小雨夜复密，回风吹早秋。"

③ 风能坼芡觜：秋天植物黄熟，风吹芡开。芡觜，即鸡头的嘴。觜（zuǐ即委切，上，纸韵），通嘴。特指鸟喙。《文选》卷九潘岳《射雉赋》："当咮值胸，裂膆破觜。"注："觜，喙也。"

④ 露亦染梨腮：方《举正》出"风能""露亦"，云："广信晁氏旧藏印本作'风稜''露液'。一云：山谷所定。"朱彝尊《批韩诗》："景句俱工。"何焯《批韩诗》："新。"按：腮（sāi 苏来切，平，咍韵），两颊的下半部，即俗谓"腮帮子"。梁萧统《锦带书十二月启蕤宾五月》："莲花泛水，艳如越女之腮。"露染梨腮，梨上有露水，意虽浅而语新，唯韩公能之。

⑤ 远岫重叠出：翟翚《声调谱拾遗》："出"作"见"，云："'重叠见'，拗句。"

⑥ 寒花散乱开：翟翚《声调谱拾遗》："不救上句，可与杜甫《奉答岑参》诗参看。"杜甫《奉答岑参补阙见赠》诗："窈窕清禁闼，罢朝归不同。"

⑦ 日暮与谁回:何焯《批韩诗》:"结独字。"值至日落,期者不来,故无人同归也。文《详注》:"公《祭喜文》云:'我钓我游,莫不我随。'"公期侯喜之来乎?

【汇评】

清朱彝尊:四首俱有幽致。(顾嗣立《昌黎先生诗集注》卷一〇)

清何焯:四首多新致。(同上)

清方世举:四诗之中,纤小字太多,一首藤角、芡盘,二首柳耳、蒲芽,四首芡觜、梨腮,小家伙俩耳,不可法。(《韩昌黎诗集编年笺注》卷一〇)

清许印芳:沈归愚云:"描写难状之情,正于琐屑处见笔力,此古文叙事手也。熟精《左》《史》者能之。"读此评,益信学诗必兼学古文,始能叙大小事曲折尽致也。……太白《忆旧游》云:"一溪初入千花明,万壑度尽松风声。"……王摩诘《冬晚对雪》云:"隔牖风惊竹,开门雪满山。"……韩昌黎《独钓》云:"露排四岸草,风约半池萍。"……柳子厚《别舍弟宗一》云:"桂岭瘴来云似墨,洞庭春尽水如天。"……以上诸诗,古律备体,钜细毕举,善写情状,可为后学楷模。(《诗法萃编》卷八)

程学恂:此见幽兴耳,诗则不佳。(《韩诗臆说》卷二)

枯树①

长庆三年

此诗写老有寄托,不以老弭志,当是公晚年之作。诗似寓言,以一棵老树作喻,虽枯到人可钻而鸟不栖的程度,仍可作改火之用。说明人虽老而志不衰,颇有自寓之意。也能启发人余热发电,为世多作一点贡献。所谓"'改火'意尤新"(朱彝尊《批韩诗》)也。

诗工切而不板俗。

老树无枝叶,风霜不复侵②。腹穿人可过③,皮剥蚁还寻④。寄托惟朝菌⑤,依投绝暮禽。犹堪持改火⑥,未肯但空心⑦。

【校注】

① 题:方崧卿《年表》系此诗于元和十三年。文《详注》:"《补注》:元和十三年作,公时老矣,故其寄兴如此。"方世举《笺注》:"此诗亦当是争台参时作。"钱仲联《集释》:"诗意与争台参无涉,第无可系年,故仍方旧编。"

② 侵:侵害,凌辱。

③ 腹穿人可过:谓树干老而中朽,形成树洞,人可穿过。登封嵩阳书院将军柏即中空可穿行。

④ 皮剥蚁还寻:方世举《笺注》:"此喻小人乘其隙而中之也。"按:寻,相当于中原方言寻趁,即寻趁人,意谓故意找人的茬。这里作侵扰解。宋杜世安《寿城词·玉阑干》:"几回独睡不思量,还悠悠,梦里寻趁。"《元曲选》佚名《风雪渔樵记》第三折:"小孩儿每搭着铜钱,兜着米豆,则他把我似闻风儿寻趁。"

⑤ 寄托:寄生。朝菌,魏本:"孙曰:《庄子》(《逍遥游》):'朝菌不知晦朔。'朝菌,大芝也。天阴则生粪土,见日则死。"按:菌,指生长在枯树上的菌类,即公《答道士寄树鸡》里的"树鸡"。

⑥ 依投绝暮禽:枯树皮剥叶落,连鸟都不栖息。与上句对。程学恂《韩诗臆说》卷二云:"此诗三四与张水部'蠹节莓苔老,烧痕霹雳新。危根堪系马,空腹恐藏人'句意略同,而输其工矣。"

⑦ 犹堪持改火:还可作取火的材料。犹堪,还能。改火,不同季节用不同的木材钻木取火。《论语·阳货》:"钻燧改火。"马融注:"《周书·月令》:有更火之文,春取榆柳之火,夏取枣杏之火,季夏取桑柘之火,秋取柞楢之火,冬取槐檀之火。一年之中,钻火各

异木,故曰改火也。"杜甫《清明》之二:"旅雁上云归紫塞,家人钻火用青枫。"

⑧ 未肯但空心:此句言下之意为"还有用场"也。

【汇评】

清汪琬:有及时行乐意。(钱仲联《韩昌黎诗系年集释》卷一二)

清朱彝尊:工切而不板俗,"改火"意尤新。(顾嗣立《昌黎先生诗集注》卷一〇)

元日酬马十二尚书去年蔡州元日见寄之什①
元和十四年

元日新诗已去年②,蔡州遥寄荷相怜③。今朝纵有谁人领?自是三峰不敢眠④。

【校注】

① 题:方《举正》作"元日酬蔡州马十二尚书"。朱《考异》作"元日酬蔡州马十二尚书"。诸本于题中"酬"字下有"蔡州"二字。宋白文本下"元"字作"今"。按:韩公酬诗时马总已不在蔡州,况其意与下"蔡州"字重,当无上"蔡州"字,"元"作"今"亦误。

魏本:"孙曰:'元和十二年十二月,以蔡州留后马总检校工部尚书、蔡州刺史,充彰义军节度使。十三年元日,有诗寄公。五月,以总为许州刺史、忠义(武)军节度使、陈许溵蔡观察等使。十四年元日,公以此诗酬之。'"文《详注》:"《补注》:'马总也。元日,元和十四年之元日。去年则十三年。'"陈景云《点勘》:"蔡州,疑当作华州。《旧史·宪宗纪》:'十三年十一月,以华州刺史令狐楚充河阳节度使。十四年三月,以华州刺史马总充郓、濮、曹等州观察使。'

则总之除华州,当即在十三年冬,纪偶略之。而本传云:'十四年自忠武改华州。''四'字盖'三'字之误耳。[十]四年元日,总正在华,公于都下酬其去年元日在蔡所寄诗,故中有'三峰'之语。"王元启《记疑》:"此诗元和十四年元日作。时马已改授华州,前此十三年元日,则马在蔡州,有诗寄公。题中'酬'下'蔡'字,当改作'华',若果应作'蔡',则下句止合云'去年元日见寄',不当复出'蔡州'取厌矣。"按:韩公《郓州溪堂诗序》云:"宪宗之十四年,始定东平,三分其地,以华州刺史、礼部尚书兼御史大夫扶风马公为郓、曹、濮节度、观察等使镇其地。"则当无上"蔡州"二字。

② 元日新诗已去年:去年元日新诗,即元和十三年正月一日之诗也。元,头也,首也。《左传》僖公三十三年:"狄人归其元。"《荀子·王制》:"元恶不待教而诛。"引申为开始。《公羊传》隐公元年:"元年者何?君之始年也。"韩公《天星送杨凝郎中贺正》"会朝元正无不至",即谓元日朝正。

③ 荷:担荷,承担。《列子·汤问》:"遂率子孙荷担者三夫。"《文选》卷三《东京赋》:"荷天下之重任。"怜,关爱。《战国策·赵策四》:"丈夫亦爱怜其少子乎?"此谓寄诗乃相互关爱也。

④ 三峰:方《举正》据唐本作"三峰",云:"诸本皆作'三冬',三峰在华岳,唐人守华州者皆谓之'三峰守'。盖公西归日经从之路。马诗必有所序述,今不可得而详。以意窜字,非也。"朱《考异》:"峰,或作'冬'。方从唐本。(下引方语)今按:此诗并题,皆不言经由华州所作,方说既无所据,又'三峰不敢眠',亦无文理。今当阙之,亦俟知者。"按:南宋监本原文作"三冬"。宋白文本、文本、祝本、魏本亦作"三冬"。廖本、王本同方,作"三峰"。屈《校注》:"按:方、朱皆未明史事,然方氏订从唐本乃得其实,朱氏以二作并存则非。"按:事实如方说,华州为韩公行经处,韩公一生经华州者多次,即如元和十二年腊月西归,均与诗里所写情事无涉。按当时情景,元和十三年元日,马总寄诗时在蔡州。诗到韩公手时恐已过一段月日,故下年元日才酬。韩公酬诗时马总在华州,故题中不当称蔡

州马总，而明其为华州之守，韩诗"三峰"之意缘此。方世举《笺注》："《旧唐书·马总传》：'吴元济诛，度留总蔡州，知彰义军留后，寻检校工部尚书、蔡州刺史、充淮西节度使。总以申、光、蔡等州久陷贼寇，人不知法，威刑劝导，咸令率化。十三年，转许州刺史、忠武军节度使，改华州刺史、潼关防御、镇国军等使。'则去年在蔡，而今年已在华矣。蔡乃宿叛之邦，代领者不知为谁？总忧国奉公，或不敢安眠也。亦以答其相怜之意，未知是否？"王元启《记疑》："愚读《郓州溪堂诗序》，知总实尝为华州，且在十四年以前，传谓十四年除华州，方氏但云西归经从之路，《考异》又斥方说为无据，其说皆非。又蔡为宿叛之邦，史言犷戾有夷貊风，总磨治洗汰，其俗一变。是总之治蔡，一如后日治郓，实有急心疲精之瘁。今虽代领有人，推总忧国之心，尚恐不能释然于去任之后，故结句有不敢眠之语。"方成珪《笺正》："《方镇表》：马总迁忠武，废淮西节度。总寻迁潼关，李光颜复为忠武节度，增领蔡州。所谓'谁人领'者，指淮西节度废后言之。且以见犷戾之邦，威怀非易，总在华州，当亦不能不分忧旧理也。"钱仲联《集释》："三峰为华州之代称，古人常以州郡名代称其牧守，则此三峰即是谓华州刺史。"

【汇评】

蒋抱玄：无甚风致。(《注释评点韩昌黎诗全集》)

同侯十一咏灯花①

元和十五年

今夕知何夕？花然锦帐中②。自能当雪暖，那肯待春红③。黄里排金粟④，钗头缀玉虫⑤。更烦将喜事⑥，来报主人公⑦。

【校注】

① 题：方《举正》以阁本校作"咏灯花同侯十一"，云："侯十一，侯喜也。上四题皆十三年作。"朱《考异》题同方，云："或作'同侯十一咏灯花'。"魏本："祝曰：侯喜字叔起，行十一。或曰：此诗极似少陵。"文《详注》引《补注》同祝。宋白文本、文本、祝本、魏本均作"同侯十一咏灯花"。廖本、王本同方。按语法"韩公同侯十一"是韩公的宾语与"侯十一"构成"咏灯花"的主语，方《举正》颠倒后费解。况诸本多不倒置。一般诗题乃陈述句，不可随意颠倒。

方世举《笺注》："一作'同侯十一咏灯花'，原注：'侯十一，喜也。'按：公以冬暮至京师，此乃初至京师之作。"钱仲联《集释》："《举正》以此诗为十四年作。据三四一联，诗实作于冬暮。而十四年冬，公尚在潮州，无缘与侯同咏。今从方世举编。"屈《校注》："方、钱未知库本《举正》之讹，故系于元和十五年潮州还京后。"按：屈系于十三年。侯喜，两《唐书》无传，仕历不详。然他贞元十九年中进士，为协律郎。韩公《和侯协律咏笋》在元和十一年，为右庶子后。韩公从袁州回京任国子祭酒后，有《送侯喜》《雨中寄张博士籍侯主簿喜》，此前三四年间未见其交往。十三年冬，韩公为刑部侍郎，侯喜不可能与他在署值宿；若在私第，又不可能同在锦帐。而十五年冬，侯喜年末告归之前，实有可能。二人一为祭酒，一为主簿，故系此诗于十五年冬，较他说为可信。

② "今夕"二句：魏本："韩曰：《诗·绸缪》（《唐风》）云：'今夕何夕，见此良人。'"方世举《笺注》同，又："花然：梁元帝《玄览赋》：'灯花开而夜然。'"按：首联以发问突起，下句似答非答，好像不着边际，仔细一想，实有意思，发读者想象。苏轼《水调歌头·明月几时有》"今夕是何年"法此。然，宋白文本、文本作"燃"。然、燃二字作燃烧解，音义同；然本字，燃后出字。《墨子·备穴》："以须炉火之然也。"《孟子·公孙丑上》："若火之始然，泉之始达。"《说文·火部》："然，烧也，从火，肰声。"宋徐铉谓俗别作燃。《水经注》卷三九《赣水》："浊水又东迳建成县……县出燃石。《异物志》曰：石色黄

白而理疏,以水灌之便热,以鼎著其上,炊足以熟。置之则冷,灌之则热,如此无穷。元康中,雷孔章入洛,赍石以示张公。张公曰:此谓燃石。于是乃知其名。"

③ "自能"二句:因灯花然锦帐,觉冬雪虽冷而暖。又由花然而暖,想到春天花开。春红,春天的花朵。李白《怨歌行》:"十五入汉宫,花颜笑春红。"

④ 黄里排金粟:方《举正》据蜀本作"黄",云:"三馆本同,樊、谢校。何逊诗'金粟裹搔头',蜀人史念升曰:'黄里排金粟,谓额间花钿也。'沈约《宋书》:'汉制:乘舆翠盖黄里,所谓黄屋也。'诸本多引《汉纪》注,实此义也。"朱《考异》:"诸本'黄'作'囊'。(下引方语)今按:汉制黄屋与此诗文意不同,疑史说误。"南宋监本原文作"囊"。祝本、魏本亦作"囊"。文《详注》:"魏文帝《与钟大理书》:'窃见玉书称玉黄侔蒸粟。'注云:'侔,类也。粟米蒸之其色鲜黄,言美玉有如此色也。'一云黄里事见《前汉》'黄屋'注中。东坡《再次赵德麟新开西湖》云:'湖成君归侍帝侧,灯花已缀钗头虫。'盖引用此事也。而注坡诗者谓黄之为言古人以黄涂额,直谓之黄,未晓所谓。"郑珍《巢经巢文集》卷五跋此诗云:"考《文选》注:'石中黄子,黄石脂也,宫额用之。'是黄子乃石名,以之饰额。故义山诗云:'低眉遮黄子。'而梁简文诗(《玉台新咏》卷七《美女篇》)'约黄能效月',更省称黄。是公以钗对黄,比物连类,的是正对。"

⑤ 钗头缀玉虫:文《详注》:"窦泉(疑为'臮')作《小篆赞》曰:'丞相斯法,神虑清深,钗头屈玉,鼎足垂金。'"郑珍《巢经巢文集》卷五跋此诗云:"此二句之拟状绝肖者。灯之火光内黄外赤,花在其中,恰是'黄里排金粟'。钗以比灯芯,花在其首,确是'钗头缀玉虫'。于此见公体物之精。"

⑥ 更烦将喜事:文《详注》:"《西京杂记》陆贾曰:'目瞤得酒食,灯花得钱财。'喜小既有征,大亦宜然。"魏本引孙《全解》同。魏本:"韩曰:杜诗:'灯花何太喜。'"按:古人俗谓爆灯花,有喜事也。按:杜甫《独酌成诗》:"灯花何太喜,酒绿正相亲。"正用陆贾意,而

韩又暗承。

⑦ 来报主人公:公,廖本注:"公,一作'翁'。"宋白文本、文本、魏本作"翁"。作"公""翁"均可。

按:尊称老人,或父辈,公、翁二字通用。《后汉书·华佗传》:"必是逢我翁也。"白居易《卖炭翁》诗:"卖炭翁,伐薪烧炭南山中。"《战国策·魏策一》:"其子陈应止其公之行。"《史记·留侯世家》:"吾求公数岁,公辟逃我。"此指灯的主人。

【汇评】

宋吴曾:《主人翁》:韩退之《灯花》诗:"更烦将喜事,来报主人翁。"按:范雎曰:"主人翁习知之。"(《能改斋漫录》卷七)

阙名《雪浪斋日记》:此诗极似少陵。(钱仲联《韩昌黎诗系年集释》卷一二)

清朱彝尊:运意沉细,得咏物趣。(顾嗣立《昌黎先生诗集注》卷一〇)

清黄叔灿:"自能"一联,赋灯花之意。"黄里"一联,象灯花之形。"金粟""玉虫",借用其事。(《唐诗笺注》卷三)

祖席二首①

元和三年

前字②

祖席洛桥边③,亲交共黯然④。野晴山簇簇⑤,霜晓菊鲜鲜⑥。书寄相思处,杯衔欲别前。淮南知不薄⑦,终愿早回船。

【校注】

① 题：方《举正》："旧注云：'以王涯徙袁州刺史而作。'按《旧纪》：涯刺袁州，元和三年四月也。公时在东都，故曰'祖席洛桥边'。此诗前后注文，旧本无之，蜀本亦然。"朱《考异》引旧注和方说，云："又或二题'前'字、'秋'字上皆有'得'字。"南宋监本原文作"祖席"，题下注："得前"字。文本题作"祖席二首"，疑"二首"二字为原本题下小字注。文《详注》："得前字一题云：王涯，字广津，自虢州司马徙袁州刺史。《汉·疏广传》曰：'祖者送行之际，因设宴饮焉。'"魏本："樊曰：'世传此二诗公为王涯作。涯，字广津，元和初，其甥皇甫湜对策忤宰相，涯因是贬虢州司马，徙为袁州。诗云宜春，即为袁州也。'"王元启《记疑》："按：涯贬虢州在初夏，徙袁当在深秋，故有菊鲜木落等句。方氏直以贬虢为徙袁之日，似与诗旨不符。此非史谬，方误耳。"方成珪《笺正》："《旧史·宪宗纪》：元和三年四月，涯以甥皇甫湜对策忤宰相，贬虢州司马。不载其徙袁州刺史事。传亦略之。《新史》本传则纪其自虢刺袁。"方世举《笺注》："按：《旧唐书·宪宗纪》：'三年四月，贬翰林学士王涯虢州司马，时涯甥皇甫湜与牛僧孺、李宗闵并登贤良方正科（三等），策语太切，权倖恶之，故涯坐亲累贬为虢州司马，非袁州刺史也。'唯《新唐书·王涯传》云：'湜以对策忤宰相，涯坐不避嫌，罢学士，再贬虢州司马，徙为袁州刺史。'此则涯为袁州之明证，方崧卿盖误引《旧纪》也。诗作于洛阳秋日，盖贬虢在春，徙袁在秋。公与涯同年进士，虢州又近东都，故有《祖席》之作。"顾嗣立《集注》："《汉·疏广传》：'设祖道供帐东都门外。'《景十三王传》：'祖于江陵北门。'师古曰：祖者，送行之祭，因飨饮也。昔黄帝之子累祖，好远游，而死于道，故后人以为行神也。"按：祖席，设帐铺席置酒于城门之外，为友人送行。

② 前字：方《举正》订，云："此诗前后注文，旧本无之，蜀本亦然。"宋白文本、文本、魏本无此题，皆于总题"祖席"下注云"得前字"。

③祖席洛桥边：魏本："孙曰：公时分司东都，故云'洛桥边'也。"方世举《笺注》："《洛阳伽蓝记》：'崇义里东有七里桥，京师士子送去迎归，常在此处。'又：'宣阳门外四里，至洛水上作浮桥。'"钱仲联《集释》："王勃《春思赋》云：'向夕天津洛桥暮。'《孟东野集·洛桥晚望》诗云：'天津桥下冰初结。'是唐人所云洛桥，即指天津桥也。《元和郡县志》：河南道河南府，管河南县。天津桥在县北四里，隋炀帝大业元年初造此桥，以架洛水，用大缆维舟，皆以铁锁钩连之。贞观十四年，更令石工累方石为脚。《尔雅》：'斗牛之间，为天汉之津，故取名焉。'"

④亲交共黯然：魏本："孙曰：江淹《别赋》：'黯然销魂［者］，惟别而已［矣］。'"

⑤簇簇：祝本、魏本作"蔟蔟"。诸本作"簇簇"，从之。

簇(cù)簇：丛列、丛聚貌。唐韦庄《登汉高庙闲眺》诗："天畔晚峰青簇簇，槛前春树碧团团。"《辞源》引韩诗为例。

⑥鲜鲜：亦作"鱻鱻"，好貌，鲜丽貌。韩公《秋怀诗》之十一："鲜鲜霜中菊，既晚何用好。"扬雄《方言》卷一〇："鲜，好也。"宋王安石《酬裴如晦》诗："鲜鲜细菊霜前蕊，漠漠疏桐日下阴。"亦学韩公诗。何焯《批韩诗》："新句。"

⑦淮南知不薄：方《举正》："洪云：'淮南'当作'淮阳'，用汲黯事。以后诗有'淮南'字。随笔以误也。"朱《考异》同。宋白文本、文本、祝本、魏本作"南"。廖本、王本作"阳"。按：此为泛指，作"阳"、作"南"均可。或用汲黯召拜淮阳守事。下一首已出"南"字。此作"南"字善。

方世举《笺注》："《史记·汲黯传》：'召拜黯为淮阳太守，黯伏谢不受印。上曰：君薄淮阳耶？吾今召君矣。'"

秋字①

淮南悲木落②，而我亦伤秋③。况与故人别，那堪羁宦愁④。荣华今异路,风雨苦同忧⑤。莫以宜春远⑥,江山多胜游⑦。

【校注】

① 秋字:方《举正》据蜀本作"秋字"。宋白文本、文本、祝本、魏本作"又"。"又"字下宋白文本、文本、魏本注:"得秋字,一云'伤秋'。"祝本注:"得秋字。"

② 淮南悲木落:文《详注》:"宋玉《九辩》云:'悲哉!秋之为气也,萧瑟兮草木摇落而变衰。'今误以淮南王安,盖缘宋玉、淮南皆有哀屈原之文,载在《文选》,篇目相次,故误引用之。"魏本引孙《全解》同而稍简。方世举《笺注》:"《淮南·说山训》:'桑叶落而长年悲。'庾信《枯树赋》引之,作'木叶落'。"

③ 而我亦伤秋:方《举正》据唐本作"而我",云:"谢校。"朱《考异》:"而,或作'今'。"南宋监本原文作"今"。宋白文本、文本、祝本、魏本作"今我"。廖本、王本作"而我"。童《校诠》:"第德案:此诗下云:荣华今异路,复出今字,自以从举正及一本作而为是。"按:童说是。

④ 羁宦愁:魏本:"韩曰:《选》(卷二六)陆士衡《赴洛诗》:'羁旅远游宦。'"蒋抱玄《评注》:"流水对,极轻利。"

⑤ "荣华"二句:方世举《笺注》:"《诗》(《郑风·风雨》):'风雨如晦。'小序:'思君子也。'"方成珪《笺正》:"苦,当作'昔'。"按:上句谓与荣华异路,即失去荣华也;下句说同受风雨之苦。作"苦"是。

⑥ 莫以宜春远:文《详注》:"袁州为宜春郡。"《元和郡县图志》卷二八江南道四:"袁州,治宜春,上。本秦九江郡地,在汉为宜春县,属豫章郡。晋平吴后属荆州,东晋以来属江州。隋开皇十一年(591)置袁州,因袁山为名。大业三年(607)罢袁州为宜春郡。武德五年(622)讨平萧铣,复置袁州。"以,认为。钱仲联《集释》:"杨树达《词诠》:'以,谓也,以为也。'《新唐书·地理志》:'袁州宜春

郡,属江南西道。'"何焯《批韩诗》:"又一转折。"

⑦ 江山多胜游:魏本:"樊曰:此诗公自题其后云:'两诗何处好?就中何处佳?何处恶?'"

【汇评】

清朱彝尊:唐人别诗甚多。此诗叙景述情,犹觉稍出新意。其架构之妙,亦只在几希间。(顾嗣立《昌黎先生诗集注》卷一〇)

清李光地:二诗为公得意之作,声韵在辞句之外。(《榕村诗选》卷六)

清何焯:清空一气如话,绝有少陵风格。(顾嗣立《昌黎先生诗集注》卷一〇)

清沈德潜:《祖席》:大历以下,无人解此用笔矣。昌黎高超迈俗,五言近体中运以古风,笔力英气逼人。《淮南子》云:"长年悲木落。"(《唐诗别裁集》卷一二)

蒋抱玄:情绪缠绵,集中仅作。(《注释评点韩昌黎诗全集》)

程学恂:中唐以后得律格者,端推张、贾,而公以才大不肯置意,故小律多不能工。然张、贾擅长处,公亦未尝不知。此《祖席》二诗,似拟体格而为之者,然终不肖也。如《前字》"淮阳知不薄",便非张、贾语。《秋字》诗似有格而实滑率。时俗所谓章法一气者,从此误入。(《韩诗臆说》卷一)

送郑尚书赴南海①

长庆三年

番禺军府盛②,欲说暂停杯。盖海旟幢出③,连天观阁开④。衙时龙户集⑤,上日马人来⑥。风静鹍鹏去⑦,官廉蚌蛤回⑧。货通师子国⑨,乐奏武王台⑩。事事皆殊异,无嫌屈大才⑪。

【校注】

① 题:此诗有序,编在《韩集》卷二一。文《详注》:"序见二十一卷。"诗题下,祝本、魏本注:"得来字。"故诗用"来"字韵。宋白文本:"得来字,有序在集。"廖本、王本等无。

方《举正》:"郑权也。长庆三年四月出镇。公亦有送序。"魏本:"祝曰:'郑尚书名权。序在集。'"文《详注》:"郑权,汴州开封人,擢进士第。穆宗时三迁工部尚书,用度豪侈,乃结权幸,求镇守。于是检校尚书右仆射、岭南节度使。多裒赀珍,使吏输送,凡帝左右助力者有纳焉。人笑之,卒于官。《墓志》云:'权,字复常。'《唐史》有传。"方世举《笺注》:"公《送郑尚书序》云:岭之南,其州七十,其二十二隶岭南节度府。……长庆三年四月,以工部尚书郑公为邢部尚书兼御史大夫士往践其任。……将行,公卿大夫士咸相率为诗,……韵必以来字者,祝公成政而来归疾也。《新唐书·郑权传》:权,汴州开封人。擢进士第。穆宗立,迁工部尚书,用度豪侈,乃结权倖求镇守。于是,检校尚书左仆射、岭南节度使,多裒赀珍,使吏输送,凡帝左右助力者,皆有纳焉。"

按:韩公《送郑尚书序》云:"岭之南其州七十,其二十二隶岭南节度府,其四十余分四府,府各置帅,然独岭南节度为大府。……长庆三年四月,以工部尚书郑公为刑部尚书兼御史大夫往践其任。……将行,公卿大夫士苟能诗者咸相率为诗以美朝政,以慰公南行之思。韵必以来字者,所以祝公成政而来归疾也。"《旧唐书·薛存诚传附子廷老传》:"郑权因郑注得广州节度,权至镇,尽以公家珍宝赴京师以酬恩地。廷老上疏请按权罪,中人由是切齿。"

② 番禺:文《详注》:"《通典》(卷一八四《古南越》)云:'广州,今理南海、番禺二县。大唐为广州,或为南海郡,领县十二。番禺,秦、汉旧县也。有禺山,尉佗葬于此。'"方世举《笺注》:"《史记·南越传》:'番禺负山险,阻南海,东西数千里,此亦一州之主也。'《汉书·地理志》:'粤地,今之苍梧、郁林、合浦、交趾、九真、南海、日南,皆越分,番禺其一都会也。'《南越志》:'番禺县有番、禺二山,因

以为名。'《新唐书·地理志》:'广州南海郡中都督府,有府二,曰绥南、番禺。'"按:《元和郡县图志》卷三四岭南道广州亦有详述。

③ 盖海旗(qí)幢出:旗,上画蛟龙、竿头系铃的旗。《周礼·春官·司常》:"日月为常,交龙为旗……王建大常,诸侯建旗。"则韩愈将郑权守广州视为大镇,乃一方"诸侯"也,故其仪仗有此旗。也作一般旗帜解。韩公《谴疟鬼》诗云:"呼吸明月光,手掉芙蓉旗。"此谓其镇广之仪仗也。

④ 连天观阁开:谓番禺军府之盛也。何焯《批韩诗》:"风力亦何减少陵。"

⑤ 荀时龙户集:魏本:"韩曰:《南部新书》(丁):'长安有龙户,见水色则知有龙。或引出,但鳅鱼而已。'"《说郛》卷一九引《因话录》曾三异曰:"昌黎《广州诗》:'荀时龙户集。'……龙户往往以为蜑户,而无明文。近闻广人云:有一种芦淳人,在海岸(或作'岩')石窟中居止,初无定处,三四口共一小舟,能没入水数丈,过半日乃浮出。形骸饮食衣服非人也,能食生鱼,兼取蚬蛤海物,从舡人易少米及旧衣以蔽体。风浪作,即扛挽舡置岸上,而身居水中。无风浪,则居舡中。只有三姓,曰杜、曰伍、曰陈,相为婚姻。意此乃龙户之类。"钱仲联《集释》:"查继佐《罪惟录·蛮苗列传》云:'蛋人以舟为宅,或编蓬水浒,谓之水栏,变水色知龙居,故又曰龙人。'此虽清初人记述,然可证龙户之即是蜑户。"按:蜑户,亦称蛋户,即蜑人。古代南方的水上居民。在长期的封建压迫和歧视下,世代以水为家,不能陆居,自为婚姻。至清雍正时始解除陆居禁令。胡震亨《唐音癸签》卷一八《龙户马人》:"龙户在儋耳珠崖,其人目睛皆青碧,善伏水,盖即所谓昆仑奴也。"

⑥ 上日马人来:魏本:"韩曰:'后汉马援讨寻邑蛮,以不能还者数十人留于象林南界,所铸铜柱下,南蛮呼为马留人。见《新史·南蛮传》。'"文《详注》:"《通典》曰:'林邑国,古越裳之界。有西屠夷,亦称王。马援所植两铜柱,表汉界处也。'注云:'马援北还,留十余户于铜柱处,至隋有三百余户,悉姓马。土人以为流寓,

号曰马流人。'常识其处。见《唐史·南蛮传》。"钱仲联《集释》:"伪古文《尚书·舜典》传:'上日,朔日也。'"

按:程大昌《演繁露》卷七曰:"《传灯录》曰:'富那夜奢昔为毗舍利国王,其国有一类人,如马倮露。王运神力,分身为蚕,彼乃得衣。王后复生中印度,马人感恋悲鸣,因号马鸣大士。'案:中印度在西域,西域地与广近,岂唐时尝有中印度人来至广境耶?"

按:王应麟《困学纪闻》卷一八《评诗》曰:"《唐书·环王传》:'西屠夷,盖马援还,留不去者才十户,隋末孳衍至三百,皆姓马。俗以其寓,故号马留人,与林邑分唐南境。'《演繁露》引《传灯录》'中印度,乃在西域',其说误矣。"翁元圻《困学纪闻注》:"《水经注》三十六:俞益期笺曰:'马文渊立两铜柱于林邑,岸北有遗兵十余家,不反,居寿泠岸南而对铜柱,悉姓马,自相婚姻,今有二百户。交州以其流寓,号曰马流。'《林邑记》曰:'建武十九年,马援树两铜柱于象林南界,与西屠国分汉之南疆也。土人以其流寓,号曰马流,世称汉子孙也。'《酉阳杂俎》说同。"是则马人者乃马流,即马援南征北还,立铜柱以纪,所留寓居守柱之汉人。

⑦ 鹢(yuán雨元切,平,元韵)鶋(jū九鱼切,平,鱼韵):鸟名,即秃鹙。《国语·鲁语》作"爰居",又名鸡鶋、爰居。杜甫《白凫行》:"鲁门鹢鶋亦蹭蹬,闻道如今犹避风。"文《详注》:"《国语》(《鲁语》)曰:'海鸟曰鹢鶋,止于鲁东门。'展禽曰:'其海有灾乎?广川之高鸟常知避其灾。是岁,其海果大风,故避之。'音于元切,斤于切。"魏本:"祝曰:鹢鶋,海鸟。《左氏》(文公二年):'祀爰居。'《选》(《文选》卷一三张茂先《鹪鹩赋》):'海鸟鹢鶋,避风而至。'樊曰:《国语》(《鲁语》):'海鸟曰鹢鶋,止于鲁东门之外三日。'展禽曰:'今兹海其有灾乎。夫广川之鸟兽常避其灾也。是岁也,海多大风。'"何焯《义门读书记》卷三〇:"爰居,去年谷和熟,得天时也。"

⑧ 官廉蚌蛤回:文《详注》:"后汉孟尝为合浦太守,去珠复还。事见《明水赋》(注)。"魏本:"樊曰:'东汉孟尝为合浦太守,郡不产谷实,而海多珠宝。……先时守宰贪秽,珠徙交趾,尝到官,[革]易

前弊,珠复还。'(载《后汉书·孟尝传》)"方世举《笺注》:"《后汉书·孟尝传》:'尝迁合浦太守,郡不产谷食,而海出珠宝。与交阯北境。先时宰守并多贪秽,诡人采求,不知纪极,珠遂渐徙于交阯郡界。尝到郡,曾未逾岁,去珠复还。'"朱彝尊《批韩诗》:"易珠为蚌蛤,反觉味长。"何焯《义门读书记》卷三〇:"蚌蛤回,商货流通,得地利也。"

⑨ 师子国:祝本"师"作"狮"。宋白文本、文本、魏本、廖本、王本作"师"。作"狮子"解二字通。《汉书·西域传》:"有桃拔、师子、犀牛。"师,本借字。狮,后出字。文《详注》:"《唐史》(《新唐书·西域传》):师子国居西南海中,延袤二千余里,有棱伽山,多奇宝。以宝置洲上,商舶偿直辄取去。后邻国人稍往居之,能驯养师子,因以为名。"魏本:"韩曰:师子国在南海中,斜袤二千余里。《国史补》(卷下)云:'师子国船最大,梯而上下,数丈,皆积宝货云云。'"方世举《笺注》:"《南史·海南诸国传》:'师子国,天竺旁国也。其国旧无人,止有鬼神及龙居之。诸国商贾来共市易,鬼神不见其形,但出珍宝,显其所堪价,商人依价取之。诸国人闻此土乐,因此竞至,或有住者,遂成大国。'……《国史补》:'南海舶,外国舶也。每岁至安南、广州。师子国舶最大,梯而上下数丈,皆积宝货。至则本道奏报,郡邑为之喧阗。'"

⑩ 武王台:方《举正》:"武王台,《汉·传》(《汉书·南粤传》):'尉陀自称为南越武王。'杭、蜀本并同上。"朱《考异》:"武,或作'越。'"宋白文本、文本、魏本作"越"。廖本、王本作"武"。

按:文《详注》:"《广州记》曰:'尉佗立台以朝汉室,圆基千步,直峭百丈,螺道登进,顶上三亩,朔望升拜,号为朝台。'"魏本:"樊曰:'越王,南越王赵它(佗)也。它(佗)初行南海尉,事汉。十一年,立为南越王。'孙曰:'台在州城西北三四里。'越字,一作'武'。"方世举《笺注》:"《史记·南越传》:'尉佗自立为南越武王。'《水经注》:'高帝定天下,使陆贾就立赵佗为赵王,剖符通使。佗因冈作台,北面朝汉,圆基千步,直峭百丈,顶上三亩,复道回环,逶迤曲折。朔望升拜,名为朝台。前后刺史郡守,迁除新至,未尝不乘车升履,于焉逍遥。在州城东北三十里。'"在今广州市越秀山。查慎行《查初白诗评十二种》:"三联皆岭南事,对仗精工。"

⑪ 事事:总上说岭南之事与中原不同;大才谓郑权。

【汇评】

宋朱翌:退之《送马总(当为郑权)南海》云:"衙时龙户集,上日马人来。"马人,见佛书:"毗舍离国有一类人,如马裸露。王运神力,分身为蚕,乃得衣。王生中土,马人感恋,号马鸣菩萨。见传灯十一祖。龙户,即蜑户也。"(《猗觉寮杂记》卷上)

宋楼钥:《送张定叟尚书镇襄阳序》:昔韩昌黎《送郑尚书》诗,韵必以"来"字,祝使成政而来归。疾去而愿归,盖人之至情也。(《攻媿集》卷二)

宋王应麟:《送广帅》诗:"上日马人来。"《唐书·环王传》:"西屠夷,盖马援还,留不去者十户,隋末孳衍至三百,皆姓马。俗以其寓,故号马留人,与林邑分唐南境。"《演繁露》引《传灯录》"中印度,乃在西域",其说误矣。(《困学纪闻》卷一八《评诗》)

明李日华:《列子》言:"久竹生青宁,青宁生程,程生马,马生人。"彼言大化变易不常,特写以鼓舞笔端耳。然韩昌黎《广帅》诗有"上日马人来"。盖自有马人一种,近广地,因太守上任日而来谒也。西域舍利国,有马人一类,如马裸露。富那夜奢运神力,分身作蚕,马人乃得衣,感激悲鸣,称"马鸣菩萨"。董广川《咏韩幹画马》云:"锦袍奚官鼻卓朔,前身作马通马语。"则马与人相禅出入于造化之炉冶,岂有定机也?然而万类皆然,故庄生曰:"天地一马也,万物一指也。"世唯大寂定人以为固然,无足奇耳。(《紫桃轩杂缀》卷三)

明胡震亨:《龙户马人》:韩退之诗:"衙时龙户集,上日马人来。"龙户,在儋耳珠崖,其人目睛皆青碧,善伏水,盖即所谓昆仑奴也。马人者,马文渊遗兵,居对铜柱,言语、饮食与中华同,号曰马

留。事见俞益期笺。恐即此。(《唐音癸签》卷一八《诂笺三》)

清朱彝尊:得体。(顾嗣立《昌黎先生诗集注》卷一〇)

清王士禛:马人见韩诗"衙时龙户集,上日马人来",注:马人出《后汉书·马援传》。又马人,繁昌山名,在铜官乡,山多奇石,形肖人马。宋人诗:"雾浴千峰失马人。"(《带经堂诗话》卷一六名物类)

清宋长白:《龙马盐饭》:韩昌黎诗:"衙时龙户集,上日马人来。"柳河东诗:"青箬裹盐归洞客,绿荷包饭趁墟人。"龙户,谓入海探珠者。马人,相传是伏波军人遗种。洞,谓穴居。墟,乃市集之所。非身历天南者,不能悉其风景。(《柳亭诗话》卷一)

清何焯:《送郑尚书赴南海》爱居,去年谷和熟,得天时也。蚌蛤回,商货流通,得地利也。(《义门读书记》卷三〇)

清沈德潜:《送郑尚书赴南海》:龙户,采珠户也。马人,因马援留南蛮去后,有不去者十三户;隋末,衍至三百户,皆姓马,俗以为马留人。(《唐诗别裁集》卷一八)

章士钊:工部尚书郑权,出为广州节度使,退之为作诗序,称颂功德,谓其"贵而能贫,为仁者不富之效。"顾其人贪邪无对,在镇广为聚敛,并以公家珍宝,厚赂群阉,以酬恩地,为薛廷老疏请按罪。而在退之眼中,则为"家属百人无半亩之宅"之仁者。(《柳文指要》下《通要之部》卷六)

答道士寄树鸡①

元和十年

此诗既咏物又寄慨。首二句重在咏物,不但把树鸡的形态、颜色和托在人们眼前,其内在的软湿柔和也使人感触得到,可谓体物具体入微,活灵活现。寄慨者,一是慨叹不怕危险,自入华阳仙洞,割取如龙耳那样的珍贵之物馈送,友情可鉴。二是否如叶梦得所说"意当有为",若道士真是张道士,或与元和十年前后的政治形势连系起来看,当有寓意。但此见所寄之物,有感把笔,以奇特想象作比,而成此豪迈之笔,不一定求之过分,若是,则过凿矣。朱彝尊《批韩诗》谓此诗"豪气骇人"。诚然。

软湿青黄状可猜②,欲烹还唤木盘回③。烦君自入华阳洞④,直割乖龙左耳来⑤。

【校注】

① 题:此诗不明年月,屈守元《校注》谓疑年,钱仲书《集释》系于元和九年(814),列《送张道士》诗后,云:"方世举注以为即前诗之张道士,并无确据,故类系于此。树鸡,松树、枫树上之大菌。"疑即张道士。按:《送张道士》诗序云:"张道士,嵩高之隐者,通古今学,有文武长材,寄迹老子法中,为道士,以养其亲。九年,闻朝廷将治东方贡赋之不如法者,三献书,不报,长揖而去。京师士大夫多为诗以赠,而属愈为序。"诗有"霜天熟柿栗,收拾不可迟"句,当在晚秋。若是张道士寄树鸡,则当是回嵩山后,当年寄树鸡,答诗,恐时迫促。又从《送张道士》诗所写内容与所抒之情,及该诗所寄之慨,与所抒之情看,当为一人。前诗写于元和九年秋冬,此诗乃道士回山后所寄之物,也当是对韩公在京对他关照的谢意。韩公见寄有感酬答,时间在上诗后数月,又不会太久,故以系于十年为宜。

树鸡:魏本:"祝曰:'树鸡,木耳之大者也。'"文《详注》:"树鸡者,椹异名。东坡《和陶诗》(《和陶下潠田舍获》)云'黄菘养土羔,老楮生树鸡。未忍便烹煮,绕观日百回'是也。《补注》:'树鸡,木耳之大者,乖龙左耳,皆取譬耳。'"按:则树鸡乃松、枫、枥、椹等老树生长的大菌类之物,即今所说的木耳。

② 软湿青黄状可猜:方世举《笺注》:"软湿:《齐民要术》:木耳菹,取枣桑榆柳树边生犹软湿者,煮五沸,去腥汁。"参阅《本草纲目》卷二八《菜》五《木耳》条。

③欲烹还唤木盘回：此句写诗人欲烹还止，乃猜度中的心态，亦见他对道士的感激之情。见树鸡想烹而食之，却又舍不得，故欲烹，犹唤回。

④华阳洞：魏本："韩曰：《茅君内传》：'大天之内有玄中之洞六十三所，第八曲向山之洞，曰金坛华阳之天。'"按：宋叶梦得《岩下放言》："镇江茅山，世以比桃源。余顷罢镇建康时，往游三日，按图记问其故事。山中人一一指数，皆可名，然不至大，亦无甚奇胜处。而自汉以来传之，宜不谬。华阳洞最知名，才为裂石，阔不满三四尺，其高三尺，不可入。金坛福地正在其下，道流云：'近岁刘浑康尝得入百余步。'其言甚夸，无可考，不知何缘能进？韩退之未尝过江，而诗有：'烦君直入华阳洞，割取乖龙左耳来。'意当有谓，不止为洞言也。"此乃比喻木鸡乃神物，不必坐实洞在何处。

⑤直割乖龙左耳来：魏本："樊曰：'乖龙左耳，取譬也。'"陈景云《点勘》："《龙城》《云仙》二录，新旧《史·艺文志》皆无之。洪容斋力斥《龙城录》为妄书，而云或以为刘无言所著。至《朱子语类》及张邦基《墨庄漫录》中，则谓二录皆王铚性之伪撰。按：无言名焘，湖州人，元祐三年进士，有文誉，东坡尝和其诗。铚亦北宋末名士，陆放翁深推其记问该洽，而生平好撰伪书欺世，识者嗤之。则洪、张二说，似朱、张，尤为得实矣。容斋又尝言孔传续《白氏六帖》，采摭唐事殊有功，而悉载《云仙录》诸事，自秽其书。按：《孔帖》兼载二录，而容斋独举《云仙》，盖偶遗其一。要之，此二录皆底下恶书也。注家不辨而俱引之，殆亦秽韩子之诗矣。"钱仲联《集释》："《报恩经》：'善友太子入海，乞得龙王左耳中如意摩尼宝珠。'疑为公此句字面之所本。"

按：后二句以神话传说入诗，乃韩公随手拈来。宋曾季狸《艇斋诗话》："韩退之《树鸡》诗云：'烦君自入华阳洞，割取乖龙左耳来。'予按：割龙耳事两出。柳子厚《龙城录》载：'茅山处士吴绰，因采药于华阳洞，见小儿手把大珠三颗，戏于松下。绰见之，因询谁氏子，儿奔忙入洞中。绰恐为虎所害，遂连呼相从入，得不二十步，见儿化龙形,一手握三珠,填左耳中。绰以药斧劚之,落左耳,而失珠所在。'又冯贽《云仙散录》载:'崔奉国家一种李,肉厚而无核。识者曰:天罚乖龙,必割其耳,血堕地,生此李。'未知退之所用果何事?然《龙城录》载割华阳洞龙左耳事,而《云仙散录》乃有乖龙割耳之说,二书各有可取也。洪庆善注韩文甚详,而此独缺文,不知其如何也。"

【汇评】

宋叶梦得:镇江茅山,世以比桃源。余顷罢镇建康时,往游三日,按图记问其故事。山中人一一指数,皆可名,然不至大,亦无甚奇胜处。而自汉以来传之,宜不谬。华阳洞最知名,才为裂石,阔不满三四尺,其高三尺,不可入。金坛福地正在其下,道流云:"近岁刘浑康尝得入百余步。"其言甚夸,无可考,不知何缘能进?韩退之未尝过江,而诗有:"烦君直入华阳洞,割取乖龙左耳来。"意当有谓,不止为洞言也。(《岩下放言》卷中)

清朱彝尊:豪气骇人。(顾嗣立《昌黎先生诗集注》卷一〇)

左迁至蓝关示侄孙湘[①]
元和十四年

元和十四年(819)正月,凤翔法门寺塔内有释迦佛指骨一节,宪宗派宦官持香花迎入宫廷供奉。韩愈上了《论佛骨表》,请制止京师狂热的宗教活动,触怒了宪宗,几被处死。经裴度、崔群等解救,由刑部侍郎贬潮州刺史。这首诗是他路过蓝田县蓝关,写给来送行的侄孙韩湘的,约在十四年正月十六七日。说明他被贬之因,抒发了他内心的悲愤。诗语极凄切,却不衰飒,以悲壮雄肆感人。一二句以揭诸贬谪叫起,以勃勃气势振之。三四句是全诗之骨,五六句造艺术高峰,结二句归缴三四句之意。故何焯评其诗格为"沉郁顿挫"。细读此诗，真觉有少陵之风。

　　一封朝奏九重天②，夕贬潮州路八千③。欲为圣明除弊事④，肯将衰朽惜残年⑤。云横秦岭家何在⑥？雪拥蓝关马不前⑦。知汝远来应有意⑧，好收吾骨瘴江边⑨。

【校注】

　　①题：左迁，下降。蒋之翘《辑注》："翘尝考之，公从子老成，生子二：曰湘，曰滂。湘登进士第，为大理丞。滂未仕而死。初公南谪时，湘年二十七，滂年十九，皆从公以行。观公《宿曾口示湘》诗及在袁州作《滂墓志》可见。而此诗末句所为'远来'者，盖公既行而湘始追及于此，而深有意之言，亦不过感叹之意焉耳。窃意或者因是言，又见世之所传仙人有韩湘子者，遂傅会而为此说欤？抑主异教者，阴欲破公正论，而故为此以张大其事欤？况公之贬在宪宗元和己亥，又四年为穆宗长庆癸卯，湘始登第。岂湘既学仙而又出仕欤？其事怪妄不经，史传无载。而旧之注公诗者，乃为之取，亦鄙陋甚矣。"方世举《笺注》："《史记·周昌传》：'吾极知其左迁。'索隐曰：'韦昭以为左犹下也。地道尊右，右贵左贱，故谓贬谪为左迁。'"又曰："按：公作《女挐圹铭》云：'愈黜之潮州，既行，有司以罪人家不可留京师，迫遣之。'此诗喜湘远来，盖其时仓卒，家室不及从，而后乃追及，公尚未知，故以将来归骨委之于湘。盖年已愈艾，身入瘴乡，九死一生，不觉预计。此时事当考者也。"按：湘，老成长子，字北渚。贞元十年（794）生，长庆三年，进士及第。出为江西从事，官大理丞。八仙之韩湘子者，乃因韩湘尝学道，为民做好事，附会而成。然不得相混。韩公左迁至蓝田关，湘赶来，韩公感慨成诗。《旧唐书·宪宗纪下》："元和十四年春正月，迎凤翔法门寺佛骨至京师，留禁中三日，乃送诣寺，王公士庶奔走舍施如不及。刑部侍郎韩愈上疏极陈其弊。癸巳（14日），贬愈为潮州刺史。"韩愈《潮州刺史谢上表》云："臣以正月十四日蒙恩除潮州刺史，即日奔

驰上道。"《新唐书·韩愈传》:"宪宗遣使者往凤翔迎佛骨入禁中,三日,乃送佛祠。王公士人奔走膜呗(拜),至为夷法灼体肤,委珍贝,腾沓系路。愈闻恶之,乃上表(《论佛骨》)。表入,帝大怒,持示宰相,将抵以死。裴度、崔群曰:'愈言讦牾,罪之诚宜。然非内怀至忠,安能及此?愿少宽假,以来谏争。'帝曰:'愈言我奉佛太过,犹可容;至谓东汉奉佛以后,天子咸夭促,言何乖剌邪?愈,人臣,狂妄敢尔,固不可赦。'于是中外骇惧,虽戚里诸贵,亦为愈言,乃贬潮州刺史。"《元和郡县图志》卷一:"京兆府蓝田县,东北至府八十里。蓝田关在县南九十里,即峣关也。"日本享和三年(1803)江户昌平坂学问所官版本《又玄集》收此诗,题作"贬官潮州出关作"。今从诸本。

② 一封:一封奏章,即《论佛骨表》。朝(zhāo)奏,早朝上的奏章。与下句"夕贬"对,言朝夕之间被贬远地潮州。九重天,迷信说法,谓天九层,其上最高,此指朝廷。《文选》卷三三《楚辞》宋玉《九辩》:"岂不郁陶而思君兮,君之门以九重。"铣曰:"君门深邃,不可至也。"古制:天子所居有九门——路门、应门、雉门、库门、皋门、城门、近郊门、远郊门、关门。见《礼记·月令》季春之月"毋出九门"注。

③ 潮州:诸本同,宋白文本、魏本等注:"'州'字,一本作'阳'。"《又玄集》、《太平广记》引《仙传拾遗》、《诗话总龟》引《青琐记》、《苕溪渔隐丛话》后集引《艺苑雌黄》俱作"阳"。作"州"、作"阳"均可,平仄亦合。然阳字声上扬,开口呼,声音响亮,于诗的旋律,则善;然诏明书为潮州,今仍从"潮州"。潮州治所潮安,在今广东潮州市。《元和郡县图志》卷三四:"潮州,即汉南海郡之揭阳县也,晋安帝义熙九年,于此立义安郡及海阳县。隋开皇十年罢郡省海阳县,仍于郡廨置义安县,以属循州。十一年,于义安县立潮州,以潮流往复,因以为名。大业三年罢州为义安郡,武德四年复为潮州。管县三:海阳、潮阳、程乡。治海阳县。"八千,极言路途遥远。公《少府监胡良公墓神道碑》:"使人自京师南走八千里,至闽南、两

越之界上,请为公铭,刻之墓碑于潮州刺史韩愈。"亦云八千。按《旧唐书·地理志四》:"韶州,南至广州八百里,至京师四千九百三十二里。"又潮州至广州约一千六百里,合共不足七千里,此八千之数非实指,乃估计之数,诗化之语。

④ 欲:朱《考异》:"或作'本'。"《又玄集》、《太平广记》引《仙传拾遗》、《诗话总龟》引《青琐记》、《苕溪渔隐丛话》后集引《艺苑雌黄》作"本"。诸本作"欲",善。明,宋白文本注:"一作'朝'。"祝本、《太平广记》引《仙传拾遗》"明"作"朝"。按韩公对宪宗的认识与期望,当作"明"。在他看来,时唐朝中兴,乃由明君李纯、贤相裴度也。圣明,指皇帝,此谓宪宗。弊事,指朝廷上的弊政,此偏指迷信佛教。

⑤ 肯将衰朽惜残年:方《举正》"肯将"作"岂于","衰朽惜"作"衰暮计",云:"阁本与《文录》作'暮',杭、蜀本作'朽',上'于'字并同。"朱《考异》:"肯将,或作'岂将',方作'岂于'。衰朽,朽,方作'暮'。惜残,惜,方作'计'。"宋白文本作"岂",注:"一云'岂于衰暮计残年'。"文本作"岂""计",注:"一云'岂于衰暮惜残年'。"魏本作"岂",作"计",注:"一本作'岂于衰暮计残年',又一本作'惜残年'。"廖本、王本作"肯将衰朽惜残年。"《又玄集》、《太平广记》引《仙传拾遗》、《诗话总龟》引《青琐记》作"岂"。《青琐记》"将"作"于"。此句方《举正》订作"岂于衰暮计残年"。

按:今从廖本。肯将,张相《诗词曲语辞汇释》卷二:"肯,犹岂也。"衰朽,指衰弱多病的身体。惜残年,怜惜余生。时韩愈五十二岁。

⑥ 秦岭:秦岭山脉,此指长安南的终南山,横亘蓝田。此与下句,一写回首,一写瞻前。顾祖禹《读史方舆纪要》卷五三:"蓝田县:秦岭在县东南,即南山别出之岭。凡入商洛、汉中者,必越岭而后达。"

⑦ 雪拥蓝关马不前:拥,方《举正》据阁、杭本作"捔"。朱《考异》:"拥,方作'捔'。今按:方本此诗于、暮、计、捔四字,皆不如诸

本之胜。"

马不前：宋曾季狸《艇斋诗话》："韩退之'雪拥蓝关马不前'，三字出古乐府《饮马长城窟行》（见《乐府诗集》卷三八《相和歌辞》十三）'驱马涉阴山，山高马不前'。"疑用屈原《离骚》"仆夫悲余马怀兮，蜷局顾而不行"句意，如屈原那样虽离去又不愿离去也。

⑧ 汝：你，指韩湘。韩湘赶至蓝田关与韩愈相会，并随至广东。《瀛奎律髓》卷四三许印芳批语云："湘，字清夫。"

⑨ 好收吾骨瘴江边：魏本："韩曰：《左传》（僖公三十二年）：秦使蹇叔之子伐晋，蹇叔哭而送之，曰：晋人御师必于殽。殽有二陵，必死是间，余收尔骨焉。"文《详注》："《补注》：'收骨，用蹇叔事。'"何焯《义门读书记》卷三〇："结句即是不肯自毁其道以从于邪之意，非怨怼，亦非悲伤也。"程学恂《韩诗臆说》卷二："结云'知汝远来应有意，好收吾骨瘴江边'，时未离秦境而语已及此，其感深矣。"按：结句虽悲不伤，虽慨而壮。第二联上句"欲为"说今，下句"肯将"，瞻前。说今者指《论佛骨表》，瞻前者指他还有为王朝中兴殚思竭力的大志。

【汇评】

宋严有翼：退之有《示侄孙湘》诗："一封朝奏九重天，夕贬潮阳路八千。本为圣明除弊事，肯将衰朽惜残年。云横秦岭家何在？雪拥蓝关马不前。知汝远来应有意，好收吾骨瘴江边。"余按《酉阳杂俎》言："韩愈侍郎有疏从子侄，自江淮来，年少狂率，韩责之。拜谢曰：'某有一艺，恨叔不知。'因指阶前牡丹曰：'叔要花青黄紫赤，惟命也。'韩大奇之，遂给所须试之，乃竖箔掘窠，贲紫粉朱红，旦暮治其根，凡七日，填坑，白叔曰：'恨校迟一月。'时冬初也，牡丹本紫，及花发，色白红历绿，每朵有一联诗，字色分明，乃韩出关时诗，一韵曰：'云横秦岭家何在？雪拥蓝关马不前。'韩大惊异。后辞归江淮，竟不愿仕。"段成式所载如此。及观刘斧《青琐》，亦记此事，云："湘落魄不羁，公勉之，令学。尝作诗献公，有'解造逡巡酒，能开顷刻花'之句。公戏之曰：'汝能夺造化之工以开花乎？'湘遂聚土覆盆，良久，曰：'花已发矣。'举盆，乃碧花数朵。细视之，花叶间有金字，乃诗一联。公未晓诗意。湘曰：'事久方验。'公后以言佛骨贬潮阳。一日途中遇雪，俄有一人冒雪而来，乃湘也。曰：'公忆向花上之句乎？'询地名，即蓝关也。公嗟叹久之，命笔续成全篇。"二说不同，如《(酉阳)杂俎》之言，则花上一联，乃韩公旧句；如《青琐》之言，则花上一联，本非韩公语，韩特续成之耳。《(酉阳)杂俎》言指阶前牡丹，治其根；《青琐》言聚土覆盆种花，二说不知何者为是。窃意段成式当时盖有所受之，刘斧特互窜其说而已。东坡尝有《冬日牡丹》诗："使君要见蓝关咏，须倩韩郎为染根。"正用《酉阳杂俎》故事。又按《续仙传》："殷七七，字文祥，尝醉歌云：'琴弹碧玉轸，炉炼白丹砂。解造逡巡酒，能开顷刻花。'"则此诗亦非韩湘作。(《艺苑雌黄》）

宋陆游：韩退之诗云："夕贬潮阳路八千。"欧公云："夷陵此去更三千。"谓八千里、三千里也。或以为歇后，非也。《书》："弼成五服，至于五千。"注云："五千里。"《论语》冉有曰："方六七十，如五六十。"注亦云："六七十里，五六十里也。"(《老学庵笔记》卷三)

宋曾季貍：韩退之"雪拥蓝关马不前"，三字出古乐府《饮马长城窟行》"驱马涉阴山，山高马不前"。(《艇斋诗话》)

宋刘克庄：《昌黎与孟简尚书书》：纷纷儒墨互攻排，此事吾尝体认来。一向嵩山面空壁，一于严岫拨残灰。贤如颜闵今亡矣，古有彭聃安在哉？岁晚雪中逢族子，退之至此未忘骸。(《后村先生大全集》卷四三)

宋黄震：《示侄孙湘》以下诸诗，皆贬潮州时作。(《黄氏日抄》卷五九)

元方回：(贾浪仙)《寄韩湘》原批：昌黎《寄韩湘》云："知汝远来应有意，好收吾骨瘴江边。"然昌黎终得生还，湘亦重骨肉之义，可敬也。(《瀛奎律髓》卷二九送别)

又：《左迁至蓝关示侄孙湘》：人多讳死，时谓有谶。昌黎自谓

必死潮州。明年量移袁州,寻尔还朝。(《瀛奎律髓》卷四三)

明瞿佑:《东坡傲世》:韩文公上《佛骨表》,宪宗怒,远谪。行次蓝关,《示侄孙湘》云:"一封朝奏九重天,夕贬潮阳路八千。欲为圣明除弊政,肯将衰朽惜残年。云横秦岭家何在?雪拥蓝关马不前。知汝远来应有意,好收吾骨瘴江边。"又《题临泷寺》云:"不觉离家已五千,仍将衰病入泷船。潮阳未到吾能说,海气昏昏水拍天。"读之令人凄然伤感。东坡则放旷不羁,出狱和韵,即云:"却对酒杯浑似梦,试拈诗笔已如神。"方以诗得罪,而所言如此。又云:"却笑睢阳老从事,为予投檄向江西。"不以为悲而以为笑,何也?(《归田诗话》卷中)

明吴宽:《韩文公度蓝关图》:韩公上书谏佛骨,自分投荒生不还。忍寒作诗示侄辈,千古增重蓝田关。关门雪深阻去马,直气早已开衡山。唐皇殂矣骨亦朽,瘴江无墓空潺湲。呜呼!瘴江无墓空潺湲,潮州庙碑不可删。(《匏翁家藏集》卷六)

清李光地:《佛骨》一表孤映千古,而此诗配之。尤妙在许大题目,而以"除弊事"三字了却。(《榕村诗选》卷六)

清何焯:《左迁至蓝关示侄孙湘》安溪云:妙在许大题目,而以"除弊事"三字了却。结句即是不肯自毁其道以从于邪之意,非怨怼,亦非悲伤也。(《义门读书记》卷三〇)

又:沉郁顿挫。(顾嗣立《昌黎先生诗集注》卷一〇)

清纪昀:《左迁至蓝关示侄孙湘》语极凄切,却不衰飒。三、四是一篇之骨,末二句即归缴此意。(《瀛奎律髓刊误》卷四三迁谪类)

程学恂:公《三上宰相书》,自先儒有论说,后来耳食之流,多谓此公一生短处,不知于此果其疚于心而害于义,则大节已亏,余尚何足多耶?故须识得此正公之安身立命处,盖公学孟子者也。孟子言三月无君则皇皇,则吊,仕何尝不急。又言入孝出弟,守先王之道,则传食诸侯不以为泰。此即大声疾呼之义也。退之识之真,信之真,故其心坦然,如天经地义,无少疑贰。其辞朗然如白日青天,无少回护,独于义之所在,则强立而不回。故看其《上宰相书》时,若不可一日而不仕。及甫致通显,反郁郁侘侘,志不自得。直谏佛骨,冒险不顾,此岂恋恋于禄位者所肯为哉?孟子历游齐梁以期得用,而不肯少贬其道以徇乎时,此圣贤家法也。无知若周霄陈代辈,纷纷疑之,非疑其急仕也,疑其不枉也。后世之议退之《上宰相书》者,殆犹周霄陈代之见也夫。(《韩诗臆说》卷二)

章士钊:观子厚贬所各诗,都表现与峒氓浑融一气,……由是和平恬澹,勤劳民事,四年之间,浑如一日,与其他迁客之无端怨悱,大异其趣。试以退之"云横秦岭""收骨瘴江"核之,两者有舒躁和怨之不同,一目了然。(《柳文指要》上《体要之部》卷一二)

武关西逢配流吐蕃①

元和十四年

嗟尔戎人莫惨然②,湖南地近保生全③。我今罪重无归望,直去长安路八千。

【校注】

① 题:魏本:"孙曰:《唐志》:'武关在商州商洛县之东。'樊曰:'公谪潮州自蓝田入商洛,于武关西见作。'"方《举正》:"商州。唐制:西边擒蕃囚,皆传至南方,不加戮。"按:《新唐书·地理志一》:"商州上洛郡,贞元七年,刺史李西华自蓝田至内乡开新道七百余里,回山取涂,人不病涉,谓之偏路,行旅便之。商洛,东有武关。"方世举《笺注》:"《史记·秦始皇本纪》:'上自南郡,由武关归。'应劭曰:'武关,秦南关,通南阳。'《楚世家》:'秦昭王遗楚昭(应为怀)王书曰:寡人与楚接境壤界,愿与君王会武关,面相约,结盟而去。楚王至,则闭武关,遂与西至咸阳。'《新唐书·地理志》:商州上洛郡,贞元七年,刺史李西华自蓝田至内乡新道七百余里。回山取

涂,人不病涉,谓之偏路,行旅便之。商洛县东有武关,属关内道。又《吐蕃传》(《新唐书》):吐蕃本西羌属,盖百有五十种,散处河、湟、江、岷间。"按《中国历史地图集》武关在今陕西丹凤县东南。

② 戎人:方《举正》订,云:"阁本、三馆本皆作'胡人'。"朱《考异》:"戎,或作'胡'。"宋白文本、文本、祝本、魏本、廖本、王本均作"戎人",从之。嗟,嗟叹。尔,指戎人。

③ 湖南:祝本"南"作"西",非。诸本作"南",是。

地近:方《举正》据蜀本订,云:"谢校同。"朱《考异》:"地近,或作'近地'。"诸本作"地近",是。

按:湖南为安置戎人之所。此与岭南远处相比离京城为近。王元启《记疑》:"湖南,当作'河南',谓在黄河之南。诸本作'湖',并误。"王说无理,全未知诗义。

【汇评】

清朱彝尊:借苦说苦。(顾嗣立《昌黎先生诗集注》卷一〇)

次邓州界①

元和十四年

诗写于南贬潮州途中,后于"蓝关"诗,与《过南阳》同时,约在已露早春气象的正月下旬。公虽遭贬而有感于物候,不忘恋阙,希望王师收复河南河北,一统全国,使天下百姓过上太平日子,即"普将雷雨发萌芽"。中二联属对工稳,第三句心惊愁来怒火内生,暗指遭贬;第四句写别家之情,"眼知"二字因合律语序倒置,径指自己,因遭贬别家而顿觉衰老。三联,因过凄冷的风雪山路,时天和气暖,心情一变。如元无名氏所说:"韩公贬潮,由蓝田走商州,出武关。七、八言师平李师道,收青、齐。"朱彝尊《批韩诗》云:"比《示湘作》运思入细,态较浓,然不若彼之浑然。"诚是。唯在写二诗时公心思不同:前者块垒塞胸,悲愤慷慨,不吐不快;此则块垒稍解,而心情舒缓,故能运思入细也。

潮阳南去倍长沙②,恋阙那堪更忆家③。心讶愁来惟贮火④,眼知别后自添花⑤。商颜暮雪逢人少⑥,邓鄙春泥见驿赊⑦。早晚王师收海岳⑧,普将雷雨发萌芽⑨。

【校注】

① 题:方《举正》:"元和十四年贬潮阳道间作。"方世举《笺注》:"《新唐书·地理志》:'邓州南阳郡,属山南东道。'"按:《元和郡县图志》卷二一:"山南道二:邓州,《禹贡》豫州之域。周为申国。战国时属韩,……秦昭襄王取韩地,置南阳郡,以在中国之南,而有阳地,故曰南阳,三十六郡,南阳居其一焉。汉因之,领县三十六,理宛城。大业三年,改为南阳郡。武德二年,复为邓州。"唐邓州治所在穰县,今河南邓州市。

② 潮阳南去倍长沙:魏本:"樊曰:'汉贾谊为长沙王太傅。长沙:潭州,在唐隶江南西道,而潮阳在岭南,距长安八千里,故曰倍云。'"文《详注》:"《补注》:'长沙:潭州,在唐隶江南西道,而潮阳在岭南,距长安八千里。则公之谪比贾谊尤远,故云潮阳南去倍长沙也。'"按:《元和郡县图志》卷二九:"江南道湖南:潭州管县六:长沙县,郭下,本汉临湘县,属长沙国。隋改为长沙县,属潭州。"又:"长沙,西北至上都二千四百四十五里。"唐潭州治长沙县,在今湖南长沙市。倍,一倍、加倍,谓远也。

③ 恋阙那堪更忆家:《洪谱》:"公初贬潮,至蓝关,有诗云:'云横秦岭家何在?'次邓州界,有诗云:'恋阙那堪又忆家。'盖公乘驿之官,与家人别于京师,其后,家亦谴逐。"文《详注》:"曹子建《赠白马王》(《文选》卷二四):'顾瞻恋城阙,引领情内伤。'"张相《诗词曲语辞汇释》卷二:"那堪,犹云兼之也。与本义之解作不堪者异。王建《凉州行》:'养蚕缫茧成匹帛,那堪绕帐作旌旗。'言养蚕成帛,兼

之帛可绕帐作旌旗也。"按：韩公诗谓恋阙兼恋家也，此乃韩公真实心情的写照。

④ 心讶愁来：方世举《笺注》："《庄子·外物篇》：'心若悬于天地之间，慰暋[暓]沉屯，利害相摩，生火甚多，众人焚和。'按：《庄子》'我其内热欤'是'心讶愁来惟贮火'也。"

惟贮火：宋白文本、文本、魏本注："惟，一作'谁'。"诸本作"惟"，是。文《详注》："李崇嗣《寒食诗》曰：'普天皆匝焰，灭地尽藏烟。不知何处火，来就客心燃。'"按：此句谓：心惊愁生，唯望寒火来燃客心烦愁也。

⑤ 眼知别后自添花：方世举《笺注》："张华诗（《乐府诗集》卷六七《轻薄篇》）：'三雅来何迟？耳热眼中花。'公于贞元十八年间《与崔群书》已云'目视昏花'，至此又十七年矣，宜其更添花也。"按：此眼自添花承上因恋阙忆家凝愁而来。

⑥ 商颜暮雪逢人少：文《详注》："《前汉·沟洫志》（'引洛水至商颜下'）颜师古：'商颜，山名，商山之颜色。谓之颜者，譬之人颜额也，亦犹山领象人之颈领。'"魏本："商颜，商州。樊曰：《前汉·沟洫志》：'引洛水至商颜下。'注：'商山之颜，譬人之颜额也。'"

⑦ 邓鄙春泥见驿赊：魏本注："邓，邓州。鄙，边也。赊，远也。韩曰：《左传》威（当为'桓'）公九年：'楚子使道朔将巴客（以）聘于邓，邓南鄙鄾人攻而夺之币。'"文《详注》引王《补注》同。

⑧ 早晚王师收海岳：陈景云《点勘》："按：海岳之地，皆在郓部。时郓寇将平，故云尔。"方世举《笺注》："收海岳：《新唐书·宪宗纪》：'（元和）十四年（819）正月，田宏正及李师道战于阳穀，败之。二月戊午（10日），师道伏诛。'盖望其献俘而颁赦也。"

⑨ 雷雨：方世举《笺注》："《易·解卦》：彖曰：天地解而雷雨作，雷雨作而百果草木皆甲坼，解之时大矣哉！象曰：雷雨作，解。君子以赦过宥罪。"陈景云《点勘》："先是淮西甫平，即有赦令，公亦冀平郓之后，当例降德音可遂，因此内移耳。诗以初春作，因有雷雨句，及仲春而海岳收矣。缘降赦在秋，故至冬始自潮移袁也。"

【汇评】

元方回:《次邓州界》:元和十四年己亥春正月,以佛骨事谪潮州,三月二十五日到任。其秋七月,宪宗加号大赦,十月二十四日量移袁州刺史。唐左降官闻命即上道,未能携家,故有此诗。(《瀛奎律髓》卷四三迁谪)

元无名氏:韩公贬潮,由蓝田走商州,出武关。七、八言王师平李师道,收青、齐,定有恩赦也。(同上)

清朱彝尊:比《示湘作》运思入细,态较浓,然不若彼之浑然。(顾嗣立《昌黎先生诗集注》卷一〇)

清纪昀:三、四鄙甚。结得温厚。(《瀛奎律髓刊误》卷四三迁谪)

题临泷寺①
元和十四年

元和十四年三月,韩愈南贬潮州过韶州临泷寺而作。或云这首诗"充分表达了作者对即将身临其境的潮州疑惧交加的心情"(汤贵仁《韩愈诗选注》),细细体会,全无此感觉,所得则是"调高字响,亦悲亦豪"(蒋抱玄语)。诗虽突出写远、病、恶三字,然用颇有趣的"吾能说"一语,却转悲为豪,把韩公的性格、精神全表现出来了。他和陶潜、王维不同,受到挫折一时沮丧,发发牢骚,似欲改弦更张,可转眼即忘,仍蹈旧辙,一遇于国于民不利之事,仍直言激谏。这和他内心里有一团永不熄灭的忧国忧民之火有直接关系。所以,读此诗并不觉得衰煞与败兴。

不觉离家已五千②,仍将衰病入泷船③。潮阳未到吾能说④,海气昏昏水拍天⑤。

卷十　律诗

【校注】

① 题：方《举正》："元和十四年贬潮阳道间作。"临泷（shuāng）寺，文《详注》："《补注》：'临泷，韶州县名。'"魏本："樊曰：'临泷，潮州县名，唐武德四年置，贞观之八年省志云。'孙曰：'东南人谓湍为泷。泷，音双。'"按：《旧唐书·地理志四》："韶州，隋南海郡之曲江县。武德四年，平萧铣，置番州，领曲江、始兴、乐昌、临泷、良化五县。贞观元年，改为韶州。八年，废临泷、良化二县。"方成珪《笺正》："临泷乃旧县名，寺特假以为名耳。"

② 家：双关语，既指家，亦指长安。五千，《旧唐书·地理志四》："岭南道韶州，至京师四千九百三十二里。"五千乃约数。

③ 泷船：泷水上的船。

④ 吾能说：还未到潮阳，可那里的情况我已能讲出来了。三字极朴极妙。方《举正》作"吾能说"，云："吾能说，三本（指蜀、杭、阁本）、《文苑》并同。"朱《考异》："吾能，或作'人先'，或作'先闻'。"南宋监本原文作"人先"。宋白文本、文本、祝本、魏本等均作"人先"。王元启《记疑》："人先说，建本如此。或作'先闻说'，亦通。方作'吾能'，则非。作'先说'或'先闻'，与'未到'字紧相呼应，且与上二句一气贯注。下云'海气昏昏'，又与《泷吏》所言'有海无天地'者正合。若云'我能说'，则似公所熟闻，在京时早能言之，何待五千里外，既入泷船，乃始说及？建本特著'人先说'三字，正谓向初不知世有如此恶地也。如此接入末句，大有惊讶之神。方本神理全失，较建本有死活之殊。"钱仲联《集释》："王说太固，正所谓神理全失者。潮阳濒海之郡，其为'海气昏昏水拍天'，何待人说而后知乎？"今从三本作"吾能说"。

⑤ 海气昏昏水拍天：朱《考异》："水，或作'浪'。"诸本作"水"，与水气合。

按："海气"句，即"吾能说"的内容。昏昏，苍苍茫茫昏暗不明。《初学记》卷一四南朝陈阴铿《行经古墓》："霏霏野雾合，昏昏垄日沉。"

【汇评】

宋王应麟:韩文公(《题临泷寺》)诗"离家已五千"注引沈休文《安陆王碑》"平涂不过七百",而不知"弼成五服,至于五千"本《书》语也,奚以泛引为?(《困学纪闻》卷一八《评诗》)

明瞿佑:《题临泷寺》云:"不觉离家已五千,仍将衰病入泷船。潮阳未到吾能说,海气昏昏水拍天。"读之令人凄然伤感。(《归田诗话》卷中)

蒋抱玄:调高字响,亦悲亦豪。(《注释评点韩昌黎诗全集》)

晚次宣溪辱韶州张端公使君惠书叙别酬以绝句二章①
元和十四年

元和十四年三月,赴潮州途经韶州作。愈往南行,离家愈远愈荒凉。韩愈迁官旅次,闻凄凉的鹧鸪叫声,更觉伤情。孤凄落寞中遇到朋友的慰问,感到分外温暖。"兼金那足比清文",所以说"赠诗百首"犹嫌不足,叮嘱张端公要常来书信。诗情调虽悲凉,然词意哀婉凄切,动人心脾,风味绝胜。如《笔墨闲录》云:"潮州以后诗最哀深。《次宣溪》绝句等诗,绝有味。"其一,以茫茫云水铺垫,以客泪自落回应,以鹧鸪的凄凉叫声在耳边萦绕托起,更加一倍凄楚。看似与张无涉,若深究则可见其遇好友之情:相对执手,无语凝咽。其二,因情笃才引出此诗的谆谆嘱语。以足全诗之情。

韶州南去接宣溪②,云水苍茫日向西③。客泪数行元自落④,鹧鸪休傍耳边啼⑤。

兼金那足比清文⑥,白首相随愧使君⑦。俱是岭南巡管内⑧,莫欺荒僻断知闻⑨。

【校注】

① 题：方《举正》："元和十四年贬潮阳道间作。"云："自此后题皆以唐本为正。亦多得于谢氏所校。阁本如《寄周随州》《送张彻》等诗皆未免有误。"朱《考异》："或无'辱''端公''绝句'字。"宋白文本、文本无"绝句"字。祝本、魏本无"端公""绝句"字。宋白文本注："一无'辱'。"当作今名。

宣溪：蒋之翘《辑注》："宣溪在今韶州府城南八十里，源出螺坑。"按：水名，在今广东韶关市南。辱，谦词。韶州，今韶关市。管曲江、始兴、乐昌、临泷、良化五县。张端公，未详，唐称御史为端公，张可能在朝为侍御史，出为韶州刺史。沈钦韩《补注》："《因话录》（卷五《徵部》）：'侍御史相呼为端公。'"按：御史台三院，一曰台院。其僚曰侍御史，众呼为端公。《通典》卷二四《职官》六《侍御史》："侍御史之职，台内之事悉主之，号为台端，他人称之曰端公。"张使君，钱仲联《集释》："《韶州府志》卷二七：'《旧志》：张蒙，元和中知韶州，历任四年，勤恤民隐，广修庠序，梗化者莫不濯心，祀名宦。'"

陈景云《点勘》："此赴潮过韶作。公以是春三月至潮，安得入夏尚在韶乎？注非。"按：陈说误。韩愈"逾六旬"到韶州，四月到潮州。详见《韩学研究·韩愈年谱汇证》。

② 韶州南去接宣溪：方《举正》据杭本作"韶"，云："《文苑》同，洪、谢校。"朱《考异》："韶，或作'潮'，非是。"文本作"潮"。宋白文本、祝本、魏本、廖本、王本作"韶"，是。南去接宣溪者韶州，潮州南无宣溪，当作"韶"。宣溪在韶州城南约八十里。

方成珪《诗文年谱》："是年（元和十四年）春作。"

③ 苍茫：旷远无边貌。李白《关山月》："明月出天山，苍茫云海间。"日向西，天色将晚，与诗题"晚次"正合。

④ 客泪数行元自落：方《举正》作"元自落"，云："杭、蜀本、《文苑》并同。"朱《考异》："元，或作'先'。"南宋监本原文作"先"。宋白文本、祝本、魏本作"先"。魏本等注："先，一作'元'。"文本、廖本、

王本作"元"。注:"一作'先'。"二字均可,此从"元",先字太直,元字味厚。元自落,原来是自动流出。启下句:鹧鸪鸟,你不要再在耳边叫"不如归去"(鹧鸪鸟叫的声音)了。

⑤鹧鸪:钱仲联《集释》:"《重修政和证类本草》(卷一九《禽·鹧鸪》):'鹧鸪生江南,形似母鸡,鸣声钩辀格磔者是。'"按:此诗虽凄楚,却豪壮。故何焯《批韩诗》曰:"凄紧。"

⑥兼金那足比清文:方《举正》作"那",云:"杭、蜀同。李校。"朱《考异》:"那,或作'安'。"南宋监本原文作"安"。宋白文本、廖本、王本作"那"。文本、祝本、魏本作"安"。文本、魏本注:"一作'那'。"按:此为律句,当作"平平仄仄仄平平"。安(ān 乌寒切,平,寒韵),作代词,当"哪里"解,表疑问。《诗·小雅·小弁》:"天之生我,我辰安在?"那(nuǒ 奴可切,上,哿韵),如何、怎么。《玉台新咏》卷一《古诗为焦仲卿妻作》:"处分适兄意,那得自任专?"按义二字均可,按平仄,若第三字不论,亦可。然终不如作"那",直合平仄为善。

兼金:最好的金子,其价兼倍于常也。魏本:"孙曰:《孟子》:'馈兼金百镒。'"按:《孟子·公孙丑下》原文作:"前日于齐,王馈兼金一百而不受。"魏本:"韩曰:《选》(卷二六)王僧达《答颜延年》诗:'诵以运周旋,匣以代兼金。'(张铣)注:'兼金,最好金也。'"按:"兼金"一词虽早出《孟子》,而韩公诗当借《文选》卷二四晋陆机《赠冯文罴》诗:"愧无杂佩赠,良讯代兼金。夫子茂远猷,款诚寄惠音。"讲陆机与冯文罴的关系,表韩与张端公的关系。唐王维《酬贺四赠葛巾之作》"野巾传惠好,兹贶重兼金"亦此意。

⑦白首相随愧使君:方《举正》作"百首",云:"杭本作'百首'。蜀本作'白首'。此岂犹《祭张署文》所谓'百篇在吟'者邪?'白首'非义。"朱《考异》:"百,或作'白'。"南宋监本原文作"白"。宋白文本、文本、魏本作"白"。廖本、王本从方作"百"。王元启《记疑》:"白,方作'百'。按:题语但云惠书叙别,不见别寄他文。'百首'字为无根,且于'相随愧使君'意不接。建本作'白首',谦言才力已

退,不复能追武后尘耳。如此接人末句'莫欺',意尤一贯。一本'白首'作'百岁',尤非。"钱仲联《集释》:"'白首'义短,仍当从《举正》作'百首'。"屈《校注》亦作"百首"。童《校诠》:"第德案:公时年五十二,前十余年遗崔群书,已云两鬓半白,至是已白首矣,潮州刺史谢上表云:年才五十,发白齿落,可证。潮韶二州俱属岭南节度巡管内,与张使君为同僚,故云白首相随,义自明白。王说是,意有未尽,故为补之。举正从杭本作百首,好怪之过也。"按:使君,指张端公。王、童说有理,上句赞张之文可贵,下句自谦。若为"百首",指谁?是张?而未见张之有诗相赠,更别说"百首"。若韩自指,则不可理解。

⑧ 俱是岭南巡管内:文《详注》:"岭南五府经略各管兵数千。"魏本:"孙曰:'潮、韶二州,皆属岭南节度。'"按:岭南,岭南道。《元和郡县图志》卷三四:"岭南节度使管州二十二:广州、循州、潮州、端州、康州、封州、韶州、春州、新州、雷州、罗州、高州、恩州、潘州、辩州、泷州、勤州、崖州、琼州、振州、儋州、万安州。"韶、潮二州均属岭南所管。

⑨ "莫欺"句:不要嫌弃潮州荒凉偏僻而不通音信。

【汇评】

宋阙名:《笔墨闲录》:潮州以后诗最哀深。《次宜溪》绝句等诗,绝有味。(钱仲联《韩昌黎诗系年集释》卷一一)

清朱彝尊:"如何此时恨,嗷嗷夜猿鸣""乡心正欲绝,何处捣寒衣",皆是此意。此但添"元自""休傍"四字,境遂别,然终觉稍著意。(顾嗣立《昌黎先生诗集注》卷一○)

陈祖美:"兼金"一词非韩氏杜撰,而是出自陆机《赠冯文罴》一诗的"愧无杂佩赠,良讯代兼金"。笔者对于韶州刺史张端公系何许人尚未深究,所经眼的他人注释亦多作"未详",只是注出"端公"是唐代对御史的称呼。鉴于此,笔者认为,不妨从"兼金"一语在陆机诗中的意蕴,也就是从陆机与冯文罴之间的关系中对韩、张之交加以印证。而有关陆、冯之交的文字，除了上述"良讯代兼金"云云之外，尚有"密席接同志"（此句出自《赠斥丘令冯文罴诗》，另有《赠冯文罴迁斥丘令》文，均见《陆机集》）之句，也就是说，在冯、陆之间有着"兼金"般的好友加同志的关系。事实上，陆机对于冯文罴的被贬曾一再加以慰藉和关照，这与张、韩之交几无二致，这就是说韩愈借陆机诗中的"兼金""同志"之语，喻指其与张端公之交。（《"天要潮人识孟轲"——简论韩文公贬潮之因果及有关人文背景》，见《韩愈与潮州文化》）

题秀禅师房①

元和十五年

韩愈元和十四年末从潮州到韶州，与家人相聚，十五年春节在韶州度过，如《将至韶州先寄张端公使君借图经》诗云："曲江山水闻来久，恐不知名访倍难。愿借图经将入界，每逢佳处便开看。"有机会访韶州之佳处，秀禅师所在禅寺当在所访之内，《题秀禅师房》则写于此时。诗正通过写禅寺特有的"桥夹水松"的百步之路，秀禅师的悠闲潇洒，支颐而卧，垂钓沙岸的情景，托出他量移北归，与家人团聚的心情，真别有一番趣味。故朱彝尊《批韩诗》云："四句四事，清迥绝俗。"

桥夹水松行百步②，竹床莞席到僧家③。暂拳一手支颐卧④，还把渔竿下钓沙⑤。

【校注】

① 题：文《详注》："《西京记》：洛阳天宫寺有秀禅师者，俗姓李，汴州陈留人。习禅精苦，初至荆州，后移（韶州）此寺，深为武太后所礼。玄鉴默识中若符契。长安中，入京住资圣寺。年百岁，卒

于此寺,瘗于龙门山,道俗奔赴数千人。燕国张公为其碑文。"陈景云《点勘》:"《题驿梁》诗题云:'贬潮州刺史,乘驿赴任。'其时方为严程所迫,途中山水,皆未暇游眺,故后日移袁过韶,寄诗韶守,有欲借图经开看佳处之语。则到僧家把渔竿,必非赴潮时事,定量移后过其地而留题也。"钱仲联《集释》:"《举正》以此诗为元和十四年贬潮阳道中作,方世举《编年》亦然。今从陈说,改系本年正月。南方气暖,竹床莞席,乃四时常御也。"按:钱说是。韩公刺潮,后家迫迁,商南女死,家客韶州。韩公遇赦,量移袁州,可不经韶,然其家在此,故经韶而赴袁也。时在元和元年正月。方《举正》:"前六题皆元和十四年贬潮阳道间作。"所说非。

② 桥夹水松行百步:方《举正》作"松",云:"松,阁本作'船'。"朱《考异》:"松,或作'船'。"按:水松,说有二:一曰海藻类植物,可入药。《文选》卷一二晋郭璞《江赋》:"繁蔚芳荟,隐蔼水松。"卷五左思《吴都赋》:"草则……石帆水松。"参阅《政和证类本草》九《海藻》。一曰树名,即棕,多生于水旁。晋嵇含《南方草木状》:"水松,叶如桧而细长,出南海。土产众香,而此木不大香,故彼人无佩服者。岭北人极爱之。然其香殊胜在南方时。"方世举《笺注》:"水松,左思以为草,嵇含以为木,大抵是两,而要皆南方物也。"若谓夹桥者当是草。

③ 竹床莞席到僧家:方《举正》据蜀本作"床",云:"李、谢校同。"朱《考异》:"床,或作'林'。"南宋监本原文作"林"。宋白文本亦作"林"。文本、魏本、廖本、王本作"床"。魏本:"孙曰:《诗》:'下莞上簟。'莞,九还切。床,一作'林',洪曰非是。"文《详注》:"竹床,今本多作竹林。《补注》:'作木床是。'"

按:当作竹床,与莞席类,南方常有。莞席,用莞草织成的席。莞,蒲草,可织席。《诗·小雅·斯干》:"下莞上簟,乃安斯寝。"《礼记·内则》:"凡内外,鸡初鸣,咸盥漱,衣服,敛枕簟。"魏本:"祝曰:'莞草丛生水中,圆可以织席。'"

④ 支颐:方《举正》订"头"字,云:"杭、蜀同上。"朱《考异》:

"头,或作'颐'。"宋白文本、文本、魏本作"颐"。文本注:"一作'头'。"祝本、廖本、王本作"头",注:"头,或作'颐'。"头,或作"颐"。支头、支颐均可,意同,此作支头更合睡时情景,即以手托颊,头枕手臂而卧,乃睡床之姿。而唐诗人多用"颐"。《庄子·渔父》:"左手据膝,右手持颐。"杜甫《夔府抒怀》:"血流纷在眼,涕洒乱交颐。"白居易《除夜》:"薄晚支颐坐,中宵枕臂眠。"陆龟蒙《春思》之一:"此时忆著千里人,独坐支颐看花落。"今从诸本作"颐"。则支颐用于坐,支头用于躺,分得很清楚,然亦可以支颐形容枕臂而卧。

⑤ 四句全无主语,然主人自见。一二句着"行""到"二动词,则主语显然是诗人自己;三四当指禅师,但第四句双关亦可。当作把渔竿拿来,自钓鱼沙岸。钓鱼,不作钓鱼或钓竿,而作钓沙,意境全出,有味。钓沙,南宋监本、魏本作"晚沙",少意思,非。

【汇评】

清朱彝尊:四句四事,清迥绝俗。(顾嗣立《昌黎先生诗集注》卷一〇)

将至韶州先寄张端公使君借图经①

元和十四年末

曲江山水闻来久②,恐不知名访倍难。愿借图经将入界③,每逢佳处便开看④。

【校注】

① 题:方《举正》增"端公"二字,云:"此后四诗恐当为归日再经韶阳之所作。"朱《考异》:"或无'端公'字。"宋白文本、文本、祝本、魏本无"端公"二字。魏本:"洪曰:'此诗及下至韶州留别诗,皆自潮移袁道中作。'"方成珪《诗文年谱》:"元和十五年正月作。"岑

仲勉《唐史余沈》卷三云："《将至韶州先寄张端公使君借图经》诗注云：'此诗及下《至韶州留别》诗，皆自潮移袁道中作。'余则以为应是谪潮时作，盖来往皆道出于韶，则谪潮日曾经其地，何此时犹云'曲江山水闻来久，恐不知名访倍难'耶？如以两诗同署张端公为疑，则愈两度经韶，前后约只八月，其南下之际，可能张端公已上韶任也。姑识之以待质诸方志。抑同卷更有诗题云'去岁自刑部侍郎以罪贬潮州刺史，乘驿赴任'，或来时乘驿，不得流连山水，故'闻来久'一句，仍无害其为再度经过欤？"按：此诗当写于由潮量移袁州途中，尚未到韶前的元和十四年末。详见《韩学研究·韩愈年谱汇证》元和十四年条。

② 曲江：曲江即题中所谓韶州。文《详注》："曲江县属韶州。《水经》（卷三八《溱水》）曰：'县昔号曲江。曲，山名也，县东连岗是。'"魏本引孙《全解》同。方世举《笺注》："《水经注》（卷三八《溱水》）：'泷水又南径曲江县东。曲，山名也。泷中有碑文曰：按《地理志》：曲江，旧县也。王莽以为始兴郡治。水出始兴东江，西与连水合。水在南康县凉热山、连溪山，即大庾岭也，五岭之最东矣。又西径始兴县南，又西入曲江县，邸水注之。水出浮岳山，山蹙一处，则百余步动，若在水也。南流注于东江，又西与利水合。水出县之韶石下。'"

③ 愿借图经将入界：尚未入韶州地界。图经，本指文字外附有图画的书籍。此指附有地图的地志。《隋书·经籍志》二有《冀州图经》《幽州图经》，即此类也。界，地界。文《详注》："唐僧一行分天下山河为南北两界。"

④ 每：方《举正》订，云："唐本、《文苑》作'每'。阁本、蜀本作'亦'。李、谢从唐本。"朱《考异》："每，或作'亦'。"南宋监本原文作"亦"。文本、祝本、魏本同监本作"亦"。宋白文本、廖本、王本作"每"。作"每"字善。每，每每也。

【汇评】

清朱彝尊：人皆有此意，如此写来自妙。（顾嗣立《昌黎先生诗集注》卷一〇）

过始兴江口感怀①
元和十四年

忆作儿童随伯氏②，南来今只一身存③。目前百口还相逐④，旧事无人可共论⑤。

【校注】

① 题：魏本："孙曰：'韶州，始兴郡。大历十四年四月，起居舍人韩会以罪贬韶州刺史，公随会而迁，时年十岁。至是贬潮州，道过始兴，所谓感怀也。'"方世举《笺注》："《水经注》（卷三八《溱水》）：'大庾峤水，亦名东江，又曰始兴水。重岭衿泷，湍奔相属。西径始兴县南，又西入曲江县，又与利水合。水出县之韶石北山，南注东江。东江又西，注于北江，自此有始兴大江之名。'"

② 忆作儿童随伯氏：作，方成珪《笺正》曰："《猗觉寮杂记》引作'昨'。"宋白文本、文本、祝本、魏本、廖本、王本均作"作"。按：作"昨"亦通，然无版本可据，不妄改。况作同乍，音（zhà乍），始也。合韩公诗义，从之。《书·益稷》："万邦作乂。"《荀子·致士》："故土之与人也，道之与法也者，国家之本作也。"作当初解。

伯氏：李汉《昌黎先生集序》云："先生生于大历戊申，幼孤，随兄播迁韶岭。"魏本："孙曰：伯氏，谓会也。《诗》（《小雅·何人斯》）曰：'伯氏吹埙。'"《洪谱》大历十三年条云："《祭嫂》云：'年方及纪，荐及凶屯。兄罹谗口，承命南迁。'《复志赋》云：'当岁行之未复兮，从伯氏以南迁。''至曲江而乃息兮，逾南纪之连山。'时年十一。《旧史》云：'大历十二年夏五月，起居舍人韩会坐元载贬官。'岂以十二年贬,十三年始至韶邪？柳宗元《先友记》云：'会善清言,有文章,名最高,以故多谤。至起居郎,贬官,卒。'云起居郎者,误也。《祭老成文》云：'中年兄没南方,从嫂归葬河阳。'《复志赋》云：'嗟日月其几何兮,携孤嫠而北旋。'"方《增考年谱》云："以《唐史》及《通鉴》考之,韩会坐元载之贬,实大历十二年也。以公《祭嫂文》及《复志赋》考之,公随会迁韶,年方及纪,实十四年也。赋言'岁行未复',盖公生于戊申,逾年方复庚申,其为十四年明甚。岂会固尝以他事再贬耶？况诸党元载以败,无有度岭者。杨炎道州司马,韩洄邵州司户,虽王缙始欲诛之,亦只降括州刺史,不应会独贬韶也。《樊谱》只系十四年,《洪谱》系之十三年,谓逾岁方至韶,失于牵合也。"朱翌《猗觉寮杂记》卷上："退之兄会,尝为起居舍人,谪韶州司马。退之幼从其兄到韶,兄死,退之后至曲江云'忆昨儿童随伯氏,南来今只一身存'云云。会史无传,不知坐何事贬？考之史,坐元载也。载传云：'与载厚善,贬者某人某人。'会其一也。"

按：《考功员外卢君墓铭》："愈之宗兄故起居舍人君,以道德文学伏一世。"即伯兄会也。旧史不悟宗兄为大宗小宗之宗,遂云愈孤养于从父兄,误矣。大历十二年,韩愈十岁,韩会坐元载案贬韶州刺史,时在本年四月;十四年,韩愈十二岁,会卒韶州,随嫂扶兄柩回葬河阳(今河南孟州市)。详见《韩学研究·韩愈年谱汇证》大历十二年、十四年条及《韩愈大传·韩会传》。

③ 一身存：《洪谱》元和十四年云："初公随兄南迁于韶,兄卒北归,与百口避地江南,至今三十余年,往时百口,独公存耳。"

④ 百口：约而言之,谓其多也。方世举《笺注》："百口,甚言其多,大抵此时家室已追及同行矣。然如郑嫂、十二郎及乳母等,皆已前死,俯仰今昔,四十余年,当时旧人,想无在者。而复以迁谪来经于此,其为感怆,何可胜言也？"程学恂《韩诗臆说》卷二："果是百口,何其多耶？然前汴州诗亦云'百口无罪殃',则合全家皆来矣。"章士钊《柳文指要》下《通要之部》卷二："退之南行,自称'百口相随',此百口中,奴隶泰半。子厚《与萧俛书》谓：'家生小童,皆自然

哓哓,昼夜满耳。'夫子厚无子,小童何来？哓哓满耳,人数决不在少。凡此皆奴隶也。"

⑤ 蒋之翘《辑注》:"一结无限悲怆动人。"因无旧人矣,此诗字少味深,悲极伤极也。

【汇评】

清朱彝尊:道得真切,炼得简妙。(顾嗣立《昌黎先生诗集注》卷一〇)

程学恂:此亦寻常追感。(《韩诗臆说》卷二)

韶州留别张端公使君①
元和十五年

此乃元和十五年春节后,赴袁离韶别张之作,时稍后于前诗。由于张的款待,滞留韶州的这个春节过得好。送别时又依依难舍,饯行之酒,日夕未散。韩公诗里感激之情溢于文字之间:两情相得益彰,和谐温馨。此诗用典对仗工稳,格调自然,写景活脱清新,抒情真挚感人。故朱彝尊《批韩诗》云:"格平调稳,写情点景皆合拍,读之有味。"

来往再逢梅柳新②,别离一醉绮罗春③。久钦江总文才妙④,自叹虞翻骨相屯⑤。鸣笛急吹争落日⑥,清歌缓送款行人⑦。已知奏课当征拜⑧,那复淹留咏白蘋⑨。

【校注】

① 题:方《举正》据唐本增"端公"二字。诸本无。今从方。魏本:"孙曰:'公量移袁州,故云留别。'"方成珪《年谱》:"元和十五年庚子,五十三岁。是年正月作。"《韩学研究·韩愈年谱汇证》:"他

与张相别留诗当在正月十日前后。这样,由韶到袁约六百多公里的行程用二旬多的时间到达,闰正月八日上表,时间正合。"谓二月者,非。

② 梅柳新:宋白文本注:"梅,一作'杨'。"诸本作"梅",是。岭头多梅,正、二月盛开。魏本:"孙曰:'元和十四年正月,公以论佛骨贬潮州。三月至潮州。十月量移袁州,十五年正月至袁州。其往来上下于韶,皆梅柳新时也。故云。'"王元启《记疑》:"公以十四年二月过韶,十五年赴袁,又于闰正月过韶,故云'再逢梅柳'。孙注以来为三月,往为正月,并非。辨见《泷吏》诗及《袁州谢上表》。"钱仲联《集释》:"按:宪宗之崩在正月二十六日,穆宗即位在闰月三日,《袁州谢上表》云:'以今月八日到任上讫。'无论正月闰月,俱在未接哀诏之先,表中不应遂有先朝之称,公自潮至韶有'再逢梅柳'之句,其至袁州,必在闰月以后,二月初旬。"徐震《诠订》云:"《袁州刺史谢上表》,自潮移袁为十月二十四日,其过韶当在十一月,此岭上梅开之时。其贬至潮过韶,在三月中,则正值柳新之时。"钱仲联《集释》:"移袁过韶为十五年闰正月,王说为长。其贬潮过韶,在十四年三月,则当从徐说。王以贬潮时为二月过韶者,改《泷吏》诗'南行逾六旬'为'四旬'立说耳,未为的论。"

按:韩公诗"梅柳新"指季节,非特指某月。贬潮南来时过韶乃三月中旬,由潮移袁过韶为正月,皆可谓梅柳的新春季节。谓上年十一月,今年闰正月、二月者,疑梅未开,柳未发。实则岭南早春梅即始发,如韩公元和元年早春在江陵写的《春雪间早梅》。中原有句时谚:"七九、八九,抬头望柳。"时在正月中下旬,柳已成新,何况岭南?再以时间推算:十四年十月二十一日量移诏下,十一月底至十二月上旬到潮,韩愈必在春节前赶到韶州,趁节与家人团聚。春节在韶度过,但毕竟是移官途中逗留,多止旬日尚可;若说到闰正月再别张离韶,与情事不合。再以下诏量移之元和十四年十月二十一日算起,至今年闰月,则约百日矣,亦不可能。则以上诸说均未周密也。详见《韩学研究·韩愈年谱汇证》元和十四、十五年考析。

何焯《义门读书记》卷三〇:"起句'再'字与末句'淹留'反对。"

③别离一醉绮罗春:方世举《笺注》:"指韶州宴别时事。"按:杜牧《重登科》:"星汉离宫月出轮,满街含笑绮罗春。"指长安大街的盛装景象。韩诗"绮罗春"指宴席间景象;或许亦可释为酒名。唐时以春字命名的酒很多,如韩诗《感春》四首之四"百年未满不得死,且可勤买抛青春"提到的"抛青春"。苏轼《东坡志林》:"《国史补》云:'酒有郢之富春,乌程之若下春,荥阳之土窟春,富平之石冻春,剑南之烧春(今有剑南春)。'杜子美亦云:'闻道云安曲米春,才倾一盏便醺人。'近世裴铏《传奇》记裴航事,亦有'酒名松醪春'。乃知唐人名酒多以春。"

④江总文才妙:魏本:"韩曰:陈后主欲以江总为太子詹事,孔奂曰:'总,文华之人,太子何藉于总?'孙曰:'总,字总持,以喻张也。'"方世举《笺注》:"《南史·江总传》:'总,字总持,幼聪敏,及长,笃学有文辞。南阳刘之遴等,并高才硕学。总时年少有名,之遴尝酬总诗,深相钦挹。梁元帝征为始兴内史,不行,流寓岭南积岁。陈天嘉中征还,累迁太子詹事。尤工五言七言,多为艳诗,好事者相传讽玩。'"陈景云《点勘》:"始兴即韶州。以江比张,盖用当州故事。"黄彻《䂬溪诗话》卷九:"退之《韶州留别张使君》云:'久钦江总文才妙,自叹虞翻骨相屯。'翻放弃南方,自恨疏节,骨鲠不媚,犯上获罪,当长没海隅。其刚褊方拙,凌突权势,出于天性,雅宜文公喜用。江总乃败国奸回,特引之何故?按《南史·孔奂传》:陈后主欲以总为太子詹事,奂曰:'江有潘、陆之华,而无园绮之实。'乃奏江总文华之人,宜求敦重之才。是诗恐有讥云。杜云:'远愧梁江总,还家尚黑头。'李商隐《赠牧之》云:'前身恐是梁江总。'皆未可与言史也。"按:以此诗"文才妙"和《量移袁州张韶州端公以诗相贺因酬之》诗"高文起予"看,则是以江总文才之妙比张。此又正应《晚次宣溪辱韶州张端公使君惠书叙别》诗"兼金那足比清文"意,非以江总奸邪类比也。

⑤ 虞翻：文《详注》："虞翻，字仲翔，吴人，孙策（当作'权'）放之于交州，卒死于放地。《吴志》有传。东坡《南迁人日》诗云：'三策已应思贾逊，孤忠终未赦虞翻。'亦此意也。"魏本："樊曰：虞翻仕吴，为骑都尉，数犯颜谏诤，孙权不悦，从（坐）徙丹阳泾县，后又徙交州。尝云：'自恨疏节，骨体不媚，犯上获罪，当长没海隅。'（乃《别传》语）孙曰：翻，字仲翔，以喻己也。"方世举《笺注》："虞翻：《吴志·虞翻传》(《三国志》)：'翻，字仲翔，孙权以为骑都尉，数犯颜谏诤，权不能悦。又性不协俗，多见谤毁，坐徙丹阳泾县。吕蒙请以自随，因此令翻得释。翻性疏直，数有酒失。权与张昭论及神仙，翻指昭曰：彼皆死人，而语神仙，世岂有仙人也？权积怒非一，遂徙翻交州。'按：《碧溪诗话》谓：'虞翻刚褊方拙，凌突权势，出于天性，雅宜文公喜用。江总乃败国奸回，陈主欲以为太子詹事。孔奂奏总文华之人，宜求敦重之才。是诗恐有所讥。'杨慎(《升庵诗话》)云：'以忠直自比，而以奸佞比人，非圣贤谦己恕人之意。而宋人乃学之，以为占地步，深为不是。（按：引文多有出入）殊不知详考二人本末及是诗引用之意。夫总之文才，唐人或以自比，或以比人，不论其行也。况又尝征为始兴内史。韶州即始兴，故以比张端公。翻以论神仙徙交州，公以论佛骨贬潮州，皆黜外教，皆放南方，故以自比。其用事精切如此，说诗者何可妄议？且所谓占地步者，尤可怪，其弊起自宋人，奈何归咎于公耶？'二说以升庵为是。升庵所谓唐人或以自比，或以比人，如杜甫'远愧梁江总，还家尚黑头'，自比也。李义山《咏杜司勋》'前身应是梁江总，名总还应字总持'，比人也。此类甚多，碧谈谬矣。"(事见《三国志·吴志·虞翻传》及注引《翻别传》《江表传》)按：方说是。骨相屯，即铮铮之骨相聚于一身也。屯，聚集。《楚辞》屈原《离骚》："屯余车其千乘兮。"

⑥ 急吹争落日：方《举正》据唐本、谢校作"争落日""款行人"，云："李、谢校，蜀本亦作'争'。李本云：二宋评此诗，小宋疑下语有误，大宋初不以为然，后得善本，始信。"朱《考异》："诸本争作'催'，款作'感'。方从唐本。"南宋监本原文作"催""感"。参阅宋白文

本、文本、祝本、魏本。何焯《义门读书记》卷三〇："款,诸本作'感'。按:作'感'便与'缓'字无情。"按:谓天色已晚,该当行矣,故谓"名笛急吹,清歌缓送"。上句一"急"字,写韩公要起程。下句一"缓"字,与韩、张二者缓急相对,真能表出二人不同心态。妙。

⑦ 清歌缓送:着一"缓"字,与上句意对。上句以船笛急鸣催落日,谓天色已晚,催行人上路也。下句写送者不愿客人离去,而笙歌仍在慢慢进行。以缓对急,形容刻切,情意全出。

⑧ 奏课:魏本:"孙曰:'课,治状也。'"奏课,即委任他的文书。征拜,征召拜官。此句谓他已经受命袁州也。因上命不得不去,推出下句不能再淹留也。

⑨ 那复淹留咏白蘋:承上句:那里还能在这儿清歌缓送地滞留呢?文《详注》:"白蘋:《楚辞·九歌》(《湘夫人》)曰:'登白蘋兮骋望。'王逸注云:'蘋草秋生,今南方湖泽皆有之。'"廖本:"'汀州采白蘋',柳恽诗语。"

【汇评】

宋黄彻:退之《韶州留别张使君》云:"久钦江总文才妙,自叹虞翻骨相屯。"翻放弃南方,自恨疏节,骨鲠不媚,犯上获罪,当长没海隅。其刚褊方拙,凌突权势,出于天性,雅宜文公喜也。江总乃败国奸回,特引之何故?按《南史·孔奂传》:陈后主欲以总为太子詹事,奂曰:"江有潘、陆之华,而无园绮之实。"乃奏江总文华之人,宜求敦重之才。是诗恐有讥云。杜云:"远愧梁江总,还家尚黑头。"李商隐《赠牧之》云:"前身恐是梁江总。"皆未可与言史也。(《碧溪诗话》卷九)

明杨慎:韩退之诗:韩文公《赠张曙》诗云:"久钦江总文才妙,自叹虞翻骨相屯。"以忠直自比,而以奸佞待人,岂圣贤谦己恕人之意哉?考曙之为人,亦无奸佞似江总者。若曰以文才论,何不以鲍照、何逊为比,而必曰江总乎?此乃韩公平生之病处,而宋人多学之,谓之"占地步"。心术先坏矣,何"地步"之有?(《升庵诗话》卷九)

明钱晓:杨升庵尝评韩退之《赠张曙》诗云:"久钦江总文才妙,自叹虞翻骨相屯。"以忠直自比,而以奸邪待人,岂圣贤谦己恕人之意?此乃韩公生平病处。而宋人多学之,谓之"占地步"。心术先坏矣,何"地步"之有?此论最当。今之人抑又甚焉。阴含讥讽,如讪如詈,此小人之尤者,不可效也。(《庭帏杂录》卷上)

明胡应麟:《韩诗》韩昌黎《赠张曙》诗:"久钦江总文章妙,自叹虞翻骨相屯。"以邪佞比人,而忠直自许,此昌黎一生病痛也。(《少室山房笔丛》卷一九续乙部《艺林学山一》)

按:升庵、应麟所谓"张曙",当是张端公之误。

清朱彝尊:格平调稳,写情点景皆合拍,读之有味。(顾嗣立《昌黎先生诗集注》卷一○)

清何焯:《韶州留别张端公使君》起句"再"字与末句"淹留"反对。"久钦江总文才妙"二句,《南史》:刘之遴尝酬总诗,深相钦挹。台城陷,避难会稽。总舅萧勃据广州,自会稽往依焉。流寓岭南积岁,陈天嘉四年,以中书侍郎征还。此句乃断章用岭外事,与第七"奏课征拜"呼应。虞仲翔徙交州不返,自危几,类此也。"清歌缓送款行人",注:款,诸本作"感"。按:作"感"便与"缓"字无情。(《义门读书记》卷三○)

量移袁州张韶州端公以诗相贺因酬之[①]
元和十四年

元和十四年十一月,韩愈接到量移袁州的诏书并张韶州贺诗后所作。诏书传递,自京师达潮州,必先经韶州,张得先见。因是好友,故托使者带去贺诗,韩公因以诗酬谢。诗虽喜犹怨:首句发问,意在"明时"不该逐而逐,可见明时之君不明,一怨也;二句说虽量移,而罪行并未全雪,二怨也。因有怨气,故用"塞雁"以寓其心情悲凉。喜的是量移岭北,才免南迁成为葬江之鱼。他也才有心情"暂欲系船韶石下",客游韶州景观。"烦留客"者,除了这次回程为客外,亦含南来之留及其家属的留居,所以,他对张端公有一种特别感激之情。中二联虽平平叙来,却对仗工整,情感真挚。首句发问,令人味之不尽。结用典事,揭主客友情,抱题,构建慎密。

> 明时远逐事何如②？遇赦移官罪未除③。北望诏令随塞雁④,南迁才免葬江鱼⑤。将经贵郡烦留客⑥,先惠高文谢起予⑦。暂欲系船韶石下⑧,上宾虞舜整冠裾⑨。

【校注】

① 题:方《举正》:"阁本无'端公'与'因'字。蜀本作'量移袁州酬张韶州先寄诗贺'。三馆本作'量移袁州张韶州先诗见贺因酬之'。题语四易,各有义,聊并存之。"朱《考异》引方语,题同方。宋白文本、文本、魏本"公"字下多一"先"字。今从方。

《旧唐书·宪宗纪下》:"元和十四年(819)十月丙寅(21日),以潮州刺史韩愈为袁州刺史。"此诗乃受命接诏后,移袁前所作,约在十一月。袁州,《元和郡县图志》卷二八:"江南道四:袁州,本秦九江郡地,在汉为宜春县,属豫章郡。晋平吴后属荆州,东晋以来属江州。隋开皇十一年(591)置袁州,因袁山为名。大业三年,罢袁州为宜春郡。武德五年(622)讨平萧铣,复置袁州。"即今江西袁州市。文《详注》:"元和十五年十月,逢恩准例量移改授袁州刺史。"文注"十五"乃"十四"之误。

② 明时:蒋抱玄《评注》:"曹植《求自试表》:'志欲自效于明时。'"按:指政治清明的时代。《三国志·魏·陈思王传·求自试表》:"志欲自效于明时,立功于圣世。"唐王勃《滕王阁序》:"屈贾谊于长沙,非无圣主;窜梁鸿于海曲,岂乏明时?"

③ 遇赦移官罪未除:《新唐书·韩愈传》:"贬潮州刺史。既至潮,以表哀谢。帝得表,颇感悔,欲复用之,持示宰相曰:'愈前所论,是大爱朕,然不当言天子事佛乃年促耳。'皇甫镈素忌愈直,即

奏言：'愈终狂疏，可且内移。'乃改袁州刺史。"是罪未全除也。魏本："韩曰：'七月，群臣上尊号，大赦天下，乃量移为袁州刺史。'"按：若"罪除"，必复官，非仅量移近地。

④ 北望讵令随塞雁：文《详注》："《南史》(《谢晦列传》)：'宋武帝闻咸阳沦没，登城北望，慨然不悦。'许氏云：'雁春分北诣汉中，秋分南诣彭蠡。'《补注》：'随塞雁，苏武事。'"魏本："孙曰：左太冲《蜀都赋》(《文选》卷四)：'晨凫旦至，候雁衔芦。木落南翔，冰泮北徂。'鸿雁之属，九月而南，正月而北，故公自言不如此塞雁得北向也。樊曰：苏武使匈奴留匈奴中。汉求武等，匈奴诡言武死。汉使复至，常惠教之言天子射上林中，得雁足有系帛书，言武等在某泽中。使如其言责单于。单于谢曰：'实在。'于是得还。"公自言不如鸿雁之属南去北归，自由飞翔，可达目的地，而己则不能。

⑤ 江鱼：文《详注》："《楚辞》(《渔父》)：屈原既放，游于江潭。渔父问之，原曰：'宁赴湘流，葬于江鱼腹中。'"魏本："韩曰：屈原被谗，王怒而迁之。原至江滨，曰：'宁赴常流，而葬江鱼腹中。'乃作《怀沙》之赋，负石投汨罗江而死。"

⑥ 将经贵郡烦留客：此用《汉书》陈遵好客，挚意留客事比张端公。《汉书·陈遵传》："(遵)居长安中，列侯近臣贵戚皆贵重之。牧守当之官，及郡国豪杰至京师者，莫不相因到遵门。遵耆酒，每大饮，宾客满堂，辄关门，取客车辖投井中，虽有急，终不得去。"按：陈遵醉酣，取客车之辖沉井，为留客也。

⑦ 高文：超出世俗之文，此指张端公。《文选》卷三一江淹《杂体诗三十首·魏文帝》："高文一何绮。"起予，文本、魏本等诸本作"谢起予"，钱仲联《集释》作"起谢予"，未出校文，不知何据。今从诸本。

文《详注》："《论语》(《八佾》)：孔子曰：'起予者商也，始可与言诗。'卜商，字子夏。"魏本："孙曰：'起，发也，言子夏能发明己意。'"

⑧ 系船韶石下：诸本作"系"。文本、魏本等注："系，一作'寄'。"宋白文本作"寄"，注："一作'系'。"当作"系"。

魏本:"孙曰:'韶石在韶州西江县灵屯岭,高百仞,广圆五里。两石对峙,相去一里,小大略等,似双阙,上有虞舜庙。'樊曰:《郡国志》云:舜登此,奏韶乐,系船。一本作'寄船'。"方世举《笺注》:"韶石:《水经注》(《利水》):'利水出曲江县之韶石下。其高百仞,广圆五里,两石对峙,相去一里,大小略均,似双阙,名曰韶石。'《袁州郡志》:韶石,舜尝登此奏乐,今有庙在焉。"按:《元和郡县图志》卷三四:"岭南道一:韶州曲江县,韶石,在县东北八十五里。两石相对,相去一里。石高七十五丈,周回五里,有似双阙,名曰韶石。"此所谓"韶州地质公园",丹霞地貌也。

⑨ 上宾:以贵客接待。方世举《笺注》:"《逸周书·太子晋解》:'王子曰:吾后三年,上宾于帝所。'孔晁注:'言为宾于天帝之所,鬼神之侧。'"文《详注》:"韶州韶石,帝舜之乐石也。舜昔南巡,常登此,作韶乐。《水经》(《溱水》)曰:'利水出曲江县之韶石北山,南流迳韶石下。石高百仞,广圆五里,两石对峙,相去一里,小大略均,似双阙,名曰韶石。上有虞舜庙。古老言,昔有二仙,分而憩之,自尔年丰,弥历一纪。'东坡《游白水山》诗(《次韵正辅同游白水山》)云'首参虞舜欸韶石'即此意也。"李光地《榕村诗选》卷六:"末句取诸《离骚》所谓'跪敷衽以陈辞'者,蒙难正志气象。"李详《证选》:"屈原《离骚》:'济沅湘以南征兮,就重华以陈辞。'此公诗意所出。"

【汇评】
宋黄彻:老杜《赠李秘书》:"触目非论故,新文尚起予。"太白《酬窦公衡》云:"曾无好事来相访,赖尔高文一起予。"韦苏州:"每一睹之子,高咏尚起予。"昌黎《酬张韶州》:"将经贵郡烦留客,先惠高文谢起予。"岂非用事偶合,数公非蹈袭者。(《碧溪诗话》卷九)

清何焯:《量移袁州张韶州端公以诗相贺因酬之》安溪云:末句取诸《离骚》,所谓"跪敷衽以陈辞"者,有蒙难正志气象。(《义门读书记》卷三〇)

次石头驿寄江西王十中丞阁老①
元和十五年

凭高试回首②,一望豫章城③。人由恋德泣④,马亦别群鸣⑤。寒日夕始照,风江远渐平⑥。默然都不语,应识此时情。

【校注】

① 题:方《举正》:"石头驿在豫章郡西二十里。王十,王仲舒也。自此至《题驿梁》六诗,皆元和十五年(820)冬召还道间作。"魏本:"孙曰:'元和十四年(819)六月,以中书舍人王仲舒为御史中丞,洪州刺史,江南西道观察使。时公来赴袁州。'樊曰:袁隶江南西道,公自袁还朝,行次石头而作是诗。按:《水经注·赣水》:'赣水西岸有盘石,谓之石头,在豫章郡北。'豫章郡,洪州也。"顾嗣立《集注》:"《旧唐书·王仲舒传》:'字宏中,太原人。穆宗即位,召为中书舍人,出为洪州刺史,御史中丞,江南西道观察使。'"方世举《笺注》:"原注:'仲舒。'《豫章古今记》:'石头津在郡江之西岸,一名沉书浦。殷羡为豫章太守,临去,有附书百封,羡将至石头,掷之水中,故名焉。'"按:或谓金陵有石头,为殷羡投书处。《旧唐书·地理志三》云:"武德五年(622),平林士弘,置洪州总管府,管洪、饶、抚、吉、虔、南平六州。天宝元年(742),改为豫章郡。乾元元年(767),复为洪州。"元和十五年冬,韩公离袁州归京师,过洪州,于石头驿,凭高望城中上司、老友,默念无语,表深情。

② 凭高试回首:方《举正》据蜀本作"回马首",云:"《文苑》同。"朱《考异》:"试回,方作'回马'。今按:下句有'马'字,方本非是。"南宋监本原文作"试回"。祝本、魏本作"回马首",注:"一本作'试回首'。"宋白文本、文本、廖本、王本作"试回首"。文本、廖本注:"一作'回马首'。"钱仲联《集释》、屈《校注》校作"试回首",是。

按：韩公《过鸿沟》诗有"谁劝君王回马首"之"回马首"，与此意不同。石头驿亦津名，韩公换船北上，登高回望在洪州的老友王仲舒，必无骑马之必要。

③豫章城：文《详注》："洪州为豫章郡。豫章，木名，县多此木，因以为名。"方世举《笺注》："《左传》（昭公六年）：'令尹子荡，[帅师伐吴，]师于豫章。'《豫章古今记》：'豫章之境，南接五岭，北带九江。春秋时为楚之东境，至汉高五年，灌婴定江南，始立为郡。郡城即灌婴所筑。《新唐书·地理志》：'洪州豫章郡，属江南西道。'"

④人由恋德泣：由，方《举正》："蜀本作'犹'。"朱《考异》："由，或作'犹'。"宋白文本、文本、祝本、魏本、廖本、王本作"由"，注："一作'犹'。"二字通假，此作"由"，是。

按：由，由于，因为。王充《论衡·实知》："知物由学，学之乃知，不问自识。"蒋抱玄《评注》："张华诗（《祖道赵王应诏诗》，《艺文类聚》卷二九引）：'恋德维怀，永叹弗及。'"童《校诠》："第德案：由、犹古字通。易豫：九四，由豫，释文：由，马本作犹，孟子公孙丑上：由反手也，孙氏奭音义引丁音，由义当作犹，古字借用。是其证。"

⑤马亦别群鸣：蒋抱玄《评注》："《礼记》（《月令》）：'游牝别群，则絷腾驹，班马政。'"按：以马比人，极言离别之情。

⑥风江：朱《考异》："风江，或作'江风'。"宋白文本、文本、祝本、魏本、廖本、王本作"风江"。祝本、魏本注："一作'枫江'。"当作"风江"。按："风江远渐平"者，即风吹江起浪，而远远望去，渐渐看不见波浪也。杜甫《简吴郎司法》："风江飒飒乱帆秋。"

【汇评】

宋吴曾：《石头之名有二》：韩退之有《次石头驿寄江西王十中丞阁老》诗，故今洪州石头驿，皆以为证。大观三年，汪藻彦章为江西提学，作《石头驿记》云："自豫章绝江而西，有山屹然，并江而出，曰石头渚，世以为殷洪乔投书之地。《晋史》及《世说》称，洪乔为豫章太守，去都日，得书百余函，次石头，悉投之江中。逮今且千岁，而洪乔之名，与此山俱传。石头于他书无所见，以《图志》考之，唯唐武德中，尝以豫章之西境为西昌县，俾县令治其地，盖今石头是也。及观韩退之《次石头驿寄江西王中丞》诗，则自晋以来，知其为石头，至退之时，又知其尝为驿也。其大略如此。"后又云："自洪乔而知有此山，至退之而驿之名始传。"然则石头之名，汪彦章徇流俗之失，竟以为洪乔投书之地，失之矣。予尝考之，盖江南有两石头"钟山龙蟠，石头虎踞"，与夫王敦、苏峻之所据者，此隶乎金陵者也。余孝顷与萧勃即石头作两城，二子各据其一，此豫章之石头也。洪乔为豫章太守，都下人士，因其行，致书百余函，次石头，皆投之。盖金陵晋室所都，都下人士，以羡出守，故因书以附之。投之石头，谓羡去都而投，而非抵豫章而投也。后人以羡尝守豫章，而豫章适有石头，故因石头之名，号投书渚矣。意者将记洪乔之刚介，以增重石头。殊不知豫章之石头，非金陵之石头。(《能改斋漫录》卷九)

游西林寺题萧二兄郎中旧堂①
元和十五年

元和十五年(820)九月，韩愈在袁州受命迁任国子监祭酒(从三品，总管国子六学，掌儒学训导)，赴长安经庐山，看望老友萧存。时存与三子俱去世，只有一女出家为尼。韩公有感而发，诗当写于北上途中，时约在十一月初。诗用典贴切，虽四句三典，仍觉流利畅达。结句"几行衰泪落烟霞"，有景有情，清丽新颖。仅四句，却把他与萧存的友情淋漓尽致地表现出来了。

中郎有女能传业②，伯道无儿可保家③。偶到匡山曾住处④，几行衰泪落烟霞⑤。

【校注】

① 题:方《举正》于题"萧二"下增"兄"字,作"游西林寺题萧二兄郎中旧堂",云:"萧兄有女出家。萧二,存也。存少与韩会、梁肃友善,庐山今犹有萧存、魏弘(简)、李渤同游大林(寺)题名。"朱《考异》:"诸本'游'作'题','题'作'故',无'兄'字及注。"南宋监本原文作"题西林寺故萧二郎中旧堂",文本、祝本、魏本"游"作"题","题"作"故","二"字下无"兄"字。文本、魏本"堂"字下有"公有女为尼在江州"。宋白文本题作"西林寺题故萧二兄郎中旧堂郎中萧兄有出家女在江州",下小字注:"萧,名存,字伯诚,功曹之子。为金部员外郎,恶裴延龄之为人,弃官归庐山。"于题诸说不一,或以注入题,今从方。汪琬《批韩诗》:"方语本之庄绰《鸡肋篇》。"

西林寺、萧二兄:陈景云《点勘》:"'魏弘'下脱'简'字。白乐天《游大林寺序》可证。弘简卒贞元末,有墓志在《柳子厚集》。其游庐山,盖摄官江州刺史时也。又长庆初,有枢密内臣魏弘简,乃姓名偶同者。"文《详注》:"《唐史》(《新唐书·萧颖士传附存传》):萧存,字伯诚,萧颖士之子也。亮直有父风,能文辞,与韩会、〔沈既济、〕梁肃、徐岱等善。建中初,由殿中侍御史四迁比部郎中,疾裴延龄去官,风痹卒。韩愈少为存所知,自袁州还,过存庐山故居,而诸子前死,惟一女在,为经赡其家。西林,即江州庐山寺也。"洪《年谱》:"《因话录》(卷三)云:'萧颖士子存,字伯诚,为金部员外郎,恶裴延龄之为人,弃官归庐山,以山水自娱。终于检校仓部郎中。'公少时尝受金部赏知,及自袁州入为祭酒,途经江州,因游庐山,过金部山居,访知诸子凋谢,惟二女在焉,因赋此诗,留百缣以拯之。"方世举《笺注》:"自注:'萧兄有女出家。'《莲社高贤传》:'西林法师慧永初至浔阳,刺史陶范留筑庐山,舍宅为西林。'《新唐书·萧颖士传》:'颖士子存,字伯诚,亮直有父风,能文辞,与韩会等善。浙西观察使李栖筠表常熟主簿。颜真卿在湖州,与存及陆鸿渐等讨摭古今韵字所原,作书数百篇。建中初,迁殿中侍御史,四迁比部郎中。疾裴延龄之奸,去官,风痹卒。韩愈少为存所知,自袁州还,过存庐山故居,而诸子前死,唯一女在,为经赡其家。'"按:西林寺,在江西庐山,晋代高僧慧永建。萧二兄,萧存,颖士子,字伯诚,能文辞,与韩会、沈既济、梁肃、徐岱交友。做过常熟主簿、殿中侍御史、比部郎中。恶裴延龄为人,弃官归庐山,以山水自娱,风痹卒。郎中,从五品上。

② 中郎有女能传业:文《详注》:"后汉蔡邕为左中郎将,有女名琰,字文姬。兴平中,天下散乱,为胡骑所获。曹操与邕善,痛其无嗣,遣使以金赎之。因问曰:'闻夫人家先多坟籍,犹能记忆否?'曰:'昔亡父赐书四千卷,流离涂炭,罔有存者,今所诵忆裁四百余篇。'于是缮书送之,文无遗误。后感伤乱离,追怀悲愤,作诗二章。"(见《后汉书·列女传》)魏本引韩《全解》同。方世举《笺注》:"《后汉书·列女传》:陈留董祀妻者,蔡邕之女也。名琰,字文姬,博学有才辨。(下同文注)"按:此句以蔡邕父女作比。蔡邕(132—192),东汉著名文学家和书法家。官至中郎将,世称蔡中郎。无儿,有女蔡琰(文姬)。韩诗以蔡比萧,文姬比萧女。《新唐书·萧颖士传附存传》:"韩愈少为存所知,自袁州还,过存庐山故居,而诸子前死,惟一女在,为经赡其家。"

③ 伯道无儿可保家:魏本:"樊曰:邓攸,字伯道,为河南太守。永嘉末,以石勒之乱负妻而逃,担其儿及其弟子绥。恐不能两全,乃谓其妻曰:'吾弟早亡,惟有一息,理不可绝。'乃亦弃其儿而逃,曰:'幸而得存,后当有子。过江,仕终尚书右仆射,卒以无嗣。时人义而哀之曰:'天道无知,使邓伯道无儿。'"文《详注》:"《晋书》:邓攸,字伯道,平阳襄陆人也。石勒之乱,攸弃其子,后妻不复孕,卒以无嗣。时人义而哀之曰:'天道无知,使伯道无儿。'"(详见《晋书·邓攸传》)按:此句亦以伯道比伯诚也。伯道,邓攸字。西晋末年人,在石勒之乱中携妻子、儿子、弟之子逃难,因不能使二子两全,舍己子而存弟子,后攸死,卒无子嗣,时人哀怜邓攸说:"天道无知,使邓伯道无儿。"

④ 匡山:文《详注》:"匡山,庐山也。本匡俗所居,故以名之。

按赵璘《因话录》(卷三)亦载此诗,云:'中郎有女能传业,伯道无儿可主家。今日匡山过旧隐,空将衰泪对烟霞。'(按:后二句与《洪谱》同)与本集差九字。"方世举《笺注》:"《水经注》《庐江水》):'庐山,彭泽之山也。山四方,周四百余里,叠鄣之岩万仞,怀灵抱异,苞诸仙迹。远法师《庐山记》曰:殷、周之际,匡俗先生游此山,时人谓其所止为神仙之庐,因以名山矣。'"按:匡山即庐山。殷周时匡俗游此山,时人因其所到之处为神仙之庐,因名匡山。曾住处,庐山西林寺乃萧存住过的旧址。

⑤ 几行衰泪落烟霞:时韩愈五十三岁,神衰体弱。烟霞,本指日照下的云气,此指山水胜景。南齐谢朓《拟宋玉风赋》:"烟霞润色,荃蕙结芳,出涧幽而泉冽,入山户而松凉。"

【汇评】

宋朱熹:《考欧阳文忠公事迹》:《庐山高》,它人作不得,唯韩退之作得;《琵琶前引》,退之作不得,唯杜子美作得;《后引》,子美作不得,唯太白作得。(《朱文公文集》卷七一)

清何焯:《游西林寺题萧二兄郎中旧堂》:萧存,颖士之子,为金部员外,终检校仓部郎中。生三子,皆无禄早世。文公少时尝受金部知赏。及自袁州入为国子祭酒,途经江州,因游庐山,过金部山居,访知诸子凋谢,惟二女在,因赋诗云云。留百缣以拯之。(《义门读书记》卷三〇)

蒋抱玄:淋漓尽之。(《注释评点韩昌黎诗全集》)

自袁州还京行次安陆先寄随州周员外①
元和十五年

行行指汉东②,暂喜笑言同。雨雪离江上,蒹葭出梦中③。面犹含瘴色,眼已见华风④。岁暮难相值⑤,酣歌未可终⑥。

【校注】

①题：方《举正》据唐本题作"自贬所蒙恩袁州除官还京行次安陆先寄随州周员外"，云："二题（包括《游西林寺》诗）并唐本定。如淳《汉纪》注曰：'凡言除者，除故官就新官也。'公志郑儋墓曰：'诏受司马节度，除其官为工部尚书。'与此同。公时自袁州由豫章、九江涉江而北，径（经）安陆、汉东、襄阳，趋商洛以还秦。周员外，周君巢也，时知随州。他本多误，故详具经行以信唐本云。"朱《考异》作"自袁州还京行次安陆先寄随州周员外"，云："诸本如此，但以'随'为'循'。方从唐本，云'自贬所蒙恩袁州除官还京'，凡多六字。（下引方语）以经由道里考之，作'循'非是。今按：诸本得之。唐本既颠倒重复，而方说又不可晓。疑'袁州'字当在'贬'字上，或注在'所'字下。循州之辨，则方得之。或本'袁州'下有'除官'二字，亦通。随，又作'复'，当考。"南宋监本原文"自袁州除官还京行次安陆先寄循州周员外"。宋白文本、文本、祝本、魏本"袁州"字下有"除官"二字。祝本"随"作"循"。魏本"樊曰：诸本以'随州'为'循州'，误矣。循与潮相邻，皆在广南，安陆则安州也。安州去随才九十，又与随皆隶湖北，次安陆而寄随州，则道里为便。若自袁还京，至安州而先寄诗循州，则道里何逆也？公诗曰：'行行指汉东。'《左传》（桓公六年）云：'汉东之国隋为大。'此非随而何？周员外谓君巢也。循，又一作'复'，亦非。"王元启《记疑》："愚谓诗言'暂喜笑言同'，正谓安、随相去不远，越宿即可想（相）见耳。若作循则隔越南，裔公还京北上，愈行愈远，更何笑言可同？又周员外名巢。《送李础序》所云'河南司录'，即是人也。"

随州周员外：方世举《笺注》："《水经注》（卷三一《溳水》）：'随水出随郡西，南至安陆县故城西，故隕城也。'《新唐书·地理志》：'安州安陆郡中都督府，有云梦县，中有神山，属淮南道。随州汉东郡，属山南东道。'"《洪谱》："'随州'，一作'循'，一作'徐'，皆误。旧本盖曰'周随州循'，循其名也。"方《年谱增考》："周员外乃周君巢也。诸本无有名循者。公再寄周诗云：'陆孟丘杨久作尘，同时存者更谁人？金丹别后知传得，乞取刀圭救病身。'公与君巢同为董晋幕客，陆长源、孟叔度、丘颖、杨凝，皆一时同幕之旧，至是皆殁矣。君巢晚留意丹药，柳子厚尝有《答周君巢论饵药久寿书》，故公有末章之语，其为周君巢无疑矣。洪为或本所误耳。"沈钦韩《补注》："周员外，谓周愿也。与公同在董晋幕中，故下有陆、孟、邱、杨之感。《文苑英华》周愿《三感说》，愿始为岭南节度使李复从事，后牧守竟陵。《白乐天集》有《周愿自复州迁衡州制》，则愿为随州，又在衡州之后。"钱仲联《集释》："君巢当是周愿之字。《洪谱》云：'周君巢，贞元十一年进士。'"韩公《送湖南李正字序》："于时，太傅府之士惟愈与河南司录周君独存，其外则李氏父子。"柳子厚《故殿中侍御史柳公墓表》谓汝南周公巢。《全唐文》卷六二〇有《牧守竟陵因游西塔著三感说》，并谓："周愿，汝南人，元和中官兵部员外郎。"按：周为兵部员外郎当在为随州刺史前，韩公称其为员外者准此。其为汝南人合柳说。

②汉东：文《详注》："《通典》（卷一七七）云：'隋（随）州为汉东郡，安陆东北至汉东一百五十里。本春秋隋侯国也。'《左传》（桓公六年）曰：'汉东之国隋为大。'秦汉并属南阳郡，晋分置隋州。"下句云同者，韩公与周员外也。

③蒹葭：文《详注》："蒹葭，萑之未秀者。安陆有云梦之泽。《子虚赋》（《文选》卷七）云：'楚泽云梦，方九百里，其卑湿则生藏莨蒹葭。'《笔谈》（卷四《辩证》）云旧《尚书》（《禹贡》）云：'云梦土作乂。'太宗皇帝时得古本《尚书》，作'云土梦作乂'。诏改《禹贡》以从古本。予按孔安国注：'云梦之泽在江南。'不然也。据《左传》（定公四年）：'吴人入郢，楚子涉雎，济江，入于云中。王寝，盗攻之，以戈击王，王奔郧。'楚子自郢西走涉雎，则当出于江南，其后涉江入于郧中，遂奔郧，则今之安州。涉江而后至云。入云，然后至郧，则云在江北也。《左传》（昭公三年）曰：'郑伯如楚，王以田江南之梦。'杜预注云：'楚之云梦，跨江南北。'则云在江北明矣。元丰中，予自隋州道安陆入于汉口，有景（竟）陵主簿郭思者，能言汉沔

间地理,亦以江南为梦,北为云。予以《左传》验之,思之说信然。"魏本:"孙曰:宣四年《左氏》:'斗伯比从其母畜于邧,淫于邧子之女,生子文焉。邧夫人使弃诸梦中。'梦,泽名,在安陆东南。"按:孙引《左传》稍有错讹。原文为:"初,若敖娶于邧,生斗伯比。若敖卒,从其母畜于邧,淫于邧子之女,生子文焉。邧夫人使弃诸梦中。"方世举《笺注》:"《书·禹贡》:'荆及衡阳维荆州,云土梦作乂。'《左传》(宣公四年):'邧夫人使弃诸梦中。'杜预注:'梦,泽名,在江夏安陆县城东南。'是则言梦而不言云。又:'楚子济江入于云中。'是则言云而不言梦。《史记·秦始皇纪》:'东巡至云梦。'索隐曰:'云、梦,二泽名。人以二泽相近,故合称云梦耳。'"

④ "面犹"二句:方世举《笺注》:"《陈书·高祖纪》:'高冠厚履,希复华风。'"上句谓岭南瘴气尚存,下句言已见华姿风采矣。

⑤ 岁暮难相值:陈景云《点勘》:"按:公以冬日次安陆,岁已暮矣,然末联又非专言时序也。《韩诗》:'岁聿其暮。'薛君章句曰:'暮,晚也,谓君年岁已晚。'诗意本此。盖公早岁与随州同佐汴幕,是时旧寮多逝,仅存二人,故深喜晼晚相值之难耳。合后《寄随州》诗观之,义益明矣。"按:陈说是,韩公是年五十三,又体弱力衰,故有友去仅存的悲喜之感。值,遇也,或云"碰上……的时候"。王充《论衡·实知》:"武库正值其墓。"《史记·义纵传》:"宁见乳虎,无值宁成之怒。"《世说新语·政事》:"值积雪始晴。"暮年相遇难得。

⑥ 酣歌未可终:酣歌未终,谓不愿离也。正合上句"难相值"。

【汇评】

清朱彝尊:虚虚道景言情,却有雅味。(顾嗣立《昌黎先生诗集注》卷一〇)

清李光地:窜逐生还,悲喜情至。(《榕村诗选》卷六)

清何焯:《自袁州还京行次安陆先寄随州周员外》第四句谓云梦也。(《义门读书记》卷三〇)

题广昌馆①

元和十五年

韩愈受命国子祭酒由袁州归京过广昌,有感于官路旁的丘坟被掘而作,时在稍后于《游西林寺》的十一月。因抒一时之感慨,情调凄婉感人。如蒋之翘《辑注》云:"此与《题楚昭王庙》情事俱感慨无极。"其挥腕有力,以四句诗说尽张孟阳《七哀诗》所含,何等爽朗痛快!

　　白水龙飞已几春②,偶逢遗迹问耕人③。丘坟发掘当官道④,何处南阳有近亲⑤。

【校注】

　　① 题:方《举正》:"广昌馆:枣阳县驿。"文《详注》:"汉光武旧宅。《补注》:'馆在今隋州枣阳县南。'"魏本:"樊曰:'馆在今隋州枣阳县南。'"按:馆在旧枣阳县城南二里。后称为馆,用古县名也。《元和郡县图志》卷二一:"随州:枣阳县,本汉蔡阳地,属南阳郡。后汉分蔡阳立襄乡县,周改为广昌,隋仁寿元年改为枣阳县,因枣阳村为名也。后汉世祖(刘秀)宅,在县东南三十里。宅南三里有白水,《东京赋》所谓'龙飞白水'也。"韩诗用此。枣阳,今湖北枣阳市。

　　② 白水龙飞已几春:《文选》卷三张衡《东京赋》:"我世祖忿之,乃龙飞白水,凤翔参墟。"薛综注:"白水,谓南阳白水县也,世祖所起之处也。……龙飞凤翔,以喻圣人之兴也。"魏本:"樊曰:王莽恶刘氏以钱文有金刀,故改为货帛,或以货泉字,文为白水真人。光武,南阳白水人也。张衡《东京赋》:'我世祖乃龙飞白水。'"文《详注》:"张平子《东京赋》云:'我世祖忿之,乃龙飞白水。'注云:'光武忿莽之逆,乃起于南阳白水也。'《通典》(卷一七七)云:'隋州枣阳县,即后汉蔡阳县,本属南阳郡,晋分置隋州。光武旧宅在县

南二里,所谓龙飞白水也。'"

③偶逢遗迹问耕人:方《举正》据蜀本作"偶逢",云:"谢校同。"朱《考异》:"逢,或作'寻'。"南宋监本原文作"寻"。文本作"寻踪",注:"一作'逢遗'。"宋白文本、祝本、魏本、廖本、王本"逢遗迹",从之。魏本:"孙曰:光武之高祖舂陵节侯买,本封在今永州。元帝时徙南阳,仍号舂陵,在今隋州。逢字一作'寻',遗字一作'踪'。"遗迹指此。耕人,耕田的人,即农夫。

④丘坟发掘当官道:方《举正》据唐本作"官路",云:"蔡校。"朱《考异》:"路,或作'道'。"南宋监本原文"道",廖本、王本作"路",注:"或作'道'。"宋白文本、文本、祝本、魏本作"道"。作"道"、作"路",义与平仄均合。若按音声乐感,读之上口,则作"道"字善。"道"字开口,音声响亮。"路"字撮口,读来不顺。魏本:"孙曰:当官道,言无所畏忌也。'道'字,蔡本作'路'。"

按:当(dāng,平),对着,或作堵塞。《礼记·檀弓上》:"既歌而入,当户而坐。"王充《论衡·变动》:"盛夏之时,当风而立。"

⑤何处南阳有近亲:《后汉书·刘隆传》:"光武帝刘秀建武十五年(39),诏下州郡检核其事(指垦田),而刺史太守多不平均,或优饶豪右,侵刻赢弱,百姓嗟怨,遮道号呼。时诸郡各遣使奏事,帝见陈留吏牍上有书,视之,云:'颍川、弘农可问,河南、南阳不可问。'帝诘吏由趣……帝曰:'即如此,何故言河南、南阳不可问?'(显宗)对曰:'河南帝城,多近臣,南阳帝乡,多近亲,田宅逾制,不可为准。'"文《详注》:"汉舂陵故城在今棘阳县东。按:《后汉书》景帝生长沙定王发,发生舂陵节侯买,即光武[帝]之高祖也。葬于舂陵,乡名,本属零陵泠道县,在今永州,元帝时徙于此,仍号舂陵故城。"《后汉书·郡国四》:"零陵郡,武帝置,属泠道。"

【汇评】

明蒋之翘:此与《题楚昭王庙》情事俱感慨无极。(《韩昌黎集辑注》卷一〇)

清朱彝尊：即张孟阳《七哀诗》，而以四语道尽。何等朗快！（顾嗣立《昌黎先生诗集注》卷一〇）

程学恂：此诗系书一时所感。（《韩诗臆说》卷二）

蒋抱玄：凄婉。（《注释评点韩昌黎诗全集》）

又寄随州周员外①
元和十五年

陆孟丘杨久作尘②，同时存者更谁人③？金丹别后知传得④，乞取刀圭救病身⑤。

【校注】

① 题：方《举正》作"寄随州周员外"，廖本、王本同方，宋白文本、文本"随"作"隋"。隋、随通用，本作"隋"。祝本、魏本上有"又"。朱《考异》："随，或作'循'，或作'复'，说已见上。"祝本作"循"。今从祝本、魏本作"又寄随州周员外"。

王元启《记疑》："前有《行次安陆》一诗，题云'先寄'，则此当作'又寄'可知。"

② 陆孟丘杨久作尘：方《举正》："杨，蜀本作'阳'，非。公与陆长源、孟叔度、丘颖、杨凝及周君巢同为董晋幕客故也。"文《详注》："陆长源、孟叔度、丘颖、杨凝四人，皆董晋为宣武帅时幕客也。公时亦为观察推官，年最少。"魏本："孙曰：'贞元中，公佐戎汴州。陆长源、孟叔度、丘颖、杨凝及公与周（君巢），皆在幕中。至是，陆孟丘杨四人者死矣。'"按：史书所记：韩公为观察推官、陆为行军司马，孟为支度营田判官、杨为观察副使、丘为观察支使。陆、孟、丘均死于贞元十五年（799），汴州兵乱。杨因朝正京师，至十九年以兵部郎中卒于京。

③ 更谁人：魏本："樊曰：元和四年，公分司东都，有《送李正字

归湖南序》云：'于时，太傅府之士，惟愈与河南司录周君独存，其外则李氏父子，相与为四人。'至作此诗时，又一星终矣。李氏父子存否莫详。因此诗而知其存者，独公与周耳。"朱彝尊《批韩诗》："起二句道得直率，无限感慨。"

④ 金丹别后知传得：文《详注》："《原化记》：'一金一石谓之丹，服其石更饵其金，则黑籍落名。'《青华定录》：'驱驾云电，上补仙官。'君巢常好饵药，柳宗元常有书戒之。见《柳宗元集》。"方世举《笺注》："《抱朴子》（《内篇》卷四《金丹》）：'金丹烧之愈久，变化愈妙，令人不老不死。'"

⑤ 乞取刀圭救病身：取，祝本作"与"。诸本作"取"，是。乞取，求得也。此指周炼丹服药，以求保身也。或谓韩公求药，则非。如说上诗发感慨，此诗重问候也。文《详注》："《本草序》云：'凡散药有云刀圭者，十分方寸匕之一，准如梧桐子大也。'"方世举《笺注》："庾信诗：'成丹须竹节，量药用刀圭。'《本草》：'凡散药有云刀圭者，十分方寸匕之一，准如梧桐子大也。方寸匕者，作匕正方一寸，抄散取不落为度。'"朱翌《猗觉寮杂记》卷上："退之戒人服丹，其言甚切。乃乞丹于循（随）州。乐天云'退之服硫黄'，信矣。"魏本："孙曰：'周好金丹服饵之术，柳子厚集中有《答周君巢论饵药久寿书》是也。'樊曰：公诗及此，而或者遂谓公晚年惑金石药，且引乐天《思旧诗》云：'退之服硫黄，一病讫不痊。'公卒以长庆四年，其三年志李干墓，方且历疏以药败者六七，以为世诫，今乃不取此为正，而徒云尔邪？"

章士钊《柳文指要》上《体要之部》卷三二："白乐天《思旧诗》'退之服硫黄'一语，有人认为铁证，然亦有人证为非指韩退之。就诗而论，殆无从证实退之不为昌黎，况退之集中，自有《寄随州周员外》诗……诗喜君巢之得金丹，向之乞取，'病身'明是自谓，然却未言己身服食。此能作为充足证据，断定退之服硫黄与否，似犹待考。"又："硫磺者，以服食言，亦钟乳一类之药饵也。相传韩退之服硫黄而死，袁才子《随笔》中，有辨讹一则如下：'孔毅夫《杂说》称，退之晚年服金石药致死,引香山诗为证。吕汲公辨之云:卫中立字退之,饵金石求不死,反死。中立与香山交好,非韩退之也。韩之痛诋金石,见李虚中诸人墓志矣,岂有身反服之之理。'吕说甚辨。查退之《李虚中志》称:虚中昆弟六人,先死者一人,信道士长生不死之说,而虚中本人,亦好道士说,于蜀得秘方,能以水银为黄金,服之,冀果不死云云。是虚中既不能鉴于昆弟中死于道士之邪说,而己不信道士,退之如何能鉴于虚中之死而己不服硫黄?吾友杨守仁笃生,通人也,自研化学,深信有成。……后与吾同留学英伦,亦服硫黄逾量,内热不可忍,因蹈海而死。然则服钟乳、硫黄一类金石饵品,不能说何人必服,也不能说何人必不服。"

酒中留上襄阳李相公①

元和十五年

诗颈联"银烛未销窗送曙,金钗半醉座添春",从字面上看确实写了宴间歌舞的艳婉之色,故有人批评韩愈说,此老艳福不浅,亦近女色也。其实,诗内含有韩公难以说出的苦衷。他与李逢吉最不协,可这位职显权重,又有"不久归钧轴"机遇,以酒相留,不能不与宴,而内心一肚子气,故在文字里时有流露。如题中着一"留"字,则含非我自愿,乃主人要留也。首联写当初二人同掌文诰,看似重温旧情,实则说两人比肩,非媚人,而重己也。若说忆旧,则着"浊水污泥",真大煞风景。颔联"眼穿"之狠重字眼说他渴盼相公之书信,亦暗示两人根本不通音信。"耳热",一说不敢辞,二见相公献酒太殷。其实,此联何尝不是反话正说呢?知道韩公深意,了解韩公心情,就会理解颈联对相公是个讽刺。是待人还是娱己?何以热情到通宵达旦的程度?故看似柔美,实为讽刺。这诗内含的力度、表现的情绪,恐怕难用"艳遇""柔情"概之吧?

浊水污泥清路尘②,还曾同制掌丝纶③。眼穿长讶双鱼断④,耳热何辞数爵频⑤?银烛未销窗送曙⑥,金钗半醉座添春⑦。知公不久归钧轴⑧,应许闲官寄病身⑨。

【校注】

① 题:方《举正》作"酒中留上襄阳李相公",云:"相公,逢吉。"朱《考异》:"相公,谓逢吉也。诸本作'醉中留别襄州李相公'。"南宋监本原文作"醉中留别襄州李相公",宋白文本作"醉中留别李逢吉相公"。文本、祝本、魏本"上"作"别"。廖本、王本同方。

按:诗里无话别之词,然有分别之意,重在对李留酒的答谢与以后的担心。魏本:"樊曰:李谓逢吉也。《旧史》:'元和九年(814),拜中书舍人。十一年(817)拜相,寻出为剑南东川节度使。穆宗即位,移襄州刺史、山南东道节度使。'公自袁召还过襄阳作也。留别,一作'上别'。"留者,乃李逢吉留韩公也,非韩主动登门谒见也。上者,乃对逢吉留酒的答谢。韩李不睦,韩鄙李为人,虽位处其下,人则不卑也。诗里亦暗占地步也。

② 浊水污泥清路尘:文《详注》:"曹子建《七哀诗》曰:'君若清路尘,妾若浊水泥。浮沉各异势,会合何时谐?'"魏本引孙《全解》同文,又云:"浊水、污泥,公以自喻,清路尘,以喻逢吉。"方《举正》:"白乐天亦有'浊水清尘难会合'(《喜杨六侍郎同宿》)之语。"方世举《笺注》:"曹植《九愁赋》:'宁作清水之沉泥,不为浊路之飞尘。'按:首句七字,全用此二句义。浊谓己,清谓逢吉,下句'同'字承之。"韩愈、白居易诗均用曹植诗。

③ 还曾同制掌丝纶:文《详注》:"《春明退朝录》云:'礼部郎中掌省中文翰,谓之南宫舍人。'故事:必迁词掖。故诗有'须知百日掌丝纶'之句。《补注》:'公与逢吉同为中书舍人,故云同制。'"魏本:"韩曰:'公元和十一年正月为中书舍人,而逢吉以其年二月自舍人拜相,故云。'唐曰:据《送襄阳李尚书诗》石本名衔云:'中书舍人李逢吉,考工郎中知制诰韩愈。'"王元启《记疑》:"逢吉元和九年

拜中书舍人,公于是年十月为考功郎中知制诰。与逢吉同掌丝纶者,前后一年有余,不特十一年正月同官舍人,乃谓之同制也。"按:此句与韩公《和席八十二韵》"纶绋谋猷盛,丹青步武亲"同义。《礼记·缁衣》:"王言如丝,其出如纶。"疏引正义云:"王言初出,微细如丝,及其出行于外,言更渐大,如似纶也。"丝纶意出此。

④ 眼穿长讶双鱼断:文《详注》:"宋文帝元嘉三年春,彭城刘枢,字正一,从江陵归鄂下,宿上明洲。时夜月微明,吟宴次,忽二人叩舟高呼正一,云:'我自鄂下来,要见正一。'枢引首望之于岸上,见一(二)人各长五尺余,容貌华饰,俱白服,便出与语。乃谓枢曰:'久欲奉谒,今会良时。'枢曰:'卿自鄂下来,有何相谓?'一人曰:'闻君儒士也,故修谒耳。'遂与同宴。夜阑,此二人俱醉于饮处便卧。枢甚异之,及左右人皆相目不敢言,乃以被覆之。及明,尚寝。欲唤,因举被,见二鱼各长五六尺,眼虽动而甚困矣。不敢杀,乃捥致江中。是夕,枢梦二人衣白衣,各执一珠,放枢卧前,不语而去。及晓,枕前有二珠,各径一寸而已,乃是双白鱼也。出《三吴记》云。"魏本:"韩曰:《选》(卷二七《饮马长城窟行》):'客从远方来,遗我双鲤鱼。呼儿烹鲤鱼,中有尺素书。'双鱼,书也。"何焯《批韩诗》:"杜诗(《喜达行在所》三首之一):'眼穿当落日。'"《全唐诗》卷二九八王建《行宫词》:"休封中岳六十年,行宫不见人眼穿。"此乃"望眼欲穿"意。

⑤ 耳热何辞数爵频:魏本:"樊曰:杨恽书(《文选》卷四一《报孙会宗书》)云:'酒后耳热,仰天拊缶而呼乌乌。'"文《详注》先引杨恽书,又云:"魏文帝《与吴质书》(《文选》卷四二)曰:'每觞酒流行,丝竹并奏,酒酣耳热,仰而赋诗。'蔡宽夫《诗话》云:诗家有假对,本非用意,盖造语适到,因以用之,若杜子美(《陪章留侍御宴南楼》)'本无丹灶术,那免白头翁'。韩退之假'爵'对'鱼',皆偶然相值立意,下句初不在此。而晚唐诸人遂立以为格矣。"俞弁《逸老堂诗话》:"《天厨禁脔》,洪觉范著。有琢句法中假借格,如'残春红药在,终日子规啼',以'红'对'子'。如'住山今十载,明日又迁居',

以'十'对'迁'。朱子儋《诗话》谓其论诗近于穿凿。余谓孟浩然有'庖人具鸡黍,稚子摘杨梅',以'鸡'对'杨'。老杜亦有'枸杞因吾有,鸡栖奈尔何',以'枸'对'鸡'。韩退之云'眼昏长讶双鱼影,耳热何辞数爵频',以'鱼'对'爵'。皆是假借,以寓一时之兴。唐人多有此格,何以穿凿为哉?"黄钺《增注证讹》:"'双鱼''数爵',亦是巧对。"

⑥银烛未销窗送曙:方《举正》作"银烛未销窗送曙,金钗半醉坐添春",云:"《文苑》作'银烛未终鸡送曙,金钗半坠坐添春'。"朱《考异》:"销,或作'终',或作'残'。窗,或作'鸡'。"宋白文本、文本、祝本、魏本、廖本、王本及《举正》均作"银烛未销窗送曙"。杨慎《升庵诗话》卷一二《银烛》云:"《穆天子传》(卷一):'天下之宝,璇珠烛银。'郭璞曰:'银有精光如烛也。'梁简文诗(《艺文类聚》卷七六《望同泰寺浮图诗》):'烛银逾汉女,宝铎迈昆吾。'江总《贞女峡赋》(《艺文类聚》卷六):'含照耀之烛银,溯潺湲之膏玉。'唐人诗用'银烛'字本此。"

⑦金钗半醉座添春:方《举正》作"金钗半醉坐添春"。宋白文本、文本、祝本、魏本、廖本、王本均作"金钗半醉"。朱《考异》:"醉,或作'坠'。"文本、祝本、魏本座作"坐"。

文《详注》:"许顗《诗话》云:'此两句殊不类,其为人乃知能赋梅花,不独宋广平矣。'"魏本引《补注》:"许彦周(《诗话》)云:退之诗'酩酊马上知为谁(《感春》四首之二)',又云'金钗半醉坐添春',乃知赋梅花不独宋广平。"何焯《义门读书记》卷三〇:"第六句,用'前有堕珥,后有遗簪'之意,依注作'坠'为是。"王元启《记疑》:"淳于髡曰:'前有坠珥,后有遗簪。'金钗半坠,即堕珥遗簪之谓。原本坠作'醉',与'钗'字不黏。以上句'银烛未销'例之,或本作'坠'为是。"屈《校注》:"金钗,此代指女子,谓侑酒之歌舞伎也。女子半醉佼艳,故云'添春'也。若作'堕',则为狼藉,失其境界矣。"

按:醉,以音借作"坠",与"销"为假对,王、何等未知假对之法,故谓上下句不黏。则作"醉"善。钱仲联《集释》:"曹植诗(《美女篇》):'头上金爵钗。'《大智度论》:'头上金钗堕地。'"方世举《笺注》:"银烛、金钗:陈子昂诗:'银烛吐青烟,金尊对绮筵。'梁武帝诗:'头上金钗十二行。'"

⑧钧轴:钱仲联《集释》:"《诗》(《小雅·节南山》):'秉国之均。'毛传:'均,平也。'《汉书·律历志》作'秉国之钧'。《说文》:'轴,持轮也。'"《诗·小雅·节南山》:"秉国之均。"郑笺:"言尹氏作太师之官,为周之桎辖,持国政之平,维制四方,上辅天子,下教化天下,使民无迷惑之忧。言任至重。"魏本:"孙曰:'逢吉果以长庆二年三月,入为兵部尚书,寻再当国。'"方世举《笺注》:"按:公生平不合于逢吉,此非诣誉之也。逢吉险谲多端,意岂能须臾忘势位哉?于穆宗有讲侍旧恩,即位之初,移镇襄阳,固有必入之势矣。长庆二年,召为兵部尚书,遂排裴度而夺其位。此人得志,其恩怨报复,岂徒然哉!故逆揣其将然,而云'闲官寄病身',以示处不争之地,盖欲释憾于小人,非以自托也。俭德避难,不可荣以禄,自全之道,固宜然耳。"

⑨寄病身:程学恂《韩诗臆说》卷二:"注言示处不争之地,颇得诗意。"按:通观此诗,首联以其与逢吉相比:水中之泥比己,清路之尘比逢吉。中二联写酒乐之盛,通宵达旦,几无度已。尤特出"银烛""金钗"一联,似通体不配,实寓深意。若与其同周君巢"酣歌"之晤对比,似誉实讽也。结联如方、程所说,不与此等人争高下也。然与国政民瘼,从不含糊,如后之出使镇州则然。

【汇评】

宋许顗:韩退之诗云:"银烛未销窗送曙,金钗半醉座添春。"殊不类其为人。乃知能赋梅花,不独宋广平。(《彦周诗话》)

清汪琬:神韵独绝,公诗之以韵度胜者。(钱仲联《韩昌黎诗系年集释》卷一二)

清朱彝尊:颔联锻炼虽工,却未浑化。颈联兴趣自佳。

又曰:李最与退之不合,此诗乃若是欢洽,何也?(顾嗣立《昌

黎先生诗集注》卷一〇）

清何焯：《酒中留上襄阳李相公》第六句用"前有堕珥，后有遗簪"之意，依注作"坠"为是。（《义门读书记》卷三〇）

清沈德潜：《酒中留上襄阳李相公》：即李逢吉。宪宗罢逢吉政事，出为剑南节度使。穆宗立，移襄州刺史、山南东道节度使。公之岳岳而忽作此明丽之句，如广平之赋梅花，不碍心似铁也。（《唐诗别裁集》卷一五）

清薛雪：许彦周谓韩昌黎"银烛未销窗送曙，金钗欲醉座添春"，殊不类其为人。可知如来三十二相、八十种好，何所不现？大诗家正不妨如是。（《一瓢诗话》）

清何文焕：《彦周诗话》谓："退之诗'银烛未销窗送曙，金钗欲醉坐添春'，殊不类其为人。"余谓铁心石肠，工赋梅花，《闲情》一赋，何伤靖节？正恐惯说钟庸大鹤，却一动也动不得耳。（《历代诗话考索》）

清马星翼：许彦周谓韩退之诗"银烛未销窗送曙，金钗欲醉座添春"，殊不类其为人。周紫芝谓荆公诗如"春色恼人眠不得，月移花影上阑干"，皆平甫作，以其近艳体耳。余谓论诗如此，斯固矣哉！张衡有《同声歌》，繁钦有《定情诗》，陶潜有《闲情赋》，此类即皆不足法。《卫风》咏《硕人》，《周南》赋《桃夭》，作诗或亦各有体也。（《东泉诗话》卷一）

去岁自刑部侍郎以罪贬潮州刺史乘驿赴任其后家亦谴逐小女道死殡之层峰驿旁山下蒙恩还朝过其墓留题驿梁①

元和十五年

元和十五年（820），公北归长安，过陕西商南县南层峰驿作，时在冬天。元和十四年正月，韩愈被贬潮州，全家被累，逐出京城，四女女挐病死途中。据韩公《女挐圹铭》:"愈既行,有司以罪人家不可留京师,迫遣之。女挐年十二,病在席,既惊痛与其父诀,又舆致走道,撼顿失食饮节,死于商南层峰驿,即瘗道南山下。"又《祭女挐女文》:"昔汝疾极,值吾南逐。苍黄分散,使女惊忧。我视汝颜,心知死隔;汝视我面,悲不能啼。我既南行,家亦随谴。扶汝上舆,走朝至暮。天雪冰寒,伤汝羸肌。撼顿险阻,不得少息。不能食饮,又使渴饥。死于穷山,实非其命。""草葬路隅,棺非其棺。"可见女死之凄惨,韩愈之悲痛。诗以沉痛、愤激的心情回忆了小女死葬,抒发了父女之间的真挚感情,唯实不是对时政残酷的控诉。可与杜甫《奉先咏怀》"入门闻号咷,幼子饥已卒! 吾宁舍一哀,里巷亦呜咽"和《北征》有关描写对读。单就一诗全写这一题材,又如此感人者,为唐诗创举。故汪佑南《山泾草堂诗话》云:"读古人诗,须知古人当日情事,而后识其用意之所在。"

　　数条藤束木皮棺②,草殡荒山白骨寒③。惊恐入心身已病④,扶舁沿路众知难⑤。绕坟不暇号三匝⑥,设祭惟闻饭一盘⑦。致汝无辜由我罪⑧,百年惭痛泪阑干⑨。

【校注】

　　① 题:方《举正》如题,云:"驿在商州上洛县。《元微之集》只作'曾峰'。蜀本题与此小异,然'题驿梁'三字亦只连后写。"朱《考异》:"诸本只作'题驿梁',下有注字,与此题小异,方从唐本。"南宋监本原题作"题驿梁"。祝本注:"去岁自刑部侍郎贬潮州刺史,乘驿之官,其后家亦谴逐,小女道死,瘗之层峰驿之山下,今过其墓,留题驿梁。"南宋江西本注:"公去岁自刑部侍郎贬潮州刺史,乘驿之官,其后家亦谴逐,小女道死,瘗之层峰驿之山下,今蒙恩还朝过其墓留题。"文本、魏本无"以罪"二字,"赴任"作"之官","殡"作"瘗","旁"作"之","蒙恩还朝"作"今"。祝本作"题驿梁",其下注文与文本、魏本稍异。宋白文本同题,"山"字下多"哭过其墓",

"题"字下多"诗"字。

魏本:"孙曰:'去岁,谓十四年也。是岁正月,公自刑侍贬潮州,二月至商州层峰驿,女挐卒,年十二,葬驿南山下,今自袁州召还过墓。'"文《详注》:"元和十四年(819)二月二日,女挐死。驿在商山南,有《墓铭》在集。"方世举《笺注》:"公集《女挐圹铭》:'女挐,韩愈第四女也。愈为少秋官,斥之潮州。女挐年十二,病在席,既惊痛与其父诀,又舆致走道,撼顿失食饮节,死于商南层峰驿,即瘞道南山下。五年,愈为京兆,始令易棺衾,归女挐之骨于河阳韩氏墓。'女挐死当元和十四年二月二日。"按:小女,名女挐,韩愈第四女。死时韩公先迫遣南下,不在场。《旧唐书·地理志二》:"商州上洛,汉县,属弘农郡。言在洛水之上,故为县名。隋于县置上洛郡。"又:"商洛,汉商县,属弘农郡。隋文加'洛'字。"

② 数条藤束木皮棺:极言瘞葬草草简陋。方世举《笺注》:"《墨子·节葬篇》:'尧葬蛩山之阴,衣衾三领,榖木之棺,葛以缄之。'《释名》(《释丧制》):'棺束曰缄。缄,函也,古者棺不钉也。'庾信《伤心赋》:'藤缄辒椟。'"

③ 草殡:草草殓葬。首联木皮棺、草殡,即《祭女挐女文》所谓:"草葬路隅,棺非其棺。"

④ "惊恐"句:指韩愈坐罪小女病中受到很大刺激和惊吓,病情加重。

⑤ "扶舁"句:想象病女途中艰难行走的情况。舁(yú),魏本注:"舁,音余。"舁、舆,同音假借。抬着走。即《祭女挐女文》"扶汝上舆""撼顿险阻"意。二联不用平直之笔,回想未死前情状,宛然在目前,即"昔汝疾极,值吾南逐。苍黄分散,使女惊忧",及"我既南行,家亦随谴。扶汝上舆,走朝至暮。天雪冰寒,伤汝羸肌。撼顿险阻,不得少息。……死于穷山"意。悲痛自在言外。

⑥ "绕坟"句:意思是说他被谪先行,女儿死时也没有绕坟哭三匝。《礼记·檀弓下》:"延陵季子适齐,于其反也,其长子死,葬于嬴、博之间。……既封,左袒,右还其封,且号者三。"疏引正义

曰:"三,绕坟三匝也。"朱彝尊《批韩诗》:"用事亲切有味。"方世举《笺注》:"号三匝:《记·檀弓》……曰:'骨肉归复于土,命也。若魂气则无不之也,无不之也。'而遂行。"

⑦"设祭"句:只听说埋葬女儿时仅用了一盘饭作祭品。文《详注》:"《晋书》《王祥传》:'王祥疾笃,遗令曰:棺前但可施床榻,而脯糗各一盘,玄酒一杯,为朝夕奠。'"魏本:"韩曰:《荆楚岁时记》:'孙楚《祭子推文》:黍饭一盘,醴酪二盂,清泉甘水充君之厨。'"方世举《笺注》:"今本《岁时记》无此语。"汪佑南《山泾草堂诗话》云:"三联写殡时之草率,故翻用延陵季子事,所谓死典活用。竹垞谓亲切有味,诚然;谓下句不切,非也。余按:《祭文》'死于穷山'一语,想当时无从觅得祭品,即'既瘗遂行'意,况用'不暇''维闻'紧相呼应。"

⑧ 无辜:女挐本不该死而死,乃对时之苛政的控诉;由我罪,我何罪之有? 本是"欲为圣明除弊事",却遭贬谪。

⑨ 泪阑干:涕泪横流。文《详注》:"《谈薮》:'王元长使梁,刘孝绰送之,泣下。元长无泪,谢曰:卿勿怪我,别后当阑干。'阑干,泪流貌也。"按:《文选》卷五左思《吴都赋》:"珠琲阑干。"善注:"阑干,犹纵横也。"翰曰:"阑干,多也。"

汪佑南《山泾草堂诗话》云:"末联即'父母之罪,使汝至此'意。《祭文》中'我归自南,乃临哭汝'二语,正是此题过其墓留题驿梁之时,可见去岁葬祭草率,今日还朝,经过墓下,始克成祭也。本一篇《祭文》意,缩成此诗,三复不禁泪下。又按:《祭文》云:'我既南行,家亦随谴。'考《女挐圹铭》云:'愈既行,有司以罪人家不可留京师,迫遣之。'女挐之死于商南层峰驿,在元和十四年二月二日。细味两'既'字,是韩公先行,殡与祭不及亲临,至明年冬,自袁州归,始作文祭之。所以此诗有'绕坟不暇号三匝,设祭惟闻饭一盘'二句。竹垞之不解'惟闻'二字,殆未参考《祭文》与《圹铭》也。"

【汇评】

汪佑南：读古人诗，须知古人当日情事，而后识其用意之所在。竹垞谓第三联用事亲切有味，下句不切，且不知何为用"惟闻"二字。竹垞但论字句之切与不切，未从通体细看也。按首联木皮棺草殡，即《祭女挐文》"草葬路隅，棺非其棺"意。次联不用平直之笔，回想未死前病状，宛然在目，即"昔汝疾革（当为极），值吾南逐，苍黄分散，使汝惊忧"，及"家亦随谴，扶汝上舆，撼顿险阻"意，悲痛自在言外。三联写殡时之草率，故翻用延陵季子事，所谓死典活用。竹垞谓亲切有味，诚然；谓下句不切，非也。余按《祭文》"死于穷山"一语，想当时无从觅得祭品，即"既瘗遂行"意，况用"不暇""维闻"紧相呼应。末联即"父母之罪，使汝至此"意。《祭文》中"我归自南，乃临哭汝"二语，正是此题过其墓留题驿梁之时，可见去岁葬祭草率，今日还朝，经过墓下，始克成祭也。本一篇祭文意，缩成此诗，三复不禁泪下。又按：《祭文》云："我既南行，家亦随谴。"考《女挐圹铭》云："愈既行，有司以罪人家不可留京师，迫遣之。"女挐之死于商南层峰驿，在元和十四年二月二日。细味两"既"字，是韩公先行，殡与祭不及亲临，至明年冬，自袁州归，始作文祭之。所以此诗有"绕坟不暇号三匝，设祭惟闻饭一盘"二句。竹垞之不解"惟闻"二字，殆未参考《祭文》与《圹铭》也。（《山泾草堂诗话》卷一）

贺张十八秘书得裴司空马[①]
元和十五年

元和十五年十一月末，韩愈回京后就职国子祭酒。时正值张籍得司空裴度所赠良马，诸公和诗之盛举，因有此诗，以贺文坛之盛。诗写于十二月初。时张籍不过是官卑职微的穷诗人，而裴度则是朝野鼎名的显贵高官，从太原寄马相赠，可见"丞相寄来应有意，遣君骑去上云衢"（《白居易集》卷一九《和张十八秘书谢裴相公寄马》)和"不与王侯与词客,知轻富贵重清才"(《刘禹锡集》外集卷六《裴相公大学士见示答张秘书谢马诗并群公属和因命追作》)的赏马高情。韩公与文昌为终生师友,交情特好,见马,并辔,格外高兴,故诗落笔即写司空远寄良驹。"养初成",说明是司空精心调养而未曾试骑的少壮马;下句则写马的毛色与精神。二联不仅写今日交辔,还望来日并鞍,以见二人之亲。因是良驹,便有三联的谆谆嘱语,而其中何尝不含惜才讥时之深意。结联借免劳远谢,表示了韩愈的期望:裴度快一点回京。实则表明了他对当权者排挤裴度等贤臣良将的不满。故何焯《义门读书记》云:"贤者不得志而至于从戎,则时可知矣。元勋大老,亦不可以久弃于外也。因一马之微而惓惓于否之还泰,公之意于是远矣。"此意非诸公诗所不能到者。程学恂《韩诗臆说》卷二云:"此题秘书自有诗,白香山亦有和作。然如此五六二句,固非二子所能道也。"诗不温不火,平平道来,却含深意,此乃韩公后期诗平中见奇的特点。

　　司空远寄养初成②,毛色桃花眼镜明③。落日已曾交辔语④,春风还拟并鞍行⑤。长令奴仆知饥渴,须著贤良待性情⑥。旦夕公归伸拜谢⑦,免劳骑去逐双旌⑧。

【校注】

　　① 题:方《举正》:"《文苑》作'酬张秘书因寄马赠诗'。"诸本题同此。魏本:"孙曰:'贺'字当作'和'。"作"和"字非。魏本:"樊曰:张籍有谢裴寄马诗,裴亦有诗答籍。李绛、元稹、白居易、刘禹锡、张贾皆有诗贺之,公亦有此作。孔子曰:'齐景公有马千驷,死之日,民无得而称焉(《论语·季氏》)。'籍得一马,而诸公争为之咏若此,诚以其人耶?"文《详注》:"《补注》:'张籍、裴度,长庆元年作。'"顾嗣立《集注》:"《旧唐书·张籍传》:'籍自太常寺太祝转国子助教、秘书郎。'"方世举《笺注》:"《新唐书·裴度传》:度为河东节度使,穆宗即位,进检校司空。朱克融、王庭凑乱河朔,加度镇州行营

招讨使，俄兼押北山诸蕃使。元稹求执政，惮度复当国，以度守司空、平章事，东都留守。案：籍此时已为水部员外，前诗题已称之，此称秘书犹仍其旧耶？抑或传写有误耳。"王元启《记疑》："近方世举谓籍时已官水部，题称秘书为误。按：籍由公荐，自秘书郎改官国子博士，后迁水部员外郎。此诗元和十五年冬，公初自袁州召还，籍尚未为博士。至后《雨中寄籍》诗称博士，乃长庆元年作。《曲江春游》以下三首，始称水部，则二年春作。《白集》有《喜张十八除水部员外郎》诗，其年岁可考也。方以度守司空为东都留守，在长庆三年，因疑'秘书'二字为误。不知前此度为河南节度，穆宗即位，已进检校司空。诗云'司空远寄'，孙谓自河东寄籍，必有所据。方定此诗为籍官水部，盖由臆说。"郑珍《巢经巢文集》卷五跋此诗云："方扶南笺，编此诗于《同水部张员外曲江春游》首后，云：'籍此时已为水部员外，前题称之。此称秘书，或仍其旧，或传写误。'余谓《香山集》卷一九有《和张十八秘书谢裴相公寄马》诗，亦称籍为秘书，其后有《喜张十八博士除水部员外郎》诗，编次在《遇芍药初开》首后，《食敕赐樱桃》首前。参互考之，知籍除员外必在长庆二年三月，此诗作在除官前，故韩、白并称之为秘书。李汉元编此诗在《游曲江》前，不误。方氏移易旧次，自取葛藤，不知何由知得马时定为水部员外也？"

按：韩愈《举荐张籍状》举荐"登仕郎守秘书省校书郎张籍"为国子监博士在长庆元年初，张籍为秘书在此前。而韩公及张贾、李绛、元稹、白居易、刘禹锡六人诗俱称籍为秘书，时籍为秘书无误。又韩诗有"司空远寄"，张诗有"司空远自"，刘诗有"丞相并州寄马来"等，度自太原寄马无疑。时元稹在京为祠部郎中、知制诰，白居易回长安为尚书司门员外郎，李绛在京为御史大夫、兵部尚书，刘禹锡归葬其母北归，张贾为弘靖倅，官在长安，韩公亦归京就任国子祭酒，故知其情，有此诗。韩诗成于元和十五年冬不误。《旧唐书·穆宗纪》："元和十五年九月戊午（19日），加河东节度使、金紫光禄大夫、检校尚书右仆射、兼门下侍郎、同平章事、太原尹、北都留守、上柱国、晋国公、食邑三千户裴度守司空、门下侍郎、同平章事。"

② 养初成：公《题张十八旅舍三咏》之一《榴花》："五月榴花照眼明，枝间时见子初成。"谓新调养成的良驹。

③ 毛色桃花眼镜明：魏本："孙曰：《尔雅》(《释畜》)：'马黄白杂毛曰骅。'注云：'今桃花马也。'颜延之《赭白马赋》(《文选》卷一四)曰：'双瞳夹镜，两权协月。'眼镜，言两眼如镜也。"何焯《义门读书记》卷三〇："'毛色'当从《英华》作'衫色'，唐人马诗用'衫色'者非一。"按：桃花，马也。白毛红点之马，又称月毛马、桃花马。杜审言《赠赵使君美人》诗："红粉青蛾映楚云，桃花马上石榴裙。"周立波《暴风骤雨》分马中老孙头称马为"玉石眼"。

④ 落日已曾交辔语：文《详注》："曹操与韩遂父同岁孝廉，又与遂同时侪辈，于是交马语移时，不及军事。"(见《三国志·魏书·武帝纪》)按：友得好马，二人并辔至日夕，尚不欲归也。

⑤ 春风还拟并鞍行：文《详注》："左太冲《蜀都赋》(《文选》卷四)：'若其旧俗，终冬始春。……王孙之属，郄公之伦。从禽于外，巷无居人。并乘骥子，俱服鱼文。'"方成珪《笺正》："穆宗于元和十五年闰正月即位。是年九月，以度守司空。此诗有'春风'句，是指长庆元年之春而言，诗实十五年冬作。"

⑥ 须著贤良待性情：魏本："孙曰：'谓此良马当以贤良之性待之。'"

⑦ 公归：魏本："孙曰：《诗》(《豳风·九罭》)：'是以有衮衣兮，无以我公归兮。'公归者，谓度将自河东归赴朝廷也。"

⑧ 免劳骑去逐双旌：方《举正》据阁本、李校作"骑去"，云："盖裴诗有'他日著鞭能顾我'之语，故公云尔。"朱《考异》："骑去，或作'去骑'。"宋白文本、文本、祝本、魏本均作"去骑"。方世举《笺注》："《新唐书·百官志》：'符宝郎掌国之符节，……凡命将、遣使，皆请旌、节，旌以颛赏，节以颛杀。'"

【汇评】

清何焯:《贺张十八秘书得裴司空马》"毛色桃花眼镜明","毛色"当从《英华》作"衫色",唐人马诗用"衫色"者非一。"旦夕公归伸拜谢"二句,贤者不得志而至于从戎,则时可知矣,元勋大老亦不可以久弃于外也。因一马之微而惓惓于否之还泰,公之意于是远矣。(《义门读书记》卷三〇)

杏园送张彻侍御①

长庆元年

东风花树下,送尔出京城。久抱伤春意②,新添惜别情。归来身已病③,相见眼还明。更遣将诗酒,谁家逐后生④?

【校注】

① 题:方《举正》题下据唐本增"归使"二字,云:"诸本皆无'归使'字,惟唐本有之。彻时以幽州判官趋朝,半道有诏还之,仍迁侍御史,从张弘靖之请也。杏园在长安城南。其实彻已抵京,但未朝见耳。旧传云'续有张彻自远使归'是也。"朱《考异》:"侍御,或作'侍郎'。无'归使'字。(下引方语)"南宋监本原文"御"作"郎",文本、祝本、魏本皆无"归使"字,宋白文本、廖本、王本有"归使"字。以之考之,廖本、王本多从方《举正》,疑为一个系列。宋白文本又多保存唐本旧貌,值得重视。祝本、魏本二者亦多同,魏本祖祝本乎?文《详注》:"彻以长庆二年迁殿中侍御史,为范阳节度判官。见彻墓志。"魏本:"《集注》:彻娶礼部侍郎韩云卿之孙,汴州开封尉俞之女。杏园在长安城南,曲江之西。时彻以殿中侍御史佐张弘靖于幽州,长庆元年也。侍御,一本作'侍郎',非是。"文《详注》:"《补注》:《长安志》:'杏园在城南,曲江之西。'其为侍御,牛僧孺

荐。乐天行词,彻时佐张弘靖于幽州。公与彻作《志》云。"方世举《笺注》:"《旧书·张弘靖传》云'续有张彻自远使归'是也。按:公为《张彻墓志》云:'彻以进士累官至范阳府监察御史。长庆元年,今牛宰相为御史中丞,奏彻名迹中御史选。诏即以为御史,其府惜不敢留,遣之,而密奏:臣始至孤怯,须强佐乃济。发半道,有诏以彻还之,仍迁殿中侍御史,加赐朱衣银鱼。至数日,军乱,杀府从事而囚其帅。相约张御史长者,无庸杀,置之帅所。居月余,推门求出,骂贼死。赠给事中。'方崧卿据此为说,其于'侍御归使'则当矣,但诗云'东风花树下',是春间所作。弘靖以长庆元年三月出镇,至七月军乱,则杏园之送,在初赴幽州之时,未尝为侍御,亦不得云'归使'也。《志》既云半道还之,则抵京未朝,出于何据?方盖惑于'侍御归使',而强为之说耳。此四字系后人妄加,竟当删去。"王元启《记疑》:"按:此条驳斥甚当,但使府幕僚兼官御史者,唐人往往以侍御相呼,不必定属殿院专称。考建安魏本'侍御'下实无'归使'字。今从魏本删'归使',存'侍御',庶为两得。"钱仲联《集释》:"徐松《唐两京城坊考》卷三:'次南通善坊,杏园。'张穆校补:'为新进士宴游之所。'按贞元四年(788)以《曲江亭望慈恩寺杏园花发》诗试进士,慈恩杏园皆在曲江之西故也。"《白居易集》卷四八"中书制诰一"《张彻、宋申锡可并监察御史制》:"今御史中丞僧孺奏:某官张彻……可中御史。章下丞相府,丞相亦曰可。朕其从之。并可监察御史。"按:张彻随张弘靖赴幽州,在东风花树的春天,时在弘靖受任幽州的三月,此送诗之作当在其赴幽州前。张彻制授监察御史,在三月赴幽州之后,此杏园之送时张彻尚未授监察御史。更未回京之始,故严格说题中不应有"侍御归使"字。殿中侍御史,从七品上阶。监察御史,正八品上阶。张彻为后者。

②久抱伤春意:蒋抱玄《评注》:"陆机诗(载《艺文类聚》卷三《春咏》):'节运同可伤,莫若春气甚。'"按:当是春日送人抒情也。

③归来身已病:魏本:"孙曰:'归来,谓归自潮州。'"方世举《笺注》:"自叙其窜逐而归。喜得见彻,而又有此别也。"

④"更遣"二句：魏本："孙曰：'更遣，谓更令。我将此诗酒于何处逐后生也？'"方世举《笺注》："逐后生：言彻既去，谁可与诗酒留连者？身老矣，不能复追逐后生。犹《送温处士序》云'资二生以待老，今皆为有力者夺之'之意也。"按：张相《诗词曲语辞汇释》卷三："谁家，估量辞。……其作怎能解者，韩愈《杏园送张彻侍御归使》诗……意言伤春惜别兼之抱病之人，如何更能以诗酒追逐后生也。谁家，犹云怎能也。"童《校诠》："第德案：孙释是。试举白香山集三例作证：伤宅：谁家起甲第，朱门大道边；题文集柜：收贮谁家集，题云白乐天；钱塘湖春行：几处早莺争暖树，谁家新燕啄春泥。以谁家对几处犹可证应作本义解。此诗谁家，义与乐天诗同，张说非。文选张平子南都赋：群士放逐，李善曰：逐，驰逐也。"

【汇评】

清朱彝尊：亦是虚虚道意。第六句最醒快，振起通首精神。（顾嗣立《昌黎先生诗集注》卷一○）

清李光地：后四句言对知心则不觉沉疴之去体也。公别诗又言"年少乐新知，老大思故友"，今子之去，将使何处逐寻后生而与之娱乐诗酒乎？（《榕村诗话》卷六）

雨中寄张博士籍侯主簿喜①

长庆元年

放朝还不报，半路踏泥归②。雨惯曾无节，雷频自失威③。见墙生菌遍④，忧麦作蛾飞⑤。岁晚偏萧索⑥，谁当救晋饥⑦。

【校注】

① 题：魏本："孙曰：'元和十五年九月，公自潮州召为国子祭

酒,以籍为博士,喜为主簿。长庆元年,公既有此诗,而籍亦有和篇,惟喜之诗不传矣。'"文《详注》:"《补注》:'此诗长庆元年,为国子祭酒而作也。张籍、白居易亦和之,但不和韵矣。'"方世举《笺注》:"公为国子祭酒时,有《荐张籍状》云:'登仕郎守秘书省校书郎张籍,学有法师,文多古风。臣当司见阙国子监博士一员,乞授此官。'又张籍《祭退之》诗(《张司业集》卷七)云:'我官麟台中,公为大司成。念此委末秩,不能力自扬。特状为博士,始获升朝行。'公初为祭酒,在元和十五年冬,而此诗所云雷、雨、菌、麦,则似夏景,盖长庆元年作也。"按:诗写于长庆元年初夏,雷行雨,麦抽穗时。

②半路踏泥归:方《举正》作"夜半",云:"夜半,《文苑》作'半路',颇有义。"朱《考异》:"半路,方作'夜半'。今按:朝还无因至夜半,作'半路'亦不可晓。疑以雨放朝,而有司失于关报,行至半路,乃得报而归也。方本非是。"宋白文本、文本、祝本、魏本作"夜半"。廖本、王本作"半路"。

按:当作"半路"。首联或谓:没有听到放朝的报告,夜半起身上朝;走到半路听到放朝的消息,踏着泥回来了。或谓半路听到放朝的报告,天不明(夜半)又回来了。魏本:"祝曰:籍有诗云:'屋湿惟添漏,泥深未放朝。'白乐天云:'仍闻放朝夜,误出到街头。(《和韩侍郎苦雨》)'皆谓此也。"张诗写他已出门上路,尚未听到放朝的消息,踏着泥水正走呢。白诗意谓:因为听到放朝的报告,刚走到街头,天不亮就回来了。方成珪《笺正》:"朱子谓朝还无因至夜半,似已。然白乐天和公此诗结句云'仍闻放朝夜''误作到街头',是亦以夜言之,则方作夜半,未为臆断也。"钱仲联《集释》:"放朝之放,犹言放免,非退朝之谓。朱子谓朝还,非是。详乐天诗句,公盖以未得放朝之报,故误出到街头,得报而归,并未到朝也。早朝出门,总在五更之先,犹是戊夜。乐天诗以夜言之,其语无失。若言'夜半',则似太早,不如作'半路'为安。"童《校诠》:"第德案:诗庭燎:夜如何其,夜未央,[庭燎之光,]君子至止,鸾声锵锵。毛亨曰:央,旦也。王子雍以未旦为夜半,是夜半趋朝,自昔已然,此诗夜半字,言夜半入朝,至半道乃闻放朝踢泥而归,非谓入朝后至夜半乃始归也。白和诗亦谓公不知放朝而误出,辞意本明白,夜半字不误,朱子盖偶未审耳。方雪斋谓夜字不误,未释夜半之义,故为补之。"按韩诗意,当作"半路"。此二句谓:未听到报放朝的信息,早夜起来上朝,半路听到放朝的信息后,踏着泥回来了。明明白白,何须纠缠。

③ "雨惯"二句:此为淫雨,即雨下习惯了,就没有节制。雷响多了,也就不那么吓人了。朱彝尊《批韩诗》:"雨雷常事,而下语新,'惯'字人亦罕用。"

④ 见墙生菌遍:魏本:"孙曰:'菌,芝属,今之墙壁上生者。'"

⑤ 忧麦作蛾飞:方世举《笺注》:"《述异记》(卷下):'晋永嘉中,梁州雨七旬,麦化为飞蛾。'"何焯《批韩诗》:"句法别。"按:麦蛾,幼虫乳白色,成虫淡黄色,会飞,翅膀窄而尖,后缘有一排长毛,即谷物类的害虫,常生长于稻、谷、麦粒中。《宋诗钞》释道潜《参寥诗钞》之《东园》之一:"斜照明明射竹篱,桑阴翳翳麦蛾飞。"即学韩。

⑥ 岁晚偏萧索:陈景云《点勘》:"按:观'雷频'以下三句,则时非冬日可知。兼观白乐天和篇中有'叶湿''蚕病'语,盖苦雨在初夏明矣。落句'岁晚'之义,与寄周随州、马仆射二诗中'岁暮''岁晏'同。《楚辞》(《离骚》):'及年岁之未晏兮。'正公所本也。"方世举《笺注》:"按:雷雨云云,非岁晚之景,大抵犹言暮齿耳。如鲍照诗(《咏双燕二首》):'沉吟芳岁晚,徘徊韶景移。'又(《赠故人马子乔诗六首》):'早寒逼晚岁,衰恨满秋容。'皆非岁杪之谓也。"按:此"岁晚萧索"指人,非说时间也。

⑦ 谁当救晋饥:文《详注》:"《左传》僖公十三年冬:'晋荐饥,使乞籴于秦。秦于是乎输粟于晋,自雍及绛相继,命之曰:泛舟之役。'按籍《文集》(《张司业集》卷五《酬韩祭酒雨中见寄》)以诗酬之曰:'雨中愁不出,阴黑尽连宵。屋湿唯添漏,泥深未放朝。无刍怜马瘦,少食信儿娇。闻道韩夫子,还同此寂寥。'盖唐人和诗不必用

[其]韵故也。"

【汇评】

元方回:昌黎大手笔,仅有此、《晴雨》诗二首,前诗(《郴州祈雨》)三、四高古。后诗(《雨中寄张博士籍侯主簿喜》)三、四有议论,"雷失威",尤奇。(《瀛奎律髓》卷一七)

蒋抱玄:此诗造语特新硬,为五律别开生面之作。(《注释评点韩昌黎诗全集》)

奉和兵部张侍郎酬郓州马尚书祗召途中见寄开缄之日马帅已再领郓州之作[①]

长庆元年

来朝当路日[②],承诏改辕时[③]。再领须句国[④],仍迁少昊司[⑤]。暖风抽宿麦[⑥],清雨卷归旗[⑦]。赖寄新珠玉[⑧],长吟慰我思。

【校注】

① 题:方《举正》订此题,增"奉和""郓州"字,无"帅"字,作"奉和兵部张侍郎酬郓州马尚书祗召途中见寄开缄之日马已再领郓州之作","已"上无"帅"字,云:"张贾、马总也。长庆元年作。"朱《考异》作"奉和兵部张侍郎酬郓州马尚书祗召途中见寄开缄之日马帅已再领郓州之作",云:"诸本无'奉和'及'郓州之作'字,别有'奉和'二字。祗,或作'被'。"祝本只作"和张侍郎酬马尚书"。宋白文本同《举正》无"奉和"二字,文本、魏本同《举正》,然"奉和"二字在题末,无"之作"二字。廖本、王本同题,从之。魏本:"樊曰:'张侍郎,贾也。马尚书,总也。长庆初,刘总上幽镇地,诏总代刑部尚书,马总为天平军节度使,而召总还,将大用之。会总(刘总)卒,穆

宗以郓人附赖总,诏复还镇,迁检校刑部尚书。'"(载《新唐书·马总传》)文《详注》:"《唐史》:马总为华州防御镇国军使,李师道平,析郓曹濮等州为一道,除总节度。赐号天平军。长庆初,刘总上幽镇地,诏总徙天平军,将大用之,会(刘)总卒,穆宗以郓人附赖(马)总,诏复还镇。二年,检校尚书右仆射。"方世举《笺注》:"按:公为马总作《郓州溪堂诗序》云:'宪宗之十四年(819),始定东平,三分其地。以华州刺史、礼部尚书兼御史大夫扶风马公为郓曹濮节度观察等使,镇其地。既一年,褒其军,号曰'天平军'。上即位之二年,召公入,且将用之。以其人之安公也,复归之镇。'"又云:"按:《新唐书·总传》:'长庆初,刘总上幽、镇地,诏(总)徙天平,而召马总还,将大用之。会刘总卒,穆宗以郓人附赖总,复诏还镇。'(按:以《新唐书》校订)长庆元年春也。"方成珪《诗文年谱》:"《旧纪》(《旧唐书·穆宗纪》):'长庆元年(821)夏四月丙子(10日),以前天平军节度使马总复为天平军节度使。'诗即其时作。"

② 来朝当路日:路,或作"道"。诸本作"路",从之。方世举《笺注》:"当路:按:当道,犹言在道也。时刘总已弃官为僧,不受旌节,亦寻卒。马总盖中路奉诏而还,贾与公俱不及面也。"路者,道也。

③ 承诏改辕时:方世举《笺注》:"《左传》(宣公十二年):'令尹南辕返旆。王告令尹改乘辕而北之。'"按:韩公正用令尹事比马总。

④ 再领须句国:魏本:"樊曰:须句,郓之东平也。《左传》僖公二十一年:'邾人灭须句。'杜预注:'须句在东平须昌县西北。'言总再领郓州。句,音劬。"文《详注》:"《左传》僖二十一年:'任、宿、须句、颛臾,风姓也,实司太皞与有济之祀。'杜预云:司,主也。太皞,伏羲氏四国,伏羲后主其祀。须句在东平须昌县西北,郓州理须昌县。一为东平军。"方世举《笺注》:"《新唐书·地理志》:郓州东平郡须昌县,属河南道。"陈景云《点勘》:"唐之郓州,即晋东平郡也。《通典》(卷一八〇《东平郡》)云:郓州,古须句国。"

⑤少昊:魏本:"韩曰:《月令》(《礼记》):'秋之三月,其帝少昊。'盖秋主刑,而总加检校刑部尚书,故云。"文《详注》:"盖总自礼部迁刑部也。唐尚书六曹,兵、吏为前行,户、刑为中行,礼、工为后行。迁入二部者为美。"陈景云《点勘》:"马总始以检校礼部尚书镇天平,及召入,未至,复令还镇,加检校刑部尚书,故有是句。司寇,秋官秋月,其帝少昊,故云尔。又天平属邑曲阜,本少昊之墟,此句盖双关,再镇天平意。注未明悉。"

⑥暖风抽宿麦:方世举《笺注》:"董仲舒《乞种麦限田章》:'使关中民益种宿麦,令毋后时。'"蒋抱玄《评注》:"《汉书·武帝纪》:'元狩三年,遣谒者劝有水灾郡种宿麦。'注曰:'秋冬种之,经岁乃熟,故曰宿麦。'"抽,植物出芽。束皙《补亡诗》:"草以春抽。"按:此指天气转暖,麦苗开始生长。

⑦清雨卷归旗:魏本:"孙曰:'归,谓归天平也。'《补注》:《石林诗话》(卷上)云:蔡天启言尝与张文潜论韩柳五字警句,文潜举退之'暖风抽宿麦,清雨卷归旗',子厚'壁空残月曙,门掩候虫秋',皆集中第一。"朱彝尊《批韩诗》:"此联文潜以为第一,岂谓天然成句,炼之净而泯其迹耶。"卷归旗,指马总归天平镇也。

⑧赖寄新珠玉:文本、祝本、魏本注:"寄,一作'有'。"诸本作"寄",是。

蒋抱玄《评注》:"《荀子》(《非相》):'赠人以言,重于金石珠玉。'"方世举《笺注》:"陆云《答兄平原书》:'敢投桃李,以报珠玉。'"按:珠玉,指所寄诗。

【汇评】

清何焯:《奉和兵部张侍郎酬郓州马尚书祗召途中见寄开缄之日马帅已再领郓州之作》:名贵。"仍迁少昊司",鲁地为少皞之墟。此句既切秋官,仍双关郓帅。(《义门读书记》卷三〇)

清沈德潜:《奉和兵部张侍郎酬郓州马尚书被召途中见寄开缄之日马帅已再领郓州之作》:张名贾,马名总。《左传》:"僖公二十

一年,邾人灭须句。"地在东平须昌县。秋帝少昊主刑,时马总加检校刑部尚书。(《唐诗别裁集》卷一二)

早春与张博士籍游杨尚书林亭寄第三阁老兼呈白冯二阁老①

长庆二年

墙下春渠入禁沟②,渠冰初破满渠浮。凤池近日长先暖③,流到池时更见不④?

【校注】

①题:方《举正》增"十八"二字,云:"白居易、冯宿也。第三阁老,杨於陵之子嗣复也。白和诗只作'杨舍人林池'是也。(长庆)二年作。"朱《考异》:"诸本无'十八'字,方从唐本。(下引方语)今按:洪本'第三'作'三弟',云:澄本如此。然《王沂公言行录》记'杨大年呼沂公为第四厅舍人',疑前世遗俗,自有此等称呼,洪本或未必然。而此所游,乃嗣复家林亭,故特以诗寄之,而并呈白、冯也。但未知三人者,其次第又如何耳。"宋白文本、文本、祝本、魏本均无"十八"二字。宋白文本又无"博士"二字,"林"字作"池"。又祝本于"张博士"下注:"一本无此三字",于"第三阁老兼"下注:"一本无此六字。"按韩公此时诸诗均有"博士"二字。以此题例,诸公均不出行辈,故诸本无"十八"二字,是。

魏本:"韩曰:时白居易以主客郎中知制诰,冯宿以比部郎中知制诰,《杨绾传》:'故事:中书舍人年久者为阁老。'公此诗,乐天有和篇。"文《详注》:"《补注》:白乐天、冯宿。《杨绾传》:'故事:中书舍人(年)久者为阁老。'乐天有和章(一作篇)。"顾嗣立《集注》:"《旧唐书·杨嗣复传》:'字继之,仆射於陵子也。擢进士第。长庆元年(821)十月,以库部郎中知制诰,正拜中书舍人。'《冯宿传》:

'宿,东阳人,元和十二年(817)从裴度东征,为彰义军判官。淮西平,拜比部郎中。长庆二年(822),拜中书舍人。'《白居易传》:'字乐天,太原人,文辞富艳,尤精于诗笔。长庆元年十月,转中书舍人。'"方世举《笺注》:"於陵子四人,景复、嗣复、绍复、师复。今曰嗣复,则应称第二,而曰第三,非其行次,乃阁中第三厅之中书也,玩下朱子说甚明。亦或绍复行次。考绍复进士擢第,亦中书舍人。"沈钦韩《补注》:"《长安志》(卷九):'新昌坊有尚书左仆射杨於陵宅。'魏泰《东轩笔录》:'旧制:学士有阙,则以第一厅舍人为之。'《王沂公言行录》:'杨大年呼沂公为第四厅舍人。'则此第三阁亦依资在第三也。《六典》(卷九《中书省》)注:'中书舍人在省,以年深者为阁老。'"陈景云《点勘》:"令狐澄本作'三弟',亦非。杨嗣复行六,非三也,见《白乐天集》。嗣复后入相,《唐史》有传。澄生长贵胄,而于近时宰辅,亦偶未悉其行次,足知考订之难。此《讳行录》之可资采证也。"王元启《记疑》:"按:陈说偏徇《考异》,见嗣复的系省中第三厅之舍人。然考《白集》,别有《杨三员外》诗,知嗣复实系行三。至杨六为汝士之行,《白集》亦屡见之。陈盖考之未详耳。又此诗长庆二年,公为兵部侍郎时作,白有和诗,但称韩侍郎,不言兵部、吏部。然《白集》编年,和诗后有《勤政楼西老柳》一首,云是长庆二年春作。则此游在公未赴镇州之前,其时正官兵部。考穆宗赦承宗之诏于二月二日始下,宣慰之命,又在其后。公《寿阳驿》诗'风光欲动别长安',二月初旬,正风光欲动时也。"岑仲勉《唐人行第录》:"旧注以第三阁老为嗣复。《续世说》一《言语门》:韦温称嗣复、李珏为杨三、李七。《白氏集》一八《京使回(累得南省诸公书因以长句诗寄谢萧五刘二元八吴十一韦大陆郎中崔二十二牛二李七庾三十二李六李十杨三樊大杨十二员外)》诗题之杨三亦嗣复也。"方成珪《年谱》:"杨嗣复于长庆元年十月辛未为库部郎中知制诰;是月壬午(19日),白居易自主客郎中知制诰,迁中书舍人;时冯宿亦以兵部郎中同掌丝纶,故皆称阁老。此诗二年二月作。"

②墙下春渠入禁沟:朱《考异》:"沟,或作'流'。"诸本作"沟",

魏本注:"沟,一作'流'。"作"流"字非。

蒋抱玄《评注》:"刘孝绰诗(《三日侍华光殿曲水宴诗》,载《艺文类聚》卷四):'帐殿临春渠。'"按:禁沟,禁内之渠也。《全唐诗》卷二六三严维《酬王侍御西陵渡见寄》:"柳塘薰昼日,花水溢春渠。"又卷六八二韩偓《乱后却至近甸有感》:"夜户不扃生茂草,春渠自溢浸荒园。"

③ 凤池近日长先暖:魏本:"韩曰:荀勖自中书迁尚书令,曰:'夺我凤凰池。'(载《晋书·荀勖传》)孙曰:'近日以喻近君也。'"按:《文选》卷三〇谢朓《值中书省》:"兹言翔凤池,鸣珮多清响。"李善注:"《晋中兴书》曰:'荀勖徙中书监为尚书令,人贺之,乃发恚云:夺我凤凰池,卿诸人何贺我邪?'"凤池,即凤凰池,禁苑中池沼。魏晋南北朝设中书省于禁苑,掌管机要,接近皇帝,故称中书省为凤凰池,权重在尚书上。《文选》卷二六南朝梁范彦龙(云)《古意赠王中书》:"摄官青琐闼,遥望凤皇池。"唐制:宰相称同中书门下平章事,故以凤凰池称宰相。刘禹锡《河南观察使故相国袁公挽歌》:"五驱龙虎节,一入凤凰池。"

④ 更见不:朱《考异》:"更不流,'更'或作'见'。"文本、魏本、廖本、王本作"更不流"。文本注:"一作'见不'。"魏本注:"蔡本作'更见不'。"宋白文本作"更见不"。不,同否。作"更见不",合韩公诗意。

王元启《记疑》:"蔡本如此,方作'更不流'。愚按:因杨氏林池与凤池相接,故睹冰破而怀念凤池三阁老,云'更见不'者,问辞也,白答诗云:'[渠水暗流春解冻,风吹日炙不成凝。]凤池冷暖君谙在,二月因何更有冰?'正答公'见不'之问。若作'更不流',则已明知其尽泮,白所答诗为剩语矣。且语意死活悬殊,公亦不当作此滞句,今辄定从蔡本。"

诗用模韵。

【汇评】

程学恂：公前为刑部侍郎，此时为兵部侍郎，后转吏部侍郎。凡在近贵所作诗，似逊于迁谪及散处时之郁勃豪壮，然则诗以穷而工。固不仅在孟东野、梅圣俞也。(《韩诗臆说》卷二)

奉使常山早次太原呈副使吴郎中①
长庆二年

朗朗闻街鼓，晨起似朝时②。翻翻走驿马③，春尽是归期④。地失嘉禾处⑤，《风》存《蟋蟀》辞⑥。暮齿良多感，无事涕垂颐⑦。

【校注】

① 题：方《举正》增"早"字，云："吴丹也。公使镇州，丹以驾部郎中副行。"朱《考异》："或无'早'字。"宋白文本、文本、祝本、魏本无"早"字。廖本、王本有"早"字。钱仲联《集释》、屈《校注》均从《举正》，有"早"字。魏本："樊曰：长庆元年(821)七月，成德军大将王廷凑杀其节度田洪正以反。三(当作二)年二月，诏雪廷凑罪，复以为节度使，以公为兵部侍郎宣慰其军(载《旧唐书·穆宗纪》)，途次太原作此诗。常山，镇州也，即成德所治。吴郎中名丹，时以驾部郎中为宣慰副使。唐子西曰：'公孙洪以董仲舒相胶西，梁冀以张纲守广陵，李逢吉以韩愈使镇州，卢杞以颜鲁公使李希烈，其用意正相类。'然考之史，公出使镇在二月，而逢吉三月始召为兵部尚书。六月，始代裴度为相。子西云尔何也？抑岂逢吉险邪，遂以公此行为其所中欤？君子恶居下流，天下之恶皆归焉，此之谓也。"文《详注》："《唐史》：愈自潮州召拜兵部侍郎，镇州乱，杀田洪正，而立王廷凑，诏愈宣抚。既至，会牛元翼亦溃围出。愈归，穆宗大悦，转吏部侍郎。李习之《行状》、皇甫持正《墓志》《神道碑》及新旧传，皆

书此事，而《行状》为尤详。《通典》曰：镇州为常山郡，西至太原府五百一十六里。吴郎中名丹，时以驾部郎中为宣慰副使。"方世举《笺注》："皇甫湜《韩文公墓志铭》：'王庭凑反，围牛元翼于深，救兵十万，望不敢前。诏择廷臣往谕，众慄缩，先生勇行。元稹言于上曰：韩愈可惜。穆宗悔，驰诏无径入。先生曰：止，君之仁；死，臣之义。遂至贼营，麾其众责之。贼愧汗伏地，乃出元翼。《春秋》美臧孙辰告籴于齐，以为急病。校其难易，孰为宜褒？呜呼！先生真所谓古大臣者耶！'据此，则此行出于公之本意，不必以论逢吉也。"王元启《记疑》："按：公《酬裴司空》诗，一则曰'恨不身先去鸟飞'，再则曰'日驰三百自嫌迟'，见公浩然独往之气。此诗未至而先计归期，似非公志。又结语气弱不振，辞复不贯，恐此系吴郎中作。公有诗题后，编次者遂并目为公诗。题中'呈'字系衍文，'副使'以下五字，乃编诗者特记此诗为吴作耳。吴于早次太原作此，公题其后云云，则在夕次寿阳时也。"又："沈曰（沈德毓）：即以篇题论，公诗概题'镇州'，此忽改作'常山'，便知非出公一手，以'呈'字为衍文，定为吴郎中作，其说的确无疑。"按：《韩学研究·韩愈年谱汇证》云："按：沈、王之说有理，《洪谱》未系，疑其已悟此诗非韩愈作。方崧卿《年谱》、《顾谱》、方成珪《诗文年谱》系是年，以为韩愈作。……以公忠勇而不惜死的品格，不当刚离长安即有此'暮齿良多感，无事涕垂颐'的伤悲之感，而未至先想归期。况镇州路上诸诗皆以七言长句，抒其豪壮之情，偏以此为五言，地名为常山也不类。何况公又有题吴郎中诗后诗，吴诗疑即指这首五言诗。"

② 朗朗：晨鼓之声，催早起也。谓像上朝那样天不亮就得动身。落笔揭出一个"烦"字，已肇下语端倪。

③ 翻翻：方世举《笺注》："马曰翻翻，似乎好奇，然《广雅·释训》：'翩翩、翻翻，飞也。'马行如飞，则可以曰翩翩，亦可以曰翻翻矣。"按：此乘驿站之马趱路之行状也。

④ 春尽是归期：方世举《笺注》："此联诗体隔句对。与《送李员外分司东都》同调。"按：此为扇面对，盛唐已有，中唐以后为诗人

惯用,渐成一种体格。

⑤ 地失嘉禾处:文《详注》:"《尚书》(《微子之命》):'唐叔得禾,异亩同颖,献诸天子,周公作《嘉[归]禾》篇。'《说文》(禾部)云:'禾,嘉谷也。至二月始生,八月而熟,得时之中,故谓之嘉禾。'《通典》(卷一七九《太原府·并州》)云:'今之并州为太原府,古唐国也。昔帝尧为唐侯所封之国,后成王灭唐而封弟太叔虞于此,即所谓唐叔是也。'"魏本引韩《全解》亦引《尚书》为注。方世举《笺注》:"《汉书·地理志》:'太原郡晋阳,故《诗》唐国,周成王封弟叔虞。'按:唐叔得禾,又见《史记·鲁世家》,与此略同。"按:《元和郡县图志》卷一三:河东道二:太原府为河东节度使理所。周置并州,其山镇曰恒山。帝尧为唐侯所封,又名唐国,后为夏禹所都。晋阳即今太原也。秦始皇置太原郡,汉以太原二十一县为韩国,徙封韩王信,都太原。信反,走入匈奴。隋置总管,李渊在镇。唐为北都(京),改为太原府,为河东道,置采访使,最为天下雄镇。今太原有三城,府及晋阳县在西城,太原县在东城,汾水贯中城南流。

⑥《风》存《蟋蟀》辞:文本"辞"作"诗",注:"诗,一作'辞'。《唐·蟋蟀》诗,刺晋僖公也。俭不中礼,故以闵之。此晋也,而谓之唐,本其风俗,忧深思远,俭而用礼,有尧遗风。"魏本:"孙曰:'晋《国风》有《蟋蟀》诗,刺昭公之俭。唐国后改为晋,故公诗引之。'"文说较优。今录原文。《诗经·唐风·蟋蟀》序云:"《蟋蟀》刺晋僖公也。俭不中礼,故作是诗以闵之,欲其及时以礼自虞乐也。此晋也,而谓之唐,本其风俗,忧深思远,俭而用礼,乃有尧之遗风焉。"按此谓太原有唐国之遗风。

⑦ "暮齿"二句:暮齿,晚年。颐,腮,下巴。谓年老体衰,行役至此,不禁泪流满腮也。

【汇评】

清方成珪:雪王廷凑罪,复以为节镇,非公意也。故此诗有微词焉。地失嘉禾,言太平无象。《风》存《蟋蟀》,警太康也。结则忧

深思远,可于言外得之。(《韩集笺正》卷二)

程学恂:前半略似齐梁体。(《韩诗臆说》卷二)

夕次寿阳驿题吴郎中诗后①
长庆二年

自长庆元年(821)八、九月,河北朱克融、王廷凑兵乱,以裴度充镇州四面行营都招讨使,进讨朱、王。二年(822)正月,王廷凑围牛元翼于深州甚急,裴度、李光颜、陈楚三面救之,"竟无成功,财竭力尽",朝廷不得已,以廷凑为成德军节度使,二月二日,兵部侍郎韩愈领命,由长安出发宣慰镇州。二月十五日至寿阳作。诗以初春别长安领起,下三句写北方边地景象:突出一个"寒"字。天寒是因,"不见"是果。虽然天寒人冷,可给人以花发柳长的意象;这意象与结句配合,却给人以清新高古的感受。内中颇含韩愈明知山有虎、偏向虎山行的豪气。程学恂《韩诗臆说》卷二谓:"(后)二句,拙稚不成语。"则只见字面,未究内涵。

风光欲动别长安②,春半边城特地寒③。不见园花兼巷柳④,马头惟有月团团⑤。

【校注】

① 题:方《举正》订,增"夕次"二字,作"夕次寿阳驿题吴郎中诗后",云:"太原属邑。蜀本亦注'夕次'字。"文本、魏本作"寿阳驿题绝句"。廖本、王本同方《举正》。从之。

按:《新唐书·地理志三》:"河东太原府太原郡:寿阳,畿。本受阳,武德六年徙受州来治,又以辽州之石艾、乐平隶之。贞观八年(634),州废,县皆来属。十一年,更名。"《元和郡县图志》卷一三:"河东道太原府:寿阳,畿。大业三年(607),罢州为太原郡,县仍属焉。武德三年置受州,县改属焉。贞观八年废受州,县属并州,十一年更名寿阳。"《韩学研究·韩愈年谱汇证》:"寿州,西南至太原七十五公里,又太原至长安六百三十公里,合共七百零五公里。如二日受诏后初三日出发,日行七十五公里左右,十五日可到寿阳,而太原至寿阳七十五公里,正好一天可到。与诗'早次太原''夕次寿阳'正合。"吴郎中,不详,《韩集》中的《奉使常山早次太原》诗,当是吴郎中所写。如王元启《记疑》:"《奉使常山早次太原呈副使吴郎中》,按:公《酬裴司空》诗,一则曰'恨不身先去鸟飞',再则曰'日驰三百自嫌迟',见公浩然独往之气。此诗未至而先计归期,似非公志。又结语气弱不振,辞复不贯,恐此系吴郎中作。公有诗题后,编次者遂并目为公诗。题中'呈'字系衍文。'副使'以下五字,乃编诗者特记此诗为吴作耳。吴于早次太原作此,公题其后(《夕次寿阳驿题吴郎中诗后》)云云,则在夕次寿阳时也。今抵一字书之,不使混于公作(按:此句疑有掉字)。吴名丹,特以驾部郎中为副使。"又引沈德毓云:"即以篇题论,公诗概题'镇州',此忽改作'常山',便知非出公一手,以'呈'字为衍文,定为吴郎中作。"详说亦见《韩学研究·韩愈年谱汇证》。

② 风光欲动别长安:立春后阳气上升,春象始见。风光,风景、景象。唐卢照邻《元日述怀》:"草色迷三径,风光动四邻。"

③ 春半:正说明诗写于二月中。特地,张相《诗词曲语辞汇释》卷四:"特地,犹云特别也;又犹云特为或特意也。罗隐《汴河》诗:'当时天子是闲游,今日行人特地愁。'罗邺《公子行》:'金鞍玉勒照花明,过后香风特地生。'朱熹《过盖竹》诗:'二月春风特地寒,江楼独自倚阑干。'"朱诗学韩。

④ 不见园花兼巷柳:边地天寒,故未见春色也。园花、巷柳,乃寻常盛春景色,非如有人附会为二妓之名,以不见春色来托边地之寒也。

⑤ 团团:宋白文本、文本、祝本作"团圆",非。团团,谓望日之月。形象鲜明,语亦不俗。《全唐诗》卷一七元稹《乐府杂曲·鼓吹

曲辞·芳树》："可怜团团叶,盖覆深深花。"此二句以园花与巷柳衬托,写眼前景象。宋王谠《唐语林》卷六："韩退之有二妾,一曰绛桃,一曰柳枝,皆能歌舞。初使王庭凑,至寿阳驿,绝句云:'风光欲动别长安……'盖有所属也。柳枝后逾垣遁去,家人追获。及镇州初归,诗曰:'别来杨柳街头树,摆弄春风只欲飞。还有小园桃李在,留花不放待郎归。'自是专宠绛桃矣。"蔡絛《西清诗话》、袁文《瓮牖闲评》卷三亦载此条。袁文并云:"余谓此二诗决非文公所作,盖当时附会者为之尔。人家岂无侍女,况又有逾垣之事。文公乃唐一代人杰,岂得淫言媟语见于诗什乎?"此二说均非:上说纯属附会,后说乃为贤者讳。实则二诗均为写景抒情之语。除其少作《青青水中蒲》诗外,《韩集》几无艳诗及爱情诗。

【汇评】

宋邵博:韩退之使镇州,《题寿阳驿》云:"风光欲动别长安,春半边城特地寒。不见园花并巷柳,马头唯有月团团。"《镇州归》再赋云:"别来杨柳街头树,摆撼春风只欲飞。还喜小园桃李在,留花不发待郎归。"孙子阳为予言:"近时寿阳驿发地,得二诗石。唐人跋云:退之有倩桃、风柳二妓,归途闻风柳已去,故云。后张籍《祭退之》诗云'乃出二侍女,合弹琵琶筝'者,非此二人邪?"(《邵氏闻见后录》卷一七)

镇州初归[①]

长庆二年

别来杨柳街头树,摆弄春风只欲飞[②]。还有小园桃李在,留花不发待郎归[③]。

【校注】

① 题：方《举正》与诸本题均作"镇州初归"。

《洪谱》长庆二年下云："公以二月初使镇州，二月望次寿阳驿，比还，春末矣。"方成珪《诗文年谱》系长庆二年，曰："是年春作。"

② 摆弄春风只欲飞：方《举正》据阁、蜀本作"摆弄，只欲"。朱《考异》："摆，或作'摇'。弄，或作'撼'。只，或作'秖'。"南宋监本原文作"弄""撼"。宋白文本、祝本、魏本作"摆撼"，注："一作'摇弄'。"文本作"摇撼"，注："一作'摆弄'。"廖本、王本同《举正》作"摆弄"。今从《举正》作"摆弄"。

按：摆弄，中原人口语，至今仍用。常用于摆弄什么东西，此作"摆弄春风"，新鲜有味。秖、只音义同。承上谓春风摇动杨柳，轻轻荡漾，像在空中飞舞一样。

③ 留花不发待郎归：诸本作"待"，祝本作"侍"，乃形近致误。按上下文意，作"待"字，与上句"还"字意合；然祝本作"侍"字，也不是没有原因，原因是当时韩公为兵部侍郎，即花等侍郎回来才开。桃李三月开花，按行程与时间估算，韩公回长安当在三月中旬，乃桃李花盛开时节。

【汇评】

宋王谠：韩退之有二妾，一曰绛桃，一曰柳枝，皆能歌舞。初使王庭凑，至寿阳驿，绝句云："风光欲动别长安，春半边城特地寒。不见园花兼巷柳，马头惟有月团团。"盖有所属也。柳枝后逾垣遁去，家人追获。及镇州初归，诗云：'别来杨柳街头树，摆弄春风只欲飞。还有小园桃李在，留花不放待郎归。'自是，专宠绛桃矣。"（《唐语林》卷六）

明蒋之翘：（《唐语林》《邵氏闻见录》）其说甚不足信。退之固是伟人，归来岂别无所念，而独殷殷于婢妾？假思之，亦不过作怀人常语耳，更何必切名致意若此。况所云发地得诗石，则当时必韩公自立，他人岂便可以去妾为言。此韩公之意，盖感慨故园景色，如

《诗·东山》"有敦瓜苦,蒸在薪栗,自我不见,于今三年"同旨。其说宜不攻而自破也。(《韩昌黎集辑注》卷一〇)

清朱彝尊:比拟殊妙,风致由笔尖溢出。(顾嗣立《昌黎先生诗集注》卷一〇)

清方世举:案:蒋持论甚是,诗语不过言去时风光未动,还时桃李犹存,以见其使事毕而来归疾也。(《韩昌黎诗集编年笺注》卷一二)

清王鸣盛:《镇州初归》云:"别来杨柳街头树,摆弄春风只欲飞。还有小园桃李在,留花不发待郎归。"东雅堂刻某氏引《唐语林》:"退之二侍妾,名柳枝、绛桃。《初使王庭凑至寿阳驿》绝句,云:'风光欲动别长安,春半边城特地寒。不见园花兼巷柳,马头惟有月团团。'又《镇州初归》云云。《邵氏闻见录》:'孙子阳为余言,近时寿阳驿发地,得二诗石,唐人跋云:'退之有倩桃、风柳二妓,归途闻风柳已去,故云云。'后张籍《祭退之》诗云'乃出二侍女',非此二人邪?"蒋之翘曰:"《唐语林》不足信,退之固是伟人,岂殷殷于婢妾?况所云'发地得石',则当时必韩自立,他人岂便以去妾为言,诗意不过感慨故园景色耳。"愚谓:诗言"待郎归",语甚旖旎,安得泛指景色?退之寿阳之行,不畏强御,大节凛然。殷殷婢妾,何害其为伟人?宋头巾腐谈,往往如此。岂张籍祭诗亦不足信邪?(王鸣盛《蛾术编》卷七六)

清连鹤寿:文天祥为宋室忠臣,平时歌妓满前。然貌为道学而心实贪淫者,不得藉口于此也。至发地得石之说,断无其事,岂有寻常一诗,而刻石埋于地下,文公肯为之乎?抑他人肯为之乎?(同上)

程学恂:《语林》诚不足信,然此诗亦不佳。(《韩诗臆说》卷二)

同水部张员外曲江春游寄白二十二舍人①
长庆二年

漠漠轻阴晚自开②,青天白日映楼台③。曲江水满花千树④,有底忙时不肯来⑤?

【校注】

①题:方《举正》题作"同水部张员外曲江春游寄白二十二舍人"。廖本、王本均同此题。宋白文本题为"同水部张员外籍曲江春游寄白二十二舍人",其中"籍"字当与题下小字"居易"同为注文,刊刻者未察,混入题中。文本、祝本、魏本题为"同张水部籍游曲江寄白二十二舍人"。

魏本:"樊曰:张籍自国子博士迁水曹外郎,白居易自主客郎为中书舍人。按《长安志》:曲江在城南升道坊,以其有流水屈曲,谓之曲江。司马相如赋(《哀二世赋》,载《史记·司马相如传》)云:'临曲江之陒州。'即其所也。《剧谈》云:'池本秦时陒州。唐开元中疏凿为胜境。'居易和篇见此诗后,世传韩、白无往来之诗,非也。"文《详注》:"籍自登仕郎守国子博士,迁尚书水部员外郎。白居易自长庆元年冬为中书舍人,二年秋出刺杭州,公与籍《早春游杨尚书林亭呈白阁老》,又作此诗寄白舍人,有和诗在其集中。魏道辅云:世言韩、白无往来诗,非也。《补注》:《长安志》:曲江在城南升道坊,以其有流水屈曲,谓之曲江。相如赋(《哀二世赋》,载《史记·司马相如传》):'临曲江之陒州。'即其所也。乐天和篇云:'小园新种红樱树,闲透(绕)花行便当游。何必更随鞍马队,冲泥踏雨曲江头。'"方世举《笺注》:"《旧唐书·张籍传》:'累授国子博士,水部员外郎,转水部郎中,卒。世谓之张水部云。'按:《新书·籍传》:愈荐为国子博士,历水部员外郎、主客郎中,终国子司业,非终于水部也。"王元启《记疑》:"前《游杨氏林亭》,二年二月初作,犹称籍为博士。此诗归自镇州后作,改称水部,知籍迁官在公奉使镇州之后。"籍一生官卑禄微,长期患眼病而困于太常寺太祝。长庆初,愈荐为国子博士,二年迁水部员外郎,转郎中、主客郎中,终国子司业。世称张水部,而集名为《张司业集》。详见《韩愈大传·张籍传》。张籍为水部员外郎,朱庆余有《近试上张籍水部》"洞房昨夜停红烛"云云（载《全唐诗》卷五一五）。《贺张水部员外拜命》："省中官最美，无似水曹郎。前代佳名逊，当时重姓张。白须吟丽句，红叶吐朝阳。徒有归山意，君恩未可忘。"（同上）

② 漠漠轻阴晚自开：屈《校注》："自，魏本作'目'。"查魏本宋刻本作"目"，四库本作"自"，应为形近致讹。

钱仲联《集释》："《楚辞·疾世》：'尘漠漠兮未晞。'王逸章句：'漠漠，合也。'"王维《积雨辋川庄作》："漠漠水田飞白鹭，阴阴夏木啭黄鹂。"

③ 青天白日映楼台：方《举正》据三馆本作"青天"，云："公《忆昨行》亦有'青天白日花草丽'。"朱《考异》："天，或作'春'。"宋白文本、文本、祝本、魏本作"春"。作"天"善。

映楼台：照楼台也。映，含蓄有味。照，太直白。《全唐诗》卷二八刘禹锡《杂曲歌辞·杨柳枝》："迎得春光先到来，浅黄轻绿映楼台。"又卷一一四丁仙芝《余杭醉歌赠吴山人》："桃花昨夜撩乱开，当轩发色映楼台。"

④ 曲江水满花千树：一派盛春景象。《全唐诗》卷一〇三赵彦昭《人日侍宴大明宫应制》："夹路秾花千树发，垂轩弱柳万条新。"又卷一七七李白《送别》："梨花千树雪，杨叶万条烟。"

⑤ 有底：有甚么事。底，什么。《乐府诗集》卷四四《子夜四时歌·秋歌》："寒衣尚未了，郎唤侬底为？"杜甫《寄邛州崔录事》："久待无消息，终朝有底忙？"张相《诗词曲语辞汇释》卷一："有底，犹云有如许或有甚也，亦犹云为甚也。有底忙一语，诗词中屡见。韩愈诗云云。此亦有如许或有甚，均可解。时字相当于呵或啊，为语气间歇之用。"

【汇评】

宋何溪汶：《苍梧杂志》云："退之尽是直道，更无斧凿痕。人多嫌退之律诗不工，使鲁直为之，未必能得如是气象，唐人谓此四句可敌一部《长庆集》，诚然。"（《竹庄诗话》卷七）

明杨慎:《韩退之同张水部籍游曲江寄白二十二舍人》:"漠漠轻阴晚自开,青天白日映楼台。曲江水满花千树,有底忙时不肯来?""城中车马应无数,能解闲行有几人?"亦是此意。(《升庵诗话》卷九)

蒋抱玄:酝酿有风致。(《注释评点韩昌黎诗全集》)

和水部张员外宣政衙赐百官樱桃诗①
长庆二年

汉家旧种明光殿②,炎帝还书《本草经》③。岂似满朝承雨露④,共看传赐出青冥⑤。香随翠笼擎初到⑥,色映银盘写未停⑦。食罢自知无所报,空然惭汗仰皇扃⑧。

【校注】

① 题:方《举正》题作"和水部张员外宣政衙赐百官樱桃诗"。宋白文本、文本、魏本、廖本、王本同方。朱《考异》题同方,云:"或作'和张水部敕赐樱桃诗'。"祝本作"和张水部敕赐樱桃诗",注:"宣政衙赐百官。"

文《详注》:"唐制:赐近臣樱桃有宴。籍诗云:'仙果人间都未有,今朝忽见下天门。捧盘小吏初宣赐(敕),当殿群臣共拜恩。日色遥分廊下坐,露香(芽)才出禁中园。每年重(种)此偏先熟,愿得千春奉至尊。'长庆二年(822)也。"方世举《笺注》:"《旧唐书·地理志》:'京师东内正门曰丹凤,正殿曰含元,含元之后曰宣政。宣政左右有中书、门下二省。高宗以后天子常居东内。'唐李绰《岁时纪》:'四月一日,内园荐樱桃寝庙。荐讫,班赐各有差。'"沈钦韩《补注》:"《新唐书·文艺传》:'中宗景龙二年(708)夏,宴蒲桃园,赐朱樱。'盖自此以为故事。"玄宗天宝十一载,王维有《敕赐百官樱桃诗》:"芙蓉阙下会千官,紫禁朱樱出上兰。才是寝园春荐后,非关御苑鸟衔残。归鞍竞带青丝笼,中使频倾赤玉盘。饱食不须愁内热,大官还有蔗浆寒。"词气雍和,浅深适度,格律严整,为人称道。王元启《记疑》《同张水部曲江春游》注:"前《游杨氏林亭》,二年二月初作,犹称籍为博士。此诗归自镇州后作,改称水部,知籍迁官在公奉使镇州之后。"春荐赐樱,在四月,诗写于四月。

② 明光殿:魏本:"韩曰:《洛阳宫殿簿》曰:'汉有明光殿,徽音殿。'又曰:'显阳殿前,樱桃六株,徽音殿前、乾元殿前并三株。'"方世举《笺注》:"《三辅黄图》:'明光宫,武帝太初四年秋起,在长乐宫后。'《洛阳宫殿簿》:'汉有明光殿。'"

③ 炎帝还书《本草经》:文《详注》:"神农氏以火德王,故曰炎帝。《本草》云:'樱桃,味甘,主调中益脾气,令人好颜色,美志。'"魏本引孙《全解》同。

④ 岂似满朝承雨露:汪琬《批韩诗》:"应百官。"岂似,难道像,怎如。满朝,即满朝官员。雨露,雨和露。《礼记·祭义》:"春雨露既濡,君子履之,必有怵惕之心。"比喻恩泽。高适《送李少府贬峡中王少府贬长沙》诗:"圣代即今多雨露,暂时分手莫踌躇。"

⑤ 共看传赐出青冥:汪琬《批韩诗》:"敕赐。"何焯《义门读书记》卷三〇:"前四句郑重,正蓄'无所报'三字之势。"李黼平《读杜韩笔记》:"以汉家、炎帝起,见古人宝贵此物,转出满朝承赐,乃觉分外恩荣,此文家争起势也。"青冥,青天,此指朝廷。《楚辞》屈原《九章·悲回风》:"据青冥而摅虹兮,遂倏忽而扪天。"杜甫《奉先刘少府新画山水障歌》:"沧浪水深青溟阔,欹岸侧岛秋毫末。"

⑥ 香随翠笼擎初到:方《举正》据唐本、《文苑》作"初到",云:"蜀本作'初出',今作'重',皆非。"朱《考异》:"到,或作'重',或作'出'。"宋白文本、文本、祝本、魏本作"重"。翠笼,即王维诗所谓"青丝笼"一类盛樱桃的篮子。

⑦ 色映银盘写未停:方《举正》据唐本、《文苑》作"映"。朱《考异》:"映,或作'照'。"宋白文本、文本、祝本、魏本作"照","写"皆作"泻"。作"照"、作"映"均可,然"照"字不如"映"字意深韵长。今从

"映"。写、泻,古通用。写,借字,本用"写","泻"字后出,读去声。

银盘:即王维诗所谓"赤玉盘"一类盛樱桃的器具。上句谓以笼摘来,下句说装盘分赐。翠笼、银盘皆贵重器物,衬托出樱桃的高贵,乃皇帝之珍品。二句属对工整,文采、高雅兼得。胡仔《苕溪渔隐丛话》后集卷九云:"摩诘诗:'归鞍竞带青丝笼,中使频倾赤玉盘。'退之诗:'香随翠笼擎初重,色映银盘泻未停。'二诗语意相似,摩诘诗浑成胜退之诗,樱桃初无香,退之言香,亦是语病。"方世举《笺注》:"'银盘'疑作'瑛盘'。《东观汉记》:'明帝宴群臣大官,进樱桃,以赤瑛盘赐群臣。月下视之,盘与樱桃同色。群臣皆笑,云是空盘。'今云银盘,或纪当时实事,又取红白相映之意。"方成珪《笺正》:"《曲礼》(《礼记》):'御食于君,君赐余,器之溉者不写,其余皆写。'注:'谓萑竹所织,不可洗涤,则传写于他器而食之,不欲口泽之渎也。'"按:本宫中贵重之器皿,不必尽是汉时瑛盘,亦不必为赤玉或银盘也。

⑧"食罢"二句:上句谓食樱。汪琬《批韩诗》:"终之以食。"何焯《义门读书记》卷三○:"结句收出宣政衙,非趁韵。穆宗昏荒,不复可以有为。公虽立朝,徒俯仰默叹而已。曰'自知无所报'者,正伤欲报而无路也。公《寄崔立之》诗'无能食国惠,岂异哀癃罢',其即'惭汗'二字注脚乎?"王元启《记疑》:"结语与卷七《朝归》诗所谓'坐食取其肥,无堪等聋聩'意同。人言杜甫'每饭不忘君',公之'每食不忘'殆与一致。何曰'无所报者,正伤欲报而无路也',又前《寄崔立之》诗'无能食国惠,岂异哀癃罢',即此诗'惭汗'二字之注脚?"按:此已见韩公晚年心态,不是不想再有所作为,而是朝政形势变化,使他不可能再有所作为,故而叹己悲天也。诗虽一般应酬之作,亦非无所为而作也。

【汇评】

宋范温:《樱桃诗》:老杜《樱桃》诗云:"西蜀樱桃也自红,野人相赠满筠笼。数回细写愁仍破,万颗匀圆讶许同。"此诗如禅家所谓信手拈来，头头是道者。直书目前所见，平易委曲，得人心所同然，但他人艰难，不能发耳。至于"忆昨赐沾门下省，退朝擎出大明宫。金盘玉箸无消息，此日尝新任转蓬"，其感兴皆出于自然，故终篇遒丽。韩退之有《赐樱桃》诗云："汉家旧种明光殿，炎帝还书《本草经》。岂似满朝承雨露，共看转赐出青冥。香随翠笼擎偏重，色照银盘写未停。食罢自知无补报，空然惭汗仰皇扃。"盖学老杜前诗，然搜求事迹，排比对偶，其言出于勉强，所以相去甚远。若非老杜在前，人亦安敢轻议？（《潜溪诗眼》）

宋魏庆之：《樱桃诗》，唐自四月一日寝庙荐樱桃后，颁赐百官各有差。摩诘诗："归鞍竞带青丝笼，中使频倾赤玉盘。"退之诗："香随翠笼擎初重，色映银盘泻未停。"二诗语意相似。摩诘诗浑成，胜退之诗。樱桃初无香，退之以香言之，亦是语病。（《诗人玉屑》卷一一）

元方回：诗话常评此诗，谓虽工不及老杜气魄，然"色映银盘"之句亦佳。陈后山《答魏衍送朱樱》有云："倾篮的皪沾朝露，出袖荧煌得宝珠。会荐瑛盘惊一座，苋肠藜口未良图。"末句亦瑛盘事，乃魏明帝以此盘赐群臣樱桃。群臣月下视之，疑为空盘也。以此事味昌黎"色映银盘"语，岂不益奇？王维集中有《敕赐百官樱桃》诗，亦以"青丝笼"对"赤玉盘"，甚妙。尾句云："饱食不须愁内热，大官还有蔗浆寒。"崔兴宗和尾句云："闻道今人好颜色，神农《本草》自应知。"盖难题也。张籍、韩偓、白乐天集皆有赐樱桃诗，皆不及此。（《瀛奎律髓》卷二七着题类）

明蒋之翘：词亦雅丽，较张作特胜。（《韩昌黎集辑注》卷一〇）

清吴景旭：《香》：《渔隐丛话》曰：退之诗云："香随翠笼擎偏重，色照银盘泻未停。"樱桃初无香，退之以香言，亦是一语病。

吴旦生曰：竹初无香，杜甫有"雨洗涓涓静，风吹细细香"之句。雪初无香，李白有"瑶台雪花数千点，片片吹落春风香"之句。雨初无香，李贺有"依微香雨青氛氲"之句。云初无香，卢象有"云气香流水"之句。妙在不香说香，使本色之外，笔补

造化。而渔隐乃病之,我恐此老膏肓正甚。(《历代诗话》卷四九庚集四)

清毛先舒:韩愈"汉家旧种明光殿,炎帝还传《本草经》",此樱桃谜也。(《诗辩坻》卷三)

清汪琬:章法井井。(钱仲联《韩昌黎诗系年集释》卷一二)

清朱彝尊:此诗却不落中唐,仿佛效摩诘作。(顾嗣立《昌黎先生诗集注》卷一〇)

清何焯:《和水部张员外宣政衙赐百官樱桃诗》前四句郑重,正蓄"无所报"三字之势。结句收出宣政衙,非趁韵。穆宗昏荒,不复可以有为。公虽立朝,徒俯仰默叹而已。曰"自知无所报"者,正伤欲报而无路也。公《寄崔立之》诗"无能食国惠,岂异哀癃罢",其即"惭汗"二字注脚乎?(《义门读书记》卷三〇)

清纪昀:起二句生堆强砌,三、四转落亦笨,结亦不成语。此题逸右丞作而选此,殆不可解。四句以宫中为天上可也,因而谓之"青冥"则欠妥。(《瀛奎律髓刊误》卷二七着题类)

程学恂:樱桃诗摩诘最工,亦最得体。杜次之,此又次之。然公诗岂可以工拙论者,潜溪所评,见尚浅也。(《韩诗臆说》卷二)

早春呈水部张员外二首①

长庆三年

长庆三年(823)春写给张籍的。名曰赠人,实则以写景胜;以大好的春景逗引好友张籍来游。诗写京城长安早春的美好景色,认为早春比晚春的风光好。内含哲理,表现了诗人细致的观察力。小诗写物赋形体神,惟妙惟肖,形意新颖,发人寻味。早春之景绝妙,诗写得更妙。写草色有无,妙在似有似无之间。苕溪渔隐曰:"'天街……'此退之《早春》诗也。'荷尽已无擎雨盖,菊残犹有傲霜枝。一年好景君须记,最是橙黄橘绿时。'此子瞻《初冬》诗也。

二诗意思颇同而词殊,皆曲尽其妙。"(《苕溪渔隐丛话》后集卷一〇)刘埙曰:"'天街小雨'云云,此韩诗也。荆公早年悟其机轴,平生绝句实得于此。虽殊欠骨力,而流丽闲婉,自成一家,宜乎足以名世。其后学荆公而不至者为四灵:赵灵芝、翁灵舒、徐灵晖、徐灵渊。又其后卑浅者落江湖,风斯下矣。"(《隐居通议》卷一一《半山绝句悟机》)

其一

天街小雨润如酥②,草色遥看近却无③。最是一年春好处,绝胜烟柳满皇都④。

【校注】

① 题:方《举正》:"阁本无此二首。"朱《考异》同。文《详注》:"《补注》:此诗长庆二年春(作)也。公时为兵侍,年五十六,故卒章有'官忙身老'之句。"按:王《补注》为长庆二年春作,又说韩公五十六岁;实则韩愈长庆四年卒,年五十七岁,所说自相矛盾。王元启《记疑》:"此早春在长庆三年。"方成珪《年谱》系于三年,曰:"王惺斋云:此早春在是年。"方世举《笺注》:"'官忙身老大',应是为吏部侍郎时。"三年早春,韩为吏部侍郎,时年五十六。张籍排行十八,时任水部员外郎。

② 天街:唐时长安城朱雀门大街也称天门街,简称天街,盖与宫城南门名承天门有关。此诗天街乃泛指长安街道。酥,奶制品的酥酪,香软滑柔。一酥字把长安早春小雨的滋润写足了。

③ 草色遥看近却无:谓经雨滋润后的小草,远望一片嫩绿,近看时却扑朔迷离不清了。卢照邻《元日述怀》:"草色迷三径,风光动四邻。"

④ 烟柳:方《举正》据唐本作"花柳",曰:"蔡校。"朱《考异》:"花,或作'烟'。"宋白文本、文本、祝本、魏本作"烟"。廖本、王本从

方作"花"。作"烟"善。

绝胜:远远超过。皇都:皇帝所居之都城。清黄叔灿《唐诗笺注》卷九:"'草色遥看近却无',写照工甚。正如画家设色。在有意无意之间。'最是'二句,言春之好处正在此时,绝胜于烟柳全盛时也。"

其二

莫道官忙身老大①,即无年少逐春心②。凭君先到江头看③,柳色如今深未深④?

【校注】

① 官忙身老大:诸旧说均认为"官忙身老大"指韩愈,从第三句"凭君"看,当是指张籍。韩愈时已来游春,未见其忙;招张籍而未来,是否因为官事忙,公才产生如是想。老大:公是年五十六,籍年约五十八,均可言老。此语当是韩公对张籍所说:你不要说官忙年老,而没有年少追逐春光的心,就不来赏游这美好的春光。你到曲江看看,那里的春色如何? 此二绝实不可分,上首写景,下首述事,以期与好友同餐这明皇春色也。

② 春心:怀春的心情。《楚辞》屈原《招魂》:"目极千里兮伤春心。"李白《江夏行》:"忆昔娇小姿,春心亦自持。"

③ 君:指张籍。江头,指曲江。童《校诠》:"案:凭,祝本作冯。廖本、王本与本书同(作凭)。说文:凭,依几也,从任几,周书曰:凭玉几,读若冯,冯,马行疾也。凭依字应作凭,冯借字,凭为冯之后出字。"

④ 深未深:祝本、魏本注:"今,一作'金'。"作"金"字误。未,王本作"又",亦非。宋白文本、文本、祝本、魏本、廖本作"未",是。

深,本作精解,此可作美解。后诗似平直粗卤,诗境却从杜诗中得来，真唐人品格，有兴致逸情。

【汇评】

宋胡仔：苕溪渔隐曰："'天街小雨润如酥，草色遥看近却无。最是一年春好处，绝胜烟柳满皇都。'此退之《早春》诗也。'荷尽已无擎雨盖，菊残犹有傲霜枝。一年好景君须记，最是橙黄橘绿时。'此子瞻《初冬》诗也。二诗意思颇同而词殊，皆曲尽其妙。"（《苕溪渔隐丛话》后集卷一○韩退之）

元刘埙：《苍山序唐绝句》：半山清远韵度，独步辈流。昌黎云："天街小雨润如酥，草色遥看近却无。最是一年春好处，绝胜烟柳满皇都。"意半山绝句机此。其发也，变化而神用之。此半山所长者。（《隐居通议》卷六诗歌）

元刘埙：《半山绝句悟机》："天街小雨润如酥，草色遥看近却无。最是一年春好处，绝胜烟柳满皇都。"此韩诗也。荆公早年悟其机轴，平生绝句实得于此。虽殊欠骨力，而流丽闲婉，自成一家，宜乎足以名世。其后学荆公而不至者为四灵赵灵芝、翁灵舒、徐灵晖、徐灵渊。又其后卑浅者落江湖，风斯下矣。（《隐居通议》卷一一诗歌）

明李日华：韩昌黎以一年好处在草色有无间，则初春时也。苏东坡又以为在"橙黄橘绿时"，唐人则以为在"新笋晚花时"，大抵各有会心，不容互废耳。余则以为四时早暮，悉有好处。在人不在境。如饱后缓步青莎白石间；熟寐初醒，茶铛适沸，作松雨洒窗声；四月积阴乍开，浓绿欲到人眉目边；夏月午后薄醉，临沼弄水，吸荷花香；秋暮倚高阁，看霜树，青黄红紫，掩映堆垛；冬日欲雪，忽冰珠迸落竹树中，琤琤清响，皆不可谓非骚人消受处也。（《紫桃轩杂缀》卷二）

清朱彝尊：第一首景绝妙，写得亦绝妙。第二首粗卤中却有逸致。（顾嗣立《昌黎先生诗集注》卷一○）

清查慎行：其二诗境从老杜集中得来。（《查初白诗评十二

种》)

清黄叔灿:"草色遥看近却无",写照工甚。正如画家设色,在有意无意之间。"最是"二句,言春之好处正在此时,绝胜于烟柳全盛时也。(《唐诗笺注》卷九)

程学恂:第二首真唐人性格。(《韩诗臆说》卷二)

送桂州严大夫①
长庆二年

长庆二年(822)四月,原桂管观察使杜式方逝世,穆宗任命秘书监严谟为桂州总管观察使,韩公为其送行而作。诗写得很别致,虽为送行,却一字未提送行,全以写景及比赋出,当从王维送行诗来;其送行之情处处可见,让人悦目赏心。全诗以工整对句,精巧比喻和神话传说作衬,极写桂州山水绝佳,为人们幻想中的仙境所不如,成为写桂州山水的绝唱。"江作青罗带,山如碧玉簪"一联,被誉为"不到粤西,不知对句之妙"(查慎行语)。袁宗道亦说:"韩昌黎《桂林》诗云:'水作青罗带,山为碧玉簪。'每读此诗,未尝不神驰龙洞仙岩之间。"

苍苍森八桂②,兹地在湘南③。江作青罗带④,山如碧玉簪⑤。户多输翠羽⑥,家自种黄甘⑦。远胜登仙去,飞鸾不暇骖⑧。

【校注】

① 题:方《举正》题下注:"同用'南'字。严谟也,蜀本题下有'赴任'二字。"朱《考异》:"严谟也。题下或有'赴任'二字。"宋白文本题下有"同用南字",文本、魏本无。张籍、白居易、戎昱、王建均有送诗,同用南字韵。

桂州：南齐置桂林郡，唐于治所置临桂县，地在今广西桂林。《旧唐书·地理志四》："岭南道桂州，下都督府，天宝元年(742)，改为始安郡，依旧都督府。至德二载(757)九月，改为建陵郡。乾元元年(758)，复为桂州，刺史充经略军使。临桂，州治所。江源多桂，不生杂木，故秦时立为桂林郡也。"严大夫，严谟。《旧唐书·穆宗纪》："穆宗长庆二年(822)夏四月庚辰(20日)，桂管观察使杜式方卒。丁亥(27日)以秘书监严誉(当为谟)为桂管观察使。"文《详注》："《通典》云：'桂州理桂林县。有荔江，其源多桂，不生杂木，因以名郡。'《补注》：'严谟，时以朝议大夫、秘书监都督桂州诸军，守桂州刺史，兼御史中丞。'"魏本："孙曰：'长庆二年四月，以严谟为御史大夫充桂州观察使。公与白居易、张籍皆有诗送其行。'"在今广西桂林市。

② 方《举正》据蜀本作"苍苍森八桂"，云："阁本作'苍苍八月桂'，《文苑》同。宋、李本皆从阁本。一曰'月桂'，见《淮南子》，谓月中种也。"朱《考异》："森八，阁本作'八月'。桂，或作'树'。(下引方语)"诸本作"苍苍森八桂"，从之。苍苍，形容桂树郁郁葱葱的样子。森，茂盛矗立。八桂，指桂州盛植桂树。《山海经·海内南经》："桂林八树，在贲禺东。"《文选》卷一一孙绰《游天台山赋》："八桂森挺以凌霜，五芝含秀而晨敷。"注："郭璞曰：八树成林，言其大也。"卷三一梁江淹《刘文学感遇桢》："苍苍中山桂，团团霜露色。"沈约《齐司空柳世隆行状》："临姑苏而想八桂，登衡山而望九疑。"唐王勃《九成宫颂》："苍苍八桂，白露为霜。"

③ 兹地在湘南：方《举正》据蜀本作"兹地在湘南"。朱《考异》："地，阁作'树'。在，或作'近'。"宋白文本、文本、魏本、廖本均同方。宋白文本、文本注："在，一作'近'。"魏本注："'在'字一作'近'。一本又作'森森八月桂，兹树在湘南'。"今从方。

湘南：湘水之南。魏本："樊曰：《山海经》云：'桂林八树，在贲隅东。'注云：'今番禺也。'桂林郡因取此以为名。居易诗云：'桂林无瘴气，柏署有清风。'籍诗云：'有地多生桂，无时不养蚕。'皆谓此八字。"文《详注》:"湘水之南也,谓桂州。《山海经》曰:'皋涂之山上多桂木,八树在贲隅(禺)。'注云:'八树成林,言其大也。'贲隅,番隅也。'《天台山赋》云:'八桂森挺以凌霜。'"按:此州多桂,或谓树有八株,或谓桂树八月开花,故云八桂。八桂就成为世人对桂林的代称。魏本引樊《谱注》同而简。

④ 江作青罗带:魏本:"《补注》:东坡云:退之诗'江作青罗带',子厚诗(《与浩初上人同看山寄京华亲故》)'海上(畔)群(尖)山似剑铓',子瞻为之对曰:'系憵岂无罗带水,割愁还有剑铓山。'"(载《东坡题跋》卷二)方世举《笺注》:"《史记·高祖功臣侯年表》:'使长河如带[,泰山若厉]。'《淮南·泰族训》:'视天都若盖,江河若带。'"按:形容桂州的水清澈柔软,像轻纱织成的碧绿丝带。

⑤ 山如碧玉簪:如,文本作"为"。诸本作"如",善。

碧玉簪:桂州之山拔地而起,像插在贵妇头上碧绿的宝石簪子。三四句属对精妙,写出了桂州山水的个性。宋罗大经《鹤林玉露》丙编卷五:"桂林石山怪伟,东南所无。韩退之谓'山如碧玉簪';柳子厚谓'拔地峭起,林立四野';黄鲁直谓'平地苍玉忽嶒峨';近时刘叔治云'环城五里皆奇石,疑是虚无海上山',皆极其形容,然此特言石山耳。"文《详注》:"《博雅》曰:'笲谓之簪(笲,徒故切,音度。《广雅》:"笲谓之簪。"),或从篆文者,音祖含切。'东坡云:公在惠州《过西邻翟秀才诗》云:'系闷岂无罗带水,割愁还有剑铓山。'盖取柳子厚诗'海上尖峰若剑铓,秋来处处割愁肠'为对。与韩诗皆岭南诗也。又《虔州郁孤》诗云:'山为翠浪满,水作玉虹流。'正取此句法。"按:苏轼《东坡题跋》云:"韩退之诗云:'水作青罗带,山为碧玉簪。'柳子厚诗云:'海上群山若剑铓,秋来处处割愁肠。'陆道士云:'二公当时不相计会,好做成一属对。'东坡为之对云:'系闷岂无罗带水,割愁还有剑铓山。'此可编入诗话也。"一说为翟诗,一说东坡自作,不知孰是。然文说必有所据。查慎行《查初白诗评十二种》:"不到粤西,不知对句之妙。"

⑥ 户多输翠羽:文《详注》:"《异物志》曰:'翠鸟,形如燕。'已

见《城南联句》。"魏本:"孙曰:'翠羽,翡翠之羽。'"方世举《笺注》:"《汉书·南粤传》:'尉佗因使者献翠鸟千,生翠四十双。'《新唐书·地理志》:'岭南道厥贡:金、银、孔翠、犀、象、彩藤、竹布。'"按:谓此地家家户户交纳的贡赋多是翠鸟美丽的羽毛。翠羽是古代名贵的装饰品。《新唐书·地理志七上》:"岭南道:厥赋:蕉、纻、落麻。厥贡:金、银、孔翠、犀、象、彩藤、竹布。"孔翠或即翠羽。《全唐诗》卷一八卢照邻《横吹歌辞·刘生》:"翠羽装剑鞘,黄金饰马缨。"又卷二〇虞世南《相和琴曲·怨歌行》:"香销翠羽帐,弦断凤皇琴。"

⑦ 黄甘:方世举《笺注》:"司马相如《上林赋》(《文选》卷八):'黄柑橙楱。'《南方草木状》:柑乃橘之属,滋味甘美特异者也。有黄者,有赪者,赪者谓之壶柑。"陈迩冬《韩愈诗选》:"黄甘,桂林人叫做'黄皮果',与《汉书·司马相如传》所称'黄甘橙楱'、颜师古注引郭璞曰'黄甘,橘属'者不是一物。"按:亦备一说。即黄柑。指甘橘、橙子一类的水果。韩愈《祭郴州李使君文》:"苞黄甘而致贻,获纸笔之双贸。"

⑧ 不暇:方《举正》据阁本订"假",云:"荆公、李本校同。蜀本作'不暇',《文苑》同。"朱《考异》:"假,或作'暇'。"南宋监本原文"暇"。宋白文本、文本、祝本、魏本亦作"暇"。廖本、王本作"假"。钱仲联《集释》校作"暇"。屈《校注》作"假"。何焯《义门读书记》卷三〇:"'暇'字佳,'假'字与胜仙不相应。"

飞鸾:凤鸟,仙人乘之升天的神鸟。不暇骖(cān),暇,一作"假"。意谓桂州比仙境还好,不需要再乘坐神鸟升天了。文《详注》:"鸾、鹤,仙人所乘。江文通庐山诗(《文选》卷二二《从冠军建平王登庐山香炉峰》)曰:'北山具鸾鹤,往来尽仙灵。'注云:'洪井西有鸾冈,洪崖先生乘鸾所憩之处。'"魏本:"祝曰:'骖,驾也。'"陈景云《点勘》:"骖、鸾二字,本江淹《别赋》('驾鹤上汉,骖鸾腾天')。"

【汇评】

宋苏轼:《对韩柳诗》:韩退之诗云:"水作青罗带,山为碧玉簪。"柳子厚诗云:"海上群山若剑铓,秋来处处割愁肠。"陆道士云:"二公当时不相计会,好做成一属对。"东坡为之对云:"系闷岂无罗带水,割愁还有剑铓山。"此可编入诗话也。(《东坡题跋》卷二)

宋朱翌:桂林以地有八桂。退之云:"苍苍森八桂。"《山海经》云:"八树成林。"《唐韵》亦云。故渊明诗云:"亭亭凌风桂,八干共成林。"(《猗觉寮杂记》卷上)

宋罗大经:桂林石山怪伟,东南所无。韩退之谓"山如碧玉簪";柳子厚谓"拔地峭起,林立四野";黄鲁直谓"平地苍玉忽嶒峨";近时刘叔治云"环城五里皆奇石,疑是虚无海上山",皆极其形容,然此特言石山耳。(《鹤林玉露》丙编卷五)

元方回:《送桂州严大夫》:昌黎门人有孟郊、贾岛、张籍、卢仝、李贺之徒,诗体不一,昌黎能人人效之。此盖张籍体也。(《瀛奎律髓》卷四风土类)

元陈秀明:韩退之诗云:"水作青罗带,山为碧玉簪。"柳子厚诗云:"海上群山似剑铓,秋来处处割愁肠。"陆道士云:"二公当时不相会,好作成一属对。"东坡为之对曰:"系闷岂无罗带水,割愁还有剑铓山。"(《东坡诗话录》卷下)

明杨慎:《险诨句》:吴均诗:"秋风泷白水,雁足印黄沙。"为沈约所笑。唐人以此句为险诨句,传奇诗多有之,沈青箱"夜月琉璃水,春风卵色天"是也。韩退之"水作青罗带,山如碧玉簪",杜牧诗"钱塘鹦鹉绿,吴岫鹧鸪斑",东坡诗"山为翠浪涌,水作玉虹流",大家亦时有之。(《升庵诗话》卷一三)

明袁宗道:《答杨员外肖墨》:韩昌黎《桂林》诗云:"水作青罗带,山如碧玉簪。"每读此诗,未尝不神驰龙洞仙岩之间。先生利刃铦锋,匣之不试,杖屦徜徉,堪以自老,何必一领紫襕,白尽髭眉乃为快哉!先生远性玄识,谅不以彼易此也。扇头小诗,聊博一笑。(《白苏斋类集》卷一六)

清朱彝尊:是浅调,属对却工,颇类初唐。(顾嗣立《昌黎先生诗集注》卷一〇)

清何焯:《送桂州严大夫》"飞鸾不假骖",注:假,或作"暇"。按:"暇"字佳,"假"字与胜仙不相应。(《义门读书记》卷三〇)

清纪昀:《送桂州严大夫》:应酬率笔,七句太俗。(《瀛奎律髓刊误》卷四风土类)

程学恂:公南迁时,想亦经桂,不然,何以写得乃尔逼真。(《韩诗臆说》卷二)

奉酬天平马十二仆射暇日言怀见寄之作①
长庆二年

天平篇什外②,政事亦无双③。威令加徐土④,儒风被鲁邦⑤。清为公论重,宽得士心降⑥。岁晏偏相忆⑦,长谣坐北窗⑨。

【校注】

①题:方《举正》增"暇日言怀""之作"六字。朱《考异》:"或无'暇日言怀''之作'六字。"宋白文本题作"奉酬天平马十二仆射见寄暇日言怀之作"。文本同题。祝本、魏本无六字,题作"奉酬天平马十二仆射见寄",魏本:"孙曰:元和十四年(819)三月,以马总为郓曹濮等州观察使,十五年(820)七月,名其军为天平军,就加检校尚书左仆射。一本题作'奉酬天平马十二仆射暇日言怀见寄之作'。"

方世举《笺注》:"《郓州溪堂诗序》:'总以长庆二年(822)为尚书右仆射,封扶风县开国伯。'《新书·总传》则云:'二年,检校尚书左仆射,入为户部尚书。'此书称仆射,是二年之作。而云'岁晏偏相忆',则来诗在元年冬,奉酬或二年也。"钱仲联《集释》:"总于二年十二月始入为户部尚书,寄公诗当在十二月前未入京时,不必元年冬也。"

②天平篇什外:方世举《笺注》:"篇什:《毛诗》凡一题为一篇,二《雅》繁多,每十篇为一什,后人概以称诗。如钟嵘《诗品》云:'永嘉篇什,理过其辞。'梁简文帝《答湘东王书》'裴氏乃是良史之才,了无篇什之美'是也。蒋抱玄《评注》:"古时有以地称人,以官称人,以世子称人者,以军名称人,此其创见也。"按:诗以天平称马总,以篇什称马总所寄言怀诗。

③政事亦无双:谓马总治天平军政绩卓异。韩公《郓州溪堂诗序》云:"上之三年,公为政于郓曹濮也,适四年矣。治成制定,众志大固。恶绝于心,仁形于色,薄心一力。"可谓世无双也。

④徐土:文《详注》:"《小(当为大)雅·常武》诗曰:'左右陈行,戒我师旅。率彼淮浦,省此徐土。'此今之徐泗兖海,即其地于郓为近。"沈钦韩《补注》:"唐徐州为武宁军。《穆宗纪》:'长庆二年(822)三月,徐州节度使崔群为其副使王智兴所逐,智兴自擅军务。'故此诗激发之。"方世举《笺注》:"徐土:《诗》:'省此徐土。'"按:徐土,古徐国,故城在今泗县北,亦称徐戎、徐州,属淮夷中一个大国,即今徐州一带地方。

⑤鲁邦:文《详注》:"《汉书》(《儒林传》):'高皇帝诛项籍,引兵围鲁,诸生尚讲诵习礼,弦歌之音不绝。岂非圣人遗化好学之国哉?'郓州,春秋时鲁之附庸须句国也。"魏本:"樊曰:刘梦得《天平军节度使厅壁记》:'惟郓在春秋为须句之国,涉汉为济东,盖《禹贡》兖州之域,宣精在上,奎为文宿,画野在下,鲁为儒邦。'而曰'威令加徐土'者,《禹贡》'海岱及淮惟徐州'。而前汉以徐隶临淮,则徐亦鲁也。徐土鲁邦字盖出诗《常武》《閟宫》(《鲁颂》)之什云。"方世举《笺注》:"《诗》(《鲁颂·閟宫》):'鲁邦是常。'王云:刘梦得《天平军节度使厅壁记》:'惟郓在春秋为须句之国。宣精在上,奎为文宿,画野在下,鲁为儒邦。《禹贡》:'海岱及淮惟徐州。'前汉以徐隶临淮,则徐亦鲁也。"按:鲁邦,鲁地。此指马总以儒家仁政教化郓

曹濮地百姓,以严明军威治天平军,而使其成为"礼仪之邦"也。

⑥ "清为"二句:朱彝尊《批韩诗》:"两语非贤者莫能当,固是善颂。"按:谓马总得士人之心,为公众清论所重。

⑦ "岁晏"句:蒋抱玄《评注》:"《楚辞》(《山鬼》):'岁既晏兮孰华予。'"按:岁晏,年老,时韩愈五十五岁,辞世之前二年。偏相忆,愈发想念老友。偏,本意表示出乎意料之程度副词。俗语"偏要想""偏要去"。

⑧ "长谣"句:廖本注:"《选》(卷二五)刘越石诗(《答卢谌》):'引领长谣。'"按:长谣坐北窗,即坐在北窗下长歌。结联应题。

【汇评】

程学恂:此随时应酬之作。(《韩诗臆说》卷二)

蒋抱玄:竭诚倾倒,裴相公外,此为第一人。(《注释评点韩昌黎诗全集》)

奉使镇州行次承天行营奉酬裴司空相公①

长庆二年

穆宗长庆元年(821)七月二十六日,韩愈自国子祭酒转兵部侍郎,二十八日,成德都知兵马使王廷凑杀节度使田弘正,自称留后。长庆二年正月,王廷凑围牛元翼于深州,官军三面援救,皆以朝中权臣掣肘,官军乏粮不能奏效。长庆二年二月二日任命王为成德军节度使,韩愈为宣慰使。韩愈为了国家安危,百姓免遭兵乱之苦,冒死往镇州说服王与诸将。这首诗是他路遇老上司裴度时所写。当在二月中,稍后于前诗。诗既写了二人离合的情绪,又表示了他完成这一任务的决心,特别是三、四句,日行三百还嫌迟,仍要鞭马加速,"恨不身先去鸟飞",比鸟飞还快。把形势紧迫和心情急切和盘托了出来。经历战乱的人必知,早一日结束战乱,少死多少人!一、二句发感慨,含不尽之意;三、四句写心理,表现了韩愈爱国忧民的无限深情。

快言快语快意,大仁大义大勇大智,如此大儒而兼军事大才的快诗好诗,唐诗罕见。

窜逐三年海上归②,逢公复此著征衣③。旋吟佳句还鞭马④,恨不身先去鸟飞⑤。

【校注】

① 题:方《举正》无"相公"二字。朱《考异》:"方有'相公'字。"朱说疑为方校刊《韩集》。宋白文本、文本、祝本、魏本有"相公"二字,从之。廖本、王本无"相公"二字。

镇州:在今河北正定。行次,走到。韩愈《同李二十八夜次襄城》"夜次"与此意同。承天行营,《通鉴》卷二四二:穆宗长庆元年冬十月丁丑(14日)"裴度自将兵出承天军故关以讨王庭(或作廷)凑",注云:"承天军当在辽州界。故关,即娘子关也。宋朝废辽州,以平城、和顺二县为镇;以并州之乐平、平定二县为平定军,二镇属焉;以承天军为寨,属平定县。平定,唐之广阳县也。"考《新唐书·地理志三》:并州太原郡广阳县故关,有井陉、盘石、苇泽三所,无娘子关。广阳本名石艾,属并州。武德三年(620)析置辽州。天宝三载(744)更名广顺,仍属并州。承天军在太原东鄙,自河东至河北必经之地。广阳县东北四十公里有井陉故关,三十五公里有盘石故关,三十公里有苇泽故关。均在山西、河北交界处的太行山麓,是由河东到河北镇定必经的险关。

② 窜逐三年:元和十四年(819)韩愈贬潮州,后度罢相为河东节度使,十五年冬回长安,时与裴相遇在长庆二年(822),三年未见面,故云。海上,潮州地近南海,故谓海上。钱仲联《集释》引方崧卿《增考年谱》:"公长庆二年再见裴晋公于镇州行营,所谓'窜逐三

年海上归,逢公复此著征衣'者,盖记相别之日,兼窜逐而言也,非必谓窜逐实经三年也。"方成珪《诗文年谱》引此说,文字稍异《洪谱》:"盖公尝从度讨蔡,今复使廷凑也。"文《详注》:"按此诗则知公之使镇州也。乃谋出于度,盖度知公素忠诚,王师未出,可使先往,譬以祸福挫虓虎而夺之气,而前史以谓韩愈可惜,非特不知公,又不知度之谋国深矣。"方世举《笺注》:"公以元和十四年正月贬潮州。是年四月,度罢相为河东节度,至此三年矣。公还朝以来未尝见度也。"

③ 公:指裴度。复此著征衣,裴度于元和十二年任彰义军节度、淮西宣慰招讨处置使讨伐吴元济,今又受任镇州行营都招讨使讨伐王廷凑,均属军职征人,故云"著征衣"。

④ 佳句:指裴度诗。此谓:一边吟咏着裴度的诗,一边挥鞭催马。

⑤ "恨不"句:表达韩愈冒死宣慰王廷凑军的急切心情,完成任务的决心。《唐宋诗醇》云:"诏许迟留,而奋迅如此。仁者之勇,庶无愧焉。"

【汇评】

清爱新觉罗·弘历:诏许迟留,而奋迅如此。仁者之勇,庶无愧焉。(《唐宋诗醇》卷三一)

镇州路上奉酬裴司空相公重见寄①
长庆二年

韩愈在承天行营与裴度分别,赴镇州途中作,时间稍后于《奉使镇州行次承天行营奉酬裴司空相公》诗。此承上诗之意,更显示其承命抚乱的急切心情,表现出韩愈大义凛然的品格。如皇甫湜《韩文公墓铭》云:"王廷凑反,围牛元翼于深,救兵十万,望不敢前。

诏择庭臣往谕,众慄缩,先生勇行。元稹言于上曰:'韩愈可惜。'穆宗悔,驰诏无径入。先生曰:'止,君之仁;死,臣之义。'遂至贼营,麾其众责之,贼惶汗伏地,乃出元翼。"正因为有"日驰三百自嫌迟",才有第三句的"风霜满面无人识",二、三两句又相辅相成,途次虽苦,可年老体衰的韩愈仍嫌迟慢。此时他不顾个人安危,只知为衔命抚乱而勇往直前。结句抱题。诗以品格感人,气势夺人,在唐诗里实不多见。这才是中国历史上的韩愈。此等快诗好诗李杜亦无,谁说韩公不长律绝短章?

衔命山东抚乱师②,日驰三百自嫌迟③。风霜满面无人识④,何处如今更有诗⑤?

【校注】

① 题:方《举正》作"镇州路上谨酬裴司空相公重见寄",云:"蜀本'谨'作'奉'。"朱《考异》:"谨,或作'奉'。"宋白文本、文本作"奉"。祝本、魏本、廖本、王本作"谨"。作"奉"、作"谨"均可。若与前题通观,当作"奉"。

此乃韩愈对裴度来诗的酬答,在他与裴度承天行营别后。方成珪《诗文年谱》:"此与前词皆二月中作。"

② 山东:魏本:"樊曰:张籍祭公诗云:'再使平山东,不言谋所臧。(《张司业集》卷七《祭退之》)'再使盖谓从伐蔡与此使镇州也。自太行而东,皆曰山东,犹浙江以南皆曰江南也。"童《校诠》:"第德案:浙江以南当作大江以南,汉书广陵厉王传:大江之南,五湖之间,其人轻心,扬州保强,三代要服,不及以正,是古扬州之地皆称江南。地理志:楚地:今之南郡、江夏、零陵、桂阳,及汉中汝南郡,尽楚分也;又云:江南地广,火耕水耨,民食鱼稻,是荆州亦称江南,但言浙江以南,隘矣。"按:《礼记·檀弓上》:"衔君命而使,虽遇之不斗。"此指镇州王廷凑。战国、秦汉时称崤山或华山以东为山东。亦指秦以外的六国。《战国策·赵策二》:"六国从亲以摈秦,秦必

不敢出兵于函谷关以害山东矣。"太行山以东亦称山东。《史记·晋世家》文公四年:"冬十二月,晋兵先下山东。"唐人称山东指崤函关以东地方,而称今山东境为齐鲁或青齐。

③ 日驰三百:《全唐诗》卷二五《杂曲歌辞·游子吟》李益:"君看白日驰,何异弦上箭。"又卷一三七储光羲《河中望鸟滩贻吕四郎中》:"弭棹临沙屿,微吟西日驰。"均言速度之快,都不如韩诗痛快。

④ "风霜"句:韩愈《鸣雁》:"风霜酸苦稻粱微,毛羽摧落身不肥。"又《全唐诗》卷三三刘商《琴曲歌辞·胡笳十八拍》:"自从惊怖少精神,不觉风霜损颜色。"均言凄苦。此句朴实无华,嚼之有味。

⑤ 诗:诗者,指裴度所寄诗也。谓在这样艰苦荒凉的地方,只有裴公有诗寄来,关怀老友。

和仆射裴相公感恩言志①

长庆二年

文武成功后,居为百辟师②。林园穷胜事③,钟鼓乐清时④。摆落遗高论⑤,雕镂出小诗。自然无不可⑥,范蠡尔其谁⑦?

【校注】

① 题:方《举正》题上增"奉"字。朱《考异》:"或无'奉'字。"宋白文本、文本、祝本、魏本无"奉"字。廖本、王本有"奉"字。有无"奉"字均可。按:钱仲联《集释》、屈《校注》有"奉"字,从裴度自作"感恩言志"抒怀看,并无邀人属和意,韩愈等人和之,不必有奉字,如张籍诗《和裴仆射寄韩侍郎》,无"奉"字是。

魏本:"孙曰:'度守司徒、淮南节度使、同中书门下平章事,为李逢吉所间,罢为左仆射。'樊曰:裴诗张籍亦有和篇,题曰《和裴仆射移官言志》,诗有'功成归圣主,位重委群司'之句云(《文苑英华》

卷二四五题作《和裴仆射寄韩侍郎》)。"文《详注》:"《补注》:'度罢政以李逢吉之譛,长庆二年六月也。此诗亦其时作欤?'"方世举《笺注》:"《新唐书·裴度传》:'是时,徐州王智兴逐崔群,诸军盘互河北,进退未一。议者交口请相度,乃以守司徒、淮南节度使兼中书侍郎、平章事。权佞侧目,谓李逢吉险贼善谋,可以构度,讽帝自襄阳召还,拜兵部尚书。度居位,再阅月,果为逢吉所间,罢为左仆射。'案:《宰相表》:'度以三月戊午相,六月甲子(5日)罢,是日李逢吉遂同平章事。'"裴度长庆二年六月五日罢相,有"感恩言志"投闲清乐之慨的诗,韩公见而和之,时间当在裴罢相后不久。

②百辟师:蒋抱玄《评注》:"《诗》(《周颂·烈文》):'不显维德,百辟其刑之。'"按:谓裴度成就文武功业,成为百官的楷模。百辟,《诗经》指诸侯,此指百官。师,众人效法的楷模。《史记·秦始皇本纪》:"诸生不师今而学古。"

③"林园"句:文《详注》:"《玉堂闲话》云:'晋公池亭在履道坊。'"钱仲联《集释》:"徐松《唐两京城坊考》(卷四):'次南兴化坊,晋国公裴度池亭。'"谓其园林之胜,世人注目。

④钟鼓乐清时:蒋抱玄《评注》:"李陵《答苏武书》(载《文选》卷四一):'策名清时。'"魏本引《补注》:"诗话云:庆历中,西师未解,晏元献为枢秘使。会大雪,置酒西园。欧阳永叔赋诗云:'须怜铁甲冷彻骨,四十余万屯边兵。'晏曰:'昔韩愈亦能作言语,赴裴度会,但云:园林穷胜事,钟鼓乐清时。不曾如此作闹。'"方世举《笺注》亦引《诗话》,后云:"余见二者各有所当,晏语未可为定论。盖晏殊方秉枢,裴度已罢相,错置则两失,易地则皆然。"《唐宋诗醇》卷三一:"夫裴度之优游绿野,乃不得已而与世浮沉,故愈诗云云。晏殊所处不同,闻永叔讽厉,正应改容谢之,顾犹怫然于中耶?"王元启《记疑》引上说后,曰:"愚按:元献特用戏语解嘲,然而欧公之意则美矣。须知诗曰'清时',必非干戈抢攘之时,与晏公于西师未解时设宴者异矣。若晋公东征淮蔡作诗,则云'待平贼垒报天子,莫指仙山示武夫。'未尝作此高晏也。韩魏公诗云:'细民沟壑方悬

虑,野馆莺花任送春。'此方是大臣宰相之诗,与欧公气识略同。又韩醇谓张籍有《酬裴仆射寄韩吏部》诗,公为吏部,在长庆二年四月。裴罢相为仆射在六月,则是时镇州兵罢已五月矣,公诗'清时'二字,非率道也。"按:所说各有据,然均不解裴、韩此时心态。李逢吉正可与李林甫比,自此后裴已无昔日之心志,而韩见大势已去,故其争台参事也多少有点发泄心里积郁,不久便因病辞官,继而辞世了。

⑤摆落:方世举《笺注》:"陶潜诗(《饮酒》):'摆落悠悠谈,请从余所之。'"按:摆落,犹摆说也。俗语摆话,即议论。白居易《游蓝田山卜居》诗:"摆落心中尘。"

⑥雕镌:方世举《笺注》:"雕镌:庾信《枯树赋》:'雕镌始就,剖劂仍加。'"

⑦自然无不可:方世举《笺注》:"自然:《庄子·应帝王篇》:'顺物自然而无容心焉。'"蒋抱玄《评注》:"《论语》(《微子》):'我则异于是,无可无不可。'"

⑧范蠡尔其谁:方《举正》作"其谁",云:"三馆本作'为谁'。"朱《考异》:"其,或作'为'。"文本作"为",注:"一作'其'。"宋白文本、祝本、魏本、廖本、王本均作"其",从之。

文《详注》:"范蠡,越之谋臣,佐勾践平吴报会稽之耻,号称霸王。既反国。蠡以谓大名之下难以久居,遂浮海以行,终身不反焉。"魏本:"韩曰:'《史记》(《越世家》):范蠡事越王勾践,既与深谋灭吴,报稽之耻。勾践既伯蠡,称大将军。以为大名之下难久居,为书辞勾践,请从会稽之游,乃与其徒乘舟浮海以行。出齐,与大夫种书,言越王为人长颈鸟喙,可与共患难,不可与共乐,子何不去?'"

【汇评】

宋赵令畤:晏元献公作相,因雪设客,如欧阳文忠公辈在坐。时西方用兵,欧公有诗云:"可怜铁甲冷彻骨,四十余万屯边兵。"次日,蔡襄遂言其事,晏坐此罢相。公曰:"唐裴度作相,亦曾邀文士饮,如退之但作诗曰:'园林穷胜事,钟鼓乐清时。'几曾如此合闹?"(《侯鲭录》卷四)

宋吴曾:《刘莘老和王定国雪中绝句》:刘莘老丞相《和王定国雪中绝句》"袁安只有高眠兴,谢朓空余后会艰。十万健儿春瘴近,飞花宜过海南山。"定国云:"公无乃学欧阳公耶?"刘为之一笑。盖晏元献为枢密使时,西师未解严。会天雪,陆子履与欧公同谒之。晏置酒西园,欧即席赋诗,有"主人与国同休戚,不惟喜悦将丰登。须怜铁甲冷彻骨,四十余万屯边兵"。晏由是衔之,语人曰:"韩愈亦能作言语,作裴令公宴集,但云'园林穷胜事,钟鼓乐清时'。"刘和诗时,政(正)元丰间。朝廷方问罪安南,故定国援以为戏。(《能改斋漫录》卷一一)

明郎瑛:《孔溪不知诗义》庆历中,西师未解,晏元献大雪会饮,欧[阳]文忠席上有"须怜铁甲冷彻骨,四十余万屯边兵"之诗。孔溪《谈苑》以为似寻闹也,且引韩昌黎赴燕裴度诗为证。殊不知韩诗亦有讽意,如曰"园林穷胜事,钟鼓乐清时",正见清时乃可穷胜事也。(《七修类稿》卷二三辩证类)

清宋长白:《作闹》:庆历中,西师未解,晏元献为枢密,会大雪,置酒西园。欧阳永叔为幕僚,赋诗曰:"须怜铁甲冷彻骨,四十余万屯边兵。"晏曰:"昔韩愈亦能作言语,赴裴度会时,但云'林园穷胜事,钟鼓乐清时',不曾如此作闹。"(《柳亭诗话》卷六)

清朱彝尊:与《和仆射相公朝回见寄》二诗,能道出大贤功成后心事,不高不卑,与世相移,而主张自在,细玩深有腴味。(顾嗣立《昌黎先生诗集注》卷一〇)

清何焯:《奉和仆射裴相公感恩言志》:次联是感恩,故有味。(《义门读书记》卷三〇)

清阮葵生:《欧诗合闹》:晏元献公因雪设客,时西方用兵,欧阳公诗云:"可怜铁甲冷彻骨,四十余万屯边兵。"次日,蔡君谟言其事,坐此罢晏相。公曰:"唐裴度作相,亦邀文士饮,如退之但云'园

林穷胜事,钟鼓乐清时',几曾如此合闹?"通人名臣持论如此,未可厚非。(《茶馀客话》卷一一)

程学恂:晋公原诗不可见,然观此结句,必为愠于群小而思为退避之词也。(《韩诗臆说》卷二)

和仆射裴相公朝回见寄①
长庆二年

尽瘁年将久②,公今始暂闲③。事随忧共减,诗与酒俱还④。放意机衡外⑤,收身矢石间⑥。秋台风日迥,正好看前山⑦。

【校注】

① 题:方《举正》据蜀本乙"回朝"二字,作"朝回"。朱《考异》:"或作'回朝',或有'裴'字。"宋白文本、文本、魏本作"回朝"。"仆射"二字下均有"裴"字。廖本、王本作"朝回",无"裴"字。此乃上朝归来,作"朝回"合诗意。

文《详注》:"张籍有《酬裴仆射朝回见寄韩吏部》诗,云:'惟应有吏部,诗酒每相同。'如此诗兼示籍也。"以张籍诗题及前数首诗题均有"裴"字,此题亦当有"裴"字。魏本:"韩曰:二诗(此诗与前诗)皆长庆二年(822)作。张籍集有《酬裴仆射朝回寄韩吏部》诗(载《张司业集》卷三),其末云'惟应有吏部,诗酒每相同'谓此。韩为吏部在二年四月。度罢相为左仆射在六月。前诗引范蠡事,后诗云'公今始暂闲',皆罢相时意。"文《详注》:"《补注》:'观此诗首尾,亦长庆二年秋所作也。'"钱仲联《集释》:"洪兴祖《韩子年谱》曰:'《穆宗实录》云:二年九月庚寅(3日),兵部侍郎韩愈为吏部侍郎。'樊汝霖《韩文公年谱》亦曰:'二年九月迁吏部侍郎,《旧纪》不书,见于《实录》及欧阳文忠公《罗池庙碑跋尾》。'据此则韩醇谓公为吏部在四月者误也。诗有'秋台风日迥'句,自是九月中作。"钱说是。

② 尽瘁:魏本引《补注》:"《诗》(《小雅·北山》):'或尽瘁事国。'"方世举《笺注》:"《诗》:'或燕燕居息,或尽瘁事国。'"按:即谓裴度为国尽瘁也。

③ 公今始暂闲:此乃罢执政事后政事少了,故曰闲。与上句久为国事操劳,而鞠躬尽瘁对说。

④ "事随"二句:上句谓裴公减去了管理国家的军政大事和忧国忧民的心思;下句说可得到诗酒之乐了。此乃从字面上说,而言外之意则是,咱们本意想在平淮西、收两河的基础上,一统天下把国家治理好,可那些弄权的奸邪偏偏从中作梗,没有办法,只好以诗酒解闷消愁了。看似乐,却满腹忿怨。

⑤ 放意:亦纵情也。钱仲联《集释》:"《列子》:'放意所好。'"机衡,国家政要权柄。方世举《笺注》:"《书》(《舜典》):'在璇玑玉衡,以齐七政。'"

⑥ 收身矢石间:方世举《笺注》:"《左传》(襄公十年):'荀偃、士匄攻偪阳,亲受矢石。'"按:此句"收身"与上句"放意"对,而句意因果颠倒。即把身从矢石里收回来。矢石,箭簇与石弹,比喻战场。

⑦ 秋台风日迥:即秋爽日丽,亦即九九艳阳天的时节,正好登高望远。看前山者,即看京城南的终南山。正含陶渊明"悠然见南山"意。

【汇评】

宋陈岩肖:昌黎韩退之《和裴晋公》诗云:"秋台风日迥,正好看前山。"后东坡《和陶》诗云:"前山正可数,后骑且莫驱。"此语虽不同,而寄情物外,夷旷优游之意则同也。(《庚溪诗话》卷下)

清爱新觉罗·弘历:退之与中立雅契,同涉艰危,树功业,其于当时朝局,元老苦心,有知之最深者。[《和感恩言志》《朝回见寄》]

二诗,能曲传之,讽咏殊有余味。(《唐宋诗醇》卷三一)

蒋抱玄:意境幽逸,却称晋公冲淡胸襟,是绝非粗卤之作。(《注释评点韩昌黎诗全集》)

奉和李相公题萧家林亭①

长庆二年

山公自是林园主②,叹惜前贤造作时③。岩洞幽深门尽锁,不因丞相几人知④?

【校注】

① 题:方《举正》题上增"奉"字,云:"李相公,逢吉。"文《详注》:"李逢吉,字虚舟,穆宗长庆二年拜为相。"魏本:"樊曰:李相公,逢吉也。萧氏在唐最盛,瑀、嵩、华、复、俛、寘、倣、遘[遘]凡八叶宰相,嵩第在城南布政坊,寘第在城南永乐坊,见《长安志》,余无所见。"王《补注》同樊。方成珪《诗文年谱》:"是年六月甲子(5日)李逢吉同平章事,诗当是六月后作。"按:方说是。此与和裴度诗不同,乃勉强奉和。疑逢吉邀和,韩为尊重这位宰相,故称"奉和"。

② 山公自是林园主:文本、祝本作"园林"。宋白文本、魏本、廖本、王本作"林园"。按:二者均可。作"林园",语稍峭,合韩公用语性格。按韩公《奉和裴仆射相公感恩言志》诗"林园穷胜事",亦作"林园"。

魏本:"孙曰:《襄阳记》(《世说新语·任诞》注引):'山简字季伦,晋永嘉中为襄阳守,岘山南习郁有佳园池,简每临此池,辄大醉而归,名之曰高阳池。时有童儿歌曰:山公何所往?来至高阳池。日夕倒载归,酩酊无所知。'"方世举《笺注》:"山公:《水经注》:'襄阳湖水入侍中襄阳侯习郁鱼池,都(郁)依范蠡养鱼法作大陂,限以高堤,楸竹夹植,莲芰覆水,是游宴之名处也。山季伦之镇襄阳,每临此池,未尝不大醉而还。恒言此是我高阳池。故时人为之歌曰:'山公出何去?往至高阳池。日暮倒载归,酩酊无所知。'"按:山公比萧家诸公。

③ 前贤:指萧氏。萧氏八宰相,如萧瑀、萧嵩等多名臣。华、俛亦有盛名。由此可知韩公对萧氏是了解的。

④ 岩洞:蒋抱玄《评注》:"直中有幽致。"按:萧氏一门虽多贤人,如今却岩洞深锁,林园虽好,却无人来往。不是因为时宰觊觎,谁能知道呢?韩公既知萧氏乃先贤,怎能不知其林园?知而谓不知,由相公觊觎才知,内含讽意。

【汇评】

清方世举:按:语意乃讽李逢吉也。萧氏以八叶宰相,而林亭今亦冷落,逢吉之倾人贪位者何为耶?若与《和裴度女几山》绝句"暂携诸吏上峥嵘"一例看,则非。(《韩昌黎诗集编年笺注》卷一二)

奉和杜相公太清宫纪事陈诚上李相公十六韵①
长庆三年

耒耜兴姬国②,辐辏建夏家③。在功诚可尚,于道讵为华④?象帝威容大⑤,仙宗宝历赊⑥。卫门罗戟槊⑦,图壁杂龙蛇⑧。礼乐追尊盛,乾坤降福遐⑨。四真皆齿列⑩,二圣亦肩差⑪。阳月时之首⑫,阴泉气未牙⑬。殿阶铺水碧⑭,庭炬坼金葩⑮。紫极观忘倦⑯,青词奏不哗⑰。噌吰宫夜辟⑱,嘈囋鼓晨挝⑲。亵味陈奚取⑳?名香荐孔嘉㉑。垂祥纷可录㉒,俾寿浩无涯㉓。贵相山瞻峻㉔,清文玉绝瑕㉕。代工声问远㉖,摄事敬恭加㉗。皎洁当天月,葳蕤捧日霞㉘。唱妍酬亦丽㉙,俯仰但称嗟㉚。

【校注】

① 题:方《举正》题如此,云:"杜相公,元颖也。阁本、蜀本皆作'杜相公太清宫十六韵纪事呈李相公奉和'。"朱《考异》从方,云:"或作'杜相公太清宫十六韵纪事陈诚上李相因和'。杜,谓元颖也。"宋白文本、文本、祝本、魏本作"杜相公太清宫十六韵纪事陈诚上李相公因和"。宋白文本无"陈诚"二字。

文《详注》:"杜元颖,如晦五世孙也,穆宗即位拜为相。唐天宝元年(742),陈王府参军田周秀上言,玄元皇帝降于丹凤门之通衢,告锡灵符在尹喜之故宅。上遣使就函谷故关尹宅发得之,乃置玄元庙于大宁坊,亲享于新庙。是秋,改为太上玄元皇帝宫。二年,追尊大圣祖玄元皇帝,仍于天下诸郡为紫极宫。秋改为太清宫。《十二真君传》云:'斗中真人下降兰公之舍,云:三才肇分始于三气。三气者,玉清三天也。玉清者,是元始大圣真王治化也。太清者,玄道流行虚无自然玉皇所治也。上清已下托化人间,示陈孝悌之义,是为众仙之宗。'老子姓李名耳,字伯阳,唐室以李为圣祖。《补注》:'杜相元颖,李相逢吉。太清宫,玄元皇帝庙也。新旧《史》及《礼阁仪》云:代工摄事。长庆二年十月也。'"魏本:"孙曰:'杜相公,元颖也。长庆元年二月拜相。李相公,逢吉。长庆二年六月拜相。太清宫,玄元皇帝庙也。天宝元年正月,陈王府参军田同(文作周)秀上言,玄元降于丹凤之通衢,于是置玄元庙于大宁坊,三年,改为太清宫,每岁十月有事以为常。此诗谓长庆二年十月也。'"方世举《笺注》:"《新唐书·杜如晦传》:'如晦五世孙元颖,贞元末进士第,又擢宏词,为翰林学士。敏文辞,宪宗特所赏叹。吴元济平,论书诏勤,迁司勋员外郎,知制诰。穆宗以元颖多识朝章,尤被宠。拜中书舍人、户部侍郎,为学士承旨,以本官同平章事。自帝即位,不阅岁至宰相,缙绅骇异。甫再期,出为剑南西川节度使。'又《穆宗纪》:'长庆元年二月,段文昌罢,杜元颖同平章事。三年十月,元颖罢。'"沈钦韩《补注》:"此当是长庆三年,穆宗以疾不亲事,而杜元颖摄之也。"方成珪《笺正》:"《旧纪》:'天宝元年,置玄元庙于大宁坊。二月辛卯,亲享于新庙。二年三月壬子,改西京玄元庙为太清宫,东京为太微宫,天下诸郡为紫微宫。'"钱仲联《集释》:"徐松《唐两京城坊考》(卷三):'次南大宁坊,西南隅太清宫。'张穆校补《礼阁新仪》曰:'开元二十九年(741),始诏两京及诸州各置玄元皇帝庙一所,依道法醮。天宝二年三月,敕西京改为太清宫。十二载二月,加号大圣祖高上大道金阙玄元天皇大帝,每岁四时及腊终,行庙献之礼。'如沈说,此诗三年十月作,当在元颖尚未罢相前。"方世举《笺注》:"二诗(此与前诗《奉和李相公摄事南郊览物兴怀呈一二知旧》)必非韩作。大抵二相属和,不得已而假手代之。李汉不审,漫以编录耳。按:杜元颖之为相,虽为人情骇异,而史称敏于文辞,多识朝章,和诗以为清文无瑕可也。其颂太清者,则令人可骇可愕。伯禹、后稷之功,遂不及玄元皇帝之道耶?公一生学术具在《原道》,其论二氏者,'道其所道,非吾之所谓道也',何独于此而易其说。本朝固当尊崇,立言自有适可,如杜甫诗'世家遗旧史,道德付今王',何等熨贴!晓人不当如是耶。若以为此是讥讽,则又非臣子之道。君子素位,何敢违时?大抵不学无术者为之代言,而公以末暮之年,倦于笔墨,遂未加推敲耳。其为赝作,此其一也。案:李逢吉之为相,昔在宪宗朝,恐裴度成功,密沮讨蔡,已与昌黎上言力言可灭立异。今在穆宗朝,又挤排裴度不安于朝,且使李绅与公相争台参成隙,其为孔壬先后一辙,和诗中可云'为仁朝自治,用静兵以销'乎?又云'惟彼颠瞑者,去公岂不辽',不知意指何人?然一时之段文昌、杜元颖、微之、王播,虽非淳人,恐不若逢吉颠瞑之甚也。二诗之谬,一论道而贬三代,一附托而若八关。昌黎为人何至于是?此二诗之所以必为赝也。余于集外之《嘲鼾睡》者,违众进之于正编,之此二首独断退之,一以文词收,一以义理黜,世多明眼,当不河汉予言。"郑珍《巢经巢文集》卷五跋此诗云:"'在功诚可尚'二语,言禹、稷之功可尚如此,而姬家、夏家于尊崇之道未极光华，不若我唐之追尊玄元皇帝也。'道'非道德之谓，'于道'承上姬国、夏家，言夏、周两朝之于道，'于'字不属禹、稷。题是'朝享太清宫'，自宜就事论事，何暇以禹、稷、老子比较高下乎？'象帝威容大'以下八句，正极言其华处。方氏误解词意，遂疑非公作。不知苟属代笔，不出张、李之徒，论道而贬三代，即张、李亦决不道。明明诗语，乃如此读之，可嗟也。"按：诗以客观叙事出，然结句出一"嗟"字，以此字盖细琢前所叙事，可窥其深意！

② 耒耜兴姬国：文《详注》："包羲氏没，神农氏作。斫木为耜，揉木为耒。耒耜之利，以教天下。至尧，举周弃为农师，天下得其利，号曰后稷，别姓姬氏，周始祖也。（载《易•系辞下》《史记•周本纪》）"魏本："韩曰：谓后稷教民稼穑而有天下。孙曰：后稷以农事开国，故云'耒耜兴姬国'也。"顾嗣立《集注》："《史记•周本纪》：'周后稷，名弃，尧举为农师，封于邰，号曰后稷，别姓姬氏。'"

③ 辀樏建夏家：文《详注》："《史记•夏本纪》：'禹治水陆行乘车，水行乘船，泥行乘橇，山行乘檋。'孟康曰：'橇形如箕，擿行泥上。'[如淳云：]'檋，音茅蕝之蕝，谓以板置泥上，以通行路也。檋，谓以铁如锥头，长半寸，施之履下，以上山不蹉跌也。'橇，一名楯。檋，一名樏。楯音敕伦切，一从木。樏，力追切。"魏本："孙曰：《尸子》曰：'行涂以辀，行险以樏。'辀亦曰毳，毳者，谓以板置泥上以通行路也。樏亦曰桐，桐，木器也，如今舆床，人舆以行也。辀樏者，盖禹治水所乘之四载也。樊曰：'《书•益稷》：载，禹曰：予乘四载。孔子谓水乘舟，陆乘车，泥乘辀，山乘樏。'"魏本音注："辀，丑伦切。《史记》《汉书》并作'橇'，音蕝。樏，力追切，《史记》作'桥'。《汉书》作'桐'，音九足切。"方成珪《笺正》："辀，见《文子•自然篇》及《吕氏春秋•慎势篇》。《史记•夏本纪》作'橇'，《河渠书》作'毳'，《汉书•沟洫志》同《史记》注引《尸子》作'楯'。《尚书•益稷》正义又引《尸子》作'蕝'，《说文•车部》作'钏'。樏，见《说文•木部》。《夏本纪》作'檋'，《河渠书》作'桥'，《沟洫志》作'桐'，《文子•自然篇》作'樏'，《淮南子•修务训》作'蔂'，古书错杂不符如此。"童《校

诠》:"第德案:说文无楯字,檓下引作轩,宋本作軕。轩,车约轩也,周礼曰:孤乘夏轩,一曰下棺车曰轩,此为楯之本字。玉篇、广韵轩、辒同,轩之为辒,犹逡巡之为逡遁也。辒、楯皆从盾得声,故史记注引尸子作楯,川声、屯声同部,故轩通作軕。汉书沟洫志作泥行乘毳,如淳曰:毳音茅蕝之蕝,谓以板置泥上以通行路也;服虔曰:木毳形如木箕,摘行泥上,孟康说同。史记夏本纪作橇,尚书正义引尸子作蕝,引慎子作毳,毳、橇、蕝音同,与辒、楯、轩、軕皆一音之转。檓,说文:山行所乘者,从木累声,虞书曰:予乘四载,水行乘舟,陆行乘车,山行乘檓,泽行乘轩。按:檓,文子及尚书伪孔传作橇,为檓之隶省;淮南子作蔂,孟子之虆梩,为檓之借字,蔂,又虆之隶省。史记夏本纪作梮,河渠书作桥,徐广曰:一作辇,樺为辇之后出字。汉书作梮,如淳曰:梮谓以铁如锥头长寸半,施之履下,以上山不蹉跌也,韦昭曰:梮,木器也,如今舆床,人舆以行也,应劭曰:梮或作檓,为人所牵引也。阎若璩曰:如淳施铁于履,既不可谓之载,足之所履,又岂可谓之乘乎,桥即今之轿也。段玉裁曰:按:辇、梮、桥三字同,以梮为正,桥者音近转语也。檓与梮一物异名,梮自其盛载而言,檓自其挽引而言,累,大索也,檓从累,此声义之相倚者也,应释檓,韦释梮皆是,兼二说而后全。又曰:左氏传陈畚梮,梮者,土舆,汉书五行志作辇,是梮乃辇之或字。又曰:用之徙土则谓之土舉,即公羊之笋,史记之篠舆,用之舆人,则谓之桥,桥即汉书舆轿而隃岭之轿字也。王筠曰:乘轿登山者,或有纤夫也。方氏谓错杂不符,不悟按之皆有鯤理可寻,故引诸家之说以补之。樊注孔子子当作传。"按:辌(chūn 丑伦切,平,谆韵),泥泞路上的交通工具。《书·益稷》:"予乘四载。"传:"泥乘辌。"《释文》:"辌,丑伦反。《汉书》作'橇'。如淳音蕝,谓以板置泥上。服虔云:木橇形如木箕,摘行泥上。《尸子》卷下云:泥行乘蕝。"蕝,音子绝反。檓(léi 力追切,平,脂韵),登山用具。《广韵》:"山行乘檓。"

④ 于道讵为华:魏本注:"讵,岂也。樊曰:'言夏、周之祖,以功而兴。讵若唐李氏之先,出自玄元,于道为华也。'"文《详注》:

"言禹、稷以功,商、周之祖概之。以老子之道未为华好。"此谓:禹、稷功高,可以乘舆;李氏之祖以道,于道能为华吗?

⑤象帝威容大:文《详注》:"象帝,谓天帝也。"魏本:"孙曰:《老子》:'吾不知其谁之子,象帝之先。'此言象帝者,即指玄元也。"

⑥仙宗宝历赊:魏本注:"赊,远也。"蒋抱玄《评注》:"徐陵《檄周文》:'主上恭膺宝历。'"张相《诗词曲语辞汇释》卷五:"韩愈《奉和杜相公太清宫》诗:'象帝威容大,仙宗宝历赊。'言岁历长也。"

⑦卫门罗戟槊:魏本:"孙曰:'卫,防卫。罗,列也。槊与矟同。'"童《校诠》:"第德案:说文无矟字,新附有槊字,云:矛也。钮树玉曰:槊即矟之俗字,通作矟。一切经音义矟字注云:经文有作梢,所交切,木名也,或作槊,北人俗字,或作锄,南人俗字。玉篇:矟以竿击人也,则作矟亦通,汉书郊祀志:饰玉梢以舞歌,师古曰:梢,竿也,是矟本同梢。王玉树曰:槊字见魏书杨津传,矟字见晋书刘迈传。第德案:说文:箾,以竿击人也,从竹削声,虞舜乐曰箾韶。钮氏应引说文乃得其朔。"

⑧图壁杂龙蛇:魏本注:"图,画也。"钱仲联《集释》:"杜甫《禹庙》诗:'古屋画龙蛇。'"按:谓画壁龙蛇图形杂错。一"杂"字使龙蛇不那么高雅,妙。

⑨"礼乐"二句:此谓:祭祀礼乐之盛,迎来天降远福。《诗·小雅·天保》:"降尔遐福,维日不足。"谓天上降下很多福祉。又:"君曰卜尔,万寿无疆。"此祈寿。《诗·商颂·烈祖》:"自天降康,丰年穰穰。来假来飨,降福无疆。"此祈年丰人康也。蒋抱玄《评注》:"《书》:'降尔遐福,惟日不足。'"非《书》之文,实为《诗经·小雅·天保》。

⑩四真皆齿列:文《详注》:"灵台峰有仙人号曰四真:马信真、徐湛真、徐修真、夏守真。事见《仙怪录》。"魏本:"樊曰:'天宝元年(742),亲享玄元皇帝于新庙。以庄子为南华真人,文子为通玄真人,列子为冲虚真人,庚桑子为洞虚真人,是为四真也。'(载《旧唐书·玄宗纪》)"文《详注》引王《补注》同樊,又云:"立文宣王像,与

四真侍左右。"

⑪ 二圣亦肩差：文《详注》："谓高祖、太宗，皆加大圣皇帝之号。庙有其像，皆吴道子画。杜甫诗（《冬日洛城北谒玄元皇帝庙》）云'画手看前辈，吴生远擅场'是也。魏本："樊曰：'初太清宫成，命工于太白山采白石为玄元真像，衮冕之服，当宸南面。玄宗、肃宗真容侍立左右，皆紸[衣朝]服。'"文《详注》引王《补注》同。肩差，即差肩，谓肩挨肩。《管子·轻重甲》："管子差肩而问曰：'吾不籍吾民，何以奉车革？'"

⑫ 阳月：魏本："孙曰：《尔雅》（《释天》）：'十月为之阳。'十月为冬时之首。"按：《尔雅》无上"之"字。农历十月的别名。阳气始于亥，生于子，十月建亥，亥为阳之始，故十月纯阴而称阳月。《诗·小雅·采薇》："岁亦阳止。"郑笺："十月为阳，时坤用事，嫌于无阳，故以名此月为阳。"《后汉书·马融传·广成颂》："至于阳月，阴慝害作。"

⑬ 阴泉气未牙：钱仲联《集释》："《尔雅》（《释天》）'十月为阳'郭璞注：'纯阴用事。'《礼记·月令》：'仲春之月，安萌芽。'"《礼记·月令》："水泉动。"传："水泉动，润上行。"疏："芸始至泉动。正义曰：芸始生，荔挺出者皇氏云以其俱香草，故应阳气而出。"

⑭ 殿阶铺水碧：方《举正》作"阶"，云："杭、蜀同。谢本作'筵'。周制：室中度以几，堂上度以筵。"朱《考异》："阶，或作'筵'。"南宋监本原文作"筵"。宋白文本、文本、祝本、魏本亦作"筵"。文《详注》："《山海经》（《东山经》）曰：'耿山多水碧。'郭璞注云：'亦水玉类也。'"魏本："孙曰：'水碧，水玉也，碧玉名。'"此谓殿前的台阶都是用碧玉之石铺砌，故作"阶"字是。

⑮ 庭炬坼金葩：文《详注》："炬，烛也。葩，花也。"按：此句写庭之陈设。

⑯ 紫极观忘倦：方成珪《笺正》："《唐会要》（卷三三《太常乐章》）：'太清宫荐献圣祖玄元皇帝，奏混成紫极之舞。'"按：此句写祭祀的歌舞。

⑰青词奏不哗：文《详注》："李肇《翰林志》曰：'凡太清宫道观荐告词文，用青藤纸朱字，谓之青词。'"沈钦韩《补注》同。按：此句写祭文庄重典雅。

⑱噌吰宫夜辟：魏本："祝曰：噌吰，钟声。相如（《文选》卷一六《长门赋》）曰：'声噌吰而似钟音。'二字音铮宏。"文《详注》："司马《长门赋》曰：'挤玉户以撼金铺兮，声噌吰而似钟。'注云：'金铺扉上有金花，花中作钿镮以贯琐，故摇撼有声噌吰。'音铮闳。铮，初耕切，闳，音胡萌切。"当指钟声。按：《长门赋》"声噌吰而似钟音"，有"音"字。

⑲嘈嗽鼓晨挝：挝，宋白文本、廖本作"櫂"，非是，此为动词，当作"挝"，从手，过声。文本、祝本、魏本作"挝"。櫂，从木，名词。

魏本："祝曰：嘈嗽，鼓声。张衡《东京赋》（《文选》卷三）：'奏严鼓之嘈嗽。'挝，击也。《后汉》（《祢衡传》）：'祢衡为《渔阳》参挝。'"文《详注》："嘈嗽，鼓声也。上音昨劳切，下音五葛切。张平子《东京赋》：'奏严鼓之嘈嗽。'挝，击也，音张瓜切。《汉书·史丹传》：'元帝自临槛隤铜，九以挝鼓。'"魏本音注："嘈，才高切。嗽，才曷切。挝，陟瓜切。"

⑳袭味陈奚取：袭味，方《举正》作"袭味"，云："蜀同上。字见《礼记》。阁本作'袭服'，非。"朱《考异》："味，或作'服'，非是。本朝景灵宫天兴殿，祝以青词，荐以酒果，用唐制也。"宋白文本作"袭服"。文本、祝本、魏本、廖本、王本作"袭味"。钱仲联《集释》、屈《校注》亦作"袭味"，从之。

文《详注》："《礼记·郊特牲》曰：'笾豆之荐，水土之品，不敢用袭味而贵多品，所以交于神明之义也。'"魏本引韩《全解》同。

㉑名香荐孔嘉：魏本注："孔，甚也。"蒋抱玄《评注》："王维诗（《奉和圣制十五夜燃灯继以酺宴》）：'百福透名香。'《诗》（《豳风·东山》）：'其新孔嘉。'"按：孔，甚。诗谓：新婚夫妇真美满。

㉒垂祥纷可录：祝本"录"（录）作"绿"。诸本作"録"。録、绿、录同。今録作"录"。童《校诠》："第德案：廖本、王本作録，祝本作

绿,举正考异无校语。按:纪録字其本字当作录,说文:录,刻本录绿也,古字书契本刻木为之,其作録或绿者皆假借字。録、绿古字通,荀子性恶:文王之録,杨倞曰:録与绿同,汉书古今人表绿图,荀子大略引新序作録图,是其证。"按:天降祥瑞可见而录之。

㉓俾寿浩无涯:文《详注》:"《诗·(鲁)颂·闷宫》:'俾尔寿尔昌。'"按:《诗·鲁颂·闷宫》:"俾尔炽而昌,俾尔寿尔臧。"即谓使你昌盛又兴旺,使你长寿又安康。

㉔贵相山瞻峻:文《详注》:"谓元颖也。《小雅·节南山》诗曰:'节彼南山,惟石岩岩。赫赫师尹,民具尔瞻。'毛云:'节,高峻貌。岩岩,积石貌,喻三公之位,人所尊严也。'"魏本:"孙曰:贵相,贵近之相,谓杜也。《诗》(《大雅·崧高》):'嵩高惟岳,峻极于天。惟岳降神,生甫及申。'"

㉕清文玉绝瑕:魏本:"孙曰:'瑕,玉病也。'"按:谓清文如无瑕之玉。

㉖代工声问远:文《详注》:"《尚书·皋陶》曰:'无旷庶官,天工人其代之。'"魏本:"孙曰:'工,官也。'"按:声问,声名、声誉。问通闻。《诗·大雅·绵》:"亦不陨厥问。"

㉗摄事敬恭加:魏本:"孙曰:'摄事,谓有事于太清宫。杜为宰相,摄祀事也。'韩曰:'新旧《志》:初唐《贞观礼》,冬至祀昊天上帝于南郊,正月,祈谷于南郊,孟夏雩于南郊。明皇定《开元礼》,天宝初(742)遂合祭天地于南郊。时神仙道家之说兴,乃建玄元庙。二月辛卯(15日),亲享玄元庙。甲午(18日),亲享太庙。丙申(20日),有事于南郊。其后遂摄祭南郊,荐献太清宫,荐享太庙。'"

㉘"皎洁"二句:皎洁,月色明亮。葳蕤,方《举正》据蜀本订。朱《考异》:"葳,或作'萎'。方从蜀本。"祝本作"葳"。宋白文本、文本、魏本作"萎"。廖本、王本作"葳蕤"。萎、葳古通。葳,同音假借。当作"葳蕤"。

魏本:"孙曰:'天日以喻君,月霞以喻杜摄事在人主之侧。'"文《详注》:"《说文》(草部)曰:'萎蕤,草木花垂貌,上音邕危切,下音儒佳切。'王仲宣《公宴》诗云：'昊天降丰泽，百卉挺葳蕤。'"童《校诠》："第德案：葳蕤、威蕤、萎蕤义皆同。古籍有作葳蕤者，楚辞初放：上葳蕤而防露兮，王逸曰：葳蕤，盛貌；文选陆士衡文赋：纷葳蕤以馺遝，李善注同是也。有作威蕤者，文选张平子东京赋：羽盖威蕤，何平叔景福殿赋：流羽毛之威蕤是也。有作萎蕤者，吕氏春秋仲夏：律中蕤宾，高诱注：蕤宾，阳律也，是月阴气萎蕤在下，象主人，阳气在上，象宾客，淮南天文训高注亦作萎蕤是也。又作委蕤，国语周语：四曰蕤宾，韦昭曰：蕤，委蕤，柔貌是也。"

㉙ 唱妍酬亦丽：方《举正》据唐本作"唱妍酬亦丽"，云："谢校。唱酬，谓李、杜。兴嗟，公自谓也。'亦'字为当。朱《考异》："亦，或作'匪'。"宋白文本、文本、祝本、魏本作"匪"。魏本注："匪，一作'亦'。"钱仲联《集释》"妍"作"研"，未出校文，不知何据。按此句诗意，唱妍指杜元颖、李逢吉；酬者谓韩公奉和，则当作"匪"。上语称颂二相之诗，下语韩公自谦，谓自己的诗不好。即结语抱题。若全句称杜、李，匪指何人？文《详注》："谢惠连《雪赋》：'怃然心服，有怀妍唱。'"

㉚ 俯仰但称嗟：此句仍是对二相诗，也是对杜摄事郊祭的嗟叹。俯仰：低头抬头。《墨子·节用中》："俯仰周旋威仪之礼，圣王弗为。"《史记·扁鹊仓公列传》："君有病，往四五日，君要胁痛不可俯仰。"

【汇评】

清朱彝尊：宏丽精密，绝似少陵。（顾嗣立《昌黎先生诗集注》卷一〇）

清查慎行：前有少陵作，自难方驾。（《查初白诗评十二种》）

清查晚晴：语多隐讽，与少陵《玄元皇帝庙》诗同旨。（同上）

清方世举：二诗必非韩作。大抵二相属和，不得已而假手代之。李汉不审，漫以编录耳。按：杜元颖之为相，虽为人情骇异，而史称敏于文辞，多识朝章，和诗以为清文无瑕可也。其颂太清者，则令人可骇可愕。伯禹、后稷之功,遂不及玄元皇帝之道耶?公一生学术具在《原道》,其论二氏者,'道其所道,非吾之所谓道也',何独于此而易其说。本朝固当尊崇,立言自有适可。如杜甫诗'世家遗旧史,道德付今王',何等熨贴!晓人不当如是耶!若以为此是讥讽,则又非臣子之道。君子素位,何敢违时?大抵不学无术者为之代言,而公以末暮之年,倦于笔墨,遂未加推敲耳。……论道而贬三代……昌黎为人何至于是,此诗之所以必为赝也。(《韩昌黎诗集编年笺注》卷一二)

清王元启:谓禹、稷之功不及玄元之道,此言似非公所宜出。近方世举定李逢吉《南郊》诗及此诗为二相属和,不得已而假手他人之作。愚谓《南郊》诗未见必为赝作,此诗起四语,鄙人窃不能无疑。然其诗句却高出前篇吴郎中作远甚,故余尚未敢直斥为伪。(《读韩记疑》卷三)

清郑珍:"在功诚可尚"二语,言禹、稷之功可尚如此,而姬家、夏家于尊崇之道未极光华,不若我唐之追尊玄元皇帝也。"道"非道德之谓,"于道"承上姬国、夏家,言夏、周两朝之于道,"于"字不属禹、稷。题是"朝享太清宫",自宜就事论事,何暇以禹、稷、老子比较高下乎?"象帝威容大"以下八句,正极言其华处。方氏误解词意,遂疑非公作。不知苟属代笔,不出张、李之徒,论道而贬三代,即张、李亦决不道。明明诗语,乃如此读之,可嗟也。(《巢经巢文集》卷五)

外集诗

芍药歌①

贞元元年

丈人庭中开好花②,更无凡木争春华。翠茎红蕊天力与,此恩不属黄钟家③。温馨熟美鲜香起④,似笑无言习君子⑤。霜刀剪汝天女劳⑥,何事低头学桃李?娇痴婢子无灵性⑦,竞挽春衫来比并。欲将双颊一晞红⑧,绿窗磨遍青铜镜⑨。一樽春酒甘若饴,丈人此乐无人知。花前醉倒歌者谁?楚狂小子韩退之⑩。

【校注】

① 文本、祝本、魏本作"王司马宅红芍药歌"。宋白文本、廖本、王本作"芍药歌"。方世举《笺注》:"一本作'王司马红芍药歌'。"朱《考异》作"芍药歌",云:"方从蜀本删去,今恐是公少作,姑存之。"钱仲联《集释》:"按:单行本《考异》无。"今查山西省图书馆藏宋刻本外集第一卷收此篇。不知钱据何种版本。文《详注》:"此篇疑非公作。《补注》:王司马,不详谁氏。落句云:'花前醉倒歌者谁?楚狂小子韩退之。'而诗不入正集,岂好事者窃公名以为重邪。"廖本注引朱《考异》后云:"一本'芍'字上有'王司马红'四字。

王司马不详为谁。贞元中,亦有《芍药》一绝,乃元和十年知制诰时作,此不能知其作之时日矣。"王元启《记疑》:"此诗朱子以卒章'韩退之'一语,疑为公之少作。然辞语拙嫩,不类公文,盖出晚唐人伪托,当从蜀本删去。公文传世者多,不因削此一篇见少也。"钱仲联《集释》:"诗有'楚狂'字,方世举以为避地江南时作。《欧阳詹哀辞》云:'建中、贞元间,就食江南。'考公于贞元二年北上,此当作于二年以前。"《韩昌黎全集》外集十卷成于何时何人之手,尚难考定。然外集成时编入卷一,足见编者已认可。朱熹、廖本、方世举、钱仲联皆作韩诗;文谠、王俦、王元启、曾国藩认为非公作。然理由均不足。按韩公自言其十三属文,当亦习诗。诗是应考必课,其少作不会少,且以时风影响,其少作稚嫩辞华,亦属自然。韩公谓"少年气真狂","楚狂小子韩退之",此诗真表现了他少时之性,姑存韩公名下。当作于贞元之前,与窦氏兄弟交游时。

② 钱仲联《集释》:"《易》:'丈人吉。'王弼注:'丈人,严庄之称。'""《易·师》:'贞,丈人吉,无咎。'王弼注:'丈人,严庄之称也。'疏:'丈人,谓严庄尊重之人。'《论语·微子》:'丈人曰:"四体不勤,五谷不分,孰为夫子?"植其杖而芸。'"

③ 文《详注》:"黄氏、钟氏,前古画师,见《考工记》。黄本作'潢',音芒,又音黄。"魏本:"孙曰:'黄钟家,富贵之家。'"方世举《笺注》:"《月令》:仲冬之月,律中黄钟。按:黄钟,宫音。宫者,君也。句言'不属',当谓王司马本为朝士,以不得于君,出为司马。其用之芍药者,《埤雅·释草》:'芍药荣于仲冬,华于孟夏。'"蒋抱玄《评注》:"黄钟家,犹言钟鸣鼎食之家也。"按:《周礼·考工记》:"画缋之事,杂五色。东方谓之青,南方谓之赤,西方谓之白,北方谓之黑,天谓之玄,地谓之黄。"又:"钟氏染羽,以朱湛丹秫,三月而炽之。"谓芍药花如绘画之美,意在赞扬王司马。

④ 钱仲联《集释》:"《说文》(香部):'馨,香之远闻者。'"按:此语太俗。

⑤ 方世举《笺注》:"《晋书》:'王恭语王忱:丈人不习恭。'温峤

论陶侃:'傒狗我所习。'皆谓深知熟习也。君子,谓王司马。"

⑥ 按:《史记·天官书》:"织女,天女孙也。"杜甫《观打鱼歌》:"饔子左右挥霜刀,脍飞金盘白雪高。"

⑦ 婢子:方世举《笺注》:"《左传·僖公二十二年》:'寡君使婢子侍执巾栉。'"灵性,朱《考异》:"灵性,或作'性灵'。"祝本:"灵性,今本皆作'性灵',非。"文本作"性灵",宋白文本、祝本、魏本、廖本均作"灵性",从之。

⑧ 按:以人比花,上句以绿叶比女人所穿淡绿轻衫,下句以女人红脸颊比花。睎,宋白文本、祝本、廖本作"睎"。文本、魏本作"稀"。魏本:"孙曰:稀,当作'希'。希,学也,今作'稀',疑字误。"朱《考异》:"睎,或作'稀'。"此承上句"比并",作仰慕解,故当作"睎",在这个意义上,也作"希"。扬雄《法言·学行》:"睎骥之马,亦骥之乘也;睎颜[渊]之人,亦颜之徒也。"《后汉书·赵壹传》:"仰高希骥。"

⑨ 青铜镜:以青天做成的镜子。方世举《笺注》:"辛延年诗:遗我青铜镜。"饧,文《详注》:"饧,米蘖煎也,一曰濡弱者为饧,盈之切。《三山语录》云:'唐人好饮甜酒,殆不可晓。子美云:人生几何春已夏,不放香醪如蜜甜。'并退之云云是也。"蒋抱玄《评注》:"《诗》(《豳风·七月》):'为此春酒[,以介眉寿]。'"魏本:"祝曰:饧,饧也。《诗》(《大雅·绵》):'堇荼如饧。'"春酒,冬酿春成之酒。《文选》卷三张衡《东京赋》:"因休力以息勤,致欢忻于春酒。"

⑩ 文《详注》:"《庄子·山木》篇曰:'今之歌者其谁乎?'"魏本:"韩曰:《论语》(《微子》):'楚狂接舆。'"方世举《笺注》:"建中、贞元间,公避地江濆,在古为楚地,故用接舆歌凤语意,以为王司马叹其德衰也。结意与'不属黄钟'语相应。"何孟春《馀冬诗话》卷上:"《诗》(《召南·采蘋》):'谁其尸之?有齐季女。'后来作者相袭,遂为文章家一例。"

【汇评】

清方世举:按:王伯大云:"此诗恐是公少作。"此说是也。又云:据公《与邢尚书书》自称"七岁而读书,十二而能文"。此篇才情纵逸,瑰奇溢目。此语亦是。又云"见夫天之所以与我者,非凡木之匹俦"。可比德于君子而非儿女所能仿佛,其自命固已不凡,是则误解。按:"何事低头学桃李"以上,皆指王司马,其"婢子"以下语,乃刺软美逢时者,以为王司马泄愤,与自命何与哉?"一樽"以下结赏花耳。(《韩昌黎诗集编年笺注》卷一)

清曾国藩:《芍药歌》:太烂漫,不似韩公诗。(《求阙斋读书录》卷八)

蒋抱玄:颇有妩媚之致。(《注释评点韩昌黎诗全集》)

海水①

贞元十六年

海水、邓林比喻张建封,鱼、鸟是韩愈自比。以此推断诗当写于辞去张建封幕,离徐州前。时在贞元十六年(800)春夏。韩诗多用比体,这首诗就很典型。以大海与清泠池对比,以邓林与蒙笼枝对比,以大鹏与雀对比。且自比鱼鸟,希望作鲸鹏;把建封比为大海、邓林,实指当时的宦海与政途。多年的生活经历使他对当时的社会政治有了体验和认识:一个人虽有为国为民干一番事业的抱负和才智,却很难找到一个施展的位置和机会。诗比喻巧妙自然,有蕴含,有气势。读后不仅使人憎恶那个社会环境:政治不平,贤愚不分;更能激励人产生冲流击浪、顶风向前的上进心。

海水非不广,邓林岂无枝②?风波一荡薄③,鱼鸟不可依④。海水饶大波,邓林多惊风⑤。岂无鱼与鸟,巨细各不同⑥。海有吞舟鲸⑦,邓有垂天鹏⑧,苟非鳞羽大,荡薄不可能。我鳞不盈寸,我羽不盈尺,一木有余阴,一泉有余泽⑨。我将辞海水,濯鳞清泠池⑩;我将辞邓林,刷羽蒙笼枝⑪。海水非爱广,邓林非爱枝,风波亦常事,鳞羽自不宜⑫。我鳞日已大,我羽日已修,风波无所苦,还作鲸鹏游⑬。

【校注】

① 此诗载旧本《外集》卷一。宋白文本无此篇。朱《考异》:"'水'下方有'诗'字。"今本方《举正》无"诗"字。朱说当是方刊《韩集》。魏本:"韩曰:'诗意谓当世无托足之地,而有还归之兴。岂贞元及第后归江南时作耶?'"王元启《记疑》:"旧注云公登第后归江南时作。按:公《祭老成文》云:'吾年十九入京,后四年归视汝。'公归江南,盖在贞元六年未第时。至登第后,十一年尝归河阳省墓,十二年即从董晋赴汴,未尝又至江南。况此诗'鳞不盈寸,羽不盈尺',系未第时语。考公贞元五年《上贾滑州书》云:'待命于郑之逆旅。'知前一年曾已出京。此诗四年下第后,公年二十一岁始拟出京归洛时作。归江南又在后二年。"方世举《笺注》:"《鹖冠子·道端篇》:'海水广大,非独仰一川之流也。'按:此篇盖辞去徐州之时。海水、邓林以比建封。鱼、鸟自喻也。"钱仲联《集释》:"方说为长。"钱说是。鳞不盈寸,羽不盈尺,乃已有鳞羽之生,不似刚入京应试未第时情况,更不似韩愈早期诗的风格。

② 邓林:古代传说中的大森林。《列子·汤问》:"邓林弥广数千里焉。"文《详注》:"《淮南子·地[形]训》曰:'夸父弃其策,是为邓林。'许氏注云:'夸父,神兽也,饮河渭不足,将饮西海,未至,道渴死。'事见《山海经》。策杖,其杖生木而成林。邓,犹木也。一曰仙人也。"方世举《笺注》:"《列子·汤问篇》:夸父追日影于隅谷之际,未至,道渴而死。弃其杖,尸膏肉所浸,生邓林,邓林弥广数千里焉。"《山海经·海外北经》:"夸父与日逐走,入日。渴欲得饮,饮

于河渭,河渭不足,北饮大泽。未至,道渴而死。弃其杖,化为邓林。"

③风波:风掀起的波浪。方世举《笺注》:"李陵诗:'风波一失所,各在天一隅。'"荡薄,与旁薄、旁魄、磅礴同,激荡也。意谓:摩荡回翔,上可薄天。唐张说《同贺八送兖公赴荆州》:"风云一荡薄,日月屡参差。"激荡,鼓动。

④此承上句谓:风波一鼓动,鱼鸟就无法依靠了。《世说新语·言语》:"顾长康拜桓宣武墓,作诗云:'山崩溟海竭,鱼鸟将何依?'"

⑤饶大波:很多大波浪。饶,富足、多也。方世举《笺注》:"《尔雅》:'大波之神曰阳侯。'"李白《古风五十九首·十四》:"胡关饶风沙。"惊风,暴风。《全唐诗》卷三〇袁朗《和洗掾登城南坂望京邑》:"惊风四面集,飞雪千里回。"此作名词,当暴风解。又卷三李隆基《春日出苑游瞩》:"鸟飞直为惊风叶,鱼没都由怯岸人。"此作动宾词组,意谓:为风所惊。

⑥巨细:大小。方世举《笺注》:"《列子·汤问篇》:汤问:'物有巨细乎?'"此句谓:鱼鸟大小各不相同,大的可以经受大风浪;小的则经受不住。意含苦衷也。

⑦吞舟鲸:可以吞食舟船的大鲸鱼。方世举《笺注》:"贾谊《吊屈原文》:'彼寻常之污渎兮,岂[能]容[夫]吞舟之[巨]鱼。'"《文选》卷五左思《吴都赋》:"于是乎长鲸吞航,修鲵吐浪。"

⑧垂天鹏:传说中两翼可以遮蔽天日的大鹏鸟。《庄子·逍遥游》:"北冥有鱼,其名为鲲。鲲之大,不知其几千里也。化而为鸟,其名为鹏。鹏之背,不知其几千里也;怒而飞,其翼若垂天之云。"诗中鱼与鸟、鲲与鹏对举。

⑨"我鳞"四句:我的鳞不足一寸长,我的羽毛不足一尺长,一棵树我栖息还有余,一汪泉水就够我畅游了。暗用《逍遥游》:斥鷃笑大鹏曰:"彼且奚适(何往)也?我腾跃而上,不过数仞而下,翱翔蓬蒿之间,此亦飞之至也,而彼且奚适也?"方世举《笺注》:"鳞羽:

钟嵘《诗品》:'鳞羽之有龙凤。'盈尺:《庄子·山木篇》:'异鹊自南方来,翼广七尺。'一木:《慎子》:'[故]廊庙之材,[盖]非一木之枝。'《世说》:'和峤曰:元裒如北夏门,拉攞自欲坏,非一木所能支。'"

⑩ 濯鳞:洗刷鳞甲。泠,廖本作"泠",文本、祝本、魏本、王本均作"冷"。童《校诠》:"案:泠,当以廖本作泠,王本、祝本皆作冷与本书同。文选张平子西京赋:耕父扬光于清泠之渊。'泠(líng 郎丁切,音铃,平,青韵),作轻妙、水清貌解。亦通零(落)、伶(人),不通冷(lěng 鲁打切,上,梗韵),凉也。泠、冷两字音义均不同。此处泠字作水清貌,《玉篇》:'泠,清也。'韩公《和崔舍人咏月》:'浩荡英华溢,萧疏物象泠。'宋玉《风赋》:'清清泠泠,愈病析酲。'王实甫《西厢记》第四本第三折《正宫·朝天子》:'暖溶溶玉醅,白泠泠似水,多半是相思泪。'童说有理。清泠,清澈、凉爽。清泠池,韩公《题李生壁》:'余黜于徐州,将西居于洛阳,泛舟于清泠池。'魏本:"樊曰:'清泠池在睢阳。'"韩公将自徐赴洛,清泠池途所经之地,故借以为兴耳!方世举《笺注》:"《北史·司马休之传》:'唐盛言于姚兴曰:使休之擅兵于外,得濯鳞南翔,恐非复池中物也。'"钱仲联《集释》:"《说苑》:'昔白龙下清泠之渊,化为鱼。'《太平御览》引《图经》云:'梁王有修竹园,又有清泠池,池有钓台,谓之清泠台。'"

⑪ 刷羽:洗刷羽毛。沈约《和谢宣城》诗:"将随渤澥去,刷羽泛清源。"又《咏湖中雁》诗:"刷羽同摇漾,一举还故乡。"《汉书·晁错传》:"草木蒙茏,枝叶茂接。"颜注:"蒙茏,覆蔽之貌也。"

⑫ 方《举正》据蜀本作"鳞羽自不宜",云:"李校。"朱《考异》:"自不宜,或作'不自疑'。"文本、祝本、魏本作"自不疑"。廖本作"自不宜",从之。"海水"四句:我并不是不爱海水的广大,不爱邓林茂盛的树枝,风波也是平常的事;只是因为我的鳞甲、羽毛还未长成,不适于大海、邓林。何焯《义门读书记》卷三四:"注谬。'海水非爱广'至末,此下言与身世两相弃者不同。"

⑬ 日已修:文本作"亦已修"。诸本作"日已修",从之。"我

鳞"四句:我的鳞甲一天比一天大,羽毛一天比一天长,再也不怕风波袭击之苦,到那时再像长鲸、大鹏一样到大海、邓林里遨游。

【汇评】

清何焯:《海水》,诗意谓其才未足以胜大任,则当退而求志以待其成也。(《义门读书记》卷三四)

清陈沆:此感用世之难,而思反身修德也。"海水饶大波,邓林多惊风。"喻世道之屯艰,人事之不测。盖鱼鸟依风波以为生,亦因风波而失所者,巨细之异耳。如鲸鹏则风波愈大,而所冯愈厚,所游愈远,如君子之可大受,周于德者之不忧邪世也。细如寸鳞尺羽,则泉木之外,便虞飘荡,然则岂海邓风波之罪哉,亦我之鳞羽自不修大耳。与其贪海邓之广大,怨风浪之荡薄,何如反己进德,潜修俟时,使鳞羽养成,如孟贲之勇、孟轲之气,而后当大任而不动心乎?(《诗比兴笺》卷四)

清曾国藩:层折不穷。(《求阙斋读书录》卷八)

赠崔立之①

元和元年

昔者十日雨,子桑苦寒饥②。哀歌坐空屋③,不怨但自悲。其友名子舆,忽然忧且思。褰裳触泥水,裹饭往食之④。入门相对语,天命良不疑。好事漆园吏⑤,书之存雄辞。千年事已远,二子情可推⑥。我读此篇日,正当雨雪时⑦。吾身固已困,吾友复何为?薄粥不足裹,深泥谅难驰⑧。曾无子舆事,空赋子桑诗⑨。

【校注】

① 方《举正》题作"赠崔立之",云:"《文苑》校。"朱《考异》作"赠崔立之",曰:"此篇方从《文苑》。"《文苑》卷二五七收此篇。宋白文本无此篇。魏本:"樊曰:'公诗有《赠崔立之评事》,有《酬崔二十六丞公》,而此篇又见于《外集》。世传公逸诗,又有《酬蓝田崔丞咏雪之作》,今亦附别集。公于立之,可谓厚矣。'"文《详注》:"立之字斯立,博陵第二房,醴泉令润子,时亦未第,余见《赠崔评事诗》。《补注》:'诗有《赠崔立之评事》,有《酬崔二十六少府摄伊阳》,有《寄崔二十六立之》,有《雪后寄二十六丞公》,而此篇独见于外集。世传公逸诗又有《酬蓝田崔丞咏雪》之作。公于立之其可谓厚矣。此篇公所以有感于子舆也。'"方崧卿《年表》系于元和元年(806)。王元启《记疑》:"或疑正集有《蓝田十月雪寒关》一诗,此作盖与同时。然彼诗公居京师,崔官蓝田,疑为元和七年(812)公自职方下迁时作。此诗元和初(806),崔官评事,与公同寓京师日作。正集'墙根菊花'一诗,九月中作。此诗穷冬雨雪时作。盖崔与公皆为闲官,正当贫乏时也。"钱仲联《集释》:"公《蓝田县丞厅壁记》,崔于元和初以大理评事黜官。又《寄崔二十六立之》云:'又作朝士贬,得非命所施?客居京城中,十日营一炊。'正与此诗情事相合,其为元和元年作无疑也。"钱说有理。

② 方《举正》据《文苑》作"子桑苦寒饥",云:"考《庄子》(《大宗师》)实作'子桑'。东坡诗(《次韵徐积》)有:'杀鸡未肯邀季路,裹饭应须问子来。'盖亦循今本之误也。"朱《考异》:"下三字,或作'来寒且'。方云:'考《庄子》,实作子桑。'"文本作"子桑寒且饥",云:"或作'来',非。"南宋监本原文作"子桑来寒且"。祝本、魏本作"子来寒且饥"。廖本、王本从方。今从文本,作"子桑寒且饥"。子桑,复姓,《通志》二七《氏族》三《以字为氏·鲁人字》:"子桑氏,鲁大夫子桑伯子之后也。秦公孙枝字子桑,其后亦氏焉。"

③ 方《举正》据《文苑》作"屋"。朱《考异》:"屋,或作'房'。"文本、祝本、魏本作"房"。作"屋"、作"房"均通。以诗律当作入声字

"屋"。以子桑比立之,哀其寒饥也。

④ 文《详注》:"食,音嗣(sì)。《庄子》著《大宗师》篇曰:子舆与子桑友,而霖雨十日,子舆曰:'子桑殆疾矣?'裹饭往食之。至子桑之门,则若歌若哭,鼓琴曰:'父邪!母邪!天乎?人乎?'有不任其声而趋举其诗焉。子舆入曰:'子之歌诗,何故若是?'曰:'吾思夫使我至此极者而弗得也,父母岂欲吾贫哉?天无私覆,地无私载,天地岂私贫我哉?求其为之者而不得也,然而至此极者,命也夫!'(按:据原文校改。)"此八句以子舆友子桑之贫无食而携饭往问之事,比己与立之。

⑤ 文《详注》:"《史记》(《老庄申韩列传》):'庄子名周,蒙人也,常(尝)为漆园吏。'嵇康《高士传》曰:'庄周,少学老子。梁惠王时为蒙县漆园吏。'《通典》曰:'曹州冤句县有漆园,即庄子为吏之所。'"正义云:"《括地志》云:'漆园故城在曹州冤句县北十七里,古属蒙县。'"童《校诠》:"方世举曰:汉书扬雄传:时有好事者,载酒肴从游学。第德案:孟子万章篇:好事者为之也,先于扬雄传。"

⑥ 二子:子舆、子桑。蒋抱玄《评注》:"捷转。"

⑦ 雨:《文苑》作"寒"。从"我读此篇日"句看,此诗乃以读《庄子》,忧立之之困也。立之有德有才而时黜官,又困于饥寒。

⑧ 方世举《笺注》:"《周礼·考工记》(《轮人》):'虽有深泥,亦弗之溓也。'"

⑨ 方据《文苑》增末二句"曾无子舆事,空赋子桑诗",云:"《文苑》篇末出此一联,今本皆脱。"朱《考异》:"或无此二句。"文本、祝本、魏本无此二句。廖本从方。

【汇评】

宋吴曾:"裹饭非子来":东坡《次韵徐积诗》:"杀鸡未肯邀季路,裹饭应须问子来。"按,《庄子》书:"子杞、子舆、子桑、子来四人,相与为友。"然无裹饭之事。《庄子》书又载:"子舆与子桑友,而淋雨十日,子舆曰:'子桑殆病矣。'裹饭而往食之。"乃知裹饭者,子舆、子桑,非子来也。东坡此诗为误。余又观韩退之《赠崔立之》诗云:"昔者十日雨,子来寒且饥。其友名子舆,忽然忧且思,褰裳触泥水,裹饭往食之。好事漆园吏,书之存雄辞。"然则退之亦误用耳。(《能改斋漫录》卷三)

清方世举:此诗不足为法。凡引古过演,文且不可,而况于诗。焉有寥寥小篇,演至大半者?演则精神不振,演则气势不紧。其下又并无精神,并无气势,惟落落漠漠,就缴六语以了之,此岂起衰八代者之合作乎?一时败笔,人所时有,但学者不可乐其易为而效之。(《韩昌黎诗编年笺注》卷八)

清陈沆:此篇全用《庄子》,实则少陵《茅屋秋风篇》"安得万间广厦"之思也。二公之志,皆不惜己身之困,而憾天下士之不尽用于朝廷。故云"我身固已困,吾友复何为"也。"薄粥不足裹",言己力不逮。"深泥谅难驰",言时会未可。"曾无子舆事,空赋子桑诗",愧无荐贤之权,徒有好贤之思也。《缁衣》之诗曰:"适子之馆兮,还予授子之粲兮。"(《诗比兴笺》卷四)

蒋抱玄:古今对勘,毫不漏缝,妙在中间引渡得清。(《注释评点韩昌黎诗全集》)

赠河阳李大夫①
贞元十五年

四海失巢穴,两都困尘埃②。感恩由未报③,惆怅空一来④。裘破气不暖⑤,马羸鸣且哀⑥。主人情更重,空使剑锋摧⑦。

【校注】

① 此诗宋小字浙本、文本(第七卷末《苦寒歌前》)、祝本入正集。魏本、廖本、王本入外集。方《举正》、朱《考异》入外集。《洪

谱》贞元四年下，方《增考》："然公集有《上河阳李大夫》诗，自咸通本皆附正集。"魏本："樊曰：李大夫疑为李芃，考之史，芃，德宗初为河阳节度使。公年十二，当大历十四年（779），随伯兄会迁岭表。会卒，从嫂郑归河阳。时德宗初即位，李希烈、李惟岳、田悦、梁崇义、朱滔之徒，相扇继变，中原骚然。故其后《祭郑嫂文》云：'既克返葬，遭时艰难。'而此诗亦有'四海失巢穴，两都困尘埃'之句，时年十四五矣。公尝自言：十三而能文。恐或然也。"文《详注》："按：公《祭侄老成文》云：'中年兄殁南方，吾与汝俱幼，从嫂归葬河阳，既又与汝就食江南。'《哀辞》云：'就食江南在建中、贞元之间。'而《祭嫂郑》亦云：'既克返葬，遭时艰难。百口偕行，避地江渍。'盖公方年十七八，此诗之作在从嫂归葬河阳时乎？诗曰：'四海失巢穴，两都困尘埃。'以归葬时邂逅朱泚之乱，德宗出幸故也。按：德宗建中三年（782），李希烈反郑、汴。四年（783），朱泚陷京师，十月，德宗幸奉天。兴元元年（784），李怀光反河中，德宗移幸梁。是年，朱泚平。贞元元年（785），怀光伏诛。二年（786），希烈始平，故曰'四海失巢穴，两都困尘埃'也。公之父兄俱葬河阳县，厥后嫂郑及挐女之类，亦附其地。河阳者古之孟津也，当是李大夫镇守之地，韩氏之茔托之，以幸安全，故曰'感恩未能报，怊怅空一来'也。时公未第，故其辞多哀怨。"魏本："孙曰：'贞元四年（788）十月，李元为河阳三城怀州团练使。十五年（799）三月，移帅昭义。按：《画记》，公适河阳在贞元十一年（795）。诗盖赠元也。'"方世举《笺注》："旧注谓李大夫是李芃，此诗乃大历十四年随嫂归河阳时作，时年十二，引公自言十三能文为证。穿凿附会，其说难通。据《此日足可惜》诗'假道经盟津''主人愿少留'云云，与诗语无不吻合。《旧唐书·德宗纪》：'贞元十五年三月，以河阳三城节度使李芃为昭义节度使。'则汴州乱时芃正为河阳。此诗乃赠芃之作无疑。"沈钦韩《补注》："李大夫盖李元淳，公《赠张籍》诗中所云'主人愿少留'者是也。'四海失巢穴'，公自谓也。感恩未报，指董晋。卢本注此，亦知旧说非是，然误李大夫为李芃，陋矣。芃以建中初为河阳三城怀州节度使,其时韩公才十余岁,安得有此诗?"王元启《记疑》:"按:《新史·德纪》,建中二年正月,魏博节度使田悦反,河阳节度使李芃讨之。则谓河阳李芃,其说自属有因。然公《此日足可惜》诗孙注又云:'时李元为河阳节度使。'李元未知又是何人?如果孙说可信,则彼诗'羸马'句与此诗腹联,意象皆同。'主人愿少留'又与此诗落句相似,同属河阳李大夫,安指此诗不指李元?但李元之名,不见于史。考《通鉴》:贞元十五年三月,以河阳、怀州节度使李元淳为昭义节度使。公以二月至河阳,元淳犹未进昭义,此李大夫当指元淳。孙云李元,盖由刊本脱误'淳'字耳。然则是诗之作,公年三十有二。若谓十四五岁时作,则此诗无一作童幼之语,而'感恩未报'句,更非童子所宜言。旧注李芃实误。"又王元启《此日足可惜》注云:"方世举《编年笺注》遂将孙注两'元'字悉改作'芃',其注外集一诗又引《旧书·德纪》,贞元十五年三月,芃以河阳三城节度使为昭义节度使。考《新史》,芃为河阳节度见《德纪》建中二年正月。《芃传》:'兴元初检校尚书右仆射,以疾请老。'是芃不待贞元,先以他官告老。至十五年三月,犹在河阳。今考《通鉴》,自河阳迁帅昭义乃系李元淳,并非李芃。是年三月,昭义帅王虔休卒,遂用元淳为代。公以二月至河阳,时虔休未卒,帅河阳者正属元淳。刊本'元'下无'淳'字,乃由劂工脱漏,非孙误也。方氏妄改作'芃',所引《旧史·德纪》,恐亦由其妄改。"又沈钦韩《补注》:"李元即李长荣。《权德舆集》及《通鉴》作元淳。《德宗纪》无淳字,盖元和后所讳也。"方成珪《笺正》:"按李元本名长荣,德宗赐名元淳。永贞元年(805)十二月,以避宪宗御名,改淳州为蛮州,还淳县为青溪县,淳风县为从化县,姓淳于改姓于,元淳之改名元,当即在此时。"钱仲联《集释》:"《旧唐书·德宗纪》云:'贞元十五年(799)三月戊午,昭义军节度使、检校工部尚书王虔休卒。戊辰,以河阳三城节度使李元为潞州长史、昭义军节度、泽潞磁邢洺观察使。'是《旧书》正作李元,足见方氏妄改。又《旧书·李芃传》,芃于贞元元年卒。则更无至贞元十五年犹在河阳之理。王氏驳之是矣。至李元淳之所以为李元者,方成珪《笺正》云:'按李元本名长荣,德宗赐名元淳。永贞元年(805)十二月,以避宪宗御名,改淳州为蛮州,还淳县为青溪县,淳风县为从化县,姓淳于者改姓于,元淳之改名元,当即在此时。'沈钦韩注云:'李元即李长荣。《权德舆集》及《通鉴》作元淳。《德宗纪》无淳字,盖元和后所讳也。'王说以为李元之名,不见于史,刊本脱漏'淳'字,未免失考。又孙注李元之官衔亦误。《旧唐书·地理志》:河阳三城怀州节度使,治孟州,领孟、怀二州。"屈《校注》:"按:河阳李大夫即李元淳,贞元十五年(799)二月作。《孟县志》有唐潘孟阳撰《李元淳墓志》,云:'贞元四年,制除河阳三城怀州都团练使兼御史大夫。公本名长荣,至是诏改元淳焉','十二年,制除检校工部尚书、河阳三城怀州节度使'。潘孟阳《全唐文》卷五二七收其《天道运行成岁赋》一篇,而失此《墓志》。孟阳为炎之子,元和初为大理卿,其记李元淳事最为可信。孙汝听、沈钦韩、方成珪谓指李元淳之说,实为定论。"

② 方世举《笺注》:"巢穴:《后汉书·庞公传》:'鸿鹄巢于高林之上,暮而得所栖;鼋鼍穴于深渊之下,夕而得所宿。夫取舍行止,亦人之巢穴也。'两都:按:班固有《两都赋》,鲍照诗:'备闻十帝事,委曲两都情。'《新唐书·地理志》:上都,初曰京城,天宝元年(742)曰西京,至德三载曰中京,上元二年(761)复曰西京,肃宗元年曰上都。显庆二年(657)曰东都,光宅元年(684)曰神都,神龙元年复曰东都,天宝元年曰东京,上元二年罢京,肃宗元年复为东都。尘埃:屈原《渔父篇》:'安能以皓皓之白而蒙世俗之尘埃乎?'"二句讲当时的政治形势:汴州军乱,自家失去依托而到处漂泊,国家危困也。

③ 由未:朱《考异》:"由未,或作'未能',方作'犹未'。今按:由、犹,古字通。"方《举正》未出此条,当是方校刊《韩集》。廖本、王本作"由未"。文本、祝本、魏本作"未能"。犹未报,还未来得及报答也。方世举《笺注》:"未报:《前汉书·刘向传》:'况重以骨肉之亲,又加以旧恩未报乎?'"

④ 惆:文本、魏本作"怊",祝本、廖本、王本作"惆"。二字通

用,今作"惆"。惆怅,因失意而忧伤、懊恼。《楚辞》宋玉《九辩》:"廓落兮羁旅而无友生,惆怅兮而私自怜。"又《文选》卷一九宋玉《高唐赋》:"悠悠忽忽,怊怅自失。"

⑤ 方《举正》据杭、蜀本作"裘破"。朱《考异》:"裘破,或作'破裘'。"祝本、魏本作"破裘竟",注:"一作'裘破气'。"廖本、王本作"裘破气"。文本作"破裘气"。朱《考异》:"气,或作'竟'。"今从方、朱作"裘破气不暖"。按平仄律作"破裘"善,亦与下句"羸马"对,按词性皆形容词加名词。

⑥ 方《举正》据杭、蜀本作"马羸"。朱《考异》:"马羸,或作'羸马'。"文本、魏本作"羸马"。廖本、王本作"马羸"。方世举《笺注》:"《古乐府·幽州马客吟歌辞》:'黄禾起羸马。'"

⑦ 韩公《利剑》:"我心如冰剑如雪,不能刺谗夫,使我心腐剑锋折。"此剑当自指而向叛逆。摧,意同折。焦延寿《易林·坤·屯》:"苍龙单独,与石相触,摧折两角。"蒋之翘《辑注》:"结处悲中却自有壮气。"

【汇评】

蒋抱玄:此是拗律,非古体也。直叙情事,规模粗具,头角峥嵘,不减河东矣。(《注释评点韩昌黎诗全集》)

苦寒歌①
贞元十二年

黄昏苦寒歌②,夜半不能休③。岂不有阳春④?节岁聿其周⑤。君何爱⑥,重裘兼味养大贤⑦,冰食葛制神所怜⑧。填窗塞户慎勿出⑨,暄风暖景明年日⑩。

【校注】

① 魏本、廖本、王本入外集。文本、祝本、小字杭本入正集卷七。方《举正》："二诗(此诗与《赠河阳李大夫》)监本入正集,用杭本也,今从蜀本附此。"文《详注》:"《补注》:'退之诗《古风》《今日曷不乐》《马厌谷》《嗟哉董生行》《利剑》《河之水二首》《忽忽》《条山苍》《东方未明》《三星行》《剥啄行》《孟东野失子》《和皇甫湜陆浑山火》《苦寒》《双鸟》《月蚀效玉川子》《泷吏》《读东方朔杂事》《谴疟鬼》《苦寒歌》,凡二十篇,皆离骚也。王尚友云。'"

② 方世举《笺注》:"屈原《九章》(《抽思》):'昔君与我成言兮,曰黄昏以为期。'《淮南·天文训》:'薄于虞渊,是谓黄昏。'"《文选》卷二八陆机《乐府十七首》五《苦寒歌》:"剧哉行役人,慊僺恒苦寒。"韩公有《苦寒》诗:"肌肤生鳞甲,衣被如刀镰。气寒鼻莫嗅,血冻指不拈。"孟东野《寒地百姓吟》:"寒者愿为蛾,烧死彼华膏。"

③ 夜半:钱仲联《集释》:"王本引《考异》'夜半'云:或作'半夜'。今查宋本《考异》无此条。文本、祝本、魏本作"半夜"。廖本、王本作"夜半"。作"夜半"善。因苦于寒冷,午夜尚难以入睡。方世举《笺注》:"宁戚《饭牛歌》:'从昏饭牛薄夜半。'"

④ 阳春:温和的春天。《管子·地数》:"阳春农事方作,令民毋得筑垣墙,毋得缮冢墓。"《楚辞》宋玉《九辩》:"无衣裘以御冬兮,恐溘死不得见乎阳春。"

⑤ 方《举正》据杭、蜀本作"节岁聿"。文本作"节岁聿",注:"一作'岁聿不其周'。"祝本作"岁聿不其周",注:"一作'节岁聿',一作'岁聿聿'。"朱《考异》:"或作'岁聿不'。节岁,或作'岁节'。"魏本:"孙曰:聿,遂也。《诗》(《唐风·蟋蟀》):'岁聿其暮。'"《蟋蟀》中的"聿"字为语气词。连上句云:难道没有暖和的春天,节令岁月由冷到暖,一年一度是不断变化的。

⑥ 朱《考异》:"何爱,此下疑有脱字。"按:此三字若与下"重裘"二字连读,应上接下亦通。"兼味养大贤"虽与下句"冰食葛制神所怜"字数不等,然意却通。其实骚体诗字数不必整齐。"君何

爱"下增"重裘"二字,下句重出"重裘"二字,顶真句式亦可。若不增不调,"君何爱"三字承上启下亦通。

⑦ 方《举正》据唐本作"养",云:"杭同,蜀作'成'。"文本、廖本、王本作"养",注:"一作'成'。"祝本、魏本作"成"。朱《考异》:"养,或作'成'。"方世举《笺注》:"《魏志·王昶传》:'救寒无若重裘。'《穀梁传》:'君食不兼味。'《易·鼎》卦:'大烹以养圣贤。'"韩诗用字多出经史子集,此当用"养"字。

⑧ 神所怜:方《举正》订,云:"杭、蜀同上。"祝本作"神所",注:"一作'诚可'。"朱《考异》:"神所,或作'诚可'。"文本作"诚可",注:"一作'神所'。"二者均可,今从"神所"。魏本:"孙曰:'冰食葛制,贫者之服食,非所以御寒也。'"方世举《笺注》:"魏武帝《苦寒行》:'斧冰持作糜。'《南史·任昉传》:'昉子西华,冬月著葛帔练裙。'"

⑨ 塞户:旧诸本及屈《校注》均作"塞"。钱仲联《集释》作"寒",与"填窗"动宾构词法不类,钱乃误笔。

⑩ 明年日:方《举正》订,云:"杭、蜀同上。"朱《考异》:"本或作'需明年',非是。"诸本作"明年日"。蒋抱玄《评注》:"梁元帝《纂要》:'春风曰暄风。'按:暄,暖也。"方世举《笺注》:"王融诗:'暄风多有趣。'"暄(xuān 宣),温、暖。《素问·五运行大论》:"在藏为肝,其性为暄。"注:"暄,温也。"暄风,春风。《初学记》卷三梁元帝《纂要》:"风曰阳风、春风、暄风、柔风、惠风。"《全唐诗》卷二九〇杨凝《送客归淮南》:"画舫照河堤,暄风百草齐。"

【汇评】

蒋抱玄:未见手段。(《注释评点韩昌黎诗全集》)

赠同游者①

【校注】

① 廖本《外集》有此题无文,注:"已见正集(卷一〇《游城南十六首》之八)。"

遗诗　联句

有所思联句①

元和元年

相思绕我心,日夕千万重②。年光坐晼晚③,春泪销颜容_郊_④。台镜晦旧晖,庭草滋新茸⑤。望夫山上石⑥,别剑水中龙_愈_⑦。

【校注】

① 朱《考异》:"此下三联句,方云:'见《孟东野集》。'"廖本收入《遗文》,列第一,注:"此下三联句,见《孟东野集》。"王元启《记疑》同《考异》。文《详注》收入《遗文》,列《赠族侄》后。别本多不收。方世举《笺注》:"按:《有所思》本乐府旧题,古辞长短句,自六朝以来大抵五言八句,此用其体。以下三联句见《孟郊集》,年月难考,皆附于此。"钱仲联《集释》:"韩、孟联句见韩正集者不入孟集,见孟集者韩正集亦未收。其载于韩正集者,体格纯是韩,见孟集者,体格亦纯是孟,所未解也。此三首载遗文,不详年月。然韩、孟联句,在是年者多,姑以类附之。"

② 重(chóng 直容切,平,钟韵):重叠,重复。《易·系辞下》:"八卦成列,象在其中矣;因而重之,爻在其中矣。"汉张衡《同声歌》:"重户结金扃,高下华灯光。"宋陆游《游山西村》诗:"山重水复

疑无路,柳暗花明又一村。"谓从早到晚相思绕怀不断。

③ 晼(wǎn 於阮切,上,阮韵)晚:日将暮,亦表示迟暮之感。《楚辞》宋玉《九辩》:"白日晼晚其将入兮,明月销铄而减毁。"《文选》卷一六陆机(士衡)《叹逝赋》:"时飘忽其不再,老晼晚其将及。"李善注:"《楚辞》曰:'时不可兮再得。'《思玄赋》曰:'辰倏忽其不再。'《楚辞》曰:'白日晼晚其将入。'晼晚,言日将暮也。"

④ 春泪:韩孟《同宿联句》:"斑斑落春泪,浩浩浮秋浸。"亦孟郊语。颜容,即容颜。《全唐诗》卷八三陈子昂《答韩使同在边》:"雨雪颜容改,纵横才位孤。"又卷一九八岑参《下外江舟怀终南旧居》:"颜容老难赪,把镜悲鬓发。"

⑤ 此与上句"新"对"旧",即庭院草长出茸茸新芽。方世举《笺注》:"刘铄《拟古诗》:'堂上流尘生,庭中绿草滋。……泪容不可饰,幽镜难复治。'又按:江淹《拟张司空离情》诗云:'兰径少行迹,玉台生网丝。庭树发红彩,闺草含碧滋。'此以一联骤括其四句之意。"钱仲联《集释》:"《说文》:'茸,草茸茸貌。'"

⑥ 夫:文本、廖本、王本、蒋之翘《辑注》均作"天"。钱仲联《集释》:"《东野集》及秀野堂、雅雨堂两诗注本俱作'夫'。"方世举《笺注》:"《水经注》(卷一〇):'漳水历望夫山,山之南有石人伫于山上,状有怀于云表,因以名焉。'"有关望夫石、望夫山的传说、记载较多。《清一统志》卷一二〇《太平府》:安徽当涂县西北有望夫山,谓昔有人往楚,数年不归,其妻登此山眺望,乃化为石。《初学记》卷五南朝宋刘义庆《幽明录》:"武昌北山上有望夫石,状若人立。古传云:昔有贞妇,其夫从役,远赴国难,携弱子饯送此山。立望夫而化为立石,因以为名焉。"清有传奇《望夫石》写清初海上之变,常熟戴高因株连受大辟,有子研生聘王氏女琴娘为妻,后王氏避祸他徙,不敢与戴氏通往来。琴娘矢志不变,以待研生,后得圆成。另有《侠烈传》。

⑦ 钱仲联《集释》:"《东野集》注曰:水,一作'池'。"方世举《笺注》:"鲍照诗(《赠故人马子乔》):'双剑将离别,先在匣中鸣。'"水

中龙,见卷二《利剑》注。此用《晋书·张华传》事:雷焕得丰城宝剑,一与张华,一自佩。"华诛,失剑所在。焕卒,子华为州从事,持剑行经延平津,剑忽于腰间跃出堕水。"化为两龙而去。此喻有冤必鸣。此乃退之自谓。蒋之翘《辑注》:"末二句自是退之本色句法。"亦比韩孟之思合也。

【汇评】

宋范晞文:联句,或二人三人,随其数之多寡不拘也。其法则不同,有跨句者,谓连作第二第三句,《城南》等作是也;有一人一联者,《会合》《遣兴》等作是也;有一人四句者,《有所思》等作是也。(《对床夜语》卷四)

遣兴联句①

元和元年

我心随月光,写君庭中央_郊②。月光有时晦③,我心安所忘_愈④。常恐金石契,断为相思肠_郊⑤。平生无百岁,岐路有四方_愈⑥。四方各异俗,适意非所将_郊⑦。驽蹄顾挫秣⑧,逸翮遗稻粱_愈⑨。时危抱独沉,道泰怀同翔_郊⑩。独居久寂默,相顾聊慨慷_愈。慨慷丈夫志⑪,可以耀锋铓_郊。蓬宁知卷舒,孔颜识行藏_愈⑫。殷鉴谅不远⑬,佩兰永芬芳_郊⑭。苟无夫子听,谁使知音扬_愈⑮。

【校注】

① 此首廖本收入《遗文》。朱《考异》:"方云:'见《孟东野集》。'"

② 钱仲联《集释》:"《诗》(《小雅·蓼萧》):'既见君子,我心写

兮。'毛传：'输写其心也。'按：《说文》（宀部）：'写，置物也。'徐灏笺：'古谓置物于屋下曰写，盖从他处传置于此室也。'又按：《礼记·曲礼》：'器之溉者不写，其余皆写。'正义：'写，谓倒传之也。'盖写有去此注彼之义。于此见东野用字之工。"钱说虽近是，却并未讲清楚。按诗意写同泻，即倾注，倾泻。意谓：我心随月光倾泻到你的庭院中。《周礼·地官·稻人》："以浍写水。"唐李白《扶风豪士歌》："开心写意君所知。"又《闻王昌龄左迁龙标遥有此寄》："我寄愁心与明月，随风直到夜郎西。"诗意用此。又唐杜甫《野人送朱樱》："数回细写愁仍破。"写（xiè，同泻），《说文》未收泻字，古籍借写为泻。泻字后出。

③ 钱仲联《集释》："《释名》：'晦，月尽之名也。晦，灰也，火死为灰，月光尽似之也。'"阴历每月的最后一天。《说文·日部》："晦，月尽也，从日每声。"段注："朔者，月一日始苏，望者、月满与日相望似朝君，字皆从月。月尽之字独从日者，明月尽而日如故也。日如故则月尽而不尽也，引申为凡光尽之称。"《春秋》僖公十五年："（九月）己卯晦，震夷伯之庙。"《史记·孝文本纪》："十一月晦，日有食之。"《全唐诗》卷一李世民《月晦》："晦魄移中律，凝暄起丽城。"又卷七二周彦晖《晦日宴高氏林亭》："砌蘂收晦魄，津柳竞年华。"

④ 钱仲联《集释》："《诗》（《小雅·隰桑》）：'中心藏之，何日忘之。'"此承上句谓：月有朔、望、晦之变化，而我对君之情藏之于心，何日能忘呢？

⑤ 钱仲联《集释》引陈延杰注："阮籍诗（《文选》卷二三《咏怀》诗十七首之二）：'如何金石交，一旦更离伤？'"实则孟郊此二句诗融阮诗"倾城迷下蔡，容好结中肠"及"如何金石交，一旦更离伤"四句之意。

⑥ 岐路：同歧路。方世举《笺注》："《列子·说符篇》：'岐路之中又有岐焉，吾不知所之。'"岐（qí巨支切，平，支韵），或作"歧"，岔道。《释名·释道》："（道）二达曰岐旁，物两为岐，在边曰旁。此道

并通出似之也。"岐路，岔道。又《列子·说符篇》："杨子曰：'嘻！亡一羊，何追者之众？'邻人曰：'多岐路。'"

⑦ 适意非所将：廖本作"异"，屈《校注》作"适异"。钱仲联《集释》作"适意"。《孟郊集》作"适意"。适意，惬意。作"适意"，是。《晋书·文苑传》："（张）翰因见秋风起，乃思吴中菰菜、莼羹、鲈鱼脍，曰：'人生贵得适志。'"作"适意"善，既不与上句重，亦合韩公意。将，持也。《诗·小雅·无将大车》："无将大车，只自尘兮。"《木兰诗》："爷娘闻女来，出郭相扶将。"钱仲联《集释》："非所将，承上句言。《诗》毛传：'将，愿也。'"谓：各地不同的环境，虽适意却不是我所需要的。

⑧ 挫秣：切草喂马。挫，莝的借字，亦借作"䂳"。莝，切碎的草。《史记·范雎列传》："范雎大供具，尽请诸侯使……而坐须贾于堂下，置莝豆其前，令两黥徒夹而马食之。"又铡草。《汉书·尹翁归传》："豪强有论罪，输掌畜官，使斫莝，责以员程，不得取代。"方世举《笺注》："《诗·鸳鸯》（《小雅》）：'乘马在厩，摧之秣之。'"

⑨ 遗（wèi 以罪切，去，至韵）：给予，赠送。《书·大诰》："宁王遗我大宝龟，绍天明即命。"方世举《笺注》："郭璞诗（《文选》卷二一《游仙》诗七首之四）：'逸翮思拂霄，迅足羡远游。'"逸翮，指强健善飞的鸟的翅膀。《宋书·谢灵运传》："伤粒食而兴念，眷逸翮而思振。"唐刘长卿《白鹭》诗："幽姿闲自媚，逸翮思一骋。"亦指疾飞的鸟。宋苏轼《谢秋赋试官启》："翻然如界之羽翼，追逸翮以并游；沛然如假之舟航，临长川而获济。"清王吉武《读史杂感》诗："樊笼羁逸翮，盐车困霜蹄。"此承上句指马，下句谓鸟。钱仲联《集释》引陈延杰注："言有适意者，不要名爵。鲍照《舞鹤赋》：'空秽君之园池，徒惭君之稻粱。'"

⑩ 钱仲联《集释》引陈延杰注："《抱朴子》：'躁静异尚，翔沉舛情。'"按：此《抱朴子外篇·任命》卷一九。与韩公《双鸟》诗同意。虽可泛指，亦可具实：上句自指其坐上《状》贬阳山令；下句谓今之同游。

⑪ 方世举《笺注》:"慨慷:魏武帝诗(《短歌行》):'慨当以慷。'丈夫志:曹植诗(《赠白马王彪诗》):'丈夫志四海,万里犹比邻。'"钱仲联《集释》:"月光、四方、慨慷,皆辘轳而下。"

⑫ 蘧宁:蒋抱玄《评注》:"袁宏《三国名臣序赞》:'故蘧宁以之卷舒,柳下以之三黜。'"钱仲联《集释》引陈延杰《注》:"《论语》:'子曰:宁武子邦有道则知,邦无道则愚。其知可及也,其愚不可及也。'又:'君子哉蘧伯玉,邦有道则仕,邦无道则可卷而怀之。'"见《公冶长》。方世举《笺注》:"潘岳《闲居赋》:'犹内愧于宁蘧。'"此指古之贤者:宁武子,宁武,名宁戚,又称宁遬,春秋齐大夫也。《韩非子·外储说左下》:"管仲曰:'……垦草仞邑,辟地生粟,臣不如宁武,请以为大田。'"《吕氏春秋·勿躬》:"管仲复于桓公曰:'垦田大邑,辟土艺粟,尽地力之利,臣不若宁遬,请置以为大田。'"注:"古戚、遬同音,遬即速。"蘧伯玉,春秋卫大夫,名瑗,以字行。年五十而知四十九年之非。卫灵公与夫人南子夜坐,闻车声辚辚,至阙而止。夫人曰:此伯玉也。公曰:何以知之?曰:君子不为冥冥堕行。伯玉,贤大夫也,是以知之。

卷舒、行藏:方世举《笺注》:"潘岳《西征赋》:'孔随时以行藏,蘧与国而舒卷。'"蒋抱玄《评注》:"《论语》(《述而》):子谓颜渊曰:'用之则行,舍之则藏,惟我与尔有是夫!'"行藏,谓君子行事:出处和行止,出仕即行所学之道,否则退隐藏道以待时机。杜甫《江上》:"勋业频看镜,行藏独倚楼。"

⑬ 殷:《韩集》作"殷"。《孟郊集》作"朗"。作"殷"、作"朗"均可。蒋抱玄《评注》:"陆机《君子行》:'朗鉴岂远假。'"朗鉴,即明镜。钱仲联《集释》引陈延杰注:"《诗·大雅》(《荡》):'殷鉴不远[,在夏后之世]。'"《诗·大雅·荡》笺:"此言殷之明镜不远也。近在夏后之世,谓汤诛桀也。"

⑭ 方世举《笺注》:"屈原《离骚》:'纫秋兰以为佩。'"此指二人友谊如芬芳的秋兰。

⑮ 韩公有《知音者诚希》:"知音者诚希,念子不能别。行行天

未晓,携手踏明月。"《古诗十九首》之五:"不惜歌者苦,但伤知音稀。"《与孟东野书》:"足下知吾心乐否也!吾言之而听者谁欤?……言无听也,唱无和也,独行而无徒也,是非无所与同也,足下知吾心乐否也!"可见韩孟友谊之深。

【汇评】

宋范晞文:《遣兴联句》东野云:"我心随月光,写君庭中央。"退之云:"月光有时晦,我心安所忘。"词贯意串,如同一喙。不然,则真四公子棋耳。(《对床夜语》卷四)

明蒋之翘:全诗有古致。(《韩昌黎集辑注》遗文)

蒋抱玄:两人对口,如一鼻孔出气,故能以跌宕见长,足证韩、孟两人意气相合。(《注释评点韩昌黎诗全集》)

赠剑客李园联句①

元和元年

天地有灵术②,得之者唯君_郊。筑炉地区外,积火烧氛氲_愈③。照海铄幽怪④,满空歊异氛_郊⑤。山磨电奕奕⑥,水淬龙蝹蝹_愈⑦。太一装以宝⑧,列仙篆其文_郊⑨。可用慴百神⑩,岂唯壮三军_愈⑪。有时幽匣吟⑫,忽似深潭闻_郊⑬。风胡久已死⑭,此剑将谁分_愈⑮。行当献天子,然后致殊勋_郊⑯。岂如丰城下,空有斗间云_愈⑰。

【校注】

① 此首廖本收入《遗文》。朱《考异》:"方云:'见《孟东野集》。'"李园,不详,查《全唐诗》,仅张继等三人《春申君》诗提到三千客李园,非此剑客李园也。未见有关此李园之诗,待考。

②方世举《笺注》:"灵术:崔融《咏剑》诗:'五精初献术,千户竞论都。'"

③方世举《笺注》:"筑炉:潘尼《武军赋》:'炼质于昆吾之灶,定形于薛烛之炉。'《抱朴子》:'五月丙午日,下铜于神炉中,以桂薪烧之。剑成,带之入水,则蛟龙不敢近人。'"蒋抱玄《评注》:"蔡邕《太傅胡公碑》:'亘地区,充天宇。'"地区,指人世。《汉语大词典》以此诗为例。突出剑的神奇。方世举《笺注》:"氤氲:李峤《宝剑》篇:'五彩焰起光氤氲。'"氤氲,气盛貌。《文选》卷一三谢惠连《雪赋》:"霰淅沥而先集,雪纷糅而遂多。其为状也,散漫交错,氤氲萧索。"

④蒋抱玄《评注》:"《拾遗记》:'越王勾践铸八剑,五曰惊鲵,以之沉海,鲸鲵深入。'"钱仲联《集释》:"《楚辞》王逸注:'铄,销也。'"王嘉《拾遗记·昆吾山》:"至越王勾践,使工人以白马、白牛祠昆吾之神,采金铸之,以成八剑之精:一名掩日……五名惊鲵,以之泛海,鲸鲵为之深入。"

⑤歊(xiāo 许娇切,平,宵韵):气上升貌。《说文·欠部》:"歊,气上出貌。从欠高,高亦声。"段注:"《汉书·叙传》:'曲阳歊歊。'师古曰:'气盛也。按今本作歊,非,《祭义》假蒿字为之。'郑曰:'蒿,谓气烝出貌也。'"歊,本字;歊,后出字;蒿,借字。《后汉书·班彪传》附班固《宝鼎诗》:"岳修贡兮川效珍,吐金景兮歊浮云。"异氛,指剑气。《晋书·张华传》:"(雷)焕曰:'仆察之久矣,惟斗牛之间,颇有异气。'华曰:'是何祥也?'焕曰:'宝剑之精,上彻于天耳。'"《全唐诗》卷六八崔融《咏宝剑》诗:"匣气冲牛斗,山形转辘轳。"此句说剑气。

⑥电奕奕:方世举《笺注》:"张协《七命》:'光如散电。'傅休奕诗:'奕奕金华辉。'"奕奕,高大,盛美。《诗·大雅·韩奕》:"奕奕梁山,维禹甸之。"又《鲁颂·閟宫》:"新庙奕奕。"《北齐书·琅邪王俨传》:"琅邪王眼光奕奕,数步射人。"

⑦蒋抱玄《评注》:"《汉书·武帝纪》'龙渊宫'注:'在西平界,

其水可用淬刀剑,特坚利,古龙渊之剑,取于此水。'"方世举《笺注》:"水淬:张协《泰阿剑铭》:'淬以清波,砺以越砥。'龙蝘蝘:张衡《西京赋》(《文选》卷二):'海鳞变而成龙,状蜿蜿以蝘蝘。'"此又写剑光。钱仲联《集释》:"《文选》(卷四七)王褒《圣主得贤臣颂》:'清水淬其锋。'刘良注:'淬谓烧刃令热,渍于水中也。'"

⑧方世举《笺注》:"太乙:《越绝书》:'越王有宝剑五,召薛烛而示之。烛曰:当造此剑之时,赤堇之山破而出锡,若耶之溪涸而出铜,雨师扫洒,雷公击橐,蛟龙捧炉,天帝装炭,太乙下观,天精下之。'"

⑨方世举《笺注》:"装宝、篆文:曹植《七启》:'步光之剑,华藻繁缛,缀以骊龙之珠,错以荆山之玉。'"南朝梁陶弘景《刀剑录》:"夏禹子帝启,在位十年,以庚戌八年铸一铜剑,长三尺九寸,后藏之秦望山腹。上刻二十八宿,文有背面,面文为星辰,背记山川日月。"

⑩慑百神:方世举《笺注》:"《吴越春秋》:'干将作剑,百神临观。'"

⑪壮三军:方世举《笺注》:"《越绝书》:'楚王引太阿之剑,登城而麾之,三军破败。'"此句与上句倒装:难道此剑只能壮三军吗?还是可以用来震慑百神呢!

⑫幽匣吟:王嘉《拾遗记·颛顼》:"有曳影之剑,腾空而舒,若四方有兵,此剑则飞起指其方,则克伐;未用之时,常于匣里,如龙虎之吟。"

⑬钱仲联《集释》:"陈延杰注:'言剑鸣幽匣,如龙吟于深潭也。'"此二句谓剑鸣幽匣,如闻龙吟深潭也。

⑭方世举《笺注》:"《吴越春秋》:'楚昭王得吴王湛卢之剑,召风胡子而问之。风胡子曰:昔越王允常使欧冶子造剑五枚,今欧冶死,吴虽倾城量金,珠玉盈河,犹不能得此宝。'"

⑮钱仲联《集释》:"《说文》:分,别也。"分,本作分开解。《史记·秦始皇本纪》:"分天下以为三十六郡。"引申为区别、分辩。

《论语·微子》:"四体不勤,五谷不分,孰为夫子?"

⑯ 此谓欲荐剑客李园。即杜甫《蕃剑》诗"持汝奉明王"意。

⑰《晋书·张华传》:"吴之未灭也,斗牛之间常有紫气。……〔张华召雷焕问之,〕即补焕为丰城令。焕到县,掘狱屋基,入地四丈余,得一石函,光气非常。中有双剑,并刻题,一曰龙泉,一曰太阿。其夕,斗牛间气不复见焉。"韩公《赴江陵途中寄赠三学士》诗:"雷焕掘宝剑,冤气销斗牛。"亦请三学士荐之也。又见雷次宗《豫章记》。

此联句诗亦爱贤才,荐贤才,为贤才不得其用鸣不平。

【汇评】

蒋抱玄:写剑字特细切。(《注释评点韩昌黎诗全集》)

遗诗　诗

同窦牟韦执中寻刘尊师不遇①
元和五年

秦客何年驻？仙源此地深②。还随蹑凫骑③，来访驭风襟④。院闭青霞入⑤，松高老鹤寻⑥。犹疑隐形坐⑦，敢起窃桃心⑧。

【校注】

①朱《考异》："方云：此诗得于《五窦联珠集》。公时任都官外郎，同洛阳令窦牟、河南令韦执中以访之，元和五年也。诗以同、寻、师为韵，人各一首，洪氏《年谱》亦见。"方《举正》无出此条，当为方刊《韩集》注。廖本外集遗诗收此诗，列三联句后。文本收此诗，列《池上絮》诗后。《洪谱》："五窦《联珠》云：洛阳令窦牟陪韩院长、韦河南同寻刘尊师不遇，得同字曰：'仙客诚难访，吾人岂易同。独游应驻景，相顾且吟风。药畹琼枝秀，斋轩粉壁空。不题三五字，何以达壶公。'都官员外郎韩愈得寻字云云。河南县令韦执中得师字：'早尚逍遥境，常怀汗漫期。星郎同访道，羽客杳何之？物外求仙侣，人间得我师。不知烂柯者，何处看围棋？'"公诗集中不载，是诗以"同寻师"为韵，亦古人分韵之例也。《窦牟墓志》云："元和五年（810），真拜尚书虞部郎中，转洛阳令。"《祭文》云："分宰河洛，愧立并躬。"寻刘尊师时窦为洛阳令，公为郎官，其后乃分宰河、洛也。

宋洪迈《容斋四笔》卷六《韩文公逸诗》："唐《五窦联珠集》载,窦牟为东都判官,陪韩院长、韦河南同寻刘师不遇,分韵赋诗。都官员外郎韩愈得寻字,其语云……今诸本《韩集》皆不载。近者莆田方崧卿考证访迹甚至,犹取《联珠》中窦庠《酬退之岳阳楼》一大篇,顾独遗此,何也?"王元启《记疑》："方云:此诗得于《五窦联珠集》。公时任都官外郎,同洛阳令窦牟,河南令韦执中以访之,元和五年也。诗以同、寻、师为韵,人各一首。按:注家每以公五年所作诗文概指为为令河南所作。独韩醇谓五年冬,始改河南令,读此知是年春夏之交令河南者为韦执中。又考《薛戎志》:先公令河南者尚有薛戎一人。韩说必有据依,盖可信也。"《全唐诗》小传:"窦牟,字贻周,举贞元[二年]进士第,历佐[河阳、昭义]从事,后为留守判官,检校尚书都官郎中,出为泽州刺史,改国子司业,卒。有集十卷。今存诗二十一首。"又"韦执中,京兆人,河南县令,历泉州刺史。诗一首。"窦牟,新旧《唐书》有传。执中,新旧《唐书》无传。刘尊师,事迹不详。《韩学研究·韩愈年谱汇证》元和五年:"是年春夏韩愈有《同窦(牟)韦(执中)寻刘尊师不遇》。……诗当写于春夏。韩任都官员外郎、窦牟为东都留守判官检校尚书都官郎中、韦执中任河南令时。韦执中任河南令后,愈任河南令前,尚有薛戎任过河南令。愈《唐故朝散大夫越州刺史薛公墓志铭》云:'薛戎元和四年征拜尚书刑部员外郎',后'迁河南令'。当在秋冬。故此诗之写,最晚不逾秋天。"其仕历可参韩公《薛公墓志铭》。

② 陶渊明《桃花源记》:"自云先世避秦时乱,率妻子邑人来此绝境,不复出焉,遂与外人间隔。"唐王维《桃源行》:"春来遍是桃花水,不辨仙源何处寻。"以"桃花源"比刘尊师所居之处也。

③ 蹑凫:方世举《笺注》:"《后汉书·方术传》:王乔,河东人也。显宗世为叶令。乔有神术,每月朔望,常自县诣台朝,帝怪其来数而不见车骑,密令太史伺望之。言其临至,辄有双凫从东南飞来。于是候凫至,举罗张之,但得一只舄焉。"钱仲联《集释》:"《风俗通义》:俗说孝明帝时,尚书郎河东王乔迁为叶令。乔有神术,每

月朔常诣台朝,帝怪其数而无车骑,密令太史候望。言其临至时,常有双凫从南飞来。因伏伺见凫举罗,但得一双舃耳。使尚方识视,四年中所赐尚书官属履也。"事又见《后汉书·王乔传》、晋干宝《搜神记》卷一,字稍异。

④ 顾嗣立《集注》:"《庄子·逍遥游》篇:'列子御风而行,泠然善也。'"何焯《义门读书记》卷三四:"但用'驭风'二字即已暗藏不遇矣。笔墨之敏妙至此。"清纪昀《瀛奎律髓刊误》:"趁韵。"

⑤ 青:文本作"清",非。诸本作"青",是。《文选》卷一六江淹(文通)《恨赋》:"郁青霞之奇意,入修夜之不晹。"李善注:"青霞奇意志言高也。曹毗《临园赋》曰:'青霞曳于前阿,素籁流于森管。'"

⑥ 何焯《义门读书记》卷三四:"'院闭青霞入'二句,含下'隐形'又不寂寞。但用'驭风'二字即已暗藏不遇矣。笔墨之敏妙至此。"蒋抱玄《评注》:"清逸。"

⑦ 隐形:文本、廖本、王本作"隐"。王元启《记疑》:"隐形,徽本作'影形',非是。"方世举《笺注》:"《后汉书·方术传》:'解奴辜、张貂皆能隐沦,出入不由门户。'《神仙传》:'李仲甫能步诀隐形,初隐百日,一年复见形,后遂长隐。'"

⑧ 魏本《读东方朔杂事》注引樊汝霖曰:"《汉武帝内传》:'帝好长生。七夕,西王母降其宫。有顷,索桃七枚,以四枚与帝,自食三枚,曰:此桃三千年一实。时东方朔从殿东厢朱鸟牖中窥母,母谓帝曰:此窥牖儿尝三来偷吾此桃。'"何焯《义门读书记》卷三四:"结不遇,变化。'桃'字又与'仙源'暗应。"纪昀《瀛奎律髓刊误》:"末二句尤鄙猥。"

【汇评】

元方回:"同前得寻字":此诗《昌黎集》中无之,附见《五窦联珠集》。是时昌黎偕窦牟及河南县令韦执中分韵曰:"同寻师,执中得'师'字。"末句曰:"不知柯烂者,何处看围棋(执中诗)",亦佳。(《瀛奎律髓》卷四八仙逸类)

明蒋之翘:此诗为退之所作,似确有证。但气格与正集诸诗绝不相肖。(《韩昌黎集辑注》遗文)

清何焯:《同窦牟韦执中寻刘尊师不遇》窦诗止三四佳,不及公远甚,韦甚凡鄙。公此诗直当与沈、宋抗行也。发端得"寻"字神味。"院闭青霞入"二句,含下"隐形"又不寂寞。但用"驭风"二字即已暗藏不遇矣。笔墨之敏妙至此。"犹疑隐形坐"二句,结不遇,变化"桃"字,又与"仙源"暗应。(《义门读书记》卷三四)

清王元启:此诗首叙刘师住处,颔联言随二令寻师,腹联言不遇,落句仍从不遇生波。(《读韩记疑》卷一〇)

清纪昀:"同前得寻字":通体平平,四句趁韵,末二句尤鄙猥。此盖酬应之作,弃不存稿者。虚谷搜载以炫博,殊失古人之意。(《瀛奎律髓刊误》卷四八仙逸类)

清王鸣盛:《同窦牟韦执中寻刘尊师不遇》方云:"此诗得于《五窦联珠集》。公时任都官员外郎,同洛阳令窦牟、河南令韦执中以访之,元和五年也。诗以'同''寻''师'为韵,人各一首。"按《容斋四笔》云:"唐《五窦联珠集》载,窦牟为东都判官,陪韩院长、韦河南同寻刘师不遇,分韵赋诗。都官员外郎韩愈得'寻'字云云。今诸本《韩集》皆不载。近者莆田方崧卿考证,访赜甚至,犹取《联珠》中窦庠《酬退之登岳阳楼》一篇。顾独遗此,何也?"然则此首非方崧卿所取,何以有"方云"邪?(《蛾术编》卷七六)

春雪①

元和元年

片片驱鸿急,纷纷逐吹斜②。到江还作水,著树渐成花③。越喜飞排瘴,胡愁厚盖砂④。兼云封洞口,助月照天涯⑤。暝见迷巢鸟,朝逢失辙车⑥。呈丰尽相贺,宁止力耕家⑦。

【校注】

① 廖本收此诗,列《外集·遗诗·同窦韦寻刘尊师不遇》诗后。朱《考异》:"方云:此诗得于《文苑英华》,其后即以正集中《春雪》诗首句云'新年都未有芳华'者系之,疑亦公作也。已上并方本所载,诸本所无者,今悉存之。诸本更有遗文一卷,方独取《赠族侄》《嘲鼾睡》三篇,余并不录。今并附见于后,其可疑者,亦但存其目而不载其文云。"《文苑》卷一五四收韩愈《雪》诗四首,有此诗。方成珪《诗文年谱》(永贞二年):"此见《遗文》,未详何年作,以前诗类次之。"《韩学研究·韩愈年谱汇证》系元和元年,云:"《春雪》(片片驱鸿急)从诗里'到江还作水''越喜飞排瘴'所写地气看,当为江陵法曹遇春雪所写。在阳山虽遇春而无雪,在长安、洛阳虽能遇春雪而无此地之景。"

② 雪花飘洒的态势。上着一"急"字,谓雪坠落有力而大;下句着一"斜"字,出风吹雪花飘落的姿态,赋物肖似。

③ 蒋抱玄《评注》:"轻丽。"写雪落在不同处的变化,虽是平常语,亦算真实而清丽也。

④ 厚:《文苑》作"原",注:"一作'厚'。"按上下句对,此作"厚"字是。砂,同沙。沙本字,砂后起字。

⑤ 兼云中隐一"雪"字,白天云雪弥漫,物体均被掩盖,眼不能见也。而夜晚月照白雪,雪助月光,一望无际,故云"照天涯"也。

⑥ 写雪天的自然现象:鸟找不到巢,而路被雪掩盖,故云"失辙车"也。

⑦ 蒋抱玄《评注》:"《楚辞》(屈原《卜居》):'宁诛锄草茅以力耕乎?'"此乃寓"瑞雪兆丰年"也。

赠族侄①
贞元十五年

我年十八九,壮气起胸中。作书献云阙②,辞家逐秋蓬③。岁时易迁次,身命多厄穷④。一名虽云就,片禄不足充⑤。今者复何事?卑栖寄徐戎⑥。萧条资用尽,濩落门巷空⑦。朝眠未能起,远怀方郁惊⑧。击门者谁子?问言乃吾宗⑨。自云有奇术,探妙知天工⑩。既往怅何及,将来喜还通⑪。期吾语非佞⑫,当为佐时雍⑬。

【校注】

① 此诗见诸本《遗文》。朱《考异》:"诸本更有《遗文》一卷,方独取《赠族侄》《嘲鼾睡》三篇,余并不录。今并附见于后,其可疑者,亦但存其目而不载其文云。"又云:"赠族侄,上或有'徐州'字。"文本"赠族侄"下有小字注"徐州"二字。廖本从朱,云:"上或有'徐州'字。"祝本"赠"字上有"徐州"二字,注:"此篇得于洪庆善《辨证》。"童《校诠》作"徐州赠族侄",当从祝本。钱仲联《集释》:"《酉阳杂俎》云:'韩侍郎有疏从子侄,自江淮来,年少狂率,韩责之。谢曰:某有一艺。因指阶前牡丹曰:要此花青紫黄赤唯命。韩试之。乃掘窠治根,七日花发,色白黄历绿,每朵有一联诗,字色紫,乃公出关时诗:云横秦岭家何在,雪拥蓝关马不前。韩大惊异。后辞归江淮,终不愿仕。'云云。此诗有'自云有奇术,探妙知天工'二语,当即此侄,《青琐高议》乃以此傅会于公侄孙湘,其后小说家言,展转增饰,益支离不可究诘。注公诗者,复引此诗为佐证。无论湘为公侄孙而非侄,籍曰题字有误,按之事实,亦不能通。湘为十二郎之长子,公贞元十九年作《祭十二郎文》云:'汝之子始十岁。'此诗云'卑栖寄徐戎',为贞元十五年事。时湘年才六岁耳,岂能远来徐州,复有妙探天工之奇术乎?《祭十二郎文》云:'吾佐戎徐州,使取汝者始行,吾又罢去,汝又不果来。'则不特湘不能至徐,即十二郎亦未来徐,此族侄为公疏从子侄明矣。"此诗云"卑栖寄徐戎",乃公在徐州张建封幕作,故《韩学研究·韩愈年谱汇证》系于贞元十五年。

② 蒋抱玄《评注》:"公以十九岁入京师,岂其时有上皇帝书耶? 未详。"按诗"作书献云阙"句看,时韩公当有书献上。云阙,宫阙,因其高大,故称。汉刘歆《甘泉宫赋》:"云阙蔚之岩岩,众星接之皓皓。"南朝宋鲍照《代陆平原君子有所思行》:"西上登雀台,东下望云阙。"均指宫廷。

③ 秋蓬:本为蓬蒿,叶针形,嫩可食,秋则枯黄,成圆球状,遇风则连根拔起,随风飞转,故称秋蓬、飞蓬、征蓬。比喻漂泊不定。《晏子春秋·杂上》:"譬之犹秋蓬也,孤其根而美枝叶,秋风一至,根且拔矣。"汉桓宽《盐铁论·非鞅》:"譬若秋蓬被霜,遭风则零落,虽有十子产如之何?"《汉语大词典》亦引韩诗为例。王维《使至塞上》:"征蓬出汉塞,归雁入胡天。"蒋抱玄《评注》:"《说苑》(《敬慎》):'秋蓬恶于根本,而美于枝叶,大风一起,根且拔矣。'"

④ 钱仲联《集释》:"言日月流逝也。白居易《感秋咏意》:'炎凉迁次速如飞,又脱生衣著熟衣。'杜甫《王十五司马弟出郭相访兼遗营茅屋赀》:'客里何迁次,江边正寂寥。'又《入宅三首》:'客居愧迁次,春酒渐多添。'"厄穷,危难、穷困。

⑤ 上句指韩公贞元八年中进士,乃一名之就也。下句谓他贞元十二年秋后佐汴州董晋幕,后任推官及十五年佐徐州张建封幕事,虽有禄而薄也。《新唐书·韩愈传》:"擢进士第,会董晋为宣武军节度使,表署观察推官。"蒋抱玄《评注》:"片者小之喻,与寸禄同。左思诗:'外望无寸禄。'"童《校诠》:"第德按:说文:片,判木也,从半木。论语颜渊篇:片言可以折狱者,郑注:片,半也,汉书李陵传:一半冰。如淳曰:半读曰片,或曰五升曰半,项籍传:卒食半菽,孟康曰:半,五升器名也。此诗片禄,片为半之借字,犹云升斗之禄也。"

⑥ 徐戎:谓徐泗节度使张建封戎幕,贞元十五年二月,董晋卒,汴州军乱,韩公去汴至徐,依建封。《新唐书·韩愈传》:"汴军乱,乃去依武宁节度使张建封。"即韩公自云:两佐戎幕也。

⑦ 萧条:此作凋零、枯竭解,即囊中羞涩也。《文选》卷一班固

《西都赋》:"原野萧条,目极四裔。"又卷三八南朝宋傅亮《为宋公至洛阳谒五陵表》:"廛里萧条,鸡犬罕音。"钱仲联《集释》:"据诗意,是时公居符离睢上,尚未为节度推官。"韩公《与李翱书》:"仆之家本穷空,重遇攻劫,衣服无所得,养生之具无所有,家累仅三十口,携此将安所归托乎?"瀌落,空廓,引申为沦落失意。唐王昌龄《赠宇文中丞》:"仆本瀌落人,辱当州郡使。"宋苏轼《蒜山松林中可卜居余欲僦其地地属金山故作此诗与金山元长老》:"我材瀌落本无用,虚名惊世终何益?"《汉语大词典》引韩诗为例。童《校诠》:"案:广韵十九铎:瀌,胡郭切,瀌落叠韵。亦作瓠落,庄子逍遥游:则瓠落无所容,释文:瓠,户郭反,司马音護。案:释文音瓠,与瀌同。"

⑧ 郁悰:高兴,欢乐;或作忧虑,思念解。郁,盛貌。悰,乐也。《说文·心部》:"悰,乐也。从心,宗声。"南朝齐谢朓《游东田》诗:"戚戚苦无悰,携手共行乐。"郁悰,或作忧思解,即思念远方的亲人。童《校诠》:"说文:悰,乐也,谢玄晖游东田诗:戚戚苦无悰,亦以悰为乐,与此诗郁悰为忧思之义不合。或曰:以乐为忧犹乱之训治,汩之训乱之例,未知是否! 共详之。一曰悰当为忡,说文:忡,忧也,从心,中声,诗曰:忧心忡忡。"

⑨ 问,韩公问敲门者谁;言,敲门者答:宗亲,即族侄。此乃一问一答。

⑩ 屈《校注》:"奇术,据下文,似指相命之术。"奇术,奇异之术,得天工之妙。天工,自然造化。旧注多指育花之技也。按诗结语之意,则指卜术之士所言。

⑪ 钱仲联《集释》:"通,顺利也。《北史·平恒传》:'祖视、父儒,并仕慕容为通宦。'通宦者,达官显贵也。"屈《校注》:"通,谓通显。《论语·微子》:'往者不可谏,来者犹可追。'"

⑫ 吾:钱仲联《集释》作"我"。诸本作"吾",从之。作"我"成律句,韩公古诗多不用律句。佞,才能。此为谦称无能为无佞。《左传》成公十三年:"寡人不佞。"或僖公十五年。

⑬ 时雍:指当时太平盛世。《书·尧典》:"黎民于变时雍。"

《汉书·刑法志》:"顺稽古之制,成时雍之化。"此二句谓:我不是没有才能,希望能辅佐太平盛世的圣明天子。

【汇评】

清方世举:按:某注《蓝关》诗谬引此诗以作证佐,于第十卷中既尝辨之矣。此诗更与蓝关之事无涉。"探妙知天公"者,不过如星士之言,故云"既往怅何及,将来喜还通"也。词浅意陋,或非公作。(《韩昌黎诗集编年笺注》卷一)

章士钊:贞元十五年,退之在徐州,依武宁节度使张建封,一官落拓,空无所归。《与李翱书》"仆之家本穷空,重遇攻劫,衣服无所得,养生之具无所有,家累仅三十口('仅'在此从多义,即谓不仅三十口也),携此将安所归托乎?舍之入京不可也,絜之而行不可也,足下将安以为我谋哉"诸语,正可与诗中"萧条"二字相印证。"奇术"当指治牡丹使花,此时十二郎尚在,"吾佐戎徐州,使取汝者始行,吾又罢去",见于退之祭文。韩湘方五龄童子,更无能擅莳花之术,亦一旁证。成式所述韩侄治牡丹之法,与现代北京用温室烘培不时之花,有相类处。又名唐花(唐花即堂花,见宋周密《齐东野语》),疑唐时已有此法。退之瞢然无所见,目为奇术,亦即道家之幻术,对之大加欣赏,咏为诗歌,盖深中道家之毒而不自知,岂特寡闻已哉?(《柳文指要》下《通要之部》卷一一)

嘲鼾睡二首[①]

元和二年

其一

澹师昼睡时,声气一何猥[②]。顽飙吹肥脂,坑谷相嵬磊[③]。雄唬乍咽绝[④],每发壮益倍。有如阿鼻尸,长唤忍众

罪⑤。马牛惊不食⑥,百鬼聚相待⑦。木枕十字裂,镜面生
痱瘟⑧。铁佛闻皱眉,石人战摇腿⑨。孰云天地仁⑩?吾
欲责真宰⑪。幽寻虱搜耳⑫,猛作涛翻海⑬。太阳不忍明,
飞御皆惰怠⑭。乍如彭与黥,呼冤受菹醢⑮。又如圈中虎,
号疮兼吼馁⑯。虽令伶伦吹⑰,苦韵难可改⑱。虽令巫咸
招,魂爽难复在⑲。何山有灵药⑳?疗此愿与采㉑。

【校注】

① 此诗载诸本《遗文》。朱《考异》:"诸本更有遗文一卷,方独取《赠族侄》《嘲鼾睡》三篇,余并不录。"按《举正》无此三篇,当是方刊《韩集》。祝本、王本引洪兴祖曰:"李希声家有退之遗诗数十篇,希声云:皆非也,独《嘲鼾睡》二篇似之,录于末。"钱仲联《集释》:"公《送诸葛觉往随州读书》诗韩醇注:'诸葛觉,或云即澹师,公逸诗有澹师《鼾睡》二首,为此人作。'《贯休集》作诸葛珏,其怀珏诗云:'出山因觅孟,踏雪去寻韩。'注云:'遇孟郊、韩愈于洛下。'又注:'诸葛曾为僧,名澹然。'题'珏'字下注:'一作觉。'贯休时代在后,此他人诗误入《贯休集》者。据洪兴祖《韩子年谱》云:'元和二年丁亥,分教东都生。'而孟东野则于此时为河南尹郑馀庆宾佐,皆在洛阳。澹师访二公,疑在此时。《说文》:'鼾,卧息也,从鼻,干声。读若汗。'"文《详注》:"旱,《说文》:卧息也。"何焯《义门读书记》卷三〇:"诸葛觉,《贯休集》作珏。"《全唐诗》卷七八九收李益、韦执中、诸葛觉、贾岛联句《天津桥南山中各题一句》:"野坐分苔席益,山行绕菊丛执中。云衣惹不破觉,秋色望来空岛。"《全唐诗》卷八三〇贯休《怀诸葛珏(一作觉)二首》其一:"诸葛子作者,诗曾我细看。出山因觅孟,踏雪去寻韩(注:遇孟郊、韩愈于洛下)。谬独哭不错(注:诸葛云:思牵吴岫起,吟索剡云开),常流饮实难(注:诸葛曾为僧,名然。有诗云:到处自凿井,不能饮常流)。知音知便了,归去旧江干。"《全唐诗·贯休小传》:"贯休,字德隐,俗姓姜氏,兰

溪人，七岁出家，日读经书千字，过目不忘。既精奥义，诗亦奇险，兼工书画。初为吴越钱镠所重。……天复中(901—903)，入益州，王建礼遇之，署号禅月大师，或呼为得得来和尚，终于蜀，年八十一。"贯休能诗，亦受韩愈诗奇险影响。前蜀王建(907—918)时，贯休已届晚景，当生于韩愈卒后。诸葛觉当与贾岛同时，贯休恐亦未与诸葛觉谋面，其《怀诸葛觉》诗是否他所作，值得怀疑。然所云觉觅孟郊，寻韩愈，当实有其事。

② 钱仲联《集释》："《说文》(犬部)：'猥，犬吠声，从犬，畏声。'"《说文》段注："此本义也。《广韵》曰：'鄙也，今义也。'"屈《校注》："《汉书·沟洫志》颜师古注：'猥，多也。'"屈义不合韩诗，当从钱说，段注。无怪屈《校注》误解，《辞源》《王力古汉语字典》等皆未列此解，而首列"猥，多也"。《汉语大词典》列此解曰："猥，大；粗大。唐韩愈《嘲鼾睡》：'澹师昼睡时，声气一何猥！'"仅从字面上理解，虽不错，然不如《说文》及段注之溯其源也。

③ 屈《校注》："颃，疑当作'颅'。颅，喉也，见《说文·亢部》。颃飙，谓呼吸也。"此解勉强，况诸本无作"颅"字者，径改亦无据。颃，可作凶或坚强解。飙，暴风。颃飙，即大风，以此形容鼾声之大。坑，蒋抱玄《评注》："坑，本作'阬'。《史记·货殖传》：'犯晨夜，冒霜雪，驰阬谷。'"嵬磊，韩公《记梦》："隆楼杰阁磊嵬高。"形容澹师袒腹而卧，腹部像山石高高隆起。

④ 哮：《说文·口部》："哮，豕惊声也，从口孝声。"汉服虔《通俗文》："虎声谓之哮唬。"咽，塞也。《后汉书·董祀妻传·悲愤诗》："含哀咽兮涕沾颈。"形容鼾声一会儿如怒虎咆哮，一会儿似哀泣咽塞。

⑤ 钱仲联《集释》："《佛说观佛三昧海经》云：'何名阿鼻地狱？阿言无，鼻言遮；阿言无，鼻言救；阿言无闻，鼻言无动；阿言极热，鼻言极恼；阿言不闲，鼻言不住，名阿鼻地狱；阿言大火，鼻言猛热，猛火入心，名阿鼻地狱。阿鼻地狱纵广正等八千由旬。其五逆者，其人受罪，足满五劫。'"又屈《校注》："《大般涅槃经》十《一切大众

所问品》:'若有邪间,命终应生阿鼻地狱。'"阿鼻尸,即阿鼻罪,亦即阿鼻地狱之罪。佛徒术语,八大地狱之一,是最苦处,在地下最底部,终地狱如山,层层压在上边。此二句谓长听澹师鼾声,就像被打下阿鼻地狱受罪。因是嘲讥浮屠,故多用佛语。见下。

⑥钱仲联《集释》:"《大智度论》:'见合会大地狱中,恶罗刹狱卒,作种种形,牛马猪羊雕鹫鹑鸟,作此种种诸鸟兽头,而来吞噉咬啮龘掣罪人。'"

⑦钱仲联《集释》:"《山海经》:东北有门,名曰鬼门,万鬼所聚也。"汉王充《论衡·订鬼》:"《山海经》又曰:沧海之中,有度朔之山,上有大桃木,其屈蟠三千里,其枝间东北曰鬼门,万鬼所出入也。"此二句谓:澹师鼾声之大,鸟兽百鬼都惊呆了。

⑧文《详注》:"痱瘟,上音肥,下音溜。肿病也。"方成珪《笺正》:"《广韵》上声十四贿:痱瘟,皮外小起。"《辞源》:"皮外小肿。泛指小粒块。"引韩公此诗句为例。

⑨钱仲联《集释》:"《史记·魏其武安传》:'且帝宁能为石人耶?'"铁佛、石人均为无生命的死物。而澹师鼾声之大且怪,惊得铁佛皱眉,石人颤抖。

⑩蒋抱玄《评注》:"《大戴礼》:'天作仁。'又《墨子》:'禽子问:天孰与地仁?墨子曰:翟以地为仁。'"钱仲联《集释》:"《老子》:'天地不仁,以万物为刍狗。'"

⑪《庄子·齐物论》:"若有真宰,而特不得其朕。"杜甫《剑门》:"吾将罪真宰,意欲铲叠嶂。"

⑫虱:文本作"风",传写笔误。幽,深沉幽静,比喻鼾声细小。钱仲联《集释》:"《庄子》:'濡需者,豕虱是也。择疏鬣自以为广宫大囿,奎蹄曲隈,乳间股脚,自以为安室利处。'"谓声音像隐藏起来一样。

⑬以上二句形容鼾声惊人。

⑭惰:文本、祝本、王本作"堕"。廖本作"惰"。作懒、懈怠解,二字通。《孙子兵法·军争》:"避其锐气,击其惰归。"《荀子·非十

二子》:"佚而不惰,劳而不慢。"桓宽《盐铁论·散不足》:"作业堕怠,食必趣时。"谓太阳懒惰不肯出,而为太阳神驾车的羲和也怠惰了。《楚辞》屈原《离骚》:"吾令羲和弭节兮。"王逸注:"羲和,日御也。"

⑮ 祝本"黥"作"鲸",误。诸本作"黥",是。彭,彭越;黥,黥布。文《详注》:"彭,彭越也。黥,黥布也。彭越反汉,诛之,盛其醢以赐诸侯。《离骚》:'固前以菹醢。'"钱仲联《集释》:"《史记·彭越传》:'梁王怒其太仆,欲斩之。太仆亡走汉,告梁王与扈辄谋反。于是上使捕梁王囚之,赦以为庶人,传处蜀青衣。吕后白上曰:彭王壮士,今徙之蜀,此自遗患,不如遂诛之。遂夷越宗族。'"《史记·黥布传》:"汉诛梁王彭越,醢之,盛其醢遍赐诸侯。至淮南,淮南王方猎,见醢,因大恐。……遂西,与上兵遇蕲西,会甄。……遂大战。布军败走,……番阳人杀布兹乡民田舍,遂灭黥布。"《文选》卷四一李陵《答苏武书》:"韩彭菹醢。"菹醢,古代酷刑之一,把人剁成肉酱。《楚辞》屈原《离骚》:"后辛之菹醢兮,殷宗用而不长。"王逸注:"藏菜曰菹,肉酱曰醢。"遭澹师鼾睡之苦,真如彭黥菹醢一样冤枉。

⑯ 疮:创伤,疮痍之属。馁,饥饿。听澹师鼾睡之声如虎被圈起来,忍受伤痛、饥饿一样难受。

⑰ 吹:吹乐,即管乐器,此指"乐(yuè)律"。《韩非子·大体》:"不吹毛而求小疵。"引申为吹奏乐器。陶潜《述酒》:"王子爱清吹。"杜甫《遣兴》诗:"高楼夜吹笛。"伶伦,古乐师名。文《详注》:"伶伦,乐师也,黄帝使伶伦取嶰谷之竹,断两节间而吹之,为黄钟之宫。"《吕氏春秋·古乐》:"昔黄帝令伶伦作为律。"《汉书·律历志》上:"黄帝使泠纶,自大夏之西,昆仑之阴,取竹之解谷生,其窍厚均者,断两节间而吹之,以为黄钟之宫。"

⑱《文选》卷一八嵇康(叔夜)《琴赋》:"改韵易调,奇弄乃发。"

⑲ 文《详注》:"巫咸,古神巫也。弥('张'之误)衡《思玄赋》(《文选》卷一五):'枑巫咸使占梦[兮,乃贞吉之元符]。'"钱仲联

《集释》:"《楚辞·招魂》:'帝告巫阳曰:有人在下,我欲辅之;魂魄离散,汝筮予之。巫阳对曰:掌梦,上帝其命难纵。若必筮予之,恐后之谢,不能复用。'《说文》:'古者巫咸初作巫。'《左传》(昭公二十五年):'心之精爽,是谓魂魄。'"童《校诠》:"案:公残形操:巫咸上天兮,识者其谁,欲倩巫咸占梦,本张平子思玄赋。陆浑山火和皇甫湜诗:又诏巫阳返其魂。返魂用巫阳本宋玉招魂。此诗令巫咸招魂,疑巫咸当作巫阳。"巫咸,古巫名,神巫。一曰黄帝时人,《太平御览》卷七九引《归藏》:"昔黄帝与炎帝争斗涿鹿之野,将战,筮于巫咸。"二曰唐尧时人。《艺文类聚》卷七引晋郭璞《巫咸山赋序》:"盖巫咸者,实以鸿术,为帝尧医。"三曰殷中宗时人。《书·君奭》:"巫咸乂王家。"《离骚》:"巫咸将夕降兮,怀椒糈而要之。"王逸注:"巫咸,古神巫也。当殷中宗之世。"巫阳,古筮名,神医。《山海经·海内西经》:"开明东有巫彭、巫抵、巫阳、巫履、巫凡、巫相,夹窫窳之尸,皆操不死之药以距之。"注:"皆神医也。"《吕氏春秋·勿躬》:"巫彭作医,巫咸作筮。"似为两人,又混同。

⑳ 蒋抱玄《评注》:"《十洲记》:长洲一名青丘,仙草灵药,甘液玉英,靡所不有。"

㉑ 王本此二句属下首,误。今从诸本。

其二

澹公坐卧时,长睡无不稳①。吾尝闻其声,深虑五藏损②。黄河弄溃瀑③,梗涩遭拙鲧④。南帝初奋槌,凿窍泄混沌⑤。迥然忽长引⑥,万丈不可忖⑦。谓言绝于斯,继出方衮衮⑧。幽幽寸喉中⑨,草木森苯䔿⑩。盗贼虽狡狯,亡魂敢窥阃⑪。鸿蒙总合杂⑫,诡谲骋戾狠⑬。乍如斗呹呹⑭,忽若怨恳恳⑮。赋形苦不同,无路寻根本。何能埋其源⑯? 惟有土一畚⑰。

【校注】

① 蒋抱玄《评注》:"杜甫诗(《狂歌行·赠四兄》):'我兄睡稳方舒膝[,不袜不巾踏晓日]。'"

② 钱仲联《集释》:"《韩诗外传》:精藏于肾,神藏于心,魂藏于肝,魄藏于肺,志藏于脾:此谓五藏。"此谓澹师觱声之大,听之使人五脏伤损也,亦叫五损。一损肺,皮槁毛脱;二损心,血脉衰少;三损脾,肌肉消脱;四损肝,筋缓不收;五损肾,骨痿不起。见《难经·二十四难》。

③ 渍:文本作"愤",非。诸本作"渍",是。钱仲联《集释》:"《一切经音义》引《苍颉篇》曰:'水渍起曰瀑。'"《文选》卷一二郭璞(景纯)《江赋》:"浤瀄渍瀑。"李善注:"皆波浪回旋渍涌而起之貌也。"

④ 遭:廖本作"连",非是。文本等作"遭",是。蒋抱玄《评注》:"《晋书·王承传》:道路梗涩。"《史记·夏本纪》:"禹之父曰鲧,……当帝尧之时,鸿水滔天,……尧听四岳,用鲧治水。九年而水不息,功用不成,……乃殛鲧于羽山以死。"《山海经·海内经》:"洪水滔天,鲧窃帝之息壤以堙洪水,不待帝命。帝令祝融杀鲧于羽郊。"郭璞注:"息壤者,言土自长息无限,故可以塞洪水也。"

⑤ 凿:王本作"凿"。文本、祝本、廖本、蒋之翘《辑注》作"一"。文《详注》:"《庄子》(《应帝王篇》):南海之帝为倏,北海之帝为忽,中央之帝为浑沌。倏与忽时相与遇于浑沌之地,浑沌待之甚善。倏与忽谋报浑沌之德,曰:人皆有七窍,以视听食息。此独无有,[尝]试凿之。日凿一窍,七日而浑沌死。(据《庄子》原文校改)"韩公用《庄子》义,作"凿"字善。

⑥ 引:钱仲联《集释》:"《诗》毛传:'引,长也。'成公绥《啸赋》:'嘈长引而慺亮。'"屈《校注》:"引,延也。《易·系辞上》:'引而伸之。'"引作长、作延解均可。然作"长"与句中"长"字重复,与文义

亦欠合,不若作"延"字解善。《诗·小雅·楚茨》:"子子孙孙,勿替引之。"《说文·弓部》:"引,开弓也,从弓。"段注:"凡延长之偁,开导之偁,皆引申于此。"

⑦忖:测度也。《诗·小雅·巧言》:"他人有心,予忖度之。"《文选》卷一三祢衡《鹦鹉赋》:"忖陋体之腥臊,亦何劳于鼎俎。"

⑧衮衮:连续不断。《晋书·王戎传》:"裴颜论前言往行,衮衮可听。"说话滔滔不绝貌。《太平御览》卷三〇引《竹林七贤论》:"张华善说《史》《汉》,裴逸民叙前言往行,衮衮可听。"

⑨幽幽:深暗貌。韩愈《琴操》十首《将归操》:"狄之水兮,其色幽幽。"

⑩苯䔿:草木茂盛貌。文《详注》:"上音本,下音忖,草木丛生也。"《文选》卷二张衡《西京赋》:"苯䔿蓬茸,弥皋被冈。"《晋书·卫瓘传》附卫恒《四体书势》:"禾卉苯䔿以垂颖,山岳峨嵯而连冈。"

⑪阃:门槛。或指国门。《史记·冯唐传》:"阃以内者,寡人制之;阃以外者,将军制之。"钱仲联《集释》:"《一切经音义》引《三苍》曰:'阃,谓门限也。'"

⑫蒋抱玄《评注》:"《庄子》(《在宥》):'云将东游,[过扶摇之枝而]适遭鸿蒙。'郭象曰:'鸿蒙,自然元气也。'"《释文》:"司马(彪)云:'自然元气也。'"总合杂,杂遝。钱仲联《集释》:"合杂为众盛之称。唐人诗文多用之。《伍子胥变文》:'征马合合杂杂。'亦谓征马众多也。亦作'合遝'。《文选·洞箫赋》:'鸷合遝以诡谲。'李善注:'合遝,盛多貌。'合杂、合遝,皆叠韵谜语。"

⑬钱仲联《集释》:"王褒《洞箫赋》:'鸷合遝以诡谲。'李善注:'诡谲,犹奇怪也。'《国语》韦昭注:'狠,很戾不从人。'"《晋书·王坦之传》:"其言诡谲,其义恢诞。"

⑭呶呶:喧闹声。《诗·小雅·宾之初筵》:"宾既醉止,载号载呶。"唐卢仝《苦雪寄退之》:"病妻烟眼泪滴滴,饥婴哭乳声呶呶。"

⑮恳恳:诚恳也。《文选》卷四一司马迁《报任少卿书》:"意气

勤勤恳恳。"李善注:"勤勤恳恳,忠款之貌也。"《广雅》:"恳恳,诚也。"又云:"恳,信也。"《三国志·魏·武帝纪》"省昌虑郡"注引《魏书》:"斯实君臣恳恳之求也。"又急切貌。《后汉书·王畅传》张敞《奏记》:"愚以为恳恳用刑,不如行恩;孳孳求奸,未若礼贤。"

⑯ 埋:文本作"湮"。作堵塞解,二字通用。埋,原作堊。《说文·土部》:"堊,塞也。从土,西声。"段注:"按此字古书多作堙、作陻,真字乃废矣。"堊本字,埋、陻后出字。《国语·晋语六》:"夷灶堙井。"《史记·蒙恬传》:"堑山堙谷,通直道。"《庄子·天下》:"昔者禹之湮洪水,决江河,而通四夷九州也,名山三百,支川三千,小者无数。"即怎么能堵塞鼾声的根源呢?

⑰ 文本、祝本、廖本、王本作"畚",蒋之翘《辑注》作"畚"。畚,即畚箕,盛土用具。《列子·汤问》:"箕畚运于渤海之尾。"此答上句:只有用畚盛土来堵塞了。

二诗多用比喻、谐谑语。此是讽刺浮屠之陋也。

【汇评】

宋周紫芝:世所传退之遗文,其中载《嘲鼾睡》二诗,语极怪诞。退之平日未尝用佛家语作诗,今云"有如阿鼻尸,长唤忍众罪",其非退之作决矣。又如"铁佛闻皱眉,石人战摇腿"之句,大似鄙陋,退之何尝作是语?小儿辈乱真,如此者甚众,乌可不辨。(《竹坡诗话》)

宋葛立方:《归叟诗话》载《鼾睡诗》一篇,以为韩退之遗文,其实非也。所谓"有如阿鼻尸,长唤忍众罪""铁佛闻皱眉,石人战摇腿"等句,皆不成语言,而厚诬退之,不亦冤乎?欧阳永叔有《谢人送枕簟》诗,因及喜睡,其曰"少壮喘息人莫听,中年鼻鼾尤恶声;痴儿掩耳谓雷作,灶妇惊窥疑釜鸣",与前诗不侔矣。(《韵语阳秋》卷一)

明何孟春:退之《嘲鼾睡》二诗,竹坡周少隐谓其怪诞无意义,非退之作。春以为不然。此张籍之所谓"驳杂"者,退之特用为戏耳。(《馀冬诗话》卷上)

清何焯:《嘲鼾睡》此篇多用佛经,因其浮屠而戏之。(《义门读

书记》卷三四）

　　清方世举：《嘲鼾睡》二首，周紫芝以用佛语辨之，是则拘墟之见。朱子诗中有《晨起读佛经》五古，未尝去之。不从其道而偶举其事文，于义无失。况嘲僧用之，即其所知以为言，有何不可？专知鄙俚，则近似之。然鄙俚中文词博奥，笔力峭折，未必非昌黎游戏所及，昌黎外谁能之耶？李汉不编，亦方隅之耳目。后人非之，则为聋瞆。余今辨其所辨，以为奇奇怪怪，不主故常者存一疑。案：亡友何义门常喜余破俗之论，安得九京可作耶？（《韩昌黎诗集编年笺注》卷一二）

　　清爱新觉罗·弘历：如《嘲鼾睡》《辞唱歌》，浅俚丑恶。假托无疑，直应削去，而不容列诸集中者也。（《唐宋诗醇》卷二七）

　　清陈沆：《嘲鼾》一篇，语皆托讽，极状悠谬无根之口，等诸寐瘽呓语之声。无可寻求，何从计校？但过谐近俳。（《诗比兴笺》卷四）

　　清方成珪：公诗从不用佛经语，全集可以覆验。此篇中"有如阿鼻尸，长唤忍众罪"一连，及下"铁佛闻皱眉"句，可决其必非公作。何义门谓"用佛经者，因其浮屠而戏之"，其然岂其然乎？（《韩集笺正》卷五）

　　蒋抱玄：虽非完全排硬格，而造语之奇，嵌字之险，确为韩公一家法。借佛语以谑释子，正是本地风光，亦为文情所必要。说者佥以公素不语佛，指为赝作，毋亦高叟之为诗矣。文士论古可笑类如是。（《注释评点韩昌黎诗全集》）

昼月①

贞元二十一年

　　玉碗不磨著泥土②，青天孔出白石补③。兔入臼藏蛙缩肚④，桂树枯株女闭户⑤，阴为阳羞固自古⑥。嗟汝下民或敢侮⑦，戏嘲盗视汝目瞽⑧。

【校注】

① 此首载《韩集》外集《遗文》。文《详注》："公历事德宗、宪宗、穆宗三朝,按史太白昼见屡有之,昼月未之有也。观诗意谓'阴为阳羞',盖有所托讽也。其指宦官陈洪(弘)志之乱故耶。其曰'戏嘲盗视汝目瞽',可以见一时之凶艳(焰)也。"王元启《记疑》:"此诗似为顺宗时伾、叔文弄权而作,当编置正集《东方半明》诗前。"又云:"此下诸篇方本不载。"屈《校注》据文《详注》与《旧唐书·宪宗纪》(下):"元和十五年正月庚子(27日),是夕上崩于大明宫之中和殿,享年四十三。时以暴崩,皆言内官陈弘志弑逆,史氏讳而不书。"系于元和十五年。钱仲联据王元启说系于贞元二十一年。《韩学研究·韩愈年谱汇证》系于贞元二十一年,云:"循诗意有讥时补天之意,是年作。"元和十五年一月二十七日,宪宗李纯卒。闰月三日,穆宗李恒即位,时韩愈尚在由潮州量移赴袁州的路上,不可能知宪宗卒事,更不可能了解宪宗为陈弘志所害。谓诗为此而发,而系于元和十五年者误。

② 碗:盌,祝本作"怨",传写之误。文本、廖本、王本作"盌"。盌,同碗、椀。今作"碗"。童《校诠》:"案:怨(祝本),当依廖本、王本作盌。埿(祝本),廖本、王本作泥,说文:坭,反顶受水丘也,与尔雅释丘水潦所止尼丘义同。段玉裁曰:坭是正字,泥是古通用字,尼是假借字。按:广韵十二齐以埿为泥之俗,其实应为坭之俗。"

③ 谓女娲补天。文《详注》:"女娲氏炼五色石以补天。"《淮南子·览冥训》:"于是女娲炼五色石以补苍天。"方世举《笺注》:"《列子·汤问篇》:'天地亦物也,物有不足,故昔者女娲氏炼五色石以补其阙。'"

④《楚辞》屈原《天问》:"夜光何德,死则又育?厥利维何,而顾菟在腹?"傅玄《拟天问》:"月中何有,白兔捣药。"《太平御览》卷四:"《春秋元命苞》曰:'月之为言阙也,两设以蟾蜍与兔者,阴阳双(或作"相")居,明阳之制阴,阴之倚阳。'"《史记·龟策传》:"日为德而君于天下……月为刑而相佐,见食于虾蟆。"《广雅》:"蛙,虾

— 2483 —

蟆也。"

⑤ 枯：祝本作"披"。文本、廖本、王本作"枯"。钱仲联《集释》："《太平御览》：'虞喜《安天论》曰：俗传月中仙人桂树，今视其初生，见仙人之足，渐已成形，桂树后生焉。'《易》：'阖户谓之坤，辟户谓之乾。'"童《校诠》："桂树披枝女闭户。案：披（祝本），廖本、王本作枯，应以作披为长，惟其为昼月，故得见桂树之枝叶纷披也。女闭户当为羞见嫦娥之意。"童"枯"作"枝"，不知何据，亦未说明。此句二意：一曰"桂树枯株"，即地上的桂树都枯死了；二曰"女闭户"，即人世间的女子都关闭了门户。谓天道反常也。则当作"枯株"。

⑥ 此承上句，谓阴阳错行也。方世举《笺注》："谢庄《月赋》：'日以阳德，月以阴灵。'"《春秋谷梁传》隐公九年："阴阳错行。"注："刘向云：雷未可以出，电未可以见。雷电既以出见，则雪不当复降，皆失节也。雷电，阳也。雨雪，阴也。雷出非其时者，是阳不能闲（疑为闭）阴，阴气纵逸，而将为害也。"

⑦ 《诗·豳风·鸱鸮》："今女下民，或敢侮予。"此句或用毛传"周公救乱"之意。

⑧ 嘲：祝本作"謿"。文本、廖本、王本作"謿"。二字同。方成珪《笺正》："《集韵》下平五爻：'謿，陟交切。'《说文》：'谑也，或作嘲。'"《说文·言部》无"謿"字。《新附》作"嘲"，云："谑，戏也，从言虐声。《诗》曰：善戏谑兮。"亦无"谑，或作謿"之语。謿、嘲笑、讥讽。《汉书·扬雄传》："时雄方草《太玄》，有以自守，泊如也。或謿雄以玄尚白，而雄解之，号曰《解謿》。"《文选》作《解嘲》。《新唐书·武平一传》："婴滑稽敏给，诏学士謿之，婴能抗数人。"今作"嘲"。

【汇评】

明蒋之翘：鄙俚几不成句，其伪撰者尚剽窃《月蚀诗》意为之。（《韩昌黎集辑注》遗文）

清何焯：《昼月》，观此则知玉川《月蚀》体貌。"蚀"字处公皆删

去,盖不以为难能也。(《义门读书记》卷三四)

蒋抱玄:此疑有为而作,亦《燕歌行》体。(《注释评点韩昌黎诗全集》)

赠张徐州莫辞酒①
贞元十五年

莫辞酒,此会固难同。请看工女机上帛②,半作军人旗上红③。莫辞酒,谁为君王之爪牙④?春雷三月不作响,战士岂得来还家⑤。

【校注】

① 此诗文本、魏本、廖本、朱《考异》俱载《韩集》外集《遗文》。文《详注》:"公为南阳公张建封辟置时作。集中有《谏击球》等二书、《汴泗交流》《雉带箭》等诗,皆为公作也。"方世举《笺注》:"《旧唐书·张建封传》:'建封,字本立,兖州人。慷慨负气,以功名为己任。贞元四年,为徐州刺史、徐泗濠节度使。十二年,加检校右仆射。在彭城十年,军州称理。又礼贤下士,文人如许孟容、韩愈皆为之从事。'"此乃贞元十五年,韩愈参加建封举行的一次酒会,有感于时事所作。

② 工女:旧时指从事纺织的女工。《穀梁传》(桓公十四年):"天子亲耕,以供粢盛;王后亲蚕,以供祭服,国非无良农工女也。"《史记·郦生陆贾列传》:"农夫释耒,工女下机。"工女,《汉书》作"红女"。

③ 半:祝本作"来"。诸本作"半",善;半者,乃工女所织一半都被军队所用了。说明军事多,百姓负担重。

④ 爪牙:本指爪和牙,鸟兽用以攻击和防卫。方世举《笺注》:"《诗·祈父》:'予王之爪牙。'诸葛亮《心书》:'勇悍善敌者为爪

牙。"《诗·祈父》乃《小雅》。《荀子·劝学》:"螾无爪牙之利,筋骨之强,上食埃土,下饮黄泉,用心一也。"引申为武臣。《诗·小雅·祈父》:"祈父(司马)!予王之爪牙。"《国语·越语上》:"夫虽无四方之忧,然谋臣与爪牙之士,不可不养而择也。"

⑤ 结二句应上之问。虽问无答,退之答之,亦非所问:即无武臣以应也。

【汇评】

明蒋之翘:当时四方多警,朝廷无讨贼之意,而诸将亦不用命,故退之"春雷"二语,意若有所讽也。(《韩昌黎集辑注》遗文)

清方世举:按:公以二月暮至徐,此云:"春雷三月不作响。"《旧唐书·德宗纪》(下):"贞元十五年(799)三月甲寅(10日),吴少诚寇唐州,杀监军(邵国朝),掠居民千余而去。"未闻建封有请讨之举,故以大义动之。(《韩昌黎诗集编年笺注》卷一)

辞唱歌①

疑年诗

抑逼教唱歌②,不解著艳词③。坐中把酒人,岂有欢乐姿?幸有伶者妇,腰身如柳枝④。但令送君酒,如醉如憨痴⑤。声自肉中出⑥,使人能逶随。复遣悭吝者⑦,赠金不皱眉。岂有长直夫,喉中声雌雌⑧,君心岂无耻⑨?君岂是女儿?君教发直言,大声无休时。君教哭古恨,不肯复吞悲。乍可阻君意⑩,艳歌难可为⑪。

【校注】

① 此诗载文本、朱《考异》、廖本外集《遗文》。朱《考异》:"诸

本注云:此篇恐非公作。今姑存之。"文《详注》:"或疑非公之作。然观集中《醉赠张籍》诗云:'所以欲得酒,为文侯其醵。'又云:'长安众富儿,盘馔罗膻荤。不解文字饮,惟能醉红裙。'则可见不解歌之意。又云:'险语破鬼胆,高词媲皇坟。'即此歌'君教发直言,大声无休时。君教哭古恨,不肯复吞悲'意,亦相似云。"王元启《记疑》:"此诗后半议论,似欲规仿韩公,然其通首辞语嫩拙,必非公作,当删去。"方世举《笺注》:"王云诸本注云:'此篇恐非公作,今姑存之。'案:以上三首(《嘲鼾睡二首》与《辞唱歌》),惟《辞唱歌》为王伯大所疑是也。"

② 钱仲联《集释》:"抑逼,唐人俗语,犹言逼迫,强使。《景德传灯录》卷一八明州翠岩令参禅师条:'问:国师唤侍者,意旨如何?师曰:抑逼人作么?'"《全唐诗》里用"抑逼"者,仅此诗一例。抑逼,即今中原人口语"硬逼"也。

③ 著:祝本作"著"。文本、廖本、王本作"看"。童《校诠》:"不解著艳词,案:著(祝本),廖本、王本作看。艳(祝本),廖本、王本作豔。案:艳为豔之后出字。豔从豐,盍声,盍隶变作盉。"今从祝本作"著",作"艳"。

④ 形容女人腰如柳枝一样灵活、细软、柔美。《国语·周语下》:"(景王)二十四年(前521),钟成,伶人告和。"注:"伶人,乐人也。"孟棨《本事诗·事感》二:"白尚书姬人樊素善歌,妓人小蛮善舞。尝为诗曰:'樱桃樊素口,杨柳小蛮腰。'"韩偓《频访卢秀才》诗:"药诀棋经思致论,柳腰莲脸本忘情。"柳腰,柳树的柔条。旧时用以形容女人的腰肢。北周庾信《和春日晚景宴昆明池》:"上林柳腰细,新丰酒径多。"

⑤ 如醉:祝本作"必醉"。文本、廖本、王本作"如醉"。童《校诠》:"必醉如憨痴,案:必(祝本),廖本、王本作如,应以廖、王本为长。"童说是。即"如醉如痴"。

⑥ 童《校诠》:"案:尔雅释乐:徒歌谓之谣,郭注:诗云:我歌且谣。案:郭引诗语,见诗园有桃篇,毛传:曲合乐曰歌,徒歌曰谣。

歌谣字应作䚻,说文:䚻,徒歌,从言肉。即公所谓声自肉中出也。"谣后出字,䚻本字,会意。亦为今古字之别。

⑦童《校诠》:"案:玉篇:悭,鄙也,俗作悭。悭为吝之后出字,悭又为㥴(㥴为吝之俗,见广韵廿一震)之后出字。"悭(qiān 苦闲切,平,山韵)悋(lìn《集韵》良刃切,去,稕韵),或作悭吝,即吝啬。《太平广记》卷三二八引唐薛用弱《集异记•陈导》:"是夕无损他室,惟烧导家。弁亦不见,盖以导悭悋,负前约而致之也。"唐皇甫氏《原化记•以珠易饼》:"贺知章尝谒卖药王老,问黄白术,持一大珠遗之。老人得珠,即令易饼与贺食。贺心念宝珠何以市饼,口不敢言。老叟乃曰:'悭吝未除,术何由成?'"《汉语大词典》引韩诗为例。

⑧雌雌:谓声音似女性。《晋书•桓温传》记载:桓温自以雌姿风气为宣帝司马懿、刘琨之俦。后得一老婢,为琨妓女,见温曰:"公甚似刘司空……声甚似,恨雌。"韩公《病中赠张十八》诗:"雌声吐款要,酒壶缀羊腔。"

⑨无:祝本作"不",文本、廖本、王本作"无"。童《校诠》:"案:王本作若心岂无耻。案:以作君为是,下文连用数君字可证。廖本亦作君,与祝本同。不作无,与王本同。"文本亦作"君心岂无耻",从之。

⑩乍可:宁可。韩公《南溪始泛》诗:"拖舟入其间,溪流正清激。随波我未能,峻濑乍可刺。"贾岛《夏夜》诗:"唯愁秋色至,乍可在炎蒸。"高适《封丘作》:"乍可狂歌草泽中,宁堪作吏风尘下。"

⑪《文心雕龙•乐府》:"若夫艳歌婉娈,怨志诀绝,淫辞在曲,正响焉生?"艳歌,描写有关爱情的歌辞。《玉台新咏》卷一○梁武帝《子夜歌》:"口朱发艳歌,玉指弄娇弦。"

【汇评】

清何焯:《辞唱歌》近东野。(《义门读书记》卷三四)

清王元启:此诗后半议论,似欲规仿韩公,然其通首辞语嫩拙,

必非公作,当删去。(《读韩记疑》卷一〇)

蒋抱玄:此诗亦快调。(《注释评点韩昌黎诗全集》)

知音者诚希①
贞元十六年

知音者诚希,念子不能别。行行天未晓,携手踏明月②。

【校注】

① 此首载《韩集》外集《遗文》。文本列《辞唱歌》前,《饮城南道边古墓上逢中丞过赠礼部员外少室张道士》诗后。《文选》卷二九《古诗十九首》之五:"不惜歌者苦,但伤知音稀。"方世举《笺注》:"按:公《与冯宿论文》文云:'仆为文久,每自意中以为好,则人必以为恶矣……不知古文直何用于今世也? 然以俟知者知耳。'文章一道,作者固难,识者正复不易,故深有感于古诗之语。然尔时从公游者,如李翱、张籍、皇甫湜辈,盖未尝轻相许可。此诗大抵亦为东野而作。"钱仲联《集释》:"方说近是,无可系年,姑附于此。"方、钱说近是。贞元十六年(800),韩公《与孟东野书》云:"与足下别久矣,以吾心之思足下,知足下悬悬于吾也。各以事牵,不可合并,其于人人,非足下之为见,而日与之处,足下知吾心乐否也! 吾言之而听者谁欤? 吾唱之而和者谁欤? 言无听也,唱无和也,独行而无徒也,是非无所与同也,足下知吾心乐否也!"与此诗景况同,当写于同时。诗非经意,有感即出,以见韩公真性直情切也。希,同稀。希早出,为本字,许慎撰《说文》时已为稀所夺。《说文·禾部》:"稀,疏也。从禾,希声。"段注:"许书无希字,而希声字多有,与由声字正同,不得云无希字、由字也,许时夺之,今不得其说解耳。"徐曰:"当言从爻从巾,无声字。爻者,稀疏之义,与爽同意。巾,象禾

之根茎,至于莃、睎,皆当从稀省。何以知之?《说文》无希字故也。"《集韵》通作"希"。如段说,秦汉前古籍多用希,作疏解。《老子》:"知我者希,则我者贵。"《论语·先进》:"鼓瑟希。"又《公冶长》:"不念旧恶,怨是用希。"《尔雅·释诂下》:"希:寡,鲜,罕也。"则可知韩公用字之由来也。

②何焯《义门读书记》卷三四:"下二句只似惜别,却暗寓知希。深妙。"

【汇评】

蒋抱玄:音节短而古。(《注释评点韩昌黎诗全集》)

酬蓝田崔丞立之咏雪见寄①
元和八年

京城数尺雪,寒气倍常年。泯泯都无地②,茫茫岂是天?崩奔惊乱射,挥霍讶相缠③。不觉侵堂陛,方应折屋椽④。出门愁落道⑤,上马恐平鞯⑥。朝鼓矜凌起⑦,山斋酪酊眠⑧。吾方嗟此役,君乃咏其妍⑨。水玉清颜隔⑩,波涛盛句传⑪。朝飧思共饭⑫,夜宿忆同毡。举目无非白,雄文乃独玄⑬。

【校注】

① 此诗载《韩集》外集《遗文》。文本列《嘲鼾睡》诗后,无"见寄"二字。文《详注》:"公尝《雪后寄崔二十六丞公》诗,其曰'蓝田十月雪塞关',则立之时尚为丞蓝田也。此诗其立之自蓝田见寄而公酬之欤?公是时为中书舍人,故言'京城数尺雪',且曰'冰玉清颜隔',盖有怀立之耳。时元和二十年(按:乃十二年[817]之误)

也。"方世举《笺注》:"《旧唐书·宪宗纪》:'元和八年(813)冬十月丙申(17日),以大雪放朝,人有冻踣者,雀鼠多死。'盖非常之雪,史册所纪。今此诗云:'京城数尺雪,寒气倍常年。'后诗云:'蓝田十月雪塞关。'既是大雪,时候又同,宜为八年(813)之作。但公为《蓝田县丞厅壁记》在十年(815)为考功郎中知制诰时,而记云:'博陵崔斯立种学积文,元和初以前大理评事言得失黜官,再转而为丞兹邑。始至,喟曰:官无卑,顾材不足塞职。既噤不得施用,又喟曰:余不负丞,而丞负余。'则作记本不在到官之始,或八年(813)崔已为蓝田丞,未可知也。"方成珪《诗文年谱》、钱仲联《集释》、屈《校注》系于元和八年。《韩学研究·韩愈年谱汇证》系于八年,曰:"按:从诗结尾'举目无非白,雄文乃独玄。'此乃是对崔来诗的酬答。"

② 泯泯:泯灭也。韩公《赠崔立之评事》诗:"能来取醉任喧呼,死后贤愚俱泯泯。"又《与孟尚书书》:"后之学者无所寻逐,以至于今泯泯也。"此句谓:雪大把地全覆盖了,故曰"泯泯都无地"也。

③ 崩奔:雪粒"惊乱射"貌。《文选》卷二六谢灵运《入彭蠡湖口作》:"洲岛骤回合,圻岸屡崩奔。"挥霍,迅疾貌。蒋抱玄《评注》:"张衡《西京赋》(《文选》卷二):'跳丸剑之挥霍。'"《文选》卷一七陆机(士衡)《文赋》:"体有万殊,物无一量,纷纭挥霍,形难为状。"李善注:"挥霍,疾貌。"

④ 钱仲联《集释》:"蔡邕《独断》:'陛,阶也,所由升堂也。'"《释名·释宫室》:"楣或谓之榱,榱,传也,相传次而布列也。"谓雪铺阶盖屋也。

⑤ 方世举《笺注》:"落道,失道也。"落,丧失也。唐白居易《小童薛阳陶吹觱栗歌》:"众音舣缕不落道,有如部伍随将军。"

⑥ 方世举《笺注》:"平鞯:《北史·室韦国传》:'气候最寒,雪没马。'杜甫诗(《送人从军》):'雪没锦鞍鞯。'"鞯(jiān 则前切,平,先韵),马鞍的垫子。《乐府诗集·木兰诗》:"东市买骏马,西市买鞍鞯。"唐岑参《卫节度赤骠马歌》:"红缨紫缰(或作'鞚')珊瑚鞭,

玉鞍锦鞯黄金勒。"

⑦钱仲联《集释》："《文选》(卷一五张平子)《思玄赋》('鱼矜鳞而并凌兮'句)旧注(李善注)：'矜，寒貌。'"《尔雅·释言》："凌，慄也。"

⑧《水经注·沔水》："山季伦(简)之镇襄阳，每临此池，未尝不大醉而还，恒言此是我高阳池。故时人为之歌曰：'山公出何去，往至高阳池。日暮倒载归，酩酊无所知。'"《世说新语·任诞》《晋书·山简传》作"茗艼"。参阅清黄生《义府》下《酩酊》条。方世举《笺注》："山斋：梁简文帝诗：'山斋开夜扉。'"

⑨谓立之咏雪之姿颜也。妍(yán)，美，美丽。刘知几《史通·惑经》："明镜之照物也，妍媸必露。"

⑩方世举《笺注》："水玉：《南山经》：'堂庭之山多水玉。'郭璞曰：'水玉，今水精也。'按：喻其颜之清，犹《赵国策》云'先生之玉貌'也。清颜：陆云(《失题》)诗：'仿佛佳人，清颜如玉。'"《文选》卷三〇陆机(士衡)《拟青青河畔草》："粲粲妖容姿，灼灼美颜色。"此借女人的姿容形容雪之清雅而赞其人。韩公《雪后寄崔二十六丞公》："清玉刻佩联珙环。"

⑪方世举《笺注》："波涛：按：即前赠崔诗(《赠崔立之评事》)所云：'[崔侯文章苦敏捷，]高浪驾天输不尽'也。"此接上句谓其诗"盛句传"也。

⑫朝飧：早餐、晚餐。飧，夕食也；或谓熟食。此指晚饭。《国语·晋语二》："里克辟奠，不飧而寝。"《孟子·滕文公上》："贤者与民并耕而食，饔飧而治。"赵岐注："朝曰饔，夕曰飧。"

⑬结在赞立之赠诗上。方世举《笺注》："雄文独玄：《汉书·扬雄传》：'雄方草《太玄》，人有嘲雄以玄之尚白。雄解之，号曰《解嘲》，云：仆诚不能与此数子者并，故默然独守吾《太玄》。'"蒋之翘《辑注》："一结又大近稚气。"蒋抱玄《评注》："结意造意与张打油相似，而隽雅十倍。"

【汇评】

明蒋之翘:此作浅鄙,殊不类其言。(《韩昌黎集辑注》遗文)

潭州泊船呈诸公①
永贞元年

夜寒眠半觉,鼓笛闹嘈嘈②。暗浪春楼堞,惊风破竹篙③。主人看《使范》④,客子读《离骚》⑤。闻道松醪贱⑥,何须吝错刀⑦。

【校注】

① 此首载诸本《韩集》外集《遗文》。文本列《酬蓝田崔立之咏雪见寄》诗后。文《详注》:"公永贞元年(805)自阳山令量移江陵法曹参军,自衡至潭,《陪杜侍御游湘西[两]寺独宿有题》,自此泛洞庭阻风,又有《赠张十一诗》,则此诗所谓《潭州泊船》,亦此时欤?"方世举《笺注》:"《旧唐书·地理志》:'潭州中都督府,隋长沙郡。武德四年(621),平萧铣,置潭州总管府,管潭、衡、永、郴、连、南梁、南云、南营八州。潭州领长沙、衡山、醴陵、湘乡、益阳、新康六县。天宝七年(748),改为长沙郡。乾元元年(758),复为潭州。'"潭州,今湖南长沙市。《韩学研究·韩愈年谱汇证》系于永贞元年,云:"此为遗诗。潭州在衡岳二州间,治所在长沙。诗写于《寄赠三学士》诗后。上诗言'凉风',此诗谓'寒夜',可见地时各异,气候已变,岂穷秋天寒,当在九月末矣。'主人看《使范》',谓潭州总管非寻常可比。'客子读《离骚》'句,用《世说新语》:'王孝伯言:痛饮酒,熟读《离骚》,便可称名士。'谓客子皆名士。写于泊船潭州之九月末。"

② 嘈嘈:喧闹声。《文选》卷一一汉王文考(延寿)《鲁灵光殿赋》:"耳嘈嘈以失听。"注引《埤苍》:"嘈嘈,声众也。"唐白居易《琵

琶行》:"大弦嘈嘈如急雨,小弦切切如私语。"

③暗:同阇,昏暗。王逸《九思·守志》:"彼日月兮阇昧。"引申为黄昏或黑夜。《礼记·祭义》:"周人祭日,以朝及阇。"阇浪即夜浪。今简作"暗"。舂,通冲,撞击。《史记·鲁周公世家》:"富父终甥舂其喉以戈,杀之。"楼堞,城楼、城堞。竹篙,撑船之具。

④蒋之翘《辑注》:"使范未详。或云:疑亦书名,如《聘游记》《遣使录》之类也。不然,则谓主人仰客之模范耳。"屈《校注》:"按:《新唐书·艺文志》史部仪注类著录王晋《使范》一卷。《全唐诗》卷六二三陆龟蒙《送宣武从事越中按狱》:'晓看呈《使范》,知欲敕星轺。'细审韩、陆二诗之义,与《新唐书·艺文志》之《使范》对照,当为接待使者礼仪之类的著述。唐时尚存此书。童《校诠》:"第德案:新唐书艺文志仪注类有王晋使范一卷,或即是书邪!盖公因避风泊船潭州,潭州诸公有亲临或遣使存问,主人应以礼接待,故读是书,冀无失仪也。"此句赞主人之贤,待客有礼。

⑤方世举《笺注》:"《史记·范雎传》:'穰侯谓王稽曰:谒君得无与诸侯客子俱来乎?'"《世说新语·任诞》:"王孝伯言:……痛饮酒,熟读《离骚》,便可称名士。"此句说来往客人皆名士。《文选》卷二九魏文帝《杂诗》之二:"弃置勿复陈,客子常畏人。"此句《离骚》与上句《使范》对,皆书名。

⑥松醪:用松膏酿的酒。《全唐诗》卷二七〇戎昱《送张秀才之长沙》:"松醪能醉客,慎勿滞湘潭。"刘禹锡《送王师鲁协律赴湖南使幕》:"橘树沙洲暗,松醪酒肆香。"李商隐《复至裴明府所居》:"赊取松醪一斗酒,与君相伴洒烦襟。"

⑦错刀:钱币名。《汉书·食货志下》:"王莽居摄,变汉制,以周钱有子母相权,于是更造大钱,径寸二分,重十二铢,文曰'大钱五十'。又造契刀、错刀。……错刀,以黄金错其文,曰'一刀直五千'。"《文选》卷二九张衡(平子)《四愁诗》:"美人赠我金错刀,何以报之英琼瑶。"徐震《诠订》:"退之谓'何须吝错刀',犹云何须吝钱也。"

【汇评】

蒋抱玄：一气直下，凌厉无前。（《注释评点韩昌黎诗全集》）

饮城南道边古墓上逢中丞过赠礼部卫员外少室张道士①

元和九年

偶上城南土骨堆②，共倾春酒两三杯③。为逢桃树相料理④，不觉中丞喝道来⑤。

【校注】

① 此首载《韩集》诸本外集《遗文》，且列《潭州泊船呈诸公》诗后。文《详注》列《赠张徐州莫辞酒》后，注："中丞，谓裴度也。'礼部员外'或以为'兵部卫员外'，所不能详。惟少室张道士，盖公尝有诗与序送者，时元和九年（814）也。诗亦此时作。"廖本注："中丞，谓裴度也。"王本注同。陈景云《点勘》："题注：按题中既未著中丞之姓，又无他事可证，何由知其为晋公？此注当削。"王元启《记疑》："公正集有《送张道士序》云：'嵩南隐者。'少室正在嵩南，张道士意即是人。"钱仲联《集释》："《送张道士序》云：'九年，闻朝廷将治东方诸侯贡赋之不如法者，三献书不报，长揖而去。'诗有'霜天熟柿栗，收入不可迟'句。同时白居易亦有《送张山人归嵩阳》诗云：'黄云惨惨天微雪，夜扣柴门与我别。'是张之归，盖在九年冬；若至十年冬，则白已贬江州矣。考《旧唐书·宪宗纪》：'九年十一月戊戌（25日），以裴度为御史中丞。'此诗有春酒桃树语，时在春季，度尚未为中丞，当别是一人。又白《送张诗》有'答云前年偶下山，四十余月客长安'之语，逆数张于元和六年（811）已到京，则此诗系诸七年八年春亦可。兹姑与《送张道士》诗同系于九年。"方世举《笺注》："原注：'中丞，裴度也。'按：《旧唐书·宪宗纪》：元和九

年十一月,以中书舍人裴度为御史中丞。而公《送张道士序》云:'元和九年,三献书不报。'则此诗可决为九年之作矣。卫员外未审何人。考公所相与者为卫中行。《集》中有《卫府君墓志》云:'元和十年,其弟中行为尚书兵部郎。'则九年为礼部员外,十年转兵部郎中,官阶可推,史可略也。"御史中丞,正四品下。员外郎,从六品上。韩愈在长安,仍为比部郎中史官修撰。

② 方世举《笺注》:"《记·檀弓》:'延陵季子曰:骨肉复归于土。'今古墓则惟土与骨而已矣,故曰土骨堆。"土骨堆即坟堆,人死以土埋藏,谓"土骨堆",乃中原人口语,至今仍这样说。

③ 祝本作"两三",文本、廖本、王本作"三五"。童《校诠》:"两三,祝本作三五。廖本、王本与祝本同。"按律诗格律要求,此句第六字当平,而五(wǔ 疑古切,上,姥韵)与律不合。三(sān 苏甘切,平)谈韵,则作"两三"合律。

④ 料理:顾嗣立《集注》刘石龄云:"晋《王徽之传》:'桓冲谓曰:卿在府日久,比当相料理。'杜子美诗:'未须料理白头人。'"方世举《笺注》:"《世说》:'王子猷作桓车骑参军,桓谓王曰:卿在府久,比当相料理。'按:《齐民要术》:'先耕作垄,然后散榆荚,榆生与草俱长,未须料理。明年放火烧之,又明年剧去恶者。'料理桃树,当亦此类。"张相《诗词曲语辞汇释》卷五:"犹云逗引也。白居易《对镜偶吟》诗:'眼昏久被书料理,肺渴多为酒损伤。'言为看书之故,引起眼病也。韩愈《饮城南道边古墓上逢中丞过》诗云云,言为桃树所逗引也。"童《校诠》:"第德案:晋书王徽之传即本世说。其云料理,为照料理会之意。又世说:韩康伯母谓康伯曰:汝若为选官,当好料理此人,与杜诗及齐民要术义皆同。张释料理近之,但既云为逢,似非逗引,当为盘桓赏玩,自理会之义引申。"《辞源》:"照顾,安排。《世说新语·德行》:'韩康伯时为丹阳尹。母殷在郡,每闻二吴(坦之、隐之)之哭,辄为凄恻,语康伯曰:汝若为选官,当好料理此人。'《晋书·王徽之传》:'又为车骑将军桓冲骑兵参军,……冲尝谓徽之曰:'卿在府日久,比当相料理。'引申为排遣。

唐韩愈《昌黎集·遗文·饮城南道边古墓上逢中丞过……》诗：'为逢桃树相料理，不觉中丞喝道来。'"此句作逗引解，则下句寓潜台词：邀中丞前来同赏这诱人的桃花也。

⑤ 喝道：古时官员出行，仪仗士卒前引传呼，使行人避道。方世举《笺注》："喝道自古有之，即《孟子》所谓'行辟人也'。（崔豹）《古今注》云：'两汉京兆、河南尹及执金吾、司隶校尉，皆使人导引传呼，使行者止，坐者起。'即喝道也。"《周礼·秋官·条狼氏》："掌执鞭以趋辟。"即后来的喝道。《辞源》亦引韩诗为例。韩公《感二鸟赋》序："见行有笼白乌、白鸜鹆而西者，号于道曰：'某土之守某官，使使者进于天子！'东西行者皆避路，莫敢正目焉。"

【汇评】

蒋抱玄：叙事明邑。（《注释评点韩昌黎诗全集》）

池上絮①

疑年诗

池上无风有落晖，杨花晴后自飞飞②。为将纤质凌清镜③，湿却无穷不得归④。

【校注】

① 此首诸本《韩集》载外集《遗文》，文本列《辞唱歌》后。钱仲联《集释》系之于元和六年（811），曰："不详年月，类系于此。"屈《校注》列疑年。

② 晴：王本作"暗"。文本、祝本、廖本作"晴"，是。童《校诠》："晴，王本作暗，廖本作晴，与本书同，应以作晴为长。"杨花，柳絮。韩公《游城南十六首·晚春》："杨花榆荚无才思，惟解漫天作雪飞。"北周庾信《春赋》："新年鸟声千种啭，二月杨花满路飞。"

③ 纤质:杨花。清镜,池水。

④ 杨花入水而失,故结句云"湿却无穷不得归"也。穷,穷尽,完结。唐柳宗元《非国语·三川震》:"阴阳之无穷。"即不管有多少杨花落入水池,都不会再归来了。宋杨万里《晓出净慈寺送林子方》:"接天莲叶无穷碧,映日荷花别样红。"

【汇评】

蒋抱玄:写目前景物自切。(《注释评点韩昌黎诗全集》)

疑伪诗

赠贾岛

孟郊死葬北邙山,从此风云得暂闲。天恐文章浑断绝,更生贾岛著人间。

【汇评】

宋苏轼:《书诸集伪谬》:唐末五代,文物衰尽。诗有贯休,书有亚栖,村俗之气大率相似。如苏子美家收张长史书云:"隔帘歌已俊,对坐貌弥精。"语既凡恶,而字法真亚栖之流。近见曾子固编《太白集》,自谓颇获遗亡,而有《赠怀素草书歌》及《笑矣乎》数首,皆贯休以下词格。二人皆号有识知者,故深可怪。如白乐天《赠徐凝》、退之《赠贾岛》之类,皆世俗无知者所托,尤不足多怪。(《东坡题跋》卷二)

宋蔡居厚:《吴文靖诗》张安道云:江邻几言"孟郊死葬北邙山",非退之诗也。"贺家湖上天花寺,一一僧窗向水开。不用闭门防俗客,爱闲能有几人来",此吴文靖诗也。(《诗史》)

赠译经僧①

万里休言道路赊,有谁教汝度流沙?只今中国方多事,不用无端更乱华。

【校注】

① 钱仲联《集释》:"僧祐《高僧传》有《译经》一门。"

附录一　昌黎先生诗系年

在诸家《年谱》的基础上,顾嗣立、方世举作了韩诗的系年,然仍是按卷群系,未明某篇系某年月;钱仲联前进了一步,以年系诗,然未作每篇作时的细考。本书保持了李汉《昌黎先生集》的原貌,对每篇均作了细考,并在篇名后标明作年,且于书后整理了全部诗篇的系年。这样,既方便按每篇写作的时间、思想、政治背景进行深入精准的研究,也便于对其某一时期和一生的诗作进行系统、深入的研究。

昌黎先生诗系年

德宗李适贞元元年乙丑(785)
芍药歌
贞元二年丙寅(786)
条山苍
贞元三年丁卯(787)
烽火　出门

贞元四年戊辰(788)

贞元五年己巳(789)

贞元六年庚午(790)

贞元七年辛未(791)
落叶一首送陈羽
贞元八年壬申(792)
北极一首赠李观　长安交游者一首赠孟郊　孟生诗
贞元九年癸酉(793)
岐山下　青青水中蒲
贞元十年甲戌(794)
重云一首李观疾赠之　古风　谢自然诗
贞元十一年乙亥(795)
杂诗　马厌谷
贞元十二年丙子(796)
苦寒歌
贞元十三年丁丑(797)

贞元十四年戊寅(798)
远游联句　答孟郊　醉留东野　病中赠张十八　天星送杨凝郎中贺正
贞元十五年己卯(799)
汴州乱二首　此日足可惜一首赠张籍　赠河阳李大夫　赠张徐州莫辞酒　嗟哉董生行　赠族侄　齪齪　汴泗交流赠张仆射

雉带箭　忽忽　鸣雁　从仕　暮行河堤上　驽骥赠欧阳詹

贞元十六年庚辰(800)

归彭城　幽怀　知音者诚希　海水　送僧澄观　河之水二首寄子侄老成

贞元十七年辛巳(801)

将归赠孟东野房蜀客　赠侯喜　山石

贞元十八年壬午(802)

夜歌　古意

贞元十九年癸未(803)

哭杨兵曹凝陆歙州参　苦寒　咏雪赠张籍　题炭谷湫祠堂　利剑　落齿

贞元二十年甲申(804)

湘中　贞女峡　同冠峡　次同冠峡　县斋读书　送惠师　送灵师　李员外寄纸笔　答张十一功曹

贞元二十一年乙酉(805)，是年八月顺宗李诵改元永贞，亦称永贞元年

闻梨花发赠刘师命　梨花下赠刘师命　刘生诗　县斋有怀　叉鱼　君子法天运　宿龙宫滩　郴州祈雨　昼月　射训狐　遣疟鬼

永贞元年乙酉(805)

醉后　杂诗四首　东方半明　八月十五夜赠张功曹　郴口又赠二首　湘中酬张十一功曹　题木居士二首　题合江亭寄刺史邹君　谒衡岳庙遂宿岳寺题门楼　岣嵝山　别盈上人　赴江陵途中寄赠王二十补阙李十一拾遗李二十六员外翰林三学士　潭州泊船呈诸公　陪杜侍御游湘西两寺独宿有题一首因献杨常侍　洞庭湖阻风赠张十一署　岳阳楼别窦司直　晚泊江口　龙移　永贞行

木芙蓉　喜雪献裴尚书　晚菊

宪宗李纯元和元年丙戌(806)

　　春雪间早梅　春雪(看雪乘清旦)　春雪(片片驱鸿急)　早春雪中闻莺　和归工部送僧约　杏花　李花赠张十一署　寒食日出游夜归张十一院长见示病中忆花九篇因以投赠　感春四首　新竹忆昨行和张十一　题张十一旅舍三咏　赠郑兵曹　郑群赠簟　醉赠张秘书　答张彻　会合联句　纳凉联句　同宿联句　丰陵行　雨中寄孟刑部几道联句　秋雨联句　城南联句　南山诗　短灯檠歌　荐士　秋怀诗十一首　游青龙寺赠崔大补阙　赠崔立之评事　送区弘南归　送文畅师北游　斗鸡联句　征蜀联句　有所思联句　遣兴联句　赠剑客李园联句　喜侯喜至赠张籍张彻

元和二年丁亥(807)

　　元和圣德诗并序　记梦　三星行　剥啄行　嘲鼾睡二首　酬裴十六功曹巡府西驿途中见寄

元和三年戊子(808)

　　孟东野失子　莎栅联句　赠唐衢　祖席二首　陆浑山火一首和皇甫湜用其韵　寄皇甫湜　崔十六少府摄伊阳以诗及书见投因酬三十韵

元和四年己丑(809)

　　送李翱　和虞部卢四汀云夫酬翰林钱七徽蔚宗赤藤杖歌　送侯参谋赴河中幕

元和五年庚寅(810)

　　东都遇春　感春五首　同窦牟韦执中寻刘尊师不遇　送石处士赴河阳幕　送湖南李正字归　月蚀诗效玉川子作　燕河南府秀才　学诸进士作精卫衔石填海

元和六年辛卯(811)

辛卯年雪　李花二首　招杨之罘一首　寄卢仝　谁氏子　河南令舍池台　石鼓歌　峡石西泉　入关咏马　酬司门卢四兄云夫院长望秋作　卢郎中云夫寄示送盘谷子诗两章歌以和之　送无本师归范阳　送陆畅归江南　赠张籍　双鸟诗　嘲鲁连子

元和七年壬辰(812)

和崔舍人咏月二十韵　赠刘师服　听颖师弹琴　寄崔二十六立之

元和八年癸巳(813)

和武相公镇蜀时咏使宅韦太尉所养孔雀　游太平公主山庄　和武相公早春闻莺　送进士刘师服东归　送刘师服　和虢州刘给事使君三堂新题二十一咏并序　酬蓝田崔丞立之咏雪见寄　雪后寄崔二十六丞公　桃源图　梁国惠康公主挽歌二首

元和九年甲午(814)

饮城南道边古墓上逢中丞过赠礼部卫员外少室张道士　广宣上人频见过　酬王二十舍人雪中见寄　酬振武胡十二丈大夫　早赴街西行香赠卢李二中舍人　江汉一首答孟郊　山南郑相公樊员外酬答为诗其末咸有见及语樊封以示愈依赋十四韵以献

元和十年乙未(815)

答道士寄树鸡　春雪(新年都未有芳华)　题百叶桃花　寒食直归遇雨　戏题牡丹　芍药　盆池五首　奉和库部卢四兄曹长元日朝回　送李尚书赴襄阳八韵

元和十一年丙申(816)

人日城南登高　和席八十二韵　晚春　游城南十六首　感春三首　送李六协律归荆南　和侯协律咏笋　题张十八所居　调张籍　奉酬卢给事云夫四兄曲江荷花行见寄并呈上钱七兄阁老张十

八助教　奉和钱七兄曹长盆池所植　庭楸　酬马侍郎寄酒　符读书城南　大行皇太后挽歌词三首　晚寄张十八助教周郎博士　病鸱　读东方朔杂事

元和十二年丁酉(817)

闲游二首　赠刑部马侍郎　过鸿沟　送张侍郎　和裴相公东征途经女几山下作　晚秋郾城夜会联句　郾城晚饮赠副使马郎及冯李二员外　酬别留后马侍郎　同李二十八夜次襄城　同李二十八员外从裴相公野宿西界　过襄城　宿神龟招李二十八冯十七　次硖石　和李二十八司勋过连昌宫　桃林夜贺晋公　次潼关先寄张十二阁老使君　次潼关上都统相公　晋公破贼回重拜台司以诗示幕中宾客愈奉和

元和十三年戊戌(818)

送李员外院长分司东都　读皇甫湜公安园池诗书其后二首　独钓四首　示儿

元和十四年己亥(819)

元日酬马十二尚书去年蔡州元日见寄之什　华山女　左迁至蓝关示侄孙湘　武关西逢配流吐蕃　路旁堠　次邓州界　食曲河驿　过南阳　题楚昭王庙　泷吏　题临泷寺　晚次宣溪辱韶州张端公使君惠书叙别酬以绝句二章　赠别元十八协律六首　初南食贻元十八协律　宿曾江口示侄孙湘二首　答柳柳州食虾蟆　琴操十首　量移袁州张韶州端公以诗相贺因酬之　别赵子　将至韶州先寄张端公使君借图经　过始兴江口感怀

元和十五年庚子(820)

题秀禅师房　韶州留别张端公使君　次石头驿寄江西王十中丞阁老　除官赴阙至江州寄鄂岳李大夫　游西林寺题萧二兄郎中旧堂　自袁州还京行次安陆先寄随州周员外　又寄随州周员外

题广昌馆　酒中留上襄阳李相公　去岁自刑部侍郎以罪贬潮州刺史乘驿赴任其后家亦谴逐小女道死殡之层峰驿旁山下蒙恩还朝过其墓留题驿梁　贺张十八秘书得裴司空马　同侯十一咏灯花　送侯喜

穆宗李恒长庆元年辛丑(821)

杏园送张彻侍御　雨中寄张博士侯主簿喜　南山有高树行赠李宗闵　猛虎行　奉和兵部张侍郎酬郓州马尚书祗召途中见寄开缄之日马帅已再领郓州之作　南内朝贺归呈同官　朝归

长庆二年壬寅(822)

早春与张博士籍游杨尚书林亭寄第三阁老兼呈冯白二阁老　奉使常山早次太原呈副使吴郎中　夕次寿阳驿题吴郎中诗后　奉使镇州行次承天行营奉酬裴司空相公　镇州路上奉酬裴司空相公重见寄　镇州初归　同水部张员外曲江春游寄白二十二舍人　和水部张员外宣政衙赐百官樱桃诗　送桂州严大夫　和仆射裴相公感恩言志　和裴仆射相公假山十一韵　奉和李相公题萧家林亭　和仆射裴相公朝回见寄　奉酬天平马十二仆射暇日言怀见寄之作

长庆三年癸卯(823)

早春呈水部张员外二首　送郑尚书赴南海　枯树　奉和李相公摄事南郊览物兴怀呈一二知旧　奉和杜相公太清宫纪事陈诚上李相公十六韵　送诸葛觉往随州读书　示爽

长庆四年甲辰(824)

南溪始泛三首　与张十八同效阮步兵一日复一夕　玩月喜张十八员外以王六秘书至

疑年诗

辞唱歌　池上絮　大安池　赠同游者

附录二　历代评韩诗

韩诗总评

唐杜牧:《读韩杜集》:杜诗韩集愁来读,似倩麻姑痒处抓(一作"搔")。天外凤凰谁得髓,无人解合续弦胶。(《樊川文集》卷二)

宋苏辙:唐人工于为诗,而陋于闻道。孟郊尝有诗曰:"食荠肠亦苦,强歌声无欢。出门如有碍,谁谓天地宽。"郊,耿介之士。虽天地之大,无以安其身。起居饮食,有戚戚之忧,是以卒穷以死。而李翱称之,以为郊诗"高处在古无上,平处犹下顾沈、谢",至韩退之亦谈不容口。甚矣,唐人之不闻道也。孔子称颜子:"在陋巷,人不堪其忧,回也不改其乐。"回虽穷困早卒,而非其处身之非,可以言命,与孟郊异矣。(《诗病五事》)

宋王十朋:《读东坡诗》:学江西诗者,谓苏不如黄;又言韩、欧二公诗乃押韵文耳。予虽不晓诗,不敢以其说为然。因读坡诗感而有作。　　东坡文章冠于天下,日月争光薄《风》《雅》。谁分宗派故谤伤,蚍蜉撼树不自量。堂堂天人欧阳子,引鞭逊避门下士。……地辟天开含万汇,少陵相逢亦应避。北斗以南能几人,大江之西有异议。日光玉洁一退之,亦言能文不能诗。碑淮、颂圣、十琴操,《生民》《清庙》《离骚》词。春容大篇骎豪怪,韵到窘束尤瑰奇。

韩子于诗盖余事,诗至韩子将何讥。文章定价如金玉,口为轻重专门学。向来学者尊西昆,诗无老杜文无韩。净扫书斋拂尘几,瓣香敬为三夫子。(《梅溪王先生文集》后集卷一四)

宋王十朋:《曾潮州到郡未几首修韩文公庙次建贡闱可谓知化本矣某因读韩公别赵子诗用韵以寄》:韩公学孔子,不陋九夷居。诋佛讥君王,道大忠有余。南迁八千里,文墨以自娱。至今潮阳人,比屋皆诗书。蓬茨得赵子,如获沧海珠。临行赠以言,恨不与之俱。德云昌黎公,圣人之徒与。比周孔孟轲,不道迁相如。韩公不可见,赵子今亦无。潮人敬爱公,百世祀不渝。英姿入山骨,凛凛苍眉须。彼哉逢吉镈,金章裹猿狙。使君艺且贤,所至政绩殊。下车首风教,庙修庭草除。又闻新棘闱,轮奂归画图。继坡当有作,大笔文辞驱。恶诗愿勿刻,人方笑其愚。(《梅溪王先生文集》后集卷一九)

清姚鼐:《荷塘诗集序》:曹子建、陶渊明、李太白、杜子美、韩退之、苏子瞻、黄鲁直之伦,忠义之气,高亮之节,道德之养,经济天下之才,舍而仅谓之一诗人耳,此数君子岂所甘哉?志在于为诗人而已,为之虽工,其诗则卑且小矣。余执此以衡古人之诗之高下,亦以论今天下之为诗者,使天下终无曹子建、陶渊明、李、杜、韩、苏、黄之徒则已,苟有之,告以吾说,其必不吾非也。(《惜抱轩文集》卷四)

韩诗学李杜

宋曾慥:《燕飞飞》退之诗云:"柳花还漠漠,江燕正飞飞。"盖取老杜"清秋燕子正飞飞";老杜又取《古乐府》陆机《悲哉行》云"飞飞

燕弄声"。(《高斋诗话》)

宋谢采伯：齐名之人，与警策诗句，其实有优劣。天生奇材，天然奇句，皆无对。如钟王羲献、欧虞李杜、韩柳颜柳，优劣自显然。故梁武帝、萧子云评书皆云：子敬不及逸少，逸少不及元常。杜诗、韩笔、颜书，规摹大，气韵高古。余则失于华巧有余，如"池塘生春草，园柳变鸣禽""红药当阶翻，苍苔缘阶上""天际识归舟，云中辨烟树"之类，则第二句便不及。"竹送清溪月，苔移玉座春"之类，上一句便不及。当以是推之。(《密斋笔记》卷三)

元范梈：诗之造极适中，各成一家。词气稍偏，句有精粗强弱不均，况成章乎，不可不谨。……韩、杜沉雄厚壮，学者不察，失于粗硬；陶、韦含蓄优游，学者不察，失于迂阔。(《木天禁语》)

明陆时雍：青莲居士，文中常有诗意。韩昌黎伯，诗中常有文情。知其所长在此。(《诗镜总论》)

清钱谦益：《曾房仲诗序》：自唐以降，诗家之途辙总萃于杜氏。大历后，以诗名家者靡不由杜而出。韩之《南山》，白之讽喻，非杜乎？若郊，若岛，若二李，若卢仝、马异之流，盘空排奡，横从谲诡，非得杜之一枝者乎？然求其所以为杜者，无有也。(《牧斋初学集》卷三二)

清陈维岳：《湖海楼诗集跋》：大兄诗，凡三变，……晚而与当代大家诸先生上下议论，纵横奔放，多学少陵、昌黎、东坡、放翁，而诗又一变。大兄临终时，自云："吾诗在唐、宋、元、明之间，不拘一格。其诗学之成欤！"(《湖海楼诗集》卷尾)

清朱彝尊：景濂(按：宋濂，字景濂。)于诗亦用全力为之，盖心慕韩、苏而具体者。(《静志居诗话》卷二宋濂)

清王士禛：宋明以来诗人学杜子美者多矣。予谓退之得杜神，子瞻得杜气，鲁直得杜意，献吉得杜体，郑继之得杜骨，它如李义山、陈无己、陆务观、袁海叟辈又其次之也,陈简斋最下。《后村诗话》谓简斋以简严扫繁缛,以雄浑代尖巧,其品格在诸家之上,何也?(《带经堂诗话》卷一源流类)

清王士禛:沉着痛快,非唯李、杜、昌黎有之,乃陶、谢、王、孟而下莫不有之。(《带经堂诗话》卷三微喻类)

清王士禛:杜七言千古标准,自钱、刘、元、白以来,无能步趋者。贞元、元和间,学杜者唯韩文公一人耳。钞韩诗一卷。李义山《韩碑》一篇,直追昌黎,今附卷末。(《带经堂诗话》卷四纂辑类)

清宋荦:七言古诗,上下千百年定当推少陵为第一。盖天地元气之奥,至少陵而尽发之,允为集大成之圣。子美自许沉郁顿挫,掣鲸碧海;退之称其"光焰万丈",介甫称其"疾徐纵横,无施不可";孙仅亦称其"驰骤怪骇,开阖雷电"。合诸家之论,施之七古,尤属定评。后来学杜者,昌黎、子瞻、鲁直、放翁、裕之(元好问),各自成家。(《漫堂说诗》)

清吴乔:于李、杜后,能别开生路自成一家者,惟韩退之一人。既欲自立,势不得不行其心之所喜奇崛之路。于李、杜、韩后,能别开生路自成一家者,惟李义山一人。既欲自立,势不得不行其心之所喜深奥之路。(《围炉诗话》卷三)

清吴乔:欧公古诗,叙事处累千百言,不枝不衍,宛如面谈。惜其意尽言中。无复余意,而曲折变化处亦少。欧学韩,韩本别体,佳处不易得,徒浅直耳。(《围炉诗话》卷五)

清吴乔:二李于唐诗之意在言外,宋文之法度谨严,实无所见。故其文则蔑韩、欧,而学《史》《汉》;其诗则蔑韦、柳,而学盛唐。敢言:"古文亡于昌黎,不读大历以后一字。"禅者云:"吾参究三十年,方知识羞。"后之智人称之曰:"好个'识羞'二字!"彼既自以为能见韩、欧、韦、柳无《史》《汉》、盛唐字句,故出此言。总为无"三十年参究"苦心耳。元美于文章以震川为梗,晚知自伤,余三公没齿不觉。夫韩、欧、韦、柳,才岂下于四公?班、马、盛唐宁不效?学得其神者,不袭其形也。子受体于父,而四肢五官不能尽似。子既自成人身,自有引业满业故也。若抟土刻木以肖其人,无一不肖;本非人身故也。岂可以土木之肖者为子,而望以烝尝嗣续也哉!昌黎学子长,而不似子长;永叔学昌黎,而不似昌黎。以其虽取法乎古人,而自有见识学问也。诗文在神理,不在字句。古学如饮食,俗学如粪溺。饮食粗砺不妨,惟著少少粪溺,全缶俱弃。(《围炉诗话》卷六)

清沈德潜:《与陈耻庵书》:诗道之实,其气在根柢于学。以唐人言之:少陵之诗穿穴经、史,太白之诗浸淫《庄》《骚》,昌黎之诗原本汉赋。(《归愚文钞》卷一五)

清沈德潜:《叶先生传》:(叶燮)既罢归,游历四方,久之筑室吴县之横山下,颜其居曰"二弃",取鲍明远"君平独寂寞,身世两相弃"意。远近从学者众,先生谈讨不倦。论文谓议论不袭蹈前人,卓然自我立,方为立言。论诗以少陵、昌黎、眉山为宗,成《原诗》内外篇,扫除陈见俗谛。(《归愚文钞》卷一六)

清李重华:学韩、苏失之者,其弊在驳杂;学王、孟失之者,其弊在阒寂;学温、李最易入于淫哇;学元、白最易流于轻薄。吟咏先须择题,运用先须选料。不择题则俗物先能秽目,不选料则粗才安足动人?(《贞一斋诗说》)

清薛雪:横山先生说诗,推杜浣花、韩昌黎、苏眉山为三家鼎立。余谓:杜浣花一举一动,无不是忠君爱国悯时伤乱之心,虽友朋杯酒间,未尝一刻忘之;颠沛不苟,穷约不滥,以稷、卨自期,公岂妄矜哉?韩昌黎学力正大,俯视群蒙;匡君之心,一饭不忘;救时之念,一刻不懈;惟是疾恶太严,进不获用,而爱才若渴,退不独善,尝谓直接孔、孟薪传,信不诬也。苏眉山天才俊逸,潇洒风流,嬉笑怒骂,皆成文章,又因其学力宏赡,无入不得。幸有权臣与之龃龉,成就眉山到老。其长诗差可追随二公,余则不在语言文字间与之铢寸较量也。(《一瓢诗话》)

清赵翼:韩昌黎亦李杜并尊。《调张籍》云:"李杜文章在,光焰万丈长。"《石鼓歌》云:"少陵无人谪仙死,才薄其奈石鼓何!"《醉留东野》云:"昔年曾读李白、杜甫诗,长恨二人不相从。"《酬卢云夫》云:"远追甫、白感至诚(或作'诚')。"《感春》诗云:"近怜李杜无检束,烂漫长醉多文词。"是其于二公固未尝稍有轩轾。至元、白,渐申杜而抑李。(《瓯北诗话》卷二)

清赵翼:韩昌黎生平所心摹慕力追者,惟李杜二公。顾李杜之前,未有李杜;故二公才气横恣,各开生面,遂独有千古。至昌黎时,李杜已在前,纵极力变化,终不能再辟一径。惟少陵奇险处,尚有可推扩,故一眼觑定,欲从此劈山开道,自成一家。此昌黎注意所在也。然奇险处亦自有得失。盖少陵才思所到,偶然得之;而昌黎则专以此求胜,故时见斧凿痕迹。有心与无心异也。其实昌黎自有本色,仍在"文从字顺"中,自然雄厚博大,不可捉摸,不专以奇险见长。恐昌黎亦不自知,后人平心读之自见。若徒以奇险求昌黎,转失之矣。(《瓯北诗话》卷三)

清吴骞:明侯官曾弗人先生所著《纺授堂集》诗,立意求新,未免稍流于诡。其《与赵十五论诗书》云:"尝谓古诗难于律诗,五言律难于七言律。……今使缩长句为短句难,展短句为长句易,是以从后人而观,则欧苏流畅于韩柳,韩柳流畅于《史》《汉》,《史》《汉》流畅于《左氏》,《左氏》流畅于《尚书》。然而《尚书》《左传》,短节中未尝不畅不动,秦汉而后,遂以渐加,斯则句从古短,字以世增,以此思五七言难易,便自了然。……至谓律诗难于古体,则又护短欺人,譬之习应制义者,谓时义难于古文,为左、马、韩、苏易,为王、唐、瞿、薛难,更无是理,可以无辨者。"弗人之论,多中时病,盖亦未尝无心得者。(《拜经楼诗话》卷一)

清洪亮吉:宋初杨、刘、钱诸人学西昆,而究不及西昆;欧阳永叔自言学昌黎,而究不及昌黎;王荆公亦言学子美,而究不及子美;苏端明自言学刘梦得,而究亦不能过梦得。所谓棋输先著也。(《北江诗话》卷二)

清吴德旋:《上百菊溪先生书》:阁下始见德旋所为诗,以为不违于古,乃敢益尽其所有,而阁下誉之不容口,语人曰:"吴德旋,今之韩愈、孟郊也。"是不惟誉之而已,抑可谓深之极至者也。德旋之诗,实下古文远甚,而阁下犹誉之之深如是,岂于其所为古文而见之而不知,知而不誉,誉而不深耶?然而不久抑不终者,何耶?毋乃见其外而未见其内也。(《初月楼文钞》卷二)

清方东树:庄以放旷,屈以穷愁,古今诗人,不出此二大派,进之则为经矣。汉代诸遗篇,陈思、仲宣,意思沉痛,文法奇纵,字句坚实,皆去经不远。阮公似屈,兼似经;渊明似《庄》,兼似《道》。此皆不得仅以诗人目之。其后惟杜公,本《小雅》、屈子之志,集古今之大成,而全浑其迹。韩公后出,原本六经,根本盛大,包孕众多,巍然自开一世界。东坡横截古今,使后人不知有古,其不可及在此;然遂开后人作滑俗诗,不求复古,亦在此。太白亦奄有古今,而迹未全化,亦觉真实处微不及阮、陶、杜、韩。苏子由论太白,一生所得,如浮花浪蕊,好事喜名,不知义理之所在。今观其诗,似有然者。要之皆天生不再之才矣。南宋以来诗家,无有出李、杜、韩、苏四公境界,更不向上求,故亦无复有如四公者。一二深学,即能避李、苏,亦止追寻到杜、韩而止。乃若其才既非天授,又不知杜、韩之导源《经》《骚》,津逮汉、魏,奄有鲍、谢处,故终亦不能到杜、韩

也。(《昭昧詹言》卷一通论五古)

清方东树:韩、黄之学古人,皆求与之远,故欲离而去之以自立。明以来诗家,皆求与古人似,所以多成剽袭滑熟。(《昭昧詹言》卷一通论五古)

清方东树:海峰才胜阮亭,而功力不及。阮亭颇有功力,但自处大历,不敢一窥李、杜、韩,无论《经》《骚》矣。此是阮亭自量才分,其识又胜于不量力者,故亦足名家。(同上)

清方东树:凡汉、魏人,鲍、谢、杜、韩,无不精法。自赵宋后,文体诗盛,一片说去,信手拉杂,如写揭帖相似,全不解古人顺逆起伏,顿断转换,离合奇正,变化之妙矣。(《昭昧詹言》卷二汉魏)

清方东树:大抵古诗皆从《骚》出,比兴多而质言少,及建安渐变为质,至陶公乃一洗为白道。此即所谓"去陈言"也。后来杜、韩遂宗之以立极。其实《三百篇》本体固如是也。(同上)

清方东树:子建乐府诸篇,意厚词赡,气格浑雄。但被后人盗袭熟滥,几成习见陈言,故在今日不容复拟,政与《古诗十九首》同成棄臼。究其真精妙蕴,固分毫未损,亦分毫未昭。盱衡今昔,子美、退之而外,恐真知其所至之境,不数觏也。(同上)

清方东树:陶公诗,于圣人所言诗教皆得,然无经制大篇,则于《雅》《颂》之义为缺,故不及杜、韩之为备体,奄有六艺之全也。(《昭昧詹言》卷四陶公)

清方东树:《归田园》五首:此诗纵横浩荡,汪茫溢满,而元气磅礴,大含细入,精气入而粗秽除,奄有汉、魏,包孕众胜,后来惟杜公有之。韩公较之,犹觉圭角才露,其余不足论矣。(同上)

清方东树:杜、韩皆常取鲍句格,是其才力能兼之。孟东野、曾南丰专息驾于此,岂曰非工,然门径狭矣。(《昭昧詹言》卷六鲍明远)

清方东树:南丰学鲍学韩,可谓工极;但体平而无其势,转似不

逮东野。(同上)

清方东树:南丰学鲍学韩,字字句句,与之同工,无一字不著力,而不如鲍与韩者,只是平漫无势。知南丰之失,则知学诗之利病矣。(同上)

清方东树:南丰似专在句字学,而未深讲篇体。陆士衡颇讲篇体,而于字句又失之流易。然而南丰不可及,其于鲍、韩为嫡派矣。(同上)

清方东树:《从登香炉峰》:此诗起处,不能如康乐之一语无泛设,故当逊之。而余必明辨之者,以为学者式法古人,不可沿其失而踵其误,以为藉口也。大约此病李、杜、韩、苏皆无之,汉、魏、阮、陶亦无之,此犹为才小之故。……涩炼典实沉奥,至工至佳,诚为轻浮滑率浅易之要药。此大变格也,杜、韩皆胎祖于此。但其体平纯,无雄豪跌宕峥嵘,所谓"巨刃摩天"之概,其于汉、魏、曹、王、阮公皆不能及。此杜、韩所以善学古人,兼取其长,而不专奉一家,随人作计也。(同上)

清方东树:《代东门行》:此拟古叙别之作耳。……杜、韩、苏皆常拟之。(同上)

清方东树:《束薪幽篁里》:极贱隶之卑辱,以寄慨不得展志大用于世也。而诗之警妙,皆杜、韩所取则,亦开柳州。(同上)

清方东树:《暂使下都夜发新林至京邑赠西府同僚》:何云"压卷",愚谓极才思情文之壮,纵横跌宕,悲慨淋漓,空前绝后,太白、杜、韩无以尚之。然但厚藩王而无亲君之义,古人真处在此,失处不复顾。宋以后人,能弥缝此失,而又往往入以假象伪情客气。求之唐以前诗,惟有陈思、阮、陶、杜、韩,文义与理兼备,故能嗣经、《骚》,得《诗》教之正,玄晖未及此也。(《昭昧詹言》卷七小谢)

清方东树:平心而论,山谷之学杜、韩所得甚深,非空同、牧翁

之模取声音笑貌者所及知也。(《昭昧詹言》卷八杜公)

清方东树:杜、韩尽读万卷书,其志气以稷、契、周、孔为心,又于古人诗文变态万方,无不融会于胸中,而以其不世出之笔力,变化出之,此岂寻常龌龊之士所能辨哉!(同上)

清方东树:山谷之学杜、韩,在于解创意造言不肯似之,政以离而去之为难能。空同、牧翁于此尚未解,又方以似之为能,是尚不足以知山谷,又安知杜、韩!(同上)

清方东树:李、杜、韩、苏,非但才气笔力雄似,直缘胸中蓄得道理多,触手而发,左右逢原,皆有归宿,使人心目了然餍足,足以感触发悟心意。余人胸无所欲言而强为,笔力既弱,章法又板,议论又卑近浅俚,故不足观。(《昭昧詹言》卷一一总论七古)

清方东树:杜公自有纵横变化,精神震荡之致。以韩公较之,但觉韩一句跟一句甚平,而不能横空起倒也。韩、黄皆学杜,今熟观之,韩与黄似皆著力矣。杜公亦做句,只是气盛,喷薄得出。学诗者先从此辨之,乃有进步。(《昭昧詹言》卷一二杜公)

清方东树:朱子讥公(指韩愈):"生平但饮酒赋诗,不过要语言文字做得与古人一般,便以为是。"按,此论学则诚不可,若论学诗学文,都是不传之秘。杜公云:"语不惊人死不休。"今诵公诗,真有起顽立懦之妙。七言古诗,易入整丽而近平熟,公七言皆祖杜拗体。(《昭昧詹言》卷一二韩公)

清方东树:荆公健拔奇气胜六一,而深韵不及,两人分得韩一体也。荆公才较爽健,而情韵幽深,不逮欧公。二公皆从韩出,而雄奇排奡皆逊之。可见二公虽各用力于韩,而随才之成就,只得如此。以韩较杜、太白,则韩如象,力虽大,只是步步挨走;杜公、太白则如神龙夭矫,屈伸灭没隐见,兴云降雨,神化不测也。(《昭昧詹言》卷一二王半山)

清方东树：用意用笔老重，不事驰骋，非余人浮情粗气，苟为惊俗，而意不可寻了，语句或失之平浅者可比。此所以为坡弟，能立一队。大约以韩公为宗，而造句不及其奇崛；使才用笔，奇纵不及坡及太白、杜、韩四大家耳。以此求之，可知家数大小优劣。（《昭昧詹言》卷一二苏东坡附颍滨）

清方东树：苏子瞻胸有洪炉，金银锡铅，皆归熔铸。其笔之超旷，等于天马脱羁，飞仙游戏，穷极变化，而适如意中所欲出。韩文公后，又开辟一境界也。（《昭昧詹言》卷二一附论诸家诗话）

清梁章钜：汉、魏之诗，无意于学《三百篇》，而神理自合，时代本近也。六朝而后，刻意学之者，以杜、韩为最。杜之言曰"《雅》丽理训诰"，韩之言曰"《诗》正而葩"。《三百篇》之词华格调，尽此二语矣。窃谓今之学诗者，只须将《毛诗》句句字字尽得其解，再将白文涵泳数过，于诗诣而不能精进者，吾不信也。（《退庵随笔》卷二〇）

清梁章钜：汉、魏而降，惟陶靖节诗须全读。其立言之旨，息息与周、孔相关。故韩昌黎惜其不遇孔子，世人但笑其出口便溜到酒上，彼何等时，尚敢以行坊言表自居乎？（《退庵随笔》卷二一）

清施山：唐贤五古，第二字必平仄相对。李、杜、韩三家，犹百不一乱。盖风格降于汉、魏，而声调不得不加严矣。（《姜露庵诗话》）

清刘熙载：东坡谓欧阳公"论大道似韩愈，诗赋似李白"。然试以欧诗观之，虽曰似李，其刻意形容处，实于韩为逼近耳。（《艺概》卷二《诗概》）

清刘熙载：遇他人以为极艰极苦之境，而能"外形骸以理自胜"，此韩、苏两家诗意所同。（同上）

清刘熙载：金元遗山诗兼杜、韩、苏、黄之胜，俨有集大成之意。

以词而论,疏快之中,自饶深婉,亦可谓集两宋之大成者矣。(《艺概》卷四《词曲概》)

清平步青:《青邱诗》:青邱非专学青莲者,如《游龙门》及《答衍师见赠》等作,骨坚力劲,则竟学杜。《太湖》及《天平山》《游城西》《赠杨荥阳》《寄王孝廉乞猫》等作,长篇强韵,层出不穷,无一懈笔,则又学韩。《送徐弋往蜀山书舍》,古体带律,奇峭生硬,更与昌黎之《答张彻》如出一手。(《霞外攟屑》卷八《眠云舸酿说上诗话》)

清王闿运:韩愈并推李、杜而实专于杜,但袭粗迹,故成枯犷。(《湘绮楼说诗》卷六)

清王闿运:曾文正公经济文章冠绝一时,诗学昌黎,间衍溢为山谷;谓山谷得杜之神理。(《湘绮楼说诗》卷六)

清胡薇元:宋初不脱晚唐体,李文靖、徐常侍白体也,二宋、张乖崖昆体也。欧公与苏子美,乃仿效太白、退之。东坡出,乃追本溯源,放乎四海。然风会使然,唐与宋划界分畔,迥乎不类矣。唐以前多比兴,宋人多敷陈直言故也。(《梦痕馆诗话》卷三)

清陈衍:前清诗学,道光以来,一大关捩。略别两派:一为清苍幽峭,自《古诗十九首》、苏、李、陶、谢、王、孟、韦、柳以下,逮贾岛、姚合,宋之陈师道、陈与义、陈傅良、赵师秀、徐照、徐玑、翁卷、严羽,元之范梈、揭溪斯,明之钟惺、谭元春之伦,洗炼而熔铸之,体会渊微,出以精思健笔。……其一派生涩奥衍,自《急救章》《鼓吹词》《铙歌十八曲》以下,逮韩愈、孟郊、樊宗师、卢仝、李贺、黄庭坚、薛季宣、谢翱、杨维桢、倪元璐、黄道周之伦,皆所取法,语必惊人,字忌习见。(《石遗室诗话》卷三)

清陈衍:择石斋诗,造语盘崛,专于章句上争奇,而罕用僻字僻典,盖学韩而力求变化者。(《石遗室诗话》卷四)

清陈衍:《昌黎诗钞》云:"平生选本不挂眼,偶爱兹编亦大奇。

亲与线装完一册,迹来闲却已多时。"予向不爱选本诗文,顷偶于地摊上买《昌黎诗钞》一册,亲与线装,不觉失笑。(《石遗室诗话》卷六)

清陈衍:自咸、同以来,言诗者喜分唐、宋,每谓某也学唐诗,某也学宋诗。余谓唐诗至杜、韩而下,现诸变相。苏、王、黄、陈、杨、陆诸家,沿其波而参互错综,变本加厉耳。然必欲分之,亦自有辨。(《石遗室诗话》卷一四)

清陈衍:书生好作大言,自以为器识远大,此皆习殆牢不可破。无论泰山秋毫,两俱无穷;殇子非夭,彭聃非老。圣人语大极诸莫载,语小极诸莫破,《大言赋》《小言赋》不足以尽之也。韩、杜诗之能为大言者,至"巨刃摩天扬""刺手拔鲸牙""举瓢酌天浆""未掣鲸鱼碧海中""鲸鱼跋浪沧溟开"而止耳,可谓莫载否乎?……大历十子,笔意略同。元和以降,又各人各具一种笔意,昌黎则兼有清妙、雄伟、磊砢三种笔意。北宋人多学杜、韩,故工七言古者多。南宋稍学韦、柳,故有工五言者。南渡苏、黄一派,流入金源。宋人如陈简斋、陈止斋、范石湖、姜白石、四灵辈,皆学韦、柳,或至或不至。惟放翁无不学,独七言古不学韩、苏。诚斋学白、学杜之一体。此其大较也。(《石遗室诗话》卷一八)

清谭嗣同:《报刘淞芙书二》:嗣同于韵语,初亦从长吉、飞卿入手,旋转而太白,又转而昌黎,又转而六朝,近又欲从事玉溪,特苦不能丰腴。大抵能浮而不能沉,能辟而不能翕。拔起千仞,高唱如云,瑕隙尚不易见;迨至转调旋宫,陡然入破,便绷弦欲绝,吹竹欲裂,卒降下隘,不能自举其声。不得已而强之,则血涌筋粗,百脉腾沸,岌乎无以为继。此中得失,惟自己知之最审,道之最切。(《谭嗣同全集》卷三)

韩诗风格

宋张戒：韵有不可及者，曹子建是也；味有不可及者，渊明是也；才力有不可及者，李太白、韩退之是也；意气有不可及者，杜子美是也。文章古今迥然不同。锺嵘《诗品》以《古诗》第一，子建次之。此论诚然。观子建"明月照高楼""高台多悲风""南国有佳人""惊风飘白日""谒帝承明庐"等篇，铿锵音节，抑扬态度，温润清和，金声而玉振之，辞不迫切而意已独至，与《三百五篇》异世同律，此所谓韵不可及也。渊明"狗吠深巷中""鸡鸣桑树颠""采菊东篱下，悠然见南山"，此景物虽在目前，而非至闲至静之中则不能到，此味不可及也。杜子美、李太白、韩退之三人，才力俱不可及。而就其中退之喜崛奇之态，太白多天仙之词，退之犹可学，太白不可及也。至于杜子美则又不然，气吞曹、刘，固无与为敌。（《岁寒堂诗话》卷上）

宋张戒：韩退之诗，爱憎相半。爱者以为虽杜子美亦不及，不爱者以为退之于诗本无所得。自陈无己辈，皆有此论。然二家之论俱过矣。以为子美亦不及者固非，以为退之于诗本无所得者，谈何容易耶？退之之诗大抵才气有余，故能擒能纵，颠倒崛奇，无施不可。放之则如长江大河，澜翻汹涌，滚滚不穷；收之则藏形匿影，乍出乍没，姿态横生，变怪百出，可喜可愕，可畏可服也。苏黄门子由有云："唐人诗当推韩、杜，韩诗豪，杜诗雄，然杜之雄亦可以兼韩之豪也。"此论得之。诗文字画，大抵从胸臆中出，子美笃于忠义，深于经术，故其诗雄而正；李太白喜任侠，喜神仙，故其诗豪而逸；退之文章侍从，故其诗文有廊庙气。退之诗正可与太白为敌，然二豪

不并立,当屈退之第三。(同上)

宋张戒:柳柳州诗,字字如珠玉,精则精矣,然不若退之之变态百出也。使退之收敛而为子厚则易,使子厚开拓而为退之则难。意味可学,而才气则不可强也。(同上)

宋陈善:《文章以气韵为主》:文章以气韵为主。气韵不足,虽有辞藻,要非佳作也。乍读渊明诗,颇似枯淡,久又有味。东坡晚年酷好之,谓李、杜不及也。此无它,韵胜而已。韩退之诗,世谓押韵之文尔,然自有一种风韵。如《庭楸》诗:"朝日出其东,我尝坐西偏。夕日在其西,我常坐东边。当昼日在上,我坐中央焉。"不知者便谓语无工夫,盖是未窥见古人妙处尔。……达此理者,始可论文。(《扪虱新话》上集卷一)

宋陈善:《诗有格高韵胜》:予每论诗,以陶渊明、韩、杜诸公皆为韵胜。一日见林倅于径山,夜话及此。林倅曰:"诗有格有韵,故自不同。如渊明诗是其格高,谢灵运'池塘春草'之句,乃其韵胜也。格高似梅花,韵胜似海棠花。"予时听之,矍然若有所悟。(《扪虱新话》下集卷一)

宋吴沆:韩诗无非《雅》也,然则有时乎近《风》,如《谁家子》《华山女》《僧澄观》则近于《风》乎!如《赤藤杖》《蕲州笛竹》《桃源图》,则亦《风》之类也。如《谢赐樱桃和裴仆射》则近乎《颂》矣。如《题南岳》《歌石鼓》《调张籍》而歌李、杜,则《颂》之类也。虽《风》《颂》若不足,而雅正则有余矣。故舍乎韩,则又无以配乎李也。故曰:近古人诗,惟有一祖二宗。(《环溪诗话》卷中)

宋朱熹:韩诗平易,孟郊吃了饱饭,思量到人不到处。《联句》中被他牵得,亦著如此做。(《朱子语类》卷一四〇)

宋孙奕:《自相反》:退之尝讥人不解文字饮,而自败于文技。尝戒人服金石药,而自饵硫黄。(孔毅夫《新论》:文弨案:"退之服硫磺",乃卫中行,字偶同耳。)……书之美者莫如颜鲁公,然书法之坏自鲁公始。诗之美者莫如韩退之,然诗格之变自退之始。(东坡说)……梅圣俞云:前史言退之为人木强,若宽韵可自足,而辄傍出;窄韵难独用,而反不出。(《履斋示儿编》卷一六)

宋赵彦卫:吕居仁作《江西诗社宗派图》,其略云:"古文衰于汉末,先秦古书存者为学士大夫剽窃之资,五言之妙,与《三百篇》《离骚》争烈可也。自李、杜之出,后莫能及。韩、柳、孟郊、张籍诸人,自出机杼,别成一家。元和之末,无足论者,衰至唐末极矣。然乐府长短句,有一唱三叹之音。国朝文物大备,穆伯长、尹师鲁始为古文,成于欧阳氏,歌诗至于豫章,始大出而力振之,后学者同作并和,尽发千古之秘,亡余蕴矣。"(《云麓漫钞》卷一四)

宋费衮:《孟东野诗》:自六朝诗人以来,古淡之风衰,流为绮靡,至唐为尤甚。退之一世豪杰,而亦不能自脱于习俗。东野独一洗众陋,其诗高妙简古,力追汉魏作者。政如倡优杂沓前陈,众所趋奔,而有大人君子垂绅正笏,屹然中立。此退之所以深嘉屡叹,而谓其不可及也。然亦恨其太过,盖矫世不得不尔!当时独李习之见与退之合。后世不解此意,但见退之称道东野过实,争先讥诮,东野反为退之所累。惜乎!无有原其本意者也。(《梁溪漫志》卷七)

宋严羽:五言绝句:众唐人是一样,少陵是一样,韩退之是一样。王荆公是一样,本朝诸公是一样。(《沧浪诗话·诗评》)

宋刘克庄:《程垣诗卷》:(卢)仝客于昌黎文公之门,故有奇崛气骨。(《后村先生大全集》卷一〇一)

宋刘克庄:《蒲领卫诗》:唐元和、长庆间诗人,多是韩门弟子,如湜、籍,如翱者,旧皆直呼其名,虽称卢仝玉川先生,然语意多谐谑。惟于孟郊特加敬,比之"长松""巨钟",自比"青蒿""寸莛"。又曰："低头拜东野。"其没也，谥之曰贞曜先生。史称退之木强，非苟下人者。余尝论唐诗人，自李、杜外，万窍互鸣，千人一律。忽有《月蚀》等作，退之自是惊异，非谑之也。如东野诸诗，自出机杼，无一字犯唐人格律。如鷫弁短衣中见古人衣冠，如盆盎中见罍洗，退之岂阳尊而谬敬之哉？（《后村先生大全集》卷一一一）

宋魏庆之：《评鲍谢诸诗》：为诗欲词格清美，当看鲍照、谢灵运；浑成而有正始以来风气，当看渊明；欲清深闲淡，当看韦苏州、柳子厚、孟浩然、王摩诘、贾长江；欲气格豪逸，当看退之、李白；欲法度备足，当看杜子美；欲知诗之源流，当看《三百篇》及《楚辞》、汉魏等诗。前辈云：建安才六七子，开元数两三人。前辈所取，其难如此。予尝与能诗者论书止于晋，而诗止于唐；盖唐自大历以来诗人，无不可观者，特晚唐气象衰尔耳。（《诗人玉屑》卷一二）

宋赵与时：刘中叟次庄《尘土黄诗序》谓："乐府自唐以来，杜甫则壮丽结约，如龙骧虎伏，容止有威；李白则飘扬振激，如游云转石，势不可遏。"今主管广东漕司文字长乐敖器之陶孙，遂尽取魏晋而下诗人演而为诗评曰："因暇日与弟侄辈评古今诸名人诗：魏武帝如幽燕老将，气韵沉雄；曹子建如三河少年，风流自赏；鲍明远如饥鹰独出，奇矫无前；谢康乐如东海扬帆，风日流丽；……李太白如刘安鸡犬，遗响白云，核其归存，恍无定处；韩退之如囊沙背水，惟韩信独能；李长吉如武帝食露盘，无补多欲；孟东野如埋泉断剑，卧壑寒松；张籍如优工行乡饮，酬献秩如，时有诙气；柳子厚如高秋独眺，霁晚孤吹；李义山如百宝流苏，千丝铁网，绮密瑰研，要非适用。……其它作者，未易殚陈。独唐杜工部如周公制作，后世莫能拟议。"（《宾退录》卷二）

宋周密：水心翁以抉云汉、分天章之才，未尝轻可一世。乃于四灵，若自以为不及者，何耶？此即昌黎之于东野，六一之于宛陵

也。惟其富赡雄伟，欲为清空而不可得。一旦见之，若厌膏粱而甘藜藿，故不觉有契于心耳。（《浩然斋雅谈》卷上）

金赵秉文：《答李天英书》：尝谓古人之诗，各得其一偏，又多其性之似者。若陶渊明、谢灵运、韦苏州、王维、柳子厚、白乐天得其冲淡，江淹、鲍明远、李白、李贺得其峭峻，孟东野、贾浪仙又得其幽忧不平之气，若老杜可谓兼之矣。然杜陵知诗之为诗，未知不诗之为诗。而韩愈又以古文之浑浩，溢而为诗，然后古今之变尽矣。太白词胜于理，乐天理胜于词，东坡又以太白之豪、乐天之理合而为一，是以高视古人，然亦不能废古人。足下以唐、宋诗人得处虽能免俗，殊乏风雅，过矣！所谓近风雅，岂规规然如晋、宋词人蹈袭用一律耶？若曰子厚近古，退之变古，此屏山守株之论，非仆所敢知也。诗至于李、杜，以为未足，是画至于无形，听至于无声，其为怪且迂也甚矣！其于书也亦然。足下立言措意，不蹈袭前人一语，此最诗人妙处，然亦从古人中入，譬如弹琴不师谱，称物不师衡，工匠不师绳墨，独自师心，虽终身无成，可也。故为文当师六经、左丘明、庄周、太史公、贾谊、刘向、扬雄、韩愈；为诗当师《三百篇》《离骚》《文选》《古诗十九首》，下及李、杜；学书当师三代金石、钟、王、欧、虞、颜、柳。尽得诸人所长，然后卓然自成一家，非有意于专师古人也，亦非有意于专摈古人也。自书契以来，未有撰（疑作"舍"）古人而独立者。若扬子云："不师古人，然亦有拟相如四赋。"韩退之"惟陈言之务去"，若《进学解》则《客难》之变也，《南山》诗则子虚之余也。岂遽汗漫，自师胸臆，至不成语，然后为快哉？然此诗人造语之工，古人谓之一艺可也。至于诗文之意，当以明王道、辅教化为主。六经吾师也，可以一艺名之哉！贾谊、董仲舒、司马迁、扬子云、韩愈、欧阳修、司马温公，大儒之文也，仆未之能学焉。梁肃、裴休、晁迥、张无尽，名理之文也，吾师之；太白、杜陵、东坡，词人之文也,吾师其词,不师其意;渊明、乐天,高士之诗也,吾师其意,不师其词。然吾老矣,眼昏力茶,虽欲力学古人,力不足也。(《闲闲老人滏水文集》卷一九)

元方回:《跋吴古梅诗》:或问:昌黎门人诗孰优?贺,春圃之丽日也;□□涛怒之风也;籍,秋场之丰年也;岛,黄花寂历,秋则晚矣;郊,冰崖霜壑,生意不露者也。然则孟优矣,视韩何如?曰:月口星心,犹有斧凿;昌黎《南溪始泛》诸篇,西山真公选以入《正宗》者,惟韦、柳可近之;十《琴操》,亦诗耳,虽韦、柳不能近也,而况于诸人乎?故曰:昌黎备四时之气,以文章大体言,天地同流,万物皆备;以诗一端言,舒之不如翕也,腴之不如瘠也,丽之不如质也。自会者不求知,自得者不用力也。(《桐江集》卷三)

元方回:《跋周君日起诗册》:新诗八十七首,笔力愈进,第前辈不甚为著题诗。又五七言律诗,不若为五七言古骚,则李、杜之古乐府,陶、谢、韩、柳之工而淡,可到也。(《桐江集》卷四)

元方回:《跋孔端卿东征序》:世之奇士必好奇,搜奇景,抉奇事,务为奇诗,文以耀世。奇则奇矣,而不知其尝滨于死而不悔也。司马公观名山大川,辄有留滞之叹;谢太傅咏浩浩洪流,终为安归之言;昌黎登华山不能下,而至于恸;东坡渡徐闻,闻兹游奇绝冠平生,皆是也。(《桐江续集》卷三二)

元方回:《郴州祈雨》《雨中寄张博士籍侯主簿喜》昌黎大手笔,仅有此晴雨诗二首。前诗三四高古,后诗三四有议论。雷失威,尤奇。(《瀛奎律髓》卷一七)

元杨载:《梦读退之诗颇奇诡已觉记其大旨作此篇》:自闻蓬莱山,大林夹长峦。上生瘿藤萝,下生荆榛菅。仰不见天日,藏蓄雾雨寒。仙圣常所处,沮洳亦少干。虽云夸凤凰,出入伤羽翰。哀音起空洞,令人鼻准酸。我欲诉上帝,为施铁凿钻。琢落石侧裂,化为千丈磐。琼楼与玉殿,玲珑相通宽。日月交户牖,光射青琅玕。而我从吾师,来游乐且般。呼吸养元气,华腴生肺肝。万劫永不死,如循环无端。窃为仙圣虑,炳然心若丹。上帝如许我,致此亦何难。(《翰林杨仲弘诗集》卷一)

元倪瓒:《谢仲野诗序》:诗亡而为骚,至汉为五言吟咏,得性情之正者,其惟渊明乎? 韦、柳冲淡萧散,皆得陶之旨趣,下此则王摩诘矣。何则? 富丽穷苦之词易工,幽深闲远之语难造。至若李、杜、韩、苏固已烜赫焜煌,出入今古,逾前而绝后。校其情性,有正始之遗风,则间然矣。(《倪云林先生诗集》附录杂著)

明高棅:《唐诗品汇总叙》:有唐三百年,诗众体备矣。故有往体、近体、长短篇、五七言律句、绝句等制,莫不兴于始,成于中,流于变,而陊之于终。至于声律兴象,文词理致,各有品格高下之不同。略而言之,则有初唐、盛唐、中唐、晚唐之不同。详而分之,贞观、永徽之时,虞、魏诸公,稍离旧习,王、杨、卢、骆,因加美丽,刘希夷有闺帏之作,上官仪有婉媚之体,此初唐之始制也;神龙以还,洎开元初,陈子昂古风雅正,李巨山文章宿老,沈、宋之新声,苏、张之大手笔,此初唐之渐盛也;开元、天宝间,则有李翰林之飘逸,杜工部之沉郁,孟襄阳之清雅,王右丞之精致,储光羲之真率,王昌龄之声俊,高适、岑参之悲壮,李颀、常建之超凡,此盛唐之盛者也;大历、贞元中,则有韦苏州之雅澹,刘随州之闲旷,钱、郎之清赡,皇甫之冲秀,秦公绪之山林,李从一之台阁,此中唐之再盛也;下暨元和之际,则有柳愚溪之超然复古,韩昌黎之博大其词,张、王乐府,得其故实,元、白序事,务在分明,与夫李贺、卢仝之鬼怪,孟郊、贾岛之饥寒,此晚唐之变也;降而开成以后,则有杜牧之之豪纵,温飞卿之绮靡,李义山之隐僻,许用晦之偶对,他若刘沧、马戴、李频、李群玉辈,尚能黾勉气格,将迈时流,此晚唐变态之极,而遗风余韵,犹有存者焉。是皆名家擅场，驰骋当世。或称才子，或推诗豪，或谓五言长城，或为律诗龟鉴，或号诗人冠冕，或尊海内文宗，靡不有精粗、邪正、长短、高下之不同。观者苟非穷精阐微，超神入化，玲珑透彻之悟，则莫能得其门，而臻其壶奥矣。今试以数十百篇之诗，隐其姓名，以示学者，须要识得何者为初唐，何者为盛唐，何者为中唐，为晚唐，又何者为王、杨、卢、骆，又何者为沈、宋，又何者为陈拾遗，又何者为李、杜，又何者为孟，为储，为二王，为高、岑，为常、刘、韦、柳，为韩、李、张、王、元、白、郊、岛之制。辨尽诸家，剖析毫芒，方是作者。（《唐诗品汇》卷首）

明郑瑗：仲舒本原处胜贾生，贾生用处却胜似仲舒。扬雄、韩愈，体用俱欠。王通有体有用，但粗浅耳。董、贾之言，却是从胸中流出。韩子力追古作，虽费力而不甚觉。扬氏《法言》、王氏《中说》，所谓刻木为鹄者也。（《井观琐言》卷一）

明李东阳：杜子美《漫兴》诸绝句，有古《竹枝》意，跌宕奇古，超出诗人蹊径。韩退之亦有之。（《麓堂诗话》）

明李梦阳：《与徐氏论文书》：夫诗宣志而道和者也，故贵宛不贵崄，贵质不贵靡，贵情不贵繁，贵融洽不贵工巧，故曰闻其乐而知其德。故音也者，愚智之大防，庄诐简侈浮乎之界分也。至元、白、韩、孟、皮、陆之徒为诗，始连联斗押，累累数千百言不相下，此何异于入市攫金登场角戏也。彼睹冠冕佩玉，有不缩腕投竿而走者乎！何也？耻其非君子也。三代而下，汉、魏最近古，乡使繁巧崄靡之习，诚贵于情质宛洽，而庄诐简侈浮乎，意义殊无大高下，汉、魏诸子不先为之邪？故曰争者士之屑也。然予独怪夫昌黎之从数子也。（《空同集》卷六二）

明郎瑛：《庐山高明妃曲》：《石林诗话》云：欧阳棐求章子厚书乃翁《庐山高》《明妃曲》藏于家，以公平日自喜此三诗也。尝被酒语棐曰:"吾诗《庐山高》,今人莫能为,惟李白能之;《明妃曲》后篇,太白不能为,惟杜子美能之,前篇则子美亦不能也。"及观《名臣言行录》,又云:公谓人曰:"《庐山高》惟韩愈可及;《琵琶前引》韩愈不可及,杜甫可及;《后引》李白不可及,杜甫可及。"其与《石林》所记不同。予论《庐山高》全似李白,《前引》类杜,《后引》类韩,当以《石林》所记为是,但欧公自不当谓《前引》则子美亦不能此。或棐乃过美乃翁之辞,抑梦得误纪之耶?若《名臣录》所纪,《庐山高》岂似韩耶?《二引》既不拟李,又杂太白之名,何也?此必其传闻也。(《七修类稿》卷三六诗文类)

明谢榛:凡作诗要情景俱工,虽名家亦不易得。联必相配,健弱不单力,燥润无两色。能用此法,则不堕歧路矣。少陵状景极妙,巨细入玄,无可指擿者。写情失之疏漏,若"读书难字过,对酒满壶频",上句真率自然,下句为韵所拘尔。昌黎写情亦有佳者,若"饮中相顾色,别后独归情",辞澹意浓,读者靡不慨然。每拙于写景,若"露排四岸草,风约半池萍",下句清新有格,上句声调龃龉,使无完篇,则血脉不周,病在一臂故尔。(《四溟诗话》卷四)

明胡应麟:唐七言歌行,垂拱四子,词极藻艳,然未脱梁、陈也。张、李、沈、宋,稍汰浮华,渐趋平实,唐体肇矣,然而未畅也。高、岑、王、李,音节鲜明,情致委折,浓纤修短,得衷合度,畅乎,然而未大也。太白、少陵,大而化矣,能事毕矣。降而钱、刘,神情未远,气骨顿衰。元相、白傅,起而振之,敷演有余,步骤不足。昌黎而下,门户竞开,卢仝之拙朴,马异之庸猥,李贺之幽奇,刘叉之狂谲,虽浅深高下,材局悬殊,要皆曲径旁蹊,无取大雅。张籍、王建,稍为真澹,体益卑卑。庭筠之流,更事绮绘,渐入诗余,古意尽矣。(《诗薮》内编卷三)

明胡应麟:元和如刘禹锡,大中如杜牧之,才皆不下盛唐,而其

诗迥别,故知气运使然。虽韩之雄奇,柳之古雅,不能挽也。(《诗薮》内编卷五)

明胡应麟:中唐起句之妙有不减盛唐者,如钱起:"未央月晓度疏钟,风辇时巡出九重。"皇甫曾:"长安雪后见归鸿,紫禁朝天拜舞同。"司空曙:"迢递山河拥帝京,参差宫殿接云平。"皇甫冉:"北人南去雪纷纷,雁叫汀洲不可闻?"韩翃:"仙台初见五城楼,风物凄凄宿雨收。"韩愈:"南伐旋师太华东,天书夜到册元功。"韩偓:"星斗疏明禁漏残,紫泥封后独凭栏。"皆气雄调逸可观。(同上)

明胡应麟:元和而后,诗道浸远,而人才故自横绝一时。若昌黎之鸿伟,柳州之精工,梦得之雄奇,乐天之浩博,皆大家材具也。今人概以中、晚束之高阁。若根脚坚牢,眼目精利,泛取读之,亦足充扩襟灵,赞助笔力。(《诗薮》外编卷四)

明胡应麟:司空图云:"杜子美《祭房太尉文》,李太白《佛寺碑赞》,宏拔清丽,乃其歌诗也。张曲江五言沉郁,亦其文笔也。韩吏部歌诗驱驾气势,若掀雷挟电,撑决天地之垠。柳州探搜深远,俾其穷而克寿,抗精极意,则非琐琐可轻议其优劣。"盖自唐已有诗文各擅之说,图为此论以破之。(同上)

明胡震亨:昌黎博大而文,其诗横鹜别驱,崭绝崛强,汪洋大肆而莫能止。《秋怀》数首,及《暮行河堤上》等篇,风骨颇逮建安。但新声不类,盖正中之变也。(《唐音癸签·评汇三》)

清钱谦益:《邵梁卿诗草序》:唐人之诗,光焰而为李、杜,排夏而为韩、孟,畅而为元、白,诡而为二李,此亦黄山之三十六峰,高九百仞,厓㠔直上者也。善学者如登山然,陟其麓,及其翠微,探其灵秀,而集其清英,久之而有得焉。李、杜、韩、孟之面目,亦宛宛然在吾心目中矣。(《牧斋初学集》卷三二)

清钱谦益:《蒋仲雄诗草序》:昔韩退之在贞元、元和间,天下以为瑞人神士,朗出天外,不可梯接,而顾逊心于卢仝、刘叉。退之为河南令,玉川受屈恶少,买羊沽酒以谢不敏,又持退之金数斤去,曰:"此谀墓中人得耳,不若与刘君为寿。"此二子,踔厉激昂,未尝颊首从退之游也。余读仝《月蚀》、又《冰柱》《雪车》诗,俯仰太息,然后知二子之所存。(《牧斋初学集》卷三三)

清冯班:元和体,东坡云:"诗至杜子美一变。"按大历之时,李、杜诗格未行,至元和、长庆始变,此亦文字一大关也。然当时以和韵长篇为元和体。若以时代言,则韩、孟、刘、柳、韦左司、李长吉、卢玉川,皆诗人之赫赫者也。云元、白诸公,亦偏枯。大略沧浪胸中不了了,每言诸公,不指名何人为宗师,参学之功少也。(《严氏纠谬》)

清尤侗:《蒋虎臣诗序》:吾观虎臣之诗,衡连从合,不拘一格。大约禀制于杜陵,而参以昌黎之奇,昌谷之奥,长庆之肆,西昆之葩。(《西堂杂组》二集卷二)

清王夫之:含情而能达,会景而生心,体物而得神,则自有灵通之句,参化工之妙。若但于句求巧,则性情先为外荡,生意索然矣。"松陵体"永堕小乘者,以无句不巧也。然皮、陆二子差有兴会,犹堪讽咏。若韩退之以险韵、奇字、古句、方言矜其饾饤之巧,巧诚巧矣,而于心情兴会一无所涉,适可为酒令而已。黄鲁直、米元章益堕此障中。近则王谑庵承其下游,不恤才情,别寻蹊径,良可惜也。(《姜斋诗话》卷二)

清叶燮:杜甫之诗,包源流,综正变。自甫以前,如汉、魏之浑朴古雅,六朝之藻丽秾纤,澹远韶秀,甫诗无一不备。然出于甫,皆甫之诗,无一字句为前人之诗也。自甫以后,在唐如韩愈、李贺之奇奡,刘禹锡、杜牧之雄杰,刘长卿之流利,温庭筠、李商隐之轻艳;以至宋、金、元、明之诗家,称巨擘者无虑数十百人,各自炫奇翻异,而甫无一不为之开先。此其巧无不到,力无不举,长盛于千古,不能衰,不可衰者也。今之人固群然宗杜矣,亦知杜之为杜,乃合汉、魏、六朝并后代千百年之诗人而陶铸之者乎!唐诗为八代以来一大变,韩愈为唐诗之一大变,其力大,其思雄,崛起特为鼻祖。宋之苏、梅、欧、苏、王、黄,皆愈为之发其端,可谓极盛;而俗儒且谓愈诗大变汉、魏,大变盛唐,格格而不许,何异居蚯蚓之穴,习闻其长鸣,听洪钟之响而怪之,窃窃然议之也!且愈岂不能拥其鼻,肖其吻,而效俗儒为建安、开、宝之诗乎哉?开、宝之诗,一时非不盛;递至大历、贞元、元和之间,沿其影响字句者且百年,此百余年之诗,其传者已少殊尤出类之作,不传者更可知矣。必待有人焉,起而拨正之,则不得不改弦而更张之。愈尝自谓"陈言之务去",想其时"陈言"之为祸,必有出于目不忍见、耳不堪闻者。使天下人之心思智慧,日腐烂埋没于陈言中,排之者比于救焚拯溺,可不力乎!而俗儒且栩栩然俎豆愈所斥之陈言,以为秘异而相授受,可不哀耶!故晚唐诗人,亦以陈言为病;但无愈之才力,故日趋于尖新纤巧,俗儒即以此为晚唐诟厉,呜呼,亦可谓愚矣!(《原诗·内篇上》)

清叶燮:"作诗者在抒写性情。"……举韩愈之一篇一句,无处不可见其骨相棱嶒,俯视一切,进则不能容于朝,退又不肯独善于野,疾恶甚严,爱才若渴:此韩愈之面目也。(《原诗·外篇上》)

清王士禛:尝戏论唐人诗,王维佛语,孟浩然菩萨语,刘眘虚、韦应物祖师语,柳宗元声闻辟支语,李白、常建飞仙语,杜甫圣语,陈子昂真灵语,张九龄典午名士语,岑参剑仙语,韩愈英雄语,李贺才鬼语,卢仝巫觋语,李商隐、韩偓儿女语;苏轼有菩萨语,有剑仙语,有英雄语,独不能作佛语、圣语耳。(《带经堂诗话》卷一品藻类)

清王士禛:汉魏间诗人之作,亦与山水了不相及。洎元嘉间,谢康乐出,始创为刻画山水之词,务穷幽极渺,抉山谷水泉之情状,昔人所云"庄老告退,而山水方滋"者也。宋齐以下,率以康乐为宗。至唐王摩诘、孟浩然、杜子美、韩退之、皮日休、陆龟蒙之流,正变互出,而山水之奇怪灵阒,刻露殆尽;若其滥觞于康乐,则一而已矣。(《带经堂诗话》卷五序论类)

清吴乔:盛唐人山奔海立,掩前绝后。此体忌圆美平衍,又不可槎枒狰狞。初唐圆美,白傅加以平衍,昌黎稍槎枒,刘叉狰狞,卢仝牛头阿旁,杜默地狱饿鬼。(《围炉诗话》卷二)

清沈德潜:《大风》《柏梁》,七言权舆也。自时厥后,魏、宋之间,时多杰作,唐人出而变态极焉。初唐风调可歌,气格未上,至王、李、高、岑四家,驰骋有余,安详合度,为一体;李供奉鞭挞海岳,驱走风霆,非人力可及,为一体;杜工部沉雄激壮,奔放险幻,如万宝杂陈,千军竞逐,天地浑奥之气,至此尽泄,为一体;钱、刘以降,渐趋薄弱,韩文公拔出于贞元、元和间,踔厉风发,又别为一体。七言楷式,称大备云。(《唐诗别裁》卷首《凡例》)

清沈德潜:性情面目,人人各具。读太白诗,如见其脱屣千乘;读少陵诗,如见其忧国伤时。其世不我容、爱才若渴者,昌黎之诗也;其嬉笑怒骂、风流儒雅者,东坡之诗也。(《说诗晬语》卷下)

清沈德潜:《姜自芸太史诗序》:昔韩退之以言事得谤,斥守揭阳;苏子瞻以触迕权臣,窜逐海外。两贤诗格,较胜于前。大抵遭放逐处逆境,有足以激发其性情,而使之怪伟特绝,纵欲自掩其芒角而不能者也。(《归愚文钞》卷一二)

清沈德潜:《金际和诗序》:古人风雅所在,必有从而和者。昌黎诗和者,则有孟郊、卢仝、李贺、刘叉。乐天诗和者,则有元稹、杨巨源、刘禹锡。以昌黎、乐天为风雅主持也。(《归愚文钞余集》卷三)

清李重华:诗家奥衍一派,开自昌黎;然昌黎全本经学。次则屈、宋、扬、马亦雅意取裁,故得字字典雅。后此陆鲁望颇造其境。

今或满眼陆离,全然客气;问所从,则曰我韩体也。且谓四库书俱寻常闻见,于是专取说部,撷拾新奇,以夸繁富。不知说部之学,眉山时复用之者,不过借作波澜,初非靠为本领。今所尚止在于斯,乃正韩、苏大家吐弃不屑者,安得以奥衍目之?(《贞一斋诗说》)

清黄子云:古人有负才而欺世者三家:曹瞒气杰骛而以诡异欺;昌黎语瑰奇而以强梗欺;义山韵宕逸而以荒诞欺。(《野鸿诗的》)

清薛雪:苏黄门谓杜诗雄,韩诗豪。杜诗之雄,可以兼韩之豪。如柳柳州,不若韩之变态百出也。使昌黎收敛而为柳州则易,使柳州开拓而为昌黎则难。此无他,意味可学,才气不可学也。(《一瓢诗话》)

清秦朝钎:义山《韩碑》,在其诗中另自一体,直拟退之,殆复过之。(《消寒诗话》)

清袁枚:诗人家数甚多,不可硁硁然域一先生之言,自以为是,而妄薄前人。须知王、孟清幽,岂可施诸边塞? 杜、韩排傲,未便播之管弦。(《随园诗话》卷五)

清袁枚:元遗山讥秦少游云:"有情芍药含春泪,无力蔷薇卧晚枝。拈出昌黎'山石'句,方知渠是女郎诗。"此论大谬。芍药、蔷薇,原近女郎,不近山石,二者不可相提而并论。诗题各有境界,各有宜称。杜少陵诗,光焰万丈,然而"香雾云鬓湿,清辉玉臂寒""分飞蛱蝶原相逐,并蒂芙蓉本是双";韩退之诗,"横空盘硬语",然"银烛未销窗送曙,金钗半醉坐添春",又何尝不是"女郎诗"耶?《东山》诗:"其新孔嘉,其旧如之何?"周公大圣人,亦且善谑。(同上)

清袁枚:古人门户虽各自标新,亦各有所祖述。如《玉台新咏》、温、李、西昆,得力于《风》者也。李、杜排奡,得力于《雅》者也。韩、孟奇崛,得力于《颂》者也。李贺、卢仝之险怪,得力于《离骚》《天问》《大招》者也。元、白七古长篇,得力于初唐四子;而四子又得之于庾子山及《孔雀东南飞》诸乐府者也。今人一见文字艰险，便以为文体不正。不知"载鬼一车""上帝板板"，已见于《毛诗》《周易》矣。（同上）

清袁枚：诗家百体，严沧浪《诗话》胪列最详，谓东坡、山谷诗，如子路见夫子，终有行行之气。此语解颐，即我规蒋心余能刚而不能柔之说也。然李、杜、韩、苏四大家，谓李、杜刚柔参半，韩、苏纯刚，白香山则纯乎柔矣。（《随园诗话》补遗卷三）

清管世铭：李义山《韩碑》，句奇语重，追步退之；《转韵七十二句赠同舍》开合挫顿中一振当日凡庸之习；三百年之后劲也。（《读雪山房唐诗序例》）

清赵翼：自沈、宋创为律诗后，诗格已无不备。至昌黎又斩新开辟，务为前人所未有。如《南山》诗内铺列春夏秋冬四时之景，《月蚀诗》内铺列东西南北四方之神，《遣疟鬼》诗内历数医师、灸师、诅师、符师是也。又如《南山》诗连用数十"或"字，《双鸟》诗连用"不停两鸟鸣"四句，《杂诗》四首内一首连用五"鸣"字，《赠别元十八诗》连用四"何"字，皆有意出奇，另增一格。《答张彻》五律一首，自起至结，句句对偶，又全用拗体，转觉生峭。此则创体之最佳音者。（《瓯北诗话》卷三）

清李调元：韩昌黎诗云："险语破鬼胆，高词媲皇坟。"此是公自赞其诗，不可徒作赞他人诗看。然皆经籍光芒，故险而实平。（《雨村诗话》卷下）

清阮葵生：《诗各有体》：元遗山讥秦少游，谓"拈出退之'山石'句，始知渠是女郎诗"。诗各有体，安得不问何题，各拈一句、二句，概厥生平乎？即《南山》《北征》，互相优劣，亦非通人之论。（《茶馀客话》卷一一）

清阮葵生：《论诗须识体》：老杜之诗，变《雅》也，白、李二诗则

《风》体也。一则铺陈排比,义取庄严;一则陈事类情,辞归讽喻。假以白、李之句参入《北征》,是以越施之舞裙歌袖,陈列庙堂也;若以杜语入之《长恨歌》,是党太尉销金帐中坐一鲁男子矣。此种议论皆所谓牛羊之目,但见方隅者也。如苏子由之訾昌黎《元和盛德诗》,黄常明之议少陵《夜宴左氏山庄》,亦是此类。(同上)

清翁方纲:韩门诸君子,除张文昌另一种,自当别论;皇甫持正、李习之、崔斯立,皆不以诗名;惟孟东野、李长吉、贾阆仙、卢玉川四家,倚仗笔力,自树旗帜。盖自中唐诸公渐趋平易,势不可无诸贤之撑起。然诗以温柔敦厚为教,必不可直以粗硬为之。此内惟长吉锦心绣口,上薄《风》《骚》,不专以笔力支架为能。其余若玉川《月蚀》一篇,故自奇作;阆仙五律,亦多胜概。外此则如东野、玉川诸制,皆酸寒幽涩,令人不耐卒读。刘叉《冰柱》《雪车》二诗,尤为粗直伧俚,而韩公独谓孟东野以其诗鸣,则使人惑滋甚矣!(《石洲诗话》卷二)

清翁方纲:"东野穷愁死不休,高谈厚地一诗囚。江山万古潮阳笔,合在元龙百尺楼。"韩门诸家不斥贾而斥孟,亦与东坡意同。不论及李长吉者,遗山心眼抑自有属矣。昔杜樊川为《李长吉诗序》曰:"若使加以理,奴仆命《骚》可也。"未知遗山意中,分际如何?(《石洲诗话》卷七)

清洪亮吉:杜牧之与韩、柳、元、白同时,而文不同韩、柳,诗不同元、白,复能于四家外诗文皆别成一家,可云特立独行之士矣。韩与白亦素交,而韩不仿白,白亦不学韩,故能各臻其极。(《北江诗话》卷一)

清朱锡绶:唐人之诗,多类名花:少陵似春兰,幽芳独秀;摩诘似秋菊,冷艳独高;青莲似绿萼梅,仙风骀荡;玉溪似红萼梅,绮思娬娟;韦、柳似海红,古媚在骨;沈、宋似紫薇,矜贵有情;昌黎似丹桂,天葩洒落;香山似芙蕖,慧相清奇;冬郎似铁梗垂丝;阆仙似檀心磐口;长吉似优钵昙,彩云拥护;飞卿似曼佗罗,璃月玲珑。(《幽梦续影》)

清方东树:太炼则伤气。谢、鲍两家若不善学,则恐不免峭促不舒之病,不如《三百篇》、汉、魏、阮公以及杜、韩混茫浩然一气也。(《昭昧詹言》卷五大谢)

清方东树:康乐无一字不稳老,无一字不典重,无一字不沉厚深密,如成德之士,求几微之过而不得,实胜明远。但其本领不过庄、佛,无多变境。不逮杜、韩,如长江大河,含茹古今,摆动宇宙也。(同上)

清方东树:细绎鲍诗,而交代章法,已远不逮谢公之明确,往往一片不分,无顿束离合,断续向背之法。乃知习之之所谓文法,其难匪易。后惟韩最精细不苟,愈看愈分明。(《昭昧詹言》卷六鲍明远)

清方东树:韩公笔力强,造语奇,取境阔,蓄势远,用法变化而深严,横跨古今,奄有百家,但间有长语漫势,伤多成习气。此病杜公亦有之。(《昭昧詹言》卷九韩公)

清方东树:杜、韩有一种真率朴直白道,不烦绳削而自合者。此必须先从艰苦怪变过来,然后乃得造此。若未曾用力,便拟此种,则枯短浅率而已。如公《南溪始泛》三篇、《寄元协律》四篇、《送李翱》、《寄鄂岳李大夫》等,皆是文体白道,但序事,而一往清切,愈朴愈真,耐人吟讽。山谷、后山专推此种,昔人讥其舍百牢而取一胾。余谓此诗实佳,但未有其道腴,而专学其貌,则必成流病,失之朴率陋浅,又开伪体矣。(同上)

清方东树:诗文贵有雄直之气,但又恐太放,故当深求古法,倒折逆挽,截止横空,断续离合诸势。惟有得于经,则自臻其胜。(同上)

清方东树:读杜、韩两家,皆当以李习之论六经之语求之,乃见

其全量本领作用。至其笔性选字,造语隶事,则各不同;而同于文法高古,奇姿变化,壮浪纵宕,横跨古今。(同上)

清方东树:学黄必探源于杜、韩,而学杜、韩必以经《骚》、汉、魏、阮、陶、谢、鲍为之源。取境古,用笔锐,造语朴,使气奇,选字坚,神兀骨重,思沉意厚,此诗家极至之诣也。(《昭昧詹言》卷一〇黄山谷)

清方东树:杜公乃佛祖,高、岑似应化文殊辈,韩、苏是达摩。圣人复起,不易吾言矣。(《昭昧詹言》卷一一总论七古)

清方东树:子由只用退之格,而奇崛不及,又气势不甚遒壮。(《昭昧詹言》卷一二附颍滨)

清梁章钜:唐以李、杜、韩、白为四大家,宋以苏、陆为两大家,自御选《唐宋诗醇》,其论始定,《四库提要》阐绎之,其义益明。《提要》云:"诗至唐而极其盛,至宋而极其变。盛极或伏其衰,变极或失其正。通评甲乙,要当以此六家为大宗。盖李白源出《离骚》,而才华超妙,为唐人第一;杜甫源出《国风》、二《雅》,而性情真挚,亦为唐人第一。自是而外,平易而最近乎情者,无过白居易;奇创而不诡乎理者,无过韩愈。录此四集,已足包括众长。至于北宋之诗,苏、黄并驾;南宋之诗,范、陆齐名。然江西宗派,实变化于杜、韩之间。既录杜、韩,无庸复见。山谷、石湖篇什无多,才力识解亦均不能出《剑南集》上。既举白以概元,当存陆而删范。"可谓千古定评。窃谓有志学诗,此六家缺一不可。其聪明才力能全读本集者固佳,否则专就《诗醇》所选读之,已无偏倚陋略之虞。其后缀之评语,择精语详,尤足为学诗者之圭臬。《提要》所谓当为诗教幸,不仅为六家幸,岂虚语哉!(《退庵随笔》卷二一)

清马星翼:韩退之诗有两派:《荐士》等篇,剗削极矣;《符读书城南》等篇,又往往造平澹。贤者固不可测。木之就规矩在梓匠轮

舆,人生有常理在纺绩耕耘。退之句法,亦自相袭。(《东泉诗话》卷一)

清施山:自王、孟、韦、柳、东野以后,千余年来,无有以五古名家者。摹古调则声存实寡,抒己意则体格卑庸。此体极难制胜,亦惟有学李、杜、韩三家,炼其雄奇沉郁之气,以挥写性情,铺陈事略,乃能避熟避俗。(《姜露庵诗话》)

清刘熙载:昌黎诗往往以丑为美,然此但宜施之古体,若用之近体则不受矣。是以言各有当也。(《艺概》卷二《诗概》)

清刘熙载:退之诗豪多于旷,东坡诗旷多于豪。豪旷非中和之则,然贤者亦多出入于其中,以其与齷齪之肠胃,固远绝也。(《艺概》卷二《诗概》)

清刘熙载:东坡诗,意颓放而语遒警。颓放过于太白,遒警亚于昌黎。(《艺概》卷二《诗概》)

清刘熙载:太白长于风,少陵长于骨,昌黎长于质,东坡长于趣。(《艺概》卷二《诗概》)

清王闿运:闾朝隐、颜况、卢仝、刘叉,推荡排阖,韩愈之所羡也。二李(商隐、贺)、温歧、段成式,雕章琢句,樊宗师之所羡也。元微之赋《望云骓》,纵横往来,神似子美,故非乐天之所及。张王乐府,效法香山,亦雅于《新丰》《上阳》诸篇乎?退之专尚诘诎,则近乎谶矣。宋人披昌,其流弊也。(《湘绮楼说诗》卷七)

清施补华:孟东野奇杰之笔,万不及韩,而坚瘦特甚。譬之逼阳之城,小而愈固,不易攻破也。东坡比之"空螯",遗山呼为"诗囚",毋乃太过!(《岘佣说诗》)

清沈曾植:《唐帝王诗文》:《唐语林》称"文宗好五言诗,与肃、代、宪宗同,而古调尤为清峻。李珏奏言,宪宗为诗,格合前古。当时轻薄之徒摘章绘句,聱牙崛奇,讥讽时事。尔后鼓扇声名,为之元和体"云云。则元、白、张、王之讽刺,韩、孟、刘、柳之崛奇,实宪宗倡之,今虽无一字之传,可惜也已。文宗五言古调,亦无一篇。宣宗时诗传自释徒,风格殊凡下。德宗格高,有开元风,则出于□□所录也。(《海日楼札丛》卷七)

清沈曾植:《元和体》《国史补》:"元和以后,为文笔,则学奇诡于韩愈,学苦涩于樊宗师;歌行则学流荡于张籍,诗章则学矫激于孟郊,学浅切于白居易,学淫靡于元稹,俱名为元和题。(《乐书要录》:'声不独运,必托于诗。诗者阳之声,乐者阳之器也。')大抵天宝之风尚党,大历之风尚浮,贞元之风尚荡,元和之风尚怪也。"此固当时文人相轻之论,然可与柳子厚《毛颖传后题》"不能举其辞而独大笑以为怪"语相证,天宝之风尚党,殆指萧、李诸人言之。大历之浮,则十才子当之矣。(同上)

清吴雷发:诗以道性情,人各有性情,则亦人各有诗耳。俗人党同伐异,是欲使人之性情,无一不同而后可也。……昌黎以沉雄博大之才,发之于诗,而遇郊、岛之寒瘦者,亦从而津津叹赏之。盖古之具异才者,未有不爱才者也。(《说诗菅蒯》)

韩以文为诗

宋陈师道:黄鲁直云:"杜之诗法出审言,句法出庾信,但过之尔。杜之诗法,韩之文法也。诗文各有体,韩以文为诗,杜以诗为文,故不工尔。"(《后山诗话》)

宋陈师道:退之以文为诗,子瞻以诗为词,如教坊雷大使之舞,虽极天下之工,要非本色。今代词手,惟秦七黄九尔,唐诸人不迨

也。(同上)

宋王直方:《东坡效山谷体》:山谷云:"子瞻诗句妙一世,乃云效庭坚体;退之戏效孟郊、樊宗师之比,以文滑稽耳。"(《王直方诗话》)

宋陈善:《韩以文为诗,杜以诗为文》:韩以文为诗,杜以诗为文,世传以为戏。然文中要自有诗,诗中要自有文,亦相生法也。文中有诗,则句语精确,诗中有文,则词调流畅。谢玄晖曰:"好诗圆美流转如弹丸。"此所谓诗中有文也。唐西子曰:"古人虽不用偶俪,而散句之中暗有声调,步骤驰骋,亦有节奏。"此所谓文中有诗也。前代作者皆知此法,吾谓无出韩、杜。观子美到夔州以后诗,简易纯熟,无斧凿痕,信是如弹丸矣。退之《画记》,铺排收放,字字不虚,但不肯入韵耳。或者谓其殆似甲乙帐,非也。以此知杜诗韩文,阙一不可。世之议者,遂谓子美无韵语,殆不堪读,而以退之之诗但为押韵之文者,是果足以为韩、杜病乎?文中有诗,诗中有文,知者领予此语。(《扪虱新话》上集卷一)

宋陈善:《文体》:以文体为诗,自退之始。以文体为四六,自欧公始。(同上)

宋孙奕:《人相反》:子美以诗为文,退之以文为诗。(后山)韩退之之文自经中来,柳子厚之文自史中来。(《邵氏闻见后录》)韩退之不可谓之诗,有章韵文也;杜子美不可谓之文,无章韵诗也。柳宗元而下,两失之矣。(《履斋示儿编》卷一六)

宋蔡梦弼:后山陈无己《诗话》曰:"杜之诗法,韩之文法也。诗文各有体,韩以文为诗,杜以诗为文,故不工耳。"(《杜工部草堂诗话》卷一)

元袁桷:《书括苍周衡之诗编》:建安、黄初之作,婉而平,羁而不怨。拟诗之正可乎?滥觞于唐,以文为诗者,韩吏部始。然而春

— 2541 —

容激昂,于其近体,犹规规然守绳墨,诗之法犹在也。(《清容居士集》卷四九)

明李东阳:诗与文不同体,昔人谓"杜子美以诗为文,韩退之以文为诗",固未然。然其所得所就,亦各有偏长独到之处。近见名家大手以文章自命者,至其为诗,则毫厘千里,终其身而不悟。然则诗果易言哉!(《麓堂诗话》)

清毛先舒:唐人文多似诗,不害为佳。退之多以文法为诗,则伧父矣。六朝人序记多似赋,不害为佳。子瞻多以序记法为赋,则委荼矣。(《诗辩坻》卷三)

清贺贻孙:李易安云:"王介甫、曾子固文章似西汉,若作一小歌词,则人必绝倒不可读;而欧阳永叔、苏子瞻词,乃句读不葺之诗耳。"又尝记宋人有云:"昌黎以文为诗,东坡以诗为词。甚矣,词家之难也。"余谓易安所讥介甫、子固、永叔三人甚当,但东坡词气豪迈,自是别调,差不如秦七、黄九之到家耳。东坡自言平日不喜唱曲,固不中音律,是亦一短。"以诗为词"难为东坡解嘲;若以为句读不葺之诗,抑又甚矣!至于昌黎文章元气深浑,独其诗篇刻露稍伤元气,然天地间自少此一派不得。彼盖别具手腕,不独与他家诗不相似,并自与文章乐府绝不相似。伯敬云:"唐文奇碎,而退之春融,志在挽回;唐诗淹雅,而退之艰奥,意专出脱。"此数语真昌黎知己,彼谓昌黎"以文为诗"者,是不知昌黎者也。大率宋人以词自负,故所言类此。然遂欲以此评诗,不免隔靴搔痒。(《诗筏》)

清黄子云:昌黎极有古音,惜其不由正道,反为盘空硬语,以文入诗,欲自成一家言,难矣!然集中《琴操》《秋怀》《醉赠张秘书》《山石》《雉带箭》《谒衡岳》《县斋有怀》数篇,居然大家规范。其"露泫秋树高,虫吊寒夜永""春风吹园杂花开,朝日照屋百鸟语""青天白日花草丽",此等句亦是不凡。近体中得敦厚雅正之旨者,唯"未

报恩波知死所,莫令炎瘴送生涯"二语。若《南山》诗,非赋非文,而反流传,人之易欺也若此。(《野鸿诗的》)

清赵翼:以文为诗,自昌黎始;至东坡益大放厥词,别开生面,成一代之大观。(《瓯北诗话》卷五)

清方东树:《登余干古县城》:言外句句有登城人在,句句有作诗人在,所以称为作者,是谓魂魄停匀。若李义山多使故事,装贴藻饰,掩其性情面目,则但见魄气而无魂气。魂气多则成生活相,魄气多则为死滞。千古一人,推杜子美,只是纯以魂气为用。此意唐人犹多兼之,后人不解久矣。……昔人论韩公"将军旧压三司贵"二句,以为虽句法雄杰,而意亦近于此矣;只是有魄无魂,言外无余味,取象而无兴也。韩公以文为诗,又不工近体,无可议者,姑举以为式耳。(《昭昧詹言》卷一八中唐诸家)

清施补华:少陵七古,多用对偶;退之七古,多用单行。退之笔力雄劲,单行亦不嫌弱,终觉钤束处太少。(《岘佣说诗》)

韩诗知变化

宋沈作喆:本朝以词赋取士,虽曰雕虫篆刻,而赋有极工者,往往寓意深远,遣词超诣,其得人亦多矣。自废诗赋以后,无复有高妙之作。昔中书舍人孙何汉公著论曰:"唐有天下,科试愈胜,自武德、贞观之后,至贞元、元和已还,名儒钜贤,比比而出:有宗经立言如邱明、马迁者;有传道行教如孟轲、扬雄者;有驰骋管晏,上下班范者;有凌轹颜谢、诋诃徐庾者,如陆宣公、裴晋公,皆负王佐之器,而犹以举子事业飞腾声称。韩退之、柳子厚、皇甫持正皆好古者也,尚克意雕琢,曲尽其妙。持文衡者,岂不知诗赋不如策问之近古也。盖策问之目,不过礼乐刑政,兵戎赋舆,岁时灾祥,吏治得失,可以备拟,可以曼衍。故汗漫而难校,腆涩而少工,词多陈熟,理无适莫。惟诗赋之制,非学优才高不能当也。破巨题期于百中,压强韵示有余地,驱驾典故,混然无迹,引用经籍,若已有之。咏轻近之物,则托兴雅重,命词峻整。述朴素之事,则立言遒丽,析理明白。其或气焰飞动,而语无孟浪,藻绘交错,而体不卑弱。颂国政则金石之奏间发,歌物瑞则云日之华相照。观其命句,可以见学植之深浅;即其构思,可以觇器业之大小。穷体物之妙,极缘情之旨,识春秋之富艳,洞诗人之丽则,能从事于斯者,始可以言赋家流也。"其论作赋之工如此,非过也。(《寓简》卷五)

宋朱熹:《跋病翁先生诗》:李、杜、韩、柳,初亦皆学《选》诗者。然杜、韩变多,而柳、李变少。变不可学,而不变可学。故自其变者而学之,不若自其不变者而学之。乃鲁男子学柳下惠之意也。(《朱文公文集》卷八四)

宋孙奕:《事类》:扬子云有《逐贫赋》,韩退之有《送穷文》。渊明有《形神影三首》,乐天有《身心问答三首》。……王逸少于书知变,韩退之于诗知变。……退之以磨蝎为身宫,子瞻以磨蝎为命宫。(《履斋示儿编》卷一六)

宋王应麟:《李杜韩柳俱学选》:山谷云:"学老杜诗,所谓刻鹄不成,犹类鹜也。"后山谓山谷得法于少陵。朱文公云:"李、杜、韩、柳,初亦学《选》诗;然杜、韩变多,而柳、李变少。变不可学,而不变可学。"(《困学纪闻》卷一八)

清翁方纲:唐诗妙境在虚处,宋诗妙境在实处。初唐之高者,如陈射洪、张曲江,皆开启盛唐者也。中晚之高者,如韦苏州、柳柳州、韩文公、白香山、杜樊川,皆接武盛唐,变化盛唐者也。是有唐之作者,总归盛唐,而盛唐诸公,全在境象超诣。所以司空表圣二十四品,及严仪卿以禅喻诗之说,诚为后人读唐诗之准的。(《石洲诗话》卷四)

清恽敬:《大云山房文稿二集目录叙说》:敬观之前世,贾生自名家、纵横家入,故其言浩汗而断制;晁错自法家、兵家入,故其言峭实;董仲舒、刘子政自儒家、道家、阴阳家入,故其言和而多端;韩退之自儒家、法家、名家入,故其言峻而能达;曾子固、苏子由自儒家、杂家入,故其言温而定;柳子厚、欧阳永叔自儒家、杂家、词赋家入,故其言详雅有度;杜牧之、苏明允自兵家、纵横家入,故其言纵厉;苏子瞻自纵横家、道家、小说家入,故其言逍遥而震动。(《大云山房文稿》二集卷首)

清钱泳:七古以气格为主,非有天姿之高妙,笔力之雄健,音节之铿锵,未易言也。尤须沉郁顿挫以出之,细读杜、韩诗便见。若无天姿、笔力、音节三者,而强为七古,是犹秦庭之举鼎,而绝其膑矣。(《履园丛话·谭诗》总论)

清方东树:韩公纵横变化,若不及杜公,而丘壑亦多,盖是特地变,不欲似杜,非不能也。坡公亦纵横变化,丘壑亦多。山谷之似杜、韩,在句格,至纵横变化则无之。(同上)

清方东树:朱子曰:"李、杜、韩、柳,亦学《选》诗,然杜、韩变多,柳、李变少。"以朱子之言推之,苏、黄承李、杜、韩之后,而又能变李、杜、韩故意,离而去之,所以为自立也。自此以外,千余年诗家,除大历、长庆、温、李,西昆诸小乘苪记不论,其余名家,无不为杜、李、韩、苏、黄五家嗣法派者。至于汉、魏、阮、陶、谢、鲍皆成绝响,故后世诗人只可谓之学李、杜、韩、苏、黄而不能变,不可谓能变《选》诗也。如放翁之于坡,青邱之于太白,空同之于少陵是也。(同上)

清方东树:诗文以避熟创造为奇,而海峰不免太似古人。以海峰之才而更能苦思创造,岂近世诸诗家可及哉！愚尝论方、刘、姚三家,各得才、学、识之一。望溪之学,海峰之才,惜翁之识,使能合之,则直与韩、欧并辔矣。(同上)

清方东树:汉、魏人用笔,断截离合,倒装逆转,参差变化,一波三折,空中转换抟挽,无一滞笔平顺迂缓骇塞。谢、鲍已不能知,后来惟李、杜、韩、苏四家能尽其变势。(《昭昧詹言》卷二汉魏)

清方东树:《清时难屡得》:此等深思曲致,高情远势,章法用笔,变化不可执著,鲍、谢且不能窥,后惟杜、韩二公有之耳。(同上)

清方东树:固是要交待点逗分明,而叙述又须变化,切忌正说实说,平叙挨讲,则成呆滞钝根死气。或总挈,或倒找,或横截,或补点,不出离合错综,草蛇灰线,千头万绪,在乎一心之运化而已。故尝谓诗与古文一也,不解文事,必不能当诗家著录。震川谓:"晓得文章掇头,文字就可做了。"谛观陶、谢、杜、韩诸大家,深严邃密,律法森然,无或苟且信手者也。(《昭昧詹言》卷一四通论七律)

清刘熙载:陈言务去,杜诗与韩文同。黄山谷、陈后山诸公学杜在此。(《艺概》卷二《诗概》)

清施补华:齐、梁、陈、隋间,自谢玄晖、江文通外,古诗皆带律体,气弱骨靡,思淫声哀,亡国之音也。退之云:"齐梁及陈隋,众作等蝉噪。"不为刻论矣。唐初五言古,犹沿六朝绮靡之习,惟陈子昂、张九龄直接汉魏,骨峻神竦,思深力遒,复古之功大矣。(《岘佣说诗》)

又:退之五古,横空硬语,妥帖排奡,开张处过于少陵,而变化不及。中唐以后,渐近薄弱,得退之中兴。(同上)

韩诗的语言

宋蔡启:《诗用方言》:诗人用事,有乘语意到处,辄从其方言为之者,亦自一体,但不可为常耳。吴人以作为佐音,淮、楚之间以十为忱音,不通四方。然退之"非阁复非桥,可居兼可过。君欲问方桥,方桥如此作",乐天"绿浪东西南北水,红栏三百九十桥",乃皆用二音,不知当时所呼通尔,或是姑为戏也。(《蔡宽夫诗话》)

宋洪刍:《杜韩诗用歇后语》:世谓兄弟为友于,谓子孙为贻厥者,歇后语也。子美诗曰"山鸟山花皆友于",退之诗"谁谓贻厥无基址",虽韩、杜亦未能免俗,何也?(《洪驹父诗话》)

宋胡仔:《雪浪斋日记》云:"古人下连绵字不虚发,如老杜'野日荒荒白,江流泯泯清',退之云'月吐窗囧囧',皆造微入妙。"(《苕溪渔隐丛话》前集卷一五王摩诘)

宋胡仔:《吕氏童蒙训》云:"渊明、退之诗,句法分明,卓然异众。惟鲁直为能深识之。学者若能识此等语,自然过人。阮嗣宗诗亦然。"苕溪渔隐曰:"洪龟父谓山谷于退之诗,少所许可。龟父乃鲁直之甥,其言有自来矣。若居仁之言,殊未可信也。"(《苕溪渔隐丛话》前集卷一八韩吏部下)

宋吴可:师川云:"作诗要当无首无尾。"山谷亦云。子苍不然此说。东湖云:"春灯无复上,暮雨不能晴。"昌黎云:"廉纤晚雨不能晴。"子苍云:"'暮'不如'晚'。"昌黎云:"青蛙圣得知。"汪彦章云:"灯花圣得知。"子苍云:"蛙不圣,所以言圣,便觉有味。灯花本灵,能预知事,辄言'圣得知',殊少意味。"(《藏海诗话》)

宋李颀:《杜韩颠倒句法》:杜子美诗云:"红稻啄余鹦鹉粒,碧

梧栖老凤凰枝。"此语反而意奇。退之诗云:"舞鉴鸾窥沼,行天马度桥。"亦效此理。(《古今诗话》)

宋吕本中:《鲁直识渊明退之诗》:渊明、退之诗,句法分明,卓然异众。惟鲁直为能深识之。学者若能识此等语,自然过人。阮嗣宗诗亦然。(《童蒙诗训》)

宋陈善:《为文要得顿挫之法》:予因学琴,遂得为文之法。文章妙处,在能掩抑顿挫,令人读之亹亹不倦。韩退之《听颖师琴》诗曰:"昵昵儿女语,恩怨相尔汝。划然变轩昂,勇士赴敌场。浮云柳絮无根蒂,天地阔远随飞扬。喧啾百鸟群,忽见孤凤凰。跻攀分寸不可止,失势一落千丈强。"此顿挫法也。退之《与李翱书》,并用其法云。(《扪虱新话》上集卷一)

宋朱翌:《洪驹父诗话》:退之云:"谁谓贻厥无基址。"是歇后语。《晋·五行志》:"何曾曰:国家无贻厥之谋,以此知退之用字亦必有本也。"(《猗觉寮杂记》卷上)

宋朱翌:为文用偏旁字。颜延年《白马赋》:"秀骐齐亍。"潘安仁《射雉赋》、张衡《舞赋》,并用彳亍二字。彳,丑亦切。亍,丑录切。韩诗:"刻画架崖厂。"今人不敢用。(同上)

宋洪迈:《杜韩用歇后语》:杜、韩二公作诗,或用歇后语,如"凄其望吕葛""仙鸟仙花吾友于""友于皆挺拔""再接再砺乃""僮仆诚自刭""为尔惜居诸""随谓贻厥无基址"之类是已。(《容斋四笔》卷四)

宋吴沆:善诗俞秀才一日到环溪,以诗一篇贽见。环溪读之,因言:"前辈作诗皆有法:近体当法杜,长句当法韩与李。"俞云:"太白之妙则知之矣;韩愈之妙未之闻也。"环溪云:"韩愈之妙在用叠句。如'黄帝绿幕朱户间',是一句能叠三物。如'洗妆拭面著冠帔,白咽红颊长眉青',是两句叠六物。惟其叠多,故事实而语健。

又诸诗,《石鼓歌》最工,而叠语亦多。如'雨淋日炙野火烧,鸾翔凤翥众仙下。金绳铁索锁钮壮,古鼎跃水龙腾梭',韵韵皆叠。每句之中,少者两物,多者三物乃至四物。几乎皆是一律。惟其叠语,故句健,是以为好诗也。"俞欣然而归。明日作一歌见谢,云:"天高日远云雾阔,黄金白璧孤虞卿。汉廷无人荐司马,故山有客呼孔宾。"便觉气象不同,乃知前辈文章故自有关钮,若不得其门,何自入哉!(《环溪诗话》卷中)

宋王楙:《古文奇字》:刘棻尝从扬雄学作奇字。所谓奇字者,古文之变体者也。……郭璞好古文奇字。韩退之谓略识奇字是也。(《野客丛书》卷三)

宋孙奕:《倒用字》诗中倒用字,独昌黎为多:《醉赠张秘书》曰:"元凯承华勋。"《赴江陵》云:"所学皆孔周。"《归彭城》云"闾里多死饥""下言引龙夔"。《城南联句》云"戛鼓侑牢牲",又"百金交弟兄"。《赴江陵》云:"殷勤谢友朋。"《孟东野失子》云:"薄厚胡不均。"《重云》云:"身体岂宁康。"《送惠师》云:"超然谢朋亲。"《答张彻》云:"碧海滴珑玲。"《苦寒》云:"调和进梅盐。"《东都游春》云:"渚牙相纬经。"《杂诗》云:"诗书置后前。"《寄崔立之》云"约不论财资",又"无人角雄雌"。《孟先生》云"应对多差参",又"此格转岖嵚"。《符读书》云:"寒饥出无驴。"《人日登高》云:"盘蔬冬春杂。"《南内朝贺》云"不见酬稗稊",又"磨淬出角圭"。《晚秋联句》云:"惟学平贵富。"《赠唐衢》云:"坐令四海如虞唐。"《八月十五夜赠功曹》云:"嗣皇继圣登夔皋。"《赠刘师服》云:"后日玄知惭莽卤。"《杏花》云"杏花两株能白红",又"百片飘泊随西东"。《感春》云:"两鬓雪白趋埃尘。"《和盘谷子》云:"推书扑笔歌慨慷。"皆倒字类也。(《履斋示儿编》卷九)

宋孙奕:《双字》:诗人下双字不一,然各有旨趣。如卢子谅"槭槭芳叶零",韩吏部"淮之水舒舒,楚山直丛丛""野晴山簇簇,霜晓菊鲜鲜""晨游百花丛,朱朱兼白白""剥剥啄啄,有客至门""角角雉雊""群雉粥粥""鹊声鸣楂楂,乌噪声撽撽""蛙黾鸣无谓,阁阁只乱人""逼逼膊膊鸡初鸣""月吐窗囧囧"。韦苏州"漠漠帆来重,冥冥鸟去迟"。杜工部"野日荒荒白,江流泯泯清""无边落木萧萧下,不尽长江滚滚来"。……虽随事命词,要不苟也。(同上)

宋吴子良:《退之诗善形容》:退之《赠无本》诗,有云:"风蝉碎锦缬,绿池埕菡萏。英芝擢荒榛,孤翩起连荬。"《醉赠张彻》云:"君诗多态度,蔼蔼春空云。东野动惊俗,天葩吐奇芬。张籍学古淡,轩昂避鸡群。"至论李杜,则云:"想当施手时,巨刃磨天扬。垠崖划崩豁,乾坤摆雷硠。"其形容诸人之诗,亦可谓奇巧矣。(《林下偶谈》卷一)

宋魏庆之:《唐人句法》:

〔怀古〕:"二女竹上泪,湘妃水底魂。"韩愈《泊三江口》

〔送别〕:"饮中相顾色,送后独归情。"韩愈《送李员外院长分司东都》

"人由恋德泣,马亦别群鸣。"韩愈《寄王中丞》

〔奇伟〕:"风流岘首客,花艳大堤倡。"韩愈《送李尚书赴襄阳》

"秦地吹箫女,湘波鼓瑟妃。"韩愈《梁国公主挽诗》

"盖海旗幢出,连天观阁开。"韩愈《送郑尚书赴南海》(《诗人玉屑》卷三)

宋魏庆之:《诚斋论造语法》:初学诗者,须用古人好语,或两字,或三字。如山谷《猩猩毛笔》:"平生几两屐,身后五车书。""平生"二字出《论语》;"身后"二字,晋张翰云"使我有身后名";"几两屐",阮孚语;"五车书",庄子言惠施:此四句乃四处合来。……杜云"且看欲尽花经眼",退之云"海气昏昏水拍天",此以四字合三字,入口便成诗句,不至生硬。要诵诗之多,择字之精,始乎摘用,久而自出肺腑,纵横出没,用亦可,不用亦可。(《诗人玉屑》卷六)

宋魏庆之:《韩柳警句》:蔡天启言:尝与张文潜论韩、柳五字警句,文潜举退之"暖风抽宿麦,清雨卷归旗",子厚"壁空残月曙,门掩候虫秋",皆集中第一。(《诗人玉屑》卷一五)

宋范晞文:子厚:"西岑极远目,毫末皆可了。"老杜有"齐鲁青未了"。刘禹锡:"一方明月可中庭。"老杜有"清池可方舟"。退之"绿净不可唾",老杜"自为青城客,不唾青城地",乃知老杜无所不有。(《对床夜语》卷三)

宋阙名:《拙句不失为奇作》:诗中有拙句,不失为奇作。若退之逸诗云"偶上城南土骨堆,共倾春酒两三杯";子美诗云"两个黄莺鸣翠柳,一行白鹭上青天"之类是也。(《漫叟诗话》)

宋阙名:《韩愈诗解》:《符读书城南》诗云:"少长聚嬉戏,不殊同队鱼。"世人多读为长少之少。及阅《汉史·匈奴传》云:"儿能骑羊引弓射鸟鼠,少长,即能射狐兔。"乃知少为多少之少。(同上)

元李治:古人文字多实□,后世不可援以为例。古人胸中有全学,笔意所到,随即发见。故无奇无俗,举皆混然。吾学未力,吾业未精,苟复曰古之作者,尚未免浅陋之病,其在我辈,何所不可。有若然者,真所谓不知其本者矣。张平子《南都赋》其说厨传,则曰"酸甜滋味,百种千名"。退之之诗亦有"虾蟆跳过爵儿落"及"偶上城南土骨堆"之句。诸若此类,又岂可以为例哉!(《敬斋古今黈》卷九》

明何孟春:韩昌黎诗:"敲门惊昼睡,问报睦州吏。手把一封书,上有皇甫字。"卢玉川诗:"日高丈五睡正浓,将军扣门惊周公。口传谏议送书信,白绢斜封三道印。"句法意匠如此,岂真相袭者哉!(《馀冬诗话》卷下)

明何孟春：退之"下视禹九川，一尘集毫端"，长吉"遥望齐州九点烟，一泓海水杯中泻"之句，与杜老所谓"摩胸荡层云，决眦入飞鸟"，是诗家何等眼界！（同上）

明何孟春：退之《咏华山女》诗"白咽红颊长眉青"，《送僧澄观》诗"伏犀插脑高颊权"，《石鼎联句》诗序"白须、黑面、长颈而高结喉"，《送李愿归盘谷序》"曲眉丰颊，清声而便体，秀外而惠中；飘轻裾、曳长袖，粉白黛绿"等语，皆写真文字也。（同上）

明俞弁：《天厨禁脔》，洪觉范著。有琢句法中假借格，如"残春红药在，终日子规啼"，以"红"对"子"；如"住山今十载，明日又迁居"，以"十"对"迁"。朱子儋诗话谓其论诗近于穿凿。余谓孟浩然有"庖人具鸡黍，稚子摘杨梅"，以"鸡"对"杨"；老杜亦有"枸杞因吾有，鸡栖奈尔何"，以"枸"对"鸡"；韩退之云"眼昏长讶双鱼影，耳热何辞数爵频"，以"鱼"对"爵"。皆是假借，以寓一时之兴。唐人多有此格，何以穿凿为哉！（《逸老堂诗话》卷上）

清叶燮：杜甫之诗，独冠今古。此外上下千余年，作者代有，惟韩愈、苏轼，其才力能与甫抗衡，鼎立为三。韩诗无一字犹人，如太华削成，不可攀跻。若俗儒论之，摘其杜撰，十且五六，辄摇唇鼓舌矣。苏诗包罗万象，鄙谚小说，无不可用，譬之铜铁铅锡，一经其陶铸，皆成精金，庸夫俗子，安能窥其涯涘！并有未见苏诗一斑，公然肆其讥弹，亦可哀也！韩诗用旧事，而间以己意易以新字者；苏诗常一句中用两事三事者，非骋博也，力大故无所不举。然此皆本于杜。细览杜诗，知非韩、苏创为之也。必谓一句止许用一事，如七律一句，上四字与下三字，总现成写此一事，亦非谓不可。若定律如此，是记事册，非自我作诗也。诗而曰作，须有我之神明在内，如用兵然，孙、吴成法，懦夫守之不变，其能长胜者寡矣。驱市人而战，出奇制胜，未尝不愈于教习之师。故以我之神明役字句，以我所役之

字句使事,知此方许读韩、苏之诗。不然,直使古人之事,虽形体眉目悉具,直如刍狗,略无生气,何足取也?(《原诗·外篇上》)

清王士禛:韩退之诗多倒用成字,盖本诸三百篇。孙季昭《示儿编》所拈,如"中林""中谷""中河""中路""中田""家室""裳衣""衡从""稷黍""琴瑟""鼓钟""斯螽""下上""羊牛""甥舅""孙子""女士""京周""家邦""鼐鼎""息偃"之类,不一而足。(《带经堂诗话》卷一五字义类)

清赵翼:诗家好作奇句警语,必千锤百炼而后能成。如李长吉"石破天惊逗秋雨",虽险而无意义,只觉无理取闹。至少陵之"白摧朽骨龙虎死,黑入太阴雷雨垂",昌黎之"巨刃磨天扬""乾坤摆雷琅"等句,实足惊心动魄,然全力搏兔之状,人皆见之。青莲则不然,如"抚顶弄磐石,推车转天轮……女娲戏黄土,团作愚下人,散在六合间,濛濛如沙尘"(《上云乐》)……皆奇警极矣,而以挥洒出之,全不见其锤炼之迹。(《瓯北诗话》卷一)

清洪亮吉:杜工部诗:"近来海内为长句,汝与山东李白好。"足见长句最难,非有十分力量、十分学问者不能作也。即以唐诗而论,以长句擅长者,李、杜、韩而外,亦惟高、岑、王、李四家耳。(《北江诗话》卷一)

清洪亮吉:诗人之工未有不自识字读书始者。……以韩文公之颓视一切,而必谆谆曰:"凡为文辞,宜略识字。"杜工部诗家宗匠也,亦曰:"读书难字过。"可见读书又必自识字始矣。弄獐宰相、伏猎侍郎,不闻有诗文传世,职是故耳。(《北江诗话》卷三)

清方东树:好用虚字承递,此宋后时文体,最易软弱。须横空盘硬,中间摆落断蔫多少软弱词意,自然高古,此惟杜、韩二公为然,其用虚字必用之于逆折倒找,令人莫测。须于《三百篇》及杜、韩用虚字处,加意研揣。(《昭昧詹言》卷一通论五古)

清方东树：谢、鲍、杜、韩，其于闲字语助，看似不经意，实则无不坚确老重成炼者，无一懦字率字便文漫下者。此虽一小事，而最为一大法门。苟不悟此，终不成作家。然却非雕饰细巧，只是稳重老辣耳。（同上）

清方东树：顿挫之说，如所云"有往必收，无垂不缩""将军欲以巧服人，盘马弯弓惜不发"，此惟杜、韩最绝，太史公之文如此，六经、周、秦皆如此。（同上）

清方东树：阮亭用事，多出饾饤，与读书有得，溢出为奇者迥不侔。玩李、杜、韩、苏所读之书，博赡精熟，故其使事取字，密切赡给，如数家珍。今人未尝读一书，而徒恃贩买饾饤，故多不切不确；切矣确矣，往往又蕴蕗不合。虽山谷不免此病。（同上）

清方东树：《西北有高楼》：此言知音难遇；而造境创言，虚者实证之，意象、笔势、文法极奇，可谓精深华妙。一起无端，妙极。……收句深致慨叹，即韩公《双鸟诗》《调张籍》"乞与飞霞佩"二句意也。此等文法，从《庄子》来，不过言知音之难遇，而造语造象，奇妙如此。（《昭昧詹言》卷二汉魏）

清方东树：《怨歌行》：韩公常学此。起八句感慨沉痛，桓伊为谢安诵之，安为泣下，其感人深矣。惟后半衍周公事太多，虽陈思有托而然，而后人宜忌之。（同上）

清方东树：《与殷晋安别》：情词芊绵真挚，后惟韩、杜二公有之。（《昭昧詹言》卷四陶公）

清方东树：如康乐乃是学者之诗，无一字无来处，率意自撰也，所谓精深；但多正用，则为陈言。退之乃一革之，每用必翻新，而一切作料字面悉洗净去之，文字一大公案，古今一大变革也。（《昭昧詹言》卷五大谢）

清方东树：谢诗以绿水芙蓉，天然去雕饰为佳。又有一种常语滞语,如《初出郡》《拟古》等,不必不佳,然无得学之,恐成习气皮毛,搔痒不著,似是而非,为无当耳。学者取谢、鲍奇警句法,而仍须自加以神明作用乃妙。深观杜、韩,则谢之为谢,杜、韩之为善学,而妙皆自见矣。盖杜、韩能兼鲍、谢,鲍、谢不能有杜、韩也。(同上)

清方东树:谢、鲍、杜、韩造语,皆极奇险深曲,却皆出以稳老,不伤巧。小才效之即不稳,或伤巧而轻,或晦不解。(同上)

清方东树:选字避陈熟,固矣。而于不经意语助虚字,尤宜措意,必使坚重稳老,不同便文,随意带使。此惟杜、韩二家最不苟;东坡则多率便矣,然要自稳老,非庸儒比。(《昭昧詹言》卷九韩公)

清方东树:读汉、魏、阮公、陶公、杜、韩,必求通其词,求通其意。不独诗也,凡读古书皆然。鲍、谢意虽短浅,然必有其归宿,亦古大家作者无不归宿之意。此是微言,圣凡正俗之分以此。(同上)

清方东树:六一学韩,才气不能奔放,而独得其情韵与文法,此亦诗家深趣。自欧以后诸家,未有一人能成就似欧者,则亦岂易到也。(同上)

清马星翼:作诗必不蹈袭前人一句一义,虽退之亦未之能。"古人虽已死,书上有其辞",此非陶彭泽"得知千载外,正赖古人书"义邪?"驾龙十二,鱼鱼雅雅",非用《鲁颂》"六辔耳耳"句法邪?"曲江千顷秋波净,平铺红云盖明镜",非小谢"澄江净如练"、太白"两水夹明镜"义邪?"一喷一醒然,再接再砺乃",此韩、孟《斗鸡联句》东野一联也。世或误称韩句,非是。"砺乃",用《费誓》"砺乃锋刃"语也。"毒手饱李阳,神槌困朱亥。争观云填道,助叫波翻海",乃退之警句。(《东泉诗话》卷一)

清施山:诗之作料,必须审音择字,以求合于体之所宜。如李、杜则取富健雄伟,韩、孟则取逦峭生辣是已。(《姜露庵诗话》)

清刘熙载:昌黎炼质,少陵炼神。昌黎无疏落处,而少陵有之。

然天下之至密,莫少陵若也。(《艺概》卷二《诗概》)

清刘熙载:诗有借色而无真色,虽藻缋实死灰耳。李义山却是绚中有素。敖器之谓其"绮密瑰妍,要非适用",岂尽然哉!至或因其《韩碑》一篇,遂疑气骨与退之无二,则又非其质矣。(同上)

清施补华:少陵七古兼用比兴,退之则纯是赋。(《岘佣说诗》)

清费锡璜:诗句之奇,至颜延之、谢灵运、李白、杜甫、韩愈、李贺、卢仝至矣,然不若汉人之奇。试拈数句:"泊如四海之池""遍观是邪""谓河水中之马""必有陆地之船""饥不从猛虎食,暮不从野雀栖""呼儿烹鲤鱼,中有尺素书""虫来啮桃根,李树代桃僵""垂露承帷,张霄成幄""腐肉安能去子逃",奇绝奇绝。至《郊祀》《铙歌》中,奇语不可枚举。此非以奇语求汉人,见汉人无所不有也,不可忽略而读过。(《汉诗总说》)

韩诗艺术技巧

宋蔡启:《假对》:诗家有假对,本非用意,盖造语适到,因以用之。若杜子美"本无丹灶术,那免白头翁",韩退之"眼穿长讶双鱼断,耳热何辞数爵频",借"丹"对"白",借"爵"对"鱼",皆偶然相值。立意下句,初不在此。而晚唐诸人,遂立以为格。(《蔡宽夫诗话》)

宋王直方:《论集句诗》:荆公始为集句,多至数十韵,往往对偶亲切,盖以其涌古人诗多,或坐中率然而成,始可为贵。其后多有人效之者,但取数部诗集诸家之善耳。故东坡《次韵孔毅夫集句见赠》云:"羡君戏集他人诗,指呼市人如使儿。天边鸿鹄不易得,便令作对随家鸡。退之惊笑子美泣,问君久假何时归?世间好事世

人共,明月自满千家墀。"(《王直方诗话》)

宋胡仔:《隐居诗话》云:"诗恶蹈袭古人之意,亦有袭而愈工,若出于己者,盖思之愈精,则造语愈深也。魏人章疏云:'福不盈身,祸将溢世。'韩愈则曰:'欢华不满眼,咎责塞两仪。'李华《吊古战场文》曰:'其存其没,家莫闻知,人或有言,盖将信疑,娟娟心目,梦寐见之。'陈陶则云:'可怜无定河边骨,犹是春闺梦里人。'盖工于前也。"(《苕溪渔隐丛话》前集卷一八韩吏部)

宋刘克庄:《方俊甫小稿》:余观古诗以六义为主,而不肯于片言只字求工。季世反是,虽退之高才,不过欲去陈言以夸末俗。后人因之,虽守诗家之句律严,然去风人之情性远矣。(《后村先生大全集》卷一一一)

明胡应麟:太白有大家之材,而局量稍浅,故腾踔飞扬之意胜,沉深典厚之风微。昌黎有大家之具,而神韵全乖,故纷挐叫噪之途开,蕴藉陶镕之义缺。杜陵氏兼得之。(《诗薮》内编卷四)

清张实居(答):有问王荆公者,杜诗何以妙绝古今?公曰:老杜固尝言之矣,"读书破万卷,下笔如有神"。黄山谷谓:"不读书万卷,不可看杜诗。"看尚不可,况作诗乎?韩文公《进学解》:"上规姚、姒,浑浑无涯。周《诰》殷《盘》,诘屈聱牙。《春秋》谨严,《左氏》浮夸。《易》奇而法,《诗》正而葩。下逮《庄》《骚》,太史所录。子云、相如,同工异曲。"熟此其庶几乎?夫曰"诗有别才,非关学也。诗有别趣,非关理也",为读书者言之,非为不读书者言之也。(《师友诗传录》)

清宋长白:《字数诗》:陆机《百年歌》,自十岁至百岁。鲍昭《数诗》,自一起至十止。谢庄《明堂辞》、谢朓《郊庙歌》,以五行分字数。虞羲、范云亦然。张南史《咏草》,自一字至七字。沈隐侯仿高贵乡公作九字诗,文与可倡和效之。……韩昌黎有十三字为句者,

元人喜效之，杨孟载《铁笛歌》中凡四见。(《柳亭诗话》卷三)

清宋长白:《拗体》:诗有拗体,所谓律中带古也。初、盛唐时或有之,然自有意到笔随之妙。至昌黎、樊川,则先用意而后落笔,欲以矫一时之弊,是亦不得已而趋蜀道也。宋人厌故喜新,觉有非此不足以鸣高者。续凫截鹤,形虽具,弗善也。(《柳亭诗话》卷五)

清顾嗣立:犀月谓昌黎诗"将军欲以巧伏人,盘马弯弓惜不发",此中机括,仿佛见作文用笔之妙。又善用反衬法,如《郑群赠簟》"携来当昼不得卧,却愿天日恒炎曦"是也。又善用深一步法,如《病鸱》"计校生平事,杀却理亦宜。亮无责报心,固以听所为"是也。(《寒厅诗话》)

清顾嗣立:韩昌黎诗句句有来历,而能"务去陈言"者,全在于反用。如《醉赠张秘书》诗,本用嵇绍"鹤立鸡群"语,偏云"张籍学古淡,轩鹤避鸡群"。《县斋有怀》诗,本用向平婚嫁毕事,偏云"如今便可尔,何用毕婚嫁"。《送文畅》诗,本用老杜"每愁夜中自足蝎",偏云"照壁喜见蝎"。《荐士》诗,本用《汉书》"强弩之末不能入鲁缟"语,偏云"强箭射鲁缟"。《岳庙》诗,本用谢灵运"猿鸣诚知曙"句,偏云"猿鸣钟动不知曙"。此等不可枚举。学诗者解得此秘,则臭腐化为神奇矣。(同上)

清袁枚:题古迹,能翻陈出新最妙。……凡事不能无弊,学诗亦然。学汉、魏、《文选》者,其弊常流于假;学李、杜、韩、苏者,其弊常失于粗;学王、孟、韦、柳者,其弊常流于弱;学元、白、放翁者,其弊常失于浅;学温、李、冬郎者,其弊常失于纤。人能取诸家之精华,而吐其糟粕,则诸弊尽捐。大概杜、韩以学力胜,学之,刻鹄不成犹类鹜也;太白、东坡以天分胜,学之,画虎不成反类狗也。(《随园诗话》卷四)

清袁枚:有某以诗见示,题皆"雁字""夹竹桃"之类。余谓之曰："尊作体物非不工,然享宴者,必先有三牲五鼎,而后有葵菹蚳醢之供;造屋者,必先有明堂大厦,而后有曲室密庐之备。似此种题,大家集中非不可存,终不可开卷便见。韩昌黎与东野联句,古奥可喜。李汉编集,都置之卷尾。此是文章局面,不可不知。(《随园诗话》卷六)

清赵翼:盘空硬语,须有精思结撰。若徒捬摭奇字,诘曲其词,务为不可读以骇人耳目,此非真警策也。昌黎诗如《题炭谷湫》云:"巨灵高其捧,保此一掬悭。"谓湫不在平地,而在山上也。"吁无吹毛刃,血此牛蹄殷。"谓时俗祭赛此湫龙神,而己未具牲牢也。《送无本师》云:"鲲鹏相摩窣,两举快一啗。"形容其诗力之豪健也。《月蚀》诗:"帝箸下腹尝其膰。"谓烹此食月之虾蟆,以享天帝也。思语俱奇,真未经人道。至如《苦寒行》云:"啾啾窗间雀……所愿晷刻淹。不如弹射死,却得亲炰燖。"谓雀受冻难堪,翻愿就炰炙之热也。《竹簟》云:"倒身甘寝百疾愈,却愿天日恒炎曦。"谓因竹簟可爱,转愿天不退暑,而长卧此也。此已不免过火;然思力所至,宁过毋不及,所谓矢在弦上,不得不发也。至如《南山》诗之"突起莫间篸""诋讦陷乾窦""仰喜呀不仆""堛塞生怐愗""达枿壮复凑";《和郑相樊员外》诗之"禀生有勍刚""烹斡力健倔""龟判错衮黻""呀豁疾掊掘";《征蜀》诗之"刻肤浃痕疮,败面碎剥刳""岩钩踔狙猿,水濑杂鱣蜪;投峈闹碏礐,填隍崴傿僒""燕堞熇歊熺,抉门呀拗閜""跧梁排郁缩,闯窦揳窋窡";《陆浑山火》之"㿝池波风肉陵屯""电光礊礋赪目瞪",此等词句,徒聱牙辖舌,而实无意义,未免英雄欺人耳。其实《石鼓歌》等杰作,何尝有一语奥涩,而磊落豪横,自然挫笼万有。又如《喜雪献裴尚书》《咏月和崔舍人》以及《叉鱼》《咏雪》等诗,更复措思极细,造词极工,虽工于试帖者,亦逊其稳丽。此则大才无所不办,并以见诗之工,固在此不在彼也。(《瓯北

诗话》卷三）

　　清赵翼：昌黎不但创格，又创句法。《路傍堠》云："千以高山遮，万以远水隔。"此创句之佳者。凡七言多上四字相连，而下三字足之。乃《送区弘》云："落以斧引以纆徽。"又云："子去矣时若发机。"《陆浑山火》云："溺厥邑囚之昆仑。"则上三相连，而下以四字足之。自亦奇辟，然终不可读。故集中只此数句，以后亦莫有人仿之也。（同上）

　　清赵翼：《诗句有全平仄者》：古诗一句全用平仄者，并有一句平一句仄相连成文者，如青莲《北上行》……少陵《述怀》之"摧颓苍松根，地冷骨未朽"……韩昌黎《南山》诗之"横云时平凝，点点露数岫"、《泷吏》之"官当明时来，事不待说委"……皆一句全平；一句全仄，至昌黎《南山》诗"或散若瓦解，或赴若辐辏，或错若绘画，或缭若篆籀"，则并二句全仄矣。古诗"罗衣何飘飘，轻裾随旋风"，则二句全平矣。不特此也，即七言亦有全平仄者。少陵诗"有客有客字子美，中巴之东巴东山"；昌黎《赠刘生》之"青鲸高摩波山浮"，《送僧隆观》之"浮屠西来何施为"……此又七言之全平仄者。（《陔馀丛考》卷二三）

　　清洪亮吉：李青莲之诗，佳处在不著纸；杜浣花之诗，佳处在力透纸背；韩昌黎之诗，佳处在"字向纸上皆轩昂"。（《北江诗话》卷二）

　　清翁方纲：渔洋云："韩、苏七言诗，学《急就篇》句法，如'鸦鸱鹰雕雉鹄鹇，骓驳骃骆骊骝骠'等句。近又得五言数语，韩诗'蚌螺鱼鳖虫'，卢仝'鳗鳝鲇鲤鲻'云云。然此种句法，间作七言可耳，五言即非所宜，解人当自知之。"盖渔洋先生所谓五古者，专指《唐贤三昧》一种淡远之体而言。此体幽闲贞静，何可杂以急管繁弦？（《石洲诗话》卷一）

　　清翟翚：《赵[执信]谱》谓："平平平平仄平平句法，寻常转韵古诗不可轻用。"信矣。然李、杜、韩诸家诗中,亦间用之,而未见有碍。由其诗纯用古调,而盛气又足以胜之也。否则不宜著此矣。平韵古诗,无论转韵及不转韵,凡"仄仄仄平平平平"及"仄仄平平平平"等句法,皆不可用。杜、韩诗笔力最横绝,未尝有此,唐人间有用之者,要是逾闲之弊,不可不知。以上二条所论句法,颇宜"柏梁体"。(《声调谱拾遗》)

清翟翚:《赵谱》谓"中唐后,古近体判不相入",或未可信。然衷观李、杜、韩、柳诸集,无古诗纯用律调者。古诗用律调,诗格之卑也。昔人谓"晚唐无古诗",亦谓此也。(同上)

清方东树:字句文法,虽诗文末事,而欲求精其学,非先于此实下功夫不得。此古人不传之秘,谢、鲍、韩、黄屡以诏人,但浅人不察耳。(《昭昧詹言》卷一通论五古)

清方东树:(姚姜坞先生)又曰:"宋以后不讲句字之奇,是一大病。"余谓独南丰讲之,而世人不之知。尝论南丰字句极奇,而少鼓荡之气。又篇法少变换、断斩、逆折、顿挫,无兀傲起落,故不及杜、韩。大约南丰学陶、谢、鲍、韩工夫到地,其失在不放,一字一句,有有车之用,无无车之用。然以句格求之,则其至者,直与陶、谢、鲍、韩并有千古。其次者亦非宋以来诗家所梦及。惜乎世罕传诵,遂令玄文处幽,不得与六一、介甫、山谷并耀。岂其文盛而诗晦,亦有命存耶?(同上)

清方东树:固是要厚重,然却非段落板滞,一片承递,无变化法妙者。山谷学杜、韩,一字一步不敢滑,而于中又具参差章法变化之妙。以此类推,可悟诗家取法之意。孙过庭论书法迟疾,可参悟。(同上)

清方东树:读阮公、陶公、杜、韩诗,须求其本领,兼取其文法。盖义理与文辞合焉者也。(《昭昧詹言》卷四陶公)

清方东树：鲍诗全在字句讲求，而行之以逸气，故无骏寒缓弱平钝、死句懈笔。他人轻率滑易则不留人，客气假象则无真味动人。韩、杜常师其句格，衣被百世，岂徒然哉！(《昭昧詹言》卷六鲍明远）

清方东树：《赠徐幹》：……直书胸臆，一往清警，缠绵悱恻，此自是一体，故鲍亦尝拟之。又不在讲句法、字法等义。要之，此体亦自《三百篇》出，如《载驰》《氓》《园有桃》《陟岵》等，不用装点比兴者也，而往复情至，令人心醉，所以可贵。屈子《九章·惜诵》亦是如此。然不善为之，则如近世俗士，庸鄙率意，浅俗凡语，灌灌沓沓，若老夫村媪之寒暄絮冗，又可憎可贱也。此体谢惠连独工之。后来杜公、韩公有白道一种，亦从此出，而语加创造，以警奇为贵至矣。如韩《南溪始泛》《赠别元十八》《送李翱》《人日城南登高》《同冠峡》《过南阳》，放翁《酬曾学士》《送子龙赴吉州》，姜白石《昔游》，大约同一杼柚。而杜公此体尤多，集中似此，居其大半。如《赠李十五丈》《西枝村寻草堂》《寄赞上人》等尤可见，而夔诗全用此体。大约此体但用叙事，羌无故实，而所下句字，必朴质沉顿，感慨深至，不雕琢字法，所谓至宝不雕琢，而非老生常谈，陈言习熟，憪愉凡近琐冗之比。山谷全用此体。公幹此体虽佳，然以比陈思、阮公、陶公则卑矣。阮公、陶公托意非常，不止如此浅近而已。杜公、韩公自有大篇，故不嫌兼擅。若公幹，则专止于此一体而已。(《昭昧詹言》卷二汉魏）

清方东树：明远有精纯清炼、一往沉厚一种，如《东武吟》《蓟北门行》，杜公常拟之。又如"霞石触峰起""穹跨负天石"，句法峭秀，杜公所拟也。"泪竹感湘别"，则韩公所拟也。(《昭昧詹言》卷六鲍明远）

清方东树：欲学明远，须自《庐山四诗》入，且辨清门径面目，引入作涩一路,专事炼字、炼句、炼意,惊创奇警生奥,无一笔涉习熟常境。杜、韩于此,亦所取法。然非三反静对,不知其味,濬发心思,益人神智。(同上)

清方东树:《同谢谘议咏铜爵台》:每二句一断,一换意、换笔、换势。诗止八句,而分四层,顺逆离合,夹叙夹写,笔笔转,反复咏叹,令人凄断。此诗意格,韦、柳不知矣,后惟杜、韩短篇,时有此章法、文法。(《昭昧詹言》卷七小谢)

清方东树:《选》体造语极其奇变,但笔势不能壮浪纵恣,又托兴隐缓,自家胸襟面目不能呈露,固由其本领浅薄,亦由篇局短,笔力懦,气魄小,发不出来。至杜、韩始极其挥斥,固是其胸襟高,本领高,实由读书多,笔力强,文法高古。而文法所以高古,由其立志高,取法高,用心苦,其奥密在力去陈言而已。去陈言,非止字句,先在去熟意:凡前人所已道过之意与词,力禁不得袭用,于用意戒之,于取境戒之,于使势戒之,于发调戒之,于选字戒之,于隶事戒之。凡经前人习熟,一概力禁之,所以苦也。(《昭昧詹言》卷九韩公)

清方东树:韩公当知其"如潮"处,非但义理层见叠出,其笔势涌出,读之拦不住,望之不可极,测之来去无端涯,不可穷,不可竭。当思其肠胃绕万象,精神驱五岳,奇崛战斗鬼神,而又无不文从字顺,各识其职,所谓"妥贴力排奡"也。(同上)

清方东树:欲知插叙、逆叙、倒叙、补叙,必真解史迁脉法乃悟,以此为律令;小才小家学之,便成乱杂不通也。此非细故,乃一大门径,非哲匠不解其故。所谓章法奇古,变化不测也。坡、谷以下皆未及此,惟退之、太史公文如是,杜公诗如是。(《昭昧詹言》卷一一总论七古)

清方东树:起法以突奇先写为上乘,汁浆起棱,横空而来也。

其次则队仗起。其次乃叙起,叙起居十之九,最多亦最为平顺。必曲,必衬,必开合,必起笔势,必夹写,必夹议。若平直起,老实叙,此为凡才,杜、韩、李、苏、黄诸大家所必无也。(同上)

清方东树:汁浆起棱,不止一处,愈多愈妙,段段有之乃妙,题后垫衬出汁起棱更妙。此千余年不传之秘,尽于此矣。乃太史公、退之文法也,惟杜公诗有之。(同上)

清方东树:李、杜、韩、苏四大家,章法篇法,有顺逆开阖展拓,变化不测,着语必有往复逆势,故不平。韩、欧、苏、王四家,最用章法,所以皆妙,用意所以深曲。山谷、放翁未之知也。(同上)

清方东树:他人数语方能明者,只须一句即全现出,而句法复有余地,此为笔力。韩公独步。(同上)

清方东树:凡结句都要不从人间来,乃为匪夷所思,奇险不测。他人百思所不解,我却如此结,乃为我之诗。如韩《山石》是也。不然,人人胸中所可有,手笔所可到,是为凡近。(同上)

清方东树:莫难于起句。不能如太白、杜、坡,天外落笔,便当以退之为宗,且得老成安定辞也。(同上)

韩诗用韵

宋欧阳修:退之笔力,无施不可,而尝以诗为文章末事,故其诗曰"多情怀酒伴,余事作诗人"也。然其资谈笑,助谐谑,叙人情,状物态,一寓于诗,而曲尽其妙。此在雄文大手,固不足论,而予独爱其工于用韵也。盖其得韵宽,则波澜横溢,泛入傍韵,乍还乍离,出入回合,殆不可拘以常格,如《此日足可惜》之类是也。得韵窄,则不复傍出,而因难见巧,愈险愈奇,如《病中赠张十八》之类是也。余尝与圣俞论此,以谓譬如善驭良马者,通衢广陌,纵横驰逐,惟意所之,至于水曲蚁封,疾徐中节,而不少蹉跌,乃天下之至工也。圣俞戏曰:"前史言退之为人木强,若宽韵可自足,而辄傍出,窄韵难独用,而反不出,岂非其拗强而然欤?"坐客皆为之笑也。(《欧阳修全集》卷一二八《诗话》)

宋蔡启:《用事浑成》:前史称王筠善押强韵,固是诗家要处,然人贪于捉对用事者,往往多有趁韵之失。退之笔力雄赡,务以词采凭陵一时,故间亦不免此患。如《和席八》"绛阙银河晓,东风右掖春"诗,终篇皆叙西垣事。然其一联云:"傍砌看红药,巡池咏白蘋。"事除柳浑外,别无出处;若是用此,则于前后诗意无相干,且趁蘋字韵而已。然则人亦有事非当用,而炉锤驱驾,若出自然者。杜子美《收京》诗以"樱桃"对"杕杜",荐樱桃事,初若不类,及其云"赏因歌杕杜,归及荐樱桃"则浑然天成,略不见牵强之迹,如此乃为工耳。(《蔡宽夫诗话》)

宋邵博:杜子美《饮中八仙歌》"知章骑马似乘船",又"天子呼来不上船",用两"船"字韵;"汝阳三斗始朝天",又"举头白眼望青天",用两"天"字韵;"苏晋长斋绣佛前",又"皎如玉树临风前",又"脱帽露顶王公前",用三"前"字韵;"眼花落井水底眠",又"长安市上酒家眠",用两"眠"字韵。《牵牛织女诗》"蛛丝小人态,曲缀瓜果中",又"防身动如律,竭力机杼中",用两"中"字韵。李太白《高阳歌》云"鸬鹚杓,鹦鹉杯,百年三万六千日,一日须倾三百杯",用两"杯"字韵;《庐山谣》云"影落前湖青黛光,金阙前开二峰长",又"翠影红霞映朝日,鸟飞不到吴江长",用两"长"字韵。韩退之《李花》诗"冰盘夏荐碧实脆,斥去不御惭其花",又"谁将平地万堆雪,剪刻作此连天花",用两"花"字韵;《双鸟》诗"两鸟各闭口,万象衔口头",又"百舌旧饶声,从此常低头",用两"头"字韵;《示爽》诗"今夜岂不长,达旦灯烛然",又"此来南北近,里闾故依然",用两"然"字韵。《猛虎行》"猛虎死不辞,但惭前所为",又"亲故且不保,人谁信汝为",用两"为"字韵。子美、太白、退之,于诗无遗恨矣。当自有体邪!(《邵氏闻见后录》卷一八)

宋蔡絛:《四声》:秦汉已前,字书未备,既多假借,而音无反切,平仄皆通用。自齐梁后,概拘以四声,又限以音韵,故士率以偶俪声病为工,文气安得不卑弱。惟陶渊明、韩退之摆脱拘忌,皆取其旁韵用,盖笔力自足以胜之。(《西清诗话》)

宋胡仔:孔毅夫《杂记》云:"退之诗好押狭韵,累句以示工,而不知重叠用韵之为病也。《双鸟》诗押两'头'字,《李花》诗押两'花'字。"苕溪渔隐曰:"读皇甫湜《公安园池》诗,亦押两'闲'字,'日夜不得闲''君子不可闲'。盖退之好重叠用韵,以尽己之诗意,不恤其为病也。"(《苕溪渔隐丛话》前集卷一七韩吏部)

宋李颀:《次韵诗》:唐人赓和诗,有次韵,依其次用韵,同在一韵中耳。有用韵,用彼之韵,亦必次之。韩吏部《和皇甫湜陆浑山火》是也。(《古今诗话》)

宋张戒:诗以用事为博,始于颜光禄,而极于杜子美;以押韵为工,始于韩退之,而极于苏、黄。……用事押韵,何足道哉?苏、黄用事押韵之工,至矣,尽矣。然究其实,乃诗人中一害。使后生只知用事押韵之为诗,而不知咏物之为工,言志之为本也。风雅自此扫地矣。(《岁寒堂诗话》卷上)

宋吴曾:《韩退之杜子美诗用韵》:孔经父《杂说》谓:"退之诗好押韵累句以云工,而不知叠用韵之病也。《双鸟》诗两'头'字、两'秋'字,《孟郊》诗两'鱼'字,《李花》诗两'花'字,《示爽》诗两'千'字。"殊不知古之作者,初不问此。杜子美《八仙歌》两"船"字、两

"天"字、两"眠"字、三"前"字，《狄明府诗》两"诋"字，此岂可以常法待之哉？（《能改斋漫录》卷一〇）

宋洪迈：《此日足可惜》：韩退之《此日足可惜一首赠张籍》，凡百四十句，杂用东、冬、江、阳、庚、青六韵。及其亡也，籍作诗祭之，凡百六十六句，用阳、庚二韵。其语铿锵震厉，全仿韩体。所谓"乃出二侍女，合弹琵琶筝"者是也。（《容斋四笔》卷三）

宋周煇：律诗而用两韵，叩于能诗者，曰：诗格不一，如李诚之《送唐子方》亦两押"山""难"字韵，政不必拘也。而坡《岐亭》诗凡二十六句，而押六韵，或云无此格。韩退之有《杂诗》一篇，二十六句押六韵。（《清波杂志》卷二）

宋孙奕：《韩诗转字音》：韩吏部押韵，或反平为侧，移侧为平亦复多。《江汉》云："华烛光烂烂。"《此日足可惜》云："往往副所望。"《别窦司直》云："婉娈不能忘。"《咏笋》曰："得时方张王。"《东都遇春》云："渚牙相纬经。"《送刘师服》云："贵者恒难售。"《食虾蟆》云："余初不下喉，近亦能稍稍。"《读东方朔杂事》云："事在不可赦。"《方桥》云："方桥如此作。"《送区宏南归》云："我念前人譬葑菲。"《望秋作》云："怯胆变勇神明鉴。"（《履斋示儿编》卷九）

宋刘克庄：《二苏公中秋月诗》：吴才老犹以二公所用韵、平仄、反切为疑，前人亦以此议昌黎公。才老以字学名家，未免为沈约四声束缚。余谓韩、苏皆大儒也。语出流传，入人肝脾，万世珍诵，岂若场屋举人，规规然检《礼部韵略》，惟恐其不合格乎！（《后村先生大全集》卷一一〇）

宋蔡梦弼：建安严有翼《艺苑雌黄》曰：古人用韵，如《文选》古诗、杜子美、韩退之，重复押韵者甚多。《文选》古诗押二"捉"字，曹子建《美女篇》押二"难"字，谢灵运《述祖德》诗押二"人"字，《南图》诗押二"同"字，《初去郡》诗押二"生"字，沈休文《钟山应教》诗押二

"足"字,任彦升《哭范仆射》诗押三"情"字、两"生"字,陆士衡《赴洛》押二"心"字,《猛虎行》押二"阴"字、《拟古》诗押二"音"字、《豫章行》押二"阴"字,阮嗣宗《咏怀》诗押二"归"字,王正长《杂诗》押二"心"字,张景阳《杂诗》押二"生"字,江淹《杂体诗》押二"门"字,王仲宣《从军诗》押二"人"字。杜子美、韩退之盖亦效古人之作。子美《饮中八仙歌》押二"船"字、"眼"字、二"天"字、三"前"字,《园人送瓜》诗押二"草"字,《上后园山脚》押二"梁"字,《北征》押二"日"字,《夔州咏怀》押二"旋"字,《赠李秘书》押二"虚"字,《赠李邕》押二"厉"字,《赠汝阳王》押二"陵"字,《喜岑薛迁官》押二"萍"字。退之《赠张籍》诗押二"更"字、二"狂"字、二"鸣"字、二"光"字,《岳阳楼别窦司直》押二"向"字,《李花》押二"花"字,《双鸟》押二"州"字、二"头"字、二"秋"字、二"休"字,《和卢郎中送盘谷子》押二"行"。(《草堂诗话》卷二)

宋魏庆之:《重押韵》:韩退之《赠张籍》诗,一篇押二"更"字,二"阳"字;又《岳阳楼别窦司直》诗,押二"向"字;又《李花》诗,押二"花"字;又《双鸟》诗,押二"州"字,二"头"字,二"秋"字,二"休"字;又《和卢郎中送盘谷子》诗,押二"行"字;又《示爽》诗,押二"愁"字;又《叉鱼》诗,押二"销"字;《寄孟郊》诗,押二"奥"字;《此日足可惜》诗,押二"光"字。白乐天《渭村退居》诗,押二"房"字;……如此叠用韵者甚多,不可具举。意到即押耳,奚独于[杜甫]《饮中八仙歌》而致怪耶!(《诗人玉屑》卷七)

元方回:《春雪间早梅》:汗血千里马,必能折旋蚁封。昌黎大才也,文与六经相表里,《史》《汉》并肩而驱者。其为大篇诗,险韵长句,一笔百千字。而所赋一小著题诗,如雪,如笋,如牡丹、樱桃、榴花、蒲萄,一句一字不轻下。此题必当时有同赋者。"春雪""早梅"中著一"间"字,只"彩艳不相因"一句五字已佳矣。"彩"言雪,

"艳"言梅,本不相资而成此美句,是非相为得之意。"芳意饶呈瑞",以言梅之芳,又饶以雪之祥瑞。"寒光助照人",以言雪之光足助乎梅之映照。错综用工,亦云密矣。学者作诗,谓不思而得,喝咄叫怒,即可成章,吾不信也。惟"更伴占兹辰"一句,恐有误。束大才于小诗之间,惟五言律为最难。昌黎此诗,赋至十韵,较元微之《春雪映早梅》多四韵。题既甚难,非少放春容不可也。柳子厚有《早梅》诗,古体仄韵:"早梅发高树,迥映楚天碧。朔吹飘夜香,繁霜滋晓日。欲为万里赠,杳杳山水隔。寒英坐销落,何用慰远客。"单赋早梅,不为律,易锻炼也。譬如《雪》诗"千山鸟飞绝,万径人踪灭。孤舟蓑笠翁,独钓寒江雪。"为古体则可极天下之奇,为律体则不可矣。昌黎"将策试""听窗知"六字为荆公引用,亦是费若干思索。律体尤难,古体差易故也。(《瀛奎律髓》卷二○梅花类)

明黄瑜:《彭陆论韵》:古人用韵,大率合六书谐声而来,往往通而不拘,如六经可见已。……古韵至魏晋时尚多知之,宋齐而下,浸以湮灭。然有博雅好古之士,若唐韩退之、柳宗元、白居易,宋欧阳永叔、苏子瞻、子由,犹能深考古韵而用之。夫谓之古韵,则古人字音与后人有不同,明矣。(《双槐岁抄》卷九)

明李东阳:陈公父论诗专取声,最得要领。潘祯应昌尝谓予诗宫声也。予讶而问之,潘言其父受于乡先辈曰:"诗有五声,全备者少,惟得宫声者为最优,盖可以兼众声也。李太白、杜子美之诗为宫,韩退之之诗为角。以此例之,虽百家可知也。"予初欲求声于诗,不过心口相语,然不敢以示人;闻潘言,始自信以为昔人先得我心。天下之理,出于自然者,固不约而同也。(《麓堂诗话》)

明李东阳:五七言古诗仄韵者,上句末字类用平声。惟杜子美多用仄,如《玉华宫》《哀江头》诸作,概亦可见。其音调起伏顿挫,独为矫健,似别出一格。回视纯用平字者,便觉萎弱无生气。自后则韩退之、苏子瞻有之,故亦健于诸作。此虽细故末节,盖举世历代而不之觉也。偶一启钥,为知音者道之。若用此太多,过于生硬,则又矫枉之失,不可不戒也。(同上)

明何孟春:韩退之诗,欧阳永叔谓其:"工于用韵:得宽韵,则波澜横溢,泛入旁韵,如《此日足可惜》之类是也。得窄韵,则不复旁出,因难见巧,如《病中赠张十八》之类是也。"蔡宽夫因此遂言:"秦、汉以前,字书未备,既多假借,而音无反切,平仄皆通用。自齐、梁后,概拘以四声,又限以音韵,故士率以偶俪声病为工,文气安得不卑弱!惟陶渊明、韩退之摆脱拘忌,皆取其旁韵用。盖笔力自足以胜之。"春按:秦、汉以前,韵有平、仄皆通用者,古韵应尔。岂为字书未备?渊明、退之集多用古韵,渊明《漉下田舍》与退之《元和圣德》《此日足可惜》之类,于古俱是一韵,何旁之有?欧阳所谓旁韵,就今韵而言,非谓其兼取于彼此也。(《馀冬诗话》卷上)

明徐师曾:按和韵诗有三体:一曰依韵,谓同在一韵中而不必用其字也;二曰次韵,谓和其原韵而先后次第皆因之也;三曰用韵,谓用其韵而先后不必次也,如唐韩愈《昌黎集》有《陆浑山火和皇甫湜用其韵》是已。(《文体明辨序说》)

明胡应麟:退之云:"《尔雅》注虫鱼,定非磊落人。"似不屑屑兹途者。乃唐之韵学,韩独为冠。又屡以奇字取称,何也?欧、苏虽不以学显,然欧于《诗》,苏于《书》《易》,皆有传注,世共推之,亦前代文人所无。介甫、元晦自是学士,不得以所长没之。(《少室山房笔丛》卷三九庚部《华阳博议》下)

明胡震亨:韩愈最重字学,诗多用古韵,如《元和圣德》及《此日足可惜》诗,全篇一韵,皆古叶兼用。其《赠张籍》诗云:"时来问形声。"知籍亦留心韵学者。乃籍诗独不甚用古韵,惟祭愈诗七阳用至八十三韵,古韵几于用尽,却无一韵不押得稳帖,视愈之每每强押者过之。宋吴才老推韩愈为唐一代字学冠,下及白傅、柳州,而未满于籍。夫识字贵善用耳。籍用古韵,即仅此一篇,韵学之深可知矣。才老或未足语此也。(《唐音癸签·评汇七》)

清顾炎武:《古人用韵无过十字》:古人用韵无过十字者。独《閟宫》之四章,乃用十二字,使就此一韵引而伸之,非不可以成章,而于义必有不达,故末四句转一韵。是知以韵从我者,古人之诗也;以我从韵者,今人之诗也。自杜拾遗、韩吏部未免此病也。(《日知录》卷二一)

清吴景旭:《用韵》:《六一居士诗话》曰:退之工于用韵,盖其得韵宽,则波澜横溢。泛入旁韵,乍还乍离,出入回合,殆不可拘以常格,如《此日足可惜》之类是也。得韵窄,则不复旁出,而因难见巧,愈险愈奇,如《病中赠张十八》之类是也。尝与圣俞论此,谓譬如善驭良马者,通衢广陌,纵横驰逐,惟意所之。至于水曲蚁封,疾徐中节,而不少磋跌,乃天下之至工也。

吴旦生曰:《西清诗话》:秦汉已前,字书未备,既多假借,而音无反切,平仄皆通用。自齐梁后,概拘以四声,又限以音韵,故士率以偶俪声病为工,文气安得不卑弱?惟陶渊明、韩退之摆脱拘忌,皆取其旁韵用,概笔力自足以胜之。《学林新编》又引此谓字有通作他声押韵者,于古诗则可;若于律诗,则谓之落韵耳。《馀冬序录》乃云:秦、汉已前,韵有平仄皆通用者,古韵应尔。岂为字书未备?渊明、退之集,多用古韵,渊明《漢下田舍》与退之《元和圣德》《此日足可惜》之类,于古俱是一韵,何旁之有?六一所谓旁韵,就今读而言,非谓其兼取于彼此也。

《湘素杂记》云:世俗相传,古诗不必拘于用韵。予谓不然,如杜少陵《早发射洪县南途中作》"及"字韵诗,皆用"缉"字一韵,未尝及外韵也。及观东坡《与陈季常》"汁"字韵,一篇诗而用六韵,殊与老杜异。其他侧韵诗多如此。以其名重,当世无敢疵议。至荆公则无是弊矣,其得子固书,因寄以"及"字韵诗,其一篇中押数韵,亦止用"缉"字一韵,他皆类此,正与老杜合。《渔隐丛话》云:黄朝英之言非也,老杜侧韵诗何尝不用外韵?如《戏呈元二十一曹长》"未"字韵,一篇诗而用五韵。《南池》"谷"字韵,一篇诗而用四韵。《客堂》"蜀"字韵,一篇诗而用三韵。其他如此者甚众。今若以一篇诗偶不用外韵,遂为定格,则老杜何以谓之能兼众体也?黄既不细考老杜诸诗,又且轻议东坡,尤为可笑。六一谓:"韩退之得韵宽则泛入旁韵,得韵窄则不复旁出。"退之用韵犹能如此,孰谓老杜反不能之?是又非黄所能知也。(《历代诗话》卷四九庚集四)

清管世铭:昔人为诗,未有用力于韵者。自韩昌黎横空盘硬,妥贴排奡,韵宽者转更出入旁通,韵狭者则界画谨严,险阻不避。欧阳永叔所谓"退之一生俚强"见于此也。然韵愈龃龉,诗愈精神,腕中固宜独有神力。(《读雪山房唐诗序例》)

清叶燮:五古,汉、魏无转韵者,至晋以后渐多。唐时五古长篇,大都转韵矣,惟杜甫五古,终集无转韵者。毕竟以不转韵者为得。韩愈亦然。(《原诗·外篇下》)

清叶燮:七古终篇一韵,唐初绝少,盛唐间有之,杜则十有二三,韩则十居八九。……此七古之难,难尤在转韵也。若终篇一韵,全在笔力能举之,藏直叙于纵横中,既不患错乱,又不觉其平芜,似较转韵差易。韩之才无所不可,而为此者,避虚而走实,任力而不任巧,实启其易也。(同上)

清王士禛:问:尝见批袁宣四先生诗,谓古诗一韵到底者,第五字须平,此定例耶?抑不尽然耶?

一韵到底,第五字须平声者,恐句弱似律耳。大抵七古句法、字法,皆须撑得住,拓得开,熟看杜、韩、苏三家自得之。(《带经堂诗话》卷二九答问类)

清王士禛:问:萧亭先生曰:"所云以音节为顿挫者,此为第三、第五等句而言耳。盖字有抑有扬,如平声为扬,入声为抑,去声为扬,上声为抑。凡单句住脚字,必错综用之,方有音节。如以入声为韵,第三句或用平声,第五句或用上声,第七句或用去声。大约用平声者多,然亦不可泥,须相其音节变换用之。但不可于入声韵单句中,再用入声字住脚耳。"此说足尽音节顿挫之旨否?

此说是也。然其义不尽于此,此亦其一端耳。且此语专为七言古诗而发,当取唐杜、岑、韩三家,宋欧、苏、黄、陆四家七古诸大篇,日吟讽之,自得其解。(同上)

清王士禛:问:昔人谓韵不必有出处,字不必拘来历,其然岂其然?

杜子美、苏子瞻诗,无一字无来历,善押强韵,莫如韩退之,却无一字无出处也。(同上)

清顾嗣立:《艺苑雌黄》曰:"古诗押韵,或有语颠倒而理无害者,如退之以'参差'为'差参',以'玲珑'为'珑玲'是也。"《汉皋诗话》云:"韩愈、孟郊辈故有'湖江''白红''慨慷'之句,后人亦难仿效。"德清胡胐明曰:"《汉书·扬雄传·甘泉赋》'和氏珑玲'与清、倾、嶝、婴、成为韵。《文选》左思《杂诗》'岁暮常慨慷'与霜、明、光、翔、堂为韵。是'玲珑''慷慨'前古已有颠倒押韵者,非创自韩公也。"(《寒厅诗话》)

清沈德潜:歌行转韵者,可以杂入律句,借转韵以运动之,纯绵裹针,软中自有力也。一韵到底者,必须铿金锵石,一片宫商,稍混律句,便成弱调也。不转韵者,李、杜十之一二,韩昌黎十之八九。

后欧、苏诸公,皆以韩为宗。(《说诗晬语》卷上)

清薛雪:转韵最难,音节之间,有一定当转入某韵而不可强者。若五古,汉、魏无转韵之体,至唐渐多,而杜浣花、韩昌黎竟亦不然,究属老手。乐府宜被管弦,或数句或四句一转,始觉宛转有致。若七古则一韵为难,苟非笔力扛鼎,无不失之板腐,要其波澜层叠,变幻纵横,通篇一韵,俨若跌换,亦惟杜、韩二公能之。(《一瓢诗话》)

清姚范:韩退之学杜,音韵全不谐和,徒见其佶倔。如杜公,但于平中略作拗体,非以音节聱牙不和为能也。(《援鹑堂笔记》卷四四)

清袁枚:顾宁人言:"《三百篇》无不转韵者,唐诗亦然。惟韩昌黎七古,始一韵到底。"余按:《文心雕龙》云:"贾谊、枚乘,四韵辄易;刘歆、桓谭,百韵不迁,亦各从其志也。"则不转韵诗,汉、魏已然矣。(《随园诗话》卷六)

清袁枚:欲作佳诗,先选好韵。凡其音涉哑滞者、晦僻者,便宜弃舍。"葩"即"花"也,而"葩"字不亮;"芳"即"香"也,而"芳"字不响,以此类推,不一而足。宋、唐之分,亦从此起。李、杜大家,不用僻韵,非不能用,乃不屑用也。昌黎斗险,掇《唐韵》而拉杂砌之,不过一时游戏,如僧家作盂兰会,偶一布施穷鬼耳,然亦止于古体、联句为之。今人效尤务博,竟有用之于近体者。是犹奏《雅》乐而杂侏儒,坐华堂而宴乞丐也,不已慎乎!(同上)

清袁枚:曹子建《美女篇》押二"难"字,谢康乐《述祖德》诗押二"人"字,阮公《咏怀》押二"归"字。以故,杜甫《饮中八仙歌》、香山《渭村退居》、昌黎《寄孟郊》诗,皆沿袭之。(《随园诗话》卷一五)

清王鸣盛:《杜子美》:若七言古诗,长篇一韵到底,不转他韵,则又必到昌黎方定此格,而杜无之也。(《蛾术编》卷七六)

清赵翼:昌黎古诗用韵,有通用数韵者,有专用一韵者。《六一诗话》谓"其得韵宽,则泛入旁韵,乍还乍离,出入回合,不可拘以常格,如《此日足可惜》之类。得韵窄,则不复旁出,而因难见巧,愈险愈奇,如《病中赠张十八》之类。譬如善驭马者,通衢广陌,纵横驰骋,惟意所之;至于蚁封水曲,又疾徐中节,不少蹉跌。此天下之至工也。"今按《此日足可惜》一首,通用"东""冬""江""阳""庚""青"六韵。此外如《元和圣德诗》,通用"语""麌""马""有""哿"五韵;《孟东野失子》诗,通用"先""寒""删""真""文""元"六韵;余可类推。其用窄韵,亦不止《病中赠张十八》一首,如《陪杜侍御游湘西两寺》一首,又《会合联句》三十四韵。洪容斋谓除"蠓""蛹"二字,《韵略》未收,余皆不出二"肿"之内。今按"蠓""蛹"二字,《唐韵》本收在二"肿",则皆本韵也。(《瓯北诗话》卷三)

清赵翼:昌黎之后,放翁之前,东坡自成一家,不可方物。昌黎好用险韵,以尽其锻炼;东坡则不择韵,而但抒其意之所欲言。放翁古诗好用俪句,以炫其绚烂;东坡则行墨间多单行,而不屑于对属。且昌黎、放翁多从正面铺张,而东坡则反面、旁面,左萦右拂,不专以铺叙见长。昌黎、放翁,使典亦多正用;东坡则驱使书卷入议论中,穿穴翻簸,无一板用者。此数处,似东坡较优,然雄厚不如昌黎,而稍觉轻浅;整丽不如放翁,而稍觉率略。此固才分各有不同,不能兼长也。(《瓯北诗话》卷五)

清翁方纲:一篇之中,步步押险,此惟韩公雄中出劲,所以不露韵痕。然视自然浑成不知有韵者,已有间矣。至若梅苑陵以清瘦之笔,每押险韵,无韩之豪,而肖韩之劲,恐未必然也。(《石洲诗话》卷三)

清洪亮吉:《三百篇》无一篇非双声叠韵,降及《楚辞》与渊、云、枚、马之作,以迄《三都》《两京》诸赋,无不尽然。唐诗人以杜子美为宗,其五七言近体,无一非双声叠韵也。间有对句双声叠韵,而

出句或否者,然亦不过十分之一。中唐以后,韩、李、温诸家亦然。至宋、元、明诗人,能知此者渐鲜。(《北江诗话》卷一)

清梁章钜:袁简斋曰:"顾亭林言《三百篇》无不转韵者,唐诗亦然;惟韩昌黎七古,始一韵到底。"余按:《文心雕龙》云:"贾谊、枚乘,两韵辄易;刘歆、桓谭,百韵不迁。亦各从其志也。"则不转韵诗,汉代已然矣。(《退庵随笔》卷二一)

清马星翼:王介甫诗,体格不一,其险韵诸篇,力摩韩退之。浅学固莫能效也。(《东泉诗话》卷二)

清马星翼:诗之用事为博,始于颜光禄,而极于杜子美。以押韵为工,始于韩退之,而极于苏、黄。然诗者,志之所之也,岂专意咏物哉!用事押韵,又何足道!苏、黄用事押韵之工,至矣尽矣。然究其实,乃诗人中一害也,使后生只知用事押韵之为诗,而不知言志之为本,《风》《雅》扫地矣。此亦张戒语。张戒一作"赵戒"。大论是闶,而姓名或隐,悲夫!(《东泉诗话》卷二)

清许印芳:《唐韵》原目二百六部,宋刘渊并为一百七部。元阴时夫、中夫并为一百六部,芟削古字,排纂事类,名《韵府群玉》,通行至今。唐宋人律诗,各用现行今韵;古诗仍用古韵,而古韵无成书。唐人精通古韵,有少陵、昌黎、香山、柳州数家。然亦散见篇什,考订为难。(《诗法萃编》卷八)

清许印芳:谈韵非徒考古,期于有用。凡拟《风》《雅》《颂》作四言诗,而参以三、五、六、七言,如汉人《安世房中歌》《郊祀歌》,唐韩昌黎拟《琴操》诸诗、《元和圣德诗》《平淮西碑诗》,柳子厚《平淮夷雅》。(同上)

清费锡璜:颜、谢好塞涩雅丽,昌黎好揸摭奇字险韵为诗,然汉《郊祀》《铙歌》,奥衍宏博,已开其先。司马子长所谓"今上即位作十九章,通一经之士,不能知其词,皆会集五经家乃能讲习,读之多

尔雅之文"是也。(《汉诗总说》)

刘师培：古诗之中，咸有叶韵，即彼此两韵互相通用之谓也。唐人诗韵最宽，而词韵亦弗严。(《论文杂记》)

韩诗的缺失

宋叶梦得：诗语固忌用巧太过，然缘情体物，自有天然工妙，虽巧而不见刻削之痕。老杜"细雨鱼儿出，微风燕子斜"，此十字殆无一字虚设。雨细著水面为沤，鱼常浮上而淰，若大雨则伏而不出矣。燕体轻弱，风猛则不能胜，唯微风乃受以为势，故又有"轻燕受风斜"之语。至"穿花蛱蝶深深见，点水蜻蜓款款飞"，"深深"字若无"穿"字，"款款"字若无"点"字，皆无以见其精微如此。然读之浑然，全似未尝用力，此所以不碍其气格超胜。使晚唐诸子为之，便当如"鱼跃练波抛玉尺，莺穿丝柳织金梭"体矣。(《石林诗话》卷下)

宋严羽：大抵禅道惟在妙悟，诗道亦在妙悟。且孟襄阳学力下韩退之远甚，而其诗独出退之之上者，一味妙悟而已。惟悟乃为当行，乃为本色。(《沧浪诗话·诗辨》)

宋孙奕：《杀风景》：或谓"背山起楼，烧琴煮鹤"之类为杀风景。以诗观之，虽杜、韩、老仙亦或未免。退之"若要添风月，应除数百竿"，直与王子猷背驰借曰"得人嫌处只缘多"，犹云可也。如子美"斫却月中桂，清光应更多"，无乃太甚乎？曰：非也。此足以见诗人意到处，便有焚山者，不顾菽粟手段。(《履斋示儿编》卷一〇)

明陆时雍：诗之所以病者，在过求之也；过求则真隐而伪行矣。

然亦各有故在：太白之不真也为材使，少陵之不真也为意使，高、岑诸人之不真也为习使，元、白之不真也为词使，昌黎之不真也为气使。人有外藉以为之使者，则真相隐矣。（《诗镜总论》）

明陆时雍：材大者声色不动，指顾自如，不则意气立见，李太白所以妙于神行，韩昌黎不免有蹶张之病也。气安而静，材敛而开。张子房破楚椎秦，貌如处子；诸葛孔明陈师对垒，气若书生。以此观其际矣，陶、谢诗以性运，不以才使。凡好大好高，好雄好辩，皆才为之累也。善用才者，常留其不尽。（同上）

明胡应麟：唐大历后，五七言律尚可接翅开元，惟排律大不竞。钱、刘以降，篇什虽盛，气骨顿衰，景象既殊，音节亦寡。韩、白诸公，虽才力雄赡，渐流外道矣。（《诗薮》丙编卷四）

明胡震亨：韩公挺负诗力，所少韵致，出处既掉运不灵，更以储才独富，故犯恶韵斗奇，不加拣择，遂致丛杂难观。得妙笔汰用，瑰宝自出。第以为类押韵之文者过。（《唐音癸签·汇评三》）

清沈德潜：昌黎豪杰自命，欲以学问才力跨越李、杜之上；然恢张处多，变化处少，力有余而巧不足也。独四言大篇，如《元和圣德》《平淮西碑》之类，义山所谓句奇语重、点窜涂改者，虽司马长卿亦当敛手。（《说诗晬语》卷上）

清赵翼：昌黎诗亦有晦涩俚俗，不可为法者。《芍药歌》云："翠茎红叶天力与，此恩不属黄钟家。"所谓"黄钟家"，果何指耶？《答孟郊》云："弱拒喜张臂，猛拏闲缩爪。见倒谁肯扶，从嗔我须咬。"则竟写挥拳相打矣，未免太俗。（《瓯北诗话》卷三）

清方东树：黄诗秘密，在隶事下字之妙，拈来不测；然亦在贪使事使字，每令气脉缓隔，如次韵时进叔篇。此一利一病，皆可悟见，学者由此隅反可也。此诗"与"字、"雨"字、"腐"字三韵，节去则文意不足，读之实牵强未妥。于此乃知韩公押强韵皆稳，不可及也。

此病陈后山亦然。可悟人才性大小,不可强能。"文从字顺"言有序,李、杜、韩、苏皆然,黄则不能皆然。虽古人笔力贵斩截,起势贵奇特,然如山谷《过家》起处,亦大无序矣。(《昭昧詹言》卷一○黄山谷)

清梁章钜:李、杜、韩、苏诗中,亦不免有疵词累句,不但无损其为名家,且并有与古人暗合者。(《退庵随笔》卷二○)

清王闿运:韩门诸子,郊、岛、仝、贺各极才思,尽诗之变,然罕能兼之。宋人虽跅弛如苏、黄,颓放如杨、陆,未有能泥沙俱下者。前唯李东川之歌行,陆士衡之五言,足当此四字,而格调迥超,不露筋骨。元遗山本筼碧小品,拟韩、孟劲弓,始复纷糅,自谓变化,犹亦谨守绳尺,微作狡狯而已。(《湘绮楼说诗》卷四)

清王闿运:寓情于文,虽理不充周,犹可讽诵。唐人好变,以《骚》为《雅》,直指时事,多在歌行,览之无余,文犹足艳。韩、白不达,放弛其词;下逮宋人,成俳曲。(同上)

清施补华:少陵、退之、东坡三大家,皆不能作五绝。盖才太大,笔太刚,施之二十字,反吃力不讨好。言岂一端而已,夫各有所当也;五绝究以含蓄清淡为佳。(《岘佣说诗》)

清胡薇元:杜、韩七绝皆未工,而柳则工。如《浩初上人》一首云:"珠树玲珑隔翠微,病来方外事多违。仙山不属分符客,一任凌空锡杖飞。"《韩漳州》一首云:"早岁京华听越吟,闻君江海分逾深。他时若写兰亭会,莫画高僧支道林。"(《梦痕馆诗话》卷二)

附录三　历代韩集序跋辑录

文录序
赵　德

昌黎公,圣人之徒欤! 其文高出,与古之遗文不相上下。所履之道,则尧、舜、禹、汤、文、武、周、孔、孟轲、杨雄所授受服行之实也,固已不杂其传,由佛及聃、庄、杨之言,不得干其思、入其文也。以是光于今,大于后,金石爚铄,斯文灿然。德行道学文,庶几乎古。蓬茨中手持目览,饥食渴饮,沛然满饱,顾非适诸圣贤之域而谬至于斯。将所以盗其影响。僻处无备,得以所遇,次之为卷,私曰《文录》,宝以师氏为请益,依归之所云。

(文说《新刊经进详注昌黎先生文集》附《韩文公志》卷三)

昌黎先生集序
李　汉

文者,贯道之器也,不深于斯道,有至焉者不也!《易》繇爻象,《春秋》书事,《诗》咏歌,《书》《礼》剔其伪,皆深矣乎! 秦、汉已前,其气浑然,迨乎司马迁、相如、董生、扬雄、刘向之徒,尤所谓杰然者也。至后汉、曹魏，气象萎苶。司马氏以来，规范荡悉，谓《易》已下，为古文剽掠潜窃为工尔。文与道蓁塞，固然莫知也。先生生于大历戊申，幼孤，随兄播迁韶岭。兄卒，鞠于嫂氏，辛勤来归。自知读书为文，日记数千百言。比壮，经书通念晓析。酷排释氏，诸史百子，[皆]搜抉无隐。汗澜卓踔，㴸泫澄深，诡然而蛟龙翔，蔚然而虎凤跃，锵然而韶钧鸣。日光玉洁，周情孔思，千态万状，卒泽于道德仁义，炳如也。洞视万古，愍恻当世，遂大振颓风，教人自为。时人始而惊，中而笑且排。先生[志]益坚，[其]终[人]而翕然随以定。呜呼！先生于文，摧陷廓清之功，比于武事，可谓雄伟不常者矣。长庆四年冬，先生殁。门人陇西李汉辱知最厚且亲，遂收拾遗文，无所坠失。得赋四，古诗二百一十首，联句十一，律诗一百六十，杂著六十五，书启序九十六，哀辞祭文三十九，碑志七十六，笔砚鳄鱼文三，表状五十二，总七百一十六首，[并]目录合为四十一卷，目为《昌黎先生文集》，传于代。又有《注论语》十卷，传学者。《顺宗实录》五卷，列于史书，不在集中。先生讳愈，字退之，官至吏部侍郎，余在国史本传。

（文谠《新刊经进详注昌黎先生文集》附《韩文公志》卷三）

文集后序

柳　开

世谓先生得圣人之道，惜乎不能著书，兹为先生之少也。当时之人，亦有是语焉。予读先生之文，自年十七至于今，凡七年，日夜不离乎手，始得其十之一二者。呜呼！先生之时，文章盛于古矣。犹有言也，以过于先生，况下先生之后至于今乎？是谓世不知于先生者也。夫子之于经书,在《易》则赞焉,在《诗》《书》则删焉,在《礼》《乐》则定焉,在《春秋》则约史而修焉,在经则因参也而语焉,非夫子特为而然也。在《语》则弟子记其言焉,亦非夫子自作也。圣人不以好广于辞而为事也,在乎化天下、传来世、用道德而已。若以辞广而为事也,则百子之纷然竞起异说,皆可先于夫子矣。虽孟子之为书,能尊于夫子者,当在乱世也。扬子云作《太玄》《法言》,亦当王莽之时也,其要在存圣人之道矣。自下至于先生,圣人之经籍虽皆残缺,其道犹备。先生于时作文章,讽颂、规戒、答问、论说,淳然一归于夫子之旨而言之,过于孟子、扬子云矣。先生之于为文,有善者益而成之,有恶者化而革之,各婉其旨,使无勃然而生于乱者也。是与章句之徒一贯而可言邪?且孟子与扬子云不能行圣人之道于时,授圣人之言于人,所以作书而说焉。观先生之文诗,皆用于世者也。与《尚书》之号令,《春秋》之褒贬,《大易》之通变,《诗》之风赋,《礼》《乐》之因袭,经之教授,《语》之训导,酌于先生之心与夫子之旨,无有异趋者也。先生之于圣人之道,在于是而已矣。何必著书而后始为然也?有其道而无其人,吾所以悲也;有其人而人不知其道,益吾所以悲也。若先生者,不有人不知其道者乎!吾谓世不知于先生也,岂为诬言也哉!

(文说《新刊经进详注昌黎先生文集》附《韩文公志》卷三)

记旧本韩文后

欧阳修

予少家汉东,汉东僻陋,无学者;吾家又贫,无藏书。州南有大姓李氏者,其子尧(一作"彦")辅颇好学。予为儿童时,多游其家,见有弊筐贮故书在壁间,发而视之,得唐《昌黎先生文集》六卷,脱落颠倒无次第(一作"序")。因乞李氏以归。读之,见其言深厚而雄博。然予犹少,未能悉究其义,徒见其浩然无涯,若可爱。是时天下学者,杨、刘之作,号为时文,能者取科第,擅名声,以夸荣当世,未尝有道韩文者。予亦方举进士,以礼部诗赋为事。年十有七,试于州,为有司所黜。因取所藏韩氏之文复阅之,则喟然叹曰:"学者当至于是而止尔!"因怪时人之不道,而顾己亦未暇学,徒时时读[独]念于予心,以谓方从进士干禄以养亲。苟得禄矣,当尽力于斯文,以偿其素志。后七年,举进士及第,官于洛阳,而尹师鲁之徒皆在,遂相与作为古文。因出所藏《昌黎集》而补缀之,求人家所有旧本而校定之。其后天下学者亦渐趋于古,而韩文遂行于世。至于今,盖三十余年矣,学者非韩不学也,可谓盛矣。呜呼!道固有行于远而止于近,有忽于往而贵于今者,非惟世俗好恶之使然,亦其理有当然者矣。而孔孟煌煌于一时,而师法于千万世。韩氏之文,没而不见者二百年,而后大施于今,此又非特好恶之所上下,盖其久而愈明,不可磨灭,虽蔽于暂,而终耀于无穷者,其道当然也。予之始得于韩也,当其沉没弃废之时,予固知其不足以追时好而取势利,于是就而学之,则予之所为者,岂所以急名誉而干势利之用哉?亦志乎久而已矣。故予之仕,于进不为喜,退不为惧,盖其志先定而所学者宜然也。集本出于蜀,文字刻画颇精于今世俗本,而脱缪尤多。凡三十年间,闻人有善本者,必求而改正之。其最后卷帙不足,今不复补者,重增其故也。予家藏书万卷,独《昌黎先生集》为旧物也。呜呼!韩氏之文、之道,万世所共尊,天下所共传而有也。予于此本,特以其旧物而尤惜之。

(文说《新刊经进详注昌黎先生文集》附《韩文公志》卷三)

书文集后
吕夏卿

戊子至京师,己丑冬借韩子华家本校正,乙未春得欧阳公本又校过,然增损甚少,疑子华本亦得于欧阳公也。始予兄知舞阳县事,得朱台符家藏本于许州,改误字数十,又颇增句读。朱氏所传本盖久,然古诗次第与诸本不同。王仲舒、韩洪神道碑,洪妻翟氏、柳宗元、李道古、马继祖、樊宗师、李邢、张彻、卢於陵、李干、卢浑、韩岌、韩滂、好好、女挐、卢夫人墓志,皆不在集中。然朱氏本亦韩集之未完者尔。丙申春,得赵德《文录》六卷于林琪家。德,潮州人,文公为刺史时,摄海阳尉,督州学生徒者也。《文录》所载皆韩文,自总七十五首,其次第淆乱,读或有增损异同。疑德亲受本于文公,比他本为最可信者。《通解》《崔虞部书》《明水赋》《河南同官记》,今皆不入正集。李汉自谓"收拾遗文,无所坠失",四篇之文,疑汉所弃,或坠失而未得者,故不在集中,而见于《文录》。然则德所录在李汉前,今以德序为首,李汉序次之,而存《文录》篇第于集后以序。然则《外集》所载,未必皆李汉所不取者也。

(文说《新刊经进详注昌黎先生文集》附《韩文公志》卷三)

书文集后
苏　溥

益部所雕《昌黎先生集》,虽传行久矣,文字脱烂,实难披阅,唯余杭本稍若完正。庆历辛巳岁,溥求荐王府,时从兄涣以小著宰鄢陵,因即观之,语及古学,且谓:"退之文自轲、雄没,作者一人而已。

予近获河东先生所修正本,虽甚惜之,于子无所隐耳。"比之杭、蜀二本,其不相类者十三四。越明年,从兄改秘书丞倅南隆,复以故龙图烨所增修本为示,又且正千余字,并获《集外》三十八篇。又得嘉州李推官诩传欧、尹二本,重加校勘。溥既拜厚赐,不敢藏于家,期与好古之士共之,乃募工镂版,备于流行。其所增修字数及加音切,具诸目录后,《集外》《顺宗实录》为十卷。仍以河东先生《后序》附于末,谨迹传授之,自庶信于人尔。时嘉祐六年六月旦。

(文说《新刊经进详注昌黎先生文集》附《韩文公志》卷三)

潮本昌黎先生集书后

刘昉

文公去潮,潮人庙事公,久益谨。今是集诸处往往镂版,潮为公旧治,顾可阙耶?大观初,昉之先大夫忧居乡,尝集京、浙、闽、蜀所刊凡八本及乡里前辈家藏赵德旧本,参以所见石刻订正之,疑则两存焉。又以公传志及它人诗文为公而作者悉附其后,最为善本。郡以公庙香火钱刊行,资其赢以葺祠宇。中经兵火,遂无孑遗。今郡中访得先大夫所校旧本重刊之,属昉识其后,义不可辞,谨拜而书之,勒于左方。绍兴己未中元日左朝散郎尚书礼部员外郎兼充实录院检讨官刘昉书。

(台北"故宫博物院"藏南宋淳熙元年锦溪张监税宅刻本)

书韩文后

张敦颐

韩文自欧阳文忠公校故本于泯没二百年之后,天下所共传而有也。近世本乃多讹误不同，往往凿以私见，妄加改正，遂失其真。丹阳洪庆善，儒学渊薮也，尝著《韩氏年谱》《辨证》传于时，学者复得以考正。然二书所传未广，余以所得其家本镂板于昭武学，附《年谱》于正集之首，注《辨证》于正文之下，又考释音及《辨证》之所遗者数说附焉。比之他本，差为详备，且不敢用臆说以乱韩氏之真。《外集》文可疑者数篇，或谓恐非韩所作，姑存之，重没其故也。绍兴岁次壬申七月，新安张敦颐书。

（张敦颐《昌黎先生文集》）

韩集举正序
方崧卿

韩文自校本盛行，世无全书，欧公谓韩文印本初未必误，多为校雠者妄改。仆尝得祥符中所刊杭本四十卷，其时犹未有《外集》，今诸集之所谓旧本者，此也。既而得蜀人苏溥所校刘、柳、欧、尹四家本，此本嘉祐中尝刊于蜀，故传于世。继又得李左丞汉老、谢参政任伯所校秘阁本，李本之校阁本最为详密，字之疑者，皆标同异于其上，故可得以为据。大抵以公文石本之存者校之，阁本常得十九，杭本得十七，而蜀本得十五六焉，今只以三本为定。其诗十卷，则校之唐令狐氏本，碑志、祭文则以南唐保大本兼订焉。其赵德《文录》、《文苑英华》、姚宝臣《文粹》，字之与旧本合者，亦以参校，诸本所不具而理犹未通者，然后取之校本焉。韩文旧本皆无一作，蜀本间有一二，亦只附见篇末，今皆一遵旧本而别出。此书字之当刊正者，以白字识之，当删削者以圈毁之，当增者位而入之，当乙者乙而倒之，字须两存而或当旁见者，则姑注于其下，不复标出。阁与杭、蜀皆同,则合三本而言之,同异不齐则志其长者。其他如古本,汝多作女,互多作㸦,预作与,傲作敖,丛作藂,缺作欮,二十、三十之为廿、卅,此类非一,亦不敢尽从刊改。今之监本已非旧集,然校之潮、袁诸本,犹为近古,如《送牛堪序》,阁本、杭本皆系于十九卷之末,惟此本尚然。今用以为正而录诸本异同于其下。此本已正者,亦不复尽出,庶几后学犹得以考韩氏之旧也。

(文说《新刊经进详注昌黎先生文集》附《韩文公志》卷三)

韩集举正后序
方崧卿

右昌黎先生集四十卷、目录一卷、外集一卷、附录五卷、增考年谱一卷,崧卿试郡岭麓,闲日居多,课其余力,获从事于斯。常念韩氏旧集世已罕传,岁月既久,则散逸殆尽。摭拾其仅存者,稽而正之,以还旧观,亦讨古之一助也。第惟浅识谫闻,管窥自信,源流不白,何以传诸人?因复次其异同,记其讹舛之自,为《举正》十卷,使人开卷知所自择,而韩氏义例亦粗见于《纲领》中。噫!一代文宗,脍炙人口,相传以熟,莫觉其讹。陋学苦心,傥识者补其遗缪。淳熙己酉二月朔日莆阳方崧卿书。

(方崧卿《韩集举正》)

昌黎先生集考异识语
朱 熹

此集今世本多不同,惟近岁南安军所刊方氏校定本号为精善,别有《举正》十卷,论其所以去取之意,又它本之所无也。然其去取,多以祥符杭本、嘉祐蜀本及李、谢所据馆阁本为定。而尤尊馆阁本,虽有谬误,往往曲从。它本虽善,亦弃不录。至于《举正》,则又例多而词寡,览者或颇不能晓知。故今辄因其书更为校定。悉考众本之同异,而一以文势、义理及它书之可证验者决之。苟是矣,则虽民间近出小本不敢违;有所未安,则虽官本、古本、石本不敢信。又各详著其所以然者,以为《考异》十卷,庶几去取之未善者,览者得以参伍而笔削焉。

(山西省祁县图书馆藏《昌黎先生集考异》卷一)

昌黎先生集考异外集小序
朱　熹

诸本《外集》分为十卷,凡三十四篇,不知何人所编。据《行状》云有集四十卷,小集十卷,亦不知便是此《外集》与否。方氏只据蜀本定录二十五篇,其篇目次第皆与诸本不同,以为可以旁考而的然知为公文者。然蜀本刘烨序乃云后集外《顺宗实录》为十卷,则似亦以《实录》入于其中,皆不知其何说也。唯吕夏卿以为《明水赋》《通解》《崔虞部书》《河南同官记》皆见于赵德《文录》,计必德亲受于文公者,比它本最为可信。而李汉不以入集,则疑凡《外集》所载,汉亦有所未得,未必皆其所不取者。其说近是。故今且从诸本,而考其真伪异同之说,以详注于其下。其甚伪者,即虽不载其文,而犹存其目,使读者犹有考焉。其石刻、联句、遗诗文等,则从方本录之,以补《外集》之阙。又诸本有《遗文》一卷,方本亦多不录,今亦存之,以附于后。

(山西省祁县图书馆藏《昌黎先生集考异》外集卷首)

昌黎先生文考异跋

张　洽

晦翁先生因方氏《举正》之书,取而评论其未合者,使一归于是。然后有以见韩子之文章,必主简明而不为艰深,虽去陈言而非尚险涩。朝廷之议严正,义理之文醇雅,记序之体简古,若碑碣、杂志、游艺等作,乃或放于奇怪。

先生悉斟酌权衡,归于当而后止,可谓详密无遗憾矣。昌黎集行于世数百年,欧阳公尝加厘正。今复百余岁,读而不知其旨,或以意改易,鱼鲁失真,纷纷靡定,方公从而是正之,什已得六七矣。

先生复以稽经余力考所未合,定以是非之公,虽使韩子复生,当莞尔而笑,以为得已之意也。今方氏书刊刻已广,独此书先生末年所著,未有善本,洽通守池阳,初欲刻之泮宫,已而不果,乃以本厅币余,命工刊刻,庚使赵侯范继其费,益以属邑学帑之助,并刊《考异》于后。汪季路书初存于末,今移附本卷之后。间有愚见一二,亦各系卷末,以俟观者采择云。绍定己丑十有一月辛卯日南至,门人清江张洽谨识。

（山西省祁县图书馆藏《昌黎先生集考异》）

详注韩文引

殿中侍御史杜莘老

韩愈,唐大儒也。闻圣人而师之,自束带立朝,即觝排异端,攘斥佛老,嚣嚣然鸣道以为己任,惧塞路之害炽于杨墨,故其言矫拂与一世矛盾。旧史无卓识,亦从而诋之为人不通世务,而述作纰谬之目,□当时均以为然矣。况复望中材庸主听纳其一二乎?观其平居抗论俊伟横厉,一出乎正班之孔门,当与游夏争衡。奈何遭唐不竞,吾道寝芜,故其文亦遂湮微,可为慨叹者矣。绵祀数百,焄蒿凄怆,有神开之,俾受姓于欧阳氏。至和嘉祐间复以文鸣。固常撼韩作于蠹简中,正其讹舛,张而大之,自是天下学士,始知斯文有师,佛老异端不排自熄。于乎!蕴而必发,窒而必通,虽时有否泰,亦厥理然耳。今文说者,尊崇山斗,力于赵德、李汉,尽搜经史百家之书,详为之注,考定年月,系于其文之首。其中质疑阙,发隐秘,章分句断,以辟面墙,俾读之者焕然在目,而韩氏之欹歟亦于以心通而意会。若欧可作,岂无一言以进之?莘老于是乎云。

(文说《新刊经进详注昌黎先生文集》卷首)

进详注昌黎先生文表

文　说

臣谠言:煌煌北极,环列宿以中居;浩浩沧溟,拥百川而四会。大圣王之高拱,录片善已兼收。贤无在野之遗,士有献能之悦。辄伸丹恳,仰触天聪。臣谠诚惶诚恐,顿首顿首。窃以道本无名,由圣人而强立;言何所藉,自六籍以交传。其伦则父子君臣,其文则仁义礼乐。在箕子谓之皇极,于子思乃曰中庸。虽至愚之夫妇,皆可与行;彼目古之圣贤,莫不由此。形而上者,不过斯道,推而行之,乃存乎人。爰自木德衰微,杏坛芜秽,三千人会议于稷下,七十子散游于诸侯。传之者既失其真,自相矛盾;学之者竞求于异,致失本原。九流由是以互分,邪说乘兹而遂炽。袭其非而胜其是，人者主而出者奴。幸而孟轲以辩翼之于前，荀卿以正宗之于后，盖空言虽戾于当日，俾天下悉归于圣门，皆二子之使然，迄于今而是赖，适元和之临御，崇释氏以祈禳，日观礼于空王，遂远迎于佛骨。上所好者，下必甚化。既行而人斯从，搢绅咸服于幽禅，弦诵反闻于梵呗。惟愈也，气可吞于河岳，忠不避于雷霆，抗诚丹陛而冀可回天，逆折群凶而终无挠志，欲以二帝三王之道，一清四方万里之心，厥身虽窜于南荒，学者幸瞻于北斗。载而为书，则皆可尽信；究其所养，则远而莫穷。臣常口诵心惟，手披目览，深探旨意，粗识依归。殚智虑以寻问道之源，扣宫商而别为文之体。积二十年之久，虽云原始以要终，绌数千帙之书，未免随人而执下。得匣愿搜于琼盖，锲舟以索于龙泉，摭事不惮于文烦，开卷宛同于冰释。人皆笑其迂阔，己不改其专精。甘为蜀国之腐儒，讵识钧天之广乐。兹盖伏遇皇帝陛下御离明而广照，躬道统以中兴，体舜帝之孳孳，继志述事，法宗周之郁郁。偃武修文，常勤乙夜之观，以致下情之达。臣学粗通于世务，心靡适于他途，知尚论于古人，独推尊于韩氏。含毫吮墨，既同《尔雅》之虫鱼；炙背献芹，远绍相如之笔札。愿圣神之闲燕，回日月之照临，少伸蠹简之诚，庶逭面墙之责。所注到《韩愈文集》四十卷，附以《外集》《遗文》。谨缮写随表上进以闻。肤浅尘言，冒昧干听。臣说诚惶诚惧，顿首顿首，谨言。

右迪功郎新授达州东乡县尉兼主簿臣文谠上表
乾道二年五月进呈
（同上）

详注昌黎先生文集序
文　谠

古之君子，穷而在下，则事道如事君；达而在上，则事君如事道。盖道非君不行,君非道不立,二者相资以成名。穷则事道,非遗于君也,养其所以事君者,当以道为先也;达则事君,非忘于道也,致其所以事道者,当以君为先也。是故有不忠于君者,是不君其君也,吾得谓之乱臣;苟或违于道者,是不道其道也,吾得谓之邪说。邪说与乱臣同科,则事君与事道同体。孔孟以来尽是者,惟韩子能之。观其排佛老之际,浩浩然气拂其膺,虽三遭摈斥,曾不少沮。盖其心常恐尧、舜、禹、汤、周、孔、孟子之所传一日坠地,以为己羞。是以抑邪扶正,不遑自恤而夷险不易其说。遂自比孟子,天下后世,随风而靡,亦不以为异。说以谓孟子之拒杨墨,未若韩子之为难。何则?杨朱、墨翟皆中国之人,其言犹未离于圣人之教,特以其仁而流于兼爱,义而流于为我,为我则无君,兼爱则无父,无父无君是禽兽也。致孟子所以力距之欤?自周以来,杨墨虽熄,而佛老互兴。佛者以散财为上,即墨氏之兼爱也;老氏以长生为得,即杨氏之为我也,其害尤甚于杨墨者,以其出于夷狄故也。常观佛者之教,久炽于其国,逮汉永平始导而置之中原。老聃之未著书也,亦常西至流沙,闻虚无之说,归而感悟,始著上下篇。二氏显行而圣道自兹陵替,逆而距之,常恐不及。元和之君,乃屈己崇奉是教,天下之人以叛其君父之尊,而事迦昙之法,用夷变夏,于斯为甚。噫!边隅失警,毡裘内侮,擢一良将,草薙而禽狝之,可以旋踵而致安。若夫尊崇异术以导人之性,及其久也,风传俗习,恬不为怪,后虽有以圣人之道告之者,孰肯回心而听之乎?惟韩子也,奋独见之明,力排而痛诋之,意在于贬夷狄以尊君父,抑邪说以扶正道,事道之心与孟子均,而好辩之功轶之远甚。兹其所以为尤难也欤?呜呼,悲夫!韩子不可得而见之矣,得见其遗文斯可矣。

  我圣宋之初,承五季兵革之余,道丧文弊,秉笔之士,以雕琢为工,虽柳开、杨亿,独以古文唱于其间,而辞义愈尚隐奥。天下之士,因风乘流,争以诡异相高,浸淫乎嘉祐之间,而体格大坏。惟欧阳子者断然革之,追复韩作,言以意为主,而意以经为宗,使天下学士翻然从之。知吾韩子之所传在道而不在文者,惟欧阳子是赖其书。由唐而来,已逾数百载矣,宜其文次殽乱,传写鱼鲁。以欧阳子之博洽,固常参考而质正之,然而论者尚谓其以"昌乐"为"乐昌","秋鹤与飞"为"秋与鹤飞",未免如斯之误,况其下者,欲以私臆而遂订之乎!谠虽不敏,自幼及壮,景仰于韩,恨不得与之同时,亲辱其薰炙。故于萤雪之下,探求其意,采摭其事,推演其说,强为之注,日积月储,浸以成编,其间或可疑者,尚疑之以俟。然而食芹自美而已,顾今之世,志圣人行古道者谁欤?且韫椟而藏之,以为来师韩者之筌蹄云。

绍兴己巳孟春普慈文谠词源序
(文谠注《新刊经进详注昌黎先生文集》)

重刊韩文五百家注序
许道基

昌黎韩公约六经之旨而成文,而后世论者谓公因文以见道。夫道外无文,故明道必先论文。章句之徒,罕识古人之意。度波澜求其说而不得,则武断之。又或不循其本,而妄为训诂之。他家多然,于公尤甚。盖公之文,怪怪奇奇,不可捉搦。既难测其意义之所主,而多读书融会以出,又难执一书以为证,故学韩益多,似韩益少,由不得真解,或执一解以误之也。仁轩富公,司藩江右,出所刊《韩文五百家注》以示予。盖自唐宋以来,解意解辞,汇萃无遗,传述苦心,前序已详哉言之矣。予独怪昌黎有作后三百年,至庐陵欧阳公笃好而表彰之，其文始大显于世，而同时之为古文者继而起，若王若曾与公为三。虽自南宋以迄，有明文章家体裁不同，而原本古文而为之，则一耳。乃今予所阅十四郡州之文，亦遍矣，或于古绝不相似。夫庐岳章江崟崎激宕，本于韩文为近，而山川之灵，又未有往而不复也。尝欲振而起之，愧力弗逮。而仁轩加意养教，持是编为登高之呼，岂无同声而呼应者乎？且昌黎刺潮，潮之士皆笃于文行。量移袁州，想亦如是。而其文章所留，乡先达既表彰于前，贤司牧复传述于后。士生其间，有不缘其解悟于心，跻文章于昌黎之盛，岂理也哉？虽然迹履之所出，而迹非履也，得意忘言，无论五百家如一家，五百家如无一家，即韩文四十卷可以为我注脚，并可以糟粕视之矣。呜呼！有真见道者，或不至河汉。予言即起昌黎于今日，更可相视莫逆也。抑又闻之泰山北斗，当世共仰。得是编而观玩之，人人昌黎，又不独江右矣。起衰之功，谓仁轩不在昌黎下可也。

乾隆二十有八年秋八月两海许道基谨序
（清两仪堂重刻《五百家注音辩昌黎先生文集》）

五百家注音辩韩昌黎先生全集序

杜集有千家注，韩集有五百家注，尚已。杜注今犹可得，韩则绝少，余旧闻都中士大夫藏书家有宋时椠本，思借观之未获也。今年夏有携是集求售者，阅之不胜喜，以物色得之。因思韩集板本之行于世者，不独是注久不可见，即如明东雅堂徐氏本、三径堂蒋氏本，其板亦皆剥朽无存。存者惟近时秀野堂顾氏、永怀堂葛氏、雅雨堂卢氏本耳。而葛本无注，顾本、卢本止于诗，然则后之人读韩集者，欲观其大全，稽其雅故不亦难乎？余既得此，惧夫匹夫之以怀璧罪也。谨依原式付剞劂氏，以公之海内之同好者。刻竣，为识其缘起于此。乾隆岁在甲辰孟冬观楼氏识。

（同上）

韩文公全集叙
顾锡畴

畴生平耻为文序，誉则非作者之心，规则非求者之意。辄唯唯而退，久索不可得，则遂已焉。乃至往代之鸿儒钜裁，厕名其后，亦足以不朽，亦复舌呿指喑，而不敢下一语，则何也？非前人之是非难定，而今人之好恶难凭也。古之圣贤既已圣矣，无敢有议其非圣者；既已贤矣，无敢有议其非贤者。间有好为奇论者，而圣贤之面目自在也。惟文则不然，文莫尚于六经，犹时有慕弃取舍之异情。而子史以下，代欣代厌，其变不可胜穷。乃次古者，又以己意与之而不揆乎，天下后世之所同，然其不可为准，亦明矣。畴幼颇嗜古，十岁而读昌黎公之文，有独喜焉。长而问之，耆宿或有以为不足法者，子何不模之秦汉以前？而昌黎是徇，畴未敢遽非之，而心窃以为不然。作者难，读者亦不易。昌黎公承六朝丽靡之后，燕许辈徒负大手笔之名，而终不能振。昌黎公吟不绝，披不停，兼总百氏而卒以自成其家，其一时并峙者，有柳柳州。然学柳而不成，则将流为谲为媚；学韩而不成，犹不失为大雅之音。盖先肆而后醇，此文人之大忌；先醇而后肆，昌黎公之所独得也。新安年家子胡与立、比部谢玄石有事于四大家，而先寿昌黎公之集以行，且欲畴发其平昔喜读昌黎公集之旨于简端，良有深意，盖畴先一晚，梦一大人韩姓者，正襟而坐，相与唱酬。至早而阅昌黎公之集，知公其有以命畴矣。夫世之梓公集者不少，胡独睹斯编而跃然，曰喜其集之全而不置好恶于其间也。

时崇祯壬申岁小春月望日
后学顾锡畴谨序

（《顾瑞屏太史评阅韩昌黎先生集四十卷》明崇祯六年胡文柱刻本）

昌黎伯韩文公全集序

吕维祺

昔宋儒之称昌黎也，曰近世豪杰之士，孟子以来一人也。何又曰：奥衍闳深，与杨雄相表里，而且咎其知用昧体，详外略内。又谓经远而责近，识大而合寡，若咨嗟叹惜，委于天之不克，尽章其言。余闻昌黎在唐，历仕四朝，出入朝野二十有七载。自天子大臣，洎田畯里妇，武夫悍卒，四夷鳞羽，皆知其名。盛德大业，岂必待言？传而或者曰：公生平铨别人才，剖断国是。贞元、元和、长庆间，凡所议物情，向叛议论誉诽，以至毁佛，原道谪窜感怆，皆寓斯集。读之可以观世，虽谓公以言传，亦可也。盖公年三十一仕，至五十七属纩，中间更事数君，官不过侍郎，外逐者十，考立朝则仅一二载而已。於戏！何其遇之难至此哉！夫宪穆数君，亦唐之英明主也。且又不为不知公，一则悦其助我，一则悦之而有意大用，乃竟悦而不知，知而不用，岂若世言用舍有命，亦关运数者乎？然余闻有汉文之求贤，而贾谊老于长沙；有汉武之尊贤延士，而董广川不能安诸其朝，又何尤于宪穆公之不遇，於戏！难言之矣。岂当时大臣知公者，不过董晋、张封建、郑馀庆、裴度辈数人。而誉者起，毁者继，引者厄,嫉者力。夫亦徒有田畯里妇,武夫悍卒,四夷鳞羽之心之口耳。公没九百余年,其间大人君子宗其学,达士显夫程其猷,见者祠其仪刑,闻者淑其绪理。薄海内外遵诵其文,与子舆等;而复与莽大夫雄絜醇较驳,岂知公哉?而或者又曰如《原道》之言,自孟子以来,能知此者独愈而已。或又曰《原道》一篇,开口说"博爱之谓仁",便不是乃公之言。曰知其有命而且鸣号之者,亦命也。岂果如世所云:公汲汲以行道济时,抑邪举正为事,而或未免杂乎贪位慕禄。然则昧体略内,及责近合寡之说,亦庶几近之耶。要之,《佛骨》一表,自足千古,而公生平固亦近代之泰山北斗也。矧其文起八代之衰,固与柳州、庐陵、眉山诸先生,狎主齐盟而蹠作者之坛,百世不祧者哉!新安胡与立氏诠辑公集,寿诸世属;顾瑞屏太史,评骘之余,亦时加订次,而序其端。若曰取节焉云尔。如世所称:学者仰之如泰山,与泰山严严气象差似。虽谓近世豪杰之士,孟子以来一人亦可也。

> 钦差总督粮储南京户部右侍郎兼都察院右佥都御史晋阶正议大夫新安吕维祺介孺甫题于葆存元气之堂
>
> (同上)

韩昌黎伯全集叙

胡文柱

经子史集类,皆居于理,要无不挟其可久之势,以尊于今古。然每以习之成风,渐归厌弃,此曷故?盖经之教简,子之情奇,史之志洁,集之材博,学之者,其始也。以相趋为相胜之阶,其究也以相矫为相救之术,人心之好尚使然,要于作者之故我无损也。譬之日月性明,风霾不能掩其光;江河性澄,波涛不能移其旧。通乎比者,理未可以备据,而势有可以互权也。月峰先生曰:批一古文有似拓影,日、月、灯皆有影,影遍影隙而总之无不真。六经,日也;《左传》《史记》,月也;韩、柳、欧、苏四家,灯也。灯影宛在,凭人手目自拓自认。柱深有味于斯言,嗜古之性久而愈坚,若夫四家则自成童以至于今,批阅不知凡几,更墨痕所积,五色黯澹,补缀累累,一如古衲,夫亦可以验其用心之勤矣,同志有人,柱岂徒说哉。虽然物有形而后有影,灯传于火,火者,日之精也。月有满缺,归功于日也。夫又安知四家之不本于六经也?李汉序韩文云:"周情孔思,千态万貌,卒泽于道德仁义,炳如也。"此言可谓知要矣。四子之业弥远弥隆,代有称者,传序赞记之文,亦既扬厉无已,柱曷敢喁喁于四子之前焉。每观世镌公集者,间有脱误,独柱家藏四家秘本得其全神,复得瑞屏顾年伯太史详加评注,考其微而根其宗,字较精明,句读了然,柱以奇宝珍之,朝穷夕究,梦寐不置。忽一夜电光绕屋,觉有吟哦之声,似梦还真,披衣起视,公集在几案间,骇然汗下,知四子不肯再,私我而掩其文,光于斗室也耶?明早,比部谢玄石先生过斋,头谈文云:生平所喜公文若干首,足以授训子孙,拜读一过,神气益旺,与世好不同,并登而梓之以公天下之好古者。公集告成,遂挈舟请太史叙,未造门之前一日,文公已先入太史梦,于是太史忻然命管城而叙焉,电光夜梦,神其灵矣。至于订辑督梓之精工则柱之事也。水苍一出,岂特和氏知其然;枣梨次第,昌黎集其先之。

崇祯癸酉如月之望。

古歙后学胡文柱与立父谨题并书
(同上)

昌黎先生诗集注序

彭邦畴

读诗如行路然,是故王孟之诗,平远之山川也;温李之诗,金碧之楼台也;元白之诗,洞达之衢市也。即太白之奇境别开,少陵之中峰独峙,然皆有门户之可倚,厓径之可寻。惟韩诗如高山乔岳,无不包孕,洪波巨浸,莫可端倪。局声调者,病其艰涩;蹈空虚者,厌其精详。故学韩诗难,即读韩诗亦不易。鹤舫协揆一日出所藏博西斋前辈手录何义门、朱竹垞两先生批韩诗本以示余。伏读再四,譬之崇期剧骖,交错歧出,由之而得正轨焉;天梯石栈,缒幽凿险,循之而得广场焉。虽瞽者之相,夜行者之烛,不是过也,洵足诏后学而示以周行矣。匪特此也,文人相轻,自古而然。昔宋景濂讥刘辰翁于杜诗轻加批抹,如醉翁寱言,终不能了了,此亦论古者之通病。今两先生之为此,句梳章栉,而于体段之起讫,脉络之联属,辛苦而分明之,亦何平易若是耶!间于时地人事加之订证,且以补注家之阙,真韩子之功臣焉!嗟乎!师古人者在求古人之心,欲求古人之心而先不自虚其心,无惑乎背而驰也。近世之论诗者中无所得,辄敢取前人之作妄下雌黄,甚或假托名流以震动时人之耳目,而无识者遂为之广其传,是不惟无益于今,抑且获戾于古。观于此本,有不愧汗却走者哉。协揆将谋付梓,余亟赞成之,因序其缘起,邮而刻之。

吴中南州彭邦畴撰

（朱彝尊、何焯评《昌黎先生诗集注》清道光十六年膺德堂刊本）

跋

博　明

昌黎先生诗十卷,朱笔为何义门批点,墨笔为朱竹垞批点。依原本录焉,时己卯端阳前二日也。盖庄谧庵得之姚江黄君稚圭者,黄馆庄方耕少宗伯,谧庵与兄伯埙为少宗伯从兄弟,伯埙适馆予舍,是以转相钞录也。

　　此予钞批时所识也,丁酉十一月。因装是册,复录前识于首幅,晰斋博明书于凤皇城边门之草庐。

(同上)

序
顾嗣立

　　余于诗雅宗仰昌黎先生,而论先生诗者,或有以文为诗之诮,至直斥为不工。盖其论始于陈后山,自宋迄明,更相附和。而先生之诗,几为其文所掩而不能自伸。余窃怪说者不深考其源流,而妄为此呶呶也。夫诗自李、杜勃兴而格律大变,后人祖述,各得其性之所近,以自名家。独先生能尽启秘钥,优入其域,非余子可及。顾其笔力放恣横从,神奇变幻,读者不能窥究其所从来,此异论所以繁兴,而不自知其非也。余覃精既久,欲奉其诗集单行于世,以扫除异论,而考诸笺注。诸家或详略失宜,且多所舛误。夫考核之不审,又乌从抉其用意所存而讨论其源流?不揣固陋,妄加校定,更阅数岁,至今春乃获成书,遂刻诸家塾,以质诸世之君子。

时康熙三十有八年,岁在己卯春三月上巳前一日
长洲顾嗣立书于闾邱小圃之秀野草堂
(同上)

跋
穆彰阿

　　闻之松楹纳秘记齐相之遗书,庙曰题铭志中郎之余庆。凡石室名山之制,藉通儒大雅以存。矧夫丹篆曾吞,紫霞为佩,变齐梁之丽藻,轶汉魏之雄深。吏部文章,元和雅颂,宜乎!手胼口沫,致万本之流传;句解节疏,作千秋之尚论。此竹垞、义门两先生所以各有评韩诗之举也。余外大父博西斋先生学通五际,才冠九能。古训旁搜,供目耕者签二百;奇瓠亲校,经手钞者纸八千。緊此宏编,尤深笃嗜。杜预之传《左氏》,癖乃成名;尧卿之慕坡公,幻频入梦。以词家之别白,资艺苑之雌黄。实义华声,激赏在酸咸以外;英思密绪,推敲超楮墨之余。洵诗国之功臣,亦文公之诤友。惟是青箱久庋,翠帙未雕,鸿宝徒珍。夫枕中鸡林,谁播之海外?承学之士,罕所据依。不佞幼读孝宽之书,长侍镇西之座,芸香幸接,获训弥勤。爰乃发彼兰函,锓之枣木丹铅,勘异脱讹,兼订之他书;朱墨标新题品,俨符夫古史。浏览者易窥其趣,寻绎者无害其辞。于先生昔日论诗之旨,庶几其不朽焉?嗟乎!光芒万丈,谁争峻望于斗山;香火一龛,乍衍师承于今古。从此鹤翎共振,蚓窍无訾。金薤琳琅,将追供奉、拾遗而上;玉堂耆旧,犹忆鸳湖、虎阜之间。

时道光十有六年岁在丙申六月初吉,长白穆彰阿谨跋

(同上)

杜韩诗句集韵叙

汪文柏

《杜韩集韵》者,闲窗无事,取少陵、昌黎诗句编入四声,备巾箱展玩者也。余少而学吟,浏览唐百家诗集,断以两家为指归。盖其格律天纵,不主故常,诸家卒莫出其范围。故杜紫微句云:"杜诗韩笔愁来读,似倩麻姑痒处搔。"可见其嗜好同而评论切矣。以余观之,犹用兵然,有如堂堂之阵,正正之旗,行师所贵也。乃有出奇制

胜，不必泥古兵法者，非以奇胜乎？奇正相生，如环无端。由斯以观，少陵诗似正而实奇，昌黎诗似奇而实正。此两家章法之不可及也。客有闻而疑者曰："子于杜韩，其章法洵有得矣。今分编为韵，如骈锦散珠，得无供枵腹者掇拾之具欤？"余应之曰："否，否。客之所言乃余吐弃久矣。故生平作诗从不捡俗下纂本，且以之告友朋，藉此作诗则己之性灵反锢，岂复得为诗欤？今余所辑，举近以知远，必先自用韵始。盖韵不安，则为一句之疵，句疵而章法亦为累矣。句法之要，奈何不观游山水者乎？群峰巉嵘，峭壁摩天，乍游者不知此中之有奇也。先与之探孤峰之秀拔，观断壑之谽呀，回环往复，久而入胜，始恍然悟兹山之面目矣。汪洋浩瀚，混混无涯，江河之性也。先与之观洲渚之萦洄，察波澜之往复，水之全体不可望洋而得乎？此句法之当讲也。然句必选声，则押韵为要。押韵奈何？务袪庸俗以即高明而已，有如同此四声也，古人用之，若不经意。而用奇用正，光景常新，久之愈觉可爱。今虽撚髭苦吟，乍读之似觉可喜，须臾便同嚼蜡，其故何哉？古人胸藏二酉，笔挽万牛，故其落韵沉着，纵意所如，绝无牵合。以今较之，大有径庭矣。譬如羿之弓，犹夫人也，惟羿弯之，可以百中；旷之琴，犹夫人也，自旷操之，可以入神。要而论之，韵犹规矩也，贵巧以运之。巧何从生？贵读书博学以几之。故吾辑杜、韩韵以为鹄，世有解人从此悟入，句法、章法渐可得矣。余岂自谓知诗，亦就杜、韩以论杜、韩，如此又敢爱古人而薄今人哉？如客所言，则与《韵藻》《韵府》《韵瑞》等书同类而观，不几失辑书者之本意乎？"客曰："然恐世之读是书者，未能尽达此意，请书之以为序。"

时康熙三十五年丙子花朝日
练江汪文柏书于梧桐溪之古香楼

（清汪文柏辑《杜韩诗句集韵三卷》，《四库全书存目丛书》子部第236册，影印辽宁省图书馆藏清康熙四十六年刻本）

《唐宋诗醇》之昌黎韩愈诗小序

韩愈文起八代之衰,而其诗亦卓绝千古。论者常以文掩其诗,甚或谓于诗本无解处。夫唐人以诗名家者多,以文名家者少,谓韩文重于韩诗可也,直斥其诗为不工,则群儿之愚也。大抵议韩诗者谓诗自有体,此押韵之文,格不近诗又豪放有余,深婉不足,常苦意与语俱尽。盖自刘攽、沈括时有异同,而黄鲁直、陈师道辈遂群相訾謷,历宋元明,异论间出。此实昧于昌黎得力之所在,未尝沿波以讨其源,则真不辨诗体者也。夫六义肇兴,体裁斯别。言简而意该,节短而韵长,含吐抑扬,虽重复其词而弥有不尽之味,此风人之旨也。至于二《雅》、三《颂》,铺陈终始,竭情尽致,义存乎扬厉而不病其夸,情迫于呼号而不嫌其激,其为体迥异于《风》,非特词有繁简,其意之隐显固殊焉。千古以来,宁有以少含蓄为《雅》《颂》之病者乎?然则唐诗如王、孟一派,源出于风,而愈则本之《雅》《颂》,以大畅厥辞者也。其生平论诗专主李、杜,而于治水之航、磨天之刃,慷慨追慕,诚欲效其震荡乾坤,陵暴万类,而后得尽吐其奇杰之气。其视清微淡远,雅咏温恭,殊不足以尽吾才,然偶一为之,余力亦足以相及,如《琴操》及《南溪》诸作具在,特性所不近,不多作耳。而仰攻者顾执多少之数,以判优绌之数乎?拟桃源为乐土,而辄谓洪河、太华之骇人;求仙佛之玄虚,而反以圣贤经天纬地为多事。此其说固不待智者而决也。今试取韩诗读之,其壮浪纵恣,摆去拘束,诚不减于李;其浑涵汪茫,千汇万状,诚不减于杜。而风骨崚嶒,腕力矫变,得李、杜之神而不袭其貌,则又拔奇于二子之外,而自成一家。夫诗至足与李、杜鼎立,而论定犹有待于千载之后,甚矣!诗道之难言也!然元稹固尝推杜而抑李,欧阳修又主退之不主子美。李、杜已然,在愈故应不免,彼自鸣自息者,又乌足与深辨哉!兹集所登,为古诗者什八,为律诗者什二,盖愈诗偏以古胜,此自有定论也。联句之盛,前此未有。以非一人所得专美,姑置不录。若夫集外遗诗,如《嘲鼾睡》《辞唱歌》,浅俚丑恶,假托无疑,直应削去,而不容列诸集中者也。

(《唐宋诗醇》)

韩昌黎诗集编年笺注序
方世举

唐诗之有可笺注者,莫如杜、韩二家。杜有千家注,韩有五百家注,皆宋人所裒集,广收博采,用力勤矣。然其说多有不当,辞而辟之者,已历有之。杜《千家注》姑不论,韩《五百家注》自朱子《考异》出而遂废。《考异》之后,又有不著姓名者,宗朱子而广之,明季东吴徐氏刊以行世,世所称东雅堂本。其书甚当,顾辨注者多而笺事者少。凡朱子指为有为而作,未及细笺者,亦遂无所发明。嗟乎!朱子之意,安知其不望后人耶?观于《尚书》不自注而属西山,可类推也。明人蒋处士之翘,近时顾庶常嗣立,继有增注,其余笺亦皆未详。注而不笺,则非子夏《三百篇》小序之旨,又不得孟子"以意逆志""知人论世"之义。夫"以意逆志"须精思,"知人论世"必详考。善哉!司马迁之言曰"好学深思,心知其意",此精思之谓也。班固之言曰"笃学好古,实事求是",此详考之谓也。深思始可笺注,求是则必编年。不得其时,而漫为笺注,知其意,求其是也难。韩诗本有年月可寻,编者婿李汉,又公门人,必得公次第本意。其中间有小舛,亦或公随手所录。如杜《过张隐居》二首,一七律,一五律,语气分明两时,杜汇之而宗武仍之,李汉编韩亦或此例耶?然有诗在后而编在前,读之易知者,如《元和圣德诗》,事在元和二年,而今以压卷。此非舛误,盖题目重大,非前不可。时事又著明,诗中无庸笺,而年可考。今非韩之时,变而移置元和二年,以顺编年之例易易耳。其有年未明编,遂误笺说者,如《南山有高树行赠李宗闵》乃悯其谪出远州,以规讽挤之者,事在穆宗长庆之初。时宗闵有令名,无败行。韩公素与交好,又尝同为裴度幕官,故有此诗,诗之结语不平可见。今笺者以为刺之。盖因文宗三年,宗闵为相,党局始兴,七年复相,秽迹大著,君子不党,诗必刺之。而不考韩公殁于长庆四年,其时相去甚远,且隔敬宗一朝,何由而预知其非,早为讥刺之诗乎?此大谬也。又有年已明编,犹误笺注者,如《效玉川子月蚀诗》,卢开手便书元和庚寅,韩诗亦书新天子即位五年,是为王承宗不庭之时。时从裴度言用兵,诏四面行营讨之,诸将畏怯,逗遛不前,以故诗中以东西南北星文比而刺之。笺者不审明书之五年为承宗时,乃以元和十二年暴崩于中官之手当之,又大谬也。大者如此,细者必多。年不重编,诗终多晦。今一一考诸史,证诸集,参诸旁见侧出之书,以详其时,以笺其事,以辨诸家之说。敢自谓知其意,得其是乎?聊出而就正于世之好学深思、笃志好古,以上通孟子之说诗者。或有取于一知半解,而论去其大谬,斯余之厚望也夫。

桐城方世举谨序
(方世举《韩昌黎诗集编年笺注》)

序
卢见曾

　　唐李汉编《昌黎先生集》，得古诗二百一十，联句十一，律诗一百六十，不以年次。宋计有功《唐诗纪事》于昌黎虽有编年，而诗或从略。嗣是注韩诗者辈出。而吕大防、程俱、洪兴祖、方崧卿各撰《年谱》，樊汝霖又作《年谱注》。国朝顾氏嗣立参考新旧两《书》，取诸家之谱增订讹略，阅者便之。然以诗系年，与诸家不无小异，舛讹亦时有，而转注故实，尤多所未备。夫知人论世，当细核其回翔中外仕路升沉，与夫藩镇宦竖朋党纷乘之故，乃可句栉字梳、年经月纬而无忒。朱子于《韩集》用功最深，《考异》一书，学者尚有疑窦，后世可率臆而为之说欤？吾友方扶南先生撰《昌黎编年诗注》，博极群书，详考事实，大抵援新旧两《书》以正诸家之误，援行状、墓志以正两史之误。俾读者显显然如与籍、湜辈亲登其堂，斯真昌黎之功臣也已。扶南老矣，将售是书以为买山计。余既归其赀，且付剞劂。扶南学问浩博，然未免有贪多之病。其注之重复者，如"汤汤"字，首卷《古风》既注《尧典》，二卷《龙宫滩诗》复注之类；习见者，如"淄磷"以《论语》注，不能以《孟子》注之类；以诗注复以赋注者，如"丝竹"字，既以苏武诗注，复以任昉赋注之类；不须注者如"浩浩""悠悠""开卷""低头"之类，尽删之；讹舛者，如《魏都赋》"肃肃阶闼"作"萧萧阶闼"，《后汉书》"辒辌柴毂"作"辒辌紫毂"之类，更正之。不知扶南以为何如也。

乾隆二十三年戊寅六月德州卢见曾序
（同上）

读韩记疑序
马纬云

注唐人集务炫博以夸多于时者，莫甚于宋。宋人注杜集一千家，注韩柳集五百家。韩集之有五百注自庆元中建安魏仲举始，五百家中之有考证音训者，然仅止三十一家，而外此或牵合同时唱和之人，或摘录史传一二语，无书者复虚构其目，以足五百家之数，实与本集无豫。校雠，莆田方崧卿尝作《举正》，刻于南安军，朱子因其书作《韩文考异》十卷。嘉定中，福州王伯大又取《考异》重为更定，刻于南剑州。朱子原书仿陆德明《经典释文》之例，摘正文一二字大书，而以所考小字夹注其下，别为卷帙，附于全集四十卷之后。伯大离析原文，散入各句之下，又采洪兴祖《年谱辨证》、樊汝霖《年谱注》、孙汝听解、韩醇解、祝充解音释于末。迨麻沙本出，伯大缀于篇末者，又取而散诸句下。盖伯大易朱子之第，坊贾又易伯大之第，全失其初矣。《举正》原书，世不易觏，虽以太原阎征君之淹博，其第十六卷《代张籍与李浙东书》明注李逊且引《旧书》本传。逊以元和五年刺浙东，九年召还，此书作于六七年间。而《潜邱札记》谓不知李浙东为谁，称得《李翱全集》或可以考，则征君亦未睹宋椠本也。惺斋王先生，吾乡硕学方闻之彦，具知人论世之识。罢官后一意著书，于《史》《汉》天官律历等志，多所发明，尤癖于韩集。以朱子《考异》久无善本，字句多有异同，篇章不无窜乱，以及《洪谱》之疏漏，方、樊诸家好奇踵谬之说，朱子未经议及者，合诸家之本，句梳字栉，补缺纠谬，五十年间，三易其稿，成《志疑》十卷，用力可谓勤矣。纬云凤同嗜好，肄业之余，辄得数条，窃以补先生之未及焉。按李汉原序称：《注论语》十卷传学者，《顺宗实录》五卷列于史官，不在集中，合诗文杂著总七百，并目录为四十一卷。初不云有外集也，陈振孙《直斋书录解题》，虽载有外集十卷，已疑其伪妄，第称外集皆如旧本。朱子独用方本，益《大颠三书》，今考外集，自《海水》诗至《明水赋》二十五篇之数，俱全无《大颠书》，何也？崧卿南安军原本全集不传，《举正》十卷犹及见之，"桓"字缺笔，"敦"字不缺，避钦宗讳而不避光宗，实为淳熙旧刻。崧卿己酉自跋一则，称《昌黎先生集》四十卷、《外集》一卷、《附录》一卷、《增考年谱》一卷，复次其异同为《举正》十卷，与《书录》同。而陈氏独多《外钞》八卷，云此为嘉祐刘煜所录者二十五篇，益以石刻、联句、诗文之遗见于他集者。葛峤刻柳文又以大庾韩郁所编注诸本，号《外集》，并《考疑》误辑遗事为之，然则《外钞》葛氏增以配柳，非方氏之旧也。方氏引据碑本十有七，引据诸家之书十，亦无所谓石刻、联句、诗文之遗于他集者，不知《考异》又何所据而云然也。《举正》改正之字，用阴文以代朱书；衍去之字，以圆圈围之；增入之字，用方圈围之；颠倒之字，以墨线曲折乙之。体例亦较《考异》为明晰，叠经紊乱，遂失本来。南剑州本舛讹遗漏，不一而足。近代安溪李文贞公家曾有宋本《考异》，系朱子门人张洽所校，末附张洽补注各条，其《陪林侍御游湘西两寺》诗云："洽尝亲至岳麓寺，见'长沙千里平'，'千里'作'十里'。"又辨《曹成王碑》中"搏力句卒"之义，《原性》一篇引杨倞《荀子注》辨唐人实作《性原》，朱子误以《原性》为是，以改方氏，皆今本所不载，惜二书先生未寓目焉。陈景云《点勘》最为精确，先生既采其疆甿、廋噱、宗王、父讼等说，其他如《元和圣德诗》之"麻列"，则证以李白《梦游天姥》诗；《梁国公主挽歌》之"厌翟"，则证以《毛诗》郑笺；《师说》之"句读"，则证以《经典释文》；《祭李使君文》之"惊透"，则证以扬雄《方言》及左思赋；《乌氏庙碑》之"立议"，则证以《汉书》颜注；"南宫不止称礼部"，则证以《赤藤杖歌》；庙令老人，则证以《唐志》五岳四渎令;《讳辨》之"治"字,则证以德宗祔庙高宗已祧。各条亦悉有根据,顾何以遗之也。前代崇祯时,吾禾蒋之翘亦刻《昌黎集》于闽中,注多不列姓氏,概易之为"或本"或"一本",难以寻求,且少援证而多载评语,别无心得。先生是书在精确不在泛滥,体例与方、朱原本不谋自合,竖义亦多发前人所未发,具有特识,洵足为韩氏之功臣。纬云忝与先生犹子,复笃潘、杨之谊。先生多友教四方,弗获追随杖履,庚子后始见于里门,未久即归道山。今年令嗣尚珏以是书商刻粤东,官事之暇,钩探众籍,躬事校雠。李文贞公昔翻刻《考异》,徐侍讲坛长校勘其字点画,悉皆不苟。纬云用愧斯役,于其剞劂既成,因述所得,缕序简端,以志平生向慕之忱云尔。

姻家侄同里马纬云
(王元启《读韩记疑》)

读韩记疑弁言
答惺斋先生见示《读韩记疑》首册书

沈德毓

德毓顿首。昨冬蒙示《读韩记疑》首册,岁阑多冗,未遑卒业。今春酬应稍闲,悉心校读,仰见前辈逊心稽古,深造自得之学。凡故时刊本中篇题(如《合江亭》《大安池》之类)、异字(刊正甚多,更有特笔改正如《此日足可惜》诗注主人"李元"当作"李元淳",《泷吏》诗"六旬"句当作"四旬"之类)、错简(如《题炭谷湫》《寄孟刑部》之类)、晦义(如《烽火》之为吐蕃内寇,《条山》之感阳城事,《鲁连》之讥后进争名,《病鸱》之斥刘叉,《疟鬼》之嘲张又新皆是)、伪作

（如《早次太原》定为吴郎中作之类）以及《洪谱》之疏漏，方、樊诸家好奇踵谬之说，《考异》所未及是正者，补阙纠讹，一一疏通而证明之，俾无失作者之意，而并有以慰朱子待后之心，洵属有《韩集》来目所未见之书。顾犹下询谆谆，命司磨校之役。自惭寡浅，讵足裨益崇深。聊就管窥所及，附书一二。空空之鄙，冀获两端之还。叩耳又闻，他文自杂著而下，悉有论著，并望惠赐一观，俾末学小生亦得与闻作述之大旨，沐教更无穷已。曷胜庆幸虔恳之至。

德毓再拜
（同上）

跋

王尚珏

先子自幼诵法昌黎，编摹五十余年，随时考订，注记书额，功力最为专久。庚子以后，归里杜门，始以余闲，比次成帙，又复刊繁就简，稿凡三易。丙午六月病笃，时挥汗拥书，犹手自笔削无倦容。至二十五日，病不能兴，乃为辍业。易箦之前一日，呼不孝尚绳至卧榻前，语以《顺宗实录》四有"戊午"二字宜改某某。时已气喘舌挢，听之殊不甚了了矣。呜呼！先子之于是书，盖所谓性命以之者也。不孝兄弟愧不能读父书，又以贫寒无力，不克早为刊布，用表毕生研究之苦衷，抚兹先泽，诚不禁涕泗之交流也。

丁未六月望日，不孝男尚珏泣血谨识
（同上）

韩集点勘书后

陈景云

近代吴中徐氏东雅堂（堂主人徐时泰，万历中进士，历官工部郎中。后崇祯末，堂已易主，项宫詹煜居之。煜后以降流贼，名丽丹书，里人噪而焚其宅，堂遂毁于火，今仅存池塘遗迹而已）刊《韩集》，用宋末廖莹中世綵堂本。其注采建安魏仲举《五百家注》本为多，间有引他书者，仅十之三，复删节朱子单行《考异》，散入各条下，皆出莹中手也。莹中为贾似道馆客，事迹见《宋史·似道传》。其人乃粗涉文艺，全无学识者，其博采诸条，不特遴择失当，即文义亦多疏舛。阅者但取魏本及《考异》全文互勘，得失立辨矣。莹中之败，在德祐元年，则书出德祐前可知。徐氏刊此本不著其由来，殆深鄙莹中为人，故削其氏名并开板岁月耶！今世綵堂韩集与莹中所辑似道悦生堂禊帖，并为世所希有矣。廖为闽中著姓，世有眉寿，高曾多及见曾玄，故以世綵名堂。朱子高第廖子晦，亦其裔也。至于莹中，遂以相门狎客，陨其家声，而犹遵奉朱子之书。盖先世之绪言犹在，不敢忘渊源所自也。

雍正丁未春日，长洲陈景云书

（陈景云《韩集点勘》）

韩谱跋

陈景云

南宋庆元中，建安魏仲举刊《韩集五百家注》，辑吕、程、洪三家所撰谱记为七卷，名曰《韩文类谱》。后无继刊者，故世罕得而见也。广陵马君嶰谷涉江,耽嗜文史,遍访是《谱》于藏书家,近始得之,因亟付梓,以广其传。当世多好学深思君子,读《谱》而见其年经月纬之精密,弥足为论世之助矣。《类谱》中有附录六十余条,如引韩子《寄赠三学士》及《岳阳楼》诗,证阳山之贬乃为韦、王之党所排,谓都官之除在己丑六月十日,皆莆田方崧卿《增考年谱》之文,朱子采入《考异》可据。余亦疑悉出崧卿谱。虽不著其姓名,然由朱子所采可以例推。且玩其文体,亦诸条无异耳。又方《考》亦有别见《考异》而是谱未采者,盖谱之所录,尚非其全。以两君好古之深,他日更购获完本,汇刻流传,尤善矣。

雍正庚戌春日长洲陈景云
(《韩文类谱》卷尾)

韩集笺正序

方成珪

明东吴徐氏东雅堂《韩集》,藏书者家置一编。盖以朱子《考异》止辨正诸本异同,暨莆田方氏《举正》所从之当否,未暇它及也。以《考异》散附正文句下,自王留耕始,稍有笺疏,不为赅备。建安魏本广搜众说,又未免失之太繁。惟此本录《考异》之文,节取魏本各注,易于循览耳。但徐氏所刊,实用南宋廖莹中世𢑲堂本。莹中为贾似道门客,学问芜浅,所采辑多不精审,又经徐氏重刻,例不标注家姓名,往往有强彼就此胶轕不清者,则亦未得为善本也。珪于此集悉心研悦,积有年所,其所援引,必为寻究本源。其人物爵里及韩子一生出处,则考之新旧《唐书》,司马温公《通鉴》,皇甫持正

《碑志》,李习之《行状》,程致道《历官记》,吕、洪二《年谱》,参互钩稽,实事求是。《文苑》《文粹》,亦旁资校证焉。并酌录何义门《读书记》、陈少章《韩集点勘》、王惺斋《读韩记疑》、顾侠君、方扶南各诗注,以广见闻。间附鄙论,质之大雅。此后续有所得,当更曾益其所不逮云。

时道光辛丑上元日瑞安雪斋方成珪识
(方成珪《韩集笺正》瑞安陈氏湫漻斋校刊本)

韩集笺正跋
陈 准

《昌黎集》世所传者,独明东吴徐氏重刊南宋廖莹中世𬘘堂本为最精,然亦多脱略,虽注者有百家之辨,而犹未详备,有所漏略,率皆为浅识者凭臆窜改,或意有遍长,或辞有繁杂,实疑难有所不解。方先生雪斋精究文字训诂之学,博采朱子《考异》暨蒲(莆)田方氏《举正》、王氏《笺疏》,去取毫芒,镕裁各说,研悦有年,成《笺正》若干卷。先生于此书可谓致力闳深矣。先生治校勘、考证之学,与钱警、石泰吉友善,名亦相埒,而为学审慎过之。著有《集均(韵)考正》《唐摭言》《周易干常侍注疏证》以及《韩文笺正》诸书,独《集韵考正》前辈孙琴西先生曾为刊行,附于《永嘉丛书》中。干氏《易》等亦士林传钞,家有副本。惟《韩集笺正》虽已成书而里人罕觏,以为经风雨剥蚀散如云烟已。往岁曾有得录是书,将付梨枣,舟行遇风,又遭飘没。幸先生稿本有二,其定本尚存于家。甲子岁先生孙中矩捐馆,舍其家,取皮阁,旧纸弃灰炉中,童子拾得破帙一束,则先生手写《韩集笺正》六卷(《笺正》五卷、《年谱》一卷)在焉,卷页无恙,惊喜不已,亟欲刊行,卒。卒未逮也。世局扰乱,兵火交炽,满目疮痍,不知先生之作数十年之后又将如之何也。准惜生也晚,不多识先辈得先生之书,可知先生便慨矣。

时民国十五年三月既望邑后学陈准谨识
(同上)

昌黎先生诗增注证讹后序
黄中民

先勤敏公宗仰昌黎先生之诗,以各家注虽称完备,然犹有遗漏,且引据有未详确者。故自乾隆壬辰迨道光辛卯,日事丹铅,点勘不惮,广搜博览以增其未备,证其讹舛。垂六十年,所著乃成。洵有功于韩子,可以公诸同好矣。乃犹不自信,久藏箧笥,未遽以示人也。辛丑见背后,余念是书为勤敏公毕生精力所集,未可淹没不彰,窃思付梓,以垂不朽。卒以贫故不果,郁郁者八年于兹矣。甲辰冬,余承乏草堰,廉俸稍裕,遂得节衣缩食,勉力以竟成此志。今夏开雕于广陵之二酉堂。凡原本前叙、凡例、本传、年谱、目录及各家注,一一均如其旧。惟增注证讹特镌诸书之上方,俾阅者便于区别。余不肖未克荷承先业,而校雠之役不敢不勉。兹计工成于冬之十一月,自是旨备词详。信今传后,盖不第长存手泽,永读父书已也。

道光岁次戊申子月,男中民谨序
(黄钺《韩诗增注证讹》咸丰七年四明鲍氏二客轩刊本)

韩诗证选序
李 详

唐以诗赋试士,无不熟精《文选》,杜陵特最著耳。韩公之诗,引用《文选》亦夥,惟宋樊汝霖窥得此旨,于《秋怀诗》下云:"公以六经之文,为诸儒倡,《文选》弗论也。独于《李邢墓志》曰:'能暗记《论语》《尚书》《毛诗》《左氏》《文选》。'故此诗往往有其体。"余据樊氏之言,推寻公诗,不仅如樊氏所举,因条而列之,名曰《韩诗证选》。宋人旧注,如诠"贱嗜非贵献"及"徒观凿斧痕,不瞩治水航"诸语,能以嵇康《绝交书》、郭景纯《江赋》证之,始知韩公熟精《选》理,与杜陵相亚,此余之所不敢攘美。其为余所得者,则施名以别之云。

(李详《李审言文集》)

韩诗萃精序
李 详

韩公之诗,盖承李、杜而善变者也。公之生也,去太白没时仅六年;少陵之没,公已三岁。而公于李、杜,则云:"李杜文章在,光焰万丈长。"又云:"少陵无人谪仙死,才薄将奈石鼓何?"又云:"昔年因读李白杜甫诗,长恨二人不相从。"又云:"远追甫白感至诚。"又云:"近怜李杜无检束,烂漫常醉多文辞。"又云:"勃兴得李杜,万类困陵暴。"此宋洪容斋所称者,余更益以公《城南联句》云:"蜀雄李杜拔。"以公刚方屈强之性,于并世诗人服膺赞叹如此,又能遗貌取神,不相剽袭,自成一家,独立千载,此韩公之诗,所以与天地比寿，日月齐光者。唐人杜牧，以公之笔与杜诗并重（六朝至唐，以散文为笔）；牧之绮靡之体，安足知公？宋欧阳永叔，稍学公诗，而微嫌冗长，无奇警遒丽之语。东坡以豪字概公，虽能造句，而不纬以事实，如水中着盐，消融无迹。黄鲁直诗，于公师其六七，学杜者二三；举世相承，谓黄学杜，起山谷而问之，果宗杜耶，抑师韩也？谁能喻之！余少好公诗，在光绪己卯、庚辰之间，倍诵无遗。今老矣，胸中馀味，偶一致思，如在会厌之下，记忆虽疏，识见日益，不以衰老谢也。十数年来，与郑君苏堪相习，郑云："由宋以来，诗人纵不能学杜，未尝不于韩公门庭周历一番者。"余抚掌以为明言，嗟乎！伊挚言鼎，轮扁语斤，余得苏堪此论，深幸吾道之不孤，而韩诗其将大昌也。窃尝论诗，必具酸咸苦辛之旨，济以遒丽典赡之词，始能及远。李、杜之诗善矣！学韩公诗，于《骚》《雅》、陶、谢，一一具在（韩不称陶，公有极似陶者）。余故罗缕其词，揭其篇目。至于疏通大义，发明体要，将与《文选》别为一书，流布于世，钻味诸家之外，其庶几焉。

丙寅七月

（同上）

读杜韩笔记跋

李云俦

杜注号千家，韩注号五百家，然纷拏支离，往往而有。绣子公此记二卷，独超众说，通其神悟，非惟学绝，抑亦识精也。其推阐诗法，穷其源委，尽其甘苦。学者持此，有余师矣。原稿阒藏，百年未见（《光绪嘉应州志·艺文》著其目，注云：未见），今忽从故家得之，倘所谓"精诚所至,金石为开"者邪?重刊公集已竟,因并及之,以慰海内文流之望。

中华民国二十三年秋从曾孙云倬谨跋
(李黼平《读杜韩笔记》)

韩诗臆说序
陈三立

韩公诗,继李杜而兴,雄直之气、诙诡之趣,自足鼎峙天壤,模范百世,不能病其"以文为诗",而损偏胜独至之光价也。宋贤效韩以欧阳永叔、王逢原为最善。永叔变其形貌,为得其魂;逢原合其糟粕,为得其魄。大抵取径师古,殆不出此二者矣。伯臧所诣,近颇务敛气藏味,疑与韩不甚近。乃观其所为《韩诗臆说》二卷,探微窥奥,类多创获。大者既不淆本原所在,即训诂偶及,如辨正"圣处"为言酒,"唤起""催归"非鸟名,亦犁然有当人心之一也。所谓好学深思,心知其意者与?

癸酉伏日散原老人陈三立题记,年八十有一
(程学恂《韩诗臆说》)

注释评点韩昌黎诗全集序三
蒋抱玄

夫东雅、秀野,珍本并夸;竹垞、义门,藻思互逞。亦既抽韩诗之秘蕴,复盛事于艺林。而犹盲抹丹黄,妄参黑白,得毋序庐陵之史,误上鹖头;注漆园之经,黜于鼠窃乎。顾寻章摘句,历久弥明。

矧时会之不同,自研摩之有别。十卷兔策,只为怀内之珍;百斛龙文,犹韫箧中之秘。以云旧本,其蔽实多。五七之言,昉于汉盛;古近之说,肇自唐初。体制既分,规模宜守,而乃各仍李辑,莫出新裁。属对之辞,比类于歌乐;长短之句,杂次于声律。是曰紊体,其蔽一也。多闻阙疑,固素王之法;因讹袭谬,亦通士所讥。苟亥豕之能刊,毋妨非国;况鲁鱼之递写,要在探真。而乃续雁于凫,指鹿为马,作不容者既为衍字,解群弟者尤是郢书。是曰沿误,其蔽二也。笺注之学,义法为宗,偏重事实,转滋回惑。而乃或为释事,或为辨证,或为考异,或为举正,拜罢选黜,嚣呶盈纸。纪家笔管,未必纯青;张氏铜钱,焉能独紫。是曰聚讼,其蔽三也。灵蛇在握,鳞爪可剺,踆乌腾辉,爝火自灭,果断章而取义,奚并蓄而兼收。而乃未探骊珠,徒工獭祭。因文裁正,有愧于彦威;据事直书,不师夫安国。是曰繁文,其蔽四也。若夫岛瘦郊寒,本之意境;元轻白俗,岂为公评。语辞既荒于六书,音注又域于双训。综此数蔽,未可津梁。某也脍炙,与同寝馈未久,听楚咻之过众,懔秦火之将然,由是荟萃百家,依归一理。如明于来历,即近时坊本,亦不惮采求,傥妄为是非,即古代石文,亦概从屏弃。将引薜以削蔓,讵刓方而为员。然而雕翰不修,锦囊待拾,纵子才思,误非亿逆以为能,比中垒搜遗惧捃摭之失实,所冀梦中春草,助谢句以惊神;庶几江上秋枫,免崔诗之投水。

时民国第一乙丑仲秋之月会稽蒋抱玄箸超氏识于海上寓次
(蒋抱玄《注释评点韩昌黎诗全集》)

韩昌黎诗集绪言

唐宋二代,诗家如林,而清乾隆帝于其间取六家,唐则李杜韩白,宋则苏陆,编曰《唐宋诗醇》。夫唐宋诗之有六家,犹唐宋文之有八家,是千古铁案,不可移动也。而后人于昌黎之诗,或有议其短长者。善乎?《诗醇》之首言曰:"韩愈文起八代之衰,而其诗亦卓绝千古。论者常以文掩其诗,甚或谓于诗本无解处。夫唐人以诗名家者多,以文名家者少。谓韩文重于韩诗,可也。直斥其诗为不工,则群儿之愚也。大抵议韩诗者,谓诗自有体。此押韵之文,格不近诗。又豪放有余,深婉不足,常苦意与语俱尽。盖自刘攽、沈括,时有异同,而黄鲁直、陈师道辈,遂群相訾謷。历宋元明,异论间出,此实昧于昌黎得力之所在,未尝沿波以讨其源,则真不辩诗体者也。"又曰:"今试取韩诗读之,其壮浪纵恣,摆去拘束,诚不减于李;其浑涵汪茫,千汇万状,诚不减于杜。而风骨崚嶒,腕力矫变,得李、杜之神,而不袭其貌,则又拔奇于二子之外,而自成一家。夫诗至于李、杜,鼎立而论定,独有待于千载之后。甚矣!诗道之难言也!然元稹固尝推杜而抑李,欧阳修又主退之,不主子美。李杜已然,在愈故应不免,彼自鸣自息者,又乌足与深辨哉!"呜呼!帝王公平之论,与陋儒寒生门户之见自别,后人安得不推服乎?余往日既选李杜以下五家之诗,上板以问于世,今又及韩诗焉。退之毕生之业在文,而以诗为余事,故其数亦不甚多也。是以全载其集十卷,附录一卷,与前所编五家诗选异其例。前人云:韩诗如高山乔岳,无不包孕,洪波巨浸,莫可端睨。学韩诗难,即读韩诗亦不易。唯其不易,故不得不据前人注释。而前人注释,古来所传,有洪兴祖《年谱辨证》,樊汝霖《谱注》,孙汝听、韩醇、刘崧《全解》,祝充《音义》,蔡元定《补注》。宋庆元间,魏仲举裒而集之,名曰《五百家注》。至宝庆中,王伯大更定《音释》一书,集诸家之善,参以方崧卿《举正》《增考年谱》及朱子校本《考异》刊行之。后复有某氏者,仿朱子《离骚集注》例,悉削去诸家姓氏,汇辑群说为一书,所增益今颇多,今所传明季东雅堂徐氏翻刻本是也。其书或以为出自朱门弟子之手,而据清人重刊本陈景云书后,为出宋末廖莹中之手,似可从。其刻于吾邦者,则仅有明人蒋楚稚之翘所注柳韩文而已。今检之,与廖本大同而小异,别出一机轴者几希,殊可怪也。至清代顾侠君嗣立,删补诸家之说,别为一书,名曰《昌黎先生诗集注》。后博晰斋明,更录朱竹垞彝尊、何义门焯二家批评于顾本上栏以刊行。后方扶南世举又著《昌黎诗集笺注》,考索诸书,特为编年例,俱可谓韩门之功臣也。顾本不引蒋说,方本则时引之。嗣立作注时,其或不观蒋本乎?是可疑也。夫编古人之诗,以编年例为是,则余曾于苏诗选本论之。虽然世举之于韩诗,在千余年之后,臆度以编之,则亦不免为方氏一家言也。故不得不据李汉之旧矣。斯编例取诸家注释,与评语错综。录之于栏外,然仅仅小册子,无余白以详载焉。于是或汇辑,而录之本诗总评之后,与五家之诗选,亦异其例,编韩诗实不得不然也。学者持《唐宋诗醇》公平之论,参考前贤诸书注释,以读韩诗,则其不易者,亦庶乎得易矣。

明治四十二年十二月冬至前三日识于浪华客寓读未见书楼窗下

南州外史近藤元粹

([日]近藤元粹选评《韩昌黎诗集》)

参考书目

韩集刊本

[1] 昌黎先生文集.宋蜀刻本唐人集丛刊[M].上海:上海古籍出版社,1994.

[2] (宋)魏仲举辑注.新刊五百家注音辩昌黎先生文集[M].《中华再造善本》影印南京图书馆藏宋庆元六年魏仲举家塾刻本.北京:北京图书馆出版社,2006.

[3] (宋)魏仲举.五百家注昌黎文集[M].《景印文渊阁四库全书》第1074册.台北:台湾商务印书馆,1986.

[4] (宋)魏仲举.五百家注昌黎先生文集[M].清乾隆四十八年(1783)两仪堂翻宋刻本.

[5] (宋)文谠注,王俦补注.新刊经进详注昌黎先生文集[M].《中华再造善本》影印中国国家图书馆藏宋刻本.北京:北京图书馆出版社,2004.

[6] (宋)祝充.音注韩文公文集[M].《中华再造善本》影印中国国家图书馆藏宋刻本.北京:北京图书馆出版社,2004.

[7] (宋)方崧卿.韩集举正[M].《景印文渊阁四库全书》第1073册.台北:台湾商务印书馆,1986.

[8] (宋)方崧卿原著,刘真伦汇校.韩集举正汇校[M].南京:凤凰出版社,2007.

[9](宋)朱熹.昌黎先生集考异[M].《中华再造善本》影印山西省祁县图书馆藏宋绍定二年(1229)张洽刻本.北京:北京图书馆出版社,2006.

[10](宋)王伯大.朱文公校昌黎先生集[M].《四部丛刊初编》景印元刊本.

[11](宋)廖莹中.昌黎先生集[M].《中华再造善本》影印中国国家图书馆藏宋咸淳廖氏世绥堂刻本.北京:北京图书馆出版社,2005.

[12](明)游居敬校刻.韩文[M].明嘉靖十六年(1537)刻本.

[13](明)蒋之翘.韩昌黎集辑注[M].明崇祯六年(1633)蒋氏三径草堂刻本.

[14](清)李光地.韩子粹言[M].清康熙五十二年(1713)刻本.

[15](清)顾嗣立删补,何焯、朱彝尊批.昌黎先生诗集注[M].清道光十六年(1836)膺德堂朱墨套印本.

[16](清)方世举.韩昌黎诗集编年笺注[M].《续修四库全书》第1310册据浙江图书馆藏清乾隆二十三年(1758)卢见曾雅雨堂刻本影印.上海:上海古籍出版社,1996.

[17](清)王元启.读韩记疑[M].《续修四库全书》第1310册据华东师范大学图书馆藏清嘉庆五年王尚珏刻本影印.上海:上海古籍出版社,1996.

[18](清)黄钺.韩诗增注证讹[M].清咸丰七年(1857)四明鲍氏二客轩刻本.

[19](清)方成珪.韩集笺正[M].《续修四库全书》第1310册据民国瑞安陈氏湫漻斋铅印本影印.上海:上海古籍出版社,1996.

[20](清)陈景云.韩集点勘[M].《景印文渊阁四库全书》第

1075册.台北:台湾商务印书馆,1986.

[21](清)沈钦韩.韩集补注[M].广雅丛书.广雅书局清光绪十七年(1891)刊本.

[22][日]近藤元粹选评.韩昌黎诗集[M].青木嵩山堂刊本,日本明治四十三年(1910).

[23]蒋抱玄.注释评点韩昌黎诗全集[M].上海:上海会文堂书局,1929.

[24]童第德选注.韩愈文选[M].北京:人民文学出版社,1980.

[25]陈迩冬选注.韩愈诗选[M].北京:人民文学出版社,1984.

[26]止水选注.韩愈诗选[M].广州:广东人民出版社,1984.

[27]钱仲联集释.韩昌黎诗系年集释[M].上海:上海古籍出版社,1984.

[28]童第德著.韩集校诠[M].北京:中华书局,1986.

[29]韩昌黎全集[M].北京:中国书店,1991.

[30](宋)吕大防等撰,徐敏霞校辑.韩愈年谱[M].北京:中华书局,1991.

[31]张清华评注,季镇淮审阅.韩愈诗文评注[M].郑州:中州古籍出版社,1991.

[32]屈守元、常思春主编.韩愈全集校注[M].成都:四川大学出版社,1996.

[33]孙昌武选注.韩愈选集[M].上海:上海古籍出版社,1996.

历代文献

经部

[1] (汉)焦延寿.焦氏易林[M].长沙:商务印书馆,1937.

[2] 尚书大传[M].《四部丛刊初编》影印上海涵芬楼藏左海文集本.

[3] (宋)蔡沈注,钱宗武、钱忠弼整理.书集传[M].南京:凤凰出版社,2010.

[4] (清)皮锡瑞.尚书中候疏证[M].光绪二十年(1894)自序本.

[5] (宋)朱熹集注.诗集传[M].北京:中华书局,1958.

[6] (汉)韩婴撰,许维遹校释.韩诗外传集释[M].北京:中华书局,1980.

[7] (三国)陆玑.毛诗草木鸟兽虫鱼疏[M].《丛书集成初编》第1346册.上海:商务印书馆,1936.

[8] (清)陈奂.诗毛氏传疏[M].上海:商务印书馆,1934.

[9] (清)王聘珍撰,王文锦点校.大戴礼记解诂[M].北京:中华书局,1983.

[10] 杨伯峻.春秋左传注(修订本)[M].北京:中华书局,1990.

[11] (清)苏舆撰,钟哲点校.春秋繁露义证[M].北京:中华书局,1992.

[12] (清)顾栋高辑,吴树平、李解民点校.春秋大事表[M].北京:中华书局,1993.

[13] (清)阮元校刻.十三经注疏[M].北京:中华书局,1980.

[14] (清)陈寿祺、皮锡瑞撰,王丰先整理.五经异义疏证 驳五经异义疏证[M].北京:中华书局,2014.

[15](唐)陆德明撰,黄焯汇校,黄延祖重辑.经典释文汇校[M].北京:中华书局,2006.

[16](梁)皇侃撰,高尚榘校点.论语义疏[M].北京:中华书局,2013.

[17](宋)朱熹.四书章句集注[M].北京:中华书局,1983.

[18](清)郝懿行撰,王其和、吴庆峰、张金霞点校.尔雅义疏[M].北京:中华书局,2017.

[19](宋)罗愿撰,石云孙点校.尔雅翼[M].合肥:黄山书社,1991.

[20](汉)刘熙.释名[M].北京:中华书局,2016.

[21]华学诚汇证,王智群、谢荣娥、王彩琴协编.扬雄方言校释汇证[M].北京:中华书局,2006.

[22](宋)陆佃著,王敏红校点.埤雅[M].杭州:浙江大学出版社,2008.

[23](汉)史游.急就篇[M].长沙:岳麓书社,1989.

[24](汉)许慎撰,(清)段玉裁注.说文解字注[M].上海:上海古籍出版社,1981.

[25]康熙字典[M].北京:中华书局,1958.

[26](清)王念孙著,钟宇讯点校.广雅疏证[M].北京:中华书局,1983.

[27](清)朱骏声.说文通训定声[M].北京:中华书局,2016.

[28](清)翟灏.通俗编附直语补证[M].上海:商务印书馆,1958.

[29]玉篇 广韵 集韵 小尔雅义证 方言疏证 广雅疏证[M].《四部备要》第14册.北京:中华书局,1989.

[30](清)庞大堃.古音辑略[M].《续修四库全书》第249册影

印邓邦述署签常熟庞氏景印本.上海:上海古籍出版社,1996.

[31](清)毛先舒.声韵丛说[M].《学海类编》本.

[32](宋)戴侗撰.六书故[M].《温州文献丛书》影印温州市图书馆藏永嘉黄氏敬乡楼旧藏明影抄元刊本.上海:上海社会科学院出版社,2006.

史部

[33](汉)司马迁.史记[M].北京:中华书局,1959.

[34](汉)班固.汉书[M].北京:中华书局,1962.

[35](宋)范晔撰,(唐)李贤等注.后汉书[M].北京:中华书局,1965.

[36](晋)陈寿撰,陈乃乾校点.三国志[M].北京:中华书局,1959.

[37](唐)房玄龄等.晋书[M].北京:中华书局,1974.

[38]晋太康三年地记　新校晋书地理志[M].《丛书集成初编》3061册.上海:商务印书馆,1936.

[39](梁)沈约.宋书[M].北京:中华书局,1974.

[40](梁)萧子显.南齐书[M].北京:中华书局,1972.

[41](唐)姚思廉.梁书[M].北京:中华书局,1973.

[42](北齐)魏收.魏书[M].北京:中华书局,1974.

[43](唐)李百药.北齐书[M].北京:中华书局,1972.

[44](唐)令狐德棻等.周书[M].北京:中华书局,1971.

[45](唐)魏征、令狐德棻.隋书[M].北京:中华书局,1973.

[46](唐)李延寿.南史[M].北京:中华书局,1975.

[47](唐)李延寿.北史[M].北京:中华书局,1974.

[48](后晋)刘昫等.旧唐书[M].北京:中华书局,1975.

[49](宋)欧阳修、宋祁.新唐书[M].北京:中华书局,1975.

[50](宋)薛居正等.旧五代史[M].北京:中华书局,1976.

[51](元)脱脱等.金史[M].北京:中华书局,1975.

[52](宋)司马光编著,(元)胡三省音注.资治通鉴[M].北京:中华书局,1956.

[53]黄怀信、张懋镕、田旭东.逸周书汇校集注(修订本)[M].上海:上海古籍出版社,2007.

[54](东汉)刘珍等撰,吴树平校注.东观汉记校注[M].北京:中华书局,2008.

[55]徐宗元辑.帝王世纪辑存[M].北京:中华书局,1964.

[56]徐元诰撰,王树民、沈长云点校.国语集解[M].北京:中华书局,2002.

[57](西汉)刘向集录,范祥雍笺证,范邦瑾协校.战国策笺证[M].上海:上海古籍出版社,2006.

[58](唐)吴兢.贞观政要[M].上海:上海古籍出版社,1978.

[59](宋)宋敏求编.洪丕谟等点校.唐大诏令集[M].上海:学林出版社,1992.

[60](西汉)刘向编著,(晋)顾凯之图画.古列女传[M].《丛书集成初编》第 3400 册据《文选楼丛书》本影印.上海:商务印书馆,1936.

[61]周生春撰.吴越春秋辑校汇考[M].上海:上海古籍出版社,1997.

[62](清)汤球辑,杨朝明校补.九家旧晋书辑本[M].郑州:中州古籍出版社,1991.

[63](清)汤球辑.晋阳秋辑本[M].《丛书集成初编》第 3805 册据《史学丛书》本排印.上海:商务印书馆,1937.

[64](晋)常璩撰,刘琳校注.华阳国志校注[M].成都:巴蜀书社,1984.

[65](晋)常璩撰,缪鸾和校注.华阳国志 南中志校注稿[M].昆明:云南大学西南古籍研究所,2000.

[66](魏)崔鸿.十六国春秋[M].《丛书集成初编》第3815册据《汉魏丛书》本排印.上海:商务印书馆,1937.

[67]何清谷.三辅黄图校释[M].北京:中华书局,2005.

[68]刘庆柱辑注.三秦记辑注 关中记辑注[M].西安:三秦出版社,2006.

[69](宋)宋敏求撰,(清)毕沅校正.长安志[M].《中国方志丛书·华北地方》第290号.据民国二十年(1931)铅印本影印.台北:成文出版社有限公司,1970.

[70](元)骆天骧撰,黄永年点校.类编长安志[M].北京:中华书局,1990.

[71](清)蒋良骐撰,林树惠、傅贵九校点.东华录[M].北京:中华书局,1980.

[72](清)魏源撰,韩锡铎、孙文良点校.圣武记[M].北京:中华书局,1984.

[73](唐)李吉甫撰,贺次君点校.元和郡县图志[M].北京:中华书局,1983.

[74](宋)乐史撰,王文楚等点校.太平寰宇记[M].北京:中华书局,2007.

[75]嘉庆重修一统志[M].《四部丛刊续编》史部景印清史馆藏进呈写本.上海:商务印书馆,1934.

[76](元)于钦撰,刘敦愿、宋百川、刘伯勤校释.齐乘校释[M].北京:中华书局,2012.

[77](北魏)郦道元著,陈桥驿校证.水经注校证[M].北京:中华书局,2007.

[78](魏)杨衒之撰,周祖谟校释.洛阳伽蓝记校释[M].北京:中华书局,2010.

[79](宋)程大昌撰,黄永年点校.雍录[M].北京:中华书局,2002.

[80](清)袁廷俊等.陕西省蓝田县志 附辋川志及文征录[M].《中国方志丛书·华北地方》第235号影印清光绪元年(1875)刊本.台北:成文出版社有限公司,1969.

[81](清)徐松撰,张穆校补;方严点校.唐两京城坊考[M].北京:中华书局,1985.

[82](唐)刘恂.岭表录异[M].《丛书集成初编》第3123册.上海:商务印书馆,1936.

[83]南方草木状 竹谱 离骚草木疏 桐谱[M].《丛书集成初编》第1352册.长沙:商务印书馆,1939.

[84](唐)李林甫等撰,陈仲夫点校.唐六典[M].北京:中华书局,2014.

[85](唐)杜佑撰,王文锦等点校.通典[M].北京:中华书局,1988.

[86](宋)王溥.唐会要[M].北京:中华书局,1955.

[87](清)徐松撰,赵守俨点校.登科记考[M].北京:中华书局,1984.

[88](宋)晁公武撰,孙猛校证.郡斋读书志校证[M].上海:上海古籍出版社,1990.

[89](清)陆心源.皕宋楼藏书志 皕宋楼藏书续志[M].《清人书目题跋丛刊》第一辑.北京:中华书局,1990.

[90](清)孙星衍.廉石居藏书记.《丛书集成初编》第52册据式训堂丛书本排印[M].上海:商务印书馆,1936.

[91](清)黄丕烈.士礼居藏书题跋记续[M].《丛书集成初编》第53册据《灵鹣阁丛书》本排印.上海:商务印书馆,1936.

[92](清)张之洞.读书法[M].北平:北平文化学社,1931.

[93](清)永瑢等.四库全书总目[M].北京:中华书局,1965.

[94](清)阮元.积古斋钟鼎彝器款识[M].《丛书集成初编》第1545—1548册影印《文选楼丛书》本.长沙:商务印书馆,1937.

[95](宋)洪适.隶释　隶续[M].北京:中华书局,1985.

[96](唐)刘知几著,(清)浦起龙通释.史通通释[M].上海:上海古籍出版社,2009.

子部

[97](清)陈士珂辑.孔子家语疏证[M].上海:上海书店,1987.

[98](汉)孔鲋.孔丛子[M].《丛书集成初编》第517册.上海:商务印书馆,1936.

[99]高亨注译.商君书注译[M].北京:中华书局,1974.

[100](汉)贾谊撰,阎振益、钟夏校注.新书校注[M].北京:中华书局,2000.

[101](汉)刘向撰,向宗鲁校证.说苑校证[M].北京:中华书局,1987.

[102](汉)荀悦撰,(明)黄省曾注;孙启治校补.申鉴注校补[M].北京:中华书局,2012.

[103]二程语录[M].《丛书集成初编》第622—625册据《正谊堂丛书》本排印.上海:商务印书馆,1936.

[104](明)薛瑄撰,孙浦恒点校.读书录 读书续录[M].南京:凤凰出版社,2017.

[105](北齐)刘昼著,傅亚庶撰.刘子校释[M].北京:中华书局,1998.

[106](宋)朱熹撰,朱杰人、严佐之、刘永翔主编.朱子全书[M].上海:上海古籍出版社、合肥:安徽教育出版社,2002.

[107]吴子 尉缭子[M].《丛书集成初编》第939册.长沙:商务印书馆,1937.

[108](唐)李筌.神机制敌太白阴经[M].《丛书集成初编》第943—944册影印《守山阁丛书》本.长沙:商务印书馆,1937.

[109](后魏)贾思勰原著,缪启愉校释.齐民要术校释(第二版)[M].北京:中国农业出版社,1998.

[110]灵枢经[M].北京:人民卫生出版社,2012.

[111](宋)唐慎微等撰,陆拯、郑苏、傅睿等校注.重修政和经史证类备用本草[M].北京:中国中医药出版社,2013.

[112](明)李时珍.本草纲目[M].北京:人民卫生出版社,2017.

[113](汉)扬雄撰,(宋)司马光集注,刘韶军点校.太玄经集注[M].北京:中华书局,1998.

[114](北周)卫元嵩.元包经传[M].《丛书集成初编》第694册据《学津讨原》本排印.长沙:商务印书馆,1939.

[115](清)包世臣.艺舟双楫[M].据世界书局1936年版影印.北京:中国书店,1983.

[116](汉)蔡邕.琴操[M].《丛书集成新编》第53册.台北:新文丰出版公司,1985.

[117](唐)张彦远辑录,范祥雍点校.法书要录[M].上海:上

海古籍出版社,2013.

[118](宋)董逌.广川书跋[M].《丛书集成初编》第1511—1512册影印《津逮秘书》本.长沙:商务印书馆,1939.

[119](明)杨慎.艺林伐山[M].《丛书集成初编》第335册据函海本排印.上海:商务印书馆,1936.

[120](明)陈继儒著,印晓峰点校.陈眉公著作集 妮古录[M].上海:华东师范大学出版社,2011.

[121](清)吴德旋.初月楼论书随笔[M].北京:中华书局,1991.

[122](唐)陆羽.茶经[M].北京:中华书局,2010.

[123]黄怀信.鹖冠子汇校集注[M].北京:中华书局,2004.

[124]许富宏.鬼谷子集校集注[M].北京:中华书局,2010.

[125]刘文典撰,冯逸、乔华点校.淮南鸿烈集解[M].北京:中华书局,1989.

[126](三国魏)刘劭,梁满仓译注.人物志[M].北京:中华书局,2014.

[127]仲长统论 桓子新论 物理论 金楼子[M].《丛书集成初编》第594册.长沙:商务印书馆,1939.

[128](清)陈立撰,吴则虞点校.白虎通疏证[M].北京:中华书局,1994.

[129](汉)蔡邕.独断[M].《丛书集成初编》第811册据《抱经堂丛书》本排印.长沙:商务印书馆,1939.

[130](晋)崔豹.古今注[M].北京:中华书局,1985.

[131](宋)强至等.韩忠献公遗事 丰清敏公遗事 崔清献公言行录[M].《丛书集成初编》第3438册.长沙:商务印书馆,1939.

[132](宋)高似孙.纬略[M].《丛书集成初编》第308—309

册.长沙:商务印书馆,1939.

[133](宋)宋慈编.宋提刑洗冤集录[M].《丛书集成初编》第1456册据《岱南阁丛书》本排印.上海:商务印书馆,1937.

[134](宋)张淏撰,张宗祥校录.云谷杂记[M].北京:中华书局,1958.

[135](宋)王应麟著,(清)翁元圻等注,栾保群、田松青、吕宗力校点.困学纪闻(全校本)[M].上海:上海古籍出版社,2008.

[136](明)何孟春.湖湘文库 馀冬录[M].长沙:岳麓书社,2012.

[137](明)郎瑛.七修类稿[M].北京:中华书局,1959.

[138](明)杨慎撰,王大淳笺证.丹铅总录笺证[M].杭州:浙江古籍出版社,2013.

[139](明)张萱.疑耀[M].《丛书集成初编》第340－341册据《岭南遗书》本排印.长沙:商务印书馆,1939.

[140](明)李日华.六研斋笔记 紫桃轩杂缀[M].南京:凤凰出版社,2010.

[141](明)方以智.通雅[M].北京:中国书店,1990.

[142](明)陈恂.馀庵杂录[M].《丛书集成初编》第342册据《学海类编》本排印.长沙:商务印书馆,1939.

[143](清)顾炎武著,黄汝成集释,栾保群、吕宗力校点.日知录集释(全校本)[M].上海:上海古籍出版社,2006.

[144](清)姜宸英.湛园札记[M].清光绪十五年(1889)毋自欺斋校刻《姜先生全集》本.

[145](清)何焯著,崔高维点校.义门读书记[M].北京:中华书局,1987.

[146](清)王懋竑.读书记疑[M].《续修四库全书》第1146册

影印复旦大学图书馆藏清同治十一年(1872)福建抚署刻本.上海：上海古籍出版社,1996.

[147]（清）姚范.援鹑堂笔记[M].《续修四库全书》第1148－1149册影印道光姚莹刻本.上海：上海古籍出版社,1996.

[148]（清）王鸣盛.蛾术编[M].北京：商务印书馆,1958.

[149]（清）阮葵生.茶馀客话[M].北京：中华书局,1959.

[150]（清）赵翼撰,曹光甫校点.陔馀丛考[M].上海：上海古籍出版社,2011.

[151]（清）钱大昕.十驾斋养新录[M].上海：上海书店,1983.

[152]（清）王应奎撰,王彬、严英俊点校.柳南随笔 续笔[M].北京：中华书局,1983.

[153]（清）钱泳撰,张伟校点.履园丛话[M].北京：中华书局,1979.

[154]（清）曾国藩.求阙斋读书录[M].《续修四库全书》第1161册影印光绪二年(1876)传忠书局刻本.上海：上海古籍出版社,1996.

[155]沈曾植撰,钱仲联辑.海日楼札丛[M].北京：中华书局,1962.

[156]（东汉）应劭撰,王利器校注.风俗通义校注[M].北京：中华书局,1981.

[157]（梁）萧统.锦带书[M].《丛书集成初编》第2970册.长沙：商务印书馆,1939.

[158]（唐）封演撰,赵贞信校注.封氏闻见记校注[M].北京：中华书局,2005.

[159]（宋）苏轼,屠友祥校注.东坡题跋[M].上海：上海远东出版社,1996.

[160] (宋)惠洪、朱弁、吴沆撰,陈新点校.冷斋夜话 风月堂诗话 环溪诗话[M].北京:中华书局,1988.

[161] (宋)李廌、朱弁、陈鹄撰,孔凡礼点校.师友谈记 曲洧旧闻 西塘集耆旧续闻[M].北京:中华书局,2002.

[162] (宋)何薳撰,张明华点校.春渚纪闻[M].北京:中华书局,1983.

[163] (宋)魏了翁.鹤山题跋[M].《丛书集成初编》第1597册影印《津逮秘书》本.上海:商务印书馆,1936.

[164] 鹿门子 省心录 晁氏客语 栾城先生遗言 西畴老人常言 樵谈[M].《丛书集成初编》第369册.上海:商务印书馆,1936.

[165] (宋)张邦基、范公偁、张知甫撰,孔凡礼点校.墨庄漫录 过庭录 可书[M].北京:中华书局,2002.

[166] (宋)方岳、吴子良.深雪偶谈 吴氏诗话[M].《丛书集成初编》第2572册.上海:商务印书馆,1936.

[167] 庶斋老学丛谈 日闻录 霁雪录[M].《丛书集成初编》第328册.长沙:商务印书馆,1939.

[168] (元)陈秀明.东坡诗话录[M].《丛书集成初编》第2574册据《学海类编》本排印.上海:商务印书馆,1936.

[169] (元)刘埙.隐居通议[M].《丛书集成初编》第212-215册据读画斋丛书本排印.上海:商务印书馆,1937.

[170] (元)李治撰,刘德权点校.敬斋古今黈[M].北京:中华书局,1995.

[171] (明)叶子奇.草木子[M].北京:中华书局,1959.

[172] (明)胡应麟.少室山房笔丛[M].北京:中华书局,1958.

[173] (明)朱国祯.涌幢小品[M].北京:中华书局,1959.

[174] (清)王士禛撰,靳斯仁点校.池北偶谈[M].北京:中华

书局,1982.

［175］（清）王士禛撰,湛之点校.香祖笔记［M］.上海:上海古籍出版社,1982.

［176］（清）俞樾.俞楼杂纂［M］.春在堂全书本.

［177］（清）谭献著,范旭仑、牟晓朋整理.复堂日记［M］.石家庄:河北教育出版社,2001.

［178］（清）平步青.霞外攟屑［M］.上海:上海古籍出版社,1982.

［179］（清）金武祥撰,谢永芳校点.粟香随笔［M］.南京:凤凰出版社,2017.

［180］（唐）魏徵等.群书治要［M］.《丛书集成初编》第195－204册.上海:商务印书馆,1936.

［181］（汉）崔寔、仲长统撰,孙启治校注.政论校注 昌言校注［M］.北京:中华书局,2012.

［182］二十二子［M］.上海:上海古籍出版社,1986.

［183］诸子集成［M］.上海:上海书店,1986.

［184］（隋）虞世南.北堂书钞［M］.天津:天津古籍出版社,1988.

［185］（唐）欧阳询.宋本艺文类聚［M］.影印上海图书馆藏宋绍兴刻本.上海:上海古籍出版社,2013.

［186］（唐）徐坚等.初学记［M］.北京:中华书局,1962.

［187］（唐）林宝撰,岑仲勉校记.元和姓纂［M］.北京:中华书局,1994.

［188］（宋）王钦若等.册府元龟［M］.北京:中华书局,1989.

［189］（宋）高承撰,（明）李果订,金圆、许沛藻点校.事物纪原［M］.北京:中华书局,1989.

[190] 佩文韵府[M].上海:上海同文书局,光绪十二年(1886).

[191] (明)陈仁锡辑.潜确居类书[M].《四库禁毁书丛刊》子部第13－16册影印明崇祯刻本.北京:北京出版社,1997.

[192] 古小说丛刊　燕丹子　西京杂记[M].北京:中华书局,1985.

[193] (唐)张鷟.朝野佥载[M].北京:中华书局,1979.

[194] (唐)李肇等.唐国史补　因话录[M].上海:上海古籍出版社,1979.

[195] 大唐传载[M].《丛书集成初编》第2883册.北京:中华书局,1991.

[196] (唐)冯贽.云仙杂记[M].《丛书集成初编》第2836册.长沙:商务印书馆,1939.

[197] (五代)王定保.唐摭言[M].北京:中华书局,1959.

[198] (五代)王仁裕等撰,丁如明辑校.开元天宝遗事十种[M].上海:上海古籍出版社,1985.

[199] (宋)司马光撰,邓广铭、张希清点校.涑水记闻[M].北京:中华书局,1989.

[200] (宋)赵令畤撰,孔凡礼点校.侯鲭录[M].北京:中华书局,2002.

[201] (宋)吴处厚撰,李裕民点校.青箱杂记[M].北京:中华书局,1985.

[202] (宋)王谠撰,周勋初校证.唐语林校证[M].北京:中华书局,1987.

[203] (宋)邵博,刘德权、李剑雄点校.邵氏闻见后录[M].北京:中华书局,1983.

[204] 蒙斋笔谈[M].《丛书集成初编》第 2855 册.北京:中华书局,1991.

[205] (宋)周煇撰,刘永翔校注.清波杂志校注[M].北京:中华书局,1994.

[206] (宋)周密撰,吴企明点校.癸辛杂识[M].北京:中华书局,1988.

[207] 穆天子传 汉武帝内传[M].《丛书集成初编》第 3436 册.上海:商务印书馆,1937.

[208] (晋)干宝撰,汪绍楹校注.搜神记[M].北京:中华书局,1979.

[209] (晋)陶潜撰,汪绍楹校注.搜神后记[M].北京:中华书局,1981.

[210] (晋)王嘉撰,(梁)萧绮录,齐治平校注.拾遗记[M].北京:中华书局,1981.

[211] 异苑 谈薮[M].北京:中华书局,1996.

[212] (唐)康骈.剧谈录[M].上海:古典文学出版社,1958.

[213] (明)焦竑撰,李剑雄点校.焦氏笔乘[M].上海:上海古籍出版社,1986.

[214] (清)厉荃.事物异名录[M].海王邨古籍丛刊.北京:中国书店,1990.

[215] (清)褚人获.坚瓠集[M].《笔记小说大观》(七).扬州:江苏广陵古籍刻印社,1984.

[216] (宋)李昉等.太平广记[M].北京:中华书局,1961.

[217] (晋)张华撰,范宁校证.博物志校证[M].北京:中华书局,2014.

[218] (梁)任昉.述异记[M].《丛书集成初编》第 2704 册.北

京:中华书局,1991.

[219](唐)段成式撰,方南生点校.酉阳杂俎[M].北京:中华书局,1981.

[220](宋)李石撰,(清)陈逢衡疏证,唐子恒点校.续博物志疏证[M].南京:凤凰出版社,2017.

[221](宋)洪迈撰,何卓点校.夷坚志[M].北京:中华书局,1981.

[222](清)沈起凤著,乔雨舟校点.谐铎[M].北京:人民文学出版社,1985.

[223](梁)释僧祐撰,李小荣校笺.弘明集校笺[M].上海:上海古籍出版社,2013.

[224](梁)释慧皎撰,汤用彤校注,汤一玄整理.高僧传[M].北京:中华书局,1992.

[225](唐)释道世著,周叔迦、苏晋仁校注.法苑珠林校注[M].北京:中华书局,2003.

[226]徐时仪校注.一切经音义三种校本合刊[M].上海:上海古籍出版社,2008.

[227](北宋)道原著,顾宏义译注.景德传灯录译注[M].上海:上海书店,2010.

[228]关尹子[M].《丛书集成初编》第556册据子汇明刊本影印.上海:商务印书馆,1936.

[229]王利器.文子疏义[M].北京:中华书局,2000.

[230]王叔岷.列仙传校笺[M].北京:中华书局,2007.

[231](晋)葛洪撰,胡守为校释.神仙传校释[M].北京:中华书局,2010.

[232]王明.抱朴子内篇校释(增订本)[M].北京:中华书

局,1985.

[233] 杨明照.抱朴子外篇校笺[M].北京:中华书局,1991.

[234] (宋)张君房编,李永晟点校.云笈七签[M].北京:中华书局,2003.

[235] 席上腐谈　颍川语小[M].《丛书集成初编》第 322 册.上海:商务印书馆,1936.

[236] 全宋笔记(第 1－10 编)[M].郑州:大象出版社,2003—2018.

集部

[237] (宋)洪兴祖,黄灵庚点校.楚辞补注[M].上海:上海古籍出版社,2015.

[238] 俞绍初校点.王粲集[M].北京:中华书局,1980.

[239] (三国魏)曹植著,赵幼文校注.曹植集校注[M].北京:中华书局,2016.

[240] 陈伯君校注.阮籍集校注[M].北京:中华书局,1987.

[241] 戴明扬校注.嵇康集校注[M].北京:中华书局,2015.

[242] 金涛声点校.陆机集[M].北京:中华书局,1982.

[243] (晋)陆云撰,黄葵点校.陆云集[M].北京:中华书局,1988.

[244] 袁行霈撰.陶渊明集笺注[M].北京:中华书局,2018.

[245] (南朝宋)鲍照著,钱仲联增补集说校.鲍参军集注[M].上海:上海古籍出版社,1980.

[246] (明)胡之骥注.江文通集汇注[M].北京:中华书局,1984.

[247] (南朝齐)谢朓著,曹融南校注集说.谢宣城集校注[M].

上海:上海古籍出版社,1991.

[248](南朝梁)陶弘景著,王京州校注.陶弘景集校注[M].上海:上海古籍出版社,2009.

[249](南朝梁)何逊著,李伯齐校注.何逊集校注(修订本)[M].北京:中华书局,2010.

[250](北周)庾信撰,(清)倪璠注,许逸民校点.庾子山集注[M].北京:中华书局,1980.

[251](唐)王勃著,(清)蒋清翊注.王子安集注[M].上海:上海古籍出版社,1995.

[252]徐明霞点校.卢照邻集　杨炯集[M].北京:中华书局,1980.

[253](唐)王维撰,陈铁民校注.王维集校注[M].北京:中华书局,1997.

[254]瞿蜕园、朱金城校注.李白集校注[M].上海:上海古籍出版社,1980.

[255]萧涤非主编.杜甫全集校注[M].北京:人民文学出版社,2014.

[256]王启兴、张虹注.顾况诗注[M].上海:上海古籍出版社,1994.

[257](唐)孟郊著,韩泉欣校注.孟郊集校注[M].杭州:浙江古籍出版社,2012.

[258](唐)欧阳詹.欧阳行周文集[M].《四部丛刊初编》影印平湖葛氏传朴堂藏明刊本.

[259](唐)陆贽.陆宣公全集[M].上海:世界书局,1936.

[260](唐)柳宗元撰,尹占华、韩文奇校注.柳宗元集校注[M].北京:中华书局,2013.

[261](唐)刘禹锡著,瞿蜕园笺证.刘禹锡集笺证[M].上海:上海古籍出版社,1989.

[262](唐)张籍撰,徐礼节、余恕诚校注.张籍集系年校注[M]注.北京:中华书局,2011.

[263](唐)吕温.吕衡州文集 附考证[M].《丛书集成初编》第1854册据《粤雅堂丛书》本排印.上海:商务印书馆,1935.

[264](唐)皇甫湜.皇甫持正文集[M].《宋蜀刻本唐人集丛刊》据北京图书馆藏宋蜀刻本影印.上海:上海古籍出版社,1994.

[265](唐)李翱.李文公集[M].《四部丛刊初编》影印江南图书馆藏明成化十一年(1475)刊本.

[266](唐)贾岛著,李嘉言新校.长江集新校[M].上海:上海古籍出版社,1983.

[267](唐)元稹撰,冀勤点校.元稹集[M].北京:中华书局,1982.

[268](唐)白居易著,顾学颉校点.白居易集[M].北京:中华书局,1979.

[269]刘学锴、余恕诚著.李商隐文编年校注[M].北京:中华书局,2002.

[270]刘学锴、余恕诚著.李商隐诗歌集解(增订重排本)[M].北京:中华书局,2004.

[271](唐)司空图.司空表圣文集[M].《四部丛刊初编》影印上海涵芬楼旧钞本.

[272](宋)柳开撰,李可风点校.柳开集[M].北京:中华书局,2015.

[273](宋)王禹偁.王黄州小畜集[M].《四部丛刊初编》影印江南图书馆藏经鉏堂钞本.

[274]（宋）林逋著,沈幼征校注.林和靖集[M].杭州:浙江古籍出版社,2012.

[275]（宋）穆修.河南穆公集[M].《四部丛刊初编》影印杭州叶氏藏述古堂景宋钞本.

[276]（宋）柳永著,薛瑞生校注.乐章集校注[M].北京:中华书局,1994.

[277]（宋）范仲淹.范文正公文集[M].《丛书集成初编》第2359－2360册据《正谊堂全书》本排印.长沙:商务印书馆,1937.

[278]（宋）梅尧臣著,朱东润编年校注.梅尧臣集编年校注[M].上海:上海古籍出版社,1980.

[279]（宋）石介著,陈植锷点校.徂徕石先生文集[M].北京:中华书局,1984.

[280]（宋）契嵩.镡津文集[M].《四部丛刊三编》影印常熟瞿氏铁琴铜剑楼藏明弘治十二年(1499)刊本.

[281]李逸安点校.欧阳修全集[M].北京:中华书局,2001.

[282]沈文倬校点.苏舜钦集[M].上海:上海古籍出版社,1981.

[283]（宋）李觏著,王国轩点校.李觏集[M].北京:中华书局,2011.

[284]（宋）邵雍著,郭彧整理.邵雍集[M].北京:中华书局,2010.

[285]（宋）曾巩撰,陈杏珍、晁继周点校.曾巩集[M].北京:中华书局,1984.

[286]（宋）王珪.华阳集[M].《丛书集成初编》第1912－1916册据《聚珍版丛书》本排印.上海:商务印书馆,1935.

[287]（宋）王安石.临川先生文集[M].北京:中华书局,1959.

2643

[288](宋)王令著,沈文倬校点.王令集[M].上海:上海古籍出版社,1980.

[289](宋)苏洵著,曾枣庄、金成礼笺注.嘉祐集笺注[M].上海:上海古籍出版社,1993.

[290]孔凡礼点校.苏轼文集[M].北京:中华书局,1986.

[291](清)王文诰辑注,孔凡礼点校.苏轼诗集[M].北京:中华书局,1982.

[292](宋)苏辙著,曾枣庄、马德富校点.栾城集[M].上海:上海古籍出版社,1987.

[293](宋)黄庭坚撰,(宋)任渊、史容、史季温注,刘尚荣校点.黄庭坚诗集注[M].北京:中华书局,2003.

[294]周义敢、程自信、周雷编注.秦观集编年校注[M].北京:人民文学出版社,2001.

[295](宋)陈师道撰,任渊注,冒广生补笺,冒怀辛整理.后山诗注补笺[M].北京:中华书局,1995.

[296](宋)释惠洪著,[日]释廓门贯彻注,张伯伟等点校.注石门文字禅[M].北京:中华书局,2012.

[297](宋)邓肃.栟榈集[M].《景印文渊阁四库全书》第1133册.台北:台湾商务印书馆,1986.

[298](宋)王十朋.梅溪王先生文集[M].《四部丛刊初编》影印上海涵芬楼藏明正统间刘谦温州刊本.

[299](宋)洪适.盘洲文集[M].《宋集珍本丛刊》第45册影印洪氏晦木斋本.北京:线装书局,2004.

[300](宋)员兴宗.九华集[M].《宋集珍本丛刊》第56册影印清东武刘氏嘉荫簃钞本.北京:线装书局,2004.

[301](宋)陆游.陆游集[M].北京:中华书局,1976.

[302]（宋）范成大.范石湖集[M].上海：上海古籍出版社,1981.

[303]（宋）杨万里撰,辛更儒笺校.杨万里集笺校[M].北京：中华书局,2007.

[304]（宋）张栻.张南轩先生文集[M].《丛书集成初编》第2383－2384册据《正谊堂全书》本排印.上海：商务印书馆,1936.

[305]（宋）王质.雪山集附词[M].《丛书集成初编》第1990－1992册据《聚珍版丛书》本排印.上海：商务印书馆,1935.

[306]黄灵庚、吴战垒主编.吕祖谦全集[M].杭州：浙江古籍出版社,2008.

[307]（宋）楼钥.攻媿集[M].《四部丛刊初编》景印武英殿聚珍本.

[308]（宋）陆九渊著,钟哲点校.陆九渊集[M].北京：中华书局,1980.

[309]（宋）陆九渊,（明）王守仁.象山语录　阳明传习录[M].上海：上海古籍出版社,2000.

[310]（宋）陈亮著,邓广铭点校.陈亮集（增订本）[M].北京：中华书局,1987.

[311]（宋）真德秀.西山先生真文忠公文集[M].《四部丛刊初编》景印江南图书馆藏明正德刊本.

[312]（宋）魏了翁.鹤山先生大全文集[M].《四部丛刊初编》影印乌程刘氏嘉业堂藏宋刊本.

[313]（宋）刘克庄著,辛更儒笺校.刘克庄集笺校[M].北京：中华书局,2011.

[314]（宋）黄震著,张伟、何忠礼主编.黄震全集[M].杭州：浙江大学出版社,2013.

[315]（宋）俞德邻.佩韦斋文集[M].《宋集珍本丛刊》第 90 册影印清钞本.北京：线装书局，2004.

[316]（宋）刘辰翁.须溪集[M].《景印文渊阁四库全书》第 1186 册.台北：台湾商务印书馆，1986.

[317]（金）赵秉文.滏水集[M].《景印文渊阁四库全书》第 1190 册.台北：台湾商务印书馆，1986.

[318]（金）王若虚著，马振君点校.王若虚集[M].北京：中华书局，2017.

[319]（金）元好问著，狄宝心校注.元好问诗编年校注[M].北京：中华书局，2011.

[320]（元）郝经.郝文忠公陵川文集[M].《北京图书馆古籍珍本丛刊》第 91 册.北京：书目文献出版社，1991.

[321]（元）方回.桐江集[M].《宛委别藏》第 105 册.南京：江苏古籍出版社，1988.

[322]蓝立萱校注.汇校详注关汉卿集[M].北京：中华书局，2006.

[323]（元）刘因.静修先生文集[M].《丛书集成初编》第 2076－2078 册据《畿辅丛书》本排印.上海：商务印书馆，1936.

[324]（元）吴澄.吴文正集[M].《景印文渊阁四库全书》第 1197 册.台北：台湾商务印书馆，1986.

[325]（元）袁桷.清容居士集[M].《丛书集成初编》第 2063－2075 册据《宜稼堂丛书》本排印.上海：商务印书馆，1936.

[326]（元）张雨.句曲外史贞居先生诗集[M].《四部丛刊初编》景印景写元徐达左刊本.

[327]（元）杨维桢著，邹志方点校.杨维桢诗集[M].杭州：浙江古籍出版社，2010.

[328]（元）吴莱.渊颖吴先生文集[M].《四部丛刊初编》景印江南图书馆藏明嘉靖元年(1522)祝銮重刊元本.

[329]（元）倪瓒.倪云林先生诗集[M].《四部丛刊初编》景印秀水沈氏藏明初刊本.

[330]（明）黄瑜撰,魏连科点校.双槐岁钞[M].北京:中华书局,1999.

[331]（明）吴宽.匏翁家藏集[M].《四部丛刊初编》影印上海涵芬楼藏明正德刊本.

[332]（明）宋濂著.黄灵庚编辑校点.宋濂全集[M].北京:人民文学出版社,2014.

[333]（明）刘基著.林家骊点校.刘伯温集[M].杭州:浙江古籍出版社,2011.

[334]（明）王祎.王忠文公集.《丛书集成初编》第2421－2428册据《金华丛书》本排印.上海:商务印书馆,1936.

[335]（明）高启著,（清）金檀辑注,徐澄宇、沈北宗校点.高青丘集[M].上海:上海古籍出版社,1985.

[336]（明）何景明.何氏集[M].《中华再造善本》影印明嘉靖沈氏野竹斋刻本.北京:国家图书馆出版社,2014.

[337]（明）杨慎.升庵全集[M].《万有文库》本.上海:商务印书馆,1937.

[338]（明）王夫之著.船山全书[M].长沙:岳麓书社,1988.

[339]（清）钱谦益著,（清）钱曾笺注.钱仲联标校.牧斋初学集[M].上海:上海古籍出版社,1985.

[340]（清）钱谦益,（清）钱曾笺注.钱仲联标校.牧斋有学集[M].上海:上海古籍出版社,1996.

[341]（清）吴伟业著,李学颖集评标校.吴梅村全集[M].上

海:上海古籍出版社,1990.

[342](清)尤侗.西堂文集 西堂诗集 西堂乐府[M].《清代诗文集汇编》第 65 册.上海:上海古籍出版社,2010.

[343](清)汪琬著,李圣华笺校.汪琬全集笺校[M].北京:人民文学出版社,2010.

[344](清)朱彝尊.曝书亭集[M].上海:世界书局,1937.

[345](清)李光地.榕村全书[M].道光九年(1829)刊本.

[346](清)查慎行著,范道济点校.查慎行全集[M].北京:中华书局,2017.

[347](清)方苞著,刘季高校点.方苞集[M].上海:上海古籍出版社,1983.

[348](清)沈德潜著,潘务正、李言校点.沈德潜诗文集[M].北京:人民文学出版社,2011.

[349](清)厉鹗著,董兆熊注.陈九思标校.樊榭山房集[M].上海:上海古籍出版社,1992.

[350](清)刘大櫆著,吴孟复标点.刘大櫆集[M].上海:上海古籍出版社,1990.

[351](清)全祖望撰,朱铸禹汇校集注.全祖望集汇校集注[M].上海:上海古籍出版社,2000.

[352]王英志编纂校点.袁枚全集新编[M].杭州:浙江古籍出版社,2015.

[353]陈文和主编.嘉定王鸣盛全集[M].北京:中华书局,2010.

[354](清)蒋士铨著,邵海清校,李梦生笺.忠雅堂集校笺[M].上海:上海古籍出版社,1993.

[355](清)汪缙.汪子遗书[M].《清代诗文集汇编》第 355 册

影印光绪八年(1882)刊本.上海:上海古籍出版社,2010.

[356](清)赵翼著,李学颖、曹光甫校点.瓯北集[M].上海:上海古籍出版社,1997.

[357]陈文和主编.嘉定钱大昕全集[M].南京:江苏古籍出版社,1997.

[358](清)姚鼐著,刘季高标校.惜抱轩诗文集[M].上海:上海古籍出版社,1992.

[359](清)黄景仁著,李国章标点.两当轩集[M].上海:上海古籍出版社,1983.

[360](清)黄钺.壹斋集[M].《清代诗文集汇编》第428册影印清同治二年重刻光绪七年(1881)增修本.上海:上海古籍出版社,2010.

[361](清)恽敬著,万陆、谢珊珊、林振岳标校,林振岳集评.恽敬集[M].上海:上海古籍出版社,2013.

[362](清)阮元撰,邓经元点校.揅经室集[M].北京:中华书局,1993.

[363](清)吴德旋.初月楼诗钞[M].《清代诗文集汇编》第486册影印清道光刻本.上海:上海古籍出版社,2010.

[364](清)方东树.仪卫轩文集[M].清同治七年(1868)鋟刻本.

[365](清)方东树.仪卫轩诗集[M].清同治七年(1868)鋟刻本.

[366](清)刘开.刘孟涂集[M].《清代诗文集汇编》第543册影印道光六年(1826)姚氏檗山草堂刻本.上海:上海古籍出版社,2010.

[367](清)程恩泽.程侍郎遗集[M].《清代诗文集汇编》第

548册影印清咸丰五年(1855)伍氏刻《粤雅堂丛书》本.上海:上海古籍出版社,2010.

[368](清)郑珍著,黄万机等点校.郑珍全集[M].上海:上海古籍出版社,2012.

[369](清)曾国藩.曾国藩全集[M].长沙:岳麓书社,2011.

[370](清)缪荃孙.缪荃孙全集 杂著[M].南京:凤凰出版社,2014.

[371](清)黄遵宪著,钱仲联笺注.人境庐诗草笺注[M].上海:上海古籍出版社,1981.

[372]赵铁寒编.文芸阁(廷式)先生全集 纯常子枝语[M].《近代中国史料丛刊续辑》第14辑.台北:文海出版社有限公司,1975.

[373](清)李详著,李稚甫编校.李审言文集[M].南京:江苏古籍出版社,1989.

[374]蔡尚思、方行编.谭嗣同全集(增订本)[M].北京:中华书局,1981.

[375](清)梁启超著,张品兴主编.梁启超全集[M].北京:北京出版社,1999.

[376]姚淦铭、王燕编.王国维文集[M].北京:中国文史出版社,1997.

[377](梁)萧统编,(唐)李善、吕延济、刘良等注.六臣注文选[M].北京:中华书局,2012.

[378]高步瀛著,曹道衡、沈玉成点校.文选李注义疏[M].北京:中华书局,1985.

[379](陈)徐陵编,(清)吴兆宜注.程琰删补,穆克宏点校.玉台新咏笺注[M].北京:中华书局,1985.

[380]古文苑[M].《丛书集成初编》第1692－1695册.上海：商务印书馆,1937.

[381](宋)李昉等.文苑英华[M].北京:中华书局,1966.

[382](宋)姚铉编,(清)许增校.唐文粹[M].影印光绪十六年(1890)杭州许氏榆园校刻本.杭州:浙江人民出版社,1986.

[383](宋)郭茂倩.乐府诗集[M].北京:中华书局,1979.

[384](金)元好问.中州集[M].北京:中华书局,1959.

[385](元)方回选评,李庆甲集评校点.瀛奎律髓汇评[M].上海:上海古籍出版社,2020.

[386](元)祝尧.古赋辩体[M].《景印文渊阁四库全书》第1366册.台北:台湾商务印书馆,1986.

[387]皇明文衡[M].《四部丛刊初编》影印无锡孙氏小绿天藏明嘉靖间卢焕刊本.

[388](明)钟惺、谭元春辑.唐诗归[M].《续修四库全书》第1589－1590册影印辽宁省图书馆藏明刻本.上海:上海古籍出版社,1996.

[389](清)周亮工辑.尺牍新钞[M].《丛书集成初编》第2975－2978册据海山仙馆丛书本排印.上海:商务印书馆,1936.

[390](清)曾国藩编纂.十八家诗钞[M].长沙:岳麓书社,1991.

[391](明)吴讷、徐师曾.文章辨体序说 文体明辨序说[M].北京:人民文学出版社,1962.

[392](清)王士禛选.闻人倓笺.古诗笺[M].上海:上海古籍出版社,1980.

[393](清)沈德潜选.古诗源[M].北京:中华书局,2006.

[394](清)杜文澜辑,周绍良校点.古谣谚[M].北京:中华书

局,1958.

[395] (明)唐汝询. 唐诗解[M].《四库全书存目丛书》第369－370册影印吉林大学图书馆藏明万历四十三年(1615)杨鹤刻本. 济南:齐鲁书社,1997.

[396] (清)席启㝢. 唐诗百名家全集[M]. 扫叶山房民国九年(1920)石印本.

[397] (清)彭定求等. 全唐诗[M]. 北京:中华书局,1960.

[398] (清)沈德潜选注. 唐诗别裁集[M]. 上海:上海古籍出版社,1979.

[399] (清)沈德潜选,俞汝昌增注. 唐诗别裁集引典备注[M]. 道光十八年(1838)资善堂刻本.

[400] (清)黄叔灿. 唐诗笺注[M]. 乾隆三十年(1765)松筠书屋刻本.

[401] 唐宋诗醇[M].《景印文渊阁四库全书》第1448册. 台北:台湾商务印书馆,1986.

[402] 高步瀛选注. 唐宋诗举要[M]. 上海:上海古籍出版社,1978.

[403] (清)吴之振、吕留良、吴自牧选,(清)管庭芬、蒋光煦补. 宋诗钞[M]. 北京:中华书局,1986.

[404] 全宋诗[M]. 北京:北京大学出版社,1991－1998.

[405] (清)顾嗣立编. 元诗选初集[M]. 北京:中华书局,1987.

[406] (清)沈德潜等编. 清诗别裁集[M]. 上海:上海古籍出版社,2013.

[407] 徐世昌编,闻石点校. 晚晴簃诗汇[M]. 北京:中华书局,1990.

[408] (清)严可均校辑. 全上古三代秦汉三国六朝文[M]. 北

京:中华书局,1958.

[409]（清）董诰等编.全唐文[M].北京:中华书局,1983.

[410]（南朝梁）刘勰著,詹锳义证.文心雕龙义证[M].上海:上海古籍出版社,1989.

[411]郭绍虞.杜甫戏为六绝句集解 元好问论诗三十首小笺[M].北京:人民文学出版社,1978.

[412]（宋）阮阅编,周本淳校点.诗话总龟[M].北京:人民文学出版社,1987.

[413]（宋）计有功辑撰.唐诗纪事[M].上海:上海古籍出版社,2013.

[414]（宋）胡仔纂集,廖德明校点.苕溪渔隐丛话[M].北京:人民文学出版社,1962.

[415]（宋）王正德.馀师录[M].《丛书集成初编》第2616册.长沙:商务印书馆,1939.

[416]文则 文章精义[M].北京:人民文学出版社,1960.

[417]（宋）魏庆之著,王仲闻点校.诗人玉屑[M].北京:中华书局,2007.

[418]（宋）刘克庄撰,王秀梅点校.后村诗话[M].北京:中华书局,1983.

[419]（宋）吴子良.林下偶谈[M].《丛书集成初编》第324册.上海:商务印书馆,1936.

[420]（宋）何汶撰,常振国、绛云点校.竹庄诗话[M].北京:中华书局,1984.

[421]（清）王士禛著,张宗柟纂集.夏闳校点.带经堂诗话[M].北京:人民文学出版社,1963.

[422]（清）王士禛等著,周维德笺注.诗问四种[M].济南:齐

鲁书社,1985.

[423](清)洪亮吉著,陈迩冬校点.北江诗话[M].北京:人民文学出版社,1983.

[424](清)方东树著,汪绍楹校点.昭昧詹言[M].北京:人民文学出版社,1961.

[425](清)陈沆.诗比兴笺[M].上海:上海古籍出版社,1981.

[426](清)陆以湉撰,崔凡芝点校.冷庐杂识[M].北京:中华书局,1984.

[427](清)刘熙载撰,袁津琥校注.艺概注稿[M].北京:中华书局,2009.

[428](清)许印芳辑,诗法萃编[M].《丛书集成续编》第158册.上海:上海书店出版社,1994.

[429](清)王闿运.湘绮楼说诗[M].《近代中国史料丛刊续编》第三辑.台北:文海出版社,1974.

[430](清)胡薇元辑.梦痕馆诗话[M].《玉津阁丛书》甲集.民国间刊本.

[431]杨钟羲撰集,刘承干参校.雪桥诗话馀集[M].北京:北京古籍出版社,1992.

[432]论文偶记　初月楼古文绪论　春觉斋论文[M].北京:人民文学出版社,1959.

[433]林纾.韩柳文研究法[M].上海:商务印书馆,1933.

[434](清)何文焕.历代诗话[M].北京:中华书局,1981.

[435]丁福保辑.历代诗话续编[M].北京:中华书局,1983.

[436]吴文治主编.宋诗话全编[M].南京:江苏古籍出版社,1998.

[437]郭绍虞辑.宋诗话辑佚[M].北京:中华书局,1980.

[438] 程毅中主编.宋人诗话外编[M].北京:国际文化出版公司,1996.

[439] 周德维集校.全明诗话[M].济南:齐鲁书社,2005.

[440] 陈广宏、侯荣川编校.明人诗话要籍汇编[M].上海:复旦大学出版社,2017.

[441] 丁福保辑.清诗话[M].上海:上海古籍出版社,2015.

[442] 郭绍虞编选,富寿荪校点.清诗话续编[M].上海:上海古籍出版社,1983.

[443] 清诗话访佚初编[M].台北:台湾新文丰出版公司,1987.

[444] 张寅彭选辑,吴忱、杨焄点校.清诗话三编[M].上海:上海古籍出版社,2014.

[445] 张寅彭编纂,杨焄点校.清诗话全编·顺治康熙雍正期[M].上海:上海古籍出版社,2018.

[446] 张寅彭主编.民国诗话丛编[M].上海:上海书店出版社,2002.

[447] (清)浦铣著,何新文、路成文校证.历代赋话校证[M].上海:上海古籍出版社,2007.

[448] 王水照编.历代文话[M].上海:复旦大学出版社,2007.

[449] (南唐)李璟、李煜著,詹安泰校注.李璟李煜词校注[M].上海:上海古籍出版社,2015.

[450] (宋)柳永著,薛瑞生校注.乐章集校注[M].北京:中华书局,1994.

[451] (宋)辛弃疾撰,邓广铭笺注.稼轩词编年笺注(增订本)[M].上海:上海古籍出版社,1993.

[452] (后蜀)赵崇祚编,杨景龙校注.花间集校注[M].北京:

中华书局,2014.

[453]（宋）王灼著,岳珍校正.碧鸡漫志校正[M].成都:巴蜀书社,2000.

[454]（清）徐釚撰,唐圭璋校注.词苑丛谈[M].北京:中华书局,2008.

[455]（元）王实甫著,王季思校注.西厢记[M].上海:上海古籍出版社,1978.

[456]（元）高明著,钱南扬校注.元本琵琶记校注[M].上海:上海古籍出版社,1980.

[457]钱南扬校点.汤显祖戏曲集[M].上海:上海古籍出版社,1978.

[458]孤本元明杂剧[M].上海涵芬楼印行.北京:商务印书馆,1941.

[459]剪灯馀话[M].《明清善本小说丛刊》初编第二辑.台北:天一出版社,1985.

现代著述

[1]程学恂.韩诗臆说[M].上海:商务印书馆,1934.

[2]夏敬观选注.孟郊诗[M].上海:商务印书馆,1940.

[3]冯国瑞辑.秦州记[M].天水:天水县志局,1943.

[4]荣孟源编.中国历史纪年[M].北京:生活·读书·新知三联书店,1956.

[5]王重民、王庆菽、向达等编.敦煌变文集[M].北京:人民文学出版社,1957.

[6]岑仲勉.唐史余沈[M].北京:中华书局,1960.

[7]岑仲勉.唐人行第录（外三种）[M].北京:中华书局,1962.

[8] 唐圭璋编. 全宋词[M]. 北京:中华书局,1965.

[9] 章士钊. 柳文指要[M]. 北京:中华书局,1971.

[10] 邹容. 革命军[M]. 北京:中华书局,1971.

[11] 张相. 诗词曲语辞汇释[M]. 北京:中华书局,1977.

[12] 杨树达. 词诠[M]. 北京:中华书局,1978.

[13] 万曼. 唐集叙录[M]. 北京:中华书局,1980.

[14] 缪钺. 诗词散论[M]. 上海:上海古籍出版社,1982.

[15] 朱金城. 白居易年谱[M]. 上海:上海古籍出版社,1982.

[16] 谭其骧主编. 中国历史地图集[M]. 北京:中国地图出版社,1982.

[17] 逯钦立辑校. 先秦汉魏晋南北朝诗[M]. 北京:中华书局,1983.

[18] 吴文治编. 韩愈资料汇编[G]. 北京:中华书局,1983.

[19] 王重民. 中国善本书提要[M]. 上海:上海古籍出版社,1983.

[20] 杨树达. 积微居小学述林[M]. 北京:中华书局,1983.

[21] 郑临川述评. 闻一多论古典文学[M]. 重庆:重庆出版社,1984.

[22] 钱锺书. 谈艺录(补订本)[M]. 北京:中华书局,1984.

[23] 程千帆. 古诗考索[M]. 上海:上海古籍出版社,1984.

[24] 陈克明. 韩愈述评[M]. 北京:中国社会科学出版社,1985.

[25] 汕头大学中文系编. 韩愈研究资料汇编[G]. 汕头:汕头大学中文系,1986.

[26] 钱仲联. 梦苕庵诗话[M]. 济南:齐鲁书社,1986.

[27] 汉语大字典[M]. 成都、武汉:四川辞书出版社、湖北辞书

出版社,1986.

[28] 梁披云主编.中国书法大辞典[M].广州:广东人民出版社,1987.

[29] 韩愈研究论文集[C].广州:广东人民出版社,1988.

[30] 陈伯海、朱易安编撰.唐诗书录[M].济南:齐鲁书社,1988.

[31] 辞源(修订本)[M].北京:商务印书馆,1988.

[32] 傅增湘.藏园群书题记[M].上海:上海古籍出版社,1989.

[33] [日]平冈武夫.唐代的历[M].上海:上海古籍出版社,1990.

[34] 吉联抗辑注.古乐书佚文辑注[M].北京:人民音乐出版社,1990.

[35] 王汝涛编校.全唐小说[M].济南:山东文艺出版社,1993.

[36] 全明诗[M].上海:上海古籍出版社,1990—1994.

[37] 罗竹风主编.汉语大词典[M].上海:上海辞书出版社、汉语大辞典出版社,1986—1993.

[38] 潘重规编著.敦煌变文集新书[M].台北:文津出版社有限公司,1994.

[39] 中国古籍善本书目(集部)[M].上海:上海古籍出版社,1996.

[40] 沈津.书城挹翠录[M].上海:上海社会科学院出版社,1996.

[41] 韩愈研究(第一辑)[C].郑州:中州古籍出版社,1996.

[42] 卞孝萱、张清华、阎琦著.韩愈评传[M].南京:南京大学

出版社,1998.

[43] 张清华.韩学研究[M].南京:江苏教育出版社,1998.

[44] 傅璇琮等著.唐五代文学编年史[M].沈阳:辽海出版社,1998.

[45] 方烈文等主编.韩愈研究(第二辑)[C].广州:广东高等教育出版社,1998.

[46] 任继愈主编,(清)吴翌凤编.中华传世文选 清朝文征[M].长春:吉林人民出版社,1998.

[47] 曾昭岷、曹济平、王兆鹏、刘尊明编撰.全唐五代词[M].北京:中华书局,1999.

[48] 刘国盈.韩愈丛考[M].北京:文化艺术出版社,1999.

[49] 李灵年、杨忠主编.清人别集总目[M].合肥:安徽教育出版社,2000.

[50] 张清华、杨丕祥主编.韩愈研究(第三辑)[C].北京:中国文联出版社,2002.

[51] 张忠纲编注.杜甫诗话六种校注[M].济南:齐鲁书社,2002.

[52] 张清华.韩愈大传[M].郑州:中州古籍出版社,2003.

[53] 邓翠萍、刘英杰主编.贤令芳踪——韩愈阳山资料汇编[G].北京:研究出版社,2004.

[54] 刘真伦.韩愈集宋元传本研究[M].北京:中国社会科学出版社,2004.

[55] 张清华、陈飞主编.韩愈与中原文化——韩愈研究(第四辑)[C].北京:学苑出版社,2005.

[56] 鲁迅全集[M].北京:人民文学出版社,2005.

[57] 张清华、胡阿祥、刘英杰主编.韩愈与岭南文化——韩愈

研究(第五辑)[C].北京:学苑出版社,2006.

[58] 杨国安.宋代韩学研究[M].北京:中国社会科学出版社,2006.

[59] 张清华、张弘韬.历史在这里转折——论韩愈[M].北京:作家出版社,2006.

[60] 赵超著.汉魏南北朝墓志汇编[G].天津:天津古籍出版社,2008.

[61] 谷曙光.韩愈诗歌宋元接受研究[M].合肥:安徽大学出版社,2009.

[62] 曾金承.韩愈诗歌唐宋接受研究[M].台北:花木兰出版社,2010.

[63] 郭在贻著,张涌泉、郭昊编.新编训诂丛稿[M].杭州:浙江大学出版社,2010.

[64] 饶敏主编.韩愈与潮州文化[G].深圳:海天出版社,2011.

[65] 王双怀、贾云主编.二十五史干支通检[M].西安:三秦出版社,2011.

[66] 余冠英选注.汉魏六朝诗选[M].北京:中华书局,2012.

[67] 顾随讲,叶嘉莹笔记,高献红、顾之京整理.驼庵传诗录[M].石家庄:河北教育出版社,2013.

[68] 陈伯海、朱易安编撰.唐诗书目总录(增订本)[M].上海:上海古籍出版社,2015.

[69] 陈伯海.唐诗学引论(增订本)[M].上海:上海古籍出版社,2015.

[70] 罗联添.韩愈研究[M].天津:天津教育出版社,2012.

[71] 张清华、杨丕祥主编.韩愈研究——2008中国·孟州韩

愈国际学术研讨会论文集(第六辑)[C].郑州:河南大学出版社,2012.

[72] 赵力光编.御史台精舍碑[M].上海:上海古籍出版社,2012.

[73] 杨镰主编.全元诗[M].北京:中华书局,2013.

[74] 张清华、杨丕祥主编.韩愈研究——2012中国·孟州韩愈国际学术研讨会论文集(第七辑)[C].北京:中国文联出版社,2014.

[75] 傅璇琮、陈尚君、徐俊编.唐人选唐诗新编(增订本)[M].北京:中华书局,2014.

[76] 江辛眉.校雠蒙拾 读韩蠡解[M].北京:海豚出版社,2014.

[77] 王德保主编.韩愈研究(第八辑)[C].北京:中国社会科学出版社,2016.

[78] 张清华、胡阿祥、王景福主编.韩愈研究——2015中国·宣城韩愈国际学术研讨会论文集(第九辑)[C].上海:文汇出版社,2016.

[79] 杨国安主编.韩愈研究(第十辑)[C].开封:河南大学出版社,2019.

后　记

　　父亲从事韩愈研究已经有三十多年了，我耳濡目染，深受影响，对古代文学兴趣浓厚。但高考时阴差阳错，选的是金融专业，毕业后踏入社会，工作非常繁忙，再没有时间和精力和父亲一起从事韩愈研究。当父亲迈入古稀之年后，忙于工作的我突然发现父亲好像一下子衰老了很多。虽然没有问他，但是我猜想，他可能是因为学术上后继无人而对事业失去了信心。父亲一辈子没有什么特殊爱好，退休后还一直从事学术研究，但没有人继承他的事业。那时我已届而立之年，在外企担任中层干部，因为工作繁忙，根本没有时间帮助父亲整理他的学术成果。我原本的想法是：等我退休以后，闲下来的时间再来做这些事。可是当我发现父亲的隐忧，尤其是当我有了女儿以后，真正理解了"可怜天下父母心"的含义，激发了我对父母的感激之情，觉得我不能再等了。人们常说："坐而论道不如起而行之。"我为什么不能当机立断呢？于是，在女儿一岁多时，我决定重返校园，考研读博，学习自己喜欢的专业，继承父亲的事业。当我向父母提出这个想法时，父亲一下子容光焕发了。他和母亲跑到图书市场为我购买考研专业参考书，然后教我一本一本地读，为我标明重点。因为我本科学的不是中文专业，基础比较差，父亲还专门抽时间为我讲解了中文系几门专业必修课，补充了我专业的不足。

后记

2008年我如愿考上了河北大学古代文学专业的硕士研究生。当我到杜甫研究专家孙微老师家拜师时,在交流中孙老师有感而发:"千家注杜,五百家注韩,都不好做啊!"当时,我还没能意识到这句话的深刻内涵。在河北大学学习期间,因为我没有系统学过中文专业课程,自感基础比较差,所以到各个专业旁听公选课和研究生的课程。曾经有一段时间,我每周听20多节课,奔波于新旧两个校区。那段时间真可谓繁忙而充实。各位老师都很关照我,其他专业的很多老师虽然并不认识我,但也愿意让我旁听他们的课程。孙微老师让我参与他的研究项目,特别是对我进行了古籍文献整理的专业训练,为我以后开展学术研究打下了坚实的基础。河北大学刘玉凯、乔云霞教授是父亲在河北大学留校任教时的学生。当我向刘老师自我介绍的时候,他非常高兴,热情邀请我到他家做客。在保定的三年里,我经常在他们家蹭吃蹭喝。乔老师还让我在她的办公室里学习,刘老师在专业上给了我很多帮助。在我去河北大学上学之前,父亲给了我一叠A4纸打印的书目,说都是在韩愈研究中需要的资料,希望我到河北大学帮他找到这些资料。河北大学藏书丰富,是国家古籍保护单位,但是面对那么多的书籍和那么长的书目,真的是无从下手。刘老师教我充分利用信息化手段获取网络资源,为我打开了收集资料的方便之门。

2011年我考上博士,有幸师从南开大学叶嘉莹先生。叶先生当时已届耄耋之年,但精神矍铄,激情满怀。诗词仿佛融入她的生命,在叶先生家听讲的情形至今仍历历在目。先生胸怀博大,学识广博,因材施教,我就选择了韩愈研究作为研究方向,逐步明确了自己对韩愈研究的目标与规划。南开大学的诸位老师学问扎实,特别是查洪德、赵季、卢盛江等老师谦和耐心,他们的悉心指导使我有了长足进步。虽然当时这部《汇校汇注汇评昌黎先生诗集》还没有正式成稿，可我在做博士论文的过程中，就感到了这部书的方便之处。2014年我博士毕业回到郑州，到郑州师范学院工作，父亲把初稿交给我，由我补充修改。师院的领导和同事们都非常支持我，尽量为我留出时间进行专业研究。

2017年我把韩愈诗集基本整理好交给安徽大学出版社，有幸获批了2018年国家出版基金。2018年是韩愈诞辰1250周年，也算是我们纪念韩愈的一个成果。安徽大学出版社的领导和各位编辑老师都非常重视这个项目，提供了很多支持，邀我到合肥去参加项目编辑会。在会上，有老师说被我的这份孝心所感动。但实际上我做得并不多，我和我的亲人们只是各司其职，其中，姐姐们做了很多我做不到的事。我在河北保定、天津读书长达六年，不能在父母身边尽孝，我的姐姐和姐夫们照顾父母，忙前忙后，事多繁琐，更为不易。尤其是大姐，她是医生，承担了全家人的保健任务，为全家人的幸福生活提供健康支持。而外子和公公婆婆，悉心照顾我年幼的女儿，为我解去了后顾之忧。

其实，父亲背后最强有力的支持者是我的母亲。她不仅在生活上照顾父亲，也尽可能地帮助父亲做学术研究。在父亲从事韩愈研究的三十多年里，他先是一遍一遍地抄稿子。我还记得小时候，姐姐、姐夫们帮助父亲抄书稿的情形。逢年过节，父亲基本没有休息过，只在大年初一亲戚们来拜年时才休息一天。而母亲照顾父亲生活起居，从不让父亲为生活琐事烦累。父亲60多岁以后，计算机的应用开始普及。我也买了一台电脑，父亲就开始学习使用电脑，把所有的书稿录入电脑。因为书稿太多，母亲也想帮忙，也开始学习使用电脑。因为母亲没有上过学，是扫盲班毕业，所以不会使用拼音，我就想办法教她使用五笔字型输入法。母亲买了一本五笔字型字典放在电脑旁，遇到不会输入的字就查字典。

所以在我们这部书稿里，最初存在很多输入错误。父亲使用的是拼音输入方法，经常出现音同而错；母亲使用的是五笔字型输入法，经常出现形近而误。但是如果没有母亲的帮助，这部书稿很难顺利地录入电脑，我们这个项目就更难进行了。

在书稿的整理过程中，存在很多令人纠结的问题。比如繁简字的使用，一般来说，古籍整理多采用繁体竖排，但父亲在最初整理韩集时就有一个想法，想让更多读者能更方便地使用这部书，想更广泛地推广韩愈文化。简化字既是汉字发展的必然趋势，也是我国文字发展的一项基本国策。近年来，越来越多的古籍整理著作以简化字的方式出版。很多原本采用繁体竖排进行整理的古籍后来也出版了相应的简体横排版本，比如郁贤晧《李太白全集校注》作为国家古籍整理出版规划项目，2015年由凤凰出版社出版了繁体竖排版，2018年又作为普及类古籍整理图书专项资助项目出版了题为《李白全集注评》的简体横排版。中华书局和上海古籍出版社近年来也出版了不少简体横排版的古籍，比如中华书局的《韩愈诗集编年笺注》（郝润华、丁俊丽整理）、上海古籍出版社的《韩昌黎文集校注》（马其昶校注）都是先出繁体竖排版，后出简体横排版。然而，繁体竖排变简体横排也非易事，初试有先创之功，也有不少问题，需要审慎解决。这些书籍的成功出版都说明简体横排是古籍整理发展的新趋势，我们这部《汇校汇注汇评昌黎先生诗集》也是在这种情况下应运而生的。再比如关于整理底本的选择，传统的古籍校注因校本难得，一般都是以先见之本或选取某本作为工作底本，然后以再见之本，一一录其异文，以次对校；而我们这部书并未明确哪本是工作底本，这在以往的古籍整理中是没有出现过的，但这种方式也是我们在充分考虑当前古籍整理的各项条件后确定的。古人整理古籍，很难将各种版本汇集一手，这才不得不选择某一本子作为底本，以便随时将寓目的各本录于底本之上。现在，由于古籍数字化的迅速发展，很多古籍可以很方便地从网上或图书馆获得不同版本，在整理时可以将各版本或在电脑上、或置于案头，一一打开比较，得出较为合理的结论。这正是现代新技术发展给我们学术研究带来的便利条件，也是新时代新条件下古籍整理的创获。

  2019 年初，我拿到了这部书的一校稿。刚开始的时候，因为家里事情比较多，校对过程中又有很多问题都难以确定，有时我一天只能校对一页，可这部书稿有 2000 多页。这么算下来，肯定不能按时完成，我真是万分焦虑。有幸的是，八九十岁的老父亲仍勤恳不辍，与我共同切磋研究，校审全书。安徽大学出版社的各位老师，特别是王先斌老师，既有丰富的经验，又非常认真耐心，为我提供了很多帮助。安徽大学文学院的卢坡老师、本书的责任编辑李君老师和汪君、李加凯等老师做事认真负责，为这个项目的顺利进行做了大量的工作。正是他们的热情帮助给了我信心和动力。本书之成，殊为不易，虽集父亲与我二人之力，又得到很多老师的帮助指导，但限于学力，仍有许多不足之处，恳请各位师友不吝指正。

张弘韬
2019 年 12 月 20 日